全新足本·精注全译

壹

史记

【西汉】司马迁◎著

石磊◎主编

中国文史出版社

图书在版编目（CIP）数据

史记：1－12/（西汉）司马迁著；石磊主编．—北京：中国文史出版社，2021.1

ISBN 978－7－5205－2718－7

Ⅰ．①史… Ⅱ．①司… ②石… Ⅲ．①中国历史－古代史－纪传体②《史记》－注释③《史记》－译文 Ⅳ．①K204.2

中国版本图书馆 CIP 数据核字（2020）第 246239 号

责任编辑：刘　夏
封面设计：周　飞

出版发行：中国文史出版社
社　　址：北京市海淀区西八里庄路 69 号　邮编：100036
电　　话：010－81136606　81136602　81136603（发行部）
传　　真：010－81136655
印　　装：三河市宏图印务有限公司
经　　销：全国新华书店
开　　本：880×1230　1/32
印　　张：148　字数：2950 千字
版　　次：2021 年 5 月北京第 1 版
印　　次：2021 年 5 月第 1 次印刷
定　　价：680.00 元（全 12 册）

司马迁的生平和著作

司马迁，字子长，左冯翊夏阳人（今陕西韩城）。生于景帝中元五年（前145），一说生于武帝建元六年（前135），卒年不详，有人认为大约在武帝征和三年（前90），在他写完《报任少卿书》（即《报任安书》）不久。司马迁的父亲司马谈在汉中央政府做太史令，负责管理皇家图书和收集史料，研究天文历法。司马谈计划编写一部通史，但愿望尚未实现就死去了。临死的时候，司马谈嘱咐司马迁完成他未竟的事业。

司马迁幼年时就很刻苦，十岁开始学习当时的古文，后来跟着董仲舒、孔安国学过《公羊春秋》《古文尚书》。汉武帝元朔三年（前126），司马迁二十岁，满怀求知的欲望，游遍了祖国的名山大川，四处考察古迹，采集民间传说。通过对历史遗迹和西汉建国前后的史实的实地调查，司马迁开阔了胸襟，增长了知识，为后来编撰《史记》作了很好的准备。司马谈死后，司马迁承袭父职，做了太史令，有条件看到大量的图书文献和国家档案。毫无疑问，这对司马迁编写《史记》是一个不可缺少的重要条件。

汉武帝太初元年（前104），司马迁开始编撰《史记》。天汉二年（前99），李陵率兵随李广利出击匈奴，兵败投降。汉武帝向司马迁询问对李陵的看法，于是，司马迁说，李陵投降，是因为众寡不敌，又没有救兵，责任不全在李陵身上。汉武帝认为司马迁有意替李陵开脱，贬责汉武帝的爱姬李夫人的哥哥李广利。于是，汉武帝把司马迁投进监狱，处以腐刑。三年后，司马迁被赦出狱，更加发奋写作《史记》。大约在征和二年（前91），基本上完成了编撰工作。司马迁死后许多年，他的外孙杨恽才把这部五十二万字的不朽名著公之于世。

《史记》是一部贯穿古今的通史，从传说中的黄帝开始，一直写到汉武帝元狩元年（前122），叙述了我国三千年左右的历史。据司马迁说，全书有本纪十二篇、表十篇、书八篇、世家三十篇、列传七十篇，共一百三十篇。班固在《汉书·司马迁传》中提到，《史记》缺少十篇。三国魏张晏指出，这十篇是《景帝本纪》《武帝本纪》《礼书》《乐书》《律书》《汉兴以来将相年表》《日者列传》《三王世家》《龟策列传》《傅靳蒯成列传》。后人大多数不同意张晏的说法，但《史记》的残缺是确凿无疑的。今本《史记》中，有少数篇章显然不是司马迁的手笔，汉元帝、成帝时的博士褚少孙补写过《史记》，今本《史记》中“褚先生曰”就是他的补作。

《史记》取材相当广泛。当时，社会上流传的《世本》《国语》《国策》《秦记》《楚汉春秋》及诸子百家等著作和国家文书档案，加上实地调查获取的材料，都是司马迁写作《史记》的重要材料来源。特别可贵的是，司马迁对搜集的材料做了认真的分析和选择，淘汰了一些无稽之谈。对一些难以弄清楚的问题，或采用阙疑的态度，或记载各种不同的说法。由于取材广泛，修史态度严肃认真，所以《史记》记事翔实，内容丰富。

需要说明的是，本版本为一百三十一篇，原因是将司马迁的《报任安书》也收录在内，便于读者更全面、更精准地理解司马迁的理念与思路。此外，我们将《史记》的十篇年表集中放在最后一册。这十篇年表具体包括：《三代世表》第一；《十二诸侯年表》第二；《六国年表》第三；《秦楚之际月表》第四；《汉兴以来诸侯年表》第五；《高祖功臣侯者年表》第六；《惠景间侯者年表》第七；《建元以来侯者年表》第八；《王子侯者年表》第九；《汉兴以来将相名臣年表》第十。这些年表采用表格形式谱列某一时期的史事人物。年表前面都有相关的文字概说，习惯称之为表序。表序集中地阐述司马迁通古今之变的史学理论，同时提示年表内容，言约义丰。考虑到年表极为繁杂，错漏也多，对读者帮助不大，为节省篇幅，就省略了，只保留了表序。

毋庸讳言，《史记》也存在一些错漏之处。这是客观事实，源于各种原因。但这丝毫不能影响司马迁的人格魅力和《史记》的历史光辉。关于这方面的问题，我们在注释中都有具体的剖析。

目录

第一卷　五帝本纪第一

《五帝本纪》是《史记》全书一百三十篇中的第一篇。

《五帝本纪》记载的是远古传说中相继为帝的五个部落首领——黄帝、颛顼（zhuān xū）、帝喾（kù）、尧、舜的事迹，同时也记录了当时部落之间频繁的战争，以及部落联盟首领实行禅让，远古初民战猛兽、治洪水、开良田、种嘉谷、观测天文、推算历法、谱制音乐舞蹈等多方面的情况。这些虽为传说，但从人类历史发展的规律和地下文物的发掘来看，有些记载亦属言之有征，它为我们了解和研究中国远古社会，提供了某些颇有价值的线索或信息。事实上，中华民族五千年的悠久历史就是从这远古的传说开始的。黄帝和炎帝两个部落之间联合、战争，最后融为一体，在黄河流域定居繁衍，从而构成了华夏族的主干，创造了我国远古时代的灿烂文化。

五帝开创的事业是中华民族几千年文明史的开端，《五帝本纪》又是十二篇本纪的首篇。这篇本纪，在记事上确立了历史发展的根基，在写作上又为以后各篇的铺展设下了伏笔。司马迁利用了连环锁的叙写方式，一环紧扣一环。如在写尧时提出舜，而重在写尧的知人善任；写舜时一方面继续扣紧对尧的叙写，一方面又突出了对舜的刻画，同时还带出了禹、契、后稷等，为以后各篇的展开打下了基础。

五帝的传说，几千年来深深扎根于中华民族的意识深处，被当作贤君圣主的楷模历代传颂。“炎黄子孙”早已成为凝聚中华民族的亲切称呼，“人皆可以为尧舜”“六亿神州尽舜尧”也早已成为鼓励人们贤能为善的有力口号。

【原文】

黄帝者①，少典之子，姓公孙，名曰轩辕②。生而神灵③，弱④而能言，幼而徇齐⑤，长而敦敏⑥，成而聪明。

【注释】

①黄帝：传说为中原各民族的共同祖先。他是有熊部族（住于今河南省新郑市一带）的首领，故号有熊氏。以后，他成为中原各部族联盟的共同首领，号称黄帝。②轩辕：《汉书·律历志》说：“黄帝始垂衣裳，有轩辕之服，故天下号轩辕氏。”③神灵：据神话传说，少典国君的妃子附宝在野外祈祷，见大雷电绕北斗枢星，感而怀孕，二十四个月后才在寿丘（今山东省曲阜市东北）生下黄帝。黄帝生下来便相貌出众，头额如太阳，眉宇如龙骨。④弱：年幼，又特指出生不久的婴儿。⑤徇齐：通“迅疾”，机灵的意思；或通“迅给”，指口才犀利。⑥敦：诚实。敏：勤劳敏捷。

【原文】

轩辕之时，神农氏世衰①。诸侯相侵伐，暴虐百姓②，而神农氏弗能征。于是轩辕乃习用干戈，以征不享。诸侯咸来宾从[3]。而蚩尤最为暴，莫能伐。炎帝[4]欲侵陵诸侯，诸侯咸归轩辕。轩辕乃修德振兵[5]，治五气[6]，蓺五种[7]，抚万民，度四方[8]，教熊罴貔貅[9]貙虎，以与炎帝战于阪泉[10]之野。三战，然后得其志[11]。蚩尤作乱，不用帝命。于是黄帝乃征师诸侯，与蚩尤战于涿鹿之野[12]，遂禽杀蚩尤。而诸侯咸尊轩辕为天子，代神农氏，是为黄帝。天下有不顺者，黄帝从而征之，平者去之[13]。披山[14]通道，未尝宁居。

【注释】

①神农氏：传说中的古代帝王之一。世衰：指神农氏的后代衰败了。神农氏即炎帝族。②百姓：郑玄注《诗经》，孔安国注《尚书》，都说“百姓”便是“百官”。③咸：都。宾从：顺从；归复。④炎帝：传说中的古代帝王之一。⑤振兵：训练部队。⑥五气：五行之气。古代以五行配四时，春为木，夏为火，季夏为土，秋为金，冬为水；亦指晴、雨、冷、热、风五种气象。⑦蓺：耕种。五种：指黍（黄米）、稷（小米）、稻、麦、菽（豆）等谷物。⑧度（duó）四方：规划丈量各地的土地。⑨罴：熊的一种，又叫人熊、马熊。貔貅（pí xiū）：豹一类的猛兽。⑩阪泉：地名。在今河北省涿鹿县东。⑩得其志：指征服炎帝后代。⑪涿（zhuō）鹿之野：涿鹿山前的大原野。涿鹿山在今河北省涿鹿县东南。⑫平者去之：平定之后就率军离去。⑭披山：开山。

【原文】

东至于海，登丸山[1]，及岱宗[2]。西至于空桐[3]，登鸡头[4]。南至于江，登熊、湘。北逐荤粥[5]，合符釜山[6]，而邑[7]于涿鹿之阿。迁徙往来无常处，以师兵为营卫[8]。官名皆以云命[9]，为云师。置左右大监[10]，监于万国。万国和，而鬼神山川封禅[11]与为多焉。获宝鼎、迎日推策。举风后、力牧、常先、大鸿[12]以治民。顺天地之纪[13]，幽明之占[14]，死生之说[15]，存亡之难[16]。时播百谷草木[17]，淳化鸟兽虫蛾[18]，旁罗日月星辰水波土石金玉[19]，劳勤心力耳目，节用水火材物[20]。有土德之瑞[21]，故号黄帝。

【注释】

①丸山：山名。位于今山东省昌乐县西南、临朐县东北。②岱宗：即泰山。③空桐：山名。在今甘肃省平凉市崆峒区西北。或作“崆峒”。④鸡头：山名。或说即崆峒山，又名大垅山。⑤荤粥（xūn yù）：部族名。即秦、汉时的匈奴。⑥合符：验证符契。釜山：在今河北省怀来县北，一说在今保定市徐水区西，一说在今河南灵宝市境，又一说在今河南偃师市南。⑦邑：都市。⑧以师兵为营卫：叫军队在驻地周围筑营守卫。⑨官名皆以云命：黄帝以云来命名官职。⑩大监：官名。负责监察各地诸侯。⑪封禅：古代帝王登名山，封土为坛曰封，扫地而祭曰禅，祭祀天地山川，来庆祝成功和太平。⑫举：提拔，推举。风后、力牧、常先、大鸿：都是黄帝的大臣名。⑬天地之纪：天地四季运行的程序或规律。⑭幽明之占：对于

阴阳变化的占卜。幽，指阴；明，指阳。⑮死生之说：养生送死的仪制。⑯存亡之难：国家存亡的规律。难，犹“说”。⑰时播：按季节播种。或曰“时”通“莳”（shì），栽种。⑱淳化：驯养。虫蛾：指蚕。传说黄帝的正妃嫘祖教民养蚕、缫丝、织帛。⑲“旁罗”句：指黄帝广泛地观察日月星辰的运行和水流、土石、金玉的性能，使它们为人所利用。罗，观察，研究。或认为“旁罗”是一种测天的仪器。⑳“节用”句：指爱护山林水产，按规定收采捕捉，节约用度。㉑瑞：祥瑞，吉利的兆头。古代有以五行（木、火、土、金、水）配五色的说法。传说黄帝在位时有黄龙地螾（蚯蚓）出现，故有“土德之瑞”。

【原文】

黄帝二十五子，其得姓[①]者十四人。

黄帝居轩辕之丘[②]，而娶于西陵之女，是为嫘祖[③]。嫘祖为黄帝正妃，生二子，其后皆有天下[④]。其一曰玄嚣，是为青阳，青阳降居江水[⑤]；其二曰昌意，降居若水[⑥]。昌意娶蜀山氏[⑦]女，曰昌仆，生高阳，高阳有圣德焉。黄帝崩，葬桥山[⑧]。其孙昌意之子高阳立，是为帝颛顼也。

【注释】

①姓：表明家族系统的称号。得姓，即由子孙繁衍而发展成为独立氏族。②轩辕之丘：地名。或说在今河南省新郑市西北。因黄帝居住在这里，故名。③西陵：部族名。嫘（léi）祖：黄帝正妃。据说她发明养蚕。④正妃：嫡妻。其后皆有天

下：指黄帝的后代，都成为天下的君主。如颛顼和舜，都是昌意的后代；帝喾和尧，都是玄嚣的子孙后代。⑤玄嚣（xiāo）：黄帝长子，号青阳。有的史书认为青阳（少昊）与玄嚣是两个人，都是黄帝的儿子。降居：下封为诸侯。江水：指江国。在今河南省安阳县。⑥若水：地名。在今四川省。一说为水名，即今四川省雅砻江。⑦蜀山氏：上古部族名。⑧桥山：山名。在今陕西省黄陵县西北。

【原文】

帝颛顼高阳者[①]，黄帝之孙而昌意之子也。静渊[②]以有谋，疏通[③]而知事；养材以任地[④]，载时以象天[⑤]，依鬼神以制义[⑥]，治气以教化[⑦]，絜[⑧]诚以祭祀。北至于幽陵[⑨]，南至于交阯[⑩]，西至于流沙[⑪]，东至于蟠木。动静之物[⑫]，大小之神[⑬]，日月所照，莫不砥属[⑭]。

【注释】

①颛顼（zhuān xū）：传说中的古代部族头领名，号高阳氏。高阳：聚邑名，在今河南省杞县西，是颛顼部族所兴起的地方。得天下后便用作号。②静渊：镇定自若。③疏通：通达，有远见。④养材：生产物质财富。任地：开发土地。⑤载时以象天：按季节行事来顺应自然。⑥依鬼神以制义：信奉鬼神并制定礼仪。古代迷信鬼神，认为鬼神是聪明正直的，所以信奉它，并依从它的启示来规范人的行为。⑦治气以教化：用教化来陶冶人民的气质。⑧絜：通“洁”。古人祭祀鬼神前要斋戒沐浴，清洁身心，以表示敬意。⑨幽陵：即幽州。今河北

省东北部与辽宁省西南部一带。⑩交阯：阯，亦作“趾”。古地区名，泛指今五岭以南和越南北部地区。⑪流沙：即古流沙泽，后称居延泽、居延海。由于淤塞，今分为两个湖（内蒙古的苏古诺尔湖和嘎顺诺尔湖）。⑫动静之物：指动物与植物。⑬大小之神：国中的大小神祇。大神指四岳（泰山、华山、衡山、恒山）和四渎（长江、黄河、淮河、济水）等名山大川之神，小神指小山小河之神。⑭砥（dǐ）属：指四方都平服归属。砥，平定。

【原文】

帝颛顼生子曰穷蝉[①]。颛顼崩[②]，而玄嚣之孙高辛立，是为帝喾。

【注释】

①穷蝉：《世本》作“穷系”。②颛顼崩：《帝王世纪》说：颛顼在位七十八年，年九十八。

【原文】

帝喾高辛[①]者，黄帝之曾孙也。高辛父曰蟜极，蟜极父曰玄嚣，玄嚣父曰黄帝。自玄嚣与蟜极皆不得在位，至高辛即帝位[②]。高辛于颛顼为族子[③]。

【注释】

①帝喾（kù）高辛：喾是名，高辛是他兴起的地方（部族所在地），得天下后用作号。②《帝王世纪》说，帝喾即位后都亳（bó），在今河南省偃师市境内。③族子：侄子。

【原文】

高辛生而神灵，自言其名[①]。普施利物，不于其身。聪以知远，明以察微。顺天之义，知民之急[②]。仁而威，惠而信，修身而天下服。取地之材而节用之，抚教万民而利诲[③]之，历日月而迎送之[④]，明鬼神而敬事之。其色郁郁，其德嶷嶷[⑤]，其动也时，其服也士[⑥]。帝喾溉执中而遍天下[⑦]。日月所照，风雨所至，莫不从服。

【注释】

①自言其名：生下来便叫出自己的名字。②顺天之义，知民之急：效法上天的德义，了解民众的迫切需要。③利诲：因势利导。④历日月而迎送之：根据日月运行制作历法来推算季节朔望。⑤郁郁：通“穆穆”。端庄和悦的样子。嶷嶷：高峻的样子。指品德高尚。⑥其服也士：衣着俭朴，像一般士人一样。⑦溉执中而遍天下：指帝喾行政公平而不偏颇，使普天下都得到好处。中：中道，处理事情恰如其分。溉：或曰通“概”，平斗斛的木推，引申为公平；或曰如水灌溉，公平均一。

【原文】

帝喾娶陈锋氏[①]女，生放勋；娶娵訾氏[②]女，生挚。帝喾崩，而挚代立。帝挚立，不善[③]，而弟放勋立，是为帝尧。

【注释】

①陈锋氏：部族名。②娵訾（jū zī）：部族名。③不善：

古本作“不著”。指帝挚在位无明显的政绩。

【原文】

帝尧[①]者，放勋。其仁如天，其知如神[②]。就之如日[③]，望之如云[④]。富而不骄，贵而不舒[⑤]。黄收纯衣[⑥]，彤车乘白马。能明驯德[⑦]，以亲九族[⑧]。九族既睦，便章[⑨]百姓。百姓昭明，合和万国。

【注释】

①尧：古代传说中的著名帝王。实为父系氏族社会后期（即禅让时期）部落联盟首领。号放勋，称陶唐氏，又称伊祁氏。②知：通“智”。③就之如日：形容其为人们所倾慕，就像人们想依附太阳一样。④望之如云：形容其恩德就像云雨滋润万物一样，为人们所敬仰。⑤舒：松懈；傲慢。⑥黄收：黄色的帽子。收：古代帽子名。纯，一作才，通“缁”，黑色。又王引之《经义述闻》谓“纯”，当读“黗”（tún），黄浊色。故纯衣当为深黄色衣服。⑦明：修明。驯德：恭顺高尚的品德。⑧九族：指同族九代人，从自身算起，上推到四世高祖，下推至四世玄孙；一说指父族四，母族三，妻族二。⑨便（pián）章：辨别明暗。

【原文】

乃命羲、和[①]，敬顺昊[②]天，数法日月星辰[③]，敬授民时[④]。分命羲仲，居郁夷[⑤]，曰旸谷[⑥]。敬道日出[⑦]，便程东作。日中，星鸟，以殷中春[⑧]。其民析[⑨]，鸟兽字微。申命羲叔，居南交[10]。便程南为，敬致[11]。日永，星火，以正中夏[12]。其民因[13]，鸟兽希革[14]。申命和仲，居西土，曰昧谷[15]。敬道日入，便程西成[16]。夜中，星虚，以正中秋[17]。其民夷易[18]，鸟兽毛毨[19]。申命和叔，居北方，曰幽都[20]。便在伏物[21]。日短，星昴，以正中冬[22]。其民燠[23]，鸟兽氄[24]毛。岁三百六十六日，以闰月正四时。信饬百官[25]，众功皆兴。

【注释】

①羲、和：羲氏、和氏。羲、和两部族都是世代掌管季节时令的，所以尧分别任命羲仲、羲叔、和仲、和叔掌管四方的季节时令。②昊（hào）：深远广阔。③数法日月星辰：观察日月星辰的运行来制定历数。④敬授民时：慎重地教给民众农事季节。⑤郁夷：极东的地方。⑥旸（yáng）谷：传说是太阳升起的地方，或作“汤谷”。⑦敬道日出：恭敬地迎接朝阳升起。日出，指春天的朝阳。⑧日中，星鸟，以殷中春：指确定仲春的节候（春分）。日中：春分时昼夜一般长，故称日中（中指昼夜平分）。星鸟：观察鸟星。⑨析：分散，分工。男女老幼各干各的农活；或说是分散到田野里干农活。⑩微：通“尾”，交尾。申：重，又。南交：南方最远的边境。或说即古交阯。⑪便程南为：有计划地分配夏天的农事；或说指辨别测定日道向南移动的时刻。敬致：恭敬地办事以获得成功；或说是恭敬地祭日而记下日影的长短，即所谓“昼测日影”。⑫日永，星火，以正中夏：指确定仲夏的节候（夏至）。日永：夏至白昼最长。火：夏至黄昏时刻，见于中天的苍龙七宿

中的“心宿”，特指其中的主星“大火”，又名商星。不是行星之一的火星。⑬因：沿袭，指继续在田野里干农活。⑭希革：夏天，鸟兽换毛，皮上羽毛稀少。希，通“稀”。⑮昧谷：西方日落的地方。日落而天下昏黑，故曰昧谷。⑯敬道日入：恭敬地送太阳落土。西成：安排好秋天收成的农事，或说指辨别测定日落时刻。⑰夜中，星虚，以正中秋：指确定仲秋的节候（秋分）。夜中：秋分时昼夜一般长。⑱夷易：舒适快乐。秋天丰收了，气候又凉爽，所以民众生活愉快。⑲毨(xiǎn)：鸟兽更生新毛。⑳幽都：北方地名。㉑便在伏物：注意安排好冬天积蓄储藏的事。在，有专注的意思。㉒日短，星昴（mǎo)，以正中冬：指确定仲冬的节候（冬至)。日短：冬至白昼最短。昴：冬至黄昏时刻见于中天的有白虎七宿，星昴指其中的第四星“昴宿”。㉓燠（yù)：暖和。指人们穿上冬装，在屋子里避寒。㉔氄（rǒng)：细软的毛。指寒冬鸟兽都密密地生长出细软的毛。㉕信饬（chì）百官：按时命令主管各种事务的官员。

【原文】

尧曰：“谁可顺此事[①]？”放齐曰：“嗣子丹朱开明[②]。”尧曰：“吁[③]！顽凶，不用。”尧又曰：“谁可者？”讙兜曰：“共工旁聚布功[④]，可用。”尧曰：“共工善言，其用僻，似恭漫天[⑤]，不可。”尧又曰：“嗟，四岳[⑥]！汤汤洪水滔天，浩浩怀山襄陵[⑦]。下民其忧，有能使治者？”皆曰：“鲧[⑧]可。”尧曰：“鲧负命毁族[⑨]，不可。”岳曰：“异哉！试不可用而已。”尧于是听岳用鲧。九岁，功用不成[⑩]。

【注释】

①顺：继承。此事：指治理国家的大事。②放齐：尧的大臣。嗣子：父亲的继承人。丹朱：尧的嫡长子。③吁（xū）：感叹词。④讙兜（huān dōu）：尧的大臣。共工：人名；担任工师，或说担任水官。旁聚布功：广泛地聚集民众，开展各项事业；或说指防治水灾。⑤用僻：办事乖僻无能，或解释为用意邪僻。似恭漫天：外貌好像恭顺，内心却骄傲。漫天，连对上天都怠慢不恭。⑥四岳：分掌四方的诸侯首领。或认为四岳即太岳，为官名；或认为四岳即上文讲到的羲仲、羲叔、和仲、和叔。⑦汤汤（旧读 shāng shāng）：即“荡荡”，水波奔腾的样子。怀山：包裹山岭。襄陵：淹没高地。襄，上升。⑧鲧（gǔn）：人名。夏禹的父亲。⑨负命：违背教化命令。毁族：毁败同类的人。⑩九岁：另本作“九载”。《尔雅·释天》云：“载，岁也。夏曰祀，周曰年，唐虞曰载。”功用不成：没有成就。指水害没有治好。

【原文】

尧曰：“嗟！四岳！朕在位七十载，汝能庸命，践朕位[①]？”岳应曰：“鄙德，忝[②]帝位。”尧曰：“悉举贵戚及疏远隐匿者[③]。”众皆言于尧曰：“有矜在民间[④]，曰虞舜。”尧曰：“然，朕闻之[⑤]。其何如？”岳曰：“盲者子。父顽，母嚚[⑥]，弟傲，能和以孝，烝烝治，不至奸[⑦]。”尧曰：“吾其试哉！”于是尧妻之二女，观其德于二女。舜饬下二女于妫汭[⑧]，如妇礼。尧善之，乃使舜慎和五典[9]，五典能从；乃遍入百官，百官时序[10]；宾于四门，四门穆穆，诸侯远方宾客皆敬[11]。尧使舜入山林川泽，暴风雷雨，舜行不迷[12]。尧以为圣，召舜曰："女谋事至而言可绩[13]，三年矣。女登帝位。"舜让于德不怿[14]。正月上日[15]，舜受终于文祖[16]。文祖者，尧大祖也[17]。

【注释】

①庸命：用命；执行命令，忠于职守。践朕位：指继位作天子。②鄙德：德行浅薄。忝：辱没。③贵戚：显贵；亲近。疏远隐匿者：指地位低名声小的人。④矜（guān）：通"鳏"，无妻的男子。⑤朕闻之：说给我听听；或理解为我听说过。⑥嚚（yín）：内心险恶，爱说坏话。⑦烝烝：上进，做好事。奸：干坏事。⑧饬下二女：命令二女放下身份。妫：水名。黄河支流，源出于山西省历山，西流至蒲州入黄河。汭（ruì）：河道弯曲处或河流的北岸；有人认为汭也是水名，与妫水合流后进入黄河。⑨五典：即五教，指父义、母慈、兄友、弟恭、子孝等伦理道德。⑩遍入百官：总领百官职事。序：工作井井有条。⑪宾：用如动词，迎接朝见的诸侯和远方的宾客。诸侯是隶属于中央的；远方宾客是没有隶属关系的异国客人。四门：明堂（天子朝会诸侯的地方）的四方之门。穆穆：庄敬肃穆的样子。⑫入山林川泽：视察山林水泽。⑬至：周到。言可绩：说了便能做到。绩：功效。这里用如动词，奏效。⑭舜让于德不怿：舜用道德不能使人悦服来推辞。或断为："舜让于德，不怿。"不怿（yì）：不悦，不愿继承帝位。⑮上日：朔

日；初一。⑯受终：接受尧的禅让。文祖：帝尧的祖庙。文祖是对祖先的美称。⑰大祖：即太祖，开国皇帝。

【原文】

于是，帝尧老，命舜摄行天子之政，以观天命[1]。舜乃在璇玑玉衡[2]，以齐七政[3]。遂类于上帝[4]，禋[5]于六宗，望于山川[6]，辩于群神[7]。揖五瑞[8]，择吉月日，见四岳诸牧，班瑞[9]。岁二月，东巡狩[10]，至于岱宗，祡[11]，望秩[12]于山川。遂见东方君长[13]，合时月，正日，同律度量衡[14]，修五礼[15]、五玉、三帛、二生、一死为挚[16]。如五器[17]，卒乃复[18]。五月，南巡狩；八月，西巡狩；十一月，北巡狩：皆如初。归，至于祖祢庙，用特牛礼[19]。五岁一巡狩，群后四朝[20]。遍告以言[21]，明试以功[22]，车服以庸[23]。肇十有二州[24]，决川[25]。象以典刑[26]，流宥五刑[27]，鞭作官刑[28]，扑作教刑[29]，金作赎刑[30]。眚灾过，赦[31]；怙终贼，刑[32]。钦哉，钦哉，唯刑之静哉[33]。

【注释】

①观天命：古人迷信天意。②在：专注地观察。璇（xuán）玑玉衡：用玉装饰的观察天文的仪器（类似后世的浑天仪）。③齐：整齐；规正。七政：指日月五星（金、木、水、火、土）。齐七政，即观察日月星辰来校正历法。或认为“七政”指下面讲的祭祀、班瑞、东巡、南巡、西巡、北巡、归祖七件政事。④类于上帝：举行特殊祭礼，把事类报告上天。类，祭祀名。⑤禋（yīn）：祭祀名。把祭品放在火上烧，使香味随烟上达于天，故名禋。⑥望：祭祀名，遥望名山大川

举行祭祀活动。⑦辩：通“遍”，普遍地祭祀。⑧揖：通“辑”，收回。五瑞：公、侯、伯、子、男五等爵位的诸侯所执的瑞信。⑨见：召见。诸牧：各地长官；诸侯。班：颁发，将所取瑞信再颁发给诸侯。⑩巡狩（shòu）：帝王巡察各地，检查诸侯政绩。⑪祡（chái）：作“柴”，祭祀名。烧柴焚燎来祭祀天神。⑫望秩：按次序遥祭。秩，次序，等级。⑬君长：指诸侯（部族首领）。⑭同：统一。律：音律。古代音乐用竹管定音，分十二律。度：长度（丈、尺等）。量：容量（斗、斛等）。衡：重量（斤、两等）。⑮五礼：指吉礼（用于祭祀）、凶礼（用于丧葬）、宾礼（用于礼宾）、军礼（用于军事）和嘉礼（用于冠婚）。修明五礼是为了统一全国的风俗习惯。或说“五礼”指五等爵位诸侯的朝聘之礼。⑯五玉：即“五瑞”。三帛：三种不同质地色彩的丝帛，挚：通“贽”，拜见时的礼物。⑰五器：即五玉。器，玉器。⑱卒乃复：礼仪完毕后便还给进见者，作为下次进见之用。⑲祖祢（nǐ）：即文祖，指尧的始祖庙。何休说：“生曰父，死曰考，庙曰祢。”特牛礼：以一头公牛作祭品的祭礼。⑳五岁一巡狩，群后四朝：五年当中，天子到各方巡视一次，其间四年，四方诸侯分别来京朝见一次。后：君长。此处指诸侯。㉑遍告以言：诸侯普遍向天子报告治理天下的情况；亦可解释为天子向各方诸侯宣布治理国家的意见。㉒明试以功：天子公开地考察检验诸侯的功绩。㉓车服以庸：对于政绩卓著的诸侯，则用车服作赏赐。庸，慰劳。㉔肇（zhào）：开始，这里指开始建立。㉕川：

疏通河道。㉖象以典刑：把正常的刑律刻在器物上。象，刻画。典，常。有人把“象”解释为刑罚的象征性，即并没有真正受到刑罚的人，或处罚较轻。㉗流宥五刑：用流放的办法来从宽处理因无知而触犯五刑的人。流：流放。宥（yòu）：宽恕；从宽发落。㉘鞭作官刑：官府中用皮鞭施刑。㉙扑作教刑：学校中犯法者，用扑（夏木或楚木做的戒尺一类的刑具）惩罚。㉚金作赎刑：用金钱赎罪。㉛眚（shěng）灾过，赦：因无心或灾害造成的过失，则赦免。㉜怙（hù）终贼，刑：坚持并多次作恶，便施以刑罚。怙：倚仗；坚持。终：终不改悔。贼：残贼，作恶。或认为“贼”通“则”，断句为：“怙终贼（则）刑。”㉝钦：慎重的意思。唯刑之静：静刑，希望用刑得当。

【原文】

讙兜进言共工，尧曰“不可”，而试之工师，共工果淫辟[①]。四岳举鲧治鸿水，尧以为不可，岳强请试之，试之而无功，故百姓不便。三苗[②]在江淮、荆州数为乱。于是舜归而言于帝[③]，请流共工于幽陵，以变北狄；放讙兜于崇山[④]，以变南蛮；迁三苗于三危[⑤]，以变西戎；殛[⑥]鲧于羽山，以变东夷[⑦]。四罪而天下咸服。

【注释】

①进言：上奏推荐。试之工师：试用共工做工师（管理工程建筑的官）。淫辟：骄横邪恶。②三苗：南方的一个部族，散居于今湘、鄂、赣、皖毗邻地区，可能是苗族的祖先。

③归：巡狩归来。帝：指帝尧。④崇山：在今湖南省张家界市永定区西南；或说在今广西壮族自治区西林县、凌云县一带。⑤三危：山名。在今甘肃省敦煌市东。⑥殛（jí）：这里和“流”“放”“迁”同义，动词变化运用，都是流放的意思。⑦东夷：夷、蛮、戎、狄，都是古代对东南西北四方的部族或少数民族的称呼。

【原文】

尧立七十年得舜；二十年而老，令舜摄行天子之政，荐之于天[①]。尧辟位[②]凡二十八年而崩。百姓悲哀，如丧父母。三年，四方莫举乐，以思尧[③]。尧知子丹朱之不肖[④]，不足授天下，于是乃权授舜。授舜，则天下得其利而丹朱病[⑤]；授丹朱，则天下病而丹朱得其利。尧曰：“终不以天下之病而利一人。”而卒授舜以天下。尧崩，三年之丧毕，舜让辟丹朱于南河[⑥]之南。诸侯朝觐者不之丹朱而之舜，狱讼者不之丹朱而之舜，讴歌者不讴歌丹朱而讴歌舜。舜曰：“天也！”夫而后之中国[⑦]践天子位焉，是为帝舜。

【注释】

①荐之于天：向上天推荐舜，参看前“观天命”注。②辟位：退位；退让帝位。辟，通“避”。③自“帝尧者，放勋”至此，多引自《尚书·尧典》与《尚书·舜典》。④不肖（xiào）：不相似，一般指子弟品行不好，不似父兄。此处指尧知丹朱不像自己，即不贤。⑤病：与利对举，指有害，困窘。⑥南河：此指黄河自潼关以下西东流向的一段。⑦中国：此指

国都之中。

【原文】

虞舜者，名曰重华[①]。重华父曰瞽叟[②]，瞽叟父曰桥牛，桥牛父曰句望，句望父曰敬康，敬康父曰穷蝉，穷蝉父曰帝颛顼，颛顼父曰昌意，以至舜七世矣。自从穷蝉以至帝舜，皆微为庶人。

【注释】

①虞：传说中的部落名，即有虞氏。舜：传说中父系氏族社会部落联盟的领袖。重华：舜名。据说舜目为重瞳子，故号重华。②瞽（gǔ）叟：舜父名。瞽是眼瞎的意思，结合前文“盲者子”看，瞽叟是个盲人。

【原文】

舜父瞽叟盲，而舜母[①]死。瞽叟更娶妻而生象，象傲。瞽叟爱后妻子，常欲杀舜，舜避逃；及有小过，则受罪。顺事父及后母与弟，日以笃谨，匪有解。

【注释】

①母：《帝王世纪》说舜母名握登，生舜于姚墟，因而舜姓姚。

【原文】

舜，冀州[①]之人也。舜耕历山[②]，渔雷泽[③]，陶[④]河滨，作什器于寿丘[⑤]，就时于负夏[⑥]。舜父瞽叟顽，母嚚，弟象傲，皆欲杀舜。舜顺适不失子道，兄弟孝慈[⑦]。欲杀，不可得；即求，尝在侧[8]。

【注释】

①冀州：古九州之一。相当于今山西、河南北部、河北省大部及辽宁西部。②历山：山名。③雷泽：一名雷水。古泽名。在今山西省永济市南。④陶：烧窑，代指陶器。⑤什器：饮食器皿。寿丘：在今山东省曲阜市东北。⑥就时：乘时。乘时逐利，即作生意。负夏：邑名。在今山东省济宁市兖州区北。⑦兄弟孝慈：对弟弟尽兄长之道，对父母尽孝道。为两个动宾结构。⑧不可得：找不到机会。即：假如。侧：指身边。

【原文】

舜年二十以孝闻。三十而帝尧问可用者，四岳咸荐虞舜，曰可。于是尧乃以二女妻舜以观其内，使九男与处以观其外。舜居妫汭，内行弥谨，尧二女不敢以贵骄事舜亲戚[1]，甚有妇道。尧九男皆益笃。舜耕历山，历山之人皆让畔[2]；渔雷泽，雷泽上人皆让居；陶河滨，河滨器皆不苦窳[3]。一年而所居成聚，二年成邑，三年成都[4]。尧乃赐舜絺[5]衣，与琴，为筑仓廪，予牛羊。瞽叟尚复欲杀之，使舜上涂[6]廪，瞽叟从下纵火焚廪。舜乃以两笠自扞而下，去，得不死。后瞽叟又使舜穿井，舜穿井为匿空，旁出[7]；舜既入深，瞽叟与象共下土实井，舜从匿空出，去。瞽叟、象喜，以舜为已死。象曰："本谋者象。"象与其父母分，于是曰："舜妻尧二女与琴，象取之。牛羊、仓廪予父母。"象乃止[8]舜宫居，鼓其琴。舜往见之。象鄂不怿[⑨]，曰：“我思舜正郁陶[⑩]。”舜曰：“然，尔其庶矣[⑪]！”舜复事瞽叟爱弟弥谨。于是尧乃试舜五典、百官，皆治。

【注释】

①内行：家内的行为。弥：更加。亲戚：指父母及兄弟姊妹。②畔：田地的边界。③苦窳（yǔ）：粗劣。④聚：村落。邑、都：集镇、都市。⑤绨（chī）：用葛纤维制成的细布。⑥涂：涂抹；修理。⑦匿空：在井壁上打的洞。旁出：从井壁旁通向外面。⑧止：留居。⑨鄂：通“愕”，惊讶。不怿：不高兴，这里有难为情的意思。⑩郁陶：忧愁痛苦。⑪尔其庶矣：你已经不错了（形容舜毫不介意）。庶：庶几；差不多。

【原文】

昔高阳氏有才子八人，世得其利，谓之“八恺[①]”。高辛氏有才子八人，世谓之“八元[②]”。此十六族[③]者，世济其美，不陨其名[④]。至于尧，尧未能举。舜举八恺，使主后土[⑤]，以揆[⑥]百事，莫不时序。举八元，使布五教于四方，父义，母慈，兄友，弟恭，子孝；内平外成[⑦]。

【注释】

①高阳氏：指颛顼的后代。恺（kǎi）：和善。②高辛氏：指帝喾的后代。元：善良。③十六族：指上述十六人的后代繁衍，形成十六个氏族。④世济其美：世世代代都能成就他们的美德。济：成就；保全。不陨其名：陨（yǔn），坠落。没有

损伤过他们祖先的美好名声。⑤后土：掌管水土。⑥揆(kuí)：管理；计划安排。⑦内平：指诸侯各族（国内）团结安定。外成：指边境外族向往教化，归复华夏。

【原文】

昔帝鸿氏[1]有不才子，掩义隐贼[2]，好行凶慝，天下谓之“浑沌”[3]。少皞氏[4]有不才子，毁信恶忠，崇饰恶言[5]，天下谓之“穷奇”[6]。颛顼氏有不才子，不可教训，不知话言[7]，天下谓之“梼杌”[8]。此三族世忧之。至于尧，尧未能去。缙云氏[9]有不才子，贪于饮食，冒于货贿[10]，天下谓之“饕餮”[11]。天下恶之，比之三凶。舜宾于四门[12]，乃流四凶族，迁于四裔[13]，以御螭魅[14]，于是四门辟，言毋[15]凶人也。

【注释】

①帝鸿氏：即黄帝族。②掩义隐贼：包庇奸邪。义，通“俄”，奸邪。③浑沌：不开化、野蛮无序的意思。④少皞(hào)氏：黄帝以后的一位帝王，又称金天氏。⑤毁信恶忠：毁坏信义，憎恶忠直。崇饰恶言：宣扬和粉饰各种恶言恶语。⑥穷奇：极其怪僻的意思。⑦话言：指善长言辞。⑧梼杌(táo wù)：顽凶无比的样子。⑨缙云氏：炎帝的后代。黄帝时任缙云（赤云）之官。⑩冒于货贿：贪恋财物。冒，贪。⑪饕餮（tāo tiè)：贪婪的样子。⑫舜宾于四门：舜在四门主持接待四方宾客。⑬裔：衣边。引申为边远的地方。⑭以御螭魅(chī mèi)：用以杜绝坏人坏事。含惩一儆百的意思。螭魅，传说为山林中害人的怪物，这里比喻坏人。⑮四门辟：四门畅

通无阻。辟，开。毋：通“无”。

【原文】

舜入于大麓[1]，烈风雷雨不迷，尧乃知舜之足授天下。尧老，使舜摄行天子政，巡狩。舜得举用事二十年，而尧使摄政。摄政八年而尧崩。三年丧毕，让丹朱，天下归舜。而禹、皋陶、契、后稷、伯夷、夔、龙、倕、益、彭祖，自尧时而皆举用，未有分职。于是舜乃至于文祖，谋于四岳，辟四门，明通四方耳目，命十二牧论帝德[2]：行厚德，远佞人，则蛮夷率服[3]。舜谓四岳曰：“有能奋庸美[4]尧之事者，使居官相事。”皆曰：“伯禹为司空[5]，可美帝功。”舜曰：“嗟，然！禹，汝平水土，维是勉哉！”禹拜稽首[6]，让于稷、契与皋陶。舜曰：“然，往矣！”舜曰：“弃，黎民始饥，汝后稷播时[7]百谷。”舜曰：“契，百姓不亲，五品[8]不驯，汝为司徒，而敬敷五教，在宽[9]。”舜曰：“皋陶，蛮夷猾夏[10]，寇贼奸轨[11]，汝作士[12]。五刑有服，五服[13]三就；五流有度，五度三居[14]。维明能信[15]。”舜曰：“谁能驯予工[16]？”皆曰垂可。于是以垂为共工[17]。舜曰：“谁能驯予上下[18]草木鸟兽？”皆曰益可。于是以益为朕虞[19]。益拜稽首，让于诸臣朱虎、熊罴[20]。舜曰：“往矣，汝谐[21]。”遂以朱虎、熊罴为佐。舜曰：“嗟！四岳，有能典朕三礼[22]？”皆曰伯夷可。舜曰：“嗟！伯夷，以汝为秩宗[23]。夙夜[24]维敬，直哉维静絜[25]。”伯夷让夔、龙。舜曰：“然。以夔为典乐[26]，教稚子[27]，直而温，宽而栗，刚而毋虐，简而毋傲；诗言意，歌长言[28]，声依永，律和声[29]，八音能谐[30]，毋相夺伦，神人以和。”夔曰：“於！予击石拊石，百兽率舞[31]。”舜曰：“龙，朕畏忌谗说殄伪[32]，振惊朕众。命汝为纳言[33]，夙夜出入[34]朕命，惟信。”舜曰：“嗟！女二十有二人[35]敬哉。惟时相天事[36]。”三岁一考功，三考绌陟[37]，远近众功咸兴。分北三苗[38]。

【注释】

①大麓：深山密林。②明通四方耳目：使自己对四方的事无所不明白，无所不知。十二牧：十二州的长官。论帝德：讨论帝王应有的德行。③厚：宽厚，仁慈。蛮夷：古代称南方民族为蛮，东方的为夷。这里泛指四方的部族。率服：相率归服。④奋：奋发。庸：用；执行天命。美：作动词用，有发扬光大的意思。⑤司空：掌平治水土的官。⑥稽（qǐ）首：叩头致敬。⑦弃：即前面说的“稷”，又叫“后稷”（事见《周本纪》）。后稷：掌管农事的官。时：通“莳”，种植。⑧五品：即五伦，指君臣、父子、夫妇、兄弟、朋友五种伦常关系。⑨司徒：掌管教化的官。敷：布，传播。在宽：注意宽和，即逐渐感化，不过激。⑩猾：扰乱，侵犯。⑪寇贼奸轨：指坏人作恶。抢东西叫寇；杀人叫贼。奸，在内作恶；轨，通“宄”，在外作恶。⑫士：狱官（掌管刑法的官）之长。⑬服：服从，指判处五刑时轻重适中。⑭五流：五刑改为流放，仍分五等。即前文“流宥五刑”之意。度：指流放处所；《尚书》作“宅”。三居：三等流放区。大罪流放到四裔（四方边境）之外，次罪流放到九州之外，再次罪流放到国都

之外。⑮维明能信：明白宣布罪行，便能使人信服。⑯工：百工，如金工、木工、石工、陶工等。⑰共工：管理百工的官名。⑱上：指高原山林。下：指低地川泽。⑲虞：管理山林川泽的官。“朕”字用第一人称口气。⑳朱虎、熊罴：人名。㉑谐：合适。㉒典：主管。三礼：祭天神、祭地祇(qí)、祭鬼的三种礼仪。㉓秩宗：主管祭祀的礼官。㉔夙夜：朝朝暮暮。㉕直：正直。静絜：公正而清明。㉖典乐：掌管音乐的官。㉗稚子：小孩子，特指贵族子弟。《尚书》作“胄(zhòu)子”。㉘诗言意：诗表达思想感情。歌长言：歌是能唱的诗。长言即拖长节拍。㉙声依永：乐声要依照拖长了的歌词。永，长。律和声：用音律来使歌声协调。古代按乐声高低分为十二律吕。㉚谐：和谐。八音：指各种乐器发出的声音。㉛拊(fǔ)：拍打。百兽：各种兽类。率：相随；顺从。百兽率舞谓各种兽类顺着击磬的节拍跳起舞来。㉜谗说：伤害正直善良者的言论。殄(tiǎn)伪：灭绝道德的行为。伪：通“为”，人的行为。㉝纳言：主管传令和收集意见的官。㉞出入：传出命令与收集意见；或侧重于“出”，复词偏义。㉟二十有二人：指此次任命的禹、后稷、契、皋陶、垂、益、朱虎、熊罴、伯夷、夔、龙、彭祖等十人与十二牧。㊱天事：指上天所要求的事，即治理天下的大事。㊲考功：考察功绩，评定优劣。三考绌陟：根据三次考察的优劣而贬降或提升。陟(zhì)：提升。㊳分北：把三苗的人根据情况分开，有的留在原地，有的流放。北，通“背”。

【原文】

此二十二人咸成厥功[①]：皋陶为大理[②]，平，民各伏[③]得其实；伯夷主礼，上下咸让；垂主工师[④]，百工致功；益主虞，山泽辟；弃主稷[⑤]，百谷时茂；契主司徒，百姓亲和；龙主宾客，远人至，十二牧行而九州莫敢辟违；唯禹之功为大，披九山，通九泽，决九河，定九州，各以其职来贡，不失厥宜[⑥]。方五千里，至于荒服[⑦]。南抚交阯、北发[⑧]，西戎、析枝、渠廋、氐、羌[⑨]，北山戎、发、息慎[⑩]，东长、鸟夷[⑪]，四海之内咸戴帝舜之功。于是禹乃兴《九韶》[⑫]之乐，致异物[⑬]，凤皇来翔。天下明德皆自虞帝始。

【注释】

①厥：其，他的。②大理：主管刑法的官员。③伏：拜伏；臣服。④工师：官员，即共工。⑤稷：这里以稷借代农业。⑥“唯禹”等句：参看《夏本纪》有关各注。⑦荒服：指距王畿最荒远的地方。参看《夏本纪》注。⑧北发：地名。《索隐》认为当作北户。北户在今越南境内。⑨戎、析枝、渠廋、氐、羌（qiāng）：皆西方部族名。⑩山戎、发、息、慎：皆北方部族名。⑪鸟夷：东方部族名，一说鸟夷指今日本。⑫《九韶》：乐曲名。⑬致异物：招致珍奇的动植物（凤凰即其中之一）。

【原文】

舜年二十以孝闻，年三十尧举之，年五十摄行天子事，年五十八尧崩，年六十一代尧践帝位；践帝位三十九年，南巡狩，崩于苍梧[①]之野。葬于江南九疑[②]，是为零陵[③]。

【注释】

①苍梧：地区名。指今湖南省南部、广西东北部和广东省西北部一带。②九疑：山名。在今湖南省宁远县南。③零陵：古地名。在今湖南省宁远县南。

【原文】

舜之践帝位，载天子旗，往朝父瞽叟，夔夔[①]唯谨，如子道。封弟象为诸侯[②]。舜子商均亦不肖，舜乃豫[③]荐禹于天。十七年而崩。三年丧毕，禹亦乃让舜子，如舜让尧子。诸侯归之，然后禹践天子位。尧子丹朱，舜子商均，皆有疆土，以奉先祀[④]。服其服，礼乐如之[⑤]。以客见天子；天子弗臣[⑥]，示不敢专也。

【注释】

①夔夔：顺从恭敬的样子。②封弟象为诸侯：据《帝王世纪》记载，“舜弟象封于有鼻”。③豫：通“预”，事先。④奉先祀：奉行祖先的祭祀。⑤服其服，礼乐如之：穿他们（唐或虞）自己的服饰，礼乐也同样用他们自己的。⑥弗臣：不把他们当臣下对待。

【原文】

自黄帝至舜、禹，皆同姓[①]而异其国号[②]，以章明德[③]。故黄帝为有熊，帝颛顼为高阳，帝喾为高辛，帝尧为陶唐，帝舜为有虞。帝禹为夏后[4]而别氏，姓姒氏。契为商，姓子氏。弃为周[5]，姓姬氏。

【注释】

①同姓：同出一姓，都是少典的后裔。②国号：指封为诸侯（独立成另一部族）时各有不同名号。③章：光明。明德：光明的德行。④夏后：禹的国号。⑤契为商：契的国号是商。其后代子孙灭夏后建立商朝。弃为周：弃（后稷）的国号是周。其后代子孙灭商后建立周朝。

【原文】

太史公[1]曰：学者多称五帝，尚[2]矣。然《尚书》[3]独载尧以来；而百家言黄帝，其文不雅驯，荐绅[4]先生难言之。孔子所传《宰予问五帝德》及《帝系姓》[5]，儒者或不传[6]。余尝西至空桐，北过涿鹿，东渐于海，南浮江淮矣[7]；至，长老皆各往往称黄帝、尧、舜之处，风教固殊[8]焉。总之，不离古文[9]者近是。予观《春秋》《国语》[10]，其发明《五帝德》《帝系姓》章[11]矣，顾弟[12]弗深考，其所表见皆不虚[13]。《书》缺有间[14]矣，其轶乃时时见于他说[15]。非好学深思，心知其意，固难为浅见寡闻道也。余并论次，择其言尤雅者，故著为本纪书首[16]。

【注释】

①太史公：《史记》一百三十篇，每篇后面都有“太史公曰”加以评论，表明作者对有关历史人物与历史事件的看法。

②尚：通“上”，久远。③《尚书》：我国最古老的史书，是儒家经典之一，保存了商、周时代的很多重要史料和远古传说。④百家：指儒家以外的各家。雅驯：典雅合理。荐绅：通“缙绅”，指士大夫，此处指有学问的人。⑤《宰予问五帝德》及《帝系姓》：即《五帝德》《帝系姓》，皆《大戴礼记》及《孔子家语》中的篇名。《史记》关于尧以前的记述主要采自这两篇。⑥儒者或不传：《大戴礼记》不是正式儒家经典，因此汉儒一般不传授学习。⑦“余尝”等句：司马迁二十岁以后曾漫游全国各地，此处提到的空桐、涿鹿，都是古地名。⑧风教固殊：遗留各地的风俗习惯，有显著差异。⑨古文：指古文《尚书》《春秋》《国语》等书。⑩《春秋》：儒家经典之一，是春秋时期的编年史。《国语》：春秋时期的一部国别史。⑪发明：发挥和阐明。章：明显。⑫顾弟：但是。“弟”，一般写作“第”。⑬其所表见：它们（指《春秋》等）的记述。虚：虚妄。⑭《书》缺有间（jiàn）：古文《尚书》缺亡，留下很多空白。一说“有间”指时间很久。⑮轶（yì）：散失。这里指《尚书》未记述的史料。时时：往往。他说：其他学说。⑯论次：研究编排。书首：写在前面，作为全书的第一篇。

【译文】

黄帝，少典族的子孙，姓公孙，名叫轩辕。生下来就显出神灵，几个月就会说话，年少的时候就心智周遍而且口才敏捷，长大后就敦厚机敏，二十岁成年时就见多识广对事明辨了。

轩辕之时，神农氏的子孙后代道德衰薄，各地方的诸侯互相侵犯攻伐，祸害黎民。可是，神农氏没有能力征讨他们。在这种情况下，轩辕就时常动用军事力量，去征讨诸侯中不来朝享的人，四方诸侯所以都来称臣归顺。但是，蚩尤最为残暴，还没有谁能去讨伐他。炎帝想侵犯凌辱诸侯，四方诸侯都来归复轩辕。轩辕就修治德政，整肃军旅，顺应四时五方的自然气象，种植黍、稷、菽、麦、稻等农作物，抚慰千千万万的民众，丈量四方的土地使他们安居，教导以熊罴貔貅貙虎为图腾的氏族习武，来和炎帝在阪泉的郊野作战。经过几番战斗，这之后黄帝就实现了要征服炎帝的愿望。蚩尤发动叛乱，不听从黄帝之命。于是，黄帝征调诸侯的军队，在涿鹿郊野与蚩尤作战，终于擒获并杀死了他。这样一来，诸侯都尊奉轩辕做天子，取代了神农氏，这就是黄帝。天下有不归顺的，黄帝就前去征讨，平定之后就率军离去。一路上劈山开道，从来没有在哪儿安宁地居住过。

黄帝往东到过东海，登上了丸山和泰山。往西到过空桐，登上了鸡头山。往南到过长江，登上了熊山、湘山。往北驱逐了荤粥部族，来到釜山与诸侯合验了符契，就在涿鹿山的山脚建起了都邑。黄帝四处迁徙，没有固定的住处，带兵走到哪里，就在哪里设置军营以自卫。黄帝所封官职都用云来命名，军队号称云师。他设置了左右大监，由他们督察各诸侯国。这时，万国安定。因此，自古以来，祭祀鬼神山川的要数黄帝时最多。黄帝获得上天赐给的宝鼎，于是观测太阳的运行，用占卜用的蓍草推算历法，预知节气日辰。他任用风后、力牧、常先、大鸿等治理民众。黄帝顺应天地四时的规律，推测阴阳的变化，讲解生死的道理，论述存与亡的原因，按照季节播种百谷草木，驯养鸟兽蚕虫，测定日月星辰以定历法，收取土石金玉以供民用，身心耳目，饱受辛劳，有节度地使用水、火、木材及各种财物。他做天子有土这种属性的祥瑞征兆，土色黄，所以号称黄帝。

黄帝有二十五个儿子，其中建立自己姓氏的有十四人。

黄帝居住轩辕之丘，并娶了西陵国的女子为妻，即嫘祖。嫘祖是黄帝的正妃，生了两个儿子，这两个人的后代都掌握过整个天下：其中第一子叫玄嚣，这就是青阳，青阳下封到地方，居住江水之滨；其中第二子叫昌意，下封到地方，居住若水。昌意娶了蜀山氏的女子为妻，她叫昌仆，生了儿子高阳，高阳是很有圣德的。

黄帝去世后，安葬在桥山。他的孙子、昌意的儿子高阳继位，这就是帝颛顼。

帝颛顼高阳，是黄帝的孙子，也即是昌意的儿子。宁静渊博因而很有智慧，疏旷通达因而知道各种道理，掌养财物以便发挥土地的作用，依照四时决定行动以便效法自然，依据对鬼神的尽心敬事来制订尊卑的义理，治理四时五行之气来教化民众，诚心诚意来进行祭祀。权力所及北边到了幽陵，南边到了交阯，西边到了流沙，东边到了蟠木。所有鸟兽草木，大大小小的山川神灵，凡是日月的光芒所能照射到的地方，没有不顺服而来归属的。

帝颛顼生了个儿子叫穷蝉。颛顼去世后，由玄嚣的孙子高辛继位，也就是帝喾。

帝喾高辛，是黄帝的曾孙。高辛的父亲叫蟜极，蟜极的父亲叫玄嚣，玄嚣的父亲就是黄帝。玄嚣和蟜极都没有登上帝位，到高辛时才登上帝位。高辛是颛顼的侄子。

高辛生来就很有灵气，一出生就叫出了自己的名字。他普遍施恩泽于众人而不及其自身。他耳聪目明，可以了解远处的情况，可以洞察细微的事理。他顺应上天的意旨，了解下民之所急。仁德而且威严，温和而且守信，修养自身，天下归服。他收取土地上的物产，节俭地使用；他抚爱教化万民，把各种有益的事教给他们；他推算日月的运行以定岁时节气，恭敬地迎送日月的出入；他明识鬼神，慎重地加以侍奉。他仪表堂堂，道德高尚。他行动合乎时宜，服用如同士人。帝喾治民，像雨水浇灌农田一样不偏不倚，遍及天下。凡是日月照耀的地方，风雨所到的地方，没有人不顺从归服。

帝喾娶陈锋氏的女儿，生下放勋。娶娵訾氏的女儿，生下挚。帝喾死后，挚接替帝位。帝挚登位后，没有干出什么政绩，于是弟弟放勋登位。这就是帝尧。

帝尧，就是放勋。他仁德如天，智慧如神。接近他，就像太阳一样温暖人心；仰望他，就像云彩一般覆润大地。他富有却不骄傲，尊贵却不放纵。他戴的是黄色的帽子，穿的是黑色衣裳，朱红色的车子驾着白马。他能尊敬有善德的人，使同族九代相亲相爱。同族的人既已和睦，又去考察百官。百官政绩昭著，各方诸侯邦国都能和睦相处。

帝尧命令羲氏、和氏，遵循上天的意旨，根据日月的出没、星辰的位次，制定历法，谨慎地教给民众从事生产的节令。另外，命令羲仲，住在郁夷，那个地方叫旸谷，恭敬地迎接日出，分别步骤安排春季的耕作。春分日，白昼与黑夜一样长，朱雀七宿中的星宿初昏时出现在正南方，据此来确定仲春之时。这时候，民众分散劳作，鸟兽生育交尾。又命令羲叔，住在南交，分别步骤安排夏季的农活儿，谨慎地干好。夏至日，白昼最长，苍龙七宿中的心宿（又称大火）初昏时出现在正南方，据此来确定仲夏之时。这时候，民众就居高处，鸟兽毛羽稀疏。又命令和仲，居住在西土，那地方叫作昧谷，恭敬地送太阳落下，有步骤地安排秋天的收获。秋分日，黑夜与白昼一样长，玄武七宿中的虚宿初昏时出现在正南方，据此来确定仲秋之时。这时候，民众移居平地，鸟兽再生新毛。又命令和叔，住在北方，那地方叫作幽都，认真安排好冬季的收藏。冬至日，白昼最短，白虎七宿中的昴宿初昏时出现在正南方，据此来确定仲冬之时。这时候，民众进屋取暖，鸟兽长满细毛。一年有三百六十六天，用置闰月的办法来校正春夏秋冬四季。帝尧真诚地告诫百官各守其职，各种事情都办起来了。

尧说："谁可以继承我的这个事业?"放齐说："你的儿子

丹朱通达事理。”尧说：“哼！丹朱嘛，他这个人愚顽、凶恶，不能用。”尧又问道：“那么，还有谁可以？”谨兜说：“共工广泛地聚集民众，做出了业绩，可以用。”尧说；“共工好讲漂亮话，用心不正，貌似恭敬，欺骗上天，不能用。”尧又问：“唉，四岳啊，如今洪水滔天，浩浩荡荡，包围了高山，漫上了丘陵，民众万分愁苦，谁可以派去治理呢？”大家都说鲧可以。尧说：“鲧违背天命，毁败同族，不能用。”四岳都说：“就任用他吧，试试不行，再把他撤掉。”尧因此听从了四岳的建议，任用了鲧。鲧治水九年，也没有取得成效。

尧说：“唉！四岳：我在位已经七十年了，你们谁能顺应天命，接替我的帝位？”四岳回答说：“我们的德行鄙陋得很，不敢玷污帝位。”尧说：“那就从所有同姓异姓远近大臣及隐居者当中推举吧。”大家都对尧说：“有一个单身汉流寓民间，叫虞舜。”尧说：“对，我听说过，他这个人怎么样？”四岳回答说：“他是个盲人的儿子。他的父亲愚昧，母亲顽固，弟弟傲慢，而舜却能与他们和睦相处，尽孝悌之道，把家治理好，使他们不至于走向邪恶。”尧说：“那我就试试他吧。”于是，尧把两个女儿嫁给他，从两个女儿身上观察他的德行。舜让她们降下尊贵之心住到妫河边的家中去，遵守为妇之道。尧认为这样做很好，就让舜试任司徒之职，谨慎地理顺父义、母慈、兄友、弟恭、子孝这五种伦理道德，人民都遵从不违。尧又让他参与百官的事，百官的事因此变得有条不紊。让他在明堂四门接待宾客，四门处处和睦，从远方来的诸侯宾客都恭恭敬敬。尧让舜视察山林水泽，遇上暴风雷雨，舜也没有迷路误事。尧更认为他十分聪明，很有道德，把他叫来说道："三年来，你做事周密，说了的话就能做到。现在你就登临天子位吧。"舜推让说自己的德行还不够，不愿接受帝位。正月初一，舜在文祖庙接受了尧的禅让。文祖也就是尧的太祖。

这时，尧年事已高，让舜代理天子之政事，借以观察他做天子是否合天意。舜于是通过观测北斗星，来考察日、月及金、木、水、火、土五星的运行是否有异常，接着举行临时仪式祭告上帝，用把祭品放在火上烧的仪式祭祀天地四时，用遥祭的仪式祭祀名山大川，又普遍地祭祀了各路神祇。他收集起公侯伯子男五等侯爵所持桓圭、信圭、躬圭、谷璧、蒲璧五种玉制符信，选择良月吉日，召见四岳和各州州牧，又颁发给他们。二月，舜去东方巡视，到泰山时，用烧柴的仪式祭祀东岳，用遥祭的仪式祭祀各地的名山大川。接着，他就召见东方各诸侯，协调校正四时节气、月之大小、日之甲乙，统一音律和长度、容量、重量的标准，修明吉、凶、宾、军、嘉五种礼仪，规定诸侯用五种圭璧、三种彩缯，卿大夫用羊羔、大雁二种动物，士用死雉作为朝见时的礼物，而五种圭璧，朝见典礼完毕以后仍还给诸侯。五月，到南方巡视；八月，到西方巡视；十一月，到北方巡视：都像起初到东方巡视时一样。回来后，告祭祖庙和父庙，用一头牛作祭品。以后每五年巡视一次，在其间的四年中，各诸侯国君按时来京师朝见。舜向诸侯们普遍地陈述治国之道，根据业绩明白地进行考查，根据功劳赐给车马衣服。舜开始把天下划分为十二个州，疏浚河川。规定根据正常的刑罚来执法，用流放的方法宽减刺字、割鼻、断足、阉割、杀头五种刑罚，官府里治事用鞭子施刑，学府教育用戒尺惩罚，罚以黄金可用作赎罪。因灾害而造成过失的，予以赦免；怙恶不悛、坚持为害的要施以刑罚。谨慎啊，谨慎啊，可要审慎使用刑罚啊！

谨兜曾举荐过共工，尧说“不行”，而谨兜还是试用他做工师，共工果然放纵邪僻。四岳曾推举鲧去治理洪水，尧说“不行”，而四岳硬说要试试看，试的结果是没有成效，所以百官都以为不适宜。三苗在江、淮流域及荆州一带多次作乱。这时舜巡视回来向尧帝报告，请求把共工流放到幽陵，以便改变北狄的风俗；把谨兜流放到崇山，以便改变南蛮的风俗；把三苗迁徙到三危山，以便改变西戎的风俗。把鲧流放到羽山，以便改变东夷的风俗：惩办了这四个罪人，天下人都悦服了。

尧在位七十年得到舜，又过二十年因年老而告退，让舜代行天子政务，向上天推荐。尧让出帝位二十八年后逝世。百姓悲伤哀痛，如同死了生身父母一般。三年之内，四方各地没有人奏乐，为的是悼念帝尧。尧了解自己的儿子丹朱不贤，不配传给他天下，因此才姑且试着让给舜。让给舜，天下人就都得到利益而只对丹朱一人不利；传给丹朱，天下人就会遭殃而只有丹朱一人得到好处。尧说：“我毕竟不能使天下人受害而只让一人得利。”所以，他最终还是把天下传给了舜。尧逝世后，三年服丧完毕，舜把帝位让给丹朱，自己躲到了南河的南岸。诸侯前来朝觐的不到丹朱那里去却到舜这里来，打官司的也不去找丹朱却来找舜，歌颂功德的不去歌颂丹朱却来歌颂舜。舜说“这是天意呀”，然后才到了京都，登上天子之位，这就是舜帝。

虞舜，名叫重华。重华的父亲叫瞽叟，瞽叟的父亲叫桥牛，桥牛的父亲叫句望，句望的父亲叫敬康，敬康的父亲叫穷蝉。穷蝉的父亲是颛顼帝，颛顼的父亲是昌意：从昌意至舜是七代了。自从穷蝉为帝之后一直到舜帝，中间几代地位低微，都是平民。

舜的父亲瞽叟是个盲人，舜的生母死后，瞽叟又续娶了一个妻子生下了象，象桀骜不驯。瞽叟喜欢后妻的儿子，常常想把舜杀掉，舜都躲过了；赶上有点小错儿，就会遭到重罚。舜很恭顺地侍奉父亲、后母及后母弟，一天比一天地忠诚谨慎，没有一点懈怠。

舜，是冀州人。舜在历山耕过田，在雷泽打过鱼，在黄河岸边做过陶器，在寿丘做过各种家用器物，在负夏跑过买卖。舜的父亲瞽叟愚昧，母亲顽固，弟弟象桀骜不驯，他们都想杀掉舜。舜却恭顺地行事，从不违背为子之道，友爱兄弟，孝顺父母。他们想杀掉他的时候，就找不到他；而有事要找他的时候，他又总是在身旁侍候着。

舜二十岁时，就因为孝顺出了名。三十岁时，尧帝问谁可以治理天下，四岳全都推荐虞舜，说这个人可以。于是，尧把两个女儿嫁给了舜来观察他在家的德行，让九个儿子和他共处来观察他在外的为人。舜居住妫水岸边，他在家里做事更加谨慎。尧的两个女儿不敢因为自己出身高贵就傲慢地对待舜的亲属，很讲究为妇之道。尧的九个儿子也更加笃诚忠厚。舜在历山耕作，历山人都能互相推让地界；在雷泽捕鱼，雷泽的人都能推让便于捕鱼的位置；在黄河岸边制作陶器，那里就完全没有次品了。一年的工夫，他住的地方就成为一个村落，两年就成为一个小城镇，三年就变成大都市了。见了这些，尧就赐给舜一套细葛布衣服，给他一张琴，为他建造仓库，还赐给他牛和羊。瞽叟仍然想杀他，让舜登高去用泥土修补谷仓，瞽叟却从下面放火焚烧。舜用两个斗笠保护着自己，像长了翅膀一样跳下来，逃开了，才得以不死。后来，瞽叟又让舜挖井，舜挖井的时候，在侧壁凿出一条暗道通向外边。舜挖到深处，瞽叟和象一起往下倒土填埋水井，舜从旁边的暗道出去，又逃开了。瞽叟和象很高兴，以为舜已经死了。象说："最初出这个主意的是我。"象跟他的父母一起瓜分舜的财产，说："舜娶过来尧的两个女儿，还有尧赐给他的琴，我都要了。牛羊和谷仓都归父母吧。"象于是住在舜的屋里，弹着舜的琴。舜回来后去看望他。象非常惊愕，继而又摆出闷闷不乐的样子，说："我正在想念你呢，想得我好心闷啊！"舜说："是啊，你可真够兄弟呀！"舜还像以前一样待奉父母，友爱兄弟，而且更加恭谨。这样，尧才试用舜去理顺五种伦理道德和参与百官的事，都干得很好。

从前，高阳氏有富于才德的子孙八人，世人得到他们的好处，称之为八恺，意思就是八个和善的人。高辛氏有有才德的子孙八人，世人称之为“八元”，意思就是八个善良的人。这十六个家族的人，世世代代保持着他们先人的美德，没有败落他们先人的名声。到尧的时候，尧没有举用他们。舜举用了八恺的后代，让他们掌管土地的官职，以处理各种事务，都办得有条有理。舜又举用了八元的后代，让他们向四方传布五教，使得做父亲的有道义、做母亲的慈爱、做兄长的友善、做弟弟的恭谨、做儿子的孝顺，于是国内太平，四周夷狄归化。

从前，帝鸿氏有个不成材的后代，掩蔽仁义，包庇残贼，好行凶作恶，天下人称他为浑沌。意思是说他野蛮不开化。少皞氏也有个不成材的后代，毁弃信义，厌恶忠直，喜欢邪恶的言语，天下人称他为穷奇，意思是说他怪异无比。颛顼氏有个不成材的后代，不可调教，不懂得好话坏话，天下人称他为梼杌，意思是说他凶顽绝伦。这三族，世人都害怕。到尧的时候，尧没有把他们除掉。缙云氏有个不成材的后代，贪于饮食，图于财货，天下人称之为饕餮，意思是说他贪得无厌。天下人憎恨他，将他与上面说的三凶并列称为四凶。舜在四门接待四方宾客时，流放了这四个凶恶的家族，把他们赶到了边远地区，去抵御害人的妖魔，从此开放了四门，大家都说没有恶人了。

舜进入深山密林的时候，遇到暴风雷雨也不迷路误事，尧于是才知道了凭着舜的才能是可以把天下传授给他的。尧年纪大了，让舜代行天子之政，到四方去巡视。舜被举用掌管政事二十年，尧让他代行天子的政务。代行政务八年，尧逝世了。服丧三年完毕，舜让位给丹朱，可是天下人都来归服舜。禹、皋陶、契、后稷、伯夷、夔、龙、倕、益、彭祖，从尧的时候就都得到举用，却一直没有职务。于是，舜就到文祖庙，与四岳商计，开放四门，了解沟通四方的情况。他让十二州牧讨论称帝应具备的功德，他们都说要办有大德的事，疏远巧言谄媚的小人，这样，远方的外族就都会归服。舜对四岳说："有谁能奋发努力，建立功业，光大帝尧的事业，授给他官职辅佐我办事呢?"四岳都说："伯禹为司空，可以光大帝尧的事业。"舜说："嗯，好！禹，你去负责平治水土，一定要努力办好啊!"禹跪地叩头拜谢，谦让给稷、契和皋陶。舜说："好了，去吧!"舜说："弃，黎民正在挨饿受饥，你负责农业，去教他们播种百谷吧。"舜说："契，百官不相亲爱，五伦不顺，你担任司徒，去谨慎地施行五伦教育，做好五伦教育，在于要宽厚。"舜又说："皋陶，蛮夷侵扰中原，抢劫杀人，在我们的境内外作乱，你担任司法官，五刑要使用得当，根据罪行轻重，在市、朝、野三处施行；五刑宽减为流放的，流放的远近要有个规定，按罪行轻重分别流放到四境之外、九州之外和国都之外。只有公正严明，才能使人信服。"舜问："那么，谁能管理我的各种工匠?"大家都说垂可以。于是，任命垂为共工，统领各种工匠。舜又问："谁能管理我山上泽中的草木鸟兽?"大家都说益行。于是，任命益为朕虞，主管山泽。益下拜叩头，推让给朱虎、熊罴。舜说："去吧，你行。"就让朱虎、熊罴做他的助手。舜说："喂，四岳，有谁能替我主持天事、地事、人事三种祭祀?"大家都说伯夷可以。舜说："喂，伯夷，我任命你担任秩宗，主管祭祀，要早晚虔敬，要正直，要肃穆清洁。"伯夷推让给夔、龙，舜说："那好，就任命夔为典乐，掌管音乐，教育贵族子弟，要正直而温和，宽厚而严厉，刚正却不暴虐，简捷却不傲慢；诗是表达内心情感的，歌是用延长音节来咏唱诗的，乐声的高低要与歌的内容相配合，还要用标准的音律来使乐声和谐。八种乐器的声音协调一致，不要互相错乱侵扰，这样，就能通过音乐达到人与神相和的境界啦。"夔说："嗯，我轻重有节地敲起石磬，各种禽兽都会跟着跳起舞来的。"舜说："龙，我非常憎恶那种诬陷他人的坏话和灭绝道义的行为，惊扰我的臣民。我任命你为纳言官，早晚传达我的旨命，报告下情，一定要诚实。"舜说："喂，你们二十二个人，要谨守职责，时时辅佐我做好上天交付的治国大事。"此后，每三年考核一次功绩，经过三次考核，按照成绩升迁或贬黜。所以，不论远处近处，各种事情都振兴了。又根据是否归顺，分解了三苗部族。

这二十二人个个成就功业：皋陶担任大理，掌管刑法，断案平正，人们都佩服他能按情据实断理；伯夷主持礼仪，上上下下能都够礼让；垂担任工师，主管百工，百工都能做好自己的工作；益担任虞，主管山泽，山林湖泽都得到开发；弃担任稷，主管农业，百谷按季节茂盛成长；契担任司徒，主管教化，百官都亲善和睦；龙主管接待宾客，远方的诸侯都来朝贡；舜所置十二州牧做事，禹所定九州内的民众没有谁违抗。其中，禹的功劳最大，开通了九座大山，治理了九处湖泽，疏浚了九条河流，辟定了九州方界，各地都按照应缴纳的贡物前来进贡，没有不恰当的。纵横五千里的领域，都受到安抚，直到离京师最远的边荒地区。那时，南方安抚到交阯、北发，西方安抚到戎、析枝、渠庾、氐、羌，北方安抚到山戎、发、息慎，东方安抚到长、鸟夷，四海之内，共同称颂帝舜的功德。于是，禹创制《九招》乐曲歌颂舜的功德，招来了祥瑞之物，凤凰也飞来，随乐声盘旋起舞。天下清明的德政都从虞舜帝开始。

舜二十岁时因为孝顺而闻名，三十岁时被尧举用，五十岁时代理天子政务，五十八岁时尧逝世，六十一岁时接替尧登临天子之位。登位三十九年，到南方巡视，在南方苍梧的郊野逝世。葬埋在长江南岸的九疑山，这就是零陵。

舜登临帝位之后，乘着有天子旗帜的车子去给父亲瞽叟请安，和悦恭敬，遵循为子之孝道。又把弟弟象封在有鼻为诸侯。舜的儿子商均不成材，舜就事先把禹推荐给上帝。十七年后，舜逝世。服丧三年完毕，禹也把帝位让给舜的儿子，就跟舜让给尧的儿子时的情形一样。诸侯归服禹，这样，禹就登临了天子之位。尧的儿子丹朱、舜的儿子商均分别在唐和虞得到封地，来奉祀祖先。禹还让他们穿自己家族的服饰，用自己家族的礼乐仪式。他们以客人的身份拜见天子，天子也不把他们当臣下对待，以表示不敢专擅帝位。

从黄帝到舜、禹，都是同姓，但立了不同的国号，为的是彰明各自光明的德业。所以，黄帝号为有熊，帝颛顼号为高阳，帝喾号为高辛，帝尧号为陶唐，帝舜号为有虞。帝禹号为夏后，而另分出氏，姓姒氏。契为商始祖，姓子氏。弃为周始祖，姓姬氏。

太史公说："学者们有很多人称说五帝，但五帝的时代已经很久远了。然而，《尚书》只记载尧以来的政事史料，而百家所叙说的黄帝，他们的文字都不是典雅的训释，缙绅先生们是很难照着说清楚的。孔子所记述的宰予问《五帝德》和《帝系姓》二篇，儒生们认为不是圣人的言论，所以大多不传习。我曾经西边到过空桐山，北边经过涿鹿，向东渐进到达大海，往南驾舟浮渡过长江、淮河，到那些被长老们都各自常常称说是黄帝、尧、舜遗迹的地方，知道风俗教化本来有所不同，总的来说还是没有背离古文记载的说法，比较接近正确。我研读《春秋》《国语》，其中内容有阐发《五帝德》《帝系姓》的地方是很显著的，只是人们没有深加考察就是了。其实，它们的记述都不虚妄。《尚书》缺失有许多内容早已遗漏了，它所散轶的就常常在其他的记述中可以看到。不是喜好学习，深加思考，心知其中的用意，这类事本来就很难对那些识见浅薄孤陋寡闻的人去说清楚的。我一并依据搜集的各种文献论说，选择其中记述得特别典雅的，以此编著成《五帝本纪》作为全书的首篇。"

第二卷　夏本纪第二

夏本是一个古老的部落，相传是由包括夏在内的十多个部落联合发展而来的，与古代其他部落交错分布于中国境内。到唐尧、虞舜时期，夏族的首领禹因治水有功，取得了帝位，并传给其子启，从而建立了我国历史上第一个奴隶制王朝。夏王朝约存在于前 21 世纪至前 16 世纪。

《夏本纪》根据《尚书》及有关历史传说，系统地叙述了由夏禹到夏桀约四百年间的历史，向人们展示了由原始部落联盟向奴隶制社会过渡时期的政治、经济、军事、文化及人民生活等方面的概貌，尤其突出地描写了夏禹这样一个功绩卓著的远古部落首领和帝王的形象。

《夏本纪》是一部夏王朝的兴衰史。夏禹的兴起，是由于他治理洪水拯民于灾难，勤勤恳恳地做人民的公仆，人民拥护他。夏朝的衰亡，则是由于孔甲、桀这样的统治者败德、伤民，人民怨恨他们。当然，夏禹还只是一个传说中的人物，这篇本纪的记载也未必完全真实，历史事实未必那么美好。但大禹治水的业绩早已在中华民族的历史上，树起了一座永不磨灭的丰碑；他十三年于外，三过家门而不入的伟大奉献精神，也早已千古传颂，作为我们祖先一种美德的代表，将永远值得学习和效法。

【原文】

夏[①]禹，名曰文命。禹之父曰鲧[②]，鲧之父曰帝颛顼，颛顼之父曰昌意，昌意之父曰黄帝。禹者，黄帝之玄孙而帝颛顼之孙也。禹之曾大父昌意及父鲧皆不得在帝位，为人臣。

【注释】

①夏：禹所封的国号。《帝王世纪》说："禹受封为夏伯，在豫州外方之南，今河南阳翟是也。"阳翟，今禹州市。②鲧（gǔn）：禹父。《帝王世纪》说："帝颛顼之子，字熙。"

【原文】

当帝尧之时，鸿水滔天，浩浩怀山襄陵，下民其[①]忧。尧求能治水者，群臣四岳皆曰："鲧可。"尧曰："鲧为人负命毁族，不可。"四岳曰："等之，未有贤[②]于鲧者，愿帝试之。"于是尧听四岳，用鲧治水。九年而水不息，功用不成。于是帝尧乃求人[③]。更得舜。舜登用[④]，摄行天子之政。巡狩，行视鲧之治水无状，乃殛鲧于羽山以死[⑤]。天下皆以舜之诛[⑥]为是。于是舜举鲧子禹，而使续鲧之业。

【注释】

①鸿：大。与"洪"为同源字。其：通"綦"，非常。②等之：比较起来。贤：好；强。③乃：才。求人：寻求继承天下事业的人。④登用：提拔，重用。⑤以死：而死。⑥诛：

责难，处罚。

【原文】

尧崩，帝舜问四岳曰："有能成美尧之事者使居官?"皆曰："伯禹为司空，可成美尧之功。"舜曰："嗟，然!"命禹："女平水土，维是勉之。"禹拜稽首，让于契、后稷、皋陶。舜曰："女其往视尔事矣。"

禹为人敏给克[1]勤，其德不违[2]，其仁可亲，其言可信；声为律，身为度[3]，称以出[4]，亹亹穆穆[5]，为纲为纪[6]。

【注释】

①敏：聪明机灵。给：精力充沛；说话机警。克：能干。②其德不违：不违背道德。③声为律：说话语音和悦，等于音律。身为度：举止规矩，等于尺度。指禹的言行都可为人榜样。④称以出：权衡再三才行动。指禹办事谨慎。⑤亹亹(wěi wěi)：勤勉不倦的样子。穆穆：庄严肃敬的样子。⑥纲：网的总绳。纪：丝束的头绪。用以比喻为人的规范。

【原文】

禹乃遂与益、后稷奉帝命，命诸侯百姓兴人徒[1]以傅土，行山表木，定高山大川[2]。禹伤先人父鲧[3]功之不成受诛，乃劳身焦思，居外十三年，过家门不敢入。薄衣食[4]，致孝于鬼神；卑宫室，致费于沟淢[5]。陆行乘车，水行乘船，泥行乘橇[6]，山行乘檋[7]。左准绳，右规矩[8]，载四时[9]，以开九州[10]，通九道[11]，陂九泽[12]，度九山[13]，令益予众庶稻，可种卑湿。命后稷予众庶难得之食。食少，调有余相给，以均诸侯⑭。禹乃行相地宜所有以贡⑮，及山川之便利。

【注释】

①兴人徒：调动服劳役的百姓。②行山表木：指爬山实地勘察，立木作标记。定高山大川：标定高山大河的位置。或说，规定山河的名称；又旧说，规定对不同山河的祭祀等级。③父鲧：《史记会注考证》引张文虎说："父鲧疑衍。"④薄衣食：节省自己的衣食。⑤卑宫室：使自己住房简陋。致费于沟淢（yù）：把财物用在疏通水道方面。⑥橇（qiāo）：古代在泥淖地带行走的一种泥船。⑦檋（jú）：特制的爬山鞋。底下钉有锥形器物，以防滑倒，相当于后世的钉鞋、木屐。⑧左：用作动词，指用左手拿着。准绳：定平直的绳索。右：右手拿着。规：圆规。矩：方尺。⑨载四时：携带测量四季的仪器。或曰，指不违时宜。⑩九州：即下文提到的冀、兖、青、徐、豫、荆、扬、雍、梁。⑪九道：指九州的河道，与后文"九川"同义。⑫陂（bēi）：堤岸。用如动词，修筑河岸。九泽：九个大湖泊，指大陆、雷夏、大野、彭蠡、震泽、云梦、荥泽、菏泽、孟诸。⑬九山：九州的大山，或说指岍山、壶口、底柱、太行、西倾、嶓冢、内方、岐山、熊耳。⑭调有余相给：调配有余地区的物产供给不足的地区。均诸侯：使诸侯各国的粮食相互平衡。⑮相地宜所有以贡：审察土地所应有的出产，作为向中央的贡品。

【原文】

禹行自冀州始①。冀州：既载壶口②，治梁及岐③。既修太原[4]，至于岳[5]阳。覃怀致功[6]，至于衡漳[7]。其土白壤[8]。赋上上错，田中中[9]。常、卫既从[10]，大陆[11]既为。鸟夷皮服[12]。夹右碣石[13]，入于海。

【注释】

①冀州：古九州之一。管辖今山西省及河北大部、河南北部、辽宁西部等地。传说当时国都在冀州，所以治水定赋都从冀州开始。②既：表示工作完结的副词。载：开始。既载，有刚完毕的意思。壶口：山名。在今山西省吉县西南。③梁：梁山。在今陕西省韩城市东南。岐：岐山。在今陕西省岐山县东北。④修：修筑。太原：高而平的大原野，指今太原地区的大片高原。⑤岳：即今山西省太岳山。⑥覃（tán）怀：古邑名。在今河南省武陟县西南。致功：治理完毕，收到成效。⑦衡漳：即漳河。因为它横流入黄河，故名衡（横）漳；或说，衡漳指浊漳水，是漳河的支流。⑧土：土质。白壤：白色而细柔松软的土地。汉孔安国注："土无块曰壤。"⑨赋上上错：田赋占全国第一等，杂有第二等。田中中：田的等级为全国第五等。⑩常：常水，即恒水，源出恒山（今河北曲阳西北）。卫：古卫水。源出今河北省灵寿县，东入滹沱河。从：顺从，顺流而下（指疏通好了）。⑪大陆：泽名。在今河北省邢台市任泽区、隆尧县、巨鹿县三地之间。⑫鸟夷：冀州东北部的一个部族，当时以狩猎为生。皮服：兽皮衣服。指鸟夷用皮服作为贡品。⑬碣石：山名。在今河北省昌黎县北。

【原文】

济、河维沇州[1]：九河[2]既道，雷夏既泽[3]，雍沮[4]会同，桑土既蚕，于是民得下丘居土[⑤]。其土黑坟，草繇木条[⑥]。田中下[⑦]，赋贞[⑧]，作十有三年乃同。其贡漆丝，其篚[⑨]织文。浮于济、漯[⑩]，通于河。

【注释】

①济、河维沇州：济水、黄河之间是沇州。济，济水，又名沇水，发源于今河南省济源王屋山。维，具有判断作用的语气词。沇：通“兖”（yǎn）。兖州在今山东省西北部与河北省南部，地域很小。②九河：指黄河下游兖州境内的九条河道（徒骇、太史、马颊、覆釜、胡苏、简、絜、钩盘、鬲津）。③雷夏既泽：雷夏正修筑堤防，成为蓄水湖泊。雷夏泽，即雷泽。注见《五帝本纪》。④雍沮：二水名。均在今山东省荷泽市牡丹区境，旧道已湮没。⑤得：能。下丘居土：从山冈搬到平地居住。⑥坟：肥厚。繇（yáo）：茂盛。条：长大。⑦田中下：第六等田。⑧贞：很恰当。⑨篚（fěi）：盛物的圆形竹器。⑩浮：乘船。漯（tà）：黄河下游主要支流之一。

【原文】

海、岱维青州[①]：堣夷[②]既略，潍、淄其道[③]。其土白坟，海滨广潟[④]，厥田斥卤[⑤]。田上下，赋中上[⑥]。厥贡盐、絺[⑦]，海物维错，岱畎丝、枲、铅[⑧]、松、怪石；莱夷为牧[⑨]；其篚酓丝[⑩]。浮于汶，通于济[⑪]。

【注释】

①海、岱维青州：大海与泰山之间是青州。在今山东省东

部。岱（dài）：泰山古名岱宗。②堣（yú）夷：地名。在今辽宁省境。③潍：潍水。源出今山东省莒县，东北流至昌邑市入渤海。淄：淄水。源出今山东省莱芜县往东北流入小清河出渤海。④广潟（xì）：宽广而含盐质。潟：盐碱地。⑤斥卤（lǔ）：盐碱地。⑥田上下：田第三等。赋中上：赋第四位。⑦絺（chī）：细葛布。⑧畎（quǎn）：山谷。枲（xì）：大麻。铅：古时尚不能出产铅矿。这里的“铅”可能指一种可作颜料的矿石。⑨莱：地名。在今山东省龙口市。为牧：作牧场。用牧产作为贡品。⑩酓（yǎn）丝：即柞蚕丝。⑪浮于汶（wèn），通于济：从汶水船运，通到济水，再运往京城。汶：汶水，济水的支流。

【原文】

海、岱及淮维徐州①：淮、沂②其治，蒙、羽③其蓺。大野既都④，东原底平⑤。其土赤埴⑥坟，草木渐包⑦。其田上中，赋中中⑧。贡维土五色⑨、羽畎夏狄⑩、峄⑪阳孤桐、泗⑫滨浮磬。淮夷蠙珠臮⑬鱼，其篚玄纤缟⑭。浮于淮、泗，通于河⑮。

【注释】

①海岱及淮维徐州：大海、泰山与淮水之间是徐州。②淮：淮河。为古代四渎之一。沂（yí）：水名。源出今山东省沂水县，经江苏省邳州市入泗水。③蒙：山名。在今山东省中部蒙阴县南。羽：山名。即舜流放鲧的地方。④大野：泽名，即钜野泽。在今山东省巨野县北。都：通“潴”（zhū），水停蓄的地方。⑤东原：地名。在今山东省东平县、泰安县一

带。厎（zhǐ）：致。致平，即得到了平复。⑥埴（zhí）：黏性土。⑦包：茂盛的样子。⑧田上中：第二等田。赋中中：赋第五位。⑨土五色：即青、赤、白、黑、黄五色土，供天子筑大社之用。大社是祭祀大地之神的社坛。⑩夏狄：彩色的野鸡。⑪峄（yì）：山名。又名邹山或邹峄山。⑫泗：水名。源出于山东省泗水县。⑬淮夷：淮水边夷族聚居地。蠙：珠母，产珍珠的蚌类。臮（jì）：古“暨”字，意为“及”。⑭玄：黑色。纤：细。缟（gǎo）：白（丝绸）。⑮通于河：《禹贡》作“达于河”。

【原文】

淮、海维扬州[①]：彭蠡[②]既都，阳鸟[③]所居。三江[④]既入，震泽[⑤]致定。竹箭既布[⑥]。其草惟夭，其木惟乔。其土涂泥[⑦]。田下下，赋下上上杂[⑧]。贡金三品[⑨]，瑶、琨[⑩]、竹箭，齿、革、羽、旄[⑪]，岛夷[⑫]卉服，其篚织贝[⑬]，其包橘柚锡贡[⑭]。均江海，通淮泗[⑮]。

【注释】

①淮、海维扬州：淮河以南，大海以西的一大片地区是扬州。②彭蠡（lǐ）：今江西省鄱阳湖古名。③阳鸟：指大雁。④三江：众多水道的总称。汉以来旧注多认为指三条江水。⑤震泽：今江苏太湖古名。⑥竹箭：即箭竹。竹质坚韧，可以制箭。布：普遍生长。⑦涂泥：土质湿润。⑧田下下：第九等田。赋下上上杂：赋第七位，有时第六位。上杂：说“错”指下一位，说“上杂”指上一位。⑨金三品：旧说指三种金

属。一说指金、银、铜；一说指青铜、白铜、赤铜。⑩瑶：美玉。琨：像玉的宝石。⑪齿：象牙。革：兽皮。旄（máo）：牦牛尾，作旌旗上的装饰。⑫岛夷：海岛上的夷民。⑬织贝：像贝壳一样的五色丝织品。⑭其包橘柚锡贡：有时根据命令进贡包着的橘子和柚子。锡贡：指有命令就进贡（无命令则不贡）。⑮均江海，通淮泗：指贡赋沿江或沿海北运到淮河、泗水，再运往京城。

【原文】

荆及衡阳维荆州[①]：江、汉朝宗于海[②]，九江甚中[③]。沱、涔[④]已道，云土、梦[⑤]为治。其土涂泥。田下中，赋上下[⑥]。贡羽、旄、齿、革，金三品，杶、榦、栝[⑦]、柏，砺、砥、砮、丹[⑧]，维箘簬、楛[⑨]，三国[⑩]致贡其名，包匭菁茅[⑪]，其篚玄纁玑组[⑫]。九江入赐大龟[⑬]。浮于江、沱、涔、汉，逾于雒[⑭]，至于南河[⑮]。

【注释】

①荆及衡阳维荆州：北起荆山，南到衡山之南的地区是荆州。衡：山名。在今湖南省衡山县，五岳之一。②朝宗于海：把海当作宗主朝见；奔腾入海的意思。③九江甚中：指长江流到荆州后，共有九条支流，它们恰好处于长江中游。④沱：此指今湖北省江陵县的夏水，为长江支流。涔（cén）：涔水，又名龙门水。⑤云土、梦：二泽名，即江北的云泽和江南的梦泽。⑥田下中：第八等田。赋上下：赋第三位。⑦杶（chūn）：木名。即椿树，字或作“櫄”。榦（gàn）：即柘树。

木质坚韧致密，可作弓。栝（guā，又音 kuò）：即桧树。树叶似柏，树干似松，木质坚硬。⑧砺（lì）、砥（dǐ）：皆磨刀石，质地粗糙的称砺，细柔的称砥。砮（nǔ）：一种可作箭镞的石头。丹：丹砂。⑨箘簬（jùn lù）：竹名。质坚硬：可作箭杆。或以为是两种竹子。簬，一作"簵"。楛（hù）：木名。荆类，可作箭杆。⑩三国：指荆州的三个诸侯国。⑪包匦（guǐ）菁（jīng）茅：包裹着的菁茅。用绳缠绕叫匦。菁茅是一种有刺的茅草，宗庙祭祀时用以滤酒。⑫玄纁：黑色或浅绛色的绸布，垫在竹筐中承放珍珠，或说本身便是贡品。玑（jī）组：成串的珍珠；或说是珍珠装饰的组绶（拴玉和官印的绶带）。⑬入赐：根据命令交纳的贡品（不常用，无命令则不纳贡）。⑭逾（yú）于雒：指顺长江、汉水向北运，再经陆路，进入洛水。逾，由水运转为陆运，再由水运为逾。雒：即"洛"，洛水。⑮南河：黄河自潼关以东在河南境内的一段。

【原文】

荆、河惟豫州[①]：伊、雒、瀍、涧[②]既入于河，荥播[③]既都。道荷泽[④]，被明都[⑤]。其土壤，下土坟垆[⑥]。田中上，赋杂上中[⑦]。贡漆、丝、絺、纻，其篚纤絮[⑧]，锡贡磬错[⑨]。浮于雒，达于河。

【注释】

①荆、河惟豫州：荆山以北、黄河以南的地区是豫州。②伊：伊河，洛水支流，发源于今河南省卢氏县熊耳山，至偃师流入洛水。雒：通"洛"，洛水。黄河支流，发源于陕西省

洛南县西北冢岭山，至河南巩义市入黄河。瀍（chán）、涧：二河名。都是洛水支流。瀍水源出于河南省洛阳市西北之芒山；涧水源如于河南省渑池县。③荥播（xíng bō）：泽名，即古荥泽。已淤塞。故址在今河南省荥阳市。④荷泽：泽名。今已湮塞。⑤明都：即孟猪泽（明都、孟猪，古音相同）。故址在今河南省商丘市睢阳区东北。被：及。指治好荷泽后又治理到孟猪泽。⑥下土：低洼地。垆：黑色。⑦田中上：第四等田。赋杂上中：赋为第二位，杂出第一位。⑧纤絮：细丝绵。⑨锡贡磬错：按命令则进贡磨磬的错石（错是磨玉的石头）。

【原文】

华阳、黑水惟梁州①：汶、嶓既蓺②，沱、涔既道③，蔡、蒙旅④平，和夷⑤厎绩。其土青骊⑥。田下上，赋下中三错⑦。贡璆、铁、银、镂⑧、砮、磬，熊、罴、狐、狸、织皮⑨。西倾因桓⑩是来，浮于潜，逾于沔，入于渭，乱于河⑪。

【注释】

①华阳、黑水惟梁州：东至华山之南，西至黑水之滨的地区是梁州。大致辖今四川省全境及陕西、甘肃两省南部。华：华山。在陕西华阴市。五岳之一。②汶（mín）：通“岷”，即岷山。嶓（bō）：嶓冢山。在甘肃省天水市与礼县之间，为西汉水发源地。蓺：种植。③沱：沱江，长江支流，在泸州市入长江。涔（cén）：涔水，汉水支流。④蔡：山名。在今四川省雅安市雨城区东。蒙：山名。在今四川省雅安市雨城区、名山区、芦山县三地交界处。旅：皆，都。⑤和夷：地名。指大

渡河一带的土著部族聚居地。⑥骊：黑色。⑦田下上：第七等田。赋下中三错：赋第八位，杂出第七位、第九位。⑧璆（qiú）：美玉。镂（lòu）：坚铁。⑨织皮：指地毯。⑩西倾：山名。在今甘肃西南、青海东南两省交界处。桓：桓水，即今白龙江。⑪潜：潜水。嘉陵江的北源。沔（miǎn）：沔水，一名沮水，源出陕西，汉水上游。乱：横渡。这几句指梁州所有贡物，都从潜水北运，翻过一段陆地进入沔水，再进入渭水，西渡黄河进入国都。

【原文】

黑水、西河惟雍州[①]：弱水[②]既西，泾属渭汭[③]。漆、沮[④]既从，沣水[⑤]所同。荆、岐已旅[⑥]，终南、敦物至于鸟鼠[⑦]。原隰[⑧]底绩，至于都野[⑨]。三危[⑩]既度，三苗大序。其土黄壤。田上上，赋中下[⑪]。贡璆、琳、琅玕[⑫]。浮于积石[⑬]，至于龙门[⑭]西河，会于渭汭[⑮]；织皮昆仑、析支、渠搜[⑯]，西戎即序[⑰]。

【注释】

①黑水：详见下文“道九川”注。西河：指山西、陕西两省间的一段黄河，在冀州西面，故名西河，是冀、雍两州的界河。②弱水：又名张掖河。往西北流入沙漠中的居延泽（即今甘肃省北部边境的苏古诺尔湖与嘎顺诺尔湖）。③泾属渭汭：泾水自此流入渭水。泾，泾水，发源于宁夏自治区固原市原州区南，东南流至陕西省西安市高陵区入渭水。渭，渭水。④漆、沮：二水名。都是渭水支流，在陕西省铜川市耀州区合流之后称石川河，再南流入渭水。⑤沣（fēng）水：源出陕西省西安市鄠邑区东南终南山，北流入渭水。今河道已湮

没。⑥荆：荆渠山，在今陕西省富平县（非荆州的荆山）。岐：岐山。旅：祭祀名。⑦终南：山名。在今陕西省西安市南。敦物：山名。在今陕西省武功县境。一称垂山，又称武功山。鸟鼠：山名。在甘肃省渭源县，是渭水发源地。⑧原：高地。隰：低洼地。⑨都野：泽名。⑩三危：山名。在甘肃省岷山西南，黑水流经其下。⑪田上上：第一等田。赋中下，赋第六等。⑫琳：玉名。琅玕（láng gān）：像珠子一样的宝石。⑬浮于积石：由积石山船运。⑭龙门：即今禹门口。在今山西省河津市与陕西韩城市间之黄河边。⑮会于渭汭：指从龙门沿河南下，达到渭水入黄河处（即潼关）。⑯昆仑、析支、渠搜：三个西戎部落名。⑰戎：对西方部族的总称。序：安定和睦。

【原文】

道九山[①]：汧及岐至于荆山，逾于河[②]；壶口、雷首[③]至于太岳；砥柱、析城至于王屋[④]；太行、常山[⑤]至于碣石，入于海；西倾、朱圉[⑥]、鸟鼠至于太华；熊耳、外方、桐柏至于负尾[⑦]；道嶓冢，至于荆山[⑧]；内方至于大别[⑨]；汶山之阳至衡山，过九江，至于敷浅原[⑩]。

【注释】

①道九山：开通九条山脉。②汧（qiān）：山名。在今陕西省陇县西南。荆山：指在今陕西省富平县的荆山。逾于河：指汧山、岐山、荆山这几条山脉由西向东（与渭河平行），其余脉越过黄河。③壶口：山名。在今山西省吉县西。雷首：山名。在今山西省永济市。④砥柱：山名。在今河南省三门峡市

陕州区与山西省平陆县之间的黄河三门峡中。析城：山名。在今山西省阳城县境。王屋：山名。在今山西省阳城、垣曲两县间，其山三重，其状如屋。⑤太行：山名。是今山西、河北两省交界的山脉；主峰在山西晋城。常山：即恒山（北岳），在今河北省曲阳县西北。明人乃定今山西省浑源县之玄岳为恒山。⑥朱圉（yù）：山名。在今甘肃省甘谷县西南。⑦熊耳：山名。在今河南省卢氏县境。外方：即嵩山，在河南省登封市北；其东山叫太室山，西山叫少室山，统名嵩高山。桐柏：山名。在今河南省桐柏县北。负尾：山名。又名陪尾，在今湖北省安陆市。⑧道嶓冢，至于荆山：由瑶冢到荆山。这条山脉沿汉水上游南下。⑨内方：山名。在今湖北省钟祥市境。大别：山名。在今湖北省武汉市蔡甸区东北。或说即龟山。《禹贡》说汉水至大别山流入长江，可见这里的大别山，不是指鄂豫皖交界处的大别山脉。⑩敷浅原：即今江西省庐山。

【原文】

道九川[①]：弱水至于合黎[②]，余波入于流沙[③]。道黑水[④]，至于三危，入于南海。道河积石[⑤]，至于龙门，南至华阴[⑥]，东至砥柱，又东至于盟津[⑦]，东过雒汭[⑧]，至于大邳[⑨]，北过降水[⑩]，至于大陆[⑪]，北播为九河[⑫]，同为逆河[⑬]，入于海[⑭]。嶓冢道漾[⑮]，东流为汉，又东为苍浪之水[⑯]，过三澨[⑰]，入于大别，南入于江[⑱]，东汇泽为彭蠡[⑲]，东为北江，入于海[⑳]；汶山道江[㉑]，东别为沱[㉒]，又东至于醴[㉓]，过九江，至于东陵[㉔]，东迤北会于汇[㉕]，东为中江，入于海；道沇[㉖]水，东为济，入于河，泆为荥[27]，东出陶丘[28]北，又东至于荷，又东北会于汶[29]，又东北入于海[30]；道淮自桐柏[31]，东会于泗、沂，东入于海；道渭自鸟鼠同穴[32]，东会于沣，又东北至于泾，东过漆、沮，入于河；道雒自熊耳[33]，东北会于涧、瀍，又东会于伊，东北入于河。

【注释】

①道：疏导。九川：指九条水系，包括弱水、黑水、黄河、漾水（汉水）、长江、沇水（济水）、淮水、渭水、洛水。②合黎：山名。在今甘肃省张掖、酒泉诸地北，与南部之祁连山相对。山侧有合黎河，即弱水的上游。③余波：进入沙漠地带后的弱水，水量减少，水势减弱，故称余波。流沙：此处指流沙泽（居延海）。④黑水：《尚书·禹贡》与《史记·夏本纪》，在“梁州”“雍州”“道九川”三处提到黑水。有人认为三处的黑水是三条不同的河流。⑤河：黄河。积石：小积石山在今甘肃省临夏西北。此指大积石山，在今青海南境，古人认为它是黄河发源地。⑥华阴：华山北边。⑦盟津：即孟津，即今河南省孟津县东，洛阳市东北黄河边。⑧雒汭：洛水入黄河处。雒即洛水。⑨大邳（pī）：山名。在今河南省浚县东南。⑩降水：即今漳水，在今河北省南部。⑪大陆：泽名，又名巨鹿、广阿、大麓。在今河北省邢台市任泽区及平乡、巨鹿县之间。当时黄河流经那里。⑫播为九河：分为九条河道（支流）。⑬同为逆河：同，合流。逆河，河流分而复合。指九条河道至下游沧州附近又合成一条河。⑭入于海：古黄河在今河

北省碣石山入渤海。⑮漾（yàng）：水名，或写作“漾”。源出今陕西省宁强县嶓冢山，为汉水之源；东北流经勉县，合沔水；又东经褒城（褒城县撤销后，所属地域分划入汉中市汉台区、南郑区、勉县、留坝县）、南郑称汉水。⑯苍浪之水：汉水在均州境内的一段，称苍（沧）浪水。《汉水记》：“武当县西四十里汉水中有洲，名沧浪洲也。”⑰三澨（shì）：水名。在今湖北省汉川市入汉水。⑱南入于江：汉水向南流，在汉阳、武昌间流入长江。⑲东汇泽为彭蠡：汉水入长江后，古人还把它当作独立的一股水流，认为鄱阳湖是长江和汉水汇成的。⑳东为北江，入于海：长江东流入海处，分为两道，主河道称中江；北边的支流称为北江。古人认为北江主要来自汉水，中江来自长江，此二水皆入于海，故有“江汉朝宗于海”的说法。㉑汶山道江：自汶山开始疏导长江。古人认为岷江是长江上游，今甘肃、四川交界处的岷山（汶山）则是长江的发源地。汶，通“岷”。所以，导江自汶山开始。㉒沱：水名。由北向南流至四川省泸州市进入长江。㉓醴：当指今湖南境内的澧水。㉔东陵，地名。即巴陵（岳阳古称）；或以为在今湖北省武穴市与黄梅县之间。㉕东迤北：向东去并斜着往北。汇：作名词用，指所汇合成的彭蠡泽。㉖沇（yǎn）：水名。别称济水。源出山西王屋山。济水古与长江、黄河、淮河并称四渎，为天下大川。它的故道在今巩义市与黄河交叉，穿过黄河南下，汇聚成荥泽，再往东流。后来，黄河改道、济水下流为黄河所夺。㉗泆为荥：泆，通“溢”。济水潴为荥泽后，又溢出东流至定陶，最后入于海。㉘陶丘：在今山东省菏泽市定陶区西南。㉙汶（wèn）：汶水，当时是济水支流。㉚入于海：在古代，济水本与黄河并行入海，济水、黄河之间的平原地区便是兖州。㉛道淮自桐柏：疏导淮河，从桐柏山开始（桐柏山为淮河发源地）。淮，淮河，古为四渎之一，本是独立入海的；后因黄河改道，夺其下流，使淮河淤塞，不能入海。㉜鸟鼠同穴：即鸟鼠山，是渭水发源处。传说该山鸟鼠同穴而处，故名。㉝道雒自熊耳：从熊耳山开始疏导洛水。古代不知洛水发源于今陕西省洛南县西，而认为它发源于熊耳山。雒，通“洛”。

【原文】

于是九州攸同[①]，四奥[②]既居，九山刊旅[③]，九川涤原[④]，九泽既陂[⑤]。四海会同[⑥]，六府[⑦]甚修。众土交正[⑧]，致慎[⑨]财赋，咸则三壤[⑩]，成赋[⑪]。中国赐土、姓[⑫]：“祗台德先、不距朕行。”[⑬]

【注释】

①攸：既，已。同：同一。指经济、教化都统一了。②奥：指边远地区。③刊旅：开发治理。④涤原：疏通水源，再无堵塞之患。原，通“源”。⑤陂：堤防。作动词用，修好河堤。⑥四海：指四海之内。古人以为中国四周都是海，故四海之内代表全国。会同：归服统一。⑦六府：指各种生产生活资料，包括金、木、水、火、土、谷。⑧众土：各处土地。交正：根据多种条件订正它们的等级。⑨致慎：即慎致。恭敬地

移交。⑩咸则三壤：都以三等土壤为标准。三壤：指土地的上、中、下三种等级（细分为九等）。⑪成赋：完成赋税，运往国都之中。⑫赐土姓：指封置诸侯，赐给土地和姓氏（古代往往以官为姓氏）。⑬祗台德先，不距朕行：这是两句告诫百官诸侯的话，要他们态度恭敬和悦，把德行摆在首位，不要违背命令。朕：我，大禹自称。行：行为，指大禹已经实行的各项措施。下文所记便是禹的具体措施。

【原文】

令天子之国以外五百里甸服[①]：百里赋纳总[②]，二百里纳铚[③]，三百里纳秸[④]服，四百里粟，五百里米[⑤]。甸服外五百里侯服[⑥]：百里采[⑦]，二百里任国[⑧]，三百里诸侯[⑨]。侯服外五百里绥服[⑩]：三百里揆文教[⑪]，二百里奋武卫[⑫]。绥服外五百里要服[⑬]：三百里夷[⑭]，二百里蔡[⑮]。要服外五百里荒服[⑯]：三百里蛮[⑰]，二百里流[⑱]。

【注释】

①天子之国：指国都。甸（diàn）服：指国都郊外的地方。②百里：距国都百里以内的地区。纳总：缴纳禾稿，供饲马用，或曰缴纳带着稿秆与穗的整个谷物。③铚（zhì）：短镰刀。④秸（jiē）：指带稃的谷。⑤粟：粗米。米：精米。这两句都承上省略了谓语“纳”。⑥侯服：甸服外周围五百里的地区。那里的诸侯，必须为天子尽斥候（侦察）警戒的职责。侯，通“候”。⑦百里：指侯服中贴近甸服周围百里以内的地区。采：采邑，给天子办事的卿大夫的封地。⑧二百里：距甸

服百里以外，二百里以内的地区。任国：给天子服役的小国。⑨三百里：指距甸服二百里以外至五百里以内的地区。诸侯：指强大的诸侯国。它们负责斥候警戒，抵御外侮。⑩绥服：侯服外周围五百里的地区。绥：安定，指服从中央。⑪三百里：指绥服中靠近侯服周围三百里以内的地区。揆（kuí）文教：根据情况，实行中央的政令教化。揆，揣度意思。⑫二百里：指绥服中三百里以外至五百里以内的地区。奋武卫：振奋武力保卫国土。绥服以外，已经不是当时华夏族的住地，所以绥服周围便是边疆。⑬要（yāo）服：绥服以外周围五百里的地区。“要”有约束的意思。⑭夷：夷族。古代称东方的少数民族为夷。⑮蔡（cài）：法，指遵守王法。⑯荒服：要服以外的荒远地区。荒，辽远。⑰蛮：蛮族。古代指南方的少数民族为蛮。这里泛指与华夏族关系较疏远的落后民族。蛮、夷相比，夷比较开化、亲近。⑱流：指游牧无定居。

【原文】

东渐于海[①]，西被于流沙[②]，朔、南暨：声教[③]讫于四海。于是帝锡禹玄圭[④]，以告成功于天下[⑤]。天下于是太平治[⑥]。

【注释】

①渐：濒临的意思。②被：覆盖；包括。流沙：指流沙泽。③朔、南暨声教：北方、南方都受到了声威与教化，服从中央。④帝：或说指帝尧，禹治水成功时，舜摄政而尧仍然在世。但据《五帝本纪》推算，应为帝舜。⑤以告成功于天下：《史记会注考证》引张照说：“下字当衍。”⑥太平治：《群书

治要》“太”作“大”。

【原文】

皋陶作士[1]以理民。帝舜朝，禹、伯夷、皋陶相与语帝前。皋陶述其谋曰：“信其道德，谋明辅和[2]。”禹曰：“然。如何？”皋陶曰：“於[3]！慎其身[4]，修思长[5]，敦序九族[6]，众明高翼[7]，近可远在己[8]。”禹拜美言，曰：“然。”皋陶曰：“於！在知人，在安民。”禹曰：“吁！皆若是，惟帝其难之[9]。知人则智，能官人[10]；能安民则惠，黎民怀之。能知能惠，何忧乎驩兜？何迁乎有苗？何畏乎巧言善色佞人？”皋陶曰：“然，於！亦行有九德，亦言其有德。”乃言曰：“始事事[11]，宽而栗[12]，柔而立[13]，愿而共[14]，治而敬[15]，扰而毅[16]，直而温，简而廉[17]，刚而实[18]，强而义[19]，章其有常[20]，吉哉。日宣三德，蚤夜翊明有家[21]。日严振敬六德，亮采有国[22]。翕受普施，九德咸事[23]，俊乂[24]在官，百吏肃谨。毋教邪淫奇谋。非其人居其官，是谓乱天事。天讨有罪，五刑五用[25]哉。吾言底可行乎？”禹曰：“女言致可绩行。”皋陶曰：“余未有知，思赞道[26]哉。”

【注释】

①士：相当于后世的大理卿，管理天下刑狱的主官。②信其道德，谋明辅和：果真按道德办事，便会谋划高明，大臣和协。信：真。③於（wū）：叹词。④慎其身：指严格要求自身。⑤修思长：修养要长久不断。⑥敦序九族：使九族亲厚而有顺序。⑦众明高翼：许多贤明的人会努力辅佐。明：指贤明

的人。翼：辅佐。《尚书·皋陶谟》作“庶明励翼”。义同。⑧近可远在已：政令由近及远，在于自身的德行。即由修身而达到平治天下。⑨惟帝其难之：即使帝尧也难办到啊。⑩官人：任命适当的人作官。⑪始事事：指验证一个人的德行必须从他的行事开始。前一个“事”是动词，后一个“事”是名词，“事事”即从事某项事情。下文即具体讲述办事所表现的九种德行。⑫宽而栗：宽大而严格。⑬柔而立：柔和而能独立从事。⑭愿：诚实。共（gōng）：通“恭”。⑮治：办事有条理。敬：认真。⑯扰：一作“柔”。驯服。毅：坚定。⑰简：简约，不苛细烦琐。廉：方正，不敷衍、草率。⑱刚：坚强果断。实：踏实。⑲强：勇于任事。义：适宜，合理。⑳章：修明。其：指以上九种德行。有常：有恒，坚持不懈。㉑日宣三德，蚤夜翊明有家：大夫们能每天修明上述九德中的三种德行，并早晚庄敬努力，便可保有他们的家族。宣：修明。蚤：通“早”。翊（yì）：庄敬。明：通“勉”，努力。家：特指大夫统治的领地。㉒日严振敬六德，亮采有国：诸侯们每天能够严肃振奋，恭行上述六种品德，并认真地办理事务，便可保有他们的封国。亮：信，认真。采：事。或将“亮采”解释为辅助办事。㉓翕受普施，九德咸事：天子集九种德行而全面实行。翕：合，收集。事：从事。以上几句反映了古代以德行决定政治地位的理想，九德有其三者可为大夫，有六者可为诸侯，九德具备的人才可为天子。㉔俊乂（yì）：有才能的人。有千人之才曰俊，有百人之才曰乂。㉕五刑五用：五种刑罚

（墨、劓、刖、宫、大辟）用以惩罚五种罪人。㉖赞：助。道：指治理天下之道。

【原文】

帝舜谓禹曰："女亦昌言[①]。"禹拜曰："於，予何言！予思日孳孳[②]。"皋陶难[③]禹曰："何谓孳孳？"禹曰："鸿水滔天，浩浩怀山襄陵，下民皆服[④]于水。予陆行乘车，水行乘舟，泥行乘橇，山行乘檋，行山刊木。与益予众庶稻鲜食[⑤]。以决九川致四海，浚畎浍[⑥]致之川。与稷予众庶难得之食。食少，调有余补不足，徙居。众民乃定，万国为治。"皋陶曰："然，此而美也。"

【注释】

①昌言：发表高明的言论。②孳孳（zī）：努力不懈的样子。③难（nàn）：责问。④服：事。这里用作动词，活动或工作。⑤鲜：刚杀死的鸟兽叫鲜。⑥畎（quǎn）：田间的水沟。浍（kuài）：田间的大沟渠。

【原文】

禹曰："於，帝！慎乃在位[①]，安尔止[②]，辅德[③]，天下大应清意[④]。以昭待上帝命，天其重命用休[⑤]。"帝曰："吁，臣哉，臣哉！臣作朕股肱耳目[⑥]。予欲左右有民[⑦]，女辅之；余欲观古人之象，日月星辰，作文绣服色，女明之[⑧]；予欲闻六律五声八音[⑨]，来始滑[⑩]，以出入五言[⑪]，女听[⑫]。予即辟，女匡拂[⑬]予。女无[⑭]面谀，退而谤予。敬四辅臣[⑮]。诸众谗嬖[⑯]

臣，君德诚施皆清矣。”禹曰：“然。帝即不时[17]，布同善恶则毋功[18]。”

【注释】

①慎乃在位：谨慎你所处的职位（天子）。②安尔止：冷静思考你的行为。③辅德：辅佐的大臣有德行。④天下大应清意：天下就会非常顺应你的意志。或将“清意”二字断下。⑤以昭待上帝命，天其重命用休：用光明的德行来等待上帝的命令，上天就会反复地把幸福赐给你。昭：明。其：语气副词。重（chóng）：反复。休：美好；幸福。⑥股肱耳目：比喻臣下是君王的助手。⑦左右：通“佐佑”，即辅佐。有民：民众。“有”是名词词头。⑧“余欲”句：我想观察仿照古人的样子，按日月星辰等天象来制作绣上花纹色彩的服装。明之：使这些服装制作得明显地合乎等级。⑨六律：定音的乐律。六律指黄钟、太簇、姑冼（xiǎn）、蕤宾、夷则、无射（yì）。六律亦可包举阴律林钟、南吕、应钟、大吕、夹钟、中吕等六吕而言。五声：古乐为五声音阶，宫、商、角、徵、羽。八音：八种乐音，即金、石、丝、竹、匏土、革、木八类乐器发出的乐音。⑩来始滑：不详。《史记会注考证》引明人归有光语：“古书宜略会文意，疑者阙如可也。如‘来始滑’‘吊由灵’之类，自不可解。”《尚书·益稷》作“在治忽”，意思是通过音乐来考察政治上的好坏。在，考察；治，指办理得好。⑪五言：符合五德（仁义礼智信）的言论。⑫女听：即你要使我听到这一切并帮助判断审察。女，汝，你。听，

使动用法。⑬即：若。辟：邪僻，过失。匡：纠正。拂(bì)：通"弼"，辅佐。⑭无：不要。⑮四辅臣：四周的大臣。⑯谗（chán）：说坏话陷害好人的人。嬖（bì）：受宠的人。⑰时：通"是"，指能施行道德。⑱布同善恶则毋功：不分善恶地普遍任用人就会没有功绩。

【原文】

帝曰："毋若丹朱傲，维慢游是好，毋水行舟[①]，朋淫于家[②]，用绝其世[③]。予不能顺是。"禹曰："予娶涂山[④]，辛壬癸甲[⑤]，生启予不子[⑥]，以故能成水土功。辅成五服，至于五千里，州十二师[⑦]，外薄四海，咸建五长[⑧]，各道有功[⑨]。苗顽不即功[⑩]。帝其念哉！"帝曰："道吾德，乃女功序之也[⑪]。"

【注释】

①毋水行舟：在无水的陆地上行船。②朋淫于家：在家中成群结伙地干淫乱的事。③用：因而。绝其世：指丹朱不能继承尧的帝位。④涂山：国（氏族）名。或说即今安徽省怀远县的当涂山。⑤辛壬癸甲：指禹辛日娶妻，壬癸两日在家，甲日（第四天）便离家去治水。⑥生启予不子：生下儿子启以后，禹不回家抚育。子，作动词用。⑦州十二：《五帝本纪》："肇十有二州。"马融曰："禹平水土，置九州。舜以冀州之北广大，分置并州；燕、齐辽远，分燕置幽州，分齐为营州。于是为十二州也。"师，指在各州设立长官。⑧五长：统率五个诸侯国的君长。⑨各道有功：各地诸侯都遵从道德，做出事功、成绩。⑩苗：三苗。顽：凶恶不听命。不即功：不尽职

责。⑪“道吾”句：能推行我的德行，是靠你的功劳逐步达到的。

【原文】

皋陶于是敬禹之德，令民皆则[①]禹。不如言，刑从之。舜德大明。

于是夔行乐，祖考至，群后相让，鸟兽翔舞[②]；《箫韶》九成，凤皇来仪[③]，百兽率舞，百官信谐。帝用此作歌，曰：“陟天之命，维时维几[④]。”乃歌曰：“股肱喜哉！元首起哉！百工熙[⑤]哉！”皋陶拜手稽首扬言曰：“念哉[⑥]！率为兴事，慎乃宪[⑦]。敬哉！”乃更为歌曰：“元首明哉，股肱良哉，庶事[⑧]康哉！”又歌曰：“元首丛脞[⑨]哉，股肱惰哉，万事堕哉！”帝拜曰：“然，往钦[⑩]哉！”于是天下皆宗[⑪]禹之明度数声乐，为山川神主。

【注释】

①则：效法，取法。②祖考：祖先。后：君主。群后，指各地诸侯。鸟兽翔舞：鸟儿随着音乐飞翔，野兽随音乐起舞。以上几句写开始奏乐的感动力量。③箫韶：舜时的乐曲名。成：每奏完一遍乐曲叫作一成。凤皇：传说中的百鸟之王。来仪：飞来飞去。仪：容貌举止适当。④陟（zhì）天之命，维时维几：遵奉上天的命令，办事要顺时而慎微。时：指顺应时势。几：细微。这里作动词用，指事情刚出现苗头便要谨慎处理。⑤元首：指天子。熙：兴盛。⑥念：想念。指要注意做到歌词中所说的。⑦慎乃宪：谨慎地遵循法度。⑧庶事：各种事

情。⑨丛脞：烦琐苛细。⑩往：往后，以后。钦：敬重；努力。⑪宗：尊奉，推崇。

【原文】

帝舜荐禹于天，为嗣[①]。十七年而帝舜崩。三年丧毕，禹辞，辟舜之子商均于阳城[②]。天下诸侯皆去商均而朝禹，禹于是遂即天子位，南面[③]朝天下，国号曰夏后，姓姒[④]氏。

【注释】

①嗣：继承人。②阳城：故址在今河南省登封市东南告城镇。③南面：天子即位，坐北向南而接受群臣的朝拜。④姒（sì）：传说禹的祖先是吞了薏苡而出生的，所以姓姒。

【原文】

帝禹立而举皋陶荐之，且[①]授政焉，而皋陶卒[②]。封皋陶之后于英、六[③]，或在许[④]。而后举益，任之政。

【注释】

①且：将要。②卒：去世。③英：不详；或说即春秋时的蓼国（今河南省固始县）；一说在今安徽省金寨县一带。六：今安徽省六安市金安区、裕安区。④许：今河南省许昌市建安区。

【原文】

十年，帝禹东巡狩，至于会稽而崩。以天下授益。三年之丧毕，益让帝禹之子启，而辟居箕山[①]之阳。禹子启贤，天下属意[②]焉。及禹崩，虽授益，益之佐禹日浅，天下未洽[③]。故诸侯皆去益而朝启，曰：“吾君帝禹之子也。”于是启遂即天子之位，是为夏后帝启。

【注释】

①山：在今河南省登封市东南。②属意：归心。③洽：融洽。这里有人心归顺的意思。

【原文】

夏后帝启，禹之子，其母涂山氏之女也。

有扈氏[①]不服，启伐之，大战于甘[②]。将战，作《甘誓》[③]。乃召六卿申之[④]。启曰：“嗟！六事之人[⑤]，予誓告女：有扈氏威侮五行[⑥]，怠弃三正[⑦]，天用[⑧]剿绝其命。今予维共行天之罚[⑨]。左不攻于左，右不攻于右，女不共命[⑩]；御非其马之政[⑪]，女不共命。用命，赏于祖[⑫]；不用命，僇于社[⑬]，予则帑僇女[⑭]。”遂灭有扈氏，天下咸朝。

【注释】

①有扈氏：部族名（与夏后氏同姓）。其居地在今陕西省西安市鄠邑区一带。②甘：地名。在今陕西省西安市鄠邑区南郊。③《甘誓》：今存《尚书》中。甘誓即甘地战前誓词之谓。④六卿：六军的首领。申之：申诫他们，即宣布誓词。⑤六事之人：掌管六军事务的人，即六卿。⑥五行：金、木、水、火、土。古代用五行生克的理论，作为帝位更替的依据，叫作“五德始终”。意谓五行循环不已，朝代应运而生。威侮五行：指有扈氏想用暴力推翻五德始终的规律，不服统治。

⑦三正：天、地、人的正道。⑧用：因此。⑨共行天之罚：恭敬地执行上天的惩罚。⑩左：车左的人；或说左面的部队。右：车右的人；或说右面的部队。共命：恭敬地服从命令。⑪御：驾车的人。非其马之政：不能正确地驾驭车马。政：通“正”，作动词用。其马之政，是“政（正）其马”的宾语前置式。⑫祖：祖庙。或说是祖庙中的神主，天子亲征时，携带它一同走。⑬社：祭土地神的地方。或说是社中的神主，天子亲征时，也是携带同行的。⑭帑僇女：还要惩罚败退者（上述不用命者）的子女。帑，通“孥”（nú），将子女作奴婢。

【原文】

夏后帝启崩，子帝太康立。帝太康失国[①]，昆弟五人，须于洛汭[②]，作《五子之歌》[③]。

【注释】

①失国：据说太康耽于田猎和音乐，不理国政，被有穷氏国君后羿驱逐。②须：等待。汭：水北岸。③《五子之歌》：今存伪古文《尚书》中。

【原文】

太康崩，弟中康[①]立，是为帝中康。帝中康时，羲、和湎淫，废时乱日[②]；胤[③]往征之，作《胤征》。

【注释】

①中康：即仲康。②羲、和：掌管四时的官。湎（miǎn）淫：沉湎在过度的饮酒中。废时乱日：把四季、日期都扰乱

了。③胤（yìn）：仲康的大臣。

【原文】

中康崩，子帝相立。帝相崩，子帝少康[①]立。帝少康崩，子帝予[②]立。帝予崩，子帝槐[③]立。帝槐崩，子帝芒[④]立。帝芒崩，子帝泄立。帝泄崩，子帝不降[⑤]立。帝不降崩，弟帝扃立。帝扃崩，子帝廑[⑥]立。帝廑崩，立帝不降之子孔甲，是为帝孔甲。帝孔甲立，好方鬼神，事淫乱[⑦]。夏后氏德衰，诸侯畔之。天降龙二，有雌雄，孔甲不能食[⑧]，未得豢龙氏[⑨]。陶唐既衰，其后有刘累[⑩]，学扰[⑪]龙于豢龙氏，以事孔甲。孔甲赐之姓曰御龙氏，受豕韦[⑫]之后。龙一雌死，以食夏后；夏后使求[⑬]，惧而迁去。

【注释】

①少康：据《左传》等书记载，少康为夏代中兴之主。②予：《左传》作“杼”；《世本》作“季伫”。③槐：《世本》作“芬”。④芒：huáng或wáng。⑤帝不降：《世本》作“帝降”。⑥廑：jìn或qín。⑦好方鬼神：迷信鬼神。事淫乱：做事没有节制，违反道德。⑧食（sì）：喂养。⑨豢龙氏：有养龙技术的部落。豢：饲养。⑩刘累：唐尧的后代，其故地在今河南省偃师市东南。⑪扰：驯养。⑫豕韦：祝融氏的后代。贾逵曰：“刘累之后至商不绝，以代豕韦之后。祝融之后封于豕韦，殷武丁灭之，以刘累之后代之。”⑬求：寻找，即命令刘累再寻找龙。

【原文】

孔甲崩，子帝皋立。帝皋崩，子帝发立。帝发崩，子帝履癸立，是为桀[①]。帝桀之时，自孔甲以来而诸侯多畔夏，桀不务德而武伤百姓[②]，百姓弗堪。乃召汤而囚之夏台[③]，已而释之。汤修德，诸侯皆归汤，汤遂率兵以伐夏桀。桀走鸣条[④]，遂放而死[⑤]。桀谓人曰："吾悔不遂杀汤于夏台，使至此。"汤乃践天子位，代夏朝天下。汤封夏之后；至周，封于杞[⑥]也。

【注释】

①桀：夏帝名。据《世本》说桀是帝发的弟弟。②武伤百姓：用暴力伤害百姓（指诸侯、百官）。③夏台：监狱名。在今河南省禹州市南。④鸣条：地名，又名高侯原。⑤放：放逐。放逐地是南巢（今安徽省巢湖）；与郑玄所说的南夷之地鸣条，实际上是一个地方，音近而写法不同。⑥杞：今河南省杞县。

【原文】

太史公曰：禹为姒姓，其后分封，用国为姓[①]，故有夏后氏、有扈氏、有男氏、斟寻氏、彤城氏、褒氏、费氏、杞氏、缯氏、辛氏、冥氏、斟戈[②]氏。孔子正夏时[③]，学者多传《夏小正》[④]云。自虞、夏时，贡赋备矣。或言禹会诸侯江南，计功而崩，因葬焉，命曰会稽。会稽[⑤]者，会计也。

【注释】

①其后分封，用国为姓：禹的后代，相继被分封为诸侯

（独立的部族），于是各自以国名为姓，因而产生了下面提到的很多姓氏。②有男：《世本》作“有南”。费：《世本》作“弗”。斟戈：《左传》《世本》皆作“斟灌”。③夏时：记述夏代四时节气的书，《夏小正》即其中之一。④《夏小正》：《大戴礼记》有《夏小正》篇，据说是夏朝的历书，它记载了四季节候。今日的农历仍称夏历，可见当时已具有相当水平的天文历法知识。⑤会稽：地名。今有人据甲骨文推断：禹即位在前2183年，桀亡在前1752年，共432年。又有人列出夏代君主继承表：禹（8年）——启（9年）——太康（29年）——仲康（13年）——相（28年）——少康（22年）——杼（17年）——槐（26年）——芒（18年）——泄（16年）——不降（59年）——扃（21年）——廑（21年）——孔甲（31年）——皋（11年）——发（19年）——桀（52年），以禹继位为前2205年，桀亡在前1767年，17帝438年。

【译文】

夏禹，名叫文命。禹的父亲叫鲧，鲧的父亲叫帝颛顼，颛顼的父亲叫昌意，昌意的父亲叫黄帝。禹是黄帝的玄孙，也就是颛顼帝的孙。禹的曾祖父昌意和父亲鲧都没有登临帝位，只做了天子下面的臣民。

帝尧时，大水成灾浊浪滔天，浩浩荡荡包围了山冈，淹上了丘陵，下边的民众非常忧惧。尧寻求能够治理洪水的人，各个大臣和四方诸侯都说鲧可以。尧说：“鲧的为人是违背教化命令毁败同族，不可用。”四方诸侯说：“比较起来，没有比鲧更贤能的，希望帝试试他。”于是，尧听从四方诸侯，任用鲧治理洪水。经过九年，洪水仍然没有平息，治水事业没有成功。这时，尧帝去寻求继承帝位的人，才得到了舜。舜受到任用，代行天子的政事，到全国各地去巡回视察。在巡视行进途中看到了鲧治理洪水没有成功，就把鲧流放到羽山。天下的人都认为舜的惩罚是正确的。于是，舜提拔鲧的儿子禹，来让他继续鲧的治水事业。

尧逝世以后，舜帝问四岳说：“有谁能光大尧帝的事业，让他担任官职呢?”大家都说：“伯禹当司空，可以光大尧帝的事业。”舜说：“嗯，好!”然后，命令禹说：“你去平治水土，要努力办好啊!”禹叩头拜谢，谦让给契、后稷、皋陶。舜说：“你还是快去办理你的公事吧!”

禹为人聪敏机智，能吃苦耐劳，他遵守道德，仁爱可亲，言语可信。他的声音就是标准的音律，他的身躯就是标准的尺度，凭着他的声音和躯体就可以校正音律的高低和尺度的长短。他勤勤恳恳，庄重严肃，堪称百官的典范。

禹接受了舜帝的命令，与益、后稷一起到任，命令诸侯百官发动那些被罚服劳役的罪人分治九州土地。他一路上穿山越岭，树立木桩作为标志，测定高山大川的状貌。禹为父亲鲧因治水无功而受罚感到难过，就不顾劳累，苦苦地思索，在外面生活了十三年，几次从家门前路过都没敢进去。他节衣缩食，尽力孝敬鬼神。居室简陋，把资财用于治理河川。他在地上行走乘车，在水中行走乘船，在泥沼中行走就乘木橇，在山路上行走就穿上带金属齿的鞋。他左手拿着准和绳，右手拿着规和矩，还装载着测四时定方向的仪器，开发九州土地，疏导九条河道，修治九个大湖，测量九座大山。他让益给民众分发稻种，可以种植在低洼潮湿的土地上。又让后稷赈济吃粮艰难的民众。粮食匮乏时，就让一些地区把余粮调剂给缺粮地区，以便使各诸侯国都能有粮食吃。禹一边行进，一边考察各地的物产情况，规定了应该向天子交纳的贡赋，并考察了各地的山川地形，以便弄清诸侯朝贡时交通是否方便。

禹治水及考察是从帝都冀州开始的。在冀州先完成了壶口的工程，又治理梁山与岐山。治理好太原地区，一直到太岳山之南。修治好覃怀之后，又继续修治了衡水和漳水。冀州的土质色白而松软，这里的赋税属上上，即第一等，有时也杂有第二等，田地属于中中，即第五等。常水、卫水疏通了，大陆泽也修治完毕。东北鸟夷部族的贡品是皮衣。其进贡路线是绕道碣石山向西，进入黄河。

济水和黄河之间是兖州：兖州境内黄河下游的九条河道已经疏通，雷夏已经修筑堤防形成水泽，雍、沮两条河水就汇合流入这个湖泊，种有桑树的土地上已经能够养蚕，民众就从山丘上搬来居住在平地上。兖州属于黑色肥厚的土壤地带，花草茂盛树木高大。田土属于中下等级，田赋的等级也就相当，兖州整治了十三年才和其他八州收到相同的功效。它的贡赋是漆、丝，以及用圆形竹器盛着的有花纹的丝织品。运往京城的贡赋乘船先经济水、漯水，然后到达黄河。

渤海和泰山之间是青州：堣夷地区既已经略，潍水、淄水已疏导。青州的土质属白色肥厚一类，海滨一带却是宽广又含盐质，这里的田土是盐碱地。田地属上下等级，田赋属中上等级。青州的贡赋是盐和细葛布，有时也进贡一些海产品，还有泰山深谷的丝、大麻、矿石、松木、怪石，莱夷地区的牧产品，和用圆形竹器盛着可用来作琴弦的柞蚕丝。贡赋运往京城是乘船先入汶水，再达到济水。

东起大海、北至泰山、南到淮河的地带是徐州：淮河、沂水得到了治理，蒙山、羽山可以种植。大野泽整治后已经能够蓄水，东原一带在水去平复后可以耕种。青州的土质属红色黏性肥厚的一类，草木也生长得密集茂盛。这里的田地属上中等级，田赋属中中等级。缴纳的贡品是青、赤、白、黑、黄五色土，羽山深谷的大雉鸟羽毛，峄山南边作琴瑟用的优质桐木，泗水边浮石制的磬，淮水边上夷族聚居地产的珠蚌和鱼，以及用圆形竹器盛着的黑细丝绸。贡赋运往京城是乘船经过淮水、泗水，再进入黄河。

淮河以南和大海以西的大片地区是扬州：彭蠡泽（江西鄱阳湖古名）已经治好蓄水，大雁冬天就来这里停居。松江、钱塘江、浦阳江都已疏通入海，震泽地区就获得了安定。箭竹已经遍地生长。这里长的草鲜美柔嫩，这里长的树木非常高大。土质湿润。田地属下下等级，田赋属下上等级，有时杂出升到中下等级。贡品有三种金属，美玉、宝石、箭竹，象牙、兽皮、鸟的彩色羽毛、牦牛尾，海岛上夷民用草织的衣服，用圆形竹器盛着的五色染丝织成的贝锦，还有就是有时根据命令要进贡的包着的橘子和柚子。贡赋运往京城是先沿江或沿海向北，再进入淮河、泗水。

荆山到衡山的南面是荆州：这个地区有长江、汉水注入大海。长江的众多支流大都有了固定的河道，沱水、涔水业已疏导，云泽、梦泽也治理好了。这里的土质湿润，田地属下中，即第八等，赋税居上下，即第三等。进贡的物品是羽毛、牦牛尾、象牙、皮革、三色铜，以及椿木、柘木、桧木、柏木，还有粗细磨石，可做箭头的砮石、丹砂，特别是可做箭杆的竹子箘簬和楛木是汉水附近三个诸侯国进贡的最有名的特产，还有包裹着和装在匣子里的供祭祀时滤酒用的青茅，用竹筐盛着的彩色布帛，以及穿珠子用的丝带。有时根据命令进贡九江出产的大龟。进贡时，经由长江、沱水、涔水、汉水，转行一段陆路再进入洛水，然后转入南河。

荆州和黄河之间是豫州：伊水、洛水、瀍水、涧水都已疏通注入黄河，荥播也汇成了一个湖泊，还疏浚了菏泽，修筑了明都泽的堤防。这里的土质松软肥沃，低地则是肥沃坚实的黑土。田地属中上，即第四等，赋税居上中，即第二等，有时居第一等。进贡漆、丝、细葛布、麻，以及用竹筐盛着的细丝絮，有时按命令进贡治玉磬用的石头，进贡时走水路，经洛水进入黄河。

华山南麓到黑水之间是梁州：汶（岷）山、嶓冢山都可以耕种了，沱水、涔水也已经疏通，蔡山、蒙山的道路已经修好，在和夷地区治水也取得了成效。这里的土质是青黑色的，田地属下上，即第七等，赋税居下中，即第八等，有时也居第七等或第九等。贡品有美玉、铁、银、可以刻镂的硬铁、可以做箭头的砮石、可以制磬的磬石，以及熊、罴、狐狸、兽毛织成的地毯。贡品由西戎西倾山经桓水运出，再从潜水船运，进入沔水，然后走一段山路进入渭水，最后横渡黄河到达京城。

黑水与黄河西岸之间是雍州：弱水经治理已向西流去，泾水汇入了渭水。漆水、沮水跟着也汇入渭水，还有沣水同样汇入渭水。荆山、岐山的道路业已开通，终南山、敦物山一直到鸟鼠山的道路也已竣工。高原和低谷的治理工程都取得了成绩，一直治理到都野泽一带。三危山地区可以居住了，三苗族也大为顺服。这里的土质色黄而且松软肥沃，田地属上上，即第一等，赋税居中下，即第六等。贡品是美玉和美石。进贡时从积石山下走水路，顺流到达龙门山间的西河，会集到渭水湾里。织皮族居住昆仑山、枝支山、渠搜山等地，那时西戎各国也归服了。

禹开通了九条山脉的道路：一条从汧山和岐山开始一直开到荆山，越过黄河；一条从壶口山、雷首山一直开到太岳山；一条从砥柱山、析城山一直开到王屋山；一条从太行山、常山一直开到碣石山，进入海中与水路接通；一条从西倾山、朱圉山、鸟鼠山一直开到太华山；一条从熊耳山、外方山、桐柏山一直开到负尾山；一条从嶓冢山一直开到荆山；一条从内方山一直开到大别山；一条从汶山的南面开到衡山，越过九江，最后到达敷浅原山。

禹疏导了九条大河：把弱水疏导至合黎，使弱水的下游注入流沙（沙漠）。疏导了黑水，经过三危山，流入南海（青海）。疏导黄河，从积石山开始，到龙门山，向南到华阴，然后东折经过砥柱山，继续向东到孟津，再向东经过洛水入河口，直到大邳；转而向北经过降水，到大陆泽，再向北分为九条河，这九条河到下游又汇合为一条，叫作逆河，最后流入大海。从嶓冢山开始疏导漾水，向东流就是汉水，再向东流就是苍浪水，经过三澨水，到大别山，南折注入长江，再向东与彭蠡泽之水汇合，继续向东就是北江，流入大海。从汶山开始疏导长江，向东分出支流就是沱水，再往东到达醴水，经过九江，到达东陵，向东斜行北流，与彭蠡泽之水汇合，继续向东就是中江，最后流入大海。疏导沇水，向东流就是济水，注入黄河，两水相遇，溢为荥泽，向东经过陶丘北面，继续向东到达菏泽，向东北与汶水汇合，再向北流入大海。从桐柏山开始疏导淮水，向东与泗水、沂水汇合，再向东流入大海。疏导渭水，从鸟鼠同穴山开始，往东与沣水会合，又向东与泾水会合，再往东经过漆水、沮水，流入黄河。疏导洛水，从熊耳山开始，向东北与涧水、瀍水汇合，又向东与伊水汇合，再向东北流入黄河。

所有的山川河流都治理好了，从此九州统一，四境之内都可以居住了，九条山脉开出了道路，九条大河疏通了水源，九个大湖筑起了堤防，四海之内的诸侯都可以来京城会盟和朝觐了。金、木、水、火、土、谷六库的物资治理得很好，各方的土地美恶高下都评定出等级，能按照规定认真进贡纳税，赋税的等级都是根据三种不同的土壤等级来确定。还在华夏境内九州之中分封诸侯，赐给土地，赐给姓氏，并说："要恭敬地把德行放在第一位，不要违背我天子的各种措施。"

禹下令规定天子国都以外五百里的地区为甸服，即为天子服田役纳谷税的地区：紧靠王城百里以内要交纳收割的整棵庄稼，一百里以外到二百里以内要交纳禾穗，二百里以外到三百里以内要交纳谷粒，三百里以外到四百里以内要交纳粗米，四百里以外到五百里以内要交纳精米。甸服以外五百里的地区为侯服，即为天子侦察顺逆和服侍王命的地区：靠近甸服一百里以内是卿大夫的采邑，往外二百里以内为小的封国，再往处二（原文作"三"）百里以内为诸侯的封地。侯服以外五百里的地区为绥服，即受天子安抚，推行教化的地区：靠近侯服三百里以内视情况来推行礼乐法度、文章教化，往外二百里以内要振兴武威，保卫天子。绥服以外五百里的地区为要服，即受天子约束服从天子的地区：靠近绥服三百里以内要遵守教化，和平相处；往外二百里以内要遵守王法。要服以外五百里的地区为荒服，即为天子守卫边远的荒远地区：靠近要服三百里以内荒凉落后，那里的人来去不受限制；再往外二百里以内可以随意居处，不受约束。

这样，东临大海，西至沙漠，从北方到南方，天子的声威教化达到了四方荒远的边陲。于是，舜帝为表彰禹治水有功而赐给他一块代表水色的黑色圭玉，向天下宣告治水成功。天下从此太平安定。

皋陶担任执法的士这一官职，治理民众。舜帝上朝，禹、伯夷、皋陶一块儿在舜帝面前谈话。皋陶申述他的意见说："遵循道德确定不移，就能做到谋略高明，臣下团结。"禹说："很对，但应该怎样做呢？"皋陶说："哦，要谨慎对待自身修养，要有长远打算，使上自高祖下自玄孙的同族人亲厚稳定。这样一来，众多有见识的人就都会努力辅佐你，由近处可以推及远处，一定要从自身做起。"禹拜谢皋陶的善言，说："对。"皋陶说："哦，还有成就德业就在于能够了解人，能够安抚民众。"禹说："呵！都像这样，即使是尧帝恐怕也会感到困难的。能了解人就是明智，就能恰当地给人安排官职；能安抚民众就是仁惠，黎民百姓都会爱戴你。如果既能了解人，又能仁惠，还忧虑什么驩兜，何必流放有苗，何必害怕花言巧语伪善谄媚的小人呢？"皋陶说："对，是这样。检查一个人的行为要根据九种品德，检查一个人的言论也要看他是否有好的品德。"他接着说道："开始，先从办事来检验，宽厚而又威严，温和而又坚定，诚实而又恭敬，有才能而又小心谨慎，善良而又刚毅，正直而又和气，平易而又有棱角，果断而又讲求实效，强有力而又讲道理，要重用那些具有九德的善士呀！能每日宣明三种品德，早晚谨行努力，卿大夫就能保有他的采邑。每日严肃地恭敬实行六种品德，认真辅佐王事，诸侯就可以保有他的封国。能全部具备这九种品德并普遍施行，就可以使有才德的人都居官任职，使所有的官吏都严肃认真办理自己的政务。不要叫人们胡作非为，胡思乱想。如果让不适当的人居于官位，就叫作扰乱上天所命的大事。上天惩罚有罪的人，用五种刑罚处治犯有五种罪行的罪人。我讲的大抵可以行得通吧？”禹说：“如果按你的话行事，一定会做出成绩的。”皋陶说：“我才智浅薄，只是希望有助于推行治天下之道。”

舜帝对禹说：“你也说说你的好意见吧。”禹谦恭地行了拜礼，说：“哦，我说什么呢？我只想每天勤恳努力地办事。”皋陶追问道：“怎样才叫勤恳努力？”禹说：“洪水滔天，浩浩荡荡，包围了高山，漫上了丘陵，下民都遭受着洪水的威胁。我在陆地上行走乘车，在水中行走乘船，在泥沼中行走乘木橇，在山路上行走就穿上带金属齿的鞋，翻山越岭，树立木桩，在山上作了标志。我和益一块，给黎民百姓稻粮和新鲜的肉食。疏导九条河道引入大海，又疏浚田间沟渠引入河道。和稷一起赈济吃粮困难的民众。粮食匮乏时，从粮食较多的地区调剂给粮食欠缺的地区，或者叫百姓迁到有粮食的地区居住。民众安定下来了，各诸侯国也都治理好了。”皋陶说：“是啊，这些是你的巨大业绩。”

禹说：“啊，帝！谨慎对待您的在位之臣，稳稳当当处理您的政务。辅佐的大臣有德行，天下人都会响应拥护您。您用清静之心奉行上帝的命令，上天会经常把美好的符瑞降临给您。”舜帝说：“啊，大臣呀，大臣呀！大臣是我的臂膀和耳目。我想帮助天下民众，你们要辅助我。我想要效法古人衣服上的图像，按照日月星辰的天象制作锦绣服装，你们要明确各种服装的等级。我想通过各地音乐的雅正与淫邪等来考察那里政教的情况，以便取舍各方的意见，你们要仔细地辨听。我的言行如有不正当的地方，你们要纠正我。你们不要当面奉承，回去之后却又指责我。我敬重前后左右辅佐大臣。至于那些搬弄是非的佞臣，只要君主的德政真正施行，他们就会被清除了。”禹说：“对。您如果不这样，好人坏人混而不分，那就不会成就大事。”

舜帝说：“你们不要学丹朱那样桀骜骄横，只喜欢怠惰放荡，在无水的陆地上行船，聚众在家里干淫乱之事，以致不能继承帝位。对这种人，我决不听之任之。”禹说：“我娶涂山氏的女儿时，新婚四天就离家赴职，生下启我也未曾抚育过，因此才能使平治水土的工作取得成功。我帮助帝王设置了五服，范围达到五千里，设置十二州的长官，一直开辟到四方荒远的边境，在每五个诸侯国中设立一个首领，他们恪尽职守，都有功绩，只有三苗凶顽，没有功绩，希望帝王您记着这件事。”舜帝说：“用我的德教来开导，那么凭你的工作就会使他们归顺的！”

皋陶此时敬重禹的功德，命令天下都学习禹的榜样。对于不听从命令的，就施以刑法。因此，舜的德教得到了大发扬。

这时，夔担任乐师，谱定乐曲，祖先亡灵降临欣赏，各诸侯国君相互礼让，鸟兽在宫殿周围飞翔、起舞，《箫韶》奏完九通，凤凰被召来了。群兽都舞起来，百官忠诚和谐。舜帝于是歌唱道：“奉行天命，施行德政，顺应天时，谨微慎行。”又唱道：“股肱大臣喜尽忠啊，天子治国要有功啊，百官事业也兴盛啊！”皋陶跪拜，先低头至手，又叩头至地，然后高声说道：“您可记住啊，要带头努力尽职，谨慎对待您的法度，认真办好各种事务！”于是也接着唱道：“天子英明有方啊，股肱大臣都贤良啊，天下万事都兴旺啊！”又唱道：“天子胸中无大略啊，股肱大臣就懈怠啊，天下万事都败坏啊！”舜帝拜答说：“对！以后我们都要努力办好各自的事务！”这时候，天下都推崇禹精于尺度和音乐，尊奉他为山川的神主，意思就是能代山川之神施行号令的帝王。

舜帝把禹推荐给上天，让他作为帝位的继承人。十七年之后，舜帝逝世。服丧三年完毕，禹为了把帝位让给舜的儿子商均，躲避到阳城。但天下诸侯都不去朝拜商均而来朝拜禹。禹这才继承了天子之位，南面接受天下诸侯的朝拜，国号为夏后，姓姒氏。

禹帝立为天子后，举用皋陶为帝位继承人，把他推荐给上天，并把国政授给他。但是，皋陶没有继任就死了。禹把皋陶的后代封在英、六两地，有的封在许地。后来，又举用了益，把国政授给他。

过了十年，禹帝到东方视察，到达会稽，在那里逝世。把天下传给益。服丧三年完毕，益又把帝位让给禹的儿子启，自己到箕山之南去躲避。禹的儿子启贤德，天下人心都归向于他。等到禹逝世，虽然把天子位传给益，但由于益辅佐禹时间不长，天下并不顺服他。所以，诸侯还是都离开益而去朝拜启，说："这是我们的君主禹帝的儿子啊。"于是，启就继承了天子之位，这就是夏后帝启。

夏后帝启，是禹的儿子，他的母亲是涂山氏的女儿。

启登临帝位后，有扈氏不来归从。启前往征伐，在甘地大战一场。战斗开始之前，启作了一篇誓词叫作《甘誓》，召集来六军将领进行训诫。启说："喂！六军将领们，我向你们宣布誓言：有扈氏蔑视仁、义、礼、智、信五常的规范，背离天、地、人的正道，因此上天要断绝他的国运。如今，我恭敬地执行上天对他的惩罚。战车左边的射手不从左边射击敌人，车右的剑手不从右边击杀敌人，就是不服从命令。驭手不能使车马阵列整齐，也是不服从命令。听从命令的，我将在祖先神灵面前奖赏他；谁不听从命令，就在社神面前杀掉他，而且要把他们的家属收为奴婢。"于是，消灭了有扈氏，天下都来朝拜。

夏后帝启逝世后，他的儿子帝太康继位。帝太康整天游玩打猎，不顾民事，结果被羿放逐，丢了国家，他的五个弟弟在洛水北岸等待他没有等到，作了《五子之歌》。

太康逝世后，他的弟弟中康继位，这就是中康帝。中康帝在位的时候，掌管天地四时的大臣羲氏、和氏沉湎于酒，把每年的四季、日子的甲乙都搞乱了。胤奉命去征讨他们，作了《胤征》。

中康逝世以后，他的儿子帝相继位。帝相逝世，儿子帝少康继位。帝少康逝世，儿子帝予继位。帝予逝世，儿子帝槐继位。帝槐逝世，儿子帝芒继位。帝芒逝世，儿子帝泄继位。帝泄逝世，儿子帝不降继位。帝不降逝世，弟弟帝扃继位。帝扃逝世，儿子帝廑继位。帝廑逝世，立帝不降的儿子孔甲为帝，这就是帝孔甲。帝孔甲继位后，迷信鬼神，干淫乱的事。夏后氏的威德日渐衰微，诸侯相继背叛了他。上天降下两条神龙，一雌一雄，孔甲喂养不了它们，也没有找到能够饲养的人。陶唐氏已经衰败，有个后代叫刘累，从会养龙的人那里学会了驯龙，就去侍奉孔甲。孔甲赐给他姓御龙氏，让他来接受豕韦氏后代的封地。后来，那条雌龙死了，刘累偷偷做成肉酱拿来献给孔甲吃。夏后孔甲吃了以后，又派人去找刘累要肉酱。刘累害怕了，就迁到鲁县去。

孔甲逝世，儿子皋帝登位。皋帝逝世，儿子发帝登位。发帝逝世，儿子履癸帝登位，这就是桀。

桀帝的时候，自从孔甲即位以来诸侯大多数背叛夏朝，桀不去致力建立德政却用暴力残害百官贵族，贵族们都承受不了。桀又召来汤并把他囚禁在夏台，不久又释放了汤。汤修治自己的德政，诸侯都归附到汤的名下，汤就领兵来讨伐夏桀。桀奔逃到鸣条，失败被放逐以后死去。桀曾对人说："我后悔当初没有就地把汤杀死在夏台，以致使我落到这种地步。"汤就登临天子之位，代替夏来接受天下的朝拜。汤封土地给夏的后代；到了周朝，夏的后代是被封在杞这个地方。

太史公说："禹是姒姓，它的后代分别受封，就各自用国名为姓，所以有夏后氏、有扈氏、有男氏、斟寻氏、彤城氏、褒氏、费氏、杞氏、缯氏、辛氏、冥氏、斟戈氏等的不同。孔子曾校正过夏朝的历书，学者中就有很多人传授《夏小正》。自从虞、夏的时代开始，贡赋制度就已经完备了。有人说禹是在江南会聚诸侯首领、考核他们功劳时逝世的，所以就安葬在那里，把安葬的地方命名叫作会稽。会稽是会集诸侯首领考核功劳的意思。"

第三卷 殷本纪第三

殷本来叫作商。商也是一个古老的部落，始祖契大约与夏禹同时，被封于商。到前 17 世纪或前 16 世纪，商族逐渐强大，商汤发动了灭夏战争。夏亡，商朝正式建立，定都于亳，成为我国历史上第二个奴隶制王朝。大约到前 13 世纪，商王盘庚迁都于殷。此后，直至商纣灭亡，共二百七十余年，一般称之为殷。整个商朝，后来或称商殷，或称殷商。

《殷本纪》系统地记载了商朝的历史，描画了一幅商部族兴起，商王朝由建立直至灭亡的宏伟图卷。

在殷王朝统治的约六百年中，几经兴衰，而成汤的兴起，盘庚、武丁的中兴，以及纣的灭亡，则是殷朝历史中起着关键作用的几个最重大的事件。司马迁饱含热情地歌颂了成汤、盘庚、武丁等贤君敬畏上天、修行德政、为民谋利的政治业绩，又无情地贬抑了殷纣的刚愎自用、拒谏饰非、荒淫无度、迫害贤良、残害百姓等。一个王朝的历史，历经十七代三十王（太丁早死不在内），而司马迁只抓住这几个典型关节，泼墨重彩，而其他则一带而过，使得全篇虚实相映，详略有当。

在刻画人物方面，司马迁抓住了能凸显人物个性的几个典型事例，加以叙述、描写，既体现了历史的真实，又使得人物形象丰满、栩栩如生。如成汤祝网、太甲思过、武丁得说等，就把各位贤君修行德政的宽厚形态表现得淋漓尽致。尤其对于纣的描写，几乎完全以叙述的口吻，一件一件地罗列史实，再加上有周文王、周武王的映衬，一个暴君的形象便跃然纸上，成为一个千古流传的暴君典型。

【原文】

殷契①，母曰简狄②，有娀氏③之女，为帝喾次妃。三人行浴，见玄鸟④堕其卵，简狄取吞之，因孕生契。契长而佐禹治水有功。帝舜乃命契曰："百姓不亲，五品不训⑤，汝为司徒⑥而敬敷五教。五教在宽。"封于商⑦，赐姓子氏⑧。契兴于唐、虞、大禹之际，功业著于百姓。百姓以平⑨。

【注释】

①殷：地名。今河南省安阳市。商朝曾迁都于此，故又称殷商。契（xiè）：字或作"偰"，又作"卨"，殷商的始祖，故又称殷契。②简狄：旧本作"简易"。古"易""狄"音通。③有娀氏：部族名。住地在今山西省运城市盐湖区一带。④玄鸟：燕子。契的诞生情况，是一段神话。它反映了远古只知有母、不知有父的母系社会的情况；还和图腾崇拜有关。⑤五品：五种伦理关系，指父义、母慈、兄友、弟恭、子孝。品：秩。训：《尚书》作"逊"，通"顺"。⑥司徒：管教化的官。⑦商：地名。在今河南省商丘市睢阳区南。⑧子氏：因玄鸟所生子而赐氏。⑨平：治，安定。

【原文】

契卒，子昭明立。昭明卒，子相土[①]立。相土卒，子昌若立。昌若卒，子曹圉[②]立。曹圉卒，子冥[③]立。冥卒，子振[④]立。振卒，子微[⑤]立。微卒，子报丁[⑥]立。报丁卒，子报乙立。报乙卒，子报丙立。报丙卒，子主壬[⑦]立。主壬卒，子主癸立。主癸卒，子天乙立，是为成汤[⑧]。

【注释】

①相土：商代有名先公。②曹圉：《世本》作“粮圉”。③冥：曾担任司空。④振：《世本》作“核”。甲骨文中称“王亥”。⑤微：庙号上甲，故又称上甲微。⑥报丁：近人考证，微之子应为“报乙”，报丁为报丙之子。⑦主壬：近人考证应为示壬。主癸应为示癸。⑧汤：天乙的谥号。《谥法》：“除虐去残曰汤。”汤取得天下前，商世系为：契——昭明——相土——昌若——曹圉——冥——王亥——王恒（王亥弟）——上甲微（王亥子）——报乙——报丙——报丁——示壬——示癸——天乙（汤）。

【原文】

成汤[①]，自契至汤八迁。汤始居亳[②]，从先王[③]居，作《帝诰》[④]。

【注释】

①成汤：“成汤”二字专提，表示下文专记成汤时代的大事。②亳（bó）：指南亳，在今河南省商丘市睢阳区南。③先

王：指帝喾。④《帝诰》：今亡佚。

【原文】

汤征诸侯[1]。葛[2]伯不祀，汤始伐之。汤曰："予有言：人视水见形，视民知治不。"伊尹[3]曰："明哉！言能听，道乃进[4]。君国子民[5]，为善者皆在王官。勉哉，勉哉！"汤曰："汝不能敬命，予大罚殛之，无有攸赦[6]。"作《汤征》。

【注释】

①汤征诸侯：言汤在夏代为方伯，有征伐邻近诸侯国的大权。②葛：国名。在今河南省睢县北。《孟子·滕文公章句下》曾叙述此事。③伊尹：汤的大臣。④明哉！言能听，道乃进：或断句为"明哉言！能听，道乃进。"按第一种断句，"言"指臣下的话；按第二种断句，"言"指汤上面讲的话。⑤君国：作国家的君主，治理国家。子民：以民为子，爱护百姓。⑥汝：指葛伯。不能敬命：即"不祀"，对山川神祇宗庙不按时祭祀（古代把祭祀看作国家大事）。殛（jí）：诛罚。攸赦：赦免。攸，所，助词。

【原文】

伊尹名阿衡[1]。阿衡欲奸[2]汤而无由，乃为有莘氏媵臣[3]，负鼎俎，以滋味说汤，致于王道[4]。或曰：伊尹处士[5]，汤使人聘迎之，五反然后肯往从汤，言素王及九主[6]之事。汤举任以国政。伊尹去汤适夏。既丑有夏[7]，复归于亳。入自北门，遇女鸠，女房[8]，作《女鸠》《女房》[9]。

【注释】

①阿衡：有人认为伊尹名挚；阿衡是官名，相当于后世的宰相。②奸：通“干”，求见。③有莘（shēn）氏：部族名。其地在河南开封市祥符区东南陈留镇。一说在今山东省曹县北。媵（yìng）臣：古代贵族女子出嫁时陪嫁的人（奴婢）。汤的妃子是有莘氏的女儿，所以伊尹自愿作陪嫁的男仆以便见汤。④鼎：古代烹饪的器具，多为圆形三足两耳。鼎也作礼器或传国重器。这几句是说伊尹背着鼎俎，用烹调的滋味比喻施政方法，使汤了解王道（行仁政）。⑤处士：有德才而隐居不当官的人。⑥素王：此处指远古帝王。九主：作为不同的九类君主，即法君（行法的君主）、专君（专权独断的君主）、授君（授政给臣下的君主）、劳君（为天下勤劳的君主）、等君（分封功臣平均禄赏的君主）、寄君（崩溃在即的君主）、破君（国破身亡的君主）、国君（不详，或以为“国”乃“固”字之讹，指依靠坚固城池而不修德的君主）、三岁社君（年幼即位的君主）。⑦丑有夏：认为有夏的政治丑恶。⑧女鸠、女房：汤的两位忠臣。⑨《女鸠》《女房》：已失传。《女房》亦作《汝方》。

【原文】

汤出，见野张网四面，祝曰：“自天下四方皆入吾网。”汤曰：“嘻，尽之矣！”乃去其三面，祝曰：“欲左，左；欲右，右；不用命[①]，乃入吾网。”诸侯闻之，曰：“汤德至矣，及[②]禽兽。”

【注释】

①左：向左逃跑。右：向右逃跑。不用命：不听从命令。②及：推及。

【原文】

当是时，夏桀为虐政淫荒，而诸侯昆吾氏[①]为乱。汤乃兴师率诸侯，伊尹从汤，汤自把钺[②]以伐昆吾，遂伐桀。汤曰："格女众庶[③]，来，女悉听朕言。匪台小子[④]，敢行举乱；有夏多罪。予维闻女众言，夏氏有罪，予畏上帝，不敢不正[⑤]。今夏多罪，天命殛之。今女有众，女曰：'我君不恤我众，舍我啬事而割政[⑥]。'女其曰：'有罪，其奈何[⑦]？'夏王率止众力[⑧]，率夺[⑨]夏国。有众率怠[⑩]不和，曰：'是日何时丧？予与女皆亡！'夏德若兹，今朕必往。尔尚及予一人致天之罚[⑪]，予其大理[⑫]女。女毋不信，朕不食言[⑬]。女不从誓言，予则帑僇[⑭]女，无有攸赦。"以告令师[⑮]，作《汤誓》。于是汤曰："吾甚武[⑯]。"号曰武王。

【注释】

①昆吾氏：部族名。住地在今河南省濮阳县一带，或曰在许昌市建安区一带。②把：握住。钺（yuè）：圆口大斧。③格：叹词，相当于"喂""来"之类。众庶：众人。④匪：非；不是。台（yí）：我。小子：自己的谦称。⑤维：《尚书·汤誓》作"惟"，通"虽"。正：通"征"，征讨。这句是说殷民虽对出兵讨夏有怨言，但汤以上帝命令的执行者自居。

⑥恤：怜悯；爱护。割：古通“害”，大也。“割政”即发动大征战。“割政”也可解释为害损政事。这一句有两种解释：一说君指汤，参加战争的民众认为汤不爱护他们，侵夺了他们从事农业生产的时间。一说君指夏桀，指夏桀残害人民，使人民不能从事生产。⑦其：可能，将要。其奈何：夏桀的罪行如何办？这句是汤代民众设问。⑧率止众力：耗尽民众的力量。“率”，通“聿”，助词。止：绝，竭。⑨夺：剥夺；掠夺。⑩怠：懒惰；怠工。⑪尚：语气副词，表示希望。及：跟从。予一人：成汤自谦之词。致天之罚：努力执行上天对夏桀的惩罚。⑫理：《尚书》作“赉”。赏赐。⑬食言：说了不算数。⑭帑：通“孥”。妻子和儿女。这里用如动词，惩罚家属如充当奴婢之类。僇：通“戮”，杀。自“汤曰，格女庶众”至此，摘自《尚书·汤誓》。⑮令师：疑为传令官。甲骨文、金文未见有此官名。⑯武：勇武，能平定反乱。

【原文】

桀败于有娀之虚[①]，桀奔于鸣条，夏师败绩[②]。汤遂伐三葼[③]，俘厥宝玉，义伯、仲伯作《典宝》[④]。汤既胜夏，欲迁其社[⑤]，不可，作《夏社》[⑥]。伊尹报。于是诸侯毕服，汤乃践天子位，平定海内。

【注释】

①虚：通“墟”，旧址。②鸣条：在今山西省夏县（古安邑）西北。败绩：大败。③三葼（zōng）：在今山东省菏泽市定陶区北。④俘：缴获。厥：其。义伯、仲伯：汤的两个臣子。义伯，

《尚书·汤誓》作“谊伯”。《典宝》：已亡佚。⑤迁其社：搬掉夏朝的神社。古代以社稷代表国家。⑥《夏社》：已亡佚。

【原文】

汤归至于泰卷陶[①]，中垒[②]作诰。既绌夏命，还亳，作《汤诰》[③]：“维三月，王自至于东郊。告诸侯群后：‘毋不有功于民，勤力乃[④]事，予乃大罚殛女，毋予怨。’曰：‘古禹、皋陶久劳于外，其有功乎民，民乃有安。东为江，北为济，西为河，南为淮，四渎[⑤]已修，万民乃有居。后稷降播，农殖百谷。三公[⑥]咸有功于民，故后有立。昔蚩尤与其大夫作乱百姓，帝乃弗予[⑦]，有状[⑧]。先王言不可不勉’。曰：‘不道，毋之在国[⑨]，女毋我怨。”’以令诸侯。伊尹作《咸有一德》[⑩]，咎单作《明居》[⑪]。

【注释】

①泰卷陶：即定陶。或说，“陶”字是衍文，“泰卷”即“大坰”（jiōng），是由定陶还亳途中所经过的一个地方，在今山东省菏泽市定陶区。②中垒：《尚书》作“仲虺”（huǐ）。垒：《正字通》古“雷”字。③《汤诰》：古文《尚书》篇名。今本内容与《史记》此处所引不一致。④乃：你的，你们的。⑤为：修治。或认为应作“南为江，北为济，东为淮，西为河”。渎（dú）：大河。⑥三公：指禹、皋陶、后稷。⑦帝：上帝。予：与；赞助。⑧有状：有样子；有先例。⑨毋之在国：不允许前往你们所在的国家。意思是不准许再做诸侯。⑩《咸有一德》：古文《尚书》篇名，作于伊尹归政于太

甲之后，与《史记》记载不合。⑪咎单：汤的司空（官名）。司空即司工，主管土木工程。

【原文】

汤乃改正朔[①]，易服色，上白[②]，朝会以昼。

【注释】

①改正朔：改变历法。正朔：新年的第一天（正，第一月；朔，第一日）。②易服色：改变器物（包括车马、祭祀用的牲畜、官员服饰等）所崇尚的颜色。上白：崇尚白色。夏代崇尚黑色，殷代崇尚白色，周代崇尚赤色。

【原文】

汤崩[①]，太子太丁未立而卒，于是乃立太丁之弟外丙，是为帝外丙。帝外丙即位三年，崩，立外丙之弟中壬，是为帝中壬。帝中壬即位四年，崩，伊尹乃立太丁之子太甲[②]。太甲，成汤適[③]长孙也，是为帝太甲。帝太甲元年，伊尹作《伊训》，作《肆命》，作《徂后》。

【注释】

①《帝王世纪》："即位十七年而践天子位，为天子十三年，年百岁而崩。"汤冢，或云在济阴亳县（今亳州市谯城区）；或云在偃师市。②《尚书·伊训》："成汤既没，太甲元年，伊尹作伊训。"没有提到外丙、中壬。③適：通"嫡"，正宫妻子所生的儿子。太丁为汤適子，太甲为太丁適子。

【原文】

帝太甲既立三年，不明，暴虐，不遵汤法，乱德，于是伊尹放之于桐宫[①]。三年，伊尹摄[②]行政当国，以朝诸侯。

【注释】

①桐宫：离宫名。在今河南省偃师市西南五里汤冢附近。②摄：暂时代理。

【原文】

帝太甲居桐宫三年，悔过自责，反[①]善。于是伊尹乃迎帝太甲而授之政。帝太甲修德，诸侯咸归殷，百姓以宁。伊尹嘉之，乃作《太甲训》三篇[②]，褒帝太甲，称太宗。

【注释】

①反：通“返”，归。②古文《尚书》有《太甲》上中下三篇。

【原文】

太宗崩，子沃丁立。帝沃丁之时，伊尹卒。既葬伊尹于亳[①]，咎单遂训[②]伊尹事，作《沃丁》。

【注释】

①河南省偃师市西北八里有伊尹墓。②训：训导，告诫别人。

【原文】

沃丁崩，弟太庚立，是为帝太庚。帝太庚崩，弟小甲立，帝小甲崩，弟雍已立，是为帝雍已。殷道衰，诸侯或不至。

帝雍已崩，弟太戊立，是为帝太戊。帝太戊立伊陟[①]为相。亳有祥，桑榖[②]共生于朝，一暮大拱。帝太戊惧，问伊陟。伊陟曰："臣闻妖不胜德[③]。帝之政其有阙与？帝其修德。"太戊从之，而祥桑枯死而去[④]。伊陟赞言于巫咸[⑤]。巫咸治王家有成，作《咸艾》，作《太戊》。帝太戊赞伊陟于庙，言弗臣，伊陟让，作《原命》[⑥]。殷复兴，诸侯归之，故称中宗。

【注释】

①伊陟：伊尹的儿子。②祥：本指吉凶征兆，这里指不祥之兆，有怪异的意思。榖（gǔ）：楮（chǔ）树。③妖不胜德：古代相信天人感应的学说，认为自然现象与政治有关，君主有德行便可消除怪异的自然现象。④去：离开，消失。⑤巫咸：大臣名。⑥《咸艾（yì）》：一作《咸莑》，与《太戊》《原命》今并亡佚。

【原文】

中宗崩，子帝中丁立。帝中丁迁于隞[①]，河亶甲居相[②]。祖乙迁于邢[③]。帝中丁崩，弟外壬立，是为帝外壬。《仲丁》书阙不具[④]。帝外壬崩，弟河亶甲立，是为帝河亶甲。河亶甲时，殷复衰。

【注释】

①隞（áo）：亦作"嚣"。地名。在今河南荥阳市境内。②相：地名。在今河南省内黄县东南。③邢：通"耿"，在今

山西河津市。一说邢即今河北邢台。④《仲丁》：篇名。当时已残缺不全，今已亡佚。具：完整。

【原文】

河亶甲崩，子帝祖乙立。帝祖乙立，殷复兴。巫贤任职。

祖乙崩，子帝祖辛立。帝祖辛崩，弟沃甲立，是为帝沃甲[1]。帝沃甲崩，立沃甲兄祖辛之子祖丁，是为帝祖丁。帝祖丁崩，立弟沃甲之子南庚，是为帝南庚。帝南庚崩，立帝祖丁之子阳甲，是为帝阳甲。帝阳甲之时，殷衰。

【注释】

①甲：《世本》作“开甲”。

【原文】

自中丁以来，废適而更[1]立诸弟子，弟子或争相代立，比[2]九世乱，于是诸侯莫朝。

【注释】

①更：交替，连续。②比：接连。

【原文】

帝阳甲崩，弟盘庚立，是为帝盘庚。帝盘庚之时，殷已都河北，盘庚渡河南，复居成汤之故居，乃五迁[1]，无定处。殷民咨，胥[2]皆怨，不欲徙。盘庚乃告谕诸侯大臣曰[3]：“昔高后成汤与尔之先祖俱定天下，法则可修。舍而弗勉，何以成德!”乃遂涉河南，治亳，行汤之政，然后百姓由宁，殷道复兴。诸侯来朝，以其遵成汤之德也。

【注释】

①五迁：指汤至盘庚前后迁都五次。《正义》："汤自南亳迁西亳，仲丁迁隞，河亶甲居相，相乙居耿，盘庚渡河，南居西亳，是五迁也。"《竹书纪年》："盘庚即位，自奄（今山东省曲阜市）迁于北蒙（今河南省安阳市），曰殷。"据考古发现，殷墟在河南省安阳市小屯村，《竹书纪年》所记为是。②咨：叹息；忧虑。胥：相。③盘庚的告谕便是《尚书》中的《盘庚》上中下三篇。

【原文】

帝盘庚崩，弟小辛立，是为帝小辛。帝小辛立，殷复衰。百姓思盘庚，乃作《盘庚》三篇①。帝小辛崩，弟小乙立，是为帝小乙。

【注释】

①《史记》以百姓思念而作《盘庚》，与《尚书·盘庚》记载不合。《尚书》云："盘庚五迁，将治亳殷。民咨胥怨，作《盘庚》三篇。"

【原文】

帝小乙崩，子帝武丁立。帝武丁即位，思复兴殷，而未得其佐。三年不言，政事决定于冢宰①，以观国风。武丁夜梦得圣人，名曰说②。以梦所见视群臣百吏，皆非也。于是乃使百工营求③之野，得说于傅险④中。是时，说为胥靡⑤，筑于傅险。见于武丁，武丁曰："是也。"得而与之语，果圣人。举以为相，殷国大治。故遂以傅险姓之，号曰傅说。

【注释】

①冢宰：相当于后来的首相。②说（yuè）：人名。③百工：百官。营求：设法寻求。④傅险：地名。一作“傅岩”。故址在今山西省平陆县东部。⑤胥靡：犯法服劳役的犯人。

【原文】

帝武丁祭成汤，明日，有飞雉登鼎耳而呴[①]。武丁惧。祖己[②]曰：“王勿忧，先修政事。”祖己乃训王曰：“唯天监下典厥义[③]，降年[④]有永有不永，非天夭民，中绝其命[⑤]。民有不若德，不听罪，天既附命正厥德[⑥]，乃曰：‘其奈何?’呜呼！王嗣敬民，罔非天继[⑦]；常祀毋礼于弃道[⑧]。”武丁修政行德，天下咸欢，殷道复兴。

【注释】

①雉：野鸡。呴：通“雊（gòu）”，野鸡叫。②祖己：大臣名。③天监下：上天监视下民。典厥义：以他们的道义作标准。厥：其他的。④降年：上天赐给人的年岁（寿命）。⑤夭民：使人的寿命夭折。中绝其命：人自己的行为使自己断送寿命。⑥若：顺从；遵循。听罪：承认自己的罪过。附命正厥德：上天降下妖孽为符信，谴告他要纠正他的德行。附，《尚书》作“孚”，符信。⑦嗣敬民：尽力为民众办事。嗣，通“司”，主。罔非天继：“罔非继天”的宾语前置式，意即给民众办事，没有不是继承天意的。⑧常祀毋礼于弃道：祭祀有常

规，不要信奉应该抛弃的方法。

【原文】

帝武丁崩，子帝祖庚立。祖己嘉武丁之以祥雉为德，立其庙为高宗，遂作《高宗肜日》及《训》[①]。

【注释】

①《高宗肜日》及《训》：都是《尚书》篇名。《尚书·高宗肜日》："祖己训诸王，作《高宗肜日》《高宗之训》。"内容是祖己在高宗生前对高宗的规劝。肜（róng），殷祭名。

【原文】

帝祖庚崩，帝祖甲立，是为帝甲，帝甲淫乱，殷复衰。

帝甲崩，子帝廪辛[①]立。帝廪辛崩，弟庚丁[②]立，是为帝庚丁。帝庚丁崩，子帝武乙立。殷复去亳，徙河北[③]。

【注释】

①廪辛：或作"冯辛"。②庚丁：甲骨文作"康且（祖）丁"或"康丁"，庚为康之误。③河北：指黄河以北的朝歌（今河南省淇县）。

【原文】

帝武乙无道，为偶人[①]，谓之天神。与之博，令人为行[②]。天神不胜，乃僇辱[③]之。为革囊，盛血，卬而射之[④]，命曰"射天"。武乙猎于河渭之间，暴雷，武乙震死。子帝太丁立。帝太丁崩，子帝乙立。帝乙立，殷益衰。

【注释】

①偶人：土木等制成的人像。偶，有相像的意思。②博：古代一种赌输赢的游戏。行：通“衡”，评判。③僇（lù）：通“戮”，杀害。辱：污辱。④卬：通“仰”。

【原文】

帝乙长子曰微子启[1]，启母贱，不得嗣[2]。少子辛，辛母正后，辛为嗣。帝乙崩，子辛立，是为帝辛，天下谓之纣[3]。

【注释】

①微：启的封地名。在今山西省长治市潞城区东。子：爵位。启：名。②贱：地位低，不是正妻。嗣：继位。③纣(zhòu)：《谥法》“残义损善曰纣”。

【原文】

帝纣资辨[1]捷疾，闻见甚敏；材力过人，手格[2]猛兽；知足以距谏[3]，言足以饰非；矜人臣以能，高天下以声[4]，以为皆出己之下。好酒淫乐，嬖[5]于妇人。爱妲己[6]，妲己之言是从。于是使师涓作新淫声，北里之舞，靡靡之乐[7]。厚赋税以实鹿台之钱而盈钜桥[8]之粟。益收狗马奇物，充仞[9]宫室。益广沙丘苑台，多取野兽蜚[10]鸟置其中。慢于鬼神。大冣乐戏于沙丘，以酒为池，悬肉为林，使男女倮相逐其间，为长夜之饮。

【注释】

①资：资质；天生的才能。辨：通“辩”，口才好。②格：

格斗。③知：通“智”。距：通“拒”。④矜：夸耀。声：声名。⑤嬖（bì）：宠爱。⑥妲（dá）己：有苏氏的女儿，姓己名妲。⑦师涓：名涓的乐官。北里：一种放荡的舞蹈。或以为北里即北鄙，朝歌北边的鄙野。靡（mǐ）靡之乐：颓废的音乐。⑧鹿台：在朝歌城中筑的高坛。钜桥：仓名。在今河北省曲周县东北。⑨仞：通“牣（rèn）”，满。⑩沙丘：地名，在河北省广宗县西北太平台。纣当时到处修筑离宫别墅。苑（yuàn）：养禽兽、植花木以供帝王游乐的场所。蜚：通“飞”。

【原文】

百姓怨望而诸侯有畔者，于是纣乃重刑辟，有炮格之法[①]。以西伯昌、九侯、鄂侯为三公[②]。九侯有好女，入之纣。九侯女不憙淫，纣怒，杀之，而醢[③]九侯。鄂侯争之强，辨之疾，并脯[④]鄂侯。西伯昌闻之，窃叹。崇侯虎知之，以告纣，纣囚西伯羑里[⑤]。西伯之臣闳夭[⑥]之徒，求美女、奇物、善马以献纣，纣乃赦西伯。西伯出而献洛西之地[⑦]，以请除炮格之刑。纣乃许之，赐弓矢斧钺，使得征伐，为西伯[⑧]。而用费中[⑨]为政。费中善谀，好利，殷人弗亲。纣又用恶来[⑩]。恶来善毁谗，诸侯以此益疏。

【注释】

①辟：法。炮烙之法：一种残酷刑罚。②九侯：一作“鬼侯”。鄂侯：一作“邘（yú）侯”。三公：辅助天子掌握军政大权的最高官员。③憙：通“喜”。醢（hǎi）：肉酱，这里

用如动词。④脯（fǔ）：干肉。这里用如动词。⑤崇侯虎：纣的诸侯。羑里：一作“牖里”。地名，在今河南省汤阴县北。⑥闳（hóng）夭：人名。周文王大臣。⑦洛西之地：洛河（指陕西渭水的支流洛河）西岸的一片土地，包括坊州（今黄陵县）等地。⑧西伯：管理西方各诸侯国的方伯。⑨费中：一作“费仲”，人名。⑩恶来：人名。

【原文】

西伯归，乃阴修德行善。诸侯多叛纣而往归西伯，西伯滋大，纣由是稍失权重①。王子比干谏②，弗听。商容③贤者，百姓爱之，纣废之。及西伯伐饥国④，灭之，纣之臣祖伊⑤闻之而咎周；恐，奔告纣曰：“天既讫我殷命，假人元龟⑥，无敢知吉。非先王不相我后人，维王淫虐用自绝，故天弃我。不有安食⑦。不虞知天性⑧，不迪率典⑨，今我民罔不欲丧⑩，曰：‘天曷不降威，大命胡⑪不至？’今王其奈何？”纣曰：“我生不有命在天⑫乎。”祖伊反，曰：“纣不可谏矣。”西伯既卒，周武王之东伐，至盟津⑬，诸侯叛殷会周者八百。诸侯皆曰：“纣可伐矣。”武王曰：“尔未知天命。”乃复归。

【注释】

①滋：更加。稍：逐渐。权重：权势威力。②比干：纣的庶兄（一说为叔父）。他与微子、箕子合称殷之“三仁”。③商容：人名。④饥：一作“阮”，又作“耆”，忠于纣的诸侯国。见《尚书·西伯戡黎》。黎：在今山西省长治市西南；一说在今山西省黎城县东北。⑤祖伊：贤臣祖己的后代。

⑥讫：终止。假人：至人，眼光敏锐的人。假，通“格”，至。元龟：占卜用的大龟壳。⑦不有安食：指纣的行为使得大家都不能安心吃饭。旧说指宗庙之神不能安食。⑧不虞知天性：指纣不考虑和不了解天意。⑨不迪率典：不遵循常法。迪，句中助词。⑩罔不欲丧：没有谁不想让纣灭亡。⑪降威：降下惩罚。大命：指适宜作王的人。曷、胡：何，为什么。⑫有命在天：指纣以天子自居，不顾百姓的怨恨。⑬盟津：又称孟津。黄河的重要渡口。

【原文】

纣愈淫乱不止。微子数谏不听，乃与大师、少师[①]谋，遂去。比干曰：“为人臣者，不得不以死争[②]。”乃强谏纣。纣怒曰：“吾闻圣人心有七窍。”剖比干，观其心。箕子惧，乃详[③]狂为奴，纣又囚之。殷之大师、少师乃持其祭乐器奔周。周武王于是遂率诸侯伐纣。纣亦发兵距之牧野[④]。甲子日[⑤]，纣兵败。纣走，入登鹿台，衣其宝玉衣，赴火而死。周武王遂斩纣头，县之大白旗[⑥]。杀妲己。释箕子之囚，封比干之墓，表商容之闾[⑦]。封纣子武庚禄父，以续[⑧]殷祀，令修行盘庚之政。殷民大说。于是周武王为天子。其后世贬[⑨]帝号，号为王。而封殷后[⑩]为诸侯，属周。

周武王崩，武庚与管叔、蔡叔作乱。成王命周公诛之，而立微子于宋，以续殷后焉[⑪]。

【注释】

①大师、少师：辅佐天子的大臣。大通“太”。②争：通

"诤"，劝谏。③详：通"佯"，假装。④牧野：朝歌（今河南省淇县）南郊。邑外为郊，郊外为牧，牧外为野。⑤甲子日：旧注为周历二月四日。⑥大白旗：太白旗；古时行军指挥用的大旗。白：或说通"帛"，白旗即帛旗。⑦封：聚土筑坟。表：表彰。商容之间：商容居住的里巷。⑧武庚：字禄父，殷纣的儿子。续：继承。⑨贬：降低。夏代、商代的天子本来都称帝，后世认为他们赶不上"五帝"，降低称号为王。夏禹、商汤、周文王称为"三王"（或包括周武王）。⑩殷后：指武庚。⑪参见《周本纪》《管蔡世家》《宋微子世家》。

【原文】

太史公曰：余以《颂》[①]次契之事，自成汤以来，采于《书》《诗》[②]。契为子姓，其后分封，以国为姓，有殷氏、来氏、宋氏、空桐氏、稚氏、北殷氏、目夷氏[③]。孔子曰："殷路[④]车为善，而色尚白。"

【注释】

①颂：指《诗经》中的《商颂》。②《书》：指《尚书》。《诗》：指《诗经》。③《世本》没有稚氏，而有时氏、萧氏、黎氏；"北殷氏"作"髦氏"。④路：车名。按：商代从汤到纣，共十七代三十王（太丁早死不在内），其中兄死弟继位的十四王。《竹书纪年》说共四百九十六年，《三统历》说六百二十九年，具体年代难以查考。

【译文】

殷家的始祖契，母亲名叫简狄，是有娀氏部落的女子，当了喾帝的第二个妃子。简狄等三个人有一次到河川中去洗浴，看见燕子掉下一个蛋。简狄捡起来吞食了，就这样，她怀了孕而生下契。契长大成人后，帮助禹治水有功，舜帝于是命令契说："现在老百姓们不相亲爱，父子、君臣、夫妇、长幼、朋友之间五伦关系不顺。你去担任司徒，认真地施行五伦教育。施行五伦教育，要本着宽厚的原则。"契被封在商地，赐姓子。契在唐尧、虞舜、夏禹的时代兴起，为百姓做了许多事，功业昭著，百姓因而得以安定。

契死之后，他的儿子昭明继位。昭明死后，儿子相土继位。相土死后，儿子昌若继位。昌若死后，儿子曹圉继位。曹圉死后，儿子冥继位。冥死后，儿子振继位。振死后，儿子微继位。微死后，儿子报丁继位。报丁死后，儿子报乙继位。报乙死后，儿子报丙继位。报丙死后，儿子主壬继位。主壬死后，儿子主癸继位。主癸死后，儿子天乙继位。这就是成汤。

成汤，从契到汤，经过十四代，有八次迁徙国都。汤开始就定居南亳，这是追忆先王喾帝曾把这里做过国都才迁来的。为向帝喾报告来定居这件事，成汤就写了《帝诰》。

成汤在夏朝为方伯（一方诸侯之长），有权征讨邻近的诸侯。葛伯不祭祀鬼神，成汤首先征讨他。成汤说："我说过这样的话：人照一照水就能看出自己的形貌，看一看民众就可以知道国家治理得好与不好。"伊尹说："英明啊！善言听得进去，道德才会进步。治理国家，抚育万民，凡是有德行做好事的人都要任用为朝廷之官。努力吧，努力吧！"成汤对葛伯说："你们不能敬顺天命，我就要重重地惩罚你们，概不宽赦。"于是，写下《汤征》，记载了征葛的情况。

伊尹名叫阿衡。阿衡想求见成汤而苦于没有门路，于是就去给有莘氏做陪嫁的男仆，背着饭锅砧板来见成汤，借着谈论烹调滋味的机会向成汤进言，劝说他实行王道。也有人说，伊尹本是个有才德而不肯做官的隐士，成汤曾派人去聘迎他，前后去了五趟，他才答应前来归从，向成汤讲述了远古帝王及九类君主的所作所为。成汤于是举用了他，委任他管理国政。伊尹曾经离开商汤到夏桀那里，因为看到夏桀无道，十分憎恶，所以又回到了商都亳。他从北门进城时，遇见了商汤的贤臣女鸠和女房，于是写下《女鸠》《女房》，述说他离开夏桀重回商都时的心情。

一天，成汤外出游猎，看见郊野四面张着罗网。张网的人祝祷说："愿从天上来的，从地下来的，从四方来的，都进入我的罗网！"成汤听了说："嗳，这样就把禽兽全部打光了！"于是，把罗网撤去三面，让张网的人祝祷说："想往左边走的就往左边走，想向右边逃的就向右边逃。不听从命令的，就进我的罗网吧。"诸侯听到这件事，都说："汤真是仁德到极点了，就连禽兽都受到了他的恩惠。"

就在这个时候，夏桀却施行暴政，荒淫无道，还有诸侯昆吾氏也起来作乱。商汤于是举兵，率领诸侯，由伊尹跟随。商汤亲自握着大斧指挥，先去讨伐昆吾，转而又去讨伐夏桀。商汤说："来，你们众人，到这儿来，都仔细听着我的话：不是我个人敢于兴兵作乱，是因为夏桀犯下了很多的罪行。我虽然也听到你们说了一些抱怨的话，可是夏桀有罪啊，我畏惧上天，不敢不去征伐。如今夏桀犯下了那么多的罪行，是上天命令我去惩罚他的。现在，你们众人说：‘我们的国君不体恤我们，抛开我们的农事不管，却要去征伐打仗。’你们或许还会问：‘夏桀有罪，他的罪行究竟怎么样？’夏桀君臣推行大徭役，耗尽了夏国的民力；又重加盘剥，掠光了夏国的资财。夏国的民众都在怠工，不与他合作。他们说：‘这个太阳什么时候消灭，我宁愿和你一起灭亡！’夏王的德行已经到这种地步，现在我一定要去讨伐他！希望你们和我一起来奉行上天降下的惩罚，我会重重地奖赏你们。你们不要怀疑，我绝不会说话不算数。如果你们违抗我的誓言，我就要惩罚你们，概不宽赦！”商汤把这些话告诉传令长官，写下了《汤誓》。当时，商汤曾说“我很勇武”，因此号称武王。

夏桀在有娀氏旧地被打败，奔逃到鸣条，夏军就全军崩溃了。商汤乘胜追击，进攻忠于夏桀的三嵕，缴获了他们的宝器、珠玉。义伯、仲伯二臣写下了《典宝》，因为这是国家的固定财宝。商汤灭夏之后，想换掉夏的社神。可是，社神是远古共工氏之子句龙，能平水土，还没有谁比得上他，所以没有换成。于是，写下《夏社》，说明夏社不可换的道理。伊尹向诸侯公布了这次大战的战绩，自此，诸侯全都听命归服了。商汤登上天子之位，平定了天下。

成汤班师回朝，途经泰卷时，中垒作了朝廷的诰命。汤废除了夏的政令，回到国都亳，作《汤诰》号令诸侯。《汤诰》这样记载：“三月，殷王亲自到了东郊，向各诸侯国君宣布：‘各位可不能不为民众谋立功业，要努力办好你们的事情。否则，我就对你们严加惩办。那时，可不要怪罪我。’又说：‘过去，禹、皋陶长期奔劳在外，为民众建立了功业，民众才得以安居乐业。当时，他们东面治理了长江，北面治理了济河，西面治理了黄河，南面治理了淮河。这四条重要的河道治理好了，万民才得以定居。后稷教导民众播种五谷，民众才知道种植各种庄稼。这三位古人都对民众有功，所以，他们的后代能够建国立业。也有另外的情况：从前，蚩尤和他的大臣们在百姓中发动暴乱，上帝就不降福于他们，这样的事在历史上是有过的。先王的教诲，可不能不努力照办啊！’又说：‘你们当中如果有谁干出违背道义的事，那就不允许他回国再当诸侯，那时你们也不要怨恨我。’”汤用这些话告诫了诸侯。这时，伊尹又作了《咸有一德》，说明君臣都应该有纯一的品德。咎单作了《明居》，讲的是民众应该遵守的法则。

商汤临政之后，修改了历法，把夏历的寅月为岁首改为丑月为岁首，又改变了器物服饰的颜色，崇尚白色，在白天举行朝会。

商汤逝世之后，因为太子太丁未能即位而早亡，就立太丁弟外丙为帝，这就是外丙帝。外丙即位三年，逝世，立外丙的弟弟中壬为帝，这就是中壬帝。中壬即位四年，逝世，伊尹就拥立太丁之子太甲为帝。太甲是成汤的嫡长孙，就是太甲帝。

太甲元年，伊尹为谏训太甲，作了《伊训》《肆命》《徂后》。

太甲帝临政三年之后，昏乱暴虐，违背了汤王的法度，败坏了德业。因此，伊尹把他流放到汤的葬地桐宫。此后的三年，伊尹代行政务，主持国事，朝会诸侯。

太甲在桐宫住了三年，悔过自责，重新向善。于是，伊尹又迎接他回到朝廷，把政权交还给他。从此以后，太甲帝修养道德，诸侯都来归服，百姓也因此得以安宁。伊尹对太甲帝很赞赏，就作了《太甲训》三篇，赞扬帝太甲，称他为太宗。

太宗逝世后，儿子沃丁即位。沃丁临政的时候，伊尹去世了。在亳地安葬了伊尹之后，为了用伊尹的事迹垂训后人，咎单作了《沃丁》。

沃丁逝世，他的弟弟太庚即位，这就是太庚帝。太庚逝世，儿子小甲即位；小甲帝逝世，弟弟雍己即位，这就是雍己帝。到了这个时候，殷朝的国势已经衰弱，有的诸侯就不来朝见了。

雍己逝世，他的弟弟太戊即位。这就是太戊帝。太戊任用伊陟为相。当时，国都亳出现了桑树和楮树合生在朝堂上的怪异现象，一夜之间就长得非常粗。太戊帝很害怕，就去向伊陟询问。伊陟对太戊帝说："我曾经听说，妖异不能战胜有德行的人，会不会是您的政治有什么失误啊？希望您进一步修养德行。"太戊听从了伊陟的规谏，那怪树就枯死而消失了。伊陟把这些话告诉了巫咸。巫咸治理朝政有成绩，写下《咸艾》《太戊》，记载了巫咸治理朝政的功绩，颂扬了太戊帝的从谏修德。太戊帝在太庙中称赞伊陟，说不能像对待其他臣下一样对待他。伊陟谦让不从，写下《原命》，为的是重新解释太戊之命。就这样，殷的国势再度兴盛，诸侯又来归服。因此，称太戊帝为中宗。

中宗逝世，儿子中丁继位。中丁帝迁都于隞。后来，河亶甲定都于相，祖乙又迁至邢。中丁帝逝世，他的弟弟外壬即位，这就是外壬帝。这些曾有《仲丁》加以记载，但现已残佚不存。外壬帝逝世后，他的弟弟河亶甲即位，这就是河亶甲帝。河亶甲时，殷朝国势再度衰弱。

河亶甲逝世，他的儿子祖乙即位。祖乙帝即位后，殷又兴盛起来，巫咸被任以重职。

祖乙逝世，他的儿子祖辛帝即位。祖辛帝逝世，他的弟弟沃甲即位，这就是沃甲帝。沃甲逝世，立沃甲之兄祖辛的儿子祖丁，这就是祖丁帝。祖丁逝世，立弟弟沃甲的儿子南庚，这就是南庚帝。南庚帝逝世，立祖丁帝的儿子阳甲，这就是阳甲帝。阳甲帝在位的时候，殷的国势衰弱了。

自中丁帝以来，废除嫡长子继位制而拥立诸弟兄及诸弟兄的儿子，这些人有时为取得王位而互相争斗，造成了连续九代的混乱。因此，诸侯没有人再来朝见。

阳甲帝逝世，他的弟弟盘庚继位。盘庚即位时，殷朝已在黄河以北的奄地定都。盘庚渡过黄河，在黄河以南的亳定都，又回到成汤的故居。因为自汤到盘庚，这已是第五次迁移了，一直没有固定国都，所以殷朝的民众一个个怨声载道，不愿再受迁移之苦。盘庚见此情况，就告谕诸侯大臣说：“从前，先王成汤和你们的祖辈们一起平定天下，他们传下来的法度和准则应该遵循。如果我们舍弃这些而不努力推行，那怎么能成就德业呢?”这样，最后才渡过黄河，南迁到亳，修缮了成汤的故宫，遵行成汤的政令。此后，百姓渐渐安定，殷朝的国势又一次兴盛起来。因为盘庚遵循了成汤的德政，诸侯也纷纷前来朝见了。

盘庚帝逝世，他的弟弟小辛即位，这就是小辛帝。小辛在位时，殷又衰弱了。百姓们思念盘庚，于是写下了《盘庚》三篇。小辛帝逝世以后，他的弟弟小乙即位，这就是小乙帝。

小乙帝逝世，他的儿子武丁即位。武丁帝即位后，想复兴殷朝，但一直没有找到称职的辅佐大臣。于是，武丁三年不发表政见，政事由冢宰决定，自己审慎地观察国家的风气。有一天夜里，他梦见得到一位圣人，名叫说。白天，他按照梦中见到的形象观察群臣百官，没有一个像是那圣人。于是，派百官到民间去四处寻找，终于在傅险找到了说。这时候，说正服刑役，在傅险修路。百官把说带来让武丁看，武丁说正是这个人。找到说之后，武丁和他交谈，发现果真是位贤圣之人，就举用他担任国相，殷国得到了很好的治理。因而用傅险这个地名来作说的姓，管他叫傅说。

有一次，武丁祭祀成汤。第二天，有一只野鸡飞来登在鼎耳上鸣叫，武丁为此惊惧不安。祖己说：“大王不必担忧，先办好政事。”祖己进一步开导武丁说：“上天监察下民是着眼于他们的道义。上天赐给人的寿运有长有短，并不是上天有意使人的寿运夭折，中途断送性命。有的人不遵循道德，不承认罪恶，等到上天降下命令纠正他的德行了，他才想起来说‘怎么办’。唉，大王您继承王位，努力办好民众的事，没有什么不符合天意的，还要继续按常规祭祀，不要根据那些应该抛弃的邪道举行各种礼仪！”武丁听了祖己的劝谏，修行德政，全国上下都高兴，殷朝的国势又兴盛了。

武丁帝逝世，他的儿子祖庚帝即位。祖己赞赏武丁因为象征吉凶的野鸡出现而行德政，给他立庙，称为高宗，写下了《高宗肜日》和《高宗之训》。

祖庚帝逝世，他的弟弟祖甲即位，这就是甲帝。甲帝淫乱，殷朝再度衰落。

甲帝逝世，他的儿子廪辛即位。廪辛逝世，他的弟弟庚丁即位，这就是帝庚丁。庚丁逝世，他的儿子武乙即位。这时，殷都又从亳迁到了黄河以北。

武乙暴虐无道，曾经制作了一个木偶人，称它为天神，跟它下棋赌输赢，让旁人替它下子。如果天神输了，就侮辱它。又制作了一个皮革的囊袋，里面盛满血，仰天射它，说这是“射天”。有一次，武乙到黄河和渭河之间去打猎，天空中突然打雷，武乙被雷击死。武乙死后，他的儿子太丁帝即位。太丁帝逝世，他的儿子乙帝即位，乙帝即位时，殷朝更加衰落了。

乙帝的长子叫微子启。启的母亲地位低贱，因而启不能继承帝位。乙帝的小儿子叫辛，辛的母亲是正王后，因而辛被立为继承人。乙帝逝世后，辛继位，这就是辛帝，天下都管他叫“纣”，因为谥法上“纣”表示残义损善。

纣天资聪颖，有口才，行动迅速，接受能力很强，而且力气过人，能徒手与猛兽格斗。他的智慧足可以拒绝臣下的谏劝，他的话语足可以掩饰自己的过错。他凭着才能在大臣面前夸耀，凭着声威到处抬高自己，认为天下所有的人都比不上他。他嗜好喝酒，放荡作乐，宠爱女人。他特别宠爱妲己，一切都听从妲己的。他让乐师涓为他制作了新的俗乐，北里舞曲，柔弱的歌。他加重赋税，把鹿台钱库的钱堆得满满的，把钜桥粮仓的粮食装得满满的。他多方搜集狗马和新奇的玩物，填满了宫室，又扩建沙丘的园林楼台，捕捉大量的野兽飞鸟，放置里面。他对鬼神傲慢不敬。他招来大批戏乐，聚集在沙丘，用酒当作池水，把肉悬挂起来当作树林，让男女赤身裸体，在其间追逐戏闹，饮酒寻欢，通宵达旦。

纣如此荒淫无度，百姓怨恨他，诸侯有的也背叛了他。于是，他就加重刑罚，设置了叫作炮烙的酷刑，让人在涂满油的铜柱上爬行，下面点燃炭火，爬不动了就掉在炭火里。纣任用西伯昌、九侯、鄂侯为三公。九侯有个美丽的女儿，献给了纣，她不喜淫荡，纣大怒，杀了她，同时把九侯也施以醢刑，剁成肉酱。鄂侯极力强谏，争辩激烈。结果，鄂侯也遭到脯刑，被制成肉干。西伯昌闻见此事，暗暗叹息。崇侯虎得知，向纣去告发，纣就把西伯囚禁在羑里。西伯的僚臣闳夭等人，找来了美女、奇物和好马献给纣，纣才释放了西伯。西伯从狱里出来之后，向纣献出洛水以西的一片土地，请求废除炮烙的酷刑。纣答允了他，并赐给他弓箭大斧，使他能够征伐其他诸侯。这样一来，他就成了西部地区的诸侯之长，就是西伯。纣任用费仲管理国家政事。费仲善于阿谀，贪图财利，殷国人因此不来亲近了。纣又任用恶来，恶来善于毁谤，喜进谗言，诸侯因此越发疏远了。

西伯回国，暗地里修养德行，推行善政，诸侯很多背叛了纣而来归服西伯。西伯的势力更加强大，纣因此渐渐丧失了权势。王子比干劝说纣，纣不听。商容是一个有才德的人，百姓敬爱他，纣却黜免了他。等到西伯攻打饥国并把它灭掉了，纣的大臣祖伊听说后既怨恨周国，又非常害怕，于是跑到纣那里去报告说："上天已经断绝我们殷国的寿运了。不管是能知天吉凶的人预测，还是用大龟占卜，都没有一点好征兆。我想，并非先王不帮助我们后人，而是大王您荒淫暴虐，以致自绝于天，所以上天才抛弃我们，使我们不得安食，而您既不揣度了解天意，又不遵循常法。如今我国的民众没有不希望殷国早早灭亡的，他们说：'上天为什么还不显示你的威灵？灭纣的命令为什么还不到来？'大王您如今想怎么办呢？"纣说："我生下来做国君，不就是奉受天命吗？"祖伊从纣王那里离开后说："纣已经无法规劝了！"西伯昌死后，周武王率军东征，到达盟津时，诸侯背叛殷纣前来与武王会师的有八百国。诸侯们都说："是讨伐纣的时候了！"周武王说："你们不了解天命。"于是，又班师回国了。

纣更加淫乱暴虐永无休止。微子多次进谏还是无用，于是和太师、少师一起谋划，就离去了。比干说："做一个国王的臣子，不能不用死来谏诤。"比干就极力去向纣进谏。纣发怒说："我听说圣贤的人心脏有七个孔。"就剖开比干的胸部，挖出心脏来看看。箕子恐惧，于是假装癫狂做奴隶，纣又把他囚起来。殷的太师、少师就抱着他们所用的祭器和乐器逃奔到了周。周武王在这种形势下，便率领四方诸侯讨伐纣。纣也发动军队在牧野进行抵抗。甲子这一天，纣的军队失败。纣逃跑进入王宫，登上鹿台，穿上用宝玉装饰缝制的衣服，跳到火中自焚而死。周武王就斩下纣王的头，把它悬挂在太白旗杆上。杀死妲己。把箕子释放出来，聚土重筑比干的坟墓，在商容居住过的里巷对他进行表彰。分封纣的儿子武庚禄父，来继续殷家的祭祀，令他们执行盘庚时代的政令规范。殷地的百姓非常喜悦。于是，周武王就做了天子。由于后世贬低帝的称号，改变称号叫作王。封殷的后代为诸侯国，隶属于周。

周武王逝世，武庚和武王的弟弟管叔、蔡叔一起举行叛乱，成王命令周公把他们诛杀，再在宋地立微子的家族，来延续殷家的后代。

太史公说："我根据《诗经》中《颂》部分的文献依次记述契的事情，从成汤以后，材料就是采自《尚书》《诗经》。契是子姓，他的后代分封，用封地的国名作姓，这就有殷氏、来氏、宋氏、空桐氏、稚氏、北殷氏、目夷氏。孔子说过，殷人的路车最好，但殷在颜色方面是崇尚白色。"

第四卷　周本纪第四

《周本纪》概括地记述了周王朝兴衰的历史，勾画出一个天下朝宗、幅员辽阔的强大奴隶制王国的概貌，以及其间不同阶段不同君王厚民爱民或伤民虐民的不同政治作风，君臣之间协力相助共图大业或相互倾轧各执己见的不同政治气氛。

在这篇本纪里，司马迁明显地是以儒家的思想观点来看待周朝历史的，宣扬的是仁义兴邦的道理。这突出地表现在对文王、武王、成王、周公的叙写上。这几个人都是儒家理想中圣主贤臣的典范，周初那种君臣和睦、偃戈释旅的局面也正是儒家理想中的政治环境。篇中对武王着意进行了刻画，在叙写了他灭殷的过程之后，又写了他日不暇食、夜不安寐，立社稷、改正朔，实行分封、以殷制殷等安邦定国、攘边安内的政策策略，给读者展示了一个有宏图大略、有经营之术的古代政治家的形象。

这篇本纪选材精审，详略得当，间或用小说笔法渲染环境，烘托气氛，于细行微言之中突出人物性格，使得一篇约八百年的王朝史简明扼要，跌宕生姿，令人回味。

【原文】

周后稷[1]，名弃。其母有邰氏[2]女，曰姜原。姜原为帝喾元妃。姜原出野，见巨人迹，心忻然说[3]，欲践之，践之而身动如孕者。居期而生子，以为不祥，弃之隘巷，马牛过者皆辟[4]不践；徙置之林中，适会山林多人，迁之[5]；而弃渠中冰上，飞鸟以其翼覆荐[6]之。姜原以为神，遂收养长之。初欲弃之，因名曰弃。

【注释】

①后稷：周始祖。古公亶父曾大力开辟周原（今陕西省岐山南部大片原野），故以“周”为国号。②有邰（tái）氏：部族名。邰是其居地，在今陕西省武功县西南。据说是炎帝之后，故姓姜。③忻然：喜欢的样子。忻：通“欣”。说：通“悦”，高兴。④居期（jī）：过了一周年。这里指怀胎足月。隘：狭小。辟：通“避”。⑤迁之：变换丢弃他的地方。“迁”与上句“徙”同义。⑥覆：覆盖。荐：垫上。

【原文】

弃为儿时，屹[1]如巨人之志。其游戏，好种树[2]麻、菽，麻、菽美。及为成人，遂好耕农，相[3]地之宜，宜谷者稼穑焉，民皆法则之。帝尧闻之，举弃为农师，天下得其利，有功。帝舜曰：“弃，黎民始饥，尔后稷播时百谷。”封弃于邰[4]，号曰后稷，别姓[5]姬氏。后稷之兴，在陶唐、虞、夏之际，皆有令[6]德。

【注释】

①屹（yì）：出类拔萃的样子。②种树：栽种。③相：观察。④邰：一作“斄”（tái）。有邰氏的居地，在今陕西省武功县西南。⑤别姓：独立为姓。⑥令：美好。

【原文】

后稷卒，子不窋立。不窋末年，夏后氏政衰，去稷不务[①]，不窋以失其官而奔戎狄[②]之间。不窋卒，子鞠立。鞠卒，子公刘立。公刘虽在戎狄之间，复修后稷之业，务耕种，行地宜，自漆、沮[③]度渭，取材用。行者有资，居者有畜积，民赖其庆。百姓怀之，多徙而保归[④]焉。周道之兴自此始，故诗人歌乐思其德[⑤]。公刘卒，子庆节立，国于豳[⑥]。

【注释】

①夏后氏：指夏禹的后代帝王。去稷：废弃农事官。韦昭以为，去稷不务在“夏太康失国”之时。②戎狄：指西北地区的部族。不窋所奔故地在今甘肃省庆阳市庆城县一带。③漆、沮：皆渭水支流，在陕西省铜川市耀州区合流后称石川河，南流入渭水。④保归：拥护归顺。⑤诗人歌乐思其德：指《诗·大雅·公刘》。⑥豳：通“邠”（bīn），邑名，在今陕西省旬邑县西南。

【原文】

庆节卒，子皇仆立。皇仆卒，子差弗立。差弗卒，子毁隃立。毁隃卒，子公非立。公非卒，子高圉立。高圉卒，子亚圉立。亚圉卒，子公叔祖类立。公叔祖类卒，子古公亶父立。

古公亶父复修后稷、公刘之业，积德行义，国人皆戴之。薰育[1]戎狄攻之，欲得财物，予之。已复攻，欲得地与民。民皆怒，欲战。古公曰："有民[2]立君，将以利之。今戎狄所为攻战，以吾地与民。民之在我，与其在彼，何异？民欲以我故战，杀人父子而君之，予不忍为。"乃与私属遂去豳，度漆、沮，踰梁山[3]，止于岐[4]下。豳人举国扶老携弱，尽复归古公于岐下。及他旁国，闻古公仁，亦多归之。于是古公乃贬戎狄之俗[5]，而营筑城郭室屋，而邑别[6]居之。作五官有司[7]。民皆歌乐之，颂其德[8]。

【注释】

①薰育：通"獯鬻"，古代北方部族名。夏代称薰育，周代称猃狁，战国秦汉称匈奴。②有民：民众。③梁山：在今陕西省乾县西北。④岐：岐山，在今陕西省岐山县与凤翔县一带。⑤贬：损减。这里是部分地进行改变的意思。戎狄之俗：指西北部族的游牧风俗。⑥邑别：分别成邑落。⑦作五官有司：建立各种官职，使其各有管理的职责。《礼记·曲礼下》："天子之五官曰司徒、司马、司空、司土、司寇，典司五众。"⑧颂其德：指《诗》对古公亶父的称颂。

【原文】

古公有长子曰太伯，次曰虞仲。太姜[1]生少子季历，季历娶太任[2]，皆贤妇人；生昌，有圣瑞[3]。古公曰："我世当有兴者，其在昌乎？"长子太伯、虞仲知古公欲立季历以传昌，乃二人亡如荆蛮[④]，文身断发[⑤]，以让季历。

【注释】

①太姜：太王之妃，有邰氏之女。②太任：季历之妃，挚任氏之女，周文王之母。③昌：即西伯姬昌（文王）。圣瑞：圣人出生的征兆。④亡：逃走。荆蛮：即楚。吴越原属楚。秦灭楚后，改称荆，以避秦庄襄王子楚之讳。太伯、虞仲奔吴越事，详《吴太伯世家》。⑤文身断发：在身上刻画花纹，削短头发。

【原文】

古公卒，季历立，是为公季。公季修古公遗道，笃于行义，诸侯顺之。

公季卒，子昌立，是为西伯。西伯曰文王。遵后稷、公刘之业，则古公、公季之法，笃[①]仁，敬老，慈少。礼下贤者，日中不暇食以待士，士以此多归之。伯夷、叔齐在孤竹，闻西伯善养老，盍往归之[②]。太颠、闳夭、散宜生、鬻子、辛甲大夫之徒皆往归之[③]。

【注释】

①则：法则。这里用如动词，效仿。笃：真诚，纯一。这里用作动词，专心实行。②“伯夷”等三句：详见《伯夷列传》。盍：通“合”，一同，一起。“盍（何）往归之?”亦可理解为二人商量口气。③刘向《别录》：“鬻子名熊，封于楚。辛甲，故殷之臣。事纣，盖七十五谏而不听，去至周，

召公与语，贤之，告文王，文王亲自迎接，以为公卿，封长子。”长子：地名。在今山西省长治市西。以上诸人皆周贤臣。

【原文】

崇侯虎[1]谮西伯于殷纣曰：“西伯积善累德，诸侯皆向之，将不利于帝。”帝纣乃囚西伯于羑里[2]。闳夭之徒患之，乃求有莘氏[3]美女，骊戎之文马[4]，有熊九驷[5]，他奇怪物，因殷嬖臣费仲而献之纣。纣大说，曰：“此一物[6]足以释西伯，况其多乎？”乃赦西伯，赐之弓矢斧钺，使西伯得征伐。曰：“谮西伯者，崇侯虎也。”西伯乃献洛西之地，以请纣去炮烙之刑。纣许之。

【注释】

①崇侯虎：崇国的诸侯，名虎。崇国，在今陕西省西安市西南部鄠邑区东。②羑里：一作“牖里”。在今河南省汤阴县北。③有莘（shēn）氏：部族名。莘，姒姓。故都在今陕西省合阳县东南。④骊戎：部族名。姬姓。居地在今陕西省西安市临潼区一带。文马：漂亮的骏马。⑤有熊：部族名。居地在今河南省新郑市。驷：古代每辆车用四匹马，称为驷。九驷，九辆车三十六匹马。⑥此一物：这样的一件东西。旧说，指有莘氏之美女。

【原文】

西伯阴行善，诸侯皆来决平[1]。于是，虞、芮[2]之人，有狱[3]不能决，乃如周。入界，耕者皆让畔，民俗皆让长。虞、芮之人未见西伯，皆惭相谓曰："吾所争，周人所耻，何往为？只取辱耳。"遂还，俱让而去。诸侯闻之，曰："西伯盖受命之君[4]。"

【注释】

①决平：对争端作公平裁决。②虞：在今山西省平陆县境内。芮：在今陕西省大荔县东南。③狱：诉讼，打官司。④盖：语气词，表推断。受命之君：承受天命的君主。

【原文】

明年，伐犬戎[1]。明年，伐密须[2]。明年，败耆国[3]。殷之祖伊闻之，惧，以告帝纣。纣曰："不有天命乎？是何能为？"明年，伐邘[4]。明年，伐崇侯虎，而作丰[5]邑。自岐下而徙都丰。明年，西伯崩。太子发立，是为武王。

【注释】

①犬戎：部族名。或作"畎戎""畎夷""昆夷""绲夷"。居地在今陕西省彬州市、岐山一带。②密须：部族名。姞姓。在今甘肃省灵台县西。③耆国：即黎国。④邘（yú）：诸侯国名。在今河南省沁阳市西北。⑤丰：邑名。在今陕西省西安市鄠邑区东。

【原文】

西伯盖即位五十年。其囚羑里，盖益《易》之八卦为六十四卦[1]。诗人[2]道西伯。盖受命之年称王而断虞芮之讼[3]。后十[4]年而崩，谥为文王[5]。改法度，制正朔[6]矣。追尊古公为太王，公季为王季；盖王瑞自太王兴。

【注释】

①八卦：我国古代用以象征自然现象与人事现象的一套符号，即乾、坤、震、巽、离、坎、兑、艮。六十四卦：由八卦每两卦相配重合为一卦，共得六十四卦。②诗人：指《诗》中歌颂文王诗篇的作者们。③“盖受命”句：这句的意思是，文王在断虞芮讼狱的那年，便承受天命，受到诸侯拥护而称王。④十：或为“九”之误，后文有“九年，武王上祭于毕”之说。⑤《谥法》：“经纬天地曰文。”⑥改法度、制正朔：这句话是说文王称王后，已完全脱离殷朝，建立了自己的法令制度，采用了周历。

【原文】

武王即位，太公望为师，周公旦[1]为辅，召公、毕公[2]之徒左右王，师修文王绪业。

【注释】

①太公望：姜姓，吕氏，名尚。周公旦：姓姬，名旦。文王之子。详见《鲁周公世家》。②召公：姓姬，名奭。毕公：名高，文王之子，封于毕（今陕西省咸阳市西北，一名咸阳原）。

【原文】

九年，武王上祭于毕[1]，东观兵[2]，至于盟津。为文王木主，载以车，中军[3]；武王自称太子发。言奉文王以伐，不敢自专。乃告司马、司徒、司空，诸节[4]："齐栗[5]，信哉！予无知，以先祖有德，臣小子[6]受先功。毕立赏罚，以定其功。"遂兴师。师尚父[7]号曰："总尔众庶[8]，与尔舟楫，后至者斩。"武王渡河，中流，白鱼跃入王舟中，武王俯取以祭[9]。既渡，有火自上覆于下，至于王屋，流为乌[10]，其色赤，其声魄云。是时，诸侯不期而会盟津者八百诸侯。诸侯皆曰："纣可伐矣。"武王曰："女未知天命，未可也。"乃还师归。

【注释】

①九年：武王九年。文王于九年逝世后，武王继续采用文王年号（下同）。毕：有两说，一说是文王墓地毕原（今陕西省咸阳市东北），则是武王观兵前祭文王；一说是毕宿，毕宿主战争，则是武王祭毕星于出兵之前。②观兵：军事演习，以观察殷纣的反应和民心。③木主：为死者立的木制牌位。中军：主帅所在的部队。④司马、司徒、司空：皆官名。诸节：各种接受符节的军事官员。⑤齐栗：庄敬戒惧。⑥臣小子：武王自称。⑦师尚父：武王对太公望的尊称。⑧总：集合。众庶：众人，指各自统领的军队。⑨俯取以祭：殷尚白，武王斩白鱼祭天象征伐殷。⑩乌：乌鸦。

【原文】

居二年[1]，闻纣昏乱暴虐滋甚，杀王子比干，囚箕子。太师疵、少师彊抱其乐器而奔周。于是武王遍告诸侯曰："殷有重罪，不可以不毕伐[2]。"乃遵文王，遂率戎车[3]三百乘，虎贲三千人，甲士四万五千人，以东伐纣。十一年十二月戊午，师毕渡盟津，诸侯咸会。曰：“孳孳[4]无怠！”武王乃作《太誓》[5]，告于众庶：“今殷王纣乃用其妇人之言，自绝于天，毁坏其三正[6]，离逷[7]其王父母弟；乃断弃其先祖之乐，乃为淫声，用变乱正声，怡说妇人。故今予发维共行天罚。勉哉夫子[8]！不可再[9]，不可三！”

【注释】

①居二年：过了两年。据《尚书》记载，武王观兵孟津是十一年，伐纣是十三年。比《史记》所记载的迟两年。②毕；迅速。伐：一作“灭”。③戎车：兵车。④孳孳：通“孜孜”，勤奋努力。⑤《太誓》：即《泰誓》，《尚书》篇名。《尚书》有《泰誓》三篇。⑥三正：疑指三位正直贤臣，即比干、微子、箕子。或说指天、地、人的正道。⑦离逷（tì）：疏远。⑧夫子：对各路诸侯的尊称。⑨再：第二次。这句意即要一举成功。

【原文】

二月甲子昧爽[1]，武王朝至于商郊牧野，乃誓[2]。武王左杖黄钺，右秉白旄[3]，以麾。曰：“远矣，西土之人[4]！”武王曰：“嗟！我有国冢君[5]，司徒、司马、司空、亚旅、师氏、千夫长、百夫长[6]，及庸、蜀、羌、髳、微、纑、彭、濮[7]人，称[8]尔戈，比[9]尔干，立尔矛，予其誓。”王曰：“古人有言：‘牝鸡无晨。牝鸡之晨，惟家之索[10]。’今殷王纣维妇人言是用，自弃其先祖肆祀[11]不答，昏[12]弃其家国；遗其王父母弟不用，乃维四方之多罪逋逃是崇是长，是信是[13]使，俾[14]暴虐于百姓，以奸轨[15]于商国。今予发维共行天之罚。今日之事，不过六步七步，乃止齐焉[16]，夫子勉哉！不过于四伐[17]五伐六伐七伐，乃止齐焉，勉哉夫子！尚桓桓，如虎如罴，如豺如离[18]；于商郊，不御克奔，以役西土[19]，勉哉夫子！尔所不勉，其[20]于尔身有戮。”誓已，诸侯兵会者车四千乘，陈师牧野。

【注释】

①二月：周历二月，相当殷正月。昧爽：天微明而太阳尚未出来的时候。②郊牧野：纣都朝歌郊外的大片原野。今河南省淇县以南、卫辉市一带。《尔雅·释地》：“邑外谓之郊，郊外谓之牧，牧外谓之野。”故郊牧野为同义复合。誓：誓师。③钺（yuè）：大斧。旄（máo）：装饰有牦牛尾的大旗。④西土之人：指西方远征来的战士。⑤有国冢君：尊称各国诸侯。冢，大。⑥司徒：民政长官。司马：军事长官。司空：管建筑、制造的长官。亚旅：各种大夫，位次于卿。师氏：带兵的大夫。千夫长：带领一千人的军官。百夫长：带领一百人的军官。⑦庸：在今湖北省竹山县东南。蜀：今四川省北部一带。羌：在今陕甘一带。髳（máo）：山西南部沿黄河一带，一说在今南阳西南荆山、汉水一带。微：今陕西省眉县一带，一说为古西南夷，在今重庆市巴南区一带。卢（lú）：湖北襄阳以南、南漳县东北一带。彭：今重庆市彭水自治县一带。濮：今湖北省石首市南。以上八种人皆当时西南地区部族。⑧称：举。⑨比：排比。⑩牝（pìn）：雌；母。索：尽，倾家荡产的意思。这一句是比喻妇人（妲己之流）干预朝政。⑪肆祀：

对宗庙祖先的一种祭祀。⑫昏：惑乱。⑬多罪逋（bū）逃：罪大而逃跑的人。逋，逃。崇，长（zhǎng）：尊重。信：信任。使：使用。是：复指多罪逋逃的人，是宾语前置的标志。⑭俾：使。⑮奸轨：干各种坏事。轨：通“宄”（guǐ），犯法作乱。⑯不过六步七步，乃止齐焉：每前进六七步，便停下来整齐队伍。指遵守军纪，共同前进。⑰伐：击刺，冲锋。⑱尚：表示希望的语气词。桓桓：威武，勇猛。离（chī）：通“螭”，传说中的一种无角的龙。⑲不御克奔：不拒绝能奔来投降的殷纣士兵；或说不强暴地杀戮战败奔跑的殷纣士兵。御，强暴。以役西土：以为我们西方（指周及其同盟诸侯）服役。⑳所：若，如果。其：将。

【原文】

帝纣闻武王来，亦发兵七十万人距武王。武王使师尚父与百夫致师[①]，以大卒[②]驰帝纣师。纣师虽众，皆无战之心。心欲武王亟入，纣师皆倒兵以战，以开[③]武王。武王驰之，纣兵皆崩，畔纣。纣走，反入登于鹿台之上，蒙衣其殊玉[④]，自燔于火而死。武王持大白旗以麾诸侯，诸侯毕拜武王；武王乃揖诸侯，诸侯毕从。武王至商国[⑤]，商国百姓咸待于郊。于是武王使群臣告语商百姓曰：“上天降休[⑥]。”商人皆再拜稽首，武王亦答拜。遂入，至纣死所。武王自射之，三发而后下车，以轻剑[⑦]击之，以黄钺斩纣头，县大白之旗。已而至纣之嬖妾二女，二女皆经[⑧]自杀。武王又射三发，击以剑，斩以玄钺[⑨]，县其头小白之旗。武王已乃出复军[⑩]。

【注释】

①致师：大战开始前，让少数勇士冲入敌阵挑战。②大卒：大部队。大卒有兵车三百五十乘、士兵二万六千二百五十人，虎贲三千人。③亟：通"急"。倒兵：倒戈，掉转兵器攻击自己原来一方。开：开路。④殊玉：特别珍贵的美玉。殊，亦作珠。⑤商国：商的国都，指朝歌。故城在今河南省淇县东北。⑥休：幸福。⑦轻剑：《尚书》作"轻吕击之"。轻吕是宝剑名。⑧嬖（bì）：宠爱。经：上吊。⑨玄钺：黑色的大斧，铁制。⑩复军：返回军中。

【原文】

其明日，除道，修社及商纣宫。及期，百夫荷罕旗[①]以先驱。武王弟叔振铎奉陈常车[②]，周公旦把大钺，毕公[③]把小钺，以夹[④]武王。散宜生、太颠、闳夭皆执剑以卫武王。既入，立于社南大卒之左，左右毕从。毛叔郑奉明水[⑤]，卫康叔封布兹[⑥]，召公奭[⑦]赞采，师尚父牵牲。尹佚策祝[⑧]曰："殷之末孙季纣，殄废[⑨]先王明德，侮蔑神祇[⑩]不祀，昏暴商邑百姓，其章[⑪]显闻于天皇上帝。"于是武王再拜稽首，曰："膺更大命[⑫]，革殷，受天明命。"武王又再拜稽首，乃出。

【注释】

①罕旗：即云罕旗。旗上有九条飘带。古代作为仪仗队的前驱。②奉：献上。陈：陈列。常车：仪仗车。车上插有日、月图像的太常旗，以示王者的威仪。③毕公：《史记志疑》认

为毕公乃“召公”之误。④夹：立于左右。⑤毛叔郑：文王子毛伯明，名叔郑，封于毛（今河南宜阳）。明水：净水，月夜时用青铜镜所取得的露水，祭祀时作玄酒。《礼记·礼运》疏：“玄酒，谓水也。”⑥卫康叔封：武王弟，名封。布：铺。兹：用公明草编的席子。⑦奭（shì）：召公的名。⑧尹佚：人名。武王相。策祝：读策书祝文。⑨殄（tiǎn）废：抛弃干净。⑩祇（qí）：地神。⑪其章：指纣的罪恶。⑫膺（yīng）：承受。更大命：更改天命，即更换朝代。

【原文】

封商纣子禄父[①]殷之余民。武王为殷初定未集[②]，乃使其弟管叔鲜、蔡叔度[③]相禄父治殷。已而[④]命召公释箕子之囚；命毕公释百姓之囚，表商容之闾；命南宫括散鹿台之财，发钜桥之粟，以振贫弱萌隶[⑤]；命南宫括、史佚展九鼎保玉[⑥]；命闳夭封比干之墓；命宗祝享祠[⑦]于军。乃罢兵西归。行狩[⑧]，记政事，作《武成》。封诸侯，班赐宗彝[⑨]，作《分殷之器物》[⑩]。武王追思先圣王，乃褒封神农之后于焦，黄帝之后于祝，帝尧之后于蓟，帝舜之后于陈，大禹之后于杞[⑪]。于是封功臣谋士，而师尚父为首封。封尚父于营丘[⑫]，曰齐；封弟周公旦于曲阜，曰鲁；封召公奭于燕；封弟叔鲜于管；弟叔度于蔡。余各以次受封。

【注释】

①禄父：武庚的字。②定：平定。集：安定，统一，成功。③管叔鲜：周文王第三子。封地在管（今河南省郑州

市）。蔡叔度：周文王第五子。封地在蔡（今河南省上蔡县）。④已而：接着。⑤振：通“赈”，救济。萌隶：普通民众。⑥保玉：宝玉。保，通“宝”。⑦宗祝：管祭祀的官名。享祠：祭祀鬼神，当指祭奠阵亡将士。⑧行狩：巡视。⑨班：通“颁”，分。宗彝：宗庙祭祀用的宝器。⑩《分殷之器物》：根据《尚书·分器序》，“殷之”“物”三字当为衍文。⑪焦：地名。在今河南省三门峡市陕州区。祝：祝其，又名夹谷。在今山东省济南市莱芜区东南。蓟（jì）：在今北京市大兴区西南，非今日天津市之蓟州区。陈：在今河南省周口市淮阳区。杞：在今河南省杞县。⑫营丘：今山东省淄博市东北临淄区。

【原文】

武王征九牧之君[1]，登豳[2]之阜，以望商邑。武王至于周，自[3]夜不寐。周公旦即王所，曰：“曷为不寐？”王曰：“告女：维天不飨殷[4]，自发未生于今六十年[5]，麋鹿在牧，蜚鸿[6]满野。天不享殷，乃今有成[7]。维天建殷，其登名民三百六十夫[8]，不显亦不宾灭[9]，以至今。我未定天保[10]，何暇寐？”王曰：“定天保，依天室[11]。悉求夫恶，贬从殷王受[12]。日夜劳来，定我西土[13]，我维显服，及德方明[14]。自洛汭延于伊汭，居易毋固，其有夏之居[15]。我南望三涂[16]，北望岳[17]鄙，顾詹有河[18]，粤[19]詹雒、伊，毋远天室[20]。”营周居于雒邑[21]而后去。纵马于华山[22]之阳，放牛于桃林[23]之虚，偃干戈，振兵释旅[24]：示天下不复用也。

【注释】

①征：召集。九牧之君：九州的长官。②豳：又作“邠”。原为武王祖先公刘的国都所在地。在今陕西省彬州市、旬邑县一带。③自：虽。④天不飨殷：上天不享用殷商的祭祀，意即上天抛弃了殷。⑤六十年：指从帝乙至伐纣的六十年间。这是殷代日益衰亡的年代。⑥麋鹿：一种角像鹿、尾像驴、蹄像牛、颈像骆驼的珍贵动物。蜚鸿：通“飞蛩（qióng）”，蝗虫。蜚鸿满野形容灾害严重，民不聊生。一说，飞鸿指大雁，比喻贤臣遭到放逐。⑦成：指周朝成功王业，统一天下。⑧“维天建殷”句：指殷朝初建立时，曾任用贤人三百六十人。登：任用。名民：贤人。三百六十形容众多。⑨不显：政绩不显著。不宾灭：不至于灭亡。宾，通“滨（濒）”，接近，走向。⑩未定天保：不能确定上天对周是否保佑。⑪依天室：使天下的人都服从周王室。天室指王室。⑫“悉求”二句：把恶人全部找出来，像惩罚纣一样惩罚他们。夫：语气词，无义。受：殷纣的表字。⑬日夜劳来，定我西土：不分日夜，犒劳百姓（或说为百姓操劳），招徕贤士，以使西土——周朝所在地安定。⑭我维显服，及德方明：我要弄清各种事情，直到周朝的德行光照四方。服：事。⑮汭（ruì）：河湾。居易毋固：地势平坦，没有险固。其有夏之居：正是夏代定居的地方。⑯三涂：山名，在今河南省嵩县西南，伊水之北，俗称崖口或水门。⑰岳：指太行山，或说指恒山。⑱詹：通“瞻”，观望。有河：指黄河。⑲粤：语首助词，无义。⑳毋

远天室：不要远离中央。或说，洛伊两岸之地是营建都城的好处所，不可放弃。据下文，以后说较长。㉑雒邑：即今之洛阳(是西周的陪都)。㉒华山：在陕西省华阴市南。㉓桃林：塞名。在今河南省灵宝以西至陕西省潼关以东一带。㉔偃：停息；放下。振兵释旅：指得胜后，整军返回国后，解散部队。

【原文】

武王已克殷，后二年，问箕子殷所以亡。箕子不忍言殷恶，以存亡国宜[①]告。武王亦丑[②]，故问以天道[③]。

【注释】

①存亡国宜：国家生存或灭亡的道理；或说即兴灭国、继绝世的道理。存：保存。宜：义理。②丑：惭愧，难为情。③天道：治理天下的大道理。

【原文】

武王病。天下未集，群公惧，穆卜[①]，周公乃祓斋[②]，自为质，欲代武王，武王有瘳[③]。后而崩[④]，太子诵代立，是为成王。

【注释】

①穆卜：恭敬虔诚地占卜。②祓（fú）斋：斋戒沐浴，祭鬼神求福除灾。③瘳（chōu）：病势痊愈。④武王墓在陕西省西安市临潼区西南二十八里毕原之上。武王在位年数，有四年、六年、七年等不同说法。

【原文】

成王少，周初定天下，周公恐诸侯畔周，公乃摄行政当国[1]。管叔、蔡叔群弟疑周公，与武庚作乱，畔周。周公奉成王命，伐诛武庚、管叔，放蔡叔[2]。以微子开代殷后，国于宋[3]。颇收殷余民，以封武王少弟封为卫康叔[4]。晋唐叔得嘉谷[5]，献之成王，成王以归周公于兵所[6]。周公受禾东土，鲁[7]天子之命。初，管、蔡畔周，周公讨之，三年而毕定，故初作《大诰》，次作《微子之命》，次《归禾》，次《嘉禾》，次《康诰》《酒诰》《梓材》[8]。其事在周公之篇。周公行政七年，成王长，周公反政成王，北面[9]就群臣之位。

【注释】

①摄行政：暂时代理政务。当国：主持国家大事。②伐诛……管叔，放蔡叔：事详见《管蔡世家》。③以微子开代殷后，国于宋：事详见《宋微子世家》。微子开，即微子启。汉时避景帝刘启讳，以“开”代“启”。④卫康叔：事详见《卫康叔世家》。⑤唐叔：成王弟叔虞，封于唐（今山西省翼城县一带）。唐后改称晋。嘉谷：象征吉祥的谷物。⑥归：通“馈”，赠送。兵所：打仗的地方（当时周公东征未回）。⑦鲁：通“旅”。⑧《大诰》《康诰》《酒诰》《梓材》：均《尚书》篇名。《微子之命》：见于古文《尚书》。《归禾》《嘉禾》：已亡佚。⑨反政：归政。反，通“返”。北面：面朝北方。古代君王坐北朝南，群臣朝拜时则面北。

【原文】

成王在丰[1]，使召公复营洛邑，如武王之意。周公复卜，申视，卒营筑，居九鼎[②]焉。曰："此天下之中，四方入贡道里均。"作《召诰》《洛诰》[③]。成王既迁殷遗民[④]，周公以王命告，作《多士》《无佚》[⑤]。召公为保[⑥]，周公为师，东伐淮夷[⑦]，残奄[⑧]，迁其君薄姑[⑨]。成王自奄归，在宗周，作《多方》[⑩]。既绌殷命，袭淮夷，归在丰，作《周官》[⑪]。兴正礼乐，度制于是改，而民和睦，颂声[⑫]兴。成王既伐东夷，息慎来贺，王赐荣伯，作《贿息慎之命》[⑬]。

【注释】

①丰：地名。即丰邑。在沣水西岸，周文王都城。后周武王迁都沣水东岸，称镐京。在今陕西省西安市长安区。②居：安放。九鼎：我国古代国家政权的象征。相传夏禹铸九鼎，象征九州；商灭夏，迁九鼎于商邑；周灭商，又迁九鼎于洛邑。③《召诰》《洛诰》：均《尚书》篇名。④迁殷遗民：周公平定武庚叛乱后，把殷民迁往成周。⑤《多士》《无佚》：《尚书》篇名。⑥保：太保。⑦淮夷：居住于今徐州一带的古代民族。⑧残：灭。奄：古诸侯国。居地在今山东省曲阜附近。⑨薄姑：地名，一名"蒲姑"。⑩宗周：周王京都所在，指镐京（今陕西省西安市西）。《多方》：《尚书》篇名。⑪《周官》：古文尚书篇名。⑫颂声：即颂歌。当指《诗经》中《大雅》《周颂》等篇。⑬息慎：《尚书》作"肃慎"，当时我国东北的部族。荣伯：人名。《贿息慎之命》：《尚书》篇名。今亡佚。"息慎来贺"等句，《尚书序》作"王俾荣伯作《贿息慎之命》"，文意较明。

【原文】

成王将崩，惧太子钊之不任[①]，乃命召公、毕公率诸侯以相太子而立之。成王既崩，二公率诸侯，以太子钊见于先王庙，申告以文王、武王之所以为王业之不易，务在节俭，毋多欲，以笃信临之，作《顾命》[②]。太子钊遂立，是为康王。康王即位，遍告诸侯，宣告以文武之业以申之，作《康诰》[③]。故成、康之际，天下安宁，刑错[④]四十余年不用。康王命作策毕公分居里，成周郊，作《毕命》[⑤]。

【注释】

①任：胜任。②《顾命》：《尚书》篇名。③《康诰》：古文《尚书）作《康王之诰》。④刑错：刑法停止不用。形容民不犯法，社会安定。错：通“措”，废止。⑤分居里，成周郊：分出成周的一部分民众迁往郊区居住，作为成周的屏藩。《毕命》：古文《尚书》篇名。

【原文】

康王卒，子昭王瑕立。昭王之时，王道微缺。昭王南巡狩不返，卒于江上[①]。其卒不赴告[②]，讳之也。立昭王子满，是为穆王。穆王即位，春秋[③]已五十矣。王道衰微，穆王闵文武之道缺，乃命伯臩申诫太仆国之政，作《臩命》[④]。复宁[⑤]。

【注释】

①《帝王世纪》：“昭王德衰，南征，济于汉，船人恶之，以胶船进王，王御船至中流，胶液船解，王及祭公俱没于水中

而崩。”②赴告：向诸侯报丧。③春秋：这里指年龄。④伯褧：人名。太仆：官名。管理周王生活和传达命令的官。《冏命》：古文《尚书》篇名。⑤复宁：指国家恢复了安定的局面。

【原文】

穆王将征犬戎[①]，祭公谋父[②]谏曰："不可。先王耀德不观兵[③]。夫兵戢而时动[④]，动则威；观则玩[⑤]，玩则无震。是故周文公[⑥]之颂曰：'载戢干戈，载櫜[⑦]弓矢，我求懿德，肆于时夏[⑧]，允王保之[⑨]。'先王之于民也，茂正[⑩]其德而厚其性，阜[⑪]其财求而利其器用，明利害之乡[⑫]，以文修之，使之务利而辟害，怀德而畏威，故能保世以滋大[⑬]。昔我先王世后稷[⑭]，以服事虞、夏。及夏之衰也，弃稷不务，我先王不窋用失其官，而自窜于戎狄之间。不敢怠业，时序其德，遵修其绪[⑮]，修其训典[⑯]，朝夕恪勤[⑰]，守以敦笃，奉以忠信。奕世[⑱]载德，不忝前人。至于文王、武王，昭前之光明而加之以慈和，事神保民，无不欣喜。商王帝辛大恶于民，庶民不忍，䜣载[⑲]武王，以致戎于商牧。是故先王非务武也，勤恤民隐而除其害也。夫先王之制，邦内甸服，邦外侯服，侯卫[⑳]宾服，夷蛮要服，戎翟荒服。甸服者祭[㉑]，侯服者祀[㉒]，宾服者享[㉓]，要服者贡，荒服者王[㉔]。日祭，月祀，时享[㉕]，岁贡，终王。先王之顺祀[㉖]也，有不祭则修意[㉗]，有不祀则修言[㉘]。有不享则修文[㉙]，有不贡则修名[㉚]，有不王则修德，序成而有不至则修刑[㉛]。于是有刑不祭，伐不祀，征不享，让[㉜]不贡，告不王。

于是有刑罚之辟，有攻伐之兵，有征讨之备，有威让之命，有文告之辞[33]。布令陈辞而有不至，则增修于德，无勤民[34]于远。是以近无不听，远无不服。今自大毕、伯士[35]之终也，犬戎氏以其职来王[36]。天子[37]曰：‘予必以不享征之[38]。且观之兵。’无乃废先王之训，而王几顿[39]乎！吾闻犬戎树敦[40]，率旧德而守终纯固[41]，其有以御我[42]矣。”王遂征之，得四白狼、四白鹿以归。自是荒服者不至。

【注释】

①犬戎：居地在今陕西省西部，戎族的一支。②祭（zhài）公谋父：人名。穆王大臣，封于祭，名谋父。③耀德不观兵：显示德行而不炫耀武力。④戢（jí）：收藏。时动：适时出动。韦昭说：“时动，谓三时务农，一时讲武，守则有财，征则有威。”⑤玩：戏弄，轻视而不经心。⑥周文公：指周公旦。“载戢干戈”等五句见于《诗·周颂·时迈》。这首颂诗，传说为周公旦所作。⑦载：语首助词，无义。櫜（gāo）：古代收藏弓箭的袋子。这里用如动词。⑧肆于时夏：推广全中国。肆：呈现；扩张。时：是，此。夏：华夏，指中国。⑨允王保之：一定能用王道保有天下。允：信，一定。⑩茂正：正大。茂：或说通“懋”，勉力。⑪阜（fù）：丰富，多。⑫利害之乡：利益或祸害之所在。⑬滋大：增大。⑭世后稷：世代作农官。后稷，这里泛指农官，不专指周始祖弃。⑮序：继承。绪：事业。⑯训典：教化法度。⑰恪（kè）勤：恭谨而努力。⑱奕（yì）世：累世。⑲沂：通“欣”。

载：拥护，尊奉。“载”或作“戴”。⑳邦内：国都郊外五百里以内。侯卫：侯服的外卫。甸服、侯服等参看《夏本纪》注。㉑祭：参与祭奠天子的祖父和父亲。㉒祀：参与祭祀天子的高祖、曾祖。㉓享：献，指献上祭品。㉔王：承认周王的正统，表示臣服。㉕日祭：每日参与祭祀。月祀：按月参加祭祀。时享：按季贡献祭品。㉖顺祀：指推行以上祭祀的制度。㉗修意：指自我反省，以示诚意。㉘修言：检点语言号令。㉙修文：注意政令教化。㉚修名：注意尊卑名分。或说注意声威。㉛序成：上面诸事都依次办到了。修刑：用刑罚。㉜刑：惩治。征、伐：都是派兵进攻。但“征”限于上（天子）对下（诸侯），有道对无道；“伐”的范围较广。此处，征指出动周王朝的部队；伐指命令诸侯派兵讨伐。让，责备。㉝辟：法律。辞：辞令，文辞。㉞无：通“毋”，不要。勤民：使民众劳苦。㉟大毕、伯士：犬戎的两个君主。㊱以其职来王：按他们的职分尊奉周王，并来朝见。㊲天子：指穆王。㊳以不享征之：按不享的要求（对宾服的要求）来征伐它。㊴训：教诲。王几顿：大王也要遭受劳顿。㊵树敦：树立了敦厚的风尚。一说“树敦”为犬戎国主名。㊶率旧德：遵循祖先传下的道德。守终纯固：始终如一地固守。㊷有以御我：有抵御我们的东西（指道德风尚能得民心）。

【原文】

诸侯有不睦者，甫侯言于王，作修刑辟[①]。王曰：“吁，来！有国有土，告汝祥刑[②]。在今尔安百姓，何择非其人，何敬[3]非其刑，何居非其宜与？两造[4]具备，师听五辞[5]。五辞简信，正于五刑[6]。五刑不简，正于五罚[7]。五罚不服，正于五过[8]。五过之疵，官狱内狱。阅实其罪，惟钧其过[9]。五刑之疑有赦，五罚之疑有赦，其审克之[10]。简信有众，惟讯有稽[11]。无简不疑，共严天威[12]。黥辟疑赦，其罚百率[13]，阅实其罪。劓辟疑赦，其罚倍洒[14]，阅实其罪。膑辟疑赦，其罚倍差[15]，阅实其罪。宫辟[16]疑赦，其罚五百率，阅实其罪。大辟[17]疑赦，其罚千率，阅实其罪。墨罚之属[18]千，劓罚之属千，膑罚之属五百，宫罚之属三百，大辟之罚其属二百：五刑之属三千[19]。”命曰《甫刑》。

【注释】

①甫侯：穆王的相。刑辟：刑法。②有国有土：即有国者有土者。指诸侯。祥刑：好的刑法。③敬：慎重。④两造：争论的两方都到达。造，至。⑤师：狱官。五辞：审案的五种方法。⑥简：检查核实。正于五刑：按五种刑律判决。⑦罚：出款赎罪。⑧不服：不能使犯者心服。五过：五种过失。⑨疵（cī）：毛病，缺点。官狱：利用做官的权势以假公济私的罪行。内狱：求情行贿等罪行。阅实：察看核实。钧其过：使处罚与过失相当。钧：同等；相当。或据《尚书·吕刑》马融注，执法的人如果不按事实而随便加重或包庇，他的罪过便与犯人相等。⑩疑：可疑之处。审克之：周密考虑便能得其理。⑪简信有众，惟讯有稽：检核确实，取信民众，必须审讯有依据。⑫无简不疑：没有检核确实，不能按可疑处理。共严天

威：严敬天威。意思是不要轻易判决。表示对审判的极端重视。共，通“恭”。⑬黥（qíng）辟：又叫墨刑，用刀刺刻犯人面额，再涂上墨。率：通“锾（huán）”。百锾为三斤，或说为六百两。这句是说，犯黥刑而有可疑之处，便处以一百锾罚金。⑭劓（yì）辟：割掉鼻子的刑罚。倍洒（xǐ）：比墨刑加倍（即罚二百锾）。洒：通“蓰”，五倍。这里与“倍”连用时，只有加倍的意思。⑮膑（bìn）辟：剔掉膝盖骨的刑罚。倍差：比劓刑加一倍而减去三分之一。⑯宫辟：阉割生殖器官的刑罚。⑰大辟：杀头的刑罚。⑱属：种类；法律条文。⑲五刑之属三千：综合上面所述五种刑罚，共计有三千条。

【原文】

穆王立五十五年，崩，子共王繄扈[①]立。共王游于泾上，密康公[②]从，有三女奔[③]之。其母[④]曰：“必致之王。夫兽三[⑤]为群，人三为众，女三为粲。王田不取群[⑥]，公行不下众[⑦]，王御不参一族[⑧]。夫粲，美之物也。众以美物归女，而何德以堪[⑨]之？王犹不堪，况尔之小丑[⑩]乎？小丑备物，终必亡。”[⑪]康公不献。一年，共王灭密。共王崩，子懿王囏立。懿王之时，王室遂衰，诗人作刺[⑫]。

【注释】

①繄扈：《世本》作“伊扈”。共王的名字。②密康公：人名。密国诸侯。密国故城在泾水边，接近周王都城，是周同姓。③奔：私自投奔。④其母：《列女传》说密康公母姓隗。

⑤三：指多数。⑥田：打猎。不取群：不猎取成群的野兽。⑦下众：使众人下车致敬。一说不能诬众。⑧御：娶嫔妃。参一族：取同一家族的三个女子。“参”用作动词，读同“三”。⑨堪：受得住。⑩尔之小丑：你这样的小辈人物。之：无义。丑：类，辈。⑪密康母关于小丑备物终必亡的这段议论，出自《国语·周语上》。⑫诗人作刺：诗人作诗讽刺。

【原文】

懿王崩，共王弟辟方立，是为孝王。孝王崩，诸侯复立懿王太子燮，是为夷王。

夷王崩，子厉王胡立。厉王即位三十年，好利，近荣夷公[1]。大夫芮良夫[2]谏厉王曰：“王室其[3]将卑乎？夫荣公好专利而不知大难。夫利，百物之所生也，天地之所载也，而有专之，其害多矣。天地百物皆将取焉[4]，何可专也？所怒[5]甚多，而不备大难。以是教王，王其能久乎？夫王人[6]者，将导利而布之上下[7]者也。使神人百物无不得极[8]，犹日怵惕，惧怨之来也。故《颂》[9]曰：‘思文[10]后稷，克[11]配彼天，立我蒸民[12]，莫匪尔极[13]。’《大雅》[14]曰：‘陈锡载周[15]。’是不布利而惧难乎？故能载周以至于今。今王学专利，其可乎？匹夫专利，犹谓之盗，王而[16]行之，其归鲜矣。荣公若用，周必败也。”厉王不听，卒以荣公为卿士，用事。

【注释】

①荣夷公：人名。封地在荣（今河南省巩义市西）。②芮（ruì）良夫：人名。封地在芮（今陕西省大荔县东南）。③其：

大概。④天地百物皆将取焉：指自然财物人人都可以取得一份。⑤所怒：触怒的人，招来的怨恨。⑥王人：作天下人的君王。⑦导利：指奖励生产，开发资源。布之上下：公平地分配财货给全国上下的人。⑧极：标准；适宜的位置。⑨《颂》：指《诗·周颂·思文》。⑩思：发语词。文：文德。⑪克：能够。⑫立我蒸民：使我们众人能够立足生存。蒸，《诗经》作“烝”，众。⑬莫匪尔极：没有人不以你为标准（指学习后稷播种五谷）。⑭《大雅》：指《诗·大雅·文王》。⑮陈锡：普遍地赐给福利。陈，普遍地。载周：载成周道，指成就了周朝天下。⑯而：如果。

【原文】

王行暴虐侈傲，国人谤[①]王。召公[②]谏曰：“民不堪命[③]矣！”王怒，得卫巫[④]，使监谤者，以告则杀之。其谤鲜矣，诸侯不朝。三十四年，王益严，国人莫敢言，道路以目[⑤]。厉王喜，告召公曰：“吾能弭[⑥]谤矣，乃不敢言。”召公曰：“是鄣之也。防民之口，甚于防水[⑦]。水壅[⑧]而溃，伤人必多；民亦如之。是故为水者决之使导，为民者宣[⑨]之使言。故天子听政[⑩]，使公卿至于列士献诗[⑪]，瞽献曲[⑫]，史献书[⑬]，师箴[⑭]，瞍赋[⑮]，矇[⑯]诵，百工[⑰]谏，庶人传语[⑱]，近臣尽规[⑲]，亲戚补察[⑳]，瞽史[㉑]教诲，耆艾[㉒]修之，而后王斟酌焉，是以事行而不悖[㉓]。民之有口也，犹土之有山川也，财用于是乎出；犹其有原隰衍沃[㉔]也，衣食于是乎生。口之宣言也，善败于是乎兴。行善而备败，所以产财用衣食者也。夫民虑之于心而宣之于口，成而行之[25]。若壅其口，其与能几何[26]？”王不听。于是国莫敢出言[27]，三年，乃相与畔，袭厉王。厉王出奔于彘[28]。

【注释】

①侈傲：放肆傲慢。谤：议论批评，指责别人的过失。②召公：人名。周厉王大臣，召公奭的后裔，名虎，死后称穆公。③堪：忍受。命：指暴虐的政令。④卫巫：卫国的巫者。巫，从事迷信活动的人。⑤道路以目：人们相见时，用交换眼色来示意。⑥弭（mǐ）：止住；消除。⑦障：防止。水：《国语·周语上》作“川”。⑧壅（yōng）：堵塞。⑨为：治。宣：开放。⑩听政：处理国事。⑪公卿：三公九卿，朝廷大臣。诗：指议论朝政得失的诗篇。⑫瞽（gǔ）：由盲人充当的乐官。曲：乐曲。⑬史：史官。书：指记载前代政治的史书。⑭师：乐师。箴（zhēn）：指进献箴言（寓有劝诫意义的文辞）。⑮瞍（sǒu）：没有眸子的盲人。赋：朗诵，朗诵公卿列士献的诗篇。⑯矇：有眸子而失明的人。⑰百工：百官。⑱庶人：众人。传语：把意见间接地传给国王。⑲近臣：左右侍从。尽规：尽规谏的职责。⑳亲戚：与国王同宗族的大臣。补察：弥补王的过失，监察王的举动。㉑瞽：掌音乐的太师。史：掌礼法的太史。㉒耆艾：老年人，指国王师傅与朝中其他老臣。古称五十岁为艾，六十岁为耆。㉓悖（bèi）：违背常理。㉔原：高峻而平坦的土地。隰：低下而潮湿的土地。沃：有水灌溉的土地。㉕成而行之：心里想成以后便流露。㉖与：赞同。几何：多少。㉗《国语》公序本在“国”下有“人”

字。㉘彘（zhì）：在今山西省霍州市。

【原文】

厉王太子静匿召公之家，国人闻之，乃围之。召公曰："昔吾骤谏王，王不从，以及此难也。今杀王太子，王其以我为仇而怼[1]怒乎？夫事君者，险[2]而不仇怼，怨[3]而不怒，况事王乎！"乃以其子代王太子[4]，太子竟得脱。

【注释】

①骤：多次。怼：怨恨。②险：处于危险之中。③怨：埋怨。④代王太子：召公以其子代太子事。

【原文】

召公、周公[1]二相行政，号曰"共和"[2]。共和十四年，厉王死于彘。太子静长于召公家，二相乃共立之为王，是为宣王。宣王即位，二相辅之，修政，法文、武、成、康之遗风，诸侯复宗周。十二年，鲁武公来朝。

【注释】

①召公：即召虎。周公：周公旦次子的后代。周公长子伯禽就封于鲁国；次子留京都相周，世代为周公。②"共和"：指周公、召公与诸侯和衷共济，共同管理国政。自共和元年（前841）开始，我国历史已有准确的纪年。

【原文】

宣王不修籍于千亩[1]，虢文公[2]谏曰："不可。"王弗听。三十九年，战于千亩[3]，王师败绩于姜氏之戎[4]。

【注释】

①修籍：耕种籍田。古代，帝王在春耕前要亲执农具耕田，以表示重农。千亩：旧说指籍田亩数。应劭说：“古者天子耕籍田千亩，为天下先。”②虢（guó）文公：文王母弟虢仲之后。虢，国名，这里是指西虢。③千亩：地名。在今山西省介休市境内。④姜氏之戎：戎族的一支。

【原文】

宣王既亡南国之师[1]，乃料民于太原[2]。仲山甫[3]谏曰：“民不可料也。”宣王不听，卒料民。

【注释】

①韦昭《国语》注：“败于姜戎时所亡也。南国，江汉之间。”②料民：计点民众数字，以便征兵。料：数。太原：地名。③仲山甫：人名。辅佐宣王中兴的名臣。封地在樊（今河南省济源市西南）。

【原文】

四十六年，宣王崩[1]，子幽王宫湦立。幽王二年，西周三川[2]皆震。伯阳甫[3]曰：“周将亡矣。夫天地之气，不失其序；若过其序，民乱之也[4]。阳伏而不能出，阴迫而不能蒸[5]，于是有地震。今三川实震，是阳失其所[6]而填阴也。阳失而在阴[7]，原必塞；原塞，国必亡[8]。夫水土演[9]而民用也。土无所演，民乏财用，不亡何待？昔伊、洛[10]竭而夏亡，河竭[11]而商亡。今周德若二代之季[12]矣，其川原又塞，塞必竭。夫国必依山川，山崩川竭，亡国之征也。川竭必山崩。若国亡不过十年，数之纪[13]也。天之所弃，不过其纪。”是岁也，三川竭，岐山崩。

【注释】

①宣王崩：周宣王于前827年即位，死于前782年。②三川：指周都城附近的三条河流，即渭水、泾水、洛水（陕西洛水）。③伯阳甫：人名。周大夫。④序：次序，常态或规律。民乱之也：人扰乱了它。这是一种天人感应观念。实际上，暗指幽王的政治举动扰乱了天序。⑤阳：阳气。阳伏：阳气在下（阳气本应在上）。阴迫：阳气被阴气逼迫。蒸：上升。⑥阳失其所：阳气失掉它应在的位置（指不在上）。填（zhèn）阴：为阴气所镇伏。⑦阳失在阴：阳气失去其原来的所在而居于阴气之下。⑧古人认为立国要依靠山河，山河的气运关系到国家的气运。⑨演：通畅而湿润。泉源通畅，土气湿润，便可生长作物，供民众应用。⑩伊：伊水。洛：洛水（河南洛水）。两水流域是夏王朝的活动中心。⑪河竭：黄河水枯竭（可能是大干旱或改道）。⑫二代之季：二代指夏朝和商朝。季，末世，末年。这是说幽王相当于夏桀与商纣。⑬数之纪：数起于一，终于十，故以十为数的总头绪。

【原文】

三年，幽王嬖爱褒姒[①]。褒姒生子伯服，幽王欲废太子。太子母申[②]侯女，而为后。后幽王得褒姒，爱之，欲废申后，并去太子宜臼，以褒姒为后，以伯服为太子。周太史伯阳[③]读史记曰："周亡矣。"昔自夏后氏之衰也，有二神龙止于夏帝庭而言曰："余[4]，褒之二君。"夏帝卜：杀之，与去之，与止[5]之，莫吉。卜，请其漦[6]而藏之，乃吉。于是布币[7]而策告之，龙亡而漦在，椟[8]而去之。夏亡，传此器殷。殷亡，又传此器周。比三代，莫敢发之。至厉王之末，发而观之。漦流于庭，不可除。厉王使妇人裸而噪[9]之，漦化为玄鼋[10]，以入王后宫。后宫之童妾既龀而遭之，既笄而孕，无夫而生子[11]，惧而弃之。宣王之时童女谣[12]曰："檿弧箕服[13]，实亡周国。"于是宣王闻之，有夫妇卖是器者，宣王使执而戮之。逃于道，而见乡者[14]后宫童妾所弃妖子出于路者，闻其夜啼，哀而收之。夫妇遂亡，奔于褒。褒人有罪，请入童妾所弃女子者于王以赎罪[15]。弃女子出于褒，是为褒姒。当幽王三年，王之后宫，见而爱之，生子伯服。竟废申后及太子，以褒姒为后，伯服为太子。太史伯阳曰："祸成矣，无可奈何！"

【注释】

①褒：诸侯国名。褒姒是褒国进献的女子，故以国名和国姓称她。②申：诸侯国名。故地在今河南省南阳市北，姓姜。③伯阳：即伯阳甫。史记：历史书籍。④余：龙自称。它自言是褒国的两位先君。⑤去：赶跑。止：留住。⑥漦（lí）：唾液。⑦布：陈列。币：丝织品，作祭物用。⑧椟：匣子。此处用如动词。⑨噪：大声吵嚷。⑩玄：黑色。鼋（yuán）：通"蚖"，即蜥蜴、蝾螈、娃娃鱼之类。⑪童妾：小女婢。龀（chèn）：换乳牙，即六七岁左右。既笄：可以插簪子的年龄。

指女子成年。子：古代男孩和女孩都称子。⑫谣：歌谣。此处特指一种预示吉凶的歌谣，往往通过小儿之口唱出。⑬檿（yǎn）弧：山桑木做的弓。箕服：箕木制成的箭袋。⑭乡者：过去。乡，通“向”。⑮据《国语》记载，周幽王伐褒，褒人献出褒姒。

【原文】

褒姒不好笑，幽王欲其笑万方①，故不笑。幽王为烽燧②、大鼓，有寇至则举烽火。诸侯悉至，至而无寇，褒姒乃大笑。幽王说之，为数举烽火。其后不信，诸侯益亦不至。

【注释】

①万方：各种方法。②烽燧（suì）：古代在边疆筑高台举火报警。白天燃烽（狼烟）以望火烟，夜晚举燧（火把）以望火光。

【原文】

幽王以虢石父为卿，用事，国人皆怨。石父为人佞巧①，善谀好利，王用之。又废申后，去太子也②。申侯怒，与缯③、西夷犬戎攻幽王。幽王举烽火征兵，兵莫至。遂杀幽王骊山④下，虏褒姒，尽取周赂⑤而去。于是诸侯乃即申侯而共立故幽王太子宜臼，是为平王，以奉周祀。

【注释】

①佞巧：会说话而奸诈。一作“谄巧”。②此句指虢石父也是促成废申后与太子的人。③缯：国名。在今河南省方城

县。④骊（lí）山：山名。在今陕西省西安市临潼区东南。⑤赂：财物。《竹书纪年》："自武王灭殷以至幽王，凡二百五十七年也。"以上为西周。

【原文】

平王立，东迁于雒邑，辟戎寇。平王之时，周室衰微，诸侯强并弱，齐、楚、秦、晋始大，政由方伯①。

四十九年，鲁隐公即位。

五十一年，平王崩，太子洩父蚤②死，立其子林，是为桓王。桓王，平王孙也。

桓王三年，郑庄公朝，桓王不礼③。五年，郑怨，与鲁易许田④。许田，天子之用事太山⑤田也。八年，鲁杀隐公，立桓公。十三年，伐郑，郑射伤桓王⑥，桓王去归。

【注释】

①方伯：诸侯中势力强大的首领。②蚤：通"早"。③不礼：不以礼相待。④许田：在今河南许昌，周成王赐给鲁作朝见周王时住宿的邑田。⑤用事太山：即祭祀泰山。⑥郑射伤桓王：繻葛之役，郑国将领祝聃射中周桓王的肩。

【原文】

二十三年，桓王崩，子庄王佗立。庄王四年，周公黑肩欲杀庄王而立王子克①。辛伯②告王，王杀周公。王子克奔燕。

【注释】

①王子克：桓王之子，庄王之弟，名子仪。桓王宠爱子

仪，命周公黑肩辅佐他。②辛伯：周大夫。

【原文】

十五年，庄王崩，子釐王胡齐立，釐王三年，齐桓公始霸。

五年，釐王崩，子惠王阆[1]立。惠王二年，初，庄王嬖姬姚[2]，生子穨，穨有宠。及惠王即位，夺其大臣园以为囿[3]。故大夫边伯等五人作乱[4]，谋召燕、卫师，伐惠王。惠王奔温[5]，已居郑之栎[6]。立釐王弟穨为王。乐及遍舞[7]。郑、虢君怒。四年，郑与虢君伐杀王穨，复入惠王。惠王十年，赐齐桓公为伯[8]。

【注释】

①阆：《世本》作“毋蚔”。②姚：姓。③囿（yòu）：养动物的园地。④据《左传》记载，五人是芳国、边伯、詹父、子禽、祝跪。⑤温：地名。今河南省温县。⑥栎（lì）：地名。今河南省禹州市。⑦遍舞：各种音乐舞蹈。⑧伯：诸侯的首领。

【原文】

二十五年，惠王崩，子襄王郑立。襄王母蚤死，后母曰惠后[1]。惠后生叔带，有宠于惠王，襄王畏之。三年，叔带与戎、翟谋伐襄王，襄王欲诛叔带，叔带奔齐。齐桓公使管仲平戎于周，使隰朋平戎于晋[2]。王以上卿礼管仲。管仲辞曰：“臣贱有司[3]也。有天子之二守国、高[4]在，若节春秋[5]来承王命，何以礼焉？陪臣[6]敢辞。”王曰：“舅氏[7]，余嘉乃勋[8]，毋逆朕命。”管仲卒受下卿之礼而还。九年，齐桓公卒。十二年，叔带复归于周。

【注释】

①惠后：惠王之后。②齐桓公叫晋国伐戎救周，故派管仲使周，派隰朋使晋，平定戎乱。③贱有司：地位低微的小臣。④国、高：国氏与高氏，是周天子任命的齐国守臣，他两人都是上卿。⑤节春秋：按春秋朝聘的时节。⑥陪臣：诸侯的臣下。齐侯是天子的臣下，管仲又是齐侯的臣下，故称陪臣。⑦舅氏：周武王娶齐太公女为后，故齐周世代为舅甥关系。这里是周王把管仲当作舅氏的使者。⑧嘉：嘉奖。勋：功绩。

【原文】

十三年，郑伐滑[1]。王使游孙、伯服请滑[2]，郑人囚之。郑文公怨惠王之入不与厉公爵[3]，又怨襄王之与[4]卫滑，故囚伯服。王怒，将以翟伐郑。富辰[5]谏曰：“凡我周之东徙，晋、郑焉依[6]。子穨之乱，又郑之由定。今以小怨弃之！”王不听。十五年，王降翟师以伐郑。王德翟人，将以其女为后。富辰谏曰：“平、桓、庄、惠皆受郑劳，王弃亲亲翟，不可从。”王不听。十六年，王绌翟后，翟人来诛，杀谭伯[7]。富辰曰：“吾数谏不从，如是不出[8]，王以我为怼乎？”乃以其属死之[9]。

【注释】

①滑：姬姓小国，在今河南省偃师市南。②游孙、伯服：

皆周大夫。请滑：为滑讲情。③爵：酒杯。据《左传》庄公二十一年（即周惠王四年）记载，惠王到郑、虢两国巡狩，把玉爵送给了虢公，而没有送给郑伯。④与：偏向；赞助，友好。⑤富辰：周大夫。⑥东徙：指平王避难东迁洛邑。晋、郑焉依：依靠晋郑两国的力量。焉，帮助宾语前置的助词。⑦十六年：《国语》中作“十八年”。谭伯：周大夫。⑧如是不出：如果这时不挺身而出。⑨其属；私人的部属。死之：与翟人作战而死。

【原文】

初，惠后欲立王子带，故以党开翟人[①]，翟人遂入周。襄王出奔郑，郑居王于氾[②]。子带立为王，取襄王所绌[③]翟后，与居温。十七年，襄王告急于晋，晋文公纳王而诛叔带。襄王乃赐晋文公珪、鬯[④]、弓矢，为伯，以河内地[⑤]与晋。二十年，晋文公召襄王，襄王会之河阳、践土[⑥]，诸侯毕朝。书讳曰：“天王狩[⑦]于河阳。”

【注释】

①以党开翟人：让自己的亲信为翟人开路。②氾（fàn）：郑地。在今河南省襄城境内。③取：通“娶”。绌：通“黜”，贬斥，废退。④珪（guī）：用作凭信的玉器，上圆下方，帝王诸侯在朝会、祭祀时，拿着它作为凭证。鬯（chàng）：祭祀用的香酒。⑤河内地：黄河北岸的土地。⑥河阳：晋地。在今河南省孟州市西。践土：郑地。在今河南原阳县东南。⑦天王：指周天子。狩：巡视。

【原文】

二十四年，晋文公卒。

三十一年，秦穆公卒。

三十二年，襄王崩，子顷王壬臣立。顷王六年，崩，子匡王班立。匡王六年，崩，弟瑜立，是为定王。

定王元年，楚庄王伐陆浑之戎[①]，次[②]洛，使人问九鼎[③]。王使王孙满[④]应设以辞，楚兵乃去。十年，楚庄王围郑，郑伯降，已而复之。十六年，楚庄王卒。

【注释】

①陆浑之戎：戎族的一支，世居睦浑（在秦晋两国的西北），后徙居伊川（今河南省伊川县和嵩县东北一带）。②次：临时驻扎。③问九鼎：九鼎是夏、商、周三代象征中央王权的国宝。楚庄王问鼎，表现要取代周王朝的野心。④王孙满：周大夫。

【原文】

二十一年，定王崩，子简王夷立。简王十三年，晋杀其君厉公，迎子周于周，立为悼公。

十四年，简王崩，子灵王泄心立。灵王二十四年，齐崔杼弑其君庄公。

二十七年，灵王崩，子景王贵立。景王十八年，后太子圣而蚤卒。二十年，景王爱子朝，欲立之。会崩[①]，子丐之党与争立。国人立长子猛为王，子朝攻杀猛。猛为悼王[②]。晋人攻子朝而立丐，是为敬王。

【注释】

①会崩：指正当景王要立子朝之时死去。会：正当其时。②悼王：因在位不久即被杀，故谥悼王。

【原文】

敬王元年，晋人入敬王；子朝自立，敬王不得入，居泽[①]。四年，晋率诸侯入敬王于周，子朝为臣[②]。诸侯城周[③]。十六年，子朝之徒复作乱，敬王奔于晋。十七年，晋定公遂入敬王于周。

三十九年，齐田常杀其君简公。

四十一年，楚灭陈。孔子卒。

四十二年，敬王崩[④]，子元王仁[⑤]立。元王八年，崩，子定王[⑥]介立。

【注释】

①泽：地名。《集解》引贾逵语，认为是周地。实应为晋地。②子朝为臣：《春秋》作“子朝奔楚”。③诸侯城周：《春秋》记城周事在昭公三十二年，相当敬王十年。此记于敬王四年。④四十二年，敬王崩：《帝王世纪》作“敬王四十四年”；《十二诸侯年表》作“四十三年，敬王崩”。均与此处记载不一。⑤仁：《世本》作“赤”。⑥定王：《世本》作“贞王”，《帝王世纪》作“贞定王”。

【原文】

定王十六年，三晋[①]灭智伯，分有其地。二十八年，定王崩[②]，长子去疾立，是为哀王。哀王立三月，弟叔[③]袭杀哀王而自立，是为思王。思王立五月，少弟嵬攻杀思王而自立，是为考王。此三王皆定王之子。

【注释】

①三晋：指韩、赵、魏。⑦二十八年，定王崩：《帝王世纪》说，贞定王在位仅十年。③叔：周思王的名字。

【原文】

考王十五年，崩，子威烈王午立。

考王封其弟于河南，是为桓公[①]，以续周公[②]之官职。桓公卒，子威公代立。威公卒，子惠公代立，乃封其少子于巩以奉王，号东周惠公[③]。

【注释】

①河南：即成周（今洛阳市）。桓公：名揭，封邑号西周。②周公：周公旦的次子留在京城辅佐周王，世袭周公之职。周庄王杀周公黑肩之后，周公之职便空缺了很久。③东周惠公：西周惠公的少子，承袭父号而居在今巩义市，巩义市在洛阳之东，故号东周惠公。

【原文】

威烈王二十三年，九鼎震。命韩、魏、赵为诸侯。

二十四年，崩，子安王骄立。是岁，盗杀楚声王。

安王立二十六年，崩，子烈王喜立。烈王二年，周太史儋见秦献公曰："始周与秦国合而别，别五百载复合，合十七岁而霸王者出焉[①]”。

【注释】

①史儋（dān）的话是一段神秘的预言，解释不一。

【原文】

十年[①]，烈王崩，弟扁立，是为显王。显王五年，贺秦献公，献公称伯。九年，致文武胙[②]于秦孝公。二十五年，秦会诸侯于周。二十六年，周致伯[③]于秦孝公。三十三年，贺秦惠王。三十五年，致文武胙于秦惠王。四十四年，秦惠王称王。其后诸侯皆为王。

【注释】

①十：当作“七”。②文武胙（zuò）：祭祀周文王、武王以后的祭肉。把这种祭肉送给诸侯，是周王的一种特殊礼遇。③致伯：送给方伯（诸侯首领）的称号。

【原文】

四十八年，显王崩，子慎靓王定立。慎靓王立六年，崩，子赧王延立。王赧时，东西周分治[①]。王赧徙都西周[②]。

【注释】

①东西周分治：周赧王已成傀儡，东周公居今巩义市，西周公居洛阳，各自为政。②王赧徙都西周：指周赧王由成周（瀍水东）西徙，迁回王城（瀍水西）。

【原文】

西周武公[①]之共太子死，有五庶子，毋適立[②]。司马翦[③]谓楚王曰："不如以地资公子咎，为请太子。"左成[④]曰："不可。周不听，是公之知困而交疏于周也。不如请周君孰欲立，以微告[⑤]翦，翦请令楚资之以地。"果立公子咎为太子。

【注释】

①西周武公：《战国策》作"东周武公"。②毋適立：没有嫡子可立。③司马翦：楚国大臣。④左成：楚臣。⑤微告：暗示。

【原文】

八年，秦攻宜阳[①]，楚救之。而楚以周为秦故，将伐之[②]。苏代[③]为周说楚王曰："何以周为秦之祸也？言周之为秦甚于楚者，欲令周入秦也，故谓'周秦[④]'也。周知其不可解，必入于秦，此为秦取周之精[⑤]者也。为王计者，周于秦因善之，不于秦亦言善之，以疏之于秦。周绝于秦，必入于郢[⑥]矣。"

【注释】

①宜阳：地名，属于韩国。今河南省宜阳县。②楚以周为秦故，将伐之：秦攻韩，楚救之。周亦出兵，楚疑周出兵在助秦，因而伐周。③苏代：著名策士。④周秦：周秦相近，秦想并吞周而外表对周和睦，所以当时人都称"周秦"。⑤精：精妙的策划。⑥郢：楚都，在今湖北省江陵县东北。这里指代楚国。

【原文】

秦借道两周之间[①]，将以伐韩。周恐借之畏于韩，不借畏于秦。史厌谓周君[2]曰："何不令人谓韩公叔[3]曰：'秦之敢绝[4]周而伐韩者，信东周也。公何不与周地，发质使之楚？秦必疑楚，不信周，是韩不伐也。'又谓秦曰：'韩强与周地，将以疑周于秦也。周不敢不受。'秦必无辞而令周不受，是受地于韩而听于秦[5]。"

【注释】

①两周之间：东周（巩义市）与西周（洛阳）之间。②史厌：谋士。周君：指西周武公。③韩公叔：一作"何公叔"，韩国当政者。④绝：穿过。⑤听于秦：取得秦国谅解。

【原文】

秦召西周君，西周君恶往，故令人谓韩王曰："秦召西周君，将以使攻王之南阳[1]也，王何不出兵于南阳？周君将以为辞[2]于秦。周君不入秦，秦必不敢逾河而攻南阳矣。"

东周与西周战，韩救西周。或为东周说韩王曰："西周故天子之国，多名器重宝。王案兵毋出，可以德东周，而西周之宝必可以尽矣[3]。"

【注释】

①南阳：在今河南省获嘉县。非指宛。②以为辞：以此为借口。③此句意为，韩兵不动，西周一定不断向韩交名器重宝以求帮助。

【原文】

王赧谓成君[1]。楚围雍氏[2]，韩征甲与粟于东周。东周君恐，召苏代而告之。代曰："君何患于是？臣能使韩毋征甲与粟于周，又能为君得高都[3]。"周君曰："子苟能，请以国听子。"代见韩相国曰："楚围雍氏，期[4]三月也。今五月不能拔，是楚病[5]也。今相国乃征甲与粟于周，是告楚病[6]也。"韩相国曰："善。使者已行矣。"代曰："何不与周高都？"韩相国大怒曰："吾毋征甲与粟于周亦已多矣，何故与周高都也？"代曰："与周高都，是周折而入于韩[7]也。秦闻之必大怒忿周，即不通周使，是以弊高都得完周[8]也。曷为不与？"相国曰："善。"果与周高都。

【注释】

①成君：意即名义上的周王。②雍氏：韩地，即雍梁，今河南省禹州市东北。③高都：韩地，今河南省洛阳市南。④期：预料。⑤病：疲敝。⑥告楚病：把韩国的疲弊告知楚国。⑦折而入于韩：转而投靠韩国。⑧弊：通"弊"，疲惫，凋敝。得完周：得到一个完整的周国。

【原文】

三十四年，苏厉[1]谓周君曰："秦破韩魏，扑师武[2]，北取赵蔺、离石[3]者，皆白起[4]也。是善用兵，又有天命。今又将兵出塞[5]攻梁，梁破则周危矣。君何不令人说白起乎？曰：'楚有养由基者，善射者也。去柳叶百步而射之，百发而百中之。左右观者数千人，皆曰善射。有一夫立其旁，曰："善，可教射矣！"养由基怒，释弓搤[6]剑，曰："客安能教我射乎？"客曰："非吾能教子支左诎右[7]也。夫去柳叶百步而射之，百发而百中之，不以善息，少焉气衰力倦，弓拨[8]矢钩，一发不中者，百发尽息。”今破韩、魏，扑师武，北取赵蔺、离石者，公之功多矣。今又将兵出塞，过两周，倍[9]韩，攻梁，一举不得，前功尽弃。公不如称病而无出。’”

【注释】

①苏厉：著名策士。②扑：打败。师武：魏将名。③蔺：地名。赵国的蔺邑，在今山西省吕梁市离石区西。离石：赵邑名。在今吕梁市离石区。④白起：秦国名将。⑤塞：指伊阙塞。在今洛阳市南十九里。⑥搤（è）：握住。⑦支左诎右：支撑左手，弯曲右手，指射箭的姿势。⑧拨：不正。⑨倍：通“背”，背对。

【原文】

四十二年，秦破华阳约[1]。马犯谓周君曰：“请令梁城周[2]。”乃谓梁王曰：“周王病若死，则犯必死矣[3]。犯请以九鼎自入于王，王受九鼎而图犯[4]。”梁王曰：“善。”遂与之卒，言戍周[5]。因谓秦王曰：“梁非戍周也，将伐周也。王试出兵境以观之。”秦果出兵。又谓梁王曰：“周王病甚矣，犯请后可而复之[6]。今王使卒之周，诸侯皆生心[7]，后举事且不信。不若令卒为周城，以匿[8]事端。”梁王曰：“善。”遂使城周。

【注释】

①秦破华阳约：周赧王四十二年，秦破坏与魏签订的条约，在华阳袭击魏将芒卯。②城周：在周的国都筑城。③病：

指周君忧惧秦兵到来，生了重病。犯必死矣：马犯身为周臣，国破君亡，唯有一死。④图犯：为我马犯谋出路。⑤戍周：防守西周都城。⑥后可而复之：等以后周君同意了再答应将九鼎给梁的事。⑦生心：产生疑心，以为梁的真实目的是伐周，取九鼎。⑧匿：隐匿；平息。

【原文】

四十五年，周君之秦客谓周冣[①]曰："公不若誉秦王之孝，因以应为太后[②]养地。秦王必喜。是公有秦交。交善，周君必以为公功；交恶，劝周君入秦者必有罪矣。"秦攻周，而周冣谓秦王曰："为王计者不攻周。攻周，实不足以利，声畏天下。天下以声畏秦，必东合于齐。兵弊[③]于周，合天下于齐，则秦不王矣。天下欲弊秦，劝王攻周。秦与天下弊，则令不行矣。"

【注释】

①周冣：人名。冣，一作"最"。周的公子。冣，通"聚"。②应：地名。属西周。在今河南省鲁山县东，宝丰县南。太后：指秦昭王母宣太后芈氏。③弊：疲劳，疲敝。

【原文】

五十八年，三晋距秦。周令其相国之秦，以秦之轻也，还其行[①]。客谓相国曰："秦之轻重未可知也。秦欲知三国[②]之情，公不如急见秦王曰：'请为王听东方之变'，秦王必重公。

重公，是秦重周，周以取秦[③]也；齐重，则固有周聚[④]以收齐；是周常不失重国[⑤]之交也。”秦信周，发兵攻三晋。

【注释】

①还其行：中途返回。②三国：指三晋（韩、赵、魏）。③周以取秦：周因你而取得秦的重视。④周聚：即周冣。他事齐，取得了齐国的欢心。⑤重国：强国。

【原文】

五十九年，秦取韩阳城，负黍[①]。西周恐，倍秦，与诸侯约从[②]，将天下锐师出伊阙攻秦，令秦无得通阳城。秦昭王怒，使将军摎[③]攻西周。西周君奔秦，顿首受罪，尽献其邑三十六，口三万。秦受其献，归其君于周。

【注释】

①阳城：地名。在今河南省登封市东南告成镇。负黍：亭名。在阳城西南。②从：通“纵”，合纵。③摎(liú)：姓。

【原文】

周君、王赧[①]卒，周民遂东亡。秦取九鼎宝器，而迁西周公于𢘅狐[②]。后七岁，秦庄襄王灭东周。东西周皆入于秦，周既不祀[③]。

【注释】

①周君王赧：即周赧王，“君”字衍文。旧说指西周武公和周王赧。②𢘅（dàn）狐：地名。在今河南省洛阳市

南，汝州市西北。③既：尽。不祀：无人主持祭祀，指亡国。

【原文】

太史公曰：学者皆称周伐纣，居洛邑，综[①]其实不然。武王营之，成王使召公卜居，居九鼎焉，而周复都丰、镐。至犬戎败幽王，周乃东徙于洛邑。所谓“周公葬于毕”，毕在镐东南杜[②]中。秦灭周。汉兴九十有余载[③]，天子将封泰山，东巡狩至河南，求周苗裔[④]，封其后嘉三十里地，号曰周子南[⑤]君，比[⑥]列侯，以奉其先祭祀。

【注释】

①综：综合考察。②杜：地名。在今陕西省西安市长安区南。一作“社”。③汉兴九十有余载：指汉武帝元鼎四年（前113）。④求：访求。苗裔：后裔，后代。⑤嘉：人名。子南：封邑名，在今河南汝州市东。⑥比：并列，与……等同。

【译文】

周的始祖后稷，名叫弃。他的母亲是有邰氏的女儿，叫姜原。姜原是喾帝的原配夫人。姜原出门到野外，看见一只巨人的足迹，心里欣欣然特别喜悦，想用脚践踏巨人足迹。她一践踏巨人足迹，就身子震动，似乎怀孕了一样。经过怀孕期，就生下了儿子，认为不吉利，把儿子抛弃在狭小的巷子里，所有路过的马、牛都避开不践踏他；又把他移徙放置树林中，正好碰上山林里有很多人，就转移地方；再把他弃在水渠中所积的冰上，飞翔的鸟群用它们的羽翼来为他覆盖和铺垫。这样一来，姜原认为他很神，就收回来抚养他直到长大。最初想抛弃他，因此名字叫作弃。

弃小的时候，就很出众，有伟人的高远志向。他游戏的时候，喜欢种植麻、豆之类的庄稼，种出来的麻、豆长得都很茂盛。到他成人之后，就喜欢耕田种谷，仔细观察什么样的土地适宜种什么，适宜种庄稼的地方就在那里种植收获，民众都来向他学习。尧帝听说了这情况，就举任弃担任农师的官，教给民众种植庄稼，天下都得到他的好处，他做出了很大成绩。舜帝说："弃，黎民百姓开始挨饿时，你担任了农师，播种了各种谷物。"把弃封在邰，以官为号，称后稷，另外以姬为姓。后稷的兴起，正在唐尧、虞舜、夏商的时代，这一族都有美好的德望。

后稷去世，儿子不窋即位。不窋在位的最后几年，夏后氏政治衰败，废弃农事官不再致力于耕种。不窋因为失却了他的世官，就奔逃到西方戎狄部族中去了。不窋去世，儿子鞠即位。鞠去世，儿子公刘即位。公刘虽然处在西方戎狄部族中间，重新修治后稷的事业，致力于耕种，根据土地的实际状况便宜行事，从漆水、沮水下游再通过渭水，到终南山取材加以利用。出行在外的人有财，居守在家的人有储蓄积聚，民众都依赖他的作为获得了福庆。各族的人都感怀他的恩惠，大都迁徙过来表现了顺服拥护。周家政治德业的兴隆从此开始，所以诗人作歌配上乐曲思念他的德行。公刘去世，儿子庆节即位，在邠邑建立国都。

庆节去世后，儿子皇仆继位。皇仆去世后，儿子差弗继位。差弗去世后，儿子毁隃继位。毁隃去世后，儿子公非继位。公非去世后，儿子高圉继位。高圉去世后，儿子亚圉继位。亚圉去世后，儿子公叔祖类继位。公叔祖类去世后，儿子古公亶父继位。

古公亶父重修后稷、公刘的大业，积累德行，普施仁义，国人都爱戴他。戎狄的薰育族来侵扰，想要夺取财物，古公亶父就主动给他们。后来又来侵扰，想要夺取土地和人口。人民都很愤怒，想奋起反击。古公说："民众拥立君主，是想让他给大家谋利益。现在戎狄前来侵犯，目的是夺取我的土地和民众。民众跟着我或跟着他们，有什么区别呢？民众为了我的缘故去打仗，我牺牲人家的父子兄弟却做他们的君主，我实在不忍心这样干。"于是，带领家众离开豳地，渡过漆水、沮水，翻越梁山，到岐山脚下居住。豳邑的人全城上下扶老携幼，又都跟着古公来到岐下。以至于其他邻国听说古公这么仁爱，也有很多来归从他。于是，古公就废除戎狄的风俗，营造城郭，建筑房舍，把民众分成邑落定居下来。又设立各种官职，来办理各种事务。民众都谱歌作乐，歌颂他的功德。

古公的长子名叫太伯，次子叫虞仲。他的妃子太姜生下小儿子季历，季历娶太任为妻，她也像太姜一样是贤惠的妇人。

生下昌，有圣贤的祥兆。古公说："我们家族有一代要兴旺起来，恐怕就在昌身上应验吧?"长子太伯、次子虞仲知道古公想让季历继位以便传给昌，就一块逃到了南方荆、蛮之地，随当地的习俗，在身上刺上花纹，剪掉了头发，把王位让给季历。

古公去世后，季历继位，这就是公季。公季学习实行古公的政教，努力施行仁义，诸侯都归顺他。

公季去世，儿子昌继位，这就是西伯。西伯也就是文王，他继承后稷、公刘的遗业，效法古公、公刘的法则，一心一意施行仁义，敬重老人，慈爱晚辈。对贤士谦下有礼，有时到了中午都顾不上吃饭来接待贤士，士人因此都归附他。伯夷、叔齐在孤竹国，听说西伯非常敬重老人，就商量说为什么不去投奔西伯呢？太颠、闳夭、散宜生、鬻子、辛甲大夫等人都一起归顺了西伯。

崇侯虎向殷纣说西伯的坏话，他说："西伯积累善行、美德，诸侯都归向他，这将对您不利呀!"于是，纣帝就把西伯囚禁在羑里。闳夭等人都为西伯担心，就设法找来有莘氏的美女，骊戎地区出产的毛色有斑纹的马匹，有熊国出产的三十六匹好马，还有其他一些珍奇宝物，通过殷的宠臣费仲献给纣王。纣见了这些非常高兴，说："这些东西有了一件就可以释放西伯了，何况这么多呢!"于是，赦免了西伯，还赐给他弓箭斧钺，让他有权征讨邻近的诸侯。纣说："说西伯坏话的是崇侯虎啊!"西伯回国之后就献出洛水以西的土地，请求纣废除炮烙的刑法。这种刑罚就是在铜柱上涂上油，下面烧起炭火，让受罚者爬铜柱，爬不动了就落在炭火里。纣答应了西伯的请求。

西伯暗中做善事，诸侯都来请他裁决争端。当时，虞国人和芮国人发生争执不能断决，就一块儿到周国来。进入周国境后，发现种田的人都互让田界，人们都有谦让长者的习惯。虞、芮两国发生争执的人，还没有见到西伯，就觉得惭愧了，都说："我们所争的，正是人家周国人以为羞耻的，我们还找西伯干什么，只会自讨耻辱罢了。"于是，各自返回，都把田地让出，然后离去。诸侯听说了这件事，都说："西伯恐怕就是那承受天命的君王。"

第二年，西伯征伐犬戎。下一年，征伐密须。又下年，打败了耆国。殷朝的祖伊听说了，非常害怕，把这些情况报告给纣帝。纣说："我不是承奉天命的人吗？他这个人能干成什么！"次年，西伯征伐邘。次年，征伐崇侯虎。营建了丰邑，从岐下迁都到丰。次年，西伯逝世，太子发登位，这就是武王。

西伯在位大约五十年。他被囚禁羑里的时候，据说曾经增演《易》的八卦为六十四卦。诗人称颂西伯，说他断决虞、芮争执以后，诸侯们尊他为王，那就是他承受天命而称王的一年。后来，过了九年逝世，谥为文王。他曾改变了殷之律法制度，制定了新的历法。曾追尊古公为太王，公季为王季。那意思就是说，大概帝王的瑞兆是从太王时兴起的。

武王登位，太公望任太师，周公旦做辅相，还有召公、毕公等人辅佐帮助，以文王为榜样，承继文王的事业。

武王九年，在毕地祭祀文王。然后，往东方去检阅部队，到达盟津。制作了文王的牌位，用车载着，供在中军帐中。武王自称太子发，宣称是奉文王之命前去讨伐，不敢自己擅自作主。他向司马、司徒、司空等受王命执符节的官员宣告："大家都要严肃恭敬，要诚实啊。我本是无知之人，只因先祖有德行，我承受了先人的功业。现在，已制定了各种赏罚制度，来确保完成祖先的功业。"于是发兵。师尚父向全军发布命令说："集合你们的兵众，把好船桨，落后的一律斩杀。"武王乘船渡河，船走到河中央，有一条白鱼跳进武王的船中，武王俯身抓起来用它祭天了。渡过河之后，有一团火从天而降，落到武王住的房子上，转动不停，最后变成一只乌鸦，赤红的颜色，发出鸣声。这时候，诸侯们虽然未曾约定，却都会集到盟津，共有八百多个。诸侯都说："纣可以讨伐了！"武王说："你们不了解天命，现在还不可以。"于是，率领军队回去了。

过了两年，武王听说纣昏庸暴虐更加严重，杀了王子比干，囚禁了箕子。太师疵、少师彊抱着乐器逃奔到周国来了。于是，武王向全体诸侯宣告说："殷王罪恶深重，不可以不讨伐了！"于是，遵循文王的遗旨，率领战车三百辆，勇士三千人，披甲战士四万五千人，东进伐纣。第十一年十二月戊午日，军队全部渡过盟津，诸侯都来会合。武王说："要奋发努力，不能懈怠！”武王作了《太誓》，向全体官兵宣告：“如今，殷王纣竟听任妇人之言，以致自绝于天，毁坏天、地、人的正道，疏远他的亲族弟兄，又抛弃了他祖先传下的乐曲，竟谱制淫荡之声，扰乱雅正的音乐，去讨女人的欢心。所以，现在我姬发要恭敬地执行上天的惩罚。各位努力吧，不能再有第二次，不能再有第三次！”

二月甲子日的黎明，武王一早就来到商郊牧野，举行誓师。武王左手拿着黄色大斧，右手拿着有牦牛尾做装饰的白色旗帜，用来指挥。他说：“辛苦了，西方来的将士们！”武王说：“喂！我的友邦的国君们，司徒、司马、司空、亚旅、师氏各位卿大夫们，千夫长、百夫长各位将领们，还有庸人、蜀人、羌人、髳人、微人、纑人、彭人、濮人，高举你们的戈，排齐你们的盾，竖起你们的矛，让我们来发誓！”武王说：“古人有句老话：‘母鸡不报晓。母鸡报晓，就会使家毁败。’如今，殷王纣只听妇人之言，废弃祭祀祖先的事不加过问，放弃国家大政，抛开亲族兄弟不予任用，却纠合四方罪恶多端的逃犯，抬高他们，尊重他们，信任他们，使用他们，让他们欺压百姓，在商国为非作歹。现在，我姬发恭敬地执行上天的惩罚。今天我们作战，每前进六步七步，就停下来齐整队伍，大家一定要努力呀！刺击过四五次、六七次，就停下来齐整队伍，努力吧，各位将士！希望大家威风勇武，像猛虎，像熊罴，像豺狼，像蛟龙。在商都郊外，不要阻止前来投降的殷纣士兵，要让他们帮助我们西方诸侯，一定要努力呀，各位将士！你们谁要是不努力，你们自身就将遭杀戮！”誓师完毕，前来会合的诸侯军队，共有战车四千辆，在牧野摆开了阵势。

帝纣听说武王攻来了，也发兵七十万来抵抗武王。武王派师尚父率领百名勇士前去挑战，然后率领拥有战车三百五十辆、士卒两万六千二百五十人、勇士三千人的大部队急驱冲进殷纣的军队。纣的军队人数虽多，却都没有打仗的心思，心里盼着武王赶快攻进来。他们都掉转兵器攻击殷纣的军队，给武王做了先导。武王急驱战车冲进来，纣的士兵全部崩溃，背叛了殷纣。殷纣败逃，返回城中登上鹿台，穿上他的宝玉衣，投火自焚而死。武王手持太白旗指挥诸侯，诸侯都向他行拜礼，武王也作揖还礼，诸侯全都跟着武王。武王进入商都朝歌，商都的百姓都在郊外等待着武王。于是，武王命令群臣向商都百姓宣告说：“上天赐福给你们！”商都人全都拜谢，叩头至地，武王也向他们回拜行礼。于是进入城中，找到纣自焚的地方。武王亲自发箭射纣的尸体，射了三箭然后走下战车，又用轻吕宝剑刺击纣尸，用黄色大斧斩下了纣的头，悬挂在太白旗上。然后，又到纣的两个宠妃那里，两个宠妃都上吊自杀了。武王又向她们射了三箭，用剑刺击，用黑色的大斧斩下了她们的头，悬挂在小白旗上。武王做完这些，才出城返回军营。

第二天，清除道路，修治祭祀土地的社坛和商纣的宫室。开始动工时，一百名壮汉扛着有几条飘带的云罕旗在前面开道。武王的弟弟叔振铎护卫并摆开了插着太常旗的仪仗车，周公旦手持大斧，毕公手持小斧，侍卫在武王两旁。散宜生、太颠、闳夭都手持宝剑护卫着武王。进了城，武王站在社坛南大部队的左边，群臣都跟在身后。毛叔郑捧着明月夜取的露水，卫康叔封铺好了公明草编的席子，召公奭献上了彩帛，师尚父牵来了供祭祀用的牲畜。伊佚朗读祝文祝祷说："殷的末代子孙季纣，完全败坏了先王的明德，侮慢鬼神，不进行祭祀，欺凌商邑的百姓，他罪恶昭彰，被天皇上帝知道了。"于是，武王拜了两拜，叩头至地，说："承受上天之命，革除殷朝政权，接受上天圣明的旨命。"武王又拜了两拜，叩头至地，然后退出。

武王把殷朝的遗民封给商纣的儿子禄父。武王因为殷地刚刚平定，还没有安定下来，就命令他的弟弟管叔鲜、蔡叔度辅佐禄父治理殷国。然后，命令召公把箕子从牢狱里释放。又命令毕公释放了被囚禁的百姓，表彰商容的里巷，以褒扬他的德行。命令南宫括散发鹿台仓库的钱财，发放钜桥粮仓的粮食，赈济贫弱的民众。命令南宫括、史佚展示传国之宝九鼎和殷朝的宝玉。命令闳夭给比干的墓培土筑坟。命令主管祭祀的祝官在军中祭奠阵亡将士的亡灵。然后，才撤兵回西方去。路上，武王巡视各诸侯国，记录政事，写下了《武成》，宣告灭殷武功已成。又分封诸侯，颁赐宗庙祭器，写下《分殷之器物》，记载了武王的命令和各诸侯得到的赐物。武王怀念古代的圣王，就表彰并赐封神农氏的后代于焦国，赐封黄帝的后代于祝国，赐封尧帝的后代于蓟，赐封舜帝的后代于陈，赐封大禹的后代于杞。然后，分封功臣谋士。其中，师尚父是第一个受封的。把尚父封在营丘，国号为齐。把弟弟周公旦封在曲阜，国号为鲁。封召公奭于燕，封弟弟叔鲜于管，封弟弟叔度于蔡。其他人各自依次受封。

武王召见九州的长官，登上豳城附近的土山，远远地向商朝的国都眺望。武王回到周都镐京，直到深夜不能安睡。周公旦来到武王的住处，问道："你为什么不能入睡?"武王说："告诉你吧：上天不享用殷朝的祭品，从我姬发没出生到现在已经六十年了，郊外怪兽成群，害虫遍野。上天不保佑殷朝，才使我们取得了今天的成功。上天建立殷朝，曾经任用有名之士三百六十人，虽然说不上政绩显著，但也不至于灭亡，才使殷朝维持至今。我还不能使上天赐给周朝的国运永葆不变，哪里顾得上睡觉呢?"武王又说："我要确保周朝的国运不可改变，让民众顺从周王室，要找出所有不顺从天命的恶人，惩罚他们，像对待殷王一样。我要日夜勤勉努力，确保我西方的安定，我要办好各种事情，直到功德在四方放光。从洛水湾直到伊水湾，地势平坦没有险阻，是从前夏朝定居的地方。我南望三涂，北望岳北，环视黄河，回望洛水、伊水地区，是建都的好地方，决定就在这一带建立周朝的都城。"于是，对在洛邑修建周都进行了测量规划，然后离去。把马放养在华山南面，把牛放养在桃林区域；让军队把武器放倒，进行整顿然后解散：向天下表示不再用兵。

武王战胜殷朝之后二年，向箕子询问殷朝灭亡的原因。箕子不忍心说殷朝的不好，就向武王讲述了国家存亡道理。武王也觉得不太好意思，所以又故意询问了天地自然规律的事。

武王生了病。这时，天下还没有统一，王室大臣非常担心，虔诚地进行占卜。周公斋戒沐浴，祷告上天，为武王消灾除邪，愿意用自己的身体去代替武王，武王病渐渐好了。后来，武王逝世了。太子诵继承了王位，这就是成王。

成王年纪小，周又刚刚平定天下，周公担心诸侯背叛周朝，就代理成王管理政务，主持国事。管叔、蔡叔等弟兄怀疑周公篡位，联合武庚发动叛乱，背叛周朝。周公奉成王的命令，平复叛乱，诛杀了武庚、管叔，流放了蔡叔。让微子开继承殷朝的后嗣，在宋地建国。又收集了殷朝的全部遗民，封给武王的小弟弟封，让他做了卫康叔。晋唐叔得到一种二苗同穗的禾谷，献给成王。成王又把它赠给远在军营中的周公。周公在东方接受了禾谷，颂扬了天子赐禾谷的圣命。起初，管叔、蔡叔背叛了周朝，周公前去讨伐，经过三年时间才彻底平定，所以先写下了《大诰》，向天下陈述东征讨伐叛逆的大道理；接着，又写下了《微子之命》，封命微子继续殷后；写下了《归禾》《嘉禾》，记述和颂扬天子赠送嘉禾；写下《康诰》《酒诰》《梓材》，那些事件的经过记载在《鲁周公世家》中。周公代行国政七年，成王长大成人，周公把政权交还成王，自己又回到群臣的行列。

成王住在丰邑，派召公再去洛邑测量，目的是遵循武王的遗旨。周公又进行占卜，反复察看地形，最后营建成功，把九鼎安放在那里。他说：“这里是天下的中心，四方进贡的路程都一样。”在测量和营建洛邑的过程中，写下了《召诰》《洛诰》。成王把殷朝遗民迁徙到那里，周公向他们宣布了成王的命令，写下了训诫殷民的《多士》《无佚》。召公担任太保，周公担任太师，往东征伐淮夷，灭了奄国，把奄国国君迁徙到薄姑。成王从奄国回来，在宗周写下了《多方》，告诫天下诸侯。成王消灭了殷朝的残余势力，袭击了淮夷，回到丰邑，写下了《周官》，说明周朝设官分职用人之法，重新规定了礼仪，谱制了音乐，法令、制度这时也都进行了修改，百姓和睦、太平，颂歌四处兴起。成王讨伐了东夷之后，息慎前来恭贺，成王命令荣伯写下了《贿息慎之命》。

成王临终，担心太子钊胜任不了国事，就命令召公、毕公率领诸侯辅佐太子登位。成王逝世之后，召公、毕公率领诸侯，带着太子钊去拜谒先王的宗庙，用文王、武王开创周朝王业的艰难反复告诫太子，要他一定厉行节俭，戒除贪欲，专心办理国政，写下了《顾命》，要求大臣们辅佐关照太子钊。太子钊于是登位，这就是康王。康王即位，通告天下诸侯，向他们宣告文王、武王的业绩，反复加以说明，写下了《康诏》（《康王之诰》）。所以，在成王、康王之际，天下安宁，一切刑罚都放置一边，四十年不曾使用。康王命令毕公写作策书，让民众分别村落居住，划定周都郊外的境界，作为周都的屏卫，为此写下《毕命》，记录了毕公受命这件事。

康王逝世之后，儿子昭王瑕继位。昭王在位的时候，王道衰落了。昭王到南方巡视，没有回来，因为当地人憎恶他，给他一只用胶粘合的船，结果淹死在江中。他死的时候没有向诸侯报丧，是因为忌讳这件事。后来，立了昭王的儿子满，这就是穆王。穆王继位时，已经五十岁了。国家政治衰微，穆王痛惜文王、武王的德政遭到损害，就命令伯臩反复告诫太仆，要管好国家的政事，写下了《臩命》。这样，天下才又得以安定。

穆王准备去攻打犬戎，祭公谋父劝他说："不能去。我们先王都以光耀德行来服人，而不炫耀武力。军队平时蓄积力量，待必要时才出动，一出动就有威力。如果只是炫耀武力，就会漫不经心，漫不经心就没有人惧怕了。所以，歌颂周公的颂诗说：'收起干与戈，藏起弓和箭。求贤重美德，华夏都传遍，王业永保全。'先王对待民众，努力端正他们的品德，使他们的性情淳厚，增加他们的财产，改善他们的器用，让他们懂得利和害的所在，用礼法来教育他们，使他们专心致力于有利的事情而躲避有害的事情，心怀德政而惧怕刑威，所以才能保住先王的事业世代相承日益壮大。从前我们的先祖世代担任农师，为虞舜、夏禹谋事。当夏朝衰落的时候，夏朝废弃农师，不务农事，我们的先王不窋因而失掉官职，自己流落到戎狄地区，但对农事不敢松懈，时时宣扬弃的德行，继续他的事业，修习他的教化法度，早晚恭谨努力，用敦厚笃实的态度来保持，用忠实诚信的态度来奉行。后来，世代继承这种美德，没有玷污前人。到文王、武王的时候，发扬先人的光明美德，再加上慈祥和善，侍奉鬼神，保护民众，普天之下没有不高兴的。商王帝辛对民众犯下了大罪恶，民众再也不能忍受，都高兴地拥戴武王，因此才发动了商郊牧野的战争。所以说，先王并不崇尚武力，而是勤勤恳恳地体恤民众的疾苦，为民除害。先王的制度规定：国都近郊五百里内地区是甸服，甸服以外五百里的地区是侯服，侯服至卫服共二千五百里内地区总称为宾服，蛮夷地区为要服，戎狄地区为荒服。甸服地区要供日祭，即供给天子祭祀祖父、父亲的祭品；侯服地区要供月祀，即供给天子祭祀高祖、曾祖的祀品；宾服地区要供时享，即供给天子祭祀远祖的祭品；要服地区要供岁贡，即供给天子祭神的祭品；荒服地区要来朝见天子。祭祀祖父、父亲，每日一次；祭祀高祖、曾祖，每月一次；祭祀远祖，每季一次；祭神，每年一次；朝见天子，终生一次。先王留下这样的遗训：有不供日祭的，就检查自己的思想；有不供月祀的，就检查自己的言论；有不供时享的，就检查自己的法律制度；有不供岁贡的，就检查上下尊卑的名分；有不来朝见的，就检查仁义礼乐等教化。以上几点都依次检查完了，仍然有不来进献朝见的，就检查刑罚。因此有时就惩罚不祭的，攻伐不祀的，征讨不享的，谴责不贡的，告谕不来朝见的，于是也就有了惩罚的法律，有了攻伐的军队，有了征讨的装备，有了严厉谴责的命令，有了告谕的文辞。如果宣布了命令，发出了文告，仍有不来进献朝见的，就进一步检查自己的德行，而不是轻易地劳民远征。这样一来，不论是近是远，就没有不服，没有不归顺的了。如今，自从大毕、伯士死后，犬戎各族按照荒服的职分前来朝见，而您却说‘我要用宾服不享的罪名征伐它，而且要让它看到我的军队的威力’，这岂不是违背先王的教诲，而您也将遭受劳顿吗？我听说犬戎已经建立了敦厚的风尚，遵守祖先传下来的美德，始终如一地坚守终生入朝的职分，看来他们是有力量来和我们对抗的。”穆王终究还是去征伐西戎了，结果只获得四只白狼和四只白鹿回来。从此以后，荒服地区就不来朝见天子了。

诸侯有不亲睦的，甫侯向穆王报告，于是制定了刑法。穆王说：“喂，过来！各位有国家的诸侯和有采邑的大臣，我告诉你们一种完善的刑法。现在你们安抚百姓，应该选择什么呢，不是贤德的人才吗？应该严肃对待什么呢，不是刑法吗？应该怎样处置各种事务，不是使用刑罚得当吗？原告和被告都到齐了，狱官通过观察言语、脸色、气息、听话时的表情、看人时的表情来审理案件。五种审讯的结果确凿无疑了，就按照墨、劓、膑、宫、大辟五种刑的规定来判决。如果五刑不合适，就按照用钱赎罪的五种惩罚来判决。如果用五刑不合适，就按照五种过失来判决。按照五种过失来判决会产生弊病，这就是依仗官势，乘机报恩报怨，通过宫中受宠女子进行干预，行贿受贿，受人请托。遇有这类情况，即使是大官贵族，也要查清罪状，与犯罪的人一样判他们的罪。判五刑之罪如果有疑点，就减等按五罚处理；判五罚之罪如果有疑点，就减等按五过处理；一定要审核清楚。要在众人中加以核实，审讯的结果要与事实相符。没有确凿的证据的就不要怀疑，应当共同尊敬上天的声威，不要轻易用刑。要判刺面的墨刑而有疑点的，可以减罪，罚以黄铜六百两，但要认真核实。如果确实有罪，还应施刑。要判割鼻的劓刑而有疑点的，可以减罪，罚以黄铜一千二百两，比墨刑加倍，但也要认真核实。如果确实有罪，还应施刑。判挖掉膝盖骨的膑刑而有疑点的，可以减罪，罚以黄铜三千两，比劓刑加一倍半，但也要认真核实。如果确实有罪，还应施刑。判破坏生殖机能的宫刑而有疑点的，可以减罪，罚以黄铜三千六百两，但也要认真核实。如果确实有罪，还应施行。判杀头之刑大辟而有疑点的，可以减罪，罚以黄铜六千两，但也要认真核实。如果确证有罪，还应施行。五刑的条文，墨刑类有一千条，劓刑类有一千条，膑刑类有五百条，宫刑类有三百条，大辟类有二百条，共计三千条。这套刑法因为是甫侯提出来的，所以叫作《甫刑》。

穆王在位五十五年逝世，儿子共王繄扈继位。共王出游到泾水边，密康公跟随着，有三个女子来投奔密康公。密康公的母亲说："你一定要把她们献给国王。野兽够三只就叫'群'，人够三个就叫'众'，美女够三人就叫'粲'。君王田猎都不敢猎取太多的野兽，诸侯出行对众人也要谦恭有礼，君王娶嫔妃不娶同胞三姐妹。那三个女子都很美丽。那么多美人都投奔你，你有什么德行承受得起呢？君王尚且承受不起，更何况你这样的小人物呢？小人物而拥有宝物，最终准会灭亡。"康公没有献出那三个女子，只一年，共王就把密国灭了。共王逝世后，他的儿子懿王囏登位。懿王在位的时候，周王室衰落了，诗人们开始作诗讥刺。

懿王逝世，共王的弟弟辟方登位，这就是孝王。孝王逝世后，诸侯又拥立懿王太子燮，这就是夷王。

夷王逝世后，儿子厉王胡继位。厉王登位三十年，贪财好利，亲近荣夷公。大夫芮良夫规谏厉王说："王室恐怕要衰微了！那个荣公只喜欢独占财利，却不懂得大祸难。财利是从各种事物中产生的，是天地自然拥有的，而有谁想独占它，那危害就大了。天地间的万物谁都应得到一份，哪能让一个人独占呢？独占就会触怒很多人，却又不知防备大祸难。荣公用财利来引诱您，君王您难道能长久吗？做人君的人，应该是开发各种财物分发给上下群臣百姓，使神、人、万物都能得到所应得的一份。即使这样，还要每日小心警惕，恐怕招来怨恨呢。所以，《颂诗》说：'我祖后稷有文德，功高能比天与地。种植五谷养万民，无人不向你看齐。'《大雅》说：'广施恩泽开周业。'这不正是说要普施财利而且要警惕祸难来临吗？正是因为这样，先王才能建立起周朝的事业一直到现在。而如今，君王您却去学独占财利，这怎么行呢？普通人独占财利，尚且被人称为强盗。您如果也这样做，那归服您的人就少啦。荣公如果被重用，周朝肯定要败亡了。"厉王不听劝谏，还是任用荣公做了卿士，掌管国事。

厉王暴虐无道，放纵骄傲，国人都公开议论他的过失。召公劝谏说："人民忍受不了您的命令了！"厉王发怒，找来一个卫国的巫师，让他来监视那些议论的人，发现后就来报告，立即杀掉。这样一来，议论的人少了，可是诸侯也不来朝拜了。三十四年，厉王更加严苛，国人没有谁再敢开口说话，路上相见也只能互递眼色示意而已。厉王见此非常高兴，告诉召公说：“我能消除人们对我的议论了，他们都不敢说话了。”召公说：“这只是把他们的话堵回去了。堵住人们的嘴巴，要比堵住水流更厉害。水蓄积多了，一旦决口，伤害人一定会多；不让民众说话，道理也是一样。所以，治水的人开通河道，使水流通畅，治理民众的人，也应该放开他们，让他们讲话。所以，天子治国理政，使公卿以下直到列士都要献讽喻朝政得失的诗篇，盲人乐师要献反映民情的乐曲，史官要献可资借鉴的史书，乐师之长要献箴诫之言，由一些盲乐师诵读公卿列士所献的诗，由另一些盲乐师诵读箴诫之言，百官可以直接进谏言，平民则可以把意思辗转上达天子，近臣要进行规谏，同宗亲属要补察过失，乐师、太史要负责教诲，师、傅等年长者要经常告诫，然后由天子斟酌而行，所以事情做起来很顺当，没有错误。民众有嘴巴，就如同大地有山川，财货器用都是从这里生产；民众有嘴巴，又好像大地有饶田沃野，衣服粮食也是从这里生产的。民众把话从嘴里说出来了，政事哪些好哪些坏也就可以从这里看出来了。好的就实行、坏的就防备这个道理，就跟大地出财物器用衣服粮食是一样的。民众心里想什么嘴里就说什么，心里考虑好了就去做。如果堵住他们的嘴巴，那能维持多久呢！”厉王不听劝阻。从此，国人都不敢说话。过了三年，大家就一起造反，袭击厉王。厉王逃到彘。

厉王的王太子静被藏在召公家里，国人知道了，就把召公家包围起来。召公说："先前我多次劝谏君王，君王不听，以至于遭到这样的灾难。如果现在王太子被人杀了，君王将会以为我对他们记仇而在怨恨君王吧？侍奉国君的人，即使遇到危险也不该怨恨。即使怨恨也不该发怒，更何况侍奉天子呢？"于是，用自己的儿子代替了王太子，王太子终于免遭杀害。

召公、周公二辅相共理朝政，号称"共和"（前841）。共和十四年（前828），厉王死在彘地。太子静已在召公家长大成人，二辅相就一块儿扶立他为王，这就是宣王。宣王登位之后，由二相辅佐，修明政事，师法文王、武王、成王、康王的遗风，诸侯又都尊奉周王室了。十二年（前816），鲁武公前来朝拜天子。

宣王不到千亩去耕种籍田，这是专供天子带头亲耕以示重农的田地。虢文公劝谏说这样不行，宣王不听。三十九年（前789），在千亩打了一仗，宣王的军队被姜戎打得大败。

宣王丢掉了南方江、淮一带的军队，就在太原清点人口以备征兵。仲山甫劝谏说："人口是不能清点的。"宣王不听劝阻，最终还是清点了。

四十六年（前782），宣王逝世，他的儿子幽王宫涅继位。幽王二年（前780），西周都城和附近泾水、渭水、洛水三条河的地区都发生了地震。伯阳甫说："周快要灭亡啦。天地间的阴阳之气，不应该没有秩序。如果打乱了秩序，那也是有人使它乱的。阳气沉伏在下，不能出来，阴气压迫着它使它不能上升，所以就会有地震发生。如今，三川地区发生地震，是因为阳气离开了它原来的位置，而被阴气压在下面了。阳气不在上面却处在阴气的下面，水源就必定受阻塞，水源受到阻塞，国家一定灭亡。水土通气才能供民众从事生产之用。土地得不到滋润，民众就会财用匮乏。如果到了这种地步，国家不灭亡还等待什么！从前，伊水、洛水干涸夏朝就灭亡了，黄河枯竭商朝就灭亡了。如今，周的气数也像商、周两代末年一样了，河源的水流又被阻塞，水源被阻塞，河流必定要枯竭。一个国家的生存，一定要依赖于山川，高山崩塌，河川枯竭，这是亡国的征象。河川枯竭了，高山就一定崩塌。这样看来，国家的灭亡用不了十年了，因为十刚好是数字的一个循环。上天所要抛弃的，不会超过十年。”这一年，果然三川枯竭了，岐山崩塌了。

三年（前779），幽王宠爱褒姒。褒姒生的儿子叫伯服，幽王想废掉太子。太子的母亲是申侯的女儿，是幽王的王后。后来，幽王得到褒姒，非常宠爱，就想废掉申后，并把太子宜臼也一块儿废掉，好让褒姒当王后，让伯服做太子。周太史伯阳诵读历史典籍，感慨道：“周朝就要灭亡啦。”从前，还是夏后氏衰落时候，有两条神龙降落在夏帝的宫廷，说：“我们是褒国的两个先君。”夏帝不知道是该杀掉它们，还是赶跑它们，还是留住它们，就进行占卜，结果不吉利。又卜占要它们的唾液藏起来，结果才吉利。于是，摆设出币帛祭物，书写简策，向二龙祷告。两条龙不见了，留下了唾液。夏王让拿来木匣子把龙的唾液收藏起来。夏朝灭亡之后，这个匣子传到了殷朝。殷朝灭亡之后，又传到了周朝。连着三代，从来没有人敢把匣子打开。但到周厉王末年，打开匣子看了。龙的唾液流在殿堂上，怎么也清扫不掉。周厉王命令一群女人，赤身裸体对着唾液大声呼叫。那唾液变成了一只黑色的大蜥蜴，爬进了厉王的后宫。后宫有一个小宫女，六七岁，刚刚换牙，碰上了那只大蜥蜴，后到成年时竟然怀孕了，没有丈夫就生下孩子，她非常害怕，就把那孩子扔掉了。在周宣王的时代，小女孩们唱着这样的儿歌："山桑弓，箕木袋，灭亡周国的祸害。"宣王听到了这首歌，有一对夫妻正好卖山桑弓和箕木制的箭袋，宣王命人去抓捕他们，想把他们杀掉。夫妇二人逃到大路上，发现了先前被小宫女扔掉的婴孩，听着她在深更半夜里啼哭，非常怜悯，就收留了她。夫妇二人继续往前逃，逃到了褒国。后来褒国人得罪了周朝，就想把被小宫女扔掉的那个女孩献给厉王，以求赎罪，因为当初这个被扔掉的女孩是褒国献出，所以叫她褒姒。周幽王三年，幽王到后宫去，一见到这女子就非常喜爱，后来和她生下儿子伯服，最后竟把申后和太子都废掉了，让褒姒当了王后，伯服做了太子。太史伯阳感慨地说："祸乱已经造成了，没有法子可想了！"

褒姒不爱笑，幽王为了让她笑，用了各种办法，褒姒仍然不笑。周幽王设置了烽火狼烟和大鼓，有敌人来侵犯就点燃烽火。周幽王为了让褒姒笑，点燃了烽火。诸侯见到烽火，全都赶来了，赶到之后，却不见有敌寇。褒姒看了，果然哈哈大笑。幽王很高兴，因而又多次点燃烽火。后来，诸侯们都不相信了，也就渐渐不来了。

周幽王任用虢石父做卿，在国中当政，国人都愤愤不平。石父为人奸诈乖巧，善于阿谀奉承，贪图财利，周幽王却重用他。幽王又废掉了申后和太子。申侯很气愤，联合缯国、犬戎一起攻打幽王。幽王点燃烽火，召集诸侯的救兵。结果，诸侯们没有人再派救兵来。申侯就把幽王杀死在骊山脚下，俘虏了褒姒，把周的财宝都拿走才离去。于是，诸侯都靠拢向申侯了，共同立幽王从前的太子宜臼为王，这就是平王，由他来继承周朝的祭祀。

平王登位之后，把国都迁到东都洛邑，以躲避犬戎的侵扰。平王的时候，周王室衰微，各诸侯以强并弱，齐国、楚国、秦国、晋国势力开始强大，一切政事都要经由各方诸侯的首领。

四十九年（前722），鲁隐公登位。

五十一年（前720），周平王去世，而太子泄父死得早，立了他的儿子林，这就是桓王。桓王，是周平王的孙子。

桓王三年（前717），郑庄公前来朝见，桓王没有按礼节接待他。五年（前715），郑国因怨恨桓王，和鲁国调换了许地的田地。许地的田地，是天子用来祭祀泰山的专用田。八年（前712），鲁国人杀掉隐公，拥立桓公。十三年（前707），周桓王征伐郑国，郑国人祝聃射伤了桓王的肩膀，桓王就撤离回去了。

二十三年（前697），桓王去世，儿子庄王佗登位。庄王四年（前693），周公黑肩想杀掉庄王拥立王子克。辛伯把这个消息报告给庄王，庄王杀掉周公，王子克逃往燕国。

十五年（前682），庄王去世。儿子釐王胡齐登位。釐王三年（前679），齐桓公开始称霸诸侯。

五年（前677），釐王去世，儿子惠王阆登位。惠王二年（前675），起初，庄王宠爱姚姬，生下一子叫穨，很是宠爱。到惠王即位后，又夺了大臣的园林作为自己豢养牲畜的场所。因为这事，大夫边伯等五人就起来作乱，打算召集燕国、卫国的军队，攻打惠王。惠王逃到温邑，后来又住到郑国的栎邑去了。边伯等拥立釐王的弟弟穨为王。他们歌舞娱乐时竟然使用了全套六代的舞乐。郑国、虢国的国君知道了，很恼火。四年（前673），郑国和虢国一起发兵进攻，杀死了周王穨，又把惠王护送回朝廷。惠王十年（前667），赐封齐桓公为诸侯首领。

二十五年（前652），惠王逝世，儿子襄王郑登位。襄王的母亲早已去世。继母就是惠后。惠后生了叔带，很受惠王的宠爱，襄王不放心他。三年（前649），叔带和戎国、翟国商议攻打襄王，襄王想要杀掉叔带，叔带逃到了齐国。齐桓公派管仲去劝说戎和周讲和，派隰朋去劝说戎和晋讲和。襄王以上卿的礼节接待管仲。管仲辞谢道："我身为下卿，不过是个低下的一般官吏，齐国还有天子您亲自任命的两位大臣上卿国氏、高氏在，如果他们届时在春、秋两季来朝见天子，您将怎样接见他们呢？我以天子和齐桓公的双重臣子的身份冒昧地辞谢了。”襄王说：“你是我舅父家的使臣，我赞赏你的功绩，请不要拒绝我的好意。”管仲最终还是接受了下卿的礼节，然后回国了。九年（前643），齐桓公逝世。十二年（前640），叔带又返回周朝。

十三年（前639），郑国攻打滑国。周襄王派游孙、伯服为滑说情，郑国拘禁了这两个人。郑文公怨恨惠王被护送回朝廷之后，送给虢公酒器玉爵而不送给郑厉公，又怨恨襄王帮助卫国和滑国，所以拘禁了伯服。襄王很生气，给予翟国军队去攻打郑国。富辰劝谏襄王说：“周东迁的时候，靠的是晋国和郑国的力量。子颓叛乱，又是依靠郑国得以平定，如今能因为一点小小的怨恨就抛弃它吗？”襄王不听劝阻。十五年（前637），襄王派翟国的军队前去攻打了郑国。襄王感激翟人，准备把翟王的女儿立为王后。富辰又劝谏说：“平王、桓王、庄王、惠王都曾受到郑国的好处，君王您抛开同姓之亲的郑国而去亲近翟国，这样做实在不可取。”襄王仍是不听。十六年（前636），襄王废黜了翟后，翟人前来诛讨，杀死了周大夫谭伯。富辰说：“我屡次劝谏君王，君王都不听。如今到了这个局面，我若不出去迎战，君王可能会以为我在怨恨他吧！”于是，就带领着他的属众出去与翟人作战，结果战死。

当初，惠后想立王子叔带为太子，所以用亲信给翟人做先导，翟人这才攻进了周都。襄王逃到郑国，郑国把他安置在氾邑。子带立为王，娶了襄王废黜的翟后和她一起住在温邑。十七年（前635），襄王向晋国告急。晋文公把襄王护送回朝，杀死了叔带。襄王就赐给晋文公玉珪、香酒、弓箭，让他担任诸侯的首领，并把河内的地盘赐给晋国。二十年（前632），晋文公召见襄王，襄王前往河阳、践土与他相会，诸侯都前去朝见。史书因避讳以臣召君这种事，就写成了“天王到河阳巡视”。

二十四年（前628），晋文公逝世。

三十一年（前621），秦穆公逝世。

三十二年（前620），周襄王逝世。儿子顷王壬臣登位。顷王六年（前613），顷王逝世，儿子匡王班登位。匡王六年（前607），匡王逝世，他的弟弟瑜登位，这就是周定王。

定王元年（前606），楚庄王征伐陆浑地方的戎族，军队驻扎洛邑，楚王派人询问九鼎的大小轻重。定王命王孙满用巧妙的辞令应付了他，楚兵这才离去。十年（前597），楚庄王包围了郑国，郑伯投降，不久又恢复了郑国。十六年（前591），楚庄王去世。

二十一年（前586），定王逝世，儿子简王夷登位。简王十三年（前573），晋人杀了他们的国君厉公，从周迎回了子周，立为悼公。

十四年（前572），简王逝世，儿子灵亡泄心登位。灵王二十四年（前548），齐国的崔杼杀了他们的君王庄公。

二十七年（前545），灵王逝世，儿子景王贵立。景王十八年（前527），王后所生的太子精明通达，却过早去世。二十年（前525），景王喜爱子朝，想立他为太子，正好这时景王逝世，子丐的党徒与子朝争夺王位，朝臣拥立长子猛为王，子朝攻杀猛。猛就是悼王。晋人攻打子朝，扶立丐为王，这就是敬王。

敬王元年（前519），晋人护送敬王回朝。因子朝已自立为王，敬王不能进入国都，就居住在泽邑。四年（前516），晋率领诸侯把敬王护送回周，子朝做了臣子，诸侯给周修筑都城。十六年（前504），子朝的党羽们又起来作乱，敬王逃奔到晋国。十七年（前503），晋定公终于把敬王护送回周了。

三十九年（前481），齐国田常杀了他们的国君简公。

四十一年（前479），楚灭掉了陈国。孔子在这一年去世。

四十二年（前478），周敬王逝世，儿子元王仁登位。元王八年（前469），元王仁逝世，儿子定王介登位。

定王十六年（前453），韩、赵、魏三家消灭了智伯，瓜分了他的土地。

二十八年（前441），定王逝世，长子去疾登位，这就是哀王。哀王登位三个月，他的弟弟叔袭杀了哀王，自己登上王位，这就是思王。思王登位五个月，他的小弟弟嵬攻杀思王，自立为王，这就是考王。这三个王都是定王的儿子。

考王十五年（前426），逝世，儿子威烈王午登位。

考王把他的弟弟封在河南，这就是桓公，让他承续周公这个官位职事。桓公死后，儿子威公继任。威公死后，儿子惠公继任，把他的小儿子封在巩地以护卫周王，号为东周惠公。

威烈王二十三年（前403），九鼎震动。这一年，周王命韩、魏、赵为诸侯。

二十四年（前402），威烈王逝世，儿子安王骄登位。这一年，盗贼杀了楚声王。

安王登位二十六年（前376），逝世，儿子烈王喜登位。烈王二年（前374），周太史儋拜见秦献公说："当初，周和秦是合在一起的，后来分开了，分开五百年之后又合在一起，合在一起十七年后，将会有一位称霸统一天下的人出现。"

十年（前369），周烈王逝世，他的弟弟扁登位，这就是显王。显王五年（前364），祝贺秦献公，献公称霸。九年（前360），显王又送上了祭祀文王、武王的胙肉。二十五年（前344），秦在周国与诸侯会盟。二十六年（前343），周王把诸侯之长方伯这个名称送给秦孝公。三十三年（前336），祝贺秦惠王。三十五年（前334），又送上了祭祀文王、武王的胙肉。四十四年（前325），秦惠王称王。自此以后，诸侯都各自称王了。

四十八年（前321），周显王逝世，儿子慎靓王定登位。慎靓王登位六年，逝世，儿子赧王延登位。王赧在位时，东西周各自为政。赧王把国都迁到了西周。

西周武公的共太子死了，还有五个儿子都是庶出的，没有嫡子可以立为太子。司马翦对楚王说：“不如用土地资助公子咎，替他请求立为太子。”左成说：“不行。如果我们用土地资助了公子咎，而周却不听我们的，这样您的主意就行不通了，与周的交情也疏远了。不如去问问周君想要立谁为太子，悄悄地告诉给翦，然后翦再让楚国资助给他土地。”结果，西周真的立公子咎为太子。

八年（前307），秦攻打宜阳，楚派兵去援救。而楚国以为周是帮助秦国，所以想攻打周。苏代为周游说楚王说：“您怎么知道周是帮助秦国？说周帮助秦国比帮助楚国更出力的人，是想让周投到秦国方面去，所以人们都把周、秦放在一起说‘周秦’啊。周明白了自己解脱不了，就必定投向秦国一方，这真是帮助秦国取周的妙计呀。如果为大王考虑，周为秦出力，您要好好待它；不为秦出力，仍然好好待它，这样，才能让它与秦疏远。周与秦绝了交，就一定会投向楚国郢都的。”

秦向东周和西周借道，想通过两周之间的地区去攻打韩国。周担心借了会得罪韩，不借又会得罪秦。史厌对周君说：“为什么不派人去见韩公叔呢？就对韩公叔说：‘秦国敢穿过周地去攻打韩国，是由于信任东周。您为什么不给周一些土地，并派出人质前往楚国呢？’这样，秦国一定会怀疑楚国，不相信周君，也就不会攻打韩国了。您再派人去对秦国说：‘韩国非要给我们周一些土地，想以此来让秦国怀疑周君，周不敢不接受。’秦国也就没有说辞，而不让周接受韩国的土地了，这样就既得到了韩的土地，又是听命于秦国了。”

秦国召见西周君，西周君不愿意去，就派人对韩王说：“秦国召见西周君，他是想攻打大王的南阳，大王为什么不派兵驻守南阳？周君将以此为借口不到秦国去。周君不到秦国去，秦国就一定不敢渡河来攻打南阳了。”

东周和西周打仗，韩国派兵去救援西周。有人为东周游说韩王说：“西周原先是天子的国都，有许多钟鼎宝器和贵重的宝物。您如果控制住军队不出动，就可以让东周感激您，又可以使您尽得西周的宝物。”

周王赧被称作成君。楚包围了韩国的雍氏，韩国向东周要兵器和粮草，东周君害怕了，叫来苏代把这事告诉了他。苏代说：“您何必为这件事担忧呢！我能使韩国不向东周要兵器和粮草，又能让您得到高都。”周君说：“你如果能办到，我可以把国政交给你。”苏代会见了韩相国公仲侈说：“楚国包围了雍氏，原来计划三个月攻下。如今，五个月了，还攻不下来。这说明楚兵已经疲惫了。现在，您向周要兵器粮草，就是向楚宣告您自己已经疲惫了。”韩相国说：“对。可是，使者已经派出去了。”苏代于是说：“为什么不把高都送给周呢？”韩相国非常生气，说：“我不向周要兵器粮草也就够可以了，为什么还要把高都送给周呢？”苏代说：“把高都送给周，周会转过来投向韩国，秦国听了一定很恼火，怨恨周，与周断绝使者的往来，这样就等于是拿一个破烂的高都换来一个完整的周。为什么不给呢？”韩相国说：“好。”果然把高都送给周了。

三十四年（前281），苏厉对周君说：“秦攻克了韩国、魏国，打败了魏将师武，往北攻取了赵的蔺、离石二县，这些都是白起干的。这个人善于用兵，又有天命佑助。而今他又带兵出伊阙塞去攻打梁国，如果梁国被攻破，那么周就危险了。您为什么不派人去劝说白起呢？您可以说：‘楚国有个养由基，是个善于射箭的人。离柳叶百步之外射箭，可以百发百中。左右旁观的人有好几千，都说他箭射得好。可是，有一个汉子站在他的旁边，说：“好，可以教给他射箭了。”养由基很生气，扔掉弓，握住剑说：“你有什么本事教我射箭呢？”那个人说：“并不是说我能教你怎么伸直左臂撑住弓身，怎样弯曲右臂拉开弓弦。一个人在百步之外射柳叶，百发百中，如果不在射得最好的时候停下来，过一会儿力气小了，身体累了，弓摆不正，箭射出去不直，只要有一发射不中，那么一百发就全部作废了。”如今，您攻克了韩国、魏国，打败了师武，往北攻取了赵国的蔺、离石二县，您的功绩是很大了。现在，您又带兵出伊阙塞，过东西两周，背对韩国，攻打梁国。这一次如果打不胜，就会前功尽弃。您不如假称有病，不要出伊阙塞去攻打梁国了。’”

四十二年（前273），秦国攻破了魏国的华阳。周的大臣马犯对周君说：“请允许我去让梁国给周筑城。”他去对梁王说："周王病了，如果他真的死了，我也一定活不成。请让我把九鼎献给大王。您拿到了九鼎之后，希望能想办法救我。"梁王说："好。"于是，给他一批士兵，声称去保卫周。马犯又去对秦王说："梁并非想保卫周，而是要攻打周。您可以派兵到国境去看看。"秦果然出兵。马犯又去对梁王说："周王现在病得厉害，九鼎的事没有办成，请您让我在以后找适当的机会再献九鼎吧。但是，现在您已经派兵到周去了，诸侯都起了疑心，怀疑您要伐周，以后您办事将不会有人相信了。不如让那些士兵为周筑城，借此把诸侯怀疑您要伐周的事端盖住。"梁王说："好。"于是，就让那些士兵给周筑城。

四十五年（前270），周君的秦国宾客对周冣说："您不如称赞秦王的孝道，趁便把应地献给秦国作为太后的供养之地，秦王一定很高兴，这样您和秦国就有了交情。交情好了，周君一定认为这是您的功绩；交情不好，劝周君归附秦国的人一定会获罪。"秦去攻打周，周冣对秦王说："如果为大王您考虑，那就不应该去攻打周。攻打周，实在利益不多，却使您的名声让天下人都害怕。天下人都因为秦攻打周的名声而害怕，一定会往东边去与齐国联合。您的军队在周打得疲惫了，又使天下都去与齐联合，这样，秦国就称不了王统一不了天下了。天下正希望使秦国疲惫呢，所以鼓励您去攻打周。如果秦国和诸侯都疲惫了，那样您的教命就不会通行于诸侯了。"

五十八年，韩国、赵国、魏国抗拒秦国。周让它的相国到秦国去，因为秦国轻视周的相国，他中途而返。客人对相国说："秦国究竟是轻视是重视相国，还不能知道。秦国想了解韩、赵、魏三国的形势。您不如赶快去见秦王说'请求把东方的变化讲给王听'，秦王一定会重视您。重视您，这就是秦国重视周，周由于您取得了秦国的重视；齐国重视周，那本来就有周聚在和好齐国，这样周就能够经常不失掉强国的交往。"秦国相信周，发兵进攻韩、赵、魏。

五十九年，秦国攻取韩国的阳城、负黍，西周恐惧，背离秦，和东方诸侯国相约合纵，率领天下的锐利军队出伊阙塞攻打秦国。让秦国不能够通到阳城。秦昭王恼怒，派遣姓摎的将军进攻西周。西周君奔走到秦国，叩头接受处罚，完全献出他的土地三十六邑，人口三万。秦国接受他的贡地和人口，归还他的国君回周。

周君、王赧去世，周国百姓就向东逃亡。秦国收回九鼎宝器，把西周公迁移到憻狐地方。这以后的七年，秦国的庄襄王灭亡了东、西周。东、西周的土地都归入秦国，周朝的国运已经再无人主管祭祀了。

太史公说："学者们都说周讨伐纣以后，就把京城设置在洛邑。综合考察它的实际情况，不是这样。武王营造洛邑，成王让召公占卜是否可以设置京城，结果只把九鼎安放在这里，而周王室重新设都城在丰、镐。到了犬戎族打败了幽王，周王室于是迁到洛邑。所说的周公'安葬在我们京都的毕地'，毕地就在镐都东南的杜地当中。秦国灭亡了周。汉家兴起九十多年以后，天子将要到泰山封禅，往东方去视察到河南，寻求周家的后裔，封给它的后代姬嘉三十里地，称号叫周子南君，地位等同列侯，以便供奉他先祖的祭祀。”

第五卷　秦本纪第五

这篇本纪记载的是秦氏族从兴起、发展到称霸天下、秦始皇统一全国之前的历史。

这篇本纪主要取材于《左传》《国语》《战国策》，通篇以秦为中心，同时把周王室和其他各诸侯国的情况穿插进去，条分缕析，勾勒了春秋战国时代的政治军事形势和社会概貌。秦国的发展与强盛，起关键作用的是有几代励精图治、开明能干的君王，而作者正是抓住了这些人的事迹刻意叙写，如缪公、孝公、惠文王、昭襄王等，而且抓住了他们广招贤才、知人善任的特点，泼墨重写。这一历史时期许多著名的谋臣武将都在这篇里出现，这不仅反映了历史的真实，也为后面有关的各篇列传提供了总的背景。在这些叙写中，尤以缪公写得生动真切，如他以五张羊皮赎来百里奚，百里奚又向他推荐蹇叔；与晋惠公战于韩地，在关键时刻乡民报食马之德；秦晋殽之战后，缪公的自责、为战死的将士筑坟发丧，作誓“令后世以记余过”，以及对孟明视等将领的宽容与信用；诱降由余，伐西戎，益国十二，开地千里，遂霸西戎等，都描绘得栩栩如生，充满感情。其他如商鞅、张仪、司马错、樗里疾、甘茂、白起、王翦、范睢等人，也都为秦国作出过重大贡献。只是由于全书的体例和安排，在本篇中虽屡提及，而没有详述。

司马迁在《秦本纪》中，如此详略得当地叙写与描绘，着意揭示秦之由弱变强，“文势如阶级”，一层紧一层，可以说为始皇帝最后一统天下，做了令人信服的、合理的铺垫。正如李景星在《史记评议》中所说：此篇特别出色处，“中间叙缪公之霸，曲折顿挫，采用《左》《国》，而能脱《左》《国》之间架也。后路叙孝公之强，并列山东诸国形势，为春秋变为战国一大关键，且为秦人蚕食并吞伏根。用笔如张强弩，一丝不懈也”。

【原文】

秦之先，帝颛顼之苗裔孙曰女脩。女脩织，玄鸟[1]陨卵，女脩吞之，生子大业。大业取少典之子[2]，曰女华。女华生大费，与禹平水土。已成，帝锡玄圭[3]。禹受曰：“非予能成，亦大费为辅。”帝舜曰：“咨尔[4]费，赞[5]禹功，其赐尔皂游[6]。尔后嗣将大出[7]。”乃妻之姚姓之玉女。大费拜受，佐舜调驯鸟兽，鸟兽多驯服，是为柏翳[8]。舜赐姓嬴氏。

【注释】

①玄鸟：燕子。玄：黑色。按：秦之祖先为吞燕卵所生的传说，与《殷本纪》所记商之祖先的传说类似。②取：通“娶”。子：指女儿。③锡：赐，赐予。玄圭：黑色的玉圭。舜赐玄圭事见《夏本纪》。④咨：叹词。尔：你。⑤赞：帮

助。⑥其：表示劝勉，可不译。皂游：旌旗上的黑色飘带。游，通“旒”。⑦后嗣：后代。出：显，指昌盛。⑧柏翳（yì）：即伯益。

【原文】

大费生子二人：一曰大廉，实鸟俗氏；二曰若木，实费氏。其玄孙曰费昌，子孙或在中国①，或在夷狄。费昌当夏桀之时，去夏归商，为汤御②。以败桀于鸣条。大廉玄孙曰孟戏、中衍，鸟身人言。帝太戊闻而卜之使御③，吉，遂致使御而妻之。自太戊以下，中衍之后，遂世有功，以佐殷国，故嬴姓多显，遂为诸侯。

【注释】

①或：有的。中国：指黄河流域中原地区。②御：驾车。③卜之使御：为让他们驾车这件事而进行占卜。

【原文】

其玄孙曰中潏①，在西戎，保西垂②。生蜚廉。蜚廉生恶来。恶来有力，蜚廉善走，父子俱以材力事殷纣。周武王之伐纣，并杀恶来。是时蜚廉为纣石北方③，还，无所报，为坛④霍太山而报，得石棺，铭曰“帝令处父不与⑤殷乱，赐尔石棺以华氏⑥”。死，遂葬于霍太山。蜚廉复有子曰季胜。季胜生孟增。孟增幸⑦于周成王，是为宅皋狼⑧。皋狼生衡父，衡父生造父。造父以善御幸于周缪王⑨，得骥、温骊、骅駵、騄耳之驷⑩，西巡狩⑪，乐而忘归。徐偃王作乱，造父为缪王御，长驱归周，一日千里以救乱。缪王以赵城封造父，造父族由此为赵氏。自蜚廉生季胜已[12]下五世至造父，别居赵。赵衰其后也。恶来革者，蜚廉子也，蚤[13]死。有子曰女防。女防生旁皋，旁皋生太几，太几生大骆，大骆生非子。以造父之宠，皆蒙[14]赵城，姓赵氏。

【注释】

①中潏：《集解》引徐广曰："一作'仲滑'。"②垂：边境。③此句"石"或为"使"字之误。《史记会注考证》引梁玉绳曰："《水经·汾水注》述此事云'飞廉先为纣使北方'，《御览》引《史记》亦曰'时飞廉为纣使北方'，传写误使为石。"④为坛：筑祭坛。⑤铭：刻，这里指石棺上刻着的字。帝：天帝。处父（fǔ）：蜚廉的字。与：参加，参与。⑥华氏：使氏族显耀。华，显贵，显要。⑦幸：宠幸。⑧宅皋狼：名号。《正义》曰："孟增居皋狼而生衡父。"皋狼，县名，在今山西省吕梁市离石区西北。⑨周缪王：即周穆王。⑩骥、温骊、骅骝、騄耳：都是良马名。驷：同驾一辆车的四匹马。⑪巡狩：帝王巡察诸侯或地方官治理的地方叫巡狩。⑫已：通"以"。⑬蚤：通"早"。⑭蒙：受，承。

【原文】

非子居犬丘，好马及畜，善养息[①]之。犬丘人言之周孝王，孝王召使主[②]马于汧渭之间，马大蕃息[③]。孝王欲以为大骆适嗣[④]。申侯之女为大骆妻，生子成为適。申侯乃言孝王曰："昔我先郦山之女[⑤]，为戎胥轩妻，生中潏，以亲故归周，保西垂，西垂以其故和睦。今我复与大骆妻[⑥]，生適子成。申骆重婚[⑦]，西戎皆服，所以为王。王其图之。”于是孝王曰：“昔伯翳为舜主畜，畜多息，故有土，赐姓嬴。今其后世亦为朕息马，朕其分土为附庸[⑧]。”邑之秦[⑨]，使复续嬴氏祀，号曰秦嬴。亦不废申侯之女子[⑩]为骆適者，以和西戎。

秦嬴生秦侯。秦侯立十年，卒。生公伯。公伯立三年，卒。生秦仲。

【注释】

①息：繁殖。②主：掌管，主管。③蕃息：繁殖。“蕃”“息”同义。④適嗣：即嫡子，正妻所生的儿子。按：非子不是嫡子，本不能做继承人。⑤郦山之女：娘家住郦山的女子。⑥与大骆妻：意思是把女儿嫁给大骆为妻。⑦重婚：再次联姻。⑧附庸：附属于诸侯的小国。⑨邑之秦：赐他秦地做封邑。⑩申侯之女子：申侯女儿的儿子。

【原文】

秦仲立三年，周厉王无道，诸侯或叛之。西戎反王室，灭犬丘大骆之族。周宣王即位，乃以秦仲为大夫，诛[①]西戎。西戎杀秦仲。秦仲立二十三年，死于戎。有子五人，其长者曰庄公。周宣王乃召庄公昆弟[②]五人，与兵七千人，使伐西戎，破之。于是复予[③]秦仲后，及其先大骆地犬丘并有之，为西垂大夫。

【注释】

①诛：讨伐。②昆弟：兄弟。③予：给，给予。

【原文】

庄公居其故西犬丘，生子三人，其长男世父。世父曰："戎杀我大父[①]仲，我非杀戎王则不敢[②]入邑。"遂将击戎。让其弟襄公。襄公为太子。庄公立四十四年，卒，太子襄公代[③]立。襄公元年，以女弟缪嬴为丰王[④]妻。襄公二年，戎围犬丘，世父击之，为戎人所虏。岁余，复归世父。七年春，周幽王用[⑤]褒姒废太子，立褒姒子为適，数欺诸侯[⑥]，诸侯叛之。西戎犬戎与申侯伐周，杀幽王郦山下。而秦襄公将兵救周，战甚力，有功。周避犬戎难，东徙雒邑，襄公以兵[⑦]送周平王。平王封襄公为诸侯，赐之岐以西之地。曰："戎无道，侵夺我岐、丰之地，秦能功逐戎，即有其地。"与誓，封爵之[⑧]。襄公于是始国[⑨]，与诸侯通使聘享[⑩]之礼，乃用骝驹、黄牛、羝羊[⑪]各三，祠上帝西畤[⑫]。十二年，伐戎而至岐，卒。生文公。

【注释】

①大父：祖父。②不敢：不应，不能。③代：接替，继任。④丰王：当是指占据丰地的西戎之地的西戎之王。⑤用：因。⑥数欺诸侯：具体所指幽王数举烽火，戏弄诸侯，取悦褒姒事。详见《周本纪》。⑦以兵：率兵。⑧封爵之：赐给他封地、授给他爵位。⑨国：指使秦成为诸侯国。⑩聘享：聘问献纳。诸侯之间通向修好为聘，诸侯向天子献纳方物为享。⑪骝驹：黑鬃赤身的小马。羝（dī）羊：公羊。⑫祠：祭祀。西畤：在西县所筑的祭天地之处。畤，祭处，祭祀天地五帝的祭坛。

【原文】

文公元年，居西垂宫。三年，文公以兵七百人东猎。四年，至汧渭之会[1]。曰：“昔周邑我先秦嬴于此，后卒获为诸侯。”乃卜居之，占曰吉，即营邑[2]之。十年，初为鄜畤[3]，用三牢[4]。十三年，初有史[5]以纪事，民多化者。十六年，文公以兵伐戎，戎败走。于是文公遂收周余民有之，地至岐，岐以东献之周。十九年，得陈宝[6]。二十年，法初有三族[7]之罪。二十七年，伐南山大梓，丰大特[8]。四十八年，文公太子卒，赐谥为竫公。竫公之长子为太子，是文公孙也。五十年，文公卒。葬西山。竫公子立，是为宁公。

【注释】

①会：会合处。②营邑：营造城邑。③鄜（fū）畤：在鄜县所筑的祭天地之处。④三牢：指牛、羊、猪。牢，祭祀用的牺牲。⑤史：史官。⑥陈宝：传说中的一块异石。《索隐》引《汉书·郊祀志》云：“文公获若石云，于陈仓北阪城祠之，其神来，若雄雉，其声殷殷云，野鸡夜鸣，以一牢祠之，号曰陈宝。”又引苏林云：“质如石，似肝。”⑦三族：所指说法不一。《集解》引张晏曰：“父母、兄弟、妻子也。”又引如淳曰：“父族、母族、妻族也。”⑧“伐南山”二句：丰，丰水。特，公牛。这是一个传说。《史记正义》引《括地志》云：“大梓树在岐州陈仓县南十里仓山上。《录异传》云：‘秦文公时，雍南山有大梓树，文公伐之，辄有大风雨，树生合不断。时有一人病，夜往山中，闻有鬼语树神曰：“秦若使人被发，

以朱丝绕树伐汝，汝得不困耶?”树神无言。明日，病人语闻，公如其言伐树，断，中有一青牛出，走入丰水中，使骑击之，不胜。有骑堕地复上，发解，牛畏之，入不出，胡置发头。汉、魏、晋因之。武都郡之怒特祠，是大梓牛神也。'”又《史记会注考证》云：“大梓、丰、大特，盖戎名。”

【原文】

宁公二年，公徙居平阳。遣兵伐荡社①。三年，与亳战，亳王奔戎，遂灭荡社。四年，鲁公子翚弑其君隐公。十二年，伐荡氏，取之。宁公生十岁立，立十二年卒，葬西山。生子三人，长男武公为太子。武公弟德公，同母，鲁姬子。生出子②。宁公卒，大庶长弗忌、威垒③、三父废太子而立出子为君。出子六年，三父等复共令人贼杀④出子。出子生五岁立，立六年卒。三父等乃复立故太子武公。

【注释】

①荡社：《索隐》：“西戎之君号曰亳（bó）王，盖成汤之胤（后裔）。其邑曰荡社。”②今据《史记会注考证》引林柏桐说以“鲁姬子生出子”为句。鲁姬子是宁公之妾。③威垒：《史记会注考证》引冈白驹曰：“大庶长、威垒，官名；弗忌、三父，人名。”《新证》云：“威垒，疑官名，冈伯驹之说是也。”④贼杀：刺杀，杀害。

【原文】

武公元年，伐彭戏氏，至于华山下，居平阳封宫。三年，诛三父等而夷三族，以其杀出子也。郑高渠眯杀其君昭公。十年，伐邽、冀戎，初县[①]之。十一年，初县杜、郑。灭小虢。

【注释】

①县：置县，设立县。

【原文】

十三年，齐人管至父、连称等杀其君襄公而立公孙无知。晋灭霍、魏、耿。齐雍廪杀无知、管至父等而立齐桓公。齐、晋为强国。

十九年，晋曲沃始为晋侯。齐桓公伯[①]于鄄。

二十年，武公卒，葬雍平阳。初以人从死[②]，从死者六十六人。有子一人，名曰白。白不立，封平阳。立其弟德公。

【注释】

①伯（bà）：通“霸”。②从死：殉葬。

【原文】

德公元年，初居雍城大郑宫。以牺三百牢祠鄜畤。卜居雍。后子孙饮马于河[①]。梁伯、芮伯来朝。二年，初伏[②]，以狗御蛊[③]。德公生三十三岁而立，立二年卒。生子三人，长子宣公，中子成公，少子缪公。长子宣公立。

宣公元年，卫、燕伐周，出[④]惠王，立王子穨。三年，郑伯、虢叔杀子穨而入[⑤]惠王。四年作密畤与晋战河阳，胜之。十二年，宣公卒，生子九人，莫[⑥]立，立其弟成公。

成公元年，梁伯、芮伯来朝。齐桓公伐山戎，次[⑦]于孤竹。

成公立四年卒。子七人，莫立，立其弟缪公。

【注释】

①“后子孙”句：这是占卜之辞，即占卜的结果。后世子孙可以到黄河边去饮马，暗示秦国势力将日益强盛，国土将从雍扩展到黄河。②初伏：开始规定伏日，即把暑天分为三伏。《史记正义》：“六月三伏之节，起秦德公为之，故云初伏。伏者，隐伏避盛暑也。”③以狗御蛊（gǔ）：杀狗以祛除热毒邪气。蛊，本指毒虫，这里指伤人的热毒邪气。《史记正义》：“蛊者，热毒邪气，为害伤人，故磔（zhé，分裂祭牲）狗以御之。”④出：使出京城，即赶出京城的意思。⑤入：使入京城，就是使返回京城的意思。⑥莫：没有人，没有哪一个。⑦次：临时驻扎和住宿。

【原文】

缪公任好元年，自将伐茅津，胜之。四年，迎妇于晋[①]，晋太子申生姊也。其岁，齐桓公伐楚，至邵陵。

五年，晋献公灭虞、虢[②]，虏虞君与其大夫百里奚，以璧马赂[③]于虞故也。既虏百里奚，以为秦缪公夫人媵[④]于秦。百里奚亡[⑤]秦走宛，楚鄙[⑥]人执之。缪公闻百里奚贤，欲重赎之，恐楚人不与，乃使人谓楚曰：“吾媵臣百里奚在焉，请以五羖羊[⑦]皮赎之。”楚人遂许与之。当是时，百里奚年已七十余。缪公释其囚[⑧]，与语国事。谢曰：“臣亡国之臣，何足问！”缪公曰：“虞君不用子，故亡，非子[⑨]罪也。”固问，语三日，缪公大说，授之国政，号曰五羖大夫。百里奚让曰："臣不及臣友蹇叔，蹇叔贤而世莫知。臣常游⑩困于齐而乞食铚人，蹇叔收臣。臣因而欲事齐君无知，蹇叔止臣，臣得脱齐难⑪，遂之周。周王子穨好牛，臣以养牛干⑫之。及穨欲用臣，蹇叔止臣，臣去，得不诛⑬。事虞君，蹇叔止臣。臣知虞君不用臣，臣诚私利禄爵，且留。再⑭用其言，得脱；一不用，及虞君难：是以知其贤。"于是缪公使人厚币⑮迎蹇叔，以为上大夫。

【注释】

①迎：迎亲。②晋献公灭虞、虢：前655年，晋向虞国借道伐虢，虞君不听大夫宫之奇的劝阻，借道给晋，晋灭虢后，在回师经过虞国时，灭了虞国。事见《左传·釐公五年》及《晋世家》。③赂：赠送（财物）。④媵（yìng）：古诸侯女儿出嫁时随嫁或陪嫁的人。⑤亡：逃亡。⑥鄙：边境。⑦羖（gǔ）羊：黑色的公羊。⑧释：放开，解除。囚：监禁，禁锢。⑨子：对人的尊称，相当于您，多指男子。⑩常：通"尝"，曾经。游：外出求学，求官。⑪齐难：指雍廪杀无知、管至父等而立齐桓公事。⑫干：求，指求取禄位。⑬得不诛：能不被杀掉。指在郑伯、虢叔杀王子穨而入惠王时幸免于难。⑭再：两次。⑮厚币：重币，厚礼。币，用作礼物的玉、马、皮、帛等。

【原文】

秋，缪公自将伐晋，战于河曲。晋骊姬作乱①，太子申生死新城，重耳、夷吾出奔。

【注释】

①骊姬作乱：指骊姬害死太子申生，迫使公子重耳、夷吾出走。事详见《晋世家》及《左传·釐公四年》《左传·釐公五年》。

【原文】

九年，齐桓公会[①]诸侯于葵丘。

【注释】

①会：会盟，盟誓。

【原文】

晋献公卒。立骊姬子奚齐，其臣里克杀奚齐。荀息立卓子，克又杀卓子及荀息。夷吾使人请秦，求入晋[①]。于是缪公许之，使百里奚将兵送夷吾。夷吾谓曰："诚得立，请割晋之河西八城与秦。"及至，已立，而使丕郑谢[②]秦，背约不与河西城，而杀里克。丕郑闻之，恐，因与缪公谋曰："晋人不欲夷吾，实欲重耳。今背秦约而杀里克，皆吕甥、郤芮之计也。愿君以利急召吕、郤，吕、郤至，则更入重耳便。"缪公许之，使人与丕郑归，召吕、郤。吕、郤等疑丕郑有间[③]，乃言夷吾杀丕郑。丕郑子丕豹奔秦，说缪公曰："晋君无道，百姓不亲，可伐也。"缪公曰："百姓苟不便，何故能诛其大臣？能诛其大臣，此其调[④]也。"不听，而阴用豹[⑤]。

【注释】

①求入晋：请求秦派兵送他回晋国即位。②谢：道歉。

③间：离间，这里指诈谋。④调：协调。⑤阴用豹：暗中任用丕豹。这是说缪公不公开听丕豹之计，却暗中重用他，目的是使晋国放松警惕。

【原文】

十二年，齐管仲、隰朋死。

晋旱，来请粟。丕豹说[①]缪公勿与，因其饥[②]而伐之。缪公问公孙支，支曰："饥穰更事[③]耳，不可不与。"问百里奚，傒曰："夷吾得罪于君，其百姓何罪？"于是用百里奚、公孙支言，卒与之粟。以船漕[④]车转，自雍相望至绛。

【注释】

①说：劝说，说服。②因：趁。饥：饥荒，年成不好。③穰：丰收。更事：交替出现的事。④漕：水运。

【原文】

十四年，秦饥，请粟于晋。晋君谋之群臣。虢射曰："因其饥伐之，可有大功。"晋君从之。十五年，兴兵将攻秦。缪公发兵，使丕豹将，自往击之。九月壬戌，与晋惠公夷吾合战于韩地。晋君弃其军[①]，与秦争利，还而马鸷[②]。缪公与麾下[③]驰追之，不能得晋君，反为晋军所围。晋击缪公，缪公伤。于是岐下食善马者三百人驰冒[④]晋军，晋军解围，遂脱缪公而反生得晋君。初，缪公亡[⑤]善马，岐下野人[⑥]共得而食之者三百余人，吏逐得，欲法之[⑦]。缪公曰："君子不以畜产[⑧]害人。吾闻食善马肉不饮酒，伤人。"乃皆赐酒而赦之。三百人者闻秦击晋，皆求从，从而见缪公窘，亦皆推锋争死[9]，以报食马之德。于是缪公虏晋君以归，令于国，“齐宿[10]，吾将以晋君祠上帝”。周天子闻之，曰“晋我同姓[11]”，为请晋君[12]。夷吾姊亦为缪公夫人，夫人闻之，乃衰绖跣[13]，曰：“妾兄弟不能相救，以辱君命[14]。”缪公曰：“我得晋君以为功，今天子为请[15]，夫人是忧[16]。”乃与晋君盟，许归之，更舍上舍[17]，而馈之七牢[18]。十一月，归晋君夷吾，夷吾献其河西地，使太子圉为质[19]于秦。秦妻子圉以宗女[20]。是时秦地东至河。

【注释】

①弃其军：指甩下部队独自向前冲。②还（xuán）：通“旋”。骛：马负重难行的样子。③麾下：部下。④冒：不顾险恶。⑤亡：丢失。⑥野人：乡下人。食善马事见《吕氏春秋·爱士篇》。⑦法之：法办他们。⑧畜产：牲畜。⑨推：举。锋：指兵刃。争死：争着为缪公而献身。⑩齐（zhāi）宿：斋戒独宿。齐，通“斋”。⑪同姓：周与晋同为姬姓。⑫为（wèi）：因此。请晋君：为晋君请，替晋君求情。⑬衰（cuī）绖（dié）：泛指丧服。衰，古代用粗麻布制成的毛边的丧服。绖，古代服丧期间结在头上或腰间的葛麻布带。跣（xiǎn）：赤脚。⑭辱君命：意思是让您下命令是使您受屈辱了。⑮为请：等于说“为之而请”，替他求情。⑯是忧：等于说“忧是”，为这事忧虑。⑰更舍：改住。上舍：上等房舍。⑱馈（kuì）：赠送食物。七牢：牛、羊、猪各一头叫作一牢。七牢是指规格很高的饮食。⑲为质：做抵押。⑳妻：嫁给。宗

女：同宗族的女儿。

【原文】

十八年，齐桓公卒。二十年，秦灭梁、芮。

二十二年，晋公子圉[①]闻晋君病，曰："梁，我母家也，而秦灭之。我兄弟多，即君百岁后[②]，秦必留我，而晋轻，亦更立他子。"子圉乃亡归晋。二十三年，晋惠公卒，子圉立为君。秦怨圉亡去，乃迎晋公子重耳于楚，而妻以故子圉妻。重耳初谢，后乃受。缪公益礼厚遇[③]之。二十四年春，秦使人告晋大臣，欲入重耳。晋许之，于是使人送重耳。二月，重耳立为晋君，是为文公。文公使人杀子圉。子圉是为怀公。

【注释】

①子圉（yǔ）的母亲是梁伯的女儿。②即：如果。百岁后：死的委婉说法。③遇：待。

【原文】

其秋，周襄王弟带以翟伐王，王出居郑[①]。二十五年，周王使人[②]告难于晋、秦。秦缪公将兵助晋文公入襄王，杀王弟带。二十八年，晋文公败楚于城濮。三十年，缪公助晋文公围郑。郑使人言缪公曰："亡郑厚晋[③]，于晋而得矣，而秦未有利。晋之强，秦之忧也。"缪公乃罢兵归。晋亦罢。三十二年冬，晋文公卒。

【注释】

①王出居郑：详见《周本纪》。②人：指郑大夫烛之武。

事详见《左传·鲞公三十年》。③厚晋：使晋厚，意思是加强了晋国的实力。

【原文】

郑人有卖郑于秦者[①]曰："我主其城门，郑可袭也。"缪公问蹇叔、百里奚，对曰："径[②]数国千里而袭人，希[③]有得利者。且人卖郑，庸[④]知我国人不有以我情告郑者乎？不可。"缪公曰："子不知也，吾已决矣。"遂发兵，使百里奚子孟明视，蹇叔子西乞术及白乙丙将兵。行日，百里奚、蹇叔二人哭之。缪公闻，怒曰："孤发兵而子沮[⑤]哭吾军，何也？"二老曰："臣非敢沮君军。军行，臣子与往；臣老，迟还恐不相见，故哭耳。"二老退，谓其子曰：'汝军即败，必于殽阨矣。"三十三年春，秦兵遂东，更[⑥]晋地，过周北门。周王孙满曰："秦师无礼，不败何待[⑦]！"兵至滑，郑贩卖贾人[⑧]弦高，持十二牛将卖之周，见秦兵，恐死虏，因献其牛，曰："闻大国将诛郑，郑君谨修守御备，使臣以牛十二劳军士。"秦三将军相谓曰："将袭郑，郑今已觉之，往无及已[⑨]。"灭滑。滑，晋之边邑也。

【注释】

①卖郑于秦者：《郑世家》记载是郑司城缯贺。而《左传·鲞公三十二年》记载是戍守郑国的秦大夫杞子。②径：经过，穿行。③希：通"稀"，少。④庸：何，怎么。⑤沮(jǔ)：阻止。⑥更：经过。⑦"周王孙满曰"三句：《左传·鲞公三十三年》云："秦师过周北门，左右免胄而下，超乘者

三百乘。王孙满尚幼，观之，言于王曰：‘秦师轻而无礼，必败。”杜预注云：“王城北门也。谓过天子门不卷甲束兵。超乘，示勇也。”⑧贾（gǔ）人：商人。⑨已：语气词，通“矣”。

【原文】

当是时，晋文公丧尚未葬。太子襄公怒曰：“秦侮我孤，因丧破我滑①。”遂墨衰绖②，发兵遮秦兵于殽，击之，大破秦军，无一人得脱者。虏秦三将以归。文公夫人③，秦女也，为秦三囚将请曰：“缪公之怨此三人入于骨髓，愿令此三人归，令我君得自快烹之④。”晋君许之，归秦三将。三将至，缪公素服⑤郊迎，向三人哭曰：“孤以不用百里奚、蹇叔言以辱三子，三子何罪乎？子其悉心⑥雪耻，毋怠。”遂复三人官秩⑦如故，愈益厚之。

【注释】

①我滑：据《史记》上文，滑乃晋边邑；据《左传》，滑乃晋的同姓与国。②墨衰绖：染黑丧服。此时襄公居丧，应穿丧服，但丧服是白色的，不利行军作战，所以染成黑色。③文公夫人：文嬴，晋文公在秦时缪公所妻之秦国宗女，晋襄公之嫡母。④快：痛快。⑤素服：穿白色丧服。⑥悉心：全心，尽心。⑦官秩：官爵与俸禄。

【原文】

三十四年，楚太子商臣弑其父成王代立。

缪公于是复使孟明视等将兵伐晋，战于彭衙。秦不利，引兵归。

戎王使由余[①]于秦。由余，其先晋人也，亡入戎，能晋言[②]。闻缪公贤，故使由余观秦。秦缪公示以宫室、积聚。由余曰："使鬼为之，则劳神矣[③]。使人为之，亦苦民矣。"缪公怪之，问曰："中国以诗书礼乐法度为政，然尚时[④]乱，今戎夷无此，何以为治，不亦难乎？"由余笑曰："此乃中国所以乱也。夫自上圣黄帝作为礼乐法度，身以先之[⑤]，仅以小治。及其后世，日以骄淫。阻[⑥]法度之威，以责督[⑦]于下，下罢极则以仁义怨望[⑧]于上，上下交争怨而相篡弑，至于灭宗，皆以此类也。夫戎夷不然。上含淳德以遇其下，下怀忠信以事其上，一国之政犹一身之治，不知所以治[⑨]，此真圣人之治也。"于是缪公退而问内史廖曰："孤闻邻国有圣人，敌国之忧也。今由余贤，寡人之害，将奈之何？"内史廖曰："戎王处辟匿[⑩]，未闻中国之声[⑪]。君试遗其女乐[⑫]，以夺其志[⑬]；为由余请，以疏其间[⑭]；留而莫遣，以失其期。戎王怪之，必疑由余。君臣有间，乃可虏也。且戎王好乐，必怠于政。"缪公曰："善。"因与由余曲席[⑮]而坐，传器而食，问其地形与其兵势尽察，而后令内史廖以女乐二八遗戎王。戎王受而说[⑯]之，终年不还[⑰]。于是秦乃归由余。由余数谏不听，缪公又数使人间要由余[⑱]，由余遂去降秦。缪公以客礼礼之，问伐戎之形。

【注释】

①使由余：派由余出使。②能晋言：能说晋国话（晋方

言）。③“使鬼”二句：这些宫室积蓄，如果是叫鬼神建造，就会使鬼神感到劳累。下二句仿此。④时：时常，常常。⑤身以先之：等于说“以身先之”，意思是亲自带头去实行。⑥阻：恃，凭仗。⑦责督：要求和监督。⑧罢极：疲惫。罢，通“疲”。极，也是疲的意思。怨望：怨恨。“怨”“望”同义。⑨所以治：治理的方法。⑩辟匿：指偏僻之地。⑪声：指音乐。⑫遗（wèi）：赠送。女乐：歌舞伎女。⑬夺其志：意思是改变他的心志。⑭疏其间：使他们的间隔加大。即使他们相互疏远的意思。⑮曲席：连席，座席相连接。⑯说（yuè）：通“悦”。⑰不还：《韩非子·十过》作“不迁”，下有“牛马半死”一句。译文参用《韩非子》。⑱间：暗中，秘密。要：通“邀”，邀请。

【原文】

三十六年，缪公复益厚孟明等，使将兵伐晋，渡河焚船[①]，大败晋人，取王官及鄗，以报[②]殽之役。晋人皆城守[③]不敢出。于是缪公乃自茅津渡河，封[④]殽中尸，为发丧，哭之三日。乃誓于军曰：“嗟士卒！听无哗，余誓告汝。古之人谋黄发番番[⑤]，则无所过。以申思[⑥]不用蹇叔、百里奚之谋，故作此誓，令后世以记余过。”君子闻之，皆为垂涕[⑦]，曰：“嗟乎！秦缪公之与[⑧]人周也，卒得孟明之庆。”

【注释】

①焚船：即破釜沉舟的意思，表示死战的决心。②报：报复，报仇。③城守：在城墙上守卫。④封：筑坟，给坟添土。

⑤黄发番（pó）番：指老年人。黄发，老年人的头发白了以后还会变黄，故用黄发借指年纪很老的人。番番，白发苍苍的样子。番，通“皤”。⑥申思：反复思考。申，重复。⑦垂涕：落泪。涕，眼泪。⑧与：帮助。

【原文】

三十七年，秦用由余谋伐戎王，益国十二，开地千里，遂霸西戎。天子使召公过贺缪公以金鼓[①]。三十九年，缪公卒，葬雍。从死者百七十七人，秦之良臣子舆氏三人名曰奄息、仲行、鍼虎，亦在从死之中。秦人哀[②]之，为作歌《黄鸟》之诗[③]。君子曰：“秦缪公广地益国，东服强晋[④]，西霸戎夷，然不为诸侯盟主，亦宜哉。死而弃民，收其良臣而从死。且先王[⑤]崩，尚犹遗德垂法[⑥]，况夺之[⑦]善人良臣百姓所哀者乎？是以知秦不能复东征也。”缪公子四十人，其太子罃代立，是为康公。

【注释】

①金鼓：古代军队中用以指挥发信号的用具。金，指金属制成的钲，鸣金表示止兵；鼓是战鼓，擂鼓表示进击。②哀：同情。③《黄鸟》之诗：见《诗经·秦风》。④服强晋：使强大的晋国服从。⑤先王：指古有德之王。⑥遗德垂法：留下来的道德和法度。垂，流传，留下。⑦之：那。

【原文】

康公元年。往岁缪公之卒，晋襄公亦卒；襄公之弟名雍，秦出[①]也，在秦。晋赵盾欲立之，使随会来迎雍，秦以兵送至令狐。晋立襄公子而反击秦师，秦师败，随会来奔。二年，秦伐晋，取武城，报令狐之役。四年，晋伐秦，取少梁。六年，秦伐晋，取羁马。战于河曲，大败晋军。晋人患[②]随会在秦为乱，乃使魏雠馀详[③]反，合谋会，诈而得会，会遂归晋。康公立十二年卒，子共公立。

【注释】

①秦出：指秦女所生。②患：忧虑，担心。③详（yáng）：通“佯”，假装。

【原文】

共公二年，晋赵穿弑其君灵公。三年，楚庄王强，北兵至雒，问周鼎。共公立五年卒，子桓公立。

桓公三年，晋败我一将[①]。十年，楚庄王服郑，北败晋兵于河上。当是之时，楚霸，为会盟合诸侯。二十四年，晋厉公初立，与秦桓公夹河而盟。归而秦倍[②]盟，与翟合谋击晋。二十六年，晋率诸侯伐秦，秦军败走，追至泾而还。桓公立二十七年卒，子景公立。

【注释】

①一将：据《晋世家》记载，这一年晋俘虏了秦将赤。②倍：通“背”，背弃。

【原文】

景公四年，晋栾书弑其君厉公。十五年，救郑，败晋兵于栎。是时晋悼公为盟主。十八年，晋悼公强，数会诸侯，率以伐秦，败秦军。秦军走，晋兵追之。遂渡泾，至棫林而还。二十七年，景公如晋，与平公盟，已而背之。三十六年，楚公子围弑其君而自立，是为灵王。景公母弟后子鍼有宠，景公母弟富[①]，或谮[②]之，恐诛，乃奔晋，车重[③]千乘。晋平公曰："后子富如此，何以自亡？"对曰："秦公无道，畏诛，欲待其后世[④]乃归。"三十九年，楚灵王强，会诸侯于申，为盟主，杀齐庆封。景公立四十年卒，子哀公立。后子复来归秦。

【注释】

①景公母弟富：《史记会注考证》云："枫、三、南本无'景公母弟'四字。"②谮（zèn）：说坏话诬陷别人。③车重：辎重，辎重车。④后世：后嗣，后代。

【原文】

哀公八年，楚公子弃疾弑灵王而自立，是为平王。十一年，楚平王来求秦女为太子建妻。至国，女好而自娶之。十五年，楚平王欲诛建，建亡；伍子胥奔吴。晋公室卑而六卿[①]强，欲内相攻，是以久秦晋不相攻。三十一年，吴王阖闾与伍子胥伐楚，楚王亡奔随，吴遂入郢。楚大夫申包胥来告急[②]，七日不食，日夜哭泣。于是秦乃发五百乘救楚，败吴师。吴师归，楚昭王乃得复入郢。哀公立三十六年卒。太子夷公，夷公蚤死，不得立，立夷公子，是为惠公。

【注释】

①公室：指诸侯家族。六卿：晋国有范氏、中行氏、智氏、赵氏、韩氏、魏氏六个家族，世代为卿，称六卿。②申包胥为求救兵，立倚秦庭墙哭七日七夜。事见《左传·定公四年》。

【原文】

惠公元年，孔子行鲁相事。五年，晋卿中行、范氏反晋，晋使智氏、赵简子攻之，范、中行氏亡奔齐。惠公立十年卒，子悼公立。

悼公二年，齐臣田乞弑其君孺子，立其兄阳生，是为悼公。六年，吴败齐师。齐人弑悼公，立其子简公。九年，晋定公与吴王夫差盟，争长于黄池，卒先吴[①]。吴强，陵[②]中国。十二年，齐田常弑简公，立其弟平公，常相之。十三年，楚灭陈。秦悼公立十四年卒。子厉共公立。孔子以[③]悼公十二年卒。

【注释】

①先吴：让吴占先了。②陵：欺压。③以：于，在。

【原文】

厉共公二年，蜀人来赂。十六年，堑[①]河旁。以兵二万伐大荔，取其王城。二十一年，初县频阳。晋取武成。二十四年，晋乱，杀智伯[②]，分其国与赵、韩、魏。二十五年，智开与邑人来奔。三十三年，伐义渠，虏其王。三十四年，日食。

厉共公卒，子躁公立。

【注释】

①堑：壕沟。这里是挖壕沟的意思。②杀智伯：韩、赵、魏三家分晋，列为诸侯，为战国的开始。事在前403年，《左传》记事至此为止。

【原文】

躁公二年，南郑反。十三年，义渠来伐，至渭南。十四年，躁公卒，立其弟怀公。

怀公四年，庶长鼌与大臣围怀公，怀公自杀。怀公太子曰昭子，蚤死，大臣乃立太子昭子之子，是为灵公。灵公，怀公孙也。

灵公六年，晋城少梁[①]，秦击之。十三年，城籍姑。灵公卒，子献公不得立，立灵公季父悼子，是为简公。简公，昭子之弟而怀公子也。

【注释】

①城少梁：在少梁筑城。

【原文】

简公六年，令吏初带剑[①]。堑洛。城重泉。十六年卒，子惠公立。

【注释】

①带剑：带剑是表示威仪。《史记正义》："春秋官吏各得带剑。"

【原文】

惠公十二年，子出子生。十三年，伐蜀，取南郑。惠公卒，出子立。

出子二年，庶长改迎灵公之子献公于河西而立之。杀出子及其母，沉之渊旁。秦以往者数易君，君臣乖乱[①]，故晋复强，夺秦河西地。

【注释】

①乖乱：混乱，不协调。

【原文】

献公元年，止从死。二年，城栎阳。四年正月庚寅，孝公生。十一年，周太史儋见献公曰："周故与秦国合而别，别五百岁复合，合十七岁而霸王出[①]。"十六年，桃冬花[②]。十八年，雨金[③]栎阳。二十一年，与晋战于石门，斩首六万，天子贺以黼黻[④]。二十三年，与魏晋[⑤]战少梁，虏其将公孙痤。二十四年，献公卒，子孝公立，年已二十一岁矣。

【注释】

①"周故与"三句：这是太史儋所说的一段预言吉凶祸福的谶语，在《史记》中曾四次出现，不可信。详见《周本纪》。②冬花：冬天开花。③雨金：天上落金，古人以为是吉兆。④黼黻（fǔ fú）：古绣有花纹的礼服。黼，黑白相间如斧形的花纹。黻，黑青相间的花纹。⑤魏晋：即魏。秦献公九年

(前376)，韩、赵、魏三家全部瓜分晋地，废晋静公，晋亡。因魏国本是晋的一部分，所以称之为魏晋。

【原文】

孝公元年，河山①以东强国六，与齐威、楚宣、魏惠、燕悼、韩哀、赵成侯并。淮泗之间，小国十余②。楚、魏与秦接界。魏筑长城，自郑滨洛以北③，有上郡。楚自汉中，南有巴、黔中。周室微，诸侯力政④，争相并。秦僻在雍州，不与中国诸侯之会盟，夷翟遇之⑤。孝公于是布惠，振孤寡⑥，招战士，明功赏。下令国中曰："昔我缪公自岐雍之间，修德行武，东平晋乱，以河为界，西霸戎翟，广地千里，天子致伯，诸侯毕贺，为后世开业，甚光美。会往者厉、躁、简公、出子之不宁，国家内忧，未遑外事⑦，三晋攻夺我先君河西地，诸侯卑秦⑧，丑⑨莫大焉。献公即位、镇抚边境，徙治栎阳，且欲东伐，复缪公之故地，修缪公之政令。寡人思念先君之意，常痛于心。宾客群臣有能出奇计强秦⑩者，吾且尊官⑪，与之分土⑫。"于是乃出兵东围陕城，西斩戎之獂王。

【注释】

①河山：黄河与崤山。②小国十余：指鲁、宋、卫、邾、滕、薛等国。③滨洛以北：沿洛水往北。④力政：以武力相征伐。政：通"征"。⑤夷翟（dí）遇之：像对待夷狄一样对待秦国。翟，通"狄"。⑥振：通"赈"，救济。⑦未遑（huáng）：无暇顾及。遑，闲暇。⑧卑秦：轻视秦国。⑨丑：

耻。⑩强秦：使秦强盛。⑪尊官：提高他的官职。⑫分土：指赐给封地。分，颁。

【原文】

卫鞅闻是令下，西入秦，因景监[①]求见孝公。

【注释】

①因：通过。景监：名叫景的宦官。监，宦官。

【原文】

二年，天子致胙[①]。

三年，卫鞅说孝公变法修刑，内务耕稼，外劝[②]战死之赏罚，孝公善[③]之。甘龙、杜挚等弗然[④]，相与争之[⑤]。卒用鞅法，百姓苦之；居三年，百姓便之[⑥]。乃拜鞅为左庶长。其事在《商君》语中[⑦]。

【注释】

①致胙（zuò）：送来祭肉。胙：祭肉。②劝：鼓励，勉励。③善：以为善，认为好。④弗然：不以为然。认为不对。⑤争之：为此而争辩。⑥便之：以之为便，认为它合适。⑦“其事”句：是说这件事记载于《商君列传》中。

【原文】

七年，与魏惠王会杜平。八年，与魏战元里，有功。十年，卫鞅为大良造，将兵围魏安邑，降之[①]。十二年，作为咸阳，筑冀阙[②]，秦徙都之。并诸小乡聚[③]，集为大县，县一令，四十一县。为田开阡陌[④]。东地渡洛[⑤]。十四年，初为赋[⑥]。十九年，天子致伯。二十年，诸侯毕贺。秦使公子少官率师会诸侯逢泽，朝天子。

【注释】

①降之：使安邑降服。②冀阙：也叫象魏、象阙，古代廷外公布法令的门阙。③乡聚：乡邑和村落。乡，一万二千户为乡。聚，村落。④“为田”句：意思是说开辟农田，废除井田制度下的纵横交错的田埂。⑤东地渡洛：东部地界过了洛水。⑥初为赋：开始制定新的赋税制度。

【原文】

二十一年，齐败魏马陵。

二十二年，卫鞅击魏，虏魏公子卬。封鞅为列侯，号商君。

二十四年，与晋战雁门[①]，虏其将魏错。

孝公卒，子惠文君立。是岁，诛卫鞅。鞅之初为秦施法，法不行，太子犯禁。鞅曰：“法之不行，自于贵戚[②]。君必欲行法，先于太子。太子不可黥[③]，黥其傅师。”于是法大用，秦人治。及孝公卒，太子立，宗室多怨鞅，鞅亡，因以为反，而卒车裂以徇[④]秦国。

【注释】

①晋：指魏。雁门：据《索隐》考证，“雁”恐为“岸”之误。②贵戚：与国君同姓的亲属。③黥：墨刑，以刀刻面涂墨。④车裂：也叫磔（zhé），古代酷刑之一，把犯人绑在几辆

车上，拖裂肢体。徇：示众。

【原文】

惠文君元年，楚、韩、赵、蜀人来朝。二年，天子贺。三年，王冠①。四年，天子致文武胙。齐、魏为王。

五年，阴晋人犀首为大良造。六年，魏纳阴晋，阴晋更名②宁秦。七年，公子卬与魏战，虏其将龙贾，斩首八万。八年，魏纳河西地。九年，渡河，取汾阴、皮氏。与魏王会应。围焦，降之。十年，张仪相秦。魏纳上郡十五县。十一年，县义渠。归③魏焦、曲沃。义渠君为臣。更名少梁曰夏阳。十二年，初腊④。十三年四月戊午，魏君⑤为王，韩亦为王⑥。使张仪伐取陕，出其人与魏。

【注释】

①冠：古代贵族子弟年满二十岁行加冠仪式，表示已成年。②更名：改名。③归：归还。④初腊：初次举行腊祭。腊，古代阴历十二月举行的一种祭祀，本为中原地区的风俗，此时秦国开始效仿之，故云“初腊”。⑤魏君：《史记正义》以为指魏襄王。又梁玉绳以为“魏君”为“秦君”之误。（见《史记会注考证》引）⑥韩亦为王：指韩宣惠王。

【原文】

十四年，更为元年①。二年，张仪与齐、楚大臣会啮桑。三年，韩、魏太子来朝。张仪相魏。五年，王游至北河。七年，乐池相秦。韩、赵、魏、燕、齐帅匈奴共攻秦。秦使庶长疾与战修鱼，虏其将申差，败赵公子渴、韩太子奂，斩首八万二千。八年，张仪复相秦。九年，司马错伐蜀，灭之。伐取赵中都、西阳。十年，韩太子苍来质。伐取韩石章。伐败赵将泥。伐取义渠二十五城。十一年，樗里疾攻魏焦，降之。败韩岸门，斩首万，其将犀首走。公子通封于蜀。燕君让[②]其臣子之。十二年，王与梁王会临晋。庶长疾攻赵，虏赵将庄。张仪相楚。十三年，庶长章击楚于丹阳，虏其将屈匄，斩首八万；又攻楚汉中，取地六百里，置汉中郡。楚围雍氏，秦使庶长疾助韩而东攻齐，到满助魏攻燕。十四年，伐楚，取召陵。丹、犁[③]臣，蜀相壮杀蜀侯来降[④]。

惠王卒，子武王立。韩、魏、齐、楚、越皆宾从[⑤]。

【注释】

①元年：指后元元年（前324）。②让：指让位。事详见《燕召公世家》。③丹、犁：戎族的两支，属西南夷。④“蜀相壮”句：《张仪列传》及《战国策·秦策》记载，司马错伐蜀后，蜀王改称蜀侯，以陈庄为蜀相。据此，这里“蜀相壮”即陈庄，“蜀侯”当是原蜀王或蜀王之子。（参用《史记会注考证》说）⑤越：《集解》引徐广曰：“一作赵。”宾从：归服。

【原文】

武王元年，与魏惠王会临晋。诛蜀相壮。张仪、魏章皆东出之魏。伐义渠、丹、犁。二年，初置丞相，樗里疾、甘茂为左右丞相。张仪死于魏。三年，与韩襄王会临晋外。南公揭卒，樗里疾相韩。武王谓甘茂曰："寡人欲容车通三川[①]，窥周室，死不恨[②]矣。"其秋，使甘茂、庶长封伐宜阳。四年，拔宜阳，斩首六万。涉河，城武遂。魏太子来朝。武王有力好戏，力士任鄙、乌获、孟说皆至大官。王与孟说举鼎，绝膑[③]。八月，武王死。族[④]孟说。武王取魏女为后，无子。立异母弟，是为昭襄王。昭襄母楚人，姓芈氏，号宣太后。武王死时，昭襄王为质于燕，燕人送归，得立。

【注释】

①容车通三川：《战国策·秦策》无"容"字。又《史记会注考证》引安井衡曰："车通三川者，欲容车之广，通三川之路也，不必须广。"据此，则"容车"指能容车通过的窄路。三川，三川郡，当时属韩国，境内有河、洛、伊三条河流，故名三川。东、西周在三川郡中，所以这里"三川"实际是指周都洛阳，所以下句说"窥周室"。②恨：遗憾。③膑：膝盖骨。④族：灭族，满门抄斩。

【原文】

昭襄王元年，严君疾为相。甘茂出之魏。二年，慧星见。庶长壮与大臣、诸侯、公子为逆，皆诛，及惠文后皆不得良死[①]。悼武王后出归魏。三年，王冠。与楚王会黄棘、与[②]楚上庸。四年，取蒲阪。慧星见。五年，魏王来朝应亭，复与魏蒲阪。六年，蜀侯辉反[③]，司马错定蜀。庶长奂伐楚，斩首二万。泾阳君质于齐。日食，昼晦。七年，拔新城。樗里子卒。八年，使将军芈戎攻楚，取新市。齐使章子、魏使公孙喜、韩使暴鸢共攻楚方城，取唐眛。赵破中山，其君亡，竟死齐。魏公子劲、韩公子长为诸侯[④]。九年，孟尝君薛文来相秦。奂攻楚，取八城，杀其将景快。十年，楚怀王入朝秦，秦留之。薛文以金受免[⑤]。楼缓为丞相。十一年，齐、韩、魏、赵、宋、中山[⑥]五国共攻秦，至盐氏而还。秦与韩、魏河北及封陵以和。慧星见。楚怀王走之赵，赵不受，还之秦，即死，归葬。十二年，楼缓免，穰侯魏冉为相。予楚粟五万石。

【注释】

①及：连及，牵连。良死：好死，善终。②与：给，这里是归还的意思。③蜀侯辉反：《索隐》："《华阳国志》曰：'秦封王子辉为蜀侯祭，蜀侯祭，归胙于王，后母疾之，加毒以进，王大怒，使司马错赐辉剑。'此辉不同也。"④为诸侯：指受到魏、韩的分封。《索隐》："别封之邑，比之诸侯，犹商君、赵长安君然。"⑤以金受免：《正义》以为"金受"是秦丞相之姓名。《会注考证》引方苞、张文虎说，以为"金受"或为"受金"之倒。又引梁玉绳曰："考《孟尝君传》：秦昭王以为相。人或说昭王曰："孟尝君相秦，必先齐而后秦，秦其危矣。"于是昭王乃止囚孟尝君。疑金受是说昭王之人。"今姑从梁说。⑥中山：《正义》："盖中山此时属赵，故云五国也。"一说：当为衍文。

【原文】

十三年，向寿伐韩，取武始。左更白起攻新城。五大夫礼出亡奔魏。任鄙为汉中守。十四年，左更白起攻韩、魏于伊阙，斩首二十四万，虏公孙喜，拔五城。十五年，大良造白起攻魏，取垣，复予之。攻楚，取宛。十六年，左更错取轵及邓。冉免。封公子市宛，公子悝邓，魏冉陶，为诸侯。十七年，城阳君入朝，及东周君来朝。秦以垣为[1]蒲阪、皮氏。王之宜阳。十八年，错攻垣[2]、河雍，决桥取之。十九年，王为西帝，齐为东帝，皆复去之。吕礼来自归[3]。齐破宋，宋王在魏，死温。任鄙卒。二十年，王之汉中，又之上郡、北河。二十一年，错攻魏河内。魏献安邑，秦出其人，募徙河东赐爵，赦罪人迁之。泾阳君封宛。二十二年，蒙武伐齐。河东为九县，与楚王会宛。与赵王会中阳。二十三年，尉斯离与三晋、燕伐齐，破之济西。王与魏王会宜阳，与韩王会新城。二十四年，与楚王会鄢，又会穰。秦取魏安城，至大梁，燕、赵救之，秦军去。魏冉免相。二十五年，拔赵二城。与韩王会新城，与魏王会新明邑。二十六年，赦罪人迁之穰。侯冉复相。二十七年，错攻楚。赦罪人迁之南阳。白起攻赵，取代光狼城。又使司马错发陇西，因蜀攻楚黔中，拔之。二十八年，大良造白起攻楚，取鄢、邓，赦罪人迁之。二十九年，大良造白起攻楚，取郢为南郡[4]，楚王走。周君来。王与楚王会襄陵。白起为武安君。三十年，蜀守若伐楚，取巫郡，及江南为黔中郡。三十一年，白起伐魏，取两城。楚人反我江南。三十二年，相穰侯攻魏，至大梁，破暴鸢，斩首四万，鸢走，魏入三县请和。三十三年，客卿胡伤攻魏卷、蔡阳、长社，取之。击芒卯华阳，破之，斩首十五万。魏入南阳以和。三十四年，秦与魏、韩上庸地为一郡，南阳免臣迁居之[5]。三十五年，佐韩、魏、楚伐燕[6]。初置南阳郡。三十六年，客卿灶攻齐，取刚、寿，予穰侯。三十八年，中更胡伤攻赵阏与，不能取。四十年，悼太子死魏，归葬芷阳。四十一年夏，攻魏，取邢丘、怀。四十二年，安国君为太子。十月，宣太后薨，葬芷阳郦山。九月，穰侯出之陶。四十三年，武安君白起攻韩，拔九城，斩首五万。四十四年，攻韩南阳，取之。四十五年，五大夫贲攻韩，取十城。叶阳君悝出之国，未至而死。四十七年，秦攻韩上党，上党降赵，秦因攻赵，赵发兵击秦，相距。秦使武安君白起击，大破赵于长平，四十余万尽杀之。四十八年十月，韩献垣雍。秦军分为三军。武安君归。王龁将伐赵武安、皮牢，拔之。司马梗北定太原，尽有韩上党。正月，兵罢，复守上党。其十月，五大夫陵攻赵邯郸。四十九年正月，益发卒佐陵。陵战不善，免，王龁代将。其十月，将军张唐攻魏，为蔡尉捐[7]弗守，还斩之。五十年十月，武安君白起有罪，为士伍[8]，迁阴密。张唐攻郑[9]，拔之。十二月，益发卒军汾城旁。武安君白起有罪，死。龁攻邯郸，不拔，去，还奔汾军。二月余[10]，攻晋军[11]，斩首六千，晋楚流死河二万人[12]。攻汾城，即从唐拔宁新中，宁新中更名安阳。初作河桥[13]。

【注释】

①为：《索引》以为是“易”字之误。②攻垣：《正义》：“盖蒲阪、皮氏又归魏，魏复以为垣，今重攻取之也。”③归：

投案自首。④取郢为南郡：夺取楚都郢，沦为秦的南郡。⑤“秦与魏、韩”句：此句语意不顺，疑有脱误。免臣，指被赦免罪过的臣民。⑥佐韩、魏、楚伐燕：梁玉绳据《战国策》以为此次伐燕的是齐、韩、魏三国，燕使太子请救于楚，楚王使景阳救之。《史记》记载有误。（见《会注考证》引）⑦捐：弃，丢失。⑧为士伍：意思是剥夺官爵，降为士兵。士伍，指士兵。古代军队以五人为伍。⑨郑：梁玉绳《史记志疑》：“疑是‘鄚’字之讹，赵地讹。”⑩二月余：指其后两个多月。⑪晋军：指魏军。⑫“晋、楚流死河”句：《会注考证》云：古抄本“河”下有“者”字。又引梁玉绳云：楚即救赵邯郸之楚军，因秦伐魏，楚军转而又去救魏。⑬河桥：即蒲津桥。

【原文】

五十一年，将军摎攻韩，取阳城、负黍，斩首四万。攻赵，取二十余县，首虏[①]九万。西周君背秦，与诸侯约从，将天下锐兵出伊阙攻秦，令秦毋得通阳城。于是秦使将军摎攻西周。西周君走来自归，顿首受罪，尽献其邑三十六城，口[②]三万。秦王受献，归其君于周。五十二年，周民东亡，其器九鼎入秦。周初亡。

【注释】

①首虏：所获敌人的首级。②口：指人口。

【原文】

五十三年，天下来宾[①]。魏后，秦使摎伐魏，取吴城。韩王入朝，魏委[2]国听令。五十四年，王郊[3]见上帝于雍。五十六年秋，昭襄王卒，子孝文王立。尊唐八子为唐太后，而合其葬于先王。韩王衰绖入吊祠[4]，诸侯皆使其将相来吊祠，视[5]丧事。

【注释】

①宾：服从，归顾。②委：托付。③郊：在国都南郊祭天。④吊祠：吊唁祭祀。⑤视：料理，治理。

【原文】

孝文王元年，赦罪人，修[1]先王功臣，褒厚[2]亲戚，弛[3]苑囿。孝文王除丧[4]，十月己亥即位，三日辛丑卒，子庄襄王立。

【注释】

①修：推举，论列。②褒厚：厚待，优待。③弛：废，毁。④除丧：除去丧服，即服丧期满。

【原文】

庄襄王元年，大赦罪人，修先王功臣，施德厚骨肉[1]而布惠于民。东周君与诸侯谋秦，秦使相国吕不韦诛之，尽入其国。秦不绝其祀，以阳人[2]地赐周君，奉其祭祀。使蒙骜伐韩，韩献成皋、巩。秦界至大梁，初置三川郡。二年，使蒙骜攻赵，定太原。三月，蒙骜攻魏高都、汲，拔之。攻赵榆次、新城、狼孟，取三十七城。四月日食。三年，王龁攻上党。初置太原郡。魏将无忌率五国兵击秦，秦却于河外。蒙骜败，解而去。五月丙午，庄襄王卒，子政立，是为秦始皇帝。

【注释】

①骨肉：指至亲。②阳人：即阳人聚。地名。

【原文】

秦王政立二十六年，初并天下为三十六郡，号为始皇帝。始皇帝五十一年而崩[①]，子胡亥立，是为二世皇帝。三年，诸侯并起叛秦，赵高杀二世，立子婴。子婴立月余，诸侯诛之，遂灭秦[②]。其语在《始皇本纪》中[③]。

【注释】

①五十一年而崩：《会注考证》引张文虎曰："疑本作'年五十而崩'，衍'一'字，又误倒耳。"译文依此。②遂灭秦：《索隐》："秦自襄公至二世，凡六百一十七岁。"《秦始皇本纪》："襄公至二世，六百一十岁。"《会注考证》引张文虎曰："秦襄元年甲子至二世三年甲午，凡五百七十一年。《索隐》'六'当作'五'，'一''七'二字当互易。"③"其语"句：是说详细情况记载于《秦始皇本纪》中。

【原文】

太史公曰：秦之先为嬴姓。其后分封，以国为姓，有徐氏、郯氏、莒氏、终黎氏[①]、运奄氏、菟裘氏、将梁氏、黄氏、江氏、修鱼氏、白冥氏、蜚廉氏、秦氏。然秦以其先造父封赵城，为赵氏[②]。

【注释】

①终黎氏：《集解》引徐广曰："《世本》作'钟离'。"

②赵氏：秦为嬴姓，以赵为氏。上古时，姓氏有别，姓为族号，氏为姓的分支。战国以后，人们以氏为姓，姓、氏逐渐合一。

【译文】

秦的祖先，是颛顼帝的后代孙女，名叫女修。女修织布的时候，有一只燕子掉落一颗蛋，女修把它吞食了，生下儿子，名叫大业。大业娶了少典部族的女儿，名叫女华。女华生下大费，大费辅助夏禹治理水土。治水成功后，舜帝为表彰禹的功劳，赐给他一块黑色的玉圭。禹接受了赏赐，说："治水不是我一个人能完成的，也是因为有大费做助手。"舜帝说："啊！大费，你帮助禹治水成功！我赐你一个黑色的旌旗飘带。你的后代将会兴旺昌盛。"于是，把一个姓姚的美女嫁给他。大费行拜礼接受了赏赐，为舜帝驯养禽兽，禽兽大多驯服，这个人就是柏翳。舜帝赐他姓嬴。

大费生有两个儿子，一个名叫大廉，这就是鸟俗氏；另一个叫若木，这就是费氏。费氏的玄孙叫费昌，他的子孙有的住在中原地区，有的住在夷狄那里。费昌正处在夏桀的时候，他离开夏国，归附了商汤，给商汤驾车，在鸣条打败了夏桀。大廉的玄孙叫孟戏、中衍，身体长得很像鸟，但说人话。太戊帝听说了他们，想让他们给自己驾车，就去占卜，卦象吉利。于是，把他们请来驾车，并且给他们娶了妻子。自太戊帝以后，中衍的后代子孙每代都有功劳，辅佐殷国。所以，嬴姓子孙大多显贵，后来终于成了诸侯。

中衍的玄孙叫中潏，住在西部戎族地区，保卫西部边疆。中潏生了蜚廉。蜚廉生了恶来。恶来力气大，蜚廉善奔跑。父子俩都凭才能力气，侍奉殷纣王。周武王伐纣的时候，把恶来也一并杀了。当时，蜚廉为纣出使北方，回来时，因纣已死，没有地方禀报，就在霍太山筑起祭坛向纣王报告。祭祀时，获得一个石棺，石棺上刻的字说："天帝命令你不参与殷朝的灾乱，赐给你一口石棺，以光耀你的氏族。"蜚廉死后，就埋葬在霍太山。蜚廉还有个儿子叫季胜。季胜生了孟增。孟增受到周成王的宠幸，他就是宅皋狼。皋狼生了衡父。衡父生了造父。造父因善于驾车，得到周缪王的宠幸。周缪王获得名叫骥、温骊、骅骝、騄耳的四匹骏马，驾车到西方巡视，乐而忘返。等到徐偃王作乱时，造父给缪王驾车，兼程驱赶回周朝，日行千里，平定了叛乱。缪王把赵城封给造父，造父族人从此姓赵。自蜚廉生季胜以来，经过五代直到造父时，才另外分出来居住在赵城。春秋晋国大夫赵衰就是他的后代。恶来革是蜚廉的儿子，死得早。他有个儿子叫女防。女防生了旁皋，旁皋生了太几，太几生了大骆，大骆生了非子。因为造父受到周王的恩宠，他们都承蒙恩荫住在赵城，姓赵。

非子居住在犬丘，喜爱马和其他牲口，并善于饲养繁殖。犬丘的人把这事告诉了周孝王，孝王召见非子，让他在汧河、渭河之间管理马匹。马匹大量繁殖。孝王想让非子做大骆的继承人。申侯的女儿是大骆的妻子，生了儿子成，成做了继承人。申侯就对孝王说："从前，我的祖先是郦山那儿的女儿，她做了西戎族仲衍的曾孙胥轩的妻子，生了中潏，因为与周相亲而归附周朝，守卫西部边境，西部边境因此和睦太平。现在，我又把女儿嫁给大骆为妻，生下成作继承人。申侯与大骆再次联姻，西戎族都归顺，这样，您才得以称王。希望您考虑一下吧。”于是，孝王说：“从前，伯翳为舜帝掌管牲畜，牲畜繁殖很多，所以获得土地的封赐，受赐姓嬴。现在，他的后代也给我驯养繁殖马匹，我也分给他土地做附属国吧。”赐给他秦地作为封邑，让他接管嬴氏的祭祀，号称秦嬴。但也不废除申侯女儿生的儿子做大骆的继承人，以此来与西戎和好。

秦嬴生了秦侯。秦侯在位十年去世。秦侯生公伯。公伯在位三年去世。公伯生秦仲。

秦仲即位三年，周厉王无道，有的诸侯背叛了他。西戎族反叛周王朝，灭了犬丘大骆的全族。周宣王登上王位之后，任用秦仲当大夫，讨伐西戎。西戎杀掉了秦仲。秦仲即位为侯王二十三年，死在西戎手里。秦仲有五个儿子，大儿子叫庄公。周宣王召见庄公兄弟五人，交给他们七千兵卒，命令他们讨伐西戎，把西戎打败了。周宣王于是再次赏赐秦仲的子孙，包括他们的祖先大骆的封地犬丘在内，一并归他们所有，任命他们为西垂大夫。

庄公居住在他们的故地西犬丘，生下三个儿子，长子叫世父。世父说：“西戎杀了我祖父秦仲，我不杀死戎王就决不回家。”于是，率兵去攻打西戎，把继承人的位置让给他弟弟襄公。襄公做了太子。庄公在位四十四年去世，太子襄公继位。

襄公元年（前777），襄公把他的妹妹缪嬴嫁给西戎丰王做妻子。襄公二年（前776），西戎包围犬丘。世父反击，最后被西戎俘虏。过了一年多，西戎放还世父。七年（前771）春，周幽王因宠爱褒姒而废黜太子宜臼，把褒姒所生的儿子伯服立为继承人。周幽王多次举烽火，把诸侯骗来京师，以求褒姒一笑，诸侯们因此背叛了他。西戎的犬戎和申侯一起攻打周朝，在郦山下杀死了幽王。秦襄公率兵营救周朝，作战有力，立了战功。周平王为躲避犬戎的骚扰，把都城向东迁到洛邑，襄公带兵护送了周平王。周平王封襄公为诸侯，赐给他岐山以西的土地。平王说："西戎不讲道义，侵夺我岐山、丰水的土地。秦国如果能赶走西戎，西戎的土地就归秦国。"平王与他立下誓约，赐给他封地，授给他爵位。襄公在这时才使秦国成为诸侯国，跟其他诸侯国互通使节，互致聘问献纳之礼。又用黑鬃赤身的小马、黄牛、公羊各三匹，在西畤祭祀天帝。十二年（前766），他讨伐西戎，到达岐山时，在那里去世了。他生了文公。

文公元年（前765），文公住在西垂宫。三年（前763），文公带着七百名兵卒到东边去打猎。四年（前762），他们到达汧、渭两河的交汇之处。文公说："从前，周朝把这里赐给我的祖先秦嬴做封邑，后来我们终于成了诸侯。"于是，占卜这里是否适宜居住，占卜的结果说吉利，就在这里营造起城邑。十年（前756），开始建造祭天地的鄜畤，用牛羊猪三种牲畜举行祭祀。十三年（前753），开始设立史官记载大事，百姓大多受到教化。十六年（前750），文公派兵讨伐西戎，西戎败逃。于是，文公就收聚周朝的遗民归为己有，地盘扩展到岐山，把岐山以东的土地献给周天子。十九年（前747），得到一块名叫“陈宝”的异石。二十年（前746），开始设立诛灭三族的刑罚。二十七年（前739），砍伐南山的大梓树，梓树中蹿出一头大青牛，逃进了丰水。四十八年（前718），文公的太子去世，赐谥号为竫公。竫公的长子立为太子，他是文公的孙子。五十年（前716），文公去世，埋葬在西山。竫公的儿子登位，这就是宁公。

宁公二年（前714），宁公迁居平阳，派遣军队征伐荡社。三年（前713），与西戎的一支亳部落作战，亳王逃往西戎，于是灭了荡社。四年（前712），鲁公子翚杀死了他的君王隐公。十二年（前704），宁公攻打荡氏，攻了下来。宁公从十岁开始登上王位，在位十二年去世，葬在西山。他生了三个儿子：长子武公为太子；武公的弟弟德公，与武公是同母兄弟；宁公之妾鲁姬子生了出子。宁公去世后，大庶长弗忌、威垒和三父等人废掉太子，拥立出子为君主。出子六年（前698），三父等人又一起派人杀害了出子。出子五岁即位，在位六年被杀。三父等人又拥立了原太子武公。

武公元年（前697），征伐彭戏氏，到了华山下，住在平阳的封宫里。三年（前695），杀了三父等人，夷灭了他们的三族，因为他们杀了出子。郑国的高渠眯杀了他的君主昭公。十年（前688），攻打邽、冀戎两地的戎族，并开始在两地设县。十一年（前687），在杜、郑两地设县，灭了小虢。

十三年（前685），齐国人管至父、连称等杀了他们的君主襄公，拥立公孙无知。晋国灭了霍、魏、耿三国。齐国雍廪杀死无知、管至父等人，拥立齐桓公。齐国、晋国成了强国。

十九年（前679），晋国的曲沃武公灭掉晋侯缗，开始做了晋侯。齐桓公在鄄地称霸。

二十年（前678），秦武公去世，葬在雍邑平阳。这时，开始用人殉葬，给武公殉葬的有六十六人。武公有个儿子，名叫白。白没有被立为君，被封在平阳。立武公的弟弟德公做了国君。

德公元年（前677），开始住进雍城的大郑宫。用牛羊猪各三百头在鄜畤祭祀天地。占卜居住在雍地是否适宜，占卜的结果是：后代子孙将到黄河边去饮马。梁伯、芮伯来朝见。二年（前676），开始规定伏日，杀狗祭祀以祛除热毒邪气。德公到三十三岁才登位，在位两年去世。他生了三个儿子：长子宣公，次子成公，少子穆公。长子宣公继位。

宣公元年（前675），卫国燕国攻打周王室，把惠王赶出朝廷，拥立王子穨为帝。三年（前673），郑伯、虢叔杀死了王子穨，送惠王返回朝中。四年（前672），秦国修建密畤，与晋国在河阳作战，战胜了晋军。十二年（前664），宣公去世。他生了九个儿子，没有一个继位，立了宣公的弟弟成公。

成公元年（前663），梁伯、芮伯来朝见。齐桓公征伐山戎，军队驻扎孤竹。

成公在位四年去世。他有七个儿子，没有一个继位，立了成公的弟弟缪公。

缪公任好元年（前659），缪公亲自率兵征伐茅津，取得胜利。四年（前656），从晋国迎娶了妻子，她是晋太子申生的姐姐。这年，齐桓公攻打楚国，打到邵陵。

五年（前655），晋献公灭了虞国和虢国，俘虏了虞君和他的大夫百里奚。这是由于事先晋献公送给虞君白玉和良马以借道伐虢，虞君答应了。俘获了百里奚之后，用他做秦缪公夫人出嫁时陪嫁的奴隶送到秦国。百里奚逃离秦国跑到宛地，楚国边境的人捉住了他。缪公听说百里奚有才能，想用重金赎买他，但又担心楚国不给，就派人对楚王说："我家的陪嫁奴隶百里奚逃到这里，请允许我用五张黑色公羊皮赎回他。"楚国就答应了，交出百里奚。在这时，百里奚已经七十多岁。缪公解除了对他的禁锢，跟他谈论国家大事。百里奚推辞说："我是亡国之臣，哪里值得您来询问？"缪公说："虞国国君不听从您的建议，所以亡国了。这不是您的罪过。"缪公坚决询问。谈了三天，缪公非常高兴，把国家政事交给了他，号称五羖大夫。百里奚谦让说："我比不上我的朋友蹇叔，蹇叔有才能，可是世人没有人知道。我曾外出游学求官，被困在齐国，向铚地的人讨饭吃，蹇叔收留了我。我因而想侍奉齐国国君无知，蹇叔阻止了我。我得以躲过了齐国发生政变的那场灾难，于是到了周朝。周王子穨喜爱牛，我凭着养牛的本领求取禄位。穨想任用我时，蹇叔劝阻我。我离开了穨，才没有跟穨一起被杀。侍奉虞君时，蹇叔也劝阻过我。我虽知道虞君不能重用我，但实在是心里喜欢利禄和爵位，就暂时留下了。我两次听了蹇叔的话，都得以逃脱险境；一次没听，就遇上了这次因虞君亡国而遭擒的灾难。因此，我知道蹇叔有才能。”于是，缪公派人带着厚重的礼物去迎请蹇叔，让他当了上大夫。

秋天，缪公亲自带兵攻打晋国，在河曲与晋交战。晋国骊姬制造了内乱，太子申生为骊姬所害，死在新城，公子重耳、夷吾出逃。

九年（前651），齐桓公在葵丘与各地诸侯会盟。

晋献公去世。立骊姬的儿子奚齐，他的臣子里克杀了奚齐。荀息立卓子，里克又杀死了卓子和荀息。夷吾派人请秦国帮他回晋国。缪公答应了，派百里奚率兵去护送夷吾。夷吾对秦国人说：“我如果真能登位，愿意割让晋国的河西八座城给秦国。”等到他回到晋国登上了君位，却派丕郑去向秦国道歉，违背了诺言，不肯给秦国河西八座城，并且杀了里克。丕郑听说此事，十分害怕，就跟秦缪公商议说：“晋国人不想要夷吾为君，实际上想立重耳为君。现在，夷吾违背诺言而且杀了里克，都是吕甥、郤芮的主意。希望您用重利赶快把吕甥、郤芮叫到秦国来。如果吕、郤两人来了，那么再送重耳回国就方便了。”缪公答应了他，就派人跟丕郑一起回晋国去叫吕甥、郤芮。吕、郤等人怀疑丕郑有诈谋，就报告夷吾，杀死了丕郑。丕郑的儿子丕豹逃奔到秦国，劝缪公说：“晋国君主无道，百姓不亲附他，可以讨伐他了。”缪公说：“百姓如果不认为合适，不拥护晋君，他们为什么能杀掉他们的大臣呢？既然能杀死他们的大臣，这正是由于晋国上下还是协调的。”缪公不公开听从丕豹的计谋，在暗中却重用他。

十二年（前648），齐国管仲、隰朋去世。

晋国大旱，派人来秦国请求援助粮食。丕豹劝说缪公不要给，要缪公趁着晋国荒歉去攻打它。缪公去问公孙支，公孙支说：“荒歉与丰收是交替出现的事，不能不给。”又问百里奚，百里奚说：“夷吾得罪了您，他的百姓有什么罪？”缪公采纳百里奚、公孙支的意见，最后还是给晋国粮食了。水路用船、陆路用车给晋国运去粮食，从雍都出发，源源不断地直到绛城。

十四年（前646），秦国发生饥荒，请求晋国援助粮食。晋国就此事征求群臣的意见。虢射说：“趁着秦国闹饥荒去攻打它，可以大获成功。”晋君听从了他的意见。十五年（前645），晋国发动军队攻打秦国。缪公也发兵，让丕豹率领大军，亲自前往迎击。九日壬戌日，与晋惠公夷吾在韩地交战。晋君甩下自己的部队独自往前冲，跟秦军争夺财物，回来的时候，驾车的战马陷到深泥里。缪公与部下纵马驱车追赶，没能抓到晋君，反而被晋军包围了。晋军攻击缪公，缪公受了伤。这时，曾在岐山下偷吃缪公良马的三百多个乡下人不顾危险驱马冲入晋军，晋军的包围被冲开，不仅使缪公得以脱险，反而又活捉了晋君。当初，缪公丢失了一匹良马，岐山下的三百多个乡下人一块儿把它抓来吃掉了。官吏捕捉到他们，要加以法办。缪公说："君子不能因为牲畜的缘故而伤害人。我听说，吃了良马肉，如果不喝酒，会伤人。"于是，就赐酒给他们喝，并赦免了他们。这三百人听说秦国要去攻打晋国，都要求跟着去。在作战时，他们发现缪公被敌包围，都高举兵器，争先死战，以报答吃马肉被赦免的恩德。于是，缪公俘虏了晋君回到秦国，向全国发布命令："人人斋戒独宿，我将用晋君祭祀上帝。"周天子听说此事，说"晋君是我的同姓"，替晋君求情。夷吾的姐姐是秦缪公的夫人，她听到这件事，就穿上丧服，光着脚，说："我不能挽救自己的兄弟，以致还得让君上下命令杀他，实在有辱于君上。"缪公说："我俘获了晋君，以为是成就了一件大事。可是，现在天子来求情，夫人也为此事而忧愁。"于是，跟晋君订立盟约，答应让他回国，并给他换了上等的房舍住宿，送给他牛羊猪各七头，以诸侯之礼相待。十一月，送晋君夷吾回国。夷吾献出晋国河西的土地，派太子圉到秦国作人质。秦国把同宗的女儿嫁给子圉。这时候，秦国的地盘向东已经扩展到黄河。

十八年（前642），齐桓公去世。二十年（前640），秦国灭了梁、芮二国。

二十二年（前638），晋公子圉听说晋君生病，说："梁国是我母亲的家乡，秦国却灭了它。我兄弟众多，如果父君百年后，秦国必定留住我，晋国也不会重视我，而改立其他公子。"于是，子圉逃离秦国，回到晋国。二十三年（前637），晋惠公去世，子圉即位为君。秦君对子圉的逃离十分恼恨，就从楚国迎来晋公子重耳，并把原来子圉的妻子嫁给重耳。重耳起初推辞不肯，后来就接受了。缪公对重耳更加以礼厚待。二十四年（前636）春天，秦国派人告诉晋国大臣，要送重耳回国。晋国答应了，于是派人护送重耳回到晋国。二月，重耳登位成为晋君，这就是晋文公。文公派人杀了子圉。子圉就是晋怀公。

这年秋天，周襄王的弟弟带借助翟人的军队攻打襄王。襄王出逃，住在郑国。二十五年（前635），周襄王派人向晋国、秦国通告了发生祸难的情况。秦缪公率兵帮助晋文公护送周襄王回朝，杀死襄王的弟弟带。二十八年（前632），晋文公在城濮打败楚军。三十年（前630），缪公帮助晋文公包围了郑国。郑国派人对缪公说："灭掉郑国，其结果是使晋国实力增强，这对晋国是有利的，而对秦国却无利。晋国强大了，就会成为秦国的忧患。"缪公于是撤军，返回秦国。晋国也只好撤军。三十二年（前628）冬，晋文公去世。

郑国有个人向秦国出卖郑国说："我掌管郑国的城门，可以来偷袭郑国。"缪公去问蹇叔、百里奚，两个人回答说："路经数国地界，到千里之外去袭击别人，很少有占便宜的。再说，既然有人出卖郑国，怎么知道我国的人就没有把我们的实情告诉郑国呢？不能袭击郑国。"缪公说："你们不懂。我已经决定了。"于是出兵，派百里奚的儿子孟明视、蹇叔的儿子西乞术和白乙丙率兵。军队出发的那天，百里奚、蹇叔二人对着军队大哭。缪公听说了，生气地说："我派兵出发，你们却拦着军队大哭，这是为什么？”二位老人说：“为臣不敢阻拦军队。部队要走了，我俩的儿子在军队中也将前往。如今，我们年岁已大，他们如果回来晚了，恐怕就见不着了，所以才哭。”二位老人退回来对他们的儿子说：“你们的部队如果失败，一定是在殽山的险要处。”三十三年（前627）春天，秦国军队向东进发，穿过晋国，从周朝都城北门经过。周朝的王孙满看见了秦国的军队以后说：“秦军不懂礼仪，不打败仗还等什么！”军队开进到滑邑，郑国商人弦高带着十二头牛准备去周朝都城出卖，碰见了秦军。他害怕被秦军杀掉或俘虏，就献上他的牛，说：“听说贵国要去讨伐郑国，郑君已认真做了防守和抵御的准备，还派我带了十二头牛来慰劳贵国士兵。”秦国的三位将军一起商量说：“我们要去袭击郑国，郑国现在已经知道了，去也袭击不成了。”于是，灭掉滑邑。滑邑是晋国的边境城邑。

这时候，晋文公死了，还没有安葬。太子襄公愤怒地说：“秦国欺侮我刚刚丧父，趁我办丧事的时候攻破我国的滑邑。”于是，把丧服染成黑色，以方便行军作战，发兵在殽山阻截秦军。晋军发起攻击，把秦军打得大败，没有一个人能够逃脱。晋军俘获了秦军三位将军返回都城。晋文公的夫人是秦缪公的女儿，他替秦国三位被俘的将军求情说：“缪公对这三个人恨之入骨，希望您放他们回国，好让我国国君能亲自痛痛快快地煮掉他们。”晋君答应了，放秦军三位将军归国。三位将军回国后，缪公穿着白色丧服到郊外迎接他们，向三人哭着说：

"寡人因为没有听从百里奚、蹇叔的话，以致让你们三位受了屈辱，你们三位有什么罪呢？你们要拿出全部心力洗雪这个耻辱，不要松懈。"于是，恢复了三个人原来的官职俸禄，更加厚待他们。

三十四年（前626），楚国太子商臣杀了他的父亲楚成王，接替了王位。

秦缪公这时候再次派孟明视等率兵攻打晋国，在彭衙交战。秦军作战不利，撤军返回。

戎王派由余出使秦国。由余，祖先是晋国人，逃亡到戎地，他还能说晋国方言。戎王听说缪公贤明，就派由余去观察秦国。秦缪公向他炫示了宫室和积蓄的财宝。由余说："这些宫室积蓄，如果是让鬼神营造，那么就使鬼神劳累了；如果是让百姓营造的，那么也使百姓受苦了。"缪公觉得他的话奇怪，问道："中原各国借助诗书礼乐和法律处理政务，还不时地出现祸乱呢，现在戎族没有这些，用什么来治理国家，岂不很困难吗？"由余笑着说："这些正是中原各国发生祸乱的根源所在。自上古圣人黄帝创造了礼乐法度，并亲自带头贯彻执行，也只是实现了小的太平。到了后代，君主一天比一天骄奢淫逸。依仗着法律制度的威严来要求和监督民众，民众感到疲惫了就怨恨君上，要求实行仁义。上下互相怨恨，篡夺屠杀，甚至灭绝家族，都是由于礼乐法度这些东西啊。而戎族却不是这样。在上位者怀着淳厚的仁德来对待下面的臣民，臣民满怀忠信来侍奉君上，整个国家的政事就像一个人支配自己的身体一样，无须了解什么治理的方法，这才真正是圣人治理国家啊。”缪公退朝之后，就问内史廖说：“我听说邻国有圣人，这将是对立国家的忧患。现在由余有才能，这是我的祸害，我该怎么办呢?”内史廖说：“戎王地处偏僻，不曾听过中原地区的乐曲。您不妨试试送他歌舞伎女，借以改变他的心志。并且为由余向戎王请求延期返戎，以此来疏远他们君臣之间的关系。同时，留住由余不让他回去，以此来延误他回国的日期。戎王一定会感到奇怪，因而怀疑由余。他们君臣之间有了隔阂，就可以俘获他了。再说戎王喜欢上音乐，就一定没有心思处理国事了。”缪公说：“好。”于是，缪公与由余座席相连而坐，互递杯盏一块儿吃喝，向由余询问戎地的地形和兵力，把情况了解得一清二楚，然后命令内史廖送给戎王十六名歌伎。戎王接受，并且非常喜爱迷恋，整整一年不曾迁徙，更换草地，牛马死了一半。这时候，秦国才让由余回国。由余多次向戎王进谏，戎王都不听，缪公又屡次派人秘密邀请由余，由余于是离开戎王，投降了秦国。缪公以宾客之礼相待，对他非常尊敬，向他询问应该在什么样的形势下进攻戎族。

三十六年（前624），缪公更加厚待孟明等人，派他们率兵进攻晋国，渡过黄河就焚毁了船只，以示决死战斗，结果把晋国打得大败，夺取了王官和鄗地，为殽山战役报了仇。晋国军队都据城防守，不敢出战。于是，缪公就从茅津渡过黄河，为殽山战役牺牲的将士筑坟，给他们发丧，痛哭三天。他向秦军发誓说：“喂，将士们！你们听着，不要吵嚷，我向你们发誓。我要告诉你们，古人办事虚心听取老年人的意见，所以不会有什么过错。”缪公反复思考自己不采纳蹇叔、百里奚的计谋而造成的过失，因此发出这样的誓言，让后代记住自己的过失。君子们听说这件事，都为之落泪，说：“啊！秦缪公待人真周到，终于得到了孟明等人胜利的喜庆。”

三十七年（前623），秦国采用由余的计谋攻打戎王，增加了十二个属国，开辟了千里疆土，终于称霸于西戎地区。周天子派召公过带着钲、鼓等军中指挥用的器物去向缪公表示祝贺。三十九年（前621），秦缪公去世，安葬在雍。陪葬的人达一百七十七人，秦国良臣子舆氏名叫奄息、仲行、鍼虎的三个人也属陪葬者之列。秦国人为他们悲痛，并为此而作了一首题为《黄鸟》的诗。君子说：“秦缪公扩展疆土，增加属国，在东方征服了强大的晋国，在西方称霸了西戎。但是，他没有成为诸侯的盟主，这也是理所当然的！因为他死了就置百姓于不顾，还拿他的良臣为自己殉葬。古代有德行的帝王逝世尚且遗留好的道德和法度，而他没有做到这些，更何况还夺走百姓所同情的好人、良臣呢？由此可以断定，秦国不可能再东进了。”缪公的儿子有四十人，他的太子罃继承王位，这就是康公。

康公元年（前620）。前一年，缪公去世的时候，晋襄公也去世了。晋襄公的弟弟叫雍，是秦国之女所生，住在秦国。晋卿赵盾想拥立他为君，派随会来接他，秦国派兵把雍护送到令狐。而晋国已立了襄公的儿子，反倒来攻打秦军。秦军战败，随会逃奔到秦国。二年（前619），秦攻打晋国，攻占了武城，为令狐之战报了仇。四年（前617），晋国攻打秦国，攻占了少梁。六年（前615），秦国攻打晋国，攻占了羁马。两军在河曲交战，秦军把晋军打得大败。晋国人担心随会在秦国会给晋国造成祸患，就派魏雠馀诈称叛晋降秦，与随会共谋返晋，用蒙骗手段笼住了随会，随会于是回到晋国。康公在位十二年去世，儿子共公继位。

共公二年（前607），晋国的赵穿杀了他的君主灵公。三年（前606），楚庄王强大起来，向北进兵，一直深入洛邑，询问周朝传国之宝九鼎的大小轻重，图谋夺取周朝的政权。共公在位五年去世，儿子桓公继位。

桓公三年（前601），晋军打败秦军，俘虏了秦国的将领赤。十年（前594），楚庄王征服郑国，往北又在黄河岸打败了晋军。就在这个时候，楚国称霸，召集各诸侯举行盟会。二十四年（前580），晋厉公刚刚即位，与秦桓公订立了以黄河为界的盟约。桓公回国后就背弃了盟约，与翟人合谋一块儿攻打晋国。二十六年（前578），晋国率领诸侯攻打秦国。秦军败逃，晋军一直追赶到泾水边才返回。桓公在位二十七年去世，儿子景公继位。

景公四年（前573），晋国的栾书杀了他的君主厉公。十五年（前562），秦军救郑国，在栎邑打败晋军。这时候，晋悼公成为盟主。十八年（前559），晋悼公强大起来，多次召集诸侯会盟，率领诸侯攻打秦国，打败了秦军。秦军败逃，晋兵在后面追赶，一直渡过泾水，追到棫林才返回。二十七年（前 550），秦景公到了晋国，与晋平公订立盟约，不久就背叛了盟约。三十六年（前 541），楚国公子围杀了他的君主自立为王，这就是楚灵王。秦景公的同母兄弟后子鍼得宠，而且富有，有人说坏话诬陷他。他害怕被杀，就逃奔到晋国，带着辎重车上千辆。晋平公说："您这样富有，为什么还要逃亡呢？"后子鍼回答说："秦君无道，我害怕被杀害。想等到他的继承人登位再回去。"三十九年（前 538），楚灵王强大起来，在申地与诸侯会盟，做了盟主，杀了齐国的庆封。景公在位四十年去世，儿子哀公继位。后子鍼又回到秦国。

哀公八年（前 529），楚国公子弃疾杀了楚灵王，自立为王，这就是平王。十一年（前 526），楚平王来迎娶秦女做太子建的妻子。回到楚国，平王见女子漂亮，就自己娶了她。十五年（前 522），楚平王想杀死太子建，建逃跑了；伍子胥逃奔到吴国。晋国国君家族的权力削弱，范氏、中行氏、智氏、赵氏、韩氏、魏氏六个家族世代为晋卿，势力强大，想策动内战，因此好长时间秦、晋两国没有打仗。三十一年（前 506），吴王阖闾与伍子胥攻打楚国，楚王逃往随地，吴军于是进入郢都。楚国大夫申包胥来秦国告急求援，一连七天不吃饭，日夜哭泣。于是，秦国就派兵车五百辆去援救楚国，打败了吴国军队。吴军撤走了，楚昭王才得以重回郢都。哀公在位三十六年去世。太子名叫夷公。夷公早死，没能继位，夷公的儿子继位，这就是惠公。

惠公元年（前500），孔子代理鲁国国相的职务。五年（前496），晋卿中行氏、范氏反叛晋国，晋君派智氏和赵简子讨伐他们，范氏、中行氏逃到齐国。惠公在位十年去世，儿子悼公继位。

悼公二年（前489），齐国大臣田乞杀了他的国君孺子，立孺子的哥哥阳生为君，这就是齐悼公。六年（前485），吴军打败齐军。齐国人杀了悼公，立他的儿子简公为君。九年（前482），晋定公与吴王夫差在黄池会盟，争做盟主，最终是让吴王占了先。吴国强盛，欺凌中原各国。十二年（前479），齐国田常杀了齐简公，立简公的弟弟平公为君，田常当了国相。十三年（前478），楚国灭掉陈国。秦悼公在位十四年去世，儿子厉共公继位。孔子在悼公十二年去世。

厉共公二年（前475），蜀人前来进献财物。十六年（前461），在黄河旁挖掘壕沟。派兵两万去攻打大荔国，攻占了大荔王城邑。二十一年（前456），开始设置频阳县。晋国攻占了武城。二十四年（前453），晋国发生内乱，智伯被杀，把智伯的领地分给赵氏、韩氏、魏氏。二十五年（前452），智开带领邑人来投奔秦国。三十三年（前444），攻打义渠戎族，俘虏了戎王。三十四年（前443），发生日食。厉共公去世，他的儿子躁公继位。

躁公二年（前441），南郑邑反叛。十三年（前430），义渠来攻打秦国，到了渭南。十四年（前429），躁公去世，他的弟弟怀公继位。

怀公四年（前425），庶长晁和大臣围攻怀公，怀公自杀。怀公太子名叫昭子，死得早，大臣们就拥立太子昭子的儿子为君，这就是灵公。灵公，是怀公的孙子。

灵公六年（前419），晋国在少梁筑城，秦军攻打晋国。十三年（前412），秦国在籍姑筑城。灵公去世，儿子献公没能继位，立灵公的叔父悼子，这就是简公。简公是昭子的弟弟，怀公的儿子。

简公六年（前409），开始让官吏带剑。在洛水边挖了壕沟。在重泉筑城。十六年（前399），简公去世，儿子惠公继位。

惠公十二年（前388），儿子出子出生。十三年，攻打蜀国，攻占了南郑。惠公去世，出子继位。

出子二年（前385），庶长改从河西迎接灵公的儿子献公回国，立他为君。杀了出子和他的母亲，把他们的尸体沉入深渊。秦国在这以前频繁更换君主，君臣之间关系不协调，所以晋国的力量又强起来，夺去了秦国河西的土地。

献公元年（前384），废止了殉葬的制度。二年（前383），在栎阳筑城。四年正月庚寅日，孝公出生。十一年（前374），周朝太史儋拜见献公说："周与秦本来是合在一起的，后来秦分了出去，分开五百年后又合在一起，合在一起十七年后，将会有称霸统一天下的人出现。"十六年（前369），桃树冬天开了花。十八年（前367），栎阳上空下了黄金雨。二十一年（前364），与魏国在石门交战，杀了魏兵六万人，天子送来绣有花纹的礼服祝贺。二十三年（前362），与魏国在少梁交战，俘虏了魏将公孙痤。二十四年（前361），献公去世，儿子孝公继位，这时孝公已经二十一岁了。

孝公元年（前361），黄河和殽山以东有六个强国，秦孝公与齐威王、楚宣王、魏惠王、燕悼侯、韩哀侯、赵成侯并立。淮河、泗水之间有十多个小国。楚国、魏国与秦国接壤。魏国修筑长城，从郑县筑起，沿洛河北上，北边据有上郡之地。楚国的土地从汉中往南，据有巴郡、黔中。周王室衰微，诸侯用武力相征伐，彼此争杀吞并。秦国地处偏僻的雍州，不参加中原各国诸侯的盟会，诸侯们像对待夷狄一样对待秦国。孝公于是广施恩德，救济孤寡，招募战士，明确了论功行赏的法令，并向全国发布命令说："从前，我们缪公在岐山、雍邑之间，实行德政、振兴武力，在东边平定了晋国的内乱，疆土达到黄河边；在西边称霸于戎狄，拓展疆土达千里。天子赐予霸主称号。诸侯各国都来祝贺，给后世开创了基业，盛大辉煌。但是，就在前一段厉公、躁公、简公、出子的时候，接连几世不安宁，国家内有忧患，没有空暇顾及国外的事。结果，晋国攻夺了我们先王河西的土地，诸侯也都看不起秦国，耻辱没有比这更大的了。献公即位，安定边境，迁都栎阳，并且想要东征，收复缪公时的原有疆土，重修缪公时的政令。我缅怀先君的遗志，心中常常感到悲痛。宾客和群臣中有谁能献出高明的计策，使秦国强盛起来，我将让他做高官，分封给他土地。"于是，便发兵东进，围攻陕城，西进杀了戎族的獂王。

卫鞅听说颁布了这个命令，就来到西方的秦国，通过景监求见孝公。

二年（前360），周天子送来祭肉。

三年（前359），卫鞅劝说孝公实行变法，制订刑罚，在国内致力于农耕，对外鼓励效死作战，给以各种奖罚。孝公认为这个办法很好。但甘龙、杜挚等人不同意，双方为此而争辩起来。最后，孝公采用卫鞅的新法，百姓对此抱怨不休。过了三年，百姓反而觉得适应了。于是，孝公任命卫鞅担任左庶长。此事记载在《商君列传》里。

七年（前355），孝公与魏惠王在杜平会盟。八年（前354），秦国与魏国在元里交战，取得胜利。十年（前352），卫鞅任大良造，率兵包围了魏国安邑，使安邑归服了。十二年（前350），修造咸阳城，筑起了公布法令的门阙，秦国就迁都到咸阳。把各个小乡小村合并为大县，每县设县令一人，全国共有四十一个县。开辟田地，废除了井田制下纵横交错的田埂。这时，秦国东边的地界已经越过了洛水。十四年（前348），开始制定新的赋税制度。十九年（前343），天子赐予霸主称号。二十年（前342），诸侯都来祝贺。秦国派公子少官率领军队与诸侯在逢泽会盟，朝见天子。

二十一年（前341），齐国在马陵打败魏国。

二十二年（前340），卫鞅攻打魏国，俘虏了魏公子卬。秦孝公封卫鞅为列侯，号为商君。

二十四年（前338），秦国与魏军在岸门作战，俘虏了魏国将军魏错。

秦孝公去世，儿子惠文君继位。这一年，杀了卫鞅。卫鞅刚在秦国施行新法时，法令行不通，太子触犯了禁令。卫鞅说："法令行不通，根源起自国君的亲族。国君果真要实行新法，就要从太子做起。太子不能受刺面的墨刑，就让他的师傅代受墨刑。"从此，法令顺利施行，秦国治理得很好。等到孝公去世，太子登位，秦国的宗室大多怨恨卫鞅，卫鞅逃跑，于是定他有反叛之罪，最后处以五马分尸之刑，在都城示众。

惠文君元年（前337），楚国、韩国、赵国、蜀国派人来朝见。二年（前336），周天子向秦国祝贺。三年（前335），惠文君年满二十，举行冠礼。四年（前334），天子送来祭祀文王、武王的祭肉。齐国、魏国称王。

五年（前333），阴晋人犀首任大良造。六年（前332），魏国把阴晋送给秦国，阴晋改名为宁秦。七年（前331），公子卬与魏作战，俘虏了魏将龙贾，杀了八万人。八年（前330），魏国把河西之地送给秦国。九年（前329），秦军渡过黄河，攻占了汾阴、皮氏。秦王与魏王在应邑会盟。秦军包围了焦城，使焦城归降了。十年（前328），张仪做了秦相。魏国把上郡十五县送给秦国。十一年（前327），在义渠设县。把焦城、曲沃归还给魏国，义渠国君称臣。把少梁改名为夏阳。十二年（前326），效仿中原各国，初次举行十二月的腊祭。十三年（前325），四月戊午日，魏君称王，即魏襄王；韩君也称王，即韩宣惠王。秦君派张仪攻取陕县，把那里的居民赶出去交给魏国。

十四年（前324），改为后元元年。二年（前323），张仪与齐国和楚国的大臣在啮桑会盟。三年（前322），韩国、魏国的太子前来朝见。张仪担任魏国国相。五年（前320），惠文王巡游到北河。七年（前318），乐池作了秦相。韩国、赵国、魏国、燕国、齐国带领匈奴一起进攻秦国。秦国派庶长疾与他们在修鱼交战，俘虏了韩国将军申差，打败赵国公子渴和韩国太子奂，杀了八万二千人。八年（前317），张仪再次担任秦相。九年（前316），司马错攻打蜀国，灭掉了蜀国。攻占了赵国的中都、西阳。十年（前315），韩国太子苍来作人质。攻占了韩国石章。打败了赵国的将军泥。攻占了义渠的二十五座城邑。十一年（前314），秦将樗里疾攻打魏国焦城，使焦城降服了。在岸门打败了韩军，杀了一万人，韩将犀首逃跑。公子通被封为蜀侯。燕君把君位让给他的大臣子之。十二年（前313），秦王与梁王在临晋会盟。庶长疾进攻赵国，俘虏了赵国将军庄。张仪任楚相。十三年（前312），庶长章在丹阳攻击楚国军队，俘虏了楚将屈匄，杀了八万人；又攻入楚国的汉中，夺取了六百里土地，设置了汉中郡。楚军包围了韩国的雍氏，秦国派遣庶长疾帮助韩国向东攻打齐国，又派到满帮助魏国攻打燕国。十四年（前311），攻打楚国，攻占了召陵。戎族的丹国、犁国向秦国称臣，蜀相陈庄杀死蜀侯前来投降。

惠王去世，儿子武王继位。韩国、魏国、齐国、楚国、越

（或“赵”）国都归服秦国。

武王元年（前310），武王与魏惠王在临晋会盟。杀了蜀相陈庄。张仪、魏章都离开秦国往东到魏国去了。秦军攻打义渠国、丹国、犁国。二年（前309），开始设置丞相，樗里疾、甘茂分别担任左右丞相。张仪死在魏国。三年（前308），秦王与韩襄王在临晋城外会盟。南公揭去世，樗里疾担任韩相。武王对甘茂说：“我想开一条哪怕只能容车子通过的路，到达洛阳，看一看周王的都城，即使死了也不遗憾了。”那年秋天，派甘茂和庶长封攻打宜阳。四年（前307），攻占了宜阳，杀了六万人。渡过黄河，在武遂筑城。魏国太子来朝见。秦武王有力气，喜好角力，所以大力士任鄙、乌获、孟说都做了大官。武王和孟说举鼎比力气，折断了膝盖骨。八月，武王去世，孟说被灭族。武王娶魏国女子做王后，没有生儿子。武王死后，立了他的异母弟弟，这就是昭襄王。昭襄王的母亲是楚国人，姓芈，称为宣太后。武王死时，昭襄王在燕国做人质，燕国人送他回国，他才得以继位。

昭襄王元年（前306），严君疾担任相。甘茂离开秦国到魏国去了。二年（前305），彗星出现。庶长壮和大臣、诸侯、公子造反，都被杀，牵连到惠文王后也不得善终。悼武王后离开秦国回魏国了。三年（前304），昭襄王举行冠礼，与楚王在黄棘会盟，把上庸还给楚国。四年（前303），攻占了蒲阪。彗星出现。五年（前302），魏王来应亭朝见，秦国又把蒲阪交还魏国。六年（前301），蜀侯辉反叛，司马错平定了蜀国。

庶长奂攻打楚国，杀了两万人。泾阳君被抵押在齐国做人质。那一年发生了日食，白昼有如黑夜一样昏暗。七年（前300），攻占了新城。樗里子去世。八年（前299），派将军芈戎攻打楚国，攻战了新市。齐国派章子，魏国派公孙喜，韩国派暴鸢，一块儿进攻楚国的方城，俘获唐眛。赵国攻破了中山国，中山国君出逃，最后死在齐国。魏公子劲、韩公子长被封为诸侯。九年（前298），孟尝君薛文来秦国当丞相。庶长奂攻打楚国，攻占了八座城，杀了楚将景快。十年（前297），楚怀王来秦朝见，秦国扣留了他。薛文因为金受在昭王面前说了坏话，被免了相职。楼缓担任了丞相。十一年（前296），齐国、韩国、魏国、赵国、宋国、中山五国共同攻打秦国，军队开到盐氏就退了回去。秦国送给韩国、魏国黄河北边以及封陵的土地，与韩、魏讲和。这一年出现了彗星。楚怀王逃到赵国，赵国不敢收留，又让他回到秦国。不久，他就死了，秦国把他送还楚国安葬。十二年（前295），楼缓被罢免，穰侯魏冉担任丞相。秦国送给楚国五万石粮食。

十三年（前294），向寿进攻韩国，攻占了武始。左更白起攻打新城。五大夫吕礼出亡逃到魏国。任鄙担任汉中郡守。十四年（前293），左更白起在伊阙攻击韩国和魏国，杀了二十四万人，俘虏了公孙喜，攻克五座城。十五年（前292），大良造白起攻打魏国，攻占了垣城，又还给了魏国。进攻楚国，攻占了宛城。十六年（前291），左更错攻占了轵城和邓城。魏冉被免除丞相职务。把公子市封在宛，公子悝封在邓，魏冉封在陶，他们都成了诸侯。十七年（前290），城阳君来朝见，东周国也来朝见。秦国把垣城改为蒲阪、皮氏。秦王到了宜阳。十八年（前289），左更错攻打垣城、河雍，折断桥梁攻占了两地。十九年（前288），秦昭王称西帝，齐闵王称东帝，不久都又取消了帝号。吕礼回来自首。齐国攻破宋国，宋王逃到魏国，死在温地。任鄙去世。二十年（前287），秦王前往汉中，又到了上郡、北河。二十一年（前286），左更错进攻魏国河内。魏国献出了安邑。秦国赶走城中的魏国居民，然后招募秦国人迁到河东地区定居，并赐给爵位，又把被赦免的罪人迁到河东。泾阳君被封在宛。二十二年（前285），蒙武攻打齐国。在河东设置了九个县。秦王与楚王在宛城会盟，秦王与赵王在中阳会盟。二十三年（前284），都尉斯离与韩国、赵国、魏国及燕国一起进攻齐国，在济水西岸打败齐军。秦王与魏王在宜阳会盟，与韩王在新城会盟。二十四年（前283），秦王与楚王在鄢城会盟，又在穰城会盟。秦国攻取魏国的安城，一直打到国都大梁，燕国、赵国援救魏国，秦军撤离。魏冉被免去丞相职务。二十五年（前282），秦攻占赵国两座城。秦王与韩王在新城会盟，与魏王在新明邑会盟。二十六年（前281），赦免罪人，把他们迁往穰城。侯魏冉恢复丞相职位。二十七年（前280），左更错攻打楚国。赦免了罪犯并把他们迁往南阳。白起攻打赵国，夺取代地的光狼城。又派司马错从陇西出发，通过蜀地攻打楚国的黔中，攻占下来。二十八年（前279），大良造白起进攻楚国，攻占了鄢城、邓城，赦免罪人迁往那里。二十九年（前278），大良造白起进攻楚国，攻占了郢都，改为南郡，楚王逃跑了。周君来秦。秦王与楚王在襄陵会盟。白起被封为武安君。三十年（前277），蜀守张若进攻楚国，夺取巫郡和江南，设置黔中郡。三十一年（前276），白起攻打魏国，攻占了两座城。楚国人在江南反秦。三十二年（前275），丞相穰侯进攻魏国，一直攻到大梁，打败暴鸢，杀了四万人。暴鸢逃跑了，魏国给秦国三个县请求讲和。三十三年（前274），客卿胡阳进攻魏国的卷城、蔡阳、长社，都攻了下来。在华阳攻打芒卯，打败了他，杀了十五万人。魏国把南阳送给秦国，请求讲和。三十四年（前273），秦国把上庸给了韩国和魏国，设立一个郡，让南阳被免罪的臣民迁往那里居住。三十五年（前272），帮助韩国、魏国、楚国攻打燕国，开始设置南阳郡。三十六年（前271），客卿灶进攻齐国，攻占了刚、寿两地，送给了穰侯。三十八年（前269），中更胡阳进攻赵国的阏与，没有攻下。四十年（前267），悼太子死在魏国，运回国葬在芷阳。四十一年（前266）夏天，攻打魏国，攻占了邢丘、怀两地。四十二年（前265），安国君立为太子。十月，宣太后去世，埋葬在芷阳郦山。九月，穰侯离开都城到陶地去了。四十三年（前264），武安君白起攻打韩国，攻下九座城，杀了五万人。四十四年（前263），进攻韩国的南阳，攻了下来。四十五年（前262），五大夫贲攻打韩国，攻下了十座城。叶阳君悝离开都城前往封国，没有到那里就死了。四十七年（前260），秦国攻打韩国的上党，上党却投降了赵国，秦国因此去攻打赵国，赵国出兵反击秦军，两军相持不下。秦派武安君白起攻击赵国，在长平大败赵军，四十多万降卒全部被活埋。四十八年（前259）十月，韩国向秦献出垣雍。秦军分为三部分：武安君率军回国；王龁带兵攻打赵国的武安、皮牢，攻了下来；司马梗率军向北，平定太原，全部占领了韩国的上党。正月，军队停止战斗，驻守上党。这年十月，五大夫陵进攻赵国的邯郸。四十九年（前258）正月，增加兵力帮助五大夫陵。陵作战不力，被免职，王龁替代他带兵。这年十月，将军张唐攻打魏国，蔡尉把防守的地盘丢了，张唐回来就斩了他。五十年（前257）十月，武安君白起犯了罪，被免职降为士兵，贬谪到阴密。张唐进攻郑，攻了下来。十二月，增派军队驻扎汾城旁边。武安君白起有罪，自杀而死。王龁攻打邯郸，没打下来，撤军离去，返回投奔驻扎汾城旁的军队。两个月以后，攻打魏军，杀了六千人，魏军和楚军落水漂流死在黄河中的有两万多人。又进攻汾城。接着，又跟随张唐攻下了宁新中，把宁新中改名为安阳。开始修造蒲津桥。

五十一年（前256），将军摎进攻韩国，攻占了阳城、负黍，杀了四万人。攻打赵国，攻占了二十多个县，斩获首级九万。西周君武公背叛秦国，和各诸侯订约联合率领天下的精锐部队出伊阙进攻秦国，使得秦国与阳城之间的交通被阻断。秦国于是派将军摎进攻西周。西周君跑到秦国来自首，叩头认罪，愿意接受惩处，并全部献出他的三十六个城邑和三万人口。秦王接受了这些城邑和人口，让西周君回西周去了。五十二年（前255），周地的民众向东方逃亡，周朝的传国宝器九鼎运进了秦国。周朝从这时候起就灭亡了。

五十三年（前254），天下都来归服。魏国落在最后，秦国就派将军摎去讨伐魏国，攻占了吴城。韩王来朝见，魏王也把国家托付给秦国听从命令了。五十四年（前253），秦王在雍城南郊祭祀上帝。五十六年（前251）秋天，昭襄王去世，儿子孝文王登位。追尊生母唐八子为唐太后，与昭襄王合葬一处。韩王穿着孝服前来祭吊，其他诸侯也都派他们的将相前来祭吊，料理丧事。

孝文王元年（前250），大赦罪人，论列表彰先王的功臣，优待宗族亲属，毁掉王家的园囿。孝文王服丧期满，十月己亥日登位，第三天辛丑日去世，儿子庄襄王继位。

庄襄王元年（前249），大赦罪人，论列表彰先王的功臣，广施德惠，厚待宗亲族属，对民众施以恩泽。东周君与诸侯图谋反秦，秦襄王派相国吕不韦前去讨伐，全部兼并了东周的土地。秦国没有断绝周朝的祭祀，把阳人聚这块地盘赐给周君，让他来祭祀周朝的祖先。秦王派蒙骜进攻韩国，韩国献出成皋、巩县。秦国国界伸展到大梁，开始设置三川郡。二年（前248），秦王又派蒙骜攻打赵国，平定了太原。三月蒙骜进攻魏国的高都、汲县，攻了下来。蒙骜又进攻赵国的榆次、新城、狼孟，攻占了三十七座城。四月间，发生日食。三年（前247），王龁攻打上党，开始设置太原郡。魏将无忌率五国的军队反击秦军，秦军退到黄河以南。蒙骜打了败仗，摆脱围困撤离了。五月丙午日，庄襄王去世，儿子嬴政登位，这就是秦始皇帝。

秦王嬴政登位二十六年才并吞了天下，设立三十六郡，号称始皇帝。始皇五十一岁去世，儿子胡亥登位，就是二世皇帝。三年（前207），诸侯纷纷起来反叛秦朝，赵高杀死二世，拥立子婴为皇帝。子婴即位一个多月，诸侯杀了他，于是灭掉了秦朝。这些都记载在《秦始皇本纪》中。

太史公说：“秦国的祖先姓嬴。他的后代分封各地，各自以所封国名作为姓氏，有徐氏、郯氏、莒氏、终黎氏、运奄氏、菟裘氏、将梁氏、黄氏、江氏、修鱼氏、白冥氏、蜚廉氏、秦氏。而秦国因为它的祖先造父封在赵城，所以是赵氏。”

第六卷　秦始皇本纪第六

这篇本纪以编年记事的形式，记载了秦始皇及秦二世一生的主要活动和所发生的重大事件，条理清晰，内容丰富，真实地反映了秦王朝建立前后四十年间风云变幻的历史场面。

这篇本纪以秦始皇和秦二世的活动为中心，逐年叙写，简中有繁，概括与重笔相间，通篇读来，不仅给人以历史的原貌，还可以使人感到一切都是历史的必然，两代帝王的形象活脱脱地呈现读者眼前。写秦始皇，首先简要地历数了他在前代取得重大胜利的基础上，调兵遣将，乘胜进击，并吞六国的过程，中间穿插记叙了粉碎嫪毐吕不韦集团、李斯上书谏逐客、尉缭献计、荆轲行刺等事件。然后，依次叙写他统一天下后的言行和事件，一方面列举了诸如议帝号、改历法服色、分天下为三十六郡、统一法律、统一度量衡和文字、巡行刻石、南取陆梁地、北击匈奴、修筑长城、咸阳宫关于学古与师今的一场大辩论、焚书坑儒等；另一方面，又列举了秦始皇不惜巨资派人入海求仙、大兴土木建造阿房宫和骊山陵墓、随意杀戮无辜等。通过以上这些，不仅表现了秦始皇的政治、军事才能和礼贤下士、重用人才的作风，而且表现了他的愚昧荒诞、暴虐凶残，为了自己生前死后的享受而不惜民力民财的骄奢淫逸。其中，有许多典型的事例或通过叙写，或借用他人之口，补写始皇帝之性情，均写得有声有色，活灵活现。一个杰出君主同时又是凶狠暴君的秦始皇的形象就这样被生动形象地勾勒出来。写秦二世，则施以重墨，着意叙写了在秦始皇逝世之后，他与赵高合谋篡权的详细经过和他的极端残虐、极端腐朽，生动深刻地揭露一个昏庸暴君和一个阴谋家的丑恶嘴脸。尤其是对赵高杀二世、子婴杀赵高的精雕细刻，曲折惊险，饱含着作者对二世和赵高的深深憎恶。

历史发展的总趋势总是越来越走向进步。司马迁以其朴素的唯物主义历史观，把考察秦朝“成败兴坏之纪”的思想贯穿《秦始皇本纪》全篇，不仅给人们展示了秦始皇这个大誉大毁集于一身的封建帝王的一生，而且一直在探寻着秦朝的统一及灭亡的原因。他在篇末的论赞中大段引述西汉政论家贾谊《过秦论》的内容，并称赞说：“善哉乎贾生推言之也！”所谓“过秦”，就是批评秦的过失。《过秦论》是一篇气势磅礴、很有感染力的政论文，它把秦朝灭亡的原因归结为“仁义不施而攻守之势异也”，这对我们认识秦朝的历史有一定的参考意义。

【原文】

秦始皇帝者，秦庄襄王[①]子也。庄襄王为秦质子[②]于赵，见吕不韦[③]姬，悦而取之，生始皇。以秦昭王四十八年正月生于邯郸[④]。及生，名为政，姓赵氏。年十三岁，庄襄王死，政代立为秦王。当是之时，秦地已并巴、蜀[5]、汉中，越宛有郢[6]，置南郡[7]矣；北收上郡[8]以东，有河东、太原、上党郡[9]；东至荥阳[10]，灭二周[11]，置三川郡[12]。吕不韦为相，封十万户，号曰文信侯。招致宾客游士，欲以并天下。李斯[13]为舍人。蒙骜、王龁[14]、麃公等为将军。王年少，初即位，委国事大臣。

【注释】

①庄襄王：孝文王中子，名子楚。前249—前247年在位。②质子：派往别国去作人质的国王的儿子或贵臣。③吕不韦（？—前235）：卫国濮阳（今河南省濮阳县西南）人。④邯郸：今河北省邯郸市。⑤巴、蜀：均国名，巴在今四川东部，湖北省西部。⑥宛（yuān）：县名。治所在今河南省南阳市。郢：都邑名。春秋战国时为楚都。在今湖北省江陵县东北。⑦南郡：郡名。治所在郢，后迁江陵。这是秦国占领楚国郢都一带后新置的郡。⑧上郡：郡名。辖无定河流域及内蒙古鄂托克旗等地。⑨河东：郡名。治所在安邑（今山西省夏县西北）。辖山西省沁水以西、霍山以南地区。太原：郡名。治所在晋阳（今太原市西南），辖今山西省五台山以南、霍山以北地区。上党郡：治所在壶关（今山西省长治市北），辖境相当今山西省和顺县以南沁水流域以东地区。⑩荥（xíng）阳：县名。治所在今河南省荥阳市东北。⑪二周：指西周、东周两小国。与历史上西周、东周王朝是两回事。⑫三川郡：地辖今河南省伊水、洛水流域和北汝河下游地区。治所在雒阳（今

洛阳市东北)。⑬李斯(?—前208):上蔡人,原为吕不韦舍人,后任丞相,帮助秦始皇建立中央集权的郡县制,推行焚书坑儒政策。秦始皇死后,与赵高策划废黜扶苏,扶助胡亥继位,后与赵高争权,被杀。⑭蒙骜:齐国人。蒙武的父亲,蒙恬的祖父。王齮(yǐ):即王龁。

【原文】

晋阳[①]反,元年,将军蒙骜击定之。二年,麃公将卒攻卷[②],斩首三万。三年,蒙骜攻韩,取十三城。王齮死。十月,将军蒙骜攻魏氏畼、有诡[③]。岁大饥。四年,拔畼、有诡。三月,军罢。秦质子归自赵,赵太子出归国。十月庚寅,蝗虫从东方来,蔽天。天下疫。百姓内粟千石,拜爵一级。五年,将军骜攻魏,定酸枣、燕、虚、长平、雍丘、山阳城[④],皆拔之,取二十城。初置东郡。冬雷。六年,韩、魏、赵、卫、楚共击秦,取寿陵[⑤]。秦出兵,五国兵罢。拔卫,迫东郡,其君角率其支属徙居野王[⑥],阻其山以保魏之河内[⑦]。七年,彗星[⑧]先出东方,见北方,五月见西方。将军骜死。以攻龙、孤、庆都[⑨],还兵攻汲。彗星复见西方十六日。夏太后死[⑩]。八年,王弟长安君成蟜将军击赵,反,死屯留[⑪],军吏皆斩死,迁其民于临洮[⑫]。将军壁死,卒屯留、蒲鶮反[⑬],戮其尸。河鱼大上,轻车重马东就食。

【注释】

①晋阳:邑名。在今山西省太原市西南晋源区。战国时属赵,前247年被秦攻占。②卷(quān):邑名。属魏。在今河

南省原阳县西。③暘、有诡：均魏邑名。④酸枣：邑名。在今河南省延津县西南。燕：邑名。故址在今河南省延津县东北。虚：即姚虚。在今延津县东南。长平：在今河南省西华县东北。雍丘：在今河南省杞县境。山阳城：邑名。在今河南省焦作市东南。⑤寿陵：邑名。⑥东郡：秦王政五年（前242）置郡。治所在濮阳（今河南省濮阳县西南）。野王：邑名。原属韩。在今河南省沁阳市。⑦阻：依恃。河内：地区名。春秋战国时指黄河以北地区。⑧彗（huì）星：星名。通常叫扫帚星。⑨龙：地名。在今河北省行唐县。孤：近庆都。庆都：地名。在今河北省望都县。龙、孤、庆都三地相距很近。⑩夏太后：庄襄王生母。⑪屯留：原属韩。在今山西省长治市屯留区境内。⑫临洮：县名。在今甘肃省岷县。⑬蒲鶮（gāo）：一说为名叫蒲鶮的士卒，一说为蒲、鶮二邑，这里采用前一种说法。

【原文】

嫪毐[①]封为长信侯。予之山阳地，令毐居之。宫室、车马、衣服、苑囿[②]、驰猎恣毐。事无小大皆决于毐。又以河西太原郡更为毐国[③]。九年，彗星见，或竟天。攻魏垣、蒲阳[④]。四月，上宿雍。己酉，王冠[⑤]，带剑[⑥]。长信侯毐作乱而觉，矫王御玺及太后玺以发县卒及卫卒、官骑、戎翟[⑦]君公、舍人，将欲攻蕲年宫为乱[⑧]。王知之，令相国、昌平君、昌文君[⑨]发卒攻毐。战咸阳[⑩]，斩首数百，皆拜爵，及宦者皆在战中，亦拜爵一级。毐等败走。即令国中：有生得[⑪]毐，赐钱百万；杀之，五十万。尽得毐等。卫尉竭、内史肆、佐弋竭、中大夫令齐等二十人皆枭首[12]。车裂以徇[13]，灭其宗[14]。及其舍人，轻者为鬼薪[15]。及夺爵迁蜀四千余家，家房陵[16]。是月寒冻，有死者。杨端和攻衍氏[17]。彗星见西方，又见北方，从斗[18]以南八十日。十年，相国吕不韦坐嫪毐免[19]。桓齮为将军。齐、赵来，置酒。齐人茅焦说秦王曰："秦方以天下为事，而大王有迁母太后[20]之名，恐诸侯闻之，由此倍[21]秦也。"秦王乃迎太后于雍而入咸阳，复居甘泉宫[22]。

【注释】

①嫪毐（lào ǎi，？—前238）：吕不韦送进后宫的假宦官，被太后宠幸，权势极大。②苑囿（yuàn yòu）：帝王畜养禽兽、打猎及种植花木的地方。恣：听凭。③河西：春秋战国时指今山西、陕西二省间黄河南段以西的地方。④垣（yuán）：邑名。故址在今山西省垣曲县东南。蒲阳：即蒲邑。在今河南省长垣市。⑤冠（guàn）：古代贵族男子年满二十举行加冕礼，表示已经成年。⑥带剑：用以表示威严。⑦矫王御玺：盗用皇帝印。县：古代称帝王都城及其所辖地区，即王畿。戎、翟：均古代部族。翟，通"狄"。⑧蕲（qí）年宫：在陕西省凤翔县南。当时是秦始皇居地。⑨昌平君：楚国公子。曾经任相国，后来迁到郢，项燕立为荆王。昌文君：姓名不详。⑩咸阳：秦都城。故址在今陕西省咸阳市东北。⑪生得：活捉到。⑫卫尉：宫廷卫队长官。内史：管理京城政事的长官。中大夫令：中大夫的主管官。枭（xiāo）首：古代酷刑之一，割下人头悬在木竿上。⑬车裂：古代酷刑，把人肢体分绑在几辆车

上，撕裂而死。徇（xùn）：示众。⑭宗：同祖；同族。⑮鬼薪：秦代徒刑的一种，为宗庙打柴，刑期三年。⑯房陵：县名。治所在今湖北省房县。⑰衍氏：魏邑。在今河南省郑州市北。⑱斗：指北斗星。⑲坐：因……犯罪。⑳母太后：指秦始皇的生母赵姬。㉑倍：通“背”，违反；背叛。㉒甘泉宫：咸阳南宫。非汉云阳之甘泉宫。

【原文】

大索，逐客[①]。李斯上书说，乃止逐客令。李斯因说秦王，请先取韩以恐他国，于是使斯下韩[②]。韩王患之，与韩非谋弱秦。大梁人尉缭[③]来，说秦王曰：“以秦之强，诸侯譬如郡县之君，臣但恐诸侯合从，翕[④]而出不意，此乃智伯、夫差、湣王[⑤]之所以亡也。愿大王毋爱财物，赂其豪臣，以乱其谋，不过亡三十万金，则诸侯可尽。”秦王从其计，见尉缭亢礼[⑥]，衣服食饮与缭同。缭曰：“秦王为人，蜂准，长目，挚鸟膺，豺声，少恩而虎狼心，居约[⑦]易出人下，得志亦轻食人。我布衣，然见我常身自下我。诚使秦王得志于天下，天下皆为虏矣。不可与久游。”乃亡去。秦王觉，固止，以为秦国尉，卒用其计策。而李斯用事。

【注释】

①索：搜索。客：各国在秦国的游士。②恐：恐吓；吓唬。下：降服；制服。③大梁：魏都城。在今河南省开封市。尉：秦国最高军事长官。缭：人名。名缭，姓氏不详。④合从：通“合纵”。翕（xī）：聚敛；集聚。⑤智伯：荀

瑶。知氏是春秋战国时晋国的六家豪族权臣之一，至荀瑶，为韩、赵、魏三家所灭。夫差：是吴国国君。湣王：齐国国君。⑥亢礼：平等相待之礼。亢，通“抗”。⑦蜂准：高鼻子。挚：通“鸷”，猛禽，如鹰、雕之类。膺：胸。约：穷困。

【原文】

十一年，王翦、桓齮、杨端和攻邺[①]，取九城。王翦攻阏与、橑杨[②]，皆并为一军。翦将十八日，军归斗食[③]以下，什[④]推二人从军。取邺、安阳[⑤]，桓齮将。十二年，文信侯不韦死。窃葬[⑥]。其舍人临者，晋人也逐出之；秦人六百石以上夺爵，迁；五百石[⑦]以下不临，迁，勿夺爵。自今以来，操国事不道如缪毐、不韦者籍[⑧]其门，视此。秋，复嫪毐舍人迁蜀者。当是之时，天下大旱，六月至八月乃雨。

【注释】

①邺（yè）：都邑名。属魏。②阏与：邑名。属赵。故址在今山西省和顺县西北。橑杨：通“辕阳”，邑名，在今山西省左权县。③斗食：秦代俸禄微薄、百石以下的小官。④什：由十个单位合成的一组。⑤安阳：邑名。在今河南省安阳市西南。⑥窃葬：吕不韦服鸩（zhèn）酒自杀，他的门客把他偷偷地葬在洛阳北芒山。⑦六百石：秦国八级爵俸禄，相当于郡丞、县令。五百石：第十级爵俸禄，相当于中等县县令。⑧籍：编入簿册。

【原文】

十三年，桓齮攻赵平阳[①]，杀赵将扈辄，斩首十万。王之河南[②]。正月，彗星见东方。十月，桓齮攻赵。十四年，攻赵军于平阳，取宜安[③]，破之，杀其将军。桓齮定平阳、武城[④]。韩非使秦，秦用李斯谋，留非，非死云阳[⑤]。韩王请为臣。

【注释】

①平阳：邑名。在今河北省临漳县西南。②河南：即周雒邑王城。在今河南省洛阳市西郊。③宜安：邑名。在今河北省石家庄市东南。④武城：赵邑。在今山东省武城县西北。⑤云阳：县名。治所在今陕西省淳化县西北。

【原文】

十五年，大兴兵，一军至邺，一军至太原，取狼孟[①]。地动。十六年九月，发卒受地韩南阳假守腾[②]。初令男子书年[③]。魏献地于秦。秦置丽邑[④]。十七年，内史腾攻韩，得韩王安[⑤]，尽纳其地，以其地为郡，命曰颍川。地动。华阳太后[⑥]卒。民大饥。

【注释】

①狼孟：县名。在今山西省阳曲县。②南阳：地区名。相当今河南省西南部一带。当时分属楚国和韩国。假：代理。腾：即下文的“内史腾”。③书年：登记年龄。④丽邑：丽，也作“郦”“骊”。在今陕西省西安市临潼区东。⑤韩王安：韩国末代君主。前238—前230年在位。⑥华阳太后：庄襄王

之寄母。

【原文】

十八年，大兴兵攻赵，王翦将上地[①]，下井陉[②]。端和将河内，羌瘣伐赵，端和围邯郸城。十九年，王翦、羌瘣尽定取赵地东阳[③]，得赵王[④]。引兵欲攻燕，屯[⑤]中山。秦王之邯郸，诸尝与王生赵时母家有仇怨，皆阬之[⑥]。秦王还，从太原、上郡归。始皇帝母太后崩。赵公子嘉率其宗数百人之代[⑦]，自立为代王，东与燕合兵，军上谷[⑧]。大饥。

【注释】

①上地：地名。在今陕西省绥德县一带。有人认为上地即指上党，在今山西南部长治市。②井陉（xíng）：秦置县。治所在今河北省井陉县。③羌瘣（huì）：秦将。东阳：地区名。在今河北省太行山。④赵王：即赵王迁。⑤屯：驻防。⑥阬：通“坑”，活埋。⑦赵公子嘉：赵国最后一个君王。前227—前222年在位。代：原为国名。战国时为赵所灭。⑧上谷：郡名。属燕。辖今河北省北部部分地区，治所在沮阳（今河北省怀来县东南）。

【原文】

二十年，燕太子丹[①]患秦兵至国，恐，使荆轲[②]刺秦王。秦王觉之，体解轲以徇，而使王翦、辛胜攻燕。燕、代发兵击秦军，秦军破燕易水[③]之西。二十一年，王贲攻荆。乃益发卒诣[④]王翦军，遂破燕太子军，取燕蓟[⑤]城，得太子丹之首。燕王东收辽东[⑥]而王之。王翦谢病老[⑦]归。新郑[⑧]反。昌平君徙于郢[⑨]。大雨雪，深二尺五寸。

【注释】

①燕太子丹（？—前226）：燕王喜的太子，名丹。②荆轲（？—前227）：卫国人。③易水：在河北省西部。为大清河上游的支流。源出于易县。④诣：往；到。⑤蓟（jì）：燕国都。在今北京城西南角。⑥辽东：郡名。治所在襄平（今辽宁省辽阳市）。辖今辽宁省大凌河以东地区。⑦谢病老：称病、称老而申请退职。⑧新郑：县名。原属韩。治所在今河南省新郑市。⑨郢：此指寿春（今安徽省寿县）。

【原文】

二十二年，王贲攻魏，引河沟[①]灌大梁，大梁城坏，其王[②]请降，尽取其地。

【注释】

①河沟：水名。即汴河。②其王：指魏王假，魏国末代君主。前227—前225年在位。

【原文】

二十三年，秦王复召王翦，强[①]起之，使将击荆[②]。取陈以南至平舆[③]，虏荆王[④]。秦王游至郢陈[⑤]。荆将项燕[⑥]立昌平君为荆王，反秦于淮南。二十四年，王翦、蒙武攻荆，破荆军，昌平君死。项燕遂自杀。

【注释】

①强：勉强；强迫。②荆：即楚。秦庄襄王名子楚，所以讳言“楚”。③陈：县名。治所在今河南淮阳。平舆：县名。治所在今河南省平舆县北。④荆王：指楚王负刍，楚国末代君主。⑤郢陈：即陈（今河南淮阳）。⑥项燕：（？—前223）下相（今江苏省宿迁市宿城区西南）人。项羽之祖父。

【原文】

二十五年，大兴兵，使王贲将，攻燕辽东，得燕王喜[1]。还攻代，虏代王嘉。王翦遂定荆江南[2]地；降越君[3]，置会稽[4]郡。五月，天下大酺[5]。

【注释】

①燕王喜：燕国末代君主。前254—前222年在位。②江南：地区名，泛指长江以南。③降：降服。越君：越族君长。楚威王已灭越国，其余族未降者首领自称君长。④会稽（kuài jī）：郡名。治所为吴县（今江苏省苏州市），管辖今江苏省南部、浙江省大部、安徽省东南部。⑤酺（pǔ）：聚饮，指命令所特许的大聚饮。

【原文】

二十六年，齐王建[1]与其相后胜发兵守其西界，不通秦。秦使将军王贲从燕南攻齐，得齐王建。

【注释】

①齐王建：齐国末代君主。前264—前226年在位。

【原文】

秦初并天下，令丞相、御史[①]曰："异日韩王纳地效玺[②]，请为藩臣[③]，已而倍[④]约，与赵、魏合从畔[⑤]秦，故兴兵诛之，虏其王。寡人以为善，庶几息兵革[⑥]。赵王使其相李牧[⑦]来约盟，故归其质子。已而倍盟，反我太原，故兴兵诛之，得其王。赵公子嘉乃自立为代王，故举兵击灭之。魏王始约服入秦，已而与韩、赵谋袭秦，秦兵吏诛，遂破之。荆王献青阳[⑧]以西，已而畔约，击我南郡[⑨]，故发兵诛，得其王，遂定其荆地。燕王昏乱，其太子丹乃阴令荆轲为贼[⑩]，兵吏诛，灭其国。齐王用后胜计，绝秦使，欲为乱，兵吏诛，虏其王，平齐地。寡人以眇眇之身，兴兵诛暴乱，赖宗庙[⑪]之灵，六王咸服其辜[⑫]，天下大定。今名号不更，无以称成功，传后世。其[⑬]议帝号。"丞相绾、御史大夫劫、廷尉斯[⑭]等皆曰："昔者五帝[⑮]地方千里，其外侯服、夷服[⑯]，诸侯或朝或否，天子不能制[⑰]。今陛下兴义兵，诛残贼，平定天下，海内为郡县[⑱]，法令由一统，自上古以来未尝有，五帝所不及。臣等谨与博士[⑲]议曰：'古有天皇，有地皇，有泰皇[⑳]，泰皇最贵。'臣等昧死[㉑]上尊号，王为'泰皇'。命为'制'，令为'诏'，天子自称曰'朕'。"王曰："去'泰'著'皇'，采上古'帝'位号，号曰'皇帝'。他如议。"制曰："可。"追尊庄襄王为太上皇。制曰："朕闻太古有号毋谥[㉒]，中古有号，死而以行为谥。如此，则子议父，臣议君也，甚无谓[㉓]，朕弗取焉。自今以来，除谥法。朕为始皇帝，后世以计数，二世三世至于万世，传之无穷。”

【注释】

①御史：即御史大夫。官名。掌文书和记事。管监察、执法。②效：献出。效玺，表示投降称臣。③藩臣：守卫边境的臣属。④倍：通“背”。⑤畔：通“叛”⑥庶几（jī）：也许可以。兵革：借指战争。兵，武器；革，甲胄。⑦李牧（？—前228）：赵将。长期防守赵国边境，深得军心，曾打败东胡、林胡、匈奴。赵王迁三年（前233），率军向秦反攻，大败秦军，赐封武安君。后因赵王中秦反间计，牧被杀。⑧青阳：县名。在今湖南省长沙市境内。⑨南郡：郡名。治所在郢（今湖北省江陵县东北），后迁江陵。⑩阴：暗地里。贼：行刺；暗害。⑪宗庙：本指帝王、诸侯或大夫祭祀祖宗的处所。⑫六王：指齐、楚、燕、韩、魏、赵六国诸侯。辜：罪。⑬其：表祈使，副词。⑭绾（wǎn）：王绾。劫：冯劫。廷尉：官名。掌管刑法，为九卿之一。斯：李斯。⑮五帝：历史上有几种说法。《史记》所指是：黄帝、颛顼、帝喾、尧、舜。⑯侯服、夷服：按照周代制度，国王直接管辖的土地，直径一千里。此外为藩属，分为九服，由近及远，每隔五百里，定一个名称。⑰制：规定；控制。⑱郡县：地方政权组织。战国时在边区设郡，后来逐渐形成县统于郡的两级制。秦统一中国后，分全国为三十六郡，后增加到四十八郡，下设县。⑲博士：官名。掌史事典籍图书，参与议政。⑳天皇、地皇、泰皇：传说中的三皇。㉑昧死：谦词，冒死的意思。㉒谥

(shì)：封建时代，在皇帝及达官贵族死后，统治阶级根据其生前事迹评定褒贬所给予的称号。㉓无谓：没有意义。

【原文】

始皇推终始五德之传①，以为周得火德，秦代周德，从所不胜。方今水德之始，改年始，朝贺皆自十月朔②。衣服旄旌节旗皆上黑③。数以六为纪，符、法冠皆六寸，而舆④六尺，六尺为步，乘六马。更名河曰德水，以为水德之始。刚毅戾深，事皆决于法，刻削毋仁恩和义，然后合五德之数⑤。于是急法，久者不赦。

【注释】

①终始五德：战国时期阴阳家邹衍的学说。指水、火、木、金、土五种物质德性相生相克和终而复始的循环变化，用来说明王朝兴废的原因。夏、商、周三个朝代的传递，就是火（周）克金（商）、金克木（夏）的结果。同时，虚构了一个五德终始的历史循环论体系，论证在政治上为了适应“五行配列”而定出的相适应的制度（如改正朔、易服色）的必要。②朔：阴历每月初一。十月朔：指以十月初一为元旦。③旄（máo）旌：用牦牛尾或五色羽毛装饰的旗。节：符节，使者所持的凭证。上黑：以黑为贵。④纪：基础。舆：车。⑤戾（lì）：暴烈。刻削：刻薄侵害。合五德之数：始皇认为秦承水德，而水为阴，阴主刑杀。

【原文】

丞相绾等言：“诸侯初破，燕、齐、荆地远，不为置王，毋以填[①]之。请立诸子，唯上幸许。”始皇下其议[②]于群臣，群臣皆以为便。廷尉李斯议曰：“周文武[③]所封子弟同姓甚众，然后属疏远，相攻击如仇雠，诸侯更相诛伐，周天子弗能禁止。今海内赖陛下神灵一统，皆为郡县，诸子功臣以公赋税重赏赐之，甚足易制。天下无异意，则安宁之术[④]也。置诸侯不便。”始皇曰：“天下共苦战斗不休，以有侯王。赖宗庙，天下初定，又复立国，是树兵[⑤]也，而求其宁息，岂不难哉！廷尉议是。”

【注释】

①填（zhèn)：通“镇”，安定。②下：交下。议：建议，意见。③周文武：周文王、武王。④术：手段；策略。⑤树兵：发动战争。

【原文】

分天下以为三十六郡[①]，郡置守、尉、监[②]。更名民曰“黔首”[③]。大酺。收天下兵，聚之咸阳，销以为钟镓，金人十二，重各千石[④]，置廷宫中。一法度衡石丈尺。车同轨[⑤]。书同文字。地东至海暨朝鲜，西至临洮、羌中，南至北向户，北据河为塞，并阴山[⑥]至辽东。徙天下豪富于咸阳十二万户。诸庙及章台、上林[⑦]皆在渭南。秦每破诸侯，写放其宫室，作之咸阳北阪上，南临渭，自雍门[⑧]以东至泾、渭，殿屋、复道、周阁相属[⑨]。所得诸侯美人、钟鼓，以充入之。

【注释】

①三十六郡：三川、河东、南阳、南郡、九江、鄣郡、会

稽、颍川、砀郡、泗水、薛郡、东郡、琅邪、齐郡、上谷、渔阳、右北平、辽西、辽东、代郡、钜鹿、邯郸、上党、太原、云中、九原、雁门、上郡、陇西、北地、汉中、巴郡、蜀郡、黔中、长沙，共三十五，加上内史，共三十六郡。②守：郡守。郡的行政长官。尉：郡尉。郡的军事长官。监：监御史。监察长官。③黔首：也称“黎首”。黔为黑色，劳动人民的脸晒得很黑，故称。④鐻（jù）：如钟一类的乐器。石：重量单位：一百二十斤为石。⑤衡：秤。轨：车轮轮距。⑥暨：通“及”。临洮：县名。治所在今甘肃省岷县。羌中：指羌族聚居地。主要为甘肃省西南洮水流域。北向户：地区名。并：通“傍”。阴山：山名。在今内蒙古中部。⑦章台：离宫的台名。上林：苑名。⑧写：描摹。放：通“仿”。雍门：地名。在今陕西省高陵区境。⑨复道：阁道；天桥。周阁：四周装有窗户和栏杆可供远眺的楼阁。相属（zhǔ）：相连，相通。

【原文】

二十七年，始皇巡陇西、北地①，出鸡头山②，过回中③。焉作信宫④渭南，已更命信宫为极庙，象天极⑤。自极庙道通郦山，作甘泉前殿。筑甬道⑥，自咸阳属之。是岁，赐爵一级。治驰道⑦。

【注释】

①陇西：郡名。治所在狄道（今甘肃省临洮县南）。北地：郡名。治所在义渠（今甘肃省庆城县西南）。②鸡头山：

一说今甘肃省平凉市崆峒区西的崆峒山；一说甘肃省成县的鸡头山。③回中：宫名。故址在今陕西省凤翔县南。④焉：乃；于是。信宫：宫名。即长信宫。⑤天极：北极星。始皇建极庙以象征天极。⑥甬道：两旁筑有墙的通道。⑦驰道：宽阔的车道。宽五十步，高出地面。路中三丈宽的部分，专供皇帝行走，种树为界。

【原文】

二十八年，始皇东行郡县，上邹峄山①。立石，与鲁②诸儒生议，刻石颂秦德，议封禅③望祭山川之事。乃遂上泰山④，立石，封，祠祀。下，风雨暴至，休于树下，因封其树为五大夫⑤。禅梁父⑥。刻所立石，其辞曰：

皇帝临位，作制明法，臣下修饬⑦。二十有六年，初并天下，罔不宾服⑧。亲巡远方黎民⑨，登兹泰山，周览东极。从臣思迹，本原事业，祗诵功德⑩。治道运行，诸产⑪得宜，皆有法式。大义休明⑫，垂于后世，顺承勿革。皇帝躬圣⑬，既平天下，不懈于治。夙兴夜寐⑭，建设长利，专隆教诲。训经宣达，远近毕理，咸承圣志。贵贱分明，男女礼顺，慎遵职事。昭隔⑮内外，靡⑯不清净，施于后嗣⑰。化及无穷，遵奉遗诏，永承重戒⑱。

【注释】

①邹峄（yì）山：又名邹山、峄山。今山东省邹城市东南。②鲁：地区名。今山东省泰山以南地区。③封禅（shàn）：登泰山筑坛祭天，叫“封”；在梁父山上辟基祭地，

叫“禅”。④泰山：山名。在山东省中部，主峰玉皇顶在泰安市北，古又称“东岳”“岱山”“岱宗”。⑤五大夫：爵位名。秦、汉二十等爵的第九级。⑥梁父：泰山南的一座小山。⑦修饬（chì）：对法制抱恭谨的态度。修，整治。饬，谨慎。⑧罔（wǎng）：无。宾服：诸侯或边远部落按期朝贡，表示臣服。⑨黎民：众民。⑩祗：恭敬。⑪诸产：各项产业。⑫休明：美好清明。⑬躬圣：亲听。⑭夙兴夜寐：早起晚睡。⑮昭隔：明白划分。⑯靡（mǐ）：无。⑰施（yì）：蔓延；延续。⑱重：严；深。戒：命令；告诫。

【原文】

于是乃并[①]勃海以东，过黄、腄[②]，穷成山[③]，登之罘[④]，立石颂秦德焉而去。

【注释】

①并（bàng）：通“傍”，沿着。②黄：县名。治所即今山东省龙口市东。腄（chuí）：县名，即今山东省烟台市福山区。③成山：山名，在山东省荣成市东北。④之罘（fú）：山名，在今烟台市福山区东北海中的芝罘半岛上。

【原文】

南登琅邪[①]，大乐之，留三月。乃徙黔首三万户琅邪台[②]下，复[③]十二岁。作琅邪台，立石刻，颂秦德，明得意。曰：

维[④]二十八年，皇帝作始。端平法度，万物之纪。以明人事，合同父子。圣智仁义，显白道理。东抚东土，以省卒士。

事已大毕，乃临于海。皇帝之功，勤劳本事[5]。上农除末[6]，黔首是富。普天之下，抟心揖[7]志。器械一量，同书文字。日月所照，舟舆所载。皆终其命，莫不得意。应时动事，是维皇帝。匡饬[8]异俗，陵[9]水经地。忧恤黔首，朝夕不懈。除疑定法，咸知所辟[10]。方伯[11]分职，诸治经易。举错必当，莫不如画[12]。皇帝之明，临察四方。尊卑贵贱，不逾次行[13]。奸邪不容，皆务贞良。细大尽力，莫敢怠荒。远迩辟隐[14]，专务肃庄。端直敦忠，事业有常。皇帝之德，存定四极[15]。诛乱除害，兴利致福。节事以时，诸产繁殖。黔首安宁，不用兵革。六亲相保，终无寇贼。欢欣奉教，尽知法式。六合[16]之内，皇帝之土。西涉流沙[17]，南尽北户。东有东海[18]，北过大夏[19]。人迹所至，无不臣者。功盖五帝，泽及牛马。莫不受德，各安其宇[20]。

【注释】

①琅邪：山名。在今山东省胶州市县。②琅邪台：有三说：一说在琅邪海滨有座山，形状像台；一说越王句践曾在琅邪起台观；一说秦始皇在琅邪山上起层台，叫琅邪台。③复：免除赋税或徭役。④维：助词，用在句首以加强语气。⑤本事：根本的大事。⑥上：通“尚”，崇尚，重视。末：古代称工商业为末。⑦揖（jí）：通“辑”，会集。⑧匡饬：纠正和整顿。⑨陵：经过；超越。⑩辟：通“避”。⑪方伯：一方诸侯之长。这里指地方长官。⑫画：整齐；明白。⑬次行（háng）：等级。⑭辟：通“僻”，偏僻。⑮四极：四方极远的

地方。⑯六合：天、地、东、西、南、北。⑰流沙：指流沙泽，后称居延泽、居延海。即今内蒙古额济纳旗西北的苏古诺尔湖与嘎顺诺尔湖。⑱东海：东海所指因时代而不同。⑲大夏：即晋阳，在今山西太原省市西南。⑳宇：房屋。这里指居住的地方。

【原文】

维秦王兼有天下，立名为皇帝，乃抚东土，至于琅邪。列侯武城侯王离、列侯通武侯王贲、伦侯建成侯赵亥、伦侯昌武侯成、伦侯武信侯冯毋择、丞相隗林、丞相王绾、卿李斯、卿王戊、五大夫赵婴，五大夫杨樛[①]从，与[②]议于海上。曰："古之帝者，地不过千里，诸侯各守其封域，或朝或否，相侵暴乱，残伐不止，犹刻金石，以自为纪。古之五帝三王[③]，知教不同，法度不明，假威鬼神，以欺远方，实不称[④]名，故不久长。其身未殁[⑤]，诸侯倍叛，法令不行。今皇帝并一海内，以为郡县，天下和平。昭明宗庙，体道行德，尊号大成[⑥]。群臣相与诵皇帝功德，刻于金石，以为表经[⑦]。"

【注释】

①列侯：爵位名。秦二十等爵中的最高一级。樛：jiū。②与（yù）：参加；参与。③三王：指三代之王夏禹、商汤、周文王、武王。④称（chèn）：适合；相符。⑤殁（mò）：死亡。⑥大成：完备。⑦表：表率。经：典范。

【原文】

既已，齐人徐市[①]等上书，言海中有三神山，名曰蓬莱、方丈、瀛洲[2]，仙人居之。请得斋戒[3]，与童男女求之。于是遣徐市发童男女数千人，入海求仙人。

【注释】

①徐市（fú）：一作“徐福”。方士。琅邪人。入海求仙，一去不返。②蓬莱、方丈、瀛洲：传说中的三座神山。③斋戒：古人准备向神祷告，为了表示恭敬虔诚，要实行斋戒，即绝嗜欲，沐浴更衣，戒酒戒荤。

【原文】

始皇还，过彭城[1]，斋戒祷祠，欲出周鼎[2]泗水。使千人没水求之；弗得。乃西南渡淮水，之衡山[3]、南郡。浮江，至湘山[4]祠。逢大风，几不得渡。上问博士曰：“湘君何神？”博士对曰：“闻之，尧女，舜之妻[5]，而葬此。”于是始皇大怒，使刑徒[6]三千人皆伐湘山树，赭[7]其山。上自南郡由武关[8]归。

【注释】

①彭城：县名。治所在今江苏省徐州市。②鼎：原是古代盛食物的器皿，后来成为礼器。③衡山：汉武帝移南岳之名于霍山（在今安徽省，名天柱山），霍山始有南岳之名，一说以此衡山即霍山。安徽省当涂县北亦有衡山。④湘山：一名君山，又名洞庭山。在湖南省岳阳县西洞庭湖中。⑤尧女，舜之妻：相传尧的两个女儿娥皇、女英，同时嫁给舜为妃。⑥刑徒：被判刑而服劳役的人。⑦赭（zhě）：使呈红色。⑧武关：关名。在今陕西省丹凤县东南丹江上，非今址。

【原文】

二十九年，始皇东游。至阳武博狼沙[①]中，为盗所惊。求弗得，乃令天下大索十日。

【注释】

①阳武：县名。治所在今河南省原阳县东南。博狼沙：一作“博浪沙”。在今河南省原阳县南。

【原文】

登之罘，刻石。其辞曰：

维二十九年，时在中春[①]，阳和[②]方起。皇帝东游，巡登之罘，临照于海。从臣嘉观，原念休烈[③]，追诵本始。大圣作治，建定法度，显箸[④]纲纪。外教诸侯，光施文[⑤]惠，明以义理。六国回辟[⑦]，贪戾无厌，虐杀不已。皇帝哀众，遂发讨师，奋扬武德。义诛信行，威燀[⑧]旁达，莫不宾服。烹灭强暴，振救黔首，周定四极。普施明法，经纬[⑨]天下，永为仪则[⑩]。大矣哉！宇县[⑪]之中，承顺圣意。群臣诵功，请刻于石，表垂于常式[⑫]。

【注释】

①中（zhòng）春：即仲春，夏历二月。②阳和：春气。③休：美善。烈：功绩，功迹；事业。④箸：通“著”，显明。⑤文：指礼乐制度。⑦回辟：邪辟。回，不直。辟，曲邪不正。⑧燀（chǎn）光烈。⑨经纬：治理。⑩仪则：标准；典型；法则。⑪宇县：天下。宇，宇宙；县，赤县。⑫常式：永

久的典范。

【原文】

其东观曰：

维二十九年，皇帝春游，览省远方。逮[1]于海隅，遂登之罘，昭临[2]朝阳。观望广丽，从臣咸念，原道至明。圣法初兴，清理疆内，外诛暴强。武威旁畅[3]，振[4]动四极，禽灭六王。阐并天下[5]，甾害绝息，永偃戎[6]兵。皇帝明德，经理宇内，视听不怠。作立大义，昭设备器，咸有章旗[7]。职臣遵分[8]，各知所行，事无嫌疑。黔首改化，远迩同度，临古绝尤[9]。常职既定，后嗣循业，长承圣治。群臣嘉德，祗诵圣烈，请刻之罘。旋，遂之琅邪，道上党入。

【注释】

①逮：到达；抵。②昭临：观览。③旁畅：四达；普遍影响。④振：通"震"。⑤阐：开；广；尽。⑥偃：停止。戎：征伐，军队，兵器。⑦章旗：用以表示贵贱等级的服装、旗帜。⑧分（fèn）：本分；职分。⑨古：古稀。这里指老年。尤：罪过。

【原文】

三十年，无事。

三十一年，十二月，更名腊[1]曰"嘉平"。赐黔首里[2]六石米，二羊。始皇为微行咸阳，与武士四人俱，夜出逢盗兰池[3]，见窘[4]，武士击杀盗，关中大索二十日[5]。米石千六百。

【注释】

①腊：腊月，即夏历十二月。传说秦始皇希望长生不老，派人求仙求药，偶然听到一首歌谣，其中有“帝若学之腊嘉平”一句，因此改腊曰“嘉平”。②里：古代居民聚居的地方。③兰池：秦始皇修建的护城河。旧址在今陕西省咸阳市东。④见：被。窘（jiǒng）：窘迫；处境危急。⑤关中：秦都咸阳，汉都长安，均位于函谷关以西，散关以东，武关以北，萧关以南，处四关之中，所以称这个地区为关中。

【原文】

三十二年，始皇之碣石①，使燕人卢生求羡门、高誓②。刻碣石门。坏城郭，决通堤防③。其辞曰：

遂兴师旅，诛戮无道，为逆灭息。武殄④暴逆，文复⑤无罪，庶⑥心咸服。惠⑦论功劳，赏及牛马，恩肥土域。皇帝奋威，德并诸侯，初一泰平⑧。堕坏城郭⑨，决通川防，夷⑩去险阻。地势既定，黎庶无繇⑪，天下咸抚。男乐其畴⑫，女修其业，事各有序。惠被⑬诸产，久并来田⑭，莫不安所。群臣诵烈，请刻此石，垂著仪⑮矩。

【注释】

①碣石：山名。在今河北省昌黎县北。②羡门、高誓：传说中的两个仙人的名字。③坏城郭，决通堤防：这两句与上下句不连贯，并且与碑文中的“堕坏城郭，决通川防”重复，系衍文。④殄（tiǎn）：灭尽。⑤文：法令条文。复：通

“覆”，庇护。复，一作伏。⑥庶：百姓。⑦惠：赐。⑧泰平：太平。⑨堕（huī）：通“隳”，毁坏。郭：外城。⑩夷：削平；诛锄。⑪繇（yáo）：通“徭”，徭役。⑫畴（chóu）：田亩；已耕作的田地。⑬被：及；到。⑭夂：一作“分”。单人耕作。并：双人耕作。来田：麦田。⑮仪：法度；准则。

【原文】

因使韩终、侯公、石生求仙人不死之药。始皇巡北边，从上郡入。燕人卢生使人海还，以鬼神事，因奏录[①]图书，曰“亡秦者胡也”[②]。始皇乃使将军蒙恬[③]发兵三十万人北击胡，略取[④]河南地。

【注释】

①奏：臣子向君主上书、进言。录：记载，抄写。②亡秦者胡也：这本是一句双关语。使秦朝灭亡的是胡亥，秦始皇却以为是胡人。③蒙恬（？—前210）：秦朝名将。在抗击匈奴的斗争中，建立了功勋，后被秦二世逼迫自杀。④略取：占领；夺取。

【原文】

三十三年，发诸尝逋亡人、赘婿、贾人略取陆梁地[①]，为桂林、象郡、南海[②]，以適遣戍[③]。西北斥逐匈奴[④]。自榆中[⑤]并河以东，属之阴山，以为四十四县，城[⑥]河上为塞。又使蒙恬渡河取高阙、阳山、北假[⑦]中，筑亭障[⑧]以逐戎人。徙谪，实之初县[⑨]。禁不得祠。明星[⑩]出西方。三十四年，適治狱吏不直者，筑长城及南越[11]地。

【注释】

①逋（bū）亡人：逃亡的人。赘（zhuì）婿：穷人把儿子典给富人做奴隶，称“赘子”，主家给赘子娶妻后称为“赘婿”。这与招上门的女婿称为赘婿不同。陆梁地：泛指五岭以南地区。②桂林：郡名。治所在今广西壮族自治区桂平市西南。象郡：一说治所在象林（今越南维川南茶桥）。一说治所在临尘（今广西崇左市江州区境），地辖今广西西部、广东省西南部和贵州省南部一带。南海：郡名。治所在番禺。地辖今广东省滃江、大罗山以南，珠江三角洲及绥江流域以东。③適（zhé）：通“谪”，官吏因罪被降职或流放。戍（shù）：防守。④匈奴：即胡。战国时期居住在今内蒙古自治区一带的游牧部族。⑤榆中：要塞名，即榆林塞，或称榆溪旧塞，故址在今内蒙古准格尔旗，陕西榆林东北。⑥城：筑城。用如动词。⑦高阙：地名。在今内蒙古自治区杭锦后旗东北石兰计山口。阳山：指阴山最西一段，即今内蒙古的狼山。北假：地区名，指今内蒙古五原西、河套以北、阴山以南地区。⑧亭障：在边疆险要处修建的、供防守的堡垒。⑨初县：新设置的县。⑩明星：彗星。⑪不直：不公正，不正直。南越：指桂林、象郡、南海诸郡。

【原文】

始皇置酒咸阳宫，博士七十人前为寿[1]。仆射[2]周青臣进颂曰：“他时秦地不过千里，赖陛下神灵明圣，平定海内，放逐蛮夷，日月所照，莫不宾服。以诸侯为郡县，人人自安乐，无战争之患，传之万世。自上古不及陛下威德。”始皇悦。博士齐人淳于越进曰：“臣闻殷周之王千余岁，封子弟功臣，自为枝辅③。今陛下有海内，而子弟为匹夫④，卒有田常、六卿⑤之臣，无辅拂⑥，何以相救哉？事不师古而能长久者，非所闻也。今青臣又面谀以重陛下之过，非忠臣。”始皇下其议。丞相李斯曰：“五帝不相复，三代不相袭⑦，各以治，非其相反，时变异也。今陛下创大业，建万世之功，固非愚儒所知。且越言乃三代之事，何足法也？异时⑧诸侯并争，厚招游学。今天下已定，法令出一，百姓当家则力农工，士则学习法令辟禁⑨。今诸生不师今而学古，以非当世，惑乱黔首。丞相臣斯昧死言：古者天下散乱，莫之能一，是以诸侯并作，语皆道古以害今，饰虚言以乱实，人善其所私学，以非上之所建立。今皇帝并有天下，别黑白而定一尊。私学而相与非法教，人闻令下，则各以其学议之，入则心非，出则巷议，夸主以为名，异取⑩以为高，率群下以造谤。如此弗禁，则主势降乎上，党与⑪成乎下。禁之便⑫。臣请史官非秦记皆烧之。非博士官所职⑬，天下敢有藏《诗》《书》百家语⑭者，悉诣守、尉杂烧之。有敢偶语《诗》《书》者弃市⑮。以古非今者族。吏见知不举者与同罪。令下三十日不烧，黥为城旦⑯。所不去者，医药卜筮⑰种树之书。若欲有学法令，以吏为师。”制曰：“可。”

【注释】

①为寿：敬酒祝酒。②仆射（yè）：官名。如博士仆射、

尚书仆射等。根据所掌管的职事作称号。意思就是某一类官员的首长。③枝辅：辅助。④匹夫：古指平民中的男子，也指寻常的个人。⑤田常：春秋时齐国大臣，杀死齐简公，拥立齐平公。任相国。六卿：春秋后期，晋国有范氏、中行（háng）氏、知氏、韩氏、赵氏、魏氏六家为卿。⑥拂：通“弼”，辅佐。⑦三代：指夏、商、周三代。⑧异时：从前。⑨辟（bì）禁：刑法；禁令。辟，通“避”。⑩异取：标新立异。取，通“趣”。⑪党与：即朋党。⑫便：有利，适宜。⑬职：职掌；主管。⑭《诗》：《诗经》。《书》：《尚书》。百家语：诸子百家的著作。⑮偶语：相对私语。弃市：古代死刑之称。在闹市执行死刑，并将尸体暴露街头。⑯黥：古代刑罚。在犯人脸上刺字，并涂上墨，也称墨刑。城旦：刑罚名。白天守卫，晚上筑长城，一般以四年为期。⑰卜筮（shì）：古代占卜，用龟甲称卜，用蓍草为筮。

【原文】

三十五年，除道[①]，道九原[②]抵云阳，堑山堙[③]谷，直通之。于是始皇以为咸阳人多，先王之宫廷小，吾闻周文王都丰，武王都镐，丰镐之间，帝王之都也。乃营作朝宫渭南上林苑中。先作前殿阿房[④]，东西五百步，南北五十丈，上可以坐万人，下可以建五丈旗。周驰为阁道[⑤]，自殿下直抵南山。表南山之颠以为阙[⑥]。为复道，自阿房渡渭，属之咸阳，以象天极阁道绝汉抵营室也[⑦]。阿房宫未成；成，欲更择令名[⑧]名之。作宫阿房，故天下谓之阿房宫。隐宫[⑨]徒刑者七十余万人，乃分作阿房宫，或作丽山⑩。发北山石椁⑪，乃写⑫蜀、荆地材皆至。关中计宫三百，关外⑬四百余。于是立石东海上朐⑭界中，以为秦东门。因徙三万家丽邑，五万家云阳，皆复不事十岁。

【注释】

①除道：开道。②道：经过。九原：县名。治所在今包头市西，为九原郡郡治。③堑（qiàn）：挖掘。堙（yīn）：填塞。④阿房（ē páng）：地名。在今陕西省西安市西北。阿，近。房，通“旁”。阿房宫直到秦朝灭亡，也未命名，因前殿在阿房，所以称为阿房宫。⑤阁道：即“复道”，在高楼间架空的通道。⑥表：标志。颠：通“巅”。阙：古代宫殿、祠庙和陵墓间的高建筑物。⑦阁道、营室：古星名。绝：横渡。汉：天河。这句写阿房宫的建筑模仿天极，阿房宫是地上的阁道，渭水是天河，隔河的咸阳是灿烂的营室。⑧令名：美名。⑨隐宫：即宫刑。古代酷刑之一。把男人的生殖器阉割后，要把受刑者关在阴暗的屋子里养息一百天，所以叫隐宫。⑩丽山：即骊山。在今陕西省西安市临潼区东南。⑪石椁：作椁的石材。⑫写：通“卸”。运送。⑬关外：函谷关以东。⑭朐（qú）：山名。即在今江苏省连云港市西南的锦屏山。

【原文】

卢生说始皇曰：“臣等求芝、奇药、仙者常弗遇，类①物有害之者。方中，人主时为微行以辟②恶鬼，恶鬼辟，真人③至。人主所居而人臣知之，则害于神。真人者，入水不濡④，入火不爇⑤，陵云气⑥，与天地久长。今上治天下，未能恬倓[7]。愿上所居宫毋令人知，然后不死之药殆可得也。”于是始皇曰：“吾慕真人，自谓‘真人’，不称‘朕’。”乃令咸阳之旁二百里内宫观二百七十复通甬道相连，帷帐钟鼓美人充之，各案署[8]不移徙。行[9]所幸，有言其处者，罪死。始皇帝幸梁山宫[10]，从山上见丞相车骑众，弗善[11]也。中人[12]或告丞相，丞相后损车骑。始皇怒曰：“此中人泄吾语。”案问[13]莫服。当是时，诏捕诸时在旁者，皆杀之。自是后莫知行之所在。听事，群臣受决事，悉于咸阳宫。

【注释】

①类：好像。②方中：方寸之中，指自己的想法。辟：通“避”。③真人：道家称修真得道或成仙的人。④濡（rú）：沾湿。⑤爇（ruò）：焚烧。⑥陵：登；上升。⑦恬倓（dàn）：清静而无所作为。倓，通“淡”。⑧案：通“按”。署：部署。⑨行：巡狩；巡视。⑩梁山宫：宫殿名。在今陕西省乾县东。⑪善：赞许；喜欢。⑫中人：皇宫中的人。指宦官或近臣。⑬案问：审问。

【原文】

侯生、卢生相与谋曰：“始皇为人，天性刚戾自用[1]，起[2]诸侯，并天下，意得欲从[3]，以为自古莫及己。专任狱吏，狱吏得亲幸。博士虽七十人，特备员[4]弗用。丞相诸大臣皆受成事[5]，倚辨[6]于上。上乐以刑杀为威，天下畏罪持禄[7]，莫敢尽忠。上不闻过而日骄，下慑伏谩欺[8]以取容。秦法，不得兼方[9]，不验，辄死。然候星气者[10]至三百人，皆良士，畏忌讳谀，不敢端言[11]其过。天下之事无小大皆决于上，上至以衡石量书[12]，日夜有呈，不中[13]呈不得休息。贪于权势至如此，未可为求仙药。”于是乃亡去。始皇闻亡，乃大怒曰：“吾前收天下书不中用者尽去之。悉召文学方术士[14]甚众，欲以兴太平，方士欲练[15]以求奇药。今闻韩众[16]去不报，徐市等费以巨万计，终不得药，徒奸利[17]相告日闻。卢生等吾尊赐之甚厚，今乃诽谤我，以重吾不德也。诸生在咸阳者，吾使人廉问[18]，或为訞[19]言以乱黔首。”于是使御史悉案问诸生，诸生传相告引[20]，乃自除犯禁[21]者四百六十余人，皆坑之咸阳，使天下知之，以惩后。益发谪徙边。始皇长子扶苏谏曰：“天下初定，远方黔首未集，诸生皆诵法孔子，今上皆重法绳[22]之，臣恐天下不安。唯上察之。”始皇怒，使扶苏北监蒙恬于上郡。

【注释】

①自用：凭自己的主观意图办事，不虚心向人求教。②起：出身。③意得欲从：即“得意从欲”。从，通“纵”，放纵。④备员：充数；凑数。⑤成事：已成的事。⑥辨：通“办”，治理；办事。⑦持禄：保持禄位，尸位素餐。⑧慑(shè)伏：害怕畏伏。谩欺：欺骗；蒙蔽。⑨兼方：具有两种以上的方技。⑩候星气者：观测星象和云气的人。⑪端言：直言；正言。⑫衡石量书：一天称一百二十斤文件来看。衡，指秤。石，一百二十斤。⑬呈：通“程”，限额。中（zhòng）：满，正对上，达到。⑭方术士：古代指研究天文、医学、神仙术、占卜、相术等的人。⑮练：阅历；寻访；游历。⑯韩众：

即韩终。⑰奸利：以非法手段谋取利益。⑱廉问：侦查；查访。⑲訞：同“妖”。⑳告引：告发。㉑自除：指秦始皇亲自削除儒生名籍。除，除名。禁：指法令或习俗所不允许的事情。㉒绳：约束，整治。

【原文】

三十六年，荧惑守心[①]。有坠星下东郡，至地为石，黔首或刻其石曰“始皇帝死而地分”。始皇闻之，遣御史逐问，莫服，尽取石旁居人诛之，因燔销其石[②]。始皇不乐，使博士为《仙真人诗》，及行所游天下，传令乐人歌弦[③]之。秋，使者从关东夜过华阴平舒[④]道，有人持璧遮使者曰：“为吾遗滈池君[⑤]。”因言曰：“今年祖龙[⑥]死。”使者问其故，因忽不见，置其璧去。使者奉[⑦]璧具以闻。始皇默然良久，曰：“山鬼固不过知一岁事也。”退言曰：“祖龙者，人之先也。”使御府视璧，乃二十八年行渡江所沉璧也。于是始皇卜之，卦得游徙吉。迁北河、[⑧]榆中三万家。拜爵一级。

【注释】

①荧惑：即火星。心：星名，也叫商星，二十八宿之一。②燔（fán）：焚烧。③歌：谱曲。弦：弹奏。④华阴：县名。治所在今陕西省华阴市。平舒：城名。在今陕西省华阴市西北渭水边。⑤滈池君：水神名。这里借指秦始皇。⑥祖龙：暗指秦始皇。祖，开始。龙，皇帝的象征。⑦奉：通“捧”。⑧北河：约当今内蒙古境内黄河的北支乌加河（当时为黄河主流）。

【原文】

三十七年十月癸丑，始皇出游。左丞相斯从，右丞相去疾[①]守。少子胡亥爱慕请从，上许之。十一月，行至云梦，望祀虞舜于九疑[②]山。浮江下，观籍柯，渡海渚[③]。过丹阳，至钱唐[④]。临浙江[⑤]，水波恶，乃西百二十里从狭中渡。上会稽，祭大禹，望于南海[⑥]，而立石刻颂秦德。其文曰：

皇帝休烈，平一宇内，德惠修长。三十有七年，亲巡天下，周览远方。遂登会稽，宣省[⑦]习俗，黔首斋庄。群臣诵功，本原事迹，追首高明。秦圣临国，始定刑名，显陈旧章。初平法式，审别职任，以立恒常。六王专倍[⑧]，贪戾慠猛，率众自强。暴虐恣[⑨]行，负力而骄，数动甲兵。阴通间使，以事合从，行为辟方[⑩]。内饰诈谋，外来侵边，遂起祸殃。义威诛之，殄熄暴悖，乱贼灭亡。圣德广密，六合之中，被泽无疆。皇帝并宇，兼听万事，远近毕清。运理群物，考验事实，名载其名。贵贱并通，善否[⑪]陈前，靡有隐情。饰省宣义，有子而嫁，倍死不贞。防隔内外，禁止淫泆[⑫]，男女絜诚。夫为寄豭[⑬]，杀之无罪，男秉义[⑭]程。妻为逃嫁，子不得母[⑮]，咸化廉清。大治濯俗[⑯]，天下承[⑰]风，蒙被休经。皆遵度轨，和安敦[⑱]勉，莫不顺令。黔首修絜，人乐同则[⑲]，嘉保太平。后敬奉法，常治无极，舆舟不倾。从臣诵烈，请刻此石，光垂休铭[⑳]。

【注释】

①去疾：冯去疾。②云梦：泛指春秋战国时楚王的游猎

区，大致包括江汉平原及东、西、北三面一部分丘陵区。九疑：一作“九嶷”，又名苍梧山。在湖南省宁远县南。③籍柯：山名。海渚（zhǔ）：《括地志》认为在“舒州同安县东”。舒州在今安徽省庐江县西。江渚，又名牛渚，即今安徽省马鞍山市采石矶。④丹阳：县名。治所在今安徽省当涂县东北。钱唐：县名。治所在今浙江省杭州市。⑤浙江：指今钱塘江上游的新安江。⑥会稽：山名。在今浙江省绍兴市南。南海：指今东海。⑦省（xǐng）：察看。⑧专倍：专横，悖理。⑨恣：放纵，无顾忌。⑩间使：从事反间活动的使者。辟方：邪僻违拗。⑪善否：善或不善。⑫饰省宣义：文过饰非，混淆黑白。省，通“眚”，过失。宣，头发黑白相杂，引申为混淆的意思。泆（yì）：放荡；荒淫。⑬寄豭（jiā）：比喻有妻子但乱搞男女关系的男人。豭，公猪。⑭义：公正合理而应当做的。⑮子不得母：儿子不能认她为母亲。⑯濯（zhuó）：洗净；清净。⑰承：承领。⑱敦：勉励。⑲则：规则；法令。⑳铭；牢记；永远不忘。

【原文】

还过吴[①]，从江乘[②]渡。并海上，北至琅邪。方士徐市等人海求神药，数岁不得，费多，恐谴，乃诈曰：“蓬莱药可得，然常为大鲛鱼所苦，故不得至，愿请善射与俱，见则以连弩[③]射之。”始皇梦与海神战，如人状。问占梦，博士曰：“水神不可见，以大鱼蛟龙为候[④]。今上祷祠备谨[⑤]，而有此恶神，当除去，而善神可致[⑥]。”乃令入海者赍[⑦]捕巨鱼具，而自以连弩候大鱼出射之。自琅邪北至荣成山[8]，弗见。至之罘，见巨鱼，射杀一鱼。遂并海西。

【注释】

①吴：县名。治所在今江苏省苏州市。②江乘：县名。治所在今江苏省句容市北。③连弩：装有机括，可以连续放箭的弓。④候：征候；征兆；迹象。⑤备谨：完备，恭谨。⑥致：招引；引来。⑦赍：携带。⑧荣成山：在今山东省荣成县境内。

【原文】

至平原津而病[1]。始皇恶言死，群臣莫敢言死事。上病益甚，乃为玺书[2]赐公子扶苏曰："与丧会咸阳而葬。"书已封，在中车府令赵高行符玺事[3]所，未授使者。七月丙寅，始皇崩于沙丘平台[4]。丞相斯为上崩在外，恐诸公子及天下有变，乃秘[5]之，不发丧。棺载辒凉车[6]中，故幸宦者参乘[7]，所至上食。百官奏事如故，宦者辄从辒凉车中可其奏事。独子胡亥、赵高及所幸宦者五六人知上死。赵高故尝教胡亥书[8]及狱律令法事，胡亥私幸之。高乃与公子胡亥、丞相斯阴谋破去始皇所封书赐公子扶苏者，而更诈为丞相斯受始皇遗诏沙丘，立子胡亥为太子。更为书赐公子扶苏、蒙恬，数[9]以罪，其赐死。语具在《李斯传》中。行，遂从井陉抵九原。会暑，上辒车臭，乃诏从官令车载一石鲍鱼[10]，以乱其臭。

【注释】

①平原津：在今山东省平原县南。②玺书：古代以印信封

记的文书。秦以后专指皇帝的诏书。玺，印，秦以后专指皇帝的印。③中车府令：官名。掌管皇帝的车辆。行符玺事：执行圣旨的发布事宜。④沙丘平台：在今河北省广宗县西北。⑤秘：不公开。⑥辒（wēn）凉车：一种关门就温、开门就凉的卧车。⑦参乘：陪乘的人。⑧书：书法；书写。⑨数：列举罪状。⑩鲍（bào）鱼：盐腌的干鱼，有臭味。

【原文】

行从直道[①]至咸阳，发丧。太子胡亥袭位，为二世皇帝。九月，葬始皇郦山。始皇初即位，穿[②]治郦山，及并天下，天下徒送诣七十余万人，穿三泉[③]，下铜[④]而致椁，宫观、百官、奇器、珍怪[⑤]，徙臧满之。令匠作机弩矢[⑥]，有所穿近者辄射之。以水银为百川江河大海，机相灌输，上具天文，下具地理[⑦]。以人鱼膏为烛，度[⑧]不灭者久之。二世曰："先帝后宫[⑨]非有子者，出焉不宜。"皆令从死[⑩]，死者甚众。葬既已下，或言工匠为机，臧皆知之，臧重[⑪]即泄。大事毕，已臧，闭中羡，下[⑫]外羡门，尽闭工匠臧者，无复出者。树[⑬]草木以象山。

【注释】

①直道：道路名。始皇三十五年（前212）命蒙恬主持修建，北起九原，南至云阳。②穿：打通；凿穿。③三泉：三重泉，形容很深。④下铜：灌注铜汁，加以锢塞。⑤宫观、百官：陶制的房屋模型和偶人。奇器、珍怪：真的或仿制的日用品、奢侈品。⑥机弩矢：能自动发射的弓箭。⑦"以水银为百川江河大海"四句：据《光明日报》1985年3月29日报

道，秦始皇陵考古队历时十二年，通过调查钻探，“发现地宫中心有大量集中的水银存在，分布面积达一万二千平方米，其他地方则无。地宫内水银的分布有一定的规则，构成几何图案。这些图案可以反映地宫的部分结构”。⑧人鱼膏：人鱼的脂膏。度（duó）：估计。⑨后宫：指妃嫔、宫女。⑩从死：跟着死，殉葬。⑪臧（zāng）：奴仆。重：多。⑫羡：通“埏（yán）”，墓道。下：放下。外羡门是从上往下吊的。⑬树：种植；栽。

【原文】

二世皇帝元年，年二十一。赵高为郎中令①，任用事。二世下诏，增始皇寝庙②牺牲及山川百祀之礼。令群臣议尊始皇庙。群臣皆顿首言曰：“古者天子七庙，诸侯五，大夫三，虽万世世不轶毁③。今始皇为极庙，四海之内皆献贡职④，增牺牲，礼咸备，毋以加。先王庙或在西雍⑤，或在咸阳。天子仪当独奉酌祠始皇庙。自襄公⑥已下轶毁。所置凡七庙。群臣以礼进祠，以尊始皇庙为帝者祖庙。皇帝复自称‘朕’。”

【注释】

①郎中令：官名。掌管宫殿门户及百官出入。②寝庙：宗庙中寝和庙的合称。③轶（dié）毁：依次废除。轶，通“迭”。④极庙：地位极高的庙。职：赋税。⑤西雍：咸阳西面雍县，今陕西省凤翔县南。⑥襄公（？—前766）：春秋时秦国的创立者。前777—前766年在位。西周灭亡时，护送周平王东迁，被封为诸侯，赐给岐（今陕西省岐山县东北）。

【原文】

二世与赵高谋曰："朕年少，初即位，黔首未集附[①]。先帝巡行郡县，以示强，威服海内。今晏然[②]不巡行，即见弱，毋以臣畜[③]天下。"春，二世东行郡县，李斯从。到碣石，并海，南至会稽，而尽刻始皇所立刻石，石旁著[④]大臣从者名，以章先帝成功盛[⑤]德焉：

皇帝曰："金石刻尽始皇帝所为也。今袭号而金石刻辞不称始皇帝，其于久远也如后嗣为之者，不称成功盛德。"丞相臣斯、臣去疾、御史大夫臣德昧死言："臣请具刻诏书刻石，因明白矣。臣昧死请。"制曰："可。"

遂至辽东而还。

【注释】

①集附：归附，服从。②晏然：平静安逸的样子。③臣畜：奴役；统治。④著：刻；写。⑤章：表彰；彰明。盛：美。

【原文】

于是二世乃遵[①]用赵高，申法令。乃阴与赵高谋曰："大臣不服，官吏尚强，及诸公子必与我争，为之奈何？"高曰："臣固愿言而未敢也。先帝之大臣，皆天下累世[②]名贵人也，积功劳世以相传久矣。今高素小贱，陛下幸称举[③]，令在上位，管中事。大臣鞅鞅[④]，特以貌从臣，其心实不服。今上出，不因此时案郡县守尉有罪者诛之，上以振威天下，下以除去上生平所不可[5]者。今时不师文而决于武力，愿陛下遂从时毋疑，即[6]群臣不及谋。明主收举[7]余民，贱者贵之，贫者富之，远者近之，则上下集而国安矣。”二世曰：“善。”乃行诛大臣及诸公子，以罪过连逮少近官三郎[8]，无得立者，而六公子戮死于杜[9]。公子将闾昆弟三人囚于内宫，议其罪独后。二世使使令将闾曰：“公子不臣[10]，罪当死，吏致法焉。”将闾曰：“阙廷之礼，吾未尝敢不从宾赞[11]也；廊庙[12]之位，吾未尝敢失节也；受命应对，吾未尝敢失辞[13]也。何谓不臣？愿闻罪而死。”使者曰：“臣不得与谋，奉书从事。”将闾乃仰天大呼天者三，曰：“天乎！吾无罪！”昆弟三人皆流涕拔剑自杀。宗室[14]振恐。群臣谏者以为诽谤，大吏持禄取容，黔首振恐。

【注释】

①遵：沿。②累世：接连几代。③称举：抬举。④鞅鞅：通“怏怏”，不满意、不愉快的样子。⑤案：查明；查究。可：赞成；满意。⑥即：赶；趁。⑦收举：收罗；提拔。⑧连逮：连及。逮：及。少近官：近侍小臣。三郎：指中郎、外郎、散郎。⑨杜：县名。治所在今陕西省西安市东南。⑩不臣：不尽臣道。⑪阙廷：宫廷。阙，宫阙。宾赞：司仪人。⑫廊庙：指朝廷。⑬应对：用语言酬答；对答。失辞：言辞失当。⑭宗室：皇族。

【原文】

四月，二世还至咸阳，曰：“先帝为咸阳朝廷小，故营阿房宫为室堂。未就，会上崩，罢[1]其作者，复土[2]郦山。郦山事大毕，今释阿房宫弗就，则是章先帝举事过也。”复作阿房宫。外抚四夷，如始皇计。尽征其材士五万人为屯卫[3]咸阳，令教射狗马禽兽。当食者[4]多，度不足，下调郡县转输菽粟刍藁[5]，皆令自赍粮食，咸阳三百里内不得食其谷。用法益刻深[6]。

【注释】

①罢：停止。②复土：掘出墓坑，下棺后还复其土成坟陵。此指为始皇修墓。③材士：指身强力壮的人。屯卫：驻防，守卫。④食者：指材士和狗马禽兽。⑤调：征调。菽（shū）：大豆；豆类。刍（chú）：喂牲口的草。藁（gǎo）：庄稼的茎叶。⑥刻深：苛刻、严峻。

【原文】

七月，戍卒陈胜[1]等反故荆地，为“张楚”[2]。胜自立为楚王，居陈[3]，遣诸将徇[4]地。山东郡县少年苦秦吏，皆杀其守尉令丞反，以应陈涉，相立为侯王，合从西乡[5]，名为伐秦，不可胜数也。谒者[6]使东方来，以反者闻二世。二世怒，下吏。后使者至，上问，对曰：“群盗，郡守尉方逐捕，今尽得，不足忧。”上悦。武臣自立为赵王，魏咎为魏王，田儋[7]为齐王。沛公起沛[8]。项梁[9]举兵会稽郡。

【注释】

①陈胜（？—前208）：字涉。阳城（今河南省登封市东南）人。②张楚：取张大楚国的命意。③陈：县名。在今河

南省周口市淮阳区。④徇：夺取。⑤合从：即合纵。从，通“纵”。乡：通“向”。⑥谒者：官名。掌管传达，有时也奉命出使。⑦武臣，魏咎：均陈胜的部将。田儋：秦朝末年，重建齐国，后被秦将章邯杀死。⑧沛公：即汉高帝刘邦。沛：县名。治所在今江苏省沛县。⑨项梁：（？—前208）：楚将项燕子，参加反秦起义。下相（今江苏省宿迁市宿城区西南）人。陈胜失败后，立楚怀王孙子熊心为怀王。

【原文】

二年冬，陈胜所遣周章等将西至戏[①]，兵数十万。二世大惊，与群臣谋曰：“奈何？”少府章邯[②]曰：“盗已至，众强，今发近县不及矣。郦山徒多，请赦之，授兵以击之。”二世乃大赦天下，使章邯将，击破周章军而走，遂杀章曹阳[③]。二世益遣长史[④]司马欣、董翳佐章邯击盗，杀陈胜城父[⑤]，破项梁定陶，灭魏咎临济[⑥]。楚地盗名将已死，章邯乃北渡河，击赵王歇等于钜鹿[⑦]。

【注释】

①戏（xì）：水名。在今陕西省西安市临潼区东。②少府：官名。为九卿之一。掌管山海池泽收入和皇室手工业制造。章邯（？—前205）：率兵镇压陈胜、项梁领导的农民起义军，后被项羽打败，投降，封为雍王。楚汉战争中，兵败自杀。③章：指周章。曹阳：亭名。在今河南省灵宝市东南。④长（zhàng）史：官名。⑤城父（fù）：邑名。在今安徽省亳州市谯城区东南。⑥临济：县名。在今河南省封丘县东。⑦钜鹿：

县名。治所在今河北省平乡县西南。

【原文】

赵高说二世曰："先帝临制天下久，故群臣不敢为非，进邪说。今陛下富于春秋[1]，初即位，奈何与公卿[2]廷决事？事即有误，示群臣短也。天子称朕，固[3]不闻声。"于是二世常居禁中[4]，与高决诸事。其后公卿希[5]得朝见，盗贼益多，而关中卒发东击盗者毋已。右丞相去疾、左丞相斯、将军冯劫进谏曰："关东群盗并起，秦发兵诛击，所杀亡甚众，然犹不止。盗多，皆以戍漕转作[6]事苦，赋税大也。请且止阿房宫作者，减省四边戍转。"二世曰："吾闻之韩子[7]曰：'尧舜采椽[8]不刮，茅茨[9]不剪，饭土塯[10]，啜土形[11]，虽监门之养[12]，不觳[13]于此。禹凿龙门[14]，通大夏[15]，决河亭水，放之海，身自持筑臿[16]，胫[17]毋毛，臣虏之劳不烈[18]于此矣。'凡所为贵有天下者，得肆意极欲，主重明法，下不敢为非，以制御海内矣。夫虞、夏之主，贵为天子，亲处穷苦之实，以徇[19]百姓，尚[20]何于法？朕尊万乘[21]，毋其实，吾欲造千乘之驾，万乘之属，充吾号名。且先帝起诸侯，兼天下，天下已定，外攘四夷以安边竟[22]，作宫室以章得意，而君观先帝功业有绪[23]。今朕即位二年之间，群盗并起，君不能禁，又欲罢先帝之所为，是上毋以报先帝，次不为朕尽忠力，何以在位？"下去疾、斯、劫吏，案责他罪。去疾、劫曰："将相不辱。"自杀。斯卒囚，就五刑[24]。

【注释】

①富于春秋：意谓来日方长，正在青年时代。春秋，指年龄。②公卿：泛指朝廷中的高级官员。③固：本来。④禁中：深宫中。⑤希：通“稀”。⑥戍漕（cáo）转作：指兵役和各种劳役。漕：水路运粮。转：转运。作：建筑工程。⑦韩子：指韩非。引文出自《韩非子·五蠹》。⑧椽：椽子。⑨茨（cí）：用茅草之类盖的屋顶。⑩饭：吃。增：盛饭的瓦器。⑪啜（chuò）：喝。形：通“型”，盛汤的瓦器。⑫监门：守门人。养：供养。⑬觳（què）：通“埆”，俭薄，节俭。⑭龙门：在山西省河津市西北和陕西省韩城市东北，黄河到此，两岸峭壁对峙，形如阙门。⑮大夏：地区名。在今山西省太原市以南一带。⑯筑：捣土的杵。臿：掘土的工具。⑰胫（jìng）：小腿。⑱臣虏：奴隶。烈：厉害。⑲徇：通“殉”。⑳尚：犹，还。㉑万乘（shèng）：乘，一车四马。周制，天子能出兵车万乘，因以“万乘”指代帝位。大国诸侯能出兵车千乘，因以“千乘”指代大国。㉒攘：排除；排斥。竟：通“境”。㉓绪：世业；功绩。㉔五刑：五种刑罚。商、周时指墨刑（黥刺面孔）、劓刑（割鼻子）、剕刑（断膝盖）、宫刑（阉割生殖器官）、大辟（杀头）。

【原文】

三年，章邯等将其卒围钜鹿，楚上将军项羽将楚卒往救钜鹿。冬，赵高为丞相，竟案李斯杀之①。夏，章邯等战数却②，二世使人让邯，邯恐，使长史欣请事③。赵高弗见，又弗信。

欣恐，亡去，高使人捕追不及。欣见邯曰："赵高用事于中，将军有功亦诛，无功亦诛。"项羽急击秦军，虏王离，邯等遂以兵降诸侯。八月己亥，赵高欲为乱，恐群臣不听，乃先设验④，持鹿献于二世，曰："马也。"二世笑曰："丞相误邪？谓鹿为马。"问左右，左右或默，或言马以阿顺⑤赵高，或言鹿。高因阴中⑥诸言鹿者以法。后群臣皆畏高。

【注释】

①李斯被腰斩于咸阳。②数却：多次退却。③请事：请求指示。④设验：试探，考验。⑤阿顺：曲意逢迎。⑥中(zhòng)：中伤；陷害。

【原文】

高前数言"关东盗毋能为也"，及项羽虏秦将王离等钜鹿下而前，章邯等军数却，上书请益助，燕、赵、齐、楚、韩、魏皆立为王，自关以东，大氐①尽畔秦吏应诸侯，诸侯咸率其众西乡。沛公将数万人已屠②武关，使人私③于高，高恐二世怒，诛及其身，乃谢病不朝见。二世梦白虎啮其左骖马④，杀之，心不乐，怪问占梦。卜曰："泾水为祟⑤。"二世乃斋于望夷宫⑥，欲祠泾，沉四白马。使使责让高以盗贼事。高惧，乃阴与其婿咸阳令阎乐、其弟赵成谋曰："上不听谏，今事急，欲归祸于吾宗。吾欲易置上，更立公子婴。子婴仁俭⑦，百姓皆载⑧其言。"使郎中令为内应，诈为有大贼，令乐召吏发卒，追劫⑨乐母置高舍。遣乐将吏卒千余人至望夷宫殿门，缚卫令仆射，曰："贼入此，何不止？"卫令曰："周庐设卒甚谨，安得贼敢入宫?”乐遂斩卫令，直将吏入，行射，郎宦者大惊，或走或格[⑩]，格者辄死，死者数十人。郎中令与乐俱入，射上幄坐帏。二世怒，召左右，左右皆惶扰不斗。旁有宦者一人，侍不敢去。二世入内，谓曰：“公何不蚤[⑪]告我？乃至于此!”宦者曰：“臣不敢言，故得全。使臣蚤言，皆已诛，安得至今?”阎乐前即[⑫]二世数曰：“足下骄恣，诛杀无道[⑬]，天下共畔足下，足下其自为计。”二世曰：“丞相可得见否?”乐曰：“不可。”二世曰：“吾愿得一郡为王。”弗许。又曰：“愿为万户侯。”弗许。曰：“愿与妻子为黔首，比[⑭]诸公子。”阎乐曰：“臣受命于丞相，为天下诛足下，足下虽多言，臣不敢报。”麾[⑮]其兵进。二世自杀。

【注释】

①大氐（dǐ）：大抵；大概。②屠：毁坏城池，屠杀人民。③私：秘密交往。④啮（niè）：咬。左骖（cān）马：驾在车左外边的马。⑤为祟（suì）：作怪。⑥望夷宫：宫名。故址在今陕西省泾阳县东南。⑦俭：谦卑。⑧载：通“戴”。⑨追：紧跟；紧随。劫：劫持；架走。⑩格：格斗。⑪蚤：通“早”。⑫即：走近。⑬无道：暴虐，没有德政。⑭比：相类，相等。⑮麾（huī）：指挥。

【原文】

阎乐归报赵高，赵高乃悉召诸大臣公子，告以诛二世之状。曰：“秦故[①]王国，始皇君[②]天下，故称帝。今六国复自立，秦地益小，乃以空名为帝，不可。宜为王如故，便。”立二世之兄子公子婴为秦王。以黔首葬二世杜南宜春苑[3]中。令子婴斋，当庙见[4]，受王玺。斋五日，子婴与其子二人谋曰："丞相高杀二世望夷宫，恐群臣诛之，乃详[5]以义立我。我闻赵高乃与楚约，灭秦宗室而王关中。今使我斋见庙，此欲因庙中杀我。我称病不行，丞相必自来，来则杀之。"高使人请子婴数辈，子婴不行，高果自往，曰："宗庙重事，王奈何不行？"子婴遂刺杀高于斋宫，三族高家以徇[6]咸阳。子婴为秦王四十六日，楚将沛公破秦军入武关，遂至霸上[7]，使人约降子婴。子婴即系颈以组[8]，白马素车[9]，奉天子玺符，降轵道旁[10]。沛公遂入咸阳，封宫室府库，还军霸上。居月余，诸侯兵至，项籍为从长[11]，杀子婴及秦诸公子宗族。遂屠咸阳，烧其宫室，虏其子女，收其珍宝货财，诸侯共分之。灭秦之后，各分其地为三，名曰雍王、塞王、翟王[12]，号曰三秦。项羽为西楚霸王，主命分天下王诸侯，秦竟灭矣。后五年，天下定于汉。

【注释】

①故：从前；本来。②君：统治。③宜春苑：秦朝离宫有宜春宫，宫东为宜春苑。④庙见：皇帝即位后第一次到宗庙拜祖先、会群臣、受印玺的典礼。⑤详：通"佯"。⑥徇：向众宣示。⑦霸上：在今陕西省西安市东。⑧组：用丝织成的宽带子，古代用作佩玉或佩印的绶带。⑨白马素车：丧服。这里表示有罪。⑩轵道：一作"枳道"。亭名。为长安城东第一亭，在今陕西省西安市东北。⑪项籍：即项羽。从长：合纵集团的

首领。⑫雍王：秦降将章邯，领有今陕西省中部和甘肃省东部地区。塞王：司马欣，领有今陕西省东部地区。翟王：董翳，领有今陕西省北部地区。

【原文】

太史公曰：秦之先伯翳[①]，尝有勋于唐虞[②]之际，受土赐姓[③]。及殷夏之间微散[④]。至周之衰，秦兴，邑于西垂[⑤]。自缪公[⑥]以来，稍蚕食诸侯，竟成始皇。始皇自以为功过五帝，地广三王，而羞与之侔[⑦]。善哉乎贾生[⑧]推言之也！曰：

秦并兼诸侯山东三十余郡，缮津[⑨]关，据险塞，修甲兵[⑩]而守之。然陈涉以戍卒散乱之众数百，奋臂大呼，不用弓戟[⑪]之兵，鉏耰白梃[⑫]，望屋而食[⑬]，横行[⑭]天下。秦人阻险不守，关梁不阖[⑮]，长戟不刺，强弩不射。楚师深入，战于鸿门[⑯]，曾无藩篱[⑰]之艰。于是山东大扰，诸侯并起，豪俊相立。秦使章邯将而东征，章邯因以三军之众要市[⑱]于外，以谋其上。群臣之不信，可见于此矣。子婴立，遂不寤[⑲]。藉使子婴有庸主之材，仅得中佐，山东虽乱，秦之地可全而有，宗庙之祀未当绝也。

【注释】

①伯翳（yì）：通“伯益”，古代嬴姓各族的祖先。②唐：即陶唐氏，传说中的远古部落名。居住平阳（今山西省临汾市西南）。虞：即有虞氏。传说中的远古部落名。③赐姓：古代君主，让有功之臣或宠幸的人姓自己或近亲的姓，叫“赐姓”。④微散：稍微散落。⑤垂：通“陲”，边境。⑥缪公：

即秦穆公嬴任好（？—前621）。前659—前621年在位。任用谋臣，击败晋国，后又被晋国打败，转而向西发展，攻灭十二国，称霸西戎。⑦侔（móu）：齐，相等。⑧贾生：即贾谊（前200—前168）。洛阳人，西汉政论家、散文家。⑨缮：修。津：渡口。⑩甲兵：铠甲和兵器。泛指武器。⑪戟（jǐ）：兵器。⑫鉏：通“锄”。耰（yōu）：平土的无齿耙。梃（tǐng）：棍棒。⑬望屋而食：起义部队没有给养，但随地受到人民的支持。⑭横行：纵横驰骋。⑮阖（hé）：关闭。⑯鸿门：地名。在今陕西省西安市临潼区东北。⑰藩篱：篱笆；屏障。⑱要（yāo）市：要挟；出卖。⑲寤：通“悟”，觉悟；了解。

【原文】

秦地被山带[①]河以为固，四塞[②]之国也。自缪公以来，至于秦王[③]，二十余君，常为诸侯雄[④]。岂世世贤哉？其势居[⑤]然也。且天下尝同心并力而攻秦矣。当此之世，贤智并列。良将行其师，贤相通其谋，然困于阻险而不能进，秦乃延入战而为之开关，百万之徒逃北而遂坏。岂勇力智慧不足哉？形不利，势不便也。秦小邑并大城，守险塞而军，高垒毋战，闭关据阸[⑥]，荷戟而守之。诸侯起于匹夫，以利合，非有素王[⑦]之行也。其交未亲，其下未附，名为亡秦，其实利之也。彼见秦阻之难犯也，必退师。安土息[⑧]民，以待其敝[⑨]，收弱扶罢[⑩]，以令大国之君，不患不得意于海内。贵为天子，富有天下，而身为禽[⑪]者，其救败[⑫]非也。

【注释】

①被：背靠。带：环绕。②四塞：四周都有险塞。③秦王：指秦始皇。④雄：雄长。⑤势居：地理形势所处的位置。⑥阸（ài）：通“隘”，险要。⑦素王：道德很高，天下景仰但未居王位的人。⑧安：稳定。息：休养生息。⑨敝：疲困。⑩罢：通“疲”。⑪禽：通“擒”。⑫救败：挽救危亡的局势。

【原文】

秦王足己不问，遂[1]过而不变。二世受之，因而不改，暴虐以重祸[2]。子婴孤立无亲，危弱无辅。三主[3]惑而终身不寤，亡，不亦宜乎？当此时也，世非无深虑知化[4]之士也，然所以不敢尽忠拂[5]过者，秦俗多忌讳之禁，忠言未卒于口而身为戮没矣。故使天下之士，倾耳而听，重足[6]而立，拑口[7]而不言。是以三主失道[8]，忠臣不敢谏，智士不敢谋，天下已乱，奸不上闻，岂不哀哉！先王知雍蔽[9]之伤国也，故置公卿大夫士[10]，以饰法设[11]刑，而天下治。其强也，禁暴诛乱而天下服。其弱也，五伯[12]征而诸侯从。其削也，内守外附而社稷存。故秦之盛也，繁法严刑而天下振；及其衰也，百姓怨望而海内畔矣。故周五序[13]得其道，而千余岁不绝。秦本末并失，故不长久。由此观之，安危之统[14]相去远矣。野谚曰：“前事不忘，后事之师也。”是以君子为国，观之上古，验之当世，参以人事[15]，察盛衰之理，审权势之宜，去就有序，变化有时，故旷日长久而社稷安矣。

【注释】

①遂：顺；随。②因：因循，沿袭。重祸：加重祸患。③三主：指秦始皇、秦二世、公子婴。④深虑知化：深谋远虑而知道随时变化。⑤拂：违背；违抗，抵制。⑥重（chóng）足：两只脚叠起来，不敢走动。⑦拑口：通“钳口”，闭口不言。⑧失道：迷路。⑨雍蔽：通“壅蔽”。隔绝；蒙蔽。⑩公卿大夫士：指朝廷的最高官员。⑪饰：整治，修订。设：完备。⑫五伯：即“五霸”。⑬五序：指公、侯、伯、子、男之序。一说“五”应作“王”。⑭统：根本；基础。⑮人事：人情事理。

【原文】

秦孝公①据殽、函之固，拥雍州②之地，君臣固守而窥周室，有席卷天下，包举宇内，囊括③四海之意，并吞八荒④之心。当是时，商君⑤佐之，内立法度，务耕织，修守战之备，外连衡⑥而斗诸侯，于是秦人拱手而取西河⑦之外。

【注释】

①秦孝公（前381—前338年）：战国时秦国国君，即嬴渠梁。②雍州：古九州之一。③席卷、包举、囊括：像席子一样卷起来，像包袱一样总括起来，像袋子一样装起来，都有并吞的意思。④八荒：天下。原指八方荒远的地方。⑤商君：即商鞅。⑥连衡：通“连横”，这是一种分散六国，使它们各自同秦联合，从而各个击破的策略。⑦西河：地区名。约当今陕

西省东部黄河西岸地带。本属魏国。

【原文】

孝公既殁，惠王、武王蒙[①]故业，因遗册[②]，南兼汉中，西举巴、蜀，东割膏腴之地，收要害之郡。诸侯恐惧，会盟而谋弱秦，不爱[③]珍器重宝肥美之地，以致天下之士，合从缔交，相与为一。当是时，齐有孟尝，赵有平原，楚有春申，魏有信陵。此四君者，皆明智而忠信，宽厚而爱人，尊贤重士，约从离衡，并韩、魏、燕、楚、齐、赵、宋、卫、中山之众。于是六国之士有宁越、徐尚、苏秦、杜赫[④]之属为之谋，齐明、周最、陈轸、昭滑、楼缓、翟景、苏厉、乐毅[⑤]之徒通其意，吴起、孙膑、带佗、兒良、王廖、田忌、廉颇、赵奢[⑥]之朋制其兵。常以十倍之地，百万之众，叩[⑦]关而攻秦。秦人开关延敌，九国之师逡巡[⑧]遁逃而不敢进。秦无亡矢遗镞[⑨]之费，而天下诸侯已困矣。于是从散约解，争割地而奉秦。秦有余力而制其敝，追亡逐北，伏尸百万，流血漂卤[⑩]。因利乘便，宰割天下，分裂河山，强国请服，弱国入朝。延及孝文王、庄襄王[⑪]，享国日浅，国家无事。

【注释】

①惠王：即秦惠文王。秦孝公的儿子。前 337—前 311 年在位。武王：秦惠文王的儿子。前 310—前 307 年在位。蒙：承受。②册：通“策”。③爱：吝惜。④宁越：赵国人。徐尚：宋国人。苏秦：洛阳人。杜赫：周人。⑤齐明：东周臣子。周最：一作“周聚”，或作“周冣”。东周国君的儿子。

陈轸：楚国人。昭（shào）滑：楚国臣子。楼缓：魏相。翟（zhái）景：魏国人。苏厉：苏秦的弟弟。乐毅：燕将。⑥吴起：魏将，后入楚。孙膑：齐将。带佗：赵将。兒良、王廖：均兵家。田忌：齐将。廉颇、赵奢：均赵将。⑦叩：击；攻。⑧逡（qūn）巡：顾忌徘徊，不敢前进。九国：指韩、魏、燕、楚、齐、赵、宋、卫、中山。⑨镞：箭镝。⑩卤：盾。⑪孝文王：前250年在位。秦昭襄王的儿子。庄襄王：孝文王子。前249—前247年在位。

【原文】

及至秦王，续六世[①]之余烈，振长策而御[②]宇内，吞二周而亡诸侯，履至尊而制六合，执棰拊[③]以鞭笞天下，威振四海。南取百越[④]之地，以为桂林、象郡，百越之君俯首系颈[⑤]，委命[⑥]下吏。乃使蒙恬北筑长城而守藩篱，却匈奴七百余里，胡人不敢南下而牧马，士不敢弯弓而报怨。于是废先王之道，焚百家之言[⑦]，以愚黔首。堕[⑧]名城，杀豪俊，收天下之兵聚之咸阳，销锋铸鐻[⑨]，以为金人十二，以弱黔首之民。然后斩华为城，因河为津[⑩]，据亿丈之城，临不测之谿以为固。良将劲弩守要害之处，信臣精卒陈利兵而谁何[⑪]，天下以定。秦王之心，自以为关中之固，金城[⑫]千里，子孙帝王万世之业也。

【注释】

①六世：指孝公、惠文王、武王、昭襄王、孝文王、庄襄王。②振：举起。御：驾驭；统治。③履至尊：登上帝位。棰：棍棒。拊（fǔ）：刀柄。④百越：通“百粤”。古代越族

居住我国东南地区，各部自有名称，统称百越。⑤系颈：颈上系绳，表示投降。⑥委命：以性命相托。⑦言：言论。这里指书籍。⑧堕：通“隳”，毁坏。⑨镰（jù）：钟一类的乐器。⑩津：护城河；城壕。⑪谁何：诘问呵斥；呵问是谁。何，通“呵”。⑫金城：坚固的城池。

【原文】

秦王既殁，余威振于殊俗[①]。陈涉，瓮牖绳枢[②]之子，甿隶[③]之人，而迁徙之徒，才能不及中人[④]，非有仲尼、墨翟[⑤]之贤，陶朱、猗顿[⑥]之富，蹑足[⑦]行伍之间，而崛起什伯[⑧]之中，率罢散之卒，将数百之众，而转攻秦。斩木为兵，揭[⑨]竿为旗，天下云集响应，赢[⑩]粮而景从，山东豪俊遂并起而亡秦族矣。

【注释】

①殊俗：不同的风俗。这里指边远地区。②瓮牖（yǒu）绳枢：以瓮为牖，以绳为枢。这里形容窗和门都很简陋。牖：窗户。枢：门户的转轴。③甿（méng）隶：雇农。农村居民。隶：奴隶，差役。④中人：平常的人。⑤仲尼，孔丘的字。墨翟（dí）：宋国人，住在鲁国。⑥陶朱：即范蠡（lǐ）。春秋末年楚国宛（yuān）（今河南省南阳市）人，越国大夫。他帮助越王句践灭亡吴国后，离开越国，跑到陶（今山东省菏泽市定陶区北，也有肥城、滕县、华容等地之说），自称陶朱公。猗顿：战国时的大商人。一说是春秋鲁国人。向陶朱公学习致富的方法，成为大牧主。⑦蹑（niè）足：用脚踏地，这里有出身于……的意思。⑧什伯：古代军队编制，十人为“什”，

百人为“伯”（“伯”，通“佰”）。也泛指队伍。⑨揭：举起。⑩赢：担负。

【原文】

且夫天下非小弱也，雍州之地，殽函之固自若也。陈涉之位，非尊于齐、楚、燕、赵、韩、魏、宋、卫、中山之君；锄櫌棘矜[①]，非铦于勾戟长铩[②]也；適戍之众，非抗[③]于九国之师；深谋远虑，行军用兵之道，非及乡时[④]之士也。然而成败异变，功业相反也。试使山东之国与陈涉度长絜[⑤]大，比权量力，则不可同年而语矣。然秦以区区之地，千乘之权，招八州而朝同列[⑥]，百有余年矣。然后以六合为家，殽函为宫，一夫作难而七庙[⑦]堕，身死人手[⑧]，为天下笑者，何也？仁义不施而攻守[⑨]之势异也。

【注释】

①棘矜（jīn）：戟杆，即木棍。棘，通“戟”。②铦（xiān）：通“铦”，锋利。勾戟：有钩的戟。勾就是钩。长铩（shā）：大矛。③適：通“谪”。抗：高；强。④乡时：先前。乡，通“向”。⑤絜（xié）：衡量，比较。⑥八州：古代全国，分为九州，除秦国本土雍州外，还有冀、兖、青、徐、扬、荆、豫、梁八州。同列：指六国诸侯。六国跟秦本来是同列的诸侯国。⑦七庙：古代宗法制度，天子有七庙，太祖庙居中，左右三昭三穆。⑧身死人手：指秦王子婴为项羽所杀。⑨攻：指秦始皇和始皇以前兵力强，攻伐六国。守：指秦二世、子婴兵力弱，困守关中。

【原文】

秦并海内，兼诸侯，南面称帝，以养四海，天下之士斐然乡风[①]，若是者何也？曰：近古之无王者久矣。周室卑微，五霸既殁，令不行于天下，是以诸侯力政[②]，强侵弱，众暴[③]寡，兵革不休，士民罢敝。今秦南面而王天下，是上有天子也。既元元[④]之民冀得安其性命，莫不虚心而仰上，当此之时，守威定功，安危之本在于此矣。

【注释】

①南面：古代以面向南为尊位，帝王的座位面向南，所以称居帝位为“南面”。乡风：归化，归顺。②力政：以武力征伐。政，通“征”。③暴：损害：糟蹋。④元元：庶民；众民。

【原文】

秦王怀贪鄙之心，行自奋之智，不信功臣，不亲士民，废王道，立私权，禁文书[①]而酷刑法，先诈力而后仁义，以暴虐为天下始。夫并兼者高诈力，安定者贵顺权[②]，此言取与守不同术也。秦离战国而王天下[③]，其道不易，其政不改，是其所以取之守之者无异也。孤独而有之，故其亡可立而待。借使[④]秦王计上世之事，并[⑤]殷周之迹，以制御其政，后虽有淫骄之主而未有倾危[⑥]之患也。故三王之建天下，名号显美，功业长久。

【注释】

①文书：诗书古籍。②顺权：顺势权衡。③离：经历。王

天下：称王于天下，即统一天下。④借使：假使。⑤并：通“傍”，挨着。⑥倾危：倾覆危亡。

【原文】

今秦二世立，天下莫不引领[1]而观其政。夫寒者利裋褐而饥者甘糟糠[2]，天下之嗷嗷[3]，新主之资[4]也。此言劳民之易为仁也。乡使二世有庸主之行，而任忠贤，臣主一心而忧海内之患，缟素[5]而正先帝之过，裂地分民以封功臣之后，建国立君以礼天下，虚囹圄[6]而免刑戮，除去收帑污秽[7]之罪，使各反[8]其乡里，发仓廪，散财币，以振[9]孤独穷困之士，轻赋少事，以佐百姓之急，约法省刑以持其后，使天下之人皆得自新，更节修行，各慎其身，塞[10]万民之望，而以威德与天下，天下集矣。即四海之内，皆欢然各自安乐其处，唯恐有变，虽有狡猾之民，无离上之心，则不轨[11]之臣无以饰其智，而暴乱之奸止矣。二世不行此术，而重之以无道，坏宗庙与民，更始作阿房宫，繁刑严诛，吏治刻深，赏罚不当，赋敛无度，天下多事，吏弗能纪[12]，百姓困穷而主弗收恤。然后奸伪并起，而上下相遁[13]，蒙罪者众，刑戮相望于道，而天下苦之。自君卿以下至于众庶，人怀自危之心，亲处穷苦之实，咸不安其位，故易动也。是以陈涉不用汤武[14]之贤，不借公侯之尊，奋臂于大泽[15]而天下响应者，其民危也。故先王见始终之变，知存亡之机，是以牧民之道，务在安之而已。天下虽有逆行之臣，必无响应之助矣。故曰“安民可与行义，而危民易与为非”，此之谓也。贵为天子，富有天下，身不免于戮杀者，正倾[16]非也。是二世之过也。

【注释】

①引领：伸长脖子。形容盼望的殷切。②裋（shù）褐：粗陋的衣，贫苦的人所穿。糟糠：穷人用来充饥的酒渣、糠皮等粗劣食物。③嗷嗷：哀鸣声。④资：凭借；资助。⑤缟（gǎo）素：白色的衣服，丧服。⑥囹圄（língyǔ）：通“囹圄”，牢狱。⑦帑（nú）：通“孥”，妻子儿女。污秽：杂乱。⑧反：通“返”。⑨振：通“赈”。⑩塞：弥补；满足。⑪不轨：越出常规；不遵守法度。⑫纪：管束，约束。⑬遁：回避；推诿。⑭汤武：指商汤王、周武王。⑮大泽：乡名。在今安徽省宿州市埇桥区东南刘村集。⑯正倾：纠正被颠覆的局势。

【原文】

襄公立[①]，享国[②]十二年。初为西畤[③]。葬西垂[④]。生文公。

【注释】

①以下简记秦朝先君在位的年数和葬地，出于《秦记》，是后人附录于此的。②享国：帝王在位。③西畤：故址在西地（今甘肃省天水市麦积区西南）古代祭天地、五帝的坛址。④西垂：在今甘肃天水市麦积区西南。

【原文】

文公立，居西垂宫。五十年死，葬西垂。生静公。

静公不享国而死。生宪公。

宪公享国十二年，居西新邑[1]。死，葬衙[2]。生武公、德公、出子。

出子享国六年，居西陵[3]。庶长[4]弗忌、威累、参父三人，率贼贼出子鄙衍[5]，葬衙。武公立。

武公享国二十年，居平阳封宫[6]。葬宣阳聚[7]东南。三庶长伏其罪。德公立。

德公享国二年。居雍大郑宫[8]。生宣公、成公、缪公。葬阳[9]。初伏，以御蛊[10]。

宣公享国十二年。居阳宫。葬阳。初志闰月。

成公享国四年，居雍之宫。葬阳。齐伐山戎、孤竹[11]。

缪公享国三十九年。天子致霸。葬雍。缪公学著人[12]。生康公。

康公享国十二年。居雍高寝。葬竘社[13]。生共公。

共公享国五年。居雍高寝。葬康公南。生桓公。

桓公享国二十七年。居雍太寝。葬义里[14]丘北。生景公。

景公享国四十年。居雍高寝。葬丘里南[15]。生毕公[16]。

毕公享国三十六年[17]。葬车里[18]北。生夷公。

夷公不享国。死，葬左宫[19]。生惠公。

惠公享国十年。葬车里。生悼公。

悼公享国十五年[20]。葬僖公西。城[21]雍。生剌龚公[22]。

剌龚公享国三十四年。葬入里[23]。生躁公、怀公。其十年，彗星见。

躁公享国十四年。居受寝。葬悼公南。其元年，彗星见。

怀公从晋来。享国四年。葬栎圉氏[24]。生灵公[25]。诸臣围怀公，怀公自杀。

肃灵公，昭子子也。居泾阳[26]。享国十年。葬悼公西。生简公。

简公从晋来。享国十五年。葬僖公西。生惠公。其七年，百姓初带剑[27]。

惠公享国十三年。葬陵圉。生出公。

出公享国二年。出公自杀，葬雍。

献公享国二十三年[28]。葬嚣圉[29]。生孝公。

孝公享国二十四年。葬弟圉[30]。生惠文王。其十三年，始都咸阳。

惠文王享国二十七年。葬公陵[31]。生悼武王。

悼武王享国四年，葬永陵[32]。

昭襄王享国五十六年。葬茝阳[33]。生孝文王。

孝文王享国一年。葬寿陵[34]。生庄襄王。

庄襄王享国三年。葬茝阳。生始皇帝。吕不韦相[35]。

【注释】

①西新邑：即指平阳，在今陕西省岐山县西南。②衙：即彭衙，在今陕西省白水县东北。③西陵：一作“西陂”，地名不详。④庶长：官爵名。秦汉官爵分二十级，其中第十级为左庶长，十一级为右庶长，十七级为驷车庶长，十八级为大庶长，皆为武官。⑤贼贼：第二个“贼”字为动词，虐待、杀害之意。鄙衍：地名。约在今陕西省岐山县西南。⑥平阳：在

今陕西省岐山县西南。⑦宣阳聚：地名。在平阳。⑧大郑宫：宫殿名。⑨阳：邑聚名。在雍。⑩蛊（gǔ）：毒虫，害人的邪物。此处指热毒邪气。御：治。⑪山戎：我国古代北方的游牧部族，战国以后称为匈奴。孤竹：殷商时小国名。以后为地名，在今河北省卢龙县南。⑫著人：守卫于宫殿门屏间的侍卫。⑬竘（qǔ）社：地名，在雍。⑭义里：地名。在雍。⑮丘里南：疑作“义里丘南”。⑯毕公：《秦本纪》作“哀公”。⑰三十六年：一作“三十七年”。⑱车里：地名。在雍。⑲左宫：地名。在雍。⑳十五年：《秦本纪》作“十四年”。㉑城：用如动词，修筑城墙。㉒剌龚公：《秦本纪》和《六国诸侯年表》作“厉共公”。㉓入里：地名。在雍。㉔栎：不详。圉（yǔ）氏：聚落名。在栎。㉕灵公：此处说灵公是怀公之子，下文及《秦本纪》皆说灵公是怀公太子昭子之子。㉖肃灵公：《纪年》及《世本》无“肃”字，上文及《秦本纪》均作“灵公”。泾（jīng）阳：邑名。在今陕西省泾阳县西北。㉗百姓：百官。百官带剑，以示威严。㉘献公：灵公之子。㉙嚣圉：地名不详。㉚弟圉：地名不详。秦孝公徙咸阳，疑弟圉在咸阳。㉛公陵：在今咸阳市北。㉜永陵：在今咸阳市北。㉝茝阳：在今陕西省西安市临潼区西南。茝，通“芷”。㉞寿陵：在今西安市长安区东北。㉟根据这段文字，可列秦世系和在位年数表如下：襄公（前777—前766）—文公（前765—前716）—宪公（前715—前704）—出子（前703—前698）—武公（前697—前678）—德公（前677—前676）—

宣公（前675—前664）—成公（前664—前660）—缪公（前659—前621）—康公（前620—前609）—共公（前608—前604）—桓公（前603—前577）—景公（前576—前537）—毕公（前536—前501）—惠公（前500—前491）—悼公（前490—前477）—剌龚公（前476—前443）—躁公（前442—前429）—怀公（前428—前425）—肃灵公（前424—前415）—简公（前414—前400）—惠公（前399—前387）—出公（前386—前385）—献公（前384—前362）—孝公（前361—前338）—惠文王（前337—前311）—悼武王（前310—前307）—昭襄王（前306—前251）—孝文王（前250）—庄襄王（前249—前247）—始皇（前246—前210）—二世（前209—前207）—子婴（前207）。

【原文】

献公立七年，初行为市①。十年，为户籍相伍②。

孝公立十六年。时桃李冬华③。

惠文王生十九年而立。立二年，初行钱。有新生婴儿曰："秦且王。"

悼武王生十九年而立。立三年，渭水赤三日。

昭襄王生十九年而立。立四年，初为田开阡陌④。

孝文王生五十三年而立。

庄襄王生三十二年而立。立二年，取太原地。庄襄王元年，大赦，修⑤先王功臣，施德厚骨肉⑥，布惠于民。东周与诸侯谋秦，秦使相国不韦诛之，尽入其国。秦不绝其祀，以阳人[7]地赐周君，奉其祭祀。

始皇享国三十七年。葬郦邑。生二世皇帝。始皇生十三年而立。

二世皇帝享国三年。葬宜春。赵高为丞相安武侯。二世生十二[8]年而立。

右秦襄公至二世，六百一十岁[9]。

【注释】

①市：集市。②伍：古代五家为伍。③华：通“花”，这里是开花的意思。④阡陌：田间小道。开阡陌，是废井田制之始。⑤修：表彰。⑥骨肉：比喻至亲。⑦阳人：即阳人聚，地名。在今河南省汝州市西北。⑧十二：应为“二十”。⑨《正义》：“《秦本纪》自襄公至二世，五百七十六年矣。年表自襄公至二世，五百六十一年，三说并不同，未知孰是。”

【原文】

孝明皇帝十七年[1]十月十五日乙丑，曰[2]：

周历已移[3]，仁不代母[4]。秦直其位[5]，吕政残虐[6]。然以诸侯十三[7]，并兼天下，极情纵欲，养育宗亲[8]。三十七年，兵无所不加，制作政令，施于后王。盖得圣人之威，河神授图[9]，据狼、狐，蹈参、伐[10]，佐政驱除，距[11]之称始皇。

【注释】

①孝明皇帝：即后汉明帝。58—75年在位。孝明皇帝十

七年，即74年。②曰：班固说。班固为了回答孝明皇帝的询问，写了如下一段文字，内容是评论贾谊和司马迁对秦朝三位皇帝的论述。是后人把它附录于此的。③历：历数；国运。④仁不代母：汉家的仁德还不足以直接代替周家。⑤直：值；遇。位：闰位。⑥吕政：即嬴政，秦始皇。后人认为他属吕不韦的血统，故称吕政。⑦诸侯十三：秦始皇十三岁便作诸侯。⑧宗亲：指同一祖先所出的男系血统。⑨河神授图：比喻帝王接受天命的祥瑞。⑩据：依靠；凭借。蹈：遵循。狼、狐、参、伐：均星名。⑪距：直到。

【原文】

始皇既殁，胡亥极愚，郦山未毕，复作阿房，以遂[1]前策。云"凡所为贵有天下者，肆意极欲，大臣至欲罢先君所为"。诛斯、去疾，任用赵高。痛[2]哉言乎！人头畜[3]鸣。不威不伐恶，不笃[4]不虚亡，距之不得留，残虐以促期[5]，虽居形便[6]之国，犹不得存。

【注释】

①遂：实现；成就。②痛：痛切；痛心。③畜：像牲畜一样。名词作状语。④笃：深重。⑤促期：缩短命数，加速灭亡。⑥便：便利；有利。

【原文】

子婴度次得嗣，冠玉冠，佩华绂[1]，车黄屋[2]，从百司，谒[3]七庙。小人乘非位[4]，莫不怳忽失守[5]，偷安日日，独能长念却[6]虑，父子作权[7]，近取于户牖之间，竟诛猾臣，为君讨贼。高死之后，宾婚未得尽相劳，餐未及下咽，酒未及濡[8]唇，楚兵已屠关中，真人[9]翔霸上，素车婴[10]组，奉其符玺，以归帝者。郑伯茅旌鸾刀，严王退舍[11]。河决不可复壅[12]，鱼烂不可复全。贾谊、司马迁曰："向使婴有庸主之材，仅得中佐，山东虽乱，秦之地可全而有，宗庙之祀未当绝也。"秦之积衰，天下土崩瓦解，虽有周旦[13]之材，无所复陈[14]其巧，而以责一日之孤[15]，误哉！俗传秦始皇起罪恶，胡亥极[16]，得其理矣。复责小子[17]，云秦地可全，所谓不通时变者也。纪季以酅[18]，《春秋》[19]不名。吾读《秦纪》[20]，至于子婴车裂赵高，未尝不健其决，怜其志。婴死生之义备矣。

【注释】

①绶：系印的丝带。②黄屋：古代帝王乘坐的车上用黄缯为里的车盖，也指帝王车。③谒：拜见；进见。④非位：不适当的位置。⑤怳忽：通"恍惚"，神思不定。⑥却：排除。⑦作权：衡量是非轻重，因事制宜。⑧濡：沾湿。⑨真人：指汉高帝。⑩婴：系在颈上。⑪"郑伯"二句：楚庄王十七年（前597），进攻郑国。郑伯赤着上身，左手拿着茅旌，右手拿着鸾刀，表示投降，要求保全宗庙。庄王退兵七里，表示怜念。茅旌、鸾刀，祭祀宗庙用的礼器。⑫壅（yōng）：阻塞。⑬周旦：西周初年政治家，姓姬，名旦。因采邑在周（今陕西省岐山县北），称为周公。⑭陈：显示；贡献。⑮一日之孤：指子婴。⑯极：极点；顶点。⑰小子：指子婴。⑱纪：

古国名。姓姜。地在今山东省寿光市东南。前690年被齐国灭亡。纪季：纪君的小弟弟。酅（xī）：邑名。纪国领地。在今山东省青州市西北。⑲《春秋》：儒家经典之一，编年体史书。⑳吾：这里指班固。《秦纪》：即《秦始皇本纪》。

【译文】

秦始皇帝是秦国庄襄王的儿子。当庄襄王在赵国做泰国质子的时候，曾经见到了吕不韦的姬妾，十分喜欢，便娶了她，生下了始皇帝。始皇帝是于秦昭王四十八年正月在邯郸出生的。等到降生的时候，他被取名叫政，姓赵。

在他十三岁那年，庄襄王去世，政即位为秦王。在这个时候，秦国的疆域已经兼并了巴、蜀、汉中，并且越过了宛而占有了郢，已经在此设置了南郡；在北方已收取了上郡以东地区，占有河东、太原、上党郡；东面侵占到荥阳，消灭了东西二周，在此设置了三川郡。吕不韦担任丞相，被封给食邑十万户，封号叫文信侯。他招揽宾客游士，想依靠他们吞并天下。李斯担任舍人。蒙骜、王齮、麃公等人担任将军。秦王年纪小，又刚即位，国家大事便委托大臣们处理。

晋阳发生叛乱，始皇元年（前246），将军蒙骜前去讨伐，平定了叛乱。二年（前245），麃公率兵攻打卷邑，杀了三万人。三年（前244），蒙骜攻打韩国，夺取十三座城邑。王齮死了。将军蒙骜攻打魏国畼、有诡。这年发生严重饥荒。四年（前243），攻取了畼邑、有诡。三月，停止进军。秦国人质从赵国返国，赵国太子也从秦国回赵。十月庚寅日，蝗虫从东方飞来，遮天蔽日。全国瘟疫流行。老百姓献上一千石粮食，授给爵位一级。五年（前242），将军蒙骜攻打魏国，平定了酸枣、燕邑、虚邑、长平、雍丘、山阳城，全部攻下来，夺取了二十个城邑。开始设置东郡。这年冬天打雷了。六年（前241），韩国、魏国、赵国、卫国、楚国一起进攻秦国，攻占了寿陵邑。秦国派出军队，五国停止了进军。秦国攻下卫国，逼近东郡。卫君角率领他的宗族迁居野王，凭借山势险阻，保住了魏国的河内。七年（前240），彗星先在东方出现，又在北方出现，五月，又在西方出现。将军蒙骜在攻打龙、孤、庆都时战死了，秦军回师进攻汲县。彗星又在西方连续出现了十六天。夏太后去世。八年（前239），秦王弟长安君成蟜率领军队攻打赵国，却举兵谋反，死在屯留。他手下的军官都被杀死，屯留的百姓被迁往临洮。前来讨伐成蟜的将军壁在战斗中死去，屯留的士卒蒲鹝又起来造反，把将军壁陈尸示众。黄河的鱼大批涌上岸边，人们赶着马车到东方去找食物。

嫪毐被封为长信侯，赐给他山阳的土地，让他居住在那里。宫室、车马、衣服、园林、打猎都听凭嫪毐的意愿。国家事情无论大小全由嫪毐决定。又把河西太原郡改为嫪毐的封国。

九年（前238），彗星又出现了，有时划过整个天空。秦军进攻魏国的垣邑和蒲阳邑。四月，秦王留宿在雍地。己酉日，秦王举行表示已经成年的加冠礼，佩带宝剑。长信侯嫪毐作乱的事被发觉，他盗用秦王的大印和太后的印玺，发动京城部队和侍卫、官骑、戎狄族首领、家臣，企图攻打蕲年宫，发动叛乱。始皇得知后，命令相国昌平君、昌文君发兵攻击嫪毐。在咸阳作战中，杀死数百人，秦王都授给他们以爵位，连同参战的宦官，也授给爵位一级。嫪毐等人战败逃走。当即通令全国：如谁活捉到嫪毐，赐给赏钱一百万；杀掉他，赐给赏钱五十万。嫪毐等人全部被抓获。卫尉竭、内史肆、佐弋竭、中大夫令齐等二十人都被判处枭刑，即斩下头颅悬挂在木竿上。对嫪毐处以五马分尸的车裂之刑以示众，并灭了他的家族。至于他的家臣，罪轻的处以鬼薪之刑，即服为宗庙打柴三年的劳役。还有四千余家被剥夺了官爵，迁徙到蜀郡，住在房陵县。这个月虽属孟夏，但十分寒冷，有冻死的人。杨端和进攻衍氏邑。彗星出现在西方，不久又出现在北方，从北斗往南接连出现了八十天。十年（前237），相国吕不韦因受嫪毐牵连而被罢官。桓齮为将军。齐国和赵国派来使臣摆酒祝贺。齐国人茅焦劝说秦王道："秦国正以夺取天下为大事，而大王有流放太后的名声，恐怕诸侯听说了，因此而背弃秦国啊。"秦王于是把太后从雍地接回咸阳，仍让她住在甘泉宫。

秦国大规模地进行搜索，驱逐在秦国做官的别国人。李斯上书劝说，秦王才废止了逐客令。李斯借机劝说秦王，建议首先攻取韩国，以此来恐吓其他国家。于是，秦王派李斯去降服韩国。韩王为此而担忧，就跟韩非谋划削弱秦国。大梁人尉缭来到秦国，劝说秦王道："凭着秦国这样强大，诸侯就像郡县的首脑，我只担心山东各国合纵，联合起来进行出其不意的袭击，这就是从前智伯、夫差、湣王之灭亡的原因所在。希望大王不要吝惜财物，给各国权贵大臣送礼，利用他们打乱诸侯的计划，这样只不过损失三十万金，而诸侯就可以完全消灭了。"秦王听从了他的计谋，会见缭时以平等的礼节相待，衣服饮食也与尉缭一样。尉缭说："秦王这个人，高鼻梁，大眼睛，老鹰的胸脯，豺狼的声音，缺乏仁德，而有虎狼之心，穷困的时候容易对人谦下，得志的时候也会轻易地吃人。我是个平民，然而他见到我总是那样谦下。如果秦王夺取天下的心愿得以实现，天下的人就都成为奴隶了。我不能跟他长久交往。"于是逃走，秦王发觉，坚决劝止，让他当秦国的最高军事长官，始终采用他的计谋。李斯执掌国政。

十一年（前236），主将王翦、次将桓齮、末将杨端和三军并为一军去攻打邺邑，没有攻下，先夺取了九座城邑。王翦就另外去攻打阏与、橑杨，这时秦国把三路军马并为一军，由王翦统率。王翦统率军队十八天，让军中年俸禄不满百石的小官回家，十人中挑选二人留在军队。待至攻下邺县与安阳后，桓齮被任为主将。十二年（前235），文信侯吕不韦死去，被其宾客偷偷安葬在洛阳北芒山。对于他的家臣参加哭吊的，如是晋国人，就赶出国境；如是秦国人，俸禄在六百石以上的官剥夺其爵位，迁到房陵；俸禄在五百石以下而未参与哭吊的，也迁到房陵，但不剥夺爵位。从此以后，掌管国事不遵循正道像嫪毐、吕不韦这样的，就登记没收他的家人充作奴隶，不得做官，全部照此办理。秋天，免除迁居蜀郡的嫪毐家臣的赋税徭役。这时，全国大旱，从六月起，直到八月才下了雨。

十三年（前234），桓齮攻打赵国平阳邑，杀了赵将扈辄，斩首十万人。秦王到河南去。正月，彗星出现在东方。十月，桓齮攻打赵国。十四年（前233），在平阳攻击赵军，攻占了宜安，打败了赵国军队，杀死了赵国的将军。桓齮平定了平阳、武城。韩非出使秦国，秦国采纳了李斯的计谋，扣留了韩非，韩非死在云阳。韩王请求向秦称臣。

十五年（前232），秦国大举出兵，一路到达邺县，一路到达太原，攻占了狼孟。这一年发生了地震。十六年（前231）九月，派军队去接收原韩国南阳一带土地，任命腾为代理南阳太守。开始命令男子登记年龄，以便征发兵卒、徭役。魏国向秦国献地。秦国设置丽邑。十七年（前230），内史腾去攻打韩国，擒获了韩王安，收缴了他的全部土地。把那个地方设置为郡，命名为颍川郡。这时，又发生了地震。华阳太后去世。人民遭遇到大饥荒。

十八年（前229），秦大举兴兵攻赵，王翦统率上地的军队，攻占了井陉。杨端和率领河内的军队，羌瘣攻打赵国，杨端和包围了邯郸城。十九年（前228），王翦、羌瘣全部平定打下了赵国的东阳，俘获赵王。他们又想率兵攻打燕国，驻扎中山。秦王到邯郸去，找到当初与秦王生在赵国时的母家有仇的那些人，把他们全部活埋了。秦王返回，经由太原、上郡回到都城。秦始皇的母太后去世。赵公子嘉率领他的宗族几百人到代地，自立为代王，向东与燕国的军队会合，驻扎上谷郡。这年发生大饥荒。

二十年（前227），燕太子丹担心秦国军队打到燕国来，十分恐慌，派荆轲去刺杀秦王。秦王发现了，处荆轲以肢解之刑来示众，然后就派遣王翦、辛胜去攻打燕国。燕国、代国发兵迎击秦军，秦军在易水西边击溃了燕军。二十一年（前226），王贲攻打楚国。秦王增派援兵到王翦军队中去，终于打败燕太子的军队，攻占了燕国的蓟城，拿到了燕太子丹的首级。燕王向东收取了辽东郡的地盘，在那里称王。王翦推说有病，告老还乡。新郑造反。昌平君被迁谪到郢城。这一年下了大雪，雪厚二尺五寸。

二十二年（前225），王贲去攻打魏国，引汴河的水灌大梁城，大梁城墙塌坏，魏王假请求投降，秦军取得了魏国的全部土地。

二十三年（前224），秦王再次诏令征召王翦，强行起用他，派他去攻打楚国。攻占了陈县往南直到平舆县的土地，俘虏了楚王。秦王巡游来到郢都和陈县。楚将项燕拥立昌平君做了楚王，在淮河以南反秦。二十四年（前223），王翦、蒙武去攻打楚国，打败楚军，昌平君死，项燕于是也就自杀了。

二十五年（前222），大规模举兵，派王贲为将领，攻打燕国的辽东郡，俘获燕王姬喜。回来时又进攻代国，俘虏了代王赵嘉。王翦于是平定了楚国的长江以南一带，降服了越族的首领，设置了会稽郡。五月，秦国为庆祝灭掉五国而下令特许天下聚饮。

二十六年（前221），齐王田建和他的相国后胜派军队防守齐国西部边境，断绝和秦国的来往。秦王派将军王贲经由燕国往南进攻齐国，俘获了齐王田建。

秦国刚统一天下，命令丞相、御史说："从前，韩王交出土地献上印玺，请求做守卫边境的臣子，不久又背弃誓约，与赵国、魏国联合反叛秦国，所以派兵去讨伐他们，俘虏了韩国的国王。我认为这很好，因为这样或许就可以停止战争了。赵王派他的相国李牧来订立盟约，所以归还了他们抵押在这里的质子。不久，他们就违背了盟约，在太原反抗我们，所以派兵去讨伐他们，俘获了赵国的国王。赵公子嘉竟然自立为代王，所以就派兵去灭了赵国。魏王起初已约定归服于秦，不久却与韩国、赵国合谋袭击秦国，秦国官兵前去讨伐，终于打败了他们。楚王献出青阳以西的地盘，不久也背弃誓约，袭击我南郡，所以派兵去讨伐，俘获了楚国的国王，终于平定了楚地。燕王昏乱糊涂，他的太子丹竟然暗中派荆轲来做刺客，秦国官兵前去讨伐，灭掉了他的国家。齐王采用后胜的计策，断绝了与秦国的使臣来往，想要作乱，秦国官兵前去讨伐，俘虏了齐国国王，平定了齐地。我凭着这个渺小之身，兴兵诛讨暴乱，靠的是祖宗的神灵，六国国王都依他们的罪过受到了应有的惩罚，天下安定了。现在如果不更改名号，就无法显扬我的功业，传给后代。请商议帝号。”丞相王绾、御史大夫冯劫、廷尉李斯等都说：“从前，五帝的土地纵横各千里，外面还划分有侯服、夷服等地区，诸侯有的朝见，有的不朝见，天子不能控制。现在，您兴正义之师，讨伐四方残贼之人，平定了天下，在全国设置郡县，法令归于一统，这是亘古不曾有、五帝也比不上的。我们恭谨地跟博士们商议说：‘古代有天皇、有地皇、有泰皇，泰皇最尊贵。’我们这些臣子冒死罪献上尊号，王称为‘泰皇’。发教令称为‘制书’，下命令称为‘诏书’，天子自称为‘朕’。”秦王说：“去掉‘泰’字，留下‘皇’字，采用上古‘帝’的位号，称为‘皇帝’，其他就按你们议论的办。”于是，下令说：“可以。”追尊庄襄王为太上皇。又下令说：“我听说上古有号而没有谥，中古有号，死后根据生前品行事迹给个谥号。这样做，就是儿子议论父亲、臣子议论君主了，非常没有意义，我不采取这种做法。从今以后，废除谥法。我就叫作始皇帝，后代就从我这儿开始，称二世、三世直到万世，永远相传，没有穷尽。”

秦始皇按照水、火、木、金、土五行相生相克、终始循环的原理进行推求，认为周朝占有火德的属性，秦朝要取代周朝，就必须取周朝的火德所抵不过的水德。现在是水德开始之年，为顺天意，要更改一年的开始。群臣朝见拜贺都在十月初一这一天。衣服、符节和旗帜的装饰，都崇尚黑色。因为水德属阴，而《易》卦中表示阴的符号阴爻叫作“六”，就把数目以十为终极改成以六为终极，所以符节和御史所戴的法冠都规定为六寸，车宽为六尺，六尺为一步，一辆车驾六匹马。把黄河改名为“德水”，以此来表示水德的开始。刚毅严厉，一切事情都依法律决定，刻薄而不讲仁爱、恩惠、和善、情义，这样才符合五德中水主阴的命数。于是，把法令搞得极为严酷，犯了法久久不能得到宽赦。

丞相王绾等进言说：“诸侯刚刚被打败，燕国、齐国、楚国地处偏远，不给它们设王，就无法镇抚那里。请封立各位皇子为王，希望皇上恩准。”始皇把这个建议下交给群臣商议，群臣都认为这样做有利。廷尉李斯发表意见说：“周文王、周武王分封子弟和同姓亲属很多，可是他们的后代逐渐疏远了，互相攻击，就像仇人一样，诸侯之间彼此征战，周天子也无法阻止。现在，天下靠您的神灵之威获得统一，都划分成了郡县，对于皇子功臣，用公家的赋税重重赏赐，这样就很容易控制了。要让天下人没有邪异之心，这才是使天下安宁的好办法啊。设置诸侯没有好处。”始皇说：“以前，天下人都苦于连年战争无止无休，就是因为有那些诸侯王。现在，我依仗祖宗的神灵，天下刚刚安定如果又设立诸侯国，这等于又挑起战争，想要求得安宁太平，岂不困难吗？廷尉说得对。”

于是，把天下分为三十六郡。每郡都设置守、尉、监。改称人民作“黔首”。下令全国特许聚饮以表示欢庆。收集天下的兵器，聚集到咸阳，熔化之后铸成大钟，十二个铜人，每个重达十二万斤，放置宫廷里。统一法令和度量衡标准。统一车辆两轮间的宽度。书写使用统一的隶书。领土东到大海和朝鲜，西到临洮、羌中，南到北向户，往北据守黄河作为要塞。沿着阴山往东一直到达辽东郡。迁徙天下富豪人家十二万户到咸阳居住。诸如祖庙及章台宫、上林苑都在渭水南岸。秦国每灭掉一个诸侯，都按照该国宫室的样子，在咸阳北面的山坡上进行仿造，南边濒临渭水，从雍门往东直到泾、渭二水交汇处，殿屋之间有天桥和环行长廊互相连接。从诸侯那里掳得的美人和钟鼓乐器之类，都放到那里面。

二十七年（前220），秦始皇去巡视陇西、北地，穿过鸡头山，路经回中。于是，在渭水南面建造信宫。不久，又把信宫改名叫极庙，以象征处于天极的北极星。从极庙开通道路直达郦山，又修建了甘泉前殿。修造两旁筑墙的甬道，从咸阳一直连接到骊山。这一年，普遍赐给爵位一级。修筑供皇帝巡行用的通向全国各地的驰道。

二十八年（前219），始皇到东方去巡视郡县，登上邹县峄山。在山上立了石碑，又跟鲁地儒生们商议，想刻石以颂扬秦之德业，商议在泰山祭天、在梁父山祭地和遥祭名山大川的事情。于是，登上泰山，竖立石碑，筑起土坛，举行祭天盛典。下山时，突然风雨大作，始皇歇息在一棵树下，因此赐封那棵树为“五大夫”，接着在梁父山举行祭地典礼，在石碑上镌刻碑文。碑文是：

皇帝登基即位，创立昌明法度，臣下端正谨慎。就在二十六年（前221），天下归于一统，四方无不归顺。亲自巡视远方，登临这座泰山，东方一览极尽。随臣思念伟绩，推溯事业本源，敬赞功德无限。治世之道实施，诸种产业得宜，一切法则大振，大义清明美善，传于后代子孙，永世承继不变。皇帝圣明通达，既已平定天下，毫不懈怠国政。每日早起晚睡，建设长远利益，专心教化兴盛。训民皆以常道，远近通达平治，圣意人人尊奉。贵贱清楚分明，男女依礼有别，供职个个虔敬。光明通照内外，处处清净安泰，后世永续德政。教化所及无穷，定要遵从遗诏，重大告诫永世遵奉。

于是，就沿着渤海岸往东走，途经黄县、腄县，攀上成山的顶峰，又登上之罘山，竖立石碑歌颂秦之功德，然后离去。

又往南走登上了琅邪山，十分高兴，在那里停留了三个月。于是，迁来百姓三万户到琅邪台下居住，免除他们十二年的赋税徭役。修筑琅邪台。立石刻字，歌颂秦之功德，表明自己因如愿以偿而感到满意的心情。碑文说：

二十八年（前219），皇帝刚刚登基。端正一切法度，整治万物纲纪。彰明人事之宜，提倡子孝父慈。皇帝圣智仁义，宣明各种道理。亲临东土安抚，慰劳视察兵士。大事业已完毕，巡行滨海之地。皇帝功绩伟大，操劳根本大事。实行重农抑商，为使百姓富裕。普天之下同心，顺从皇帝意志。统一器物度量，统一书写文字。日月照耀之处，车船所到之地，无不遵奉王命，人人得志满意。顺应四时行事，自有大秦皇帝。整顿恶劣习俗，跋山涉水千里。怜惜黎民百姓，日夜不肯歇息。除疑惑定法律，无人不守法纪。地方长官分职，各级官署治理，举措必求得当，无不公平整齐。皇帝如此圣明，亲自视察四方。无论尊卑贵贱，不越等级规章。奸邪一律不容，务求忠贞贤良。事情不分大小，竭力不倦争强。无论远处近处，只求严肃端庄。正直敦厚忠诚，事业才能久长。皇帝大恩大德，四方均得安抚。诛除祸乱灾害。为国谋利造福。劳役不误农时，百业繁荣富足。黎民安居乐业，不再用兵动武。六亲终得相保，盗寇从此尽除。欢欣接受教化，法规都能记住。天地四方之内，尽是皇帝之土。西边越过沙漠，南边到达北户。东边到达东海，北边越过大夏。人迹所到之处，无不称臣归服。功高盖过五帝，恩泽遍及马牛。无人不受其德，家家安宁和睦。

秦王兼有天下，建立名号称作皇帝，亲临东土安抚百姓，到达琅邪。列侯武成侯王离、列侯通武侯王贲、伦侯建成侯赵亥、伦侯昌武侯成、伦侯武信侯冯毋择、丞相隗林、丞相王绾、卿李斯、卿王戊、五大夫赵婴、五大夫杨樛随从着在海上一起议论皇帝的功德。都说："古代的帝王，土地不超过千里，诸侯各守受封之土，朝见与否各异。互相攻伐侵犯，暴乱残杀不止，还要刻金镂石，立碑夸耀自己。古代五帝三王，知识教育不同，法令制度不明，借助鬼神之威，欺凌压迫远方，其实不称其名，所以不能久长。他们还未死，诸侯业已背叛，法令名存实亡。当今皇帝统一海内，全国设立郡县，天下安定太平。显明祖先宗庙，施行公道德政，皇帝尊号大成。群臣齐颂皇帝，功德刻于金石，树作典范永恒。"

刻石事情完毕，齐地人徐市等上书，说大海之中有三座神山，名叫蓬莱、方丈、瀛洲，有仙人居住那里。希望能斋戒沐浴，带领童男童女前往求仙。于是，就派徐市挑选童男童女几千人，到海中去寻找仙人。

始皇返回京城，路经彭城，斋戒祈祷，想要从泗水中打捞出那只落水的周鼎。派了一千人潜入水底寻找，没有找到。于是，向西南渡过淮河，前往衡山、南郡。乘船顺江而下，来到湘山祠。这时遇上了大风，几乎不能渡河。皇上问博士说："湘君是什么神？"博士回答说："听说是尧的女儿、舜的妻子，埋葬在这里。"始皇非常生气，就派了三千服刑役的罪犯，把湘山上的树全部砍光，因为当地是红土，所以使山变成了赭红色。皇上从南郡经由武关回到京城。

二十九年（前218），始皇到东方去巡游。到达阳武县博浪沙时，遭到张良和一名力士的行刺，刺客误中副车，始皇受了惊吓，捉拿刺客没有捉到，就命令全国大规模搜捕了十天。

登上之罘山，刻石立碑，碑文是：

二十九年（前218），正值仲春时节，春日阳气上升。皇帝东来游览，巡行登上之罘，观赏大海汪洋。诸臣赞赏景物，追颂伟业初创。圣君始建治道，确定制度法规，彰明准则纪纲。对外教化诸侯，广施礼乐恩德，大义公理显扬。六国之君邪僻，贪利永无满足，虐杀不止疯狂。皇帝哀怜民众，发师前往征讨，武德奋扬大振。仗义讨伐守信，声威光烈遍传，海内无不归顺。彻底消除强暴，努力拯救万民，遍安四方远近。明法普遍施行，天下治理安定，永为法则无伦。伟大啊！天地神州赤县，圣意共同遵循。群臣歌颂功德，请求刻于石碑，表率千古永不陨。

在东观，又刻碑文说：

二十九年（前 218），皇帝春日出游，巡行来到远方。幸临东海之滨，登上之罘高山，观赏初升朝阳。遥望广阔绚丽，众臣推原思念，圣道灿烂辉煌。圣法刚刚实行，对内清理陋习，对外诛灭暴强。军威远扬四海，震撼四面八方，终于擒灭六王。开拓一统天下，灭绝种种灾害，兵器永远收藏。皇帝修明圣德，经营治理天下，明视兼听不倦。树立申明大义，设置种种器物，全有等级标志。大臣安守职分，都知各自事务，诸事毕无猜疑。百姓移风易俗，远近同一法度，终身守法不移。惯常职务已定，后代遵循先业，永远承袭圣治。群臣颂扬大德，敬赞圣明伟业，请刻之罘永志。不久，始皇前往琅邪，经由上党返回京城。

三十年（前 217），没有什么事情。

三十一年（前 216）十二月，因为一首民谣说"帝若学之（仙）腊嘉平"，始皇有求仙之志，所以把腊月改名为"嘉平"。赐给每个里（一百户）六石米、二只羊。始皇在咸阳穿便装出行，和四个武士一起，晚上在兰池遇见了强盗，情势危急，武士们打死了强盗，于是在关中大规模搜查了二十天。米价每石一千六百钱。

三十二年（前 215），始皇前往碣石，派燕国人卢生访求仙人羡门、高誓。在碣石山门刻石立碑。毁坏了城墙，挖通了堤防。所以，碑文说：

皇帝兴师用兵，诛灭无道之君，要把反叛平息。武力消灭暴徒，依法平反良民，民心全都归服。论功行赏众臣，惠泽施及牛马，皇恩遍布全国。皇帝振奋神威，以德兼并诸侯，天下统一太平。拆除关东旧城，挖通河川堤防，夷平各处险阻。地势既已平坦，众民不服徭役，天下都得安抚。男子欣喜耕作，女子修治女红，事事井然有序。皇恩覆盖百业，合力勤勉耕田，无不乐业安居。群臣敬颂伟业，敬请镌刻此石，永留典范规矩。

于是，派韩终、侯公、石生去寻找仙人不死之药。始皇巡视北部边界，经由上郡返回京城。燕国人卢生被派入海求仙回来了。借着汇报鬼神之事，趁机献上图谶书，上面写着“灭亡秦朝的是胡”。据说这个“胡”字是指胡亥，可是始皇没有理解，就派将军蒙恬率兵三十万去攻打北方的胡人，夺取了黄河以南的土地。

三十三年（前214），征发那些曾经逃亡的犯人，典押给富人做奴隶、主家又给娶了妻子的人，以及商贩，去夺取陆梁地区，设置桂林、象郡、南海等郡，把受贬谪的人派去防守。又在西北驱逐匈奴。从榆中沿黄河往东一直连接到阴山，划分成四十四个县。沿河修筑城墙，设置要塞。又派蒙恬渡过黄河去夺取高阙、阳山、北假一带，筑起堡垒以驱逐戎狄。迁移被贬谪的人，让他们充实新设置的县。禁民间祭祀。彗星出现在西方。三十四年（前213），贬谪执法不正的官吏去修筑长城及戍守南越地区。

秦始皇在咸阳宫摆设酒宴，七十位博士上前献酒颂祝寿词。仆射周青臣走上前去颂扬说：“从前，秦国土地不过千里。仰仗陛下神灵明圣，平定天下，驱逐蛮夷，凡是日月所照耀到的地方，没有不臣服的。把诸侯国改置为郡县，人人安居乐业，不必再担心战争，功业可以传之万代。您的威德，自古及今无人能比。”始皇十分高兴。博士齐人淳于越上前说：“我听说殷朝、周朝统治天下达一千多年，分封子弟功臣，给自己当作辅佐。如今陛下拥有天下，而您的子弟却是平民百姓，一旦出现像齐国田常、晋国六卿之类谋杀君主的臣子，没有辅佐，靠谁来救援呢？凡事不师法古人而能长久的，还没有听说过。刚才周青臣又当面阿谀，以致加重陛下的过失，这不是忠臣。”始皇把他们的意见下交群臣议论。丞相李斯说：“五帝的制度不是一代重复一代，夏、商、周的制度也不是一代因袭一代，可是都凭着各自的制度治理好了，这并不是他们故意要彼此相反，而是由于时代变了，情况不同了。现在陛下开创了大业，建立起万世不朽之功，这本来就不是愚陋的儒生所能理解的。况且淳于越所说的是夏、商、周三代的事，哪里值得取法呢？从前诸侯并起纷争，才大量招揽游说之士。现在天下平定，法令出自陛下一人，百姓在家就应该致力于农工生产，读书人就应该学习法令刑禁。现在，儒生们不学习今天的却要效法古代的，以此来诽谤当世，惑乱民心。丞相李斯冒死罪进言：古代天下散乱，没有人能够统一，所以诸侯并起，说话都是称引古人为害当今，矫饰虚言扰乱名实，人们只欣赏自己私下所学的知识，指责朝廷所建立的制度。当今皇帝已统一天下，分辨是非黑白，一切决定于至尊皇帝一人。可是，私学却一起非议法令，教化人们一听说有命令下达，就各自根据所学加以议论，入朝就在心里指责，出朝就去街巷谈议，在君主面前夸耀自己以求取名利，追求奇异说法以抬高自己，在民众当中带头制造谤言。像这样却不禁止，在上面君主威势就会下降，在下面朋党的势力就会形成。臣以为，禁止这些是合适的。我请求让史官把不是秦国的典籍全部焚毁。除博士官署所掌管的之外，天下敢有收藏《诗》《书》、诸子百家著作的，全都送到地方官那里去一起烧掉。有敢在一块儿谈议《诗》《书》的，处以死刑示众。借古非今的，满门抄斩。官吏如果知道而不举报，以同罪论处。命令下达三十天仍不烧书的，处以脸上刺字的黥刑，处以城旦之刑四年，发配边疆，白天防寇，夜晚筑城。所不取缔的，是医药、占卜、种植之类的书。如果有人想要学习法令，就以官吏为师。”秦始皇下诏说：“可以。”

三十五年（前212），开始修筑道路，经由九原一直修到云阳，挖掉山峰填平河谷，笔直贯通。这时，始皇认为咸阳人口多，先王宫廷窄小，听说周文王建都在丰，武王建都在镐，丰、镐两城之间，才是帝王的都城所在。于是，就在渭水南上林苑内修建朝宫。先在阿房建前殿，东西长五百步，南北宽五十丈，宫中可以容纳一万人，下面可以竖立五丈高的大旗。四周架有天桥可供驰走，从宫殿之下一直通到南山。在南山的顶峰修建门阙作为标志。又修造天桥，从阿房跨过渭水，与咸阳连接起来，以象征天上的北极星、阁道星跨过银河抵达营室星。阿房宫没有建成；计划等竣工之后，再选择一个好名字给它命名。因为是在阿房修筑此宫，所以人们就称它为阿房宫，受过宫刑、徒刑的七十多万人，有的被派去修建阿房宫，有的被派去营建骊山。从北山开采来山石，从蜀地、荆地运来木料。关中总共建造宫殿三百座，关外建四百座。于是，在东海边的朐山上竖立大石，作为秦朝国境的东门。为此，迁徙三万家到骊邑，迁徙五万家到云阳，都免除十年的赋税和徭役。

卢生劝说始皇道："我们寻找灵芝、奇药和仙人，一直找不到，好像是有什么东西伤害了它们。我们心想，皇帝要经常秘密出行以便驱逐恶鬼，恶鬼避开了，神仙真人才会来到。皇上住的地方如果让臣子们知道，就会妨害神仙。真人是入水不会沾湿、入火不会烧伤的，能够乘驾云气遨游，寿命和天地共久长。现在，皇上治理天下，还没能做到清静恬淡。希望皇上所住的宫室不要让别人知道，这样一来，不死之药或许能够得到。"于是，始皇说："我羡慕神仙真人，我自己就叫'真人'，不再称'朕'了。"于是，令咸阳四旁二百里内的二百七十座宫观都用天桥、甬道相互连接；把帷帐、钟鼓和美人都安置在里边，全部按照所登记的位置不得移动。皇帝所到的地方，如有人说出去，就判死罪。有一次，皇帝幸临梁山宫，从山上望见丞相的随从车马众多，很不满意。宦官近臣里有人把这件事告诉了丞相，丞相以后就减少了车马数目。始皇生气地说：“这是宫中有人泄露了我的话。”经过审问，没有人认罪，就下诏把当时跟随在旁的人抓起来，全部杀掉。从此以后，再没有人知道皇帝的行踪。处理事务，群臣接受命令，全在咸阳宫进行。

侯生、卢生一起商量说：“始皇为人，天性粗暴凶狠，自以为是，他出身诸侯，兼并天下，诸事称心，为所欲为，认为从古到今没有人比得上他。他专门任用治狱的官吏，狱吏们都受到亲近和宠幸。博士虽然也有七十人，但只不过是虚设充数的人员。丞相和各位大臣都只是接受已经决定的命令，依仗皇上办事。皇上喜欢用重刑、杀戮显示威严，官员们都怕获罪，都想保持住禄位，所以没有人敢真正竭诚尽忠。皇上听不到自己的过错，因而一天更比一天骄横。臣子们担心害怕，专事欺骗，屈从讨好。秦法规定，一个方士不能兼有两种方术，如果方术不能应验，就要处死。然而，占候星象云气以测吉凶的人多达三百，都是良士，由于害怕获罪，就得避讳奉承，不敢正直地说出皇帝的过错。天下的事无论大小都由皇上决定，皇上甚至用秤来称量各种书写文件的竹简木简的重量，日夜都有定额，阅读达不到定额，就不能休息。他贪于权势到如此地步，咱们不能为他去找仙药。”于是，就逃跑了。始皇听说二人逃跑，十分恼怒地说：“我先前查收了天下所有不适用的书，都把它们烧掉。征召了大批文章博学之士和有各种技艺的方术之士，想用他们振兴太平。这些方士想要炼造仙丹寻找奇药。今天，听说韩众逃跑了不再还报。徐市等人花费的钱以数万计算，最终也没找到奇药，只是他们非法牟利互相告发的消息传到我耳朵里。对卢生等人，我尊重他们，赏赐十分优厚，如今竟然诽谤我，企图以此加重我的无德。这些人在咸阳的，我派人去查问过，有的人竟妖言惑众，扰乱民心。”于是，派御史去一一审查。这些人辗转告发，一个供出一个，始皇亲自把他们从名籍上除名，一共四百六十多人，全部活埋在咸阳，让天下的人知道，以惩戒以后的人。征发更多的流放人员去戍守边疆。始皇的大儿子扶苏进谏说：“天下刚刚平定，远方百姓还没有归附，儒生们都诵读诗书，效法孔子，现在皇上一律用重法制裁他们，我担心天下将会不安定，希望皇上明察。”始皇听了很生气，就派扶苏到北方上郡去监督蒙恬的军队。

三十六年（前211），火星侵入心宿，这种天象象征着帝王有灾。有颗陨星坠落在东郡，落地后变为石块，老百姓有人在那块石头上刻了“始皇帝死而土地分”。始皇听说了，就派御史前去挨家查问，没有人认罪。于是，把居住那块石头周围的人全部抓来杀了，焚毁了那块陨石。始皇不高兴，让博士作了一首《仙真人诗》，等到巡行天下时，走到一处就传令乐师弹奏唱歌。秋天，使者从关东走夜路经过华阴平舒道，有人手持玉璧拦住使者说：“替我送给滈池君。”趁便说：“今年祖龙死。”使者问他缘由，那人忽然就不见了，放下那玉璧离去。使者捧回玉璧，陈述了所遇见的情况。始皇沉默了好一会，说：“山里鬼怪本来不过能预知一年的事。”当时已是秋季，始皇说今年的日子已不多，这话未必能应验。到退朝时，他又说：“祖龙就是人的祖先。”故意把“祖”解释成祖先，祖先是已死去的人，因此“祖龙死”自然与他无关。始皇让御府察看那块玉璧，竟然是始皇二十八年出外巡视渡江时沉入水中的那块。于是，始皇为此事进行占卜，占卜的结果是迁徙才吉利。迁移三万户人家到北河、榆中地区，每户授给爵位一级。

三十七年（前210）十月癸丑日，始皇外出巡游。左丞相李斯跟随着，右丞相冯去疾留守京城。少子胡亥想去巡游，要求跟随着，皇上答应了他。十一月，走到云梦，在九疑山遥祭虞舜。然后，乘船沿长江而下，观览籍柯，渡过海渚，经过丹阳，到达钱塘。到浙江边的时候，水波凶险，就向西走了一百二十里，从江面狭窄的地方渡过。登上会稽山，祭祀大禹，遥望南海。在那里刻石立碑，颂扬秦朝的功德。碑文是：

皇帝功业伟大，统一平定天下，德惠深厚久长。三十七年，亲自巡行天下，遍游观览远方。登临会稽山峰，考察民间习俗，百姓恭敬景仰。群臣齐颂功德，推原皇帝事迹，追溯英明高强。秦朝圣王登位，创制刑法名称，阐述旧有规章。建立公平法则，审慎区分职责，确立永久纲纪。六国之王专横，贪利傲慢凶狠，凭借人多逞强。暴虐横行无忌，倚仗武力骄横，屡动干戈打仗。暗中安置坐探，联合六国合纵，行为卑鄙猖狂。对内说谎狡诈，向外侵我边境，由此引起祸殃。仗义扬威诛讨，消灭凶暴叛逆，乱贼终于灭亡。圣德广博深厚，天地四海之内，恩泽覆盖无疆。皇帝统一天下，一人兼理万机，远近到处清明。执掌管理万物，考察验证事实，分别记录其名。贵贱都能相通，好坏当前陈述，无人隐瞒实情。治有过扬道义，有夫弃子而嫁，背夫不贞无情。以礼分别内外，禁止纵欲放荡，男女都应洁诚。丈夫在外淫乱，杀了没有罪过，男子须守规程。妻子弃夫逃嫁，子不认她为母，都要感化清正。治理荡涤恶俗，全民承受教化，天下沐浴新风。人人遵守规矩，和好安定互勉，无不顺从命令。百姓美善清洁，全都自愿守法，乐保天下太平。后人敬奉圣法，大治大安无边，车船不翻不倾。众臣颂扬功业，请求刻石作铭，传千古放光明。

始皇返回，途经吴地，从江乘县渡江。沿海岸北上，到达琅邪。方士徐市等人入海寻找仙药，好几年也没找到，花费钱财很多，害怕遭受责罚，就欺骗说："蓬莱仙药可以找到，但常被大鲨鱼困扰，所以无法到达，希望皇上派善于射箭的人一起去，遇到大鲨鱼就用装有机关可以连续发射的弓弩射它。"始皇做梦与海神交战，海神的形状像人。请占梦的博士给圆梦，博士说："水神本来是看不到的，它用大鱼蛟龙做侦探。现在皇上祭祀周到恭敬，却出现这种恶神，应当除掉它，然后真正的善神就可以找到了。"于是，命令入海的人携带捕大鱼的工具，亲自带着有机关的弓弩去等候大鱼出来以便射它。从琅邪向北直到荣成山，都不曾遇见。到达之罘的时候，遇见了大鱼，射死了一条。接着，又沿海向西进发。

秦始皇到达平原津时生了病。始皇讨厌说"死"这个字，群臣没有敢说死的事情。皇帝病得更厉害了，就写了一封盖上御印的信给公子扶苏说："回咸阳来参加丧事，在咸阳安葬。"信已封好了，存放在中东府令赵高兼掌印玺事务的办公处，没有交给使者。七月丙寅日，始皇在沙丘平台逝世。丞相李斯认为皇帝在外地逝世，恐怕皇子们和各地乘机制造变故，就对此事严守秘密，不发布丧事消息。棺材放置在既密闭又能通风的辒凉车中，让过去受始皇宠幸的宦官做陪乘，每走到适当的地方，就献上饭食，百官像平常一样向皇上奏事。宦官就在辒凉车中降诏批签。只有胡亥、赵高和五六个曾受宠幸的宦官知道皇上死了。赵高过去曾经教胡亥写字和狱律法令等事，胡亥私下里很喜欢他。赵高与公子胡亥、丞相李斯秘密商量拆开始皇赐给公子扶苏的那封已封好的信，谎称李斯在沙丘接受了始皇遗诏，立皇子胡亥为太子。又写了一封信给公子扶苏、蒙恬，列举他们的罪状，赐命他们自杀。这些事都记载在《李斯列传》中。继续往前走，从井陉到达九原。正赶上是暑天，皇上的尸体在辒凉车中发出了臭味，就下令随从官员让他们往车里装一石有腥臭气的腌鱼，让人们分不清尸臭和鱼臭。

一路行进，从直道回到咸阳，发布治丧的公告。皇太子继承皇位，就是二世皇帝。九月，把始皇安葬在郦山。始皇当初刚刚登位，就挖通治理了郦山，到统一天下后，从全国各地送来七十多万徒役，凿地三重泉水那么深，灌注铜水，填塞缝隙，把外棺放进去，又修造宫观，设置百官位次，把珍奇器物、珍宝怪石等搬了进去，放得满满的。命令工匠制造由机关操纵的弓箭，如有人挖墓一走近就能射死他。用水银做成百川江河大海，用机器递相灌注输送，顶壁装有天文图像，下面置有地理图形。用娃娃鱼的油脂做成火炬，估计很久不会熄灭。二世说：“先帝后宫妃嫔没有子女的，放她们出去不合适。”就命令这些人全部殉葬，殉葬的人很多。下葬完毕，有人说是工匠制造了机械，墓中所藏宝物他们都知道，宝物多而贵重，这就难免泄露出去。隆重的丧礼完毕，宝物都已藏好，就封闭了墓道的中间一道门，又把墓地最外面的一道门放下来，工匠们全部被封闭在里边，没有一个再出来的。墓上栽种草木，从外边看上去好像一座山。

二世皇帝元年（前209），二世二十一岁，赵高担任郎中令，执掌朝廷大权。二世下诏，增加始皇祠庙里用来祭祀的牲畜数量，增加山川各种祭祀的礼仪。命令大臣们讨论推尊始皇庙号的事。大臣们都叩头说：“古时候天子的祖庙为七庙，祭祀七代祖宗，诸侯五庙，大夫三庙，如今始皇庙是至高无上的，即使是万世以后也不能毁除，天下人都要贡献祭品赋税，增加祭祀用的牲畜，礼仪完全具备，不能有比这个再高的。先王庙有的在西雍，有的在咸阳。按照天子的礼仪，今后只需亲自捧酒祭祀始皇帝庙就行了。从襄公以下的庙都毁除。所建共七庙。大臣们都依礼进献祭祀，推尊始皇庙为皇帝始祖庙。皇帝仍自称为‘朕’。”

二世跟赵高商议说：“我年纪轻，刚登位，百姓还不顺从。先帝巡视各郡县，以显示他的强有力，威势震服海内。现在，我安然住在皇宫不出巡游，就让人看着我无能，没有办法统治天下。”春天，二世东行巡视郡县，李斯跟随着。到达碣石山，沿海南行到达会稽，在始皇所立的石碑上都刻上字，碑石旁都增刻上随从的大臣的名字，以使先帝的功业盛德更加明显。

皇帝说：“金石碑刻全是始皇帝建造的。现在我承袭了皇帝名号，可是金石碑刻上不称始皇帝，以后年代久远了，就好像是后代子孙建造的，以致不能称扬始皇帝的功业和盛德。”丞相臣李斯、臣冯去疾、御史大夫臣德冒死罪进言说：“我们请求把诏书全刻在石碑上，这样就明白了。为臣冒死罪请求。”制书批复说：“可以。”

接着到了辽东，然后返回。

这时候，秦二世就按照赵高的建议，申明法令。他暗中与赵高谋划说：“大臣们都不服从，官吏还很有力，还有各位皇子一定要跟我争权。对这些，我该怎么办呢?”赵高说：“这些话我本来就想说却没敢说。先帝在位时的大臣，都是接连多少代有名望的贵人，建功立业，世代相传，已经很久了。如今为臣赵高生来卑贱，幸蒙陛下抬举，让我身居高位，管理宫廷事务。大臣们并不满意，只在表面上服从，实际上心里不服。现在皇上出巡，何不借此机会查办郡县守尉中的有罪者，把他们杀掉。这样一来，在上可以使皇上的威严震天下，在下可以除掉皇上一向所不满意的人。现时不能师法文治而应取决于武力，希望陛下能顺应时势，切勿犹豫，那么大臣们就来不及谋算了。英明的君主收集举用那些被弃不用的人。让卑贱的显贵起来，让贫穷的富裕起来，让疏远的变得亲近，这样就能上下团结国家安定了。”二世说：“好！”于是，就诛杀大臣和皇子们，制造罪名连带拘捕近侍小臣中郎、外郎、散郎，没有一个得以免罪，六个皇子被杀死在杜县。皇子将闾兄弟三人被囚禁在内宫，议定他们的罪状。秦二世派使者命令将闾说：“你们不尽臣道，当处死罪，官吏依法行刑来了。”将闾说：“宫廷的礼节，我从来不敢不听从掌管司仪的宾赞；朝廷的位次，我从来不敢有失礼节；奉命对答，我从来不敢说错话。怎么能说不尽臣道呢？希望能知道罪名再死。”使者说：“我不能参与谋议，只是奉命行事。”将闾仰天大声呼喊，呼喊了几次说：“天啊！我没有罪！”兄弟三人都流着眼泪拔剑自杀了。皇族为之震惊恐慌。大臣们进谏的被认为是诽谤，大官们为保住禄位而屈从讨好，百姓震惊恐惧。

四月，二世返回咸阳，说：“先帝因为咸阳朝廷小，所以营建阿房宫，室堂还没有建成，赶上始皇去世，只得让修建的人停下来，调到郦山去修墓。郦山修墓的工作已全部完毕，现在放下阿房宫而不把它建成，就是表明先帝办事有失误。”又开始修建阿房宫。对外安抚四方的外族，遵循始皇的策略，征召了五万身强力壮的兵丁守卫咸阳。下令教习射箭，还要饲养供宫廷玩赏的狗马禽兽。兵丁狗马禽兽所需粮食很多，估计咸阳仓里的粮食不够用，就从下面各郡县征调运来粮食和饲料，让转运人员都自带干粮，咸阳四百里之内不准吃这些粮食。施法更加严酷。

七月，戍卒陈胜等在原生楚国之地造反，号称“张楚”，取张大楚国之意。陈胜自立为楚王，住在陈县，派遣将领们夺取土地。崤山函谷关以东的山东各郡县，年轻人因为受尽秦朝官吏之苦，都杀掉了他们的郡守、郡尉、县令、县丞，起来造反，以响应陈胜，并在各地相继拥立侯王，汇合起来向西进攻，旗号都是讨伐秦朝，人数多得数也数不清。掌管传达通报的谒者出使山东回来，把山东造反的情况报告了二世。二世很生气，就把谒者下交主管官吏去处理。后边的使者回来，皇上问他，他回答说：“那不过是一群盗匪，郡守、郡尉正在追捕，现在全部抓获了，不值得担心。”皇上高兴了。武臣自立为赵王，魏咎为魏王，田儋为齐王。沛公在沛县起义。项梁在会稽郡起兵。

二年（前208）冬天，陈胜派遣的周章等将领向西到达戏水，兵力有几十万。二世大为吃惊，跟群臣商议说：“怎么办?”少府章邯说：“盗匪已经来了，人数多势力强，现在征发附近各县的军队是来不及了。郦山徒役很多，请赦免他们，授予他们兵器去迎击起义军。”于是，二世大赦天下，派章邯领兵为将，打败了周章的军队。周章败逃，被杀死在曹阳。二世又增派长史司马欣、董翳去帮助章邯攻打起义军，在城父杀死了陈胜，在定陶打败了项梁，在临济杀死了魏咎。楚地起义军的名将已经被杀死，章邯就向北渡过黄河，到钜鹿攻打赵王赵歇等人。

赵高劝说二世道："先帝登位治理天下时间很久，所以群臣不敢做非分之事，不敢进言异端邪说。现在陛下正年轻，刚登皇位，怎么能跟公卿在朝廷上议决大事呢？事情如果有错误，就让群臣看出了自己的弱点。天子称'朕'，朕既然有征兆的意思，本来就是不让别人听到他的声音。"于是，二世经常居住深宫之内，只跟赵高一个人决定各种事情。从这以后，公卿很少有机会朝见皇上。各地起义的人更多了，关中军队被征发到东边去攻打起义军的一直没有停止。右丞相冯去疾、左丞相李斯、将军冯劫进谏说："关东各路盗贼纷纷而起，朝廷派兵前去诛讨，杀死的人很多，然而还不能平息。盗贼多都是因为戍边、运输、劳作的事情太劳苦，赋税太重。我们请求暂停阿房宫的修建，减少戍边兵役和运输徭役。"二世说："我听韩子说：'尧、舜用柞木做椽子，不进行砍削加工，用芦苇茅草盖屋顶不修剪，吃饭用瓦碗，喝水用瓦罐，即使是看门人的供养，也不会比这再俭薄了。禹平凿龙门，疏通大夏，疏导黄河淤积停滞之水，引水入海，亲自拿着杵和锹，小腿上的毛都被磨光了，即使是奴隶的劳苦，也不会比这再厉害了。'人们之所以看重享有天下，就是为了能纵欲而为，尽情享受，做君主重要的是修明法制，这样，臣下就不敢干坏事，就能统治天下了。虞、夏的君主，地位尊贵，做了天子，却身处穷苦境地，为百姓作出牺牲，这还有什么值得学习呢？天子被称为万乘之主，拥有万辆兵车。我身居万乘之高位，却没有万乘的实际，我要建造千乘之车驾，设立万乘之徒属，让实际跟我的名号相符。再说，先帝出身于诸侯，兼并了天下，天下已经平定，对外排除四方外族以安定边境，对内修建宫室来显示成功的得意，你们都看到了先帝功业已经就绪。而现在我登位两年的时间，盗贼纷起，你们不能禁止，又想要终止先帝所要做的事情。这样做，对上不能报答先帝，其次也是不为我尽忠尽力，你们还凭什么身处高位呢?”于是，把冯去疾、李斯、冯劫下交狱吏，审讯追究三人的其他罪过。冯去疾、冯劫说：“将相不能受侮辱。”自杀了。李斯终于被囚受刑。

二世三年（前207），章邯等率兵包围了钜鹿，楚国上将军项羽率领楚兵前去援救钜鹿。冬天，赵高担任丞相，终于判决杀了李斯。夏天，章邯等作战多次败退，二世派人去谴责章邯。章邯害怕了，就派长史司马欣回京汇报情况，请求指示。赵高既不接见，也不信任。司马欣害怕了，赶紧逃离。赵高派人去追，没有追到。司马欣见到章邯说：“赵高在朝廷中掌权，将军您有功是被杀，无功也是被杀。”这时，项羽加紧进攻秦军，俘虏了王离，章邯等人就率兵投降了诸侯。八月己亥日，赵高想要谋反，恐怕群臣不听从他，就先设下计谋进行试验，带来一只鹿献给二世，说：“这是一匹马。”二世笑着说：“丞相错了，把鹿说成是马。”问左右大臣，左右大臣有的沉默，有的故意迎合赵高说是马，有的说是鹿，赵高就在暗中假借法律陷害那些说是鹿的人。以后，大臣们都畏惧赵高。

赵高以前多次说：“关东的盗贼成不了什么气候。”后来，项羽在钜鹿城下俘虏了王离等人并继续前进，章邯等人的军队多次败退，上书请求增援，燕国、赵国、齐国、楚国、韩国、魏国都自立为王，从函谷关往东，大抵全部背叛了秦朝官吏而响应诸侯，诸侯都率兵西进。沛公率领几万人屠灭了武关，派人来跟赵高秘密接触。赵高害怕二世发怒，诛杀加害自身，就谎称有病不去朝见皇上。二世梦见一只白虎咬了他车驾的骖马，他杀了那只白虎，但心中不乐，觉得奇怪，就去问解梦的人。解梦人卜得卦辞说："泾水水神在作怪。"二世就在望夷宫斋戒，想要祭祀泾水水神，把四匹白马沉入泾水。二世派人以起义者日益逼近的事谴责赵高。赵高恐惧不安，就暗中跟他的女婿咸阳县令阎乐、他的弟弟赵成商量说："皇上不听劝谏，如今事态危急，想要把罪祸推给咱们家族。我想另立天子，改立公子婴。子婴仁爱谦下，百姓都拥护他的话。"就让郎中令作内应，谎称有大盗，命令阎乐召集官吏发兵追捕，又劫持了阎乐的母亲，安置到赵高府中当人质。派阎乐带领官兵一千多人在望夷宫殿门前，捆绑上卫令仆射，喝问道："盗贼从这里进去了，为什么不阻止？"卫令说："皇宫周围警卫哨所都有卫兵防守，十分严密，盗贼怎么敢进入宫中？"阎乐就斩了卫令，带领官兵径直冲进去，一边走一边射箭。郎官宦官大为吃惊，有的逃跑，有的格斗，格斗的就被杀死，被杀死的有几十人。郎中令和阎乐一同冲进去，用箭射中了二世的帷帐。二世很生气，召唤左右的人，左右的人都慌乱了不敢动手。旁边有一个宦官服侍着二世不敢离开。二世进入内宫，对他说："您为什么不早告诉我，竟到了现在这种地步！"宦官说：“为臣不敢说，才得以保住性命。如果早说，我们这班人早就都被您杀了，怎能活到今天？”阎乐走上前去历数二世的罪状说：“你骄横放纵、肆意诛杀，不讲道理，天下的人都背叛了你。怎么办，你自己考虑吧！”二世说：“我可以见丞相吗？”阎乐说：“不行。”二世说：“我希望得到一个郡做个王。”阎乐不答应。又说：“我希望做个万户侯。”还是不答应。二世又说：“我愿意和妻子儿女去做普通百姓，跟诸公子一样。”阎乐说：“我是奉丞相之命，为天下人来诛杀你。你即使说了再多的话，我也不敢替你回报。”于是，指挥士兵上前。二世自杀。

阎乐回去禀报赵高，赵高就召来了所有的大臣和公子，把杀死二世的情况告诉了他们。赵高说：“秦国本来是个诸侯国，始皇统治了天下，所以称帝。现在，六国又各自立了王，秦国地盘越来越小，竟然还凭着个空名称皇帝，这不合适。应像过去一样称王，才合适。”于是，立二世兄长的儿子婴为秦王。按照平民的葬仪，把二世埋葬在杜南宜春苑中。让子婴斋戒，到宗庙去拜祖先，接受国王印玺。斋戒五天后，子婴跟他的两个儿子商议说：“丞相赵高在望夷宫杀了二世，害怕大臣们杀他，就假装按照道义立我为王。我听说赵高竟与楚国约定，灭掉秦宗室后他在关中称王。现在让我斋戒，朝见宗庙，这是想趁着我在庙里把我杀掉。我推说生病不能前往，丞相一定会亲自来，他来了就杀掉他。”赵高派人去请子婴，前后去了好几趟，子婴却不走，赵高果然亲自去请。说：“国家大事，王为什么不去呢？”子婴于是在斋宫杀了赵高，杀死赵高家三族，在咸阳示众。子婴做秦王四十六天，楚将沛公打败秦军进入武关，接着就到了霸上，派人去招降子婴。子婴用丝带系上脖子，驾着白车白马，捧着天子的印玺符节，在轵道亭旁投降。沛公于是进入咸阳，封了宫室府库，回师驻扎霸上。过了一个多月，各路诸侯的军队也到了。项羽是各路诸侯的盟主，杀了子婴和秦公子宗室所有的人。随后屠戮咸阳，焚烧宫室，俘虏宫女，没收秦宫的珍宝财物，跟各路诸侯一起分了。灭掉秦王朝之后，把原来秦国的地盘划成三份各自为王，就是雍王、塞王、翟王，号称三秦。项羽为西楚霸王，主持分割天下，赐封诸侯王，秦朝终于灭亡了。此后五年，天下统一于汉。

太史公说：“秦朝的祖先伯益，在唐尧、虞舜的时候，曾经建立功勋，被封给土地，受赐姓嬴。到夏朝、商朝时衰落了。到周朝衰落的时候，秦国兴起，在西部边境建起城邑。从穆公即位以来，逐渐蚕食诸侯，最终成就了始皇。始皇自以为功业比五帝伟大，地盘比三王宽广，就认为跟五帝、三王相比是羞耻。”贾生评论的话说得多好啊！他说：

秦朝兼并了诸侯，山东有三十多个郡，修筑渡口关隘，占据着险要地势，修治武器，守护着这些地方。然而，陈涉凭着几百名散乱的戍卒，振臂大呼，不用弓箭矛戟等武器，光靠锄把和木棍，虽然没有给养，但只要看到有人家住的房屋就能吃上饭，纵横驰骋天下，所向无敌。秦朝险阻之地防守不住了，关卡桥梁封锁不了，长戟刺不了，强弩射不了。楚军很快深入境内，鸿门一战，竟然连篱笆一样的阻拦都没有遇到。于是，山东大乱，诸侯纷纷起事，豪杰相继立王。秦王派章邯率兵东征，章邯得此机会，就凭着三军的众多兵力，在外面跟诸侯相约，做交易，图谋他的主上。大臣们不可信用，从这件事就可以看出来了。子婴登位，最终也不曾觉悟，假使子婴有一般君主的才能，仅仅得到中等的辅佐之臣，山东地区虽然混乱，秦国的地盘还是可以保全的，宗庙的祭祀也不会断绝。

秦国地势有高山阻隔，有大河环绕，形成坚固防御，是个四面都有险要关塞的国家。从穆公以来，一直到秦始皇，二十多个国君，经常在诸侯中称雄。难道代代贤明吗？这是地位形势造成的呀！再说天下各国曾经同心合力进攻秦国。在这种时候，贤人智士会聚，有良将指挥各国的军队，有贤相沟通彼此的计谋，然而被险阻困住不能前进，秦国就引诱诸侯进入秦国境内作战，为他们打开关塞，结果山东百万军队败逃崩溃。难道是因为勇气、力量和智慧不够吗？是地形不利、地势不便啊。秦国把小邑并为大城，在险要关塞驻军防守，把营垒筑得高高的而不轻易跟敌方作战，紧闭关门据守险塞，肩扛矛戟守卫在那里。诸侯们出身平民，是为了利益联合起来，并没德高望众而未居王位者的德行。他们的交往不亲密，他们的下属不亲附。名义上是说灭亡秦朝，实际上是为自己谋求私利。他们看见秦地险阻难以进犯，就必定退兵。如果他们能安定本土，让人民休养生息，等待秦的衰败，收纳弱小，扶助疲困，那么凭着能对大国发号施令的君主，就不用担心在天下实现不了自己的愿望了。可是，他们尊贵身为天子，富足拥有天下，自己却遭擒获，这是因为他们挽救败亡的策略错误啊。

秦王满足一己之功，不求教于人，一错到底而不改变。二世承袭父过，因循不改，残暴苛虐以致加重了祸患。子婴孤立无亲，自处危境，却又柔弱而没有辅佐，三位君主一生昏惑而不觉悟，秦朝灭亡，不也是应该的吗？在这个时候，世上并非没有深谋远虑懂得形势变化的人士，然而他们之不敢竭诚尽忠，纠正主上之过，就是由于秦朝的风气多有忌讳的禁规，忠言还没说完而自己就被杀戮了。所以，使得天下之士只能侧着耳朵听，重叠双脚站立，闭上嘴巴不敢说话。因此，三位君主迷失了路途，而忠臣不敢进谏言，智士不敢出主意，天下已经大乱，皇上还不知道，难道不可悲吗？先王知道壅塞不通就会伤害国家，所以设置公卿、大夫和士，来整治法律设立刑罚，天下因而得到治理。强盛的时候，禁止残暴诛讨叛乱，天下服从；衰弱的时候，五霸为天子征讨，诸侯也顺从；土地被割削的时候，在内能自守备，在外还有亲附，社稷得以保存。所以，秦朝强盛的时候，繁法严刑，天下震惊；等到它衰弱的时候，百姓怨恨，天下背叛。周朝的公、侯、伯、子、男五等爵位合乎根本大道，因而传国一千多年不断绝。而秦朝则是本末皆失，所以不能长久。由此看来，安定和危亡的纲纪相去太远了！俗话说：‘过去的经验教训不忘记，就是以后做事的借鉴。’因此，君子治理国家，考察于上古的历史，验证以当代的情况，还要通过人事加以检验，从而了解兴盛衰亡的规律，详知谋略和形势是否合宜，做到取舍有序，变化适时，所以历时长久，国家安定。

秦孝公占据了殽山和函谷关的险固地势，拥有雍州的土地，君臣牢固防守，窥伺着周朝王室以图夺取政权，心怀席卷天下、包举宇内的意图，有着囊括四海、并吞八方的雄心。那时候，商君辅佐他，对内建立法令制度，致力于农耕和纺织，修治防守和攻战的器械设备，对外实行连衡，挑起诸侯之间的争斗，于是秦国人仅以举手之劳就取得了西河以外的土地。

孝公死后，惠王、武王继承原有的基业，遵循孝公留下来的策略，向南兼并了汉中，向西夺得了巴、蜀，向东割取了肥沃的土地，占据了险要的郡县。诸侯害怕了，举行盟会来商议削弱秦国，不吝惜珍奇的器物、贵重的财宝和肥美的土地，用来招请天下贤士，实行合纵，缔约结交，互相联合，结成一体。在这个时候，齐国有孟尝君，赵国有平原君，楚国有春申君，魏国有信陵君。这四君子，个个明智忠信，宽仁爱人，尊重贤士，重用能人，他们结约合纵，拆散连横，聚合起韩、魏、燕、楚、齐、赵、宋、卫、中山等国的众多军队。这时候，六国的谋士有宁越、徐尚、苏秦、杜赫这些人给他们谋划，有齐明、周最、陈轸、昭滑、楼缓、翟景、苏厉、乐毅这些人为他们沟通各国的意见，有吴起、孙膑、带佗、兒良、王廖、田忌、廉颇、赵奢这些人为他们统率军队。他们曾经凭着十倍于秦国的土地，用上百万的军队，去攻打函谷关进攻秦国。秦国敞开关门把敌人放进来打，九国的军队却退缩奔逃，不敢前进。秦国没有损失一枝箭、丢一个箭头的耗费，各国诸侯就已经疲困不堪了。因此，合纵离散了，盟约解除了，争着割让地盘以侍奉秦国。这就使得秦国有充足的力量利用各国疲困的机会去制服它们，追逐败逃之敌，杀人上百万，尸体遍地；鲜血流成河，可以漂起盾牌。秦国乘着有利的形势，控制了天下，切割诸侯土地，使得强国请求归服，弱国入秦朝拜。王位传到孝文王、庄襄王，他们在位的时间很短，国家没有什么大事。

到了秦始皇，继承了六代先人留下来的功业，举起长鞭驾驭各国，吞并东周、西周，灭亡诸侯，登临皇帝之位，统一了整个天下，用刑罚残酷统治全国，声威震动四海。又向南夺取了百越的土地，改设成桂林、象郡。百越的君长低着头，系上脖颈，把性命交付给秦国官吏。于是，派蒙恬在北方修筑长城戍守边防，驱赶匈奴使它后退七百多里，匈奴人不敢南下牧马，六国之士不敢张弓报仇。于是废弃了先王的治国之道，焚毁了百家的书籍著作，对百姓实行愚民政策。拆毁名城，杀戮豪杰，收缴天下兵器，聚集到咸阳，销毁兵刃，熔化乐器，用它们做成十二尊铜人，以削弱百姓的反抗力量。然后，据守华山当作城墙，凭借黄河当作壕沟，上据万丈高城，下临无底深沟，以此作为坚固的屏障。有优秀的将领、强劲的弓弩把守着险关要塞，有忠信的大臣，又有精锐的部队，摆开了锐利武器，谁人能奈其何？天下已经安定。秦始皇以为关中那样坚固，有如千里长的铜铸城墙，是子子孙孙作帝王的万世基业。

始皇死后，他的余威仍然震慑着风俗各异的边远地区。陈涉不过是个破瓮做窗户、绳子捆门枢的贫寒人家子弟，是个为人耕田的雇农，被征服役的戍卒，才能赶不上中等人，没有仲尼、墨翟的贤能，没有陶朱、猗顿的富有，出身于士卒行伍，起事于田间村野，带着疲劳涣散的士兵，领着几百人的徒众，转过身来攻打秦朝。砍下树枝做武器，举起竹竿当旗帜，天下的人像云彩一样地聚集成群，像回声一样响应起义，背负干粮，像影不离身一样跟随着他，山东地区的豪杰俊士于是同时起来诛灭了秦朝王族。

再说秦朝的天下并没有变小削弱，雍州的土地、殽山和函谷关的坚固，仍然像以前一样。陈涉的地位，比不上齐、楚、燕、赵、韩、魏、宋、卫、中山各国的国君那么尊贵，锄把和木棍，比不上钩戟、长矛那样锋利；被流放守边的徒众，比不上九国的军队；深谋远虑、行军用兵的方略，也比不上先前六国的谋士。然而，成功失败各不相同，功业成就完全相反。假使让山东各国跟陈涉比比长短大小，量量权势实力，就不能同日而语了。然而，秦国凭着雍州那块小小的地盘，拥有千辆兵车的诸侯的权力，攻取了八州，兼有了天下，使地位等级相同的六国诸侯都朝拜臣服，经历了一百多年。然而，后来秦统一了天下，以天下为家，以殽山和函谷关为宫殿，谁想到一个普通人带头发难，就使得秦之宗庙被毁，国家灭亡，皇子皇孙死在他人手中，让天下人耻笑，这是因为什么呢？这是因为不施行仁义，夺取天下跟守住天下的形势就不同啊！

秦统一天下，吞并诸侯，临朝称帝，供养四海，天下的士人顺服地慕风向往，为什么会像这样呢？回答是：近古以来没有统一天下的帝王已经很久了。周王室力量微弱，五霸相继死去以后，天子的命令不能通行天下，因此诸侯凭着武力相征伐，强大的侵略弱小的，人多的欺凌人少的，战事不止，军民疲惫。现在，秦皇南面称帝统治了天下，这就是在上有了天子啊。这样一来，那些可怜的百姓就都希望能靠他安身活命，没有谁不诚心景仰皇上。在这个时候，应该保住威权，稳定功业，是安定，是危败，关键就在于此了。

秦王怀着贪婪卑鄙之心，只想施展他个人的智慧，不信任功臣，不亲近士民，抛弃仁政王道，树立个人权威，禁除诗书古籍，实行严刑酷法，把诡诈权势放在前头，把仁德信义丢在后头，把残暴苛虐作为治理天下的前提。实行兼并，要重视诡诈和实力；安定国家，要重视顺时权变：这就是说夺天下和保天下不能用同样的方法。秦经历了战国到统一天下，它的路线没有改，它的政令没有变，这是它夺天下和保天下所用的方法没有不同。秦王孤身无辅却拥有天下，所以他的灭亡很快就来到了。假使秦王能够考虑古代的情况，顺着商、周的道路，来制定实行自己的政策，那么后代即使出现骄奢淫逸的君主，也不会有倾覆危亡的祸患。所以，夏禹、商汤、周文王和周武王建立了国家，名号卓著，功业长久。

当今秦二世登上王位，普天之下没有人不伸长脖子盼着看一看他的政策。受冻的人穿上粗布短袄就觉得很好，挨饿的人吃上糟糠也觉得香甜。天下苦苦哀叫的百姓，正是新皇帝执政的凭借。这就是说，劳苦人民容易接受仁政。如果二世有一般君主的德行，任用忠贞贤能的人，君臣一心，为天下的苦难而忧心，丧服期间就改正先帝的过失，割地分民，封赏功臣的后代，封国立君，对天下的贤士以礼相待，把牢狱里的犯人放出来，免去刑戮，废除没收犯罪者妻子儿女为官家奴婢之类的杂乱刑罚，让被判刑的人各自返回家乡。打开仓库，散发钱财，以赈济孤独穷困的士人；减轻赋税，减少劳役，帮助百姓解除急困；简化法律，减少刑罚，给犯罪人以把握以后的机会，使天下的人都能自新，改变节操，修养品行，各自谨慎对待自身；满足万民的愿望，以威信仁德对待天下人，天下人就归附了。如果天下到处都欢欢喜喜安居乐业，唯恐发生变乱，那么即使有奸诈不轨的人，而民众没有背叛主上之心，图谋不轨的臣子也就无法掩饰他的奸诈，暴乱的阴谋就可以被阻止了。二世不实行这种办法，却比始皇更加暴虐无道，重新修建阿房宫，使刑罚更加繁多，杀戮更加严酷，官吏办事苛刻狠毒，赏罚不得当，赋税搜刮没有限度，国家的事务太多，官吏们都治理不过来；百姓穷困已极，而君主却不加收容救济。于是，奸险欺诈之事纷起，上下互相欺骗，蒙受罪罚的人很多，道路上遭到刑戮的人前后相望，连绵不断，天下的人都陷入了苦难。从君卿以下直到平民百姓，人人心中自危，身处穷苦之境，到处都不得安静，所以容易动乱。因此，陈涉不凭商汤、周武王那样的贤能，不借公侯那样的尊贵，在大泽乡振臂一呼而天下响应，其原因就在于人民正处于危难之中。所以，古代圣王能洞察开端与结局的变化，知道生存与灭亡的关键，因此统治人民的方法，就是要专心致力于使他们安定罢了。这样，天下即使出现叛逆的臣子，也必然没有人响应，得不到帮助力量了。所谓“处于安定状态的人民可以共同行仁义，处于危难之中的人民容易一起做坏事”，就是说的这种情况。尊贵到做了天子，富足到拥有天下，而自身却不能免于被杀戮，就是由于挽救倾覆局势的方法错了。这就是二世的错误。

襄公登位，在位十二年。开始建造西畤。葬在西垂。生了文公。

文公登位，住在西垂宫。在位五十年去世，葬在西垂。生了静公。

静公没有登位就死了。生了宪公。

宪公在位十二年。住在西新邑。死后葬在衙县。生了武公、德公、出子。

出子在位六年，住在西陵。庶长弗忌、威累和参父三人，率领刺客在鄙衍刺杀了出子，葬在衙县。武公登位。

武公在位二十年。住在平阳封宫。葬在宣阳聚东南。三个庶长受到应有的惩罚。德公继位。

德公在位二年。住在雍邑大郑宫。生了宣公、成公、缪公。葬在阳地。开始规定伏日，以抵御热毒邪气。

宣公在位十二年。住在阳宫。葬在阳地。开始记载闰月。

成公在位四年。住在雍邑的宫殿。葬在阳地。齐国攻打山戎、孤竹。

缪公在位三十九年。周天子为他称霸而致贺。葬在雍邑。缪公曾向宫殿的侍卫学习。生了康公。

康公在位十二年。住在雍邑高寝。葬在竘社。生了共公。

共公在位五年。住在雍邑高寝。葬在康公南面。生了桓公。

桓公在位二十七年。住在雍邑太寝。葬在义里丘的北边。生了景公。

景公在位四十年。住在雍邑高寝。葬在丘里南边。生了毕公。

毕公在位三十六年。葬在车里北边。生了夷公。

夷公没有登位。死后葬在左宫，生了惠公。

惠公在位十年。葬在车里。生了悼公。

悼公在位十五年。葬在僖公西面。在雍邑修筑城墙。生了刺龚公。

刺龚公在位三十四年。葬在入里。生了躁公、怀公。第十年，出现了彗星。

躁公在位十四年。住在受寝。葬在悼公南面。躁公元年，出现了慧星。

怀公从晋国回来。在位四年。葬在栎圉氏。生了灵公。大臣们包围怀公，怀公自杀。

肃灵公是昭子的儿子。住在泾阳。在位十年。葬在悼公西面，生了简公。

简公从晋国回来。在位十五年。葬在僖公西面。生了惠公。第七年，百官开始佩剑。

惠公在位十三年。葬在陵圉。生了出公。

出公在位二年。出公自杀。葬在雍邑。

献公在位二十三年。葬在嚣圉。生了孝公。

孝公在位二十四年。葬在弟圉。生了惠文王。孝公十三年开始建都咸阳。

惠文王在位二十七年。葬在公陵。生了悼武王。

悼武王在位四年。葬在永陵。

昭襄王在位五十六年。葬在茝阳。生了孝文王。

孝文王在位一年。葬在寿陵。生了庄襄王。

庄襄王在位三年。葬在茝阳。生了始皇帝，吕不韦任相国。

献公登位第七年（前378），开始设立集市。第十年（前375），登记户口，五户相连共为一伍。

孝公登位第十六年（前346），这年桃树李树在冬天开了花。

惠文王十九岁登位。登位第二年（前336），开始实行用钱币。有个新生婴儿说："秦国将称王。"

悼武王十九岁登位。登位第三年（前308），渭水变红了三天。

昭襄王十九岁登位。登位第四年（前303），开始开辟井田制下的田埂。

孝文王五十三岁登位。

庄襄王三十二岁登位。登位第二年（前248），夺取了太原地区。庄襄王元年（前249），宣布大赦，论列表彰先王功臣，施予恩惠，厚待骨肉至亲，对百姓施以惠泽。东周联合诸侯谋划攻秦，秦国派相国吕不韦征讨，东周全部纳入秦国。秦国不继绝东周的祭祀，把阳人聚一地赐给周君，让他供奉祖宗祭祀。

始皇在位三十七年，葬在郦邑。生了二世皇帝。始皇是十三岁登位的。

二世皇帝在位三年。葬在宜春苑。赵高任丞相，封安武侯。二世是十二岁登位的。

以上从秦襄王到秦二世，总共六百一十年。

汉孝明皇帝十七年（74）十月十五日，这一天是乙丑日，孝明皇帝向班固询问贾谊、司马迁论秦二世亡天下的得失，班固说：

周朝历数已经过去了，按照仁义来说子不能代替母（周为木德，汉为火德，木生火，所以周德为汉德之母。因此，汉不应接替周朝）。秦朝正处在中间的位置，吕政残暴凶虐。然而，他以一个十三岁的诸侯，而兼并天下，极其情志放纵私欲，却又养育着宗室亲族。在位三十七年间，军队无处不征伐，制作法律政令，传留给后代帝王。这大概是他得到圣人的神威和河神授予的具备帝王象征的图录，依据着主弓矢的狼、狐星的气魄，蹈践着主斩杀的参、伐星的威严，帮助秦王政驱除天下诸侯，一直到使他能够自称始皇帝。

始皇帝死后，胡亥非常愚蠢，郦山大墓尚未完工，又重新开始建筑阿房宫，以便完成从前的计划。还说："凡是那些作为尊贵的君王而拥有天下的人，可以放纵意志极情享乐，大臣们竟然想要废弃先王所想干的事情。"杀了李斯、冯去疾，任用赵高。二世的这番话听起来让人多么痛心啊！如同长着人头而发出禽兽般的声音。如果不是帝王逞威，就不会让人们讨伐他。假若不是罪恶深重，他就不会身败灭亡。等到他大好的河山保留不住，残暴凶虐又加速了他灭亡的期限。尽管他所据守的是易守难攻山川形势便利的王国，仍然不可能得到保存。

子婴越分得到了王位，戴着玉饰的王冠，佩着系有华美的丝带的御玺，乘坐着裹涂黄色的帝王车驾，由百司官吏扈从着，拜谒先代七世祖庙。一位小人登临不合他身份的地位，没有不是神思不定心中无主，整天苟且偷安。只是他能够图谋长远排除顾虑，父子一起计议策划，就近在室中捕获赵高，终诛杀了奸臣，为被害死的二世皇帝诛伐了贼逆。赵高被处死以后，亲戚宾客还没有来得及慰劳完，饮食还没有来得及下咽，酒还没来得及沾唇，楚国的军队已屠戮了关中，上天的真命天子已飞临霸上。于是，子婴只得坐着素车，脖颈上系着绳子，捧着皇帝的符信御玺，来投降于应该称帝的人，如同当年郑伯手持茅旌和鸾刀投降一样，楚庄王撤退七里。河堤溃决不可能重新堵上，鱼已烂了不可能再度复原。贾谊、司马迁说："假如当时子婴有一般君主的才干，仅得到中等才能臣子的辅佐，尽管山东地区大乱，秦国原有的土地也可能保全，宗庙的祭祀也不应该断绝。”秦国的衰败是一代代积累造成，天下就像土崩瓦解一般，即使有像周公旦一样的才能，也还是没有机会施展他的才干，因为秦国投降灭亡而责怪即位才几天的子婴，这是一个错误啊！世俗人传说是秦始皇兴起的罪恶，是胡亥将这种罪恶发展到顶点，这话是很合乎道理的。贾谊、司马迁又责备子婴无能，说秦国原有的土地可以保全，这就是所谓不通时变的话了。纪季把纪国的酅邑送给齐国来换取附庸的地位而能保存宗庙社稷，《春秋》赞美他而不直书其名。我读《秦本纪》，读至子婴车裂赵高的时候，没有一次不佩服他的果断，怜惜他的心志。可以说，子婴具备了讨逆报仇、死而殉国的死生大义。

全新足本·精注全译

陆

史记

【西汉】司马迁◎著

石磊◎主编

中国文史出版社

目录

第四十四卷　管晏列传第二

这是管仲、晏婴两位大政治家的合传。在这篇列传中，作者对他们采取了赞美和褒扬的态度。管仲相齐，凭借海滨的有利条件，发展经济，聚集财物，使国富兵强，与百姓同好恶。他善于“因祸而为福，转败而为功。贵轻重、慎权衡”，内政、外交功名垂著。他辅佐桓公，一匡天下，使桓公成为春秋时期第一个霸主。晏婴事齐三世，节俭力行，严于律己，三世显名于诸侯。二人虽隔百余年，但他们都是齐人，都是名相，又都为齐国作出了卓越的贡献，故合传为一。

本文通过鲍叔和晏子知贤、荐贤和让贤的故事，刻意探索和说明了如何对待贤才的问题。管仲其人，经商多分财利，谋事反而更糟，做官被逐，打仗逃跑。鲍叔却不认为他贪、愚、不肖、怯和无耻，反而从囚禁中把他解放出来，并推荐给桓公，使之有机会一展才能。晏子贵为国相，却以石父为知己，即使他在囚禁中，也要迫不及待地解放他，尊重他。一个地位卑贱的车夫，只要知过自改，便予以提拔，荐为大夫。司马迁极力赞美鲍叔和晏子，正是慨叹自己未遇解骖赎罪的知己。所以，他在赞语中说：“假令晏子而在，余虽为之执鞭，所忻慕焉。”此实乃本传之真意。

作者善于用特定人物的动作、个性化的语言刻画人物的内心世界。通过典型细节，以借宾形主的手法刻画人物。作者抓住车夫妻子从门间窥视的细节，来揭示一个女子的内心隐秘。从瞬间的窥视到提出离婚，御妻的神色、姿态、心理已然活现，不仅闪耀着个性的光芒，而且表现了她的心计、意念和独特的看人标准。然而，写石父、写御妻、写御者，又是为了写晏子。这种借宾形主的手法，使晏子的形象更加丰满了。

【原文】

管仲夷吾①者，颍②上人也。少时常与鲍叔牙③游，鲍叔知其贤④。管仲贫困，常欺鲍叔⑤，鲍叔终⑥善遇之，不以为言⑦。已而鲍叔事⑧齐公子小白，管仲事公子纠。及⑨小白立为桓公，公子纠死，管仲囚⑩焉。鲍叔遂进⑪管仲。管仲既用⑫，任政于齐，齐桓公以⑬霸，九⑭合诸侯，一匡⑮天下，管仲之谋也。

【注释】

①管仲夷吾（？—前645）：管夷吾，字仲。后人因其谥敬，称之为“管敬仲”。②颍（yǐng）：水名，在今河南省东部和安徽省西北部。③鲍叔牙：少时和管仲友善，后因齐乱，随公子小白出奔莒，管仲则随公子纠出奔鲁。④贤：有才德。⑤常欺鲍叔：管仲与鲍叔牙在南阳一同经商，到分盈利时，管仲自己多分。⑥终：始终。⑦不以为言：不因为这件事发议

论。⑧已而：不久，旋即。事：服侍，侍奉。⑨及：至，等到。⑩囚：拘禁。⑪遂：就。进：举荐。⑫用：任用。⑬以：因。⑭九：这里泛指多次。⑮匡：匡正，纠正。

【原文】

管仲曰："吾始困[①]时，尝[②]与鲍叔贾；分财利多自与[③]，鲍叔不以[④]我为贪，知我贫也。吾尝为鲍叔谋[⑤]事而更穷困，鲍叔不以我为愚[⑥]，知时[⑦]有利不利也。吾尝三仕三见逐[⑧]于君，鲍叔不以我为不肖[⑨]，知我不遭[⑩]时也。吾尝三战三走[⑪]，鲍叔不以我为怯[⑫]，知我有老母也。公子纠败，召忽[⑬]死之，吾幽囚[⑭]受辱，鲍叔不以我为无耻，知我不羞小节而耻[⑮]功名不显于天下也。生我者父母，知[⑯]我者鲍子也。"

【注释】

①始：当初。困：贫困。②尝：曾经。③多自与：多给自己。④不以：不认为。⑤谋：谋划，计划。⑥愚：笨拙。⑦时：时势，时机。⑧三仕：三次做官。三见逐：三次被驱赶。⑨不肖：不贤。⑩遭：遇，逢。⑪走：逃跑。⑫怯：胆怯，胆小。⑬召忽：齐国人，与管仲同时辅佐公子纠。⑭幽囚：囚禁。⑮羞：感到耻辱。以动用法。耻：以动用法。⑯知：了解，熟悉。

【原文】

鲍叔既进管仲，以身下之[①]。子孙世禄于齐[②]，有封邑[③]者十余世，常为名大夫。天下不多[④]管仲之贤而多鲍叔能知人也。

【注释】

①以身下之：将自己置于管仲之下位。②世禄于齐：世代都在齐国享受俸禄。禄，古代官吏的俸给。③封邑：帝王赐给臣子的土地。④多：推重；赞美。

【原文】

管仲既任政相齐[1]，以区区[2]之齐在海滨，通货积财[3]，富国强兵，与俗同好恶[4]。故其[5]称曰："仓廪[6]实而知礼节，衣食足而知荣辱[7]，上服度则六亲固[8]。四维[9]不张，国乃[10]灭亡。下令如流水之原[11]，令顺[12]民心。"故论卑而易行[13]。俗之所欲[14]，因而予[15]之；俗之所否[16]，因而去[17]之。

【注释】

①任政相齐：主持政务，担任齐相。②区区：小小。③通货积财：流通货物，积累资财。④俗：民俗。好恶：喜好与厌恶。⑤其：指管夷吾。以下引语见《管子·牧民》。⑥仓廪：仓库。⑦荣辱：光荣和耻辱。⑧上：国君。服度：有两解，一为遵守法度，二为使用的衣服车马等有制度。六亲：有几种说法，一般认为指父、母、兄、弟、妻、子。固：坚固：亲密团结。⑨四维：指礼、义、廉、耻。维，纲，提网的绳。⑩乃：就。⑪令：政令。原：源头。⑫顺：顺应。⑬论卑而易行：言论平易而易于实行。⑭所欲：所想获得的。⑮予：给予。⑯所否：所反对的。⑰去：除掉。

【原文】

其为政也[1]，善因祸而为福[2]，转败而为功[3]。贵轻重[4]，慎[5]权衡。桓公实怒少姬[6]，南袭蔡[7]，管仲因而伐楚[8]，责包茅不入贡于周室[9]。桓公实北征山戎[10]，而管仲因而令燕修召公[11]之政。于柯之会[12]，桓公欲背曹沬[13]之约，管仲因而信之[14]，诸侯由是[15]归齐。故曰："知与之为取，政之宝也[16]。"

【注释】

①为政：从事政治。②善：善于。因祸而为福：由祸患转化为安福。③转败而为功：转化失败因素成为有利因素。④贵：重视。轻重：本指货币，《管子》有《轻重篇》，此处指事情的轻重缓急。⑤慎：戒慎。⑥怒：恨。少姬：齐桓公夫人，蔡缪侯之妹。少姬因荡舟失宠归蔡，蔡君将她改嫁，因而触怒桓公。⑦蔡：国名。⑧楚：国名。芈姓。始祖鬻熊。西周时立国于荆山一带，建都丹阳（今湖北省秭归县东南）。春秋时兼并周围小国，不断与晋争霸。楚庄王曾为霸主。战国时疆域更为扩大。前223年为秦所灭。详见《楚世家》。⑨责：责备。包茅：指菁茅。入贡：贡献朝廷。周室：指周朝王室或周朝廷。⑩山戎：部族名。⑪修：实行。召（shào）公：周代燕国的始祖姬奭。⑫柯：齐地名，在今山东省东阿县西南。会：盟会。⑬背：违背。曹沬：鲁国将领。⑭因而：从而。信之：使齐桓公守信。⑮由是：因此。⑯引语本予《老子》："将欲取之，必固与之。"与：给予。

【原文】

管仲富拟于公室[①]，有三归、反坫[②]，齐人不以为侈[③]。管仲卒，齐国遵其政，常强于诸侯。后百余年[④]而有晏子焉。

【注释】

①拟：比拟，相似。公室：诸侯的家族。②三归：有几说，一为征收市场租税，二为娶了三姓女子，三为三处家庭，四为台名，五为采邑名，六为府库名。反坫（diàn）：覆酒杯的土台。③侈：奢侈，浪费。④百余年：管仲死于齐桓公四十一年（前645），晏婴于齐灵公二十六年（前556）出任大夫，相去仅八十九年。

【原文】

晏平仲婴[①]者，莱之夷维[②]人也。事齐灵公、庄公[③]、景公，以节俭力行重[④]于齐。既相齐，食不重肉[⑤]，妾不衣帛[⑥]。其在朝，君语及之[⑦]，即[⑧]危言；语不及之，即危行[⑨]。国有道[⑩]，即顺命[⑪]；无道，即衡命[⑫]。以此三世显名于诸侯。

【注释】

①晏平仲婴（？—前500）：晏婴，字仲，谥平。②莱：国名，地在今山东省黄县东南莱子城，前567年为齐所灭。夷维：邑名，在今山东省高密市。③齐灵公：姜环，前581—前554年在位。庄公：姜光，前553—前548年在位。④节俭：节约俭朴。力行：尽力办事。重：重视，被动用法。

⑤重（chóng）肉：两味肉食。⑥衣：穿着。帛：丝织品。⑦语及之：说到他。⑧即：则，就。⑨危行：直道而行。⑩有道：指治理合乎原则，国泰民安。⑪顺命：顺从命令。⑫衡命：衡量命令，谓可行则行。

【原文】

越石父[①]贤，在缧绁[②]中。晏子出，遭之涂[③]，解左骖[④]赎之，载归。弗[⑤]谢，入闺[⑥]。久之，越石父请绝[⑦]。晏子戄然[⑧]，摄衣冠谢[⑨]曰："婴虽不仁[⑩]，免子[⑪]于戹，何子求绝之速也？"石父曰："不然。吾闻君子诎于不知己而信[⑫]于知己者。方[⑬]吾在缧绁中，彼[⑭]不知我也。夫子既已感寤[⑮]而赎我，是知己；知己而无礼，固不如在缧绁之中。"晏子于是延入为上客[⑯]。

【注释】

①越石父：一说为晋国中牟人，卖身为奴隶。②缧绁（léi xiè）：拘系犯人的绳索，引申为囚禁。③涂：通"途"。④左骖（cān）：古代一车套四马，居中的两匹称服，居外的两匹称骖，骖居左，故称左骖。⑤弗：不。⑥闺：宫中的小门。⑦绝：断绝交往。⑧戄（jué）：敬畏貌。⑨摄：整理。谢：道歉。⑩仁：善良，宽厚，慈爱。⑪子：古代表敬意的对称词。⑫诎（qū）：通"屈"，委屈。信（shēn）：通"伸"，伸直。⑬方：当。⑭彼：他（们）。⑮夫子：古时对人的一般敬称。感寤：感发醒悟。⑯延：请。上客：高等宾客。

【原文】

晏子为齐相[①]，出[②]，其御之妻从门间[③]而窥其夫。其夫为相御[④]，拥大盖[⑤]，策驷马[⑥]，意气扬扬[⑦]，甚自得[⑧]也。既[⑨]而归，其妻请去[⑩]。夫问其故[⑪]。妻曰："晏子长不满六尺，身相[⑫]齐国，名显[⑬]诸侯。今者妾观其出，志念深[⑭]矣，常有以自下者[⑮]。今子长八尺，乃为人仆御[⑯]，然子之意自以为足[⑰]，妾是以[⑱]求去也。"其后夫自抑损[⑲]。晏子怪[⑳]而问之，御以实对。晏子荐以为大夫[㉑]。

【注释】

①相：官名。执政大臣。②出：外出。③御：车夫。门间(jiān)：门缝。间，缝隙。④御：驾驭车马。⑤大盖：车盖。⑥策：鞭打。驷（sì）马：古代一车套四马。⑦扬扬：得意貌。⑧自得：自我得意。⑨既：已；完。⑩请去：请求离去。⑪故：原因。⑫相：任相。动词。⑬显：显赫。⑭志念：意念；抱负。深：深远。⑮常：恒，总是。有以自下者：具有自谦的品德。下，退让。⑯仆御：驾驭车马的奴仆。⑰自以为足：自己认为很满足。⑱是以：以是，因此。⑲抑损：谦逊。⑳怪：感到奇怪。㉑荐：举荐。大夫：官名。

【原文】

太史公曰：吾读管氏《牧民》《山高》《乘马》《轻重》《九府》[①]，及《晏子春秋》[②]，详哉其言之也。既见其著书，欲观其行事，故次其传[③]。至其书，世多有之，是以不论，论其轶事[4]。

【注释】

①《牧民》《山高》《乘马》《轻重》《九府》：皆《管子》篇名。《管子》，原本八十六篇，亡佚十篇，现存七十六篇。内容庞杂，包含有道、名、法等家的思想以及天文、历数、舆地、经济和农业等知识。②《晏子春秋》：旧题晏婴撰。③次：编列。传：传记。④轶（yì）事：世人不甚知道的事迹，多指未经史书记载的事迹。轶，通"逸"，散失。

【原文】

管仲，世所谓贤臣，然孔子小[1]之。岂以为周道衰微[2]，桓公既贤，而不勉之至王，乃[3]称霸哉？语曰[4]："将顺[5]其美，匡救其恶[6]，故上下[7]能相亲也。"岂管仲之谓乎？

【注释】

①小：认为器量狭小。以动用法。②衰微：衰败微弱。③乃：却。④引语出于《孝经·事君》。⑤将顺：顺势助成。⑥匡：改正。救：禁止。恶：丑恶。⑦上下：指君臣百姓。

【原文】

方晏子伏庄公尸[1]哭之，成礼然后去，岂所谓"见义不为无勇"者邪？至其谏说[2]，犯君之颜[3]，此所谓"进思尽忠，退思补过"者哉[4]！假[5]令晏子而在，余虽为之执鞭[6]，所忻慕[7]焉。

【注释】

①晏子伏庄公尸：齐国大夫崔杼因奸情杀死庄公，晏婴去到崔家，枕庄公尸股而哭之，尽君臣之礼而出。②谏说：规劝说服。③犯君之颜：冒犯君主威严的表情。④引语出于《孝经·事君》。⑤假：假若。⑥执鞭：指驶马驾车做奴仆。⑦忻（xīn）慕：羡慕。

【译文】

管仲，名夷吾，是颍上人。他年轻的时候，常和鲍叔牙交往，鲍叔牙知道他贤明、有才干。管仲家贫，经常占鲍叔的便宜，但鲍叔始终很好地对待他，不因为这些事而有什么怨言。不久，鲍叔侍奉齐国公子小白，管仲侍奉公子纠。等到小白即位，立为齐桓公以后，桓公让鲁国杀了公子纠，管仲被囚禁。于是，鲍叔向齐桓公推荐管仲。管仲被任用以后，在齐国执政。桓公凭借着管仲而称霸，并以霸主的身份，多次会合诸侯，使天下归正于一，这都是管仲的智谋。

管仲说："我当初贫困时，曾经和鲍叔一起做生意，分财利时自己总是多要一些，鲍叔并不认为我贪财，而是知道我家里贫穷。我曾经替鲍叔谋划事情，反而使他更加困顿不堪，陷于窘境，鲍叔并不认为我愚笨，他知道时运有时顺利，有时不顺利。我曾经多次做官，却多次都被国君罢免，鲍叔并不因此认为我不成器，他知道我没遇上好时机。我曾几次随军参战，几次中途逃回，鲍叔并不因此认为我胆怯，他知道我家里有老母需要赡养。公子纠失败后，召忽为之殉难，我却自甘囚禁遭受屈辱，鲍叔并不因此认为我无耻，他知道我不会因小节而羞，却会为功名不显扬于天下而耻辱。生养我的是父母，真正了解我的是鲍叔啊。”

鲍叔推荐了管仲以后，情愿把自身置于管仲之下。他的子孙世世代代在齐国享有俸禄，得到封地的有十几代，多数是著名的大夫。因此，天下的人不称赞管仲的才干，反而赞美鲍叔能够识别人才。

管仲出任齐相执政以后，凭借着小小的齐国在海滨的条件，流通货物，积聚财富，使得国富兵强，与百姓同好恶。所以，他在《管子》一书中称述说：“仓库储备充实了，百姓才懂得礼节；衣食丰足了，百姓才能分辨荣辱；国君的作为合乎法度，‘六亲’才会得以稳固。不提倡礼义廉耻，国家就会灭亡。国家下达政令就像流水的源头，顺着百姓的心意流下。”所以，政令符合下情就容易推行。百姓想要得到的，就给他们；百姓所反对的，就替他们废除。

管仲执政的时候，善于把祸患化为吉祥，使失败转化为成功。他重视分别事物的轻重缓急，慎重地权衡事情的利弊得失。齐桓公实际上是怨恨少姬改嫁而向南袭击蔡国，管仲就寻找借口攻打楚国，责备它没有向周王室进贡菁茅。桓公实际上是向北出兵攻打山戎，而管仲就趁机让燕国整顿召公时期的政教。在柯地会盟，桓公想背弃曹沫逼迫他订立的盟约，管仲就顺应形势劝他信守盟约，诸侯们因此归顺齐国。所以说：“懂得给予正是为了取得的道理，这是治理国家的法宝。”

管仲富贵得可以跟国君相比拟，拥有设置华丽的三归台和国君的宴饮设备，齐国人却不认为他奢侈僭越。管仲去世后，齐国仍遵循他的政策，常常比其他诸侯国强大。此后过了百余年，齐国又出了个晏婴。

晏平仲，名婴，是齐国莱地夷维人。他辅佐了齐灵公、庄公、景公三代国君，由于节约俭朴又努力工作，在齐国受到人们的尊重。他做了齐国宰相，食不兼味，妻妾不穿丝绸衣服。在朝廷上，国君说话涉及他，就正直地陈述自己的意见；国君的话不涉及他，就正直地去办事。国君能行正道，就顺着他的命令去做；不能行正道时，就对命令斟酌着去办。因此，他在齐灵公、庄公、景公三代，名声显扬于各国诸侯。

越石父是个贤才，正在囚禁之中。晏子外出，在路上遇到他，就解开乘车左边的马，把他赎出来，用车拉回家。晏子没有向越石父告辞，就走进内室，过了好久没出来，越石父就请求与晏子绝交。晏子大吃一惊，匆忙整理好衣帽道歉说："我即使说不上善良宽厚，也总算帮助您从困境中解脱出来，您为什么这么快就要求绝交呢？"越石父说："不是这样的，我听说君子在不了解自己的人那里受到委屈而在了解自己的人面前意志就会得到伸张。当我在囚禁之中，那些人不了解我。你既然已经受到感动而醒悟，把我赎买出来，这就是了解我；了解我却不能以礼相待，还不如在囚禁之中。"于是，晏子就请他进屋待为贵宾。

晏子做齐国宰相时，一次坐车外出，车夫的妻子从门缝里偷偷地看她的丈夫。她丈夫替宰相驾车，头上遮着大伞，挥动着鞭子赶着四匹马，神气十足，洋洋得意。不久回到家里，妻子就要求离婚，车夫问她离婚的原因。妻子说：“晏子身高不过六尺，却做了齐国的宰相，名声在各国显扬。我看他外出，志向思想都非常深沉，常有那种甘居人下的态度。现在你身高八尺，才不过做人家的车夫，看你的神态，却自以为挺满足。因此，我要求和你离婚。”从此以后，车夫就谦虚恭谨起来。晏子发现了他的变化，感到很奇怪，就问他，车夫也如实相告。晏子就推荐他做了大夫。

太史公说：“我读了管仲的《牧民》《山高》《乘马》《轻重》《九府》及《晏子春秋》，这些书上说得太详细了！读了他们的著作，还想让人们了解他们的事迹，所以就依次编写了他们的合传。至于他们的著作，社会上已有很多，因此不再论述，只记载他们的佚事。”

管仲是世人所说的贤臣，然而孔子小看他，难道是因为周朝统治衰微，桓公既然贤明，管仲不勉励他实行王道却辅佐他只称霸主吗？古语说：“要顺势助成君子的美德，纠正挽救他的过错，所以君臣百姓之间能亲密无间。”这大概就是说的管仲吧？

当初晏子枕伏在庄公尸体上痛哭，完成了礼节然后离去，难道是人们所说的“遇到正义的事情不去做就是没有勇气”的表现吗？至于晏子直言进谏，敢于冒犯国君的威严，这就是人们所说的“进就想到竭尽忠心，退就想到弥补过失”的人啊！假使晏子还活着，我即使替他挥动着鞭子赶车，也是我非常高兴和十分向往的啊！

第四十五卷　老子韩非列传第三

这是一篇关于先秦道家和法家代表人物的重要传记。太史公将老庄申韩合为一传，代表了汉人对道家与法术家关系的重要看法。汉人直承晚周，认为老子之言“君人南面之术”，而庄子祖述老子。韩非《解老》《喻老》亦从法术家角度言“道德”之意。太史公作四人合传，在当时来说，确实是胸罗道德，纵横概括，指点评说，是一篇很有气魄的雄文，非大家不能。

然而，今天看来，太史公如此处理，也不尽妥当。老子书以无为而有为，多言有无之辩。诚如太史公所说“李耳无为自化，清静自正……老子所贵道，虚无因应，变化于无为”，这正是老子思想的核心。庄子书：“天道无为而自然……散道德，放论，要亦归之自然。”其思想体系虽本归于老子之言，但主要是进一步的发展。特别是庄子本人则纯是无为。申子言“术”，旨在“因术而授官，循名而责实，操生杀之柄，课群臣之能”（《韩非子·定法》），是一整套控驭臣下的统治术。韩子言“法”，是在申子“术”治的基础上，参合商鞅的“法”治、慎到的“势”治，提出以“法”为中心的“法、术、势”三而一的统治术，都以处势为前提，他们的学说虽有联系，但有本质上的不同。

老子本传以“未知其然否”作结，诚为科学态度。虽然如此，本传仍记述了关于老子的重要资料，如“周守藏室之史”“隐君子”等。

庄子亦一隐君子。隐君子则是对现实取不合作态度，虽然不是有力的反抗，却可以是强烈的不满。庄子之避世源于愤此。申、韩残酷少恩，而韩子尤甚。韩子书不胫而走，且为秦王所赞赏，原因无他，“兼并者高诈术”也。

韩子死秦狱中，于传后太史公录《说难》全文，可见痛惜之意。韩子善为文，思维严密，逻辑性强，论证有力，且语言犀利，锐不可当。《说难》可见其一斑。

【原文】

老子者，楚苦县厉乡曲仁里人也，姓李氏，名耳，字聃，周守藏室①之史也。

【注释】

①藏室：国家的藏书室，即图书馆。

【原文】

孔子适①周，将问礼于老子。老子曰：“子②所言者，其人与骨皆已朽矣，独其言在耳。且君子得其时则驾③，不得其时则蓬累而行④。吾闻之，良贾深藏若虚⑤，君子盛德容貌若愚。去子之骄气与多欲，态色与淫志⑥，是皆无益于子之身。吾所以告子，若是而已。”孔子去，谓弟子曰：“鸟，吾知其能飞；鱼，吾知其能游；兽，吾知其能走。走者可以为罔⑦，游者可以为纶⑧，飞者可以为矰⑨。至于龙，吾不能知其乘风云而上天。吾今日见老子，其犹龙邪！”

【注释】

①适：往，到……去。②子：古时对男子的尊称。③时：机会，时运。驾：坐车，引申为外出去做官。④蓬累而行：像飞蓬飘转流徙而行，转停皆不由己。蓬，一种根叶俱细的小草，风吹根断，随风飘转。累，转行的样子。⑤贾：商人，古代指坐商。深藏若虚：隐藏其货，不让别人知道，好像空虚无物的样子。比喻有真才实学的人，不露锋芒。⑥态色：情态神色。淫志：过大志向。淫，过分。⑦罔：通“网”，捕具。⑧纶：钓鱼的丝线。⑨矰：系有丝绳，用以射鸟的短箭。

【原文】

老子修道德①，其学以自隐无名为务②。居周之久，见周之衰，乃遂去。至关，关令尹喜曰：“子将隐矣，强③为我著书。”于是老子乃著书上下篇，言道德之意五千余言而去，莫④知其所终。

【注释】

①道德：此指道家学派的术语。道，事物发展的普遍规律和宇宙的精神的本原。德，宇宙万物所含有的特殊规律或特殊性质。②自隐：隐匿声迹，不显露。无名：不求闻达。务：宗

旨。③强：勉力。④莫：没有人。

【原文】

或曰[1]：老莱子亦楚人也，著书十五篇，言道家之用，与孔子同时云。

盖老子百有[2]六十余岁，或言二百余岁，以其修道而养寿[3]也。

【注释】

①或曰：有的人说。②有：又。③养寿：修养身心以求长寿。

【原文】

自孔子死之后百二十九年，而史记周太史儋见秦献公曰："始秦与周合，合五百岁而离，离七十岁而霸王者出焉[1]。"或曰儋即老子，或曰非也，世莫知其然[2]否。老子，隐君子也。

【注释】

①"始秦与周合"三句：《索引》按周秦二本纪并云"始周与秦国合而别，别五百载又合，合七十岁而霸王者出"。然与此传离合正反，寻其意义，亦并不相违。②然：是，是这样。

【原文】

老子之子名宗，宗为魏将，封于段干。宗子注，注子宫，宫玄孙[1]假，假仕于汉孝文帝。而假之子解为胶西王卬太傅，因家[2]于齐焉。

【注释】

①玄孙：曾孙的儿子。②家：居住。

【原文】

世之学老子者则绌儒学[1]，儒学亦绌老子。“道不同不相为谋”[2]，岂谓是邪？李耳无为自化，清静自正[3]。

【注释】

①绌：通“黜”，贬斥。②道不同不相为谋：主张、原则不同，彼此不相商议、合作。语见《论语·卫灵公》。③无为自化，清静自正：语本《老子》“我无为而民自化，我好静而民自正”（王弼注本《老子道德经》第五十七章，魏源《老子本义》本第五十章）。这是主张缓和社会矛盾，让事物保持原状的保守思想。无为，一任自然，无所作为。清静，内心清虚明静，无所索求。

【原文】

庄子者，蒙人也，名周。周尝[1]为蒙漆园吏，与梁惠王、齐宣王同时。其学无所不窥[2]，然其要本[3]归于老子之言。故其著书十余万言，大抵率寓言[4]也。作《渔父》《盗跖》《胠箧》[5]，以诋訿[6]孔子之徒，以明老子之术。《畏累虚》《亢桑子》[7]之属，皆空语无事实。然善属书离辞[8]，指事类情[9]，用剽剥儒、墨[10]，虽当世宿学[11]不能自解免也。其言洸洋自恣以适己[12]，故自王公大人不能器之[13]。

【注释】

①尝：曾经。②窥：从小孔或缝隙里看。此引申为涉猎、研究。③要：要旨。本：根本，源头。④大抵：大略。率：通常。寓言：有所寄托或比喻之言。《释文》："寓，寄也。以人不信己，故托之他人，十言而九见信也。"⑤《渔父》《盗跖》《胠（qū）箧（qiè）》：均为《庄子》中的篇名。⑥诋訿（dǐ zǐ）：毁辱，诽谤。⑦《畏累虚》《亢桑子》：均为《庄子》中的篇名。⑧属书：连缀文辞。离辞：通"摛辞"，铺陈辞藻。⑨类情：描摹情状。⑩剽剥：攻击，驳斥。儒、墨：春秋战国时期两大著名学派，儒家和墨家。⑪宿学：博学、饱学之士。⑫洸洋：通"汪洋"，水势浩大、浩渺无际的样子。这里形容文辞宏瞻，议论恣肆。恣：放纵无羁。适己：适合自己的性情。⑬器之：使用他，利用他。

【原文】

楚威王闻庄周贤，使使厚币迎[1]之，许以为相。庄周笑谓楚使者曰："千金，重利；卿相，尊位也。子独不见郊祭之牺牛[2]乎？养食[3]之数岁，衣以纹绣[4]，以入大庙[5]。当是之时，虽欲为孤豚[6]，岂可得乎？子亟[7]去，无污我。我宁游戏污渎[8]之中自快，无为有国者[9]所羁，终身不仕，以快吾志焉。"

【注释】

①使使：前一"使"为派遣，后一"使"为奉使命办事

的人，即使者。币：古人对礼物的通称。泛指用作礼物的玉帛、马、毛皮、禽等。迎：聘请。②郊祭：祭祀天地。牺牛：用作祭品的牛。③食（sì）：喂养。④衣以文绣：给它披上带有花纹的绸缎。衣，穿、披。⑤大庙：太庙，即宗庙。大，通“太”。⑥孤豚：小猪。《索隐》：“孤者，小也，特也。”⑦亟(jí)：急，快。⑧渎：小水沟。⑨有国者：掌握国家政权的人。

【原文】

申不害者，京人也，故郑之贱臣。学术以干[①]韩昭侯，昭侯用为相。内修政教，外应诸侯，十五年。终申子之身，国治兵强，无侵韩者。

申子之学本于黄老而主刑名[②]。著书二篇，号曰《申子》[③]。

【注释】

①术：指法家的刑名法术之学，或特指君主控制和使用臣下的策略与手段。干：求取，指求官。②黄老：黄帝和老子。先秦儒家只谈尧舜，不提黄帝。道家为了和儒家争夺学术地位，把传说中比尧、舜更早的黄帝搬出来与老子并尊为道家的创始人，所以汉时有“黄老之学”的称呼。刑名：即实与名。法家主循名责实，以推行法治，强化上下关系。刑，通“形”，指形体或事实。名，指言论或主张。③《申子》：已佚。《汉书·艺文志》有《申子》六篇。有《大体篇》保存

于《群书治要》中，又有清人马国翰等辑本。

【原文】

韩非者，韩之诸公子①也。喜刑名法术之学，而其归②本于黄老。非为人口吃，不能道说，而善著书。与李斯俱事③荀卿，斯自以为不如非。

【注释】

①诸公子：贵族子弟。②归：归宿，引申为宗旨。③事：师事，随师求学。

【原文】

非见韩之削弱，数以书谏①韩王，韩王不能用。于是韩非疾治国不务②修明其法制，执势以御③其臣下，富国强兵而以求人任贤，反举浮淫之蠹而加之于功实④之上。以为儒者用文⑤乱法，而侠者以武犯禁⑥。宽⑦则宠名誉之人，急则用介胄之士⑧。今者所养非所用，所用非所养。悲廉直⑨不容于邪枉之臣，观往者得失⑩之变，故作《孤愤》《五蠹》《内外储》《说林》《说难》⑪十余万言。

【注释】

①数：屡次，多次。书：奏章。谏：下对上规劝。②疾：痛恨。务：勉力从事。③执势：掌握权势。御：驾驭，控制。④举：提拔任用。浮淫之蠹：指文学游说之士。浮淫，虚浮淫夸。蠹，蛀虫。比喻像蛀虫一样危害国家的人。功实：注重功

利而有实际贡献的人。⑤文：指儒家典籍，如《诗》《书》等。⑥犯禁：违犯国家禁令。⑦宽：宽缓。指国家太平时期。⑧介胄之士：指顶盔穿甲的武士。介，甲。作战时穿的护身铠甲。胄，头盔。⑨廉直：廉洁正直的人。⑩往者：以往的，历史上的。得失：成功和失败。⑪《孤愤》《五蠹》《内外储》《说林》《说难》：均为《韩非子》书中的篇名。

【原文】

然韩非知说[1]之难，为《说难》书甚具[2]，终死于秦，不能自脱。《说难》曰：

【注释】

①说：用话劝说，使之听从自己的意见。②具：通"俱"，完全，周详。

【原文】

凡说之难，非吾知之有以说之[1]难也；又非吾辩之难能明[2]吾意之难也；又非吾敢横失[3]能尽之难也。凡说之难，在知所说[4]之心，可以吾说当之。

【注释】

①知：才智。说之：游说君主。②辩：口辩，口才。一说分析。明：阐明，表达。③横失（yì）：纵横奔放，无所顾忌。失，通"佚""逸"。④所说：游说的对象，主要指君主。

【原文】

所说出于为[①]名高者也，而说之以厚利，则见下节[②]而遇[③]卑贱，必弃远矣。所说出于厚利者也，而说之以高名，则见无心而远事情[④]，必不收[⑤]矣。所说实为厚利而显[⑥]为名高者也，而说之以名高，则阳收其身[⑦]而实疏之；若说之以厚利，则阴[⑧]用其言而显弃其身。此之不可不知也。

【注释】

①为：这里有博取、贪图的意思。②见：被看作。下节：品德低下。③遇：待遇。陈奇猷《韩非子四集解》引刘师培曰："'遇'当作'偶'，谓退与卑贱相偶也。"或谓"遇"疑当作"迩"。④无心：没头脑。远事情：脱离实际。⑤收：录用。⑥显：明显，引申为公开。⑦阳：表面上。身：指游说者自身。⑧阴：暗地里。

【原文】

夫事以密成，语以泄败。未必其身泄之也，而语及其所匿[①]之事，如是者身危。贵人有过端[②]，而说者明言善议以推[③]其恶者，则身危。周泽未渥也而语极知[④]，说行而有功则德亡[⑤]，说不行而有败则见疑[⑥]，如是者身危。夫贵人得计[⑦]而欲自以为功，说者与知[⑧]焉，则身危。彼显有所出事[⑨]，乃自以为也[⑩]故，说者与知焉，则身危。强[⑪]之以其所必不为，止之以其所不能已[⑫]者，身危。故曰：与之论大人[⑬]，则以为间己[⑭]；与之论细人[⑮]，则以为粥权[⑯]。论其所爱，则以为借资[17]；论其所憎，则以为尝己[18]。径省其辞[19]，则不知而屈之[20]；泛滥博文[21]，则多而久之。顺事陈意，则曰怯懦而不尽；虑事广肆[22]，则曰草野而倨侮[23]。此说之难，不可不知也。

【注释】

①及：到，至。引申为涉及、牵扯。匿：隐藏。②过端：过失，过错。端，端倪，即刚刚有些迹象，而尚未昭著。按以下一段文字句序与今本《韩非子》有异。③善议：巧妙的议论。推：推导，推论。④周泽未渥：意谓交情还不够深厚。周，亲密。泽，恩泽、恩惠。渥，浓厚、深厚。语极知：把知心话尽其所有都说出来。极，穷尽。⑤德：功劳，功德。亡：通“忘”，忘记。⑥见疑：被怀疑。⑦得计：计谋可以实现。⑧与知：参与此事。⑨出事：做事。⑩也：疑当作“他”。盖形近而误。今诸本《韩非子》作“乃自以为他故”。他故，别的事情。⑪强：勉强。⑫已：停止。⑬大人：达官贵族。此指在任重臣。⑭间己：离间君主与大臣的关系。⑮细人：地位低下的人。⑯粥（yù）权：卖弄权势。粥，通“鬻”，卖。⑰借资：借助别人的力量，以为已助。⑱尝己：试探自己含怒的深浅。尝，试探。⑲径省其辞：说话简略，直截了当。径省，简略。⑳知：通“智”，智慧。屈之：使他遭受委屈。㉑泛滥：水势漫溢横流。比喻夸夸其谈，没有边际。博文：追求浮华之辞。㉒广（kuàng）肆：谓谋虑远而放纵无所收束。广，通“旷”，远也。肆，放纵。㉓草野：鄙陋粗俗。倨侮：倨傲

侮慢。

【原文】

凡说之务[①]，在知饰[②]所说之所敬，而灭[③]其所丑。彼自知[④]其计，则毋以其失穷之[⑤]；自勇其断，则毋以其敌怒之；自多[⑥]其力，则毋以其难概之[⑦]。规异事[⑧]与同计，誉异人与同行者[⑨]，则以饰之无伤[⑩]也。有与同失者，则明饰其无失也。大忠无所拂悟[⑪]，辞言无所击排[⑫]，乃后申[⑬]其辩知焉。此所以亲近不疑，知尽之难也。得旷日弥久[⑭]，而周泽既渥，深计而不疑，交争而不罪，乃明计利害以致[⑮]其功，直指是非以饰其身[⑯]，以此相持[⑰]，此说之成也。

【注释】

①务：要旨。②饰：粉饰，美化。③灭：遮掩，掩盖。④自知：自己认为高明。知，通“智”。⑤穷之：指使君主困窘、难堪。⑥多：推崇，赞美。⑦概之：压抑、限制他。概，古代量谷物时，用以刮平斗斛的器具。《管子·枢言篇》“釜鼓满，则人概之”。此是引申义。⑧异事：他事，另一件事。同计：与君主谋划相同。这一句的意思是说谋划另一件事与君主计策相同，谋划他事等于谋划此事，可以不犯扬己之嫌，不掠君主之美。⑨誉异人与同行者：另一个人与君主同德行，称赞那个人等于称赞君主，可以不露阿谀君主之迹。⑩无伤：没有害处。⑪拂悟：违逆，抵触。悟，通“牾”。⑫击排：攻击，排斥。⑬申：通“伸”，舒展，伸直。引申为施展。⑭旷

日弥久：犹今语“旷日持久”，即多费时日，拖得很久。旷，荒废，费。弥久，很久。⑮明计：明白权衡剖析。致：达，得到。⑯直指：直陈，讲话无顾虑。饰其身：正其身。饰，修治，整治。⑰相持：指君信臣、臣忠君。

【原文】

伊尹为庖①，百里奚为虏②，皆所由干其上③也。故此二子者，皆圣人也，犹不能无役身而涉世④如此其汙也，则非能仕之所设也⑤。

【注释】

①伊尹为庖的故事见《韩非子·难言》，说他为了游说商汤，“身执鼎俎为庖宰，昵近习亲，而汤乃仅知其贤而用之”。《墨子·尚贤中篇》也提到这个故事，说伊尹是“有莘氏女之私臣，亲为庖人，汤得之，举以为相”。《史记》卷三《殷本纪》则谓伊尹想求得商汤的任用而无由，于是就做了随同有莘氏女出嫁的“媵臣”。说他亲“负鼎俎，以滋味说汤，致于王道”。②虏：奴隶。百里奚为虏的故事，《韩非子·难言》，又《难一》《难二》，均及之，但语焉不详。《史记》中《秦本纪》说他原为虞国人，晋献公灭虞以后，他被俘虏，做了秦穆公夫人即晋公子夷吾的姐姐的陪嫁臣到了秦国，后亡秦走宛，被楚国人捉住。秦穆公知其贤，便用五张黑公羊皮把他赎回来，与语国事三日，秦穆公大悦，于是“授之国政”。《晋世家》亦略及其事。③由：经由，经此。干：求取。上：君

主。④役身：自身做贱役。涉世：涉足社会。⑤非能仕之所设也：当依《韩非子》作“非能仕之所耻”。能仕，智能之士。仕，通“士”。

【原文】

宋有富人，天雨墙坏。其子曰：“不筑且有盗”，其邻人之父[①]亦云，暮而果大亡[②]其财，其家甚知其子[③]而疑邻人之父。昔者郑武公欲伐胡，乃以其子妻之[④]。因问群臣曰：“吾欲用兵，谁可伐者?”关其思曰：“胡可伐。”乃戮关其思，曰：“胡，兄弟之国[⑤]也，子言伐之，何也?”胡君闻之，以郑为亲己而不备郑。郑人袭胡，取之。此二说者，其知皆当矣，然而甚者[⑥]为戮，薄者[⑦]见疑。非知之难也，处之则难矣。

【注释】

①父：老者，老人。②亡：丢失，被窃。③知其子：以其子为智。④子：指女儿。古代男、女都称子。妻之：嫁给胡君为妻。⑤兄弟之国：亲戚的通称。春秋战国时，两国虽非同姓，但有婚姻关系也叫“兄弟之国”。⑥甚者：重的。⑦薄者：轻的。以上两句谓，言重则被杀，言轻则见疑。按：此段文字与诸本《韩非子》多有不同。

【原文】

昔者弥子瑕见爱于君。卫国之法，窃驾君车者罪至刖[①]。既而弥子之母病，人闻，往夜告之，弥子矫[②]驾君车而出。君闻之而贤之曰：“孝哉，为母之故而犯刖罪!”与君游果园，弥子食桃而甘[3]，不尽而奉君。君曰："爱我哉，忘其口而念我！"及弥子色衰而爱弛[4]，得罪于君。君曰："是尝矫驾吾车，又尝食我以其余桃[5]。"故弥子之行未变于初也，前见贤而后获罪者，受憎之至变[6]也。故有爱于主，则知当而加亲；见憎于主，则罪当而加疏。故谏说之士不可不察爱憎之主而后说之矣。

【注释】

①刖：断足酷刑。②矫：擅称君命。③甘：感到甜美。④弛：松缓，松懈。这里有疏淡、减退的意思。⑤食：给吃。余桃：咬剩下的桃子。⑥至变：最大的改变。至，最、极。

【原文】

夫龙之为虫[1]也，可扰狎[2]而骑也。然其喉下有逆鳞径尺，人有婴[3]之，则必杀人，人主亦有逆鳞，说之者能无婴人主之逆鳞，则几[4]矣。

【注释】

①龙之为虫：古人认为龙属虫类。②扰狎：驯熟。扰，驯养。狎，亲近、戏弄。③婴：碰，触犯。④几：近，近于善谏。

【原文】

人或[1]传其书至秦。秦王见《孤愤》《五蠹》之书，曰："嗟乎，寡人得见此人与之游[2]，死不恨[3]矣！"李斯曰："此韩非之所著书也。”秦因急攻韩。韩王始不用非，及急，乃遣非使秦。秦王悦之，未信用。李斯、姚贾害④之，毁之曰：“韩非，韩之诸公子也。今王欲并⑤诸侯，非终为韩不为秦，此人之情也。今王不用，久留而归之，此自遗患也，不如以过法诛之⑥。”秦王以为然，下吏治非。李斯使人遗⑦非药，使自杀。韩非欲自陈⑧，不得见。秦王后悔之，使人赦之，非已死矣。

申子、韩子皆著书，传于后世，学者多有。余独悲韩子为《说难》而不能自脱耳。

【注释】

①或：有的。②游：结交，交往。③恨：遗憾。④害：嫉妒。⑤并：吞并，兼并。⑥过法诛之：加以罪名，依法处死他。过，硬加罪过。⑦遗：送给。⑧自陈：当面剖白。

【原文】

太史公曰：老子所贵道，虚无①，因应变化于无为，故著书辞称微妙难识。庄子散②道德，放论③，要亦归之自然。申子卑卑④，施之于名实。韩子引绳墨⑤，切事情，明是非，其极惨礉⑥少恩。皆原于道德之意，而老子深远矣。

【注释】

①虚无：指道的本体无所不在，而又无形可见。②散：散布，这里有推演、宣演的意思。③放论：犹“放言”，即纵意随心地发表议论，不受约束。④卑卑：勤奋自勉。⑤绳墨：木

工用以正曲直的墨线。引申为规范、法制。⑥惨礉（hé）：残酷苛刻。礉，核实。引申为苛刻。

【译文】

老子是楚国苦县厉乡曲仁里人。姓李，名耳，字聃，做过周朝掌管藏书室的史官。

孔子前往周都，想向老子请教礼的学问。老子说："你所说的礼，倡导它的人和骨头都已经腐烂了，只有他的言论还在。况且君子时运来了就驾着车出去做官，生不逢时就像蓬草一样随风飘转。我听说，善于经商的人把货物隐藏起来，好像什么东西也没有。君子具有高尚的品德，他的容貌谦虚得像愚钝的人。抛弃您的骄气和过多的欲望，抛弃您做作的情态神色和过大的志向，这些对于您自身都是没有好处的。我能告诉您的，就这些罢了。"孔子离去以后，对弟子们说："鸟，我知道它能飞；鱼，我知道它能游；兽，我知道它能跑。会跑的可以织网捕获它，会游的可制成丝线去钓它，会飞的可以用箭去射它。至于龙，我就不知道该怎么办了，它是驾着风而飞腾升天的。我今天见到的老子，大概就是龙吧！"

老子研究道德学问，他的学说以隐匿声迹，不求闻达为宗旨。他在周都住了很久，见周朝衰微了，于是就离开周都。到了函谷关，关令尹喜对他说："您就要隐居了，勉力为我们写一本书吧。"于是，老子就撰写了本书，分上下两篇，阐述了道德的本意，共五千多字，然后才离去，没有人知道他的下落。

有的人说：老莱子也是楚国人，著书十五篇，阐述的是道家的作用，和孔子是同一时代的人。

据说老子活了一百六十多岁，也有的人说活了二百多岁，这是因为他能修道养心而长寿的啊。

孔子死后一百二十九年，史书记载周太史儋会见秦献公时，曾预言说："当初秦国与周朝合在一起，合了五百年而又分开了，分开七十年之后，就会有称霸称王的人出现。"有的人说太史儋就是老子，也有的人说不是，世上没有人知道哪种说法正确。总之，老子是一位隐君子。

老子的儿子叫李宗，做过魏国的将军，封地在段干。李宗的儿子叫李注，李注的儿子叫李宫，李宫的玄孙叫李假，李假在汉文帝时做过官。而李假的儿子李解担任过胶西王刘卬的太傅，因此，李氏就定居在齐地。

社会上信奉老子学说的人就贬斥儒学，信奉儒家学说的人也贬斥老子学说。"主张不同的人，彼此说不到一块去"，难道就是说的这种情况吗？老子认为，无为而治，百姓自然趋于"化"；清静不扰，百姓自然会归于"正"。

庄子是蒙地人，叫周。他曾经担任过蒙地漆园的小吏，和梁惠王、齐宣王是同一时代的人。他学识渊博，涉猎、研究的范围无所不包，他的中心思想却本源于老子的学说。他撰写了十余万字的著作，大多是托词寄意的寓言。他写的《渔父》《盗跖》《胠箧》是用来诋毁孔子学派的人，而以表明老子学说为目的的。《畏累虚》《亢桑子》一类的，都空设言语，没有实事。可是，庄子善于行文措辞，描摹事物的情状，用来攻击和驳斥儒家和墨家。即使是当世博学之士，也难免受到他的攻击。他的语言汪洋浩漫，纵横恣肆，以适合自己的性情，所以从王公大人起，都无法利用他。

楚威王听说庄周贤能，派遣使臣带着丰厚的礼物去聘请他，答应他出任宰相。庄周笑着对楚国使臣说："千金，确是厚礼；卿相，确是尊贵的高位。您难道没见过祭祀天地用的牛吗？喂养它好几年，给它披上带有花纹的绸缎，把它牵进太庙去当祭品，在这个时候，它即使想做一头孤独的小猪，难道能办得到吗？您赶快离去，不要玷污了我。我宁愿在小水沟里身心愉快地游戏，也不愿被国君所束缚。我终身不做官，让自己的心志愉快。"

申不害是京邑人，原先是郑国的低级官吏。后来研究了刑名法术学问，向韩昭侯求官，昭侯任命他做了宰相。他对内修明政教，对外应对诸侯，前后执政十五年。一直到申子去世，国家安定，政治清明，军队强大，没有哪个国家敢于侵犯韩国。

申不害的学说本源于黄帝和老子而以循名责实为主，他的著作有两篇，叫做《申子》。

韩非是韩国的贵族子弟。他爱好刑名法术学问。他学说的理论基础来源于黄帝和老子。韩非有口吃的缺陷，不善于讲话，却擅长于著书立说。他和李斯都是荀卿的学生，李斯自认为学识比不上韩非。

韩非看到韩国渐渐衰弱下去，屡次上书规劝韩王，但韩王没有采纳他的意见。当时，韩非痛恨治理国家不致力于修明法制，不能凭借君王掌握的权势用来驾驭臣子，不能富国强兵寻求任用贤能之士，反而任用夸夸其谈、对国家有害的文学游说之士，并且让他们的地位高于讲求功利实效的人。他认为，儒家用经典文献扰乱国家法度，而游侠凭借武力违犯国家禁令。国家太平时，君主就宠信那些徒有虚名假誉的人；形势危急时，就使用那些披甲戴盔的武士。现在国家供养的人并不是所要用的，而所要用的人又不是所供养的。他悲叹廉洁正直的人不被邪曲奸枉之臣所容，他考察了古往今来的得失变化，所以写了《孤愤》《五蠹》《内外储》《说林》《说难》等十余万字的著作。

然而，韩非深深地明了游说的困难。他撰写的《说难》一书，讲得非常周全。但是，他最终还是死在秦国，不能逃脱游说的祸难。《说难》写道：

大凡游说的困难，不是我的才智不足以说服君主有困难，也不是我的口才不足以明确地表达出我的思想有困难，也不是我不敢毫无顾虑地把意见全部表达出来有困难。大凡游说的困难，在于如何了解游说对象的心理，然后用我的说辞去适应他。

游说的对象在博取高名，而游说的人却用重利去劝说他，他就会认为你品德低下而受到卑贱的待遇，一定会被遗弃和疏远了。游说的对象志在贪图重利，而游说的人却用博取高名去劝说他，他就会认为你没有头脑而脱离实际，一定不会录用你。游说的对象实际上意在重利而公开装作博取高名，而游说的人用博取高名去劝说他，他就会表面上录用你而实际上疏远你；假如游说的人用重利去劝说他，他就会暗中采纳你的意见，而公开抛弃你本人。这些都是游说的人不能不知道的。

行事能保密就成功，言谈之中泄露了机密就会失败。不一定是游说者本人有意去泄露机密，而往往是在言谈之中无意地说到君主内心隐藏的秘密。像这样，游说的人就会身遭灾祸。君主有过失，而游说的人却引用一些美善之议推导出他过失的严重，那么游说的人就会有危险。君主对游说者的恩宠还没有达到深厚的程度，而游说的人把知心话全部说出来，如果意见被采纳实行而且见到了功效，那么，君主就会忘掉你的功劳；如果意见行不通而且遭到失败，那么游说者就会被君主怀疑。像这样，游说的人就会有危险。君主自认为有了如愿的良策，而且打算据为自己的功绩，游说的人参与这件事，那么也会有危险。君主公开做着一件事，而自己另有别的目的，如果游说者预知其计，那么他也会有危险。君主坚决不愿做的事，却勉力让他去做，君主去做丢不下的事，又阻止他去做，游说的人就危险。所以说："和君主议论在任的大臣，就会认为你离间他们彼此的关系；和君主议论地位低下的人，就会认为你卖弄权势。议论他所喜爱的，那么君主就会认为你是在利用他；议论君主所憎恶的，就会认为你试探他含怒的深浅。如果游说者文辞简略，那么就会认为你没有才智而使你遭到屈辱；如果你铺陈辞藻，夸夸其谈，那么就会认为你语言放纵而无当。如果你顺应君主的主张陈述事情，那么就会说你胆小而做事不尽人意。如果你谋虑深远，那么就会说你鄙陋粗俗，倨傲侮慢。这些游说的难处，是不能不知道的啊。

大凡游说者，最重要的在于懂得美化君主所推崇的事情，而掩盖他认为丑陋的事情。他自认为高明的计策，就不要拿以往的过失使他难堪；他自认为是勇敢的决断，就不要用自己的意愿使他激怒；他夸耀自己的力量强大，就不必用他为难的事来拒绝他。游说的人谋划另一件与君主相同的事，赞誉另一个与君主同样品行的人，就要把那件事和另一个人加以美化，不要坏其事伤其人。有与君主同样过失的人，游说者就明确地粉饰说他没有过失。待到游说者的忠心使君主不再抵触，游说者的说辞，君主不再排斥，此后，游说者就可以施展自己的口才和智慧了。这就是与君主亲近不被怀疑，能说尽心里话的难处啊！等到历经很长的时间之后，君主对游说的人恩泽已经深厚了，游说者深远的计谋也不被怀疑了，交相争议也不被加罪了，便可以明白地计议利害关系达到帮助国君立业建功，可以直接指出君主的是非以正其身，用这样的办法扶持君主，就是游说成功了。

伊尹做过厨师，百里奚做过奴仆，他们都曾利用自己的身份使君主接受了自己的主张。所以说这两个人都是古代的圣人，还不能不亲自从事卑贱的事以求进用，那么有才能的人也不会以卑躬屈节为耻。

宋国有个富人，因为天下雨毁坏了墙。他儿子说“不修好将会被盗”，他的邻居有位老人也这么说。晚上果然丢了很多财物，他全家的人都认为他儿子特别聪明却怀疑邻居那位老人。从前，郑武公想要攻打胡国，反而把自己的女儿嫁给胡国的君主。他问大臣们说：“我要用兵，可以攻打谁？”关其思回答说："可以攻打胡国。"郑武公就把关其思杀了，并且说："胡国，是我们兄弟之国，你说攻打它，什么居心?"胡国君主听到这件事，就认为郑国君主是自己的亲人而不防备他。郑国就趁机偷袭胡国，占领了它。这两个说客，他们的预见都是正确的，然而言重的被杀死，言轻的被怀疑。所以知道某些事情并不难，如何去处理已知的事就难了。

从前，弥子瑕被卫国君主宠爱。按照卫国的法律，偷驾君车的人要判断足的罪。不久，弥子瑕的母亲病了，有人知道这件事，就连夜通知他，弥子瑕就诈称主的命令驾着君主的车子出去了。君主听到这件事，反而赞美他说："多孝顺啊，为了母亲的病竟愿犯下断足的惩罚!"弥子瑕和卫君到果园去玩，弥子瑕吃到一个甜桃子，没吃完就献给卫君。卫君说："真爱我啊，自己不吃却想着我!"等到弥子瑕容色衰退，卫君对他的宠爱也疏淡了，后来得罪了卫君。卫君说："这个人曾经诈称我的命令驾我的车，还曾经把咬剩下的桃子给我吃。"弥子瑕的德行和当初一样没有改变，以前所以被认为孝顺而后来被治罪的原因，是由于卫君对他的爱憎有了极大的改变。所以说，被君主宠爱时就认为他聪明能干，愈加亲近。被君主憎恶了，就认为他罪有应得，就愈加疏远。因此，劝谏游说的人，不能不调查君主的爱憎态度之后再游说他。

龙属于虫类，可以驯养、游戏、骑它。然而，它喉咙下端有一尺长的倒鳞，人要触动它的倒鳞，一定会被它伤害。君主也有倒鳞，游说的人能不触犯君主的倒鳞，就差不多算得上善于游说的了。

有人把韩非的著作传到秦国。秦王见到《孤愤》《五蠹》这些书，说："哎呀，我要见到这个人并且能和他交往，就是死也不算遗憾了。"李斯说："这是韩非撰写的书。"秦王因此立即攻打韩国。起初，韩王不重用韩非，等到情势吃紧，才派遣韩非出使秦国。秦王很喜欢他，还没被信用。李斯、姚贾嫉妒他，在秦王面前诋毁他说："韩非是韩国贵族子弟。现在，大王要吞并各国，韩非到头来还是要帮助韩国而不帮助秦国，这是人之常情啊。如今大王不任用他，在秦国留的时间长了，再放他回去，这是给自己留下的祸根啊。不如给他加个罪名，依法处死他。"秦王认为他说得对，就下令司法官吏给韩非定罪。李斯派人给韩非送去了毒药，叫他自杀。韩非想要当面向秦王陈述是非，又不能见到。后来，秦王后悔了，派人去赦免他，可惜韩非已经死了。

申子、韩子都著书立说，留传到后世，学者大多有他们的书。我唯独悲叹韩非撰写了《说难》，而本人却逃脱不了游说君主的灾祸。

太史公说："老子推重的'道'，虚无，顺应自然，以无所作为来适应各种变化，所以，他写的书很多措辞微妙不易理解。庄子宣演道德，纵意推论，其学说的要点也归本于自然无为的道理。申子勤奋自勉，推行于循名责实。韩子依据法度作为规范行为的绳墨，决断事情，明辨是非，用法严酷苛刻，绝少施恩。他们的理论都始于道德，而老子的思想理论就深邃旷远了。"

第四十六卷　司马穰苴列传第四

这是司马穰苴的单传。全文围绕着司马穰苴“文能附众，武能威敌”这条纲，写他诛杀国君宠臣庄贾、整饬军队，和士卒同甘共苦的治军史实，收到战士争相为之奋勇作战，使晋、燕之师不战而屈，收复失地的功效，活画出一代名将的鲜明形象。

作者善于粗线条地勾勒当时的背景，让人物在特定环境中充分活动，略貌取神地显示出人物的个性特征。

田穰苴就是在齐国遭到晋燕两国入侵，而齐军又惨遭失败的背景下受命出征的。然而，他的地位卑贱，没有威望，人微权轻，何以服众，何以治军，又何以御敌呢？他深知齐军所以战败是军队腐败，没有严格的纪律，所以他首先要整饬军队，建立威信。

杀庄贾就是立威的开始。而穰苴的形象就是通过他具体的言行塑造的。庄贾是景公的宠臣，身为监军，在国土沦丧、前线紧急的情势下，视军纪如儿戏，与亲朋好友饮宴，约定“日中会于军门”，竟日暮才到。

与庄贾相比照，穰苴却在约定时间提前到达。他立表下漏，以待庄贾，约定时间庄贾未至，就仆表决漏，照原定步骤检阅军队，申明纪律。穰苴杀庄贾前的一番慷慨激昂的陈词，实乃是对全军将士的要求。诛杀庄贾就是严明军纪的兑现。监军尚可杀头，还有谁敢把军纪当作儿戏呢？所以，号令三军、巡行示众，使全军为之振栗。

景公的使者本来是持诏赦免庄贾的。只因时间迫在眉睫才“驰入军中”，穰苴也因他违犯了军规，给予严肃的处理。这就告诫三军：在军队中，将领的权力是至高无上的，必须严格遵守，不容一丝懈怠。而他本人身体力行，对战士关心备至。他亲自过问士兵的饮食，探问疾病，安排医疗，把自己专用的军需品拿出来款待士兵，并和士兵平分粮食。这在当时官兵悬殊、等级森严的情况下，必然受到士兵的爱戴，以致带病、体弱的战士也都要求一同奔赴战场。

这样一来，一位身负重任、治军严谨、与战士同甘苦的将领形象，在与庄贾的比照中，就更显得鲜明生动了。

【原文】

司马穰苴者，田完之苗裔[①]也。齐景公时，晋伐阿、甄，而燕侵河上，齐师败绩[②]。景公患[③]之。晏婴乃荐田穰苴曰：“穰苴虽田氏庶孽[④]，然其人文能附众[⑤]，武能威敌[⑥]，愿君试之。”景公召穰苴，与语兵事，大说[⑦]之，以为将军，将兵扞[⑧]燕晋之师。穰苴曰：“臣素卑贱，君擢之闾伍[⑨]之中，加之大夫之上，士卒未附，百姓不信，人微权轻。愿得君之宠臣，国之所尊，以监军，乃可。”于是景公许之，使庄贾往。

【注释】

①苗裔：后代。②败绩：大败。③患：忧虑。④庶孽：妾生的孩子。身份低微，就像树的孽生一样，故云。⑤附众：使大家归附、顺从。⑥威敌：使敌人畏惧。威，威服。⑦说：通“悦”，愉快。⑧扞（hàn）：抵御，保卫。⑨擢（zhuó）：选拔，提拔。闾伍：闾与伍都是户籍的基层组织。意思是说乡里、民间。按：此段与以下两段，中华书局点校本原为一段，今据文意分为三段。

【原文】

穰苴既辞，与庄贾约曰：“旦日日中会于军门[①]。”穰苴先驰至军，立表下漏[②]，待贾。贾素骄贵，以为将己之军而己为监，不甚急；亲戚、左右[③]送之，留饮。日中而贾不至。穰苴则仆表决漏[④]，入，行军勒兵[⑤]，申明约束。约束既定，夕时，庄贾乃至。穰苴曰：“何后期[⑥]为?”贾谢曰：“不佞[⑦]大夫亲戚送之，故留。”穰苴曰：“将受命之日则忘其家，监军约束则忘其亲，援枹鼓[⑧]之急则忘其身。今敌国深侵，邦内骚动，士卒暴露于境，君寝不安席，食不甘味，百姓之命皆悬于君，何谓相送乎！”召军正问曰：“军法期而后至者云何?”对曰：“当斩。”庄贾惧，使人驰报景公，请救。既往，未及反[⑨]，于是遂斩庄贾以徇三军[⑩]。三军之士皆振栗[⑪]。久之，景公遣使者持节[⑫]赦贾，驰入军中。穰苴曰：“将在军，君令有所不受[⑬]。”问军政曰：“驰三军法何?”正曰：“当斩。”使者大惧。穰苴曰：“君之使不可杀之。”乃斩其仆，车之左驸[⑭]，马之左骖[15]，以徇三军。遣使者还报，然后行。士卒次舍[16]井灶饮食问疾医药，身自拊循[17]之。悉取将军之资粮享[18]士卒，身与士卒平分粮食，最比其羸[19]弱者。三日而后勒兵。病者皆求行，争奋出为之赴战。晋师闻之，为罢[20]去。燕师闻之，度水而解[21]。于是追击之，遂取所亡封内故境[22]而引兵归。

【注释】

①旦日：明日。日中：正午，中午。军门：军营大门。②立表：在阳光下竖起木杆，根据阳光照射的影子的移动，来计算时间。表，就指这木杆。下漏：把铜壶下穿一小孔，壶中立箭，箭杆上刻有度数，然后铜壶蓄水，使之徐徐下漏，以箭杆显露出来的刻度计算时间。③左右：指亲近的人。④仆表：把计时的木杆打倒。决漏：把壶里的水放出。⑤行军勒兵：巡行军营，指挥军队。⑥期：约定的时间。⑦不佞：不才，无才。自谦词。⑧援：操起，拿起。枹：鼓槌。鼓：击鼓。⑨反：通“返”，返回。⑩徇：示众。三军：泛指全军。大国军队分为上、中、下三军。⑪振栗：害怕得发抖。⑫节：符节。传达国君命令的信物。⑬将在军，君令有所不受：将领在外边率领部队，国君的命令有的可以不接受，以免牵制军队，贻误战机。⑭驸：通“辅”，夹车木。⑮骖：古代用三匹或四匹马拉车时，两边的马叫“骖”。⑯次舍：宿营。次，停留。也指行军一处停留三次以上。《左传·庄公三年》：“凡师一宿为舍，再宿为信，过信为次。”舍，宿营地。⑰拊循：慰问，安抚。⑱享：通“飨”，供食款待。⑲最比：特别照顾到。

最，特别，尤其。比，及、到。羸：瘦，弱。⑳罢：撤退。㉑解（xiè）：通“懈”，松弛。㉒所亡：所失掉的。封内故境：指封国之内曾经沦陷的土地。

【原文】

未至国[①]，释兵旅[②]，解约束，誓盟而后入邑。景公与诸大夫郊迎，劳师成礼[③]，然后反归寝。既见穰苴，尊[④]为大司马。田氏日以益尊于齐。

【注释】

①国：指国都。②释兵旅：解除军队的战备。③成礼：按照一定的程式行完毕。④尊：敬重、推崇地任命。

【原文】

已而大夫鲍氏、高、国之属害[①]之，谮[②]于景公。景公退穰苴，苴发疾而死。田乞、田豹之徒由此怨高、国等。其后及田常杀简公，尽灭高子、国子之族。至常曾孙和，因自立，为齐威王，用兵行威，大放[③]穰苴之法，而诸侯朝[④]齐。

【注释】

①大夫鲍氏、高、国之属：指当时齐国掌握实权的卿大夫鲍牧、高昭子、国惠子一班人。害，忌恨。②谮：中伤，诬陷。③放：通“仿”，仿效、效法。④朝：朝拜。

【原文】

齐威王使大夫追论古者《司马兵法》而附穰苴于其中，因号曰《司马穰苴兵法》[①]。

【注释】

①《司马穰苴兵法》：古代兵书名。齐威王让大夫整理《司马兵法》时，把司马穰苴的兵法附在其中，定名叫《司穰苴兵法》。《汉书·艺文志》谓有百五十篇，今仅存五篇。

【原文】

太史公曰：余读《司马兵法》，闳廓深远[①]，虽三代[②]征伐，未能竟[③]其义，如其文也，亦少褒矣。若夫穰苴，区区为小国行师，何暇及《司马兵法》之揖让[④]乎？世既多[⑤]《司马兵法》，以故不论，著穰苴之列传焉。

【注释】

①闳廓：宏大广博。②三代：指夏、商、周三个朝代。③竟：穷，尽。④揖让：宾主相见的礼仪，以示谦让，这里引申为相提并论。⑤多：推重，赞扬。

【译文】

司马穰苴是田完的后代子孙。齐景公时，晋国出兵攻打齐国的东阿和甄城，燕国进犯齐国黄河南岸的领土。齐国的军队都被打得大败。齐景公为此非常忧虑。于是，晏婴就向齐景公推荐田穰苴，说："穰苴虽说是田家的妾生之子，可是他的文才能使大家归服、顺从，武略能使敌人畏惧。希望君王能试试他。"于是，齐景公召见了穰苴，跟他共同议论军国大事，齐景公非常高兴，立即任命他做了将军，率兵去抵抗燕、晋两国的军队。穰苴说："我的地位一向是卑微的，君王把我从平民中提拔起来，置于大夫之上，士兵们不会服从，百姓也不会信任，人的资望轻微，权威就树立不起来，希望能派一位君王宠信、国家尊重的大臣来做监军才行。”于是，齐景公就答应了他的要求，派庄贾去做监军。

穰苴向景公辞行后，便和庄贾约定说：“明天正午在营门会齐。”第二天，穰苴率先赶到军门，立起了计时的木表和漏壶，等待庄贾。但庄贾一向骄盈显贵，认为率领的是自己的军队，自己又做监军，就不特别着急。亲戚朋友为他饯行，挽留他喝酒。已经等到了正午，庄贾还没到来。穰苴就打倒木表，摔破漏壶，进入军营，巡视营地，整饬军队，宣布了各种规章号令。等他部署完毕，已是日暮时分，庄贾这才到来。穰苴说：“为什么约定了时刻还迟到？”庄贾表示歉意地解释说：“朋友亲戚们给我送行，所以耽搁了。”穰苴说：“身为将领，从接受命令的那一刻起，就应当忘掉自己的家庭；来到军队宣布规定号令后，就应忘掉私人的交情；擂鼓进军，战况紧急的时刻，就应当忘掉自己的生命。如今，敌人侵略已经深入国境，国内骚乱不安，战士们已在前线战场暴露，无所隐蔽，国君睡不安稳、吃不香甜，全国百姓的生命都维系在你的身上，还谈得上什么送行呢！”于是，把军法官叫来，问道：“军法上，对约定时刻迟到的人是怎么说的？”回答说：“应当斩首。”庄贾很害怕，派人飞马报告齐景公，请他搭救。报信的人去后不久，还没来得及返回，就把庄贾斩首，向三军巡行示众，全军将士都震惊害怕。过了好长时间，齐景公派的使者才拿着节符来赦免庄贾。车马飞奔直入军营。穰苴说：“将领在军队里，国君的命令有的可以不接受。”又问军法官：“驾着车马在军营里奔驰，军法上是怎么规定的？”军法官说：“应当斩首。”使者异常恐惧。穰苴说：“国君的使者不能斩首。”就斩了使者的仆从，砍断了左边的夹车木，杀死了左边驾车的马，向三军巡行示众。又让使者回去向齐景公报告，然后就出发了。士兵们安营扎寨，掘井立灶，饮水吃饭，探问疾病，安排医药，田穰苴都亲自过问并抚慰他们。还把自己作为将军专用的物资粮食全部拿出来款待士兵，自己和士兵一样平分粮食，并把体弱有病的统计出来。三天后，重新整训军队，准备出战。病弱的士兵也都要求一同奔赴战场，争先奋勇地为他战斗。晋国军队知道了这种情况，就把军队撤回去了。燕国军队知道了这种情况，因渡黄河向北撤退而分散松懈。于是，齐国的军队趁势追击他们，收复了所有沦陷的领土，然后率兵凯旋。

还没到国都，就解除了战备，取消了战时规定的号令。宣誓立盟而后，才进入国都。齐景公率领文武百官到城外来迎接，按照礼仪慰劳将士后，才回到寝宫。齐景公接见了田穰苴，敬重、推崇地任命他做大司马。从此，田氏在齐国的地位就一天天地显贵起来。

后来，大夫鲍氏、高氏、国氏一班人忌恨他，在齐景公面前中伤、诬陷他。齐景公就解除了他的官职，穰苴发病而死。田乞、田豹等人因此怨恨高氏、国氏家族的人。此后，等到田常杀死齐简公，就把高氏、国氏家族全部诛灭了。到了田常的曾孙田和，便自立为君，号为齐威王。他率兵打仗施使权威，都广泛地模仿穰苴的做法，各国诸侯都到齐国朝拜。

齐威王派大夫研究讨论古代的各种“司马兵法”，而把大司马田穰苴的兵法也附在里边，故而定名叫《司马兵法》。

太史公说：“我读《司马兵法》，感到宏大广博，深远不可测度。即使是夏、商、周三代的战争，也未能完全发挥出它的内蕴。像现在把《司马穰苴兵法》的文字附在里边，也未免推许得过分了。至于说到田穰苴，不过是为小小的诸侯国带兵打仗，怎么能和《司马兵法》相提并论呢？社会上既然流传着许多《司马兵法》，因此不再评论，只写这篇《司马穰苴列传》。”

第四十七卷　孙子吴起列传第五

这是我国古代三位著名军事家的合传。作者着重写了孙武“吴宫教战”，孙膑以兵法“围魏救赵”、马陵道与庞涓智斗，以及吴起在魏、楚两国一展军事才能，使之富国强兵的事迹。全篇以兵法起，以兵法结，中间以兵法作骨贯穿始末。

孙武之兵法十三篇，是杰出的军事著作，历来被推崇为“兵经”“武经”，为后世代代相习，流传至今，被国内外所重视。本传虽然只记述了“吴宫教战”，但是他在教习操练中，强调将士的军纪，号令严明，为达目的竟以“将在军，君命有所不受”的原则，斩吴王两位宠姬示众，使队伍达到“唯王所欲用之，虽赴水火犹可也”的效果，仍能窥知孙武用兵之有方。尽管本传未能正面记述孙子兵法在战略、战术上的实地应用，但传末强调了吴王打败强楚、攻克郢都、威镇齐晋、名显诸侯，“孙子与有力焉”。虽然虚此一笔，孙武的军事才能、其兵法的实用价值便兀然凸显了。

孙膑是孙武的后代子孙，和庞涓一起学习兵法。庞涓做了魏国将军，认为自己的才能不及孙膑，产生妒忌之心。他暗中召来孙膑，假借罪名，断其双足，并在脸上刺了字，想叫他不敢抛头露面。作者实写孙膑的不幸遭遇，虚写他的军事才能。在他的传记中，继上文虚线又连续正面记述了他的三个故事：教田忌赛马取胜的方法；围魏救赵；马陵道与庞涓智斗。这些都充分表现了孙膑过人的智谋和卓越的战略、战术思想，其中围魏救赵，是体现他战略思想的典范。他准确地把握形势，认为魏军的精锐部队在外精疲力尽，国内老弱残兵疲惫不堪，他让田忌率军火速挺进大梁，占据要道，冲其方虚，果然迫使魏军回师自救。这样既解了赵国之围，又坐收魏国自行挫败的效果。

作者把不同时代、不同经历、不同国度的三位军事家和许多的人物，以及纷繁复杂的政治、军事事件，通过“兵法”连缀在一起，戏剧性地刻画了多种栩栩如生的人物形象，将孙武执法如山不苟言笑，吴起求将杀妻、“啮臂而盟”，庞涓妒忌等鲜明又各具特征的形象活脱脱地呈现在读者面前。

【原文】

孙子武者，齐人也。以兵法见于吴王阖庐。阖庐曰：“子之十三篇[①]，吾尽观之矣，可以小试勒兵[②]乎？”对曰：“可。”阖庐曰：“可试以妇人乎？”曰：“可。”于是许之。出宫中美女，得百八十人。孙子分为二队，以王之宠姬[③]二人各为队长，皆令持戟[④]。令人曰：“汝知而[⑤]心与左右手、背乎？”妇人曰：“知之。”孙子曰：“前，则视心；左，视左手；右，视右手；后，即视背。”妇人曰：“诺。”约束[⑥]既布，乃设铁钺[⑦]，即三令五申[⑧]之。于是鼓[⑨]之右，妇人复大笑。孙子曰：

"约束不明，申令不熟，将之罪也。"复三令五申而鼓之左，妇人复大笑。孙子曰："约束不明，申令不熟，将之罪也；既已明而不如法[10]者，吏士[11]之罪也。"乃欲斩左右队长。吴王从台上观，见且斩爱姬，大骇。趣使使[12]下令曰："寡人已知将军能用兵矣。寡人非此二姬，食不甘味[13]，愿勿斩也。"孙子曰："臣既已受命为将，将在军，君命有所不受[14]。"遂斩队长二人以徇[15]。用其次为队长，于是复鼓之。妇人左右前后跪起皆中规矩绳墨[16]，无敢出声。于是孙子使使报王曰："兵既整齐，王可试下观之，唯王所欲用之，虽赴水火犹可也。"吴王曰："将军罢休就舍[17]，寡人不愿下观。"孙子曰："王徒[18]好其言，不能用其实。"于是阖庐知孙子能用兵，卒以为将。西破强楚，入郢，北威齐晋，显名诸侯，孙子与[19]有力焉。

【注释】

①十三篇：指孙武撰写的《孙子兵法》，也叫《孙子》，是我国最早、最杰出的兵书。现存《孙子》十三篇是《始计》《作战》《谋攻》《军形》《兵势》《虚实》《军争》《九变》《行军》《地形》《九地》《火攻》《用间》。②小试：以小规模的操演作为试验。勒兵：用兵法统率指挥军队。勒，约束、统率。③姬：侍妾。④戟：古代青铜质的兵器。具有戈和矛的特征，能直刺，又能横击。⑤而：你的，你们的。⑥约束：用来控制管理的号令、规定。⑦设铁钺：设置刑戮之具，表明正式开始执法。铁，铡刀，用作腰斩的刑具。钺，古兵器，刃圆或平，持以砍斫。⑧三令五申：多次重复地交代清楚。三、五是

虚数。⑨鼓：击鼓发令。⑩不如法：不按照号令去做。⑪吏士：指两个队长。⑫趣：通“促”，催促。使使：派遣使者。⑬甘味：感觉到味道的甜美。⑭将在外，君命有所不受：将帅领兵打仗，应根据实地情况充分发挥自己的指挥才能。君主的命令可以不接受，以免受到牵制。⑮徇：示众。⑯中：符合。规矩：校正圆形和方形的器具。绳墨：木工用以正曲直的墨线。这里均借指军令、纪律。⑰就舍：回到宾馆。⑱徒：只。⑲与：参与。

【原文】

孙武既死，后百余岁有孙膑。膑生阿鄄之间，膑亦孙武之后世子孙也。孙膑尝与庞涓俱学兵法。庞涓既事魏，得为惠王将军，而自以为能[①]不及孙膑，乃阴[②]使召孙膑。膑至，庞涓恐其贤于己，疾[③]之，则以法刑断其两足而黥[④]之，欲隐勿见[⑤]。

【注释】

①能：才能，本领。②阴：暗中，秘密地。③疾：妒忌，忌恨。④法刑：假借罪名处刑。黥，即墨刑。用刀刺刻犯人的面额后涂以墨。⑤见：通“现”，出现、显现。

【原文】

齐使者如[①]梁，孙膑以刑徒[②]阴见，说[③]齐使。齐使以为奇[④]，窃[⑤]载与之齐。齐将田忌善而客待之[⑥]。忌数与齐诸公子驰逐重射[⑦]。孙子见其马足[⑧]不甚相远，马有上、中、下辈。于是孙子谓田忌曰：“君弟[⑨]重射，臣能令君胜。”田忌信然之，与王及诸公子逐射千金。及临质⑩，孙子曰："今以君之下驷与彼上驷，取君上驷与彼中驷，取君中驷与彼下驷。"既驰三辈毕，而田忌一不胜而再胜⑪，卒得王千金。于是忌进孙子于威王。威王问兵法，遂以为师⑫。

【注释】

①如：往，到……去。②刑徒：受过刑的人，即犯人。③说（shuì）：陈述己见，规劝对方，即游说。④奇：指难得的人才。⑤窃：暗地里，秘密地。⑥善：赏识。客待之：像对待宾客一样对待他。⑦诸公子：贵族子弟。驰逐：指赛马。重射：押重金赌输赢。⑧马足：马的脚力，速度。⑨弟：但，只管。又写作"第"。⑩临质：临场比赛。质，对、评断、评量。⑪再胜：两次获胜。⑫以为师：把孙膑当作老师。

【原文】

其后魏伐赵，赵急，请救于齐。齐威王欲将孙膑，膑辞谢曰："刑余之人①不可。"于是乃以田忌为将，而孙子为师，居辎车②中，坐为计谋。田忌欲引兵之赵，孙子曰："夫解杂乱纷纠者不控卷③，救斗者不搏撠④，批亢捣虚⑤，形格势禁⑥，则自为解耳。今梁赵相攻，轻兵锐卒必竭⑦于外，老弱罢⑧于内。君不若引兵疾⑨走大梁，据其街路，冲其方虚⑩，彼必释赵而自救。是我一举解赵之围而收弊于魏⑪也。"田忌从之。魏果去邯郸，与齐战于桂陵，大破梁军。

【注释】

①刑余之人：受过肉刑身体不完整的人。②辎车：带有帷

盖的车子。③杂乱纷纠：事情好像纠缠在一起的乱丝，没有头绪。控卷（quán）：不能紧握拳头。控，控制，操纵，引申为握掌。卷，通“拳”。④擜：刺。⑤批亢捣虚：撇开敌人充实的地方，冲击敌人空虚的地方。批，排除、撇开。亢，充满。⑥形格势禁：（敌人）局势发生了被阻遏的变化，对原来的进攻计划必然有所顾忌。格，被阻遏。禁，顾忌。⑦竭：精疲力尽。⑧罢：通“疲”，疲劳，疲乏。⑨疾：赶快。⑩方虚：正当空虚处。⑪收弊于魏：坐收魏军自行挫败的效果。弊，败。

【原文】

后十三岁，魏与赵攻韩，韩告急于齐。齐使田忌将而往，直走大梁。魏将庞涓闻之，去韩而归，齐军既已过[①]而西矣。孙膑谓田忌曰：“彼三晋之兵[②]，素[③]悍勇而轻齐，齐号为怯，善战者因其势而利导之[④]。兵法，百里而趣利者蹶上将，五十里而趣利者军半至[⑤]。使齐军入魏地为十万灶，明日为五万灶，又明日为三万灶。”庞涓行三日，大喜，曰：“我固知齐军怯，入吾地三日，士卒亡[⑥]者过半矣。”乃弃其步军，与其轻锐倍日并行[⑦]逐之。孙膑度[⑧]其行，暮当至马陵。马陵道狭，而旁多阻隘，可伏兵，乃斫大树白而书[⑨]之曰：“庞涓死于此树之下。”于是令齐军善射者万弩，夹道而伏，期[⑩]曰“暮见火举而俱发”。庞涓果夜至斫木下，见白书，乃钻火烛之[⑪]。读其书[⑫]未毕，齐军万弩俱发，魏军大乱相失[⑬]。庞涓自知智穷兵败，乃自刭，曰：“遂成竖子[⑭]之名！”齐因乘胜尽破其军，虏魏太子申以归。孙膑以此名显天下，世传其兵法。

【注释】

①既已过：已经越过齐国国境线。②三晋之兵：这里指魏国的士兵。春秋末年，三家分晋，成为战国时的韩、赵、魏三国，史称三晋。③素：一向，向来。④因其势而利导之：顺应魏兵认为齐兵胆怯的思想，让齐兵伪装胆怯逃亡，诱导魏军深入。⑤“百里而趣利”二句，语见《孙子·军争》，意思是说，用急行军走百里去争利的，就会和后续部队脱节，可能牺牲上将军；用急行军走五十里去争利的，因为前后不能接应，部队只有一半能够赶到。与原文有出入。原文是：“百里而争利，则擒之将军；劲者先，疲者后，其法十一而至；五十里而争利，则蹶上将军，其法半至。”趣，通“趋”。蹶：受挫折。⑥亡：逃跑。⑦倍日并行：两天的路程一天走到。⑧度(duó)：估计，揣测。⑨白：刮去树皮使白木露出。书：写。⑩期：约定。⑪钻火烛之：取火照亮树干上的字。钻，古时取火方法。烛，照，照亮。⑫书：字。⑬相失：因溃散，彼此不相照应。⑭竖子：小子，对人的蔑称。按：此段段首云“后十三年”，系指齐魏桂陵之战以后十三年。桂陵之战在齐威王二十六年、梁惠王十七年，本段所记马陵之战在齐宣王二年、梁惠王三十年。由齐威王二十六年到齐王二年，或由梁惠王十七年到梁惠王三十年，均洽为十三年。而《索隐》引王邵按《纪年》计，则“相去无十三岁”。此盖《纪年》与《史记》纪年有异所致。这种情况，《史记》多有之。

【原文】

吴起者，卫人也，好用兵。尝[①]学于曾子，事鲁君。齐人攻鲁，鲁欲将吴起，吴起取[②]齐女为妻，而鲁疑之。吴起于是欲就名[③]，遂杀其妻，以明不与齐[④]也。鲁卒以为将。将而攻齐，大破之。

【注释】

①尝：曾经。②取：通“娶”。③就名：成就名声。就，完成。④不与齐：不亲附齐国。与，亲附。

【原文】

鲁人或恶[①]吴起曰：“起之为人，猜忍[②]人也。其少时，家累千金，游仕不遂[③]。遂破其家。乡党[④]笑之，吴起杀其谤己者三十余人，而东出卫郭门[⑤]。与其母诀[⑥]，啮臂而盟[⑦]曰：‘起不为卿相，不复入卫。’遂事曾子。居顷之，其母死，起终不归。曾子薄[⑧]之，而与起绝[⑨]。起乃之鲁，学兵法以事鲁君。鲁君疑之，起杀妻以求将。夫鲁小国，而有战胜之名，则诸侯图[⑩]鲁矣。且鲁卫兄弟之国[⑪]也，而君用起，则是弃卫。”鲁君疑之，谢[⑫]吴起。

【注释】

①或：有的人。恶：诋毁，说坏话。②猜忍：猜疑而残忍。③游仕：外出谋求做官。遂：遂心，如愿。④乡党：乡里。《周礼》规定，二十五家为闾，四闾为族，五族为党，五党为州，五州为乡。⑤郭门：古代外城城门。⑥诀：决绝，长别。⑦啮（niè）臂而盟：咬胳膊发誓。⑧薄：轻视，瞧不起。⑨绝：断绝关系。⑩图：算计，谋取。⑪鲁卫兄弟之国：鲁卫两国皆出姬姓，所以叫兄弟之国。⑫谢：疏远而不信任。

【原文】

吴起于是闻魏文侯贤，欲事之。文侯问李克曰："吴起何如人哉?"李克曰："起贪[①]而好色，然用兵司马穰苴不能过也。"于是魏文侯以为将，击秦，拔[②]五城。

【注释】

①贪：贪恋。此指贪求成就名声。②拔：攻克，夺取。

【原文】

起之为将，与士卒最下者同衣食。卧不设席，行不骑乘，亲裹赢粮[①]，与士卒分劳苦。卒有病疽[②]者，起为吮[③]之。卒母闻而哭之。人曰："子卒也，而将军自吮其疽，何哭为。"母曰："非然也[④]。往年吴公吮其父，其父战不旋踵[⑤]，遂死于敌。吴公今又吮其子，妾不知其死所矣。是以哭之。"

【注释】

①赢粮：剩余的军粮。②病疽：患毒疮病。③吮：聚拢嘴唇吸、嘬。④非然也：不是这么说啊。意思说，不是为其子受宠而哭。⑤旋踵：快得看不见脚跟转动。旋，旋转。踵，脚跟。

【原文】

文侯以吴起善用兵，廉平[①]，尽能得士心，乃以为西河守，以拒秦、韩。

魏文侯既卒，起事其子武侯。武侯浮西河而下[②]，中流[③]，顾而谓吴起曰："美哉乎山河之固，此魏国之宝也!"起对曰：

“在德不在险[4]。昔三苗氏左洞庭，右彭蠡，德义不修[5]，禹灭之。夏桀之居，左河济，右泰华，伊阙在其南，羊肠在其北，修政不仁，汤放[6]之。殷纣之国，左孟门，右太行，常山在其北，大河经其南，修政不德，武王杀之。由此观之，在德不在险。若君不修德，舟中之人尽为敌国也[7]。”武侯曰：“善。”

【注释】

①廉平：廉洁不贪，待人公平。②浮西河而下：从西河泛舟，顺流而下。浮，泛舟。③中流：水流的中央。④在德不在险：要使国家政权稳固，在于施德于民，而不在于地理形势的险要。⑤德义不修：不施德政，不讲信义。⑥放：放逐。⑦舟中之人尽为敌国也：同舟共济的人，也都将会变成敌人。敌国，仇敌。

【原文】

吴起为西河守，甚有声名。魏置相，相田文。吴起不悦，谓田文曰：“请与子论功，可乎？”田文曰：“可。”起曰：“将三军，使士卒乐死，敌国不敢谋，子孰与起[1]？”文曰：“不如子。”起曰：“治百官，亲万民，实府库，子孰与起？”文曰：不如子。”起曰：“守西河而秦兵不敢东乡[2]，韩赵宾从[3]，子孰与起？”文曰：“不如子。”起曰：“此三者，子皆出吾下，而位加[4]吾上，何也？”文曰：“主少国疑[5]，大臣未附，百姓不信，方是之时，属[6]之于子乎？属之于我乎？”起默然良久，曰：“属之子矣。”文曰：“此乃吾所以居子之上也。”吴起乃自知弗如田文。

【注释】

①子孰与起：您跟我比，哪一个更好。孰与，与……比，哪一个……。②不敢东乡：不敢向东侵犯。乡，通“向”，面对着。③宾从：服从，归顺。实为结成同盟。④加：任，居其位。⑤主少国疑：国君年轻，国人疑虑。⑥属：通“嘱”，委托、托付。

【原文】

田文既死，公叔为相，尚①魏公主，而害②吴起。公叔之仆曰：“起易去也。”公叔曰：“奈何？”其仆曰：“吴起为人节廉而自喜名③也。君因先与武侯言曰：‘夫吴起贤人也，而侯之国小，又与强秦壤界④，臣窃恐起之无留心也。’武侯即曰：‘奈何？’君因谓武侯曰：‘试延⑤以公主，起有留心则必受之，无留心则必辞矣。以此卜⑥之。’君因召吴起而与归，即令公主怒而轻⑦君。吴起见公主之贱⑧君也，则必辞。”于是吴起见公主之贱魏相，果辞魏武侯。武侯疑之而弗信⑨也。吴起惧得罪，遂去，即之楚。

【注释】

①尚：匹配。古代臣娶君之女叫尚。②害：畏忌。③节廉而自喜名：有骨气而又好名誉声望。节，气节、节操。廉，锋利、有棱角。④壤界：国土相连。⑤延：聘请，邀请。意思是说，用请吴起娶魏公主的办法探试。⑥卜：判断、推断的意思。⑦轻：鄙薄，轻视。⑧贱：蔑视。⑨弗信：不信任。

【原文】

楚悼王素闻吴起贤，至则相楚。明法审令[①]，捐不急之官[②]，废公族疏远者[③]，以抚养战斗之士。要[④]在强兵，破驰说之言纵横[⑤]者。于是南平百越；北并陈蔡，却[⑥]三晋；西伐秦。诸侯患楚之强。

【注释】

①明法：使法规明确，依法办事。审令：令出必行。审，察。②捐不急之官：淘汰裁减无关紧要的冗员。捐，弃置。③这一句的意思是，把疏远的王族成员的按例供给停止了。④要：致力于。⑤破：揭穿，剖析。驰说：往来奔走地游说。纵横：齐、楚、赵、韩、魏、燕六国形成南北关系的纵线联合，用以抵抗秦国，叫合纵；六国分别与秦国形成东西关系的联盟，叫连横。⑥却：打退。

【原文】

故楚之贵戚[①]尽欲害吴起。及悼王死，宗室[②]大臣作乱而攻吴起，吴起走之王尸而伏之[③]。击起之徒因射刺吴起，并中[④]悼王。悼王既葬，太子立，乃使令尹尽诛射吴起而并中王尸者。坐射起而夷宗[⑤]者七十余家。

【注释】

①故楚之贵戚：指以往被吴起停止供给的疏远贵族。②宗室：同一祖宗的贵族。③走之王尸而伏之：逃跑过去俯伏在悼王的尸体上。④中：正着目标。⑤坐：因犯……罪。夷宗：灭

族。夷，灭尽，杀绝。

【原文】

太史公曰：世俗所称师旅[1]，皆道《孙子》十三篇，《吴起兵法》，世多有，故弗论，论其行事所施设[2]者。语曰[3]："能行之者未必能言，能言之者未必能行。"孙子筹策[4]庞涓明矣，然不能蚤救患于被刑[5]。吴起说武侯以形势不如德，然行之于楚，以刻暴少恩亡[6]其躯。悲夫！

【注释】

①称：称道，称誉。师旅：古代军制以二千五百人为师，五百人为旅，因以师旅作为军队的通称。②施设：实施，实行。③语曰：常言道，俗话说。④筹策：谋划。⑤然不能蚤救患于被刑：却不能提前自免于砍断两足的苦刑。蚤：通"早"。⑥刻暴少恩亡：指前文"捐不急之官，废公族疏远者"。刻，刻薄。少恩，少施恩惠。亡：丧送。

【译文】

孙子名武，是齐国人。因为他精通兵法受到吴王阖庐的接见。阖庐说："您的十三篇兵书我都看过了，可用来小规模地试着指挥军队吗？"孙子回答说："可以。"阖庐说："可以用妇女试验吗？"回答说："可以。"于是，阖庐答应他试验，叫出宫中美女，共约百八十人。孙子把她们分为两队，让吴王阖庐最宠爱的两位侍妾分别担任各队队长，让所有的美女都拿一支戟。然后，命令她们说："你们知道自己的心、左右手和背吗?”妇人们回答说:“知道。”孙子说:“我说向前，你们就看心口所对的方向;我说向左，你们就看左手所对的方向;我说向右，你们就看右手所对的方向;我说向后，你们就看背所对的方向。”妇人们答道:“是。”号令宣布完毕，于是摆好铁钺等刑具，旋即又把已经宣布的号令多次重复地交代清楚。于是，就击鼓发令，叫她们向右，妇人们都哈哈大笑。孙子说:“纪律还不清楚，号令不熟悉，这是将领的过错。”又多次重复地交代清楚，然后击鼓发令让她们向左，妇人们又都哈哈大笑。孙子说:“纪律弄不清楚，号令不熟悉，这是将领的过错。现在，既然讲得清清楚楚，却不遵照号令行事，那就是军官和士兵的过错了。”于是，就要杀左、右两队的队长。吴王正在台上观看，见孙子要杀自己的爱妾，大吃一惊，急忙派使臣传达命令说:“我已经知道将军善用兵了，我要没了这两个侍妾，吃起东西来也不香甜，希望你不要杀她们吧。”孙子回答说:“我已经接受命令为将，将在军队里，国君的命令有的可以不接受。”于是，杀了两个队长示众。然后，按顺序任用两队第二人为队长，于是再击鼓发令。妇人们不论是向左向右、向前向后、跪倒、站起都符合号令、纪律的要求，再没有人敢出声。于是，孙子派使臣向吴王报告说:“队伍已经操练整齐，大王可以下台来验察她们的演习。任凭大王怎样使用她们，即使叫她们赴汤蹈火也办得到啊。”吴王回答说:“让将军停止演练，回宾馆休息。我不愿下去察看了。”孙子感叹地说：“大王只是欣赏我的军事理论，却不能让我付诸实践。”从此，吴王阖庐知道孙子果真善于用兵，终于任命他做了将军。后来，吴国向西打败了强大的楚国，攻克郢都，向北威震齐国和晋国，在诸侯各国名声赫赫，这其间，孙子不仅参与，而且出了很大的力啊。

孙子死后，隔了一百多年又出了一个孙膑。孙膑出生在阿城和鄄城一带，也是孙武的后代子孙。他曾经和庞涓一道学习兵法。庞涓侍奉魏国以后，当上了魏惠王的将军，却知道自己的才能比不上孙膑。他就秘密地把孙膑找来。孙膑到来，庞涓害怕他比自己贤能，忌恨他，就假借罪名砍掉他的两只脚，并且在他的脸上刺了字，想让他隐藏起来不敢抛头露面。

齐国的使臣来到大梁，孙膑以犯人的身份秘密地会见了齐使，进行游说。齐国的使臣认为他是个难得的人才，就偷偷地用车把他载回齐国。齐国将军田忌不仅赏识他，而且还像对待客人一样对待他。田忌经常跟齐国贵族子弟赛马，下很大的赌注。孙膑发现他们的马脚力都差不多，可分为上、中、下三等。于是，孙膑对田忌说：“你尽管下大赌注，我能让你取胜。”田忌信以为然，与齐王和贵族子弟们比赛下了千金的赌注。到临场比赛，孙膑对田忌说：“现在，用您的下等马对付他们的上等马，拿您的上等马对付他们的中等马，让您的中等马对付他们的下等马。”三次比赛完了，田忌败了一次，胜了两次，终于赢得了齐王的千金赌注。于是，田忌就把孙膑推荐给齐威王。威王向他请教兵法，随即尊他为军师。

后来，魏国攻打赵国，赵国形势危急，向齐国求救。齐威王打算任用孙膑为主将，孙膑辞谢说："受过酷刑的人，不能任主将。"于是，就任命田忌做主将，孙膑做军师，坐在带篷帐的车里，暗中谋划。田忌想要率领救兵直奔赵国，孙膑说："想解开乱丝的人，不能紧握双拳生拉硬扯；解救斗殴的人，不能卷进去胡乱搏击。要扼住争斗者的要害，争斗者因形势限制，就不得不自行解开。如今，魏赵两国相互攻打，魏国的精锐部队必定在国外精疲力竭，老弱残兵在国内疲惫不堪。你不如率领军队火速向大梁挺进，占据它的交通要道，冲击它正当空虚的地方，魏国肯定会放弃赵国而回兵自救。这样一来，我们一举解救了赵国之围，而又可坐收魏国自行挫败的效果。"田忌听从了孙膑的意见。魏军果然离开邯郸回师，在桂陵地方交战，魏军被打得大败。

十三年后，魏国和赵国联合攻打韩国，韩国向齐国告急。齐王派田忌率领军队前去救援，径直进军大梁。魏将庞涓听到这个消息，率师撤离韩国回魏，而齐军已经越过边界向西挺进了。孙膑对田忌说："那魏军向来凶悍勇猛，看不起齐兵，齐兵被称作胆小怯懦。善于指挥作战的将领，就要顺应着这样的趋势而加以引导。兵法上说：'用急行军走百里和敌人争利的，有可能折损上将军；用急行军走五十里和敌人争利的，可能有一半士兵掉队。'命令军队进入魏境先砌十万人做饭的灶，第二天砌五万人做饭的灶，第三天砌三万人做饭的灶。”庞涓行军三日，特别高兴地说：“我本来就知道齐军胆小怯懦，进入我国境才三天，开小差的就超过了半数啊！”于是，放弃了他的步兵，只和他轻装精锐的部队日夜兼程地追击齐军。孙膑估计他的行程，当晚可以赶到马陵。马陵的道路狭窄，两旁又多是峻隘险阻，适合埋伏军队。孙膑就叫人砍去树皮，露出白木，写上：“庞涓死于此树之下。”于是，命令一万名善于射箭的齐兵，隐伏在马陵道两边，约定说：“晚上看见树下火光亮起，就万箭齐发。”庞涓当晚果然赶到砍去树皮的大树下，看见白木上写着字，就点火照树干上的字，上边的字还没读完，齐军伏兵就万箭齐发。魏军大乱，互不接应。庞涓自知无计可施，败成定局，就拔剑自刎，临死说：“倒成就了这小子的名声！”齐军就乘胜追击，把魏军彻底击溃，俘虏了魏国太子申回国。孙膑也因此名扬天下，后世社会上流传着他的《兵法》。

吴起是卫国人，善于用兵。曾经向曾子求学，侍奉鲁国国君。齐国的军队攻打鲁国，鲁君想任用吴起为将军，而吴起娶的妻子却是齐国人，因而鲁君怀疑他。当时，吴起一心想成名，就杀了自己的妻子，用来表明他不亲附齐国。鲁君终于任命他做了将军，率领军队攻打齐国，把齐军打得大败。

鲁国就有人诋毁吴起说：“吴起为人，是猜疑残忍的。他年轻的时候，家里积蓄足有千金，在外边求官没有结果，把家产也荡尽了，同乡邻里的人笑话他，他就杀掉三十多个讥笑自己的人。然后，从卫国的东门逃跑了。他和母亲诀别时，咬破了自己的手臂发誓说：‘我吴起不做卿相，绝不再回卫国。’于是，就拜曾子为师。不久，他母亲死了，吴起最终还是没有回去奔丧。曾子瞧不起他并和他断绝了师徒关系。吴起就到鲁国去，学习兵法来侍奉鲁君。鲁君怀疑他，吴起杀掉妻子表明心迹，用来谋求将军的职位。鲁国虽然是个小国，却有着战胜国的名声，那么诸侯各国就要谋算鲁国了。况且鲁国和卫国是兄弟国家，鲁君要是重用吴起，就等于抛弃了卫国。”鲁君怀疑吴起，疏远了吴起。

这时，吴起听说魏国文侯贤明，想去侍奉他。文侯问李克说：“吴起这个人怎么样啊？”李克回答说：“吴起贪恋成名而爱好女色，然而要带兵打仗，就是司马穰苴也超不过他。”于是，魏文侯就任用他为主将，攻打秦国，夺取了五座城池。

吴起做主将，跟最下等的士兵穿一样的衣服，吃一样的伙食，睡觉不铺垫褥，行军不乘车骑马，亲自背负着捆扎好的粮食和士兵们同甘共苦。有个士兵生了恶性毒疮，吴起替他吸吮脓液。这个士兵的母亲听说后，就放声大哭。有人说：“你儿子是个无名小卒，将军却亲自替他吸吮脓液，怎么还哭呢？”那位母亲回答说：“不是这样啊。往年，吴将军替他父亲吸吮毒疮，他父亲在战场上勇往直前，就死在敌人手里。如今，吴将军又给他儿子吸吮毒疮，我不知道他又会在什么时候死在什么地方，因此，我才哭他啊。”

魏文侯因为吴起善于用兵打仗，廉洁不贪，待人公平，能取得所有将士的欢心，就任命他担任西河地区的长官，来抗拒秦国和韩国。

魏文侯死后，吴起侍奉他的儿子魏武侯。武侯泛舟黄河顺流而下，船到半途，回过头来对吴起说：“山川是如此的险要、壮美哟，这是魏国的瑰宝啊！”吴起回答说：“国家政权的稳固，在于施德于民，而不在于地理形势的险要。从前，三苗氏左临洞庭湖，右濒彭蠡泽，因为他不修德行，不讲信义，所以夏禹能灭掉它。夏桀的领土，左临黄河、济水，右靠泰山、华山，伊阙山在它的南边，羊肠坂在它的北面，因为他不施仁政，所以商汤放逐了他。殷纣的领土，左边有孟门山，右边有太行山，常山在它的北边，黄河流经它的南面，因为他不施仁德，武王把他杀了。由此看来，政权稳固在于给百姓施以恩德，不在于地理形势的险要。如果您不实行德政，即便同乘一条船的人也会变成您的仇敌啊！”武侯回答说：“你说得对！”

吴起在西河守任上，声望很高。魏国设置了相位，却选用了贵族田文做国相。吴起很不高兴，对田文说：“请让我与您比一比功劳，可以吗？”田文说：“可以。”吴起说：“统率三军，让士兵乐意为国去死战，敌国不敢图谋魏国，您和我比，谁好？”田文说：“不如您。”吴起说：“管理文武百官，让百姓亲附，充实府库的储备，您和我比，谁行？”田文说：“不如您。”吴起说：“拒守西河而秦国的军队不敢向东侵犯，韩国、赵国服从归顺，您和我比，谁能？”田文说：“不如您。”吴起说：“这几方面您都不如我，可是您的职位却在我之上，是什么道理呢？”田文说：“田君还年轻，国人疑虑不安，大臣不亲附，百姓不信任，正当处在这个时候，是把政事托付给您呢，还是应当托付给我？”吴起沉默了许久，然后说：“应该托付给您啊。”田文说：“这就是我的职位比您高的原因啊。”吴起这才明白在这方面不如田文。

田文死后，公叔出任国相，娶了魏君的女儿，却畏忌吴起。公叔的仆人说：“吴起是不难赶走的。”公叔问：“怎么办？”那个仆人说：“吴起为人有骨气而又喜好名誉、声望。您可找机会先对武侯说：‘吴起是个贤能的人，而您的国土太小了，又和强大的秦国接壤，我私下担心吴起没有长期留在魏国的打算。’武侯就会说：‘那可怎么办呢？’您就趁机对武侯说：‘请用下嫁公主的办法试探他。如果吴起有长期留在魏国的心意，就一定会答应娶公主。如果没有长期留下来的心意，就一定会推辞。用这个办法能推断他的心志。’您找个机会请吴起一道回家，故意让公主发怒而当面鄙视您。吴起见公主这样蔑视您，那就一定不会娶公主了。”当时，吴起见到公主如此地蔑视国相，果然婉言谢绝了魏武侯。武侯怀疑吴起，也就不再信任他。吴起怕招来灾祸，于是离开魏国，随即就到楚国去了。

楚悼王一向就听说吴起贤能，刚到楚国就任命他为国相。他使法明确，依法办事，令出必行，淘汰并裁减无关紧要的冗员，停止疏远王族的按例供给，来抚养战士。致力于加强军事力量，揭穿往来奔走的游说之客。于是，向南平定了百越；向北吞并了陈国和蔡国，打退韩、赵、魏三国的进攻；向西又讨伐了秦国。诸侯各国对楚国的强大感到忧虑。以往被吴起停止供给的疏远王族都想谋害吴起。等悼公一死，王室大臣发动骚乱，攻打吴起。吴起逃到楚王停尸的地方，附伏在悼王的尸体上。攻打吴起的那帮人趁机用箭射吴起，同时也射中了悼王的尸体。等把悼王安葬停当后，太子即位。命令令尹把追杀吴起时连带伤害悼亡尸体的叛乱分子全部诛杀。因为射杀吴起而被灭族的有七十多家。

太史公说："社会上称道军旅战法的人，无不称道《孙子》十三篇和吴起的《兵法》。这两部书，社会上流传很广，所以我不加论述，只评论他们生平行事所涉及的情况。俗话说：'能做的未必能说，能说的未必能做。'孙膑算计庞涓的军事行动是英明的，但是他自己却不能预先避免刖足的酷刑。吴起向魏武侯讲凭借地理形势的险要，不如给人民施以恩德的道理，然而一到楚国执政却因为刻薄、暴戾、少恩葬送了自己的生命。可叹啊！"

第四十八卷　伍子胥列传第六

在这篇列传中，作者着重记述了伍子胥为报杀父、子之仇，弃小义而灭大恨的事迹。昭关受窘，中途乞讨，未曾片刻忘掉郢都仇恨的心志，忍辱负重，艰苦卓绝，终于复仇雪耻，名留后世。

一篇大传，以吴国、楚国为主，兼涉鲁、晋、郑、秦诸多国家，诸多重大历史事件；以伍子胥为主，又兼涉太子建、白公胜、太宰嚭、申包胥、夫概诸多人物。其中，光杀父之仇就有吴王夫差与越王句践的一对不解之仇；伍子胥与平王的一对深仇大恨；郧公与平王的杀父之仇；白公与郑王、子西的生死之恨。相互穿插，节奏紧凑，有条不紊。诚如太史公所说，怨毒对于人来说实在是太厉害了。

本篇的人物刻画，多神来之笔，尤其是伍子胥的形象。作者饱蘸笔墨，略貌取神，立体化地突出了他的精神风貌，很多段落成为后来故事、小说和戏曲的传统题材，家喻户晓，为人乐道。伍子胥过昭关，前临大江，后有追兵，与太子胜各自只身徒步逃跑的恐慌情形，危急之中偶遇渔父的紧张场面，都很富于戏剧性，简直像小说的情节描写。攻克郢都，没有找到昭王，竟“掘楚平王之墓，出其尸，鞭三百，然后已”的疯狂了的复仇火焰，不是把他多年来忍辱负重，压抑在内心的深仇大恨，突然迸发出来的烈火般的感情，都表现在字里行间了吗？其人物的个性特征，又是多么鲜明深刻啊！

【原文】

伍子胥者，楚人也，名员①。员父曰伍奢，员兄曰伍尚。其先曰伍举，以直谏事楚庄王②，有显③，故其后世有名于楚。

【注释】

①员：yún。②按：《左传》记载，以直谏侍奉楚庄王的是伍举。伍举是伍员的祖父，伍参是伍员的曾祖。楚庄王：春秋时楚国国君。姓熊名侣，前 613—前 591 年在位。③显：声望。

【原文】

楚平王①有太子名曰建，使伍奢为太傅②，费无忌③为少傅。无忌不忠于太子建。平王使无忌为太子取④妇于秦，秦女好⑤，无忌驰归，报平王曰：“秦女绝美，王可自取，而更⑥为太子取妇。”平王遂自取秦女而绝爱幸之，生子轸。更为太子取妇。

【注释】

①楚平王：名弃疾，庄王以后第五个楚王，前 528—前 516 年在位。②太傅：也叫太子太傅，辅导太子的官。③费无

忌：《左传》作“费无极”。④取：通“娶”。⑤好：漂亮。⑥更：另外。

【原文】

无忌既以[1]秦女自媚于平王，因去太子而事平王。恐一旦平王卒而太子立，杀己，乃因谗太子建。建母，蔡女[2]也，无宠于平王。平王稍[3]益疏建，使建守城父[4]，备边兵。

【注释】

①以：因为。②蔡女：据《左传》记载，楚平王驻防蔡国时，溴阳地方长官的女儿和他私通，生了太子建。③稍：渐渐。④城父：春秋时陈邑，后被楚国侵占，作为外围边防的城镇。

【原文】

顷之，无忌又日夜言太子短[1]于王曰：“太子以秦女之故，不能无怨望[2]，愿王少自备也。自太子居城父，将兵，外交诸侯，且[3]欲入为乱矣！”平王乃召其太傅伍奢考问[4]之。伍奢知无忌谗太子于平王，因曰：“王独[5]奈何以谗贼小臣疏骨肉之亲乎？”无忌曰：“王今不制[6]，其事成矣。王且见禽[7]。”于是平王怒，囚伍奢，而使城父司马[8]奋扬往杀太子。行未至，奋扬使人先告太子：“太子急去！不然将诛！”太子建亡奔宋。

【注释】

①短：短处，坏处。②怨望：怨恨，埋怨。③且：将

要。④考问：审问。⑤独：乃，却，难道，岂。⑥制：制止，制裁。⑦见禽：被捕。⑧司马：军事长官，主管军法。

【原文】

无忌言于平王曰："伍奢有二子，皆贤，不诛，且为楚忧[①]。可以其父质[②]而召之。不然，且为楚患！"王使使谓伍奢曰："能致[③]汝二子，则生；不能，则死。"伍奢曰："尚为人仁，呼必来。员为人刚戾忍询[④]，能成大事，彼见来之并禽，其势必不来。"王不听，使人召二子曰："来，吾生[⑤]汝父；不来，今杀奢也。"伍尚欲往，员曰："楚之召我兄弟，非欲以生我父也，恐有脱[⑥]者，后生患，故以父为质，诈召二子。二子到，则父子俱死。何益父之死？往而令雠不得报耳！不如奔他国，借力以雪父之耻；俱灭，无为[⑦]也。"伍尚曰："我知往终不能全父命。然恨[⑧]父召我以求生而不往，后不能雪耻，终为天下笑耳。"谓员："可去矣！汝能报杀父之雠，我将归死[⑨]。"尚既就执[⑩]，使者捕伍胥[⑪]。伍胥贯弓[⑫]执矢向使者，使者不敢进，伍胥遂亡。闻太子建之在宋，往从之。奢闻子胥之亡也，曰："楚国君臣且苦兵矣！"伍尚至楚，楚并杀奢与尚也。

【注释】

①忧：祸害，祸患。②质：抵押。③致：招来。④刚戾（lì）：刚强猛烈，难以制服。忍询（gǒu）：忍受耻辱。⑤生：使……生。⑥脱：脱逃。⑦无为：没有用处，没有意义。

⑧恨：以这为恨事。⑨归死：自首就死。⑩就执：接受逮捕。⑪伍胥：伍子胥的省称。⑫贯（wān）弓：通“弯弓”。

【原文】

伍胥既至宋，宋有华氏之乱[①]，乃与太子建俱奔于郑。郑人甚善之。太子建又适[②]晋。晋顷公[③]曰：“太子既善郑，郑信太子。太子能为我内应，而我攻其外，灭郑必矣。灭郑而封太子。”太子乃还郑。事未会[④]，会自私[⑤]欲杀其从者，从者知其谋，乃告之于郑。郑定公[⑥]与子产诛杀太子建。建有子名胜。伍胥惧，乃与胜俱奔吴。到昭关[⑦]，昭关欲执之。伍胥遂与胜独身步走，几不得脱。追者在后。至江，江上有一渔父[⑧]乘船，知伍胥之急，乃渡伍胥。伍胥既渡，解其剑曰：“此剑直[⑨]百金，以与父。”父曰：“楚国之法[⑩]，得伍胥者赐粟五万石[⑪]，爵执珪[⑫]，岂徒百金剑邪[⑬]！”不受。伍胥未至吴而疾，止中道，乞食。至于吴，吴王僚方用事[⑭]，公子光[⑮]为将。伍胥乃因[⑯]公子光以求见吴王。

【注释】

①华氏之乱：指宋国大夫华亥、向宁、华定发动的政变。②适：到。③晋顷公：晋国国君，姓姬名去疾，前525—前512年在位。④事未会：事情还没有准备妥当。会，完备。⑤会：恰巧。自私：个人私事。⑥郑定公：郑国国君，姓姬名宁，前529—前514年在位。⑦昭关：楚国的关隘名。故址在今安徽省含山县西北小岘山上，是当时吴、楚交通要道。下句

的“昭关”指把守昭关的官兵。⑧渔父：渔翁。父，对老年人的尊称。⑨直：通“值”。⑩法：法令。这里指悬赏捉拿的赏格。⑪石：容量单位，古制十斗为一石。⑫爵执珪（guī）：封给执珪的官爵。爵，指给予官阶、爵位，动词。珪，上尖下方的玉，周天子把它赐给各国诸侯，是王命的权力象征。⑬邪：通“耶”。⑭吴王僚：姓姬，前526—前515年在位。用事：掌握政权。⑮公子光：吴王僚的堂兄弟。⑯因：通过，经由。

【原文】

久之，楚平王以其边邑锺离与吴边邑卑梁氏俱蚕[①]，两女子争桑相攻，乃大怒，至于两国举兵相伐。吴使公子光伐楚，拔其锺离、居巢[②]而归。伍子胥说吴王僚曰：“楚可破也。愿复遣公子光。”公子光谓吴王曰：“彼伍胥父兄为戮[③]于楚，而劝王伐楚者，欲以自报其仇耳。伐楚未可破也。”伍胥知公子光有内志[④]，欲杀王而自立，未可说以外事，乃进[⑤]专诸于公子光，退而与太子建之子胜耕于野。

【注释】

①锺离：县名，在今安徽省凤阳县东。卑梁氏：古吴边邑名，在今安徽省天长县西北。蚕：养蚕，动词。②拔：攻占。居巢：古邑名。③为戮：被杀。④有内志：有对内的企图。⑤进：推荐。

【原文】

五年[①]而楚平王卒。初，平王所夺太子建秦女生子轸，及平王卒，轸竟立为后[②]，是为昭王[③]。吴王僚因楚丧，使二公子[④]将兵往袭楚。楚发兵绝吴兵之后，不得归。吴国内空[⑤]，而公子光乃令专诸袭刺吴王僚而自立[⑥]，是为吴王阖庐[⑦]。阖庐既立，得志，乃召伍员以为行人[⑧]，而与谋国事。

【注释】

①五年：指五年以后，这时是吴王僚在位的第十二年。②立为后：继位为王。后，继承者。③昭王：前515—前489年在位。④二公子：指吴王僚的同母弟盖余、烛庸。⑤内空：军队在外，内部空虚。⑥公子光乃令专诸袭刺吴王僚而自立：吴王僚十二年（前515），公子光设宴请吴王僚，专诸藏匕首于鱼腹中进献，刺杀吴王僚，自己也当场被杀。⑦阖（hé）庐：前514—前496年在位。⑧行人：官名。掌管朝觐、聘问、出使等事务，春秋、战国时各国都有设置。

【原文】

楚诛其大臣郤[①]宛、伯州犁。伯州犁之孙伯嚭亡奔吴，吴亦以嚭[②]为大夫[③]。前王僚所遣二公子将兵伐楚者，道绝不得归。后闻阖庐弑[④]王僚自立，遂以其兵降楚；楚封之于舒[⑤]。阖庐立三年，乃兴师与伍胥、伯嚭伐楚，拔舒，遂禽故吴反二将军。因欲至郢[⑥]。将军孙武曰："民劳，未可，且待之。"乃归。

【注释】

①郤（xì）：姓。②嚭：pǐ。③大夫：古代国君之下设卿、大夫、士三级，大夫是高级官吏。④弑（shì）：古代称臣杀君、子杀父母为“弑”，含有叛逆行为的意义。⑤舒：地名。在今安徽省庐江县西南。⑥郢（yǐng）：楚国国都，在今湖北省江陵县东北。

【原文】

四年，吴伐楚，取六与灊[1]。五年，伐越，败之。六年，楚昭王使公子囊瓦[2]将兵伐吴。吴使伍员迎击，大破楚军于豫章[3]，取楚之居巢[4]。

【注释】

①六：地名。今安徽省六安市境。灊（qián）：地名。今安徽省霍山县东北。②公子囊瓦：楚公子贞，字子囊；他的孙名瓦，字子常。古人常以祖父的字为氏，所以瓦叫囊瓦。“公子”当为“公孙”。③豫章：古地区名。在长江以北淮水以南。汉高祖六年，始移名豫章于江南。④取楚之居巢：吴楚相争，此来彼往，居巢前被吴占，后又被楚占，这时再被吴占。

【原文】

九年，吴王阖庐谓子胥、孙武曰：“始[1]，子言郢未可入，今果何如?”二子对曰：“楚将囊瓦贪，而唐、蔡皆怨之[2]。王必欲大伐之，必先得[3]唐、蔡乃可。”阖庐听之，悉兴师与唐、蔡伐楚，与楚夹汉水而陈[4]。吴王之弟夫概将兵请从，王不听，遂以其属五千人击楚将子常[5]。子常败走，奔郑。于是吴乘胜而前，五战，遂至郢。己卯[6]，楚昭王出奔；庚辰，吴王入郢。昭王出亡，入云梦[7]，盗击王，王走郧[8]。郧公[9]弟怀曰："平王杀我父，我杀其子，不亦可乎？"郧公恐其弟杀王，与王奔随[10]。吴兵围随，谓随人曰："周之子孙在汉川者，楚尽灭之[11]。"随人欲杀王，王子綦[12]匿王，己自为王以当之。随人卜[13]，与王于吴，不吉；乃谢吴，不与王。

【注释】

①始：当初，以前。②"楚将囊瓦贪"二句：唐、蔡是和楚国接界的两个小国。③得：取得一致，结成同盟。④陈：通"阵"。⑤子常：即囊瓦。⑥己卯：古代历法，用天干地支记年月日，这是十一月的己卯日。⑦云梦：楚王的游猎区，多系沼泽地。大致包括江汉平原及东、西、北三面一部分丘陵山峦。⑧郧：原为小国，后被楚所灭。⑨郧公：楚王所封的公爵，名鬬辛。⑩随：古国名。西周初分封的诸侯国，姬姓。在今湖北省随县。春秋后期成为楚的附庸。⑪"周之子孙"二句：指周朝所封在汉水附近的一些和周天子同姓（姬姓）的国家，都被楚国灭掉。⑫王子綦（qí）：楚昭王的哥哥公子结。⑬卜：占卜。古人预测吉凶的一种迷信行为。

【原文】

始，伍员与申包胥为交[1]。员之亡也，谓包胥曰："我必覆[2]楚。”包胥曰：“我必存之。”及吴兵入郢，伍子胥求[3]昭王。既不得，乃掘楚平王墓，出其尸，鞭之三百[4]，然后已。申包胥亡于山中，使人谓子胥曰：“子之报雠，其以[5]甚乎！吾闻之：‘人众者胜天，天定亦能破人。’今子故[6]平王之臣，亲[7]北面而事之，今至于僇[8]死人，此岂其无天道之极乎？”伍子胥曰：“为我谢申包胥曰：‘吾日莫[9]途远，吾故倒行而逆施之。’”于是申包胥走秦告急，求救于秦。秦不许。包胥立于秦廷，昼夜哭，七日七夜不绝其声。秦哀公[10]怜之，曰：“楚虽无道，有臣若是，可无存乎？”乃遣车五百乘[11]救楚击吴。六月[12]，败吴兵于稷[13]。会吴王久留楚求昭王，而阖庐弟夫概乃亡归，自立为王。阖庐闻之，乃释楚而归，击其弟夫概。夫概败走，遂奔楚。楚昭王见吴有内乱，乃复入郢。封夫概于堂谿[14]，为堂谿氏。楚复与吴战，败吴，吴王乃归。

【注释】

①申包胥：楚君蚡冒的后代，姓公孙，因封在申地（今河南省南阳市北），所以叫申包胥。交：知交。②覆：颠覆，覆灭。③求：搜寻。④“掘楚平王墓”三句：这件事，《年表》《楚世家》《季布传》都说是“鞭墓”，而《吴世家》《伍子胥传》却说是“鞭尸”。⑤以：通“已”。⑥故：原来是；过去是。⑦亲：亲自。⑧僇（lù）：侮辱。⑨莫：通“暮”。⑩秦哀公：秦国国君，前536—前501年在位。⑪乘：古代一车四马为一乘。⑫六月：指阖庐为王十年的六月。⑬稷：地

名。⑭堂谿：地名，在今河南省西平县西。

【原文】

后二岁，阖庐使太子夫差[①]将兵伐楚，取番[②]。楚惧吴复大来，乃去郢，徙于鄀[③]。当是时，吴以伍子胥、孙武之谋，西破强楚，北威[④]齐、晋，南服[⑤]越人。

【注释】

①夫差：应为终絫。②番（pó）：今江西省鄱阳县。③鄀（ruò）：地名。又名鄀或鄀郢，在今湖北省宜城市东南。④威：威胁。⑤服：镇服。

【原文】

其后四年，孔子相鲁。

后五年，伐越[①]。越王句践[②]迎击，败吴于姑苏[③]，伤阖庐指[④]，军却。阖庐病创[⑤]将死，谓太子夫差[⑥]曰："尔忘句践杀尔父乎？"夫差对曰："不敢忘。"是夕，阖庐死。夫差既立为王，以伯嚭为太宰[⑦]，习战射。二年后伐越，败越于夫湫[⑧]。越王句践乃以余兵五千人栖于会稽[⑨]之上，使大夫种厚币遗[⑩]吴太宰嚭以请和，求委国[⑪]为臣妾。吴王将许之。伍子胥谏曰："越王为人能辛苦。今王不灭，后必悔之。"吴王不听，用太宰嚭计，与越平[⑫]。

【注释】

①越：也叫於越。姒姓，相传始祖是夏代少康的庶子无余，建都会稽（今浙江省绍兴市）。②句践：越国国君。越王

允常之子，又称菼（tǎn）执，前497—前465年在位。句，通“勾”。③姑苏：今江苏省苏州市。④指：通“趾”，脚趾。⑤创：创伤。⑥夫差：阖庐太子。⑦太宰：官名。掌王家内外事务。⑧夫湫（jiāo）：即夫椒，古山名。⑨会（guì）稽：山名。在浙江省中部绍兴一带。⑩大夫种：越国大夫文种，字少禽（一作子禽）。厚币：重礼。币，金、帛、璧、皮、币等礼物。遗：行贿收买。⑪委国：把国家的政权交给人。委，付与。⑫平：媾和。

【原文】

其后五年，而吴王闻齐景公[①]死而大臣争宠，新君弱，乃兴师北伐齐。伍子胥谏曰：“句践食不重味[②]，吊死[③]问疾，且欲有所用之也。此人不死，必为吴患。今吴之有越，犹人之有腹心疾也。而王不先越而乃务齐，不亦谬乎！”吴王不听，伐齐，大败齐师于艾陵[④]，遂威邹、鲁[⑤]之君以归。益疏子胥之谋。

【注释】

①齐景公：齐国国君，名杵臼，前547—前490年在位。②食不重（chóng）味：意为吃饭时不用两味荤菜，形容生活较苦。③吊死：哀悼死去的人。④大败齐师于艾陵：艾陵之战当在周敬王三十六年（前484），吴救鲁伐齐，距夫湫之战十年。艾陵，古地名，在今山东省莱芜市东北，一说在今泰安市东南。⑤邹：古国名。本作邾，有今山东省费、

邹、滕、济宁、金乡等县地。鲁：古国名，在今山东省西南部。

【原文】

其后四年，吴王将北伐齐，越王句践用子贡[①]之谋，乃率其众以助吴，而重宝以献遗太宰嚭。太宰嚭既数受越赂，其爱信越殊甚，日夜为言于吴王。吴王信用嚭之计。伍子胥谏曰："夫越，腹心之病，今信其浮辞[②]诈伪而贪齐。破齐，譬犹石田，无所用之。且《盘庚之诰》[③]曰：'有颠越不恭，劓殄灭之，俾无遗育，无使易种于兹邑[④]。'此商之所以兴。愿王释齐而先越；若不然，后将悔之无及。"而吴王不听，使子胥于齐。子胥临行，谓其子曰："吾数谏王，王不用，吾今见吴之亡矣。汝与吴俱亡，无益也。"乃属其子于齐鲍牧[⑤]，而还报吴。

【注释】

①子贡：春秋时卫国人，姓端木，名赐，孔丘的学生。②浮辞：没有根据的花言巧语。③《盘庚之诰》：盘庚，商代国王，汤的第九代孙。④"有颠越不恭"四句：见于《尚书·盘庚》中篇，与原文略有出入。颠越不恭：颠倒礼法，不遵上命。颠越，颠倒、坠落。易：延。兹邑：指新都殷，兹，此。⑤属（zhǔ）：通"嘱"，托付。鲍牧：齐国大夫，这时已被杀四年，应为鲍氏。

【原文】

吴太宰嚭既与子胥有隙①，因谗曰："子胥为人刚暴，少恩，猜贼②，其怨望恐为深祸也。前日王欲伐齐，子胥以为不可，王卒伐之而有大功。子胥耻③其计谋不用，乃反怨望。而今王又复伐齐，子胥专愎④强谏，沮毁⑤用事，徒幸吴之败以自胜其计谋耳。今王自行，悉⑥国中武力以伐齐，而子胥谏不用，因辍谢⑦，详⑧病不行。王不可不备，此起祸不难。且嚭使人微伺⑨之，其使于齐也，乃属其子于齐之鲍氏。夫为人臣，内不得意，外倚诸侯，自以为先王之谋臣，今不见用，常鞅鞅⑩怨望。愿王早图之！"吴王曰："微⑪子之言，吾亦疑之。"乃使使赐伍子胥属镂⑫之剑，曰："子以此死。"伍子胥仰天叹曰："嗟乎！谗臣嚭为乱矣，王乃反诛我！我令若⑬父霸。自若未立时，诸公子争立，我以死争之于先王，几不得立。若既得立，欲分吴国予我，我顾不敢望也。然今若听谀臣言以杀长者⑭。"乃告其舍人⑮曰："必树⑯吾墓上以梓，令可以为器⑰；而抉吾眼县⑱吴东门之上，以观越寇之入灭吴也。"乃自刭死。吴王闻之大怒，乃取子胥尸盛以鸱夷⑲革，浮之江中。吴人怜之，为立祠于江上⑳，因命曰胥山。

【注释】

①隙：感情上的裂痕、隔阂。②猜贼：猜忌狠毒。③耻：以动用法，以……为耻。④愎：执拗。⑤沮（jǔ）：败坏。毁：毁谤。⑥悉：尽。⑦辍（chuò）谢：辞谢，推辞。⑧详：通

"佯"，伪装。⑨微伺：暗中探察。⑩鞅鞅：通"怏怏"，因不平或不满而郁郁不乐。⑪微：无。⑫属镂（lòu）：剑名，用钢铸成的剑。⑬若：你。⑭长者：年纪大、辈分高的人。⑮舍人：派有差使的门客。⑯树：种植。⑰器：即梓器，棺材。⑱抉（jué）：挑出；挖出。县：通"悬"。⑲鸱（chī）夷：也作"鸱鶇"，皮质的袋子。⑳江上：江边。

【原文】

吴王既诛伍子胥，遂伐齐。齐鲍氏杀其君悼公而立阳生[①]。吴王欲讨其贼，不胜而去。其后二年[②]，吴王召鲁、卫之君会之橐皋[③]。其明年，因北大会诸侯于黄池[④]，以令周室。越王句践袭杀吴太子[⑤]，破吴兵。吴王闻之，乃归，使使厚币与越平。后九年，越王句践遂灭吴，杀王夫差[⑥]；而诛太宰嚭，以不忠于其君，而外受重赂，与己比周[⑦]也。

【注释】

①悼公：齐景公的儿子，前488—前485年在位。阳生：即悼公，这里应是立壬。②其后二年：应为其后一年，即艾陵之战的第二年（前483）。③此句的意思是：夫差十三年（前483），夫差在橐皋（tuó）（吴国地名，在今安徽省巢县西北拓皋镇）会见了鲁哀公，又在郧（在今江苏省如皋市东，一说在今山东莒县南）会见了卫出公。④此两句的意思是：周敬王三十八年（前482），夫差与晋定公争夺霸主，在黄池大会诸侯，史称"黄池之会"。黄池，即黄亭，卫国地名，在

今河南省封丘县西南。⑤此句的意思是：越王句践趁夫差到黄池会盟的机会，统率大军直捣吴国都城，杀死吴国太子友。⑥此三句的意思是：前473年，越王句践灭亡吴国，要将夫差发配到甬东的岛上去（今浙江省定海县），夫差自缢而死。⑦比周：语出《论语·为政》“君子周而不比，小人比而不周”。周，与人团结；比，与坏人勾结。

【原文】

伍子胥初所与俱亡故楚太子建之子胜者，在于吴。吴王夫差之时，楚惠王①欲召胜归楚。叶公②谏曰：“胜好勇而阴求③死士，殆④有私乎！”惠王不听。遂召胜，使居楚之边邑鄢⑤，号为白公⑥。白公归楚三年而吴诛子胥⑦。

【注释】

①楚惠王：楚昭王之子，前488—前432年在位。②叶公：楚国贵族，姓沈，名诸梁，字子高，封于叶（今河南省叶县），故称叶公。③阴求：暗中访求。④殆（dài）：大概，恐怕。⑤鄢（yān）：古地名，在今河南省鄢陵县西北。⑥白公：太子建之子，名胜。⑦按：《楚世家》，白公归楚在周敬王三十三年（前487），而子胥被杀在周敬王三十六年，因此应为“归楚四年”。

【原文】

白公胜既归楚，怨郑之杀其父，乃阴养死士求报郑。归楚五年①，请伐郑，楚令尹子西许之。兵未发而晋伐郑，郑请救于楚。楚使子西往救，与盟而还。白公胜怒曰："非郑之仇，乃子西也[2]。"胜自砺剑，人问曰："何以为?"胜曰："欲以杀子西。"子西闻之，笑曰："胜如卵耳，何能为也!"

【注释】

①五年：应为"八年"。晋伐郑，在周敬王四十年（前480）。②"非郑之仇"二句：不是仇视郑国，却是仇视子西。

【原文】

其后四岁[1]，白公胜与石乞袭杀楚令尹子西、司马子綦于朝[2]。石乞曰："不杀王，不可。"乃劫王如高府[3]。石乞从者屈固负楚惠王亡走昭夫人之宫[4]。叶公闻白公为乱，率其国[5]人攻白公。白公之徒败，亡走山中，自杀[6]。而虏石乞，而问白公尸处，不言将亨[7]。石乞曰："事成为卿[8]，不成而亨，固其职也。"终不肯告其尸处。遂亨石乞，而求惠王复立之。

【注释】

①周敬王四十年晋国攻打郑国，周敬王四十一年（前479）白公胜作乱，因此应为"其后一年"。②此句的意思是：前479年，白公胜进攻吴国，打了胜仗，便带着武将石乞到朝堂上向楚惠王报功。③如：往，到。高府：楚国的别府名。④按《左传》，背负楚惠王往昭夫人宫的是圉公阳，而不是屈固。昭夫人：昭王夫人，即惠王的母亲，越女。⑤国：指叶公的封地。⑥自杀：按《左传》，"白公奔山而缢"。⑦亨：通

“烹”，一种煮杀的酷刑。⑧卿：西周、春秋时周王、诸侯所属的高级大臣都称卿。

【原文】

太史公曰：怨毒[1]之于人甚矣哉！王者尚不能行之于臣下，况同列[2]乎！向[3]令伍子胥从奢俱死，何异蝼蚁[4]。弃小义，雪大耻，名垂于后世，悲夫！方子胥窘于江上，道乞食，志岂尝须臾忘郢邪？故隐忍[5]就功名，非烈丈夫孰能致此哉？白公如不自立为君者[6]，其功谋亦不可胜道者哉！

【注释】

①怨毒：极端怨恨。②同列：指处在同等地位的人。③向：假使。④蝼蚁：蝼蛄和蚂蚁。⑤隐忍：勉力含忍，不露真情。⑥此句的意思是：白公胜作乱时，扣押楚惠王，要立楚昭王的哥哥王子启为国王，王子启不答应，白公胜便把他杀了，自己当了楚王。

【译文】

伍子胥是楚国人，名叫员。伍员的父亲叫伍奢，伍员的哥哥叫伍尚。他的祖先叫伍举，因为直言进谏而侍奉楚庄王，很有声望，所以他的后代在楚国有名气。

楚平王有个太子名叫建，楚平王派伍奢做太子太傅，派费无忌做太子少傅。费无忌对太子建不忠。楚平王派费无忌到秦国给太子娶亲。秦国有个女子很漂亮，费无忌飞驰回国，报告楚平王说：“秦国的女子十分漂亮，大王可以自己娶了她，另外给太子娶个妻。”楚平王就自己娶了秦国的女子，而且十分宠爱她，生个儿子叫轸。另外给太子娶了媳妇。

费无忌已经凭这个秦国美女讨好了楚平王，因而离开太子建而侍奉楚平王。但害怕一朝楚平王死了而太子即位，会杀害自己，就趁机诋毁太子建。太子建的母亲是蔡国女子，不受楚平王宠爱。楚平王越来越疏远太子建，派太子建守城父，以防备边境兵乱。

不久，费无忌又日夜在楚平王面前说太子建的坏话，他说：“太子由于那个秦国美女的缘故，不可能没有怨恨，希望大王自己多加防备。自从太子驻守城父以来，带领军队，对外交结诸侯，将要进来作乱了！”楚平王就召来太子建的太傅伍奢来考查审问。伍奢知道费无忌在楚平王身边诋毁太子，趁势说：“大王难道能凭专讲坏话害人的小人疏远骨肉的关系吗？”费无忌说：“大王如果不制止，他的阴谋就要得逞了，大王将会被捕。”这时，楚平王大怒，囚禁伍奢，并派城父司马奋扬去杀太子。还没到达，司马奋扬派人先告知太子：“太子赶快离开！否则就会被杀害！”太子建逃到宋国。

费无忌对楚平王说：“伍奢有两个儿子，都很贤能。如果不杀了他们，将会成为楚国的祸害。可以用他们的父亲作人质，然后把他们叫来。如果不这样，将会成为楚国的后患！”楚平王派人对伍奢说：“你如能把你的两个儿子召来，你就能活命；不能召来，就死路一条。”伍奢说：“伍尚为人仁慈，我叫他，一定来。伍员为人刚直不阿，忍辱负重，能成就大事，他想到来了会一并被捕，那一定不来。”楚平王不肯听从，派人召见伍奢的两个儿子说：“你们来了，我让你们的父亲活命；如果不来，今天就杀死伍奢。”伍尚打算前往，伍员说：“楚王召见我们兄弟，并不是为了救我们的父亲，而是担心有人逃脱，以后会产生祸害，因此用父亲作为人质，诈骗召见他的两个儿子。两个儿子一到，就会父子一起处死。这对于父亲的死有什么好处？我们去了，就使父仇不能报而已！倒不如逃到别的国家，借助外力来洗雪父亲的耻辱。白白地一起送死，是无谓的。”伍尚说：“我也知道去了终究不能保全父亲的性命。但遗憾父亲叫我们去来求得活命，我们却不去，以后又不能洗雪耻辱，始终被天下人耻笑而已。”他对伍员说：“你可以离开！如果你能够报杀父之仇，我去就死。”伍尚已经接受拘捕，使者又要拘捕伍子胥。伍子胥拉弓搭箭对着使者，使者不敢上前，伍子胥就逃跑了。伍子胥听说太子建在宋国，就前去随从他。伍奢听到伍子胥逃跑时，说：“楚国君臣将要苦于战争了！”伍尚到了楚都，楚平王把伍奢和伍尚一起杀了。

伍子胥到宋国以后，正好遇上宋国华氏作乱，就和太子建一同逃到郑国去。郑国君臣对他们很友好。太子建又前往晋国，晋顷公说：“太子既然跟郑国的关系友好，郑国信任太子，太子要能给我们做内应，我们从外面进攻，一定能灭掉郑国，灭掉郑国，就把它分封给太子。”于是，太子回到郑国。举事的时机还没成熟，正赶上太子因为个人私事打算杀掉一个跟随他的人，这个人知道太子的计划，就把它告诉郑国。郑定公和子产杀死了太子建。建有个儿子叫胜。伍子胥害怕了，就和胜一同逃奔吴国。到了昭关，昭关的官兵要捉拿他们。于是，伍子胥和胜各自只身徒步逃跑，差一点不能脱身。追兵在后。到江边，江上有一个渔翁乘着船，知伍子胥很危急，就渡伍子胥过江。伍子胥过江后，解下随身带的宝剑说："这把剑价值百金，把它送给你老人家。"渔翁说："按照楚国的法令，抓到伍子胥的人，赏给粮食五万石，封给执珪的爵位，难道是仅仅值百金的宝剑吗？"他不肯接受。伍子胥还没逃到吴国京城，就得了病，在中途停下来，讨饭吃。到达吴都，吴王僚刚刚当权执政，公子光做将军。伍子胥就通过公子光的关系求见吴王。

过了很久，楚平王因为楚国边邑锺离和吴国边邑卑梁氏都养蚕，两地的女子为争夺桑叶而发生争斗，楚王因此大发雷霆，以致两国起兵相互攻打。吴国派公子光攻打楚国，攻克了楚国的锺离、居巢就回去了。伍子胥劝说吴王僚说："楚国是可以打败的，希望再派公子去。"公子光对吴王说："那伍子胥的父兄被楚国杀死，劝大王攻打楚国，是为了报他的私仇。攻打楚国未必可以打败它呀。"伍子胥知道公子光在国内有野心，想杀死吴王僚而自立为君，不可以用对外的军事行动劝说他，就向公子光推荐了专诸，离开朝廷，和太子建的儿子胜到乡下种地去了。

五年以后，楚平王死了。当初，平王从太子建那儿夺来的秦国美女生了一个儿子叫轸，等平王一死，轸竟然继平王位，这就是昭王。吴王僚趁着楚国办丧事，派烛庸、盖余二公子领兵袭击楚国。楚国出兵切断了吴国军队的后路，使吴军不能回国。吴国国内空虚，公子光就命令专诸暗杀了吴王僚，自立为王，这就是吴王阖庐。阖庐自立以后，愿望实现了，就召回伍员，官拜为行人，和他共同策划国事。

楚国杀了它的大臣郤宛、伯州犁，伯州犁的孙子伯嚭逃到吴国，吴国也用伯嚭做了大夫。先前，吴王僚派遣攻打楚国的两位公子，后路被切断不能回国，后来听说阖庐杀死吴王僚自立为王的消息，于是带领着军队，投降了楚国，楚国把舒地封给了他们。阖庐自立为王的第三年，就发动军队和伍子胥、伯嚭攻打楚国，占领了舒地，捉住了原来背叛吴国的两个将军。因而阖庐想乘胜进兵郢都，将军孙武说："百姓太疲惫了，不可以，暂且等待吧。"就收兵回国了。

阖庐四年（前511），吴国攻打楚国，夺取了六地和灊地。阖庐五年，攻打越国，并战败了它。阖庐六年，楚昭王派公子囊瓦领兵攻打吴国。吴国派伍子胥迎战，在豫章打败了楚国的军队，夺取了楚国的居巢。

阖庐九年（前506），吴王阖庐对子胥、孙武说："当初你们说郢都不可攻入，现在的情形怎么样呢？"子胥、孙武回答说："楚国将军囊瓦贪财，唐国和蔡国都怨恨他。大王一定要大规模地进攻楚国，必须先要得到唐国和蔡国的帮助才行。"阖庐听从了他们的意见，出动了全部军队和唐国、蔡国共同攻打楚国，和楚国军队在汉水两岸列兵对阵。吴王的弟弟夫概带领着军队请求相随出征，吴王不答应，夫概就用自己属下五千人攻击楚将子常，子常战败逃跑，直奔宋国。于是，吴军乘胜挺进，经过五次战役，就打到了郢都。己卯日，楚昭王出逃。第二天，吴王进入郢都。

楚昭王出逃，进入云楚大泽。昭王遭到强盗的袭击，昭王又逃到郧地。郧公的弟弟怀说："平王杀死了我们的父亲，我们杀死他的儿子，不也可以吗?"郧公担心他的弟弟杀死昭王，就和昭王一块逃到随地。吴兵包围了随地，对随地人说："在汉水流域的周朝子孙，被楚国全部消灭了。"随人要杀昭王，王子綦把他藏起来，自己冒充昭王来搪塞他们。随人算了一卦，卦象表明把昭王交给吴军，不吉利，就谢绝吴国，不交昭王。

当初，伍子胥和申包胥是至交的朋友。伍子胥逃跑时，对包胥说："我一定要颠覆楚国。"包胥说："我一定要保存楚国。"等到吴兵攻进郢都，伍子胥搜寻昭王，没有找到，就挖开楚平王的坟，拖出他的尸体，鞭打了三百下才停手。申包胥逃到山里，派人去对伍子胥说："您这样报仇，太过分了！我听说：'人多可以胜天，天公降怒也能毁灭人。'您原来是平王的臣子，亲自称臣侍奉过他，如今弄到侮辱死人的地步，这难道不是伤天害理到极点了吗!"伍子胥对来人说："你替我告诉申包胥说：'我就像太阳落山的时候，路途还很遥远。所以，我要逆情悖理地行动。'"于是，申包胥跑到秦国去报告危急情况，向秦国求救，秦国不答应。申包胥站在秦国的朝廷上，日夜不停地痛哭，他的哭声七天七夜没有中断。秦哀公同情他，说："楚王虽然是无道昏君，有这样的臣子，能不保存楚国吗?"就派遣了五百辆战车拯救楚国，攻打吴国。六月间，在稷地打败吴国的军队。正赶上吴王长时间地留在楚国寻找楚昭王，阖庐的弟弟夫概逃回国内，自立为王。阖庐听到这个消息，就弃楚国赶回去，攻打他的弟弟夫概。夫概兵败，跑到楚国。楚昭王见吴国内部发生变乱，又打回郢都，把堂谿封给夫概，叫做堂谿氏。楚国再次和吴军作战，打败吴军，吴王就回国了。

又过了两年，阖庐派太子夫差领兵攻打楚国，夺取番地。楚国害怕吴国军队再次大规模地进攻，就离开郢城，迁都鄀邑。在这个时候，吴国用伍子胥、孙武的战略，向西打败了强大的楚国，向北威镇齐国、晋国，向南降服了越国。

夫差攻楚取番以后四年，孔子出任鲁国国相。

又过了五年，吴军攻打越国。越王句践率兵迎战，在姑苏打败吴军，击伤了吴王阖庐的脚趾，吴军退却。阖庐创伤发作，很严重，快要死的时候对太子夫差说："你能忘掉句践杀你父亲吗?"夫差回答说："不敢忘记。"当天晚上，阖庐就死了。夫差继吴王位以后，任用伯嚭做太宰，操练士兵。两年后攻打越国，在夫湫打败越国的军队。越王句践就带着残兵败将栖息在会稽山上，派大夫文种用重礼赠送太宰嚭请求媾和，把国家政权托付给吴国，甘心做吴国的奴仆。吴王将要答应越国的请求，伍子胥规劝说："越王句践为人能含辛茹苦，如今，大王要不一举歼灭他，今后一定会后悔。”吴王不听伍子胥的规劝，而采纳了太宰嚭的计策，和越国议和。

和越国议和以后五年，吴王听说齐景公死了，大臣们争权夺利，新立的国君软弱，就出动军队向北攻打齐国。伍子胥规劝说：“句践一餐没有两味荤菜，哀悼死去的、慰问有病的，将打算有所作为。这个人不死，一定是吴国的祸患。现在，吴国有越国在身边，就像得了心腹疾病。大王不先铲除越国却一心致力攻打齐国，不是很荒谬的吗？”吴王不听伍子胥的规劝，攻打齐国。在艾陵把齐国军队打得大败，于是慑服了邹国和鲁国的国君而回国。从此，就越来越少地听从伍子胥的计谋了。

又过了四年，吴王将要北上攻打齐国，越王句践采用子贡的计谋，就带领着他的人马帮助吴国作战，把贵重的宝物敬献给太宰嚭。太宰嚭多次接受了越国的贿赂，更加喜欢并信任越国，就没日没夜地在吴王面前替越国说好话。吴王总是相信和采纳太宰嚭的计谋。伍子胥规劝吴王说：“越国是心腹大患，现在相信那虚饰浮夸狡诈欺骗之词，贪图齐国。攻克齐国，好比占领了一块石田，丝毫没有用处。况且《盘庚之诰》上说：‘有破坏礼法，不恭王命的就要彻底割除灭绝他们，使他们不能够传宗接代，不要让他们在这个城邑里把好人影响坏了。’这就是商朝兴盛的原因。希望大王放弃齐国，先攻打越国。如不这样，今后悔恨也来不及了。”吴王不听伍子胥的劝告，却派他出使齐国。子胥临行，对他儿子说：“我屡次规劝大王，大王不听。我现在看到吴国的末日了，你和吴国一起灭亡，没有好处。”就把他的儿子托付给齐国的鲍牧，而返回吴国向吴王报告。

吴国太宰嚭和伍子胥在感情上产生裂痕以后，就趁机在吴王面前说他的坏话：“子胥为人强硬凶恶，没有情义，猜忌狠毒，他的怨恨恐怕要酿成深重的灾难。前次大王要攻打齐国，子胥认为不可以，大王终于发兵并且取得了重大的胜利，子胥因自己计谋没被采用感到羞耻，反而产生了怨恨情绪。如今，大王要再次攻打齐国，伍子胥又独断固执，强行谏阻，败坏、诋毁大王的事业，只希望吴国战败来证明自己的计谋高明。现在大王亲自出征，出动全国的武装力量攻打齐国，而伍子胥的劝谏不被采纳，就借故推辞，假装患病不随大王出征。大王不可不戒备，这是很容易引起祸端的。况且我派人暗中探查，他出使齐国，就把他的儿子托付给齐国的鲍氏。做人臣子，在国内不得意，就在外依靠诸侯，自己认为是先王的谋臣，现在不被信用，时常郁郁不乐，产生怨恨情绪。希望大王对这件事早日想办法。”吴王说：“没有你这番话，我也怀疑他了。”就派使臣把属镂宝剑赐给伍子胥，说：“你用这把宝剑自杀。”伍子胥仰望天空叹息说：“唉！谗言小人伯嚭要作乱，大王反来杀我。我使你父亲称霸。你还没确定为王位继承人时，公子们争着立为太子，我在先王面前冒死相争，你几乎得不到太子之位。你立为太子后，还答应把吴国分一部分给我，我却不存在你报答的希望，可现在你竟听信谄媚小人的坏话来杀害长辈。”于是，他告诉亲近的门客说：“你们一定要在我的坟墓上种植梓树，让它长大能够做棺材。挖出我的眼珠悬挂在吴国都城的东门楼上，来观看越寇怎样进入都城，灭掉吴国。”于是，自刎而死。吴王听到这番话，大发雷霆，就把伍子胥的尸体装进皮革袋子里，漂浮在江中。吴国人同情他，在江边给他修建了祠堂，因此，把这个地方命名叫胥山。

吴王杀了伍子胥后，就攻打齐国。齐国鲍氏杀了他们的国君悼公，另立阳生为国君。吴王打算讨伐鲍氏，可是，没有取得胜利，就撤兵回去了。此后两年，吴王召集鲁国、卫国的国君在橐皋会盟。第二年，就势北上，在黄池大会诸侯，来号令周天子。这时，越王句践袭击吴国，杀死吴太子，打败吴国军队。吴王听到这个消息，就回国了，派出使者用丰厚贵重的礼物和越国媾和。过后九年，越王句践终于灭掉吴国，杀死吴王夫差，又杀了太宰嚭，因为他不忠于他的国君，接受外国的贵重贿赂，私下亲近越国。

当初，跟随伍子胥一块逃亡在楚国原来的太子建的儿子胜，在吴国。吴王夫差在位时，楚惠王要召胜回到楚国。叶公规劝说：“胜爱好勇武而暗中寻访敢死的勇士，大概有私心！”惠王不听他的进谏，终于把胜召回来，让他居住在楚国的边邑鄢。号称白公。白公回楚三年而吴王杀了伍子胥。

白公胜回到楚国以后，恨郑国杀了他的父亲，就暗地里收养敢死的人来向郑国报仇。他回楚国五年，就请求进攻郑国，楚国的令尹子西答应了他。楚军还没有出发，晋国却来攻打郑国，郑国向楚国求救。楚国派遣令尹子西前往救援，他与郑国订立了盟约就回国。白公胜愤怒地说：“我仇视的不是郑国，而是子西。”白公胜亲自磨剑，有人问他说：“用它来干什么？”白公胜说：“想要用它杀死子西。”子西听说这件事，笑着说：“白公胜像禽蛋一样而已，能够干什么呢？”

这以后四年，白公胜跟石乞在朝廷上突然袭击，杀死了楚国的令尹子西和司马子綦。石乞说：“不杀掉楚王，不行。”就劫持楚王到高府去。石乞的仆从屈固背着楚惠王逃跑到昭夫人的宫室。叶公听说白公胜作乱，率领自己封地的人攻打白公胜。白公胜的党徒失败了，他逃到山里自杀了。叶公俘虏了石乞，就审问白公胜的尸体在什么地方，如果不说就要烹煮他。石乞说：“事情成功了就来做卿，不成功就被烹煮，这本来就是我的职责。”他始终不告诉白公胜尸体所藏的地方。叶公就烹杀了石乞，并找到楚惠王再立他为王。

太史公说：“仇恨对于人来说是非常厉害的啊！当王的尚且不能跟臣下结仇，何况是同等地位的人呢？假如伍子胥跟随伍奢一道死去，那同蝼蛄和蚂蚁有什么差异？但他抛弃了细小的道义，洗雪了重大的耻辱，声名永垂于后世。可叹啊！正当伍子胥受困于江边，沿路讨饭的时候，他的内心志向难道有片刻忘记了郢都吗？因此他暗中忍受来成就功业声名，如果不是刚毅的男子汉，谁能够达到这个地步呢？白公假如不自立为王的话，他的功绩谋略也是说不完的啊！”

第四十九卷　仲尼弟子列传第七

这是仲尼弟子的一篇多人合传。在这篇列传中，有的人记述较详，洋洋洒洒一大篇；有的人记述简略，只有两个字的人名。本传主要记述了仲尼及其弟子的言语和行事。仲尼是我国古代伟大的思想家、教育家，虽然他“述而不作”，但是他总结了前人的文化遗产并传授给学生，打破了贵族垄断教育的局面，首创私人讲学的风气，得以弟子三千，育有大贤七十。本传在记述之中，仍然保留了孔子与弟子的问答形式。

《仲尼弟子列传》主要取材于《论语》，并参以《春秋左氏传》等古籍。而《论语》是仲尼弟子和再传弟子辑录而成，有的一篇包括若干章，有的一章只记一件事或几句话，多是三言两语，点滴事件，没有繁复的文辞，很少有严整的结构；编纂语录并无伦次，更不着眼于人物、人物描写和性格特征。而《春秋左氏传》乃是编年之史，依时记事，人物事迹也必散漫于各处，支离破碎，难以集中。太史公囊括史料，分别为传，使其人物的精神面貌、性格特征赫然鲜明，人物事迹的来龙去脉亦清晰集中了。

子贡的传记是一篇大文章，不仅事迹集中，而且形象刻画得鲜明生动，更富于文学色彩。田常作乱，子贡出游，指陈利害，道理奇特而切中要害。然后往返吴越之间，出谋划策，之晋，返鲁。所谓“子贡出，存鲁，乱齐，破吴，强晋而霸越。子贡一使，使势相破，十年之中，五国各有变”，充分展现了子贡口齿伶俐、巧于辞令、胸中韬略和游说的才能。子贡此传，尽管被人指责为“与夫仪、秦、轸、代无以异也”“迁之言、华而少实哉”“迹近战国策士之风”，正说明了子贡出游的作用与价值。所谓的“华”和“近战国策之风”，正说明本传的文采，体现了太史公驾驭语言的功底。田常作乱，为转移视线，欲移兵伐鲁。孔子曰：“鲁，坟墓所处，父母之国，国危如此，二三子何为莫出？”三言两语，就突出了孔子为保卫祖国，号召、激励弟子为国排忧解难的动人形象。而子贡的说辞，大起大落，纵横捭阖，语意贯通，间或排句、对偶、比喻、成语，如同长江大河，一泻千里，使子贡的形象鲜明生动。

【原文】

孔子曰“受业身通者七十有七人①”，皆异能之士也。德行：颜渊、闵子骞、冉伯牛、仲弓。政事：冉有、季路。言语：宰我、子贡。文学②：子游、子夏。师也辟③，参也鲁④，柴也愚⑤，由也喭⑥，回也屡空⑦。赐不受命而货殖⑧焉，亿则屡中⑨。

【注释】

①受业身通者：接受教育身通六艺（礼、乐、射、御、

书、数）的人。受业，从师学习。七十有七人：即七十七人。有，用在整数与零数之间，相当于“又”。②文学：指文献，是孔门四科之一。③辟：偏激。④鲁：迟钝。⑤愚：愚笨，憨直。⑥喭（yàn）：粗鲁，鲁莽。⑦屡空：经常空匮，贫穷得一无所有。⑧不受命：不相信什么天命。货殖：经商。⑨亿：通“臆”，推测，揣度。中：符合，适合。按：从“德行”到段末，见于《论语·先进》，唯句序略有不同。

【原文】

孔子之所严事[①]：于周则老子；于卫，蘧伯玉；于齐，晏平仲；于楚，老莱子；于郑，子产；于鲁，孟公绰。数称[②]臧文仲、柳下惠、铜鞮伯华、介山子然，孔子皆后之，不并世[③]。

【注释】

①所严事：所礼敬的人。严，礼敬。事，侍奉。②数：屡次。称：称颂，赞许。③不并世：不在同一时代。

【原文】

颜回者，鲁人也，字子渊。少[①]孔子三十岁。

颜渊问仁[②]，孔子曰：“克己复礼[③]，天下归仁[④]焉。”

【注释】

①少：年纪轻。这里是“小于”的意思。②仁：古代儒家一种含义广泛的道德范畴。孔子言“仁”，包括恭、宽、

信、敏、惠、智、勇、忠、恕、孝、悌等内容，其核心是指人与人的关系问题；要亲善，要爱人。这是孔子的最高道德标准。③克己复礼：约束自己，使言行符合于礼。复，返。④归仁：称之为仁。归，称赞，称许。仁，仁德，仁人。按："颜渊问仁"见于《论语·颜渊》。

【原文】

孔子曰："贤哉回也！一箪[①]食，一瓢饮，在陋巷，人不堪[②]其忧，回也不改其乐。""回也如愚[③]；退而省[④]其私，亦足以发[⑤]，回也不愚。""用之则行，舍之则藏，唯我与尔有是夫！"

【注释】

①箪（dān）：古代盛饭的圆形竹器。②堪：忍受，经得起。"贤哉回也"见于《论语·雍也》。③回也如愚：颜回听孔子授业，沉默而思考，像个愚笨的人。④省：察看，考察，犹今语之"反思"。⑤发：发挥，阐发。按："回也如愚"云云见于《论语·为政》。与原文微有不同。

【原文】

回年二十九，发尽白，蚤[①]死。孔子哭之恸[②]，曰："自吾有回，门人益亲。"鲁哀公问："弟子孰为好学？"孔子对曰："有颜回者好学，不迁怒，不贰过[③]。不幸短命死矣，今也则亡[④]。"

【注释】

①蚤：通“早”。②恸：极度悲伤。《论语·先进》篇云：“颜渊死，子哭之恸。”③贰过：再犯同一过失。贰，再、重复。④亡：通“无”。“鲁哀公问”见于《论语·雍也》，唯“今也则亡”后省“闻好学者也”句。又《先进》篇有季康子问“弟子孰为好学”事，孔子回答倒与此同。

【原文】

闵损字子骞。少孔子十五岁。

孔子曰：“孝哉闵子骞！人不间于其父母昆弟①之言。”不仕大夫，不食污君之禄②。“如有复我者，必在汶上矣。”③

【注释】

①间：离间。这里是挑剔、非议的意思。昆弟：同母所生的兄弟。这句话的意思是说，别人对于他父母兄弟夸赞他的话都无可非议。这说明闵子骞确实是孝，所以孔子才称许他“孝哉”。这两句话见于《论语·雍也》。②仕：做官。禄：俸禄，即古代官吏薪金。③“如有复我者”两句也见于《论语·雍也》。原文说季氏想让闵子骞出任他的采邑费地的长官，于是闵子骞对来者说：“善为我辞焉！如有复我者，则吾必在汶上矣。”意思是说，你好好地替我辞掉吧！要是再来找我的话，那我一定要逃到汶水之北（即齐地）去了。太史公把这件事作为闵骞“不仕大夫，不食污君之禄”的佐语。复我：即再来召我，亦即再来强我所难的意思。

【原文】

冉耕字伯牛。孔子以为有德行。

伯牛有恶疾，孔子往问之，自牖执其手①，曰："命也夫！斯人也而有斯②疾，命也夫！"

【注释】

①自牖（yǒu）执其手：伯牛因有恶疾，不得见，孔子从窗户伸进手去握住他的手。牖，窗户。②斯：这。按："伯牛有疾，子问之"事见于《论语·雍也》。但原文未及"恶"字，盖太史公以意度之，故增此字。

【原文】

冉雍字仲弓。

仲弓问政，孔子曰："出门如见大宾，使民如承大祭。在邦无怨①，在家②无怨。"

孔子以仲弓为有德行，曰："雍也可使南面③。"

仲弓父，贱人④。孔子曰："犁牛之子骍且角⑤，虽欲勿用，山川其舍⑥诸？"

【注释】

①邦：诸侯的封国。怨：结怨。②家：卿大夫的领地。按：此段见于《论语·雍也》。原文作"仲弓问仁"，"在邦无怨"句前尚有"己所不欲，勿施于人"句。③可使南面：古代以坐北朝南为尊。天子、诸侯、卿大夫坐堂听政都是面向南。此句的意思是说可以做卿大夫一类的官。南面，面向南。

按：此句见于《论语·雍也》。④贱人：地位卑微的人。⑤犁牛：杂色生。犁，杂纹。骍：赤色牲畜，用于祭祀。角：指牛角长得周正。这是设比，意思是说，父亲虽然地位卑微，但是不影响儿子前途。⑥舍：通“捨”，放弃，不要。“犁牛”见于《论语·雍也》。

【原文】

冉求字子有，少孔子二十九岁。为季氏宰[①]。

季康子问孔子曰：“冉求仁乎？”曰：“千室之邑[②]，百乘之家[③]，求也可使治其赋[④]。仁则吾不知也。”复问：“子路仁乎？”孔子对曰：“如求。”

求问曰：“闻斯[⑤]行诸？”子曰：“行之。”子路问：“闻斯行诸？”子曰：“有父兄在，如之何其闻斯行之！”子华怪之[⑥]：“敢问问同而答异？”孔子曰：“求也退[⑦]，故进[⑧]之。由也兼人[⑨]，故退[⑩]之。”

【注释】

①宰：作为一种职位，有时指邑宰，即一邑的长官，犹后世的县长、县令；有时指卿大夫的家臣，犹近世之家庭总管。这里就是后一种意思，“季氏宰”即季氏家的总管。②邑：古代卿大夫由国家封以一定的地方，由受封者派人治理并收享该地的租税，这种地方便叫做采邑地，有时也泛称封邑，常略称邑。③乘：古代一车四马叫“乘”，常用作计量兵车的单位，而拥有兵车的多少又往往成为统治地位的一种标志，按礼法规

定，天子万乘，诸侯千乘，有封国的卿大夫百乘。家：在奴隶制时代，凡诸侯统治的地方称国，而由卿大夫统治的地方则称家。这里与上句的“邑”相互为文，也泛指卿大夫的封邑的。④赋：兵赋，即缴纳的兵甲车马等。这里泛指军政事务。按：这段记述见于《论语·公治长》，原文是孟武伯问孔子，而且是先问“子路仁乎”，后问“求也何如”，孔子的答语与此段所记略异。⑤斯：就，则。⑥怪之：对问同答异感到奇怪。⑦退：畏缩多虑。⑧进：促进，激励。⑨兼人：犹超人，勇为好胜。⑩退：抑制。按：这段记述见于《论语·先进》，原文是子路先问，冉有后问，公西华援疑问的话也与此处所记有异。

【原文】

仲由字子路，卞人也。少孔子九岁。

子路性鄙[①]，好勇力，志伉直[②]，冠[③]雄鸡，佩豭豚[④]，陵暴[⑤]孔子。孔子设礼稍[⑥]诱子路，子路后儒服委质[⑦]，因[⑧]门人请为弟子。

子路问政，孔子曰：“先之[⑨]，劳之[⑩]。”请益[⑪]。曰：“无倦。”

子路问：“君子尚[⑫]勇乎？”孔子曰：“义之为上[⑬]。君子好勇而无义则乱，小人好勇而无义则盗。”

子路有闻，未之能行[⑭]，唯恐有闻。

孔子曰：“片言可以折狱者[⑮]，其由也与！”“由也好勇过我，无所取材[⑯]。”“若由也，不得其死[⑰]然。”“衣敝缊袍[⑱]与衣狐貉者立而不耻者，其由也与!”“由也升堂矣，未入于室也[19]。”

季康子[20]问：“仲由仁乎?”孔子曰：“千乘之国可使治其赋，不知其仁。”

子路喜从游，遇长沮、桀溺、荷蓧丈人[21]。

子路为季氏宰，季孙问曰：“子路可谓大臣与?”孔子曰：“可谓具臣矣[22]。”

子路为蒲大夫，辞孔子。孔子曰：“蒲多壮士，又难治。然吾语汝：恭以敬，可以执[23]勇；宽以正，可以比[24]众；恭正以静，可以报上。”

【注释】

①鄙：粗朴。②伉直：刚强直爽。③冠：戴……帽子。④豭（jiā）豚：猪。豭，公猪。豚，小猪。指以公猪皮装饰的剑。⑤陵暴：欺凌，施暴。⑥稍：慢慢地，渐渐地。⑦委质：学生初次拜见教师，致送礼物。委，交付，托付。质，通“贽”，礼物。⑧因：经由，通过。⑨先之：凡是要百姓做的，做在百姓前面，也就是给百姓带个头。⑩劳之：使百姓勤劳地工作。⑪益：进一步，增加。按：这段话见于《论语·子路》。⑫尚：崇尚。按：子路此问见于《论语·阳货》。⑬上：通“尚”。⑭未之能行：即未能行之。这行文字见于《论语·公冶长》。⑮片言：原告或被告的一面之词，古人也称之为“单辞”。折狱：决断诉讼案件。折，断、决断。处理

诉讼案件，原告、被告的话都要听一听，才能做出判决。而子路只根据一方面的言辞就能判决案件，是因为他为人诚实正直，无论原告还是被告，都能如实反映情况、交代问题，不肯欺骗他。按：此话见于《论语·颜渊》。⑯材：通“哉”。按：这两句话也见于《论语·公冶长》。⑰不得其死：不得以寿终，即得不到好死。此话见于《论语·先进》。⑱衣：穿。缊袍：用乱麻、乱棉絮成的袍子。缊，旧絮乱绵。此话见于《论语·子罕》。⑲这二句的意思是，子路学习虽有成就，但还需要更进一步。堂，正厅。室，内室。先升堂而后才能入室。此话见于《论语·先进》。⑳《论语》是孟武伯问而非季康子。已见前注。㉑荷：扛，提。蓧：古代竹质除草农具。丈人：古时对老年人的尊称。此行提到的这三个人，《论语·微子》曾及之，《史记》中《孔子世家》亦及之，可参见。㉒具臣：备位充数、不称职守之臣。这段话见于《论语·先进》。原文为“季子然问”，且兼及仲由、冉求二人。他们是季氏的家臣，可是对季氏的许多僭越行为及其他孔子认为不合礼义的言行，都不加以劝止，所以孔子说了种语带双敲的话，既批评了他的学生，也流露了对季氏的不满。《先进》篇载：“季氏富于周公，而求也为之聚敛而附益之。子曰：‘非吾徒也。小子鸣鼓而攻之，可也。’”《季氏》篇载，季氏将伐颛臾，他们跑到老师那里通风报信，孔子严厉地批评了他们：“求！无乃尔是过与？”冉有还狡辩说：“夫子欲之，吾二臣者皆不欲也。”孔子很气愤地指责他们说：“求！周任有言曰：‘陈力就列，不能者止。’危而不持，颠而扶，则将焉用彼相矣?”又说：“今由与求也，相夫子，远人不服，而不能来也；邦分崩离析，而不能守也；而谋动干戈于邦内!”如果联系原文“今由与求也，可谓具臣矣”句的上文“所谓大臣者，以道事君，不可则止”，那么，这种批评和不满的意味就更清楚了。㉓执：控制，驾驭。㉔比：使亲近。

【原文】

初，卫灵公有宠姬曰南子。灵公太子蒉聩得过[1]南子，惧诛出奔。及灵公卒而夫人欲立公子郢。郢不肯，曰：“亡人太子之子辄在。”于是卫立辄为君，是为出公。出公立十二年，其父蒉聩居外，不得入。子路为卫大夫孔悝之邑宰。蒉聩乃与孔悝作乱，谋入孔悝家，遂与其徒袭攻出公。出公奔鲁，而蒉聩入立，是为庄公。方孔悝作乱，子路在外，闻之而驰往。遇子羔卫城门，谓子路曰：“出公去矣，而门已闭，子可还矣，毋空[2]受其祸。”子路曰：“食[3]其者食不避其难。”子羔卒去。有使者入城，城门开，子路随而入。造[4]蒉聩，蒉聩与孔悝登台。子路曰：“君焉用孔悝？请得而杀之。”蒉聩弗听。于是子路欲燔[5]台，蒉聩惧，乃下石乞、壶黡攻子路，击断子路之缨[6]。子路曰：“君子死而冠不免。”遂结缨而死。

孔子闻卫乱，曰：“嗟乎，由死矣!”已而果死。故孔子曰：“自吾得由，恶言不闻于耳[7]。”是时子贡为鲁使于齐[8]。

【注释】

①得过：得罪。其事详见《卫康叔世家》。②空：白白

地。③食：吃。④造：往，到……去。⑤燔：焚烧。⑥缨：系在颔下的冠带。以情事参见《卫康叔世家》《左传·哀公十五年》。系年当以《左传》为是。⑦“恶言”句：因为子路勇猛，就没有人敢对孔子出恶言了。⑧子贡为鲁使齐，卷十四《十二诸侯年表》系于鲁哀公十五年。

【原文】

宰予字子我。利口辩辞。既受业，问：“三年之丧不已[①]久乎？君子三年不为礼，礼必坏，三年不为乐，乐必崩。旧谷既没，新谷既升[②]，钻燧改火[③]，期可已[④]矣。”子曰：“于汝安乎？”曰：“安。”“汝安则为之。君子居丧，食旨[⑤]不甘，闻乐不乐，故弗为也。”宰我出，子曰：“予之仁也！子生三年然后免[⑥]于父母之怀。夫三年丧，天下之通义也。”

宰予昼寝。子曰：“朽木不可雕也，粪土之墙不可圬也[⑦]。”

宰我问五帝[⑧]之德，子曰：“予非其人也。”

宰我为临菑大夫，与田常作乱，以夷[⑨]其族，孔子耻之。

【注释】

①三年之丧：臣为君、子为父、妻为夫要谢绝人事，为官者要解除官职，在家居丧三年。已：太。②升：成熟。③钻燧改火：最古的钻木取火法。因四季不同，而改用不同的木材，称为改火。春取榆柳之火，夏取枣杏之火，季夏取桑柘之火，秋取柞楢之火，冬取槐檀之火。燧，取火之具。分阳燧、木燧，木燧用以钻木取火。④期（jī）：一整年。已：止。⑤旨：

味美食物。⑥免：脱离，离开。按：宰予问三年之丧见于《论语·阳货》，文字略异。⑦这一句的意思是说，腐秽的土做成的墙壁没法再进行粉刷。这是比喻宰予难以造就。粪土，腐土、秽土。圬，泥瓦工人用的抹子，引申为抹灰等泥瓦工作。宰予昼寝见于《论语·公冶长》。⑧五帝：相传古代的五位帝王，其说不一。一般认为黄帝、颛顼、帝喾、唐尧、虞舜。⑨夷：诛杀。按《索隐》："《左氏传》无宰我与田常作乱之文，然有阚止字子我，而因争宠，遂为陈恒所杀。恐字与宰予相涉，因误云然。"

【原文】

端木赐，卫人，字子贡。少孔子三十一岁。

子贡利口巧辞，孔子常黜[①]其辩。问曰："汝与回也孰愈[②]？"对曰："赐也何敢望回！回也闻一以知十，赐也闻一以知二。"

子贡既已受业，问曰："赐何人也？"孔子曰："汝器也。"曰："何器也？"曰："瑚琏[③]也。"

陈子禽问子贡曰[④]："仲尼焉学？"预曰："文武之道[⑤]未坠于地，在人，贤者识其大[⑥]者，不贤者识其小者，莫不有文武之道。夫子不学，而亦何常师之有！"又问曰："孔子适是国必闻其政。求之与？抑[⑦]与之与？"子贡曰："夫子温良恭俭让[⑧]以得之。夫子之求之也，其[⑨]诸异乎人之求之也。"

子贡问曰："富而无骄，贫而无谄，何如？"孔子曰："可也；不如贫而乐道，富而好礼。"⑩

【注释】

①黜：废止，反驳。②愈：更加，胜过。孔子此问与下文子贡所答见于《论语·公冶长》。③瑚琏：瑚、琏都是古代祭祀时盛粮食的器皿，因其贵重，常用来比喻堪当大任的、有才能的人。此问答见于《论语·公冶长》。④陈子禽在《论语》中出现两次，向子贡提出两个关于孔子的问题，但并未问及"仲尼焉学"。问及这个问题的是卫国人公孙朝，见于《子张》篇。太史公误。⑤文武之道：周文王、周武王的治国思想。⑥识：记住。大：根本，重要。⑦抑：还是。⑧温：温和。良：善良。恭：恭敬。俭：俭朴，不放纵。让：谦让。⑨其：或许。此问此答见于《论语·学而》。⑩此问此答亦见于《论语·学而》。

【原文】

田常欲作乱于齐，惮高、国、鲍、晏[1]，故移其兵欲以伐鲁。孔子闻之，谓门弟子曰："夫鲁，坟墓所处，父母之国，国危如此，二三子[2]何为莫出？"子路请出，孔子止之。子张、子石请行，孔子弗许。子贡请行，孔子许之[3]。

遂行，至齐，说田常曰："君之伐鲁过矣。夫鲁，难伐之国，其城薄以卑[4]，其地狭以泄[5]，其君愚而不仁，大臣伪而无用，其士民又恶甲兵[6]之事，此不可与哉。君不如伐吴。夫吴，城高以厚，地广以深[7]，甲坚以新，士选以饱，重器[8]精兵尽在其中，又使明大夫守之，此易伐也。”田常忿然作色曰：“子之所难，人之所易；子之所易，人之所难。而以教常，何也?”子贡曰：“臣闻之，忧在内者攻强，忧在外者攻弱。今君忧在内。吾闻君三封[9]而三不成者，大臣有不听者也。今君破鲁以广齐，战胜以骄主，破国以尊臣，而君之功不与[10]焉，则交日疏于主。是君上骄主心，下恣[11]群臣，求以成大事，难矣。夫上骄则恣，臣骄则争，是君上与主有郤[12]，下与大臣交争也。如此，则君之立于齐危矣。故曰不如伐吴。伐吴不胜，民人外死，大臣内空，是君上无强臣之敌，下无民人之过，孤主制齐者唯君也。”田常曰：“善。虽然，吾兵业已[13]加便矣，去而之吴，大臣疑我，奈何?”子贡曰：“君按兵无伐，臣请往使吴王，令之救鲁而伐齐，君因以兵迎之。”田常许之，使子贡南见吴王。

【注释】

①惮：害怕，畏惧。高、国、鲍、晏：齐国握有实权的卿大夫。②二三子：诸位、诸君。多用于年长或位尊者对关系较近的年轻人的称呼。③以上“田常欲作乱于齐”段，《史记会注考证》在“故移其兵欲以伐鲁”句下引苏辙曰：“齐之伐鲁，本于悼公之怒季姬，而非陈恒（即田常）；吴之伐齐，本怒悼公之反复，而非子贡。吴齐之战，陈乞（即陈恒之父）犹在，而恒未任事。所记皆非，盖战国说客设为子贡之辞，以

自托于孔氏，而太史公信之耳。”苏辙语不为无察。但《史记》全书类似这种采自传闻的材料非只一端。④卑：低，与高相对。⑤其地狭以泄：《史记会注考证》引王念孙曰：《越绝书》《吴越春秋》并“地”作“池”，“泄”作“浅”，下文“广以深”正与“狭以浅”相对。按王说是。池，护城河。⑥甲兵：铠甲和兵器，借指战争。⑦地广以深：参见注⑤，应为“池广以深”。⑧重器：宝器，比喻可贵的人才。⑨三封：三次受封。⑩不与：不在其中。⑪恣：放纵，无拘束。⑫郤：通“隙”，比喻感情上的裂痕。⑬业已：已经。业，既、已。

【原文】

说[1]曰：“臣闻之，王者[2]不绝世。霸者[3]无强敌，千钧之重加铢两而移[4]。今以万乘之齐而私千乘之鲁，与吴争强，窃为王危之。且夫救鲁，显名也；伐齐，大利也。以抚泗上诸侯，诛[5]暴齐以服强晋，利莫大焉。名存亡鲁，实困强齐，智者不疑也。”吴王曰：“善。虽然，吾尝与越战，栖之会稽[6]。越王苦身养士，有报我心。子待我伐越而听子。”子贡曰：“越之劲不过鲁，吴之强不过齐，王置齐而伐越，则齐已平鲁矣。且王方以存亡继绝[7]为名，夫伐小越而畏强齐，非勇也。夫勇者不避难，仁者不穷约[8]，智者不失时，王者不绝世，以立其义。今存越示诸侯以仁，救鲁伐齐，威加晋国，诸侯必相率而朝吴，霸业成矣。且王必恶越，臣请东见越王，令出兵以从，此实空越，名从诸侯以伐也。”吴王大说[9]，乃使子贡之越。

【注释】

①说：游说，劝说。②王者：施行王道的人。儒家称以仁义治天下为王道。③霸者：施行霸道的人。凭借武力治天下为霸道。④这一句的意思是说，在极沉重的物体上，再加上轻微的分量也可能产生移位。以比喻暗示吴王，一旦齐国占领了鲁国，吴国的优势可能变为劣势。千钧，极言沉重。铢两，极言轻微。⑤诛：讨伐。⑥栖之会稽：前494年，吴王夫差大败越军于夫椒，乘胜攻破越都，越王句践“乃以甲兵五千人栖于会稽”。见《吴太伯世家》《越王句践世家》《伍子胥列传》。⑦存亡继绝：使灭亡之国复存，使断绝之嗣得续。⑧穷约：困窘。暗示吴王援救困窘中的鲁国。⑨说：通“悦”，喜欢，高兴。

【原文】

越王除道[1]郊迎，身御[2]至舍而问曰：“此蛮夷[3]之国，大夫何以俨然辱[4]而临之？”子贡曰：“今者吾说吴王以救鲁伐齐，其志欲之而畏越，曰‘待我伐越乃可’。如此，破越必矣。且无无报人之志而令人疑之，拙也；有报人之志，使人知之，殆[5]也；事未发而先闻，危也。三者举事之大患。”句践顿首[6]再拜曰：“孤尝不料力，乃与吴战，困于会稽，痛[7]入于骨髓，日夜焦唇干舌，徒欲与吴王接踵[8]而死，孤之愿也。”遂问子贡。子贡曰：“吴王为人猛暴，群臣不堪[9]；国家敝以数战，士卒弗忍；百姓怨上，大臣内变；子胥以谏死⑩，太宰嚭用事⑪，顺君之过安其私：是残国⑫之治也。今王诚发士卒佐之徼⑬其志，重宝以说其心，卑辞以尊其礼，其伐齐必也。彼战不胜，王之福矣。战胜，必以兵临晋，臣请北见晋君，令共攻之，弱吴必矣。其锐兵尽于齐，重甲困于晋，而王制其敝，此灭吴必矣。”越王大说，许诺。送子贡金百镒⑭，剑一，良矛二。子贡不受，遂行。

【注释】

①除道：清扫道路。②身御：亲身驾驭车子。③蛮夷：古代泛华夏中原民族以外的少数民族，用此谦称本国偏远落后。④俨然：矜持庄重的样子。辱：屈辱。⑤殆：危险，不安全。⑥顿首：周礼九拜之一，头叩地而拜。⑦痛：恨。⑧接踵：足踵相接，连续不断。这里有一块儿、一道儿、相继的意思。踵，脚后跟。⑨堪：经得起，忍受。⑩子胥以谏死：伍子胥多次进谏吴王伐越，停止伐齐，吴王听信太宰嚭谗言，赐剑子胥自杀。事见《伍子胥列传》。《索隐》引王邵曰：“《家语》《越绝》并无此五字，是时子胥未死。”梁玉绳《史记志疑》亦云：“子胥死于艾陵战后，是时尚未赐属镂。”此二说固当。本传后文谓“子贡去而之鲁。吴王果与齐人战于艾陵，大破齐师”，这说明子贡这番游说活动是在艾陵之战以前，而此战以前子胥固在焉。《吴太伯世家》云：“七年，吴王夫差闻景公死而大臣争宠，新君弱，乃兴师北伐齐。”子胥谏勿务齐，

"吴王不听，遂北伐齐，败齐师于艾陵"。《越王句践世家》云："吴王将伐齐。子胥谏曰：'未可……愿王释齐先越。'吴王弗听，遂伐齐，败之艾陵，虏齐高、国以归。让子胥。子胥曰：'王毋喜！'王怒，子胥欲自杀，王闻而止之。"由于太宰嚭一再谗毁子胥，"王乃使子胥于齐"，"役反，使人赐子胥属镂剑以自杀"。《伍子胥列传》对此战虽未明确地系在何年，但从有明确系年的吴越夫湫之战往后推，也恰在吴王夫差七年。此传又谓，艾陵之战后四年吴王再次"北伐齐，越王句践用子贡之谋，乃率其众以助吴"，子胥也再一次谏吴王勿伐齐，"而吴王不听，使子胥于齐"，子胥"还报吴"，吴王听信太宰嚭的谗言，赐死子胥。此吴王夫差十一年（前485）事，《十二诸侯年表》明确记载，是年吴"与鲁伐齐救陈，诛伍员"。综此，则子贡去吴之越说句践时，子胥固未死也。《左传》虽把艾陵之战系于鲁哀公十一年（前486），但记吴王赐子胥属镂剑以死事，也是在子胥使齐还吴以后。⑪用事：执政，当权。⑫残国：残害国家。⑬徼：通"邀"，求取。⑭镒：古代重量单位，一镒为二十两或二十四两。

【原文】

报吴王曰："臣敬[①]以大王之言告越王，越王大恐，曰：'孤不幸，少失先人，内不自量，抵[②]罪于吴，军败身辱，栖于会稽，国为虚莽[③]，赖大王之赐，使得奉俎豆而修祭祀[④]，死不敢忘，何谋之敢虑！'"后五日，越使大夫种顿首言于吴王曰："东海役臣[⑤]孤句践使者臣种，敢修[⑥]下吏问于左右，今窃闻大王将兴大义，诛强救弱，困暴齐而抚周室，请悉起境内士三千人，孤请自被坚执锐[⑦]，以先受矢石。因越贱臣种奉先人藏器[⑧]，甲十二领[⑨]，铁屈卢[⑩]之矛，步光[⑪]之剑，以贺军吏。"吴王大说，以告子贡曰："越王欲身从寡人伐齐，可乎?"子贡曰："不可。夫空人之国，悉人之众，又从其君，不义。君受其币[⑫]，许其师，而辞其君。"吴王许诺，乃谢越王。于是吴王乃遂发九郡兵伐齐。

【注释】

①敬：不怠慢，敬重。②抵：触犯，冲撞。③虚莽：荒凉的废墟。虚，通"墟"。莽，草丛。④俎豆：古代祭祀用的礼器。俎，置肉的几。豆，盛干肉之类的器皿。修祭祀：祭神和祭祖。⑤役臣：供人役使的臣子。⑥修：修好，亲善。⑦被（pī）坚执锐：穿着坚固的铠甲，拿着锐利的武器。被，通"披"，穿。⑧藏器：珍藏的宝器，重器。⑨领：衣领，引申为件、套。⑩铁：斧。按：此字疑衍。屈卢：古代造矛良匠名，借以指代良矛。⑪步光：古代剑名。⑫币：古人用作致送礼物的丝织品，泛指用作礼物的玉、马、皮、帛等。

【原文】

子贡因去之晋，谓晋君曰："臣闻之，虑不先定不可以应卒[①]，兵不先辨[②]不可以胜敌。今夫齐与吴将战，彼战而不胜，越乱之必矣；与齐战而胜，必以其兵临晋。"晋君大恐，曰：

"为之奈何?"子贡曰:"修兵休卒以待之。"晋君许诺。

【注释】

①卒:通"猝",突然,仓促。②辨:通"办",治理,整顿。

【原文】

子贡去而之鲁。吴王果与齐人战于艾陵[①],大破齐师,获七将军[②]之兵而不归,果以兵临晋,与晋人相遇黄池之上[③]。吴晋争强。晋人击之,大败吴师。越王闻之,涉江袭吴,去城七里而军。吴王闻之,去晋而归,与越战于五湖。三战不胜,城门不守,越遂围王宫,杀夫差而戮其相[④]。破吴三年,东向而霸[⑤]。

故子贡一出,存鲁,乱齐,破吴,强晋而霸越。子贡一使,使势相破[⑥],十年之中,五国各有变。

【注释】

①与齐人战于艾陵:吴救鲁伐齐,在艾陵大败齐军。此役卷三十一《吴太伯世家》系于吴王夫差七年(前489),《左传》则载于鲁哀公十一年(前485)。参见前注。②获七将军:《左传》谓获齐将国书等五人,非七将。③与晋人相遇黄池之上:艾陵之战以后,吴王夫差与晋定公争夺霸主,在黄池大会诸侯,史称"黄池之会"。这次会盟,《十二诸侯年表》和《吴太伯世家》均在吴王夫差十四年(前482)。按:吴、晋在黄池并未交战。④杀夫差而戮其相:吴王夫差二

十三年（前472）越王句践灭吴，欲迁吴王夫差到甬东岛，夫差自缢身亡。相，指太宰嚭。⑤东向而霸：句践平吴之后率兵渡过黄河，与齐晋诸侯会于徐州，成为东方霸主。见《越王句践世家》。⑥使势相破：让各国形势发生相应的变化。

【原文】

子贡好废举①，与时转货赀②。喜扬人之美，不能匿人之过③。常相鲁、卫④，家累千金，卒终于齐。

【注释】

①废举：或作“废居”，犹《货殖列传》之“废著”。废，指卖出。举，通“居”。“好废举”，就是好买进卖出的意思，亦即好做买卖、好经商的意思。《货殖列传》有子贡传，言之较详。②与时：逐时，有抓时机的意思。转货：指贱买贵卖，使货物不断流通的意思。赀：通“资”，资财，钱财。③匿：隐藏。过：过失，过错。④常相鲁、卫：谓子贡曾经仕于鲁、卫。常，通“尝”。相，辅助。

【原文】

言偃，吴人，字子游。少孔子四十五岁。

子游既已受业，为武城宰。孔子过，闻弦歌①之声。孔子莞尔②而笑曰：“割鸡焉用牛刀③？”子游曰：“昔者偃闻诸夫子曰，君子学道④则爱人，小人学道则易使⑤。”孔子曰：“二三子，偃之言是也。前言戏之耳。”⑥孔子以为子游习于文学。

【注释】

①弦歌：弹琴吟诗，是古代一种读书方法，将诗填谱成曲，用乐器伴奏而歌。②莞尔：微笑。③割鸡焉用牛刀：比喻办小事情用不着花大力气。④道：指儒术，儒家政治思想。⑤使：驱使，役使。⑥这段文字见于《论语·阳货》。

【原文】

卜商字子夏。少孔子四十四岁。

子夏问："'巧笑倩兮，美目盼兮①，素以为绚兮②'，何谓也？"子曰："绘事后素③。"曰："礼后④乎？"孔子曰："商始可与言《诗》已矣。"

子贡问："师与商孰贤？"子曰："师也过⑤，商也不及⑥。""然则师愈⑦与？"曰："过犹⑧不及。"

子谓子夏曰："汝为君子儒⑨，无为小人儒。"⑩

孔子既没，子夏居西河教授，为魏文侯师。其子死，哭之失明。

【注释】

①巧笑倩兮，美目盼兮：语见《诗经·卫风·硕人》。倩，美好。盼，眼睛里黑白分明。②素以为绚兮：这一句是逸诗。素，白色。绚，有文采。③绘事后素：《集解》引郑玄曰"绘，画文也。凡画绘先布众色，然后以素分布其间以成其文，喻美女虽有倩盼美质，亦需礼以成也"。素，喻

礼。④礼后：礼产生在仁义之后。⑤过：过分，超过。⑥不及：不足，赶不上。⑦愈：较好，胜过。⑧犹：同样，如同。孔子主张“中庸”之道，所以认为“过”和“不及”都不妥当。⑨儒：儒生，信奉孔子学说的人。⑩“子夏问”段见于《论语·八佾》，原文“始可与言诗”句前尚有“起予者商也”句；“子贡问”段见于《论语·先进》；“子谓子夏”段见于《论语·雍也》。

【原文】

颛孙师，陈人，字子张。少孔子四十八岁。

子张问干[①]禄，孔子曰：“多闻阙疑[②]，慎言其余，则寡尤[③]；多见阙殆[④]，慎行其余，则寡悔。言寡尤，行寡悔，禄在其中矣。”

他日从在陈蔡间，困[⑤]，问行。孔子曰：“言忠信，行笃[⑥]敬，虽蛮貊[⑦]之国，行也；言不忠信，行不笃敬，虽州里[⑧]，行乎哉！立则见其参[⑨]于前也，在舆则见其倚于衡[⑩]，夫然后行。”子张书诸绅[⑪]。

子张问：“士何如斯可谓之达[⑫]矣？”孔子曰：“何哉，尔所谓达者？”子张对曰：“在国必闻[⑬]，在家必闻。”孔子曰：“是闻也，非达也。夫达者，质直而好义，察言而观色，虑以下人[⑭]，在国及家必达。夫闻也者，色取仁而行违，居之不疑，在国及家必闻。”[⑮]

【注释】

①问：学，求教。干：谋求，求取。②多闻阙疑：多听一

听，对疑而未解的，要暂且放一放。阙，通“缺”，在这里有保留、回避的意思。③尤：过错。④多见阙殆：多看一看，对有危险的事，要回避回避。殆，危险。⑤困：指孔子在陈、蔡之间被围绝粮事。参见《孔子世家》。⑥笃：笃厚，真诚。⑦蛮貊：对南方和北方少数民族的蔑称。⑧州里：意思是本乡本土。⑨参：呈现。⑩衡：通“横”，车辕头上的横木。⑪绅：士大夫腰间系的宽大带子。⑫达：通达。⑬闻：有声望，有名誉。⑭下人：谦让，居于人后。⑮以上三段，“子张问干禄”段见于《论语·为政》；“他日”段所记孔子与子张的对话见于《论语·卫灵公》；“子张问”段见于《论语·颜渊》。三段行文均与原文略有不同。

【原文】

曾参，南武城人，字子舆。少孔子四十六岁。

孔子以为能通孝道，故授之业。作《孝经》[①]。死于鲁。

【注释】

①《孝经》：《汉书·艺文志》说“《孝经》者，孔子为曾子陈孝道者也。夫孝，天之经，地之义，民之行也。举大者言，故曰《孝经》”。有今文、古文两本，今文本为郑玄注，十八章；古文本孔安国注，二十二章。关于《孝经》的作者，说法各异，当以孔后学说为是。

【原文】

澹台灭明，武城人，字子羽。少孔子三十九岁。

状貌甚恶。欲事[①]孔子，孔子以为材[②]薄。既已受业，退而修行，行不由径[③]，非公事不见卿大夫。

南游至江，从弟子三百人，设取予去就[④]，名施[⑤]乎诸侯。孔子闻之，曰："吾以言取人，失之宰予[⑥]；以貌取人，失之子羽。"[⑦]

【注释】

①事：侍奉，侍奉。这里是师事，亦即拜孔子为师的意思。②材：通"才"，才能，资质。③行不由径：比喻行动光明正大。径，小路，引申为邪路。④这一句意思是说，子羽在获取、给予、离异、趋就诸方面都完美无缺。设，完备，完善。⑤施：传扬。⑥失之宰予：宰予虽利口善辩，因为他怀"三年之丧"，所以孔子说自己错了，不该看重宰予。⑦以上二句今传《大戴礼·五帝德》有之。《孔子家语》谓"子羽有君子之容，而行不胜其貌"，与此正相反。

【原文】

宓不齐字子贱。少孔子三十岁[①]。

孔子谓子贱：君子哉！鲁无君子，斯焉取斯[②]？"

子贱为单父宰，反命[③]于孔子，曰："此国有贤不齐者五人，教不齐所以治者。"孔子曰："惜哉不齐所治者小，所治者大则庶几[④]矣。"

【注释】

①少孔子三十岁：《孔子家语》说少孔子四十九岁。

②斯：这。句中前“斯”指人，后“斯”指品德。按：语见《论语·公冶长》。③反命：回来报告。反，通“返”，返回。④庶几：差不多。

【原文】

原宪字子思。

子思问耻。孔子曰：“国有道，谷[1]。国无道，谷，耻也。”

子思曰：“克伐怨欲[2]不行焉，可以为仁乎？”孔子曰：“可以为难[3]矣，仁则吾弗知也。”

孔子卒，原宪遂亡在草泽[4]中。子贡相卫，而结驷连骑[5]，排藜藿入穷阎[6]，过谢[7]原宪。宪摄[8]敝衣冠见子贡。子贡耻之，曰：“夫子岂病[9]乎？”原宪曰：“吾闻之，无财者谓之贫，学道而不能行者谓之病[10]。若宪，贫也，非病也。”子贡惭，不怿[11]而去，终身耻其言之过也。

【注释】

①谷：领取俸禄。②克：好胜。伐：自我夸耀。怨：怨恨，怨忿。欲：贪心，贪欲。③难：难能可贵。④草泽：低洼积水、野草丛生的地方。此指隐居。⑤结驷连骑：用四匹马并辔驾一车。⑥藜藿：都是野草。穷阎：指偏远简陋的住处。阎，里巷。⑦过谢：前去探望。⑧摄：整理，整顿。⑨病：困苦。⑩病：耻辱。⑪怿：悦。

【原文】

公冶长，齐人，字子长。

孔子曰："长可妻[1]也，虽在累绁[2]之中，非其罪也。"以其子妻[3]之。

【注释】

①妻：娶妻。②累绁：捆犯人的绳子，引申为囚禁。累，通"缧"。③子：古代儿子和女儿均可称子，此指女儿。妻：嫁给。此段所述见于《论语·公冶长》。

【原文】

南宫括字子容。

问孔子曰："羿善射[1]，奡荡舟[2]，俱不得其死然[3]；禹稷躬稼[4]而有天下？"孔子弗答。容出，孔子曰："君子哉若人[5]！上[6]德哉若人！""国有道，不废[7]；国无道，免于刑戮。"三复"白珪之玷"，以其兄之子妻之[8]。

【注释】

①羿善射：相传后羿善射，为有穷之君，后被臣子寒浞所杀。②奡荡舟：相传奡（ào）为夏朝大力士，能陆地行舟，为夏后少康所杀。③然：语气词，表决定，犹"焉"。④躬稼：亲身耕种。⑤若人：这个人。⑥上：通"尚"，崇尚，尊重。以上这段话见于《论语·宪问》。⑦不废：被任用。废，废免、罢官。⑧白珪之玷：《诗经·大雅·抑》载，"白珪之玷，尚可磨也；斯言之玷，不可为也"。意思是说，白珪的污点还可以磨掉，我们的话说错了，便没法收回。白珪，洁白晶莹的珍贵玉器。玷，污点。以上这段话

并见于《论语·公冶长》《论语·先进》。

【原文】

公皙哀字季次。

孔子曰："天下无行[①]，多为家臣，仕于都[②]；唯季次未尝仕。"

【注释】

①天下：指天下的读书人。无行：没有好行为。②都：都邑，城邑。

【原文】

曾蒧字皙。

侍孔子，孔子曰："言尔志。"蒧曰："春服既成，冠者[①]五六人，童子六七人，浴乎沂，风乎舞雩[②]，咏而归。"孔子喟尔叹[③]曰："吾与[④]蒧也！"

【注释】

①冠者：指成年人。古代男子二十岁举行冠礼。②风：吹风，迎风。舞雩（yú）：祭天求雨的地方。③喟尔叹：长长地叹息。④与：赞同，称许。此段节录自《论语·先进》篇"子路、曾皙、冉有、公西华侍坐"章。

【原文】

颜无繇字路。路者，颜回父，父子尝各异时事孔子。

颜回死，颜路贫，请孔子车以葬。孔子曰："材不材[①]，亦各言其子也。鲤也死，有棺而无椁[2]，吾不徒行以为之椁，以吾从大夫之后[3]，不可以徒行。”

【注释】

①材：有才华，指颜回。不材：没有才华，指孔鲤。②椁：棺材外面套的棺材。③从大夫之后：孔子出任过鲁国司寇，是大夫之位，因去位多年，所以这样说。这段文字见于《论语·先进》。

【原文】

商瞿，鲁人，字子木，少孔子二十九岁。

孔子传《易》[1]于瞿，瞿传楚人馯臂子弘，弘传江东人矫子庸疵，疵传燕人周子家竖，竖传淳于人光子乘羽，羽传齐人田子庄何，何传东武人王子中同，同传菑川人杨何。何元朔中以治《易》为汉中大夫。

【注释】

①《易》：《周易》，又叫《易经》，是儒家重要经典著作之一。

【原文】

高柴字子羔。少孔子三十岁。

子羔长不盈五尺，受业孔子，孔子以为愚。

子路使子羔为费郈宰[1]，孔子曰：“贼[2]夫人之子！”子路曰：“有民人[3]焉，有社稷[4]焉，何必读书然后为学！”孔子曰：“是故恶夫佞者[5]。”

【注释】

①费（bì）郈宰：即费宰，“郈”是衍字。②贼：残害。孔子认为不经过学习出仕，是害了他。③民人：人民。④社稷：社，土神。稷，谷神。以古代君王都要祭祀土神和谷神，故以社稷指代国家。⑤佞者：能说会道、强嘴利舌的人。这段话见于《论语·先进》。

【原文】

漆雕开字子开。

孔子使开仕，对曰：“吾斯之未能信①。”孔子说②。

【注释】

①吾斯之未能信：即“吾未能信斯”。意思是说，我对出仕做官还没有信心。②说：通“悦”，指孔子赞漆雕开志道深。见《论语·公冶长》。

【原文】

公伯缭①字子周。

周愬②子路于季孙，子服景伯以告孔子，曰：“夫子固有惑志③，缭也，吾力犹能肆诸市朝④。”孔子曰：“道之将行，命也；道之将废，命也。公伯缭其如命何！”⑤

【注释】

①公伯缭：《论语》作“公伯寮”。②愬：诉说，诉苦，引申为进谗言。③惑志：疑心。④肆：古时处死刑后陈尸于市叫

“肆”。市朝：集市，市场。⑤“道之将行”段见《论语·宪问》。

【原文】

司马耕字子牛。

牛多言而躁。问仁于孔子，孔子曰：“仁者其言也讱[①]。”曰：“其言也讱，斯可谓之仁乎？”子曰：“为之难，言之得无讱乎！”

问君子，子曰：“君子不忧不惧[②]。”曰：“不忧不惧，斯可谓之君子乎？”子曰：“内省[③]不疚，夫何忧何惧！”[④]

【注释】

①讱：出言难的样子，引申为谨慎。②君子不忧不惧：子牛之兄恒魋在宋国担任司马，将作乱。子牛自宋来学，常怀忧惧之心，所以孔子这样解劝他。③内省：自我检查、察看。④以上两段问答见于《论语·颜渊》。

【原文】

樊须字子迟。少孔子三十六岁。

樊迟请学稼[①]，孔子曰：“吾不如老农。”请学圃[②]，曰：“吾不如老圃。”樊迟出，孔子曰：“小人哉，樊须也！上好礼，则民莫敢不敬；上好义，则民莫敢不服；上好信，则民莫敢不用情[③]。夫如是，则四方之民襁[④]负其子而至矣，焉用稼！”

樊迟问仁，子曰：“爱人。”问智，曰：“知人。”[⑤]

【注释】

①稼：播种五谷。②圃：这里指种蔬菜。③用情：说真情实话。④襁：背小孩子的宽带子。⑤“樊迟请学稼”段见于《论语·子路》，“樊迟问仁”段见于《论语·颜渊》。

【原文】

有若少孔子四十三岁。有若曰：“礼之用，和[①]为贵，先王之道斯为美。小大由之[②]，有所不行；知和而和，不以礼节[③]之，亦不可行也。”“信[④]近于义，言可复[⑤]也；恭近于礼，远[⑥]耻辱也；因[⑦]不失其亲，亦可宗[⑧]也。”

孔子既没，弟子思慕，有若状似孔子，弟子相与共立为师，师之如夫子时也。他日，弟子进问曰：“昔夫子当行，使弟子持雨具，已而果雨。弟子问曰：‘夫子何以知之？’夫子曰：‘《诗》不云乎？“月离于毕，俾滂沱矣[⑨]。”昨暮月不宿毕乎？’他日，月宿毕，竟不雨。商瞿年长无子，其母为取室[⑩]。孔子使之齐，瞿母请之。孔子曰：‘无忧，瞿年四十后当有五丈夫子[⑪]。’已而果然。敢问夫子何以知此？”有若默然无以应。弟子起曰：“有子避之，此非子之座也！”

【注释】

①和：适合，恰当，恰到好处。②由：按照，由经。③节：约束，节制。④信：信约，约言。⑤复：复言，实践诺言。⑥远：使……远离，避免。⑦因：凭借，依靠。⑧宗：主，可靠。这段话见于《论语·学而》。⑨月离于毕，俾滂沱

矣：语见《诗经·小雅·渐渐之石》，是关于气象的谚语。意思是说，月亮依附于毕宿，便下大雨。离，通“丽”，依附。毕，星宿名，二十八宿之一。俾，跟。滂沱，下大雨的样子。⑩取：通“娶”，娶妻。⑪丈夫子：男孩子。

【原文】

公西赤字子华，少孔子四十二岁。

子华使于齐，冉有为其母请粟。孔子曰：“与之釜[1]。”请益[2]，曰：“与之庾[3]。”冉子与之粟五秉[4]。孔子曰：“赤之适齐也，乘肥马，衣轻裘。吾闻君子周急不继[5]富。”

【注释】

①釜：古代量器，六斗四升为釜。②益：增加。③庾：古代量器，十六斗为一庾。④秉：古代量器，十斗为一斛，十六斛为一秉。⑤周：通“赒”，周济，救济。继：接济。这段话见于《论语·雍也》。

【原文】

巫马施字子旗。少孔子三十岁。

陈司败问孔子曰：“鲁昭公知礼乎？”孔子曰：“知礼。”退而揖[1]巫马旗曰：“吾闻君子不党[2]，君子亦党乎？鲁君娶吴女为夫人，命之为孟子。孟子姓姬，讳称同姓，故谓之孟子[3]。鲁君而知礼，孰不知礼！”施以告孔子，孔子曰：“丘也幸，苟有过，人必知之。臣不可言君亲[4]之恶，为讳者，礼也。”

【注释】

①退：指孔子离去。揖：指陈司败向巫马旗拱手为礼。②党：偏私，偏袒。这里有掩盖包庇的意思。③“孟子姓姬”三句：鲁为周公之后，姓姬，吴为太伯之后，也姓姬。鲁娶于吴，夫人应称吴姬。这就违背“同姓不婚”的礼制，因此改称吴孟子。④君亲：国君和父母。此偏指国君。这段话见于《论语·述而》。

【原文】

梁鳣字叔鱼，少孔子二十九岁。

颜幸字子柳，少孔子四十六岁。

冉孺字子鲁，少孔子五十岁。

曹卹字子循，少孔子五十岁。

伯虔字子析，少孔子五十岁。

公孙龙字子石，少孔子五十三岁。

自子石已右[1]三十五人，显有年名及受业闻见于书传[2]。其四十有二人，无年及不见书传者纪于左[3]：

【注释】

①已：通“以”。右：古代竖行书写，自右而左，“已右”即横写“以上”的意思。②其实三十五人中，没记年龄的十二人。③左：古时竖行书写，“左”即横写“以下”的意思。

【原文】

冉季字子产。

公祖句兹字子之。

秦祖字子南。

漆雕哆字子敛。

颜高字子骄。

漆雕徒父。

壤驷赤字子徒。

商泽。

石作蜀字子明。

任不齐字选。

公良孺字子正。

后处字子里。

秦冉字开。

公夏首字乘。

奚容箴字子皙。

公肩定字子中。

颜祖字襄。

鄡单字子家。

句井疆。

罕父黑字子索。

秦商字子丕。

申党字周。

颜之仆字叔。

荣旂字子祈。

县成字子祺。

左人郢字行。

燕伋字思。

郑国字子徒。

秦非字子之。

施之常字子恒。

颜哙字子声。

步叔乘字子车。

原亢字籍。

乐欬字子声。

廉絜字庸。

叔仲会字子期。

颜何字冉。

狄黑字晳。

邦巽字子敛。

孔忠。

公西舆如字子上。

公西葴字子上。

太史公曰：学者多称七十子之徒，誉者或[1]过其实，毁者或损其真，钧之未睹厥[2]容貌。则论言弟子籍，出孔氏古文[3]近是。余以弟子名姓文字悉取《论语》弟子问并次[4]为篇，疑者阙焉。

【注释】

①或：也许。②钧：通“均”。厥：其。③孔氏古文：即后来所说的孔壁古文，也称壁中书或壁书、壁经等。这里指古文《论语》。据《汉书·艺文志》载，武帝末鲁恭王刘馀拆孔子故宅，得古文《尚书》《礼》《论语》《孝经》等数十篇。以在孔氏故宅发现，而这些典籍又都用汉以前的文字书写，故称“孔氏古文”。这里有一个问题必须指出，就是《汉书·艺文志》对孔氏古文发现时间的记述颇不确，当在景帝时。据《汉兴以来诸侯王年表》《五宗世家》《儒林列传》以及《汉书》卷十四《诸侯王表》、卷五十三《景十三王传》的有关载述综考。④并次：编写在一起。

【译文】

孔子说：“跟着我学习而精通六艺的弟子有七十七人。”他们都是具有奇异才能的人。德行方面突出的：颜渊，闵子骞，冉伯牛，仲弓。擅长处理政事的：冉有，季路。语言方面的：宰我，子贡。文章博学方面的：子游，子夏。颛孙师偏激，曾参迟钝，高柴愚笨，仲由粗鲁，颜回经常贫穷无所有。端木赐不接受命运的摆布而去经营商业，不过他推测的行情经常是准确的。

孔子所礼敬的人：在周朝是老子；在卫国是蘧伯玉；在齐国是晏仲平；在楚国是老莱子；在郑国是子产；在鲁国是孟公绰。他也经常称颂臧文仲、柳下惠、铜鞮伯华、介山子然，孔子出生的时间比他们都晚，不是同一时代的人。

颜回，是鲁国人，字子渊。比孔子小三十岁。

颜渊问什么是仁，孔子说：“约束自己，使你的言行符合于礼，天下的人就会称许你是有仁德的人了。”

孔子说：“颜回！多么有德的人啊！吃的是一小竹筐饭，喝的是一瓢水，住在简陋的胡同里，一般人忍受不了这种困苦，颜回却也不改变自己的乐趣。听我授业时，颜回像个蠢笨的人。下课后考察他私下的言谈，也能够刻意发挥，颜回实在不笨。”“任用你的时候，就匡时救世。不被任用的时候，就藏道在身。只有我和你才有这样的处世态度吧！”

颜回才二十九岁，头发就全白了，过早地死去。孔子哭得特别伤心，说：“自从我有了颜回，学生们越来越和我亲近。”鲁哀公问：“学生中谁是最好学习的？”孔子回答说：“有个叫颜回的人最好学习，从不把怒火转移到别人身上，不再犯同样的过失。不幸的是寿命很短，死了，现在就没有这样的人了。”

闵损，字子骞，比孔子小十五岁。

孔子说：“闵子骞太孝顺啦！他侍奉父母，顺从兄弟，别人对他的父母兄弟夸赞他都没有非议的闲话。”他不做大夫的家臣，不要昏君的俸禄。

所以，他说：“如果有人再来召我，我一定逃到汶水以北了。”

冉耕，字伯牛。孔子认为他有德行。

伯牛得了难治的病，孔子前去问候他，从窗户里握住他的手，说：“这是命啊！这样好的人却得了这样的病，这是命啊！”

冉雍，字仲弓。

仲弓问如何处理政事，孔子说：“出门做事如同接待贵宾一样谦恭有礼，使用百姓如同承办隆重的祭典一样虔诚谨慎。这样，在诸侯的封国里任职，就没人怨恨你，在卿大夫的家邑里任职也不会有人怨恨你。”

孔子认为仲弓在德行方面有成就，说：“冉雍啊，可以让他做个卿大夫一样的大官。”

仲弓的父亲，是个地位卑微的人。孔子打比方说：“杂色牛生出红色的小牛，两角长得周正，即便你不想用它做祭品，山川的神灵难道会舍弃它吗？”

冉求，字子有，比孔子小二十九岁，做过季孙氏的总管家。

季康子问孔子说：“冉求有仁德吗？”孔子回答说：“有千户人家的城邑，有百辆兵车的采邑，冉求能够把那里的军政事务管理好。至于他仁德不仁德，我就不知道了。”季康子又问：“子路有仁德吗？”孔子回答说：“像冉求一样。”

冉求问孔子说：“听到应做的事情就立刻行动吗？”孔子回答说：“立刻行动。”子路问孔子说：“听到应做的事就应该立刻行动吗？”孔子回答说：“有父亲兄长在，怎么听到就能立刻行动呢？”子华感到这件事很奇怪，不解地说：“我大胆地问问，为什么问同样的问题而回答却不一样呢？”孔子回答说：“冉求做事畏缩多虑，所以我激励他。仲由做事有两个人的胆量，所以我要抑制他。”

仲由，字子路，卞地人。比孔子小九岁。

子路性情粗朴，喜欢逞勇斗力，志气刚强，性格直爽，头戴雄鸡式的帽子，佩戴着公猪皮装饰的宝剑，曾经欺凌孔子。孔子用礼乐慢慢地诱导他。后来，子路穿着儒服，带着拜师的礼物，通过孔子学生的引荐，请求做孔子的学生。

子路问如何处理政事，孔子说：“自己先给百姓做出榜样，然后才能使百姓辛勤地劳作。”子路请求进一步讲讲。孔子说：“持久不懈。”

子路问：“君子崇尚勇敢吗？”孔子说：“君子最崇尚的是义。君子只好勇而不崇尚义，就会叛逆作乱。小人只好勇而不崇尚义，就会做强盗。”

子路要听到什么道理，没有马上行动，只怕又听到别的道理。

孔子说：“只听单方面言辞就可以决断案子的，恐怕只有仲由吧！”“仲由崇尚勇敢超过我之所用，就不适用了。”“像仲由这种性情，不会得到善终。”“穿着用乱麻絮做的破旧袍子和穿着裘皮大衣的人站在一起而不认为羞愧的，恐怕只有仲由吧！”“仲由在学问方面已到了‘登堂’的地步，却还没有到达‘入室’的境界。”

季康子问道：“仲由有仁德吗？”孔子答说：“拥有一千辆兵车的国家，可以让他管理军政事务，至于他有没有仁德，我就不知道了。”

子路喜欢跟随孔子出游，曾遇到过长沮、桀溺、扛着农具的老人等隐士。

子路出任季氏的家臣，季孙问孔子说：“子路可以说是人臣了吗?”孔子回答说：“可以说是备位充数的臣子了。”

子路出任蒲邑的大夫，向孔子辞行。孔子说：“蒲邑勇武之士很多，又难治理。可是，我告诉你：恭谨谦敬，就可以驾驭勇武的人；宽厚清正，就可以使大家亲近；恭谨清正而社会安静，就可以用来报效上司了。”

当初，卫灵公有位宠姬叫做南子。灵公的太子蒉聩曾得罪过她，害怕被谋杀就逃往国外。等到灵公去世，夫人南子想让公子郢继承王位。公子郢不肯接受，说：“太子虽然逃亡了，太子的儿辄还在。”于是，卫国立了辄为国君，这就是卫出公。出公继位十二年，他的父亲蒉聩一直留在国外，不能够回来。这时，子路担任卫国大夫孔悝采邑的长官。蒉聩就和孔悝一同作乱，想办法带人潜入孔悝家，就和他的党徒去袭击卫出公。出公逃往鲁国，蒉聩进宫继位，这就是卫庄公。当孔悝作乱时，子路还有事在外，听到这个消息就立刻赶回来。子羔从卫国城门出来，正好相遇，对子路说：“卫出公逃走了，城门已经关闭，您可以回去了，不要为他遭受祸殃。”子路说：“吃着人家的粮食就不能回避人家的灾难。”子羔终于离去了。正赶上有使者要进城，城门开了，子路就跟了进去。找到蒉聩，蒉聩和孔悝都在台上。子路说：“大王为什么要任用孔悝呢？请让我捉住他杀了。”蒉聩不听从他的劝说。于是，子路要放火烧台。蒉聩害怕了，于是叫石乞、壶黡到台下去攻打子路，斩断了子路的帽带。子路说：“君子可以死，帽子不能掉下来。”说完，系好帽子就死了。

孔子听到卫国发生暴乱的消息，说：“哎呀，仲由死了！”不久，果真传来了他的死讯。所以，孔子说：“自从我有子仲由，恶言恶语的话再也听不到了。”这时，子贡正为鲁国出使到了齐国。

宰予，字子我。他口齿伶俐，擅长辞辩。拜在孔子门下以后，问道：“一个人的父母死了，守孝三年，时间不是太长了吗？君子三年不习礼，礼义必定会毁坏；三年不演奏音乐，音乐一定会败坏。一年间，陈旧的谷子吃完了，新的谷子又成熟了，钻木取火的木材换遍了，守丧一年也就可以了。”孔子说：“只守丧一年，你内心安不安呢？”宰予回答说：“心安。”孔子说：“你既然感到心安理得，你就这样做吧。君子守孝期间，即使吃美味的食品也感觉不到甜美，听到动听的音乐也感觉不到高兴，所以君子才不这样做呀。”宰予退了出去，孔子说：“宰予不是个仁人君子啊！孩子生下来三年，才能脱离母亲的怀抱。为父母守孝三年，是天下共同遵行的礼仪啊。”

宰予白天睡大觉。孔子说：“腐朽了的木头是不能雕刻器物的，腐秽的墙壁是不能够粉刷的。”

宰予询问五帝的德行，孔子回答说：“你不是问这种问题的人。”

宰予做齐国临菑的大夫，和田常一起同谋作乱，因此被灭族，孔子为他感到羞耻。

端木赐，是卫国人，字子贡。比孔子小三十一岁。

子贡口齿伶俐，巧于辞令，孔子常常驳斥他的言辞。孔子问子贡说："你和颜回比，谁更加出色？"子贡回答说："我怎么敢指望跟颜回相比呢？颜回听知一个道理，能够推知十个道理。我听说一个道理，也不过推导出两个道理。"

子贡拜在孔子门下求学以后，问道："我是什么样的人？"孔子说："你像个有用器物。"子贡说："什么样的器物呀？"孔子说："宗庙里的瑚琏呀。"

陈子禽问子贡说："仲尼在哪里得来这么广博的学问啊？"子贡说："文王、武王的治国思想并没有完全丢掉，还在人间流传。贤能人记住它重要的部分，不贤的人只记住了它的细枝末节，无处不有文王、武王的思想存在着。先生在哪里不能学习，又何必要有固定的老师！"陈子禽又问道："孔子每到一个国家，一定了解到这个国家的政事。这是请求人家告诉他的呢，还是人家主动告诉他的呢？"子贡说："先生凭借着温和、善良、恭谨、俭朴、谦让的美德得来的。先生这样求得的方式，或许与别人求得的方式不同吧。"

子贡问孔子说："富有而不骄纵，贫穷而不谄媚，这样的人怎么样？"孔子说："可以了。不过，不如即使贫穷乐于恪守圣贤之道，虽然富有却能处事谦恭守礼。"

田常想要在齐国叛乱，却害怕高昭子、国惠子、鲍牧、晏围的势力，所以想转移他们的军队去攻打鲁国。孔子听说这件事，对门下弟子们说："鲁国是祖宗坟墓所在的地方，是我们出生的国家。我们的祖国危险到这种地步，诸位为什么不挺身而出呢？"子路请求前去，孔子制止了他。子张、子石请求前去救鲁，孔子也不答应。子贡请求前去救鲁，孔子答应了他。

子贡就出发了，来到齐国，游说田常说："您攻打鲁国是错误的。鲁国是难攻打的国家，它的城墙单薄而矮小，它的护城河狭窄而水浅，它的国君愚昧而不仁慈，大臣们虚伪而中用，它的士兵百姓又厌恶打仗的事，这样的国家不可以和它交战。您不如去攻打吴国。吴国，它的城墙高大而厚实，护城河宽阔而水深，铠甲坚固而崭新，士卒经过挑选而精神饱满，可贵的人才、精锐的部队都在那里，又派英明的大臣守卫着它，这样的国家是容易攻打的。"田常顿时愤怒了，脸色一变说："你认为难，人家认为容易；你认为容易的，人家认为是难的。用这些话来指教我，是什么用心？"子贡说："我听说，忧患在国内的，要去攻打强大的国家；忧患在国外的，要去攻打弱小的国家。如今，您的忧患在国内。我听说您多次被授予封号而多次未能封成，是因为朝中大臣有反对你的呀。现在，你要攻占鲁国来扩充齐国的疆域，若是打胜了，你的国君就更骄纵，占领了鲁国土地，你国的大臣就会更尊贵，而您的功劳都不在其中，这样，您和国君的关系会一天天地疏远。这是您对上使国君产生骄纵的心理，对下使大臣们放纵无羁，想要因此成就大业，太困难啦。国君骄纵就要无所顾忌，大臣骄纵就要争权夺利，这样，对上您与国君感情上产生裂痕，对下您和大臣们相互争夺。像这样，那您在齐国的处境就危险了。所以说，不如攻打吴国。假如攻打吴国不能取得胜利，百姓死在国外，大臣率兵作战朝廷势力空虚，这样，在上没有强臣对抗，在下没有百姓的非难，孤立国君专制齐国的只有您了。"田常说："好。虽然如此，可是我的军队已经开赴鲁国了，现在从鲁国撤军转而进兵吴国，大臣们会怀疑我，怎么办呢？”子贡说：“您按兵不动，不要进攻，请让我为您出使去见吴王，让他出兵援助鲁国而攻打齐国，您就趁机出兵迎击它。”田常采纳了子贡的意见，就派他南下去见吴王。

子贡游说吴王说：“我听说，施行王道的不能让诸侯属国灭绝，施行霸道的不能让另外的强敌出现，在千钧重的物体上，再加上一铢一两的分量也可能产生移位。如今，拥有万辆战车的齐国再独自占有千辆战车的鲁国，和吴国来争高低，我私下替大王感到危险。况且去援救鲁国，是显扬名声的事情；攻打齐国，是能获大利的事情。安抚泗水以北的各国诸侯，讨伐强暴的齐国，用来镇服强大的晋国，没有比这样做获利更大的了。名义上保存危亡的鲁国，实际上阻遏了强齐的扩张，这道理，聪明人是不会疑的。”吴王说：“好。虽然如此，可是我曾经和越国作战，越王退守在会稽山上栖身，越王自我刻苦，优待士兵，有报复我的决心。您等我攻打越国后，再按您的话做吧。”子贡说：“越国的力量超不过鲁国，吴国的强大超不过齐国，大王把齐国搁置在一边，去攻打越国，那么，齐国早已平定鲁国了，况且大王正借着‘使灭亡之国复存，使断绝之嗣得续’的名义，却攻打弱小的越国而害怕强大的齐国，这不是勇敢的表现。勇敢的人不回避艰难，仁慈的人不让别人陷入困境，聪明的人失掉时机，施行王道的人不会让一个国家灭绝，凭借这些来树立你们的道义。现在，保存越国向各国诸侯显示您的仁德，援助鲁国攻打齐国，施加晋国以威力，各国诸侯一定会竞相来吴国朝见，称霸天下的大业就成功了。

大王果真畏忌越国，我请求东去会见越王，让他派出军队追随您，这实际上使越国空虚，名义上追随诸侯讨伐齐国。”吴王特别高兴，于是派子贡到越国去。

越王清扫道路，到郊外迎接子贡，亲自驾着车子到子贡下榻的馆舍致问说：“这是个偏远落后的国家，大夫怎么屈辱自己庄重的身份光临到这里来了！”子贡回答说：“现在我已劝说吴王援救鲁国攻打齐国，他心里想要这么做却害怕越国，说：‘等我攻下越国才可以。’像这样，攻破越国是必然的了。况且要没有报复人的心志而使人怀疑他，太拙劣了；要有报复人的心志又让人知道他，就不安全了；事情还没有发动先叫人知道，就太危险了。这三种情况是办事的最大祸患。”句践听罢，叩头倒地再拜说：“我曾不自量力，才和吴国交战，被围困在会稽，恨入骨髓，日夜唇焦舌燥，只打算和吴王一块儿拼死，这就是我的愿望。”于是问子贡怎么办。子贡说：“吴王为人凶猛残暴，大臣们难以忍受；国家多次打仗，弄得疲惫衰败，士兵不能忍耐；百姓怨恨国君，大臣内部发生变乱；伍子胥因谏诤被杀死，太宰嚭执政当权，顺应着国君的过失，用来保全自己的私利：这是残害国家的政治表现啊。现在，大王果真能出兵辅佐吴王，以投合他的心志，用重金宝物来获取他的欢心，用谦卑的言辞尊他，以表示对他的礼敬，他一定会攻打齐国。如果那场战争不能取胜，就是大王您的福气了。如果打胜了，他一定会带兵逼近晋国，请让我北上会见晋国国君，让他共同攻打它，一定会削弱吴国的实力。等他们的精锐部队全部消耗在齐国，重兵又被晋国牵制住，而大王趁它疲惫不堪的时候攻打它，这样一定能灭掉吴国。”越王非常高兴，答应照计行动。送给子贡黄金百镒，宝剑一把，良矛二支。子贡没有接受，就走了。

子贡回报吴王说：“我郑重地把大王的话告诉了越王，越王非常惶恐，说：‘我很不走运，从小就失去了父亲，又不自量力，触犯吴国而获罪，军队被打败，自身受屈辱，栖居在会稽山上，国家成了荒凉的废墟，仰赖大王的恩赐，使我能够捧着祭品而祭祀祖先，我至死也不敢忘怀，怎么另有其他的打算！’”过了五天，越国派大夫文种向吴王叩头上言道：“东海役使之臣句践谨派使者文种，冒死前来，向大王致以问候。如今，我私下听说大王将要发动正义之师，讨伐强暴，扶持弱小，困扼残暴的齐国而安抚周朝王室，请求出动越国境内全部军队三千人，句践请求亲自披挂铠甲、拿着锐利的武器，甘愿在前面去冒箭石的危险。因此，派越国卑贱的臣子文种进献祖先珍藏的宝器，铠甲十二件，斧头、屈卢矛、步光剑，用来做贵军吏的贺礼。”吴王听了非常高兴，把文种的话告诉子贡说：“越王想亲自跟随我攻打齐国，可以吗？”子贡回答说：“不可以。使人家国内空虚，调动人家所有的人马，还要人家的国君跟着出征，这是不道义的。你可接受他的礼物，允许他派出军队，辞去他的国君随行。”吴王同意了，就辞谢越王。于是，吴王就是调动了九个郡的兵力去攻打齐国。

子贡因而离开吴国前往晋国，对晋国国君说：“我听说，不事先谋划好计策，就不能应付突然来的变化，不事先治理好军队，就不能战胜敌人。现在齐国和吴国即将开战，如果那场战争吴国不能取得胜利，越国必定会趁机扰乱它；和齐国一战取得了胜利，吴王一定会带他的军队逼近晋国。”晋君非常恐慌，说：“那该怎么办呢?”子贡说：“整治好武器，休养士卒，等着吴军的到来。”晋君依照他的话做了。

子贡离开晋国前往鲁国。吴王果然和齐国人在艾陵打了一仗，把齐军打得大败，俘虏了七个将军的士兵而不肯班师回国，果然带兵逼近晋国，和晋国人在黄池相遇。吴晋两国争雄，晋国人攻击吴国，大败吴军。越王听到吴军惨败的消息，就渡过江去袭击吴国，直打到离吴国都城七里的路程才安营扎寨。吴王听到这个消息，离开晋国返回吴国，和越国军队在五湖一带作战。多次战斗都失败了，连城门都守不住了，于是越军包围了王宫，杀死了吴王夫差和他的国相。灭掉吴国三年后，越国称霸东。

所以，子贡这一出行，保全了鲁国，扰乱了齐国，灭掉了吴国，使晋国强大而使越国称霸。子贡一次出使，使各国形势发生了相应变化，十年当中，齐、鲁、吴、晋、越五国的形势各自有了变化。

子贡擅长囤积居奇，贱买贵卖，随着供需情况转手谋取利润。他喜欢宣扬别人的长处，也不隐瞒别人的过失。曾出任过鲁国和卫国的国相，家产积累千金，最终死在齐国。

言偃，是吴国人，字子游。比孔子小四十五岁。

子游受业以后，出任武城的长官。孔子路过武城，听到弹琴唱歌的声音。孔子微微地笑了，说：“杀鸡何必用宰牛刀呢?”子游说：“从前我听先生说过：‘有才德的人学了礼乐，就会涵养仁心，爱护人民；普通人学了礼乐，就会谨守法规，容易使唤。’”孔子对随行的学生们说：“诸位，言偃的话是对的。我刚才说的那句话不过是开玩笑罢了。”孔子认为子游熟悉文章博学。

卜商，字子夏。比孔子小四十四岁。

子夏问道：“‘姣美的笑容妩媚动人，明澈的眼珠流动生辉，白净的脸上加上妆饰，更显绚丽多姿’，说的是什么意思？”孔子回答说：“绘画这事情，要先施五彩，然后再用白色勾勒。”子夏说：“是不是礼仪也是产生在仁义之后呢？”孔子说：“卜商，现在可以和你讨论《诗》了。”

子贡问道：“颛孙师和卜商哪一位更贤能？”孔子说：“颛孙师做事情有些过头，卜商做事略显不足。”子贡说：“那么，颛孙师好一些吗？”孔子说：“过头和不足同样是不完美的。”

孔子对子夏说：“你要立志做个有才德的读书人，不要做浅薄不正派的读书人。”

孔子逝世后，子夏定居河西教授学生，成了魏文侯的教师。子夏的儿子死了，把眼睛都哭瞎了。

颛孙师，是陈国人，字子张。比孔子小四十八岁。

子张向孔子学习求取官职俸禄的方法。孔子说：“多听人家说，对疑难未解的，不要妄加评论，其余有把握的要谨慎地说出，能少犯错误；多看人家行事，对疑难未解的，不要妄加行动，其余有把握的要谨慎地行动，能减少懊悔。说话的错误少、行动的懊悔少，你要求取的官职俸禄就在里面了。”

有一天，子张跟随孔子在陈国和蔡国之间的被围困，子张问怎样才能处处行得通。孔子说："说话要忠诚信实，行为要真诚恭敬，即使在南蛮北狄也行得通；说话不忠诚信实，行为不真诚恭敬，即使是在本乡本土，能行得通吗？站着的时候，就像'忠信笃敬'几个字呈现在眼前；坐在车上，就像'忠信笃敬'几个字挂在车前的横木上。做到这种地步之后，就到处行得通了。"子张就把这些话写在束腰的大带子上。

子张问："读书人怎样做才可以叫通达了呢？"孔子说："你所说的通达，是指的什么呢？"子张回答说："在诸侯的邦国中一定要有声望，在卿大夫家里也一定要有声誉。"孔子说："这是声望，不是通达。所谓通达，应当是立身正直而好义，审度别人的言论，观察别人的表情，时常想着谦恭退让，这样，在诸侯的邦国和卿大夫的封地一定能够通达。所说的声望，外表上似乎像在追求仁德的样子，而实际行动上却违背仁德，自己要安然处之，毫不怀疑，这样的人在诸侯的邦国和卿大夫的封地一定能取得名望。"

曾参，是南武城人，字子舆，比孔子小四十六岁。

孔子认为他能通达孝道，所以传授他学业。他撰写了一部《孝经》。他死在鲁国。

澹台灭明，是武城人，字子羽。比孔子小三十九岁。

他的体态相貌很丑陋。想要侍奉孔子，孔子认为他资质低下。从师学习以后，回去就致力于修身实践，处事光明正大，不走邪路，不是为了公事，从来不去会见公卿大夫。

他往南游历到长江，追随他的学生有三百人，他获取、给予离弃、趋就都完美无缺，他的声誉传遍了四方诸侯。孔子听到这些事，说："我只凭言辞判断人，对宰予的判断就错了；单从相貌上判断人，对子羽的判断就错了。"

宓不齐，字子贱。比孔子小三十岁。

孔子谈论宓子贱，说："子贱真是个君子啊！假如鲁国没有君子，这个人又从哪儿学到这种好品德呢？"

子贱出任单父地方长官，回来向孔子报告说："这个地方有五个人比我贤能，他们教给我施政治民的方法。"孔子说："可惜呀！不齐治理的地方太小了，要是治理的地方大些那还差不多了。"

原宪，字子思。

子思问什么是耻辱。孔子说："国家政治清明，可以做官领取俸禄，却不能有所见树。国家政治黑暗，做官领取俸禄，却不能独善其身，就是耻辱。"

子思说："好胜、自我夸耀、怨恨、贪欲都没有显现出来，可以算是做到了仁了吗？"孔子说："可以说是难能可贵了，是否算是做到仁，那我就不知道了。"

孔子逝世以后，原宪就跑到低洼积水、野草丛生的地方隐居起来。子贡做了卫国的国相，出门车马接连不断，排开丛生的野草，来到偏远简陋破败的小屋，前去看望原宪。原宪整理好破旧的衣帽，会见子贡。子贡见状，替他感到羞耻，说："难道你很困窘吗？"原宪回答说："我听说，没有财产的叫做贫穷，学习了道理而不能施行的叫做困窘。像我，是贫穷，不是困窘啊。"子贡感到很惭愧，不高兴地离去了，一辈子都为这次说错了话感到羞耻。

公冶长，是齐国人，字子长。

孔子说："公冶长，可以把女儿嫁给他，即使他在囚禁之中，并不是他的罪过。"于是，就把自己的女儿嫁给了他。

南宫括，字子容。

南宫括问孔子说："羿擅长射箭，奡擅长荡舟，他们都不能够善终；禹、稷亲自耕种而为什么能得到天下呢？"孔子不回答。南子容退出后，孔子说："这个人真是个君子啊！这个人崇尚道德啊！"孔子评论他说："国家政治清明，他会被任用；国家政治黑暗，他也不会遭受刑罚。"他把"白珪之玷"的几句诗再三吟诵，孔子就把自己的侄女嫁给了他。

公皙哀，字季次。

孔子说："天下的读书人没有善行，大多数做了卿大夫们的家臣，在都邑做官，只有季次不曾出来做官。"

曾蒧，字皙。

他陪着孔子，孔子说："谈谈你的志趣。"曾蒧说："穿着刚做好的春装，和五六个成年人，六七个小孩子，在沂水里洗个澡，在祈雨台上吹吹风，唱着歌回来。"孔子听了，长长地叹息说："我赞成曾蒧的志趣啊！"

颜无繇，字路。颜路，是颜回的父亲，父子俩曾先后在孔子门下求学。

颜回死了，颜路贫穷，请求孔子把车子卖掉安葬颜回。孔子说："孔鲤不论是有才华或没有才华，但对我们来说都是自己的儿子。孔鲤死了，只有内棺，没有外椁，我不能卖掉车子徒步走路给他买椁，因为我曾经位居大夫行列，那是不可以徒步行走的。”

商瞿，是鲁国人。字子木，比孔子小二十九岁。

孔子把《易经》传授给商瞿，商瞿传给楚国人馯臂子弘，子弘传给江东人矫子庸疵，庸疵传给燕国人周子家竖，周竖传给淳于人光子乘羽，光羽传给齐国人田子庄何，田何传给东武人王子中同，中同传给菑川人杨何。杨何在汉武元朔年间，因为研究《易经》出任子当朝的中大夫。

高柴，字子羔。比孔子小三十岁。

子羔的身长不足五尺，在孔子门下学习，孔子认为他很愚笨。

子路派子羔担任费邑的长官。孔子说：“这是残害人家的子弟！”子路说：“那里有人民百姓，有祭祀土神和谷神的庙宇，为什么一定要读书才叫做学问呢？”孔子说：“所以，我厌恶用花言巧语谄媚的人。”

漆雕开，字子开。

孔子叫子开去做官，子开回答说：“我对做官还没有信心。”孔子听了很高兴。

公伯缭，字子周。

子周在季孙面前说子路的坏话，子服景伯把这件事告诉了孔子并且说：“季孙本来就有了疑心，可是我还有力量杀死公伯缭，把他的尸体陈放在街头示众。”孔子说：“正道能够行得通，那是天意。正道废弃不能施得，也是天意。公伯缭对天意又能怎么样呢？”

司马耕，字子牛。

子牛话多而性情急躁。他向孔子问仁德，孔子说："有仁德的人，说话很谨慎。"子牛又问："说话很谨慎，这就可以算是仁德吗?"孔子说："做起来很困难，说起来能不谨慎吗!"

子牛问怎样才算是君子，孔子说："一个君子既不忧愁，也不畏惧。"他接着问："不忧愁，不畏惧，这就可以算是君子吗?"孔子说："自我反省，内心无愧，有什么忧愁，有什么畏惧的呢!"

樊须，字子迟。比孔子小三十六岁。

樊须向孔子请求学种庄稼，孔子说："这方面我不如老农。"又请求学种蔬菜，孔子说："这方面我不如老菜农。"樊须退出后，孔子说："樊须不该问这些下等人所做的事啊！统治者提倡礼义，百姓就没有人敢不敬；统治者诚恳信实，百姓就没有人敢不说真情实话。如果能这样，那么四方的百姓就会拉家带口地来归附他，哪里用得着自己种庄稼。"

樊须问什么是仁德，孔子说："对人有爱心。"又问什么是智慧，孔子说："能辨别人，了解人。"

有若，比孔子小四十三岁。有若说："礼的应用，以恰到好处为可贵，过去圣明的君王治理国家的办法，最高明的地方就在这里。小事大事都按照这一条原则去理，有时就行不通；只知道和的重要而一味地追求和，而不用礼去节制它，也是不可行的。"有若又说："所守的信约要符合于义，这约言就能经得起实践的检验。恭敬要符合礼，就能避免耻辱；依傍那些不失为亲近的人，也就可靠了。"

孔子逝世以后，学生们都很怀念他。有若长得很像孔子，学生们共同拥戴他当教师，就像当年侍奉孔子一样对待他。有一天，学生进来问他说：“从前先生正要出行，就叫同学们带好雨具，不久果真下起雨来。同学们请教说：‘先生怎么知道要下雨呢?’先生回答说：‘《诗》里不是说了吗：月亮靠近毕宿，就会下大雨。昨天夜里月亮不是停留在毕宿区吗?’然而有一天，月亮停留在毕宿区，却没有下雨。商瞿年纪大了还没有儿子，他的母亲要替他另外娶妻。孔子派他到齐国去，商瞿的母亲请求不要派他。孔子说：‘不要担忧，商瞿四十岁以后会有五个男孩子。’过后，果真是这样的。请问先生当年怎么能够预先知道是这样的呢?”有若沉默，无以回答。学生们站起来说：“有先生，你躲开这儿吧，这个位子不是您能坐的啊!”

公西赤，字子华。比孔子小四十二岁。

子华出使去齐国，冉有为他的母亲向孔子请求粮食。孔子说：“给他一釜。”冉有请求增加，孔子说：“那就给他一庾。”冉有给了她五秉粮食。孔子说：“公西赤到齐国去，坐的是肥马拉的车子，穿的是又轻又暖的裘皮衣裳。我听说，君子救济紧急需要的穷人而不是为他增加财富。

巫马施，字子旗，比孔子小三十岁。

陈司败问孔子说：“鲁昭公懂礼吗?”孔子说：“懂礼。”孔子出去后，陈司败向巫马旗作了个揖说：“我听说君子是不偏私袒护的，莫非君子也会偏私袒护？鲁昭公娶来吴女做夫人，给她起名叫她孟子。孟子本姓姬，避忌称呼同姓，所以叫她吴孟子。鲁君要是懂得礼仪，那还有谁不懂得礼节呢？”巫马施把这些话转告给孔子，孔子说：“我真幸运，如果有了过失，人家一定会知道。做臣子的不能说国君的过错的，替他避忌的人，就是懂礼啊。”

梁鳣，字叔鱼，比孔子小二十九岁。

颜幸，字子柳，比孔子小四十六岁。

冉儒，字子鲁，比孔子小五十岁。

曹卹，字子循，比孔子小五十岁。

伯虔，字子析，比孔子小五十岁。

公孙龙，字子石，比孔子小五十三岁。

从子石以上三十五人，他们的年龄、姓名和受业经过、事迹都能明显地见于文字记载。其余的四十二人，没有年龄可考，也没有文字记载的记在下面：

冉季，字子产。

公祖句兹，字子之。

秦祖，字子南。

漆雕哆，字子敛。

颜高，字子骄。

漆雕徒父。

壤驷赤，字子徒。

商泽。

石作蜀，字子明。

任不齐，字选。

公良儒，字子正。

后处，字子里。

秦冉，字开。

公夏首，字乘。

奚容箴，字子皙。

公肩定，字子中。

颜祖，字襄。

鄡单，字子家。

句井疆。

罕父黑，字子索。

秦商，字子丕。

申党，字周。

颜之仆，字叔。

荣旂，字子祈。

县成，字子祺。

左人郢，字行。

燕伋，字思。

郑国，字子徒。

秦非，字子之。

施之常，字子恒。

颜哙，字子声。

步叔乘，字子车。

原亢，字籍。

乐欬，字子声。

廉絜，字庸。

叔仲会，字子期。

颜何，字冉。

狄黑，字皙。

邦巽，字子敛。

孔忠。

公西舆如，字子上。

公西葴，字子上。

太史公说：“后世学者们都称述孔子门下七十位门徒，赞誉他们的人，有的超过了他们的实际，诋毁他们的人，有的损害了他们的真实形象。总之，谁都没有看到他们的真实相貌，而议论品评。孔门弟子的生平事迹还是孔氏古文接近真相，关于孔子门下弟子们的名字、姓氏、言行等情况，我全部取自《论语》的弟子问答，编次成篇，有疑问的地方就空缺着。”

第五十卷　商君列传第八

在这篇列传里，主要记述了商鞅事秦变法革新、功过得失以及卒受恶名于秦的史实，倾注了太史公对其刻薄少恩所持的批评态度。

然而，商鞅变法却是我国历史上成功的一例。孝公当政，已进入七雄争霸的战国时期，周室衰微，诸侯相互攻伐，斗争异常激烈。谁想立于不败之地，谁就得寻求自强的途径。商鞅就是顺应历史的潮流，三见孝公，说以强国之术，使孝公“不自知膝之前于席，语数日不厌”。君臣默契，奠定了变法成功的基础。

记述变法的矛盾冲突是本文的一大特点。变法未行，就遭到守旧派的公然反对。商鞅与甘龙、杜挚面对面的斗争，其焦点就集中在“法古”“循礼”还是“治世不一道、便国不法古”的冲突上；变法实行，众皆哗然，“言初令之不便者以千数”。商鞅却立木悬赏，取信于民；刑太子师，以肃其法。变法十年，“秦民大悦”“家给人足”“民勇于公战、怯于私斗”，国家日益强盛。率师包围安邑，俘魏公子卬，迫使魏国割地迁都，亦是变法极富成效的佐证。商鞅的悲惨结局乃是与守旧派斗争的延续。与赵良的一席谈话，其祸已萌。但商鞅终未采纳赵良言，受制于自己的变法，作茧自缚，以致车裂族灭，并非偶然。

《商君列传》乃历史实录，当是不言而喻的。而强烈的文学色彩特别是适当的小说因素，更突出了这篇记载的本质真实。本文采用了夸张、比照、对偶、排比、形容、描写多种文学手段，析理透辟、深刻，语言生动形象。这些文学手段多着眼于人物的精神世界的刻画和细节的描写，使人物更为丰满、灵动、传神，又不失历史的真实。

【原文】

商君者，卫①之诸庶孽公子也，名鞅，姓公孙氏②，其祖本姬姓也。鞅少好刑名之学③，事魏相公叔痤为中庶子④。公叔痤知其贤，未及进⑤。会⑥痤病，魏惠王⑦亲往问病，曰："公叔病有如不可讳⑧，将奈社稷⑨何？"公叔曰："痤之中庶子公孙鞅，年虽少，有奇才，愿王举国而听之！"王嘿⑩然。王且去，痤屏人⑪言曰："王即不听用鞅，必杀之，无令出境。"王许诺而去。公叔痤召鞅谢曰："今者王问可以为相者，我言若⑫，王色⑬不许我。我方先君后臣⑭，因谓王即弗用鞅，当杀之。王许我。汝可疾去⑮矣，且见禽⑯。"鞅曰："彼王不能用君之言任臣，又安能用君之言杀臣乎？"卒不去。惠王既去，而谓左右曰："公叔病甚，悲乎，欲令寡人以国听公孙鞅也，岂不悖⑰哉！"

【注释】

①卫：西周姬姓封国，是周武王弟弟康叔的后代。②姓公孙氏：古代姓和氏有区别，姓是标志家族系统的称号，氏是古代贵族标志宗族系统的称号，是姓的支系。③刑名之学：刑名，亦作“形名”。原指形体（或实际）和名称。④中庶子：大夫家中的执事人员，地位略高于舍人。⑤进：推荐。⑥会：恰巧。⑦魏惠王：战国时魏国国君，姓姬，名罃，前369—前319年在位。⑧不可讳：死的委婉说法。讳，忌讳。⑨社稷：古代帝王、诸侯所祭祀的土神（社）和谷神（稷），因此往往用社稷指代国家。⑩嘿：通“默”。⑪屏人：遣退随侍人员。⑫若：你。⑬色：神色。⑭先君后臣：先考虑君上，后顾及臣下。⑮疾去：赶快离开。疾，迅速。⑯禽：通“擒”。⑰悖（bèi）：糊涂，荒谬。

【原文】

公叔既死，公孙鞅闻秦孝公[①]下令国中求贤者，将修缪公[②]之业，东复侵地[③]，乃遂西入秦，因孝公宠臣景监[④]以求见孝公。孝公既见卫鞅，语事良久，孝公时时睡，弗听。罢而孝公怒景监曰：“子之客妄人耳，安足用邪！”景监以让[⑤]卫鞅。卫鞅曰：“吾说公以帝[⑥]道，其志不开悟矣。”后五日，复求见鞅。鞅复见孝公，益愈，然而未中旨[⑦]。罢而孝公复让景监，景监亦让鞅。鞅曰：“吾说公以王道[⑧]而未入也。请复见鞅。”鞅复见孝公，孝公善之而未用也。罢而去。孝公谓景监曰：

"汝客善，可与语矣。"鞅曰："吾说公以霸道[9]，其意欲用之矣。诚复见我，我知之矣。"卫鞅复见孝公。公与语，不自知膝之前于席[10]也。语数日不厌。景监曰："子何以中[11]吾君？吾君之欢甚也。"鞅曰："吾说君以帝王之道比三代[12]，而君曰：'久远，吾不能待。且贤君者，各及其身显名天下，安能邑邑[13]待数十百年以成帝王乎？'故吾以强国之术说君，君大说[14]之耳。然亦难以比德于殷周矣。"

【注释】

①秦孝公：战国时秦国国君，姓嬴，名渠梁。前361—前338年在位。②缪公：即秦穆公，春秋时秦国国君，名任好。他任用百里奚、蹇叔、由余为谋臣，击败晋国，后向西发展，为当时五霸之一。缪，通"穆"。③东复侵地：侵地，指原晋国的河西地带。秦穆公时曾占领河西地带，到秦惠公死，秦国内乱，晋国夺回河西地带。④景监：姓景的太监。⑤让：埋怨，责备。⑥说（shuì）：进言。帝：指五帝，传说中的五位上古帝王。⑦旨：意旨；心意。⑧王道：三王之道。三王，指夏禹、商汤、周文王；一说，指夏禹、商汤和周文王、武王。⑨霸道：五霸之道，即齐桓公、晋文公之道。⑩膝之前于席：古人席地而坐，两膝据席，全身端直，臀部靠在脚跟上。⑪中：中意，使动用法。⑫三代：指夏、商、周三个朝代。⑬邑邑：通"悒悒"，忧闷不乐的样子。⑭说（yuè）：通"悦"。

【原文】

孝公既用卫鞅，鞅[1]欲变法，恐天下议己。卫鞅曰："疑行无名，疑事无功。且夫有高人之行者，固见非于世；有独知之虑者，必见敖[2]于民。愚者暗[3]于成事，知[4]者见于未萌。民不可与虑始而可与乐成[5]。论至德者不和于俗，成大功者不谋于众。是以圣人苟可以强国，不法[6]其故；苟可以利民，不循其礼。"孝公曰："善。"甘龙[7]曰："不然。圣人不易民[8]而教，知者不变法而治。因民而教，不劳而成功；缘法而治者，吏习而民安之。"卫鞅曰："龙之所言，世俗之言也。常人安于故俗，学者溺[9]于所闻。以此两者[10]居官守法可也，非所与论于法之外也。三代不同礼而王，五伯[11]不同法而霸。智者作法，愚者制[12]焉；贤者更礼，不肖者拘[13]焉。"杜挚[14]曰："利不百，不变法；功不十，不易器。法古无过，循礼无邪。"卫鞅曰："治世不一道，便国不法古。故汤、武[15]不循古而王，夏、殷[16]不易礼而亡。反古者不可非，而循礼者不足多[17]。"孝公曰："善。"以卫鞅为左庶长[18]，卒定变法之令。

【注释】

①鞅，承上文而误衍，当删。②敖：通"謷（áo）"，诋毁。③暗：不明白，不理解。④知：通"智"。⑤虑始：在事业开始之初进行商讨。乐成：在事业成功之后快乐地享受。⑥法：效法。⑦甘龙：秦国的大臣。⑧易民：改变民俗。⑨溺：沉浸，贪恋。⑩此两者：指"常人"和"学者"。⑪五

伯（bà）：即五霸，所指不一。⑫制：制约。⑬拘：拘束。⑭杜挚：秦国的大臣。⑮汤、武：商汤和周武王，分别为商朝和周朝的开国君主。⑯夏、殷：指夏桀和殷纣，分别为夏朝和殷朝（即商朝）的亡国之君。⑰多：重视；赞扬。⑱左庶长：秦国的爵位共二十等，由下而上，左庶长列第十位。

【原文】

令民为什伍[①]，而相牧司连坐[②]。不告奸[③]者腰斩，告奸者与斩敌首同赏[④]，匿奸者与降敌同罚[⑤]。民有二男以上不分异者，倍其赋。有军功者，各以率[⑥]受上爵；为私斗者，各以轻重被刑大小。僇力[⑦]本业，耕织致粟帛多者复其身[⑧]。事末利[⑨]及怠而贫者，举以为收孥[⑩]。宗室[⑪]非有军功论，不得为属籍[⑫]。明尊卑爵秩等级，各以差次名[⑬]田宅，臣妾[⑭]衣服以家次。有功者显荣，无功者虽富无所芬华[⑮]。

【注释】

①什伍：编制户籍，五家为“伍”，十家为“什”。②牧司：检举。牧，察看。连坐：连带科罪。③奸：邪恶诈伪的坏人。④当时新令，告奸一人，赐爵一级；斩敌首一颗，也赐爵一级。⑤当时新令，隐藏奸人的人本身处刑，家口没入官中，收为奴婢，跟降敌的处罚一样。⑥率（lǜ）：标准。⑦僇力：通“勠力”，努力。⑧复其身：免除本人的徭役或赋税。⑨事末利：从事工商业。⑩收孥（nú）：拘捕他们的妻子儿女作为官府的奴婢。⑪宗室：国君的亲属。⑫属籍：宗

室的谱牒。⑬差（cī）次：次第。差，等。名：占有。⑭臣妾：男女奴婢。⑮芬华：尊荣。

【原文】

令既具[1]，未布，恐民之不信，已乃立三丈之木于国都市南门[2]，募民有能徙置北门者予十金。民怪之[3]，莫敢徙。复曰“能徙者予五十金”。有一人徙之，辄予五十金[4]，以明不欺。卒下令。

【注释】

①具：准备就绪。②国都市南门：古代的国都，前面是朝廷，后面是市场，左面是祖庙，右面是社稷。市场也有范围界限。③怪之：以之为怪。④辄：就。金：古代计算货币的单位。

【原文】

令行于民期年[1]，秦民之国都言初令[2]之不便者以千数。于是[3]太子犯法。卫鞅曰：“法之不行，自上犯之。”将法[4]太子。太子，君嗣也，不可施刑，刑其傅公子虔，黥[5]其师公孙贾。明日，秦人皆趋[6]令。行之十年，秦民大说，道不拾遗，山无盗贼，家给人足[7]。民勇于公战，怯于私斗，乡邑大治。秦民初言[8]令不便者有来言令便者。卫鞅曰：“此皆乱化[9]之民也。”尽迁之于边城。其后民莫敢议令。

【注释】

①期年：一整年。②之：往，到。初令：新法令。初，形

容词。③于是：在这时。④法：依法惩治。⑤黥（qíng）：古代的一种肉刑，即墨刑。用刀锥在犯人额颊等处刺字，再涂上墨，这样脸上便留下墨字。⑥趋：趋向；遵奉。⑦家给人足：家家富裕，人人饱暖。⑧初言：当初说。⑨乱化：扰乱教化。化，教化，指已形成的风俗习惯。

【原文】

于是以鞅为大良造[①]。将兵围魏安邑[②]，降[③]之。居三年，作为筑冀阙宫庭于咸阳[④]，秦自雍[⑤]徙都之。而令民父子兄弟同室内息[⑥]者为禁。而集[⑦]小乡邑聚为县，置令、丞[⑧]，凡三十一县。为田开阡陌封疆[⑨]，而赋税平。平斗桶权衡丈尺[⑩]。行之四年，公子虔复犯约，劓[⑪]之。居五年，秦人富强，天子致胙[⑫]于孝公，诸侯毕[⑬]贺。

【注释】

①大良造：即大上造，秦国的第十六等爵，地位相当于相。②安邑：魏国国都，在今山西省夏县西北。③降：使动用法。④作为：造作营为。冀阙：即魏阙，古代宫殿朝廷前面的城楼和阙门，是公布法令的地方。冀，记。意为出列教令，当记于此门阙。咸阳：在今陕西省咸阳市东北二十里。⑤雍：秦国的故都，在今陕西省凤翔县南。⑥同室内息：同室居住。⑦集：合并。⑧令：县令，一县的长官。丞：县丞，县令的副手。⑨阡陌：纵横交错的田塍。南北叫阡，东西叫陌。封：作为分界标志的土堆。疆：划定的疆界。⑩平斗桶权衡丈

尺：即统一度量衡制度。⑪劓（yì）：割鼻的刑罚，古代五刑之一。⑫天子：指周显王。胙（zuò）：祭肉。天子把祭肉赐给诸侯，表示特别的尊宠。⑬毕：都。

【原文】

其明年[①]，齐败魏兵于马陵[②]，虏其太子申，杀将军庞涓。其明年，卫鞅说孝公曰："秦之与魏，譬若人之有腹心疾，非魏并秦，秦即并魏。何者？魏居领厄[③]之西，都安邑，与秦界河[④]而独擅山东之利。利则西侵秦，病则东收[⑤]地。今以君之贤圣，国赖以盛。而魏往年大破于齐，诸侯畔[⑥]之，可因此时伐魏。魏不支秦[⑦]，必东徙。东徙，秦据河山之固，东乡[⑧]以制诸侯：此帝王之业也。"孝公以为然，使卫鞅将而伐魏。魏使公子卬[⑨]将而击之。军既相距[⑩]，卫鞅遗[⑪]魏将公子卬书曰："吾始与公子欢，今俱为两国将，不忍相攻，可与公子面相见，盟，乐饮而罢兵，以安秦、魏。"魏公子卬以为然。会盟已，饮，而卫鞅伏甲士而袭虏魏公子卬，因攻其军，尽破之以归秦。魏惠王兵数破于齐、秦，国内空，日以削，恐，乃使使割河西之地[⑫]献于秦以和。而魏遂去安邑[⑬]，徙都大梁[⑭]。梁惠王曰："寡人恨不用公叔座之言也。"卫鞅既破魏还，秦封之於、商[⑮]十五邑，号为商君。

【注释】

①明年：指秦孝公二十一年（前341年）。②马陵：魏国地名。③领厄（è）：山岭险要的地方，指今山西省永济市以

东中条山一带。领，通“岭”。厄，地形险要处。④界河：以黄河为界。⑤“利”与“病”对举。收：取得。⑥畔：通“叛”。⑦不支秦：不能抵挡秦兵东进。⑧乡（xiàng）：通“向”。⑨公子卬（áng）：魏国公族。⑩相距：前锋互相对峙，但未正式交战。⑪遗（wèi）：致送，给予。⑫河西之地：相当于现在陕西省合阳、澄城、大荔一带地方，在黄河的西面。⑬魏遂去安邑：魏这时才离开安邑，正证明前面“围安邑降之”有误。⑭大梁：今河南省开封市。⑮於（wū）、商：今陕西省商县东九十里有商城，西二百多里有於城。

【原文】

商君相秦十年，宗室贵戚多怨望[①]者。赵良[②]见商君。商君曰：“鞅之得见也，从孟兰皋[③]，今鞅请得交，可乎？”赵良曰：“仆弗敢愿也。孔丘有言曰：‘推贤而戴者[④]进，聚不肖而王者[⑤]退。’仆不肖，故不敢受命。仆闻之曰：‘非其位而居之曰贪位，非其名而有之曰贪名。’仆听君之义，则恐仆贪位贪名也。故不敢闻命。”商君曰：“子不说吾治秦与[⑥]？”赵良曰：“反听[⑦]之谓聪，内视[⑧]之谓明，自胜[⑨]之谓强。虞舜[⑩]有言曰：‘自卑也尚[⑪]矣。’君不若道[⑫]虞舜之道：无为问仆矣。”

商君曰：“始秦，戎、翟[⑬]之教，父子无别，同室而居。今我更制其教，而为其男女之别，大筑冀阙，营[⑭]如鲁、卫矣。子观我治秦也，孰与五羖大夫[⑮]贤？”赵良曰：“千羊之皮，不如一狐之掖[⑯]；千人之诺诺[⑰]，不如一士之谔谔[⑱]。武王[19]谔谔以昌，殷纣墨墨[20]以亡。君若不非武王乎，则仆请终日正言而无诛[21]，可乎？”商君曰：“语有之矣，貌言[22]华也，至言[23]实也，苦言[24]药也，甘言[25]疾也。夫子果肯终日正言，鞅之药也。鞅将事[26]子，子又何辞焉！”

赵良曰：“夫五羖大夫，荆[27]之鄙人也。闻秦缪公之贤而愿望见，行而无资，自粥[28]于秦客，被褐食[29]牛。期年，缪公知之，举之牛口之下，而加之百姓[30]之上，秦国莫敢望[31]焉。相秦六七年，而东伐郑[32]，三置晋国之君[33]，一救荆国之祸[34]。发教封内[35]，而巴[36]人致贡；施德诸侯，而八戎[37]来服。由余[38]闻之，款关[39]请见。五羖大夫之相秦也，劳不坐乘[40]，暑不张盖[41]，行于国中，不从车乘，不操干戈，功名藏于府库[42]，德行施于后世。五羖大夫死，秦国男女流涕，童子不歌谣[43]，舂者不相杵[44]。此五羖大夫之德也。今君之见秦王也，因嬖人景监以为主[45]，非所以为名也。相秦不以百姓为事，而大筑冀阙，非所以为功也。刑黥太子之师傅，残伤民以骏刑[46]，是积怨畜[47]祸也。教之化民也深于命，民之效上也捷于令。今君又左建外易[48]，非所以为教也。君又南面[49]而称寡人，日绳[50]秦之贵公子。《诗》曰：‘相鼠有体，人而无礼；人而无礼，何不遄死[51]。’以《诗》观之，非所以为寿也。

公子虔杜门不出已八年矣，君又杀祝懽[52]而黥公孙贾。《诗》曰：‘得人者兴，失人者崩[53]。’此数事者，非所以得人也。君之出也，后车十数，从车载甲，多力而骈胁者为骖乘[54]，持矛而操闟戟者旁[55]车而趋。此一物不具，君固不出。

《书》曰：‘恃德者昌，恃力者亡[56]。’君之危若朝露，尚将欲延年益寿乎？

则何不归十五都[57]，灌园于鄙[58]，劝秦王显岩穴之士[59]，养老存[60]孤，敬父兄，序[61]有功，尊有德，可以少安。君尚将贪商、於之富，宠秦国之教，畜百姓之怨，秦王一旦捐宾客而不立朝[62]，秦国之所以收[63]君者，岂其微哉？亡可翘足而待！”商君弗从。

【注释】

①怨望：怨恨。望，埋怨。②赵良：秦国隐士。③从孟兰皋：由于孟兰皋的介绍。④推贤：推荐贤能。戴者：爱民而有才能的人。⑤不肖：不贤的人。王者：讲王道的人。⑥与：通“欤”，表疑问、反问或感叹的语气助词。⑦反听：自问。⑧内视：省察自己。⑨自胜：克制自己。⑩虞舜：传说中父系氏族社会后期部落联盟领袖。⑪自卑：虚心谦逊。尚：尊重。⑫道：由，从，遵循。⑬戎、翟：指落后民族。翟，通“狄”。⑭营：经营缔造。⑮五羖（gǔ）大夫：即秦国大夫百里奚。姓百里，名傒。⑯掖：通“腋”。狐皮以腋部价值最高。⑰诺诺：随声附和。⑱谔谔：正色直言。⑲武王：周武王，姓姬名发，西周王朝的建立者。⑳墨墨：通“默默”。㉑诛：责备。㉒貌言：表面话。㉓至言：正言，真心话。㉔苦言：苦口危言。㉕甘言：甜言蜜语。㉖事：师事；尊为老师。㉗荆：楚国的别名。㉘粥（yù）：通“鬻（yù）”，售卖。㉙被（pī）：通“披”。褐：粗布短衣。食（sì）：通“饲”。㉚加：

凌驾。百姓：这里指百官。㉛望：埋怨，不满。㉜东伐郑：指秦穆公三十三年（前627），偷袭郑国失败。㉝三置晋国之君：指穆公九年（前651），晋献公死，穆公派百里奚送晋公子夷吾回国，立为惠公；穆公二十二年（前638），晋公子圉由秦国回到晋国，立为怀公；穆公二十四年（前636），从楚国迎接晋公子重耳，送回晋国，立为文公。㉞一救荆国之祸：指晋楚城濮之战。穆公二十八年（前632），秦国跟宋、晋、齐等国在城濮（今山东省鄄城县西南临濮集）击败楚国，从而制止了楚国北进的祸乱。救，止。㉟发教：施行德化。封内：境内。㊱巴：周朝姬姓封国，秦设巴郡，地处当今四川省东半部。㊲八戎：泛指四境的少数民族。㊳由余：本是晋国人，逃到西戎（西方民族）。戎王派他到秦国察看虚实。㊴款关：叩门。㊵坐乘：古代的车都是立乘的，只有尊敬耆老的安车才设座位。㊶盖：车上的帷幔。㊷府库：收藏史籍的档案库。㊸歌谣：合音乐的叫歌，随口唱的叫谣。这里指唱歌。㊹舂（chōng）：捣米。相杵（xiàng chǔ）：捣米时发出的与杵相应的呼声。㊺嬖（bì）人：受宠幸的人。主：荐主，介绍人。㊻骏刑：严峻的刑罚。骏，通“峻”。㊼畜：通“蓄”。㊽左、外：都是指不正。建：建立威权。易：变更法度。㊾南面：古代君王面向南坐，所以称为南面，这里指卫鞅受封为商君。㊿绳：纠正；约束。引申为逼迫。51“相鼠有体”四句：诗见《诗·鄘风·相鼠》第三章。52祝懽：人名，大概也是太子师傅。53这两句《诗》上没有，大概出于逸诗。54骈胁：

胁骨相连。这里指肌肉发达、看不见胁骨的壮汉。骖乘：古时乘车，坐在车右担任警卫的人。55阘（xì）戟：相交的戟，是一种古代兵器。旁（bàng）：靠近。56这两句不见于《尚书》。57十五都：指商、於十五邑。58鄙：僻静边远的地方。59显：尊荣。这里引申为起用。岩穴之士：隐居山林的贤人。60存：存问；抚恤。61序：叙用。62捐宾客：谢绝宾客。死的委婉说法。不立朝：不在位。63收：逮捕，报复。

【原文】

后五月而秦孝公卒，太子[1]立。公子虔之徒告商君欲反，发吏捕商君。商君亡，至关下[2]，欲舍客舍。客人[3]不知其是商君也，曰："商君之法，舍人无验者坐[4]之。"商君喟然[5]叹曰："嗟乎，为法之敝[6]一至此哉!"去之魏。魏人怨其欺公子卬而破魏师，弗受。商君欲之他国。魏人曰："商君，秦之贼[7]。秦强而贼入魏，弗归，不可。"遂内[8]秦。商君既复入秦，走[9]商邑，与其徒属发邑兵北出击郑[10]。秦发兵攻商君，杀之于郑黾池[11]。秦惠王车裂商君以徇[12]，曰："莫如商鞅反者!"遂灭商君之家。

【注释】

①太子：名驷，立为惠文王。②关下：泛指秦国边境的关口。③客人：客舍的主人。④舍人：留宿客人。验：凭证。坐：连带判罪。⑤喟（kuì）然：叹息的样子。⑥敝：害。⑦贼：这里指逃犯。⑧内（nà）：通"纳"。内秦，即纳之于秦。⑨走：趋向。⑩徒属：封邑中的部属。郑：商邑北方的郑县，故城在今陕西省华县西北。⑪黾（miǎn）池：即今河南

省渑池县西。⑫秦惠王：即惠文王。车裂：俗称五马分尸，古代一种极残酷的死刑。即将人头和四肢分别拴在五辆车上，以五马驾车，同时分驰，撕裂肢体。徇（xùn）：示众。

【原文】

太史公曰：商君，其天资[1]刻薄人也。迹其欲干[2]孝公以帝王术，挟持浮说，非其质[3]矣。且所因由嬖臣，及得用，刑公子虔，欺魏将卬，不师赵良之言，亦足发明[4]商君之少恩矣。余尝读商君《开塞》《耕战》书[5]，与其人行事相类。卒受恶名于秦，有以[6]也夫！

【注释】

①天资：天性。②迹：寻求其真迹，考察。干：求。③质：实。④发明：证明。⑤《汉书·艺文志》著录《商君书》二十九篇，现存二十四篇。第三篇名《农战》，即《耕战》，第七篇名《开塞》。⑥有以：有来由。

【译文】

商君是卫国国君姬妾所生的公子，名叫鞅，姓公孙，他的祖先本来姓姬。

公孙鞅年轻时喜欢刑名这种学问，侍奉魏国相国公叔痤做了中庶子。公叔痤知道他贤能，还没来得及举荐他。恰好公叔痤病了，魏惠王亲自前来探病，说："公叔的病如果有意外，国家将怎么办？"公叔痤说："我的中庶子公孙鞅，年纪虽轻，但有奇特的才能，希望大王把国家大事委托给他。"魏惠王沉默不语。魏惠王将要离开时，公叔痤隔离旁人说："大王如果不任用公孙鞅，就一定要杀他，不要让他走出国境。”魏惠王答应了就离开。公叔痤召见公孙鞅，抱歉地说：“刚才大王询问我能够担任相国的人，我说到你。但是，看大王的脸色不会同意我，我才以君为先、以臣为后，就对大王说，如果不用公孙鞅，就应当杀掉他。大王答应了我。你得赶快离开了，不然将被抓获。”公孙鞅说：“大王他不能用您的话任用我，又怎能用您的话杀死我呢?”公孙鞅没有离开。魏惠王离开之后，就对左右说：“公叔痤的病很严重，可怜啊，他要让我把国事委托给公孙鞅，难道不荒谬吗?”

公叔痤死后，公孙鞅听说秦孝公下令全国选拔贤人，准备重振秦穆公的霸业，向东收复被侵占的国土，就向西进入秦国，通过秦孝公的宠臣景监去求见秦孝公。

秦孝公接见卫鞅以后，交谈很久，秦孝公却时时打瞌睡，不听他的。交谈完以后，秦孝公对景监发怒说：“您的客人是个狂妄的人罢了，哪里值得任用呢?”景监于是责备卫鞅，卫鞅说：“我用五帝之道劝说秦孝公，但他的思想是不能启发、醒悟的。”五天后，景监又请求秦孝公召见卫鞅。卫鞅又进见秦孝公，谈得更多，可是还不符合秦孝公的心愿。交谈结束以后，秦孝公又责备景监，景监也责备卫鞅。卫鞅说：“我用三王之道劝说秦孝公，但未被采纳。请他再召见我。”卫鞅又进见秦孝公，秦孝公觉得他说得好，却没有接受。交谈结束以后，秦孝公对景监说：“你的客人还不错，可以与他交谈了。”卫鞅说：“我用五霸之道劝说秦孝公，看他的意思是想采纳了。如果再召见我，我知道该说什么了。”卫鞅又进见秦孝公。秦孝公跟他交谈，不知不觉地把膝盖挪到座席前头了。交谈了几天，却不觉厌倦。景监说：“您靠什么迎合了我们国君的心意？我们国君特别高兴啊！”卫鞅说：“我用五帝、三王之道说服他，劝他跟三代相比，但国君说：‘太久远了，我不能等待。况且贤明的君主，每个人都想趁自己在位的时候就扬名天下，怎么能够默默无闻地等待几十年乃至百年之后才成就帝王大业呢?’所以，我用使国家富强的办法说服国君，国君对此非常高兴罢了。但也难以跟殷、周比较德行了。”

孝公任用卫鞅后不久，打算变更法度，又恐怕天下人议论自己。卫鞅说：“行动犹豫不决就不会搞出名堂，办事犹豫不决就不会成功。况且超出常人的行为，本来就常被世俗非议；有独到见解的人，一定会被一般人嘲笑。愚蠢的人事成之后都弄不明白，聪明的人事先就能预见将要发生的事情。不能和百姓谋划新事物的创始，而可以和他们共享成功的欢乐。探讨最高道德的人不与世俗合流，成就大业的人不与一般人共谋。因此，圣人只要能够使国家强盛，就不必沿用旧的成法；只要能够利于百姓，就不必遵循旧的礼制。”孝公说：“讲得好。”甘龙说：“不是这样。圣人不改变民俗而施以教化，聪明的人不改变成法而治理国家。顺应民风民俗而施教化，不费力就能成功；沿袭成法而治理国家，官吏习惯而百姓安定。”卫鞅说：“甘龙所说的，是世俗的说法啊。一般人安于旧有的习俗，而读书人拘泥于书本上的见闻。这两种人奉公守法还可以，但不能和他们谈论成法以外的改革。三代礼制不同而都能统一天下，五伯法制不一而都能各霸一方。聪明的人制定法度，愚蠢的人被法度制约；贤能的人变更礼制，寻常的人被礼制约束。”杜挚说：“没有百倍的利益，就不能改变成法；没有十倍的功效，就不能更换旧器。仿效成法没有过失，遵循旧礼不会出偏差。”卫鞅说：“治理国家没有一成不变的办法，有利于国家就不仿效旧法度。所以，汤武不沿袭旧法度而能王天下，夏殷不更换旧礼制而灭亡。反对旧法的人不能非难，而沿袭旧礼的人不值得赞扬。”孝公说：“讲得好。”于是，任命卫鞅为左庶长，终于制定了变更成法的命令。

下令把十家编成一什，五家编成一伍，互相监视检举，一家犯法，十家连带治罪。不告发奸恶的处以拦腰斩断的刑罚，告发奸恶的与斩敌首级的同样受赏，隐藏奸恶的人与投降敌人同样的惩罚。一家有两个以上的壮丁不分居的，赋税加倍。有军功的人，各按标准升爵受赏；为私事斗殴的，按情节轻重分别处以大小不同的刑罚。致力于农业生产，让粮食丰收、布帛增产的，免除自身的劳役或赋税。因从事工商业及懒惰而贫穷的，把他们的妻子全都没收为官奴。王族里没有军功的，不能列入家族的名册。明确尊卑爵位等级，各按等级差别占有土地、房产，家臣奴婢的衣裳、服饰，按各家爵位等级决定。有军功的显赫荣耀，没有军功的即使很富有也不能显荣。

新法准备就绪后，还没公布，恐怕百姓不相信，就在国都后边市场的南门竖起一根三丈长的木头，招募百姓中能把木头搬到北门的人赏给十金。百姓觉得这件事很奇怪，没人敢动。又宣布：“能把木头搬到北门的人赏五十金。”有一个人把它搬走了，当下就给了他五十金，借此表明令出必行，绝不欺骗。事后，就颁布了新法。

新法在民间施行了整一年，秦国老百姓到国都说新法不方便的人数以千计。正当这时，太子触犯了新法。卫鞅说："新法不能顺利推行，是因为上层人触犯它。"将依新法处罚太子。太子是国君的继承人，又不能施以刑罚，于是就处罚了监督他行为的老师公子虔，以墨刑处罚了给他传授知识的老师公孙贾。第二天，秦国人就都遵照新法执行了。新法推行了十年，秦国百姓都非常高兴，路上没有人拾别人丢的东西为己有，山林里也没了盗贼，家家富裕充足。人民勇于为国家打仗，不敢为私利争斗，乡村、城镇社会秩序安定。当初说新法不方便的秦国百姓又有来说法令方便的，卫鞅说："这都是扰乱教化的人。"于是，把他们全部迁到边疆去。此后，百姓再没人敢议论新法了。

于是，卫鞅被任命为大良造。率领着军队围攻魏国安邑，使他们屈服投降。过了三年，秦国在咸阳建筑宫廷城阙，把国都从雍地迁到咸阳。下令禁止百姓父子兄弟同居一室。把零星的乡镇村庄合并成县，设置了县令、县丞，总共合并划分为三十一个县。废除井田重新划分田塍的界限，鼓励开垦荒地，而使赋税平衡。统一全国的度量衡制度。施行了四年，公子虔又犯了新法，被判处劓刑。过了五年，秦国富强，周天子把祭肉赐给秦孝公，各国诸侯都来祝贺。

第二年，齐国军队在马陵打败魏军，俘虏了魏国的太子申，射杀将军庞涓。下一年，卫鞅劝孝公说："秦和魏的关系，就像人得了心腹疾病，不是魏兼并了秦国，就是秦国吞并了魏国。为什么要这样说呢？魏国地处山岭险要的西部，建都安邑，与秦国以黄河为界而独立据有崤山以东的地利。形势有利就向西进犯秦国，没利时就向东扩展领地。如今，凭借大王圣明贤能，秦国才繁荣昌盛。而魏国往年被齐国打得大败，诸侯们都背叛了他，可以趁此良机攻打魏国。魏国抵挡不住秦国，必然要向东撤退。一向东撤退，秦国就占据了黄河和崤山险固的地势，向东就可以控制各国诸侯，这可是统一天下的帝王伟业啊！”孝公认为说得对，就派卫鞅率领军队攻打魏国。魏国派公子卬领兵迎击。两军相拒对峙，卫鞅派人给魏将公子卬送来一封信，写道：“我当初与公子相处得很快乐，如今你我成了敌对两国的将领，不忍心相互攻击，可以与公子当面相见，订立盟约，痛痛快快地喝几杯然后各自撤兵，让秦魏两国相安无事。”魏公子卬认为卫鞅说得对。会盟结束，喝酒，而卫鞅埋伏下的士兵突然袭击并俘虏了魏公子卬，趁机攻打他的军队，彻底打垮了魏军后，押着公子卬班师回国。魏惠王的军队多次被齐、秦击溃，国内空虚，一天比一天衰弱，害怕了，就派使者割让河西地区奉献给秦国作为媾和的条件。魏国就离开安邑，迁都大梁。梁惠王后悔地说：“我真后悔当初没采纳公叔座的意见啊。”卫鞅打败魏军回来以后，秦孝公把於、商十五个邑封给了他，封号叫做商君。

商君做秦相十年，皇亲国戚许多人憎恨他。赵良会见商君，商君说：“我商鞅得以会见您，是来自孟兰皋。现在，我希望能够与您交朋友，可以吗？”赵良说：“我不敢奢望。孔丘说过这样的话：‘一个人如果推贤荐士，那么能够治国爱民的人就会来投奔他；一个人如果招聚无德无才的人，那么讲求王道的人就会离去。’我是不成器的庸才，所以不敢接受您的命令。我听说：‘不是自己的地位却占有它，叫贪位；不是自己的荣誉却享有它，叫贪名。’如果我听从您的要求，那么我恐怕是既贪位又贪名吧。所以，我不敢从命。”商君说：“您不喜欢我治理秦国吗？”赵良说：“外能听取别人叫做聪，内能省视本身叫做明，克制自己的欲望叫做强。虞舜有句话说：‘自我谦让最可贵啊！’您不如履行虞舜之道，不必问我了。”

商君说：“起初，秦国也是戎、狄一样的习俗，父子没有分别，同一个房子一起居住。现在，我改变了这种习俗，使男女有区别，又大筑冀阙，治理得像鲁国和卫国一样了。您看我治理秦国，跟五羖大夫相比，谁强？”赵良说：“一千头羊的皮毛，比不上一只狐狸的腋毛；一千个随声附和的人，比不上一个正色直言的人。周武王由于臣下敢正色直言而昌盛，殷纣王由于为群臣默不作声而灭亡。您如果不否定周武王，那么请允许我整天正色直言而不受罚，行吗？”商君说：“古语有这样的话：表面话是花朵，内心话是果实；苦口良言是药石，甜言蜜语是病根。先生果真肯整天正色直言，就是我商鞅治病的药石啊。我将侍奉您，您又何必辞让呢！”

赵良说：“五羖大夫是楚国的乡下人，听说秦缪公是个贤君，就想拜见他，要去但没有路费，就把自己卖给秦国人，穿着粗布短衣给人喂牛。一年后，秦缪公知道了这件事，把他从一个喂牛人提拔起来让他位于百官之上，秦国没有人敢怨愤非毁他。他做秦相六七年，东面征伐郑国，三次拥立晋国的国君，一次挽救楚国的祸患。在国内开展政教，因此巴郡前来纳贡；在诸侯中施行恩德，因此四面八方的戎族前来归服。流落到戎国的贤人由余听到这种情况，叩关求见秦王。五羖大夫做秦相，劳累了也不坐车，暑天不张伞，在国都里步行，不让车马随从，也不操持兵器，因此他的功名记入史册，藏在府库中，德行流传给后代。五羖大夫死的时候，秦国男女都流泪，小孩子不唱歌，连舂米的也不吆喝着用杵了。这就是五羖大夫的德行。现在，您能见到秦王，是靠宠幸的小臣景监来替您做主，这就不是成名的办法。您做秦相不以百姓的事为要务，却大筑冀阙，这就不是立功的办法。您对太子的师傅施行黥刑，用严刑峻法残害人民，这是积怨、藏祸。您的教令对人民的影响比国君的命令还要深刻，人民响应您的号召比响应国君的命令还要快捷。现在，您又靠旁门左道建立权威，在外朝私自改变君命，这是不能用来作为教化的办法的。您又自居君位自称寡人，天天用新法衡量秦国的贵族。《诗经》说：'看那老鼠尚且有肢体，人却没有礼仪；人如果没有礼仪，何不赶快地死。'从《诗经》看来，这不是长寿者的做法。公子虔闭门不出已经八年了，您又杀死祝懽，对公孙贾处以黥刑。《诗经》说：'得人心的就兴盛，失人心的就溃败。'您所做的几件事，是无法得人心的。您外出的时候，身后随行的车辆数以十计，随车载着披甲的武士，力壮身强的人坐在车右，拿着矛和持着交戟的卫士跟在车的两旁亦步亦趋。这几样一不齐全，您就不出行。《尚书》说：'凭借德行的就昌盛，凭借武力的就灭亡。'您的生命好像早晨的露水，瞬息就会有消失的危险，还想要延年益寿吗？那么，为什么不归还秦王所赐的商、於等十五个城邑，然后到郊野灌溉田园？您要劝说秦王起用隐居山林的人士，赡养老人，抚恤孤儿，敬重父兄，序列有功劳的人，尊重有德行的人，这样您就可以稍为安全。您如果还要贪图商、於的财富，爱秦国的政教，集结百姓的怨恨，那么秦王一旦死去不在其位，秦国要逮捕您的人，难道还少吗？您的死亡，一举足的工夫就会到来。”商君不听他的。

五个月之后，秦孝公死了，太子登位。公子虔的党徒告发商君想反叛，派差吏逮捕商君。商君逃跑到关口，想住旅店。店主不知道他就是商君，说：“商君的法令规定，留宿没有证件的人，店主要犯罪的。”商君长叹一声说：“咳呀，作法的弊端竟到了这个地步啊！”商君就逃离秦国到魏国去。魏国人恨他欺骗公子卬而使魏军吃败仗，不肯收留他。商君打算到别的国家去。魏国人说：“商君是秦国的犯人。秦国强大，犯人逃到魏国，不把他送回是不行的。”魏人就把商君送入秦国。商君又回到秦国以后，跑到商邑，跟他的党徒发动邑中的士兵，向北出兵攻击郑国。秦国出动部队攻打商君，在郑国的黾池杀死了他。秦惠王用五马分尸处治商君来示众，说：“不要像商君一样反叛！”于是，杀掉商君一家。

太史公说：“商君是个天生刻薄的人。回顾他当初用五帝三王之道说服秦孝公任用他，话中掺杂着虚假浮夸的言论，并不是他的真实之言。况且他所依靠的是宠幸的小臣，等到被任用，就刑罚公子虔，欺骗魏将公子卬，不听赵良的话，也足够证明商君的刻薄少恩了。我曾经读过商君《开塞》《耕战》等篇章，所说的跟他本人的所作所为相类似。商君最后在秦国得了叛逆的恶名，是有缘由的啊！”

第五十一卷　苏秦列传第九

在这篇列传中，以苏秦为传主，兼及苏氏兄弟苏代和苏厉。苏秦始以连横游说秦惠王，失败，转而以合纵游说六国。整一年，歃血于洹水之上，功成名就，佩带六国相印，煊赫一时，为纵横家杰出的代表人物。继而奔齐，为燕昭王反间，车裂而死。

苏秦游说六国，以赵为主，以合纵相亲为目的。针对不同的对象，顺应其心意，指陈其利害，或激或励，或羞或诱，成竹在胸，使六国合纵缔约，使秦人闭函谷关达十五年，足见其胸中韬略和研习《阴符》之功效。

苏秦的说辞，汪洋恣肆，犀利流畅，气势磅礴，大有一发不可收束之势，形成他独特而雄辩的说辞风格。其说辞或夸张，或描写，或排比，或比喻，有时形象对比，有时引经据典，有时渲染气氛，有时动之以情，有时晓之以理，不仅使读者感到苏秦具有独抵华屋之下，一揽群小的气度，而且从太史公的语言艺术中得到美的享受。说六国处，笔不涉同，辞有异彩，一处一样文法，一处一种情貌，如行山阴道上，美不胜收。在滔滔滚滚的说辞之中，间或插入曲折动人的小故事，娓娓道来，相映成趣。既能深入浅出，以彼喻此成为说辞的有机部分，说明深刻的道理，又使文章层峦叠嶂之中突见一马平川；疾风骤雨过后，又是绚丽多彩的艳阳天气。文章的节奏也于急骤之中见舒缓，跌宕之中见起伏，诚乃掀天揭地的大文章！

有的段落简直是小说笔法。如苏秦出游，大困而归，家人的讽刺、羞辱，苏秦的惭愧自伤，以及发奋自励，伏读《阴符》以及对其兄嫂前倨后恭的描写，都是着眼于典型形象的塑造。通过塑造出的典型形象，让我们去把握当时社会的炎凉世态和这部分人的人生观、价值观。苏秦说：“且使我有洛阳负郭田二顷，吾岂能佩六国相印乎？”前后映照，把苏秦追名逐利到衣锦还乡的心态、自矜自夸的神情，都表现在字里行间了。

当然，苏氏为达目的，皆以权变之术游说诸国，其说辞多有夸诞、粉饰不实之词，从史学研究的角度，还是应该注意的。

【原文】

苏秦者，东周雒阳人也。东事师于齐，而习之于鬼谷先生。

出游数岁，大困[①]而归。兄弟嫂妹妻妾窃皆笑之，曰：“周人之俗，治产业，力工商，逐什二[②]以为务。今子释本而事口舌[③]，困，不亦宜乎！”苏秦闻之而惭，自伤，乃闭室不出，出其书遍观之。曰：“夫士业已屈首受书[④]，而不能以取尊荣，虽多亦奚以为！”于是得周书《阴符》[⑤]，伏而读之。期年[⑥]，以出揣摩[⑦]，曰：“此可以说当世之君矣。”求说周显王。显王左右素习[⑧]知苏秦，皆少[⑨]之。弗信。

【注释】

①困：窘迫，不如意。②逐什二：从事工商获十分之二的利润。③本：此指手工业、商业。口舌：指游说。④屈首：低头，埋头。受书：从师受教。⑤《阴符》：古兵书名，《战国策》谓为太公所著。已佚。今传本《阴符经》旧题黄帝撰，有太公、范蠡、鬼谷子、张良、诸葛亮、李筌六家注。⑥期年：一周年。⑦揣摩：此指悉心求其真意，以相比合。后用为测度、估量或欣赏文字，加以效仿等意。⑧素：平时，向来。习：熟。⑨少：轻视。

【原文】

乃西至秦。秦孝公卒。说惠王曰：“秦四塞之国[①]，被山带渭[②]，东有关河[③]，西有汉中，南有巴蜀，北有代马，此天府[④]也。以秦士民之众，兵法之教，可以吞天下，称帝而治。”秦王曰：“毛羽未成，不可以高蜚[⑤]；文理[⑥]未明，不可以并兼。”方诛商鞅，疾辩士[⑦]，弗用。

【注释】

①四塞之国：秦国四面有山关之固，地势险要，可为屏障，所以叫四塞之国。②被山带渭：谓秦国被群山所环抱，中

有渭水流过。被，通“披”。带，带子。流经，穿过的意思。③关：函谷关。河：黄河。④天府：地势险要，土地肥沃，物产丰富，自然条件优越的地方。府，府库，仓库。⑤蜚：通“飞”。⑥文理：指国家大政方针策略。文，礼乐制度。理，道理法则。⑦疾：憎恶，忌恨。辩士：善于游说的人。

【原文】

乃东之赵。赵肃侯令其弟成为相，号奉阳君。奉阳君弗说[1]之。

去游燕，岁余而后得见。说燕文侯曰：“燕东有朝鲜、辽东，北有林胡、楼烦，西有云中、九原，南有滹沱、易水，地方[2]二千余里，带甲[3]数十万，车六百乘，骑六千匹，粟支数年。南有碣石、雁门之饶，北有枣栗之利，民虽不佃作[5]而足于枣栗矣。此所谓天府者也。

【注释】

①说：通“悦”。②地方：纵横面积。③甲：披甲的士兵。④佃作：耕作。

【原文】

“夫安乐无事，不见覆军杀将，无过燕者。大王知其所以然乎？夫燕之所以不犯寇被甲兵[1]者，以赵之为蔽其南也。秦赵五战，秦再胜而赵三胜。秦赵相毙[2]，而王以全燕制其后，此燕之所以不犯寇也。且夫秦之攻燕也，逾[3]云中、九原，过代、上谷，弥[4]地数千里，虽得燕城，秦计固不能守也。秦之不能害燕亦明矣。今赵之攻燕也，发号出令，不至十日而数十万军军[5]于东垣矣。渡磷沱、涉易水，不至四五日而距国都矣。故曰秦之攻燕也，战于千里之外；赵之攻燕也，战于百里之内。夫不忧百里之患而重千里之外，计无过于此者。是故愿大王与赵从亲[6]，天下为一，则燕国必无患矣。”

文侯曰：“子言则可，然吾国小，西迫[7]强赵，南近齐，齐、赵强国也。子必欲合从以安燕，寡人请以国从[8]。”

【注释】

①不犯寇：不被敌人侵犯。被甲兵：指遭受战祸。被，遭，受。甲，铠甲。兵，武器。“甲兵”，代指战争。②相毙：相互残杀，彼此灭亡。毙，灭亡。此指秦赵互相杀伤，互相削弱。③逾：越过，跨过。④弥：旷远，远离。⑤军军：前一“军”，军队；后一“军”，驻扎，驻军。⑥从亲：指齐、楚、燕、赵、韩、魏等形成南北统一联盟，对抗强秦。从，通“纵”。⑦迫：逼近。⑧国从：倾国相从。从，相从，听从安排。

【原文】

于是资[1]苏秦车马金帛以至赵。而奉阳君已死，即因[2]说赵肃侯曰：“天下卿相人臣及布衣之士[3]，皆高[4]贤君之行义，皆愿奉教陈忠于前之日久矣。虽然[5]，奉阳君妒而君不任事，是以宾客游士莫敢自尽[6]于前者。今奉阳君捐馆舍[7]，君乃今复与士民相亲也，臣故敢进其愚虑。

【注释】

①资：资助，给予。②因：趁机，趁着。③布衣之士：尚未做官的读书人。布衣，平民穿的衣服，用以为平民百姓的代称。④高：仰慕，推崇。⑤虽然：虽然如此，那么……。⑥是以：因此。自尽：畅所欲言。⑦捐馆舍：抛弃住所，是死亡的委婉说法。

【原文】

“窃[1]为君计者，莫若安民无事，且无庸[2]有事于民也。安民之本，在于择交，择交而得则民安，择交而不得则民终身不安。请言外患：齐秦为两敌而民不得安，倚秦攻齐而民不得安，倚齐攻秦而民不得安。故夫谋人之主，伐人之国，常苦出辞断绝人之交也。愿君慎勿出于口。请别白黑，所以异阴阳而已矣[3]。君诚能听臣，燕必致旃[4]裘狗马之地，齐必致鱼盐之海，楚必致橘柚之园，韩、魏、中山皆可使致汤沐之奉[5]，而贵戚父兄皆可以受封侯。夫割地包利[6]，五伯之所以覆军禽[7]将而求也；封侯贵戚，汤武之所以放弑[8]而争也。今君高拱[9]而两有之，此臣之所以为君愿也。

【注释】

①窃：暗中，私下。②无庸：不须，不必。③以上两句的意思是，权衡赵国的利害得失，如同黑白分明，阴阳差异。④旃（zhān）：通“毡”。⑤汤沐：沐浴。这里指汤沐邑，即天子赐给诸侯的一种封邑，邑内收入供诸侯汤沐之用。汤，热

水，用以洗身。沐，洗发。奉：供给，供养。⑥割地包利：获取他国割让的土地和贡品。⑦五伯：即五霸，春秋先后称霸的五国诸侯。说法不一，多以指齐桓、晋文、秦穆、宋襄、楚庄。禽：通“擒”。⑧放弑：指商汤流放夏桀，武王伐纣，纣败自杀，武王又斩其头，事见《夏本纪》《殷本纪》。放，放逐，流放。弑，臣杀君。⑨高拱：高拱两手，安坐时的姿态。意思是说安然就座，乐享其成。

【原文】

“今大王与①秦，则秦必弱②韩、魏；与齐，则齐必弱楚、魏。魏弱则割河外，韩弱则效③宜阳，宜阳效则上郡绝，河外割则道不通，楚弱则无援。此三策者，不可不孰计④也。

【注释】

①与：亲附，友好。②弱：使……弱。③效：献纳。④孰计：仔细考虑。孰，通“熟”，仔细，周详。

【原文】

“夫秦下轵道，则南阳危；劫韩包周，则赵氏自操兵；据卫取卷，则齐必入朝秦。秦欲已得乎山东，则必举兵而响赵矣。秦甲渡河逾漳，据番吾，则兵必战于邯郸之下矣。此臣之所为君患①也。

“当今之时，山东之建国莫强于赵。赵地方二千余里，带甲数十万，车千乘，骑万匹，粟支数年。西有常山，南有河漳，东有清河，北有燕国。燕固弱国，不足畏也。秦之所害于天下者莫如赵，然而秦不敢举兵伐赵者，何也？畏韩、魏之议[2]其后也。然则韩、魏，赵之南蔽也。秦之攻韩、魏也，无有名山大川之限，稍蚕食[3]之，傅[4]国都而止。韩、魏不能支秦，必入臣于秦。秦无韩、魏之规[5]，则祸必中[6]于赵矣。此臣之所为君患也。

【注释】

①为君患：替君忧虑。②议：计算，暗算。③蚕食：像蚕吃桑叶一样，一点一点地侵占别国领土。④傅：通“附”，附着，逼近。⑤规：通“窥”，窥测。⑥中：指集中到，面临。

【原文】

“臣闻尧无三夫[1]之分，舜无咫[2]尺之地，以有天下；禹无百人之聚，以王[3]诸侯；汤武之士不过三千，车不过三百乘，卒不过三万，立为天子：诚得其道也。是故明主外料其敌之强弱，内度[4]其士卒贤不肖，不待两军相当而胜败存亡之机固已形于胸中矣，岂掩于众人之言而以冥冥[5]决事哉！

【注释】

①夫：古代井田，一夫受田百亩，故称百亩为夫。②咫：周制八寸为咫。以距离短比喻面积小。③王：成就王业。④度：推测，估计。⑤掩：掩盖，遮蔽。冥冥：晦暗，昏昧。

【原文】

“臣窃以天下之地图案[1]之，诸侯之地五倍于秦，料度诸侯之卒十倍于秦，六国为一，并力西乡[2]而攻秦，秦必破矣。今西面而事之，见臣于秦。夫破人之与破于人也，臣人之与臣于人也，岂可同日而论哉！

【注释】

①案：通“按”，考察，考据。②乡：通“向”。

【原文】

“夫衡人[1]者，皆欲割诸侯之地以予秦。秦成，则高台榭[2]、美宫室，听竽瑟[3]之音，前有楼阙轩辕[4]，后有长姣[5]美人，国被秦患而不与其忧。是故夫衡人日夜务以秦权恐愒[6]诸侯以求割地，故愿大王孰计之也。

【注释】

①衡人：指为秦国效力，主张连横策略的游说辩士。衡：通“横”。②榭：建在高土台上的敞屋。③竽：与笙相类的乐器。瑟：一种二十五弦的弹拨乐器。④阙：古代宫殿、祠庙和陵墓前的高建筑物，通常左右各一，建成高台，台上起楼观。因两阙之间有空缺，故名阙或双阙。轩辕：指高敞华丽的车子。⑤姣：美好。⑥恐愒：恐吓，恫吓。

【原文】

“臣闻明主绝疑去谗，屏[1]流言之迹，塞朋党[2]之门，故尊主广地强兵之计臣[3]得陈忠于前矣。故窃为大王计，莫如一[4]韩、魏、齐、楚、燕、赵以从亲，以畔[5]秦。令天下之将相会于洹水之上，通质[6]，刳白马[7]而盟。要约[8]曰：‘秦攻楚，齐魏各出锐师以佐之，韩绝其粮道，赵涉河漳，燕守常山之北。秦攻韩、魏，则楚绝其后，齐出锐师而佐之，赵涉河漳，燕守云中。秦攻齐，则楚绝其后，韩守城皋，魏塞其道，赵涉河漳、博关，燕出锐师以佐之。秦攻燕，则赵守常山，楚军武关，齐涉渤海，韩、魏皆出锐师以佐之。秦攻赵，则韩军宜阳，楚军武关，魏军河外，齐涉清河，燕出锐师以佐之。诸侯有不如约者，以五国之兵共伐之。’六国从亲以宾[9]秦，则秦甲必不敢出于函谷以害山东矣。如此，则霸王之业成矣。”

【注释】

①屏：亦作“摒”，除去，排除。②朋党：为私利目的相互勾结的同类。③广：使……广。计臣：谋划之臣，出主意献策略的臣子。④一：使……统一。⑤畔：通“叛”。⑥质：嫌隙。⑦刳：宰杀。白马：古代祭祀、盟誓用的牺牲。⑧要约：盟约。⑨宾：通“摈”，排斥，遗弃。

【原文】

赵王曰：“寡人年少，立国日浅，未尝得闻社稷[1]之长计也。今上客有意存天下，安诸侯，寡人敬以国从。”乃饰车百乘，黄金千溢[2]，白璧百双，锦绣千纯[3]，以约诸侯。

【注释】

①社稷：土、谷之神，以古代君主都祭祀社稷，后来即以指代国家政权。②溢：通“镒”，古代重量单位，二十两或二

十四两。③纯：捆，包，引申为丝绵布帛的计量单位。帛一段、一匹曰“纯”。

【原文】

是时周天子致文武之胙[1]于秦惠王。惠王使犀首攻魏，禽将龙贾，取魏之雕阴，且欲东[2]兵。苏秦恐秦兵之至赵也，乃激怒张仪，入之于秦。

【注释】

①胙：祭祀用的肉，祭后送给参与祭祀的人。②东：向东。

【原文】

于是说韩宣王曰：“韩北有巩、成皋之固，西有宜阳、商阪之塞，东有宛、穰、洧水，南有陉山，地方九百余里，带甲数十万，天下之强弓劲弩皆从韩出。谿子、少府时力、距来[1]者，皆射六百步之外。韩卒超足[2]而射，百发不暇止，远者括蔽洞胸[3]，近者镝弇心[4]。韩卒之剑戟皆出于冥山，棠谿、墨阳、合赙、邓师、宛冯、龙渊、太阿，皆陆断牛马，水截鹄[5]雁，当敌则斩，坚甲铁幕[6]，革抉㕹芮[7]，无不毕具。以韩卒之勇，被坚甲，跖[8]劲弩，带利剑，一人当百，不足言也。夫以韩之劲与大王之贤，乃西面事秦，交臂而服，羞社稷而为天下笑，无大于此者矣。是故愿大王孰计之。

【注释】

①谿子：强弓名。当时南方的少数民族善制柘弩和竹弩，

此指韩国仿造的谿子弩。少府：韩国造械机构。时力、距来：均为少府所造弩名。②超足：超腾举脚。古代用脚踏、手扳发射强弩。③括：箭的末端。蔽：疑为衍文。洞胸：穿透胸部。④镝弇（yǎn）心：箭射穿胸膛直至心脏。弇，覆盖，遮蔽。⑤鹄：即天鹅。⑥铁幕：铁甲串成的护臂。⑦革抉：射箭时套在左臂上的皮套。芮：系盾的丝带。⑧跖：踏。

【原文】

"大王事秦，秦必求宜阳、成皋。今兹效[1]之，明年又复求割地。与则无地以给之，不与则弃前功而受后祸。且大王之地有尽而秦之求无已，以有尽之地而逆无已之求，此所谓市怨[2]结祸者也，不战而地已削矣。臣闻鄙谚曰：'宁为鸡口，无为牛后[3]。'今西面交臂而臣事秦，何异于牛后乎？夫以大王之贤，挟强韩之兵，而有牛后之名，臣窃为大王羞之。"

于是韩王勃然作色，攘臂瞋目[4]，按剑仰天太息[5]曰："寡人虽不肖，必不能事秦。今主君诏[6]以赵王之教，敬奉社稷以从。"

【注释】

①兹：年。效：呈献，进献。②市怨：买怨，招怨。市，购买。③宁为鸡口，无为牛后：这是比拟之辞，是说鸡口虽小是进食的地方，牛后虽大却是排粪的地方。牛后，指牛的肛门。④攘：捋。瞋目：发怒时瞪大眼睛。⑤太息：出声长叹。⑥主君：对卿大夫的尊称，这里指苏秦。诏：告，教诲。

【原文】

又说魏襄王曰："大王之地，南有鸿沟、陈、汝南、许、郾、昆阳、召陵、舞阳、新都、新郪，东有淮颍、煮枣、无胥，西有长城之界，北有河外、卷、衍、酸枣，地方千里。地名虽小，然而田舍庐庑之数[1]，曾无所刍牧[2]。人民之众，车马之多，日夜行不绝，輷輷殷殷[3]，若有三军之众。臣窃量大王之国不下楚。然衡人怵[4]王交强虎狼之秦以侵天下，卒[5]有秦患，不顾其祸。夫挟强秦之势以内劫其主，罪无过此者。魏，天下之强国也；王，天下之贤王也。今乃有意西[6]面而事秦，称东藩[7]，筑帝宫[8]，受冠带[9]，祠春秋[10]，臣窃为大王耻之。

【注释】

①庐庑：泛指房屋。庐，村屋或田间小屋。庑，大屋。数：密。②无所刍牧：因为田地房屋稠密，连放牧牲畜的地方都没有了。以此形容人口密集。刍牧，放牧牛羊。③輷（hōng）輷殷殷：象声词，很多车马行走的声音。④怵：诱惑，引诱。⑤卒：通"猝"，突然。⑥西：向西。⑦藩：属国或属地。⑧筑帝宫：指为秦王建造离宫，以备巡游暂住。⑨受冠带：接受秦国的分封，采用秦国的冠服样式、制度。⑩祠春秋：贡献财物，春秋为秦助祭。

【原文】

"臣闻越王句践战敝卒[1]三千人，禽夫差于干遂；武王卒三千人，革车三百乘，制纣于牧野：岂其士卒众哉，诚能奋其威也。今窃闻大王之卒，武士[②]二十万，苍头[③]二十万，奋击[④]二十万，厮徒[⑤]十万，车六百乘，骑五千匹。比其过越王句践、武王远矣，今乃听于群臣之说而欲臣事秦。夫事秦必割地以效实[⑥]，故兵未用而国已亏矣。凡群臣之言事秦者，皆奸人，非忠臣也。夫为人臣，割其主之地以求外交，偷取一时之功而不顾其后，破公家而成私门，外挟强秦之势以内劫其主，以求割地，愿大王孰察之。

【注释】

①敝卒：疲敝之卒。吴越夫椒之战以后，越王句践以余兵五千人保栖会稽。见《越王句践世家》。②武士：勇士。③苍头：用青布裹头以异于众的士兵。一说精锐敢死队的称号。④奋击：冲锋陷阵的精锐部队。⑤厮徒：勤杂兵。⑥效实：以割地之实，表示忠诚。

【原文】

“《周书》[①]曰：‘绵绵不绝，蔓蔓奈何？豪氂不伐，将用斧柯[②]。’前虑不定，后有大患，将奈之何？大王诚能听臣，六国从亲，专心并力壹意，则必无强秦之患。故敝邑赵王使臣效愚计，秦明约，在大王之诏诏之。”

【注释】

①《周书》：即《周逸书》，旧题《汲冢周书》。主要记录周代政令。《汉书·艺文志》有《周书》七十一篇。②“绵

绵不绝”四句引自《周书·和寤解》。以草木作比，意思是说草木滋长出微弱的嫩枝时不去掉它，等长得粗壮后再想去掉它，只好用斧头了。绵绵，微弱。蔓蔓，滋长延伸的样子。豪氂，通“毫釐”，一毫一厘，形容极少的数量。

【原文】

魏王曰：“寡人不肖，未尝得闻明教。今主君以赵王之诏诏之，敬以国从。”

因东说齐宣王曰：“齐南有泰山，东有琅邪，西有清河，北有渤海，此所谓四塞之国也。齐地方二千余里，带甲数十万，粟如丘山。三军[1]之良，五家之兵[2]，进如锋矢[3]，战如雷霆，解如风雨。即有军役，未尝倍泰山[4]，绝[5]清河，涉渤海也。临菑之中七万户，臣窃度[6]之，不下户三男子，三七二十一万，不待发于远县，而临菑之卒固已二十一万矣。临菑甚富而实，其民无不吹竽鼓瑟，弹琴击筑[7]，斗鸡走狗，六博蹋鞠[8]者。临菑之涂[9]，车毂[10]击，人肩摩，连衽成帷[11]，举袂[12]成幕，挥汗成雨，家殷人足，志高气扬。夫以大王之贤与齐之强，天下莫能当。今乃西面而侍奉，臣窃为大王羞之。

【注释】

①三军：即全军。周制天子六军，诸侯大国三军。一军为一万二千五百人。齐国设上、中、下三军。②五家之兵：指齐桓公时管仲所定的兵制，每五家为一轨，一家出一丁，五人为一伍，由轨长率之。一说五家即五国。③锋矢：极言士兵勇猛

凡捷，如锋如矢。《正义》云：“齐军之进，若锋芒之刀，良弓之矢，用之有进无退。”④倍泰山：《史记会注考证》云：“征山南之兵也，是亦一部。”⑤绝：横渡。⑥窃度：私下推测，估计。⑦筑：古弦乐器名，形如琴，十三弦。⑧六博：古代一种博戏。蹋鞠：古代一种习武的游戏。《集解》引刘向《别录》曰：“蹋鞠，兵势也，所以练武士，知有材也，皆因嬉而讲练之。”⑨涂：通“途”。⑩毂：车轴两端伸出车轮的部分。⑪连衽成帷：把衣襟连在一起形成帐幔。衽，衣襟。帷，帐幔。⑫袂：衣袖。

【原文】

“且夫韩、魏之所以重畏秦者，为与秦接境壤界也。兵出而相当，不出十日而战胜存亡之机决矣。韩、魏战而胜秦，则兵半折，四境不守；战而不胜，则国已危亡随其后。是故韩、魏之所以重与秦战，而轻为之臣也。今秦之攻齐则不然。倍[①]韩、魏之地，过卫阳晋之道，径乎亢父之险，车不得方轨[②]，骑不得比行[③]，百人守险，千人不敢过也。秦虽欲深入，则狼顾[④]，恐韩、魏之议其后也。是故恫疑虚猲[⑤]，骄矜而不敢进，则秦之不能害齐亦明矣。

【注释】

①倍：通“背”，背向。②方轨：两车并行。③比行：两马齐进。比，并列。④狼顾：狼性多疑，唯恐突袭，走路时常回顾。以比喻秦有后顾之忧。⑤恫疑虚猲：虚张声势，恐吓威

胁。猲，通“喝”。

【原文】

“夫不深料秦之无奈齐何，而欲西面而事之，是群臣之计过也。今无臣事秦之名而有强国之实，臣是故愿大王少留意计之。”

齐王曰：“寡人不敏①，僻远守海，穷道东境之国也，未尝得闻余教②。今足下以赵王诏诏之，敬以国从。”

乃西南说楚威王曰：“楚，天下之强国也；王，天下之贤王也。西有黔中、巫郡，东有夏州、海阳，南有洞庭、苍梧，北有陉塞、郇阳，地方五千余里，带甲百万，车千乘，骑万匹，粟支十年。此霸王之资也。夫以楚之强与王之贤，天下莫能当也。今乃欲西面而事秦，则诸侯莫不西面而朝于章台之下矣。

【注释】

①不敏：不才，自谦词。②余教：剩余的教诲，敬重客气之言。

【原文】

“秦之所害莫如楚，楚强则秦弱，秦强则楚弱，其势不两立。故为大王计，莫如从亲以孤秦。大王不从亲，秦必起两军，一军出武关，一军下黔中，则鄢郢动矣。

“臣闻治之其未乱也，为之其未有也。患后而后忧之，则无及已。故愿大王蚤①孰计之。”

“大王诚能听臣，臣请令山东之国奉四时之献，以承大王之明诏，委社稷，奉宗庙，练士厉兵[②]，在大王之所用之。大王诚能用臣之愚计，则韩、魏、齐、燕、赵、卫之妙音美人必充后宫，燕代橐驼良马必实外厩[③]。故从合则楚王[④]，衡成则秦帝[⑤]。今释霸王之业，而有事人之名，臣窃为大王不取也。

“夫秦，虎狼之国也，有吞天下之心。秦，天下之仇雠[⑥]也。衡人皆欲割诸侯之地以事秦，此所谓养仇而奉仇者也。夫为人臣，割其主之地以外交强虎狼之秦，以侵天下，卒有秦患，不顾其祸。夫外挟强秦之威以内劫其主，以求割地，大逆不忠，无过此者。故从亲则诸侯割地以事楚，衡合则楚割地以事秦，此两策者相去远矣，二者大王何居焉？故敝邑赵王使臣效愚计，奉明约，在大王诏之。”

楚王曰：“寡人之国西与秦接境，秦有举巴蜀并汉中之心。秦，虎狼之国，不可亲也。而韩、魏迫于秦患，不可与深谋，与深谋恐反人[⑦]以入于秦，故谋未发而国已危矣。寡人自料以楚当秦，不见胜也；内与群臣谋，不足恃也。寡人卧不安席，食不甘味，心摇摇然如悬旌而无所终薄[⑧]。今主君欲一[⑨]天下，收诸侯，存危国，寡人谨奉社稷以从。”

于是六国从合而并力焉。苏秦为从约长，并相六国。

【注释】

①蚤：通“早”。②厉兵：磨砺兵器。厉，通“砺”，兵，兵器。③橐：骆驼。厩：牲畜栏。④王：统一天下，成就王

业。⑤帝：称帝。⑥雠：仇人，仇敌。⑦反人：返回秦国并泄露消息的人。反，通“返”。⑧悬旌：悬挂在空中的旗子。旌，古代用五色羽毛装饰的旗子。终薄：着落，安顿。⑨一：统一。

【原文】

北报赵王，乃行过雒阳，车骑辎重，诸侯各发使送之甚众，疑[①]于王者。周显王闻之恐惧，除道，使人郊劳[②]。苏秦之昆弟[③]妻嫂侧目不敢仰视，俯伏侍取食。苏秦笑谓其嫂曰：“何前倨而后恭[④]也?”嫂委蛇蒲服[⑤]，以面掩地而谢曰：“见季子[⑥]位高金多也。”苏秦喟然叹曰：“此一人之身，富贵则亲戚畏惧之，贫贱则轻易之，况众人乎！且使我有洛阳负郭[⑦]田二顷，吾岂能佩六国相印乎!”于是散千金以赐宗族朋友。初，苏秦之燕，贷人百钱为资，及得富贵，以百金偿之。遍报诸所尝见德者。其从者有一人独未得报，乃前自言。苏秦曰：“我非忘子。子之与我至燕，再三欲去我易水之上，方是时，我困，故望[⑧]子深，是以后子。子今亦得矣。”

苏秦既约六国从亲，归赵，赵肃侯封为武安君，乃投从约书于秦。秦兵不敢窥函谷关十五年[⑨]。

【注释】

①疑：通“拟”，比拟，拟比。②郊劳：到郊外迎接、慰劳。③昆弟：同母所生的兄弟。④前倨而后恭：前时傲慢，后时恭敬，形容对人态度改变。倨，傲慢。⑤委蛇：通“逶

迤”，伏地曲行而进。蒲服：通“匍匐”，伏地膝行。⑥季子：其嫂呼小叔为季子。一说苏秦的表字。⑦负郭：靠近城郭。负，背倚。郭，外城。⑧望：埋怨，责怪。⑨窥：窥探。十五年：《张仪列传》载张仪说楚怀王谓秦“不出兵函谷十五年以攻齐、赵”，说赵武灵王亦谓“秦兵不敢出函谷关十五年”；《范雎蔡泽列传》载范雎说秦昭王亦云“至今闭关十五年，不敢窥兵于山东”或谓此皆策士游说之辞，于史不合。考之《秦本纪》及有关“世家”，秦与东方六国虽然也有战争，但基本上无大的战事，并非都是策士夸大之辞。

【原文】

其后秦使犀首欺齐、魏，与共伐赵，欲败从约。齐、魏伐赵，赵王让[①]苏秦。苏秦恐，请使燕，必报齐。苏秦去赵而从约皆解。

秦惠王以其女为燕太子妇。是岁，文侯卒，太子立，是为燕易王。易王初立，齐宣王因燕丧伐燕，取十城。易王谓苏秦曰：“往日先生至燕，而先王资[②]先生见赵，遂约六国从[③]。今齐先伐赵，次至燕，以先生之故为天下笑，先生能为燕得侵地乎？”苏秦大惭，曰：“请为王取之。”

苏秦见齐王，再拜，俯而庆，仰而吊[④]。齐王曰：“是何庆吊相随之速也？”苏秦曰：“臣闻饥人所以饥而不食乌喙[⑤]者，为其愈充腹而与饿死同患也。今燕虽弱小，即秦王之少婿也。大王利其十城而长与强秦为仇。今使弱燕为雁行而强秦敝[6]其后，以招天下之精兵，是食乌喙之类也。”齐王愀然[7]变色曰：“然则奈何?”苏秦曰：“臣闻古之善制事者，转祸为福，因败为功。大王诚能听臣计，即归燕之十城。燕无故而得十城，必喜；秦王知以己之故而归燕之十城，亦必喜。此所谓弃仇雠而得石交[8]者也。夫燕、秦俱事齐，则大王号令天下，莫敢不听。是王以虚辞附秦，以十城取天下。此霸王之业也。”王曰：“善。”于是乃归燕之十城。

【注释】

①让：责备，责怪。②资：资助，帮助。③从：通“纵”，合纵。④吊：对受灾祸的人表示哀悼、慰问。⑤乌喙：一种毒植物，即乌头。⑥雁行：大雁飞行有序，或呈“一”字形，或呈“人”字形，这里比喻是在前面的行列。敝：通“蔽”，遮挡，掩蔽。⑦愀然：神情变得凄怆而严肃。⑧石交：指感情深厚牢不可破的友谊或友人。

【原文】

人有毁苏秦者曰：“左右卖国反复之臣也，将作乱。”苏秦恐得罪，归，而燕王不复官也。苏秦见燕王曰：“臣，东周之鄙人[1]也，无有分寸之功，而王亲拜之于庙[2]而礼之于廷。今臣为王却[3]齐之兵而得十城，宜以益亲，今来而王不官[4]臣者，人必有以不信伤臣于王者。臣之不信，王之福也。臣闻忠信者，所以自为也；进取者，所以为人也。且臣之说齐王，曾非欺之也。臣弃老母于东周，固去自为而行进取也。今有孝如曾参，廉如伯夷，信如尾生。得此三人者以事大王，何若?”王曰：“足矣。”苏秦曰：“孝如曾参，义不离其亲一宿于外，王又安能使之步行千里而事弱燕之危王哉?廉如伯夷，义不为孤竹君之嗣[5]，不肯为武王臣，不受封侯而饿死首阳山下。有廉如此，王又安能使之步行千里而行进取于齐哉?信如尾生，与女子期[6]于梁下，女子不来，水至不去，抱柱而死。有信如此，王又安能使之步行千里却齐之强兵哉?臣所谓以忠信得罪于上者也。”燕王曰：“若[7]不忠信耳，岂有以忠信而得罪者乎?”苏秦曰：“不然。臣闻客有远为吏而其妻私[8]于人者，其夫将来，其私者忧之，妻曰‘勿忧，吾已作药酒待之矣’。居三日，其夫果至，妻使妾举药酒进之。妾欲言酒之有药，则恐其逐主母也；欲勿言乎，则恐其杀主父也。于是乎详僵[9]而弃酒，主父大怒，笞[10]之五十，故妾一僵而覆酒，上存主父，下存主母，然而不免于笞，恶[11]在乎忠信之无罪也夫?臣之过，不幸而类是乎!”燕王曰：“先生复就故官。”益厚遇之。

【注释】

①鄙人：鄙陋的人，自我谦辞。②庙：宗庙，古代帝王供祀祖先的所在。③却：退却。④官：授官。⑤嗣：继承人，接续人。⑥期：约定的时间，引申为约会。⑦若：你。⑧私：私通，指不正当的男女关系。⑨详僵：假装仆倒。详，通“佯”，假装。僵，仆倒。⑩笞：用竹板或荆条打人脊背或臂、腿的刑罚。⑪恶：哪里，怎么。

【原文】

易王母，文侯夫人也，与苏秦私通。燕王知之，而事之加厚。苏秦恐诛，乃说燕王曰：“臣居燕不能使燕重[①]，而在齐则燕必重。”燕王曰：“唯[②]先生之所为。”于是苏秦详为得罪于燕王而亡[③]走齐，齐宣王以为客卿[④]。

【注释】

①重：地位提高。②唯：听从的样子，任凭的意思。③亡：逃。④客卿：请别国人在本国做官，其位为卿而以客礼待之。

【原文】

齐宣王卒，湣王即位，说湣王厚葬以明孝，高宫室大苑囿[①]以明得意，欲破敝[②]齐而为燕。燕易王卒，燕哙立为王。其后齐大夫多与苏秦争宠者，而使人刺苏秦，不死，殊[③]而走。齐王使人求贼，不得。苏秦且死，乃谓齐王曰：“臣即死，车裂臣于徇[④]于市，曰‘苏秦为燕作乱于齐’，如此则臣之贼必得矣。”于是如其言，而杀苏秦者果自出，齐王因而诛之。燕闻之曰：“甚矣[⑤]，齐之为苏生报仇也！”

【注释】

①高：使……增高。大：使……加大。苑囿：古代帝王畜养禽兽、种植林木的地方。②破敝：使……衰败。③殊：死，此指虽未即死，已是致命伤。④车裂：以车撕裂人体，俗称“五马分尸”。徇：示众。⑤甚矣：太过分了啊。

【原文】

苏秦既死，其事大泄。齐后闻之，乃恨怒燕。燕甚恐。苏秦之弟曰代，代弟苏厉，见兄遂[①]，亦皆学。及苏秦死，代乃求见燕王，欲袭故事[②]。曰："臣，东周之鄙人也。窃闻大王义甚高，鄙人不敏，释锄耨而干[③]大王。至于邯郸，所见者绌[④]于所闻于东周，臣窃负[⑤]其志。及至燕廷，观王之群臣下吏，王，天下之明王也。"燕王曰："子所谓明王者何如也?"对曰："臣闻明王务[⑥]闻其过，不欲闻其善，臣请谒[⑦]王之过。夫齐、赵者，燕之仇雠也；楚、魏者，燕之援国也。今王奉仇雠以伐援国，非所以利燕也。王自虑之，此则计过[⑧]，无以闻者，非忠臣也。"王曰："夫齐者固寡人之雠，所欲伐也，直患国敝力不足也。子[⑨]能以燕伐齐，则寡人举国委[⑩]子。"对曰："凡天下战国七，燕处弱焉。独战则不能，有所附则无不重。南附楚，楚重；西附秦，秦重；中附韩、魏，韩、魏重。且苟[⑪]所附之国重，此必使王重矣。今夫齐，长主而自用[⑫]也。南攻楚五年，畜聚竭[⑬]；西困秦三年，士卒罢敝[⑭]；北与燕人战，覆三军，得二将[⑮]。然而以其余兵南面举[⑯]五千乘之大宋，而包十二诸侯[⑰]。此其君欲得，其民力竭，恶足取乎！且臣闻之，数战则民劳，久师[⑱]则兵敝矣。"燕王曰："吾闻齐有清济、浊河可以为固，长城、钜防足以为塞，诚有之乎?"对曰："天时不与，虽有清济、浊河，恶足以为固！民力罢敝，虽有长城、钜防，恶足以为塞！且异日济西不师[⑲]，所以备赵也；河北不师，所以备燕也。今济西河北尽已役矣，封内[20]敝矣。夫骄君必好利，而亡国之臣必贪于财。王诚能无羞从子母弟以为质[21]，宝珠玉帛以事左右，彼将有德燕而轻亡宋，则齐可亡已。”燕王曰：“吾终以子受命于天矣。”燕乃使一子质于齐。而苏厉因燕质子而求见齐王。齐王怨苏秦，欲囚苏厉。燕质子为谢，已遂委质[22]为齐臣。

【注释】

①遂：这里指功成名就，遂顺心愿。②袭：因袭，继承。故事：旧事，旧业。③耨（nòu）：锄草的农具。干：求，求取。④绌（chù）：不足，不如。⑤负：担负起，承担起。⑥务：必须，一定。⑦谒：说明，告诉，陈述。⑧计过：策略的错误。⑨子：您，表示敬意。⑩举：全。委：委托，托付。⑪苟：如果，假如。⑫长主：年高、位高或辈分高的君主。自用：自以为是，固执自信，不考虑别人的意见。⑬畜聚竭：积聚已尽。畜，通“蓄”，积聚、储蓄。⑭罢（pí）敝：羸弱疲困。罢，通“疲”，疲乏、疲劳，指士卒年老体弱。⑮以上二句的意思是，齐覆灭三军，而燕失二将。⑯举：此指大败，用“举”字是夸张之言。⑰包：吞并，囊括。十二诸侯：指邹、鲁等小国。⑱入师：当作“久师”，指长时间作战。⑲异日：往日，从前。不师：即不役，每役免于征发。⑳封内：封地境内。㉑从子：侄子。母弟：同母所生的弟弟。质：作为保证的人，即人质。㉒委质：古人相见，必执贽为礼，如卿以羔，大

夫以雁等。一说“质”为形体。委质，人臣拜见人君时屈膝委体于地。

【原文】

燕相子之与苏代婚，而欲得燕权，乃使苏代侍质子于齐。齐使代报燕，燕王哙问曰：“齐王其霸乎?”曰：“不能。”曰：“何也?”曰：“不信其臣。”于是燕王专任子之，已而让位，燕大乱。齐伐燕，杀王哙、子之。燕立昭王，而苏代、苏厉遂不敢入燕，皆终归齐，齐善待之。

苏代过魏，魏为燕执[①]代。齐使人谓魏王曰：“齐请以宋地封泾阳君，秦必不受。秦非不利有齐而得宋地也，不信齐王与苏子也。今齐魏不和如此其甚，则齐不欺秦。秦信齐，齐秦合，泾阳君有宋地，非魏之利也。故王不如东苏子[②]，秦必疑齐而不信苏子矣。齐秦不合，天下无变，伐齐之形成矣。”于是出苏代。代之宋，宋善待之。

【注释】

①执：拘捕。②东苏子：让苏代回东方去。

【原文】

齐伐宋，宋急，苏代乃遗[①]燕昭王书曰：

夫列在万乘而寄质于齐[②]，名卑而权轻；奉万乘助齐伐宋，民劳而实费；夫破宋，残楚淮北，肥[③]大齐，雠强而国害：此三者皆国之大败[④]也。然且王行之者，将以取信于齐也。齐加不信于王，而忌燕愈甚，是王之计过矣。夫以宋加之淮北，强万乘之国也，而齐并之，是益一齐[5]也。北夷方[6]七百里，加之以鲁、卫，强万乘之国也，而齐并之，是益二齐也。夫一齐之强，燕犹狼顾而不能支，今以三齐临燕，其祸必大矣。

【注释】

①遗：赠给，致送。②寄质于齐：燕前有一子质于齐。③肥：壮，壮大。④大败：失大策，坏大事。⑤益一齐：使齐国得益于一倍的国力。⑥方：纵横面积。

【原文】

虽然，智者举事，因祸为福，转败为功。齐紫[1]，败素[2]也，而贾十倍[3]；越王句践栖于会稽，复残强吴而霸天下：此皆因祸为福，转败为功者也。

【注释】

①齐紫：齐国的紫绢。当时齐桓公好紫服，一国尽服紫。②败素：破旧的白绢。③贾十倍：商人为牟利，以破旧白绢染为紫色，可获十倍之利。贾，通“价”，价格。

【原文】

今王若欲因祸为福，转败为功，则莫若挑[1]霸齐而尊之，使使盟于周室[2]，焚秦符[3]，曰“其大上计，破秦；其次，必长宾[4]之”。秦挟宾以待破，秦王必患之。秦五世伐诸侯，今为齐下，秦王之志苟得穷齐，不惮[5]以国为功。然则王何不使辩士以此言说秦王曰："燕、赵破宋肥齐，尊之为之下者，燕、赵非利之也。燕赵不利而势为之者，以不信秦王也。然则王何不使可信者接收燕、赵，令泾阳君、高陵君先于燕、赵？秦有变，因以为质，则燕、赵信秦。秦为西帝，燕为北帝，赵为中帝，立三帝以令于天下。韩、魏不听则秦伐之，齐不听则燕、赵伐之，天下孰敢不听？天下服听，因驱韩、魏以伐齐，曰'必反宋地，归楚淮北'。反宋地，归楚淮北，燕、赵之所利也；并立三帝，燕、赵之所愿也。夫实得所利，尊得所愿，燕、赵弃齐如脱蹝⑥矣。今不收燕、赵，齐霸必成。诸侯赞齐而王不从，是国伐⑦也；诸侯赞齐而从之，是名卑也。今收燕、赵，国安而民尊；不收燕、赵，国危而名卑。夫去尊安而取危卑，智者不为也。"秦王闻若说，必若刺心然。则王何不使辩士以此若言说秦？秦必取，齐必伐矣。

夫取秦，厚交也；伐齐，正利也。尊厚交，务正利，圣王之事也。

【注释】

①挑：挑动，怂恿。②周室：周王室。室，朝廷。③符：古代朝廷传达命令或征调兵将用的凭证。④宾：通"摈"，遗弃，排斥。⑤惮：害怕，畏惧。⑥如脱蹝：像脱掉无跟的鞋一样方便。蹝，古代的一种拖鞋。⑦国伐：国被攻伐。

【原文】

燕昭王善其书，曰："先人尝有德苏氏，子之之乱而苏氏去燕。燕欲报仇于齐，非苏氏莫可。”乃召苏代，复善待之，与谋伐齐。竟破齐，湣王出走。

久之，秦召燕王，燕王欲往，苏代约[1]燕王曰：“楚得枳而国亡，齐得宋而国亡，齐、楚不得以有枳、宋而事秦者，何也？则有功者，秦之深雠也。秦取天下，非行义也，暴也。秦之行暴，正告[2]天下。

【注释】

①约：阻止。②正告：明白郑重地告知。

【原文】

“告楚曰：‘蜀地之甲[1]，乘船浮于汶，乘夏水而下江，五日而至郢。汉中之甲，乘船出于巴，乘夏水而下汉，四日而至五渚。寡人积甲宛东下随，智者不及谋，勇士不及怒，寡人如射隼[2]矣。王乃欲待天下之攻函谷，不亦远乎！’楚王为是故，十七年事秦。

【注释】

①甲：古代士卒穿的革质护身衣，以此指代军队。②射隼：比喻行动捷速。隼，一种凶猛的鸟，也叫鹘。

【原文】

“秦正告韩曰：‘我起乎少曲，一日而断大行[1]。我起乎宜阳而触平阳，二日而莫不尽繇[2]。我离[3]两周而触郑，五日而国举[4]。’韩氏以为然，故事秦。

【注释】

①大行：即太行。大，通“太”。②繇：震撼，动摇。③离：经历，此指通过、穿过。④国举：占领整个国家。举，攻克、夺取。

【原文】

“秦正告魏曰：‘我举安邑，塞女戟，韩氏太原卷。我下轵，道南阳，封冀，包两周。乘夏水，浮轻舟，强弩在前，锬戈[1]在后，决荥口，魏无大梁；决白马之口，魏无外黄、济阳；决宿胥之口，魏无虚、顿丘。陆攻则击河内，水攻则灭大梁。’魏氏以为然，故事秦。

【注释】

①锬（xiān）戈：锋利兵器。

【原文】

“秦欲攻安邑，恐齐救之，则以宋委于齐。曰：‘宋王无道，为木人以象寡人，射其面。寡人地绝[1]兵远，不能攻也。王苟能破宋有之，寡人如自得之。’已得安邑，塞女戟，因以破宋为齐罪。

“秦欲攻韩，恐天下救之，则以齐委于天下，曰：‘齐王四与寡人约，四欺寡人，必率天下以攻寡人者三。有齐无秦，有秦无齐，必伐之，必亡之。’已得宜阳、少曲，致蔺、离石，因以破齐为天下罪。

“秦欲攻魏重[2]楚，则以南阳委于楚。曰：‘寡人固与韩且绝矣。残均陵，塞黾厄，苟利于楚，寡人如自有之。’魏弃与国而合于秦，因以塞黾厄为楚罪。

【注释】

①绝：遥远。②重：敬重，推崇。

【原文】

“兵困于林中，重燕、赵，以胶东委于燕，以济西委于赵。已得讲[①]于魏，至[②]公子延，因犀首属行[③]而攻赵。

“兵伤于谯石，而遇败于阳马，而重魏，则以叶、蔡委于魏。已得讲于赵，则劫魏，魏不为割。困则使太后弟穰侯为和，嬴则兼欺舅与母[④]。

“適[⑤]燕者曰‘以胶东’，适赵者曰‘以济西’，適魏者曰‘以叶、蔡’，適楚者曰‘以塞黾厄’，適齐者曰‘以宋’。此必令言如循环，用兵如刺蜚[⑥]，母不能制，舅不能约。

“龙贾之战[⑦]，岸门之战[⑧]，封陵之战[⑨]，高商之战[⑩]，赵庄之战[⑪]，秦之所杀三晋[⑫]之民数百万，今其生者皆死秦之孤[⑬]也。西河之外，上雒之地、三川晋国之祸，三晋之半，秦祸如此其大也。而燕、赵之秦者，皆以争事秦说其主，此臣之所大患也。”

【注释】

①讲：和解，媾和。②至：通“质”，做人质。③属行：连兵相续。属，相连属。行，行列。指军队。④舅与母：指穰侯与宣太后。⑤適：谴责，惩罚。⑥刺蜚：比喻用兵捷速，易

于取胜。蜚，小飞虫。一说当作“韭”，菜。刺韭，犹如割菜。⑦龙贾之战：魏襄王五年（前 314），秦惠王派公子卬攻魏，大败龙贾军于雕阴。见《魏世家》《秦本纪》。⑧岸门之战：秦惠文王更元后十一年（前 314），秦在岸门大败韩军。详见《秦本纪》《魏世家》。⑨封陵之战：魏哀王十六年（前 303），在封陵，秦军大败魏军。详见《魏世家》。⑩高商之战：战事不详。《秦本纪》载有庄襄王三年攻魏高都并拔之事。⑪赵庄之战：《秦本纪》载，秦惠文王更元后十二年（前 313），“庶长疾攻赵，虏赵将庄”。《赵世家》载，赵武灵王十三年秦攻占蔺，“虏将军赵庄”，《六国年表》载同，在“赵国”栏。而《赵世家》又载，赵肃侯二十二年“赵疵与秦战，败，秦杀疵河西”，取赵蔺、离石。《正义》在赵武灵王“十三年，秦拔我蔺，虏将军赵庄”句下谓“本一作‘疪’”。本传《集解》取赵肃侯二十二年载，谓“赵庄与秦战败，秦杀赵庄河西”。综此，“赵庄”之战还须另考。⑫三晋：春秋末年，晋国被韩、赵、魏三家大夫所分，各立为国，史称三晋。⑬死秦之孤：抗秦战争中死者的遗孤。

【原文】

燕昭王不行。苏代复重于燕。

燕使约诸侯从亲如苏秦时，或从或不[①]，而天下由此宗[②]苏氏之从约。代、厉皆以寿死，名显诸侯。

【注释】

①不：相当于“否”。②宗：推重，尊崇。

【原文】

太史公曰：苏秦兄弟三人，皆游说诸侯以显名，其术长于权变[①]。而苏秦被反间[②]以死，天下共笑之，讳[③]学其术。然世言苏秦多异，异时事有类之者皆附之苏秦。夫苏秦起闾阎[④]，连六国从亲，此其智有过人者。吾固列其行事，次其时序，毋令独蒙[⑤]恶声焉。

【注释】

①权变：机变，随机应变。②反间：利用间谍离间敌人内部，使其落入自己的圈套。③讳：回避，顾忌。④闾阎：指民间。⑤蒙：受，遭受。

【译文】

苏秦是东周雒阳人，他曾向东到齐国拜师求学，在鬼谷子先生门下学习。

外出游历多年，弄得穷困潦倒，狼狈地回到家里。兄嫂、弟妹、妻妾都私下讥笑他，说：“周国人的习俗，人们都治理产业，努力从事工商，追求那十分之二的盈利为事业。如今，您丢掉本行而去干耍嘴皮子的事，穷困潦倒，不也应该嘛！”苏秦听了这些话，暗自惭愧、伤感，就闭门不出，把自己的藏书全部阅读了一遍。说：“一个读书人既然已经从师受教，埋头读书，可又不能凭借它获得荣华富贵，即使读书再多，又有什么用呢？”于是，找到一本周书《阴符》，伏案而钻研它。下了一整年的工夫，悉求真谛，找到与国君相合的门道，激动地说：“就凭这些足可以游说当代的国君了。”他求见并游说周显王。可是，显王周围的臣子一向了解苏秦的为人，都瞧不起他，因而周显王也不信任他。

于是，他向西到了秦国。秦孝公已经死了。就游说惠王说：“秦是个四面山关险固的国家，为群山所环抱，渭水如带横流，东有关河，西有汉中，南有巴蜀，北有代马，这真是个险要、肥沃、丰饶的天然府库啊。凭着秦国众多的百姓，训练有素的士兵，足以用来吞并天下，建立帝业而统治四方。”秦惠王说：“鸟儿的羽毛还没长丰满，不可能凌空飞翔；国家的政教还没有正轨，不可能兼并天下。”秦国刚刚处死商鞅，讳恨游说的人，因而不任用苏秦。

于是，他向东到了赵国。赵肃侯让自己的弟弟赵成出任国相，封号叫奉阳君。奉阳君不喜欢苏秦。

苏秦又去燕国游说，等了一年多才有机会拜见燕王。他劝燕文侯说：“燕国东边有朝鲜、辽东，北边有林胡、楼烦，西有云中、九原，南有滹沱、易水，区域纵横两千多里，武装部队几十万人，战车六百辆，战马六千匹，储存的粮食足够用好几年。南有碣石、雁门的肥沃土地，北有红枣和板栗的收益，百姓即使不耕作，光是这红枣、板栗的收获也足够富裕的了。这就是所说的天然府库啊！

“能够安居乐业，没有战事，看不到军队覆灭、将领被杀的情景，没有谁比得上燕国。大王知道原因吗？燕国不被敌人侵犯的原因，是因为赵国在燕国的南面遮蔽着。秦国和赵国发动五次战争，秦国胜了两次而赵国胜了三次。两国相互杀伤，彼此削弱，而大王可以凭借整个燕国的势力，在后边牵制着他们，这就是燕国不受敌人侵犯的原因。况且秦国要攻打燕国，就要穿越云中和九原，穿过代郡和上谷，远离几千里，即使攻克了燕国的城池，秦国也考虑到没法守住它。秦国不能侵害燕的道理很明显了。如今，赵国要攻打燕国，只要发出号令，不到十天，几十万大军就会挺进到东桓驻扎了，再渡过滹沱，涉过易水，用不了四五天的时间，就到燕国的都城了。所以说，秦国攻打燕国，是在千里以外打仗；赵国攻打燕国，是在百里以内作战。不忧虑百里以内的祸患而重视千里以外的敌人，再没有比这更错误的策略了。因此，希望大王与赵国合纵相亲，把各国联成一体，那么燕国一定不会有所忧虑了。”

文侯说：“您说得当然不错，可是我的国家弱小，西边又紧靠着强大的赵国，南边接近齐周，齐、赵都是强国啊。您一定要用合纵相亲的办法使燕国安全无事，我愿倾国相从。”

于是，就赞助苏秦车马钱财到赵国。奉阳君已经死了，就趁机劝赵肃侯说：“天下的卿相臣子一直到穿粗布衣的读书人，都仰慕您这贤明的国君施行仁义，都希望能在您面前听从教诲，陈述忠言，为时很久了。虽然如此，然而奉阳君妒忌人才而您又不理政事，因此宾客和游说之士没有谁敢在您面前畅所欲言。如今，奉阳君已经撒手人寰，您又可以和士民百姓亲近了，所以我才敢向您陈述愚见。

“我私下为您考虑，没有比百姓生活安宁，国家太平，并且无须让人民卷入战争中去更重要的了。使人民安定的根本，在于选择邦交，邦交选择得当，人民就安定；邦交选择不得当，人民就终身不安定。请允许我分析赵国的外患：假如赵国与齐、秦两国为敌，那么人民就得不到安宁；如果依靠秦国攻打齐国，人民也不会得到安宁；假如依靠齐国攻打秦国，人民还是得不到安宁。所以，想要计算别国的国君，攻打别人的国家，常常苦于公开声明断绝跟别国的外交关系，希望您小心谨慎，不要轻易把这话说出来。请让我为您分析这种黑白、阴阳极其分明的利害得失吧。您果真能听我的忠告，燕国一定会献出盛产毡裘狗马的土地，齐国一定会献出盛产鱼盐的海湾，楚国一定会献出盛产橘柚的园林，韩、卫、中山都会献出一部分土地作为赵国贵族汤沐邑，而您的亲戚和父兄都可以得到封侯之赏。获得割地、享受权力，正是春秋五霸不惜全军覆没、将领被俘的代价去追求的；使贵戚封侯，正是商汤、武王所以要起兵并采用流放甚至冒着弑君的罪名去争取的原因。如今，我让您安然就座，就可以轻易地获得这两种好处，这就是我希望于您的。

“现在，如果大王和秦国友好，那么秦国一定要利用这种优势去削弱韩国、魏国；如果和齐国友好，那么齐国一定会利用这种优势去削弱楚国、魏国。魏国衰弱了就要割地河外，韩国衰弱了就要献出宜阳。宜阳一旦献纳秦国，上郡就要陷入绝境，割让了河外就会切断上郡的交通。楚国要衰弱了，您就孤立无援。这三个方面，您不能不仔细地考虑啊。

"秦国攻下轵道，韩国的南阳就危在旦夕，秦国要强夺南阳，包围周都，那么赵国就要拿起武器自卫；假如秦国占据了卫地，攻取了卷城，那么齐国一定会向秦国俯首称臣。秦国的欲望既然已经在山东得逞，就一定会发兵向赵国进犯。假如秦军渡过黄河，越过漳水，占据番吾，那么，秦、赵两国的军队一定要在邯郸城下作战了。这就是我替您忧虑的原因啊。

"正当这时，山东境内所建立的国家没有比赵国强大的。赵国区域纵横两千多里，武装部队几十万人，战车千辆，战马万匹，粮食可支用好几年。西有常山，南有漳水，东有清河，北有燕国。燕，本来就是个弱小的国家，不值得害怕。天下间，秦国最忌恨的莫过于赵国。然而，秦国为什么不敢发兵攻打赵国呢？是害怕韩国和魏国在后边暗算它。既然如此，那么韩、魏可算是赵国南边的屏障了。秦国要是攻打韩、魏，就没有什么名山大川的阻挡，像蚕吃桑叶似的逐渐地侵占，直到逼近两国的国都为止。韩、魏不能抵挡秦国，必然会向秦国臣服。秦国解除了韩、魏暗算的顾虑，那么战祸必然会临到赵国了。这也是我替您忧虑的原因啊。

"我听说当初唐尧没有分到过三百亩的赏赐，虞舜也没有得到过一尺的封地，却能拥有整个天下；禹夏聚集的民众不够百人，却能在诸侯中称王；商汤、周武的卿士不足三千，战车不足三百辆，士兵不足三万，却能成为天子：他们确实掌握了夺取天下的策略。所以，一个贤明的君主，对外要能预料敌国的强弱，对内要能估计士兵们素质的优劣，这样用不着等到双方军队接触，胜败存亡的关键所在早就了然于胸了。怎么会被众人的议论所蒙蔽，而昏昧不清地决断国家大事呢？

“我私下考察过天下的地图，各诸侯国的土地五倍于秦国，估计各诸侯国的士兵十倍于秦国，假如六国结成一个整体，同心协力，向西攻打秦国，秦国一定会被打败。如今，反而向西侍奉秦国，向秦国称臣。打败别人和被别人打败，让别人向自己称臣和自己向别人称臣，难道是可以同日而语的吗！

“凡主张连衡政策的人，都想把各诸侯国的土地割让给秦国。秦国的霸业成功，他们就可把楼台亭榭建得高大，把宫室建得华美，欣赏着竽瑟演奏的音乐，前有楼台、宫阙，高敞华美的车子，后有窈窕艳丽的美女，至于各国遭受秦国的祸害，他们就不去分担忧愁了。所以，那些主张连衡的人凭借秦国的权势日夜不停地威胁诸侯各国，谋求割让土地，因此希望大王能仔细地考虑啊。

“我听说贤明的君主决断疑虑，排斥谗言，摒弃流言蜚语的途径，堵塞结党营私的门路，所以我才有机会在您面前陈述使国君尊崇，使土地扩展，使军队强大的计策。我私下为大王考虑，不如使韩、魏、齐、楚、燕、赵结成一个相亲的整体，对抗秦国。让天下的将相在洹水之上聚会，相互沟通故有的嫌隙，杀白马歃血盟誓，彼此约定说：‘假如秦国攻打楚国，那么齐、魏就分别派出精锐部队帮助楚国，韩国就切断秦国的运粮要道，赵军就南渡河漳支援，燕军就固守常山以北。假如秦国攻打韩国、魏国，那么楚军就切断秦国的后援，齐国就派出精锐部队去帮助韩、魏，赵军就渡过河漳支援，燕国就固守云中地带。假如秦国攻打齐国，那么楚国就切断秦国的后援，韩国固守城皋，魏国堵塞秦国的要道，赵国的军队就渡河漳挺进博关支援，燕国派出精锐部队去协同作战。假如秦国攻打燕国，那么，赵国固守常山，楚国的部队驻扎武关，齐军渡过渤海，韩、魏同时派出精锐部队协同作战。假如秦国攻打赵国，那么韩国的部队驻扎宜阳，楚国的部队驻扎武关，魏国的部队驻扎河外，齐国的部队渡过清河，燕国派出精锐部队协同作战。假如有的诸侯不照盟约办事，便用其他五国的军队共同讨伐他。’假如六国相亲结成一体共同抵抗秦国，那么秦国一定不敢从函谷关出兵侵犯山东六国了。这样一来，您霸主的事业就成功了。”

赵王说：“我还年轻，即位时间又短，不曾听到过使国家长治久安的策略。如今，您有意使天下得以生存，使各诸侯国得以安定，我愿诚恳地倾国相从。”于是，装饰车子一百辆，载上黄金一千镒，白璧一百双，绸缎一千匹，用来游说各诸侯国加盟。

这时，周天子把祭祀文王、武王用过的肉赐给秦惠王。惠王派犀首攻打魏国，生擒了魏将龙贾，攻克了魏国的雕阴，并打算挥师向东挺进。苏秦恐怕秦国的部队打到赵国来，就用计激怒了张仪，迫使他投奔秦国。

于是，苏秦去游说韩宣王说：“韩国北部有坚固的巩邑、城皋，西部有宜阳、商阪的要塞，东有宛、穰、洧水，南有陉山，区域纵横九百多里，武装部队有几十万，天下的强弓硬弩都是从韩国制造出来的。像谿子弩，以及少府制造的时力、距来，射程都在六百步以外。韩国士兵脚踏连弩而射，能连续发射一百箭，中间不停止。远处的敌人，可以射穿他们胸前的铠甲，穿透胸膛，近处的敌人，可以射透他们的心脏。韩国士兵使用的剑、戟都是从冥山、棠谿、墨阳、合赙、邓师、宛冯、龙渊、太阿锻冶的，这些锋利的武器都能在陆上截断牛马，水上能劈天鹅、大雁，临阵对敌能斩断坚固的铠甲、铁衣，从臂套、盾牌到系在盾牌上的丝带，没有不具备的。凭着韩国士兵的勇敢，披着坚固的铠甲，拉着强劲的硬弩，佩戴着锋利的宝剑，即使以一当百，也不在话下。凭着韩国兵力的强劲和大王的贤明，却向西侍奉秦国，拱手而臣服，使国家蒙受耻辱而被天下人耻笑，没有比这更严重的了。因此，希望大王仔细地考虑啊。

“如果大王去侍奉秦国，秦国必定会向您索取宜阳、成皋。今年把土地献给他，明年又要索取割地。给他吧，却没有土地可给，不给吧，那么就会丢掉以前割地求好的功效而遭受后患。况且大王的土地是有限的，而秦国贪婪的索取是没有止境的，拿有限的土地，去换取无止境的索取，这就叫做拿钱购买怨恨，纠结灾祸。不用打仗，而土地就被割去了。我听说过一句俗话：‘宁为鸡口，无为牛后。’现在，如果向西拱手臣服，和做牛后有什么不同呢？凭着大王的贤明，又拥有韩国强大的军队，却蒙受做牛后的丑名，我实在替大王感到羞愧。”

这时，韩王突然变了脸色，捋起袖子，愤怒地瞪大眼睛，手按宝剑，仰望天空长长地叹息说：“我虽然没有出息，也绝不能去侍奉秦国。现在，您既然转告了赵王的指教，我愿意把整个国家托付给您，听从您的安排。”

苏秦又游说魏襄王说："大王的国土，南边有鸿沟、陈地、汝南、许地、郾地、昆阳、召陵、舞阳、新都、新郪，东边有淮河、颍河、煮枣、无胥，西边有长城为界，北边有河外、卷地、衍地、酸枣，国土纵横千里。地方名义上虽然狭小，但是田间到处盖满房屋，连放牧牲畜的地方都没有了。人口稠密，车马众多，日夜行驰，络绎不绝，轰轰隆隆，似乎有三军人马的声势。我私下估量大王的国势和楚国不相上下。可是，那些主张连衡的人诱惑您侍奉秦国，伙同像虎狼一样凶恶的秦国侵扰整个天下，一旦魏国遭受秦国的危害，谁都不会顾及您的灾祸。依仗着秦国强大的势力，在内部劫持别国的君主，一切罪恶没有比这更严重的了。魏，是天下强大的国家；王，是天下贤明的国君。现在，您竟然有意向西面侍奉秦国，自称是秦国东方的属国，为秦国建筑离宫，接受秦国的分封，采用秦国的冠服式样，春秋季节给秦国纳贡助祭，我私下为大王感到羞耻。

"我听说越王句践仅用三千疲惫的士兵作战，就在干遂活捉了吴王夫差；周武王只用了三千士兵，三百辆蒙着皮革的战车，在牧野制服了商纣：难道他们是靠着兵多将广吗？实际是因为充分发挥出了他们的威力。现在，我私下听说大王的军事力量，精锐部队二十万，裹着青色头巾的部队二十万，能冲锋陷阵的部队二十万，勤杂兵十万，战车六百辆，战马五千匹。这些实力超过越王句践和周武王很远了，可是，如今您却听信群臣的建议，想以臣子的身份服事秦国。如果侍奉秦国，必然要割让土地来表示自己的忠诚，因此，还没动用军队，国家却已亏损了。凡是群臣中妄言服事秦国的，都是奸佞之人，而不是忠臣。他们作为君主的臣子，却想割让自己国君的土地，以求得与秦国的友谊，偷取一时的功效而不顾后果，破坏国家的利益而成就私人的好处，对外凭借着强秦的势力，从内部劫持自己的国君，以达到割让土地的目的，希望大王仔细地审察这种情况。

"《周书》上说：'草木滋长出微弱的嫩枝时，要不及时去掉它，到处滋长延伸了怎么办呢？细微嫩枝不及时砍掉它，等到长得粗壮了，就得用斧头了。'事前不考虑成熟，事后将有灾祸临头，那时对它将怎么办呢？大王果真能听从我的建议，六国联合相亲，专心合力，一个意志，就一定没有强秦侵害的祸患了。所以，敝国的赵王派我来献上不成熟的策略，奉上详明的公约，全赖大王的指示号召大家了。"

魏王说："我没有出息，从没听说过如此贤明的指教。如今，您奉赵王的使命来指教我，我愿以魏国相随。"

接着，苏秦又向东方游说齐宣王，说："齐国南面有泰山，东面有瑯邪山，西面有清河，北面有渤海，这可说是四面都有天险的国家了。齐国的土地纵横两千余里，武装部队几十万人，粮食堆积得像山丘一样高大。三军精良，联合起五家的兵卒，进攻如同锋芒之刀刃、良弓之矢那样勇猛捷速，打起仗来就像雷霆震怒一样猛烈，撤退就像风雨一样快地消散。自有战役以来，从未征调过泰山以南的军队，也不曾渡过清河，涉过渤海去征调这二部的士兵。光是临淄就有居民七万户，我私下估计，每户不少于三个男子，三七二十一万，用不着征集远处县邑的兵源，光是临淄的士兵本来就够二十一万了。临淄富有而殷实，这里的居民没有不吹竽鼓瑟、弹琴击筑、斗鸡走狗、下棋踢球的。临淄的街道上车子拥挤得车轴互相撞击，人多得肩膀相互摩擦，把衣襟连接起来，可以形成围幔，举起衣袖，可以成为遮幕，大家挥洒的汗水，就像下雨一样，家家殷实，人人富足，志向高远，意志飞扬。凭借着大王的贤明和齐国的强盛，天下没有哪个国家能够比得上。如今，您却要向西去侍奉秦国，我私下替大王感到羞耻。

“况且韩、魏之所以非常畏惧秦国，是因为和秦国的边界相接壤，假如双方派出军队交战，不出十天，胜败存亡的局势就决定了。如果韩、魏战胜了秦国，那么自己的兵力要损失一半，四面的国境无法保卫；如果作战不能取胜，那么国家接着就陷入危亡的境地。这就是韩、魏把和秦国作战看得那么重要，而很轻易地想要向秦国臣服的原因。现在，秦国攻打齐国的情况就不同了，秦国背靠着韩、魏的土地，要经过卫国阳晋的要道，穿过齐国亢父的险塞，战车不能并驶，战马不能并行，只要有一百人守在险要之处，就是有一千人也不敢通过，即使秦国军队想要深入，就像狼一样疑虑重重，时常回顾，生怕韩、魏在后面暗算它。所以，它虚张声势，恐吓威胁。它虽然骄横矜夸却不敢冒险进攻，那么秦国不能危害齐国的形势也就相当明了啦。

“不能深刻地估计到秦国根本对齐国无可奈何的实情，却想要向西而侍奉秦国，这是群臣们策略上的错误。现在，齐国还没有向秦国臣服的丑名，却有强大的国家实力。所以，我希望大王稍微留心考虑一下，以便决定对策。”

齐王说：“我不是一个聪明的人，居住在偏僻遥远、紧靠大海、道路绝尽、地处东境的国家，从未听到过您高明的教诲。如今，您奉赵王的使命来指教我，我将严肃地率领全国民众听从您的安排。”

于是，苏秦又向西南去游说楚威王，说：“楚国，是天下强大的国家；大王，是天下贤明的国王。楚国西边有黔中、巫郡，东边有夏州、海阳，南边有洞庭、苍梧，北边有陉塞、郇阳，土地纵横五千多里，士卒一百万，战车千辆，战马万匹，存粮足够支用十年。这是建立霸业的资本啊。凭借着楚国的强大和大王的贤明，天下没有哪个国家能比得上。如今，您却想向西侍奉秦国，那么，天下就再没有哪个诸侯不向西面拜服在秦国的章台宫下了。

“秦国最大的忧患没有比得上楚国的，楚国强大，那么秦国就会弱小；秦国强大，那么楚国就会弱小。从这种情势判断，两国不能同时并存。所以，我劝大王策划，不如合纵相亲，来孤立秦国。如果大王不采纳合纵政策，秦国一定会出动两支军队，一支从武关出击，一支直下黔中，那么鄢郢的局势就动摇了。

“我听说在未发生动乱之前，就应该治理它，在祸患没有降临之前，就要采取行动。要等到祸患临头，再去忧虑它，那就来不及了。所以，希望大王能早做仔细的打算。大王果真能听从我的建议，我可以使崤山以东诸国一年四季向您进贡，接受您英明的指教，把国家委托给您，奉献宗庙请您保护，训练士兵，磨砺兵器，听任大王的指挥。大王如果能采纳我的计策，那么，韩、魏、齐、燕、赵、卫等国动听的音乐和美丽的女子一定会充满您的后宫，燕国、代地所产的骆驼、良马一定会充满您的畜圈。所以说，合纵成功，楚国便成霸王之业；连横胜利，秦国便成天下之主。如今，您要放弃称王称霸的功业，蒙受侍奉别人的丑名，我私下认为大王这种做法不可取。

“秦国是虎狼一样凶恶的国家，还有吞并天下的野心。秦国也是天下各诸侯的共同仇敌。凡主张连衡的人都想分割各诸侯的土地奉献给秦国，这就叫做供养仇人和敬奉仇敌啊。作为人家的臣子，却要分割自己国君的土地，用来和如狼似虎的强秦相交往，侵扰天下，而自己的国家突然遭受秦国的侵害，他们却不顾及这些灾祸。对外依仗着强秦的威势，用来在内部劫持自己的君主，索取割地，是最大的叛逆，最大的不忠，没有比这更严重的罪过了。所以，合纵相亲，各诸侯就会割让土地侍奉楚国，连横成功，楚国就要割让土地侍奉秦国，这两种策略相差太远了。这二者，大王要处于哪一方的立场呢？所以，敝国赵王派我来奉献这不成熟的策略，奉上详明的公约，全靠大王晓喻众人了。”

楚王说：“我国西边和秦国接壤，秦国有夺取巴、蜀并吞汉中的野心。秦是虎狼一样凶恶的国家，是不可以亲近的。韩、魏经常遭受秦国侵害的威胁，不可以和他们做深入的策划。假如和他们深入地策划，恐怕有叛逆的人泄露给秦国，以致计划还没施行，而国家就面临危险了。我自己估计，拿楚国对抗秦国，不一定取得胜利；在朝廷内和群臣谋划，他们又不可信赖。我躺在床上睡不安稳，吃东西也感觉不到香甜，心神恍恍惚惚，好像挂在空中的旗子，始终没有个着落。现在，您打算使天下统一，团结诸侯，使处于危境的国家保存下来，我愿意恭恭敬敬地把整个国家托付给您，听从您的安排。”

于是，六国合纵成功，同心协力了。苏秦做了合纵联盟的盟长，并且担任了六国的国相。

苏秦北上向赵王复命，途中经过洛阳，随行的车辆马匹满载着行装，各诸侯派来送行的使者很多，气派比得上帝王。周显王听到这个消息感到害怕，赶快找人为他清除道路，并派使臣到郊外迎接慰劳。苏秦的兄弟、妻子、嫂子斜着眼不敢抬头看他，都俯伏在地上，非常恭敬地服侍他用饭。苏秦笑着对嫂子说：“你以前为什么对我那么傲慢，现在却对我这么恭顺呢?”他的嫂子赶紧俯伏在地上，弯曲着身子，匍匐到他面前，脸贴着地面请罪说：“因为我看到小叔您地位显贵，钱财多啊。”苏秦感慨地叹息说：“同样是我这个人，富贵了，亲戚就敬畏我；贫贱时，就轻视我。何况一般人呢！假使我当初在洛阳近郊有二顷良田，如今，我难道还佩带得上六个国家的相印吗?”当时，他就散发了千金，赏赐给亲戚朋友。当初，苏秦到燕国去，向人家借过一百钱做路费，现在富贵了，就拿出一百金（一百万钱）偿还那个人。同时，报答了以前所有对他有恩德的人。他的随从人员中，唯独有一个人没得到报偿，就上前去自己申说。苏秦说：“我不是忘了您，当初您跟我到燕国去，在易水边上，您再三要离开我，那时正当我困窘不堪，所以我深深地责怪您，所以把您放在最后，您现在也可以得到赏赐了。”

苏秦约定六国联盟之后，回到赵国，赵肃侯封他为武安君。于是，苏秦把合纵盟约送交秦国。从此，秦国不敢窥伺函谷关以外的国家长达十五年之久。

后来，秦国派使臣犀首欺骗齐国和魏国，和他们联合起来攻打赵国，打算破坏合纵联盟。齐、魏攻打赵国，赵王就责备苏秦。苏秦害怕，请求出使燕国，一定要向齐国报复。苏秦离开赵国以后，合纵盟约便瓦解了。

秦惠王把他的女儿嫁给燕国太子做妻子。这一年，燕文侯去世，太子即位，这就是燕易王。易王刚刚登位，齐宣王趁着燕国发丧之机，攻打燕国，一连攻克了十座城池。易王对苏秦说：“从前先生到燕国来，先王资助您去见赵王，于是才约定六国合纵。如今，齐国首先进攻赵国，接着又打到燕国，因为先生的缘故被天下人耻笑，先生能替燕国收复侵占的国土吗?”苏秦感到非常惭愧，说：“请让我替大王把失地收回来。”

苏秦见到齐王，拜了两拜，弯下腰去，向齐王表示庆贺；仰起头来，又向齐王表示哀悼。齐王说：“为什么庆贺和哀悼相继这么快呢?”苏秦说：“我听说饥饿的人，宁愿饥饿而不吃乌头这种有毒植物的原因，是因为它越是能填满肚子就和饿死的灾祸越是没有区别啊。现在，燕国虽然弱小，但燕王却是秦王的小女婿。大王占了他十座城池的便宜，却长久地和强秦结成仇怨。如今，使弱小的燕国像大雁一样相继飞行，强大的秦国跟在它的后面做掩护，从而招致天下的精锐部队攻击你，这和吃乌头是相类似的啊。”齐王的脸色一下子变得凄怆而严肃，说：“既然如此，那怎么办呢?”苏秦说：“我听说古代善于处理事情的人，能够把灾祸转化为吉祥，通过失败变为成功。大王果真能听从我的计策，立即归还燕国的十座城池。燕国白白地收回十城，一定很高兴。秦王知道因为他的关系而归还燕国的十城，也一定很高兴。这就叫做放弃仇恨而得到牢不可破的友谊。燕国、秦国都来侍奉齐国，那么大王对天下发出的号令，没有敢不听的。这就等于用虚夸不实地依附秦国，实际上却以十城的代价取得天下，这是称霸天下的功业啊。”齐王说：“好。”于是，就归还了燕国的十座城池。

有毁谤苏秦的人说：“苏秦是个左右摇摆、出卖国家、反复无常的臣子，将要引起乱子。”苏秦生怕获罪，回到燕国，而燕王却不给他官职。苏秦求见燕王说：“我是东周一个鄙陋的人，没有一点功劳，而大王却在宗庙里授予我官职，在朝廷上以礼相待。如今，我为大王说退了齐国的军队，又收回了十座城池，应该对我越发地亲近。如今，我回到燕国而大王不授予我官职，一定有人以不忠实的罪名在您面前中伤我。其实，我的‘不忠实’，正是大王的福气啊。我听说，忠诚信实的人，一切都为着自己的目的；奋发进取的人，一切都为着别人去努力。况且我游说齐王，也没有欺骗他啊。我把老母抛在东周，本来就不打算为自己树立忠信的名声，而决心帮助别人求得进取。现在，假如有像曾参一样孝顺，像伯夷一样廉洁，像尾生一样信实的人，让这样三种人去侍奉大王，您认为怎样?”燕王回答说：“足够了。”苏秦说：“像曾参一样孝顺，为尽孝道，绝不离开父母在外面过上一夜。像这样，您又怎么能让他步行千里，来到弱小的燕国，侍奉处在危困中的国君呢？像伯夷一样廉洁，坚守正义，不愿做孤竹君的继承人，不肯做周武王的臣子，不接受赐爵封侯而最终饿死在首阳山下。像他这样廉洁，大王又怎么能让他步行千里到齐国干一番事业取回十座城池呢？像尾生那样诚信，和女子相约在桥下幽会，女子如期没来，洪水来了也不离去，紧抱桥柱被水淹死。像这样的诚信，大王又怎么能让他步行千里退去齐国强大的军队呢？我正是以所谓的忠诚信实在国君面前获罪的呀。”燕王说：“你自己不忠诚信实罢了，难道还有因为忠诚信实而获罪的吗?”苏秦说：“不是这样的。我听说有一个人在很远的地方做官，他的妻子和别人私通，她的丈夫快要回来时，和她私通的人就忧虑，妻子说：‘你不要担心，我已经做好了毒酒等着他呢。’过了三天，她的丈夫果然到了，妻子让侍妾端着有毒的酒给他喝，侍妾想告诉他酒中有毒，又恐怕她把主母赶走；可是，不告诉他吧，又恐怕她的毒酒害死了主父，于是她假装跌倒，把酒泼在地上。主父大发雷霆之怒，将她打了五十竹板。所以，侍妾一跌倒而泼掉了那杯毒酒，在上保存了主父，在下保存了主母，可是自己却免不掉挨竹板子，怎么能说忠诚信实就不能获罪呢？不幸的是，我的罪过跟侍妾的遭遇相类似啊！”燕王说：“先生恢复原来的官职吧。”从此，燕王更加优厚地对待他。

燕易王的母亲，是燕文侯的夫人，与苏秦私通。燕易王知道这件事，却对苏秦的待遇更加优厚。苏秦恐怕被杀，就劝说燕王:“我留在燕国，不能使燕国的地位提高。假如我在齐国，就一定能提高燕国的地位。”燕王说：“一切听任先生去做吧。”于是，苏秦假装得罪了燕王而逃跑到齐国。齐宣王便任用他为客卿。

齐宣王去世，湣王继位，苏秦就劝说湣王把葬礼办得铺张隆重，用来表明自己的孝道，高高地建筑宫室，大规模地开辟园林，以表明自己得志。其实，苏秦打算使齐国破败，从而有利于燕国。燕易王去世，燕哙登基做了国君。此后，齐国大夫中有许多人和苏秦争夺国君的宠信，因而派人刺杀苏秦。苏秦当时没死，带着致命的伤逃跑了。齐王派人捉拿凶手，然而没有抓到。苏秦将要死去，便对齐王说：“我马上就要死了，请您在人口集中的街市上把我五马分尸示众，就说‘苏秦为了燕国在齐国谋乱’，这样做，刺杀我的凶手一定可以抓到。”当时，齐王就按照他的话做了，那个刺杀苏秦的凶手果然自动出来了，齐王因而就把他杀了。燕王听到这个消息说：“齐国为苏先生报仇，做法也太过分啦。”

苏秦死后不久，他为燕国破坏齐国的大量事实泄露出来。后来，齐国听到这些秘密，就把恼恨迁怒于燕国。燕王很害怕。苏秦的弟弟叫苏代，苏代的弟弟叫苏厉，他们看到哥哥功成名就，遂顺心愿，也都发奋学习纵横之术。等到苏秦死了，苏代就去求见燕王，打算承袭苏秦的旧业。他对燕王说：“臣，是东周鄙陋的人。私下听说大王德行很高，鄙人很愚笨，放弃农具来求见大王。到了赵国邯郸，所看到的情况远不如我在东周听到的，我私下决定担负起为您做一番事业的志向。等到了燕国朝廷，遍观大王的臣子、下吏，才知道大王是天下最贤明的国君啊。”燕王说：“您所说的贤明的国君是什么样的呢？”苏代回答说：“我听说贤明的国君一定愿听到别人指出他的过失，而不希望只听到别人称赞他的优点，请允许让我说明大王的过失。齐国和赵国是燕国的仇敌，楚国和魏国是燕国的后援国家。如今，大王却去奉承仇敌而攻打能援救自己的国家，这对燕国是没有好处的。请大王自己想一想，这是策略上的失误，不把这种失误讲给您听的人，就不是忠臣。”燕王说：“齐国本来就是我的仇敌，是要讨伐的国家，只是担心国家衰弱，没有足够的力量。假如您能以燕国现有的力量讨伐齐国，那么，我愿把整个国家托付给您。”苏代回答说：“天下能够互相征战的国家共有七个，而燕国处于弱小的地位。单独作战不能取得胜利，然而只要有所依附，那么就没有不提高声威的。向南依附楚国，楚国的声威提高；向西依附秦国，秦国的声威提高；中部依附韩国、魏国，韩国、魏国的声威提高；假如所依附的国家声威提高了，这样也就一定能使您的声威提高啊。如今，齐国的国君年纪大而固执自信，听不进别人的意见。他向南攻打楚国长达五年之久，积聚的财富也消耗尽了；西边被秦国困扰了多年，士兵们已疲惫衰败；向北和燕国人作战，以三军覆没的代价，仅仅俘虏了两名将领。然而，还要发动剩余的兵力向南攻打拥有五千辆战车的宋国，吞并十二个小诸侯国。这是他们国君的欲望，可是他们的民力已经枯竭了，怎么能够办得到呢？况且我听说过，连续打仗，百姓就疲困劳乏，战争持续太久，士兵就疲惫不堪。”燕王说：“我听说齐国据有清济、浊河可以用来固守，长城、钜防足以作为要塞，果真是这样吗？”苏代回答说：“天时不给他有利的机会，即使有清济、浊河怎么能够固守呢？百姓已经疲困劳乏，即使有长城、钜防，怎么能够成为要塞呢？况且，以前不征发济州以西的兵力，目的是为了防备赵国的入侵；不征发河北的兵力，目的是为了防备燕国的入侵。如今，济西、河北的兵力都被征发参战了，境内的防卫力量已很薄弱了。骄横的国君一定好利，亡国的臣子一定贪财。大王如果能够不因为以侄儿弟弟作为人质而感到羞耻，用宝珠、美玉、布帛去贿赂齐王的亲信，那么齐王就会友好地对待燕国，而出兵去消灭宋国，那么，这样一来，齐国就可以灭掉了。”燕王说：“我终于凭借着您而承受灭亡齐国的天命了。”燕国就派了一位公子到齐国充当人质。苏厉也借着燕国派人质的机会求见齐王。齐王怨恨苏秦，打算把苏厉囚禁起来。燕国质子替他在齐王面前请罪，随后苏厉就委身做了齐国的臣子。

燕国的宰相子之与苏代结为姻亲，子之想夺取燕国的政权，就派苏代到齐国去侍奉做人质的那位公子。齐王派遣苏代回燕国复命，燕王哙问道：“齐王可能要称霸了吧？”苏代回答说：“不可能。”燕王说：“为什么呢？”苏代回答说：“齐王不信任他的臣子。”于是，燕王专一重用子之，不久又把王位禅让给子之，燕国因此大乱。齐国趁机攻打燕国，杀了燕王哙和子之。燕国拥立昭王即位，而苏代、苏厉就再不敢回到燕国来，最后都归附了齐国，齐王友好地对待他们。

苏代经过魏国，魏国替燕国拘捕了苏代。齐王派人去对魏王说："齐国想要把宋地分封给秦王的弟弟泾阳君，秦王一定不肯接受。秦王并不是不愿齐国的协助而夺取宋国的土地，而是他不相信齐王和苏先生。如今，齐国和魏国矛盾已经达到如此严重的地步，那么齐国就不会去欺骗秦国。秦国也会相信齐国，齐、秦联合起来，泾阳君就会得到宋国的土地，这就不是一件有利于魏国的事了。所以，大王不如让苏先生东归齐国，秦王一定会怀疑齐王，而又不相信苏先生了。齐、秦不能联合，天下的局势就不会有什么大的变动，攻打齐国的形势就形成了。"于是，魏国释放了苏代。苏代到了宋国，宋王友好地对待他。

齐国攻打宋国，宋国危急，苏代就写了一封信致送燕昭王，说：

燕国是列入万乘的大国，却向齐国派遣了人质，名声卑下而权力低微；奉献出众多军队帮助齐国攻打宋国，使得百姓劳困而财力消费；即便打败宋国，残害楚国的淮北，只能壮大齐国，帮助仇敌日益强大而残害了自己的国家。这三方面都是对燕国很不利的事。虽然如此，可是大王还在继续这样干下去，是为了取得齐国的信任。齐国对大王更加不信任，而且对燕国的忌恨越来越深，这就说明大王的策略是错误的。把宋国和楚国淮北加在一起，抵得上一个强大的万乘国家，而齐国吞并了它，就等于使齐国得益于一倍的国力。北夷纵横七百里，再把鲁国和卫国加上，又抵得上一个强大的万乘国家。齐国吞并了他们，这就等于使齐国得益于二倍的国力。一个强大的齐国，燕国就忧虑重重而不能支持，如今把三个齐国那么强大的力量压到燕国头上，那个灾祸必然很严重了。

虽然如此，但是一个明智的人做事，能够利用灾祸变为吉祥，把失败转化为成功。齐国的紫绢，本来是破旧的白绢染成的，却能够提高十倍的价钱；越王句践被困栖身在会稽山上，却又击败了强大的吴国而称霸天下。这都是利用灾祸变为吉祥，把失败转化为成功的事例啊。

如今，假若大王想把灾祸变为吉祥，把失败转化为成功，莫如怂恿各国尊奉齐国为霸主，派遣使臣到周王室去公然结盟，烧毁秦国的信符，宣告说“最高明的策略就是攻破秦国；其次是一定要永远排斥它”。秦国遭到各国共同的排斥面临被攻破的威胁，秦王必定为此而忧虑。秦国连续五代都主动攻打各诸侯国，如今却屈居齐国之下，按照秦王的意志，如果能迫使齐国走投无路，就不怕拿整个国家做赌注以求得成功。既然如此，那么大王何不派遣说客用这些话去劝说秦王：“燕、赵攻破宋国，都壮大了齐国，大家尊崇他，做他的下属，燕、赵并没有得到好处。燕、赵得不到好处而又一定这么干的原因，那就在于不相信秦王。既然如此，那么大王何不派可信赖的人联合燕国和赵国，让泾阳君、高陵君先到燕国、赵国去呢？如果秦国背信弃义，就用他们做人质，这样燕国和赵国就相信秦国了。这样一来，秦国在西方称帝，燕国在北方称帝，赵国在中部称帝，树立起三个帝王在天下发号施令。假如韩国、魏国不服从，那么秦国就出兵攻打它，齐国不服从，那么燕国、赵国出兵攻打它，这样一来，天下还有谁敢不服从呢？天下都服从了，就趁势驱使韩、魏攻打齐国，说：‘必须交出宋国的失地，归还楚国的淮北’。交出宋国的失地，归还楚国的淮北，对燕国和赵国都是有利的事；并立三帝，也是燕、赵甘之如饴的事。他们实际上得到了好处，名分上如愿以偿，那么让燕国和赵国抛弃齐国，就好像甩掉拖鞋一样的容易。现在，如果您不去联合燕、赵，那么齐国称霸的局势一定会形成。诸侯们都拥护齐国而唯独您不服从，这就会遭到各国诸侯的讨伐；诸侯们都拥护齐国而您也服从它，这就会使你的声望降低了。如今，您联合燕、赵，可使国家安定而声望尊崇；不联合燕、赵，国家就会危险而声望就会降低。抛弃名尊国安而选择国危名卑，明智的人是不会这样干的。”秦王听完这些话，心头必被刺痛。那么，大王为什么不派遣说客用这些话去游说秦王呢？秦王听到了一定会采纳，齐国一定会遭到讨伐。

结交秦国，是有利的外交；讨伐齐国，是正当的利益。奉行有利的外交政策，追求正当的利益，是圣王所做的事业啊。

燕昭王认为他写的这封信太好了，就说：“先王曾对苏家有恩德，后来因为子之的乱子，苏氏才离开了燕国，燕国要向齐国报仇，非得苏氏不可。”于是，就召回苏代，又很好地对待他，和他一起策划攻打齐国的事情。终于打败了齐国，迫使齐湣王逃离齐国。

过了很久，秦国邀请燕王，燕王就想前往，苏代阻止燕王说：“楚国贪得了枳地而导致国家危亡，齐国夺取了宋地而导致国家破败。齐、楚不能因为拥有了枳、宋反而还要侍奉秦国，这是为什么呢？那是因为凡是成功的国家，都是秦国最忌恨的大敌。秦国夺取天下，不是凭借着推行正义，而是施以暴力。秦国施以暴力，是公开宣告于天下的。

“他曾警告楚国说：‘蜀地的军队，坐着船漂浮在汶水之上，趁着夏季盛大的水势而直下长江，五天就能抵达郢都。汉中的军队，坐着船从巴江出发，趁着夏季盛涨的水势而直下汉江，四天就能抵达五渚。我亲自在宛东集结军队，直下随邑，聪明才智的人来不及出谋献策，勇武的人来不及发怒，我攻击你们的行动就像射杀鹰隼一样神速。而楚王你还想等待天下各国一起来攻打函谷关，岂不是太遥远了吗？’楚王就是因为这个缘故，侍奉了秦国十七年。

“秦国又严正地警告韩国说：‘我的军队从少曲出发，一天之内就能切断太行山的通道。我的军队从宜阳出发，直接攻击平阳，两天之内韩国各地的局势就没有不动摇的了。我的军队穿过东西两周攻击新郑，五天之内，我将攻克整个韩国。’韩国认为他说的有道理，所以侍奉秦国。

“秦国还严正地警告魏国说：‘我的军队攻克安邑，围困女戟，韩国的太原就被切断。我的军队直下轵道，通过南阳，封锁冀邑，包抄东西两周。趁着夏季旺盛的水势，驾着轻便的战船，强劲的弓弩在前，锋利的戈矛在后，掘开荥泽水口，魏国的大梁就会被洪水吞没不复存在了；掘开白马河的水口，魏国的外黄、济阳也会被洪水吞没不复存在了；掘开宿胥河的水口，魏国的虚地、顿丘也会被洪水淹没不复存在了。在陆地上作战，就攻击河内，利用水攻就可毁灭大梁。’魏国认为他说的有道理，所以侍奉秦国。

“秦国打算攻打安邑，担心齐国救援它，就把宋地许给齐国。说：‘宋王无道，做了个木头人很像我，用箭射它的脸。我的国家和宋国路途隔绝，军队距宋太远，不能直接攻打它。齐王您如果能打败宋国据为己有，那就像我自己占有它一样高兴。’后来，秦国攻下了魏国的安邑，围困了女戟，反而把攻破宋国作为齐国的罪过。

“秦国打算进攻韩国，担心天下诸侯救援它，就把齐国许给天下诸侯去讨伐，说：‘齐王四次和我订立盟约，四次欺骗我，坚决地率领天下的军队进攻我国就有多次。只要齐国存在，就没有秦国；只要有秦国的存在，就没有齐国。一定要讨伐它，一定要毁灭它。’等到秦国夺取了韩国的宜阳、少曲，攻克了蔺邑、离石，却又把打败齐国作为天下诸侯国的罪过。

“秦国打算进攻魏国，就先尊崇楚国，便把南阳许给楚国。说：‘我本来就和韩国断绝了关系。摧毁均陵，围困黾厄，假如对楚国有利，那就像我占有它一样高兴。’等到魏国抛弃了盟约的国家而与秦国联合，秦国却以围困黾厄作为楚国的罪名。

“秦国的军队被困在林中，就尊崇燕国和赵国，把胶东许给燕国，把济西许给赵国。等到秦国和魏国和解了，就把公子延作为人质，利用犀首连兵相续地攻打赵国。

“秦国的军队在谯石遭到重创，在阳马又被打败，就尊崇魏国，便把叶地和蔡地许给魏国。等到他和赵国和解后，就威胁魏国而不肯依照约定分割土地。秦军陷入困境，就派太后的弟弟穰侯去讲和。等他取得了胜利，连自己的舅舅和母亲也都受到欺骗。

“秦国谴责燕国，便把攻胶东作为罪名；谴责赵国，便把夺取济西作为罪名；谴责魏国，就把占领叶、蔡作为罪名；谴责楚国，就把堵塞黾厄作为罪名；谴责齐国，就把攻打宋国作为罪名。这样一来，他的外交辞令循环往复，用兵打仗如同刺杀蜚虫那么轻易。秦王飞扬跋扈，即使他的母亲都不能制止，他的舅舅更无法约束。

“龙贾之战、岸门之战、封陵之战、高商之战、赵庄之战，秦国所杀韩、赵、魏三国百姓有几百万，现在这三个国家还活着的人都是抗秦战争中死者的遗孤。西河以外，上洛地区，三川一带经常遭受秦国的攻打，这是晋国的灾难！秦国侵扰了韩、赵、魏的一半土地，秦国制造的灾难是如此严重啊！而燕、赵等国到秦国去游说的人，却争相以侍奉秦国来劝说自己的国君，这是我非常忧虑的事啊。”

燕昭王没有去秦国，苏代又被燕王所重用。

燕王派苏代联络各国合纵相亲，就如同苏秦在世时一样。诸侯们有的加入了联盟，有的没加入联盟，而各国人士从此都尊崇苏秦所倡导的合纵联盟。苏代、苏厉都寿终天年，他们的名声在各诸侯国显扬。

太史公说：“苏秦兄弟三人，都是因为游说诸侯而名扬天下，他们的学说擅长于权谋机变。而苏秦承担着反间计的罪名被杀死，天下人都嘲笑他，讳忌研习他的学说。然而，社会上流传的苏秦事迹有许多差异，凡是不同时期和苏秦相类的事迹，都附会到苏秦身上。苏秦出身于民间，却能联合六国合纵相亲，这正说明他的才智有超过一般人的地方。所以，我列出他的经历，按照正确的时间顺序加以陈述，不要让他只蒙受不好的名声。”

第五十二卷　张仪列传第十

张仪列传与苏秦列传堪称姊妹篇。苏秦游说六国，张仪也游说六国；苏秦合纵以燕为主，张仪连横以魏为主，文法也一纵一横。他们都是以权变之术和雄辩家的姿态，雄心勃勃，一往无前，为追求事功而将生死置之度外的人物，表现了他们的雄才大略，体现了他们的力量和存在的价值。张仪除了张扬暴露合纵的短处，用以附会自己的主张之外，还借秦国强大的势力，多行威胁利诱、欺诈行骗的权术，成为轰动一时的风云人物。

本列传的很多段落，不像史书的人物传记，却酷似后世小说。张仪相楚，以商於之地六百里行骗楚王就几乎具备后世小说的全部特征。几百字的小文既有开端、发展、高潮、结局、余波，又不乏戏剧的冲突和曲折的情节，而且人物的刻画更具鲜明生动而富于个性的特征；笔触灵活，神采飞扬，又不乏幽默之笔，把一个完整的故事描写得有声有色。其中，张仪的欺诈权变之术、成竹在胸的韬略以及侃侃而谈的才能，善于借物转祸为福的本领，楚王的贪婪愚蠢、刚愎自用、易于冲动，陈轸的老谋深算、料事如神、耿介衷肠、直面陈言，于严肃、庄重气氛中的诙谐幽默的风采等，都在矛盾纠葛的冲突中表现得淋漓尽致。

苏秦激张仪入秦，历来被人所激赏。张仪被楚相诬陷“盗璧”，鞭笞数百，投奔苏秦，却被拒之门外，又遭羞辱，怒而入秦，凭借不期的资助，得以被惠王任用。情节曲折多变，故事性强。张仪从希望到失望再到希望的过程，性格逐渐展开，前有蓄势，后有照应，使故事组织得井然有序，无懈可击。

本传语言艺术的成就是多方面的。说韩时，对秦兵在战场上舍生忘死，冲锋陷阵的描写，对战马夸诞放漫的描摹，犹如大笔泼墨，使人感到万马奔腾的声势。而说赵时，却以貌似恪守本分，唯恐督过的语言，竟如语意双关的外交辞令，处处锋芒毕露，处处杀机四伏，处处是刀光剑影，处处是包举天下的雄心。其中很多内涵丰富的语言，如“积羽沉舟，群轻折轴，众口铄金，积毁销骨”“卞庄刺虎，一举两得”等，作为成语典故，为今人所习用。

【原文】

张仪者，魏人也。始尝与苏秦俱事鬼谷先生，学术，苏秦自以不及张仪。

张仪已学而游说诸侯。尝从楚相饮，已而楚相亡璧[①]，门下意[②]张仪，曰：“仪贫无行[③]，必此盗相君之璧。”共执[④]张仪，掠笞[⑤]数百，不服，醳[⑥]之。其妻曰：“嘻！子毋读书游说，安得此辱乎？”张仪谓其妻曰：“视吾舌尚在不[7]？”其妻笑曰：“舌在也。”仪曰：“足矣。”

【注释】

①亡：丢失。璧：平而圆，中间有孔的玉。②意：怀疑。③无行：品行不端。④执：拘捕，捉拿。⑤掠笞：用竹板或荆条拷打。⑥醳：通“释”，释放。⑦不：相当于“否”。

【原文】

苏秦已说赵王而得相约从亲[1]，然恐秦之攻诸侯，败约后负，念[2]莫可使用于秦者，乃使人微感[3]张仪曰：“子始与苏秦善，今秦已当路[4]，子何不往游，以求通子之愿？”张仪于是之赵，上谒[5]求见苏秦。苏秦乃诫门下人不为通，又使不得去者数日。已而见之，坐之堂下，赐仆妾之食。因而数让[6]之曰：“以子之材能，乃自令困辱至此。吾宁[7]不能言而富贵子，子不足收也。”谢去之。张仪之来也，自以为故人，求益，反见辱，怒，念诸侯莫可事，独秦能苦[8]赵，乃遂入秦。

【注释】

①从亲：除秦国之外南北各国合纵相亲，相互支援，结为一体共同抗拒秦国。从，通“纵”。②念：想，引申为考虑。③微感：暗中引导，劝说。微，隐匿、暗中。感，感染、感受。④当路：指当权。⑤谒：名帖，一般要写上姓名、籍贯、官爵和拜见事项。⑥数：屡次。让：责备，责怪。⑦宁：岂，难道。⑧苦：困苦，引申为困扰、侵扰。

【原文】

苏秦已而告其舍人[①]曰：“张仪，天下贤士，吾殆[②]弗如也。今吾幸先用，而能用秦柄[③]者，独张仪可耳。然贫，无因以进。吾恐其乐小利而不遂，故召辱之，以激其意。子为我阴奉之[④]。”乃言赵王，发金币车马，使人微随张仪，与同宿舍，稍稍近就之，奉以车马金钱，所欲用，为取给，而弗告。张仪遂得以见秦惠王。惠王以为客卿[⑤]，与谋伐诸侯。

苏秦之舍人乃辞去。张仪曰：“赖子得显，方且报德，何故去也？”舍人曰：“臣非知君，知君乃苏君。苏君忧秦伐赵败从约，以为非君莫能得秦柄，故感怒[⑥]君，使臣阴奉给君资，尽苏君之计谋。今君已用，请归报。”张仪曰：“嗟乎，此在吾术中而不悟，吾不及苏君明矣！吾又新用，安能谋赵乎？为吾谢苏君，苏君之时，仪何敢言。且苏君在，仪宁渠[⑦]能乎！”张仪既相秦，为文檄告楚相曰：“始吾从若饮，我不盗而[⑧]璧，若笞我。若善守汝国，我顾且盗而城！”

【注释】

①舍人：王公显贵的侍从宾客或左右亲近的人。②殆：大概，恐怕。③柄：权柄，权力。④阴奉之：暗中侍奉张仪。⑤客卿：别国的人在本国做官，并以客礼待之。⑥感怒：激怒。⑦宁渠：哪里，如何。《索隐》载“渠音距，古字少，假借耳”。⑧而：你。

【原文】

苴蜀相攻击，各来告急于秦。秦惠王欲发兵以伐蜀，以为道险狭难至，而韩又来侵秦，秦惠王欲先伐韩，后伐蜀，恐不利，欲先伐蜀，恐韩袭秦之敝，犹豫未能决。司马错与张仪争论于惠王之前，司马错欲伐蜀，张仪曰："不如伐韩。"王曰："请闻其说。"

仪曰："亲魏善楚，下兵三川，塞什谷之口，当屯留之道，魏绝南阳，楚临南郑，秦攻新城、宜阳，以临二周之郊，诛①周王之罪，侵楚、魏之地。周自知不能救，九鼎宝器②必出。据九鼎，案图籍③，挟天子以令于天下，天下莫敢不听，此王业也。今夫蜀，西僻之国而戎翟④之伦也，敝兵劳众不足以成名，得其地不足以为利。臣闻争名者于朝，争利者于市。今三川、周室，天下之朝市也。而王不争焉，顾争于戎翟，去王业远矣。"

【注释】

①诛：讨伐，惩罚。②九鼎宝器：象征国家政权的传国之宝。③案：通"按"，按照，依照。图籍：地图和户籍。④戎翟：古代泛指我国西部和北部的少数民族。

【原文】

司马错曰："不然。臣闻之，欲富国者务广①其地，欲强兵者务富其民，欲王②者务博其德，三资者备而王随之矣。今王地小民贫，故臣原先从事于易。夫蜀，西僻之国也，而戎翟之长也，有桀纣之乱。以秦攻之，譬如使豺狼逐群羊。得其地足以广国，取其财足以富民缮[3]兵，不伤众而彼已服焉。拔[4]一国而天下不以为暴，利尽西海而天下不以为贪，是我一举而名实附也，而又有禁暴止乱之名。今攻韩，劫天子，恶名也，而未必利也，又有不义之名，而攻天下所不欲，危矣。臣请谒[5]其故：周，天下之宗室[6]也；齐、韩之与国也。周自知失九鼎，韩自知亡三川，将二国并力合谋，以因乎齐、赵而求解乎楚、魏，以鼎与楚，以地与魏，王弗能止也。此臣之所谓危也。不如伐蜀完[7]。"

【注释】

①广：开拓疆土。②王：统一天下，成就王业。③缮：整治。④拔：攻克，占领。⑤谒：告诉，陈述。⑥宗室：此指宗主，共主。⑦完：完满，周全。

【原文】

惠王曰："善，寡人请听子。"卒起兵伐蜀，十月，取之，遂定蜀，贬蜀王更号为侯[1]，而使陈庄相蜀。蜀既属秦，秦以益强，富厚，轻诸侯。

【注释】

①贬蜀王更号为侯：《秦本纪》《六国年表》均谓伐蜀乃惠文王更元后九年事，此传叙于惠文王十年以前，不合。

【原文】

秦惠王十年，使公子华与张仪围蒲阳，降之。仪因言秦复与魏，而使公子繇质[1]于魏。仪因说魏王曰："秦王之遇魏甚厚，魏不可以无礼。"魏因入[2]上郡、少梁，谢秦惠王。惠王乃以张仪为相，更名少梁曰夏阳。

仪相秦四岁，立惠王为王[3]。居[4]一岁，为秦将，取陕。筑上郡塞。

【注释】

①质：做人质。②入：进献。③立惠王为王：孝公以前秦国国君称公，惠王即位时称君，此时始称王。④居：过，过了。

【原文】

其后二年，使与齐、楚之相会啮桑。东还而免相，相魏以为秦，欲令魏先事秦而诸侯效之。魏王不肯听仪。秦王怒，伐取魏之曲沃、平周，复阴[1]厚张仪益甚。张仪惭，无以归报。留魏四岁而魏襄王卒，哀王立。张仪复说哀王，哀王不听。于是张仪阴令秦伐魏。魏与秦战，败。

明年，齐又来败魏于观津。秦复欲攻魏，先败韩申差军，斩首八万，诸侯震恐。而张仪复说魏王曰："魏地方[2]不至千里，卒不过三十万。地四平，诸侯四通辐凑[3]，无名山大川之限[4]。从郑至梁二百余里，车驰人走，不待力而至。梁南与楚境，西与韩境，北与赵境，东与齐境，卒戍四方，守亭障[5]者不下十万。梁之地势，固战场也。梁南与[6]楚而不与齐，则齐攻其东；东与齐而不与赵，则赵攻其北；不合于韩，则韩攻其西；不亲于楚，则楚攻其南：此所谓四分五裂之道也。

【注释】

①阴：暗中，私下。②地方：纵横面积。③辐凑：通“辐辏”，车辐集中于轴心。比喻人或物集聚一处，故道路平坦、宽广。④限：阻挡，隔绝。⑤亭障：古代边塞堡垒。障，筑垒阻隔。⑥与：和……结交，亲附。

【原文】

“且夫诸侯之为从者，将以安社稷[1]尊主强兵显名也。今从者一天下，约为昆弟[2]，刑[3]白马以盟洹水之上，以相坚也。而亲昆弟同父母，尚有争钱财，而欲恃[4]诈伪反覆苏秦之余谋，其不可成亦明矣。

【注释】

①社稷：国家的代称。社，土神。稷，谷神。以往古代帝王都祭祀社稷，故称。②昆弟：兄弟。③刑：割杀，宰杀。④恃：凭借，依靠。

【原文】

“大王不事秦，秦下兵攻河外，据卷、衍、燕、酸枣，劫[1]卫取阳晋，则赵不南，赵不南而梁不北，梁不北则从道绝，从道绝则大王之国欲毋危不可得也。秦折韩而攻梁，韩怯于秦，秦韩为一，梁之亡可立而须[2]也。此臣之所为大王患也。

【注释】

①劫：胁迫，威逼。②立而须：比喻时间短暂。须，等待。

【原文】

"为大王计，莫如事秦。事秦则楚、韩必不敢动；无楚、韩之患，则大王高枕而卧[①]，国必无忧矣。

【注释】

①高枕而卧：垫高了枕头睡大觉，形容无忧无虑。

【原文】

"且夫秦之所欲弱者莫如楚，而能弱楚者莫如梁。楚虽有富大之名而实空虚；其卒虽多，然而轻走易北[①]，不能坚战。悉梁之兵南面而伐楚，胜之必矣。割楚而益梁，亏楚而适[②]秦，嫁祸[③]安国，此善事也。大王不听臣，秦下甲士[④]而东伐，虽欲事秦，不可得矣。

"且夫从人多奋辞[⑤]而少可信，说一诸侯而成封侯，是故天下之游谈士莫不日夜搤腕瞋目[⑥]切齿以言从之便，以说人主。人主贤其辩而牵[⑦]其说，其得无眩[⑧]哉。

"臣闻之，积羽沉舟[⑨]，群轻折轴[⑩]，众口铄金[⑪]，积毁销骨[⑫]，故愿大王审定计议，且赐骸骨辟魏。"

哀王于是乃倍从约而因仪请成于秦。张仪归，复相秦。三岁而魏复背秦为从。秦攻魏，取曲沃。明年，魏复事秦。

【注释】

①轻走易北：轻易逃跑溃散。走，逃跑。北，打了败仗往回跑。②适：归服。③嫁祸：转移灾难、祸患。④甲士：全副武装的军队。⑤奋辞：尽力以说大话、唱高调游说。⑥搤腕：握住手腕，表示激动、振奋的情态、动作。瞋目：怒目，瞪大眼睛。⑦牵：牵引，牵制。⑧眩：迷惑，迷乱。⑨积羽沉舟：比喻积轻可为重，积小患可致大灾。⑩群轻折轴：物虽轻，积多量大，可以折断车轴。意犹上句，也是旨在说明不能忽视小事。⑪众口铄金：比喻舆论影响的强大。铄，销。意思是众口所毁，金石犹可销熔。⑫积毁销骨：谗言诽谤多了，骨肉之亲也会消灭。销骨，一说使人毁灭。

【原文】

秦欲伐齐，齐楚从亲，于是张仪往相楚。楚怀王闻张仪来，虚上舍而自馆之[1]。曰："此僻陋之国，子何以教之？"仪说楚王曰："大王诚能听臣，闭关[2]绝约于齐，臣请献商於之地六百里，使秦女得为大王箕帚之妾[3]，秦楚娶妇嫁女，长为兄弟之国。此北弱齐而西益秦也，计无便此者。"楚王大说[4]而许之。群臣皆贺，陈轸独吊[5]之。楚王怒曰："寡人不兴师发兵得六百里地，群臣皆贺，子独吊，何也？"陈轸对曰："不然，以臣观之，商於之地不可得而齐秦合，齐秦合则患必至矣。"楚王曰："有说乎？"陈轸对曰："夫秦之所以重楚者，以其有齐也。今闭关绝约于齐，则楚孤。秦傒[6]贪夫孤国，而与之商於之地六百里？张仪至秦，必负[7]王，是北绝齐交，西生患于秦也，而两国之兵必俱至。善为王计者，不若阴合而阳绝[8]于齐，使人随张仪。苟与吾地，绝齐未晚也；不与吾地，阴合谋计也。”楚王曰：“原陈子闭口毋复言，以待寡人得地。”乃以相印援张仪，厚赂[9]之。于是遂闭关绝约于齐，使一将军随张仪。

【注释】

①虚上舍：空出上等宾馆。馆之：安排他留宿。②闭关：闭塞关门，引申为断绝往来。③箕帚之妾：嫁女谦辞。箕帚，簸箕扫帚，指做洒扫清除之类的事。④说：通“悦”，高兴，喜欢。⑤吊：伤悼。⑥偠：何，为什么。⑦负：违背，背弃。⑧阴合而阳绝：暗中合作而表面上假装断绝关系。⑨赂：馈赠财物。

【原文】

张仪至秦，详失绥[1]堕车，不朝三月。楚王闻之，曰：“仪以寡人绝齐未甚邪？”乃使勇士至宋，借宋之符[2]，北骂齐王。齐王大怒，折节而下[3]秦。秦齐之交合，张仪乃朝，谓楚使者曰：“臣有奉邑六里，原以献大王左右。”楚使者曰：“臣受令于王。以商於之地六百里，不闻六里。”还报楚王，楚王大怒，发兵而攻秦。陈轸曰：“轸可发[4]口言乎？攻之不如割地反以赂秦，与之并兵而攻齐，是我出地于秦，取偿于齐也，王国尚可存。”楚王不听，卒发兵而使将军屈匄击秦。秦齐共攻楚，斩首八万，杀屈匄，遂取丹阳、汉中之地。楚又复益[⑤]发兵而袭秦，至蓝田，大战，楚大败，于是楚割两城以与秦平[⑥]。

【注释】

①详：通“佯”，假装。绥：登车时做拉手用的绳子。②借宋之符：梁玉绳《史记志疑》云“此语可疑。骂齐何必用符？而楚自有符，亦何必借宋符乎？”按：梁玉绳此疑可释。③折节：折断符节。节，符节。这里指使者用来做凭证的东西。下：委屈自己，向别人表示退让。④发：张开，打开。⑤益：增加。⑥平：媾和，讲和。

【原文】

秦要[①]楚欲得黔中地，欲以武关外易[②]之。楚王曰：“不原易地，原得张仪而献黔中地。”秦王欲遣之，口弗忍言。张仪乃请行。惠王曰：“彼楚王怒子之负以商於之地，是且甘心于子。”张仪曰：“秦强楚弱，臣善靳尚，尚得事楚夫人郑袖，袖所言皆从。且臣奉王之节使楚，楚何敢加诛。假令诛臣而为秦得黔中之地，臣之上原[③]。”遂使楚。楚怀王至则囚张仪，将杀之。靳尚谓郑袖曰：“子亦知子之贱[④]于王乎？”郑袖曰：“何也？”靳尚曰：“秦王甚爱张仪而不[⑤]欲出之，今将以上庸之地六县赂楚，以美人聘楚，以宫中善歌讴者为媵[⑥]。楚王重地尊秦，秦女必贵而夫人斥[⑦]矣。不若为言而出之。”于是郑袖日夜言怀王曰：“人臣各为其主用。今地未入秦，秦使张仪来，至重王。王未有礼而杀张仪，秦必大怒攻楚。妾请子母俱迁江南，毋为秦所鱼肉[8]也。”怀王后悔，赦张仪，厚礼之如故。

【注释】

①要（yāo）：要挟，威胁。②易：换，交换。③上原：最高愿望。④贱：轻视，鄙弃。⑤不：《索引》谓“‘不’字当作‘必’。时张仪为楚所囚，故必欲出之也”。《正义》则云“秦王不欲出张仪使楚，若欲自行，今欲以上庸地及美人赎仪”。按：两说皆可通，但不必径改原字。⑥媵（yìng）：随嫁侍女。⑦斥：被排斥，被废除。⑧鱼肉：任人宰割，比喻被人欺凌、屠戮。

【原文】

张仪既出，未去，闻苏秦死，乃说楚王曰：“秦地半天下，兵敌四国，被险带河[1]，四塞以为固。虎贲[2]之士百余万，车千乘、骑万匹，积粟如丘山。法令既明，士卒安难乐死[3]，主明以严，将智以武，虽无出甲，席卷[4]常山之险，必折天下之脊[5]，天下有后服者先亡。且夫为从者，无以异于驱群羊而攻猛虎，虎之与羊不格[6]明矣。今王不与猛虎而与群羊，臣窃以为大王之计过[7]也。

【注释】

①被险带河：谓秦国四周地势险要，中有黄河流经。被，同“披”，带，带子，流经穿过的意思。②虎贲：勇武之士。

责，奔跑。③安难乐死：不避艰苦危难，乐于牺牲。④席卷：有如卷席，全部占有。⑤折天下之脊：常山在天下之北，就像人的脊背。折，折断。⑥格：抵挡，抵御。⑦过：错误，过失。

【原文】

“凡天下强国，非秦而楚，非楚而秦，两国交争，其势不两立。大王不与秦，秦下甲[①]据宜阳，韩之上地不通。下河东，取城皋，韩必入臣[②]，梁则从风而动。秦攻楚之西，韩、梁攻其北，社稷安得毋危？

“且夫从者聚群弱而攻至疆，不料敌而轻战，国贫而数举兵，危亡之术也。臣闻之，兵不如者勿与挑战，粟不如者勿与持久。夫从人饰辩虚辞[③]，高主之节，言其利不言其害，卒有秦祸，无及为已，是故愿大王之孰计之。

【注释】

①甲：古代军人穿的皮质护身衣。此处指代军队。②入臣：到秦国去称臣。③饰辩虚辞：粉饰巧辩，言辞铺张而空洞。

【原文】

“秦西有巴蜀，大船积粟，起于汶山，浮江已[①]下，至楚三千余里。舫船[②]载卒，一舫载五十人与三月之食，下水而浮，一日行三百余里，里数虽多，然而不费牛马之力，不至十日而距扞关。扞关惊，则从境以东尽城守[③]矣，黔中、巫郡非王之有。秦举甲出武关，南面而伐，则北地绝。秦兵之攻楚也，危难在三月之内，而楚待诸侯之救，在半岁之外，此其势下相及也。夫恃弱国之救，忘强秦之祸，此臣所以为大王患也。

【注释】

①已：通“以”，而。②舫船：两船相并。舫，《索引》谓并两船也。③城守：据城守御。

【原文】

“大王尝与吴人战，五战而三胜，阵卒尽矣；偏守新城，存民苦矣。臣闻功大者易危，而民敝者怨上。夫守易危之功而逆[1]强秦之心，臣窃为大王危之。

“且夫秦之所以不出兵函谷十五年以攻齐、赵者，阴谋有合[2]天下之心。楚尝与秦构难[3]，战于汉中，楚人不胜，列侯执珪[4]死者七十余人，遂亡汉中。楚王大怒，兴兵袭秦，战于蓝田。此所谓两虎相搏者也。夫秦楚相敝而韩魏以全制其后，计无危于此者矣。愿大王孰计之。

【注释】

①逆：悖逆，违背。②合：并，吞并。③构难：造成祸患。④执珪：爵位名。

【原文】

“秦下甲攻卫阳晋，必大关天下之匈[1]，大王悉起兵以攻宋，不至数月而宋可举，举宋而东指[2]，则泗上十二诸侯[3]尽王之有也。

"凡天下而以信约从亲相坚者苏秦，封武安君，相燕，即阴与燕王谋伐破齐而分其地；乃详④有罪出走入齐，齐王因受而相之；居二年而觉，齐王大怒，车裂苏秦于市⑤。夫以一诈伪之苏秦，而欲经营天下，混一⑥诸侯，其不可成亦明矣。

"今秦与楚接境壤界，固形亲之国也。大王诚能听臣，臣请使秦太子入质于楚，楚太子入质于秦，请以秦女为大王箕帚之妾，效万室之都以为汤沐之邑⑦，长为昆弟之国，终身无相攻伐。臣以为计无便于此者。"

【注释】

①关：锁住。天下之匈：把卫阳晋看作是天下的胸膛。匈，通"胸"，胸膛。②指：趋向，走向。③泗上十二诸侯：指泗水流域的宋、鲁、邹、莒等小的诸侯国。十二：虚数。④详：通"佯"，假装。⑤车裂：撕裂人体的一种酷刑，俗称五马分尸。市：人多聚集的市场，街市。⑥混一：统一。⑦效：送，献出。汤沐之邑：天子赐给诸侯的封邑，邑内收入供诸侯作汤沐之资用。汤沐，即沐浴。

【原文】

于是楚王已得张仪而重出黔中地与秦，欲许之。屈原曰："前大王见欺于张仪，张仪至，臣以为大王烹①之；今纵②弗忍杀之，又听其邪说，不可。"怀王曰："许仪而得黔中，美利也。后而倍之，不可。"故卒许张仪，与秦亲。

张仪去楚，因遂之韩，说韩王曰："韩地险恶山居，五谷所生，非菽而麦[3]，民之食大抵菽饭藿羹[4]。一岁不收，民不餍糟糠[5]。地不过九百里，无二岁之食。料大王之卒，悉之不过三十万，而厮徒负养[6]在其中矣。除守徼亭障塞[7]，见卒不过二十万而已矣。秦带甲百余万，车千乘，骑万匹，虎贲之士跿跔科头贯颐奋戟[8]者，至不可胜计。秦马之良，戎兵之众[9]，探前趹后蹄间三寻[10]腾者，不可胜数。山东之士被甲蒙胄[11]以会战，秦人捐甲徒裼以趋敌[12]，左挈人头，右挟生虏。夫秦卒与山东之卒，犹孟贲之与怯夫；以重力相压，犹乌获之与婴儿。夫战孟贲、乌获之士以攻不服之弱国，无异垂千钧[13]之重于鸟卵之上，必无幸矣。

【注释】

①烹：古代用鼎镬煮人的酷刑。②纵：释放。③非菽而麦：当依《战国策·韩策一》“非菽而豆”。这样与下文“民之食大抵菽饭藿羹”相合。菽，大豆，引申为豆类的总称。④藿羹：豆叶汤。⑤餍：饱。糟糠：酒渣，谷皮，喻粗劣食物。⑥厮徒负养：泛指勤杂人员。厮徒，杂役。负养，为公家负担给养的后勤人员。⑦徼（jiào）亭：设在边境上的驿亭。徼：边界。障塞：屏障要塞。塞，边境险要的地方。⑧跿跔（tú jū）：跳跃。科头：不戴头盔，以示勇敢。贯颐：双手捂着面颊，直扑敌阵，言其勇敢。颐，面颊，腮。奋戟：举着武器愤怒地扑入敌阵，戟，古兵器。⑨戎兵之众：上下句皆写马，中间杂此一句，语意不甚通贯。张文虎疑为衍文。按：固可

疑。⑩探前趹后：骏马奔驰，前蹄扬起，后蹄腾空的姿态。寻：古代长度单位，八尺为寻。⑪被甲蒙胄：穿着用皮革或金属做成的护身衣，戴着头盔。被，通“披”，穿。胄，头盔。⑫捐甲：脱掉铠甲，以示勇敢。徒裼（xī）：赤足露身。裼，开或脱去外衣，露出内衣或身体。⑬钧：古代重量单位，一钧三十斤。

【原文】

“夫群臣诸侯不料地之寡[①]，而听从人之甘言好辞[②]，比周[③]以相饰也，皆奋曰：‘听吾计可以强霸天下。’夫不顾社稷之长利而听须臾[④]之说，诖误[⑤]人主，无过此者。

“大王不事秦，秦下甲据宜阳，断韩之上地，东取城皋、荥阳，则鸿台之宫、桑林之苑[⑥]非王之有也。夫塞城皋，绝上地，则王之国分矣。先事秦则安，不事秦则危。夫造祸而求其福报，计浅而怨深，逆秦而顺楚，虽欲毋亡，不可得也。

“故为大王计，莫如为秦。秦之所欲莫如弱楚，而能弱楚者莫如韩。非以韩能强于楚也，其地势然也。今王西面而事秦以攻楚，秦王必喜。夫攻楚以利其地，转祸而说秦，计无便[⑦]于此者。”

【注释】

①群臣诸侯：“群臣”二字疑衍，一说“群”字后无“臣”字，疑衍。②甘言好辞：甜言蜜语。③比周：结伙营私。④须臾：片刻。⑤诖误：贻误，连累。诖，欺骗、贻误。

⑥鸿台之宫、桑林之苑：均韩国宫苑。苑，畜养禽兽、种植林木的园林。⑦便：有利，便利。

【原文】

韩王听仪计。张仪归报，秦惠王封仪五邑，号曰武信君，使张仪东说齐滑王曰："天下强国无过齐者，大臣父兄殷[①]众富乐。然而为大王计者，皆为一时之说，不顾百世之利。从人说大王者，必曰：'齐西有强赵，南有韩与梁。齐，负海之国也，地广民众，兵强士勇，虽有百秦，将无奈齐何。'大王贤其说而不计其实。夫从人朋党比周[②]，莫不以从为可。臣闻之，齐与鲁三战而鲁三胜，国以危亡随其后，虽有战胜之名，而有亡国之实。是何也？齐大而鲁小也。今秦之与齐也，犹齐之与鲁也。秦赵战于河漳之上，再战而赵再胜秦；战于番吾之下，再战又胜秦。四战之后，赵之亡卒数十万，邯郸仅存，虽有战胜之名而国已破矣。是何也？秦强而赵弱。

"今秦楚嫁女娶妇，为昆弟之国。韩献宜阳；梁效河外；赵入朝渑池，割河间以事秦。大王不事秦，秦驱韩梁攻齐之南地，悉赵兵渡清河，指博关，临菑、即墨非王之有也。国一日见攻，虽欲事秦，不可得也。是故愿大王孰计之也。"

【注释】

①殷：富足，富裕。②朋党比周：结党营私，排斥异己。朋党，以私利为目的而相互勾结的同类。

【原文】

齐王曰："齐僻陋，隐居东海之上，未尝闻社稷之长利也。"乃许张仪。

张仪去，西说赵王曰："敝邑[①]秦王使使臣效愚计于大王。大王收率天下以宾[②]秦，秦兵不敢出函谷关十五年。大王之威行于山东，敝邑恐惧慑伏[③]，缮甲厉兵[④]，饰[⑤]车骑，习驰射，力田积粟，守四封之内，愁居慑处，不敢动摇，唯大王有意督过[⑥]之也。

【注释】

①敝邑：对自己国家的谦称。②宾：通"摈"，排斥，抛弃。③慑伏：通"慑服"，因畏惧威势而屈服。④缮甲厉兵：整治军装，磨砺武器。厉，通"砺"。⑤饰：修，整治。⑥督过：深责其过失。

【原文】

"今以大王之力，举巴蜀，并汉中，包两周，迁九鼎，守白马之津。秦虽僻远，然而心忿含怒之日久矣。今秦有敝甲凋[①]兵，军[②]于渑池，原渡河逾漳，据番吾，会邯郸之下，原以甲子[③]合战，以正殷纣之事，敬使使臣先闻左右。

"凡大王之所信为从者恃苏秦。苏秦荧惑[④]诸侯，以是为非，以非为是，欲反齐国，而自令车裂于市。夫天下之不可一[⑤]亦明矣。今楚与秦为昆弟之国，而韩梁称为东藩之臣[⑥]，齐献鱼盐之地，此断赵之右臂也。夫断右臂而与人斗，失其党而孤居，求欲毋危，岂可得乎？

“今秦发三将军：其一军塞午道，告齐使兴师渡清河，军于邯郸之东；一军军成皋，驱韩梁军于河外；一军军渑池。约四国为一以攻赵，赵破，必四分其地。是故不敢匿意隐情，先以闻于左右。臣窃为大王计，莫如与秦王遇于渑池，面相见而口相结，请案兵⑦无攻，原大王之定计。”

【注释】

①敝：破，旧。凋：损伤，伤残。②军：驻扎。③甲子：古人以干支记日的日期。④荧惑：炫惑，迷惑。⑤一：统一。⑥东藩之臣：即东方属国。藩，分封或臣服的属国。⑦案兵：勒兵不前。案，压抑、止住，又写作“按”。

【原文】

赵王曰：“先王①之时，奉阳君专权擅势，蔽欺先王，独擅绾②事，寡人居属师傅，不与国谋计。先王弃群臣③，寡人年幼，奉祀④之日新，心固窃疑焉，以为一从不事秦，非国之长利也。乃且愿变心易虑⑤，割地谢前过以事秦。方将约车趋⑥行，适闻使者之明诏⑦。”赵王许张仪，张仪乃去。

【注释】

①先王：指赵武灵王的父亲赵肃侯。先，对去世的人的尊称，多指上代或长辈。②擅：专，独揽。绾：专管，控制。③弃群臣：抛弃群臣，对国君死亡的委婉说法。④奉祀：主持祭祀，此指即位当政。⑤变心易虑：改变心志，另图打

算。⑥约车：套车。约，套，捆缚。趋：趋向，奔向。⑦诏：劝告，教诲。

【原文】

北之燕，说燕昭王曰："大王之所亲莫如赵。昔赵襄子尝以其姊为代王妻，欲并代，约与代王遇于句注之塞。乃令工人作为金斗[1]，长其尾[2]，令可以击人。与代王饮，阴告厨人曰：'即酒酣乐，进热啜[3]，反斗以击之。'于是酒酣乐，进热啜，厨人进斟[4]，因反斗以击代王，杀之，王脑涂地。其姊闻之，因摩笄[5]以自刺，故至今有摩笄之山。代王之亡，天下莫不闻。

【注释】

①金斗：金勺，用以斟羹，也用于酌酒。②尾：斗柄，形如刀。③啜：喝，吃。④斟：汤匙，指金斗。⑤摩：通"磨"，物体相摩擦。笄：古代盘头发或别住帽子用的簪子。

【原文】

"夫赵王之很戾无亲[1]，大王之所明见，且以赵王为可亲乎？赵兴兵攻燕，再围燕都而劫大王，大王割十城以谢。今赵王已入朝渑池，效河间以事秦，今大王不事秦，秦下甲云中、九原，驱赵而攻燕，则易水、长城非大王之有也。

"且今时赵之于秦犹郡县也，不敢妄举师以攻伐。今王事秦，秦王必喜，赵不敢妄动，是西有强秦之援，而南无齐赵之患，是故愿大王孰计之。"

【注释】

①很戾无亲：凶暴乖张，六亲不认。很，通“狠”，凶暴。戾，乖张，不讲情理。

【原文】

燕王曰：“寡人蛮夷[①]僻处，虽大男子裁[②]如婴儿，言不足以采[③]正计。今上客幸教之，请西面而事秦，献恒山之尾[④]五城。”燕王听仪。仪归报，未至咸阳而秦惠王卒，武王立。武王自为太子时不说张仪，及即位，群臣多谗张仪曰：“无信，左右卖国以取容[⑤]。秦必复用之，恐为天下笑。”诸侯闻张仪有郤[⑥]武王，皆畔衡[⑦]，复合从。

【注释】

①蛮夷：古代泛指华夏中原民族以外的少数民族。②裁：通“才”，仅仅，刚刚。③采：产生，求得。④尾：末端，山脚下。⑤容：容颜，引申为恩宠。⑥郤：裂缝，比喻感情上的裂痕。⑦畔：通“叛”，背叛。衡：通“横”，指连横政策。张仪说服六国共同侍奉秦国与苏秦说服六国抵抗秦国的合纵政策相对。因秦国在西，六国在东，东西为横，所以叫连横。

【原文】

秦武王元年，群臣日夜恶[①]张仪未已，而齐让[②]又至。张仪惧诛，乃因谓秦武王曰：“仪有愚计，愿效[③]之。”王曰：“奈何？”对曰：“为秦社稷计者，东方有大变，然后王可以多割得地也。今闻齐王甚憎仪，仪之所在，必兴师伐之。故仪原乞其不肖[4]之身之梁，齐必兴师而伐梁。梁齐之兵连于城下而不能相去，王以其间伐韩，入三川，出兵函谷而毋伐，以临[5]周，祭器[6]必出。挟天子，图案籍，此王业也。”秦王以为然，乃具革车[7]三十乘，入仪之梁。齐果兴师伐之。梁哀王恐。张仪曰：“王勿患也，请令罢[8]齐兵。”乃使其舍人冯喜之楚，借使之齐，谓齐王曰：“王甚憎张仪；虽然，亦厚矣王之托仪于秦也。”齐王曰：“寡人憎仪，仪之所在，必兴师伐之，何以托仪？”对曰：“是乃王之托仪也。夫仪之出也，固与秦王约曰：‘为王计者，东方有大变，然后王可以多割得地。今齐王甚憎仪，仪之所在，必兴师伐之。故仪原乞其不肖之身之梁，齐必兴师伐之。齐梁之兵连于城下而不能相去，王以其间伐韩，入三川，出兵函谷而无伐，以临周，祭器必出。挟天子，案图籍，此王业也。’秦王以为然，故具革车三十乘而入之梁也。今仪入梁，王果伐之，是王内罢国而外伐与国，广邻敌以内自临，而信仪于秦王也。此臣之所谓‘托仪’也。”齐王曰：“善。”乃使解[9]兵。

张仪相魏一岁，卒于魏也。

【注释】

①恶：诋毁，中伤。②让：责备，责怪。③效：进献。④不肖：没出息，不长进，谦词。⑤临：到，逼近。⑥祭器：祭祀所用的礼器。⑦革车：兵车。⑧罢：停止。⑨解：停止，

解除。

【原文】

陈轸者，游说之士，与张仪俱事秦惠王，皆贵重，争宠。张仪恶陈轸于秦王曰：“轸重币轻[①]使秦楚之间，将为国交也。今楚不加善于秦而善轸者，轸自为厚而为王薄[②]也。且轸欲去秦而之楚，王胡不听乎？”王谓陈轸曰：“吾闻子欲去秦之楚，有之乎？”轸曰：“然。”王曰：“仪之言果信矣。”轸曰：“非独仪知之也，行道之士尽知之矣。昔子胥忠于其君而天下争以为臣，曾参孝于其亲而天下愿以为子。故卖仆妾不出闾巷[③]而售者，良仆妾也；出妇嫁于乡曲[④]者，良妇也。今轸不忠其君，楚亦何以轸为忠乎？忠且见弃，轸不之楚何归乎？”王以其言为然，遂善待之。

居秦期年[⑤]，秦惠王终相张仪，而陈轸奔楚。楚未之重也，而使陈轸使于秦。过梁，欲见犀首。犀首谢弗见。轸曰：“吾为事来，公不见轸，轸将行，不得待异日[⑥]。”犀首见之。陈轸曰：“公何好饮也？”犀首曰：“无事也。”曰：“吾请令公厌[⑦]事可乎？”曰：“奈何？”曰：“田需约诸侯从亲，楚王疑之，未信也。公谓于王曰：‘臣与燕、赵之王有故，数使人来，曰“无事何不相见”，原谒[⑧]行于王。’王虽许公，公请毋多车，以车三十乘，可陈[⑨]之于庭，明言之燕、赵。”燕、赵客闻之，驰车告其王，使人迎犀首。楚王闻之大怒，曰：“田需与寡人约，而犀首之燕、赵，是欺我也。”怒而不听其事。

齐闻犀首之北，使人以事委焉。犀首遂行，三国相事皆断于犀首。轸遂至秦。

【注释】

①重：丰厚。币：礼物。轻：随便，轻而易举。②厚：多。薄：少。③闾巷：里巷，乡里。④出妇：被遗弃的妻子。乡曲：乡里。⑤期年：一整年。⑥异日：他日。⑦厌：饱，引申为多。⑧谒：进见。⑨陈：摆列。

【原文】

韩、魏相攻，期年不解。秦惠王欲救之，问于左右。左右或曰[①]救之便，或曰勿救便，惠王未能为之决。陈轸适[②]至秦，惠王曰："子去寡人之楚，亦思寡人不？"陈轸对曰："王闻夫越人庄舄乎？"王曰："不闻。"曰："越人庄舄仕楚执珪，有顷而病。楚王曰：'舄故越之鄙细人[③]也，今仕楚执珪，富贵矣，亦思越不？'中谢对曰：'凡人之思故，在其病也。彼思越则越声[④]，不思越则楚声。'使人往听之，犹尚越声也。今臣虽弃逐之楚，岂能无秦声哉！"惠王曰："善。今韩魏相攻，期年不解，或谓寡人救之便，或曰勿救便，寡人不能决，愿子为子主[⑤]计之余，为寡人计之。"陈轸对曰："亦尝有以夫卞庄子刺虎闻于王者乎？庄子欲刺虎，馆竖子[⑥]止之，曰：'两虎方且食牛，食甘必争，争则必斗，斗则大者伤，小者死，从伤而刺之，一举必有双虎之名。'卞庄子以为然，立须之。有顷，两虎果斗，大者伤，小者死。庄子从伤者而刺之，一举果有双虎之功。今韩魏相攻，期年不解，是必大国伤，小国亡，从伤而伐之，一举必有两实。此犹庄子刺虎之类也。臣主与王[7]何异也。”惠王曰：“善。”卒弗救。大国果伤，小国亡，秦兴兵而伐，大克[8]之。此陈轸之计也。

【注释】

①或曰：有的人说。②适：适逢，正赶上。③鄙细人：住在边远或郊野而地位低微的人。④声：口音，腔调。⑤子主：指楚怀王。子：指陈轸，敬称。⑥馆：旅舍。竖子：小子，对人的蔑称。⑦臣主：指楚怀王。王：指秦惠王。⑧克：战胜。

【原文】

犀首者，魏之阴晋人也。名衍，姓公孙氏。与张仪不善。

张仪为秦之魏，魏王相张仪。犀首弗利，故令人谓韩公叔曰：“张仪已合秦魏矣，其言曰：‘魏攻南阳，秦攻三川。’魏王所以贵[1]张子者，欲得韩地也。且韩之南阳已举矣，子何不少委焉以为衍功，则秦魏之交可错[2]矣。然则魏必图[3]秦而弃仪，收韩而相衍。”公孙以为便，因委之犀首以为功。果相魏，张仪去。

义渠君朝于魏。犀首闻张仪复相秦，害之。犀首乃谓义渠君曰：“道远不得复过[4]，请谒[5]事情。”曰：“中国无事[6]，秦得烧掇焚杅[7]君之国；有事，秦将轻使重币事君之国。”其后五国伐秦。会[8]陈轸谓秦王曰：“义渠君者，蛮夷之贤君也，不如赂之以抚其志。”秦王曰：“善。”乃以文绣千纯[9]，妇女百人遗[10]义渠君。义渠君致群臣而谋曰："此公孙衍所谓邪?"乃起兵袭秦，大败秦人李伯之下。

【注释】

①贵：器重，重视。②错：中断，停止。③图：图谋，谋取。④过：访问，探望。⑤谒：陈述，告诉。⑥中国：中原各诸侯国（关东六国）。无事：指各国不攻打秦国。下文"有事"即攻打秦国。⑦烧掇：焚烧而侵掠。焚杅：焚烧蹂躏，从而牵制。⑧会：适逢，正赶上。⑨文绣：饰以彩色花纹的丝织物。纯：匹。⑩遗：赠予。

【原文】

张仪已卒之后，犀首入相秦。尝佩五国之相印，为约长[1]。

【注释】

①约长：联盟领袖。或纵或横，均为约长。

【原文】

太史公曰：三晋多权变[1]之士，夫言从衡强秦者大抵皆三晋之人也。夫张仪之行事甚于苏秦，然世恶苏秦者，以其先死，而仪振暴其短以扶其说[2]，成其衡道[3]。要之[4]，此两人真倾危[5]之士哉!

【注释】

①三晋：由原晋国分化而立的韩、赵、魏三国。权变：

权宜机变。②振暴：张扬暴露。扶：支持，附和。说：主张。③道：指连横政策。④要之：总之，总而言之。⑤倾危：险诈。

【译文】

张仪是魏国人，当初曾和苏秦一起师事鬼谷子先生，学习游说之术，苏秦自认为才学比不上张仪。

张仪完成学业，就去游说诸侯。他曾陪着楚相喝酒，席间，楚相丢失了一块玉璧，门客们怀疑张仪，说："张仪贫穷，品行鄙劣，一定是他偷去了宰相的玉璧。"于是，大家一起把张仪拘捕起来，拷打了几百下。张仪始终没有承认，只好释放了他。他的妻子又悲又恨地说："唉！你要是不读书游说，又怎么能受到这样的屈辱呢?"张仪对他的妻子说："你看看我的舌头还在不在?"他的妻子笑着说："舌头还在呀。"张仪说："这就够了。"

那时，苏秦已经说服了赵王而得以去各国结缔合纵相亲的联盟，可是他害怕秦国趁机攻打各诸侯国，盟约还没结缔之前就遭到破坏。又考虑到没有合适的人可以派到秦国，于是派人暗中引导张仪说："您当初和苏秦感情很好，现在苏秦已经当权，您为什么不去结交他，用以实现功成名就的愿望呢?"于是，张仪前往赵国，呈上名帖，请求会见苏秦。苏秦就告诫门下的人不给张仪通报，又让他好几天不能离去。这时，苏秦才接见了他。苏秦让他坐在堂下，赐给他奴仆侍妾吃的饭菜，还屡次责备他说："凭着您的才能，却让自己穷困潦倒到这样的地步。难道我不能推荐您让您富贵吗？只是您不值得录用罢了。”说完，就把张仪打发走了。张仪来投奔苏秦，自己认为都是老朋友了，能够求得好处，不料反而被羞辱，很生气，又考虑到诸侯中没有谁值得侍奉，只有秦国能侵扰赵国，于是就到秦国去了。

不久，苏秦对他左右亲近的人说：“张仪是天下最有才能的人，我大概比不上他呀。如今，幸亏我比他先受重用，而能够掌握秦国权力的，只有张仪才行。然而，他很贫穷，没有进身之阶。我担心他以小的利益为满足而不能成就大的功业，所以把他召来羞辱他，用来激发他的意志。您替我暗中侍奉他。”苏秦禀明赵王，发给他金钱、财物和车马，派人暗中跟随张仪，和他投宿同一客栈，逐渐地接近他，还以车马金钱奉送他，凡是他需要的，都供给他，却不说明谁给的。于是，张仪才有机会拜见了秦惠王。惠王任用他做客卿，和他策划攻打诸侯的计划。

这时，苏秦派来的门客要告辞离去。张仪说：“依靠您鼎力相助，我才得到显贵的地位，正要报答您的恩德，为什么要走呢？”门客说：“我并不了解您，真正了解您的是苏先生。苏先生担心秦国攻打赵国，破坏合纵联盟，认为除了您没有谁能掌握秦国的大权，所以激怒先生，派我暗中供您钱财，这都是苏先生谋划的策略。如今，先生已被重用，请让我回去复命吧！”张仪说：“哎呀，这些权谋本来都是我研习过的范围而我却没有察觉到，我没有苏先生高明啊！况且我刚刚被任用，又怎么能图谋攻打赵国呢？请替我感谢苏先生，苏先生当权的时代，我张仪怎么敢奢谈攻赵呢?”张仪出任秦国宰相以后，写信警告楚国宰相说：“当初我陪着你喝酒，我并没偷你的玉璧，你却鞭打我。你要好好地守护住你的国家，我反而要偷你的城池了！”

苴国和蜀国相互攻打，分别到秦国告急。秦惠王要出动军队讨伐蜀国，又认为道路艰险狭窄，不容易到达。这时，韩国又来侵犯秦国。秦惠王要先攻打韩国，然后再讨伐蜀国，恐怕有所不利；要先攻打蜀国，又恐怕韩国趁着久战疲惫之机来偷袭，犹豫不能决断。司马错和张仪在惠王面前争论不休，司马错主张讨伐蜀国，张仪说：“不如先讨伐韩国。”惠王说：“我愿听听你们的理由。”

张仪说：“我们先和魏国相亲，与楚国友好，然后进军三川，堵绝什谷的隘口，挡住屯留的要道。这样一来，使魏国到南阳的通道断绝，让楚国出兵逼近南郑，秦军进击新城和宜阳，径直逼近西周和东周的城郊，讨伐周王的罪恶，再攻占楚、魏的土地。周王自己知道没办法挽救，一定会献出传国的九鼎宝物。秦国占有了九鼎之宝，依照地图和户籍，就可以挟制着周天子而向天下发号施令，天下各国没有谁敢不听从的。这是统一天下的大业啊！如今，蜀国是西方偏僻的国家，像戎狄一样的落后民族，搞得我们士兵疲惫、百姓劳苦，也不能够扬名天下，夺取了他们的土地也得不到实际的好处。我听说追求名位的人要到朝廷去，追求利益的人要到市场去。如今，三川、周室如同朝廷和市场，大王却不到那里去争夺，反而到戎狄一类的落后地区去争夺，这离帝王的功业就太远了。”

司马错说：“不是这样。我听说，想使国家富强的人，一定要开拓他的疆土；想使军队强大的人，一定要使百姓富足；想要统一天下的人，一定要广施恩德。这三种条件具备了，帝王大业也就水到渠成了。如今，大王的疆土还狭小，百姓还贫穷，所以我希望大王先做些容易办到的事情。蜀国是西方偏僻的国家，却是戎狄的首领，已经发生了类似夏桀、商纣的祸乱。出动秦国强大的军队去攻打它，就好像让豺狼去驱赶羊群一样。占领了它的土地就可以扩大秦国的疆域，夺取了它的财富就可以使百姓富足、整治军队，用不着损兵折将，他们就已经屈服了。攻克一个国家，天下人不认为我们残暴；把西方的全部财富取尽，天下人不认为我们贪婪。我们这一出动军队，使得声望、实利都有增益，还能享有禁止暴乱的好名声。如今去攻打韩国，劫持天子，是很坏的名声，未必就能得到好处，还负有不义的丑名，而又是天下人所不希望攻打的国家，那就危险了。请让我陈述一下理由：周王是天下共有的宗主，是和齐、韩交往密切的国家。周王自己知道要失掉传国的九鼎，韩国自己知道将会失去三川，这两国必将通力合谋，依靠齐国和赵国的力量，与楚国、魏国谋求和解。如果他们把九鼎宝器送给楚国，把土地让给魏国，大王是不能阻止的，这就是我说的危险所在，所以不如攻打蜀国那样完满。”

惠王说：“说得好，我听您的。”终于出兵讨伐蜀国。当年十月攻占了蜀国。于是，平定了蜀国的暴乱，贬谪蜀王，改封号为蜀侯，派遣陈庄出任宰相。蜀国归秦国后，秦国因此更加强大、富足，更加轻视其他诸侯了。

惠王十年，派遣公子华和张仪围攻魏国的蒲阳，降服了它。张仪趁机又劝说秦王把它归还魏国，而且派公子繇到魏国去做人质。张仪又趁机劝说魏王道："秦国对待魏国如此的宽厚，魏国不可不以礼相报。"魏国因此就把上郡、少梁献给秦国，用以答谢秦惠王。惠王就任用张仪为国相，把少梁改名叫夏阳。

张仪出任秦国国相四年，正式拥戴惠王为王。过了一年，张仪担任秦国的将军，夺取了陕邑，修筑了上郡要塞。

此后两年，秦王派张仪和齐、楚两国的国相在啮桑会谈。他从东方归来，被免去国相的职务。为了秦国的利益，他去魏国担任国相，打算使魏国首先臣侍秦国而让其他诸侯国效法它。魏王不肯接受张仪的建议，秦王大发雷霆，立刻出动军队攻克了魏国的曲沃、平周，暗中给张仪的待遇更加优厚。张仪觉得很惭愧，感到没有什么可以回敬来报答秦王。他留任魏国四年，魏襄王去世，哀王即位。张仪又劝说哀王，哀王也不听从。于是，张仪暗中让秦国攻打魏国。魏国和秦国交战，失败了。

第二年，齐国又在观津打败了魏军。秦国想要再次攻打魏国，先打败了韩国申差的部队，杀死了八万官兵，使得诸侯们震惊慌恐。张仪再次游说魏王："魏国土地纵横不到一千里，士兵超不过三十万。四周地势平坦，像车轴的中心，可以畅通四方的诸侯国，又没有名山大川的隔绝。从新郑到大梁只有二百多里，战车飞驰，士兵奔跑，没等用多少力气就已经到了。魏国的南边和楚国接境，西边和韩国接境，北边和赵国接境，东边和齐国接境，士兵驻守四面边疆，光是防守边塞堡垒的人就不少于十万。魏国的地势，本来就是个战场。假如魏国向南与楚国友善而不和齐国友善，那么齐国就会攻打你的东面；向东与齐国友善而不和赵国友善，那么赵国就会攻打你的北面；与韩国不合，那么韩国攻打你的西面；不亲附楚国，那么楚国就会攻打你的南面。这就叫做四分五裂的地理形势啊。

“况且，各国诸侯缔结合纵联盟的目的，是为了凭靠它使国家安宁，君主尊崇，军队强大，名声显赫。如今，那些主张合纵的人想使天下联合为一体，相约为兄弟手足，在洹水边上杀白马，歃血为盟，彼此表示信守盟约的坚定信念。然而，即使是同一父母所生的亲兄弟，还有争夺钱财的，您还打算凭借着苏秦虚伪欺诈、反复无常的策略，那必将遭到失败是很明显的了。

“假如大王不依附秦国，秦国出兵攻打河外，占领卷地、衍地、燕地、酸枣，劫持卫国夺取阳晋，那么赵国的军队就不能南下支援魏国，赵国的军队不能南下而魏国的军队不能北上，魏军不能北上，合纵联盟的通道就被断绝了。合纵联盟的道路断绝，那么，大王的国家想不遭受危难，就办不到了。秦国使韩国屈服，进而攻打魏国，韩国害怕秦国，秦、韩合为一体，那么魏国的灭亡快得简直来不及坐下来等待啊。这是我替大王担忧的啊。

“我替大王着想，不如侍奉秦国。如果您侍奉秦国，那么楚国、韩国一定不敢轻举妄动；没有楚国、韩国的外患，那么大王就可以垫高了枕头，安心地睡大觉了，国家一定没有什么可以忧虑的事了。

“况且，秦国想要削弱的莫过于楚国，而能够削弱楚国的莫过于魏国。楚国即使有富足强大的名声，而实际很空虚；它的士兵即使很多，然而总是轻易地逃跑溃散，不能够艰苦奋战。假如魏国发动所有军队向南面攻打楚国，胜利是肯定的。宰割楚国使魏国得到好处，使楚国亏损而归服秦国，转嫁灾祸，使自己的国家安宁，这是好事啊。假如大王不听从我的建议，秦国出动精锐部队向东进攻，那时即使您想要臣侍秦国，恐怕也来不及了。

“况且，那些主张合纵的人大多只会讲大话、唱高调，很少让人信任。他们只想游说一个国君达到封侯的目的，所以天下游说之士，没有不日夜激动地紧握手腕，瞪大眼睛，磨牙鼓舌，大谈合纵的好处，用以劝说各国的国君。国君赞赏他们的口才，被他们的游说迷惑，难道这不是糊涂吗?

“我听说，羽毛虽轻，集聚多了可以使船沉没；货物虽轻，但装载多了也可以折断车轴；众口所毁，就是金石也可以销熔；谗言诽谤多了，即使是骨肉之亲也会消灭。所以，我希望大王审慎地拟定正确的策略，并且请准许我乞身引退，离开魏国。”

于是，哀王背弃了合纵盟约，依靠张仪请求与秦国和解。张仪回到秦国，重新出任国相。三年后，魏国又背弃了秦国加入合纵盟约。秦国就出兵攻打魏国，夺取了曲沃。第二年，魏国再次臣事秦国。

秦国想要攻打齐国，然而齐、楚两国缔结了合纵相亲的盟约。于是，张仪前往楚国出任国相。楚怀王听说张仪来，空出上等的宾馆，亲自到宾馆安排他住宿，说："这是个偏僻鄙陋的国家，您用什么来指教我呢?"张仪游说楚王说："大王如果真要听从我的意见，就和齐国断绝往来，解除盟约，我请秦王献出商於一带六百里的土地，让秦国的女子作为服侍大王的侍妾，秦、楚之间娶妇嫁女，永远结为兄弟国家，这样向北可削弱齐国而西方的秦国也就得到好处，没有比这更好的策略了。"楚王非常高兴地应允了他。大臣们来向楚王祝贺，唯独陈轸为他伤悼。楚王很生气地说："我用不着调兵遣将就得到六百里土地，臣子们向我祝贺，唯独你为我伤悼，这是为什么?"陈轸回答说："不是这样。在我看来，商於一带的土地不仅不能得到，而且齐国和秦国可能会联合起来。齐、秦联合起来，那么一定会祸患临头。"楚王说："能说明理由吗?"陈轸回答说："秦国之所以重视楚国，是因为楚国有结盟的齐国。如今和齐国断绝往来，废除盟约，那么楚国就孤立了。秦国为什么不满足地追求一个孤立无援的楚国，而给它六百里土地呢？张仪回到秦国，一定会背弃对大王的承诺，这是向北和齐国断绝了外交关系，又从西方的秦国招来祸患，两国的军队必然会一块打到楚国。我妥善地替大王想出了对策，不如暗中和齐国联合而表面上断绝关系，并派人跟随张仪去秦国。假如秦国给了我们土地，再和齐国断交也不算晚；假如秦国不给我们土地，那就符合我们的策略。”楚王说：“希望陈先生闭上嘴，不要再讲话了，等着我得到土地。”楚王就把相印授给了张仪，还馈赠了大量的财物。于是，就和齐国断绝了关系，废除了盟约，派了一位将军跟着张仪到秦国去接收土地。

张仪回到秦国，假装没拉住车上的绳索，跌下车来受了伤，一连三个月没上朝。楚王听到这件事，说：“张仪是因为我与齐国断交还不彻底吧?”就派勇士到宋国，借了宋国的符节，到北方的齐国辱骂齐王。齐王愤怒，斩断符节而委屈地和秦国结交。秦、齐建立了邦交，张仪才上朝。他对楚国的使者说：“我有秦王赐给的六里封地，愿把它献给楚王。”楚国使者说：“我奉楚王的命令，来接收商於之地六百里，不曾听说过六里。”使者回报楚王，楚王怒火填胸，立刻要出动军队攻打秦国。陈轸说：“我可以张开嘴说话了吗? 与其攻打秦国，不如反过来割让土地贿赂秦国，与他合兵攻打齐国，我们把割让给秦国的土地，再从齐国夺回来补偿。这样一来，大王的国家还可以生存下去。”楚王不听，终于出动军队并派将军屈匄进攻秦国。秦、齐两国共同攻打楚国，杀死官兵八万，并杀死屈匄，于是夺取了丹阳、汉中的土地。楚国又派出更多的军队去袭击秦国，到蓝田展开大规模的战斗，楚军大败。于是，楚国又割让两座城池与秦国媾和。

秦国要挟楚国，想得到黔中一带的土地，要用武关以外的土地交换它。楚王说：“我不愿意交换土地，只要得到张仪，愿献出黔中地区。”秦王想要遣送张仪，又不忍开口说出来。张仪却请求前往。惠王说：“那楚王恼恨先生背弃奉送商於土地的承诺，这是存心报复您。”张仪说：“秦国强大，楚国弱小，我和楚国大夫靳尚关系亲善，靳尚能够去奉承楚国夫人郑袖，而郑袖的话楚王是全部听从的。况且我是奉大王的命令出使楚国的，楚王怎么敢杀我。假如杀死我而替秦国取得黔中的土地，这也是我的最高愿望。”于是，他出使楚国。楚怀王等张仪一到，就把他囚禁起来，要杀掉他。靳尚对郑袖说：“您知道您将被大王鄙弃吗?”郑袖说：“为什么?”靳尚说：“秦王特别钟爱张仪而打算把他从囚禁中救出来，如今将要用上庸六个县的土地贿赂楚国，把美女嫁给楚王，用宫中擅长歌唱的女人作为陪嫁。楚王看重土地，就会敬重秦国。秦国的美女一定会受到宠爱而尊贵，这样，夫人也将被鄙弃了。不如替张仪讲情，使他从囚禁中释放出来。”于是，郑袖日夜向怀王讲情说：“作为臣子，各自为他们的国家效力。现在，土地还没有交给秦国，秦王就派张仪来了，对大王的尊重达到了极点。大王还没有回礼却杀张仪，秦王必定大怒而出兵攻打楚国。我请求让我们母子都搬到江南去住，不要让秦国像鱼肉一样地欺凌屠戮。”怀王后悔了，赦免了张仪，像过去一样优厚地款待他。

张仪从囚禁中放出来不久，还没离去，就听说苏秦死了，于是游说楚怀王说：“秦国的土地占了天下的一半，军队的实力可以抵挡四方的国家，四境险要，黄河如带横流，四周都有设防重地可以坚守。勇武的战士一百多万，战车千辆，战马万匹，储存的粮食堆积如山。法令严明，士兵们都不避艰苦危难，乐于为国牺牲，国君贤明而威严，将帅智谋而勇武。即使没有出动军队，它的声威就能够席卷险要的常山，折断天下的脊骨，天下后臣服的国家首先被灭亡。而且，那些合纵的国家要与秦国相较，无异于驱赶着羊群进攻凶猛的老虎，猛虎和绵羊不能成为敌手是非常明显的。如今，大王不亲附老虎而去亲附绵羊，我私下认为大王的打算错了。

“当今，天下强大的国家，不是秦国便是楚国，不是楚国便是秦国，两国相互争战，从它的形势看，不可能两个国家都存在下去。如果大王不去亲附秦国，秦国就会出动军队先占据宜阳，韩国的土地也就被切断不通。出兵河东，夺取城皋，韩国必然要到秦国称臣，魏国就会闻风而动。秦国进攻楚国的西边，韩国、魏国进攻楚国的北边，国家怎么会不危险呢?

“而且，那些主张合纵的人聚集了一群弱小的国家攻打最强大的国家，不权衡敌对国的力量而轻易地发动战争，国家穷困而又频繁地打仗，这就是导致危亡的策略。我听说，您的军事力量比不上别国强大，就不要挑起战争；您的粮食比不上人家多，就不要持久作战。那些主张合纵的人，粉饰言辞，空发议论，抬高他们国君的节行，只说对国君的好处，不说对国君的危害，突然招致秦国的祸患，就来不及应付了。所以，希望大王仔细地考虑这个问题。

“秦国拥有西方的巴郡、蜀郡，用大船装满粮食，从汶山起程，顺着江水漂浮而下，到楚国三千多里。两船相并运送士兵，一条船可以载五十人和三个月的粮食，顺流而下，一天可走三百多里，即使路程较长，可是不花费牛马的力气，不到十天就可以到达扞关。扞关形势一紧张，那么边境以东，所有的国家就都要据城守御了。黔中、巫郡将不再属于大王所有了。秦国发动军队出武关，向南边进攻，楚国的北部地区就被切断。秦军攻打楚国，三个月内可以造成楚国的危难，而楚国等待其他诸侯的救援，需要半年以上的时间，从这一形势看来，根本来不及。依靠弱小国家的救援，忽略强秦带来的祸患，这是我替大王担忧的原因啊。

“大王曾经和吴国人作战，打了五次胜了三次，阵地上的士兵死光了；楚军在偏远的地方守卫着新占领的城池，可活着的百姓却太困苦了。我听说功业过大的国君，容易遭到危险，而百姓疲惫困苦就怨恨国君。守候着容易遭到危险的功业而违背强秦的心意，我私下替大王感到危险。

“秦国之所以十五年不出兵函谷关攻打齐国和赵国的原因，是因为秦国在暗中策划，有一举吞并天下的雄心。楚国曾经给秦国造成祸患，在汉中打了一仗，楚国没有取得胜利，却有七十多位列侯执珪的人战死，于是丢掉了汉中。楚王大怒，出兵袭击秦国，又在蓝田打了一仗。这就是所说的两虎相斗啊。秦国和楚国相互厮杀，疲惫困顿，韩国和魏国用完整的国力从后边进攻，再没有比这样的策略更危险的了。希望大王仔细地考虑它。

“假如秦国出动军队攻占魏国的阳晋，必然像锁住天下的胸膛一样。大王出动全部军队进攻宋国，用不了几个月的时间，宋国就会被拿下来，攻占了宋国而挥师向东进发，那么泗水流域的许多小国便全归大王所有了。

“游说天下各国凭借信念合纵相亲、坚守盟约的人就是苏秦。他被封为武安君，出任燕国的宰相，却在暗中与燕王策划攻破齐国，并且分割它的土地；假装获罪于燕王，逃亡到齐国，齐王因此收留了他而且任用他做了宰相；过了两年被发觉，齐王大怒，在刑场上把苏秦五马分尸。靠一个奸诈虚伪的苏秦，想要经营整个天下，让诸侯们结为一体，他的策略不可能成功，那是很明显的了。

“如今，秦国和楚国连壤接境，从地理形势上来说也应该是亲近的国家。大王果真能听取我的建议，我请秦王派太子来楚国做人质，楚国派太子到秦国做人质，把秦王的女儿作为侍候大王的姬妾，进献有一万户居民的都邑，作为大王征收赋税供给汤沐之具的地方，永结兄弟邻邦，终生不相互打仗。我认为没有比这更合适的策略了。”

此时，楚王虽已得到张仪，却又难以让出黔中土地给秦国，想要答应张仪的建议。屈原说：“前次大王被张仪欺骗，张仪来到楚国，我认为大王会用鼎镬煮死他。如今，释放了他，不忍杀死他，还听信他的邪妄之言，这可不行。”怀王说：“答应张仪的建议可以保住黔中土地，这是美好有利的事情。已经答应了而又背弃他，这可不行。”所以，最终答应了张仪的建议，和秦国相亲善。

张仪离开楚国，就借此机会前往韩国，游说韩王说：“韩国地势险恶，人都住在山区，生产的粮食不是麦而是豆，人们吃的大多是豆子饭、豆叶汤。一年没收成，人们连糟糠这样粗劣的食物都吃不饱。土地不足九百里，储存的粮够两年食用。估计大王的士兵，全数也超不过三十万人，而那些勤杂兵、后勤人员也都包括在内。除掉防守驿亭、边防要塞的士兵，现有的军队不过二十万罢了。而秦国武装部队就一百多万，战车千辆，战马万匹，那勇武的战士飞奔跳跃勇往直前，不戴头盔，双手捂着面颊，带着武器，愤怒扑向敌阵的，多到没法计算。秦国战马精良，骏马奔驰，前蹄扬起，后蹄腾空，一跃就是两丈多远的马，多到没法数清。山东六国的士兵，戴着头盔，穿着铠甲会合作战，秦国的军队却甩掉战袍，赤足露身扑向敌人，左手提着人头，右手挟着俘虏。秦兵与山东六国的兵相比，如同勇猛的大力士孟贲和软弱的胆小鬼；用巨大的威力压下去，好像勇猛的大力士乌获与婴儿对抗。用孟贲、乌获这样的军队去攻打不服从的弱小国家，无异于把千钧的重量压在鸟卵上，一定不存在侥幸的结果了。

“那些诸侯、大臣们不估量自己的土地狭小，却听信主张合纵的人的甜言蜜语，他们结伙营私，互相掩饰，都振奋地说：‘听从我的策略，可以在天下称霸。’不顾国家的长远利益而听从片刻的游说，贻误国君，没有比这更为严重的了。

“假如大王不侍奉秦国，秦国出动武装部队占据宜阳，切断了韩国的土地，向东夺取成皋、荥阳，那么鸿台的宫殿、桑林的林苑就不再为大王拥有了。再说，堵塞了成皋，切断了上地，大王的国土就被分割了。首先，臣事秦国就安全，不臣事秦国就危险。制造了祸端却想求得吉祥的回报，计谋短浅鄙陋而结下的仇怨深重，违背秦国而服从楚国，即使想不灭亡，那也是不可能的。

“所以，我替大王谋划，不如帮助秦国，秦国所希望的，没有比削弱楚国更重要的了，能够削弱楚国的，没有谁比得上韩国。不是因为韩国比楚国强大，而是因为韩国地理形势的关系。如今，假如大王向西臣事秦国进攻楚国，秦王一定很高兴。进攻楚国在它的土地上取得利益，转移了自己的祸患而使秦国高兴，没有比这计策更适宜的了。”

韩王听信了张仪的策略。张仪回到秦国报告，秦惠王便封赏了他五个都邑，封号叫武信君，又派张仪向东游说齐湣王说：“天下强大的国家没有超过齐国的，大臣及其父兄兴旺发达、富足安乐。然而，替大王出谋划策的人，都是为了暂时的欢乐，不顾国家的长远利益。主张合纵的人游说大王，必定会说：‘齐国西面有强大的赵国，南面有韩国和魏国，齐国是背靠大海的国家，土地广阔，人口众多，军队强大，士兵勇敢，即使有一百个秦国，对齐国也将无可奈何。’大王认为他们的说法很高明，却没能考虑到实际的情况。主张合纵的人，结党营私，排斥异己，没有不认为合纵是可行的。我听说，齐国和鲁国打了三次仗，而鲁国战胜了三次，国家却因此随后就灭亡了，即使有战胜的名声，却遭到国家灭亡的现实。这是为什么呢？齐国强大而鲁国弱小啊。现在，秦国与齐国比较，就如同齐国和鲁国一样。秦国和赵国在漳河边上交战，两次交战两次打败了秦国；在番吾城下交战，两次交战又两次打败了秦国。四次战役之后，赵国的士兵阵亡了几十万，才仅仅保住了邯郸。即使赵国有战胜的名声，国家却残破不堪了。这是为什么呢？是因为秦国强大而赵国弱小啊。

“如今，秦、楚两国嫁女娶妇，结成兄弟盟国。韩国献出宜阳，魏国献出河外，赵国在渑池朝拜秦王，割让河间来侍奉秦国。假如大王不臣事秦国，秦国就会驱使韩国、魏国进攻齐国的南方，赵国的军队全部出动，渡过清河，直指博关、临菑，即墨就不再为大王所拥有了。国家一旦被进攻，即使是想要臣事秦国，也不可能了。因此，希望大王仔细地考虑它。”

齐王说：“齐国偏僻落后，僻处东海边上，不曾听到过国家长远利益的道理。”于是就答应了张仪的建议。

张仪离开齐国，向西游说赵王说：“敝邑秦王派我这个使臣给大王献上不成熟的意见。大王率领天下诸侯来抵制秦国，秦国的军民十五年不敢出函谷关。大王的声威遍布山东各国，敝邑担惊受怕，屈服不敢妄动，整治军备，磨砺武器，整顿战车战马，练习跑马射箭，努力种地，储存粮食，守护在四方边境之内，忧愁畏惧地生活着，不敢轻举稍动，只恐怕大王有意深责我们的过失。

“如今，凭借着大王的督促之力，秦国已经攻克了巴、蜀，吞并了汉中，夺取了东周、西周，迁走了九鼎宝器，据守着白马渡口。秦国虽说地处偏僻辽远，然而内心的压抑愤懑的日子太长了。现在，秦国有一支残兵败将，驻扎在渑池，正打算渡过黄河，跨过漳水，占据番吾，同贵军在邯郸城下相会，希望在甲子这一天与贵军交战，用以效法武王伐纣的旧事。所以，秦王郑重地派出使臣先来敬告大王及其左右亲信。

“大王信赖倡导合纵联盟的原因，是凭靠着苏秦。苏秦迷惑诸侯，把对的说成错的，把错的说成对的，他想要反对齐国，而自己让人家在刑场上五马分尸。天下诸侯不可能统一是很明显的了。如今，楚国和秦国已结成了兄弟盟国，而韩国和魏国已向秦国臣服，成为东方的属国，齐国奉献出盛产鱼盐的地方，这就等于斩断了赵国的右臂。斩断了右臂而和人家争斗，失去他的同伙而孤立无援，想要国家不危险，怎么可能办得到呢？

“现在，秦国派出三支军队：其中一支军队堵塞午道，通知齐国调动军队渡过清河，驻扎在邯郸的东面；一支军队驻扎在成皋，驱使韩国和魏国的军队驻扎在河外；一支军队驻扎在渑池。相约四国军队结为一体进攻赵国，攻破赵国，必然由四国瓜分它的土地。所以，我不敢隐瞒真实的情况，先把它告诉大王左右亲信。我私下替大王考虑，不如与秦王在渑池会晤，面对面，口头做个约定，请求按兵不动，不要进攻。希望大王拿定主意。”

赵王说："先王在世的时候，奉阳君独揽权势，蒙蔽欺骗先王，独自控制政事，我还深居宫内，从师学习，不参与国家大事的谋划。先王抛弃群臣谢世时，我还年轻，继承君位的时间也不长，我心中确实暗自怀疑这种做法，认为各国联合一体，不侍奉秦国，不是我国长远的利益。于是，我打算改变心志，去掉疑虑，割让土地弥补已往的过失，来侍奉秦国。我正要整备车马前去请罪，正好赶上听到您明智的教诲。"赵王答应了张仪的建议，张仪才离去。

向北到了燕国，张仪游说燕昭王说："大王最亲近的国家莫过于赵国。过去赵襄子曾经把自己的姐姐嫁给代王为妻，想吞并代国，约定在句注要塞和代王会晤，就命令工匠做了一个金斗，加长了斗柄，使它能用来击杀人命。赵王与代王喝酒，暗中告诉厨工说：'趁酒喝到酣畅欢乐时，你送上热羹，趁机把斗柄反转过来击杀他。'于是，当喝酒喝到酣畅欢乐时，送上热腾腾的羹汁，厨工趁送上金斗的机会，反转斗柄击中代王，并且杀死了他，代王的脑浆流了一地。赵王的姐姐听到这件事，磨快了簪子自杀了。所以，至今还有一个名叫摩笄的山名。代王的死，天下人没有不知道的。

"赵王凶暴乖张，六亲不认，大王是有明确见识的，那还能认为赵王可以亲近吗？赵国出动军队攻打燕国，两次围困燕国都城来劫持大王，大王还要割让十座城池向他道歉。如今，赵王已经到渑池朝拜秦王，献出河间一带的土地侍奉秦国。假如大王不侍奉秦国，秦国将出动武装部队直下云中、九原，驱使赵国进攻燕国，那么易水、长城就不再为大王所拥有了。

“而且，现在的赵国对秦国来说如同郡和县的关系，不敢胡乱出动军队攻打别的国家。如今，假如大王侍奉秦国，秦王一定高兴，赵国也不敢轻举妄动，这就等于西边有强大秦国的支援，而南边解除了齐国、赵国的忧虑，所以希望大王仔细地考虑它。”

燕王说：“我就像蛮夷之徒一样处在落后荒远的地方，这里的人即使是男子大汉，都仅仅像个婴儿，他们的言论不能够产生正确的决策。如今，承蒙贵客教诲，我愿意向西面侍奉秦国，献出恒山脚下的五座城池。”燕王听信了张仪的建议。张仪回报秦王，还没走到咸阳秦惠王就去世了，武王即位。武王从做太子时就不喜欢张仪，等到继承王位，很多大臣说张仪的坏话：“张仪不讲信用，反复无常，出卖国家，以谋图国君的恩宠。秦国一定要再任用他，恐怕被天下人耻笑。”诸侯们听说张仪和武王感情上有裂痕，都纷纷背叛了连横政策，又恢复了合纵联盟。

秦武王元年，大臣们日夜不停地诋毁张仪，而齐国又派人来责备张仪。张仪害怕被杀死，就趁机对武王说：“我有个不成熟的计策，希望献给大王。”武王说：“什么计策?”回答说：“为秦国国家着想，必须使东方各国发生大的变故，大王才能多割得土地。如今，听说齐王特别憎恨我，只要我在哪个国家，他一定会出动军队讨伐它。所以，我希望让我这个不成才的人到魏国去，齐国必然要出动军队攻打魏国。魏国和齐国的军队在城下混战而谁都没法回师离开的时候，大王利用这个间隙攻打韩国，打进三川，军队开出函谷关而不要攻打别的国家，直接挺进，兵临周都，周天子一定会献出祭器。大王就可以挟持天子，掌握天下的地图户籍，这是成就帝王的功业啊。”秦武王认为他说得对，就准备了三十辆兵车，送张仪到了魏国。齐王果然出动军队攻打魏国，梁哀王很害怕。张仪说：“大王不要担忧，我让齐国罢兵。”就派遣他的门客冯喜到楚国，再借用楚国的使臣到齐国，对齐王说：“大王特别憎恨张仪；虽然如此，可是大王让张仪在秦国有所依托，也做得够周到了啊！”齐王说：“我憎恨张仪，张仪在什么地方，我一定出兵攻打什么地方，我怎么能让张仪有所依托呢？”回答说：“这就是大王让张仪有所依托呀。张仪离开秦国时，本来与秦王约定说：‘替大王着想，必须使东方各国发生大的变故，大王才能多割得土地。如今，齐国特别憎恨我，我在哪个国家，他一定会派出军队攻打哪个国家。所以，我希望让我这个不成才的人到魏国，齐国必然要出动军队攻打魏国，魏国和齐国的军队在城下混战而谁都没法回师离开的时候，大王利用这个间隙攻打韩国，打进三川，军队开出函谷关而不要攻打别的国家，直接挺进，兵临周都，周天子一定会献出祭器。大王就可以挟持天子，掌握天下的地图户籍，这是成就帝王的功业啊。’秦王认为他说得对，所以准备了兵车三十辆，送张仪去了魏国。如今，张仪去了魏国，大王果然攻打它。这是大王使国内疲惫困乏而向外攻打与自己建立邦交的国家，广泛地树立敌人，祸患殃及自身，却让张仪得到秦国的信任。这就是我所说的‘让张仪有所依托’呀。”齐王说：“好。”就解除了攻打魏国的战争。

张仪出任魏国宰相一年，就死在魏国了。

陈轸，是游说的策士。和张仪共同侍奉秦惠王，都被重用而显贵，互相竞争秦惠王的宠幸。张仪在秦惠王面前中伤陈轸说：“陈轸用丰厚的礼物随便地来往于秦楚之间，应当为国家外交工作。如今，楚国却不曾对秦国更加友好反而对陈轸亲善，足见陈轸为自己打算的多而为大王打算的少啊。而且陈轸想要离开秦国前往楚国，大王为什么没听说呢？”秦惠王对陈轸说：“我听说先生想要离开秦国到楚国去，有这样的事吗？”陈轸说：“有。”秦惠王说：“张仪的话果然可信。”陈轸说：“不单是张仪知道这件事，就连过路的人也都知道这件事。从前，伍子胥忠于他的国君，天下国君都争着要他做臣子，曾参孝敬他的父母，天下的父母都希望他做儿子。所以，被出卖的奴仆侍妾不等走出里巷就卖掉了，因为都是好奴仆；被遗弃的妻子还能在本乡本土嫁出去，因为都是好女人。如今，陈轸如果对自己的国君不忠诚，楚国又凭什么认为陈轸能对他忠诚呢？忠诚却被抛弃，陈轸不去楚国，到哪儿去呢？”秦惠王认为他的话说得对，于是就很好地对待他。

陈轸在秦国过了一整年，秦惠王终于任用张仪做宰相，而陈轸投奔楚国，楚王没有重用他，却派他出使秦国。他路过魏国，想要见一见犀首，犀首谢绝不见。陈轸说：“我有事才来，您不见我，我要走了，不能等到第二天呢。”犀首便接见了他。陈轸说：“您为什么喜欢喝酒呢?”犀首说：“没事可做。”陈轸说：“我让您有很多事做，可以吗?”犀首说：“怎么办?”陈轸说：“田需约集各国合纵相亲，楚王怀疑他，还不相信。您对魏王说：‘我和燕国、赵国的国君有旧交情，多次派人来对我说“闲着没事为什么不互相见见面”，我希望到他们那里去拜望一下。’魏王即使答应您去，您也不必多要车辆，只要把三十辆车摆列在庭院里，公开地说要到燕国、赵国去。”燕国、赵国的外交人员听了这个消息，急忙驱车禀告他们的国君，两国都派人到魏国迎接犀首。楚王听了这个消息很生气，说：“田需和我相约，而犀首却去燕、赵，这是欺骗我呀。”楚王很生气而不再理睬田需合纵的事。齐国听说犀首前往北方，派人把国家的政事托付给他，犀首就去齐国了，这样三国宰相的事务都由犀首决断。陈轸于是回到秦国。

韩国和魏国交战，持续了一年还没有结束。秦惠王打算让他们和解，问左右亲信的意见。左右亲信有的说让他们和解有利，有的说不和解有利，惠王不能为此事做出决断。陈轸正好回到秦国，惠王说：“先生离开我到楚国，也想念我吗?”陈轸回答说：“大王听说过越国人庄舄吗?”惠王说：“没听说过。”陈轸说：“越人庄舄在楚国官做到执珪的爵位，不久就生病了。楚王说：‘庄舄原本是越国一个地位低微的人，如今官做到执珪的爵位，富贵了，也不知想不想越国?’中谢回答说：‘大凡人们思念自己的故乡，是在他生病的时候。假如他思念越国就会操越国的口音，要是不思念越国就要操楚国的口音。’楚王派人前去偷听，庄舄还是操越国的口音。如今，我即使被遗弃跑到楚国，难道能没有了秦国的口音吗?”惠王说：“好。现在韩国和魏国交战，一整年都没有解除，有的人说让他们和解有利，有的人说不让他们和解有利，我不能够做出决断，希望先生为你的国君出谋划策之余，替我出个主意。”陈轸回答说：“也曾有人把卞庄子刺虎的事讲给大王听吗？庄子正要刺杀猛虎，旅馆有个小子阻止他，说：‘两只虎正在吃牛，等它们吃出滋味的时候一定会争夺，一争夺就一定会打起来，一打起来，那么大的就会受伤，小的就会死亡，追逐着受伤的老虎而刺杀它，这一来必然获得刺杀双虎的名声。’卞庄子认为他说得对，站在旁边等待它们，不久，两只老虎果然打起来，结果大的受了伤，小的死了，庄子追赶上受伤的老虎而杀死了它，这一来果然获得了杀死双虎的功劳。如今，韩、魏交战，一年不能解除，这样势必大国损伤，小国一定危亡，追逐着受到损伤的国家而讨伐它，这一讨伐必然会获得两个胜利果实。这就如同庄子刺杀猛虎一类的事啊。我为自己的国君出主意和为大王出主意有什么不同呢?”惠王说：“说得好。”终于没有让它们和解。大国果然受到损伤，小国面临着危亡，秦国趁机出兵讨伐它们，大大地战胜它们，这是陈轸的策略呀。

犀首，是魏国阴晋人，名叫衍，姓公孙。和张仪关系不好。

张仪为了秦国到魏国去，魏王任用张仪做宰相。犀首认为对自己不利，所以他派人对韩国公叔说："张仪已经让秦、魏联合了，他扬言说：'魏国进攻南阳，秦国进攻三川。'魏王器重张仪的原因，是想获得韩国的土地。况且韩国的南阳已经被占领，先生为什么不稍微把一些政事委托给公孙衍，让他到魏王面前请功，那么秦、魏两国的交往就会停止了。既然如此，那么魏国一定谋取秦国而抛弃张仪，结交韩国而让公孙衍出任宰相。"公叔认为有利，因此就把政事委托犀首，让他献功。犀首果然做了魏国宰相，张仪离开魏国。

义渠君前来朝拜魏王。犀首听说张仪又出任秦国宰相，迫害义渠君。犀首就对义渠君说："贵国道路遥远，今日分别，不容易再来访问，请允许我告诉你一件事情。"他继续说："中原各国不联合起来讨伐秦国，秦国才会焚烧掠夺您的国家；中原各国一致讨伐秦国，秦国就会派遣轻装的使臣带着贵重的礼物来讨好您的国家。"此后，楚、魏、齐、韩、赵五国共同讨伐秦国，正赶上陈轸对秦王说："义渠君是蛮夷各国中的贤明君主，不如赠送财物用来安抚他的心志。"秦王说："好。"就把一千匹锦绣和一百名美女赠送给义渠君，义渠君把群臣召来商量说："这就是公孙衍告诉我的情形吗？"于是，就起兵袭击秦国，在李伯城下大败秦军。

张仪死了以后，犀首到秦国出任宰相。曾经佩带过五个国家的相印，做了联盟的领袖。

太史公说："三晋出了很多权宜机变的人物，那些主张合纵、连横使秦国强大的，大多是三晋人。张仪的作为比苏秦有过之，可是社会上厌恶苏秦的原因，是因为他先死了而张仪张扬暴露了他合纵政策的短处，用来附会自己的主张，促成边横政策。总而言之，这两个人是真正险诈的人。”

第五十三卷　樗里子甘茂列传第十一

战国时期，秦国武王时樗里子任右丞相，甘茂任左丞相。本篇即是樗里子和甘茂的合传，并附甘茂之孙甘罗传。

樗里子和甘茂在对韩、赵、魏、楚等东方各国用兵方面颇有功绩，所以《太史公自序》说：“秦所以东攘雄诸侯，樗里、甘茂之策。作《樗里甘茂列传第十一》。”樗里子、甘茂并显于秦而境遇大不相同。樗里子是惠王兄弟“以骨肉重”，故秦王信而不疑。他在惠王时受封，历任武王、昭王两代秦相，秦人称他为“智囊”。对此，明凌稚隆指出：“夫秦素猜忌而残忍之国也，非智囊何以周旋其间而结数主之心耶？此太史公意也。”（《史记评林》）所言当是。甘茂则是由楚入秦的“羁旅之臣”，尽管他是个“非常之士”，任为左丞相后，却得不到秦王的真正信任，因而他事事小心、提防，最后乃遭谗逃往齐国。传文中反映了这种不合理的社会现象，还对当时秦国于其他诸侯国、秦国统治集团内部错综复杂的矛盾做了详细记载。

这篇传记之所以久传不衰，主要是它生动地记写了一位少年政治家甘罗的事迹。甘罗年仅十二，却能洞察时局，利用国与国、人与人之间的矛盾，解决了丞相吕不韦所解决不了的问题，使秦国不费一兵一卒便得到了赵国五个城池。甘罗少年有为，十二岁成为秦国上卿，主要不是靠他的天才，除了他平时注意培养自己的能力外，也与当时的客观环境有关。诚如赞论所说："方秦之强时，天下尤趋谋诈哉。"司马迁在当时即注意到这个问题，可谓难能可贵。

【原文】

樗里子者，名疾，秦惠王之弟也，与惠王异母。母，韩女也。樗里子滑稽[①]多智，秦人号曰"智囊[②]"。

秦惠王八年[③]，爵[④]樗里子右更，使将[⑤]而伐曲沃，尽出其人，取其城，地入秦。秦惠王二十五年[⑥]，使樗里子为将伐赵，虏赵将军庄豹，拔蔺。明年，助魏章攻楚，败楚将屈匄，取汉中地。秦封樗里子，号为严君。

秦惠王卒，太子武王立，逐张仪、魏章，而以樗里子、甘茂为左右丞相。秦使甘茂攻韩，拔宜阳。使樗里子以车百乘入周。周以卒迎之，意甚敬。楚王怒，让[⑦]周，以其重秦客。游腾为周说[⑧]楚王曰："知伯之伐仇犹，遗之广车[⑨]，因随之以兵，仇犹遂亡。何则？无备故也。齐桓公伐蔡，号曰诛楚，其实袭蔡。今秦，虎狼之国，使樗里子以车百乘入周，周以仇犹、蔡观焉，故使长戟居前，强弩在后，名曰卫疾，而实囚之。且夫周岂能无忧其社稷哉？恐一旦亡国以忧大王。"楚王乃悦。

【注释】

①滑（gǔ）稽：指能言善辩，语多诙谐。②智囊：比喻足智多谋的人。言其一身所有皆是智算，如同囊袋盛物。③秦惠王八年：即前330年。④爵：封爵位。⑤将：带兵。⑥秦惠王二十五年：即前313年。⑦让：责备。⑧说：劝说，说服。⑨遗之广车：送给它大车。广，大。《战国策·西周》载“昔智伯欲伐厹由，遗之大钟，载以广车”。《韩非子·喻老》载“知伯将袭仇由，遗之以广车”。

【原文】

秦武王卒，昭王立，樗里子又益尊重。

昭王元年[①]，樗里子将伐蒲。蒲守恐，请胡衍。胡衍为蒲谓樗里子曰：“公之攻蒲，为秦乎？为魏乎？为魏则善矣，为秦则不为赖[②]矣。夫卫之所以为卫者，以蒲也。今伐蒲入于魏[③]，卫必折而从[④]之。魏亡[⑤]西河之外而无以取者，兵弱也。今并卫于魏，魏必强。魏强之日，西河之外必危矣。且秦王将观公之事，害秦而利魏，王必罪公。”樗里子曰：“奈何?”胡衍曰：“公释蒲勿攻，臣试为公入言之，以德[⑥]卫君。”樗里子曰：“善。”胡衍入蒲，谓其守曰：“樗里子知蒲之病[⑦]矣，其言曰必拔蒲。衍能令释蒲勿攻。”蒲守恐，因再拜曰：“愿以请。”因效[⑧]金三百斤，曰：“秦兵苟退，请必言子于卫君，使子为南面[⑨]。”故胡衍受金于蒲以自贵于卫。于是遂解蒲而去。还击[⑩]皮氏，皮氏未降，又去。

昭王七年[11]，樗里子卒，葬于渭南章台[12]之东。曰："后百岁，是当有天子之宫夹我墓。"樗里子疾室在于昭王庙西渭南阴乡樗里，故俗谓之樗里子。至汉兴，长乐宫[13]在其东，未央宫[14]在其西，武库正直[15]其墓。秦人谚曰："力则任鄙，智则樗里。"

【注释】

①昭王元年：即前306年。②赖：利益。③今伐蒲入于魏：疑此句有错误。《索隐》引《战国策》云"今蒲入于秦，卫必折而入于魏"。录以备考。④折：屈服。从：顺从，依附。⑤亡：失去。⑥德：施恩德，使之感激。⑦病：困厄。⑧效：献出。⑨南面：古代帝王之位面向南，故称居帝王位为"南面"。⑩还击：返回来攻击。⑪昭王七年：即前300年。⑫章台：秦国渭南离宫的台名。⑬长乐宫：西汉宫殿名，汉高祖时建，遗址在今陕西省西安市西北郊汉长安故城东南角。⑭未央宫：西汉宫殿名，汉高祖时建，遗址在今陕西省西安市西北郊汉长安故城西南角。⑮武库：储藏武器的仓库，未央宫的组成部分。直：面对。

【原文】

甘茂者，下蔡人也。事下蔡史举先生，学百家之术。因张仪、樗里子而求见秦惠王。王见而说[1]之，使将，而佐魏章略定[2]汉中地。

惠王卒，武王立。张仪、魏章去，东之[3]魏。蜀侯辉、相壮反，秦使甘茂定蜀。还，而以甘茂为左丞相，以樗里子为右丞相。

秦武王三年[④]，谓甘茂曰："寡人欲容车[⑤]通三川，以窥周室，而寡人死不朽矣。"甘茂曰："请之魏，约以伐韩，而令向寿辅行。"甘茂至，谓向寿曰："子归，言之于王曰'魏听臣矣，然愿王勿伐'。事成，尽以为子功。"向寿归，以告王，王迎甘茂于息壤。甘茂至，王问其故。对曰："宜阳，大县也，上党、南阳积[⑥]之久矣。名曰县，其实郡也。今王倍数险[⑦]，行千里攻之，难。昔曾参之处费[⑧]，鲁人有与曾参同姓名者杀人，人告其母曰'曾参杀人'，其母织自若也。顷之，一人又告之曰'曾参杀人'，其母尚织自若也。顷又一人告之曰'曾参杀人'，其母投杼[⑨]下机，逾[⑩]墙而走。夫以曾参之贤与其母信之也，三人疑之，其母惧焉。今臣之贤不若曾参，王之信臣又不如曾参之母信曾参也，疑臣者非特[⑪]三人，臣恐大王之投杼也。始张仪西并巴蜀之地，北开西河之外，南取上庸，天下不以多[⑫]张子而以贤先王。魏文侯令乐羊将而攻中山，三年而拔之。乐羊返而论功，文侯示之谤书[⑬]一箧。乐羊再拜稽[⑭]首曰：'此非臣之功也，主君之力也。'今臣，羁旅[⑮]之臣也。樗里子、公孙奭二人者挟[⑯]韩而议之，王必听之，是王欺魏王而臣受公仲侈之怨也。"王曰："寡人不听也，请与子盟。"卒使丞相甘茂将兵伐宜阳。五月而不拔，樗里子、公孙奭果争之。武王召甘茂，欲罢兵。甘茂曰："息壤在彼[⑰]。"王曰："有之。"因大悉起兵，使甘茂击之。斩首六万，遂拔宜阳。韩襄王使公仲侈入谢[18]，与秦平[19]。

【注释】

①说：通“悦”。②略定：夺取，平定。③之：往，到。④秦武王三年：即前308年。⑤容车：原指古代妇女坐乘的小车，其盖饰有帷幔以遮形貌。这里指有帷盖的车。⑥积：指财赋的积贮、积蓄。⑦倍：通“背”，背离，离开。数险：多处险要的关隘，指函谷关、三崤等。⑧处费：居住在费邑。⑨杼：织布的梭子。⑩逾：爬过。⑪特：仅，只。⑫多：称赞。⑬谤书：攻击别人的书函。⑭稽（qǐ）：古代最恭敬的跪拜礼。⑮羁旅：寄居异国他乡。⑯挟：倚仗。⑰息壤在彼：息壤就在那里。言外之意是，不要忘记在息壤的盟约。⑱谢：谢罪。⑲平：媾和。

【原文】

武王竟至周，而卒于周。其弟立，为昭王。王母宣太后，楚女也。楚怀王怨前秦败楚于丹阳而韩不救，乃以兵围韩雍氏。韩使公仲侈告急于秦。秦昭王新立，太后楚人，不肯救。公仲因[1]甘茂，茂为韩言于秦昭王曰：“公仲方有得秦救，故敢扞[2]楚也。今雍氏围，秦师不下殽，公仲且仰首而不朝[3]，公叔且以国南合于楚。楚、韩为一，魏氏不敢不听，然则伐秦之形成矣。不识坐而待伐孰与伐人之利[4]？”秦王曰：“善。”乃下师于殽以救韩。楚兵去。

【注释】

①因：依靠，托付。②扞：抵御。③且：将要，就要。朝：朝见，通常指臣见君。④这一句的意思是说：不知坐等别人攻打与主动攻打别人相比，哪样有利？

【原文】

秦使向寿平宜阳，而使樗里子、甘茂伐魏皮氏。向寿者，宣太后外族[1]也，而与昭王少相长[2]，故任用。向寿如[3]楚，楚闻秦之贵向寿，而厚事向寿。向寿为秦守宜阳，将以伐韩。韩公仲使苏代谓向寿曰："禽困覆车[4]。公破韩，辱公仲，公仲收国复事秦，自以为必可以封。今公与楚解口地，封小令尹以杜阳。秦楚合，复攻韩，韩必亡。韩亡，公仲且躬率其私徒以阏[5]于秦。愿公孰[6]虑之也。"向寿曰："吾合秦楚非以当[7]韩也，子为寿谒[8]之公仲，曰秦韩之交可合也。"苏代对曰："愿有谒于公。人曰贵其所以贵者贵[9]。王之爱习[10]公也，不如公孙奭；其智能公也[11]，不如甘茂。今二人者皆不得亲于秦事，而公独与王主断于国者何？彼有以失之也。公孙奭党[12]于韩，而甘茂党于魏，故王不信也。今秦楚争强而公党于楚，是与公孙奭、甘茂同道也，公何以异之？人皆言楚之善变也，而公必亡之[13]，是自为责也。公不如与王谋其变也，善韩以备楚，如此则无患矣。韩氏必先以国从公孙奭而后委国于甘茂。韩，公之雠也。今公言善韩以备楚，是外举不僻仇[14]也。"向寿曰："然，吾甚欲韩合。"对曰："甘茂许公仲以武遂，反[15]宜阳之民，今公徒收之，甚难。”向寿曰：“然则奈何？武遂终不可得也？”对曰：“公奚不以秦为韩求颍川于楚？此韩之寄地[16]也。公求而得之，是令行于楚而以其地德韩也。公求而不得，是韩楚之怨不解而交走[17]秦也。秦楚争强，而公徐过[18]楚以收韩，此利于秦。”向寿曰：“奈何？”对曰：“此善事也。甘茂欲以魏取齐，公孙奭欲以韩取齐。今公取宜阳以为功，收楚韩以安之，而诛[19]齐魏之罪，是以公孙奭、甘茂无事[20]也。”

【注释】

①外族：即外戚，指帝王的母亲、妻子一方的亲属。②相长：相互敬重。③如：往，到。④禽困覆车：野兽被围困急了，也能撞翻猎人的车子。与“困兽犹斗”意近。⑤私徒：私家的徒隶。阏（è）：阻止。⑥孰：通“熟”，仔细、周详。⑦当：挡住，对付。⑧谒：陈述。⑨人曰贵其所以贵者贵：人们说尊重别人所尊重的东西，才能赢得别人对自己的尊重。⑩爱习：爱怜，亲近。习，近习、亲近。⑪智能公：认为您的智慧和才能。⑫党：偏袒，偏私。⑬亡之：郭嵩焘《史记札记》载“按亡，谓亡失秦、楚之交”。⑭僻：通“避”，躲开。仇：仇敌，仇人。⑮反：同“返”，返回。⑯寄地：颍川原为韩国之地，被楚国夺去，故言“寄地”。寄，权当寄托之意。⑰交走：争着奔向。⑱过：指责过失。⑲诛：谴责，惩罚。⑳无事：指公孙奭、甘茂不能再联合韩、魏攻打齐国。

【原文】

甘茂竟言秦昭王，以武遂复归之韩。向寿、公孙奭争之，不能得。向寿、公孙奭由此怨，谗甘茂。茂惧，辍伐魏蒲阪[①]，亡去。樗里子与魏讲[②]，罢兵。

甘茂之亡秦奔齐，逢苏代。代为齐使于秦。甘茂曰："臣得罪于秦，惧而遁逃，无所容迹。臣闻贫人女与富人女会绩[③]，贫人女曰：'我无以买烛，而子之烛光幸有余，子可分我余光，无损子明而得一斯[④]便焉。'今臣困而君方使秦而当路[⑤]矣。茂之妻子在焉，愿君以余光振[⑥]之。"苏代许诺。遂致使于秦。已，因说秦王曰："甘茂，非常士也。其居于秦，累世[⑦]重矣。自殽塞及至鬼谷，其地形险易皆明知之。彼以齐约韩、魏反以图秦，非秦之利也。"秦王曰："然则奈何？"苏代曰："王不若重其贽[⑧]，厚其禄以迎之，使彼来则置之鬼谷，终身勿出。"秦王曰："善。"即赐之上卿，以相印迎之于齐。甘茂不往。苏代谓齐湣王曰："夫甘茂，贤人也。今秦赐之上卿，以相印迎之。甘茂德[⑨]王之赐，好为王臣，故辞而不往。今王何以礼之？"齐王曰："善。"即位之上卿而处之。秦因复甘茂之家以市[⑩]于齐。

【注释】

①蒲阪：梁玉绳《史记志疑》载"按：'蒲阪乃皮氏之误。'"②讲：和解。③会绩：一起搓麻线。④一：同。斯：此。⑤当路：陈直《史记新证》"盖为先秦人之习俗语，与后来之称当道相同"。当道，即掌握权势。⑥振：通"赈"，救济，挽救。⑦累世：指甘茂为秦王服务累积惠、武、昭三代。

⑧贽：古时初次求见人时所送的礼物。⑨德：感激。⑩复：免除赋税徭役。市：买，收买。

【原文】

齐使甘茂于楚，楚怀王新与秦合婚而欢[①]。而秦闻甘茂在楚，使人谓楚王曰："愿送甘茂于秦。"楚王问于范蜎曰："寡人欲置相于秦，孰可？"对曰："臣不足以识之。"楚王曰："寡人欲相甘茂，可乎？"对曰："不可。夫史举，下蔡之监门[②]也，大不为事君，小不为家室，以苟贱不廉闻于世，甘茂事之顺焉。故惠王之明，武王之察，张仪之辩，而甘茂事之，取十官而无罪。茂诚贤者也，然不可相于秦。夫秦之有贤相，非楚国之利也。且王前尝用召滑于越，而内行章义之难[③]，越国乱，故楚南塞厉门而郡江东[④]。计[⑤]王之功所以能如此者，越国乱而楚治也。今王知用诸越而忘用诸秦，臣以王为钜过[⑥]矣。然则王若欲置相于秦，则莫若向寿者可。夫向寿之于秦王，亲也，少与之同衣，长与之同车，以听事[⑦]。王必相向寿于秦，则楚国之利也。"于是使使[⑧]请秦相向寿于秦。秦卒相向寿。而甘茂竟不得复入秦，卒于魏。

【注释】

①欢：高兴；关系亲密。②监门：看守城门的人。③内行章义之难：暗地里鼓动章义挑起祸乱。内，阴。④塞厉门而郡江东：以厉门为边塞，把江东作为郡县。⑤计：算计，考虑。

⑥钜过：大错。钜，通“巨”。⑦听事：听从别人意见处理政事。这里指参与政事的处理。⑧使使：前“使”字，派遣；后“使”字，使臣。

【原文】

甘茂有孙曰甘罗。甘罗者，甘茂孙也。茂既死后，甘罗年十二，事秦相文信侯吕不韦。

秦始皇帝使刚成君蔡泽于燕，三年而燕王喜使太子丹入质[1]于秦。秦使张唐往相燕，欲与燕共伐赵以广河间之地。张唐谓文信侯曰：“臣尝为秦昭王伐赵，赵怨臣，曰：‘得唐者与百里之地。’今之燕必经赵，臣不可以行。”文信侯不快，未有以强[2]也。甘罗曰：“君侯何不快之甚也？”文信侯曰：“吾令刚成君蔡泽事燕三年，燕太子丹已入质矣，吾自请张卿相燕而不肯行。”甘罗曰：“臣请行之。”文信侯叱曰：“去！我身自请之而不肯，女[3]焉能行之？”甘罗曰：“大项橐生七岁为孔子师[4]。今臣生十二岁于兹矣，君其试臣，何遽[5]叱乎？”于是甘罗见张卿曰：“卿之功孰与武安君[6]？”卿曰：“武安君南挫强楚，北威燕、赵，战胜攻取，破城堕[7]邑，不知其数，臣之功不如也。”甘罗曰：“应侯[8]之用于秦也，孰与文信侯专[9]？”张卿曰：“应侯不如文信侯专。”甘罗曰：“卿明知其不如文信侯专与[10]？”曰：“知之。”甘罗曰：“应侯欲攻赵，武安君难之，去咸阳七里而立死于杜邮。今文信侯自请卿相燕而不肯行，臣不知卿所死处矣。”张唐曰：“请因孺子行。”令装治行。

【注释】

①入质：做人质。质，人质，古代派往别国做抵押的人。②强：勉强。③女：通“汝”，你。④这一句的意思是说：项橐七岁就做了孔子的老师。此系传说。大，张衍田《史记正义佚文辑校》录《正义》云“尊其道德，故曰大”。⑤遽（jù）：急，匆忙。⑥武安君：即白起。⑦堕（huī）：毁坏，这里是攻陷的意思。⑧应侯：即范雎。⑨专：权重，权大。⑩与：通“欤”。

【原文】

行有日[①]，甘罗谓文信侯曰：“借臣车五乘，请为张唐先报赵。”文信侯乃入言之于始皇曰：“昔日茂之孙甘罗，年少耳，然名家之子孙，诸侯皆闻之。今者张唐欲称疾不肯行，甘罗说而行之。今愿先报赵，请许遣之。”始皇召见，使甘罗于赵。赵襄王郊迎甘罗。甘罗说赵王曰：“王闻燕太子丹入质秦欤?”曰：“闻之。”曰：“闻张唐相燕欤?”曰：“闻之。”“燕太子丹入秦者，燕不欺秦也。张唐相燕者，秦不欺燕也。燕、秦不相欺者，伐赵，危矣。燕、秦不相欺无异故[②]，欲攻赵而广河间。王不如赍[③]臣五城以广河间，请归燕太子，与[④]强赵攻弱燕。”赵王立自割五城以广河间。秦归燕太子。赵攻燕，得上谷三十城，令秦有十一。

甘罗还报秦，乃封甘罗以为上卿，复以始甘茂田宅赐之。

【注释】

①行有日：行期已确定。②无异故：没有别的缘故。③赍(jī)：送物给人。④与：帮助。

【原文】

太史公曰：樗里子以骨肉重[①]，固其理[②]，而秦人称其智，故颇采[③]焉。甘茂起下蔡闾阎[④]，显名诸侯，重强齐楚[⑤]。甘罗年少，然出一奇计，声称后世。虽非笃[⑥]行之君子，然亦战国之策士也。方秦之强时，天下尤趋[⑦]谋诈哉。

【注释】

①重：受尊重。②理：常理，常情。③采：收集，采录。④闾阎：古代里巷的门称“闾”或“阎”，这里指居住在乡里的平民。⑤重强齐楚：为强大的齐国、楚国所推重。⑥笃：厚道，忠诚。⑦趋：趋向，这里是时行的意思。

【译文】

樗里子，名叫疾，是秦惠王的弟弟，与惠王同父异母。他的母亲是韩国女子。樗里子待人接物能说会道，足智多谋，所以秦人都称他是个“智囊”人物。

秦惠王八年（前330），樗里子封为右更爵位，秦王派他带兵攻打魏国的曲沃，他把那里的人全部赶走，占领了城邑，曲沃周围的土地便并入秦国。秦惠王二十五年（前313），秦惠王任命樗里子为将军攻打赵国，俘虏了赵国将军庄豹，拿下了蔺邑。第二年，又协助魏章攻打楚国，战败楚将屈匄，夺取了汉中地区。秦惠王赐封樗里子，封号是严君。

秦惠王死后，太子武王即位，驱逐了张仪和魏章，任命樗里子和甘茂为左右丞相。秦惠王派甘茂进攻韩国，一举拿下宜阳，同时派樗里子率领百辆战车进抵周朝都城。周王派士兵列队迎接他，看那意思很是恭敬。楚王得知后怒不可遏，就责骂周王，因为周王不应当这么敬重秦国的不速之客。对此，游腾替周王劝说楚王道："先前知伯攻打仇犹时，用赠送大车的办法，趁机让军队跟在后面，结果仇犹灭亡了。为什么？就是没有防备的缘故啊。齐桓公攻打蔡国时，声称是诛罚楚国，其实是偷袭蔡国。现在的秦国是个如狼似虎的国家，派樗里子带着百辆战车进入周都，居心叵测。周王是以仇犹、蔡国的教训来看待这件事的，所以派手持长戟的兵卒位于前面，让佩带强弓的军士列在后面，表面说是护卫樗里子，实际上是把他看管起来，以防不测。再说，周王怎能不担忧周朝的天下呢？恐怕一旦亡国会给大王您带来麻烦。"楚王听后，才高兴起来。

秦武王死后，昭王即位，樗里子更加受到尊重。

昭王元年（前306年），樗里子率兵攻打蒲城。蒲城的长官十分恐惧，便请求胡衍出主意。胡衍便出面替蒲城长官对樗里子说："您攻打蒲城，是为了秦国还是为了魏国呢？如果是为了魏国，那当然好了。如果是为了秦国，那就不算有利了。因为卫国之所以成为一个国家，就是因为有蒲城存在。现在，您攻打它迫使它投入魏国怀抱，整个卫国就会屈服并依附魏国。魏国丧失了西河之外的城邑却没有办法夺回来，原因就是兵力薄弱啊。现在攻打蒲城使卫国并入魏国，魏国必定强大起来。魏国强大之日，也就是贵国所占城邑的危险之时。况且，秦王要察看您的此次行动，若有害于秦国而让魏国得利，秦王定要加罪于您。”听了这番话，樗里子若有所思地说：“怎么办才好呢?”胡衍顺势便说：“您放弃蒲城不要进攻，我试着替您到蒲城说说这个意思，让卫国国君不忘您给予他的恩德。”樗里子说：“好吧。”胡衍进入蒲城后，就对那个长官说：“樗里子已经掌握蒲城困厄的处境了，他声言一定拿下蒲城。不过，我胡衍能让他放弃蒲城，不再进攻。”蒲城长官十分恐惧，听了胡衍的话，像是见到了救星，拜了又拜连声说：“求您施恩救助。”于是，献上黄金三百斤，又表示说：“秦国军队真的撤退了，请让我一定把您的功劳报告给卫国国君，让您享受国君一样的待遇。”因此，胡衍从蒲城得到重金而使自己在卫国成了显贵。这时，樗里子已解围撤离了蒲城，回兵去攻打魏国城邑皮氏，皮氏没投降，便又撤离了。

昭王七年（前300），樗里子死去，葬在渭水南边章台之东。他临终前，曾预言说：“一百年之后，这里会有天子的宫殿夹着我的坟墓。”樗里子嬴疾的家在昭王庙西边渭水之南的阴乡樗里，因此人们俗称他为樗里子。到了汉建国后，所建长乐宫就在他坟墓的东边，未央宫则盖在了他坟墓的西边，储藏兵器的武库盖在了他坟墓的正南面。当时秦国人有句谚语：“力气大要算任鄙，智谋多要算樗里。”

甘茂是下蔡人，曾侍奉下蔡的史举先生，跟他学习诸子百家的学说。后来，通过张仪、樗里子的引荐得到拜见秦惠王的机会。惠王接见后，很喜欢他，就派他带兵，去帮助魏章夺取汉中地区。

惠王死后，武王即位。当时，张仪、魏章已离开秦国，跑到东边的魏国。不久，秦公子蜀侯辉和他的辅相陈壮谋反，武王就指派甘茂去平定蜀地。完成使命后，秦武王任命甘茂为左丞相，任命樗里子为右丞相。

秦武王三年（前 308 年），武王对甘茂说：“我有个心愿想乘着垂帷挂幔的车子，通过三川之地去看一看周朝都城。即使死去，也算心满意足了。”甘茂心领神会，便说：“请允许我到魏国，与魏国相约去攻打韩国，并请让向寿辅助我一同前往。”武王应许了甘茂的请求。甘茂到魏国后，就对向寿说：“您回去，把出使的情况报告给武王说‘魏国听从我的主张了，但我希望大王先不要攻打韩国’。事情成功了，全算作您的功劳。”向寿回到秦国，把甘茂的话报告给武王，武王到息壤迎接甘茂。甘茂抵达息壤，武王问他先不攻打韩国是什么缘故。甘茂回答说：“宜阳是个大县，上党、南阳财赋的积贮经时很久了。名义上叫县，其实是个郡。现在，大王离开自己所凭据的几处险要关隘，远行千里去攻打它们，取胜有很大困难。从前，曾参住在费邑，鲁国有个与曾参同姓同名的人杀了人，有人告诉曾参的母亲说‘曾参杀了人’，他的母亲正在织布神情泰然自若。过了一会儿，一个人又来告诉他的母亲说‘曾参杀了人’，他的母亲仍然织布神情不变。不一会儿，又有一个人告诉他的母亲说‘曾参杀了人’，他的母亲扔下梭子，走下织布机，翻墙逃跑了。凭借曾参的贤德与其母亲对他的深信不疑，有三个人怀疑他，还使他母亲真的害怕他杀了人。现在，我的贤能比不上曾参，大王对我的信任也不如曾参的母亲信任曾参。可是，怀疑我的绝非只是三个人。我唯恐大王也像曾母投杼一样，怀疑我啊。当初，张仪在西边兼并巴蜀的土地，在北面扩大了西河之外的疆域，在南边夺取了上庸，天下人并不因此赞扬张仪，而是认为大王贤能。魏文侯让乐羊带兵去攻打中山国，打了三年才攻下中山。乐羊回到魏国论功请赏，而魏文侯把一箱子告发信拿给他看。乐羊吓得一连两次行跪拜大礼说：‘这可不是我的功劳，全靠主上的威力啊。’如今，我是个寄居此地的臣僚。樗里子和公孙奭二人会以韩国国力强为理由来同我争议攻韩的得失，大王一定会听从他们的意见，这样就会造成大王欺骗魏王而我将遭到韩相公仲侈怨恨的结果。”武王说：“我不听他们的，请让我跟您盟誓。”终于让丞相甘茂带兵攻打宜阳。打了五个月却拿不下宜阳，樗里子和公孙奭果然提出反对意见。武王召甘茂回国，打算退兵不攻了。甘茂说：“息壤就在那里，您可不要忘记……”武王说："有过盟誓。"于是，调集了全部兵力，让甘茂进攻宜阳，斩敌六万人，终于拿下了宜阳。韩襄王派公仲侈到秦国谢罪，同秦国讲和。

武王终于通过了三川之地到了周都，最后死在那里。武王的弟弟即位，就是昭王。昭王的母亲宣太后是楚国女子。楚怀王由于怨恨从前秦国在丹阳打败楚国的时候韩国坐视不救，于是就带兵围攻韩国雍氏。韩王派公仲侈到秦国告急求援。秦昭王刚刚即位，太后又是楚国人，所以不肯出兵救援。公仲侈就去托付甘茂，甘茂便替韩国向秦昭王进言说："公仲侈正是因为可望得到秦国援救，所以才敢于抵抗楚国。眼下雍氏被围攻，秦军不肯下殽山救援，公仲侈将会轻蔑秦国昂着头不来朝见了。韩公叔也将会让韩国向南同楚国联合，楚国和韩国一旦联合成为一股力量，魏国就不敢不听它的摆布。这样看来，攻打秦国的形势就会形成了。您看坐等别人进攻与主动进攻别人相比，哪样有利？"秦昭王说："你说得对。"于是就让军队下殽山去救韩国。楚国军队随即撤离。

秦昭王让向寿去平定宜阳，同时派樗里子和甘茂去攻打魏国皮氏。向寿是宣太后的娘家亲戚，与昭王从少年时就很要好，所以被昭王任用。向寿先到了楚国，楚王听说秦王十分敬重向寿，便优厚地礼遇向寿。向寿替秦国驻守宜阳，准备据此攻打韩国。韩相公仲侈派苏代对向寿说："野兽被围困急了是能撞翻猎人车子的。您攻破韩国，虽使公仲侈受辱，但公仲侈仍可收拾韩国局面再去侍奉秦国，他会自认为一定可以得到秦国的封赐。现在，您把解口送给楚国，又把杜阳封给小令尹，使秦、楚交好。秦、楚联合，无非是再次攻打韩国，韩国肯定要灭亡。韩国要灭亡，公仲侈必将亲自率领他的私家徒隶去顽强抗拒秦国。希望您深思熟虑。”向寿说：“我联合秦、楚两国，并不是对付韩国的，您替我把这个意思向公仲侈申明，说秦国与韩国的关系是可以合作的。”苏代回答说：“我愿意向您进一言。人们说，尊重别人所尊重的东西，才能赢得别人对自己的尊重。秦王亲近您，比不上亲近公孙奭；秦王赏识您的智慧才能，也比不上赏识甘茂。可是，如今这两个人都不能直接参与秦国大事，而您却独能与秦王对秦国大事做出决策，这是什么原因呢？是他们各有自己失去信任的地方啊。公孙奭偏向韩国，而甘茂偏袒魏国，所以秦王不信任他们。现在，秦国与楚国争强，可是您却偏护楚国，这是与公孙奭、甘茂走的同一条路。您靠什么来与他们相区别呢？人们都说楚国是个善于权变的国家，您一定会在与楚国结交上栽跟头，这是自惹麻烦。您不如与秦王谋划对付楚国权变的策略，与韩国友善而防备楚国，这样就没有忧患了。韩国与秦国结好必定先把国家大事交给公孙奭，听从他的处理意见，而后会把国家托付给甘茂。韩国是您的仇敌。如今您提出与韩国友好而防备楚国，这就是外交结盟不避仇敌啊。”向寿说：“是这样，我是很想与韩国合作的。”苏代回答说：“甘茂曾答应公仲侈把武遂还给韩国，让宜阳的百姓返回宜阳，现在您一味想着收回武遂，很难办到。”向寿说：“既然如此，那该怎么办呢？武遂就终究不能得到了？”苏代回答说：“您为什么不借助秦国的声威替韩国向楚国索回颍川呢？颍川是韩国的寄托之地。您若索取并得到它，这是您的政令在楚国得到推行而拿楚国的地盘让韩国感激您。您若索取而得不到它，这样韩国与楚国的怨仇不能化解就会交相巴结秦国。秦楚两国争强，您一点一点地责备楚国来使韩逐渐向您靠拢，这大大有利于秦国。”向寿听了后，掂量着利弊，一时下不了决心，便顺口说出：“怎么办好呢？”苏代立即答道：“这是件好事啊。甘茂想要借着魏国的力量去攻打齐国，公孙奭打算凭借韩国的势力去攻打齐国。现在您夺取了宜阳作为功劳，又取得了楚国和韩国的信任并使它们安定下来，进而再诛罚齐国、魏国的罪过，由于这样做了，公孙奭和甘茂的打算便都将化为泡影，他们在秦国的权势也就会进一步削弱。”

甘茂终于向秦昭王提出，把武遂归还给韩国。向寿和公孙奭竭力反对这么做，但没有成功。向寿和公孙奭因此而怨愤，常在昭王面前说甘茂的坏话。甘茂恐惧，怕有不测，便停止攻打魏国的蒲阪，乘机逃亡而去。樗里子与魏国和解，撤兵作罢。

甘茂逃出秦国跑到齐国，路上恰巧碰上苏代。当时，苏代正替齐国出使秦国。甘茂说：“我在秦国获罪，怕遭殃祸便逃了出来，现在还没有容身之地。我听说贫家女和富家女在一起搓麻线，贫家女说：‘我没有钱买蜡烛，而您的烛光幸好有剩余，请您分给我一点剩余的光亮，这无损于您的照明，却能使我同您一样享用烛光的方便。’现在，我处于困窘境地，而您正出使秦国，大权在握。我的妻子儿女还在秦国，希望您拿点余光救济他们。”苏代应承下来，于是出使到达秦国。完成任务后，苏代借机劝说秦王道：“甘茂是个不平常的士人。他在秦国居住多年，连续三代受到重用，从殽塞至鬼谷，全部地形何处险要、何处平展他都了如指掌。如果他依靠齐国与韩国、魏国约盟联合，反过来图谋秦国，对秦国可不算有利呀。”秦王说：“既然这样，那么该怎么办呢？”苏代说：“大王不如送他更加贵重的礼物，给他更加丰厚的俸禄，把他迎回来。假使他回来了，就把他安置在鬼谷，终身不准出来。”秦王说：“好。”随即赐给甘茂上卿官位，并派人带着相印到齐国迎接他。甘茂执意不回秦国。苏代对齐湣王说：“那个甘茂，可是个贤人。现在秦国已经赐给上卿官位，带着相印来迎接他了。由于甘茂感激大王的恩赐，喜欢做大王的臣下，因此推辞邀请不去秦国。现在大王您拿什么来礼遇他？”齐王说：“好。”立即安排他上卿官位，把他留在了齐国。秦国也赶快免除了甘茂全家的赋税徭役来同齐国争着收买甘茂。

齐国派甘茂出使楚国，楚怀王刚刚与秦国通婚结亲，两国的关系正好。秦王听说甘茂正在楚国，就派人对楚王说：“希望把甘茂送到秦国来。”楚王向范蜎询问说：“我想在秦国安排个丞相，您看谁合适?”范蜎回答说：“我的能力不够，看不准谁合适。”楚王说：“我打算让甘茂去任丞相，合适吗?”范蜎回答道：“不合适。那个史举是下蔡的城门看守，大事不能侍奉国君，小事不能治好家庭，他以苟且活命，人格低下，节操不廉闻名于世，可是甘茂侍奉他却很恭顺。因此，就惠王的明智、武王的敏锐、张仪的善辩来说，甘茂能够一一侍奉他们，取得十个官位而没有罪过，这是一般士人难以做到的。甘茂的确是个贤才，但不能到秦国任丞相。秦国有贤能的丞相，不是楚国的好事。况且大王先前曾把召滑推荐到越国任职，他暗地里鼓动章义发难，搞得越国大乱，因此楚国才能够开拓疆域，以厉门为边塞，把江东作为郡县。我考虑大王的功绩所以能够达到如此辉煌的地步，其原因就是越国大乱，而楚国大治。现在大王只知道把这种谋略用于越国却忘记用于秦国，我认为您派甘茂到秦国任相是个重大的过失。话再说回来，您若打算在秦国安置丞相，那就不如安置向寿这样的人更为合适。向寿对于秦王来说，是亲戚关系，少年时与秦王同穿一件衣服，长大后同乘一辆车子，因此能够直接参与国政。大王一定要安置向寿到秦国任相，那就是楚国的好事了。”于是，楚王派使臣去请求秦王让向寿在秦国任相。秦国终于让向寿担任了丞相。甘茂最终也没能够再到秦，后来死在魏国。

甘茂有个孙子叫甘罗。

甘罗是甘茂的孙子。甘茂死去的时候，甘罗才十二岁，侍奉秦国丞相文信侯吕不韦。

秦始皇派刚成君蔡泽到燕国，三年后燕国国君喜派太子丹到秦国做人质。秦国准备派张唐去燕国任相，打算跟燕国一起进攻赵国来扩张河间一带的领地。张唐对文信侯说："我曾经为昭王进攻过赵国，因此赵国怨恨我，曾称言说：'能够逮住张唐的人，就赏给他百里方圆的土地。'现在去燕国必定要经过赵国，我不能前往。"文信侯听了怏怏不乐，可是没有什么办法勉强他去。甘罗说："君侯您为什么闷闷不乐得这么厉害?"文信侯说："我让刚成君蔡泽侍奉燕国三年，燕太子丹已经来秦国做人质了，我亲自请张卿去燕国任相，可是他不愿意去。"甘罗说："请允许我说服他去燕国。"文信侯呵斥说："快走开！我亲自请他去，他都不愿意，你怎么能让他去?"甘罗说："项橐七岁就做了孔子的老师。如今，我已经满十二岁了，您还是让我试一试。何必这么急着呵斥我呢?"于是，文信侯就同意了。甘罗去拜见张卿说："您的功劳与武安君白起相比，谁的功劳大?"张卿说："武安君在南面挫败强大的楚国，在北面施威震慑燕、赵两国，战而能胜、攻而必克，夺城取邑，不计其数，我的功劳可比不上他。"甘罗又说："应侯范雎在秦国任丞相时与现在的文信侯相比，谁的权力大?"张卿说："应侯不如文信侯的权力大。"甘罗进而说："您确实明了应侯不如文信侯的权力大吗?"张卿说："确实明了这一点。"甘罗接着说："应侯打算攻打赵国，武安君故意让他为难，结果武安君刚离开咸阳七里地就死在杜邮。如今，文信侯亲自请您去燕国任相而您执意不肯，我不知您要死在什么地方了。”张唐说：“那就依着你这个童子的意见前往燕国吧。”于是，让人整治行装，准备上路。

行期已经确定，甘罗便对文信侯说：“借给我五辆马车，请允许我为张唐赴燕先到赵国打个招呼。”文信侯就进宫把甘罗的请求报告给秦始皇说：“过去的甘茂有个孙子叫甘罗，年纪很轻，然而是著名门第的子孙，所以诸侯们都有所闻。最近，张唐想要推托有病不愿意去燕国，甘罗说服了他，使他毅然前往。现在，甘罗愿意先到赵国把张唐的事通报一声，请答应派他去。”秦始皇召见了甘罗，就派他去赵国。赵襄王到郊外远迎甘罗。甘罗劝说赵王，问道：“大王听说燕太子丹到秦国做人质吗?”赵王回答说：“听说这件事了。”甘罗又问道：“听说张唐要到燕国任相吗?”赵王回答说：“听说了。”甘罗接着说：“燕太子丹到秦国来，说明燕国不欺骗秦国。张唐到燕国任相，表明秦国不欺骗燕国。燕、秦两国互不相欺，显然是要共同攻打赵国，赵国就危险了。燕、秦两国互不相欺，没有别的缘故，就是要攻打赵国来扩大自己在河间一带的领地。大王不如先送给我五座城邑来扩大秦国在河间的领地，我请求秦王送回燕太子，再帮助强大的赵国攻打弱小的燕国。”赵王立即亲自划出五座城邑来扩大秦国在河间的领地。秦国送回燕太子，赵国有恃无恐便进攻燕国，结果得到上谷三十座城邑，让秦国占有其中的十一座。

甘罗回来后把情况报告了秦王，秦王于是封赏甘罗让他做了上卿，又把原来甘茂的田地房宅赐给了甘罗。

太史公说：“樗里子因为是秦王的骨肉兄弟而受到尊重，这本来是常理，但秦国人称颂他的才智，因此较多地采录了他的事迹。甘茂出身于下蔡平民，名声显扬于诸侯，为强大的齐国、楚国所推重。甘罗年纪很轻，然而献出一条妙计，名垂后世。虽然他算不上品行忠厚的君子，但也是战国时代名副其实的谋士。须知，当秦国日益强盛起来的时候，天下的士人都争先推崇权变谋诈之术呢！”

第五十四卷 穰侯列传第十二

本篇是战国末期秦国穰侯魏冉的专传。

魏冉是秦宣太后之弟，运用杀伐手段拥立宣太后之子昭王即位，又凭借他与昭王的特殊关系在秦国独揽大权，被封为穰侯，四次为相，起用名将白起，连续东伐，攻城略地，战绩卓著。太史公为其立传既着眼于“苞河山，围大梁，使诸侯敛手而事秦”的功绩，又有意揭示其最后“身折势夺而以忧死”的原因。传文中对穰侯由发迹到忧死的全过程做了确切而简要的记述。这样一位权势赫赫的人物何以“一夫开说”而“身折势夺”呢？传文中揭示的主要原因有两个。其一，他假秦国的武力专注于攻齐，“以广其陶邑”，经营自家的地盘，扩大自己的势力，这是与秦孝公之后的历代秦王着眼于统一中国的战略目标背道而驰的。其二，他“擅权于诸侯”“富于王室”，对秦王政权构成了严重威胁。因此，他的垮台具有必然性，太史公的记述无疑是深刻的。

清吴见思对本传曾做过如下评论：“穰侯事大都备于《范雎传》，此只用点次法，以须贾说词及苏代书词，两篇出色，前后以简略相配，以成章法。”（《史记论文》）从本传的章法特点看，吴氏的说法是正确的，但他没有指明太史公何以不惜篇幅插入这两大段说词和书词，而这恰恰是太史公行文的周到、细密之处。其实，引入大段的说词和书词旨在说明处于飞黄腾达时期的穰侯已经露出了垮台的肇端。须贾已经看到穰侯一味经营陶邑的用心，所以劝穰侯不可围攻大梁，否则“陶邑必亡，则前功必弃”。苏代的书词则正是后来范雎“一夫开说”的注脚。因此，这两段说词和书词在传文中居于重要地位，是表达传旨不可或缺的部分。

【原文】

穰侯魏冉者，秦昭王母宣太后弟也。其先楚人，姓芈①氏。

秦武王卒，无子，立其弟为昭王。昭王母故号为芈八子，及昭王即位，芈八子号为宣太后。宣太后非武王母。武王母号曰惠文后，先武王死。宣太后二弟：其异父长弟曰穰侯，姓魏氏，名冉；同父弟曰芈戎，为华阳君。而昭王同母弟曰高陵君、泾阳君②。而魏冉最贤，自惠王、武王时任职用事③。武王卒，诸弟争立，唯魏冉力为能立昭王。昭王即位，以冉为将军，卫咸阳。诛季君之乱④，而逐武王后出之⑤魏，昭王诸兄弟不善者皆灭之，威振⑥秦国。昭王少，宣太后自治，任魏冉为政。

【注释】

①芈（mǐ）：楚国的祖姓。②高陵君：秦公子的封号。

《索隐》谓“名显”，《秦本纪》中《索隐》谓“悝号高陵君”。泾阳君：秦公子的封号。《索隐》谓“名悝”，《秦本纪》中《索隐》谓“名市”。③用事：当权。④诛：铲除。季君之乱：指秦昭王二年（前305），公子壮与大臣、公子等谋反。季君，即公子壮，在争夺君位中为大臣及武王后等拥立，称号为“季君”。⑤之：往，到。⑥振：通“震”。

【原文】

昭王七年[①]，樗里子死，而使泾阳君质[②]于齐。赵人楼缓来相秦，赵不利，乃使仇液之秦，请以魏冉为秦相。仇液将行，其客宋公谓液曰：“秦不听公，楼缓必怨公。公不若谓楼缓曰‘请为公毋急秦’[③]。秦王见赵请相魏冉之不急，且不听公。公言而事不成，以德[④]楼子；事成，魏冉故德[⑤]公矣。”于是仇液从之。而秦果免楼缓而魏冉相秦。

欲诛吕礼，礼出奔齐。昭王十四年[⑥]，魏冉举[⑦]白起，使代向寿将而攻韩、魏，败之伊阙，斩首二十四万，虏魏将公孙喜。明年，又取楚之宛、叶。魏冉谢病[⑧]免相，以客卿寿烛为相。其明年，烛免，复相冉，乃封魏冉于穰，复益[⑨]封陶，号曰穰侯。

穰侯封四岁，为秦将攻魏。魏献河东方四百里。拔魏之河内，取城大小六十余。昭王十九年[⑩]，秦称西帝，齐称东帝。月余，吕礼来，而齐、秦各复归帝为王。魏冉复相秦，六岁而免。免二岁，复相秦。四岁，而使白起拔楚之郢，秦置南郡。

乃封白起为武安君。白起者，穰侯之所任举也，相善。于是穰侯之富，富于王室。

【注释】

①昭王七年：即前300年。②质：人质。古代派往别国做抵押的人。这里是做人质的意思。③请为公毋急秦：请允许我为您打算，（我请求任魏冉为秦相）不让秦国感到很迫切。④德：施恩德，使之感激。⑤故：通“固”，当然。德：感激。⑥昭王十四年：即前293年。⑦举：举用。⑧谢病：推托有病。⑨益：增加。⑩昭王十九年：即前288年。

【原文】

昭王三十二年[①]，穰侯为相国，将兵攻魏，走芒卯[②]，入北宅，遂围大梁。梁大夫须贾说[③]穰侯曰：“臣闻魏之长吏[④]谓魏王曰：‘昔梁惠王伐赵，战胜三梁，拔邯郸；赵氏不割，而邯郸复归。齐人攻卫，拔故国[⑤]，杀子良；卫人不割，而故地复反[⑥]。卫、赵之所以国全兵劲[⑦]而地不并于诸侯者，以其能忍难而重出地[⑧]也。宋、中山数[⑨]伐割地，而国随以亡。臣以为卫、赵可法，而宋、中山可为戒也。秦，贪戾[⑩]之国也，而毋亲。蚕食魏氏，又尽晋国[⑪]，战胜暴子，割八县，地未毕入，兵复出矣。夫秦何厌之有[⑫]哉！今又走芒卯，入北宅，此非敢攻梁也，且劫[⑬]王以求多割地。王必勿听也。今王背楚、赵而讲[⑭]秦，楚、赵怒而去王，与王争事[⑮]秦，秦必受之。秦挟[⑯]楚、赵之兵以复攻梁，则国求无亡不可得也。愿王之必无讲也。王若欲讲，少割而有质；不然，必见[17]欺。’此臣之所闻于魏也，愿君之以是虑事也。《周书》曰‘惟命不于常’[18]，此言幸[19]之不可数也。夫战胜暴子，割八县，此非兵力之精也，又非计之工也，天幸[20]为多矣。今又走芒卯，入北宅，以攻大梁，是以天幸自为常也，智者不然。臣闻魏氏悉其百县胜甲[21]以上戍大梁，臣以为不下三十万。以三十万之众守梁七仞[22]之城，臣以为汤、武复生，不易攻也。夫轻[23]背楚、赵之兵，陵[24]七仞之城，战三十万之众，而志必举之，臣以为自天地始分以至于今，未尝有者也。攻而不拔，秦兵必罢[25]，陶邑必亡[26]，则前功必弃矣。今魏氏方疑，可以少割收[27]也。愿君逮[28]楚、赵之兵未至于梁，亟以少割收魏。魏方疑而得以少割为利，必欲之，则君得所欲矣。楚、赵怒于魏之先己也，必争事秦，从[29]以此散，而君后择焉。且君之得地岂必以兵哉！割晋国，秦兵不攻，而魏必效[30]绛、安邑。又为陶开两道[31]，几尽故宋[32]，卫必效单父。秦兵可全，而君制之，何索而不得，何为而不成！愿君熟虑之而无行危。”穰侯曰：“善。”乃罢梁围。

【注释】

①昭王三十二年：即前275年。②走芒卯：使芒卯战败而逃。走，使败逃。③说：劝说，说服。④长吏：指高级官吏。⑤故国：旧都，指楚丘。⑥反：通“返”，返回，归还。⑦兵劲：军队坚强有力。⑧重出地：舍不得割让土地。重，惜。

出，拿出。⑨数：多次，屡次。⑩贪戾：贪婪凶暴。⑪尽：吞尽。晋国：这里指原属晋国，现属魏国的土地。⑫何厌之有：即“有何厌”。厌，通“餍”，满足。⑬劫：威逼，威胁。⑭讲：和解。⑮事：侍奉。⑯挟：挟制。⑰见：被。⑱《周书》：《尚书》中的组成部分，相传是记载周代史事之书。惟命不于常：出自《周书·康诰》，意思是要想到上天的意旨不是固定不变的。惟，念；命，天命。⑲幸：幸运。⑳天幸：碰上好运气。㉑悉：竭尽。胜甲：强悍的士兵。㉒仞：古代以七尺或八尺为一仞。㉓轻：轻易，随便。㉔陵：登。㉕罢（pí）：通“疲”，疲惫。㉖亡：丢失。㉗收：拢住。㉘逮：及。㉙从：通“纵”，合纵。㉚效：献出。㉛两道：指河西、河东两条道路。㉜几尽：将全部得到。故宋：原宋国的土地，此时宋已灭亡。

【原文】

明年，魏背秦，与齐从亲[①]。秦使穰侯伐魏，斩首四万，走魏将暴鸢[②]，得魏三县。穰侯益封。

明年，穰侯与白起、客卿胡阳复攻赵、韩、魏，破芒卯于华阳下，斩首十万，取魏之卷、蔡阳、长社，赵氏观津。且与[③]赵观津，益赵以兵，伐齐。齐襄王惧，使苏代为齐阴遗[④]穰侯书曰：“臣闻往来者言曰‘秦将益赵甲四万以伐齐’，臣窃必之敝邑之王曰[⑤]‘秦王明而熟于计，穰侯智而习于事，必不益赵甲四万以伐齐’。是何也？夫三晋之相与[⑥]也，秦之深仇[7]也。百相背也，百相欺也，不为不信，不为无行[8]。今破齐以肥赵，赵，秦之深仇，不利于秦。此一也。秦之谋者，必曰‘破齐，弊[9]晋、楚，而后制晋、楚之胜’。夫齐，罢国[10]也，以天下攻齐，如以千钧之弩决[11]溃痈也，必死，安能弊晋、楚？此二也。秦少出兵，则晋、楚不信也；多出兵，则晋、楚为制于秦。齐恐，不走[12]秦，必走晋、楚。此三也。秦割齐以啖[13]晋、楚，晋、楚案[14]之以兵，秦反受敌。此四也。是晋、楚以秦谋齐，以齐谋秦也，何晋、楚之智而秦、齐之愚？此五也。故得安邑以善事之，亦必无患矣。秦有安邑，韩氏必无上党矣。取天下之肠胃[15]，与出兵而惧其不反也，孰利？臣故曰秦王明而熟于计，穰侯智而习于事，必不益赵甲四万以伐齐矣。”于是穰侯不行，引兵而归。

【注释】

①从亲：合纵相亲。②魏将暴鸢：梁玉绳《史记志疑》载，“按：‘魏将’乃‘韩将’之误”。③与：给予。④阴：暗地里。遗：送给。⑤臣窃必之敝邑之王曰：我私下一定对本国的国君说。之，于。敝邑：对本国的谦称。⑥三晋：指韩、赵、魏三国。春秋末，晋国被韩、赵、魏三家瓜分，各立为国，故称“三晋”。相与：相友好。⑦仇：仇敌，仇人。⑧行：道德、道义方面的行为。⑨弊：困乏，疲惫，这里是使疲惫的意思。⑩罢（pí）国：疲惫的国家。⑪钧：古代三十斤为一钧。弩：古代一种用机械力量发射箭支的弓。决：冲击。

⑫走：投奔，投靠。⑬啖：喂食，引诱。⑭案：通“按”，压住，控制。⑮肠胃：比喻中心。

【原文】

昭王三十六年[1]，相国穰侯言[2]客卿灶，欲伐齐取刚、寿[3]，以广其陶邑。于是魏人范睢自谓[4]张禄先生，讥穰侯之伐齐，乃越三晋以攻齐也，以此时奸[5]说秦昭王。昭王于是用范睢。范睢言宣太后专制，穰侯擅权于诸侯，泾阳君、高陵君之属太侈，富于王室。于是秦昭王悟，乃免相国，令泾阳之属皆出关，就封邑。穰侯出关，辎车[6]千乘有余。

穰侯卒于陶，而因葬焉。秦复收陶为郡。

【注释】

①昭王三十六年：即前271年。②言：议，商议。③刚、寿：《范睢蔡泽列传》作“纲寿”。④自谓：自称。⑤奸(gān)：通“干”，请求。⑥辎车：古代用帷盖可载物坐人的车。

【原文】

太史公曰：穰侯，昭王亲舅也。而秦所以东益地，弱诸侯，尝称帝于天下，天下皆西乡稽首[1]者，穰侯之功也。及其贵极富溢，一夫开说，身折势夺而以忧死，况于羁旅[2]之臣乎！

【注释】

①西乡：面向西。乡，通“向”。稽首：古代最恭敬的跪

拜礼，这里是表示臣服的意思。②羁旅：寄居异国他乡。

【译文】

穰侯魏冉是秦昭王母亲宣太后的弟弟。他的祖先是楚国人，姓芈。

秦武王死后，没有儿子，所以立武王的弟弟为国君，就是秦昭王。昭王的母亲原是宫内女官，称为芈八子。等到昭王即位，芈八子被尊为宣太后。宣太后并不是武王的生母。武王的母亲是惠文后，死在武王去世之前。宣太后有两个弟弟：她的异父长弟叫穰侯，姓魏，名冉；她的同父弟弟叫芈戎，就是华阳君。昭王还有两个同母弟弟：一个叫高陵君，一个叫泾阳君。诸多人中，魏冉最为贤能，从惠王、武王时即已任职掌权。武王死后，他的弟弟们争相继承王位，只有魏冉有能力物色并拥立了昭王。昭王即位后，便任命魏冉为将军，卫戍咸阳。他曾经平定了季君公子壮及一些大臣们的叛乱，并且把武王后驱逐到魏国，昭王的那些兄弟中有图谋不轨的全部诛灭，魏冉的声威一时震动秦国。当时，昭王年纪还轻，宣太后亲自主持朝政，让魏冉执掌大权。

昭王七年（前300），樗里子死去，秦国派泾阳君到齐国做人质。赵国人楼缓来秦国任相，这对赵国显然不利。于是，赵国派仇液到秦国游说，请求让魏冉担任秦相。仇液即将上路，他的门客宋公对仇液说：“假如秦王不听从您的劝说，楼缓必定怨恨您。您不如对楼缓说‘请为您打算，我劝说秦王任用魏冉为相将会有所保留’。秦王见赵国使者请求任用魏冉并不急切，必感奇怪，将会不听从您的劝说。您这么说了，如果事情不成功，秦王乃用楼缓为相，您会得到楼缓的好感；如果事情成功了，秦王任用魏冉为相，那么魏冉当然会感激您了。”于是，仇液听从了宋公的意见。秦国果然免掉了楼缓，魏冉做了丞相。

秦昭王要诛杀吕礼，吕礼逃到齐国。昭王十四年（前293），魏冉举用白起为将军，派他代替向寿领兵攻打韩国和魏国，在伊阙战败了它们，斩敌二十四万人，俘虏了魏将公孙喜。第二年，又夺取了楚国的宛、叶两座城邑。此后，魏冉托病免职，秦王任用客卿寿烛为丞相。第二年，寿烛免职，又起用魏冉任丞相，于是赐封魏冉于穰地，后来又加封陶邑，称为穰侯。

穰侯受封的第四年，担任秦国将领进攻魏国。魏国被迫献出河东方圆四百里的土地。其后，又占领了魏国的河内地区，夺取了大小城邑六十余座。昭王十九年（前288），由魏冉操持，秦昭王自称西帝，尊齐湣王为东帝。过了一个多月，吕礼又来到秦国，齐、秦两国国君取消了帝号仍旧称王。魏冉再度任秦国丞相后，第六年上便免职了。免职后二年，第三次出任秦国丞相。在第四年时，派白起攻取了楚国的郢都，秦国设置了南郡。于是，赐封白起为武安君。白起是穰侯所举荐的将军，两人关系很好。当时，穰侯私家的豪富超过了国君之家。

秦昭王三十二年（前275），穰侯任相国，带兵进攻魏国，使魏将芒卯战败而逃，进入北宅，随即围攻大梁。魏国大夫须贾劝说穰侯道：“我听魏国的一位长吏对魏王说：‘从前梁惠王攻打赵国，取得了三梁，拿下了邯郸；而赵王虽然战败也不肯割地，后来邯郸终于被收复。齐国人攻打卫国，拿下了国都，杀死了子良；而卫人即使受辱也绝不割地，后来丧失的国都仍归卫人所有。卫、赵两国之所以国家完整，军队强劲，土地不被诸侯兼并，就是因为他们能够忍受苦难，爱惜每一寸土地。宋国、中山国屡遭进犯又屡次割地，结果国家随即灭亡。我认为卫国、赵国值得效法，而宋国、中山国则当引以为戒。秦国是个贪得无厌、凶恶暴戾的国家，切勿亲近。它蚕食魏国，吞尽原属晋国之地，战胜暴鸢，割取八个县之多，土地来不及全部并入，可是军队又耀武扬威地出动了。秦国哪有什么满足的时候呢？现在又使芒卯败逃，开进了北宅，这并不是敢于进攻魏都，而是威胁大王要求多多割让土地。大王切勿接受它的要求。现在若大王背弃楚国、赵国而与秦国讲和，楚、赵两国必定怨恨而背离大王，而与大王争着买好秦国，秦国必定接受它们的做法。秦国挟制楚、赵两国的军队再攻魏都，那么魏国想要不亡国是不可能的。希望大王一定不要讲和。大王若打算讲和，也要少割地并且要有人质作保；不然，必定上当受骗。’这是我在魏国所听到的，希望您据此来考虑围攻大梁的事。《周书》上说：‘要想到上天的意旨不是固定不变的。’这就是说，天赐幸运是不可多次得到的。秦国战胜暴鸢，割取八县，并非是兵力精良，也非计谋的高超巧妙，而靠的主要是运气。现在秦国又打败了芒卯，兵入北宅，进而围攻大梁，以此看来是自己把侥天之幸当作了常规，聪明的人不是这样的。据我所知，魏国已经调集了全部上百个县的精兵良将来保卫大梁，看来不少于三十万人。以三十万的大军来守卫七丈高的城垣，我认为即使商汤、周武王死而复生，也是难以攻下的。轻易地背着楚、赵两国军队，要登七丈高的城垣，与三十万大军对垒，而且志在必得，我看从开天辟地以来直到今天，是不曾有过的。攻而不克，秦军必然疲惫不堪，大梁攻不下而陶邑却定要丧失，那就会前功尽弃了。现在魏国正犹疑未决，可以让它少割土地先拢住它。希望您抓住楚、赵援军尚未到达大梁的时机，赶快以少割土地来收服魏国。魏国正当犹疑之际，会把得到以少割土地换取大梁解围的做法看作是有利的上策，一定想这么办，那么您的愿望就会实现了。楚、赵两国对于魏国抢先与秦国媾和会大为恼火，必定争着讨好秦国，合纵便因此瓦解，而后您再从容地选择对象个个攻破。况且，您要取得土地也不一定非用军事手段呀！割取了原来的晋国土地，秦军不必攻坚，魏国就会乖乖地献出绛、安邑两城。这样又为您打开了河西、河东两条通道，原来的宋国土地也将全部为秦国所有，随即卫国必会献出单父。秦军不动一兵一卒，而您却能控制全面局势，有什么索取不能得到、有什么作为不能成功呢！希望您仔细考虑围攻大梁这件事而不要使自己的行动冒险。”穰侯说：“好。”于是停止攻梁，解围而去。

第二年，魏国背离了秦国，同齐国合纵交好。秦王派穰侯进攻魏国，斩敌四万人，使魏将暴鸢战败而逃，夺取了魏国的三个县。穰侯又增加了封邑。

第三年，穰侯与白起、客卿胡阳再次攻打赵国、韩国和魏国，在华阳城下，大败芒卯，斩敌十万人，夺取了魏国的卷、蔡阳、长社，赵国的观津。接着，又把观津还给了赵国，并且给赵国增加了兵力，让它去攻打齐国。齐襄王惧怕被伐，就让苏代替齐国暗地里送给穰侯一封信，信上说："我听来往人们传说'秦国将要给赵国增援四万士兵来攻打齐国'，我私下一定对我们国君说'秦王精明而谙熟谋略，穰侯机智而精通军事，一定不会这么做'。为什么这么说呢？韩、赵、魏三国友好结盟，这是秦国的深仇大敌。三国之间的关系非同一般，尽管有上百次的背弃、上百次的相骗，但都不算是背信弃义，一旦对外它们是互信不疑的。现在，要战败齐国，会使赵国强盛起来。赵国是秦国所仇视的大敌，显然对秦国不利。这是第一点。秦国的谋臣策士们，一定会说'打败齐国，先削弱三晋和楚国的力量，然后再战而胜之'。其实，齐国是个势单力薄的疲惫之国，调集天下诸侯的兵力攻打齐国，就如同用千钧强弓去冲开溃烂的痈疽，齐国必亡无疑，怎么能削弱三晋和楚国呢？这是第二点。秦国若出兵少，那么三晋和楚国就不相信秦国；若出兵多，就会让三晋和楚国担忧将被秦国控制。齐国惧怕被伐，不会投靠秦国，而必定投靠三晋和楚国。这是第三点。秦国以瓜分齐国来引诱三晋和楚国，而三晋和楚国派兵进驻加以扼守，秦国反而会腹背受敌。这是第四点。这种做法就是让三晋和楚国借秦国之力谋取齐国，拿齐国之地对付秦国，怎么三晋、楚国如此聪明而秦国、齐国如此愚蠢？这是第五点。因此，取得安邑把它治理好，也就一定没有祸患了。秦国占据了安邑，韩国也就必定无法控制上党了。夺取天下的中心区域，与出兵而担忧其不能返回比较起来，哪个有利？这些道理都是显而易见的，所以我才说秦国精明而谙熟谋略，穰侯机智而精通军事，肯定不会给赵国四万士兵让他攻打齐国了。”于是，穰侯不再进军，领兵回国了。

昭王三十六年（前271），当时相国穰侯与客卿灶商议，要攻打齐国夺取刚、寿两城，借以扩大自己在陶邑的封地。这时，有个魏国人叫范雎，自称张禄先生，讥笑穰侯竟然越过韩、魏等国去攻打齐国，他趁着这个机会请求劝说秦昭王。昭王于是任用了范雎。范雎向昭王阐明宣太后在朝廷内专制，穰侯在外事上专权，泾阳君、高陵君等人则过于奢侈，以致比国君之家富有。这使秦昭王幡然醒悟，就免掉了穰侯的相国职务，责令泾阳君等人一律迁出国都，到自己的封地去。穰侯走出国都关卡时，载物坐人的车子有一千多辆。

穰侯死于陶邑，就葬在那里。秦国收回陶邑设为郡。

太史公说：“穰侯是秦昭王的亲舅舅。秦国之所以能够向东扩张领土，削弱诸侯，曾经称帝于天下，各国诸侯无不俯首称臣，这当是穰侯的功劳。等到显贵至极豪富无比之时，一人说破，便屈居下位，权势被夺，忧愁而死，何况那些寄居异国的臣子呢！”

第五十五卷　白起王翦列传第十三

本篇是战国末期两位著名秦国将领白起和王翦的合传。

在秦灭六国过程中，白起和王翦起了重要作用。传文全面、简要地记述了他们的事迹：白起是秦昭王时的国尉，精于用兵，屡战获胜，夺取韩、赵、魏、楚大片领土，攻克楚都郢，特别是在长平之战中，他采取迂回、运动的战略战术，大败赵军，坑杀俘虏四十余万人，举世震惊。后遭秦相范雎忌妒，遂称病不起，先被贬为士卒，后被迫自杀。王翦是秦始皇的一员宿将，与其子王贲先后灭掉赵、魏、楚、燕、齐五国，颇受秦始皇的推重。在平楚过程中，秦始皇先用李信被楚战败，改用王翦大获全胜。二世时王翦死去，其孙王离被项羽俘虏。作者为白、王立传，一方面肯定他们的赫赫战功，“南拔鄢郢，北摧长平，遂围邯郸，武安为率；破荆灭赵，王翦之计”（《太史公自序》）；另一方面尖锐地指出他们各有所短，白起“不能救患于应侯”，死于非命，王翦则“不能辅秦建德”，殃及后代。从这里不难看出，司马迁赞同秦统一中国的战争，但他反对虐民、暴政。

“取事贵约”（刘勰《文心雕龙》），这是叙事性作品写作的一个原则。司马迁记写白、王的战绩，各选择了一个重点，采用横剖面的写法详细记载，即白起指挥的长平之战，王翦指挥的破楚之战。而司马迁匠心独运之处则在于同是重点记载的事件，在一篇文章中采用两副笔墨写出，毫不雷同又各有千秋。写白起指挥的长平之战，着重叙述战争的具体过程，尤其不惜笔墨地对双方采取的战略战术、战斗的进展情况以及战争的结果做确切的说明。这是因为长平之战是战国史上规模最大、最残酷的一次战争，作为史书不能轻描淡写；也是因为这次战争最能反映白起的军事才能和残忍的性格。而写王翦指挥的破楚之战，则侧重于描述战前的秦国情况，特别对王翦提出的作战计划被秦始皇先否定后肯定的变化过程以及两人的活动细节做细致入微、绘声绘色的描写，至于战争的进展情况只做概括介绍。唯其如此，才能显示出王翦作为宿将计出万全、老谋深算的性格，也才能表现王翦何以为秦始皇所推重。这样两种不同的写法，便产生了两种不同的效果：前者以“真”取胜，后者以“活”见长。

【原文】

白起者，郿人也。善用兵，事秦昭王。昭王十三年[①]，而白起为左庶长，将[②]而击韩之新城。是岁，穰侯[③]相秦，举任鄙以为汉中守。其明年，白起为左更，攻韩、魏于伊阙，斩首二十四万，又虏其将公孙喜，拔五城。起迁为国尉。涉河取韩安邑以东，到干河。明年，白起为大良造。攻魏，拔之，取城小大六十一。明年，起与客卿错攻垣城，拔之。后五年，白起攻赵，拔光狼城。后七年，白起攻楚，拔鄢、邓五城。其明年，攻楚，拔郢，烧夷陵④，遂东至竟陵。楚王亡去⑤郢，东走徙陈。秦以郢为南郡。白起迁为武安君。武安君因取楚，定巫、黔中郡。昭王三十四年⑥，白起攻魏，拔华阳，走芒卯⑦，而虏三晋将⑧，斩首十三万。与赵将贾偃战，沈⑨其卒二万人于河中。昭王四十三年⑩，白起攻韩陉城，拔五城，斩首五万。四十四年，白起攻南阳太行道，绝⑪之。

【注释】

①昭王十三年：即前294年。梁玉绳《史记志疑》谓，“十三年”当为“十五年”。此段以下纪年多与《纪》《表》不合。②将：带兵。③穰侯：秦相魏冉的称号。④夷陵：楚国先王的墓地。⑤亡：逃亡。去：离开。⑥昭王三十四年：即前273年。⑦走芒卯：使芒卯战败而逃。走，使败逃。⑧三晋将：这里指赵、魏两国的将领。三晋，春秋末晋国被韩、赵、魏三家瓜分并各立为国，故称“三晋”，有时也称其中的国家为“三晋”。⑨沈：通“沉”。⑩昭王四十三年：即前264年。⑪绝：断绝，截断。

【原文】

四十五年①，伐韩之野王。野王降秦，上党道绝。其守冯亭与民谋曰：“郑道已绝，韩必不可得为民②。秦兵日进，韩不能应，不如以上党归赵。赵若受我，秦怒，必攻赵。赵被③

兵，必亲韩。韩、赵为一，则可以当[4]秦。”因使人报赵。赵孝成王与平阳君、平原君[5]计之。平阳君曰：“不如勿受。受之，祸大于所得。”平原君曰：“无故得一郡，受之便[6]。”赵受之，因封冯亭为华阳君。

四十六年，秦攻韩缑氏、蔺，拔之。

四十七年，秦使左庶长王龁攻韩，取上党。上党民走赵。赵军[7]长平，以按据[8]上党民。四月，龁因攻赵。赵使廉颇将。赵军士卒犯秦斥兵[9]，秦斥兵斩赵裨将[10]茄。六月，陷赵军，取二鄣[11]四尉。七月，赵军筑垒壁而守之。秦又攻其垒，取二尉，败其阵，夺西垒壁。廉颇坚壁以待秦，秦数[12]挑战，赵兵不出。赵王数以为让[13]。而秦相应侯又使人行千金于赵为反间[14]，曰：“秦之所恶[15]，独畏马服子赵括将[16]耳，廉颇易与[17]，且[18]降矣。”赵王既怒廉颇军多失亡，军数败，又反坚壁不敢战，而又闻秦反间之言，因使赵括代廉颇将以击秦。秦闻马服子将，乃阴[19]使武安君白起为上将军，而王龁为尉裨将，令军中有敢泄武安君将者斩。赵括至，则出兵击秦军。秦军详[20]败而走，张[21]二奇兵以劫之。赵军逐胜[22]，追造[23]秦壁。壁坚拒不得入，而秦奇兵二万五千人绝赵军后，又一军五千骑绝赵壁间，赵军分而为二，粮道绝。而秦出轻兵击之。赵战不利，因筑壁坚守，以待救至。秦王闻赵食道绝，王自之[24]河内，赐民爵各一级，发年十五以上悉诣[25]长平，遮绝赵救及粮食。

【注释】

①四十五年：即秦昭王四十五年（前262）。②韩必不可

得为民：韩国必定不可能管我们臣民了。③被：遭受。④当：挡住。⑤平阳君：赵豹的封号。平原君：赵胜的封号。⑥便：有利。⑦军：屯兵。⑧按据：按兵据援。⑨斥兵：侦察兵。⑩裨将：副将。⑪鄣：城堡。⑫数：多次，屡次。⑬让：责备。⑭应侯：即范雎。反间：指在敌人内部制造矛盾、纠纷。⑮恶：忧患。⑯马服：指马服君赵奢。将：任为将军。⑰与：对付。⑱且：将要，就要。⑲阴：暗地里。⑳详：通“佯”，假装。㉑张：布置。㉒逐胜：乘胜追击。㉓造：到。㉔之：往，到。㉕发：征召。诣：到。

【原文】

至九月，赵卒不得食四十六日，皆内[1]阴相杀食。来攻秦垒，欲出[2]。为四队，四五复之[3]，不能出。其将军赵括出锐卒自搏战，秦军射杀赵括。括军败，卒四十万人降武安君。武安君计曰：“前秦已拔上党，上党民不乐为秦而归赵。赵卒反覆[4]，非尽杀之，恐为乱。”乃挟诈而尽阬杀[5]之，遗其小者二百四十人归赵。前后斩首虏[6]四十五万人。赵人大震。

四十八年十月，秦复定上党郡。秦分军为二：王龁攻皮牢，拔之；司马梗定太原。韩、赵恐，使苏代厚币说[7]秦相应侯曰：“武安君禽[8]马服子乎？”曰：“然。”又曰：“即围邯郸乎？”曰：“然。”“赵亡则秦王王[9]矣，武安君为三公[10]。武安君所为秦战胜攻取者七十余城，南定鄢、郢、汉中，北禽赵括之军，虽周、召[11]、吕望之功不益于此矣。今[12]赵亡，秦王王，则武安君必为三公，君能为之下乎？虽无欲为之下，固不得已矣。秦尝攻韩，围邢丘，困上党，上党之民皆反为赵，天下不乐为秦民之日久矣。今亡赵，北地入燕，东地入齐，南地入韩、魏，则君之所得民亡[13]几何人。故不如因而割之[14]，无以为武安君功也[15]。”于是应侯言于秦王曰：“秦兵劳，请许韩、赵之割地以和，且休士卒。”王听之，割韩垣雍、赵六城以和。正月，皆罢兵。武安君闻之，由是与应侯有隙[16]。

【注释】

①内：指内部。②出：指冲出敌围。③四五复之：连续四五次反复冲击。④反覆：变化无常。⑤挟诈：暗用欺骗诡计。阬杀：陷之于坑而杀，即活埋。⑥首：首级。虏：俘虏。⑦说(shuì)：劝说，说服。⑧禽：通“擒”，捕捉。⑨秦王王：后一“王”字，称王，统治天下。⑩三公：指辅佐国君掌握军政大权的最高长官。周代三公，说法不一，或谓太师、太傅、太保，或谓“天子之相”。⑪周：指周公旦。召：指召公奭。⑫今：如果。⑬亡：通“无”。⑭因而割之：趁机让它们割让土地。⑮无以为武安君功也：不要拿（攻占韩、赵土地）给武安君去建立功劳。⑯隙：嫌隙，怨恨。

【原文】

其九月，秦复发兵，使五大夫王陵攻赵邯郸。是时武安君病，不任[1]行。四十九年正月，陵攻邯郸，少利，秦益发兵佐陵。陵兵亡五校[2]。武安君病愈，秦王欲使武安君代陵将。武安君言曰：“邯郸实未易攻也。且诸侯救日[3]至，彼诸侯怨秦之日久矣。今秦虽破长平军，而秦卒死者过半，国内空。远绝[4]河山而争人国都，赵应其内，诸侯攻其外，破秦军必矣。不可。”秦王自命，不行；乃使应侯请之，武安君终辞不肯行，遂称病。

秦王使王龁代陵将，八、九月围邯郸，不能拔。楚使春申君及魏公子[5]将兵数十万攻秦军，秦军多失亡。武安君言曰：“秦不听臣计，今如何矣！”秦王闻之，怒，强起[6]武安君，武安君遂称病笃[7]。应侯请之，不起。于是免武安君为士伍[8]，迁之阴密。武安君病，未能行。居三月，诸侯攻秦军急，秦军数却，使者日至。秦王乃使人遣白起，不得留咸阳中。武安君既行，出咸阳西门十里，至杜邮。秦昭王与应侯群臣议曰：“白起之迁，其意尚怏怏[9]不服，有余言[10]。”秦王乃使使者赐之剑，自裁[11]。武安君引剑将自刭，曰：“我何罪于天而至此哉？”良久，曰：“我固当死。长平之战，赵卒降者数十万人，我诈而尽阬之，是足以死。”遂自杀。武安君之死也，以秦昭王五十年十一月。死而非其罪，秦人怜之，乡邑皆祭祀焉。

【注释】

①任：堪，能够。②亡：损失。校：军营。③日：每天，天天地。④绝：渡过，越过。⑤春申君：即黄歇。魏公子：即信陵君魏无忌。⑥强起：强迫任职。⑦笃：重。⑧免武安君为士伍：免掉武安君的官爵，令其与士卒为伍。⑨怏怏：不满

意，不服气。⑩余言：多余的话，指怨言。⑩自裁：自杀。

【原文】

王翦者，频阳东乡人也。少而好兵，事秦始皇。始皇十一年[①]，翦将攻赵阏与，破之，拔九城。十八年，翦将攻赵。岁余，遂拔赵，赵王降，尽定赵地为郡。明年，燕使荆轲为贼[②]于秦，秦王使王翦攻燕。燕王喜走辽东，翦遂定燕蓟而还。秦使翦子王贲击荆[③]，荆兵败。还[④]击魏，魏王降，遂定魏地。

【注释】

①始皇十一年：即前236年。②贼：谋杀，杀害。③荆：楚国的别称。秦始皇父庄襄王名子楚，为避讳“楚”字，故改楚为荆。④还：返回。

【原文】

秦始皇既灭三晋，走燕王，而数破荆师。秦将李信者，年少壮勇，尝以兵数千逐燕太子丹至于衍水中，卒破得丹，始皇以为贤勇。于是始皇问李信：“吾欲攻取荆，于将军度用几何人而足[①]？”李信曰：“不过用二十万人。”始皇问王翦，王翦曰：“非六十万人不可。”始皇曰：“王将军老矣，何怯也！李将军果势[②]壮勇，其言是也。”遂使李信及蒙恬将二十万南伐荆。王翦言不用，因谢病[③]，归老于频阳。李信攻平与，蒙恬攻寝，大破荆军。信又攻鄢郢，破之，于是引兵而西，与蒙恬会城父。荆人因随之，三日三夜不顿舍[④]，大破李信军，入两壁[⑤]，杀七都尉，秦军走。

始皇闻之，大怒，自驰如[6]频阳，见谢[7]王翦曰："寡人以不用将军计，李信果辱秦军。今闻荆兵日进而西，将军虽病，独忍弃寡人乎！"王翦谢[8]曰："老臣罢病悖乱[9]，唯[10]大王更择贤将。"始皇谢曰："已矣，将军勿复言！"王翦曰："大王必不得已用臣，非六十万人不可。"始皇曰："为听将军计耳。"于是王翦将兵六十万人，始皇自送至灞上。王翦行，请美田宅园池甚众[11]。始皇曰："将军行矣，何忧贫乎？"王翦曰："为大王将，有功终不得封侯，故及大王之向[12]臣，臣亦及时以请园池为子孙业[13]耳。"始皇大笑。王翦既至关，使使还请善田者五辈[14]。或曰："将军之乞贷[15]，亦已甚矣。"王翦曰："不然。夫秦王怚[16]而不信人。今空秦国甲士而专[17]委于我，我不多请田宅为子孙业以自坚[18]，顾令秦王坐[19]而疑我邪？"

【注释】

①于将军度用几何人而足：由将军估计调用多少人才够？度，估计，推测。②果势：果断。③谢病：推脱有病。④顿舍：停留，止息。⑤壁：军营。⑥如：往，到。⑦谢：道歉。⑧谢：推辞。⑨罢：通"疲"，疲乏，软弱。悖乱：糊涂，昏乱。⑩唯：这里是表示希望的意思。⑪请：请求（赐予）。甚众：很多。⑫及：趁着。向：偏爱，器重。⑬业：置家业。⑭使使：前一"使"字，派遣，后一"使"字，使者。辈：次。⑮乞贷：请求借贷，指请求赐予家产。⑯怚：粗暴。⑰专：专门，特地。⑱自坚：自己表示坚定不移。⑲顾：反而，

却。坐：凭空，徒然。

【原文】

王翦果代李信击荆。荆闻王翦益军[①]而来，乃悉[②]国中兵以拒秦。王翦至，坚壁而守之，不肯战。荆兵数出挑战，终不出。王翦日休士洗沐[③]，而善饮食抚循[④]之，亲与士卒同食。久之，王翦使人问军中戏乎？对曰："方投石超距[⑤]。"于是王翦曰："士卒可用矣。"荆数挑战而秦不出，乃引而东。翦因举兵追之，令壮士击，大破荆军。至蕲南，杀其将军项燕，荆兵遂败走。秦因乘胜略定[⑥]荆地城邑。岁余，虏荆王负刍，竟[⑦]平荆地为郡县。因南征百越之君。而王翦子王贲，与李信破定燕、齐地。

秦始皇二十六年[⑧]，尽并天下，王氏、蒙氏功为多，名施[⑨]于后世。

【注释】

①益军：增兵。②悉：竭尽。③休士洗沐：让士兵休整洗浴。洗，指洗脚；沐，指洗头。④抚循：安抚，安顿抚慰。⑤投石超距：指军事游戏。《索隐》载"超距，犹跳跃也"。张衍田《史记正义佚文辑校》录《正义》载"超，跳跃也。距，木械也。出地若鸡距然也，壮士跳跃走拔之"。陈直《史记新证》释"超距"，"谓军中以远距离投石为戏也"。⑥略定：占领，平定。⑦竟：终于。⑧秦始皇二十六年：即前 221 年。⑨施（yì）：延续。

【原文】

秦二世之时，王翦及其子贲皆已死，而又灭蒙氏。陈胜之反秦，秦使王翦之孙王离击赵①，围赵王②及张耳钜鹿城。或曰："王离，秦之名将也。今将强秦之兵，攻新造③之赵，举之必矣。"客曰："不然。夫为将三世者必败。必败者何也？必其所杀伐多矣，其后受其不祥。今王离已三世将矣。"居无何，项羽救赵，击秦军，果虏王离，王离军遂降诸侯。

【注释】

①赵：秦汉之际的诸侯国。②赵王：指赵歇。③造：建立。

【原文】

太史公曰：鄙语云："尺有所短，寸有所长①。"白起料敌合变②，出奇无穷，声震天下，然不能救患于应侯③。王翦为秦将，夷④六国，当是时，翦为宿将⑤，始皇师之，然不能辅秦建德，固其根本，偷合取容⑥，以至殁⑦身。及孙王离为项羽所虏，不亦宜乎！彼各有所短也。

【注释】

①鄙语：俗话。"尺有所短，寸有所长"：语出《楚辞》屈原《卜居》"夫尺有所短，寸有所长"。意思是尺虽比寸长但度量长物也有短的时候，寸虽比尺短但度量短物也有长的时候。这里喻指白起、王翦各有其长处也各有其短处。②料敌：算计敌人。合变：符合变化，随机应变。③然不能救患于应

侯：然而不能防止应侯制造的祸患。救，止。④夷：平定。⑤宿将：老将。⑥偷合：苟全迎合。取容：取悦于人主。⑦殁：死亡。

【译文】

白起是郿地人。他善于用兵，侍奉秦昭王。昭王十三年（前294），白起封为左庶长，带兵攻打韩国的新城。这一年，穰侯担任秦国的丞相。他举用任鄙做了汉中郡守。第二年，白起又封为左更，进攻韩、魏两国联军，在伊阙交战，斩敌二十四万人，又俘虏了他们的将领公孙喜，拿下五座城邑。白起升为国尉。他率兵渡过黄河，夺取了韩国安邑以东直到干河的大片土地。第三年，白起再封为大良造。战败魏国军队，夺取了大小城邑六十一座。第四年，白起与客卿错进攻垣城，随即拿了下来。此后的第五年，白起攻打赵国，夺下了光狼城。这以后的第七年，白起攻打楚国，占领了鄢、邓等五座城邑。第二年，再次进攻楚国，占领了楚国都城郢，烧毁了楚国先王的墓地，一直向东到达竟陵。楚王逃离郢都，向东奔逃，迁都到陈。秦国便把郢地设为南郡。白起被封为武安君，他趁势攻取楚地，平定了巫、黔中两郡。昭王三十四年（前273），白起进攻魏，拔取华阳，使芒卯败逃，并且俘获了赵、魏将领，斩敌十三万人。当时，白起与赵国将领贾偃交战，把赵国两万士兵沉到黄河里。昭王四十三年（前264），白起进攻韩国的陉城，夺取了五个城邑，斩敌五万人。四十四年（前263），白起攻打韩国的南阳太行道，把这条通道堵死。

昭王四十五年（前262），白起发兵进击韩国的野王城，野王投降，使韩国的上党郡同韩国的联系被切断。上党郡守冯亭便同百姓们谋划说：“通往都城郑的道路被切断，韩国肯定不能管我们了。秦国军队一天天逼近，韩国不能救应，不如把上党送给赵国。赵国如果接受我们，秦国必然恼怒，必定攻打赵国。赵国遭到武力攻击，必定亲近韩国。韩、赵两国联合起来，就可以抵挡秦国。”于是，便派人通报赵国。赵孝成王跟平阳君和平原君一起研究这件事，平阳君说：“不如不接受。接受它，带来的殃祸要比得到的好处大得多。”平原君表示异议说：“平白得到一郡，接受它有利。”结果，赵王接受了上党，就封冯亭为华阳君。

昭王四十六年（前261），秦国攻占了韩国的缑氏和蔺邑。

昭王四十七年（前260），秦国派左庶长王龁攻韩国，夺取了上党。上党的百姓纷纷往赵国逃。赵国在长平屯兵，据以接应上党的百姓。四月，王龁借此进攻赵国。赵国派廉颇去统率军队。秦赵两军士兵时有交手，赵军士兵侵害了秦军侦察兵，秦军侦察兵又斩了赵军名叫茄的副将，战事逐步扩大。六月，秦军攻破赵军阵地，夺下两座城堡，俘虏了四个尉官。七月，赵军高筑围墙，坚壁不出。秦军实施攻坚，俘虏了两个尉官，攻破赵军阵地，夺下西边的营垒。廉颇固守营垒，采取防御态势与秦军对峙。秦军屡次挑战，赵兵坚守不出。赵王多次指责廉颇不与秦军交战。秦国丞相应侯又派人到赵国，花费千金施行反间计，大肆宣扬说：“秦国最伤脑筋的，只是怕马服君的儿子赵括担任将领而已，廉颇容易对付，他就要投降了。”赵王早已恼怒廉颇军队伤亡很多，屡次战败，却又反而坚守营垒不敢出战，再加上听到许多反间谣言，信以为真，于是就派赵括取代廉颇率兵攻击秦军。秦国得知马服君的儿子充任将领，就暗地里派武安君白起担任上将军，让王龁担任尉官副将，并命令军队中有敢于泄露白起出任最高指挥官的，格杀勿论。赵括一到任，就发兵进击秦军。秦军假装战败而逃，同时布置了两支突袭部队逼近赵军。赵军乘胜追击，直追到秦军营垒。但是，秦军营垒十分坚固，不能攻入，而秦军的一支突袭部队两万五千人已经切断了赵军的后路，另一支五千骑兵的快速部队楔入赵军的营垒之间，断绝了它们的联系，把赵军分割成两个孤立的部分，运粮通道也被堵住。这时，秦军派出轻装精兵实施攻击。赵军交战失利，就构筑壁垒，顽强固守，等待援兵的到来。秦王得知赵国运粮通道已被截断，他亲自到河内，封给百姓爵位各一级，征调十五岁以上的青壮年全部集中到长平战场，拦截赵国的救兵，断绝他们的粮食。

到了九月，赵国士兵断绝口粮已经四十六天，军内士兵们暗中残杀以人肉充饥。困厄已极的赵军扑向秦军营垒，发动攻击，打算突围而逃。他们编成四队，轮番进攻了四五次，仍不能冲出去。他们的将领赵括派出精锐士兵并亲自披挂上阵，率领这些部下与秦军搏杀，结果秦军射死了赵括。赵括的部队大败，士兵四十万人向武安君投降。武安君谋划着说：“前时秦军拿下上党，上党的百姓不甘心做秦国的臣民而归附赵国。赵国士兵变化无常，不全部杀掉他们，恐怕要出乱子。”于是，用欺骗伎俩把赵国降兵全部活埋了，只留下年纪尚小的士兵二百四十人放回赵国。此战前后斩首擒杀赵兵四十五万人，赵国上下一片震惊。

昭王四十八年（前259）十月，秦军再次平定上党郡。以后，秦军兵分两路：王龁攻下皮牢，司马梗平定太原。韩、赵两国十分害怕，就派苏代到秦国，献上丰厚的礼物劝说丞相应侯说：“武安君擒杀赵括了吗?”应侯回答说：“是。”苏代又问：“就要围攻邯郸吗?”应侯回答说：“是的。”于是，苏代说：“赵国灭亡，秦王就要君临天下了，武安君当封为三公。武安君为秦国攻占夺取的城邑有七十多座，南边平定了楚国的鄢、郢及汉中地区，北边俘获了赵括的四十万大军，即使是历史上赫赫有名的周公、召公和吕望的功劳，也超不过这些了。如果赵国灭亡，秦王君临天下，那么武安君必定位列三公，您甘愿屈居于他之下吗?即使不甘心屈居下位，可已成事实也就不得不屈从了。秦军曾进攻韩国，围击邢丘，困死上党，上党的百姓都转而归附赵国，天下百姓不甘于做秦国臣民的日子已经很久了。如果把赵国灭掉，它的北边的土地将落入燕国，东边的土地将并入齐国，南边的土地将归入韩国、魏国，那么您所得到的百姓就没有多少了。所以，不如趁着韩国、赵国惊恐之机让他们割让土地，不要再让武安君建立功劳了。”听了苏代这番话，应侯便向秦王进言道：“秦国士兵太劳累了，请您应允韩国、赵国割地讲和，暂且让士兵们休整一下。”秦王听从了应侯的意见，割取了韩国的垣雍和赵国的六座城邑便讲和了。正月，双方停止交战。武安君得知停战消息，自有想法，从此与应侯互有恶感。

这一年九月，秦国再次派出军队，命令五大夫王陵攻打赵国邯郸。当时，武安君有病，不能出征。昭王四十九年（前258）正月，王陵进攻邯郸，但战果很少，进展不大，秦国便增派部队帮助王陵继续进攻。结果，王陵部队损失了五个军营。武安君病好了，秦王打算派武安君代替王陵统率部队。武安君进言道：“邯郸委实不易攻下。而且诸侯国的救兵天天都有到达的，他们对秦国的怨恨已积存很久了。现在，秦国虽然消灭了长平的赵军，可是秦军死亡的士兵也超过了一半，国内兵力空虚。远行千里越过河山去争夺别人的国都，赵军在城里应战，诸侯军在城外攻击，里应外合，内外夹击，战败秦军是必定无疑的。这个仗不能打。”秦王亲自下令，武安君不肯赴任。于是，就派应侯去请他，但武安君始终推辞不肯赴任，从此称病不起。

秦王只好改派王龁代替王陵统率部队，八、九月围攻邯郸，没能攻下来。楚国派春申君同魏公子信陵君率领数十万士兵攻击秦军，秦军伤亡惨重。武安君说道：“秦王不听我的意见，现在怎么样了！”秦王听到后，怒火中烧，强令武安君赴任，武安君就称病情严重。应侯又请他，仍是辞不赴任。于是，就免去武安君的官爵降为士兵，让他离开咸阳迁到阴密。

但武安君有病，未能成行。过了三个月，诸侯联军攻击秦军更加紧迫，秦军屡次退却，报告失利情况的使者天天都有来的。秦王就派人驱逐白起，不能让他留在咸阳城里。武安君已经上路，走出咸阳西门十里路，到了杜邮。秦昭王与应侯以及群僚议论说："令白起迁出咸阳，他流露的样子还不满意、不服气，有怨言。"秦王就派遣使者赐给他一把剑，令他自杀。武安君拿着剑就要抹脖子时，仰天长叹道："我对上天有什么罪过，竟落得这个结果?"过了好一会儿，说："我本来就该死。长平之战，赵国士兵投降的有几十万人，我用欺诈之术把他们全都活埋了，这足够死罪了。"随即自杀。武安君死在秦昭王五十年（前257）十一月。武安君无罪而死，秦国人都同情他，许多乡镇都祭祀他。

王翦是频阳东乡人。少年时就喜好军事，后来侍奉秦始皇。始皇十一年（前236），王翦带兵攻打赵国的阏与，不仅攻陷了它，还一连拿下九座城邑。始皇十八年（前229），王翦领兵攻打赵国。一年多就攻取了赵国，赵王投降，赵国各地全部被平定，设置为郡。第二年，燕国派荆轲到秦国谋杀秦王，秦王派王翦攻打燕国。燕王喜逃往辽东，王翦终于平定了燕国都城蓟胜利而回。秦王派王翦的儿子王贲攻击楚国，楚兵战败。掉过头来再进击魏国，魏王投降，最后平定了魏国各地。

秦始皇灭掉了韩、赵、魏三国，赶跑了燕王喜，同时多次战败楚军。秦国将领李信年轻气盛，英勇威武，曾带着几千士兵把燕太子丹追击到衍水，最后打败燕军捉到太子丹，秦始皇认为李信贤能勇敢。一天，秦始皇问李信："我打算攻取楚国，由将军估计调用多少人才够？"李信回答说："最多不过二十万人。"秦始皇又问王翦，王翦回答说："非得六十万人不可。"秦始皇说："王将军老喽，多么胆怯呀！李将军真是果断勇敢，他的话是对的。"于是，就派李信及蒙恬带兵二十万向南进军攻打楚国。王翦见自己的建议不被采用，就推托有病，回到频阳家乡养老。李信攻打平与，蒙恬攻打寝邑，大败楚军。李信接着进攻鄢郢，又拿了下来。于是，带领部队向西前进，要与蒙恬在城父会师。其实，楚军正在跟踪追击他们，连着三天三夜不停息，结果大败李信部队，攻入两个军营，杀死七个都尉，秦军大败而逃。

秦始皇听到这个消息大为震怒，亲自乘快车奔往频阳，见到王翦道歉说："我由于没采用您的计策，李信果然使秦军蒙受了耻辱。现在，听说楚军一天天向西逼近，将军虽然染病，难道忍心抛弃我不管吗！"王翦推辞说："老臣病弱疲乏，昏聩无能，希望大王另择良将。"秦始皇再次表示歉意说："好啦，将军不要再说什么了！"王翦说："大王一定不得已而用我，非六十万人不可。"秦始皇满口答应说："一切都听从将军的计策。"于是，王翦率领着六十万大军出发了，秦始皇亲自送到灞上。王翦临出发时，请求赐予许多良田、美宅、园林池苑等。秦始皇说："将军尽管上路好了，何必担忧家里日子不好过呢？"王翦说："替大王带兵，即使有功劳，也终究难以得到封侯赐爵。所以趁着大王特别器重我的时候，我也得及时请求大王赐予园林池苑来给子孙后代置份家产吧。”秦始皇听完后大笑。王翦出发后到了函谷关，又连续五次派使者回朝廷请求赐予良田。有人说：“将军请求赐予家业，也太过分了吧。”王翦说：“这么说不对。秦王性情粗暴对人多疑。现在，大王把全国的武士调光特地委托给我，我不用多多请求赏赐田宅给子孙们置份家产来表示自己出征的坚定意志，反而让秦王平白无故地怀疑我吗?”

王翦终于代替李信进击楚国。楚王得知王翦增兵而来，就竭尽全国军队来抗拒秦兵。王翦抵达战场，构筑坚固的营垒采取守势，不肯出兵交战。楚军屡次挑战，始终坚守不出。王翦让士兵们天天休息洗浴，供给上等饭食抚慰他们，亲自与士兵同饮同食。过了一段时间，王翦派人询问士兵中玩什么游戏，回来报告说：“正在比赛投石看谁投得远。”于是，王翦说：“士兵可以派用了。”楚军屡次挑战，秦军不肯应战，就领兵向东去了。王翦趁机发兵追击他们，派健壮力战的兵丁实施强击，大败楚军。追到蕲南，杀了他们的将军项燕，楚军终于败逃。秦军乘胜追击，占领并平定了楚国城邑。一年后，俘虏了楚王负刍，最后平定了楚国各地设为郡县。又乘势向南征伐百越国王。与此同时，王翦的儿子王贲，与李信攻陷平定了燕国和齐国各地。

秦始皇二十六年（前221），秦国兼并了所有的诸侯国，统一了天下，王氏父子和蒙氏兄弟功勋卓著，盛名流传到了后世。

秦二世的时候，王翦和他的儿子王贲都已死去，蒙恬也因被构陷而被诛杀。陈胜起义反抗秦朝时，二世派王翦的孙子王离攻打赵国，把赵歇和张耳围困在钜鹿城。当时有人说："王离是秦朝的名将。现在他率领强大的秦军攻打刚刚建立的赵国，战胜它是必然的。"另一人说："不是这样的。凡是世袭为将的，到第三代必定会失败。说他必定失败是什么道理呢？一定是他家杀戮的人太多了，他家的后代就要承受为恶的惩罚。如今，王离已是第三代将领了。"过了不久，项羽救援赵国，攻打秦军，果然俘虏了王离，王离的军队就投降了诸侯军。

太史公说："俗话说："尺有所短，寸有所长。"白起算计敌人能随机应变，计出不尽，奇妙多变，名震天下，然而却不能对付应侯给他制造的祸患。王翦作为秦国将领，平定六国，功绩卓著，在当时不愧是元老将军，秦始皇尊其为师，可是他不能辅佐秦始皇建立德政，以巩固国家根基，却苟且迎合，取悦人主，直至死去。到了他的孙子王离被项羽俘虏，不也是理所当然的吗！他们各有自己的短处啊。"

第五十六卷　孟子荀卿列传第十四

本篇是儒家大师孟子和荀卿的合传，但所记载的内容却包括了战国时期阴阳、道德、法、名、墨各家的代表人物如邹衍等十二人，极似类传。它是一篇研究我国古代思想史的重要文献，弥足珍贵。

这篇传记在写法上有两个特点。一是形散神聚。叙写十四人，以孟、荀为主，时而三驺，时而稷下，错错落落，似是漫不经心，而实际全由传序统领。正如清徐与乔所说：“叙诸子斜斜整整，离离合合，每回顾《孟子传》。首读《孟子书》数笔，间间散散，空领一篇。谓诸子之阴以利于当世而遇，孟子独不遇，故盛称诸子，却是反形孟子……盖宾主参互变化出没之妙，至此篇极矣。”二是比照衬托。写传主孟、荀用笔少，而叙诸子则泼墨多，主虚宾实，以实衬虚，更见孟、荀地位之高、人格之贵。

【原文】

太史公曰：余读《孟子书》[1]，至梁惠王问“何以利吾国”，未尝不废[2]书而叹也。曰：嗟乎，利诚乱之始也！夫子罕言利[3]者，常防其原[4]也。故曰“放于利而行，多怨”[5]。自天子至于庶人，好利之弊何以异哉！

【注释】

①《孟子书》：即《孟子》，儒家经典之一。一般认为是孟轲和他的学生万章等共同编著。主要记载孟轲的政治学说及哲学伦理教育思想等。②废：放下。③夫子罕言利：《论语·子罕》载“子罕言利与命与仁”。夫子，指孔子。④原：本源，根源。⑤引语出自《论语·里仁》。放，通“仿”，依照、依据。

【原文】

孟轲，驺人也。受业子思之门人[1]。道[2]既通，游事[3]齐宣王，宣王不能用。适[4]梁，梁惠王不果[5]所言，则见以为迂远而阔于事情[6]。当是之时，秦用商君，富国强兵；楚、魏用吴起，战胜弱敌；齐威王、宣王用孙子、田忌之徒，而诸侯东面朝齐[7]。天下方务于合从连衡[8]，以攻伐为贤[9]，而孟轲乃述唐、虞、三代之德[10]，是以所如者不合[11]。退而与万章之徒序《诗》《书》[12]，述[13]仲尼之意，作《孟子》七篇。其后有驺子之属[14]。

【注释】

①受业：跟随老师学习。门人：弟子。②道：指孔道。韩愈《进学解》：“昔者孟轲好辩，孔道以明。”③游事：游说。④适：到。⑤果：信。⑥则见以为迂远而阔于事情：反而被认

为不切实情，远离实际。迂远，不切实情；阔，远；事情，事实。⑦东面：面向东方。朝齐：朝拜齐国国君。⑧务：致力。合从连衡：战国时六国诸侯联合抗秦的谋略，称为“合纵”；秦国联合一些诸侯国进攻另外一些诸侯国的谋略，称为“连横”。从，通“纵”；衡，通“横”。⑨贤：才能。⑩述：称述，提倡。唐：传说中的上古朝代，君主是尧。虞：传说中的上古朝代，君主是舜。三代：指夏、商、周。德：指德政。⑪所如者：指孟子所去游说的诸侯国。如，往、到。合：符合。⑫退：返回。序：依次排列，这里是整理的意思。《诗》：即《诗经》，我国最早的诗歌总集。先秦称《诗》，汉代尊为儒家经典之一，故称《诗经》。《书》：即《尚书》，又称《书经》，我国现存最早的上古历史文献的汇编，为儒家经典之一。⑬述：记述，阐述。⑭驺：通“邹”，姓。子：战国时对学者、老师的尊称。属：类，辈。

【原文】

齐有三驺子。其前驺忌，以鼓琴干[①]威王，因及[②]国政，封为成侯而受相印，先孟子。

其次驺衍，后孟子。驺衍睹有国者[③]益淫侈，不能尚德，若《大雅》整[④]之于身，施及黎庶[⑤]矣。乃深观阴阳消息而作怪迂[⑥]之变，《终始》[⑦]《大圣》之篇十余万言。其语闳大不经[⑧]，必先验[⑨]小物，推而大之，至于无垠[⑩]。先序今以上至黄帝，学者所共术[⑪]，大并[⑫]世盛衰，因载其机祥度制[⑬]，推而远之，至天地未生，窈冥不可考而原[14]也。先列中国名山大川，通谷禽兽，水土所殖，物类所珍，因而推之，及海外人之所不能睹。称引天地剖判[15]以来，五德转移[16]，治各有宜，而符应若兹[17]。以为儒者[18]所谓中国者，于天下乃八十一分居其一分耳。中国名曰赤县神州。赤县神州内自有九州，禹之序九州是也，不得为州数[19]。中国外如赤县神州者九，乃所谓九州也。于是有裨海[20]环之，人民禽兽莫能相通者，如一区中者，乃为一州。如此者九，乃有大瀛海[21]环其外，天地之际[22]焉。其术皆此类也。然要其归[23]，必止[24]乎仁义节俭，君臣上下六亲[25]之施，始也滥[26]耳。王公大人初见其术，惧然顾化[27]，其后不能行之。

【注释】

①鼓琴：弹琴。干：求。②及：参与。③有国者：指有封地的诸侯。④《大雅》：《诗经》的组成部分之一，多是西周王室贵族的作品，主要记叙王政事迹，歌颂周室的统治。整：整饬，约束。⑤施（yì）：推及。黎庶：百姓。⑥阴阳：原指日光的向背，向日为阳，背日为阴。后来有些古代哲学家用阴阳这个概念来解释自然界两种对立和相互消长的物质势力，认为二者的相互作用是一切自然现象变化的根源。邹衍则把“阴阳”变成了和“天人感应”说相结合的神秘概念。消息：消失和增长。息，滋生。怪迂：怪异脱离实际。⑦《终始》：即《邹子终始》。据《汉书·艺文志》录，邹衍著有《邹子》

四十九篇、《邹子终始》五十六篇，皆不传。⑧闳：宏大。不经：荒诞不合情理。⑨验：验证。⑩无垠：无边无际。⑪术：通“述”，述说。⑫大：大体上。梁玉绳《史记志疑》云：“《索隐》以大体解之，非。方氏《补正》曰‘大’当作‘及’，传写误也。”录以备考。并（bàng）：通“傍”，依随。⑬祥：泛指吉凶，求神赐福去灾。度制：法度，制度。⑭窈冥：深幽，奥妙。原：推究根源。⑮剖判：开辟。⑯五德转移：又称“五德终始”，邹衍的学说。指用金、木、水、火、土五种物质德性相生相克的循环变化，来解释王朝兴废的原因。《文选·齐故安陆昭王碑》注引《邹子》曰：“五德从所不胜，虞（舜）土，夏木，殷金，周火。”邹衍认为历史的发展是按照“五行转移”的循环顺序进行的，每个王朝的出现都体现了五行中的某一种势力居统治地位，从而为统治阶级改朝换代提供依据。⑰符应：古代迷信，把天降祥瑞与人事相应称为“符应”。兹：此。⑱儒者：即儒家，崇奉孔子学说的重要学派。孔子学说的思想核心是“仁”，在政治上主张礼治和德政，重视伦理道德教育。⑲不得为州数：不能算是州的全部数目。⑳裨海：小海。裨，细小。㉑瀛海：大海。㉒际：边际。㉓要：总括。归：归要，要领。㉔止：归结。㉕六亲：历来说法不一。据《管晏列传》《正义》释“六亲”引王弼云“父、母、兄、弟、妻、子也”。㉖滥：泛而无节，泛滥。㉗惧然：惊异的样子。惧，通“瞿”，惊视貌。顾化：内心思谋，用于教化。

【原文】

是以驺子重于齐。适梁，惠王郊迎，执宾主之礼。适赵，平原君侧行撇席[①]。如燕，昭王拥彗先驱[②]，请列弟子之座而受业，筑碣石宫[③]，身亲往师之。作《主运》[④]。其游诸侯见[⑤]尊礼如此，岂与仲尼菜色陈、蔡[⑥]，孟轲困[⑦]于齐、梁同乎哉！故武王以仁义伐纣而王[⑧]，伯夷饿不食周粟[⑨]；卫灵公问陈[⑩]，而孔子不答；梁惠王谋欲攻赵，孟轲称大王去邠[⑪]。此岂有意阿世俗苟合[⑫]而已哉！持方枘欲内圜凿[⑬]，其能入乎？或曰，伊尹负鼎而勉汤以王[⑭]，百里奚饭牛车下而缪公用霸[⑮]，作先合[⑯]，然后引之大道。驺衍其言虽不轨[⑰]，傥亦有牛鼎之意[⑱]乎？

【注释】

①侧行：侧着身子走，表示谦让。撇席：拂拭席位。撇，拂、轻擦。②拥彗先驱：拿着扫帚清扫道路为他作先导，表示尊敬。彗，扫帚。③碣石宫：宫名，在燕国都城蓟。④《主运》：《索引》按，刘向《别录》云邹子书有《主运篇》。⑤见：被。⑥仲尼菜色陈、蔡：指孔子在陈、蔡之间被困绝粮挨饿。菜色，饥民的脸色，这里是挨饿的意思。事出《论语·卫灵公》："在陈绝粮，从者病，莫能兴。"《孔子世家》记载尤详。⑦困：困窘，指孟子不见用于齐、梁。⑧王：称王，统治天下。⑨伯夷饿不食周粟：事见《史记·伯夷列传》。周武王讨伐商纣，伯夷表示反对；武王灭商后，伯夷逃

避到首阳山，不食周粟而死。⑩卫灵公问陈：事出《论语·卫灵公》："卫灵公问陈于孔子。孔子对曰：'俎豆之事，则尝闻之矣；军旅之事，未尝学也。'明日遂行。"陈，通"阵"，交战时的战斗队列。⑪孟轲称大王去邠（bīn）：孟轲称说太王离开邠地。事出《孟子·梁惠王下》。孟子回答滕文公问"齐人将筑薛"时说："昔者大王居邠，狄人侵之，去之岐山之下居焉。"与此处所记"梁惠王谋欲攻赵"有异。大王，指周文王的祖父古公亶父。大，通"太"。⑫阿：迎合。苟合：随便附和。⑬ 持方枘（ruì）欲内圜（yuán）凿：拿着方榫头想要放入圆榫眼。枘，榫头。内，通"纳"，放进。圜，通"圆"，圆形。凿，榫眼。语出《楚辞》宋玉《九辩》："圜凿而方枘兮，吾固知其鉏铻而难入。"⑭ 伊尹负鼎而勉汤以王：伊尹背着鼎去给汤烹饪，却勉励汤行王道而统一了天下。负，背；鼎，古代烹煮的器物。事出《孟子·万章上》："人有言，'伊尹以割烹要汤'有诸？"《史记·殷本纪》载："（伊尹）负鼎俎，以滋味说汤，致于王道。"⑮百里奚饭牛车下而缪公用霸：百里奚在车下喂牛而秦穆公（任用他）因而称霸诸侯。饭牛，喂牛；用，因；霸，称霸。事出《孟子·万章上》："或曰，'百里奚自鬻于秦养牲者五羊之皮食牛以要秦缪公'。信乎？"《史记·商君列传》："（百里奚）闻秦缪公之贤而愿望见，行而无资，自粥于秦客，被褐食牛。期年，缪公知之，举之牛口之下，而加之百姓之上。"⑯作先合：行为先要投合人主的意愿。⑰不轨：越出常理，不合常情。⑱牛鼎之意：指伊尹负鼎、百里奚饭牛以干求人主之意。

【原文】

自驺衍与齐之稷下先生[①]，如淳于髡、慎到、环渊、接子、田骈、驺奭之徒，各著书言治乱之事[②]，以干世主[③]，岂可胜[④]道哉！

淳于髡，齐人也。博闻强记[⑤]，学无所主。其谏说[⑥]，慕[⑦]晏婴之为人也，然而承意观色为务[⑧]。客有见[⑨]髡于梁惠王，惠王屏[⑩]左右，独坐而再见之[⑪]，终无言也。惠王怪之，以让[⑫]客曰："子之称[⑬]淳于先生，管、晏不及，及见寡人，寡人未有得也。岂寡人不足为言邪？何故哉？"客以谓髡。髡曰："固也。吾前见王，王志在驱逐[⑭]；后复见王，王志在音声[⑮]：吾是以默然。"客具以报王，王大骇，曰："嗟乎，淳于先生诚圣人也！前淳于先生之来，人有献善马者，寡人未及视，会先生至。后先生之来，人有献讴者，未及试，亦会先生来。寡人虽屏人，然私心[⑯]在彼，有之。"后淳于髡见，壹[⑰]语连三日三夜无倦。惠王欲以卿相位待之，髡因谢[⑱]去。于是送以安车驾驷[⑲]，束帛[⑳]加璧，黄金百镒[㉑]。终身不仕。

【注释】

①稷下先生：指战国时齐宣王在国都临淄稷门一带设置学官所招揽的诸多文学游说之士。②治乱之事：指社会政治、历史的变迁。《孟子·滕文公下》："天下之生久矣，一治一乱。"③世主：国君。④胜：尽。⑤博闻强记：见闻广博，强于记

忆。⑥谏说：规劝、说服君王。⑦慕：效慕，学习。⑧务：专力从事的。⑨见：推荐。⑩屏：使退避。⑪再见之：两次接见他。⑫让：责备。⑬称：称赞。⑭驱逐：指策马奔驰。⑮音声：指音乐声色。⑯私心：内心，心思。⑰壹：专一。⑱谢：辞谢，辞别。⑲安车：古代一种可以坐乘的小车。驾驷：一辆车套着四匹马。⑳束帛：古代帛五匹为一束。㉑镒：古代重量单位，二十两为一镒，一说二十四两为一镒。

【原文】

慎到，赵人。田骈、接子，齐人。环渊，楚人。皆学黄老道德之术[①]，因发明序其指意[②]。故慎到著十二论[③]，环渊著上下篇[④]，而田骈、接子皆有所论焉。

驺奭者，齐诸驺子，亦颇采驺衍之术以纪文[⑤]。

于是齐王嘉之，自如[⑥]淳于髡以下，皆命曰列大夫，为开第康庄之衢[⑦]，高门大屋，尊宠之。览[⑧]天下诸侯宾客，言齐能致天下贤士也。

【注释】

①黄老道德之术：指黄老学派的学说。黄老，道家以传说中的黄帝与老子相配尊为其祖，故称“黄老”；道德，在道家经典《老子》中，“道”指万物的本源、规律，“德”指对于“道”的认识修养有得于己。②发明：阐明发挥。序：陈述。指意：意旨，意图，指，通“旨”。③慎到著十二论：《汉书·艺文志》著录《慎子》四十二篇，已失传，现仅存辑录

七篇。④环渊著上下篇：《汉书·艺文志》著录蜎渊著《蜎子》十三篇，已失传。⑤颇：大多。纪文：著文。⑥自如：这里是“从”“由”的意思。梁玉绳《史记志疑》引滹南《辨惑》曰：“‘自如’二字连用不得。”⑦开第：建造住宅。第，大住宅。康庄之衢：四通八达的道路。⑧览：通“揽”，招揽。

【原文】

荀卿，赵人。年五十始[1]来游学于齐。驺衍之术迂大而闳辩；奭也文具[2]难施；淳于髡久与处，时有得善言。故齐人颂曰：“谈天衍[3]，雕龙奭[4]，炙毂过髡[5]。”田骈之属皆已死齐襄王时，而荀卿最为老师[6]。齐尚脩[7]列大夫之缺，而荀卿三为祭酒[8]焉。齐人或谗荀卿，荀卿乃适楚，而春申君[9]以为兰陵令。春申君死而荀卿废[10]，因家[11]兰陵。李斯尝为弟子，已而相秦。荀卿嫉浊世[12]之政，亡国乱君相属[13]，不遂大道而营于巫祝[14]，信禨祥，鄙儒小拘[15]，如庄周等又猾稽[16]乱俗，于是推儒、墨、道德之行事兴坏[17]，序列著数万言而卒。因葬兰陵。

而赵亦有公孙龙为坚白同异之辩[18]，剧子之言[19]；魏有李悝，尽地力之教[20]；楚有尸子、长卢；阿之吁子焉。自如孟子至于吁子，世多有其书，故不论其传云。

盖墨翟，宋之大夫，善守御[21]，为节用。或曰并[22]孔子时，或曰在其后。

【注释】

①始：才。②奭：指驺奭。文具：文章写得完备。③谈天

衍：高谈阔论的是驺衍。《集解》刘向《别录》曰："驺衍之所言五德终始，天地广大，尽言天事，故曰'谈天'。"④雕龙奭：精心雕饰的是驺奭。《集解》刘向《别录》曰："驺奭脩衍之文，饰若雕镂龙文。故曰'雕龙'。"⑤炙毂过髡：智多善辩，滔滔不绝的是淳于髡。炙毂过，炙烤盛放润车油的器物。油虽尽，仍有余流，用以比喻智慧不尽、议论不绝。毂，车轮中心的圆木，中有孔，可插轴。过，通"锅"，盛车油的器物。⑥老师：年老资深的学者。⑦脩：通"修"，整备，补充。⑧祭酒：古代飨宴酬酒祭神要由一位尊长者举酒祭地，因而把位尊或年长者称为祭酒。⑨春申君：即黄歇。⑩废：罢官。⑪家：安家。⑫嫉：憎恨。浊世：乱世。⑬属：连续不断。⑭不遂大道而营于巫祝：不通晓常理正道却被装神弄鬼的巫祝所迷惑。遂，通"达"。营，通"荧"，迷惑。巫祝，古代从事鬼神迷信活动的人。⑮鄙儒：见识浅陋的儒生。小拘：拘泥于小节。⑯猾稽：狡猾多辩。⑰于是推儒、墨、道德之行事兴坏：于是推究儒、墨、道三家从事其活动的成功和失败。推，推究。墨，指墨家，其创始人墨子主张兼爱、非攻、节用等，反对礼乐繁缛。道德，道家的重要经典《老子》中所使用的一对范畴，这里指道家。⑱坚白同异之辩：指战国时公孙龙学派的"离坚白"和惠施学派的"合同异"的名实论辩。公孙龙认为石头的坚硬和白色是脱离了石头而互相分离、各个独立的实体，从而夸大了事物的差别性而抹杀了其统一性；惠施则认为万物的同和异是相对的，而相同和不同性质的事物都可以"合同异"抽象地统一起来，从而忽视了事物个体的差别性。二者各夸大了事物的一个方面，因而都流为诡辩。⑲剧子之言：《汉书·艺文志》著录《处子》九篇，已失传。梁玉绳《史记志疑》："疑'剧'字传写之讹。"⑳尽地力之教：指李悝提倡耕作，鼓励开荒，以尽地力的经济改革主张。㉑善守御：善于守卫和防御战术。㉒并：同。

【译文】

太史公说："我读《孟子》，每当读到梁惠王问'怎样才对我的国家有利'时，总不免放下书本而有所感叹。说：唉，谋利的确是一切祸乱的开始呀！孔夫子极少讲利的问题，其原因就是经常防备这个祸乱的根源。所以他说'依据个人的利益而行动，会招致很多怨恨'。上自天子下至平民，好利的弊病都存在，有什么不同呢？"

孟轲，是邹国人。他曾跟着子思的弟子学习。当通晓孔道之后，便去游说齐宣王，齐宣王没有任用他。于是，到了魏国。梁惠王不但不听信他的主张，反而认为他的主张不切实情，远离实际。当时，各诸侯国都在实行变革：秦国任用商鞅，使国家富足，兵力强大；楚国、魏国也都任用过吴起，战胜了一些国家，削弱了强敌；齐威王和宣王举用孙膑和田忌等人，国力强盛，使各诸侯国都东来朝拜齐国。当各诸侯国正致力于"合纵连横"的攻伐谋略，把能攻善伐看作贤能的时候，孟子却称述唐尧、虞舜以及夏、商、周三代的德政，因此不符合他所周游的那些国家的需要。于是，他就回到家乡与万章等人整理《诗经》《书经》，阐发孔丘的思想学说，写成《孟子》一书，共七篇。在他之后，出现了学者邹子等人。

齐国有三个邹子。在前的叫邹忌，他借弹琴的技艺得以求见齐威王，随后便参与了国家政事，封为成侯并接受相印，做了宰相，他生活的时代要早于孟子。

第二个叫邹衍，生在孟子之后。邹衍目睹了那些掌握一国之权的诸侯们越来越荒淫奢侈，不能崇尚德政，不像《诗经·大雅》所要求的那样先整饬自己，再推及百姓。于是就深入观察万物的阴阳消长，记述怪异玄虚的变化，如《终始》《大圣》等篇共十余万字。他的话宏大广阔又荒诞不合情理，一定要先从细小的事物验证开始，然后推广到大的事物，以至于达到无边无际。先从当今说起再往前推至学者们所共同谈论的黄帝时代，然后再大体上依着世代的盛衰变化，记载不同世代的凶吉制度，再从黄帝时代往前推到很远很远，直到天地还没出现的时候，真是深幽玄妙不能稽考而追究它的本源。他先列出中国的名山大川，长谷、禽兽，水土所生的，各种物类中最珍贵的，一概俱全，并由此推广开去，直到人们根本看不到的海外。他称述开天辟地以来，各朝各代都是按着金木水火土五种德性的推移变化而发展下来的，不同的时代只有按着与它相应的那种德性来治理国家才能治好，而天上和人间又有一种预示征兆、互相感应的关系。他认为，儒家所说的中国，只不过是天下的八十一分之一罢了。中国称作“赤县神州”。赤县神州之内又有九州，就是夏禹按次序排列的九个州，但不能算是州的全部数目。在中国之外，像是赤县神州的地方还有九个。这才是所谓的九州了。在这里都有小海环绕着，人和禽兽不能与其他州相通，像是一个独立的区域，这才算是一州。像这样的州共有九个，更有大海环在它的外面，那就到了天地的边际了。邹衍的学说都是这一类述说。然而，总括它的要领，一定都归结到仁义节俭，并在君臣上下和六亲之间施行，不过开始的述说的确泛滥无节了。王公大人初见他的学说，感到惊异而引起思考，受到感化，到后来却不能实行。

因此，邹衍在齐国受到尊重。到魏国，梁惠王远接高迎，同他行宾主的礼节。到赵国，平原君侧身陪行，亲自为他拂拭席位。到燕国，燕昭王拿着扫帚清除道路为他作先导，并请求坐在弟子的座位上向他学习，还曾为他修建碣石宫，亲自去拜他为老师。他作了《主运》篇。邹衍周游各国受到如此礼尊，这与孔丘陈蔡断粮面有饥色，孟轲在齐、梁遭到困厄，岂能是相同的吗！从前，周武王用仁义讨伐殷纣王从而称王天下，伯夷宁肯饿死不吃周朝的粮食；卫灵公问作战方阵，孔子却不予回答；梁惠王想要攻打赵国，孟轲却称颂太王离开邠地的事迹。这些有名人物的做法，难道是有意迎合世俗讨好人主就算了吗？拿着方榫头却要放入圆榫眼，哪能放得进去呢？有人说，伊尹背着鼎去给汤烹饪，却勉励汤行王道，结果汤统一了天下；百里奚在车下喂牛而秦穆公任用了他，因而称霸诸侯。他们的做法都是先投合人主的意愿，然后引导人主走上正大的道路上去。邹衍的话虽然不合常理常情，或许有伊尹负鼎、百里奚饭牛的意思吧？

从邹衍到齐国稷下的诸多学士，如淳于髡、慎到、环渊、接子、田骈、邹奭等人，各自著书立说谈论国家兴亡治乱的大事，用来求取国君的信用，这些怎能说得尽呢？

淳于髡，是齐国人。见识广博，强于记忆，学业不专主一家之言。从他劝说君王的言谈中看，似乎他仰慕晏婴直言敢谏的为人。然而，实际上，他专事察言观色，揣摩人主的心意。一次，有个宾客向梁惠王推荐淳于髡。惠王喝退身边的侍从，单独坐着两次接见他。可是，他始终一言不发。惠王感到很奇怪，就责备那个宾客说："你称赞淳于先生，说连管仲、晏婴都赶不上他。等到他见了我，我是一点收获也没得到啊。难道是我不配跟他谈话吗？到底是什么缘故呢？"那个宾客把惠王的话告诉了淳于髡。淳于髡说："本来么，我前一次见大王时，大王的心思全用在相马上；后一次再见大王，大王的心思却用在了声色上。因此，我沉默不语。"那个宾客把淳于髡的话全部报告了惠王，惠王大为惊讶，说："哎呀，淳于先生真是个圣人啊！前一次淳于先生来的时候，有个人献上一匹好马，我还没来得及相一相，恰巧淳于先生来了。后一次来的时候，又有个人献来歌伎，我还没来得及试一试，也遇到淳于先生来了。我接见淳于先生时虽然喝退了身边侍从，可是心里却想着马和歌伎，是有这么回事。"后来，淳于髡见惠王，两人专注交谈一连三天三夜毫无倦意。惠王打算封给淳于髡卿相官位，淳于髡客气地推辞不受便离开了。当时，惠王赠给他一辆四匹马驾的精致车子、五匹帛和璧玉以及百镒黄金。淳于髡终身没有做官。

慎到是赵国人，田骈、接子是齐国人，环渊是楚国人。他们都专攻黄帝、老子关于道德的理论学说，对黄老学说的意旨进行阐述发挥。所以，他们都有著述。慎到著有十二篇论文，环渊著有上、下篇，田骈、接子也都有论著。

邹奭是齐国几位邹子中的一个，他较多地采用邹衍的学说来著述文章。

当时，齐王很赏识这些学士，从淳于髡以下的人都任命为列大夫，为他们在人来人往的通衢大道旁建造住宅，高门大屋，以示对他们的尊崇和偏爱。以此招揽各诸侯国的宾客，宣扬齐国最能招纳天下的贤才。

荀卿是赵国人。五十岁的时候才到齐国来游说讲学。邹衍的学说曲折夸大而多空洞的论辩；邹奭的文章完备周密但难以实行；淳于髡，若与他相处日久，时常会学到一些精辟的言论。所以，齐国人称颂他们说："高谈阔论的是邹衍，精雕细刻的是邹奭，智多善辩、议论不绝的是淳于髡。"田骈等人都已在齐襄王时死去，此时荀卿是年最长、资历深的宗师。当时，齐国仍在补充列大夫的缺额，荀卿曾先后三次以宗师的身份担任稷下学士的祭酒。后来，齐国有人毁谤荀卿，荀卿就到了楚国，春申君让他担任兰陵令。春申君死后，荀卿被罢官，便在兰陵安了家。李斯曾是他的学生，后来在秦朝任丞相。荀卿憎恶乱世的黑暗政治，厌恶那些接连不断出现的使国家灭亡的昏君，他们不行圣人之道，却被装神弄鬼的巫祝所迷惑，信奉求神赐福去灾，庸俗鄙陋的儒生拘泥于琐碎礼节，再加上庄周等人狡猾多辩，败坏风俗，于是推究儒家、墨家、道家活动的成功和失败，编次著述了几万字的文章便辞世了。死后就葬在兰陵。

当时，赵国也有个公孙龙，他曾以“离坚白”之说，同惠施的“合同异”之说展开论辩，此外还有剧子的著述；魏国曾有李悝，他提出了鼓励耕作以尽地力的主张；楚国曾有尸子、长卢，齐国东阿还有一位吁子。自孟子到吁子，世上多流传着他们的著作，所以不详叙这些著作的内容了。

墨翟是宋国的大夫，擅长守卫和防御的战术，竭力提倡节省费用。有人说他与孔子同时，也有人说他在孔子之后。

第五十七卷　孟尝君列传第十五

战国末期，各诸侯国贵族为了维护岌岌可危的统治地位，竭力网罗人才，以扩大自己的势力，而社会上的“士”（包括学士、策士、方士或术士以及食客）也企图依靠权贵获得锦衣玉食，因此养“士”之风盛行。当时，以养“士”著称的有齐国的孟尝君、赵国的平原君、魏国的信陵君和楚国的春申君，他们被后人称为“战国四公子”。本篇即是孟尝君的专传。

孟尝君即田文，是齐国宰相田婴的庶子，以其机警锋利的言谈博得田婴的赏识，取得太子地位后承袭了田婴的封爵。他认为“相门必有相”，为了出人头地，广泛招揽“宾客及亡人有罪者”并“舍业厚遇之”，得食客三千人。湣王派他入秦为相，被扣押，终赖食客鸡鸣狗盗之徒的帮助，逃出秦国。归齐后任齐相，后因湣王猜忌出奔，任为魏相，联合秦、赵等国攻破齐国。从此，中立于诸侯国之间。对于孟尝君其人，司马迁以“好客自喜”论之，是颇具慧眼的，在指出他好客“为齐扞楚魏”（《太史公自序》）这一客观作用的同时，强调他“自喜”的动机。明唐顺之说：“赞其好客，美刺并显，太史公断之曰‘自喜’，盖斥其非公好云。”（《精选批点史记》）

清李晚芳说得更为直截了当，孟尝君好客“但营私耳”（《读史管见》），可谓一语破的。传文还记述了寄食于孟尝门下品类错杂的各色人物，这对于我们认识当时食客这个社会层面的复杂性及其本质是很有意义的。

【原文】

孟尝君名文，姓田氏。文之父曰靖郭君田婴。田婴者，齐威王少子而齐宣王庶弟①也。田婴自威王时任职用事②，与成侯邹忌及田忌将而救韩伐魏③。成侯与田忌争宠，成侯卖④田忌。田忌惧，袭齐之边邑，不胜，亡走⑤。会威王卒，宣王立，知成侯卖田忌，乃复召田忌以为将。宣王二年⑥，田忌与孙膑、田婴俱伐魏，败之马陵，虏魏太子申而杀魏将庞涓。宣王七年⑦，田婴使⑧于韩、魏，韩、魏服⑨于齐。婴与韩昭侯、魏惠王会齐宣王东阿⑩南，盟⑪而去。明年，复与梁惠王会甄。是岁，梁惠王卒。宣王九年⑫，田婴相齐。齐宣王与魏襄王会徐州而相王⑬也。楚威王闻之，怒田婴。明年，楚伐败齐师于徐州，而使人逐田婴。田婴使张丑说⑭楚威王，威王乃止。田婴相齐十一年，宣王卒，湣王即位。即位三年，而封田婴于薛。

【注释】

①庶弟：指庶母所生的弟弟。②用事：当权。③将：带兵。救韩伐魏：梁玉绳《史记志疑》按：“此指齐威王二十六年桂陵之役，是救赵非救韩也。”④卖：出卖。⑤亡走：逃

跑。⑥宣王二年：当为前 341 年。⑦宣王七年：当为前 336 年。⑧使：出使。⑨服：归服。⑩东阿：《田敬仲完世家》《六国表》并作“平阿”。⑪盟：缔约。⑫宣王九年：当为前 334 年。⑬相王：互相尊称为王。王，称为王。⑭使：派遣。说：劝说，说服。

【原文】

初，田婴有子四十余人，其贱妾有子名文，文以五月五日生。婴告其母曰：“勿举[①]也。”其母窃举生[②]之。及长，其母因兄弟而见其子文于田婴[③]。田婴怒其母曰：“吾令若去[④]此子，而敢[⑤]生之，何也？”文顿首[⑥]，因曰：“君所以不举五月子者，何故？”婴曰：“五月子者，长与户齐[⑦]，将不利其父母[⑧]。”文曰：“人生受命于天[⑨]乎？将[⑩]受命于户邪？”婴默然。文曰：“必受命于天，君何忧焉？必受命于户，则可高[⑪]其户耳，谁能至者！”婴曰：“子休[⑫]矣。”

久之，文承间[⑬]问其父婴曰：“子之子为何？”曰：“为孙。”“孙之孙为何？”曰：“为玄孙。”“玄孙之孙为何？”曰：“不能知也。”文曰：“君用事相齐，至今三王[⑭]矣，齐不加广而君私家富累[⑮]万金，门下不见一贤者。文闻将门必有将，相门必有相。今君后宫蹈绮縠而士不得裋褐[⑯]，仆妾余粱肉而士不厌[⑰]糟糠。今君又尚厚积余藏[⑱]，欲以遗[⑲]所不知何人，而忘公家之事日损[⑳]，文窃[㉑]怪之。”于是婴乃礼[㉒]文，使主家[㉓]待宾客。宾客日进，名声闻于诸侯。诸侯皆使人请薛公田婴以文为太子，婴许之。婴卒，谥[24]为靖郭君。而文果代立于薛，是为孟尝君。

【注释】

①举：养育，抚育。②窃：暗中，偷偷地。生：活。③其母因兄弟而见其子文于田婴：田文的母亲通过田文的兄弟把田文引见给田婴。因，通过。见，引见。④若：你。去：弃。⑤敢：敢于。⑥顿首：头叩地而拜，是周礼九拜之一。⑦长与户齐：身高与门户相等。户，门户。⑧不利其父母：古代迷信，认为五月五日出生的孩子，男害父，女害母。⑨受命于天：指人的命运由上天授予、安排，这是古代统治者的骗人说法。⑩将：还是。⑪高：加高，增高。⑫休：停止。⑬承间：趁着空隙。⑭三王：指齐国威王、宣王、湣王三代君王。⑮累：积累。⑯后宫：宫中妃嫔所居，这里指姬妾、妃嫔。蹈：踩，踏。绮：织有花纹的素底丝织物。縠：绉纹纱。裋(shù）褐：即短而窄的粗布衣服。《索隐》："亦音竖。竖褐，谓褐衣而竖裁之，以其省而便事也。"⑰仆妾：男仆女奴。粱：指饭食。厌：通"餍"，吃饱。⑱厚积余藏：加多积存，过多储藏。⑲遗：给予。⑳公家：指齐国。日损：一天天地失势。损，失。㉑窃：私下，私自。㉒礼：以礼相待。㉓主家：主持家政。㉔谥：古代在帝王、贵族等具有摇雳地位的人死后，根据他们的生平事迹、品德修养所加给的带有评判性质的称号。

【原文】

孟尝君在薛，招致诸侯宾客及亡人[1]有罪者，皆归孟尝君。孟尝君舍业厚遇[②]之，以故倾[③]天下之士。食客[④]数千人，无贵贱一与文等[⑤]。孟尝君待客坐语，而屏风后常有侍史[⑥]，主记[⑦]君所与客语，问亲戚居处[⑧]。客去，孟尝君已使使存问[⑨]，献遗[⑩]其亲戚。孟尝君曾待客夜食，有一人蔽火光[⑪]。客怒，以饭不等，辍[⑫]食辞去。孟尝君起，自持其饭比之。客惭，自刭[⑬]。士以此多归孟尝君。孟尝君客无所择[⑭]，皆善遇之。人人各自以为孟尝君亲己。

【注释】

①亡人：逃亡的人。②舍业：舍弃家业。另一解，建造房舍而立家业。厚遇：丰厚的待遇。③倾：倾慕。④食客：指投靠强宗贵族并为其服务以谋取衣食的人。⑤一与文等：一律与田文相同。⑥屏风：室内用来挡风和遮蔽视线的家具。侍史：古代为官员、贵族办理文书的侍从人员。⑦主记：主管记录。⑧居处：住所。⑨使使存问：派遣使者慰问。前一“使”字，派遣；后一“使”字，使者。⑩献遗：恭敬地赠送。⑪蔽：遮住。火光：灯光，光亮。⑫辍：停止。⑬刭：用刀割脖子。⑭客无所择：对待食客没有什么挑拣、选择的。

【原文】

秦昭王闻其贤，乃先使泾阳君为质[①]于齐，以求见孟尝君。孟尝君将入秦，宾客莫欲其行，谏[②]，不听。苏代谓曰：“今旦代从外来，见木禺人与土禺人[③]相与语。木禺人曰：‘天雨[④]，子将败[⑤]矣。’土禺人曰：‘我生于土，败则归土。今天雨，流子而行[6]，未知所止息也。’今秦，虎狼之国也，而君欲往，如有不得还，君得无为土禺人所笑[7]乎？”孟尝君乃止。

齐湣王二十五年[8]，复卒[9]使孟尝君入秦，昭王即以孟尝君为秦相。人或说秦昭王曰：“孟尝君贤，而又齐族[10]也，今相秦，必先齐而后秦，秦其危矣。”于是秦昭王乃止。囚孟尝君，谋欲杀之。孟尝君使人抵昭王幸姬求解[11]。幸姬曰：“妾愿得君狐白裘[12]。”此时孟尝君有一狐白裘，直[13]千金，天下无双，入秦献之昭王，更无他裘。孟尝君患之，遍问客，莫能对。最下坐有能为狗盗者[14]，曰：“臣能得狐白裘。”乃夜为狗，以入秦宫臧[15]中，取所献狐白裘至，以献秦王幸姬。幸姬为言昭王，昭王释孟尝君。孟尝君得出，即驰去，更封传[16]，变名姓以出关。夜半至函谷关。秦昭王后悔出孟尝君，求之已去，即使人驰传[17]逐之。孟尝君至关，关法[18]鸡鸣而出客，孟尝君恐追至，客之居下坐[19]者有能为鸡鸣，而鸡齐鸣，遂发传[20]出。出如食顷[21]，秦追果至关，已后孟尝君出，乃还。始孟尝君列此二人于宾客，宾客尽羞之，及孟尝君有秦难，卒此二人拔[22]之。自是之后，客皆服。

孟尝君过赵，赵平原君客之。赵人闻孟尝君贤，出观之，皆笑曰：“始以薛公为魁然[23]也，今视之，乃眇[24]小丈夫耳。”孟尝君闻之，怒。客与俱者下[25]，斫[26]击杀数百人，遂灭一县以去。

【注释】

①泾阳君：秦公子的封号。《穰侯列传》中《索隐》谓

"名悝",《秦本纪》中《索隐》谓"名市"。质：人质，古代派往别国做抵押的人。②谏：规劝。③木禺人：木制的偶像。这里用以比喻孟尝君。禺，通"偶"。土禺人：泥土制作的偶像。这里用以比喻泾阳君。④雨：下雨。⑤败：毁坏。⑥流子而行：水流冲着你走。⑦笑：嘲笑。⑧齐湣王二十五年：当为前299年。⑨卒：终于。⑩齐族：指田齐国君的同姓亲属。⑪抵：冒昧地求见。幸姬：宠爱的妾。解：解救。⑫狐白裘：用狐腋下的白色皮毛制成的皮衣。⑬直：通"值"，价值。⑭狗盗者：指披着狗皮像狗一样偷盗的人。⑮臧：通"藏"，贮藏财物的仓库。⑯封传：古代官府所发的出境或投宿驿站的凭证。⑰驰传：驰赶传车疾行。传，驿车，传达命令的马车。⑱关法：关卡的制度。⑲下坐：末座，末席，比喻地位低下。坐，通"座"。⑳发传：出示封传。㉑食顷：不一会儿。㉒拔：拔除，解救。㉓魁然：魁梧的样子。㉔眇：渺小。㉕下：指下车。㉖斫（zhuó）：砍。

【原文】

齐湣王不自得[1]，以其遣孟尝君。孟尝君至，则以为齐相，任政[2]。

孟尝君怨秦，将以齐为韩、魏攻楚，因与韩、魏攻秦，而借兵食[3]于西周。苏代为西周谓曰："君以齐为韩、魏攻楚九年，取宛、叶以北以强韩、魏，今复攻秦以益[4]之。韩、魏南无楚忧，西无秦患，则齐危矣。韩、魏必轻齐畏秦，臣为君危之。君不如令敝邑深合[5]于秦，而君无攻，又无借兵食。君临函谷而无攻，令敝邑以君之情谓秦昭王[6]曰：‘薛公必不破秦以强韩、魏。其攻秦也，欲王之令楚王割东国以与齐，而秦出楚怀王以为和[7]’。君令敝邑以此惠[8]秦，秦得无破[9]而以东国自免也，秦必欲之。楚王得出，必德[10]齐。齐得东国益强，而薛世世无患矣。秦不大弱，而处三晋[11]之西，三晋必重齐。”薛公曰：“善。”因令韩、魏贺秦，使三国无攻，而不借兵食于西周矣。是时，楚怀王入秦，秦留[12]之，故欲必出之。秦不果出楚怀王[13]。

【注释】

①不自得：自感无德，表示内疚。得，通“德”，道德。②任政：执掌国政。③兵食：兵器和粮食。《战国策·西周》作“藉兵乞食于西周”。④益：增强。⑤敝邑：古代对自己国家的自谦说法，这里指西周。深合：深切地交好。⑥令敝邑以君之情谓秦昭王：让敝国把您的真情告诉秦昭王。情，真情。秦昭王，梁玉绳《史记志疑》引《史诠》曰，“昭”谥宜删之。当是。苏代谈话时秦王则（一名“稷”）尚在世，不可能称其死后的谥号。下句“楚怀王”之“怀”字亦为谥号，宜删之。⑦秦出楚怀王以为和：秦国把楚怀王释放出来以相媾和。出，释放。和，媾和。⑧惠：给予好处。⑨破：被攻破。⑩德：感激。⑪三晋：通常指韩、赵、魏三国。春秋末，晋被韩、赵、魏三家瓜分，各立为国，故称“三晋”。这里指其中

的韩国、魏国。⑫留：扣留。⑬秦不果出楚怀王：秦国没有实现释放楚怀王的要求。果，实现。

【原文】

孟尝君相齐，其舍人魏子为孟尝君收邑入[1]，三反而不致[2]一入。孟尝君问之，对曰："有贤者，窃假与之[3]，以故不致入。"孟尝君怒而退[4]魏子。居数年，人或毁[5]孟尝君于齐王曰："孟尝君将为乱。"及田甲劫湣王，湣王意疑孟尝君，孟尝君乃奔。魏子所与粟贤者闻之，乃上书言孟尝君不作乱，请以身为盟[6]，遂自刭宫门以明[7]孟尝君。湣王乃惊，而踪迹验问[8]，孟尝君果无反谋，乃复召孟尝君。孟尝君因谢病[9]，归老[10]于薛。湣王许之。

【注释】

①舍人：古时王公贵官的亲近侍从。邑入：封邑的租税收入。②反：通"返"。致：取得。③窃假与之：私自借用您的名义送给了他。假，借；与，给予。④退：撤销职务。⑤毁：毁谤。⑥以身为盟：用生命立誓、作保。⑦明：证明。⑧踪迹：依据行踪迹象追查。验问：验证，考问。⑨谢病：推托有病。⑩归老：辞官养老。

【原文】

其后，秦亡将吕礼相齐，欲困[1]苏代。代乃谓孟尝君曰："周最于齐，至厚[2]也，而齐逐之，而听亲弗相[3]吕礼者，欲取[4]秦也。齐、秦合，则亲弗与吕礼重[5]矣。有用[6]，齐、秦必轻君。君不如急北兵[7]，趋[8]赵以和秦、魏，收周最以厚行[9]，且反齐王之信[10]，又禁天下之变[11]。齐无秦[12]，则天下集齐，亲弗必走，则齐王孰与为其国也[13]！”于是孟尝君从其计，而吕礼嫉害于孟尝君。

孟尝君惧，乃遗秦相穰侯魏冉书曰：“吾闻秦欲以吕礼收[14]齐，齐，天下之强国也，子必轻矣。齐、秦相取以临[15]三晋，吕礼必并相[16]矣，是子通[17]齐以重吕礼也。若齐免于天下之兵，其雠[18]子必深矣。子不如劝秦王伐齐。齐破，吾请以所得封子。齐破，秦畏晋[19]之强，秦必重子以取晋。晋国敝[20]于齐而畏秦，晋必重子以取秦。是子破齐以为功，挟晋以为重[21]；是子破齐定封，秦、晋交重子。若齐不破，吕礼复用，子必大穷[22]。”于是穰侯言于秦昭王伐齐，而吕礼亡。

后齐湣王灭宋，益骄，欲去[23]孟尝君。孟尝君恐，乃如[24]魏。魏昭王以为相，西合于秦、赵，与燕共伐破齐。齐湣王亡在莒，遂死焉。齐襄王立，而孟尝君中立于诸侯，无所属。齐襄王新立，畏孟尝君，与连和[25]，复亲薛公。文卒，谥为孟尝君。诸子争立，而齐、魏共灭薛。孟尝绝嗣无后[26]也。

【注释】

①困：使窘迫。②至厚：极为忠实。③听：听从，听信。相：任为相。④取：取信于对方，这里是联合、结盟的意思。⑤重：受重用。⑥有用：有所任用，指任用亲弗、吕礼。⑦急北兵：急速向北方进兵。⑧趋：通“促”，促使。⑨收：招

致，招回。厚行：使举动显出忠厚。行，举动。⑩反：通“返”，归回，挽回。信：信用。⑪天下之变：指齐、秦联合后会引起各国关系的全局性变化。⑫齐无秦：指齐国没有秦国的依傍。⑬则齐王孰与为其国也：那么齐王跟谁一起治理他的国家呢！为，治理。⑭收：收拢，这里是拉拢、联合的意思。⑮临：面对，对付。⑯并相：同时兼任齐、秦两国的相。⑰通：交往，结交。⑱雠：仇恨。⑲晋：这里指魏国。⑳敝：败。㉑挟：挟制。重：尊贵。㉒穷：困厄。㉓去：除掉。㉔如：往，到。㉕连和：联合，和好。㉖嗣：继承人。无后：没有后代。

【原文】

初，冯驩闻孟尝君好客，蹑跻而见之[①]。孟尝君曰：“先生远辱[②]，何以教文也？”冯驩曰：“闻君好士，以贫身归于君。”孟尝君置传舍[③]十日，孟尝君问传舍长[④]曰：“客何所为？”答曰：“冯先生甚贫，犹有一剑耳，又蒯缑[⑤]。弹其剑而歌曰：‘长铗归来乎[⑥]，食无鱼。’”孟尝君迁之幸舍[⑦]，食有鱼矣。五日，又问传舍长。答曰：“客复弹剑而歌曰：‘长铗归来乎，出无舆[⑧]。’”孟尝君迁之代舍[⑨]，出入乘舆车矣。五日，孟尝君复问传舍长。舍长答曰：“先生又尝弹剑而歌曰：‘长铗归来乎，无以为[⑩]家。’”孟尝君不悦。

【注释】

①蹑蹻：穿着草鞋，指远行。跻，草鞋，古代远行用具。②远辱：承蒙远道光临。辱，谦词，表示承蒙。③传舍：古代

供来往行人居住的旅舍，这里指下等食客的居处。④传舍长：管理传舍的吏员。⑤蒯缑：用草绳缠剑柄。言其剑柄无物可装，只以草绳缠着。蒯，草名；缑，把剑之物。⑥铗：剑柄。⑦幸舍：指中等食客的居舍。⑧舆：车箱，这里指车。⑨代舍：指上等食客的居舍。⑩为：供养。

【原文】

居期年[①]，冯驩无所言。孟尝君时相齐，封万户于薛。其食客三千人，邑入不足以奉[②]客，使人出钱[③]于薛。岁余不入，贷钱者多不能与其息[④]，客奉将不给[⑤]。孟尝君忧之，问左右："何人可使收债于薛者？"传舍长曰："代舍客冯公形容状貌甚辩[⑥]，长者[⑦]，无他伎[⑧]能，宜可令收债。"孟尝君乃进冯驩而请之曰："宾客不知文不肖[⑨]，幸临[⑩]文者三千余人，邑入不足以奉宾客，故出息钱[⑪]于薛。薛岁不入，民颇不与其息。今客食恐不给，愿先生责[⑫]之。"冯驩曰："诺。"辞行，至薛，召取孟尝君钱者皆会[⑬]，得息钱十万。乃多酿酒，买肥牛，召诸取钱者，能与息者皆来，不能与息者亦来，皆持取钱之券书[⑭]合之。齐为会[⑮]，日杀牛置酒。酒酣，乃持券如前合之，能与息者，与为期[⑯]；贫不能与息者，取其券而烧之。曰："孟尝君所以贷[⑰]钱者，为民之无者以为本业[⑱]也；所以求息者，为无以奉客也。今富给者以要期[⑲]，贫穷者燔券书以捐[⑳]之。诸君强[㉑]饮食。有君如此，岂可负哉！"坐者皆起，再拜[㉒]。

【注释】

①期年：一周年。②奉：供养。③出钱：放钱，放债。

④贷：借入。与：还，给。息：利息。⑤奉：指供养的所需所用。给：供给。⑥辩：明，精明。⑦长者：指年龄、辈分高的人。⑧伎：通“技”。⑨不肖：不贤，没有才能。⑩幸临：光临。⑪出息钱：放债。息钱，放债所得的利钱，这里指本钱。⑫责：索取。⑬会：集合。⑭券书：契据。古代的券书常分为两半，各执一半作为凭证，如现在的合同。⑮齐为会：一齐参加宴会。⑯与为期：给期限。为期，规定日期。⑰贷：借出。⑱无者：指没有资金的人。本业：本身的行业。⑲要期：约定日期。⑳燔：焚烧。捐：抛弃。㉑强：尽情。㉒再拜：连续两次行跪拜礼。拜，古代一种跪拜礼，跪下后头低至手，与心平，但不至地。

【原文】

孟尝君闻冯驩烧券书，怒而使使召驩。驩至，孟尝君曰：“文食客三千人，故贷钱于薛。文奉邑[1]少，而民尚多不以时与其息，客食恐不足，故请先生收责之。闻先生得钱，即以多具[2]牛酒而烧券书，何?”冯驩曰：“然。不多具牛酒即不能毕会，无以知其有余不足。有余者，为要期。不足者，虽守而责之[3]十年，息愈多，急[4]，即以逃亡自捐之。若急[5]，终无以偿，上[6]则为君好利不爱士民，下则有离上抵负[7]之名，非所以厉士民彰[8]君声也。焚无用虚债之券[9]，捐不可得之虚计[10]，令薛民亲君而彰君之善声[11]也，君有何疑焉!”孟尝君乃拊手而谢[12]之。

【注释】

①奉邑：卿大夫的封地，即“食邑”，以封地的租税收入供养卿大夫。②具：备办。③守而责之：监守着催促他们。④急：危急。⑤急：迫切，紧急。⑥上：指国君。⑦下：百姓。离：背离。抵负：冒犯，背弃。⑧厉：通“励”，勉励，激励。彰：显扬。⑨虚债之券：空有其名而收不回债利的契据。⑩虚计：有名无实的账簿。⑪善声：善良的好名声。⑫拊手：拍手。谢：感谢。

【原文】

齐王惑[1]于秦、楚之毁，以为孟尝君名高其主而擅[2]齐国之权，遂废[3]孟尝君。诸客见孟尝君废，皆去。冯驩曰：“借臣车一乘[4]，可以入秦者，必令君重于国而奉邑益广，可乎？”孟尝君乃约车币[5]而遣之。冯驩乃西说秦王曰：“天下之游士冯轼结靷[6]西入秦者，无不欲强秦而弱[7]齐；冯轼结靷东入齐者，无不欲强齐而弱秦。此雄雌[8]之国也，势不两立为雄，雄者得天下矣。”秦王跽[9]而问之曰：“何以使秦无为雌而可？”冯驩曰：“王亦知齐之废孟尝君乎？”秦王曰：“闻之。”冯驩曰：“使齐重[10]于天下者，孟尝君也。今齐王以毁废之，其心怨，必背齐；背齐入秦，则齐国之情，人事之诚[11]，尽委[12]之秦，齐地可得也，岂直[13]为雄也！君急使使载币阴[14]迎孟尝君，不可失时也。如有[15]齐觉悟，复用孟尝君，则雌雄之所在未可知也。”秦王大悦，乃遣车十乘黄金百镒[16]以迎孟尝君。冯驩辞以先行，至齐，说齐王曰：“天下之游士冯轼结靷东入齐者，无不欲强齐而弱秦者；冯轼结靷西入秦者，无不欲强秦而弱齐者。夫秦、齐雌雄之国，秦强则齐弱矣，此势不两雄。今臣窃闻秦遣使车十乘载黄金百镒以迎孟尝君。孟尝君不西则已，西入相秦则天下归之，秦为雄而齐为雌，雌则临淄、即墨危矣。王何不先秦使之未到，复孟尝君，而益与之邑以谢[17]之？孟尝君必喜而受之。秦虽强国，岂可以请人相而迎之哉！折[18]秦之谋，而绝其霸强之略[19]。”齐王曰：“善。”乃使人至境候秦使。秦使车适入齐境，使还驰告之，王召孟尝君而复其相位，而与其故邑之地，又益以千户。秦之使者闻孟尝君复相齐，还车而去矣。

自齐王毁废孟尝君，诸客皆去。后召而复之，冯驩迎之。未到，孟尝君太息[20]叹曰：“文常好客，遇客无所敢失，食客三千有余人，先生所知也。客见文一日[21]废，皆背文而去，莫顾[22]文者。今赖先生得复其位，客亦有何面目复见文乎？如复见文者，必唾其面而大辱之。”冯驩结辔下拜[23]。孟尝君下车接之，曰：“先生为客谢乎？”冯驩曰：“非为客谢也，为君之言失。夫物有必至[24]，事有固然[25]，君知之乎？”孟尝君曰：“愚[26]不知所谓也。”曰：“生者必有死，物之必至也；富贵多士，贫贱寡友，事之固然也。君独不见夫趣市朝[27]者乎？明旦[28]，侧肩争门[29]而入；日暮之后，过市朝者掉臂[30]而不顾。非好朝[31]而恶暮，所期物忘其中[32]。今君失位，宾客皆去，不足以怨士而徒绝宾客之路。愿君遇客如故。”孟尝君再拜曰：

“敬从命矣。闻先生之言，敢不奉教焉。”

【注释】

①惑：迷惑，蛊惑。②擅：独揽。③废：罢官。④乘：古时四马一车叫“乘”。⑤约：具，备办。币：原为丝帛，古代以束帛作为赠送的礼物叫“币”。⑥游士：古代从事游说活动的人。冯（píng）轼结靷：靠着车轼，结好革带。指乘驾马车。冯，通“凭”，倚、靠；轼，古代车箱前面的横木，可以凭倚或作为扶手；结，连结；靷，引车前行的革带，一头系在马颈的皮套上，一头系在车轴上。⑦强：使强大。弱：使弱小。⑧雄雌：比喻强弱、高下、胜负等。⑨跽：长跪，两腿跪着挺直上身。⑩重：敬重。⑪人事：人为之事，指君臣吏员等治国的能力及其相互关系。诚：真实情况。⑫委：送。⑬直：只。⑭阴：暗中，暗地里。⑮有：名词词头，无义。⑯镒：古代重量单位，二十两为一镒。一说二十四两为一镒。⑰谢：道歉。⑱折：挫败。⑲绝：断绝。略：谋略，计谋。⑳太息：出声长叹。㉑一日：一旦。㉒顾：顾念。㉓结辔：收住缰绳，指停车。下拜：下车而行拜礼。㉔物有必至：万物都有其必然的终结。㉕事有固然：世事都有其常理。固然，本来如此，指常道、常理。㉖愚：自称谦词。㉗趣市朝：奔向人众的市集。趣，趋向、奔赴；市朝，市集、人众会集之处。㉘明旦：天明，天亮。㉙侧肩争门：侧着肩膀争夺入口。门，泛指进出口。㉚掉臂：甩着手臂，形容不顾而去。㉛朝：早晨。㉜所期

物忘其中：所期望得到的东西市中已经没有了。忘，无。

【原文】

太史公曰：吾尝过薛，其俗闾里率多暴桀[①]子弟，与邹、鲁殊。问其故，曰："孟尝君招致天下任侠[②]，奸人[③]入薛中盖六万余家矣。"世之传孟尝君好客自喜，名不虚矣。

【注释】

①俗：风俗。闾里：乡里，民间。率多：大多。暴桀：凶暴。②任侠：指打抱不平、负气仗义的人。③奸人：乱法犯禁的人。

【译文】

孟尝君姓田名文。田文的父亲叫靖郭君田婴。田婴是齐威王的小儿子、齐宣王庶母所生的弟弟。田婴从威王时就任职当权，曾与成侯邹忌以及田忌带兵去救援韩国攻伐魏国。后来，成侯与田忌争着得到齐王的宠信而嫌隙很深，结果成侯出卖了田忌。田忌很害怕，就偷袭齐国边境的城邑，没拿下，便逃跑了。这时，正赶上齐威王去世，宣王立为国君，宣王知道是成侯陷害田忌，就又召回了田忌并让他做了将领。宣王二年（前341），田忌跟孙膑、田婴一起攻打魏国，在马陵战败魏国，俘虏了魏太子申，杀了魏国将领庞涓。宣王七年（前336），田婴奉命出使韩国和魏国，经过他的一番活动，使韩国、魏国归服于齐国。田婴陪着韩昭侯、魏惠王在东阿南会见齐宣王，三国结盟缔约后便离开了。第二年，宣王又与梁惠王在甄地盟会。这一年，梁惠王去世。宣王九年（前334），田婴任齐国宰相。齐宣王与魏襄王在徐州盟会互相尊称为王。楚威王得知这件事，对田婴很恼火，认为是他一手策划的。第二年，楚国进攻齐国，在徐州战败了齐国军队，便派人追捕田婴。田婴派张丑去劝说楚威王，楚威王才算罢休。田婴在齐国任相十一年，宣王去世，湣王立为国君。湣王即位三年，赐封田婴于薛邑。

当初，田婴有四十多个儿子，他的小妾生了个儿子叫文，田文是五月五日出生的。田婴告诉田文的母亲说："不要养活他。"可是，田文的母亲还是偷偷把他养活了。等他长大后，他的母亲便通过田文的兄弟把田文引见给田婴。田婴见了这个孩子，愤怒地对他母亲说："我让你把这个孩子扔了，你竟敢把他养活了，这是为什么？"田文的母亲还没回答，田文立即叩头大拜，接着反问田婴说："您不让养育五月生的孩子，是什么缘故？"田婴回答说："五月出生的孩子，长大了身长跟门户一样高，会害父害母的。"田文说："人的命运是由上天授予呢？还是由门户授予呢？"田婴不知怎么回答好，便沉默不语。田文接着说："如果是由上天授予的，您何必忧虑呢？如果是由门户授予的，那么只要加高门户就可以了，谁还能长到那么高呢！"田婴无言以对，便斥责道："你不要说了！"

过了一些时候，田文趁空问他父亲说："儿子的儿子叫什么？"田婴答道："叫孙子。"田文接着问："孙子的孙子叫什么？"田婴答道："叫玄孙。"田文又问："玄孙的孙子叫什么?”田婴说:“我不知道了。”田文说:“您执掌大权担任齐国宰相,到如今已经历三代君王了。可是齐国的领土没有增广,您的私家却积贮了万金的财富,门下也看不到一位贤能之士。我听说将军的门庭必出将军,宰相的门庭必有宰相。现在,您的姬妾可以践踏绫罗绸缎,而贤士却穿不上粗布短衣;您的男仆女奴有剩余的饭食肉羹,而贤士却连糠菜也吃不饱。现在,您还一个劲地加多积贮,想留给那些连称呼都叫不上来的人,却忘记国家在诸侯中一天天失势,我私下是很奇怪的。”从此以后,田婴改变了对田文的态度,器重他,让他主持家政,接待宾客。宾客来往不断,日益增多,田文的名声随之传播到各诸侯国中。各诸侯国都派人来请求田婴立田文为太子,田婴答应下来。田婴去世后,追谥靖郭君。田文果然在薛邑继承了田婴的爵位。这就是孟尝君。

孟尝君在薛邑,招揽各诸侯国的宾客以及犯罪逃亡的人,很多人归附了孟尝君。孟尝君宁肯舍弃家业,也给他们丰厚的待遇。因此天下的贤士无不倾心向往。他的食客有几千人,待遇不分贵贱,一律与田文相同。孟尝君每当接待宾客,与宾客坐着谈话时,总是在屏风后安排侍史,让他记录孟尝君与宾客的谈话内容,记载所问宾客亲戚的住处。宾客刚刚离开,孟尝君就已派使者到宾客亲戚家里抚慰问候,献上礼物。有一次,孟尝君招待宾客吃晚饭,有个人遮住了灯亮。那个宾客很恼火,认为饭食的质量肯定不相等,放下碗筷就要辞别而去。孟尝君马上站起来,亲自端着自己的饭食与他的相比。那个宾客惭愧得无地自容，就以刎颈自杀表示谢罪。贤士们因此有很多人都情愿归附孟尝君。孟尝君对于来到门下的宾客都热情接纳，不挑拣，无亲疏，一律给予优厚的待遇。所以，宾客人人都认为孟尝君与自己亲近。

秦昭王听说孟尝君贤能，就先派泾阳君到齐国做人质，并请求见到孟尝君。孟尝君准备去秦国，而宾客都不赞成他出行，规劝他。他不听，执意前往。这时，有个宾客苏代对他说："今天早上我从外面来，见到一个木偶人与一个土偶人正在交谈。木偶人说：'天一下雨，你就要坍毁了。'土偶人说：'我是由泥土生成的，即使坍毁，也要归回到泥土里。若天真的下起雨来，水流冲着你跑，可不知把你冲到哪里去了。'当今的秦国，是个如狼似虎的国家，而您执意前往，一旦回不来，您能不被土偶人嘲笑吗?"孟尝君听后，悟出了个中道理，才停止了出行的准备。

齐湣王二十五年（前299），终于又派孟尝君到了秦国，秦昭王立即让孟尝君担任秦国宰相。臣僚中有的人劝说秦王道："孟尝君的确贤能，可他又是齐王的同宗，现在任秦国宰相，谋划事情必定是先替齐国打算，而后才考虑秦国，秦国可要危险了。"于是，秦昭王就罢免了孟尝君的宰相职务。他把孟尝君囚禁起来，图谋杀掉孟尝君。孟尝君知道情况危急，就派人冒昧地去见昭王的宠妾请求解救。那个宠妾提出条件说："我希望得到孟尝君的白色狐皮裘。"孟尝君来的时候，带有一件白色狐皮裘，价值千金，天下没有第二件，到秦国后献给了昭王，再也没有别的皮裘了。孟尝君为这件事发愁，问遍了宾客，谁也想不出办法。有一位能力差但会披狗皮盗东西的人，说："我能拿到那件白色狐皮裘。"于是，他当夜化装成狗，钻入了秦宫中的仓库，取出献给昭王的那件狐白裘，拿回来献给了昭王的宠妾。宠妾得到后，替孟尝君向昭王说情，昭王便释放了孟尝君。孟尝君获释后，立即乘快车逃离，更换了出境证件，改了姓名逃出城关。夜半时分，他们到了函谷关。昭王后悔放出了孟尝君，再寻找他，发现他已经逃走了，就立即派人驾上传车飞奔而去追捕他。孟尝君一行到了函谷关，按照关法规定，鸡叫时才能放来往客人出关，孟尝君恐怕追兵赶到，万分着急。宾客中有个能力较差的人会学鸡叫，他一学鸡叫，附近的鸡随着一齐叫了起来。于是，他们便立即出示证件逃出了函谷关。出关后约摸一顿饭的工夫，秦国追兵果然到了函谷关，但已落在孟尝君的后面，就只好回去了。当初，孟尝君把这两个人安排在宾客中的时候，宾客无不感到羞耻，觉得脸上无光。等孟尝君在秦国遭到劫难，终于靠着这两个人解救了他。自此以后，宾客们都佩服孟尝君广招宾客不分人等的做法。

孟尝君经过赵国，赵国平原君以贵宾相待。赵国人听说孟尝君贤能，都出来围观想一睹风采，见了后便都嘲笑说："原来以为孟尝君是个魁梧的大丈夫，如今看到他，竟是个瘦小的男人罢了。"孟尝君听了这些揶揄他的话，大为恼火。随行的人跟他一起跳下车来，砍杀了几百人，毁了一个县才离去。

齐湣王因为派遣孟尝君去秦国而感到内疚。孟尝君回到齐国后，齐王就让他做齐国宰相，执掌国政。

孟尝君怨恨秦国，准备以齐国曾帮助韩国、魏国攻打楚国为理由，来联合韩国、魏国攻打秦国，为此向西周借兵器和军粮。苏代替西周对孟尝君说：“您拿齐国的兵力帮助韩国、魏国攻打楚国达九年之久，取得了宛、叶以北的地方，结果使韩、魏两国强大起来，如今再去攻打秦国就会愈加增强了韩、魏的力量。韩国、魏国南边没有楚国忧虑，北边没有秦国的祸患，那么齐国就危险了。韩、魏两国强盛起来必定轻视齐国而畏惧秦国，我实在替您对这种形势感到不安。您不如让西周与秦国深切交好，您不要进攻秦国，也不要借兵器和粮食。您把军队开临函谷关但不要进攻，让西周把您的心情告诉给秦昭王说：‘薛公一定不会攻破秦国来增强韩、魏两国的实力。他要进攻秦国，不过是想要大王责成楚国把东国割给齐国，并请您把楚怀王释放出来以相媾和’。您让西周用这种做法给秦国好处，秦国能够不被攻破又拿楚国的地盘保全了自己，秦国必定情愿这么办。楚王能够获释，也一定感激齐国。齐国得到东国自然会日益强大，薛邑也就会世世代代没有忧患了。秦国并非很弱，它有一定的实力，而处在韩国、魏国的西邻，韩、魏两国必定依重齐国。”薛公听了后，立即说：“好。”于是让韩、魏向秦国祝贺，避免了一场兵灾，使齐、韩、魏三国不再发兵进攻，也不向西周借兵器和军粮了。这个时候，楚怀王已经到了秦国，秦国扣留了他，所以孟尝君还是要秦国一定放出楚怀王。但是，秦国并没有这么办。

孟尝君任齐国宰相时，一次，他的侍从魏子替他去收封邑的租税，三次往返，结果一次也没把租税收回来。孟尝君问他这是什么缘故，魏子回答说："有位贤德的人，我私自借您的名义把租税赠给了他，所以没有收回来。"孟尝君听后，发了火，一气之下辞退了魏子。几年之后，有人向齐湣王造孟尝君的谣言说："孟尝君将要发动叛乱。"等到田君甲劫持了湣王，湣王便猜疑是孟尝君策划的。为避免殃祸，孟尝君出逃了。曾经得到魏子赠粮的那位贤人听说了这件事，就上书给湣王申明孟尝君不会作乱，并请求以自己的生命作保，于是在宫殿门口刎颈自杀，以此证明孟尝君的清白。湣王为之震惊，便追查考问实际情况，孟尝君果然没有叛乱阴谋，便召回了孟尝君。孟尝君因此推托有病，要求辞官回薛邑养老。湣王答应了他的请求。

此后，秦国的逃亡将领吕礼担任齐国宰相，他要陷苏代于困境。苏代就对孟尝君说："周最对于齐王，是极为忠诚的，可是齐王把他驱逐了，而听信亲弗的意见让吕礼做宰相，其原因就是打算联合秦国。齐国、秦国联合，那么亲弗与吕礼就会受到重用了。他们受到重用，齐国、秦国必定轻视您。您不如急速向北进军，促使赵国与秦、魏讲和，招回周最来显示您的厚道，还可以挽回齐王的信用，又能防止因齐、楚联合将造成各国关系的变化。齐国不去依傍秦国，那么各诸侯都会靠拢齐国，亲弗势必出逃，这样一来，除了您之外，齐王还能跟谁一起治理他的国家呢?”于是，孟尝君听从了苏代的计谋，因而吕礼嫉恨并要谋害孟尝君。

孟尝君很害怕，就给秦国丞相穰侯魏冉写了一封信说："我听说秦国打算让吕礼来联合齐国，齐国是天下的强大国家，齐、秦联合成功吕礼将要得势，您必会被秦王轻视了。如果秦、齐相与结盟来对付韩、赵、魏三国，那么吕礼必将为秦、齐两国宰相了，这是您结交齐国反而使吕礼的地位显重啊。再说，即使齐国免于诸侯国攻击的兵祸，齐国还是会深深地仇恨您。不如劝说秦王攻打齐国。齐国被攻破，我会设法请求秦王把所得的齐国土地封给您。齐国被攻破，秦国会害怕魏国强大起来，秦王必定重用您去结交魏国。魏国败于齐国又害怕秦国，它就会推重您以便结交秦国。这样，您既能够凭攻破齐国建立自己的功劳，挟持魏国提高地位，又可以攻破齐国得到封邑，使秦、魏两国同时敬重您。如果齐国不被攻破，吕礼再被任用，您将会陷于极端的困境中。”于是，穰侯向秦昭王进言攻打齐国，吕礼便逃离了齐国。

后来，齐湣王灭掉了宋国，愈加骄傲起来，打算除掉孟尝君。孟尝君很恐惧，就到了魏国。魏昭王任用他做宰相，同西边的秦国、赵国联合，帮助燕国攻打并战败了齐国。齐湣王逃到莒，后来就死在了那里。齐襄王即位，当时孟尝君在诸侯国之间持中立地位，不从属于哪个君王。齐襄王由于刚刚即位，畏惧孟尝君，便与孟尝君和好，与他亲近起来。田文去世，谥号称孟尝君。田文的几个儿子争着继承爵位，随即齐、魏两国联合共同灭掉了薛邑。孟尝君绝嗣没有后代。

当初，冯驩听说孟尝君乐于招揽宾客，便穿着草鞋远道而来见他。孟尝君说："承蒙先生远道光临，有什么指教我的？"冯驩回答说："听说您乐于养士，我只是因为贫穷想归附您谋口饭吃。"孟尝君没再说什么，便把他安置在下等食客的住所里。十天后，孟尝君询问住所的负责人："客人近来做什么了？"负责人回答说："冯先生太穷了，只有一把剑，还是草绳缠着剑把。他时而弹着那把剑唱道：'长剑啊，咱们回家吧！吃饭没有鱼。'"孟尝君听后，让冯驩搬到中等食客的住所里，吃饭有鱼了。过了五天，孟尝君又向那位负责人询问冯驩的情况，负责人回答说："客人又弹着剑唱道：'长剑啊，咱们回去吧！出门没有车。'"于是，孟尝君又把冯驩迁到上等食客的住所里，进出都有车子坐。又过了五天，孟尝君再次询问那位负责人。负责人回答说："这位先生又曾弹着剑唱道：'长剑啊，咱们回家吧！没有办法养活家。'"孟尝君听了，很不高兴。

过了整一年，冯驩没再说什么。孟尝君当时正任齐国宰相，受封万户于薛邑。他的食客有三千人之多，食邑的赋税收入不够供养这么多食客，就派人到薛邑贷款放债。由于年景一年到头都不好，没有收成，借债的人多数不能付给利息，食客的需用将无法供给。对于这种情况，孟尝君焦虑不安，就问左右侍从："谁可以派往薛邑去收债？"那个住所负责人说："上等食客住所里的冯老先生从状貌长相看，很是精明，又是个长者，一定稳重，派他去收债该是合适的。”孟尝君便迎进冯驩，向他请求说：“宾客们不知道我无能，光临我的门下有三千多人。如今，食邑的收入不能够供养宾客，所以在薛邑放了些债。可是，薛邑年景不好，没有收成，百姓多数不能付给利息。宾客吃饭恐怕都成问题了，希望先生替我去索取欠债。”冯驩说：“好吧。”他便告别了孟尝君，到了薛邑。他把凡是借了孟尝君钱的人都集合起来，索要欠债得到利息十万钱。这笔款项他没送回去，却酿了许多酒，买了肥壮的牛，然后召集借钱的人，能付给利息的都来，不能付给利息的也来，要求一律带着借钱的契据以便核对。随即让大家一起参加宴会，当日杀牛炖肉，置办酒席。宴会上，正当大家饮酒尽兴时，冯驩就拿着契据走到席前一一核对，能够付给利息的，给他定下期限；穷得不能付息的，取回他们的契据当众把它烧毁。接着，他对大家说：“孟尝君之所以向大家贷款，就是给没有资金的人提供资金来从事行业生产；他之所以向大家索债，是因为没有钱财供养宾客。如今，富裕有钱还债的约定日期还债，贫穷无力还债的烧掉契据把债务全部废除。请各位开怀畅饮吧。有这样的封邑主人，日后怎么能背弃他呢！”在座的人都站了起来，连续两次行跪拜大礼。

孟尝君听到冯欢烧毁契据的消息，十分恼怒立即派人召回冯欢。冯驩刚一到，孟尝君就责问道：“我的封地本来就少，而百姓还多不按时还给利息，宾客们连吃饭都怕不够用，所以请先生去收缴欠债。听说先生收来钱就大办酒肉宴席，而且把契据烧掉了。这是怎么回事?”冯驩回答说:“是这样的。如果不大办酒肉宴席，就不能把债民全都集合起来，也就没办法了解谁富裕谁贫穷。富裕的，给他限定日期还债。贫穷的，即使监守着催促十年也还不上债，时间越长，利息越多，到了危急时，就会用逃亡的办法赖掉债务。如果催促紧迫，不仅终究没办法偿还，而且上面会认为您贪财好利不爱惜平民百姓，在下面您则会有背离冒犯国君的恶名，这可不是用来鼓励平民百姓、彰扬您名声的做法。我烧掉毫无用处徒有其名的借据，废弃有名无实的账簿，是让薛邑平民百姓信任您而彰扬您善良的好名声啊。您有什么可疑惑的呢?”孟尝君听后，拍着手连声道谢。

齐王受到秦国和楚国毁谤言论的蛊惑，认为孟尝君的名声压倒了自己，独揽齐国大权，终于罢了孟尝君的官。那些宾客看到孟尝君被罢了官，一个个都离开了他。只有冯驩为他谋划说:“借给我一辆可以跑到秦国的车子，我会让您在齐国更加显贵，食邑更加宽广。您看可以吗?”于是，孟尝君便准备了马车和礼物送冯驩上了路。冯驩就乘车向西到了秦国游说秦王说:“天下的游说之士驾车向西来到秦的，无一不是想要使秦国强大而使齐国削弱的;乘车向东进入齐国的，无一不是要使齐国强大而使秦国削弱的。这是两个决一雌雄的国家，与对方绝不并存的就是强大有力的雄国，是雄国的得天下。”秦王听得入了神，挺直身子跪着问冯驩说:“您看，要使秦国避免成为软弱无力的国家，该怎么办才好呢?”冯驩回答说:“大王也知道齐国罢了孟尝君的官吧?”秦王说:“听到了这件事。”冯驩说:“使齐国受到天下敬重的,就是孟尝君。如今,齐国国君听信了毁谤之言而把孟尝君罢免,孟尝君心中无比怨愤,必定背离齐国;他背离齐国进入秦国,那么齐国的国情,朝廷中上至君王下至官吏的状况都将为秦国所掌握。您将得到整个齐国的土地,岂只是称雄呢!您赶快派使者载着礼物暗地里去迎接孟尝君,不能失掉良机啊。如果齐王明白过来,再度起用孟尝君,则谁是雌谁是雄还是个未知数。”秦王听了非常高兴,就派遣十辆马车载着百镒黄金去迎接孟尝君。冯驩告别了秦王而抢在使者前面赶往齐国,到了齐国,劝说齐王道:“天下游说之士驾车向东来到齐的,无一不是想要使齐国强大而使秦国削弱的;乘车向西进入秦国的,无一不是要使秦国强大而使齐国削弱的。秦国与齐国是两个决一雌雄的国家,秦国强大那么齐国必定软弱,这两个国家势必不能同时称雄。现在,我私下得知秦国已经派遣使者带着十辆马车载着百镒黄金来迎接孟尝君了。孟尝君不西去就罢了,如果西去担任秦国宰相,那么天下将归秦国所有。秦国是强大的雄国,齐国就是软弱无力的雌国,软弱无力,那么临淄、即墨就危在旦夕了。大王为什么不在秦国使者没到达之前,赶快恢复孟尝君的官位并给他增加封邑来向他表示道歉呢?如果这么做了,孟尝君必定高兴而情愿接受。秦国虽是强国,岂能够任意到别的国家迎接人家的宰相呢!要挫败秦国的阴谋,断绝它称强称霸的计划。”齐王听后,顿时明白过来说:“好。”于是,派人至边境等候秦国使者。秦国使者的车子刚入齐国边境，齐国在边境的使臣立即转车奔驰而回报告了这个情况。齐王召回孟尝君并且恢复了他的宰相官位，同时还给了他原来封邑的土地，又给他增加了千户。秦国的使者听说孟尝君恢复了齐国宰相官位，就转车回去了。

自从齐王因受毁谤之言的蛊惑而罢免了孟尝君，那些宾客们都离开了他。后来，齐王召回并恢复了孟尝君的官位，冯驩去迎接他。还没到都城的时候，孟尝君深深感叹说："我素常喜好宾客，乐于养士，接待宾客从不敢有任何失礼之处，有食客三千多人，这是先生您所了解的。宾客们看到我一旦被罢官，都背离我而离去，没有一个顾念我的。如今，靠着先生得以恢复我的宰相官位，那些离去的宾客还有什么脸面再见我呢？如果有再见我的，我一定唾他的脸，狠狠地羞辱他。"听了这番话后，冯驩收住缰绳，下车而行拜礼。孟尝君也立即下车还礼，说："先生是替那些宾客道歉吗？"冯驩说："并不是替宾客道歉，是因为您的话说错了。说起来，万物都有其必然的终结，世事都有其常规常理，您明白这句话的意思吗？"孟尝君说："我不明白说的是什么意思。"冯驩说："活物一定有死亡的时候，这是活物的必然归结；富贵的人多宾客，贫贱的人少朋友，事情本来就是如此。您难道没看到人们奔向市集吗？天刚亮，人们向市集里拥挤，侧着肩膀争夺入口；日落之后，经过市集的人甩着手臂连头也不回。不是人们喜欢早晨而厌恶傍晚，而是由于所期望得到的东西市中已经没有了。如今，您失去了官位，宾客都离去，不能因此怨恨宾客而平白截断他们奔向您的通路。希望您对待宾客像过去一样。”孟尝君连续两次下拜说：“我恭敬地听从您的指教了。听先生的话，敢不恭敬地接受教导吗。”

太史公说：“我曾经经过薛地，那里民间的风气多有凶暴的子弟，与邹地、鲁地迥异。我向那里的人询问这是什么缘故，人们说：‘孟尝君曾经招来天下许多负气仗义的人，仅乱法犯禁的人进入薛地的大概就有六万多家。’世间传说孟尝君以乐于养客而沾沾自喜，的确名不虚传。”

全新足本·精注全译

玖

史记

【西汉】司马迁◎著

石磊◎主编

中国文史出版社

目录

第八十八卷　吴王濞列传第四十六

刘濞是刘邦的侄子，又是西汉前期发动吴楚七国之乱的罪魁祸首。汉初，天下统一，人心思定，已成大势所趋。有一些人却总要搞分裂，开历史倒车。刘濞就是这样一位野心勃勃的家伙。他凭借山海之利，苦心经营三十多年，最后打着“清君侧”的旗号发动了叛乱，自以为登高一呼会天下响应。结果，他错误估计了形势，也错误估计了自己，在短短的三个月时间，叛乱集团土崩瓦解，刘濞本人也最终落得众叛亲离身死国削的下场。司马迁在《史记》中，对汉代最高统治者作了诸多针砭嘲讽。然而，在这篇文章中又表现对统一的汉王朝的拥戴。这是为什么？因为作者认定统一是历史的进步，所以才在文章中揭示刘濞必然灭亡的命运。这是作者朴素唯物主义史学观的一种反映，这种求实态度才使作者站到那个时代的巅峰俯视古今。

本文中的袁盎、景帝也都有自己的鲜明性格。袁盎的机敏善辩刁钻阴狠，从他不多的言行中是能领略到的。景帝的事前姑容迁就和事后无情镇压的对比，再现了翻手为云覆手为雨的最高统治者的独有特质。

【原文】

吴王濞者，高帝[①]兄刘仲之子也，高帝已定天下七年[②]，立刘仲为代王。而匈奴[③]攻代，刘仲不能坚守，弃国亡[④]，闲行[⑤]走雒阳，自归[⑥]天子。天子为骨肉故，不忍致法[⑦]，废[⑧]以为郃阳侯。高帝十一年[⑨]秋，淮南王英布反，东并[⑩]荆地，劫[⑪]其国兵，西度[⑫]淮，击楚，高帝自将[⑬]往诛之。刘仲子沛侯濞年二十，有气力[⑭]，以骑将从破布军蕲西会甀，布走。荆王刘贾为布所杀，无后[⑮]。上患吴、会稽轻悍，无壮王以填[⑯]之，诸子少，乃立濞于沛为吴王，王三郡[⑰]五十三城。已拜[⑱]受印，高帝召濞相[⑲]之，谓曰："若状有反相。"心独悔，业已拜，因拊[⑳]其背，告曰："汉后五十年东南有乱者，岂若邪？然天下同姓为一家也，慎[㉑]无反！"濞顿首曰："不敢。"

【注释】

①高帝：汉高祖。②七年：《史记·汉兴以来诸侯王年表》和《汉书》的《高帝纪》等均写作"六年"。③匈奴：古代生活在中国北方的一个游牧民族，他们强悍、善于骑射。④亡：逃跑。⑤闲行：通"间行"，潜行，抄小路走。⑥自归：自首。⑦致法：给予法律制裁。致，给。⑧废：废黜。⑨高帝十一年：前196年。⑩并：吞并，兼并。⑪劫：用强力夺取，挟持，胁迫。⑫度：通"渡"。⑬将：率领。⑭有气力：指强壮有力。⑮后：后嗣，继承人。⑯填：通"镇"。⑰三郡：东阳郡、鄣郡、吴郡。⑱拜：按礼仪授予官职爵位。⑲相：迷

信的人认为察看人的容貌可知人的命运，即相面。⑳拊：抚摩，轻轻拍打。㉑慎：千万。

【原文】

会孝惠、高后[①]时，天下初定，郡国诸侯各务自拊循[②]其民。吴有豫章郡[③]铜山，濞则招致天下亡命[④]者盗铸钱，煮海水为盐，以故无赋，国用[⑤]富饶。

【注释】

①孝惠：孝惠帝刘盈。高后：刘邦的皇后吕雉。②拊循：通“抚循”，安抚。③豫章郡：原文有误，应是“鄣郡”。豫章郡先属长沙国，后属淮南国。④亡命：逃亡在外改换名姓的人。⑤用：用度，开支。

【原文】

孝文[①]时，吴太子[②]入见，得侍皇太子饮博[③]。吴太子师傅皆楚人，轻悍，又素骄，博，争道[④]，不恭，皇太子引博局提[⑤]吴太子，杀之。于是遣其丧归葬。至吴，吴王愠[⑥]曰：“天下同宗，死长安即葬长安，何必来葬为！”复遣丧之长安葬。吴王由此稍失藩臣[⑦]之礼，称病[⑧]不朝。京师知其以子故称病不朝，验问[⑨]实不病，诸吴使来，辄系责治[⑩]之。吴王恐，为谋滋甚。及后使人为秋请[⑪]，上复责问吴使者，使者对曰：“王实不病，汉系治使者数辈[⑫]，以故遂称病。且夫‘察见渊中鱼，不祥[⑬]’。今王始诈病，及觉，见责急，愈益闭[⑭]，恐上诛之，计乃无聊[15]。唯上弃之而与更始[16]。”于是天子乃赦吴使者归之，而赐吴王几杖[17]，老，不朝。吴得释[18]其罪，谋亦益解[19]。然其居国以铜盐故，百姓无赋。卒践更[20]，辄与平贾[21]。岁时存问茂材[22]，赏赐闾里[23]。佗郡国吏欲来捕亡人[24]者，讼[25]共禁弗予。如此者四十余年，以故能使[26]其众。

【注释】

①孝文：即汉孝文帝，又称文帝，即刘恒。②吴太子：吴王刘濞的太子，刘贤。③侍：陪伴。皇太子：文帝太子，即后来的汉景帝刘启。饮博：喝酒下棋。④争道：指为下棋争执起来。⑤引：拉，拿起。博局：棋盘。提：掷击。⑥愠：含怒，怨恨。⑦稍：逐渐。藩臣：藩国的王侯对所归属的国君称臣。藩，藩国，封建王朝的属国或属地。⑧称病：假托生病。⑨验问：查问。⑩系：捆缚，拘禁。责：诘问。治：惩治，治罪。⑪秋请：古代诸侯到京城朝见皇帝，春天称“朝”，秋天称“请”。⑫数辈：好多人。辈，表示人的多数。⑬“察见”二句的意思是，皇帝察知臣下的隐私是不好的事。此语出于《韩非子·说林上》：“知渊中之鱼者不祥。”因此，臣下心生恐惧会激成变乱。⑭闭：封闭，隐秘。⑮无聊：无可如何，没有办法。⑯弃之：指捐弃前嫌。更始：重新开始。⑰赐几杖：古代表示对老年人尊敬的一种礼仪。几，依几，坐时可以依靠的几案。杖，手杖。⑱释：解脱、解除。⑲解：通“懈”。⑳践更：古代可以出钱雇人代服徭役，接受雇金代人服役的叫

"践更"。㉑平贾：公平的价格。贾，通"价"。㉒存问：慰问。茂材：才能优秀的人。㉓闾里：乡里，指平民。㉔佗：通"他"。亡人：逃亡的人。㉕讼：容留，庇护。㉖使：支使，驱使，支配。

【原文】

晁错为太子家令，得幸[①]太子，数从容言吴过可削[②]。数上书说孝文帝，文帝宽，不忍罚，以此吴日益横[③]。及孝景帝即位，错为御史大夫，说上曰："昔高帝初定天下，昆弟[④]少，诸子弱，大封同姓，故王孽子[⑤]悼惠王王齐七十余城，庶弟[⑥]元王王楚四十余城，兄子濞王吴五十余城：封三庶孽，分天下半。今吴王前有太子之郄[⑦]，诈称病不朝，于古法当诛，文帝弗忍，因赐几杖。德至厚，当改过自新。乃益骄溢[⑧]，即山铸钱，煮海水为盐，诱天下亡人，谋作乱。今削之亦反，不削之亦反。削之，其反亟，祸小；不削，反迟，祸大。"三年[⑨]冬，楚王[⑩]朝，晁错因言楚王戊往年为薄太后服[⑪]，私奸服舍[⑫]，请诛之。诏赦，罚削东海郡。因削吴[⑬]之豫章郡、会稽郡。及前二年赵王[⑭]有罪，削其河间郡[⑮]。胶西王卬以卖爵[⑯]有奸，削其六县。

【注释】

①得幸：得到宠幸。②从容：通"怂恿"。削：削减封地。③横：骄。④昆弟：兄弟。⑤孽子：姬妾所生的儿子，又称庶子、庶孽。⑥庶弟：指同父异母弟。⑦郄：通"隙"，嫌

隙。⑧溢：指超过限度。⑨三年：景帝三年，前154年。⑩楚王：即刘戊。⑪往年：去年。薄太后：刘邦嫔妃，文帝生母。服：居丧。旧时，在一定的时间内为死者尽礼示哀叫居丧，也叫守服。⑫服舍：居丧时住的房舍。⑬削吴：事在第二年春发生，可能正在拟议中，文章叙述不确切。⑭赵王：刘遂。⑮河间郡：《楚元王世家》记此事时，说是常山郡。⑯卬：即刘卬。卖爵：当朝实行卖爵增加财政收入的制度。

【原文】

汉廷臣方议削吴。吴王濞恐削地无已[①]，因以此发谋，欲举事[②]。念诸侯无足与计谋者，闻胶西王勇，好气[③]，喜兵，诸齐[④]皆惮畏，于是乃使中大夫应高诛[⑤]胶西王。无文书，口报曰："吴王不肖，有宿夕[⑥]之忧，不敢自外，使喻其欢心[⑦]。"王曰："何以教之？"高曰："今者主上兴于奸，饰[⑧]于邪臣，好小善，听谗贼，擅变更律令，侵夺诸侯之地，征求滋多，诛罚良善，日以益甚。里语[⑨]有之，'舐糠及米[⑩]'。吴与胶西，知名诸侯也，一时见察[⑪]，恐不得安肆[⑫]矣。吴王身有内病[⑬]，不能朝请二十余年，尝患见疑，无以自白，今胁肩累足[⑭]，犹惧不见释。窃闻大王以爵事有适[⑮]，所闻诸侯削地，罪不至此，此恐不得削地而已。"王曰："然，有之。子将奈何？"高曰："同恶相助，同好相留[⑯]，同情相成，同欲相趋，同利相死。今吴王自以为与大王同忧，愿因时循理，弃躯以除患害于天下，亿[⑰]亦可乎？"王瞿然[⑱]骇曰："寡人何敢如是？今主上虽急，固[19]有死耳，安得不戴?”高曰：“御史大夫晁错，荧惑[20]天子，侵夺诸侯，蔽忠塞贤，朝廷疾怨[21]，诸侯皆有倍畔[22]之意，人事极矣。彗星[23]出，蝗虫数起，此万世一时，而愁劳[24]圣人之所以起也。故吴王欲内以晁错为讨，外随大王后车，彷徉[25]天下，所乡[26]者降，所指者下，天下莫敢不服。大王诚幸而许之一言，则吴王率楚王略[27]函谷关，守荥阳敖仓[28]之粟，距[29]汉兵，治次舍[30]，须[31]大王。大王有幸而临之，则天下可并，两主分割，不亦可乎?”王曰：“善。”高归报吴王，吴王犹恐其不与，乃身自为使，使于胶西，面结[32]之。

【注释】

①无已：不止。②举事：起事，发难。③好气：指强壮有力。④诸齐：齐悼惠王刘肥死后，文帝把齐国分封给刘肥的七个儿子，即齐王刘将闾、济北王刘志、济南王刘辟光、菑川王刘贤、城阳王刘章、胶西王刘卬、胶东王刘雄渠，人称诸齐。⑤訹：煽动，劝说。⑥宿夕：一夜，比喻短时间内。⑦喻：晓喻，明白。欢心：指好意。⑧饰：修饰，指被蒙蔽。⑨里语：流行民间的俚语、俗语。⑩舐糠及米：像狗舔吃食物一样，吃完了糠，就会吃米。比喻朝廷不只削减封地还要消灭封国的趋势。⑪察：仔细地看，此指被注意到。⑫肆：放纵，自由。⑬内病：内疾，不能被别人看到的病。⑭胁肩累足：缩敛肩膀小步走路的样子。形容小心畏惧。累足，迭足，并足。⑮適：通“谪”。⑯留：流连，依恋。⑰亿：通“臆”，

预料，估计。⑱瞿然：惊骇的样子。⑲固：本该。⑳荧惑：惑乱。㉑疾怨：仇恨、怨恨。㉒倍畔：通“背叛”。㉓彗星：俗称扫帚星，古人认为彗星出现是灾祸的预兆。㉔愁劳：忧愁劳苦，指社会形势艰难。㉕彷徉：徘徊，游荡。此指自由驰骋。㉖乡：通“向”，面对。㉗略：攻占。㉘敖仓：秦代在荥阳县北敖山上修建的粮仓，是中原地区重要的粮仓。㉙距：通“拒”。㉚次舍：军队驻扎的处所。㉛须：等待。㉜面结：当面结盟。

【原文】

胶西群臣或闻王谋，谏曰：“承[①]一帝，至乐也。今大王与吴西乡，弟[②]令事成，两主分争，患乃始结。诸侯之地不足为汉郡什二[③]，而为畔逆以忧太后，非长策也。”王弗听。遂发使约齐、菑川、胶东、济南、济北，皆许诺，而曰“城阳景王有义，攻诸吕[④]，勿与，事定分之耳”。

【注释】

①承：侍奉。②弟：通“第”，即使，假使。③什二：十分之二。④诸吕：吕后执政时，封她的几个侄子为王，把持朝政。吕后死去，她的侄子准备叛乱，被平定。

【原文】

诸侯既新削罚，振[①]恐，多怨晁错。及削吴会稽、豫章郡书至，则吴王先起兵，胶西正月丙午[②]诛汉吏二千石以下，胶东、菑川、济南、楚、赵亦然，遂发兵西。齐王后悔，饮药自杀，畔约。济北王城坏未完[③]，其郎中令劫守[④]其王，不得发兵。胶西为渠率[⑤]，胶东、菑川、济南共攻围临菑。赵王遂亦反，阴[⑥]使匈奴与连兵。

【注释】

①振：通“震”。②丙午：二十三日。③完：完工，竣工。④劫守：指劫持控制。⑤渠率：首领。⑥阴：暗中，秘密地。

【原文】

七国之发也，吴王悉[①]其士卒，下令国中曰：“寡人年六十二，身自将。少子年十四，亦为士卒先。诸年上与寡人比[②]，下与少子等者，皆发。”发二十余万人。南使闽越[③]、东越[④]，东越亦发兵从。

【注释】

①悉：尽、全。②比：并列，相等。③闽越：古代越人的一支，秦汉时生活在今闽浙一带。秦末，越人首领驺无诸起兵抗秦，被刘邦封为闽越王，建都东冶（今福州市）。④东越：《汉书·两粤传》作“东瓯”。古代越人的一支，首领驺摇被惠帝封为东海王，建都东瓯（今温州市）。

【原文】

孝景帝三年正月甲子[①]，初起兵于广陵。西涉淮，因并楚兵。发使遗诸侯书曰：“吴王刘濞敬问胶西王、胶东王、菑川王、济南王、赵王、楚王、淮南王[2]、衡山王[3]、庐江王[4]、故长沙王子[5]：幸教寡人！以汉有贼臣，无功天下，侵夺诸侯地，使吏劾系讯[6]治，以僇辱之为故[7]，不以诸侯人君礼遇刘氏骨肉，绝先帝功臣，进任奸宄[8]，诖乱[9]天下，欲危社稷。陛下多病志失[10]，不能省察[11]。欲举兵诛之，谨闻教。敝国虽狭，地方三千里；人虽少，精兵可具[12]五十万。寡人素事南越[13]三十余年，其王君皆不辞[14]分其卒以随寡人，又可得三十余万。寡人虽不肖，愿以身从诸王。越直[15]长沙者，因王子定长沙以北，西走蜀、汉中。告越、楚王、淮南三王[16]，与寡人西面[17]；齐诸王与赵王定河间、河内，或入临晋关，或与寡人会雒阳；燕王[18]、赵王固与胡王有约，燕王北定代、云中，抟[19]胡众入萧关，走长安，匡正[20]天子，以安高庙。愿王勉之。楚元王子[21]、淮南三王或不沐洗[22]十余年，怨入骨髓，欲一有所出之久矣，寡人未得诸王之意，未敢听。今诸王苟能存亡继绝，振弱伐暴，以安刘氏，社稷之所愿也。敝国虽贫，寡人节衣食之用，积金钱，修兵革，聚谷食，夜以继日，三十余年矣。凡为此，愿诸王勉用之。能斩捕大将[23]者，赐金五千斤，封万户[24]；列将[25]，三千斤，封五千户；裨将[26]，二千斤，封二千户；二千石[27]，千斤，封千户；千石，五百斤，封五百户；皆为列侯[28]。其以军若[29]城邑降者，卒万人，邑万户，如得大将；人户[30]五千，如得列将；人户三千，如得裨将；人户千，如得二千石；其小吏皆以差次[31]受爵金。佗封赐皆倍军法[32]。

其有故爵邑[33]者，更益勿因[34]。愿诸王明以令士大夫，弗敢欺也。寡人金钱在天下者往往而有，非必取于吴，诸王日夜用之弗能尽。有当赐者告寡人，寡人且往遗之。敬以闻。”

【注释】

①正月甲子：据《孝景本纪》，刘濞起兵于正月乙巳，即正月二十三日。②淮南王：刘安。③衡山王：刘勃。④庐江王：刘赐。⑤长沙王子：此指长沙王吴芮的两个四世孙。因他们是庶子没被封王，被封为列侯，所以心怀不满，刘濞诱惑他们反叛。⑥劾：弹劾。讯：审讯。⑦僇辱：侮辱。故：事，能事。⑧奸宄：指犯法作乱的坏人。⑨诖乱：惑乱。诖，欺诈。⑩志失：神志失常。⑪省察：明察。省，明白。⑫具：准备，征集。⑬南越：古代越人的一支，生活在今广东、广西一带。这时的南越王是赵佗。⑭辞：拒绝。⑮直：相接。⑯淮南三王：即淮南王、衡山王、庐江王。他们都是淮南厉王刘长的儿子，厉王刘长去世，文帝把淮南国一分为三，故称这三王为淮南三王。⑰西面：西向。⑱燕王：这时的燕王是刘定国。⑲抟：统率。⑳匡正：纠正。㉑楚元王子：楚元王刘交的儿子刘礼、刘富等，实际上他们都没有参加叛乱活动，这是刘濞居心险恶的挑拨。㉒不沐洗：是指心有所专注，忘记沐浴。㉓大将：大将军。㉔封万户：封食邑万户，能享受一万户的赋税。㉕列将：一般的将军。㉖裨将：副将。㉗二千石：指俸禄二千石的官员。㉘列侯：秦汉时最高级别的爵位，原称彻侯，通

侯。㉙若：或者。㉚人：指士兵。户：指城中户数。㉛差次：级别次序。㉜倍军法：一倍于汉朝的军功法。㉝故爵邑：原有爵位封土。㉞益：增加。因：因袭，沿袭。

【原文】

七国反书闻天子，天子乃遣太尉条侯周亚夫将三十六将军，往击吴楚；遣曲周侯郦寄击赵；将军栾布击齐；大将军窦婴屯荥阳，监齐赵兵。

吴楚反书闻，兵未发，窦婴未行，言故吴相袁盎。盎时家居[①]，诏召入见。上方与晁错调兵笇[②]军食，上问袁盎曰："君尝为吴相，知吴臣田禄伯为人乎？今吴楚反，于公何如?"对曰："不足忧也，今破矣。"上曰："吴王即山铸钱，煮海水为盐，诱天下豪桀[③]，白头举事。若此，其计不百全，岂发乎?何以言其无能为也?"袁盎对曰："吴有铜盐利则有之，安得豪桀而诱之！诚令吴得豪桀，亦且辅王为义，不反矣。吴所诱皆无赖子弟，亡命铸钱奸人，故相率以反。"晁错曰："袁盎策之善。"上问曰："计安出?"盎对曰："愿屏[④]左右。"上屏人，独错在。盎曰："臣所言，人臣不得知也。"乃屏错。错趋避东厢，恨甚。上卒问盎，盎对曰："吴楚相遗书，曰'高帝王子弟各有分地，今贼臣晁错擅適过诸侯，削夺之地'。故以反为名，西共诛晁错，复故地而罢[⑤]。方今计独斩晁错，发使赦吴楚七国，复其故削地，则兵可无血刃而俱罢。"于是上嘿[⑥]然良久，曰："顾诚何如，吾不爱一人以谢[⑦]天下。"盎曰：

“臣愚计无出此，愿上孰计[8]之。”乃拜盎为太常，吴王弟子德侯为宗正。盎装[9]治行。后十余日，上使中尉召错，绐[10]载行东市。错衣朝衣[11]斩东市。则遣袁盎奉宗庙，宗正辅亲戚，使告吴如盎策。至吴，吴楚兵已攻梁壁[12]矣。宗正以亲故，先入见，谕[13]吴王使拜受诏。吴王闻袁盎来，亦知其欲说己，笑而应曰：“我已为东帝，尚何谁拜？”不肯见盎而留[14]之军中，欲劫使将。盎不肯，使人围守，且杀之，盎得夜出，步亡去，走梁军，遂归报。

【注释】

①家居：闲居。②调：筹算。筭：通“算”，计算。③桀：通“杰”。④屏：屏退，使人退避。⑤罢：罢兵，收兵，结束战争。⑥嘿：通“默”，不说话。⑦谢：辞，拒绝。⑧孰计：仔细考虑。孰，通“熟”。⑨装：装饰，隐秘，秘密。⑩绐：欺骗。⑪朝衣：朝会时穿的礼服。⑫梁：此指汉代的封国，梁王刘武是文帝的少子。壁：营垒。⑬谕：谕告，宣告。⑭留：扣留。

【原文】

条侯将乘六乘传[1]，会兵荥阳。至雒阳，见剧孟，喜曰：“七国反，吾乘传至此，不自意全[2]。又以为诸侯已得剧孟，剧孟今无动。吾据荥阳，以东无足忧者。”至淮阳，问父绛侯故客邓都尉曰：“策安出？”客曰：“吴兵锐[3]甚，难与争锋[4]。楚兵轻，不能久。方今为将军计，莫若引兵东北壁[5]昌邑，以梁委[⑥]吴，吴必尽锐攻之。将军深沟高垒，使轻兵绝淮泗口[⑦]，塞吴饷道[⑧]。彼吴梁相敝[⑨]而粮食竭，乃以全强制其罢极，破吴必矣。”条侯曰：“善。”从其策，遂坚壁[⑩]昌邑南，轻兵绝吴饷道。

【注释】

①六乘传：六匹马拉的传车。传车，古代驿站准备的用来传递公文的专车。②不自意：自己没有料到。意，料想，意料。全：安全。③锐：锐气。④争锋：争胜。⑤壁：指筑垒防守。⑥委：丢弃，委弃。⑦轻兵：轻装的军队。淮泗口：淮河泗水的交汇处。⑧塞：堵塞，阻塞。馈道：运粮的道路。⑨相敝：指因互相攻战而共同疲敝。⑩坚壁：坚守营垒。

【原文】

吴王之初发[①]也，吴臣田禄伯为大将军。田禄伯曰：“兵屯聚[②]而西，无佗奇道，难以就功[③]。臣愿得五万人，别[④]循江淮而上，收淮南、长沙，入武关，与大王会，此亦一奇也。”吴王太子谏曰：“王以反为名，此兵难以藉[⑤]人，藉人亦且反王，奈何？且擅兵[⑥]而别，多佗利害，未可知也，徒自损耳。”吴王即不许田禄伯。

【注释】

①发：发难。②屯聚：屯集，聚集。③就功：成功。④别：分别，分头。⑤藉：通“借”。⑥擅兵：拥有军队，掌

握兵权。

【原文】

吴少将①桓将军说王曰："吴多步兵，步兵利险②；汉多车骑③，车骑利平地。愿大王所过城邑不下，直弃去，疾西据雒阳武库，食敖仓粟，阻④山河之险以令诸侯，虽毋入关，天下固已定矣。即⑤大王徐行，留⑥下城邑，汉军车骑至，驰入梁楚之郊，事败矣。"吴王问诸老将，老将曰："此少年推锋之计可耳⑦，安知大虑乎！"于是王不用桓将军计。

【注释】

①少将：年轻的将军。②利险：指适宜在险要地形作战。③车骑：战车、骑兵。④阻：依恃，依仗。⑤即：假如，如果。⑥留：滞留。⑦推锋：推进争先。

【原文】

吴王专①并将其兵，未度淮，诸宾客皆得为将、校尉、候、司马，独周丘不得用。周丘者下邳人，亡命吴，酤酒②无行，吴王濞薄③之，弗任。周丘上谒④，说王曰："臣以无能，不得待罪行闲⑤。臣非敢求有所将，愿得王一汉节⑥，必有以报王。"王乃予之。周丘得节，夜驰入下邳。下邳时闻吴反，皆城守。至传舍⑦，召令。令入户，使从者以罪斩令。遂召昆弟所善豪吏告曰："吴反兵且至，至，屠下邳不过食顷⑧。今先下⑨，家室必完，能者封侯矣。"出乃相告，下邳皆下。周丘一夜得三万人，使人报吴王，遂将其兵北略城邑。比[⑩]至城阳，兵十余万，破城阳中尉军。闻吴王败走，自度[⑪]无与共成功，即引兵归下邳。未至，疽[⑫]发背死。

【注释】

①专：专断，独断专行。②酤酒：买酒，卖酒。此处指喜欢喝酒。③薄：鄙薄，鄙视。④谒：进见。⑤待罪：古代做官任职时的谦称。行闲：行列中，军队中。⑥节：古代用竹、木制成的作为凭证的信物，又称符。⑦传舍：古代供往来行人住宿的屋舍。⑧食顷：吃顿饭的工夫，形容时间短。⑨下：指投降。⑩比：及，等到。⑪度：估计：推测。⑫疽：恶疮。

【原文】

二月中，吴王兵既破，败走，于是天子制[①]诏将军曰："盖闻为善者，天报之以福；为非者，天报之以殃。高皇帝亲表[②]功德，建立诸侯，幽王[③]、悼惠王绝无后[④]，孝文皇帝哀怜加惠，王幽王子遂、悼惠王子卬等，令奉其先王宗庙。为汉藩国[⑤]，德配天地，明并日月。吴王濞倍德反义，诱受天下亡命罪人，乱天下币，称病不朝二十余年，有司[⑥]数请濞罪，孝文皇帝宽之，欲其改行为善。今乃与楚王戊、赵王遂、胶西王卬、济南王辟光、菑川王贤、胶东王雄渠约从反，为逆无道，起兵以危宗庙，贼杀大臣及汉使者，迫劫[⑦]万民，夭杀[⑧]无罪，烧残民家，掘其丘冢[⑨]，甚为暴虐。今卬等又重逆无道，烧宗庙，卤御物[⑩]，朕甚痛之。朕素服避正殿[⑪]，将军其劝士大夫[⑫]

击反虏。击反虏者，深入多杀为功，斩首[13]捕虏比三百石以上者皆杀之，无有所置[14]。敢有议诏及不如诏者，皆要斩[15]。”

【注释】

①制：皇帝文书的一种。②表：表彰。③幽王：刘友。汉高帝六子，初封淮阳王，后迁封赵王，被吕后幽禁饿死，谥为“幽王”。汉文帝续封他的长子刘遂做赵王。④悼惠王绝无后：悼惠王刘肥死，传子刘襄，又传孙刘则，按规定刘则死后国除。汉文帝却续封他的后代，见前文“诸齐”注释。⑤藩国：皇帝分封的各诸侯国。⑥有司：官吏。古代设官分职，事各有所专，故称有司。⑦迫劫：胁迫。⑧夭杀：滥杀。夭，少壮而死。⑨丘冢：坟墓。⑩卤：抄掠。御物：指皇室在各郡县的财物。⑪素服避正殿：穿白色衣服避开正殿。古代帝王遇有非常事变穿素服到偏殿处理政事，以表示戒惧不忘之意。⑫士大夫：指将军的部属。⑬斩首：与下文“皆杀之”矛盾，疑为衍文。⑭置：指释放。⑮要斩：腰斩，古代刑法之一。要，通“腰”。

【原文】

初，吴王之度淮，与楚王遂西败[1]棘壁，乘胜前，锐甚。梁孝王恐，遣六将军击吴，又败梁两将，士卒皆还走梁。梁数使使报条侯求救，条侯不许。又使使恶[2]条侯于上，上使人告条侯救梁，复守便宜[3]不行。梁使韩安国及楚死事[4]相弟张羽为将军，乃得颇[5]败吴兵。吴兵欲西，梁城守坚，不敢西，即走条侯军，会下邑。欲战，条侯壁，不肯战。吴粮绝，卒饥，数挑战，遂夜奔条侯壁，惊东南。条侯使备西北，果从西北入。吴大败，士卒多饥死，乃畔散。于是吴王乃与其麾下⑥壮士数千人夜亡去，度江走丹徒，保东越。东越兵可⑦万余人，乃使人收聚亡卒。汉使人以利啖⑧东越，东越即绐吴王，吴王出劳军，即使人鏦杀⑨吴王，盛其头，驰传以闻。吴王子子华、子驹亡走闽越。吴王之弃其军亡也，军遂溃，往往稍⑩降太尉、梁军。楚王戊军败，自杀。

【注释】

①败：指打败汉军。②恶：诋毁，诽谤。③便宜：应办的事，指对国家有利的事。④死事：为国事而死。此指张相的哥哥楚相张尚因劝阻刘戊叛乱被杀。⑤颇：稍微。⑥麾下：部下。⑦可：大约。⑧啖：吃东西。此指利诱。⑨鏦杀：用矛戟杀死。⑩稍：逐渐，陆续。

【原文】

三王①之围齐临菑也，三月不能下。汉兵至，胶西、胶东、菑川王各引兵归。胶西王乃袒跣②，席稿③，饮水，谢太后④。王太子德曰："汉兵远⑤，臣观之已罢，可袭，愿收大王余兵击之，击之不胜，乃逃入海，未晚也。"王曰："吾士卒皆已坏⑥，不可发用。"弗听。汉将弓高侯颓当⑦遗王书曰："奉诏诛不义，降者赦其罪，复故⑧；不降者灭之。王何处⑨，须以从事⑩。"王肉袒叩头汉军壁，谒曰："臣卬奉法不谨，惊骇百姓，乃苦将军远道至于穷国，敢请菹醢[11]之罪。”弓高侯执金鼓[12]见之，曰：“王苦军事，愿闻王发兵状。”王顿首膝行[13]对曰：“今者，鼂错天子用事臣，变更高皇帝法令，侵夺诸侯地。卬等以为不义，恐其败乱天下，七国发兵，且以诛错，今闻错已诛，卬等谨以罢兵归。”将军曰：“王苟以错不善，何以不闻？乃未有诏虎符[14]，擅发兵击义国。以此观之，意非欲诛错也。”乃出诏书为王读之。读之讫，曰：“王其自图。”王曰：“如卬等死有余罪。”遂自杀。太后、太子皆死。胶东、菑川、济南王皆死，国除，纳于汉。郦将军围赵十月而下之，赵王自杀。济北王以劫故，得不诛，徙王菑川。

【注释】

①三王：前文说是胶西王、胶东王、菑川王、济南王围临菑。②袒：裸露上体。跣：光着脚。③席稿：坐在禾秆编的草席上。稿，禾秆编的席子。袒跣、席稿和饮冷水，是古代的请罪方式。④太后：王太后，胶西王的母亲。⑤远：指远道而来。⑥坏：溃散。⑦颓当：即韩颓当。⑧复故：恢复原有的爵位、封土。⑨处：处置。⑩从事：采取相应的行动。⑪菹醢(hǎi)：古代的酷刑，把人剁成肉酱。⑫金鼓：古代军中发布命令的乐器。手执金鼓是陈列仪仗以壮声威。⑬膝行：跪着前行，表示畏服。⑭虎符：古代皇帝授予朝廷官员兵权或调动军队的虎形信物。

【原文】

初，吴王首反，并将楚兵，连齐赵。正月起兵，三月皆破，独赵后下。复置[①]元王少子平陆侯礼为楚王，续[②]元王后。徙汝南王非王吴故地，为江都王。

【注释】

①置：设立，封立。②续：延续。

【原文】

太史公曰："吴王之王，由父省[①]也。能薄[②]赋敛，使其众，以擅[③]山海利。逆乱之萌，自其子兴。争技[④]发难，卒亡其本；亲越谋宗[⑤]，竟以夷陨[⑥]。晁错为国远虑，祸反近身。袁盎权说[⑦]，初宠后辱。故古者诸侯地不过百里，山海不以封。"毋亲夷狄，以疏其属[⑧]"，盖谓吴邪？"毋为权首，反受其咎[⑨]"，岂盎、错邪？

【注释】

①省：减，贬低爵位。高祖刘邦贬封吴王的父亲为郃阳侯后，才封刘濞为吴王的。②薄：减轻、减少。③擅：专有，独有。④争技：指吴太子与皇太子因下棋发生争执。⑤越：越人。宗：同宗，同姓。⑥夷陨：消亡，毁灭。⑦权说：随机应变善于辩说。⑧"毋亲"二句，语出《逸周书》。夷，指古代东方的部族。狄，指古代北方的民族。夷狄，古代对各部族轻蔑的称呼。⑨"无为"二句，语出《逸周书》。权首，指主谋

或肇事者。咎，灾祸。

【译文】

吴王刘濞是汉高祖哥哥刘仲的儿子。高祖平定天下七年后，封刘仲为代王。后来，匈奴围攻代，刘仲不能坚守，丢弃封国逃跑，抄小路跑到洛阳，向天子自首。天子因为是骨肉兄弟的缘故，不忍依法制裁，只是废黜王号贬他做郃阳侯。高祖十一年（前 196）秋，淮南王英布反叛，向东兼并了荆地，挟持那个地方侯国的军队，西渡淮水，攻击楚国，高祖亲自率军诛讨他。刘仲的儿子刘濞这年二十岁，强壮有力，以骑将的身份跟随高祖打败英布的军队在蕲县西边的会甀，而英布逃走。荆王刘贾被英布杀死，没有后嗣。皇帝担心吴地、会稽地的人浮躁强悍，没有勇壮的王来震慑他们，自己的儿子们年龄小，就封立刘濞在沛地做吴王，统辖三郡五十三个县。已经拜官受印，高祖让刘濞前来，要为刘濞相面，看后说："你的容貌有反叛之相。"同时，内心后悔起来，但已经任命完了，就轻拍他的后背，告诫他说："汉兴立以后五十年间，东南方向将有叛乱发生，难道是你吗？然而，天下同姓是一家人，你千万不要造反！"刘濞叩着头说："不敢。"

到孝惠帝、高后时，天下刚刚安定，一些郡国的诸侯各自努力安抚自己的百姓。吴国拥有豫章郡的铜矿山，刘濞就招募天下亡命之徒私下铸钱，煮海水制盐。因国家不征赋税，而国家费用富足。

孝文帝时，吴王太子入京朝见，得以陪伴皇太子饮酒下棋。吴太子的老师都是楚地人，浮躁强悍，又平素骄纵，与皇太子下棋时，为下棋发生争执，态度不恭敬，皇太子拿起棋盘掷击吴太子，打死了他，事后把他的遗体送回吴国埋葬。到了吴国，吴王怨怒地说：“天下同姓一家，死在长安就应该葬在长安，何必送来吴国下葬呢！”又送遗体到长安下葬。吴王自此逐渐违忤藩臣所应遵守的礼节，称病不肯入朝。京城的人知道他因儿子死的缘故才称病不肯入朝的，经查问确实没有病。此后，吴王的使臣一来，就被朝廷拘禁诘问而治罪。吴王害怕了，更积极地策划谋反行动。后来，吴王派人进京行秋请的礼节，皇帝又诘问这个使者，使者对皇帝说：“吴王确实没有病，朝廷拘禁惩治好几个使者，因此就称病不来。而且有这样的话：‘看得清深水中的鱼是不吉祥的。’现今吴王开始假称生病，等到被朝廷察觉，遭严厉地诘问，就越想隐瞒自己的行为，害怕皇帝杀他，称病的计谋出于无可奈何。希望皇帝捐弃前嫌，给吴王重新开始的机会。”于是，天子就赦免吴国的使者让他们回去，并赐给吴王几、杖，认为他老了，可以不入京朝见。吴王得以解除他的罪过，谋反的事情也就放松了。然而，他所在的封国因为有铜盐的收益，百姓没有赋税。士兵服役发给代役金，而且给价公平。每年在一定时候去慰问有才能的人，给平民赏赐。其他郡国法吏要追捕的逃犯，吴王就收容他们而不交出。这样做了四十多年，吴王就能支使利用他的百姓了。

晁错做太子家令，得到太子的宠幸，多次怂恿太子说吴王有罪应削减他的封地。也多次上书劝说文帝，文帝宽厚，不忍处罚他。因此，吴王更加骄横。等到景帝即位，晁错做御史大夫，又劝皇帝说："从前高祖刚刚平定天下时，兄弟少，儿子弱小，就大大赐封同姓的人。所以，他的庶子悼惠王封为齐王统辖七十多个县，异母弟刘交做楚元王统辖四十多个县，哥哥的儿子刘濞做吴王统辖五十多个县：分封这三个人，就分去天下的一半。现今吴王因以前有儿子被打死的嫌隙，假称生病不肯入京朝见，依照古法应杀。文帝不忍心，就赏他几、杖。对他的恩德非常优厚，本当改过自新，他却更加骄横过度，靠近铜矿铸造钱币，煮海水制盐，引诱天下亡命之徒，谋划叛乱。现在，削减他也是造反，不削减他也是造反。削减他，反得快，灾祸小；不削减他，反得晚，灾祸大。"景帝三年（前154）冬天，楚王来朝见。晁错借这个机会说，楚王刘戊去年为薄太后服丧时，在服丧住的房子里偷偷淫乱，请求诛杀他。景帝下诏赦免了他的死罪，只是削减东海郡作为惩罚。随之削减了吴的豫章郡、会稽郡。还有两年前赵王有罪，削减了他的河间郡。胶西王刘卬因为售卖爵位时舞弊，削减了他的六个县。

汉朝的大臣正在讨论削减吴王的土地。吴王刘濞担心削地没有止境，想借机把个人图谋公开，要起兵发难。又想到诸侯中没有能共同谋划的人，知道胶西王勇壮，好逞势斗胜，齐地的几个诸侯王都畏惧他，于是派中大夫应高去诱惑胶西王。不带书信，只是口头通报说："吴王不才，有着很快降临的忧虑，不敢把自己当作外人，使您明白他的好意。"胶西王说："有何指教?"应高说："现在，皇帝任用奸臣，被奸邪之臣蒙蔽，喜欢眼前的利益，听信谗言，擅自改变法令，侵夺诸侯的封地，对封国征求越来越多，诛杀惩罚善良的人，这些情形日益严重。俗话说：'吃完米糠就会吃到米。'吴王和胶西王是有名的诸侯，一旦被注意盯上，恐怕不能安宁自由了。吴王身患内疾，不能朝见皇帝二十多年了，曾经担心被猜疑，又没有办法解释，现在缩敛肩膀小步走路，犹且害怕不被谅解。我听说大王因为卖爵的事而被罚罪，我听说诸侯被削减封地，所犯罪过不该这样处罚，这种惩罚恐怕不只削地就能罢休的。"胶西王说："是的，有这样的事。你说怎么办呢?"应高说："憎恶相同的互相帮助，爱好相同的互相流连，情感相同的互相成全，愿望相同的共同追求，利益相同的死在一起。现在，吴王自认为和大王有相同的忧虑，愿借着时机顺应事理，牺牲个人身躯为天下除害，想一想可以吗?"胶西王吃惊地说："我哪里敢这样做呢?现在皇帝虽然威逼急迫，我本来就有死罪啊，怎能不拥戴他呢?"应高说："御史大夫晁错迷惑天子，侵夺诸侯，蔽塞忠贞贤良的人，朝廷之臣都有憎恨怨愤之心，诸侯都有背叛之意，人臣之事他已做到极点了。现在彗星出现，蝗灾不断发生，这是万世难逢的唯一机会，而且忧愁劳苦的时候就是圣人之所以产生的时代。所以，吴王想对内以讨伐晁错为借口，在外追随大王车后，驰骋天下，使面对着的地方投降，使手指着的地方攻克，天下没有敢不顺从的。大王您假使能够答应我一句话，那么吴王就率领楚王攻下函谷关，守住荥阳敖仓的粮食，抗拒汉兵。修筑军队驻扎的房舍，等待大王的到来。大王真的能够幸临，那么天下就可以并吞，两个君主分治天下，不也是可以的吗？”胶西王说：“好。”应高回去报告吴王，吴王犹且担心胶西王不参与起兵发难，就亲自做使者，到胶西出使，当面和胶西王订立盟约。

胶西群臣中有的人知道了胶西王的反叛之谋，规劝说：“侍奉一个皇帝，是最快乐的事。现在大王和吴王向西进兵，假使事情成功了，两主定会有分歧争端，灾难就从这开始缠身。诸侯的土地不足朝廷各郡的十分之二，而背叛朝廷也会使太后担忧，这不是长远之计啊。”胶西王不听。于是，派使者联合齐王、菑川王、胶东王、济南王、济北王，都答允了，而且说：“当年城阳景王讲道义，讨伐吕氏家族有功，不要让他参与起兵，事成之后和他分享战果就行了。”

诸侯近来受到削减土地的惩罚，都震惊恐惧，大多怨恨晁错。等到削减吴国会稽郡、豫章郡的文书发到吴国，吴王首先起兵作乱，胶西王在正月丙午这天杀死了朝廷派驻的二千石以下的官员，胶东王、菑川王、济南王、楚王、赵王也都如此，于是向西进兵。齐王后来后悔，服毒自杀，违背盟约。济北王的城墙损坏没有竣工，他的郎中令劫持控制着他，使他不能发兵。胶西王为首领，和胶东王、菑川王、济南王一起率兵围攻临菑。赵王刘遂也反叛了，暗中派使者到匈奴商议联合作战的事。

七国发难的时候，吴王全部征召他的士兵，下令全国说：“我年纪六十二岁，亲自统率军队。小儿子年龄十四岁，也身先士卒。所以，凡是年长和我相同的，年轻和我的小儿子相同的人，都要出征。”征发了二十多万人。派人到南边的闽越、东越去，东越也发兵跟随吴王。

景帝三年（前154）正月甲子，先从广陵起兵出发。向西渡过淮河，于是和楚军会合。派使者送给诸侯的信上说：“吴王刘濞恭敬地问候胶西王、胶东王、菑川王、济南王、赵王、楚王、淮南王、衡山王、庐江王、已故的长沙王的儿子：希望得到你们的指教！因为汉朝有奸臣，无功天下，却侵夺诸侯的土地，派法吏弹劾囚系审讯惩治诸侯，专以侮辱诸侯为能事，不用诸侯王的礼仪对待刘氏骨肉同胞，抛开先帝的功臣，进用坏人，惑乱天下，想要危害国家。皇帝体弱多病神志失常，不能明察政情。我想要起兵诛讨他们，我恭敬听从各位指教。我国虽然狭小，土地也是方圆三千里；人口虽然少，精锐的士兵也能准备五十万人。本人一向侍奉南越三十多年，他们的君主都不拒绝征召分派士兵跟随我进兵，又可以得到三十多万人。本人虽不才，愿亲自追随各位王侯。越正和长沙接壤，他们可追随长沙王的儿子平定长沙以北，然后迅速向西进攻蜀汉。派人告诉东越王、楚王、淮南王三个侯王，和我一起向西进攻；齐地诸王和赵王平定河间、河内后，有的进入临津关，有的和我在洛阳会合；燕王、赵王本来与匈奴王有盟约，燕王在北方平定代郡、云中郡，然后统领匈奴军队进入萧关，直取长安，纠正天子的错误，来安定高祖庙。希望诸王勉力去做。楚元王的儿子、淮南的淮南王、衡山王、庐江王各自心有所专注已经十多年了，怨恨深入骨髓，想要有所行动已很久了，只是我不得知诸王的心意，不敢听命。现在，诸位王侯如能保存延续将要灭绝的国家，扶弱锄强，来安定刘氏，这是宗庙社稷所希望的。我国虽然贫穷，我节省衣食的费用，积蓄金钱，修治兵器甲胄，积聚粮食，夜以继日地努力，有三十多年了。都是为的今天，希望诸王努力利用这些条件。能逮捕杀死大将军的，赏赐黄金五千斤，封邑万户；逮捕杀死将军的，赏赐黄金三千斤，封邑五千户；逮捕杀死副将的，赏赐黄金二千斤，封邑二千户；逮捕杀死俸禄二千石的官员，赏赐黄金一千斤，食邑一千户；逮捕俸禄一千石的官员，赏赐黄金五百斤，封邑五百户；以上有功的人都可被封为列侯。那些带着军队或者城邑来投降的，士兵有万人，城中户口万户，封赏如同捕杀大将军；士兵城中户数五千的，封赏如同捕杀将军；士兵城中户数三千的，封赏如同捕杀副将；士兵城中户数一千的，封赏如同捕杀二千石的官员；那些投降的小官吏也依职位差别受到封爵赏金。其他的封赏都一倍于汉朝规定。那些原有封爵城邑的人，只会增加不会保持原状。希望诸王明确地向士大夫们宣布，我不敢欺骗他们。我的金钱天下到处都有，不一定到吴国来取，诸王日夜使用也不能用光。有应赏赐的人告诉我，我将前往送给他。恭敬地奉告诸王。”

七国反叛的书信报知天子后，天子派太尉条侯周亚夫率领三十六个将军，去攻打吴、楚；派曲周侯郦寄攻打赵；将军栾布攻打齐；大将军窦婴驻扎荥阳，监视齐、赵的军队。

吴楚等反叛的书信被人们闻知时，汉朝的军队还未出动，窦婴也未出发，向皇帝称赞过去吴王的丞相袁盎。袁盎当时正闲居在家，皇帝下诏召他进见。皇帝正和晁错一起筹算军队和军粮的事情，皇帝问袁盎说："你曾做过吴王的丞相，知道吴国臣子田禄伯的为人吗？现在吴楚反叛，你的看法如何？"袁盎回答说："不值得忧虑，马上就能打败他们。"皇帝说："吴王靠近铜矿铸造钱币，煮海水制盐，引诱天下豪杰，在头发白了的时候举兵作乱，如果没有周全的计谋，哪里会发动反叛呢？为什么说他不能有所作为呢？"袁盎回答说："吴国有铜矿煮盐之利那是确实的，哪里能得到豪杰并且诱惑他们呢！假如吴王真能得到豪杰，也应该辅佐吴王做合乎道理的事，就不会反叛了。吴王所诱惑的都是无赖子弟、逃亡铸钱的奸邪之徒，所以才互相勾引而反叛。"晁错说："袁盎分析得对。"皇帝问："怎样才能拿出好的对策呢？"袁盎说："希望屏退左右的人。”皇帝让身边的人退下去，只有晁错还在。袁盎说：“我所说的，为人臣的也不能知道。”于是，又屏退晁错。晁错急忙到东厢回避，对此十分恼恨。皇帝最后又问袁盎，袁盎回答说：“吴、楚相互往来的书信说：‘高祖封立刘氏子弟为王并有各自的分封土地，现在贼臣晁错擅自贬谪责罚诸侯，削夺诸侯的土地。’他们用造反的名义，共同向西进攻联合诛讨晁错，恢复了原来封地就会罢兵。现在的计策只有斩杀晁错，派使者赦免吴、楚七国的罪过，恢复原来被削减的封地，那么就能够不必血染兵器而战事全部结束。”于是，皇帝静默了很长一段时间，说：“只是真实的情况怎样呢，我不会因为爱一个人而拒绝天下的。”袁盎说：“我愚蠢的计策没有能超出这个的了，希望皇帝认真地考虑考虑。”于是，任命袁盎做了太常，吴王弟弟的儿子德侯做了宗正。袁盎秘密准备行装。十多天后，皇帝派中尉召晁错，骗晁错乘车巡行东市，晁错穿着上朝的衣服在东市被杀。然后就派袁盎以侍奉宗庙的太常身份，德侯以辅助亲戚的宗正身份，按照袁盎的计策出使告知吴王。到了吴国，吴楚的军队已进攻梁国营垒了。宗正因有亲戚的关系，先进见吴王，谕告吴王跪拜接受诏令。吴王听说袁盎来了，也知道他要说服自己，笑着回答说：“我已经成为东帝，还跪拜谁呢？”不肯见袁盎而把他扣留在军中，想胁迫袁盎做将军。袁盎不肯，就派人包围守卫着他，将要杀他，袁盎得以趁夜色逃出，徒步离开，跑到梁王的军营，而后归朝报告。

条侯乘坐六匹马拉的传车，会师荥阳。到洛阳，看见剧孟，高兴地说：“七国反叛，吾乘传车到达这里，自己没有想到会安全抵达。还以为反叛的诸侯们已经得到了剧孟，剧孟现在没有起兵的举动。我又占据荥阳，荥阳以东没有值得忧虑的了。”到达淮阳，询问父亲绛侯从前的门客邓都尉说：“怎样才能拿出好的计策呢？”门客说：“吴兵锐气正盛，和他们交战很难取胜。楚兵浮躁，锐气不能保持长久。现在为将军提出一个计策，不如率军在东北的昌邑筑垒坚守，把梁国放弃给吴军，吴军一定会用全部精锐军队攻打梁。将军深挖沟高筑垒坚守，派轻装的军队断绝淮河泗水交汇处，阻塞吴军的粮道。吴梁之间因相持疲敝而且粮草耗尽，然后用保持强盛锐气的军队制服那些疲敝已极的军队，打败吴国是必然的。”条侯说：“好。”按照他的计策，坚守昌邑南边，接着派轻装的军队断绝吴军粮道。

吴王刚发兵的时候，吴臣田禄伯做大将军。田禄伯说：“军队集结在一起西进，没有其他道路出奇兵，难于成功。我愿率领五万人，另外沿着长江、淮水而上，收聚淮南、长沙的军队，攻入武关，和大王会师，这也是一招奇计啊。”吴王太子规劝说：“父王是以造反为旗号的，这样的军队是难以委托他人的，委托他人如果他也造反，该怎么办呢？而且拥有军队单独行动，许多其他的利害不可能预先知道，徒然损害自己罢了。”吴王也就没有应允田禄伯的建议。

吴国一位年轻的桓将军对吴王说："吴国大多是步兵，步兵适宜在险要地形作战；汉军多战车骑兵，战车骑兵适宜在平地作战。希望大王对途经的城邑不必攻下，径直放弃离开，迅速西进占领洛阳兵器库，吃敖仓粮食，依靠山河的险要来命令诸侯，即使不能入关，天下大局实际已经决定了。假如大王行进迟缓，滞留攻城，汉军的战车骑兵一到，冲入梁国楚国的郊野，事情也就失败了。"吴王征询年老将军们的意见，他们说："这作为青年人推进争先的计策还可以，他哪里能知道深远的计谋呢？"于是，吴王没有采纳桓将军的计策。

吴王专断地集中兵力亲自率领，还没渡过淮河，众多的宾客都被授予将军、校尉、候、司马等职务，只有周丘没被任用。周丘是下邳人，逃亡到吴国，喜欢喝酒行为不好，吴王刘濞鄙薄他，所以才没任用。周丘拜见吴王，对吴王说："我因无能，不能在军队中任职。我不敢要求率领军队，希望得到大王一个汉朝的符节，一定能够报答大王。"吴王就给了他符节。周丘得到符节，连夜驱驰进入下邳。下邳当时听说吴王反叛，都去守城。周丘到了客舍，召来下邳县令。等县令走进门来，就让随从人员借用罪名斩杀了他。就又召集他弟兄们交好的富豪官吏告诉说："吴王造反的军队将到，到后，杀下邳城里的人不过是吃顿饭的时间。现在先投降，家室一定能保全，有才能的人还可以封侯。"这些人出去后互相转告，下邳人全投降了。周丘一夜工夫得到三万人，派人报告吴王，就率领他的军队向北攻占城邑。等到城阳，军队已发展到十多万人，攻破城阳中尉的军队。后来，听说吴王战败逃走，自己估计无法和吴王共同成就事业，就率领军队返回下邳。还没到达，就后背毒疮发作而死。

二月中旬，吴王军队已被击垮，战败而逃。于是，皇帝颁布命令给将军们："听说行善的人，上天会用福事报答他；作恶的人，上天会用灾祸报偿他。高祖皇帝亲自表扬功德，封立诸侯，幽王、悼惠王的封爵断绝了，孝文皇帝哀怜他们格外给予恩惠，封立幽王的儿子遂、悼惠王的儿子卬为王，让他们奉祀他们先王的宗庙，成为汉朝的藩国，恩德与天地相匹配，光明与日月同光。吴王刘濞违背恩德违反道义，引诱天下逃亡的罪人，扰乱天下的钱币，称病不入京朝见二十多年，主管大臣多次呈请惩治刘濞的罪行，孝文皇帝宽恕他，希望他能改过从善。现在竟然与楚王刘戊、赵王刘遂、胶西王刘卬、济南王刘辟光、菑川王刘贤、胶东王刘雄渠盟约反叛，做出叛逆无道的事，发兵危害宗庙，残杀大臣和汉朝的使者，胁迫千万百姓，乱杀无辜，烧毁民舍，挖掘坟墓，极为暴虐。现在胶西王刘卬等更加大逆不道，烧毁宗庙，掠夺宗庙中皇室的器物，我甚为痛恨他们。我穿着白色衣服避开正殿，将军们要勉励士大夫们攻击叛敌。攻击叛敌时，深入敌军多杀敌人才是有功，捕捉到的官员要在俸禄是比三百石以上者都杀死，不要释放。胆敢有议论诏书和不按诏书去做的，都处腰斩之刑。"

当初，吴王渡过淮河，与楚王向西进军，在棘壁打败汉军，乘胜向前，锐气极盛。梁孝王害怕了，派六个将军攻打吴王。梁王的两个将军又被打败，士卒都逃回梁。梁王多次派使者向条侯报告情况并求援，条侯不答允。于是派使者在皇帝面前说条侯坏话，皇帝派人让条侯救援梁国，条侯还是坚持对自己有利的计策不肯出兵。梁王派韩安国和为国事而被杀的楚国丞相的弟弟张羽做将军，才能够稍微打败吴国的军队。吴国的军队想要西进，梁国据城坚守，吴军不敢到西边去，就跑到条侯驻军的地方，在下邑与条侯的军队相遇。吴军想与条侯作战，条侯坚守营垒，不肯交战。吴粮断绝，士兵饥饿，多次向条侯挑战没有结果，就夜里奔袭条侯的营垒，惊扰东南方向。条侯派人防备西北方向，敌人果然从西北方向侵入。吴军大败，士兵大多饿死，有的叛逃溃散。于是，吴王和他的部下壮士几千人连夜逃走，渡过长江逃到丹徒，得到东越的保护。东越有军队一万多人，又派人收拢集中吴国的逃兵。汉朝派人用厚利诱惑东越，东越即刻骗吴王，让吴王出去慰劳军队，就派人用矛戟刺杀吴王，装起他的头，派一部快车迅速报知汉朝皇帝。吴王的儿子子华、子驹逃跑到了闽越。吴王丢下他的军队逃跑时，他的军队就溃散了，大多陆续投降了太尉、梁王的军队。楚王刘戊兵败，自杀而亡。

齐的胶西王、胶东王、菑川王围攻齐国的临菑，三个月不能攻下。汉朝军队到来，胶西王、胶东王、菑川王各自率领军队回去。胶西王于是赤膊光脚，坐在草席上，喝着冷水，向他的母亲王太后谢罪。王太子刘德说：“汉军远道而来，我看他们已经很疲敝了，可以袭击他们，希望收拢大王的剩余军队进攻汉军，进攻不能取胜，就逃入大海，也不算晚啊。”胶西王说：“我的士兵已经溃散，再不能发动使用他们了。”没有听从太子的话。当朝的将军弓高侯颓当送给胶西王的信写道：“奉诏书前来诛讨不义的人，投降的赦免罪过，恢复原来的爵位封土；不投降的诛灭他们。大王何去何从，我等待答复以采取相应行动。”胶西王到汉军营垒前赤膊叩头请求说：“我刘卬违犯王法，惊骇百姓，才使将军辛苦地远道而来到这个穷国，请求惩处我碎尸万段的罪。”弓高侯手持金鼓来见他，说：“大王为战事所苦，我希望知道大王发兵的经过。”胶西王叩头膝行回答说：“现在，晁错是皇帝当政的大臣，他改变高祖皇帝的法令，侵夺诸侯的土地。我们认为这是不道义的，担心他会败乱天下，所以七国发兵，将要诛杀晁错。现在，听说晁错已被诛杀，我们就收兵而归。”将军说：“大王如果认为晁错不好，为什么不报告天子？没有得到皇帝的诏书虎符，擅自发兵攻打遵守王法的正义侯国。由此看来，你们的本意并非要杀晁错啊。”就拿出诏书给他宣读。读完后，说：“大王自己考虑应怎么办吧！”胶西王说：“像我这样的人死有余辜。”就自杀了。太后、太子也都跟着死去。胶东王、菑川王、济南王也先后死去，封国被废除，收归汉朝。郦将军围攻赵都城十个月才攻克，赵王自杀。济北王因被劫持的缘故，才得以未被诛杀，被徙封为菑川王。

当初，吴王刘濞带头反叛，把楚军和吴军合在一起率领，联合齐、赵的军队。正月起兵作乱，三月全线溃散，只有赵国最后被攻克。景帝又封立楚元王的小儿子平陆侯刘礼为楚王，作为楚元王的继承人。徙封汝南王刘非统辖吴国原有封地，做江都王。

太史公说："吴王刘濞之被封吴王，是其父亲被贬谪的缘故。吴王能够免除赋税，支使民众，是因他拥有铜矿海盐的便利。叛逆作乱的念头是因儿子的被打死萌生的。因下棋争执而发难，最后国灭身亡；亲近外族的越人而谋害同宗，最后自己死亡。晁错为国家深谋远虑，灾祸反而降临自己的身上。袁盎善于权变游说，最初受到宠信，最后遭受屈辱。所以，古时候诸侯土地不超过百里，山海也不分封给诸侯。'不亲近夷狄，以致疏远宗亲'，大概是对吴王说的吧？'不要做出谋划策的人，否则会受到惩罚'，岂不是说的袁盎、晁错吗？"

第八十九卷　魏其武安侯列传第四十七

本传是窦婴、田蚡和灌夫三人的合传。窦婴和田蚡都是汉初权重一时的外戚，灌夫因军功封为将军，他们之间的倾轧斗争是统治阶级内部矛盾的典型事例。这篇文章通过对他们三人生平和相互斗争的描述，展现了汉初宫廷中的一系列矛盾和当时那种人情冷暖、世态炎凉的畸形关系，暴露了统治阶级奸诈残暴的丑恶本质。司马迁曾亲身经历和体验过官场的残酷，所以写得入木三分。他能把旧戚和新贵之间的矛盾斗争写得如此惊心动魄，淋漓尽致，也充分表现了他对现实政治的强烈批判精神。

本文在写作方面也表现了较高的技巧。虽是三个人的合传，头绪纷繁，但在分别交代每个人出身经历的同时，又能将他们交错起来叙写，有分有合。既井然有序，又结构紧密完整，浑然一体。这就充分表现了作者高度的艺术概括力和文字材料的组织剪裁能力。

【原文】

魏其侯窦婴者，孝文后从兄①子也。父世②观津人。喜宾客。孝文③时，婴为吴④相，病免。孝景⑤初即位，为詹事。

梁孝王[⑥]者，孝景弟也，其母窦太后爱之。梁孝王朝，因昆弟燕[⑦]饮。是时上[⑧]未立太子，酒酣[⑨]，从容言曰："千秋之后[⑩]传梁王。"太后欢。窦婴引卮[⑪]酒进上，曰："天下者，高祖天下，父子相传，此汉之约[⑫]也，上何以得擅传梁王！"太后由此憎窦婴。窦婴亦薄其官[⑬]，因病免[⑭]。太后除窦婴门籍[⑮]，不得入朝请[⑯]。

【注释】

①孝文后：即窦太后，汉文帝刘恒之妻，景帝之母。从兄：堂兄。②父世：父辈以上世世代代。③孝文：汉文帝刘恒。④吴：指汉初所封之吴国。⑤孝景：汉景帝刘启。⑥梁孝王：文帝次子刘武，封为梁王，死谥孝。⑦昆弟：兄弟。昆，兄。燕：通"宴"。⑧上：指汉景帝。⑨酒酣：喝酒喝到很痛快的时候。⑩千秋之后：即死后。⑪引：举。卮：盛酒的器皿。⑫约：法定的约束。⑬薄其官：轻视他的官位。⑭因病免：借病辞官。⑮除：取消。门籍：进出宫门的凭证。用二尺竹牒制成，上记年龄、名字、形貌等，悬在宫门上，核对相符，才能入宫。⑯朝请：诸侯朝见天子，春天叫朝，秋天称请。这里指每逢节日入宫进见。

【原文】

孝景三年[①]，吴楚反[②]，上察宗室诸窦毋[③]如窦婴贤，乃召婴。婴入见，固辞谢病[④]不足任。太后亦惭。于是上曰："天下方[⑤]有急，王孙宁可以让邪[⑥]？"乃拜婴为大将军，赐金千斤。婴乃言袁盎、栾布诸名将贤士在家者进之[⑦]。所赐金，陈之廊庑[8]下，军吏过，辄令财[9]取为用，金无入家者。窦婴守荥阳，监齐赵兵[10]，七国兵已尽破，封婴为魏其侯。诸游士宾客争归魏其侯。孝景时每朝议[11]大事，条侯[12]、魏其侯，诸列侯莫敢与亢礼[13]。

【注释】

①孝景三年：公元前154年。②吴楚反：指吴楚七国叛乱。七国：吴王刘濞、楚王刘戊、胶西王刘卬、胶东王刘雄渠、菑川王刘贤、济南王刘辟光、赵王刘遂。这次叛乱以吴王刘濞为主谋，楚为大国，所以称“吴楚反”。详见《吴王濞列传》。③察：考察。诸窦：指窦太后族人。毋：通“无”。④固辞：坚决推辞。谢病：推托有病。不足任：指不能担当大任。⑤方：正。⑥王孙：窦婴的字。邪：通“耶”，疑问语气词。⑦在家：指免官家居。进之：把他们推荐给景帝使用。⑧廊庑：古代堂下周围的屋子，相当于走廊。⑨财：通“裁”，酌量。⑩监赵齐兵：监督赵、齐两路兵马。⑪朝议：在朝廷上讨论。⑫条侯：即周亚夫。⑬列侯：爵位名。亢礼：平起平坐，以平等礼相待。亢，通“抗”。

【原文】

孝景四年[1]，立栗太子[2]，使魏其侯为太子傅[3]。孝景七年[4]，栗太子废，魏其数争不能得[5]。魏其谢病，屏居[6]蓝田南山之下数月，诸宾客辩士说[7]之，莫能来[8]，梁人高遂乃说魏其曰：“能富贵将军者，上也；能亲将军者，太后也。今将军傅太子，太子废而不能争；争不能得，又弗能死。自引谢病，拥赵女[9]，屏间处[10]而不朝。相提而论[11]，是自明扬主上之过[12]。有如两宫螫[13]将军，则妻子毋类[14]矣。”魏其侯然之，乃遂起，朝请如故。

桃侯[15]免相，窦太后数言魏其侯。孝景帝曰：“太后岂以为臣有爱[16]，不相魏其？魏其者，沾沾自喜[17]耳，多易[18]。难以为相，持重[19]。”遂不用，用建陵侯卫绾为丞相。

【注释】

①孝景四年：公元前153年。②栗太子：景帝长子，名刘荣，以栗姬所生，故称。③太子傅：负责辅佐教导太子的官。④孝景七年：公元前150年。⑤数争：指多次为栗太子争辩。不能得：指无效果。⑥屏居：隐居。⑦说：劝说。⑧莫能来：不能说服他回到京城来。⑨赵女：指美女。古时赵地多美女。⑩屏间处：退隐闲居。间，通“闲”。⑪相提而论：互相对比来说。⑫明扬主上之过：明显地张扬景帝的过失。⑬有如：假如。两宫：东宫（长乐宫）和西宫（未央宫）。这里指太后（住在东宫）和汉景帝（住在西宫）。螫：与“蜇”同义，本指蜂、蝎子等刺人，这里是恼怒、加害的意思。⑭毋类：指全家被杀。⑮桃侯：指景帝丞相刘舍。⑯臣：景帝对窦太后的自称。爱：吝啬。⑰沾沾自喜：指骄傲自满，自我欣赏。沾沾，自得的样子。⑱易：指草率轻浮。⑲持重：担当重任。

【原文】

武安侯田蚡者，孝景后同母弟[1]也，生长陵。魏其已为大将军后，方盛[2]，蚡为诸郎[3]，未贵，往来侍酒魏其，跪起如子姓[4]。及孝景晚节[5]，蚡益贵幸[6]，为太中大夫。蚡辩有口[7]，学《槃盂》[8]诸书，王太后贤之。孝景崩，即日太子立[9]，称制[10]，所镇抚多有田蚡宾客计策。蚡弟田胜，皆以太后弟，孝景后三年[11]，封蚡为武安侯，胜为周阳侯。

【注释】

①孝景后同母弟：汉景帝皇后名叫王娡，母臧儿，父王仲。王仲死后，臧儿改嫁田氏，生蚡、胜。王娡原为景帝妃，后因子刘彻被立为太子，才封为皇后。②方盛：正当权大势重的时候。③诸郎：汉代守卫宫廷，随侍皇帝的官员。④子姓：子孙或众子孙。也指儿子。⑤晚节：晚年。⑥益：更加。贵幸：指地位尊贵，受到宠幸。⑦辩有口：指善于辩论，有口才。⑧《槃盂》：传说为黄帝史官孔甲所作的铭文，共二十六篇，刻在槃盂等器物上。这里是说明田蚡能学习古文字。槃，通“盘”。⑨即日太子立：景帝死日，太子刘彻即继立为皇帝，是为武帝，时年武帝十六岁。⑩称制：代天子执政。由于武帝尚未成年，所以王太后代武帝临朝听政。⑪孝景后三年：公元前141年。景帝纪年分为前、中、后三段。这年正月景帝死，武帝继位。

【原文】

武安侯新欲用事为相[1]，卑下宾客[2]，进名士家居者贵之[3]，欲以倾[4]魏其诸将相。建元元年[5]，丞相绾病免，上议置[6]丞相、太尉。籍福说武安侯曰：“魏其贵久矣，天下士素归[7]之。今将军初兴[8]，未如魏其，即[9]上以将军为丞相，必让魏其。魏其为丞相，将军必为太尉。太尉、丞相尊等[10]耳，又有让贤名。”武安侯乃微言太后风[11]上，于是乃以魏其侯为丞相，武安侯为太尉。籍福贺魏其侯，因吊[12]曰：“君侯资性喜善疾恶[13]，方今[14]善人誉君侯，故至丞相；然君侯且疾恶，恶人众，亦且毁君侯。君侯能兼容[15]，则幸久；不能，今以毁去[16]矣。”魏其不听。

【注释】

①新欲用事为相：即“新用事欲为相”的倒文。意思是说田蚡刚刚掌权想当丞相。②卑下宾客：对宾客态度谦卑，不惜降低自己的身份。③这句的意思是说，推荐退居在家的名士，让他们显贵起来。④倾：压倒，超过。⑤建元：武帝的第一个年号（前140—前135），也是我国历史上帝王以年号来纪年的开始。⑥议：商量。置：安排。⑦素：一向。归：归附。⑧初兴：刚刚发迹。⑨即：假如。⑩尊等：尊贵的地方相等。⑪微言：委婉进言，隐约其词。风：通“讽”，用含蓄的话暗示。⑫因吊：顺便提醒、警告的意思。⑬君侯：对列侯的尊称。资性：天性。喜善疾恶：喜欢好人，痛恨坏人。疾，恨。⑭方今：当今。⑮兼容：指并容好人和坏人。⑯今：立即，马上。去：离职。

【原文】

魏其、武安俱好儒术，推毂[1]赵绾为御史大夫，王臧为郎中令。迎鲁申公[2]，欲设明堂[3]，令列侯就国[4]，除关[5]，以礼为服制[6]，以兴太平[7]。举適诸窦宗室毋节行者[8]，除其属籍[9]。时诸外家[10]为列侯，列侯多尚公主[11]，皆不欲就国，以故毁日至窦太后[12]。太后好黄老之言[13]，而魏其、武安、赵绾、王臧等务隆推儒术[14]，贬道家言，是以窦太后滋不说[15]魏其等。及建元二年[16]，御史大夫赵绾请无奏事东宫[17]。窦太后大怒，及罢逐赵绾、王臧等，而免丞相、太尉，以柏至侯许昌为丞相，武强侯庄青翟为御史大夫。魏其、武安由此以侯家居[18]。

【注释】

①推毂：原指推动车子前进。这里是推荐之意。②鲁申公：指鲁国专治《诗经》的大儒申培。③明堂：古代天子朝会诸侯之处。④就国：返回自己的封地。国，指封地。⑤除关：废除关禁。诸侯出入不受检查，可以自由往来，以示天下一家。⑥以礼为服制：按照古代礼法来规定吉凶服饰、制度。⑦兴太平：振兴太平政治。⑧举適：检举，揭发。適，通“谪”。宗室：这里指皇室人员。毋节行者：指品德不好，行为不正的人。毋，通“无”。⑨属籍：指宗谱。⑩外家：外戚，皇帝的母族、妻族。⑪尚公主：娶公主为妻。⑫日至窦太后：意谓每天都传到窦太后的耳朵里。⑬黄老之言：指道家学说。黄，黄帝。老，老子。二人被推尊为道家始祖，故称“黄老”。言，此指学说。⑭务：致力。隆推：推崇抬高。儒术：指儒家的学说。⑮滋：更加。说：通“悦”，高兴。⑯建元二年：公元前 139 年。⑰请无奏事东宫：请武帝不要向窦太后禀奏政事。东宫，汉朝太后所居住的长乐宫。⑱以侯家居：以侯爵的身份闲居在家。

【原文】

武安侯虽不任职，以王太后故，亲幸[①]，数言事多效[②]，天下吏士趋势利者[③]，皆去魏其归武安。武安日益横[④]。建元六年[⑤]，窦太后崩，丞相昌、御史大夫青翟坐丧事不办[⑥]，免。以武安侯蚡为丞相，以大司农韩安国为御史大夫。天下士郡诸侯愈益附[⑦]武安。

【注释】

①亲幸：指受到皇上宠信。②多效：指意见多被采纳而发生效验。③吏士趋势力者：指趋贵附势的官吏和士人。④横：骄横，放肆。⑤建元六年：前135年。⑥坐丧事不办：因为没把丧事办好而获罪。坐，指办罪的因由。⑦郡诸侯：郡县各诸侯国的人们。愈益：更加。附：归附。

【原文】

武安者，貌侵[①]，生贵甚[②]。又以为诸侯王多长[③]，上[④]初即位，富于春秋[⑤]，蚡以肺腑为京师相[⑥]，非痛折节以礼诎[⑦]之，天下不肃[⑧]。当是时，丞相入奏事，坐语移日[⑨]，所言皆听，荐人或起家至二千石[⑩]，权移主上[⑪]。上乃曰："君除吏已尽未[⑫]？吾亦欲除吏。"尝请考工地益宅[⑬]，上怒曰："君何不遂取武库[⑭]！"是后乃退[⑮]。尝召客饮，坐其兄盖侯南乡[⑯]，自坐东乡[⑰]，以为汉相尊，不可以兄故私桡[⑱]。武安由此滋骄[⑲]，治宅甲诸第[⑳]。田园极膏腴[㉑]，而市买郡县器物相属于道[㉒]。前堂罗[㉓]钟鼓，立曲旃[㉔]；后房妇女以百数。诸侯奉[㉕]金玉狗马玩好，不可胜数。

【注释】

①貌侵：矮小丑陋，其貌不扬。侵，通“寝”。②生贵甚：一出生就很尊贵。田蚡出生前王娡已得宠，所以一出生便是外戚。③多长：多数人都年纪大了，比自己年长。④上：指武帝。⑤富于春秋：指年轻，来日方长。⑥肺腑：指心腹亲信。京师相：犹言朝廷的丞相。⑦痛：狠狠地。折节：压制。诎：通“屈”，这里的意思是使之屈服。⑧肃：敬畏。⑨移日：日影移动了位置。表示过了很长的时间。⑩起家至二千石：把闲居在家无爵禄的人一下子提升到二千石的官位。二千石，指一年的俸禄，当时的高级官员才能享受。⑪权移主上：把皇帝的权力转移到自己手中。⑫除吏：任命官吏。尽未：完了没有。⑬尝：曾经。考工：督造器械的官衙。益宅：扩建私宅。⑭这句的意思是说：“你何不把武库也取走呢？”这是武帝愤激的话，取武库等于造反。武库，藏兵器的库房。⑮是后乃退：从此之后才收敛一些。⑯盖侯：指田蚡的异父同母之兄。乡：通“向”，方向。⑰东向：当时以东向坐为尊，南向坐次之，王信年长却屈居下坐，可见田蚡态度的倨傲。⑱桡：通“挠”，枉曲。⑲滋骄：更加骄纵。⑳治宅：修建住宅。甲诸第：指超过所有的贵族的府第。㉑膏腴：肥沃。㉒市：买。郡县：这里泛指各地。相属于道：谓接连不断。属，连接。㉓罗：排列。㉔曲旃：曲柄长幡，用整幅素帛制成。钟鼓、曲旃都是帝王的摆设物，田蚡摆设装饰在自己家中是超越丞相身

份和违反制度规定的。㉕奉：献。

【原文】

魏其失窦太后，益疏[1]不用，无势[2]，诸客稍稍自引而怠傲[3]，唯灌将军独不失故[4]。魏其日默默[5]不得志，而独厚遇[6]灌将军。

【注释】

①疏：指被疏远。②势：权势。③稍稍：渐渐。自引：自动离去。怠傲：懈怠傲慢。④故：故态，旧情。⑤默默：郁闷不高兴的样子。⑥厚遇：厚待，优待。

【原文】

灌将军夫者，颍阴人也。夫父张孟，尝为颍阴侯婴舍人[1]，得幸[2]，因进之至二千石，故蒙[3]灌氏姓为灌孟。吴楚反时，颍阴侯灌何[4]为将军，属太尉[5]，请灌孟为校尉。夫以千人与父俱[6]。灌孟年老，颍阴侯强[7]请之，郁郁[8]不得意，故战常陷坚[9]，遂死吴军中。军法，父子俱从军，有死事[10]，得与丧[11]归。灌夫不肯随丧归，奋[12]曰："愿取吴王若[13]将军头，以报父之仇。"于是灌夫被甲[14]持戟，募军中壮士所善愿从者[15]数十人。及出壁门[16]，莫敢前。独二人及从奴[17]十数骑驰入吴军，至吴将麾下[18]，所杀伤数十人。不得前，复[19]驰还，走入汉壁[20]，皆亡[21]其奴，独与一骑归。夫身中大创[22]十余，适有万金良药[23]，故得无死。夫创少瘳[24]，又复请将军曰："吾益知吴壁中曲折，请复往。"将军壮义之[25]，恐亡夫[26]，乃言太尉，太尉乃固止[27]之。吴已破，灌夫以此名闻天下。

【注释】

①颍阴侯婴：即灌婴。舍人：门客。②得幸：受到宠信。③蒙：冒。④灌何：灌婴之子。⑤属太尉：隶属于太尉。太尉，指周亚父。⑥俱：一起去。⑦强：勉强。⑧郁郁：愁闷的样子。⑨陷坚：攻打敌人最坚强的阵地或部队。⑩死事：指战死。⑪与：陪同，护送。丧：指灵柩。⑫奋：发愤。⑬若：或。⑭被甲：披戴铠甲。被，通“披”，穿上。⑮募：招集。所善愿从者：素来有交情而愿意跟他同去的。⑯壁门：营门。壁，营垒。⑰独：只。从奴：隶属灌夫的奴隶。⑱麾下：将帅的大旗下。⑲复：又。⑳走入汉壁：奔跑回到汉军营垒中。走，跑。㉑亡：丧失。㉒大创：大的创伤。㉓适：恰好。万金良药：指贵重的良药。㉔瘳（chōu）：痊愈。㉕壮义之：认为他勇敢而有义气。㉖恐亡夫：害怕灌夫战死。㉗固止：坚决劝阻。

【原文】

颍阴侯言之上[①]，上以夫为中郎将。数月，坐法去[②]。后家居长安，长安中诸公莫弗称之[③]。孝景时，至代相[④]。孝景崩，今上[⑤]初即位，以为淮阳天下交[⑥]，劲兵处[⑦]，故徙[⑧]夫为淮阳太守。建元元年，入为太仆。二年，夫与长乐卫尉[⑨]窦甫饮，轻重不得[⑩]，失醉，搏[⑪]甫。甫，窦太后昆弟也。上恐太后诛夫，徙为燕相。数岁，坐法去官，家居长安。

【注释】

①言之上：指把灌夫的作战表现汇报给皇帝。②坐法去：因犯法而被免官。③诸公：指贵族、大官僚。莫弗称之：没有不称赞他的。④代相：代王的相。⑤今上：指汉武帝。⑥天下交：四面八方交会的地方。⑦劲兵处：强大的军队驻守的地方。⑧徙：调动。⑨长乐卫尉：长乐宫卫兵的长官。⑩轻重不得：指饮酒时礼数不合适而发生争执。一说言谈间意见不合。⑪搏：殴打。

【原文】

灌夫为人刚直使酒[①]，不好面谀[②]。贵戚诸有势在己之右[③]，不欲加礼[④]，必陵[⑤]之；诸士在己之左，愈贫贱，尤益敬，与钧[⑥]。稠人广众[⑦]，荐宠下辈[⑧]。士亦以此多[⑨]之。

夫不喜文学[⑩]，好任侠[⑪]，已然诺[⑫]。诸所与交通[⑬]，无非豪杰大猾[⑭]。家累[⑮]数千万，食客日数十百人。陂池田园[⑯]，宗族宾客为权利[⑰]，横[⑱]于颍川。颍川儿乃歌之曰："颍水清，灌氏宁；颍水浊，灌氏族[⑲]。"

【注释】

①刚直使酒：刚强直爽，好发酒疯。②面谀：当面奉承人。③势在己之右：有势力在自己上面的人。右，古代以右为上位，左为下位。④加礼：表示尊敬有礼貌。⑤凌：凌辱。⑥与钧：和他们平等相处。钧，通"均"。⑦稠人广众：指人多的场合。⑧荐宠下辈：推荐奖掖比自己地位低的人。宠，表

扬。⑨多；推重，赞许。⑩文学：指文章经学。⑪任侠：指打抱不平。⑫已然诺：意谓已经答应了别人的事，一定办到。⑬交通：交游往来。⑭大猾：大奸巨猾。⑮累：累积。⑯陂池田园：指蓄水灌溉田地，兴修水利。陂，堤塘。⑰为权利：争权夺利，垄断利益。⑱横：横行，胡作非为。⑲族：灭族。

【原文】

灌夫家居虽富，然失势①，卿相侍中宾客益衰②。及魏其侯失势，亦欲倚灌夫引绳批根生平慕之后弃之者③。灌夫亦倚魏其而通列侯宗室为名高④。两人相为引重⑤，其游⑥如父子然。相得⑦欢甚，无厌⑧，恨相知晚也。

【注释】

①失势：失去权势。②卿相侍中：指高级官吏。侍中，加官名，是从列侯以下至郎中的加衔。在原官职上加“侍中”就可以入宫廷，侍从皇帝左右。衰：少。③引绳：原指木匠用墨线检验木材的方正，这里引申为纠正的意思。批根：原指批削树根，这里引申为清算的意思。生平慕之后弃之者：平日仰慕自己，失势后又抛弃自己的人。④为名高：指抬高自己的名声。⑤相为引重：互相援引借重。⑥游：交往。⑦相得：彼此情投意合。⑧厌：嫌忌。

【原文】

灌夫有服①，过丞相②。丞相从容曰：“吾欲与仲孺③过魏其侯，会仲孺有服。”灌夫曰：“将军乃肯幸临况④魏其侯，夫安敢以服为解[5]！请语魏其侯帐具[6]，将军旦日蚤[7]临。”武安许诺。灌夫具语魏其侯如所谓武安侯[8]。魏其与其夫人益市牛酒[9]，夜洒埽[10]，早帐具至旦。平明[11]，令门下候伺。至日中，丞相不来。魏其谓灌夫曰：“丞相岂忘之哉?”灌夫不怿[12]，曰：“夫以服请，宜往[13]。”乃驾，自往迎丞相。丞相特前戏许[14]灌夫，殊[15]无意往。及夫至门，丞相尚卧。于是夫入见，曰：“将军昨日幸许过魏其，魏其夫妻治具[16]，自旦至今，未敢尝食。”武安鄂谢[17]曰：“吾昨日醉，忽忘[18]与仲孺言。”乃驾往，又徐行[19]，灌夫愈益怒。及饮酒酣，夫起舞属丞相[20]，丞相不起，夫从坐上语侵之[21]。魏其乃扶灌夫去，谢丞相。丞相卒饮至夜，极欢而去。

【注释】

①有服：正在服丧。其时灌夫遭姊丧。②过：拜访。丞相：指田蚡。③仲孺：灌夫的字。④临况：光临。况，通“贶”，赏光的意思。⑤安敢：怎敢。解：推辞。⑥语：告诉。帐具：设置帷帐，备办酒宴。⑦旦日：明天早晨。蚤：通“早”。⑧具语：详细告诉。如所谓武安侯：就像他对武安侯所说的那样，⑨益市牛酒：多买肉和酒。⑩夜洒埽：当夜就打扫房屋。⑪平明：天刚亮。⑫怿：喜悦，高兴。⑬夫以服请：我不嫌忌在服丧期间邀请他来赴宴。宜往：应该来。⑭特：只不过。戏：开玩笑。许：答应。⑮殊：很，实在。⑯治具：备办酒宴。⑰鄂谢：装作惊讶的样子道歉。鄂，通“愕”。⑱忽忘：忘记。⑲徐行：慢慢地走。⑳这句意思是说，灌夫起舞致

礼，舞毕请田蚡起舞。起舞：这是当时宴会上的一种礼仪，以表示宾客对主人的感谢。㉑坐：通“座”，座位。语侵之：用话讽刺田蚡。侵，触犯。

【原文】

丞相尝使籍福请[1]魏其城南田。魏其大望[2]曰：“老仆[3]虽弃，将军虽贵，宁可[4]以势夺乎！”不许。灌夫闻，怒，骂籍福。籍福恶两人有郄[5]，乃谩[6]自好谢丞相曰：“魏其老且死[7]，易忍[8]，且待之。”已而武安闻魏其、灌夫实怒不予田[9]，亦怒曰：“魏其子尝杀人，蚡活之[10]。蚡事[11]魏其侯无所不可，何爱[12]数顷田？且灌夫何与[13]也？吾不敢复求田[14]。”武安由此大怨灌夫、魏其。

元光四年[15]春，丞相言灌夫家在颍川，横甚，民苦之。请案[16]。上曰：“此丞相事，何请。”灌夫亦持丞相阴事[17]，为奸利[18]，受淮南王金与语言[19]。宾客居间[20]，遂止，俱解[21]。

【注释】

①请：索求。②大望：大为怨恨。③老仆：含有怨愤的自谦之称。④宁可：难道能够。⑤恶：不乐意。郄：通“隙”，嫌隙。⑥谩：说谎。⑦老且死：年老将死。且，将要。⑧忍：忍耐，容忍。⑨已而：不久。实怒不予田：实际是愤怒不把田地给他。⑩活之：使他活。意思是救了他。⑪事：侍奉。⑫爱：吝啬。⑬何与：为什么干预？与，参与。⑭这句的表面意思是说我不敢再提求田的事，实际是一句反话，偏要去求田

的意思。⑮元光四年：公元前131年。元光，汉武帝的第二个年号（前134—前129）。⑯请案：请求武帝查办。⑰持：抓住。阴事：阴私之事。⑱为奸利：干犯法的事谋求私利。⑲这句的意思是说，田蚡接受淮南王的财物，并且说了些不应该说的话。淮南王：即刘安。他于武帝建元二年（前139）入朝，当时，田蚡为太尉，告以日后刘安当为天子。刘安大喜，厚赠武安侯金。详见《淮南衡山列传》。⑳居间：从中调解。㉑解：和解。

【原文】

夏，丞相取燕王女[①]为夫人，有太后诏[②]，召列侯宗室皆往贺。魏其侯过灌夫，欲与俱。夫谢曰："夫数以酒失得过[③]丞相，丞相今者又与夫有郄。"魏其曰："事已解。"强与俱。饮酒酣，武安起为寿[④]，坐皆避席伏[⑤]，已[⑥]魏其侯为寿，独故人[⑦]避席耳，余半膝席[⑧]。灌夫不悦。起行酒[⑨]，至武安，武安膝席曰："不能满觞[⑩]。"夫怒，因嘻笑[⑪]曰："将军贵人也，属[⑫]之！"时武安不肯。行酒次至临汝侯[⑬]，临汝侯方与程不识耳语[⑭]，又不避席。夫无所发怒[⑮]，乃骂临汝侯曰："生平毁程不识不直[⑯]一钱，今日长者[⑰]为寿，乃效女儿呫嗫[⑱]耳语！"武安谓灌夫曰："程李[⑲]俱东西宫卫尉，今众辱程将军，仲孺独不为李将军地[⑳]乎？"灌夫曰："今日斩头陷匈[㉑]。何知李乎！"坐乃起更衣[㉒]，稍稍去[㉓]。魏其侯去，麾[㉔]灌夫出。武安遂怒曰："此吾骄灌夫罪。"乃令骑留[㉕]灌夫。灌夫欲出不得。籍福起为谢[26]，案[27]灌夫项令谢。夫愈怒，不肯谢。武安乃麾骑缚夫置传舍[28]，召长史曰："今日召宗室，有诏。"劾灌夫骂坐不敬[29]，系居室[30]。遂按[31]其前事，遣吏分曹逐捕诸灌氏支属[32]，皆得弃市[33]罪。魏其侯大愧[34]，为资使宾客请[35]，莫能解。武安吏皆为耳目[36]，诸灌氏皆亡匿[37]，夫系，遂不得告言武安阴事。

【注释】

①取：通"娶"。燕王女：指已故燕康王刘嘉之女。②诏：皇帝、太后颁发的命令文告。③酒失：酒醉失礼。得过：得罪。④起为寿：起立为客人敬酒祝寿。⑤避席伏：离开自己的席位，伏在地上，表示不敢当的意思。⑥已：不久。⑦故人：旧友。⑧余半：其余半数人。膝席：双膝跪在地上。古人都是席地而坐，正常的坐法是两膝跪在地上，臀部靠近脚后跟。双膝不离座席，只是稍稍欠身，比起离席伏地来显得简慢些。⑨行酒：依次巡行敬酒。⑩觞：酒杯。⑪嘻笑：故意装笑的样子。⑫属：托付。这里是强行劝酒的意思。⑬临汝侯：指灌婴之孙灌贤。⑭耳语：咬耳朵说悄悄话。⑮无所发怒：没有地方发泄他的怒气。⑯直：通"值"。⑰长者：灌夫与灌贤的父亲在一个行辈上，所以他借题发挥。⑱呫嗫：细语之声。⑲程李：程不识和李广。程不识当时为长乐宫（东宫）卫尉，李广为未央宫（西宫）卫尉。⑳地：这里是留余地的意思。㉑陷匈：穿胸。匈，通"胸"。㉒坐：通"座"。更衣：上厕所的委婉说法。㉓稍稍去：渐渐都离去了。㉔麾：通"挥"，

挥手示意。㉕令骑留：命令骑士扣留。㉖为谢：代灌夫谢罪。㉗案：通“按”。㉘置：放。传舍：客房。㉙不敬：也称“大不敬”，古代把所谓不敬皇帝、皇后作为一项重大罪名。按规定应处死。㉚系：囚禁。居室：囚禁犯罪官员的监狱。㉛按：通“案”，查办。㉜分曹：分批，分班。诸灌氏支属：指灌氏宗族的分支。㉝弃市：杀头示众。㉞大愧：十分惭愧。㉟为资：出钱。请：求情。㊱耳目：亲信。㊲亡匿：逃亡躲藏。

【原文】

魏其锐身[①]为救灌夫。夫人谏魏其曰：“灌将军得罪丞相，与太后家忤[②]，宁可救邪?”魏其侯曰：“侯自我得之，自我捐[③]之，无所恨[④]。且终不令灌仲孺独死，婴独生。”乃匿其家[⑤]，窃出上书[⑥]。立召入，具言灌夫醉饱事，不足诛[⑦]。上然之，赐魏其食，曰：“东朝廷辩[⑧]之。”

【注释】

①锐身：挺身而出。②忤：作对。③捐：抛弃。④恨：遗憾。⑤匿其家：瞒着家里人。⑥窃出上书：偷偷地跑出来上书给汉武帝。⑦不足诛：不够杀头的罪名。⑧东朝廷辩：到东宫去辩论。

【原文】

魏其之[①]东朝，盛推[②]灌夫之善，言其醉饱得过，乃丞相以他事诬罪[③]之。武安又盛毁灌夫所为横恣[④]，罪逆不道[⑤]。魏其度不可奈何[6]，因言丞相短。武安曰："天下幸而安乐无事，蚡得为肺腑，所好音乐狗马田宅。蚡所爱倡优巧匠之属[7]，不如魏其、灌夫日夜招聚天下豪桀壮士与论议，腹诽而心谤[8]，不仰视天而俯画地[9]，辟倪两宫[10]间，幸[11]天下有变，而欲有大功。臣乃不知魏其等所为[12]。"于是问朝臣："两人孰是[13]？"御史大夫韩安国曰："魏其言灌夫父死事，身荷戟驰入不测[14]之吴军，身被数十创，名冠三军，此天下壮士，非有大恶，争杯酒，不足引他过以诛也。魏其言是也。丞相亦言灌夫通奸猾，侵细民[15]，家累巨万，横恣颍川，凌轹[16]宗室，侵犯骨肉[17]，此所谓枝大于本[18]，胫大于股[19]，不折必披[20]，丞相言亦是。唯明主裁[21]之。"主爵都尉汲黯是魏其[22]。内史郑当时是魏其，后不敢坚对[23]。余皆莫敢对。上怒内史曰："公平生数言魏其、武安长短，今日廷论，局趣效辕下驹[24]，吾并斩若属[25]矣。"即罢起入[26]，上食太后[27]。太后亦已使人候伺，具以告太后。太后怒，不食，曰："今我在也，而人皆藉[28]吾弟，令我百岁后[29]，皆鱼肉[30]之矣。且帝宁能为石人邪！此特[31]帝在，即录录[32]，设[33]百岁后，是属宁有可信者乎？"上谢曰："俱宗室外家[34]，故廷辩之。不然，此一狱吏所决耳。"是时郎中令石建为上分别言两人事。

【注释】

①之：到。②盛推：极力夸赞。③诬：捏造罪状陷害。罪：加罪。④盛毁：竭力诋毁。横恣：骄横放纵。⑤罪逆不

道：犯了大逆不道之罪。⑥度：猜测，估计。不可奈何：指没有别的办法。⑦倡优：以歌舞戏谑为业的艺人。属：类。⑧腹诽而心谤：谓口虽不言，而内心里都不满。⑨不仰视天而俯画地：不是仰视看天象，就低头在地上画。意思是说他们观天象看有无变化（古人认为天象与人事有密切变化），低头在地上画记号谋划，企图谋反。⑩辟倪：窥探。两宫：指王太后和汉武帝。⑪幸：希望。⑫这句意思是说，我竟不知道他们要干些什么。⑬孰是：谁对。⑭身荷戟：亲自扛着戟。不测：指其实力无法猜测。意谓实力强大。⑮细民：小民百姓。⑯凌轹：欺压。⑰骨肉：指皇帝亲戚。⑱本：指树干。⑲胫：小腿。股：大腿。⑳披：分裂。㉑裁：裁决。㉒是魏其：认为魏其侯是对的。㉓坚对：坚持自己的意见去回答汉武帝。㉔局趣：同“局促”，畏首畏尾的样子。辕下驹：套在车辕下的小马。㉕若属：犹言你们。㉖罢起入：起身罢朝，进入宫内。㉗上食太后：指武帝服侍太后进餐。㉘藉：作践，践踏。㉙百岁后：指死后。㉚鱼肉：当作鱼肉一样任人宰割。㉛特：这里是“幸亏”之意。㉜录录：随声附和，没有主见。㉝设：假使。㉞外家：指外戚。

【原文】

武安已罢朝，出止车门[①]，召韩御史大夫载[②]，怒曰：“与长孺共一老秃翁[③]，何为首鼠两端[④]？”韩御史良久谓丞相曰：“君何不自喜[⑤]？夫魏其毁君，君当免冠解印绶归，曰‘臣以肺腑幸得待罪[⑥]，固非其任[⑦]，魏其言皆是’。如此，上必多君有让[⑧]，不废君。魏其必内愧，杜门齰舌[⑨]自杀。今人毁君，君亦毁人，譬如贾竖女子争言[⑩]，何其无大体[⑪]也！”武安谢罪曰：“争时急，不知出此。”

【注释】

①止车门：宫禁的外门。百官上朝时，必须下车，步行入宫。②载：同乘一辆车。③长孺：御史大夫韩安国的字。老秃翁：指魏其。④首鼠两端：指犹豫不决，模棱两可。⑤自喜：自爱自重。⑥待罪：做官的谦称。⑦固非其任：本来我就不能胜任。⑧多君有让：称赞你有谦让的美德。⑨齰舌：咬嚼舌头。⑩贾竖：商人。争言：吵嘴。⑪无大体：不识大体。

【原文】

于是上使御史簿责[①]魏其所言灌夫，颇不雠[②]，欺谩[③]。劾系都司空[④]。孝景时，魏其常受遗诏[⑤]，曰“事有不便，以便宜论上[⑥]”。及系，灌夫罪至族[⑦]，事日急，诸公莫敢复明言于上。魏其乃使昆弟子[⑧]上书言之，幸得复召见。书奏上，而案尚书大行[⑨]无遗诏。诏书独藏魏其家，家丞封[⑩]。乃劾魏其矫[⑪]先帝诏，罪当弃市。五年十月，悉论[⑫]灌夫及家属。魏其良久乃闻，闻即恚[⑬]，病痱[⑭]，不食欲死。或闻上无意杀魏其，魏其复食，治病，议定不死矣。乃有蜚语为恶言闻上[⑮]，故以十二月晦[⑯]论弃市渭城。

【注释】

①簿责：按照史簿记载的灌夫的罪行进行追查。②颇不雠：很不相符。雠，符合。③欺谩：欺骗。意思是说犯了欺君谩上之罪。④都司空：官署名，专门负责皇帝交办案件的官衙。⑤遗诏：皇帝临死时发出的诏书。⑥便宜论上：用灵活方便的办法论事上奏。⑦罪至族：论罪应当灭族。⑧昆弟子：指侄子。⑨案尚书：查阅尚书保管的档案。大行：指死去的皇帝。⑩家丞封：魏其侯的管家加封盖印封存。⑪矫：假托。⑫悉：全部。论：判决。⑬恚：怨愤。⑭病痱：得了中风病。⑮蜚：通“飞”。闻上：传到武帝耳中。⑯十二月晦：十二月的最后一天。这是田蚡故意挑选的日子，因为春天是赦免犯人的时候，田蚡怕武帝赦免窦婴，所以在这一天杀死了他。

【原文】

其春[①]，武安侯病，专呼服谢罪[②]。使巫视鬼者[③]视之，见魏其、灌夫共守、欲杀之。竟[④]死。子恬嗣[⑤]。元朔三年[⑥]，武安侯坐衣襜褕[⑦]入宫，不敬[⑧]。

淮南王安谋反觉[⑨]，治[⑩]。王前朝[⑪]，武安侯为太尉，时迎王至霸上，谓王曰：“上未有太子，大王最贤，高祖孙，即宫车晏驾[⑫]，非大王立当谁哉！”淮南王大喜，厚遗[⑬]金财物。上自魏其时不直[⑭]武安，特为太后故耳。及闻淮南王金事，上曰：“使[⑮]武安侯在者，族矣。”

【注释】

①其春：这年春天。汉初以十月为岁首，所以一年中先冬天，后春天。②专呼服谢罪：专门叫喊服罪谢罪的话。③巫视鬼者：能看见鬼的巫师。④竟：终于。⑤嗣：指承袭，继承。⑥元朔三年：公元前126年。元朔，汉武帝的第三个年号（前128—前123）。⑦襜褕：短衣。入宫应穿朝服，穿短衣入宫不合礼节。⑧不敬：指犯了“大不敬罪”。⑨觉：发觉。⑩治：追究查问。⑪前朝：前次来朝。这是倒叙发生在建元二年（前139）的事。⑫宫车晏驾：指皇帝死。皇帝本当早起驾车临朝，车驾晚出，必定有变故，所以用来作皇帝死的委婉说法。⑬遗（wèi）：赠送。⑭直：赞成。⑮使：假如。

【原文】

太史公曰：魏其、武安皆以外戚重[①]，灌夫用一时决策[②]而名显。魏其之举以吴楚[③]，武安之贵在日月之际[④]。然魏其诚不知时变[⑤]，灌夫无术而不逊[⑥]，两人相翼[⑦]，乃成祸乱。武安负贵而好权[⑧]，杯酒责望[⑨]，陷彼两贤[⑩]。呜呼哀哉！迁怒及人[⑪]，命亦不延[⑫]。众庶不载[⑬]，竟被恶言[⑭]。呜呼哀哉！祸所从来[⑮]矣！

【注释】

①重：显要。②一时决策：指灌夫为父报仇驰入吴军之事。③以吴楚：由于平定吴、楚之乱。④日月之际：指汉武帝

即位，王太后执政的时候。⑤时变：时势的变化。指窦太后死，他已失去靠山，还要与有王太后做靠山的田蚡抗衡。⑥不逊：傲慢无礼。⑦相翼：互相袒护。⑧负：依仗。权：权术。⑨杯酒责望：为一杯酒而苛责怨恨人。⑩两贤：指窦婴和灌夫。⑪迁怒及人：指田蚡把对灌夫的怨恨迁怒到窦婴身上。一说灌夫把对田蚡的怨恨迁怒到灌贤身上。⑫延：长久。⑬众庶不载：指灌夫在颍川横行不法，得不到百姓的拥戴。载，通“戴”，拥护。⑭竟被恶言：终究落了个坏名声。⑮祸所从来：灾祸的由来已很久。

【译文】

魏其侯窦婴是汉文帝窦皇后堂兄的儿子。他的父辈以上世世代代是观津人。他喜欢宾客。汉文帝时，窦婴任吴国国相，因病免职。汉景帝刚刚即位时，他任詹事。

梁孝王是汉景帝的弟弟，他的母亲窦太后很疼爱他。有一次，梁孝王入朝，汉景帝以兄弟的身份与他一起宴饮。这时，汉景帝还没有立太子。酒兴正浓时，汉景帝随便地说：“我死之后，把帝位传给梁王。”窦太后听了，非常高兴。这时，窦婴端起一杯酒献给皇上，说道：“天下是高祖打下的天下，帝位应当父子相传，这是汉朝立下的制度规定，皇上凭什么要擅自传给梁王！”窦太后因此憎恨窦婴。窦婴也嫌詹事的官职太小，就借口生病辞职。窦太后于是开除了窦婴进出宫门的名籍，每逢节日也不准许他进宫朝见。

汉景帝三年（前154），吴、楚等七国反叛。皇上考察到皇族成员和窦姓诸人没有谁像窦婴那样贤能的了，于是就召见窦婴。窦婴入宫拜见，坚决推辞，借口有病，不能胜任。窦太后至此也感到惭愧。于是，皇上就说："天下正有急难，你怎么可以推辞呢？"于是，便任命窦婴为大将军，赏赐给他黄金千斤。这时，袁盎、栾布诸名将贤士都退职闲居在家，窦婴就向皇上推荐起用他们。皇上所赏赐给的黄金，都摆列在走廊穿堂里，属下的小军官经过时，就让他们酌量取用，皇帝赏赐的黄金一点儿也没有拿回家。窦婴驻守荥阳时，监督齐国和赵国两路兵马，等到七国的叛乱全部被平定之后，皇上就赐封窦婴为魏其侯。这时，那些游士宾客都争相归附魏其侯。汉景帝时，每次朝廷讨论军政大事，所有列侯都不敢与条侯周亚夫、魏其侯窦婴平起平坐。

汉景帝四年（前153），立栗太子，派魏其侯担任太子的太傅。汉景帝七年（前150），栗太子被废，魏其侯多次为栗太子争辩都没有效果。魏其侯就推说有病，隐居蓝田县南山下好几个月。许多宾客、辩士都来劝说他，但没有人能说服他回到京城来。梁地人高遂于是来劝解魏其侯说："能使您富贵的是皇上，能使您成为朝廷亲信的是太后。现在，您担任太子的师傅，太子被废黜而不能力争，力争又不能成功，又不能去殉职。自己托病引退，拥抱着歌姬美女，退隐闲居而不参加朝会。把这些情况互相比照起来看，这是您自己表明要张扬皇帝的过失。假如皇上和太后都要加害于您，那您的妻子儿女都会一个不剩地被杀害。”魏其侯认为他说得很对，于是就出山回朝，朝见皇帝像过去一样。

在桃侯刘舍被免去丞相职务时，窦太后多次推荐魏其侯当丞相。汉景帝说：“太后难道认为我有所吝啬而不让魏其侯当丞相吗？魏其侯这个人骄傲自满，容易自我欣赏，做事草率轻浮，难以出任丞相，担当重任。”终于没有任用他，任用了建陵侯卫绾作丞相。

武安侯田蚡是汉景帝皇后的同母弟弟，出生在长陵。魏其侯已经当了大将军之后，正当显赫的时候，田蚡还是个郎官，没有显贵，来往于魏其侯家中，陪侍宴饮，跪拜起立像魏其侯的子孙辈一样。等到汉景帝的晚年，田蚡也显贵起来，受到宠信，做了太中大夫。田蚡能言善辩，口才很好，学习过《槃盂》之类的书籍，王太后认为他有才能。汉景帝去世，当天太子登位继立，王太后摄政，她在全国的镇压、安抚行动大多采用田蚡门下宾客的策略。田蚡和他的弟弟田胜都因为是王太后的弟弟，在汉景帝去世的同一年（前141），被分别封为武安侯和周阳侯。

武安侯刚掌权想当丞相，所以对他的宾客非常谦卑，推荐闲居在家的名士出来做官，让他们显贵，想以此来压倒窦婴等将相的势力。建元元年（前140），丞相卫绾因病免职，皇上酝酿安排丞相和太尉。籍福劝说武安侯道：“魏其侯显贵已经很久了，天下有才能的人一向归附他。现在您刚刚发迹，不能和魏其侯相比，就是皇上任命您做丞相，也一定要让给魏其侯。魏其侯当丞相，您一定会当太尉。太尉和丞相的尊贵地位是相等的，您还有让相位给贤者的好名声。”武安侯就委婉地告诉太后暗示皇上，于是便任命魏其侯当丞相，武安侯当太尉。籍福去向魏其侯道贺，就提醒他说：“您的天性是喜欢好人憎恨坏人。当今好人称赞您，所以您当了丞相。然而，您也憎恨坏人，坏人相当多，他们也会毁谤您的。如果您能并容好人和坏人，那么您丞相的职位就可以保持长久。如果不能够这样的话，马上就会受到毁谤而离职。”魏其侯不听从他的话。

魏其侯窦婴和武安侯田蚡都爱好儒家学说，推荐赵绾当了御史大夫，王臧担任郎中令。把鲁国人申培迎到京师来，准备设立明堂，命令列侯回到自己的封地，废除关禁，按照礼法来规定吉凶的服饰和制度，以此来表明太平的气象。同时，检举谴责窦氏家族和皇族成员中品德不好的人，开除他们的族籍。这时，诸外戚中的列侯大多娶公主为妻，都不想回到各自的封地。因为这个缘故，毁谤魏其侯等人的言语每天都传到窦太后的耳中。窦太后喜欢黄老学说，而魏其侯、武安侯、赵绾、王臧等人则努力推崇儒家学说，贬低道家的学说。因此，窦太后更加不喜欢魏其侯等人。到了建元二年（前 139），御史大夫赵绾请皇上不要把政事禀奏给太后。窦太后大怒，便罢免并驱逐了赵绾、王臧等人，还解除了丞相和太尉的职务，任命柏至侯许昌当了丞相，武强侯庄青翟当了御史大夫。魏其侯、武安侯从此以列侯的身份闲居家中。

武安侯虽然不担任官职，但因为王太后的缘故，仍然受到皇上的宠信，多次议论政事，建议大多见效，天下趋炎附势的官吏和士人都离开了魏其侯而归附了武安侯。武安侯一天天更加骄横。建元六年（前135），窦太后逝世。丞相许昌和御史大夫庄青翟因为丧事办得不周到，都被免官。于是，任用武安侯田蚡担任丞相，任用大司农韩安国担任御史大夫。这一来，所有的士大夫以及各郡县各诸侯国的人们就更加趋附武安侯了。

武安侯身材矮小，其貌不扬，可是刚一出生就很尊贵。他又认为当时的诸侯王都年纪大了，皇上刚刚即位，年纪很轻，自己以皇帝的至亲心腹担任朝廷的丞相，如果不狠狠地整顿一番，用礼法来使他们屈服，天下人就不会服服帖帖的。那时候，丞相入朝廷奏事，往往一坐就是大半天，他所说的话皇帝都听，他所推荐的人有的从闲居一下子提拔到二千石级，把皇帝的权力转移到自己手上。皇上于是说："你要任命的官吏已经任命完了没有？我也想任命几个官呢。"他曾经要求把考工官署的地盘划给自己扩建住宅，皇上生气地说："你何不把武器库也取走！"从这以后，他才收敛一些。有一次，他请客人宴饮，让他的兄长盖侯南向坐，自己却东向坐，认为汉朝的丞相尊贵，不可以因为对方是兄长就私下委屈自己。武安侯从此更加骄纵，他修建住宅，其规模、豪华超过了所有的贵族的府第。田地庄园都极其肥沃，他派到各郡县去购买器物的人，在大道上络绎不绝。前堂摆设着钟鼓，竖立着曲柄长幡，在后房的美女数以百计。诸侯奉送给他的珍宝金玉、狗马和玩好器物，数也数不清。

魏其侯自从失去了窦太后这一倚仗，被皇上更加疏远不受重用，没有权势，诸宾客渐渐自动离去，甚至对他懈怠傲慢，只有灌将军一人没有改变原来的态度。魏其侯天天闷闷不乐，唯独对灌将军格外厚待。

灌将军是颍阴人。灌夫的父亲是张孟，曾经做过颍阴侯灌婴的家臣，受到灌婴的宠信，便推荐他，官至二千石级，所以冒用灌氏家的姓叫灌孟。吴楚叛乱时，颍阴侯灌何担任将军，是太尉周亚夫的部下，他向太尉推荐灌孟担任校尉。灌夫带领一千人与父亲一起从军。灌孟年纪已经老了，颍阴侯勉强推荐他，所以灌孟郁郁不得志，每逢作战时，常常攻击敌人的坚强阵地，因而战死在吴军中。按照当时军法的规定，父子一起从军参战，有一个为国战死，未死者可以护送灵柩回家安葬。但灌夫不肯随同父亲的灵柩回去。他慷慨激昂地表示："希望斩取吴王或者吴国将军的头，以替父亲报仇。"于是，灌夫披上铠甲，手拿戈戟，召集了军中与他素来有交情又愿意跟他同去的勇士几十个人。等到走出军门，没有人敢再前进。只有两人和灌夫属下的奴隶共十多个骑兵飞奔冲入吴军中，一直到达吴军的将旗之下，杀死杀伤敌军几十人。不能再继续前进了，又飞马返回汉军营地，所带去的奴隶全都战死了，只有他一人回来。灌夫身上受重创十多处，恰好有名贵的良药，所以才得不死。灌夫的创伤稍稍好转，又向将军请求说："我现在更加了解吴军营垒中路径情况，请您让我再回去。"将军认为他勇敢而有义气，恐怕灌夫战死，便向太尉周亚夫报告，太尉便坚决地阻止了他。等到吴军被攻破，灌夫也因此名闻天下。

颍阴侯把灌夫的情况向皇上汇报了，皇上就任命灌夫担任中郎将。过了几个月，因为犯法而丢了官。后来到长安安了家，长安城中的显贵没有不称赞他的。汉景帝时，灌夫官至代国国相。景帝去世，当今皇上武帝刚即位，认为淮阳是天下的交通枢纽，必须驻扎强大的兵力加以防守，因此调任灌夫担任淮阳太守。建元元年（前140），又把灌夫内调为太仆。二年（前139），灌夫与长乐卫尉窦甫喝酒，灌夫喝醉了，打了窦甫。窦甫是窦太后的兄弟。皇上恐怕窦太后杀灌夫，调派他担任了燕国国相。几年以后，又因犯法丢官，闲居长安家中。

灌夫为人刚强直爽，好发酒疯，不喜欢当面奉承人。对皇亲国戚及有势力的人，凡是地位在自己以上的，他不但不想对他们表示尊敬，反而要想办法去凌辱他们；对地位在自己之下的许多士人，越是贫贱的，就更加恭敬，跟他们平等相待。在大庭广众，推荐夸奖那些比自己地位低的人。士人们也因此而推崇他。

灌夫不喜欢文章经学，爱打抱不平，已经答应了别人的事，一定办到。凡和他交往的那些人，无不是杰出人士或大奸巨猾。他家中积累的资产有几千万，每天的食客少则几十，多则近百。为了在田园中修筑堤塘，灌溉农田，他的宗族和宾客扩张权势，垄断利益，在颍川一带横行霸道。颍川的儿童于是作歌唱道："颍水清清，灌氏安宁；颍水浑浊，灌氏灭族。"

灌夫闲居在家虽然富有，但失去了权势，达官贵人及一般宾客逐渐减少。等到魏其侯失去权势，也想依靠灌夫去报复那些平日仰慕自己，失势后又抛弃了自己的人。灌夫也想依靠魏其侯去结交列侯和皇族以抬高自己的名声。两人互相援引借重，他们的交往就如同父子之间那样密切。彼此情投意合，没有嫌忌，只恨相知太晚了。

灌夫在服丧期内去拜访丞相，丞相随便地说："我想和你一起去拜访魏其侯，恰值你现在服丧不便前往。"灌夫说："您竟肯屈驾光临魏其侯，我灌夫怎敢因为服丧而推辞呢！请允许我告诉魏其侯设置帷帐，备办酒席，您明天早点光临。"武安侯答应了。灌夫详细地告诉了魏其侯，就像他对武安侯所说的那样。魏其侯和他的夫人特地多买了肉和酒，连夜打扫房子，布置帷帐，准备酒宴，一直忙到天亮。天刚亮，就让府中管事的人在宅前伺候。等到中午，不见丞相到来。魏其侯对灌夫说："丞相难道忘记了这件事？"灌夫很不高兴，说："我灌夫不嫌丧服在身而应他之约，他应该来。”于是便驾车，亲自前往迎接丞相。丞相前一天只不过开玩笑似的答应了灌夫，实在没有打算来赴宴的意思。等到灌夫来到门前，丞相还在睡觉。于是，灌夫进门去见他，说：“将军昨天幸蒙答应拜访魏其侯，魏其侯夫妇备办了酒食，从早晨到现在，没敢吃一点东西。”武安侯装作惊讶地道歉说：“我昨天喝醉了，忘记了跟您说的话。”便驾车前往，但又走得很慢，灌夫更加生气。等到喝酒喝醉了，灌夫舞蹈了一番，舞毕邀请丞相，丞相竟不起身，灌夫在酒宴上用话讽刺他。魏其侯便扶灌夫离去，向丞相表示了歉意。丞相一直喝到天黑，尽欢才离去。

丞相曾经派籍福去索取魏其侯在城南的田地。魏其侯大为怨恨地说：“我虽然被废弃不用，将军虽然显贵，怎么可以仗势硬夺我的田地呢！”不答应。灌夫听说后，也生气，大骂籍福。籍福不愿两方有隔阂，就自己编造了好话向丞相道歉说：“魏其侯年事已高，就快死了，还不能忍耐吗，姑且等待着吧！”不久，武安侯听说魏其侯和灌夫实际是愤怒而不肯让给田地，也很生气地说：“魏其侯的儿子曾经杀人，我救了他的命。我服事魏其侯没有不听从他的，为什么他竟舍不得这几顷田地？再说灌夫为什么要干预呢？我不敢再要这块田地了！”武安侯从此十分怨恨灌夫、魏其侯。

元光四年（前131）的春天，丞相向皇上说灌夫家住颍川，十分横行，百姓都受其苦。请求皇上查办。皇上说：“这是丞相的职责，何必请示。”灌夫也抓住了丞相的秘事，比如用非法手段谋取利益，接受了淮南王的金钱并说了些不该说的话。宾客们从中调解。双方才停止互相攻击，彼此和解。

那年夏天，丞相娶燕王的女儿做夫人。太后下了诏令，叫列侯和皇族都去祝贺。魏其侯拜访灌夫，打算同他一起去。灌夫推辞说：“我多次因为酒醉失礼而得罪了丞相，丞相近来又和我有嫌隙。”魏其侯说：“事情已经和解了。”硬拉他一道去。酒喝到差不多时，武安侯起身敬酒祝寿，在座的宾客都离开席位，伏在地上，表示不敢当。过了一会儿，魏其侯起身为大家敬酒祝寿，只有那些魏其侯的老朋友离开了席位，其余半数的人照常坐在那里，只是稍微欠了欠上身。灌夫不高兴。他起身依次敬酒，敬到武安侯时，武安侯照常坐在那里，只稍欠了一下上身说：“不能喝满杯。”灌夫火了，便苦笑着说：“您是个贵人，这杯就托付给你了！”当时武安侯不肯答应。敬酒敬到临汝侯，临汝侯正在跟程不识附耳说悄悄话，又不离开席位。灌夫没有地方发泄怒气，便骂临汝侯说：“平时诋毁程不识不值一钱，今天长辈给你敬酒祝寿，你却学女孩子一样在那儿同程不识咬耳说话！”武安侯对灌夫说：“程将军和李将军都是东西两宫的卫尉，现在当众侮辱程将军，仲孺难道不给你所尊敬的李将军留有余地吗？”灌夫说：“今天杀我的头，穿我的胸，我都不在乎，还顾什么程将军、李将军！”座客们便起身上厕所，渐渐离去。魏其侯也离去，挥手示意让灌夫出去。武安侯于是发火道：“这是我宠惯灌夫的过错。”便命令骑士扣留灌夫。灌夫想出去又出不去。籍福起身替灌夫道了歉，并按着灌夫的脖子让他道歉。灌夫越发火了，不肯道歉。武安侯便指挥骑士们捆绑灌夫放在客房中，叫来长史说：“今天请宗室宾客来参加宴会，是有太后诏令的。”弹劾灌夫，说他在宴席上辱骂宾客，侮辱诏令，犯了“不敬”罪，把他囚禁在特别监狱里。于是，追查他以前的事情，派遣差吏分头追捕所有灌氏的分支亲属，都判决为杀头示众的罪名。魏其侯感到非常惭愧，出钱让宾客向田蚡求情，也不能使灌夫获释。武安侯的属吏都是他的耳目，所有灌氏的人都逃跑、躲藏起来了，灌夫被拘禁，于是无法告发武安侯的秘事。

魏其侯挺身而出营救灌夫。他的夫人劝他说：“灌将军得罪了丞相，和太后家的人作对，怎么能营救得了呢?”魏其侯说：“侯爵是我挣来的，现在由我把它丢掉，没有什么可遗憾的。再说我总不能让灌仲孺自己去死，而我独自活着。”于是就瞒着家人，私自出来上书给皇帝。皇帝马上把他召进宫去，魏其侯就把灌夫因为喝醉了而失言的情况详细地说了一遍，认为不足以判处死刑。皇上认为他说得对，赏赐魏其侯一同进餐，说道：“到东宫去公开辩论这件事。”

魏其侯到东宫，极力夸赞灌夫的长处，说他酗酒获罪，而丞相却拿别的罪来诬陷灌夫。武安侯接着又竭力诋毁灌夫骄横放纵，犯了大逆不道的罪。魏其侯思忖没有别的办法对付，便攻击丞相的短处。武安侯说："天下幸而太平无事，我才得以做皇上的心腹，爱好音乐、狗马和田宅。我所喜欢的不过是歌伎艺人、巧匠这一些人，不像魏其侯和灌夫那样，招集天下的豪杰壮士，不分白天黑夜地商量讨论，腹诽心谤深怀对朝廷的不满，不是抬头观天象，就是低头在地上画，窥测于东、西两宫之间，希望天下发生变故，好让他们立功成事。我倒不明白魏其侯他们到底要做些什么？"于是，皇上向在朝的大臣问道："他们两人的话谁的对呢？"御史大夫韩安国说："魏其侯说灌夫的父亲为国而死，灌夫手持戈戟冲入强大的吴军，身受创伤几十处，名声在全军数第一，这是天下的勇士，如果不是有特别大的罪恶，只是因为喝了酒而引起口舌之争，是不值得援引其他的罪状来判处死刑的。魏其侯的话是对的。丞相又说灌夫同大奸巨猾结交，欺压平民百姓，积累家产数万万，横行颍川，凌辱侵犯皇族，这是所谓'树枝比树干大，小腿比大腿粗'，其后果不是折断，就是分裂。丞相的话也不错。希望英明的主上自己裁决这件事吧。"主爵都尉汲黯认为魏其侯对。内史郑当时也认为魏其侯对，但后来又不敢坚持自己的意见去回答皇上。其余的人都不敢回答。皇上怒斥内史道："你平日多次说到魏其侯、武安侯的长处和短处，今天当廷辩论，畏首畏尾地像驾在车辕下的马驹，我将一并杀掉你们这些人。"马上起身罢朝，进入宫内侍奉太后进餐。太后也已经派人在朝廷上探听消息，他们把廷辩的情况详细地报告了太后。

太后发火了，不吃饭，说："现在我还活着，别人竟敢都作践我的弟弟。假若我死了以后，都会像宰割鱼肉那样宰割他了。再说皇帝怎么能像石头人一样自己不作主张呢！现在幸亏皇帝还在，这班大臣就随声附和。假设皇帝死了以后，这些人还有可以信赖的吗？"皇上道歉说："都是皇室的外家，所以在朝廷上辩论他们的事。不然的话，只要一个狱吏就可以解决了。"这时，郎中令石建向皇上分别陈述了魏其侯、武安侯两个人的事情。

武安侯既已退朝，出了停车门，招呼韩御史大夫同乘一辆车，生气地说："我和你共同对付一个老秃翁，你为什么还模棱两可，犹豫不定？"韩御史大夫过了好一会儿才对丞相说："您怎么这样不自爱自重？魏其侯毁谤您，您应当摘下官帽，解下印绶，归还给皇上，说：'我以皇帝的心腹，侥幸得此相位，本来是不称职的，魏其侯的话都是对的。'像这样，皇上必定称赞您有谦让的美德，不会罢免您。魏其侯一定内心惭愧，闭门咬舌自杀。现在别人诋毁您，您也诋毁人家，这样彼此互骂，好像商人、女人吵嘴一般，多么不识大体呢！"武安侯认错说："争辩时太性急了，没有想到应该这样做。"

于是，皇上派御史按照文簿记载的灌夫的罪行进行追查，与魏其侯所说的有很多不相符的地方，犯了欺骗皇上的罪行。于是被弹劾，拘禁在名叫都司空的特别监狱里。当初汉景帝时，魏其侯曾接收过他临死时的诏书，那上面写道："假如遇到对你有什么不方便的事情，你可以随机应变，把你的意见呈报给皇帝。”等到自己被拘禁，灌夫定罪要灭族，情况一天比一天紧急，大臣们谁也不敢再向皇帝说明这件事。魏其侯便让侄子上书向皇帝报告接受遗诏的事，希望再次得到皇上的召见。奏书呈送皇上，可是查对尚书保管的档案，没有景帝临终的这份遗诏。这道诏书只封藏在魏其侯家中，是由魏其侯的家臣盖印加封的。于是，便弹劾魏其侯伪造先帝的诏书，应该判处斩首示众的罪。元光五年（前130）十月间，灌夫和他的家属全部被处决了。魏其侯过了许久才听到这个消息，听到后愤慨万分，患了中风病，饭也不吃了，打算死。听有人说皇上没有杀魏其侯的意思，魏其侯又开始吃饭了，开始医治疾病，讨论决定不处死刑了。竟然有流言蜚语，制造了许多诽谤魏其侯的话让皇上听到，因此就在当年十二月的最后一天，将魏其侯在渭城大街斩首示众。

这年的春天，武安侯病了，嘴里老是叫喊，讲的都是服罪谢过的话。让能看见鬼的巫师来诊视他的病，巫师看见魏其侯和灌夫两个人的鬼魂共同监守着武安侯，要杀死他。终于死了。儿子田恬继承了爵位。元朔三年（前126），武安侯田恬因穿短衣进入宫中，犯了“不敬”之罪，封爵被废除。

淮南王刘安谋反的事被发觉了，皇上让追查此事。淮南王前次来朝，武安侯担任太尉，当时到霸上来迎接淮南王说：“皇上没有太子，大王最贤明，又是高祖的孙子。一旦皇上去世，不是大王继承皇位，还应该是谁呢！”淮南王十分欢喜，送给武安侯许多金银财物。皇上自从魏其侯的事件发生时就不认为武安侯是对的，只是碍着太后的缘故罢了。等听到淮南王向武安侯送金银财物时，皇上说：“假使武安侯还活着的话，该灭族了。”

太史公说：“魏其侯和武安侯都凭外戚的关系身居显要职位，灌夫因为一次下定决心冒险立功而显名于当时。魏其侯的被重用，是由于平定吴、楚七国叛乱；武安侯的显贵，则是由于利用了皇帝刚刚即位，王太后掌权的机会。然而，魏其侯实在是太不懂时势的变化，灌夫不学无术又不谦逊，两人互相庇护，酿成了这场祸乱。武安侯依仗显贵的地位而且喜欢玩弄权术；由于一杯酒的怨愤，陷害了两位贤人。可悲啊！灌夫迁怒于别人，以致自己的性命也不长久。灌夫受不到百姓的拥戴，终究落了坏名声。可悲啊！由此可知灌夫灾祸的根源啦！”

第九十卷　韩长孺列传第四十八

韩安国是汉初名将，他不仅在平息吴、楚七国叛乱时有功，而且在后来对匈奴的作战中也是重要的将领。他的发迹是在为梁孝王出使朝廷时，因在汉景帝面前，替梁孝王辩护而受到了窦太后的赏识。随后虽曾因犯法免官，但由于窦太后的关照，竟一下子从狱中囚徒提升为二千石级的梁国内史。武帝初年，外戚田蚡掌权，韩安国向其行贿，被召至京师，从此青云直上，不断升迁，官至御史大夫。田蚡死后，韩安国逐渐失势，不断被疏远降职，最后抑郁而死。

《韩长孺列传》通过韩安国仕途经历的叙写，展现了汉初官吏升迁贬谪的一些内幕。他的仕途生涯以外戚田蚡掌权为界，明显分为两个时期。前期由于窦太后的赏识和田蚡的举荐，官运亨通，飞黄腾达。田蚡死后，他开始走下坡路。文中还揭露了朝中的一些丑闻和弊端，像窦太后的偏爱少子、要弄权术，以及官吏的行贿等。

文章写了韩安国的一生，但不是将其经历巨细无遗地罗列一番，而是就韩安国言行中比较突出，又能显示他性格特征的典型事例加以描写刻画，从而塑造了一个精明官僚的形象。

【原文】

御史大夫韩安国者，梁成安人也，后徙[1]睢阳。尝受《韩子》、杂家说于驺[2]田生所。事梁孝王为中大夫。吴楚反时，孝王使安国及张羽为将，扞[3]吴兵于东界。张羽力战，安国持重[4]，以故吴不能过梁。吴楚已破，安国、张羽名由此显。

【注释】

①徙：迁居。②《韩子》：即《韩非子》，战国末年法家学派代表人物韩非的著作。说：学说。驺：即今山东省邹城市。③扞：通“捍”，抵御。④持重：稳固防守。

【原文】

梁孝王，景帝母弟，窦太后爱之，令得自请置相、二千石[1]，出入游戏，僭于天子[2]。天子闻之，心弗善[3]也。太后知帝不善，乃怒梁使者，弗见，案[4]责王所为。韩安国为梁使，见大长公主而泣曰：“何梁王为人子之孝，为人臣之忠，而太后曾弗省[5]也？夫前日吴、楚、齐、赵七国[6]反时，自关以东皆合从西乡[7]，惟梁最亲，为艰难[8]。梁王念太后、帝在中[9]，而诸侯扰乱，一言泣数行下，跪送臣等六人，将兵击却吴楚，吴楚以故兵不敢西，而卒破亡，梁王之力也。今太后以小节苛礼责望[10]梁王。梁王父兄皆帝王，所见者大，故出称跸[11]，入言警[12]，车旗皆帝所赐也，即欲以侘鄙[13]县，驱驰国中，以夸诸侯，令天下尽知太后、帝爱之也。今梁使来，辄[14]案责之。梁王恐，日夜涕泣思慕，不知所为。何梁王之为子孝，为臣忠，而太后弗恤[15]也？”大长公主具[16]以告太后，太后喜曰：“为言之帝。”言之，帝心乃解[17]，而免冠谢太后曰：“兄弟不能相教，乃为太后遗忧。”悉[18]见梁使，厚赐之。其后梁王益亲欢。太后、长公主更赐安国可直[19]千余金。名由此显，结于汉[20]。

【注释】

①这句的意思是说，梁孝王获得自行任命国相和二千石级官吏的权力。②僭于天子：超越本分，比拟皇帝。僭，超越本分。梁孝王僭于天子事详见《梁孝王世家》。③弗善：不高兴。④案：审查。⑤曾：竟然。省：明察。⑥吴、楚、齐、赵七国：都是汉初所封的诸侯国，前154年，以吴王刘濞为主谋，反叛朝廷。详见《吴王濞列传》。⑦关：指函谷关。合从：指联合。从，通“纵”。乡：通“向”。⑧艰难：指形势危险。⑨中：指关中。一说指京城。⑩责望：责备抱怨。⑪跸：指帝王出行时开路清道，禁止他人通行。⑫警：戒备。按：以上二句为互文。⑬侘：通“诧”，夸耀。鄙：边远的地方。⑭辄：就。⑮恤：顾怜。⑯具：通“俱”，都，全部。⑰解：释散。指疙瘩解开。⑱悉：全部，所有的。⑲可：大约。直：通“值”，价值。⑳结于汉：指与朝廷建立了关系。

【原文】

其后安国坐法抵罪[1]，蒙狱吏田甲辱安国。安国曰：“死灰独不复然[2]乎？”田甲曰：“然即溺[3]之。”居无何[4]，梁内史缺，汉使使者拜安国为梁内史，起徒[5]中为二千石。田甲亡走[6]。安国曰："甲不就官，我灭而宗[7]。"甲因肉袒谢[8]。安国笑曰："可溺矣！公等足与治[9]乎？"卒善遇之。

梁内史之缺也，孝王新得齐人公孙诡，说[10]之，欲请以为内史。窦太后闻，乃诏王以安国为内史。

【注释】

①坐法抵罪：因犯法被判罪。抵罪，抵偿其应负的罪责。②独：难道。然：通"燃"。③溺：通"尿"。④居无何：过了不久。⑤徒：服劳役的犯人。⑥亡走：逃跑。⑦而：你的。宗：宗族。⑧肉袒：脱去上衣，露出身体的一部分。⑨治：惩办。⑩说：通"悦"。

【原文】

公孙诡、羊胜说孝王求为帝太子及益地事，恐汉大臣不听，乃阴使人刺汉用事[1]谋臣。乃杀故[2]吴相袁盎，景帝遂闻诡、胜等计画，乃遣使捕诡、胜，必得。汉使十辈[3]至梁，相以下举国大索[4]，月余不得。内史安国闻诡、胜匿[5]孝王所，安国入见王而泣曰："主辱臣死。大王无良臣，故事纷纷[6]至此。今诡、胜不得，请辞赐死。"王曰："何至此？"安国泣数行下，曰："大王自度[7]于皇帝，孰与太上皇之与高皇帝及皇帝之与临江王[8]亲？"孝王曰："弗如也。"安国曰："夫太上、临江亲父子之间，然而高帝曰'提三尺剑取天下者朕也'，故太上皇终不得制事，居于栎阳[9]。临江王，適[10]长太子也，以一言过，废王临江；用宫垣事[11]，卒自杀中尉府。何者？治天下终不以私乱公。语曰：'虽有亲父，安[12]知其不为虎？虽有亲兄，安知其不为狼?’今大王列在诸侯，悦一邪臣浮说[13]，犯上禁，桡[14]明法。天子以太后故，不忍致法于王。太后日夜涕泣，幸[15]大王自改，而大王终不觉寤[16]。有如太后宫车即晏驾[17]，大王尚谁攀乎?”语未卒，孝王泣数行下，谢安国曰：“吾今出诡、胜。”诡、胜自杀。汉使还报，梁事皆得释[18]，安国之力也。于是景帝、太后益重[19]安国。孝王卒，共王[20]即位，安国坐法失官，居家。

【注释】

①阴使：秘密派遣。用事：当权。②故：指前任，原来的。③辈：批。④索：搜查。⑤匿：隐藏。⑥纷纷：杂乱的样子。⑦度：估计，猜测。⑧孰与：与……相比，哪一个……。太上皇：指汉高祖刘邦之父刘太公。临江王：指汉景帝之长子刘荣。⑨栎阳：即栎阳宫。⑩適：通“嫡”，指正妻或正妻所生的子女。⑪用：因。宫垣事：指刘荣建宫室时侵占了祖庙墙内的空地。事见《五宗世家》。⑫安：怎么。⑬浮说：指虚妄的言论。⑭桡：通“挠”，阻挠。⑮幸：希望。⑯寤：通“悟”。⑰有如：假如。宫车即晏驾：指帝王死。⑱释：消解。⑲益重：更加看重。⑳共王：“恭王”，梁孝王的长子刘买。

【原文】

建元[1]中，武安侯田蚡为汉太尉，亲贵用事，安国以五百金物遗[2]蚡。蚡言安国太后[3]，天子[4]亦素闻其贤，即召以为北地都尉，迁[5]为大司农。闽越、东越[6]相攻，安国及大行王恢将[7]。未至越，越杀其王降，汉兵亦罢。建元六年[8]，武安侯为丞相，安国为御史大夫。

匈奴来请和亲[9]，天子下议[10]。大行王恢，燕人也，数[11]为边吏，习知胡事。议曰："汉与匈奴和亲，率不过数岁即复倍[12]约。不如勿许，兴兵击之。"安国曰："千里而战，兵不获利。今匈奴负[13]戎马之足，怀禽兽之心，迁徙鸟举[14]，难得而制[15]也。得其地不足以为广，有其众不足以为强，自上古不属为人[16]。汉数千里争利，则人马罢[17]，虏[18]以全制其敝。且强弩之极，矢不能穿鲁缟[19]；冲风[20]之末，力不能漂鸿[21]毛。非初不劲，末力衰也。击之不便，不如和亲。"群臣议者多附安国，于是上许和亲。

【注释】

①建元：汉武帝的第一个年号（前140—前135）。②遗：赠送。③太后：指王太后，名娡。④天子：指武帝刘彻。⑤迁：提升。⑥闽越：越部族的一支。东越：是闽越的分支。⑦将：领兵。⑧建元六年：前135年。⑨和亲：指汉族封建王朝与少数民族首领，以及少数民族之间有政治目的的联姻。⑩下议：指交群臣议论商量。⑪数：屡次。⑫率：大致，一般。倍：通"背"，违犯。⑬负：依恃。⑭迁徙鸟举：迁移就像鸟飞一般。鸟举，鸟儿飞翔。⑮制：控制。⑯不属为人：意思是不内属中国作百姓。⑰罢：通"疲"，疲劳。⑱虏：对敌人的蔑称。⑲鲁缟：鲁地出产的一种白色的生绢，以轻薄闻名。⑳冲风：由下往上刮的强风。㉑鸿：雁。

【原文】

其明年[①]，则元光元年[②]，雁门马邑豪聂翁壹因[③]大行王恢言上曰："匈奴初和亲，亲信边[④]，可诱以利。"阴使聂翁壹为间[⑤]，亡入匈奴，谓单于[⑥]曰："吾能斩马邑令丞吏，以城降，财物可尽得。"单于爱信之，以为然，许聂翁壹。聂翁壹乃还，诈斩死罪囚，县[⑦]其头马邑城，示单于使者为信。曰："马邑长吏已死，可急来。"于是单于穿塞将十余万骑，入武州塞。

【注释】

①其明年：指和亲的第二年。②元光元年：前134年。元光，汉武帝的第二个年号（前134—前129）。③豪：豪绅。因：通过。④亲信边：亲信边地之民。⑤间：间谍。⑥单于：匈奴君主的称号。⑦县：通"悬"。

【原文】

当是时，汉伏兵车骑材官[①]三十余万，匿马邑旁谷中。卫尉李广为骁骑将军，太仆公孙贺为轻车将军，大行王恢为将屯将军，太中大夫李息为材官将军。御史大夫韩安国为护军将军，诸将皆属护军。约单于入马邑而汉兵纵发[②]。王恢、李息、李广别从代主击其辎重[③]。于是单于入汉长城武州塞。未至马邑百余里，行掠卤[④]，徒见畜牧于野，不见一人。单于怪之，攻烽燧[⑤]，得[⑥]武州尉史。欲刺[⑦]问尉史。尉史曰："汉兵数十万伏马邑下。"单于顾[⑧]谓左右曰："几[⑨]为汉所卖！"乃引兵还。出塞，曰："吾得尉史，乃天也。"命尉史为"天王"。塞下传言单于已引去。汉兵追至塞，度弗及，即罢。王恢等兵三万，闻单于不与汉合⑩，度往击辎重，必与单于精兵战，汉兵势必败，则以便宜⑪罢兵，皆无功。

【注释】

①车骑：成队的车马。这里指骑兵。材官：步兵。②纵发：奔驰出去。③辎重：军用物资。这里指后勤部队。④卤：通"掳"。⑤烽燧：即烽火台。⑥得：擒获。⑦刺：探。⑧顾：回头看。⑨几：差一点儿。⑩合：交锋。⑪便宜：看怎样方便适宜，就酌情处理。

【原文】

天子怒王恢不出击单于辎重，擅引兵罢也。恢曰："始约虏入马邑城，兵与单于接，而臣击其辎重，可得利。今单于闻，不至而还，臣以三万人众不敌，禔①取辱耳。臣固知还而斩，然得完②陛下士三万人。"于是下③恢廷尉。廷尉当恢逗桡④，当斩。恢私行⑤千金丞相蚡。蚡不敢言上，而言于太后曰："王恢首造⑥马邑事，今不成而诛恢，是为匈奴报仇也。"上朝太后，太后以丞相言告上。上曰："首为马邑事者，恢也，故发天下兵数十万，从其言，为此且纵⑦单于不可得，恢所部击其辎重，犹颇可得，以慰士大夫心。今不诛恢，无以谢天下。"于是恢闻之，乃自杀。

【注释】

①禔：通"只"。②完：保全。③下：交给。④逗桡：

《集解》引《汉书音义》曰："逗，曲行避敌也；桡，顾望，军法语也。"⑤行：给予。⑥造：作。这里是"倡议"的意思。⑦纵：即使。

【原文】

安国为人多大略[①]，智足以当世取合[②]，而出于忠厚焉。贪嗜于财。所推举皆廉士，贤于己者也。于梁举壶遂、臧固、郅他，皆天下名士，士亦以此称慕之，唯天子以为国器[③]。安国为御史大夫四岁余，丞相田蚡死，安国行[④]丞相事，奉引堕车蹇[⑤]。天子议置相，欲用安国，使使视之，蹇甚[⑥]，乃更以平棘侯薛泽为丞相。安国病免数月，蹇愈[⑦]，上复以安国为中尉。岁余，徙为卫尉。

【注释】

①多大略：指有韬略。②取合：投合，迎合。③国器：指主持国政的人才。④行：代理。⑤奉引：给皇帝导引车驾。蹇(jiǎn)：跛足。⑥甚：厉害。⑦愈：痊愈。

【原文】

车骑将军卫青击匈奴，出上谷，破胡茏城[①]。将军李广为匈奴所得[②]，复失之[③]；公孙敖大亡卒；皆当斩，赎为庶人。明年，匈奴大入边[④]，杀辽西太守，乃入雁门，所杀略[⑤]数千人。车骑将军卫青击之，出雁门。卫尉安国为材官将军，屯[⑥]于渔阳。安国捕生虏，言匈奴远去。即上书言方田作时[⑦]，请且罢军屯。罢军屯月余，匈奴大入上谷、渔阳。安国壁乃[⑧]有七百余人，出与战，不胜，复入壁。匈奴虏略千余人及畜产而去。天子闻之，怒，使使责让[9]安国。徙安国益东[10]，屯右北平。是时匈奴虏言当入东方。

【注释】

①茏城：即龙城。②得：俘获。③失之：指李广被匈奴俘获后又逃走。事见《李将军列传》。④大入边：大举入侵边境。⑤略：劫掠。⑥屯：驻守。⑦方：正当。田作时：农耕时节。⑧壁：营垒。乃：才。⑨让：责备。⑩益东：更加东移。

【原文】

安国始为御史大夫及护军[1]，后稍斥疏[2]，下迁[3]；而新幸壮[4]将军卫青等有功，益贵。安国既疏远，默默[5]也；将屯又为匈奴所欺，失亡多，甚自愧。幸得罢归，乃益东徙屯，意忽忽[6]不乐，数月，病欧[7]血死。安国以元朔二年[8]中卒。

【注释】

①护军：指护军将军。②稍斥疏：渐渐被排斥疏远。③下迁：降职。④幸：得宠。壮：指年轻。⑤默默：郁郁不得志的样子。⑥忽忽：失意的样子。⑦欧：通“呕”，吐。⑧元朔二年：前127年。元朔，汉武帝第三个年号（前128—前123）。

【原文】

太史公曰：余与壶遂定律历[1]，观韩长孺之义，壶遂之深中隐厚[2]。世之言梁多长者，不虚哉！壶遂官至詹事，天子方倚以为汉相，会[3]遂卒。不然，壶遂之内廉行修[4]，斯鞠躬[5]君子也。

【注释】

①律历：乐律和历法。②深中隐厚：深沉含藏着厚道。③会：恰遇。④行修：指行为端正。⑤鞠躬：谦恭谨慎的样子。

【译文】

御史大夫韩安国是梁国成安县人，后适居睢阳。曾经在邹县田先生之处学习《韩非子》和杂家的学说。侍奉梁孝王，担任中大夫。吴楚七国叛乱时，梁孝王派韩安国和张羽担任将军，在东线抵御吴国的军队。张羽奋力作战，韩安国稳固防守，因此吴军不能越过梁国的防线。吴楚叛乱平息，韩安国和张羽的名声从此显扬。

梁孝王是汉景帝的同母弟弟，窦太后很宠爱他，允许他有自己推举梁国国相和二千石级官员人选的权力。他在梁国出入京城和到处游猎时的排场，超越了诸侯的标准而可以和天子相比。景帝听说后，心中很不高兴。窦太后知道景帝不满，就迁怒于梁国派来的使者，拒绝接见他们，而向他们查问责备梁王的所作所为。当时，韩安国是梁国的使者，便去进见大长公主，哭着说："为什么太后对于梁王作为儿子的孝心、作为臣下的忠心，竟然不能明察呢？从前，吴、楚、齐、赵等七国叛乱时，从函谷关以东的诸侯都联合起来向西进军，只有梁国与皇上关系最亲，是叛军进攻的阻难。梁王想到太后和皇上在关中，而诸侯作乱，一谈起这件事，眼泪纷纷下落，跪着送我等六人，领兵击退吴楚叛军，吴楚叛军也因为这个缘故不敢向西进军，因而最终灭亡，这都是梁王的力量啊。现在，太后却为了一些苛细的礼节责怪抱怨梁王。梁王的父兄都是皇帝，所见到的都是大排场，因此出行开路清道，禁止人们通行，回宫强调戒备，梁王的车子、旗帜都是皇帝所赏赐的，他就是想用这些在边远的小县炫耀，在内地让车马来回奔驰，让天下的人都知道太后和皇帝喜爱他。现在梁使到来，就查问责备。梁王恐惧，日夜流泪思念，不知如何是好。为什么梁王作为儿子孝顺、作为臣下忠心，而太后竟不怜惜呢？"大长公主把这些话详细地告诉了窦太后，窦太后高兴地说："我要替他把这些话告诉皇帝。"转告之后，景帝内心的疙瘩才解开，而且摘下帽子向太后认错说："我们兄弟间不能互相劝教，竟给太后您增添了忧愁。"于是，接见了梁王派来的所有使者，重重地赏赐了他们。从这以后，梁王更加受宠爱了。窦太后、大长公主再赏赐韩安国价值千余金的财物。他的名声因此显著，而且与朝廷建立了联系。

后来，韩安国因犯法被判罪，蒙县的狱吏田甲侮辱韩安国。韩安国说："死灰难道就不会复燃吗？"田甲说："要是再燃烧，就撒一泡尿浇灭它。”过了不久，梁国内史的职位空缺，汉朝廷派使者任命韩安国为梁国内史，从囚徒中起家担任二千石级的官员。田甲弃官逃跑了。韩安国说：“田甲不回来就任，我就要夷灭你的宗族。”田甲便脱衣露胸前去谢罪。韩安国笑着说：“你可以撒尿了！像你们这些人值得我惩办吗?”最后，友好地对待他。

梁国内史空缺之际，梁孝王刚刚延揽来齐人公孙诡，很喜欢他，打算请求任命他为内史。窦太后听到了，于是就命令梁孝王任命韩安国做内史。

公孙诡、羊胜游说梁孝王，要求他向汉景帝请求做皇位继承人和增加封地的事，恐怕朝廷大臣不肯答应就暗地里派人行刺当权的谋臣，以至杀害了原吴国国相袁盎。汉景帝便听到了公孙诡、羊胜等人的谋划，于是派使者务必捉拿到公孙诡、羊胜。汉派使者十批来到梁国，自梁国国相以下全国大搜查一个多月还是没有抓到。内史韩安国听到公孙诡、羊胜隐藏在梁孝王宫中，便入宫进见梁孝王，哭着说：“主上受到耻辱，臣下罪当该死。大王没有好的臣下，所以事情才紊乱到这种地步。现在，既然抓不到公孙诡、羊胜，请让我向您辞别，并赐我自杀。”梁孝王说：“你何必这样呢?”韩安国眼泪滚滚而下，说道：“大王自己忖度一下，您与皇上的关系比起太上皇（刘太公）与高皇帝以及皇上与临江王，哪个更亲密呢?”梁孝王说：“比不上他们亲密。”梁孝王说：“太上皇、临江王与高皇帝、皇上分别都是父子之间的关系，但是高皇帝说：‘拿着三尺宝剑夺取天下的人是我啊。’所以，太上皇最终也不能过问政事，住在栎阳宫。临江王是嫡长太子，只因为他母亲说错一句话，就被废黜降为临江王；又因建宫室时侵占了祖庙墙内空地的事，终于自杀于中尉府。为什么这样呢？因为治理天下终究不能因私情而损害公事。说：‘即使是亲生父亲，怎么知道他不会变成老虎？即使是亲兄弟，怎么知道他不会变成恶狼？’现在，大王您位列诸侯，却听信一个邪恶臣子的虚妄言论，违反了皇上的禁令，阻挠了彰明法纪。皇上因为太后的缘故，不忍心用法令来对付您。太后日夜哭泣，希望大王能自己改过。可是，大王最终也不能觉悟。假如太后突然逝世，大王您还能依靠谁呢？”话还没有说完，梁孝王痛哭流涕，感谢韩安国说：“我现在就交出公孙诡、羊胜。”公孙诡、羊胜两人自杀。汉朝廷的使者回去报告了情况，梁国的事情都得到了解决，这是韩安国的力量啊。于是，汉景帝、窦太后更加看重韩安国。梁孝王逝世，恭王即位，韩安国因为犯法丢了官，闲居在家。

建元年间（前140—前135），武安侯田蚡担任汉朝太尉，受宠幸而掌大权，韩安国拿了价值五百金的东西送给田蚡。田蚡向王太后说到韩安国，皇上也常听说韩安国的贤能，就把他召来担任北地都尉，后来升为大司农。闽越、东越互相攻伐，韩安国和大行王恢领兵前往。还没有到达越地，越人就杀死了他们的国王向汉朝投降，汉军也就收兵了。建元六年（前135），武安侯田蚡担任丞相，韩安国担任御史大夫。

匈奴派人前来请求和亲，皇上交由朝臣讨论。大行王恢是燕地人，多次出任边郡官吏，熟悉了解匈奴的情况。他议论说："汉朝和匈奴和亲大抵过不了几年匈奴就又背弃盟约。不如不答应，而发兵攻打他们。"韩安国说："派军队去千里之外作战，不会取得胜利。现在匈奴依仗军马的充足，怀着禽兽般的心肠，迁移如同群鸟飞翔，很难控制他们。我们得到他们的土地也不能算开疆拓土，拥有了他们的百姓也不能算强大。从上古起，他们就不属于我们的百姓。汉军到几千里以外去争夺利益，那就会人马疲惫，敌人就会凭借全面的优势对付我们的弱点。况且强弩之末，连鲁地所产的最薄的白绢也射不穿；从下往上刮的强风，到了最后，连飘起雁毛的力量都没有了。并不是他们开始时力量不强，而是到了最后，力量衰竭了。所以，发兵攻打匈奴实在是很不利的，不如跟他们和亲。"群臣的议论多数附和韩安国，于是皇上便同意与匈奴和亲。

和亲的第二年，就是元光元年（前134），雁门郡马邑城的豪绅聂翁壹通过大行王恢告诉皇上说："匈奴刚与汉和亲，亲近信任边地之民，可以用财利去引诱他们。"于是，暗中派遣聂翁壹做间谍，逃到匈奴，对单于说："我能杀死马邑城的县令县丞等官吏，将马邑城献给您投降，财物可以全部得到。"单于很信任他，认为他说的有道理，便答应了聂翁壹。

聂翁壹就回来了，斩了死囚的头，把他的脑袋悬挂在马邑城上，假充是马邑城官吏的头，以取信于单于派来的使者。说道：“马邑城的长官已经死了，你们可以赶快来。”于是，单于率领十余万骑兵穿过边塞，进入武州塞。

正在这个时候，汉王朝埋伏了战车、骑兵、材官三十多万，隐藏在马邑城旁边的山谷中。卫尉李广担任骁骑将军，太仆公孙贺担任轻车将军，大行王恢担任将屯将军，太中大夫李息担任材官将军。御史大夫韩安国担任护军将军，诸位将军都隶属护军将军。互相约定，单于进入马邑城时，汉军的伏兵就奔驰出击。王恢、李息、李广另外从代郡主攻匈奴的军用物资。当时，单于进入汉长城武州塞。距离马邑城还有一百多里，将要抢夺劫掠。可是，只看见牲畜放养在荒野，见不到一个人。单于觉得很奇怪，就攻打烽火台，俘虏了武州的尉史。想向尉史探问情况。尉史说：“汉军有几十万人埋伏马邑城下。”单于回过头来对左右人员说：“差点儿为汉所欺骗！”就带领部队回去了。出了边塞，说：“我们捉到武州尉史，真是天意啊！”称尉史为“天王”。塞下传说单于已经退兵回去。汉军追到边塞，估计追不上了，就撤退回来了。王恢等人的部队三万人，听说单于没有跟汉军交战，估计攻打匈奴的军用物资，一定会与单于的精兵交战，汉兵的形势一定失败，于是权衡利害而决定撤兵，所以汉军都无功而返。

天子恼怒王恢不攻击匈奴的后勤部队，擅自领兵退却。王恢说："当初约定匈奴一进入马邑城，汉军就与单于交战，而后我的部队攻取匈奴的军用物资，这样才有利可图。现在单于听到了消息，没有到达马邑城就回去了，我那三万人的部队抵不过他，只会招致耻辱。我本来就知道回来会被杀头，但是这样可以保全陛下的军士三万人。"皇上于是把王恢交给廷尉治罪。廷尉判他曲行避敌观望不前，应当杀头。王恢暗中送给了田蚡一千金。田蚡不敢向皇帝求情，而对王太后说道："王恢首先倡议马邑诱敌之计，今天没有成功而杀了王恢，这是替匈奴报仇。"皇上朝见王太后时，王太后就把丞相的话告诉了皇上。皇上说："最先倡议马邑之计的人是王恢，所以调动天下士兵几十万人，听从他的话出击匈奴。再说这次即使抓不到单于，如果王恢的部队攻击匈奴的军用物资，也还很可能有些收获，以此来安慰将士们的心。现在，不杀王恢就无法向天下人谢罪。"当时，王恢听到这话就自杀了。

韩安国为人有大韬略，他的才智足够迎合世俗，但却自处于忠厚之心。他贪嗜钱财。他所推荐的都是廉洁的士人，比他自己高明。在梁国推荐了壶遂、臧固、郅他，都是天下的名士，士人因此也对他很称道和仰慕，就是天子也认为他是治国之才。韩安国担任御史大夫四年多，丞相田蚡死了，韩安国代理丞相的职务，给皇帝导引车驾时堕下车，跌跛了脚。天子商量任命丞相，打算任用韩安国，派人去看望他，脚跛得很厉害，于是改用平棘侯薛泽担任丞相。韩安国因病免职几个月，跛脚好了，皇上又任命韩安国担任中尉。一年多后，调任卫尉。

车骑将军卫青攻打匈奴，从上谷郡出塞，在龙城打败了匈奴。将军李广被匈奴俘虏，又逃脱了；公孙敖伤亡了大量士兵。他们都该杀头，后来出钱赎罪成为庶人。第二年，匈奴大举入侵边境，杀了辽西太守，等到侵入雁门，杀死和掳去几千人，车骑将军卫青出兵追击，从雁门郡出塞。卫尉韩安国担任材官将军，驻守渔阳。韩安国抓到俘虏，俘虏供说匈奴已经远远离去。韩安国立即上书皇帝说现在正是农耕时节，请求暂时停止屯军。停止屯军一个多月，匈奴又大举入侵上谷、渔阳。韩安国的军营中仅有七百多人，出迎与匈奴交战，无法取得胜利，又退回军营中。匈奴俘虏掠夺了一千多人和牲畜财物而离去。天子听到这个消息后，很恼火，派使者责备韩安国。调韩安国更加往东移动，驻守右北平，因为当时匈奴的俘虏供说要侵入东方。

韩安国当初担任御史大夫和护军将军，后来渐渐被排斥疏远，贬官降职；而新得宠的年轻将军卫青等又有军功，更加受到皇上的重用。韩安国既被疏远，很不得意；领兵驻防又为匈奴所欺侮，损失伤亡很多，内心觉得非常愧疚。希望能够回到朝廷，却更被调往东边驻守，心里非常失意而闷闷不乐。过了几个月，生病吐血而死。韩安国在元朔二年（前 127）中去世。

太史公说：我和壶遂审定律历，观察韩长孺的行事得体，壶遂的深沉含藏厚道，世人都说梁国多忠厚长者，这话确实不错啊！壶遂做官做到詹事，天子正要倚仗他来做汉朝丞相，偏偏又碰上壶遂去世。不然的话，以壶遂廉洁的品行和端正的行为，这真是一个谦恭谨慎的君子啊。

第九十一卷　李将军列传第四十九

《李将军列传》是司马迁的一篇力作，这篇作品充分展示了作者在人物传记创作方面的杰出才能。抓住主要特征突出人物形象是司马迁最擅长的手法之一。在本文中，作者就抓住李广最突出的特点，通过一些生动的故事和细节，着力加以描写，使人物形象极为鲜明。如写他以百骑机智地吓退匈奴数千骑，受伤被俘而能飞身夺马逃脱，率四千人被敌军四万人围困，仍能临危不惧，指挥若定，等等。通过这几个惊险的战斗故事，突出表现了李广的智勇双全。尤其是对李广的善射，作者更是不厌其详地精心描写，如射杀匈奴射雕手，射杀敌军白马将，射退敌人的追骑，误以石为虎而力射没簇，甚至平时还常以射箭与将士赌赛饮酒等。这些精彩的片断犹如一个个特写镜头，生动地展示了这位名将的风采。

本篇记述汉代名将李广的生平事迹。李广是英勇善战、智勇双全的英雄。他一生与匈奴战斗七十余次，常常以少胜多，险中取胜，以致匈奴人闻名丧胆，称之为“飞将军”，“避之数岁”。李广又是一位最能体恤士卒的将领。他治军简易，对士兵从不苛刻，尤其是他与士卒同甘共苦的作风，深得将士们的敬佩。正是由于李广这种战斗中身先士卒、生活中先人后己的品格，使士兵都甘愿在他麾下，“咸乐为之死”。然而，这位战功卓著、倍受士卒爱戴的名将，却一生坎坷，终身未得封爵。皇帝嫌他命运不好，不敢重用，贵戚也借机对他排挤，终于导致李广含愤自杀。李广是以自杀抗议朝廷对他的不公，控诉贵戚对他的无礼。太史公也通过李广的悲剧结局，揭露并谴责了统治者的任人唯亲、刻薄寡恩以及对贤能的压抑与扼杀，从而使这篇传记具有了更深一层的政治意义。

【原文】

李将军广者，陇西成纪人也。其先曰李信，秦时为将，逐得燕太子丹者也[①]。故槐里，徙成纪。广家世世受[②]射。孝文帝十四年，匈奴大入萧关，而广以良家子[③]从军击胡，用[④]善骑射，杀首虏[⑤]多，为汉中郎。广从弟[⑥]李蔡亦为郎，皆为武骑常侍，秩[⑦]八百石。尝从行，有所冲陷折关[⑧]及格猛兽，而文帝曰：“惜乎，子不遇时！如令子当高帝时，万户侯[⑨]岂足道哉！”

及孝景初立，广为陇西都尉，徙[⑩]为骑郎将。吴楚军时[⑪]，广为骁骑都尉，从太尉亚夫[⑫]击吴楚军，取旗，显功名昌邑下。以梁王授广将军印，还，赏不行[⑬]。徙为上谷太守，匈奴日以合战。典属国公孙昆邪为上泣曰：“李广才气，天下无双，自负其能，数与虏敌战，恐亡之。”于是乃徙为上郡太守。后广转为边郡太守，徙上郡[⑭]。尝为陇西、北地、雁门、代郡、云中太守，皆以力战为名。

【注释】

①李信逐得燕太子丹事，见《刺客列传》。②受：学习。③良家子：家世清白人家的子弟。汉朝军队的来源有两种，一种即所谓“良家子”，另一种是罪犯和贫民等。④用：由于，因为。⑤杀首：斩杀敌人首级。虏：俘虏。⑥从弟：堂弟。⑦秩：俸禄的等级。⑧冲陷：冲锋陷阵。折关：抵御、拦阻。指抵挡敌人。⑨万户侯：有万户封邑的侯爵。⑩徙：调任。⑪吴楚军时：指景帝三年吴楚等七国起兵叛乱。其事详见《吴王濞列传》。⑫亚夫：即周亚夫。⑬“以梁王”至“赏不行”：李广作战立功之地在梁国境内，所以梁王封他为将军并授给将军印。这种做法违反汉朝廷的法令，因而李广还朝后，朝廷认为他功不抵过，不予封赏。⑭这里的“徙上郡”与上文“徙为上郡太守”重复，文字可能有误。对此，各家说法不同，不详述。

【原文】

匈奴大入上郡，天子使中贵人从广勒[①]习兵击匈奴。中贵人将骑数十纵[②]，见匈奴三人，与战。三人还射，伤中贵人，杀其骑且尽。中贵人走广。广曰：“是必射雕者[③]也。”广乃遂从百骑往驰三人。三人亡[④]马步行，行数十里。广令其骑张左右翼，而广身自射彼三人者，杀其二人，生得一人，果匈奴射雕者也。已缚之上马，望匈奴有数千骑，见广，以为诱骑[⑤]，皆惊，上山陈[⑥]。广之百骑皆大恐，欲驰还走。广曰：“吾去大军数十里，今如此以百骑走，匈奴追射我立尽。今我留，匈奴必以我为大军诱之，必不敢击我。”广令诸骑曰：“前!”前未到匈奴陈二里所[⑦]，止，令曰：“皆下马解鞍!”其骑曰：“虏多且近，即有急，奈何?”广曰：“彼虏以我为走，今皆解鞍以示不走，用坚其意。”于是胡骑遂不敢击。有白马将出护[⑧]其兵，李广上马与十余骑奔射杀胡白马将，而复还至其骑中，解鞍，令士皆纵马卧[⑨]。是时会暮，胡兵终怪之，不敢击。夜半时，胡兵亦以为汉有伏军于旁欲夜取之，胡皆引兵而去。平旦[⑩]，李广乃归其大军。大军不知广所之，故弗从。

【注释】

①中贵人：宫中受宠的人，指宦官。勒：受约束。②将：率领。骑：骑兵。纵：放马驰骋。③射雕者：射雕的能手。雕，猛禽，飞翔力极强而且迅猛，能射雕的人必有很高的射箭本领。④亡：通“无”。⑤诱骑：诱敌的骑兵。⑥陈：通“阵”，摆开阵势。⑦所：表示大约的数目。“二里所”即二里左右。⑧护：监护。⑨纵马卧：把马放开，随意躺下。⑩平旦：清晨，天刚亮。

【原文】

居久之，孝景崩，武帝立，左右以为广名将也，于是广以上郡太守为未央[①]卫尉，而程不识亦为长乐[②]卫尉，程不识故与李广俱以边太守将军屯[③]。及出击胡，而广行无部伍行陈[④]，就善水草屯，舍止，人人自便，不击刀斗[⑤]以自卫，莫府省约文书籍[⑥]事，然亦远斥候[⑦]，未尝遇害。程不识正部曲行伍营陈[⑧]，击刀斗，士吏治军簿至明[⑨]，军不得休息，然亦未尝遇害。不识曰："李广军极简易，然虏卒[10]犯之，无以禁也；而其士卒亦佚[11]乐，咸乐为之死。我军虽烦扰，然虏亦不得犯我。"是时汉边郡李广、程不识皆为名将，然匈奴畏李广之略，士卒亦多乐从李广而苦程不识。程不识孝景时以数[12]直谏为太中大夫。为人廉，谨于文法[13]。

【注释】

①未央：即未央宫，西汉宫殿名，当时为皇帝所居。②长乐：即长乐宫，西汉宫殿名，当时为太后所居。③将军屯：掌管军队的驻防。④部伍：指军队的编制。行阵：行列、阵势。⑤刀斗：即刁斗。铜制的军用锅，白天用它做饭，夜里敲它巡更。⑥莫府：即"幕府"，莫，通"幕"。古代军队出征驻屯时，将帅的办公机构设在大帐幕中，称为"幕府"。省约：简化。籍：考勤或记载功过之类的簿册。⑦斥候：侦察瞭望的士兵。"远斥候"，远远地布置侦察哨。另一种解释，到远离侦察瞭望所及的地方。⑧部曲：古代军队编制，将军率领的军队，下有部，部下有曲，曲下有屯。行伍：古代军队的基层编制，五人为伍，二十五人为行。营陈：通"营阵"，营地和军队的阵势。⑨治：办理，处理。至明：直到天明。也可解为非常明白，毫不含糊。⑩卒：通"猝"，突然。⑪佚：通"逸"，安逸，安闲。⑫数：屡次。⑬文法：朝廷制定的条文法令。

【原文】

后汉以马邑城诱单于，使大军伏马邑旁谷，而广为骁骑将军，领属护军将军[1]。是时，单于觉之，去，汉军皆无功[2]。

其后四岁，广以卫尉为将军，出雁门击匈奴。匈奴兵多，破败广军，生得广。单于素闻广贤，令曰："得李广必生致[3]之。"胡骑得广，广时伤病，置广两马间，络而盛[4]卧广。行十余里，广详[5]死，睨[6]其旁有一胡儿骑善马，广暂[7]腾而上胡儿马，因推堕儿，取其弓，鞭马南驰数十里，复得其余军，因引而入塞。匈奴捕者骑数百追之，广行取胡儿弓，射杀追骑，以故得脱。于是至汉，汉下广吏[8]。吏当[9]广所失亡多，为虏所生得，当斩，赎为庶人[10]。

【注释】

①领属：受统领节制。护军将军：即韩安国。②韩安国率军埋伏马邑附近，设计诱骗单于，但被单于发觉，匈奴兵退去，所以汉军无功。其事详见《韩长孺列传》。③致：送。④络：用绳子编结的网兜。盛：放，装。⑤详：通"佯"，假装。⑥睨：斜视。⑦暂：骤然。⑧下：交付。吏：指执法的官吏。⑨当：判断，判决。⑩赎：古代罪犯缴纳财物可减免刑罚，称为"赎罪"或"赎刑"。庶人：平民。

【原文】

顷之，家居数岁。广家与故颍阴侯孙屏野[1]居蓝田南山中射猎。尝夜从一骑出，从人田间饮。还至霸陵亭，霸陵尉醉，呵[2]止广。广骑曰："故李将军。"尉曰："今将军尚不得夜行，何乃故也！"止广宿亭下。居无何[3]，匈奴入杀辽西太守，败韩将军[4]，后韩将军[5]徙右北平。于是天子乃召拜广为右北平太守。广即请霸陵尉与俱，至军而斩之。

广居右北平，匈奴闻之，号曰“汉之飞将军”，避之数岁，不敢入右北平。

广出猎，见草中石，以为虎而射之，中石没镞[⑥]，视之石也。因复更射之，终不能复入石矣。广所居郡闻有虎，尝自射之。及居右北平射虎，虎腾伤广，广亦竟射杀之。

广廉，得赏赐辄分其麾下[⑦]，饮食与士共之。终广之身，为二千石[⑧]四十余年，家无余财，终不言家产事。广为人长，猿臂[⑨]，其善射亦天性也，虽其子孙他人学者，莫能及广。广讷口[⑩]少言，与人居则画地为军陈，射阔狭[⑪]以饮。专以射为戏，竟死。广之将兵，乏绝[⑫]之处，见水，士卒不尽饮，广不近水，士卒不尽食，广不尝食。宽缓不苛，士以此爱乐为用。其射，见敌急[⑬]，非在数十步之内，度不中不发，发即应弦而倒。用此[⑭]，其将兵数困辱，其射猛兽亦为所伤云。

【注释】

①颍阴侯孙：指颍阴侯灌婴之孙灌强。屏野：退隐田野。屏，隐居。②呵：大声呵斥。③居无何：过了不久。④韩将军（安国）兵败事，详见《韩长孺列传》。⑤有的版本此句下有“死”字。⑥镞：箭头。⑦辄：总是，就。麾下：部下。⑧为二千石：做年俸二千石这一级的官。汉代的郡守、郎中令等都属于这个等级。⑨猿臂：传说有一种通臂猿，左右两臂在肩部相通，可自由伸缩。这里是形容李广的两臂像猿那样长而且灵活。⑩讷口：说话迟钝，口拙。⑪阔狭：指上句所说在地上画的军阵图中，有的行列宽，有的行列窄。这句的意思是，比赛

射军阵图，射中窄的行列者为胜，射中宽的行列及不中者都为负，负者罚酒。⑫乏绝：指缺水断粮。⑬急：逼近。⑭用此：因此。

【原文】

居顷之，石建①卒，于是上召广代建为郎中令。元朔②六年，广复为后将军，从大将军军出定襄，击匈奴。诸将多中首虏率③，以功为侯者，而广军无功。后二岁，广以郎中令将四千骑出右北平，博望侯张骞将万骑与广俱，异道④。行可数百里，匈奴左贤王将四万骑围广，广军士皆恐，广乃使其子敢往驰之。敢独与数十骑驰，直贯胡骑，出其左右而还，告广曰："胡虏易与⑤耳。"军士乃安。广为圜陈⑥外向，胡急击之，矢下如雨。汉兵死者过半，汉矢且尽。广乃令士持满⑦毋发，而广身自以大黄射其裨将⑧，杀数人，胡虏益解⑨。会日暮，吏士皆无人色，而广意气自如，益治军。军中自是服其勇也。明日，复力战，而博望侯军亦至，匈奴军乃解去。汉军罢⑩，弗能追。是时广军几没，罢归。汉法，博望侯留迟后期，当死，赎为庶人。广军功自如⑪，无赏。

【注释】

①石建：当时任郎中令。②元朔：汉武帝的第三个年号，共六年（前128—前123）。③首虏率：斩杀敌人首级和俘获敌人的数量规定。汉朝制度，凡达到规定数量的即可封侯。④异道：走不同的路。⑤易与：容易对付。与，打交道。⑥圜陈：圆形的兵阵。圜，通"圆"。⑦持满：把弓拉满。⑧大

黄：弩弓名，用兽角制成，色黄，体大，是当时射程最远的武器。裨将：副将。⑨益：逐渐。解：散开。⑩罢：通“疲”，疲惫。⑪军功自如：指功过相当。

【原文】

初，广之从弟李蔡与广俱事孝文帝。景帝时，蔡积功劳至二千石。孝武帝时，至代相。以元朔五年①为轻车将军，从大将军②击右贤王，有功中率③，封为乐安侯。元狩④二年中，代公孙弘为丞相。蔡为人在下中，名声出广下甚远，然广不得爵邑，官不过九卿，而蔡为列侯，位至三公。诸广之军吏及士卒或取封侯。广尝与望气⑤王朔燕语，曰：“自汉击匈奴而广未尝不在其中，而诸部校尉以下，才能不及中人，然以击胡军功取侯者数十人，而广不为后人，然无尺寸之功以得封邑者，何也？岂吾相不当侯邪？且固命也？”朔曰：“将军自念，岂尝有所恨⑥乎？”广曰：“吾尝为陇西守，羌⑦尝反，吾诱而降，降者八百余人，吾诈而同日杀之。至今大恨独此耳。”朔曰：“祸莫大于杀已降，此乃将军所以不得侯者也。”

【注释】

①元朔五年：前124年。②大将军：指卫青。③率：即上文的“首虏率”。④元狩：汉武帝的第四个年号，共六年（前122—前117）。⑤望气：古代通过观察星象或气象来占卜吉凶的迷信活动。⑥恨：悔恨。⑦羌：古代西部的少数民族之一。

【原文】

后二岁，大将军、骠骑将军[①]大出击匈奴，广数自请行，天子以为老，弗许；良久乃许之，以为前将军。是岁，元狩四年也。

广既从大将军青击匈奴，既出塞，青捕虏知单于所居，乃自以精兵走[②]之，而令广并于右将军[③]军，出东道。东道少回[④]远，而大军行水草少，其势不屯行[⑤]。广自请曰："臣部为前将军，今大将军乃徙令臣出东道，且臣结发[⑥]而与匈奴战，今乃一得当[⑦]单于，臣愿居前，先死[⑧]单于。"大将军青亦阴受上诫，以为李广老，数奇[⑨]，毋令当单于，恐不得所欲。而是时公孙敖[⑩]新失侯，为中将军从大将军，大将军亦欲使敖与俱当单于，故徙前将军广。广时知之，固自辞于大将军。大将军不听，令长史封书[⑪]与广之莫府，曰："急诣[⑫]部，如书。"广不谢[⑬]大将军而起行，意甚愠[⑭]怒而就部，引兵与右将军食其[⑮]合军出东道。军亡导[⑯]，或失道，后大将军。大将军与单于接战，单于遁走，弗能得而还。南绝幕[⑰]，遇前将军、右将军。广已见大将军，还入军。大将军使长史持糒醪[⑱]遗广，因问广、食其失道状，青欲上书报天子军曲折[⑲]。广未对，大将军使长史急责广之幕府对簿[⑳]。广曰："诸校尉无罪，乃我自失道。吾今自上簿。"

【注释】

①骠骑将军：即霍去病。②走：追逐。③右将军：名赵食其。④少：稍。回：迂回。⑤屯行：并队行进。屯，聚

集。⑥结发：即束发。古代男子到十五岁即可束发。这里的意思是指少年或年轻之时。⑦当：面对，对敌。⑧死：死战。⑨数奇：命运不好。数，命运；奇，单数。古代占卜以得偶为吉，奇为不吉。⑩公孙敖：原为合骑侯，后因罪当斩，赎为庶人，所以说“新失侯”。他曾救过卫青的性命，所以卫青想给他立功的机会而排挤李广。其事迹详见《卫将军骠骑列传》。⑪长史：官名，这里指大将军的秘书。封书：写好公文加封。⑫诣：到……去。⑬谢：辞别。⑭愠：怨恨。⑮食其：即赵食其。⑯导：向导。⑰绝：渡过，横穿。幕：通“漠”，沙漠。⑱糒（bèi）：干饭。醪：浊酒。⑲曲折：委曲详细的情况。⑳对簿：按簿册上的记载对质，即受审。

【原文】

至莫府，广谓其麾下曰：“广结发与匈奴大小七十余战，今幸从大将军出接单于兵，而大将军又徙广部行回远，而又迷失道，岂非天哉！且广年六十余矣，终不能复对刀笔之吏。”遂引刀自刭[①]。广军士大夫[②]一军皆哭。百姓闻之，知与不知，无老壮皆为垂涕。而右将军独下吏，当死，赎为庶人。

【注释】

①引刀：拔刀。自刭：自刎。②士大夫：这里指军中的将士。

【原文】

广子三人，曰当户、椒、敢，为郎。天子与韩嫣戏，嫣少不逊[①]，当户击嫣，嫣走。于是天子以为勇。当户早死，拜椒为代郡太守，皆先广死。当户有遗腹子名陵。广死军时，敢从骠骑将军。广死明年，李蔡以丞相坐侵孝景园壖地[②]，当下吏治，蔡亦自杀，不对狱[③]，国除。李敢以校尉从骠骑将军击胡左贤王，力战，夺左贤王鼓旗，斩首多，赐爵关内侯，食邑二百户，代广为郎中令。顷之，怨大将军青之恨其父[④]，乃击伤大将军，大将军匿讳[⑤]之。居无何，敢从上雍，至甘泉宫猎。骠骑将军去病与青有亲[⑥]，射杀敢。去病时方贵幸，上讳云鹿触杀之。居岁余，去病死。而敢有女为太子中人[⑦]，爱幸，敢男禹有宠于太子，然好利，李氏陵迟[⑧]衰微矣。

【注释】

①不逊：不礼貌，放肆。②坐：因犯……罪。孝景园：景帝的陵园。壖地：陵前神道（直通陵墓的大道）外边的空地。③对狱：和狱吏对质，即受审。④恨其父：使其父饮恨自杀。有人认为“恨”通“很”，违拗、不听从的意思。⑤匿讳：隐瞒。⑥有亲：指霍去病是卫青的外甥。⑦中人：指侍妾。⑧陵迟：衰落，败落。

【原文】

李陵既壮[①]，选[②]为建章监，监诸骑。善射，爱士卒。天子以为李氏世将，而使将八百骑。尝深入匈奴二千余里，过居延视地形，无所见虏而还。拜为骑都尉，将丹阳楚人五千人，教射酒泉、张掖以屯卫[③]胡。

数岁，天汉[④]二年秋，贰师将军李广利将三万骑击匈奴右贤王于祁连天山[5]，而使陵将其射士步兵五千人出居延北可千余里，欲以分匈奴兵，毋令专走贰师[6]也。陵既至期还，而单于以兵八万围击陵军。陵军五千人，兵矢既尽，士死者过半，而所杀伤匈奴亦万余人。且引且战[7]，连斗八日，还未到居延百余里，匈奴遮狭绝道[8]，陵食乏而救兵不到，虏急击招降陵。陵曰："无面目报陛下。"遂降匈奴。其兵尽没，余亡散得归汉者四百余人。

单于既得陵，素闻其家声，及战又壮，乃以其女妻陵而贵之。汉闻，族[9]陵母妻子。自是之后，李氏名败，而陇西之士居门下者[10]皆用为耻焉。

【注释】

①从这句开始到"太史公曰"之前，古今学者多认为是后人所续，不是司马迁手笔。②选：量才授官。③屯卫：驻军防卫。④天汉：汉武帝的第八个年号，共四年（前100—前97）。⑤祁连天山：即祁连山。⑥专走贰师：专来对付贰师将军的军队。⑦引：退。⑧遮狭绝道：遮，拦挡；狭，指狭窄的山谷；绝，断绝；道，指李陵军队的归路。⑨族：灭门，诛灭全族。这里指杀其全家。⑩居门下者：在门下为宾客。

【原文】

太史公曰：《传》[1]曰"其身正，不令而行；其身不正，虽令不从"。其李将军之谓也？余睹李将军悛悛[2]如鄙人，口不能道辞。及死之日，天下知与不知，皆为尽哀。彼其忠实心诚信于士大夫也！谚曰"桃李不言，下自成蹊[3]"。此言虽小，可以喻大也。

【注释】

①《传》：汉朝人称《诗》《书》《易》《礼》《春秋》为经，解说经书的著作都称为“传”。这里的传是指《论语》。因《论语》是孔子弟子及再传弟子所记，不是孔子亲笔著述，所以也称为传。②悛悛：老实厚道的样子。③蹊：小路。

【译文】

将军李广，陇西郡成纪县人。他的先祖叫李信，秦朝时任将军，就是追获了燕太子丹的那位将军。他的家原来在槐里县，后来迁到成纪。李广家世代传习射箭之术。文帝十四年（前166），匈奴人大举侵入萧关，李广以良家子弟的身份参军抗击匈奴。因为他善于骑射，斩杀敌人首级很多，所以被任为汉朝廷的中郎。李广的堂弟李蔡也被任为中郎。二人又都任武骑常侍，年俸八百石。李广曾随从皇帝出行，常有冲锋陷阵、抵御敌人，以及格杀猛兽的事。文帝说：“可惜啊！你没遇到时机，如果让你正赶上高祖的时代，封个万户侯那还在话下吗！”

到景帝即位后，李广任陇西都尉，又改任骑郎将。吴、楚七国叛乱时，李广任骁骑都尉，随从太尉周亚夫反击吴、楚叛军，在昌邑城下夺取了敌人的军旗，立功扬名。可是，由于梁孝王私自把将军印授给李广，回朝后，朝廷没有对他进行封赏。调他任上谷太守，匈奴每天都来交战。典属国公孙昆邪对皇上哭着说：“李广的才气，天下无双，他自己仗恃有本领，屡次和敌人正面作战，恐怕会失去这员良将。”于是，又调他任上郡太守。以后李广转任边境各郡太守，又调任上郡太守。他曾任陇西、北地、雁门、代郡、云中等太守，都以奋力作战而出名。

匈奴大举入侵上郡，天子派来一名宦官跟随李广学习军事，抗击匈奴。这位宦官带领几十名骑兵，纵马驰骋，遇到三个匈奴人，就与他们交战。三个匈奴人回身放箭，射伤了宦官，几乎杀光了他的那些骑兵。宦官逃回到李广那里，李广说：“这一定是匈奴的射雕能手。”李广于是就带上一百名骑兵前去追赶那三个匈奴人。那三个人没有马，徒步前行。走了几十里，李广命令他的骑兵左右散开，两路包抄。他亲自去射杀那三个人，射死了两个，活捉了一个，果然是匈奴的射雕手。把他捆绑上马之后，远远望见几千名匈奴骑兵。他们看到李广，以为是诱敌之骑兵，都很吃惊，跑上山去摆好了阵势。李广的百名骑兵也都大为惊恐，想回马飞奔逃跑。李广说：“我们离开大军几十里，照现在这样的情况，我们这一百名骑兵只要一跑，匈奴就要来追击射杀，我们会立刻被杀光的。现在我们停留不走，匈奴一定以为我们是为后面大军来诱敌的，必定不敢攻击我们。”李广向骑兵下令：“前进！”骑兵向前进发，到了离匈奴阵地还有大约二里的地方，停下来，下令说：“全体下马解下马鞍！”骑兵们说：“敌人那么多，并且又离得近，如果有了紧急情况，怎么办？”李广说：“那些敌人原以为我们会逃跑，现在我们都解下马鞍表示不逃，这样就能使他们更坚定地相信我们是诱敌之兵。”于是，匈奴骑兵终于不敢来攻击。有一名骑白马的匈奴将领出阵来监护他的士兵，李广立即上马和十几名骑兵一起奔驰，射死了那骑白马的匈奴将领，之后又回到自己的骑兵队里，解下马鞍，让士兵们都放开马，随便躺卧。这时正值日暮黄昏，匈奴军队始终觉得奇怪，不敢进攻。到了半夜，匈奴兵又以为汉朝有伏兵在附近，想趁夜偷袭他们，因而匈奴就领兵撤离了。第二天早晨，李广才回到他的大军营中。大军不知道李广的去向，所以无法随后接应。

过了好几年，景帝去世，武帝即位。左右近臣都认为李广是名将，于是李广由上郡太守调任未央宫的禁卫军长官，程不识也来任长乐宫的禁卫军长官。程不识和李广从前都任边郡太守并兼管军队驻防。到出兵攻打匈奴的时候，李广行军没有严格的队列和阵势，靠近水丰草茂的地方驻扎军队，停宿的地方人人都感到便利，晚上也不打更自卫，幕府简化各种文书簿册，但他远远地布置了哨兵，所以不曾遭到过危险。程不识对队伍的编制、行军队列、驻营阵势等要求很严格，夜里打更，文书军吏处理考绩等公文簿册要到天明，军队得不到休息，但也不曾遇到危险。程不识说：“李广治兵简便易行，然而敌人如果突然进犯他，他就无法阻挡了。而他的士卒倒也安逸快乐，都甘心为他拼死。我的军队虽然军务纷繁忙乱，但是敌人也不敢侵犯我。”那时，汉朝边郡的李广、程不识都是名将，但是匈奴人害怕李广的谋略，士兵也大多愿意跟随李广而以跟随程不识为苦。程不识在景帝时由于屡次直言进谏被封为太中大夫，为人清廉，谨守朝廷文书法令。

后来，汉朝用马邑城引诱单于，派大军在马邑两旁的山谷中埋伏，李广任骁骑将军，受护军将军韩安国统领节制。当时，单于发觉了汉军的计谋，就逃跑了。汉军都没有战功。四年以后，李广由卫尉被任为将军，出雁门关进攻匈奴。匈奴兵多，打败了李广的军队，并生擒了李广。单于平时就听说李广很有才能，下令说："俘获李广一定要活着送来。"匈奴骑兵俘虏了李广，当时李广受伤生病，就把李广放在两匹马中间套着的绳编网兜里躺着。走了十多里，李广假装死去，斜眼看到他旁边的一个匈奴少年骑着一匹好马，李广突然一纵身跳上匈奴少年的马，趁势把少年推下去，夺了他的弓，打马向南飞驰数十里，重又遇到他的残部，于是带领他们进入关塞。匈奴出动追捕的骑兵几百名来追赶他，李广一边逃一边拿起匈奴少年的弓射杀追来的骑兵，因此才能逃脱。于是，回到汉朝京城，朝廷把李广交给执法官吏。执法官判决李广损失伤亡太多，他自己又被敌人活捉，应该斩首。李广用钱物赎了死罪，削职为民。

转眼间，李广在家已闲居数年，李广家和已故颍阴侯灌婴的孙子灌强一起隐居兰田，常到南山中打猎。曾在一天夜里带着一名骑马的随从外出，和别人一起在田野间饮酒。回来时走到霸陵亭，霸陵尉喝醉了，大声呵斥，禁止李广通行。李广的随从说："这是前任李将军。"亭尉说："现任将军尚且不许通行，何况是前任呢！"便扣留了李广，让他停宿霸陵亭下。没过多久，匈奴入侵杀死辽西太守，打败了韩将军，韩将军迁调右北平。于是，天子就召见李广，任他为右北平太守。李广随即请求派霸陵尉一起赴任，到了军中就把他杀了。

李广驻守右北平，匈奴听说后，称他为“汉朝的飞将军”，躲避他好几年，不敢入侵右北平。

李广外出打猎，看见草里的一块石头，以为是老虎就向它射去，射中了石头，箭头都射进去了。过去一看，原来是石头。接着重新再射，始终不能再射进石头了。李广驻守过各郡，听说有老虎，常常亲自去射杀。到驻守右北平时，一次射虎，老虎跳起来伤了李广，李广也终于射死了老虎。

李广为官清廉，得到赏赐就分给他的部下，饮食总与士兵在一起。李广一生到死，做二千石俸禄的官共四十多年，家中没有多余的财物，始终也不谈及家产方面的事。李广身材高大，两臂如猿，他善于射箭也是天赋，即便是他的子孙或外人向他学习，也没人能赶上他。李广言语迟钝，说话不多，与别人在一起就在地上画军阵，然后比射箭，按射中较密集的行列还是较宽疏的行列来定罚谁喝酒。他专门以射箭为消遣，一直到死。李广带兵，遇到缺粮断水的地方，见到水，士兵还没有完全喝到水，李广不去靠近水；士兵还没有完全吃上饭，李广一口饭也不尝。李广对士兵宽厚和缓不苛刻，士兵因此爱戴他，乐于为他所用。李广射箭的方法是，看见敌人逼近，如果不在数十步之内，估计射不中，就不发射。只要一发射，敌人立即随弓弦之声倒地。因此，他领兵有几次被困受辱，射猛兽也曾为猛兽所伤。

没过多久，石建死了，于是皇上召见李广，让他接替石建任郎中令。元朔六年（前123年），李广又被任为后将军，跟随大将军卫青的军队从定襄出塞，征伐匈奴。许多将领因斩杀敌人首级符合规定数额，以战功被封侯，而李广的军队却没有战功。过了两年，李广以郎中令官职率领四千骑兵从右北平出塞，博望侯张骞率领一万骑兵与李广一同出征，分行两条路。行军几百里，匈奴左贤王率领四万骑兵包围了李广，李广的士兵都很害怕，李广就派他的儿子李敢骑马往匈奴军中奔驰。李敢独自和几十名骑兵飞奔，直穿匈奴骑兵阵，又从其左右两翼突出，回来向李广报告说："匈奴敌兵很容易对付啊！"士兵们这才安心。李广布成圆形兵阵，面向外。匈奴猛攻，箭如雨下。汉兵死了一半多，箭也快用光了。李广就命令士兵拉满弓，不要放箭，而李广亲自用大黄弩弓射匈奴的副将，杀死了好几个，匈奴军才渐渐散开。这时天色已晚，军吏士兵都面无人色。可是，李广神态自然，更加注意整顿军队。军中从此都很佩服他的勇敢。第二天，又去奋力作战，博望侯的军队也赶到了，匈奴军才解围退去。汉军非常疲惫，所以也不能去追击。当时，李广军几乎全军覆没，只好收兵回朝。按汉朝法律，博望侯行军迟缓，延误限期，应处死刑。用钱赎罪，降为平民。李广功过相抵，没有封赏。

当初，李广的堂弟李蔡和李广一起侍奉文帝。到景帝时，李蔡累积功劳已得到年俸二千石的官位。武帝时，做到代国的国相。元朔五年（前124），被任为轻车将军，跟随大将军卫青攻打匈奴右贤王有功，达到斩杀敌人首级的规定，被封为乐安侯。元狩二年（前121）间，代公孙弘任丞相。李蔡的才干在下等之中，声名比李广差得很远。然而，李广得不到封爵和封地，官位没超过九卿，李蔡却被封为列侯，官位达到三公。李广属下的军官和士兵们，也有人得到了侯爵之封。李广曾和星象家王朔私下闲谈说："自从汉朝攻打匈奴以来，我没有一次不参加。可是各部队校尉以下的军官，才能还不如中等人。然而，由于攻打匈奴有军功被封侯的有几十人。我李广不算比别人差，但是没有一点功劳用来得到封地，这是什么原因呢？难道是我的骨相就不该封侯吗？还是本来就命该如此呢？"王朔说："将军自己回想一下，难道曾经有过值得悔恨的事吗？"李广说："我曾当过陇西太守，羌人有一次反叛，我诱骗他们投降，投降的有八百多人，我用欺诈手段在同一天把他们都杀了。直到今天，我最大的悔恨只有这件事。"王朔说："能使人受祸的事，没有比杀死已投降的人更大的了，这也就是将军不能封侯的原因。"

又过了两年，大将军卫青、骠骑将军霍去病率军大举出征匈奴，李广几次亲自请求随行。天子认为他已年老，没有答应；好久才准许他前去，让他任前将军。这一年是元狩四年（前119）。

李广不久随大将军卫青出征匈奴，出边塞以后，卫青捉到敌兵，知道了单于住的地方，就自己带领精兵去追逐单于，而命令李广和右将军的队伍合并，从东路出击。东路有些迂回绕远，而且大军走在水草缺少的地方，势必不能并队行进。李广就亲自请求说：“我的职务是前将军，如今大将军却命令我改从东路出兵，况且我从少年时就与匈奴作战，到今天才得到一次与单于对敌的机会，我愿做前锋，先和单于决一死战。”大将军卫青曾暗中受到皇上的警告，认为李广年老，命运不好，不要让他与单于对敌，恐怕不能实现俘获单于的愿望。那时，公孙敖刚刚丢掉了侯爵，任中将军，随从大将军出征，大将军也想让公孙敖跟自己一起与单于对敌，故意把前将军李广调开。李广当时也知道内情，所以坚决要求大将军收回调令。大将军不答应他的请求，命令长史写文书发到李广的幕府，并对他说：“赶快到右将军部队中去，照文书上写的办。”李广不向大将军告辞就起程了，心中非常恼怒地前往军部，领兵与右将军赵食其合兵后从东路出发。军队没有向导，有时迷失道路，结果落在大将军之后。大将军与单于交战，单于逃跑了，卫青没有战果只好回兵。大将军向南行渡过沙漠，遇到了前将军和右将军。李广谒见大将军之后，回到自己军中。大将军派长史带着干粮和酒送给李广，顺便向李广和赵食其询问迷失道路的情况，卫青要给天子上书报告详细的军情。李广没有回答。大将军派长史急切责令李广幕府的人员前去受审对质。李广说：“校尉们没有罪，是我自己迷失道路，我现在亲自到大将军幕府去受审对质。”

到了大将军幕府，李广对他的部下说：“我从少年起与匈奴打过大小七十多仗，如今有幸跟随大将军出征同单于军队交战，可是大将军又调我的部队去走迂回绕远的路，偏又迷失道路，难道不是天意吗！况且我已六十多岁了，毕竟不能再受那些刀笔吏的侮辱。”于是就拔刀自刎了。李广军中的所有将士都为之痛哭。百姓听到这个消息，不论认识的不认识的，也不论老的少的都为李广落泪。右将军赵食其单独被交给执法官吏，应判为死罪，用财物赎罪，降为平民。

李广有三个儿子，名叫当户、椒、敢，都任郎官。一次，天子和弄臣韩嫣戏耍，韩嫣有点放肆的举动，李当户去打韩嫣，韩嫣逃跑了。于是，天子认为当户很勇敢。当户死得早，李椒被封为代郡太守，二人都比李广先死。当户有遗腹子名李陵。李广死在军中的时候，李敢正跟随骠骑将军霍去病。李广死后第二年，李蔡以丞相之位侵占景帝陵园前大道两旁的空地，因而获罪，应送交法吏查办，李蔡不愿受审对质，也自杀了，他的封国被废除。李敢以校尉官职随从骠骑将军出击匈奴左贤王，奋力作战，夺得左贤王的战鼓和军旗，斩杀很多敌人首级，因而赐封了关内侯的爵位，封给食邑二百户，接替李广任郎中令。不久，李敢怨恨大将军卫青使他父亲饮恨而死，就打伤了大将军。大将军把这件事隐瞒下来，没有张扬。又过了不久，李敢随从皇上去雍县，到甘泉宫打猎。骠骑将军霍去病和卫青有亲戚关系，就把李敢射死了。霍去病当时正在显贵并且受宠，皇上就隐瞒真相，说李敢是被鹿撞死的。又过一年多，霍去病死了。李敢有个女儿是太子的侍妾，很受宠爱，李敢的儿子李禹也受太子宠爱，但他贪财好利，李氏家族日渐败落衰微了。

李陵到壮年以后，被选任为建章营的监督官，监管所有骑兵。他善于射箭，爱护士兵，天子认为李家世代为将，因而让李陵率领八百骑兵。李陵曾深入匈奴境内两千多里，穿过居延海，观察地形，没有遇见敌人就回来了。后被封为骑都尉，统率丹阳的楚兵五千人，在酒泉、张掖教练射箭，屯驻在那里防备匈奴。

几年后，天汉二年（前99）秋天，贰师将军李广利率领三万骑兵在祁连山进攻匈奴右贤王，武帝派李陵率领他的步兵射手五千人，出兵到居延海以北大约一千里的地方，想用此法分散敌人的兵力，不让他们专门去对付贰师将军。李陵已到预定期限就要回兵，而单于用八万大军包围截击李陵的军队。李陵军队只有五千人，箭射光了，士兵死了大半，但他们杀伤匈奴也有一万多人。李陵军边退边战，接连战斗了八天，往回走到离居延海还有一百多里的地方，匈奴兵拦堵住狭窄的山谷，截断了他们的归路。李陵军队缺乏粮食，救兵也不到，敌人加紧进攻，并劝诱李陵投降。李陵说：“我没脸面去回报皇帝了！”于是就投降了匈奴。他的军队全军覆没，余下逃散能回到汉朝的只有四百多人。

单于得到李陵之后，因平素就听说过李陵家的名声，见他打仗时又很勇敢，于是就把自己的女儿嫁给李陵，使他显贵。汉朝知道后，就杀了李陵的母亲妻儿全家。从此以后，李家名声败落，陇西一带的人士曾为李氏门下宾客的，都以此为耻辱。

太史公说：“《论语》里说：‘在上位的人自身行为端正，不下命令事情也能实行；自身行为不正，发下命令也没人听从。’这就是说的李将军吧！我所看到的李将军，老实厚道像个乡下人，开口不善讲话，可在他死的那天，天下人不论认识他的还是不认识他的，都为他尽情哀痛。他那忠实的品格确实得到了将士们的信赖呀！谚语说：‘桃树李树不会讲话，树下却自然地被人踩出一条小路。’这话虽然说的是小事，但可以用来比喻大道理呀。”

第九十二卷　匈奴列传第五十

本文是记述匈奴与中国关系的传文。全文共可划分为四大段落：首段记述匈奴的历史演变及其同中国的历史关系，以及他们的民族风俗、社会组织形态等；第二段写汉朝初年，匈奴与汉朝的和亲关系和反复无常的表现；第三段是本文的中心，记述汉武帝时代，汉朝与匈奴之间长期的以战争为主的紧张关系；第四段记述太史公对武帝同匈奴战争的看法。

同匈奴战争是汉武帝一生政治生涯的一件大事，从元光二年到元狩四年的二十四年当中，汉与匈奴始终处于时战时休、战多于休的敌对状态。在作者的客观叙述中，对于匈奴奴隶主的不守信义，不遵礼法、侵扰边境、破坏和平、好杀成性等，都作了含蓄的批评和指责；同时也对汉武帝不停地进行征战，耗费人力物力，特别是对他的不知择贤、任人失当等，作了含蓄的讥讽，显示了作者对汉武帝这位雄才大略的政治家的公允的态度和对历史的深刻认识。

另外，本文详细地记述了匈奴的世俗风情，文字简约，颇似一篇风俗书，很有文献史料的价值，是《史记》的名篇。

【原文】

匈奴，其先祖夏后氏[①]之苗裔也，曰淳维。唐虞以上有山戎、猃狁、荤粥[②]，居于北蛮[③]，随畜牧而转移。其畜之所多则马、牛、羊，其奇畜则橐驼、驴、骡、駃騠、騊駼、驒騱[④]。逐水草迁徙，毋城郭[⑤]常处耕田之业，然亦各有分地[⑥]。毋文书，以言语为约束。儿能骑羊，引弓射鸟鼠；少长[⑦]则射狐兔：用为食。士力能毌[⑧]弓，尽为甲骑[⑨]。其俗，宽[⑩]则随畜，因[⑪]射猎禽兽为生业，急则人习战攻以侵伐，其天性也。其长兵[⑫]则弓矢，短兵则刀鋋[⑬]。利则进，不利则退，不羞[⑭]遁走。苟[⑮]利所在，不知礼义。自君王以下，咸[⑯]食畜肉，衣[⑰]其皮革，被旃裘[⑱]。壮者食肥美，老者食其余。贵壮健，贱老弱。父死，妻其后母[⑲]；兄弟死，皆取[⑳]其妻妻之。其俗有名不讳[㉑]，而无姓字[㉒]。

【注释】

①其：通“之”。结构助词。夏后氏：古部落名。②唐虞：指陶唐氏和有虞氏，分别为尧、舜的国号。山戎、猃狁（xiǎn yǔn）、荤粥（xūn yù）：都是秦汉以前匈奴的名称。③北蛮：指北方蛮荒之地。即中国北部边境内外。④橐（tuó）驼：骆驼。駃騠（jué tí）：古时良马名，现为母驴与公马交配所生的杂种力畜，身体较马骡小。騊駼（táo tú）：马的一种，据说是良马。驒騱（tuó xī）：畜名，似马而小。⑤毋：通“无”，没有。城郭：古代在都邑四周用作防御的墙垣，有二重，内称城，外称郭。⑥分（fèn）地：指分占的牧地。⑦少长：年

龄稍大。⑧士：指男子。毌（wān）：通“贯”“弯”。⑨甲骑：披甲骑马的士兵；泛指战士。⑩宽：和缓。指平时。⑪因：以。⑫长兵：指能够远距离杀伤敌人的兵器。⑬铤：铁柄小矛。⑭羞：害羞。意动用法。⑮苟：假如；只要。⑯咸：都。⑰衣：穿。⑱被（pī）：通“披”，穿或披在身上。旃（zhān）裘：用兽毛兽皮做成的衣服。⑲妻：把她作妻子。意动用法。后母：指继母或其他非生身之母。⑳取：通“娶”。㉑讳：旧时对帝王或尊长不敢直称其名，称为“避讳”。㉒姓字：姓氏和表字。

【原文】

夏道衰，而公刘失其稷官[1]，变[2]于西戎，邑[3]于豳。其后三百有[4]余岁，戎狄攻大王亶父[5]，亶父亡走岐下[6]，而豳人悉从亶父而邑[7]焉，作周。其后百有余岁，周西伯昌伐畎夷氏[8]。后十有余年，武王伐纣而营雒邑[9]，复居于酆、鄗[10]，放逐戎夷泾、洛[11]之北，以时[12]入贡，命曰“荒服[13]”。其后二百有余年，周道衰，而穆王[14]伐犬戎，得四白狼、四白鹿以归。自是[15]之后，荒服不至。于是周遂作《甫刑》之辟[16]。穆王之后二百有余年，周幽王用宠姬褒姒[17]之故，与申侯有郤[18]。申侯怒而与犬戎共攻杀周幽王于骊山[19]之下，遂取周之焦获[20]，而居于泾、渭[21]之间，侵暴[22]中国。秦襄公[23]救周，于是周平王去[24]酆、鄗而东徙雒邑。当是之时，秦襄公伐戎至岐，始列为诸侯。是后六十有五年[25]，而山戎越燕而伐齐[26]，齐釐公[27]与战于齐郊。其后四十四年，而山戎伐燕，燕告急于齐，齐桓公[28]

北伐山戎，山戎走。其后二十有余年，而戎狄至雒邑[29]，伐周襄王[30]，襄王奔于郑之氾邑[31]。初[32]，周襄王欲伐郑，故娶戎狄女为后，与戎狄兵共伐郑。已而黜[33]狄后，狄后怨；而襄王后母曰惠后，有子子带，欲立之。于是惠后与狄后、子带为内应，开[34]戎狄，戎狄以故[35]得入，破逐[36]周襄王，而立子带为天子。于是戎狄或居于陆浑[37]，东至于卫[38]，侵盗暴虐[39]中国。中国疾[40]之，故诗人歌之曰“戎狄是应[41]”，“薄伐猃狁，至于大原[42]”，“出舆彭彭，城彼朔方[43]”。周襄王既[44]居外四年，乃使使告急于晋[45]。晋文公[46]初立，欲修[47]霸业，乃兴师伐逐戎翟[48]，诛子带，迎内[49]周襄王，居于雒邑。

【注释】

①公刘：周族领袖。稷官：掌管农业的官长。相传周族始祖后稷（姬弃）在唐尧时开始担任此职，教民耕种。②变：实行变革。③邑：聚居；建立都邑。④有（yòu）：通“又”，用在整数和零数之间。⑤戎狄：泛指西、北两方的部族。狄，古时北方部族名。大（tài）王亶父：即古公亶父。周族领袖，周文王的祖父，周武王时尊之为太王。领族迁到岐下，建城郭家室，设官吏，改革戎狄习俗，发展生产，使周族逐渐兴盛。大，通“太”。⑥亡走：逃跑；逃奔。岐下：岐山之下，即岐山下的周原（今陕西省岐山县东北）。⑦悉从：全都跟着。邑：立邑聚居。⑧西伯（bó）昌：即周文王姬昌。商纣王时为西伯（西方诸侯之长）。在位期间攻灭一些邦国，使周国力更强，为武王灭商奠定了基础。畎（quǎn）夷氏：即犬戎，

戎族的一支。⑨武王：周武王姬发。营：营建。雒（luò）邑：即洛邑，在今河南省洛阳市。⑩复：回来；回去；又。酆、鄗：周文王在沣水西岸建立酆邑作为国都（在今陕西省西安市长安区西北沣河西岸马王村、西王村一带）；周武王灭商后建都于镐（在今陕西省西安市西）。酆、鄗因是周都，故有酆京、镐京之称。⑪泾、洛：陕西省境内渭河北岸的两大支流，泾河在西，洛河（今北洛河）在东。⑫以时：按时。⑬命：命名；叫作。荒服：荒远而能服事帝王的地区。指离王畿（帝王直辖领地）二千五百里以外（一说四千五百里至五千里）的地带。⑭穆王：周穆王姬满。⑮是：此；这。⑯《甫刑》：周穆王命其相甫侯制定的刑法。有“五刑”三千款。辟（bì）：法度；法律。⑰周幽王：姬宫湦。西周末代国君，前781—前771年在位。历史上有名的昏君。用：因为；由于。姬：古代对妇女的美称；古代对妾的称呼。褒姒（sì）：褒国美女，姓姒。⑱申侯：西周末年西申的国君，幽王后申氏之父。郤：通“隙”，嫌隙；仇隙。⑲骊山：山名。在陕西省西安市临潼区东南。⑳焦获：泽名。在今陕西省泾阳县西北。㉑渭：水名。发源于甘肃省渭源县，流经陕西省中部，汇合泾河注入黄河。㉒侵暴：侵扰蹂躏；侵犯。㉓秦襄公：秦国开国君主，前777—前766年在位。因护送周平王东迁有功，始受封为诸侯。㉔周平王：姬宜臼。前770—前720年在位。前770年，他东迁洛邑，周朝从此被称为东周。去：离开。㉕时为周桓王十四年（前706）。㉖燕（yān）：周朝封国。地在现在的河北省北部和辽宁省西端，建都蓟（今北京城西南隅）。详见《燕召公世家》。齐：周朝封国。地在今山东省北部和东部，建都营丘（后称临淄，今山东省淄博市东北）。详见《齐太公世家》。㉗齐釐公：姜禄甫。前730—前698年在位。曾大败山戎。㉘齐桓公：姜小白。前685—前643年在位。他任用管仲为相，大兴改革，成为春秋时期第一位霸主。㉙事在周襄王十六年（前636）。㉚周襄王：姬郑。前651—前619年在位。㉛奔：逃奔；逃往。郑：周朝封国。始封于郑（今陕西省渭南市华州区东），后来发展到今河南省中部，建都新郑（今河南省新郑市）。氾（fàn）邑：邑名。在今河南省襄城县。㉜初：当初。古文中用以追述往事。㉝已而：随即；不久。黜（chù）：废；贬退。㉞开：打开（城门）。为动用法。㉟以故：因为这个原因；因此。㊱破逐：击败并驱逐。㊲或：有的；有的人。虚指代词。陆浑：地名。在今河南省嵩县西南。㊳卫：周朝封国。地在今河南省北部。先后立都于朝歌（今淇县）、楚丘（今滑县东）、帝丘（今濮阳市西南）、野王（今沁阳市）。㊴侵盗暴虐：侵扰抢掠，凶残虐害。㊵疾：厌恶；憎恨。㊶戎狄是应：引自《诗·鲁颂·閟（bì）宫》。是，表示宾语前置的结构助词。应，原诗作“膺”，打击。㊷薄伐猃狁，至于大原：引自《诗·小雅·六月》。薄，句首助词，无义。大原，地区名，在今甘肃省平凉市和宁夏回族自治区固原市原州区一带。大，通“太”。㊸出舆彭彭（bāng bāng），城彼朔方：引自《诗·小雅·出车》。两句之间尚有“旂旐（zhào）中央”“天子命我”二句。舆，车厢，车。原诗作“车”。彭彭，形容车马盛多。城，筑城，动词。朔方，北方。㊹既：已经。㊺乃：才，这才。使使：派遣使者。前“使”字，动词；后“使”字，名词。晋：周朝封国。㊻晋文公：姬重耳。前636—前628年在位。春秋五霸之一。㊼修：建立，创立。㊽翟：通“狄”。㊾内（nà）：通“纳”，纳入。

【原文】

当是之时，秦晋为强国。晋文公攘[1]戎翟，居于河西圁、洛[2]之间，号曰赤翟、白翟。秦穆公得由余[3]，西戎八国服于秦，故自陇以西有绵诸、绲戎、翟、獂[4]之戎，岐、梁山、泾、漆之北有义渠、大荔、乌氏、朐衍[5]之戎。而晋北有林胡、楼烦[6]之戎。燕北有东胡[7]、山戎。各分散居谿谷[8]，自有君长。往往[9]而聚者百有余戎，然莫能相一[10]。

【注释】

①攘（rǎng）：排斥；排除；征讨。②河西：地区名。指今陕西省东部黄河南段西岸地区。圁（yín）：水名。洛：水名。即今北洛河。在陕西省北部至中部。③秦穆公：嬴任好。前659—前621年在位。春秋五霸之一。由余：春秋时秦国大夫。④陇：山名。即今六盘山南段，在陕西省、甘肃省边境。绵诸、绲（gǔn）戎、翟、獂：都是西戎族部落名称。绵诸，分布今甘肃省天水市东部地区。绲戎，《春秋》以为犬戎。獂，分布今甘肃省陇西县东南部。⑤梁山：山名。在今陕西省乾县西北。漆：水名。在今陕西省铜川市一带。义渠、大荔、乌

氏、朐（qú）衍：都是西戎族的部落名称。义渠，分布在今甘肃省庆阳市庆城县一带。大荔，分布今陕西省大荔县一带。乌氏，分布今甘肃省平凉市崆峒区一带。⑥林胡：部族名。分布今山西省和内蒙古自治区交界地带的西段。楼烦：部族名。分布今山西省和内蒙古自治区交界地带的东段。⑦东胡：部族名。分布今内蒙古自治区西辽河上游一带。⑧谿谷：山谷。⑨往往：处处；常常。⑩相一：相互统一。

【原文】

自是之后百有余年，晋悼公使魏绛[1]和戎翟，戎翟朝晋。后百有余年，赵襄子逾句注[2]，而破并代以临胡貉[3]。其后既与韩、魏[4]共灭智伯，分晋地而有[5]之，则赵有代、句注之北，魏有河西、上郡[6]，以与戎界[7]边。其后义渠之戎筑城郭以自守，而秦稍[8]蚕食，至于惠王[9]，遂拔义渠二十五城。惠王击魏，魏尽入西河[10]及上郡于秦。秦昭王[11]时，义渠戎王与宣太后[12]乱，有二子。宣太后诈而杀义渠戎王于甘泉[13]，遂起兵伐残[14]义渠。于是秦有陇西、北地[15]、上郡，筑长城以拒[16]胡。而赵武灵王[17]亦变俗胡服，习骑射，北破林胡、楼烦。筑长城，自代并阴山[18]下，至高阙为塞[19]。而置云中、雁门、代郡[20]。其后燕有贤将秦开[21]，为质于胡，胡甚信之。归而袭破走东胡，东胡却[22]千余里。与荆轲[23]刺秦王秦舞阳者，开之孙也。燕亦筑长城，自造阳至襄平[24]。置上谷、渔阳、右北平、辽西、辽东[25]郡以拒胡。当是之时，冠带战国七[26]，而三国边[27]于匈奴。

其后赵将李牧[28]时，匈奴不敢入赵边。后秦灭六国，而始皇帝使蒙恬将十[29]万之众北击胡，悉收河南[30]地。因河[31]为塞，筑四十四县城临河，徙適戍以充[32]之。而通直道[33]，自九原至云阳[34]。因边山险堑谿谷可缮者治之[35]，起临洮[36]至辽东万余里。又度河据阳山、北假[37]中。

【注释】

①晋悼公：姬周。前572—前558年在位。魏绛（jiàng）：即魏昭子。②赵襄子：赵毋恤。晋国执政大臣。与韩、魏两家共灭智伯，不断扩大封邑。逾（yú）：越过。句（gōu）注：山名。在今山西省代县西北。③破并：攻破，并吞。代：国名。地在今河北省蔚县东北。以：通“而”，连词。胡：古时泛称北方和西方各部族，有时特指匈奴。貉（mò）：一作“貊”。古代称东北方的部族。④韩、魏：韩、魏与赵都是春秋时期和战国初期晋国的显贵家族，后来共同瓜分晋国，各自独立建国。周威烈王二十三年（前403）周天子正式承认三家为诸侯。⑤有：占有；据有。⑥上郡：郡名。地在今陕西省北部。郡治肤施（今陕西省榆林市榆阳区东南）。⑦界：毗连；连接。⑧稍：逐渐；慢慢地。⑨惠王：秦惠文王嬴驷。前337—前311年在位。⑩入：纳；交付。西河：郡名。一称河西。地在今陕西省东部黄河西岸一带。⑪秦昭王：即秦昭襄王嬴稷。前306—前251年在位。不断攻伐六国，夺取土地，为秦统一中国奠定了基础。⑫宣太后：姓芈（mǐ），楚国人，昭王母亲。⑬甘泉：山名。在今陕西省淳化县西北。秦在此建有

离宫。⑭伐残：进攻毁灭。攻灭。⑮陇西：郡名。地在今甘肃省东南部。治所在狄道（今临洮南）。北地：郡名。⑯拒：抵御。⑰赵武灵王：赵雍。前325—前299年在位。改革赵国军事，灭掉一些戎国。退位后自称主父，后在内讧中困饿而死。⑱并（bàng）：通“傍”，依傍；沿着。阴山：山名。在内蒙古自治区中部。即今大青山。⑲高阙：在今内蒙古自治区杭锦后旗东北。阴山山脉至此中断，成一缺口，望若门阙，故名。塞（sài）：要塞。⑳云中：郡名。地在今内蒙古自治区中部。治所在云中（今内蒙古托克托县东北）。雁门：郡名。代郡：郡名。㉑秦开：大约是燕昭王（前311—前279年在位）时人。㉒却：退却；退避。㉓荆轲：卫国人。秦灭卫后，逃至燕。公元前227年，他奉燕太子丹之命入秦刺秦王嬴政，没成功，被杀。秦舞阳是他的助手。“秦王”与“秦舞阳”之间省略了结构助词“之”。㉔造阳：邑名。在今河北省沽源县南独石口附近。襄平：邑名。现在的辽宁省辽阳市。㉕上谷：郡名。地在今河北省西北部。治所在沮阳（今河北省怀来县东南）。渔阳：郡名。地在今北京市怀柔区、通州区以东、天津市海河以北和河北省滦河上游以南、蓟运河以西地区。治所在渔阳（今北京市密云区西南）。右北平：郡名。地在今河北省东北部和辽宁省西端。治所在无终（今天津市蓟州区）。辽西：郡名。地在今辽宁省与河北省相邻地带。治所在阳乐（今辽宁省义县西）。辽东：郡名。㉖冠带：戴帽束带为古代士大夫以上的装束，引申为文明的意思。战国七：指秦、楚、齐、燕、韩、赵、魏七个国家，它们是战国时代七大强国，经常互相攻战。㉗三国：指秦、赵、燕。边：接壤；靠近。㉘李牧：赵将。长期防守赵国的北边，打败东胡、林胡、匈奴，并曾大败秦军，以功封武安君。前228年被冤杀。㉙始皇帝：即秦始皇（前259—前210）。嬴政。秦王朝的建立者，前246—前210年在位。蒙恬：秦朝名将。后被秦二世逼迫自杀。将(jiàng)：率兵；任将。动词。十：当作“三十”。㉚悉：尽，全部。河南：地区名。指今内蒙古自治区河套黄河以南地区。㉛因：凭借；依靠。河：古代黄河的专名。㉜適（zhé）戍：被罚守边。此处指被罚守边的人。適，通“谪”。充：充实。㉝直道：道路名。为当时从关中前往河套地区的主要通道。㉞九原：县名。在今内蒙古自治区包头市西。云阳：县名。在今陕西省淳化县西北。㉟此句上文脱漏了“筑长城”一类字句。堑（qiàn），防御用壕沟。缮，修补；整治。㊱临洮(táo)：县名。在今甘肃省岷县。㊲度：通“渡”。阳山：山名。即今内蒙古自治区狼山。北假：地区名。指今内蒙古自治区河套以北、阴山以南夹山带河地区。

【原文】

当是之时，东胡强而月氏[①]盛。匈奴单于日头曼[②]，头曼不胜秦，北徙。十余年而蒙恬死，诸侯[③]畔秦，中国扰乱，诸秦所徙適戍边者皆复去，于是匈奴得宽，复稍度河南与中国界于故塞[④]。

【注释】

①月氏（zhī）：氏，一作“支”。部族名。分布今甘肃省西部与青海省交界地区。②单于（chán yú）：匈奴君主称号。头曼（mán）：人名。③诸侯：指秦末各路农民起义军领袖和楚、齐、燕、魏、赵、韩六国旧贵族起事者。④故塞：原先的边塞。

【原文】

单于有太子名冒顿[①]。后有所爱阏氏[②]，生少子[③]，而单于欲废冒顿而立少子，乃使冒顿质[④]于月氏。冒顿既质于月氏，而头曼急击月氏。月氏欲杀冒顿，冒顿盗其善马，骑之亡归[⑤]。头曼以为壮，令将万骑[⑥]。冒顿乃作为鸣镝[⑦]，习勒[⑧]其骑射，令曰：“鸣镝所射而不悉[⑨]射者，斩之。”行猎鸟兽，有不射鸣镝所射者，辄[⑩]斩之。已而冒顿以鸣镝自射其善马，左右[⑪]或不敢射者，冒顿立斩不射善马者。居顷之[⑫]，复以鸣镝自射其爱妻，左右或颇恐，不敢射，冒顿又复斩之。居顷之，冒顿出猎，以鸣镝射单于善马，左右皆射之。于是冒顿知其左右皆可用。从其父单于头曼猎，以鸣镝射头曼，其左右亦皆随鸣镝而射杀单于头曼，遂尽诛其后母与弟及大臣不听从者。冒顿自立为单于。

【注释】

①冒顿（mò dú）：公元前209年杀父自立为单于。②阏氏：匈奴君主正妻的称号。③少（shào）子：小儿子。④质：

做人质。⑤亡归：逃归。⑥骑：骑兵；一人一马合称一骑。⑦鸣镝：一种射出时带响声的箭。⑧习勒：训练约束。勒，统率，约束。⑨悉：尽；尽力。⑩辄（zhé）：总是；就。⑪左右：指手下亲信。⑫居顷之：过了不久。

【原文】

冒顿既立，是时东胡强盛，闻冒顿杀父自立，乃使使谓冒顿，欲得头曼时有千里马。冒顿问群臣，群臣皆曰："千里马，匈奴宝马也，勿与[①]。"冒顿曰："奈何与人邻国[②]而爱一马乎？"遂与之千里马。居顷之，东胡以为冒顿畏之，乃使使谓冒顿，欲得单于一阏氏。冒顿复问左右，左右皆怒曰："东胡无道，乃[③]求阏氏！请击之。"冒顿曰："奈何与人邻国，爱一女子乎？"遂取所爱阏氏予东胡。东胡王愈益骄，西侵。与匈奴间[④]，中有弃地[⑤]，莫居[⑥]，千余里，各居其边为瓯脱[⑦]。东胡使使谓冒顿曰："匈奴所与我界瓯脱外弃地，匈奴非能至也，吾欲有[⑧]之。"冒顿问群臣，群臣或曰："此弃地，予之亦可，勿予亦可。"于是冒顿大怒曰："地者，国之本也，奈何予之！"诸言予之者，皆斩之。冒顿上马，令国中有后者斩，遂东袭击东胡。东胡初轻冒顿，不为备。乃冒顿以兵至，击，大破灭东胡王，而虏其民人及畜产。既归，西击走月氏，南并楼烦、白羊河南王[⑨]。悉复收秦所使蒙恬所夺匈奴地者，与汉关[⑩]故河南塞，至朝那、肤施[⑪]，遂侵燕、代[⑫]。是时汉兵与项羽相距[⑬]，中国罢于兵革[⑭]，以故[⑮]冒顿得自强，控弦之士[⑯]三十余万。

【注释】

①与：给予。②奈何：怎么；怎么办。邻国：相邻立国。邻，动词。③乃：竟然。④间：间隙，间（jiàn）隔。⑤弃地：荒弃的土地。空地。⑥莫居：没有人居住。⑦瓯脱：有两解。一指边境上瞭望用的土堡；二指双方中间的缓冲地带。⑧有：占有，获得。⑨白羊河南王：白羊是匈奴的一部，居住河南（河套以南）地区，故有此称。⑩关：边关。⑪朝那：县名。在今宁夏回族自治区固原市原州区东南。肤施：县名。在今陕西省榆林市榆阳区东南。⑫燕、代：指原战国燕国地和赵国代郡。⑬汉：前206年，项羽封刘邦为汉王，不久开始了长达五年的楚汉战争。前202年，刘邦灭项羽，建立汉朝，建都长安（今陕西省西安市），史称西汉或前汉。公元8年，王莽代汉称帝，建立新朝，至公元23年被农民起义军推翻。有时将新及其后据有长安的更始政权也计入西汉。项羽：项籍，字羽。秦末农民军领袖。楚国旧贵族出身。曾率军摧毁秦军主力，秦亡后自立为西楚霸王。楚汉战争中兵败自杀。相距：互相抗拒，互相斗争。这里指楚汉战争。距，通“拒”。⑭罢（pí）：通“疲”，疲敝。兵革：指军队或战争。兵，兵器；革，用兽皮制成的甲盾。⑮以故：因此。⑯控弦之士：指射手，能够弯弓射箭的战士。控弦，拉开弓弦，亦即射箭。

【原文】

自淳维以至头曼千有余岁，时大时小，别散分离，尚[①]矣，其世传不可得而次云[②]。然至冒顿而匈奴最强大，尽服从北夷[③]，而南与中国为敌国，其世传国官号[④]乃可得而记云。

【注释】

①尚：久远；由来已久。②世传：世代传递，即流传的世系。次：按次序排列。云：句末语气助词。③服从：使动用法。北夷：泛指北方各部族。④官号：官职名称。

【原文】

置左右贤王、左右谷蠡王、左右大将、左右大都尉、左右大当户、左右骨都侯[①]。匈奴谓贤曰“屠耆”，故常以太子为左屠耆王。自如[②]左右贤王以下至当户，大者万骑，小者数千，凡二十四长[③]，立号曰“万骑”。诸大臣皆世官[④]。呼衍氏，兰氏，其后有须卜氏[⑤]，此三姓其贵种[⑥]也。诸左方王将居东方，直[⑦]上谷以往者，东接秽貉、朝鲜[⑧]；右方王将居西方，直上郡以西，接月氏、氐、羌[⑨]；而单于之庭[⑩]直代、云中。各有分地，逐水草移徙。而左右贤王、左右谷蠡王最为大国，左右骨都侯辅政。诸二十四长亦各自置千长、百长、什长、裨[⑪]小王、相封、都尉、当户、且渠之属。

【注释】

①谷蠡（lù lí）王：匈奴官名。骨都侯：匈奴官名。由异姓大臣担任。②自如：自，从，自从。③长（zhǎng）：头领。④世官：世袭官职。⑤须卜氏：这个家族主管司法。⑥贵种：富贵家族。⑦直：通“值”，当；面对。⑧秽貉（huì mò）：部族名。朝鲜：国名。地在现在的朝鲜半岛北部。⑨氐：部族

名。居住今陕西省、甘肃省一带。羌：部族名。居住今青海省、甘肃省一带。⑩庭：王庭。单于驻留之所。⑪裨（pí）：指副职。

【原文】

岁[1]正月，诸长小会单于庭，祠[2]。五月，大会茏城[3]，祭其先[4]、天地、鬼神。秋，马肥，大会蹛林[5]，课校人畜计[6]。其法，拔刃尺者死[7]，坐盗者没入其家[8]；有罪小者轧[9]，大者死。狱[10]久者不过十日，一国之囚不过数人。而单于朝出营，拜日之始生[11]，夕拜月。其坐[12]，长左而北乡[13]。日上戊己[14]。其送死，有棺椁[15]金银衣裘，而无封树丧服[16]；近幸臣妾从死者，多至数千[17]百人。举事而候星月[18]，月盛壮[19]则攻战，月亏[20]则退兵。其攻战，斩首虏赐一卮[21]酒，而所得卤获[22]因以予之，得人以为奴婢。故其战，人人自为趣[23]利，善为诱兵以冒[24]敌。故其见敌则逐利，如鸟之集；其困败，则瓦解云散矣。战而扶舆[25]死者，尽得死者家财。

【注释】

①岁：每年。②祠：春祭；祭祀；祈祷。③茏城：即龙城。在现在的蒙古国和硕柴达木湖附近。④先：祖先。⑤蹛（dài）林：匈奴秋会祭祀之处。⑥课校（jiào）：考核计算；核算征税。计：数目。⑦拔刃尺者死：用兵器伤人并造成伤口满尺者处以死刑。一说指凡有意杀人，虽然拔刀出鞘一尺的也要给以死刑。刃，刀，凶器。⑧坐盗者没（mò）入其家：犯盗窃罪者没收其家属、财产。⑨轧（yà）：碾压。指一种压碎

人骨节的酷刑。⑩狱：入狱；坐牢。⑪始生：初升；刚出来。⑫其坐：指匈奴人坐的风俗、规矩。⑬长（zhǎng）：尊长。乡（xiàng）：通“向”，面向。⑭上：通“尚”，尊崇；崇尚；重视。戊己：戊日和己日。古人用干支纪日，但有时只记天干，不记地支，此处即是。戊己分别是十干的第五、第六位。⑮椁：套在棺材外面的大棺材，有一重或多重，起保护棺材的作用。⑯封树：泛指坟墓。封，堆土筑坟。树，在坟旁植树以为标志。丧服：居丧的衣服制度。⑰数千：根据《汉书·匈奴传》和考古资料当改作“数十”。⑱举事：此处特指打仗，发动战争。候星月：观测星月。从下文看，实仅“候月”而已。《汉书》本传作“常随月”。⑲月盛壮：月亮满圆。指夏历每月十五前后。⑳月亏：月亮亏缺。指夏历每月月初和月末。㉑斩首虏：杀敌和俘敌。首，首级，指砍下的人头。虏，俘虏。卮（zhī）：古时盛酒器。㉒卤获：战利品。卤，通“掳”，掠夺。㉓趣：通“趋”，趋向；奔赴。㉔冒：冲击。此处意为包围。㉕扶舆：扶丧。指载运死者遗体归葬。舆，车箱，代指车。

【原文】

后北服浑庾、屈射、丁零、鬲昆、薪犁[①]之国。于是，匈奴贵人大臣皆服，以[②]冒顿单于为贤。

【注释】

①服：征服。浑庾（yǔ）、屈射（妒）、丁零、鬲（gé）昆、薪犁：都是部族名。②以：认为；以为。

【原文】

是时汉初定中国，徙韩王信[1]于代，都马邑[2]。匈奴大攻围马邑，韩王信降匈奴。匈奴得信，因[3]引兵南逾句注，攻太原[4]，至晋阳下[5]。高帝[6]自将兵往击之。会[7]冬大寒雨雪，卒之堕指者十二三[8]，于是冒顿详[9]败走，诱汉兵。汉兵逐击冒顿，冒顿匿其精兵，见其羸弱[10]，于是汉悉[11]兵，多步兵，三十二万，北逐之。高帝先至平城[12]，步兵未尽到，冒顿纵精兵四十万骑围高帝于白登[13]，七日，汉兵中外[14]不得相救饷。匈奴骑，其西方尽白马，东方尽青駹马[15]，北方尽乌骊马[16]，南方尽骍马[17]。高帝乃使使间厚遗[18]阏氏，阏氏乃谓冒顿曰："两主不相困[19]。今得汉地，而单于终非能居之也；且汉王亦有神[20]。单于察[21]之。"冒顿与韩王信之将王黄、赵利期[22]，而黄、利兵又不来，疑其与汉有谋，亦取[23]阏氏之言，乃解围之一角。于是高帝令士皆持满傅矢[24]外乡，从解角直出，竟[25]与大军合，而冒顿遂引兵而去[26]。汉亦引兵而罢，使刘敬[27]结和亲之约。

【注释】

①韩王信：韩信。战国时期韩襄王的后代。②马邑：县名。在现在的山西省朔州市朔城区。③因：于是；就。④太原：郡名。地在今山西省中部，治所在晋阳（今太原市西南）。⑤下：城下。⑥高帝（前256或前247—前195）：汉高帝刘邦。字季，沛县（今江苏省沛县）人。西汉王朝的建立者，前202—前195年在位。⑦会：正好；恰巧。⑧卒：步

兵；士兵。十二三：十分之二、三。⑨详（yáng）：通“佯”，假装。⑩见（xiàn）：通“现”，显现；出示。羸（léi）弱：泛指老弱残兵。羸，瘦弱。⑪悉：倾其所有。这里指全部出动。⑫平城：县名。在今山西省大同市东北。⑬白登：山名。在平城东。⑭中外：内外。⑮青駹（máng）马：青色马。⑯乌骊马：黑色马。⑰骍马：赤色马。⑱使使：派遣使者。前一“使”为动词，后一“使”为名词。间（jiàn）：秘密地；悄悄地。遗：给予；赠送。⑲困：围困；窘迫。⑳有神：有神灵护佑。㉑察：考虑。㉒期：约会；约定时间会师。㉓取：采纳。㉔持满傅矢：拉满弓，搭上箭。傅，通“附”。㉕竟：终于。㉖去：离开；撤离。㉗刘敬：即娄敬。齐地人。

【原文】

是后韩王信为匈奴将，及赵利、王黄等数倍[①]约，侵盗[②]代、云中。居无几何[③]，陈豨[④]反，又与韩信合谋击代。汉使樊哙[⑤]往击之，复拔代、雁门、云中郡县，不出塞。是时匈奴以汉将众往降，故冒顿常往来侵盗代地。于是汉患[⑥]之，高帝乃使刘敬奉宗室女[⑦]公主为单于阏氏，岁奉匈奴絮缯酒米食物各有数[⑧]，约为昆弟[⑨]以和亲，冒顿乃少[⑩]止。后燕王卢绾[⑪]反，率其党数千人降匈奴，往来苦[⑫]上谷以东。

【注释】

①数（shuò）：屡次。倍：通“背”，背弃；违背。②侵盗：侵袭掳掠。③居无几何：过了不久。无几何，没有多久。④陈豨（xī）：梁（今河南省商丘市一带）人。⑤樊哙

(kuài)：沛县（今江苏省沛县）人。初随刘邦起义，以功封贤成君。后官至左丞相，封舞阳侯。其妻为高帝吕皇后之妹。⑥患：忧虑。⑦奉：进献；给予。宗室女：皇族女儿。⑧絮：粗丝绵。缯（zēng）：丝织品的统称。数：一定的数量。⑨约：约定，订约。昆弟：兄弟。昆，兄。⑩少：暂时；稍微。⑪卢绾：沛县人。⑫苦：困苦；困扰；祸害。使动用法。

【原文】

高祖崩[①]，孝惠、吕太后[②]时，汉初定，故匈奴以骄。冒顿乃为书[③]遗高后，妄言[④]。高后欲击之，诸将曰："以高帝贤武，然尚困于平城。"于是高后乃止，复与匈奴和亲。

【注释】

①崩：古称帝王或皇后死为崩。②孝惠（前210—前188）：汉惠帝刘盈。前195—前188年在位。汉朝统治者提倡以孝治国化民，故自惠帝以后诸帝谥皆冠以"孝"字。吕太后（前241—前180）：吕雉。汉高帝皇后，惠帝母。③为书：写信。④妄言：指戏侮之言。

【原文】

至孝文帝[①]初立，复修和亲之事。其三年[②]五月，匈奴右贤王入居河南地，侵盗上郡葆塞蛮夷[③]，杀略[④]人民。于是孝文帝诏丞相灌婴发车骑[⑤]八万五千，诣高奴[⑥]，击右贤王。右贤王走出塞。文帝幸[⑦]太原。是时济北王[⑧]反，文帝归，罢丞相击胡之兵。

【注释】

①孝文帝（前202—前157）：汉文帝刘恒。前180—前157年在位。②其三年：即公元前177年。③葆塞蛮夷：保护边塞的蛮夷。葆，通“保”。蛮夷，这里指归附了汉朝的各部族。④略：掠夺。⑤诏：诏书，皇帝的命令或文告。这里作动词用。丞相：官名。百官之长，亦称相邦。灌婴：睢阳（今河南省商丘市南）人。见《樊郦滕灌列传》。车骑（jì）：战车和骑兵。⑥诣（yì）：前往；去到。高奴：县名。在今陕西省延安市东北。⑦幸：指帝王到某地去。⑧济北王：刘兴居。汉高帝长子刘肥之子，封济北王。

【原文】

其明年，单于遗汉书曰：“天所立匈奴大单于敬问皇帝无恙[①]。前时皇帝言和亲事，称书意[②]，合欢[③]。汉边吏侵侮右贤王，右贤王不请[④]，听后义卢侯难氏[⑤]等计，与汉吏相距，绝二主之约，离兄弟之亲。皇帝让书再至[⑥]，发使以书报[⑦]，不来[⑧]，汉使不至，汉以其故不和，邻国不附[⑨]。今以小吏之败约[⑩]故，罚右贤王，使之西求[⑪]月氏击之。以天之福[⑫]，吏卒良，马强力，以[⑬]夷灭月氏，尽斩杀降下[⑭]之。定楼兰、乌孙、呼揭[⑮]及其旁二十六国，皆以为匈奴。诸引弓之民[⑯]，并为一家。北州[⑰]已定，愿寝兵休[⑱]士卒养马，除前事[⑲]，复故约，以安边民，以应始古[⑳]，使少者得成其长，老者安其处[㉑]，世世平乐。未得皇帝之志[㉒]也，故使郎中系雩浅奉书请[㉓]，献橐他一匹、骑马二匹、驾二驷[㉔]。皇帝即[㉕]不欲匈奴近塞，则且诏吏民远舍[26]。使者至，即遣之。”以六月中来至薪望[27]之地。书至，汉议击与和亲孰便[28]。公卿[29]皆曰：“单于新破月氏，乘胜，不可击。且得匈奴地，泽卤[30]，非可居也。和亲甚便。”汉许之。

【注释】

①无恙（yàng）：平安无事。恙，忧，病。②称（chèn）书意：与所给书信之意相符合。③合欢：双方都高兴。④不请：不（向单于）请示报告。⑤听：听信；听从。后义卢侯：单于所封侯号。难氏：匈奴将名。⑥让书：责备人的书信。让，责让，责备。再至：两次送达。⑦报：回答。⑧不来：（使者被扣留）不能回来。⑨邻国：匈奴自指。附：归附。⑩败约：破坏盟约。⑪之：前往；去往。求：寻求；寻找。⑫福：福佑；庇佑。⑬以：得以。⑭降（xiáng）下：降服。使动用法。⑮楼兰：西域国名。王都赤谷城。呼揭：部族名。居住今新疆维吾尔自治区阿勒泰市一带。⑯引弓之民：弯弓射箭之民，指游牧民族。⑰北州：泛指北方，即匈奴及其征服的各族居地。⑱寝兵：休兵；停止战事。休：休息。使动用法。⑲除前事：指消除从前那种相互攻战之事。⑳以应（yìng）始古：意思是以继承汉匈双方自古以来的友好传统。㉑处（chǔ）：居；居住。㉒志：心意；意见。㉓郎中：官名。管理宫廷的车、骑、门、户，并内充守卫，外从作战。系雩（yú）浅：匈奴人名。请：谒见；拜见。㉔橐他：即骆驼。骑马：可骑之马。驾：可驾车之马。驷：同驾一辆车的四匹马；套着四

匹马的车。此处指前者。㉕即：如果；假使。连词。㉖且：暂且；姑且。副词。舍：住宿；居住。㉗以：于。薪望：塞下地名。㉘孰：谁；哪个，哪种。便：有利。㉙公卿：指三公九卿，也泛指朝中大臣。㉚泽卤：盐碱地。

【原文】

孝文皇帝前六年[①]，汉遗匈奴书曰："皇帝敬问匈奴大单于无恙。使郎中系雩浅遗朕[②]书曰：'右贤王不请，听后义卢侯难氏等计，绝二主之约，离兄弟之亲，汉以故不和，邻国不附。今以小吏败约故，罚右贤王使西击月氏，尽定之。愿寝兵休士卒养马，除前事，复故约，以安边民，使少者得成其长，老者安其处，世世平乐。'朕甚嘉[③]之，此古圣主之意也。汉与匈奴约为兄弟，所以遗单于甚厚[④]。倍约离兄弟之亲者，常在匈奴。然右贤王事已在赦前，单于勿深诛[⑤]。单于若称书意，明告诸吏，使无[⑥]负约，有信，敬如单于书。使者言单于自将[⑦]伐国有功，甚苦兵事。服绣袷绮衣、绣袷长襦、锦袷袍[⑧]各一，比余[⑨]一，黄金饰具带[⑩]一，黄金胥纰[⑪]一，绣十匹，锦三十匹，赤绨[⑫]、绿缯各四十匹，使中大夫意、谒者令肩[⑬]遗单于。"

【注释】

①前六年：相当于公元前174年。②朕（zhèn）：古人自称。秦始皇以后专用为皇帝的自称。③嘉：赞赏；表扬。④厚：丰厚。⑤诛：惩罚；谴责。⑥无：不；不要。⑦自将（jiàng）：亲自带兵。⑧服：指皇帝穿用的礼服。锦袷袍：用

彩色大花纹的丝织品作衣面的丝锦袍。⑨比余：金制发饰，象梳、篦。⑩具带：宽腰带。⑪胥纰（pī）：带钩。⑫绨（tí）：一种厚而光滑的丝织品。⑬中大夫：官名。掌议论，属于郎中令。意：人名。谒者令：官名。即中书谒者令。掌传达奏章，属于少府。肩：人名。

【原文】

后顷之[1]，冒顿死，子稽粥[2]立，号曰老上单于。

【注释】

①顷之：短时间；不久。②稽粥：音 jī yù。

【原文】

老上稽粥单于初立，孝文皇帝复遣宗室女公主为单于阏氏，使宦者燕人中行说傅[1]公主。说不欲行，汉强[2]使之。说曰："必[3]我行也，为汉患者[4]。"中行说既[5]至，因[6]降单于，单于甚亲幸[7]之。

【注释】

①宦者：宦官。中行（háng）：复姓。说（yuè）：名。傅（fù）：教导；辅佐。②强（qiǎng）：强迫。③必：一定；一定要。④患者：制造祸患的人。⑤既：已经。⑥因：于是；就。⑦幸：宠信；宠爱。

【原文】

初[1]，匈奴好[2]汉缯絮食物，中行说曰："匈奴人众不能当[3]汉之一郡，然所以强者，以衣食异，无仰于汉也。今单于变俗好汉物，汉物不过什二[4]，则匈奴尽归于汉矣。其[5]得汉缯絮，以驰草棘中，衣袴皆裂敝[6]，以示不如旃裘之完善也；得汉食物皆去[7]之，以示不如湩酪[8]之便美也。”于是说教单于左右疏记[9]，以计课[10]其人众畜物。

【注释】

①初：当初。②好（hào）：喜爱。③当（dāng）：相当；抵。④什二：十分之二。⑤其：应该。祈使副词。以下是中行说给单于提的建议。⑥袴：通“裤”。敝：破旧；败坏。⑦去：抛弃。⑧湩（dòng）：乳汁。酪（lào）：乳制品。⑨左右：指侍从人员或近臣。疏记：分条记录；逐项记载。⑩计课：计算核实；结算征税。

【原文】

汉遗单于书，牍以尺一寸[1]，辞[2]曰“皇帝敬问匈奴大单于无恙”，所遗物及言语云云[3]。中行说令单于遗汉书以尺二寸牍，及印封[4]皆令广大长，倨傲[5]其辞曰“天地所生日月所置匈奴大单于敬问汉皇帝无恙”，所以遗物言语亦云云。

【注释】

①牍（dú）：写字用的木板。以：用。尺一寸：一尺一寸长。汉尺比今市尺稍小。②辞：指书信开头语。③言语：指代信中的主要内容。云云：如此如此。用于句末表示省略。④印封：印章和封泥。⑤倨傲：傲慢。

【原文】

汉使或言曰：“匈奴俗贱[1]老。”中行说穷[2]汉使曰：“而汉俗屯戍[3]从军当发者，其老亲岂有不自脱温厚肥美以赍送饮食行戍[4]乎?”汉使曰：“然[5]。”中行说曰：“匈奴明以战攻为事，其老弱不能斗，故以其肥美饮食壮健者，盖[6]以自为守卫，如此父子各得久相保，何以言匈奴轻老也?”汉使曰：“匈奴父子乃同穹庐[7]而卧。父死，妻其后母；兄弟死，尽取其妻妻之。无冠带之饰、阙庭[8]之礼。”中行说曰：“匈奴之俗，人食畜肉，饮其汁，衣[9]其皮。畜食草饮水，随时转移。故其急则人习骑射，宽则人乐无事，其约束轻，易行也。君臣简易，一国之政犹[10]一身也。父子兄弟死，取其妻妻之，恶种姓[11]之失也，故匈奴虽乱，必立宗种[12]。今中国虽详不取其父兄之妻，亲属益疏则相杀，至乃易姓[13]，皆从此类。且礼义之敝[14]，上下交怨望[15]，而室屋之极，生力必屈[16]。夫力耕桑[17]以求衣食，筑城郭以自备，故其民急则不习战功，缓则罢[18]于作业。嗟[19]！土室之人[20]，顾无[21]多辞，令喋喋而佔佔[22]，冠固何当[23]?”

【注释】

①俗：风俗。贱：轻视；鄙视。②穷：穷究；诘难。③而：你；你（们）的。屯戍：屯驻戍守。④脱：去掉；让出。温厚肥美：指温暖厚实的衣服和丰美的食物。饮食：供养。饮，给人喝。食，给人吃。行戍：出行戍守（的人）。⑤然：是的；对的。⑥盖：承接上下文表示原因。⑦乃：却；竟然。穹（qióng）庐：北方游牧民族用的毡帐。⑧阙（què）庭：朝廷。⑨衣：穿（衣服）。⑩犹：如同；好像。⑪恶

(wù)：厌恶；讨厌；不乐意。种姓：宗族；种族。⑫宗种：嫡长子孙；宗嗣。⑬易姓：改变姓氏；改朝换代。⑭敝：通“弊”，流弊。⑮交：互相。怨望：怨恨。⑯此二句意为追求宫室的高大华美以至穷奢极侈，人的气力势必衰竭。生力，气力；精力。屈（jué），竭，尽。⑰夫：发语词。力耕桑：致力于耕田植桑；努力耕织。⑱罢（pí）：通“疲”，疲乏；劳累。⑲嗟（jiē）：叹词。⑳土室之人：住在土石房子里的人（指汉人）。㉑顾：但；只；一定。无：不要。㉒喋喋（dié dié）：形容会说话，说话多。佔佔：有多解。一、低声小语；二、衣冠整齐的样子；三、轻薄的样子。㉓冠（guàn）固何当（dàng）：戴帽束带又有什么好处。固，本来。当，适合，恰当。

【原文】

自是之后，汉使欲辩论者，中行说辄[①]曰：“汉使无多言，顾汉所输匈奴缯絮米蘖[②]，令其量中[③]，必善美而已矣，何以为言乎？且所给备善[④]则已；不备，苦恶[⑤]，则候秋孰[⑥]，以骑驰蹂而稼穑耳[⑦]。”日夜教单于候[⑧]利害处。

【注释】

①辄：总是；就。②顾：只是；考虑；想到。蘖（niè）：酒母；发酵剂。③中（zhòng）：满；充足。④给（jǐ）：供给；供应。备善：齐全精美。⑤苦恶：粗劣。⑥候：等候；等到。孰：通“熟”，庄稼成熟。⑦驰蹂：驰驱蹂躏；往来践踏。稼穑：播种和收获。耳：表示肯定。语气助词。⑧候：窥伺；侦察。

【原文】

汉孝文皇帝十四年，匈奴单于十四万骑入朝那萧关[①]，杀北地都尉卬[②]，虏人民畜产甚多，遂至彭阳[③]。使奇兵入烧回中宫[④]，候骑至雍甘泉[⑤]。于是文帝以中尉周舍、郎中令[⑥]张武为将军，发车千乘[⑦]，骑十万，军长安旁以备胡寇[⑧]；而拜[⑨]昌侯卢卿为上郡将军，甯侯魏遬为北地将军，隆虑侯周灶为陇西将军，东阳侯张相如为大将军[⑩]，成侯董赤为前将军[⑪]，大发车骑往击胡。单于留塞内月余乃[⑫]去，汉逐出塞即还，不能有所杀。匈奴日已[⑬]骄，岁入边，杀略人民畜产甚多，云中、辽东最甚，至代[⑭]郡万余人。汉患之，乃使使遗匈奴书。单于亦使当户报谢[⑮]，复言和亲事。

【注释】

①朝那：县名。旧址在现在的甘肃省平凉市西北。萧关：关名。旧址在今宁夏固原市原州区东南。②都尉：武官名。卬（áng）：孙卬。③彭阳：县名。在今甘肃省镇原县东南。④回中宫：宫名。旧址在今陕西省陇县西北。⑤候骑（jì）：即探马，担任侦察的骑兵。雍：州名。指今陕西甘肃等地区。甘泉：此指云阳，云阳西北有甘泉山，上有甘泉宫，即秦之林光宫。甘泉宫在今陕西淳化县西北。雍甘泉，当理解为“雍州之甘泉”。雍在此不当为县名。⑥中尉：武官名。郎中令：官名。⑦乘（shèng）：一车四马叫一乘。量词。⑧军：驻扎。长安：西汉国都。在今陕西省西安市西北。备：防备；防御。寇：寇掠；进犯；盗匪；外敌。⑨拜：授予官职或爵位。⑩大

将军：武官名。⑪前将军：武官名。⑫乃：才；这才。⑬已：甚；太。⑭代：衍文。⑮报谢：回信答谢。

【原文】

孝文帝后二年，使使遗匈奴书曰："皇帝敬问匈奴大单于无恙。使当户且居雕渠难[1]、郎中韩辽遗朕马二匹，已至，敬受。先帝[2]制：长城以北，引弓之国，受命[3]单于；长城以内，冠带之室，朕亦制[4]之。使万民耕织射猎衣食，父子无离，臣主相安，俱无暴逆。今闻渫恶民贪降其进取[5]之利，倍义绝约，忘万民之命，离两主之欢，然其事已在前矣。书[6]曰：'二国已和亲，两主欢说[7]，寝兵休卒养马，世世昌乐[8]，阘然[9]更始。'朕甚嘉之。圣人者日新[10]，改作更始，使老者得息，幼者得长，各保其首领而终其天年[11]。朕与单于俱由[12]此道，顺天恤[13]民，世世相传，施[14]之无穷，天下莫不咸便[15]。汉与匈奴邻国之敌[16]，匈奴处北地，寒，杀气[17]早降，故诏吏遗单于秫蘖金帛丝絮佗[18]物岁有数。今天下大安，万民熙熙[19]，朕与单于为之父母。朕追念前事，薄物细故，谋臣计失，皆不足以离兄弟之欢。朕闻天不颇覆[20]，地不偏载[21]。朕与单于皆捐[22]往细故，俱蹈[23]大道，堕坏[24]前恶，以图长久，使两国之民若一家子[25]。元元[26]万民，下及鱼鳖，上及飞鸟，跂行喙息蠕动[27]之类，莫不就安利而辟[28]危殆。故来者不止[29]，天之道也。俱去前事：朕释逃虏民[30]，单于无言章尼[31]等。朕闻古之帝王，约分明而无食言[32]。单于留志[33]，天下大安，和亲之后，汉过不先[34]。单于其察之。"

【注释】

①且居：即且渠。雕渠难：匈奴人名。②先帝：指汉高帝。③受命：接受命令；服从统治。④制：控制；掌握。⑤渫（xiè）恶：邪恶。渫，污浊。贪降：贪图。降，陷于利欲。进取：指攻战掠夺。⑥书：指单于以往的来信。⑦说（yuè）：通“悦”。⑧昌乐：昌盛安乐。⑨阘然：安定的样子。⑩圣人者日新：圣人天天在使自己的品德言行进步。日新，天天更新。《易·大畜》：“日新其德。”《礼记·大学》：“汤之盘铭曰：‘苟日新，日日新，又日新。’”⑪首领：头颈。此处指性命。天年：指人的自然寿命。⑫由：经由；遵循；本着。⑬恤：体恤；怜悯；安抚。⑭施（yì）：蔓延；延续。⑮咸便：都有利。⑯邻国之敌：《汉书·匈奴传》作“邻敌之国”。敌，匹敌。⑰杀气：肃杀之气；寒冷的天气。⑱秫：黏高粱，可以酿酒。佗：通“他”。⑲熙熙：和乐。⑳颇覆：偏盖。颇，偏。㉑载：装载；负载。㉒捐：遗弃；放弃。㉓蹈：遵循：实行。㉔堕（huī）坏：毁坏；破除。堕，通“隳”。㉕若一家子：像一家人。子，儿子，子女，子孙。㉖元元：善良的；民众。㉗跂行：虫类爬行。引申为有足能行的动物之称。喙（huì）息：动物用口呼吸。蠕（rú）动：虫类爬行。㉘就：趋；从；靠近。辟：通“避”。㉙来者不止：投奔而来的，不予阻止。㉚逃虏民：逃亡的人。㉛章尼：人名。逃到汉朝的匈奴人。㉜食言：言而无信；不履行诺言。食，吞没。㉝留志：留意；记住。㉞汉过不先：汉朝不先负约。

【原文】

单于既约和亲，于是制诏御史[①]曰："匈奴大单于遗朕书，言和亲已定，亡人不足以益[②]众广地，匈奴无入塞，汉无出塞，犯今约者杀之，可以久亲，后无咎[③]，俱便。朕已许之。其布告[④]天下，使明知之。"

【注释】

①制诏：二者都是皇帝的命令。御史：官名。②亡人：逃亡的人。益：增加。③咎：灾害。④布告：宣告；公告。

【原文】

后四岁[①]，老上稽粥单于死，子军臣立为单于。既立，孝文皇帝复与匈奴和亲。而中行说复事之。

【注释】

①后四岁：指汉文帝后元四年，即公元前160年。

【原文】

军臣单于立四岁[①]，匈奴复绝和亲，大入上郡、云中各三万骑，所杀略甚众而去。于是汉使三将军军屯[②]北地，代[③]屯句注，赵[④]屯飞狐口，缘边[⑤]亦各坚守以备胡寇。又置三将军，军长安西细柳、渭北棘门、霸上[⑥]以备胡。胡骑入代句注边，烽火[⑦]通于甘泉、长安。数月，汉兵至边，匈奴亦去远塞[⑧]，汉兵亦罢。后岁余，孝文帝崩，孝景帝[⑨]立，而赵王遂乃阴使[⑩]人于匈奴。吴、楚反[⑪]，欲与赵合谋入边。汉围破赵，匈奴亦止。自是之后，孝景帝复与匈奴和亲，通关市[⑫]，给遗匈奴，遣公主，如故约。终孝景时，时小入盗边，无大寇⑬。

【注释】

①四岁：根据《孝文本纪》《汉书·文帝纪》《汉书·匈奴传》当改作“岁余”。②屯：军队驻防。当时驻防北地的是张武的部队。③代：汉初封国名。地在今山西省北部和河北省西北部。④赵：汉初封国名（今河北省邯郸市）。⑤缘边：沿着（与匈奴交界的）边境。⑥细柳：地名。在今陕西省咸阳市西南渭河北岸。当时驻守细柳的是周亚夫。渭北：渭河（在今陕西省中部）北岸。棘门：秦宫门名。在今咸阳市东北。当时驻守棘门的是徐厉。霸上：地名。一名霸头。在今西安市东。当时驻守霸上的是刘礼。⑦烽火：边防报警的烟火。⑧去远塞：离开边塞而去。⑨孝景帝（前188—前141）：汉景帝刘启。前157—前141年在位。⑩赵王遂：刘遂。汉高帝孙。参与吴、楚叛乱，兵败自杀。阴使：暗中派遣。⑪吴、楚反：汉景帝三年（前154），吴王刘濞为反对朝廷削藩，联合楚王刘戊及胶西王刘卬、胶东王刘雄渠、菑川王刘贤、济南王刘辟光、赵王刘遂，并南结闽、东越，北连匈奴，起兵暴乱，随即为太尉周亚夫等平定，诸王皆自杀或被杀。史称“吴楚七国之乱”。吴，汉初封国名。地在今江苏省中南部及安徽省、浙江省部分地区。建都广陵（今江苏省扬州市西北）。是当时势力最强的封国。⑫通关市：开放边境互市市场。关市，原指设在交通要道的市集，此处指边境互市市场。⑬寇：掠夺；侵犯。

【原文】

今帝[1]即位，明和亲约束[2]，厚遇[3]，通关市，饶给[4]之。匈奴自单于以下皆亲汉，往来长城下。

【注释】

①今帝：当今皇帝。指汉武帝刘彻（前156—前87）。前141—前87年在位。②明：明确；申明。约束：指有关和亲的规定。③厚遇：优待。④饶给（jǐ）：多给；供给丰足。

【原文】

汉使马邑下人聂翁壹奸兰出物与匈奴交[1]，详为卖马邑城以诱单于[2]。单于信之，而贪马邑财物，乃以十万骑入武州[3]塞。汉伏兵三十余万马邑旁，御史大夫韩安国[4]为护军，护四将军以伏[5]单于。单于既入汉塞，未至马邑百余里，见畜布野而无人牧者，怪之，乃攻亭[6]。是时雁门尉史行徼[7]，见寇，葆[8]此亭，知汉兵谋。单于得[9]，欲杀之，尉史乃告单于汉兵所居。单于大惊曰："吾固[10]疑之。"乃引兵还。出[11]曰："吾得尉史，天也[12]，天使若[13]言。"以尉史为"天王"。汉兵约单于入马邑而纵[14]，单于不至，以故汉兵无所得。汉将军王恢部出代击胡辎重，闻单于还，兵多，不敢出。汉以恢本造兵谋[15]而不进，斩恢。自是之后，匈奴绝和亲，攻当路塞[16]，往往入盗于汉边，不可胜数。然匈奴贪，尚乐关市，嗜[17]汉财物，汉亦尚关市不绝以中[18]之。

【注释】

①马邑：县名。治今山西省朔州市朔城区。下：指马邑县属下。聂翁壹：本名聂壹，因其年老而称为翁。马邑地方豪绅。奸（gān）兰出物与匈奴交：犯禁私运货物与匈奴交易。奸，通“干”，干犯；干扰。兰，通“阑”，擅自出入；又通“栏”，栅栏，这里专指与匈奴交易的有关禁限。②据《韩长孺列传》载，汉武帝元光元年（前134），聂翁壹献诱敌之计，被朝廷采纳。③武州：县名。在今山西省左云县。④韩安国：字长孺，梁国成安（今河南省民权县东北）人。⑤护：督统。四将军：指骁骑将军李广、轻车将军公孙贺、将屯将军王恢、材官将军李息。伏：伏击。⑥亭：又称“亭障”。边境上侦察敌情的建筑物。⑦尉史：边郡负责巡逻的下级武官。行徼（jiào）：巡察。⑧葆：通“保”。⑨得：俘获。⑩固：本来。⑪出：出塞。⑫天也：这是天意啊。⑬若：你（们）。⑭纵：纵兵出击。⑮造兵谋：制订军事计划。⑯当路塞：直通要道的边塞。⑰嗜（shì）：喜爱；爱好。⑱中（zhòng）：投其所好。

【原文】

自马邑军后五年之秋[①]，汉使四将军各万骑击胡关市下。将军卫青[②]出上谷，至茏城，得胡首虏[③]七百人。公孙贺出云中，无所得。公孙敖出代郡，为胡所败七千余人。李广[④]出雁门，为胡所败，而匈奴生得[⑤]广，广后得亡归[⑥]。汉囚敖、广；敖、广赎为庶人[⑦]。其冬[⑧]，匈奴数入盗边，渔阳尤甚。汉使将军韩安国屯渔阳备胡。其明年秋，匈奴二万骑入汉，杀辽西太守[9]，略[10]二千余人。胡又入败渔阳太守军千余人，围汉将军安国，安国时千余骑亦且[11]尽，会燕[12]救至，匈奴乃去。匈奴又入雁门，杀略千余人。于是汉使将军卫青将三万骑出雁门，李息出代郡，击胡。得首虏数千人。其明年，卫青复出云中以西至陇西，击胡之楼烦、白羊王于河南，得胡首虏数千，牛羊百余万。于是汉遂取河南地，筑朔方[13]，复缮[14]故秦时蒙恬所为塞，因河[15]为固。汉亦弃上谷之什辟县造阳[16]地以予胡。是岁，汉之元朔[17]二年也。

【注释】

①时为汉武帝元光六年（前129）。《汉书·武帝纪》记为是年春。②卫青（？—前106）：河东平阳（今山西省临汾市西南）人。③首虏：首级和俘虏。④李广（？—前119）：陇西成纪（今甘肃省秦安县北）人。曾经任陇西、北地、右北平等边郡太守，官至卫尉（九卿之一）。与匈奴大小战七十余次，号为“飞将军”。后自杀。详见《李将军列传》。⑤生得：生俘。⑥亡归：逃回。⑦庶人：平民。⑧冬：《汉书·武帝纪》作“秋”。⑨太守：官名。⑩略：掳掠；掠获。⑪且：将；快要。⑫燕：汉初封国名。领地时有变化，这时只有广阳郡地，在现在的北京市大兴区和河北省固安县。建都蓟（今北京市西南）。⑬筑朔方：筑朔方城。朔方，郡名，地在今内蒙古自治区河套西北部和后套地区。治所在朔方（今杭锦旗北）。⑭缮：修补；整治。⑮因河：凭借（利用）黄河天险。⑯什辟县：与匈奴地区犬牙交错的偏僻县份。造阳：在现在的

河北沽源县南独石口附近；一说在今河北怀来县。⑰元朔：汉武帝的第三个年号，前128—前123年。

【原文】

其后，冬[①]，匈奴军臣单于死。军臣单于弟左谷蠡王伊稚斜自立为单于，攻破军臣单于太子於单[②]。於单亡降汉，汉封於单为涉安[③]侯，数月而死。

【注释】

①冬：指汉武帝元朔三年（前126）冬。秦和汉初以夏历十月为岁首，冬季（十、十一、十二月）为一年之初。②於单（wū dān）：人名。③涉安：此乃封号，非地名。意为“登涉长安”。

【原文】

伊稚斜单于既立，其夏[①]，匈奴数万骑入杀代郡太守恭友，略千余人。其秋，匈奴又入雁门，杀略千余人。其明年，匈奴又复入代郡、定襄[②]、上郡，各三万骑，杀略数千人。匈奴右贤王怨汉夺之[③]河南地而筑朔方，数为寇盗边，及入河南，侵扰朔方，杀略吏民甚众。

【注释】

①其夏：指元朔三年夏。②定襄：郡名。地在现在的内蒙古自治区卓资县、和林格尔县、清水河县一带。治所在成乐（今和林格尔县西北土城子）。③之：其；他（们）的。

【原文】

其明年[①]春，汉以卫青为大将军，将六将军[②]十余万人，出朔方、高阙击胡[③]。右贤王以为汉兵不能至，饮酒醉，汉兵出塞六七百里，夜围右贤王。右贤王大惊，脱身逃走，诸精骑[④]往往随后去。汉得右贤王众男女万五千人，裨小王十余人。其秋，匈奴万骑入杀代郡都尉[⑤]朱英，略千余人。

【注释】

①其明年：指汉武帝元朔五年（前124）。②六将军：指游击将军苏建、强弩将军李沮、骑将军公孙贺、轻车将军李蔡（以上四将军归卫青直接统率，都出朔方郡）以及李息、张次公（二将出右北平郡）。③卫青当时自率三万骑兵出高阙。汉军三路出击。④精骑：精锐骑兵。⑤都尉：武官名。

【原文】

其明年[①]春，汉复遣大将军卫青将六将军[②]，兵十余万骑，乃再出定襄数百里击匈奴，得首虏前后凡万九千余级[③]，而汉亦亡两将军[④]，军三千余骑。右将军建得以身脱[⑤]，而前将军翕[⑥]侯赵信兵不利，降匈奴。赵信者，故胡小王，降汉，汉封为翕侯，以前将军与右将军并军分行[⑦]，独遇单于兵，故尽没[⑧]。单于既得翕侯，以为自次王[⑨]，用其姊妻[⑩]之，与谋汉。信教单于益北绝幕[⑪]，以诱罢[⑫]汉兵，徼极而取之[⑬]，无近塞。单于从其计。其明年[⑭]，胡骑万人入上谷，杀数百人。

【注释】

①其明年：指元朔六年（前123）。②六将军：指中将军

公孙敖、左将军公孙贺、前将军赵信、右将军苏建、后将军李广、强弩将军李沮。③级：首级。这里作计算首级和俘虏的合用单位。④亡：损失。两将军：指苏建（只身逃归）和赵信（投降匈奴）。⑤建：苏建。杜陵（今陕西省西安市东南）人。苏武之父。以击匈奴功封平陵侯。曾筑朔方城。在这次战争中，失军当斩，赎为庶人。后任代郡太守。脱：逃离。⑥翕（xī）：邑名，在今河南省内黄县北。⑦分行：同其余诸军分开自行。⑧没（mò）：覆灭。⑨自次王：地位仅次于单于自己的王。⑩妻：以女人嫁人。⑪益北：更往北方。绝幕（mò）：度过大沙漠。幕，通“漠”，沙漠。⑫诱罢（pí）：诱而不战，使之疲于奔命。罢，通“疲”。⑬徼极而取之：意思是务使汉军疲劳至极，从而攻取之。徼，通“邀”，求，求得。⑭其明年：指汉武帝元狩元年（前122）。

【原文】

其明年[①]春，汉使骠骑将军去病[②]将万骑出陇西。过焉支山[③]千余里，击匈奴，得胡首虏万八千余级，破得休屠王[④]祭天金人。其夏，骠骑将军复与合骑侯[⑤]数万骑出陇西、北地二千里，击匈奴。过居延[⑥]，攻祁连山[⑦]，得胡首虏三万余人、裨小王以下七十余人。是时匈奴亦来入代郡、雁门，杀略数百人。汉使博望侯[⑧]及李将军广出右北平，击匈奴左贤王。左贤王围李将军，卒可[⑨]四千人，且尽，杀虏亦过当[⑩]。会博望侯军救至，李将军得脱。汉失亡数千人，合骑侯后骠骑将军期[⑪]，及与博望侯皆当死[⑫]，赎为庶人。

【注释】

①其明年：指元狩二年。②骠骑将军：武官名号。为汉代高级军事长官之一。去病：霍去病（前140—前117）。河东平阳人。封冠军侯。③焉支山：山名。即燕（yān）支山，又作胭脂山。在今甘肃省永昌县西、山丹县东南。水草丰美，宜畜牧。④休屠（chù）王：匈奴休屠部的王。居地在今甘肃省武威市一带。⑤合骑侯：公孙敖。义渠人。⑥居延：县名。在今内蒙古自治区额济纳旗东南，为当时河西地区与漠北的交通要道。⑦祁连山：山名。在今甘肃省酒泉市以南。⑧博望侯：张骞（？—前114）。汉中成固（今陕西省城固县）人。⑨可：大约。⑩过当（dàng）：杀俘敌人的数目超过了己方伤亡的数目。⑪后：后于；迟于。期：约定的时间。⑫当死：判为死刑。当，判罪。

【原文】

其秋，单于怒浑邪王、休屠王居西方为汉所杀虏数万人，欲召诛之。浑邪王与休屠王恐，谋降汉，汉使骠骑将军往迎之。浑邪王杀休屠王，并将[1]其众降汉，凡四万余人，号[2]十万。于是汉已得浑邪王，则陇西、北地、河西[3]益少胡寇，徙关东贫民处所夺匈奴河南新秦中以实[4]之，而减北地以西戍卒半。其明年[5]，匈奴入右北平、定襄各数万骑，杀略千余人而去。

【注释】

①并将（jiàng）：一并率领。②号：号称。③河西：地区

名。④关东：地区名。处（chǔ）：居住。新秦中：地区名。即指河南地。在内蒙古自治区河套一带。实：充实。⑤其明年：指元狩三年（前120）。

【原文】

其明年[①]春，汉谋曰"翕侯信为单于计[②]，居幕北，以为汉兵不能至"。乃粟马[③]，发十万骑。私负从马[④]凡十四万匹，粮重不与[⑤]焉。令大将军青、骠骑将军去病中分[⑥]军，大将军出定襄，骠骑将军出代，咸约绝幕击匈奴。单于闻之，远[⑦]其辎重，以精兵待于幕北。与汉大将军接战一日，会暮，大风起，汉兵纵左右翼围单于。单于自度[⑧]战不能如汉兵，单于遂独身与壮骑数百溃汉围西北遁走。汉兵夜追不得。行斩捕[⑨]匈奴首虏万九千级，北至阗颜山赵信城[⑩]而还。

【注释】

①其明年：指元狩四年（前119）。②计：计谋；出谋划策。③粟马：用粟喂马。④私负从马：指志愿携带军需用品参军的骑兵。⑤粮重：运输粮食的车马。与：计算在其中。⑥中分：对半分。⑦远（yuàn）：运到远方。⑧度（duó）：揣度；推测。⑨行斩捕：一边前进，一边斩获。⑩阗（tián）颜山：一作窴颜山。山名。在今蒙古国境内杭爱山脉东南。赵信城：匈奴为赵信所筑之城，在阗颜山西。

【原文】

单于之遁走，其兵往往与汉兵相乱而随单于。单于久不与其大众相得[①]，其右谷蠡王以为单于死，乃自立为单于。真单于复得其众，而右谷蠡王乃去其单于号，复为右谷蠡王。

【注释】

①相得：相遇。

【原文】

汉骠骑将军之出代二千余里，与左贤王接战，汉兵得胡首虏凡七万余级，左贤王将皆遁走。骠骑封于狼居胥山[①]，禅姑衍[②]，临翰海[③]而还。

【注释】

①封：在山上筑坛祭天。狼居胥山：山名。②禅：在山上辟场祭地。姑衍：山名。在狼居胥山西北。③翰海：一作瀚海。

【原文】

是后，匈奴远遁，而幕南无王庭。汉度河自朔方以西至令居[①]，往往通渠置田，官吏卒五六万人，稍[②]蚕食，地接匈奴以北[③]。

【注释】

①度：通“渡”。令（lián）居：县名。②稍：逐渐；慢慢地。③匈奴以北：指匈奴旧地以北。

【原文】

初，汉两将军大出围单于，所杀虏八九万，而汉士卒物故[①]亦数万，汉马死者十余万。匈奴虽病[②]，远去，而汉亦马少，无以复往。匈奴用赵信之计，遣使于汉，好辞[③]请和亲。天子下其议[④]，或言和亲，或言遂臣[⑤]之。丞相长史[⑥]任敞曰："匈奴新破，困[⑦]，宜可使为外臣，朝请[⑧]于边。"汉使任敞于单于。单于闻敞计，大怒，留之不遣。先是汉亦有所降匈奴使者，单于亦辄留汉使相当[⑨]。汉方复收士马，会骠骑将军去病死，于是汉久不北击胡。

【注释】

①物故：死亡。②病：困乏；疲惫。③好辞：说好话。④下其议：将其事下交群臣商讨。⑤臣：使之臣服。⑥长（zhǎng）史：官名。汉代三公都有长史以为辅佐。相当如今秘书长。⑦困：困窘。⑧朝请：汉制，诸侯王朝见皇帝，在春季叫朝，在秋季叫请。这里泛指朝见。⑨相当：相抵。

【原文】

数岁，伊稚斜单于立十三年死，子乌维立为单于。是岁，汉元鼎[①]三年也。

【注释】

①元鼎：汉武帝的第五个年号，前116—前111年。

【原文】

乌维单于立，而汉天子始出巡郡县。其后，汉方南诛两越[①]，不击匈奴，匈奴亦不侵入边。

【注释】

①两越：指南越和东越。

【原文】

乌维单于立三年[①]，汉已灭南越，遣故太仆贺将万五千骑出九原[②]二千余里，至浮苴井[③]而还，不见匈奴一人。汉又遣故从骠侯赵破奴[④]万余骑出令居数千里，至匈河水[⑤]而还，亦不见匈奴一人。

【注释】

①时为元鼎六年（前111）。②太仆：官名。掌皇帝舆马和马政。为九卿之一。贺：公孙贺。九原：县名。在今内蒙古自治区包头市西。③浮苴（jū）井：地名。在今蒙古国境内。④赵破奴：九原人。⑤匈河水：水名。即赵信城以西的匈奴河。也可能是今甘肃省境内疏勒河。

【原文】

是时天子巡边[①]，至朔方，勒兵十八万骑以见武节[②]，而使郭吉风告[③]单于。郭吉既至匈奴，匈奴主客问所使[④]，郭吉礼卑言好，曰："吾见单于而口言。"单于见吉，吉曰："南越王头已悬于汉北阙[⑤]。今单于即[⑥]能前与汉战，天子自将兵待边；单于即[⑦]不能，即南面而臣[⑧]于汉。何徒远走，亡匿于幕北寒苦无水草之地，毋为也。"语卒[⑨]而单于大怒，立斩主客见者，而留郭吉不归，迁之北海[⑩]上。而单于终不肯为寇于汉边，休养息士马，习射猎，数使使[⑪]于汉，好辞甘言求请和亲。

【注释】

①事在元封元年（前110）十月。②勒兵：率领士兵。见

(xiàn) 武节：显示军威。③风 (fěng) 告：用含蓄的话劝说、暗示。风，通"讽"。④主客：匈奴官名。主管接待宾客。所使：所肩负的使命。⑤南越王：赵建德。南越相吕嘉所立国王。北阙：未央宫正门。⑥即：如果。⑦即：同上。⑧即：则；那就。臣：臣服；称臣。⑨卒：完毕；结束。⑩北海：指今西伯利亚贝加尔湖。⑪数 (shuò)：屡次。使使：派遣使者。前"使"字，动词。后"使"字，名词。

【原文】

汉使王乌等窥[①]匈奴。匈奴法：汉使非去节[②]而以墨黥其面者不得入穹庐。王乌，北地人，习[③]胡俗，去其节，黥面，得入穹庐。单于爱之，详许甘言[④]，为遣其太子入汉为质[⑤]，以求和亲。

【注释】

①窥：窥探；侦察。②节：符节。使者用作凭证的信物。③习：熟悉。④甘言：好话。⑤质：人质。两国交往，为了保证盟约的履行，派君主亲属或大臣到对方作为抵押。

【原文】

汉使杨信于匈奴。是时汉东拔秽貉、朝鲜以为郡[①]，而西置酒泉郡[②]以鬲绝胡与羌通之路。汉又西通月氏、大夏[③]，又以公主妻乌孙[④]王，以分匈奴西方之援国。又北益广田至胘靁[⑤]为塞，而匈奴终不敢以为言。是岁，翕侯信死，汉用事者[⑥]以匈奴为已弱，可臣从也。杨信为人刚直屈强[⑦]，素非贵臣，单于不亲。单于欲召入，不肯去节，单于乃坐穹庐外见杨信。杨信既见单于，说[8]曰："即欲和亲，以单于太子为质于汉。"单于曰："非故约。故约，汉常遣翁主[9]，给缯絮食物有品[10]，以和亲，而匈奴亦不扰边。今乃欲反古，令吾太子为质，无几[11]矣！"匈奴俗，见汉使非中贵人[12]，其儒先[13]，以为欲说，折其辩[14]；其少年，以为欲刺[15]，折其气。每汉使入匈奴，匈奴辄报偿[16]。汉留匈奴使，匈奴亦留汉使，必得当[17]乃肯止。

【注释】

①当时汉朝灭亡朝鲜后以其地设置了乐浪、玄菟、真番、临屯四郡。②酒泉郡：郡名。地在今甘肃省疏勒河以东、高台县以西。③月氏（zhī）：前177年以后数年间，月氏遭到匈奴攻击，大部分西迁至今新疆维吾尔自治区伊犁河流域及其以西地区，称大月氏；少数没有西迁者转入今祁连山（南山）与羌人杂居，称小月氏。这里指大月氏。大夏：国名。地在今阿富汗北部。④公主：指汉景帝孙江都王刘建之女刘细君。妻：以女嫁人。乌孙：部族名。初居敦煌、祁连间，前161年前后西迁至今伊犁河和伊塞克湖一带。建都赤谷城（今中亚之伊塞克湖东南）。⑤胘靁（xián lèi）：地名。在今新疆维吾尔自治区塔城市附近。⑥用事者：执政者；当权者。⑦屈强：倔强。屈，通"倔"。⑧说（shuì）：劝说；说服。⑨翁主：汉代诸王的女儿称翁主。⑩品：等级。⑪几（jì）：通"冀"，希望。⑫中贵人：亦称"中贵"。⑬儒先：即儒生。

这里指文人学士。⑭折：摧折；压抑。辩：辩说；辩词。⑮刺：刺杀；斥责。⑯报偿：回报；答谢。⑰得当（dāng）：求得对等。

【原文】

杨信既归，汉使王乌，而单于复谄以甘言[①]，欲多得汉财物，绐[②]谓王乌曰："吾欲入汉见天子，面相约为兄弟。"王乌归报汉，汉为单于筑邸[③]于长安。匈奴曰："非得汉贵人使，吾不与诚语。"匈奴使其贵人至汉，病，汉予药，欲愈之，不幸而死。而汉使路充国佩二千石[④]印绶往使，因送其丧，厚葬直[⑤]数千金，曰"此[⑥]汉贵人也"。单于以为汉杀吾贵使者，乃留路充国不归。诸所言者[⑦]，单于特[⑧]空绐王乌，殊[⑨]无意入汉及遣太子来质。于是匈奴数使奇兵侵犯边。汉乃拜郭昌[⑩]为拔胡将军，及浞野侯[⑪]屯朔方以东，备胡。路充国留匈奴三岁，单于死。

【注释】

①谄以甘言：用甜言蜜语来谄媚。谄，通"谄"。②绐（dài）：欺哄。③邸：诸侯王或地方高级官吏朝见皇帝时在京城的住所。④二千石：汉制，除三公以外的高级官吏（内自九卿郎将，外至郡守尉）的俸禄等级。其中又有中二千石、真二千石、二千石（月俸一百二十斛谷）、比二千石之别，月俸自一百八十斛谷至一百斛谷不等。⑤直：通"值"，价值。⑥此：指路充国。⑦诸所言者：指单于所说的那些话。⑧特：不过是。⑨殊：非常。⑩郭昌：云中（今内蒙古自治区托克

托东北）人。⑪浞野侯：赵破奴后来的封爵。

【原文】

乌维单于立十岁而死，子乌师庐立为单于，年少，号为儿单于。是岁，元封[①]六年也。自此之后，单于益西北，左方兵直云中，右方直酒泉、燉煌郡[②]。

【注释】

①元封：汉武帝的第六个年号，前110—前105年。元封六年相当于前105年。②燉煌郡：郡名。即敦煌郡。

【原文】

儿单于立，汉使两使者，一吊[①]单于，一吊右贤王，欲以乖[②]其国。使者入匈奴，匈奴悉将致[③]单于。单于怒而尽留汉使。汉使留匈奴者前后十余辈[④]，而匈奴使来，汉亦辄留相当。

【注释】

①吊：慰问丧家。②乖：不和谐；离间。③致：送达；送交。④辈：批。

【原文】

是岁[①]，汉使贰师将军广利西伐大宛[②]，而令因杅将军敖筑受降城[③]。其冬，匈奴大雨雪，畜多饥寒死。儿单于年少，好杀伐，国人多不安。左大都尉欲杀单于，使人间告[④]汉曰："我欲杀单于降汉，汉远，即兵来迎我，我即发。"初，汉闻此言，故筑受降城，犹以为远。

【注释】

①是岁：指武帝太初元年（前104）。②贰师：大宛城名，这里指用作将军名号。广利：李广利。中山（今河北省定州市）人。大宛（yuān）：国名。地在今中亚费尔干纳盆地。建都贵山城（今卡散赛）。以产汗血马著名。公元前102年降汉。③因杅：匈奴地名。此处用作将军名号。敖：公孙敖。受降城：为迎接匈奴贵族投降而筑。④间（jiàn）告：暗中告知。

【原文】

其明年[①]春，汉使浞野侯破奴将二万余骑出朔方西北二千余里，期至浚稽山[②]而还。浞野侯既至期而还，左大都尉欲发而觉[③]，单于诛之，发左方兵击浞野。浞野侯行捕首虏得数千人。还，未至受降城四百里，匈奴兵八万骑围之。浞野侯夜自出求水，匈奴间捕[④]，生得浞野侯，因[⑤]急击其军。军中郭纵为护[⑥]，维王为渠[⑦]，相与谋曰[⑧]，及诸校尉[⑨]畏亡将军而诛之，莫相劝归，军遂没于匈奴。匈奴儿单于大喜，遂遣奇兵攻受降城。不能下，乃寇入边而去。其明年[⑩]，单于欲自攻受降城，未至，病死。

【注释】

①其明年：指太初二年（前103）。②浚稽山：山名。③觉：发觉。④间（jiàn）捕：间谍；侦察。⑤因：于是；就。⑥护：护军。秦、汉时期临时设置的调节诸将关系的官

员。⑦维王：匈奴浑邪王的外甥，随浑邪王降汉。渠：匈奴降兵的渠帅（首领）。⑧曰：衍文。因下文绝不是引语。⑨校尉：武官名。地位次于将军，可随其职务冠以各种名号。⑩其明年：指太初三年（前102）。

【原文】

儿单于立三岁而死。子年少，匈奴乃立其季父——乌维单于弟右贤王呴犁湖[1]为单于。是岁，太初三年也。

【注释】

①季父：叔父。呴犁湖：人名。

【原文】

呴犁湖单于立，汉使光禄徐自为出五原塞[1]数百里，远者千余里，筑城鄣列亭至庐朐[2]，而使游击将军韩说、长平侯卫伉[3]屯其旁，使强弩都尉路博德筑居延泽[4]上。

【注释】

①光禄：官名。光禄勋或光禄大夫的简称。五原塞：指五原郡榆林塞。在今陕西省东北角，一说在今内蒙古自治区河套东北岸。②鄣（zhàng）：通“障”，小城堡。亭：哨所。庐朐（qú）：山名。指今内蒙古自治区狼山北麓。③韩说：弓高壮侯韩颓当庶孙。击匈奴有功，封龙额侯，后失爵。又以击东越功，封按道侯。官至光禄勋。卫伉（kàng）：卫青子。后坐巫蛊被杀。④路博德：西河平州（今山西省临汾市一带）人。历任右北平太守、卫尉等职，以击匈奴功封符离侯。曾领兵伐

破南越。居延泽：古泽名。

【原文】

其秋，匈奴大入定襄、云中，杀略数千人，败数二千石而去，行破坏光禄所筑城列亭鄣[①]。又使右贤王入酒泉、张掖[②]，略数千人。会任文击救[③]，尽复失所得而去。是岁，贰师将军破大宛，斩其王而还。匈奴欲遮[④]之，不能至。其冬，欲攻受降城，会单于病死。

【注释】

①城列亭鄣：应作“城鄣列亭”。②张掖：郡名。汉武帝元鼎六年（前111）分武威郡置。③任文：汉朝将军。击救：截击匈奴，救脱汉人。④遮：截击；阻击。

【原文】

呴犁湖单于立一岁死。匈奴乃立其弟左大都尉且鞮[①]侯为单于。

【注释】

①且鞮：音jū dī。

【原文】

汉既诛大宛[①]，威震外国。天子意欲遂困[②]胡，乃下诏曰：“高皇帝遗[③]朕平城之忧，高后时单于书绝悖逆[④]。昔齐襄公复九世之雠[⑤]，《春秋》大之[⑥]。”是岁，太初四年也。

【注释】

①诛大宛：太初三年（前102），汉再攻大宛，大宛贵族

杀其王毋寡，降汉。②困：围困。③遗：遗留。④绝：极其。悖逆：背礼忤逆。⑤据《公羊传·庄公四年》载，齐襄公九世祖被纪侯诬陷，被杀于周。前690年，襄公灭纪。⑥《春秋》大之：意为《春秋》对此事大加表彰赞美。《春秋》，儒家经典之一，编年体春秋时代史，相传为孔子据鲁国史官所编之《春秋》整理修订而成。

【原文】

且鞮侯单于既立[①]，尽归汉使之不降者，路充国等得归。单于初立，恐汉袭之，乃自谓："我儿子[②]，安[③]敢望汉天子！汉天子，我丈人[④]行也。"汉遣中郎将苏武[⑤]厚币赂遗单于。单于益骄，礼甚倨[⑥]，非汉所望也。其明年[⑦]，浞野侯破奴得亡归汉。

【注释】

①自此以下三节，史实错误较多，学者多认为是后人所续。②我儿子：我是小孩子；我是儿辈。③安：怎；怎么。④丈人：对年长者的尊称。⑤中郎将：官名。统领皇帝的侍卫人员而随从左右，有的则统率禁军。苏武（？—前60）：字子卿，杜陵（今陕西省西安市东南）人。⑥倨（jù）：傲慢。⑦其明年：指武帝天汉元年（前100年）。

【原文】

其明年[①]，汉使贰师将军广利以三万骑出酒泉，击右贤王于天山[②]，得胡首虏万余级而还。匈奴大围贰师将军，几[③]不脱。汉兵物故什六七[④]。汉复使因杅将军敖出西河[⑤]，与强弩都尉会涿涂山[⑥]，毋[⑦]所得。又使骑都尉[⑧]李陵将步骑五千人，出居延北千余里，与单于会，合战，陵所杀伤万余人，兵[⑨]及食尽，欲解归，匈奴围陵，陵降匈奴，其兵遂没，得还者四百人。单于乃贵陵[⑩]，以其女妻之。

【注释】

①其明年：指天汉二年（前99）。②天山：即现在的新疆维吾尔自治区境内的天山。③几：几乎。④什六七：十分之六七。⑤西河：郡名。地在今内蒙古自治区、山西省、陕西省交界地区。⑥强弩都尉：路博德。涿涂（yè）山：一作“涿邪山”，在今蒙古国境满达勒戈壁附近。⑦毋：通“无”。⑧骑都尉：武官名。⑨兵：指兵矢。《李将军列传》记为“陵军五千人，兵矢既尽，士死者过半”。李陵残余兵士除随降匈奴者外，另有四百人返回汉朝。⑩单于乃贵陵：单于便重用李陵，使之显贵。

【原文】

后二岁[①]，复使贰师将军将六万骑、步兵十万，出朔方；强弩都尉路博德将万余人，与贰师会；游击将军说[②]将步骑三万人，出五原[③]；因杅将军敖[④]将万骑、步兵三万人，出雁门。匈奴闻，悉远其累重于余吾水[⑤]北，而单于以十万骑待水南，与贰师将军接战。贰师乃解而引归，与单于连战十余日。贰师闻其家以巫蛊[⑥]族灭，因并众降匈奴[⑦]，得来还千人一两人耳[⑧]。游击说无所得。因杅敖与左贤王战，不利，引归。是岁[9]，汉兵之出击匈奴者不得言功多少，功不得御[10]。有诏捕太医令[11]随但，言贰师将军家室族灭[12]，使广利得降匈奴。

【注释】

①后二岁：指天汉四年。②说：指韩说。③五原：郡名。地在今内蒙古自治区后套至包头市一带。治所在九原（今包头市西北）。④敖：公孙敖。⑤累重：拖累笨重之物。余吾水：水名。⑥巫蛊：古时迷信说法，以为用巫术诅咒及用木偶人埋地下，可以害人，称为“巫蛊”。⑦武帝太始元年（前96），且鞮侯单于死，子狐鹿姑立为单于。征和三年（前90），李广利等攻匈奴，听说妻子坐巫蛊被捕，于是深入求功，至燕然山，大败，降匈奴。⑧耳：而已；罢了。⑨是岁：应指征和三年。⑩御：抵偿。⑪太医令：官名。西汉太常、少府皆有之。⑫此句前省略了“以其”二字。

【原文】

太史公曰：孔氏[1]著《春秋》，隐桓之间则章[2]，至定哀之际[3]则微，为其切当世之文而罔褒[4]，忌讳之辞也[5]。世俗之言匈奴者，患其徼一时之权[6]，而务谄纳其说[7]，以便偏指[8]，不参彼已[9]；将率席[10]中国广大，气奋[11]。人主[12]因以决策，是以建功不深[13]。尧[14]虽贤，兴事业不成，得禹[15]而九州岛宁。且欲兴圣统[16]，唯[17]在择任将相哉！唯在择任将相哉[18]！

【注释】

①孔氏：孔子（前551—前479）。名丘，字仲尼。春秋时期鲁国陬（zōu）邑（今山东省曲阜市东南）人。儒家学派的创始人，中国古代伟大的思想家、政治家、教育家。曾任鲁国中都宰、司寇，后周游列国，聚徒讲学，相传曾整理《诗》《书》等古代文献，删订《春秋》。②隐桓之间：指鲁隐公、鲁桓公时期，是《春秋》记事初期。《春秋》记事起于隐公元年（前722），桓公则是继隐公之后的鲁君（前711—前694年在位）。章：通“彰”，明显；显著。③定哀之际：指鲁定公、鲁哀公时期，是《春秋》记事之束期。鲁定公，前509—前495年在位；鲁哀公，前494—前468年在位。④切：切近；涉及。罔（wǎng）褒：虚美。罔，欺骗。⑤忌讳：避忌；顾忌。⑥徼：通“邀”，求取。权：权势；功利。⑦务：勉力从事。谫：通“谄”，谄媚；奉承。纳：致送；进献。说：说辞（意见、主张等）。⑧偏指：片面的意见；不正的意图。⑨参：考察检验；审察。彼己：指敌我双方的情况。⑩率：通“帅”。席：凭借；依仗。⑪气奋：气壮；气粗。微含贬义。⑫人主：国君（暗指汉武帝）。⑬是以：以是；因此。深：牢固；深远。⑭尧：相传父系氏族社会末期部落联盟领袖。陶唐氏，名放勋。⑮禹：传说中古代部落联盟领袖。姓姒，名文命。原为夏后氏部落领袖。唐尧时，禹父鲧治理洪水失败；虞舜时，禹继续治水，取得了伟大成功。⑯且：发语词。圣统：圣王一脉相承的统系。⑰唯：只；只是。⑱本句重复言之，表

示反复强调作者的见解，感慨再三。

【译文】

匈奴的祖先是夏后氏的后代，名叫淳维。唐尧、虞舜以前有山戎、猃狁、荤粥，居住在北边蛮荒的地方，跟随畜牧活动而转移。他们的牲畜多是马、牛、羊，他们的奇特牲畜则是骆驼、驴、骡、駃騠、騊駼、驒騱。追逐着水草而迁移，没有城镇常居处所地和农耕生产，但是也各自有分占的牧地。没有文字和书籍，用说话来相互约束。小孩能够骑羊，拉弓射鸟、鼠；稍大一点就能射狐狸、兔子：用来作食物。男子都有力量拉开弓，全都是披甲的骑兵。他们的习俗，平时随意游牧，以射猎禽兽作为职业；形势危急时，则人人演习作战来进行侵袭讨伐，这是他们的天性。他们的长兵器是弓和箭，短兵器是刀和铁柄小矛。形势有利就进攻，不利就退却，不以逃跑为羞耻。如果有利可得，就不知道什么是礼义。从君王以下，都吃牲畜的肉，穿牲畜的皮革，披着带毛的皮袄。健壮的人吃肥美的食物，老年人吃剩下的。尊重健壮的人，看轻年老体弱的人。父亲去世，儿子就把后母作为妻子；兄弟去世，活着的兄弟就全娶已故兄弟的妻子为妻。他们的风俗有名却不避讳，没有姓和字。

夏朝国运衰败，公刘失去了他的稷官职务，在西戎实行改革，就在豳地建立都邑居住下来。那以后三百多年，戎狄族进攻周太王亶父，亶父逃跑到岐山下，而豳地人都跟随亶父在这里营造城邑，建立周国。那以后一百多年，周西伯姬昌讨伐畎夷氏。十多年后，周武王征讨商纣王，而营建洛邑，又回到酆京、镐京居住，把戎夷驱逐到泾水、洛水以北，让他们按时向周进贡，叫作“荒服”。那以后二百多年，周朝政治衰落，周穆王讨伐犬戎，得到四条白狼、四只白鹿而回来。从那以后，荒服的戎夷之人不再来进贡。于是，周王朝就制定了《甫刑》的法规。周穆王以后二百多年，周幽王因为宠姬褒姒的原因，和申侯有了仇怨。申侯气愤，和犬戎一同攻打并把周幽王杀死在骊山脚下，犬戎就取得了周朝的焦获地方，居住泾水、渭水一带，侵犯中原地区。秦襄公援救周王，于是周平王离开酆京、镐京，而向东迁徙到洛邑。当这个时候，秦襄公攻打犬戎一直打到岐山，开始被封为诸侯。这以后六十五年，山戎越过燕国而攻打齐国，齐釐公和山戎在齐国都城外作战。那以后四十四年，山戎攻打燕国。燕国向齐国告急，齐桓公向北进攻山戎，山戎逃跑。那以后二十多年，戎狄来到洛邑，攻打周襄王，周襄王逃奔到郑国的氾邑。起初，周襄王要攻打郑国，所以娶了戎狄的姑娘作为王后，和戎狄军队一同讨伐郑国。不久，废黜了狄王后，狄王后怨恨。周襄王的后母叫惠后，有个儿子叫子带，想立他为王。于是，惠后和狄后、子带作为内应，为戎狄打开城门，戎狄因此能够入城，打败、赶走周襄王，而立子带作为天子。于是，戎狄有些人居住陆浑，东部到达了卫国，侵犯残害中原人民。中原人痛恨他们，所以诗人作诗说，“打击戎狄，诛伐猃狁，到达大原”，“出动军车，战马很多，在北方筑城”。周襄王在外居住了四年，就派使者向晋国告急。晋文公刚即位，想要建立霸业，就发动军队讨伐并赶走戎狄，杀死子带，迎回周襄王，居住洛邑。

在那个时候，秦国、晋国是强国。晋文公赶跑了戎狄，戎狄居住河西的圁水、洛水一带，称为赤狄、白狄。秦穆公得到由余的协助，西戎八个国家都向秦国臣服，所以从陇地往西有绵诸、绲戎、狄、獂等戎族，岐山、梁山、泾水、漆水以北有义渠、大荔、乌氏、朐衍等戎族。而晋国北边有林胡、楼烦等戎族，燕国北边有东胡、山戎。各自分散居住溪谷里，各自都有君长，常常集聚一起，有一百多个戎族部落，可是没有统一。

从这以后一百多年，晋悼公派魏绛与戎狄讲和，戎狄到晋国朝见。以后一百多年，赵襄子越过句注山，打败并吞并了代地，逼近胡人和貉人居住区。后来，赵襄子和韩康子、魏桓子一同消灭智伯，瓜分晋国并占有它的土地后，那么赵占有代地、句注山以北的地方，魏占有河西、上郡，因而和戎人接界。后来，义渠的戎人修筑城池来保卫自己，而秦国渐渐蚕食他们，到了秦惠王时，就攻取了义渠的二十五座城池。秦惠王进攻魏国，魏国把西河和上郡全部献给了秦国。秦昭王时期，义渠戎人之王和宣太后发生淫乱，生下两个儿子。宣太后用欺骗的手段在甘泉宫杀死了义渠戎王，于是派兵征讨并消灭了义渠。于是，秦国占有陇西、北地、上郡，修筑长城来抵御匈奴。而赵武灵王也改变风俗，穿匈奴人的衣服，练习骑马、射箭，向北打败了林胡、楼烦。修筑长城，从代地沿着阴山修下去，直到高阙，建起关塞。设置云中郡、雁门郡、代郡。后来，燕国有位贤能的将领叫秦开，在匈奴那里作人质，匈奴人十分信任他。他回来后，袭击并打败、赶走了东胡，东胡后退了一千多里。和荆轲一起谋杀秦王的秦舞阳，就是秦开的孙子。燕国也修筑长城，从造阳一直到襄平。设置上谷、渔阳、右北平、辽西、辽东郡来抵御匈奴。在这个时候，具有文明礼俗又互相攻打的国家有七个，而其中三个国家接邻匈奴。后来，李牧任赵国将军时，匈奴不敢进入赵国的边界。后来秦国灭亡了六国，秦始皇派蒙恬率领十万人向北进攻匈奴，全部收复了河南（今内蒙古河套一带）的土地。凭借黄河作为边塞，修建四十四座县城靠近黄河，迁徙因犯罪被罚守边疆的人到那里。又修造直通的大路，从九原一直到云阳。凭借山岭、险要的沟堑、溪谷等可以修缮的地方建造长城，从临洮起直到辽东，有一万多里。又渡过黄河，占领了阳山、北假一带。

在这个时候，东胡和月氏都很强大。匈奴单于叫头曼，头曼打不过秦朝，向北迁移。十多年后，蒙恬去世，诸侯背叛了秦朝，中原形势非常纷乱，那些秦朝调派去谪守边境的人都又离去，于是匈奴摆脱了困境，又逐渐渡过黄河向南，在原先的边塞和中原接壤。

单于有个太子名叫冒顿。后来，单于所喜欢的阏氏生了个小儿子，单于就想废掉冒顿而立小儿子为太子，于是派冒顿到月氏做人质。冒顿到月氏做人质后，头曼单于就加紧进攻月氏。月氏人要杀死冒顿，冒顿偷了他们的良马，骑着逃回来了。头曼认为他勇猛，就命令他带领一万名骑兵。冒顿于是制造了响箭，训练部下骑马、射箭，发布命令说："响箭所射到的地方大家一齐射，有不跟着全力去射的人，就处死他。"出去打猎鸟兽，有人不向响箭所射的地方去射，立刻被斩首了。不久，冒顿用响箭亲自射向自己的好马，手下的亲信有的不敢射，冒顿立即处死了不向好马射箭的人。过了些日子，冒顿又用响箭亲自射向他喜欢的妻子，手下有人非常害怕，不敢射，冒顿又处死了他们。过了不久，冒顿出去打猎，用响箭射向单于的好马，手下的人都跟着一齐射。于是，冒顿知道他的部下都和他一条心，能够听从指挥了。后来他跟父亲头曼单于去打猎，就用响箭射向头曼，他手下的人也都跟着响箭一齐射死了头曼单于。接着冒顿把他的后妈和弟弟，以及那些不服从的大臣全部杀死了。冒顿自己立为单于。

冒顿做了单于后，这时东胡强大，听说冒顿杀死了父亲自己做单于，就派使者对冒顿说，想得到头曼时的千里马。冒顿征求大臣们的意见，大臣们都说："千里马是匈奴的宝马，不要给。"冒顿说："怎么可以和别人做邻国而吝惜一匹马呢？"于是，把千里马送给了东胡。不久，东胡以为冒顿害怕自己，就派使者对冒顿说，想得到单于的一个阏氏。冒顿又征求身边的人的意见，身边的人都生气地说："东胡没有道义，竟然求娶阏氏！请求进攻他们。"冒顿说："怎么可以和别人做邻国而吝惜一个妇人呢？"就拿所喜欢的阏氏送给了东胡。东胡王越发放纵，向西侵犯。东胡和匈奴有间隔，中间有荒废的土地，没有人居住，有一千多里，双方都在这空地的两边修起哨所。东胡派使者对冒顿说："匈奴和我们交界的哨所外面的空地，匈奴无法到那里，我想占有它。"冒顿征求大臣们的意见，大臣们有的说："这是空地，给他们也可以，不给他们也可以。"于是，冒顿大怒说："土地是国家的根本，怎么可以给他们呢！"那些说给土地的人，都被杀死。冒顿跨上马，命令国中有退后的人就处死他，于是向东袭击东胡。东胡起初小视冒顿，未加以防备。等到冒顿带领军队来到，开始进攻，就大败并且消灭了东胡王，抢走了他的百姓和牲畜财产。回来以后，匈奴又向西攻打并赶走了月氏，向南兼并了楼烦、白羊河南王。又全部收复了秦朝派蒙恬所夺走的匈奴的土地，同汉朝以原来的河南塞作为边界，直到朝那、肤施两地，于是侵犯燕地和代郡。这时，汉军正和项羽对垒，中原地区疲于交战。因此，冒顿能够自己强大起来，能拉弓射箭的士兵有三十多万。

从淳维一直到头曼有一千多年，匈奴势力时大时小，离散分化，已经很长时间了。所以，他们流传的世系无法按次序排列出来。可是，到冒顿时，匈奴最强大，使北方夷人完全服从自己的统治，而与南方的中国成为敌国。此后，他们的世系、国家的官位名号才能被记录。

匈奴设置有左、右贤王，左、右谷蠡王，左、右大将，左、右大都尉，左、右大当户，左、右骨都侯。匈奴人把贤才称作“屠耆”，所以常任命太子为左屠耆王。从像左、右贤王以下到当户，官职大的拥有一万名骑兵，小的拥有几千名骑兵，共有二十四位长官，立称号叫“万骑”。大臣们都是世袭的官员。呼衍氏、兰氏，后来还有须卜氏，这三姓是最显贵的家族。那些左方的王和将居住东边，直到上谷郡以东，东边和秽貉、朝鲜接壤；右方的王和将居住西边，直到上郡往西，和月氏、氐、羌接壤；而单于的王庭直到代郡、云中郡：各自都有分占的领地，追随着水草而迁移。左、右贤王和左、右谷蠡王是最大的官员，左、右骨都侯辅助单于处理政事。二十四长官也各自设置千长、百长、什长、裨小王、相封、都尉、当户、且渠等属官。

每年正月，各位官长在单于王庭进行小聚会，祭典。五月，在茏城进行大聚会，祭祀祖先、天地、鬼神。秋天，马匹肥壮，在蹛林举行大会，考核和计算人口和牲畜的数目。匈奴的法律，有意伤人并将刀剑拔离鞘一尺的人要被处死，犯盗窃罪的人没收其家属、财产；犯罪轻的判压碎关节的刑罚，大的判处死刑。坐牢时间最长的不超过十天，全国的囚犯只有几个人。单于早上走出营地，祭拜太阳的初升，傍晚祭拜月亮。他们坐的规矩，年长的坐左边，而且面朝北方。对于日子，他们重视戊日、己日。他们安葬死者，有棺椁、金银、衣裘，没有坟墓和丧服制度；单于死后，他所亲近的大臣、侍妾跟随殉葬的，多达几千几百人。打仗的时候要观测星月，月亮满圆就发动进攻，月亮缺损就退兵。他们攻战，斩杀敌人或俘虏敌人，都要赐给一壶酒；谁得到的战利品，就把这些东西送给他，得到的人就用作奴婢。所以，他们作战，人人都自动去寻求利益，善于埋伏军队来袭击敌人。所以，他们看见敌人就去追逐利益，像鸟飞集在一起；他们遭到不测，就土崩瓦解了。战斗的时候，把死者运载回来的人，就能得到死者的全部家产。

后来，匈奴向北征服了浑庾、屈射、丁零、鬲昆、薪犁等国家。于是，匈奴的贵族、大臣都敬服冒顿，认为冒顿单于有才能。

当时，汉朝刚平定中国，调派韩王信到代地，在马邑建都。匈奴大举围攻马邑，韩王信投降了匈奴。匈奴得到了韩王信，于是带兵向南越过句注山，进攻太原，来到晋阳城下。高帝亲自率领军队前去攻打匈奴。恰逢冬天十分寒冷，又降雨雪，士兵冻掉手指的有十分之二三。于是，冒顿假装失败逃跑，招诱汉军。汉军追击冒顿，冒顿把他的精兵隐藏起来，只显出自己的老弱残兵。于是，汉军全部出动，大多是步兵，共有三十二万人，向北追击。高帝先到了平城，步兵还没有完全赶到，冒顿指挥他的精兵四十万名骑兵把高帝包围在白登山，七天之中，汉军内外无法相互以军粮救济。匈奴的骑兵，西方全是白马，东方全是青马，北方全是黑马，南方全是红马。高帝于是派使者暗地里送给匈奴阏氏很丰厚的礼物，阏氏就对冒顿说："两个君主不应相互围困。如今，即使得到汉朝的土地，而您最终也不能居住这里。况且汉王也有神灵保佑，您考虑一下。"冒顿和韩王信的部将王黄、赵利约定时间会师，可是王黄、赵利的军队又没有来，怀疑他们和汉朝有计谋，同时也采纳了阏氏的主张，就解除了包围圈的一角。于是，高帝命令士兵都拉满弓，箭头朝向外边，从解开的一角直冲出去，终于和大军会合，而冒顿就带兵离去了。汉朝也带兵离去，派刘敬去和匈奴缔结和亲的盟约。

这以后，韩王信任匈奴将军，和赵利、王黄等人多次违背盟约，侵袭掠夺代郡、云中郡。过了不久，陈稀反叛，又和韩信一同谋划进攻代郡。汉朝派樊哙前去攻打他们，重新攻取了代、雁门、云中等郡县，没有出边塞。这时，匈奴因为汉朝很多将领去投降，所以冒顿经常来侵犯掠夺代地。于是，汉朝担心这事，高帝就派刘敬进献皇族女儿给匈奴作单于阏氏，每年奉送匈奴一定数量的粗丝绵、丝织品、酒、米、食物，约定为兄弟，实行和亲，冒顿才暂时停止侵扰。后来，燕王卢绾反叛，带领他的同党几千人投降了匈奴，往来侵扰上谷以东一带。

高祖逝世，孝惠帝、吕太后时期，汉朝刚刚安定，所以匈奴显得骄横。冒顿竟然写信给高后，胡说八道。高后要攻打匈奴，将领们说：“凭着高帝的贤能、勇武，可是尚且被围困在平城。”于是，高后才作罢，又对匈奴实行和亲政策。

到孝文帝刚即位，重新实行和亲的事。孝文帝三年五月，匈奴右贤王进入河南地居住，侵袭掳掠上郡保护边塞的蛮夷，杀害掠夺人民。于是，孝文帝下诏命令丞相灌婴派八万五千战车和骑兵，到高奴县，攻打右贤王。右贤王逃跑出了边塞。文帝驾临太原。当时，济北王反叛。文帝回朝，撤回了丞相派去进攻匈奴的军队。

第二年，单于送信给汉朝说：“上天所立的匈奴大单于尊敬地问候皇帝平安无事。以前皇帝说到和亲的事，和所送来的书信意思相符，双方都欢喜。汉朝边境的官吏侵袭、侮辱右贤王，右贤王没有向单于请示，听信后义卢侯难氏等人的计谋，和汉朝官吏相对抗，断绝双方君主的盟约，离间兄弟们的亲近。皇帝责备的信两次送来，我们派出使者送信回复，使者没能回来，汉朝使者又不到，汉朝因为这个缘故不与我们和解，我们邻国也不归附。如今，因为小官吏而破坏盟约的缘故，我们责罚右贤王，派他向西寻求月氏并打击他们。凭着上天的福佑，官吏、士兵优秀，马匹强壮，因此消灭了月氏，全部斩杀了反抗的人，降服了他们。平定了楼兰、乌孙、呼揭和附近二十六个国家，都作为匈奴的属国。所有弯弓射箭的人，都合并为一家。北方已经平定，希望停止战争，休养士兵，喂养马匹，消除以前的战争，恢复过去的盟约，来安定边疆的人民，来顺应自古以来的友好关系，使少年人能够成长起来，使老年人能平安地生活，世世代代和平快乐。还不知道皇帝的意见，因此派郎中系雩浅呈送书信向您请示，送上骆驼一匹，可骑乘的马两匹，可驾车的马八匹。皇帝如果不希望匈奴靠近边塞，那我就将诏令官吏百姓远离那里来居住。使者到达后，请马上送他回来。”匈奴使者在六月中旬来到薪望这个地方。书信送到，汉朝商议攻打与和亲哪种有利。公卿大臣都说：“单于刚打败了月氏，正处于胜利的形势，不能够进攻他们。况且得到匈奴的土地，都是盐碱地，不能居住。和亲是最有利的。”汉朝就答应了匈奴的请求。

孝文帝前六年，汉朝送信给匈奴说：“皇帝恭敬地问候匈奴大单于平安无事。派郎中系雩浅送给我的信中说：‘右贤王没有向单于请示，听信后义卢侯难氏等人的谋划，断绝双方君主的盟约，离间兄弟们的亲近，汉朝因为这个缘故不与我们和解，我们邻国也不归附。如今，由于小官吏而毁坏盟约，所以责罚右贤王让他向西进攻月氏，全部平定了他们。希望停止战争，休养士兵，喂养马匹，消除以前的争斗，恢复过去的合约，来安定边境的人民，使少年人能够成长起来，使老年人能够平安地生活，世世代代和平快乐。’我十分赞同，这是古代圣明君主的意见。汉朝和匈奴结为兄弟，所以送给单于十分丰厚的礼物。违背盟约、离间兄弟亲情的人，常常是匈奴一方。可是，右贤王的事已经在大赦以前，单于不要深责他。单于的行为如果符合书信的意思，就明确地告知各位官吏，使他们不要违背盟约，要守信用，我们将恭敬地依照单于信中的意思来做。使者说单于亲自带兵讨伐别国有功劳，却十分为战争而苦恼。现在有皇帝穿戴的绣袷绮衣、绣袷长襦、锦袷袍各一件，比余一个，黄金装饰的宽衣带一件，黄金带钩一件，绣花绸十匹，锦缎三十匹，赤绨和绿缯各四十匹，派中大夫意、谒者令肩去送给单于。”

后来不久，冒顿去世，他的儿子稽粥当了单于，号称老上单于。

老上单于刚刚继位，孝文皇帝又送皇族的女儿给单于做阏氏，派宦官燕国人中行说去辅佐公主。中行说不想前去，汉朝强迫派遣他。中行说说：“一定要我去，将会成为汉朝的祸害。”中行说到了匈奴后，就投降了单于，单于十分信任他。

最初，匈奴喜欢汉朝的缯絮和食物，中行说说：“匈奴人数比不上汉朝的一个郡，可是能强盛的原因，是衣食和汉人不同，不用依赖汉朝。如今单于改变习俗，喜欢汉朝的东西，汉朝给的东西不超过总数的十分之二，那么匈奴就会全部归属于汉朝了。得到了汉朝的缯絮做成衣服，穿上在草棘丛中骑马奔跑，衣裤都破裂损坏，以此表明汉朝衣裤比不上旃衣皮袄的结实完善。得到了汉朝的食物都扔掉，以此表明汉朝食物比不上乳汁和乳制品的方便美味。”于是，中行说教单于身边的人分条记录的方法，来计算、核查他们人口和牲畜的数量。

汉朝送信给单于，写在一尺一寸的木片上，信的开头说“皇帝恭敬地问候匈奴大单于平安无事”，以及写有所送的物品和主要内容等。中行说让单于送给汉朝的信用一尺二寸的木片，并且印章和封泥的尺寸都加宽加大加长，把信的开头话写得傲慢些说：“天地所生、日月所置的匈奴大单于恭敬地问候汉朝皇帝平安无事”，以及所送的物品、主要内容等。

汉朝使者中有的说：“匈奴的习俗轻视老年人。”中行说诘难汉朝使者说：“你们汉朝习俗，凡是派去屯守边疆的人将要出发，他们年老的父母难道有不让出自己暖和的衣服和丰美的食物，来送给出行的人吃穿的吗?”汉朝使者说：“是这样。”中行说说：“匈奴人都明确地以战争为大事，那些年老体弱的人不能战斗，所以把丰美的食物供给健壮的人，大概这是用来保卫自己，像这样，父亲儿子才能长久地相互保护，怎么能说匈奴蔑视老年人呢?”汉朝使者说：“匈奴的父亲儿子竟然同睡在一个毡帐中，父亲死了，儿子可以娶他后妈为妻；兄弟死了，活着的兄弟可以全部娶已故兄弟的妻子为妻。没有帽子、衣带的装饰，以及朝廷的礼仪。”中行说说：“匈奴的风俗，人们吃牲畜的肉，饮它们的乳汁，穿它们的皮；牲畜吃草饮水，随季节而迁移地方。所以，在危急的时候，人们就练习骑马、射箭，在和平的时候，人们就相安无事。他们受到的约束很少，容易执行。君臣的关系简单，一个国家的政治就像一个人的身体一样。父亲、兄弟死了，活着的娶死者的妻子为妻，是不愿意宗族的绝灭。所以，匈奴虽然伦理混乱，但一定要立宗嗣。如今，中国的伦理虽然详备，不娶他们父亲、兄弟的妻子为妻，但亲属关系越发疏远，而且相互杀害，甚至于改朝换姓，都是这一类缘故。况且礼义的毛病，使君臣之间相互怨恨，为追求宫室的高大华美，必然耗尽民力。努力耕田种桑，来求取衣服食物，修筑城池来保卫自己。因此，百姓在紧急时不去练习战斗，宽松时又劳累地耕作劳动。唉！住在土石房子里的汉人，姑且不要多说了，喋喋不休，窃窃私语，戴上帽子又有什么好处呢？”

从这以后，汉朝使者想要辩论的，中行说总是说：“汉朝使者不要多讲了，想想汉朝送运给匈奴的缯絮米糵，使其数量足够，并且一定要质量好就行了，何必要说话呢？况且供给匈奴的东西齐全美好就罢了。如果不齐全，又粗劣，那么等到秋天庄稼成熟，匈奴就骑马往来践踏你们的庄稼。”中行说日夜教导单于侦察汉朝要害地方。

汉孝文帝十四年，匈奴单于带领十四万骑兵进入朝那、萧关，杀害了北地都尉孙卬，夺走了很多百姓和牲畜，就到达了彭阳。匈奴派突击队攻进并烧毁了回中宫，他们的侦察兵到达了雍地的甘泉宫。于是，文帝任命中尉周舍、郎中令张武为将军，出动一千辆战车、十万名骑兵，驻扎长安城附近，来防备匈奴侵犯。又任命昌侯卢卿做上郡将军，甯侯魏遬做北地将军，隆虑侯周灶做陇西将军，东阳侯张相如做大将军，成侯董赤做前将军，大规模发动战车、骑兵去攻打匈奴。单于留在塞内一个多月才离开，汉朝军队追击出了边塞就回来，没有斩杀什么敌军。匈奴一天比一天更加骄横，每年都侵入边境，抢杀、掠夺很多百姓和牲畜，其中云中、辽东两郡受害最严重，连同代郡共有一万多人被杀害或掳掠。汉朝对这很忧虑，于是派使者送信给匈奴。单于也派当户送回信答谢，双方又议论和亲事情。

孝文帝后元二年，派使者送信给匈奴说："皇帝恭敬地问候匈奴大单于平安无事。派当户且居雕渠难、郎中韩辽送给我的两匹马，已经送到，我恭敬地接收了。先帝的规定：长城以北的地方，是拉弓射箭的国家，服从单于统治；长城以内，是戴帽子束衣带的人家，我也控制它。要让百姓耕种、织布、射猎来获取衣食，父子不分离，大臣君主相安无事，都没有暴虐和反叛的事情。如今，我听说邪恶的刁民贪图攻战掠夺的利益，背信弃义，违反盟约，忘却千万百姓的性命，离间两位君主的友谊，但这些都是以前的事情了。您的信说：'两国已经结亲，两位君主欢乐，停止战争，休养士兵，喂养马匹，世世代代昌盛安乐，安定的日子重新开始。'我十分赞同。圣人天天在使自己的道德言行进步，改正不足，而重新作起，使老年人得到安养，使年幼的人得到成长，人人都能保全性命而安享天年。我和单于都遵守这个道理，顺应天意，体恤人民，世世代代相传，延续到永远，天下无不受到利益。汉朝和匈奴是势均力敌的邻国，匈奴地处北方，寒冷，肃杀之气来临得早，所以我命令官吏每年都送给单于一定数量的秫蘖、金帛、丝絮和其他物品。如今天下十分安定，百姓们和乐，我和单于作他们的父母。我回想到以前的事情，都是微末小事，是谋臣考虑失当，都不值得来离间兄弟间的情谊。我听说上天不会只覆盖一方，大地不会只承载一处。我和单于都遗弃以前的小误会，都遵循大道理，消除以前的不快，来图谋长远的利益，使两国的人民像一家人。善良的百姓们，下至于水中的鱼鳖，上至于空中的飞鸟，地上爬行、喘息、蠕动的各种动物，无不趋向安全有利的地方而躲避危险。所以，前来归附的，都不阻止，这是天经地义的事。都抛开以前的恩怨：我释免逃往匈奴的汉人的罪责，单于也不要提到逃往汉朝的章尼等人。我听说古代的帝王，誓约分明而决不食言。单于记住盟约，天下就会特别安宁，和亲以后，汉朝不会先失约。望单于明察这件事。”

单于已经约定和亲，于是汉文帝就下令御史说：“匈奴大单于送信给我，说已经确定和亲，逃亡的人不足以增加人众和扩大土地，匈奴不入侵塞内，汉朝不出塞外，违犯现在条约的就处死，可以长久地保持亲近友好，今后不再有祸患，双方都有利。我已经答应了。请向天下发布告示，使人们都明白地知道这件事。”

汉文帝后元四年，老上稽粥单于去世，他儿子军臣继位做了单于。单于继位后，孝文皇帝又和匈奴结亲。而中行说仍旧侍奉军臣单于。

军臣单于继位四年以后，匈奴又断绝了结亲关系，大举入侵上郡、云中郡，分别派出了三万名骑兵，杀死、掠夺了许多汉人和财物而离开。于是，汉朝派张武等三位将军带兵驻扎北地，代国的军屯句注、赵国的军屯飞狐口，沿着边境，也各派兵坚守，来防备匈奴敌人。还安排周亚夫等三位将军，带兵驻扎长安西边的细柳、渭河北岸的棘门和霸上，来防备匈奴。匈奴骑兵侵入代国句注的边界，报警的烽火一直通到甘泉和长安。几个月后，汉朝军队到了边境，匈奴也远远地离开边塞，汉军也撤兵了。一年多后，孝文帝驾崩，孝景帝继位，而赵王刘遂于是暗中派人到匈奴联系。吴、楚等七国叛乱，匈奴想和赵国一起图谋入侵边界。汉朝军队围攻打败了赵国，匈奴也作罢了。从这以后，孝景帝又与匈奴和亲，开通边境的互市市场，送给匈奴礼物，送公主嫁给单于，如同以前的合约。直到孝景帝去世，匈奴时常有小的骚扰边界举动，没有大的入侵。

当今皇帝继位，申明有关和亲的规定，优待匈奴，开通边境互市市场，送给他们大量的财物。匈奴从单于以下都亲近汉朝，往来于长城脚下。

汉朝派马邑属下的聂翁壹故意违犯禁令，私运货物和匈奴交易，佯称出卖马邑城来诱惑单于。单于相信了他，而且贪恋马邑的财物，就率领十万名骑兵，进入武州塞。汉朝埋伏三十多万军队在马邑城附近，御史大夫韩安国任护军将军，监护着四位将军来伏击单于。单于进入汉朝关塞后，离马邑城还有一百多里，看到牲畜遍野而没有人放牧，觉得奇怪，就进攻汉朝的哨亭。当时，雁门尉史正在视察，看到敌军，就保护这个哨亭，他知道汉军的计划。单于捉到了他，要杀害他，尉史就告诉单于汉朝军队埋伏的地点。单于大吃一惊说："我本来就怀疑这事。"于是带兵回去。出了边塞说："我得到尉史，这是天意，是上天让你向我报告。"就封尉史做"天王"。汉军约好单于进入马邑城，就放士兵攻杀，单于没有来，因此汉军一无所获。汉朝将军王恢的部队走出代郡去攻打匈奴的辎重，听说单于回兵了，匈奴士兵多，就不敢出击。汉朝认为王恢是最初策划这次行动的人，却不敢攻打，就处死了王恢。从这以后，匈奴断绝了和亲关系，攻击直通要道的关塞，常常入侵汉朝的边境，次数多得无法计算。可是匈奴贪婪，还是喜欢和汉朝互通关市，非常喜欢汉朝的财物，汉朝也仍旧不断与匈奴通关市，来投合他们的心意。

从马邑军事行动后的第五年秋天，汉朝派四位将军分别率领一万名骑兵在关市附近攻打匈奴。卫青将军从上谷出塞，直到茏城，获得敌人首级、俘虏七百人。公孙贺从云中出塞，一无所获。公孙敖从代郡出塞，被匈奴打败，损失七千多人。李广从雁门出塞，被匈奴打败，匈奴活捉了李广，后来李广逃跑回来。汉朝拘禁了公孙敖、李广，公孙敖、李广出钱赎罪，成为平民。那年冬天，匈奴多次入侵边境，渔阳受害最严重。汉朝派将军韩安国驻守渔阳来抵御匈奴。第二年秋天，匈奴二万名骑兵入侵汉朝，杀死了辽西太守，掳走了二千多人。匈奴又入侵打败了渔阳太守的军队一千多人，围困住汉朝将军韩安国。韩安国当时一千多名骑兵也快要死光了，适逢燕国的救兵赶到，匈奴人才离去。匈奴又入侵雁门，杀死、掳走了一千多人。于是，汉朝派将军卫青率领三万名骑兵从雁门出塞，李息从代郡出塞，攻打匈奴。他们杀死、俘虏了匈奴几千人。第二年，卫青又出塞到云中以西，直到陇西，在河南进攻匈奴属下的楼烦、白羊王，杀死、俘虏了几千人，获得牛、羊一百多万头。于是，汉朝就占有河南一带，修筑朔方城，又修复以前秦朝时蒙恬所建造的关塞，凭借黄河来固守。汉朝也放弃了上谷郡的和匈奴地区犬牙交错的偏僻县份如造阳一带给了匈奴。这年，是汉朝的元朔二年。

那以后一年的冬天，匈奴军臣单于去世。军臣单于的弟弟左谷蠡王伊稚斜自己继位做了单于，打败了军臣单于的太子於单。於单逃跑来投降汉朝，汉朝封於单做涉安侯。几个月后，他去世了。

伊稚斜单于继位后，那年夏天，匈奴几万名骑兵侵入并杀害了代郡太守恭友，掳走了一千多人。那年秋天，匈奴又入侵雁门，杀死、掳走了一千多人。第二年，匈奴再入侵代郡、定襄、上郡，分别有三万名骑兵，杀死、掳走了几千人。匈奴左贤王怨恨汉朝夺走了河南土地而修筑朔方城，就多次侵扰，到边境侵掠，直至入侵到河南，侵犯朔方，杀死、掠获许多官员、百姓。

第二年春天，汉朝任命卫青为大将军，率领六位将军，十多万军马，从朔方、高阙出塞攻打匈奴。右贤王认为汉军不可能来到，就喝醉了酒。汉军出塞六七百里后，连夜包围了右贤王。右贤王十分惊恐，脱身逃跑，那些精锐骑兵也都跟着离去。汉朝俘获右贤王的部众男女一万五千人，裨小王十多人。那年秋天，匈奴一万名骑兵入侵并杀了代郡都尉朱英，掳走了一千多人。

第二年春天，汉朝又派大将军卫青率领六位将军，十多万骑兵，再次从定襄出塞几百里去进攻匈奴，前后杀死、俘获了共一万九千多人，而汉朝也损失了两位将军、三千多名骑兵。右将军苏建得以只身逃离，而前将军翕侯赵信出师不利，投降了匈奴。赵信是原来匈奴的小王，投降了汉朝，汉朝封他做翕侯，因为前将军和右将军的军队合并而与大部队分开出发，独自遇上了单于的军队，所以全军覆没。单于得到翕侯后，把他封为地位仅次于单于自己的王，并把自己的姐姐嫁给他做妻子，和他商量对付汉朝。赵信教单于更加向北迁移，越过沙漠，来诱惑汉军，使他们疲惫，等他们疲劳至极时就攻取他们，不要靠近汉朝的边塞。单于听从了他的策略。第二年，匈奴骑兵一万人入侵上谷，杀死了几百人。

第二年春天，汉朝派骠骑将军霍去病率领一万名骑兵从陇西出塞，越过焉支山一千多里，攻击匈奴，杀死、俘虏匈奴一万八千多人，打败了休屠王，并获得了他的祭天金人。那年夏天，骠骑将军霍去病又联合合骑侯几万名骑兵从陇西、北地出塞二千里，进攻匈奴。越过居延，攻击祁连山，杀死、俘虏匈奴三万多人，其中裨小王及以下官员七十多人。这时，匈奴也来入侵代郡、雁门，杀死、掠夺几百人。汉朝派博望侯张骞和李广将军从右北平出塞，攻打匈奴左贤王。左贤王包围了李广将军，李广的军队大约四千人，快要死光，被杀匈奴敌人的数目也超过了自己军队的损失。适逢博望侯张骞的军队赶来救援，李将军得以解围。汉军损失了几千人，合骑侯延误了骠骑将军约定的日期，因而和博望侯张骞都被判为死刑，后来出钱赎罪，成为庶民。

那年秋天，单于对浑邪王、休屠王居住在西边而被汉朝杀死、俘虏了几万人的事感到气愤，要召他们来杀掉。浑邪王和休屠王害怕，商量投降汉朝，汉朝派骠骑将军前去迎接他们。浑邪王杀死了休屠王，合并了他的部众，率领部众投降了汉朝。总共有四万多人，号称十万。于是，汉朝得到浑邪王投降后，那么陇西、北地、河西遭受匈奴侵扰越来越少了，把关东的贫苦人家迁调到从匈奴那里夺得的河南、新秦中地区，来充实那里，并且将北地以西的戍卒减少了一半。第二年，匈奴分别有几万名骑兵侵略右北平、定襄，杀死、掳走了一千多人，然后离去。

第二年春天，汉朝大臣商讨说："翕侯赵信为单于出谋划策，居住大沙漠以北，认为汉军不能到达。"于是，用粟喂养马匹，发动十万名骑兵，加上自愿携带军需品参军的骑兵，共有十四万人，运输粮食的车马不在这数目内。命令大将军卫青、骠骑将军霍去病平分军队，大将军从定襄出塞，骠骑将军从代郡出塞，都约定越过沙漠进攻匈奴。单于听说了，把辎重运到远处，带领精兵在沙漠北边等候。匈奴同大将军卫青交战一天，适逢傍晚，刮起了大风，汉军撒开左右两翼包围单于。单于自己推测打不过汉朝军队，就独自和精壮的几百名骑兵击溃了汉军的包围圈，从西北方逃跑。汉军连夜追赶，没有捉到。但一边追赶，一边斩杀、活捉了匈奴一万九千人，到达北边的阗颜山赵信城而退回来。

单于逃跑的时候，他的军队常常和汉军混战在一起，并设法跟随单于而逃。单于很久没有和他的大部队相会合了，他的右谷蠡王认为单于已死，就自己继位做单于。真单于又找到了他的部众，右谷蠡王就舍弃了自己的单于王号，又做了右谷蠡王。

汉朝骠骑将军从代郡出塞二千多里，和左贤王交战，汉军杀掉、俘虏匈奴共七万多人，左贤王和将领们都逃跑了。

骠骑将军在狼居胥山祭天，在姑衍山祭地，直到翰海才回师。

这以后，匈奴远远地逃离，沙漠以南没有了匈奴的王庭。汉朝军队渡过黄河，从朔方向西到了令居，常常在那里修通沟渠，开垦田地，官员和士兵有五六万人，逐渐蚕食，地界接近匈奴旧地以北。

当初，汉朝两位将军大举出动进攻单于，杀死、俘虏有八九万人，而汉朝士兵死去的也有几万人，汉朝马匹死掉了十多万。匈奴虽然疲惫不堪，远远地离去，而汉朝也因为马匹减少，无法再前去进攻。匈奴采纳赵信的计策，派使者到汉朝，好言好语请求和亲。天子把这事交下给大臣们商议，有的赞成和亲，有的主张趁机让匈奴臣服。丞相长史任敞说："匈奴刚被打败，处境窘困，应该让他们做外臣，每年春秋两季在边境朝拜皇上。"汉朝派任敞出使匈奴，去见单于。单于听说了任敞的计划，十分气愤，就扣留了任敞，不送他回去。在这之前，汉朝也招降过匈奴使者，匈奴单于也就扣留汉朝使者相抵偿。汉朝正在重新收拢士兵、马匹，适逢骠骑将军霍去病去世，于是汉朝很长时间没有向北进攻匈奴。

几年后，伊稚斜单于继位十三年去世，他儿子乌维继位做单于。这一年，是汉元鼎三年。

乌维单于继位，汉天子开始出去巡视郡县。那以后，汉朝正向南诛灭南越和东越，没有攻打匈奴，匈奴也不入侵边境。

乌维单于继位三年，汉朝已经消灭了南越，派前太仆公孙贺率领一万五千名骑兵从九原出塞二千多里，到浮苴井才回来，没有看到一个匈奴人。汉朝又派前从骠侯赵破奴带领一万多名骑兵从令居出塞几千里，到匈河水而回来，也没有看到一个匈奴人。

这时，天子视察边境，到了朔方郡，带领十八万骑兵来显示军威，派郭吉委婉地告诉单于。郭吉到了匈奴后，匈奴主客询问他出使的任务，郭吉谦卑地行礼，说好话，说："我见到单于再亲口对他讲。"单于接见了郭吉，郭吉说："南越王的人头已经悬挂在汉朝京城未央宫的正门。如今，单于假如能够前去和汉朝交战，天子亲自率领兵马在边境等候；单于假如不能去，就应当面朝南方向汉朝称臣。何必只是远远逃跑，躲藏在大沙漠北边又冷又苦、缺少水草的地方，这样没有作为呢！"话刚说完，单于就大怒，立刻斩杀了引见郭吉的那位主客，又扣留郭吉，不让他回去，把他迁移到北海那里。单于始终不肯到汉朝边境侵扰，而是休养士兵和马匹，练习射箭打猎，多次派使者到汉朝，好言好语请求和好。

汉朝派王乌等人去侦察匈奴。匈奴的法律规定，汉朝使者不放弃符节而用墨黥面，就不能够进入毡帐。王乌是北地人，熟悉匈奴的风俗，就放弃符节，用墨黥面，得已进入毡帐。单于喜欢他，假装用好话作出许诺，为派遣他的太子进入汉朝作人质，来请求和亲。

汉朝派杨信出使匈奴。这时，汉朝在东边攻下了秽貉、朝鲜而设置了郡，在西边设置了酒泉郡来隔绝匈奴和羌的交往道路。汉朝又向西沟通了月氏、大夏，还把公主嫁给乌孙王做妻子，来离间匈奴在西方的援国。汉朝又向北更加扩大田地，直到眩雷，作为边塞，而匈奴始终不敢对此表示不满。这年，翕侯赵信去世，汉朝掌权的大臣认为匈奴已经衰弱，可以让他们臣服了。杨信为人刚直倔强，一向不是汉朝显贵的大臣，单于不亲近他。单于要召他进入毡帐里，但他不肯放弃符节，单于就坐在毡帐外面接见了杨信。杨信见过单于后，劝他说："假如想和汉朝和好，就将单于太子送到汉朝作人质。"单于说："这不是以往的盟约。以往的合约，汉朝常常派公主来匈奴，供给不同数量的绸布、丝绵和食物，来结和亲，而匈奴也不去侵扰边境。如今，竟然要违反古时的盟约，让我的太子做人质，那和亲没有希望了。"匈奴的风俗，看到汉朝使者不是皇宫中受宠的宦官，而是儒生，认为是要来游说的，便设法驳倒他的辩词；如果是少年，认为他是要来斥责匈奴，便想办法摧毁他的气势。每次汉朝使者进入匈奴，匈奴总要给予报偿。如果汉朝扣留了匈奴使者，匈奴也扣留汉朝使者，一定要求得对等才肯罢休。

杨信回到汉朝后，汉朝派王乌出使匈奴，而单于又用好话谄媚他，想多得到汉朝的财物，便欺骗王乌说："我想进入汉朝朝见天子，当面缔约结为兄弟。"王乌回来报告汉朝，汉朝为单于在长安修筑了官邸。匈奴说："得不到汉朝尊贵的人出使，我不同他讲实话。"匈奴派他的尊贵的人到汉朝，患了病，汉朝送给他药，想治好他，可是他不幸而死了。汉朝使者路充国佩带二千石的印信出使匈奴，顺便护送他的灵柩，丰厚的葬礼花费了几千斤黄金，说："这是汉朝的贵人。"单于认为"汉朝杀害了我尊贵的使者"，就扣留路充国，不让他回去。单于所说的那些话，只是凭空骗王乌，根本没有进入汉朝和送太子来作人质的意思。于是，匈奴多次派突击队进犯边境。汉朝就命郭昌为拔胡将军，和浞野侯驻守朔方以东，防御匈奴。路充国被匈奴扣留了三年，单于去世。

乌维单于继位十年后死去，他的儿子乌师庐继位做了单于。乌师庐年纪小，号称儿单于。这年是汉朝元封六年，从这以后，单于越发向西北迁移，左边的军队直到云中郡，右边的军队直到酒泉郡、敦煌郡。

儿单于继位后，汉朝派来两位使者，一位吊唁单于，一位吊唁右贤王，想据此来离间他们的君臣关系，使国家混乱。使者进入匈奴，匈奴人把他们都送到单于那里。单于生气，把汉朝使者全都扣留了。汉朝使者被匈奴扣留的前后有十多批，而匈奴使者来，汉朝也总是扣留对等数量的匈奴使者。

这年，汉朝派贰师将军李广利向西征讨大宛，而命令因杅将军公孙敖修筑受降城。这年冬天，匈奴下大雪，牲畜大多受饥寒而死。儿单于年纪小，喜欢攻杀和打仗，国人大多感到不安。左大都尉想杀死单于，派人暗中报告汉朝说：“我想杀了单于而投降汉朝，汉朝离得远，如果派兵来迎接我，我就行动。”起初，汉朝听到了这话，所以修筑受降城，天子还认为城离匈奴较远。

第二年春天，汉朝派浞野侯赵破奴带领二万多骑兵从朔方出塞向西北二千多里，约定到浚稽山才回师。浞野侯按时到达那里后才回来，左大都尉想行动而被发觉，单于诛杀了他，发动左边的军队攻打浞野侯。浞野侯边走边捕杀匈奴几千人。回来时，距离受降城还有四百里，匈奴军队八万骑兵包围了他。浞野侯夜晚自己出来寻找水，匈奴暗地里捉拿，活捉了浞野侯，趁机加紧攻击他的军队。汉军中的郭纵担任护军，维王担任匈奴降兵的头领，他们相互商量说：“趁诸位校尉害怕失掉了将军而会遭汉君诛杀，不要相互劝说回归汉朝。”汉军于是就覆没于匈奴。匈奴儿单于十分高兴，就派突击队攻击受降城。没有能够攻下，于是入侵边塞然后离开。第二年，单于要亲自攻打受降城，还没有到那里，就病死了。

儿单于继位三年后死去。他的儿子年纪小，匈奴就立他叔父乌维单于的弟弟右贤王呴犁湖当单于。这年是汉朝太初三年。

呴犁湖单于继位后，汉朝派光禄徐自为走出五原塞几百里，远的到一千多里，修筑小城堡、哨所，直到庐朐，又派游击将军韩说、长平侯卫伉驻守其附近，派强弩都尉路博德在居延泽修筑城堡。

那年秋天，匈奴大举侵入定襄、云中，杀死、俘虏了几千人，打败了几位二千石的官员而离去，路上还破坏了光禄徐自为所修建的小城堡、哨所。又派右贤王入侵酒泉、张掖，掳走了几千人。适逢汉朝将军任文攻击救援，匈奴又全部失去了所获得的东西而离去。这年，贰师将军李广利大败大宛，斩杀了大宛王而回来。匈奴要阻截李广利，没有能赶到。这年冬天，匈奴要攻打受降城，适逢单于病死。

呴犁湖单于即位一年后死去。匈奴就立他的弟弟左大都尉且鞮侯做单于。

汉朝诛杀了大宛王之后，威震国外。天子心想趁机围困匈奴，于是颁下诏命说："高皇帝留给我平城被围的忧虑，高后时，单于的来信极为大逆不道。以前齐襄公报了九世以前的仇恨，《春秋》对他大加称赞。"这年是汉朝太初四年。

且鞮侯单于继位后，全部送还了不肯投降的汉朝使者。路充国等人得以回到汉朝。单于刚继位，担心汉朝攻击，就自己称："我是小孩子，怎么敢和汉朝天子相比呢！汉朝天子是我的长辈。"汉朝派中郎将苏武送给单于十分丰厚的礼物。单于更加自满，礼节非常傲慢，汉朝非常失望。第二年，浞野侯赵破奴逃回了汉朝。

第二年，汉朝派贰师将军李广利率领三万骑兵从酒泉出塞，在天山攻打右贤王，杀死、掳走了匈奴一万多人而回师。匈奴大举包围贰师将军，几乎不能逃脱。汉军死亡了十分之六七。汉朝又派因杅将军公孙敖从西河出塞，和强弩都尉在涿涂山会合，没有什么收获。又派骑都尉李陵率领步兵、骑兵五千人，从居延出塞一千多里，和单于相会，双方交战，李陵的军队杀死杀伤一万多敌军，武器和粮食用尽，想摆脱困境而回师，匈奴包围了李陵的军队，李陵投降了匈奴，他的军队就全军覆没，得以回来的只四百人。单于于是重用李陵，将自己的女儿嫁给他做妻子。

那以后第二年，汉朝又派贰师将军率领六万骑兵、十万步兵，从朔方出塞。强弩都尉路博德率领一万多人，和贰师将军会合。游击将军韩说带领步兵、骑兵三万人，从五原出塞。因杅将军公孙敖率领一万骑兵、三万步兵，从雁门出塞。匈奴听说了，把他们的贵重东西全部远远地运到余吾水以北，而单于率领十万骑兵等待在余吾水的南面，和贰师将军交战。贰师将军就解去接战而率军往回走，和单于接连交战了十多天。贰师将军听说他的家属由于巫蛊罪被灭族，就和军队一起投降了匈奴。他的军队能够回到汉朝的在一千人中只有一两人罢了。游击将军韩说一无所获。因杅将军公孙敖和左贤王交战，形势不利，就带兵回来。这年汉朝军队出塞攻打匈奴的，都不能谈论功劳的多少，因为他们的功劳抵不过损失。皇帝下令逮捕太医令随但，因为他说出贰师将军家人被诛灭，使贰师将军投降了匈奴。

太史公说："孔子著《春秋》，对于鲁隐公、鲁桓公时期的事情记载明显，到了鲁定公、鲁哀公时期就记述得隐晦，因为这是接近当代而加以虚美，是忌讳的文辞。世俗中谈论匈奴的人，错误就在于他们想侥幸获得一时的权势，而致力于谄媚地进献自己的主张，使其片面的观点有利，不考察敌我的实际情况；将帅们仗着中国土地的广大、士气的雄壮，天子据此来制定对策，所以建立不了深远牢固的功业。尧虽然贤能，但靠自己来建立功业是不能成功的，得到禹然后全国才安宁。想要发扬光大圣王的传统，只在于选择任用将相啊！只在于选择任用将相啊！"

第九十三卷　卫将军骠骑列传第五十一

本文是汉代名将卫青和霍去病的合传，主要记述卫青七出边塞，霍去病六出北疆，指挥千军万马，攻讨匈奴，扬威大漠的经历和赫赫战功。匈奴奴隶主屡犯中原，严重破坏了汉匈人民的和平生活，给百姓和社会生产带来深重灾难。年轻的汉武帝大胆重用青年将领卫青和霍去病，令其频频出击，其战争规模之大、兵威之盛，为汉代讨胡征战之最，这就有力地打击了匈奴奴隶主侵扰中原的嚣张气焰，对维护中国的统一和博大、安定和富强，对汉匈人民的和平劳动生活有着积极的意义，这是值得肯定的历史功绩，也正是司马迁写作本传的用意所在。当然，作者对连年战争所造成的人员伤亡和物资的巨大损失也提出了委婉的批评。

文中突出地描写和赞美了卫青推功让爵、霍去病“匈奴未灭，无以家为”的名将风度和以国家为重的爱国思想。但同时也批评了他们不修名节、不进贤士、和柔事主的不足，显示了司马迁修史时的“不虚美，不隐恶”的实录精神。

此文的结构颇有特色，前边的主要部分写卫、霍事迹，是卫、霍的合传。篇末又附记公孙贺等十六位征胡将领的简略事迹，以类相从，实为一篇类传。从结构上看，主次分明；从史实上看，前后一体，水乳交融，毫无游离或割裂之感。这就充分显示了司马迁剪裁谋篇的匠心和《史记》行文灵活多变的特点，使本传成为汉武帝时代汉匈战争和汉匈关系的一篇简史，或者是一本征胡英雄的记功簿。

【原文】

大将军卫青者，平阳人也。其父郑季，为吏，给事平阳侯[①]家，与侯妾卫媪通[②]，生青。青同母兄卫长子，而姊卫子夫自平阳公主家得幸天子[③]，故冒[④]姓为卫氏。字仲卿。长子更字[⑤]长君。长君母号为卫媪。媪长女卫孺，次女少兒，次女即子夫。后子夫男弟步、广皆冒卫氏。

青为侯家人，少时归其父，其父使牧羊。先母之子皆奴畜之[⑥]，不以为兄弟数[⑦]。青尝从入至甘泉居室[⑧]，有一钳徒相青[⑨]曰："贵人也，官至封侯。"青笑曰："人奴之生，得毋[⑩]笞骂即足矣，安得封侯事乎！"

青壮，为侯家骑[⑪]，从平阳主。建元二年[⑫]春，青姊子夫得入宫幸上[⑬]。皇后，堂邑大长公主[⑭]女也，无子，妒。大长公主闻卫子夫幸，有身[⑮]，妒之，乃使人捕青。青时给事建章[⑯]，未知名。大长公主执囚青，欲杀之。其友骑郎公孙敖与壮士往篡取[⑰]之，以故得不死。上闻，乃召青为建章监，侍中。及同母昆弟[⑱]贵，赏赐数日间累千金。孺为太仆公孙贺妻。少兒故[⑲]与陈掌通，上召贵掌[⑳]。公孙敖由此益贵。子夫为夫人。青为大中大夫。

【注释】

①给事：供职。平阳侯：指曹寿。②通：通奸。③据《外戚世家》载，卫子夫原为汉武帝的姐姐平阳公主家的"讴者"即歌女，一次武帝到平阳公主家，所有侍奉他的美人，他都不喜欢，唯独喜欢上作为"讴者"的卫子夫。卫子夫侍武帝更衣，于是在衣车中得幸。入宫，有宠，以生戾太子刘据立为皇后。④冒：冒充，假冒。卫青生父为郑季，当姓郑，以其为私生子，因依母姓，故曰冒。⑤更：改换。字：表字。⑥先母：指郑季前夫人。奴畜之：把卫青当作奴仆来养育。⑦数：数目。⑧甘泉：宫名。居室：即"保宫"，是囚禁犯法官员和其家属的拘留所。一说官署名，汉有甘泉居室令丞之官。⑨钳徒：受钳刑的犯人。钳刑是用铁圈系颈的刑罪。相青：给卫青相面。⑩毋：通"无"。⑪骑：骑士。⑫建元二年：即前 139 年。建元，汉武帝第一个年号（前 140—前 135）。⑬幸上：被皇上宠爱。⑭堂邑大长公主：即汉文帝长女，武帝姑母刘嫖，因嫁堂邑侯陈午，故名堂邑大长公主。汉代称皇帝的姑母为大长公主。刘嫖之女即武帝原配夫人陈阿娇，后被废。⑮有身：通"有娠"，身怀有孕。⑯建章：宫名。⑰篡取：抢夺。⑱昆弟：兄弟。⑲故：从前。⑳贵掌：使陈掌显贵。

【原文】

元光六年[①]，青为车骑将军，击匈奴，出上谷；太仆公孙贺为轻车将军，出云中；大中大夫公孙敖为骑将军，出代郡；

卫尉李广为骁骑将军，出雁门：军各万骑。青至茏城，斩首虏[2]数百。骑将军敖亡七千骑，卫尉李广为虏所得，得脱归：皆当[3]斩，赎为庶人。贺亦无功。

元朔[4]元年春，卫夫人有男，立为皇后。其秋，青为车骑将军，出雁门，三万骑击匈奴，斩首虏数千人。明年，匈奴入杀辽西太守，虏略[5]渔阳二千余人，败韩将军[6]军。汉令将军李息击之，出代；令车骑将军青出云中以西至高阙。遂略[7]河南地，至于陇西，捕首虏数千，畜数十万，走[8]白羊、楼烦王。遂以河南地为朔方郡。以三千八百户封青为长平侯。青校尉苏建有功，以一千一百户封建为平陵侯。使建筑朔方城。青校尉张次公有功，封为岸头侯。天子曰："匈奴逆天理，乱人伦，暴长虐老，以盗窃为务，行诈诸蛮夷，造谋藉兵[9]，数为边害，故兴师遣将，以征厥[10]罪。《诗》[11]不云乎，'薄[12]伐猃狁，至于太原'；'出车彭彭[13]'，'城彼朔方[14]'。"今车骑将军青度[15]西河至高阙，获首虏二千三百级[16]，车辎畜产毕收为卤[17]，已封为列侯，遂西定河南地，按榆谿[18]旧塞，绝梓领[19]，梁北河[20]，讨蒲泥[21]，破符离[22]，斩轻锐之卒，捕伏听者[23]三千七十一级，执讯获丑[24]，驱马牛羊百有余万，全甲兵[25]而还，益[26]封青三千户。"其明年，匈奴入杀代郡太守友[27]，入略[28]雁门千余人。其明年[29]，匈奴大入代、定襄、上郡，杀略汉数千人。

【注释】

①元光六年：即前129年。元光，汉武帝第二个年号（前

134—前129）。关于卫青等人这次出击匈奴的时间，《史记》《汉书》的有关纪传，记述并不一致。参见《匈奴列传》“自马邑军后五年之秋”段注①（第151页）。②斩首虏：斩杀和俘虏。③当：判罪。④元朔：汉武帝第三个年号（前128－前123）。⑤虏略：掳掠。⑥韩将军：指韩安国。⑦略：攻取。⑧走：逃跑。这里指赶跑，使逃跑。⑨造谋：策划阴谋。藉兵：仗恃武力。⑩厥：其，指匈奴。⑪《诗》：指中国第一部诗歌总集，《诗经》。这里的引文，前两句出自《诗经·小雅·六月》，后两句出自《诗经·小雅·出车》。⑫薄：语首助词，无实义。按：《六月》歌颂周宣王北伐猃狁即秦汉以来的匈奴之事。⑬彭彭：奔行的样子，一说“马行盛貌”（《广韵》）。⑭城：筑城。朔方：北方。按：《出车》也写宣王北伐猃狁之事。武帝引这两首诗为自己出击匈奴寻找根据。⑮度：通“渡”。⑯级：首级，人头。⑰辎：辎重。卤：通“掳”，此指缴获的战利品。⑱按：巡行。榆谿：塞名。⑲绝：横过。梓领：通“梓岭”，山名。一说塞名。⑳梁：桥，此处用为动词，架桥。北河：此与上文的西河，皆为古代黄河主河道的一部分。㉑讨：征伐。蒲泥：部族的首领名。㉒符离：塞名，在今内蒙古五原县西北部。㉓伏听者：指敌人的侦探。㉔执讯：捉到间谍。获丑：通“馘丑”，割死敌左耳以计功。丑，对敌人的蔑称。按：“执讯获丑”出自《诗经·小雅·出车》，马瑞辰《毛诗传笺通释》：“讯为军中通讯间之人，盖谍者之类……则此诗‘获’即‘馘’之假借。”㉕全：保全。甲兵：原指战衣与兵器，此指军队。㉖益：增加。㉗友：人名，即共友。㉘略：掠。㉙明年：指元朔四年（前125）。

【原文】

其明年，元朔之五年春，汉令车骑将军青将[①]三万骑，出高阙；卫尉苏建为游击将军，左内史李沮为强弩将军，太仆公孙贺为骑将军，代相李蔡为轻车将军，皆领属[②]车骑将军，俱出朔方：大行李息、岸头侯张次公为将军，出右北平：咸[③]击匈奴。匈奴右贤王当[④]卫青等兵，以为汉兵不能至此，饮醉。汉兵夜至，围右贤王，右贤王惊，夜逃，独与其爱妾一人壮骑数百驰，溃围[⑤]北去。汉轻骑校尉郭成等逐数百里，不及[⑥]。得右贤裨王[⑦]十余人，众男女万五千余人，畜数千百万，于是引兵而还。至塞，天子使使者持大将军印，即军中拜[⑧]车骑将军青为大将军，诸将皆以兵[⑨]属大将军，大将军立号[⑩]而归。天子曰："大将军青躬率戎士[⑪]，师大捷，获匈奴王十有余人。益封青六千户。"而封青子伉为宜春侯，青子不疑为阴安侯，青子登为发干侯。青固谢[⑫]曰："臣幸得待罪行间[⑬]，赖陛下神灵，军大捷，皆诸校尉力战之功也。陛下幸已益封臣青。臣青子在襁褓中，未有勤劳[⑭]，上幸列地[⑮]封为三侯，非臣待罪行间所以劝士力战[⑯]之意也。伉等三人何敢受封！"天子曰："我非忘诸校尉功也，今固且图[⑰]之。"乃诏御史曰："护军都尉公孙敖三从大将军击匈奴，常护军[⑱]，傅校获王[⑲]，以千五百户封敖为合骑侯。都尉韩说从大将军出窳浑[⑳]，至匈奴右贤王庭[㉑]，为麾下[㉒]搏战获王，以千三百户封说为龙頟侯。骑将军公孙贺从大将军获王，以千三百户封贺为南窌侯。轻车将军李蔡再[23]从大将军获王，以千六百户封蔡为乐安侯。校尉李朔，校尉赵不虞，校尉公孙戎奴，各三从大将军获王，以千三百户封朔为涉轵侯，以千三百户封不虞为随成侯，以千三百户封戎奴为从平侯。将军李沮、李息及校尉豆如意有功，赐爵关内侯，食邑各三百户。”其秋，匈奴入代，杀都尉朱英。

【注释】

①将：率。②领属：隶属。③咸：全。④当：面对。⑤溃围：冲开包围圈。⑥不及：没追上。⑦裨王：小王。⑧即军中：就在军中。拜：授给官职。⑨以兵：率军队。⑩号：名号。⑪躬率：亲自率领。戎士：军队。⑫固谢：坚决推辞。⑬待罪：当官供职的谦词。行间：行伍之间，即军队之中。⑭勤劳：劳苦。实指功劳。⑮列：通“裂”。⑯劝：鼓励。力战：拼力奋战。⑰固：本来。且：将。图：考虑。⑱护军：接应各军。⑲傅：率领。校：五百人为一校。获王：捉到匈奴王。⑳窳（yǔ）浑：塞名。㉑庭：匈奴单于、贤王等的居处和议事的地方。㉒麾下：将帅的大旗之下。此指主帅，主将。㉓再：第二次。

【原文】

其明年春[1]，大将军青出定襄。合骑侯敖为中将军，太仆贺为左将军，翕侯赵信为前将军，卫尉苏建为右将军，郎中令李广为后将军，右内史李沮为强弩将军，咸属大将军，斩首数千级而还。月余，悉复[2]出定襄击匈奴，斩首虏万余人。右将军建、前将军信并军[3]三千余骑，独逢单于兵，与战一日余，汉兵且尽。前将军故胡人，降为翕侯，见急，匈奴诱之，遂将其余骑可[4]八百奔降单于。右将军苏建尽亡其军，独以身得亡去，自归大将军。大将军问其罪正[5]闳、长史安、议郎周霸等："建当云何[6]？"霸曰："自大将军出，未尝斩裨将[7]。今建弃军，可斩以明将军之威。"闳、安曰："不然。兵法'小敌之坚，大敌之禽[8]也'。今建以数千当[9]单于数万，力战一日余，士尽，不敢有二心，自归。自归而斩之，是示后无反[10]意也。不当斩。"大将军曰："青幸得以肺腑待罪行间，不患无威，而霸说我以明威[11]，甚失臣意。且使臣职虽当斩将，以臣之尊宠而不敢自擅专诛于境外，而具归天子，天子自裁[12]之，于是[13]以见为人臣不敢专权，不亦可乎？"军吏皆曰"善"。遂囚建诣行在所[14]。入塞罢兵。

【注释】

①明年春：指元朔六年（前123）春。②悉：全部。复：再次。③并军：把军队合在一起。④将：率。可：约。⑤正：军正，军中的法官。⑥云何：怎么说？意谓按军法应给苏建定什么罪。⑦裨将：副将。⑧兵法：指中国现存的最早兵书《孙子兵法》。以下引文见《孙子兵法·作战》篇，意谓小的部队虽然坚决抵抗大敌，但终究将被大的敌人擒获。禽：通"擒"。⑨当：抵挡、对抗。⑩是：此。反：通"返"。⑪说：劝说。明威：表明威信。⑫裁：处理。⑬于是：由此。⑭诣：前往，到……去。行在所：天子巡行时所在之地。

【原文】

是岁[①]也，大将军姊子霍去病年十八，幸，为天子侍中。善骑射，再从大将军，受诏与[②]壮士，为剽姚校尉，与轻勇骑八百直弃大军数百里赴利[③]，斩捕首虏过当[④]。于是天子曰："剽姚校尉去病斩首虏二千二十八级，及相国、当户[⑤]，斩单于大父行籍若侯产，生捕季父罗姑比[⑥]，再[⑦]冠军，以千六百户封去病为冠军侯。上谷太守郝贤四从大将军，捕斩首虏二千余人，以千一百户封贤为众利侯。"是岁，失两将军军，亡翕侯，军功不多，故大将军不益封。右将军建至，天子不诛，赦其罪，赎为庶人。

大将军既还，赐千金。是时王夫人方幸于上[⑧]，甯乘说大将军曰："将军所以功未甚多，身食万户[⑨]，三子皆为侯者，徒以皇后故也。今王夫人幸而宗族未富贵，愿将军奉所赐千金为王夫人亲寿[⑩]。"大将军乃以五百金为寿。天子闻之，问大将军，大将军以实言[⑪]，上乃拜甯乘为东海都尉。

张骞从大将军，以尝使大夏，留匈奴中久，导军[⑫]，知善水草处，军得以无饥渴，因前使绝国[⑬]功，封骞博望侯。

【注释】

①是岁：这一年（指元朔六年）。②与：给予。③直弃：径直离开。赴利：奔向有利之处，以消灭敌人。④过当：指杀杀伤敌军的数目超过了自己军队的伤亡数目。⑤相国、当户：均匈奴的官名。⑥大父行：祖父辈。籍若侯：匈奴侯名。产：人名。季父：叔父。罗姑比：人名，单于的叔父。⑦再：第二

次。⑧王夫人：指汉武帝宠姬，生齐王刘闳者。上：皇上。⑨身：自身。食万户：享受万户封邑的赋税和物产。⑩奉：通“捧”。亲：指父母。寿：祝寿。⑪以实言：把实情说出来。⑫导军：为军队当向导。⑬使：出使。绝国：极远的国家。

【原文】

冠军侯去病既侯三岁，元狩二年[1]春，以冠军侯去病为骠骑将军，将[2]万骑出陇西，有功。天子曰：“骠骑将军率戎士逾乌盭[3]，讨遬濮[4]，涉狐奴[5]，历五王国，辎重人众慑慴者弗取[6]，冀[7]获单于子。转战六日，过焉支山千有余里，合[8]短兵，杀折兰王，斩卢胡王，诛全甲[9]，执浑邪王子及相国、都尉，首虏八千余级，收休屠祭天金人[10]。益封去病二千户。”

其夏，骠骑将军与合骑侯敖俱出北地，异道[11]；博望侯张骞、郎中令李广俱出右北平，异道：皆击匈奴。郎中令将四千骑先至，博望侯将万骑在后至。匈奴左贤王将数万骑围郎中令，郎中令与战二日，死者过半，所杀亦过当。博望侯至，匈奴兵引去。博望侯坐行留[12]，当[13]斩，赎为庶人。而骠骑将军出北地，已遂[14]深入，与合骑侯失道[15]，不相得，骠骑将军逾居延至祁连山，捕首虏甚多。天子曰：“骠骑将军逾居延，遂过小月氏，攻祁连山，得酋涂王，以[16]众降者二千五百人，斩首虏三万二百级，获五王，五王母，单于阏氏[17]、王子五十九人，相国、将军、当户、都尉六十三人，师大率减什三[18]，益封去病五千户。赐校尉从至小月氏[19]爵左庶长。鹰击司马破奴再从骠骑将军斩遬濮王，捕稽沮王，千骑将得王、王母各一人，王子以下四十一人，捕虏三千三百三十人，前行[20]捕虏千四百人，以千五百户封破奴为从骠侯。校尉句王高不识，从骠骑将军捕呼于屠王王子以下十一人，捕虏千七百六十八人，以千一百户封不识为宜冠侯。校尉仆多有功，封为煇渠侯。”合骑侯敖坐行留不与骠骑会，当斩，赎为庶人。诸宿将所将士马兵[21]亦不如骠骑，骠骑所将常选[22]，然亦敢深入，常与壮骑先其大军[23]，军亦有天幸，未尝困绝也。然而诸宿将常坐留落不遇[24]。由此骠骑日以亲贵，比[25]大将军。

【注释】

①元狩二年：即前121年。元狩为汉武帝第四个年号（前122—前117）。②将：率领。③逾：越过。乌盭（lì）：通“乌戾”，山名。④遬（sù）濮：匈奴部族名。⑤狐奴：河名。今称古浪河。⑥慑慑：畏惧而服从。弗取：不掠取。⑦冀：通“觊”，希望。⑧合短兵：以短兵器（刀和剑之类）交战。合：会。⑨全甲：指全副武装的敌人。一说为国名。⑩祭天金人：匈奴人祭天时用的金属偶像。一说是得自西域的佛像，与祭天无关。⑪异道：指分道进军。⑫坐：因犯……罪。行留：行军迟缓，贻误军机。⑬当：判罪。⑭遂：通“邃”，远。下文“遂过”之“遂”同此。⑮失道：迷路。⑯以：率领。⑰阏氏：匈奴单于的正妻。⑱师：军队。大率：大抵。什三：十分之三。⑲校尉从至小月氏：即“从至小月氏之校尉”，意谓跟随霍去病到过小月氏的校尉。⑳前行：先头部队。㉑宿将：资深的将军们。将：率领。士马兵：战士、马匹、兵器。㉒常

选：经常挑选的精兵。㉓先其大军：跑在大军的前面。㉔坐：因为。留落：行动迟缓，落在后边。不遇：遇不到好的战机。㉕比：并列。

【原文】

其秋，单于怒浑邪王居西方数为汉所破，亡数万人，以[1]骠骑之兵也。单于怒，欲召诛浑邪王。浑邪王与休屠王等谋欲降汉，使人先要边[2]。是时大行李息将城河上[3]，得浑邪王使，即驰传以闻[4]。天子闻之，于是恐其以诈降而袭边，乃令骠骑将军将兵往迎之。骠骑既渡河，与浑邪王众相望。浑邪王裨将见汉军而多欲不降者，颇遁去[5]。骠骑乃驰入与浑邪王相见，斩其欲亡者八千人，遂独遣浑邪王乘传先诣行在所[6]，尽将其众渡河，降者数万，号称十万。既至长安，天子所以赏赐者数十巨万。封浑邪王万户，为漯阴侯。封其裨王呼毒尼为下摩[7]侯，鹰庇为煇渠侯，禽梨为河綦侯，大当户铜离为常乐侯。于是天子嘉骠骑之功曰："骠骑将军去病率师攻匈奴西域王浑邪，王及厥众萌咸相奔[8]，率以军粮接食[9]，并将控弦[10]万有余人，诛猇駻[11]，获首虏八千余级，降异国之王三十二人，战士不离[12]伤，十万之众咸怀集服[13]，仍与之劳[14]，爰及河塞[15]，庶几[16]无患，幸既永绥[17]矣。以千七百户益封骠骑将军。"减陇西、北地、上郡戍卒之半，以宽天下之繇。

居顷之，乃分徙降者边五郡故[18]塞外，而皆在河南，因其故俗，为属国[19]。其明年[20]，匈奴入右北平、定襄，杀略汉千余人。

【注释】

①数：屡次。为：被。以：因为。②使：派。要：通“邀”，迎接。边：边境。③将：率。此言率兵于河上筑城。城：筑城。河上：黄河岸边。④驰：急奔。传：驿站，此指驿站备用的车驾。闻：传报朝廷知道。⑤颇遁去：多有逃走者。⑥行在所：帝王临时驻留的地方。⑦下摩：《史记·建元以来侯者年表》作“下麾”，地名。⑧厥：其。众萌：通“众氓”，民众，百姓。咸：皆。奔：投奔。⑨率：皆。接食：接济。⑩控弦：拉弓。此指拉弓的战士。⑪獟骅：本为剽悍勇敢之人，此指妄图逃亡的匈奴人。⑫离：通“罹”，遭受。⑬怀集：归来。按《玉篇》曰：“怀，归也。”《国语》“不其集亡”，韦昭注：“集，至也。”服：承担。按泷川资言《史记会注考证》：“服，犹任也；任频兴之劳。”据此，此“服”字当属下句，应于“怀集”之后断句。⑭仍：频繁。与：《汉书》作“兴”，是。为军事活动而征聚物资曰兴。实指战争而言。劳：苦。“服仍兴之劳”，即承受战争劳苦之意。⑮爰：于是。河塞：泛指黄河以北至塞外地区。⑯庶几：差不多、几乎。⑰幸：幸运、有幸。既：将。绥：安。⑱边五郡：边境的五个郡，指陇西、北地、上郡、云中、朔方。故：原来。⑲为属国：做汉朝的属国。当时汉将匈奴降民安置在上述五郡，设五属国，各派都尉监护他们。⑳明年：指汉武帝元狩三年（前120）。

【原文】

其明年，天子与诸将议曰：“翕侯赵信为单于画计[①]，常以为汉兵不能度幕轻留[②]，今大发士卒，其势必得所欲。”是岁元狩四年[③]也。

元狩四年春，上令大将军青、骠骑将军去病将各五万骑，步兵转者踵[④]军数十万，而敢力战深入之士皆属骠骑。骠骑始为出定襄，当单于。捕虏言单于东[⑤]，乃更令[⑥]骠骑出代郡，令大将军出定襄。郎中令[⑦]为前将军，太仆[⑧]为左将军，主爵[⑨]赵食其为右将军，平阳侯襄[⑩]为后将军，皆属大将军。兵即[⑪]度幕，人马凡[⑫]五万骑，与骠骑等咸击匈奴单于。赵信为单于谋曰：“汉兵既度幕，人马罢[⑬]，匈奴可坐收虏耳。”乃悉远北[⑭]其辎重，皆以精兵待幕北。而适值大将军军出塞千余里，见单于兵陈而待，于是大将军令武刚车自环为营[⑮]，而纵五千骑往当匈奴。匈奴亦纵可万骑。会日且入[⑯]，大风起，沙砾击面，两军不相见，汉益纵左右翼绕单于[⑰]。单于视汉兵多，而士马尚强，战而匈奴不利，薄莫[⑱]，单于遂乘六骡[⑲]，壮骑可数百，直冒[⑳]汉围西北驰去。时已昏，汉、匈奴相纷挐[㉑]，杀伤大当[㉒]。汉军左校捕虏言单于未昏而去，汉军因发轻骑夜追之，大将军军因随其后。匈奴兵亦散走。迟明[㉓]，行二百余里，不得单于，颇捕斩首虏万余级，遂至窴颜山赵信城，得匈奴积粟食军[㉔]。军留一日而还，悉烧其城余粟以归。

【注释】

①画计：出谋划策。②度：越过。幕：通“漠”，沙漠。

轻留：轻易滞留。③是岁：这年。元狩四年：前119年。④转者：转运军需物资的人。踵：脚后跟。此指跟随其后。⑤捕虏：捉到的俘虏。东：向东而去。⑥更令：改变命令。⑦郎中令：指李广。⑧太仆：指公孙贺。⑨主爵：即主爵都尉。⑩襄：即曹襄。⑪即：立刻。⑫凡：共。⑬罢：通“疲”。⑭悉：全部。远北：远远地运到北方。⑮武刚车：有防护的军车。自环为营：自己排成环形阵营。⑯会：正赶上。且入：将落山。⑰益：更。绕单于：包抄单于。⑱薄莫：傍晚。莫，通“暮”。⑲六骡：六匹骡子拉的车。⑳冒：冲。㉑纷挐：混乱。这里是扭打的意思。㉒大当：大致相当。㉓迟明：天将亮时。㉔食军：供粮给军队食用。

【原文】

大将军之与单于会[①]也，而前将军广、右将军食其军别从东道，或失道，后击单于。大将军引还过幕南[②]，乃得前将军、右将军。大将军欲使使归报[③]，令长史簿责[④]前将军广，广自杀。右将军至，下吏，赎为庶人。大将军军入塞，凡斩捕首虏万九千级。

是时匈奴众失单于十余日，右谷蠡王闻之，自立为单于。单于后得其众，右王乃去单于之号。

骠骑将军亦将五万骑，车重[⑤]与大将军军等，而无裨将。悉以李敢等为大校，当裨将，出代、右北平千余里，直左方兵[⑥]，所斩捕功已多大将军。军既还，天子曰：“骠骑将军去病率师，躬将所获荤粥[⑦]之士，约轻赍[⑧]，绝[⑨]大幕，涉[⑩]获章渠，以诛比车耆，转击左大将[11]，斩获旗鼓。历涉离侯[12]，济弓闾[13]，获屯头王、韩王等三人，将军、相国、当户、都尉八十三人，封[14]狼居胥山，禅于姑衍[15]，登临翰海[16]。执卤获丑[17]七万有四百四十三级，师率减什三，取食于敌，逴[18]行殊远而粮不绝。以五千八百户益封骠骑将军。”右北平太守路博德属骠骑将军，会与城[19]，不失期，从[20]至梼余山，斩首捕虏二千七百级，以千六百户封博德为符离侯。北地都尉邢山从骠骑将军获王，以千二百户封山为义阳侯。故归义[21]因淳王复陆支、楼专王伊即靬皆从骠骑将军有功，以千三百户封复陆支为壮侯，以千八百户封伊即靬为众利侯。从骠侯破奴、昌武侯安稽从骠骑有功，益封各三百户。校尉敢[22]得旗鼓，为关内侯，食邑二百户。校尉自为[23]爵大庶长。军吏卒为官，赏赐甚多。而大将军不得益封，军吏卒皆无封侯者。

【注释】

①会：会战。②引：领兵。幕南：即漠南，大沙漠之南。③使使：派使者。归报：回京向皇上报告。④簿责：依文书上所列罪状审问。⑤车重：指军需物资。⑥直：通“值”，面对。左方兵：匈奴的左面军队，即左贤王的军队。⑦躬将：亲自率领。荤粥：指匈奴。按殷代称匈奴为荤粥。⑧约：捆束。轻赍：轻资，少量财物。赍，通“资”。⑨绝：越过。⑩涉：渡。⑪左大将：匈奴高级将官名，非为人名。⑫历涉：经过。离侯：山名。⑬济：渡。弓闾：河名。⑭封：在山上筑坛祭天的仪式。⑮禅：在山上锄地以祭地的仪式。姑衍：山名。⑯翰

海：大沙漠。一说湖名，即今贝加尔湖。⑰卤：通“虏”，敌人。丑：丑类，俘虏。⑱逴：远。⑲会：会师。与城：地名。⑳从：随。㉑归义：归附正义，此指投降汉朝。㉒敢：指李敢。㉓自为：人名，即徐自为。

【原文】

两军之出塞，塞阅[①]官及私马凡十四万匹。而复入塞者不满三万匹。乃益置大司马位[②]，大将军、骠骑将军皆为大司马[③]。定令[④]，令骠骑将军秩禄[⑤]与大将军等。自是之后，大将军青日退，而骠骑日益贵。举大将军故人门下多去事[⑥]骠骑，辄得官爵，唯任安不肯。

【注释】

①塞阅：出塞时检阅军队。②益置：增设。位：官位。③大司马一职是武帝元狩四年（前119）所设，后来掌权的外戚常被授予此官，故卫青、霍去病皆在本官大将军、骠骑将军之外加大司马之称。④定令：确定法令。⑤秩禄：官吏的品级与俸禄。⑥举：全部。故人：老朋友。门下：指门客。去：离开。事：侍奉。

【原文】

骠骑将军为人少言不泄[①]，有气敢任[②]。天子尝欲教之孙、吴兵法[③]，对曰：“顾方略[④]何如耳，不至[⑤]学古兵法。”天子为治第[⑥]，令骠骑视之，对曰：“匈奴未灭，无以家为[⑦]也。”由此上益重爱之。然少而侍中，贵，不省士[⑧]。其从军，天子为遣太官赍数十乘[9]，既还，重车余弃粱[10]肉，而士有饥者。其在塞外，卒乏粮，或不能自振[11]，而骠骑尚穿域蹋鞠[12]。事多此类。大将军为人仁善退让，以和柔自媚于上，然天下未有称也。

骠骑将军自四年军[13]后三年，元狩六年[14]而卒。天子悼[15]之，发属国玄甲军[16]，陈[17]自长安至茂陵，为冢[18]象祁连山。谥之[19]，并武与广地[20]曰景桓侯。子嬗代侯。嬗少，字子侯，上爱之，幸其壮而将之[21]。居六岁，元封[22]元年，嬗卒，谥哀侯。无子，绝，国除[23]。

【注释】

①少言不泄：寡言少语，不泄露别人的话。②有气敢任：有气魄敢作敢为。③孙、吴兵法：指孙武、孙膑和吴起的军事著作。孙武是春秋时期著名的吴国将军与军事理论家，著《孙子兵法》一书。孙膑是战国时期著名军事家，著《孙膑兵法》一书。吴起为战国时期著名政治家与军事家，著《吴子兵法》一书。④顾：看。方略：战略、谋略。⑤不至：不必。⑥治第：建造府第。⑦无以：不用。家为：为家，经营自家之事。⑧不省士：不关心士卒。⑨遣：派。赍（jī）：赠送。数十乘：几十辆车。此指几十车的食物。按古代四匹马拉一辆车称一乘。⑩重车：装载军需品的车辆。粱：泛指粮食。⑪或：有的人。振：站立。⑫穿域：画定地段为球场。蹋鞠：踢球。⑬四年：指元狩四年（前119）。军：军事行动，指率兵出击匈奴。⑭元狩六年：前117年。⑮悼：悼念、哀伤。⑯发：调

遣。属国：指边疆五郡。玄甲军：铁甲兵。⑰陈：同“阵”字，排成阵列。⑱为冢：造坟墓。⑲谥之：死后给他加封号。⑳并：合并。武与广地：勇武与扩大国土。按封建谥法规定，“布义行刚曰景”，“辟土服远曰桓”，霍去病的一生兼有此二者的内容，故谥为景桓侯。㉑将之：任命他为将军。㉒元封：汉武帝第六个年号（前110—前105）。㉓国除：封国被废除。

【原文】

自骠骑将军死后，大将军长子宜春侯伉坐法失侯。后五岁[①]，伉弟二人，阴安侯不疑及发干侯登皆坐酎金[②]失侯。失侯后二岁[③]，冠军侯国除。其后四年[④]，大将军青卒，谥为烈侯。子伉代为长平侯。

自大将军围单于之后十四年而卒。竟不复击匈奴者，以汉马少，而方南诛两越[⑤]，东伐朝鲜[⑥]，击羌、西南夷[⑦]，以故久不伐胡。

大将军以其得尚[⑧]平阳长公主故，长平侯伉代侯。六岁，坐法[⑨]失侯。

【注释】

①后五岁：指元狩六年之后五年，即元鼎五年（前112）。②酎金：汉代王朝举行宗庙祭祀，国王和列侯皆要献出助祭之金，称酎金。如酎金成色不佳，或者斤两不足，都算献金者犯法。元鼎五年这次宗庙祭祀活动中，有106人“坐酎金”而被削去爵位。③失侯后二岁：指武帝元封元年（前110）。

④其后四年：指元封五年（前106）。⑤方：正。南诛两越：讨伐南方的东越和南越。汉武帝元鼎五年（前112）的春天，南越相吕嘉起事谋反，杀了汉使者韩千秋等；同年秋天，武帝派伏波将军路博德、楼船将军相仆等远征南越，至元鼎六年（前111）冬天，平定南越，改置南海等九郡。详见《南越列传》。元鼎六年秋天，东越王余善谋反，自立为武帝。于是汉武帝派横海将军韩说等兴兵讨伐，至元封元年（前110）冬天，余善被越繇王等杀死，汉朝把东越人全部迁到江淮之间。详见《东越列传》。⑥东伐朝鲜：此指西汉初年，燕人卫满所建的卫氏朝鲜政权。元封二年（前109），朝鲜王右渠（卫满孙）杀辽东郡东部都尉涉河，汉天子派楼船将军杨仆和左将军荀彘率兵讨伐，至元封三年（前108）夏天，平定了朝鲜，改设乐浪等四郡。详见《朝鲜列传》。⑦击羌、西南夷：元鼎五年九月，羌人曾与匈奴人联合攻打汉朝边塞，第二年冬天，汉军击平羌人。又汉朝自元光五年（前130）至元封二年（前109），先后派唐蒙、司马相如等出使西南夷，并多次发兵攻杀不友好的部族首领等，于是在这些地方设置了犍为、牂牁和汶山、益州等郡县。详见《西南夷列传》。⑧尚：娶公主为妻曰尚。汉武帝姐姐平阳公主，先嫁平阳侯曹寿，因曹寿有“恶疾”，汉武帝就下令卫青娶平阳公主为妻。⑨六岁：指武帝天汉二年（前99）。按《汉书·外戚恩泽侯表》载卫伉“太初元年嗣侯，五年，阑入宫，完为城旦”。则万伉犯法当在天汉元年（前100）。坐法：即指“阑入宫”事。按汉代法

律规定，进入官门，必有符籍，无符籍随便进入则犯法。

【原文】

左方两大将军[1]及诸裨将名：

最大将军青，凡七出[2]击匈奴，斩捕首虏五万余级。一与单于战，收河南地，遂置朔方郡，再益封，凡万一千八百户[3]。封三子为侯，侯千三百户。并之，万五千七百户[4]。其校尉裨将以从大将军侯者[5]九人。其裨将及校尉已为将者十四人。为裨将者曰李广，自有传。无传者曰：

将军公孙贺。贺，义渠人，其先胡种[6]。贺父浑邪，景帝时为平曲侯，坐法失侯。贺，武帝为太子时舍人[7]。武帝立八岁[8]，以太仆[9]为轻车将军，军[10]马邑。后四岁[11]，以轻车将军出云中。后五岁[12]，以骑将军从大将军有功，封为南窌侯。后一岁[13]，以左将军再从大将军出定襄，无功。后四岁[14]，以坐酎金失侯。后八岁[15]，以浮沮将军出五原二千余里，无功。后八岁[16]，以太仆为丞相，封葛绎侯。贺七为将军，出击匈奴无大功，而再侯[17]，为丞相。坐子[18]敬声与阳石公主奸，为巫蛊，族灭，无后。

将军李息，郁郅人。事景帝。至武帝立八岁，为材官将军，军马邑。后六岁[19]，为将军，出代。后三岁[20]，为将军，从大将军出朔方。皆无功。凡三为将军，其后常为大行。

【注释】

①左方：犹言“下列”；以古代文字竖书，由右向左，故

云。两大将军：指卫青、霍去病。按霍去病未封大将军，但骠骑将军“秩禄”皆同大将军，故这里称其为“大将军”。②最：总计。凡：共。七出：七次出兵。即元光五年（前130）首次出上谷击胡，元朔元年（前128）第二次出雁门击胡，元朔二年（前127）第三次出云中击胡，元朔五年（前124）第四次出高阙击胡，元朔六年（前123）二月第五次出定襄击胡，元朔六年四月第六次出定襄击胡，元狩四年（前119）第七次出定襄击胡。③凡万一千八百户：当为“万二千八百户”。按元朔二年（前127）武帝“以三千八百户封青为长平侯”，同年又“益封青三千户”，元朔五年（前124）又“益封青六千户”，共一万二千八百户。④万五千七百户：当为“万六千七百户”。按：卫青自己受封一万二千八百户，其三子各受封一千三百户，四人共受封一万六千七百户。⑤以：因。侯者：被封侯的人。⑥先：祖先。胡种：属匈奴种族。⑦舍人：官名。⑧武帝立八岁：指元光二年（前133）。⑨以太仆：凭太仆的身份。⑩军：驻军。⑪后四岁：当作“后三岁”，指元光五年（前130）。⑫后五岁：当指元朔五年（前124）。⑬后一岁：元朔六年。⑭后四岁：指元狩四年（前119）。⑮后八岁：指元鼎六年（前111）。⑯后八岁：指武帝太初二年（前103）。⑰再侯：第二次封侯。⑱子：公孙贺的儿子公孙敬声。按：太仆公孙敬声曾犯法入狱，公孙贺请求追捕阳陵大侠朱安石来赎罪。武帝征和二年（前91），公孙贺捕得朱安石后，他在狱中诬告公孙敬声与武帝女儿阳石公主通奸以及公孙贺父子搞“巫蛊”之事，公孙贺被捕入狱，与其子死在狱中，贺家被灭族。⑲后六岁：指武帝元朔元年（前128）。⑳后三岁：指元朔三年（前126）。

【原文】

将军公孙敖，义渠人。以郎事武帝。武帝立十二岁[1]，为骑将军，出代，亡卒七千人，当斩，赎为庶人。后五岁[2]，以校尉从大将军有功，封为合骑侯。后一岁[3]，以中将军从大将军再出定襄，无功。后二岁[4]，以将军出北地，后骠骑期，当斩，赎为庶人。后二岁[5]，以校尉从大将军，无功。后十四岁[6]，以因杅将军筑受降城[7]。七岁[8]，复以因杅将军再出击匈奴，至余吾，亡士卒多，下吏，当斩，诈死[9]，亡居[10]民间五六岁。后发觉，复系[11]。坐妻为巫蛊，族[12]。凡四为将军，出击匈奴，一侯。

将军李沮，云中人。事景帝。武帝立十七岁[13]，以左内史为强弩将军。后一岁，复为强弩将军。

将军李蔡，成纪人也。事孝文帝、景帝、武帝。以轻车将军从大将军有功，封为乐安侯。已[14]为丞相，坐法死[15]。

将军张次公，河车人。以校尉从卫将军青有功，封为岸头侯。其后太后崩[16]，为将军，军北军。后一岁[17]，为将军，从大将军，再为将军，坐法失侯。次公父隆，轻车武射[18]也。以善射，景帝幸近之也。

将军苏建，杜陵人。以校尉从卫将军青，有功，为平陵侯，以将军[19]筑朔方。后四岁[20]，为游击将军，从大将军出朔方。后一岁[21]，以右将军再从大将军出定襄，亡翕侯，失军，当斩，赎为庶人。其后为代郡太守，卒，家在大犹乡。

【注释】

①武帝立十二岁：即元光五年（前130）。②后五岁：指元朔五年（前124）。③后一岁：指元朔六年（前123）。此年四月，大将军卫青再出定襄击匈奴。④后二岁：指元狩二年（前121）。⑤后二岁：指元狩四年（前119）。⑥后十四岁：指武帝元封六年（前105）。⑦筑受降城：元封六年匈奴乌维单于死去，其子乌师庐继任单于，他虽年龄小，却喜攻杀，常扣留汉使者。匈奴左大都尉欲杀乌师庐单于，便暗与汉朝联系，欲取得帮助，汉朝即命因杅将军公孙敖筑受降城（在今内蒙古乌拉特中旗东的阴山北面），以相助。见《匈奴列传》。⑧七岁：即“后七岁”，当是武帝天汉三年（前98）。⑨诈死：假死。⑩亡居：逃亡匿居，以避死亡之祸。⑪系：拘捕。⑫族：灭族。按清梁玉绳《史记志疑》以为本文自“七岁”至“族”四十四字当删，因所记诸事不合逻辑，恐系后人所妄续。⑬武帝立十七岁：指元朔五年（前124）。⑭已：后来。⑮坐法死：因犯法而死。按李蔡因盗卖坟地及侵占汉景帝的陵园墓道外土地的罪过自杀身亡。⑯太后崩：武帝之母王太后死去。按：王太后死于元朔三年（前126）。⑰后一岁：元朔五年。此年春天，张次公随大将军卫青出右北平击匈奴。⑱轻车：驾轻便战车的士兵。武射：勇武而善于射击。⑲以将军：凭将军的身份。⑳后四岁：苏建于元朔元年（前128）封平陵侯，

其后四岁当为元朔五年。这年春天苏建做游击将军随大将军出征匈奴。㉑后一岁：指元朔六年。这年春天，苏建为右将军从大将军出击匈奴。

【原文】

将军赵信，以匈奴相国降，为翕侯。武帝立十七岁[1]，为前将军，与单于战，败，降匈奴。

将军张骞，以使[2]通大夏，还，为校尉。从大将军[3]有功，封为博望侯。后三岁[4]，为将军，出右北平，失期，当斩，赎为庶人。其后[5]使通乌孙，为大行而卒，冢在汉中。

将军赵食其，祋祤人也。武帝立二十二岁[6]，以主爵为右将军，从大将军出定襄，迷失道，当斩，赎为庶人。

将军曹襄，以平阳侯为后将军，从大将军出定襄。襄，曹参孙也。

将军韩说，弓高侯[7]庶孙也。以校尉从大将军有功，为龙頟侯，坐酎金失侯。元鼎六年[8]，以待诏为横海将军，击东越有功，为按道侯。以太初三年[9]为游击将军，屯于五原外列城[10]。为光禄勋，掘蛊[11]太子宫，卫太子[12]杀之。

将军郭昌，云中人也。以校尉从大将军。元封四年[13]，以太中大夫为拔胡将军，屯朔方。还击昆明，毋功，夺印[14]。

将军荀彘，太原广武人。以御见[15]，侍中，为校尉，数从大将军。以元封三年[16]为左将军击朝鲜，毋功。以捕楼船将军[17]坐法死。

【注释】

①武帝立十七岁：当为“武帝立十八岁”，即元朔六年（前123）。此年赵信以前将军身份，随卫青击匈奴，投降匈奴。②以使：凭使者身份。按张骞两次出使西域，第一次为武帝建元二年（前139），至元朔三年（前126年）。第二次为元狩四年（前119）至元鼎二年（前115）。③从大将军：随从大将军卫青击匈奴。按：元朔六年（前123），张骞随卫青出击匈奴，有功被封为博望侯。④后三岁：指元狩二年（前121）夏天。⑤其后：指元狩四年，张骞第二次出使西域，通乌孙。⑥武帝立二十二岁：指武帝元狩四年（前119）。⑦弓高侯：即韩颓当。⑧元鼎六年：即前111年。此年韩说以待诏身份为横海将军，往击东越。⑨以：在。太初三年：即前102年。⑩屯：驻军。列城：指五原以外的诸城堡。⑪掘蛊：挖掘木偶的人。按：《汉书·武五子传》载江充欲害卫子夫与太子刘据，“上使按道侯韩说、御史章赣、黄门苏文等助充。充遂至太子宫掘蛊，得桐木人……征和二年七月壬午，（太子）仍使客为使者收捕江充等。按道侯说疑使者有诈，不肯受诏，客格杀说”。⑫卫太子：武帝太子刘据，因其是卫子夫皇后所生，故称卫太子。⑬元封四年：即前107年。⑭夺印：收回印信，即罢官。⑮御：御马。见：求见皇上，自荐其能。⑯元封三年：前108年。⑰捕楼船将军：逮捕楼船将军杨仆。按：荀彘讨伐朝鲜时，与友军杨仆发生矛盾。武帝派济南太守公孙遂前去处理此事时，荀彘又片面告状，使公孙遂逮捕了杨

仆，合并其军。公孙遂回京被杀，平定朝鲜后，荀彘也被处死。参见《朝鲜列传》。

【原文】

最骠骑将军去病，凡六出击匈奴[①]，其四出以将军[②]，斩捕首虏十一万余级。及浑邪王以众降数万，遂开河西酒泉之地，西方益少胡寇。四益封，凡万五千一百户[③]。其校吏有功为侯者凡六人，而后为将军二人。

将军路博德，平州人。以右北平太守从骠骑将军有功[④]，为符离侯。骠骑死后，博德以卫尉为伏波将军，伐破南越，益封。其后坐法失侯。为强弩都尉，屯居延，卒。

将军赵破奴，故九原人。尝亡入匈奴，已而归汉，为骠骑将军司马[⑤]。出北地时有功，封为从骠侯。坐酎金失侯。后一岁[⑥]，为匈河将军，攻胡至匈河水，无功。后二岁[⑦]，击虏楼兰王，复封为浞野侯。后六岁[⑧]，为浚稽将军，将二万骑击匈奴左贤王，左贤王与战，兵八万骑围破奴，破奴生为虏所得[⑨]，遂没[⑩]其军。居匈奴中十岁，复与其太子[⑪]安国亡入汉。后坐巫蛊，族。

自卫氏兴，大将军青首封[⑫]，其后枝属[⑬]为五侯。凡二十四岁而五侯尽夺，卫氏无为侯者。

【注释】

①六出击匈奴：霍去病六次出击匈奴，即元朔六年（前123）二月、四月两次出定襄击匈奴，元狩二年（前121）三月出陇西击匈奴，元狩二年夏季出北地击匈奴，元狩二年秋季

渡黄河击匈奴，元狩四年（前119）春出代郡击匈奴。②其四出：其中四次出征。以将军：以将军的身份，即以骠骑将军的身份率军出征。③凡万五千一百户：当为“凡万六千一百户”。元朔六年霍去病受封冠军侯，食邑一千六百户，元狩二年以后四次益封，增加一万四千五百户，总计一万六千一百户。④从骠骑将军有功：元狩四年（前119），路博德随霍去病出征，“斩首捕虏二千七百级，以千六百户封博德为符离侯”。⑤为骠骑将军司马：元狩二年（前121），赵破奴任鹰击司马再从霍去病出征匈奴，立大功被封为从骠侯，食邑一千五百户。⑥后一岁：指元鼎六年（前111）。⑦后二岁：指武帝元封二年（前109）。⑧后六岁：指武帝太初二年（前103）。⑨生为虏所得：赵破奴被敌人活捉。生，活着。为，被。⑩没：覆灭。⑪十岁：当为四岁。太子：指赵破奴的长子。⑫首封：第一个封侯。⑬枝属：指子孙和亲属。

【原文】

太史公曰：苏建语[①]余曰：“吾尝责大将军至[②]尊重，而天下之贤大夫毋称[③]焉，愿将军观古名将所招选择贤者，勉之哉。大将军谢[④]曰：‘自魏其、武安[⑤]之厚宾客，天子常切齿[⑥]。彼亲附[⑦]士大夫，招贤绌[⑧]不肖者，人主之柄[⑨]也。人臣奉法遵职而已，何与[⑩]招士！’”骠骑亦放[⑪]此意，其为将如此。

【注释】

①语：告诉。②责：责备。至：最、极。③毋：通“无”，不。称：赞扬。④谢：拒绝。⑤魏其：魏其侯窦婴。

武安：武安侯田蚡。⑥切齿：咬牙，形容极端愤慨。⑦亲附：亲近安抚。⑧绌：通“黜”，废除。⑨柄：权力。⑩与：参与。⑪放：通“仿”，效法。

【译文】

大将军卫青是平阳县人，他的父亲郑季充当县中小吏，在平阳侯曹寿家供事，曾与平阳侯的小妾卫媪通奸，生了卫青。卫青的同母哥哥卫长子，同母姐姐卫子夫在平阳公主家得到汉武帝的宠爱，所以冒充姓卫。卫青，字叫仲卿。卫长子改表字叫长君。长君的母亲叫卫媪。卫媪的大女儿叫卫孺，二女儿叫卫少兒，三女儿就是卫子夫。后来，卫子夫的弟弟步和广都冒充姓卫。

卫青是平阳侯家的仆人，小的时候回到父亲郑季家里，他父亲让他牧羊。郑季前妻生的儿子们都把他当作奴仆来对待，不把他算作兄弟。卫青曾经跟人来到甘泉宫的居室，有个脖子上戴着铁枷的犯人给卫青相面说：“你是个贵人，将来能当大官，封侯！”卫青笑一笑说：“我是被人奴役的人所生的孩子，能不挨他人打骂就心满意足了，怎能想到封侯的事呢！”

卫青长大后，当了平阳侯家的骑兵，时常跟随平阳公主。汉武帝建元二年（前139）的春天，卫青的姐姐卫子夫进入皇宫，受到武帝的宠幸。皇后陈阿娇是堂邑大长公主刘嫖的女儿，没有生儿子，却嫉妒别人。大长公主听说卫子夫受到武帝宠幸，且有了身孕，很嫉妒她，就派人逮捕了卫青。当时，卫青在建章宫供职，尚不出名。大长公主逮捕囚禁卫青，想杀死他。卫青的朋友骑郎公孙敖就和一些壮士把他抢了出来，由于这个原因，卫青没有死。武帝听到这消息，就召来卫青，任命他当建章监，加侍中官衔。连同他的同母兄弟们都得到显贵，皇上给他们的赏赐，数日之间竟累积千金之多。卫孺做了太仆公孙贺的妻子。卫少儿原来同陈掌私通，武帝便召来陈掌，使他显贵。公孙敖因此也越来越显贵。卫子夫做了武帝的夫人。卫青升为大中大夫。

元光六年（前 129），卫青当了车骑将军，讨伐匈奴，从上谷出兵；太仆公孙贺做轻车将军，由云中出兵；大中大夫公孙敖做骑将军，由代郡出兵；卫尉李广当骁骑将军，由雁门出兵；每军各有一万骑兵。卫青领兵到达茏城，斩杀敌人数百人。骑将军公孙敖损失七千名骑兵，卫尉李广被敌人俘获，逃脱而回。公孙敖和李广都被判为死刑，都交了赎金，免了死刑，成为平民。公孙贺也没有功劳。

元朔元年（前 128）春天，卫子夫生了男孩子，被立为皇后。这年秋天，卫青当车骑将军，从雁门出境，率领三万骑兵攻打匈奴，杀死和俘虏了几千人。第二年，匈奴侵入边境，杀死辽西郡的太守，掳掠渔阳郡二千多人，打败了韩安国将军的军队。汉朝命令李息将军攻打匈奴，从代郡出兵；又命令车骑将军卫青从云中出发，向西去攻打匈奴，直到高阙。于是，攻取了河南地区，直到陇西，捕获敌人几千名，缴获牲畜十万头，打跑了白羊王和楼烦王。汉朝就把河南地区改设为朔方郡，并划定三千八百户封卫青为长平侯。卫青的校尉苏建有军功，朝廷也划定一千一百户封苏建为平陵侯，并派苏建修筑朔方城。卫青的校尉张次公有军功，被封为岸头侯。天子说："匈奴悖逆天理，悖乱人伦，侵凌长辈，虐待老人，专以盗窃为事，欺诈各个蛮夷之国，策划阴谋，凭借其武力，屡次侵害汉朝边境，所以朝廷才调动军队，派遣将领，去讨伐它的罪恶。《诗经》上不是说嘛：'征讨猃狁，直到太原'，'出征的战车，万马奔腾'，'修筑那座朔方城'。如今，车骑将军卫青越过西河地区，直到高阙，斩杀敌军二千三百人，缴获他们的全部战车、辎重和牲畜，已被封为列侯。于是，往西平定了河南地区，巡行榆谿的古代要塞，越过梓领，架设北河的桥梁，讨伐蒲泥，攻破符离，斩杀敌人的轻捷精锐的士卒，捕获敌人的侦察兵三千零七十一人，捉到敌人的间谍，割下死敌的左耳以计功劳，赶回敌人的一百多万只马、牛和羊，保全大军，胜利回师，增封卫青三千户。"第二年，匈奴侵入边境，杀死代郡太守共友，侵入雁门，抢掠一千余人。第二年，匈奴大规模入侵代郡、定襄、上郡，斩杀抢掠汉朝百姓几千人。

又过了一年，即元朔五年（前124）春天，朝廷命令车骑将军卫青率领三万骑兵，从高阙出兵；命令卫尉苏建做游击将军，左内史李沮当强弩将军，太仆公孙贺当骑将军，代国之相李蔡当轻车将军，他们都隶属车骑将军卫青，一同从朔方出兵；朝廷又命令大行李息、岸头侯张次公为将军，从右北平出兵。他们全都去攻打匈奴。匈奴右贤王正对着卫青等人的大兵，以为汉朝军队不能到达这里，便喝起酒来。晚上，汉军来到，包围了右贤王；右贤王大惊，连夜逃跑，独自同他的一个爱妾和几百个精壮的骑兵，急驰突围，向北而去。汉朝的轻骑校尉郭成等追赶了几百里，没有追上。汉军捕获了右贤王的小王十多人，男女民众一万五千余人，牲畜数千百万头，于是卫青便领兵凯旋。卫青的军队走到边塞，武帝派遣使者拿着大将军的官印，就在军中任命车骑将军卫青为大将军，其他将军都率兵隶属于大将军卫青，大将军确立名号，班师回京。

武帝说："大将军卫青亲自率领战士攻杀，军队获得大捷，俘虏匈奴之王十多人，加封卫青六千户。"又封卫青的儿子卫伉为宜春侯、儿子卫不疑为阴安侯、儿子卫登为发干侯。卫青坚决推辞说："我侥幸地能在军队中当官，依赖陛下的神圣威灵，才使军队获得大捷，同时这也是各位校尉拼力奋战的功劳。陛下已经降恩加封我的食邑。臣子卫青的儿子们年龄还小，没有征战的劳苦和功绩，皇上降恩，割地封他们三人为侯，这不是我在军队中当官，用来鼓励战士奋力打仗的本意啊！卫伉等三人怎敢接受封赏。"天子说："我并非忘却各位校尉的功劳，现在本来就要考虑他们的奖赏。"武帝就下令御史说："护军都尉三次随大将军出击匈奴，经常接应各军，率领一校人马，捕获匈奴小王，划定一千五百户封公孙敖为合骑侯。都尉韩说随从大将军从窳浑塞出兵，直打到匈奴右贤王的王庭，在大将军的指挥之下搏杀奋战，俘获匈奴小王，划定一千三百户封韩说为龙頟侯。骑将军公孙贺跟随大将军俘获匈奴小王，划定一千三百户封公孙贺为南窌侯。轻车将军李蔡两次随大将军俘获匈奴小王，划定一千六百户封李蔡为乐安侯。校尉李朔、校尉赵不虞、校尉公孙戎奴，每人都三次跟随大将军俘获匈奴小王，划定一千三百户封李朔为涉轵侯，划定一千三百户封赵不虞为随成侯，划定一千三百户封公孙戎奴为从平侯。将军李沮、李息及校尉豆如意有军功，赐给关内侯的爵位，每人食邑三百户。”这年秋天，匈奴侵入代郡，杀死都尉朱英。

第二年春天，大将军卫青从定襄出兵。合骑侯公孙敖做中将军，太仆公孙贺为左将军，翕侯赵信为前将军，卫尉苏建做右将军，郎中令李广做后将军，左内史李沮做强弩将军。他们都隶属大将军，斩杀敌人几千人而回。一个多月后，他们又全都从定襄出兵攻打匈奴，杀敌一万多人。右将军苏建、前将军赵信的军队合为一军，共三千多骑兵，独遇匈奴单于的军队，同他们交战一天多的时间，汉军将要全军被歼。前将军赵信原本是匈奴人，投降汉朝被封为翕侯，如今看到军情危急，匈奴人又引诱他，于是他率领剩余的大约八百骑兵，跑到单于那儿投降。右将军苏建把他的军队全部损失了，独自一人逃回，自己来到大将军卫青那里。大将军卫青就苏建的罪过向军正闳、长史安和议郎周霸等征询意见，说："怎样定苏建的罪过？"周霸说道："自从大将军出征，不曾杀过副将。如今苏建弃军而回，可以杀苏建以表明大将军的威严。"闳和安都说："不能这样。兵法书上说：'两军交锋，军队少的一方即使坚决拼搏，也要被军队多的一方打败。'如今，苏建率几千军队抵御单于的几万军队，奋力战斗了一天多的时间，战士全部牺牲，仍然不敢有背叛汉朝的心意，自己归来。自己归来而被杀死，这是告诉战士今后若要失败切不可返回汉朝。不应当杀苏建。"大将军卫青说："卫青我侥幸以皇帝亲戚的身份在军队中当官，不忧虑没有威严，而周霸劝我树立个人的威严，大失做人臣的旨意。况且假使我的职权允许我斩杀有罪的将军，但是凭我尊宠的地位不敢在国境外擅自诛杀，而把情况向天子详细报告，让天子自己裁决，由此表明做臣子的不敢专权，不也是可以的吗？"军中官吏们都说："好！"于是就把苏建关押起来，送往皇帝的行在所。卫青领兵进入边塞，停止了对匈奴的征伐。

这一年（前123），大将军卫青姐姐的儿子霍去病十八岁，受到武帝宠爱，当了皇帝的侍中。霍去病善于骑马射箭，两次随从大将军出征。大将军奉皇上之命，拨给他一些壮勇的战士，任命他为剽姚校尉。他同八百名轻捷勇敢的骑兵，径直抛开大军几百里，寻找有利的机会攻杀敌人。结果，他们所斩杀的敌兵数量超过了他们的损失。于是，皇上说："剽姚校尉霍去病杀敌二千零二十八人，其中包括匈奴相国和当户，杀死单于祖父一辈的籍若侯产，活捉单于叔父罗姑比，他的功劳在全军两次数第一，划定一千六百户封霍去病为冠军侯。上谷太守郝贤四次随大将军出征，斩获敌军二千余名，划定一千一百户封郝贤为众利侯。”这一年，损失了两位将军的军队，翕侯赵信逃亡，军功不多，所以大将军卫青没有增封。右将军苏建回来后，天子没有杀他，赦免了他的罪过，交了赎金，成为平民百姓。

大将军卫青回到京城，皇上赏赐他千金。这时，王夫人正受到汉武帝的宠幸，甯乘就劝说卫青道：“将军您之所以军功还不太多，自己却食邑万户，三个儿子都受封为侯，只是因卫皇后的缘故。如今王夫人得幸，而她的同姓亲戚还没有富贵，希望将军捧着皇上赏赐的千金，去给王夫人的双亲祝寿。”于是，大将军卫青就用五百金给王夫人的双亲祝寿。武帝听到这消息，就问大将军卫青。大将军卫青把事实报告了皇上，皇上就任命甯乘做东海都尉。

张骞随从大将军出征，由于他曾经出使过大夏，被扣留在匈奴很长时间，这次他为大军作向导，知道水源绿洲的位置，大军才得以没受饥渴之苦，再加上他以前出使遥远国家的功劳，所以被封为博望侯。

冠军侯霍去病被封侯三年，在元狩二年（前121）春天，皇帝命冠军侯霍去病做骠骑将军，率领一万骑兵，从陇西出击匈奴，有军功。武帝说：“骠骑将军亲自率领战士越过乌盭山，讨伐遬濮，渡过狐奴河，经过五个匈奴的王国，不掠取畏惧顺从者的财物和民众，只希望捕获单于的儿子。转战六天，越过焉支山一千余里，与敌人短兵相接，杀死了折兰王，砍掉卢胡王的头，诛杀全副武装的敌兵，抓获了浑邪王的儿子及匈奴相国、都尉，歼敌八千余人，缴获了休屠王的祭天金人。加封霍去病二千户。”

这年夏天，骠骑将军与合骑侯公孙敖都从北地出兵，分道进军；博望侯张骞、郎中令李广都从右北平出兵，分道进军。他们都去攻打匈奴。郎中令率领四千骑兵首先到达，博望侯率领一万骑兵随后到达。匈奴左贤王率领几万骑兵围攻郎中令李广，郎中令与敌兵战斗了两天，有一半还多的战士牺牲了，他们杀死敌人的数目超过了他们损失的人数。博望侯领兵赶到时，匈奴的军队已撤走。博望侯犯有行军滞留而延误军机的罪过，被判为死刑，交了赎金，成为平民百姓。骠骑将军出了北地后，已远远地深入匈奴之中，因合骑侯公孙敖走错了路，没能相会。骠骑将军越过居延泽，到达祁连山，捕获了很多敌人。天子说：“骠骑将军越过居延泽，于是经过小月氏，攻到祁连山，俘虏酋涂王，率众投降的有二千五百人，杀敌三万零二百人，俘获五个匈奴小王、五个匈奴小王的母亲、单于的妻子、匈奴王子五十九个，还俘获匈奴相国、将军、当户、都尉等共六十三人，汉朝军队大概减损十分之三，增封霍去病五千户。赏赐随霍去病到达小月氏的校尉们左庶长的爵位。鹰击司马赵破奴两次跟随骠骑将军出征，斩杀了遬濮王，俘获了稽沮王，千骑将捉到匈奴小王和小王母各一人，王子以下四十一人，俘虏敌兵三千三百三十人，先头部队俘虏敌兵一千四百人，划定一千五百户封赵破奴为从骠侯。校尉句王高不识跟随骠骑将军霍去病俘虏呼于屠王和王子及以下共十一人，俘虏敌兵一千七百六十八人，划定一千一百户封高不识为宜冠侯。校尉仆多有军功，封为煇渠侯。”合骑侯公孙敖犯了行军滞留而未能与骠骑将军会师的罪过，判为死刑，交了赎金，成为平民百姓。各位老将军所率领的兵士和马匹武器也不如骠骑将军的，骠骑将军所率领的是经常挑选的士兵。但他敢于深入敌军境内作战，常常和壮健的骑兵跑在大军的前面，他的军队也有好运气，未曾遇到绝大的困境。但各位老将经常因为行军迟缓落后，遇不到好的战机。从此以后，骠骑将军一天比一天更被皇上亲近，更加显贵，跟大将军卫青相仿佛。

这年秋天，匈奴单于因为身处西方的浑邪王屡次被骠骑将军率领的汉军打败，损失几万人而大怒，想召来浑邪王，把他杀死。因此，浑邪王和休屠王等想投降汉朝，就先派人到边境迎住汉人。这时，大行李息率兵在黄河岸边筑城，见到浑邪王的使者，立即就命令传车急驰而归，向皇帝报告。皇上听过汇报后，怕浑邪王用诈降的办法偷袭边境，于是就命令骠骑将军领兵前去迎接浑邪王和休屠王。骠骑将军已经渡过黄河，与浑邪王的部队相互远望着。浑邪王的副将们看到汉朝军队，多数不想投降，有好多人逃遁而去。骠骑将军霍去病就打马跑到敌营，同浑邪王相见，杀了想逃走的八千人，于是命浑邪王一个人乘着传车，先到皇帝的行在所，然后由他领着浑邪王的全部军队渡过黄河，投降者有几万人，号称十万。他们到达长安后，天子用来赏赐的钱就有几十万。划定一万户封浑邪王为漯阴侯。封他的小王呼毒尼为下摩侯，鹰庇为煇渠侯，禽梨为河綦侯，大当户铜离为常乐侯。于是，天子表彰霍去病的功劳说："骠骑将军霍去病率领军队攻打匈奴西域浑邪王，浑邪王及其部队与民众都相互投奔汉朝，用军粮接济汉军。骠骑将军一并率领他们的善射兵卒一万余人，诛杀了妄图逃亡的凶悍之人，斩杀八千多人，使敌国之王三十二人投降汉朝。汉军士卒没有伤亡，十万大军全部归来，由于他们承担了战争的劳苦，而使河塞地区几乎消除了边患，有幸将永保安宁。划定一千七百户增封骠骑将军。"于是就减少了陇西、北地、上郡戍守之兵的一半，以此使全国百姓的徭役负担得到宽缓。

过了不久，朝廷就把归降的匈奴人分别迁徙到边境五郡原先的边塞以外，但都在河南地区，并按照他们原有的习俗，作为汉王朝的属国。第二年，匈奴侵入右北平、定襄，杀掠汉朝一千多人。

第二年，汉武帝同诸位将军们商议说："翕侯赵信替匈奴单于出谋划策，常常认为汉朝军队不能越过沙漠轻易留在那里，现在派大军出击，势必能实现我们的愿望。”这一年是元狩四年。

元狩四年（前119）春天，武帝命令大将军卫青、骠骑将军霍去病各率五万骑兵，几十万步兵和转运物资的人跟随其后，而那些敢于奋力战斗和勇于深入的士兵都隶属于骠骑将军。骠骑将军开始要从定襄出兵，迎击单于。后来捕到的匈奴俘虏说单于向东而去，于是就改令骠骑将军从代郡出兵，命令大将军卫青从定襄出兵。郎中令李广做前将军，太仆公孙贺任左将军，主爵都尉赵食其任右将军，平阳侯曹襄任后将军，他们都隶属大将军。大军随即越过沙漠，连人带马共五万骑兵，同骠骑将军等都攻打匈奴的单于。赵信替单于出谋划策说：“汉军已越过沙漠，人困马疲，匈奴可以坐收汉军俘虏了。”于是，把他们的辎重全部运到遥远的北方，全把精兵安排在大漠以北等待汉军。正碰上大将军卫青的军队开出塞外一千多里，看见单于的军队排成阵势等在那里，于是大将军下令让武刚车排成环形营垒，又命五千骑兵纵马奔驰，抵挡匈奴。匈奴也有大约一万骑兵奔驰而来。恰巧太阳将落，刮起大风，沙石打在人们的脸上，两军都无法看见对方，汉军又命左右两翼急驰向前，包抄单于。单于看到汉朝军队很多，而且战士和战马还很强大，若是交战，对匈奴不利。因此，在傍晚时，单于就乘着六头骡子拉的车子，同几百名壮健的骑兵，径直冲开汉军包围圈，向西北奔驰而去。这时，天已黄昏，汉朝军队和匈奴人相互扭打，杀伤人数大致相同。汉军左校尉捕到匈奴俘虏，说单于在天未黑时已离去，于是汉军就派出轻骑兵连夜追击，大将军的军队也跟随其后。匈奴的兵士四散奔逃。直到天快亮时，汉军已行走二百余里，没有追到单于，却俘获和斩杀敌兵一万多人，于是到达了窴颜山赵信城，获得匈奴积存的粮食以供军队食用。汉军留住一日而回，把城中剩余的粮食全部烧掉才归来。

在大将军卫青同单于会战时，前将军李广和右将军赵食其的军队从东方的道路进军，因为迷了路，没能如期同卫青同攻单于。直到大将军卫青领兵回到大漠以南时，才遇到前将军和右将军。大将军想派使者回京报告天子，就命令长史去按文书所列罪状审问前将军李广，李广自杀。右将军回到京城，被交给法官，赵食其交了赎金，成为平民百姓。大将军卫青进入边塞，此次总共斩获敌兵一万九千人。

这时，匈奴的部众失去单于十多天，右谷蠡王听到这消息后，就自己当了单于。单于后来又与他的部众相会合，右谷蠡王就去掉自立的单于之名。

骠骑将军也率领五万骑兵，所带军需物资也与大将军卫青的相同，但没有副将。他就任用李敢等人做大校，充当副将，从代郡、右北平出兵一千余里，遇上左贤王的军队，他们斩获敌兵的功劳已经远远超过了大将军卫青。出征的大军全部归来时，武帝说："骠骑将军霍去病率领军队出征，又亲自率领所俘虏的匈奴士兵，携带少量军需物资，越过大沙漠，渡河捕获单于近臣章渠，诛杀匈奴小王比车耆转而攻击匈奴左大将，斩杀敌将，夺取其军旗和战鼓。翻越离侯山，渡过弓闾河，捕获匈奴屯头王和韩王等三人，以及将军、相国、当户、都尉等八十三人。然后在狼居胥山祭天，在姑衍山祭地，并且登上高山以望大沙漠。共捕获俘虏和杀敌七万零四百四十三人，汉军大概减损十分之三。他们从敌人那里取得粮食，所以能够远行到极远的地方而没有断绝军粮。划定五千八百户增封骠骑将军霍去病。"右北平太守路博德隶属于骠骑将军，与骠骑将军在与城会师，没有错过日期，跟随骠骑将军到达梼余山，俘虏和斩杀匈奴二千七百人，划定一千六百户封路博德为符离侯。北地都尉邢山随骠骑将军捕获匈奴小王，划定一千二百户封邢山为义阳侯。从前投降汉朝的匈奴因淳王复陆支、楼专王伊即靬皆随骠骑将军攻匈奴有功，划定一千三百户封复陆支为壮侯，划定一千八百户封伊即靬为众利侯。从骠侯赵破奴、昌武侯赵安稽都跟随骠骑将军攻打匈奴有功，各增封三百户。校尉李敢夺取了敌军的军旗战鼓，封为关内侯，赐食邑二百户。校尉徐自为被授予大庶长的爵位。另外，骠骑将军霍去病属下的小吏士卒当官和受赏的人很多。而大将军卫青没能得到加封，军中的官员和士卒没有被封侯的。

当卫青和霍去病所率领的两支大军出塞时，曾在边塞阅兵，当时官府和私人马匹共十四万匹，而他们重回塞内时，所剩战马不满三万匹。于是，朝廷增置大司马官位，大将军和骠骑将军都当了大司马。而且定下法令，让骠骑将军的官阶和俸禄同大将军相等。从此以后，大将军卫青的权势日日减退，而骠骑将军一天比一天显贵。大将军的老友和门客多半离开了他，而去侍奉骠骑将军，这些人常常因此而得到官爵，只有任安不肯这样做。

骠骑将军为人寡言少语，不泄露别人说的话，有气魄，敢作敢为。武帝曾想教他孙子和吴起的兵法，他回答说："战争只看方针策略如何就够了，不必学习古代兵法。"武帝为他修盖府第，让骠骑将军去看看，他回答说："匈奴还没有消灭，无心考虑私家的事情。"从此以后，武帝更加重用和喜爱骠骑将军霍去病。但是，霍去病从少年时代起，就在宫中侍候皇帝，得到显贵，却不知体恤士卒。他出兵打仗时，天子派遣太官赠送他几十车食物，待他回来时，辎重车上丢弃了许多剩余的米和肉，而他的士卒还有忍饥挨饿的。他在塞外打仗时，士卒缺粮，有的人饿得站不起来，而骠骑将军还在画定球场，踢球游戏。他做的事多半如此。大将军卫青的为人却是仁爱善良，有退让的精神，以宽和柔顺取悦皇上，但是天下之人没有称赞他的。

骠骑将军自元狩四年（前119）出击匈奴以后三年，即元狩六年（前117）就去世了。武帝对他的死很悲伤，调遣边境五郡的铁甲军，从长安到茂陵排列成阵，给霍去病修的坟墓外形像祁连山的样子。给他命名谥号，把勇武与扩地两个原则加以合并，称他为景桓侯。霍去病的儿子嬗接替了冠军侯的爵位。霍嬗年龄小，表字叫子侯，皇上喜爱他，希望长大后任命他为将军。过了六年，即元封元年，霍嬗死去，皇上封赐他哀侯的谥号。他没有儿子，因而后代断绝了，封国被废除。

自从骠骑将军死后，大将军的长子宜春侯卫伉因犯法而失掉侯爵。五年以后，卫伉的两个弟弟阴安侯卫不疑和发干侯卫登都因为犯了助祭金成色不足和分量不够的罪而失掉侯爵。失掉侯爵后二年，冠军侯的封国被废除。这以后四年，大将军卫青死去，朝廷加封他的谥号是烈侯。卫青的儿子卫伉接替爵位作长平侯。

自从大将军围攻匈奴单于之后十四年就死去了，这期间没有再攻打匈奴的原因，是汉朝马匹少，而且正在讨伐南方的东越和南越，讨伐东方的朝鲜，攻击羌人和西南夷，因此长时间没有讨伐匈奴。

因为大将军卫青娶了平阳公主的原因，所以长平侯卫伉才能接替侯爵。但是六年后，他又因犯法而失掉侯爵。

下面是两位大将军及其诸位副将的名单：

总计大将军卫青出击匈奴有七次，斩获敌兵五万余人。他同单于交战一次，收复河南地区，于是设置了朔方郡，两次增封，共受封一万一千八百户。他的三个儿子都被封侯，每人受封一千三百户。卫家受封的户数合并起来，共有一万五千七百户。卫青的校尉副将因为跟随卫青有功而被封侯的共有九个人，他的副将及校尉已经当了将军的共十四人。当副将的有位李广，自有传记。其他没有传的有：

将军公孙贺。他是义渠人，他的祖先是匈奴人。公孙贺的父亲浑邪，汉景帝时代被封为平曲侯，因为犯法而失掉侯爵。公孙贺在汉武帝当太子时做舍人。汉武帝即位八年，公孙贺以太仆身份做了轻车将军，驻军马邑。过了四年，公孙贺以轻车将军的身份从云中出发攻打匈奴。又过了五年，公孙贺以骑将军的身份跟随大将军打匈奴有功，被封为南窌侯。过了一年，公孙贺以左将军的身份两次跟随大将军从定襄出兵打匈奴，没有功劳。过了四年，因为犯了助祭金成色不足和分量不够的罪而失掉侯爵。过了八年，以浮沮将军的身份从五原出兵，远征两千余里打匈奴，没有功劳。过了八年，以太仆的身份出任丞相，受封葛绎侯。公孙贺七次当将军，出击匈奴没有建立大功，而两次被封侯，当了丞相。后来因儿子公孙敬声与阳石公主通奸，又搞巫蛊之事，被灭族，没有留下后代。

将军李息是郁郅人。他曾经服事过汉景帝，到汉武帝即位八年时，当了材官将军，驻军马邑。过了六年，他当了将军，从代郡出兵打匈奴。过了三年，李息当了将军，跟随大将军从朔方出兵打匈奴。都没有功劳。李息共三次当将军，后来他常常担任大行之职。

将军公孙敖是义渠人。最初以郎官身份服事汉武帝。汉武帝即位十二年，他当了骑将军，从代郡出兵打匈奴，损失了七千士兵，被判为死刑，他交了赎金，成了平民百姓。过了五年，他以校尉身份跟随大将军打匈奴有功，被封为合骑侯。过了一年，以中将军身份随大将军两次从定襄出兵打匈奴，没有功劳。过了两年，他以将军身份从北地出兵，延误了同骠骑将军约定的时间，被判死刑，交了赎金，成为平民百姓。过了两年，他以校尉的身份跟随大将军打匈奴，没有战功。过了十四年，他以因杅将军的身份负责修筑受降城。七年后，他又以因杅将军的身份再次出兵打匈奴，进军到余吾，因为损失士卒多，被交付法官，判处死刑，他却诈称已死，逃亡到民间五六年。后来，这件事被发觉了，又逮捕了他。因他妻子搞巫蛊事件，他的全家都被杀死。他共当过四次将军，出击匈奴，一次被封侯。

将军李沮是云中人，曾服侍汉景帝。汉武帝即位十七年时，他以左内史的身份当了强弩将军。一年后，他又当了强弩将军。

将军李蔡是成纪人，服事过汉文帝、汉景帝和汉武帝。曾以轻车将军身份跟随大将军打匈奴有功，被封为乐安侯。以后当了丞相，因犯法而被杀。

将军张次公是河车人，曾以校尉身份随从卫青将军打匈奴有功，封为岸头侯。后来王太后死去，他当了将军，驻守在北军的军部所在地。过了一年，他当将军，跟随大将军卫青打匈奴。他两次当将军，因犯法而失掉侯爵。张次公的父亲张隆，是驾驭轻便战车的勇敢射手。因为他善于射箭，汉景帝就喜欢和亲近他。

将军苏建是杜陵人，以校尉身份跟随卫青将军打匈奴，因为有战功而被封为平陵侯，并且以将军身份负责修筑朔方城。过了四年，他当游击将军，跟随大将军卫青从朔方出兵打匈奴。过了一年，他以右将军的身份再次随大将军从定襄出兵打匈奴，结果翕侯叛逃匈奴，大军蒙受了损失，他被判为死刑，交出赎金，成为平民百姓。这之后，他当了代郡太守。他死后，坟墓在大犹乡。

将军赵信，以匈奴相国的身份投降汉朝，当了翕侯。汉武帝即位十七年，赵信当了前将军，同匈奴单于打仗，失败后投降了匈奴。

将军张骞，以使者的身份出访大夏，回来后当了校尉。他随大将军卫青攻打匈奴有功，被封为博望侯。过了三年，他当了将军，从右北平出击匈奴，因为误了约定的军期，被判处死刑，他交了赎罪金，成为平民百姓。这以后，他作为使者出使乌孙，后来又当了大行，便死去了。他的坟墓在汉中。

将军赵食其是祋祤人。汉武帝即位二十二年，他以主爵都尉的身份当了右将军，跟随大将军卫青从定襄出兵打匈奴，因为迷了路延误了军期，被判处死刑，他交了赎罪金，成为平民百姓。

将军曹襄以平阳侯的身份当了后将军，跟随大将军卫青从定襄出兵打匈奴。曹襄是曹参的孙子。

将军韩说是弓高侯韩颓当的庶出孙子。他以校尉的身份跟随大将军卫青打匈奴有功，被封为龙额侯，后因犯了助祭金成色不足分量不够的罪行而失掉侯爵。元鼎六年（前111），韩说以待诏的身份做了横海将军，领兵攻打东越有功，被封为按道侯。在太初三年（前102），他当了游击将军，驻军五原以外的一些城堡。后来，他当了光禄勋，因为到太子宫挖掘巫蛊罪证，被卫太子杀死。

将军郭昌是云中人。他以校尉身份跟随大将军卫青打匈奴。元封四年（前107），他以太中大夫的身份当了拔胡将军，驻军朔方。回来以后，他领兵去攻打昆明，没有功劳，被收回官印罢了官。

将军荀彘是太原郡广武人。他以善于驾车的本领求见皇上，被任命为侍中，又当了校尉，屡次随从大将军卫青打匈奴。在元封三年（前108）时，他当了左将军，领兵攻打朝鲜，没有功劳。因为捕楼船将军杨仆犯了罪，他被处死。

总计骠骑将军霍去病六次出击匈奴，其中四次出击是以将军的身份，共斩获匈奴兵士十一万多人。待浑邪王率几百万人投降后，于是开拓了河西和酒泉等地，使西部地区匈奴侵扰的活动愈益减少。他被四次加封，共食邑一万五千一百户。他的校尉因有功被封侯的共有六人，以后成为将军的有两人。

将军路博德是平州人。他以右北平太守的身份跟随骠骑将军打匈奴有功，被封为符离侯。骠骑将军霍去病死后，路博德以卫尉的身份当了伏波将军，讨伐并打败南越，朝廷给予加封。这以后他因犯法而失掉侯爵。后来，他当了强弩都尉，驻军居延，直到死去。

将军赵破奴原来是九原人，曾经逃到匈奴，后来又回归汉朝，当了骠骑将军霍去病的司马。他领兵从北地出击匈奴，时常有军功，被封为从骠侯。后来他犯了助祭金成色不足分量不够的罪行而失掉侯爵。一年后，他当了匈河将军，攻打匈奴直到匈河水，没有战功。过了两年，他攻打并俘虏了楼兰王，又被封为浞野侯。六年后，他当了浚稽将军，率领两万骑兵攻打匈奴左贤王，左贤王同他交战，用八万骑兵围困了赵破奴，赵破奴被敌人活捉，他的军队全部覆灭。他在匈奴住了十年，又同他的长子安国逃回汉朝。后来，他因为犯了巫蛊罪，被灭族。

自从卫氏兴起，大将军卫青首先被封侯，后来他的子孙有五人被封侯。总共经历了二十四年，而五个侯爵全被剥夺，卫氏没有人再被封侯。

太史公说：“苏建曾对我说：‘我曾经责备大将军卫青极尊贵，而全国的贤士大夫却不称赞他，希望将军能够效法古代那些招选贤人的名将，努力去做吧。大将军拒绝说：“自从魏其侯窦婴和武安侯田蚡广招宾客，皇上常对此恨得咬牙切齿。那亲近和安抚士大夫，招选贤才，废除不肖者的事，是国君的权柄。当大臣的只须遵守法度干好本职的工作，何必参与招选贤士的事呢？”’骠骑将军霍去病也仿效这种想法，他们当将军的做法就是这样。”

第九十四卷　平津侯主父列传第五十二

本文是公孙弘和主父偃的合传，并附录了徐乐、严安的两篇奏疏。至于篇末的王元后的诏书和班固的赞语，皆为后人所加，非司马迁原文。

传中记述了平津侯公孙弘以布衣而封侯，官至丞相，位列三公的经历，肯定了他官高戒奢，躬行节俭，倡导儒学，有益于教育事业发展的功绩；也肯定了他谏止征伐匈奴和罢通西南夷，关心民间疾苦的思想和行为；同时也指斥了他曲学阿世、“为人意忌”等缺失。

传中也记述了主父偃与徐乐、严安谏止征胡及通西南夷之事，表现了他们反对穷兵黩武、重视民间疾苦的思想；特别记述了主父偃“诸侯得推恩分子弟”的主张，这是名为推恩，实则削藩，打击诸侯势力的极好主张，对于加强和维护汉代中央集权制的统治有重要意义。传中虽对主父偃骄横之势有所讽刺，但对他的不幸也表示同情，特别是对当时的世态炎凉深有感慨，寓含着司马迁自己的身世之感。

此文把公孙弘和主父偃这样两个虽有共同的政治态度，却是冤家对头的人，放到同一传中加以记述，更能看出封建统治阶级内部的矛盾和斗争的尖锐性、复杂性。传文中插入徐乐和严安的奏疏，因其思想与主父偃和公孙弘的思想一致，因而并不令人感到游离，相反却起到强化主旨的作用，显示了司马迁谋篇布局的缜密性和处理材料的灵活性，给后世写史者以启发。

【原文】

丞相公孙弘者，齐[①]菑川国薛县人也，字季。少时为薛狱吏[②]，有罪，免。家贫，牧豕海上[③]。年四十余，乃学《春秋》杂说[④]。养后母孝谨[⑤]。

建元[⑥]元年，天子初即位，招贤良文学之士[⑦]。是时弘年六十，征以贤良为博士[⑧]。使匈奴，还报，不合上意[⑨]，上怒，以为不能，弘乃病免归。

元光[⑩]五年，有诏征文学，菑川国复推上[⑪]公孙弘。弘让谢[⑫]国人曰："臣已尝西应命[⑬]，以不能罢归[⑭]。愿更[⑮]推选。"国人固[⑯]推弘，弘至太常。太常令所征儒士各对策[⑰]，百余人，弘第[⑱]居下。策奏[⑲]，天子擢[⑳]弘对为第一。召入见，状貌甚丽，拜为博士。是时通西南夷[㉑]道，置郡，巴蜀民苦[㉒]之，诏使弘视之。还奏事，盛毁[㉓]西南夷无所用，上不听。

【注释】

①齐：指战国时齐国旧地；而菑川国则为汉朝初年的封国，建都于剧县（今山东省寿光市）；薛乃汉代县名（在今山东省滕州市南）。按：剧县与薛县相距甚远，故前人疑此处有误，泷川资言《史记会注考证》引《史记考异》说："菑川本齐故地，《史》言菑川又言齐者，当时通俗之称，扁鹊言'臣

齐勃海秦越人'，与此一例，非《史》之误。《汉志》(即《汉书》) 菑川国只三县，无薛县，然《高五王传》，青州刺史奏菑川王终古禽兽行，诏削四县，安和薛县不在所削之内。《汉志》郡国领县若干，皆元、成以后之制，未可据以驳传也。”此言可信。②狱吏：负责监狱的官员。③牧豕：放猪。海上：海边。④《春秋》杂说：解释《春秋》的各家学说。按：《春秋》为孔丘所著鲁国的编年史，后为儒家经典之一。因原著简约，不易详知，遂有左丘明、公羊高、穀梁赤等为之作注，加以解说，另成三书，即《春秋左氏传》《公羊传》《穀梁传》。这里的“杂说”当指此。⑤孝谨：孝顺恭谨。⑥建元：汉武帝即位后的第一个年号（前 140—前 135）。⑦贤良文学：是汉代选拔官吏的科目，有时简称“贤良”或“文学”。建元元年的十月，由武帝亲自招考贤良文学，董仲舒等一百余人前来应考。⑧博士：学官名。知识渊博，学有专长者得任此职，以备天子所用，或传授弟子。文帝时就已设《诗经》等博士，武帝建元五年乃设五经博士。⑨上意：皇上的心意。⑩元光：汉武帝第二个年号，（前 134—前 129）。元光五年即公元前 130 年。⑪推上：推举。⑫让谢：退让谢绝。⑬西应命：到西边的长安去接受皇帝的诏命。⑭以：因为。罢归：罢官归来。⑮更：改。⑯固：坚决。⑰对策：指应考的贤良文学等人回答皇帝所提的治国方策。⑱第：名次。⑲奏：进。⑳擢：提拔。㉑通西南夷：武帝元光年间，唐蒙和司马相如等出使西南夷，夜郎等归附汉朝，汉在上述地区设立犍为郡等。详见《西南夷列传》。㉒苦：感到困苦。㉓盛毁：极度诋毁。

【原文】

弘为人恢奇[①]多闻，常称以为人主病不广大[②]，人臣病不俭节[③]。弘为布被，食不重肉[④]。后母死，服丧三年。每朝会议，开陈其端[⑤]，令人主自择，不肯面折庭争[⑥]。于是天子察其行敦厚[⑦]，辩论[⑧]有余，习文法[⑨]吏事，而又缘饰以儒术[⑩]，上大说[⑪]之。二岁中，至左内史。弘奏事，有不可，不庭辩之。尝与主爵都尉汲黯请间[⑫]，汲黯先发之[⑬]，弘推[⑭]其后，天子常说，所言皆听，以此日益亲贵。尝与公卿约议[⑮]，至上前[⑯]，皆倍其约以顺上旨[⑰]。汲黯庭诘[⑱]弘曰："齐人多诈而无情实，始与臣等建此议，今皆倍之，不忠。"上问弘。弘谢[⑲]曰："夫知臣者以臣为忠，不知臣者以臣为不忠。"上然[⑳]弘言。左右幸臣每毁弘，上益厚遇之。

元朔[㉑]三年，张欧免[㉒]，以弘为御史大夫。是时通西南夷，东置沧海，北筑朔方之郡。弘数[㉓]谏，以为罢敝中国以奉[㉔]无用之地，愿罢之。于是天子乃使朱买臣等难弘置朔方之便。发十策，弘不得一。弘乃谢曰："山东鄙人[㉕]，不知其便若是，愿罢西南夷、沧海而专奉[㉖]朔方。"上乃许之。

汲黯曰："弘位在三公，奉[㉗]禄甚多，然为布被，此诈也。"上问弘。弘谢曰："有之。夫九卿与臣善者无过黯，然今日庭诘弘，诚[㉘]中弘之病。夫以三公为布被，诚饰诈欲以钓名。且臣闻管仲相齐，有三归[㉙]，侈拟[㉚]于君，桓公以霸，亦上僭[㉛]于君。晏婴相景公，食不重肉，妾不衣丝，齐国亦治，此下比于民。今臣弘位为御史大夫，而为布被，自九卿以下至于小吏，无差，诚如汲黯言。且无汲黯忠，陛下安得闻此言！”天子以为谦让，愈益厚之。卒[32]以弘为丞相，封平津侯。

【注释】

①恢奇：恢廓奇诡。②称：说。病：短处、毛病。不广大：指心胸狭小。③俭节：即“节俭”。④重肉：两种肉菜。⑤开：开始。陈：陈说。端：头绪。⑥面折庭争：通“面折廷争”，当面驳斥，在朝廷争辩。⑦行：行为。敦厚：忠厚。⑧辩论：指言辞。⑨习：熟悉。文法：法律条文。⑩缘饰：装饰。儒术：儒家思想和治国主张。⑪上：皇帝。说：通“悦”。下文“天子常说”之“说”同此。⑫请间（jiàn）：请求分别进见皇帝。间，间隔。⑬先发之：先提出问题。⑭推：推究。此指把事情利害得失详尽地阐述清楚。⑮约议：事前约定某些待议的问题。⑯上前：皇上面前。⑰倍：通“背”，违背。上旨：皇上的旨意。⑱庭：通“廷”，朝廷。诘：责难。⑲谢：道歉；谢罪。⑳然：认为正确。㉑元朔：汉武帝第三个年号（前128—前123）。元朔三年即公元前126年。㉒免：免官。指免去张欧的御史大夫。㉓数：屡次。㉔罢敝：通“疲敝”，疲惫。奉：供给。㉕鄙人：鄙陋之人。㉖专奉：专营。㉗奉：通“俸”。㉘诚：确实。㉙三归：三处府第。一说为台名。㉚侈：奢侈。拟：比。㉛亦：此。裴学海《古书虚字集释》：“亦犹此也。”僭（jiàn）：在封建社会，地位低的人越礼冒用地位高的人的名分、礼仪、器物的行为称僭。

㉜卒：终于。

【原文】

弘为人意忌[①]，外宽内深。诸尝与弘有郤[②]者，虽详[③]与善，阴[④]报其祸。杀主父偃，徙董仲舒于胶西[⑤]，皆弘之力也。食一肉脱粟[⑥]之饭。故人所善宾客[⑦]，仰[⑧]衣食，弘奉禄皆以给之，家无所余。士亦以此贤之。

淮南、衡山[⑨]谋反，治党与方[⑩]急。弘病甚，自以为无功而封，位至丞相，宜佐明主填抚[⑪]国家，使人由[⑫]臣子之道。今诸侯有畔[⑬]逆之计，此皆宰相奉职不称[⑭]，恐窃病死，无以塞责。乃上书曰："臣闻天下之通道[⑮]五，所以行之者三。曰君臣，父子，兄弟，夫妇，长幼之序，此五者天下之通道也。智，仁，勇，此三者天下之通德，所以行之者也。故曰'力行[⑯]近乎仁，好问近乎智，知耻近乎勇'。知此三者，则知所以自治[⑰]，知所以自治，然后知所以治人。天下未有不能自治而能治人者也，此百世不易之道也。今陛下躬行[⑱]大孝，鉴三王[⑲]，建周道[⑳]，兼文武[㉑]，厉贤予[㉒]禄，量能授官。今臣弘罢驽之质[㉓]，无汗马之劳，陛下过意擢臣弘卒伍[㉔]之中，封为列侯，致[㉕]位三公。臣弘行能[㉖]不足以称，素有负薪之病[㉗]，恐先狗马填沟壑[㉘]，终无以报德塞责。愿归[㉙]侯印，乞骸骨[㉚]，避贤者路。"天子报[㉛]曰："古者赏有功，褒有德，守成尚文[㉜]，遭遇右武[㉝]，未有易此者也。朕宿昔庶几获承尊位[㉞]，惧不能宁，惟[㉟]所与共为治者，君宜知之。盖君子善善恶恶[㊱]，君若谨行，常在朕躬。君不幸罹霜露之病，何恙不已[㊲]，乃上书归侯，乞骸骨，是章[38]朕之不德也。今事少闲[39]，君其省思虑，一精神[40]，辅以医药。”因赐告牛酒杂帛[41]。居数月，病有瘳[42]，视事[43]。

元狩[44]二年，弘病，竟以丞相终[45]。子度嗣[46]为平津侯。度为山阳太守十余岁，坐法失侯。

【注释】

①意忌：猜疑忌恨。②郤：通“隙”，隔阂、矛盾、怨仇。③详：通“佯”，佯装。④阴：暗中。⑤徙：迁移。胶西：汉代封国名。按：董仲舒才学远超公孙弘，而且厌恶公孙弘的曲意承上的行为。公孙弘对此极怀恨在心，欲借骄纵的胶西王刘端之手杀害董仲舒，于是便向武帝推荐，董仲舒于被派到胶西国当了相，不过曾杀害国相的刘端并未杀害董仲舒。⑥脱粟：去掉谷壳的粗米。⑦故人：老朋友。宾客：指门客。⑧仰：依赖。⑨淮南、衡山：均汉初封国名。按：汉武帝元狩元年（前122），淮南王刘安和衡山王刘赐阴谋叛乱，不久阴谋败露，淮南王自杀，先后被株连治罪者达数万人。详见《淮南衡山列传》。⑩治党与：追究同党。方：正。⑪填(zhèn)抚：镇抚，安抚。填，通“镇”。⑫由：循。⑬畔：通“叛”。⑭奉职：供职。不称：不合适。⑮通道：常道。⑯力行：努力实践。按：此处所引的三句话，出自《礼记·中庸》为孔丘之言。⑰自治：自己培养自己。⑱躬行：亲自实践。⑲鉴：借鉴。三王：指夏、商、周三代开国之王，具体指夏禹、商汤、周文王、周武王。⑳周道：周朝的治国之道。

㉑兼：兼有。文、武：指周文王和周武王。㉒厉：通“励”，鼓励。予：给与。㉓罢驽：疲惫的劣马，此指才能低下。罢，通“疲”。质：本质。㉔过意：特意。卒伍：指军队。㉕致：给。㉖行能：品行才能。㉗素：平素。负薪之病：自称有病，不能胜任的谦词。㉘先狗马填沟壑：谦词，意谓随时都会突然死去。㉙归：交回。㉚乞骸骨：乞求保全尸骨。这是封建官员向皇帝请求退休的谦词。㉛报：答复。㉜守成：守住先人已得的成功事业。尚文：崇尚文德教化。㉝遭遇：指遇到祸患。右武：崇尚武功。㉞宿昔：从前。庶几：幸运。尊位：尊贵的地位，指君王的地位。㉟惟：思念。㊱善善恶恶：赞许善良的讨厌丑恶的。㊲罹：遭遇。恙：病。已：病愈。㊳章：显扬。㊴少闲：稍得闲暇。㊵一精神：使精神专一。㊶赐告：恩准继续休假。杂帛：各种布帛。㊷瘳（chōu）：病愈。㊸视事：办理事务。㊹元狩：汉武帝的第四个年号（前122—前117）。元狩二年即前121年。㊺竟：最终。终：死。㊻嗣：继承。

【原文】

主父偃者，齐临菑人也。学长短纵横之术[1]，晚乃学《易》、《春秋》、百家言[2]。游齐诸生间，莫能厚遇[3]也。齐诸儒生相与排摈[4]，不容于齐。家贫，假贷[5]无所得，乃北游燕、赵、中山，皆莫能厚遇，为客甚困。孝武元光[6]元年中，以为诸侯莫足游者，乃西入关见卫将军[7]。卫将军数言上[8]，上不召。资用乏，留久，诸公宾客多厌之，乃上书阙下[9]。朝奏[10]，暮召入见。所言九事，其八事为律令，一事谏伐匈奴。其辞曰：

【注释】

①长短纵横之术：即战国纵横家的思想。据《汉书·艺文志》记载，主父偃著书二十八篇，集为《主父偃》一书。②晚：晚年。百家言：诸子百家的学说。③诸生：许多儒生。厚遇：宽厚相待。④排摈：排斥。⑤假贷：借贷。⑥元光：武帝第二个年号（前134—前129）。⑦卫将军：指大将军卫青。⑧数：屡次。上：指汉武帝。⑨阙下：宫门之下，此指皇帝。⑩朝奏：早晨进献奏书。

【原文】

臣闻明主不恶切谏以博观[①]，忠臣不敢避重诛[②]以直谏，是故事无遗策而功流万世[③]。今臣不敢隐忠避死以效[④]愚计，愿陛下幸赦而少察之。

《司马法》[⑤]曰："国虽大，好战必亡；天下虽平，忘战必危。"天下既平[⑥]，天子大凯[⑦]，春蒐秋狝[⑧]，诸侯春振旅[⑨]，秋治兵[⑩]，所以不忘战也。且夫怒者逆德[⑪]也，兵者凶器[⑫]也，争者末节[⑬]也。古之人君一怒必伏尸流血，故圣王重行[⑭]之。夫务战胜穷武事[⑮]者，未有不悔者也。昔秦皇帝任[⑯]战胜之威，蚕食天下，并吞战国，海内为一，功齐三代[⑰]。务胜不休，欲攻匈奴。李斯谏曰："不可。夫匈奴无城郭之居，委积[⑱]之守，迁徙鸟举[⑲]，难得而制也。轻兵深入，粮食必绝；踵粮[⑳]以行，重不及事[㉑]。得其地不足以为利也，遇其民不可役[㉒]而守也。胜必杀之，非民父母也。靡弊[㉓]中国，快心匈奴，非长策也。"

秦皇帝不听，遂使蒙恬将兵攻胡，辟地千里，以河[24]为境。地固泽卤[25]，不生五谷。然后发天下丁男[26]以守北河。暴兵露师[27]十有余年，死者不可胜数，终不能逾河而北。是岂[28]人众不足，兵革不备哉？其势不可也。又使天下蜚刍挽粟[29]，起于黄腄、琅邪负海[30]之郡，转输北河，率三十钟而致[31]一石。男子疾耕[32]不足于粮饷，女子纺绩不足于帷幕[33]。百姓靡敝，孤寡老弱不能相养，道路死者相望，盖天下始畔[34]秦也。

【注释】

①不恶：不讨厌。切谏：深切的谏言。意谓毫不避讳地直谏君王。博观：广泛地观察。②重诛：严厉的惩罚。③遗策：失策。万世：万代。④效：献。⑤《司马法》：古代兵书，即《司马穰苴兵法》，原有一百五十篇，今存五篇。以下所引文字出于《司马法·仁本》篇。⑥平：太平。⑦大凯：周王所奏凯旋班师的军乐。⑧蒐：春天打猎。狝：秋天打猎。⑨振旅：训练军队。⑩治兵：修治武器。⑪逆德：悖逆的德行。⑫兵：武器。凶器：凶恶的器物。⑬末节：最末等的节操。⑭重行：慎重对待。⑮务：致力。穷武事：用尽武力。⑯任：凭借。⑰齐：相等。三代：指夏、商、周。⑱委积：此泛指仓廪所蓄的粮食和财物。⑲鸟举：像鸟儿飞翔。举，飞举。⑳踵粮：携带粮食行军。㉑重：繁。不及事：无济于事。㉒役：役使。㉓靡弊：疲弊。㉔辟：开拓。河：黄河。㉕泽卤：盐碱地。㉖丁男：成年的男人。㉗暴兵露师：把军队暴露在荒沙野地。㉘是：此。岂：难道。㉙蜚刍挽粟：飞速转运粮草。蜚，

通“飞”。刍，喂牛马之草。挽，引、拉。㉚黄腄：指黄县和腄县。负海：靠海。㉛率：大致。钟：容量单位，即六斛（石）四斗。致：得到。㉜疾耕：拼力耕种。㉝纺绩：纺织、绩麻。帷幕：军帐。㉞畔：通“叛”。

【原文】

及至高皇帝定天下，略[1]地于边，闻匈奴聚于代谷[2]之外而欲击之。御史成进谏曰：“不可。夫匈奴之性，兽聚而鸟散，从之如搏影[3]。今以陛下盛德攻匈奴，臣窃危之。”高帝不听，遂北至于代谷，果有平城之围[4]。高皇帝盖悔之甚，乃使刘敬往结和亲[5]之约，然后天下忘干戈之事。故兵法曰[6]“兴师十万，日费千金”。夫秦常积众暴兵数十万人，虽有覆军杀将系虏[7]单于之功，亦适足以结怨深仇，不足以偿天下之费。夫上虚府库，下敝百姓，甘心于外国，非完事[8]也。夫匈奴难得而制，非一世也。行盗侵驱，所以为业也，天性固然，上及虞夏殷周，固弗程督[9]，禽兽畜[10]之，不属为人。夫上不观虞夏殷周之统[11]，而下循近世之失，此臣之所大忧，百姓之所疾苦也。且夫兵久则变生，事苦则虑易[12]。乃使边境之民靡弊愁苦而有离心，将吏相疑而外市[13]，故尉佗、章邯得以成其私[14]也。夫秦政之所以不行者，权分乎二子[15]，此得失之效[16]也。故《周书》[17]曰：“安危在出令，存亡在所用。”愿陛下详察之，少[18]加意而熟虑焉。

【注释】

①略：攻取。②代古：代郡的山谷。③从：追。搏影：捕

捉影子。④平城之围：前200年，汉高帝刘邦打匈奴，被匈奴围困在平城的白登山，七天七夜方得脱离险境。详见《高祖本纪》《陈丞相世家》《韩信卢绾列传》等。⑤刘敬：即娄敬，他建议与匈奴和亲。和亲：这是汉朝出现的一种与边境部族修好的政策。如把汉朝宗室女儿嫁给匈奴单于为妻，借以加强汉匈之间的亲善关系，换取边境的安宁。⑥兵法曰：此指《孙子兵法·用间》。⑦系虏：俘虏。系，拴束。⑧完事：完美的事。⑨固：本来。弗：不。程督：按法律和道德的要求加以规范督导。⑩畜：养。⑪统：经验。⑫兵久：战争持续很久。变：动乱。虑易：思想发生了变化。⑬外市：与外国人勾结。⑭尉佗：即赵佗。他建立了南越国。其人其事见《南越列传》。章邯：本是秦朝将领，在秦末大乱中投降项羽，受封为王。见《项羽本纪》等。私：私欲。⑮二子：指尉佗和章邯。⑯效：效验。⑰《周书》：指《逸周书》，记周代史实的史书。以下引文非此书原文，当是变化《周书·王佩解》之“存亡在所用，离合在出命”而来。⑱少：稍微。

【原文】

是时赵人徐乐、齐人严安俱上书言世务①，各一事。

徐乐曰：

臣闻天下之患在于土崩②，不在于瓦解③，古今一也。何谓土崩？秦之末世是也。陈涉无千乘之尊④，尺土之地，身非王公大人名族之后，无乡曲⑤之誉，非有孔、墨、曾⑥子之贤，陶朱、猗顿[7]之富也，然起穷巷，奋棘矜[8]，偏袒大呼而天下从风[9]，此其故何也？由民困而主不恤[10]，下怨而上不知，俗已乱而政不修[11]，此三者陈涉之所以为资[12]也。是之谓土崩。故曰天下之患在于土崩。何谓瓦解？吴、楚、齐、赵之兵[13]是也。七国谋为大逆，号皆称万乘之君[14]，带甲数十万，威足以严其境内，财足以劝[15]其士民，然不能西攘尺寸之地而身为禽[16]于中原者，此其故何也？非权轻于匹夫而兵弱于陈涉也，当是之时，先帝之德泽未衰而安土乐俗之民众，故诸侯无境外之助。此之谓瓦解。故曰天下之患不在瓦解。由是观之，天下诚有土崩之势，虽布衣穷处之士或首恶[17]而危海内，陈涉是也，况三晋[18]之君或存乎！天下虽未有大治也，诚能无土崩之势，虽有强国劲兵，不得旋踵[19]而身为禽矣，吴、楚、齐、赵是也，况群臣百姓能为乱乎哉！此二体[20]者，安危之明要也，贤主所留意而深察也。

【注释】

①世务：社会事务，即治国之事。②土崩：土地崩裂，喻百姓造反。③瓦解：屋瓦破碎，喻统治者内部的纷争。④千乘之尊：大国诸侯的尊贵地位。⑤乡曲：乡里。⑥孔：孔丘。墨：墨翟。曾：曾参。⑦陶朱：即春秋末年越国大夫范蠡。他助越王句践灭吴后，离越游齐，居于陶地，成为富有的大商人，称陶朱公。猗顿：战国时代的富有大商人，以经营盐池和珠宝驰名。⑧奋：挥舞。棘：通“戟”，古代兵器。矜：矛柄。按此处的“棘矜”泛指武器。⑨偏袒大呼：赤臂大喊。

偏袒，露着一个膀子。从风：随风，指百姓积极响应。⑩恤：体恤，关照。⑪修：治理。⑫资：凭借。⑬吴、楚、齐、赵之兵：指汉景帝三年（前154）所发生的吴楚七国之乱。这时诸侯王势力已经增大，谋划夺权的形势已出现，吴王刘濞乃联合楚王、赵王、胶西王、济南王、胶东王、菑川王，以诛晁错清君侧为名发动叛乱，后被太尉周亚夫领兵击败。详见《吴王濞列传》。⑭万乘（shèng）之君：指君王。⑮劝：鼓励。⑯攘：抢夺。禽：通“擒”。⑰穷处：处于困迫之中。首恶：首先作恶。实指首先反抗朝廷，起义造反。⑱三晋：指韩、赵、魏三国。此指想要起事夺权的王公大臣们。⑲旋踵：把脚跟掉转过来。此极言时间的短促。⑳二体：两种情况。

【原文】

间者关东五谷不登[①]，年岁未复[②]，民多穷困，重之以边境之事[③]，推数循理[④]而观之，则民且有不安其处者矣。不安故易动。易动者，土崩之势也。故贤主独观万化之原[⑤]，明于安危之机[⑥]，脩之庙堂[⑦]之上，而销未形[⑧]之患。其要[⑨]，期使天下无土崩之势而已矣。故虽有强国劲兵，陛下逐走兽，射蜚[⑩]鸟，弘游燕[⑪]之囿，淫[⑫]纵恣之观，极驰骋之乐，自若[⑬]也。金石丝竹之声不绝于耳，帷帐之私俳优侏儒[⑭]之笑不乏于前，而天下无宿忧[⑮]。名何必汤武，俗何必成康！虽然，臣窃以为陛下天然之圣[⑯]，宽仁之资[⑰]，而诚以天下为务，则汤、武之名不难侔[⑱]，而成、康之俗可复兴也。此二体者立，然后处尊安之实，扬名广誉于当世，亲天下而服四夷，余恩遗德为数世隆[19]，南面负扆摄袂而揖[20]王公，此陛下之所服[21]也。臣闻图王不成，其敝[22]足以安。安则陛下何求而不得，何为而不成，何征而不服乎哉！

【注释】

①间者：最近。不登：不丰收。②年岁：年景。复：恢复。③重：加上。边境之事：指边境的军事活动如守边战争等。④推数：推究事物的发展情势。循理：按着一般道理。⑤万化之原：各种变化的原因。⑥机：要害、关键。⑦脩：通“修”。庙堂：指朝廷。⑧销：通“消”，消除。未形：尚未表现的。⑨要：要领。⑩蜚：通“飞”。⑪弘：扩展。游燕：游玩宴饮。燕，通“宴”。⑫淫：过分。⑬自若：安然自如。⑭金石丝竹：泛指各种乐器。帷帐之私：指男女情爱之事。俳优：演杂耍的演员。侏儒：身材矮小的人，统治者常令其逗乐取笑。⑮宿忧：积久的忧患。按《小尔雅》：“宿，久也。”⑯天然之圣：天生的聪明智慧。⑰资：资质。⑱侔：等同。⑲隆：兴隆。⑳南面：面朝南方。负扆（yǐ）：背靠屏风。王宫中门窗之间的屏风称扆，王见诸侯时当负扆而立。摄袂：卷起衣袖。揖：拱手行礼。㉑服：事。㉒敝：此指最差的结果。

【原文】

严安上书曰：

臣闻周有天下，其治三百余岁，成、康其隆[①]也，刑错[②]

四十余年而不用。及其衰也，亦三百余岁，故五伯更[3]起。五伯者，常佐天子兴利除害，诛暴禁邪，匡正[4]海内，以尊天子。五伯既没[5]，贤圣莫续，天子孤弱，号令不行。诸侯恣行，强陵[6]弱，众暴寡，田常[7]篡齐，六卿分晋[8]，并为战国，此民之始苦也。于是强国务攻[9]，弱国备守，合从连横[10]，驰车击毂[11]，介胄生虮虱，民无所告愬[12]。

及至秦王，蚕食天下，并吞战国，称号曰皇帝，主海内之政，坏诸侯之城，销其兵[13]，铸以为钟虡[14]，示不复用。元元[15]黎民得免于战国，逢明天子，人人自以为更生[16]。向使秦缓其刑罚，薄赋敛，省繇役，贵仁义，贱[17]权利，上笃厚，下[18]智巧，变风易俗，化于海内，则世世必安矣。秦不行是风，而循其故俗，为智巧权利者进，笃厚忠信者退；法严政峻[19]，谄谀者众，日闻其美，意广心轶[20]。欲肆威[21]海外，乃使蒙恬将兵以北攻胡，辟地进境[22]，戍于北河，蜚刍挽粟以随其后。又使尉屠睢将楼船之士南攻百越[23]，使监禄[24]凿渠运粮，深入越，越人遁逃。旷日持久，粮食绝乏，越人击之，秦兵大败。秦乃使尉佗将卒以戍越。当是时，秦祸北构[25]于胡，南挂于越，宿兵[26]无用之地，进而不得退。行十余年，丁男被甲，丁女转输[27]，苦不聊生，自经于道树[28]，死者相望。及秦皇帝崩，天下大叛。陈胜、吴广举[29]陈，武臣、张耳举赵[30]，项梁举吴[31]，田儋举齐[32]，景驹举郢[33]，周市举魏[34]，韩广举燕[35]，穷山通谷[36]豪士并起，不可胜载也。然皆非公侯之后，非长官之吏也。无尺寸之势，起闾巷，杖棘矜，应时而皆动，不谋而俱起，不约而同会，壤长地进，至于霸王，时教使然也。秦贵为天子，富有天下，灭世绝祀㊲者，穷兵之祸也。故周失之弱，秦失之强，不变㊳之患也。

【注释】

①成：周成王姬诵。康：周康王姬钊。隆：兴盛。②刑错：通“刑措”，刑法被搁置不用，言社会安宁，犯法之事极少。③五伯：通“五霸”，指春秋时代先后成为霸主的齐桓公、晋文公、楚庄王、秦穆公、宋襄公等。更：相继出现。④匡正：匡扶正道。⑤没：通“殁”，死去。⑥陵：侵犯，欺负。⑦田常：即田成子，或称陈成子，春秋末期的齐国重臣，谋杀简公，立平公为君，自任齐相，逐渐篡取齐国政权。详见《田敬仲完世家》。⑧六卿分晋：春秋末期，晋国的韩、赵、魏和智、范、中行氏六卿把持了朝政，分割晋国领地，扩大私人势力。至前453年，韩、赵、魏灭智氏而三家分晋。详见《晋世家》。⑨务攻：致力于攻伐征战。⑩合从连横：战国时期诸国间的外交策略，即由北至南的齐楚等国联合抗秦的策略称合纵；而由西向东的秦、齐等国联合抗楚而实际是秦国借以各个击破的策略称连横。从，通“纵”。⑪击毂：车毂相撞，极言车多。毂，车轮中心用来插轴的圆木。泛指车。⑫介：甲衣。胄：头盔。愬：“诉”，诉说。⑬兵：武器。⑭钟：古代乐器。虡（jù）：挂钟磬的木架。“销其兵”等三句所指史实详见《秦始皇本纪》。⑮元元：平民。此指善良。⑯更生：获得新生。⑰贱：轻视。⑱上：通“尚”，崇尚。下：轻

视。⑲政峻：政治严厉。⑳意广心轶：野心极大。轶，通“溢”，满。㉑肆威：扬威。㉒辟：开拓。进境：向前推进扩展边境。㉓尉：武官名。屠睢：人名。将：率。楼船之士：水兵。百越：即越。㉔监：指监御史。禄：人名。㉕构：结。㉖宿兵：驻军。㉗被甲：穿铠甲，此指参军上战场。被，通“披”。转输：运输，转运。输，纳。㉘经：上吊。道树：道边的树。㉙举：攻占。这里和以下诸“举”字都有举事的意思。陈胜、吴广举陈事见《陈涉世家》。㉚武臣、张耳举赵事见《陈涉世家》，又见《张耳陈馀列传》。㉛项梁举吴事见《项羽本纪》。㉜田儋举齐事见《田儋列传》。㉝景驹举郢事见《项羽本纪》《陈涉世家》等。㉞周市举魏事见《陈涉世家》。㉟韩广举燕事见《陈涉世家》。㊱穷山通谷：全部山谷。极言遍地皆为起义者。㊲灭世绝祀：世系政权全被断绝。㊳不变：不会变通。

【原文】

今欲招南夷[①]，朝夜郎[②]，降羌僰[③]，略[④]涉州，建城邑，深入匈奴，燔其龙城[⑤]，议者美之。此人臣之利也，非天下之长策也。今中国无狗吠之惊，而外累[⑥]于远方之备，靡敝国家，非所以子民[⑦]也。行无穷之欲，甘心快意，结怨于匈奴，非所以安边也。祸结而不解，兵休而复起，近者愁苦，远者惊骇，非所以持久也。今天下锻甲砥剑[⑧]，桥箭累弦[⑨]，转输运粮，未见休时，此天下之所共忧也。夫兵久而变起，事烦而虑生。今外郡之地或几千里，列城数十，形束壤制[⑩]，旁胁诸侯[11]，非公室之利也。上观齐、晋之所以亡者，公室卑削[12]，六卿大盛也；下观秦之所以灭者，严法刻深，欲大无穷也。今郡守之权，非特[13]六卿之重也；地几千里，非特闾巷之资也；甲兵器械，非特棘矜之用也。以遭万世之变[14]则不可称讳[15]。

【注释】

①南夷：指汉代南部（今四川南部，云南和贵州）的各部族。②朝：朝拜皇帝。夜郎：指汉代南方部族名和国名，武帝时代归服汉朝。③羌：部族名。僰：部族名。④略：攻取。⑤燔：烧。龙城：或作“茏城”，匈奴单于王庭所在的地方。⑥累：牵累。⑦子民：爱抚百姓。⑧锻甲：锻造铠甲。砥剑：磨剑。砥，磨石。⑨桥箭：矫正箭杆。桥，通“矫”。累弦：聚积弓弦。以上两句盖谓加强战备，亦即厉兵秣马之意。⑩形束壤制：土地山川的形势可以控制百姓。⑪旁胁诸侯：胁迫附近的诸侯。⑫公室：此指朝廷。卑削：衰微。⑬非特：不只。⑭遭：逢。万世之变：此为“天下变乱”的委婉说法。⑮称讳：为讳。

【原文】

书奏[1]天子，天子召见三人，谓曰：“公等皆安在[2]？何相见之晚也！”于是上乃拜主父偃、徐乐、严安为郎中。偃数见，上疏言事。诏拜偃为谒者，迁[3]为中大夫。一岁中四迁偃。

偃说上曰：“古者诸侯不过百里，强弱之形[4]易制。今诸侯或连城数十，地方千里，缓则骄奢易为淫乱，急则阻[5]其强而合从以逆京师。今以法割削之，则逆节[6]萌起，前日晁错是也。今诸侯子弟或十数，而適嗣代立[7]，余虽骨肉，无尺寸地封，则仁孝之道不宣[8]。愿陛下令诸侯得推恩分子弟，以地侯之[9]。彼人人喜得所愿，上以德施，实分其国，不削而稍弱矣。”于是上从其计。又说上曰：“茂陵[10]初立，天下豪桀并兼之家[11]，乱众[12]之民，皆可徙茂陵，内实京师，外销奸猾，此所谓不诛而害除。”上又从其计[13]。

尊立卫皇后，及发燕王定国阴事[14]，盖偃有功焉。大臣皆畏其口，赂遗[15]累千金。人或说偃曰：“太横[16]矣。”主父曰：“臣结发[17]游学四十余年。身不得遂，亲不以为子，昆弟不收，宾客弃我，我厄[18]日久矣。且丈夫生不五鼎食[19]，死即五鼎烹[20]耳。吾日暮途远，故倒行暴施[21]之。”

偃盛言朔方地肥饶，外阻河[22]，蒙恬城之以逐匈奴，内省转输戍漕[23]，广中国，灭胡之本也。上览其说，下公卿议，皆言不便。公孙弘曰：“秦时常[24]发三十万众筑北河，终不可就，已而弃之。”主父偃盛言其便。上竟用主父计，立朔方郡。

【注释】

①奏：进献。②安在：在哪儿。③迁：升官。④形：形势。⑤阻：依仗。⑥逆节：叛逆之事。指吴楚七国反叛事。⑦適嗣：正妻所生的长子。適，通“嫡”。代立：继立。⑧宣：显示。⑨侯之：封他为侯。⑩茂陵：汉武帝陵墓名，也是县名。按：建元二年（前139），武帝在槐里毛茂乡预修陵墓，并设县，迁豪杰并兼之家至茂陵，充实那里的人口。⑪豪

桀：即“豪杰”，指豪强。并兼之家：指富人。⑫乱众：使民众作乱。⑬上又从其计：皇上听从了主父偃的主张。按元朔二年（前127），武帝接受了主父偃的名为推恩，实为削弱诸侯势力的主张，下令诸侯可分封子弟。⑭发：揭发。阴事：隐私之事。按：刘定国与其父康王刘嘉的姬妾通奸，又与三个女儿通奸，还夺取弟妻为妾，元朔元年，主父偃揭发此事，武帝令大臣议其死罪，燕王自杀。刘定国事见《荆燕世家》。⑮赂遗（wèi）：贿赂和赠送。⑯横：强横。⑰结发：束发。指年轻时代。⑱厄：困厄。⑲五鼎食：指奢侈生活和显赫的政治地位。按：古代诸侯举行祭祀，用五个鼎分盛牛羊猪鹿鱼肉，以显示高贵。⑳五鼎烹：用五鼎煮死人，这时古代的酷刑。㉑倒行暴施：背逆情理急促行事。㉒阻河：以黄河为险阻。㉓漕：水上运输。㉔常：通“尝”，曾经。

【原文】

元朔二年[①]，主父言齐王内淫佚行僻[②]，上拜主父为齐相。至齐，遍召昆弟宾客，散五百金予之，数之曰：“始吾贫时，昆弟不我衣食[③]，宾客不我内门[④]；今吾相齐，诸君迎我或千里。吾与诸君绝矣，毋复入偃之门！”乃使人以王与姊奸事动[⑤]王，王以为终不得脱罪，恐效燕王论死[⑥]，乃自杀。有司以闻。

主父始为布衣时，尝游燕、赵，及其贵，发燕事。赵王恐其为国患，欲上书言其阴事，为偃居中[⑦]，不敢发。及为齐相，出关，即使人上书，告言主父偃受诸侯金，以故诸侯子弟多以得封者。及齐王自杀，上闻大怒，以为主父劫[8]其王令自杀，乃征下吏[9]治。主父服[10]受诸侯金，实不劫王令自杀。上欲勿诛，是时公孙弘为御史大夫，乃言曰："齐王自杀无后，国除为郡，入汉，主父偃本首恶，陛下不诛主父偃，无以谢天下。"乃遂族主父偃。

主父方贵幸时，宾客以千数，及其族死，无一人收[11]者，唯独洨孔车[12]收葬之。天子后闻之，以为孔车长者也。

【注释】

①元朔二年：前127年。②齐王：指厉王刘次景。刘次景与其姊通奸，主父偃向武帝揭发，被派任丞相，穷究其事，齐王恐而自杀。事见《齐悼惠王世家》。内：指宫内私生活。淫佚：淫乱放荡。僻：邪僻。③不我衣食：不给我衣食。④不我内门：不许我进门。内，通"纳"。⑤动：触动。⑥效：仿效。论死：判为死刑。⑦居中：身处朝廷之中。⑧劫：要挟。⑨征：召。下吏：交给法官。⑩服：认罪。⑪收：收尸。⑫洨：县名。孔车：人名。

【原文】

太史公曰：公孙弘行义虽修[1]，然亦遇时。汉兴八十余年矣，上方乡文学[2]，招俊乂[3]，以广儒墨[4]，弘为举首[5]。主父偃当路[6]，诸公皆誉之[7]，及名败身诛，士争言其恶。悲夫[8]！

【注释】

①修：美。②上：皇上，指汉武帝。乡：通"向"，此指

崇尚。文学：指儒家学说及其典籍。按：汉武帝罢黜百家，独尊儒术，使儒家学说在汉朝得到突出发展。③俊乂(yì)：具有超众才能的人。乂，才。④广：扩大。墨：指墨家学派。⑤首举：第一。⑥当路：身居要职，担任举足轻重的高官。⑦诸公：指朝中高官们。誉之：赞美他。⑧悲夫：悲伤啊。

【原文】

太皇太后[①]诏大司徒大司空："盖闻治国之道，富民为始；富民之要，在于节俭。《孝经》[②]曰'安上治民，莫善于礼'。'礼，与奢也宁俭'。昔者管仲相齐桓，霸诸侯，有九合一匡之功[③]，而仲尼谓之不知礼，以其奢泰侈拟于君故[④]也。夏禹卑[⑤]宫室，恶[⑥]衣服，后圣不循。由此言之，治之盛也，德优矣，莫高于俭，俭化俗民，则尊卑之序[⑦]得，而骨肉之恩亲，争讼[⑧]之原息。斯[⑨]乃家给人足，刑错之本与欤？可不务哉！夫三公者，百寮之率[⑩]，万民之表[⑪]也。未有树直表而得曲影[⑫]者也。孔子不云乎，'子率而正，孰[⑬]敢不正'；'举善而教不能则劝[⑭]'。维汉兴以来，股肱宰臣[⑮]身行俭约，轻财重义，较然[⑯]著明，未有若故丞相平津侯公孙弘者也。位在丞相而为布被，脱粟之饭，不过一肉。故人所善宾客皆分奉禄以给之，无有所余。诚内自克约而外从制[⑰]。汲黯诘之，乃闻于朝，此可谓减于制度[⑱]而可施行者也。德优则行，否则止，与内奢泰而外为诡服以钓虚誉者殊科[⑲]。以病乞骸骨，孝武皇帝即制曰'赏有功，褒有德，善善恶恶，君宜知之。其省思虑，存精神，辅以医药’。赐告治病，牛酒杂帛。居数月，有瘳，视事。至元狩二年，竟以善终于相位。夫知臣莫若君，此其效[20]也。弘子度嗣爵，后为山阳太守，坐法失侯。夫表德章义[21]，所以率俗厉化[22]，圣王之制，不易之道也。其赐弘后子孙之次当为后者爵关内侯[23]，食邑三百户，征诣[24]公车，上名[25]尚书，朕亲临拜焉。”

【注释】

①太皇太后：当朝皇帝的祖母。此指汉平帝的祖母王政君，她是汉成帝的生母，汉元帝的皇后。这个诏书是她在平帝元始中颁布的，后人附录于《平津侯主父列传》之后，赞美公孙弘。按：当时的大司徒为马宫，大司空为甄丰。②《孝经》：儒家经典之一，宣扬封建孝道。下文所引的“安上治民，莫善于礼”，出自《孝经·广要道》章，而“礼，与奢也宁俭”，出自《论语·八佾》，文字稍异。这两句中的“礼”，指《周礼》。③“昔者”二句：相齐桓，做齐桓公的相。九合一匡之功，多次会合诸侯并匡正天下的功劳。九，非实指，泛言多。匡，匡正。按：这几句所叙之事本于《论语·宪问》：“子曰：‘桓公九合诸侯，不以兵车，管仲之力。’”又：“子曰：‘管仲相桓公，霸诸侯，一匡天下，民到于今受其赐。’”④泰：太过分。拟：比。故：原因。按孔子批评管仲僭礼之行见《论语·八佾》。其文曰：“子曰：‘管仲之器小哉……管氏有三归……邦君树塞门，管氏亦树塞门。邦君为两君之好，有反坫，管氏亦有反坫。管氏而知礼，孰不知礼?”⑤卑：低

矮。⑥恶：粗劣。⑦尊卑之序：尊贵者和卑贱者之间的秩序，实为森严的封建等级关系。⑧争讼：打官司。⑨斯：此。⑩百寮之率：即百官之长。率，通“帅”，主帅、长官。⑪表：标，榜样。⑫树：立。直表：直的标杆，正直的榜样。曲影：斜影。⑬“子率而正”两句：语出《论语·颜渊》篇。子：你。此指鲁国贵族季康子。率：通“帅”，领头。而：原文作“以”。孰：谁。⑭举：选拔。善：指贤能的人。不能：无能的人。劝：鼓励。按：此句引自《论语·为政》篇。⑮股肱：大腿和胳膊，喻得力重臣。宰臣：统率百官的长官，此指丞相。⑯较然：明显。⑰诚：确实。克约：克制约束。从制：遵循法制行事。⑱减于制度：比法制规定的标准降低了一些。⑲诡服：虚假的行为。按：《玉篇》：“诡，欺也，谩也。”《广雅》：“服，行也。”殊科：不同类。⑳效：表现。㉑表德：表扬美德。章义：表彰道义之人。㉒厉化：通“励化”，勉励教化。㉓次当为后：按次秩当为后代者，意谓嫡系子孙。爵关内侯：封给关内侯的爵位。㉔征：召。诣：往；到……去。㉕上名：把姓名报上去。

【原文】

班固称曰[①]：“公孙弘、卜式、兒宽皆以鸿渐之翼困于燕雀，远迹羊豕之间，非遇其时，焉能致此位乎[②]？是时汉兴六十余载，海内乂安[③]，府库充实，而四夷未宾[④]，制度多阙[⑤]，上方欲用文武[⑥]，求之如弗及。始以蒲轮迎枚生[⑦]，见主父而叹息。群臣慕向[⑧]，异人[⑨]并出。卜式试于刍牧[⑩]，弘羊擢于贾竖[11]，卫青奋于奴仆[12]，日磾出于降虏[13]，斯亦曩时版筑饭牛之朋[14]矣。汉之得人，于兹[15]为盛。儒雅则公孙弘、董仲舒、兒宽，笃行[16]则石建、石庆，质直则汲黯、卜式，推贤[17]则韩安国、郑当时，定令[18]则赵禹、张汤，文章则司马迁、相如，滑稽[19]则东方朔、枚皋，应对则严助、朱买臣，历数[20]则唐都、落下闳，协律[21]则李延年，运筹[22]则桑弘羊，奉使[23]则张骞、苏武，将帅则卫青、霍去病，受遗[24]则霍光、金日磾。其余不可胜纪[25]。是以兴造功业[26]，制度遗文[27]，后世莫及。孝宣承统[28]，纂修洪业[29]，亦讲论六艺[30]，招选茂异[31]，而萧望之、梁丘贺、夏侯胜、韦玄成、严彭祖、尹更始以儒术进，刘向、王褒以文章显。将相则张安世、赵充国、魏相、邴吉、于定国、杜延年，治民则黄霸、王成、龚遂、郑弘、邵信臣、韩延寿、尹翁归、赵广汉之属，皆有功迹述于后。累[32]其名臣，亦其次也。”

【注释】

①这段“班固称曰”的文字，是《汉书·公孙弘卜式兒宽传》的“赞曰”部分，个别文字稍异。②“公孙弘”四句意在强调机遇，即唐代诗人陈子昂所谓“逢时独为贵，历代非无才”的意思。鸿渐之翼，喻超凡的才能。鸿，雁。渐，进。“鸿渐”一语出于《易·渐》“鸿渐于干”句。后比喻官阶的步步高升。燕雀，指小鸟，比喻才干平庸之辈，意同《陈涉世家》记陈涉所叹息的“嗟乎，燕雀安知鸿鹄之志哉”之“燕雀”。远迹，远行。按：王逸《楚辞章句》云：“迹，

行也。”即行迹、行踪之意。“远迹羊豕之间”，指公孙弘曾牧猪海滨，卜式曾牧羊山中。③乂（yì）安：安定。乂，安。④宾：宾服，顺服。⑤阙：通“缺”。⑥方：正。文武：有文才武略的人。⑦蒲轮：用蒲草缠轮的安稳之车。枚生：指西汉著名辞赋家枚乘。他曾规劝吴王刘濞切勿反叛中央，吴王不听。吴王谋反后，他致书吴王再行劝谏。武帝即位后慕其名而以安车蒲轮征召他进京，病死于途中。⑧慕向：倾慕向往。⑨异人：有特殊才能和专长的人。⑩试：用。刍牧：割草放牧。以卜式出身于畜牧主，故称“试于刍牧”。⑪“弘羊”句：弘羊即治粟都尉、领大司农，桑弘羊，以其出身于洛阳商人之家，故称“擢于贾竖”。贾竖，对商人的蔑称。⑫“卫青”句：卫青贵为大将军，但以其出身微贱，原先只是平阳侯家的奴仆，故称“奋于奴仆”。见《卫将军骠骑列传》。⑬“日磾”句：日磾即金日磾。以其原为匈奴休屠王太子，后来降汉，故称其“出于降虏”。⑭曩（nǎng）时：从前。版筑：古代修墙工具，此指以版筑修墙。此指商代武丁时的名臣傅说。他原为傅俭（岩）的筑墙奴隶，商王武丁用为辅弼之臣，政绩显著。饭牛：喂牛。此指春秋时期齐桓公名臣宁戚。他本是卫国商人，曾宿于齐国都城东门下，时值齐桓公夜出，听到他喂牛时唱的怀才不遇的歌，知其为贤人，于是重用他为客卿。《鲁仲连邹阳列传》所载邹阳狱中上梁孝王书有“甯戚饭牛车下，而桓公任之以国”句。其事见《吕氏春秋·举难》等。朋：同类。⑮兹：此。⑯笃行：忠诚做事。⑰推贤：推荐贤人才士。⑱定令：制定刑法政令。⑲滑（gǔ）稽：本为盛酒器，用以比喻能言善辩、语言诙谐幽默者。⑳历数：指天文、数算之学。㉑协律：调协乐律。㉒运筹：筹划事务。㉓奉使：奉命出使。㉔受遗：指接受皇帝的遗命，辅佐幼主。后元二年（前87）孝武帝病笃，霍光涕泣问曰："如有不讳，谁当嗣者?"武帝曰："立少子，君行周公之事。"光顿首曰："臣不如金日磾。"日磾亦曰："臣外国人，不如光。"武帝以霍光为大司马大将军，日磾为车骑将军，太仆上官桀为左将军，搜粟都尉桑弘羊为御史大夫，皆拜卧武帝床前，"受遗诏辅少主"。武帝去世以后。昭帝年幼，"政事一决于光"，日磾亦竭忠尽虑辅政。事见《汉书·霍光金日磾传》。㉕纪：通"记"。㉖兴造功业：创建功业。㉗遗文：留下来的文章典籍。㉘孝宣：指汉宣帝刘询。承统：继承大统。㉙纂修：继续治理。纂，通"缵"，继。修，治。洪业：大业。㉚六艺：指六经，即《诗》《书》《礼》《易》《乐》《春秋》。㉛茂异：优秀特异的人才。㉜累：依《汉书》当作"参"，比较的意思。按：上段所及人物，除本注已注及者，还有十几位《史记》有传或及其事。

【译文】

丞相公孙弘是齐地菑川国薛县的人，表字叫季。他年轻时当过薛县的监狱官员，因为犯了罪，被免官。他家里穷，只得到海边去放猪。直到四十多岁时，才学习《春秋》及各家解释《春秋》的著作。他奉养后母孝顺而恭谨。

武帝建元元年（前140），天子刚即位，就招选贤良文学之士。这时，公孙弘已经六十岁，以贤良的身份被征召入京，当了博士。他奉命出使匈奴，回来后向武帝报告情况，不合皇上的心意，皇上发怒，认为公孙弘无能。公孙弘就借有病为名，免官归家。

武帝元光五年（前130），皇帝下诏书，征召文学，菑川国又推荐公孙弘。公孙弘向国人推让拒绝说："我已经西去京城接受皇帝的任命，因为无能而罢官归来。希望改变推举的人选。"国人却坚决推举公孙弘，公孙弘就到了太常那里。太常让所征召的一百多个儒士分别对策，公孙弘的对策文章按等次排位靠后。全部对策文章被送到皇帝那里，武帝把公孙弘的对策文章提拔为第一。公孙弘被召去进见皇帝，武帝见他相貌非常漂亮，封他为博士。这时，汉朝开通西南夷的道路，在那里设置郡县，巴蜀人民对此感到困苦，皇帝命公孙弘前去视察。公孙弘视察归来，向皇帝报告，极力诋毁西南夷没有用处，皇上没采纳他的意见。

公孙弘为人恢廓奇诡，见闻广博，经常说人主的毛病在于心胸不广大，人臣的毛病在于不节俭。公孙弘盖布被，吃饭时不吃两种以上的肉菜。后母死了，他守丧三年。他每次上朝同大家议论政事，总是先开头陈述种种事情，让皇上自己去选择决定，不肯当面驳斥和在朝廷上争论。于是皇上观察他，发现他品行忠厚，善于言谈，熟悉文书法令和官场事务，而且还能用儒学观点加以文饰，皇上非常喜欢他。在两年之内，他便官至左内史。公孙弘向皇帝奏明事情，有时不被采纳，也不在朝廷加以辩白。他曾经和主爵都尉汲黯请求皇上分别召见，汲黯先向皇上提出问题，公孙弘则随后把问题阐述得清清楚楚，皇上常常很高兴。他所说的事情都被采纳，从此，公孙弘一天比一天受到皇帝的亲近，地位显贵起来。他曾经与公卿们事先约定好了要向皇帝谈论的问题，但到了皇上面前，他违背约定，而顺从皇上的意旨。汲黯在朝廷上责备公孙弘说："齐地之人多半欺诈而无真情，他开始时同我们一起提出这个建议，现在全都违背了，不忠诚。"皇上问公孙弘，公孙弘谢罪说："了解我的人认为我忠诚，不了解我的人认为我不忠诚。"皇上赞同公孙弘的说法。皇上身边的受宠之臣每每诋毁公孙弘，皇上却越发厚待公孙弘。

武帝元朔三年（前126），张欧被免官，皇上用公孙弘当御史大夫。这时，汉朝正在开通西南夷，东边设置沧海郡，北边修建朔方郡城。公孙弘屡次劝谏皇上，认为这些做法是使中国疲惫不堪而去经营那些无用的地方，希望停做这些事情。于是，武帝就让朱买臣等以设置朔方郡的有利情况来诘难公孙弘。朱买臣等提出十个问题，公孙弘一个也答不上来。公孙弘便道歉说："我是山东的鄙陋之人，不知筑朔方郡有这些好处，希望停做通西南夷和置沧海郡的事，集中力量经营朔方郡城。"皇上就答应了。

汲黯说："公孙弘处于三公的地位，俸禄很多，却盖布被，这是欺诈。"皇上问公孙弘，公孙弘谢罪说："有这样的事。九卿中与我好的人没有超过汲黯的了，但他今天在朝廷上诘难我，确实说中了我的毛病。我有三公的高贵地位却盖布被，确实是巧行欺诈，妄图钓取美名。况且我听说管仲当齐国的相，有三处住宅，其奢侈可与齐王相比，齐桓公依靠管仲称霸，也是对在上位的国君的越礼行为。晏婴为齐景公的相，吃饭时不吃两样以上的肉菜，他的妾不穿丝织衣服，齐国治理得很好，这是晏婴向下面的百姓看齐。如今我当了御史大夫，却盖布被，这是从九卿以下直到小官吏没有了贵贱的差别，真像汲黯所说的那样。况且没有汲黯的忠诚，陛下怎能听到这些话呢！"武帝认为公孙弘谦让有礼，越发厚待他，终于让公孙弘当了丞相，封为平津侯。

公孙弘为人猜疑忌恨，外表宽宏大量，内心却城府很深。那些曾经同公孙弘有仇怨的人，公孙弘虽然表面与他们相处很好，暗中却加祸于人予以报复。杀死主父偃，把董仲舒改派到胶西国当相的事，都是公孙弘的主意。他每顿饭只吃一个肉菜和脱壳的粗米饭，老朋友和他喜欢的门客都靠他供给衣食，公孙弘的俸禄都用来供给他们，家中没有余财。士人都以这个缘故认为他贤明。

淮南王和衡山王谋反，朝廷追究党羽正紧的时候，公孙弘病得很厉害，他自己认为没有什么功劳而被封侯，官位升到丞相，应当辅助贤明的君王安抚国家，使人人都遵循当臣子的道理。如今诸侯有反叛朝廷的阴谋，这都是宰相工作不称职的结果，害怕一旦默默病死，没有办法搪塞责任。于是，他向皇帝上书说：“我听说天下的常道有五种，用来实行这五种常道的有三种美德。君臣、父子、兄弟、夫妇和长幼的次序，这五方面是天下的常道。智慧、仁爱和勇敢，这三方面是天下的常德，是用来实行常道的。所以，孔子说：‘努力实践接近于仁，喜欢询问接近于智，知道羞耻接近于勇。’知道这三种情况，就知道怎样自我修养了。知道怎样自我修养，然后知道怎样治理别人。天下没有不能自我修养却能去治理别人的，这是百代不变的道理。现在陛下亲行大孝，以三王为借鉴，建立起像周代那样的治国之道，兼备文王和武王的才德，鼓励贤才，给予俸禄，根据才能授予官职。如今我的才质低劣，没有汗马之劳，陛下特意把我从行伍之间提拔起来，封为列侯，把我置于三公的地位。我的品行才能不能同这高高的官位相称，平素既已有病，恐怕先于陛下的狗马而死去，最终无法报答陛下的恩德和搪塞责任。我希望交回侯印，辞官归家，给贤者让路。”武帝答复他说：“古代奖赏有功的人，表彰有德的人，守住先人已成的事业要崇尚文德教化，遭遇祸患要崇尚武功，没有改变这个道理的。我从前幸运地得以继承皇位，害怕不能安宁，一心想同各位大臣共同治理天下，你应当知道我的想法。大概君子都是善良的人，憎恶丑恶的人。你若谨慎行事，就可常留我的身边。你不幸得了霜露风寒之病，何必忧虑不愈，竟然上书要交回侯印，辞官归家，这样做就是显扬我的无德呀！现在事情稍微少了些，希望你少用心思，集中精神，再以医药辅助治疗。”于是，武帝恩准公孙弘继续休假，赐给他牛酒和各种布帛。过了几个月，公孙弘的病情大有好转，就上朝办理政事了。

武帝元狩二年（前121），公孙弘发病，终于以丞相的身份死去。他的儿子公孙度继承了平津侯的爵位。公孙度当山阳太守十多年，因为犯法而失去侯爵。

主父偃是齐地临菑人，学习战国时代的纵横家的学说，晚年才开始学习《周易》、《春秋》、诸子百家的学说。他游于齐国许多读书人之间，没有谁肯厚待他。齐国许多读书人共同排斥他，他无法在齐待下去。他家生活贫困，向人家借贷也借不到，就到北方的燕、赵、中山游学，各地都没人厚待他，做客很难。孝武帝元光元年，他认为各诸侯国都不值得去游学，就西入函谷关，去见大将军卫青。卫青大将军屡次向皇上推荐他，皇上不肯召见。他带的钱财已经花光，留在长安已经很久，诸侯的宾客们都很讨厌他。于是，他向皇帝上书。早晨进呈奏书，傍晚时皇帝就召见了他。他所说的九件事，其中八件是法律条令方面的事，一件是关于征伐匈奴的事。其原文是这样说的：

我听说贤明的君主不厌恶深切的谏言而是广泛观察，忠诚的大臣不敢逃避重重的惩罚而是直言劝谏，因此处理国家大事的好政策才不会遗失，而使功名流传万世。如今，我不敢隐瞒忠心，逃避死亡，而要向您陈述我的愚昧想法，希望陛下赦免我的罪过，稍微考察一下我的想法。

《司马法》上说："国家虽然大，若是喜欢战争，就必然灭亡；天下虽然太平，若是忘掉战争，就必然危险。"天下已经平定，天子演奏《大凯》的乐章，春秋两季分别举行打猎活动，诸侯们借以春练军队，秋整武器，用以表示不忘战争。况且发怒是悖逆的德行，武器是凶恶的东西，斗争是最差的节操。古代人君一发怒则必然杀人，尸倒血流，所以圣明的天子对待发怒的事非常慎重。那致力于打仗取胜、用尽武力的人，没有不最终后悔的。从前，秦始皇凭借战胜对手的兵威，蚕食天下，吞并各个交战的国家，统一天下，其功业可与夏、商、周三代开国之君相同。但他一心取胜，不肯休止，竟想攻打匈奴。李斯劝谏说："不可以攻匈奴。那匈奴没有城郭居住，也无堆积的财物可守，到处迁徙，如同鸟儿飞翔，难以得到他们加以控制。如果派轻便军队深入匈奴，那么军粮必定断绝；如果携带许多粮食进军，物资沉重难运，也是无济于事。就是得到匈奴的土地，也无利可得，遇到匈奴百姓，也不能役使他们加以守护。战胜他们就必然要杀死他们，这并非万民父母的君王所应做的事。使中国疲惫，而以打匈奴为心情愉快之事，这不是好政策。”秦始皇不采纳李斯的建议，就派蒙恬率兵去攻打匈奴，开拓了千里土地，以黄河为国界。这些土地本是盐碱地，不生五谷。这以后，秦朝调发全国的成年男人去守卫北河地区。让军队在风沙日晒中待了十多年，死的人不可胜数，始终没能越过黄河北进。这难道是人马不足、武器装备不充裕吗？不是的，这是形势不允许呀！秦朝又让天下百姓飞速转运粮草，从黄县、腄县和琅邪郡靠海的县城起运，转运到北河，一般说来运三十钟粮食才能得到一石。男人努力种田，也不能满足粮饷的需求；女子纺布绩麻，也不能满足军队帷幕的需求。百姓疲惫不堪，孤儿寡母和老弱之人得不到供养，路上的死人一个挨一个。大概由于这些原因，天下百姓开始背叛秦王朝。

待到汉高帝平定天下，攻取了边境的土地，听说匈奴聚集在代郡的山谷之外，就想攻打他们。御史成进谏说：“不可进攻匈奴。那匈奴的习性，像群兽聚集和众鸟飞散一样，追赶他们就像捕捉影子一样。如今，凭借陛下的盛德去攻打匈奴，我私下里认为是危险的。”汉高帝没接受他的建议，于是向北进军到代郡的山谷，果然遭到平城被围困的危险。汉高帝大概很后悔，就派刘敬前往匈奴缔结和亲之约。这以后，天下人民才忘记了战争的事。所以，《孙子兵法》上说：“发兵十万，每天耗费千金。”那秦朝经常聚集民众和屯兵几十万，虽然有歼灭敌军、杀死敌将、俘虏匈奴单于的军功，这也恰恰足以结下深仇大恨，不足以抵偿全国耗费的资财。这种上使国库空虚，下使百姓疲惫，扬威国外而心中欢乐的事，并非完美的事情。那匈奴难以控制住，并非一代之事。他们走到哪里偷到那里，侵夺驱驰，以此为职业，天性本来如此。所以，上自虞舜、夏朝、商朝和周朝，本来都不按法律道德的要求来督导他们，只将他们视为禽兽加以畜养，而不把他们看作人类。上不借鉴虞夏商周的经验，下却遵循近世的错误做法，这正是我最大的忧虑、百姓最感痛苦的事情。况且战争持续一久，就会发生变乱；做事很苦，就会使思想发生变化。这样就使边境的百姓疲惫愁苦，产生背离秦王朝的心情，使将军和官吏们相互猜疑而与外国人勾结，所以尉佗和章邯才能实现他们的个人野心。那秦朝的政令之所以不能推行，就是国家大权为这两个人所分的结果，这就是政治的得和失的效验。所以，《周书》上说：“国家的安危在于君王发布什么政令，国家的存亡在于君王用什么样的人。”希望陛下仔细考察这个问题，对此稍加注意，深思熟虑。

这时，赵人徐乐、齐人严安都向皇帝上书，谈论当代重大事情，每人讲了一件事。徐乐在上书中说：

我听说国家的忧患在于土崩，而不在于瓦解，从古到今都是一样的。什么叫土崩呢？秦朝末年就是这样。陈涉并没有诸侯的尊贵地位，也没有一尺一寸的封地，自己也不是王公大人和有名望的贵族的后代，没有家乡人对他的称赞，没有孔丘、墨翟、曾参的贤能，没有陶朱、猗顿的富有。但是，他从贫穷的民间起兵，挥舞着戟矛，赤臂大喊，天下人闻风响应，这是什么道理呢？这是由于人民贫困而国君不知体恤关照，下民怨恨而在上位者并不知道，世俗已经败坏而国家政治不好，这三项是陈涉用为凭借的客观条件，这就叫作土崩。所以说，国家的忧患在于土崩。什么叫瓦解呢？吴、楚、齐、赵的军事叛乱就是这样。吴、楚等七国之王阴谋叛乱，他们都自称万乘君王，有披甲的战士几十万，他们的威严足以使其封国之民畏服，他们的财物足以鼓励其封国的百姓，但是他们不能向西夺取很小的土地，而他们自己却在中原被擒，这是什么原因呢？不是他们权势比平民百姓轻，不是他们的军事力量比陈涉小，是因为正当这时，先皇帝的思想还未衰弱，而安于乡土、喜欢时俗的百姓很多，所以诸侯们没有得到境外的援助，这就叫作瓦解。所以说，国家的忧患不在于瓦解。由此可见，天下若有土崩的形势，纵然是处于穷困境地的平民百姓，只要他们中有人首先发难，就可能使国家遭到危害，陈涉就是如此，何况或许还有三晋之类的国君存在呢！国家纵然没有大治，若真能没有土崩的形势，虽然有强国和强大的军队起来造反，自身也不至于很快被擒，吴、楚、齐、赵等国就是这样，何况群臣百姓起来造反呢！这两种情况，是国家安危的明显的根本之处，希望贤明的君主多多留意，深刻地考察。

最近关东地区五谷歉收，年景还未恢复，百姓多半很穷困，再加上边境一带的战争，按形势的发展和一般常理来看，老百姓将有不安心本地的心情。不安心本地就容易流动，容易流动就是土崩的形势。所以，贤明的君主能独自看到各种变化的原因，明察安危的关键，只在朝廷上治理政事，就可以把没有形成的祸患加以消除。这样做的要领，就是想法使国家不出现土崩的形势而已。所以，纵然有强国和强大的军队处在那里，陛下仍然可以追赶走兽，射击飞鸟，扩展游宴的场所，无节制地放纵地观赏玩乐，尽情地享受驱马打猎的欢乐，一切安然自如。各种乐器的演奏声不绝于耳，帷帐中与美女的情爱和演员侏儒的笑声面前出现，然而国家没有积久的忧患。名望何必要像商汤、周武王那样，世俗也何必要像周成王、周康王时代那么淳美！虽然是这样，我私下认为陛下是天生的圣人，具有宽厚仁爱的资质，而且确实把治国当作自己的根本职责，能做到这些，那么就等同于商汤和周武王的名望不难得到了，而周成王、周康王时的世俗就可重新出现。这两种情况确立了，然后就可以处于尊贵安全的实际境地，在当代传扬美名，扩大声誉，使天下之人亲近你，使四方边远之民服从你，你的余恩和遗德将盛传几代人，面朝南方，背靠屏风，卷起衣袖，与王公大人们作揖行礼，这是陛下所做的事情。我听说想实行王道，治理国家，就是没有成功，最差的结果也可以使国家安宁。只要安宁，陛下想得到什么，难道还有得不到的吗？你想做什么，难道还有做不成的吗？你想征讨谁，还有不降服的吗？

严安上书说：

我听说周朝治理天下，把国家治理得很好的时期有三百多年，成王和康王时期是最隆盛的，搁置刑罚四十多年不用。待到周朝政治衰微时也有三百多年，所以五霸才能轮番兴起。五霸这些人经常辅佐天子，兴利除害，诛伐暴虐，禁止奸邪，在天下扶持正道，以此使天子得到尊贵。五霸都去世后，贤圣之人没有继起者，使天子处于孤立软弱的地位，号令不能颁行。诸侯恣意行事，强大的欺凌弱小的，人多的损害人少的，田常篡夺了齐国的政权，六卿瓜分了晋国的土地，共同形成了战国纷争的局面，这是百姓苦难的开始。于是，强大的国家致力于战争，弱小的国家备战防守，出现合纵和连横的策略，使者的车子疾驰奔波，战士的铠甲帽盔生满虮虱，百姓的苦难无处申诉。

待到秦王嬴政时代，他蚕食天下，并吞战国，号称皇帝。统一国内的政治，毁坏诸侯国的都城，销毁诸侯的兵器，熔铸成钟虡，以显示不再用兵动武。善良的平民百姓才能免于战争的灾害，碰上圣明的天子，人人都认为得到了新生命。假如秦朝宽缓其刑罚，少征赋税，减轻徭役，尊重仁义，轻视权势利益，崇尚忠厚，鄙视智巧，改变风俗，使国内百姓得到教化，那么世世代代都会安宁。但是，秦朝不推行这种政治，而是因循从前的风俗，使那些专做智巧权利之事的人得以进用，而那些忠厚诚信的人却被斥退；法律严酷，政治严峻，谄媚阿谀的人很多，天天听到他们的赞美声，于是心意满足，想入非非。一心想要扬威于海外，就派遣蒙恬率兵去攻打北方的匈奴，扩张土地，推进国境，戍守住黄河以北的地方，让百姓急运粮草，跟随其后。又派遣尉官屠睢率领水兵去攻打南方的百越，派监御史禄凿通运河，运送粮食，深入越地，越人逃跑。经过很长时间的相持，粮食乏绝，越人攻击秦兵，秦兵大败。秦就派赵佗率兵戍守越地。正在这时，秦朝在北方同匈奴结怨，在南方同越人结仇，在无用的地方驻扎军队，只能进而不能退。经过十多年，成年男子穿上铠甲上战场，成年女子转运粮食，痛苦而无法活下去，有的吊死在路旁的树上，死的人一个接着一个。等到秦始皇死去，天下人民多半反叛秦朝。陈胜、吴广攻占陈县，武臣、张耳攻占赵地，项梁攻占吴县，田儋攻占齐地，景驹攻取郢，周市攻取魏地，韩广攻取燕地，穷山深谷，豪杰之士一同起兵，记也记不完。但是，他们都不是公侯的后代，也并非大官的下属，没有一尺一寸的小小权势，从闾巷兴起，手持戟矛，顺应时势，都行动起来，没有预先谋划却同时起兵，没有约定却同时相会合，不断扩大土地，称霸称王，这都是由秦国的残暴统治造成的。秦皇帝贵为天子，富有天下，最后却亡国亡家，这是穷兵黩武造成的结果。所以，周朝的败亡在于国势软弱，秦朝的败亡在于国势强大，这是不会因时而变带来的祸患。

如今想招降南夷，使夜郎前来朝拜，降服羌、僰，攻夺涉州，建立城邑，深入匈奴，烧毁它们的龙城，议论此事的人都加以赞美。这是做臣者的利益，并非是安定天下的长远大计。如今我们国内太平，百姓安乐，却受着远方备战的牵累，使国家破败，这不是养育百姓的办法。去实现无穷无尽的欲望，使心意畅快，而同匈奴结怨，这并不是安定边疆的办法。结下怨恨而不能消除，战争停止而又重新产生，使近者蒙受愁苦，远者感到惊骇，这不是持久的办法。如今，全国锻造铠甲，磨利刀剑，矫正箭杆，积累弓弦，转运粮食，看不到停止的时候，这是全国人民共同忧虑的事情。那战争持续时间长，变故就会产生，事情繁杂，疑虑就会产生。现在，外郡的土地有几千里，列城数十个，地理山川的形势可以控制百姓，胁迫附近的诸侯，这不是公室皇家的利益。看看历史上齐国和晋国之所以被灭亡，就是公室方面的势力衰微，六卿的势力太大了。再看看秦国之所以灭亡，就是刑法严酷，欲望大得无穷无尽。如今，郡守的权力不只像六卿那样大，土地几千里不只是闾巷那点凭借，铠甲武器和各种军械不只是戟矛那点用处。这样的客观条件，如果碰上天下重大变乱，那么其后果就不可讳言了。

徐乐和严安的奏书送交天子，天子召见了主父偃和徐乐、严安，对他们说："你们都在哪里啊？为何我们相见得这样晚？"于是，武帝就任命他们三人为郎中。主父偃屡次进见皇帝，上疏陈说政事。皇帝下令任命他为谒者，又升为中大夫。一年当中，四次提升主父偃的职务。

主父偃向皇上劝说道："古代诸侯的土地不超过百里，强弱的形势很容易控制。如今的诸侯有的竟然拥有相连的几十个城市，土地上千里，天下形势宽缓时，则容易骄傲奢侈，做出淫乱的事情。形势急迫时，则依仗他们的强大，联合起来反叛朝廷。现在如果用法律强行削减他们的土地，那么他们反叛的事就会产生，前些时候晁错的做法就出现这种情况。如今，诸侯的子弟有的竟是十几个，而只有嫡长子世世代代相继承，其余的虽然也是诸侯王的亲骨肉，却无尺寸之地的封国，那么仁爱孝亲之道就得不到显示。希望陛下命令诸侯可以推广恩德，把他的土地分割给子弟，封他们为侯。这些子弟人人高兴地实现了他们的愿望，皇上用这种办法施以恩德，实际上却分割了诸侯王的国土，不必削减他们的封地，却削弱了他们的势力。”于是，皇上听从了他的计策。主父偃又劝皇帝说：“茂陵刚刚成为一个县，全国豪强富人，使百姓作乱的人，都可以迁徙到茂陵，内则充实京城，外则消除奸猾之人，这就叫作不诛杀而祸害被消除。”皇上又听从了他的主张。

尊立卫子夫当皇后，及揭发燕王刘定国的阴私，主父偃是有功的。大臣们都畏惧主父偃的口，贿赂和赠送给他的钱，累计有千金之多。有人劝说主父偃说：“你太横行了。”主父偃说：“我从束发游学以来已四十余年，自己的志向得不到实现，父母不把我当儿子看，兄弟们不肯收留我，宾客抛弃我，我穷困的时日已很久了。况且大丈夫活着，如不能列五鼎而食，那么死时就受五鼎烹煮的刑罚好了。我已到日暮途远之时，所以要倒行逆施，横暴行事。”

主父偃盛称朔方土地肥沃富饶，外有黄河为险阻，蒙恬在此筑城以驱逐匈奴，内省转运和戍守漕运的人力物力，这是扩大中国土地、消灭匈奴的根本。皇上看完他的建议，就交给公卿们议论，大家都说不利。公孙弘说："秦朝时曾经调发三十万人在黄河以北修城，最终也未修成，不久就放弃了。"主父偃盛称其利，皇上竟采纳主父偃的计策，设置了朔方郡。

元朔二年，主父偃向皇上讲了齐王刘次景在宫内淫乱邪僻的行为，皇上任命他当了齐相。主父偃到了齐国，把他的兄弟和宾客都召来，散发五百金给他们，数落他们说："开始我贫穷的时候，兄弟不给我衣食，宾客不让我进门。如今我作了齐相，诸君中有人到千里以外去迎接我。我同诸君绝交了，请不要再进我主父偃的家门！"于是，他就派人用齐王与其姐姐通奸的事来触动齐王，齐王以为终究不能逃脱罪责，害怕像燕王刘定国那样被判处死罪，就自杀了。主持此事的官员把这事报告给皇上。

主父偃还是平民的时候，曾经游历燕地和赵地，等到他当了大官后，就揭发了燕王的阴私。赵王害怕他成为赵国的祸患，想要上书皇帝讲述他的阴私，因为主父偃在朝中，不敢揭发。等到他当了齐相，走出函谷关，赵王就派人上书，告发主父偃接受诸侯的贿赂，因此，诸侯子弟中有很多以这个原因而被封侯。等到齐王自杀了，皇上听到后，大怒，认为是主父偃威胁他的国王使其自杀的，就交给官吏审问。主父偃承认接受诸侯贿赂，实际上没有威胁齐王使他自杀。皇上不想诛杀主父偃。这时，公孙弘当御史大夫，就对皇上说："齐王自杀，没有后代，封国被废除而变成郡，归入朝廷，主父偃是这事的罪魁。陛下不杀主父偃，无法向天下人民交代。"于是，皇上就把主父偃家族的人都杀了。主父偃在显贵受宠时，宾客的人数以千计，待到他被灭族而死，没有一个人为他收尸，唯独洨县人孔车为他收尸并埋葬了他。天子后来听说了这事，认为孔车是个长者。

太史公说："公孙弘的品德行为虽然美好，但也是因为他遇到了好时机。汉朝建国八十余年了，皇上正崇尚儒家学说，招揽才能超群的人才，以发展儒家和墨家学说，公孙弘是一个被选拔出来的人。主父偃身居要职，诸位朝中高官都称赞他，待到他名声败坏，自身被杀，士人都争着讲他的坏处，真是可悲呀！"

太皇太后王政君向大司徒马宫和大司空甄丰下诏书说："听说治理国家之道，首先要使百姓富裕起来；使百姓富裕的关键，在于节俭。《孝经》上说：'使皇上平安，治理百姓，没有比用礼更好的了。''礼，如其奢侈，宁愿节俭。'从前，管仲当齐桓公的相，使齐桓公称霸诸侯，有九合诸侯、匡正天下的大功，然而仲尼说他不知礼，这是他奢侈过度而同国君相比拟的缘故。夏禹住矮小的房屋，穿粗劣的衣服，后代圣人不遵循他的做法。由此可以说，国家政治隆盛时，君王的德行优厚，却没有高过节俭的。用节俭的美德教化俗民，那么尊卑的次序就会形成，而父母兄弟间的骨肉恩情就会更加亲密，纷争诉讼的根源就会消失。这就是家给人足，不用刑罚就能治好国家的根本啊，怎可不努力实践呢！那三公是百官的统帅，是万民的表率。没有树立起垂直标志却得到弯曲影子的情况。孔子不是说过吗：‘你领着走正路，谁敢不走正路？’‘选拔贤能的人，教育能力差的人，那么人们就能得到鼓励。’汉朝兴盛以来，作为皇上股肱之臣的宰相都能亲身实行节俭，轻视钱财，重视道义，表现得非常突出的，没有像从前的丞相平津侯公孙弘的了。他身居丞相的高官地位却盖着布被，吃粗糙饭食，每顿只不过吃一个肉菜。但对老朋友和他喜欢的宾客，都分出一部分自己的俸禄供给他们，自己没有剩余的钱财。他确实能够内心自我克制约束，而外表却依据法律行事。汲黯诘难他，这些事情才被皇上知道，这可以说是比制度规定的要降低一些，却是可以施行的。德行优厚就去做，否则就不去做，这同背地里奢侈而外表假装节俭，以此沽名钓誉的人不同。他以有病为由要求退职回家，汉武帝马上下令说：‘奖赏有功的，表扬有德的，喜欢好人、讨厌坏人，这是你应当知道的。希望你少用心思，保养精神，再用医药辅助治疗。’恩准假期，让他治病，赏赐他牛酒和各种布帛。过了几个月，公孙弘的病好了，就上朝办公。到元狩二年，他终于在丞相的官位上寿终正寝。了解大臣的没有超过国君的了，这就是例证。公孙弘的儿子公孙度继承了父亲的爵位，后来当了山阳太守，因犯法失掉侯爵。表彰道德大义，是为了引导时俗之人，勉励教化，这是圣王的制度，不可改变的道理。将恩赐公孙弘后代子孙中的嫡系者以关内侯的爵位，食邑三百户，用公车把他们送到京城，将他们的名字报到尚书那里，朕要亲临现场授予爵位。”

班固在《汉书·公孙弘卜式兒宽传》的“赞曰”中说：“公孙弘、卜式、兒宽都曾以大雁奋飞之翼的超凡才能，在平凡的燕雀之群中遭受困厄，远行于猪羊之间，如果不遇到好的机会，怎能得到公卿的高官地位？这时，汉朝建国六十余年，全国安定，府库的积蓄很充实，而四方的蛮夷还没有顺服，各种制度还有缺漏，皇上正想举用有文才武略的人，选求这样的人就像害怕追不上似的。汉武皇帝开始用安车蒲轮去迎接枚乘，看到主父偃而叹息相见太迟。因此，群臣羡慕向往，有奇异才能的人同时出现。卜式从割草牧羊的人中被选中，桑弘羊从商人小子中被选拔起来，卫青奋起于奴仆之间，金日磾从投降的人中被选拔出来，这些人都是从前那筑墙的傅说、喂牛的甯戚一类的人啊。汉朝得到人才，以武帝时期为最多。学识渊博而有雍容风度的有公孙弘、董仲舒、兒宽；忠厚老实、勤奋做事的有石建和石庆；质朴刚直的有汲黯、卜式；善于推举贤才的有韩安国、郑当时；制定律令的则有赵禹、张汤；善写文章的有司马迁、司马相如；能言善辩、诙谐滑稽的有东方朔、枚皋；善于应对的有严助、朱买臣；擅长天文历法的有唐都、落下闳；懂得音律的有李延年；擅长筹划的有桑弘羊；奉命出使的有张骞、苏武；杰出的将帅则有卫青、霍去病；接受皇帝遗诏辅助幼主的有霍光、金日磾；其余的记也记不过来。因此，这个时期创建的功业，遗留后世的制度和文献典籍，后世没有能赶得上的。汉宣帝继承大统，继续治理汉朝的大业，也讲述宣扬儒家六经的思想，招选优秀特异的人才，因而萧望之、梁丘贺、夏侯胜、韦玄成、严彭祖、尹更始因为精通儒家学说而被任用；刘向、王褒因为善写文章而显贵。著名的将相有张安世、赵充国、魏相、邴吉、于定国、杜延年；治理百姓成效好的有黄霸、王成、龚遂、郑弘、邵信臣、韩延寿、尹翁归、赵广汉这些人，他们都有功勋事迹为后世人所称道记述。参看这些名臣的事迹，可以说是仅次于武帝时代。”

第九十五卷　南越列传第五十三

本传记述了南越王赵佗建国的史实及其四位继承者同汉王朝的关系，描述了汉武帝出师攻灭南越，将南越置于汉王朝直接统治下的过程。行文中表现了司马迁尊重史实和民族一统的思想。他没有把边疆的少数民族视为“种别域殊”（班固《汉书·叙传》）的野蛮低贱民族，而肯定“佗能集杨越以保南藩”（《太史公自序》）的功劳，把南越视为汉王朝的一部分，视其民为汉王朝的同等臣民，把南越统一和南越归汉，视为各民族走向统一的必然趋势，有一定进步意义。

此文记事“简括”（李景星《史记评议》），重点突出：于赵佗建国、武帝兴师则详写，余者略述，“条理井井”（吴见思《史记论文》）。此文善于描摹军威气势，如写伏波将军和楼船将军率师南征，四路大军，浩浩荡荡，水陆并进，所向披靡，“声势赫奕”，“极其神妙，可云神化之笔”（吴见思《史记论文》）。本传太史公赞语多用四字句韵语，不但形式整齐，而且声韵和谐，显示了作者赞语风格的多样性。

【原文】

南越王尉[①]佗者，真定人也，姓赵氏。秦时已并天下，略定杨越[2]，置桂林、南海、象郡，以谪徙[3]民，与越杂处十三岁。佗，秦时用为南海龙川令。至二世时，南海尉任嚣病且死，召龙川令赵佗语曰："闻陈胜等作乱，秦为无道，天下苦之，项羽、刘季[4]、陈胜、吴广等州郡各共兴军聚众，虎争天下，中国[5]扰乱，未知所安，豪杰畔[6]秦相立。南海僻远，吾恐盗兵[7]侵地至此，吾欲兴兵绝新道[8]，自备，待诸侯变，会病甚。且番禺负[9]山险，阻南海，东西数千里，颇有中国人相辅，此亦一州之主也，可以立国。郡中长吏无足与言者，故召公告之。"即被[10]佗书，行南海尉事。嚣死，佗即移檄告横浦、阳山、湟谿关[11]曰："盗兵且至，急绝道聚兵自守！"因稍以法诛秦所置长吏，以其党为假守[12]。秦已破灭，佗即击并桂林、象郡，自立为南越武王。高帝已定天下，为中国劳苦，故释佗弗诛[13]。汉十一年，遣陆贾因立佗为南越王，与剖符[14]通使，和集百越[15]，毋为南边患害，与长沙[16]接境。

【注释】

①南越：一作"南粤"，是越人的一支。又是南越王赵佗所建的国名。其地在今广东与广西一带，南至今越南中部，北至今湖南南部。尉：都尉。秦时在南越设立桂林、南海、象郡，三郡长官不称守，而称尉。赵佗曾任南海郡尉。②略定：攻取平定。杨越：南越人所居住之地属古九州之一的杨州，故称杨越。③谪徙：被判刑而迁徙。④刘季：即刘邦，其字叫季。⑤中国：指中原地区。⑥畔：通"叛"。⑦盗兵：强盗之兵。这是赵佗对秦末反秦义军的诬蔑称呼。⑧绝：断绝。新

道：秦朝所修的通到南越的道路。⑨番禺：地名。负：背负。此指背后紧靠着。⑩被：加。“被佗书”，就是向赵佗颁布任命文书之意。⑪移檄：传递檄文。横浦：关名。阳山：关口名。湟谿关：关名。⑫党：党羽、亲信。假守：代理长官。⑬释：放。弗诛：不杀。⑭剖符：符是古代君臣间的一种信物，皇帝分封诸侯或封赏功臣，或遣将出征等，将金、玉、铜、木制成的一符一分为二，君臣各持其半，以备合符相验。此处的剖符就是汉朝确认赵佗为南越王的一种表示。⑮和集：通“和辑”，和睦安定。百越：指南越的各个分支。⑯长沙：汉代封国名。

【原文】

高后[①]时，有司请禁南越关市[②]铁器。佗曰：“高帝立我，通使物[③]，今高后听谗臣，别异蛮夷，隔绝器物，此必长沙王计也，欲倚中国，击灭南越而并王之，自为功也。”于是佗乃自尊号为南越武帝，发兵攻长沙边邑，败数县而去焉。高后遣将军隆虑侯灶[④]往击之。会暑湿，士卒大疫[⑤]，兵不能逾岭[⑥]。岁余，高后崩，即罢兵[⑦]。佗因此以兵威边[⑧]，财物赂遗闽越、西瓯、骆[⑨]，役属焉，东西万余里。乃乘黄屋左纛[⑩]，称制[⑪]，与中国侔[⑫]。

及孝文帝元年[⑬]，初镇抚天下，使告诸侯四夷从代[⑭]来即位意，喻盛德焉。乃为佗亲[⑮]冢在真定，置守邑[⑯]，岁时奉祀[⑰]，召其从昆弟[⑱]，尊官厚赐宠之。诏丞相陈平等举可使南越者，平言好畤[⑲]陆贾，先帝时习使[⑳]南越。乃召贾以为太中大夫，往使。因让[21]佗自立为帝，曾无一介[22]之使报者。陆贾至南越，王甚恐，为书谢[23]，称曰："蛮夷大长老夫[24]臣佗，前日高后隔异南越，窃疑长沙王谗臣，又遥闻高后尽诛佗宗族，掘烧先人冢，以故自弃，犯长沙边境。且南方卑湿，蛮夷中间，其东闽越千人众[25]号称王，其西瓯骆裸国[26]亦称王。老臣妄窃帝号，聊以自娱，岂敢以闻天王哉！"乃顿首谢，愿长为藩臣[27]，奉贡职[28]。于是乃下令国中曰："吾闻两雄不俱立，两贤不并世。皇帝，贤天子也。自今以后，去帝制黄屋左纛。"陆贾还报，孝文帝大说。遂至孝景时，称臣，使人朝请[29]。然南越其居国窃如故[30]号名，其使天子，称王朝命[31]如诸侯。至建元四年[32]卒。

【注释】

①高后：即吕后。汉高祖死后，她把持了朝中实权，前后长达十六年。②有司：掌管具体工作的官吏。禁：禁止。关市：在边境所设的贸易市场。③使物：使者与物资。④灶：人名，即周灶。⑤大疫：重病。⑥岭：指阳山岭，是南岭的一部分。⑦罢兵：停止军事行动。⑧因此：乘此机会。威边：在边境显示军威。⑨赂遗：贿赂。闽越：越人的一支。汉初其首领无诸封为闽越王。后来分为东越和繇两部分。瓯：即西瓯，越人的一支。骆：即骆越，越人的一支。⑩黄屋：以黄绸做车盖的里子。左纛（dào）：插在车厢左边的用牦牛尾或雉尾装饰的旗子。"黄屋左纛"都是秦汉时皇帝的车饰。⑪称制：自称皇帝，发号施令。⑫侔：相等。⑬孝文帝元年：即前179年。

⑭代：代国。汉文帝刘恒未当皇帝前被封为代王，吕后死后，周勃等平定了诸吕之乱，拥戴刘恒为帝，他便从代国来到西汉京城长安。⑮乃：就。佗亲：指赵佗的父母亲。冢：坟墓。⑯守邑：犹“守冢”，指守墓的人家。⑰奉祀：举行祭祀。⑱从昆弟：堂兄弟。⑲言：推荐。好畤：县名。⑳先帝：指汉高祖刘邦。习使：屡次出使。㉑让：责备。㉒曾：竟然。一介：一位。㉓书：奏书。谢：道歉，谢罪。㉔大长老夫：赵佗自称其身世，意谓我是个年老的大君长。㉕人众：民众，百姓。㉖瓯骆：西瓯和骆越。裸国：赤身裸体的国家。因其地炎热，人们穿衣少，故称为裸国。㉗藩臣：属国之臣。㉘奉贡职：遵从纳贡的职责。㉙朝请：汉时诸侯王朝见天子，在春天时叫朝，在秋天时叫请。㉚居国：在国内。故：原来的。㉛称王：自称为王。朝命：朝廷的命令。㉜建元四年：即公元前137年。建元，汉武帝第一个年号（前140—前135）。

【原文】

佗孙胡为南越王。此时[①]闽越王郢兴兵击南越边邑，胡使人上书曰：“两越俱为藩臣，毋得擅兴兵相攻击。今闽越兴兵侵臣，臣不敢兴兵，唯天子诏之。”于是天子多[②]南越义，守职约，为兴师，遣两将军[③]往讨闽越。兵未逾岭[④]，闽越王弟馀善杀郢以降，于是罢兵。

天子使庄助往谕[⑤]意南越王，胡顿首曰：“天子乃为臣兴兵讨闽越，死无以报德！”遣太子婴齐入宿卫[⑥]。谓助曰：“国新被寇[⑦]，使者行矣。胡方日夜装[⑧]入见天子。”助去后，其大臣谏胡曰："汉兴兵诛郢，亦行以[9]惊动南越。且先王昔言，事天子期无[10]失礼，要之不可以说好语[11]入见。入见则不得复归，亡国之势也。"于是胡称病，竟不入见。后十余岁，胡实病甚，太子婴齐请归。胡薨，谥[12]为文王。

【注释】

①此时：指汉武帝建元六年（前135）。②多：赞美。③两将军：指王恢和韩安国。建元六年八月，武帝派大行王恢和大农令韩安国前去讨伐闽越王郢。④逾：越过。岭：指阳山岭。⑤谕：说明白。⑥宿卫：宫中的侍卫。⑦被：遭。寇：侵害。⑧装：整装待发。⑨行以：犹"以行"，用这行动。⑩期：希望。无：通"毋"，不要。⑪说：喜欢。好语：动听的言辞。⑫谥：古代君王和高官死后，根据他一生的事迹所加给他的称号。

【原文】

婴齐代立，即藏其先武帝玺[1]。婴齐其入宿卫在长安时，取邯郸樛[2]氏女，生子兴。及即位，上书请立樛氏女为后[3]，兴为嗣[4]。汉数使使者风谕婴齐，婴齐尚乐擅杀生自恣[5]，惧入见要[6]用汉法，比内诸侯[7]，固[8]称病，遂不入见。遣子次公入宿卫。婴齐薨，谥为明王。

【注释】

①先：祖先。玺：皇帝的印章。"藏玺"就是去掉私自称帝的帝号的意思，表示不再称帝。②取：通"娶"。樛（jiū）

氏女：姓樛的人家的女儿。③后：王后。④嗣：指王位继承人。⑤尚乐：喜欢。杀生：指杀人。恣：放纵。⑥要：要挟，强迫。⑦比：比况，比照。内诸侯：内地诸侯。⑧固：通“故”。

【原文】

太子兴代立，其母为太后。太后自未为婴齐姬时，尝与霸陵人安国少季通[①]。及婴齐薨后，元鼎四年[②]，汉使安国少季往谕王、王太后以入朝，比内诸侯；令辩士谏大夫终军等宣[③]其辞，勇士魏臣等辅其缺[④]，卫尉路博德将兵屯[⑤]桂阳，待使者。王年少，太后中国人也，尝与安国少季通，其使复私焉[⑥]。国人颇知之，多不附[⑦]太后。太后恐乱起，亦欲倚汉威，数劝王及群臣求内属。即因[⑧]使者上书，请比内诸侯，三岁一朝，除边关[⑨]。于是天子许之，赐其丞相吕嘉银印，及内史、中尉、大傅[⑩]印，余得自置。除其故黥劓[⑪]刑，用汉法，比内诸侯。使者皆留填抚之[⑫]。王、王太后饬治行装重赍[⑬]，为入朝具[⑭]。

其相吕嘉年长矣，相三王，宗族官仕[⑮]为长吏者七十余人，男尽尚[⑯]王女，女尽嫁王子兄弟宗室，及苍梧秦王有连[⑰]。其居国中甚重，越人信之，多为耳目者，得众心[⑱]愈于王。王之上书，数谏止王，王弗听。有畔[⑲]心，数称病不见汉使者。使者皆注意嘉，势[⑳]未能诛。王、王太后亦恐嘉先事发[㉑]，乃至酒，介[㉒]汉使者权，谋诛嘉等。使者皆东乡[㉓]，太后南乡，王北乡，相嘉、大臣皆西乡，侍坐饮。嘉弟为将，将[㉔]卒居宫外。酒行，太后谓嘉曰："南越内属，国之利也，而相君苦不便㉕者，何也?"以激怒使者。使者狐疑相仗㉖，遂莫敢发。嘉见耳目非是㉗，即起而出。太后怒，欲鏦㉘嘉以矛，王止太后。嘉遂出，分其弟兵就舍㉙，称病，不肯见王及使者。乃阴与大臣作乱。王素㉚无意诛嘉，嘉知之，以故数月不发。太后有淫行，国人不附，欲独诛嘉等，力又不能。

【注释】

①安国少季：人名。安国为复姓。通：通奸。②元鼎四年：即前113年。元鼎，武帝第五个年号（前116—前111）。③辩士：善于言谈和辩论的人。宣：宣读，传达。④辅：辅助。缺：缺失、不足。《汉书·南越传》作"决"，决策。⑤将：率领。屯：驻军。⑥复私焉：又与太后通奸。⑦附：依附。⑧因：通过。⑨除：撤掉。边关：边境的关塞。⑩大傅：即太傅。⑪黥：古代的一种刑法。用刀刺刻犯人的面额，再涂上墨，所以又叫"墨刑"。劓：古代的一种刑法，割掉犯人的鼻子。⑫填抚：安抚。填，通"镇"。之：代指南越。⑬饬(chì)治：整治。重赍：贵重的财物。赍，通"资"。⑭具：准备。⑮相三王：辅佐三任国王。官仕：当官。⑯尚：娶公主为妻。⑰及：同。苍梧秦王：即赵光。他是越人之王，居住于汉朝所设的苍梧郡，自称秦王。有连：有婚姻关系。⑱众心：民众之心。⑲畔：通"叛"。⑳势：形势。此指为形势所限。㉑先事发：在事前首先发难。㉒介：凭借。㉓东乡：面朝东。此"乡"字和以下几个"乡"字均同"向"。㉔将：率。

㉕相君：对丞相的尊称。苦：不满意。便：利。㉖相仗：相持。㉗耳目非是：在跟前的人皆不同于以往。㉘鈪：小矛。这里指用矛戟冲刺。㉙分其弟兵：把他弟弟的兵分出一部分。就舍：安排在住处附近。㉚素：一向。

【原文】

天子闻嘉不听王，王、王太后弱孤不能制，使者怯无决。又以为王、王太后已附汉，独吕嘉为乱，不足以兴兵，欲使庄参以二千人往使。参曰："以好往[①]，数人足矣；以武往，二千人无足以为也。"辞不可[②]，天子罢参也。郏壮士故济北相韩千秋奋[③]曰："以区区[④]之越，又有王、太后应，独相吕嘉为害，愿得勇士二百人，必斩嘉以报。"于是天子遣千秋与王太后弟樛乐将二千人往。入越境，吕嘉等乃遂[⑤]反，下令国中曰："王年少。太后，中国人也，又与使者乱，专欲内属，尽持先王宝器入献天子以自媚，多从人，行至长安，虏卖[⑥]以为僮仆。取自脱[⑦]一时之利，无顾赵氏社稷、为万世虑计之意。"乃与其弟将卒攻杀王、太后及汉使者。遣人告苍梧秦王及其诸郡县，立明王长男越妻子[⑧]术阳侯建德为王。而韩千秋兵入，破数小邑。其后越直开道给食[⑨]，未至番禺四十里，越以兵击千秋等，遂灭之。使人函封汉使者节[⑩]置塞上，好为谩辞[⑪]谢罪，发兵于要害处。于是天子曰："韩千秋虽无成功，亦军锋[⑫]之冠。"封其子延年为成安侯。樛乐，其姊为王太后，首愿属汉，封其子广德为龙亢侯。乃下赦曰："天子微[⑬]，诸侯力政[⑭]，讥臣[⑮]不讨贼。今吕嘉、建德等反，自立晏如[⑯]，令罪人及江淮以南楼船十万师⑰往讨之。”

【注释】

①以好往：为友好而前往。②辞：推辞。不可：不同意。③郏：地名。故：以前的。济北：封国名。相：指诸侯国的丞相。奋：奋发。④区区：小小的。⑤乃：就。遂：终于。⑥虏卖：掠卖。⑦自脱：自己逃脱。⑧长男：长子。越妻子：南越人的妻子（不同于樛氏女，樛为中国人）的儿子。此指明王婴齐的南越籍的妻子所生的儿子，即建德。他后来降汉，始被封为术阳侯，此处是追记。⑨直：径直。开道：让开道路。给食：供给饮食。这是为引敌深入，以便聚歼。⑩函封：用木匣装好封上。节：符节，使者信物。⑪谩辞：骗人的文辞。⑫军锋：军中的先锋。⑬微：衰弱。⑭力政：大力用兵打仗。政，通“征”。或释为极力干预政事，亦通。⑮讥臣：讽刺大臣们。⑯晏如：安然的样子。⑰楼船：水军。师：军队。

【原文】

元鼎五年①秋，卫尉路博德为伏波将军，出桂阳，下汇水②；主爵都尉杨仆为楼船将军，出豫章，下横浦③；故归义越侯二人为戈船、下厉④将军，出零陵，或下离水，或抵⑤苍梧；使驰义侯因⑥巴蜀罪人，发夜郎兵⑦，下牂柯江。咸会⑧番禺。

元鼎六年冬，楼船将军将精卒先陷寻陕⑨，破石门，得越船粟⑩，因推而前⑪，挫越锋，以数万人待伏波。伏波将军将罪人，道远，会期后⑫，与楼船会乃有千余人，遂俱进。楼船居前，至番禺。建德、嘉皆城守。楼船自择便处，居东南面，伏波居西北面。会暮，楼船攻败越人，纵火烧城。越素闻伏波名，日暮，不知其兵多少。伏波乃为营，遣使者招降者，赐印，复纵令相招⑬。楼船力攻烧敌，反驱⑭而入伏波营中。犁旦⑮，城中皆降伏波。吕嘉、建德已夜与其属数百人亡⑯入海，以船西去。伏波又因问所得降者贵人。以知吕嘉所之⑰，遣人追之。以其故校尉司马苏弘得建德⑱，封为海常侯；越郎都稽⑲得嘉，封为临蔡侯。

苍梧王赵光者，越王同姓，闻汉兵至，及越揭阳令定⑳，自定属汉㉑，越桂林监居翁㉒，谕㉓瓯骆属汉。皆得为侯。戈船、下厉将军兵及驰义侯所发夜郎兵未下，南越已平矣。遂为九郡。伏波将军益封㉔。楼船将军兵以陷坚㉕为将梁侯。

自尉佗初王后，五世九十三岁㉖而国亡焉。

【注释】

①元鼎五年：前112年。②汇水：古水名。一作“洭水”，《汉书·西南夷两粤朝鲜传》作“湟水”。③横浦：关名。④归义：归向大义，此指投降汉朝。越侯：被封侯的南越人。二人：指降汉的越人严和甲。严为戈船将军。甲为下厉将军。戈船、下厉：皆为将军名号。⑤或：有的人。离水：即今漓江。抵：至。⑥驰义侯：南越人，其名为遗。因：凭借。⑦发：派出。夜郎：古代西南夷中最大的一支。汉武帝元鼎六年于其所君地设牂柯郡。⑧咸：全。会：会师。⑨将：率。陷：攻下。寻陕：通“寻峡”，即浈阳峡，赵佗在浈水上所修

的险要关口。⑩船粟：船与粟米。⑪因：乘机。推而前：向前推进。⑫会：恰巧。期后：过了约定的期限。⑬纵：放。令：命令。相招：招降越人将士。⑭反：反而。驱：驱赶。⑮犁旦：黎明。⑯亡：逃跑。⑰之：往。⑱故校尉：原来的校尉。建德：南越王赵建德。⑲越郎：南越的郎官。都稽：人名。⑳及：同。定：揭阳县令的名。㉑自定：自己安定百姓。属汉：归属于汉。㉒桂林监：南越所设的掌管桂林郡的官名。居翁：人名，姓居名翁。㉓谕：告知。㉔益封：增加食邑户数。㉕陷坚：攻破敌人的中坚力量。㉖五世：五代。岁：年。

【原文】

太史公曰：尉佗之王，本由任嚣。遭[①]汉初定，列为诸侯。隆虑离湿疫[②]，佗得以益骄。瓯骆相攻，南越动摇。汉兵临境，婴齐入朝。其后亡国，征[③]自樛女；吕嘉小忠，令佗无后[④]。楼船从[⑤]欲，怠傲失惑[⑥]；伏波困穷[⑦]，智虑愈殖[⑧]，因祸为福[⑨]。成败之转，譬若纠墨[⑩]。

【注释】

①遭：遇。②隆虑：指隆虑侯周灶。离：通“罹”，遭遇。湿疫：指天热地湿、疾病盛行的情况。③征：征兆。④后：指后继君王。⑤楼船：指楼船将军杨仆。从：通“纵”，放纵。⑥怠傲：怠惰骄傲。失惑：放荡惑乱。失，通“泆”。据《汉书·酷吏传·杨仆传》记载，汉武帝曾令杨仆伐东越，杨仆自夸伐南越之功，遭武帝训斥。《史记·朝鲜列传》载杨仆与荀彘共击朝鲜，杨仆擅自行动，而不与荀彘同

心合作，造成重大损失，被判死罪，赎为庶民。此句所言当指上述诸事。⑦伏波：指路博德。困穷：不得志。⑧殖：繁殖，增益。⑨因：由。祸福：指路博德的曲折经历。据《史记》《汉书》记载，路博德于元狩四年因打匈奴有功被封为邳离侯，元鼎六年因打南越有功而益封，太初元年因罪失侯，三年后又被任为强弩都尉，驻军居延至死。⑩纠墨：三股绳拧到一起称"纠"，两股绳拧到一起称缪（mò）。墨，通"缪"。此句意谓祸福成败，犹如几股绳搓在一起，可以互相转换位置，难以预料。

【译文】

南越王尉佗是真定人，姓赵。秦国兼并了六国，攻取并平定了杨越，设置了桂林、南海和象郡，把犯罪而被迁徙的百姓安置到这些地方，同越人杂居了十三年。尉佗在秦朝时被任命做了南海郡的龙川县令。到秦二世时，南海郡尉任嚣得病将死，把龙川令赵佗召来，并对他说："听说陈胜等发动了叛乱，秦朝推行暴虐无道的政策，天下百姓对此感到怨恨，项羽和刘邦、陈胜、吴广等，都在各自的州郡，同时聚集民众，组建军队，像猛虎般地争夺天下，中原地区扰攘动荡，不知何时方得安宁，豪杰们背叛秦朝，相互对立。南海郡偏僻遥远，我怕强盗的军队侵夺土地，打到这里，我想发动军队切断通往中原的新修大路，自己早作防备，等待诸侯的变化，恰巧我的病重了。再说番禺这个地方，背后有险要的山势可以依靠，南有大海作屏障，东西几千里，有些中原人辅助我们，这也能当一州之主，可以建立国家。南海郡的长官中没有谁值得我同他研究这些事，所以把你召来告诉你这些事。”任嚣当即向赵佗颁布任命文书，让他代行南海郡长官的职务。任嚣死后，赵佗就向横浦、阳山、湟谿关传布檄文，说：“强盗的军队将要到来，要疾速断绝道路，集合军队，保卫自己。”赵佗借此机会，逐渐用法律杀了秦朝安置的官吏，而用他的亲信做代理长官。秦朝被消灭后，赵佗就攻击并兼并了桂林和象郡，立自己为南越武王。汉高祖已经平定了天下，因为中原百姓劳顿困苦，所以汉高祖放过了赵佗，没有杀他。汉高帝十一年（前196），派遣陆贾去南越，命令赵佗因袭他的南越王的称号，同他剖符定约，互通使者，让他协调百越，使其和睦相处，不要成为汉朝南边的祸害。南越边界与北方的长沙接壤。

高后时代，有关部门的官吏请求禁止南越在边境市场购买铁器。赵佗说：“高帝立我为南越王，双方互通使者和物资。如今，高后听信谗臣的意见，把蛮夷视为异类，断绝我们所需要的器物的来源，这一定是长沙王的主张。他想依靠中原的汉王朝，消灭南越，兼作南越王，自己建立功劳。”于是，赵佗就擅加尊号，自称南越武帝，出兵攻打长沙国的边境城邑，打败了几个县才离去。高后派遣将军隆虑侯周灶前去攻打赵佗。正遇上酷暑潮湿的气候，士卒中的多数人都得了重病，致使大军无法越过阳山岭。又过了一年多，高后死去，汉军就停止了进攻。赵佗因此凭借他的军队扬威于边境，用财物贿赂闽越、西瓯和骆越，使它们都归属南越，使他的领地从东到西长达一万余里。赵佗竟然乘坐黄屋左纛之车，以皇帝身份发号施令，同汉朝地位相等。

待到汉文帝元年（前179），天子刚刚统治天下，便派出使者向诸侯和四方蛮夷的君长，告知他从代国来京即位的想法，让他们知道天子的圣明美德。于是，为赵佗在真定的父母的坟墓，设置守墓的人家，每年按时举行祭祀，又召来他的堂兄弟，用尊贵的官职和丰厚的赏赐表示对他们的宠爱。天子命令丞相陈平等推荐可以出使南越的人，陈平说好畤人陆贾在先帝时曾多次出使南越。天子就召来陆贾，任命他为太中大夫，前往南越当使者，借机责备赵佗自立为皇帝，竟然不派一个使者向天子报告。陆贾到了南越，南越王赵佗特别恐惧，向天子写信道歉，说："蛮夷大长老夫臣佗，从前高后隔离歧视南越，我私下疑心长沙王进谗言陷害于臣，又在这遥远之地听说高后杀尽了我赵佗的宗族，挖掘并烧毁祖先的坟墓，因此自暴自弃，侵犯长沙的边境地区。而且南方低湿之地，在蛮夷中间，东边的闽越只有上千民众，却称其君长为王；西面的西瓯和骆越这样的裸体之国也得称王。所以，我狂妄地窃取皇帝的尊号，聊以自我安慰，怎敢把这事禀告天子呢！"赵佗深深叩头谢罪，表示要长久做汉朝的藩属臣子，遵守向天子纳贡的职责。于是，赵佗就向全国发布命令，说："我听说两个英雄豪杰是不能并存的，两个贤哲之人也不能共同生活在同一世界。汉朝皇帝是贤明的天子，从今以后，我去掉帝制，不再乘坐黄屋左纛的车子。"陆贾回京报告此事，汉文帝非常高兴。延续到汉景帝时代，赵佗向汉朝称臣，春秋两季派人到长安朝见天子。但是在南越国内，赵佗一直窃用皇帝的名号，只是他派使者朝见天子时才称王，接受天子的命令如同诸侯一样。到建元四年，赵佗死去。

赵佗的孙子赵胡当了南越王。这时，闽越王郢发动战争，攻打南越边境城镇。赵胡派人向汉天子写信说："南越和闽越都是汉朝的藩臣，不能擅自发兵相互攻击。如今，闽越发兵侵犯臣，臣不敢发兵抗击，希望天子下诏书处理这事。"于是，天子赞扬南越有忠义行为，遵守职责和盟约，为他们出兵，派遣两位将军前去讨伐闽越。汉军还没越过阳山岭，闽越王的弟弟馀善杀死了郢，投降了汉朝，于是停止了讨伐行动。

汉天子派庄助去向南越王讲明朝廷的意思，赵胡深深叩头说："天子是为臣发兵讨伐闽越的，就是臣死了也无法报答天子的恩德！"赵胡就派太子婴齐到朝廷去充当宿卫。他又对庄助说："国家刚刚遭受敌人的侵略，请使者先走吧。赵胡正在日夜准备行装，去京城朝见天子。"庄助离开后，他的大臣向赵胡进谏说："汉朝发兵诛杀郢，也是用这个行动来警告南越。而且先王过去曾说过，侍奉天子，只希望不要失礼，重要的是不可因为爱听使者的好话而去朝见天子。要是去朝见天子，就不能再回来了，这是亡国的形势啊。"于是，赵胡就以生病为借口，最终也没去朝见汉天子。过了十多年，赵胡真病得很严重，太子婴齐请求回国。赵胡死了，加给他文王的谥号。

婴齐代立为南越王之后，就把他祖先的武帝印玺藏了起来。婴齐到长安做宿卫时，娶了邯郸樛家的女儿做妻子，生了儿子叫赵兴。待到他即位为王，便向汉天子上书，请求立妻子樛氏为王后，赵兴为太子。汉朝屡次派使者婉转劝告婴齐去朝拜天子，婴齐喜欢恣意杀人，惧怕进京朝拜天子，会被强迫比照内地诸侯，执行汉朝法令，因此以有病为托词，竟未去朝见天子，只派遣儿子次公入京当了宿卫。婴齐死去，加给他明王的谥号。

太子赵兴代立为南越王，他母亲当了太后。太后在没嫁给婴齐做妾时，曾经同霸陵人安国少季通奸。等到婴齐死后，元鼎四年（前113），汉朝派安国少季前去规劝南越王和王太后，让他们比照内地的诸侯，进京朝拜天子。命令辩士谏大夫终军等去传达这个意思，让勇士魏臣等辅助不足之处，卫尉路博德率兵驻守桂阳，等待使者。南越王年轻，王太后是中原人，曾同安国少季通奸。此次，安国少季来当使者，又和她通奸。南越国的人们多半知道这事，大多不依附王太后。太后害怕发生动乱，也想依靠汉朝的威势，屡次劝说南越王和群臣请求归属汉朝。于是就通过使者上书天子，请求比照内地诸侯，三年朝见天子一次，撤除边境的关塞。于是，天子答应了他们的要求，把银印赐给南越丞相吕嘉，也赐给内史、中尉、大傅等官印，其余的官职由南越自己安置。废除他们从前的黥刑和劓刑，用汉朝的法律，比照内地的诸侯。使者都留下来镇抚南越。南越王及王太后整治行装和贵重财物，为进京朝见天子做准备。

南越丞相吕嘉年龄很大，辅佐过三任国王，他的宗族内当官做长吏的就有七十多人，男的都娶王女做妻子，女的都嫁给王子及其兄弟宗室之人，同苍梧郡的秦王有联姻关系。他在南越国内的地位非常显要，南越人都信任他，很多人都成了他的亲信，在得民心方面超过了南越王。南越王要上书汉天子，他屡次建议王放弃这个举动，王没听。他产生了背叛王的念头，屡次托病不去会见汉朝使者。使者都留意吕嘉的言行，因为形势的关系，没有诛杀吕嘉。南越王和王太后也怕吕嘉首先发难，就安排酒宴，想借助汉朝使者的权势，计划杀死吕嘉等人。宴席上，使者都面朝东，太后面朝南，王面朝北，丞相吕嘉和大臣都面朝西，陪坐饮酒。吕嘉的弟弟当将军，率兵守候宫外。饮酒当中，太后对吕嘉说："南越归属汉朝，是国家的利益，而丞相嫌这样做不利，是什么原因？"王太后想以此激怒汉朝使者。使者犹豫不决，终究没敢动手杀吕嘉。吕嘉看到周围人不是自己的亲信，随即站起身走了出去。王太后发怒了，想用矛刺杀吕嘉，王阻止了太后的行为。吕嘉就出去了，并把弟弟的兵士分来一部分，安排到自己的住处周围，托病不肯去会见王和使者。吕嘉就暗中同大臣们准备发动叛乱。王一向无意杀害吕嘉，吕嘉知道这一点，因此几个月过去了，叛乱仍没发生。王太后有淫乱行为，南越国的人都不归附她，她想独自杀害吕嘉，又没有能力做成这件事。

汉天子听说吕嘉不服从南越王，王和太后力弱势孤，不能控制吕嘉，使者又胆怯而无决断的能力。又认为王和太后已经归附汉朝，独有吕嘉作乱，不值得发兵，想派庄参率两千人出使南越。庄参说："若是为友好谈判而去，几个人就足够了；若是为动武而去，两千人不足以干出大事来。"庄参推辞不肯去，天子罢免了庄参的官。郏地壮士、原济北王的相韩千秋奋然说道："这么一个小小的南越，又有王和太后做内应，独有丞相吕嘉从中破坏。我愿意带领二百个勇士前往南越，一定杀死吕嘉，回来向天子报告。"于是，天子派遣韩千秋和王太后的弟弟樛乐，率兵二千人前往南越。他们进入南越境内，吕嘉等终于造反了，并向南越国的人下令说："国王年轻，太后是中国人，又同汉朝使者有淫乱行为，一心想归属汉朝，把先王的珍宝重器全部拿去献给汉天子，谄媚汉天子；带走很多随从的人，走到长安，便把他们卖给汉人作僮仆。她只想得到自己逃脱一时的好处，没有顾及赵氏的国家政权，没有为后世永久之计而谋划的意思。"于是，吕嘉就同他弟弟率兵攻击并杀害了南越王、王太后和汉朝的使者。他又派人告知苍梧秦王和各郡县官员，立明王的长子与南越籍的妻子所生的儿子术阳侯赵建德当南越王。这时，韩千秋的军队进入南越境内，攻破几个小城镇。以后，南越人径直让开道路，供给饮食，让韩千秋的军队顺利前进，走到离番禺四十里的地方，南越用兵攻击韩千秋等，于是把他们全部消灭。吕嘉让人把汉朝使者的符节用木匣装好，封上，放置到边塞，说了些好听的骗人的话向汉朝谢罪，同时派兵守卫在要害的地方。于是，天子说：“韩千秋虽然没有成功，但也够得上军人的先锋之冠了。”天子封韩千秋的儿子韩延年为成安侯。樛乐，他姐姐是王太后，她首先愿意归属汉朝，因此封樛乐的儿子樛广德为龙亢侯。天子就发布赦令说：“天子衰微，诸侯极力征讨，人们就讽刺大臣不知讨伐叛贼。如今吕嘉、赵建德等造反，很安然地自立为王。我命令罪人同江淮以南的水兵共十万人前去讨伐他们。”

元鼎五年（前112）秋天，卫尉路博德当了伏波将军，率兵走出桂阳，直下汇水；主爵都尉杨仆当了楼船将军，从豫章出发，直下横浦；原来归降汉朝被封侯的两个南越人当了戈船将军和下厉将军，率兵走出零陵，然后一军直下离水，一军直抵苍梧；让驰义侯利用巴蜀的罪人，调动夜郎的兵卒，直下牂柯江。最后，都在番禺会师。

元鼎六年（前111）冬天，楼船将军率领精锐兵卒，首先攻下了寻陕，然后攻破石门，缴获了南越的战船和粮食，乘机向前推进，挫败南越的先头部队，率数万大军等候伏波将军。伏波将军率领被赦的罪人，道路遥远，正巧又误了会师的日期，因此同楼船将军会师的才有一千余人，于是一同前进。楼船将军在前边，直打到番禺。赵建德和吕嘉都在城中防守。楼船将军自己选择有利的地方，驻兵番禺的东南面；伏波将军驻军番禺西北边。正赶上天黑了，楼船将军攻击并打败了南越人，放大火烧番禺城。南越人平时就听到过伏波将军的大名，如今天黑，不知道他有多少军队。伏波将军就安营扎寨，派使者招来那些投降的人，赐给他们印，又放他们回去招降别的人。楼船将军奋力攻击，焚烧敌人，反而驱赶乱兵跑入伏波将军的营中来投降。黎明时分，城中的敌兵都投降了伏波将军。吕嘉和赵建德已在夜里同几百个部下逃入大海，乘船西去。伏波将军又乘机询问已投降的南越贵人，才知道吕嘉的去向，派人去追捕他。原校尉现为伏波将军的司马之官的苏弘捕到赵建德，被封为海常侯；南越人郎官都稽抓到吕嘉，被封为临蔡侯。

苍梧王赵光与南越王同姓，听说汉朝军队已到，同南越名字叫定的揭阳县令，自己决定归属汉朝；南越桂林郡监居翁，告知瓯骆归降汉朝。他们都被封了侯。戈船将军和下厉将军的军队，以及驰义侯所调动的夜郎军队还未到达，南越已经被平定了。于是，汉朝在此设置了九个郡。伏波将军增加了封邑，楼船将军的军队攻破敌人的坚固防守，因而被封为将梁侯。

从赵佗最初称王以后，传国五世，共九十三年，南越国就灭亡了。

太史公说："尉佗当上南越王，本是由于任嚣的提拔和劝说。正赶上汉朝初步安定，他被封为诸侯。隆虑侯领兵伐南越，碰上酷暑潮湿的气候，士卒多染上疾病，无法进军，致使赵佗越发骄傲。由于同瓯骆互相攻击，南越国势动摇。汉朝的大军压境，南越太子婴齐只得前往长安当宿卫。后来南越亡国，征兆就在婴齐娶了樛氏女。吕嘉小小的忠诚，致使赵佗断绝了王位的继承人。楼船将军放纵欲望，变得怠惰傲慢，放荡惑乱。伏波将军大志不顺，智谋思虑越来越丰富，因祸得福。可见成败的转换，就同纠墨一样，难以预料。”

第九十六卷　东越列传第五十四

本文记述东越的变迁史实，可分为两部分。前一部分写秦末汉初时，东越由郡县变为闽越国和东海国，句践的后裔无诸成为闽越王，摇成为东海王。后来，东海王助汉诛杀叛乱首领吴王濞而迁处江淮间。馀善杀闽越王郢而得立东越王。第二部分写馀善谋反而被杀，东越国重新变为郡县，其民迁处江淮间。

文中揭示了东越与中原的历史渊源和密切关系，表现了中华民族这个大家庭逐渐走向统一的历史趋势，反映了作者维护中央政权的大一统思想。

文章叙事有分有合，主线分明，重点突出。文字朴实而简练，在平淡中显示特异的风采。

【原文】

闽越王无诸及越东海王摇[①]者，其先[②]皆越王句践之后也，姓驺[③]氏。秦已并天下，皆废为君长[④]，以其地为闽中郡。及诸侯畔[⑤]秦，无诸、摇率越归鄱阳令吴芮，所谓鄱君者也，从诸侯灭秦。当是之时，项籍主命[⑥]，弗王[⑦]，以故不附楚。汉击项籍，无诸、摇率越人佐汉。汉五年[⑧]，复立无诸为闽越王，王闽中故地[⑨]，都[⑩]东冶。孝惠三年[⑪]，举[⑫]高帝时越功，曰闽君摇功多，其民便附[13]，乃立摇为东海王，都东瓯，世俗号为东瓯王。

后数世，至孝景三年[14]，吴王濞反[15]，欲从闽越[16]，闽越未肯行，独东瓯从吴。乃吴破，东瓯受汉购[17]，杀吴王丹徒[18]，以故皆得不诛[19]，归国[20]。

吴王子子驹亡走[21]闽越，怨东瓯杀其父，常劝闽越击东瓯。至建元三年[22]，闽越发兵围东瓯。东瓯食尽，困，且降，乃使人告急天子。天子问太尉田蚡，蚡对曰："越人相攻击，固其常，又数反覆，不足以烦[23]中国往救也。自秦时弃弗属。"于是中大夫庄助诘[24]蚡曰："特患[25]力弗能救，德弗能覆；诚[26]能，何故弃之？且秦举[27]咸阳而弃之，何乃[28]越也！今小国以穷困来告急天子，天子弗振[29]，彼当安所告愬[30]？又何以子[31]万国乎？"上曰："太尉未足与计[32]。吾初即位，不欲出虎符[33]发兵郡国。"乃遣庄助以节[34]发兵会稽。会稽太守欲距[35]不为发兵，助乃斩一司马，谕意指[36]，遂发兵浮海救东瓯。未至，闽越引兵而去。东瓯请举国徙中国[37]，乃悉[38]举众来，处江、淮之间。

【注释】

①闽越：越人的一支。东海：指今浙江南部靠海的地区。摇：人名。②先：祖先。后文"奉闽越先"之"先"同此。③驺：当为"骆"。陈直《史记新证》以为："驺为齐大姓，不闻在闽越。传文为'骆'字之误无疑。"④君长：此指少数民族的首领。⑤畔：通"叛"。⑥主命：把持向诸侯发布命令

的大权。⑦弗王：没有封无诸和摇为王。⑧汉五年：汉高帝五年（前202）。按：称汉系从刘邦于公元前206年被项羽封为汉王开始。⑨王：称王。故地：即旧地，原来的地方。⑩都：建都城。⑪孝惠三年：汉惠帝三年（前192）。⑫举：列举。⑬便附：愿意归附。⑭孝景三年：汉景帝三年（前154）。⑮吴王濞反：景帝三年正月，吴王濞联合赵、楚等国发动了所谓诛晁错、清君侧的“七国之乱”。事见《吴王濞列传》。⑯欲从闽越：意谓想让闽越跟随他造反。从，随。⑰《吴王濞列传》载：“汉使人以利啖东越，东越即绐吴王，吴王出劳军，使人鏦杀吴王，盛其头，驰传以闻。”⑱杀吴王丹徒：即杀吴王于丹徒。⑲诛：责罚。⑳归国：指回到东越本土。㉑亡走：逃跑。㉒建元三年：即前138年。建元为汉武帝第一个年号（前140—前135）。㉓烦：打扰。㉔诘：诘难、质问。㉕特：只是。患：担心。㉖诚：如果。㉗举：全部；整个。㉘何乃：何止。㉙振：救助。㉚安所：何处。㉛子：这里是养育、爱护的意思。㉜与计：同他商量事情。㉝虎符：兵符，古代调兵遣将的信物。铜铸虎形，中分为二，右存于朝廷，左由被遣将帅保存。有事调遣，合符为证。㉞以节：犹“持节”。节为使者信物。㉟距：通“拒”。后文“至建元六年”段“闽越王郢发兵距险”“元鼎六年秋”段“发兵距汉道”等句中的“距”字均同此。㊱谕：明告。意指：此指皇帝的命令。指：通“旨”，意图。㊲徙中国：迁移到中原地区。㊳悉：全。

【原文】

至建元六年，闽越击南越。南越守天子约，不敢擅发兵击而以闻①。上遣大行王恢出豫章，大农韩安国出会稽，皆为将军。兵未逾岭，闽越王郢发兵距险。其弟馀善乃与相②、宗族谋曰："王以擅发兵击南越，不请③，故天子兵来诛。今汉兵众强，今即幸④胜之，后来益多，终灭国而止。今杀王以谢天子，天子听，罢兵，固一国完⑤；不听，乃力战，不胜，即亡入海。"皆曰"善"。即鏦⑥杀王，使使奉其头致大行⑦。大行曰："所为来者诛王。今王头至，谢罪，不战而耘⑧，利莫大焉。"乃以便宜案兵告大农军⑨，而使使奉王头驰报天子。诏罢两将兵，曰："郢等首恶⑩，独无诸孙繇君丑不与⑪谋焉。"乃使郎中将立丑为越繇王，奉⑫闽越先祭祀。

馀善已杀郢，威行⑬于国，国民多属，窃自立为王。繇王不能矫其众持正⑭。天子闻之，为馀善不足复兴师，曰："馀善数与郢谋乱，而后首诛郢，师得不劳⑮。"因⑯立馀善为东越王，与繇王并处。

【注释】

①擅：擅自。闻：把事情报告上级，使上级听到。②相：指闽越的丞相。③不请：指不向汉天子请示。④幸：侥幸。⑤谢：谢罪。固：固然。完：保全完整。⑥鏦：铁柄小矛。此指以鏦刺杀。⑦奉：通"捧"，此指送。致：送到。大行：指王恢。⑧耘：锄草，此指消除。⑨便宜：方便灵活地处理事情。案兵：停止军事活动。大农军：指韩安国的军队。⑩首

恶：首先做坏事的人。此指首先挑起战争的人。⑪丑：人名。与：参加。⑫奉：侍奉。⑬威：威望。行：传布。⑭矫：矫正。持正：保持正道。⑮劳：劳苦。⑯因：于是。

【原文】

至元鼎[①]五年，南越反，东越王馀善上书，请以卒八千人从楼船将军击吕嘉等。兵至揭扬，以海风波为解[②]，不行，持两端[③]，阴[④]使南越。及汉破番禺，不至。是时楼船将军杨仆使使上书，愿便引兵[⑤]击东越。上曰士卒劳倦，不许[⑥]，罢兵，令诸校屯豫章梅岭待命。

元鼎六年秋，馀善闻楼船请诛之，汉兵临境，且往，乃遂反，发兵距汉道[⑦]。号[⑧]将军驺力等为“吞汉将军”，入白沙、武林、梅岭，杀汉三校尉。是时汉使大农张成、故山州侯齿[⑨]将屯，弗敢击，却就便处[⑩]，皆坐畏懦[⑪]诛。

馀善刻“武帝”玺自立，诈其民，为妄言[⑫]。天子遣横海将军韩说出句章，浮海从东方往；楼船将军杨仆出武林；中尉王温舒出梅岭；越侯[⑬]为戈船、下濑将军，出若邪、白沙。元封[⑭]元年冬，咸入东越。东越素[⑮]兵发距险，使徇北将军守武林，败楼船将军数校尉，杀长吏。楼船将军率钱唐辕终古斩徇北将军，为御兒侯。自兵[⑯]未往。

【注释】

①元鼎：汉武帝第五个年号（前116—前111）。②海风波：海风掀起大浪。解：解释。此指借口。③持两端：采取两不得罪的策略。④阴：暗中。⑤便：顺便。引兵：领兵。

⑥许：答应。⑦汉道：汉军经过的道路。⑧号：加封名号。⑨故：原来的，从前的。齿：刘齿。元朔四年（前125），受封山州侯，元鼎五年（前112）被免去侯爵。所以这里称“故山州侯”。将屯：率兵驻防。⑩却：退。就：往。便处：方便有利的地方。⑪坐：因犯……罪。畏懦：怯懦惧敌军。⑫妄言：虚妄不实的言论。⑬越侯：降汉后被封为侯的两个南越人，即严和甲。一任戈船将军，一任下濑（一作“下厉”）将军。⑭元封：汉武帝第六个年号（前110—前105）。⑮素：一向。⑯自兵：自己的军队。

【原文】

故越衍侯[①]吴阳前在汉，汉使归谕馀善，馀善弗听，及横海将军先至，越衍侯吴阳以[②]其邑七百人反，攻越军于汉阳。从[③]建成侯敖，与其率[④]，从繇王居股谋曰：“馀善首恶，劫守吾属[⑤]。今汉兵至，众强，计杀馀善，自归诸将，傥幸得脱[⑥]。”乃遂俱杀馀善，以其众降横海将军，故封繇王居股东成侯，万户；封建成侯敖为开陵侯；封越衍侯吴阳为北石侯；封横海将军说为案道侯；封横海校尉福为缭荌侯。福者，成阳共王子，故为海常侯，坐法失侯。旧从军无功，以宗室故侯。诸将皆无成功，莫封。东越将多军，汉兵至，弃其军降，封为无锡侯。

于是天子曰东越狭多阻[⑦]，闽越悍，数反覆。诏军吏皆将其民徙处江、淮间。东越地遂虚[⑧]。

【注释】

①越衍侯：指东越衍侯。②以：犹“率”。③从：跟，同。④率：率领。此指敖所率领的部下官吏。⑤劫守：劫持。吾属：我们。⑥傥：通“倘”，或许。幸：侥幸。脱：指逃脱被杀的命运。⑦狭：指地势狭小。阻：山势险要。⑧虚：空。

【原文】

太史公曰：越虽蛮夷，其先岂尝有大功德于民哉，何其久也！历[①]数代常为君王，句践一称伯[②]。然馀善至大逆，灭国迁众，其先苗裔繇王居股等犹尚封为万户侯，由此知越世世为公侯矣。盖禹之余烈[③]也。

【注释】

①历：经过。②伯：通“霸”。③余烈：遗留下来的功业。

【译文】

闽越王无诸同越东海王摇，他们的祖先都是越王句践的后代，姓驺。秦朝吞并天下后，都被废除王号，成为君长，把他们这地方设置为闽中郡。待到诸侯反叛秦朝，无诸和摇便率领越人归附鄱阳县令吴芮，就是人们所说的鄱君，跟随诸侯灭亡了秦国。在当时，项籍把持向诸侯发布命令的大权，没有立无诸和摇为王。因此，他们没有归附楚王。汉王攻击项籍，无诸和摇就率领越人辅助汉王。汉王五年（前202）时，重新立无诸为闽越王，在原先的闽中这地方称王，建都在东冶。汉惠帝三年，列举高帝时越人的辅佐之功，朝廷认为闽君摇的功劳多，他的百姓也愿意归附，于是就立摇当了东海王，建都在东瓯，世俗之人称他为东瓯王。

过了几代人之后，到汉景帝三年（前154）时，吴王刘濞谋反，想让闽越跟随他反叛汉朝，闽越不肯采取行动，只有东瓯跟随吴王造反。等到吴国被攻破，东瓯接受了汉朝的重金收买，在丹徒杀死了吴王刘濞，因此都没有被诛杀，回到了自己的国中。

吴王的儿子子驹逃亡到闽越，怨恨东瓯杀了他父亲，经常劝说闽越去攻打东瓯。到汉武帝建元三年（前138），闽越出动军队围攻东瓯。东瓯粮食用尽了，蒙受困难，将要投降，就派人向汉天子告急。天子向田蚡太尉询问此事，田蚡回答说："越人之间相互攻打，本来是常有的事，其态度又反复无常，不值得烦扰中国前去救援。从秦朝就开始抛弃他们，不把他们当作从属国。"于是，中大夫庄助就诘难田蚡说："只是担心力量不足，援救不了他们，恩德浅薄，不能覆盖他们；如果真有能力救助他们，为何要抛弃他们呢？而且秦国连整个咸阳都抛弃了，何况是越人呢！如今小国在遇到困难没办法时，来向天子告急，天子不去救援，他们将向哪里去诉苦求救呢？天子又怎样来养育保护万国民众呢？"天子说："太尉的主张不值得商议。我刚即位，也不想拿出虎符从郡国调动军队去打仗。"于是，就派遣庄助拿着符节到会稽去调兵出征。会稽太守想对抗命令，不想遵从庄助调兵出征。庄助就杀了一个军司马，明白地申明天子的旨意，会稽太守才发兵从海上去救援东瓯。军队尚未到达东瓯，闽越就领兵撤离了。东瓯请求把全国都迁徙到中国去，于是就率领全体民众到中国来，居住江淮一带。

到建元六年（前135），闽越攻打南越。南越遵守天子的约束，不敢擅自发兵回击，而把这事报告天子。天子派遣大行王恢领兵走出豫章，大农韩安国走出会稽，都担任将军之职。他们的军队还未越过阳山岭，闽越王郢就派出军队守在险要的地方，对抗汉朝军队。郢的弟弟馀善就和闽越丞相及宗族之人商量说："我们的国王因为擅自发兵攻打南越，没有向天子请示，所以天子派兵来讨伐。如今，汉朝军队众多而强大，现在就是侥幸战胜他们，天子以后必然派更多的军队来，直到把我们国家消灭为止。现在，如果我们把国王杀了，向天子谢罪，天子要是接受了我们的要求，就能停止战争，我们的国家必定完整保存。如果天子不理睬我们的谢罪表现，我们就奋力战斗，要是不能取胜，我们就逃到海里去。"大家都说："好主意！"于是，就用铁把小矛杀死了郢，派使者带着他的头送给了大行王恢。王恢说："我军来这里就是为了诛杀闽越王，现在王的头已经送到，闽越也已谢罪，没有打仗就消除了祸患，没有比这再大的好处了。"就用灵活方便的方式停止了军事行动，并把情况告知了大农韩安国，又派使者携带王的人头急驰长安，报告天子。天子下诏书，让王恢和韩安国的军队停止军事行动，说："闽越王郢等首先作恶，只有无诸的孙子繇君丑没有参与这个阴谋。"天子便派郎中将去立丑当越繇王，奉行对闽越王的祭祀之礼。

馀善杀了郢以后，他的威望传布全国，国中的百姓多半归属于他，他就暗中自立为王。繇王不能矫正他的民众的错误，使他们保持正道。天子听到这事后，认为不值得为馀善的事再兴师动众，说：“馀善屡次同郢阴谋作乱，以后却首先杀了郢，使汉军得以避免劳苦。”于是，就立馀善做东越王，同繇王同时并处。

到了元鼎五年（前112），南越造反，东越王馀善向汉朝天子上书，请求率兵八千人跟随楼船将军去攻打吕嘉等。待到他的军队到达揭扬时，他就以海上出现大风巨浪为借口，不再向前进军，采取骑墙观望的态度，暗中又派使者与南越联系。等到汉军攻陷番禺，东越的军队也未到。这时，楼船将军杨仆派使者向天子上书，愿意乘便领兵去攻打东越。天子说士卒已经劳累疲倦，没有批准楼船将军的请求，停止了军事行动，下令诸位校官，让他们驻军豫章的梅岭等候命令。

元鼎六年（前111）秋天，馀善听说楼船将军请求讨伐他，而且汉军已经进逼东越边境，将要攻过来了，于是他就造反，派兵到汉军的必经之路作抵抗。他还给将军驺力等加上了“吞汉将军”的封号，大军进入白沙、武林和梅岭，杀了汉军的三个校尉。这时，汉朝派遣大农张成、原山州侯刘齿率兵驻守这里，不敢去进攻东越的军队，退到有利地方，待在那里。后来，他们犯了畏惧敌人、怯懦软弱的罪而被杀。

馀善刻了“武帝”的印玺而自立为皇帝，欺诈他的百姓，说了些虚妄不实的话。汉天子派遣横海将军韩说从句章出发，渡海从东边进军；楼船将军杨仆从武林出发；中尉王温舒从梅岭出发；投降汉朝而被封侯的两个越人做了戈船将军和下濑将军，他们从若邪、白沙出发。元封元年冬天，这些将军都领兵进入东越。东越一向派兵防守险要的地方，派徇北将军守卫武林，打败了楼船将军的几个校尉，杀死了长吏。楼船将军率领钱唐人辕终古杀了徇北将军，被封作御兒侯。他自己的军队却没有前往武林。

原来的越衍侯吴阳在此之前留在汉朝，汉朝派他回到东越劝说馀善。馀善不听劝告。等到横海将军韩说率兵先到了东越，越衍侯吴阳就率领他的邑中的七百人叛变东越，在汉阳攻击东越。他同建成侯敖及其部下，同繇王居股商量说："馀善首先作乱，劫持我们这些人。如今汉朝大军已到，兵多势强，我们设计杀害馀善，各自归顺汉朝的将军们，或许能侥幸解脱罪过。"于是，大家共同杀了馀善，率领他们的兵士投降了横海将军。因此，汉朝封繇王居股当了东成侯，食邑一万户；封建成侯敖当了开陵侯；封越衍侯吴阳为北石侯；封横海将军韩说当了案道侯；封横海校尉刘福当了缭荌侯。刘福是成阳共王刘喜的儿子，原先为海常侯，因为犯法而失掉侯爵。从前参军也没立军功，以宗室子弟的原因而被封侯。其余各位将军都没有战功，所以都没受封。东越的将军多军在汉军到来时，放弃了他的军队投降，因而被封为无锡侯。

于是，汉天子说东越狭小而多险阻之地，闽越强悍，屡次反复无常。因此，命令军官们率领全部东越民众迁徙到江淮一带居住。东越这地方变成了空虚之地。

太史公说："越国虽然是蛮夷，他的祖先难道对民众曾经有过很大的功德？不然为何世代相传得那么久远？经历了几代都常常当君王，而句践竟一度称霸。然而，馀善竟然做出大逆不道的事情，国家被消灭，百姓被迁徙。他们祖先的后代子孙繇王居股等还被封为万户侯，由此可知，东越世世代代都当公侯。大概这就是大禹所留下的功业吧。"

第九十七卷　朝鲜列传第五十五

此传名为《朝鲜列传》，实则只写卫满及其子孙之事，着重记述朝鲜变为汉朝四郡的过程，显示了朝鲜与中国密切的历史关系。

文中记事简约，但事情原委交代极清楚。作者善用对照写法，写涉何出使，又写卫山出使；写卫山被诛，继写公孙遂被诛；写楼船将军之被疑，则续以左将军之疑等，两两对照，“节节相配，段段相生，极递换脱卸之妙”，“在诸传中，又是一格”（李景星《史记评议》）。本传的“太史公曰”，采用押韵之语，韵味深长，增强了本文的文学情趣。

【原文】

朝鲜王满[①]者，故燕人也。自始全燕时尝略属[②]真番、朝鲜，为置吏，筑鄣塞[③]。秦灭燕，属辽东外徼[④]。汉兴，为其远，难守，复修辽东故塞，至浿水为界，属燕[⑤]。燕王卢绾反[⑥]，入匈奴，满亡命[⑦]，聚党千余人，魋结[⑧]蛮夷服而东走出塞，渡浿水，居秦故空地上下鄣，稍役属真番、朝鲜蛮夷及故燕、齐亡命者王之，都王险。

会孝惠、高后时天下初定，辽东太守即约满为外臣⑨，保塞外蛮夷，无使盗边；诸蛮夷君长欲入见天子，勿得禁止。以闻，上许之，以故满得兵威财物侵降⑩其旁小邑，真番、临屯皆来服属，方数千里。

传子至孙右渠，所诱汉亡人滋多⑪，又未尝入见；真番旁众国欲上书见天子，又拥阏⑫不通。元封二年，汉使涉何谯谕⑬右渠，终不肯奉诏⑭。何去至界上，临浿水，使御刺杀送何者朝鲜裨王⑮长，即渡，驰入塞，遂归报天子曰"杀朝鲜将"。上为其名美⑯，即不诘⑰，拜⑱何为辽东东部都尉。朝鲜怨何，发兵袭攻杀何。

【注释】

①朝鲜：朝鲜的最早统一王朝是商纣王叔父箕子于殷末周初所建，后来在秦末汉初时，燕人卫满率民进入朝鲜，建立了卫氏朝鲜，在今平壤一带统治了近百年。满：即卫满。②全燕：燕国全盛时期。尝：曾。略：攻取。属：使……归属。③鄣塞：边塞御敌的城堡。④徼：边界。⑤属燕：归燕国管辖。按：燕为汉代诸侯王国之一。⑥燕王卢绾叛汉事见《韩信卢绾列传》。⑦亡命：流亡。⑧魋结：古代少数民族的一种发式，结发如椎，上细下粗。⑨外臣：属国的君主。⑩得：得以。侵降：侵略、降服。⑪亡人：逃亡的人。滋多：越来越多。⑫拥阏：堵塞。拥，通"壅"。⑬元封二年：即前109年。元封为汉武帝第六个年号（前110—前105）。谯：责备。

谕：明白相告。⑭奉诏：接受汉朝皇帝的诏谕。⑮御：车夫。裨王：小王。⑯上：天子。为：因为。名美：美名。⑰诘：追究。⑱拜：授予官职。

【原文】

天子募[1]罪人击朝鲜。其秋[2]，遣楼船将军杨仆从齐浮渤海，兵五万人，左将军荀彘出辽东。讨右渠。右渠发兵距险[3]。左将军卒正多率辽东兵先纵[4]，败散，多还走，坐法斩[5]。楼船将军将齐兵七千人先至王险。右渠城守[6]，窥知楼船军少，即出城击楼船，楼船军败散走。将军杨仆失其众，遁山中十余日，稍求收散卒，复聚。左将军击朝鲜沨水西军，未能破，自前。

天子为两将未有利，乃使卫山因[7]兵威往谕右渠。右渠见使者，顿首谢："愿降，恐两将诈杀臣；今见信节[8]，请服降。"遣太子入谢，献马五千匹，及馈[9]军粮。人众万余，持兵，方渡沨水，使者及左将军疑其为变，谓太子已服降，宜命人毋持兵[10]。太子亦疑使者、左将军诈杀之，遂不渡沨水，复引归。山还报天子，天子诛山。

左将军破沨水上军，乃前，至城下。围其西北。楼船亦往会，居城南。右渠遂坚守城。数月未能下。

【注释】

①募：招募。②其秋：汉武帝元封二年（前 109）秋天。

③距险：在险阻之地抗拒。④卒正多：指名字叫多的卒正。按：卒正是中级军官。纵：进击敌人。⑤还走：往回逃跑。坐法斩：因触犯军法而被斩首。⑥城守：守城，在城上防守。⑦因：凭借、利用。⑧信节：表示诚信的符节。⑨馈：赠送。⑩毋：不要。兵：武器。

【原文】

左将军素侍中[①]，幸[②]，将燕、代卒[③]，悍，乘胜，军多骄。楼船将齐卒，入海，固[④]已多败亡；其先与右渠战，困辱亡卒[⑤]，卒皆恐，将[⑥]心惭，其围右渠，常持和节[⑦]。左将军急击之，朝鲜大臣乃阴间使人私约[⑧]降楼船，往来言，尚未肯决。左将军数与楼船期战[⑨]，楼船欲急就其约[⑩]，不会[⑪]；左将军亦使人求间郤降下朝鲜[⑫]，朝鲜不肯，心附楼船。以故两将不相能[⑬]。左将军心意楼船前有失军[⑭]罪，今与朝鲜私善[⑮]而又不降，疑其有反计[⑯]，未敢发[⑰]。天子曰将率不能[⑱]前，乃使卫山谕降右渠，右渠遣太子，山使不能刬决[⑲]，与左将军计相误，卒沮约[⑳]。今两将围城，又乖异[㉑]，以故久不决。使济南太守公孙遂往正之[㉒]，有便宜得以从事[㉓]。遂至，左将军曰："朝鲜当下久矣，不下者有状[㉔]。"言楼船数期不会，具以素所意[㉕]告遂，曰："今如此不取，恐为大害，非独楼船，又且与朝鲜共灭吾军。"遂亦以为然，而以节召楼船将军入左将军营计事，即命左将军麾下[㉖]执捕楼船将军，并其军，以报天子。天子诛遂。

【注释】

①素：一向。侍中：在皇宫中侍奉天子。②幸：受宠。③将：率领。卒：兵士。④固：本来。⑤困辱：被围困受辱。亡卒：士卒蒙受伤亡。⑥将：将军。⑦和节：议和的信节。⑧阴：暗中。间：寻找机会。私约：私下约定。⑨数：屡次。期战：约定作战的日期。⑩就：完成。约：指朝鲜投降的约定。⑪不会：不和左将军相会合。⑫求：寻找。间郤：机会。郤，通“隙”。下朝鲜：让朝鲜投降。⑬不相能：不和睦。⑭心意：心想。失军：作战失败。⑮私善：私人交情好。⑯反计：造反阴谋。⑰未敢发：未敢付诸行动。⑱率：通“帅”。不能：无能。⑲刬决：独自处理。刬，通“专”，专断。⑳卒：最终。沮约：使朝鲜投降的约定遭到破坏。沮，败坏，毁坏。㉑乖异：相互违背，不能一致行动。㉒正之：纠正他们的错误。㉓便宜：方便有利。从事：处理事情。㉔状：情况。㉕素所意：一向所想的。㉖麾下：部下。

【原文】

左将军已并两军，即急击朝鲜。朝鲜相路人[①]、相韩阴、尼谿相参、将军王唊相与谋曰：“始欲降楼船，楼船今执[②]，独左将军并将[③]，战益急，恐不能与战[④]，王又不肯降。”阴、唊、路人皆亡降汉。路人道死[5]。元封三年[6]复，尼谿相参乃使人杀朝鲜王右渠来降。王险城未下，故右渠之大臣成巳又反，复攻吏[7]。左将军使右渠子长降[8]、相路人之子最告谕其民，诛成巳，以故遂定朝鲜，为[9]四郡。封参为澅清侯，阴为狄苴侯，唊为平州侯，长降为几侯。最以父死颇有功，为温阳侯。

左将军征至[10]，坐争功相嫉，乖计[11]，弃市[12]。楼船将军亦坐兵至洌口，当待左将军，擅先纵，失亡多，当诛，赎为庶人。

【注释】

①相路人：谓名字叫路人的相国。相是朝鲜最高的行政长官，如同中国的丞相。下文“相韩阴”“尼溪相参”之“相”同此。②执：抓住。③并将：合并而统一指挥。④与战：参战。⑤道死：在路上死去。⑥元封三年：前108年。⑦攻吏：指攻打不随成巳反叛的官吏们。⑧长降：人名。⑨为：设置。⑩征至：召来。⑪乖计：指违背战争计划。⑫弃市：在闹市执行死刑，并将尸体暴露街头。

【原文】

太史公曰：右渠负固[1]，国以绝祀[2]。涉何诬功[3]，为兵发首[4]。楼船将狭[5]，及难离咎[6]。悔失番禺，乃反见疑[7]。荀彘争劳，与遂皆诛。两军俱辱，将率[8]莫侯矣。

【注释】

①负固：依仗地势险要牢固。②国：指朝鲜国。以：因而。绝祀：断绝祭祀，即灭国之意。③诬功：假冒功劳，犹言“骗功”。④为兵发首：为战争爆发开了头。首，开头。⑤将狭：处事心胸狭小。按泷川资言《史记会注考证》引中井积德之言说：“将，犹行也；狭，谓心志狭隘。”⑥及难：遇到危难。离：通“罹”，遇到。咎：祸。⑦见疑：被怀疑。⑧率：通“帅”。

【译文】

朝鲜王卫满原是燕国人。最初，在燕国全盛的时候，曾经攻取真番、朝鲜，让它们归属燕国，并为它们设置官吏，在边塞修筑防御城堡。后来，秦国灭掉燕国，朝鲜就成了辽东郡以外的边界国家。汉朝建国后，因为朝鲜离得远，难以防守，所以重新修复辽东郡从前的那些关塞，一直到浿水为界，属燕国管辖。后来，燕王卢绾造反，跑到了匈奴。卫满也流亡于外，聚集了一千多个同党之人，梳着椎形发髻，穿上蛮夷服装，在东方走出塞外，渡过浿水，居住到秦国原来的空旷之地名叫上下鄣的地方，并逐渐地役使真番、朝鲜蛮夷以及原来的燕国和齐国的逃亡者，使他们归属自己，在他们当中称王，建都在王险城。

正当汉惠帝和高后时代，天下刚刚安定，辽东郡的太守就约定卫满做汉朝的外臣，保证边塞以外的蛮夷，不要让他们到边境来骚扰抢夺；各位蛮夷的首领想到汉朝进见天子，不要禁止。辽东太守把这情况报告天子知道，天子同意这个条件。因此，卫满得以凭借他的兵威和财物侵略、招降他周围的小国，真番、临屯都来投降归属卫满，他统辖的地区方圆数千里。

等到朝鲜的王位传到卫满的孙子右渠的时候，引诱汉朝逃亡的人数量越来越多，国王也未曾入汉朝朝见；真番周围许多小国想上书朝见汉朝天子，又因为右渠的阻挠，无法让天子知道这一请求。元封二年（前109），汉朝派涉何责备和告知右渠，但右渠终究不肯接受汉朝的诏命。涉何离开朝鲜，来到边界，面对浿水，就派驾车的车夫刺杀了护送涉何的朝鲜裨小王，然后立即渡河，疾驰而回，进入汉朝边塞。于是，回到京城向天子报告："我杀了朝鲜的一个将军。"天子认为他有杀死朝鲜将军的美名，就不再追究他的过失，却授予他辽东东部都尉的官职。朝鲜怨恨涉何，调兵偷袭，杀了涉何。

汉朝天子下令招募被赦免罪过的犯人去攻打朝鲜。元封二年秋天，汉朝派楼船将军杨仆从齐地乘船渡过渤海，共率领五万大军；左将军荀彘率兵走出辽东郡，去讨伐右渠。右渠调兵据守险要的地方，抵抗汉朝军队。左将军的名字叫多的卒正首先率辽东兵进击敌人，结果队伍失败而走散了，多数人跑回来，他因犯了军法而被杀。楼船将军率领齐地兵士七千人，首先到达王险城。右渠守城，探听到楼船将军军队少的消息，就出城攻打楼船将军，楼船将军的军队失败而四散奔逃。杨仆将军失去了军队，逃到山中藏了十多天，逐渐找回四散的兵卒，重新聚拢。左将军荀彘攻击驻守浿水西边的朝鲜军队，未能从前面攻破敌军。

天子因为两将军没能取得军事胜利，就派卫山凭借兵威前去明告右渠。右渠会见了汉朝使者，叩头谢罪："愿意投降，只怕杨、荀二将军用欺诈的手段杀死我。如今，我看到了表示诚信的符节，请允许我们投降归顺。"右渠就派遣太子去汉朝谢罪，献上五千匹马，又向在朝鲜的汉军赠送军粮。有一万多朝鲜民众，手里拿着兵器，正要渡过浿水。使者和左将军怀疑朝鲜人叛变，说太子已投降归顺，应当命令人们不要携带兵器。太子也怀疑汉朝使者和左将军要欺骗和杀害自己，于是就不再渡河，又领朝鲜民众归去。卫山回到京城向天子报告，天子杀了卫山。

左将军攻破浿水上的朝鲜军队，才向前进，直到王险城下，包围了城的西北地方。楼船将军也前去会师，驻军城南。右渠于是坚守王险城，几个月过去了，汉军也未能攻下王险城。

左将军一向在宫中侍奉皇上，因而得宠。他所率领的是燕国和代国的士卒，很凶悍，又趁着打了胜仗的机会，军中的多数战士都很骄傲。楼船将军率领齐兵，渡海打仗，本来就有许多失败伤亡；他们先前和右渠交战时，遭受了围困和耻辱，伤亡很多士卒，士卒都恐惧，将官的心中也觉惭愧，在他们包围右渠时，楼船将军经常手持议和的符节。左将军竭力进攻敌城，朝鲜的大臣就暗中寻机和楼船将军联系，商量朝鲜投降的事。双方往来会谈，还没有作出决定。左将军屡次同楼船将军商定同时进击的日期，楼船将军想尽快与朝鲜达成降约，所以不派兵与左将军会合。左将军也派人去寻机让朝鲜投降，朝鲜不肯降左将军，而心中想归附楼船将军。因此，两位将军不能相互协调、共同对敌。左将军心想楼船将军从前打败仗的罪过。如今又同朝鲜大臣私下友好，而朝鲜又不肯投降，就怀疑楼船将军有造反阴谋，只是未敢付诸行动。天子说将帅无能，不久前我才派卫山去晓谕右渠投降，右渠派遣太子来谢罪，而卫山这个使者却不能专一果断地处理事情，同左将军的计谋皆出现了失误，终于毁坏了朝鲜投降的约定。现在两将军围攻王险城，又相互违背而不能一致行动，因此长时间不能解决问题。派遣济南太守公孙遂前去纠正他们的错误，如有方便有利的机会，可以随时自行处理事务。公孙遂到达朝鲜后，左将军说："朝鲜早就可以攻下了，现在还未攻下是有原因的。"他又说了同楼船将军约定进军日期，而楼船将军不来会师的事，并把他一向怀疑楼船将军谋反的想法都告诉了公孙遂，说："现在到了这种地步还不逮捕他，恐怕会成为大害，不仅是楼船将军要谋反，而且他又要联合朝鲜一起来消灭我军。"公孙遂也认为是这样，就用符节召楼船将军来左将军军营中商量事情，当场命令左将军的部下捉拿楼船将军，并把他的军队合并到左将军手下，然后把这件事报告了汉天子。天子杀了公孙遂。

左将军合并了两方面的军队，就竭力攻打朝鲜。朝鲜相路人、相韩阴、尼谿相参、将军王唊等相互商议说：“开始要投降楼船将军，如今楼船将军被捕，只有左将军率领合并的军队，战争越打越紧张，我们恐怕不能坚持下去，国王又不肯投降。”韩阴、王唊、路人都逃亡到汉军那里，向汉朝投降。路人在道上死去了。元封三年（前 108）夏天，尼谿相参就派人杀死了朝鲜王右渠，向汉朝投降。王险城还没攻下来，因此右渠的大臣成巳又造反，并攻击不随他造反的朝鲜官吏。左将军派右渠的儿子长降、相路人的儿子路最去明白地告诉朝鲜的百姓，杀了成巳，因此汉朝终于平定了朝鲜，设立了四个郡。汉天子封参为澅清侯，韩阴为狄苴侯，王唊为平州侯，长降为几侯。路最因为父亲死了，且很有功劳，被封为温阳侯。

左将军被召回京城，犯了争功而相互嫉妒，违背作战计划的罪过，被弃市。楼船将军也犯了军队到达洌口，应当等候左将军，却擅自抢先攻击敌人，致使伤亡很多的罪过，被判处死刑，他用钱赎了罪，免除死刑，成为平民百姓。

太史公说：“朝鲜王右渠依仗地势的险固，国家因此被灭绝。将军涉何谎报功劳，导致两国交战。楼船将军行事，心胸狭小，遇到危难就遭受祸殃。后悔曾经在攻陷番禺时失了利，却反而被人怀疑要造反。荀彘争功，同公孙遂都被斩杀。征讨朝鲜的杨仆和荀彘的两支军队都遭受困辱，将帅没有被封侯。”

第九十八卷　西南夷列传第五十六

本文是一篇民族史传，记述了我国西南（包括今云南以及贵州、四川西部）地区在秦汉时期的许多部落国家的地理位置和风俗民情，以及同汉王朝的关系，记述了汉朝的唐蒙、司马相如、公孙弘和王然于等抚定西南夷的史实，描述了夜郎、滇等先后归附汉王朝，变国为郡，设官置吏的过程，揭示了中国不同地域的不同民族，最终将形成一个和睦的多民族国家的必然趋势，反映了司马迁民族一统的历史观念，表现了他的维护中央集权和国家统一的思想，有其进步意义。

文章头绪甚多，但结构安排井然有序，前后映照，重点突出（主要写夜郎和滇），“文章之精密”（吴见思《史记论文》），达到“无隙可蹈，无懈可击”（李景星《史记评议》）的程度，有较高的艺术性。

【原文】

西南夷君长以什数[1]，夜郎[2]最大；其西靡莫[3]之属以什数，滇[4]最大；自滇以北君长以[5]什数，邛都[6]最大：此皆魋结[7]，耕田，有邑聚[8]。其外西自同师[9]以东，北至楪榆[10]，名为巂、昆明[11]，皆编[12]发，随畜迁徙[13]，毋常处[14]，毋君长，地方可数[15]千里。自巂以东北，君长以什数，徙、筰都[16]最大；自筰[17]以东北，君长以什数，冉駹[18]最大。其俗或土箸[19]，或移徙，在蜀[20]之西，自冉駹以东北，君长以什数，白马[21]最大，皆氐类[22]也。此皆巴、蜀西南外蛮[23]夷也。

【注释】

①西南夷：泛指西南各少数民族。君长：长帅。什：与“十”通。数词。数（shǔ）：计算；统计。动词。②夜郎：古夷国。当今贵州省西部及北部，并包括今云南省东北部、四川省南部及广西壮族自治区西北部部分地区。③其：它的。代夜郎。靡（mí）莫：即“靡莫之夷”。④滇（diān）：古夷国。当在今云南省昆明市一带。⑤自：从。以：往。⑥邛都：即“邛都之夷”。当在今四川省西昌市以南的雅砻江与金沙江之间。⑦魋结：通“椎髻”，把头发结成椎形的髻。⑧邑：小城镇。聚：村落。⑨同师：古邑名。⑩楪（yè）榆：通“叶榆”，古县名。在今云南省大理市北洱海西岸。始置于西汉元封二年（前109）。⑪巂（xī）：古夷族。昆明：古夷族。大约活动在今云南省洱海以南保山市隆阳区至楚雄市一带。⑫编（biàn）：通“辫”。⑬畜：畜群。徙（xǐ）：迁移。⑭毋（wú）：无。常处：固定的住所。⑮方：方圆；周围。可：大约。数：几；好几。⑯徙（sī）：古夷国。筰（zuó）都：即“筰都夷”。古夷国。当在今四川省乐山市、汉源县、石棉县、

越西县和木里藏族自治县一带。⑰笮：笮都。⑱冉駹：即“冉夷”和“駹夷”。属古羌族。⑲俗：风俗；习俗。或：有的。虚指代词。土箸（zhù）：《汉书·西南夷两粤朝鲜传》作“土著”。古代称游牧民族定居某地不再迁徙的为“土著”。箸，通“著”。⑳蜀：郡名。治成都（今四川省成都市）。㉑白马：古氐族。分布今甘肃省陇南市西和、成县至武都区、文县、康县一带。㉒氐类：氐族的同类。㉓巴：郡名。治江州（今重庆市北嘉陵江北岸）。辖境相当于今四川省旺苍县、阆中市及重庆市合川区、永川区以东地区。蛮：我国古代统治阶级对南部少数民族的统称。

【原文】

始楚威王[①]时，使将军庄蹻将兵循江上[②]，略巴、黔中[③]以西。庄蹻者，故楚庄王苗裔[④]也。蹻至滇池[⑤]，方三百里，旁平地，肥饶数千里，以兵威定属楚[⑥]。欲归报[⑦]，会秦[⑧]击夺楚巴、黔中郡，道塞[⑨]不通，因还[⑩]，以其众王滇[⑪]，变服[⑫]，从[⑬]其俗，以长之[⑭]。秦时常頞略通五尺道[⑮]，诸此国颇置吏焉[⑯]。十余岁[⑰]，秦灭。及汉兴[⑱]，皆弃此国而开蜀故徼[⑲]。巴、蜀民或窃出商贾[⑳]，取其笮马、僰僮[㉑]、髦牛，以此巴、蜀殷富[㉒]。

【注释】

①始：当初。楚威王：前339—前329年在位。据《史记志疑》，此处的楚威王应当为楚顷襄王（前298—前263年在

位）。②使：派遣。庄蹻：详下文。循江上：顺着长江而上。江，指长江。③略：夺取。黔（qián）中：郡名。战国时楚置。后入秦国。秦治临沅（今湖南省常德市）。辖境相当今湖南省沅水、澧水流域、湖北省清江流域以及四川省黔江流域与贵州省东北部分地区。④故：从前。楚庄王：春秋时楚国国君。前613—前591年在位。苗裔：后代。⑤滇（diān）池：在今云南省昆明市南。⑥以兵威定属楚：意为依借军队的威势平定了那里，使它隶属楚国。楚，春秋战国时南方诸侯国。⑦归报：回去报告。⑧会：恰巧；适逢。秦：战国七雄之一。⑨塞：阻塞。⑩因：于是；就。还：返回。⑪众：军队。王（wàng）滇：王于滇。在滇称王。王，称王，名词作动词。⑫服：服饰。⑬从：跟随。⑭以：而。长（zhǎng）之：为之长。即做了滇的长帅。⑮秦：秦朝。常頞：秦将。其余不详。略：稍微；大略。通：开通；开辟。五尺道：古道路名。⑯据《史记会注考证》，“诸此国”疑当作“此诸国”。诸：各个。形容词。此，这里。颇：略微；稍微。副词。置吏：设置官吏。焉：相当于“于之”。即“到那里”。⑰十余岁：十多年。⑱及：到。汉兴：汉王朝建立。⑲开蜀故徼（jiào）：意为把蜀郡原来的边界当作关。弃：舍弃。而：连词。开：王念孙曰：“开”字当依《汉书》作“关”。关即塞。徼，边界。⑳或：有的人。出：出关。商贾（gǔ）：古代把运货贩卖的叫“商”，囤积营利的叫“贾”。㉑取：拿。其：那里。筰马：筰都的马匹。僰：即“僰夷”。古夷族。分布今四川省南部和云南东北部。僮：古称奴婢为“僮”。㉒以此：因此。殷（yīn）富：人口繁多，生活富裕。

【原文】

建元[1]六年，大行王恢击东越[2]，东越杀王郢[3]以报。恢因兵威使番阳令唐蒙风指晓南越[4]。南越食蒙蜀枸酱[5]，蒙问所从来[6]，曰“道西北牂柯[7]，牂柯江广数里，出番禺[8]城下”。蒙归至长安[9]，问蜀贾人，贾人曰：“独蜀出[10]枸酱，多持窃出市夜郎[11]。夜郎者，临牂柯江，江广百余步，足[12]以行船。南越以财物役属夜郎[13]，西至同师，然亦不能臣使[14]也。”蒙乃上书说上[15]曰：“南越王黄屋左纛[16]，地东西万余里，名为外臣[17]，实一州主[18]也。今以长沙、豫章往[19]，水道多绝[20]，难行。窃[21]闻夜郎所有精兵，可得[22]十余万，浮船牂柯江[23]，出其不意，此制越[24]一奇也。诚以汉之强[25]，巴蜀之饶[26]，通夜郎道，为[27]置吏，易甚。”上许[28]之。乃拜蒙为郎中将[29]，将[30]千人，食重万余人[31]，从巴蜀筰关入[32]，遂见夜郎侯多同[33]。蒙厚赐[34]，喻以威德[35]，约[36]为置吏，使其子为令[37]。夜郎旁小邑皆贪汉缯帛[38]，以为汉道险[39]，终不能有[40]也，乃且听蒙约[41]。还报，乃以为犍为郡[42]。发巴、蜀卒治[43]道，自僰道指[44]牂柯江。蜀人司马相如[45]亦言西夷邛、筰可置郡。使相如以郎中将往[46]喻，皆如[47]南夷，为置一都尉[48]，十余县，属蜀。

【注释】

①建元：汉武帝刘彻即位后的第一个年号。建元六年为公元前135年。②大行：即“大行令”。秦时称典客，汉沿之。景帝刘启时改为大行令。武帝太初元年（前104）又改称大鸿胪。主要执掌外交及少数民族事务，为“九卿”之一。王恢：后于元光二年（前133）主张发动对匈奴战争，因谋泄无功，畏罪自杀。汉武帝元封三年（前108）助赵破奴攻楼兰有功而被封为浩侯的王恢是另一个人。东越：又称“东粤”或“闽越”。③王：指闽越王。郢：闽越王名。④因：乘……。番阳令：番阳县令。番阳，治所在今江西省鄱阳县东北。风：通“讽”，用含蓄的话暗示或劝告。指：通“旨”，意见；意图。晓：告知。南越：又称“南粤”。为古时南方越人的一支。⑤食蒙蜀枸酱：意为拿蜀地的枸酱给唐蒙吃。枸酱，用枸的果实制作的酱酢。落叶乔木，其果实圆而小，有肉质之柄乃花梗所成，味甘可食，俗名鸡距子或木蜜。⑥所从来：从哪里来的。⑦道：由。牂柯：古水名。或作牂舸江、牂柯水。⑧番禺：古县名。治所在今广东省广州市。⑨长安：西汉都城。今陕西省西安市西北。⑩独：只；仅仅。出：出产。⑪多：指示代词，代指多数人。持：拿着。市夜郎：市于夜郎。即和夜郎做交易。⑫足：可。⑬役属夜郎：意为使夜郎归附。役，服役。属，隶属。⑭然：然而，转折连词。亦：也是。“不”与存在动词“无”通，意为没有。不能臣使：没有能够像对待

臣国那样使唤它，此处省略了宾语“之”“臣”。⑮乃：于是。说：说服对方使之按自己的意图行事叫“说”。上：皇上。此处指汉武帝。⑯南越王：当时是赵佗之孙赵胡。黄屋：因古代帝王乘舆的车盖是用黄缎子作衬里的，故以“黄屋”指帝王乘坐的车。左纛（dào）：古时帝王乘舆上的装饰物。用牦牛尾或雉尾制成。因设在车衡的左边，故称左纛。意为乘着黄屋，饰着左纛。“黄屋”“左纛”在此处均作动词。⑰名：名义。外臣：即藩臣。⑱一州主：一州之主。⑲以：从，与“由”通。长沙：封国名。豫章：郡名。楚汉之际置，治南昌（今江西省南昌市），辖境相当于今江西省。往：去。⑳水道：水路。多绝：多数断绝。㉑窃：谦词。私下；私自。㉒可得：可能有。㉓浮船牂柯江：意为乘船沿牂柯江而下。㉔制：控制；制服。越：南越。㉕诚：假设；如果；果真。㉖饶：富足；富饶。㉗为（wèi）：给。㉘许：答应；允许。㉙拜：用一定的礼节授给官职。郎中将：《华阳国志》作“中郎将”。汉代皇帝的警卫官。出为车骑，是仅次于将军的称号。属郎中令。㉚将（jiàng）：带兵。㉛食重万余人：指携带粮食辎重的一万多人。㉜巴蜀筰关：即巴符关。《汉书·西南夷两粤朝鲜传》无“蜀”字。王念孙曰：“巴筰关本作巴符关。”在今四川省合江县。因当时关在符县，地属巴夷，故称巴符关。入：指进入夜郎。㉝夜郎侯：夜郎的长帅。多同：夜郎侯名。㉞厚赐：优厚赏赐。㉟喻：通“谕”，上对下、尊对卑的告知。威德：威势和恩德。此处指利害关系。㊱约：约言。㊲其：他的。代指夜郎侯。令：官职。相当于汉朝的县令。㊳旁：旁边。小邑：小国。贪：贪图。缯帛：丝织品的总称。㊴以为：心里认为。险：艰险；险阻。㊵终：与“卒”通。相当于“终于”“究竟”。有：占有。㊶乃：于是；就。且：姑且；暂且。听：接受；听从。约：约定的事；盟约。㊷以为：“以之为”的省语。犍为郡：初治鳖县（今贵州省遵义市西），后移治僰道（今四川省宜宾市西南安边镇）。㊸发：征集；征调。卒：步兵。治：治理；整理。㊹僰道：县名。治今四川宜宾市西南安边镇。指：指向；向一定的目标前进。㊺司马相如：字长卿。西汉辞赋家，蜀郡人。㊻郎中将：据《司巴相如列传》为“中郎将”。往：前往；去。㊼如：同。㊽都尉：辅佐郡守并掌管全郡军事的武官。

【原文】

当是时[1]，巴、蜀四郡[2]通西南夷道，戍转相饷[3]。数岁，道不通，士罢饿离湿，死者甚众[4]；西南夷又数[5]反，发兵兴[6]击，耗费无功[7]。上患之[8]，使公孙弘往视问焉[9]。还对[10]，言其不便[11]。及弘为御史大夫[12]，是时方筑朔方以据河逐胡[13]，弘因数言西南夷害[14]，可且罢[15]，专力事[16]匈奴。上罢西夷[17]，独置[18]南夷夜郎两县一都尉，稍令犍为自葆就[19]。

【注释】

①当是时：在这个时候。②巴、蜀四郡：指巴、蜀、汉中

（治今陕西省汉中市）、广汉（治今四川省金堂县东）四郡。③戍：《汉书·西南夷两粤朝鲜传》作“载”。饷：军粮。④罢（pí）：通“疲”，疲劳，疲乏。离，通“罹”，遭受。《汉书·西南夷两粤朝鲜传》作“罢饿馁，离暑湿”。众：多。⑤数（shuò）：屡次；多次。⑥兴：发动。⑦秏（hào）：通“耗”，消耗。功：成效。⑧患：忧虑。之：代指发巴、蜀四郡通西南夷道这件事。⑨公孙弘：复姓公孙；名弘。往：到……去。视问：察看了解。焉：相当于“于之”，即“到那里”。⑩还：回来。对：下对上的回答。⑪不便：意为对国家不利。便，便利；有利。⑫御史大夫：官名。⑬是时：这时。方：正。筑朔方：修筑朔方的城墙。朔方，郡名。西汉元朔二年（前127）置。治朔方（在今内蒙古自治区杭锦旗北）。据：依靠；凭借。河：河水。即黄河。逐胡：驱逐匈奴。胡，古代对北方少数民族的统称，秦汉时多指匈奴。⑭因：趁机。数言西南夷害：意为多次述说开通西南夷所带来的害处。⑮且罢：暂停。且，暂且。⑯专力：集中精力。事：对待；对付。⑰罢西夷：意为撤销了司马相如在西夷所置的一都尉、十余县。⑱独置：只设置。⑲就：成。

【原文】

及元狩元年[①]，博望侯[②]张骞使大夏来，言居大夏时见蜀布、邛竹杖[③]，使问[④]所从来。曰：“从东南身毒[⑤]国，可[⑥]数千里，得蜀贾人市[⑦]。”或闻邛西[⑧]可二千里有身毒国。骞因盛[9]言大夏在汉西南，慕中国[10]，患匈奴隔其道[11]，诚通[12]蜀，身毒国道[13]便近，有利无害[14]。于是天子[15]乃令王然于、柏始昌、吕越人等，使间出西夷西[16]，指求[17]身毒国。至滇，滇王尝羌乃留[18]，为求道西十余辈[19]。岁余，皆闭昆明[20]，莫能通身毒国。

【注释】

①元狩：汉武帝即位后第四个年号。元狩元年为前 122 年。②博望侯：张骞的封号。③居：在。蜀布：蜀地出产的细布。邛竹杖：邛，山名。即今邛崃山，位于四川省西部，岷江与大渡河间。邛竹，是邛山出产的竹。该竹节高，实中，可以为杖。④使问：让人询问。⑤身毒：古国名。又写作“天毒”“乾毒”“天竺”。均为古代译音。在今印度和巴基斯坦一带。⑥可：大约。⑦市：买。⑧或：又。邛西：邛崃山西面。⑨盛：极；大。⑩慕：羡慕。中国：此处指汉民族居住的黄河中下游地区，与“中土”“中原”“中华”等含义相似，而与现时专指我国全部领土的“中国”不同。⑪患：担忧。隔其道：阻塞他们的通道。⑫诚：假如；如果。通：开通蜀地的道路。⑬道：取道。⑭指对汉朝而言。⑮天子：古时称皇上为天子。⑯使间出西夷西：意为让打探小路，从西夷的西面出发。西夷西，据《汉书·张骞传》，当指駹、筰、徙、邛、僰等地。⑰指：通“旨”，意图。求：寻求；寻找。⑱尝羌：滇王名。乃留：“乃留之”的省语。意为便留下他们。⑲为求道西：意

为为他们寻找向西去的道路。十余辈：十多个人。按："为求道西十余辈"句颇费解。据《汉书·西南夷两粤朝鲜传》"天子乃令王然于、柏始昌、吕越人等十余辈，间出西夷西，指求身毒国。至滇，滇王当羌乃留为求道"。⑳皆闭昆明：意为道路全被昆明夷阻拦，不得通过。闭，关闭；阻塞。

【原文】

滇王与汉使者言曰："汉孰与我大[1]？"及夜郎侯亦然[2]。以[3]道不通故，各自以为一州主，不知汉广大[4]。使者还，因盛言滇大国[5]，足事亲附[6]。天子注意[7]焉。

【注释】

①汉孰与我大：意为汉朝与我们滇国相比哪个大。②亦然：也是这样。③以：因为。④广大：疆域辽阔，势力强大。⑤滇大国：意为滇是个大国。⑥足事亲附：可专事招来，使之亲附。⑦注意：专心留意。

【原文】

及至南越反[1]，上使驰义侯因犍为发南夷[2]兵。且兰君[3]恐远行，旁国虏[4]其老弱，乃与其众[5]反，杀使者及犍为太守[6]。汉乃发巴、蜀罪人尝击南越者八校尉击破之[7]。会越已破，汉八校尉不下[8]，即引[9]兵还，行诛头兰[10]。头兰，常[11]隔滇道者也。已平[12]头兰，遂平南夷为牂柯郡[13]。夜郎侯始倚[14]南越，南越已灭，会还诛反者，夜郎遂入朝[15]。上以为[16]夜郎王。

【注释】

①南越反：指南越丞相吕嘉叛乱。②驰义侯：越人，名遗。因：通过。犍为：犍为郡。南夷：《汉书·西南夷两粤朝鲜传》作“夜郎”。③且兰君：且兰的长帅。且兰，古夷国。位于今贵州贵定县东北。④虏：把人抢走。⑤众：指军队。⑥使者：指宣诏南夷的汉朝使者。太守：官名。本为战国时郡守的尊称。⑦罪人：犯罪之人。汉代曾多次赦免罪犯，令其从军。尝：《汉书》作“当”。之：代词。代指且兰。⑧不下：不下牂柯江。即没有按预定部署沿牂柯江而下。⑨引：率领。⑩行诛（zhū）：乘行军之便惩罚。头兰：古夷国。当在滇国以北。⑪常：常常；经常。⑫已平：平定完毕。⑬为：作为。牂柯郡：治且兰（在今贵州省贵定县东；一说在今凯里市西北）。⑭始：当初；开始的时候。倚：倚仗；凭借。⑮入朝：入京朝见皇上。即归附汉朝。⑯以为：“以之为”的省语。以为夜郎王，即封他为夜郎王。

【原文】

南越破后，及汉诛且兰、邛君①，并杀筰侯②，冉駹皆振③恐，请臣④置吏。乃以邛都为越巂郡⑤，筰都为沈犁郡⑥，冉駹为汶山郡⑦，广汉西白马为武都郡⑧。

【注释】

①邛君：邛都夷长帅。②并：一并；一起。筰侯：筰都夷

长帅。③冉駹：冉夷和駹夷。振：通“震”，震动。④请臣：请求成为汉朝的臣国。⑤以邛都为越巂（xī）郡：意为把邛都夷居住的地区作为越巂郡。越巂郡：治邛都（在今四川省西昌市东南）。⑥沈犁郡：“犁”一作“黎”。治筰（在今四川省汉源县东北）。武帝天汉四年（前97）废。⑦汶山郡：治汶江（在今四川省茂县北）。宣帝地节三年（前67）省，并入蜀郡。汶，通“岷”。⑧广汉：郡名。武都郡：治武都（在今甘肃省西和县西南）。辖境相当今甘肃省陇南市武都区、成县、徽县、西和县、两当县、康县及陕西省凤县、略阳县等地。

【原文】

上使王然于以越破及诛南夷兵威风喻[①]滇王入朝。滇王者，其众[②]数万人，其旁东北有劳寖[③]、靡莫，皆同姓相扶[④]，未[⑤]肯听。劳浸、靡莫数侵犯[⑥]使者吏卒。元封[⑦]二年，天子发巴、蜀兵击灭劳浸、靡莫，以兵临[⑧]滇。滇王始首善[⑨]，以故弗诛[⑩]。滇王离难西南夷[⑪]，举[⑫]国降，请置吏入朝。于是以为益州郡[⑬]，赐滇王王印[⑭]，复长[⑮]其民。

【注释】

①使：令。以：拿。越破：南越灭亡。风喻：暗示，启发。风，通“讽”。喻，通“谕”，上对下、尊对卑的告知。②众：这里指军队。③劳寖（jīn）：《汉书·西南夷两粤朝鲜传》作“劳深”。当在今云南省陆良县一带。④皆同姓：指都与滇王同姓。扶：依仗。⑤未：不。⑥数（shuò）：与“屡”

通。侵犯：欺负、触犯。⑦元封：汉武帝第六个年号。元封二年为前 109 年。⑧临：靠近。⑨始首善：当初本有善意。首，本。⑩以故：因此；由此故。弗诛：不诛之。⑪离难西南夷：此句颇费解。据《史记会注考证》“西南夷”三字，涉下文而衍。⑫举：全。⑬益州郡：治滇池（在今云南省昆明市晋宁区东）。辖境相当于今中缅边境高黎贡山以东，云南省洱海以西及姚安县、元谋县、昆明市东川区以南，曲靖市麒麟区、沾益区，昆明市宜良县，玉溪市华宁县以西，哀牢山以北地区。⑭据云南省博物馆发掘报告：“滇王之印”已于解放后在云南省昆明市晋宁区石寨山考古发掘中出土。⑮复：又；依旧。长（zhǎng）：统治；管理。

【原文】

西南夷君长以百数，独夜郎、滇受[①]王印。滇小邑[②]，最宠焉[③]。

【注释】

①受：承受。②邑：国。③宠：宠爱。焉：语气词。

【原文】

太史公[①]曰：楚之先岂有天禄[②]哉？在周为文王[③]师，封楚[④]。及周之衰[⑤]，地称[⑥]五千里。秦灭诸侯[⑦]，唯楚苗裔尚有滇王。汉诛西南夷，国多灭矣，唯滇复[⑧]为宠王。然南夷之端[⑨]，见枸酱番禺[⑩]，大夏杖邛竹[⑪]。西夷后揃[⑫]，剽[⑬]分二方，卒为七郡[14]。

【注释】

①太史公：当时人尊称太史令为太史公，司马迁曾任太史令，遂以此自称。②先：祖先。岂：难道。天禄：旧谓上天赐予的禄位。③在周为文王师：意为在周的时候做过文王的师傅。按：据《史记·楚世家》：楚国的祖先芈季连之孙曾经“事文王”。文王：商末周族的领袖。姬姓，名昌。商纣时为西伯，亦称伯昌，曾被商纣囚禁于羑里（今河南省汤阴县北）。④封楚：封于楚。⑤衰：衰落；衰败。⑥称：号称。⑦诸侯：这里指韩、赵、魏、燕、齐、楚六国国君。⑧复：再；又。⑨此句据文义，这里的“南夷”及下句的“西夷”均疑为“西南夷”。⑩见枸酱番禺：即在番禺见到枸酱。⑪大夏杖邛竹：即在大夏见到邛竹杖。⑫揃：被分割。⑬剽：削；分。⑭卒：最终；终于。七郡：犍为郡、牂柯郡、越巂郡、益州郡、武都郡、沈犁郡、汶山郡。

【译文】

西南夷的君长多得数以十计，其中夜郎是势力最大的；它的西边靡莫之夷也多得数以十计，其中滇的势力最大；从滇往北，那里的君长也多得数以十计，其中邛都之夷的势力最大。这些地方的人全把头发梳成椎形的髻，耕种土地，有小城镇和村落。他们的外边，西面从同师往东，直到北边的楪榆，称为巂和昆明。这地方的人全结发为辫，随着牲畜而迁移，没有固定的住处，没有君长，土地纵横有几千里。从嶲往东北，那里的君长也多得数以十计，其中徙和筰都的势力最大。从筰都往东北，那里的君长也多得数以十计，其中冉駹的势力最大。他们的习俗有的定居，有的迁移不定，都在蜀郡的西边。从冉駹往东北，那里的君长多得数以十计，其中白马的势力最大，都是氐族的同类。这些都是巴郡、蜀郡西南以外的蛮夷。

当初楚威王的时候，派将军庄蹻领兵沿长江而上，攻占了巴郡、黔中郡以西的地方。庄蹻是以前的楚庄王的后代。庄蹻到了滇池，那里纵横三百里，附近是平坦的土地，肥沃富饶的地方有几千里，庄蹻凭借军队的威势平定了那里，使它隶属楚国。庄蹻正想回来报告楚王，恰逢秦国攻取了楚国巴郡、黔中郡，道路阻塞，没有办法通行，于是庄蹻返回滇池，凭借他的军队在滇称王，改变服饰，随从当地的风俗，而做了当地的长帅。秦朝时常頞大略开通了五尺道，这些国家稍微就设置一些官吏了。十几年后，秦朝灭亡。待到汉朝建立，把这些国家都抛弃了而把蜀郡原来的边界当作关塞。巴郡、蜀郡百姓中有的人暗中出塞做买卖，换取那里筰国的马、僰国的僮仆和牦牛，所以巴郡、蜀郡人口繁多，生活富裕。

建元六年，大行王恢攻打东越，东越人杀死了东越王郢而向汉朝报告。王恢乘着军事威势派番阳令唐蒙委婉地告知南越汉朝出兵的意图。南越拿蜀地的枸酱给唐蒙吃，唐蒙问这是从哪里弄来的，南越人说："由西北边的牂柯江而来的，牂柯江宽有几里，流经番禺城下。”唐蒙回到长安，询问蜀地的商人，商人说：“只有蜀郡出产枸酱，很多人悄悄拿着出去和夜郎做交易。夜郎靠近牂柯江，江宽有一百多步，足够来行船。南越用财物使夜郎归附自己，势力向西到达了同师，可是也没能像对待臣国那样差遣夜郎。”唐蒙于是上书劝皇上说：“南越王乘坐着黄盖左纛的车子，土地东西有一万多里，名义上是外臣，其实是一州的君主。如今从长沙、豫章前去，水路多数隔断，难以前行。我私下听说夜郎所拥有的精兵，可能有十多万，乘船从牂柯江而下，乘它不注意，这是制服南越的一条奇计。如果凭着汉朝的强大，巴郡、蜀郡的富饶，开通前往夜郎的道路，给那里设置官吏，十分容易。”皇上答应了这个建议。于是，任命唐蒙做郎中将，率领一千人，以及携带粮食辎重的一万多人，从巴蜀筰关进入夜郎，于是会见了夜郎侯多同。唐蒙给他很优厚的赏赐，用汉王朝的威势和恩德来晓谕他，约定给他们设置官吏，让他的儿子任县令。夜郎附近的小国都贪图汉朝的丝织品，认为通往汉朝的道路艰险，终究不能占为己有，就暂且接受了唐蒙的盟约。唐蒙回到汉朝报告，于是把夜郎设为犍为郡。调派巴郡、蜀郡的士兵修整道路，从僰直修到牂柯江。蜀郡人司马相如也说西夷的邛、筰可以设置郡。皇上派司马相如以郎中将的身份前往那里晓谕，将他们都如同南夷一样对待，给他们设置了一个都尉、十几个县，归属于蜀郡。

正当这个时候，巴、蜀、汉中、广汉四个郡开通了西南夷的道路，辗转运送军粮。几年后，道路不通，士兵疲乏饥饿，遭受潮湿，死了很多人。西南夷又多次反叛，派兵发动攻击，消耗费用，却没有功效。皇上担心这件事，派公孙弘前去那里察看了解。公孙弘回来报告，说这件事对国家不利。待到公孙弘任御史大夫，当时正在修筑朔方城，来据守黄河驱逐匈奴，公孙弘借机多次述说开通西南夷的害处，可以暂时停止，集中精力对付匈奴。皇上停止了西南夷开通的事，只在南夷夜郎设置两个县和一个都尉，让犍为郡自己保全并逐渐完善它的郡县体制。

到了元狩元年，博望侯张骞出使大夏归来，说他在大夏时看到蜀地出产的细布和邛崃山出产的竹杖，让人去问这些东西是从哪里来的，回答说："从东南方的身毒国来的，它离这里有几千里远，能够和蜀地的商人做买卖。"又听说邛崃山西边大约二千里有身毒国。张骞趁机说大夏在汉朝的西南，羡慕中国，担心匈奴阻隔了他们和中国的通路，如果能够开通蜀地的道路，取道身毒国既方便又近，对汉朝有利无害。于是，天子就命令王然于、柏始昌、吕越人等人，让他们打探捷径，从西夷的西边出发，想寻找身毒国。他们到了滇国，滇王尝羌就留下他们，派了十多批人为他们寻找向西去的道路。一年多后，道路全都被昆明夷隔断，没有人能通往身毒国。

滇王和汉朝使者谈话说："汉朝和我们滇国相比哪个大？"到了夜郎，夜郎侯也是这样问。以道路不通的缘故，各自以为自己是一州之主，不知道汉朝的辽阔。使者回来后，于是大谈滇是个大国，值得让他们亲近和归顺汉朝，天子对这事专心留意。

等到南越造反，皇上派驰义侯通过犍为郡的名义调发南夷军队。且兰君害怕行军遥远，邻近的国家会乘机掳走自己老弱的百姓，于是和他的军队反叛了，杀死了汉朝使者和犍为太守。汉朝于是调派曾经攻打南越的八位校尉，率领巴郡和蜀郡被免罪从军的犯人，去进攻打败了且兰。适逢南越已经被攻破，汉朝八位校尉还未沿牂柯江而下，就带兵撤回，在行军中征伐了头兰。头兰是经常阻断滇国和汉朝通路的国家。平定了头兰后，于是就平定了南夷，设置了牂柯郡。夜郎侯起初倚恃南越，南越灭亡后，正碰上汉朝军队回来诛杀反叛的人，夜郎于是入京朝见天子。皇子封他为夜郎王。

南越被攻破后，以及汉朝杀了且兰、邛君，并且杀了筰侯，冉駹都震惊恐慌，便向汉朝请求称臣，为他们设置官吏。于是，汉朝将邛都设为越嶲郡，筰都设为沈犁郡，冉駹设为汶山郡，广汉西边的白马设为武都郡。

皇上派王然于利用南越破败以及诛杀南夷的兵威委婉地告知滇王入京朝见天子。滇王，他的军队有几万人，他附近东北边有劳寝、靡莫，都和滇王同姓，相互倚仗，不肯听从劝告。劳浸、靡莫屡次触犯汉朝使者和官兵。元封二年，天子调发巴郡、蜀郡的军队进攻并消灭了劳濅、靡莫，大军逼近滇国。滇王当初对汉朝本有善意，因此没有杀滇王。滇王于是离开西南夷，全国向汉朝投降，请求为他们设置官吏，并入京朝见天子。于是，汉朝将滇国设为益州郡，赐给滇王王印，依旧统治他的人民。

西南夷的君长数以百计，只有夜郎、滇的君长接受了王印。滇是个小国，最受汉朝宠爱。

太史公说："楚国的祖先难道有上天赐予的禄位吗？在周的时候做过文王的师傅，被封于楚。待到周朝衰落，楚国土地号称方圆五千里。秦国灭亡诸侯，只有楚国的后代还做了滇王。汉朝讨伐西南夷，那里的国家大多灭亡了，只有滇王依旧是汉朝宠爱的王。然而，平定南夷的开端，是在番禺见到了枸酱，在大夏见到了邛竹杖。西夷后来被分割，分为西、南二方，终于被汉朝设为七个郡。"

全新足本·精注全译

拾

史记

【西汉】司马迁◎著
石磊◎主编

中国文史出版社

目录

第九十九卷　司马相如列传第五十七

此文是西汉著名文学家司马相如的传记。作者简练地记述了相如一生游梁、娶文君、通西南夷等几件事，而与此有关的文和赋却全文收录，“连篇累牍，不厌其繁”（李景星《史记评议》），计有《子虚赋》《上林赋》《喻巴蜀檄》《难蜀父老》《上书谏猎》《哀二世赋》《大人赋》《封禅文》八篇，文字之多，远超司马迁自己的记述，足见作者“特爱其文赋”（茅坤《史记钞》），“心折长卿之至”（牛运震《史记评注》）。

司马迁通过这些文赋，写出了汉代辞赋大师司马相如穷困潦倒的境遇，表现传主对中国封建社会的盛世——汉武帝时代的显赫声威的感受。他既赞美大一统和中央集权的思想，铺排宫室苑囿的华美和富饶，显示中国人民创造物质文明的伟大才智与功绩；又主张戒奢持俭，防微杜渐，并婉谏超世成仙之谬，让读者看到了封建盛世之下一个知识分子的矛盾心情。

司马迁对相如及其文赋的评价，皆寓于相如的文章之中，他肯定《子虚赋》《上林赋》倡言节俭的主旨，高度评价相如作品的讽谏作用与《诗经》无异，反映了作者重视作品教化作用的文学观念。实际上，相如文赋的思想都是司马迁赞成的思想，他不过是借传主之文来反映自己的思想罢了，正所谓“驱相如之文以为己文，而不露其痕迹”（李景星《史记评议》）。这也正是这部《史记》中最长最奇之作的高超艺术手法的一个突出例子。

文章中记述司马相如与卓文君婚恋的故事，写得婉转秾丽，极富新奇的故事情趣，颇似生动的小说。所以，清人吴见思在其《史记论文》里，称其为“唐人传奇小说之祖”。它给后世文学艺术作品的创作，提供了极好的范例和原始的素材。

【原文】

司马相如者，蜀郡成都人也，字长卿。少时好读书，学击剑①，故其亲名之曰犬子②。相如既学③，慕蔺相如之为人，更名相如。以赀为郎④，事孝景帝，为武骑常侍，非其好⑤也。会景帝不好辞赋，是时梁孝王来朝，从游说之士齐人邹阳、淮阴枚乘、吴庄忌夫子⑥之徒，相如见而说之，因病免⑦，客游梁。梁孝王令与诸生同舍⑧，相如得与诸生游士居数岁，乃著《子虚之赋》。

会梁孝王卒，相如归，而家贫，无以自业⑨。素与临邛令王吉相善⑩，吉曰：“长卿久宦游不遂，而来过⑪我。”于是相如往，舍都亭⑫。临邛令缪为恭敬，日往朝⑬相如。相如初尚见之，后称病，使从者谢⑭吉，吉愈益谨肃。临邛中多富人，而卓王孙家僮⑮八百人，程郑亦数百人，二人乃相谓曰：“令有贵客，为具⑯召之。”并召令。令既至，卓氏客以百数。至日中，谒司马长卿，长卿谢病⑰不能往，临邛令不敢尝食，自往迎相如。相如不得已，强往[18]，一坐尽倾[19]。酒酣，临邛令前奏[20]琴曰："窃闻长卿好之，愿以自娱。"相如辞谢，为鼓一再行[21]。是时卓王孙有女文君新寡，好音，故相如缪与令相重[22]，而以琴心挑[23]之。相如之[24]临邛，从车骑[25]，雍容闲雅甚都[26]；及饮卓氏，弄琴，文君窃从户窥[27]之，心悦而好之，恐不得当[28]也。既罢，相如乃使人重赐文君侍者通殷勤[29]。文君夜亡奔[30]相如，相如乃与驰归成都。家居徒[31]四壁立。卓王孙大怒曰："女至不材[32]，我不忍杀，不分一钱也。"人或谓王孙，王孙终不听。文君久之不乐，曰："长卿第俱临邛[33]，从昆弟假贷犹足为生[34]，何至自苦如此！"相如与俱之临邛，尽卖其车骑，买一酒舍酤酒[35]，而令文君当炉[36]。相如身自著犊鼻裈[37]，与保庸杂作[38]，涤器于市中。卓王孙闻而耻之，为杜门[39]不出。昆弟诸公更谓[40]王孙曰："有一男两女，所不足者非财也。今文君已失身于司马长卿，长卿故倦游[41]，虽贫，其人材足依也。且又令客[42]，独柰何[43]相辱如此！"卓王孙不得已，分予文君僮百人，钱百万，及其嫁时衣被财物。文君乃与相如归成都，买田宅，为富人。

【注释】

①击剑：投剑击物的技术。或以为是刺杀斩击的技术。②犬子：犹言"狗儿"，这是司马相如最初的名字，饱含着父母对儿子的亲昵之情。③既学：完成学业。按裴学海《古书虚字集释》："既，尽也。"梁玉绳《史记志疑》卷三十四引《三国志·蜀书·秦宓传》秦宓的话说："文翁遣相如东受七

经，还教吏民。”此“既学”当指此事。④以赀为郎：因为家中资财多而当上了郎官。以，因。赀，通“资”，钱财。郎，郎官，是汉代的宫廷宿卫侍从之官。按汉朝法律，功臣的子弟、二千石以上的显宦高官子弟，皆可凭恩荫为郎。另外家财超过四万的良家子弟，也可以被选为郎，称为“赀郎”。司马相如当郎官即属此类。⑤好：喜爱。⑥夫子：犹言“先生”，是一种尊称。《集解》引徐广言，释为庄忌之字，不确。⑦说：通“悦”，喜爱。因：趁，借。免：辞官。⑧诸生：指梁孝王的诸多门客。舍：住。⑨自业：自为生计。⑩素：一向。令：县令。相善：互相友好。⑪宦游：离乡在外，求官任职。遂：官运通达。过：拜访。⑫都亭：指临邛城内之亭。都：城。亭：人停集之处。⑬缪：通“谬”，诈，佯装之意。朝：拜访。⑭谢：拒绝。“谢吉”就是拒绝王吉的拜访，以提高自己的身份。⑮家僮：私家奴隶。⑯为具：备办酒席。具，馔也，指饭菜。⑰谒：请。谢病：以病推辞。⑱强往：勉强前去。⑲一坐尽倾：在座的客人都惊羡司马相如的风采。⑳奏：进献。㉑鼓：弹奏。一再行：一两支曲子。再，第二。行，指乐曲。㉒缪：通“谬”，佯装。相重：相互敬重。㉓琴心：指琴声中蕴含的感情。据《史记索隐》载，司马相如所配曲辞曰：“凤兮凤兮归故乡，游遨四海求其皇，有一艳女在此堂，室迩人遐毒我肠，何由交接为鸳鸯。”又曰：“凤兮凤兮从皇栖，得托子尾永为妃。交情通体必和谐，中夜相徒别有谁?”两诗皆富深情。挑：通“誂（诮）”。《说文》：“誂，相呼诱也。”此指司马相如用琴声诱发卓文君的爱慕之情。㉔之：往；到……去。㉕从车骑：车马跟随在后边。从，随。㉖雍容闲雅：仪表堂堂，文静典雅。甚都：很大方。按《广雅》：“都，大也。”又《史记集解》引郭璞曰：“都犹姣也。”㉗窥：从缝隙中偷看。㉘当：通“党”。《方言》：“党，知也。”“不得当”犹言不了解我。㉙通：传达。殷勤：殷切诚恳之情。㉚亡奔：逃出卓家私奔相如。亡，逃跑。奔，男女不经所谓合法手续而私自结合。㉛家居：家中存放之物。居，放置。徒：空。“徒四壁立”，只有空空的四面墙壁竖立在那里。此言家中穷乏无物。㉜至：极。不材：不成才。㉝第：但；只。俱临：一同前往。㉞从：向。昆弟：兄弟。假贷：借贷。为生：维持生活。㉟酒舍：酒店。酤酒：卖酒。㊱当炉：主持卖酒之事。按：《广韵》曰：“当，主也。”炉，通“垆”，堆土成台，四面隆起，中置酒瓮以热酒。㊲著：穿。犊鼻裈（kūn）：形似牛犊之鼻的围裙。或说是形如牛犊之鼻的短裤。㊳保庸：雇工。或释为奴婢之贱称（见《方言》）。杂作：共同操作。㊴杜门：闭门。㊵诸公：父辈们。此指临邛的年长者。更：交相。㊶故：本来。倦游：对宦游已厌倦。㊷令客：县令的客人。㊸柰何：通“奈何”。

【原文】

居久之，蜀人杨得意为狗监，侍上①。上读《子虚赋》而善之②，曰：“朕独不得与此人同时哉！”得意曰：“臣邑人司马相如自言为此赋。”上惊，乃召问相如。相如曰：“有是。

然此乃诸侯之事，未足观也。请为天子游猎赋，赋成奏[③]之。”上许，令尚书给笔札[④]。相如以“子虚”，虚言也，为楚称[⑤]；“乌[⑥]有先生”者，乌有此事也，为齐难[⑦]；“无是公”者，无是人也，明天子之义[⑧]。故空藉[⑨]此三人为辞，以推[⑩]天子诸侯之苑囿。其卒章归之于节俭，因以风[⑪]谏。奏之天子，天子大说。其辞曰：

【注释】

①侍：侍奉。上：皇上。此指汉武帝刘彻。②善之：赞美《子虚赋》。③奏：进献。④笔札：写字的笔和可供写字的木板。⑤虚言：虚构的言辞。称：陈述、夸耀。⑥乌：何、焉。“乌有”犹言“哪有”，即没有。⑦难：诘难。⑧明：阐明。天子之义：做天子的道理。⑨空藉：假借。⑩推：推演。⑪因以：借以。风：通“讽”，委婉含蓄地劝告。

【原文】

楚使子虚使于齐，齐王悉发境内之士[①]，备车骑之众，与使者出田[②]。田罢，子虚过诧[③]乌有先生，而无是公在焉。坐定，乌有先生问曰：“今日田乐乎？”子虚曰：“乐。”“获多乎？”曰：“少。”“然则何乐？”曰：“仆乐齐王之欲夸仆以车骑之众，而仆对以云梦之事也。”曰：“可得闻乎？”

子虚曰：“可。王驾车千乘，选徒万骑，田于海滨。列卒满泽，罘罔弥[④]山，掩兔辚[⑤]鹿，射麋脚麟[⑥]。骛于盐浦[⑦]，割鲜染轮[⑧]。射中获多，矜而自功[⑨]。顾谓仆曰：‘楚亦有平原广泽游猎之地饶乐若此者乎？楚王之猎何与[⑩]寡人？’仆下车对曰：‘臣，楚国之鄙人[11]也，幸得宿卫十有余年，时从出游，游于后园，览于有无，然犹未能遍睹也，又恶足以言其外泽者乎！’齐王曰：‘虽然，略以子之所闻见而言之。’

【注释】

①悉：全，皆。士：兵。②备：齐全。田：通“畋”，打猎。③过：拜访。诧：夸耀。④罘（fú）：捕兔的网。罔：捕鱼的网。弥：满。⑤掩（yǎn）：覆盖、罩住。《汉书·司马相如传》《文选·子虚赋》皆作“掩”，乃“奄”之借字，也是覆盖之意。辚：用车轮碾压。⑥麋：麋鹿。脚：本指动物的小腿，此用为动词，捉住小腿之意。麟：一种大鹿，非指古人作为祥瑞之物的麟。⑦骛：纵横奔驰。盐浦：海边盐滩。⑧鲜：指鸟兽的生肉。染轮：血污车轮。此句言猎获之物甚多。⑨矜：骄矜、夸耀。自功：自我夸功。⑩何与：何如。⑪鄙人：见识浅陋的人。

【原文】

“仆对曰：‘唯唯[1]。臣闻楚有七泽，尝见其一，未睹其余也。臣之所见，盖特[2]其小小耳者，名曰云梦。云梦者，方九百里，其中有山焉。其山则盘纡弟郁[3]，隆崇嵂崒[4]；岑岩参差[5]，日月蔽亏[6]；交错纠纷[7]，上干[8]青云；罢池[9]陂陁，下属[10]江河。其土则丹青赭垩[11]，雌黄白坿[12]，锡碧[13]金银，众色炫耀[14]，照烂[15]龙鳞。其石则赤玉玫瑰[16]，琳瑉琨珸[17]，瑊玏玄厉[18]，瑌石武夫[19]。其东则有蕙圃衡兰[20]，芷若射干[21]，穹穷昌蒲[22]，江离麋芜[23]，诸蔗猼且[24]。其南则有平原广泽，登降陁靡[25]，案衍坛曼[26]。缘以大江[27]，限以巫山[28]。其高燥则生葴蕲苞荔[29]，薜莎青薠[30]。其卑湿则生藏莨蒹葭[31]，东蘠雕胡[32]，莲藕觚芦[33]，菴蔄轩芋[34]，众物居[35]之，不可胜图[36]。其西则有涌泉清池，激水推移[37]，外发芙蓉菱华[38]，内隐[39]巨石白沙。其中则有神龟蛟鼍[40]，玳瑁鳖鼋[41]。其北则有阴林[42]巨树，楩楠豫章[43]，桂椒木兰[44]，檗离朱杨[45]，樝梸梨梬栗[46]，橘柚芬芳。其上则有赤猿蠷蝚[47]，鹓雏孔鸾[48]，腾远射干[49]。其下则有白虎玄豹[50]，蟃蜒貙犴[51]，兕象野犀[52]，穷奇[53]獌狿。

【注释】

①唯唯：应答的声音。②特：只。③盘纡：迂回曲折。岪郁：山势曲折的样子。④隆崇：高耸之状。嵂崒：山势高峻险要的样子。⑤岑岩：《文选》作“岑崟”，《方言》释为“峻貌”，即山势高峻的样子。参差：形容山岭高低不齐的样子。⑥蔽：全遮住。亏：半缺。⑦交错纠纷：形容山岭交错重叠，杂乱无序。⑧干：接触。按：《文选》李善注：“孔安国《尚书传》曰：干，犯也。”⑨罢池：山坡倾斜的样子。下文“陂陁”亦此意。⑩属：连接。⑪丹：朱砂。青：石青，可制染料。赭（zhě）：赤土。⑫雌黄：一种矿物名，即石黄，可制橙黄色染料。白坿：石灰。坿：白土。⑬碧：青色的玉石。⑭众色：指各种矿石闪现的不同光彩。炫耀：光辉夺目的样子。⑮照：照耀。烂：灿烂。这句说各种矿石光彩照耀，有如龙鳞般的灿烂辉煌。⑯赤玉：赤色的玉石。玫瑰：一种紫色的宝石。⑰琳瑉：一种比玉稍次的石。琨珸：高步瀛《文选李注

义疏》以为“琨珸”即“琨”。《说文》：“琨，石之美者。”⑱瑊玏：次于玉的一种石名。又郭璞以为“似玉之石”（见《广韵》引文）。玄厉：一种黑色的石头。⑲碝（ruǎn）石：一种次于玉的石头，“白者如冰，半有赤色”（见《文选》李善注）。武夫：《文选》作“碔砆”，一种次于玉的美石，质地赤色而有白色斑纹。⑳蕙圃：蕙草之园。蕙与兰皆为香草，外貌相似。蕙，一茎可开数朵花。衡：杜衡，香草名，“其状若葵，其臭如蘼芜”。（见《文选》李善注）兰：兰草。㉑芷：白芷，香草名，根可入药。若：杜若，香草名。射干：香草名，草本，可入药。㉒穹穷：香草名，其根可以入药。昌蒲：水草名，根可入药。㉓江离：或作“茳蓠”，香草名。麋芜：或作“蘼芜”，即穹穷之苗。㉔诸蔗：即甘蔗。猼且：即芭蕉。㉕登降：此言地势高低不平，或登上或降下。陁靡：山坡倾斜绵延的样子。㉖案衍：地势低下。坛曼：地势平坦。㉗缘：沿、循。大江：指长江。㉘限：界限。巫山：指云梦泽中的阳台山，在今湖北省汉阳境内，非为今重庆市巫山县。㉙高燥：高而干燥之地。葴：马蓝，草名。苞：草名，形似茅草，可编席织鞋。荔：草名，其根可制刷。㉚薛：高步瀛《文选李注义疏》以为“薛即萧，萧薛声转”。又《说文》曰：“萧，艾蒿也。”则“薛”乃艾蒿。莎：一种蒿类植物名。青薠：一种形似莎而比莎大的植物名。㉛卑：低。藏莨：即狗尾巴草，也称狼尾草。蒹葭：芦苇。㉜东蔷：草名，状如蓬草，结实如葵子，可以吃。雕胡：菰米。㉝菰芦：即葫芦

（见《文选》李善注引张晏说）。又方以智《通雅》以为："菰芦，言菰茭（雕胡）、芦笋，皆可食者也。"㉞菴蕳：蒿类植物名，籽可入药。轩芋：即莸草，一种生于水中或湿地里的草。㉟众物：指众多的草木。居：此指生长。㊱图：计算。㊲涌泉：奔涌的泉水。推移：浪涛翻滚向前。㊳外：指池水表面。发：开放。芙蓉：即荷花。菱华：即菱花，开小白花。华，通"花"。㊴内：指池水下面。隐：藏。㊵中：指池水中。蛟：古代传说中能发水的一种龙。鼍（tuó）：即今之扬子鳄，俗名猪婆龙。㊶玳瑁：龟类动物，其有花纹的甲壳可做装饰品。鼋：大鳖。㊷阴林：北山坡的树林。㊸楩：树名，即黄楩木。楠：树名，即楠木，树质甚佳。豫章：树名，即樟木。㊹桂：香树名。椒：花椒树。木兰：树名，开白花，宜于观赏。㊺檗：即黄檗树。其高数丈，其皮外白里黄。离：通"樆"，即山梨树。朱杨：生于水边的树名，即赤茎柳。㊻楂梸：即山楂树。楟（yǐng）栗：楟枣，今称黑枣。㊼赤猿：红猴。蠷蝚：猕猴。㊽鹓雏：传说中似凤凰的鸟名。孔：孔雀。鸾：鸾鸟，传说中似凤凰的鸟名。㊾腾远：即"腾猿"之误字，善腾跃的猴子。射干：似狐而小的动物，能上树，其鸣如猿。㊿玄豹：黑豹。51蟃蜒：通"獌狿"，一种似狸的狼类大兽，传说其长百寻（当为一寻之误）。貙：一种似狸而大的猛兽。犴：一种似狐的野狗。52兕：雌性犀牛。53穷奇：野兽名。一说其鸣如狗，能吃人。一说其状似虎，有翅能飞，能吃人。按：《汉书·司马相如传》无"兕象"以下八字。钱大昕谓后人妄增。

【原文】

“‘于是乃使专诸之伦①，手格②此兽。楚王乃驾驯驳之驷③，乘雕玉之舆④。靡鱼须⑤之桡旃，曳明月⑥之珠旗。建干将之雄戟⑦，左乌嗥之雕弓⑧，右夏服⑨之劲箭；阳子骖乘⑩，纤阿⑪为御；案节未舒⑫，即陵狡兽⑬。蹸邛邛⑭，蹴距虚⑮，轶野马而韢騊駼⑯，乘遗风而射游骐⑰。倏眒凄浰⑱，雷动熛至⑲，星流霆⑳击。弓不虚发，中必决眦㉑，洞㉒胸达腋，绝乎心系㉓。获若雨兽㉔，掩草蔽地。于是楚王乃弭节裴回㉕，翱翔容与。览乎阴林，观壮士之暴怒，与猛兽之恐惧。徼谻受诎㉖，殚㉗睹众物之变态。

“‘于是郑女曼姬㉘，被阿锡㉙，揄纻缟㉚，杂纤罗，垂雾縠㉛；襞积褰绉㉜，纡徐委曲㉝，郁桡㉞谿谷；衯衯裶裶㉟，扬袘恤削㊱，蜚纤垂髾㊲；扶与猗靡㊳，噏呷萃蔡㊴。下摩㊵兰蕙，上拂羽盖㊶。错翡翠之威蕤㊷，缪绕玉绥㊸；缥乎忽忽㊹，若神仙之仿佛㊺。

【注释】

①专诸：春秋时代的吴国勇士，曾替吴公子光刺杀吴王僚。此指像专诸一样的勇士。伦：类。②格：击杀。③驯：被驯服。驳：毛色不纯的马。驷：古代四匹马驾一车称驷，此泛指马。④雕玉之舆：用雕刻的玉石装饰的车，此言车之高贵。⑤靡：通“麾”，挥动。鱼须：海中大鱼之须，用来做旗子的穗饰。⑥曳：摇动。明月：珍珠名。⑦建：举起。干将：本为

春秋时代吴国的著名制剑工匠，此指利刃。雄戟：三面有刃的戟。⑧乌嗥：《汉书》作“乌号”，古代良弓名。雕弓：雕刻花纹的弓。⑨夏服：通“夏箙”，盛箭的袋子。相传善射的夏后羿有良弓繁弱，还有良箭，装在箭袋之中，此箭袋即称夏服。⑩阳子：即孙阳，字伯乐，秦穆公之臣，以善相马著称。骖乘：陪乘的人。古时乘车，驾车者居中，尊者居左，右边一人陪乘，以御意外，称骖乘。⑪纤阿（ē）：传说是为月神驾车的仙女，后人泛称善驾车者为纤阿。⑫案节：马走得缓慢而有节奏。此言马未急行。未舒：指马足尚未尽情奔驰。此亦言马未急行。⑬陵：侵凌，此指践踏。狡兽：强健的猛兽。按：《广雅》：“狡，健也。”⑭辚：用车轮碾压。邛邛：传说中的怪兽，其状如马，善奔驰。⑮蹴：践踏。距虚：一种善于奔走的野兽名，其状如驴。⑯轶：突击。辖：车轴顶端。这里是以辖撞击之意。或释辖为“躗”（wèi）之借字，践踏之意，也通。騊駼：北方野马名。或释为良马。⑰遗风：千里马名。骐：野兽名，似马。⑱倏眒：迅速的样子。倏，疾速。凄浰：迅疾的样子。⑲雷动：像惊雷那样震动。此言楚王车马的气势勇猛。熛至：像暴风刮来一样。熛，通“猋”，即飙风，迅疾的大风。此言楚王车骑的神速。⑳星流：流星飞坠。霆：疾雷。㉑中：射中。决：裂开。眦：眼眶。㉒洞：贯穿。㉓绝：断裂。心系：连心的血管。㉔获：指猎物。雨：下雨。这里指像雨点降落一样。㉕弭（mǐ）节：停鞭缓行。裴回：即徘徊。㉖徼（yāo）：拦截。谻：极度疲倦。受：接受。诎：穷尽。

此指精疲力竭。㉗殚：尽。㉘郑女：郑国女子。古代郑国多美女。曼姬：美女。曼，皮肤细腻柔美。㉙被：通“披”，此指穿衣。阿：轻细的丝织品。锡：通“緆”，细布。㉚揄：牵曳。纻：麻布。缟：白绸布。㉛雾縠：轻柔的细纱。㉜襞积：形容女子腰间裙褶重重叠叠。褰（qiān）绉：形容衣服上的纹理很多。褰，缩。㉝纡徐委曲：形容衣服的线条婉曲多姿。或释为“裙下垂貌”（见《文选》吕向注）。㉞郁桡：深曲的样子。㉟衯衯裶裶：衣服长长的样子。㊱扬：抬起。袘（yì）：裙子下端边缘。恤削：形容裙缘整齐的样子。㊲蜚：通“飞”，飘动。纤：妇女上衣上的飘带。髾（shāo）：本指妇女燕尾形的发髻，此指衣服的燕尾形的下端。㊳扶舆猗靡：皆形容衣服合身，体态婀娜的样子。㊴噏呷萃蔡：皆为人走路时衣服摩擦所发出的响声的象声词。㊵摩：摩擦。㊶拂：拂拭。羽盖：插饰羽毛的车盖。㊷错：间杂。翡、翠：皆为鸟名，前者生红色羽毛，后者生绿色羽毛。威蕤（ruí）：用羽毛装饰的首饰。㊸缪绕：缭绕。缠结。玉绥：用玉装饰的帽带。㊹缥乎：隐隐约约若有若无的样子。忽忽：飘忽不定的样子。㊺仿佛：不真切。

【原文】

“‘于是乃相与獠[1]于蕙圃，媻珊勃窣上金堤[2]。掩翡翠，射鵔鸃[3]。微矰出，纤缴施[4]。弋白鹄，连驾鹅[5]。双鸧下，玄鹤加[6]。怠而后发，游于清池[7]；浮文鹢，扬桂枻[8]。张翠帷，建羽盖[9]，罔玳瑁，钓紫贝[10]；摐金鼓，吹鸣籁[11]，榜人歌，声流喝[12]，水虫骇，波鸿沸[13]，涌泉起，奔扬会[14]，礧石[15]相击，硠硠礚礚[16]，若雷霆[17]之声，闻乎数百里之外。

"'将息獠者，击灵鼓，起烽燧[18]。车案行，骑就队[19]。纚乎淫淫[20]，班乎裔裔[21]。于是楚王乃登阳云之台[22]，泊乎无为[23]，澹乎自持[24]，勺药之和具而后御[25]之。不若大王终日驰骋而不下舆，脟割轮淬[26]，自以为娱。臣窃观之，齐殆[27]不如。'于是王默然无以应仆也。"

【注释】

①獠：夜间打猎。②媻珊：走路缓慢的样子。勃窣：缓缓前行的样子。金堤：坚实的水堤。一说是堤名。③掩：通"罨"，撒网捕鸟。鵕䴊：锦鸡。④纤缴：拴在箭上的细丝绳，用以保持箭在飞行中的平衡。缴，一种用丝绳系住用来射鸟的短箭。施：射出。⑤弋：用带丝线的箭射飞禽。白鹄：白天鹅。连：牵连。此指用带丝线的箭射中驾鹅。驾鹅：野鹅。⑥鸧:鸟名，即鸧鸹，形似雁，黑色。玄鹤：黑鹅。加：箭加其身，即射中之意。⑦怠：疲倦。发：指开船。游：泛舟。清池：指云梦西边的涌泉清池。⑧浮：漂浮。文：花纹。鹢：水鸟名，此指船头绘有鹢的图案的画船。扬：举起。桂枻：桂木船桨。⑨张：挂起。翠帷：画有翡翠鸟图案的帷帐。建：竖起。羽盖：用鸟毛装饰的伞盖。⑩罔：通"网"，用网捕取。紫贝：长有紫色而带黑纹贝壳的水中动物。⑪摐：撞击。金鼓：形如铜锣的古乐器，即钲。籁：一种带孔的管乐器，即排箫。⑫榜人：划船的人。榜，通"舫"。《说文》："舫，船师

也。”流喝（yè）：声音悲凉嘶哑。⑬水虫：指水中的鱼虾之类。鸿：通“洪”。《尔雅》：“洪，大也。”沸：指波涛翻滚。⑭奔扬：波涛（泷川资言《史记会注考证》引中井积德说）。会：汇合。⑮礌石：古代作战时从高处往下推滚以打击敌人的石头，或谓“礌”通“磊”，则“磊石”即为众石。⑯礚：水石相撞击的声音。⑰雷霆：雷暴，霹雳。⑱灵鼓：六面鼓。起：点燃。烽燧：示警的烽火。此指火把。⑲案行：按队列行走。案，通“按”。就队：归队。⑳纚（xǐ）乎：接续不断的样子。淫淫：渐进的样子。此指队伍缓缓前行的样子。㉑班乎：犹“班然”，依次相连的样子。裔裔：络绎不绝地向前行进的样子。㉒阳云之台：楚国台榭之名，又名阳台，在巫山下。㉓泊乎：通“怕乎”，犹“怕然”，安静无事的样子。按：《说文》：“怕，无为也。”无为：泰然无事。㉔澹乎：犹“憺然”，安静无事的样子。澹，通“憺”。按：《说文》：“憺，安也。”自持：保持安静的心态。㉕勺药：即芍药，香草名，古人用以为调料。和：调和。具：通“俱”，齐备。御：进献。㉖脟：通“脔”，把肉切成小块。轮淬：在车轮间烤肉吃。按：《文选》“淬”作“焠”，烤灼之意。㉗殆：恐怕。

【原文】

乌有先生曰：“是何言之过也！足下不远千里，来况[①]齐国，王悉发境内之士，而备车骑之众，以出田，乃欲勠力致获[②]，以娱左右也，何名为夸哉！问楚地之有无者，愿闻大国之风烈[3]，先生之余论也。今足下不称楚王之德厚，而盛推云梦以为高，奢言淫乐而显侈靡，窃为足下不取也。必若所言，固非楚国之美也。有而言之，是章[4]君之恶；无而言之，是害足下之信。章君之恶而伤私义[5]，二者无一可，而先生行之，必且轻于齐而累[6]于楚矣。且齐东陼[7]巨海，南有琅邪[8]；观乎成山[9]，射乎之罘[10]；浮勃澥[11]，游孟诸[12]；邪与肃慎[13]为邻，右以汤谷[14]为界；秋田乎青丘[15]，彷徨乎海外。吞若云梦者八九，其于胸中曾不蒂芥[16]。若乃俶傥瑰伟[17]，异方殊类[18]，珍怪鸟兽，万端鳞萃[19]，充仞[20]其中者，不可胜记，禹不能名[21]，契不能计[22]。然在诸侯之位，不敢言游戏之乐，苑囿之大；先生又见客[23]，是以王辞而不复[24]，何为无用[25]应哉!”

【注释】

①况：通“贶”，赐，此指赐教。②勠力：齐心合力。致获：获得禽兽。③风：美好的风教。烈：功业。④章：通“彰”，宣扬，张扬。⑤私义：指信义。⑥轻：轻视。累：牵累。⑦陼：水边。此乃面临之意。⑧琅邪：或写作“琅琊”，山名，在今山东诸城东南海边，其山三面临海。⑨观：游赏。成山：山名，在今山东省威海市荣成东北。⑩之罘（fú）：山名，在今山东省烟台市福山区东北。⑪浮：行船。勃澥：也写作“渤澥”，即今之渤海。⑫孟诸：古代大泽名，在今河南省商丘东北及虞城西北，今已淤塞消失。⑬邪：通“斜”，指侧翼方向。肃慎：古代国名。⑭右：古人多以东方为左，故《文选》李善注以为此“右”字当是“左”字之误。汤谷：

或写作“暘谷”，神话传说中的太阳升起之处。⑮田：通“畋”，打猎。青丘：古代海外国名。⑯曾：竟。蒂芥：指小小的梗塞之物。⑰倜傥：卓越非凡。瑰伟：奇伟，卓异。此指珍奇特异之物。⑱异方：不同地区。殊类：特殊物类。⑲万端：犹言万物，指上述各种珍奇异物。鳞萃：像鱼鳞般地聚集。⑳仞：通“牣”：充满。㉑名：叫出名字来。㉒契：商代的始祖。传说他曾任尧的司徒，善长计算。上句之“禹”，曾为尧的司空，善辨九州的土地、山川和草木、禽兽。这两句说，就是禹和契这样的圣人，也难以说出众物之名，计算出众物之数。极言物类之繁多。㉓见客：被当作贵客加以优待。㉔辞：言语。复：回答之意。“辞而不复”，犹言没回答任何言语。㉕无用：无以。

【原文】

无是公听然[①]而笑曰：“楚则失[②]矣，齐亦未为得也。夫使诸侯纳贡者，非为财币[③]，所以述职[④]也；封疆[⑤]画界者，非为守御，所以禁淫[⑥]也。今齐列为东藩[⑦]，而外私[⑧]肃慎，捐国逾限[⑨]，越海而田，其于义[⑩]故未可也。且二君之论，不务明[⑪]君臣之义而正诸侯之礼，徒事[⑫]争游猎之乐，苑囿之大，欲以奢侈相胜，荒淫相越，此不可以扬名发誉[⑬]，而适足以贬君自损也。且夫齐、楚之事又焉足道邪！君未睹夫巨丽[⑭]也，独不闻天子之上林[⑮]乎？

【注释】

①听然：笑的样子。或以为“听”通“哂”，微笑（或大

笑）之意。②失：错误、过失。③财币：财物。④述职：陈述职责之事。按古代礼制，诸侯每五年要进京朝见天子一次，进献贡物，陈述政情。⑤封疆：划定诸侯封地的界限。⑥禁淫：杜绝放纵违法的行为。⑦列：排列。东藩：东方的藩属之国。古诸侯国对中央王朝都起着屏藩的作用，故称其为藩国。⑧私：私自交往。⑨捐：丢弃。“捐国”就是离开封国之意。逾：越过。限：界限，指国界。⑩义：道义。⑪二君：指子虚和乌有。务明：竭力阐明。⑫徒事：只做。⑬发誉：提高声誉。⑭巨丽：巨大和壮美。⑮上林：苑名。地在长安之西，原为秦朝旧苑，汉武帝加以扩建，南至终南山，北临渭水，周围三百里，内建离宫七十座，可供上万兵马纵驰其中。

【原文】

“左苍梧[1]，右西极[2]，丹水更[3]其南，紫渊径[4]其北；终始霸、浐[5]，出入泾、渭；酆、鄗、潦[6]、潏，纡余委蛇[7]，经营[8]乎其内。荡荡兮八川[9]分流，相背而异态。东西南北，驰骛[10]往来，出乎椒丘之阙[11]，行乎洲淤之浦[12]，径乎桂林[13]之中，过乎泱莽[14]之野。汩乎浑流[15]，顺阿[16]而下，赴隘陕[17]之口。触穹石[18]，激堆埼[19]，沸[20]乎暴怒，汹涌滂潰[21]。滭浡滵汩[22]，湢测泌瀄[23]。横流逆折，转腾潎洌[24]。澎濞沆瀣[25]，穹隆云挠[26]，蜿蟺胶戾[27]。逾波趋浥[28]，莅莅下濑[29]。批岩冲壅[30]，奔扬滞沛[31]。临坻注壑[32]，瀺灂霣坠[33]。湛湛隐隐[34]，砰磅訇礚[35]。潏潏淈淈[36]，湁潗[37]鼎沸。驰波跳沫[38]，汩急漂疾[39]，悠远长怀[40]。寂漻[41]无声，肆乎永归[42]。然后灏溔潢漾[43]，安翔徐徊[44]。潏乎滈滈[45]，东注大湖，衍溢陂池[46]。于是乎蛟龙赤螭[47]，𩷁鰽螹离[48]。鰅鰬魠[49]，禺禺鱋魶[50]。揵鳍擢[51]尾，振鳞奋翼[52]，潜处于深岩。鱼鳖欢[53]声，万物众夥[54]。明月珠子，玓瓅江靡[55]。蜀石黄碝[56]，水玉磊砢[57]。磷磷烂烂[58]，采色澔旰[59]，丛积乎其中。鸿鹄鹔鸨[60]，驾鹅鸀[61]鳿，䴔䴖鹮目[62]，烦鹜鷛鸈[63]，䴋鴜䴔鸬[64]，群浮乎其上。汎淫泛滥[65]，随风澹淡[66]。与波摇荡，掩薄草渚[67]。唼喋菁藻[68]，咀嚼菱藕。

【注释】

①左：指上林苑的左边，即东方。苍梧：本是汉代郡名，远在今广西苍梧县。此当指上林苑东边的小地名。②右：上林苑的西方。西极：本指西方极远之地，此当指上林苑西边的河水名。高步瀛《文选李注义疏》：“《说文》曰：‘汃，西极之水也。’引《尔雅》作‘汃’。段注曰：‘汃之作豳，声之误也。’步瀛案：西极之水，自非太王所居之邠，此亦假上林苑中之水，以象西极汃水也。”③丹水：河水名，源出今陕西省商洛市商州区西北之冢岭山，东流至河南境。更：流过。④紫渊：上林苑北边的渊水名，也称紫泉。径：经过。⑤霸：《文选》作“灞”，河水名，发源于陕西省蓝田县，流经长安灞桥，再向西北与浐水汇合注入渭水。浐：河水名，发源于陕西省蓝田县西南，流经长安。“终始霸浐”谓霸、浐二河始终未流出上林苑。下句“出入泾渭”，意谓泾水和渭水从上林苑之外流入苑中，又从苑中流出。⑥酆：河水名，源于陕西省宁陕县东北之秦岭，流经长安，再注入渭水。鄗：《文选》作

"镐"，河水名，源出陕西省西安市长安区南，北流入渭水。今仅存上游，下游淤塞。潦：水名，源出陕西省西安市鄠邑区南，东北流入渭水。⑦纡余：水流曲折的样子。委蛇：水流宛转的样子。⑧经营：盘旋的样子。⑨八川：八条河，即上文所写的霸、浐、泾、渭、酆、鄗、潦、潏，合称关中八川。⑩驰骛：形容水势纵横奔流的样子。⑪椒丘：盛产花椒的山丘。阙：缺口。此言椒丘两山相对峙，中有缺口（山谷）。⑫洲淤：即水中沙滩。按扬雄《方言》："水中可居者曰洲，三辅谓之淤也。"浦：水边。⑬桂林：桂树林。⑭泱莽：广阔无边的样子。⑮汩：水流迅速的样子。浑流：通"混流"，水势盛大。⑯阿：高丘。⑰隘陕：即"狭隘"，指河两岸相近之处。⑱穹石：大石头。⑲激：激荡。堆埼：沙石壅积所形成的曲岸。⑳沸：水流涌起。㉑滂濞：通"澎湃"，波浪激荡踊跃的样子。㉒泋涬：水流盛大的样子。滵汩：水流迅疾的样子。㉓湢测：水流相撞击的声音。泌㴸：水流撞击声。㉔瀄洌：水流撞击而发出的响声。㉕澎濞：水流至不平处发出的声音。沆瀣（xiè）：水流到不平的地方发出的声响。㉖穹隆：水势高耸的样子。云挠：水势回旋，像云一样的曲折。㉗蜿𧑆：水回旋貌。胶戾：水流蜿蜒曲绕的样子。㉘趋浥：水流入深渊。浥，洼陷之地。㉙莅莅：水急流声。濑：流过沙石的急水。㉚批：撞击。按：《说文》："批，击也。"壅：防水的堤。㉛奔扬：指水奔腾飞扬。滞沛：水奔扬不可阻挡的样子。㉜壑：沟谷。㉝瀺灂：小水声。霣（yǔn）坠：通"陨坠"，陨落。此指水流入沟谷中。㉞湛湛：水深的样子。隐隐：水盛大的样子。㉟砰磅：水流激荡的声音。訇礚：水流奔腾撞击的声音。㊱潏潏：水涌出的样子。淈淈：水涌出而混浊的样子。㊲湁潗：泉水涌出而沸腾的样子。㊳驰波：水波急驰。跳沫：水上泛起的白沫跳跃不止。㊴汩急：水流急转的样子。漂疾：通"剽疾"，指水流轻浮迅疾的样子。按：《正字通》曰："剽，轻疾也。"㊵悠远：长远，此指水流放散远去。长怀：长归。此指大小长归湖中。按：《汉书·司马相如传》颜师古引郭璞注："怀亦归，变文耳。"㊶寂漻：通"寂寥"，形容水平静无声的样子。㊷肆乎：安静的样子。按：《汉书·司马相如传》王先谦补注曰："肆乎永归，言安然而长往也。"一说"肆"为水之奔放（见《文选》李善注）。永归：长归湖海之中。㊸灏溔：水大无边际的样子。潢漾：水大无边的样子。㊹安翔徐徊：皆形容水流舒缓迂回的样子。㊺翯（hè）乎：犹"翯然"，大水泛起白光的样子。滈滈：水势浩大而泛起白光的样子。㊻大湖：指上林苑中的昆明池。衍溢：大水满溢于外。陂池：指昆明池以外的小水池。㊼赤螭：赤色的无角雌龙。㊽䱭鳍：鱼名，形似鳝鱼，体大。蜥离：或作"蠓螭"，鱼名。胡文瑛《文选笺证》以为"介虫之类"。㊾鰅：鱼名，或称班鱼，皮有纹。鳙：鱼名，也称黑鲢、花鲢。魠：鱼名，其口大。㊿禺禺：鱼名，一种黄地黑纹，皮有毛的鱼。魼：鱼名，即比目鱼。鳎：鱼名，即鲵鱼，俗称"娃娃鱼"。51揵：扬起。擢：摇动。52奋翼：扬起翅膀。53欢：欢快，欢闹。

(54)夥：多。(55)明月：月明珠。玓瓅：明珠光彩闪耀的样子。江靡：江边。靡，通“湄”，水边。(56)石：一种次于玉的石。黄碝（ruǎn）：黄色的碝石。(57)水玉：水晶石。磊砢：石垒积的样子。(58)磷磷烂烂：形容玉与石色泽灿烂的样子。(59)澔旰：玉石色彩相互辉映而繁盛的样子。(60)鸿鹔：天鹅。鹔：即鹔鷞，一种似雁的鸟。鸨：鸟名，体比雁大。(61)鸀：水鸟名，似鸭而大，长颈赤目，紫绀色。(62)䴔䴖：鸟名，形如凫，高脚，长喙，头上长有红毛冠。鹮目：水鸟名，比鹭大而尾短，生有红白色的羽毛。(63)烦鹜：鸟名，似鸭而小。鷛𪈀：水鸟名，形似凫，灰色，鸡足。(64)鱵䲰：水鸟名，黑苍色。䴔鸬：水鸟名，即鸬鹚，善捕食鱼。(65)汎淫：浮游不定的样子。泛滥：水漫溢横流的样子。(66)澹淡：水波摇荡不定的样子。按：《说文》：“澹，水摇也。”(67)掩：遮盖。或释为休息、游戏。薄：本为草丛生之意，这里是聚积之意（郭璞说）。草渚：长满野草的沙洲。(68)唼喋：群鸟或鱼争吃东西的声音。菁藻：水草名。

【原文】

“于是乎崇山矗矗[1]，巃嵷崔巍[2]。深林巨木[3]，崭岩参嵳[4]。九嵕、嶻[5]嶭，南山峨峨[6]。岩陁甗锜[7]，摧崣崛崎[8]。振溪通[9]谷，蹇产沟渎[10]。谽呀豁關[11]，阜陵别岛[12]，崴磈嵔瘣[13]，丘虚堀礨[14]。隐辚郁壘[15]，登降施靡[16]，陂池貏豸[17]。沇溶淫鬻[18]，散涣夷陆[19]。亭皋[20]千里，靡不被筑[21]。掩以绿蕙，被[22]以江离，糅[23]以蘼芜，杂以流夷[24]。尃结缕[25]，攒戾莎[26]，揭车衡[27]兰，藁本射干[28]。茈姜蘘荷[29]，葴橙若荪[30]。鲜枝黄砾[31]，蒋芧青薠[32]。布濩闳泽[33]，延曼太原[34]。丽靡广衍[35]，应风披靡[36]。吐芳扬烈[37]，郁郁斐斐[38]。众香发越，肸蚃布写[39]，晻暧苾勃[40]。

【注释】

①宠嵸：山势峻拔高耸的样子。②崔巍：山高峻的样子。嵯峨：山高的样子。③深林：广大的树林。深，广也。巨木：大树。④崭岩：山高险峻的样子。嵾嵳：山势高低不齐的样子。⑤九嵕：山名，在今陕西礼泉县东北。嶻：山名，又名慈娥山，在今陕西三原、泾阳、淳化之间。⑥南山：终南山。峨峨：高峻的样子。⑦岩：险峻。陁：倾斜。甗：上下大而中间小的山。锜：古炊器，即三足锅。此形容山势险峻。⑧摧崣：犹"崔巍"，山高峻的样子。崛崎：犹"崎岖"，山路不平。⑨振：收敛。通：流。此言有的地方是收蓄流水的山溪，有的地方是水流贯通的山谷。⑩蹇产：曲折的样子。沟渎：河沟。⑪谽呀：大而空的样子。豁閜：开阔空虚的样子。按：《说文》："閜，大开也。"⑫阜：山丘。陵：大山丘。别：离。岛：水中的山。⑬崴磈：高峻的样子。崑瘣：山势高峻的样子。⑭丘虚：堆积不平的样子。崛礨：山势不平的样子。⑮隐辚：山不平之状。郁𡾋：山不平的样子。⑯登降：地势有高有低。施靡：山势绵延的样子。⑰貏豸：山势渐平的样子。⑱沇溶：水流缓慢的样子。淫鬻：水流缓慢的样子。⑲散涣：即"涣散"，此指水泛滥四散。夷陆：平坦的原野。⑳亭皋：平坦的

水边之地。亭，平也。皋，水边之地。㉑靡：无。被筑：筑地使其平坦。㉒掩：覆盖。绿：通“菉”，草名。被：覆盖。㉓糅：间杂。㉔流夷：或作“留夷”，香草名。㉕尃：通“布”，布满。结缕：多年蔓生草名，形似茅草。㉖攒：丛聚。戾莎：深绿色的莎草。㉗揭车：香草名。衡：杜衡，香草名。㉘蒿本：香草名。射干：香草名。㉙茈姜：初生的嫩姜。蘘荷：即“阳藿”，姜科，多年生草本植物，夏季开淡黄色花。㉚葴：草名，即酸浆草，开小白花，叶苦可食用。橙：通“灯”，灯笼草。又《汉书·司马相如传》作“持”，颜师古以为“符”字之误，符即鬼目。若：杜若，香草名。荪：香草名。㉛鲜枝：香草名，或名橪支、焉支、燕支，可染红色。黄砾：通“黄药”，其根可作染料用。㉜蒋：草名，即孤蒲草，或称茭。芧：即橡实。一说读“住”音，释为“三棱草”。青薠：草名。㉝布濩：遍地散布。闳：通“宏”，广大。泽：沼泽地。㉞延曼：蔓延。太原：广阔的原野。㉟丽靡：相连不绝。广衍：广泛伸展。㊱披靡：草木倒伏。㊲扬烈：散发浓烈的香味。㊳郁郁：香味浓郁。斐斐：《汉书·司马相如传》作“菲菲”，香味扩散的样子。㊴肸：指香气四溢，侵人心脾。按：王先谦《汉书补注》曰：“此赋‘肸蚃布写’及《文选·吴都赋》‘芬馥肸蚃’皆谓香气四达而入人心……灵感通微之意也。”写：通“泻”，宣泄。㊵晻暧：香气散发。苾勃：香气浓郁。

【原文】

“于是乎周览泛观，瞋盼轧沕[1]，芒芒恍忽[2]。视之无端，察之无崖。日出东沼[3]，入于西陂[4]。其南则隆冬[5]生长，踊水[6]跃波；兽则㺎旄貘犛[7]，沈牛麈[8]麋，赤首圜题[9]，穷奇象犀[10]。其北则盛夏含冻[11]裂地，涉冰揭河[12]；兽则麒麟角端[13]，騊駼橐驼[14]，蛩蛩驒騱[15]，駃騠[16]驴骡。

“于是乎离宫别馆[17]，弥山跨谷[18]。高廊四注[19]，重坐曲阁[20]。华榱璧珰[21]，辇道𫄧属[22]，步櫩周流[23]，长途中宿[24]。夷嵕[25]筑堂，累台增成[26]。岩突洞房[27]，俯杳眇[28]而无见，仰攀橑而扪[29]天。奔星更于闺闼[30]，宛虹拖于楯轩[31]。青虬蚴蟉于东箱[32]，象舆婉蝉于西清[33]。灵圉燕于闲观[34]，偓佺之伦暴于南荣[35]。醴泉涌于清室[36]，通川过乎中庭[37]。盘石裖崖[38]，嵚岩倚倾[39]，嵯峨磼礏[40]，刻削[41]峥嵘。玫瑰碧琳，珊瑚[42]丛生。瑉玉旁唐[43]，玢豳[44]文鳞。赤瑕驳荦[45]，杂臿[46]其间，垂绥琬琰[47]，和氏[48]出焉。

【注释】

①瞋盼：睁大眼睛观望。轧沕：分辨不清楚。②芒芒：通“茫茫”，广阔的样子。恍忽：通“恍惚”，隐约看不清的样子。③东沼：指上林苑东边的池沼。④西陂：上林苑西边的池沼。⑤隆冬：严寒的冬天。⑥踊水：奔腾的流水。⑦㺎：兽名，即单峰驼。旄：旄牛。貘：兽名，形似熊。犛：牦牛，长尾，黑色，产于西南边疆。⑧沈牛：即水牛。麈：驼鹿，似鹿而大。⑨赤首：古兽名。圜题：通“圆题”，即“圆蹄”，似鹿的兽名。⑩穷奇：怪兽名，传说中长相似虎却有翅膀的一种

兽。象犀：大象和犀牛。⑪含冻：指河水冻结。⑫揭河：撩起衣裳过河。⑬角觿：兽名，似猪，生角，兽走。⑭橐驼：即骆驼。⑮蛩蛩：传说中似马的兽名。驒騱：一种野马名，毛色呈鳞状斑纹的青黑色马。⑯駃騠：骏马名。⑰离宫：古代皇帝临时居住的行宫。别宫：皇帝正宫以外的宫室。⑱弥山：满山。跨谷：横跨溪谷。⑲高廊：供人们行走的走廊。四注：犹言"四匝"，四方围绕之意。⑳重坐：两层的楼。曲阁：空中的阁道曲折相连。㉑华榱：绘花的屋椽子。璧珰：璧玉装饰的瓦珰。筒瓦的前端称珰。㉒辇：此指帝王乘坐的车。缅属：相连不绝的样子。㉓步櫩：即步檐，可以步行的长廊。周流：周游。㉔中宿：中途住宿，此言长廊极长，一天走不完，需于中途过夜。㉕夷：削平。嵏：本为山名，此指高耸的山（见颜师古《汉书·司马相如传》注）。㉖累台：重叠的高台。增成：通"层成"，犹言"层层"。一层曰一成。㉗岩突：山岩底部。按《释名》："突，幽也。"《正字通》："突，深也。又隐暗处。"洞房：幽深的房室。此指由山岩底部潜通于上部台榭的房室。㉘杳眇：遥远的样子。㉙榱：屋椽。扪：摸。㉚奔星：流星。更：经过。闺、闼：皆为宫中小门。㉛宛虹：弯曲的虹。拖：加于其上。楯：栏杆。轩：窗板。㉜青虬：传说中有角的龙。蚴蟉：蛟龙曲折行动的样子。东箱：正室东面的侧室。箱，通"厢"。㉝象舆：用大象驾驭的车子。婉蝉：蜿蜒行走的样子。西清：西厢房的清静之处。㉞灵圄：众神的统称。燕：闲居休息。闲观：清闲的馆舍。㉟偓佺：仙人名，传说他吃松子，身上长毛，方眼，善走。伦：类。暴：通“曝”，晒。南荣：南檐。屋檐两头翘起的部分称“荣”。㊱醴泉：甘甜的泉水。清室：清静之室。㊲通川：流动的河水。中庭：院子。㊳檠石：磐石，巨大的石头。裖崖：修整、垒起池塘的崖岸。㊴嵚岩：高险的样子。倚倾：参差不齐的样子。㊵嵯碟：山势高峻的样子。㊶刻削：指山形奇特，如同雕刻过一样。㊷珊瑚：珊瑚树。㊸瑉：似玉的美石。旁唐：犹言“磅礴”，广大的样子。㊹璸斒：玉石的花纹。㊺赤瑕：赤玉。驳荦：指玉石文采交错的样子。㊻臿：通“插”。㊼垂绥：美玉名。琬琰：美玉名。㊽和氏：和氏璧，春秋时代楚国卞和所得的美玉，是当时最珍贵的宝物之一。

【原文】

“于是乎卢橘夏孰[1]，黄甘橙楱[2]，枇杷橪[3]柿，楟奈厚朴[4]，樗枣[5]杨梅，樱桃蒲陶[6]，隐夫郁棣[7]，榙㯓[8]荔枝，罗乎后宫，列乎北园[9]。貤[10]丘陵，下平原，扬[11]翠叶，杌[12]紫茎，发红华[13]，秀朱荣[14]，煌煌扈扈[15]，照耀钜野[16]。沙棠栎槠[17]，华氾檘栌[18]，留落胥余[19]，仁频并闾[20]，欃檀[21]木兰，豫章女贞[22]，长千仞，大连抱[23]，夸条直畅[24]，实叶葰茂[25]，攒[26]立丛倚，连卷累佹[27]，崔错登骫[28]，阬衡閜砢[29]，垂条扶於[30]，落英幡纚[31]，纷容萧[32]参，旖旎从风[33]，浏莅卉吸[34]，盖象金石之声，管龠[35]之音。柴池茈虒[36]，旋环[37]后宫，杂遝累辑[38]，被山缘谷[39]，循阪下隰[40]，视之无端，究[41]之无穷。

【注释】

①卢橘：橘树的一种，秋天结实，次年二月渐变青黑色，至夏始熟，其核变黑，故名为卢（黑色）橘。孰：通“熟”。②黄甘：即黄柑，橘类水果。橙：柚子。楱：橘类水果，皮有皱纹，故又名皱子。③枇：酸小枣。④楟：山梨。柰：树名，苹果类的水果。厚朴：树名，皮很厚，故又名“重皮”。开红花，结青实，四季不落叶。⑤梬枣：即羊枣，似柿子而小。⑥蒲陶：即“葡萄”。⑦隐夫：树名，即常棣，其果实名山樱桃。或释为“马失草”（见高步瀛《文选李注义疏》引何焯说）。郁棣：即唐棣，或称“郁李”，落叶灌木，果实紫赤色，有酸味。⑧榙㭿：树名，果实似李子。⑨北园：北边的果园。⑩貤：通“迤”，绵延。⑪扬：摆动。⑫杌：通“扤”，摇动。按：《说文》：“扤，动也。”⑬发：犹“开”。华：通“花”。⑭荣：花。⑮煌煌：光彩很盛的样子。扈扈：光彩繁盛的样子。⑯钜野：广阔的原野。⑰沙棠：水果名，即沙果。栎：橡实。槠：树名，其实如橡实而圆。⑱华：即桦树。氾：通“枫”。《汉书·司马相如传》《文选·上林赋》皆作“枫”。“枫”即枫树。枰（píng）：通“枰”，即银杏树。栌：树名，即黄栌树，落叶乔木。⑲留落：石榴（高步瀛说）。或以为是“刘杙”（钱大昕《二十二史考异》），树名。胥余：即椰子树（《史记索隐》引司马彪说）。或释为棕榈树（《史记集解》引郭璞说）。⑳仁频：槟榔树。并闾：棕榈树。㉑欃檀：即檀树。㉒女贞：即冬青树。㉓大连抱：形容树干粗大，必须数人

才能合抱过来。㉔夸：通“荂”，花。按：《尔雅》郭璞注曰：“今江东呼华（花）为荂。”条：枝条。直畅：指花和枝生长得很舒展畅达。㉕葰：通“峻”，高大。此指果实大。㉖攒：聚积。㉗连卷：通“连蜷”，指树枝相连蜷曲的样子。累佹：累积、重叠。此指树枝交叉生长，相依重叠。㉘崔错：繁茂交错。癹骫：树枝盘纡纠结的样子。㉙阬衡：形容树木树干高举横出的样子。阬，通“抗”。冋砢：形容树枝相倚相扶的样子。㉚扶於：《汉书·司马相如传》及《文选·上林赋》皆作“扶疏”。㉛落英：坠落的花朵。英，花。幡纚：飞扬的样子。㉜纷容：繁茂硕大的样子。萧：草木高茂的样子。㉝旖旎：婀娜多姿的样子。从风：犹言随风。㉞浏莅：风吹草木所发出的凄清声。卉吸：风吹草木声。或释为风声迅速。㉟金石：指钟磬等乐器。龠（yuè）：乐器名，管状，三孔。㊱柴池：参差不齐。茈虒：不齐的样子。㊲旋环：环绕。㊳杂遝（tà）：杂乱众多的样子。辑：通“集”。㊴被山：草木遍布山野。被，覆盖。缘谷：沿着山谷。㊵循：沿着。阪：山坡。隰：低湿之地。㊶究：探求。

【原文】

“于是玄猿素雌[①]，蜼玃飞蠝[②]，蛭蜩蠼蝚[③]，蜥胡豰蛫[④]，栖息乎其间；长啸哀鸣，翩幡互经[⑤]，夭蟜枝格[⑥]，偃蹇杪颠[⑦]。于是乎逾绝梁[⑧]，腾殊榛[⑨]，捷[⑩]垂条，踔稀间[⑪]，牢落陆离[⑫]，烂曼[⑬]远迁。

“若此辈者，数千百处。嬉游往来，宫宿馆舍[⑭]，庖厨不徙，后宫不移，百官具备。

“于是乎背秋涉冬，天子校猎⑮。乘镂象⑯，六玉虬⑰，拖蜺旌⑱，靡⑲云旗，前皮轩⑳，后道游㉑；孙叔奉辔㉒，卫公骖乘㉓，扈从横行㉔，出乎四校㉕之中。鼓严簿㉖，纵㉗獠者，江河为陆㉘，泰山为橹㉙，车骑雷起，隐㉚天动地，先后陆离，离散别追㉛，淫淫裔裔㉜，缘陵流泽㉝，云布雨施。

【注释】

①玄猿：黑猴。素雌：白色的雌猴。②蜼：一种仰鼻长尾的猿猴。玃：一种大猴子。飞鸓：小飞鼠。③蛭：一种能飞的兽。蜩：兽名，生于西方深山，毛色如猴，能爬高树。蠼蝚：猕猴。④蜥胡：一种似猴的兽。縠：一种像狗的野兽。蛫：一种猿类动物。⑤翩幡：犹“翩翩”，原指鸟上下飞翔，此指猿轻捷跳跃的样子。互经：相互往来。⑥夭蟜：猴子在树上共同戏耍的姿态。枝格：通“枝柯”，树枝。⑦偃蹇：屈曲宛转的样子。杪颠：树梢顶端。⑧逾：越过。绝梁：断桥。⑨腾：飞跃而过。殊榛：奇异的丛林。按：《广雅·释木》曰：木丛生曰榛。”⑩捷：通“接”，接待。⑪稀间：稀枝疏条间的空隙。⑫牢落：形容野兽奔走散漫的样子。陆离：参差不齐的样子。⑬烂曼：散乱的样子。⑭宫宿：在离宫过夜。馆舍：在别馆住宿。⑮背秋涉冬：从秋到冬。校猎：先设栅栏，把野兽赶入其中，然后猎取。⑯镂象：以象牙镶饰的车。⑰玉虬：传说中的白色的无角龙。⑱拖：曳。蜺旌：此指五彩之旗。⑲靡：通“麾”，挥动。⑳皮轩：蒙着虎皮的车。㉑道游：即导游。古

天子出外，前有道车五辆，游车九辆，为前导。㉒孙叔：古代善御车者。奉辔：手执马缰绳驾车。㉓卫公：卫庄公，古代善御者。或释为汉武帝时的卫青。骖乘：古代在车右陪乘的武士。㉔扈从：即护从，侍卫天子的人。横行：不循正道而行。㉕四校：指校猎时的四面栅栏。㉖鼓：击鼓。严簿：森严的卤簿。按：天子出外时，为其护卫的仪仗队称卤簿。㉗纵：放纵。㉘陆：指行猎时遮拦禽兽的栅栏。㉙泰山：即大山，非东岳泰山。橹：望楼。㉚隐：雷震声。㉛别追：分别追逐。㉜淫淫裔裔：皆为络绎行进的样子。㉝缘：沿着。流泽：顺着沼泽。

【原文】

“生貔[1]豹，搏豺狼，手[2]熊罴，足野羊，蒙鹖苏[3]，绔白虎[4]，被豳文[5]，跨野马。陵三嵕之危[6]，下碛历之坻[7]；径陵[8]赴险，越壑厉[9]水。推蜚廉[10]，弄解豸[11]，格瑕蛤[12]，铤猛氏[13]，罥騕褭[14]，射封豕[15]。箭不苟害[16]，解脰[17]陷脑；弓不虚发，应声而倒。于是乎乘舆弥节裴回[18]，翱翔往来，睨部曲之进退，览将率[19]之变态。然后浸潭促节[20]，倏夐[21]远去。流离[22]轻禽，蹴履狡[23]兽。轊白鹿，捷[24]狡兔。轶赤电[25]，遗光耀[26]。追怪物，出宇宙。弯繁弱[27]，满白羽[28]，射游枭[29]，栎蜚虡[30]。择肉后发[31]，先中命处。弦矢分，艺殪仆[32]。

“然后扬节[33]而上浮，陵惊风[34]，历骇飙[35]。乘虚无[36]，与神俱。辚玄鹤[37]，乱昆鸡[38]，遒孔鸾[39]，促[40]鵕䴊，拂翳[41]鸟，捎[42]凤皇，“捷鸳雏，掩焦明[43]”。

“道尽涂殚[44]，回车而还。招摇乎襄羊[45]，降集乎北纮[46]。率乎直指[47]，闇乎反乡[48]。蹶石关[49]，历封峦[50]，过鳷鹊[51]，望露寒[52]。下棠梨[53]，息宜春[54]，西驰宣曲[55]，濯鹢牛首[56]。登龙台[57]，掩细柳[58]。观士大夫之勤略[59]，钧[60]獠者之所得获。徒车之所辚轹[61]，乘骑之所蹂若[62]，人民之所蹈躏[63]。与其穷极倦谻[64]，惊惮[65]慑伏，不被创刃而死者，佗佗籍籍[66]，填坑满谷，掩平弥泽[67]。

【注释】

①生：活捉。貔：猛兽名，似虎。②手：用手击杀。③蒙：戴。鹖苏：鹖尾，此指饰有鹖尾的帽子。鹖是一种似雉的鸟。苏，尾。④绔白虎：穿着有白虎图案的裤子。绔，通“袴”，裤子。⑤被：通“披”，穿。豳文：《汉书·司马相如传》与《文选·上林赋》皆作“斑文”，指有斑纹的衣服。⑥陵：登上。三嵏：三山并峙的山。危：指山的最高点。⑦碛历：山坡不平的样子。坻：山坡。⑧径：直往。陖：山高而陡。⑨厉：连衣过河。⑩推：排击。蜚廉：通“飞廉”，古兽名，鸟身鹿头。⑪弄：以手摆布。解豸：传说中的兽名，似鹿，一角。解，通“獬”。⑫格：击杀。瑕蛤：猛兽名。⑬鋋：铁把小矛。此指用矛刺杀。猛氏：兽名，如熊而小，毛浅而有光泽。⑭罥（juàn）：挂。此指用绳索绊取野兽。騕褭：古把马名。⑮封豕：大野猪。封，通“丰”。⑯苟害：任意伤害。⑰解：分解。脰：颈项。⑱裴回：通“徘徊”。⑲睨：注视。部曲：指士卒的行伍。率：通“帅”。⑳浸潭：渐进之

意。促节：加快步伐，由缓渐疾。㉑倏：疾速、长远之意。敻：远。㉒流离：指用网捕捉禽鸟，使其困住而无所逃。㉓蹴履：践踏。狡：轻捷。㉔捷：迅速获取。㉕轶：超越。赤电：赤色电光。㉖遗：遗留在后边。光耀：指赤电的光芒。㉗繁弱：古代良弓名。㉘满：指把弓弦拉到最大限度。白羽：指箭而言。㉙枭：枭羊，即狒狒。㉚栎：从旁击打。蜚虡：传说中的神兽名。㉛择肉后发：先选择肉肥的鸟兽，然后发箭必中。㉜艺：射的，即今之箭靶。殪：一箭射死。仆：向前倒地。㉝扬节：举起旌节。或释“节”为鞭。㉞陵：乘。惊风：疾风。㉟历：经。骇飙：狂风。㊱虚无：指天空。㊲玄鹤：黑鹤。㊳昆鸡：即鹍鸡。㊴遒：迫近，此指迫近而捕捉。孔鸾：孔雀、鸾鸟。㊵促：义同“遒”，近。㊶拂：击。鷖：鸟名，凤属。㊷捎：通“箾”，以竹竿击打。㊸焦明：凤凰类的鸟名。㊹涂：通“途”。殚：尽。㊺招摇：逍遥。襄羊：即“徜徉”，自由往来的样子。㊻降集：停留之意。北纮：北方。此指上林苑中的极北之地。㊼率乎：一直前行的样子。直指：一直往前。㊽闇：通“奄”，忽然。按《方言》：“奄，遽也。”反：通“返”。乡：帝乡。㊾蹶：踏上。石关：汉武帝所建的观名。㊿历：经过。封峦：汉武帝所建观名。51过：路过。䧿鹊：汉武帝所建楼观名。52露寒：汉武帝所建楼观名。此与前三观皆建于甘泉宫外。53棠梨：宫名，在甘泉宫东南三十里处。54宜春：宫名，在今陕西省西安市雁塔区东。55宣曲：宫名，在昆明池西。或疑为地名。《高祖功臣侯者年表》封国国名有“宣曲”，《货殖列传》有“宣曲任氏”传。即为官，亦当因地而名。56濯：通“櫂”，船桨，此指划船。鹢：鸟名，此指船头画着鹢的船。牛首：池名，上林十池之一，在上林苑西边。殆以牛首山而名。57龙台：楼观名，在今陕西省西安市鄠邑区，靠近渭水。58掩：息。细柳：楼观名，在今西安市长安区西南，昆明池的南面。59勤略：辛勤与收获。或释“略”为智略。60钧：平均，此指平均分配。或释为“诊”之错字。61徒：卒徒。辚轹：践踏碾轧。62蹂若：践踏。63蹈躏：通“蹈踖”，践踏。64穷极：走投无路。倦𠳹：疲惫。65惊惮：惊恐。66佗佗籍籍：形容禽兽尸体交错纵横的样子。67掩：覆盖。平：平原。弥：满。泽：沼泽。

【原文】

“于是乎游戏懈怠，置酒乎昊天之台[1]，张乐乎轇輵之宇[2]；撞千石之钟，立万石之钜[3]；建翠华之旗，树灵鼍之鼓。奏陶唐氏[4]之舞，听葛天氏[5]之歌。千人唱，万人和。山陵为之震动，川谷为之荡波。《巴俞》宋蔡[6]，淮南《于遮》[7]，文成颠[8]歌。族举递奏[9]，金鼓迭起，铿铊铛鼟[10]，洞心骇耳[11]。荆吴郑卫之声，《韶》《濩》《武》《象》[12]之乐，阴淫案衍[13]之音，鄢郢缤纷[14]，《激楚》结风[15]，俳优侏儒[16]，狄鞮之倡[17]，所以娱耳目而乐心意者，丽靡烂漫于前[18]，靡曼[19]美色于后。

“若夫青琴宓妃之徒[20]，绝殊离俗，姣冶娴都[21]。靓庄刻饬[22]，便嬛绰约[23]，柔桡嬛嬛[24]，妩媚姌嫋[25]；抴独茧之褕袘[26]，眇阎易[27]戌削，媥姺徶徆[28]，与世殊服；芬香沤郁[29]，酷烈淑

郁[30]；皓齿粲烂，宜笑的皪[31]；长眉连娟[32]，微睇绵藐[33]；色授魂与[34]，心愉于侧。

【注释】

①昊天之台：高台名。②张乐：犹言奏乐。轇輵：广阔辽远的样子。宇：寰宇。③石：重量单位，一百二十斤为一石。钜：《文选·上林赋》《汉书·司马相如传》作"虡"，挂钟的木架。④陶唐氏：即尧。相传尧初居于陶，后封于唐，故称其为陶唐氏。⑤葛天氏：传说中的远古帝王。《吕氏春秋·仲夏纪·古乐》记载道：昔葛天氏之乐，三人操牛尾，投足以歌八阕。本文的"葛天氏之歌"即指"葛天氏之乐"。⑥巴俞：舞名。宋蔡：古国名，此指宋、蔡的音乐。⑦淮南：国名，此指该国的音乐。于遮：曲名。⑧文成：县名，其地之人善歌。颠：通"滇"，指今之云南，此指该地之歌曲。⑨族举：众乐同时演奏。族，聚集的意思。递奏：轮番演奏。⑩铛鼛：鼓声。⑪洞心：犹言"彻心"，心灵受到震动。骇耳：震耳。⑫韶：舜乐。濩：汤乐。武：周武王之乐。象：周公之乐。以上之乐皆为所谓庙堂之乐，与前言荆吴郑卫的民间音乐不同。⑬阴淫案衍：淫靡放纵。淫，放滥。衍，溢。⑭鄢、郢：皆楚国地名，此指二地的乐舞。缤纷：舞姿飘逸的样子。⑮激楚：楚国舞乐名，其声高亢激越。结风：形容歌舞激昂急切，可以掀起回风。⑯俳优：杂戏演员。侏儒：身材矮小的杂技艺人。⑰狄鞮：西方的种族名，即西戎。倡：通"娼"，古代乐伎。⑱丽靡烂漫：形容音乐之声美妙动听。⑲靡曼：形容

女子的皮肤细嫩润泽。⑳青琴、宓妃：皆古代神女名。㉑绝殊：与众绝然不同。姣冶：美丽。娴都：高雅美丽。㉒靓庄：打扮、装扮。庄，通“妆”。刻饬：通“刻饰”，用胶刷鬓发，使其整齐熨帖。㉓便嬛：形容女子姿态轻盈美妙的样子。绰约：形容女子体态柔优美丽的样子。㉔柔桡：女子身材苗条柔弱的样子。嬛嬛：当依《汉书·司马相如传》作“嫚嫚”，即“娟娟”，形容女子身材美好。㉕斌媚：通“妩媚”。姌嫋：形容女子体态轻盈细弱。㉖抴（yè）：拖。独茧：指一个茧所抽出的丝，形容色泽纯正。褕：罩在外边的直襟单衣。袘：衣袖。㉗眇：细微的样子。阎易：衣服长大的样子。㉘媥姺：轻盈飘舞的样子。徶循：衣服飘动的样子。㉙沤郁：香气浓郁。㉚淑郁：香气清美浓厚。㉛宜笑：即“䰩笑”，露齿微笑。旳皪：明亮的样子。㉜连娟：眉毛弯曲细长的样子。㉝睇：斜视。绵藐：远视的样子。㉞色授：指女子向别人显露其表情和眼神。魂与：心灵与人相接触。

【原文】

“于是酒中①乐酣，天子芒然②而思，似若有亡。曰：‘嗟乎，此泰③奢侈！朕以览听余闲④，无事弃日⑤，顺天道以杀伐，时休息于此⑥，恐后世靡丽⑦，遂往而不反⑧，非所以为继嗣创业垂统也。’于是乃解酒⑨罢猎，而命有司曰：‘地可以垦辟，悉为农郊⑩，以赡萌隶⑪；隤墙填堑⑫，使山泽之民得至焉⑬。实⑭陂池而勿禁，虚宫观而勿仞⑮。发仓廪以振贫穷，补不足，恤鳏寡，存孤独。出德号⑯，省刑罚，改制度，易服

色[17]，更正朔[18]，与天下为始。'

【注释】

①酒中：饮酒至半酣状态。②芒然：怅惘。③泰：通“太”。④览听：指处理政事。余闲：闲暇。⑤弃日：虚度时光。⑥此：指上林苑。⑦靡丽：奢侈。⑧遂往：沿着奢侈之路走去。遂，循，沿。反：通“返”。⑨解酒：撤除酒乐。⑩悉：全。农郊：郊外的农田。⑪赡：供养。萌隶：通“氓隶”，指平民百姓。⑫隤墙：通“颓墙”，推倒围墙。堑：壕沟。⑬山泽之民：犹言乡野之民。焉：于此（指上林苑）。⑭实：满。⑮勿仞：不住不用，令其废弃。仞，满。⑯德号：有恩德的号令。⑰易：改变。服色：古代每个王朝所规定的宫室车马祭牲等的颜色。⑱更：改。正朔：指历法。按：“正”指岁首的正月。“朔”指每月初一。

【原文】

“于是历吉日以齐戒[1]，袭朝衣[2]，乘法驾[3]，建华旗，鸣玉鸾，游乎六艺之囿[4]，骛[5]乎仁义之涂，览观《春秋》之林，射《狸首》[6]，兼《驺虞》[7]，弋玄鹤，建干戚，载云[8]罕，掩群《雅》[9]，悲《伐檀》，乐乐胥[10]，修容乎《礼》园[11]，翱翔乎《书》圃，述《易》道，放怪兽，登明堂[12]，坐清庙[13]，恣群臣，奏得失，四海之内，靡不受获。于斯之时，天下大说，向风而听，随流而化，喟然[14]兴道而迁义，刑错[15]而不用。德隆乎三皇[16]，功羡于五帝[17]。若此，故猎乃可喜也。

【注释】

①历：选择。齐（zhāi）戒：《汉书·司马相如传》《文选》皆作“斋戒”。古人行祭祀之前，为表示虔敬之意，则沐浴更衣，不食荤，不喝酒，称为斋戒。②袭：穿。朝衣：君臣朝会时穿的礼服。③法驾：指天子的车驾。④六艺：六经，即《诗》《书》《礼》《乐》《易》《春秋》。囿：苑囿。此指书的园地。⑤骛：奔驰。⑥《狸首》：古佚诗篇名。天子行射礼时，奏《狸首》乐章以为节。此与下句实写天子讲求礼法。⑦兼：连带。《驺虞》：《诗经·召南》中的诗篇名。天子行射礼时演奏此乐章。⑧云：本是张设于云天的捕鸟之网，此处指天子出行时所执的一种旗帜。⑨掩：掩捕。群《雅》：指《诗经》中《大雅》与《小雅》诸诗。这句当是喻君广求贤才。⑩乐胥：指《诗经·小雅·甫田之什·桑扈》，其诗中有“君子乐胥，受天之祜”的诗句。汉代郑玄释“胥”为“有才智之名”，“王者乐臣下有才智，知文章，则贤人在位，庶官不旷，政和而民安”（见《毛诗传笺》）。⑪修容：修饰容仪。《礼》园：遵行古礼的园地，此句言以《礼》行事，不越规矩。⑫明堂：古代天子接见诸侯、宣明政教、举行各种大典的地方。⑬清庙：宗庙。⑭喟然：《汉书·司马相如传》作“芔然”。芔通“歘”，“歘然”犹“勃然”。⑮错：放置不用。⑯隆：高。三皇：传说中的上古部落酋长，具体所指不一，一般指伏羲、神农、黄帝。⑰羡：超越。五帝：传说中的五位上古帝王，具体所指不一，一说即伏羲、神农、黄帝、尧、舜。

【原文】

“若夫终日暴露驰骋，劳神苦形，罢车马之用，抏士卒之精[①]，费府库之财，而无德厚之恩，务在独乐，不顾众庶[②]，忘国家之政，而贪雉兔之获，则仁者不由也。从此观之，齐楚之事，岂不哀哉！地方不过千里，而囿居九百，是草木不得垦辟，而民无所食也。夫以诸侯之细，而乐万乘之所侈，仆恐怕百姓之被其尤[③]也。”

于是二子愀然[④]改容，超若[⑤]自失，逡巡避席曰：“鄙人固陋，不知忌讳，乃今日见教，谨闻命矣。”

赋奏，天子以为郎。无是公言天子上林广大，山谷水泉万物，及子虚言楚云梦所有甚众，侈靡过其实，且非义理所尚，故删取其要，归正道而论之。

【注释】

①罢：通“疲”。抏：损耗。精：精力。②众庶：广大的老百姓。③被：遭受。尤：通“訧”，过错，此指祸害。④愀然：脸色变动的样子。⑤超若：犹“超然”，惆怅失意的样子。

【原文】

相如为郎数岁，会唐蒙使略通夜郎西僰[①]中，发巴蜀吏卒千人，郡又多为发转漕[②]万余人，用兴法诛其渠帅[③]，巴蜀民大惊恐。上闻之，乃使相如责唐蒙，因喻告巴蜀民以非上意[④]。檄[⑤]曰：

告巴蜀太守：蛮夷自擅不讨[6]之日久矣，时侵犯边境，劳士大夫。陛下[7]即位，存抚[8]天下，辑安[9]中国。然后兴师出兵，北征匈奴，单于怖骇，交臂受事[10]，诎[11]膝请和。康居[12]西域，重译[13]请朝，稽首来享[14]。移师东指，闽越[15]相诛。右吊番禺[16]，太子入朝。南夷之君，西僰之长，常效贡职[17]，不敢怠堕，延颈举踵，喁喁然皆争归义[18]，欲为臣妾，道里辽远，山川阻深，不能自致[19]，夫不顺者已诛，而为善者未赏，故遣中郎将往宾之[20]，发巴蜀士民各五百人，以奉币帛，卫使者不然[21]，靡有兵革之事，战斗之患。今闻其乃发军兴制，惊惧子弟，忧患长老。郡又擅为转粟运输，皆非陛下之意也。当行者或亡逃自贼杀[22]，亦非人臣之节也。

【注释】

①会：正逢。唐蒙：汉武帝时的番阳令，曾上书开通夜郎，并被任命中郎将，于建元六年（前135），前往夜郎，使夜郎侯多同归汉，其地改设犍为郡，辟道二千余里。略：经略。通：开通。夜郎：古代国名。僰：古代部族名。②发：征发。转：车运粮食曰转。漕：水运粮食曰漕。③用兴法：《汉书·司马相如传》作“用军兴法”，即战时的法令制度。渠帅：大帅。④喻：通“谕”，晓谕。非上意：并非皇上的本意。⑤檄：古代的一种文体。⑥蛮夷：古代泛指周边少数民族。自擅：自专其事，自作主张，不服朝廷之命。讨：征伐。⑦陛下：指汉武帝。⑧存抚：慰问、安抚。⑨辑安：和睦安定。⑩交臂受事：犹言拱手称臣。⑪诎：通“屈”。⑫康居：

古代西域国名。在汉宣帝、汉元帝时始与中国交往，司马相如写此《喻巴蜀檄》时，康居尚未来朝中国，言其来朝，乃夸大其词，以张声威。⑬重译：言西域诸国来汉朝，需穿越许多国家，要辗转翻译，方能通话相交往。⑭来享：前来向汉朝进贡。⑮闽越：我国古代东南地区的种族名，也是战国后期的国名。汉高祖五年（前202），封驺无诸为闽越王，自此以后九十二年间，三代相传，六王执政，其中无诸长子袭位不久为其弟甲所杀，甲又为弟郢所杀，郢为弟余善所杀，内部斗争激烈，残杀相仍，故曰“闽越相诛。”但这些诛杀背后，都有汉王朝与闽越间的政治背景，如汉武帝建元六年（前135），闽越王乘南越王赵佗去世之机，发兵相攻。武帝应南越王胡之请，派王恢与韩安国夹击闽越，闽越王郢之弟余善乘机杀郢降汉，故曰“移师东指、闽越相诛”。详见《东越列传》，参见《南越列传》。⑯吊：至。番禺：古地名，为南越的都城，故这里的番禺就是南越的代称。据《南越列传》记载，闽越袭击南越被汉王朝阻止后，汉王朝派庄助谕意南越王胡，胡派太子婴齐至长安“入宿卫”。这里的“太子入朝”当指此事。⑰效：呈献。贡职：当贡献的赋税。⑱喁喁：众人景仰归向的样子。归义：附归于仁义者，即归附汉王朝。⑲自致：亲自表示其心意。⑳中郎将：此指唐蒙。宾之：以礼相待，使其安然归附。㉑卫使者：保护唐蒙。不然：犹“不虞”，意外的事情。㉒当行者：指应当被征发的人。或：有的人。自贼杀：自相残杀。

【原文】

夫边郡之士，闻烽举燧燔[①]，皆摄弓[②]而驰，荷兵而走[③]，流汗相属[④]，唯恐居后；触白刃，冒流矢，义不反顾，计不旋踵[⑤]，人怀怒心，如报私仇。彼岂乐死恶生，非编列之民[⑥]，而与巴蜀异主哉？计深虑远，急国家之难，而乐尽人臣之道也。故有剖符之封[⑦]，析珪[⑧]而爵，位为通侯[⑨]，居列东第[⑩]。终则遗显号于后世，传土地于子孙，行事甚忠敬，居位甚安佚[⑪]，名声施[⑫]于无穷，功烈著而不灭。是以贤人君子，肝脑涂中原，膏液润野草而不辞也。今奉币役[⑬]至南夷，即自贼杀，或亡逃抵[⑭]诛，身死无名，谥为至愚，耻及父母，为天下笑。人之度量相越[⑮]，岂不远哉！然此非独行者之罪也，父兄之教不先，子弟之率不谨也，寡廉鲜耻，而俗不长厚[⑯]也。其被[⑰]刑戮，不亦宜乎！

陛下患使者有司之若彼，悼[⑱]不肖愚民之如此，故遣信使[⑲]晓喻百姓以发卒之事，因数[⑳]之以不忠死亡之罪，让三老孝弟[㉑]以不教诲之过。方今田时，重烦[㉒]百姓，已亲见近县，恐远所溪谷山泽之民不遍闻，檄到，亟下县道[㉓]，使咸知陛下之意，唯毋忽[㉔]也。

【注释】

①烽举燧燔（fán）：烽烟点燃。烽燧为古代边防的警报设施，边塞遇到敌人侵扰，则在高台上烧柴以示警，夜晚点燃的火称“燧”，白天称“烽”。《索引》引韦昭曰：“烽，东草置之长木之端，如絜皋，见致则烧举之。燧者，积薪，有难则焚

之。烽主昼，燧主夜。”从敦煌等地古烽火台遗地所发现的实物，可证韦说。②摄弓：张弓待射。③荷兵：扛着兵器。走：奔跑，此指冲向战场。④属：连。⑤旋踵：旋转脚跟，意谓向后逃跑。⑥编列之民：名字编入户籍之民。⑦剖符之封：指重大的封赏。符本是信物，一剖为二。古代分封功臣，朝廷与被封者各执其半，以为凭证。⑧析珪：通“析圭”，分颁玉珪，赏赐爵位（见王先谦《汉书补注》）。按：圭本是古代长条玉器名，诸侯所执，当作守邑的信物。⑨通侯：即列侯，汉代爵位之一。⑩东第：即甲第，最好的住宅。因在京城之东，故曰东第。⑪佚：通“逸”。⑫施（yì）：延续，传续。⑬役：徭役。⑭抵：至于。⑮越：远离。⑯长厚：淳厚。⑰被：遭。⑱悼：哀伤。⑲遣：派。信使：使者。按：古代也称使者为信。⑳因：趁机。数：数落，指责。㉑让：责备。三老：古代乡间负责教化的长官。孝弟：古代乡间负责教化的官员。㉒重烦：一再烦扰。㉓亟：急。道：居有蛮夷的县称道。㉔忽：忘。

【原文】

相如还报。唐蒙已略通夜郎，因通西南夷道，发巴、蜀、广汉卒，作者[①]数万人，治道二岁，道不成，士卒多物故[②]，费以巨万[③]计。蜀民及汉用事者[④]多言其不便。是时邛、筰之君长闻南夷与汉通[⑤]，得赏赐多，多欲愿为内[⑥]臣妾，请吏[⑦]，比南夷。天子问相如，相如曰：“邛、筰、冉、駹[⑧]者近蜀，道亦易通，秦时尝通为郡县，至汉兴而罢。今诚复通，为置郡县，愈于南夷。”天子以为然，乃拜相如为中郎将，建节[9]往使。副使王然于、壶充国、吕越人驰四乘之传[10]，因巴蜀吏币物以赂西夷。至蜀，蜀太守以下郊迎，县令负弩矢先驱，蜀人以为宠。于是卓王孙、临邛诸公皆因门下献牛酒以交欢。卓王孙喟然而叹，自以得使女尚[11]司马长卿晚，而厚分与其女财，与男等同。司马长卿便略定西夷，邛、筰、冉、駹、斯榆[12]之君皆请为内臣。除边关，关益斥[13]，西至沬、若水，南至牂柯为徼[14]，通零关[15]道，桥孙水以通邛都[16]。还报天子，天子大说。

【注释】

①作者：参加劳动的人。②物故：死亡。③巨万：万万，即一亿。④用事者：当权者，实指公孙弘。《西南夷列传》记载公孙弘向汉武帝陈说通西南夷“不便”之事。⑤邛：古代部族名、国名。筰：古代部族名、国名。通：交往。⑥内：国内，指汉朝。⑦请吏：由汉朝派官吏管辖。⑧冉、駹：皆古代部族名、国名。⑨建节：犹言“立节”。节，符节，古代使者的信物。⑩传：传车，古代驿站的专车。⑪尚：配。⑫斯榆：一作“斯臾”，或作“斯都”，小国名。⑬斥：拓广。⑭沬：河名，即今四川省境内的大渡河。若水：即今雅砻江。牂柯：河水名，即今贵州省境内的北盘江或说为今之都江、乌江、濛江等)。徼：边塞、边界。⑮零关：即“灵关”，在今四川省峨边县南。⑯孙水：若水的支流，即今之安宁河。都：《汉书·司马相如传》作“筰”。

【原文】

相如使时，蜀长老多言通西南夷不为用，唯[1]大臣亦以为然。相如欲谏，业已建[2]之，不敢，乃著书，籍以蜀父老为辞，而己诘难之，以风[3]天子，且因宣其使指[4]，令百姓知天子之意。其辞曰：

汉兴七十有八载，德茂存乎六世[5]，威武纷纭[6]，湛恩汪涉[7]，群生澍濡[8]，洋溢乎方外[9]。于是乃命使西征[10]，随流而攘[11]，风之所被[12]，罔不披靡[13]。因朝冉从駹，定筰存邛，略斯榆，举苞满[14]，结轶还辕[15]，东乡将报，至于蜀都。

耆老大夫荐绅[16]先生之徒二十有七人，俨然造焉[17]。辞毕，因进曰："盖闻天子之于夷狄也，其义羁縻[18]勿绝而已。今罢[19]三郡之士，通夜郎之涂，三年于兹，而功不竟[20]，士卒劳倦，万民不赡[21]。今又接以西夷，百姓力屈，恐不能卒业[22]，此亦使者之累[23]也，窃为左右患之。且夫邛、筰、西僰之与中国并也，历年兹多，不可记已。仁者不以德来，强者不以力并[24]，意者其殆[25]不可乎！今割齐民以附[26]夷狄，弊所恃以事无用[27]，鄙人固陋，不识所谓。"

【注释】

①唯：通"虽"。②业已：已经。建：建议。③风：通"讽"，委婉含蓄地劝告。④因：趁机。宣：宣示。使指：出使西南夷的旨意。⑤德茂：德行丰厚。六世：六代君王，即汉高祖、惠帝、高后、文帝、景帝、武帝。⑥纷纭：盛多的样子。⑦湛恩：长久的恩德。湛，通"沉"。汪涉：深广的样

子。⑧群生：众生，一切生物。澍：本义为时雨，引申为沾湿、滋润之意。濡：湿润，浸渍。⑨方外：国外。⑩征：征讨。⑪攘：通“让”，退却。⑫被：加于其上。此指风吹万物。⑬罔：通“无”。披靡：随风倒下。⑭举：攻取。苞满：古部族名。⑮结轶：车辙相旋，谓车马往来络绎不绝。轶，通“辙”。还辕：掉转车头往回返。⑯耆老：古称六十者为耆，七十者为老，此泛指年高者。荐绅：通“搢绅”，本义为高官的服饰，即“搢笏而垂绅带”（见《晋书·舆服志》），此指高官。搢，插。⑰俨然：庄严恭敬的样子。造：访问。焉：之，代指使者，即相如。⑱羁縻（mí）：束缚。⑲罢：通“疲”。⑳兹：此。功：事。竟：最后完成。㉑赡：丰足。㉒卒业：完成任务。㉓累：负担。㉔并：合并。㉕殆：恐怕。㉖齐民：平民，黎民。附：增益。㉗弊：疲困。所恃：所依靠者，指编户良民。无用：指西夷之人。

【原文】

使者曰：“乌谓此邪[①]？必若[②]所云，则是蜀不变服而巴不化俗[③]也。余尚恶闻若[④]说。然斯事体[⑤]大，固非观者之所觏[⑥]也。余之行急，其详不可得闻已，请为大夫粗陈其略。

“盖世必有非常[⑦]之人，然后有非常之事；有非常之事，然后有非常之功。非常者，固常人之所异也。故曰非常之原[⑧]，黎民惧焉；及臻厥[⑨]成，天下晏如[⑩]也。

“昔者鸿水浡出[⑪]，泛滥衍溢[⑫]，民人登降移徙，崎岖[⑬]而不安。夏后氏戚[⑭]之，乃堙[⑮]鸿水，决江疏河，漉沈赡灾[⑯]，东归之于海，而天下永宁。当斯之勤[17]，岂唯民哉。心烦于虑而身亲其劳，躬胝无胈[18]，肤不生毛。故休烈[19]显乎无穷，声称浃[20]乎于兹。

【注释】

①乌：何。邪：通“耶”。②若：如。③变服：改变服饰的习俗。化俗：变化风俗习惯。④尚：通“常”。恶：讨厌。若：此。⑤斯：此。事体：事情。⑥觏（gòu）：遇见。⑦非常：超越一般。⑧原：开始。⑨臻：至。厥：其。⑩晏如：犹“晏然”，安乐太平的样子。⑪鸿水：大水。鸿，通“洪”。浡出：大水涌出。⑫衍溢：漫延四散。⑬崎岖：形容山路不平，也形容心情不安宁。⑭夏后氏：指夏禹。戚：忧伤。⑮堙：堵塞。⑯漉沈：分散深水。漉，分。沈：深。赡灾：使水灾安定下来。赡，通“憺”，安。⑰当：承受。按《玉篇》：“当，任也。”《字汇》：“当，承也。”勤：苦。⑱躬：身体。胝：脚掌上的厚皮。胈：人体上的白肉。⑲休烈：美好的功业。休，美。⑳声称：声望，名誉。浃：通“彻”。

【原文】

“且夫贤君之践位[1]也，岂特委琐握龊[2]，拘文牵俗，循诵习传[3]，当时取说[4]云尔哉！必将崇论闳议[5]，创业垂统，为万世规。故驰骛乎兼容并包[6]，而勤思乎参天贰地[7]。且《诗》[8]不云乎：‘普天之下，莫非王土；率土之滨[9]，莫非王臣。’是以六合[10]之内，八方[11]之外，浸浔[12]衍溢，怀生之物有不浸润于泽者，贤君耻之。今封疆之内，冠带之伦[13]，咸获嘉祉[14]，靡有阙遗[15]矣。而夷狄殊俗之国，辽绝异党[16]之地，舟舆不通，人迹罕至，政教未加，流风犹微。内[17]之则犯义侵礼于边境，外之则邪行横作[18]，放弑[19]其上。君臣易位，尊卑失序，父兄不辜[20]，幼孤为奴，系累[21]号泣，内向而怨，曰：'盖闻中国有至仁焉，德洋[22]而恩普，物靡不得其所，今独曷为遗己'。举踵思慕，若枯旱之望雨。盭夫[23]为之垂涕，况乎上圣，又恶能已[24]？故北出师以讨强胡，南驰使以诮[25]劲越。四面风德[26]，二方之君鳞集仰流[27]，愿得受号者以亿计。故乃关[28]沫、若，徼牂柯，镂[29]零山，梁孙原[30]。创道德之涂，垂仁义之统。将博恩广施，远抚长驾[31]，使疏逖不闭[32]，阻深暗昧得耀乎光明，以偃[33]甲兵于此，而息诛伐于彼。遐迩一体，中外提[34]福，不亦康[35]乎？夫拯民于沉溺，奉至尊之休德[36]，反衰世之陵迟[37]，继周氏之绝业，斯乃天子之急务也。百姓虽劳，又恶可以已哉？

"且夫王事固未有不始于忧勤[38]，而终于佚[39]乐者也。然则受命之符，合在于此[40]矣。方将增泰山之封[41]，加梁父[42]之事，鸣和鸾，扬乐颂[43]，上咸五[44]，下登三[45]。观者未睹指[46]，听者未闻音，犹鷦明已翔乎寥廓[47]，而罗者犹视乎薮泽[48]。悲夫！"

于是诸大夫芒然丧其怀来而失厥所以进[49]，喟然并称曰："允[50]哉汉德，此鄙人之所愿闻也。百姓虽怠，请以身先之。"敞罔靡徙[51]，因迁延而辞避。

其后人有上书言相如使时受金[52]，失官。居岁余，复召为郎。

【注释】

①践位：登极为君。②特：仅仅。委琐：细微琐碎。握龊：气度偏狭，谨小慎微。③拘文：为规章制度所拘束。循诵习传：因循旧习。④取说：通“取悦”。⑤崇论闳议：崇高的议论。此指见解高远。闳，宏大。⑥兼容并包：犹今言“兼容并蓄”，言其胸襟阔大，气度非凡。⑦参天贰地：与天地并列。此极言功德之高。⑧《诗》：指《诗经·小雅·谷风之什·北山》。⑨率：循，沿。滨：边界。“率土之滨”即四海之内，全中国之意。⑩六合：天地四方，即天下之意。⑪八方：东、西、南、北、东南、东北、西南、西北。⑫浸浔：逐渐。⑬冠带之伦：泛指文武官员。⑭咸：全。嘉祉：欢乐幸福。按：《礼记·礼运》郑玄注：“嘉，乐也。”《尔雅·释诂》：“祉，福也。”⑮阙遗：通“缺遗”，遗漏、缺少。⑯辽绝：遥远隔绝。异党：不是同一族类，即不是一个民族。⑰内：通“纳”，接纳。⑱外：排除于外。斜行横作：行为不正，不做好事。⑲放：放逐。弑：古代臣杀君、子杀父称弑。⑳不辜：无罪。此指无罪被杀。㉑系累：捆绑。㉒洋：盛多，广大。按：《尔雅》：“洋，多也。”㉓盭夫：通“戾夫”，凶暴之人。㉔恶：何。已：止。㉕诮：责备。㉖风德：为德所化。㉗二方：指西夷与南夷。鳞集：游鱼聚集一处。仰流：仰承流水。㉘关：关塞。㉙镂：凿通。㉚梁：桥，此指架桥。原：通“源”，源头。㉛远抚：对边远之民要加以安抚。长驾：对边远之民也要驾驭控制。按：《广韵》：“长，远也。”

㉜逖：远。闭：关闭，此指蔽塞。㉝偃：休止。㉞提：通“禔”，安宁。㉟康：安乐。㊱至尊：指皇帝。休德：美德。㊲反：通“返”，此指挽救。陵迟：衰败。㊳勤：劳苦。㊴佚：通“逸”。㊵符：符命。古人迷信，宣传帝王受天帝之命而为君，必有祥瑞（符）出现。合：正。此：指通西南夷之事。㊶方：正。封：封禅。㊷梁父：山名，在泰山脚下。㊸和鸾：车铃。扬：飞扬。乐：音乐。颂：颂歌。㊹咸：同。五：五帝。㊺登：加。三：三王。㊻指：旨意。㊼鹪明：一种状如凤凰的大鸟。寥廓：指空阔的天空。㊽罗者：拿罗网捕鸟的人。薮：无水的湖。泽：沼泽。㊾芒然：通“茫然”，失意的样子。怀来：来意。厥：其。所以进：用来进谏的话。㊿允：诚信。51敞罔：通“怅惘”，失意的样子。靡徙：自动退避。52受金：接受钱财贿赂。

【原文】

相如口吃而善著书。常有消渴疾[1]。与卓氏婚，饶于财。其进仕宦，未尝肯与[2]公卿国家之事，称病闲居，不慕官爵。常从上至长杨[3]猎。是时天子方好自击熊彘，驰逐野兽，相如上疏谏之。其辞曰：

臣闻物有同类而殊能者，故力称乌获[4]，捷言庆忌[5]，勇期贲、育[6]。臣之愚，窃以为人诚有之，兽亦宜然。今陛下好陵[7]阻险，射猛兽，卒然遇轶材[8]之兽，骇不存[9]之地，犯属车之清尘[10]，舆不及还辕，人不暇施巧，虽有乌获、逢蒙之伎[11]，力不得用，枯木朽株尽为害矣。是胡越起于毂下[12]，而羌夷接轸[13]也，岂不殆哉！虽万全无患，然本非天子之所宜近也。

且夫清道而后行，中路[14]而后驰，犹时有衔橛[15]之变，而况涉乎蓬蒿，驰乎丘坟，前有利兽之乐而内无存变之意，其为祸也不亦难矣！夫轻万乘之重不以为安，而乐出于万有一危之涂以为娱，臣窃为陛下不取也。

盖明者远见于未萌，而智者避危于无形。祸固多藏于隐微而发于人之所忽[16]者也。故鄙谚曰“家累千金，坐不垂堂[17]”。此言虽小，可以喻大。臣愿陛下之留意幸察。

【注释】

①消渴疾：病名，即今之糖尿病。②与：参与。③常：通“尝”，曾经。上：皇上。长杨：即长杨宫，在今陕西周至东南三十里。④乌获：战国时秦国大力士，能举千钧重物。⑤捷：敏捷。庆忌：春秋时吴王僚的儿子，善于射箭。⑥期：期望。贲：孟贲，古代勇士，“水行不避蛟龙，陆行不避豺狼，发怒吐气，声响动天”。（颜师古《汉书注》）育：夏育，古代勇士。⑦陵：登。⑧卒然：通“猝然”，突然。轶材：指轻捷超群的野兽。⑨骇：马受惊，此指兽狂暴进犯。不存：毫无戒备。⑩属车：随从帝王出行的车队。清尘：尊称天子车驾所泛起的尘土，此指代天子的车驾。⑪逢蒙：夏代善于射箭者。伎：通“技”，技巧。⑫胡、越：胡人，越人，比喻野兽。毂下：辇毂之下。⑬羌夷：羌人与夷人，喻野兽。轸：车后横木，此指车驾。⑭中路：道路中央。⑮衔：勒马口的铁具。橛：车轴钩心。⑯忽：忘记，忽视。⑰垂堂：指房前室靠

近屋檐之处。此言家中有钱之人不坐在垂堂之处，以防屋瓦忽坠致死。

【原文】

上善之。还过宜春宫，相如奏赋以哀二世行失[①]也。其辞曰：

登陂陁[②]之长阪兮，坌入曾宫之嵯峨[③]。临曲江之隑州[④]兮，望南山之参差。岩岩深山之谾谾[⑤]兮，通谷豁兮谽[⑥]谺。汩淢噏习[⑦]以永逝兮，注平皋之广衍[⑧]。观众树之塕薆[⑨]兮，览竹林之榛榛[⑩]。东驰土山兮，北揭石濑[⑪]。弥节容与兮，历[⑫]吊二世。持身不谨兮，亡国失埶。信谗不寤兮，宗庙灭绝。呜呼哀哉！操行之不得兮，坟墓芜秽而不修兮，魂无归而不食[⑬]。敻邈绝而不齐[⑭]兮，弥久远而愈佅[⑮]。精罔阆[⑯]而飞扬兮，拾[⑰]九天而永逝。呜呼哀哉！

【注释】

①奏：进献。二世：秦二世。行失：行事的过失。②陂陁：倾斜不平的样子。阪，山坡。③坌（bèn）：并。曾：通“层”。嵯峨：高峻的样子。④曲江：即曲江池，故址在今西安市东南方。隑：弯曲的岸边。州：通“洲”，水中陆地。⑤谾谾（hōng）：山谷空深的样子。⑥豁：山谷大开的样子。谺：山谷空大的样子。⑦汩：水流疾速的样子。淢：水流快的样子。噏习：水流急的样子。⑧皋：水边高地。衍：低而平坦之地。⑨塕薆：茂盛荫蔽的样子。⑩榛榛：茂盛的样子。⑪揭：提衣涉水。石濑：从沙石上流过的湍急的水。⑫历：

经过。⑬不食：无人祭享。⑭夐：通“迥”，远。绝：极远之意。不齐：没有边际。⑮佅：通“昧”，暗。⑯罔阆：通“魍魉”，古代传说中的怪物。⑰拾：通“涉”，经过。

【原文】

相如拜为孝文园令[1]。天子即美子虚之事，相如见上好仙道，因曰：“上林之事未足美也，尚有靡[2]者。臣尝为《大人赋》，未就，请具而奏之。”相如以为列仙之传[3]居山泽间，形容甚臞[4]，此非帝王之仙意也，乃遂就《大人赋》。其辞曰：

世有大人兮，在于中州[5]。宅弥[6]万里兮，曾不足以少留。悲世俗之迫隘[7]兮，朅[8]轻举而远游。垂绛幡之素蜺[9]兮，载云气而上浮。建格泽[10]之长竿兮，总光耀之采旄[11]。垂旬始[12]以为幓兮，抴慧星而为髾[13]。掉指桥以偃蹇[14]兮，又旖旎以招摇[15]。揽欃枪[16]以为旌兮，靡屈虹而为绸[17]。红杳渺以眩湣[18]兮，猋风涌而云浮。驾应龙象舆之蠖略逶丽[19]兮，骖赤螭青虬之蚴蟉[20]蜿蜒。低卬夭蟜据以骄骜[21]兮，诎折隆穷蠼以连卷[22]。沛艾赳螑仡以佁儗[23]兮，放散畔岸骧以孱颜[24]。跮踱輵辖容以委丽[25]兮，绸缪偃蹇怵㚟以梁倚[26]。纠蓼叫奡踢以艐[27]路兮，蔑蒙踊跃腾而狂趡[28]。莅飒卉翕熛[29]至电过兮，焕然雾除，霍然[30]云消。

【注释】

①孝文园令：即汉文帝之陵的陵园令。陵园令是掌管陵园扫除之事的小官。②靡：靡丽。③传：相传。④臞（qú）：清瘦。⑤大人：指君王。中州：中国。⑥弥：布满。⑦迫隘：胁

迫困厄。⑧揭：离去。举：飞。⑨垂：《汉书·司马相如传》作“乘”。绛幡：红色旗幡。素霓：白色的副虹。⑩格泽：状如烟火的云气。⑪总：拴结。旄：古人旗杆头上常以牦牛尾做装饰。⑫旬始：星名，位于北斗星旁。⑬抴：拉。彗：旌旗上所垂的羽毛。⑭掉：摇。指桥：随风披靡。偃蹇：逶迤婉转的样子。⑮招摇：摇动的样子。⑯欃枪：皆彗星别名。⑰靡：通“縻”，拴缚。绸：缠绕旗杆的东西。⑱杳渺：深远。眩湣：昏暗无光。⑲应龙：传说中有翼能飞的龙。象舆：大象驾的车。蠖略：行步进止，如尺蠖行走那样有尺度。按：尺蠖行进时身体一屈一伸，如用拇指与中指量尺寸一样。逶丽：行步进止的样子。⑳蚴（yōu）蟉：屈曲行动的样子。㉑低卬：通“低仰”，高低起伏。夭蟜：通“夭矫”，屈曲的样子。据《汉书·司马相如传》作“裾”，张揖释为“直项”。按：“据”“裾”，皆通“倨”，写龙昂首腾飞之状。骄骜：纵恣之意。㉒诎折：通“屈折”。隆穷：通“隆穹”，屈折隆起的样子。蠼：龙的形体盘曲的样子。连卷：通“连蜷”，蜷曲的样子。㉓沛艾：张揖释为“骏骇”，马摇头。此指龙摇头。赳螑：龙伸颈高低起伏而行的样子。仡：举首。佁儗：停滞不前的样子。㉔放散：放任散漫。畔岸：自我放纵的样子。骧：马头昂起。此指龙头举起。孱颜：不齐。㉕跮踱：走路忽进忽退的样子。辖辖：摇目吐舌的样子。一说是摇动的样子。容：颜师古《汉书注》引张揖之说释为“龙体貌”，恐非是。王先谦《汉书补注》引《礼仪·士相见礼》注之说，释为“趋翔”。委丽：左右相随。㉖绸缪：王先谦《汉书补注》以为“绸缪”二字有误，当依《汉书·司马相如传》作“蜩缪”，龙首动的样子。怵：恐惧。梁倚：像屋梁一样互相依靠。㉗纠蓼：通“纠缭”，缠绕。叫奡（ào）：通“叫嚣”，喧呼。蹋：通“踏”。《汉书·司马相如传》作“踏”。艐：通“届”，到。㉘蔑蒙：飞扬。踔：奔腾。㉙莅飒：迅捷飞翔的样子。卉翕：相互追逐。熛：迅疾。㉚焕然：明亮的样子。霍然：云雾消散的样子。

【原文】

邪绝少阳而登太阴[1]兮，与真人乎相求[2]。互折窈窕[3]以右转兮，横厉飞泉[4]以正东。悉征灵圉[5]而选之兮，部乘众神于瑶光[6]。使五帝先导兮，反太一而从陵阳[7]。左玄冥而右含雷[8]兮，前陆离而后潏湟[9]。厮征伯侨而役羡门[10]兮，属岐伯使尚方[11]。祝融惊而跸御[12]兮，清雰气[13]而后行。屯余车其[14]万乘兮，綷云盖[15]而树华旗。使句芒其将行[16]兮，吾欲往乎南嬉[17]。

历唐尧于崇山[18]兮，过虞舜于九疑[19]。纷湛湛其差错[20]兮，杂遝胶葛以方驰[21]。骚扰冲苁其相纷挐[22]兮，滂濞泱轧洒以林离[23]。钻罗列聚丛以茏茸[24]兮，衍曼流烂坛以陆离[25]。径入雷室之砰磷郁律[26]兮，洞出鬼谷之崫礨嵬磈[27]。遍览八纮而观四荒[28]兮，朅渡九江而越五河[29]。经营炎火而浮弱水[30]兮，杭绝浮渚而涉流沙[31]。奄息总极泛滥水嬉[32]兮，使灵娲鼓瑟而舞冯夷[33]。时若薆薆[34]将混浊兮，召屏翳诛风伯而刑雨师[35]。西望昆仑之轧沕洸忽[36]兮，直径驰乎三危[37]。排阊阖[38]而入帝宫兮，载玉女[39]而与之归。舒阆风而摇集[40]兮，亢乌腾而一[41]止。低回阴山[42]翔以纡曲兮，吾乃今目睹西王母。暠然[43]白首载胜[44]而穴处兮，亦幸有三足乌[45]为之使。必长生若此而不死兮，虽济[46]万世不足以喜。

【注释】

①邪：通“斜”。绝：横渡。少阳：东极。太阴：北极。②真人：仙人。相求：相互交游。③互折：错综曲折。窈窕：深远广大。④厉：渡过。飞泉：传说中在昆仑山西南的河谷名。⑤悉：全。征：召来。灵圉：众仙所居之处。此指众仙。⑥部乘：《汉书·司马相如传》作“部署”。瑶光：北斗星杓头第一星名。⑦五帝：传说中的五位天帝神，即东方青帝灵威仰，南方赤帝赤熛怒，中央黄帝含枢纽，西方白帝白招拒，北方黑帝叶光纪。皆为帝太皞之属。太一：即太乙，星名，古人以为天之尊神。陵阳：指传说中的仙人陵阳子明。⑧玄冥：相传是辅佐北方黑帝的神名。含雷：传说中天上的造化之神。⑨陆离、潏湟：皆为神名。⑩厮：役使。征伯侨：传说中的仙人名，即王子侨。羡门：即碣石山上的仙人羡门高。⑪属：使。岐伯：传说是黄帝的太医。尚：主持、掌管。方：药方。⑫祝融：火神。南方炎帝的辅佐之神。跸：帝王出行时清道戒严。御：防备。⑬雰气：恶气。⑭屯：聚积。其：有。按裴学海《古书虚字集释》：“其，犹有也。”⑮綷：混合。云盖：以彩云为车盖。⑯句芒：传说是东方青帝的辅佐之神。将行：率领从者。⑰嬉：游戏。⑱历：经过。崇山：山名，即狄山，传

说唐尧葬于其南。⑲九疑：山名，即九嶷山，在今湖南南部。相传舜葬于此。⑳湛湛：厚重的样子。差错：纵横交错。㉑杂遝：重累杂乱的样子。胶葛：杂乱的样子。方驰：并驰。㉒冲苁：相撞。纷挐：纷乱的样子。㉓滂濞：通“滂沛”，水大的样子。泱轧：无边无际的样子。林离：通“淋漓”，此指水恣意奔流。㉔钻：通“攒”，簇积。茏茸：聚合茂盛的样子。㉕流烂：散布。坛：众盛的样子。陆离：分散参差的样子。㉖雷室：雷渊，雷神出入之处。砰磷、郁律：皆雷声。㉗洞：通。鬼谷：传说中的谷名，在昆仑山北，为众鬼所居之地。崵礨（lěi）嵬磈：地势不平的样子。㉘八纮：八方极远之地。四荒：四方极远处。㉙九江：指长江。五河：昆仑山流出的五色之河水。㉚经营：往来。炎火：即“炎火之山”，在“昆仑之邱”以外（见《山海经·大荒西经》）。弱水：传说中的西域水名，在“昆仑之邱”下。㉛杭：方舟（两船相并）。绝：横渡。浮渚：流沙河中的小渚。流沙：沙与水俱流的河。㉜奄：忽然。总极：通“葱极”，即葱岭山。在今帕米尔高原及昆仑山西部地区的群山，古称葱岭。水嬉：在水中戏玩。㉝灵娲：即女娲。冯夷：即河伯。㉞薆薆：昏暗不明的样子。㉟屏翳：雷神。风伯：即风神飞廉。雨师：雨神。㊱轧沕、洸忽：皆为恍惚不清的样子。㊲三危：神话传说中的山名。㊳排：推开。阊阖：天门。㊴玉女：传说中的仙女。㊵舒：《汉书·司马相如传》作“登”。阆风：传说中的山名，在昆仑山上。摇：通“嗂”，喜悦。集：停下休息。㊶亢：高。乌腾：像乌鸟飞腾一样。一：少许，稍微。㊷阴山：传说为西王母所居之山，在昆仑以西二千七百里处。㊸西王母：神话传说中的女神。皬然：雪白的样子。㊹载：通“戴”。胜：妇女所戴的首饰。㊺三足乌：三足的青鸟，是替西王母取食的鸟。㊻济：成就。

【原文】

回车朅来兮，绝道不周①，会食幽都②。呼吸沆瀣③兮餐朝霞兮，噍咀芝英兮叽琼华④。嬐侵浔⑤而高纵兮，纷鸿涌而上厉⑥。贯列缺之倒景⑦兮，涉丰隆之滂沛⑧。驰游道而修⑨降兮，骛遗雾⑩而远逝。迫区中⑪之隘陕兮，舒节出乎北垠⑫。遗屯骑于玄阙⑬兮，轶先驱于寒门⑭。下峥嵘⑮而无地兮，上寥廓⑯而无天。视眩眠⑰而无见兮，听惝恍而无闻。乘虚无而上假⑱兮，超无友⑲而独存。

相如既奏《大人之颂》，天子大说，飘飘有凌云之气，似游天地之间意。

【注释】

①绝道：绝路。不周：神话传说中的山名，在昆仑山东南。②幽都：北方极远之地。③沆瀣：北方夜半之气。④噍咀：咀嚼。芝英：灵芝的花朵。叽：略食。琼华：琼树之花。传说吃琼花可长生不老。⑤嬐：仰头。侵浔：通“侵寻”，渐进。⑥鸿涌：腾耀。厉：疾飞。⑦列缺：闪电。倒景：即“倒影”。景，通“影”。⑧丰隆：云神。滂沛：雨水大。⑨游道：指游车与导车。修：长。⑩遗雾：抛开云雾。⑪区中：指

人世间。⑫舒节：缓慢行走。北垠：北极的边际。⑬遗：留。玄阙：北极之山。⑭轶：超越。寒门：天北门。⑮峥嵘：深远的样子。⑯寥廓：空阔。⑰眩眠：眼睛昏花。⑱虚无：指空中。假：通“遐”，远。⑲无友：即“无有”。

【原文】

相如既病免，家居茂陵。天子曰：“司马相如病甚，可往从悉取其书；若不然，后失之矣。”使所忠[①]往，而相如已死，家无书。问其妻，对曰：“长卿固未尝有书也。时时著书，人又取去，即空居。长卿未死时，为一卷书，曰有使者来求书，奏之。无他书。”其遗札书言封禅[②]事，奏所忠。忠奏其书，天子异之。其书曰：伊上古之初肇[③]，自昊穹[④]兮生民，历撰列辟[⑤]，以迄于秦。率迩者踵武，逖听者风声[⑥]。纷纶葳蕤[⑦]，堙灭而不称者，不可胜数也。续《韶》《夏》，崇号谥，略可道者七十二有君。罔若淑[⑧]而不昌，畴[⑨]逆失而能存？

【注释】

①所忠：人名，姓所，名忠。②札：古人用来写字的木片。封禅：古代帝王祭天地的典礼。在泰山上祭天称封，在泰山下的梁父山祭地称禅。③伊：发语词。肇：开始。④昊穹：天。⑤历撰：通“历选”，历数。辟：君王。⑥率：循。迩：近。踵武：足迹。风声：遗风名声。⑦纷纶葳蕤：纷乱的样子。⑧罔：通“无”，没有谁。若：顺。淑：通“俶”，善。⑨畴：谁。

【原文】

轩辕之前，遐哉邈乎，其详不可得闻也。五三六经载籍[1]之传，维[2]见可观也。《书》曰“元首明哉，股肱[3]良哉”。因斯以谈，君莫盛于唐尧，臣莫贤于后稷。后稷创业于唐[4]，公刘发迹[5]于西戎，文王改制，爰周郅隆[6]，大行越[7]成，而后陵夷[8]衰微，千载无声[9]，岂不善始善终哉！然无异端，慎所由[10]于前，谨遗教于后耳。故轨迹夷易[11]，易遵也；湛恩濛涌[12]，易丰也；宪度[13]著明，易则也；垂统[14]理顺，易继也。是以业隆于襁褓而崇冠于二后[15]。揆厥所元[16]，终都攸卒[17]，未有殊尤绝迹可考于今[18]者也。然犹蹑梁父，登泰山，建显号，施尊名。大汉之德，逢涌原[19]泉，沕潏漫衍[20]，旁魄四塞[21]，云尃[22]雾散，上畅九垓[23]，下泝八埏[24]。怀生之类[25]沾濡浸润，协气横流[26]，武节飘逝[27]，迩陕[28]游原，迥阔泳沫[29]，首恶湮没，暗昧昭晰[30]，昆虫凯泽[31]，回首面内[32]。然后囿驺虞[33]之珍群，徼麋鹿[34]之怪兽，䆃[35]一茎六穗于庖，牺双觡共抵[36]之兽，获周余珍收龟[37]于岐，招翠黄乘龙[38]于沼。鬼神接灵圉[39]，宾于闲馆。奇物谲诡[40]，俶傥穷变[41]。钦哉，符瑞臻兹[42]，犹以为薄，不敢道封禅。盖周跃鱼陨杭[43]，休之以燎[44]，微夫斯[45]之为符也，以登介丘[46]，不亦恧[47]乎！进让[48]之道，其何爽[49]与？

【注释】

①五三：指五帝和三王。籍：典籍。②维：发语词。③《书》：此处二句引文见《尚书·益稷》篇。元首：君王。股肱：大腿与手臂。比喻君王之重要大臣。④唐：指陶唐氏，

即尧。周人始祖后稷、曾任尧、舜的农官，教民耕种，使周民的农业生产得以发达，故称其“创业于唐”。⑤发迹：业绩由隐微而显赫。传说后稷曾孙公刘于夏末率周族民众自邰地迁至戎人居住的豳地，相地建屋，开垦荒地，发展水利，奠定了周族兴旺的基础，故曰“发迹于西戎”。⑥改制：周代建国之君周文王曾建都丰邑，并改正朔，易服色，变更制度。爰：于是。郅：至。隆：盛。⑦大行：犹“大道”，即太平之道。越：于是。⑧陵夷：衰微。⑨无声：没有恶名声。⑩无异端：没有别的原因。端：事。所由：通“所猷”，所考虑和规划的事。⑪夷易：平坦。⑫濛涌：《汉书·司马相如传》作“厖洪”，广大。⑬宪度：法度。⑭垂统：将帝王法统传给后世子孙。⑮襁褓：本是包裹婴儿的小被，此指幼小的周成王。史载周武王死后，其子成王年幼，周公辅佐成王创建了宏伟的业绩，超越了周文王和周武王。崇：高。此指德业高。二后：两位君主，文王和武王。后：君主。⑯揆：量度。厥：其。元：始。⑰都：于。攸：所。卒：终。⑱殊尤：特别突出。绝迹：超越一般的业绩。考：比较。今：指汉王朝。⑲逢涌：盛涌而出。逢：大。原：通“源”。⑳汋濡漫衍：水盛大的样子。㉑旁魄：通“旁薄”，广大，宏伟。四塞：充斥四方。㉒專：散布。㉓九垓：九重天。㉔泝：流向。八埏：八方极远之地。㉕怀生之类：有生命的万物。㉖协气：和气。横流：广泛流布。㉗武节：威武之节。飘逝：如风飘疾去。㉘迩陕：通“迩狭”，近者。㉙迥阔：远者。沫：通“末”，末流。㉚首恶：带头作恶的人。昭晰：光明。㉛虫：各种动物。凯泽：通“闿怿”，和乐。㉜面内：指面向汉王朝。㉝驺虞：一种传说中的珍贵异兽，其身白质黑纹，不吃生物，只出现在太平盛世。㉞徼：通“邀”，阻截。此指将兽关在栏中。麋鹿：此指白麟。㉟䆃（dào）：选择。㊱牺：牺牲。古代祭祀用的牲畜。觡：有分叉的角。抵：通“柢”，树根。此指角根。㊲周：周朝。余珍：遗留的珍宝。此指周王朝遗留的九鼎之一。收龟：畜养的龟。按王先谦《汉书补注·音义》“以获周余珍放龟为二事，言宝鼎放龟皆岐周所有，汉并获之。”㊳翠黄：即乘黄，也名腾黄，传说中的神马名，“龙翼马身，黄帝乘之而登仙。”（见《集解》引《汉书音义》）一说指乘龙的颜色既翠而黄。乘龙：即“乘黄”。㊴接：迎接。灵圉：神仙名。㊵谲诡：怪异，变化奇特。㊶倜傥：卓异、不拘束。穷变：变化无穷。㊷钦：敬。臻：至。兹：此。㊸跃鱼：鱼儿跳跃。陨：落。杭：船。按：《索隐》：“武王渡河，白鱼入于王舟，俯取以燎。”㊹休：美。之：代指白鱼入舟事。燎：祭天。㊺微：微小。斯：此。㊻介丘：指泰山。㊼恧：惭愧。㊽进：指周。让：指汉朝。按：《集解》曰：“周未可封禅而封禅，为进。汉可封禅而不封禅，为让也。”㊾其：指进让之道。何：何等。爽：差异。

【原文】

于是大司马进[1]曰：“陛下仁育群生，义征不憓[2]，诸夏[3]乐贡，百蛮执贽[4]，德侔[5]往初，功无与二，休烈浃洽[6]，符瑞众变，期应绍[7]至，不特创见[8]。意者泰山、梁父设坛场望幸，盖号以况[9]荣，上帝垂恩储祉[10]，将以荐[11]成，陛下谦让而弗发也，挈三神[12]之欢，缺王道之仪，群臣恧焉。或谓且天为质暗[13]，珍符固不可辞；若然[14]辞之，是泰山靡记而梁父靡几[15]也。亦各并时而荣，咸济世而屈[16]，说者尚何称于后，而云七十二君乎？夫修德以锡[17]符，奉符以行事，不为进越。故圣王弗替[18]，而修礼地祇[19]，谒款[20]天神，勒功中岳[21]，以彰至尊，舒盛德，发号荣，受厚福，以浸黎民也。皇皇哉斯事！天下之壮观，王者之丕[22]业，不可贬也。愿陛下全之。而后因杂荐绅先生之略术[23]，使获耀日月之末光绝炎，以展采错[24]事。犹兼正列其义，校饬厥文，作《春秋》一艺。将袭旧六[25]为七，摅[26]之无穷，俾万世得激清流，扬微波，蜚英声，腾[27]茂实。前圣之所以永保鸿名而常为称首者用此[28]。宜命掌故[29]悉奏其义而览焉。”

【注释】

①进：进谏。②憓：通“惠”，顺。③诸夏：指周王朝分封的诸侯国。④贽：礼品。⑤侔：相等。⑥休烈：美好的功业。浃洽：普遍融洽。⑦期：应验之期。绍：继续。⑧不特：不但。创见：初次显现。见：通“现”。⑨盖号：加上尊号。况：比。⑩祉：福。⑪荐：进献。⑫弗发：指不封禅。挈：通“契”，断绝。三神：指上帝、泰山、梁父山。⑬且：夫。质暗：质朴暗昧。⑭若然：假若如此。⑮靡记：没有表记，即无刻石。靡几：无希望，指无人祭祀。⑯咸：皆。济世：毕世。

屈：绝。⑰锡：通“赐”，给予。⑱弗替：不废除。⑲修礼：修行礼仪。地祇：地神。⑳款：诚。㉑勒功：刻石记功。中岳：嵩山。㉒丕：大。㉓因杂：总萃，综合。略术：道术。㉔绝：远。采：官。错：通“措”，置。此指置心于政事。㉕六：六经。㉖摅：传布。㉗腾：传送。按：《说文》“腾，传也。”㉘称首：称扬赞美。用此：因此。㉙掌故：官名，为太史属官。

【原文】

于是天子沛然改容，曰：“愉乎，朕其试哉！”乃迁思回虑[①]，总[②]公卿之议，询封禅之事，诗大泽[③]之博，广符瑞之富。乃作颂曰：

自我天覆，云之油油[④]。甘露时雨，厥壤可游。滋液渗漉[⑤]，何生不育！嘉谷六穗，我穑[⑥]曷蓄？

非唯雨之，又润泽之；非唯濡之，泛尃濩[⑦]之。万物熙熙，怀而慕思。名山显位，望君之来。君乎君乎，侯不迈[⑧]哉！

般般之兽[⑨]，乐我君囿；白质黑章，其仪[⑩]可喜；旼旼睦睦，君子之能[⑪]。盖闻其声[⑫]，今观其来。厥涂靡踪[⑬]，天瑞之征。兹亦于舜，虞氏以兴。

濯濯之麟[⑭]，游彼灵畤[⑮]。孟冬十月，君徂郊祀。驰我君舆，帝以享祉。三代之前，盖未尝有。

宛宛[⑯]黄龙，兴德而升；采色炫耀，熿炳辉煌[⑰]。正阳显见[⑱]，觉寤黎烝[⑲]。于传载之，云受命[⑳]所乘。

厥之有章，不必谆谆[21]。依类托寓，谕以封峦[22]。

披艺[23]观之，天人之际已交，上下相发允答[24]。圣王之德，兢兢翼翼[25]也。故曰“兴必虑哀，安必思危”。是以汤武至尊严，不失肃祗[26]；舜在假[27]典，顾省厥遗[28]：此之谓也。

【注释】

①迁思回虑：反复思考。②总：归纳。③诗：记述。或释为以诗颂扬。泽：恩泽。④油油：云飘行的样子。⑤滲漉：水渗入地下。⑥穑：收获庄稼。⑦泛：普。尃濩：散布。⑧傒：何。迈：行。⑨般般：通“斑斑”，色彩斑斓的样子。兽：指驺虞。⑩仪：仪表。⑪旼旼：和睦的样子。睦睦：《汉书·司马相如》作“穆穆”，恭敬的样子。能：通“熊（态）”。⑫声：名声。⑬厥：其。靡踪：无足迹。⑭濯濯：肥壮的样子。麟：白麟。⑮灵畤：畤为祭天地五帝的地方，汉代右扶风有五畤。颜师古《汉书注》引文颖曰：“武帝冬幸雍，祠五畤，获白麟也。”此文“游灵畤”当指此。⑯宛宛：屈伸的样子。⑰熿：火光。⑱正阳：指龙。古人以为龙属阳类，是高贵的君王之象，故称正阳。显见：通“显示”。⑲黎烝：民众。⑳传：指《易经》。受命：接受天命的人，指天子。按：《易经·彖传》云：“大明终始，六位时成，时乘六龙以御天。”当是此句所本。㉑谆谆：教导别人非常恳切的样子。㉒托寓：寄托。谕：告。封峦：封禅之典。峦，山。此指泰山、梁父山。㉓披：翻开。艺：指经典。㉔相发：相互启发。允答：通“允洽”，和美，和谐。㉕翼翼：谨慎小心。㉖祗：敬。㉗假：

大。㉘顾：看。省：察。遗：失误与缺点。

【原文】

司马相如既卒五岁，天子始祭后土[①]。八年而遂先礼中岳，封于太山[②]，至梁父禅肃然[③]。

相如他所著，若《遗平陵侯书》《与五公子相难》《草木书》篇不采，采[④]其尤著公卿者云。

【注释】

①后土：土地神。②遂：终于。礼：行祭祀之礼。太山：同“泰山”。③肃然：山名，在泰山脚下东北方。④采：收录。

【原文】

太史公曰：《春秋》推见至隐[①]，《易》本隐之以显[②]，《大雅》言王公大人而德逮[③]黎庶，《小雅》讥小己[④]之得失，其流及上[⑤]。所以言虽外殊，其合德[⑥]一也。相如虽多虚辞滥说，然其要[⑦]归引之节俭，此与《诗》之风谏何异！扬雄以为靡丽[⑧]之赋，劝[⑨]百风一，犹驰骋郑卫之声[⑩]，曲终而奏雅，不已亏[⑪]乎？余采其语可论者著于篇。

【注释】

①推：推知。隐：隐微。②隐之以显：《汉书·司马相如传》作“隐以之显”，由隐至显。之：往。③《大雅》：指《诗经·大雅》三十一篇，多是贵族诗人歌功颂德、赞美统治者的作品。逮：及。④《小雅》指《诗经·小雅》七十一篇，

多是贵族失意与不满时势的诗人的政治讽刺诗。小已：卑小之人，指诗人自己。⑤流：流言。上：指朝廷和君王。⑥合德：通“洽德”，指温柔敦厚的教化效果。汉人极重视《诗经》的所谓“温柔敦厚”的诗教（《礼记·经解》：“温柔敦厚，《诗》教也。”）。按：“洽者，和柔之意。”（孙诒让《周礼正义》）“德，犹教也。”（郑玄《礼记注》）⑦要：主旨。⑧扬雄：西汉末年与东汉初年文学家，生于司马迁之后，此处引他对赋的评论，显系后人将《汉书》之文窜入本文，非司马迁原文。靡丽：华丽。⑨劝：鼓励。⑩郑、卫之声：指春秋时代郑国和卫国的民间音乐，被统治者称为淫靡之乐。⑪已：通“亦”。亏：亏损，减损。

【译文】

司马相如是蜀郡成都人，字长卿。他少年时喜欢读书，也学习剑术，所以他父母给他取名犬子。司马相如完成学业后，很仰慕蔺相如的为人，就改名相如。最初，他凭借家中富有的资财而被授予郎官之职，侍卫孝景帝，做了武骑常侍，但这并非他的爱好。正赶上汉景帝不喜欢辞赋，这时梁孝王前来京城朝见景帝，跟他来的善于游说的人，有齐郡人邹阳、淮阴人枚乘、吴县人庄忌先生等。相如见到这些人就喜欢上了，因此就借生病为由辞掉官职，旅居梁国。梁孝王让相如这些读书人一同居住，相如才有机会与读书人和游说之士相处了好几年，于是写了《子虚赋》。

等到梁孝王去世后，相如只好返回成都。然而家境贫寒，又没有可以维持自己生活的职业。相如一向同临邛县令王吉相处得很好，王吉说："长卿，你长期离乡在外，求官任职，不太顺心，可以来我这里看看。"于是，相如前往临邛，暂住在城内的一座小亭中。临邛县令佯装恭敬，天天都来拜访相如。最初，相如还是以礼相见。后来，他就谎称有病，让随从去拒绝王吉的拜访。然而，王吉更加谨慎恭敬。临邛县里富人多，像卓王孙家就有家奴八百人，程郑家也有数百人。二人相互商量说："县令有贵客，我们备办酒席，请请他。"一并把县令也请来。当县令到了卓家后，卓家的客人已经上百了。到了中午，去请司马长卿，长卿却推托有病，不肯前来。临邛令见相如没来，不敢进食，还亲自前去迎接相如。相如不得已，勉强来到卓家，满座的客人无不惊羡他的风采。酒兴正浓时，临邛县令走上前去，把琴放到相如面前，说："我听说长卿特别喜欢弹琴，希望聆听一曲，以助欢乐。"相如辞谢一番，便弹奏了一两支曲子。这时，卓王孙有个女儿叫文君，刚守寡不久，很喜欢音乐。所以，相如佯装与县令相互敬重，而用琴声暗自诱发她的爱慕之情。相如来临邛时，车马跟随其后，仪表堂堂，文静典雅，甚为大方。待到卓王孙家喝酒、弹奏琴曲时，卓文君从门缝里偷偷看他，心中高兴，特别喜欢他，又怕他不了解自己的心情。宴会完毕，相如托人以重金赏赐文君的侍者，以此向她转达倾慕之情。于是，卓文君乘夜逃出家门，私奔相如，相如便同文君急忙赶回成都。进家所见，空无一物，只有四面墙壁立在那里。卓王孙得知女儿私奔之事，大怒道："女儿极不成才，我不忍心伤害她，但也不分给她一个钱。"有的人劝说卓王孙，但他始终不肯听。过了好长一段时间，文君感到不快乐，说："长卿，只要你同我一起去临邛，向兄弟们借贷也完全可以维持生活，何至于让自己困苦到这个样子！"相如就同文君来到临邛，把自己的车马全部卖掉，买下一家酒店，做卖酒生意。并且让文君亲自主持垆前的酌酒应对顾客之事，而自己穿起犊鼻裤，与雇工们一起操作忙活，在闹市中洗涤酒器。卓王孙听到这件事后，感到很耻辱，因此闭门不出。有些兄弟和长辈交相劝说卓王孙，说："你有一个儿子两个女儿，家中所缺少的不是钱财。如今，文君已经成了司马长卿的妻子，长卿本来也已厌倦了离家奔波的生涯，虽然贫穷，但他确实是个人才，完全可以依靠。况且他又是县令的贵客，为什么偏偏这样轻视他呢！"卓王孙不得已，只好分给文君家奴一百人，钱一百万，以及她出嫁时的衣服被褥和各种财物。文君就同相如回到成都，买了田地房屋，成为富有的人家。

过了较长一段时间，蜀郡人杨得意担任狗监，侍奉汉武帝。一天，武帝读《子虚赋》，认为写得好，说："我偏偏不能与这个作者同时。"杨得意说："我的同乡人司马相如自称，是他写了这篇赋。"武帝很惊喜，就召来相如询问。相如说："有这件事。但是，这赋只写诸侯之事，不值得看。请让我写篇天子游猎赋，赋写成后就进献皇上。”武帝答应了，并命令尚书给他笔和木简。相如用“子虚”这虚构的言辞，是为了陈述楚国之美；“乌有先生”就是哪有此事，以此为齐国驳难楚国；“无是公”就是没有此人，以阐明做天子的道理。所以，假借这三个人写成文章，用以推演天子和诸侯的苑囿美盛情景。赋的最后一章主旨归结到节俭上去，借以规劝皇帝。把赋进献天子后，天子特别高兴。赋的文辞说道：

楚王派子虚出使齐国，齐王调遣境内所有的士卒，准备了众多的车马，与使者一同出外打猎。打猎完毕，子虚前去拜访乌有先生，并向他夸耀此事，恰巧无是公也在场。大家落座后，乌有先生向子虚问道：“今天打猎快乐吗？”子虚说：“快乐。”“猎物很多吧？”子虚回答道：“很少。”“既然如此，那么乐从何来？”子虚回答说：“我高兴的是齐王本想向我夸耀他的车马众多，而我却用楚王在云梦泽打猎的盛况来回答他。”乌有先生说道：“可以说出来听听吗？”

子虚说：“可以。齐王指挥千辆兵车，选拔上万名骑手，到东海之滨打猎。士卒排满草泽，捕兽的罗网布满山冈，兽网罩住野兔，车轮辗死大鹿，射中麋鹿，抓住麟的小腿。车骑驰骋在海边的盐滩，宰杀禽兽的鲜血染红车轮。射中禽兽，猎获物很多，齐王便骄傲地夸耀自己的功劳。他回头看着我说：‘楚国也有供游玩打猎的平原广泽，可以使人这样富于乐趣吗？楚王游猎与我相比，谁更壮观？’我下车回答说：‘小臣我只不过是楚国一个见识鄙陋的人，但侥幸在楚宫中担任了十余年的侍卫，常随楚王出猎，猎场就在王宫的后苑，可以顺便观赏周围的景色，但还不能遍览全部盛况，又哪有足够的条件谈论远离王都的大泽盛景呢？'齐王说：'虽然如此，还是请大略地谈谈你的所见所闻吧！'

"我回答说：'遵命。臣听说楚国有七个大泽，我曾经见过一个，其余的没见过。我所看到的这个，只是七个大泽中最小的一个，名叫云梦。云梦方圆九百里，其中有山。山势盘旋，迂回曲折，高耸险要，山峰峭拔，参差不齐；日月或被完全遮蔽，或者遮掩一半；群山错落，重叠无序，直上青云；山坡倾斜连绵，下连江河。云梦之土有朱砂、石青、赤土、白垩、雌黄、白石英、锡矿、碧玉、金银，众多色彩光彩耀目，像龙鳞般地灿烂照耀。云梦之石有赤玉、玫瑰宝石、琳、瑉、琨珸、瑊玏、玄厉、瑌石、武夫石。云梦之东有香草丛生的花圃，其中生长着杜衡、兰草、白芷、杜若、射干、芎穷、菖蒲、江离、蘪芜、甘蔗、芭蕉。云梦之南有平原大泽，地势高低不平，倾斜绵延，低洼的土地，广阔平坦，沿着大江延伸，直到巫山为界。那高峻干燥的地方，生长着马蓝、形似燕麦的草，还有苞草、荔草、艾蒿、莎草及青薠。那低湿之地，生长着狗尾巴草、芦苇、东蔷、菰米、莲花、荷藕、葫芦、蒿草、莸草，各种各样的东西生长于此，难以完全描绘。云梦之西有奔涌的泉水、清澈的水池，泉流和池水相激，荡漾推移；水面上开放着荷花与菱花，水面下隐伏着巨石和白沙。水中有神龟、蛟蛇、鼍龙、玳瑁、鳖和鼋。云梦之北有森林大树，生长着黄楩树、楠木、樟木、桂树、花椒树、木兰、黄檗树、山梨树、赤茎柳、山楂树、黑枣树、橘树、柚子树，芳香远溢。那些树上有赤猿、猕猴、鹓、孔雀、鸾鸟、善跳的猴子和射干。树下则有白虎、黑豹、蟃蜒、貙犴、雌犀牛、大象、野犀牛、穷奇、獌狿。

"'于是，楚王就派专诸之类的勇士，空手击杀这些野兽。楚王就驾驭起被驯服的杂毛之马，乘坐着美玉雕饰的车，挥动着用鱼须作旒穗的曲柄旃旗，摇动缀着明月珍珠的旗帜。高举锋利的三刃戟，左手拿着雕有花纹的乌嗥名弓，右手拿着夏箙中的强劲之箭。伯乐做骖乘，纤阿当御者。车马缓慢行驶，尚未尽情驰骋时，就已踏倒了强健的猛兽。车轮碾压邛邛、践踏距虚，突击野马，轴头撞死騊駼，乘着千里马，箭射游荡之骐。楚王的车骑迅疾异常，有如惊雷滚动，好似狂飙袭来，像流星飞坠，若雷霆撞击。弓不虚发，箭箭都射裂禽兽的眼眶，或贯穿胸膛，直达腋下，使连着心脏的血管断裂。猎获的野兽，像雨点飞降般纷纷而落，覆盖了野草，遮蔽了大地。于是，楚王就停鞭徘徊，自由自在地缓步而行，浏览山北的森林，观赏壮士的暴怒，以及野兽的恐惧。拦截那疲倦的野兽，捕捉那精疲力竭的野兽，遍观群兽各种不同的姿态。

"'于是，郑国漂亮的姑娘，肤色细嫩的美女，披着细缯细布制成的上衣，穿着麻布和白绢制作的裙子，装点着纤细的罗绮，身上垂挂着轻雾般的柔纱。裙幅皱褶重叠，纹理细密，线条婉曲多姿，好似深幽的溪谷。美女们穿着修长的衣服，裙幅飘扬，裙缘整齐美观；衣上的飘带，随风飞舞，燕尾形的衣端垂挂身间。体态婀娜多姿，走路时衣裙相摩，发出噏呷萃蔡的响声。飘动的衣裙饰带，摩擦着下边的兰花蕙草，拂拭着上面的羽饰车盖。头发上杂缀着翡翠的羽毛作为饰物，领下缠绕着用玉装饰的帽缨。隐约缥缈，恍恍惚惚，就像神仙般的若有若无。

"'于是，楚王就和众多美女一起在蕙圃夜猎，从容而缓慢地走上坚固的水堤。用网捕取翡翠鸟，用箭射取锦鸡。射出带丝线的短小之箭，发射系着细丝绳的箭。射落了白天鹅，击中了野鹅。中箭的鸧鸹双双从天落，黑鹤身上被箭射穿。打猎疲倦之后，拨动游船，泛舟清池之中。划着画有鹢鸟的龙船，扬起桂木的船桨。张挂起画有翡翠鸟的帷幔，竖起鸟毛装饰的伞盖。用网捞取玳瑁，钓取紫贝。敲打金鼓，吹起排箫。船夫唱起歌来，声调悲楚嘶哑，悦耳动听。鱼鳖为此惊骇，洪波因而沸腾。泉水涌起，与浪涛汇聚。众石相互撞击，发出硠硠磕磕的响声，就像雷霆轰鸣，声传几百里之外。

"'夜猎将停，敲起灵鼓，点起火把。战车按行列行走，骑兵归队而行。队伍接续不断，整整齐齐，缓慢前进。于是，楚王就登上阳云之台，显示泰然自若安然无事的神态，保持着安静恬适的心境。待用芍药调和的食物备齐之后，就献给楚王品尝。不像大王终日奔驰，不离车身，甚至切割肉块，也在轮间烤炙而吃，而自以为乐。我以为齐国恐怕不如楚国吧。’于是，齐王默默无言，无话回答我。”

乌有先生说：“这话为什么说得如此过分呢？您不远千里前来赐惠齐国，齐王调遣境内的全部士卒，准备了众多的车马，同您外出打猎，是想同心协力猎获禽兽，使您感到快乐，怎能称作夸耀呢！询问楚国有无游猎的平原广泽，是希望听听楚国的政治教化与光辉的功业，以及先生的美言高论。现在，先生不称颂楚王丰厚的德政，却畅谈云梦泽以为高论，大谈淫游纵乐之事，而且炫耀奢侈靡费，我私下以为您不应当这样做。如果真像您所说的那样，那本来算不上是楚国的美好之事。楚国若是有这些事，您把它说出来，这就是张扬国君的丑恶；如果楚国没有这些事，您却说有，这就有损于您的声誉，张扬国君的丑恶，损害自己的信誉。这两件事没有一样是可做的，而您却做了。这必将为齐国所轻视，而楚国的声誉也会受到牵累。况且齐国东临大海，南有琅琊山，在成山观赏美景，在芝罘山狩猎，在渤海泛舟，在孟诸泽中游猎。东北与肃慎为邻，左边以汤谷为界限；秋天在青丘打猎，自由漫步在海外。像云梦这样的大泽，纵然吞下八九个，胸中也丝毫没有梗塞之感。至于那超凡卓异之物，各地特产，珍奇怪异的鸟兽，万物聚集，好像鱼鳞荟萃，充满其中，不可胜记，就是大禹也辨不清它们的名字，契也不能计算它们的数目。但是，齐王处在诸侯的地位，不敢陈说游猎和嬉戏的欢乐，苑囿的广大。先生又是被以贵宾之礼接待的客人，所以齐王没有回答您任何言辞，怎能说他无言以对呢！”

无是公微笑着说：“子虚的说法固然是错的，乌有的说法也不对。天子之所以让诸侯交纳贡品，并不是为了财物，而是为了让他们到朝廷陈述其履行职务的情况；所以要划分封国的疆界，并非为了守卫边境，而是为了杜绝诸侯的越轨违法的行为。如今，齐国位列东方的藩国，却与国外的肃慎私自交往，离开本土，越过国界，漂洋过海，到海上诸岛去游猎，这在礼义上是不能允许的。况且你们二位先生的言论，都不是竭力阐明君臣之间的正常关系，也不是端正诸侯的礼仪，而只是去争论游猎的欢乐，苑囿的广大，想以奢侈争胜负、以荒淫赛高低。这样做不但不能使你们的国君显扬名望，提高声誉，却恰恰能够贬低声望，自己蒙受损失。况且那齐国和楚国的事物又哪里值得称道呢！先生们没有亲眼看到那浩大壮丽的场面，难道没有听说过天子的上林苑吗？

“上林苑左边是苍梧，右边是西极，丹水流过它的南方，紫渊流经它的北方；霸水和浐水始终未流出上林，泾水和渭水流进来又流出去；酆水、鄗水、潦水、潏水，曲折宛转，在上林苑中回环盘旋。浩浩荡荡的八条河川，流向相背，姿态各异，东西南北，往来奔驰，从两山对峙的椒丘山谷流出，流经沙石堆积的小洲，穿过桂树之林，流过茫茫无垠的原野。水流迅疾盛大，沿着高丘奔腾而下，直赴狭隘的山口。撞击着巨石，激荡着沙石形成的曲折河岸，水流涌起，暴怒异常，汹涌澎湃。河水盛涌，水流迅疾，波浪撞击，砰砰作响；横流回旋，转折奔腾，溅洌作响。急流冲击着不平的河岸，轰鸣震响，水势高耸，浪花回旋，卷曲如云，蜿蜒萦绕。后浪推击着前浪，流向深渊，形成湍急的水流，冲过沙石之上。拍击着岩石，冲击着河堤，奔腾飞扬，不可阻挡。大水冲过小洲，流入山谷，水势渐缓，水声渐细，跌落于沟谷深潭之中。有时潭深水大，水流激荡，发出乒乓轰隆的巨响。有时水波翻涌飞扬，如同鼎中热水沸腾。水波急驰，泛起层层白沫，跳跃不止。有时水流急转，轻疾奔扬，流向远方，长归大湖。有时水面平静无声，安然地向着远方流去。然后，无边无际的大水，迂回徐缓，银光闪闪，奔向东方，注入太湖，湖水满溢，流进附近的池塘。于是，蛟龙、赤螭、䱭䲛、螹离、鰅、鳙、鰬、魠、禺禺、魼、鳎，都竖鳍摇尾，张鳞奋翼，潜处于深渊岩谷之中。鱼鳖欢跃喧哗，万物成群结伙。明月、珠子，在江边光彩闪烁。蜀石、黄色的碝石、水晶石，层层堆积，灿烂夺目，光彩映照，聚积于水中。鸿鹄、鹔鸨、野鹅、鹮䴔、䴔鶄、鹮目、烦鹜、鷛鸈、鸃鸏、䴔䴖，成群结队，浮游在水面。任凭河水横流浮动，鸟儿随风漂流，乘着波涛，自由摇荡。有时，成群的鸟儿聚积在野草覆盖的沙洲上，口衔着菁、藻，唼喋作响，口含着菱、藕，咀嚼不已。

“在这里，高山挺拔耸立，巍峨雄峻。广阔的山林中生长着高大的树木。山高险峻，高低不齐。九嵏山、巀嶭山、终南山巍峨耸立，或奇险，或倾斜，有的上下大，中间小，有的像锜，三足直立，险峻异常，陡峭崎岖。有的地方是收蓄流水的山溪，有的地方是水流贯通的山谷，溪水曲折，流入沟渎。溪谷宽大空旷，水中的丘陵、孤立的山，高高挺立，层叠不平。山势起伏，忽高忽低，连绵不绝，山坡倾斜，渐趋平缓。河水缓缓流动，溢出河面，四散于平坦的原野。水旁湿地有千里之广，岸边土沙被水冲积得既平且硬，如同夯实。绿色的蕙草遮掩，芳香的江离覆盖。间杂着蘼芜和流夷。结缕四处分布，莎草成片丛生。揭车、杜蘅、兰草、蒿本、射干、茈姜、蘘荷、葴橙、若荪、鲜枝、黄砾、蒋苧、青薠，遍布于广阔的大泽，蔓延在广大的平原之上。花草绵延不绝，广布繁衍，迎着微风倒伏，吐露芬芳，散发着浓烈的香味，郁郁菲菲，香气四溢，沁人心田，更令人感到芳香浓烈。

“于是，浏览四周，广泛观赏，睁大眼睛也辨识不清，只见茫茫一片，恍恍惚惚，放眼望去，没有边际；仔细察看，宽广无涯。早晨，太阳从苑东的池沼升起，傍晚，太阳由苑西的陂池落下。苑南则严冬也依然生长草木，河水奔涌翻腾；这里的野兽有犝、旄、貘、犛、沉牛、麈、麋、赤首、圜题、穷奇、象、犀。苑北则盛夏季节也是河水结冰，大地冻裂，只要提起衣裳即可过河。这里的野兽有麒麟、角𧣾、騊駼、橐驼、蛩蛩、驒騱、駃騠、驴、骡。

“在这里，离宫别宫，布满山坡，横跨溪谷。高大的回廊，四周相连，双重的楼房间，阁道曲折相连。绘花的屋椽子，璧玉装饰的瓦珰。辇道连绵不绝，在长廊之中周游，路程遥远，须在中途住宿。把高山削平，构筑殿堂，修起层层台榭，山岩底部有幽深的房室与此相通。俯视山下，遥远而无所见，仰视天空，攀上屋椽可以摸天。流星闪过宫门，弯曲的彩虹横挂在窗板与栏杆之上。青虬蜿蜒在东厢，大象拉的车子行走在清静的西厢。众神休息在清闲的馆舍，偓佺类的仙人在南檐下沐浴阳光。甘甜的泉水从清室中涌出，流动的河水流过院中，用巨石修整河岸，高峻险要，参差不齐。山岩巍峨高耸，峥嵘奇特，好像工匠雕刻而成。这里的玫瑰、碧、琳、珊瑚丛聚而生。瑉玉庞大，纹采似鱼鳞。赤玉纹采交错，杂插其间。垂绥、琬琰、和氏璧皆在这里出现。

“在这里，卢橘在夏天成熟，黄柑、柚子、榛、枇杷、酸枣、柿子、山梨、柰、厚朴、羊枣、杨梅、樱桃、葡萄、隐夫、郁棣、榙㯋、荔枝，遍布于后宫和北园。一直向丘陵、平原延伸生长开去。果木的绿叶、紫茎蓬勃生长，随风摆动。红花开放，色彩艳丽，照耀着广阔的原野。沙果、栎、槠、桦树、枫树、银杏树、黄栌树、石榴、椰子树、槟榔树、棕榈树、檀树、木兰、枕木、樟木、冬青树，有的树木高达千仞，粗得要几个人才能合抱，花朵和枝条生长得畅达舒展，果实和叶子硕大茂密，有的聚立在一处，有的丛集相倚。树枝相连而蜷曲，交叉而重叠，繁茂交错，盘纡纠结，高举横出，相倚相扶，下垂的枝条四散伸展，落花飞扬；树木繁茂高大，随风摇荡，婀娜多姿；风吹草木，凄清作响，有如钟磬之声，好似管龠之音。树木高低不齐，环绕着后宫；众多草木重叠累积，覆盖着山野，沿着溪谷生长，顺着山坡，直下低湿之地，放眼望去，没有边际，仔细探究，又无穷无尽。

“在这里，黑猿和白色的雌猴、仰鼻长尾猿、大母猴、小飞鼠、能飞的蛭、善爬树的蜩、猕猴、似猴的蠼胡、似狗的豰、如猴的蛫，都栖息林间，有的长啸，有的哀鸣，上下跳跃，轻捷如飞，交相往来，在树枝间共同戏耍，屈曲宛转，直上树梢。于是，跳越断桥，跃过奇异的丛林，接持下垂的枝条，或分散奔走，或杂乱相聚，散乱远去。

“像这样的地方有数千百处，可供往来嬉戏游乐，住宿在离宫，歇息在别馆，厨房不需要迁徙，后宫妃嫔也不必跟随，文武百官也已齐备。

“于是，从秋至冬，天子开始校猎，乘坐着象牙雕饰的车子，驾驭六条白色的虬龙，摇动着五彩旌旗，挥舞着云旗。前面有蒙着虎皮的车子开路，后边有导游之车护行。孙叔执辔驾车，卫公做骖乘，为天子护驾的侍卫不循正道而行，活动在四校之中。在森严的卤薄里敲起鼓来，猎手们便纵情出击；江河是校猎的围栅，大山是望楼。车马飞奔，如雷声忽起，震天动地。猎手们四散分离，各自追逐自己的目标。出猎者络绎行进，沿着山陵，顺着沼泽，像云雾密布，如大雨倾注。

“猎者们活捉貔豹，搏击豺狼，徒手杀死熊罴，踏倒野羊。猎者头戴鹖尾装饰的帽子，穿着画有白虎的裤子，身披用虎豹皮做的衣衫，骑着骏马。登上三山并峙的山头，走下崎岖不平的山坡，直奔高陡险要的山峰，越过谷沟，连衣涉水。击杀蜚廉，摆布解豸、击杀瑕蛤，用矛刺杀猛氏，用绳索绊取騕褭，箭杀大野猪。箭不随意射杀野兽，一箭射出，则必破解颈项，穿裂头脑。弓不虚发，野兽皆应声而倒。于是，天子便乘着车子，徐缓徘徊，自由自在地往来遨游，观看士卒队伍的进退，浏览将帅应变的神态。然后，车驾由缓行而逐渐加快，疾速远去。用网捕捉轻捷飞翔的禽鸟，践踏敏捷狡猾的野兽。用车轴撞击白鹿，迅速捕获狡兔。其速度之快，超越赤色的闪电，而把电光留在后边。追逐怪兽，逸出宇宙。拉弯繁弱良弓，张满白羽之箭，射击游动的枭羊，击倒蜚虡。选好肉肥的野兽然后发箭，命中之处正是预想的地方。弓箭分离，一箭射中的猎物就倒在地上。

挥动马鞭，对空中飞的禽类发起攻击，猎者的心气也随之而上浮。冲破暴风，升上天空，与神灵同处。践踏黑鹤，扰乱鹍鸡，近捕孔雀和鸾鸟，捉取鵔鸃，击落鹥鸟，掠过凤凰，追赶鸳雏，掩捕焦明。

“直到道路的尽头，才掉转车头而回。逍遥徜徉，降落在上林苑的极北之地。直道前行，忽然间返回帝乡。登览䃶观，经过封峦观，途经雉鹊观，望着露寒观，下抵棠梨宫，休息在宜春宫，再奔驰到昆明池西边的宣曲宫，划起饰有鷁鸟的船，在牛首池中荡漾。然后登上龙台观，到细柳观休息。观察士大夫们的辛勤与收获，平均分配猎者所捕获的猎物。至于步卒和车驾所践踏碾轧而死的、骑兵所踏死的，大臣与随从人员所踩死的，以及那走投无路、疲惫不堪、惊惧伏地、没受刀刃的创伤就死去的野兽，其尸体纵横交错，填满坑谷，覆盖平原，弥漫大泽，不计其数。

“于是，游乐嬉戏倦怠松懈，在上接云天的台榭摆下酒宴，在广阔无边的寰宇演奏音乐。撞击千石的大钟，竖起万石的钟架；高擎着翠羽为饰的旗帜，设置灵鼍皮制成的大鼓；奏起尧时的舞曲，聆听葛天氏的乐曲；千人同唱，万人相和；山陵被这歌声震动，河川之水被激起大波。巴渝的舞蹈，宋、蔡的歌曲，淮南的《于遮》，文成和云南的民歌，同时并举，轮番演奏。钟鼓之声此起彼伏，铿锵铛鼟，惊心震耳。荆、吴、郑、卫的歌声，《韶》《濩》《武》《象》的音乐，淫靡放纵的乐曲，鄢、郢地区的飘逸舞姿，《激楚》之音高亢激越，可以掀起回风，俳优侏儒的表演，西戎的乐伎，用来使耳目欢愉、心情快乐的事物，应有尽有。美妙悦耳的音乐在君王面前回荡，皮肤细腻的美女站立在君王身后。

"至于青琴、宓妃之流的美女，超群拔俗，艳丽高雅。面施粉黛，刻画鬓发，体态轻盈，苗条多姿，柔弱美好，妩媚婀娜。身穿极其漂亮颜色纯正的外衫，长短肥瘦特别合身，轻柔飘动，与世俗的衣服不同。她们身上散发着浓郁的芳香，清美浓厚。鲜明洁白的牙齿，微露含笑，光洁动人。眉毛修长弯曲，双目含情，流盼远视。美色诱人，心魂荡漾，女乐高兴地侍立君侧。

"于是，酒兴半酣，乐舞狂热，天子怅惘有感，似有所失，说道：'唉，这太奢侈了！我在理政的闲暇之时，不愿虚度时日，顺应天道，前来上林苑猎杀野兽，有时在此休息。生怕后代子孙奢侈淫靡，循此而行，不肯休止，这不是为后人创功立业发扬传统的行为。'于是，就撤去酒宴，不再打猎，而命令主管官员说：'凡是可以开垦的土地，都变为农田，用以供养黎民百姓。推倒围墙，填平壕沟，使乡野之民都可以来此谋生。陂池中满是捕捞者也不加禁止，宫馆空闲也不进住。打开粮仓，赈济贫穷的百姓，补助不足，抚恤鳏寡，慰问孤儿和无子的老人。发布施恩德给百姓的政令，减轻刑罚，改变制度，变换服色，更改历法，同天下百姓一道从头做起。'

"于是，选择好日子来斋戒，穿上朝服，乘坐天子的车驾，高举翠华之旗，响起玉饰的鸾铃。游观于六艺的苑囿，奔驰在仁义的大道之上；观览《春秋》之林，行射礼时演奏

《驺虞》及《貍首》乐章，奏古乐，演古舞，车上插着画有天毕星的旌旗。天子出行访问，搜罗人才。天子爱惜人才，为《伐檀》作者的慨叹而悲伤，读到‘君子乐胥’的诗句时，为朝廷拥有许多才智之士而感到高兴。天子遵循古代礼制，反复研读《礼》《尚书》。阐释《周易》的道理，放走上林苑中各种珍禽怪兽。登上明堂，坐在祖庙之中，君王遍命群臣，尽奏朝政的得失之见，使天下黎民，无不受益。正当此时，天下百姓皆大喜悦。他们顺应天子的风教，听从政令，顺应时代的潮流，接受教化。圣明之道勃然而振兴，人民都归向仁义，刑罚被废弃而不用。君王的恩德高于三皇，功业超越五帝。如果政绩达到这个地步，游猎才是可喜的事情。

“如果整天暴露身躯驰骋在苑囿之中，精神劳累，身体辛苦，废弃车马的功用，损伤士卒的精力，浪费国库的钱财，而对百姓却没有厚德大恩，只是专心个人的欢乐，不考虑众多的百姓，忘掉国家大政，却贪图野鸡兔子的猎获，这是仁爱之君不肯做的事情。由此看来，齐国和楚国的游猎之事，岂不是令人悲哀的吗？两国各有土地不过方圆千里，而苑囿却占据九百里。这样一来，草木之野不能开垦为耕田，百姓就没有粮食可吃。他们凭借诸侯的微贱的地位，却去享受天子的奢侈之乐，我害怕百姓将遭受祸患。”

于是，子虚和乌有两位先生都改变了脸色，怅然若失，徘徊后退，离开座位，说道：“鄙人浅薄无知，不知顾忌，却在今天得到了教诲，我要认真领教。”

这篇赋写成后进献天子，皇帝即任命相如为郎官。无是公称说上林苑的广大，山谷、水泉和万物，以及子虚称说云梦泽所有之物甚多，奢侈淫靡，言过其实，而且不是礼仪所崇尚的，所以删取其中的要点，归之于正道，加以评论。

相如担任郎官数年，正逢唐蒙受命掠取和开通夜郎及其西面的僰中，征发巴、蜀二郡的官吏士卒上千人，西郡又多为他征调陆路及水上的运输人员一万多人。他又用战时法规杀了大帅，巴、蜀百姓大为震惊恐惧。皇上听到这种情况，就派相如去责备唐蒙，趁机告知巴、蜀百姓，唐蒙所为并非皇上的本意。檄文说：

告示巴、蜀太守：蛮夷自擅兵权，不服朝廷，久未讨伐，时常侵扰边境，使士大夫蒙受劳苦。当今皇上即位，存恤安抚天下，使中国安宁和睦。然后调兵出征，北上讨伐匈奴，使其单于恐怖震惊，拱手称臣，屈膝求和。康居与西域诸国，也都辗转翻译，沟通语言，请求朝见武帝，虔敬地叩头，进献贡物。然后大军直指东方，闽越之君被其弟诛杀。接着军至番禺，南越王派太子婴齐入朝。南夷的君主，西僰的首领，都经常进献贡物和赋税，不敢怠慢，人人伸长脖颈，高抬脚跟，景仰朝廷，争归仁义，愿做汉朝的臣仆，只是道路遥远，山河阻隔，不能亲自来朝向汉君致意。现在，不顺从者已被诛杀，而做好事者尚未奖赏，所以派遣中郎将前来以礼相待，使其归服。至于征发巴、蜀的士卒百姓各五百人，只是为了供奉礼品，保卫使者不发生意外，并没想到要进行战争，造成打仗的祸患。如今，皇上听说中郎将竟然动用战时法令，使巴、蜀子弟担惊受怕，巴、蜀父老长者忧虑祸患。巴、蜀二郡又擅自为中郎将转运粮食，这都不是皇上的本意。至于被征当行的人，有的逃跑，有的自相残杀，这也不是为臣者的节操。

那边疆郡县的士卒，听到烽火高举、燧烟点燃的消息，都张弓待射，驰马进击，扛着兵器，奔向战场，人人汗流浃背，唯恐落后；打起仗来，就是身触利刃、冒着流矢射中的危险，也义无反顾，从没想到掉转脚跟，向后逃跑。人人怀着愤怒的心情，如报私仇一般。他们难道乐意死去而讨厌生存，不是名在户籍的良民，而与巴、蜀不是同一个君主吗？只是他们思想深邃，虑事长远，一心想着国家的危难，而喜欢竭尽全力去履行臣民的义务罢了。所以，他们之中有的人得到剖符拜官的封赏，有的分珪受爵，位在列侯，住宅排列在东第。他们死后可将显贵的谥号流传后世，把封赏的土地传给后代子孙。他们做事非常忠诚严肃，当官也特别安逸，好的名声传播延续到久远的后世，功业卓著，永不泯灭。因此，有贤德的人们都能肝脑涂地，血液润泽野草而在所不辞。现在仅仅是承担供奉币帛的差役去到南夷，就自相杀害，或者逃跑被诛杀，身死而无美名，其谥号应称为“至愚”，其耻辱牵连到父母，为天下人所嘲笑。人的气度和才识的差距，难道不是很远吗？但这也不只是应征之人的罪过，父兄们平素没给他们很严格的教育，也没有谨慎地给子弟做表率。人们缺少清廉的美德，不知羞耻，则世风也就不淳厚了。因而，他们被判刑杀戮也是理所当然的事。

皇上担心使者和官员们就像那个样子，又哀伤不贤的愚民像这个样子，所以派遣信使把征发士卒的事清清楚楚地告诉百姓，趁机责备他们不能忠于朝廷，不能为国事而死的罪过，斥责三老和孝弟没能很好履行教诲职责的过失。现在正是农忙时节，一再烦扰百姓，已经亲眼看到了附近县城的情况，担心偏远的溪谷山泽间的百姓不能全听到皇上的心声，待这篇檄文一到，赶忙下发到县道百姓那里，使他们全都知道当今皇上的心意，千万不要遗忘！

司马相如宣谕完毕，回京向汉武帝汇报。唐蒙已略取并开通了夜郎，趁机要开通西南夷的道路，征发巴、蜀、广汉的士卒，参加筑路的有数万人。修路两年，没有修成，士卒多死亡，耗费的钱财要用亿来计算。蜀地民众和汉朝当权者多有反对者。这时，邛、筰的君长听说南夷已与汉朝交往，得到很多赏赐，因而多半想做汉朝的臣仆，希望比照南夷的待遇，请求汉朝委任他们以官职。皇上向相如询问此事，相如说："邛、筰、冉、駹等都离蜀很近，道路容易开通。秦朝时就已设置郡县，到汉朝建国时才废除。如今真要重新开通，设置为郡县，其价值超过南夷。”皇上以为相如说得对，就任命相如为中郎将，令持节出使。副使王然于、壶充国、吕越人等，乘坐四匹马驾驭的传车向前奔驰，凭借巴、蜀的官吏和财物去笼络西南夷。相如等到达蜀郡，蜀郡太守及其属官都到郊界上迎接相如，县令背负着弓箭在前面开路，蜀人都以此为荣。于是，卓王孙、临邛诸位父老都凭借关系来到相如门下，献上牛和酒，与相如畅叙欢乐之情。卓王孙喟然感叹，自以为把女儿嫁给司马相如的时间太晚，便把一份丰厚的财物给了文君，使与儿子所分均等。司马相如就便平定了西南夷。邛、筰、冉、駹、斯榆的君长都请求成为汉王朝的臣子。于是，拆除了旧有的关隘，使边关扩大，西边到达沫水和若水，南边到达牂柯，以此为边界，开通了零关道，在孙水上建桥，使新开区和邛都联系了起来。相如还京报告皇上，皇上特别高兴。

相如出使西南夷时，蜀郡的年高长者多半说开通西南夷没有用，纵然是朝廷大臣也有人以为是这样的。相如也想向皇上进谏，但建议业已由自己提出，因而不敢再进谏言了，于是就写文章，假借蜀郡父老的语气写成文辞，而自己来诘难对方，以此讽谏皇上，并且借此宣扬自己出使的本意，让百姓了解天子的心意。那文章说：

汉朝建国已七十又八年，美德充盛，存在于六代君王的政事之中，国势威武盛大，历久相传的皇恩深远广大，不但国内万民受惠，就连方外也得到余恩。于是，皇上才下令使者西征，阻挠者顺应形势而退让，德教之风所到之处，无不随风倒伏。因而使冉夷臣服，駹夷顺从，平定了筰，保全了邛，占领了斯榆，攻取了苞满。然后使络绎不绝的车马掉转车辕，起程东来，将回京禀报天子，到达蜀郡成都。

这时，耆老、大夫、荐绅、先生共有二十七人，严肃认真地前来拜访。寒暄已毕，趁机进言道："听说天子对于夷狄之人的态度，只是牵制他们不使断绝关系而已。而现在却使三郡的士卒疲困不堪，去打通夜郎的道路，至今三年，修路之事尚未能最后完成，士卒已劳苦疲倦，万民已生活不富足。如今又要接着开通西夷，百姓劳力已经耗尽，恐怕不能最终完成此事，这也是使者的负担啊，我私下为您忧虑。况且那邛、筰、西僰与中国并列，已经过许多年了，记都记不清了。仁德之君不能全靠仁德招来，势强力大的国君也不能全靠武力兼并，想来恐怕这种做法是行不通的吧！如今，割弃良民的财物去增加夷狄的财物，使汉朝依赖的人民遭受疲困，而去侍奉无用的夷狄，鄙陋之人见识短浅，不知道所说的是否正确。"

使者说："怎么说这样的话呢？若是一定像你说的那样，那么蜀郡人的衣着习惯永不改变，巴郡人的风俗也永远不会变化了。我常常讨厌听这种说法。但是，这事情的重大意义本来就不是旁观者所能看出来的。我行程急促，其详情不可能细说给你们听，请为大夫们粗略地陈说一番。

“大概社会上一定要有超越寻常的人，才会有超常的事情出现；有了超常的事情出现，才会创建异乎寻常的功业。异乎寻常，当然是常人感到奇异的。所以说，超常的事情开始出现时，百姓会惊惧；待到事情成功了，天下之人也就安然太平了。

“从前洪水涌出，四处泛滥，百姓上下迁移，崎岖而不安宁。大禹为此忧虑，就阻塞洪水，挖掘河底，疏通河道，分散洪水，稳定灾情，使洪水东流大海，让天下百姓永保安宁。承受这样的劳苦，难道只有百姓？大禹终日思虑而心神烦劳，却还要亲身参加劳作，累得手脚生出老茧，身上瘦得没有肉，皮肤磨得生不出汗毛。所以，他的美好功业显赫于无穷的后世，名望传扬至今。

“况且贤明的君主即位后，难道只是委琐龌龊，为文法所拘束，为世俗所牵制，因循旧习，取悦当世而已吗？应当有崇高宏伟的主张，开创业绩，传留法统，以此成为后世遵行的榜样。所以，要尽情努力地做到兼容并蓄，要勤勉思考着把自己变成可与天地比德的人。况且《诗经》里不是说过：‘普天之下，没有哪个地方不是周王的领土；四海之内，没有哪个人不是周王的臣民。’所以，天地之内，八方之外，皆逐渐浸润漫衍，如果有哪个有生命的东西没受君恩的滋润，贤君将视为耻辱。如今，疆界以内，文武官员都获得了欢乐幸福，没有缺漏。而夷狄是风俗不相同的国家，是与我们遥远隔绝、族类不同的地域，那里车船不通，人迹罕至，因而政治教化还未达到那里，社会风气还很低下。如果接纳他们，他们将在边境做些违犯礼仪的事情。把他们排斥于外，他们就会在自己国内为非作歹，逐杀其君，颠倒君臣关系，改变尊卑次序，父兄无罪被杀，幼儿与孤儿被当作奴隶，被捆绑着哭喊，一心向往汉朝，抱怨说：“听说中国有最仁爱的国君，美德盛大，恩泽普及，万物皆得其所，现在为什么只是遗弃了我们?”抬起脚跟，思慕不已，就像大旱之时，人们盼望雨水一样。就是凶暴之人也要为之感动流泪，更何况当今皇上贤明，又怎么可以就此作罢？所以出师北方，讨伐强大的匈奴，派使者急驰南方，责备强劲的越国。四方邻国都受仁德的教化，南夷与西夷的君长像游鱼聚集，仰面迎向水流，愿意得到汉朝封号的以亿计。所以，才以沫水和若水为关塞，以牂柯为边界，凿通灵山道，在孙水源头架起桥梁。开创了通向道德的坦途，传留下热爱仁义的传统。将要广施恩德，安抚和控制边远地区的人民，使疏远者不被隔闭，使居住偏僻不开化地区的人民得到光明，在这里消除战争，在那里消除杀伐。使远近一体，内外安宁幸福，不是康乐之事吗？把人民从水深火热中拯救，尊奉皇上的美德，挽救衰败的社会，继承周代已经断绝的业绩，这是天子的当务之急。百姓纵然有些劳苦，又怎么可以停止呢？

“况且帝王之事本来没有不从忧劳开始，而以逸乐结束的。这样说来，那么承受天命的祥瑞，正在通西南夷这件事上。如今，皇上将要封禅泰山，祭祀梁父山，使车上的鸾铃鸣响，音乐和颂歌之声高扬，汉君之德上同五帝，下越三王。旁观者没看到事情的主旨，就如同鷦明早已飞上了天空，而捕鸟者还眼盯着薮泽，真是可悲啊！”

于是，诸位大夫心情茫然，忘却了来意，也忘记了他们原来要想进谏的话，深有感慨地一同说道：“令人信服啊，汉朝的美德！这是鄙陋之人愿意听到的。百姓虽然有些怠惰，请允许我们给他们做个表率。”大夫们惆怅不已，自动后退，拖延一会儿，辞别而去。

后来，有人上书告相如出使时接受了别人的贿赂，因而他失掉了官职。他在家待了一年多，又被召到朝廷当了郎官。

相如口吃，但善于写文章。他经常患糖尿病。他同卓文君结婚后，很有钱。他担任官职，不曾愿意同公卿们一起商讨国家大事，而借病在家闲待着，不追慕官爵。他曾经跟随皇上到长杨宫去打猎。这时，天子正喜欢亲自击杀熊和猪，驰马追逐野兽。相如上疏加以劝谏，疏上写道：

臣子听说，万物中有的虽是同类而能力却不同，所以说到力大就称赞乌获，谈到轻捷善射就推崇庆忌，说到勇猛必称孟贲和夏育。我愚昧，私下以为人有这种情况，兽也应该有这种情况。现在，陛下喜欢登上险阻的地方，射击猛兽，突然遇到轻捷超群的野兽，在你毫无戒备之时，它狂暴进犯，向着你的车驾和随从冲来，车驾来不及旋转车辕，人们也没机会施展技巧，纵然有乌获和逄蒙的技巧，才力发挥不出来，枯萎的树木和腐朽的树桩全都可以变成祸害。这就像胡人、越人出现在车轮下，羌人和夷人紧跟在车后，岂不是很危险吗！虽然是绝对安全而无一点害处，但这本不是天子应该接近的地方。

况且清除道路然后行走，选择道路中央驱马奔驰，有时还会出现马口中的衔铁断裂、车轴钩心脱落的事故，更何况在蓬蒿中跋涉，在荒丘废墟上奔驰，前面有猎获野兽的快乐，而内心里却没有应付突然事故的准备，大概出现祸患是很容易的了。至于看轻君王的高贵地位，不以此为安乐，却乐意出现在虽有万全准备而仍有一丝危险的地方，我私自以为陛下不应该这样做。

大概明察之人能远在事情发生之前，就预见它的出现，智慧之人能在祸害还未形成之前就避开它。祸患本来多半隐藏在暗蔽之处，发生在人们疏忽之时。所以，谚语说："家中积累千金，不坐在堂屋檐底下。"这句话虽然说的是小事，但可以用来说明大事。我希望陛下留意明察。

皇上认为司马相如说得很好。回来路过宜春宫时，相如向皇上献赋，哀悼秦二世行事的过失。赋的言辞是：

登上倾斜不平的漫长山坡，一同走进高峻的层层宫殿。俯视曲江池弯曲的岸边和小洲，望着高低不齐的南山。山岩高耸而空深，通畅的溪谷豁然开朗而空阔。溪水急速地远远流去，注入宽广低平的水边高地。欣赏各种树木繁茂荫蔽的美景，浏览茂密的竹林。向东边的土山奔驰，提衣走过沙石上的急流。缓步徘徊，路过二世坟墓，把他凭吊。他自身行事不谨慎，使国家灭亡，权势丧尽。他听信谗言，不肯醒悟，使得宗庙被灭绝。呜呼哀哉！他的操守品行不端正，坟墓荒芜而无人修整，魂魄无处可归，也无人向他祭祀；飘逝到极远无边的地方，愈是久远愈暗昧。像魍魉似的精魄升空飞扬，经历广大的九天远远逝去。呜呼哀哉！

相如被授官为汉文帝的陵园令。武帝既赞美子虚之事，相如又看出皇上喜爱仙道，趁机说："上林之事算不得最美好，还有更美丽的。臣曾经写过《大人赋》，未完稿，请允许我写完后献给皇上。"相如认为传说中的众仙人居住在山林沼泽间，形体容貌特别清瘦，这不是帝王心意中的仙人，于是就写成《大人赋》，赋中写道：

世上有位大人啊，居住在中国。住宅满布万里啊，竟不足以使他稍微停留。哀伤世俗的胁迫困厄，便离世轻飞，向着远方漫游。乘着赤幡为饰的副虹，载着云气而上浮。竖起状如烟火的云气长杆，拴结起光炎闪耀的五彩旌旗。垂挂着旬始星作为旌旗的飘带，拖着彗星作为旌旗垂羽。旌旗随风披靡，逶迤婉转，婀娜多姿地摇摆着。揽取欃枪做旌旗，旗杆上缠绕着弯曲的彩虹作为绸。天空赤红深远而又暗淡无光，狂飙奔涌，云气飘浮。驾着应龙、象车屈曲有度地前行，以赤螭、青虬为骖马蜿蜒行进。有时龙身屈曲起伏，昂首腾飞，恣意奔驰，有时又屈折隆起，盘绕蜷曲。时而摇头伸颈，起伏前进，时而举首不前；时而放任散慢，自我放纵，时而昂首不齐。有时忽进忽退、摇目吐舌，如趋走飞翔之鸟，左右相随；有时龙头摇动，屈曲婉转，像惊兔奔跑，如屋梁相互依靠。或缠绕喧嚣踏到路上，或飞扬跳跃，奔腾狂进。或迅捷飞翔，相互追逐，疾如闪电，突然明亮，雾气消除，云气散尽。

斜渡东极而登上北极啊，与仙人们相互交游。走过错综曲折深远广大之处再向右转啊，横渡飞泉向着正东。把众仙全都召来加以挑选啊，在瑶光之上部署众神。让五帝做向导啊，使太一返回，让陵阳子明做侍从。左边是玄冥右边是含雷啊，前有陆离后有潏湟。让王子侨当小厮，令羡门高做差役，使岐伯掌管药方。火神祝融担任警戒，清道防卫啊，消除恶气，然后前进。集合我的车子有万辆之多啊，混合彩云做成的车盖，竖起华丽的旗帜。让句芒率领随从啊，我要前往南方去游戏。

经过崇山见到唐尧啊，拜访虞舜在九嶷。车骑纷繁纵横交错啊，重累杂乱并驰向前。骚扰冲撞而混乱啊，大水无际洒洒洋洋。群山簇聚罗列，万物丛集茂盛啊，到处散布，繁盛参差。径直驰入雷声隆隆的雷室啊，穿过崎岖不平的鬼谷。遍览八纮而远望四荒啊，渡过九江又越过五河。往来于炎火之山，浮过弱水河啊，方舟横渡浮渚，涉过流沙河。忽然休息在葱岭山，在泛滥的河水中游戏啊，使女娲奏瑟，让冯夷跳起舞来。天色昏暗不明啊，召来雷师屏翳，诛责风神而刑罚雨师。西望昆仑恍恍惚惚啊，径直奔驰三危山。推开天门闯进帝宫啊，载着玉女与她同归。登上阆风山而高兴地停下歇息啊，就像乌鸟高飞而稍事休息。在阴山上徘徊，婉曲飞翔啊，到今天我才目睹满头白发的西王母。她头戴玉胜住在洞穴中啊，幸而有三足乌供她驱使。若一定要像这样的长生不死啊，纵然能活万世也不值得高兴。

回转车头归来啊，走到不周路断绝，会餐在幽都。呼吸沆瀣而餐食朝霞啊，咀嚼灵芝花，稍食玉树花朵。抬头仰望而身体渐渐高纵啊，纷然腾跃疾飞上天。穿过闪电的倒影啊，涉过丰隆兴云制作的滂沛雨水。驰骋游车和导车自长空而降啊，抛开云雾而疾驰远去。迫于人世社会的狭隘啊，缓缓走出北极的边际。把屯骑遗留在北极之山啊，在天北门超越先驱。下界深远而不见大地啊，上方空阔而看不到天边。视线模糊看不清，听觉恍惚无所闻。腾空而上到达远处啊，超越无有而独自长存。

相如既已献上《大人之颂》，天子特别高兴，飘飘然有凌驾云天的气概，心情好似遨游天地之间那样爽快。

相如已因病免官，家住茂陵。天子说：“司马相如病得很厉害，可派人去把他的书全部取回来；如果不这样做，以后就散失了。”派所忠前往茂陵，而相如已经死去，家中没有书。询问相如之妻，她回答说：“长卿本来不曾有书。他时时写书，别人就时时取走，因而家中总是空空的。长卿还没死的时候，写过一卷书，他说如有使者来取书，就把它献上。再没有别的书了。”他留下来的书上写的是有关封禅的事，进献给所忠。所忠把书再进献给天子，天子惊异其书。那书上写道：

上古开始之时，由天降生万民，经历各代君王，一直到秦。沿着近代君王的足迹加以考察，聆听远古君王的遗风美名，繁多而纷乱，名声和事迹被埋没而不称道者，数也数不尽。能够继承舜、禹，崇尚尊号美谥的，封禅泰山而稍可称道者只有七十二君。顺从善道行事，没有谁不昌盛；违逆常理，失德行事，谁能生存？

轩辕以前，时间久远，事物缈茫，其详细情况不得而知。五帝三王的一些事迹，都记载在六经典籍和传说之中，可以看到大概的情况。《尚书》上说：“君王贤明啊，大臣杰出。”根据这一记载可以说，君王的圣明没有超过唐尧的，大臣的贤良没有比得上后稷的。后稷在唐尧时创建了业绩，公刘在西戎之地发迹，文王改革制度，使周隆盛，太平之道于是形成。其后子孙虽政绩衰微，但千年以来并无怨恶之声，这难道不是善始善终吗？但是，周王朝能这样，没有别的原因，只是前代先王能谨慎地从事他们所考虑和规划的事情，又能够严谨地垂教于后世子孙罢了。所以，前人开拓的道路平坦，容易沿路走去；深恩广大，容易丰足；法度显明，容易效法；传续法统顺乎情理，容易继承。所以，周公的业绩隆盛于成王时代，而其功德之高超越文王和武王。揆度其所始，考察其所终，并无特别优异超凡的业绩，可与当今汉朝相比。然而，周人尚且走上梁父山，登上泰山，建立显贵的封号，施加尊崇的美名。伟大汉朝的恩德，像源泉奔涌而出，盛大扩散，广布四方。如云雾散布，上通九天，下至八方极远之地。一切生灵，皆受恩德，和畅之气，广泛散布，威武之节，飘然远去。近者如同畅游于恩泽的源头，远者好似泳浮在恩惠的末流。领头作恶的被湮没，暗昧之人得到光明。连各种动物都欢畅喜悦，掉转头来，面向中土朝廷。然后，驺虞之类的珍贵之兽聚于苑囿，白麟一类的怪兽进入栅栏之中，在庖厨中选择出一茎六穗的嘉禾以供祭祀，用长有双角的白麟做祭品，在岐山获得了周朝遗留的宝鼎和蓄养的神龟，从沼泽里招来了神马乘黄。鬼神迎接神仙灵围，在闲馆中待以宾客之礼。珍奇之物，奇异超凡，变化无穷。令人钦敬啊，祥瑞的征兆都显现在此，还认为自己的功德微薄，不敢称道封禅之事。从前周武王渡河时，有条白鱼跳到船中，武王认为是美好的祥瑞，就用这白鱼燎祭上天。其实，这种符兆十分微小，却因此登上泰山，不是太惭愧了吗？周朝不该封禅而封禅，汉朝应该封禅却不封禅，进让的原则，相差何其遥远呢？

于是，大司马进谏说："陛下以仁德抚育天下百姓，凭借道义征伐不肯顺服者，华夏诸侯愿意进贡，蛮夷皆手持礼物朝拜天子，美德与往初的圣君相等，功业也无二致，美好的功德政绩普遍融洽，符瑞的征兆变化众多，应验的时期将相继而来，不仅仅是初次呈现。我想大概在泰山、梁父山设立祭坛，是希望天子到来，加封尊号，以此与前代圣君比光荣，上帝降恩和福，是准备用成功荐告上天，陛下谦让而不封禅，是断绝了上帝、泰山、梁父山的欢心，使王道的礼仪缺失不全，群臣对此感到惭愧。有人说那天道是质朴暗昧的，因此珍奇的符兆本来是不能拒绝的。如果这样推让它，这是使泰山没有作表记的机会，而梁父山也没有祭祀的希望了。如果古代帝王都是一时荣耀，毕世而绝灭，那么叙说者还有什么可以向后世陈述的呢，而且能有七十二君封禅的说法吗？若修明道德则天赐祥瑞，顺应祥瑞来做封禅之事，不能算作越礼。所以，圣明的君王不废除封禅之礼，而是修行礼仪，尊奉土地神，诚恳地谒告天神，在嵩山刻石记功，以表彰最尊贵的地位，宣扬盛明的德行，显示尊号与荣耀，授予厚福，以使百姓沾光。封禅之事堂皇伟大啊，是天下的壮观，称王者的大业，不能贬低。希望陛下保全它。然后，综合荐绅先生们的道术，使他们获得日月余光远炎的照耀，以施展当官的才能，专心办好政事。还要兼正天时、叙列人事以阐述封禅的大义，校订润色其文，作成像《春秋》一样的经书，将沿袭旧有的六经增为七经，并传布无穷，使万世之后仍能激发忠义之士，扬起微波，飞扬英明之声，传送茂盛的果实。前代圣贤之所以能永远保持伟大名声而常常被称赞，就在于行封禅之礼，应当命令掌故把封禅的大义全都奏报陛下，以备观览。”

于是，天子有所感悟似的改变了神色，说：“好啊，我就试试看吧！”天子思来想去，归纳了公卿们的议论，询问了封禅的具体情况，记述恩泽的博大，推行符瑞的富饶。于是，写了颂歌，说：

在我的天空之下，云彩悠然而行。普降甘露和及时雨，其地可以遨游。滋润万物的水液渗透土壤，一切生物无不受到滋养。好谷物一茎生出六穗，我收获的谷物何不蓄积？

不但降下雨水，又把大地润泽；不仅浸湿一处，还广泛散布。万物熙熙和乐，既怀恋又思慕。名山应当有显赫的地位，盼望圣君到来。君王啊，君王！为何不行封禅之礼！

色彩斑斓的驺虞，在我君的苑囿玩乐；白底黑纹，它的长相值得赞扬；和睦恭敬，宛如君子的仪表。从前只听到它的名声，如今目睹它的降临。那路上没留下足迹，这是天降祥瑞的征兆。此兽也曾在虞舜时出现，虞舜因此而兴旺。

肥壮的白麟啊，在那祭祀天地、五帝之处嬉戏。正是孟冬十月，皇上前往郊祀。白麟奔驰到君王车前，君王用它燎祭苍天，天降幸福。夏商周三代以前，大概不曾有此奇事。

宛屈伸展的黄龙，因遇圣德而升天。色彩闪耀夺目，光辉灿烂。龙体显现，必能使众民觉悟。在《易经·象传》中曾有记载，这正是所谓受命天子所乘之车。

天的符瑞已经明白显示，不必再谆谆告诫。应当依类寄托，告诉君王举行封禅大典。

翻开典籍可以看到，自然界和人类社会已经发生关系，两者相互启发而和谐。圣明君王的美德，就是行事兢兢业业，小心翼翼。所以说：‘在兴旺时要考虑到衰微，在太平安乐之时要想到危难。’因此，商汤、周武王虽然位居至尊，却仍然保持严肃恭敬的美德。虞舜在大典之中，仍然观察反省缺点和失误。说的就是这个道理。

司马相如已死五年，天子才开始祭祀土地神。他死后八年，天子终于首先祭祀中岳嵩山，然后又封泰山，再到梁父山，禅肃然山。

相如其他著作，如《遗平陵侯书》《与五公子相难》《草木书》篇没有收录，收录了他在公卿中尤其著名的作品。

太史公说：“《春秋》能推究到事物的极隐微处，《易经》原本隐微却能阐释得浅显，《大雅》说的是王公大人却德及黎民百姓，《小雅》讥刺卑微作者的得失，其流言却能影响朝廷政治。所以，言辞的外在表现虽然不同，但是其和柔的教化作用是一致的。相如的文章虽然多假托的言辞和夸张的说法，但其主旨归于节俭，这同《诗经》讽谏之旨有何不同？扬雄认为相如的华丽辞赋，鼓励奢侈的言辞与倡言节俭的言辞是一百比一的关系，这就如同尽情演奏郑、卫之音，而在曲终之时演奏一点雅乐一样。这不是减损了相如的辞赋价值吗？我采录了他的一些可以论述的文字，写在这篇文章中。”

第一百卷　淮南衡山列传第五十八

本篇是淮南厉王刘长及其子刘安、刘赐的合传。刘长是汉高祖的小儿子，汉文帝同父异母的兄弟。他因骄横无度，参与谋反，获罪被捕，在押往流放地蜀郡的途中绝食身亡。之后，刘安继封淮南王，刘赐封庐江王转徙衡山王。刘安为报父仇，串通刘赐密谋反叛，事泄后二人皆自杀国除。按《史记》体例，写诸侯王生平当立“世家”，而这里降为列传，乃是对刘长父子的叛逆之罪表示贬抑。这种变通处置之法，与《吴王濞列传》相同，都反映了作者维护汉家一统，反对分裂割据的政治态度。

通篇命意一线到底，是本传写法上很明显的一个特色。这一贯穿全篇的主旨就是揭露刘长父子的悖乱之罪。据此，传文既详尽陈述他们先后谋反的事实经过，同时揭示了促成其叛逆与覆亡的种种原因。总的来看，写作角度单一，笔墨是非常集中的。

本传虽用一意到底的顺叙法写成，但文笔仍不乏变化。写刘安、刘赐的谋反事均用正笔，写刘长叛逆事则借大臣们上呈的奏章道出，用的是侧笔。写刘安和刘赐也同中有异，前者多记言语对话，而且叙议交错，开合有致。叙事中插入的两大段口若悬河的议论文字，感情饱满，气势酣畅，富于文采，为全文增辉。其后写刘赐事则只用简洁的语言叙述，就明显不同了。

【原文】

淮南厉王长者，高祖少子也，其母故赵王张敖美人[①]。高祖八年，从东垣过赵，赵王献之美人。厉王母得幸焉，有身。赵王敖弗敢内[②]宫，为筑外宫而舍之。及贯高等谋反柏人事发觉[③]，并逮治王，尽收捕王母兄弟美人，系[④]之河内。厉王母亦系，告吏曰："得幸上，有身。"吏以闻上，上方怒赵王，未理厉王母。厉王母弟赵兼因辟阳侯[⑤]言吕后，吕后妒，弗肯白，辟阳侯不强争。及厉王母已生厉王，恚[⑥]，即自杀。吏奉厉王诣上，上悔，令吕后母之，而葬厉王母真定。真定，厉王母之家在焉，父世县[⑦]也。

【注释】

①美人：汉代妃嫔称号。②内：通"纳"，接纳。③此指赵相贯高等人阴谋杀害汉高祖刘邦的未遂事件。谋弑在高祖八年（前199），败露在高祖九年（前198），详见《高祖本纪》。④系：拘囚。⑤辟阳侯：名审食其，因侍奉吕后获宠。⑥恚：怨恨。⑦父世县：《汉书·淮南衡山济北王传》作"母家县"，即娘家所在的故乡，此指厉王母亲的父祖辈居住的县份。

【原文】

高祖十一年七月，淮南王黥布[①]反，立子长为淮南王，王黥布故地，凡四郡[②]。上自将兵击灭布，厉王遂即位[③]。

厉王蚤[④]失母，常附吕后，孝惠、吕后时以故得幸无患害，而常心怨辟阳侯，弗敢发。

及孝文帝初即位，淮南王自以为最亲，骄蹇[⑤]，数不奉法。上以亲故，常宽赦之。

三年，入朝。甚横。从上入苑囿[⑥]猎，与上同车，常谓上“大兄”。厉王有材力，力能扛鼎，乃往请辟阳侯。辟阳侯出见之，即自袖铁椎[⑦]椎辟阳侯，令从者魏敬到[⑧]之。厉王乃驰走阙下[⑨]，肉袒[⑩]谢曰：“臣母不当坐赵事，其时辟阳侯力能得之吕后，弗争，罪一也。赵王如意子母无罪，吕后杀之[⑪]，辟阳侯弗争，罪二也。吕后王诸吕，欲以危刘氏，辟阳侯弗争[⑫]，罪三也。臣谨为天下诛贼臣辟阳侯，报母之仇，谨伏阙下请罪。”孝文伤其志，为亲故，弗治，赦厉王。当是时，薄太后及太子诸大臣皆惮[⑬]厉王，厉王以此归国益骄恣，不用汉法，出入称警跸[⑭]，称制[⑮]，自为法令，拟于天子。

六年，令男子但等七十人与棘蒲侯柴武[⑯]太子奇谋，以辇车[⑰]四十乘反谷口，令人使闽越、匈奴。事觉，治之，使使召淮南王。淮南王至长安。

【注释】

①黥布：本名英布，因受黥刑而改姓。高祖十一年（前196），黥布举兵反，高祖率军亲征，次年黥布兵败被杀。详见《黥布列传》。②四郡：即九江、衡山、庐江和豫章郡，皆为淮南王封地。③按：此段与以下三段中华书局本原为一段，

今据文意分为四段。④蚤：通“早”。⑤骄蹇：傲慢，不顺从。⑥苑囿（yòu）：供帝王畜养禽兽和游猎的风景园林。⑦椎：一通“槌”，捶击用具，“铁椎”即是；一通“捶”，击打，“椎辟阳侯”之“椎”即是。⑧刭：以刀割脖子。⑨阙下：宫阙之下，指朝廷。⑩肉袒：脱去上衣，裸露身体的一部分。⑪刘邦生前很宠爱戚夫人和她的儿子赵王刘如意，戚夫人与吕后争立太子，使吕后极为怨恨。惠帝元年（前194）十二月，吕后先以毒酒杀如意，然后对戚夫人滥施酷刑，百般残害，详见《吕太后本纪》。⑫惠帝死后，吕后专权，擅改高祖旧制，先后分封侄子吕台、吕产、吕禄等为诸侯王。当时辟阳侯审食其被擢为左丞相，得吕后重用。详见《吕太后本纪》。⑬惮：畏惧。⑭警跸：警戒清道，断绝行人，是帝王出入时的规制。⑮制：帝王的命令。⑯男子：汉代对无官爵成年男性的称呼。柴武：一作“陈武”，其子“柴奇”一作“陈奇”。⑰辇（jú）车：马拉的大车。

【原文】

“丞相臣张仓、典客臣冯敬、行御史大夫事宗正臣逸、廷尉臣贺、备盗贼中尉臣福昧死言：淮南王长废先帝法，不听天子诏，居处无度，为黄屋盖乘舆[①]，出入拟于天子，擅为法令，不用汉法[②]。及所置吏，以其郎中春为丞相[③]，聚收汉诸侯人及有罪亡者[④]，匿与居，为治家室，赐其财物爵禄田宅，爵或至关内侯，奉[⑤]以二千石，所不当得，欲以有为。大夫但、士五[⑥]开章等七十人与棘蒲侯太子奇谋反，欲以危宗庙社稷。使开章阴告长，与谋使闽越及匈奴发其兵。开章之淮南见长，长数与坐语饮食，为家室娶妇，以二千石俸奉[7]之。开章使人告但，已言之王。春使使报但等。吏觉知，使长安尉奇等往捕开章。长匿不予，与故中尉蔄忌谋，杀以闭口。为棺椁衣衾[8]，葬之肥陵邑，谩[9]吏曰‘不知安在’。又详[10]聚土，树表[11]其上，曰：‘开章死[12]，埋此下’。及长身自贼杀无罪者一人；令吏论杀无罪者六人；为亡命弃市罪诈捕命者以除罪[13]；擅罪人，罪人无告劾[14]系治城旦舂[15]以上十四人；赦免罪人，死罪十八人，城旦舂以下五十八人；赐人爵关内侯以下九十四人。前日长病，陛下忧苦之，使使者赐书、枣脯。长不欲受赐，不肯见拜使者。南海民处庐江界中者反，淮南吏卒击之。陛下以淮南民贫苦，遣使者赐长帛五千匹，以赐吏卒劳苦者。长不欲受赐，谩言曰‘无劳苦者’。南海民王织上书献璧[16]皇帝，忌擅燔[17]其书，不以闻。吏请召治忌，长不遣，谩言曰‘忌病’。春又请长，愿入见，长怒曰‘女[18]欲离我自附汉’。长当[19]弃市，臣请论如法。”

制[20]曰：“朕不忍致法于王，其与列侯二千石议。”

【注释】

①黄屋盖：亦称黄屋，帝王车驾上用黄色绸缎做衬里的车盖。乘舆：帝王与诸侯乘坐的车子。②汉法：指中央政府的法律。汉，汉家朝廷，相对于诸侯国而言。③丞相：此指诸侯国国相。④此句意思是说刘长有意网罗各郡县和诸侯国的人以及负罪逃亡者。汉，此指中央政府下属的各郡县。⑤奉：通

"俸"，俸禄。⑥大夫但：此时但已有官职，故改称"大夫"。士五：有罪失官爵者。⑦奉：供给。⑧椁：棺外的套棺。衾：殓尸的包被。⑨谩：欺骗。⑩详：通"佯"，假装。⑪表：标记。⑫死："屍"的省文。屍，即"尸"，尸体。⑬亡命弃市罪：指逃亡在外被判处死刑的人。弃市，在闹市执行死刑，并将尸体弃置街头，故"弃市"即指死罪。诈捕命者以除罪：此指抓捕未逃亡的犯人为判有死罪的逃犯顶罪。⑭告劾：告发罪状，此指申冤。⑮城旦：秦汉的一种刑罚，命男犯服劳役四年，白天戍守，夜晚筑城。舂：汉代的一种徒刑，罚女犯舂米。⑯璧：平圆而且中心有孔的玉器。⑰燔：焚烧。⑱女：通"汝"，你。⑲当：判罪，处以相当的刑罚。⑳制：帝王的命令。

【原文】

"臣仓、臣敬、臣逸、臣福、臣贺昧死言：臣谨与列侯吏二千石臣婴等四十三人议，皆曰'长不奉法度，不听天子诏，乃阴聚徒党及谋反者，厚养亡命，欲以有为'。臣等议论如法。"

制曰："朕不忍致法于王，其赦长死罪，废勿王。"

"臣仓等昧死言：长有大死罪，陛下不忍致法，幸赦，废勿王。臣请处蜀郡严道邛邮，遣其子母[1]从居，县为筑盖家室，皆廪食给薪菜盐豉炊食器席蓐[2]。臣等昧死请，请布告天下。"

制曰："计食[3]长给肉日五斤，酒二斗。令故美人才人[4]得幸者十人从居。他可。”

【注释】

①子母：指妾媵中生有子女者。②廪食：官府供给粮食。豉：豆豉，调味用品，用煮熟的大豆发酵制成。席：用芦苇、竹篾编织的铺垫用具。蓐：草垫、草席。③计食：考虑供给食物。④才人：汉宫中及国王妃妾的总称。

【原文】

尽诛所与谋者。于是乃遣淮南王，载以辎车[1]，令县以次传[2]。是时袁盎谏上曰：“上素骄淮南王，弗为置严傅相[3]，以故至此。且淮南王为人刚，今暴摧折之，臣恐卒逢雾露[4]病死，陛下为有杀弟之名，奈何！”上曰：“吾特[5]苦之耳，今复[6]之。”县传淮南王者皆不敢发车封[7]。淮南王乃谓侍者曰：“谁谓乃公勇者？吾安能勇！吾以骄故不闻吾过至此。人生一世间，安能邑邑[8]如此！”乃不食死。至雍，雍令发封，以死闻。上哭甚悲，谓袁盎曰：“吾不听公言，卒亡淮南王。”盎曰：“不可奈何，愿陛下自宽。”上曰：“为之奈何？”盎曰：“独斩丞相、御史以谢天下乃可。”上即令丞相、御史逮考诸县传送淮南王不发封馈[9]侍者，皆弃市。乃以列侯葬淮南王于雍，守冢[10]三十户。

【注释】

①辎车：有帷盖的大车，可载物，也可作卧车。②以次传：按顺序传押。③傅：教导，辅佐帝王或王子的人。相：此

指诸侯国丞相。④卒：通“猝”，突然。逢雾露：指身染风寒。⑤特：只是。⑥今：就要。复：返回。⑦发车封：打开囚车的门封。⑧邑邑：通“悒悒”，愁闷不安的样子。⑨馈：给人进食。⑩冢：坟墓。

【原文】

孝文八年，上怜淮南王，淮南王有子四人，皆七八岁，乃封子安为阜陵侯，子勃为安阳侯，子赐为阳周侯，子良为东城侯。

孝文十二年，民有作歌歌淮南厉王曰：“一尺布，尚可缝；一斗粟，尚可舂。兄弟二人不能相容。”上闻之，乃叹曰：“尧舜放逐骨肉①，周公杀管蔡②，天下称圣。何者？不以私害公。天下岂以我为贪淮南王地邪？”乃徙城阳王王淮南故地，而追尊谥③淮南王为厉王，置园④复如诸侯仪。

孝文十六年，徙淮南王喜复故城阳。上怜淮南厉王废法不轨，自使失国蚤死，乃立其三子：阜陵侯安为淮南王，安阳侯勃为衡山王，阳周侯赐为庐江王，皆复得厉王时地，参⑤分之。东城侯良前薨，无后也。

【注释】

①相传舜弟象总是蓄意杀害舜，舜立为天子后，将他放逐。此见于《孟子·万章上》和《韩非子·忠孝》，《五帝本纪》不载。②周成王年幼即位，由周公摄政。周公的兄弟管叔、蔡叔等人不服，联合武庚和东方夷族反叛。周公率军东征，杀武庚、管叔，放逐蔡叔，平定了叛乱。详见《周本

纪》。③谥：死后追封的称号。④园：陵园。⑤参：三。

【原文】

孝景三年，吴楚七国反[1]，吴使者至淮南，淮南王欲发兵应之。其相曰："大王必欲发兵应吴，臣愿为将。"王乃属[2]相兵。淮南相已将兵，因城守，不听王而为汉；汉亦使曲城侯将兵救淮南；淮南以故得完。吴使者至庐江，庐江王弗应，而往来使越。吴使者至衡山，衡山王坚守无二心[3]。

孝景四年，吴楚已破，衡山王朝，上以为贞信，乃劳苦之曰："南方卑湿。"徙衡山王王济北，所以褒之。及薨，遂赐谥为贞王。庐江王边越[4]，数使使相交，故徙为衡山王[5]，王江北。淮南王如故。

【注释】

①吴楚七国反：吴王刘濞、楚王刘戊与赵、胶东、胶西、菑川、济南诸王，以"清君侧"杀晁错为名，联合举兵叛乱。详见《吴王濞列传》。②属：交付。③按：此段与下段中华书局本原为一段，今据文意分为二段。④边越：边界与越国相接。⑤按：景帝将庐江王迁往衡山国，是防范他和边远的越国结交，发展诸侯国势力，对中央政权造成新的隐患；而衡山国在长江以北，便于朝廷进行控制。

【原文】

淮南王安为人好读书鼓琴，不喜弋[1]猎狗马驰骋，亦欲以行阴德拊循[2]百姓，流誉天下。时时怨望[3]厉王死，时欲畔[4]

逆，未有因⑤也。

及建元二年，淮南王入朝。素善武安侯，武安侯时为太尉，乃逆⑥王霸上，与王语曰："方今上无太子，大王亲高皇帝孙，行仁义，天下莫不闻。即宫车一日晏驾⑦，非大王当谁立者！"淮南王大喜，厚遗⑧武安侯金财物。阴结宾客，拊循百姓，为畔逆事。

建元六年，慧星见，淮南王心怪之。或说王曰："先吴军起时，慧星出长数尺，然尚流血千里。今慧星长竟天，天下兵当大起。"王心以为上无太子，天下有变，诸侯并争，愈益治器械攻战具，积金钱赂遗郡国诸侯游士⑨奇材。诸辨士为方略⑩者，妄作妖言，谄谀王，王喜，多赐金钱，而谋反滋甚。

【注释】

①弋：用绳系在箭上射猎。②行阴德：暗中施恩惠于人。拊循：安抚。③怨望：怨恨。④畔：通"叛"。⑤因：机会。按：此段与以下两段中华书局本原为一段，今据文意分为三段。⑥逆：迎。⑦晏驾：车驾迟行。这句是用皇上乘坐宫车延迟起驾婉言其死。⑧遗：赠送。⑨游士：从事游说活动的人。⑩辨士：能言善辩的人。辨，通"辩"。方略：计谋。

【原文】

淮南王有女陵，慧，有口辨。王爱陵，常多予金钱，为中诇①长安，约结上左右②。

元朔三年，上赐淮南王几杖③，不朝④。淮南王王后荼，王爱幸之。王后生太子迁，迁取⑤王皇太后外孙修成君女为妃。王谋为反具[6]，畏太子妃知而内泄事，乃与太子谋，令诈弗爱，三月不同席。王乃详为怒太子，闭太子使与妃同内三月，太子终不近妃。妃求去，王乃上书谢归去之。王后荼、太子迁及女陵得爱幸王，擅国权，侵夺民田宅，妄致系人[7]。

【注释】

①诇：侦察，刺探。②按：本段与下一段中华书局本原为一段，今据文意改为二段。③几杖：几案和手杖。④不朝：当时刘安年54岁，皇上照顾他年老，准许他不必按例入京朝见。⑤取：同"娶"。⑥为反具：制造谋反的器具。⑦此句是说任意加罪拘捕无辜的人。妄，胡乱行事，不守法。致，得到，此指把人抓来。

【原文】

元朔五年，太子学用剑，自以为人莫及，闻郎中雷被巧，乃召与戏。被一再[1]辞让，误中太子。太子怒，被恐。此时有欲从军者辄诣京师，被即愿奋击匈奴。太子迁数恶被于王，王使郎中令斥免[2]，欲以禁后，被遂亡至长安，上书自明。诏下其事廷尉、河南。河南治，逮淮南太子，王、王后计欲无遣太子，遂发兵反，计犹豫，十余日未定。会有诏，即[3]讯太子。当是时，淮南相怒寿春丞留太子逮不遣[4]，劾不敬。王以请相，相弗听。王使人上书告相，事下廷尉治。踪迹连王，王使人候伺[5]汉公卿，公卿请逮捕治王。王恐事发，太子迁谋曰："汉使即逮王，王令人衣卫士衣，持戟居庭中，王旁有非是[6]，则刺杀之，臣亦使人刺杀淮南中尉，乃举兵，未晚。"是时上不许公卿请，而遣汉中尉宏即讯验[⑦]王。王闻汉使来，即如太子谋计。汉中尉至，王视其颜色和，讯王以斥雷被事耳，王自度无何，不发。中尉还，以闻。公卿治者曰："淮南王安拥阏[⑧]奋击匈奴者雷被等，废格[⑨]明诏，当弃市。"诏弗许。公卿请废勿王，诏弗许。公卿请削五县，诏削二县。使中尉宏赦淮南王罪，罚以削地。中尉入淮南界，宣言赦王。王初闻汉公卿请诛之，未知得削地，闻汉使来，恐其捕之，乃与太子谋刺之如前计。及中尉至，即贺王，王以故不发。其后自伤曰："吾行仁义见削，甚耻之。"然淮南王削地之后，其为反谋益甚。诸使道从长安来，为妄妖言，言上无男，汉不治，即喜；即言汉廷治，有男，王怒，以为妄言，非也。

【注释】

①一再：一次二次。②斥免：斥退免官。③即：就近，此指在淮南国就地审太子案，而不逮至河南郡。④丞：指县丞。留太子逮不遣：把河南郡逮捕太子的命令扣下来不发。⑤候伺：窥伺，侦察。⑥非是：指不正常的情况。⑦讯验：询问查证。⑧拥阏：阻塞，此指阻挠。⑨废格：阻挠执行诏令。

【原文】

王日夜与伍被、左吴等案舆地图[①]，部署兵所从入。王曰："上无太子，宫车即晏驾，廷臣必征胶东王，不即[②]族常山王，诸侯并争，吾可以无备乎！且吾高祖孙，亲行仁义，陛下遇我厚，吾能忍之；万世之后，吾宁能北面臣事竖子[③]乎！"

王坐东宫，召伍被与谋，曰："将军[④]上。"被怅然曰：

"上宽赦大王，王复安得此亡国之语乎！臣闻子胥谏吴王[⑤]，吴王不用，乃曰'臣今见麋鹿游姑苏之台[⑥]也'。今臣亦见宫中生荆棘，露沾衣也。"王怒，系伍被父母，囚之三月。复召曰："将军许寡人乎？"被曰："不，直来为大王画耳。臣闻聪者听于无声，明者见于未形，故圣人万举万全。昔文王一动[⑦]而功显于千世，列为三代，此所谓因天心以动作者也，故海内不期而随。此千岁之可见者。夫百年之秦，近世之吴楚，亦足以喻国家之存亡矣。臣不敢避子胥之诛[⑧]，愿大王毋为吴王之听。

"昔秦绝圣人之道，杀术士[⑨]，燔《诗》《书》[⑩]，弃礼义，尚诈力，任刑罚，转负海之粟[⑪]致之西河。当是之时，男子疾耕不足于糟糠，女子纺绩[⑫]不足于盖形。遣蒙恬筑长城，东西数千里，暴兵露师[⑬]常数十万，死者不可胜数，僵尸千里，流血顷亩[⑭]，百姓力竭，欲为乱者十家而五。又使徐福[⑮]入海求神异物，还为伪辞曰：'臣见海中大神，言曰："汝西皇[⑯]之使邪？"臣答曰："然。""汝何求？"曰："愿请延年益寿药。"神曰："汝秦王之礼薄，得观而不得取。"即从臣东南至蓬莱山，见芝[⑰]成宫阙，有使者铜色而龙形，光上照天。于是臣再拜问曰："宜何资以献？"海神曰："以令名男子若振女[⑱]与百工之事，即得之矣。"秦皇帝大说[⑲]，遣振男女三千人，资之五谷种种[⑳]百工而行。徐福得平原广泽，止王不来。于是百姓悲痛相思，欲为乱者十家而六。又使尉佗逾五岭[㉑]攻百越。尉佗知中国[㉒]劳极，止王不来，使人上书，求女无夫家者三万人，以为士卒衣补。秦皇帝可其万五千人。于是百姓离心瓦解，欲为乱者十家而七。客谓高皇帝曰：'时可矣 。'高皇帝曰：'待之，圣人当起东南间。'不一年，陈胜吴广发矣。高皇始于丰沛，一倡天下不期而响应者不可胜数也。此所谓蹈瑕候间㉓，因秦之亡而动者也。百姓愿之，若旱之望雨，故起于行陈㉔之中而立为天子，功高三王㉕，德传无穷。

"今大王见高皇帝得天下之易也，独不观近世之吴楚乎？夫吴王赐号为刘氏祭酒㉖，复不朝，王四郡㉗之众，地方数千里，内铸消㉘铜以为钱，东煮海水以为盐，上取江陵木以为船，一船之载当中国数十两㉙车，国富民众。行珠玉金帛赂诸侯宗室大臣，独窦氏㉚不与。计室谋成，举兵而西。破于大梁，败于狐父，奔走而东，至于丹徒，越人禽㉛之，身死绝祀㉜，为天下笑。夫以吴越之众㉝不能成功者何？诚逆天道而不知时也。

"方今大王之兵众不能十分吴楚之一，天下安宁有万倍于秦之时，愿大王从臣之计。大王不从臣之计，今见大王事必不成而语先泄也。臣闻微子㉞过故国而悲，于是作《麦秀之歌》㉟，是痛纣之不用王子比干也㊱。故《孟子》曰'纣贵为天子，死曾不若匹夫'。是纣先自绝于天下久矣，非死之日而天下去之。今臣亦窃悲大王弃千乘之君㊲，必且赐绝命之书，为群臣先，死于东宫也。"于是气怨结而不扬，涕满匡㊳而横流，即起，历阶而去。

【注释】

①案：考察。舆地图：地图。②不即：要不就是。③竖

子：小子，对人的蔑称。④将军：依汉制，天子朝中有将军，诸侯王无权委任。刘安称伍被“将军”，显露叛逆之志，故遭伍被拒绝。⑤子胥谏吴王：前494年吴王夫差战败越王句践后，骄纵轻敌，不再防范越国的复仇之心。伍子胥屡次直言权谏吴王，吴王均不听，前473年，越灭吴。详见《伍子胥列传》。⑥麋鹿：一种稀有哺乳动物，角似鹿，尾似驴，蹄似牛，颈似骆驼，又名四不像。姑苏之台：吴王曾在姑苏山上建造高台以游观太湖。此句以麋鹿将出没姑苏台废墟的荒凉景象预示吴国的覆亡之兆。⑦文王一动：殷纣王当政荒虐无道，周文王为灭商纣率周族东进，自岐山迁都丰邑（今陕西省西安沣水西岸）。详见《周本纪》。⑧子胥之诛：前484年，吴王夫差攻齐，伍子胥认为越国才是心腹之患，反对出兵。吴王战胜归来，听信太宰嚭的谗言，赐伍子胥自刎。详见《伍子胥列传》。⑨术士：儒生。⑩《诗》《书》：儒家典籍《诗经》和《尚书》。按：秦始皇焚书坑儒事详见《秦始皇本纪》。⑪转：运输。负海之粟：海边的谷子。⑫绩：破麻搓成麻线。⑬暴兵露师：泛言军队风餐露宿、常年戍边的艰苦生活。暴，通“曝”，显露。⑭顷亩：百亩，这里是泛言面积广大之意。⑮徐福：即《秦始皇本纪》中的徐市。⑯西皇：西土皇帝，与东海大神相对而言。⑰芝：灵芝草，有延年益寿的作用，被古人视为仙草。⑱令名男子：良家男童。若：和。振女：童女。振，通“侲”。⑲说：通“悦”，喜欢。⑳五谷种种：泷川资言《史记会注考证》据《汉书·蒯伍江息夫传》

疑此处衍出一"种"字。㉑五岭：即大庾岭、骑田岭、都庞岭、萌渚岭和城岭。㉒中国：指中原。㉓蹈瑕候间：伺机而动。间：空隙。㉔行：行伍。陈：通"阵"，战阵。㉕三王：夏禹、商汤、周文王。㉖祭酒：指很受尊敬的人。古代宴会和祭典时，先由有声望的人举酒示祭，故祭酒者位尊。㉗四郡：《吴王濞列传》记其封地为"王三郡五十三城"。㉘消：通"销"，熔化金属。㉙两：通"辆"。㉚窦氏：文帝有窦皇后，窦氏家族成为外戚。㉛禽：通"擒"。㉜绝祀：断绝祭祀，指国家灭亡。㉝吴越之众：吴楚七国之乱中东越曾追随吴王反叛，故吴越并称。事见《东越列传》。㉞微子：《汉书·蒯伍江息夫传》作"箕子"。据《宋微子世家》，《麦秀之诗》的作者是箕子而非微子。㉟麦秀之歌：即《麦秀之诗》。殷亡后，箕子朝周，过殷故都，眼见昔日繁华变为废墟，十分感伤，遂作诗而歌。歌词见《宋微子世家》。㊱王子比干冒死劝谏荒淫无道的殷纣王，纣王不听，杀死了他。事见《殷本纪》。㊲千乘之君：指诸侯大国的国王。周制，天子出车万乘，诸侯出车千乘。乘，一车四马为一乘。㊳匡：通"眶"，眼眶。

【原文】

王有孽子[①]不害，最长，王弗爱，王、王后、太子皆不以为子兄数[②]。不害有子建，材高有气[③]，常怨望太子不省[④]其父；又怨时诸侯皆得分子弟为侯，而淮南独二子，一为太子，建父独不得为侯。建阴结交，欲告败太子，以其父代之。太子知之，数捕系而榜笞[⑤]建。建具知太子之谋欲杀汉中尉，即使所善寿春庄芷以元朔六年上书于天子曰："毒药苦于口利于病，忠言逆于耳利于行。今淮南王孙建，材能高，淮南王王后荼、荼子太子迁常疾害建。建父不害无罪，擅数捕系。欲杀之。今建在，可征问，具知淮南阴事[⑥]。"书闻，上以其事下廷尉，廷尉下河南治。

是时故辟阳侯孙审卿善丞相公孙弘，怨淮南厉王杀其大父[⑦]，乃深购[⑧]淮南事于弘，弘乃疑淮南有畔逆计谋，深穷[⑨]治其狱。河南治建，辞引淮南太子及党与。淮南王患之，欲发，问伍被曰："汉廷治乱？"伍被曰："天下治。"王意不说，谓伍被曰："公何以言天下治也？"被曰："被窃观朝廷之政，君臣之义，父子之亲，夫妇之别，长幼之序，皆得其理，上之举错[⑩]遵古之道，风俗纪纲未有所缺也。重装[⑪]富贾，周流天下，道无不通，故交易之道行。南越宾服[⑫]，羌僰入献[⑬]，东瓯入降[⑭]，广长榆，开朔方，匈奴折翅伤翼，失援不振。虽未及古太平之时，然犹为治也。"王怒，被谢死罪。

王又谓被曰："山东[⑮]即有兵，汉必使大将军将而制山东，公以为大将军何如人也？"被曰："被所善者黄义，从大将军击匈奴，还，告被曰：'大将军遇士大夫有礼，于士卒有恩，众皆乐为之用。骑上下山若蜚[⑯]，材干绝人[⑰]。'被以为材能如此，数将习兵，未易当也。及谒者曹梁使长安来，言大将军号令明，当敌勇敢，常为士卒先。休舍[⑱]，穿井未通，须士卒尽得水，乃敢饮。军罢，卒尽已度[⑲]河，乃度。皇太后所赐金帛，尽以赐军吏。虽古名将弗过也。”王默然。

【注释】

①孽子：庶子，妾媵所生。②数：序数，此指身为儿子和兄长的名分。此句《汉书·淮南王传》“王后”前不重“王”字。③气：此指意气。有气，即意气强盛，不肯屈居他人之下的意思。④省：探视问候。⑤榜：捶击，捶打。笞：鞭打，杖击。⑥阴事：秘事，即隐秘之事。⑦大父：祖父。⑧深购：极力构陷罪状。购，《史记会注考证》据明代毛晋刻本认为当作“构”，构陷。⑨穷：追究到底。⑩举错：行事的措施。错，通“措”。⑪重装：装满货物的意思。⑫南越宾服：前196年，高祖刘邦封赵佗为南越王。吕后当政时，赵佗反叛，自称南越武帝。文帝即位后招抚南越，至景帝朝赵佗称臣归汉。详见《南越列传》。⑬羌僰入献：古羌族一支，春秋前后居住在以僰道为中心的今川南和滇东一带。武帝元光年间下令治僰道，置犍为郡，开通了西南通中原的道路，从此当地物产入贡朝中。详见《西南夷列传》。⑭东瓯入降：东瓯又称瓯越。武帝初年，东越人内部发生战争，闽越围东瓯，东瓯向朝廷求救。闽越退兵，东瓯请求举国内迁，定居江淮之间。详见《东越列传》。⑮山东：古代指殽山或华山以东的广大地区。⑯蜚：通“飞”。⑰绝人：非凡出众。⑱休舍：休息住宿，此指行军途中驻扎。⑲度：通“渡”，渡河。

【原文】

淮南王见建已征治，恐国阴事且觉，欲发，被又以为难，乃复问被曰："公以为吴兴兵是邪非也？"被曰："以为非也。吴王至富贵也，举事不当，身死丹徒，头足异处，子孙无遗类[①]。臣闻吴王悔之甚。愿王孰[②]虑之，无为吴王之所悔。"王曰："男子之所死者一言耳[③]。且吴何知反，汉将一日过成皋者四十余人[④]。今我令楼缓先要[⑤]成皋之口，周被下颍川兵塞轘辕、伊阙之道，陈定发南阳兵守武关。河南太守独有洛阳耳，何足忧。然此北尚有临晋关、河东、上党与河内、赵国。人言曰'绝成皋之口，天下不通'。据三川[⑥]之险，招山东之兵，举事如此，公以为何如？"被曰："臣见其祸，未见其福也。"

王曰："左吴、赵贤、朱骄如皆以为有福，什[⑦]事九成，公独以为有祸无福，何也？"被曰："大王之群臣近幸素能使众者，皆前系诏狱[⑧]，余无可用者。"王曰："陈胜、吴广无立锥之地，千人之聚，起于大泽，奋臂大呼而天下响应，西至于戏而兵百二十万。今吾国虽小，然而胜兵者[⑨]可得十余万，非直適戍[⑩]之众，钒凿棘矜[⑪]也，公何以言有祸无福？"被曰："往者秦为无道，残贼天下。兴万乘之驾，作阿房之宫[⑫]，收太半之赋，发闾左之戍[⑬]，父不宁子，兄不便[⑭]弟，政苛刑峻，天下熬然若焦[⑮]，民皆引领而望，倾耳而听，悲号仰天，叩心[⑯]而怨上，故陈胜大呼，天下响应。当今陛下临制天下，一齐海内，泛爱蒸[⑰]庶，布德施惠。口虽未言，声疾雷霆，令虽未出，化驰如神[18]，心有所怀，威动万里，下之应上，犹影响[19]也。而大将军材能不特[20]章邯、杨熊也。在大王以陈胜、吴广谕[21]之，被以为过矣。”

王曰：“苟如公言，不可徼幸[22]邪？”被曰：“被有愚计。”王曰：“奈何？”被曰：“当今诸侯无异心，百姓无怨气。朔方之郡田地广，水草美，民徙者不足以实其地。臣之愚计，可伪为丞相御史请书[23]，徙郡国豪杰任侠及有耐[24]罪以上，赦令除其罪，产五十万以上者，皆徙其家属朔方之郡，益发甲卒，急其会日[25]。又伪为左右都司空、上林中都官诏狱书，逮诸侯太子幸臣。如此则民怨，诸侯惧，即使辨武[26]随而说之，傥[27]可徼幸什得一乎？”王曰：“此可也。虽然，吾以为不至若此。”

于是王乃令官奴入宫，作皇帝玺，丞相、御史、大将军、军吏、中二千石、都官[28]令、丞印，及旁近郡太守、都尉印，汉使节法冠[29]，欲如伍被计。使人伪得罪而西，事大将军、丞相；一日发兵，使人即刺杀大将军青，而说丞相下之，如发蒙[30]耳。

【注释】

①无遗类：没有活下来的人。遗，留下。据《史记集解》，“遗类”一作“噍类”。②孰：通“熟”。③此句意思是说男子汉言必信，甘愿为自己讲出的一句话献身。④此句是批评吴王不会打仗，没有扼守住军事要地成皋县的虎牢关。虎牢关在县城外，北临黄河，绝岸峻崖，自古易守难攻。楚汉战争中，刘邦与项羽的军队曾相持于此。⑤要：半路拦截。⑥三

川：指伊水、洛水和黄河。⑦什：通“十”。⑧诏狱：皇上交办的案子。⑨胜兵者：会使用兵器作战的人。⑩適戍：被迫戍边。適，通“谪”。⑪钒凿：凿木制成弩机。钒，通“机”，弓弩上的发射装置。棘：通“戟”，兵器名。矜：木柄。⑫阿房之宫：秦始皇营建的宏伟宫殿，东西五百步，南北五十丈，上可坐万人，下可竖五丈旗。详见《秦始皇本纪》。⑬发闾左之戍：古时居住里巷大门内左侧的贫苦居民本不当服役，秦时也征发了，可知当时徭役极为繁重。⑭便：安适。⑮熬然若焦：被煎熬得像烧焦了一样。⑯叩心：捶胸，很激切的样子。⑰蒸：通“烝”，众多。⑱化驰如神：教化的迅速推行如有神力相助。⑲犹影响：好像影随形、响应声一样迅速。响，回声。⑳不特：不只是。㉑谕：通“喻”，说明事理。㉒儌幸：通“侥幸”。㉓请书：向皇上提出请求建议的书奏。㉔豪杰：地方上有权势、横霸一方的人。任侠：指侠义之士，专好抑强扶弱的人。耐：通“耏”，古代一种剃掉须鬓的刑罚。一说“二岁刑以上为耐。耐，能任其罪”（《史记集解》引杜林语）。㉕会日：如约会合的日期，此指限期迁至朔方郡的日子。㉖辨武：辩士，善言辞的人。㉗傥（tǎng）：通“倘”，或许。㉘都官：中都官的省称。㉙法冠：汉代使节和执法者所戴的官帽。㉚发蒙：揭开蒙盖器物的布，比喻行事轻而易举。

【原文】

王欲发国中兵，恐其相、二千石不听。王乃与伍被谋，先杀相、二千石；伪失火宫中，相、二千石救火，至即杀之。计未决，又欲令人衣求盗[①]衣，持羽檄[②]，从东方[③]来，呼曰“南越兵入界”，欲因以发兵。乃使人至庐江、会稽为求盗，未发。王问伍被曰：“吾举兵西乡[④]，诸侯必有应我者；即无应，奈何?”被曰：“南收衡山以击庐江，有寻阳之船，守下雉之城，结[⑤]九江之蒲，绝豫章之口[⑥]，强弩临江而守，以禁南郡之下[⑦]，东收江都、会稽，南通劲越，屈强[⑧]江淮间，犹可得延岁月之寿。”王曰：“善，无以易此，急则走越耳。”

【注释】

①求盗：掌追捕盗贼的士卒。②羽檄：插有羽毛、表示情况紧急的征召声讨文书。③东方：《汉书·淮南王传》作“南方”，下文说“南越兵入界”，应为南方。④乡：通“向”，朝向。⑤结：打结，此指扼住。⑥绝豫章之口：此指阻断豫章水北入长江的彭蠡湖口。⑦禁南郡之下：阻止南郡军队顺长江而下。⑧屈强：委屈和强大，此指势力的收缩和扩张。

【原文】

于是廷尉以王孙建辞连淮南王太子迁闻。上遣廷尉监因拜[①]淮南中尉，逮捕太子。至淮南，淮南王闻，与太子谋召相、二千石，欲杀而发兵。召相，相至；内史以出为解[②]。中尉曰：“臣受诏使[③]，不得见王。”王念独杀相而内史中尉不来，无益也，即罢相。王犹豫，计未决。太子念所坐[④]者谋刺汉中尉，所与谋者已死，以为口绝，乃谓王曰：“群臣可用者皆前系，今无足与举事者。王以非时[⑤]发，恐无功，臣愿会逮[⑥]。”王亦偷欲休，即许太子。太子即自刭，不殊[⑦]。伍被自诣吏，因告与淮南王谋反，反踪迹具如此[⑧]。

【注释】

①因拜：趁着拜见的机会。②以出为解：借外出为理由得以脱身。③受诏使：迎接皇上派来的使臣，即廷尉监。④坐：因犯……罪。⑤非时：不合时宜，指时机尚未成熟。⑥会逮：前去受捕。⑦不殊：不死。殊，指身首异处。⑧具如此：指把所知内情和盘供出。具，通“俱”，全部，都。

【原文】

吏因捕太子、王后，围王宫，尽求捕王所与谋反宾客在国中者，索得反具以闻。上下公卿治[①]，所连引与淮南王谋反列侯二千石豪杰数千人，皆以罪轻重受诛。衡山王赐，淮南王弟也，当坐收，有司请逮捕衡山王。天子曰：“诸侯各以其国为本，不当相坐。与诸侯王列侯会肄[②]丞相诸侯议。”赵王彭祖、列侯臣让[③]等四十三人议，皆曰：“淮南王安甚大逆无道，谋反明白，当伏诛。”胶西王臣端议曰：“淮南王安废法行邪，怀诈伪心，以乱天下，荧惑[④]百姓，倍畔[⑤]宗庙，妄作妖言。《春秋》曰‘臣无将[⑥]，将而诛’。安罪重于将，谋反形已定。臣端所见其书节印图及他逆无道事验[⑦]明白，甚大逆无道，当伏其法。而论国吏二百石以上及比者[⑧]，宗室近幸臣不在法中[⑨]者，不能相教，当皆免官削爵为士伍[⑩]，毋得宦为吏。其非吏，他赎死金二斤八两。以章[⑪]臣安之罪，使天下明知臣子之道，毋敢复有邪僻[⑫]倍畔之意。”丞相弘、廷尉汤等以闻，天子使宗正以符节治王。未至，淮南王安自刭杀。王后荼、太子迁诸所与谋反者皆族。天子以伍被雅辞多引[13]汉之美，欲勿诛。廷尉汤曰："被首为王画反谋，被罪无赦。"遂诛被。国除为九江郡。

【注释】

①此句是说皇上把淮南王谋反案交给公卿大臣去审理。上，皇上。下，下达。②会肄：聚集起来商议。肄，研习。按：《史记索隐》本此句"丞相"后无"诸侯"二字，于文义更为顺畅。③列侯臣让：据《汉书·外戚恩泽侯表》，元朔年间列侯中无人名"让"，疑"让"当作"襄"，即平阳侯曹襄。详见《史记会注考证》引王先慎语。④荧惑：迷惑。⑤倍畔：通"背叛"。⑥无：通"毋"，不，不要。将：率领，此指率众作乱。按：这两句话系出自《公羊春秋》庄公三十一年，原文是"君亲无将，将而诛焉"。⑦书节印图：指谋反用的文告、符节、印玺、地图。符节：朝廷派官出使时作为凭证的信物。验：证据。⑧比者：此指接近于二百石而略低一些的官秩。比，比照。⑨不在法中：指未参与谋反，未触犯法网。⑩士伍：士兵。⑪章：通"彰"，明显。此指把罪恶充分暴露。⑫邪僻：邪恶。僻，不正。⑬雅辞：合乎规范的雅正的言论。此指伍被曾劝阻淮南王谋反所说的那些话。引：称引，称赞和列举。

【原文】

衡山王赐，王后乘舒生子三人，长男爽为太子，次男孝，次女无采。又姬徐来生子男女四人，美人厥姬生子二人。衡山王、淮南王兄弟相责望[1]礼节，间不相能[2]。衡山王闻淮南王作为畔逆反具，亦心结宾客以应之，恐为所并。

元光六年，衡山王入朝，其谒者卫庆有方术[3]，欲上书事天子，王怒，故劾庆死罪，强榜服之[4]。衡山内史以为非是，却其狱[5]。王使人上书告内史，内史治，言王不直[6]。王又数侵夺人田，坏人冢以为田。有司请逮治衡山王。天子不许，为置吏二百石以上[7]。衡山王以此恚，与奚慈、张广昌谋，求能为兵法候星气[8]者，日夜从容[9]王密谋反事。

【注释】

①责望：责怪抱怨。②间：隔阂，疏远。能：和睦。③方术：一指有关治理天下的思想见解，一指星相、占卜、算命、医病、求仙等各种行当的学问。此处当指后者。④强榜服之：用严刑拷打强迫人服罪。⑤却其狱：拒不受理案子。⑥不直：此指理屈。⑦此句是说收回了衡山王原可委任本国二百石以上官吏的权力，改为由天子调任。⑧候星气：观测天文气象以占卜吉凶。⑨从容：纵容，怂恿。从，通“纵”。

【原文】

王后乘舒死，立徐来为王后。厥姬俱幸。两人相妒，厥姬乃恶王后徐来于太子曰：“徐来使婢蛊道[1]杀太子母。”太子心怨徐来。徐来兄至衡山，太子与饮，以刃刺伤王后兄。王后怨怒，数毁恶太子于王。太子女弟[2]无采，嫁弃归[3]，与奴奸，又与客奸。太子数让[4]无采，无采怒，不与太子通[5]。王后闻之，即善遇无采。无采及中兄孝少失母，附王后，王后以计爱之[6]，与共毁太子，王以故数击笞太子[7]。

元朔四年中，人有贼伤王后假母[8]者，王疑太子使人伤之，笞太子。后王病，太子时称病不侍。孝、王后、无采恶太子："太子实不病，自言病，有喜色。"王大怒，欲废太子，立其弟孝。王后知王决废太子，又欲并废孝。王后有侍者，善舞，王幸之，王后欲令侍者与孝乱[9]以汙之，欲并废兄弟而立其子广代太子。太子爽知之，念后数恶已无已时，欲与乱以止其口。王后饮，太子前为寿[10]，因据王后股[11]，求与王后卧。王后怒，以告王。王乃召，欲缚而笞之。太子知王常欲废已立其弟孝，乃谓王曰："孝与王御者[12]奸，无采与奴奸，王强食，请上书。"即倍王去。王使人止之，莫能禁，乃自驾追捕太子。太子妄恶言，王械系[13]太子宫中。孝日益亲幸。王奇孝材能，乃佩之王印，号曰将军，令居外宅，多给金钱，招致宾客。宾客来者，微知淮南、衡山有逆计，日夜从容劝之。王乃使孝客江都人救赫、陈喜作辎车镞矢[14]，刻天子玺，将相军吏印。王日夜求壮士如周丘等，数称引吴楚反时计画，以约束[15]。衡山王非敢效淮南王求即天子位，畏淮南起并其国，以为淮南已西，发兵定江淮之间而有之，望如是。

【注释】

①蛊道：用诅咒等邪术加害于人。②女弟：妹妹。③嫁弃归：出嫁后被夫家休逐，回到娘家。④让：责备。⑤通：交往，往来。⑥以计爱之：是说为着实现某个目的而表示爱人，并非出于真心。⑦按：此段与下一段中华书局本原为一段，现

据文意分为二段。⑧假母：继母或庶母（父亲的侧室）。一说“傅母”，即保育、辅导贵族子女的老妇，详见《史记集解》引《汉书音义》注。⑨乱：此指主仆之间男女私通，违背伦常纲纪。⑩为寿：敬酒祝寿。⑪股：大腿。⑫御者：帝王所用的仆人，此指淮南王的女侍。⑬械系：用镣铐囚禁。⑭救赫：《汉书·淮南王传》作“枚赫”。輣车：古代的一种战车。镞矢：泛指有箭头的箭支。一说当指一种“金镞剪羽”的箭支，详见《史记会注考证》引王念孙注。⑮约束：管束。此指按照吴楚七国反叛时的计谋行事。

【原文】

元朔五年秋，衡山王当朝。过淮南，淮南王乃昆弟[①]语，除前郤[②]，约束[③]反具。衡山王即上书谢病，上赐书不朝。

元朔六年中，衡山王使人上书请废太子爽，立孝为太子。爽闻，即使所善白嬴之长安上书，言孝作輣车镞矢，与王御者奸，欲以败孝。白嬴至长安，未及上书，吏捕嬴，以淮南事系[④]。王闻爽使白嬴上书，恐言国阴事，即上书反告太子爽所为不道弃市罪事。事下沛郡治[⑤]。

元狩元年冬，有司[⑥]公卿下沛郡求捕所与淮南谋反者未得，得陈喜于衡山王子孝家。吏劾孝首匿喜。孝以为陈喜雅[⑦]数与王计谋反，恐其发之，闻律先自告[⑧]除其罪，又疑太子使白嬴上书发其事，即先自告，告所与谋反者救赫、陈喜等。廷尉治验，公卿请逮捕衡山王治之。天子曰：“勿捕。”遣中尉安、大行息即问王，王具以情实[⑨]对。吏皆围王宫而守之。中尉、大行还，以闻，公卿请遣宗正、大行与沛郡杂⑩治王。王闻，即自刭杀。孝先自告反，除其罪；坐与王御婢奸，弃市。王后徐来亦坐蛊杀前王后乘舒，及太子爽坐王告不孝，皆弃市。诸与衡山王谋反者皆族。国除为衡山郡。

【注释】

①昆弟：兄弟。②郤：通“隙”，缝隙，此指彼此的嫌隙。③约束：此指约定。④此句是说白嬴由于与淮南王谋反事有牵连而被拘押。⑤按：此段与下一段中华书局本原为一段，现据文意分二段。⑥有司：古代泛称各有专职的官吏。⑦雅：平素，向来。⑧先自告：抢先自首。此句是说依汉律，自首者可免罪。⑨情实：真实的情况。⑩杂：共同。

【原文】

太史公曰：《诗》之所谓“戎狄是膺，荆[1]舒是惩”，信哉是言也。淮南、衡山亲为骨肉，疆千里，列为诸侯，不务遵蕃臣职[2]以承辅天子，而专挟邪僻之计，谋为畔逆，仍[3]父子再亡国，各不终其身，为天下笑。此非独王过也，亦其俗薄[4]，臣下渐靡[5]使然也。夫荆楚僄勇轻悍[6]，好作乱，乃自古记之[7]矣。

【注释】

①膺：抗击。荆：周代楚国的别名。春秋时楚国争霸，不断向外扩张，疆域辽阔。汉初淮南国、衡山国都在春秋楚国的旧版图内，因此作者引此诗句发表议论。舒：指楚国的结盟国

舒庸、舒鸠、舒蓼等。按：这两句诗引自《诗经·鲁颂》，原诗赞扬鲁僖公参加齐桓公的会盟，惩治了楚国。②蕃臣职：指诸侯国具有的保卫中央政权的职责。屏障。蕃臣，即身为藩国之主的诸侯王。蕃，通“藩”。③仍：沿袭。④俗薄：世风浇薄。⑤渐靡：比喻逐渐影响。⑥僄：轻捷。悍：凶狠。⑦自古记之：指前引《诗经》之语。

【译文】

淮南厉王刘长是汉高祖的小儿子。他母亲是过去赵王张敖的妃嫔。汉高祖八年（前199），高皇帝从东垣县经过赵国，赵王把厉王的母亲献给他。她受到皇上宠幸，怀下身孕。从此，赵王张敖不敢让她住在宫内，为她另建外宫居住。次年，赵相贯高等人在柏人县谋弑高祖的事情被朝廷发觉，赵王也一并被捕获罪，他的母亲、兄弟和妃嫔悉遭拘捕，囚入河内郡官府。厉王母亲在囚禁中对狱吏说：“我受到皇上宠幸，已有身孕。”狱吏如实禀报，皇上正因赵王的事气恼，没有理会厉王母亲的申诉。厉王母亲的弟弟赵兼拜托辟阳侯审食其告知吕后，吕后妒忌，不肯向皇上进言求情，辟阳侯便不再尽力相劝。厉王母亲生下厉王后，心中怨恨而自杀。狱吏抱着厉王送到皇上面前，皇上后悔莫及，下令吕后收养他，并在真定县安葬了厉王的母亲。真定是厉王母亲的故乡，她的祖辈就居住在那里。

高祖十一年（前196）七月，淮南王黥布谋反，皇上遂立儿子刘长为淮南王，让他掌管昔日黥布领属的四郡封地。皇上亲自率军出征，剿灭了黥布。于是，厉王即淮南王位。

厉王自幼丧母，一直依附吕后长大。因此，孝惠帝和吕后当政时期他有幸免遭政治祸患。但是，他心中一直怨恨辟阳侯而不敢发作。

至孝文帝即位，淮南王自视与皇上关系最亲，骄横不逊，一再违法乱纪。皇上念及手足亲情，时常宽容赦免他的过失。

孝文帝三年（前177），淮南王自封国入朝，态度甚为傲慢。他跟随皇上到御苑打猎，和皇上同乘一辆车驾，还常常称呼皇上为“大哥”。厉王有才智和勇力，能奋力举起重鼎，于是前往辟阳侯府上求见。辟阳侯出来见他，他便取出藏在袖中的铁锤捶击辟阳侯，又命随从魏敬砍下了辟阳侯的头。事后，厉王骑马奔至宫中，向皇上袒身谢罪道：“我母亲本不该因赵国谋反事获罪，那时辟阳侯若肯竭力相救就能得到吕后的帮助，但他不力争，这是第一桩罪；赵王如意母子无罪，吕后蓄意杀害他们，而辟阳侯不尽力劝阻，这是第二桩罪；吕后封吕家亲戚为王，意欲危夺刘氏天下，辟阳侯不挺身抗争，这是第三桩罪。我为天下人杀死危害社稷的奸臣辟阳侯，为母亲报了仇，特来朝中跪伏请罪。”皇上哀悯厉王的心愿，出于手足亲情，不予治罪，赦免了他。这一时期，薄太后和太子以及列位大臣都惧怕厉王。因此，厉王返国后越发骄纵肆志，不依朝廷法令行事，出入宫中皆号令警戒清道，还称自己发布的命令为“制”，另搞一套文法，一切模仿天子的声威。

孝文帝六年（前174），厉王让无官爵的男子组成七十人和棘蒲侯柴武之子柴奇商议，策划用四十辆大货车在谷口县谋反起事，并派出使者前往闽越、匈奴各处联络。朝廷发觉此事，治罪谋反者，派使臣召淮南王入京，他来到长安。

“丞相臣张苍、典客臣冯敬、行御史大夫事宗正臣逸、廷尉臣贺、备盗贼中尉臣福冒死罪启奏：淮南王刘长废弃先帝文法，不服从天子诏令，起居从事不遵法度，自制天子所乘张黄缎伞盖的车驾，出入模仿天子声威，擅为法令，不实行汉家王法。他擅自委任官吏，让手下的郎中春任国相，网罗收纳各郡县和诸侯国的人以及负罪逃亡者，把他们藏匿起来安置住处，安顿家人，赐给钱财、物资、爵位、俸禄和田宅，有的人爵位竟封至关内侯，享受二千石的优宠。淮南王给予他们不应得到的这一切，是想图谋不轨。大夫但与有罪失官的开章等七十人，伙同棘蒲侯柴武之子柴奇谋反，意欲危害宗庙社稷。他们让开章去密报刘长，商议使人联络闽越和匈奴发兵响应。开章赴淮南见到刘长，刘长多次与他晤谈宴饮，还为他成家娶妻，供给二千石的薪俸。开章叫人报告大夫但，诸事已与淮南王谈妥。国相春也遣使向但通报。朝中官吏发觉此事后，派长安县县尉奇等前去拘捕开章。刘长藏人不交，和原中尉蔺忌密议，杀死开章灭口。他们置办棺椁、丧衣、包被，葬开章于肥陵邑，而欺骗办案的官员说‘不知道开章在哪里’。后来，又伪造坟冢，在坟上竖立标记，说‘开章尸首埋在这里’。刘长还亲自杀过无罪者一人；命令官吏论罪杀死无辜者六人；藏匿逃亡在外的死刑犯，并抓捕未逃亡的犯人为他们顶罪；他任意加人罪名，使受害者无处申冤，被判罪四年劳役以上，如此者十四人；又擅自赦免罪人，免除死罪者十八人。服四年劳役以下者五十八人；还赐爵关内侯以下者九十四人。前些时刘长患重病，陛下为他忧烦，遣使臣赐赠信函、枣脯。刘长不想接受赐赠，便不肯接见使臣。住在庐江郡内的南海民造反，淮南郡的官兵奉旨征讨。陛下体恤淮南民贫苦，派使臣赐赠刘长布帛五千匹，令转发出征官兵中的辛劳穷苦之人。刘长不想接受，谎称‘军中无劳苦者’。南海人王织上书向皇帝敬献玉璧，而刘长的中尉蕳忌居然敢擅自中途毁了王织的奏章，不予上奏。朝中官员请求传唤忌论罪，刘长拒不下令，谎称‘蕳忌病了’。他的国相春向他请求，说愿意进京朝见，刘长大怒说‘你想背叛我去投靠汉廷’。刘长的这些罪行理应斩首示众，臣等请求陛下将刘长依法治罪。”

皇上下诏说：“我不忍心依法惩治淮南王，交列侯与二千石官商议吧。”

“臣仓、臣敬、臣逸、臣福、臣贺冒死罪启奏：臣等已与列侯和二千石官吏臣婴等四十三人论议，大家都说‘刘长不遵从法度，不听从天子诏命，竟然暗中网罗党徒和谋反者，厚待负罪逃亡之人，是想图谋不轨’。臣等议决应当依法制裁刘长。”

皇上批示说：“我不忍心依法惩处淮南王，赦免他的死罪，废掉他的王位吧。”

“臣仓等冒死罪启奏：刘长犯有大死之罪，陛下不忍心依法惩治，施恩赦免，废其王位。臣等请求将刘长遣往蜀郡严道县邛的邛邮，让他的妻子儿女们也都跟着他一道去，由县署为他们兴建屋舍，供给粮食、柴草、蔬菜、食盐、豆豉、炊具食具和席蓐。臣等冒死罪请求，将此事布告天下。”

皇上颁旨说：“准请供给刘长每日食肉五斤，酒二斗。命令昔日受过宠幸的妃嫔十人随往蜀郡同住。其他皆准奏。”

朝廷尽杀刘长的同谋者，而后打发刘长启程去蜀郡，一路用辎车囚载，令沿途各县递解入蜀。当时袁盎劝谏皇上说：“皇上一向骄宠淮南王，不为他安排严正的太傅和丞相来加以管教，才使他落到如此境地。再说淮南王性情刚烈，现在粗暴地摧折他，臣很担忧他会突然在途中身染风寒患病而死。陛下若落得杀弟的恶名，如何是好！”皇上说：“我只是让他尝尝苦头罢了，就会让他回来的。”沿途各县送押淮南王的人都不敢打开囚车的封门，于是淮南王对仆人说：“谁说你老子我是勇猛的人？我哪里还能勇猛！我因为骄纵听不到自己的过失终于陷入这种困境。人生在世，怎能忍受如此郁闷！”于是，绝食身亡。囚车行至雍县，县令打开封门，才发现刘长已死，于是他们赶紧向文帝报告。皇上哭得很伤心，对袁盎说：“我不听你的劝告，终至淮南王身死。”袁盎说：“事已无可奈何，望陛下好自宽解。”皇上说：“怎么办好呢？”袁盎回答：“只有杀掉丞相、御史来向天下人谢罪。”皇上没同意，他命令丞相、御史收捕拷问各县押送淮南王而不予开封进食者，一律弃市问斩。然后，按照列侯的礼仪在雍县安葬了淮南王，并安置三十户人家守冢祭祀。

孝文帝八年（前172），皇上怜悯淮南王，淮南王有儿子四人，年龄都是七八岁，于是封其子刘安为阜陵侯，其子刘勃为安阳侯，其子刘赐为阳周侯，其子刘良为东城侯。

孝文帝十二年（前168），有百姓作歌歌唱淮南厉王的遭遇说："一尺麻布，尚可缝；一斗谷子，尚可舂。兄弟二人不能相容。"皇上听到后，就叹息说："尧舜放逐自己的家人，周公杀死管叔蔡叔，天下人称赞他们贤明。为什么呢？因为他们能不因私情而损害王朝的利益。天下人难道认为我是贪图淮南王的封地吗？"于是，徙封城阳王刘喜去统领淮南王的故国，而谥封已故淮南王为厉王，并按诸侯仪制为他建造了陵园。

孝文帝十六年（前164），皇上迁淮南王刘喜复返城阳故地。皇上哀怜淮南厉王因废弃王法图谋不轨，而自惹祸患失国早死，便封立他的三个儿子：阜陵侯刘安为淮南王，安阳侯刘勃为衡山王，阳周侯刘赐为庐江王，他们都重获厉王时封地，三分共享。东城侯刘良此前已死，没有后代。

孝景帝三年（前154），吴楚七国举兵反叛，吴国使者到淮南联络，淮南王意欲发兵响应。淮南国相说："大王如果非要发兵响应吴王，臣愿为统军将领。"淮南王就把军队交给了他。淮南国相得到兵权后，指挥军队据城防守叛军，不听淮南王的命令而为朝廷效劳；朝廷也派出曲城侯蛊捷率军援救淮南：淮南国因此得以保全。吴国使者来到庐江，庐江王不肯响应，而派人与越国联络。吴国使者往衡山，衡山王效忠朝廷，坚守城池毫无二心。

孝景帝四年（前153），吴楚叛军已被击败，衡山王入朝，皇上认为他忠贞守信，便慰劳他说："南方之地低洼潮湿。"改任衡山王掌管济水以北的地区，以此作为褒奖。他去世后，便赐封为贞王。庐江王的封地邻近越国，屡次派遣使臣与之结交，因此被北迁为衡山王，统管长江以北地区。淮南王依然如故。

淮南王刘安的性情喜好读书弹琴，不爱射猎放狗跑马，他也想暗中做好事来安抚百姓，流播美誉于天下。他常常怨恨于厉王之死，常想反叛朝廷，但是没有机会。

到了孝武帝建元二年（前139），淮南王入京朝见皇上。与他一向交好的武安侯田蚡，当时做太尉。田蚡在霸上迎候淮南王，告诉他说："现今皇上没有太子，大王您是高皇帝的亲孙，施行仁义，天下无人不知。假如有一天宫车晏驾皇上过世，不是您又该谁继位呢！"淮南王大喜，厚赠武安侯金银钱财物品。淮南王暗中结交宾客，安抚百姓，谋划叛逆之事。

建元六年（前135），慧星出现，淮南王心生怪异。有人劝说淮南王道："先前吴军起兵时，慧星出现仅长数尺，而兵战仍然血流千里。现在慧星长至满天，天下兵战应当大兴。"淮南王心想皇上没有太子，若天下发生变故，诸侯王将一齐争夺皇位，便更加加紧整治兵器和攻战器械，积聚黄金钱财贿赠郡守、诸侯王、说客和有奇才的人。各位能言巧辩的人为淮南王出谋划策，都胡乱编造荒诞的邪说，阿谀逢迎淮南王。淮南王心中十分欢喜，赏他们很多钱财，而谋反之心更甚。

淮南王有女儿名刘陵，她聪敏，有口才。淮南王喜爱刘陵，经常多给她钱财，让她在长安刺探朝中内情，结交皇上亲近的人。

元朔三年（前126），皇上赏赐淮南王几案手杖，恩准他不必入京朝见。淮南王王后名荼，淮南王很宠幸她。王后生太子刘迁，刘迁娶王皇太后外孙修成君的女儿做妃子。淮南王策划制造谋反的器具，害怕太子的妃子知道后向朝中泄露机密，就和太子策划，让他假装不爱妃子，三个月不和她同席共寝。于是，淮南王佯装恼怒太子，把他关起来，让他和妃子同居一室三月，而太子始终不亲近她。妃子请求离去，淮南王便上奏朝廷致歉，把她送回娘家。王后荼、太子刘迁和女儿刘陵受淮南王宠爱，专擅国权，侵夺百姓田地房宅，任意加罪拘捕无辜之人。

元朔五年（前124），太子刘迁学习使剑，自以为剑术高超，无人可比。听说郎中雷被剑艺精湛，便召他前来较量。雷被一次二次退让之后，失手击中了太子。太子动怒，雷被恐惧万分。这时凡想从军的人总是投奔京城，雷被当即决定去参军奋击匈奴。太子屡次向淮南王说雷被的坏话，淮南王就让郎中令斥退罢免了他的官职，以此警示后人。于是，雷被逃到长安，向朝廷上书申诉冤屈。皇上诏令廷尉、河南郡审理此事。河南郡议决，追捕淮南王太子到底，淮南王、王后打算不遣送太子，趁机发兵反叛。可是，反复谋划犹豫，十几天未能定夺。适逢朝中又有诏令下达，让就地传讯太子。就在这时，淮南国相恼怒寿春县丞将逮捕太子的命令扣下不发，控告他犯有“不敬”之罪。淮南王请求国相不追究此事，国相不听。淮南王便派人上书控告国相，皇上将此事交付廷尉审理。办案中有线索牵连到淮南王，淮南王派人暗中打探朝中公卿大臣的意见，公卿大臣请求逮捕淮南王治罪。淮南王害怕事发，太子刘迁献策说：“如果朝廷使臣来逮捕父王，父王可叫人身穿卫士衣裳，持戟站立庭院之中，父王身边一有不测发生，就刺杀他，我也派人刺死淮南国中尉，就此举兵起事，尚不为迟。”这时，皇上不批准公卿大臣的奏请，而改派朝中中尉殷宏赴淮南国就地向淮南王询问查证案情。淮南王闻讯朝中使臣前来，立即按太子的计谋做了准备。朝廷中尉到达后，淮南王看他态度温和，只询问自己罢免雷被的因由，揣度不会定什么罪，就没有发作。中尉还朝，把查询的情况上奏。公卿大臣中负责办案的人说：“淮南王刘安阻挠雷被从军奋击匈奴等行径，破坏了执行天子明确下达的诏令，应判处弃市死罪。”皇上诏令不许。公卿大臣请求废其王位，皇上诏令不许。公卿大臣请求削夺其五县封地，皇上诏令削夺二县。朝廷派中尉殷宏去宣布赦免淮南王的罪过，用削地以示惩罚。中尉进入淮南国境，宣布赦免淮南王。淮南王起初听说朝中公卿大臣请求杀死自己，并不知道获得宽赦削地，他听说朝廷使臣已动身前来，害怕自己被捕，就和太子按先前的计谋准备刺杀他。待到中尉已至，立即祝贺淮南王获赦，淮南王因此没有起事。事后，他哀伤自己说：“我行仁义之事却被削地，此事太耻辱了。”然而，淮南王削地之后，策划反叛的阴谋更为加剧。诸位使者从长安来，制造荒诞骗人的邪说，凡声称皇上无儿、汉家天下不太平的，淮南王闻之即喜；如果说汉王朝太平，皇上有男儿，淮南王就恼怒，认为是胡言乱语，不可信。

淮南王刘宠日夜和伍被、左吴等察看地图，部署进军的路线。淮南王说：“皇上没有太子，一旦过世，朝廷大臣必定征召胶东王，要不就是常山王，诸侯王一齐争夺皇位，我可以没有准备吗？况且我是高祖的亲孙，亲行仁义之道，陛下待我恩厚，我能忍受他的统治；陛下万世之后，我岂能侍奉小儿北向称臣呢！”

一天，淮南王坐在东宫，召见伍被一起议事，招呼他说：“将军上殿。”伍被不高兴地说：“皇上刚刚宽恕赦免了大王，您怎能又说这亡国之话呢！臣听说伍子胥劝谏吴王，吴王不用其言，于是伍子胥说‘臣即将看见麋鹿在姑苏台上出入游荡了’。现在，臣也将看到宫中遍生荆棘，露水沾湿衣裳了。”淮南王大怒，囚禁起伍被的父母，关押了三个月。然后，淮南王又把伍被召来问道：“将军答应寡人吗？”伍被回答：“不，我只是来为大王筹划而已。臣听说听力好的人能在无声时听出动静，视力好的人能在未成形前看出征兆，所以最智慧、最有道德的圣人做事总是万无一失。从前，周文王为灭商纣率周族东进，一行动就功显千代，使周朝继夏、商之后，列入‘三代’。这就是所谓顺从天意而行动的结果，因此四海之内的人都不约而同地追随响应他。这是千年前可以看见的史实。至于百年前的秦王朝，近代的吴楚两国，也足以说明国家存亡的道理。臣不敢逃避伍子胥被杀害的厄运，希望大王不要重蹈吴王不听忠谏的覆辙。

“过去，秦朝弃绝圣人之道，坑杀儒生，焚烧《诗》《书》，抛弃礼义，崇尚伪诈和暴力，凭借刑罚，强迫百姓把海滨的谷子运送到西河。在那个时候，男子奋力耕作却吃不饱糟糠，女子织布绩麻却衣不蔽体。秦皇派蒙恬修筑长城，东西绵延数千里，长年戍边、风餐露宿的士兵常常有数十万人，死者不可胜数，僵尸暴野千里，流血遍及百亩，百姓气力耗尽，想造反的十家有五。秦皇帝又派徐福入东海访求神仙和珍奇异物，徐福归来编造假话说：‘臣见到海中大神，他问道：“你是西土皇帝的使臣吗？”臣答道：“是的。”“你来寻求何物？”臣答：“希望求得延年益寿的仙药。”海神说：“你们秦王礼品菲薄，仙药可以观赏却不能拿取。”当即海神随臣向东南行至蓬莱山，看到了用灵芝草筑成的宫殿，有使者肤色如铜身形似龙，光辉上射映照天宇。于是，臣两拜而问，说：“应该拿什么礼物来奉献？”海神说：“献上良家男童和女童以及百工的技艺，就可以得到仙药了。”’皇帝大喜，遣发童男童女三千人，并供给海神五谷种子和各种工匠前往东海。途中徐福觅得一片辽阔的原野和湖泽，便留居那里自立为王不再回朝。于是百姓悲痛思念亲人，想造反的十家有六。秦皇帝又派南海郡尉赵佗越过五岭攻打百越。赵佗知道中原疲敝已极，就留居南越称王不归，并派人上书，要求朝廷征集无婆家的妇女三万人，来替士兵缝补衣裳。秦皇帝同意给他一万五千人。于是，百姓人心离散犹如土崩瓦解，想造反的十家有七。宾客对高皇帝说：'时机到了。'高皇帝说：'等等看，当有圣人起事于东南方。'不到一年，陈胜吴广揭竿造反了。高皇帝自丰邑沛县起事，一发倡议全天下不约而同的响应者便不可胜数。这就是所谓踏到了缝隙窥伺到时机，借秦朝的危亡而举事。百姓期望他，犹如干旱盼雨水。所以，他能起于军伍而被拥立为天子，功业高于夏禹、商汤和周文王，恩德流被后世无穷无尽。

"如今，大王只看到了高祖得天下的容易，却偏偏看不到吴、楚七国叛乱的覆亡下场吗？那吴王被赐号为刘氏祭酒，颇受尊宠，又被恩准不必依例入京朝见，他掌管着四郡的民众，地域广至方圆数千里，在国内可自行冶铜铸造钱币，在东方可烧煮海水贩卖食盐，溯江而上能采江陵木材建造大船，一船所载抵得上中原数十辆车的容量，国家殷富百姓众多。吴王拿珠玉金帛贿赂诸侯王、宗室贵族和朝中大臣，唯独不给皇戚窦氏。反叛之计谋划已成，吴王便发兵西进。但吴军在大梁被攻克，在狐父被击败，吴王逃奔东归，行至丹徒，让越人俘获，身死绝国，令天下人耻笑。为什么吴楚有那样众多的军队都不能成就功业？实在是违背了天道而不识时势的缘故。

"如今，大王兵力不及吴楚的十分之一，天下安宁却比秦皇帝时代好万倍，希望大王听从臣下的意见。若大王不听臣的劝告，我怕等不到大事成功您的计划就先泄露出去了。臣听说箕子路过殷朝故都时心中很悲伤，于是作麦秀之歌，这首歌就是哀痛纣王不听从王子比干的劝谏而亡国。所以，《孟子》说'纣王贵为天子，死时竟不及平民'。这是因为纣王生前早已自绝于天下人，而不是死到临头天下人才背弃他。现在，臣也暗自悲哀大王若抛弃了诸侯国君的尊贵，朝廷必将赐给绝命之书，令大王身先群臣，死于东宫。"于是，伍被怨哀之气郁结胸中而神色黯然，泪水盈眶而满面流淌，即刻站起身，一级级走下台阶离去了。

淮南王有个庶出的儿子名叫刘不害，年纪最大，淮南王不喜爱他，王后和太子也都不把他视为儿子或兄长。刘不害有儿子名叫刘建，他才高负气，时常怨恨太子不来问候自己的父亲；又埋怨当时诸侯王都可以分封子弟为诸侯，而淮南王只有两个儿子，一个当了太子，唯独刘建父亲不得封侯。刘建暗中结交人，想要告发击败太子，让他的父亲取而代之。太子知悉此事，多次拘囚并拷打刘建。刘建尽知太子意欲杀害朝廷中尉的阴谋，就让和自己私交很好的寿春县人庄芷在元朔六年（前123）向天子上书说："毒药苦口利于病，忠言逆耳利于行。如今，淮南王的孙子刘建才能高，淮南王后荼和荼的儿子太子刘迁常常妒忌迫害他。刘建父亲刘不害无罪，他们多次拘囚想杀害他。今有刘建人在，可召来问讯，他尽知淮南王的隐秘。"书奏上达，皇上将此事交付廷尉，廷尉又下达河南郡府审理。

这时，原辟阳侯的孙子审卿与丞相公孙弘交好，他仇恨淮南厉王杀死自己的祖父，就极力向公孙弘构陷淮南王的罪状。于是，公孙弘怀疑淮南王有叛逆的阴谋，决意深入追究查办此案。河南郡府审问刘建，他供出了淮南王太子及其朋党。淮南王担忧事态严重，意欲举兵反叛，就向伍被问道："汉朝的天下太平不太平？"伍被回答："天下太平。"淮南王心中不悦，对伍被说："您根据什么说天下太平？"伍被回答："臣私下观察朝政，君臣间的礼义，父子间的亲爱，夫妻间的区别，长幼间的秩序，都合乎应有的原则，皇上施政遵循古代的治国之道，风俗和法度都没有缺失。满载货物的富商周行天下，道路无处不畅通，因此贸易之事盛行。南越称臣归服，羌僰进献物产，东瓯内迁降汉，朝廷拓广长榆塞，开辟朔方郡，使匈奴折翅伤翼，失去援助而萎靡不振。这虽然还不赶不上古代的太平岁月，但也算是天下安定了。"淮南王大怒，伍被连忙告谢死罪。

淮南王又对伍被说："崤山之东若发生兵战，朝廷必使大将军卫青来统兵镇压，您认为大将军人怎样？"伍被说："我的好朋友黄义，曾跟随大将军攻打匈奴，归来告诉我说：'大将军对待士大夫有礼貌，对士卒有恩德，众人都乐意为他效劳。大将军骑马上下山冈疾驶如飞，才能出众过人。'我认为他武艺这般高强，屡次率兵征战通晓军事，不易抵挡。谒者曹梁出使长安归来，说大将军号令严明，对敌作战勇敢，时常身先士卒。安营扎寨休息，井未凿通时，必须士兵人人喝上水，他才肯饮。军队出征归来，士兵渡河已毕，他才过河。皇太后赏给的钱财丝帛，他都转赐手下的军官。即使古代名将也无人比得过他。”淮南王听罢，沉默无语。

淮南王眼看刘建被召受审，害怕国中密谋造反之事败露，想抢先起兵。但是，伍被认为难以成事。于是，淮南王再问他道：“您以为当年吴王兴兵造反是对还是错?”伍被说：“我认为错了。吴王富贵已极，却做错了事，身死丹徒，头足分家，殃及子孙无人幸存。臣听说吴王后悔异常。希望大王三思熟虑，勿做吴王所悔恨的蠢事。”淮南王说：“男子汉甘愿赴死，只是为了自己说出的一句话罢了。况且吴王哪里懂得造反，竟让汉将一日之内有四十多人闯过了成皋关隘。现在，我令楼缓首先扼住成皋关口，令周被攻下颍川郡率兵堵住轘辕关、伊阙关的道路，令陈定率南阳郡的军队把守武关。河南郡太守只剩有洛阳罢了，何足担忧。不过，这北面还有临晋关、河东郡、上党郡和河内郡、赵国。人们说‘扼断成皋关口，天下就不能通行了’。我们凭借雄踞三川之地的成皋险关，召集崤山之东各郡国的军队响应，这样起事，您以为如何?”伍被答道：“臣看得见它失败的灾祸，看不见它成功的福运。”

淮南王说：“左吴、赵贤、朱骄如都认为有福运，十之有九会成功。您偏偏认为有祸无福，是为什么?”伍被说：“受大王宠信的群臣中平素能号令众人的，都在前次皇上诏办的罪案中被拘囚了，余下的已没有可以倚重的人。”淮南王说：“陈胜、吴广身无立锥之地，聚集起一千人，在大泽乡起事，奋臂大呼造反，天下就群起响应，他们西行到达戏水时已有一百二十万人相随。现今我国虽小，可是会用兵器打仗者十几万，他们绝非被迫戍边的乌合之众，所持也不是木弩和戟柄，您根据什么说起事有祸无福？”伍被说：“从前秦王朝暴虐无道，残害天下百姓。朝廷征发民间万辆车驾，营建阿房宫，收取百姓大半的收入作为赋税，还征调家居闾左的贫民去远戍边疆，弄得父亲无法保护儿子平安，哥哥不能让弟弟过上安逸生活，政令苛严刑法峻急，天下人忍受百般熬煎几近枯焦。百姓都伸颈盼望，侧耳倾听，仰首向天悲呼，捶胸怨恨皇上，因而陈胜大呼造反，天下人立刻响应。如今，皇上临朝治理天下，统一海内四方，泛爱普天黎民，广施德政恩惠。他即使不开口讲话，声音传播也如雷霆般迅疾；诏令即使不颁布，而教化的飞速推广也似有神力；他心有所想，便威动万里，下民响应主上，就好比影之随形、响之应声一般。而且大将军卫青的才能不是秦将章邯、杨熊可比的。因此，大王您以陈胜、吴广反秦来自喻，我认为不当。”

淮南王说：“假如真像你说的那样，不可以侥幸成功吗？”伍被说：“我倒有一条愚蠢的计策。”淮南王说：“怎么办呢？”伍被答道：“当今诸侯对朝廷没有二心，百姓对朝廷没有怨气。但朔方郡田地广阔，水草丰美，已迁徙的百姓还不足以充实开发那个地区。臣的愚计是，可以伪造丞相、御史写给皇上的奏章，请求再迁徙各郡国的豪强、义士和处以耏罪以上的刑徒充边，下诏赦免犯人的刑罪，凡家产在五十万钱以上的人，都携同家属迁往朔方郡，而且更多调发一些士兵监督，催迫他们如期到达。再伪造宗正府左右都司空、上林苑和京师各官府下达的皇上亲发的办案文书，去逮捕诸侯的太子和宠幸之臣。如此一来，就会民怨四起，诸侯恐惧，紧接着让摇唇鼓舌的说客去鼓动说服他们造反，或许可以侥幸得到十分之一的成功把握吧！”淮南王说：“此计可行。虽然你的多虑有道理，但我以为成就此事并不至于难到如此程度。”

于是，淮南王命令官奴入宫，伪造皇上印玺，丞相、御史、大将军、军官、中二千石、京师各官府令和县丞的官印，邻近郡国的太守和都尉的官印，以及朝廷使臣和法官所戴的官帽，打算一切按伍被的计策行事。淮南王还派人假装获罪后逃出淮南国而西入长安，给大将军和丞相供事，意欲一旦发兵起事，就让他们立即刺杀大将军卫青，然后再说服丞相屈从臣服，便如同揭去一块盖布那么轻而易举了。

淮南王想要发动国中的军队，又恐怕自己的国相和大臣们不听命。他就和伍被密谋先杀死国相与二千石大臣，为此假装宫中失火，国相、二千石大臣必来救火，人一到就杀死他们。谋议未定，又计划派人身穿抓捕盗贼的兵卒的衣服，手持羽檄，从南方驰来，大呼“南越兵入界了”，以借机发兵进军。于是，他们派人到庐江郡、会稽郡实施冒充追捕盗贼的计策，没有立即发兵。淮南王问伍被说：“我率兵向西挺进，诸侯一定该有响应的人。要是没人响应，怎么办?”伍被回答说：“可向南夺取衡山国来攻打庐江郡，占有寻阳的战船，守住下雉的城池，扼住九江江口，阻断豫章河水北入长江的彭蠡湖口这条通道，以强弓劲弩临江设防，来禁止南郡军队沿江而下；再东进攻占江都国、会稽郡，和南方强有力的越国结交，这样在长江淮水之间屈伸自如，犹可拖延一些时日。”淮南王说：“很好，没有更好的计策了。要是事态危急，就奔往越国吧。”

于是，廷尉把淮南王孙刘建供词中牵连出淮南王太子刘迁的事呈报了皇上。皇上派廷尉监趁前去拜见淮南国中尉的机会，逮捕太子。廷尉监来到淮南国，淮南王得知，和太子谋划，打算召国相和二千石大臣前来，杀死他们就发兵。召国相入宫，国相来了；内史因外出得以脱身。中尉则说：“臣在迎接皇上派来的使臣，不能前来见王。”淮南王心想只杀死国相一人而内史、中尉不肯前来，没有什么益处，就罢手放走了国相。他再三犹豫，定不下行动的计策。太子想到自己所犯的是阴谋刺杀朝廷中尉的罪，而参与密谋的人已死，便以为活口都堵住断绝，就对父王说：“群臣中可依靠的先前都被拘捕了，现今已没有可以倚重举事的人。您在时机不成熟时发兵，恐怕不会成功，臣甘愿前往廷尉处受捕。”淮南王心中也暗想罢手，就答应了太子的请求。于是，太子刎颈自杀，却未能丧命。伍被独自往见执法官吏，告发了自己参与淮南王谋反的事情，将谋反的详情全盘供了出来。

法吏因而逮捕了太子、王后，包围了王宫，将国中参与谋反的淮南王的宾客全部搜查抓捕起来，还搜出了谋反的器具，然后书奏向上呈报。皇上将此案交给公卿大臣审理，案中牵连出与淮南王一同谋反的列侯、二千石、地方豪强有几千人，一律按罪行轻重处以死刑。衡山王刘赐，是淮南王的弟弟，被判同罪应予收捕，负责办案的官员请求逮捕衡山王。天子说："侯王各以自己的封国为立身之本，不应彼此牵连。你们与诸侯王、列侯一道去跟丞相会集商议吧。"赵王彭祖、列侯曹襄等四十三人商议后，都说："淮南王刘安极其大逆不道，谋反之罪明白无疑，应当诛杀不赦。"胶西王刘端发表意见说："淮南王刘安无视王法肆行邪恶之事，心怀欺诈，扰乱天下，迷惑百姓，背叛祖宗，妄生邪说。《春秋》曾说：'臣子不可率众作乱，率众作乱就应诛杀。'刘安的罪行比率众作乱更严重，其谋反态势已成定局。臣所见他伪造的文书、符节、印墨、地图以及其他大逆不道的事实都有明白的证据，其罪大逆不道，理应依法处死。至于淮南国中官秩二百石以上和比二百石少的官吏，宗室的宠幸之臣中未触犯法律的人，他们不能尽责匡正阻止淮南王的谋反，也都应当免官削夺爵位贬为士兵，今后不许再当官为吏。那些并非官吏的其他罪犯，可用二斤八两黄金抵偿死罪。朝廷应公开揭露刘安的罪恶，好让天下人都清楚地懂得为臣之道，不敢再有邪恶的背叛皇上的野心。"丞相公孙弘、廷尉张汤等把大家的议论上奏，天子便派宗正手持符节去审判淮南王。宗正还未行至淮南国，淮南王刘安已提前自刎而死。王后荼、太子刘迁和所有共同谋反的人都被满门杀尽。天子因为伍被劝阻淮南王刘安谋反时言辞雅正，说了很多称美朝政的话，想不杀他。廷尉张汤说："伍被最先为淮南王策划反叛的计谋，他的罪不可赦免。”于是，杀了伍被。淮南国被废为九江郡。

衡山王名刘赐，王后乘舒生了三个孩子，长男刘爽立为太子，二儿刘孝，三女刘无采。又有姬妾徐来生儿女四人，妃嫔厥姬生儿女二人。衡山王和淮南王两兄弟在礼节上相互责怪抱怨，关系疏远，不相和睦。衡山王闻知淮南王制造用于叛逆谋反的器具，也倾心结交宾客来防范他，深恐被他吞并。

元光六年（前129），衡山王入京朝见，他的谒者卫庆懂方术，想上书请术侍奉天子。衡山王很恼怒，故意告发卫庆犯下死罪，用严刑拷打逼他认罪。衡山国内史认为不对，不肯审理此案。衡山王便指使人上书控告内史，内史被迫办案，但直言衡山王理屈。衡山王又多次侵夺他人田产，毁坏他人坟墓辟为田地。有关部门长官请求逮捕并追究衡山王的罪责，天子不同意，只收回他原先可以自行委任本国官秩二百石以上的官吏的权力，改为由天子任命。衡山王因此心怀愤恨，和奚慈、张广昌谋划，四处访求谙熟兵法和会观测星象以占卜吉凶的人，他们日夜鼓动衡山王密谋反叛之事。

王后乘舒死了，衡山王立徐来为王后。厥姬也同时得到宠幸。两人互相嫉妒，厥姬就向太子说王后徐来的坏话。她说：“徐来指使婢女用巫蛊邪术杀害了太子的母亲。”从此，太子心中怨恨徐来。徐来的哥哥来到衡山国，太子与他饮酒，席间用刀刺伤了王后的哥哥。王后怨恨恼怒，屡次向衡山王诋毁太子。太子的妹妹刘无采出嫁后被休归娘家，就和奴仆通奸，又和宾客通奸。太子屡次责备刘无采，无采很恼火，不再和太子来往。王后得知此事，就殷勤关怀无采。无采和二哥刘孝因年少便失去母亲，不免依附王后徐来，王后就巧施心计爱护他们，让他们一起毁谤太子。因此，衡山王多次毒打太子。

元朔四年（前125）中，有人杀伤王后的继母。衡山王怀疑是太子指使人所为，就用竹板毒打太子。后来，衡山王病了，太子经常声称有病不去服侍。刘孝、王后、刘无采都说他的坏话：“太子其实没病，而自称有病，脸上还带有喜色。”衡山王大怒，想废掉他的太子名分，改立其弟刘孝。王后知道衡山王已决意废除太子，就又想一并也废除刘孝。王后有一个女仆善于跳舞，衡山王宠爱她。王后打算让女仆和刘孝私通来玷污陷害他，好一起废掉太子兄弟而把自己的儿子刘广立为太子。太子刘爽知道了王后的诡计，心想王后屡次诽谤自己不肯罢休，就算计与她发生奸情来堵她的口。一次，王后饮酒，太子上前敬酒祝寿，趁势坐在了王后的大腿上，要求与她同宿。王后很生气，把此事告诉了衡山王。于是，衡山王召太子来，打算把他捆起来毒打。太子知道父王常想废掉自己而立弟弟刘孝，就对他说：“刘孝和父王宠幸的女仆通奸，无采和奴仆通奸，父王打起精神加餐吧，我请求给朝廷上书。”说罢，背向衡山王离去了。衡山王派人去阻止他，不能奏效，就亲自驾车去追捕太子。太子乱说坏话，衡山王便用镣铐把他囚禁在宫中。刘孝越来越受到衡山王的亲近和宠幸。衡山王很惊异刘孝的才能，就给他佩上王印，号称将军，让他住在宫外的府第中，给他很多钱财，用以招揽宾客。登门投靠的宾客，暗中知道淮南王、衡山王都有背叛朝廷的谋划，就日夜逢迎鼓励衡山王。于是，衡山王指派刘孝的宾客江都人救赫、陈喜制造战车和箭支，刻天子印玺和将相军吏的官印。衡山王日夜访求像周丘一样的壮士，多次称赞和列举吴楚反叛时的谋略，用它规范自己的谋反计划。衡山王不敢仿效淮南王希冀篡夺天子之位，他害怕淮南王起事吞并自己的国家，认为等待淮南王西进之后，自己可乘虚发兵平定并占有长江和淮水之间的领地，他期望能够如愿。

元朔五年（前124）秋，衡山王将入京朝见天子。经过淮南国时，淮南王竟说了些兄弟情谊的话，消除了从前的嫌隙，彼此约定共同制造谋反的器具。衡山王便上书推说身体有病，皇上赐书准许他不入朝。

元朔六年（前123）中，衡山王指使人上书皇上请求废掉太子刘爽，改立刘孝为太子。刘爽闻讯，就派和自己很要好的白嬴前往长安上书，控告刘孝私造战车箭支，还和淮南王的女侍通奸，意欲以此挫败刘孝。白嬴来到长安，还没来得及上书，官吏就逮捕了他，因他与淮南王谋反事有牵连予以囚禁。衡山王听说刘爽派白嬴去上书，害怕他讲出国中不可告人的隐秘，就上书反告太子刘爽干了大逆不道的事应处死罪，朝廷将此事下交沛郡审理。

元狩元年（前122）冬，负责办案的公卿大臣下至沛郡搜捕与淮南王共同谋反的罪犯，没有捕到，却在衡山王儿子刘孝家抓住了陈喜。官吏控告刘孝带头藏匿陈喜。刘孝以为陈喜平素屡次和衡山王计议谋反，很害怕他会供出此事。他听说律令规定事先自首者可免除其罪责，又怀疑太子指使白嬴上书将告发谋反之事，就抢先自首，控告救赫、陈喜等人参与谋反。廷尉审讯验证属实，公卿大臣便请求逮捕审讯衡山王。天子说："不要逮捕。"他派遣中尉司马安、大行令李息赴衡山国就地查问衡山王，衡山王一一据实做了回答。官吏把王宫都包围起来严加看守。中尉、大行还朝，将情况上奏，公卿大臣请求派宗正、大行和沛郡府联合审判衡山王。衡山王闻讯便刎颈自杀。刘孝因主动自首谋反之事，被免罪；但他犯下与衡山王女侍通奸之罪，仍处死弃市。王后徐来也犯有以巫蛊谋杀前王后乘舒罪，连同太子刘爽犯了被衡山王控告不孝的罪，都被处死弃市。所有参与衡山王谋反事的罪犯一概满门杀尽。衡山国废为衡山郡。

太史公说："《诗经》上说'抗击戎狄，惩治楚人'，此话不假啊！淮南王、衡山王虽是骨肉至亲，拥有千里疆土，封为诸侯，但是不致力于遵守藩臣的职责去辅助天子，反而一味心怀邪恶之计，图谋叛逆，致使父子相继二次亡国，人人都不得尽享天年，而受到天下人耻笑。这不只是他们的过错，也是当地习俗浇薄和居下位的臣子影响不良的结果。楚国人轻捷勇猛凶悍，喜好作乱，这是早自古代就记载于书的了。"

第一百零一卷　循吏列传第五十九

这篇类传记叙了春秋战国时期五位贤良官吏的事迹。五人中，四位国相一位法官，都是居高权重的社稷之臣。其中，孙叔敖与子产，仁厚爱民，善施教化，以政宽得人和，国泰而民安；公仪休、石奢、李离，皆清廉自正，严守法纪，当公私利益发生尖锐冲突时，甚至甘愿以身殉法，维护君主和纲纪的尊严。作者以缅怀与崇敬的心情写出他们的政绩和道德风范，意在阐明一个为政治国的根本道理："奉职循理，亦可以为治，何必威严哉？"而这也正道出了作者倾心向往的理想的吏治蓝图。

文字简净，是本传极显著的特色。其篇幅之短，在全书与《佞幸列传》同居首位，仅一千二百字左右。其写人多止三事，少则一例，取材与表述皆至为简要，却是精当有力，给人留下了过目难忘的印象。

本篇在取材上剪裁的幅度是很大的，除孙叔敖事略为完整外，叙其余四人皆一鳞半爪，精简之至。作者采用很少的文字把一件典型事例细致写出，使之妥帖传神，对主题思想依然有很强的表现力。正是这种写法，使本篇在表现类传的特性方面成为很有代表性的作品。

【原文】

太史公曰：法令所以导民也，刑罚所以禁奸[①]也。文武[②]不备，良民惧然身修者，官未曾乱也。奉职循理[③]，亦可以为治，何必威严哉？

孙叔敖者，楚之处士[④]也。虞丘相进之于楚庄王，以自代也。三月为楚相，施教导民，上下和合[⑤]，世俗盛美[⑥]，政缓禁止[⑦]，吏无奸邪，盗贼不起。秋冬则劝民山采，春夏以水[⑧]，各得其所便，民皆乐其生。

庄王以为币轻，更[⑨]以小为大，百姓不便，皆去其业。市令言之相曰："市乱，民莫安其处[⑩]，次行[⑪]不定。"相曰："如此几何顷[⑫]乎？"市令曰："三月顷。"相曰："罢，吾今令之复[⑬]矣。"后五日，朝，相言之王曰："前日更币，以为轻。今市令来言曰'市乱，民莫安其处，次行之不定'。臣请遂令复如故。"王许之，下令三日而市复如故。

楚民俗好庳车[⑭]，王以为庳车不便马，欲下令使高之。相曰："令数下，民不知所从，不可。王必欲高车，臣请教闾里[⑮]使高其梱。乘车者皆君子，君子不能数下车。"王许之。居半岁，民悉自高其车。

此不教而民从其化[⑯]，近者视而效之，远者四面望而法之。故三得相而不喜，知其材自得之地；三去相而不悔，知非己之罪也。

【注释】

①奸：邪恶诈伪之事。②文武：本义指文治（礼乐教化）和武功，这里指行政法规和刑罚。③循理：依照原则行事。④处士：隐居不仕的人。⑤和合：和睦同心。⑥盛美：非常美好。盛，盛大，引申为程度深。⑦禁止：有禁则止，听从命令的意思。⑧春夏以水：一本作“春夏以水下”，意为春夏时节借河水上涨使采伐的林木顺流而下运出去。⑨更：更改。⑩莫安其处：无人安心于在市中经营本业。处，位置。⑪次行：次序。⑫几何顷：有多久。顷，时间短，此泛指时间。⑬复：恢复。⑭庳车：矮车，车的底座低。⑮闾里：乡里，古代居民组织。先秦时以二十五家为里，一万二千五百户为乡。⑯不教：此指不用行政法令管束。从其化：顺从他的教化。

【原文】

子产者，郑之列大夫[①]也。郑昭君之时，以所爱徐挚为相，国乱，上下不亲，父子不和。大宫子期言之君，以子产为相[②]。为相一年，竖子不戏狎[③]，斑白不提挈[④]，僮子不犁畔[⑤]。二年，市不豫贾[⑥]。三年，门不夜关，道不拾遗。四年，田器[⑦]不归。五年，士无尺籍[⑧]，丧期不令而治[⑨]。治郑二十六年而死，丁壮号哭，老人儿啼，曰：“子产去我死乎！民将安归？”

【注释】

①列大夫：居大夫之列。②按：此段所言与《郑世家》

内容有出入。《郑世家》记子产是郑成功的小儿子，曾先后事简公、定公、声公，并无任郑昭君国相的记载。③竖子：鄙贱他人的称呼，犹“小子”。此指游手好闲者和浪荡子。戏狎：轻浮嬉戏。④斑白：鬓发花白，此借指老人。提挈：提着东西。挈，提。⑤僮子：儿童。犁畔：在田边耕种，指干农活。⑥不豫贾：不预先抬高物价，到交易时买卖双方公平议价。豫，通“预”。贾，通“价”。⑦田器：种田的农具。⑧无尺籍：没有战功。汉制，把杀敌斩首的功劳记录在一尺长的竹板上，称“尺籍”。此句是说男子不必再当兵出征。⑨治：此指办丧事。

【原文】

公仪休者，鲁博士也。以高弟[①]为鲁相。奉法循理。无所变更，百官自正。使食禄者不得与下民争利，受大者不得取小[②]。

客有遗相鱼者，相不受。客曰：“闻君嗜[③]鱼，遗[④]君鱼，何故不受也?”相曰：“以嗜鱼，故不受也。今为相，能自给鱼；今受鱼而免[⑤]，谁复给我鱼者？吾故不受也。”

食茹[⑥]而美，拔其园葵[⑦]而弃之。见其家织布好，而疾出其家妇[⑧]，燔[⑨]其机，云：“欲令农士工女安所雠[⑩]其货乎?”

【注释】

①高弟：指才优而学业品第高。②受大者：领取俸禄多的人，指官位高的人。取小：占小便宜。③嗜：极为喜好。

④遗：赠送。⑤免：免官。⑥茹：蔬菜的总称。⑦园葵：菜园中的冬葵菜。⑧家妇：妻子。⑨燔：烧。⑩工女：此指织妇。雠：出售。

【原文】

石奢者，楚昭王相也。坚直廉正，无所阿避[①]。行县，道有杀人者，相追之，乃其父也。纵其父而还自系[②]焉。使人言之王曰："杀人者，臣之父也。夫以父立政[③]，不孝也；废法纵罪，非忠也；臣罪当死。"王曰："追而不及，不当伏罪，子其治事矣。"石奢曰："不私[④]其父，非孝子也；不奉主法，非忠臣也。王赦其罪，上惠也；伏诛而死，臣职也。"遂不受令，自刎而死。

李离者，晋文公之理[⑤]也。过听杀人[⑥]，自拘当[⑦]死。文公曰："官有贵贱，罚有轻重。下吏有过，非子之罪也。"李离曰："臣居官为长[⑧]，不与吏让位；受禄为多，不与下分利。今过听杀人，傅[⑨]其罪下吏，非所闻也。"辞不受令。文公曰："子则自以为有罪，寡人亦有罪邪？"李离曰："理有法，失刑则刑[⑩]，失死则死[⑪]。公以臣能听微决疑[⑫]，故使为理。今过听杀人，罪当死。"遂不受令，伏剑[⑬]而死。

太史公曰：孙叔敖出一言，郢市复。子产病死，郑民号哭。公仪子见好布而家妇逐。石奢纵父而死，楚昭名立。李离过杀而伏剑，晋文以正国法。

【注释】

①阿避：阿谀和逃避。②系：囚禁。③立政：树立政绩。

④私：偏袒。⑤理：法官。⑥过听杀人：听察案情有过失而错杀人命。⑦当：判罪。⑧居官为长：担任的官职是长官。长，首长。⑨傅：附着，此指把罪责推到别人身上。⑩失刑则刑：错定刑罚就自己受刑。⑪失死则死：错判死罪就自己以死偿命。⑫听微决疑：听察细微的隐情事理，决断疑难的案件。⑬伏剑：用剑自杀。伏，受到惩罚的意思。

【译文】

太史公说："法令用以引导民众向善，刑罚用以阻止民众作恶。文法与刑律不完备时，善良的百姓依然心存戒惧地自我约束修身，是因为居官者行为端正不曾违乱纲纪。只要官吏奉公尽职按原则行事，就可以用它做榜样治理好天下，为什么非用严刑峻法不可呢？"

孙叔敖是楚国的隐者。国相虞丘把他举荐给楚庄王，想让他接替自己职务。孙叔敖为官三月就升任国相，他施政教民，使得官民之间和睦同心，风俗十分淳美。他执政宽缓不苛却有禁必止，官吏不做邪恶伪诈之事，民间也无盗贼发生。秋冬两季，他鼓励人们进山采伐林木。春夏时，便借上涨的河水把木材运出山外。百姓各有便利的谋生之路，都生活得很安乐。

庄王认为楚国原有的钱币太轻，就下令把小钱改铸为大钱，百姓用起来很不方便，纷纷放弃了自己的本业。管理市场的长官向国相孙叔敖报告说："市场乱了，老百姓无人安心在那里做买卖，秩序很不稳定。"孙叔敖问："这种情况有多久了?”市令回答:“已经有三个月。”孙叔敖说:“不必多言,我现在就设法让市场恢复原状。”五天后,他上朝向庄王劝谏说:“先前更改钱币,是认为旧币太轻了。现在,市令来报告说‘市场混乱,百姓无人安心在那里谋生,秩序很不稳定’。我请求立即下令恢复旧币制。”庄王同意了,颁布命令才三天,市场就恢复了原貌。

楚国的民俗是爱坐矮车,楚王认为矮车不便于驾马,想下令把矮车改高。国相孙叔敖说:“政令屡出,使百姓无所适从,这不好。如果您一定想把车改高,臣请求让乡里人家加高门槛。乘车人都是有身份的君子,他们不能为过门槛频繁下车,自然就会把车的底座造高了。”楚王答应了他的请求。过了半年,上行下效,老百姓都自动把坐的车子造高了。

这就是孙叔敖不用下令管束百姓就自然顺从了他的教化,身边的人亲眼看到他的言行便仿效他,离得远的人观望四周人们的变化也跟着效法他。所以,孙叔敖三次荣居相位并不沾沾自喜,他明白这是自己凭借才干获得的;三次离开相位也并无悔恨,因为他知道自己没有过错。

子产是郑国的大夫。郑昭君在位时,曾任用自己宠信的徐挚做国相,国政昏乱,官民不亲和,父子不和睦。大宫子期把这些情况告诉郑昭君,昭君就改任子产为国相。子产执政一年,浪荡子不再轻浮嬉戏,老年人不必手提负重,儿童也不用下田耕种。两年之后,市场上买卖公平,不预定高价了。三年过去，人们夜不闭户，路不拾遗。四年后，农民收工不必把农具带回家，五年后，男子无须服兵役，遇有丧事则自觉敬执丧葬之礼。子产治理郑国二十六年就去世了，青壮年痛哭失声，老人像孩童一样哭泣，说："子产离开我们死去了啊，老百姓将来依靠谁！"

公仪休是鲁国的博士。由于才学优异做了鲁国国相。他遵奉法度，按原则行事，丝毫不改变规制，因此百官的品行自然端正。他命令为官者不许和百姓争夺利益，做大官的不许占小便宜。

有位客人给国相公仪休送鱼上门，他不肯收纳。客人说："听说您极爱吃鱼才送鱼来，为什么不接受呢？"公仪休回答说："正因为很爱吃鱼，才不能接受啊。现在我做国相，自己还买得起鱼吃；如果因为今天收下你的鱼而被免官，今后谁还肯给我送鱼？所以，我决不能收下。"

公仪休吃了蔬菜感觉味道很好，就把自家园中的冬葵菜都拔下来扔掉。他看见自家织的布好，就立刻把妻子逐出家门，还烧毁了织机。他说："难道要让农民和织妇无处卖掉他们生产的货物吗？"

石奢是楚昭王的国相，他为人刚强正直廉洁公正，既不阿谀逢迎，也不胆小避事。一次出行属县，恰逢途中有凶手杀人，他追捕凶犯，竟是自己的父亲。他放走父亲，归来便把自己囚禁起来。他派人告诉昭王说："杀人凶犯，是为臣的父亲。若以惩治父亲来树立政绩，这是不孝；若废弃法度纵容犯罪，又是不忠。因此，我该当死罪。”昭王说：“你追捕凶犯而没抓获，不该论罪伏法，你还是去治理国事吧。”石奢说：“不偏袒自己父亲，不是孝子；不遵守王法，不是忠臣。您赦免我的罪责，是主上的恩惠；服刑而死，则是为臣的职责。”于是，石奢不听从楚王的命令，刎颈而死。

李离是晋文公的法官。他听察案情有误而枉杀人命，发觉后就把自己拘禁起来判以死罪。文公说：“官职贵贱不一，刑罚也轻重有别。这是你手下官吏有过失，不是你的罪责。”李离说：“臣担当的官职是长官，不曾把高位让给下属；我领取的官俸很多，也不曾把好处分给他们。如今，我听察案情有误而枉杀人命，却要把罪责推诿于下级，这种道理我没有听过。”他拒绝接受文公的命令。文公说：“你认定自己有罪，那么我也有罪吗?”李离说：“法官断案有法规，错判刑就要亲自受刑，错杀人就要以死偿命。您因为臣能听察细微隐情事理，决断疑难案件，才让我做法官。现在，我听察案情有误而枉杀人命，应该判处死罪。”于是，不接受晋文公的赦令，伏剑自刎而死。

太史公说：“孙叔敖口出一言，郢都的市场秩序得以恢复。子产病逝，郑国百姓失声痛哭。公仪休看到妻子织出的布好就把她赶出家门。石奢放走父亲而自杀顶罪，使楚昭王树立了美名。李离错判杀人罪而伏剑身亡，帮助晋文公整肃了国法。”

第一百零二卷　汲郑列传第六十

本篇是汲黯和郑当时的合传。汲黯是武帝朝中名闻遐迩的第一流人物。他为人倨傲严正，忠直敢谏，从不屈从权贵，逢迎主上，以此令朝中上下皆感敬畏。比如，人家谒见傲慢的丞相田蚡，都是卑躬屈膝俯首下拜，而他偏只拱手作揖，见大将军卫青时亦行平等之礼；两次奉旨出使，他都中途变卦，或半路而返，或自作主张发放官粮赈济灾民；批评别人的过失，他从来耳提面命不留情面，即使对至尊的君主及其宠幸的权要人物也敢当面谏诤指责，无所顾忌。传中写他四次犯颜武帝，三次斥骂丞相公孙弘和御史大夫张汤，言辞都极为尖锐无情。难怪群臣为之震恐、责怨，公孙弘、张汤对他恨之入骨；而武帝虽在背后骂他，甚至起过杀心，但又不得不承认他是“社稷臣”而宽容几分。

司马迁怀着极其钦敬的心情为汲黯树碑立传，不多叙政绩，而倾全力表彰他秉正疾恶、忠直敢谏的杰出品格。环绕这个中心，本文将众多的零散材料交织，从多方面的人际关系中反复刻画人物个性，尤其是一再描写汲黯同最高统治者武帝和公孙弘、张汤之间的对立与冲突，就使他那汉廷第一直臣的光辉形象被异常鲜明地表现了。其中，汲黯那些一针见血、极具个性的言语被大量实录，其词之犀利精粹，其情之激切义愤，皆力透纸背，震撼人心，对展示主人公思想品格起到了至为重要的作用。

【原文】

汲黯字长孺，濮阳人也。其先有宠于古之卫君[①]。至黯七世，世为卿大夫。黯以父任[②]，孝景时为太子洗马，以庄见惮[③]。孝景帝崩，太子即位，黯为谒者。东越相攻[④]，上使黯往视之。不至，至吴而还，报曰："越人相攻，固其俗然，不足以辱天子之使。"河内失火，延烧千余家，上使黯往视之。还报曰："家人失火，屋比[⑤]延烧，不足忧也。臣过河南，河南贫人伤水旱万余家，或父子相食，臣谨以便宜[⑥]，持节发河南仓粟以振[⑦]贫民。臣请归节，伏矫制[⑧]之罪。"上贤而释之，迁为荥阳令。黯耻为令，病归田里[⑨]。上闻，乃召拜[⑩]为中大夫。以数切谏，不得久留内，迁为东海太守。黯学黄老之言[⑪]，治官理民，好清静，择丞史而任之。其治，责大指[⑫]而已，不苛小[⑬]。黯多病卧闺阁[⑭]内不出。岁余，东海大治。称之。上闻，召以为主爵都尉，列于九卿。治务在无为而已，弘大体，不拘文法[⑮]。

【注释】

①古之卫君：战国后期卫侯降而为君，故云。详见《卫康叔世家》。②任：保举。汉制规定，凡居官二千石以上者，任职满三年可保举同胞兄弟或儿子一人为郎官，称为"任

子”。③惮：惧怕。④东越相攻：瓯越（都东瓯，今浙江省温州市）与闽越（都东冶，今福建省福州市）合称东越。景帝三年（前154）吴楚反叛，瓯越东海王摇先是举兵从吴，事败后又杀吴王濞以自脱罪责。吴王子逃入闽越，为报仇，于武帝建元三年（前138）劝闽越出兵围东瓯，瓯越遂向朝廷求救。事见《东越列传》。⑤比：紧挨着。⑥便宜：趁便见机行事。⑦节：符节，朝廷派官出使时作为凭证的信物。振：通“赈”，救济。⑧矫制：假借君主名义发布命令。制，帝王的命令。⑨田里：故乡。⑩召拜：征召授予官职。⑪黄老之言：道家学说。道家以黄帝、老子为祖，故云。⑫指：大指，意图。⑬苛小：挑剔苛求小节。后文“小苛”意同此。⑭闺阁：内室。⑮文法：法规，法令条文。

【原文】

黯为人性倨[①]，少礼，面折[②]，不能容人之过。合己者善待之，不合己者不能忍见[③]，士亦以此不附焉。然好学，游侠[④]，任气节[⑤]，内行修洁[⑥]，好直谏，数犯主之颜色，常慕傅柏、袁盎之为人也。善灌夫、郑当时及宗正刘弃[⑦]。亦以数直谏，不得久居位。

当是时，太后弟武安侯蚡为丞相，中二千石[⑧]来拜谒，蚡不为礼。然黯见蚡未尝拜，常揖之。天子方招文学儒者，上曰吾欲云云，黯对曰：“陛下内多欲而外施仁义，奈何欲效唐虞[⑨]之治乎！”上默然，怒，变色而罢朝。公卿皆为黯惧。上退，谓左右曰：“甚矣，汲黯之戆[⑩]也！”群臣或数[⑪]黯，黯曰：

“天子置公卿辅弼之臣，宁令从谀承意，陷主于不义乎？且已在其位，纵爱身，奈辱朝廷何！”

【注释】

①倨：傲慢。②面折：当面顶撞。折，断，此指拒斥、驳回。③忍见：耐着性子见面。④游侠：好交游并且勇于解救他人危难的人。⑤任气节：看重志气操守。⑥内行：平日居家的品行。修：美好。洁：洁净，纯洁。⑦刘弃：《汉书·张冯汲郑传》为“刘弃疾”。⑧中二千石：汉代内自九卿郎将，外至郡守尉的俸禄等级，皆为二千石。其中包括中二千石、二千石和比二千石三个等级，中二千石是最高级。中，合乎，满。⑨唐虞：儒家所推崇的远古帝王唐尧和虞舜。⑩戆：憨厚刚直。⑪数：列举过失，指责。

【原文】

黯多病，病且满三月，上常赐告者数[①]，终不愈，最后病[②]，庄助为请告。上曰：“汲黯何如人哉?”助曰：“使黯任职居官，无以逾人。然至其辅少主，守城[③]深坚，招之不来，麾[④]之不去，虽自谓贲、育[⑤]亦不能夺之矣。”上曰：“然。古有社稷之臣，至如黯，近之矣。”

大将军青侍中，上踞厕[⑥]而视之。丞相弘燕见[⑦]，上或时不冠。至如黯见，上不冠不见也。上尝坐武帐[⑧]中，黯前奏事，上不冠，望见黯，避帐中，使人可其奏。其见敬礼如此。

【注释】

①这句是说汉武帝对汲黯给予破例的照顾。汉制规定，居

官者病满三月当免官，而武帝几次特许汲黯可以不免官而居家养病。告：休假。数：屡次。②病：重病，病得很厉害。③守城：当依《汉书·张冯汲郑传》作“守成”，保护已成的事业。④麾：通“挥”，挥手令去的意思。⑤贲、育：孟贲和夏育，都是战国时秦武王的壮士，勇力过人。⑥踞：蹲或坐。厕：厕所。一说通“侧”，指床边。⑦燕见：和朝见相对而言，指在帝王闲暇时进见。燕，通“宴”，安闲。⑧武帐：御殿内四周陈设着五种兵器（矛、戟、钺、楯、弓矢）的帐帷，以示威武。一说织成武士形象的帐帷。

【原文】

张汤方以更定律令为廷尉，黯数质责汤于上前，曰：“公为正卿，上不能褒先帝之功业，下不能抑天下之邪心，安国富民，使囹圄[①]空虚，二者无一焉。非苦就行，放析就功[②]，何乃取高皇帝约束纷更之为[③]？公以此无种[④]矣。”黯时与汤论议，汤辩常在文深[⑤]小苛，黯伉厉守高不能屈[⑥]，忿发骂曰：“天下谓刀笔吏[⑦]不可以为公卿，果然。必汤[⑧]也，令天下重足而立[⑨]，侧目而视矣！”

是时，汉方征匈奴，招怀四夷[⑩]。黯务少事，乘上间[⑪]，常言与胡和亲，无[⑫]起兵，上方向儒术[⑬]，尊公孙弘。及事益多，吏民巧弄[⑭]。上分别文法，汤等数奏决谳[⑮]以幸。而黯常毁儒，面触弘等徒怀诈饰智以阿人主取容[⑯]，而刀笔吏专深文巧诋[⑰]，陷人于罪，使不得反其真[⑱]，以胜为功。上愈益贵弘、汤，弘、汤深心疾黯，唯天子亦不说[⑲]也，欲诛之以事。弘为丞相，乃言上曰："右内史界部中多贵人宗室，难治，非素重臣不能任，请徙黯为右内史。"为右内史数岁，官事不废。

【注释】

①囹圄：监牢。②按：前文已指责张汤不能奉公尽职，这二句更进一步揭露他的心思都用在了谋取个人名利上。"非苦就行"，是说明知事错还努力去做，以求造就好名声。非：错误的。苦：若干。就：实现，达到。行：德行。句中"非若"二字语不通顺，疑有误。《酷吏列传》记载张汤如何广交天下名士、宾客，用拉拢人情来获取美名的事，可作为理解本句的参考。"放析就功"，是说肆意增繁律令破坏汉朝旧制，目的是要成就个人的功绩。放：放纵，随意。析：劈开，此指破坏。③按：汉高祖刘邦初入咸阳时，曾"与父老约，法三章耳：杀人者死，伤人及盗抵罪。余悉除去秦法"（见《高祖本纪》），法至简约。汉立国后，丞相箫何奉命制律，"捃摭秦法，取其宜于时者，作律九章"（见《汉书·刑法志》），依然法禁省约，简便易行。汉武帝当朝后，对外频繁用兵，对内大兴营造，大量征发人力赋税，致使许多人贫困破产被迫犯法，于是武帝任用酷吏张汤等修改法律，以严刑峻法加强镇压。史书记载，当时"禁罔浸密。律令凡三百五十九章，大辟四百九条，千八百八十二事，死罪决事比万三千四百七十二事，文书盈于几阁，典者不能遍睹"（见《汉书·刑法志》）。这种做法已完全破坏了汉初旧制。约束：规章制度，此特指法令、法规。纷：纷乱，这里有任意增繁加多意。更：更改。④无种：

没有遗种，此指断子绝孙。种：子嗣。⑤文深：深究细抠法令条文。⑥伉厉：刚直严厉。守高：保持高昂的志气。一说掌握最高的原则（王伯峻《史记选注》）。不能屈：不肯向对方屈服。⑦刀笔吏：办理文书的小吏。古时在竹简上书写，因有误而改动时必须用刀刮除，故有此称。⑧必汤：指非依张汤之法行事不可。⑨重足而立：两脚并拢站立，形容极其恐惧拘束而不敢行走。⑩四夷：此泛指四方边境内外的少数族。夷，古代统治者对东部各非华夏民族的蔑称。⑪间：间隙，机会。⑫无：通“毋”，不要。⑬方向儒术：正倾心于儒学。⑭吏民巧弄：指下级官吏和不法之民玩弄智巧来逃避法网的制裁。⑮谳：审判定案。⑯面触：当面冒犯指责。徒：只是。怀诈饰智：心怀奸诈而外逞智巧。饰，装饰于外，此指显露。取容：博取对方的欢心。⑰深文巧诋：深抠文法，巧言进行诋毁。⑱反其真：恢复事实真相。⑲唯：虽然，纵然。说：通“悦”，喜欢。

【原文】

大将军青既益尊，姊为皇后，然黯与亢礼[①]。人或说黯曰：“自天子欲群臣下大将军，大将军尊重益贵，君不可以不拜。”黯曰：“夫以大将军有揖客[②]，反不重邪？”大将军闻，愈贤黯，数请问国家朝廷所疑，遇黯过于平生[③]。

淮南王谋反[④]，惮黯，曰：“好直谏，守节死义，难惑以非[⑤]。至如说丞相弘，如发蒙振落[⑥]耳。”

天子既数征匈奴有功[⑦]，黯之言益不用。

始黯列为九卿，而公孙弘、张汤为小吏。及弘、汤稍益贵，与黯同位，黯又非毁弘、汤等。已而弘至丞相，封为侯；汤至御史大夫；故黯时丞相史[8]皆与黯同列，或尊用过之。黯褊心[9]，不能无少望[10]，见上，前言曰："陛下用群臣如积薪耳，后来者居上。"上默然。有间黯罢[11]，上曰："人果不可以无学[12]，观黯之言也日益甚。"

【注释】

①亢礼：行平等之礼。亢，通"抗"，匹敌，相当，对等。②揖客：行拱手礼的客人。③平生：平素。④淮南王谋反：淮南王刘安为报父仇早有反叛朝廷之心，自武帝建元二年（前139）起开始暗中结交权贵和宾客，收买民心，制造谋反器具，进行了长期的准备和谋划。但是由于时机不成熟，始终未举事。最后因内部矛盾使阴谋泄露，刘安自杀身亡。详见《淮南衡山列传》。⑤非：此指不正当的行为，此指谋反之事。⑥发蒙：揭开盖东西的蒙布。振落：振掉快落的树叶。此句是比喻事情很好办，可轻易得手。⑦按：自元光二年（前133）匈奴与汉绝和亲，到元狩二年（前121）秋匈奴浑邪王率众降汉，汉征匈奴有几次大胜。详见《匈奴列传》《卫将军骠骑列传》等。⑧丞相史：应为"丞、史"，《汉书·张冯汲郑列传》和《史记》会注本均无"相"字。⑨褊心：心胸狭隘。⑩望：怨恨。⑪有间：有顷，一会儿。罢：退下。⑫无学：没有学识。学：这里特指儒学。武帝这句话是批评汲黯一向诋毁儒学，没有儒者的思想修养，因此说话越发锋芒毕露，不知

敬上。

【原文】

居无何，匈奴浑邪王率众来降[①]，汉发车二万乘。县官[②]无钱，从民贳[③]马。民或匿马，马不具。上怒，欲斩长安令。黯曰："长安令无罪，独斩黯，民乃肯出马。且匈奴畔[④]其主而降汉，汉徐以县次传之，何至令天下骚动，罢弊[⑤]中国而以事夷狄之人乎！"上默然。及浑邪至，贾人与市者，坐当[⑥]死者五百余人。黯请间[⑦]，见高门[⑧]，曰："夫匈奴攻当路塞，绝和亲，中国兴兵诛之，死伤者不可胜计，而费以巨万百数[⑨]。臣愚以为陛下得胡人，皆以为奴婢以赐从军死事者家；所卤[⑩]获，因予之，以谢天下之苦，塞[⑪]百姓之心。今纵不能，浑邪率数万之众来降，虚府库赏赐，发良民侍养，譬若奉骄子。愚民安知市买长安中物而文吏绳以为阑[⑫]出财物于边关乎？陛下纵不能得匈奴之资以谢天下，又以微文[⑬]杀无知者五百余人，是所谓'庇其叶而伤其枝'者也，臣窃为陛下不取也。"上默然，不许，曰："吾久不闻汲黯之言，今又复妄发矣。"后数月，黯坐小法，会赦免官。于是黯隐于田园。

【注释】

①按：事在元狩二年（前121）秋。浑邪王因与汉将霍去病战屡败，伤亡惨重，单于欲诛之，故率众降汉。详见《匈奴列传》《卫将军骠骑列传》。②县官：当时天子或中央政府的代称，此指国库。③贳（shì）：借。④畔：通"叛"。⑤罢弊：疲乏，疲劳。罢，通"疲"。⑥坐：因犯……法入罪。

当：判罪。⑦请间：请得被接见的机会。⑧高门：未央宫内的高门殿。⑨巨万百数：数以百亿计的巨资。巨万，万万，形容数目极大。⑩卤：通“掳”，抢掠。⑪塞：填充，此指满足。⑫文吏：执法的官吏。绳：依法处罚。阑：没有官府允许的凭证而擅自出入边关。当时的法律规定，与胡人通商不得持兵器出关，即使在京城内与胡人做买卖也以出关论处，因此一些百姓无辜地被判处犯了走私罪。⑬微文：苛细的文法。

【原文】

居数年，会更五铢钱[①]，民多盗铸钱，楚地尤甚。上以为淮阳，楚地之郊[②]，乃召拜黯为淮阳太守。黯伏谢不受印，诏数强予，然后奉诏。诏召见黯，黯为上泣曰：“臣自以为填沟壑[③]，不复见陛下，不意陛下复收用之。臣常有狗马病[④]，力不能任郡事，臣愿为中郎，出入禁闼[⑤]，补过拾遗，臣之愿也。”上曰：“君薄淮阳邪？吾今[⑥]召君矣。顾[⑦]淮阳吏民不相得，吾徒得君之重，卧而治之。”黯既辞行，过大行李息，曰：“黯弃居郡，不得与朝廷议也。然御史大夫张汤智足以拒谏，诈足以饰非，务巧佞之语，辩数[⑧]之辞，非肯正为天下言，专阿主意。主意所不欲，因而毁之；主意所欲，因而誉之。好兴事，舞文法，内怀诈以御[⑨]主心，外挟贼吏以为威重。公列九卿，不早言之，公与之俱受其僇[⑩]矣。”息畏汤，终不敢言。黯居郡如故治[⑪]，淮阳政清。后张汤果败，上闻黯与息言，抵[⑫]息罪。令黯以诸侯相秩[⑬]居淮阳。七岁而卒。

卒后，上以黯故，官其弟汲仁至九卿，子汲偃至诸侯相。黯姑姊[14]子司马安亦少与黯为太子洗马。安文深巧善宦，官四至九卿，以河南太守卒。昆弟[15]以安故，同时至二千石者十人。濮阳段宏始事盖侯信，信任宏，宏亦再至九卿。然卫人仕者皆严惮汲黯，出其下。

【注释】

①按：事在元狩五年（前118），因“有司言三铢钱轻，易奸诈，乃更请诸郡国铸五铢钱。”详见《平准书》。汉制，24铢为1两。②郊：城外，野外。此指楚地的要道。③此句是说免官后将死无葬身之所。④狗马病：对人称说自己疾病的谦词。⑤意思是说希望随侍皇帝左右做近臣。禁闼，宫廷门户。⑥今：此指日后即将发生之事，非谓眼前。⑦顾：但，只。⑧辩数：此指强辩。⑨御：迎。⑩僇：通“戮”，诛杀。⑪按：此句意思是说汲黯治理淮阳郡仍然保持从前任东海郡守时清静无为的作风。⑫抵：抵偿，此指判人有罪，使受到应有的惩罚。⑬秩：俸禄等级。此句是说朝廷给汲黯以优待。依汉制，郡太守月支俸钱抵于诸侯国相。⑭姑姊：父亲的姐姐。按：《汉书·张冯汲郑传》无“姑”字。⑮昆弟：兄弟。

【原文】

郑当时者，字庄，陈人也。其先郑君尝为项籍将；籍死，已而属汉。高祖令诸故项籍臣名籍[①]，郑君独不奉诏。诏尽拜名籍者为大夫，而逐郑君。郑君死孝文时。

郑庄以任侠[②]自喜，脱张羽于厄，声闻梁楚之间。孝景时，为太子舍人。每五日洗沐[③]，常置驿马长安诸郊，存[④]诸故人，请谢宾客，夜以继日，至其明旦，常恐不遍。庄好黄老之言，其慕长者如恐不见。年少官薄，然其游知交皆其大父行[⑤]，天下有名之士也。武帝立，庄稍迁为鲁中尉、济南太守、江都相，至九卿为右内史。以武安侯、魏其时议[⑥]，贬秩为詹事，迁为大农令。

庄为太史[⑦]，诫门下："客至，无贵贱无留门者。"执宾主之礼，以其贵下人。庄廉，又不治其产业，仰奉赐以给诸公[⑧]。然其馈遗[⑨]人，不过算器[⑩]食。每朝，候上之间，说未尝不言天下之长者。其推毂[⑪]士及官属丞史，诚有味其言之也，常引以为贤于己。未尝名吏[⑫]，与官属言，若恐伤之。闻人之善言，进之上，唯恐后。山东士诸公以此翕然[⑬]称郑庄。

郑庄使视决河，自请治行[⑭]五日。上曰："吾闻郑庄行，千里不赍[⑮]粮，请治行者何也?"然郑庄在朝，常趋和承意，不敢甚引当否[⑯]。及晚节，汉征匈奴，招四夷，天下费多，财用益匮。庄任人宾客为大农僦[⑰]人，多逋负[⑱]。司马安为淮阳太守，发[⑲]其事，庄以此陷罪，赎[⑳]为庶人。顷之，守长史。上以为老，以庄为汝南太守。数岁，以官卒。

【注释】

①此句是说汉高祖有意让项籍的旧僚属犯其名讳，以这种大不敬的行为来表示对旧主子的背叛和对自己的臣服。②任侠：好仗义行侠。③洗沐：沐浴，此指休假。汉制，官吏每五日例得休假。④存：存问，看望问候。⑤大父：祖父。行：

辈。⑥这是指郑当时在武安侯田蚡和魏其侯窦婴于廷中为灌夫事发生尖锐冲突，武帝征询群臣意见时，他先是肯定支持窦婴，后又怯懦动摇，因此触怒武帝被贬官。详见《魏其武安侯列传》。⑦太史：疑为“内史”之误。前已言郑为右内史，居九卿之尊；后继言“以其贵下人”，正相切合。一说当从《汉书·张冯汲郑列传》为“大吏”。⑧诸公：对年长者的称谓。⑨馈遗：赠送。⑩算器：竹制器皿。⑪推毂：推车，此处借言推举人才。毂，车轮中心的圆木，与车幅相接。常用作车轮或车的代称。⑫名吏：直呼吏员的名字。⑬山东：古时泛指殽山或华山以东的广大地区。翕然：和同一致。⑭治行：准备行装。⑮赍：携带。⑯甚引：很明确地表示意见。引，引决，决定。当否：是非。此句是说郑当时在皇上面前不敢明确坚持自己的主张。⑰僦：运输。⑱逋负：拖欠，此指亏欠承办运输的钱款。⑲发：检举揭发。⑳赎：纳钱赎罪。

【原文】

郑庄、汲黯始列为九卿，廉，内行修洁。此两人中废①，家贫，宾客益落。及居郡，卒后家无余资②财。庄兄弟子孙以庄故，至二千石六七人焉。

【注释】

①中废：中途被免官。

【原文】

太史公曰：夫以汲、郑之贤，有势则宾客十倍，无势则否，况众人乎！下邽翟公有言，始翟公为廷尉，宾客阗[1]门；及废，门外可设雀罗。翟公复为廷尉，宾客欲往，翟公乃大署[2]其门曰："一死一生，乃知交情。一贫一富，乃知交态[3]。一贵一贱，交情乃见[4]。"汲、郑亦云，悲夫！

【注释】

①阗：充满。②署：题写。③交态：结交的状况，指交情的真伪深浅。④见：通"现"，显现。

【译文】

汲黯字长孺，濮阳县人。他的祖先曾受古卫国国君恩宠。到他已是第七代，代代都在朝中荣任卿、大夫之职。靠父亲保举，孝景帝时汲黯当了太子洗马，因为人严正而被人敬畏。景帝死后，太子继位，任命他做谒者之官。东越的闽越人和瓯越人发生攻战，皇上派汲黯前往视察。他未到达东越，行至吴县便折返而归，禀报说："东越人相攻，是当地民俗本来就如此好斗，不值得烦劳天子的使臣去过问。"河内郡发生了火灾，绵延烧及一千余户人家，皇上又派汲黯去视察。他回来报告说："那里普通人家不慎失火，由于住房密集，火势便蔓延开去，不必多忧。我路过河南郡时，眼见当地贫民饱受水旱灾害之苦，灾民多达万余家，有的竟至于父子相食，我就趁便凭所持的符节，下令发放了河南郡官仓的储粮，赈济当地灾民。现在，我请求缴还符节，承受假传圣旨的罪责。"皇上认为汲黯贤良，免他无罪，调任为荥阳县令。汲黯认为当县令耻辱，便称病辞官还乡。皇上闻讯，召汲黯归朝任中大夫。由于屡次向皇上直言谏诤，他仍不得久留朝中，被外放当了东海郡太守。汲黯崇仰道家学说，治理官府和处理民事，喜好清静少事，把事情都交托自己挑选出的得力的郡丞和书史去办。他治理郡务，不过是督查下属按大原则行事罢了，并不苛求小节。他体弱多病，经常躺在卧室内休息不出门。一年多的时间，东海郡便十分清明太平，人们都很称赞他。皇上得知后，召汲黯回京任主爵都尉，比照九卿的待遇。他为政力求无为而治，弘其大要而不拘守法令条文。

汲黯与人相处很傲慢，不讲究礼数，当面顶撞人，容不得别人的过错。与自己心性相投的，他就亲近友善；与自己合不来的，就不耐烦相见，士人也因此不愿依附他。但是，汲黯好学，又好仗义行侠，很注重志气节操。他平日居家，品行美好纯正；入朝，喜欢直言劝谏，屡次触犯皇上的面子，时常仰慕傅柏和袁盎的为人。他与灌夫、郑当时和宗正刘弃交好。他们也因为多次直谏而不得久居其官位。

就在汲黯任主爵都尉而位列九卿的时候，窦太后的弟弟武安侯田蚡做了宰相。年俸中二千石的高官来谒见时都行跪拜之礼，田蚡竟然不予还礼。而汲黯求见田蚡时从不下拜，经常向他拱手作揖完事。这时，皇上正在招揽文学之士和崇奉儒学的儒生，说我想要如何如何。汲黯便答道：“陛下心里欲望很多，只在表面上施行仁义，怎么能真正仿效唐尧虞舜的政绩呢！”皇上沉默不语，心中恼怒，脸一变就罢朝了，公卿大臣都为汲黯惊恐担心。皇上退朝后，对身边的近臣说：“太过分了，汲黯太愚直！”群臣中有人责怪汲黯，汲黯说：“天子设置公卿百官这些辅佐之臣，难道是让他们一味屈从取容，阿谀逢迎，将君主陷于违背正道的窘境吗？何况我已身居九卿之位，纵然爱惜自己的生命，但要是损害了朝廷大事，那可怎么办！”

汲黯多病，而且已抱病三月之久，皇上多次恩准他休假养病，他的病体却始终不愈。最后一次病得很厉害，庄助替他请假，皇上问道：“汲黯这个人怎么样？”庄助说：“让汲黯当官执事，没有过人之处。然而，他能辅佐年少的君主，坚守已成的事业，以利诱之他不会来，以威驱之他不会去。即使有人自称像孟贲、夏育一样勇武非常，也不能改变他的志节。”皇上说：“是的。古代有所谓安邦保国的忠臣，像汲黯就很近似他们了。”

大将军卫青入侍宫中，皇上曾蹲在厕所内接见他。丞相公孙弘平时有事求见，皇上有时连帽子也不戴。至于汲黯进见，皇上不戴好帽子是不会接见他的。皇上曾经坐在威严的武帐中，适逢汲黯前来启奏公事，皇上没戴帽，望见他就连忙躲避到帐内，派近侍代为批准他的奏议。汲黯被皇上尊敬礼遇到了这种程度。

张汤刚以更改制定刑律法令做了廷尉，汲黯就曾多次在皇上面前质问指责张汤，说：“你身为正卿，却对上不能弘扬先帝的功业，对下不能遏止天下人的邪恶欲念。安国富民，使监狱空无罪犯，这两方面你都一事无成。相反，错事你却竭力做，大肆破坏律令，以成就自己的事业，尤为甚者，你怎么竟敢把高祖皇帝定下的规章制度也乱改一气呢？你这样做会断子绝孙的。”汲黯时常和张汤争辩。张汤辩论起来，总爱故意深究条文，苛求细节。汲黯则出言刚直严肃，志气昂奋，不肯屈服。他怒不可遏地骂张汤说：“天下人都说绝不能让刀笔之吏身居公卿之位，果真如此。如果非依张汤之法行事不可，必令天下人恐惧得双足并拢站立而不敢迈步，眼睛也不敢正视了！”

这时，汉朝正在征讨匈奴，招抚各地少数民族。汲黯力求国家少事，常借向皇上进言的机会建议与胡人和亲，不要兴兵打仗。皇上正倾心于儒家学说，尊用公孙弘，对此不以为意。及至国内事端纷起，下层官吏和不法之民都弄巧逞志以逃避法网，皇上这才要分条别律，严明法纪，张汤等人也便不断进奏所审判的要案，以此博取皇上的宠幸。而汲黯常常诋毁儒学，当面抨击公孙弘之流内怀奸诈而外逞智巧，以此阿谀主上取得欢心；刀笔吏专门苛究深抠法律条文，巧言加以诋毁，构陷他人有罪，使事实真相不得昭示，并把胜狱作为邀功的资本。于是，皇上越发地倚重公孙弘和张汤，公孙弘、张汤则深恨汲黯，就连皇上也不喜欢他，想借故杀死他。公孙弘做了丞相，向皇上建议说：“右内史管界内多有达官贵人和皇室宗亲居住，很难管理，不是素来有声望的大臣不能当此重任，请调任汲黯为右内史。”汲黯当了几年右内史，任中政事井井有条，从未废弛荒疏过。

大将军卫青已经越发地尊贵了，他的姐姐卫子夫做了皇后，但是汲黯仍与他行平等之礼。有人劝汲黯说："从天子那里就想让群臣居于大将军之下，大将军如今受到皇帝的尊敬和器重，地位更加显贵，你不可不行跪拜之礼。"汲黯答道："因为大将军有拱手行礼的客人，就反倒使他不受敬重了吗？"大将军听到他这么说，更加认为汲黯贤良，多次向他请教国家与朝中的疑难之事，看待他胜过平素所结交的人。

淮南王刘安阴谋反叛，畏惧汲黯，说："汲黯爱直言相谏，固守志节而宁愿为正义捐躯，很难用不正当的事情诱惑他。至于游说丞相公孙弘，就像揭掉盖东西的蒙布或者把快落的树叶振掉那么容易了。"

当今天子已经多次征讨匈奴大获战绩，汲黯主张与胡人和亲而不必兴兵征讨的话，他就更加听不进去了。

当初汲黯享受九卿待遇时，公孙弘、张汤不过是一般小吏而已。等到公孙弘、张汤日渐显贵，和汲黯官位相当时，汲黯又责难诋毁他们。不久，公孙弘升为丞相，封为平津侯；张汤官至御史大夫；昔日汲黯手下的郡丞、书史也都和汲黯同级了，有的被重用，地位甚至超过了他。汲黯心窄性躁，不可能没有一点儿怨言。朝见皇上时，他走上前说道："陛下使用群臣就像堆柴垛一样，后来的堆在上面。"皇上沉默不语。一会儿汲黯退了下去，皇上说："一个人确实不可以没有学识，看汲黯这番话，他的愚直越来越严重了。"

时隔不久，匈奴浑邪王率部众降汉，朝廷征发两万车辆前去接运。官府无钱，便向百姓借马。有的人把马藏起来，马无法凑齐。皇上大怒，要杀长安县令。汲黯说："长安县令没有罪，只要杀了我，百姓就肯献出马匹了。况且匈奴将领背叛他们的君主来投降汉朝，朝廷可以慢慢地让沿途各县准备车马把他们顺序接运过来，何至于让全国骚扰不安，使我国人疲于奔命地去侍奉那些匈奴的降兵降将呢！"皇上沉默无言。及待浑邪王率部到来，商人因与匈奴人做买卖，被判处死罪的有五百多人。汲黯请得被接见的机会，在未央宫的高门殿见到了皇上。他说："匈奴攻打我们设在往来要路上的关塞，断绝和亲的友好关系。我国发兵征讨他们，战死疆场与负伤的人数不胜数，而且耗费了数以百亿计的巨资。臣我愚蠢，以为陛下抓获匈奴人，会把他们都作为奴婢赏给从军而死的家属，并将掳获的财物也就便送给他们，以此告谢天下人付出的辛劳，满足百姓的心愿。这一点现在即使做不到，浑邪王率领几万部众前来归降，也不该倾尽官家府库的财物赏赐他们，征调老实本分的百姓去伺候他们，把他们捧得如同宠儿一般。无知的百姓哪里懂得让匈奴人购买长安城中的货物，就会被死抠法律条文的执法官视为将财物非法走私出关而判罪呢？陛下纵然不能缴获匈奴的物资来慰劳天下人，又要用苛严的法令杀戮五百多无知的老百姓，这就是所谓'保护树叶而损害树枝'的做法，我私下认为陛下此举是不可取的。"皇上沉默，不予赞同，而后说："我很久没听到汲黯的话了，今日他又一次信口胡说了。"事后数月，汲黯因犯小法被判罪，适逢皇上大赦，他仅遭免官。于是，汲黯归隐于田园。

过了几年，遇上国家改铸五铢钱，老百姓很多人私铸钱币，楚地尤其严重。皇上认为淮阳郡是通往楚地的交通要道，就征召汲黯任他为淮阳郡太守。汲黯拜伏于地辞谢圣旨，不肯接印。皇上屡下诏令强迫给他，他才领命。皇上下诏召见汲黯，汲黯哭着对皇上说："我自以为死后尸骨将被弃置沟壑，再也见不到陛下了，想不到陛下又收纳任用我。我常有狗病马病的，体力难以胜任太守之职的烦劳。我希望当中郎，出入宫禁之门，为您纠正过失，补救缺漏。这就是我的愿望。"皇上说："你看不上淮阳郡太守这个职位吗？过些时候，我会召你回来的。只因淮阳地方官民关系紧张，我只好借助你的威望，请你躺在家中去治理吧。"汲黯向皇上告别后，又去探望大行令李息，他说："我被弃置于外郡，不能参与朝廷的议政了。可是，御史大夫张汤的智巧足以阻挠他人的批评，奸诈足以文饰自己的过失，他专用机巧谄媚之语，强辩挑剔之词，不肯堂堂正正地替天下人说话，而一心去迎合主上的心思。皇上不想要的，他就顺其心意诋毁；皇上想要的，他就跟着夸赞。他喜欢无事生非，搬弄法令条文，在朝中他深怀奸诈以逢迎皇上的旨意，在朝外挟制为害社会的官吏来加强自己的威势。您位居九卿，若不及早向皇上进言，您和他都会被诛杀的。"李息害怕张汤，始终不敢向皇上进谏。汲黯治理郡务，一如往昔作风，淮阳郡政治清明起来。后来，张汤果然身败名裂。皇上得知汲黯当初对李息说的那番话后，判李息有罪，诏令汲黯享受诸侯国相的俸禄待遇，依旧掌管淮阳郡。七年后，汲黯逝世。

汲黯死后，皇上为了褒扬他，让他的弟弟汲仁官至九卿，儿子汲偃官至诸侯国相。汲黯姑母的儿子司马安年轻时也与汲黯同为太子洗马，但司马安为人酷苛，善于钻营，曾四次官至九卿，在河南郡太守任上去世。司马安的弟兄们由于他推荐的缘故，同时官至二千石职位的计十人。濮阳人段宏起初侍奉盖侯王信，王信保举段宏，段宏也两次官至九卿。但是，濮阳同乡做官的人都很敬畏汲黯，甘居其下。

郑当时，字庄，陈县人。他的祖先郑君曾做项籍手下的将领；项籍死后，不久就归属了汉朝。高祖下令所有项籍的旧部下在提到项籍时都要直呼其名，郑君偏偏不服从诏令。高祖下旨把那些肯直呼项籍名讳的人都拜为大夫，而赶走了郑君。郑君死于孝文帝时。

郑庄以仗义行侠为乐事，解救张羽的危难，声名传遍梁、楚之间。孝景帝时，他做太子舍人。每逢五天一次的休假日，他经常在长安四郊置备马匹，骑着马去看望各位老友，邀请拜谢宾朋，夜以继日通宵达旦，还总是担心有所疏漏。郑庄喜爱道家学说，仰慕年长者，那种情意殷切的劲儿，就好像唯恐见不到人家一样。他年纪轻，官职卑微，但交游的相知友都是祖父一辈的人，都是天下知名的人物。武帝即位后，郑庄由鲁国中尉、济南郡太守、江都国相一步步地升到九卿中的右内史。由于平议武安侯田蚡和魏其侯窦婴的纷争意见不当，他被贬为詹事，又调任大农令。

郑庄做右内史时，告诫属下官吏说：“有来访者，不论尊贵或低贱，一律不得让人滞留门口等候。”他敬执主人待客之礼，以自己的高贵身份屈居于客人之下。郑庄廉洁，又不添置私产，仅依靠官俸和赏赐所得供给各位年长的友人，而所馈送的礼物，只不过是用竹器盛的些许吃食。每逢上朝，遇有向皇上进言的机会，他必得称道天下的年高望重的人。他推举士人和属下的丞、史诸官吏，委实津津乐道，饶有兴味，言语中时常称举他们比自己贤能。他从不对吏员直呼其名，与属下谈话时，谦和得好像生怕伤害了对方。听到别人有高见，便马上报告皇上，唯恐延迟误事。因此，殽山以东广大地区的士人和知名长者都众口一词称赞他的美德。

郑庄被派遣视察黄河决口，他请求给五天时间准备行装。皇上说：“我听说，郑庄远行，千里不带粮。为什么还要请求准备行装的时间?”郑庄在外人缘虽好，但在朝中常常附和顺从主上之意，不敢过于明确表示自己的是非主张。到他晚年，汉朝征讨匈奴，招抚各地少数民族，天下耗费财物很多，国家财力物力更加匮乏。郑庄保举的人及其宾客替大农令承办运输，亏欠钱款甚多。司马安任淮阳郡太守，检举此事，郑庄因此落下罪责，赎罪后削职为平民。不久，入丞相府暂行长史之职。皇上认为他年事已高，让他去做汝南郡太守。几年后，卒于任上。

郑庄、汲黯当初位列九卿，为政清廉，平日居家品行也纯正。这两人中途都曾被罢官，家境清贫，宾客遂日趋没落。待到做郡守，死后家中没有剩余的财物。郑庄的兄弟子孙以他的缘故，官至二千石者有六七人之多。

太史公说："凭着汲黯、郑当时为人那样贤德，有权势时宾客十倍，无权势时情形就全然相反，他们尚且如此，更何况一般人呢！下邽县翟公曾说过，起初他做廷尉，家中宾客盈门；待到一丢官，门外便冷清得可以张罗捕雀。他复官后，宾客们又想往见，翟公就在大门上写道：'一死一生，乃知交情。一贫一富，乃知交态。一贵一贱，交情乃见。'汲黯、郑庄也有此不幸，可悲啊！"

第一百零三卷　儒林[1] 列传第六十一

本篇记叙西汉前期多位五经儒学大师的事迹，并附带言及大师们的传承弟子数十人，主要反映了汉武帝时期儒学兴盛的局面。它是合写众多儒学之士的专题性类传，因此以“儒林”标题。

文章最精彩处是传前的长篇序言，它是一篇出色的史论。作者以深沉的慨叹发端，自然地引出了对几百年儒学兴衰史的回顾。在他扼要讲述自孔子以来儒学所走过的坎坷途程时，着重表现的是儒学虽历经劫难，但在其诞生地鲁国及其毗邻的齐国一带深入人心，相沿不废。这说明，一种文化传统一旦形成，便具有暴力亦无法绝灭它的坚韧的生命力。后面传文写到的汉儒经学大师及其有成就的弟子不是大多为齐鲁间人吗？这也正说明汉代儒学的复兴乃是直接依靠历史文化传统的遗留，是它在新的社会条件下的恢复和弘扬。那么，促使儒学迅速复兴的现实条件又是什么呢？作者不惜笔墨，在序的后半部以详载丞相公孙弘的奏章做了不言而喻的回答。就这样，作者以“通古今之变”的深邃眼光，从历史与现实两方面说明了汉代儒学在武帝朝勃然兴盛的原因。不过，这种“说明”是比较隐蔽的。综观序言的写法，是寓论于史，亦叙亦议，作者的分析评判就融合在富于感情、要言不烦的叙述文字中，似水乳一体而莫辨。这和其他类传序言往往直接阐发思想观点的做法，颇为不同。

本传按五经《诗》《书》《礼》《乐》《易》《春秋》的顺序逐一记人叙事，人物纷繁却秩序井然。其中着墨多寡不一，凡述之详者，往往触及儒学内部的问题。如写辕固生和黄生的争论，暴露了儒家学说自身的矛盾和缺欠；写董仲舒先后遭到主父偃和公孙弘的排挤陷害，反映了一些儒者的卑鄙和儒林人际关系的复杂；写兒宽善以经义断狱而位至三公，却从不匡谏天子，说明在重用儒生的新政策下潜伏着某些令人担忧的弊病。这些都颇有耐人玩味的深意。

【原文】

太史公曰：余读功令②，至于广厉学官③之路，未尝④不废书而叹也。曰：嗟乎！夫周室衰而《关雎》⑤作，幽、厉微⑥而礼乐坏，诸侯恣⑦行，政⑧由强国。故孔子闵⑨王路废而邪道兴，于是论次《诗》《书》⑩，修起⑪礼乐。适齐闻《韶》⑫，三月不知肉味。自卫返鲁⑬，然后乐正⑭，《雅》《颂》⑮各得其所。世以⑯混浊莫能用，是以仲尼干七十余君⑰无所遇，曰“苟有用我者，期月⑱而已矣”。西狩获麟⑲，曰“吾道穷矣”。故因史记作《春秋》⑳，以当王法，其辞微而指博㉑，后世学者多录焉。

【注释】

①儒林：儒者之林。形容众多儒者。②功令：古时国家考核和选用学官的法规。③厉：通“励”，劝勉。学官：又称“教官”，指主管学务的官员和官学教师。如汉代开始设置的五经博士。④未尝：未曾，不曾。⑤夫：提起连词。周室：周朝王室。《关雎》：《诗·周南》篇名，为《诗经》首篇。⑥幽：指周幽王（姬宫涅），前781—前771年在位。为犬戎所杀，西周亡。厉：指周厉王（姬胡），贪狠好利，横征暴敛，钳制言论。微：衰败。⑦恣（zì）：放纵。⑧政：政令。⑨闵：通“悯”，忧伤。⑩论次：论定编次；整理。《书》：亦称《尚书》《书经》。上古历史政治文献汇编。儒家经典之一。⑪修起：修订兴起。⑫适：往；去到。《韶》：虞舜乐名。⑬卫：国名。地在今河南省淇县一带。鲁：国名。地在今山东省西南部，建都曲阜（今曲阜市），是孔子的家乡。⑭乐正：音乐端正。⑮《雅》《颂》：《诗经》的内容，《诗经》按作品性质和乐调不同，分为“风”“雅”“颂”三类。“风”是各国的民歌，“雅”是周王畿的乐歌。“颂”是朝廷祭祀鬼神、赞美功德的乐歌。⑯以：通“已”。⑰干：求取。七十余君：据《家语》等记载，孔丘曾历游周、郑、齐、宋、曹、卫、陈、楚、杞、莒、匡等国。⑱期月：一年。引语见《论语·子路》。⑲西狩获麟：古代传说，麟是一种仁兽，是圣王的祥瑞。⑳《春秋》：编年体史书。儒家的经典之一。㉑辞微：言辞精微。指博：意旨广博。指，通“旨”。

【原文】

自孔子卒[1]后，七十子之徒散游诸侯，大者为师傅[2]卿相，小者友教[3]士大夫，或隐而不见[4]。故子路[5]居卫，子张[6]居陈，澹台子羽居楚[7]，子夏[8]居西河，子贡终[9]于齐。如田子方、段干木、吴起、禽滑釐之属[10]，皆受业于子夏之伦[11]，为王者师。是时独魏文侯[12]好学。后陵迟以至于始皇[13]，天下并争于战国，儒术既绌[14]焉，然齐、鲁之间，学者独不废也。于威、宣之际，孟子、荀卿之列[15]，咸遵夫子之业而润色[16]之，以学显于当世。

【注释】

①卒：古代称士大夫死亡或年老寿终。②师傅：官名。③友教：交结和教育。④隐：隐居。见：通“现”。⑤子路：孔丘的学生。鲁国卞（今山东泗水）人，姓仲，名由，字子路。⑥子张：孔丘的学生。陈国人。姓颛孙，名师，字子张。陈：国名。地在今河南省东部和安徽省一部分。建都宛丘（今河南淮阳）。⑦澹（tán）台子羽：孔丘的学生。楚：国名。地在今长江中下游一带，建都于丹阳、郢（今湖北省江陵县西北）、鄀、陈、寿春等地。⑧子夏：孔丘的学生。晋国温（今河南省温县西南）人。姓卜，名商，字子夏。曾在卫国西河（今河南省安阳市）一带讲学，魏文侯亲咨国政，待以师礼。相传《诗》《春秋》等儒家经典是由他传授下来的。⑨子贡：孔丘的学生。卫国人。姓端木，名赐，字子贡。善于辞令，曾游说齐、吴等国。终：老死。⑩田子方：魏国人。曾

为魏文侯所优礼。段干木：姓段干，名木。魏国人。吴起：兵家。卫国左氏（今山东曹县北）人。禽滑釐：后来成为墨家代表人物。属：等辈。⑪伦：同类、同辈。⑫是：这。魏文侯：魏斯。战国时魏国的建立者。前445—前396年在位。⑬陵迟：像丘陵逶迤逐渐卑下，意为走下坡路。始皇：指秦始皇。⑭绌：通"黜"，贬退；排除。⑮威、宣：指齐威王、齐宣王。齐国国君。孟子（约前372—前289）：孟轲，字子舆。邹（今山东省邹城市东南）人。儒家著名代表。荀卿（前313—前238）：荀况，赵国人。列：行列。⑯咸：皆；都。润色：修饰，使之更有文采。

【原文】

及至秦之季世①，焚《诗》《书》，坑术士②，六艺③从此缺焉。陈涉之王④也，而鲁诸儒持孔氏之礼器往归陈王。于是孔甲为陈涉博士⑤，卒与涉俱死。陈涉起匹夫⑥，驱瓦合適戍⑦，旬月⑧以王楚，不满半岁竟灭亡，其事至微浅⑨，然而缙绅先生之徒负孔子礼器往委质⑩为臣者，何也？以秦焚其业⑪，积怨而发愤⑫于陈王也。

【注释】

①季世：末世。②焚《诗》《书》，坑术士：秦始皇三十四年（前213），博士淳于越反对中央集权的郡县制，要依据古制，分封子弟。丞相李斯加以驳斥，主张禁止儒生以古非今，以私学诽谤朝政。秦始皇采纳李斯的建议，下令：焚烧《秦记》以外的列国史记，对不属于博士官的私藏《诗》

《书》等限期缴出烧毁；有敢谈论《诗》《书》的处死，以古非今的灭族；禁止私学，要学法令以吏为师。次年，卢生、侯生等方士、儒生攻击秦始皇。秦始皇派御史查究，将四百六十名方士和儒生坑死在咸阳。史称“焚书坑儒”。③六艺：即《诗》《书》《易》《礼》《乐》《春秋》。④王（wàng）：称王。⑤孔甲：孔鲋，字甲。孔丘八代孙。博士：古代学官名，源于战国。⑥匹夫：寻常的个人。⑦瓦合：如破瓦之相合，虽说聚合，而不齐同。形容不相亲附。適（zhé）戍：指封建时代官吏或人民有罪被遣戍远方。適，通“谪”。⑧旬月：一个月。旬，训为“遍”，所以满一月叫“旬月”。⑨微浅：（事情的规模）细小。⑩缙绅：通“搢绅”“荐绅”。古时原指高级官吏的装束。委质：古代臣下向君主献礼，表示献身。质，通“贽”。另一说为下拜，表示恭敬承奉之意，引申为归顺。⑪业：古时的书版，此处指《六经》等书籍。⑫发愤：发泄愤懑。

【原文】

及高皇帝诛项籍[①]，举兵围鲁，鲁中诸儒尚讲诵习礼乐，弦歌之音不绝，岂非圣人之遗化[②]，好礼乐之国哉？故孔子在陈，曰“归与归与[③]！吾党之小子狂简[④]，斐然成章[⑤]，不知所以裁之[⑥]”。夫齐、鲁之间于文学[⑦]，自古以来，其天性[⑧]也。故汉兴，然后诸儒始得修其经艺[⑨]，讲习大射乡饮[⑩]之礼。叔孙通[⑪]作汉礼仪，因为太常[⑫]，诸生弟子共定者，咸为选首[⑬]，于是喟然叹兴于学。然尚有干戈，平定四海，亦未暇遑庠序[14]之事也。孝惠、吕后[15]时，公卿皆武力有功之臣。孝文时颇征用[16]，然孝文帝本好刑名[17]之言。及至孝景[18]，不任儒者，而窦太后又好黄老之术[19]，故诸博士具官[20]待问，未有进者。

【注释】

①高皇帝（前256—前195）：刘邦。沛（今江苏省沛县）人。秦末农民起义领袖，西汉开国皇帝。前202—前195年在位。详见《高祖本纪》。项籍（前232—前202）：即项羽。②遗化：遗留的教化。③与（yú）：通“欤”。④党：乡党，泛指乡里。小子：旧时长辈称晚辈，或老师称学生。狂简：急于进取而流于疏阔，致行事不切实际。⑤斐然成章：文采斐然可观。斐，有文采的样子。⑥不知所以裁之：这句省略了主语“吾”。裁：剪裁。比喻为“指导”的意思。⑦文学：先秦时期曾将哲学、历史、文学等著作统称为文学。⑧天性：先天之本性。⑨修：学习，研究。经艺：儒家经典“六经”又称“六艺”，因亦称“经艺”。⑩大射：为祭祀而举行的射礼。数中者得与于祭；不数中者，不得与于祭。乡饮：又称饮酒礼。古之乡学，三年业成，举其贤能者以升于君。将升之时，乡大夫为主人，与之饮酒而后升之。⑪叔孙通：姓叔孙，名通，薛县（今山东省滕州市南）人，曾为秦博士。后归刘邦，任博士，称稷嗣君。汉朝建立，与儒生共立朝仪。后任太子太傅。⑫太常：官名。⑬选首：选用的对象。⑭暇遑（huáng）：空闲。庠序：古代学校名。夏曰校，殷曰庠，周曰序。⑮孝惠：

汉惠帝刘盈，前195—前188年在位。详见《孝惠本纪》。吕后（前241—前180）：吕雉。汉高帝皇后。刘邦死，子刘盈即位，她掌握实权。刘盈死，她临朝称制。前后执政共十六年。详见《吕太后本纪》。⑯孝文（前203—前157）：汉文帝刘恒。前180—前157在位。征用：征召任用。⑰刑名：通“形名”。原指形体（或实际）和名称。先秦法家则把“刑名”和“法术”联系起来，把“名”引申为法令、名分、言论等，主张循名责实，慎赏明罚。⑱孝景（前188—前141）：汉景帝刘启。前157—前141年在位。⑲黄老之术：道家祖黄帝、老子，所以道家学说叫作黄、老之术。⑳具官：配备应有的官员。形式上有此种官员的设置，但不被信用。

【原文】

及今上[①]即位，赵绾、王臧[②]之属明儒学，而上亦乡[③]之，于是招方正贤良文学之士[④]。自是之后，言《诗》于鲁则申培公[⑤]，于齐则辕固生[⑥]，于燕则韩太傅[⑦]。言《尚书》自济南伏生[⑧]。言《礼》自鲁高堂生[⑨]。言《易》自菑川[⑩]田生。言《春秋》于齐鲁自胡毋生[⑪]，于赵自董仲舒[⑫]。及窦太后崩[⑬]，武安侯田蚡[⑭]为丞相，绌黄老、刑名百家之言，延[⑮]文学儒者数百人，而公孙弘以《春秋》白衣[⑯]为天子三公，封以平津侯。天下之学士靡然乡风[⑰]矣。

【注释】

①今上：指汉武帝刘彻。前141—前87年在位。②赵绾、王臧：都是当时著名的儒者。③乡（xiàng）：通“向”，向

往；亲近。④招方正贤良文学之士：汉武帝为了询访政治得失，始下诏“举贤良方正能直言极谏者”，中选者授予官职。⑤申培公：姓申，名培。“公”是敬称。鲁（今山东省曲阜市一带）人。今文《诗》学“鲁诗学”的开创者。文帝时为博士。⑥辕固生：姓辕，名固，“生”是敬称。齐（今山东省淄博市一带）人。今文《诗》学“齐诗学”的开创者。景帝时任博士。⑦韩太傅：姓韩，名婴。燕（今北京市一带）人。今文《诗》学“韩诗学”的开创者。文帝时任博士。景帝时为常山王刘舜的太傅。著有《韩诗内传》和《韩诗外传》。⑧伏生：姓伏，名胜，“生”是敬称。济南（今山东省济南市章丘区一带）人。今文《尚书》的最早传授者。西汉的《尚书》学者，都出于他的门下。今本今文《尚书》二十八篇，即由他传授而存。⑨《礼》：又名《仪礼》《礼经》。儒家经典之一。是春秋战国时一部分礼制的汇编。高堂生：姓高堂，字伯。鲁人。今文《礼》学的最早传授者。今本《仪礼》十七篇即出于他的传授。⑩《易》：又名《周易》《易经》。儒家经典之一。由“传”和“经”两部分构成。经文部分由卦、爻两种符号和卦辞（说明卦的）、爻辞（说明爻的）两种文字构成，都是为着占卜用的。在宗教迷信的外表下，保存了古代人的某些朴素辩证法的观点。菑川：封国名。在今山东省寿光市境。⑪胡毋生：姓胡毋，字子都。齐人。今文经学家，治《春秋公羊传》。景帝时为博士。⑫董仲舒（前179—前104）：广川（今河北省枣强县东）人。今文经学大师，专治《春秋公羊传》。汉武帝举贤良文学之士，他对策建议："诸不在《六艺》之科，孔子之术者，皆绝其道，勿使并进。"为武帝所采纳，开此后两千余年封建社会以儒学为正统的先声。⑬崩：古代称帝王死为崩。如山陵崩的意思。⑭田蚡（fén）：长陵（今陕西省咸阳市东北）人。⑮延：聘请；邀请。⑯公孙弘（前200—前121）：菑川薛人。治《春秋公羊传》，曾建议设五经博士，置弟子员。以熟悉文法吏治。任丞相，封平津侯。白衣：古代平民着白衣，因以为平民的代称。⑰靡（mǐ）然：一边倒下的样子。乡风：顺风归化。

【原文】

公孙弘为学官，悼道之郁滞[①]，乃请曰："丞相、御史[②]言：制[③]曰'盖[④]闻导民以礼，风[⑤]之以乐。婚姻者，居室之大伦[⑥]也。今礼废乐崩，朕甚愍[⑦]焉。故详[⑧]延天下方正博闻之士，咸登诸[⑨]朝。其令礼官劝学，讲议洽闻[⑩]兴礼，以为天下先。太常议，与博士弟子[⑪]，崇乡里之化，以广[⑫]贤材焉'。谨与太常臧[⑬]、博士平[⑭]等议曰：闻三代[⑮]之道，乡里有教[⑯]，夏曰校，殷曰序，周曰庠。其劝善也，显[⑰]之朝廷；其惩恶也，加[⑱]之刑罚。故教化[⑲]之行也，建首善[⑳]自京师始，由内及外。今陛下昭[㉑]至德，开大明[㉒]，配[㉓]天地，本人伦[㉔]，劝学修礼，崇化厉贤，以风四方，太平之原[㉕]也。古者政教未洽[㉖]，不备其礼，请因旧官[㉗]而兴焉。为博士官置弟子五十人，复[㉘]其身。太常择民年十八已上，仪状端正者，补[㉙]博士弟子。郡国县道邑有好文学，敬长上，肃政教，顺乡里，出入不悖[㉚]所闻者，令相长丞上属所二千石，二千石谨察可者，当与计偕[31]，诣太常，得受业如弟子。一岁皆辄[32]试，能通一艺[33]以上，补文学掌故[34]缺；其高弟[35]可以为郎中者，太常籍奏[36]。即有秀才[37]异等，辄以名闻。其不事学若下材及不能通一艺，辄罢之，而请诸不称者罚。臣谨案诏书律令[38]下者，明天人分际[39]，通古今之义，文章尔雅[40]，训辞[41]深厚，恩施甚美。小吏浅闻，不能究宣，无以明布谕下。治礼次治掌故[42]，以文学礼义为官迁[43]留滞。请选择其秩比二百石[44]以上，及吏百石通一艺以上，补左右内史、大行[45]卒史；比百石已下，补郡太守[46]卒史：皆各二人，边郡一人。先用诵多者，若不足，乃择掌故补中二千石属[47]，文学掌故补郡属，备员[48]。请著功令。佗[49]如律令。”制曰：“可。”自此以来，则公卿大夫士吏斌斌[50]多文学之士矣。

【注释】

①悼：担忧；忧伤。道：一定的世界观、人生观、政治主张或思想体系。这里指儒家的道理和主张。郁滞：闭结滞留而不向前发展。②丞相：官名。始于战国时，为百官之长。御史：官名。此指御史大夫，职务仅次于丞相。③制：帝王的命令。④盖：发语词。⑤风：感化。⑥居室：指夫妇同居。大伦：伦常大道。⑦朕：古人自称代词。从秦始皇起专作为皇帝的自称。愍：忧伤。⑧详：周遍。⑨咸：都、全。诸：“之于”的合音词。⑩礼官：掌教化、礼仪的官。洽闻：多闻博识。⑪与：给予；授予。博士弟子：汉代以在太学学习者为博士弟子。⑫崇：崇尚。化：教化；教育。广：扩大。⑬臧：孔

臧。人名。⑭平：人名。⑮三代：指夏、商（殷）、周三个朝代。⑯教：指教育的组织形式。⑰显：彰显，显扬。⑱加：施加。⑲教化：政教风化。⑳首善：实施教化的开始和榜样。㉑昭：彰明；显扬。㉒开：显示。大明：指日月的光辉。㉓配：匹敌，媲美。㉔本：根本；根据。人伦：指人与人之间的关系和应当遵守的行为准则。㉕原：本原；根本。㉖洽：周遍；普及。㉗因：依据。旧官：指原有的学官。㉘复：免除租税或徭役。㉙补：补充。㉚悖（bèi）：违背，违反。㉛二千石：汉代对郡太守及王国相的通称，因其俸禄为二千石（月俸为一百二十斛谷）。郡国上计簿（报告地方政情的文书）的官吏。偕：俱；同。㉜辄（zhé）：即，就。㉝一艺：一种经学。㉞文学掌故：官名。掌管学术故实。㉟弟：通“第”，考试及格的等次。㊱籍奏：造册上奏。籍，簿籍。㊲秀才：本系通称才之秀者。汉以来成为荐举人员科目之一。这里指才能特别优秀。㊳案：通“按”，依据。律令：法令。㊴天人：天道和人道；自然和人事。分（fèn）际：区别与联系。㊵尔雅：正。㊶训辞：教导的言辞。㊷治：研究。掌故：国家典章制度或学术方面的故实。㊸迁：升迁；提拔。㊹秩：官吏的俸禄。比二百石：汉代官吏俸禄等级，下文的中（zhòng）二千石、百石、比百石也同。㊺左右内史：汉代京畿地方长官，后改名左冯翊、京兆尹。大行：官名。掌接待宾客。㊻太守：郡的最高行政长官。㊼属：泛指官署的各种吏员。㊽备员：担任官吏而无职权。㊾佗：通“他”，其他，其余。㊿斌斌：通“彬彬”，文质兼备的样子。

【原文】

申公者，鲁人也。高祖过鲁，申公以弟子从师[①]入见高祖于鲁南宫。吕太后时，申公游学[②]长安，与刘郢[③]同师。已而郢为楚王，令申公傅[④]其太子戊。戊不好学，疾[⑤]申公。及王郢卒，戊立为楚王，胥靡[⑥]申公。申公耻[⑦]之，归鲁，退居家教，终身不出门，复谢绝宾客，独王[⑧]命召之乃往。弟子自远方至受业者百余人。申公独以《诗》经为训[⑨]以教，无传[⑩]，疑者则阙[⑪]不传。

【注释】

①师：指浮丘伯。②游学：远游异地，从师求学。③刘郢（yǐng）：汉高帝之弟，楚元王刘交之子。④傅：教育，辅导。⑤疾：厌恶、憎恨。⑥胥（xū）靡：通“缗縻”，古代对一种奴隶的称谓，因被绳索牵连着强迫劳动，故名。汉代用作一种罚做苦工的罪犯的名称。⑦耻：意动用法。⑧王：指鲁恭王刘馀。⑨训：解释。⑩传（zhuàn）：阐述经义的文字。⑪阙（quē）：通“缺”。

【原文】

兰陵[①]王臧既受《诗》，以事孝景帝为太子少傅[②]，免去。今上初即位，臧乃上书宿卫[③]上，累迁，一岁中为郎中令[④]。及代赵绾亦尝受《诗》申公，绾为御史大夫[⑤]。绾、臧请天子，欲立明堂[⑥]以朝诸侯，不能就[⑦]其事，乃言师申公。于是天子使使束帛加璧安车驷马[8]迎申公，弟子二人乘轺传[9]从。至，见天子。天子问治乱之事[10]，申公时已八十余，老，对曰："为治者不在多言，顾力行[11]何如耳。"是时天子方好文词[12]，见申公对，默然。然已招致，则以为太中大夫[13]，舍鲁邸[14]，议明堂事。太皇窦太后好老子言，不说[15]儒术，得赵绾、王臧之过以让[16]上，上因废明堂事，尽[17]下赵绾、王臧吏，后皆自杀。申公亦疾[18]免以归，数年卒。

【注释】

①兰陵：县名。在今山东省枣庄市东南。②太子少傅：官名，为辅导太子的官。③宿卫：在宫禁中值宿警卫。④郎中令：官名。始于秦，汉初沿设。⑤代：国名。地在今山西省北部、河北省西北部和内蒙古自治区东南部一带，原都代（今河北省蔚县东北），汉文帝为代王时改都中都（今山西省平遥县西南）。御史大夫：官名。秦、汉时仅次于丞相的中央最高长官，主要职务为监察、执法，兼掌重要文书图籍。⑥明堂：古代帝王宣明政教的地方，凡朝会及祭祀、庆赏、选士、养老、教学等大典，均在此举行。⑦就：成就；完成。⑧束帛：古代聘问、赏赐的礼物。安车：一种可以安坐的小车。这是敬老尊贤的一种优待。驷马：古代一车套四马，因以称一车所驾之四马或驾四马之车。⑨轺传（yáo zhuàn）：古代驿站车子的一种，驾一匹或两匹马。⑩治乱之事：指国家政治太平或混乱的关键。⑪顾：但，只。力行：尽力去做。⑫文词：文章辞藻。⑬太中大夫：官名。掌议论。⑭舍：住宿。邸（dǐ）：古

时朝觐京师者在京的住所。⑮说：通“悦”。⑯让：责备。⑰尽：都，全部。⑱疾：急速。

【原文】

弟子为博士者十余人：孔安国至临淮[①]太守，周霸至胶西内史[②]，夏宽至城阳[③]内史，砀鲁赐至东海[④]太守，兰陵缪生至长沙[⑤]内史，徐偃为胶西中尉[⑥]，邹人阙门庆忌为胶东[⑦]内史。其治官民皆有廉节，称其好学。学官弟子行[⑧]虽不备，而至于大夫、郎中、掌故以百数。言《诗》虽殊，多本于申公。

【注释】

①孔安国：经学家。临淮：郡名。地在今安徽、江苏交界地区，治所在徐县（今江苏省泗洪县南）。②周霸：鲁人。胶西：郡、国名。地在今山东省胶河以西一带，治所在高密（今高密西南）。内史：西汉初，诸侯王国设内史，掌民政。③城阳：郡、国名。地在今山东省莒县一带，治所在莒县（今莒县）。④砀（dàng）：郡、县名。东海：郡名。地在今山东省南部、江苏省北部，治所在郯县（今山东省郯城县北）。⑤长沙：国名。地在今湖南省东部、南部和广东省、广西壮族自治区交界地区。治所在临湘（今湖南省长沙市）。⑥中尉：官名。主管王国军事。⑦邹：县名。即今山东省邹城市。阙门庆忌：姓阙门，名庆忌。胶东：国名。地在今山东省平度市一带。⑧行：造诣；德行。

【原文】

清河[①]王太傅辕固生者，齐人也。以治《诗》，孝景时为博士。与黄生争论景帝[②]前。黄生曰："汤、武非受命，乃弑[③]也。"辕固生曰："不然。夫桀、纣[④]虐乱，天下之心皆归汤、武，汤、武与天下之心而诛桀、纣，桀、纣之民不为之使而归汤、武，汤、武不得已而立，非受命为何?"黄生曰："冠虽敝，必加于首；履虽新，必关于足。何者，上下之分也。今桀、纣虽失道，然君上也；汤、武虽圣，臣下也。夫主有失行，臣下不能正言匡过[⑤]以尊天子，反因过而诛之，代立践[⑥]南面，非弑而何也?"辕固生曰："必若所云，是高帝代秦即天子之位，非邪?"于是景帝曰："食肉不食马肝[⑦]，不为不知味；言学者无言汤、武受命，不为愚。"遂罢。是后学者莫敢明受命放杀[⑧]者。

【注释】

①清河：国名。地在今河北省、山东省交界地区。治所在清阳（今河北省清河县东南）。这时的国王是汉景帝的儿子刘乘。②景帝（前188—前141）：刘启。前157—前141年在位。③受命：受天之命。弑（shì）：古代称臣杀君、子杀父母等行为。④桀：夏朝末代君主。纣（zhòu）：商朝末代君主。⑤正言：正直的话。匡过：纠正过错。⑥践：帝王登位。⑦马肝：马的肝脏。相传马肝有毒，食之能致人于死。⑧放杀：放逐而杀之。杀，通"弑"。

【原文】

窦太后好《老子》[①]书，召辕固生问《老子》书。固曰："此是家人[②]言耳。"太后怒曰："安得司空城旦[③]书乎!"乃使固入圈刺豕。景帝知太后怒而固直言无罪，乃假固利兵[④]，下圈刺豕，正中其心，一刺，豕应手而倒。太后默然，无以复罪，罢之。居顷[⑤]之，景帝以固为廉直，拜为清河王太傅。久之，病免。

【注释】

①《老子》：书名。亦称《道德经》。道家的主要经典。②家人：普通平民。③安：哪；怎么。司空：主管刑狱之官。城旦：秦汉时的一种刑罚。④假：给予，授予。利兵：锋利的刀枪。⑤居：处；经过。顷：短时间，不久。

【原文】

今上初即位，复以贤良征[①]固。诸谀儒多疾毁[②]固，曰"固老"，罢[③]归之。时固已九十余矣。固之征也，薛[④]人公孙弘亦征，侧目[⑤]而视固。固曰："公孙子，务正学[⑥]以言，无曲学以阿世[⑦]！"自是之后，齐言《诗》皆本辕固生也。诸齐人以《诗》显贵，皆固之弟子也。

【注释】

①征：征聘。②谀儒：喜欢阿谀奉承他人的儒生。疾毁：嫉妒诽谤。疾，通"嫉"。③罢：罢免。④薛：邑名。⑤侧目：因为敬畏而不敢直视。⑥正学：汉武帝时排斥百家，独尊儒术，以儒家学说为正学。⑦曲学：指邪僻之学，以别于当时的所谓正学。阿（ē）世：迎合当世。

【原文】

韩生[①]者，燕人也。孝文帝时为博士，景帝时为常山[②]王太傅。韩生推《诗》之意而为《内外传》[3]数万言，其语颇与齐、鲁[4]间殊，然其归一[5]也。淮南贲生[6]受之。自是之后，而燕、赵间言《诗》者由[7]韩生。韩生孙商为今上博士。

【注释】

①韩生：名婴。燕（在今北京市一带）人。②常山：国名。地在今河北省西部，治所在元氏（今元氏县西北）。这时的国王是汉景帝的儿子刘舜。③推：推衍。《内外传》：指《韩诗内传》和《韩诗外传》。④齐、鲁：指齐诗学和鲁诗学。⑤归一：趋向一致。谓所得结果相同。⑥贲生：姓贲，名不详。⑦由：出于。

【原文】

伏生者，济南人也。故为秦博士。孝文帝时，欲求能治《尚书》者，天下无有，乃闻伏生能治，欲召之。是时伏生年九十余，老，不能行，于是乃诏太常使掌故朝错[1]往受之。秦时焚书，伏生壁藏之。其后兵大起，流亡，汉定，伏生求其书，亡数十篇，独得二十九篇，即以教于齐、鲁之间。学者由是颇能言《尚书》，诸山东大师无不涉[2]《尚书》以教矣。

【注释】

①太常：官名。朝错（前200—前154）：即"晁错"，颍川（今河南省禹州市）人。后为太子（即景帝）家令，深得宠信，号为"智囊"。②山东：地区名。战国、秦、汉时代，通称崤山或华山以东为山东，与当时所谓关东（函谷关以东）

含义相同。大师：指有巨大成就而为人所崇仰的学者或艺术家。涉：涉猎。

【原文】

伏生教济南张生及欧阳生[①]，欧阳生教千乘兒宽[②]。兒宽既通《尚书》，以文学应郡举，诣[③]博士受业，受业孔安国。兒宽贫无资用，常为弟子都养[④]，及时时间行佣赁[⑤]，以给[⑥]衣食。行常带经，止息则诵习之。以试第次，补廷尉史[⑦]。是时张汤方乡学，以为奏谳掾[⑧]，以古法议决疑大狱[⑨]，而爱幸宽。宽为人温良，有廉智，自持，而善著书。书奏[⑩]，敏于文[⑪]，口不能发明也。汤以为长者，数称誉之。及汤为御史大夫，以兒宽为掾，荐之天子。天子见问，说之。张汤死后六年，兒宽位至御史大夫，九年而以[⑫]官卒。宽在三公位，以和良承意[⑬]从容得久，然无有所匡谏[⑭]；于官，官属易[⑮]之，不为尽力。张生亦为博士。而伏生孙以治《尚书》征，不能明也。

【注释】

①欧阳生：姓欧阳，字和伯。千乘人。西汉今文《尚书》学“欧阳学”的开创者。②兒（ní）宽：后任左内史、御史大夫。曾在郑国沿岸开发“六辅渠”，扩大灌溉效益。又曾与司马迁共制定《太初历》。③诣：前往；去到。④都养：集体的炊事员。⑤间（jiàn）行：行动隐秘。佣赁：受雇为人劳动。⑥给（jǐ）：供给。⑦廷尉史：廷尉属官，秘书之类。廷尉，官名。⑧奏：臣子向君主进言、上书。谳：审判定案。掾：古代属官的通称。⑨议决：朝议决定。疑大狱：案情不

明、难以判决的大案件。⑩著书：写作文章。书奏：书写奏章。⑪敏于文：文思敏捷。⑫以：于；在。⑬和良：谦和温良。承意：顺从人意。⑭匡谏：匡正，谏诤。⑮官属：主官的属吏。易：轻视。

【原文】

自此之后，鲁周霸、孔安国，雒阳贾嘉①，颇能言《尚书》②事。孔氏有古文《尚书》，而安国以今文③读之，因以起其家④。逸《书》⑤得十余篇，盖《尚书》滋⑥多于是矣。

【注释】

①雒（luò）阳：县名。在今河南省洛阳市东北。贾嘉：贾谊孙。后为郡守、九卿。②古文《尚书》：儒家经典《尚书》的一种。③今文：专指隶书。隶书是汉代通行的文字，当时称为“今文”或“今字”。④起其家：从家中征召出来，授以官职。⑤逸《书》：即古文《尚书》。⑥滋：增益；加多。

【原文】

诸学者多言《礼》，而鲁高堂生最本①。《礼》②固自孔子时而其经不具，及至秦焚书，书散亡益多，于今独有《士礼》③，高堂生能言之。

【注释】

①本：原始；本原。②《礼》：《礼经》。③《士礼》：即《仪礼》。简称《礼》，亦称《礼经》，儒家经典之一。春秋、战国时代一部分礼制的汇编，十七篇。

【原文】

而鲁徐生善为容①。孝文帝时，徐生以容为礼官大夫②。传子至孙徐延、徐襄③。襄，其天姿善为容，不能通《礼经》；延颇能，未善也。襄以容为汉礼官大夫，至广陵④内史。延及徐氏弟子公户满意、桓生、单次⑤，皆尝为汉礼官大夫。而瑕丘萧奋以《礼》为淮阳⑥太守。是后能言《礼》为容者，由徐氏焉。

【注释】

①容：指礼仪、仪式。②礼官大夫：官名。③徐延为徐生子，徐襄为徐生孙。④广陵：国名。⑤公户满意：姓公户，名满意。单（shàn）次：姓单，名次。⑥瑕丘：县名，春秋鲁负瑕邑。淮阳：郡名。

【原文】

自鲁商瞿①受《易》孔子，孔子卒，商瞿传《易》，六世至齐人田何②，字子庄，而汉兴。田何传东武③人王同子仲，子仲传菑川人杨何。何以《易》，元光④元年征，官至中大夫⑤。齐人即墨成以《易》至城阳⑥相。广川人孟但以《易》为太子门大夫⑦。鲁人周霸，莒人衡胡，临菑人主父偃⑧，皆以《易》至二千石。然要⑨言《易》者本于杨何之家。

【注释】

①商瞿：春秋时鲁国人。孔丘学生。②六世：商瞿传桥庇，再传馯臂子弓，再传周虞，再传孙虞，田何，共为六代。

田何：西汉今文《易》的开创者。③东武：县名。在今山东省诸城市。④元光：汉武帝年号（前134—前129）。⑤中大夫：官名。掌议论。⑥即墨成：姓即墨，名成。城阳：国名。⑦广川：国名。地在今河北省南部和山东省交界地区，治所在信都（今河北省衡水市冀州区）。太子门大夫：官名。⑧主父偃（？—前126）：姓主父，名偃。任中大夫。⑨要：精要。

【原文】

董仲舒，广川人也。以治《春秋》，孝景时为博士。下帷[①]讲诵，弟子传以久次[②]相受业，或莫见其面，盖三年董仲舒不观于舍园，其精如此。进退容止[③]，非礼不行，学士[④]皆师尊之。今上即位，为江都相。以《春秋》灾异之变推阴阳所以错行[⑤]，故求雨闭诸阳，纵诸阴，其止雨反是[⑥]。行之一国，未尝不得所欲。中废[⑦]为中大夫，居舍，著《灾异之记》。是时辽东[⑧]高庙灾，主父偃疾之，取其书奏之天子。天子召诸生示其书，有刺讥[⑨]。董仲舒弟子吕步舒不知其师书，以为下愚[⑩]。于是下董仲舒吏，当死[⑪]，诏赦之。于是董仲舒竟不敢复言灾异。

【注释】

①下帷：放下室内悬挂的帷幕。②传：依次轮流。久次：以时间长短为次序。③容止：仪容举止。④学士：在学之士。⑤灾异：指自然灾害和某些特异的自然现象。阴阳：中国哲学的一对范畴。错行：更替运行。⑥反是：与这相反。是，指

"闭诸阳，纵诸阴"。⑦废：废黜。⑧辽东：郡名。⑨刺讥：指责，讥讽。⑩下愚：至愚之人。⑪当死：判处死刑。当，判罪。

【原文】

董仲舒为人廉直。是时方外攘[①]四夷，公孙弘治《春秋》不如董仲舒，而弘希世[②]用事，位至公卿。董仲舒以弘为从谀[③]。弘疾之，乃言上曰："独董仲舒可使相胶西王[④]。"胶西王素闻董仲舒有行[⑤]，亦善待之。董仲舒恐久获罪，疾免居家。至卒，终不治产业[⑥]，以修学著书为事。故汉兴至于五世[⑦]之间，唯董仲舒名[⑧]为明于《春秋》，其传公羊[⑨]氏也。

【注释】

①攘：排除。②希世：迎合世俗。③从谀：怂恿谄谀。④胶西王：汉景帝的儿子刘端，为人阴险狠毒，曾杀害胶西国的许多相和高级官吏。⑤行：指道德学问。⑥产业：家产。⑦五世：指汉高帝、吕后、文帝、景帝、武帝五代。⑧名：著名。⑨公羊：复姓。

【原文】

胡毋生，齐人也。孝景时为博士，以老归教授[①]。齐之言《春秋》者多受[②]胡毋生，公孙弘亦颇受焉。

【注释】

①教授：把知识传授给学生。②受：接受；受业。

【原文】

瑕丘江生为《穀梁春秋》[1]。自公孙弘得用，尝集比[2]其义，卒用董仲舒。

【注释】

①穀（gǔ）梁：复姓。②集比：收集，比较。

【原文】

仲舒弟子遂[1]者：兰陵褚大，广川殷忠，温[2]吕步舒。褚大至梁[3]相。步舒至长史[4]，持节[5]使决淮南狱，于诸侯[6]擅专断，不报，以《春秋》之义正[7]之，天子皆以为是。弟子通[8]者，至于命大夫[9]；为郎、谒者、掌故者以百数。而董仲舒子及孙皆以学至大官。

【注释】

①遂：通达，有成就。②温：县名，即今河南省温县。③梁：国名，地在今河南省、安徽省交界地区，治所在睢阳（今河南省商丘市南）。④长（zhǎng）史：官名。⑤节：使者所持以作凭证的信物，用竹、木制成。⑥诸侯：汉代分封的各国王，类似古代的诸侯，此指淮南王。⑦正：治罪。⑧通：处境顺利，做官显达。⑨命大夫：受皇帝赐命的大夫，如光禄大夫、太中大夫、谏大夫等。

【译文】

太史公说："我读朝廷考核和选用学官的法规，读到广泛游励学官成长的道路时，总是禁不住放下书而叹惜。说：唉！

周朝王室衰亡而《关雎》诗就出现了，周幽王、周厉王统治衰颓而礼崩乐坏，诸侯放纵骄横，政令由强大的诸侯国家发布。所以，孔子忧伤王道废弛而邪道兴起，于是论定编次《诗》《书》，修订兴起礼乐。他到齐国听《韶》乐，沉迷其中，三个月品尝不出肉的美味。他从卫国回到鲁国，然后端正音乐，使《雅》《颂》乐歌各归其位，有条不紊。世道由于混乱污浊，没有人起用他，所以孔子向七十多个国君求官都没有得到知遇，他说：'如果有任用我的，一年就足够了。'鲁国西郊有人猎获了麒麟，孔子说：'我的思想不能实现了。'因此，他借助鲁国的历史记录撰写《春秋》，来代表天子的王法。由于文辞精深而意义博大，后代学者很多人都学习传录它。"

自从孔子去世后，他的七十多名弟子四散交游诸侯，成就大的当了国君的老师和卿相，成就小的交结和教育士大夫，有的则隐居不出现。所以，子路在卫国，子张在陈国，澹台子羽在楚国，子夏在西河，子贡在齐国，一直到死。像田子方、段干木、吴起、禽滑釐一辈人，都曾受教于子夏等人，成为诸侯国君的老师。这时，只有魏文侯爱好儒学。后来，儒学渐渐衰落一直到秦始皇时代。在战国时期天下人一起争战，儒学已经不受重视。但在齐、鲁一带，学者们独守儒学，没有放弃。在齐威王、齐宣王时期，孟子、荀子等人，都继承孔子的事业并使之发扬光大，凭着学说在当代显扬名声。

到了秦朝末年，焚毁《诗》《书》，坑杀儒生，儒家典籍六艺从这时开始残缺。陈涉自立为王，鲁地的儒生携带着孔子家传的礼器去归顺陈王。于是，孔甲当了陈涉的博士，最后和陈涉一同死了。陈涉兴起自平民，驱使一群乌合的戍守边境的士兵，一个月内就在楚地称了王，不足半年就竟又灭亡，他的事业十分微小浅薄，可是士大夫背着孔子的礼器去委身归顺作他的臣下，为什么呢？因为秦朝焚毁他们的书籍，积下仇怨而借助于陈王来发泄愤懑。

到高祖皇帝杀死项籍，带领军队包围鲁国，鲁国中的儒生还在讲诵经书练习礼乐，歌声乐声不断，难道不是圣人遗留的风范，喜欢礼乐的国家吗？所以，孔子出游在陈地，说："回去吧！回去吧！我们乡里的年轻人志向高远，文采斐然可观，不知道如何去教导他们。"齐鲁一带对于文化礼仪，从古以来就这样，这是他们的天性。所以，汉朝建立，然后儒生们才能开始研究他们的经术，讲授演习起大射和乡饮的礼仪。叔孙通制定汉廷礼仪后，因而做了太常官，那些与他一起制定礼仪的儒生弟子们都成了朝廷首先录用的对象。于是，人们感慨地说儒学开始兴起了。但这时还有战争，还在平定全国，也没有时间顾及兴办学校的事。孝惠帝、吕后当政时，公卿大臣都是靠武力起家的功臣。孝文帝时，稍微征用了儒生。但是，孝文帝本来就喜欢刑名学说。到了孝景帝时，不任用儒生，而且窦太后又喜欢道家黄、老思想，因此那些博士空有官位以备顾问，没有晋升的。

到了当今皇上即位，赵绾、王臧等人懂得儒学，而皇上也偏向儒学，于是招方正贤良文学的士人。从这以后，讲《诗》的在鲁地有申培公，在齐的有辕固生，在燕的有韩太傅。宣讲《尚书》有济南人伏生，宣讲《礼》的有鲁地高堂生，宣讲《易》的有菑川的田生。宣讲《春秋》在齐地、鲁地出于胡毋生，在赵地出于董仲舒。到了窦太后去世，武安侯田蚡任丞相，罢黜黄、老、刑名等百家的学说，延请文学儒生几百人为官，而公孙弘由于精通《春秋》而从平民升为皇帝身边的三公，封为平津侯。天下的学者像风吹一边倒一样倾向儒学。

公孙弘当了学官，担忧儒道滞结不畅通，于是奏请皇上说："丞相和御史大夫说：诏书说：'听说用礼来引导人民，用乐来教化人民。婚姻是夫妇的伦理大道。现在礼乐废坏，朕很忧虑。因此，普遍地延请天下品行端正、见识广博的人士，都到朝廷上来做官。应当命令礼官勤奋学习，宣讲议论见闻广博，崇尚礼仪，作为天下的表率。太常提议，给博士配备弟子，振兴民间的教育，来开拓培养贤才的道路。'我谨和太常孔臧、博士平等商议说：听说夏、商、周三代的制度，乡村有教育，夏代叫校，商代叫序，周代叫庠。劝勉人们为善，让他们在朝廷上显扬名声；惩戒作恶的人，给他们施加处罚。所以，政教风化的推行，建立好的榜样从京师开始，从内到外。如今，陛下昭明最高的德行，发出日、月的光辉，与天地相配，推本人伦关系，劝勉学习，研习礼仪，崇尚教化，奖励贤才，来风教四面八方的民众，作为太平盛世的本源。古代政治教化没能普遍，礼制不备，请求利用原有的学官来振兴。替博士官配置弟子五十人，免除他们的赋税徭役。太常选择十八岁以上、仪表端正的人，充当博士弟子。各郡、各国、各县、各道、各邑有爱好经学、尊敬长辈、上级，严守政教，友爱乡里，出入言行都不违反所学的人，县令、侯国相、县长、县丞上报所属郡太守和王国相，郡太守、王国相谨慎考察认为可以的人，应当和上计吏一同到太常那里，可以像弟子一样参加学习。一年后都要考试，能精通一门经书以上的，可以补充文学掌故的缺官；其中成绩名列前茅的可以担任郎中，太常造册上奏。假如有才能特别优秀的，就把名字上报。那些不认真学习或者才能低下以及不能通晓一种经书的，就开除他，而惩罚那些举荐他们的不称职的官吏。臣认真地推敲诏书法令下达的目的，在于明辨天道和人道的关系，贯通古今的道理，文辞雅正，教诲之词含义深刻丰富，恩泽十分优厚。下级官吏见识浅薄，不能深究宣传，无法明白地晓喻天下。现在，首先要选拔研究礼制的人才，其次是选拔研究历史典籍的人才，用懂文学礼义的人做官，提升被压抑的人才。请挑选那些俸禄比同二百石以上的人，和百石以上能通晓一种经学的小吏，升补左右内史、大行卒史；选拔比同百石以下的人补郡太守卒史：各郡定员二人，边郡定员一人。优先选用熟知经书能大量讲诵的人，如果人数不够，就选用掌故补中二千石的属吏，选用文学掌故补郡国的属吏，作为缺额充数。请把这些记入考选学官的法规。其他仍依据律令。”皇上批示：“可行。”从这以后，公卿大夫和一般士吏中就有了很多文质彬彬的经学儒生。

申培公是鲁国人。高祖经过鲁国，申培公以弟子的身份跟随老师在鲁地的南宫拜见高祖。吕太后时期，申公到长安交游求学，和刘郢同拜一个老师。不久，刘郢立为楚王，让申公做他太子刘戊的老师。刘戊不好学习，恨申公。到楚王刘郢死后，刘戊立为楚王，把申公禁锢起来。申公觉得羞耻，回到鲁地，回到家中教书，终身不出家门，又谢绝宾客交往，只有鲁王传令召见才去。从远方来学习的学生有一百多人。申公只对《诗经》作解释来教学，没有阐发经义的著述，有疑义的地方就留下来不讲授。

兰陵人王臧向申公学习《诗经》后，来侍奉孝景帝，任太子少傅，后来免职离去。现今皇上刚即位，王臧就上书请求为皇上当宫禁中值宿警卫，多次升迁，一年里就当了郎中令。而代国的赵绾也曾向申公学习《诗经》，赵绾任御史大夫。赵绾、王臧请求天子，欲修建明堂召集诸侯来朝会，未能办成这件事，就引荐老师申公。于是，天子派使者带着束帛和玉璧，驾着四马所拉可以安坐的车，去迎接申公，学生二人乘着轻便车跟随申公。到了京师，拜见天子。天子问他国家安危的事，申公当时已八十多岁，年事已高，回答说："当政的人不在于多说话，只看尽力实干怎么样罢了。"这时，天子正喜欢文辞，看到申公这样回答，沉默不语。但已经把他召来，就任命他为太中大夫，让他住在鲁王在京城的公馆里，商讨建立明堂的事。太皇窦太后喜欢老子的学说，不喜欢儒学，找到赵绾、王臧的过错，用它来责备皇上。皇上于是停止了修建明堂的事，把赵绾、王臧都交给司法官，后来他们都自杀。申公也因为生病免官回家，几年后去世。

申公的学生当博士的有十多人：孔安国官至临淮太守，周霸官至胶西内史，夏宽官至城阳内史，砀县鲁赐官至东海太守，兰陵人缪生官至长沙内史，徐偃任胶西中尉，邹人阙门庆忌任胶东内史。他们治理官民都有廉洁的节操，人们称赞他们喜欢学习。其余学官弟子们，品行尽管不完美，但做官至大夫、郎中、掌故的要用百来计算。他们讲论《诗经》虽然有所不同，但大多依循申公的见解。

清河王的太傅辕固生是齐国人。他因为研究《诗经》，在孝景帝时任博士。有一次，他和黄生在景帝面前争论。黄生说："商汤、周武王不是秉承天命做天子，是弑君篡位。"辕固生说："不对。夏桀、商纣暴虐淫乱，天下人心都归向于商汤、周武王，商汤、周武王顺应天下人心而诛杀夏桀、商纣，夏桀、商纣的百姓不为他们所用而归顺商汤、周武王，商汤、周武王不得已而立为天子，不是秉承天命是什么呢？"黄生说："帽子虽然破，一定戴在头上；鞋子虽然新，一定穿在脚上。这是为什么呢？是上下的制度名分。如今，夏桀、商纣虽然无道，却是君主；商汤、周武王虽然圣明，却是臣下。君主有错误行为，臣下不能够用正直的话匡正过失来尊奉天子，反而趁其过失而诛杀他们，取而代之，南面称王，不是弑君是什么呢？"辕固生说："若一定像你所说，那么高祖代替秦朝登上天子的位置，不对吗？"于是，景帝说："吃肉不吃马肝，不能算不知道味道；谈论学问的人不谈论商汤、周武王受命的事情，不能算是愚蠢。”就停止了争论。此后，学者没人敢讲清是受命是弑君这个问题。

窦太后喜欢《老子》一书，召来辕固生问《老子》一书的问题。辕固生说：“这是普通人的言论罢了。”太后生气地说：“怎么能比得上狱吏囚徒的书呢?”因此，让辕固生进入猪圈刺杀猪。景帝知道太后生气而辕固生是直言无罪，于是给辕固生锋利的兵器，到猪圈里刺杀猪，正好刺中它的心脏，只一刺，猪应手倒地。太后默不作声，无法再加罪于他，就作罢了。过了不久，景帝认为辕固生廉洁清正，任命他为清河王的太傅。过了很长时间，他因病罢官。

当今皇上刚登位，又用征召贤良的名义征召辕固生。那些谄谀的儒生大多嫉妒诋毁辕固生，说：“辕固生老了。”于是，被罢官回家。这时，辕固生已经九十多岁了。辕固生被召时，薛邑人公孙弘也被征召，他斜着眼睛不敢正视辕固生。辕固生说：“公孙先生，务必以正直学问来论事，不要用邪曲之说来迎合时世!”从这以后，齐地谈论《诗经》都依循辕固生的见解。那些由研究《诗经》而显贵的齐人，都是辕固生的学生。

韩生是燕国人。孝文帝时期任博士，景帝时期任常山王的太傅。韩生推究《诗经》的意旨而撰写《内传》《外传》几万字，书中的用语和齐、鲁地区解释《诗经》的语言很不同，但宗旨是一致的，淮南贲生向他学习。从这以后，燕、赵一带讲论《诗经》的人都出自韩生门下。韩生的孙子韩商是当今皇上的博士。

伏生是济南郡人。以前做过秦朝的博士。孝文帝时期，要寻求能够研究《尚书》的人，天下没有，就听说伏生能讲授，要征召他。这时，伏生九十多岁，年纪太大，不能行走，于是就下诏令太常派掌故晁错去向他学习。秦朝焚烧儒书，伏生把《尚书》藏在墙壁里。后来战乱大起，人们四处逃亡，汉朝平定天下，伏生寻找他的书，丢失了几十篇，只找到二十九篇，就拿这些在齐、鲁一带进行讲授。学者们从此大多能讲解《尚书》，那些山东的经学大师无不涉猎《尚书》来教授。

伏生教授济南人张生和欧阳生，欧阳生教授千乘人兒宽。兒宽通晓《尚书》后，凭借文学的资格接受郡里的推荐，到博士门下学习，从师于孔安国。兒宽家贫没有资财，时常当学生们的厨工，并且时时偷偷出外给人做工，来供给衣食。他外出经常带着经书，休息时就诵读温习它。依照考试成绩的名次，他补了廷尉史的缺官。这时，张汤正爱好儒学，让兒宽做呈报案情的属官，根据古法论事判决疑难大案，因此爱宠兒宽。兒宽为人温和善良，清廉聪明，能坚持节操，而且擅长著书、起草奏章，文思敏捷，但是口头不会阐述。张汤认为他是忠厚人，屡次称赞他。到张汤任御史大夫，让兒宽当属官，向天子举荐他。天子召见并询问他，很喜欢他。张汤死后六年，兒宽官位升到御史大夫。在职九年后死去。兒宽位列三公，因为和顺温良、顺从皇上心意、办事从容，得以长时间任职，但他从没有匡正劝谏皇上的过失。居官期间，属下轻视他，不给他尽力办事。张生也担任博士。而伏生的孙子由于研究《尚书》被征召，但他对《尚书》不能阐述清楚。

从这以后，鲁地的周霸、孔安国和洛阳的贾嘉都很能讲解《尚书》的内容。孔家有古文《尚书》，而孔安国用隶书字体来改写它，因此兴起了他的学术流派。孔安国得到了十多篇失传的《尚书》，《尚书》大概从这时起逐渐增多篇目了。

那些学者很多讲论《礼经》，而鲁地人高堂生最接近原本。《礼经》本来从孔子时起经书就不完整，到了秦朝焚书，这经书散失的篇目更多，如今只有《士礼》，高堂生能够讲解它。

鲁地人徐生善于演示礼仪。孝文帝时期，徐生凭懂得礼仪任礼官大夫。他传习礼仪给儿子，又传到了他的孙子徐延、徐襄。徐襄天性便善于演习礼仪，但不懂《礼经》；徐延稍微能懂《礼经》，但还不够精通。徐襄凭借懂礼仪任汉朝廷的礼官大夫，官至广陵内史。徐延和徐家弟子公户满意、桓生、单次都曾经任汉朝廷礼官大夫。而瑕丘人萧奋因为通晓《礼经》而当了淮阳太守。这以后，能够讲论《礼》来演习礼仪的人都出自徐家门下。

自从鲁国商瞿向孔子学习《易》，孔子去世后，商瞿就教授《易》，历经六代而传到齐地人田何，田何字子庄，而这时汉朝建立。田何传授给东武人王同——字子仲，王子仲传授给菑川人杨何。杨何因为精通《易》元光元年被征召，官做到中大夫。齐地人即墨成因为精通《易》官至城阳国相。广川人孟但因为通晓《易》任太子门大夫。鲁地人周霸、莒地人衡阳、临菑人主父偃都因为通晓《易》而官至二千石。但是，精于解说《易》的，都源于杨何这一家。

董仲舒是广川人。他由于研究《春秋》，在孝景帝时期任博士。他放下帷幕讲授《春秋》，弟子们根据入学时间的长短来依次辗转相传授，有的甚至没见过他的面。董仲舒三年不到后园游玩，他专心到这个地步。他出入时的仪容举止，不合礼仪的就不做，学者们都师法、尊敬他。当今皇上登位，董仲舒任江都国相。他依靠《春秋》中自然灾害和特异现象的变化来推究阴阳交替运行的缘故，因而求雨时就关闭各种阳气，放纵各种阴气，消雨时的方法与此相反。在江都全国推行，无不实现了预期的效果。他任职期间被贬为中大夫，住在家里，撰写《灾异之记》。这时，辽东高帝庙发生火灾，主父偃妒忌他，窃取他的书上奏天子。天子召集众儒生把书展示给他们，书中有指责讥讽的内容。董仲舒的弟子吕步舒不知道这是他老师的书，认为十分愚蠢。于是，把董仲舒交给司法官处办，判处死刑，下诏赦免了。于是，董仲舒终于不敢再谈论灾异。

董仲舒为人廉洁正直。这时，朝廷正好要排除四方外族的侵犯，公孙弘研究《春秋》比不上董仲舒，而公孙弘迎合世俗处理事情，官至公卿。董仲舒认为公孙弘为人阿谀逢迎。公孙弘憎恨他，就对皇上说："只有董仲舒可以派去做胶西王的国相。"胶西王平时听说董仲舒有德行，也很好地对待他。董仲舒怕时间长了会获罪，很快就辞职回家。到去世为止，他始终不置办家产，专门从事研究学问、著书立说。所以，汉朝建立直到第五代期间，只有董仲舒以精通《春秋》出名，他阐述的是《公羊春秋》。

胡毋生是齐郡人。在孝景帝时任博士，因年纪大回家教授《春秋》。齐地讲论《春秋》的人大多受教于胡毋生，公孙弘也向他学习过许多。

瑕丘人江生研究《穀梁春秋》。自从公孙弘受到重用，他曾经收集比较穀梁学和公羊学的经义，最后采用了董仲舒的解说。

董仲舒的弟子中有成就的：兰陵人褚大，广川人殷忠，温人吕步舒。褚大官至梁王国相。吕步舒官至长史，手持符节出使去判决淮南王罪案，对诸侯王敢于自行裁决，而不加请示，根据《春秋》的义理来公正断案，天子都认为很对。弟子中官运亨通的，做到了皇帝任命的大夫；担任郎官、谒者、掌故的要用百来计算。而董仲舒的儿子和孙子都因为精通儒学而做到高官。

第一百零四卷　酷吏列传第六十二

这是一篇类传，记述汉朝前期以酷刑峻法为统治工具，以凶狠残暴著称的十几个官吏的史实。特别对汉武帝时代的十个酷吏，即宁成、周阳由、赵禹、张汤、义纵、王温舒、尹齐、杨仆、减宣、杜周等，作了集中而概括的描写。司马迁之所以要这样写，是汉武帝喜用酷吏，打击豪强，抑制商贾，惩治贵戚奸吏，以加强中央集权，聚敛财富，应付其挥霍和对外战争的需要。汉武帝这样做的结果，固然能强化皇权，保持国家的统一，但酷吏的严刑峻法和残酷杀戮也使各阶层的人们特别是普通百姓遭受意想不到的灾难，无辜被杀，冤狱横生，社会不宁，出现了“法令滋章，盗贼（实际上多为官逼民反的起义者）多有”，“吏民益轻犯法，盗贼滋起”的局面。

此文把十几个人的史事集于一篇，却能以严酷苛暴为线索，使全文结构严谨，前后一贯，绝无零乱割裂之感，真是“结撰灵妙”（姚苎田《史记菁华录》）。但文中对每个人物的叙述各不相同，有主有次，有详有略，如写张汤较详，写晁错较略。本文还以“短悍为主”（牛运震《史记评注》），文字非常精练，重点却很突出，表现了作者杰出的叙事才能。

【原文】

孔子曰[①]："导之以政[②]，齐[③]之以刑，民免[④]而无耻。导之以德，齐之以礼，有耻且格[⑤]。"老氏[⑥]称："上德不德，是以有德[⑦]；下德不失德，是以无德[⑧]。法令滋章[⑨]，盗贼多有。"太史公曰：信哉是言[⑩]也！法令者治之具，而非制治清浊[⑪]之源也。昔天下之网[⑫]尝密矣，然奸伪萌起[⑬]，其极[⑭]也，上下相遁[⑮]，至于不振[⑯]。当是之时，吏治若救火扬沸[⑰]，非武健严酷[⑱]，恶[⑲]能胜其任而愉快乎！言道德者，溺其职[⑳]矣。故曰"听讼，吾犹人[㉑]也，必也使无讼乎"。"下士[㉒]闻道大笑之"。非虚言也。汉兴，破觚而为圜[㉓]，斫雕而为朴[㉔]，网漏于吞舟之鱼[㉕]，而吏治[㉖]烝烝，不至于奸，黎民艾安[㉗]。由是观之，在彼不在此[㉘]。

【注释】

①以下所引的几句话出自《论语·为政》篇。②导：引导。《论语》作"道"，通"导"。政：政令。③齐：整齐。此为约束之意。④免：免于死罪。⑤格：革。此言百姓革除坏毛病而走上正路。按程树德《论语集释》引黄式三语曰："格、革，音义并同，当训为革。"⑥老氏：指老子李耳。以下引文前四句出自《老子》第三十八章，后二句出自《老子》第五十七章。⑦上德：具有高尚道德的人。不德：不表现为形式上的德。按：陈鼓应《老子注译及评介》："上德的人，因任自然，不表现为形式上的德。"是以：因此。有德：实际上是有德的。⑧下德：道德低下的人。不失德：竟谓执守形式上

的德。无德：没有实际的德。⑨滋章：越发严酷。章，通“彰”，此为森严酷烈的意思。⑩信哉：可信啊。是言：这些话。⑪具：工具。制治：管理政治。清：政治清明。浊：政治污浊。⑫昔：从前。此指秦朝。网：法网。⑬奸伪：奸邪欺诈。萌起：不断产生。⑭极：极点，指情况最严重之时。⑮遁：欺瞒。⑯振：振作。⑰救火扬沸：意谓无济于事。按："救火"是负薪救火。"扬沸"。是扬汤（热水）止沸（热水）。⑱武健：强健有力。严酷：指严厉的法令。⑲恶：何。⑳溺其职：丧失其职。㉑听讼：判案。按此三句出自《论语·颜渊》篇。吾：孔丘自称。犹人：与别人相等。㉒下士：愚蠢浅陋的人。按：此句出自《老子》第四十一章。㉓觚：古代有棱角的酒器。圜：通"圆"。按：这句喻汉代的法制较秦代有重大变化。㉔斫：砍削。雕：指雕刻的花纹。朴：本。此指本来的状态。此句说汉代法律重视本质，不重形式。㉕吞舟之鱼：指大鱼。此句言汉法宽疏。㉖吏治：官吏的治绩。㉗艾安：太平无事。艾，通"乂"。㉘彼：指宽厚。此：指酷刑。

【原文】

高后时[①]，酷吏[②]独有侯封，刻轹宗室[③]，侮辱功臣。吕氏已败[④]，遂夷[⑤]侯封之家。孝景时，晁错以刻深[⑥]，颇用术辅其资[⑦]，而七国之乱[⑧]，发怒于错，错卒以被戮[⑨]。其后有郅都、宁成之属[⑩]。

【注释】

①高后：即汉高祖的皇后吕雉。②酷吏：以施行严苛酷烈刑法而闻名的官吏。③刻轹（lì）：苛刻欺压。宗室：皇族。④前180年，吕后死去，其族人吕禄、吕产等欲夺权，被周勃和陈平等铲除消灭。⑤夷：铲除，消灭。⑥刻深：苛刻严峻。⑦术：法术。资：才能。按：晁错事见《袁盎晁错列传》。⑧七国之乱：指吴、楚七国反叛汉王朝的武装叛乱。事详见《吴王濞列传》。⑨卒：终于。戮：杀。按：七国叛乱后，袁盎诬陷晁错，景帝为了自己的利益，杀了晁错。⑩之属：之辈。

【原文】

郅都者，杨[①]人也。以郎事[②]孝文帝。孝景时，都为中郎将，敢直谏，面折[③]大臣于朝。尝从入上林[④]，贾姬如[⑤]厕，野彘卒[⑥]入厕。上目[⑦]都，都不行。上欲自持兵[⑧]救贾姬，都伏上前曰："亡一姬复一姬进，天下所少宁贾姬等[⑨]乎？陛下纵自轻，奈宗庙[⑩]太后何[⑪]！"上还，彘亦去。太后闻之，赐都金百斤，由此重郅都。

济南瞯氏宗人[⑫]三百余家，豪猾[⑬]，二千石[⑭]莫能制，于是景帝乃拜都为济南太守。至则族灭瞯氏首恶[⑮]，余皆股栗[⑯]。居岁余，郡中不拾遗。旁十余郡守畏都如大府[⑰]。

都为人勇，有气力，公廉，不发私书[⑱]，问遗[⑲]无所受，请寄[⑳]无所听。常自称曰："已倍亲而仕[㉑]，身固当奉职死节官下，终不顾妻子[㉒]矣。"

郅都迁[23]为中尉，丞相条侯至贵倨也，而都揖丞相[24]。是时民朴，畏罪自重，而都独先严酷，致行法不避贵戚，列侯宗室见都，侧目而视，号曰“苍鹰”。

临江王征诣中尉府对簿[25]，临江王欲得刀笔为书谢上[26]，而都禁吏不予。魏其侯使人以间与[27]临江王。临江王既为书谢上，因自杀。窦太后闻之，怒，以危法中[28]都，都免归家。孝景帝乃使使持节[29]拜都为雁门太守，而便道之官[30]，得以便宜从事[31]。匈奴素闻郅都节[32]，居边，为引兵去，竟[33]郅都死不近雁门。匈奴至为偶人[34]象郅都，令骑驰射，莫能中，见惮[35]如此。匈奴患之。窦太后乃竟中都以汉法[36]。景帝曰：“都忠臣。”欲释之。窦太后曰：“临江王独非忠臣邪?”于是遂斩郅都。

【注释】

①杨：地名。②事：侍奉。③面折：当面使人折服。④上林：即上林苑。⑤贾姬：汉景帝的一位姬妾。如：往。⑥野彘(zhì)：野猪。卒（cù)：通“猝”，突然。⑦目：用眼示意。⑧持兵：拿着兵器。⑨亡：失掉。复：又。宁：难道。贾姬等：同贾姬一样的人。⑩宗庙：帝王的祖庙，这里代指朝廷。⑪奈……何：对……怎么办。⑫宗人：同宗之人。⑬豪猾：强横奸猾。⑭二千石：俸禄为二千石的官员，此指济南太守。⑮族灭：把整个家族的人全部杀死。首恶：指郡中以瞷姓为首作恶的人。⑯股栗：大腿发抖。此极言恐惧之状。栗，通“慄”。⑰大府：高层官府。按：济南府本与周围郡府同级，

但因惧怕郅都，故那些郡府的太守将济南府视为比自己高的上级官府。⑱公廉：公正而廉洁。私书：私人求情的信。⑲问遗：送礼。⑳请寄：私人请托。㉑倍：通“背”，背弃。仕：当官。㉒奉职：奉公尽职。死节：为节操而死。官下：当官的职位上。顾：挂念。妻子：老婆与孩子。㉓迁：提升官职。㉔条侯：指丞相周亚夫。至贵：最高贵。倨：傲慢。揖丞相：向丞相作揖。此言郅都不阿附权贵，见到至尊贵的丞相，也只是依礼而行。揖，拱手之礼。㉕临江王：景帝太子刘荣，后因其母贾姬失宠，被废除太子之位，封为临江王。前146年，他被控犯有侵占宗庙罪，召到中尉府受审，遂自杀。这里所记即此事。征：召。诣：到……去。对簿：在公堂受审。㉖刀笔：古代书写工具。为书：写信。谢上：向皇上谢罪。㉗魏其侯：窦婴。以间：在暗中，即秘密地。与：给。㉘危法：严峻之法。中：中伤。这里有弹劾的意思。㉙节：使者的信物。㉚便道之官：乘便取道上任，不必至朝廷谢恩。之官：上任，赴任。㉛便宜从事：根据实际情况进行处理，不必奏请。㉜节：行事。㉝竟：终。㉞至：竟然。偶人：木偶人。㉟惮：怕。㊱中都以汉法：用汉朝法律中伤郅都，使他构成死罪。

【原文】

宁成者，穰人也。以郎谒者事景帝。好气[①]，为人小吏，必陵[②]其长吏；为人上，操下[③]如束湿薪。滑贼任威[④]。稍[⑤]迁至济南都尉，而郅都为守。始前数尉皆步入府，因吏谒[⑥]守如县令，其畏郅都如此。及成往，直陵[⑦]都出其上。都素闻其声[8]，于是善遇，与结欢。久之，郅都死，后长安左右宗室多暴[9]犯法，于是上召宁成为中尉。其治效[10]郅都，其廉弗如，然宗室豪桀皆人人惴恐。

武帝即位，徙为内史。外戚多毁成之短[11]，抵罪髡钳[12]。是时九卿罪[13]死即死，少被[14]刑，而成极刑[15]，自以为不复收[16]，于是解脱[17]，诈刻传[18]出关归家。称曰："仕不至二千石，贾不至万万，安可比人乎！"乃贳贷买陂田[19]千余顷，假[20]贫民，役使数千家。数年，会赦。致产[21]数千金，为任侠[22]，持吏长短[23]，出从数十骑。其使民威重于郡守。

【注释】

①好气：好胜。②陵：欺。③操下：控制下属。④滑贼：狡猾凶狠。任威：任意使威。⑤稍：渐渐。⑥步入府：步行进入太守府。因：通过。谒：拜见。⑦直：径直。陵：超越。⑧声：名望。⑨暴：凶残暴虐。⑩效：学习。⑪毁：指责。短：缺点。⑫抵罪：判罪。髡（kūn）钳：髡刑与钳刑。按：剃光头发的刑罚称髡，拿铁环束脖称钳。⑬九卿：秦汉时中央政府各部长官的总称。罪：犯罪。⑭被：加。⑮极刑：最重的刑法，这里指髡钳。⑯收：录用。⑰解脱：解开刑具。⑱传：出关的证明文件。文字刻于木板之上。⑲贳：赊欠。陂田：有水可灌溉的田地。⑳假：出租。㉑致：得到。产：财产。㉒任侠：专做制强扶弱、抱打不平之事。㉓持：掌握，要挟。长短：指是非。

【原文】

周阳由者，其父赵兼以淮南王舅父侯周阳[①]，故因姓周阳氏。由以宗家[②]任为郎，事孝文及景帝。景帝时，由为郡守。武帝即位，吏治尚循[③]谨甚，然由居二千石中，最为暴酷骄恣。所爱者，挠法[④]活之；所憎者，曲法[⑤]诛灭之。所居郡，必夷[⑥]其豪。为守，视都尉如令。为都尉，必陵太守，夺之治。与汲黯俱为忮[⑦]，司马安之文恶[⑧]，俱在二千石列[⑨]，同车未尝敢均茵伏[⑩]。

由后为河东都尉，时与其守胜屠公争权，相告言罪。胜屠公抵罪[⑪]，义[⑫]不受刑，自杀，而由弃市。

自宁成、周阳由之后，事益多，民巧法[⑬]，大抵[⑭]吏之治类多成、由等矣。

【注释】

①赵兼：汉高帝之妾赵美人的弟弟。以：凭。淮南王：指汉高帝小儿子刘长。侯周阳：当了周阳侯。②宗家：意谓帝王的外戚。③尚：崇尚。循：沿。此指按法行事。④挠法：枉法。⑤曲法：歪曲法律。⑥夷：平灭。⑦忮：强狠。按：泷川资言《史记会注考证》："《汉书》无'与'字、'俱'字。忮，害也狠也。"⑧文恶：用法律条文害人。按：《史记集解》引《汉书音义》曰："（文恶）以文法伤害人。"《汲郑列传》："黯姑姊子司马安……文深巧善宦。"⑨列：同列。此指官位相等。⑩均：等。茵：车坐垫。伏：指车前横木，即车轼。此言黯与司马安皆惧周阳由，不敢与他争高低。⑪抵：

判刑。⑫义：道义。⑬巧法：用巧诈的手段对待法律。⑭大抵：大多。

【原文】

赵禹者，斄人。以佐史补中都官，用[①]廉为令史，事太尉亚夫。亚夫为丞相，禹为丞相史，府中皆称其廉平[②]。然亚夫弗任[③]，曰："极知禹无害[④]，然文深[⑤]，不可以居大府[⑥]。"今上[⑦]时，禹以刀笔吏积劳[⑧]，稍迁为御史。上以为能，至太中大夫。与张汤论定[⑨]诸律令，作见知[⑩]，吏传得相监司[⑪]。用法益刻，盖自此始。

【注释】

①用：因为。②廉平：廉洁公平。③弗任：不重用。④无害：无人能胜过，特出无比。⑤文深：行法严苛。⑥大府：上层官府。⑦今上：如今的皇上。此指汉武帝。⑧刀笔吏：指专从事文牍案头工作的官吏。劳：功劳。⑨论定：编成。⑩作：制造。见知：即"见知法"。官吏明知他人犯罪，却不揭露检举，则此官吏与罪人同罪。⑪传：通"转"。监司：通"监伺"，相互监视。汉法规定官吏要相互监视，相互揭发罪过。

【原文】

张汤者，杜人也。其父为长安丞[①]，出，汤为儿，守舍。还而鼠盗肉，其父怒，笞[②]汤。汤掘窟得盗鼠及余肉，劾鼠掠治[③]，传爰书[④]，讯鞫论报[⑤]，并取鼠与肉，具狱，磔[⑥]堂下。其父见之，视其文辞如老狱吏，大惊，遂使书狱[⑦]。父死后，汤为长安吏久之。

周阳侯始为诸卿[8]时，尝系[9]长安，汤倾身为之[10]。及出为侯，大与汤交，遍见[11]汤贵人。汤给事[12]内史，为宁成掾[13]，以汤为无害，言大府[14]，调为茂陵尉，治方中[15]。

武安侯[16]为丞相，征[17]汤为史，时荐言之天子，补御史，使案事[18]。治陈皇后[19]蛊狱，深竟党与[20]。于是上以为能，稍迁至太中大夫。与赵禹共定诸律令，务在深文，拘守职[21]之吏。已而赵禹迁为中尉，徙为少府，而张汤为廷尉，两人交欢，而兄事禹[22]。禹为人廉倨，为吏以来，舍毋[23]食客。公卿相造[24]请禹，禹终不报谢，务在绝知友宾客之请，孤立[25]行一意而已。见文法辄[26]取，亦不覆案[27]，求官属阴罪[28]。汤为人多诈，舞智[29]以御人。始为小吏，乾没[30]，与长安富贾田甲、鱼翁叔之属交私[31]。及列九卿，收接天下名士大夫，己内心虽不合，然阳[32]浮慕之。

【注释】

①丞：县丞。②笞：鞭打。③劾：审判。掠治：拷打审问。④传：发出。爰书：记录罪犯供词的文书。⑤讯鞫：反复审问，穷究罪行。论报：把判决的罪罚报告上级。⑥具狱：把应具备的审讯材料全部备齐，最后定案。磔：古代分尸酷刑。⑦书狱：学习书写狱词。⑧周阳侯：指田胜，汉景帝王皇后的异父弟弟。诸卿：指九卿。⑨系：拘禁。⑩倾身：用尽全身力量。为之：替他辩护。⑪见：引见。⑫给事：供职。⑬掾：属官之称。⑭言大府：向丞相府推荐。⑮茂陵：汉武帝的陵墓，

是其生前所预建。治：负责管理。方中：汉代称天子预修的墓穴叫方中。⑯武安侯：指田蚡。⑰征：征召。⑱案事：查验办理狱事。⑲陈皇后：汉武帝的原配妻子，深得武帝宠爱。后来，她失宠，便召女巫楚服用巫术诅咒武帝。事发后，武帝命吏穷追此事，大兴巫蛊之狱。见《汉书·外戚传上》。⑳竟：穷究。党与：同党。㉑拘：约束。守职：在职位上。㉒兄事禹：以对待兄长的礼节对待赵禹。㉓毋：通“无”。㉔造：往。㉕孤立：独自。㉖文法：法令条文。辄：就。㉗覆案：再审案。㉘阴罪：尚未暴露的罪行。㉙舞智：玩弄聪明。㉚乾没：白白吞没别人的财物。此处指利用职权与商人合谋取利。㉛交私：偷偷交往。㉜阳：通“佯”。

【原文】

是时上方乡文学[①]，汤决大狱[②]，欲傅古义[③]，乃请博士弟子治《尚书》《春秋》补廷尉史[④]，亭[⑤]疑法。奏谳[⑥]疑事，必豫先为上分别其原[⑦]，上所是[⑧]，受而著谳决法廷尉[⑨]絜令，扬[⑩]主之明。奏事即谴[⑪]，汤应谢[⑫]，乡上意所便[⑬]，必引正、监、掾史贤者，曰：“固[⑭]为臣议，如上责臣，臣弗用，愚抵[⑮]于此。”罪常释[⑯]。间[⑰]即奏事，上善之，曰：“臣非知为此奏，乃正、监、掾史某为之。”其欲荐史，扬人之善蔽人之过如此。所治即上意所欲罪[⑱]，予监史深祸者[⑲]；即上意所欲释，与监史轻平[⑳]者。所治即豪，必舞文巧诋[㉑]；即下户羸弱[㉒]，时口言[㉓]，虽文致法[㉔]，上财[㉕]察。于是往往释汤所言。汤至于大吏[㉖]，内行修[㉗]也。通宾客[㉘]饮食，于故人子弟为吏及贫昆弟[29]，调护[30]之尤厚。其造请诸公，不避寒暑。是以汤虽文深意忌不专平[31]，然得此声誉。而刻深吏多为爪牙用者。依于文学之士，丞相弘[32]数称其美。及治淮南、衡山、江都[33]反狱，皆穷根本。严助及伍被，上欲释[34]之。汤争曰："伍被本画[35]反谋，而助亲幸出入禁闼爪牙臣[36]，乃[37]交私诸侯如此，弗诛，后不可治。"于是上可论之[38]。其治狱所排[39]大臣自为功，多此类。于是汤益尊任，迁为御史大夫。

【注释】

①是时：此时。上：天子，指汉武帝。方：正。乡：通"向"，倾向。文学：指儒家学说。汉武帝崇尚孔子和孟子，罢黜百家，独尊儒术。②大狱：大案件。③傅：附会。古义：指儒家经书上的说法。④按：文帝时已设经学博士，武帝设五经博士，研习并传授五经。治：研究。《尚书》：中国最早的散文集，收载夏、商、周三代的一些历史文献资料，阐述儒家思想，是儒家经典之一。《春秋》：孔丘所编修的鲁国编年体的史书。书中宣传了儒家的微言大义，是儒家的经典之一。⑤亭：评判。此言遇到有疑问的法律条文，则请他们根据《尚书》和《春秋》的思想原则加以评断，使其合于儒家的思想。⑥奏：进奏。谳：审理定案。⑦豫：通"预"。原：原委。⑧是：正确。⑨受：接受。著：记录下来。决法：判案的法规。廷尉：此指以廷尉之名加以公布。⑩絜令：刻在木板上的法令。按：《尚书》作"挈"。絜，通"契"，用刀刻。扬：

颂扬。⑪谴：责备。⑫应谢：认错谢罪。⑬上意：皇上的心意。便：便宜行事。⑭固：本来。⑮抵：至于。⑯释：宽恕，赦免。⑰间：有时。⑱欲罪：想治罪。⑲予：给予。深祸者：指执法严酷的监史。⑳与：给予。轻平：指执法而公平。㉑舞文：挥舞笔墨，玩弄法令条文。巧诋：用巧言诋毁，将人置于死地。㉒下户：指平民百姓。羸弱：瘦弱。㉓口言：口头上奏。㉔文致法：按法令衡量是否犯法。㉕财：通“裁”，判定。㉖大吏：大官。㉗内行修：自身品德的修养。㉘通宾客：与宾客交往。㉙故人子弟：老朋友的子弟。昆弟：兄弟。㉚调护：照顾。㉛意忌：忌嫉。不专平：不纯正公平。㉜弘：公孙弘。㉝淮南：指淮南王刘安。他曾联络许多人谋反。汉武帝元朔元年（前128），丞相公孙弘“乃疑淮南有畔逆计谋，深穷治其狱”。后刘安自杀。但是“所连引与淮南王谋反列侯、二千石、豪桀数千人，皆以罪轻重受诛”。见《淮南衡山列传》，参见《汉书·淮南衡山济北王传》。衡山：指衡山王刘赐，淮南王刘安的弟弟，曾与其子谋反，汉武帝元狩年间，谋反事暴露后，自杀。见《淮南衡山列传》。江都：指汉景帝孙江都王刘建。他极端荒淫无伦，在淮南、衡山谋反时，也曾“阴作兵器”，图谋不轨。后事发自杀。见《五宗世家》，参见《汉书·景十三王传》。㉞严助：即庄助，因与淮南王刘安有联系，被杀。伍被：任淮南中郎，与刘安共谋反叛中央之事，事发被杀。释：释放。㉟画：策划。㊱禁闼：禁中，即皇帝居住之处。爪牙臣：护卫之臣。㊲乃：竟然。㊳可：赞成。论之：判庄助和伍被有罪。㊴排：排斥，打击。

【原文】

会浑邪[1]等降，汉大兴兵伐匈奴，山东水旱，贫民流徙，皆仰给县官[2]，县官空虚。于是丞上指[3]，请造白金及五铢钱，笼[4]天下盐铁，排[5]富商大贾，出告缗令[6]，锄豪强并兼之家，舞文巧诋以辅法。汤每朝奏事，语国家用，日晏[7]，天子忘食。丞相取充位[8]，天下事皆决于汤。百姓不安其生，骚动。县官所兴，未获其利，奸吏并侵渔[9]，于是痛绳[10]以罪。则自公卿以下，至于庶人，咸指[11]汤。汤尝病，天子至自视病，其隆贵[12]如此。

匈奴来请和亲[13]，群臣议上前。博士狄山曰："和亲便[14]。"上问其便，山曰："兵者凶器，未易数动[15]。高帝欲伐匈奴，大困平城[16]，乃遂结和亲。孝惠、高后[17]时，天下安乐。及孝文帝欲事[18]匈奴，北边萧然苦兵[19]矣。孝景时，吴楚七国反，景帝往来两宫[20]间，寒心[21]者数月。吴楚已破，竟[22]景帝不言兵，天下富实。今自陛下举兵击匈奴，中国以空虚，边民大困贫。由此观之，不如和亲。"上问汤，汤曰："此愚儒，无知。"狄山曰："臣固愚忠，若御史大夫汤乃诈忠。若汤之治淮南、江都，以深文痛诋诸侯，别疏骨肉[23]，使蕃臣[24]不自安。臣固知汤之为诈忠。"于是上作色[25]曰："吾使生居一郡[26]，能无使虏入盗[27]乎？"曰："不能。"曰："居一县？"对曰："不能。"复曰："居一障[28]间？"山自度辩穷且下吏[29]，曰："能。"于是上遣山乘鄣[30]。至月余，匈奴斩山头而去。自是以后，群臣震慑[31]。

【注释】

①会：正赶上。浑邪：即浑邪王，匈奴单于手下的诸王之一，于武帝元狩二年（前121）率领四万多人投降汉朝。见《匈奴列传》。②仰给：依靠别人的供给生活。县官：汉代称官府为县官。③丞：通“承”，秉承，顺从。上：天子。指：通“旨”，心意。④白金：银子。五铢钱：汉代的一种钱币，其重量为五铢。笼：通“垄”，垄断。⑤排：排斥打击。⑥告缗令：动员民众缴纳税收和揭发偷漏税的法令。《史记正义》：“武帝伐四夷，国用不足，故税民田宅船乘畜产奴婢等，皆平作钱数，每一千钱一算（一百二十文），出一等，贾人倍之，若隐不税，有告之，半与告人，余半入官，谓缗。出此令，用锄筑豪强兼并富商大贾之家也。”此令于武帝元鼎二年（前115）颁行，武帝元封元年（前110）终止。⑦日晏：傍晚。晏，晚。⑧丞相：指李蔡和庄青翟。充位：备丞相的空位。此指丞相清闲无事。⑨侵渔：侵夺渔利。⑩痛绳：彻底依法惩办。⑪指：斥责。⑫隆贵：高贵。⑬和亲：汉王朝与边疆少数民族首领间的政治联姻。如把宗室之女嫁给匈奴单于为妻，以保持双方的和睦关系。⑭便：有利。⑮兵：武器。此指战争。凶：凶险。数动：屡次动用。⑯大困平城：汉高帝曾于前200年，亲自率兵抗击匈奴的侵扰，被匈奴围困在平城东部的白登山上，七天后方解除困境，“士卒堕指者什二三”，蒙受很大损失。详见《高祖本纪》。⑰孝惠：即汉惠帝刘盈。高后：即

汉高祖后吕雉。⑱事：从事。指讨伐匈奴。⑲萧然：骚动的样子。苦兵：被战争搞得困苦不堪。⑳两宫：指未央宫和长乐宫。㉑寒心：忧心。㉒竟：直到（最后）。㉓别疏：分隔疏远。骨肉：指有血缘关系的亲人，如父子、兄弟等。这里指汉诸侯王同中央的关系。㉔蕃臣：通“藩臣”，指诸侯王。㉕作色：改变脸色。㉖生：指狄山。居一郡：守卫一个郡。㉗虏：敌人。入盗：入侵。㉘障：边塞御敌的小城堡。㉙度：思考。辩穷：辩论得无话可说，意谓辩论失败。且：将。下吏：交给司法官吏判罪。㉚乘鄣：保卫障。鄣，通“障”。乘，登。㉛震慑：震动而惊惧。

【原文】

汤之客田甲，虽贾人[①]，有贤操。始汤为小吏时，与钱通[②]，及汤为大吏，甲所以责汤行义过失，亦有烈士[③]风。

汤为御史大夫七岁，败。

河东人李文尝与汤有郤[④]，已而[⑤]为御史中丞，恚[⑥]，数从中文书事有可以伤[⑦]汤者，不能为地[⑧]。汤有所爱史鲁谒居，知汤不平，使人上蜚变告文奸[⑨]事，事下汤[⑩]，汤治，论[⑪]杀文，而汤心知谒居为之。上问曰：“言变事踪迹安起[⑫]？”汤详[⑬]惊曰：“此殆文故人[⑭]怨之。”谒居病卧闾里[⑮]主人，汤自往视疾，为谒居摩[⑯]足。赵国以冶铸为业，王数讼[⑰]铁官事，汤常排赵王[⑱]。赵王求汤阴事[⑲]。谒居尝案[⑳]赵王，赵王怨之，并上书告：“汤，大臣也，史谒居有病，汤至为摩足，疑与为大奸。”事下廷尉，谒居病死，事连其弟，弟系导官[㉑]。汤亦治他囚[22]导官，见谒居弟，欲阴为之，而详不省[23]。谒居弟弗知，怨汤，使人上书告汤与谒居谋，共变告李文。事下减宣[24]。宣尝与汤有郤，及得此事，穷竟[25]其事，未奏也。会人有盗发孝文园瘗钱[26]，丞相青翟朝，与汤约俱谢[27]，至前，汤念独丞相以四时行[28]园，当谢，汤无与[29]也，不谢。丞相谢，上使御史案其事。汤欲致其文丞相见知[30]，丞相患之。三长史皆害[31]汤，欲陷[32]之。

【注释】

①贾人：商人。②钱通：以钱财相交。③烈士：有志于功业又讲求信义的人。④郤：通"隙"，间隙，此指怨恨、隔阂。⑤已而：后来。⑥恚：怨恨。⑦数：屡次。中：指禁宫之中。文书：指官府的公文档案材料。伤：中伤。⑧不能为地：不留余地，加以利用。⑨不平：不平静，放心不下。蜚：通"飞"，飞语，流言。变告：因事紧急，不按常规，越级匿名上告。奸：坏事。⑩下汤：交给张汤办理。⑪论：论罪判决。⑫安起：从何而起。⑬详：通"佯"，假装。⑭殆：恐怕、大概。故人：从前的熟人。⑮闾里：乡里，同乡。⑯摩：按摩。⑰数：屡次。讼：打官司。⑱赵王：即景帝之子、武帝之兄刘彭祖，被封为赵王。他经常与中央所派来的主管赵国铁器铸造的官员发生争执。⑲阴事：秘事。此指暗中犯法的事。⑳案：通"按"，检举。㉑系：拘禁。导官：汉代少府属下的粮谷加工之处，是待审罪犯暂时囚禁之所。㉒治他囚：办理其他囚犯的案子。㉓详：通"佯"，假装。省：察看，检查。㉔事下减

宣：把此事交给减宣去查办。㉕穷竟：追查到底，务求把事情搞清楚。㉖孝文园：即霸陵，汉文帝的陵墓。瘗（yì）钱：埋在陵墓四角的陪葬钱。瘗，埋。㉗约：商定。俱谢：同去谢罪。㉘四时：四季。行：巡视。㉙与：参与。㉚致其文：呈上丞相四时巡视陵墓的法令条文。丞相见知：意谓丞相知道偷盗者而故意放纵，犯了见知故纵法，应当查办。㉛长史：是掌管有关官署的日常事务的官。以当时三公皆有长史之官，故曰“三长史”。害：忌恨。㉜陷：陷害。

【原文】

始，长史朱买臣，会稽人也。读《春秋》。庄助使人言买臣，买臣以《楚辞》与助俱幸[①]，待中[②]，为太中大夫，用事[③]；而汤乃为小吏，跪伏使[④]买臣等前。已而汤为廷尉，治淮南狱，排挤庄助，买臣固心望[⑤]。及汤为御史大夫，买臣以会稽守为主爵都尉，列于九卿。数年，坐法废[⑥]，守[⑦]长史，见汤，汤坐床[⑧]上，丞史遇买臣弗为礼[⑨]。买臣楚士，深怨，常欲死之[⑩]。王朝，齐人也。以术[⑪]至右内史。边通，学长短[⑫]，刚暴强人也。官再至济南相[⑬]。故皆居汤右[⑭]，已而失官，守长史，诎体[⑮]于汤。汤数行[⑯]丞相事，知此三长史素贵，常凌折[⑰]之。以故三长史合谋曰：“始汤约与君谢，已而卖君；今欲劾[⑱]君以宗庙事，此欲代君耳。吾知汤阴事。”使吏捕案汤左[⑲]田信等，曰：汤且欲奏请，信辄先知之，居[⑳]物致富，与汤分之，及他奸事。事辞颇闻[㉑]。上问汤曰：“吾所为，贾人辄先知之，益居[㉒]其物，是类[㉓]有以吾谋告之者。”汤不谢。

汤又详惊曰："固宜有。"减宣亦奏谒居等事。天子果以汤怀诈而面欺[24]，使使八辈簿[25]责汤。汤具自道无此，不服。于是上使赵禹责汤。禹至，让[26]汤曰："君何不知分[27]也。君所治夷灭者几何[28]人矣？今人言君皆有状[29]，天子重致[30]君狱，欲令君自为计[31]，何多以对簿为？"汤乃为书谢曰："汤无尺寸功，起刀笔吏，陛下幸致为三公，无以塞责[32]。然谋陷汤罪者，三长史也。"遂自杀。

汤死，家产直[33]不过五百金，皆所得奉赐，无他业。昆弟诸子欲厚葬汤，汤母曰："汤为天子大臣，被污恶言而死，何厚葬乎！"载以牛车，有棺无椁[34]。天子闻之，曰："非此母不能生此子。"乃尽案诛[35]三长史。丞相青翟自杀。出[36]田信。上惜汤，稍迁[37]其子安世。

赵禹中废[38]，已而为廷尉。始条侯以为禹贼深[39]，弗任[40]。及禹为少府，比[41]九卿。禹酷急，至晚节[42]，事益多，吏务为严峻，而禹治加缓，而名为平[43]。王温舒等后起，治酷于禹。禹以老，徙为燕相。数岁，乱悖[44]有罪，免归，后汤十余年，以寿[45]卒于家。

【注释】

①幸：受宠，被重用。②待中：在宫中侍奉皇帝。③用事：管理此事。④使：听候差遣。⑤固：本来。望：怨恨。⑥坐法：犯法。废：免官。⑦守：暂时代理。⑧床：日常所坐的凳子。⑨丞史：丞与史。此指张汤的佐官和属官。遇：待。弗为礼：不礼貌。⑩死之：把他（张汤）置于死地。⑪以：

凭。术：指儒家经术。⑫长短：指战国纵横家的思想。⑬再：第二次。济南相：济南国的相。按：汉代诸侯国的相，皆由中央政府委任。⑭居：在。右：汉代以右为尊贵之位，比较官位的高低也用左右分别，右者官位高，左者官位低。⑮诎体：指跪伏于地，拜见长官。诎，通“屈”。⑯行：兼任职务，代理官职。⑰凌折：欺凌而使其折服。⑱劾：弹劾。⑲案：审理。左：通“佐”，此指知情的证人。⑳居：囤积。㉑事辞：有关事情的供词。闻：听，此指关于张汤和田信的事，传到天子那里，被天子知道。㉒益居：更多地囤积货物。㉓是：这。类：像。㉔怀诈：心怀奸诈。面欺：当面欺骗。㉕八辈：八批。簿：记录本。“簿责”，按记录在案的罪行责问张汤。㉖让：责备。㉗分：情况。㉘几何：多少。㉙状：具体情况，即证据。㉚重致：难以处理。㉛自为计：意谓自杀。㉜塞责：搪塞罪责。㉝直：通“值”。㉞椁：外棺。㉟案诛：审理、诛杀。㊱出：释放。㊲稍：渐渐。迁：升官。㊳中废：中途罢官。㊴条侯：即周亚夫。贼深：残酷阴狠。㊵弗任：不重用。㊶比：并列。㊷晚节：晚年。㊸平：平和。㊹乱悖：昏乱违背情理。㊺寿：寿终，老死。

【原文】

义纵者，河东人也。为少年时，尝与张次公俱攻剽[①]为群盗。纵有姊姁，以医幸王太后[②]。王太后问：“有子兄弟为官者乎?”姊曰：“有弟无行[③]，不可。”太后乃告上，拜义姁弟纵为中郎，补上党郡中令[④]。治敢行[⑤]，少蕴藉[⑥]，县无逋[⑦]

事，举[⑧]为第一。迁为长陵及长安令，直法行治[⑨]，不避贵戚。以捕案太后外孙脩成君子仲[⑩]，上以为能，迁为河内都尉。至则族灭其豪穰氏之属[⑪]，河内道不拾遗。而张次公亦为郎，以勇悍从军，敢深入，有功，为岸头侯。

宁成家居，上欲以为郡守。御史大夫弘曰："臣居山东为小吏时，宁成为济南都尉，其治如狼牧羊[⑫]。成不可使治民。"上乃拜成为关都尉。岁余，关东吏隶[⑬]郡国出入关者，号曰："宁见乳虎，无值[⑭]宁成之怒。"义纵自河内迁为南阳太守，闻宁成家居南阳，及纵至关，宁成侧行[⑮]送迎，然纵气盛，弗为礼。至郡，遂案宁氏，尽破碎[⑯]其家。成坐有罪，及孔、暴之属皆奔亡[⑰]，南阳吏民重足一迹[⑱]。而平氏朱彊、杜衍杜周为纵牙爪[⑲]之吏，任用，迁为廷史。军数出定襄，定襄吏民乱败，于是徙纵为定襄太守。纵至，掩定襄狱中重罪轻系[⑳]二百余人，及宾客昆弟私入相视[㉑]亦二百余人。纵一捕鞠[㉒]，曰："为死罪解脱。"是日皆报杀四百余人。其后郡中不寒而栗[㉓]，猾民[㉔]佐吏为治。

是时赵禹、张汤以深刻[㉕]为九卿矣，然其治尚宽，辅法而行，而纵以鹰击毛挚[㉖]为治。后会五铢钱白金起，民为奸，京师[㉗]尤甚，乃以纵为右内史，王温舒为中尉。温舒至恶，其所为不先言纵[㉘]，纵必以气凌之，败坏其功。其治，所诛杀甚多，然取[㉙]为小治，奸益不胜，直指[㉚]始出矣。吏之治以斩杀缚束为务，阎奉以恶用[㉛]矣。纵廉，其治放[㉜]郅都。上幸鼎湖[㉝]，病久，已而卒起幸甘泉[㉞]，道多不治。上怒曰："纵以我为不复行此道乎？”嗛[35]之。至冬，杨可方受[36]告缗，纵以为此乱民，部吏捕其为[37]可使者。天子闻，使杜式治。以为废格沮事[38]，弃纵市。后一岁，张汤亦死。

【注释】

①攻剽：抢夺。②王太后：指汉武帝的母亲王娡。③无行：没有好品行。④上党郡中令：上党郡中某县（史失其名）的县令。⑤敢行：严酷。⑥蕴藉：宽和有涵养。⑦逋：逃亡。⑧举：推举。⑨直法行治：依法办理政事。⑩捕案：逮捕审讯。脩成君子仲：武帝母王娡与前夫金王孙所生之女号脩成君，仲乃修成君之子，他仗恃外戚的地位，“横于京城”。见《汉书·外戚传上》。⑪穰氏之属：穰氏一类的豪强之人。按：穰姓之族为当地的豪强势力。⑫如狼牧羊：比喻为政凶狠险恶。⑬吏：指郡国官员。隶：察看。⑭乳虎：正在哺育幼虎的母虎。值：遇。⑮侧行：在旁边随行。“侧行送迎”，极言宁成的谦恭态度。⑯破碎：指诛灭。⑰孔、暴：南阳的两个大姓家族。奔亡：逃亡。⑱重足：叠脚而行。一迹：一个脚印。按：此句极言南阳人的谨慎恐惧。⑲牙爪：即“爪牙”。“牙爪之吏”，即亲密的辅佐者。⑳掩：通“揜”，取，此指捕抓犯人。重罪轻系：没有戴刑具的重罪犯人。㉑相视：犹言“探监”。㉒一：全部。捕鞠：逮捕起来，加以审讯。鞠，通“鞫”。㉓栗：通“慄”。㉔猾民：豪强刁猾的百姓。㉕深刻：执法严峻刻薄。㉖鹰击毛挚：喻酷烈凶狠。按：《汉书·酷吏传》颜师古注曰：“如鹰隼之击，奋毛羽，执取飞鸟也。”

挚，攫取。㉗京师：京城，指长安。㉘先言纵：先向义纵报告。㉙取：通“趣”，急促。㉚直指：官名，由天子派到地方办理案件，具有捕杀二千石高官的大权。㉛以恶用：因为严刻而被重用。㉜放：通“仿”，效法。㉝鼎湖：县名。一说是宫名，在今陕西省蓝田县境内。㉞已：止，此指病愈。卒：通“猝”，突然。甘泉：宫名，在长安西北。㉟嗛：含恨。㊱方：正。受：受理。㊲部：部署。为：替。㊳废格：废弃敬君之礼。格，通“恪”，敬。按：义纵捕杨可之吏，即是违抗天子的诏命，犯大不敬之罪。沮事：破坏了天子下令要办的大事（告缗）。

【原文】

王温舒者，阳陵人也。少时椎埋[①]为奸。已而试[②]补县亭长，数废。为吏，以治狱至廷史。事张汤，迁为御史。督盗贼，杀伤甚多，稍[③]迁至广平都尉。择郡中豪敢[④]任吏十余人，以为爪牙，皆把其阴重罪[⑤]，而纵使[⑥]督盗贼。快其意所欲得，此人虽有百罪，弗法[⑦]，即有避[⑧]，因其事夷[⑨]之，亦灭宗[⑩]。以其故齐赵之郊盗贼不敢近广平，广平声[⑪]为道不拾遗。上闻，迁为河内太守。

素居广平时，皆知河内豪奸之家，及往，九月而至。令郡县私马[⑫]五十匹，为驿[⑬]自河内至长安，部吏如居广平时方略[⑭]，捕郡中豪猾，郡中豪猾相连坐千余家。上书请[⑮]，大者至族[⑯]，小者乃死，家尽没入偿臧[⑰]。奏[⑱]行不过二三日，得可事[⑲]。论报[⑳]，至流血十余里。河内皆怪其奏，以为神速。尽十二月，郡中毋声[21]，毋敢夜行，野无犬吠之盗[22]。其颇[23]不得失[24]，之旁郡国，黎来，会春[25]，温舒顿足叹曰："嗟乎，令冬月益展[26]一月，足吾事矣！"其好杀伐行威不爱人如此。天子闻之，以为能，迁为中尉。其治复放[27]河内，徙诸名祸猾吏与从事[28]，河内则杨皆、麻戊，关中杨赣、成信等。义纵为内史，惮未敢恣治[29]。及纵死，张汤败后，徙为廷尉，而尹齐为中尉。

【注释】

①椎埋：盗墓。②试：任用。③稍：逐渐。④豪敢：狂暴果敢。⑤把：把柄。阴重罪：尚未暴露的重罪。⑥纵使：驱使。⑦弗法：不法办。⑧即：若。避：躲避。⑨因：根据。其事：指过去所犯的罪。夷：杀。⑩灭宗：灭其家族。⑪声：名声。⑫私马：私人之马。⑬驿：驿站。传送公文和官员往来换马暂歇之处。驿站是由政府规定而设的，王温舒自行设驿，故用私马。⑭部吏：部署官吏。如：同。方路：策略。⑮请：指报告天子。⑯族：灭族。⑰家：家产。没：没收。偿臧：偿还过去所得的赃物。臧，通"赃"。⑱奏：指报告天子的奏章。⑲可事：可以执行。即皇帝同意了王温舒的做法。⑳论报：判罪上报。㉑毋声：指郡中惧怕而不敢出声。毋，通"无"。㉒犬吠之盗：引得狗叫的盗窃事件。㉓颇：少数。㉔失：通"逸"，逃亡。㉕黎来：追捕抓来。会春：正好春天到了。按：汉法，春天不执行死刑，死犯必在十二月底前杀死。㉖令：使。益展：延长。㉗放：仿效。㉘徙：调。名祸：著名的祸

害。此指刽子手。从事：同他一起做事。㉙惮：怕。恣治：放纵地施用严酷之刑，加以治理。

【原文】

尹齐者，东郡茌平人。以刀笔稍迁至御史。事张汤，张汤数称以为廉武[①]，使督盗贼，所斩伐不避贵戚。迁为关内尉，声甚于宁成。上以为能，迁为中尉，吏民益凋敝[②]。尹齐木强少文[③]，豪恶吏伏匿[④]而善吏不能为治，以故事多废，抵罪[⑤]。上复徙温舒为中尉，而杨仆以严酷为主爵都尉。

【注释】

①数称：经常称赞。廉武：廉洁勇敢。②凋敝：指生活困苦不堪。③木强：指处事死板。少文：指不讲求礼仪。④伏匿：隐蔽躲藏。⑤抵罪：被判罪。

【原文】

杨仆者，宜阳人也。以千夫[①]为吏。河南守案举[②]以为能，迁为御史，使督盗贼关东。治放尹齐，以为敢挚行[③]。稍迁至主爵都尉，列九卿。天子以为能。南越反[④]，拜为楼船将军，有功，封将梁侯。为荀彘所缚[⑤]。居久之，病死。

【注释】

①千夫：武官职衔号。②案举：考核并推荐当官。③敢挚行：行事凶猛而有胆量。挚，通“鸷”。④南越反：武帝时代，南越丞相吕嘉造反，元鼎六年（前111）派兵灭南越，将其地设为九郡。见《南越列传》。⑤杨仆同左将军荀彘在武帝

元封三年（前108）共同征伐朝鲜，因作战不力和争功，为荀彘所缚。荀彘坐争功弃市，杨仆回国后，因罪免为平民百姓。见《朝鲜列传》。

【原文】

而温舒复为中尉。为人少文，居廷惛惛[①]不辩，至于中尉则心开。督盗贼，素习关中俗，知豪恶吏，豪恶吏尽复为用，为方略[②]。吏苛察，盗贼恶少年投缿购告言奸[③]，置伯格长以牧司[④]奸盗贼。温舒为人谄，善事有势者，即无势者，视之如奴。有势家，虽有奸如山，弗犯；无埶者，贵戚必侵辱。舞文巧诋下户之猾，以焄[⑤]大豪。其治中尉如此。奸猾穷治[⑥]，大抵尽靡烂[⑦]狱中，行论[⑧]无出者。其爪牙吏虎而冠。于是中尉部中中猾以下皆伏[⑨]，有势者为游[⑩]声誉，称治。治数岁，其吏多以权富。

温舒击东越[⑪]还，议有不中意者，坐小法抵罪免。是时天子方欲作通天台[⑫]而未有人，温舒请覆中尉脱卒[⑬]，得数万人作。上说[⑭]，拜为少府。徙为右内史，治如其故，奸邪少禁。坐法失官。复为右辅，行中尉事，如故操[⑮]。

岁余，会宛军[⑯]发，诏征豪吏，温舒匿其吏华成。及人有变告温舒受员骑钱，他[⑰]奸利事，罪至族，自杀。其时两弟及两婚家[⑱]亦各自坐他罪而族。光禄徐自为曰：“悲夫，夫古有三族[⑲]，而王温舒罪至同时而五族[⑳]乎！”

温舒死，家直累千金[㉑]。后数岁，尹齐亦以淮阳都尉病死，家直不满五十金。所诛灭淮阳甚多，及死，仇家欲烧其尸，尸亡去[22]归葬。

【注释】

①居廷：在朝中办事。惛惛：昏聩糊涂的样子。②为方略：出谋献策。③缿：古代接受告密文书的器具。其形状像长颈之瓶，小孔，物可入而不可出。购告言奸：收买告发罪状的情报。④置：设置。伯格：通“陌落”，街道和村落。“伯格长”，指在田野街道到处设置督察之人。牧司：通“牧伺”，督察。⑤焄：同“熏”，以火烟熏炙。此指胁迫。⑥穷治：彻底追究。⑦大抵：大都。靡烂：犯人受皮肉之刑，皮开肉绽，以致糜烂。靡，通“糜”。⑧行论：判决有罪。⑨部中：任所之中，辖区之内。中猾：中等以下的狡猾之人。伏：隐伏起来，不敢公开活动。⑩游：宣扬。⑪东越：汉武帝元鼎六年（前111），东越王余善谋反，汉派大军平灭东越。王温舒以中尉身份率兵出梅岭击东越。见《东越列传》。⑫通天台：台名。其高五十丈，建于甘泉宫中。⑬覆：考核。脱卒：逃兵。⑭说：通“悦”。⑮故操：从前的做法。⑯宛军：指讨伐大宛的军队。按汉武帝太初元年（前104），发兵攻大宛。见《大宛列传》。⑰员骑：正额骑士，在籍骑兵。他：其他。⑱婚家：有婚姻关系之家。⑲三族：指父母、兄弟、妻子。⑳五族：指王温舒事累及两婚家，共云。㉑直：通“值”。累：积累。金：汉代规定黄金一斤为一金。㉒亡去：此指尹齐的尸体很快被偷运走，怕被仇恨者烧尸。

【原文】

自温舒等以恶[①]为治，而郡守、都尉、诸侯二千石[②]欲为治者，其治大抵尽放温舒，而吏民益轻犯法[③]，盗贼滋起。南阳有梅免、白政，楚有殷中、杜少，齐有徐勃，燕、赵之间有坚卢、范生之属。大群至数千人，擅自号[④]，攻城邑，取库兵，释死罪，缚辱郡太守、都尉，杀二千石，为檄告县趣具食[⑤]；小群以百数，掠卤[⑥]乡里者，不可胜数也。于是天子始使御史中丞、丞相长史督之。犹弗能禁也，乃使光禄大夫范昆、诸辅都尉及故九卿张德等衣[⑦]绣衣，持节[⑧]，虎符[⑨]发兵以兴击，斩首大部或至万余级，及以法诛通饮食者[⑩]。坐连诸郡，甚者数千人。数岁，乃颇得其渠率[⑪]。散卒失亡，复聚党阻山川[⑫]者，往往而群居，无可奈何。于是作"沈命法[⑬]"曰群盗起不发觉，发觉而捕弗满品[⑭]者，二千石以下至小吏主[⑮]者皆死。其后小吏畏诛，虽有盗不敢发[⑯]，恐不能得，坐课累府[⑰]，府亦使其不言。故盗贼寖[⑱]多，上下相为匿，以文辞[⑲]避法焉。

【注释】

①恶：指严法酷刑。②诸侯二千石：指诸侯王国中俸禄为二千石的官员（相、内史、中尉等）们。③吏民：官吏和百姓。轻犯法：以犯法为轻，即不拿犯法当一回事，轻易地犯法。④擅自号：擅自自立名号。⑤檄：文体名，主要用于声讨、晓谕一类的内容。趣：通"促"，催促。具食：准备粮食。⑥卤：通："掳"，抢掠。⑦故：原来的。衣：穿。⑧节：

使者所持的信物。⑨虎符：古代君王授予兵权或调遣军队的信物。一般多用铜制成虎形，中分为二，一半留在朝廷，一半交给受命的将军。调兵时则须两半虎符相合，君命方能生效。⑩通饮食者：给起义者供应粮食的人。⑪渠率：通“渠帅”，首领。⑫阻山川：凭借山川险阻抗击官兵。⑬沈命法：隐藏亡命者而被论罪的法令。“沈”通“沉”，藏匿。命，亡命。⑭满品：达到了规定的数量和程度。⑮主：主持其事的人。⑯发：报告。⑰坐课：犯法被判刑。累：连累。府：郡府。⑱寖：“浸”，更加。⑲文辞：此指虚假不实的文字材料。

【原文】

减宣者，杨人也。以佐史无害给事河东守府[①]。卫将军青使买马河东，见宣无害，言上[②]，征为大厩丞。官事辨[③]，稍迁至御史及中丞。使治主父偃及治淮南反[④]狱，所以微文深诋[⑤]，杀者甚众，称为敢决疑。数废数起[⑥]，为御史及中丞者几二十岁。王温舒免中尉，而宣为左内史。其治米盐[⑦]，事大小皆关[⑧]其手，自部署县名曹实物[⑨]，官吏令丞不得擅摇[⑩]，痛以重法绳[⑪]之。居官数年，一切郡中为小治辨[⑫]，然独宣以小致大，能因力行之，难以为经[⑬]。中废，为右扶风，坐[⑭]怨成信，信亡藏上林中，宣使郿令格杀[⑮]信，吏卒格信时，射中上林苑门，宣下吏诋罪[⑯]，以为大逆，当[⑰]族，自杀。而杜周任用。

【注释】

①给事：供职。守府：太守官衙。②言上：指向皇上推

荐。③辨：通“平”，公。“官事辨”，言当官做事很公平。④治：办理。主父偃：这里指像他这样一段史实：在他任齐国国相时，曾“使人以王与姊奸事动王”，齐王怕论死，自杀。另一位诸侯王赵王出于自己的利害，在主父偃之任齐相出关时，已“使人上书，告言主父偃受诸侯金”。及齐王死，汉武帝“以为主父劫其王令自杀，乃征下吏治”。见《平津侯主父列传》，参见《齐悼惠王世家》。淮南王反：已见前注。⑤微文：隐微的文辞。深诋：谓极尽诬陷之能事。⑥数废：屡次罢官。数起：多次被起用。⑦治米盐：管理米和盐的小事。⑧关：经过。⑨部署：犹言“安排”。曹：具体的办事部门。实物：财产器物。⑩擅摇：擅自更动。⑪痛：甚至。按徐灏《说文解字注笺》：“痛，引申为极甚之辞。”绳：制裁。⑫治辨：处理事情合宜。⑬经：常道。⑭坐：因为。⑮格杀：射杀。格，击。⑯下吏：交付法官。抵罪：判罪。诋，通“抵”。⑰当：判罪。

【原文】

杜周者，南阳杜衍人。义纵为南阳守。以为爪牙，举为廷尉史。事张汤，汤数言其无害，至御史。使案边失亡[①]，所论杀甚众。奏事中[②]上意，任用，与减宣相编，更[③]为中丞十余岁。

其治与宣相放，然重迟，外宽内深次骨[④]。宣为左内史，周为廷尉，其治大放张汤而善候伺[⑤]。上所欲挤者，因而陷之；上所欲释者，久系待问而微见[⑥]其冤状。客有让周曰：

“君为天子决平，不循三尺法[7]，专以人主意指为狱。狱者固如是乎？”周曰：“三尺安出哉？前主[8]所是著为律，后主所是疏[9]为令。当时为是[10]，何古之法[11]乎？”

至周为廷尉，诏狱亦益多矣。二千石系者新故相因[12]，不减百余人。郡吏大府举之廷尉，一岁至千余章[13]。章大者连逮证案[14]数百，小者数十人；远者数千，近者数百里。会狱[15]，吏因责如章告劾[16]，不服，以笞掠定[17]之。于是闻有逮皆亡匿。狱久者至更数赦十有余岁而相告言[18]，大抵尽诋以不道[19]以上。廷尉及中都官诏狱逮至六七万人，吏所增加十万余人。

周中废，后为执金吾[20]，逐盗，捕治桑弘羊、卫皇后昆弟子刻深[21]，天子以为尽力无私，迁为御史大夫。家两子，夹河[22]为守，其治暴酷皆甚于王温舒等矣。杜周初征为廷史，有一马，且不全[23]；及身久任事，至三公列，子孙尊官，家訾累数巨万[24]矣。

【注释】

①案：通“按”，拷问审理。边：边境。失亡：指士卒逃亡。②中：合。③相编：互相接替。更：相互调换。④重迟：指处事慎重，决断迟缓。次骨：至骨。⑤候伺：窥测。⑥微见：暗中显露。见，通“现”。⑥决平：公平判案。⑦循：遵照。三尺法：法律写在三尺长（实为二尺四寸）的竹简上，故以“三尺法”代称法律。⑧前主：从前的国君。⑨疏：分条记载。⑩当时：合于当代。当，合。是：正确。⑪法：效法。⑫新故：新旧。相因：相积累。⑬章：奏章。⑭证案：与

案件有关的证人。⑮会狱：把案犯押至京师会审。⑯因：于是。责：要求。如章：按奏章而言。告劾：所告的罪状。⑰笞：刑具，竹板、木板。掠：打。定：定案。⑱更：经历。数赦：屡次赦免。相告言：仍在诉讼。⑲大抵：大都。诋以不道：诬判为大逆不道之罪。⑳汉武帝太初元年（前104）改中尉为执金吾。杜周于天汉二年（前99）担任金吾。㉑桑弘羊：汉昭帝元凤元年（前80）桑弘羊死于燕王旦事件中。此处所言非指桑弘羊本人事，实为其亲属之事。卫皇后昆弟子：盖指汉武帝皇后卫子夫之弟大将军卫青之子卫伉、卫不疑和卫登坐法或坐酎金事。昆弟：兄弟。刻深：严苛酷烈。㉒家两子：家中有两个儿子，即杜延寿、杜延考。夹河：在黄河两岸。按：杜延寿任河内（在黄河北岸）太守，杜延考任河南太守。㉓全：指配备不完好。㉔訾：通“赀”，钱财。巨万：万万。

【原文】

太史公曰：自郅都、杜周十人[①]者，此皆以酷烈为声。然郅都伉直[②]，引是非，争天下大体[③]。张汤以知阴阳[④]，人主与俱上下[⑤]，时数辩当否，国家赖其便。赵禹时据法守正。杜周从谀，以少言为重。自张汤死后，网密，多诋严，官事寖以秏废。九卿碌碌奉[⑥]其官，救过不赡[⑦]，何暇论绳墨之外[⑧]乎！然此十人中，其廉者足以为仪表，其污者足以为戒，方略教导，禁奸止邪，一切亦皆彬彬[⑨]，质有其文武[⑩]焉。虽惨酷，斯称其位[⑪]矣。至若蜀守冯当暴挫[⑫]，广汉李贞擅磔人[⑬]，东郡弥仆锯项[⑭]，天水骆璧推咸[⑮]，河东褚广妄杀，京兆无忌、冯翊殷周蝮鸷[16]，水衡阎奉朴击卖请[17]，何足数哉！何足数哉！

【注释】

①十人：文中所写酷吏共十一人，此处举其略数而言。②伉直：刚烈正直。伉，通“亢”。③引是非：辩说是非。天下大体：与国家利益有关的重要原则。④知阴阳：指懂得分析观察君王的喜怒哀乐而投其所好。⑤人主：皇上。俱上下：意谓保持意见一致。⑥碌碌：平庸无能。奉：供职，做事。⑦赡：足。⑧绳墨之外：指法律以外的事。⑨彬彬：斯文有礼貌的样子。⑩质：本质。文：礼义教化。武：指刑罚。⑪称其位：称职。⑫暴挫：凶暴地摧残人。⑬磔人：裂尸。⑭锯项：用锯割断脖子。⑮推咸：当作“椎成”（据《集解》、《索隐》、梁玉绳《史记志疑》、王念孙《读书杂志》说），意谓“椎击之以成狱”（王念孙语）。⑯蝮鸷：凶狠。蝮，通“愎”。⑰朴击：用木棒打人。卖请：逼人拿钱求得宽免。

【译文】

孔子说：“用政治法令来引导百姓，用刑罚来约束百姓，老百姓只求免于犯罪却没有羞耻之心。如果用道德来引导百姓，用礼仪来约束百姓，百姓不仅懂得耻辱，而且能够达到自觉地修身境界。”老子说：“具有高尚道德的人，不表现在形式上的德，因此才有德；道德低下的人，执守着形式上的德，因此没有实际的德。”“法令越是严酷，盗贼反而更多。”太史公说：这些话说得太好了！法令是治理国家的手段，但不是解决社会问题的根本办法。从前秦朝的法网十分严密，但是奸邪诈伪的事情却层出不穷，这情况发展到最严重的时候，从上到下都相互欺骗，达到国家一蹶不振的地步。在这个时候，官吏管理政事就像抱薪救火、扬汤止沸一样，如果不用强健有力的人和严酷的法令，怎么能胜其任而愉快呢？如果让倡言道德的人来干这些事，一定会失职的。所以，孔子说："审理诉讼，我同别人一样；一定要有不同，那就让人们不要再发生诉讼的事。"老子说："愚蠢浅陋的人听到道德之言，就会大笑起来。"这些话并不是虚妄之言。汉朝建立后，破坏了方形的，换成圆形的，对秦朝法律作了较大变动，如同砍掉外部的雕饰，露出质朴自然的本质一样，法律由繁苛而至宽简，就像可以漏掉吞舟之鱼的渔网，然而官吏的治绩纯厚美盛，不至于做出奸邪之事，百姓也都平安无事。由此可见，国家政治的美好，在于君王的宽厚，而不在法律的严酷。

高后时代，酷吏只有侯封，苛刻欺压皇族，侵犯侮辱有功之臣。诸吕彻底失败后，朝廷就杀了侯封的全家。孝景帝时代，晁错用心苛刻严酷，多用法术来施展他的才能，因而吴、楚等七国叛乱，把愤怒发泄到晁错身上，晁错因此被杀。这以后有郅都和宁成之辈。

郅都是杨县人，以郎官的身份服事孝文帝。景帝时代，郅都当了中郎将，敢于向朝廷直言进谏，在朝廷上当面使人折服。他曾经跟随天子到上林苑，贾姬到厕所去，野猪突然闯进厕所。皇上用眼示意郅都，郅都不肯行动。皇上想亲自拿着武器去救贾姬，郅都跪在皇上面前说："失掉一个姬妾，还会有个姬妾进宫，天下难道会缺少贾姬这样的人吗？陛下纵然看轻自己，而祖庙和太后怎么办呢？”皇上回转身来，野猪也离开了。太后听说了这件事，赏赐郅都黄金百斤，从此重视郅都。

济南瞷姓的宗族共有三百多家，强横奸猾，济南太守不能治服他们。于是，汉景帝就任命郅都当济南太守。郅都来到济南郡所，就把瞷氏家族首恶分子的全家都杀了，其余瞷姓坏人都吓得大腿发抖。过了一年多，济南郡路不拾遗。周围十多个郡的郡守畏惧郅都就像畏惧上级官府一样。

郅都为人勇敢，有气力，公正廉洁，不翻开私人求情的信，送礼他不接受，私人的请托他不听。他常常自己说：“已经背离父母而来当官，我就应当在官位上奉公尽职，保持节操而死，终究不能顾念妻子儿女。”

郅都调升中尉之官，丞相周亚夫官最高而又傲慢，而郅都见到他只是作揖，并不跪拜。这时，百姓质朴，怕犯罪，都守法自重，郅都却自首先施行严酷的刑法，以致执法不畏避权贵和皇亲，连列侯和皇族之人见到他，都要侧目而视，称呼他为“苍鹰”。

临江王被召到中尉府受审问，临江王想得到书写工具，给皇上写信，表示谢罪，郅都却告诉官吏不给他书写工具。魏其侯派人暗中给临江王送去书写工具。临江王给皇上写了谢罪的信，于是就自杀了。窦太后听到这个消息，发怒了，用严法中伤郅都，郅都被免官归家。汉景帝就派使者拿着符节任命郅都为雁门太守，并让他乘便取道上路，直接去雁门上任，根据实际情况独立处理政事。匈奴人一向听说郅都有操节，现在由他守卫边境，所以匈奴人便领兵离开汉朝边境，直到郅都死去时，一直没敢靠近雁门。匈奴甚至做了像郅都模样的木偶人，让骑兵们奔跑射击，没有人能射中，害怕郅都到了如此的程度。匈奴人以郅都为祸患。窦太后最后竟以汉朝法律中伤郅都，景帝说："郅都是忠臣。"想释放他。窦太后说："临江王难道就不是忠臣吗?"于是，就把郅都杀了。

宁成是穰县人，做侍卫随从之官服事汉景帝。他为人好胜，做人家的小官时，一定要欺凌他的长官；做了人家的长官，控制下属就像捆绑湿柴一样随便。他狡猾凶残，任性使威，逐渐升官，当了济南都尉。这时，郅都是济南太守。在此之前的几个都尉都是步行走入太守府，通过下级官吏传达，然后进见太守，就像县令进见太守一样，他们畏惧郅都就是这个样子。等到宁成前来，却一直越过郅都，走到他的上位。郅都一向听说过他的名声，于是很好地对待他，同他结成友好关系。过了好久，郅都死去。后来，长安附近皇族中的好多人凶暴犯法。于是，皇上召来宁成当了中尉。他的治理办法仿效郅都，他的廉洁不如郅都，但是皇族豪强人人都恐惧不宁。

汉武帝即位，宁成改任为内史。外戚们多诽谤宁成的缺点，他被依法判处剃发和以铁缚脖子的刑罚。这时，九卿犯罪该处死的就处死，很少遭受一般刑罚，而宁成却遭受极重的刑罚。他自己认为朝廷不会再用他当官，于是就解脱刑具，私刻假的有关文件，出了函谷关回到家中。他杨言："当官做不到二千石一级的高官，经商挣不到一千万贯钱，怎能同别人相比呢?”于是，他借钱买了一千多顷可灌溉的土地，出租给贫苦的百姓，给他种地受奴役的有几千家。几年以后，遇上大赦。他已有了几千斤黄金的家产，专好抱打不平，掌握官吏们的短处，出门时有几十个骑马的人跟随其后。他驱使百姓的权威比郡守还大。

周阳由，他父亲赵兼以淮南王刘长舅父的身份被封为周阳侯，所以姓周阳。周阳由因为是外戚被任命为郎官，服事孝文帝和孝景帝。景帝时，周阳由当了郎官。汉武帝即位后，官员处理政事，崇尚遵循法度，谨慎行事。然而，周阳由在二千石一级的官员中，是最暴虐残酷、骄傲放纵的人。他所喜爱的，如果犯了死罪，就曲解法律使那人活下来；他所憎恶的，就歪曲法令把人杀死。他在哪个郡当官，就一定要消灭那个郡的豪门。他当郡太守，就把都尉视同县令一般。他当都尉，必定欺凌太守，侵夺他的权力。他和汲黯都属于强狠之人，还有司马安善用法令条文害人，都身居二千石官员的行列，可是汲黯与司马安若与周阳由同车都不敢和周阳由均分坐垫与同伏车栏。

周阳由后来当了河东郡的都尉，经常同郡太守胜屠公争权，互相告状。结果，胜屠公被判决有罪，但他坚持道义，不肯接受刑罚而自杀，周阳由被处以弃市之刑。

从宁成、周阳由之后，政事更加繁杂，百姓用巧诈的手段对付法律，多数官吏治理政事都像宁成和周阳由一样。

赵禹是嫠县人，以佐史的身份补任京城官府的官员，因为廉洁升为令史，服事周亚夫。周亚夫当丞相，赵禹当丞相史，丞相府中的人都称赞他廉洁公平。但周亚夫不重用他，说："我知道赵禹有杰出无比的才干，但他执法深重严酷，不能在大的官府当官。"武帝时代，赵禹因为从事文书工作而积累功劳，逐渐升为御史。皇上认为他能干，又升他到太中大夫。他和张汤共同制定各种法令，制作"见知法"，让官吏互相监视，相互检举。汉朝法律越发严厉，大概就从这时开始。

张汤是杜县人。他父亲当长安县丞，有一次出门去，张汤当时是小孩，父亲就让他在家看门。父亲回家后，看到老鼠偷了肉，就对张汤发怒，用鞭子打了他。张汤掘开鼠洞，找到偷肉的老鼠和没吃完的肉，就举告老鼠的罪行，加以拷打审问，记录审问过程，反复审问，把判决的罪状写好报告，并且把老鼠和剩肉取来，当堂最后定案，把老鼠分尸处死。他父亲看到这情景，又看到那判决词就像老练的法官所写，特别惊讶，于是就让他学习断案的文书。父亲死后，张汤就当了长安的官员，做了很长一段时间。

周阳侯田胜开始做九卿之官时，曾经被拘禁在长安，张汤尽其全力加以保护。待田胜出狱封了侯，与张汤密切交往，并把当朝权贵一一介绍给张汤，让张汤同他们相识。张汤在内史任职，做宁成的属官。因为张汤才华无比，宁成就向上级官府推荐，被调升为茂陵尉，主持陵墓土建工程。

武安侯田蚡当了丞相，征召张汤做内史，经常向天子推荐他，被任命为御史，让他处理案件。他主持处理陈皇后巫蛊案件时，深入追究同党。于是，汉武帝认为他有办事能力，逐步提拔他当了太中大夫。他与赵禹一起制定各种法律条文，务求苛刻严峻，约束在职的官吏。不久，赵禹提升为中尉，又改任少府，而张汤当了廷尉，两人友好交往，张汤以对待兄长的礼节对待赵禹。赵禹为人廉洁傲慢，当官以来，家中没有食客。三公九卿前来拜访，赵禹却始终不回访答谢，务求断绝与知心朋友和宾客的来往，独自一心一意地处理自己的公务。他看到法令条文就取来，也不去复查，以求追究从属官员的隐秘的罪过。张汤为人多诈，善施智谋控制别人。他开始当小官时，就喜欢以权自谋私利，曾与长安富商田甲、鱼翁叔之流勾结。待当了九卿之官时，便结交天下名士大夫，自己内心虽然同他们不合，表面却装出仰慕他们的样子。

这时，汉武帝正心向儒家学说，张汤判决大案，就想附会儒家观点，因此就请博士弟子们研究《尚书》《春秋》，他担任廷尉史，就请他们评判法律的可疑之处。每次上报判决的疑难案件，都预先给皇上分析事情的原委。皇上认为对的，就接受并记录下来，作为判案的法规，以廷尉的名义加以公布，颂扬皇上的圣明。如果奏事遭到谴责，张汤就认错谢罪，顺着皇上的心意，一定要举出正、左右监和贤能的属吏，说："他们本来向我提议过，就像皇上责备我的那样，我没采纳，愚蠢到这种地步。"因此，他的罪常被皇上宽恕不究。他有时向皇上呈上奏章，受到称赞，他就说："我当初本不知道应该这么办，这是我手下的某个廷尉正、廷尉监或掾史要我这么办的。”他就是这么推荐人，这么喜欢扬人之善，隐人之过。他所处理的案件，如果是皇上想要加罪的，他就交给执法严酷的监史去办理；要是皇上想宽恕的，他就交给执法轻而公平的监史去办理。他所处理的如果是豪强，则一定要玩弄法律条文，巧妙地进行诬陷。如果是平民百姓和瘦弱的人，则常常用口向皇上陈述，虽然按法律条文应当判刑，但请皇上明察裁定。于是，皇上往往就宽释了张汤所说的人。张汤虽做了大官，自身修养很好，与宾客交往，同他们喝酒吃饭，对于老朋友当官的子弟以及贫穷的兄弟们，照顾得尤其宽厚。他拜问三公，不避寒暑。所以，张汤虽然执法严酷，内心嫉妒，处事不纯正公平，却得到这个好名声。那些执法酷烈刻毒的官吏都被他用为属吏，又都依从于儒学之士。丞相公孙弘屡次称赞他的美德。待到他处理淮南王、衡山王、江都王谋反的案件，都能穷追到底。严助和伍被，皇上本想宽恕他们，张汤争辩说：“伍被本来是策划谋反的人，严助是皇上亲近宠幸的人，是出入宫廷禁门的护卫之臣，竟然这样私交诸侯。如不杀他，以后就不好管理臣下了。”于是，皇上同意对他们的判决。他处理案子打击大臣，自己邀功的情况，多半如此。于是，张汤更加受到尊宠和信任，升为御史大夫。

正巧赶上匈奴浑邪王等投降汉朝，汉朝出动大军讨伐匈奴，山东遇到水涝和干旱的灾害，贫苦百姓流离失所，都依靠政府供应衣食，政府因此仓库空虚。于是，张汤按皇上旨意，请铸造银钱和五铢钱，垄断天下的盐铁经营权，打击富商大贾，发布告缗令，铲除豪强兼并之家的势力，玩弄法律条文巧言诬陷，来辅助法律的推行。张汤每次上朝奏事，谈论国家的财用情况，一直谈到傍晚，天子也忘记了吃饭时间。丞相无事可做，空占相位，天下的事情都取决于张汤。致使百姓不能安心生活，骚动不宁，政府兴办的事得不到利益，而奸官污吏却一起侵夺盗窃，于是就彻底以法惩办。从三公九卿以下，直到平民百姓，都指责张汤。张汤曾经生病，天子亲自前去看望他，他的高贵达到这种地步。

匈奴来汉朝请求和亲，群臣都到天子跟前议论此事。博士狄山说："和亲有利。"皇上问他有利在何处？狄山说："武器是凶险的东西，不可以屡次动用。高帝想讨伐匈奴，被围在平城，就和匈奴结成和亲之好。孝惠、高后时期，天下安定快乐。待到孝文帝时，想征讨匈奴，结果北方骚扰不安、百姓苦于战争。孝景帝时，吴、楚七国叛乱，景帝往来于未央宫和长乐宫之间，忧心了几个月。吴楚七国叛乱平定后，直到景帝去世不再谈论战争，天下却富裕殷实。如今，自从陛下发兵攻打匈奴，国内因此而财用空虚，边境百姓极为困苦。由此可见，用兵不如和亲。"皇上又问张汤，张汤说："这是愚蠢的儒生，无知。"狄山说："我固然是愚忠，像御史大夫张汤却是诈忠。像张汤处理淮南王和江都王的案子，用严酷的刑法，放肆地诋毁诸侯，离间骨肉之亲，使各封国之臣自感不安。我本来就知道张汤是诈忠。"于是，皇上变了脸色，说："我派你驻守一个郡，你能不让匈奴进京来抢掠吗？"狄山说："不能。"皇上说："驻守一个县呢？"狄山回答说："不能。"皇上又说："驻守一个边境城堡呢？"狄山自己想到，如果辩论到无话回答，皇上就要把自己交给法官治罪，因此说："能。"于是，皇上就派遣狄山登上边塞城堡。过了一个多月，匈奴斩下狄山的头就离开了。从此以后，群臣震惊恐惧。

张汤的门客田甲虽是商人，却有贤良的品行。张汤开始做小官时，他与张汤以钱财交往，待张汤当了大官，他责备张汤品德道义方面的过错，很有忠义之士的风度。

张汤当了七年御史大夫，失败了。

河东人李文曾经同张汤有嫌隙，以后他当了御史中丞，心中怨恨张汤，屡次从宫中文书里寻找可以用来伤害张汤的材料，不留余地。张汤有个喜爱的下属叫鲁谒居，知道张汤对此心中不平，就让人以流言向皇上密告李文的坏事，而这事正好交给张汤处理。张汤就判决李文死罪，把他杀了，他也知道这事是鲁谒居干的。皇上问道："匿名上告李文的事是怎样发生的？"张汤假装惊讶地说："这大概是李文的老朋友怨恨他。"后来，鲁谒居病倒在同乡主人的家中，张汤亲自去看望他的病情，替鲁谒居按摩脚。赵国人以冶炼铸造为职业，赵王刘彭祖屡次同朝廷派来主管铸铁的官员打官司，张汤常常打击赵王。赵王寻找张汤的隐私之事。鲁谒居曾经检举过赵王，赵王怨恨他，于是就上告他们二人，说："张汤是大臣，其属官鲁谒居有病，张汤竟然给他按摩脚，我怀疑两人必定一同做了大的坏事。"这事交给廷尉处理，鲁谒居病死了，事情牵连到他的弟弟，就把他弟弟拘禁在导官署。张汤也到导官署审理别的囚犯，看到鲁谒居的弟弟，想暗中帮助他，所以假装不察看他。鲁谒居的弟弟不知道这个情况，怨恨张汤，因此就让人上告张汤和鲁谒居搞阴谋，共同匿名告发了李文。这事交给减宣处理。减宣曾同张汤有嫌隙，待他接受了这案子，把案情查得水落石出，没有上报。正巧有人偷挖了孝文帝陵园里的殉葬钱，丞相庄青翟上朝，同张汤约定一同去谢罪。到了皇上面前，张汤想只有丞相必须按四季巡视陵园，丞相应当谢罪，与我张汤没关系，不肯谢罪。丞相谢罪后，皇上派御史查办此事。张汤想按法律条文判丞相明知故纵的罪过，丞相忧虑此事。丞相手下的三个长史都忌恨张汤，想陷害他。

最初，长史朱买臣是会稽人，攻读《春秋》。庄助让人向皇帝推荐朱买臣，朱买臣因为精读《楚辞》，同庄助都得到皇上的宠幸，从侍中升为太中大夫，当权。这时，张汤只是个小官，在朱买臣等面前下跪听候差遣。不久，张汤当了廷尉，办理淮南王案件，排挤庄助，朱买臣心里本来怨恨张汤。待张汤当了御史大夫，朱买臣从会稽太守的职位上调任主爵都尉，位列九卿。几年后，因犯法罢官，代理长史，去拜见张汤，张汤坐在日常所坐的椅子上接见朱买臣，他的丞史一类的属官也不以礼对待朱买臣。朱买臣是楚地士人，深深怨恨张汤，常想把他整死。王朝是齐地人，凭着儒家学说当了右内史。边通，学习纵横家的思想学说，是个性格刚强暴烈的强悍之人。当官，两次做济南王的丞相。从前，他们都比张汤的官大，不久丢了官，代理长史，对张汤行屈体跪拜之礼。张汤屡次兼任丞相的职务，知道这三个长史原来地位很高，就常常欺负压制他们。因此，三位长史合谋并对庄青翟说：“开始张汤同你约定一起向皇上谢罪，紧接着就出卖了你；现在又用宗庙之事控告你，这是想代替你的职位。我们知道张汤的不法隐私。”于是，就派属吏逮捕并审理张汤的同案犯田信等人，说张汤将要向皇上奏请政事，田信则预先就知道，然后囤积物资，发财致富，同张汤分赃，还有其他坏事。有关此事的供词被皇上听到了，皇上向张汤说：“我所要做的事，商人则预先知道此事，越发囤积那些货物，这像有人把我的想法告诉了他们一样。”张汤不谢罪，却又假装惊讶地说：“应该说一定有人这样做了。”这时，减宣也上奏书报告张汤和鲁谒居的犯法之事。天子果然以为张汤心怀巧诈，当面欺骗君王，派八批使者按记录在案的罪证审问张汤。张汤自己说没有这些罪过，不服。于是，皇上派赵禹审问张汤。赵禹来了以后，责备张汤说：“皇上怎能不知道情况呢？你办理案件时，被夷灭家族的有多少人呢？如今人家告你的罪状都有证据，天子难以处理你的案子，想让你自己想法自杀，何必多对证答辩呢？”张汤就写信谢罪说：“张汤没有尺寸之功，起初只当文书小吏，陛下宠幸我，让我位列三公，无法推卸罪责。然而，阴谋陷害张汤的罪人是三位长史。”张汤于是就自杀了。

张汤死时，家产总值不超过五百金，都是所得的俸禄和皇上的赏赐，没有其他的产业。张汤兄弟和儿子们仍想厚葬张汤，他母亲说："张汤是天子的大臣，遭受恶言诬告而死，何必厚葬呢？"于是，就用牛车拉着棺材，没有外椁。天子听到这情况后，说："没有这样的母亲，生不出这样的儿子。"就穷究此案，把三个长史全都杀了。丞相庄青翟也自杀。田信被释放出去。皇上怜惜张汤，逐渐提拔他的儿子张安世。

赵禹中途被罢官，不久当了廷尉。当初，条侯周亚夫认为赵禹残酷阴狠，不肯重用。后来赵禹当了少府，与九卿并列。赵禹做事严酷急躁，到晚年时，国家事情越来越多，官吏致力于施行严刑峻法，而赵禹执法被称为平和。王温舒等人是后起之官，执法比赵禹严酷。因为赵禹年老，改任燕国丞相。几年后，犯有昏乱背逆之罪，被免官，在张汤死后十余年，老死在家中。

义纵是河东人。少年时代，曾与张次公一块抢劫，结为强盗团伙。义纵有个姐姐叫姁，凭医术受到太后的宠幸。王太后问姁说："你有儿子和兄弟当官吗？"义纵的姐姐说："有个弟弟，品行不好，不能当官。"太后就告诉皇上，任义姁的弟弟义纵为中郎，改任上党郡中某县的县令。义纵执法严酷，很少有宽和包容的情形，因此县里没有逃亡的事，被推荐为第一。后来改任长陵和长安的县令，依法办理政事，不回避贵族和皇亲。因为逮捕审讯太后的外孙脩成君的儿子仲，皇上认为他有能力，任为河内都尉。到任后，他就把当地豪强穰氏之流灭了族，使河内出现道不拾遗的局面。张次公也当了郎官，凭着他的勇敢剽悍当了兵，因为作战敢于深入敌军，获得军功，封为岸头侯。

宁成在家闲居时，皇帝想让他当太守。御史大夫公孙弘说："我在山东当小官时，宁成做济南都尉，他处理政事就像狼牧羊一样凶。宁成不可以用来治理百姓。"皇上就任命宁成当关都尉。一年以后，关东郡国的官吏察看郡国中出入关口的人，都扬言："宁肯看到给幼崽哺乳的母虎，也不要遇到宁成发怒。"义纵从河内调任南阳太守，听说宁成在南阳家中闲居，等到义纵到达南阳关口，宁成跟随身后，往来迎送，但是义纵盛气凌人，不以礼相待。到了郡府，义纵就审理宁氏家的罪行，完全粉碎了有罪的宁氏家族。宁成也被株连有罪，至于孔姓和暴姓之流的豪门都逃亡而去，南阳的官吏百姓都怕得谨慎行动，不敢有错。平氏县的朱彊、杜衍县的杜周都是义纵的得力属官，受到重用，升为廷史。这时，汉朝军队屡次从定襄出兵打匈奴，定襄的官吏和百姓人心散乱、世风败坏，朝廷于是改派义纵做定襄太守。义纵到任后，捕取定襄狱中没有戴刑具的重罪犯人二百人，以及他们的宾客兄弟私自探监的也有二百余人。义纵把他们全部逮捕起来加以审讯，罪名是"为死罪解脱"。这天都上报杀人数目，共四百余人。这之后，郡中人都不寒而栗，连刁猾之民也辅佐官吏治理政事。

这时，赵禹、张汤都因执法严酷而当了九卿之官，但是他们的治理办法还算宽松，都以法律辅助行事，而义纵却以酷烈凶狠治理政事。后来，正赶上五铢钱和白金起用，豪民乘机施展奸诈手段，京城尤其严重，朝廷就用义纵做右内史，王温舒当中尉。王温舒极凶恶，他所做的事若不预先告知义纵，义纵必定施展个人义气欺凌他，破坏他干的事。他治理政事，杀的人很多，但是急促治理，非但成效不大，反而奸邪之事越来越多，因而直指之官出现了。官吏治理政事以斩杀和捆缚为主要任务，阎奉以凶恶被任用。义纵廉洁，他治理政事仿效郅都。皇上驾幸鼎湖，病了好长一段时间，病好了突然驾幸甘泉宫，所行之路多半没有修整，皇上发怒说："义纵以为我不再走这条路了吧?"心中怀恨义纵。到了冬天，杨可正受命主持处理"告缗"案件，义纵以为这将扰乱百姓，部署官吏逮捕那些替杨可出去干事的人。天子听说了这件事，派杜式去处理，认为义纵的做法，是废弃了敬君之礼，破坏了君王要办的事，将义纵弃市。过了一年，张汤也死了。

王温舒是阳陵人。年轻时做盗墓等坏事。不久，当了县里的亭长，屡次被免职。后来当了小官，因善于处理案件升为廷史。服事张汤，升为御史。他督捕盗贼，杀伤的人很多，逐渐升为广平都尉。他选择郡中豪放勇敢的十余人当属官，让他们做得力帮手，掌握他们每个人的隐秘的重大罪行，从而放手让他们去督捕盗贼。如果谁捕获盗贼使王温舒很满意，此人虽然有百种罪恶也不加惩治；若是有所回避，就依据他过去所犯的罪行杀死他，甚至灭其家族。以这个原因，齐地和赵地乡间的盗贼不敢接近广平郡，广平郡有了道不拾遗的好名声。皇上听说后，升任王温舒为河内太守。

王温舒以前居住在广平时，完全熟悉河内的豪强奸猾的人家，待他前往广平，九月份就上任了。他下令郡府准备私马五十匹，从河内到长安设置了驿站，部署手下的官吏就像在广平时所用的办法一样，逮捕郡中豪强奸猾之人，郡中豪强奸猾相连坐犯罪的有一千余家。上书请示皇上，罪大者灭族，罪小者处死，家中财产完全没收，偿还从前所得到的赃物。奏书送走不过两三日，就得到皇上的可以执行的答复。案子判决上报，竟至于流血十余里。河内人都奇怪王温舒的奏书，以为神速。十二月结束了，郡里没有人敢说话，也无人敢夜晚行走，郊野没有因盗贼引起狗叫的现象。那少数没抓到的罪犯，逃到附近的郡国去了，待到把他们追捕抓回来，正赶上春天了，王温舒跺脚叹道："唉！如果冬季再延长一个月，我的事情就办完了。"他喜欢杀伐、施展威武及不爱民就是这个样子。天子听了，以为他有才能，升为中尉。他治理政事还是效仿河内的办法，调来那些著名祸害和奸猾官吏同他共事，河内的有杨皆、麻戊，关中的有杨赣和成信等。因为义纵当内史，王温舒怕他，因此还未敢恣意地实行严酷之政。等到义纵死去，张汤失败之后，王温舒改任廷尉，尹齐当了中尉。

尹齐是东郡茌平人，从文书小吏升为御史。服事张汤，张汤屡次称赞他廉洁勇敢，派他督捕盗贼，所要斩杀的人不回避权贵皇亲。他升为关内都尉，好名声超过宁成。皇上认为他有才能，升他为中尉，而官吏和平民生活更加困苦不堪。尹齐处事死板，不讲求礼仪，强悍凶恶的官吏隐藏起来，而善良的官员又不能独自有效地去处理政事，因此政事多半废弛了，被判了罪。皇上又改任王温舒为中尉，而杨仆凭借他的严峻酷烈当了主爵都尉。

杨仆是宜阳人，以千夫的身份当了小官。河南太守考核并推荐他有才能而升为御史，派到关东去督捕盗贼。他治理政事仿效尹齐，被认为做事凶猛而有胆量。逐渐升为主爵都尉，位列九卿。皇上认为他有才能，在南越反叛时，他被任命为楼船将军，因有军功，被封为将梁侯。后来与左将军荀彘征朝鲜时被袭捕。过了很久，他得病而死。

王温舒又当了中尉，他为人缺少斯文，在朝廷办事，思想糊涂，不辨是非，到他当中尉以后，则心情开朗。他督捕盗贼，原来熟悉关中习俗，了解当地豪强和凶恶的官吏，所以豪强和凶恶官吏都愿意为他出力，为他出谋划策。官吏严苛侦查，盗贼和凶恶少年就用投书和检举箱的办法，收买告发罪恶的情报，设置伯格长以督察奸邪之人和盗贼。王温舒为人谄媚，善于巴结有权势的人，若是没有权势的人，他对待他们就像对待奴仆一样。有权势的人家，虽然奸邪之事堆积如山，他也不去触犯。无权势的，就是高贵的皇亲，他也一定要欺侮。他玩弄法令条文巧言诋毁奸猾的平民，而威迫大的豪强。他当中尉时就这样处理政事，对于奸猾之民，必定穷究其罪，大多被打得皮开肉绽，烂死狱中，判决有罪的，没有一个人走出狱中。他的得力部下都像戴着帽子的猛虎一样。于是，在中尉管辖范围的中等以下的奸猾之人，都隐伏不敢出来，有权势的都替他宣扬名声，称赞他的治绩。他治理了几年，他的属官多因此而富有。

王温舒攻打东越回来后，议事不合天子的旨意，犯了小法被判罪免官。这时，天子正想修建通天台，还没人主持这事，王温舒请求考核中尉部下逃避兵役的人，查出几万人可去参加劳动。皇上很高兴，任命他为少府，又改任右内吏，处理政事同从前一样，奸邪之事稍被禁止。后来，犯法丢掉官职，不久又被任命为右辅，代理中尉的职务，处理政事同原来的做法一样。

一年多以后，正赶上征讨大宛的军队出发，朝廷下令征召豪强官吏，王温舒把他的属官华成隐藏起来。待到有人告发王温舒接受在额骑兵的赃款和其他的坏事，罪行之重应当灭族，他就自杀了。这时，他的两个弟弟以及两个姻亲之家各自都犯了其他的罪行而被灭族。光禄徐自为说："可悲啊，古代有灭三族的事，而王温舒犯罪竟至于同时夷灭五族！"

王温舒死后，他的家产价值累积有一千金。以后好多年，尹齐也在淮阳都尉的任上病死，他的家产价值不足五十金。尹齐所杀的淮阳人很多，待到他死了，怨仇之家想烧他的尸体，家属偷偷地把他的尸体运回来安葬。

自从王温舒用严酷凶恶手段处理政事，其后郡守、都尉、诸侯和二千石的官员想要治理政事，他们的治理办法大多效法王温舒。然而，官吏和百姓越发轻易犯法，盗贼越来越多起来。南阳有梅免、白政，楚地有殷中、杜少，齐地有徐勃，燕赵之间有坚卢、范生之流。大的团伙多达数千人，擅自称王称号，攻打城邑，夺取武器库中的兵器，释放判死罪的犯人，捆缚侮辱郡太守、都尉，杀二千石的官员，发布檄文，催促各县为他们准备粮食。小的团伙有几百人，抢劫乡村的数也数不过来。于是，天子开始派御史中丞、丞相长史督办剿灭盗匪之事。但还是不能禁止，就派光禄大夫范昆和三辅的各个都尉及原九卿张德等人，穿着绣衣，拿着符节和虎符，发兵攻击，对于大的团伙杀头的竟多至一万多人，以及按法律杀死那些给作乱者送去饮食的人。株连数郡、被杀的多达数千人。几年后，才捕到他们的大首领。但是，走散的士卒逃跑了，又聚集成党，占据险要的山川作乱，往往群居一处，对他们无可奈何。于是，朝廷颁行"沈命法"，说群盗产生而官吏没有发觉，或发觉却没有捕捉到规定的数额、有关的二千石以下至小的官员，凡主持此事的都要处死。这以后，小官员怕被诛杀，纵然有盗贼也不敢上报，害怕捕不到，犯法被判刑又连累上级官府，上级官府也让他们不要上报。所以，盗贼更加多起来，上下互相隐瞒，玩弄文辞，逃避法律制裁。

减宣是杨县人，因为当佐史无比能干，被调到河东太守府任职。将军卫青派人到河东买马，看到减宣能干无比，就向皇上推荐，被征召到京城当了大厩丞。当官做事很公平，逐渐升任御史和中丞。皇上派他处理主父偃和淮南王造反的案件，他用隐微的法律条文深究诋毁，所以被杀的人很多，被称赞为敢于判决疑难案件。他屡次被免官又屡次被起用，当御史及中丞之官差不多有二十年。王温舒免去中尉之官，而减宣当左内史。他管理米和盐的事，无论事大或事小都要亲自经手，自己安排县中各具体部门的财产器物，官吏中县令和县丞也不得擅自改动，甚至用重法来管制他们。当官几年，其他各郡都只是小有成效，唯独减宣用小力而成大功，但只有减宣能做到，难以普遍推行。后来减宣被罢官。任右扶风时，与成信有怨隙，成信逃走藏到上林苑中，减宣派郿县县令击杀成信。官吏和士卒射杀成信时，射中了上林苑的门，减宣被交付法官判罪。法官认为他犯大逆不道的罪，判定为灭族，减宣就自杀了。杜周得到任用。

杜周是南阳杜衍人。义纵当南阳太守，把杜周当作得力助手，荐举他当廷尉史。他服事张汤，张汤屡次说他才能无比，官职升到御史。派他审理边境士卒逃亡的事，被判死刑的很多。他上奏的事情合乎皇上的心意，被任用，同减宣相接替，改任中丞十多年。

杜周治理政事与减宣相仿佛，但是处事慎重，决断迟缓，外表宽松，内心深刻切骨。减宣当左内史，杜周当廷尉，他治理政事仿效张汤，而善于窥测皇上的意图。皇上想要排挤的，就趁机加以陷害；皇上想要宽释的，就长期囚禁待审，暗中显露他的冤情。门客有人责备杜周说："为皇上公平断案，不遵循五尺法律，却专以皇上的意旨来断案。法官本来应当这样吗？"杜周说："三尺法律是怎样产生的？从前的国君认为对的就写成法律，后来的国君认为对的就记载为法令。适合当时的情况就是正确的，何必要遵循古代法律呢？"

待到杜周当了廷尉，皇上命令办的案子也越发多了。二千石一级的官员被拘捕的新旧相连，不少于一百人。郡国官员和上级官府送交廷尉办的案件，一年中多达一千多个。每个奏章所举报的案子，大的要逮捕有关证人数百人，小的也要逮捕数十人。这些人，远的几千里，近的数百里。案犯被押到京师会审时，官吏就要求犯人像奏章上说的那样来招供，如不服，就用刑具拷打定案。于是，人们听到逮捕人的消息，都逃跑和藏匿起来。案件拖得久的，甚至经过几次赦免，十多年后还会被告发，大多数以大逆不道以上的罪名加以诬陷。廷尉及中都官奉诏办案所逮捕的人多达六七万，属官所捕又要增加十多万。

杜周中途被罢官，后来当了执金吾，追捕盗贼，逮捕查办桑弘羊和卫皇后兄弟的儿子，严苛酷烈。天子认为他尽职而无私，升任御史大夫。他的两个儿子分别当了河内和河南太守。他治理政事残暴酷烈比王温舒等更厉害。杜周开始当廷史时，只有一匹马，而且配备不全；等到他长久当官，位列三公，子孙都当了高官，家中钱财积累数目多达好多万。

太史公说："从郅都到杜周十个人，都以严酷暴烈而闻名。但郅都刚烈正直，辩说是非，争与国家有益的重大原则。张汤因为懂得观察君王的喜怒哀乐而投其所好，皇上与他上下配合，当时屡次辩论国家大事的得失，国家靠他而得到益处。赵禹时常依据法律坚持正道。杜周则顺从上司的意旨、阿谀奉承，以少说话为重要原则。从张汤死后，法网严密，办案多诋毁严酷，政事逐渐败坏荒废。九卿之官碌碌无为，只求保护官职，他们防止发生过错尚且来不及，哪有时间研究法律以外的事情呢？但是这十个人中，那廉洁的完全可以成为人们的表率，那污浊的足以做人们的鉴戒，他们谋划策略，教导人们，禁止奸邪，一切作为，斯文有礼，恩威并施。执法虽然严酷，但这与他的职务是相称的。至于像蜀郡太守冯当凶暴地摧残人，广汉郡李贞擅自肢解百姓，东郡弥仆锯断人的脖子，天水郡骆璧椎击犯人逼供定案，河东郡褚广妄杀百姓，京兆的无忌、冯翊殷周的凶狠，水衡都尉阎奉拷打逼迫犯人出钱买得宽恕，哪里值得陈说！哪里值得陈说！”

第一百零五卷　大宛列传第六十三

《大宛列传》是记述西域诸国史实的传记。其中，详记大宛、乌孙、康居、奄蔡、大小月氏、安息、条枝、大夏八国之事；附记扜罙、于阗、楼兰、姑师、黎轩、身毒、驩潜、大益、苏薤九国之事；偶涉西南夷駹、冉、徙、邛、僰、氐、筰、巂、昆明、滇越十国之事，而以大宛、乌孙事为主，且以大宛事开篇，以大宛事终篇，故名曰《大宛列传》。文中记述了西域诸国的物产风情，着重写了张骞两次出使西域的经过，展示了汉王朝同西域各国的微妙关系，说明中原王朝与西域诸国有着悠久的经济和文化交流的历史，存在着政治和人员的往来关系。在叙事中，含蓄地表达了司马迁对汉武帝连年用兵和好大喜功的讥讽与感叹。但是，汉武帝坚持派张骞打通西域之路，努力控制河西走廊，对汉朝和中亚诸国间的经济文化交流，对维护中国的统一和强大，都做出了重大贡献，有着积极的历史作用。

本文记事详略适宜，叙事与议论相结合，“或以叙事带议论，或以议论带叙事，纵横错杂而出，其中段落井井，照应楚楚，结构奇绝”（吴见思《史记论文》），确为一篇好文章。

【原文】

大宛之迹，见[①]自张骞。张骞，汉中人，建元[②]中为郎。是时[③]天子问匈奴降者，皆言匈奴破月氏王，以其头为饮器，月氏遁逃，而常怨仇匈奴，无与[④]共击之。汉方欲事灭胡，闻此言，因欲通使，道必更[⑤]匈奴中，乃募能使者。骞以郎应募，使[⑥]月氏，与堂邑氏胡奴甘父[⑦]俱出陇西。经匈奴，匈奴得之，传诣[⑧]单于。单于留之，曰："月氏在吾北，汉何以得往使？吾欲使越，汉肯听我乎？"留骞十余岁，与妻，有子，然骞持汉节[⑨]不失。

居匈奴中，益宽，骞因与其属亡乡[⑩]月氏，西走数十日，至大宛。大宛闻汉之饶财，欲通不得，见骞，喜，问曰："若欲何之[⑪]？"骞曰："为汉使月氏，而为匈奴所闭道[⑫]。今亡，唯王使人导送我。诚得至，反[⑬]汉，汉之赂遗[⑭]王财物不可胜言。"大宛以为然，遣骞，为发导绎[⑮]，抵康居[⑯]，康居传致[⑰]大月氏。大月氏王已为胡所杀，立其太子为王。既臣大夏[⑱]而居，地肥饶，少寇，志安乐。又自以远汉，殊无报胡之心。骞从月氏至大夏，竟不能得月氏要领[⑲]。

【注释】

①迹：形迹。此指大宛国的土地山川。见：通"现"，发现。②建元：汉武帝第一个年号（前140—前135）。③是时：这时。④与：结交。⑤更：经过。⑥使：出使。⑦堂邑氏：姓。胡奴：指一位匈奴奴隶。甘父：胡奴的名字。⑧传诣：转送到，移送到。诣，到……去。⑨节：符节，使者的凭

信物。⑩属：随从者。亡：逃。乡：通“向”。⑪若：你。之：往，到……去。⑫闭道：阻塞道路。⑬反：通“返”。⑭赂遗：馈赠。⑮发：派遣。导：向导。绎：通“译”，翻译。⑯抵，到达。康居：西域国名。⑰传致：转送到。⑱大夏：西域国名。⑲要领：喻人的主旨。“不得要领”，谓月氏对与汉共击匈奴之事没有明确态度。要，通“腰”，指衣腰。领，指衣领。

【原文】

留岁余，还，并[①]南山[②]，欲从羌中归，复为匈奴所得。留岁余，单于死，左谷蠡王攻其太子自立[③]，国内乱，骞与胡妻及堂邑父[④]俱亡归汉。汉拜骞为太中大夫，堂邑父为奉使君。

骞为人强力[⑤]，宽大信人，蛮夷爱之。堂邑父故胡人，善射，穷急射禽兽给食。初，骞行时百余人，去十三岁，唯二人得还。

骞身所至者大宛、大月氏、大夏、康居，而传闻其旁大国五六，具[⑥]为天子言之。曰：

大宛在匈奴西南，在汉正西，去汉可[⑦]万里。其俗土著，耕田，田稻麦[⑧]。有蒲陶[⑨]酒。多善马，马汗血[⑩]，其先天马子也。有城郭屋室。其属邑大小七十余城，众[⑪]可数十万。其兵弓矛骑射。其北则康居，西则大月氏，西南则大夏，东北则乌孙，东则扜罙[⑫]、于阗[⑬]。于阗之西，则水皆西流，注西海[⑭]；其东水东流，注盐泽[⑮]，盐泽潜行地下。其南则河源[⑯]出焉，多玉石，河注中国。而楼兰、姑师[17]邑有城郭，临盐泽。盐泽去长安可五千里。匈奴右方居盐泽以东，至陇西长城，南接羌，隔汉道[18]焉。

乌孙在大宛东北可二千里，行国[19]，随畜，与匈奴同俗。控弦[20]者数万，敢战。故[21]服匈奴，及盛，取其羁属[22]，不肯往朝会焉。

康居在大宛西北可二千里，行国，与月氏大同俗。控弦者八九万人，与大宛邻国。国小，南羁事[23]月氏，东羁事匈奴。

奄蔡[24]在康居西北可二千里，行国，与康居大同俗。控弦者十余万。临大泽，无崖，盖乃北海[25]云。

【注释】

①并：通“旁”，靠近。②南山：指昆仑山，阿尔金山，祁连山。③汉武帝元朔三年（前126），匈奴军臣单于死去，其弟弟左谷蠡王伊雅斜自立为单于，太子（军臣之子）於单投奔汉朝而降，匈奴国内混乱。见《匈奴列传》。④胡妻：指张骞的匈奴妻子。堂邑父：即甘父。盖从其主人堂邑氏为姓。⑤强力：坚强而有力量。⑥具：通“俱”，皆。⑦可：大约。⑧田稻麦：种稻和麦。田，种。⑨蒲陶：通“葡萄”。⑩马汗血：马出汗如血。即人们所称之汗血马。按《汉书音义》：“大宛国有高山，其上有马，不可得，因取五色母马置其下，与交，生驹汗血，因号曰天马子。”⑪众：人众，百姓。⑫乌孙：古代种族名，国名。扜罙：古代西域国名。⑬于阗：古代西域国名。⑭海：古代大湖名，即今青海湖。⑮盐泽：或称蒲

昌海，即今新疆罗布泊。⑯河源：黄河源头。⑰楼兰：古代西域国名，后称鄯善。姑师：古代西域国名，后称车师。⑱隔汉道：隔离了通向汉朝的路。⑲行国：人民不定居的国家，即游牧之国。⑳控弦：拉弓。此指能拉弓打仗的战士。㉑故：从前。㉒羁属：被束缚的亲属，实指人质。㉓羁事：被迫服事别人。㉔奄蔡：古代西域国名。㉕崖：边。北海：即今里海。

【原文】

大月氏在大宛西可二三千里，居妫水[①]北。其南则大夏，西则安息[②]，北则康居。行国也，随畜移徙，与匈奴同俗。控弦者可一二十万。故时强，轻匈奴，及冒顿立，攻破月氏，至匈奴老上单于，杀月氏王，以其头为饮器。始月氏居敦煌、祁连间，及为匈奴所败，乃远去，过宛，西击大夏而臣之，遂都妫水北，为王庭[③]。其余小众[④]不能去者，保南山羌[⑤]，号小月氏。

安息在大月氏西可数千里。其俗土著，耕田、田稻麦，蒲陶酒。城邑如大宛。其属大小数百城，地方数千里，最为大国。临妫水，有市[⑥]，民商贾用车及船，行旁国或数千里。以银为钱，钱如其王面，王死辄更钱，效[⑦]王面焉。画革旁行以为书记[⑧]。其西则条枝[⑨]，北有奄蔡、黎轩[⑩]。

条枝在安息西数千里，临西海。暑湿。耕田，田稻。有大鸟，卵如瓮。人众甚多，往往有小君长，而安息役属之，以为外国。国善眩[⑪]。安息长老传闻条枝有弱水、西王母[⑫]，而未尝见。

大夏在大宛西南二千余里妫水南。其俗土著，有城屋，与大宛同俗。无大君长，往往城邑置小长。其兵弱，畏战。善贾市。及大月氏西徙，攻败之，皆臣畜⑬大夏。大夏民多，可百余万。其都曰蓝市城。有市，贩贾诸物。其东南有身毒国⑭。

【注释】

①妫水：即今阿姆河。②安息：古代西域国名，即今伊朗。③王庭：古代北方各族君王设幕立朝之所。④小众：一小部分百姓。⑤保：保全。南山：指祁连山。羌：指羌人居住之地。⑥市：交易场所。⑦效：模仿。⑧画革：在皮革上画记号。旁行：横行。书记：文字。⑨条枝：古代国名，即今伊拉克。⑩黎轩：古国名，又名大秦国。⑪眩：通"幻"，幻术，即魔术。⑫弱水：古河名。西王母：中国古代传说中的女神，即王母娘娘。⑬臣：以……为臣。畜：蓄养。⑭身毒国：即天竺国。

【原文】

骞曰："臣在大夏时，见邛竹杖、蜀布①。问曰：'安得此?'大夏国人曰：'吾贾人往市②之身毒。身毒在大夏东南可数千里。其俗土著，大与大夏同，而卑湿暑热云。其人民乘象以战。其国临大水焉。'以骞度③之，大夏去④汉万二千里，居汉西南。今身毒国又居大夏东南数千里，有蜀物，此其去蜀不远矣。今使大夏⑤，从羌中，险，羌人恶⑥之；少⑦北，则为匈奴所得；从蜀宜径⑧，又无寇。"天子既闻大宛及大夏、安息之属皆大国，多奇物，土著，颇与中国同业，而兵弱，贵汉财物；其北有大月氏、康居之属，兵强，可以赂遗设利朝[9]也。且诚得而以义属之[10]，则广地万里，重九译[11]，致殊俗[12]，威德遍于四海。天子欣然，以骞言为然，乃令骞因蜀犍为发间使[13]，四道并出：出駹，出冄，出徙，出邛、僰[14]，皆各行一二千里。其北方闭氐、筰[15]，南方闭巂、昆明[16]。昆明之属无君长，善寇盗，辄杀略[17]汉使，终莫得通。然闻其西可千余里有乘象国，名曰滇越[18]，而蜀贾奸出物[19]者或至焉，于是汉以求大夏道始通滇国。初，汉欲通西南夷，费多，道不通，罢之。及张骞言可以通大夏，乃复事[20]西南夷。

【注释】

①邛：邛都，西南夷小国名。蜀布：蜀郡出产的布。②贾人：商人。市：买。③度：估计，揣测。④去：距离。下文“此其去蜀不远”之“去”同此。⑤使大夏：出使大夏。⑥险：地势险要。恶：讨厌。⑦少：稍微。⑧宜径：应是直道。⑨设利：施以好处。朝：使他来朝，拜见汉天子。⑩以义属之：用道义使其归属。⑪重九译：多次辗转翻译。按“九”非实数，表示多次之意。⑫致：招来。殊俗：不同的风俗。⑬因：从。按裴学海《古书虚字集释》：“因，犹由也。”犍为：郡名。发：派遣。间使：密秘行动的使者。⑭駹、冄、徙、邛、僰：皆为西南夷的种族名和国名。《西南夷列传》记载较为详细。⑮闭氐、筰：为氐和筰所阻拦，无法通过。闭，关闭，不通。按：氐、筰也是西南夷种族名和国名。⑯巂、昆

明：古代西南夷种族名。按：陈直《汉书新证》以为“巂”乃地名，即益州郡之巂唐县。⑰杀略：斩杀掠夺。⑱滇越：西南夷国名。⑲奸出物：偷运物品出境。⑳事：从事。

【原文】

骞以校尉从大将军[①]击匈奴，知水草处，军得以不乏之，乃封骞为博望侯。是岁元朔[②]六年也。其明年，骞为卫尉，与李将军[③]俱出右北平击匈奴。匈奴围李将军，军失亡[④]多；而骞后期，当斩[⑤]，赎为庶人。是岁汉遣骠骑[⑥]破匈奴西域数万人，至祁连山。其明年，浑邪王率其民降汉，而金城、河西西并南山至盐泽空无匈奴。匈奴时有候者[⑦]到，而希[⑧]矣。其后二年，汉击走单于于幕北[⑨]。

是后天子数问骞大夏之属。骞既失侯，因言曰：“臣居匈奴中，闻乌孙王号昆莫，昆莫之父，匈奴西边小国也。匈奴攻杀其父，而昆莫生弃于野。乌嗛肉蜚[⑩]其上，狼往乳[⑪]之。单于怪以为神，而收长之[⑫]。及壮，使将兵[⑬]，数[⑭]有功，单于复以其父之民予昆莫，令长守[⑮]于西域，昆莫收养其民，攻旁小邑，控弦数万，习攻战。单于死，昆莫乃率其众远徙，中立[⑯]，不肯朝会匈奴。匈奴遣奇兵击，不胜，以为神而远之，因羁属[⑰]之，不大攻。今单于新困于汉，而故浑邪地空无人。蛮夷俗贪汉财物，今诚以此时而厚币[⑱]赂乌孙，招以益东[⑲]，居故浑邪之地，与汉结昆弟，其势宜听[⑳]，听则是断匈奴右臂也。既连乌孙，自其西大夏之属皆可招来而为外臣。”天子以为然，拜骞为中郎将，将[㉑]三百人，马各二匹，牛羊以万数，赍金币帛直数千巨万[22]，多持节副使，道可使，使遗之他旁国。

【注释】

①大将军：此指卫青，当时他担任大将军之职。②元朔：汉武帝第三个年号（前128—前123）。③李将军：指李广。④失亡：伤亡。⑤后期：耽误了规定的时间。当斩：被判为斩刑。当，判罪。⑥骠骑：即骠骑将军，此指霍去病，他当时任骠骑将军。⑦候者：侦察兵。⑧希：通“稀”，少。⑨幕北：大沙漠以北。幕，通“漠”。⑩嗛：通“衔”，叼在口中。蜚：通“飞”。⑪乳：喂奶。⑫收长之：收养使他长大。⑬将兵：领兵。⑭数：屡次。⑮长守：长久守卫。⑯中立：独立。⑰羁属：这里是约束牵制的意思。⑱诚：真能。厚币：厚重的礼物。⑲益东：更向东来。益，更加进行。⑳势：情势。宜听：应该听从。㉑将：率领。㉒赍：携带。直：通“值”。数千巨万：数千万万。巨万，亿。

【原文】

骞既至乌孙，乌孙王昆莫见汉使如单于礼，骞大惭[1]，知蛮夷贪，乃曰：“天子致赐，王不拜则还赐。”昆莫起拜赐，其它如故。骞谕使指[2]曰：“乌孙能东居浑邪地，则汉遣翁主[3]为昆莫夫人。”乌孙国分[4]，王老，而远汉，未知其大小，素服属[5]匈奴日久矣，且又近之，其大臣皆畏胡，不欲移徙，王不能专制[6]。骞不得其要领。昆莫有十余子，其中子曰大禄，强，善将众，将众别居万余骑。大禄兄为太子，太子有子曰岑娶，而太子蚤死。临死，谓其父昆莫曰："必以岑娶为太子，无令他人代之。"昆莫哀而许之，卒以岑娶为太子。大禄怒其不得代太子也，乃收其诸昆弟，将其众畔[7]，谋攻岑娶及昆莫。昆莫老，常恐大禄杀岑娶，予岑娶万余骑别居，而昆莫有万余骑自备，国众分为三，而其大总[8]取羁属昆莫，昆莫亦以此不敢专约[9]于骞。

骞因分遣副使使大宛、康居、大月氏、大夏、安息、身毒、于阗、扜罙及诸旁国。乌孙发导译送骞还，骞与乌孙遣使数十人，马数十匹报谢[10]，因令窥汉，知其广大。

骞还到，拜为大行，列于九卿。岁余，卒。

乌孙使既见汉人众富厚，归报其国，其国乃益重汉。其后岁余，骞所遣使通大夏之属者皆颇与其人俱来，于是西北国始通于汉矣。然张骞凿空[11]，其后使往者皆称博望侯，以为质[12]于外国，外国由此信之。

自博望侯骞死后，匈奴闻汉通乌孙，怒，欲击之。乃汉使乌孙，若出其南，抵大宛、大月氏相属，乌孙乃恐，使使献马，愿得尚[13]汉女翁主，为昆弟。天子问群臣议计，皆曰："必先纳聘[14]，然后乃遣女。"初，天子发《易》[15]云"神马当从西北来"。得乌孙马好，名曰"天马"。及得大宛汗血马，益壮，更名乌孙马曰"西极"，名大宛马曰"天马"云。而汉始筑[16]令居以西，初置酒泉郡以通西北国。因益发使抵安息、奄蔡、黎轩、条枝、身毒国。而天子好宛马，使者相望于道。诸使外国一辈[17]大者数百，少者百余人，人所赍操大放[18]博望侯时。其后益习而衰少[19]焉。汉率[20]一岁中使多者十余，少者五六辈。远者八九岁，近者数岁而反[21]。

【注释】

①惭：羞愧。②谕：上对下告知情况。指：通“旨”，旨意。③翁主：诸侯王的女儿。④分：分成几部分。⑤素：一向。服属：归属。⑥专制：独自决定。⑦畔：通“叛”。⑧大总：大体。⑨专约：独自做主定约。⑩报谢：回谢。⑪凿空：犹言“凿孔”，开辟孔道，此指开辟通往西域的道路。⑫为质：作为取信的保证。⑬尚：娶公主做妻子。⑭纳聘：送上定婚礼。⑮《易》：《易经》。⑯筑：指修建长城亭障。⑰一辈：一批。⑱赍操：携带。放：通“仿”，效仿。⑲益习：越发习惯。衰少：减少。⑳率：大略。㉑反：通“返”。

【原文】

是时汉既灭越[1]，而蜀、西南夷皆震[2]，请吏[3]入朝。于是置益州、越嶲、牂柯、沈黎、汶山郡，欲地接以前通[4]大夏。乃遣使柏始昌、吕越人等，岁十余辈，出此初郡抵[5]大夏，皆复闭昆明，为所杀，夺币财，终莫能通至大夏焉。于是汉发三辅[6]罪人，因巴蜀士数万人，遣两将军郭昌、卫广等往击昆明之遮汉使者，斩首虏数万人而去。其后遣使，昆明复为寇，竟莫能得通。而北道酒泉抵大夏，使者既多，而外国益厌汉币[7]，不贵其物。

自博望侯开外国道以尊贵，其后从吏卒皆争上书言外国奇怪利害，求使[8]。天子为其绝远，非人所乐往，听其言，予节[9]，募吏民毋[10]问所从来，为具备人众遣之，以广其道。来还不能毋侵盗币物，及使失指[11]，天子为其习之[12]，辄覆案[13]致重罪，以激怒令赎，复求使[14]。使端[15]无穷，而轻犯法。其吏卒亦辄复盛推外国所有，言大者予节，言小者为副，故妄言无行之徒皆争效之。其使皆贫人子，私县官赍物[16]，欲贱市[17]以私其利外国。外国亦厌汉使人人有言轻重[18]，度[19]汉兵远，不能至，而禁其食物以苦汉使。汉使乏绝积怨，至相攻击。而楼兰、姑师小国耳，当空道[20]，攻劫汉使王恢[21]等尤甚。而匈奴奇兵时时遮击使西国者。使者争遍言外国灾害，皆有城邑，兵弱易击。于是天子以故遣从骠侯破奴将属国骑及郡兵数万，至匈河水，欲以击胡，胡皆去。其明年[22]，击姑师，破奴与轻骑七百余先至，虏楼兰王，遂破姑师。因举兵威以困乌孙、大宛之属。还，封破奴为浞野侯。王恢数使，为楼兰所苦，言天子，天子发兵令恢佐破奴击破之，封恢为浩侯。于是酒泉列亭鄣至玉门矣。

乌孙以千匹马聘汉女，汉遣宗室女江都[23]翁主往妻乌孙，乌孙王昆莫以为右夫人。匈奴亦遣女妻昆莫，昆莫以为左夫人。昆莫曰“我老”，乃令其孙岑娶妻翁主。乌孙多马，其富人至有四五千匹马。

【注释】

①越：指南越。汉武帝元鼎六年（前111），南越被灭亡，“遂为九郡”。②震：震惊。③请吏：请求设置官吏统领其地。④地接：土地连成一片。前：向前。通：通往。⑤初郡：初设

之郡，指上文所说的益州等郡。抵：至。⑥三辅：指长安周围地区。按：汉武帝太初元年（前104），改右内史为京兆尹，管理长安以东地区，改左内史为左冯翊，治理长陵以北地区；改都尉为右扶风，治理渭城以西地区。这三个职官称三辅，他们所管辖的地区也称三辅。⑦汉币：指汉朝的布帛财物等。⑧求使：自己请求当使者。⑨予节：给予使者符节，令其出使。⑩募：招募。毋：不。⑪失指：违背皇上的意图。指，通“旨”。⑫习之：指熟悉西域情况。⑬辄：常常。覆案：深究罪行。⑭复求使：这句同前一句之意是说汉武帝以为这些人熟习西域的情况，所以就在他们有过失时，重判其罪，以激励他们要求再次出使，以便立功赎罪。⑮端：争端，指出使之事。⑯私：私自占有。县官：朝廷。赍物：送给西域各国的礼物。⑰贱市：以低价卖出。⑱人人有言轻重：人人所说的话都有轻重不真实的成分。⑲度：估计。⑳当空道：处于交通要道。空，通“孔”。㉑王恢：此指浩侯王恢，与大行王恢非一人。㉒明年：指汉武帝元封三年（前108）。㉓江都：指江都王刘建。

【原文】

初，汉使至安息，安息王令将二万骑迎于东界。东界去王都数千里。行比至，过数十城，人民相属[①]甚多。汉使还，而后发使随汉使来观汉广大，以大鸟卵及黎轩善眩人献于汉。及宛西小国驩潜、大益，宛东姑师、扜罙、苏薤[②]之属，皆随汉使献见天子。天子大悦。

而汉使穷河源，河源出于阗，其山多玉石，采来，天子案[3]古图书，名河所出山曰昆仑云。

是时上方数巡狩海上[4]，乃悉从[5]外国客，大都多人[6]则过之，散财帛以赏赐，厚具[7]以饶给之，以览示[8]汉富厚焉。于是大觳抵[9]，出奇戏诸怪物，多聚观者，行赏赐，酒池肉林[10]，令外国客遍观各仓库府藏之积，见[11]汉之广大，倾骇[12]之。及加其眩者之工。而觳抵奇戏岁增变，甚盛益兴，自此始。

西北外国使，更来更[13]去。宛以西，皆自以远，尚骄恣晏然[14]，未可诎以礼羁縻[15]而使也。自乌孙以西至安息，以近匈奴，匈奴困月氏也，匈奴使持单于一信，则国国传送食，不敢留苦[16]；及至汉使，非出币帛不得食，不市畜不得骑用。所以然者，远汉，而汉多财物，故必市乃得所欲，然以畏匈奴于汉使焉。宛左右以蒲陶为酒，富人藏酒至万余石，久者数十岁不败。俗嗜酒，马嗜苜蓿[17]。汉使取其实[18]来，于是天子始种苜蓿、蒲陶肥饶地。及天马多，外国使来众，则离宫别观旁尽种蒲陶，苜蓿极望[19]。自大宛以西至安息，国虽颇异言，然大同俗，相知言。其人皆深眼，多须髯，善市贾，争分铢。俗贵女子，女子所言而丈夫乃决正[20]。其地皆无丝漆，不知铸钱器。及汉使亡卒降，教铸作他兵器。得汉黄白金，辄以为器[21]，不用为币。

【注释】

①属：连。②驩潜、大益、苏薤：均为西域小国名。③案：考察。④上：天子。方：正。数：屡次。巡狩：天子视

察地方的理政情况。海上：海边。⑤悉：都。从：跟随。⑥大都多人：人多的大都邑。⑦厚具：准备丰厚的物品。⑧览示：展示。⑨大觳抵：通“大角抵”，大规模进行角抵活动。此事出现于汉武帝元封三年（前108）。角抵之戏，类似今之摔跤。⑩酒池肉林：此极言酒肉之多。⑪见：通“现”，表现。⑫倾骇：倾慕惊骇。⑬更：换。⑭骄恣：骄傲放纵。晏然：安逸的样子。⑮诎：通“屈”。羁縻：束缚。⑯留苦：阻留而使其受苦。⑰苜蓿：草名，原产于伊朗，汉时传到我国。⑱实：种子。⑲极望：极目远望。此极言苜蓿种植之多。⑳决正：绝对不偏离。此言丈夫一定按妻子之意行事。㉑器：器皿。

【原文】

而汉使者往既多，其少从率多进熟[①]于天子，言曰：“宛有善马在贰师城[②]，匿不肯与汉使。”天子既好宛马，闻之甘心，使壮士车令等持千金及金马以请宛王贰师城善马。宛国饶汉物，相与谋曰：“汉去我远，而盐水中数败[③]，出其北有胡寇，出其南乏水草。又且往往而绝邑，乏食者多。汉使数百人为辈来，而常乏食，死者过半，是安能致大军乎？无奈我何。且贰师马，宛宝马也。”遂不肯予汉使。汉使怒，妄言，椎[④]金马而去。宛贵人怒曰：“汉使至轻我！”遣汉使去，令其东边郁成遮攻杀汉使，取其财物。于是天子大怒。诸尝使宛姚定汉等言宛兵弱，诚以汉兵不过三千人，强弩射之，即尽虏破宛矣。天子已尝使浞野侯攻楼兰，以七百骑先至，虏其王，以定汉等言为然，而欲侯宠姬李氏，拜李广利为贰师将军，发属国六千骑，及郡国恶少年数万人，以往伐宛。期[5]至贰师城取善马，故号“贰师将军”。赵始成为军正，故浩侯王恢使导军，而李哆为校尉，制[6]军事。是岁太初[7]元年也。而关东蝗大起，蜚西至敦煌。

贰师将军军既西过盐水，当道[8]小国恐，各坚城守，不肯给食。攻之不能下。下者得食，不下者数日则去。比至郁成[9]，士至者不过数千，皆饥罢。攻郁成，郁成不破之，所杀伤甚众。贰师将军与哆、始成等计：“至郁成尚不能举，况至其王都[10]乎？”引兵而还。往来二岁。还至敦煌，士不过什一二。使使上书言：“道远多乏食，且士卒不患战，患饥。人少，不足以拔宛。愿且罢兵。益发[11]而复往。”天子闻之，大怒，而使使遮玉门[12]，曰：“军有敢入者辄斩之！”贰师恐，因留敦煌。

【注释】

①少从：少年就随使者出使国外的人。率多：大多。进：进言。熟：熟悉的情况。②贰师城：大宛国的城市名。③盐水：指盐泽，即今罗布泊。数败：指屡有进入盐泽地区而死亡之事。④椎：击打。⑤期：目的。⑥制：掌握。⑦太初：汉武帝第七个年号（前104—前101）。⑧当道：处于通道之上。⑨郁成：西域国名。⑩王都：指大宛国的都城。⑪益发：多派军队。⑫遮：拦阻。

【原文】

其夏，汉亡浞野[1]之兵二万余于匈奴。公卿及议者皆愿罢击[②]宛军，专力攻胡。天子已业诛[③]宛，宛小国而不能下，则大夏之属轻汉，而宛善马绝不来，乌孙、仑头[④]易苦汉使矣，为外国笑。乃案[⑤]言伐宛尤不便者邓光等，赦囚徒材官[⑥]，益发恶少年及边骑，岁余而出敦煌者六万人，负私从者不与[⑦]。牛十万，马三万余匹，驴骡橐它[⑧]以万数。多赍粮，兵弩甚设[⑨]，天下骚动，传相奉[⑩]伐宛，凡五十余校尉。宛王城中无井，皆汲城外流水，于是乃遣水工徙其城下水空以空其城[⑪]。益发戍甲卒十八万，酒泉、张掖北，置居延、休屠以卫酒泉，而发天下七科適[⑫]，及载糒[⑬]给贰师。转车人徒相连属至敦煌。而拜习马者二人为执驱校尉，备破宛择取其善马云。

于是贰师后复行，兵多，而所至小国莫不迎，出食给军。至仑头，仑头不下，攻数日，屠之。自此而西，平行[⑭]至宛城，汉兵到者三万人。宛兵迎击汉兵，汉兵射败之，宛走入葆乘[⑮]其城。贰师兵欲行攻郁成，恐留行而令宛益[⑯]生诈，乃先至宛，决其水源，移之，则宛固已忧困。围其城，攻之四十余日，其外城坏，虏宛贵人勇将煎靡[⑰]。宛大恐，走入中城。宛贵人相与谋曰："汉所为攻宛，以王毋寡匿善马而杀汉使。今杀王毋寡而出善马，汉兵宜解[⑱]；即不解，乃力战而死，未晚也。"宛贵人皆以为然，共杀其王毋寡，持其头遣贵人使贰师，约曰："汉毋攻我，我尽出善马，恣[⑲]所取，而给汉军食。即[⑳]不听，我尽杀善马，而康居之救且[㉑]至。至，我居内，康居居外，与汉军战。汉军熟计[㉒]之，何从？"是时康居候视汉兵，汉兵尚盛，不敢进。贰师与赵始成、李哆等计："闻宛城中新得秦人，知穿井，而其内食尚多。所为来，诛首恶者毋寡。毋寡头已至，如此而不许解兵，则坚守，而康居候汉罢㉓而来救宛，破汉军必矣。”军吏皆以为然，许宛之约。宛乃出其善马，令汉自择之，而多出食食㉔给汉军。汉军取其善马数十匹，中马以下牡牝三千余匹，而立宛贵人之故待遇㉕汉使善者名昧蔡以为宛王，与盟而罢兵。终不得入中城，乃罢而引归。

【注释】

①其夏：指太初二年（前103）夏天。亡：损失。浞野：指浞野侯赵破奴。他于太初二年率二万骑兵，从朔方西北出击匈奴，深入匈奴二千余里，杀敌数千，因遇单于八万骑兵的围攻，全军被歼。参见《匈奴列传》。②罢击：停止攻打。③已业：即业已。诛：攻打、讨伐。④仑头：即轮台，西域小国名。⑤案：审问判罪。⑥材官：指勇敢的士卒。一释为武官名。⑦负私从者：背负私人（自己）装备而参军的。与：参与。⑧橐它：即骆驼。⑨兵弩：此指各种兵器。弩，一种有机关的弓。设：设备。⑩传相：即相传。奉：奉命。⑪水空：水道。空，通“孔”。空其城：指城无水可用。⑫七科：七种人，即有罪的官吏、逃亡者、赘婿、商人、曾经有“市籍”的、父母有“市籍”的、祖父母有“市籍”的。適：通“谪”，罚罪。⑬精（bèi）：干粮。⑭平行：平安行事。⑮走入：跑进城中。葆：通“保”。乘：依靠。⑯留行：滞留而不能行军。益：越发。⑰煎靡：人名。⑱宜解：应当解围而去。

⑲恣：任意。⑳即：若，如果。㉑且：将。㉒熟计：仔细考虑。㉓候：等到。汉罢：汉军疲惫。罢，通“疲”。㉔此句第一个“食”字指粮食。第二个“食”字，指把食物给别人吃。㉕故：从前。待遇：招待。

【原文】

初，贰师起敦煌西，以为人多，道上国[1]不能食，乃分为数军，从南北道。校尉王申生、故鸿胪壶充国等千余人，别[2]到郁成。郁成城守，不肯给食其军。王申生去[3]大军二百里，偩而轻之，责[4]郁成。郁成食不肯出，窥之申生军日少，晨用三千人攻，戮杀申生等，军破，数人脱亡，走[5]贰师。贰师令搜粟都尉上官桀往攻破郁成。郁成王亡走康居，桀追至康居。康居闻汉已破宛，乃出郁成王予桀，桀令四骑士缚守诣大将军[6]。四人相谓曰：“郁成王汉国所毒[7]，今生将[8]去，卒失[9]大事。”欲杀，莫敢先击。上邽骑士赵弟最少，拔剑击之，斩郁成王，赍头。弟、桀等逐及[10]大将军。

初，贰师后行，天子使使告乌孙，大发兵并力击宛。乌孙发二千骑往，持两端[11]，不肯前。贰师将军之[12]东，诸所过小国闻宛破，皆使其子弟从军入献，见[13]天子，因以为质焉。贰师之伐宛也，而军正赵始成力战，功最多；及上官桀敢深入，李哆为谋计，军入玉门者万余人，军马千余匹。贰师后行，军非乏食，战死不能多，而将吏贪，多不爱士卒，侵牟[14]之，以此物故[15]众。天子为万里而伐宛，不录[16]过，封广利为海西侯。又封身斩郁成王者骑士赵弟为新畤侯，军正赵始成为光禄大夫，上官桀为少府，李哆为上党太守。军官吏为九卿者三人，诸侯相、郡守、二千石者百余人，千石以下千余人。奋行者官过其望⑰，以適过行者皆绌其劳⑱。士卒赐直⑲四万金。伐宛再反⑳，凡四岁而得罢焉。

【注释】

①道上国：路过的国家。②别：另外。③去：离开。④责：求索。⑤走：跑。⑥缚：捆。守：守护。大将军：指李广利。⑦毒：恨。⑧生：活着。将：送去。⑨卒：通“猝”，突然。失：误。⑩弟：指赵弟。桀：上官桀。逐及：追赶上。⑪持两端：抱着骑墙的态度。⑫之：到……去。⑬从：随。入献：进贡。见：进见。⑭侵牟：侵夺。⑮以此：因此。物故：死亡。⑯录：记录。⑰奋行者：自愿参军的人。望：希望。⑱以適过行者：因为被罚罪而参军的人。以，因为。適：同“谪”，罚罪。绌：免除。劳：功劳。⑲直：通“值”。⑳再反：两次往返。反，通“返”。

【原文】

汉已伐宛，立昧蔡为宛王而去。岁余，宛贵人以为昧蔡善谀，使我国遇屠，乃相与杀昧蔡，立毋寡昆弟曰蝉封为宛王，而遣其子入质于汉。汉因使使赂赐以镇抚①之。

而汉发使十余辈至宛西诸外国，求奇物，因风览②以伐宛之威德。而敦煌置酒泉都尉，西至盐水，往往有亭。而仑头有田卒③数百人，因置使者护田积粟，以给使外国者。

【注释】

①赂：财物。镇抚：安抚。②因：顺便。风：通“讽”，晓谕。览：考察。③田卒：屯田的士卒。

【原文】

太史公曰：《禹本纪》[①]言“河[②]出昆仑。昆仑其高二千五百余里，日月所相避隐[③]为光明也。其上有醴泉、瑶池”。今自张骞使大夏之后也，穷河源[④]，恶[⑤]睹《本纪》所谓昆仑者乎？故言九州[⑥]山川，《尚书》近之[⑦]矣。至《禹本纪》《山海经》所有怪物，余不敢言也。

【注释】

①《禹本纪》：中国最古老的帝王传记。②河：黄河。③避隐：隔开而不能相见。④穷：尽。河源：黄河的源头。⑤恶：何。⑥九州：《尚书·禹贡》把中国分为九州，即冀、兖、青、徐、荆、扬、豫、梁、雍等，后遂以九州代称中国。⑦《尚书》：我国最早的散文集，实为古代历史文献的汇编，为儒家的五经之一。近之：接近于真实。

【译文】

大宛这地方是由张骞发现的。张骞是汉中人，汉武帝建元年间（前140—前135）当过郎官。这时，天子问投降的匈奴人，他们都说匈奴攻打并战胜月氏王，用他的头骨当饮酒的器皿。月氏人逃跑了，因而常常怨恨匈奴，只是没有朋友和他们一块去打匈奴。这时，汉朝正想攻打匈奴，听到这些说法，因此想派使者去月氏联络。但是，去月氏必须经过匈奴，于是就招募能够出使的人。张骞以郎官身份应招，出使月氏，和堂邑氏人原来匈奴奴隶名叫甘父的一同从陇西出境，经过匈奴时，被匈奴抓到，又移送给单于。单于留住张骞，说："月氏在我们北边，汉朝怎能派使者前去呢？我们要想派使者去南越，汉朝能允许我们吗？"扣留张骞十余年，给他娶了妻子，生了孩子。但是，张骞一直保持着汉朝使者的符节，没有丢失。

张骞留居匈奴，匈奴对他的看护渐渐宽松，张骞因而得以同他的随从逃向月氏，向西跑了几十天，到达大宛。大宛听说汉朝钱财丰富，本想与汉朝沟通，却未成功。如今见到张骞，心中高兴，便向张骞问道："你想到哪儿去？"张骞说："我为汉朝出使月氏，却被匈奴拦住去路。如今逃出匈奴，希望大王派人引导护送我们去月氏。若真能到达月氏，我们返回汉朝，汉朝赠送给大王的财物是用言语说不尽的。"大宛认为张骞的话是真实的，就让张骞出发，并给他派了向导和翻译，到达康居。康居又把他转送到大月氏。这时，大月氏的国王已经被匈奴杀死，又立了他的太子当国王。这位国王已把大夏征服，并在这里居住下来。这地方土地肥美富饶，很少有敌人侵犯，心情安适快乐。自己又认为离汉朝很远，根本没有向匈奴报仇的心意。张骞从月氏到了大夏，终究没有得到月氏对联汉抗击匈奴的明确态度。

张骞在月氏住了一年多，回国而来。他沿着南山行进，想从羌人居住的地方回到长安，却又被匈奴捉到了。他在匈奴住了一年多，单于死了，匈奴左谷蠡王攻击太子，自立为单于，国内大乱，张骞乘机与胡人妻子和堂邑父一起逃回汉朝。汉朝封张骞为太中大夫，封堂邑父为奉使君。

张骞为人坚强有力量，心胸宽大，诚实可信，蛮夷之人都喜欢他。堂邑父是匈奴人，善于射箭，每当穷困危急之时，就射杀飞禽走兽当饭吃。最初，张骞出使时有一百多随从，离开汉朝十三年，只有他和甘父两个人回到汉朝。

张骞所到的大宛、大月氏、大夏、康居，传说这些国家的旁边还有五六个大国，他都一一向汉天子陈述了情况，说：

大宛在匈奴西南，在汉朝正西面，离汉朝大约一万里。当地的风俗是定居一处，耕种田地，种稻子和麦子。出产葡萄酒。有很多好马，马出汗带血，它的祖先是天马的儿子。那里有城郭房屋，归它管辖的大小城镇有七十多座，民众有几十万。大宛的兵器是弓和矛，人们骑马射箭。它的北边是康居，西边是大月氏，西南是大夏，东北是乌孙，东边是扜罙、于寘。于寘的西边，河水都西流，注入西海。于寘东边的河水都向东流，注入盐泽。盐泽的水在地下暗中流淌，它的南边就是黄河的源头，黄河水由此流出。那儿盛产玉石，黄河水流入中国。楼兰和姑师的城镇都有城郭，靠近盐泽。盐泽离长安大约五千里。匈奴的右边正处在盐泽以东，直到陇西长城，南边与羌人居住区相接，阻隔了通往汉朝的道路。

乌孙在大宛东北大约两千里，是个百姓不定居一处的国家，人们随着放牧的需要而迁移，和匈奴的风俗相同。拉弓打仗的兵卒有几万人，勇敢善战。原先服从于匈奴，待到强盛后，就取回被束缚在匈奴的人质，不肯去朝拜匈奴。

康居在大宛西北大约两千里，是个百姓不定居一处的国家，与月氏的风俗大多相同。拉弓打仗的战士有八九万人，同大宛是邻国。国家小，南边被迫服侍月氏，东边被迫服侍匈奴。

奄蔡在康居西北大约两千里，是个百姓不定居一处的国家，与康居的风俗大多相同。拉弓作战的战士有十多万。它靠近一个大的水泽，无边无岸，大概就是北海吧。

大月氏在大宛西边两三千里，处于妫水之北。它南边是大夏，西边是安息，北边是康居。是个百姓不定居一处的国家，人们随着放牧的需要而迁移，同匈奴的风俗一样。拉弓打仗的战士也有一二十万。从前强大时，轻视匈奴，等到冒顿立为单于，打败月氏；到了匈奴老上单于时，杀死了月氏王，用月氏王的头骨做饮酒器皿。开始时，月氏居住敦煌、祁连之间，待到被匈奴打败，大部分人就远远离开这里，经过大宛，向西去攻打大夏，并把它打败，令其臣服于月氏，于是建都妫水之北，作为王庭。而其余一小部分不能离开的月氏人，就保全了南山和羌人居住的地方，称为小月氏。

安息在大月氏西边几千里的地方。它们的习俗是定居一处，耕种田地，种植稻子和麦子，出产葡萄酒。它的城镇如同大宛一样。它所管辖的大小城镇有数百座，国土方圆数千里，是最大的国家。靠近妫水，有集市，人们为做生意，用车和船装运货物，有时运到附近的国家或者几千里以外的地方。他们用银作钱币，钱币铸成像国王容貌的样子，国王死去，就改换钱币，这是因为要模仿国王的面貌。他们在皮革上画横作为文字。它西边是条枝，北边是奄蔡、黎轩。

条枝在安息西边数千里，靠近西海。那里天气炎热潮湿。人们耕种田地，种植稻子。那里出产一种大鸟，它的蛋就像瓮坛那样大。人口众多，有的地方往往有小君长，而安息役使管辖他们。把它当作外围国家。条枝国的人擅长魔术。安息的老年人传说条枝国有弱水和西王母，却不曾见过。

大夏在大宛西南两千多里的妫水南面。其地风俗是人们定居一处，有城镇和房屋。与大宛的风俗相同。没有大君长，往往是每个城镇设置小君长。这个国家的军队软弱，害怕打仗。人们善于做买卖。待到大月氏西迁时，打败了大夏，统治了整个大夏。大夏的民众很多，有一百多万。它的都城叫蓝市城。这里有贸易市场。贩卖各种物品。大夏东南有身毒国。

张骞说："我在大夏时，看见过邛竹杖、蜀布，便问他们：'从哪儿得到了这些东西？'大夏国的人说：'我们的商人到身毒国买回来的。身毒国在大夏东南几千里。那里的风俗是人们定居一处，大致与大夏相同，但地势低湿，天气炎热。它的人民骑着大象打仗。那里临近大水。’我估计，大夏离汉朝一万二千里，处于汉朝西南。身毒国又处于大夏东南几千里，有蜀郡的产品，这就说明它离蜀郡不远了。如今出使大夏，要是从羌人居住区经过，则地势险要，羌人厌恶；要是稍微向北走，就会被匈奴俘获。从蜀地前往，应是直道，又没有侵扰者。”天子已经听说大宛和大夏、安息等都是大国，出产很多奇特物品，人民定居一处，与汉朝人的生活颇相似，而他们的军队软弱，很看重汉朝的财物。北边有大月氏、康居这些国家，他们的军队强大，但可以用赠送礼物、给予好处的办法，诱使他们来朝拜汉天子。而且若是真能得到他们，并用道义使其为属，那么就可以扩大万里国土，经过辗转翻译，招来不同风俗的人民，使汉朝天子的声威和恩德传遍四海内外。汉武帝心中高兴，认为张骞的话是对的，于是命令张骞从蜀郡、犍为郡派遣秘密行动的使者，分四路同时出发：一路从駹出发，一路从冉起程，一路从徙出动，一路从邛、僰启行，都各自行走一二千里。结果，北边那一路为氐和筰所阻拦，南边那一路为巂和昆明所阻拦。昆明之类的国家没有君长，善于抢劫偷盗，常杀死和抢掠汉朝使者，汉朝使者终究没能通过。但是，听说昆明西边一千余里的地方，有个人民都骑象的国家，名叫滇越，蜀郡偷运物品出境的商人中有的到过那里。于是，汉朝因为要寻找前往大夏的道路而开始同滇国沟通。最初，汉朝想开通西南夷，浪费了很多钱财，道路也没开通，就作罢了。待到张骞说可以由西南夷通往大夏，汉朝又重新从事开通西南夷的事情。

张骞以校尉的身份跟随大将军卫青去攻打匈奴，因为他知道有水草的地方，所以军队能够不困乏，皇上就封张骞为博望侯。这是汉武帝元朔六年（前123）的事。第二年，张骞当了卫尉，同李广将军一同从右北平出发去攻打匈奴。匈奴大兵包围了李将军，他的军队伤亡很多，而张骞因为误了约定的时间，被判为死刑，花钱赎罪，成为平民百姓。这一年，汉朝派遣骠骑将军霍去病在西边大败匈奴的几万人，来到祁连山下。第二年，匈奴浑邪王率领他的百姓投降了汉朝。从此，金城、河西西边及南山到盐泽一带再也没有匈奴人了。匈奴有时派侦察兵来这里，而这种事情也很少发生。这以后整整两年，汉朝就把匈奴单于赶跑到大沙漠以北。

这以后，天子屡次向张骞询问大夏等国的事情。这时，张骞已经失去侯爵，于是就说："我在匈奴时，听说乌孙国王叫昆莫，昆莫的父亲是匈奴西边一个小国的君王。匈奴攻打并杀了昆莫的父亲，而昆莫出生后就被抛弃到旷野里。鸟儿口衔着肉飞到他身上，喂他；狼跑来给他喂奶。单于感到奇怪，以为他是神，就收留了他，让他长大。等他成年后，就让他领兵打仗，屡次立功，单于就把他父亲的百姓给了他，命令他长期驻守西域。昆莫收养他的百姓，攻打旁边的小城镇，逐渐有了几万名能拉弓打仗的兵士，熟悉攻伐战争的本领。单于死后，昆莫就率领他的民众远远地迁移，保持独立，不肯去朝拜匈奴。匈奴派遣突击队攻打昆莫，没有取胜，认为昆莫是神人而远离了他，对他采取约束控制的办法，而不对他发动重大攻击。如今，单于刚被汉朝打得很疲惫，而原来浑邪王控制的地方又没人守卫。蛮夷的习俗是贪图汉朝的财物，若真能在这时用丰厚的财物赠送乌孙，招引它再往东迁移，居住到原来浑邪王控制的地方，同汉朝结为兄弟，根据情势看，昆莫应该是能够接受的。如果它接受了这个安排，那么这就是砍断了匈奴的右臂。联合了乌孙之后，它西边的大夏等国都可以招引来作为外臣属国。”汉武帝认为张骞说得对，任命他为中郎将，率领三百人，每人两匹马，牛羊几万只，携带价值几千万的金银布帛，还配备了好多个持符节的副使。如果道路能打通，就派遣他们到旁边的国家去。

张骞已经到了乌孙，乌孙王昆莫接见汉朝使者，如同对待匈奴单于的礼节一样。张骞内心很羞愧，他知道蛮夷之人贪婪，就说：“天子赠送礼物，如果国王不拜谢，就把礼物退回来。”昆莫起身拜谢，接受了礼物，其他做法照旧。张骞向昆莫说明了他出使的旨意，说：“如果乌孙能向东迁移到浑邪王的旧地去，那么汉朝将送一位诸侯的女儿嫁给昆莫做妻子。”这时，乌孙国已经分裂，国王年老，又远离汉朝，不知道它的大小，原先归属匈奴已经很久了，而且离匈奴又近，大臣们都怕匈奴，不想迁移，国王不能独自决定。张骞因而没能得到乌孙王的明确态度。昆莫有十多个儿子，其中有个儿子叫大禄，强悍，擅长领兵，他率领一万多骑兵居住在另外的地方。大禄的哥哥是太子，太子有个儿子叫岑娶，太子早就死了。他临死时，对父亲昆莫说："一定要以岑娶做太子，不要让别人代替他。"昆莫哀伤地答应了他，终于让岑娶当了太子。大禄对自己没能取代太子很愤怒，于是收罗他的兄弟们，率领他的军队造反了，蓄谋攻打岑娶和昆莫。昆莫年老了，常常害怕大禄杀害岑娶，就分给岑娶一万多骑兵，居住到别的地方去。而昆莫自己还有一万多骑兵用以自卫。这样一来，乌孙国一分为三，而大体上仍是归属于昆莫。因此，昆莫也不敢独自与张骞商定这件事。

张骞于是就分派副使分别出使大宛、康居、大月氏、大夏、安息、身毒、于阗、扜罙及旁边的几个国家。乌孙国派出向导和翻译送张骞回国。张骞和乌孙国派出的使者共几十人，带来几十匹马，回报和答谢汉天子，顺便让他们窥视汉朝情况，了解汉朝的广大。

张骞回到汉朝，被任命为大行，官位排列在九卿之中。过了一年多，他就死了。

乌孙的使者已经看到汉朝人多而且财物丰厚，回去报告了国王，乌孙国就越发重视汉朝。过了一年多，张骞派出的沟通大夏等国的使者，多半和所去国家的人一同回到汉朝。于是，西北各国从这时开始和汉朝有了交往。然而，这种交往是张骞开创的。所以，以后前往西域各国的使者都称博望侯，以此取信于外国，外国也因此而信任汉朝使者。

自从博望侯张骞死后，匈奴听说汉朝和乌孙有了往来，很气愤，想攻打乌孙。待到汉朝出使乌孙，而且从它南边到达大宛、大月氏，使者接连不断，乌孙才感到恐惧，派使者向汉朝献马，希望能娶汉朝诸侯女儿做妻子，同汉朝结为兄弟。天子向群臣征求意见，群臣都说："一定要先让他们送来聘礼，然后才能把诸侯女儿嫁过去。"最初，天子翻开《易经》占卜，书上写道："神马当从西北来。"得到乌孙的良马后，天子就命名那马为"天马"。待到得了大宛的汗血马，越发健壮，就改名乌孙马为"西极"，命名大宛马为"天马"。这时，汉朝开始修筑令居以西的长城亭障，初设酒泉郡，以便沟通西北各国。于是，加派使者抵达安息、奄蔡、黎轩、条枝、身毒国。而汉朝天子喜欢大宛的马，因此出使大宛的使者络绎不绝。那些出使外国的使者每批多者数百人，少者百余人，每人所携带的东西大体和博望侯所带的相同。此后，出使之事习以为常，所派人数就减少了。汉朝大致一年要派出的使者，多的时候十余批，少的时候五六批。远的地方，使者八九年才能回来；近的地方，几年就可以返回来。

这时，汉朝已经灭亡了南越，蜀地和西南夷诸国都震恐，请求汉朝为他们设置官吏和入朝拜见汉天子。于是，汉朝设置了益州、越巂、牂柯、沈黎、汶山等郡，想使土地连成一片，再向前通往大夏。于是，汉朝一年内就派遣使者柏始昌、吕越人等十余批，从这些新设的郡出发，直到大夏，但又为昆明所阻拦，使者被杀，钱物被抢，最终也没能到达大夏。于是，汉朝调遣三辅的罪人，再加上巴、蜀的战士几万人，派遣郭昌、卫广两位将军去攻打昆明阻拦汉朝使者的人，杀死和俘获了几万人就离开了。这以后，汉朝派出使者，昆明又进行抢杀，最后还是未能沟通大夏。而北边通过酒泉抵达大夏的路上，使者已经很多，外国人越发满足了汉朝的布帛财物，对这些东西不再感到贵重。

自从博望侯因为开辟了通往外国的道路而得到尊官和富贵，以后跟随出使的官吏和士卒都争着上书，陈述外国的珍奇之物、怪异之事和利害之情，要求充当使者。汉朝天子认为外国非常遥远，并非人人乐意前往，就接受他们的要求，赐予符节，招募官吏和百姓而不问他们的出身，为他们配备人员，派遣他们出使，以扩大沟通外国的道路。出使归来的人不能不出现侵吞布帛财物的情况，以及背离天子之意的事情。天子认为他们熟悉西域和使者的工作，常常深究他们的罪行，以此激怒他们，令其出钱赎罪，再次要求充任使者。这样一来，出使的事端层出不穷，而他们也就轻易犯法了。那些官吏士卒也常常反复称赞外国有的东西，说大话的人被授予符节当正使，浮夸小的人被任为副使，所以那些胡说而又无德行的人争相效法他们。那些出使者都是穷人的子弟，把官府送给西域各国的礼物占为己有，想用低价卖出，在外国获取私利。外国也讨厌汉朝使者人人说的话都有轻重不真实的成分，他们估计汉朝大军离得远，不能到达，因而断绝他们的食物，使汉朝使者遭受困苦。汉朝使者生活困乏，物资被断绝，因而对西域各国产生了积怨，以至于相互攻击。楼兰、姑师是小国，正处于交通要道，因而他们攻击汉朝使者王恢等尤其厉害。匈奴的突击部队也时时阻拦攻击出使西域诸国的汉朝使者。使者争相详谈外国的危害，虽然各国都有城镇，但是军队软弱，容易攻击。于是，天子因此派遣从骠侯赵破奴率领属国骑兵及各郡士兵几万人，开赴匈河水，想攻打匈奴，匈奴人都离开了。第二年，攻打姑师。赵破奴和轻骑兵七百多人首先到达，俘虏了楼兰王，于是攻陷姑师。乘着胜利的军威，围困乌孙、大宛等国。回汉朝后，赵破奴受封为浞野侯。王恢屡次出使，被楼兰搞得很困苦，他把这事告诉天子。天子发兵，命令王恢辅佐赵破奴打败敌人，因此封王恢为浩侯。于是，汉朝从酒泉修筑亭鄣，直修到玉门关。

乌孙王用一千匹马聘娶汉朝姑娘，汉朝派遣皇族江都王刘建的女儿嫁给乌孙王为妻，乌孙王昆莫以她为右夫人。匈奴也派遣公主嫁给昆莫，昆莫以她为左夫人。昆莫说："我老了。"就命令他孙子岑娶娶江都翁主为妻子。乌孙盛产马，那些富有人家的马竟多至四五千匹。

最初，汉朝使者到达安息，安息王命令有关人率领两万骑兵在东部国境迎接。东部国境与王都相离数千里。待走到王都要经过几十座城镇，百姓相连，人口甚多。汉朝使者归来，安息派使者随汉使来观察汉朝的广大，把大鸟蛋和黎轩善变魔术的人献给汉朝。至于大宛西边的小国驩潜、大益，大宛东边的姑师、扜罙、苏薤等国，都随汉朝使者来进献贡品和拜见天子。天子非常高兴。

汉朝使者极力探寻黄河的源头，源头出在于阗国，那里的山上盛产玉石，使者们采回来，天子依据古代图书加以考察，命名黄河发源的山叫昆仑山。

这时，天子正屡次到海边之地视察，每次都让外国客人跟随其后，大凡人多的城镇都要经过。并且散发钱财赏赐他们，准备丰厚的礼物多多供给他们，以此展示汉朝的富有。于是，大规模地搞角抵活动，演出奇戏，展出许多怪物，引来许多人围观。天子便进行赏赐，聚酒成池，挂肉成林，让外国客人遍观各地仓库中储藏的物资，以表现汉朝的广大，使他们倾倒惊骇。待增加那魔术的技巧后，角抵和奇戏每年都变化出新花样。这些技艺的越发兴盛，就从这时开始。

西域的外国使者换来换去，往来不断。但大宛以西诸国使者都认为远离汉朝，还骄傲放纵，安逸自适。汉朝还不能以礼约束他们，使他们顺从地听候吩咐。从乌孙以西直到安息诸国，因为靠近匈奴，匈奴使月氏处于困扰之中，所以匈奴使者拿着单于的一封信，则这些国家就轮流供给他们食物，不敢阻留使他们受苦。至于汉朝使者到达，不拿出布帛财物就不供给饮食，不买牲畜就得不到坐骑。之所以出现这种情况，就在于汉朝遥远。而汉朝又有钱有物，所以一定要买才能得到想要的东西。但也是他们畏惧匈奴使者甚于汉朝使者的缘故。大宛左右的国家都用葡萄做酒，富有人家藏的酒多达一万余石，保存时间久的几十年都不坏。当地风俗是特爱喝酒，马喜欢吃苜蓿草。汉朝使者取回葡萄、苜蓿的种子，于是天子开始在肥沃的土地上种植葡萄、苜蓿。得到天马多了，外国的使者来的多了，则汉朝的离宫别苑旁边都种上葡萄、苜蓿，一望无边。从大宛以西到安息，各国虽然语言不同，但风俗大致相同，彼此可以相互了解。那里的人都眼睛凹陷，胡须很重，善于做买卖，连一分一铢都要争执。当地风俗尊重女人，女子说话，丈夫就坚决照办而不敢违背。那里到处都没有丝和漆，不懂得铸钱和器物。等到汉朝使者的逃亡士卒投降了他们，就教他们铸造兵器和器物。他们得到汉朝的黄金和白银，就用来铸造器皿，不用来做钱币。

汉朝使者出使西域的渐渐多起来，那自少年时代就随着出使的人，大多把自己熟悉的情况向天子汇报，说："大宛有好马，在贰师城，他们把它藏匿起来，不肯给汉朝使者。"天子已经喜欢大宛的马，听到这消息，心里甜滋滋的，就派遣壮士车令等拿着千金和金马，去请求大宛王交换贰师城的好马。大宛国已经有很多汉朝的东西，宛王与大臣相互商议说："汉朝离我们远，而经过盐泽来我国屡有死亡。若从北边来又有匈奴侵扰，从南边来又缺少水草。而且往往没有城镇，饮食很缺乏。汉朝使者每批几百人前来，而常常因为缺乏食物，死的人超过一半，这种情况怎能派大军前来呢？他们对我们无可奈何，况且贰师的马是大宛的宝马。”于是，就不肯给汉朝使者。汉朝使者发怒，随便扬言要砸碎金马离去。大宛贵族官员发怒说：“汉朝使者太轻视我们！”就遣送汉朝使者离开，并命令东边的郁成国阻击并杀死汉朝使者，抢去他们的财物。于是，天子大怒，诸位曾出使大宛的人，如姚定汉等人说大宛兵弱，若真能率领不足三千汉朝大军，用强弓劲弩射击他们，就可以全部俘获他们的军队，打败大宛。因为天子曾经派浞野侯攻打楼兰，他率领七百骑兵抢先攻到楼兰，俘虏楼兰王，所以天子认为姚定汉说得对，而且想使他的宠姬李夫人家得以封侯。所以，天子就任命李夫人之兄李广利为贰师将军，调发属国的六千骑兵，以及各郡国的不良少年几万人，前去讨伐大宛。目的是到贰师城取回良马，所以号称“贰师将军”。赵始成当军正，原来的浩侯王恢当军队的向导，李哆当校尉，掌握军中的事情。这一年是汉武帝太初元年（前104）。这时，关东出现严重蝗灾，蝗虫飞到西边的敦煌。

贰师将军的军队已经过了西部的盐泽，所路过的小国都害怕，各自坚守城堡，不肯供给汉军食物。汉军攻城又攻不下来。攻下城来才能得到饮食，攻不下来，几天内就得离开那里。待到汉军到达郁成，战士跟上来的不过数千人，都饥饿疲劳。他们攻打郁成，郁成大败他们，汉军被杀伤的人很多。贰师将军与李哆、赵始成等商量，说："到达郁成尚且不能攻下来，何况到达其国王的都城呢？"于是，就领兵退回，往来经过两年。他们退到敦煌时，所剩士兵不过十分之一二。他们派使者向天子报告说："道路遥远，经常缺乏食物，而且士卒不怕打仗，只忧虑挨饿。人少，不足以攻取大宛。希望暂时收兵，将来多派军队再前去讨伐。"天子听后，大怒，就派使者把他们阻止在玉门关，说军队中有敢进入玉门关的就杀头。贰师将军害怕，于是就留在敦煌。

太初二年（前103）夏天，汉朝在匈奴损失了浞野侯的军队两万多人。公卿和议事的官员都希望停止打大宛的军事行动，集中力量攻打匈奴。天子已经讨伐大宛，宛是小国却没能攻下，那么大夏等国就会轻视汉朝，而大宛的良马也绝不会弄来，乌孙和轮台就会轻易地给汉朝使者增添烦扰，被外国人嘲笑。于是，就惩治了说讨伐大宛尤为不利的邓光等，并赦免囚徒和勇敢的犯了罪的士卒，增派品行恶劣的少年和边地骑兵，一年多的时间就有六万士兵从敦煌出发，这还不包括那些自带衣食随军参战的人。这些士兵携带着十万头牛，三万多匹马，还有无数的驴、骆驼等物。他们还带了很多粮，各种兵器都很齐备。当时全国骚动，相传奉命征伐大宛的校尉共有五十余人。宛王城中没有水井，都要汲取城外流进城内的流水，汉朝军队就派遣水工改变城外的水道，使城内无水可用。汉朝还增派了十八万甲兵，戍守酒泉、张掖以北，并设置居延、休屠两个县以护卫酒泉。汉朝还调发全国七种犯罪之人，载运干粮供应贰师将军。转运物资的人员络绎不绝，直到敦煌。又任命两位熟悉马匹的人做执驱校尉，准备攻破大宛后选取它的良马。

于是，贰师将军后来又一次出征，所率兵士很多，所到小国没有不迎接的，都拿出食物供应汉朝军队。他们到达仑头国，仑头国不肯投降，攻打了几天，血洗全国。由仑头往西去，平安地到达王城，汉军到达的有三万人。宛军迎击汉军，汉军射箭打败了宛军。宛军退入城中，依靠城墙守卫。贰师将军的大兵要攻打郁成，害怕滞留不进而让大宛越发做出诡诈之事，就先攻大宛城，断绝它的水源，改变水道，则大宛已深感忧愁困危。汉军包围大宛城，攻打四十多天，外城被攻坏，俘虏了大宛贵人中的勇将煎靡。大宛人非常恐惧，都跑进城中。大宛高级官员们相互商议说："汉朝之所以攻打大宛，是大宛王毋寡藏匿良马而又杀了汉朝使者。如今，要是杀死宛王毋寡而且献出良马，汉朝军队大概会解围而去。若是不解围而去，再拼力战斗而死，也不晚。"大宛高官们都认为此话正确，便共同杀死宛王毋寡，派遣贵人拿着毋寡的人头去见贰师将军，与他相约道："汉军不要进攻我们，我们把良马全部交出，任凭你们挑选，并供应汉军饮食。如果你们不接受我们的要求，我们就把良马全杀死，而康居的援兵也将到来。如果他们的军队赶到了，我们的军队在城里，康居的军队在城外，同汉兵作战。希望汉军仔细考虑，何去何从?”这时，康居的侦察兵在窥探汉军的情况，因为汉军还强大，不敢进攻。贰师将军李广利和赵始成、李哆等商议道：“听说大宛城里最近找来了汉人，这人熟悉打井技术，而且城中粮食还挺多。我们来这里的目的就是要杀罪魁祸首毋寡。毋寡的人头已到手，却又不答应人家的解围撤兵的要求，那么他们就会坚决固守，而康居军队窥视汉军疲惫时再来救助大宛，那时必定打败汉军。”军官们都认为说得对，便答应了大宛的要求。大宛才献出他们的良马，让汉军自己选择，而且拿出许多粮食供给汉军。汉军选取了他们的几十匹良马，以及中等以下的公马与母马三千多匹，又立了大宛贵人中从前对待汉使很好的名叫昧蔡的为大宛王，同他们订立盟约而撤兵。汉军始终没有进入大宛城内，就撤军回到汉朝。

最初，贰师将军从敦煌以西启程，以为人多，所经过的国家无力供给粮食，就把军队分成几支，从南和北两路前进。校尉王申生、原鸿胪壶充国等率领一千余人，从另一条路到达郁成。郁成人坚持守城，不肯向汉军供应粮食。王申生离开大军二百里，认为有所依仗而轻视郁成，向郁成求索粮食。郁成不肯给，并窥探汉军，知道王申生的军队逐日减少，就在某个早晨用三千人攻打王申生的军队，杀死了王申生等，军队被摧毁，只有几个人逃脱，跑回贰师将军那里。贰师将军命令搜粟都尉上官桀前去攻打郁成。郁成王逃到康居，上官桀追到康居。康居听说汉军已攻下大宛，就把郁成王献给了上官桀，上官桀就命令四个骑兵捆缚郁成王并押解到贰师将军那里。四个骑兵互相商议说：“郁成王是汉朝所恨的人，如今若是活着送去，突然发生意外就是大事。”想杀他，又没人敢先动手。上邽人骑士赵弟年龄最小，拔出宝剑砍去，杀了郁成王，带上他的人头。赵弟和上官桀等追上了贰师将军李广利。

最初，贰师将军后一次出兵，天子派使者告诉乌孙，要求他们多派兵与汉军联合攻打大宛。乌孙出动两千骑兵前往大宛，但采取骑墙态度，观望不前。贰师将军胜利东归，所路过的各个小国听说大宛已被打败，都派他们的子弟随汉军前往汉朝进贡，拜见天子，顺便留在汉朝作人质。贰师将军攻打大宛，军正赵始成奋力战斗，功劳最大；上官桀勇敢地率兵深入，李哆能够出谋划策，使军队回到玉门关的有一万多人，军马一千多匹。贰师将军后一次出兵，军队并非缺乏食物，战死者也不能算多，而他手下将吏们贪污，大多不爱士卒，侵夺粮饷，因此死人很多。天子因为他们是远行万里讨伐大宛，不记他们的过失，而封李广利为海西侯。又封亲手杀郁成王的骑士赵弟为新畤侯，军正赵始成为光禄大夫，上官桀为少府，李哆为上党太守。军官中被升为九卿的有三人，升任诸侯国相、郡守、二千石一级官员的共有一百多人，升为千石一级以下的官员有一千多人。自愿参军者所得到的军职超过了他们的愿望，因被罚罪而参军的人都免罪而不计功劳。对士卒的赏赐价值四万金。两次讨伐大宛，总共四年时间才得以结束军事行动。

汉朝讨伐大宛以后，立昧蔡为大宛王之后就撤离了。过了一年多，大宛高级官员认为昧蔡善于阿谀，使大宛遭到杀戮，于是他们相互谋划杀了昧蔡，立毋寡的兄弟名叫蝉封的当了大宛国王，而派遣他的儿子到汉朝做人质。汉朝也派使者向大宛赠送礼物加以安抚。

后来，汉朝派了十多批使者到大宛西边的一些国家，去寻求奇异之物，顺便晓谕和考察讨伐大宛的威武和功德。敦煌和酒泉从此设置了都尉，一直到西边的盐水，路上往往设有亭鄣。而仑头有屯田士卒几百人，于是汉朝在那儿设置了使者，以保护田地，积聚粮食，供给出使外国的使者们。

太史公说："《禹本纪》说：'黄河发源于昆仑。昆仑高达两千五百余里，是日月相互隐避和各自发出光明之处。昆仑之上有醴泉和瑶池。'现在，从张骞出使大夏之后，最终找到了黄河的源头，从哪儿能看到《禹本纪》所说的昆仑山呢？所以谈论九州山川，《尚书》所说的是最接近实际情况的。至于《禹本纪》和《山海经》里所记载的怪物，我不敢随便说。"

第一百零六卷　游侠列传第六十四

《游侠列传》是《史记》名篇之一，记述了汉代著名侠士朱家、剧孟和郭解的史实。司马迁实事求是地分析了不同类型的侠客，充分地肯定了“布衣之侠”“乡曲之侠”“闾巷之侠”，赞扬了他们“其言必信，其行必果，已诺必诚，不爱其躯，赴士之厄困……不矜其能，羞伐其德”等高贵品德。这些被班固视为“罪已不容于诛”（《汉书·游侠传》）的社会底层的人们，在司马迁的笔下却成为倾倒天下大众的英雄。司马迁对他们的不幸遭遇表示同情，对迫害他们的人表示极大愤慨，揭示了汉朝法律的虚伪和不公正的本质，表现了进步的历史观和《史记》一书的人民性。当然，作者对那些被视为“朱家之羞”的“盗跖居民间者”式的豪侠却加以否定和鞭挞。同时，作者借儒形侠，又写公孙弘等的诛侠之举，委婉地表现了作者对此类儒者的愤激之情，“真极用意文字”（姚苎田《史记菁华录》），难怪正统的封建史学家班固称此文是“退处士而进奸雄”（《汉书·司马迁传》）。这又从另一角度显示了此文的进步性。

此文不但善于叙事，且叙事与议论相结合，处处倾泻

"愤激""不平之气",且层层回环,步步转折,曲尽其妙。文章结构严谨有序,前有叙论,为一篇之纲,后分叙诸侠之事,为叙论作注脚,"太史公曰"总一篇之旨,明作者之情,前后辉映,"篇章之妙,此又一奇也"(吴见思《史记论文》)。

【原文】

韩子[①]曰:"儒以文乱法[②],而侠以武犯禁[③]。"二者皆讥,而学士多称[④]于世云。至如以术[⑤]取宰相卿大夫,辅翼其世主[⑥],功名俱著于春秋,固无可言者。及若季次、原宪,闾巷人[⑦]也,读书怀独行[⑧]君子之德,义不苟合当世,当世亦笑之。故季次、原宪终身空室[⑨]蓬户,褐衣疏食不厌[⑩]。死而已四百余年,而弟子志[⑪]之不倦。今游侠,其行虽不轨于正义[⑫],然其言必信,其行必果[⑬],已诺必诚,不爱其躯,赴士之厄困。既已存亡死生矣,而不矜[⑭]其能,羞伐[⑮]其德,盖亦有足多[⑯]者焉。

且缓急[⑰],人之所时有也。太史公曰:"昔者虞舜窘于井廪[⑱],伊尹负于鼎俎[⑲],傅说匿于傅险[⑳],吕尚困于棘津[㉑],夷吾桎梏[㉒],百里饭牛[㉓],仲尼畏[㉔]匡,菜色陈、蔡[㉕]。此皆学士所谓有道仁人也,犹然遭此菑[㉖],况以中材而涉乱世之末流乎?其遇害何可胜道哉!

鄙人[㉗]有言曰:"何知仁义,已飨[㉘]其利者为有德。"故伯夷丑[㉙]周,饿死首阳山,而文、武不以其故贬王[㉚];跖、跻暴戾[㉛],其徒诵义[㉜]无穷。由此观之,"窃钩者诛,窃国者[㉝]侯,侯之门仁义存",非虚言也。

【注释】

①韩子：即韩非。所引文字见《韩非子·五蠹》。②儒：儒家学派。此指儒生。文：指儒家经典，如《诗》《书》之类。乱法：破坏法度。③侠：游侠者。武：勇武的行为。禁：禁令。④二者：指儒、侠。讥：非难。学士：指儒生。称：被人称扬。⑤术：方法。此处实指权术。⑥辅翼：辅助。世主：当代的天子。⑦季次：即公皙哀，孔子的学生。原宪：即子思，孔子的学生。闾巷人：即平民百姓。⑧怀：怀抱。独行：特异之行，不同凡俗的操节。⑨空室：室内空空，极言贫穷。蓬户：蓬蒿所编成的门，极言家贫。按：《庄子·让王》记原宪之贫穷曰："原宪居鲁，环堵之室，茨以生草，蓬户不完，桑以为枢而瓮牖，二室，褐以为塞，上漏下湿，匡坐而弦歌。"⑩褐衣：粗布上衣。疏食：粗糙低劣的饭食。厌：通"餍"，足。⑪志：怀念。⑫轨：车轨。"不轨"犹言"不合"。正义：指当时的道德准则和法律。⑬果：坚定而不动摇。⑭矜：自我夸耀。⑮伐：夸耀。⑯多：称赞。⑰缓急：复词偏义，急迫。⑱窘：困迫。井廪：水井和仓廪。按：《孟子·万章》及本书《五帝本纪》皆言舜未称帝时，多次遭其父与弟的迫害，舜修仓廪，其父瞽瞍撤梯烧仓，欲将他烧死。后又让舜淘井，舜入井其父与弟象把井填死，欲活埋舜。但舜大难不死，皆逃脱。⑲伊尹：商汤贤臣。负：背。鼎：古炊具，如今之饭锅。俎：切肉的案板。按：《孟子·万章》与本书《殷本纪》说：伊尹曾寻机当了商汤的厨师，以烹调之理

暗示为政之理，深得汤的赏识，被重用，建立大功。⑳傅险：又作“傅岩”，地名。据《殷本纪》记载，傅说本为在傅岩服苦役的犯人，后被武丁发现，委以重任，使商代大治。参见《吕氏春秋·慎行论·求人》。㉑棘津：古代河水名。据《正义》引《尉缭子》说，姜尚年七十还未得志，只能在棘津做贩卖饮食的小贩。其人其事详见《齐太公世家》。㉒夷吾：即管仲。桎梏（gù）：古代刑具，即脚镣与手铐。《管晏列传》记载，管仲原为公子纠之臣，公子纠在与公子小白（桓公）争君位的斗争中失败，逃往鲁国，桓公让鲁杀公子纠，将管仲缚押至齐。“桎梏”云者，当指此事。㉓百里：即百里奚。饭牛：喂牛。按《孟子·万章》《管子·小问》《盐铁论》等书皆言百里奚早年曾自卖为奴，替人喂牛，寻找机会，取得秦穆公的信任。㉔仲尼：即孔子。据《孔子世家》云，孔子周游列国，从卫国到陈国，路过卫国的匡地时，匡人见他貌似匡人憎恨的阳虎，便将他围困起来，几乎把他害死。畏：在这里有拘囚的意思。《荀子·赋篇》有“孔子拘匡”之句。㉕菜色：指饥饿的容颜。陈：陈国。蔡：蔡国。据《孔子世家》记载，孔子周游列国，路过陈、蔡两国，途中无粮可吃，被饿得面黄肌瘦。㉖犹然：尚且。菑：通“灾”。㉗鄙人：指普通的平民百姓。鄙，浅陋。㉘飨：享受。㉙伯夷：殷末名士。据《伯夷列传》记载，他认为周武王伐纣是以暴易暴，故反对周伐纣，隐居首阳山。周建立后，认为吃周的粮食是可耻的，故饿死于首阳山。丑：认为可耻。㉚文、武：指周文王与周武王。

不以：不因为。贬王：损害王者的声誉。㉛暴戾：凶暴残忍。㉜诵义：称赞道义。㉝窃钩者：窃取衣带钩的人。此指小偷。按：以下三句出自《庄子·胠箧》篇。窃国者：指最高统治者。

【原文】

今拘学或抱咫尺之义[1]，久孤于世，岂若卑论侪俗[2]，与世沉浮[3]而取荣名哉！而布衣[4]之徒，设取予然诺[5]，千里诵[6]义，为死不顾世，此亦有所长，非苟而已也。故士穷窘而得委命[7]，此岂非人之所谓贤豪间者邪[8]？诚使乡曲[9]之侠，予[10]季次、原宪比权量力，效功[11]于当世，不同日而论矣。要以功见[12]言信，侠客之义又曷可少哉！

古布衣之侠，靡[13]得而闻已。近世延陵、孟尝、春申、平原、信陵[14]之徒，皆因王者亲属，藉于有土[15]卿相之富厚，招天下贤者，显名诸侯，不可谓不贤者矣。比如顺风而呼，声非加疾[16]，其势激[17]也。至如闾巷之侠，修行砥名[18]，声施[19]于天下，莫不称贤，是为难耳。然儒、墨皆排摈[20]不载。自秦以前，匹夫之侠，湮灭不见，余甚恨之。以余所闻，汉兴有朱家、田仲、王公、剧孟、郭解[21]之徒，虽时扞当世之文罔[22]，然其私义廉洁退让，有足称者。名不虚立，士不虚附。至如朋党宗强比周[23]，设财役贫[24]，豪暴侵凌[25]孤弱，恣[26]欲自快，游侠亦丑之。余悲世俗不察其意，而猥[27]以朱家、郭解等令与暴豪之徒同类而共笑之也。

【注释】

①拘学：抱着一得之见，或拘守片面理论而故步自封的学者。或：有的。咫尺之义：狭隘的道理。咫，八寸。此喻狭小。②卑论：低下的论点。侪（chái）俗：迁就世俗之人。侪，等、齐。③与世浮沉：随世俗而沉浮，即随波逐流之意。④布衣：平民百姓。⑤设：大。此指重视，看重。取予：从别人那里取得，或给予别人。此指符合道义的取予。然诺：应允。⑥诵：通“庸”，从也。⑦委命：托身。⑧贤豪间者：贤人和豪侠中间的人物。间，中间。邪：通“耶”。⑨乡曲：乡间、民间。“乡曲之侠”当指民间的游侠。⑩予：通“与”，同。⑪效功：比较功业。效，通“校”，比较。⑫要：总之。功见：事功显现，意谓事情办成了。见，通“现”。⑬靡：无，不。⑭延陵：春秋时代吴国公子季札，被封于延陵，故称延陵季子。他出使中原路过徐国时，徐君颇爱其剑，他心有赠送之意，未曾说出。待他回返时，知徐君已死，于是便将其剑挂于徐君墓地树上，以示重言诺之意。（见《新序·节士》）不过延陵季子为春秋时人，文中不当言“近世”。又后文并未言及延陵季子事，只说战国四公子事，故清人梁玉绳《史记志疑》、崔适《史记探源》等皆疑“延陵”二字为衍文，可信。孟尝：即齐国孟尝君田文。春申：即楚国春申君黄歇。平原：即赵国平原君赵胜。信陵：即魏国公子信陵君无忌。以上四人是战国时代以养士闻名的好侠之士。⑮藉：依靠。土：指封地。⑯疾：声音洪亮。⑰激：激荡。⑱砥名：砥砺名节，提

高名声。⑲施：延。⑳排摈：排斥、抛弃。㉑朱家、田仲、王公、剧孟、郭解：皆汉代侠士。㉒扞（hàn）：违。文罔：通“文网”，法律禁令。㉓朋党宗强：结成帮派的豪强。比周：互相勾结。比，近。周，合。㉔设财役贫：依仗自己的财富役使穷人。㉕凌：侵犯。㉖恣：放纵。㉗猥：谬，错误。

【原文】

鲁朱家者，与高祖同时。鲁人皆以儒教，而朱家用[①]侠闻。所藏活[②]豪士以百数，其余庸人[③]不可胜言。然终不伐[④]其能、歆其德[⑤]，诸所尝施[⑥]，唯恐见之。振人不赡[⑦]，先从贫贱始。家无余财，衣不完采[⑧]，食不重味，乘不过軥[⑨]牛。专趋人之急[⑩]，甚己之私。既阴脱[⑪]季布将军之厄，及布尊贵，终身不见也。自关以东，莫不延颈[⑫]愿交焉。

楚田仲以侠闻，喜剑，父事[⑬]朱家，自以为行弗及。田仲已死，而雒阳有剧孟。周人以商贾为资[⑭]，而剧孟以任侠显[⑮]诸侯。吴楚反[⑯]时，条侯[⑰]为太尉，乘传车将至河南[⑱]，得剧孟，喜曰：“吴楚举大事而不求孟，吾知其无能为已矣。”天下骚动，宰相得之若得一敌国[⑲]云。剧孟行大类[⑳]朱家，而好博[㉑]，多少年之戏[㉒]。然剧孟母死，自远方送丧盖千乘[㉓]。及剧孟死，家无余十金[㉔]之财。而符离人王孟亦以侠称[㉕]江淮之间。

是时济南氏、陈周庸亦以豪闻，景帝闻之，使使尽诛此属。其后代诸白[㉖]、梁韩无辟、阳翟薛兄、陕韩孺纷纷复出焉。

【注释】

①鲁：指汉代封国名。用：因。②藏活：藏匿而使其活命。③庸人：普通人。④伐：自夸。⑤歆：欣喜，自我欣赏。德：恩惠。⑥尝施：曾经施舍。⑦振：通“赈”，救济。赡：足。⑧完采：完整的花纹。⑨軥（qú）：车辕前端驾于马脖子上的弯曲横木。“軥牛”犹言用牛驾车。⑩趋：奔走。急：危难。⑪阴脱：暗中使其摆脱。季布原为项羽的将领，项羽失败后，逃到濮阳隐藏在周家。后来刘邦悬赏捉拿他，周氏无奈将季布转到朱家那里。朱家通过汝阴侯夏侯婴劝说刘邦，赦免了季布，并重用他为中郎将等职。此处“阴脱”即指上述事实。见《季布栾布列传》。⑫延颈：伸长脖子。此指急于相见、相交。⑬父事：像对待父亲一样服侍他。⑭周人：指洛阳人。商贾：做买卖。资：生活的资本。⑮任侠：讲义气，抱打不平。显：显扬。⑯吴、楚反：指吴、楚七国之乱。汉景帝三年（前154），吴王刘濞联合楚国、赵国、济南、胶东、菑川六国诸侯王反叛中央，被太尉周亚夫率军平定。详见《吴王濞列传》。⑰条侯：即周亚夫。⑱传车：驿站所用的车驾。河南：汉朝郡名，此指洛阳。⑲宰相：指周亚夫。亚夫为太尉，相当于副宰相。敌国：与一个国家相匹敌。此极言剧孟地位的重要。⑳行：行为。大类：很像。㉑博：指六博棋，古代一种棋类游戏。㉒戏：游戏。㉓千乘：千辆。古代一车四马谓之“乘”。㉔金：古代计算货币的单位，在汉代一斤或一镒黄金称一金。㉕称：称颂。㉖诸白：诸位姓白的。

【原文】

郭解，轵人也，字翁伯，善相人①者许负外孙也。解父以任侠，孝文②时诛死。解为人短小精悍，不饮酒。少时阴贼，慨不快意③，身所杀④甚众。以躯借交⑤报仇，藏命作奸剽攻⑥，休乃铸钱掘冢⑦，固不可胜数。适有天幸⑧，窘急常得脱，若⑨遇赦。及解年长，更折节为俭⑩，以德报怨，厚施而薄望⑪。然其自喜为侠益甚。既已振⑫人之命，不矜其功，其阴贼著⑬于心，卒发于睚眦⑭如故云。而少年慕其行，亦辄为报仇，不使知也。解姊子负⑮解之势，与人饮，使之嚼⑯。非其任⑰，强必灌之。人怒，拔刀刺杀解姊子，亡去。解姊怒曰："以翁伯之义，人杀吾子，贼不得⑱。"弃其尸于道，弗葬，欲以辱解。解使人微知⑲贼处。贼窘自归，具以实告解。解曰："公杀之固当，吾儿不直⑳。"遂去㉑其贼，罪其姊子，乃收而葬之。诸公闻之，皆多㉒解之义，益附焉。

解出入，人皆避之。有一人独箕倨㉓视之，解遣人问其名姓。客欲杀之，解曰："居邑屋至不见㉔敬，是吾德不修也，彼何罪！"乃阴属㉕尉史曰："是人，吾所急也，至践更时脱㉖之。"每至践更，数过㉗，吏弗求。怪之，问其故，乃解使脱之。箕踞者乃肉袒㉘谢罪。少年闻之，愈益慕解之行。

【注释】

①相人：给人相面。《绛侯周勃世家》《外戚世家》分别载许负给周亚夫和薄姬等相面之事。②孝文：汉文帝。③阴贼：内心阴险狠毒。慨：愤慨。不快意：不满意。④身所杀：

亲自所杀。⑤借：助。交：指朋友。⑥命：指亡命。作奸：干坏事。剽攻：抢劫。⑦休：止。掘冢：盗掘坟墓。⑧适：遇到。天幸：上下保佑。⑨若：或。⑩更：改。折节：改变操行。俭：通“检”，检束，检点。⑪薄望：怨恨小。⑫振：救。⑬著：附着。⑭卒：通“猝”，突然。睚眦：怒目而视。⑮负：依仗。⑯嚼：通“釂”，干杯。⑰非其任：不胜任。此指酒量不行。⑱贼不得：抓不到杀人者。⑲微知：暗中探知。⑳不直：理屈。㉑去：放走。㉒多：称赞。㉓箕倨：岔开两腿坐着，像簸箕之状，是一种无礼不恭敬的表现。倨，通“踞”。㉔居邑屋：在家乡居住。邑屋，乡里。见：被。㉕阴：暗中。属：通“嘱”。㉖急：关心。践更：按汉代法律，在籍男丁每年在地方服役一个月，称为卒更。贫苦者想得到雇更钱的，可由当出丁者出钱，每月二千钱，称践更。脱：免。㉗数过：犹言多次轮到。㉘肉袒：脱去上衣，露出身体的一部分。

【原文】

洛阳人有相仇者，邑中贤豪居间[①]者以十数，终不听。客[②]乃见郭解。解夜见仇家，仇家曲听[③]解。解乃谓仇家曰：“吾闻雒阳诸公在此间，多不听者。今子幸[④]而听解，解奈何乃从他县夺人邑中贤大夫权[⑤]乎！”乃夜去，不使人知，曰：“且无用[⑥]，待我去，令雒阳豪居其间，乃听之。”

解执[⑦]恭敬，不敢乘车入其县廷[⑧]。之旁郡国，为人请求事，事可出[⑨]，出之；不可者，各厌[⑩]其意，然后乃敢尝酒食。

诸公以故严重之，争为用[11]。邑中少年及旁近县贤豪，夜半过[12]门常十余车，请得解客舍养[13]之。

及徙豪富茂陵[14]也，解家贫，不中訾[15]，吏恐，不敢不徙。卫将军为言[16]："郭解家贫不中徙。"上曰："布衣权[17]至使将军为言，此其家不贫。"解家遂徙。诸公送者出千余万。轵人杨季主子为县掾，举[18]徙解。解兄子断杨掾头。由此杨氏与郭氏为仇。

【注释】

①居间：从中间调解。②客：这里指门客。③曲听：委屈心意而听从，以示对劝说人的尊重。④幸：谦词，使我感到荣幸。⑤他县：别的县。郭解是轵人，对洛阳而言，是外县之人。权：权力，实指声望。⑥且：暂时。无用：不便听我的话。⑦执：谨守。⑧县廷：县衙门。⑨之：前往。出：得到解决。⑩厌：通"餍"，满足。⑪严重：尊重。为用：替他出力。⑫过：拜访。⑬客：指郭解的门客。舍养：供养在自家房舍之中。⑭徙：迁移。茂陵：汉武帝的陵墓。按汉武帝建元二年（前139），为扩充新修的茂陵的居民人数，"内实京师，外销奸滑"，迁移全国家财在三百万以上的人家到茂陵居住；至元朔二年（前127），又迁郡国富豪人家到茂陵居住。郭解就在这时迁居茂陵。⑮訾：通"资"，钱财。⑯卫将军：指卫青。为言：替他谈话。⑰权：权力。⑱举：检举。

【原文】

解入关，关中贤豪知与不和，闻其声，争交欢[1]解。解为人短小，不饮酒，出未尝有骑。已[2]又杀杨季主。杨季主家上书，人又杀之阙下[3]。上闻，乃下吏捕解。解亡[4]，置其母家室夏阳，身至临晋。临晋籍少公[5]素不知解，解冒[6]，因[7]求出关。籍少公已出解，解转入太原，所过辄告主人家。吏逐之，迹[8]至籍少公。少公自杀，口绝[9]。久之，乃得解。穷治[10]所犯，为解所杀，皆在赦前。轵有儒生侍使者坐，客誉郭解，生曰："郭解专以奸犯公法，何谓贤！"解客闻，杀此生，断其舌。吏以此责解，解实不知杀者。杀者亦竟绝，莫知为谁。吏奏解无罪。御史大夫公孙弘议曰："解布衣为任侠行权，以睚眦杀人，解虽弗知，此罪甚于解杀之。当[11]大逆无道。"遂族[12]郭解翁伯。

【注释】

①交欢：结为友好朋友。②已：不久。③阙下：宫阙之下。④亡：逃跑。⑤籍少公：人名，姓籍，名少公。⑥冒：冒昧。此指贸然相见。⑦因：顺便。⑧迹：追踪而来。⑨口绝：灭口。⑩穷治：深究其事，追问到底。⑪当：判处。⑫族：灭族。

【原文】

自是之后，为侠者极众，敖[1]而无足数者。然关中长安樊仲子，槐里赵王孙，长陵高公子，西河郭公仲，太原卤公孺[2]，临淮兒长卿[3]，东阳田君孺，虽为侠而逡逡[4]有退让君子之风。至若北道姚氏，西道诸杜，南道仇景，东道赵他、羽公子，南阳赵调之徒，此盗跖居民间者耳，曷足道哉！此乃乡[5]

者朱家之羞也。

【注释】

①敖：通“傲”，傲慢无礼。②卤公儒：《汉书》写作“鲁公儒”。③兒长卿：又作“倪长卿”。④逡逡：谦虚退让的样子。⑤乡：通“向”，从前。

【原文】

太史公曰：吾视郭解，状貌不及中人，言语不足采[①]者。然天下无贤与不肖，知与不知，皆慕其声，言侠者皆引以为名。谚曰：“人貌荣名，岂有既[②]乎！”於戏[③]，惜哉！

【注释】

①不足采：不值得采取。②既：尽。③於戏：通“呜呼”，表感叹。

【译文】

韩非子说：“儒生以儒家经典来破坏法度，而侠士以勇武的行为违犯法令。”韩非对这两种人都加以讥笑，但儒生多为世人所称扬。至于用权术取得宰相卿大夫的职位，辅助当代天子，功名都被记载在史书之中，这本来没有什么可说的。至于像季次、原宪，是平民百姓，用功读书，怀抱着特异的君子的德操，坚守道义，不与当代世俗苟合，当代世俗之人也嘲笑他们。所以，季次、原宪一生住在空荡荡的草屋之中，穿着粗布衣服，连粗饭都吃不饱。他们死了四百余年了，而他们的世代相传的弟子们却不知倦怠地怀念着他们。现在的游侠者，他们的行为虽然不符合道德法律的准则，但是他们说话一定守信用，做事一定果敢决断，已经答应的必定实现，以示诚实，肯于牺牲生命，去救助别人的危难。已经经历了生死存亡的考验，却不自我夸耀本领，也不好意思夸耀自己功德，大概这也是很值得赞美的地方吧！

况且危急之事，是人们时常能遇到的。太史公说："从前虞舜在淘井和修廪时遇到了危难，伊尹曾背负鼎俎当厨师，傅说曾藏身傅岩服苦役，吕尚曾在棘津遭困厄，管仲曾经戴过脚镣与手铐，百里奚曾经喂牛当奴隶，孔子曾经在匡遭拘囚，在陈、蔡遭饥饿。这些人都是儒生所称扬的有道德的仁人，尚且遭遇这样的灾难，何况是中等才能而又遇到乱世的人呢？他们遇到的灾难怎么可以说得完呢？"

世俗人有这样的说法："何必去区别仁义与否，已经受利的就是有德。"所以，伯夷以吃周粟为可耻，竟饿死在首阳山；而文王和武王却没有因此而损害王者的声誉。盗跖和庄跻残忍，而他们的党徒却歌颂他们道义无穷。由此可见，"偷盗衣带钩的要杀头，窃取国家政权的却被封侯，受封为侯的人家就有仁义了"，这话并非虚假不实之言。

现在拘泥于片面见闻的学者，有的死守着狭隘的道理，长久地孤立于世人之外，哪能比得上以低下的观点迁就世俗，随世俗的沉浮而猎取荣耀和名声的人呢？而平民百姓之人，看重取予皆符合道义、应允能实现的美德，千里之外去追随道义，为道义而死却不顾世俗的责难，这也是他们的长处，并非随便就可做到的。所以，读书人处在穷困窘迫的情况下，愿意托身于他，这难道不就是人们所说的贤能豪侠中间的人吗？如果真能让民间游侠者与季次、原宪比较权势和力量，比对当今社会的贡献，是不能同日而语的。总之，从事情的显现和言必有信的角度来看，侠客的正义行为又怎么可以缺少呢！

古代的平民侠客，没有听说过。近代延陵季子、孟尝君、春申君、平原君、信陵君这些人，都因为是君王的亲属，依仗封国及卿相的雄厚财富，招揽天下的贤才，在各诸侯国中名声显赫，不能说他们不是贤才。这就比如顺风呼喊，声音并非更加洪亮，而听的人感到清楚，这是风势激荡的结果。至于闾巷的布衣侠客，修行品行，磨砺名节，好的名望传布天下，无人不称赞他的贤德，这是难以做到的。然而，儒家和墨家都排斥摒弃他们，不在他们的文献中加以记载。从秦朝以前，平民侠客的事迹已经被埋没而不能见到，我很感遗憾。据我听到的情况来看，汉朝建国以来，有朱家、田仲、王公、剧孟、郭解这些人，他们虽然时常违犯汉朝的法律禁令，但是他们个人的行为符合道义，廉洁而有退让的精神，有值得称赞的地方。他们的名声并非虚假地树立的，读书人也不是没有根据地附和他们的。至于那些结成帮派的豪强，互相勾结，依仗财势奴役穷人，凭借豪强暴力欺凌孤独势弱的人，放纵欲望，自己满足取乐，这也是游侠之士认为可耻的。我哀伤世俗之人不能明察这其中的真意，却错误地把朱家和郭解等人与暴虐豪强之流的人视为同类，一样地加以嘲笑。

鲁国的朱家与高祖是同一时代的人。鲁国人都喜欢搞儒家思想的教育，而朱家却因为是侠士而闻名。他所藏匿和救活的豪杰有几百个，其余普通人被救的说也说不完。但他始终不夸耀自己的才能，不自我欣赏他对别人的恩德，那些他曾经给予过施舍的人，唯恐再见到他们。他救济别人的困难，首先从贫贱的开始。他家中没有剩余的钱财，衣服破得连完整的彩色都没有，每顿饭只吃一样菜，乘坐的不过是个牛拉的车子。他一心救援别人的危难，超过为自己办私事。他曾经暗中使季布将军摆脱了被杀的厄运，待到季布将军地位尊贵之后，他却终身不肯与季布相见。从函谷关往东，人们莫不伸长脖子盼望同他交朋友。

楚地的田仲因为是侠客而闻名，他喜欢剑术，像服侍父亲那样对待朱家，他认为自己的操行赶不上朱家。田仲死后，洛阳出了个剧孟。洛阳人靠经商为生，而剧孟因为行侠显名于诸侯。吴、楚七国叛乱时，条侯周亚夫当太尉，乘坐着驿站的车子，将到洛阳时得到剧孟，高兴地说："吴、楚七国发动叛乱而不求剧孟相助，我知道他们是无所作为的。"天下动乱，太尉得到他就像得到了一个等同于本国的国家一样。剧孟的行为大致类似朱家，却喜欢博棋，他所做的多半是少年人的游戏。但是，剧孟的母亲死了，从远方来送丧的，大概有上千辆车子。等到剧孟死时，家中连十金的钱财也没有。这时，符离人王孟也因为行侠闻名于长江和淮河之间。

这时，济南姓的人家，陈地的周庸也因为豪侠而闻名。汉景帝听说后，派使者把这类人全都杀死了。这以后，代郡姓白的、梁地的韩无辟、阳翟的薛兄、陕地的韩孺又纷纷出现了。

郭解是轵县人，字翁伯。他是善于给人相面的许负的外孙子。郭解的父亲因为行侠，在汉文帝时被杀。郭解为人个子矮小，精明强悍，不喝酒。他小时候残忍狠毒，心中愤慨不快时，亲手杀的人很多。他不惜牺牲生命去替朋友报仇，藏匿亡命徒去犯法抢劫，停下来就私铸钱币，盗挖坟墓，他的不法活动数也数不清。但能遇到上天保佑，在窘迫危急时常常脱身，或者遇到大赦。等到郭解年龄大了，就改变行为，检点自己，用恩惠报答怨恨自己的人，多多地施舍别人，而且对别人怨恨很少。但他自己喜欢行侠的思想越来越强烈。已经救了别人的生命，却不自夸功劳，但其内心仍然残忍狠毒，为小事突然怨怒行凶的事依然如故。当时的少年仰慕他的行为，也常常为他报仇，却不让他知道。郭解姐姐的儿子依仗郭解的势力，同别人喝酒，让人家干杯。结果人家的酒量小，不能再喝了，他却强行灌酒。那人发怒，拔刀刺死了郭解姐姐的儿子，就逃跑了。郭解姐姐发怒说道："以弟弟翁伯的义气，人家杀了我的儿子，凶手却捉不到。"于是，她把儿子的尸体丢弃在道上，不埋葬，想以此羞辱郭解。郭解派人暗中探知凶手的去处。凶手窘迫，自动回来把真实情况告诉了郭解。郭解说："你杀了他本来应该，我的孩子无理。"于是，放走了那个凶手，把罪责归于姐姐的儿子，并收尸埋葬了他。人们听到这消息，都称赞郭解的道义行为，更加依附于他。

郭解每次外出或归来，人们都躲避他，只有一个人傲慢地坐在地上看着他，郭解派人去问他的姓名。门客中有人要杀那个人，郭解说："居住在乡里之中，竟至于不被人尊敬，这是我自己道德修养得还不够，他有什么罪过。"于是，他就暗中嘱托尉史说："这个人是我最关心的，轮到他服役时，请加以免除。"以后每到服役时，有好多次，县中官吏都没找这位对郭解不礼貌的人。他感到奇怪，问其中的原因，原来是郭解使人免除了他的差役。于是，他就袒露身体，去找郭解谢罪。少年们听到这消息，越发仰慕郭解的行为。

洛阳人有相互结仇的，城中有数以十计的贤人豪杰从中调解，两方面始终不听劝解。门客们就来拜见郭解，说明情况。郭解晚上去会见结仇的人家，仇家出于对郭解的尊重，委屈心意地听从了劝告，准备和好。郭解就对仇家说："我听说洛阳诸公为你们调解，你们多半不肯接受。如今你们幸而听从了我的劝告，郭解怎能从别的县跑来侵夺人家城中贤豪大夫们的调解权呢？"于是，郭解当夜离去，不让人知道，说："暂时不要听我的调解，待我离开后，让洛阳豪杰从中调解，你们就听他们的。”

郭解保持着恭敬待人的态度，不敢乘车走进县衙门。他到旁的郡国去替人办事，事能办成的，一定把它办成；办不成的，也要使有关方面都满意，然后才敢去吃人家酒饭。因此，大家都特别尊重他，争着为他效力。城中少年及附近县城的贤人豪杰半夜上门拜访郭解的常常有十多辆车子，请求把郭解家的门客接回自家供养。

待到汉武帝元朔二年，朝廷要将各郡国的豪富人家迁往茂陵居住。郭解家贫，不符合资财三百万的迁转标准，但迁移名单中有郭解的名字，因而官吏害怕，不敢不让郭解迁移。当时，卫青将军替郭解向皇上说："郭解家贫，不符合迁移的标准。"但是，皇上说："一个百姓的权势竟能使将军替他说话，这就可见他家不穷。"郭解于是被迁徙到茂陵。人们为郭解送行，共出钱一千余万。轵人杨季主的儿子当县掾，是他提名迁徙郭解的。郭解哥哥的儿子砍掉杨县掾的头。从此，杨家与郭家结了仇。

郭解迁移到关中，关中的贤人豪杰无论从前是否知道郭解，如今听到他的名声，都争着与郭解结为好朋友。郭解个子矮，不喝酒，出门不乘马。后来，又杀死杨季主。杨季主的家人上书告状，有人又把告状的在宫门下给杀了。皇上听到这消息，就向官吏下令捕捉郭解。郭解逃跑，把他母亲安置在夏阳，自己逃到临晋。临晋籍少公平素不认识郭解，郭解冒昧会见他，顺便要求他帮助出关。籍少公把郭解送出关后，郭解转移到太原。他所到之处，常常把自己的情况告诉留他食宿的人家。官吏追逐郭解，追踪到籍少公家里。籍少公无奈自杀，口供断绝了。过了很久，官府才捕到郭解，并彻底深究他的犯法罪行，发现一些人为郭解所杀的事，都发生在赦令公布之前。一次，轵县有个儒生陪同前来查办郭解案件的使者闲坐，郭解门客称赞郭解，他说："郭解专爱做奸邪犯法的事，怎能说他是贤人呢?"郭解门客听到这话，就杀了这个儒生，割下他的舌头。官吏以此责问郭解，令他交出凶手，而郭解确实不知道杀人的是谁。杀人的人始终没查出来，不知道是谁。官吏向皇上报告，说郭解无罪。御史大夫公孙弘议论道："郭解以平民身份，玩弄权诈之术，因为小事而杀人。郭解自己虽然不知道，这个罪过比他自己杀人还严重。判处郭解大逆无道的罪。"于是，就诛杀了郭解翁伯的家族。

从此以后，行侠的人特别多，但都傲慢无礼没有值得称道的。但是，关中长安的樊仲子、槐里的赵王孙，长陵的高公子，西河的郭公仲，太原的卤公孺，临淮的兒长卿，东阳的田君孺，虽然行侠却能有谦虚退让的君子风度。至于像北道的姚氏，西道的一些姓杜的，南道的仇景，东道的赵他、羽公子，南阳赵调之流，这些都是处在民间的盗跖罢了，哪里值得一提呢！这都是从前朱家那样的人引以为耻的。

太史公说："我看郭解，状貌赶不上中等人材，语言也无可取的地方。但是，天下的人们，无论是贤人还是不肖之人，无论是认识他还是不认识他，都仰慕他的名声，谈论游侠的都标榜郭解以提高自己的名声。谚语说：‘人可用光荣的名声作容貌，难道会有穷尽的时候吗？’唉，可惜呀！”

第一百零七卷　佞幸列传第六十五

本文是记述汉代佞臣邓通、赵同和李延年等的合传，揭露了他们无才无德，却善承上意，察言观色，专以谄媚事主，甚至不惜丧失人格，吮痈取宠，以及他们恃宠骄横，奸乱永巷的丑恶行径和肮脏的灵魂，进而婉转地讽刺和鞭挞了文、景、武等帝的任人失当，重用奸佞的弊端。佞臣与酷吏都是专制政治的必然产物，反过来他们对封建政治也必然造成严重的恶果，这从历代封建王朝佞人乱政的大量史实中可以得到验证。司马迁在文章中对此深表感慨，表现了他对汉代现实政治的失望和对未来政情的忧虑，反映了他的敏锐的政治洞察力。

文章短小，叙事简洁而有条理，尤其是寓感慨于叙事的写法，以及篇末直抒胸臆的写法，使感情跌宕婉转，“通篇一气，直贯到底”（吴见思《史记论文》），很有艺术的感染力。

【原文】

谚曰：“力田不如逢年[①]，善仕不如遇合[②]”，固无虚言。非独女以色媚，而士宦[③]亦有之。昔以色幸者多矣。至汉兴，高祖至暴抗[④]也，然籍孺以佞幸[⑤]。孝惠[⑥]时有闳孺。此两人非有材能，徒以婉佞贵幸，与上卧起，公卿皆因关说[⑦]。故孝惠时郎侍中皆冠鵕鸃[⑧]，贝带[⑨]，傅[⑩]脂粉，化[⑪]闳、籍之属也。两人徙家安陵[⑫]。

【注释】

①力田：努力种田。逢年：遇到丰收年景。②遇合：指君臣和谐国君器重大臣。③士宦：士人和宦官。④暴抗：暴猛刚直。⑤以佞幸：靠谄媚得到宠幸。⑥孝惠：汉惠帝。⑦皆因关说：都通过闳孺向皇帝报告情况、获得指示。关，通。⑧冠：戴帽子。鵕鸃：鸟名，此指用鵕鸃羽毛装饰的帽子。⑨贝带：用贝壳装饰的腰带。⑩傅：通“敷”，抹搽。⑪化：感染、影响。⑫安陵：汉惠帝陵邑。

【原文】

孝文时中宠臣[①]，士人则邓通，宦者则赵同、北宫伯子。北宫伯子以爱人长者[②]；而赵同以星气幸[③]，常为文帝参乘[④]；邓通无伎能[⑤]。

邓通，蜀郡南安人也，以濯船[⑥]为黄头郎。孝文帝梦欲上天，不能，有一黄头郎从后推之上天，顾见其衣裻带后穿[⑦]。觉而之渐台[⑧]，以梦中阴目[⑨]求推者郎，即见邓通，其衣后穿，梦中听见也。召问其名姓，姓邓氏，名通，文帝说[⑩]焉，尊幸之日异。通亦愿谨[⑪]，不好外交，虽赐洗沐[⑫]，不欲出。于是文帝赏赐通巨万以十数[⑬]，官至上大夫。文帝时时如[⑭]邓通家游戏。然邓通无他能，不能有所荐士，独自谨其身以媚上而已。上使善相者相通，曰“当贫饿死”。文帝曰：“能富通[⑮]者在我也，何谓贫乎？”于是赐邓通蜀严道铜山，得自铸钱，

"邓氏钱"布天下。其富如此。

文帝尝病痈[16]，邓通常为帝唶吮[17]之。文帝不乐，从容问通曰："天下谁最爱我者乎？"通曰："宜莫如太子。"太子入问病，文帝使唶痈，唶痈而色难[18]之。已而闻邓通常为帝唶吮之，心惭，由此怨通矣。及文帝崩，景帝立，邓通免，家居。居无何，人有告邓通盗出徼[19]外铸钱。下吏验问[20]，颇有之，遂竟案[21]，尽没入邓通家，尚负责[22]数巨万。长公主[23]赐邓通，吏辄随没入之，一簪不得著身[24]。于是长公主乃令假[25]衣食。竟不得名[26]一钱，寄死人家。

【注释】

①中宠臣：皇宫中的受宠之臣。②爱人长者：仁慈的长者。③星气：观察星象和望气。幸：受宠爱。④参乘：陪乘。⑤伎能：通"技能"。⑥濯船：用桨划船。濯：通"棹"。⑦顾：回头看。裻（dū）：衣衫和横腰部分。带：衣带。穿：打结。⑧觉：指梦醒。之：往。渐台：建在未央宫西边苍池中的台子。⑨阴目：暗中看着。⑩说：通"悦"。⑪愿谨：性格老实谨慎。⑫外交：同别人交往。洗沐：休假。按汉制，官吏五日一洗沐。⑬巨万：犹言"上亿"。十数：十来次。⑭如：往。⑮富通：使邓通富有。⑯病痈：得了痈病。⑰唶吮：吮吸。⑱色难：脸上显出难为情的表情。⑲徼：边境。⑳下吏：交给法官。验问：验证询问。㉑竟案：结案。㉒责：通"债"。㉓长公主：指汉景帝的姐姐刘嫖。㉔簪：古人插发的长针，常以金玉制成。著身：戴在身上。㉕假：借。㉖竟：最

终。名：犹“占有”。

【原文】

孝景帝时，中无宠臣，然独郎中令周文仁[①]，仁宠最过庸[②]，乃不甚笃[③]。

【注释】

①周文仁：《汉书》作“周仁”。按：周仁字文。②庸：指平常人，一般人。③笃：厚。

【原文】

今天子中宠臣，士人则韩王孙嫣，宦者则李延年。嫣者，弓高侯孽孙[①]也。今上[②]为胶东王时，嫣与上学书[③]相爱。及上为太子，愈益亲嫣。嫣善骑射，善佞。上即位，欲事伐匈奴，而嫣先习胡兵[④]，以故益尊贵，官至上大夫，赏赐拟于邓通。时嫣常与上卧起。江都王[⑤]入朝，有诏得从入猎上林中。天子车驾跸道[⑥]未行，而先使嫣乘副车[⑦]，从数十百骑，骛驰视兽。江都王望见，以为天子，辟[⑧]从者，伏谒道傍[⑨]。嫣驱不见。既过，江都王怒，为[⑩]皇太后泣曰：“请得归国入宿卫[⑪]，比韩嫣。”太后由此嗛[⑫]嫣。嫣侍上，出入永巷[⑬]不禁，以奸[⑭]闻皇太后。皇太后怒，使使[⑮]赐嫣死。上为谢[⑯]，终不能得，嫣遂死。而案道侯韩说，其弟也，亦佞幸。

李延年，中山人也。父母及身兄弟及女，皆故倡[⑰]也。延年坐法腐[⑱]，给事狗中[⑲]。而平阳公主言延年女弟[⑳]善舞，上见，心说之，及入永巷，而召贵延年。延年善歌，为变新声，而上方兴天地祠[21]，欲造乐诗歌弦[22]之。延年善承意，弦次初诗[23]。其女弟亦幸，有子男。延年佩二千石印，号协声律[24]。与上卧起，甚贵幸，埒[25]如韩嫣也。久之，寝与中人[26]乱，出入骄恣。及其女弟李夫人卒后，爱弛，则禽诛延年昆弟[27]也。

自是之后，内宠嬖臣大底外戚之家，然不足数也。卫青、霍去病亦以外戚贵幸，然颇用材能自进。

【注释】

①弓高侯：指韩王信之子韩颓当。孽孙：庶孙，即媵妾所生之孙。②今上：指汉武帝。③书：书法。④胡兵：指胡人（即匈奴）的兵器或阵法。⑤江都王：汉武帝异母兄刘非。⑥跸道：古代天子出行要先清道，禁止行人通过，称为跸道。⑦副车：从车。⑧辟：通“避”，躲。⑨伏谒：伏地拜见。傍：通“旁”。⑩为：向。⑪归国：交还封国。宿卫：在禁宫中担当夜间警卫。⑫嗛：怀恨。⑬永巷：宫中长巷。此指妃嫔的住所。⑭奸：指与宫女有奸情，或对宫女有非礼举动。⑮使使：派使者。⑯谢：认错，谢罪。⑰身：自己。女：指姐妹。故：从前。倡：唱歌跳舞的艺人。⑱坐法：犯法。腐：宫刑。⑲给事：供职。狗中：即狗监，官名。⑳平阳公主：指汉武帝的姐姐而初嫁平阳侯曹寿者。女弟：妹妹，此指汉武帝的宠姬李夫人。㉑兴：兴建。天地祠：天地庙。㉒乐诗：歌词。歌弦：配乐歌唱。㉓善承意：善于领会皇上的心意，加以奉迎。弦次：当为“弦歌”。《汉书·佞幸传》作“弦歌”。初诗：新造的歌词。㉔号：称作。协声律：即“协律都尉”，官名。

㉕埒（liè）：相等。㉖寖：渐渐。中人：指宫女。㉗禽：通“擒”。昆弟：兄弟。

【原文】

太史公曰：甚哉爱憎之时[①]！弥子瑕[②]之行，足以观后人佞幸矣。虽百世可知也。

【注释】

①甚：重要。爱憎之时：指皇帝爱和憎的时机。②弥子瑕：春秋时代卫灵公的宠臣。在他得幸时，竟假托君命驾车回到家中，受到卫君称赞；他吃桃子感到味美，把留下的一半献给卫君，也受到称赞。但他失宠后，这些也都成了他的罪过。见《左传·定公六年》《韩非子·说难》等。

【译文】

俗语说：“努力种田，不如遇到丰年。好好为官，不如碰到赏识自己的君王。”这不是没有根据的空话。不但女子用美色谄媚取宠，就是士人和宦者也有这种情况。

从前，用美色取得宠幸的人很多。到汉朝建国时，高祖为人极暴猛刚直，却有籍孺以谄媚得宠。孝惠帝时有个闳孺也是这样。这两个人并没有才能，只是靠婉顺和谄媚得到了显贵和宠爱，竟同皇上同起同卧，连公卿大臣都要通过他们去向皇上沟通自己的说辞。所以，汉惠帝时，郎官和侍中都戴着用鵕鸃鸟毛装饰的帽子，系着饰有贝壳的衣带，涂脂抹粉，这是受了闳孺和籍孺之流感染影响的结果。后来，闳孺和籍孺都把家搬到了安陵。

汉文帝时的宫中宠臣，士人有邓通，宦官有赵同、北宫伯子。北宫伯子因为是仁爱的长者而受到宠幸；赵同因善于观察星象和望气而受到宠幸，常常做文帝的陪乘；邓通没有技能。

邓通是蜀郡南安人，因善于划船当了黄头郎。汉文帝做梦想升天，不能上，有个黄头郎从背后推着他上了天，他回头看见那人衣衫的横腰部分，衣带在背后打了结。梦醒后，文帝前往渐台，按梦中所见暗自寻找推他上天的黄头郎。果然看到邓通，他的衣带在身后打了结，正是梦中所见的那人。文帝把他召来询问他的姓名，他姓邓名通，文帝喜欢他，一天比一天地更加尊重和宠爱他。邓通也老实谨慎，不喜欢和外人交往。虽然皇帝给予休假的恩赐，他也不想外出。这时，皇帝赏赐他十多次，总共上亿的金钱，官职升到上大夫。文帝常常到邓通家玩耍。但是，邓通没有别的什么才能，不能推荐贤士，只是自己处事谨慎，谄媚皇上而已。有一次，皇上让善于相面的人给邓通相面，那人相面以后说："邓通当贫饿而死。"文帝说："能使邓通富有的就在我，怎能说他会贫困呢?"于是，文帝把蜀郡严道的铜山赐给了邓通，并给他自己铸钱的特权。从此，"邓氏钱"流传全国。他的富有达到了这个程度。

文帝曾经得了痈疽病，邓通常为文帝吮吸脓血。文帝心中不高兴，从容地问邓通说："天下谁最爱我呢?"邓通说："应该没有谁比得上太子更爱你的了。"太子前来看望文帝病情，文帝让他给吮吸脓血。太子虽然吮吸了脓血，脸上却显露难为情的样子。过后，太子听说邓通常为文帝吮吸脓血，心里感到惭愧，也因此而怨恨邓通。等到文帝死去，汉景帝即位，邓通被免职，在家闲居。过了不久，有人告发邓通私自到境外铸钱。景帝把这事交给法官审理，结果确有此事。于是就结案，把邓通家的钱财全部没收充公，还欠好几亿钱。长公主刘嫖赏赐邓通钱财，官吏就马上没收顶债，连一只簪子也不让邓通戴在身上。于是，长公主就命令手下的人只借给邓通衣食的费用。竟使他不能占有一个钱，寄食在别人家里，直到死去。

孝景帝时，宫中没有受宠的臣子，但只有郎中令周仁，他最受宠爱，超过一般人，然而仍不深厚。

当今天子汉武帝的宫中受宠的臣子，士人则有韩王的子孙韩嫣，宦官则有李延年。韩嫣是弓高侯韩颓当的庶孙。当今皇上做胶东王时，韩嫣同皇上一同学书法而相互友爱。等到皇上当了太子时，越发亲近韩嫣。嫣善于骑马射箭，善于谄媚。皇上即位，想讨伐匈奴，韩嫣就首先练习匈奴的兵器。以这个原因，他越来越尊贵，官职升为上大夫，皇上的赏赐比拟于邓通。当时，韩嫣常常和皇上同睡同起。一次，江都王刘非进京朝见武帝，皇帝有令，他可随皇帝到上林苑打猎。皇上的车驾因为清道的关系还没有出发，就先派韩嫣乘坐副车，后边跟随着上百个骑兵，狂奔向前，去观察兽类的情况。江都王远远望见，以为是皇上前来，便让随从者躲避起来，自己趴伏路旁拜见。韩嫣却打马急驰而过，不理会江都王。韩嫣过去后，江都王感到愤怒，就向皇太后哭着说："请允许我把封国归还朝廷，回到皇宫当个值宿警卫，和韩嫣一样。"太后由此怀恨韩嫣。韩嫣侍奉皇上，出入永巷不受禁止，他的奸情终于被太后知道。皇太后大怒，派使者命令韩嫣自杀。武帝替他向太后谢罪，终于没被接受，韩嫣自杀了。案道侯韩说是他的弟弟，也因谄媚而得到宠爱。

李延年是中山国的人，他父母和他以及兄弟姐妹们，原来都是歌舞演员。李延年因犯法被宫刑，然后到狗监任职。武帝的姐姐平阳公主向武帝说起李延年妹妹擅长舞蹈的事，武帝见到李延年的妹妹，心里很喜欢她。待到李延年妹妹被召进宫中后，又召李延年进宫，使他显贵起来。李延年善于唱歌，创作了新的歌曲。这时，皇上正修造天地庙，想创作歌词配乐歌唱。李延年善于迎合皇上的心意办事，配合乐曲唱了新作的歌词。他妹妹也得到武帝的宠幸，生了男孩子。李延年佩带二千石官职的印章，称作"协声律"。他同皇上同卧同起，非常显贵，而且受宠爱，和韩嫣受到的宠幸相似。过了很长时间，李延年渐渐和宫女有淫乱行为，出入皇宫骄傲放纵。待到他妹妹李夫人死后，皇帝对他的宠爱衰减了。于是，李延年及其兄弟们被拘捕而杀死。

从此以后，宫内被皇上宠幸的臣子，大都是外戚之家，但是这些人都不值得一谈。至于卫青、霍去病也因为外戚的关系而得到显贵和宠幸，但他们都能凭自己的才能求得上进。

太史公说："帝王宠爱和憎恶的时机太可怕了！从弥子瑕的经历完全可以看到后代佞幸之人的结局啊。哪怕是百代以后，也是可以知道的。"

第一百零八卷　滑稽[1] 列传第六十六

这是专记滑稽人物的类传。滑稽是言辞流利，正言若反，思维敏捷，没有阻难之意。后世用作诙谐幽默之意。《太史公自序》曰："不流世俗，不争势利，上下无所凝滞，人莫之害，以道之用。作《滑稽列传》。"此篇的主旨是颂扬淳于髡、优孟、优旃一类滑稽人物"不流世俗，不争势利"的可贵精神，及其"谈言微中，亦可以解纷"的非凡讽谏才能。他们出身虽然微贱，却机智聪敏，能言多辩，善于缘理设喻，察情取譬，借事托讽，因而其言其行起到了与"'六艺'于治一也"的重要作用。

全传貌似写极鄙极亵之事，而开首却从"六艺"入笔，可谓开宗明义。以下相继写"齐髡以一言而罢长夜之饮，优孟以一言而恤故吏之家，优旃以一言而禁暴主之欲"，均紧扣全文主旨，多用赋笔，布局精巧，句法奇秀，妙趣横生，读来令人击节。李景星评论本篇："赞语若雅若俗，若正若反，若有理，若无理，若有情，若无情，数句之中，极嬉笑怒骂之致，真是神品。"（《史记评议》卷四）可谓深得该传之精髓。

至于褚少孙先生增补进去的文字，历来方家学者褒贬不一，大多以为较之太史公，显得“蔓弱”。不过，也应指出，篇中西门豹治邺一段，叙来有条不紊，栩栩如生，历历如画，它在众多读者心目中留下了难以磨灭的印象。

【原文】

孔子曰：“‘六艺’[②]于治一也。《礼》以节人[③]，《乐》以发和[④]，《书》以道事[⑤]，《诗》以达意[⑥]，《易》以神化[⑦]，《春秋》以义[⑧]。”太史公曰：天道恢恢[⑨]，岂不大哉！谈言微中[⑩]，亦可以解纷[⑪]。

【注释】

①这是记叙滑稽人物的类传。滑（gǔ）稽：指能言善辩，言辞流利无滞竭。②六艺：儒家六部经典，指《礼》《乐》《书》《诗》《易》《春秋》。③节人：节制、规范人的言行。④发和：促进人们和睦融洽。发，诱导、促进。⑤道事：记述往古的事迹，以供人们效法、借鉴。⑥达意：传达前代圣贤的感情意旨。⑦神化：表现事物的神妙变化。③以义：用正义来衡量是非。⑨天道恢恢：意谓世上的道理很多，解决问题的办法不止一种。恢恢，宽广的样子。⑩谈言微中（zhòng）：谈话偶尔说到点子上。⑪解纷：解开纠纷；解决问题。

【原文】

淳于髡[①]者，齐之赘婿[②]也。长不满七尺，滑稽多辩，数[③]使诸侯，未尝屈辱。齐威王之时喜隐[④]，好为淫乐[⑤]长夜之饮，沉湎不治[⑥]，委政卿大夫。百官荒乱，诸侯并侵[⑦]，国且[⑧]危亡，在于旦暮[9]。左右莫[10]敢谏。淳于髡说[11]之以隐曰：“国中有大鸟，止王之庭，三年不蜚[12]又不鸣，王知此鸟何也?”王曰：“此鸟不飞则已[13]，一飞冲天；不鸣则已，一鸣惊人。”于是乃朝[14]诸县令长七十二人，赏一人，诛一人[15]，奋兵而出。诸侯振[16]惊，皆还齐侵地。威行三十六年。语[17]在《田完世家》中。

【注释】

①淳于髡（kūn）：淳于，复姓。髡，名。②齐：国名。国君田姓：战国七雄之一。赘婿：当时的一种卖身奴隶，社会地位很低。③数（shuò）：屡次。④齐威王：田因齐。前356—前320年在位。隐：隐语，即谜语。⑤淫乐：没有节制地追求享乐。淫，过分。⑥沉湎（miǎn）：沉溺，指好酒无限制。不治：不理政事。⑦并侵：都来侵犯。⑧且：将要。⑨旦暮：早晚。指很短的时间。⑩莫：不。⑪说（shuì）：劝说；说服。⑫蜚：通“飞”。⑬已：罢了；算了。⑭朝：臣下进见君主。使动用法。⑮赏一人，诛一人：赏即墨大夫，因此人治县有实效，由于不奉承齐王左右的人，反而蒙受恶名；诛阿（ē）大夫，此人治县的成绩极坏，但由于会拉拢齐王左右的人，所以名声一向很好。⑯振：通“震”。⑰语：指关于这些事情的记载。

【原文】

威王八年[1]，楚大发兵加[2]齐。齐王使淳于髡之赵[3]请救兵，赍[4]金百斤，车马十驷[5]。淳于髡仰天大笑，冠缨[6]索绝。

王曰："先生少[7]之乎?"髡曰："何敢!"王曰："笑岂有说乎?"髡曰："今者臣从东方来，见道傍有禳田者[8]，操一豚蹄[9]，酒一盂，祝曰：'瓯窭满篝[10]，污邪[11]满车，五谷蕃[12]熟，穰穰[13]满家。'臣见其所持者狭[14]而所欲者奢，故笑之。"于是齐威王乃益赍黄金千溢[15]，白璧[16]十双，车马百驷。髡辞而行，至赵。赵王[17]与之精兵十万，革车千乘[18]。楚闻之，夜引兵[19]而去。

【注释】

①威王八年：相当于前349年。②楚：国名。战国七雄之一。加：凌驾；进攻。③之：往；到。赵：国名。战国七雄之一。地在今陕西省东北角、山西省中北部、河北省西南部，建都邯郸（今河北省邯郸市西南）。④赍：付给；携带。⑤驷(sì)：古代一车四马叫一驷。⑥冠缨：帽带。⑦少：嫌少。⑧傍（páng)：通"旁"。禳（ráng）田者：祈祷田神求丰收的人。⑨操：持。豚（tún）蹄：猪蹄。⑩瓯窭（ōulóu)：狭小的高地。篝（gōu)：竹笼。⑪污邪：低洼易涝的劣田。⑫蕃：茂盛。⑬穰穰：丰盛的样子。⑭狭：少。⑮溢：通"镒"，重量单位，二十两或二十四两为一镒。⑯璧：玉制的礼器，也作装饰品，平圆形，正中有孔。⑰赵王：指赵成侯赵种。⑱革车：重战车。乘（shèng)：一车四马为一乘。⑲引兵：退兵。引，退却。

【原文】

威王大说[1]，置酒后宫，召髡赐之酒，问曰："先生能饮几何而醉？”对曰：“臣饮一斗亦醉，一石[2]亦醉。”威王曰：“先生饮一斗而醉，恶[3]能饮一石哉！其说可得闻乎？”髡曰：“赐酒大王之前，执法[4]在傍，御史[5]在后，髡恐惧俯伏而饮，不过一斗径[6]醉矣。若亲[7]有严客，髡帣韝鞠𦞂[8]，侍酒于前，时赐余沥[9]，奉觞上寿[10]，数起，饮不过二斗径醉矣。若朋友交游，久不相见，卒然[11]相睹，欢然道故[12]，私情相语[13]，饮可[14]五六斗径醉矣。若乃州闾[15]之会，男女杂坐，行酒稽留[16]，六博投壶[17]，相引为曹[18]，握手无罚[19]，目眙[20]不禁，前有堕珥[21]，后有遗簪[22]，髡窃乐[23]此，饮可八斗而醉二参[24]。日暮酒阑[25]，合尊促坐[26]，男女同席，履舄交错[27]，杯盘狼藉[28]，堂上烛灭，主人留髡而送客，罗襦[29]襟解，微闻芗泽[30]，当此之时，髡心最欢，能饮一石。故曰酒极则乱，乐极则悲；万事尽然，言不可极，极之而衰。”以讽谏[31]焉。齐王曰：“善。”乃罢长夜之饮，以髡为诸侯主客[32]。宗室[33]置酒，髡尝[34]在侧。

【注释】

①说（yuè）：通“悦”。②斗、石：都指饮器容量。石是斗的十倍。③恶：如何；怎么。④执法：指执法的官吏。⑤御史：官名。掌管文书和记事。⑥径：直；就。⑦亲：指父亲。⑧帣韝（juàn gōu）：扎起袖子。帣，通“絭”，束扎；韝，袖套。鞠𦞂（jì）：弯腰跪着。𦞂，跪。⑨余沥：剩余的酒。⑩奉：捧；进献。觞（shāng）：盛酒器。上寿：敬酒祝福。⑪卒（cù）然：突然。卒，通“猝”。⑫道故：追述往事。⑬私情相语：互相倾吐衷心话。⑭可：大约；差不多。

⑮若乃：至于。州闾：乡里。⑯行酒：依次饮酒。稽留：停留。⑰六博投壶：两种赌输赢的游戏。⑱曹：侪辈；伙伴。⑲握手无罚：古时礼教很严，男女授受不亲，但乡里宴会饮酒，男女可以互相握手，不受拘束。⑳眙（chì）：瞪眼直视。㉑堕珥：坠落地上的耳环。㉒遗簪：失落地上的发簪。㉓窃：私下；暗自。乐：喜欢。动词。㉔醉二参（sān）：两三分醉意。参，通“三”。㉕阑：尽。㉖合尊：把剩余的酒合盛一樽。尊，即樽，盛酒器。促坐：大家靠近坐在一起。㉗履舄（xì）交错：男人女人的鞋子错杂地放在一起。㉘狼藉：形容乱七八糟。㉙罗襦（rú）：薄罗短衣。罗，有花纹而轻薄的丝织物。㉚芗泽：香气。芗，通“香”。㉛讽谏：用委婉曲折的话去规劝别人。㉜诸侯主客：主持接待各国宾客的官。㉝宗室：王族。㉞尝：通“常”。

【原文】

其后百余年，楚有优孟[1]。优孟，故楚之乐人[2]也。长八尺，多辩，常以谈笑讽谏。楚庄王[3]之时，有所爱马，衣以文绣[4]，置之华屋[5]之下，席[6]以露床，啖以枣脯[7]。马病肥死，使群臣丧之[8]，欲以棺椁[9]大夫礼葬之。左右争[10]之，以为不可。王下令曰：“有敢以马谏者，罪至死。”优孟闻之，入殿门，仰天大哭。王惊而问其故。优孟曰：“马者王之所爱也，以楚国堂堂之大，何求不得，而以大夫礼葬之，薄[11]，请以人君礼葬之。”王曰：“何如？”对曰：“臣请以雕玉为棺，文梓[12]为椁，楩枫豫章为题凑[13]，发甲卒为穿圹[14]，老弱负土[15]，齐、赵陪位[16]于前，韩、魏翼卫[17]其后，庙食太牢[18]，奉[19]以万户之邑。诸侯闻之，皆知大王贱人而贵马也。”王曰：“寡人之过一[20]至此乎！为之奈何？”优孟曰：“请为大王六畜[21]葬之。以垅灶[22]为椁，铜历[23]为棺，赍[24]以姜枣，荐以木兰[25]，祭以粮稻，衣[26]以火光，葬之于人腹肠。”于是王乃使以马属[27]太官，无令天下久闻也。

【注释】

①优孟：优者名孟。②乐（yuè）人：艺人。③楚庄王：熊侣，前613—前591年在位。④衣：穿。文绣：锦绣。⑤华屋：画栋雕梁的屋宇。⑥席：垫着。⑦啖：喂。脯（fǔ）：蜜渍的果干。⑧丧：治丧。⑨棺椁（guǒ）：古代贵族的棺木常有好多层，内层叫棺，外套叫椁。⑩争：谏诤；劝阻。⑪薄：嫌礼不厚。⑫文梓：有纹理的梓木。⑬楩（pián）、枫、豫、章：都是贵重的木名。章，通“樟”。题凑：护棺的木块。⑭甲卒：武装士兵。穿圹（kuàng）：挖掘墓穴。⑮负土：背土筑坟。⑯陪位：列于从祭之位。⑰翼卫：护卫。⑱庙食太牢：为死马立庙，并用太牢祭祀。太牢，牛、羊、猪各一头，是最高的祭礼。⑲奉：指供给祭祀。⑳一：乃；竟。㉑六畜：指马、牛、羊、鸡、犬、猪。㉒垅灶：用土堆成的灶。㉓铜历：铜锅。历，通“鬲”，三足锅。㉔赍：通“剂”，调配。㉕荐：加进。木兰：香料。㉖衣：给人穿衣。㉗属（zhǔ）：交付；交给。

【原文】

楚相孙叔敖[1]知其贤人也，善待之。病且死，属[2]其子曰："我死，汝[3]必贫困。若[4]往见优孟，言我孙叔敖之子也。"居[5]数年，其子穷困负薪[6]，逢优孟，与言曰："我，孙叔敖子也。父且死时，属我贫困往见优孟。"优孟曰："若无[7]远有所之。"即为孙叔敖衣冠，抵掌[8]谈语。岁余，像孙叔敖，楚王及左右不能别也。庄王置酒，优孟前[9]为寿。庄王大惊，以为孙叔敖复生也，欲以为相。优孟曰："请归与妇计[10]之，三日而为相。"庄王许之。三日后，优孟复来。王曰："妇言谓何？"孟曰："妇言慎[11]无为，楚相不足为也。如孙叔敖之为楚相，尽忠为廉以治楚，楚王得以霸。今死，其子无立锥之地[12]，贫困负薪以自饮食[13]。必如孙叔敖，不如自杀。"因歌曰："山居耕田苦，难以得食。起[14]而为吏，身贪鄙者余财，不顾耻辱。身死家室富，又恐受赇[15]枉法，为奸触大罪，身死而家灭。贪吏安[16]可为也！念为廉吏，奉法守职，竟[17]死不敢为非。廉吏安可为也！楚相孙叔敖持廉[18]至死，方今妻子穷困负薪而食，不足为也[19]！"于是庄王谢[20]优孟，乃召孙叔敖子，封之寝丘[21]四百户，以奉其祀。后十世不绝。此知可以言时[22]矣。

【注释】

①孙叔敖：楚庄王的贤相。②属（zhǔ）：通"嘱"，吩咐。③汝：你（们）。④若：你（们）。⑤居：经过（的时间）。⑥负薪：背柴出卖。⑦无：通"毋"，莫；不要。⑧抵掌：拍掌；两手交叉合掌。⑨前：上前。⑩计：计议；商量。

⑪慎：警戒之词。⑫立锥（zhuī）之地：形容地方极小。锥，钻子。⑬自饮食：自已给自已吃喝。⑭起：出去；出来。⑮赇（qiú）：贿赂。⑯安：怎么；哪。⑰竟：由此及彼。⑱持廉：保持廉正。⑲据宋代洪适《隶释·延熹碑》所载优孟歌与此文稍异而意较显，附录于下："贪吏而不可为而可为，廉吏而可为而不可为。贪吏而不可为者，当时有污名；而可为者，子孙以家成。廉吏而可为者，当时有清名；而不可为者，子孙困穷，披褐而卖薪。贪吏常苦富，廉吏常苦贫。唯独不见楚相孙叔敖，廉洁不受钱。"⑳谢：认错。㉑寝丘：楚邑名。在今安徽省临泉县。㉒知（zhì）：通"智"。时：及时；恰中时机。

【原文】

其后二百余年，秦有优旃[①]。优旃者，秦倡侏儒[②]也。善为笑言，然合于大道。秦始皇[③]时，置酒而天雨，陛楯者[④]皆沾寒。优旃见而哀之。谓之曰："汝欲休乎？"陛楯者皆曰："幸甚。"优旃曰："我即[⑤]呼汝，汝疾[⑥]应曰诺。"居有顷[⑦]，殿上上寿呼万岁。优旃临槛[⑧]大呼曰："陛楯郎[⑨]！"郎曰："诺。"优旃曰："汝虽长，何益，幸雨立[⑩]。我虽短也，幸休居。"于是始皇使陛楯者得半相代[⑪]。

【注释】

①优旃（zhān）：优者名旃。②秦：朝代名。倡：歌舞演员。侏儒：身材特别矮小的人。③秦始皇（前259—前210）：嬴政。前246—前210年在位。④陛楯者：在殿陛下面拿着武器警卫的武士。⑤即：如果。⑥疾：快速。⑦有顷：不久；一

会儿。⑧槛：殿阶上面的栏杆。⑨郎：帝王侍从官的通称。⑩幸雨立：据清代王念孙《读书杂志》考证“幸”是衍文，“雨”下脱“中”字。⑪半相代：半数值班，半数休息，更番接替。

【原文】

始皇尝议欲大苑囿[1]，东至函谷关[2]，西至雍[3]、陈仓。优旃曰：“善。多纵禽兽于其中，寇从东方来，令麋鹿触[4]之足矣。”始皇以故辍[5]止。

【注释】

①大：扩大。苑囿：种植林木和畜养禽兽的地方，多为帝王贵族的风景园林。②函谷关：关名。故址在今河南省灵宝市东北。③雍：县名。在今陕西省凤翔县南。④麋（mí）：麋鹿，也叫四不像。触：角触。⑤辍：停止。

【原文】

二世[1]立，又欲漆[2]其城。优旃曰：“善。主上虽无言，臣固[3]将请之。漆城虽于百姓愁费[4]，然佳哉！漆城荡荡[5]，寇来不能上。即欲就之，易为漆耳，顾[6]难为荫室。”于是二世笑之，以其故止。居无何[7]，二世杀死[8]，优旃归汉[9]，数年而卒。

【注释】

①二世：指秦二世嬴胡亥。前 210—前 207 年在位，为宦官赵高所杀。②漆：用漆涂饰。③固：本来。④愁费：愁怨耗

费。⑤荡荡：宏伟壮丽的样子。⑥顾：但是。⑦无何：不久；不多时。⑧杀死：被动用法。⑨汉：朝代名。

【原文】

太史公曰：淳于髡仰天大笑，齐威王横行[①]。优孟摇头而歌，负薪者以封。优旃临槛疾呼，陛楯得以半更[②]。岂不亦伟哉！

【注释】

①横行：谓所向无敌。②更：替代；替换。

【原文】

褚先生[①]曰：臣幸得以经术[②]为郎，而好读外家传语[③]。窃不逊让[④]，复作故事滑稽之语六章，编之于左[⑤]。可以览观扬意[⑥]，以示后世好事者[⑦]读之，以游心骇耳[⑧]，以附益上方太史公之三章。

【注释】

①褚先生：褚少孙。西汉元帝、成帝时为博士。因《史记》有残缺，曾为补作。但究竟哪些是他补作的，哪些是另外的人伪托的，这是个有争议的问题。②经术：儒术。③外家传（zhuàn）语：当时以《六经》为正经，其他一切史传杂说都被称为“外家传语”。④逊让：谦逊退让。⑤编之于左：犹言“编之于下”。⑥扬意：扩大见闻。⑦好（hào）事者：喜欢多事的人。⑧游心骇耳：愉悦心目，耸动视听。

【原文】

武帝[①]时，有所幸倡郭舍人[②]者，发言陈辞虽不合大道，然令人主[③]和说。武帝少时，东武侯母常[④]养帝，帝壮时，号之曰“大乳母”。率一月再朝[⑤]。朝奏[⑥]入，有诏使幸臣马游卿以帛五十匹赐乳母，又奉饮糒飧[⑦]养乳母。乳母上书曰：“某所有公田，愿意假倩[⑧]之。”帝曰：“乳母欲得之乎？”以赐乳母。乳母所言，未尝不听。有诏得令乳母乘车行驰道[⑨]中。当此之时，公卿大臣皆敬重乳母。乳母家子孙奴从者[⑩]横暴长安中，当道掣顿[⑪]人车马，夺人衣服。闻于中[⑫]，不忍致之法[⑬]。有司[⑭]请徙乳母家室，处之于边。奏可[⑮]。乳母当入至前，面见辞。乳母先见郭舍人，为下泣。舍人曰：“即入见辞去，疾步数还顾[⑯]。”乳母如其言，谢去，疾步数还顾。郭舍人疾言骂之曰：“咄！老女子！何不疾行！陛下已壮矣，宁尚须汝乳而活邪[⑰]？尚何还顾！”于是人主怜焉悲[⑱]之，乃下诏止无徙乳母，罚谪[⑲]谮之者。

【注释】

①武帝（前156—前87）：汉武帝刘彻。前141—前87年在位。②舍人：家臣。③人主：人君。④东武侯母：有两说：一、东武县（在今山东省诸城市）的侯大妈；二、东武侯（郭他）的母亲。常：通“尝”，曾经。⑤率：大概；一般。再朝：入朝两次。⑥朝奏：指上给皇帝的报告，这里指请求接见的名片之类。⑦饮：饮料。糒（bèi）：干粮。这里疑为“备”，动词。飧（sūn）：熟食。⑧假倩：犹言“借用”，其实

是讨要。假，借；倩，请。⑨驰道：帝王车马行走的道路。⑩奴从者：随从的奴仆。⑪掣（chè）顿：掠夺；扣押。⑫中：指宫内。⑬致之法：把他们交给司法处理。⑭有司：官吏。设官分职，各有专司，故称官吏为“有司”。⑮奏可：奏章被批准。⑯还顾：回头看。⑰宁：难道。须：等待。乳：哺乳。邪：通“耶”。⑱悲：怜悯。⑲谪（zhé）：谴责；惩罚。

【原文】

武帝时，齐人有东方生[1]名朔，以好古传书，爱经术，多所博观外家之语[2]。朔初入长安，至公车[3]上书，凡用三千奏牍[4]。公车令两人共持举[5]其书，仅然能胜[6]之。人主从上方[7]读之，止，辄乙[8]其处，读之二月乃尽。诏拜[9]以为郎，常在侧侍中[10]。数召至前谈语，人主未尝不说也。时[11]诏赐之食于前。饭已，尽怀其余肉持去，衣尽污。数赐缣帛[12]，檐揭[13]而去。徒用所赐钱帛，取[14]少妇于长安中好女。率取妇一岁所[15]者即弃去，更取妇。所赐钱财尽索[16]之于女子。人主左右诸郎半呼之“狂人”。人主闻之，曰：“令[17]朔在事无为是行者，若等安能及之哉！”朔任其子为郎，又为侍谒者[18]，常持节[19]出使。朔行殿中，郎谓之曰：“人皆以先生为狂。”朔曰：“如朔者，所谓避世[20]于朝廷间者也。古之人，乃避世于深山中。”时坐席中，酒酣，据地[21]歌曰：“陆沉[22]于俗，避世金马门[23]。宫殿中可以避世全身，何必深山之中，蒿庐[24]之下。”金马门者，宦者署门也，门傍有铜马，故谓之曰“金马门”。

【注释】

①东方生：东方先生，东方朔。西汉著名的文学家，《汉书》有传。②外家之语：即“外家传语”。③公车：官署名。设公车令掌管宫殿中司马门的警卫。凡吏民上书言事和朝廷征召等事都由其管理。④奏牍：给皇帝上书所用的木片。⑤持举：扛抬。⑥仅然：恰恰；刚好。胜：胜任。⑦上方：官署名。即尚方，掌管制造皇家所用的器物。⑧乙：这里作一个画断的记号“L”，并非甲乙的乙。⑨拜：授予官职或爵位。⑩侍中：在宫廷中听候支使。⑪时：时常。⑫缣帛：绸绢的通称。⑬檐（dàn）：通“担”。揭：扛。⑭取：通“娶”。⑮所：通“许”，约计之词。⑯尽：皆；全。索：竭；尽。⑰令：假使。⑱侍谒者：官名。⑲节：使者所持以作凭证的信物，用竹、木制成。⑳避世：逃避世事而隐居。㉑据地：趴在地上。㉒陆沉：陆地无水而下沉。㉓金马门：汉武帝得大宛马，以铜铸像，立于宦者署门，因以为名。㉔蒿庐：茅屋。

【原文】

时会聚宫下博士[1]诸先生与论议，共难[2]之曰：“苏秦、张仪一当万乘[3]之主，而都[4]卿相之位，泽及后世。今子大夫[5]修先王之术，慕圣人之义，讽诵[6]《诗》《书》百家之言，不可胜数。著于竹帛[7]，自以为海内无双，即[8]可谓博闻辩智矣。然悉力[9]尽忠以事圣帝，旷日持久，积数十年，官不过侍郎[10]，位不过执戟[11]，意者尚有遗行[12]邪？其故何也？”东方生曰：“是固非子所能备[13]也。彼一时也，此一时也，岂可同哉！夫张仪、苏秦之时，周室大坏，诸侯不朝，力政[14]争权，相禽[15]以兵，并[16]为十二国，未有雌雄[17]，得士者强，失士者亡。故说听行通[18]，身处尊位，泽及后世，子孙长荣。今非然[19]也。圣帝在上，德流天下，诸侯宾服[20]，威振四夷，连四海之外以为席[21]，安于覆盂[22]，天下平均，合为一家，动发举事，犹如运之掌中。贤与不肖，何以异哉？方今以天下之大，士民之众，竭精驰说，并进辐凑[23]者，不可胜数。悉力慕义，困于衣食，或失门户[24]。使张仪、苏秦与仆并生于今之世，曾不能得掌故[25]，安敢望常侍侍郎[26]乎！传[27]曰：'天下无害灾，虽有圣人，无所施其才；上下和同，虽有贤者，无所立功。'故曰'时异则事异[28]'。虽然，安可以不务修身乎？《诗》曰：'鼓钟于宫，声闻于外[29]。''鹤鸣九皋，声闻于天[30]。'苟能修身，何患不荣！太公[31]躬行仁义七十二年，逢文王[32]，得行其说，封于齐[33]，七百岁而不绝。此士之所以日夜孜孜[34]，修学行道，不敢止也。今世之处士[35]，时虽不用，崛然[36]独立，块然[37]独处，上观许由[38]，下察接舆[39]，策同范蠡[40]，忠合子胥[41]，天下和平，与义相扶[42]，寡偶少徒[43]，固其常也。子何疑于余哉！"于是诸先生默然无以应也。

【注释】

①博士：学官名。②难（nàn）：驳问；辩难。③苏秦、张仪：战国时纵横家代表人物。当：遇。万乘（shèng）：万辆兵车。借指大国。④都：居。⑤子大夫：子，对人的敬称；大夫，官位。⑥讽诵：背诵；熟习。⑦竹帛：竹简和白绢，古代

书写用具。⑧即：通“则”。⑨悉力：竭力。⑩侍郎：官名。侍从官员，属于郎中令。⑪执戟：即指郎官。⑫意者：猜测；猜想。遗行：不检点的行为。⑬备：备悉；完全了解。⑭力政：以武力相征伐。政，通“征”。⑮禽：通“擒”。⑯并：兼并。⑰雌雄：比喻胜负。⑱说听行通：意见被采纳，事情办成了。⑲然：如此。⑳宾服：指诸侯或藩属按时朝贡，表示服从。㉑连四海之外以为席：极言所辖地域之广，控制之严。席，坐垫。㉒覆盂：覆置的盂。㉓辐凑：车辐凑集到毂上，比喻从四面八方聚集一处。㉔或：有人；有的。门户：指进身做官的门路。㉕掌故：官名。掌管礼乐制度等的故事。㉖常侍侍郎：官名。即常侍郎。经常在宫内侍奉皇帝。㉗传：泛称古书。㉘时异则事异：语出《韩非子·五蠹》。㉙鼓钟于宫，声闻于外：语出《诗·小雅·鱼藻之什·白华》。㉚鹤鸣九皋，声闻于天：语出《诗·小雅·鸿雁之什·鹤鸣》。九皋，幽深遥远的沼泽。㉛太公：指齐太公吕尚。㉜文王：指周文王，姬昌。周朝的奠基者。㉝齐：国名。㉞孜孜：勤勉不倦的样子。㉟处士：隐士。即指自己。㊱崛然：特起突立的样子。㊲块然：孤独而安定的样子。㊳许由：唐尧时隐士。㊴接舆：春秋时楚国隐士。曾唱着《凤兮歌》嘲笑孔丘。㊵范蠡（lǐ）：春秋末期越国的谋臣，曾辅佐句践灭吴称霸。事见《越世家》。㊶子胥：伍子胥。㊷与义相扶：指修身自持。义，正义、原则。扶，持。㊸偶：伴侣。徒：徒众。

【原文】

建章宫后阁重栎中有物出焉[①]，其状似麋。以闻，武帝往临视之。问左右群臣习事通经术者，莫[②]能知。诏东方朔视之。朔曰："臣知之，愿赐美酒粱饭大飧臣[③]，臣乃言。"诏曰："可。"已[④]，又曰："某所有公田鱼池蒲苇数顷，陛下以赐臣，臣朔乃言。"诏曰："可。"于是朔乃肯言，曰："所谓驺牙[⑤]者也。远方当来归义，而驺牙先见[⑥]。其齿前后若一，齐等无牙[⑦]，故谓之驺牙。"其后一岁所，匈奴混邪王[⑧]果将十万众来降汉。乃复赐东方生钱财甚多。

【注释】

①建章宫：汉宫名。故址在今陕西省西安市西北郊。重栎（lì）：双重栏杆。焉：于是。兼词。②莫：没有人。③粱饭：精米饭。飧：给吃。④已：终了；过后。这里指吃喝过后。⑤驺（zōu）牙：兽名。也叫驺虞、驺吾。⑥见（xiàn）：通"现"。⑦齐等无牙：谓该兽口中的牙齿完全相同，只有门牙，而无臼齿。⑧混邪（yé）王：即浑邪王。

【原文】

至老，朔且死时，谏曰："《诗》云[①]：'营营[②]青蝇，止于蕃[③]。恺悌[④]君子，无信谗言。谗言罔极[⑤]，交乱四国[⑥]。'愿陛下远巧佞，退谗言。"帝曰："今顾[⑦]东方朔多善言？"怪之。居无几何，朔果病死。传曰[⑧]："鸟之将死，其鸣也哀；人之将死，其言也善。"此之谓也[⑨]。

【注释】

①引诗出于《诗·小雅·甫田之什·青蝇》。②营营：往来盘旋的样子。③蕃：通“藩”。④恺悌：和易近人。⑤罔极：没有止境。⑥交乱四国：构成四方国家与华夏的战乱。交，构。⑦顾：反而。⑧引语出于《论语·泰伯》。⑨此之谓也：说的就是这个呢。

【原文】

武帝时，大将军卫青[1]者，卫后[2]兄也，封为长平侯。从军击匈奴，至余吾水[3]上而还，斩首捕虏，有功来归，诏赐金千斤。将军出宫门，齐人东郭先生以方士[4]待诏公车，当道遮[5]卫将军车，拜谒曰：“愿白[6]事。”将军止车，前[7]东郭先生。旁[8]车言曰：“王夫人[9]新得幸于上，家贫。今将军得金千斤，诚以其半赐王夫人之亲[10]，人主闻之必喜。此所谓奇策便计[11]也。”卫将军谢之曰：“先生幸[12]告之以便计，请奉教。”于是卫将军乃以五百金为王夫人之亲寿[13]。王夫人以闻武帝。帝曰：“大将军不知为此。”问之安所[14]受计策，对曰：“受之待诏者东郭先生。”诏召东郭先生，拜以为郡都尉[15]。东郭先生久待诏公车，贫困饥寒，衣敝[16]，履不完[17]。行雪中，履有上无下，足尽践地。道中人笑之，东郭先生应之曰：“谁能履行[18]雪中，令人视之，其上履也，其履下处乃似人足者乎？”及其拜为二千石，佩青绢[19]出宫门，行谢主人[20]。故所以同官待诏者，等比祖道[21]于都门外。荣华道路，立名当世。此所谓衣褐怀宝[22]者也。当其贫困时，人莫省视[23]；至其贵也，乃争附之。谚曰："相马失[24]之瘦，相士失之贫。"其此之谓邪？

【注释】

①大将军：武官名。为将军的最高称号，掌管统兵征战，位比三公。卫青：河东平阳（今山西省临汾市西南）人。②卫后：卫子夫。③余吾水：水名。在今蒙古国北部。④东郭：复姓。方士：江湖术士；好讲神仙方术的人。待诏：犹言候命。⑤遮：拦住。⑥白：禀告；告语。⑦前：前进。⑧旁（bàng）：通"傍"。⑨王夫人：汉武帝的宠姬，生子闳。⑩诚：如果。亲：父母。⑪奇策便计：巧妙而便捷的计策。⑫幸：幸喜；幸亏。⑬寿：祝寿；敬酒或赠送。⑭安所：何处；哪里。⑮郡都尉：官名。⑯敝：坏；破旧。⑰不完：不完整；破烂。⑱履行：穿着鞋子走路。从此以下四句，是东郭先生解嘲之词。⑲青绢：青绶。⑳谢：告辞。主人：指房东。㉑等比：依次。祖道：为出行者祭祀路神，并设宴送行。㉒衣褐（hè）怀宝：比喻境遇贫寒而实有才干的人。褐，粗布短衣，贫贱者所穿。㉓省（xǐng）视：存问；理睬。㉔失：漏失；看错。

【原文】

王夫人病甚，人主至自往问之曰："子当为王，欲安所置[1]之？"对曰："愿居雒阳[2]。"人主曰："不可。雒阳有武库、敖仓[3]，当关口[4]，天下咽喉。自先帝以来，传[5]不为置王。然关东国莫大于齐，可以为齐王。"王夫人以手击头[6]，呼"幸甚"。王夫人死，号曰"齐王太后薨"[7]。

【注释】

①置：安排。②雒阳：都邑名。③敖仓：秦汉时代国家的大粮仓，旧址在今河南省郑州市西北邙山上。④当关口：谓由长安出函谷关东行，洛阳首当其冲。⑤传：相沿；历来。⑥以手击头：因病倒在床，不能起身叩谢，故以此示意。⑦号曰“齐王太后薨（hōng）”：这时齐王尚未受封，葬礼就如此称呼，表明她深受宠幸。

【原文】

昔者，齐王使淳于髡献鹄[①]于楚。出邑门[②]，道飞其鹄，徒[③]揭空笼，造诈成辞，往见楚王曰：“齐王使臣来献鹄，过于水上，不忍鹄之渴，出而饮[④]之，去我飞亡[⑤]。吾欲刺腹绞颈而死，恐人之议吾[⑥]王以鸟兽之故令士自伤杀也。鹄，毛物[⑦]，多相类者，吾欲买而代之，是不信[⑧]而欺吾王也。欲赴佗[⑨]国奔亡，痛吾两主使不通。故来服过，叩头受罪大王[⑩]。”楚王曰：“善，齐王有信士[⑪]若此哉！”厚赐之，财倍鹄在也。

【注释】

①鹄（hú）：鸟名。即天鹅。②邑门：都门。这里指齐国都城临淄的城门。③徒：只。④饮（yìn）：给喝。⑤亡：逃失。⑥议：讥笑。吾：我（们）。⑦毛物：长羽毛的东西。⑧信：诚实。⑨佗（tuō）：通“他”。⑩受罪：接受惩罚。大王：前面省略了介词“于”。⑪信士：讲究忠信的人。

【原文】

武帝时，征北海太守诣行在所[①]。有文学卒史[②]王先生者，自请与太守俱[3]："吾有益于君。"君许之。诸府掾功曹[4]白云："王先生嗜酒，多言少实，恐不可与俱。"太守曰："先生意欲行，不可逆。"遂与俱。行至宫下，待诏宫府门。王先生徒怀钱沽[5]酒，与卫卒仆射[6]饮，日醉，不视其太守。太守入跪拜。王先生谓户郎[7]曰："幸为我呼吾君至门内遥语[8]。"户郎为呼太守。太守来，望见王先生。王先生曰："天子即问君何以治北海，令无盗贼，君对曰何哉？"对曰："选择贤材，各任之以其能，赏异等[9]，罚不肖[10]。"王先生曰："对如是，是自誉自伐[11]功，不可也。愿君对言，非臣之力，尽陛下神灵威武所变化也。"太守曰："诺。"召入，至于殿下，有诏问之曰："何于治北海，令盗贼不起？"叩头对言："非臣之力，尽陛下神灵威武之所变化也。"武帝大笑，曰："於呼[12]！安得长者[13]之语而称之！安所受之？"对曰："受之文学卒史。"帝曰："今安在？"对曰："在宫府门外。"有诏召拜王先生为水衡丞[14]，以北海太守为水衡都尉[15]。传曰："美言可以市，尊行可以加人[16]。君子相送以言，小人相送以财[17]。"

【注释】

①征：召。北海：郡名。地在今山东省中部，治所在营陵（今潍坊市西南）。行在所：简称行在。指皇帝所在的地方，后专指皇帝临时驻在的地方。②文学卒史：掌管文书的小吏。③俱：同行；随行。④府掾（yuàn）：太守府中的属吏。掾，属吏的通称。功曹：官名。也称功曹史。⑤沽：买；卖。⑥仆射（yè）：官名。卫卒仆射是管带卫卒的长官。⑦户郎：看守

官门的郎官。⑧遥语：隔着一段距离讲话。⑨异等：特等；超越寻常的。⑩不肖：不贤。⑪伐：夸耀。⑫於呼：通“呜呼”。表示惊讶的叹词。⑬长者：厚道、有修养的人。⑭水衡丞：官名。⑮水衡都尉：官名。掌管上林苑。⑯美言可以市，尊行可以加人：引语出于《老子》。说它有价值。加人，高出别人；受人尊敬。⑰君子相送以言，小人相送以财：引语本于《晏子春秋》。

【原文】

魏文侯[①]时，西门豹为邺[②]令。豹往到邺，会长老[③]，问之民所疾苦[④]。长老曰：“苦为河伯[⑤]娶妇，以故贫。”豹问其故，对曰：“邺三老、廷掾常岁[⑥]赋敛百姓，收取其钱得数百万，用其二三十万为河伯娶妇，与祝巫[⑦]共分其余钱持归。当其时，巫行视[⑧]小家女好者，云是当为河伯妇，即娉取[⑨]。洗沐之，为治新缯绮縠[⑩]衣，闲居[⑪]斋戒；为治斋宫河[⑫]上，张缇绛帷[⑬]，女居其中。为具[⑭]牛酒饭食，十余日。共粉饰[⑮]之，如嫁女床席[⑯]，令女居其上，浮之河中。始浮，行数十里乃没。其人家有好女者，恐大巫祝为河伯取之，以故多持女远逃亡。以故城中益空无人，又[⑰]困贫，所从来久远矣。民人俗语曰‘即[⑱]不为河伯娶妇，水来漂没，溺其人民’云[⑲]。”西门豹曰：“至为河伯娶妇时，愿三老、巫祝、父老送女河上，幸[⑳]来告语之，吾亦往送女。”皆曰：“诺。”

【注释】

①魏文侯：魏斯。战国时魏国国君。前445—前396年在

位。②西门豹：姓西门，名豹。邺（yè）：魏邑名。③长（zhǎng）老：年高有德望的人。④所疾苦：所痛苦的事。疾，痛。⑤河伯：河神。⑥三老：官名。职掌教化。廷掾：县吏。常岁：每年。⑦祝巫：以祭祀鬼神为职业的人。古代多为妇女。⑧行视：巡视。⑨娉（pìn）取：通“聘娶”。⑩治：缝制。缯：丝织品的总称。绮：有花纹的丝织品。縠（hú）：绉纱一类的丝织品。⑪闲居：独自居住。⑫治斋宫：建造斋戒的房子。河：古代黄河的专名。⑬缇：红黄色的丝织品。绛（jiàng）：大红色。帷：帐子。⑭具：备办。⑮粉饰：装饰；打扮。⑯床席：指床帐枕席等物。⑰又：更加。⑱俗语：相传如此说。即：假使。⑲云：那么说。⑳幸：希望。

【原文】

至其时，西门豹往会之河上。三老、官属、豪长者、里父老[①]皆会，以[②]人民往观之者三二千人。其巫，老女子也，已年七十。从弟子女十人所[③]，皆衣[④]缯单衣，立大巫后。西门豹曰：“呼河伯妇来，视其好丑。”即将女出帷中，来至前。豹视之，顾谓三老、巫祝、父老曰：“是[⑤]女子不好，烦大巫妪[⑥]为入报河伯，得更求好女，后日送之。”即使吏卒共抱大巫妪投之河中。有顷，曰：“巫妪何久也？弟子趣[⑦]之！”复以弟子一人投河中。有顷，曰：“弟子何久也？复使一人趣之！”复投一弟子河中。凡[⑧]投三弟子。西门豹曰：“巫妪弟子是女子也，不能白事，烦三老为人白之。”复投三老河中。西门豹簪笔磬折[⑨]，向河立待良久。长老、吏傍观者皆惊恐。西门豹顾曰："巫妪、三老不来还，奈之何？"欲复使廷掾与豪长者一人入趣之。皆叩头，叩头且破，额血流地，色如死灰。西门豹曰："诺，且留待之须臾[⑩]。"须臾，豹曰："廷掾起矣。状[⑪]河伯留客之久，若皆罢去归矣。"邺吏民大惊恐，从是以后，不敢复言为河伯娶妇。

【注释】

①官属：指廷掾。里父老：乡里间有点名望的老人。②以：与，及。③弟子女：即女弟子。十人所：十来个人。所，许。④衣（yì）：穿。⑤是：此；这。⑥妪（yù）：老妇的通称。⑦趣（cù）：通"促"，催促。⑧凡：总计。⑨簪笔磬折：描述他故作恭敬的样子。磬折，弯腰鞠躬像石磬（作钝角曲尺形）那样弯折。⑩须臾：片刻；一会儿。⑪状：看情况。推测之词。

【原文】

西门豹即发民[①]凿十二渠，引河水灌民田，田皆溉[②]。当其时，民治渠少[③]烦苦，不欲也。豹曰："民可以乐成[④]，不可与虑始[⑤]。今父老子弟虽患苦[⑥]我，然百岁后期[⑦]令父老子孙思我言。"至今皆得水利，民人以给足富[⑧]。十二渠经绝[⑨]驰道，到汉之立，而长吏[⑩]以为十二渠桥绝驰道，相比近[⑪]，不可。欲合渠水，且至驰道合三渠为一桥。邺民人父老不肯听长吏，以为西门君所为也，贤君之法式[⑫]不可更也。长吏终听置[⑬]之。故西门豹为邺令，名闻天下，泽流后世，无绝已[⑭]时，幾[⑮]可谓非贤大夫哉！

【注释】

①发民：征发老百姓。②溉：得到灌溉。③少：通“稍”，略微。④以：与。乐成：安享现存事物。⑤虑始：商量新事物的创造。⑥患苦：憎恨；厌恶。⑦期：必；一定。⑧给足：衣食丰足。⑨经绝：横断。⑩长（zhǎng）吏：指县级主要官吏（令、长、丞、尉）。⑪比近：靠近；挨近。比，邻近。⑫法式：制度；典范。⑬置：搁置。⑭绝已：断绝；完了。⑮幾：通“岂”，难道。

【原文】

传曰：“子产治郑①，民不能欺；子贱治单父②，民不忍欺；西门豹治邺，民不敢欺。”三子之才能谁最贤哉？辨治者③当能别之。

【注释】

①子产：公孙侨，字子产。春秋时郑国的贤相。郑：国名。②子贱：宓（fù，又音 mì）子齐，字子贱。春秋时鲁国人，曾任单父宰（县长）。单父（shànfǔ）：鲁邑名。在今山东省单县。③辨治者：分辨治道的人。

【译文】

孔子说：“六经对于治理国家，作用是一样的。《礼》用来规范人的言行，《乐》用来启发人的和谐，《书》用来叙述古往的事迹，《诗》用来表达人的情意，《易》可以表现事物的神奇变化，《春秋》用来阐明人世间的道义。”太史公说：

“天地之间的道义宽广无边，难道不伟大吗！言谈如能稍微切中事理，也能排解纠纷。”

淳于髡是齐国的一个赘婿。身高不到七尺，为人滑稽，擅长辩论，多次出使诸侯各国，未尝受过屈辱。齐威王当政的时候，喜欢隐语，爱好进行荒淫无度的彻夜宴饮，沉溺在酒中，不治理国事，把国事委托给了公卿大夫。文武百官荒废紊乱，诸侯各国都来侵犯，国家危难，灭亡就在这旦夕之间，国王身边的大臣没有人敢于进谏。淳于髡用隐语劝齐威王说：“国都中有一只大鸟，栖息在大王的庭院里，它三年不飞又不叫，大王知道这只鸟是为什么吗？”威王说：“这只鸟不飞则罢，一飞就直冲天际；不叫则罢，一叫就使人吃惊。”当时就命令各县长官七十二人入朝觐见，奖赏了一人，诛杀了一人，又振奋军队，出兵迎敌。诸侯各国大为震惊，都把侵占的土地归还齐国。齐威王的声威持续了三十六年。这些事迹记载在《田完世家》中。

齐威王八年，楚国大举发兵侵犯齐国。齐威王派淳于髡出使赵国请求救兵，让他带上礼品黄金百斤，驷马车十辆。淳于髡仰天大笑，把帽带子都笑断了。威王说：“先生嫌礼物太少了吗？”淳于髡说：“哪里敢！”威王又问：“您的大笑难道有什么说法吗？”淳于髡答道：“今天我从东方来，看到路旁有一个祭祀田神的人，他拿着一只猪蹄，端着一杯酒，祝祷着说：‘狭小高地的谷物盛满筐笼，低洼田地的庄稼装满车辆，五谷丰登，穰穰满家。’我看见他拿的祭品很少，想要的东西却太多，所以笑他。”于是，齐威王就把礼品增加到黄金一千镒、白璧十对、驷马车一百辆。淳于髡告辞启程，到了赵国。赵王派给他精兵十万，战车一千辆。楚军听到了这个消息，连夜退兵离去。

齐威王很愉快，在后宫摆下酒宴，召见淳于髡，赏赐给他酒。威王问道：“先生能喝多少才醉？”淳于髡回答：“我喝一斗也会醉，喝一石也会醉。”威王说：“先生喝一斗就会醉，怎么能喝一石呢！其中的道理可以说来听听吗？”淳于髡说：“在大王面前承蒙赐酒，执法官在旁边，御史在身后，我惊恐不安，俯地而饮，不过一斗就醉了。如果双亲有尊贵的客人，我卷起衣袖，曲身跪坐，在席前侍奉酒菜，客人不时赏给我残酒，我高举酒杯，敬酒祝寿，连连起身，喝不到两斗就醉了。如果朋友交游，久不相见，突然会面，愉快地追述着往事，相互倾谈着私人的情谊，可以喝上五六斗就醉了。至于乡里的聚会，男女杂坐，巡行酌酒劝饮，流连不去，玩六博，赛投壶，相互称兄道弟，男女之间握手不受惩罚，双目相视也没有禁忌，地面前有坠落的耳环，后有遗失的发簪，我内心喜欢这些，可以喝上八斗酒，才有两三分醉意。日暮酒残，把剩下的酒合为一樽，大家促膝而坐，男女同席，鞋子木屐交错相混，杯盘狼藉，堂上的火烛熄灭了，主人留下了我，送走了其他客人，绫罗短衣的衣襟解开了，微微闻到阵阵香气，在这个时候，我心里最欢畅，能喝上一石。因此说，酒喝到极点就会乱了，快乐到了极点就会悲哀，一切事物都是这样，就是说做事不能做到极点，做到极点就会走向衰败。”淳于髡用这些话委婉地劝谏齐威王。威王说：“好！”就停止了通宵达旦的宴饮，任命淳于髡为接待各国宾客的主客。皇家宗室举行酒宴，淳于髡常常在旁作陪。

从这以后一百多年，楚国有一个优孟。

优孟原来是楚国的艺人，身高八尺，富有辩才，常常用谈笑的方法委婉地进行劝谏。楚庄王的时候，他有一匹喜爱的好马，给马穿上锦绣衣服，把它安置在华丽的房子里，用没有帷帐的露床给它作卧席，拿枣脯喂养它。马由于肥胖而得病死亡，楚庄王派大臣们为马治丧，准备用棺椁盛殓，按大夫的葬礼来安葬它。庄王身边的大臣争着为这件事进行劝谏，认为不能这样做。庄王下令说：“如有胆敢为葬马的事来进谏的，罪当处死。”优孟听说了这件事，就走进宫殿大门，仰天大哭。庄王很是吃惊，问他哭的原因。优孟说：“马是大王的心爱之物，凭着堂堂的大楚国，有什么要求办不到，大王却用大夫的葬礼来安葬它，太薄待它了，请按君王的礼仪来安葬它。”庄王问：“那怎么办呢？”优孟回答说：“我请求用雕花的美玉做棺材，用纹理秀丽的梓木做外椁，拿楩、枫、豫、樟等贵重木材做护棺的题凑，派遣士兵挖掘墓穴，老人和孩子背土筑坟，齐国和赵国的使节在前面陪祭，韩国和魏国的使节在后面护卫，为马建立祠庙，用猪、牛、羊各一头的太牢礼来祭祀它，并且拨一个万户的城邑进行供奉。诸侯各国听说了这种情况，都知道大王把人看得很低贱，却把马看得很贵重了。”庄王说：“我的过失竟然到了这种地步吗！那该怎么办呢？”优孟说：“请让我替大王用对待六畜的方法来埋葬它。用土灶做外椁，用铜锅作棺材，拿姜枣调味，再加进木兰，用稻米作祭品，火光作衣服，把它埋葬在人们的肠胃中。”于是，庄王就派人把马交给主管膳食的太官，不要让天下人长久地传扬这件事。

楚国的宰相孙叔敖了解优孟是个贤人，对他很好。孙叔敖病重快要去世的时候，嘱咐自己的儿子说：“我死了以后，你一定会贫困。你就前去拜见优孟，说‘我是孙叔敖的儿子’。”过了几年，孙叔敖的儿子穷困得靠背柴度日，遇见了优孟，对他说：“我是孙叔敖的儿子。父亲将要去世的时候，嘱咐我贫困时就拜见您。”优孟说：“你不要到远处去。”随即就缝制了类似孙叔敖的衣服、帽子穿戴上，和他的儿子抵掌而谈，来模仿孙叔敖的言谈举止。一年多以后，优孟活像孙叔敖，楚王和他左右的大臣们都不能分别出来。庄王举行酒宴，优孟上前敬酒祝寿。庄王大吃一惊，认为孙叔敖复活了，要命他为宰相。优孟说：“请允许我回去和妻子商量一下这件事，三天以后再来就任宰相。”庄王同意了他的请求。三天以后，优孟又来了。庄王说：“你妻子说了些什么呢？”优孟说：“我妻子说千万不要做，楚国的宰相不值得去做。像孙叔敖身为楚国的宰相，尽忠廉洁来治理楚国，楚王得以称霸。如今死了，他的儿子身无立锥之地，贫困得靠背柴来维持自己的生活。假如一定要像孙叔敖那样，不如自杀。”优孟接着又唱道：“居住在山野，耕田受苦，难以生活。奋起做官，自身贪婪卑鄙的人积存了钱财，但不顾羞耻。自己死后家庭虽然富裕，又害怕受贿枉法，为非作歹，犯了大罪，自己被处死，家室遭诛灭。贪官怎么可以做呢！想做个清官，奉公守法，尽忠尽职，到死也不敢做违法的事情。可清官又怎么能做呢！楚国宰相孙叔敖保持廉洁直至去世，现在妻子儿子穷困得靠背柴为生，清官不值得做啊！”于是，庄王便向优孟道歉，就召见了孙叔敖的儿子，把寝丘的四百户封给他，用来供奉孙叔敖的祭祀。后来，传了十代都不曾断绝。优孟这种智慧，可以说是说话能抓住机会了。

从这以后两百多年，秦国有一个优旃。

优旃是秦国的侏儒艺人。他善于说笑话，然而都符合大道理。秦始皇的时候，有一次举行酒宴而天下着雨，殿阶下的执盾卫士们都淋雨受寒。优旃看见了很可怜他们，对他们说：“你们想休息吗?”殿阶下的执盾卫士们都说：“非常希望。”优旃说：“我如果喊你们，你们要赶快回答说‘有’。”过了一会，宫殿上的人们向秦始皇敬酒祝寿，高呼万岁。优旃走到栏杆边，大声喊道：“殿阶下执盾的儿郎们！”儿郎们答：“有！”优旃说：“你们虽然身材高大，但有什么好处，只能在雨中站立。我虽然矮小，反而有幸在屋里休息。”于是，秦始皇就让殿下的执盾卫士们一半值班，一半休息，轮流替代。

秦始皇曾经计划要扩大畜养禽兽的苑囿，向东扩至函谷关，西边扩至雍县、陈仓。优旃说：“好啊！多多在里面放养禽兽，敌寇从东方来，命令麋鹿用角去顶撞他们就足够的了。”秦始皇因而便停止了。

秦二世即位，又想要油漆城墙。优旃说：“好啊，主上即使不说，我原本就要请求您这样做了。油漆城墙虽然给百姓带来愁苦耗费，但很美啊！油了漆的城墙滑溜溜的，敌寇来了爬也爬不上。就是要做成这事，油漆倒也容易，不过建造一个给漆过的城墙遮蔽太阳的荫室就很难了。”当时二世笑了起来，由于这个原因就停止了。过了不久，二世被杀死，优旃归顺了汉朝，几年以后就死了。

太史公说：“淳于髡仰天大笑，齐威王从而横行天下。优孟摇头唱歌，背柴为生的人因此得到封地。优旃凭栏高呼，殿阶下执盾的卫士们得以减半轮值。这难道不也是非常伟大的吗！”

褚先生说：“我幸运地因精通儒家经术而做了郎官，但爱好阅读六经以外的史传杂说。我不能谦恭退让，又写下六章有趣故事，把它们编排在下面。可以浏览一下，扩大见闻，把它们留给后世的好事之徒读了，用以愉悦心胸，刺激耳目。我把它们增附在以上太史公三章滑稽故事的后面。”

汉武帝的时候，有一个被宠幸的艺人叫郭舍人。他说话陈词虽然不符合大道理，但是能使国君和顺愉快。武帝小时候，东武侯的母亲曾经给武帝喂过奶。武帝长大后，称她为“大乳母”。大乳母大约每月上朝两次，上朝的奏章一送进宫，武帝就会有诏令派亲信侍臣马游卿拿五十匹丝帛赐给乳母，又送上酒菜食物奉养乳母。乳母呈上奏书说：“某处有公田，希望能把它借给我。”武帝说：“乳母想得到它吗？”便把公田赐给了乳母。乳母说的话，武帝没有不听从的。还下有诏令让乳母乘车在御道上行走奔驰。在这个时候，公卿大臣都敬重乳母。乳母家里的子孙奴仆侍从们在长安城中横行霸道，当街拦截别人的车马，抢夺人家的衣服。消息传到宫中，武帝不忍心用法律处罚他们。主管的官员请求把乳母的家室迁走，到边疆安置他们。奏章被批准了。乳母应当入宫到武帝跟前，当面辞行。乳母先拜见了郭舍人，对着他流泪哭泣。舍人说：“您立即进宫面见武帝，辞行后就离去，快步退出而多次转身回头看。”乳母按照他的话，向武帝辞行后离去，快步退出却多次转身回头看。郭舍人恶狠狠地骂她说：“呸！老太婆！为什么不快走！皇帝陛下已经长大了，难道还要靠你的乳汁来活命吗？还回头看什么！”于是，武帝可怜乳母，为她悲伤，就下诏令制止，不准迁徙乳母，并处罚了说她坏话的人。

汉武帝的时候，齐地有位东方先生名朔，因爱好古代的史传书籍，喜好儒家经术，大量地阅读了诸子百家的著作。东方朔初到长安时，到公车府呈上奏书，一共用了三千枚书写奏书的木简。公车府派了两个人一起去抬他的奏书，刚刚能抬得起。皇上到尚方府读东方朔的奏书，每次告一段落，就在那里作个记号，读了两个月才读完。武帝下诏任命东方朔为郎官，经常在皇上身边听候差遣。皇上多次召他至跟前谈话，没有不高兴的。时常下诏令赏赐东方朔在他面前吃饭。吃完饭，东方朔把剩下的肉全部揣在怀里拿回家，衣服全被油污了。武帝多次赐给他绸绢，他扛着、挑着搬回去。东方朔专门用那赏赐的钱财丝帛，聘娶长安城中年轻美貌的女子为妻，大多娶了一年左右就抛弃了，重新再娶妻。赏赐得来的钱财全部花在女人身上。皇上身边的郎官有一半叫东方朔为“狂人”。皇上听说了这件事，说：“如果东方朔为人做事没有这种行为的话，你们这班人哪能比得上他呢！”东方朔命自己的儿子为郎官，又升迁为侍中的谒者，经常手持符节出使各国。东方朔在殿上行走，有个郎官对他说：“人们都认为先生是狂人。”东方朔说：“像我这样的人，就是所谓在朝廷里避世隐居的人。古代的人，只是在深山里避世隐居。”他时常坐在酒席上，酒酣之后，趴在地上唱道：“隐居于尘俗中，避世在金马门。在宫殿中可以避世隐居，使自身得以保全，何必要到深山之中，茅庐之下。”金马门是宦官署的大门，大门旁边立有铜马，所以叫它“金马门”。

有一次，朝廷会集了学宫的博士先生们参与商议国事，他们共同责难东方朔说："苏秦、张仪一遇上拥有万辆战车的大国君主，就高居卿相的位置，恩泽施及后代。如今，先生您学习了先王的法术，仰慕圣人的仁德，背诵着《诗经》《尚书》等诸子百家的言论，多得不能一一列举。在竹简丝帛上撰著文章，自以为海内无双，又可以说是见闻广博，聪明善辩了。然而，您竭力尽忠来侍奉圣明的皇帝，旷日持久，搞了几十年，官职不过侍郎，地位不过执戟，想来您还有什么不好的行为吧？其中的原因是什么呢？"东方先生说："这本来就不是你们所能完全了解的。那是一个时代，这又是一个时代，如何可以相提并论呢！再说张仪、苏秦的时候，周王室十分衰败，诸侯们不去朝觐，凭借武力相互征伐，争夺权势，使用兵器相互擒拿，兼并为十二个诸侯国，还没有雌雄胜负之分，得到智士的国家就强大，失去智士的国家就败亡，所以智士的意见得以听从，计划能够实行，身居尊贵的地位，恩泽施及后代，子子孙孙长久地荣华。现在就不是这样了，圣明的皇帝在朝廷之上，恩德遍及天下，诸侯们朝贡臣服，威势震慑四方夷狄，把四海之外的疆土像席子般地连接起来，比覆置的盘盂还要安稳，天下统一平均，合为一家，凡是发动举事，就好像在手掌中运转似的。贤和不贤，凭什么来区别呢？现在由于天下广大，士民众多，那些竭尽精力，驰骋游说，像车幅同时凑集到车毂似的向朝廷进献谋略的人，多得数不清。虽然竭力仰慕道义，却为衣食所困，有的人失去了进身做官的门路。假如张仪、苏秦和我同时生活在当今的时代，他们连一个小小的掌故官都得不到，怎么还敢奢望当常侍侍郎呢！古书记载说：‘天下没有灾害，即使有圣人，也没有施展他的才能的地方；君臣上下和睦同心，即使有贤人，也没有立功的机会。’所以说，时代不同了，事情就会起变化。虽然如此，怎么可以不努力修养自身呢？《诗经》说：‘在宫中敲钟，钟声传到宫外。’‘白鹤在幽深的沼泽鸣叫，鸣声传到天外。’如果能够修养自身，还担忧什么不会显荣呢！姜太公身体力行仁义七十二年，遇上了周文王，得以施行自己的学说主张，受封在齐国，传国七百年而没有断绝。这就是士人之所以日日夜夜，孜孜不倦，研究学问，推行道义而不敢停止。现在世上的隐士，当代虽然不被任用，但能孤高突起地自立，安然自得地独处，远观许由，近察接舆，谋略如同范蠡，忠诚符合子胥。天下和平，修身自持，缺少同道，本来就是很平常的事情。你们对我还有什么疑问呢！”于是，那些先生们默不作声，无言以对。

建章宫后阁的双重栏杆中，有一只动物从那里钻了出来，它的样子像麋鹿。把这个情况向皇帝报告了，汉武帝前往那里观看，询问身边群臣中熟习各种事物并且精通经术的人，但没有一个人能知道那是什么动物。武帝下令让东方朔去看它。东方朔说：“我知道这个动物，希望赏赐美酒好饭，让我大吃一顿，我才说。”武帝下诏说：“可以。”东方朔吃饱喝足了，又说：“某地有几顷公田、鱼池和蒲苇地，陛下把它们赏赐给我，我东方朔才说。”武帝又下诏说：“可以。”这时候，东方朔才肯讲，说：“这就是人们通常说的驺牙。远方的人当来归顺仁义，驺牙就会事先出现。它的牙齿前后一样，大小整齐相等，没有臼齿，所以叫它驺牙。”大约一年以后，匈奴混邪王果然带领了十万民众来归降汉朝。武帝再次赏赐东方朔很多钱财。

到了老年，东方朔将要去世的时候，进谏武帝说：“《诗经》说：‘嗡嗡乱飞的苍蝇，落在篱笆上。和乐近人的君子，不要听信谗言。谗言没有法则，扰乱四方的国家。’希望陛下远离奸诈谄媚的小人，斥退他们的谗言。”武帝说：“东方朔现在反而多说好话了吗?”对此感到奇怪。过了不久，东方朔果然病死。古书记载：“鸟儿将要死了，它的鸣声很悲哀；人将要死了，他的言谈很有善意。”说的就是这个情况。

汉武帝的时候，大将军卫青是卫皇后的哥哥，被封为长平侯。卫青从军出击匈奴，打到余吾水边才折返，斩敌首，抓俘虏，有功归来，武帝下诏赏赐黄金千斤。卫将军走出宫门，齐地人东郭先生以方术之士的身份在公车府待诏候命。他当道挡住卫将军的车，拜见说：“希望能禀告一件事。”将军停下车，把东郭先生请到车前，东郭先生靠近车旁说：“王夫人最近得到皇上的宠爱，她家里贫穷。现在将军得到黄金千斤，如果把其中的一半赐给王夫人的父母，皇上听说了这件事必定喜欢。这就是人们所说的奇妙而便捷的计策。”卫将军感激他说：

"幸亏先生把这便捷的计策告诉我，请允许我遵从您的指教。"于是，卫将军就拿出五百斤黄金作为送给王夫人双亲的祝寿礼物。王夫人把这件事告诉了武帝。武帝说："大将军不懂得做这种事情。"询问卫青从谁那里得来的计策，卫青回答说："从待诏候命的东郭先生那里得来的。"武帝下诏召见东郭先生，任命他为某郡的都尉。东郭先生常在公车府中待诏候命，贫困饥寒，衣服破烂，鞋子不完整。在雪地中行走，鞋子有面无底，脚板完全踩在地上。路上的行人讥笑他，东郭先生回答他们说："谁能够穿着鞋子在雪地中行走，让别人看上去，他的脚上面是鞋子，他的鞋子下面却像人脚的呢？"等到他受任为俸禄二千石的高官，佩带着银印青绶走出宫门，去房东那里辞行，过去在公车府跟他一块待诏候命的人，分批依次在都门外为他设宴送行。一路上荣华显耀，在当代立了大名。这就是通常所说的身穿粗布衣裳，怀里却揣着珍宝的人。当他贫穷的时候，人们没有谁去理睬他；等到他富裕了，就争着依附他。俗话说："相马因外表消瘦而漏掉良马，相士因生活贫穷而丧失英才。"大概说的就是这种情况呢。

王夫人病重，皇上亲自前往问候她说："你的儿子应当封王，你想把他安置在哪里？"王夫人回答说："希望安居在洛阳。"皇上说："不可以。洛阳有武器仓库、储藏粮食的敖仓，又当关口，是天下的咽喉要道。自从先帝以来，相传不在洛阳安置王位。不过，关东地区的封国没有哪一个比齐国更大的了，可以封为齐王。”王夫人用手拍击额头，呼喊道“非常幸运”。王夫人死了，号称为“齐王太后去世”。

从前，齐王派淳于髡出使到楚国贡献天鹅。出了都邑城门，半道上那只天鹅飞走了，只好举着空笼子，编造了一套假话，前往拜见楚王说：“齐王派我来敬献天鹅，从河上经过，不忍心天鹅口渴，放它出来喝水，天鹅就离开我高飞逃跑了。我想要剖腹上吊自杀而死，又恐怕别人议论大王以鸟兽的原因，使得士人自己杀伤。天鹅是个长羽毛的动物，有很多相类似的，我想买一个来代替它。但这是不诚实，而且骗了大王。我想逃亡到别的国家，又痛惜我们楚、齐两国国君的这次使命不能完成。所以，我前来服罪，向大王叩头认罚。”楚王说：“好啊，齐王有像你这样忠信的贤士！”就丰厚地赏赐了淳于髡，赏赐的钱财比有天鹅进献的还多一倍。

汉武帝的时候，下令召北海郡的太守到皇帝行宫。有一位掌管文书的小吏王先生，自己请求跟太守同行：“我对您有好处。”太守答应了他。太守府中许多属吏功曹向太守报告说：“王先生嗜酒，吹牛多，实干少，恐怕不宜与他同行。”太守说：“先生很想同行，不可违逆。”终究和王先生同行。来到宫门外，在宫府门待诏候命。王先生只管怀里揣着钱去买酒，和卫队的长官一起喝，每天醉醺醺的，不去看他的太守。太守进宫跪拜。王先生对守门的郎官说：“请帮我叫我的太守到宫门内，我远远地跟他说话。”守门的郎官替他叫了太守，太守出来，望着王先生。王先生说：“天子假如问您用什么方法治理北海郡，使得那里没有盗贼，您回答些什么呢？”太守回答说：“选择有才能的人才，根据他们的才能分别任用他们，奖赏成绩优异的，惩罚不贤的。”王先生说：“如此回答，这是自我赞誉、自我夸功，不可以的。希望您回答说：不是我的力量，都是陛下神灵威武引起变化的结果。”太守说：“好吧。”太守受召入宫，来到殿阶下面，武帝有诏问他说：“用什么方法治理北海，使得盗贼不出现？”太守叩头回答说：“不是我的力量，都是陛下神灵威武引起变化的结果。”武帝大笑，说：“哈！你怎么得到忠厚长者的话从而把它称述出来，是从谁那里得到的？”太守回答说：“从掌管文书的小吏那里得到的。”武帝说：“他现在在哪里？”太守回答：“在宫府门外。”武帝下诏任命王先生为水衡丞，把北海太守任为水衡都尉。古书上说：“美好的言辞有金玉般的价值，高尚的品行可以施加他人。君子用美言相赠，小人用钱财相送。”

魏文侯的时候，西门豹就任邺县令。西门豹来到邺县，会见长老，询问他们百姓感到疾苦的事情。长老说：“苦于给河神娶媳妇，以这个缘故民众贫穷。”西门豹询问其中的原因，他们回答说：“邺县的三老、廷掾等官吏每年向百姓征收赋税，获取百姓的钱财达数百万，用其中的二三十万给河神娶媳妇，和巫婆共同瓜分那些剩余的钱财，把它拿回家去。当要给河神娶媳妇的时候，巫婆就巡行查看小户人家中女孩长得俊美的，就说这个女子应当做河神的媳妇，随即下聘带走。给她洗头洗澡，为她缝制新的丝绸彩衣，独居斋戒；替她在黄河岸边建造斋戒的房子，张挂起赤黄色和大红色的帷帐，女子居住在里面。给她准备了牛肉美酒的饭食。过了十几天，大家共同替她梳妆打扮，如同嫁女儿那样的床帐枕席，让那女子坐在床上，把床漂浮在河中。开始，床还浮在水面，漂流了几十里就沉没了。那些有漂亮女孩子的人家，恐怕大巫婆替河神娶了她，以这个原因大多带着女孩子远远地逃亡。因此，城中渐渐地空虚无人，更加贫困了，这种情况从开始到现在已经很久远了。老百姓的俗话说：'假如不给河神娶媳妇，洪水来了漂流吞没一切，会淹死那里的人民。'"西门豹说："等到给河神娶媳妇的时候，希望三老、巫婆、父老们都去河边送那女子，还请来告诉我，我也要去送那女子。"大家都说："好。"

到了那天，西门豹到河边和大家会合。三老、官吏、豪绅、乡里的父老们都聚集在一起，前来观看这事的百姓有二三千人。那个巫婆是个老女子，已经有七十岁，跟从的女弟子有十来个人，都穿着丝绸的祭祀礼服，站在大巫婆的身后。西门豹说："叫河神的媳妇出来，看看她长得漂亮还是丑陋。"巫婆就扶着女子从帷帐中出来，来到西门豹跟前。西门豹认真地看了那女子，回头对三老、巫婆、父老们说："这个女子不漂亮，麻烦大巫婆替我入河官报告河神，要重新寻求漂亮的女子，后天就送她去。"于是，派官吏士卒一道抱起大巫婆，把她投进河中。过了一会儿，西门豹说："巫婆怎么去了那么久？弟子去催催她！"又把一个弟子投进河中。过了一会儿，说道："弟子怎么去了那么久？再派一个人去催催她们！"又投了一个弟子到河中。一共投了三个弟子。西门豹说："巫婆和她的弟子都是女子，不会报告事情，麻烦三老替我进去禀告此事。"又把三老投进河中。西门豹把毛笔似的簪子插在头上，像石磬似的弯腰作揖，面对黄河站立等待了很久。长老、官吏和旁观的人们都很害怕。西门豹回过头说："巫婆、三老还不回来，怎么办呢？"要再派廷掾和一个豪绅进去催催他们。廷掾和豪绅都叩头，把头都叩破了，额头上的血流到地上，脸色像死灰一样苍白。西门豹说："好吧，姑且留下再等他们一会儿。"过了一会，西门豹说："廷掾起来吧。看样子河神留客要很久的，你们把这仪式结束，都离开这里回家去吧。"邺县的官吏和百姓大为惊恐，从此以后，不敢再提给河神娶媳妇。

西门豹随即征发百姓开挖十二条渠道，引黄河水灌溉百姓的农田，农田都得到了灌溉。在挖渠的时候，百姓对治理渠道稍感厌烦劳苦，不想干了。西门豹说："百姓可以和他们享受成功的快乐，但不能和他们考虑事情的开始。现在，父老兄弟虽然会憎恨厌恶我，然而百年以后，一定要让父老的子孙们想起我说的话。"直至现在，那里都得到水渠的利益，百姓因此丰足富裕。十二条水渠横穿御道，到了汉朝建立，县里的官吏们认为十二条渠上的桥梁阻绝了御道，彼此之间又靠得很近，不行。打算合并一些渠道，并且把靠近御道的三条渠道合并为一条，再架设一座桥梁。邺县的百姓父老不愿听从长官们的意见，认为那是西门先生所设计的，前贤明君的法式制度不可以更改。官吏们终于听从了百姓的意见，把合并渠道的计划搁置。所以，西门豹担任邺县的县令，名声传遍天下，恩泽流传后代，没有断绝终止的时候，难道可以说他不是一位贤良的大夫吗！

古书上记载："子产治理郑国，百姓不能欺骗他；子贱治理单父，百姓不忍心欺骗他；西门豹治理邺县，百姓不敢欺骗他。"三位先生的才能谁最贤明呢？治理国家的人当然能够分别他们。

第一百零九卷　日者列传第六十七

这是专记日者的类传。所谓日者，即古时占候卜筮的人。《墨子·贵义》说："子墨子北之齐，遇日者。日者曰：'帝以今日杀黑龙于北方，而先生之色黑，不可以北。'子墨子不听，遂北，至淄水，不遂而反焉。日者曰：'我谓先生不可以北。'"司马贞《史记索隐》按："名卜筮曰'日者'以墨，所以卜筮占候时日通名'日者'故也。"

此篇的主旨是借日者之论讥讽尊官厚禄，斥其"事私利，枉主法，猎农民；以官为威，以法为机，求利逆暴，譬无异于操白刃劫人者"的丑恶面目，揭露其"盗贼发不能禁，夷貊不服不能摄，奸邪起不能塞，官秏乱不能治，四时不和不能调，岁谷不孰不能适"，不忠不才，妨贤窃位的腐朽本质。同时，颂扬了日者隐居卜筮，导惑教愚，"微见德顺以除群害，以明天性，助上养下，多其功利"，有礼有德，不求宠荣的可贵精神。

全传侧重写司马季主与宋忠、贾谊的对话，语言描写突出。篇中反复推论，说理透辟，词锋犀利，极富个性。善于运用生动确切的比喻，增加语言的形象性和说服力，深刻地刻画了日者丰富的精神境界和鲜明的性格特征，勾勒了世之贪位慕禄者卑污、可憎的嘴脸。

写作手法运用娴熟，独具匠心，是本篇的另一特色。

【原文】

自古受命而王①，王者之兴何尝不以卜筮决②于天命哉！其于周尤甚③，及④秦可见。代王之入⑤，任于卜者⑥。太卜之起⑦，由汉兴而有⑧。

【注释】

①受命而王：承受天命而称王。受，承受，接受。命，天命。②兴：兴起、产生。卜筮：占卜、算卦。古代算卦用龟壳叫"卜"，用蓍草叫"筮"，根据龟壳的裂纹和蓍草的排列预测吉凶叫"占"。决：取决。③尤甚：最为盛行。④及：至、到。⑤代王：即后来的汉文帝刘恒。入：入朝。⑥任于卜者：听任于占卜者。⑦起：出现。⑧汉兴而有：《索隐》按："周礼有太卜之官。此云由汉兴者，谓汉自文帝卜大横（一种卦兆的名称）之后，其卜官更兴盛焉。"另据《史记会注考证》，"由汉兴而有者，盖言汉兴以来即有之矣"。

【原文】

司马季主①者，楚人也。卜②于长安东市。

【注释】

①司马季主：复姓司马，名季主。②卜：卜卦、卖卦。

【原文】

宋忠为中大夫，贾谊为博士，同日俱出洗沐[1]，相从论议[2]，诵易先王圣人之道术[3]，究遍人情[4]，相视而叹。贾谊曰：“吾闻古之圣人，不居朝廷，必在卜医之中。今吾已见三公九卿朝士大夫[5]，皆可知矣。试之卜数中以观采[6]。”二人即同舆[7]而之市，游于卜肆[8]中。天新雨[9]，道少人，司马季主闲坐，弟子三四人侍，方辩天地之道[10]，日月之运[11]，阴阳吉凶之本[12]。二大夫再拜谒。司马季主视其状貌，如类有知者[13]，即礼之，使弟子延[14]之坐。坐定，司马季主复理[15]前语，分别[16]天地之终始，日月星辰之纪[17]，差次仁义之际[18]，列吉凶之符[19]，语数千言，莫不顺理。

【注释】

①洗沐：指休假。《正义》云：“汉官五日一假洗浴也。”②相从：二人在一起走。论议：讨论、研究。③诵易：互相讲诵。易，更替。《太平御览》作“习”。道术：治道的方法，即治理天下国家的方法。④究遍：广泛探究。遍：普遍。人情：指世道人心。⑤朝士大夫：泛指朝廷的一般官员。⑥之：到……去。卜数：犹术数，即卜筮。观采：观其风采。犹物色。⑦舆：车。⑧肆：店铺、馆子。⑨新雨：刚下过雨。⑩方：正、正在。辩：申辩、讲解。道：道理、规律。⑪运：运行。⑫阴阳：中国古代哲学的一对范畴，用于解释自然界相互对立、互相消长的事物。本：本源。⑬如类：好像是。有知者：有知识的人、聪明人。知，知识；又通“智”，智慧。

⑭延：引进、迎接。⑮复：重新。理：疏理、整理。⑯分别：分辨、分析。⑰纪：法度、准则。⑱差次：区分差别等次。差，差别、相差。次，等次。际：交接、会合。⑲列：排列、列举。符：符应，即吉凶祸福的征兆。

【原文】

宋忠、贾谊瞿然而悟[①]，猎缨正襟危坐[②]，曰："吾望先生之状，听先生之辞，小子窃观[③]于世，未尝见也。今何居之卑[④]，何行之污[⑤]？"

【注释】

①瞿然：惊异的样子。悟：领悟、明白。②猎缨：整理冠带、使之端正，表示恭敬。正襟：端正衣襟。危坐：端正地坐着。③小子：晚辈。此为自谦之词。窃观：私下观察。④居之卑：处于低下地位。卑，卑下。⑤行之污：从事的职业被人瞧不起。行，行事，此处指从事的职业。污，污浊、不干净。

【原文】

司马季主捧腹大笑曰："观大夫类[①]有道术者，今何言之陋[②]也，何辞之野[③]也！今夫子所贤者[④]何也？所高者[⑤]谁也？今何以卑污长者[⑥]？

【注释】

①类：像，好像。②陋：知识浅薄，见闻不广。③野：粗野，缺乏文采。④所贤者：认为有道德有才能的人。⑤所高者：认为品德高尚的人。⑥卑污长者：认为长者卑下污浊。

【原文】

二君曰："尊官厚禄，世之所高也，贤才处之①。今所处非其地②，故谓之卑。言不信③，行不验④，取不当⑤，故谓之污。夫卜筮者，世俗之所践简⑥也。世皆言曰：'夫卜者多言夸严以得⑦人情，虚高人禄命以说人志⑧，擅言祸灾以伤⑨人心，矫言鬼神以尽⑩人财，厚求拜谢以私于己⑪。'此吾之所耻⑫，故谓之卑污也。"

【注释】

①贤才处之：贤能的人处在那种地位。处，居、处于。②非其地：不是尊官厚禄之地。③不信：不真实。信，讲话真实。④不验：没有效果。验，效验，效果。⑤不当：不适当。当，恰当、合适。⑥践简：鄙视、怠慢。简，忽视、怠慢。⑦夸严：夸大、严厉。得：博得、迎合。⑧虚高：虚假抬高。禄命：吉凶祸福、贵贱寿夭等"命定之数"。说：通"悦"，此处意为使人高兴。志：心志。⑨擅言：随便乱说。伤：忧伤。此处意为使人悲伤。⑩矫言：假说，假借。尽：完，没有了。此处意为诈尽，骗尽。⑪厚求：贪求，索取。私于己：利于己。⑫此吾之所耻：这是我们认为可耻的事情。耻，耻辱、可耻的事情。

【原文】

司马季主曰："公且安坐①。公见夫被②发童子乎？日月照之则行，不照则止，问之日月疵瑕③吉凶，则不能理④。由是观之，能知别贤与不肖[⑤]者寡矣。

【注释】

①且：暂且、姑且。安坐：坐好，落坐。②夫：那、这。被（pī）：披散着头发。被，通“披”。③日月疵瑕：指日食和月食。疵瑕，即瑕疵，小的毛病、缺点。古人常借观察星象来推测人事的吉凶。④理：整理。此处意为解释说明，讲出道理。⑤知别：知道区别。不肖：与贤相对，指缺德少才，品行不端。

【原文】

“贤之行[①]也，直道以正谏[②]，三谏不听则退[③]；其誉人[④]也不望其报，恶人[⑤]也不顾其怨，以便国家利众为务[⑥]。故官非其任不处[⑦]也，禄非其功不受也；见人不正，虽贵不敬也；见人有污，虽尊不下[⑧]也；得[⑨]不为喜，去[⑩]不为恨；非其罪也，虽累辱而不愧[⑪]也。

【注释】

①贤：贤能的人。行：做事。②直道：正直之道。直，行为正直。此处指遵循正直之道。正谏：正言规劝。谏，规劝君主、尊长、朋友，使之改正过错。③三：再三，多次。退：后退、返回。此处指不再进谏。④誉人：称誉别人。⑤恶人：讨厌、憎恶别人。⑥便：便利。务：追求。⑦其任：自己胜任。处：居、担任。⑧尊：尊贵，指地位高。不下：不屈居其下。⑨得：有所得。指得到官禄富贵。⑩去：有所失。指离开官

位，失去富贵。⑪累辱：受累遭到屈辱。累，受累、牵累。辱，屈辱、侮辱。愧：羞愧。

【原文】

“今公所谓贤者，皆可为羞矣[①]。卑疵[②]而前，孅趋[③]而言；相引以势[④]，相导以利；比周宾正[⑤]，以求尊誉，以受公奉[⑥]；事[⑦]私利，枉主法[⑧]，猎[⑨]农民；以官为威[⑩]，以法为机[⑪]，求利逆暴[⑫]：譬无异于操白刃劫人[⑬]者也。初试官[⑭]时，倍力[⑮]为巧诈，饰虚功执空文以罔主上[⑯]，用居上为右[⑰]；试官不让贤陈功[⑱]，见伪增实[⑲]，以无为有，以少为多，以求便势[⑳]尊位；食饮驱驰[㉑]，从姬歌儿[㉒]，不顾于亲[㉓]，犯法害民，虚[㉔]公家：此夫为盗不操矛弧[㉕]者也，攻而不用弦刃[㉖]者也，欺父母未有罪而弑[㉗]君未伐者也；何以为高贤才[㉘]乎？

【注释】

①皆可为羞矣：都是些足以为他们感到羞愧的人。②卑疵：惭怍貌，惶惧貌，低声下气的样子。③孅趋：过分谦恭。④相引以势：即以势相引。凭借权势相互引进。⑤比周：与坏人勾结，植党营私。比，勾结。周，与人团结。“比周”连用，义同“比”。宾正：排斥正人君子。宾，通“摈”，排斥，遗弃。⑥公奉：官府的俸禄。奉，通“俸”。⑦事：从事，谋求。⑧枉：歪曲。主法：君主的法律。⑨猎：猎取，掠夺。⑩为威：逞威风，显示威严。⑪为机：作为工具。⑫逆暴：逆行残暴。逆，倒，反，与“顺”相对。⑬譬：比喻，好像。操：持，拿。劫人：威逼人，威胁人。⑭初试官：开始做官，

刚当官。⑮倍力：加倍努力，拼命地。⑯罔主上：欺骗国君。罔：欺罔。⑰用：以，以便。右：古代尊崇右，以右为较尊贵的地位。⑱贤：指贤者，有道德有才能的人。陈功：陈述自己的功劳。⑲见伪增实：意谓发现虚假之处，便不择手段地添枝加叶，竭力把假的变为实在的。⑳便势：权势。便，便利、有利。㉑食饮驱驰：大吃大喝，到处游乐。驱驰，驱车驰马。㉒从姬：随从的美女。歌儿：唱歌跳舞的少男少女。㉓亲：父母双亲。㉔虚：虚耗。㉕夫：语气词。矛弧：矛和弓。㉖弦刃：弓箭和刀。㉗弑（shì）：古代统治阶级指子杀父、臣杀君为“弑”。㉘高贤才：高明者和贤能者。

【原文】

“盗贼发[①]不能禁，夷貊不服不能摄[②]，奸邪起不能塞[③]，官秏乱[④]不能治，四时不和不能调[⑤]，岁谷不孰不能适[⑥]。才贤不为，是不忠也；才不贤而托[⑦]官位，利上奉[⑧]，妨贤者处[⑨]，是窃位[⑩]也；有人者进[⑪]，有财者礼[⑫]，是伪也。子独不见鸱枭之与凤皇[⑬]翔乎？兰芷芎䓖[⑭]弃于广野，蒿萧[⑮]成林，使君子退而不显众[⑯]，公等是也。

【注释】

①发：发生，兴起。②摄：通“慑”，使害怕，慑服。③塞：阻止，禁止。④秏乱：亏损消耗，毫无秩序。⑤四时不合：指春夏秋冬四季反常造成灾害。调：协调，调节。⑥岁谷不孰：年景不好，五谷不熟。孰，通“熟”。适：适合，调济。⑦托：依靠、寄托。⑧利上奉：以皇上的俸禄为利。即享

受皇上的俸禄。⑨妨：妨碍。处：位置、地位。⑩窃位：窃居官位。⑪进：到朝廷，进用做官。⑫礼：礼遇，受到尊敬。⑬独：难道。鸱：鹞鹰。枭：一种凶猛的鸟，常在夜间飞出。古人认为鸱、枭都是不祥之鸟。此处用于比喻恶人和不贤之人。凤皇：即“凤凰”。古人称为百鸟之王，吉祥之鸟。此处用于比喻贤能之人。⑭兰芷芎䓖：泛指香草。兰，兰草。芷，白芷。芎䓖：多年生草本植物，全草有香气，根茎可入药。又叫“川芎”。古人用香草比喻君子、贤人。⑮蒿萧：指蒿类植物。此处比喻小人、才劣者。⑯退：不得进用，辞去官职。不显众：不显于众。

【原文】

“述而不作[①]，君子义[②]也。今夫卜者，必法[③]天地，象[④]四时，顺于仁义，分策定卦[⑤]，旋式正棋[⑥]，然后言天地之利害，事之成败。昔先王之定国家，必先龟策日月[⑦]，而后乃敢代[⑧]；正时日[⑨]，乃后入家[⑩]；产子必先占吉凶，后乃有之。自伏羲作八卦，周文王演三百八十四爻[⑪]而天下治。越王句践放[⑫]文王八卦以破敌国，霸天下。由是言之，卜筮有何负哉[⑬]！

【注释】

①述而不作：语出《论语·述而》。述，陈述（旧的）。作，创作（新的）。②义：合宜的道德、行为或道理。③法：效法。④象：象征。《周易》用卦爻等符号象征自然变化和人事休咎。⑤分：辨别。策：占卜用的蓍草。定：确定、判定。

卦：占卜用的符号。基本的有“八卦”，即乾、坤、震、巽、坎、离、艮、兑。每卦代表同一属性的若干事物。八卦相互排列组合为六十四卦。我国古代思想家有以八卦和六十四卦说明万物的矛盾对立和转化，包含一定的辩证法因素。唯心主义者和方士则用八卦来宣扬天命论和迷信。⑥旋式：旋转栻盘。式，通“栻”。栻盘，占卜用具。正棋：占卜作卦。棋，指筮策之状。⑦龟策日月：用龟策占卜日月。龟，占卜用的龟甲。策，占卜用的蓍草。⑧乃：才。代：代天治民。⑨正时日：选准时日（吉日）。⑩入家：进入国都。家，奴隶社会诸侯统治的地方叫国，大夫统治的地方叫家。⑪演：推演。爻（yáo）：组成八卦的长短横道（符号）。八卦相互排列组合为六十四卦，每卦六爻，六十四卦共三百八十四爻，每爻有爻题和爻辞。⑫放：通“仿”，依照，效仿。⑬有何负哉：有什么可忧虑的呢？负，忧虑。

【原文】

“且夫[①]卜筮者，埽除设坐[②]，正其冠带，然后乃言事，此有礼也。言而鬼神或以飨[③]，忠臣以事其上[④]，孝子以养其亲[⑤]，慈父以畜[⑥]其子，此有德者也。而以义置[⑦]数十百钱，病者或以愈[⑧]，且[⑨]死或以生，患[⑩]或以免，事或以成，嫁子娶妇或以养生[⑪]：此之为德，岂直[⑫]数十百钱哉！此夫老子所谓‘上德不德，是以有德[⑬]’。今夫卜筮者利大而谢少[⑭]，老子之云岂异于是乎[⑮]？

【注释】

①且夫：况且，再说。②埽：通“扫”。坐：座位。③或：也许、或许。以：因而。飨：通“享”，此处指享用祭品。④事：侍奉，为……服务。上：指国君。⑤养：供养。亲：父母双亲。⑥畜：抚养，抚育。⑦置：搁，安放。此处意为花费。⑧愈：病好了。⑨且：将要，接近。⑩患：忧患、灾祸。⑪子：儿子或女儿。此处指女儿。养生：生养。⑫直：通“值”。⑬上德不德，是以有德：语出《老子》第三十八章。其意是，具有大德者并不以有德自居，所以他才有德。⑭利大而谢少：对人好处多而受人之谢少。⑮老子之云岂异于是乎：老子所说的难道同卜筮者的所作所为有什么不同吗？其意说二者没什么不同。

【原文】

“庄子曰[①]：‘君子内无饥寒之患，外无劫夺之忧，居上而敬[②]，居下不为害[③]，君子之道也。’今夫卜筮者之为业也，积之无委聚[④]，藏之不用府库[⑤]，徙之不用辎车[⑥]，负装之不重，止而用之无尽索[⑦]之时。持不尽索之物，游于无穷之世，虽庄氏之行未能增于是[⑧]也，子何故而云不可卜哉？天不足[⑨]西北，星辰西北移；地不足东南，以海为池；日中必移[⑩]，月满必亏[⑪]；先王之道，乍存乍亡[⑫]。公责[⑬]卜者言必信，不亦惑乎！

【注释】

①以下所引庄子语今本《庄子》无。②居：处。敬：严

肃，慎重。③害：祸害，忌妒。④委聚：堆积，聚集成堆。⑤藏：储藏。府库：指收藏财物的地方。⑥辎车：一种有帷盖的车子。⑦止：停留，居住。尽索：全部取出。⑧增于是：增益于此。即比这还好。⑨足：补足。此句和以下三句语出《淮南子·天文训》。⑩日中必移：太阳到了中午必定向西移动。⑪月满必亏：月亮到了满圆后必定出现亏缺。⑫乍存乍亡：忽存忽亡。乍，忽然。⑬责：要求。

【原文】

"公见夫谈士辩人①乎？虑事定计②，必是人③也，然不能以一言说人主意④，故言必称先王，语必道上古；虑事定计，饰⑤先王之成功，语其败害⑥，以恐喜人主之志⑦，以求其欲⑧。多言夸严⑨，莫大于此矣。然欲强国成功，尽忠于上，非此不立。今夫卜者，导惑⑩教愚也。夫愚惑之人，岂能以一言而知之⑪哉！言不厌多⑫。

【注释】

①谈士辩人：指能言善辩之人。②虑事：谋事，思考问题。定计：决定计策。③是人：此人，这种人。④说人主意：使人主喜欢。说，通"悦"。⑤饰：粉饰、夸饰。⑥败害：失利祸害。⑦恐喜人主之志：使君主的心意有所惧，有所喜。⑧欲：欲望，愿望。⑨夸严：指夸大严厉之词。⑩导惑：即解惑，解除人们的疑问。⑪知之：使他聪明。知，通"智"。⑫言不厌多：说话不厌其多。

【原文】

“故骐骥不能与罢驴为驷[①]，而凤皇不与燕雀为群，而贤者亦不与不肖者[②]同列。故君子处卑隐以辟[③]众，自匿以辟伦[④]，微见德顺[⑤]以除群害，以明天性，助上养下，多其功利，不求尊誉。公之等喁喁[⑥]者也，何知长者[⑦]之道乎！”

【注释】

①罢：通“疲”，疲乏。驷：同驾一辆车的四匹马。②不肖者：不贤者，品行不端的人。③卑隐：地位低下，隐居不出。辟：通“避”，躲避。④伦：人伦。⑤微见：暗中察明。德顺：道德顺应。⑥喁喁：形容低声说话。⑦长者：年高有德的人。

【原文】

宋忠、贾谊忽而自失[①]，芒乎无色[②]，怅然噤口[③]不能言。于是摄衣[④]而起，再拜而辞。行洋洋[⑤]也，出门仅能自上车，伏轼[⑥]低头，卒[⑦]不能出气。

【注释】

①忽：恍惚。自失：若有所失。②芒乎：即茫然。无色：指面无人色。③怅然：失意、不痛快的样子。噤口：闭口。④摄衣：整理衣服。⑤行：走路。洋洋：无家可归的样子。⑥伏：趴。轼：古时车厢前用作扶手的横木。⑦卒：始终。

【原文】

居三日，宋忠见贾谊于殿门外，乃相引屏语[①]相谓自叹曰："道高益安，势高益危。居赫赫之势[2]，失身且[3]有日矣。夫卜而有不审[4]，不见夺糈[5]；为人主计[6]而不审，身无所处。此相去[7]远矣，犹天冠地屦也。此老子之所谓'无名者万物之始[8]'也。天地旷旷[9]，物之熙熙[10]，或安或危，莫知居之[11]。我与若，何足预彼[12]哉！彼久而愈安，虽曾氏之义未有以异[13]也。"

【注释】

①相引：相互招引。屏语：避开别人谈话。屏，退避。②赫赫之势：显赫的地位。赫赫，声势盛大的样子。③失身：丧身。且：将。④不审：不周详。审，周密。⑤不见夺糈：不会被夺去糈米。见，相当于"被"。糈，粮食。⑥计：出谋划策。⑦相去：相距。⑧无名者万物之始：语出《老子》第一章。意为"无"是产生天地万物的根源。老子所讲的"无"，实际就是他所说的"道"。⑨旷旷：空阔无边。⑩熙熙：和乐的样子。⑪莫知居之：不知所居。意为不知身居何处为好。⑫何足：哪里值得。预：参与。彼：他们。⑬曾氏：即庄氏。据《集解》徐广曰："曾，一作'庄'。"以异：与此不同。

【原文】

久之[1]，宋忠使匈奴，不至[2]而还，抵罪[3]。而贾谊为梁怀王傅[4]，王堕马薨，谊不食，毒恨[5]而死。此务华绝根[6]者也。

【注释】

①久之：过了很长时间。②不至：没有到达（目的地）。

③抵罪：抵偿罪名。抵，抵偿；当。④梁怀王：即汉文帝之子刘揖。傅：太傅。掌辅导帝王。⑤毒恨：痛恨。此处是指痛恨自己。⑥务华：追求华贵。绝根：断绝性命。根，根本，指性命。

【原文】

太史公曰：古者卜人所以不载[①]者，多不见于篇[②]。及至司马季主，余志而著[③]之。

【注释】

①不载：不记载。②篇：文献、文章。③余：我。志：记述。著：写作。

【原文】

褚先生曰：臣为郎时，游观长安中，见卜筮之贤大夫，观其起居行步，坐起自动[①]，誓正[②]其衣冠而当乡人也，有君子之风。见性好解妇[③]来卜，对之颜色严振[④]，未尝见齿[⑤]而笑也。从古以来，贤者避世[⑥]，有居止舞泽[⑦]者，有居民间闭口不言，有隐居卜筮间以全身[⑧]者。夫司马季主者，楚贤大夫，游学长安，通《易经》[⑨]，术[⑩]黄帝、老子，博闻远见。观其对二大夫贵人之谈言，称引古明王圣人道，固非浅闻小数[⑪]之能。及卜筮立名声千里者，各往往[⑫]而在。传[⑬]曰："富为上，贵次之；既贵各各学一伎[⑭]能立其身。"黄直，大夫也；陈君夫，妇人也；以相马立名天下。齐张仲、曲成侯以善击刺学用剑，立名天下。留长孺以相彘[⑮]立名。荥阳褚氏以相牛立名。

能以伎能立名者甚多，皆有高世绝人[16]之风，何可胜言。故曰："非其地，树[17]之不生；非其意，教不之成。"夫家之教子孙，当视其所以好[18]，好含苟生活之道[19]，因而成之。故曰："制宅命子[20]，足以观士[21]；子有处所[22]，可谓贤人。"

【注释】

①自动：自主行动。意为自然得体。②誓：谨慎。正：端正、整理。③性好解妇：指性情喜爱解疑的妇人。即乐于卜筮的妇人。④严振：严肃。⑤见齿：露出牙齿。见，通"现"。⑥避世：脱离现实生活。意为避开官场。⑦舞泽：荒芜的洼地。舞，据《考证》，"舞"读为"蕪（芜）"。芜，荒芜。⑧全身：保全性命。⑨《易经》：即《周易》。儒家经典著作。⑩术：据《史记会注考证》，"术，读为述"。陈述。⑪固：原本。小数：小术。数，技艺，方术。⑫往往：常常，到处。⑬传：文字记载。此指古代的有关典籍。⑭伎：通"技"，技艺、技能。⑮彘：猪。⑯绝人：超出常人。⑰树：种植。⑱好：喜爱、爱好。⑲好含苟生活之道：爱好如果包容生活之道。含，包容，包含。苟，如果，假如。⑳制宅命子：建造住宅，为子取名。命，取名。㉑足以观士：足以看出士大夫的志趣所在。㉒处所：安身之处。意为职业。

【原文】

臣为郎时，与太卜待诏为郎者同署[1]，言曰："孝武帝时，聚会占家[2]问之，某日可取[3]妇乎？五行家[4]曰可，堪舆家[5]曰不可，建除家[6]曰不吉，丛辰家[7]曰大凶，历家[8]曰小凶，天人家[9]曰小吉，太一家[10]曰大吉。辩讼[11]不决，以状闻[12]。制[13]曰：'避诸死忌，以五行为主[14]。'”人取于五行者也[15]。

【注释】

①署：衙门。官吏办公的地方。②占家：会占卜的专家。③取：通“娶”。④五行家：用五行相生相克的道理来推算人的命运，以此迷信活动为业的人。五行，指金、木、水、火、土五种物质。⑤堪舆家：以审察住宅基地或坟地的形势，即相宅、相墓为业的人，即今所谓“风水先生”。⑥建除家：术数家之一种，古代占卜迷信派别之一。它以建除十二辰定日之吉凶。建，北斗的斗柄所指曰“建”。建除，以十二地支定方位岁月，以占吉凶。十二方位之首二字为“建、除”，故名。⑦丛辰家：以分辨十二辰（子丑寅卯辰巳午未申酉戌亥）所随属为善神或恶煞为业的人。⑧历家：研究历术、历法，推算日月星辰运行及季节时令的方法的专门家。⑨天人家：研究天和人、天道和人道或自然和人世关系的专门家。《荀子·天论》：“明于天人之分，则可谓至人矣。”⑩太一家：道家别名。太一，中国哲学术语。“太”是至高至极，“一”是绝对唯一的意思。《庄子·天下》称老子之学“主之以太一”。“太一”是老子之“道”的别名。《吕氏春秋·仲夏纪·大乐》更指出：“道也者至精也，不可为形，不可为名，强为之名，谓之太一。”并有：“太一出两仪，两仪出阴阳”的说法。“太一”又和“太极”意义相近。⑪辩讼：辩论争议。⑫以状闻：将有关情形奏明皇帝。状，情形。⑬制：帝王的命令。⑭以五

行为主：以五行家的意见为依据。⑮人取于五行者也：这就是人们采用五行家的意见的原因。取，采取，选取。

【译文】

自古以来承受天命的人方能成为国君，而君王的兴起又何尝不是用卜筮来取决于天命呢！这种情形在周朝尤为盛行，到了秦代还可以看到。代王入朝继承王位，也是听任于占卜者。至于卜官的出现，早在汉兴以来就已经有了。

司马季主是楚国人。他在长安东市卜卦。

宋忠此时任中大夫，贾谊任博士。一天，二人一同外出洗沐，边走边谈，讨论讲习先王圣人的治道方法，广泛地探究世道人情，相视慨叹。贾谊说："我听说古代的圣人，如不在朝做官，就必在卜者、医师行列之中。现在，我已见识过三公九卿及朝中士大夫，他们的才学人品都可说了解了。我们试着去看看卜者的风采吧。"二人即同车到市区去，在卜筮的馆子里游览。天刚下过雨，路上行人很少，司马季主正闲坐馆中，三四个弟子陪侍着他，正在讲解天地间的道理，日月运转的情形，阴阳吉凶的本源。两位大夫向司马季主拜了两拜。司马季主打量他们的状貌，好像是有知识的人，就还礼作答，叫弟子引他们就座。坐定之后，司马季主重新疏解前面讲的内容，分析天地的起源与终止，日月星辰的运行法则，区分仁义的差别关系，列举吉凶祸福的征兆，讲了数千言，无不顺理成章。

宋忠、贾谊十分惊异而有所领悟，整理冠带，端正衣襟，恭敬地坐着，说："我看先生的容貌，听先生的谈吐，晚辈私下观看当今之世，还未曾见到过。现在，您为什么地位如此低微，为什么职业如此污浊？”

司马季主捧腹大笑说：“看两位大夫好像是有道术的人，现在怎么会说出这种浅薄的话，措辞这样粗野呢？你们所认为的贤者是什么样的人呢？所认为高尚的人是谁呢？凭什么将长者视为卑下污浊呢？”

两位大夫说：“高官厚禄是世人所认为高尚的，贤能的人占据那种地位。如今先生所处的不是那种地位，所以说是低微的。所言不真实，所行不灵验，所取不恰当，所以说是污浊的。卜筮者是世俗所鄙视的。世人都说：‘卜者多用夸大怪诞之词，来迎合人们的心意；虚假抬高人们的禄命，来取悦人心；编造灾祸，以使人悲伤；假借鬼神，以骗尽钱财；贪求酬谢，以利于自身。’这都是我们认为可耻的行径，所以说是低微污浊的。”

司马季主说：“二位暂且安坐。你们见过那披发童子吧？日月照着，他们就走路；不照，他们就不走。问他们日月之食和人事吉凶，就不能解释说明。由此看来，能识别贤与不肖的人太少了。

“大凡贤者居官做事，都遵循正直之道以正言规劝君王，多次劝谏不被采纳就引退；他们称誉别人并不图其回报，憎恶别人也不顾其怨恨，只以对国家和百姓有利为己任。所以，官职不是自己所能胜任的就不担任，俸禄不是自己功劳所应得到的就不接受；看到心术不正的人，虽位居显位也不恭敬他；看到染有污点的人，虽高居尊位也不屈就他；得到荣华富贵也不以为喜，失去富贵荣华也不以为恨；如果不是他的过错，虽牵累受辱也不感到羞愧。

“现在你们所说的贤者，都是些足以为他们感到羞愧的人。他们低声下气地趋奉，过分谦恭地讲话；凭权势相勾引，以利益相诱导；植党营私，排斥正人君子，以骗取尊宠美誉，以享受公家俸禄；谋求个人的利益，歪曲君主的法令，掠夺农民的财产；依仗官位逞威风，利用法律做工具，追逐私利，逆行横暴：好像与手持利刃威胁别人没有什么不同。刚做官时，竭力耍弄巧诈伎俩，粉饰虚假的功劳，拿着华而不实的文书去欺骗君王，以便爬上高位；被委任官职后，不肯让贤者陈述功劳，却自夸其功，把假的说成实的，把没有的变成有的，把少的改为多的，以求得权势尊位；大吃大喝，到处游乐，犬马声色，无所不有，不顾父母亲人死活，专做犯法害民勾当，肆意挥霍，虚耗公家：这其实是做强盗而不拿弓矛，攻击他人而不用刀箭，虐待父母而未曾定罪，杀害国君而未被讨伐的一伙人。凭什么认为他们是高明贤能者呢？

“盗贼发生而不能禁止，蛮夷不从而不能慑服，奸邪兴起而不能遏止，公家损耗而不能整治，四时不和而不能调节，年景不好而不能调剂。有才学而不去做，这是不忠；没有才学而寄居官位，享受皇上的俸禄，妨碍贤能者的地位，这是窃居官位。有关系的就进用做官，有钱财的就礼遇尊敬，这叫作虚伪。你们难道没有见过鸱枭也同凤凰一起飞翔吗？兰芷芎䓖被遗弃旷野，而蒿萧却长得茂密成林，使正人君子隐退而不能扬名显众，即是在位诸公所致。

“述而不作，是君子的本意。如今卜者占卜，一定效法天地，取象四时的变化，顺应仁义的原则，分辨筮策，判定卦象，旋转栻盘，占卜作卦，然后解说天地间的利害，人事的吉凶成败。以前先王安定国家，必先用龟策占卜日月，然后才敢代天治理百姓；选准吉日，随后才能进入国都；家中生子必先占卜吉凶，然后才敢养育。从伏羲氏创制八卦，周文王演化成三百八十四爻而后天下得以大治。越王句践仿照文王八卦行事而大破敌国，称霸天下。由此说来，卜筮有什么值得忧虑的呢？

“再说卜筮者，扫除洁净然后设座，端正冠带然后谈论吉凶之事，这是合礼仪的表现。他们的言论，使鬼神或许因而享用祭品，忠臣因而侍奉他的国君，孝子因而供养他的双亲，慈父因而抚育他的孩子，这是有道德的表现。而问卜者出于道义花费几十、上百个钱，生病的人或许因而痊愈，将死的人或许因而得生，祸患或许因而免除，事情或许因而成功，嫁女娶妇或许因而得以生养：这种功德，难道只值几十、上百个钱吗！这就是老子所说的‘具有大德者并不以有德自居，所以他才有德’。今天的卜筮者待人好处多而受人之谢少，老子所说的难道同卜筮者的所作所为有什么不同吗？

“庄子说：‘君子内无饥寒的忧患，外无被劫夺的顾虑，居上位慎重严谨，处下位不妒忌他人，这就是君子之道。’如今，卜筮者所从事的职业，积蓄无须成堆，储藏不用府库，迁徙不用辎车，装备简单轻便，停留下来就能使用，并且没有用完之时。拿着使用不尽的东西，游于没有尽头的世上，即使庄子的行为也不能比这更好。你们为什么却说不可以卜筮呢？天不足西北，星辰移向西北；地不足东南，就用海为池；太阳到了中午必定向西移动，月亮到了满圆后必定出现亏缺；先王的圣道，忽存忽亡。而二位大夫要求卜筮者说话必定信实，不也足令人疑惑不解吗？

“你们见过说客辩士吧？思考问题，决策谋划，必须靠这种人。然而，他们不能用只言片语使人主喜悦，所以讲话必托称先王，论说必引述上古；考虑问题，决策谋划，或夸饰先王事业的成功，或述说其失利败坏的情形，使人主的心意或有所喜，或有所惧，以实现他们的欲望。多讲虚夸之词，没有比这更厉害的了。可是，要想使国家富强，事业成功，能够效忠君王，不这样做又不行。现在的卜筮者，是解答人们的疑问，教化百姓的愚昧。那些愚昧迷惑的人，怎么能用一句话就使他们聪明起来！因此，说话不厌其多。

“所以，骐骥不能和疲驴同驾一车，凤凰不同燕子麻雀为群，而贤者也不跟不肖者为伍。所以，君子常处于卑下不显眼的地位，以避开大众，自己隐匿起来以避开人伦的束缚，暗中察明世间道德顺应之情状，以消除种种祸害，以表明上天的本性，帮助上天养育生灵，希求更多的功利，而不求什么尊位与荣誉。你们二位不过是些随便发发议论的人，怎么会知道长者的道理呢！”

宋忠和贾谊听得精神恍惚而若有所失，茫然失色，神情惆怅，闭口不能说话。于是，整衣起身，拜了又拜，辞别司马季主。二人走起路来，不辨东西南北，出门只能自己上车，趴在车栏上，不敢抬头，始终像是透不过气来。

过了三天，宋忠在殿门外见到贾谊，便凑到一起避开旁人谈论此事，慨叹地说：“道德越高越安稳，权势越高越危险。处在显赫的地位，丧身将指日可待。卜筮即使不周密，也不会被夺去应得的精米；替君王出谋划策如果不周密，就没有立身之地。这二者相差太远了，就像天冠地屦不可同日而语一样。这正如老子所说的‘无名是产生天地万物的本源’啊！天地空阔无边，万物兴盛和乐，有的安稳，有的危险，不知所处。我和你，哪里值得干预他们卜者之事呢！他们日子愈久就越安稳，即使庄子的主张也没有什么与此不同之处。”

过了很久，宋忠出使匈奴，没有到达那里就返回来了，因而被判了罪。贾谊做梁怀王的太傅，梁怀王不慎坠马而死，贾谊引咎绝食，痛恨而死。这都是追求华贵而断绝性命的事例啊。

太史公说：“古时候的卜者，之所以不被记载的，是他们的事迹多不见于文献。待到司马季主，我便将其言行记述成篇。”

褚先生说：“我做郎官时，曾在长安城中游览，见过从事卜筮职业的贤士大夫，观察他们的起居行走、行动都由自己，常常谨慎地整理好衣服帽子来接待乡野之民，有君子的风范。遇到性情喜爱解疑、乐于卜筮的妇人来问卜，对待她们态度严肃，不曾露齿而笑。自古以来，贤者逃避世俗社会，有的栖息于荒芜的洼地，有的生活在民间而闭口不言，有的隐居在卜筮者中间以保全自己。司马季主是楚国的贤大夫，在长安游学，通晓《易经》，能够陈述黄帝、老子之道，知识广博，远见卓识。看他对答二位大夫贵人的话语，引述古代明王圣人的道理，原本不是见识浅薄能力低下之辈。至于以卜筮为业名扬千里之外的，往往到处都有。传记上说：'富为上，贵次之；已经显贵了，各自还须学会一技之长以立身于社会。'黄直是位大夫，陈君夫是个妇女，以擅长相马而立名天下。齐国张仲和曲成侯以擅长用剑击刺而扬名天下。留长孺因善于相猪而出名。荥阳褚氏因善于相牛而成名。能够因技能立名的人很多，都有高于世俗和超过常人的风范，怎么能说得尽呢？所以说：'不是适当之地，种什么也不生长；不合他的意向，教什么也难以成就。'大凡家庭教育子女，应当看看他们喜好什么，爱好如果包容生活之道，就顺其爱好因势利导而造就他。所以说：'建造什么住宅，为子取用何名，足以看出士大夫的志趣所在；儿子有了安身之处，可以称得上贤人了。'

"我做郎官的时候，与太卜待诏为郎官的同事在同一衙门办公，他们说：'孝武帝时，曾召集从事占卜的各类专家来询问，某日可以娶儿媳吗？五行家说可以，堪舆家说不可以，建除家说不吉利，丛辰家说是大凶，历家说是小凶，天人家说是小吉，太一家说是大吉。各家争议辩论，不能做出决定，只能将有关情况奏明皇上。皇上下令说：“避开死凶忌讳，应以五行家的意见为依据。”’这就是人们采用五行家的意见的原因。”

全新足本·精注全译

拾壹

史记

【西汉】司马迁◎著

石磊◎主编

中国文史出版社

目录

第一百一十卷　龟策列传第六十八①

这是专记卜筮活动的类传。“龟策”是指龟甲和蓍草，古人用它来占卜吉凶。《礼记·曲礼上》曰：“龟为卜，策为筮。”这说明，古时卜用龟甲，筮用蓍草。《太史公自序》曰：“三王不同龟，四夷各异卜，然各以决吉凶。略窥其要，作《龟策列传》。”它指明了写作此篇的动机与缘由。

司马贞《史记索隐》认为：“龟策传有录无书，褚先生所补。其叙事烦芜陋略，无可取。”张守节《史记正义》亦曰：“《龟策》言辞最鄙陋，非太史公之本意也。”刘知几在《史通》中具体指出：“寻子长之列传也，其所编者唯人而已矣。至于龟策异物，不类肖形，而辄与黔首同科，俱谓之传，不其怪乎？且龟策所记，全为志体，向若与八书齐列，而定以书名，庶几物得其朋，同声相应者矣。”这些评说集中代表了对《龟策》所持的否定意见。

然而，以历史的观点，平心静气，研读此篇，观其寄意，全文并非毫无可取之处，全篇也难断皆为褚先生所补。正如李桢所言：“观其寄意微妙，夫岂少孙所能？……篇中具列三代祯祥，后又杂引周公讨纣，晋文、晋献、楚灵之卜，以见卜筮分异吉凶，其兆应初无不信诚，而必要诸时人之明察，隐以见汉事之不必然也。末援据书之稽疑，以明古有而不专之道，所以通帝之蔽，莫切于此。”（《畹兰斋文集》卷一）文中强调指出，龟兆能预示内在的趋势，而人能看到外部的表现；君子认为那些轻视卜筮不信神明的人是糊涂，背弃人谋而只信从吉祥之兆，鬼神也得不到应有的对待；《尚书》记载了解决疑难的正确方法，要参考五种见解，卜和筮为其中两种，“五占从其多，明有而不专之道也”。它集中反映了史公以圣人重事，必择贤用占的正确主张，其意可谓深邃透辟。

至于褚先生所补内容，其一写太卜所得古代占龟之说，叙事尚简。其二写宋元王梦见神龟，“江使触网，见留宋国。神能托梦，不卫其足”。可谓叙述生动，引人入胜，善于剪裁，详略得当。尤以元王与卫平的对话描写十分突出，一问一答，颇具情理，措辞平易，说服力强，真实地揭示人物的个性特征。其三写西汉时期卜筮的各种卦体及命兆之辞，多达六十七条，具体而详尽，为今人提供了有关的历史资料，其存录之功，不可没。但这方面的内容十分繁杂，而行文又多重沓，言其烦芜鄙陋亦不为过。

【原文】

太史公曰：自古圣王将建国受命[2]，兴动[3]事业，何尝不宝卜筮[4]以助善！唐虞以上[5]，不可记已[6]。自三代[7]之兴，各据祯祥[8]：涂山之兆从而夏启世[9]，飞燕之卜顺故殷兴[10]，百谷之筮吉故周王[11]。王者决定诸疑[12]，参[13]以卜筮，断以蓍龟[14]，不易之道⑮也。

【注释】

①《索隐》云："《龟策传》有录无书，褚先生所补。"②受命：承受上天之命。③兴动：兴举。兴，建立，起来做。动，行动，举办。④宝：珍爱；以……为宝。卜筮（shì）：占卜。卜，指用龟甲占卜，即根据龟甲被烧灼后的裂纹来预测吉凶。筮。指用蓍（shì）草占卜，即根据蓍草的排列情况来预测吉凶。⑤唐：即陶唐氏。传说中远古部落名。居于平阳（今山西临汾市西南），尧为其领袖。虞：即有虞氏。传说中远古部落名。居于蒲坂（今山西永济西蒲州镇），舜为其领袖。以上：犹以前。⑥已：语气词，意同"矣"。⑦三代：指夏、商、周三个朝代。⑧据：依靠，凭借。祯祥：吉祥；吉兆。⑨这句是说相传禹娶涂山氏之女为妻，生子启，禹外出治水，不顾家室，终成水土之功。涂山，一般认为是禹娶涂山氏及会诸侯处，有在今安徽省蚌埠市西淮河南岸、今浙江省绍兴市西北、今重庆市东诸说。孔安国说涂山是国名（亦即古部落名）。兆，占卜时占卜者观看龟甲烧灼形成的裂纹以判断凶吉，这种裂纹就叫作兆。引申为预兆、征兆。从，顺从，顺，顺利，吉利。夏，即夏后氏。中国历史上第一个王朝。⑩相传帝喾次妃有娀氏之女简狄吞玄鸟（燕子）卵而生契（xiè），契长大后佐禹治水有功，被舜任为司徒，掌管教化，居于商，成为商的始祖。卜，此处泛指预兆、预示。顺，亦吉利、顺利之意。殷，朝代名，即商代。商部落始祖名契，子姓，居商

（今河南省商丘市南），十四传至汤，灭夏桀，建立商朝，为中国历史上强大的奴隶制国家。都亳（今河南省商丘市南），多次迁徙，至盘庚时迁都殷（今河南省安阳市小屯村），因而商也被称为殷。传至纣，为周武王所灭。共传十七代，三十一王。约当公元前16世纪至前11世纪。⑪相传帝喾元妃有邰氏之女姜原（一作嫄）在荒野踏到巨人脚迹，怀孕生弃。弃年幼即好种麻菽，成年后善种农作物，被尧任为农官，教民耕种。又被舜封于邰（今陕西省咸阳市武功县西），号后稷，为周人始祖。周文王时迁都于丰（今陕西省西安市长安区沣河西），势力日盛。公元前11世纪武王灭商，建立周朝，都镐（hào，今长安区沣河以东）。周公东征后，确立各种制度，不断分封诸侯。公元前771年，申侯联合犬戎攻杀幽王。次年，平王东迁洛邑（今河南省洛阳市）。⑫决定诸疑：判断各种疑问加以决定。⑬参：参考，检验。⑭断：判断，断定，决断。蓍：蓍草。又指蓍草茎，古代常用以占卜。龟：龟甲，古代常用以占卜。⑮不易：不变，不可改变。道：路。引申为途径、方法、原则、道理、法则、规律。

【原文】

蛮、夷、氐、羌虽无君臣之序[①]，亦有决疑之卜。或以金[②]石，或以草[③]木，国不同俗。然皆可以战伐攻击，推兵求胜[④]，各信其神，以知来事[⑤]。

【注释】

①蛮：古代对南部民族的称呼；泛指少数民族。夷：古代

对东部各民族的统称；有时也指南、西南部的一些少数民族，如“南夷”“西南夷”；泛指少数民族，如“四夷”。氐：我国古代西部的一个民族，晋时曾建立前秦、后凉、成汉等国。羌：我国古代西部的一个民族。东晋时曾建立后秦。无君臣之序：没有君臣上下的区别。序，秩序，次序。②以：用。金：泛指各种金属。③草：《集解》引徐广曰：“一作‘革’。”④这两句的意思是：然而都能够根据占卜的结果决定战争攻取，进军求胜。⑤来事：未来之事。

【原文】

略闻夏殷欲卜者[①]，乃取[②]蓍龟，已[③]则弃去之，以为龟藏则不灵，蓍久则不神[④]。至周室[⑤]之卜官，常宝藏[⑥]蓍龟。又其大小先后，各有所尚，要其归等耳[⑦]。或以为圣王遭事[⑧]无不定，决疑无不见[⑨]，其设稽神求问之道者[⑩]，以为后世衰微[⑪]，愚不师智[⑫]，人各自安，化分为百室[⑬]，道散而无垠[⑭]，故推归之至微[⑮]，要絜于精神也[⑯]。或以为昆虫之所长[⑰]，圣人不能与争[⑱]。其处[⑲]吉凶、别然否[⑳]，多中[㉑]于人。

【注释】

①《史记会注考证》引何焯曰：“卜下有‘筮’字。”②乃：就，便，于是。取：取用。③已：完毕，结束，停止。④不神：不灵。⑤周室：周朝王室；周朝。⑥宝藏：珍藏。⑦这几句的意思是：另外，对龟蓍谁大谁小和卜筮孰先孰后，历朝各有不同崇尚，而概括起来说其目的却是相同的。尚，崇尚，尊重。要，大要；概括，总结。归，归结，归宿，引申为

目的，宗旨。等，相同，一样。耳，句末语气词，表示肯定。⑧或：有人，有的人。以为：认为。遭事：遇事；遭逢诸事。⑨见（xiàn）：出现；显露。⑩设：设置。稽（qǐ）：稽首，古时一种礼节，跪下，拱手至地，头也至地。此处可解为礼拜。者：代词，放在主语后面，引出原因。⑪衰微：衰败，衰弱。⑫愚不师智：愚蠢的人不效法聪明的人。师，效法，学习。⑬这两句意为人们各适其性、各就所习而为之，愈益分化相异，遂有许多门户之别。⑭道：指圣王之道（治理天下的方法）。垠（yín）：边际，尽头。⑮推归之至微：推演归纳到最精微的程度。推，推求，探究。归，归纳，归于。⑯要絜（xié）于精神也：总之是规范于精神。要，关键，要领；引申为概括。絜，量度物体周围长度；泛指衡量。精神，宗教或唯心主义者对人的意识的神化。也，句末表示判断的语助词。⑰昆虫：此处指龟。长（cháng）：长处，专长，特长。⑱与争："与之争"之省。⑲处：处理，安排；区分。⑳别：辨别，区别。然否：可否；是或非是。㉑中（zhòng）：符合，适合。引申为射中目标。

【原文】

至高祖[①]时，因秦太卜[②]官。天下始定，兵革[③]未息。及孝惠享国[④]日少，吕后[⑤]女主，孝文[⑥]、孝景因袭掌故[⑦]，未遑[⑧]讲试，虽父子畴官[⑨]，世世相传，其精微深妙，多所遗失。至今上[⑩]即位，博开[⑪]艺能之路，悉延百端之学[⑫]，通一伎之士咸得自效[⑬]，绝伦超奇者为右[⑭]，无所阿私[⑮]，数年之间，太卜大集。会上欲击匈奴[16]，西攘[17]大宛，南收百越[18]，卜筮至预见表象[19]，先图其利。及猛将推锋执节[20]，获胜于彼[21]，而蓍龟时日亦有力于此[22]。上尤加意[23]，赏赐至或数千万[24]。如丘子明之属[25]，富溢贵宠[26]，倾于朝廷[27]。至以卜筮射蛊道[28]、巫蛊时或颇中[29]。素有眦睚[30]不快，因公行诛[31]，恣意所伤[32]，以[33]破族灭门者，不可胜数[34]。百僚荡恐[35]，皆曰龟策能言。后事觉奸穷[36]，亦诛三族[37]。

【注释】

①高祖：汉高祖刘邦（前256或前247—前195）。西汉王朝的建立者，前202—前195年在位。字季，沛县（今属江苏省）人。②因：因袭，沿袭。秦：秦朝。中国历史上第一个专制主义中央集权的封建王朝。前221年秦王嬴政灭尽六国，统一天下，建都咸阳，称始皇帝。太卜：官名。掌为帝王占卜。商代已有卜官。《周礼》记有“太卜”官名。《汉书·百官公卿表》载秦代奉常掌宗庙礼仪，汉景帝改名太常，太卜是其属官之一。③兵革：兵指兵器，革指革甲，引申指军队；战争。④及：及至，到，待到。孝惠：汉惠帝刘盈（前210—前188）。刘邦嫡长子，继邦为皇帝，前195—前188年在位。享国：犹在位。⑤吕后（前241年—前180年）：汉高祖皇后，名雉，字娥姁。曾助刘邦杀韩信、彭越等异姓诸侯王。惠帝时，她掌握实权。惠帝死后，她临朝称制，封诸吕为王侯。她死后，诸吕欲为乱，被粉碎。先后掌政凡十六年。详见《吕太后本纪》。⑥孝文：汉文帝刘恒（前203—前157）。前180—前

157年在位。执行与民休息政策，轻徭薄赋，发展生产。旧史家把他与景帝统治时期并举，称为“文景之治”。详见《孝文本纪》。⑦孝景：汉景帝刘启（前188—前141）。前157—前141年在位。继续实行与民休息政策，削弱诸侯王势力，巩固中央集权。掌故：历史上的人物、制度沿革等。此处指旧有的制度，旧制。⑧未遑（huáng）：未来得及；没闲空。遑，闲暇。⑨畴官：又称畴人。掌天文历算及卜筮之官。畴，通“筹”。⑩今上：当今皇上。指汉武帝刘彻（前156—前87）。景帝子。前141—前87年在位。统治期间，罢黜百官，独尊儒术；打击商贾，削弱侯国，兴修水利，移民屯田；解除匈奴威胁，开辟丝绸之路，经营四面八方。⑪博开：广开。⑫悉延：全部引进。意为无不欢迎。悉，尽，全。延，引进，迎接。百端之学：各种各样的学问。武帝祖母窦太后（？—前135或前129）好黄老之术。武帝初年，各种学说均予以容纳。⑬伎：技能。又写作“技”。咸：都，全都。效：效力，效劳。⑭绝伦超奇者：技艺才能独一无二、超群出众的人。绝伦，独一无二，没有可以相比的。为右：为上；位在人上。古人崇尚右，故以右为尊。⑮阿（ē）私：偏私。偏袒自己喜欢的人或与自己有特殊关系的人。阿，偏袒；迎合。⑯会：赶上，碰上，恰逢。上：皇上，指汉武帝。匈奴：古族名，亦称胡。战国时活动于燕、赵、秦以北地区。⑰攘（rǎng）：侵夺，排斥。大宛（yuān），古西域国名。在今中亚费尔干纳盆地。王治贵山城（今中亚卡散赛）。张骞通西域后，与汉往来渐多。武帝太初三年（前102），汉击大宛，大宛降汉。其地以产汗血马（出汗似血）著名。⑱收：收取。百越：泛指越人。古族名，系古代分布长江中下游以南广大地区的民族。⑲至：极，最。此处可理解为“精确”。表象：现象，指可能发生的各种事情。⑳推锋：挥刀向前。锋，兵锋。执节：奉命征战。执，掌握，控制。节，符节。㉑获胜于彼：战胜敌人。克敌制胜。彼，指敌军。㉒蓍龟时日：占卜时日。蓍龟，用蓍草和龟甲占卜。此处用作动词，意为占卜。有力于此：在这方面（克敌制胜方面）大显神通，大有效力。㉓上：皇上，指汉武帝。尤：特别。加意：留心，留意，注意。此处指看重。㉔至：至于；竟至。或：有时；有的。数千万：数千万钱。一枚铜币（如五铢钱）叫作一钱。㉕丘子明：人名。属：类。㉖富溢贵宠：极富且贵，深受皇帝恩宠。溢，满，过度。㉗倾于朝廷：压倒朝廷公卿大臣。㉘射：猜度。蛊（gǔ）道：骗术。蛊，诱惑，欺骗。汉武帝迷信方士，经常为术士所骗。㉙巫蛊：用巫术害人。时或颇中（zhòng）：有时猜得相当准。多是由于卜筮者与诬人以巫蛊之罪者串通一气所致。㉚眦睚（zì yá）不快：微小的不高兴，小小的怨隙。㉛因公行诛：借公家名义（假借国法）来杀掉对方。因，凭借。㉜恣意所伤：随心所欲地伤害别人。㉝以：因而。㉞不可胜（shēng）数：无法计算。㉟百僚：群僚；大小官僚。荡恐：惶恐不安。荡，动摇。㊱事觉奸穷：事情发觉败露，奸谋用尽。奸，邪恶。㊲指以卜筮诬害好人者在事觉奸穷后也被诛灭三族。三族，指父族、母族和妻族。古时有灭族之酷刑，一人有罪株连父母兄弟妻子乃至更大范围的亲属亲戚。

【原文】

夫揲策定数[①]，灼龟观兆[②]，变化无穷，是以择贤而用占焉[③]，可谓圣人重事者乎[④]！周公卜三龟[⑤]，而武王有瘳[⑥]。纣[⑦]为暴虐，而元龟不占[⑧]。晋文将定襄王之位[⑨]，卜得黄帝之兆[⑩]，卒受彤弓之命[⑪]。献公[⑫]贪骊姬之色，卜而兆有口象[⑬]，其祸竟流五世[⑭]。楚灵将背周室[⑮]，卜而龟逆[⑯]，终被乾谿之败[⑰]。兆应信诚[⑱]于内，而时人明察见[⑲]之于外，可不谓两合[⑳]者哉！君子谓夫[㉑]轻卜筮、无神明者，悖[㉒]；背人道[㉓]，信祯祥者，鬼神不得其正[㉔]。故《书》建稽疑[㉕]，五谋而卜筮居其二[㉖]，五占从其多[㉗]，明有而不专之道也[㉘]。

【注释】

①夫：句首发语词，表示将发议论。策：占卜用的蓍草，又写作“筴”。数：指天命、命运、吉凶祸福等“气数”。②灼龟：用火灼烧龟甲。兆：龟甲经烧灼后形成的裂纹。引申为预兆、朕兆，即事情发生之前的迹象。③是以：因此。择贤，选择贤者（有德才者）。焉：语气词。④重事：慎重从事。乎：语气词。用在句末表示感叹，相当于现代汉语的“啊”“呀”等。⑤据《尚书·周书·金縢》载：周武王于伐纣后的第二年患病，周公筑坛，祝告其先人大王（古公亶父）、王季（季历）和文王（昌），请以己身替代武王之死。祝告毕，“乃卜三龟”，皆得吉兆。再翻阅占兆之书，“乃并是

吉”。第二天，武王病愈。周公：西周初年政治家。姓姬名旦，亦称叔旦。周武王之弟。卜三龟：用太王、季历、文王之龟占卜（据《尚书》孔颖达疏谓分别用三王不同卜法先后各卜一龟）。⑥武王：周武王。西周王朝的建立者。姓姬名发。继承其父文王遗志，联合诸族灭商，建立周王朝，都于镐（今陕西省西安市沣河以东）。有瘳（chōu）：为之病愈。有，为。瘳，病愈。⑦纣：一作受，亦称帝辛。商代亡国之君。⑧元龟：大龟。不占：意谓不出吉兆。⑨据《左传》僖公二十五、二十八年载：逃难在外的周襄王向诸侯求救。鲁僖公二十五年（周襄王十七年，前635），晋文公听纳大臣狐偃之谏，发兵救周，围温，纳襄王于王城，杀王子带，平周乱。周赐晋河内、阳樊之地，晋遂有南阳，并博得了“尊王”的美名。此后与楚争霸，取得优势，于鲁僖公二十八年（周襄王二十年，前632）大会诸侯于践土（今河南省新乡市原阳县西南），文公被襄王正式册封为侯阳（诸侯盟主，即霸主）。其年冬，晋文公再次盟会诸侯于温（今河南省温县），霸主地位愈加巩固。晋文：晋文公（前697—前628）。名重耳。前636—前628年在位。襄王：周襄王（？—前619）。姓姬名郑。前651—前619年在位。他纳狄（北方的少数民族之一）女为后，又与继母惠后有矛盾。十六年（前636），他废狄后，狄人得惠后之助攻入王城，立惠后子叔带为王，他出奔郑国，后在晋文公帮助下复位。⑩据《左传》僖公二十五年载：狐偃劝文公纳襄王，文公使人占卜，卜得吉兆——“黄帝战于阪泉之兆”。又使人用蓍草占卜，亦得吉兆。晋文公救周决心遂定。黄帝：传说中中原各族的共同祖先。姬姓，号轩辕氏、有熊氏。少典之子。相传炎帝扰乱各部族，他得到各族拥戴，与炎帝榆罔大战于阪泉（今河北省涿鹿县东南），打败炎帝。后又击败蚩尤。遂被拥戴为部落联盟领袖。传说养蚕、舟车、文字、音律、医药、算术等都创始于黄帝时期。⑪卒：终于。彤（tóng）弓之命：指周天子给予的“专征伐”的权力，亦即命其为侯伯（霸主）。彤弓，朱红色的弓。古代诸侯有大功时，天子赏赐弓矢，使其“专征伐”。彤弓即其中之一。《书·文侯之命》：“彤弓一，彤矢百。”⑫献公：晋献公（？—前651）。名诡诸，春秋时期晋国君，前676—前651年在位。⑬口象：即指齿牙为祸之象。据《国语·晋语》和《史记·晋世家》载：献公五年（前672），将伐骊戎，使人占卜，见兆端左右裂缝有似口中齿牙之状，且中有纵画，卜官史苏认为此兆是表示“齿牙为祸”，即象征谗言之为害。⑭骊姬谮杀太子申生后五年，献公死，大臣荀息遵嘱将立骊姬子奚齐为君，大臣里克杀奚齐。荀息乃立奚齐弟（骊姬妹所生子）悼子（一作卓子）为君，里克又杀悼子，荀息死难。秦穆公发兵护送公子夷吾入晋都，齐桓公亦率诸侯如晋，共立夷吾为君，是为惠公。惠公杀里克，诛申生原属之大夫，又与秦战并被俘（后放归）。惠公死，太子圉立，是为怀公，前636年，秦穆公发兵送重耳归国，并使人策动晋国权臣杀死怀公。重耳得立为君（文公），晋国内乱方息。所谓“其祸竟流五世”即指因骊姬之谗而祸及献公、奚齐、悼子、惠公、怀公五君。流，流传，传播，流毒。⑮楚灵：楚灵王（？—前529）。春秋时楚国君。芈（mǐ）姓，名围（或作回）。前540—前529年在位。他杀君而代其位，却发兵声讨齐国杀君之臣庆封，时人皆笑之。曾蹂躏陈、蔡、徐等国。后公子比等举兵反叛，攻入楚都，他自缢身死。将背周室：将要背叛周朝王室（即背叛周天子）。⑯卜而龟逆：指占卜的结果不吉利。⑰终被乾（gān）谿之败：终于遭受乾谿之败。被，蒙受，遭受。乾谿，地名。在今安徽省亳州市东南。⑱兆应：朕兆和应验。信诚：真实不欺。⑲见：发现，看出问题。⑳两合：两相吻合。㉑君子谓夫：君子认为；君子说。夫，表示将发议论。㉒悖（bèi）：谬误，荒谬；糊涂，惑乱。㉓背人道：背弃人事或为人之道。人道，泛指人事或为人之道。㉔正：不偏；适当，恰当。㉕《书》：亦称《尚书》《书经》。儒家经典之一。中国上古历史文件和部分追述古代事迹著作的汇编。《尧典》《禹贡》《洪范》等篇是后人补入的。有今、古文两种，今通行的《十三经注疏》本《尚书》即今、古文《尚书》之合编。此书保存商周特别是西周初期的重要史料颇多。建稽疑：《尚书·洪范》："七，稽疑：择建立卜筮人，乃命卜筮。"《洪范》是记述箕子回答武王问题的篇目，箕子陈述的治国理民的大法凡九条，其中第七条即"稽疑"。稽，考证；疑，疑问。合起来的意思是关于解决疑难的方法。㉖五谋而卜筮居其二：在解决疑难问题时，应该与之商量的对象有五个，而卜、筮占了其中的两个。谋，谋划，商量。《尚书·洪范》：“汝则有大疑，谋及乃心，谋及卿士，谋及庶民，谋及卜、筮。”㉗五占从其多：五人分别占卜，应当信从其中多数人的判断。㉘明有而不专之道也：这是明白虽然立有卜筮之官并使其卜筮决疑却不可专用专信的道理。此句可能是针对汉武帝专宠丘子明之属因而造成种种祸害而发的议论。

【原文】

余至江南[①]，观其行事[②]，问其长老[③]，云[④]龟千岁乃游莲叶之上，蓍百茎共一根[⑤]。又其所生[⑥]，兽无虎狼[⑦]，草无毒螫[⑧]。江傍家人常畜龟饮食之[⑨]，以为能导引致气[⑩]，有益于助衰养老[⑪]，岂不信哉[⑫]！

【注释】

①余：我。第一人称代词。江南：长江以南。②其：那里，那。代词，此处指江南地方。行事：做事，办的事。③长（zhǎng）老：年高德尊的人。④云：说，说是。⑤蓍草有的从一个根上生出一百棵茎。《集解》引徐广曰：“刘向云龟千岁而灵，蓍百年而一本生百茎。”⑥其：指千岁之龟、百茎之蓍草。所生：指它们生活、生长的地方。⑦兽无虎狼：即无虎狼一类猛兽。⑧草无毒螫（shì）：没有毒草毒虫。螫，蜇（zhē）；毒害。⑨江傍：江岸，江边。傍，旁边，侧。畜（xù）：畜养。饮食之：饮其血，食其肉。⑩导引：中国古代除病强身的养生之术和中医治病方法之一，道士则用为“修仙”之术。致气：得到元气。⑪助衰：防衰，延缓衰老；帮

助衰弱者使之强健。养老：滋养老年者使之延年益寿。⑫岂不信哉：难道不是很实在可信的事吗。

【原文】

褚先生[①]曰：臣以通经术[②]，受业博士[③]，治《春秋》[④]，以高第为郎[⑤]，幸[⑥]得宿卫，出入宫殿中十有余年[⑦]。窃好《太史公传》[⑧]。《太史公之传》曰："三王不同龟[⑨]，四夷[⑩]各异卜，然各以决吉凶，略窥其要[⑪]，故作《龟策列传》。"臣往来长安中[⑫]，求《龟策列传》不能得，故之大卜[⑬]官，问掌故文学长老习事者[⑭]，写取龟策卜事，编于下方[⑮]。

【注释】

①褚先生：即褚少孙，西汉后期史学家。颍川（今河南省禹州市）人。②臣：秦汉以前人在一般人面前表示谦卑亦可自称为臣。以：因为。经术：儒经儒术。③受业博士：受业于博士；跟随博士先生学习。博士，官名。西汉时为奉常（太常）属官，职掌博通古今以备顾问。④治：从事研究。《春秋》：儒家经典之一。⑤高第：高等，指考试成绩优秀。郎：古时皇帝侍从官的统称。西汉有议郎、中郎、侍郎、郎中等，员额不定，多至千人，均隶属郎中令（光禄勋）。掌守门户、出充车骑等事。⑥幸：幸运；侥幸。⑦十有余年：十余年。有，用在整数与零数之间，相当于"又"。⑧窃好（hào）：私下喜爱。《太史公传》：当指《太史公书》，《史记》原名。⑨三王：指夏、商、周三代开国之王禹、汤、文王与武王。不同龟：指以龟卜卦之法不同。⑩四夷：指四方各少数

民族。⑪略窥其要：观其大略，撮其要点。窥，观看，观察。要，大要，要领，关键。⑫长安中：长安城中。长安，西汉都城。⑬之：到某处去。大卜：即太卜。见前注。⑭此句意谓请教掌故于文学中年老又熟悉龟策之事的人。掌故，典故。汉代有掌故一官职，备顾问典故用。文学，官名。⑮下方：下面。

【原文】

闻古五帝[1]、三王发动[2]举事，必先决蓍龟[3]。传[4]曰；“下有伏灵[5]，上有兔丝[6]；上有擣蓍[7]，下有神龟。”[8]所谓伏灵者，在兔丝之下，状似飞鸟之形。新雨[9]已，天清静无风，以夜捎兔丝去之[10]，即以篝烛此地，烛之[11]火灭，即记其处，以新布四丈[12]环置之；明[13]即掘取之，入四尺至七尺，得矣[14]，过七尺不可得。伏灵者，千岁松根也[15]，食之不死。闻蓍生满百茎者，其下必有神龟守之，其上常有青云覆[16]之。传曰：“天下和平，王道得[17]，而蓍茎长丈，其丛生满百茎[18]。”方今世取蓍者，不能中[19]古法度，不能得满百茎长丈者，取八十茎已[20]上，蓍长八尺，即难得也。人民好用卦者，取满六十茎已上，长满六尺者，即可用矣。记[21]曰：“能得名龟者，财物归之，家必大富至千万。”一曰“北斗龟”[22]，二曰“南辰龟”，三曰“五星龟”，四曰“八风龟”，五曰“二十八宿龟”，六曰“日月龟”，七曰“九州龟”，八曰“玉龟”[23]：凡八名龟。龟图各有文[24]在腹下，文云云者[25]，此某之龟也[26]。略记其大指[27]，不写其图。取此龟不必满尺二寸[28]，民人得长七八寸，可宝矣[29]。今夫珠玉宝器，虽有所深藏，必见其光，必出其神明[30]，其此之谓乎[31]！故玉处于山而木润[32]，渊生珠而岸不枯[33]者，润泽之所加[34]也。明月之珠[35]出于江海，藏于蚌中，蚗[36]龙伏之。王者得之，长有天下，四夷宾服[37]。能得百茎蓍，并得其下龟以卜者，百言百当[38]，足以决吉凶。

【注释】

①五帝：指上古之世的五位领袖人物，大约属于原始社会后期。一般以黄帝、颛顼、帝喾、尧、舜为五帝，也有以伏羲、神农、黄帝、尧、舜为五帝，等等。②发动：兴起；开始行动。③决蓍龟：取决于蓍占龟卜。“决”后省“于”字。④传（zhuàn）：《索隐》谓“此传即太卜所得古占龟之说也”。⑤伏灵：即茯苓（líng）。寄生松树根上的一种块状菌，包含松根的叫茯神，均可入药。⑥兔丝：即菟丝子。寄生的蔓草，茎细长，常缠绕在别的植物上，子实可入药。⑦捣蓍：丛蓍。成丛的蓍草，指一根多茎的蓍草。捣，据《索隐》是古“稠”字，捣蓍即丛蓍。⑧《淮南子·说山训》说：“千年之松，下有茯苓，上有兔丝；上有丛蓍，下有伏龟。圣人从外知内，以见知隐也。”与此处说法相合。⑨新雨：指刚下过的春雨。⑩以夜：乘夜晚。捎（shāo）兔丝去之：把菟丝子割除。⑪篝（gōu）烛：篝火。古时指以竹笼罩火。篝，通“篝”，竹笼；熏笼。烛之：照它。烛，照，照着。动词。⑫四丈：西汉一尺合今八寸三分弱（27.65 厘米），四丈约合今三丈三尺二寸。⑬明：天明。⑭得矣：就得到伏灵了。⑮《史记会注考证》

引王念孙曰："伏灵，今茯苓，松脂所化，非松根也。根，当作脂。"⑯覆：此处作"笼罩"解。⑰王道：中国古代政治哲学中指君主以仁义治理天下的政策。得：获得，此处可理解为"实现"。⑱以上是"天人感应"一类说法。⑲中（zhòng）：适合，符合。⑳已：通"以"。㉑记：亦当是太卜所见古占卜之说或书传。㉒一曰"北斗龟"：第一种叫"北斗龟"。以下类推。㉓玉龟：《太平御览》《艺文类聚》作"王龟"。㉔龟图：指占卜书（"记"）里所绘八种名龟的图样。文：指说明各龟的文字，即上文所述者。㉕文云云者：文字部分所说的是。㉖此某之龟也：这是某某龟。㉗略记其大指：简略记下其大概意思。指，意思。此句及下句"不写（画）其图"是褚先生的申明。㉘尺二寸：一尺二寸。㉙可宝矣：就可以当作宝贝了。㉚出其神明：显其神灵。㉛其此之谓乎：意谓大概就是这个意思吧。㉜木：树，泛指草木。润：润泽，光润。㉝枯：干枯，干裂。㉞加：施加，施给。㉟明月之珠：像明月那样美丽的珍珠。㊱蚗：通"蛟"，无角的龙。㊲宾服：归服。㊳百言百当（dàng）：百言百中；句句应验。当，适合，得当。

【原文】

神龟出于江水中，庐江郡①常岁时生龟长尺二寸者二十枚输太卜官，太卜官因以吉日剔取其腹下甲。龟千岁乃满尺二寸。王者发军行将②，必钻龟庙堂③之上，以决吉凶。今高庙④中有龟室，藏内⑤以为神宝。

【注释】

①庐江郡：楚汉之际分秦九江郡置。治所在舒（今安徽庐江县西南）。汉辖境相当今安徽省巢湖市、舒城县、霍山县以南，长江以北，湖北省英山县、武穴市、黄梅县和河南省商城县等地。②发军行将：调兵遣将；发兵用将。③钻龟：在龟甲上钻凹点，钻后的龟甲用于占卜。庙堂：太庙的明堂。④高庙：奉祀汉高祖刘邦的庙宇。⑤内（nà）：通“纳”，收容，收纳。

【原文】

传曰：“取前足臑[1]骨穿佩之，取龟置室西北隅[2]悬之，以入[3]深山大林中，不惑[4]。”臣为郎时，见《万毕硃方》[5]，传曰[6]：“有神龟在江南嘉林[7]中。嘉林者，兽无虎狼，鸟无鸱枭[8]，草无毒螫，野火不及[9]，斧斤[10]不至，是为嘉林。龟在其中，常巢[11]于芳莲之上。左胁[12]书文曰：‘甲子[13]重光，得我者匹夫[14]为人君，有土正[15]，诸侯得我为帝王。’求之于白蛇蟠杅林[16]中者，斋戒[17]以待，凝然[18]，状如有人来告之[19]，因以醮酒佗发[20]，求之三宿而得。”由是观之，岂不伟[21]哉！故龟可不敬与[22]？

【注释】

①前足：指龟的前足。臑（nào）：牲畜的前肢，即前腿。②西北隅：西北角。③以入：指做了上述事情后再进入（深山大林中）。④不惑：指不迷失方向。⑤《万毕硃方》：万毕，人名，方术之士。《索隐》按：《万毕术》中有《硃方》。方中

说嘉林中，故云传曰。⑥传曰：即《硃方》里说。⑦嘉林：善美之林，⑧鸱（chī）：鸱鸺（xiū），俗名猫头鹰。枭（xiāo）：又名鸺鹠（liú），外形与鸱鸺相似的一种鸟。⑨野火：荒山野地燃烧的火。不及：烧不到。⑩斤：斧子一类的工具。⑪巢：筑巢。⑫胁：胁下，从腋下至肋骨尽处的部分。⑬甲子：甲子日或甲子年。《集解》引徐广曰："子，一作'于'。"⑭匹夫：一个人，泛指普通人。⑮有土正：《集解》引徐广曰："正，长（zhǎng）也。为有土之官长。"⑯白蛇蟠杅（wū）林：《索隐》说是林名，"谓白蛇尝蟠杅此林中也"指蛇栖息状。⑰斋戒：祭祀鬼神时，穿整洁衣服，戒除嗜欲（如不饮酒、不食荤等等），以表示虔诚。⑱凝（yí）然：恭敬的样子。⑲状如有人来告之：意为那个样子好像是（等待）有什么人来告诉他关于神龟的秘密。⑳醮（jiào）酒：以酒浇地（即将酒洒在地上）祭祀鬼神。佗（tuó）发：披散着头发。㉑伟：此处可解为"了不起"。㉒可不敬与（yú）：能不表示敬重吗。

【原文】

南方老人用龟支床足，行[①]二十余岁，老人死，移床，龟尚生不死。龟能行气导引。问者曰："龟至神若此，然太卜官得生龟，何为辄[②]杀取其甲乎？"近世江上[③]人有得名龟，畜置之，家因[④]大富，与人议，欲遣去[⑤]。人教杀之勿遣，遣之破人家[⑥]。龟见梦[⑦]曰："送我水中，无[⑧]杀吾也。"其家终杀之。杀之后，身死[⑨]，家不利[⑩]。人民与君王者异道[⑪]。人民得名龟，其状类[12]不宜杀也。以往古[13]故事言之，古明王圣主皆杀而用之。

【注释】

①行：行经，（时间）过去。②何为：为何，为什么。辄：总是。③江上：江岸，指长江边。④因：因以，因之，因而。⑤遣去：送走，放掉。⑥破人家：毁灭你的家。⑦见梦：犹“托梦”。⑧无：通“毋”，不，不要。⑨身死：指杀名龟的那个人（即原得名龟的江上人）死去。⑩不利：不平安吉利。⑪异道：道理不同。⑫状：情形。类：好像。⑬以：用。往古：古昔。

【原文】

宋元王[1]时得龟，亦杀而用之。谨连其事于左方[2]，令好事者观择其中焉[3]。

【注释】

①宋元王：《庄子·外物篇》作“宋元君”。应即宋元公子佐（？—前517）。春秋时期宋国君，前531—前517年在位。②连：连缀而述之。左方：左边。因竖写自右至左行，故“左方”犹如今横向书写之“下方”（下边）。③好（hào）事者：对此类事感兴的人。观择：观赏并加以斟酌，做出抉择。焉：句末语气词。

【原文】

宋元王二年，江使神龟使于河[1]，至于泉阳[2]，渔者豫且举网[3]得而囚之，置之笼中。夜半，龟来见梦于宋元王曰："我为江使于河，而幕网当[4]吾路。泉阳豫且得我，我不能去[5]。身在患中[6]，莫可告语。王有德义，故来告诉。"元王惕然而悟[7]。乃召博士卫平[8]而问之曰："今寡人[9]梦见一丈夫，延颈[10]而长头，衣玄绣之衣而乘辎车[11]，来见梦于寡人曰：'我为江使于河，而幕网当吾路。泉阳豫且得我，我不能去。身在患中，莫可告语。王有德义，故来告诉。'是何物也?"卫平乃援式[12]而起，仰天而视月之光，观斗所指[13]，定日处乡[14]。规矩[15]为辅，副以权衡[16]。四维[17]已定，八卦[18]相望。视其吉凶，介虫先见[19]。乃对元王曰："今昔壬子[20]，宿在牵牛[21]。河水大会[22]，鬼神相谋。汉[23]正南北，江河固期[24]，南风新至，江使先来。白云壅汉[25]，万物尽留[26]。斗柄指日，使者当囚[27]。玄服而乘辎车，其名为龟。王急使人问而求之。"王曰："善[28]。"

【注释】

①江：指长江之神。使神龟：派遣神龟。使于河：出使到黄河。河，黄河；黄河之神。②泉阳：县名。③豫且（jū）：泉阳地方网得大龟的一个人。《庄子·外物篇》作"余且"（姓余名且）。举网：撒网。④幕网：渔网。当（dāng）：占着，把着；挡住。⑤去：离去。⑥患中：患难之中。⑦惕然而悟：被吓醒了。⑧卫平：宋元君之臣。⑨寡人：君主自称。⑩延颈：伸长脖子。⑪衣（yì）：穿着（衣服）。玄绣之衣：黑色绣衣。玄，黑中带红之色，泛指黑色。辎（zī）车：一种有帷盖的车子。⑫援：拿，拿过来。式：卜具。⑬观斗所指：

观看北斗星斗柄所指的方向。⑭定日处乡（xiàng）：确定太阳当时在天空所处的区域（即“日躔”）。乡，通“向”。⑮规：圆规，画圆形的工具。矩：矩尺，画直角和方形的工具。⑯副：帮助；再加上。权：秤锤。衡：秤杆。衡、权单用皆可指秤。⑰四维：指东南（巽）、东北（艮）、西南（坤）、西北（乾）四隅。⑱八卦：古代占卜用的八种基本符号，即乾、坤、震、巽、坎、离、艮、兑，皆以阳爻和阴爻相配合而成。每卦代表同一属性的若干事物。八卦相互排列组合为六十四卦。⑲介虫：有甲之虫，此处指龟。先见：预知。⑳今昔：《索隐》：“今昔，犹昨夜也。以今日言之，谓昨夜为今昔。”昔，通“夕”。壬子：壬子日；或指壬日子时。古人用干支纪日法，以十天干和十二地支依次组合为六十单位，称六十甲子，“壬子”是其中之一。又，有时纪日只记天干不记地支，故十天干之一的“壬”也可表示日子。纪时则用十二地支，称十二时辰，“子”是其中之一（半夜十二点前后）。㉑宿在牵牛：太阳位于牵牛星宿。㉒河水大会：黄河河水大量聚集。㉓汉：天河。㉔江河固期：江（长江）神与河（黄河）神原先相约。固，原本，本来。期，约会，相约。㉕白云壅（yōng）汉：天上的白云“堵塞”（壅蔽）了天河。壅，《御览》卷七二五作“拥”。“壅”，通“拥”。㉖留：留下。此处作被留不得行。㉗使者当囚：江神的使者（神龟）因行不逢时，该当被囚。㉘善：好。应答之词，表示同意。

【原文】

于是，王乃使人驰而往问泉阳令[1]曰："渔者几何[2]家？名谁为豫且[3]？豫且得龟，见梦于王，王故使我求之。"泉阳令乃使吏案籍[4]视图：水上渔者五十五家，上流之庐[5]，名为豫且。泉阳令曰："诺[6]。"乃与使者驰而问豫且曰："今昔汝渔何得[7]？"豫曰："夜半时举网得龟[8]。"使者曰："今龟安在[9]？"曰："在笼中。"使者曰："王知子[10]得龟，故使我求之。"豫且曰："诺。"即系[11]龟而出之笼中，献使者。

【注释】

①令：县令，一县的行政长官。②几何：多少。③名谁为豫且：谁的名字叫豫且。④使：让；命令。案：考察；查阅。籍：户口册，户籍簿。⑤庐：简陋的房屋，泛指民居。⑥诺：答应的声音，表示同意。相当于现代汉语的"好""行"。⑦汝：你，你的。渔：捕鱼。何得：得何，捕得何物。⑧《史记会注考证》引《庄子·外物篇》："得白龟焉，其圜五尺。"⑨安在：在哪里。⑩子：对人的美称、尊称，一般多用于称呼男子，相当于现代汉语的"您"。⑪系：拴，绑。

【原文】

使者载行[1]，出于泉阳之门[2]。正昼无见[3]，风雨晦冥[4]。云盖其上，五采[5]青黄；雷雨并起，风将[6]而行。入于端门[7]，见于东箱[8]。身如流水，润泽有光。望见元王，延颈而前，三步而止，缩颈而却[9]，复其故处[10]。元王见而怪之[11]，问卫平曰："龟见寡人，延颈而前，以何望也[12]？缩颈而复，是何当也[13]？"卫平对[14]曰："龟在患中，而终昔囚[15]，王有德义，使人活之[16]。今延颈而前，以当谢也；缩颈而却，欲亟去[17]也。"元王曰："善哉！神至如此乎[18]？不可久留。趣驾送龟[19]，勿令失期[20]。"

【注释】

①载行：载龟而行。②门：指城门。③正昼：大白天。无见：什么也看不见。④晦冥：昏暗。⑤五采：原来指赤、白、青、黄、黑五种颜色，后来泛指颜色多。⑥将：送，伴送。此指吹送。⑦端门：宫殿的正门。⑧见于东箱：（使者持龟）在东厢房进见（元王）。箱，通"厢"，厢房，此处指偏殿。⑨却：退却，后退。⑩复其故处：又回到原来的地方。⑪怪之：以之为怪。⑫以何望也：为什么朝上望呢。⑬是何当（dàng）也：表示什么意思呢。当，作为，算是……东西（或意思）。⑭对：回答。⑮终昔囚：整夜被囚。终昔，犹终夜。⑯活之：使之活。⑰亟（jí）去：赶快离去。⑱神至如此乎：龟的神明达到如此之高吗。⑲趣（cù）驾送龟：赶快用车把龟载送回去。⑳勿令失期：不要让它耽误了约定（预定）的期限（指龟奉江神之命出使于河的期限）。

【原文】

卫平对曰："龟者是天下之宝也，先得此龟者为天子，且十言十当①，十战十胜。生于深渊，长于黄土，知天之道，明于上古。游三千岁，不出其域②。安平静正，动不用力。寿蔽[3]天地，莫知其极[4]。与物变化，四时变色。居而自匿，伏而不食。春仓[5]夏黄，秋白冬黑。明于阴阳[6]，审[7]于刑德。先知利害，察于祸福。以言而当，以战而胜[8]，王能宝之，诸侯尽服。王勿遣也，以安社稷[9]。”

【注释】

①十言十当：参见前文“百言百当”条注。②域：指龟的居地。③蔽：盖；遮盖。④极：限度，极点，尽头。⑤仓：通“苍”，青色。⑥阴阳：中国哲学的一对范畴，用以解释自然界两种对立和相互消长的物质势力。⑦审：审察；明白。⑧这两句意思是用它（神龟）来占卜，言则必中，战则必胜。“以”后省去“之”或“其”字。⑨社稷：社，土地神；稷，谷神。

【原文】

元王曰：“龟甚神灵，降于上天[1]，陷于深渊。在患难中，以我为贤[2]，德厚而忠信，故来告寡人。寡人若不遣也，是渔者也。渔者利其肉[3]，寡人贪其力[4]，下为不仁，上为无德。君臣无礼，何从有福[5]？寡人不忍，奈何勿遣[6]！”

【注释】

①降（jiàng）于上天：自天而降。②以我为贤：以为我贤明。③利其肉：以其肉为利。④贪其力：贪得其神力。⑤何从有福：怎么能有福。⑥奈何勿遣：怎能不放掉它。

【原文】

卫平对曰：“不然[1]。臣闻盛德[2]不报，重寄不归[3]；天与不受，天夺之宝[4]。今龟周流[5]天下，还复其所，上至苍天，下薄泥涂[6]，还遍九州[7]，未尝愧辱[8]，无所稽留[9]。今至泉阳，渔者辱而囚之[10]。王虽遣之，江河必怒，务求报仇[11]。自以为侵[12]，因神与谋[13]。淫雨不霁[14]，水不可治；若为枯旱，风而扬埃[15]，蝗虫暴生[16]，百姓失时[17]。王行仁义，其罚必来。此无佗[18]故，其祟[19]在龟。后虽悔之，岂有及哉[20]！王勿遣也。”

【注释】

①不然：不是这样。不对。②臣闻：臣听说。古人凡说“我闻”“吾闻之”“臣闻”时，其后所述往往是古人的话或经传上的话。盛德：本指美盛的品德，此处指深恩大德。③重（zhòng）寄不归：别人寄存于你的贵重物品，你不要归还他。以上两句话的意思，从另一个角度理解就是深恩大德施之于人，不得其报；贵重之物寄存于人，不得归还。④这两句的意思是上天给予的东西你不接受；那就等于天夺去了你的宝物。⑤周流：周游。流，漂泊，流浪。⑥薄：迫近。泥涂：泥路；泥地；草野。⑦还（huán）遍九州：走遍九州。还，通“环”，环绕。⑧愧辱：此处指受辱，被羞辱。⑨稽留：停留。此处指被挡住不得行。⑩辱而囚之：侮辱并且囚禁了它。⑪务求报仇：一定谋求报仇雪恨。务，务必，一定。⑫自以为侵：自己来侵袭攻伐。⑬因神与谋：（还要）凭借神灵一起谋划。⑭淫雨：连绵不断地下雨。霁：雪、雨停止，云雾散，天放晴。⑮扬埃：刮起尘埃。⑯暴生：突然产生。迅猛产生。⑰失时：指错过农时，耽误农时。⑱佗：通“他”，别的。⑲祟

(suì)：鬼怪，妖祟；鬼怪害人，鬼神作怪。⑳岂有及哉：哪里来得及呢。

【原文】

元王慨然而叹曰："夫逆人之使[1]，绝[2]人之谋，是不暴乎？取人之有，以自为宝[3]，是不强[4]乎？寡人闻之，暴得者必暴亡[5]，强取者必后无功。桀纣[6]暴强，身死国亡。今我听子，是无仁义之名，而有暴强之道。江河为汤[7]武，我为桀纣。未见其利，恐离其咎[8]。寡人狐疑[9]，安事此宝[10]，趣驾送龟，勿令久留。"

【注释】

①逆人之使：阻逆别人的使者。②绝：断绝；使……绝。此处作"破坏"解。③以自为宝：以之为自己的财宝。④强：强横，强暴。⑤暴亡：突然失去。⑥桀：夏代亡国之君，名履癸。残暴无道，后为商汤所败，被流放南方而死。纣：商纣王。⑦江河：长江（江水）、黄河（河水）之神。汤：商汤王，又称武汤、成汤等，商朝的建立者。⑧离：通"罹"，遭遇。咎：灾祸。⑨狐疑：疑惑。因狐性多疑，故以"狐疑"形容疑惑。⑩安事此宝：怎么侍奉这个宝物（指神龟）。

【原文】

卫平对曰："不然，王其无患[1]。天地之间，累石[2]为山，高而不坏[3]，地得为安。故云物或危而顾安[4]，或轻而不可迁；

人或忠信而不如诞谩[5]，或丑恶而宜大官[6]，或美好佳丽而为众人患[7]。非神圣人[8]，莫能尽言。春秋冬夏，或暑或寒。寒暑不和，贼气相奸[9]。同岁异节[10]，其时使然。故令春生夏长，秋收冬藏。或为仁义，或为暴强。暴强有乡[11]，仁义有时。万物尽然，不可胜治[12]。大王听臣，臣请悉言之[13]。天出五色[14]，以辨白黑；地生五谷，以知善恶。人民莫知辨也，与禽兽相若[15]。谷居而穴[16]处，不知田作[17]。天下祸乱，阴阳相错[18]。匆匆疾疾[19]，通而不相择[20]。妖孽数见[21]，传为单薄[22]。圣人别其生[23]，使无相获[24]：禽兽有牝牡[25]，置之山原；鸟有雌雄，布之林泽[26]；有介之虫[27]，置之谿谷[28]。故牧[29]人民，为之城郭[30]，内经闾术[31]，外为阡陌[32]。夫妻男女，赋[33]之田宅，列[34]其室屋。为之图籍[35]，别其名族[36]。立官置吏，劝以爵禄[37]。衣以桑麻[38]，养以五谷。耕之櫌[39]之，锄之耨[40]之。口得所嗜[41]，目得所美[42]，身受其利。以是观之，非强不至[43]。故曰，田者[44]不强，囷仓不盈[45]；商贾不强，不得其赢[46]；妇女不强，布[47]帛不精；官御[48]不强，其势[49]不成；大将不强，卒不使令[50]；侯王不强，没世无名[51]。故云强者，事之始也，分之理也[52]，物之纪也[53]。所求于强，无不有也[54]。王以为不然，王独不闻玉椟只雉[55]，出于昆山[56]；明月之珠，出于四海[57]；镌石拌蚌[58]，传卖[59]于市。圣人得之，以为大宝。大宝所在，乃为天子。今王自以为暴，不如拌蚌于海也；自以为强，不过镌石于昆山也。取者无咎，宝者[60]无患。今龟使[61]来抵网，而遭[62]渔者得之，见梦自言，是国之宝也，王何忧焉！”

【注释】

①王其无患：请大王不要忧虑。其，句中语气词，表示揣测、反问、期望或命令。②累石：积石，堆积石头。累，堆叠，积累。③坏：倒塌。④顾安：反而安全。顾，副词。反而，却。⑤诞谩：欺诈，荒诞；放纵。⑥宜大官：宜做大官。宜，适宜，合适。⑦患：祸害。⑧神圣人：智慧特别高超的人。⑨这两句的意思是寒暑失时，有害之气互相干扰。奸(gān)：干扰，干涉。⑩同岁异节：一年当中，季节不同。节，季节，时节。⑪乡：处所，地方。⑫胜治：尽治；完全研究清楚。胜，尽。治，研究，探讨。⑬臣请悉言之：请允许臣详细讲一讲这方面的事情。⑭五色：五彩。⑮相若：相像，相似。⑯谷：山谷。穴：土穴，洞穴。⑰田作：田间作业，耕种土地。⑱阴阳相错：阴阳颠倒。⑲匆匆疾疾：急急忙忙；匆忙纷乱。疾，快，急速；急切地从事。⑳通：男女交媾。一般指不正当的男女关系，此处泛指婚媾。不相择：相互之间不加区别选择，指乱婚状态。㉑妖孽（niè）：犹妖怪。草木之怪谓之妖，禽兽虫蝗之怪谓之孽。数（shuò）：屡次。见（xiàn）：通“现”，出现。㉒传为单薄：传宗接代能力微弱。㉓别：分别，区别。生：生命。㉔使无相获：使他们不相互攻夺、妨害。获，猎取。㉕牝（pìn）：雌性鸟兽。牡：雄性鸟兽。牝牡连用，俗言“公母”。㉖布之林泽：把它们安置在山林广泽之中。布，铺开，分布。㉗有介之虫：指甲壳一类的动物。㉘谿谷：河谷。谿，同“溪”。㉙牧：统治。古代统治者蔑视人

民，故称统治人民为“牧”民。㉚为之城郭：为他们修筑城郭。城郭，城指内城，郭指外城，连用则泛指城市。㉛经：划分，度量；治理。闾、术：都是古代的居民组织单位。《史记会注考证》引冈白驹曰：“百家为里，里十为术。”㉜阡陌（mò）：田间的小路。东西向曰阡，南北向曰陌。此处泛指田野。㉝赋：授予，给予。㉞列：分；排列。㉟为之图籍：将他们登记造册。㊱别：区别。名族：姓名家族。㊲劝以爵禄：以爵位俸禄来鼓励。劝，鼓励，奖励。㊳衣以桑麻：指植桑养蚕缫丝织绢和种麻织布以为衣服。衣，用作动词，穿（衣）。㊴耰（yōu）：播种后用耰（碎土整地的一种农具）翻土、盖土。㊵锄：锄地。耨（nòu）：除草。㊶口得所嗜：嘴里得到喜欢吃的东西。㊷美：美色。好看的东西。㊸非强不至：不以强力去做就达不到目的（得不到好结果）。以上驳元王所说“强取者必后无功”的论点。㊹田者：种田的人，农夫。㊺囷（qūn）仓：泛指谷仓。囷，古代的一种圆形谷仓。盈：充满。㊻赢：余利。㊼布：麻布。㊽官御：官，官僚，官吏。御，驾车的人，此处转指控制权力的人。㊾势：权势。㊿卒不使令：士兵不听从命令。(51)没（mò）世无名：到死也没有名气。(52)分（fèn）之理也：合乎名分的道理。即合情合理。分，名分，职分。(53)物之纪也：事物的规律。纪，准则，法度。(54)这两句的意思是人们需要强，无处不有。(55)独不闻：难道没听说过。椟（dú）：匣子。只（zhī）：鸟只。雉：亦称野鸡，其羽毛可以为饰。(56)昆山：古山名。即今昆仑山。(57)四海：指中国四周的海或“海疆”。《禹贡》中的“四海”，系泛称之词，九州之外即为四海。《礼记》提到的东、西、南、北四海亦仅为对举而言，没有确指海域。故“四海”可理解为“四方之海”。58镌（juān）石：开凿山石以得其玉。镌，凿，掘。拌（pàn）蚌：剖开海蚌以取其珠。拌，义同“判”，分，剖，割。59传卖：贩卖。传，传递，传送。60宝者：珍藏者。藏者。61龟使：作为使者的神龟。62遭：遇，碰上。

【原文】

元王曰：“不然。寡人闻之，谏者[1]福也，谀者[2]贼也。人主听谀，是愚惑也。虽然[3]，祸不妄至[4]，福不徒来[5]。天地合气，以生百财。阴阳有分[6]，不离四时，十有[7]二月，日至为期[8]。圣人彻[9]焉，身乃无灾。明王用之，人莫敢欺。故云福之至也，人自生之；祸之至也，人自成之。祸与福同，刑与德双[10]。圣人察之，以知吉凶。桀纣之时，与天争功，拥遏[11]鬼神，使不得通。是固已无道矣，谀臣有众[12]。桀有谀臣，名曰赵梁，教为无道，劝以贪狼[13]，系汤夏台[14]，杀关龙逢[15]。左右恐死，偷[16]谀于傍。国危于累卵[17]，皆曰无伤。称乐万岁，或曰未央[18]。蔽其耳目，与之诈狂。汤卒[19]伐桀，身死国亡。听其谀臣，身独受殃。春秋著之，至今不忘。纣有谀臣，名为左强。夸而目巧[20]，教为象郎[21]。将至于天[22]，又有玉床。犀玉之器[23]，象箸而羹[24]。圣人剖其心[25]，壮士斩其胻[26]。箕子[27]恐死，被发佯狂[28]。杀周太子历[29]，囚文王昌[30]。投之石室，将以昔至明[31]。阴兢活之[32]，与之俱亡[33]。入于周地，得太公望[34]。兴卒聚兵，与纣相攻。文王病死，载尸以[35]行。太子发代将[36]，号为武王。战于牧野[37]，破之华山之阳[38]。纣不胜，败而还走[39]，围之象郎。自杀宣室[40]，身死不葬。头悬车轸[41]，四马曳[42]行。寡人念其如此，肠如涫汤[43]。是人[44]皆富有天下而贵至天子，然而大傲[45]，欲无猒时[46]，举事而喜高，贪很[47]而骄。不用忠信，听其谀臣，而为天下笑。今寡人之邦，居诸侯之间，曾不如秋毫[48]。举事不当，又安亡逃[49]！”

【注释】

①谏（jiàn）者：谏诤这种事。谏，规劝君主、尊长或朋友，使之改正错误过失。②谀者：阿谀奉承，谄谀（这种事）。贼：害，祸害。③虽然：但是。④妄至：随便降临。妄，胡乱。⑤徒来：白白地来临（来到）。徒，空；白白地。⑥分：区别。⑦有：用在整数与零数之间，相当于“又”。⑧日至为期：满了日子便为一个周期。⑨彻：通达，贯通；透彻了解。⑩双：成对；在一起。⑪拥遏：阻遏。拥，通“壅”，阻塞，拥挤。⑫有众：又很多。有，通“又”。⑬贪狼：贪婪凶狠。狼，狠戾，凶狠。⑭系汤：囚系商汤王。夏台：古台名。一名钧台。在今河南省禹州市南。相传夏桀囚汤于此了。⑮关龙逢：夏代末年大臣。⑯偷：得过且过，不负责任；苟且。⑰危于累卵：危险超过垒起来的蛋那种情况，极易倒塌破碎。比喻情况极其危险。⑱未央：未尽，未已。⑲卒：终于。又释作卒（cù），通“猝”，突然。⑳夸而目巧：夸夸其谈，眼神灵活。㉑象郎：即象廊。郎，通“廊”。㉒将至于

天：指宫室高大宏丽，直薄云天。将，接近。㉓犀玉之器：指用犀牛角和玉石雕制的精美器物。㉔象箸（zhù）：象牙筷子。羹：用肉或菜调和五味做成的带汤的食物。此处用作动词，意为食羹。㉕圣人剖其心：指纣剖圣人比干之心。详见《殷本纪》。㉖壮士斩其胻（héng）：砍掉一个壮士的脚胫（小腿）。相传纣王与妲己见壮士朝涉于寒水中而无畏寒之色，乃使人砍断其胫以验其髓是否充盈。㉗箕子：商代贵族，纣王叔父，官任太师。封于箕（今山西省晋中市太谷区东北）。㉘被（pī）发佯狂：披头散发，假装疯癫。被，披散；穿。佯，假装。㉙《索隐》按："'杀周太子历'，文在'囚文王昌'之上，则近是季历（文王昌之父）。季历不被纣诛，则其言近妄，无容周更别有太子名历也。"《史记会注考证》引陈仁锡曰："'历'字衍文。太子，谓伯邑考也。"其事不详。㉚史载纣以西伯昌（周文王）、九侯（一作鬼侯）、鄂侯为三公，先后杀九侯、鄂侯，西伯昌闻而窃叹。崇侯虎谮西伯昌，纣乃囚昌于羑（yǒu）里（在今河南汤阴县南）。㉛以昔至明：意思是从夜晚到白天。昔，通"夕"。㉜阴兢：人名。《集解》引徐广曰："兢，一作竟。"活之：救活了他。救他。活，使之活。使动用法。㉝俱亡：一起逃跑。㉞太公望：周初大臣和齐国始祖。姜姓，吕氏，名望。㉟以：用法相当于"而"，连词。㊱代将（jiàng）：代替文王统率军队。将，统率，指挥军队。㊲牧野：古地名。一作"坶野"。在今河南省淇县西南。此地距殷末都城朝歌（也在今淇县境）不远，武王与反殷诸侯会师，大败殷军于此。㊳华（huà）山之阳：华山南面地方。㊴败而还（huán）走：兵败逃回。还，返回。走，跑。㊵宣室：天子居室。㊶车轸（zhěn）：车子。轸，车箱底部后面的横木，又指车子。㊷曳（yè）：拉，牵引。㊸涫（guàn）汤：滚沸的开水。涫，滚沸。汤，开水，热水。㊹是人：这些人（指桀纣）。㊺大（tài）傲：太傲慢。大，通"太"。㊻欲无猒（yàn）时：欲望没有满足之时；贪得无厌。㊼贪很：贪婪狠毒。很，通"狠"。㊽曾：副词。用来加强语气，可译为"连……都……"。秋毫：动物秋后所换的绒毛。比喻十分纤细微小的东西。㊾又安亡逃：又怎能逃得掉。亡逃，逃，逃走，逃脱。

【原文】

卫平对曰："不然。河虽神贤，不如昆仑之山①；江之源理②，不如四海。而人尚夺取其宝③，诸侯争之，兵革为起④。小国见亡，大国危殆，杀人父兄，虏人妻子，残国灭庙⑤，以争此宝。战攻分争⑥，是暴强也。故云取之以暴强而治以文理⑦，无逆四时，必亲⑧贤士；与阴阳化⑨，鬼神为使⑩；通于天地，与之为友。诸侯宾服⑪，民众殷喜⑫。邦家安宁，与世更始⑬。汤武行之，乃取天子⑭。《春秋》著之，以为经纪⑮。王不自称汤武，而自比桀纣。桀纣为暴强也，固以为常⑯。桀为瓦室⑰，纣为象郎。征丝灼之⑱，务以费氓⑲。赋敛无度，杀戮无方⑳。杀人六畜㉑，以韦为囊㉒。囊盛其血，与人县㉓而射之，与天帝争强㉔。逆乱四时，先百鬼尝㉕。谏者辄死，谀者在傍。圣人伏匿，百姓莫行㉖。天数枯旱，国多妖祥㉗。螟虫岁生[28]，五谷不成。民不安其处[29]，鬼神不享[30]。飘风日起[31]，正昼晦冥。日月并蚀，灭息[32]无光。列星奔乱，皆绝纪纲[33]。以是观之，安得久长！虽无汤武，时固当亡。故汤伐桀，武王克纣，其时使然。乃为天子，子孙续世；终身无咎，后世称之，至今不已。是皆当时[34]而行，见事[35]而强，乃能成其帝王。今龟，大宝也，为圣人使[36]，传之贤王[37]。不用手足，雷电将之[38]，风雨送之，流水行之。侯王有德，乃得当之[39]。今王有德而当此宝，恐不敢受；王若遣之，宋[40]必有咎。后虽悔之，亦无及已[41]。”

【注释】

①昆仑之山：昆仑山。在中国西部新疆西藏交界线上。②源理：水源通畅。理，条理；治理。③尚：尚且。宝：指珠玉。④兵革：兵器与铠甲，代指战争。为起：因之而起。为，因。⑤庙：宗庙。⑥分争：争夺。⑦文理：指政令教化一类手段，与“暴强”对言。⑧亲：亲近。⑨与阴阳化：与阴阳一起变化。⑩鬼神为使：鬼神为其所役使。⑪宾服：归服。⑫殷喜：富足欢乐。殷，富裕。⑬更始：除旧布新。⑭乃取天子：便夺取天子之位。⑮经纪：秩序。规范，准则。⑯常：经常；平常。⑰瓦室：瓦顶的宫室；瓦房。⑱征丝灼（zhuó）之：从百姓那里征敛蚕丝当柴烧。灼，焚烧。⑲氓：泛指老百姓。原文作“民”，从王念孙说改，以与前后句押韵。⑳无方：无理；无正道。㉑杀人六畜：宰杀人和六畜。㉒以韦为囊：用熟皮做成囊。韦，熟皮。㉓县（xuán）：通“悬”，悬挂。㉔革

囊盛血而射之，名曰“射天”。事见《史记·殷本纪》和《宋世家》，是讲纣的曾祖父帝武乙及宋王偃无道之行，这里又说纣亦有此事。㉕先百鬼尝：在祭祀各种鬼神之前就尝用四时鲜味。百鬼，泛指众鬼神，列祖列宗。㉖莫行（háng）：无路可走。行，路。㉗妖祥：犹妖孽，妖异之兆。祥，凶吉的预兆。㉘螟虫：吃稻茎髓部的一种害虫。岁生：年年生长。㉙不安其处：不安其居。㉚享：鬼神享用祭品。㉛飘风：大风，烈风。日起：天天猛刮。㉜灭息：熄灭。㉝纪纲：秩序，法度。㉞当时：适应其时。当，适应。㉟见事：遇到行事的机会。㊱为圣人使：指为圣人所驱使。㊲贤王：指宋元王。王，原作“士”，与韵不合，依标点本改。㊳将之：送之。㊴乃得当之：才得以承受之。当，承当。㊵宋：古国名。子姓。开国君主是纣王庶兄微子启。㊶已：语气词，用法同“矣”。

【原文】

元王大悦而喜[1]。于是，元王向日而谢[2]，再拜[3]而受。择日斋戒，甲乙最良[4]。乃刑[5]白雉，及与骊羊[6]；以血灌[7]龟，于坛中央。以刀剥之，身全不伤。脯酒礼之[8]，横其腹肠[9]。荆支卜之[10]，必制其创[11]。理达于理[12]，文相错迎[13]。使工[14]占之，所言尽当。邦福[15]重宝，闻于傍乡[16]。杀牛取革，被郑之桐[17]。草木毕[18]分，化为甲兵[19]。战胜攻取，莫如元王。元王之时，卫平相宋[20]，宋国最强，龟之力也。

【注释】

①《史记会注考证》引张文虎曰："喜，当作'起'。"按："喜，读为嘻。"嘻，欢笑貌。②向日而谢：向着太阳拜谢上天。③再拜：礼拜两次，表示恭敬。④甲乙最良：甲、乙日最好。古人一般用干支纪日，但也有单用天干的。⑤刑：杀。⑥骊羊：黑羊，纯黑毛色的羊。骊，纯黑色。⑦灌：浇；注入。⑧脯（fǔ）酒礼之：用干肉和美酒招待它。即用酒肉给龟吃。脯，干肉。礼，礼遇，用作动词。⑨横其腹肠：指龟肠肚被剖开（即被杀死）。横，横陈。⑩荆支：荆木枝。支，通"枝"。卜之：灼龟占卜。⑪创：伤口，伤。此指龟壳灼出裂痕。⑫理达于理：龟的兆纹呈达于外。⑬文：线条交错的图形，花纹。后来写作"纹"。此处指龟甲经烧灼后呈现的"兆纹"。错迎：交错。⑭工：官吏，臣工。此处指卜官。⑮福：《集解》引徐广曰："福，音副，藏也。"⑯闻于傍乡：名声传到外邦。名闻邻邦。傍乡，附近的地方，周围地区。⑰这两句的意思是杀牛取其皮革，加之于郑国产的桐木之上，制成战鼓。革，去了毛的兽皮。被，加……之上。郑，古国名，姬姓。开国君主是周宣王弟郑桓公（名友）。⑱毕：全都。分：离散。⑲甲兵：甲胄和兵器。泛指武器。⑳相宋：做宋国的相。相，百官之长。

【原文】

故云神至能见梦于元王，而不能自出于渔者之笼。身[①]能十言尽当，不能通使于河，还报于江。贤能令人战胜攻取，不能自解[2]于刀锋，免剥刺之患。圣能先知亟见[3]，而不能令卫平无言。言事百全[4]，至身而挛[5]；当时不利，又焉[6]事贤？贤者有恒常[7]，士有适然[8]。是故明有所不见，听有所不闻；人虽贤，不能左画方，右画圆；日月之明，而时[9]蔽于浮云。羿[10]名善射，不如雄渠、蠭门[11]；禹名为辩智[12]，而不能胜鬼神。地柱折[13]，天故毋椽[14]，又奈何责人于全？孔子[15]闻之曰："神龟知吉凶，而骨直空枯[16]。日为德而君于天下[17]，辱于三足之乌[18]。月为刑而相佐[19]，见食于虾蟆[20]。猬辱于鹊[21]，腾蛇之神而殆于即且[22]。竹外有节理，中直空虚；松柏为百木长，而守门闾[23]。日辰不全，故有孤虚[24]。黄金有疵[25]，白玉有瑕。事有所疾[26]，亦有所徐[27]。物有所拘[28]，亦有所据[29]。罔有所数[30]，亦有所疏[31]。人有所贵，亦有所不如。何可而适乎[32]？物安可全乎？天尚不全，故世为屋[33]，不成三瓦而陈之[34]，以应之天。天下有阶[35]，物不全乃生也[36]。"

【注释】

①身：自身，自己。②自解：自我解脱。解，解脱，解难。③亟见：敏锐地预见。④百全：百中，万无一失。⑤挛(luán)：手脚蜷曲不能伸开。拘系。⑥焉：疑问代词。怎么，哪里。⑦恒常：固定的，永久的。此处可理解为"操守"。《史记会注考证》引张文虎曰："恒、常，当衍一字。盖汉世讳恒（汉文帝名恒）为常，后人两存之。"⑧适然：适宜于己的志行；合于道理之事。⑨时：有时。⑩羿（yì）：后羿，又称夷羿，传说中夏代东夷族首领。⑪雄渠、蠭门：又称雄渠

子、蠭门子。都是古时以善射闻名的传说人物。传说雄渠为楚人，夜行见石，以为虎而射之，应弦没羽于石；蠭门射箭巧技为射者所重，刘歆《七略》有《蠭门射法》。蠭，通“蜂”，《淮南子》作“逢门”。⑫禹：传说中古代部落联盟领袖。姒姓，亦称大禹、夏禹、戎禹。一说名文命。辩智：口才好，智慧多。⑬地柱折：或作“天柱折”。古人以为“天”是由“柱”撑起来的。《淮南子·天文训》：“昔者共工与颛顼争为帝，怒而触不周之山，天柱折，地维绝。天倾西北，故日月星辰移焉；地不满东南，故水潦尘埃归焉。”⑭故：通“固”，本来。椽（chuán）：椽子，放在檩上架着屋顶的木条。⑮孔子（前551—前479）：春秋末期思想家、政治家、教育家，儒家的创始人。名丘，字仲尼，鲁国陬邑（今山东省曲阜市东南）人。曾任鲁中都宰、司寇。⑯骨直空枯：龟骨中空而干瘪；《正义》：“凡龟，其骨空中而枯也。直，语发声也，今河东亦然。”⑰君于天下：君临天下。为天下之君。⑱三足之乌：三条腿的乌鸦。神话传说太阳中有三足乌。⑲刑：刑罚。古人以月为阴，阴主刑。相佐：指月亮以阴刑辅佐太阳之阳德。⑳见食于虾蟆：为虾蟆所吃。神话传说月亮里有蟾蜍（chán chú），即虾蟆，俗叫“癞蛤蟆”“疥蛤蟆”。《淮南子》等古书中有关于三足乌、蟾蜍的记述。见，表示被动，相当于“被”。㉑猬辱于鹊：刺猬被喜鹊侮辱。据说刺猬碰到喜鹊便腹部朝天，仰卧于地。㉒腾蛇之神而殆于即且（jū）：腾蛇有会飞的神通，却遭难于蝍蛆（jū）。㉓这两句的意思是松柏为百木之长，却被植于大门之侧，守护大门。闾，里巷的大门。㉔《集解》："甲乙谓之日，子丑谓之辰。《六甲孤虚法》：甲子旬中无戌亥，戌亥即为孤，辰巳即为虚……刘歆《七略》有《风后孤虚》二十卷。"古人用干支纪日。天干即甲乙丙丁戊己庚辛壬癸，地支即子丑寅卯辰巳午未申酉戌亥。十干与十二支依次组合为甲子、乙丑……直到癸亥六十个单位，每个单位代表一天。每十天为一旬，共六旬。甲子旬起"甲子"迄"癸酉"，十二支中余下戌、亥，排到甲戌旬故称为孤；而辰、巳二支则被称为虚，其表解形式则为：甲子、乙丑、丙寅、丁卯、戊辰、己巳、庚午、辛未、壬申、癸酉、甲戌、乙亥。这是以十二支算，是十二天，但每旬只有十天，甲戌、乙亥应入下一旬，故此旬戌、亥为孤，而戊辰、己巳两天在此旬中缺少相对的日子，故辰、巳为虚。甲戌旬（甲戌至癸未）、甲申旬（甲申至癸巳）、甲午旬（甲午至癸卯）、甲辰旬（甲辰至癸丑）、甲寅旬（甲寅至癸亥），以此类推。岁月日时皆有上述孤虚之法。㉕疵：小毛病。㉖疾：急速，急切，快。㉗徐：缓慢，徐缓。㉘拘：收敛，约束，拘束。㉙据：凭依，依靠。㉚罔：渔网。后来写作"网"，今简化为"网"。数：密，与"疏"相对。㉛疏：稀，指网眼大。㉜何可而适乎：怎么能正好呢。适，恰好。㉝世：人世，世人。为屋：建造房屋。㉞不成三瓦而陈之：《集解》引徐广曰："一云为屋成，欠三瓦而栋之也。"栋，居。《史记会注考证》引张文虎曰："古者后室之霤（liù）正当栋下，故云不成三瓦而栋之。"霤，通

"遛"，屋檐。㉟阶：台阶。㊱物不全乃生也：万物都是不得其完全才生于天地之间。

【原文】

褚先生曰：渔者举网而得神龟，龟自见梦宋元王，元王召博士卫平告以梦龟状[①]，平运式，定日月[②]，分衡度，视吉凶，占龟与物色同[③]，平谏王留神龟以为国重宝，美矣[④]。古者筮[⑤]必称龟者，以其令名[⑥]，所从来久矣[⑦]。余述而为传[⑧]。

【注释】

①此处说卫平是博士，而博士最早源于战国，宋元王若为春秋人，其时应无此官职。②定日月：推定日月当时之位。③占龟与物色同：占卜的结果是龟与元王所梦之物颜色（黑色）等相同，遂知其物为神龟。④美矣：多么好啊。赞赏之词。⑤筮：此处泛指占卜。⑥令名：美名，好名声。令，善，美，好。⑦所从来久矣：是由来已久了。⑧传（zhuàn）：文字记载，引申为传记。

【原文】

三月　二月　正月[①]

十二月　十一月　中关内高外下[②]

四月　首仰[③]　足开

肣开[④]　首俯[⑤]大　五月　横吉

首俯大　六月　七月

八月　九月　十月

【注释】

①《正义》："言正月、二月、三月右转周环终十二月者，日月之龟，腹下十二黑点为十二月，若二十八宿龟也。"大概的意思是用"日月之龟"占卜时，以龟腹甲下十二个黑点为十二月份，从左向右（如同今之"顺时针"）依次数点，自三月、二月、正月直到十二月，满一周。根据某一点附近兆纹之状，推断当时（某月）某事之凶吉。②《正义》："此等下至'首俛大'者，皆卜兆之状也。"中关，指兆的中关（中肋）。内高外下，其状内高外低。③首仰：《正义》："谓兆首仰起。"④肣（qín）：指兆足收敛之状。⑤首俯大：指兆首俯而大之状。

【原文】

卜禁①曰：子亥戌②不可以卜及杀龟。日中如食③已卜。暮昏④龟之徼也⑤，不可以卜。庚辛可以杀⑥，及以钻之⑦。常以月旦祓龟⑧，先以清水澡⑨之，以卵祓之⑩，乃持龟而遂之⑪，若常以为祖⑫。人若已卜不中⑬，皆祓之以卵，东向立⑭，灼以荆若刚木⑮，土卵指之者三⑯，持龟以卵周环之，祝⑰曰："今日吉，谨以粱卵焍黄⑱祓去玉灵之不祥。"玉灵必信以⑲诚，知万事之情⑳，辩兆㉑皆可占。不信不诚，则烧玉灵，扬其灰，以征后龟㉒。其卜必北向，龟甲必尺二寸。

【注释】

①卜禁：关于占卜的禁忌。禁，法令或习俗所不允许的事

项、禁忌。②子、亥、戌：子时（夜间十一点钟至凌晨一点钟）、亥时（夜间九点钟至十一点钟）、戌时（晚上七点钟到九点钟）。③日中如食：白天如果碰到日食之时。④已卜暮昏：已经天黑之时。“卜”字衍，当删。暮昏，天刚黑时，黄昏。⑤龟之徼（jiào）也：龟（在上述情况下或时间）混沌不明。⑥庚、辛：指庚日、辛日。杀：指杀龟。⑦钻之：在龟甲上钻孔。⑧月旦：犹月朔，每月初一。祓（fú）龟：祓除龟之不祥（其做法详后）。⑨澡：洗。⑩以卵祓之：用鸡蛋摩龟而祝之。⑪遂之：卜之。此句可能有脱文。⑫若常以为祖：以此为常法。祖，法，方法。⑬中（zhòng）：指灵验，应验。⑭东向立：面向东而立。⑮灼以荆若刚木：取生荆枝或生坚木烧之，斩断以灼龟。若，连词，相当于现代汉语的“或”“或者”。刚木，坚硬之木。⑯土卵指之者三：《正义》说是当卜而不中时，用土捏成卵形，指三次，绕三周，以镇压妖邪不祥。⑰祝：向鬼神祝祷。⑱粱：粱米，精米。焍（dì）：灼龟之木。黄：黄绢（裹粱米鸡卵用物）。⑲以：用法同“而”。⑳情：情状。㉑辩兆：辨认兆纹。辩，通“辨”，辨别。㉒征：通“惩”，此处可解为“警告”。后龟：后来用于占卜的龟。

【原文】

卜，先以造[①]灼钻，钻中已[②]，又灼龟首，各三[③]；又复灼所钻中曰“正身”，灼首曰“正足[④]”，各三。即以造三周龟[⑤]，祝曰：“假之玉灵夫子[⑥]。夫子玉灵，荆灼而[⑦]心，令而先知。而上行于天，下行于渊，诸灵数箣[8]，莫如汝信。今日良日[9]，行一良贞[10]。某欲卜某[11]，即得[12]而喜，不得而悔。即得，发乡我身长大[13]，首足收入皆上偶[14]。不得，发乡我身挫折[15]，中外不相应，首足灭去。”

【注释】

①造：《索隐》：“造音灶，造谓烧荆之处。”②钻中已：在中间钻毕。③各三：三钻，三灼。④正足：《集解》引徐广曰：“一作‘止’。”《史记会注考证》引张文虎曰：“‘灼首’下疑脱‘曰正首，灼足’五字。”⑤即以造三周龟：即持龟绕造三周。⑥假之玉灵夫子：借助您玉灵夫子的神力。⑦而：尔，你，您。下两“而”同。⑧诸灵数箣（cè）：各种（所有）神灵筮策。⑨良日：吉日。美好的日子。⑩行一良贞：做一次好的占卜。良贞，美卜。贞，卜问。⑪某欲卜某：某某人（占卜者名）想求卜某某事。⑫即得：假如占卜的结果称心如意。如果卜得吉兆。即，连词。假若，如果。得，指卜得吉兆。⑬发乡（xiàng）我身长（cháng）大：大概意思是卜兆应向我显现兆身长而且大之状。⑭首足：《史记会注考证》引张文虎曰：“首，当作手。下‘首足灭去’同。”此说可存。入：原作“人”，从他本改。皆上偶：都成对向上舒展。⑮挫折：屈曲拘挛。

【原文】

灵龟卜[1]祝曰：“假之灵龟。五巫[2]五灵不如神龟之灵，知人死，知人生。某身良贞[3]，某欲求某物。即得也，头见足发[4]，内外相应；即不得也，头仰足肣，内外自垂。”可得占。

【注释】

①灵龟卜：用灵龟占卜。②巫：一作“筮”。③某身良贞：某某人（占卜者名）亲行好卜。④头见（xiàn）足发：指兆头、兆足均显露。

【原文】

卜占病者[1]祝曰：“今某病困。死[2]，首上开[3]，内外交骇[4]，身节折[5]；不死，首仰足肣。”

卜病者祟[6]曰[7]：“今病有祟[8]，无呈[9]；无祟，有呈[10]。兆有中祟[11]，有内[12]；外祟[13]，有外[14]。”

【注释】

①《史记会注考证》引张文虎曰：“占字疑衍。”②死：如果会病死的话。③首上开：可能应是“首仰足开”。④内外交骇：可能是“内外交驳”之误。⑤身节折：兆身“骨节”折屈。⑥祟（suì）：鬼神作怪，邪祟。⑦曰：祝曰，祝祷说。⑧今病有祟：现在病人如果是因为有妖祟造成的话。⑨无呈：其兆不见。⑩有呈：其兆呈现。⑪有中（zhòng）祟：有家中邪祟的话。⑫有内：（则）有兆内。⑬外祟：如果是有外面邪祟的话。⑭有外：（则）有兆外。

【原文】

卜系者[1]出不出。不出，横吉安；若出，足开首仰有外。

卜求财物，其所当得[2]。得，首仰足开，内外相应；即不得，呈兆首仰足肣。

卜有卖若买臣妾[3]马牛。得之，首仰足开，内外相应；不得，首仰足肣，呈兆若横吉安。

卜击盗聚若干人在某所，今某将卒[4]若干人往击之。当胜，首仰足开身正，内自桥[5]，外下；不胜，足肣首仰，身首[6]内下外高。

卜求当行不行[7]。行，首足开[8]；不行，足肣首仰，若横吉安，安不行[9]。

卜往击盗，当见不见[10]。见，首仰足肣有外；不见，足开首仰。

卜往候盗[11]，见不见。见，首仰足肣，肣胜有外[12]；不见，足开首仰。

卜闻盗来不来[13]。来，外高内下，足肣首仰；不来，足开首仰；若横吉安，期之自次[14]。

卜迁徙、去官[15]不去。去，足开有肣外首仰[16]；不去，自去[17]，即足肣，呈兆若横吉安。

卜居官尚吉不[18]。吉，呈兆身正，若横吉安；不吉，身节折，首仰足开。

卜居室家吉不吉。吉，呈兆身正，若横吉安；不吉，身节折，首仰足开。

卜岁中[19]禾稼孰不孰。孰，首仰足开，内外自桥[20]外自垂；不孰，足肣首仰有外。

卜岁中民疫不疫[21]。疫，首仰足肣，身节有强外[22]；不疫，身正首仰足开。

卜岁中有兵无兵[23]。无兵，呈兆若横吉安；有兵，首仰足开，身作外强情[24]。

卜见贵人吉不吉。吉，足开首仰，身正，内自桥；不吉，首仰，身节折，足肣有外，若无渔[25]。

卜请谒于人得不得[26]。得，首仰足开，内自桥；不得，首仰足肣有外。

卜追亡人[27]当得不得。得，首仰足肣，内外相应；不得，首仰足开，若横吉安。

卜渔猎得不得。得，首仰足开，内外相应；不得，足肣首仰，若横吉安。

卜行遇盗不遇。遇，首仰足开，身节折，外高内下；不遇，呈兆[28]。

卜天雨不雨[29]。雨，首仰有外，外高内下；不雨，首仰足开，若横吉安。

卜天雨霁[30]不霁。霁，呈兆足开首仰；不霁，横吉。

【注释】

①系者：被拘押囚禁的犯人。出不出：是否能被释放。②其所当得：他是否可得（财物）。③若：或，或者。臣妾：泛指男女奴婢。臣，男性奴隶。④将（jiàng）卒：率领兵士。⑤桥：高劲貌。⑥首：《集解》徐广曰："一作'简'。"⑦行：外出；行路。⑧首足开：《史记会注考证》引张文虎曰："'首'下脱'仰'字。"⑨安不行：兆呈安则不行。⑩当见

不见：能否碰到（盗贼）。⑪往候盗：到某处侦察盗贼。候，侦察，窥伺。⑫胗胜有外："胗胜"二字疑衍。⑬闻盗来不来：风闻强盗要来，究竟来或不来。⑭期之自次：意思是在预期的时间以后（盗贼才来）。⑮去官：离开官位，丢官。⑯《史记会注考证》引张文虎曰："'胗'字疑衍。"⑰自去：其义不明。也可能是"自己辞官"的意思。《史记会注考证》引张文虎曰："'自去'二字疑衍。"⑱尚吉不：是否仍然顺利。郭嵩焘《史记札记》认为当作"吉不吉"。⑲岁中：当年，今年里。⑳内外自桥：此处"外"字当衍。㉑民疫不疫：老百姓是否遭受瘟疫。㉒身节有强外：似应作"身节强有外"。㉓兵：军事，战争。㉔《史记会注考证》引张文虎曰：此句"疑有误脱"。㉕郭嵩焘《史记札记》认为渔者撒网而得鱼，用不正当手段侵夺他人之物都称为"渔"。㉖请谒（yè）于人得不得：求见他人是否能见到（或有无所得）。㉗亡人：逃跑者，逃亡的人。㉘呈兆：《史记会注考证》引张文虎曰："'兆'下疑有脱文。"㉙雨：下雨。㉚霁（jì）：天放晴。

【原文】

命曰横吉安[①]。以占病，病甚者一日不死；不甚者卜日瘳[②]，不死。系者重罪不出，轻罪环出[③]；过一日不出，久毋伤也[④]。求财物、买臣妾马牛，一日环得；过一日不得。行者[⑤]不行。来者环至；过食时不至，不来。击盗不行，行不遇[⑥]。闻盗不来。徙官[⑦]不徙。居官、家室皆吉。岁稼不孰。

民疾疫无疾。岁中无兵。见人行，不行不喜。请谒人不行不得。追亡人、渔猎不得。行不遇盗。雨不雨。霁不霁⑧。

【注释】

①命曰横吉安：命兆名为横吉安。兆名叫横吉安。②卜日瘳（chōu）：在占卜的当天病愈。瘳，病愈。③环（huán）出：完好地被释放；旋即被释放。④久毋伤也：即使被拘囚时间很长也无关系。毋，通“无”。伤，伤害，伤损。⑤行者：指卜问当行不行。⑥行不遇：如果前往（击盗）则不会遇到（盗贼）。⑦徙官：调任官职。⑧以上讲的是在兆名横吉安的情况下，凭此而占，则有所述种种结果，如卜病（能不能好）、卜系者（能不能出）、卜求财物或买臣妾马牛（能不能得）等等，都各有不同的判断。

【原文】

命曰呈兆。病者不死。系者出。行者行①。来者来。市买②得。追亡人得，过一日不得。问行者不到。

命曰柱彻。卜病不死。系者出。行者行。来者来。市买不得。忧者毋忧。追亡人不得。

【注释】

①行者行：卜求当行不当行，判为当行（即可行）。②市买：买。

【原文】

命曰首仰足肣有内无外。占病，病甚不死。系者解①。求财物、买臣妾马牛不得。行者闻言不行。来者不来。闻盗不来。闻言不至。徙官闻言不徙。居官有忧。居家多灾。岁稼中孰[2]。民疾疫多病。岁中有兵，闻言不开[3]。见贵人吉。请谒不行，行不得善言。追亡人不得。渔猎不得。行不遇盗。雨不雨甚[4]。霁不霁。故其莫字皆为首备[5]。问之，曰："备者仰也[6]。"故定以为仰。此私记也[7]。

【注释】

①解：解脱；被释放。②岁稼中孰：当年庄稼中等收成。中等年景。③《史记会注考证》引张文虎曰："开，疑当作'来'。"④不雨甚：下雨不大。⑤郭嵩焘《史记札记》案："莫"同"幕"。⑥《史记会注考证》引张文虎曰："案备无仰义，疑'俨'之误。《说文》：'俨，昂头也。'"⑦此私记也：这是我个人（私自）记下来的。

【原文】

命曰首仰足肣有内无外[1]。占病，病甚不死。系者不出。求财、买臣妾不得。行者不行。来者不来。击盗不见。闻盗来，内自惊，不来。徙官不徙。居官家室吉。岁稼不孰。民疾疫有病甚。岁中无兵。见贵人吉。请谒、追亡人不得。亡财物，财物不出，得[2]。渔猎不得。行不遇盗。雨不雨。霁不霁。凶。

【注释】

④本条"命曰"全同上条，疑有错误。②财物不出，得：

意思是财物没有被贼人运走，可以追得。

【原文】

命曰呈兆首仰足肣。以占病，不死。系者未出。求财物、买臣妾马牛不得。行不行。来不来。击盗不相见。闻盗来，不来。徙官不徙。居官，久多忧。居家室不吉。岁稼不孰。民病疫。岁中毋兵。见贵人不吉。请谒不得。渔猎得少。行不遇盗。雨不雨。霁不霁。不吉。

命曰呈兆首仰足开。以占病，病笃[①]死。系囚出。求财物、买臣妾马牛不得。行者行。来者来。击盗不见盗。闻盗来，不来。徙官徙。居官不久。居家室不吉。岁稼不孰。民疾疫有而少。岁中毋兵。见贵人，不见吉。请谒、追亡人、渔猎不得。行遇盗。雨不雨。霁[②]。小吉。

命曰首仰足肣。以占病，不死。系者久，毋伤也。求财物、买臣妾马牛不得。行者不行。击盗不行。来者来。闻盗，来。徙官，闻言，不徙。居家室不吉。岁稼不孰。民疾疫少。岁中毋兵。见贵人得见。请谒、追亡人、渔猎不得。行遇盗。雨不雨。霁不霁。吉。

命曰首仰足开有内。以占病者，死。系者出。求财物、买臣妾马牛不得。行者行。来者来。击盗行不见盗。闻盗来，不来。徙官徙。居官不久。居家室不吉。岁孰。民疾疫有而少。岁中毋兵。见贵人不吉。请谒、追亡人、渔猎不得。行不遇盗。雨霁。霁小吉，不霁吉[③]。

【注释】

①病笃：病得很厉害。病重。②《史记会注考证》引张文虎曰：“‘霁’下疑有脱文。”③自“雨霁”以下可能有脱、衍、颠倒字。

【原文】

命曰横吉内外自桥。以占病，卜日[①]毋瘳死。系者毋罪出。求财物、买臣妾马牛得。行者行。来者来。击盗合交等[②]。闻盗来来[③]。徙官徙。居家室吉。岁孰。民疫无疾[④]。岁中无兵。见贵人、请谒、追亡人、渔猎得。行遇盗。雨霁，雨霁大吉[⑤]。

命曰横吉内外自吉。以占病，病者死[⑥]。系不出。求财物、买臣妾马牛、追亡人、渔猎不得。行者不来[⑦]。击盗不相见。闻盗，不来。徙官徙。居官有忧。居家室、见贵人、请谒不吉。岁稼不孰。民疾疫。岁中无兵。行不遇盗。雨不雨。霁不霁。不吉。

命曰渔人。以占病者，病者甚[⑧]，不死。系者出。求财物、买臣妾马牛、击盗、请谒、追亡人、渔猎得。行者行。来[⑨]。闻盗来，不来。徙官不徙。居家室吉。岁稼不孰。民疾疫。岁中毋兵。见贵人吉。行不遇盗。雨不雨。霁不霁。吉。

命曰首仰足肣内高外下。以占病，病者甚，不死。系者不出。求财物、买臣妾马牛、追亡人、渔猎得。行不行。来者来。击盗胜。徙官不徙。居官有忧，无伤也。居家室多忧病。岁大孰[⑩]。民疾疫。岁中有兵不至[⑪]。见贵人、请谒不吉。行遇盗。雨不雨。霁不霁。吉。

【注释】

①卜日：此二字可能是“者”的坏字。②击盗合交等：卜击盗结果将如何，推测为会与盗交锋；双方不分胜负。③闻盗来来：似衍一“来”字。④《史记会注考证》引张文虎曰：“疫字衍，或在无下。”⑤《史记会注考证》引张文虎曰：“‘雨霁’，‘雨霁’，疑当作‘雨雨’，‘霁霁’。”⑥此处疑衍一“病”字。⑦此句疑有错漏字。⑧此句疑衍一“病者”或下“者”字。⑨《史记会注考证》云“来”下疑脱“者来”二字。⑩大孰：大丰收。⑪不至：指虽有兵祸，不到本处。

【原文】

命曰横吉上有仰下有柱。病久不死。系者不出。求财物、买臣妾马牛、追亡人、渔猎不得。行不行。来不来。击盗不行，行不见。闻盗来，不来。徙官不徙。居家室、见贵人吉。岁大孰。民疾疫。岁中毋兵。行不遇盗。雨不雨。霁不霁。大吉。

命曰横吉榆仰。以占病，不死。系者不出。求财物、买臣妾马牛至不得[①]。行不行。来不来。击盗不行，行不见。闻盗来不来。徙官不徙。居官、家室、见贵人吉。岁孰。岁中有疾疫，毋兵。请谒、追亡人不得。渔猎至不得。行不得[②]。行不遇盗。雨霁不霁[③]。小吉。

命曰横吉下有柱。以占病，病甚不环有瘳[④]无死。系者出。求财物、买臣妾马牛、请谒、追亡人、渔猎不得。行来不来[5]。击盗不合。闻盗来来。徙官、居官吉，不久。居家室不吉。岁不孰。民毋疾疫。岁中毋兵。见贵人吉。行不遇盗。雨不雨。霁。小吉。

命曰载所。以占病，环有瘳无死。系者出。求财物、买臣妾马牛、请谒、追亡人、渔猎得。行者行。来者来。击盗相见不相合。闻盗来来。徙官徙。居家室忧。见贵人吉。岁孰。民毋疾疫。岁中毋兵。行不遇盗。雨不雨。霁霁，吉。

命曰根格。以占病者，不死。系久毋伤。求财物、买臣妾马牛、请谒、追亡人、渔猎不得。行不行。来不来。击盗盗行不合[6]。闻盗不来。徙官不徙。居家室吉。岁稼中[7]。民疾疫无死。见贵人不得见。行不遇盗。雨不雨。大吉。

命曰首仰足肣外高内下。卜有忧，无伤也。行者不来[8]。病久死。求财物不得。见贵人者吉。

命曰外高内下。卜病不死，有祟。市买不得[9]。居官、家室不吉。行者不行。来者不来。系者久毋伤。吉。

命曰头见足发有内外相应[10]。以占病者，起[11]。系者出。行者行。来者来。求财物得。吉。

命曰呈兆首仰足开。以占病，病甚死。系者出，有忧。求财物、买臣妾马牛、请谒、追亡人、渔猎不得。行不行[12]。来不来。击盗不合。闻盗来来。徙官、居官、家室不吉。岁恶[13]。民疾疫无死。岁中毋兵。见贵人不吉。行不遇盗。雨不雨。霁。不吉。

命曰呈兆首仰足开外高内下。以占病，不死，有外祟。系者出，有忧。求财物、买臣妾马牛，相见不会[14]。行行。来闻言不来。击盗胜。闻盗来不来。徙官、居官、家室、见贵人不吉。岁中[15]。民疾疫。有兵。请谒、追亡人、渔猎不得。闻盗遇盗[16]。雨不雨。霁。凶。

命曰首仰足肣身折内外相应。以占病，病甚不死。系者久不出。求财物、买臣妾马牛、渔猎不得。行不行。来不来。击盗有用胜[17]。闻盗来来。徙官不徙。居官、家室不吉。岁不孰。民疾疫。岁中。有兵，不至。见贵人喜。请谒、追亡人不得。遇盗凶。

【注释】

①至不得：盖谓虽至亦无所得。《史记札记》："疑衍一'至'字。下'渔猎至不得'，亦同。"②行不得：前已有"行不行"。③雨霁不霁：《史记会注考证》引张文虎曰："'雨'下有脱字。"④病甚不环（huán）有瘳：盖谓病甚不能很快痊愈。环，通"旋"，疾急。⑤行来不来："行"下疑有脱字。⑥盗行不合：大意是盗贼走了，不能交锋。⑦岁稼中："岁稼中孰"之省，中等年景。⑧行者不来：似应作"来者不来"或"行者不行"。⑨"市"前原衍"而"字，删。⑩"有"字疑衍。⑪起：犹病愈。⑫行不行：原作"行行不行"，衍一"行"字，删。⑬岁恶：年景不好。⑭相见不会：盖谓见到而不得遂其愿；当面错过。⑮岁中："岁稼中孰"之省。⑯闻盗遇盗：此四字可能有脱误或为衍文。⑰有用胜：有以胜之。有办法战胜（盗）。

【原文】

命曰内格外垂。行者不行。来者不来。病者死。系者不出。求财物不得。见人不见。大吉。

命曰横吉内外相应自桥榆仰上柱足肣[①]。以占病，病甚不死。系久，不抵罪[②]。求财物、买臣妾马牛、请谒、追亡人、渔猎不得。行不行。来不来。居官、家室、见贵人吉。徙官不徙。岁不大孰。民疾疫有兵。有兵不会[③]。行遇盗。闻言不见。雨不雨。霁霁。大吉。

命曰头仰足肣内外自垂。卜忧病者甚，不死。居官不得居。行者行。来者不来。求财物不得。求人不得。吉。

命曰横吉下有柱[④]。卜来者来。卜日即不至，未来[⑤]。卜病者过一日毋瘳死。行者不行。求财物不得。系者出。

命曰横吉内外自举。以占病者，久不死。系者久不出。求财物得而少。行者不行。来者不来。见贵人见。吉。

命曰内高外下疾轻足发。求财物不得。行者行。病者有瘳。系者不出。来者来。见贵人不见。吉。

命曰外格。求财物不得。行者不行。来者不来。系者不出。不吉。病者死。求财物不得。见贵人见。吉。

命曰内自举外来正足发。行者行[⑥]。来者来。求财物得。病者久不死。系者不出。见贵人见。吉。

【注释】

①“柱”下原衍“上柱足”三字，删。②抵罪：因犯罪而受到相应的惩罚。③疑衍“有兵”二字。不会：不相会。

④此条“命曰”前已出，疑有脱误。⑤此句意思是如果占卜的当天不到，那就表明对方尚无来意。⑥“者”前“行”字原脱，据标点本补。

【原文】

此横吉上柱外内自举足肣[1]。以卜有求得。病不死。系者毋伤，未出。行不行。来不来。见人不见。百事尽吉。

此横吉上柱外内自举柱足以作[2]。以卜有求得。病死环起。系留毋伤，环出。行不行。来不来。见人不见。百事吉。可以举兵。

此挺诈有外。以卜有求不得。病不死，数起[3]。系祸罪。闻言毋伤。行不行。来不来。

此挺诈有内。以卜有求不得。病不死，数起。系留祸罪无伤出。行不行。来者不来。见人不见。

此挺诈内外自举。以卜有求得。病不死。系毋罪。行行。来来。田贾市[4]、渔猎尽喜。

此狐狢。以卜有求不得。病死，难起。系留毋罪难出。可居宅。可娶妇嫁女。行不行。来不来。见人不见。有忧不忧。

此狐彻。以卜有求不得。病者死。系留有抵罪。行不行。来不来。见人不见。言语定[5]。百事尽不吉。

此首俯足肣身节折。以卜有求不得。病者死。系留有罪。望行者不来。行行。来不来。见人不见。

此挺内外自垂。以卜有求不晦[6]。病不死，难起。系留毋罪，难出。行不行。来不来。见人不见。不吉。

此横吉榆仰首俯。以卜有求难得。病难起，不死。系难出，毋伤也。可居家室，以娶妇嫁女。

此横吉上柱载正身节折内外自举。以卜病者，卜日不死，其一日乃死。

此横吉上柱足肣内自举外自垂。以卜病者，卜日不死，其一日乃死。

为人病首俯足诈有外无内⑦。病者占龟未已⑧，急死。卜轻失大⑨，一日不死。

首仰足肣。以卜有求不得。以系有罪。人言语恐之毋伤。行不行。见人不见。

【注释】

①《史记会注考证》引张文虎说，自本条以下各条之前当有龟兆之图形，传写失之；又疑上文“命曰”各条上亦有之。②“作”疑为“诈”之误写。③数（shuò）起：屡起。④田贾（gǔ）市：种田和做买卖。⑤言语定：所闻之言将被证实。⑥《史记会注考证》引张文虎曰：“‘晦’字疑误。”⑦本条及下条疑脱“此”字。⑧占龟未已：用龟占卜尚未完毕。⑨卜轻失大：此四字意思难明。

【原文】

大论曰①：外者人②也；内者自我也。外者女也；内者男也。首俯者忧③。大者身也；小者枝也④。大法⑤，病者，足肣者生，足开者死。行者⑥，足开至，足肣者不至。行者，足肣不行，足开行。有求，足开得，足肣者不得。系者，足肣不出，开出。其卜病也[7]，足开而死者，内高而外下也。

【注释】

①自此以下系大要式总结性文字，分类加以归纳。②人：他人。③《史记会注考证》引张文虎曰："此下当有'首仰'云云，传写脱。"④这两句的意思是所谓"大"者是指兆身，所谓'小'者是指兆枝（兆纹细枝部分）。⑤大法：判断下述各种情况的大致方法。⑥行者：《史记会注考证》引张文虎曰："行，疑作来"。此说是。⑦也：句中语气词，表示语气的停顿，以引起下文。

【译文】

太史公说：自古以来，圣君明王将要建立国家，承受天命，兴办事业，何曾不重视卜筮来助成善事！唐尧、虞舜以前的事情，不可能有记述了。而自夏、商、周三代的兴起，各自都凭据着卜筮的祯祥。涂山的卜兆吉利，因而夏启世袭了王位；飞燕的卜兆吉顺，因此殷族兴国；百谷的筮兆吉祥，故而周室称王。君王在决定各种疑难时，用卜筮加以预测，用蓍草、龟甲进行推断，这是不能改变的方法。

蛮、夷、氐、羌各族虽然没有君臣上下的秩序，也有决断疑问的占卜。有的用金石，有的用草木，各国不同风俗。然而，都可以根据占卜的结果来决定征伐攻击，进军求胜。他们各自相信所信奉的神灵，来预知未来的事情。

我略有所闻：夏、殷时代的人需要占卜，便取用蓍草龟甲，占卜完毕就丢弃它们，认为龟甲收藏起来就不灵，蓍草用久了就不神。到了周王室的卜官，常常珍藏着蓍草和龟甲。还有对使用蓍草、龟甲的大小先后，各自都有崇尚的方法，而概括他们的目的都是相同的。有的人认为，圣王遭遇事情没有不能确定的，决断疑难没有不明白可见的，他们之所以设置求神问卜的方法，是认为后代衰败式微，愚蠢却不肯师从聪明的人，人们各自适性自安，分化相异为百家之别，大道散乱而无边际，所以把事理推演归纳到最为精微的地方，总括规范于'精神'。也有的人以为，灵龟这类动物的特长之处，圣人也不能和它们相争。它们处理吉凶，辨别可否，大多比人还要准确。

到了汉高祖时代，因袭秦制设立了太卜官。天下刚刚平定，战争尚未平息。待到孝惠帝继位，享国的日子很少，吕后又是女君主，孝文帝、孝景帝因袭旧制，来不及研究试行占卜的事情。尽管有的父子都是掌管天文历算卜筮的畴官，代代相传，可是其中的精微深妙之处，遗亡失散的很多。到了当今皇上即位，广开艺能的门路，悉迎百家的学问，精通一技的人都能发挥自己的特长，技艺绝伦、超群出奇的人位列尊右，没有什么偏私的。几年之间，太卜大为聚集。恰逢皇上计划攻击匈奴，西进扫除大宛，南下收服百越，卜筮精确地预见了各种情况，事先谋划好其对策。待到猛将冲锋向前，执节指挥，在各地大获全胜，而用蓍草龟甲占卜时辰日子也对此大有助力。皇上特别重视，赏赐卜人有的高达几千万钱。像丘子明这班人，富裕至极，尊贵宠幸，压倒了朝廷的公卿大臣。至于用卜筮来推测谁用邪术、巫术加害他人，有时也颇为准确。平时与卜官有小嫌隙的人，被他们假手公法而杀害。卜官随心所欲地伤害他人，由此被破族灭家的人数不胜数。百官惶恐不安，都说龟甲、蓍草能够说话。后来，卜官害人的事情被发觉，奸计穷尽，他们也被诛灭三族。

排列蓍草来断定气数，灼烧龟甲来观察征兆，变化无穷。因此，选择贤人来担任占卜工作，可以说是圣人必须慎重从事的事情吧！周公三次用龟甲占卜，因而周武王有病能愈。商纣王为政暴虐，因而大龟不出现吉兆。晋文公将要恢复周襄王的王位，占卜时得到‘黄帝战于阪泉’的吉兆，终于接受了帝王赐予的有征伐之命的彤弓。晋献公贪恋骊姬的美色，占卜时征兆有‘齿牙为祸’之象，其祸害竟然流传了献公、奚齐、悼子、惠公、怀公五代。楚灵王将要背叛周王室，占卜时得到不祥之兆，终于遭受了乾谿的败绩。征兆和应验诚实于内，而当时的人明察事理、见其结果于外，这能不说是两相吻合的吗！君子认为那些轻视卜筮、不相信神明的人是荒谬的；而背弃了人道、迷信祥瑞的人，鬼神也得不到公正的对待。所以，《尚书·洪范》中有‘稽疑’一节，提出了五个在解决疑难问题时可与之商量的对象，而卜、筮占了其中两个；五人占卜，应信从其中多数人的判断，这是表明虽设有卜官但不专断的道理。

我到了江南，观察当地百姓的行事，询问那里的长老，他们说龟活到千岁才在莲叶上游戏，蓍草长满百条枝茎还是只有一条根。又说在它们生长的地方，野兽中没有虎狼，草丛中没有毒虫。长江边的居民，常常畜养龟，饮其血，食其肉，认为龟能疏通筋络，导致元气，对防衰养老有所助益，难道不真实可信吗！

褚先生说：我由于通晓经术，跟随博士从师学习，研究《春秋》，由于成绩优秀被任命为郎官，有幸能够在宫中值宿警卫，进出宫殿已有十多年了。我私下喜好《太史公传》。太史公的《传》说："夏、商、周三代君王龟占的方法不同，四方蛮夷卜筮的习俗相异，然而各自用占卜来决断吉凶。我大致了解其中的要领，所以写下了《龟策列传》。"我往来于长安城中，寻求《龟策列传》而没能得到，因此我到了太卜官那里，又向熟悉龟策之事的文学长老们询问有关掌故，记下了龟策占卜的事情，编录在下面。

听说古代的五帝、三王要发动兴举大事，必定事先用蓍草龟甲做决断。古书说："下有伏灵，上有兔丝；上有丛蓍，下有神龟。"所谓伏灵这种东西，在兔丝的下方，形状好像飞鸟的样子。头场春雨过后，天气清静无风，在夜晚把兔丝割除，随即用灯笼照着此地，火灭了以后，立即记下它所在的位置，用四丈新布把这个地方环绕起来，天亮以后就把伏灵挖掘出来，入地四尺到七尺就可得到它了，超过七尺就不能得到。伏灵是千年古松的根，人们吃了它可以长生不死。听说蓍草生满一百条枝茎的，它的下方必定有神龟守护着，它的上方经常有青云笼罩着。古书说："天下和平，王道推行，那么蓍草的茎可长至一丈，它一丛会生满百茎。"当今时代取用蓍草的人，不能符合古代的法度，不能得到满百茎、长一丈的蓍草，能获取八十茎以上、长八尺的蓍草，就是很难得的了。喜好用卦的百姓，取得满六十茎以上、长满六尺的蓍草，就可以使用了。古书说："能够得到名龟的人，财物便归于他，家里必定大富，富至千万钱。"名龟第一种叫"北斗龟"，第二种叫"南辰龟"，第三种叫"五星龟"，第四种叫"八风龟"，第五种叫"二十八宿龟"，第六种叫"日月龟"，第七种叫"九州龟"，第八种叫"玉龟"：一共是八种名龟。古书中的龟图上各有文字写在龟腹下方，文字说的是，这是某某龟。我大略记述了它们的要旨，不摹画它们的图形。获取这些名龟不必身满一尺二寸，百姓得到身长七八寸的，就可以当作宝物了。如今那些珠玉宝器，即使加以深藏，也必然看见它们的光彩，必然显现它们的神明，大概说的就是这个意思吧！因此美玉在山而树木润泽，深渊生珠而岸不枯裂，那是因为珠玉滋润它们带来的结果。明月一般美丽的珍珠出自江海，藏在蛤蚌之中，蛟龙伏在它上面，君王得到它，就能长久地拥有天下，四方夷族称臣归服。如果能够得到长满百茎的蓍草，并且得到蓍草下面的神龟，用它们来占卜的，就会百言百中，足以决断吉凶。

神龟出自长江水中，庐江郡经常每年按时把二十只身长一尺二寸的活龟缴纳给太卜官，太卜官便在吉日剔取龟的腹下甲。龟活千岁才满一尺二寸。君王调兵遣将，必定在庙堂之上钻凿龟甲占卜，来决断吉凶。现在，高祖庙中有一间龟室，珍藏收纳龟甲，把它们当作神宝。

古代占卜书说：“取龟的前足臂骨，把它穿起来佩戴在身上，取龟悬挂在室内的西北角，用这种方法走进深山老林，就不会迷失方向。”我担任郎官时，看过《万毕硃方》，书上说：“有神龟生活在江南的嘉林。嘉林，就是林内的野兽中没有虎狼，鸟群里没有鸱枭，草丛间没有毒草恶虫，野火烧不到，斧头砍不着，这就是嘉林。龟在嘉林之中，常在芳莲上面筑巢。龟的左胁下写有文字，说：‘甲子之年，日冕重光之日，得到我的人，匹夫可为人君，成为有封地的官长；诸侯得到我可为帝王。’在白蛇蟠杅林中寻求神龟的人，斋戒以待，恭恭敬敬地，那样子就好像有人来告诉神龟的消息似的，而且用酒洒地祭神，披散着头发，这样乞求神龟三天三夜才得到它。”由此看来，难道不伟大吗！因此，我们对龟可以不尊重吗？

南方有位老人用龟垫床腿，过了二十多年，老人死了，别人移开床，龟还活着没死。龟能够行气导引。有人问：“龟如此神灵，但是太卜官得到活龟，为什么总是杀死它，剔取它的腹甲呢？”前些年，长江边有人得到一只名龟，畜养起来，家中因而大富。他和别人商议，想把龟放生出去。有人教他把龟杀掉，不要放生。如果放了龟，就会使他家破人亡。龟托梦给他说：“送我回水中，不要杀我。”那家人最终还是杀了它。杀龟以后，主人身死，家中不吉祥。百姓和君主的道理不同，百姓得到名龟，看样子似乎不宜杀死。而以往昔的故事说来，古代的明王圣主都是把龟杀死从而利用它。

宋元王时得到过一只龟，也是把它杀死从而利用它。我谨把这件事连缀记述在下面，让好事的人从中欣赏选择吧。

宋元王二年，长江之神派遣神龟出使黄河，到了泉阳，渔夫豫且撒网得到神龟，并把它拘禁起来，放在笼子里。半夜里，龟托梦给宋元王说：“我为江神出使黄河，但是渔网挡住我的去路。泉阳的豫且得到了我，我不能离开。身在患难之中，没有谁可以求告。君王有德义，所以特来告诉。”元王惊奇地醒了。于是，他就召见博士卫平，问他说：“今晚我梦见一个男人，伸着脖子，长长的头，穿着黑色绣衣，乘坐着辎车，来托梦给我说：‘我为江神出使黄河，但是渔网挡住我的去路。泉阳的豫且得到了我，我不能离去。身在患难之中，没有谁可以求告。君王有德义，所以特来告诉。’这是什么人物?”卫平就拿过卜具站起来，仰望天空，看看月光，观察北斗星斗柄所指的方向，推断太阳在天空所处的位置。用圆规、矩尺作辅佐工具，再加上秤锤、秤杆。东南、东北、西南、西北四隅已经确定，乾、坤、震、巽、坎、离、艮、兑八卦各按其位，彼此相望。观察其中的吉凶之象，甲介之虫首先显现。卫平这才对元王说：“昨夜壬日子时，太阳位于牵牛星宿。黄河河水大量聚集，鬼神相谋。天河正当南北相贯，江神和河神原本有约，南风刚至，江神的使者先来。白云壅塞了天河，万物全部滞留。北斗星的斗柄指向太阳，江神的使者当被囚禁。

这位使者穿着黑色衣服，乘坐辎车，它的名字叫龟。大王应当赶快派人查问并寻求它。”元王说：“好。”

于是，元王就派人飞驰赶到泉阳，问泉阳县令说：“渔民有多少家？谁的名字叫豫且？豫且得到一只龟，龟托梦给君主，所以君主派我来寻求它。”泉阳令就派县吏查阅户籍簿，观看城邑地图，水上渔民有五十五家，在上游有间庐舍，主人的名字叫豫且。泉阳令说：“好。”就和使者急驰前往，询问豫且说：“昨夜你捕鱼得到了什么？”豫且说：“半夜时撒网捕得一只龟。”使者问：“现在龟在哪里？”豫且答：“在笼子里。”使者说：“君主知道你得到这只龟，所以派我来求取它。”豫且说：“行。”立即把龟拴起来，从笼中取出，献给使者。

使者载龟而行，出了泉阳城门。突然，大白天什么也看不见，狂风暴雨，天昏地暗。云彩覆盖龟车的上方，呈现青黄五彩之色；雷雨交加，风儿伴送而行。龟车进入王宫端门，在东偏殿进见元王。龟身如流水，润泽有光。龟望见元王，伸长脖子向前爬行，爬了三步然后停下，又缩回脖子向后倒退，回到它原来的位置。元王见了对此感到奇怪，问卫平说：“龟见了我，伸长脖子向前爬行，为什么朝上望呢？又缩着脖子退回原处，这是表示什么呢？”卫平回答说：“龟在患难之中，整夜被囚禁，君王有德义，派人救活了它。现在它伸长脖子向前爬行，来表示感谢，又缩着脖子向后退，是想赶快离开。”元王说：“妙啊！龟的神灵竟然到了这种地步吗？不可久留它，赶快驾车送龟，不要使它耽误了期限。”

卫平回答说：“龟是天下的宝物，先得到这龟的人就能成为天子，而且十言十中，十战十胜。龟生在深渊，长在黄土，知道上天的大道，明白上古的人事。游历了三千年，不超出它居住的地域。龟安静平和，静气中正，行动不用气力。寿盖天地，无人知道它的极限。它和万物一起变化，随着四季改变颜色。它居而自我藏匿，伏而不吃食物。春天呈青色，夏天呈黄色，秋天呈白色，冬天呈黑色。龟明辨阴阳，审察刑德，预知利害，观察祸福。用它言事就必中，用它卜战就必胜。君王若能把它作为国宝，各诸侯都会来归服。您不要送走它，用它来安定国家社稷。”

元王说：“这龟十分神灵，自天而降，身陷深渊。在患难之中，把我看作贤德之人，认为我仁德敦厚而且忠诚信实，因此来求告我。我如果不送走它，这就像那个渔民了。渔民用它的肉体谋利，而我贪图它的神力，在下的为不仁，在上的为无德。君臣无礼，从哪里来福气呢？我不忍心，怎么能不送走它！”

卫平回答说：“不是这样。我听说，深恩大德不须回报，贵重的寄存不必归还；天授予的如不接受，上天将夺回它的宝物。现在，这龟周游天下，还归它的住所，上至苍天，下近泥涂。游遍了九州，未曾受到愧辱，没有在什么地方被羁留。现在到了泉阳，渔民侮辱并囚禁了它。君王即使送走了它，江神和河神也一定恼怒，务必谋求报仇。龟由于自己受到侵犯，便会和神灵谋划。或是久雨不晴，洪水不可救治。或是干旱，乱风扬尘，蝗虫暴生，百姓错失农时。君王如施行仁义，其惩罚必然来临。这没有其他原因，那妖祟就在这龟身上。以后即使后悔，怎么能来得及呢！君王不要送走它。”

元王感慨而叹，说道：“阻挠别人的使者，破坏别人的计谋，这不是暴戾吗？夺取别人的东西，把它作为自己的宝物，这不是强横吗？我听说过这样的话，突然得到的东西一定会突然丧失，强行夺取的东西最后必定没有功效。夏桀、商纣暴戾强横，因而身死国亡。如我听从了您，这就会没有了仁义的美名，而有了强暴的说法。江神、河神成了商汤、周武，我成了夏桀、商纣。没有见到神龟的利益，恐怕反遭到它降下的灾难。我满腹狐疑，怎能侍奉这个宝物，赶快驾车送龟，不要使它久留。”

卫平回答说：“不是这样，请君王不要担忧。天地之间，堆积石头成为高山。山高但不倒塌，大地得以安然。所以说，事物有的看似危险却反而安全，有的看似轻微却不可转移；有的人忠实诚信却不如欺诈放诞的，有的人丑恶却适宜做大官，有的人美貌佳丽却成为众人的祸患。如不是神圣之人，没有人能讲清其中的道理。春、秋、冬、夏，有的暑热，有的寒冷。寒暑不和，邪气相侵。一年之中，季节不同，是各自的时令使它这样。所以，令春生夏长，秋收冬藏。有人仁义，有人强暴。强暴有发作的场合，仁义有施行的时候。万物都是这样，不可深究。大王如能听从我的意见，请让我详尽地说说这件事情。上天呈现五彩颜色，是用来辨别黑白。大地生长五种嘉谷，是用来知道善恶。远古人民没有人知道辨别，和禽兽相似。居住山谷洞穴中，不懂得种田耕作。天下祸乱，阴阳相错，匆匆忙忙，男女通婚，彼此却不加选择。妖孽屡次出现，传宗接代身单力薄。圣人出来辨别各种的生物，使它们不要相互攻击。禽兽有牝牡，把它们安置到山林原野；飞鸟有雄雌，把它们分布到树林水泽；有甲介的虫类，把它们安置到河流溪谷。所以，圣人治理人民，为他们建筑城郭，城内划分大街小巷，郊外修筑田间小道。夫妻男女，分给他们田地住宅，编列他们的房屋。为他们绘图造册，分别他们的姓名家族。设置官吏，用爵位俸禄勉励他们。使他们穿用桑麻，食用五谷，耕田翻土，锄地除草。人们嘴里吃到嗜好的食物，眼睛看到美好的东西，身受衣食之利。由此看来，不靠强力，是达不到目的的。所以说，农夫不强，谷仓不盈满；商人不强，不能得到赢利；妇女不强，布帛不精美；官吏不强，他们的权势就不能形成；大将不强，士卒不听从命令；王侯不强，终生没有名声。所以说，强是成事的开始，是名分的根据，是万物的法则。从强力上去追求的，没有什么不能达到。大王却认为不是这样。您难道没有听说过吗？玉匣雉鸟，出自昆山；明月之珠，出自四海；凿镌玉石，剖取蚌珠，到市场贩卖。圣人得到它们，把它们当作贵重的宝物。拥有这宝物的人，就将成为天子。现在，您自己把留龟看作暴虐，其实还不如从大海里剖取蚌珠；您自己把这看作强横，其实还比不上到昆山凿镌玉石。凿取宝物的人没有罪过，珍藏宝物的人没有祸患。现在，神龟使者自投罗网，遇上渔民因而得到了它，神龟又托梦自我介绍，这是国家的宝物，君王还担心什么呢?”

元王说：“不对。我听说：谏诤的人是国家的幸福，谗谀的人是国家的祸害。人主听信谗谀之言，这是愚蠢糊涂的。尽管如此，灾祸也不随便降临，幸福也不白白来到。天地聚合元气，就产生了一切财富。阴阳有别，离不开一年四季，十二个月，日子到了便为一个周期。圣人明白这个道理，自身才无灾难。明君运用这个道理，没有谁敢欺骗他。因此说，幸福的到来，是人们自己创造的；灾难的降临，也是人们自己造成的。灾难和幸福同在，刑罚和赏赐相成。圣人明察这个道理，因而知道吉凶。夏桀、商纣的时候，他们和上天争功，遏阻鬼神，使之不得交通。这本来已经是残暴无道了，而谗谀之臣又有很多。夏桀有位谗谀之臣，名字叫赵梁。他教唆桀王暴虐无道，鼓励他贪狠如狼，把商汤囚禁在夏台，杀害了关龙逄。左右的人恐怕被杀死，苟且在旁边阿谀奉承。国家已经危如累卵，但人人都说不要紧。欢乐地高呼万岁，迷惑说国运未尽。蒙蔽夏桀的耳目，和他一起欺诈癫狂。商汤终于讨伐了夏桀，夏桀身死国亡。夏桀听信了赵梁这个谗谀之臣，自身独受祸殃。《春秋》记载了这件事情，至今令人不忘。商纣有位谗谀之臣，名字叫左彊，夸言巧目，教唆纣王建造象廊，象廊高入云天。又安置了玉床。采用犀牛角和美玉雕刻的器物，拿象牙筷子吃饭。圣人比干被挖掉心脏，壮士被砍掉小腿。箕子害怕被杀死，披散了头发，佯装癫狂。商纣杀死了周太子历，拘禁了周文王姬昌。把文王投进石室，准备从夜晚囚禁至天明。阴兢救活了文王，和他一起逃走。文王进入了周地，得到了太公望。他发动士卒，聚集兵器，和商纣交战。文王病死，部下载着他的尸体前行。太子姬发代替父王为将，庙号称为武王。武王和纣王在牧野开战，在华山的南面大败纣军。纣王不胜，兵败逃回，武王把他困在象廊。纣王自杀在宣室，身死却不得埋葬。头被悬挂在车子的横梁上，被四匹马拉着走。我一想到纣王如此的情景，愁肠就像滚沸的水一样翻腾。这些人都是富有天下而且贵至天子，但是太傲慢了。欲望没有满足的时候，办事喜欢好高骛远，贪戾而又骄纵。不任用忠诚信实的人，却听信那些阿谀奉承的臣子，终被天下人耻笑。现在，我的疆域处在各诸侯国之间，连秋毫都不如。办事如不妥当，又怎能逃脱灾难！”

卫平回答说：“不对。黄河虽然神灵贤明，但不如昆仑山；长江的水源通畅，但不如四海。然而，人们尚且要夺取昆山四海的珍宝，各诸侯争夺它们，战争由此而起。小国被灭亡，大国危殆，杀害他人的父母兄弟，抢夺别人的妻儿子女，破人国土，毁人宗庙，来争夺这些宝物。攻打争夺，这就是强暴。因此说，用强暴武力去夺取它，而用文明教化来治理它。不违背四时的秩序，必能使贤士亲近；随着阴阳一起变化，鬼神也能被役使；与天地交通，和它们也可做朋友。诸侯称臣归服，民众殷实欢喜。国家安宁，与社会一起除旧迎新。商汤、周武行使这种办法，就取得了天子的王位。《春秋》记载了这件事，把它作为规范准则。大王不自称商汤、周武，却把自己比作夏桀、商纣。夏桀、商纣施行暴戾强横，本来就把这些当作常事。夏桀建瓦室，商纣造象廊。征敛丝帛当柴烧，势必劳民伤财。征收赋税，没有限度，杀害百姓，没有法则。他们杀了百姓的六畜，拿熟皮做成袋子，用皮袋盛满了牲畜的血，悬挂起来，与别人一起来射杀它，跟天帝争强。违背了四时的秩序，抢先在祭祀众神鬼之前品尝四时鲜味。劝谏的人总是被杀死，谗谀的臣子却留在身旁。圣人隐藏，百姓没有人行动。上天频频干旱，国内常有妖孽。蝗灾年年发生，五谷不登。百姓不安其居，鬼神不享祭食。天天刮大风，白昼昏天黑地。日月并蚀，熄灭无光。群星不循轨而乱行，全都扰乱了纲纪秩序。由此看来，夏桀、商纣的统治怎能长久！即使没有商汤、周武，到时也本该灭亡。因此，商汤伐桀，武王克纣，是那时的形势使他们这样。商汤、周武王便成为天子，子孙世代相继为王；终身没有过错，后代称赞他们，直到现在也没有停止。这都是适应时势而行动，遇事能强，才能成为帝王。现在这只龟是贵重的宝物。为圣人出使，传给了贤王。神龟不用动手动脚，雷电伴随着它，风雨护送着它，流水漂行着它。侯王有仁德，才能承受它。现在君王有仁德，从而得到这个宝物，却因害怕而不敢接受；您如果送走它，宋国必有灾难。以后即使后悔，也来不及了。”

元王非常高兴。这时，元王面向太阳拜谢上天，两次礼拜之后才接受了神龟。选择了吉日进行斋戒，甲、乙两天最为吉祥。就杀了白雉以及黑羊，在祭坛的中央用它们的血浇灌神龟。又用刀割剥神龟，龟身一点也没受伤。献上干肉和美酒，以礼相待，然后打开龟的肚肠。燃起荆木枝，灼烧龟甲来占卜，直到形成裂痕。事理从龟甲的纹理中呈现，纹理交错。让卜官占卜，所说的都很相符。国家藏有重宝，名声传遍邻邦。杀牛剥取皮革，蒙在郑国所产的桐木上，制成战鼓。草木都分别变为甲胄兵器。战必胜，攻必克，没有人比得上元王。元王在位的时候，卫平任宋国的宰相，宋国最为强大，靠的是神龟的力量。

所以说龟有神通，能够托梦给元王，但自己不能从渔民的牢笼中逃脱。自身能够十言十中，但不能通使河神，还报江神。它的贤德才能能够使人战必胜、攻必克，但自己不能从刀锋之下解脱，免除被剥割的灾难。它的圣哲智慧能够先知先觉，敏锐地预见，但不能让卫平不说话。预言事情百说百中，至于自身却被人捆缚挛屈。碰上的时机不利，又怎么侍奉贤者！贤者有常规的操守，士人有当然的言行。因此说，视力好也有看不见的地方，听力好也有听不到的事情；人尽管聪明，也不能同时左手画方，右手画圆；日月光明，但有时被浮云遮蔽。后羿因善射闻名，技巧却不如雄渠、蠭门；大禹因善辩智慧闻名，却不能战胜鬼神。地柱断折，天本来就没有椽子，又怎能对人求全责备呢？孔子听说了神龟这件事，说："神龟知道吉凶，但骨头中空干枯。太阳遍施仁德，统治天下，却被三脚乌鸦侮辱。月亮主施刑罚来辅佐太阳，却被蛤蟆吞食。刺猬能制服老虎却被喜鹊侮辱，腾蛇如此的神通却遭难于蜈蚣。竹子体外有竹节纹理，但腹中空虚；松柏位为百木之长，却被种在门侧守护着门间。日辰干支不全，所以有孤虚之法。黄金有疵，白玉有瑕。事情有疾速的时刻，也有缓慢的时候。万物有短处，也有长处。网眼有细密的，也有稀疏的。人有可贵之处，也有不如意的地方。怎么可能恰好合适呢？万物怎么可以求全呢？上天尚且不全，因此世人建造房屋，要在脊檩下少放三块瓦片，用不全来对应上天。天下有高低台阶，万物不全才能得以生存。”

褚先生说：“渔夫举网，捕得神龟，神龟自己托梦给宋元王，元王召见了博士卫平，把梦中龟的情状告诉他。卫平运用占卜的工具，推断日月的位置，分辨量度，以观察吉凶，占卜得知神龟和元王梦中之物的颜色相同。卫平劝谏元王留下神龟，把它作为国家的重宝，这事美妙极了。古人占卜必定称道龟的原因，是它有美名，这种风气由来已久。我把它记述下来，写成这篇传记。”

三月　二月　正月

十二月　十一月　中关内高外下

四月　首仰　足开

肣开　首俯大　五月　横吉

首俯大　六月　七月

八月　九月　十月

占卜有如下禁忌：一天之中的子时、亥时、戌时不可以占卜和杀龟。白天若有日食要停止占卜。黄昏的时候，龟混沌不明，不能占卜。庚日、辛日可以杀龟，还可以在龟甲上钻凿灼孔。人们经常在每月的初一祓除龟的不祥，先用清水给龟洗澡，再用鸡蛋摩擦它并为它祝祷，然后就持龟占卜，并且把这作为常法。人们占卜后若不应验，都用鸡蛋祓除龟的不祥，面向东方站立，用荆枝或硬木烧灼龟甲，又用土做成蛋形，向它指三次，再持龟用鸡蛋环绕着它，祝祷说："今日大吉大利，谨用粱米、鸡蛋、荆枝、黄绢以去除神龟的不祥。"神龟必须真心诚意，了解万物的情形，兆纹能被辨别，这样的龟都可用以占卜。若神龟不真心诚意，就烧掉它，扬弃它的骨灰，来警告日后用来占卜的神龟。占卜时必须面向北方，龟甲的长度必须有一尺二寸。

占卜时，首先要在燃烧荆木的灶旁钻凿烧灼龟甲，在龟甲的中间钻凿以后，又灼烧龟的头部，钻、灼各三次；再灼烧钻凿的凹点，叫作"正身"，灼烧龟的头部，叫作"正足"，各做三次。随即持龟绕灶三周。祝祷说："借重您玉灵先生。先生玉灵，我们用荆木灼烧您的心，使您能先知先觉。您上行于苍天，下行于深渊，各种神灵筮策，没有谁像您如此灵验。今天是吉日良辰，我要作一次满意的占卜。某人想卜问某事，如果卜得吉兆就欢喜，不得吉兆就懊悔。如果得到吉兆，请对我显现又长又大的兆身，首足收敛，都对称地向上。如果不能得到吉兆，请对我显现曲折的兆身，里外不相对称，首足消失不见。"

用灵龟占卜的时候，祝祷说：“借重灵龟。五巫五灵，不如神龟灵验，能预知人的生，预知人的死。某某亲身进行良好的占卜，某某欲求某物。如果能够得到，请出现兆头，露出兆脚，兆象内外对称；如果不能得到，请仰起兆头，收敛兆脚，兆象内外自然垂下。这样就可以得到占卜的结果了。”

为生病的人占卜，祝祷说：“现在某某病困。如果会病死，请将兆首向上伸展，兆纹内外交错，兆身按节屈折；如果不会病死，请将兆首仰起，兆足收敛。”

为生病的人卜问有无邪祟，祝祷说：“现在病人如有邪祟，兆象就不呈现；如无邪祟，兆象就请呈现。如果家中有妖祟，兆象有内；如果妖祟在家外，兆象有外。”

卜问被囚禁的人能否出狱。假如不能出狱，兆象为横吉安；如果能够出狱，兆足分开，兆首仰起，有兆外。

卜问谋求财物，其所有是否当得。假如当得，兆象为首仰足开，内外相应；如果不得，兆象呈现首仰足敛之状。

卜问买卖臣、妾、牛、马能否成功。如果买卖得成，兆象为首仰足开，内外相应；如果不成，兆象为首仰足敛，呈现似横吉安之状。

卜问攻击强盗能否能胜。强盗聚集了若干人，在某处，现在某某率领士卒若干人，前往攻击他们。如果能够取胜，兆象为首仰足开身正，兆纹内自高起，外低下；如果不能取胜，兆象为足敛首仰，身不正，内下外高。

卜求应不应该出行。如若能够出行，兆象为首仰足开；如果不宜出行，兆象为足敛首仰，如同横吉安之状，安则不宜出行。

卜问前往攻击强盗，能否碰到。如果当见，兆象为首仰足敛有外；如果不当见，兆象为足开首仰。

卜问前往侦察强盗，能否碰见。如果能碰见，兆象为首仰足敛有外；如果不能碰见，兆象为足开首。

卜问风闻有强盗，究竟来不来。如果来，兆象为外高内低，足敛首仰；如果不来，兆象为足开首仰，如同横吉安之状，强盗将在预期时间以后到来。

卜问是否升迁、调动或是丢掉了官职。如果会丢官职，兆象为足开有敛外首仰；如果不会丢官职，或者自己辞去官职，兆象即为足敛，呈现的兆纹如同横吉安之状。

卜问居官是否平安吉利。如果吉利，呈现的兆象为身正，如同横吉安之状；如果不吉利，兆象为兆身曲折，首仰足开。

卜问居家吉利不吉利。如果吉利，呈现的兆象为身正，如同横吉安之状；如果不吉利，兆象为身曲折，首仰足开。

卜问今年庄稼能否丰收。如果丰收，兆象为首仰足开，内自高起，外自下垂；如果不会丰收，兆象为足敛首仰有外。

卜问今年百姓是否会遭受瘟疫。如会遭受瘟疫，兆象为首仰足敛，身节有强外；如不会遭受瘟疫，兆象为身正首仰足开。

卜问今年有无战祸。如无战祸，呈现的兆象如同横吉安之状；如有战祸，征象为首仰足开，兆身作外强情状。

卜问求见贵人吉利不吉利。如果吉利，兆象为足开首仰，身正，内自高；如果不吉利，兆象为首仰，身节折，足敛有外，如同空虚无物的样子。

卜问求见他人是否有所获得。如果有所得，征象为首仰足开，内自高起；如无所得，兆象为首仰足敛有外。

卜问追捕逃亡的人是否能得到。如果得到，兆象为首仰足敛，内外相应；如果得不到，兆象为首仰足开，如同横吉安之状。

卜问捕鱼打猎是否有所获得。如若有所得，征象为首仰足开，内外相应；如无所得，兆象为足敛首仰，如同横吉安之状。

卜问出行是否会遇见强盗。如若会遇见，兆象为首仰足开，身节折，外高内低；如果不会遇见，兆象为呈兆。

卜问天是否会下雨。如果下雨，兆象为首仰有外，外高内低；如不下雨，征象为首仰足开，如同横吉安之状。

卜问天下雨是否会放晴。如果会放晴，呈现的兆象为足开首仰；如不会放晴，兆象为横吉。

命兆象名为“横吉安”。用这个兆象占问病情，可以判断：病情严重的人一日之内不会死亡，病情不重的人在占卜当天就会痊愈，不会死亡。被囚禁的人，重罪的不能获释，轻罪的立即出狱；假如过了一天还不能出来，即使时间长久也不会受伤害。卜求财物或买臣、妾、牛、马的，一天之内即可获得；如过了一天就会无所得。出行的人不适宜出行。要来的人很快会来到；如果过了吃饭的时间还没有来，就不会来了。攻打强盗的不适宜前去，如果前往，也不会和强盗相遇。听说强盗要来，但不会来到。卜问调任官职的不会得到调任。居官、在家都很吉利。今年的庄稼不会丰收。百姓不会发生瘟疫。年内没有战祸。求见他人的应当成行，不能成行就令人不喜。拜谒他人的，不去就无所得。追捕逃亡的人，或者捕鱼打猎都无所获得。出行不会遇到强盗。天会下雨吗？不会下雨。天会放晴吗？不会放晴。

命兆象名为“呈兆”。如卜得此兆象，可以推断：生病的人不会死亡。被监禁的人可以出狱。要出行的人可以成行。要来的人会来到。到市场上买东西可以买得到。追捕逃亡的人可以获得，如果过了一天就追不到了。卜问出行的人能否来到，则不会到。

命兆象名为“柱彻”。用这个兆象预测病情，病人不会死亡。被囚禁的人可以出狱。要外出的人可以成行。要来的人会来到。到市场上买东西会无所获得。忧愁的人不用忧愁。追捕逃亡的人不能有所获得。

命兆象名为“首仰足肣有内无外”。用这个兆象占卜病情，病情危重但不会死亡。被监禁的人得以解脱。卜求财物或者买臣、妾、牛、马不能有所获得。要出行的人听说了传言不会成行。要来的人不会来到。听说有强盗，但强盗不会来。听说有人要来，但这人不会来到。听说要调任官职，但不会调任。高居官位有担忧。闲居在家多灾难。今年的庄稼有中等收成。百姓有疾疫，多病。年内有战祸，听说了各种传言，但不会来到此地。求见贵人大吉大利。拜谒他人则不宜前往，如果前往也得不到好话。追捕逃亡的人不会追得到。捕鱼打猎无所获得。出行不会遇见强盗。天会下雨吗？不会下大雨。天会放晴吗？不会放晴。所以兆纹的字形都象“首备”的样子。询问太卜官，太卜官说：“备是仰的意思，所以把它定为仰字。”这几句话是我私下记录下来的。

命兆象名为“首仰足肣有内无外”。用这个兆象占卜病情，病情严重但不会死亡。被囚禁的人不会出狱。卜求钱财及买臣、妾不会有所获得。要出行的人不宜出行。要来的人不会来。去攻击强盗，但不会遇见强盗。听说强盗要来，自己内部惊恐不安，但强盗不会来。想调迁官职的，不得调迁。居官或在家都大吉。今年的庄稼不会丰收。百姓有疾疫，而且病情严重。年内没有战祸。求见贵人大吉。拜谒他人或追捕逃亡的人均无所获得。丢失了财物，但财物没有被转移到外地，可以追获。捕鱼打猎不会有所得。出行不会遇上强盗。天会下雨吗？不会下雨。会天晴吗？不会天晴。凶。

命兆象名为“呈兆首仰足肣”。用这个兆象预测病情，病人不会死亡。被囚禁的人未能出狱。卜求财物或买臣、妾、牛、马均不会有所获得。要出行的人不宜出行。要来的不会来到。去攻击强盗，但不会和强盗相遇。听说强盗要来，但强盗不会来。想调迁官职的，不会被调迁。做官时间久的，就会多有忧患。闲居在家不吉利。年内庄稼不会丰收。百姓有病疫。

年内没有战祸。求见贵人不会吉利。拜谒他人不会有所得。捕鱼打猎，收获很少。出行不会遇见强盗。天会下雨吗？不会下雨。天会放晴吗？不会放晴。不吉。

命兆象名为“呈兆首仰足开”。用这个征象占卜病情，病重的会死亡。被监禁的可以出狱。卜求财物或买臣、妾、牛、马均无所获得。要出行的人可以出行。要来的人会来到。去攻击强盗，但不会遇见强盗。听说强盗要来，但强盗不会来。想调迁官职的会得到调迁。做官不会很长久。闲居在家不吉利。年内庄稼不会丰收。百姓会有疾疫，但是很少。年内没有战祸。求见贵人而不得见面，但很吉利。拜谒他人、追捕逃亡的人或捕鱼打猎均无所获得。出行会遇见强盗。天会下雨吗？不会下雨。天会放晴，小吉。

命兆象名为“首仰足肣”。用这个征象占卜，生病但不会死亡。被监禁的人虽然时间长久，但不会受迫害。卜求财物或买臣、妾、牛、马均无所获得。要出行的人不宜出行。攻击强盗的不宜前往。要来的人会来到。听说强盗要来，强盗就会来到。听说要调迁官职，但不会被调迁。闲居在家不吉利。年内庄稼不会丰收。百姓会发生疾疫，但很少。年内没有兵祸。求见贵人，可得会见。拜谒他人、追捕逃亡的人或捕鱼打猎均不会有所获得。出行会遇见强盗。天会下雨吗？不会下雨。天会放晴吗？不会放晴。吉。

命征象名为“首仰足开有内”。用这个兆象占卜，生病的会死亡，被囚禁的可出狱。卜求财物或买臣、妾、牛、马的均不会有所获得。要出行的人可以出行。要来的人会来到。去攻击强盗，但不会遇见强盗。听说强盗要来，但不会来。想调迁官职的，可得调迁。做官不会长久。闲居在家不吉利。年内庄稼丰收。百姓会发生疾疫，但很少。年内没有战祸。求见贵人不会吉利。拜见他人或追捕逃亡的人或捕鱼打猎均不会有所获得。出行不会遇见强盗。天会下雨吗？天会放晴吗？天如放晴为小吉，天如不晴为吉。

命兆象名为“横吉内外自桥”。用这个兆象占卜病情，病人在占卜当天就会不愈而死。被囚禁的人无罪获释。卜求财物或买臣、妾、牛、马的均有所获得。要出行的人可以出行。要来的人会来。去进攻强盗，会与强盗交战，但力量相等而不分胜负。听说强盗要来，强盗就会来。想调迁官职的，可得调迁。闲居在家吉利。年成会好。百姓不会发生疾疫。年内没有战祸。求见贵人、拜谒他人、追捕逃亡的人、捕鱼打猎均会有所获得。出行会遇到强盗。天会下雨吗？会放晴吗？下雨、放晴均为大吉。

命兆象名为“横吉内外自吉”。用这个兆象占问病情，病人会死亡。被囚禁的人不会出狱。卜求财物，买臣、妾、牛、马，追捕逃亡的人，捕鱼打猎的均无所获得。出行的人不会来到。去进攻强盗，但不会遇见。听说有强盗，但不会来。想调迁官职的，可得调迁。身居官位，有忧愁之事。闲居在家、求见贵人、拜谒他人均为不吉。年内庄稼不会丰收。百姓会有疾疫。年内没有战祸。出行不会遇见强盗。天会下雨吗？不会下雨。天会放晴吗？不会放晴。不吉。

命兆象名为“渔人”。用这个兆象预测病情，病人病情严重，但不会死亡。被囚禁的人可以出狱。卜求财物，买臣、妾、牛、马，攻打强盗，拜见他人，追捕逃亡的人，捕鱼打猎的均有所获得。出行的人会出行来到。听说强盗要来，但不会来到。想调升官职的，不会被调迁。闲居在家吉利。年内庄稼不会丰收。百姓会发生疾疫。年内无战祸。拜谒贵人会吉利。出行不会遇到强盗。天会下雨吗？不会下雨。天会放晴吗？不会放晴。吉。

命兆象名为“首仰足肣内高外下”。用这个兆象占卜病情，病人病情严重，但不会死亡。被囚禁的人不会出狱。卜求财物，买臣、妾、牛、马，追捕逃亡的人，捕鱼打猎均有所获得。要出行的不宜出行。要来的会来到。去攻击强盗，可以获胜。想调迁官职的，不会被调迁。高居官位，有忧愁的事情，却不会受伤害。闲居在家，多有忧患疾病。年成会大好。百姓会有疾疫。年内有战祸，但不会延至本地。求见贵人、拜谒他人均会不吉。出行会遇到强盗。天会下雨吗？不会下雨。天会放晴吗？不会放晴。吉。

命兆象名为“横吉上有仰下有柱”。用这个征象预测，生病即使很久也不会死亡。被囚禁的人不会出狱。卜求财物，买臣、妾、牛、马，追捕逃亡的人，捕鱼打猎的均会无所获得。要出行的不宜出行。要来的不会来到。去攻击强盗的不宜前往，即使去了也不会见到强盗。听说强盗要来，但不会来到。

想调迁官职的，不会被调迁。闲居在家、拜谒贵人均会吉利。年成会大好。百姓会有疾疫。年内没有战祸。出行不会遇见强盗。天会下雨吗？不会下雨。天会放晴吗？不会放晴。大吉。

命兆象名为“横吉榆仰”。用这个兆象占卜病情，病人不会死亡。被囚禁的人不会出狱。卜求财物，买臣、妾、牛、马的，即使全力去办，但不会有所获得。要出行的不宜出行。要来的不会来到。要去攻击强盗的不宜成行，即使去了也不会见到强盗。听说强盗要来，但不会来。想调迁官职的，不会被调迁。闲居在家、求见贵人的均会吉利。年成会好。年内会有疾疫，但没有战祸。拜谒他人、追捕逃亡的人均会无所获得。捕鱼打猎，即使全力去做，也不会有所得。出行不会遇见强盗。天会下雨吗？天会放晴吗？不会放晴。小吉。

命兆象名为“横吉下有柱”。用这个兆象占卜病情，病情严重不能很快痊愈，但不会死亡。被囚禁的人可以出狱。卜求财物，买臣、妾、牛、马，拜谒他人，追捕逃亡的人，捕鱼打猎的均会无所获得。要出行来到的人不会来到。去攻击强盗，但不会和强盗交战。听说强盗要来，强盗就会来到。调迁官职或在职做官的均可吉利，但不长久。闲居在家不吉利。年成不会好。百姓不会有疾疫。年内没有战祸。求见贵人吉利。出行不会遇见强盗。天会下雨吗？不会下雨。天会放晴。小吉。

命兆象名为“载所”。用这个兆象预测，病人可以很快痊愈，不会死亡。被囚禁的人可以出狱。卜求财物，买臣、妾、牛、马，拜谒他人，追捕逃亡的人，捕鱼打猎的均会有所获得。要出行的人可以出行。要来的人会来到。去攻击强盗，可以遇见他们，但不会交战。听说强盗要来，强盗就会来到。想调迁官职的，可得调迁。闲居在家会有忧患。求见贵人吉利。年成会好。百姓不会有疾疫。年内没有战祸。出行不会遇见强盗。天会下雨吗？不会下雨。天会放晴吗？会放晴。吉。

命兆象名为“根格”。用这个兆象占卜，病人不会死亡。被囚禁得很久，但不会受伤害。卜求财物，买臣、妾、牛、马，拜谒他人，追捕逃亡的人，捕鱼打猎的均不会有所收获。要出行的不宜出行。要来的不会来到。去攻击强盗，强盗已经离去，不会交战。听说强盗要来，但不会来到。想调迁官职的，不会被调迁。闲居在家吉利。年内庄稼会有中等收成。百姓会有疾疫，但不会死。求见贵人，但不得相见。出行不会遇见强盗。天会下雨吗？不会下雨。大吉。

命兆象名为“首仰足肣外高内下”。用这个兆象占卜，有担忧，但不会受伤害。要出行的不会来到。病得太久的会去世。求取财物的不会有所获得。求见贵人吉利。

命兆象名为“外高内下”。用这个兆象占卜病情，病人不会死亡，有妖祟作怪。到市场买东西会无所获得。做官、在家均不吉利。要出行的人不宜出行。要来的人不会来到。被囚禁的虽然时间长久，但不会受伤害。吉。

命兆象名为“头见足发有内外相应”。用这个征象占卜，病人会痊愈而起。被囚禁的人可以出狱。要出行的人可以出行。要来的人会来到。卜求财物的有所获得。吉。

命兆象名为“呈兆首仰足开”。用这个兆象占卜病情，病情严重的会死亡。被禁的人可以出狱，但有忧患。卜求财物，买臣、妾、牛、马，拜谒他人，追捕逃亡的人，捕鱼打猎的均无所获得。要出行的不宜出行。要来的不会来到。去攻击强盗，但不会和强盗交战。听说强盗要来，强盗就会来到。想调迁官职、高居官位、闲居在家的均不吉利。年成会很不好。百姓会有疾疫，但不会死亡。年内没有战祸。求见贵人不会吉利。出行不会遇见强盗。天会下雨吗？不会下雨。天会放晴。不吉。

命兆象名为“呈兆首仰足开外高内下”。用这个兆象占卜，有病但不会死亡，有外来的妖祟作怪。被囚禁的人可以出狱，但有忧患。卜求财物，买臣、妾、牛、马的，得到机会，但不会成功。要出行的可以出行。听说要来的，但不会来到。去攻击强盗，会获得胜利。听说强盗要来，但不会来。想调迁官职、高居官位、闲居在家、拜见贵人均不吉利。有中等的年成。百姓有疾疫，而且有战祸。拜见他人、追捕逃亡的人、捕鱼打猎均会无所获得。听说有强盗，就会遇上强盗。天会下雨吗？不会下雨。天会放晴。凶。

命兆象名为“首仰足肣身折内外相应”。用这个征象占卜病情，病情严重但不会死亡。被囚禁的人很久不能出狱。卜求财物，买臣、妾、牛、马，捕鱼打猎的均无所收获。要出行的不宜出行。要来的不会来到。去攻击强盗，会有办法取胜。听说强盗要来，就会来到。想调迁官职的，不会被调迁。高居官位或闲居在家均不吉利。年成不会好。百姓有疾疫。年内有战祸，但不会延至本地。求见贵人大喜。拜谒他人、追捕逃亡的人均无所获。会遇上强盗，凶。

命兆象名为“内格外垂”。用这个兆象占卜，要出行的人不宜出行。要来的人不会来到。病人会去世。被囚禁的人不会出狱。卜求财物的无所收获。求见他人，不得相见。大吉。

命兆象名为“横吉内外相应自桥榆仰上柱足肣”。用这个征象占卜病情，病情严重，但不会死亡。被囚禁得很久，但不会抵罪受罚。卜求财物，买臣、妾、牛、马，拜谒他人，追捕逃亡的人，捕鱼打猎的均会无所获得。要出行的不宜出行，要来的不会来到。高居官位、闲居在家、拜见贵人均会吉利。想调迁官职的不会被调迁。年成不会很好。百姓会有疾疫，而且有战祸，但不会遇上。出行会遇上强盗。听说了某些传言，但不会实现。天会下雨吗？不会下雨。天会放晴吗？会放晴。大吉。

命兆象名为“头仰足肣内外自垂”。用这个兆象占卜，因忧愁患病的人病情危重但不会死亡。做官的会丢掉官职。要出行的人可以出行。要来的人不会来到。求取财物会无所获得。求人的会无所获得。吉。

命兆象名为“横吉下有柱”。用这个兆象占卜，要来的人会来到，如果在占卜当天没有到，就是尚未有来意。占卜病情，病人过了一天不痊愈就会死亡。要出行的人不宜出行。求取财物会无所获得。被囚禁的人可以出狱。

命兆象名为“横吉内外自举”。用这个兆象占卜，病人病得很久但不会死亡。被囚禁的人很久不得出狱。卜求财物会有所获得，不过很少。要出行的人不宜出行。要来的人不来。求见贵人，可以得见。吉。

命兆象名为“内高外下疾轻足发”。用这个征象占卜，求取财物会无所获得。要出行的人可以出行。病人可以痊愈。被囚禁的人不会出狱。要来的人会来到。求见贵人，不得相见。吉。

命兆象名为“外格”。用这个兆象占卜，卜求财物的不会得到。要出行的人不宜出行。要来的人不会来到。被囚禁的人不会出狱。不吉。患病的人会死亡。卜求财物的不会得到。求见贵人，可以相见。吉。

命兆象名为“内自举外来正足发”。用这个兆象占卜，要出行的人可以出行。要来的人会来到。求财物的可以得到。病人即使病得很久，但不会死亡。被禁的人不会出狱。求见贵人，可以相见。吉。

这个兆象是“横吉上柱外内自举足肣”。用这个征兆占卜，有所求就会有所得。生病的不会死亡。被囚禁的人不会受伤害，但未能出狱。要出行的人不宜出行。要来的人不会来到。去拜见他人，但不得相见。百事都会吉利。

这个兆象是“横吉上柱外内自举柱足以作”。用这个兆象占卜，有所求就会有所得。病重将死的很快就能痊愈。被囚禁拘留的不会受到伤害，马上可以获释。要出行的人不宜出行。

要来的不能来到。去拜见他人，却不得相见。百事都会吉利。可以举事发兵。

这个兆象是“挺诈有外”。用这个兆象占卜，有所求却不会有所得。生病了但不会死亡，多次有好转。被囚禁的以祸致罪。听说了某些传言，但不会受到伤害。要出行的不宜出行。要来的不能来到。

这个兆象是“挺诈有内”。用这个兆象占卜，有所求却不会有所得。生病了但不会死亡，多次有好转。被囚禁的因祸致罪，但不会受伤害，可以出狱。要出行的不宜出行。要来的人不能来到。求见他人，但不得相见。

这个兆象是“挺诈内外自举”。用这个兆象占卜，有所求就会有所得。生病了不会死亡，被囚禁的没有罪。要出行的可以出行。要来的会来到。耕田、买卖、捕鱼打猎的都会高兴。

这个兆象是“狐狢”，用这个兆象占卜，有所求却不会有所得。生病了会死亡，很难痊愈。被拘留的没有罪，却很难出狱。可以在家里居住。可以娶媳妇，嫁闺女。要出行的不宜出行。要来的不会来到。去拜见他人，却不得相见。有忧愁的事情，但不必担心。

这个兆象叫“狐彻”。用这个兆象占卜，有所求却不会有所得。病人会死亡。被拘留的会抵罪判刑。要出行的不宜出行。要来的不会来到。去拜见他人，却不得相见。听到的传言会被证实。百事都不吉利。

这个兆象叫“首俯足肣身节折”。用这个兆象占卜，有所求却不会有所得。病人将会死亡。被拘留的会有罪受罚。希望出行的人来，他却不会来到。要出行的人可以出行。要来的人不会来到。去拜见他人，却不得相见。

这个兆象是“挺内外自垂”。用这个兆象占卜，有所求却所得不多。生病了不会死亡，却很难痊愈。被囚禁拘留的没有罪，却很难出狱。要出行的不宜出行。要来的不会来。去拜见他人，却不得相见。不吉。

这个兆象是“横吉榆仰首俯”。用这个兆象占卜，有所求却很难有所得。生病了很难痊愈，却不会死亡。被囚了很难获释，却不会受伤害。可以在家里居住，可以娶媳妇，嫁闺女。

这个兆象叫“横吉上柱载正身节折内外自举”。用这个兆象为病人占卜，病人在占卜当天不会死，过了一天便会死亡。

这个兆象是“横吉上柱足肣内自举外自垂”。用这个兆象为病人占卜，病人在占卜当天不会死，过了一天便会死亡。

兆象为“首俯足诈有外无内”。用这个兆象占卜，病人在龟占尚未结束的时候就会急速死亡。若所占卜的轻而所失去的大，一天之内不会死亡。

兆象为“首仰足肣”。用这个兆象占卜，有所求却不会有所得。被拘留的会被治罪判刑。人们用传言使他恐惧，但他不会受伤害。要出行的人不宜出行。去拜见他人，但不得相见。

总的来说：兆辞中的“外”是指他人，“内”是指自我；“外”又指女人，“内”又指男人。兆辞中的“首俛”是忧患之兆。“大”是指兆身，“小”是指兆纹中的细枝部分。推断兆纹的一般方法是：若为病人占卜，兆象呈“足肣”的得救，呈“足开”的死亡。若为要来的人占卜，兆象呈“足开”的会来到，呈“足肣”的就不会来到。若为出行的人占卜，兆象呈“足肣”的不宜出行，呈“足开”的可以出行。若为有求某物而占卜，兆象呈“足开”的有所获，呈“足肣”的无所获得。若为被囚禁的人占卜，兆象呈“足肣”的不会出狱，呈“足开”的就会出狱。在为病情占卜的时候，若要得出“足开而死”的推断，必须同时出现“内高而外下”的兆象。

第一百一十一卷　货殖列传第六十九

这是专门记叙从事“货殖”活动的杰出人物的类传，也是反映司马迁经济思想和物质观的重要篇章。“货殖”是指谋求“滋生资货财利”以致富而言，即利用货物的生产与交换，进行商业活动，从中生财求利。司马迁所指的货殖，还包括各种手工业，以及农、牧、渔、矿山、冶炼等行业的经营在内。翦伯赞曾高度评价司马迁“以锐利的眼光，注视着社会经济方面，而写成其有名的《货殖列传》”。钱锺书在论及司马迁这篇《货殖列传》时说：“当世法国史家深非史之为‘大事记’体者，专载朝政军事，而忽诸民生日用；马迁传《游侠》已属破格，然尚以传人为主，此篇则全非‘大事记’‘人物志’，于新史学不啻乎辟鸿濛矣。”（《管锥篇·史记会注考证》）总之，史学界公认：“历史思想及于经济，是书盖为创举。”

此传记天时、地理、人物、风情，历历如画。虽属说理文章，读来却颇有兴味。方家学者对此有口皆碑。潘吟阁赞曰：“《货殖传》一篇，讲的是种种社会的情形，且一一说明它的原理。所写的人物，又是上起春秋，下至汉代。所写的地理，又是北至燕、代，南至儋耳。而且各人有各人的角色，各地有各地的环境。可当游侠读，可当小说读。总览全文可见，传中人物各具特色，各怀其才；篇中叙事行云流水，自然流畅；文中说理鞭辟入里，无懈可击；全篇辞章奇传雄浑，波澜壮阔。可谓博大精深，浑然一体，实为中华优秀传统文化中璀璨夺目的光辉篇章。”（《史记货殖伟新诠》）

【原文】

老子曰[①]：“至治[②]之极，邻国相望，鸡狗之声相闻，民各甘其食[③]，美其服[④]，安其俗，乐其业，至老死不相往来。”必用此为务[⑤]，挽近世涂[⑥]民耳目，则几无行矣[⑦]。

【注释】

①引文见《老子》下篇第八十章，文字略有不同。②至治：治理得极好的社会，指政治清明之世。至，极。治，治世，与“乱世”相对。③甘其食：以其食为甘美。即认为自家的饮食甘美。甘，美。④美其服：以其服饰为美。即认为自己穿着的衣服漂亮。⑤必：如果，假若。用：以。务：要求得到、追求。⑥挽近世：亦作“挽近”。挽，通“晚”，离现在最近的时代。涂：堵塞。⑦几：差一点儿，几乎。无行矣：不可行了。

【原文】

太史公曰：夫神农以前，吾不知已。至若《诗》[①]《书》[②]所述虞夏以来，耳目欲极声色[③]之好，口欲穷刍豢[④]之味，身安逸乐，而心夸矜势能[5]之荣。使俗之渐[6]民久矣，虽户说以眇论[7]，终不能化。故善者因[8]之，其次利道之[9]，其次教诲之，其次整齐之[10]，最下者与之争[11]。

【注释】

①《诗》：即《诗经》，中国最早的诗歌总集。计三百零五篇，分为“风”“雅”“颂”三大类。②《书》：即《尚书》，儒家经典之一。它是中国上古历史文献和部分追述古代事迹的著作的汇编。③极：尽头、极点。此处意为“享尽”。声：音乐。色：女色。④穷：穷尽。刍豢：泛指各种牲畜的肉。刍：吃草的牲畜，如牛羊。豢：吃粮食的牲畜，如猪狗。⑤夸矜：夸耀。矜，骄傲、夸耀。势能：权势和才能。⑥渐：浸，浸染。⑦户说：挨家挨户地劝说。眇论：微妙的理论。眇，通“妙”，美，好。⑧善者：好的办法。因：循，依照，顺着。⑨利道之：以利引导它。道，同“导”。⑩整齐之：用规章制度约束他们的行动，使之规规矩矩。⑪与之争：与民争利。

【原文】

夫山西饶材[1]、竹、穀[2]、纑[3]、旄[4]、玉石；山东多鱼、盐、漆、丝[5]、声色[6]；江南出楠[7]、梓[8]、姜、桂[9]、金、锡、连[10]、丹沙[11]、犀[12]、玳瑁[13]、珠玑[14]、齿革[15]；龙门、碣石[16]北多马、牛、羊、旃裘[17]、筋角[18]；铜、铁则千里往往山出棋置[19]：此其大较[20]也。皆中国人民所喜好，谣俗被服饮食奉生送死之具[21]也。故待[22]农而食之，虞[23]而出之，工而成之[24]，商而通之[25]。此宁有政教发征期会[26]哉？人各任其能[27]，竭其力，以得所欲。故物贱之征贵[28]，贵之征贱[29]，各劝[30]其业，乐其事，若水之趋下，日夜无休时，不召而自来，不求而民出之。岂非道之所符[31]，而自然之验[32]邪？

【注释】

①饶：富有。材：木材。②榖：木名，即楮木，树皮可以造纸。③纻：野麻，可以织布。④旄：牦牛尾。尾上的长毛可作舞蹈道具和旌旗的装饰。⑤丝：蚕丝。⑥声色：音乐和女色。当时统治者将此看作供享乐用的商品，故也列入货物中。⑦楠：楠木，是贵重的建筑和造船材料。⑧梓：梓树，木材可以制作器具。⑨桂：也叫木樨，是珍贵的芳香植物。⑩连：通"链"，铅矿石。⑪丹沙：矿物名。即丹砂，俗称朱砂。⑫犀：指犀牛角。⑬玳瑁：爬行动物，跟龟相似。甲壳可作珍贵的装饰品。⑭珠玑：泛指珠子。珠，珍珠。玑，不圆的珠子。⑮齿革：指某些兽类的牙齿和皮革，如象牙、虎皮。⑯龙门：即龙门山，在今山西省河津市西北、陕西省韩城市东北。碣石：即碣石山，在今河北省昌黎县北。⑰旃裘：毡子和皮衣。旃，通"毡"。⑱筋角：兽筋、兽角，用作制造弓弩。⑲棋置：好像棋子那样密布。⑳大较：大略、大概。㉑谣俗：民间习俗。因歌谣能反映民间习俗，故以谣俗代指。奉生：养生。奉，供养。具：器具、用品。㉒待：依靠。㉓虞：掌管山林水泽的官员，包括开发山泽资源的人。㉔工：工匠，手工业者。成之：制造出来。㉕商：商人。通之：流通货物。㉖宁：难道。政

教：政令。发征：征发。征，求取。期会：约期会集。㉗任其能：尽其所能。指发挥自己的特长与技能。㉘物贱之征贵：一种东西价格便宜时就贩到别处寻求高价卖出。㉙贵之征贱：一种东西价格昂贵时就到外地寻求低价买入。㉚劝：劝勉；努力。㉛道：客观规律。此处指经济法则。符：符合。㉜自然：指自然法则。验：证明。

【原文】

《周书》[1]曰："农不出[2]则乏其食，工不出则乏其事[3]，商不出则三宝绝[4]，虞不出则财匮[5]少。"财匮少而山泽不辟[6]矣。此四者，民所衣食之原[7]也。原大则饶[8]，原小则鲜[9]。上则富国，下则富家。贫富之道，莫之夺予[10]，而巧者有余，拙者不足[11]。故太公望封于营丘，地潟[12]卤，人民寡[13]，于是太公劝其女功[14]，极技巧[15]，通[16]鱼盐，则人物归[17]之，繦至而辐凑[18]。故齐冠带衣履天下[19]，海岱之间敛袂而往朝[20]焉。其后，齐中衰，管子修[21]之，设轻重九府[22]，则桓公以霸[23]，九合[24]诸侯，一匡[25]天下；而管氏亦有三归[26]，位在陪臣[27]，富于列国之君。是以齐富强至于威、宣[28]也。

【注释】

①《周书》：《尚书》组成部分之一。相传是记载周代史事之书。②出：生产、种田。③事：事物、器物。④三宝：指粮食、器物、财富。绝：断绝，无。⑤匮：缺乏。⑥辟：开辟。⑦原：本源、源泉。⑧饶：富足，东西多。⑨鲜：贫困，东西少。⑩莫：无人，没有谁。夺予：改变或保持原样。⑪拙

者：愚笨的人。不足：不富裕，穷困。⑫潟（xì）卤：不适宜耕种的盐碱地。⑬寡：少。⑭女功：亦作“女工”“女红”。指妇女所做的纺织、刺绣、缝纫等事。⑮极技巧：极尽其技巧。即使其技巧达到极高的水平。⑯通：交流；贩运。⑰人物：指人和物。归：归附，归聚。⑱繦至：像绳索相连一样接连而来。繦，用绳索穿好的钱串。辐凑：形容四方人物来归，像辐之集中于毂一般。辐，车轮中间的直木。凑，聚集。⑲冠带衣履天下：以冠带衣履供给天下。意为天下的冠带衣履多为齐所制作。⑳海岱之间：今山东半岛。海，指今渤海。岱，指泰山。敛袂：整理衣袖。袂，衣袖。朝：朝见，朝拜。㉑修：修治、整顿。㉒轻重：中国历史上关于调节商品、货币流通和控制物价的理论。以《管子·轻重》论述最为详细。此处意为调节物价，掌管财政。九府：周代掌管财政的九个官府。㉓霸：称霸。㉔九合：多次会合。㉕匡：正，纠正。㉖三归：台观名。相传为管仲修筑，作游赏用。说明其财势超过一般大臣。㉗陪臣：春秋时期诸侯的大夫对周天子自称陪臣。㉘威：指齐威王田因齐。宣：指齐宣王田辟彊。

【原文】

故曰：“仓廪实而知礼节，衣食足而知荣辱[①]。”礼生于有而废于无[②]。故君子富，好行其德；小人富，以适其力[③]。渊深而鱼生之，山深而兽往之，人富而仁义附[④]焉。富者得势益彰，失势则客无所之[⑤]，以而[⑥]不乐，夷狄益甚[⑦]。谚曰：“千金之子[⑧]，不死于市[⑨]。”此非空言也。故曰：“天下熙熙[⑩]，皆为利来；天下壤壤[11]，皆为利往。”夫千乘之王[12]，万家之侯[13]，百室之君[14]，尚犹患[15]贫，而况匹夫编户之民[16]乎！

【注释】

①“仓廪实……知荣辱”：此二句引文见《管子·牧民》篇。廪：粮仓。②礼：我国奴隶社会、封建社会的等级制度，以及与此相适应的一整套礼节仪式。有：富有。无：匮乏，贫穷。③适其力：适当地用自己的劳力。适，适宜、适当。④附：附着，增益。⑤客：门客，食客。无所之：无处去，无处容身。⑥以而：因而。⑦夷狄：泛指少数民族。益甚：更为严重，更加厉害。⑧千金之子：千金之家的子弟。指富家子弟。⑨不死于市：不会因犯法而在市上处死。古代常在闹市处决犯人，并暴尸街头。⑩熙熙：形容拥挤、热闹的样子。⑪壤壤：通“攘攘”，纷乱的样子，与“熙熙”同义。⑫千乘之王：拥有千辆兵车的国君。⑬万家之侯：享有食邑万户的封侯。指诸侯。⑭百室之君：享有食邑几百户的封君。指大夫。⑮尚犹：尚且。患：忧虑，担心。⑯编户之民：编入户口册的老百姓。

【原文】

昔者越王句践困于会稽之上，乃用范蠡、计然。计然曰：“知斗则修备[1]，时用则知物[2]，二者形[3]则万货之情可得而观已。故岁在金，穰；水，毁；木，饥；火，旱[4]。旱则资舟[5]，水则资车，物之理也。六岁穰[6]，六岁旱，十二岁一大饥。夫粜[7]，二十病农[8]，九十病末[9]。末病则财不出[10]，农病则草不辟[11]矣。上不过八十，下不减[12]三十，则农末俱利，平粜齐物[13]，关市不乏[14]，治国之道也。积著[15]之理，务完物[16]，无息币[17]。以物相贸，易腐败而食[18]之货勿留，无敢居贵[19]。论[20]其有余不足，则知贵贱。贵上极则反[21]贱，贱下极[22]则反贵。贵出如粪土，贱取如珠玉[23]。财币欲[24]其行如流水。”修[25]之十年，国富，厚赂[26]战士，士赴矢石[27]，如渴得饮，遂报[28]强吴，观兵中国[29]，称号“五霸[30]”。

【注释】

①斗：打仗。修备：做好准备。②时用则知物：知道货物何时为人需求购用。时，时间、季节。用，用途，使用。③形：对照。④穰：丰收。毁：坏，指歉收。饥：饥荒，年成不好。旱：干旱。此句是以阴阳五行说来论说年景收成好坏。⑤资舟：积蓄船只。⑥六岁穰：六年丰收。⑦粜（tiào）：卖粮食。⑧二十病农：每斗价格二十钱，则农人受损害。病，损害。⑨九十病末：每斗价格九十钱，则商人受损害。末，指工商业，与本（农）相对。⑩出：流出，流通。⑪草不辟：指田地荒芜。辟，开垦，开辟。⑫减：低于，少于。⑬平粜：平价卖粮。齐物：同等货物。⑭关市：指关卡税收与市场供应。乏：缺乏。⑮积著：积贮。指囤积货物。著，通“贮”。⑯务：务须，务求。完物：完好牢固的货物。⑰无息币：没有滞留的货币资金。息，滞留、停息。⑱腐败而食：腐败而易蚀。食，即蚀。⑲无敢居贵：不敢积居以求高价。⑳论：研究、论断。㉑贵上极：物贵到极点。反：返。㉒贱下极：物

贱到极点。㉓贵出如粪土，贱取如珠玉：当物贵到极点时，要及时卖出，视同粪土；当物贱到极点时，要及时购进，视如珠宝。㉔欲：要想，想使。㉕修：整治，治理。㉖厚赂：重金收买，重赏。㉗赴矢石：指赴战场。矢，箭。古代作战发矢抛石以打击敌人，故云。㉘遂：终于。报：报复，报仇。㉙观兵：炫耀兵力。观，显示。中国：指中原地区。㉚五霸：春秋时先后称霸的五个诸侯。指齐桓公、晋文公、楚庄公、吴王阖闾、越王句践。一说指齐桓公、宋襄公、晋文公、秦穆公、楚庄王。

【原文】

范蠡既[①]雪会稽之耻，乃喟然[②]而叹曰："计然之策七，越用其五而得意[③]。既已施于国，吾欲用之家。"乃乘扁舟浮[④]于江湖，变名易姓，适齐为鸱夷[⑤]子皮，之[⑥]陶为朱公。朱公以为陶天下之中[⑦]，诸侯四通，货物所交易[⑧]也。乃治产积居，与时逐而不责[⑨]于人。故善治生[⑩]者，能择人而任时[⑪]。十九年之中三致[⑫]千金，再分散与贫交疏昆弟[⑬]。此所谓富好行其德者也。后年衰老而听[⑭]子孙，子孙修业而息[⑮]之，遂至巨万。故言富者皆称[⑯]陶朱公。

【注释】

①既：已经。②喟然：叹息的样子。③得意：满足意愿，实现愿望。④扁舟：小船。浮：漂泊。⑤适：到……去。鸱夷：亦作"鸱鹈"，皮制的口袋，也用来盛酒。⑥之：到……去。⑦中：中心。⑧交：交流。易：容易、方便。⑨与时逐：随时逐利。责：责求，要求。⑩治生：经营产业。⑪择人：择

用贤人。任时：把握时效。⑫致：取得、得到。⑬再：两次。与：给予。贫交：贫穷的朋友。疏昆弟：远房同姓的兄弟。⑭听：听任，任凭。⑮息：增长，增利。指发展。⑯称：称颂，赞誉。

【原文】

子赣[1]既学于仲尼，退而仕于卫，废著鬻财[2]于曹、鲁之间，七十子之徒[3]，赐最为饶益[4]。原宪不厌糟糠[5]，匿[6]于穷巷。子贡结驷连骑[7]，束帛之币以聘享[8]诸侯，所至，国君无不分庭与之抗礼[9]。夫使孔子名布扬于天下者，子贡先后[10]之也。此所谓得势而益彰[11]者乎？

【注释】

①子赣：即子贡。其人其事详见《仲尼弟子列传》。②废著：卖贵买贱。废，卖出。著，通"贮"，囤积。鬻财：经商。③七十子之徒：指孔门七十余个高徒。④饶益：富有。⑤不厌糟糠：连糟糠都吃不饱。厌，通"餍"，饱。⑥匿：躲藏，隐居。⑦结驷连骑：乘坐四马并辔齐头牵引的车子。⑧束帛之币：指束帛这类赠礼。帛五匹为一束。每匹从两端卷起，共为十端。帛也称为币，故称"束帛之币"。聘：访问。享：供奉。⑨分庭与之抗礼：即与子贡分庭抗礼。古时宾客和主人分别站在庭中的两边，相对行礼，以平等地位相待。此处意为，子贡见诸侯，不行君臣之礼而行宾主之礼。⑩先后：辅助，相助。⑪益彰：更加显著。

【原文】

白圭，周[①]人也。当魏文侯时，李克务尽地力[②]，而白圭乐观时变，故人弃我取，人取我与[③]。夫岁孰[④]取谷，予之丝漆；茧出取帛絮，予之食[⑤]。太阴在卯，穰[⑥]；明岁衰恶[⑦]。至午[⑧]，旱；明岁美。至酉，穰；明岁衰恶。至子，大旱；明岁美，有水。至卯[⑨]，积著率岁倍[⑩]。欲长钱，取下谷；长石斗，取上种[⑪]。能薄饮食[⑫]，忍嗜欲，节衣服，与用事僮仆同苦乐，趋时若猛兽挚鸟之发[⑬]。故曰："吾治生产[⑭]，犹伊尹、吕尚之谋，孙吴用兵，商鞅行法是也。是故其智不足与权变[⑮]，勇不足以决断，仁不能以取予，强不能有所守，虽欲学吾术，终不告之矣。"盖天下言治生祖[⑯]白圭。白圭其有所试[⑰]矣，能试有所长[⑱]，非苟而已也[⑲]。

【注释】

①周：指战国初期的小诸侯国西周国。②务：致力于。尽地力：竭力开发土地资源。③与：通"予"，给予，此处意为出售。④岁孰：每年谷物成熟。指一年的农事收成。⑤食：粮食。⑥太阴：指木星。卯：地支的第四位。穰：丰收年。⑦衰恶：年景不好。⑧至午：木星在午宫（方位）时。午，地支的第七位。下文"至酉""至子"，均指木星所在方位。⑨至卯：此指木星复至卯宫（方位）时。⑩积著：积贮。率：大致，大概。岁倍：每年增长一倍。⑪上种：上等谷物。⑫薄饮食：不讲究吃喝。薄，轻视。⑬趋时：争取时机，捕捉时机。若：好像。挚：通"鸷"，凶猛。发：奋发，指动作迅捷。

⑭生产：经商致富之事。⑮不足与权变：够不上随机应变。不足与，即够不上……⑯祖：效法。⑰试：尝试。⑱长：专长。⑲非苟而已也：并不是马虎随便行事。苟，不严肃。

【原文】

猗顿用盬盐起[①]。而邯郸郭纵以铁冶成业[②]，与王者埒富[③]。

【注释】

①用：以，由于。盬：古盐池名，在今山西省临猗县南。起：起家，发家。②成业：成就家业。③埒（liè）：相等，等同。

【原文】

乌氏倮[①]畜牧，及众[②]，斥卖[③]，求奇缯物[④]，间献遗[⑤]戎王。戎王什倍其偿[⑥]，与之畜，畜至用谷量马牛[⑦]。秦始皇帝令倮比封君[⑧]，以时与列臣朝请[⑨]。而巴寡妇清[⑩]，其先得丹穴[⑪]，而擅[⑫]其利数世，家亦不訾[⑬]。清，寡妇也，能守其业，用财自卫，不见侵犯。秦皇帝以为贞妇而客之[⑭]，为筑女怀清台[⑮]。夫倮鄙人牧长[⑯]，清穷乡寡妇，礼抗万乘[⑰]，名显天下，岂非以富邪[⑱]？

【注释】

①倮：人名。秦时大畜牧主。②及众：等到牲畜繁殖众多时。③斥卖：变卖、拿去卖掉。④求奇缯物：寻求奇异之物和丝织品。缯，丝织品总称。⑤间：秘密地、悄悄地。遗：赠

送，给予。⑥什倍：十倍。偿：偿还。⑦至：以至，甚至。用谷量马牛：以山谷为单位来计算马牛的数量。意为给的马牛过多，无法用“匹”“头”计算。⑧比封君：与封君并列，地位差不多。比，比照，并列，挨着。⑨以时：按规定时间。朝请：朝见。请，谒见。⑩巴：指寡妇清所在之邑。清：人名。⑪先：先人，祖上。丹穴：丹砂矿。⑫擅：独揽、独得。⑬家：家产。不訾：不计其数。訾，通“赀”，计量。⑭以为贞妇：认为她是贞妇。客之：以宾客之礼待她。⑮女怀清台：在今重庆市长寿区南。⑯鄙人：边鄙之人，即边民。鄙，边远之地。牧长：畜牧主。⑰礼抗万乘：与皇帝分庭抗礼。万乘，拥有万辆兵车的统治者，此指皇帝。⑱岂非以富邪：难道不是因为有钱吗?

【原文】

汉兴[①]，海内为一，开关梁[②]，弛山泽之禁[③]，是以富商大贾周流[④]天下，交易之物莫不通，得其所欲，而徙豪杰诸侯强族于京师[⑤]。

【注释】

①汉兴：汉朝兴起。即汉朝建立。②关梁：水陆交通要地。关，关口。梁，桥梁。③弛：放松，开放。山泽之禁：山泽中的出产为国家专利，严禁百姓开采。禁，禁令。④贾：商人。周流：通行，遍行。⑤徙：迁移。豪杰：豪强。诸侯：指战国时旧诸侯。京师：国都。

【原文】

关中自汧、雍以东至河、华①，膏壤沃野千里，自虞夏之贡以为上田②，而公刘适邠③，大王④、王季在岐，文王作丰⑤，武王治镐⑥，故其民犹有先王之遗风，好稼穑⑦，殖⑧五谷，地重⑨，重为邪⑩。及秦文、德、缪⑪居雍，隙陇蜀之货物⑫而多贾。献公⑬徙栎邑，栎邑北却戎翟⑭，东通三晋⑮，亦多大贾。孝、昭⑯治咸阳，因以汉都⑰，长安诸陵⑱，四方辐凑并至而会⑲，地小人众，故其民益玩巧而事末⑳也。南㉑则巴蜀。巴蜀亦沃野，地饶卮㉒、姜、丹沙、石、铜、铁、竹、木之器。南御㉓滇僰，僰僮㉔。西近邛笮㉕，笮马、旄牛㉖。然四塞㉗，栈道㉘千里，无所不通，唯褒斜绾毂㉙其口，以所多易所鲜㉚。天水、陇西、北地、上郡与关中同俗，然西有羌中之利，北有戎翟之畜，畜牧为天下饶。然地亦穷险㉛，唯京师要㉜其道。故关中之地，于天下三分之一㉝，而人众不过什三㉞；然量其富，什居其六㉟。

【注释】

①河：黄河。华：华山。②贡：赋税。传说中夏代的租赋制度。上田：上等田地。③适：到……去。邠：同“豳”。④大王：即周太王，古公亶父。⑤作丰：兴建丰邑。丰，丰京。⑥治镐：治理镐京。⑦好稼穑（sè）：喜好农业生产。稼，种谷。穑，收谷。⑧殖：种植。⑨地重：以地为重，重视土地的价值。⑩重为邪：把做坏事看得很严重。即很难去做坏事。⑪及：等到。文：指秦文公。德：指秦德公。缪：通“穆”，

指秦穆公。⑫隙陇蜀之货物：地居陇蜀货物交流的要道。隙，间孔、要道。⑬献公：指秦献公。⑭却：退，御。翟：同"狄"。⑮三晋：战国时韩赵魏三家分晋，各自立国，故称三晋。此指原三晋之地。⑯孝：指秦孝公。昭：指秦昭王。⑰因以汉都：汉朝借此而作为都城。因，凭借、沿袭。⑱长安诸陵：指长安附近诸皇陵所在地，亦即诸陵县。⑲会：会聚，会合。⑳益：更加。事：做，从事。末：末业，指商业。㉑南：指秦岭以南。㉒卮：栀子，可以入药或制颜料。㉓御：抵御。㉔僰僮：僰地多出僮仆。汉代僰人常被贩卖为奴。㉕邛、笮：均古族名，国名。㉖笮马、旄牛：笮地出产的马和牦牛。㉗四塞：四周闭塞。㉘栈道：在险绝的山上用竹木架成的道路。㉙褒斜：即褒斜道。古道路名。因取道褒水、斜水两河谷得名。两水同出秦岭太白山：褒水南注汉水，谷口在旧褒城县（今分划入汉中市汉台区、南郑区、勉县、留坝县）北十里；斜水北注渭水，谷口在眉县西南三十里。汉武帝时曾发数万人治褒斜水道，欲使通漕运，未成；其陆道则自汉以后长期间为往来秦岭南北重要通道之一。绾毂：控扼，勾联。比喻处于中枢地位，对各方面起联络、扼制的作用。㉚所多：多余之物。易：交换。所鲜：缺少之物。鲜，少。㉛穷险：阻塞不通，地势险要。㉜要：要约、约束。㉝于天下三分之一：占天下三分之一。㉞人众：人口。什三：十分之三。㉟什居其六：十份中占有六份。即占十分之六。

【原文】

昔唐[①]人都河东，殷[②]人都河内，周[③]人都河南。夫三河[④]

在天下之中，若[5]鼎足，王者所更居[6]也，建国各数百千岁[7]，土地小狭，民人众，都国[8]诸侯所聚会，故其俗纤俭习事[9]。杨、平阳陈[10]西贾秦、翟，北贾种、代。种、代，石北也，地边[11]胡，数被寇[12]。人民矜懻忮[13]，好气[14]，任侠[15]为奸，不事农商。然迫近北夷，师旅亟[16]往，中国委输时有奇羡[17]。其民羯羠不均[18]，自全晋之时固已患其僄悍[19]，而武灵王益厉之[20]，其谣俗[21]犹有赵之风也。故杨、平阳陈掾[22]其间，得所欲。温、轵西贾上党，北贾赵、中山。中山地薄人众，犹有沙丘纣淫地[23]余民，民俗懁急[24]，仰机利[25]而食。丈夫相聚游戏，悲歌忼慨[26]，起则相随椎剽[27]，休则掘冢作巧奸冶[28]，多美物[29]，为倡优[30]。女子则鼓鸣瑟[31]，跕屣[32]，游媚贵富[33]，入后宫，遍[34]诸侯。

【注释】

①唐：即陶唐氏。②殷：此指盘庚迁都于殷后的商氏。③周：此指平王东迁后的东周。④三河：指河东、河内、河南。⑤若：好像。⑥更：更迭，交替。居：建都居住。⑦岁：年。⑧都：都市。国：京城。⑨纤俭：小气俭省。习事：熟悉世故。⑩陈：《索隐》谓此字为衍字。下文“杨、平阳陈掾其间”之“陈”亦因此而衍。⑪边：接壤，靠近。⑫数：屡次。寇：侵犯，掠夺。⑬矜：夸耀，崇尚。懻忮：强直忌恨。⑭好气：好使性子。⑮任侠：以扶弱抑强为己任。⑯师旅：军队。亟：屡次。⑰委输：运送。奇羡：剩余、赢余。⑱羯羠：强悍。均：同“耘”，耕耘。⑲全晋：指韩、赵、魏三家分晋以

前的晋国。患：担忧，忧虑。僄悍：通“剽悍”，轻捷勇猛。⑳武灵王益厉之：谓赵武灵王提倡胡服骑射，使崇尚强悍的风气进一步加强。参见《赵世家》。㉑谣俗：民俗。㉒陈掾：驰逐，经营驰逐。㉓沙丘纣淫地：相传殷纣于沙丘扩筑苑台，恣意胡为，淫戏无度。详见《殷本纪》。淫地，荒淫之地。指纣于此荒淫作乐。㉔懁急：通“狷急”，急躁。懁，性急。㉕仰：依仗。机利：投机取巧。㉖忼慨：通“慷慨”，情绪激昂。㉗椎：用槌打。剽：抢劫财物。㉘掘冢：盗墓。冢：坟墓。作巧：制作假的，冒充真的。奸冶：私自熔炼钱币。奸，私下。㉙美物：奇美的物品。另说，美作“弄”，是玩物的意思。㉚倡优：歌舞艺人和演戏的人。㉛鼓：弹奏、敲击乐器。瑟：一种弹奏乐器。㉜跕屣：拖着鞋走路。㉝游媚贵富：到处向权贵富豪献媚。㉞遍：充斥，遍及。

【原文】

然邯郸亦漳、河之间一都会[①]也。北通燕、涿，南有郑、卫。郑、卫俗与赵相类，然近梁、鲁，微重而矜节[②]。濮上之邑[③]徙野王，野王好气任侠，卫之风也。

【注释】

①漳：漳河。河：黄河。都会：都市。②微重：稍显庄重。重，庄重，端重。矜节：顾惜节操。矜，顾惜、注重。③濮上之邑：指帝丘，战国时改名濮阳，故云。

【原文】

夫燕亦勃、碣[①]之间一都会也。南通齐、赵，东北边胡。

上谷至辽东，地踔远[②]，人民希[③]，数被寇，大与赵、代俗相类，而民雕捍少虑[④]，有鱼盐枣栗之饶。北邻乌桓、夫馀，东绾[⑤]秽貉、朝鲜、真番之利。

【注释】

①勃：渤海。碣：碣石山。②踔远：遥远。踔，超越。③希：通“稀”，少。④雕捍：迅捷，凶猛。捍，通“悍”。少虑：缺乏考虑。即不爱动脑思考问题。⑤绾：系，集结。

【原文】

洛阳东贾齐、鲁，南贾梁、楚。故泰山之阳[①]则鲁，其阴[②]则齐。

【注释】

①阳：指泰山的南面。②阴：指泰山的北面。

【原文】

齐带山海[①]，膏壤千里，宜桑麻，人民多文彩布帛[②]鱼盐。临菑亦海岱之间一都会也。其俗宽缓阔达，而足智，好议论，地重[③]，难动摇[④]，怯于众斗，勇于持刺[⑤]，故多劫人者，大国之风也。其中具五民[⑥]。

【注释】

①带山海：被山海环绕。带，腰带，比喻围绕着。②文彩：彩色丝绸。布帛：麻布和丝织品。布，亦指钱币。③地重：以地为重，即乡土观念重。④难动摇：不易浮动外流。⑤持刺：行刺。指暗中伤人。⑥具：具备，具有。五民：指

士、农、商、工、贾。

【原文】

而邹、鲁滨洙[①]、泗，犹有周公遗风[②]，俗好儒[③]，备[④]于礼，故其民龊龊[⑤]。颇有桑麻之业，无林泽之饶。地小人众，俭啬，畏罪远邪。及其衰，好贾趋利，甚于周人[⑥]。

【注释】

①滨：临近，靠近。洙：水名。②遗风：传留的风俗。③儒：儒家学说，儒术。④备：完备、齐全，应有尽有。⑤龊龊：小心拘谨，注意小节。⑥甚：厉害、严重。周人：指周地之人（洛阳人）。

【原文】

夫自鸿沟[①]以东，芒、砀[②]以北，属[③]钜野，此梁、宋也。陶、睢阳亦一都会也。昔尧作[④]于成阳，舜渔于雷泽[⑤]，汤止于亳。其俗犹有先王遗风，重厚多君子，好稼穑，虽无山川之饶，能恶衣食[⑥]，致其蓄藏[⑦]。

【注释】

①鸿沟：古运河名。②芒：指芒山。砀：指砀山。③属：连接。④作：兴起。⑤雷泽：古泽名。⑥恶衣食：指不择衣食。意即省吃俭用。⑦致：达到，求得。蓄藏：积蓄。

【原文】

越、楚则有三俗[①]。夫自淮北沛、陈、汝南、南郡，此西楚也。其俗剽轻，易发怒，地薄，寡于积聚。江陵故郢都，西通巫、巴，东有云梦[2]之饶。陈在楚夏之交[3]，通鱼盐之货，其民多贾。徐、僮、取虑，则清刻[4]，矜已诺[5]。

【注释】

①三俗：指下文西楚、东楚、南楚三地的不同风俗。②云梦：古泽薮名。③陈在楚夏之交：因陈南面为楚，北面为夏（古国名）故云。交，会合、交接之处。④清刻：清廉苛严。意为要求自己很严格。⑤矜：注重。已诺：自己应诺、答应之事。

【原文】

彭城以东，东海、吴、广陵，此东楚也。其俗类徐、僮。朐、缯以北，俗则齐[1]。浙江[2]南则越。夫吴自阖庐、春申、王濞[3]三人招致天下之喜游子弟，东有海盐之饶，章山之铜，三江、五湖之利，亦江东一都会也。

【注释】

①俗则齐：风俗与齐地相同。②浙江：即钱塘江。③王濞：刘濞。其人其事见《吴王濞列传》。

【原文】

衡山、九江、江南、豫章、长沙，是南楚也，其俗大类西楚。郢之后徙寿春，亦一都会也。而合肥受南北潮，皮革、鲍、木输会[1]也。与闽中、于越[2]杂俗，故南楚好辞[3]，巧说少信。江南卑湿[4]，丈夫早夭[5]。多竹木。豫章出黄金，长沙出连、锡，然堇堇[6]物之所有，取之不足以更费[7]。九疑[8]、苍梧以南至儋耳者，与江南大同俗⑨，而杨越多焉。番禺亦其一都会也，珠玑、犀、玳瑁、果、布之凑⑩。

【注释】

①南北潮：指南面长江、北面淮河之潮。输会：集散地。②于越：中华书局点校本作“干越”，误。③辞：言辞。④卑湿：地低潮湿。⑤丈夫早夭：指当时江南男子一般寿命不长。⑥堇堇：仅仅。堇，通“仅”。⑦更费：抵偿支出。⑧九疑：即九疑山，又名苍梧山。疑，又作“嶷”。⑨大：大致，大体。同俗：风俗相同。⑩果：指龙眼、荔枝一类水果。布：葛布。凑：会合，会集。意指番禺为上述商品之集散地。

【原文】

颍川、南阳，夏人之居①也。夏人政尚忠朴，犹有先王之遗风。颍川敦愿②。秦末世，迁不轨之民③于南阳。南阳西通武关、郧关，东南受汉、江、淮④。宛亦一都会也。俗杂好事，业多贾。其任侠⑤，交通颍川，故至今谓之“夏人”。

【注释】

①夏人之居：夏民族曾居住过的地区。因夏建都多在上述二郡范围，故云。②敦愿：敦厚老实。③不轨之民：不法之民。不轨，违法叛乱。④受：承受、面临。汉、江、淮：分别指汉水、长江、淮河。⑤任侠：好行侠义。

【原文】

夫天下物所鲜所多，人民谣俗，山东食海盐，山西食盐卤[1]，领南、沙北[2]固往往出盐，大体如此矣。

【注释】

①盐卤：指岩盐、池盐。山西、陕西、甘肃等省皆产池盐。②领南：即岭南。沙北：沙漠以北。指今内蒙古、甘肃、新疆等地。

【原文】

总之，楚越之地，地广人希，饭稻羹鱼[1]，或火耕而水耨[2]，果隋蠃蛤[3]，不待贾而足，地埶饶食[4]，无饥馑之患，以故呰窳[5]偷生，无积聚而多贫。是故江淮以南，无冻饿之人，亦无千金之家。沂、泗水以北，宜五谷桑麻六畜，地少[6]人众，数被[7]水旱之害，民好畜藏[8]，故秦、夏、梁、鲁好农而重民。三河、宛、陈亦然，加以商贾。齐、赵设智巧，仰机利。燕、代田畜而事蚕[9]。

【注释】

①饭稻羹鱼：以稻米为饭，以鱼类为菜。羹，用肉或菜调和五味做成带汤的食物。②火耕：一种原始耕作方法。烧去杂草，种植杂粮或引水种稻。水耨：一种利用灌水除草的方法。据《集解》引应劭曰："烧草下水种稻，草与稻并生，高七八寸，因悉芟去，复下水灌之，草死独稻长，所谓火耕水耨也。"③果隋：据《集解》，即果蓏。指瓜果。蠃：通"螺"。蛤：蛤蜊。④地埶：即地势。地理形势。饶食：丰足。⑤呰窳(yǔ)：苟且，偷懒。⑥地少：中华书局点校本作"地小"，

误。⑦数被：屡次遭受。⑧畜藏：积蓄储藏。⑨田畜而事蚕：种田、畜牧和养蚕。

【原文】

由此观之，贤人深谋于廊庙[①]，论议朝廷，守信死节隐居岩穴之士设为名高者安归[②]乎？归于富厚也。是以廉吏久，久更富，廉贾归富[③]。富者，人之情性，所不学而俱欲者也。故壮士在军，攻城先登，陷阵却敌，斩将搴旗[④]，前蒙矢石，不避汤火之难者，为重赏使[⑤]也。其在闾巷[⑥]少年，攻剽椎埋[⑦]，劫人作奸[⑧]，掘冢铸币，任侠并兼，借交报仇，篡逐幽隐[⑨]，不避法禁，走死地如骛[⑩]者，其实皆为财用耳。今夫赵女郑姬[⑪]，设形容[⑫]，揳[⑬]鸣琴，揄长袂[⑭]，蹑利屣[⑮]，目挑心招[⑯]，出不远千里，不择老少者，奔富厚也。游闲公子，饰冠剑，连车骑，亦为富贵容也。弋射[⑰]渔猎，犯晨夜[⑱]，冒霜雪，驰阬[⑲]谷，不避猛兽之害，为得味[⑳]也。博戏驰逐[㉑]，斗鸡走狗，作色相矜[㉒]，必争胜者，重失负[㉓]也。医方诸食技术[㉔]之人，焦神极能[㉕]，为重糈[㉖]也。吏士舞文弄法，刻章伪书[㉗]，不避刀锯之诛者，没于赂遗[㉘]也。农工商贾畜长[㉙]，固求富益货也。此有知尽能索[㉚]耳，终不余力而让财[㉛]矣。

【注释】

①廊庙：古代帝王和大臣议论国事的地方。后世也称朝廷为廊庙。②设为：设使成为。安归：归于何处。③廉贾归富：不贪一时之利、讲信用的商人，能多赚钱而终久致富。归，趋向。④搴旗：拔取敌方旗帜。⑤使：驱使。⑥闾巷：指街道里

弄。⑦攻剽：抢劫财物。椎埋：杀人埋尸。⑧劫人作奸：胁迫别人干坏事。⑨篡逐幽隐：在昏暗隐蔽之处追逐强夺。篡：非法地夺取。幽：昏暗、深暗。⑩骛：马乱奔驰。此处意为追求财利而不惧死。⑪姬：古时对妇女的美称，也称美女。⑫设：化妆、打扮。形容：身段容貌。⑬揳：打击，弹奏。击响乐器。⑭揄：拉，引，提起。袂：衣袖。⑮蹑：踩、踏。利屣：轻便的舞鞋。⑯目挑心招：用眼神挑逗，用心招引。⑰弋射：用绳系在箭上射。⑱犯晨夜：指起早贪黑。犯，干犯，违反。⑲阬：同“坑”。⑳味：野味。指弋射渔猎所得鸟兽鱼类。㉑博戏：古代一种赌胜负的游戏。驰逐：指赛马一类游戏。㉒作色：装模作样，变换脸色。相矜：争相夸耀。㉓失负：即败输，失败损失。㉔方：方士。指从事求仙、炼丹之人。食技术：依靠技艺谋生的人。㉕焦神：过度劳神。极能：极尽其能。㉖糈：粮食。此指收入。㉗刻章：私刻公章官印。伪书：假造文书材料。㉘没：陷入，沉溺。赂遗：别人的贿赂赠礼。㉙畜长：储积增加各种财物。㉚知：智慧，智能。索：求取。㉛让财：争夺财物。让，通“攘”，窃取，侵夺。

【原文】

谚曰：“百里不贩樵[①]，千里不贩籴[②]。”居之一岁，种之以谷；十岁，树[③]之以木；百岁，来之以德[④]。德者，人物[⑤]之谓也。今有无秩禄之奉[⑥]，爵邑之入[⑦]，而乐与之比[⑧]者，命曰：“素封[⑨]。”封者食租税，岁率户二百[⑩]。千户之君[⑪]则二十万，朝觐聘享[⑫]出其中。庶民农工商贾，率亦岁万息二千[⑬]

户，百万之家则二十万[14]而更[15]徭租赋出其中。衣食之欲，恣[16]所好美矣。故曰陆地牧马二百蹄[17]，牛蹄角千[18]，千足羊[19]，泽中千足彘[20]，水居千石鱼陂[21]，山居千章[22]之材。安邑千树[23]枣；燕、秦千树栗；蜀、汉、江陵千树橘；淮北、常山已南[24]，河济之间千树萩[25]；陈、夏千亩漆；齐、鲁千亩桑麻；渭川[26]千亩竹；及名国万家之城，带郭千亩亩钟[27]之田，若千亩卮茜[28]，千畦姜韭：此其人皆与千户侯等[29]。然是富给之资[30]也，不窥市井[31]，不行异邑[32]，坐而待收，身有处士之义而取给[33]焉。若至家贫亲老，妻子软弱，岁时无以祭祀进醵[34]，饮食被服不足以自通[35]，如此不惭耻，则无所比[36]矣。是以无财作力[37]，少有[38]斗智，既饶[39]争时，此其大经[40]也。今治生不待危身取给[41]，则贤人勉[42]焉。是故本富[43]为上，末富[44]次之，奸富[45]最下。无岩处奇士[46]之行，而长贫贱，好语仁义，亦足羞也[47]。

【注释】

①贩樵：贩卖薪柴。②贩籴：贩运粮食。籴，买进粮食。③树：种植。④来：招来。德：德行。⑤人物：人和物。意为人的才德名望和财富。⑥秩禄：官吏的俸禄。指官吏按品级享受不同的俸禄。奉：供给。⑦爵邑之入：爵位封地的租税收入。邑，封地。⑧乐：喜欢，乐意。比：比较、相比。⑨素封：指不仕之人虽“无爵邑之入”，“秩禄之奉”，但“自有园田收养之给，其利比于封君”，故称“素封”。素，空。⑩率：标准，规格。户：每一户。二百：二百钱。⑪千户之君：指有

一千户的封君。⑫朝覲：古代诸侯去拜见天子。朝，春天朝见。覲，秋天朝见。聘：古代诸侯之间或诸侯与天子之间派使节问候。享：用食物供奉“鬼神”或用食物招待人。⑬万息二千：一万钱可得利息二千钱。⑭百万之家则二十万：拥有一百万钱的人家，每年即可得息二十万钱。⑮更：汉代指轮流更替的兵役。汉承秦制，规定凡二十三岁至五十六岁男丁，应服三项兵役。一是为郡县（地方）服兵役一月；二是为中央服兵役一年；三是为戍边服役三日。因轮流服役，故名“更”。自身不服役而出钱由政府雇人代替，名“更赋”。⑯恣：任凭。⑰二百蹄：一马四蹄，二百蹄即五十匹马。⑱牛蹄角千：一牛四蹄二角，蹄角千即大约一百六十七头牛。⑲千足羊：一羊四足，千足羊即二百五十只羊。⑳泽：草泽。彘：猪。一猪四足，千足彘即二百五十头猪。㉑千石鱼陂：每年收鱼一千石的鱼塘。石，汉制石为一百二十斤。千石共十二万斤。陂，池塘。㉒章：大的木材叫章。㉓千树：一千株树，极言其多，未必是确指。下同。㉔已南：以南。已，通“以”。㉕萩：通“楸”，一种落叶乔木。㉖渭川：渭河平原。㉗带郭：指城外附近的田地。亩钟：每亩产量一种。钟，量器。一钟为六斛（十斗）四斗，合今二百一十九点二升。㉘若：或，或者。茜：草名，根可作大红色染料。㉙等：相同。㉚富给；富足，富有。资：资本，凭借。㉛市井：古称做买卖的地方。㉜异邑：别的城邑。㉝处：古代指有才德而隐居不当官的人。义：名义。取给：取用丰足。㉞醵：凑钱饮酒或聚集饮食。㉟自通：自我满足。通，畅通无阻。㊱无所比：没有什么值得相比的。㊲无财作力：没有钱财，出卖劳力。㊳少有：少许有钱。㊴既饶：已经富足。㊵大经：一般的常规、常理。㊶治生：谋求生计。危身取给：冒着生命危险去取得所需物品。㊷勉：劝勉，鼓励。㊸本富：以从事农业生产而致富。㊹末富：从事商工而致富。㊺奸富：靠奸巧，甚至违法去求利。㊻岩处奇士：深居山野不肯做官的隐士。㊼亦足羞也：也值得羞惭了。足，够得上。

【原文】

凡编户之民，富相什则卑下①之，伯则畏惮②之，千则役③，万则仆④，物之理也。夫用贫求富，农不如工，工不如商，刺绣文不如倚市门⑤，此言末业，贫者之资也。通邑大都⑥，酤一岁千酿⑦，醯酱千瓨⑧，浆千甔⑨，屠牛羊彘千皮⑩，贩谷粜千钟，薪稿⑪千车，船长千丈⑫，木千章⑬，竹竿万个，其轺车⑭百乘，牛车千两⑮，木器髹者千枚⑯，铜器千钧，素木⑰铁器若卮茜千石，马蹄躈⑱千，牛千足，羊彘千双⑲，僮手指千⑳，筋角丹沙千斤，其帛絮细布千钧，文采㉑千匹，榻布㉒皮革千石，漆千斗，蘖曲盐豉㉓千荅，鲐鮆㉔千斤，鲰㉕千石，鲍㉖千钧，枣栗千石者三之㉗，狐貂裘㉘千皮，羔羊裘千石，旃㉙席千具，佗㉚果菜千钟，子贷金钱千贯㉛，节驵会㉜，贪贾三之㉝，廉贾五之㉞，此亦比千乘㉟之家，其大率㊱也。佗杂业不中什二㊲，则非吾财也㊳。

【注释】

①富相什：财富相差十倍。什，即“十”。卑下：低声下气。②伯：即“百”，百倍。畏惮：惧怕。③役：役使。④仆：奴仆。⑤倚市门：即所谓“倚门卖笑”，指充当妓女以谋生。⑥通邑大都：交通发达的大城市。⑦酤：酒。千酿：千瓮酒。⑧醯（xī）酱：醋。瓨：瓦坛类容器，长颈。陈直《史记新证》释为“缸”。⑨浆：古代一种带酸味的饮料，用来代酒。甔：坛子一类的贮物瓦器。⑩千皮：皮一千张。⑪稿：麦、稻秸秆。⑫船长千丈：所有船只的总长度为千丈。⑬木千章：大木材一千根。与上文“千章之材”略异。⑭轺车：小型轻便的马车。⑮两：通“辆”。⑯髹（xiū）：通“髤”，用漆涂器物。千枚：千个。⑰素木：未上漆的木器。⑱躈：马的肛门。⑲千双：两千只。⑳僮手指千：指奴婢百人。据《集解》引《汉书音义》：“僮，奴婢也。古者无空手游日，皆有作务，作务须手指，故曰手指，以别马牛蹄角也。”㉑文采：指有各种图案的彩色的绢帛。㉒榻布：粗厚的布。㉓蘖曲：酿酒用的发酵剂。盐豉：咸豆豉。豆豉是把大豆煮熟发酵而成。㉔鲐：鱼名，即河豚。鮆：鱼名，刀鱼。㉕鲰：鱼名，杂小鱼。㉖鲍：盐渍的鱼。㉗千石者三之：一千石的三倍，即三千石。㉘貂；貂鼠。裘：皮衣。㉙旃席：毛毯。旃，通“毡”，毛织品。㉚佗：通“他”，其他。㉛子：利息。贯：古代铜钱用绳穿，一千个为一贯。㉜节：节制，管理，估定价格。驵会：说合牲畜交易，从中谋利的人。驵，好马，壮马。会，即

“侩”。㉝贪贾三之：指贪心大的商人由于惜售，货物滞销，资金周转不灵，所得利润仅为十分之三。㉞廉贾五之：指廉价抛售，薄利多销的商人，财物流通无滞，所得利润可达十分之五。㉟千乘：见前“千乘之王”条注。㊱大率：大致、一般的情况。㊲不中什二：不能获得十分之二的利润。中，达到，射中目标。㊳则非吾财也：就算不得好的致富行业。

【原文】

请略道[①]当世千里之中，贤人所以富者，令后世得以观择[②]焉。

【注释】

①略道：简略地述说。②令：让，使得。观择：观察、选择。

【原文】

蜀卓氏之先，赵人也，用铁冶富[①]。秦破赵，迁卓氏。卓氏见虏略[②]，独夫妻推辇[③]，行诣[④]迁处。诸迁虏少有[⑤]余财，争与吏[⑥]，求近处[⑦]，处葭萌。唯卓氏曰：“此地狭薄[⑧]。吾闻汶山[⑨]之下，沃野，下有蹲鸱[⑩]，至死不饥。民工于市[⑪]，易贾。”乃求远迁。致之临邛[⑫]，大喜，即铁山鼓铸[⑬]，运筹策[⑭]，倾[⑮]滇蜀之民，富至僮千人。田池射猎之乐，拟于人君[⑯]。

【注释】

①用铁冶富：以冶铁致富。②见：被。虏略：即“掳

掠”。指秦灭六国时，曾多次组织大规模的强制移民，掳其财富。③辇：用人拉挽的车子。④诣：到……去。⑤诸迁虏：指那些被迁徙的人。少有：稍许有。⑥争与吏：争相送给负责的官吏。⑦处：居住。⑧狭薄：地方狭小，土地贫瘠。⑨汶山：即“岷山”。⑩蹲鸱：大芋头，因状似蹲伏的鸱鸟得名。⑪工于市：善于交易。工，善于，擅长。市，交易。⑫致之临邛：指远迁到临邛。⑬鼓铸：熔金属以铸器械或钱币。⑭运筹策：分析、研究和策划。⑮倾：超过，指财势压人。⑯拟于人君：比得上国君。拟，比拟。

【原文】

程郑，山东迁虏也，亦冶铸，贾椎髻之民[①]，富埒[②]卓氏，俱居临邛。

【注释】

①贾椎髻之民：把鼓铸的铁器卖给西南地区少数民族。椎髻，头上绾的如椎形的发髻。这是汉代广东、广西一带少数民族的普通发式。②埒：相等，等同。

【原文】

宛孔氏之先，梁人也，用铁冶为业。秦伐魏，迁孔氏南阳。大鼓铸，规[①]陂池，连车骑，游诸侯，因[②]通商贾之利，有游闲公子之赐与名[③]。然其赢得过当[④]，愈于纤啬[⑤]，家致富数千金，故南阳行贾尽法孔氏之雍容[⑥]。

【注释】

①规：规划。②因：凭借，依靠。③赐与名：施舍的美

名。④赢得过当：赢利很多，大大超过花费的本资。⑤愈于纤啬：胜于悭吝的商人。纤啬，小气吝啬。⑥法：效仿。雍容：举止大方，从容不迫的样子。

【原文】

鲁人俗俭啬，而曹邴氏尤甚[1]，以铁冶起[2]，富至巨万。然家自父兄子孙约[3]，俛[4]有拾，仰有取，贳贷行贾遍郡国[5]。邹、鲁以其故多去文学[6]而趋利者，以[7]曹邴氏也。

【注释】

①邴：姓。②起：开始，起家。③约：约定，规定。指家规。④俛：通“俯”。此句“俛有拾”，和下句“仰有取”，意为一举一动都要有所得，时刻不忘取利。⑤贳贷：指租赁、放贷的经济活动。郡国：指郡地和诸侯国。⑥去：离开，丢弃。文学：此指儒学。⑦以：因为，由于。

【原文】

齐俗贱[1]奴虏，而刀间独爱贵之[2]。桀黠奴[3]，人之所患[4]也，唯刀间收取，使之逐渔盐商贾之利，或连车骑，交守相[5]，然愈益任之。终得其力，起富[6]数千万。故曰：“宁爵毋刀”[7]，言其能使豪奴自饶[8]而尽其力。

【注释】

①贱：贱视，鄙视。②刀间：即刁间。爱贵之：喜欢、重视他们。③桀黠奴：凶残狡猾的奴虏。④患：担忧、忧虑。⑤交：交结。守相：泛指地方官。守，郡守。相，诸侯国的相

国。⑥起富：致富。⑦宁爵毋刀：据《集解》此为家奴互相对话之语。意为，“与其出外求取官爵，倒不如在刀家为奴。”⑧自饶：自身富足。

【原文】

周人既纤[①]，而师史[②]尤甚，转毂以百数[③]，贾郡国，无所不至。洛阳街居[④]在齐秦楚赵之中，贫人学事[⑤]富家，相矜以久贾[⑥]，数过邑不入门，设任此等[⑦]，故师史能致七千万[⑧]。

【注释】

①既纤：原本很吝啬。既，本来。纤，俭，啬。②师史：姓师名史。③转毂：指以车载货，贩运赚钱。以百数：以百计。数，计算。④街居：指路当道处。⑤学事：学习、侍奉。⑥相矜以久贾：以长期在外经商相互夸耀。⑦设：筹划。此等：此辈，这类人。⑧七千万：七千万钱。

【原文】

宣曲任氏之先[①]，为督道[②]仓吏。秦之败也，豪杰皆争取[③]金玉，而任氏独窖[④]仓粟。楚汉相距[⑤]荥阳也，民不得耕种，米石至万[⑥]，而豪杰金玉尽归任氏，任氏以此起富。富人争奢侈，而任氏折节为俭[⑦]，力田畜[⑧]。田畜人争取贱贾[⑨]，任氏独取贵善[⑩]。富者数世[⑪]。然任公家约，非田畜所出弗[⑫]衣食，公事不毕则身不得饮酒食肉。以此为闾里率[⑬]，故富而主上重[⑭]之。

【注释】

①先：先祖。②督道：秦时仓名。③争取：争夺。④窖：

把东西藏在窖里。⑤距：通“拒”，指两军相持。⑥米石至万：一石米价达到一万钱。⑦折节：屈己从人，意为不炫耀富有。为俭：更加勤俭节约。⑧力田畜：致力于耕种畜养。力，竭力、尽力。⑨贱贾：价钱便宜。⑩贵善：价钱贵而质量好的。⑪富者数世：数代都很富有。⑫弗：不。⑬率：表率、榜样。⑭主上：指皇帝。重：重视、敬重。

【原文】

塞之斥[①]也，唯桥姚已致马千匹[②]，牛倍之，羊万头，粟以万钟计[③]。

【注释】

①塞：边塞。斥：开拓。②桥姚：姓桥名姚。据陈直《史记新证》，“东汉则有桥玄，两汉时桥姓尚属常见。”致：取得。③按：此段与下段中华书局点校本原为一段，今据文意，分为两段。

【原文】

吴楚七国兵起时[①]，长安中列侯封君行从军旅[②]，赍贷子钱[③]，子钱家[④]以为侯邑国在关东，关东成败未决，莫肯与。唯无盐氏出捐[⑤]千金贷，其息什之[⑥]。三月，吴楚平。一岁之中，则无盐氏之息什倍，用此富埒关中[⑦]。

【注释】

①吴楚七国兵起：即西汉景帝时吴楚等七国的叛乱。景帝前元三年（前154），吴王刘濞和楚、赵、胶东、胶西、济南、

淄川共七国以诛晁错为名，发动叛乱。朝廷派周亚夫为太尉，在三个月内即平定吴楚及其他五国，诸王都自杀或被杀。详见《吴王濞列传》。②列侯封君：指有高爵位的人。列侯，爵位名。封君，受有封地的贵族。据陈直《史记新证》："景帝时封君，如稷嗣君叔孙通，奉春君娄敬，平原君朱建之类，皆已不存，太史公仍沿习俗语联书。"行从军旅：跟随军队出外作战。③赍：送物给人。贷：借贷。子钱：指贷予他人取息之钱。④子钱家：高利贷者。⑤无盐：复姓。捐：捐助。⑥其息什之：其利息为十倍。⑦富埒关中：富到与关中相匹敌。埒，等于，相等。

【原文】

关中富商大贾，大抵尽诸田[①]，田啬[②]、田兰。韦家栗氏[③]，安陵、杜[④]杜氏，亦巨万。

【注释】

①诸田：姓田的那些人家。②啬：据陈直《史记新证》，"啬为穑字省文，犹啬夫即为穑夫。"③栗：姓。④前一个"杜"字指杜县。

【原文】

此其章章尤异[①]者也。皆非有爵邑奉禄弄法犯奸[②]而富，尽椎埋[③]去就，与时俯仰[④]，获其赢利，以末致财，用本守之[⑤]，以武一切[⑥]，用文持之[⑦]，变化有概[⑧]，故足术也[⑨]。若至力[⑩]农畜，工虞商贾，为权利[⑪]以成富，大者倾[⑫]郡，中者倾县，下者倾乡里者，不可胜数。

【注释】

①章章：即“彰彰”，显著。尤异：特别与众不同。②弄法犯奸：钻法律的空子，胡作非为。③椎埋：据《史记会注考证》：“各本推理作椎埋。凌稚隆曰，二字疑有误。顾炎武曰，当是推移之误。中井积德曰，当作推理。愚按枫三本，正作推理，今依改。推理，言推测物理也。”去就：进退、取舍。④与时俯仰：与时变化，随机应付。⑤用本守之：以从事农业（占有土地），来保持下去。⑥以武一切：用强力去掠夺一切。⑦用文持之：用文的方式维持下去。⑧有概：大略如此。⑨故足术也：所以值得记述。术，通“述”，记述。⑩至力：致力。⑪权利：权势和货利。⑫倾：超过。

【原文】

夫纤啬筋力[①]，治生之正道也，而富者必用奇胜。田农，掘业[②]，而秦扬以盖[③]一州。掘冢，奸事也，而田叔以起[④]。博戏，恶业也，而桓发用之富[⑤]。行贾，丈夫贱行[⑥]也，而雍乐成[⑦]以饶。贩脂[⑧]，辱处[⑨]也，而雍伯[⑩]千金。卖浆，小业也，而张氏千万。洒削[⑪]，薄技[⑫]也，而郅氏鼎食[⑬]。胃脯[⑭]，简微[⑮]耳，浊氏连骑[⑯]。马医，浅方[⑰]，张里击钟[⑱]。此皆诚壹[⑲]之所致。

【注释】

①纤啬筋力：精打细算，勤苦劳动。②掘业：据《集

解》，徐广释“掘”为“拙”，意即笨重的行业。③盖：冠，压倒。④起：指致富。⑤用之富：因此致富。⑥贱行：低贱的行业。⑦雍乐成：雍地的乐成（姓乐名成）。⑧贩脂：贩卖油脂。⑨辱处：低下的行业。⑩雍伯：人名。据陈直《史记新证》，“汉书作翁伯，雍翁二字古通，犹铙歌十八曲、擁离或作翁离。”⑪洒削：洒水磨刀。据陈直《史记新证》，“削工谓治刀剑者，而本文之洒削则不然，盖以磨刀剪为业者”。⑫薄技：微不足道的技能。⑬鼎食：列鼎而食。形容富家饮食之奢侈。⑭胃脯：胃干，即熟羊肚儿。⑮简微：简单而轻易的事。⑯连骑：马队相连。即富至车马成行。⑰浅方：浅薄的小术。⑱击钟：击钟佐食。指吃饭时奏乐。⑲诚壹：心志专一。

【原文】

由是观之，富无经业[①]，则货无常主，能者辐凑[②]，不肖者瓦解[③]。千金之家比一都之君，巨万者乃与王者同乐[④]。岂所谓“素封”者邪？非也？

【注释】

①经业：常业。经，固定、永恒。②辐凑：指集聚财货。③不肖者瓦解：能力差的人会破败家财。不肖，不贤。④同乐：同样享乐。

【译文】

老子说：“太平盛世到了极盛时期，虽然邻近的国家互相望得见，鸡鸣狗吠之声互相听得到，而各国人民却都以自家的饮食最甘美，自己的服装最漂亮，习惯于本地的习俗，喜爱自己所事行业，以至于老死也不互相往来。”到了近世，如果还要按这一套去办事，那就等于堵塞人民的耳目，几乎是无法行得通。

太史公说：“神农氏以前的情况，我不了解。至于像《诗》《书》所述虞舜、夏朝以来的情况则是人们耳目总要听到最好听，看到最好看的，口胃总想尝遍各种肉类的美味，身体安于舒适快乐的环境，心中又夸耀有权势、有才干的光荣。统治者让这种风气浸染百姓，已经很久了。即使用老子的这些妙论挨门逐户地去劝说开导，终不能感化谁。所以，最好的办法是听其自然，其次是随势引导，其次是加以教诲，再次是制定规章制度加以约束，最坏的做法是与民争利。

太行山以西盛产木材、竹子、楮木、野麻、牦牛尾、玉石；太行山以东多有鱼、盐、漆、丝、美女；江南出产楠木、梓树、生姜、桂花、金、锡、铅、朱砂、犀牛角、玳瑁、珠子、象牙兽皮；龙门、碣石山以北地区盛产马、牛、羊、毡裘、兽筋兽角；铜和铁则分布周围千里远近，山中到处都是，有如棋子满布。这是关于各地物产分布的大致情况。这些都是中国人民所喜好的，习用的穿着、饮食、养生、送死之物。所以，人们要靠农民耕种，取得食物，要靠虞人进山开采、渔夫下水捕捉，获得物品，要靠工匠制造，取得器具，要靠商人贸易，流通货物。这难道还需要官府发布政令，征发百姓，限期会集吗？人们都凭自己的才能，竭尽自己的力气，来获取自己想要的东西。一种东西价格便宜时就贩到别处寻求高价卖出，价格昂贵时就到外地寻求低价买入，人们都努力从事自己的职业，乐于从事自己的工作，就像水昼夜不停地往低处流，不用谁号召，人们就自己来；不用谁要求，人们就自己干。这不正是符合了规律，体现了自然的法则吗？

《周书》里说："农民不种田，粮食就会缺乏；工匠不做工生产，器具就会缺少；商人不做买卖，吃的、用的和钱财这三种宝物就会断绝来路；虞人不开发山泽，资源就会短缺，资源匮乏了，山泽就不能进一步开发。"农、工、商、虞这四个方面，是人民衣食的来源。来源大则富裕，来源小则贫困；来源大了，上可以富国，下可以富家。或贫或富，没有谁能剥夺或施予，但机敏的人总是财富有余，而愚笨的人却往往衣食不足。所以，姜太公被封在营丘时，那里本来多是盐碱地，人烟稀少。于是，姜太公便鼓励妇女致力于纺织刺绣，极力提倡工艺技巧，又让人们把鱼类、海盐贩运到其他地区去。结果，别国的人和财物纷纷流归于齐国，就像钱串那样，络绎不绝，就像车辐那样，聚集于此。所以，齐国因能制造冠带衣履供应天下所用，东海、泰山之间的诸侯们便都整理衣袖去朝拜齐国。后来，齐国中途衰落，管仲重新修治姜太公的事业，设立管理财政的九个官府，使齐桓公得以称霸，多次以霸主身份会合诸侯，使天下政治得到匡正；而管仲本人也有了三归台，官位虽只是陪臣，却比各国的君主还要富有。从此，齐国富强，一直延续到威王、宣王之时。

所以说："粮仓充实了，百姓就会懂得礼节；衣食丰足了，百姓就会知道荣辱。"礼产生于富有，而废弃于贫穷。因此，君子富有了，就喜好去做仁德之事；小人富有了，就会随心所欲地做他能做的事。江河深，鱼就在那里生存；山林深，野兽就在那里藏身；人富有了，仁义就会依附于他。富有者得了势越发显赫，失了势，依附于他的宾客也便无处容身，因而心情不快。夷狄那里，这种情况更为突出。谚语说："家有千金的人，不会犯法受刑死于闹事。"这不是空话。所以说："天下之人，熙熙攘攘，都是为利而来，为利而往。"那些拥有千辆兵车的天子，享有万户封地的诸侯，占有百室封邑的大夫。尚且担心贫穷，何况编入户口册内的普通老百姓呢！

从前，越王句践被围困在会稽山上，于是任用范蠡、计然。计然说："知道要打仗，就要做好战备；了解货物何时为人需求购用，才算懂得商品货物。善于将时与用二者相对照，那么各种货物的供需行情就能看得很清楚。所以，岁在金时，就丰收；岁在水时，就歉收；岁在木时，就饥馑；岁在火时，就干旱。旱时，就要备船以待涝；涝时，就要备车以待旱，这样做符合事物发展的规律。一般说来，六年一丰收，六年一干旱，十二年有一次大饥荒。出售粮食，每斗价格二十钱，农民会受损害；每斗价格九十钱，商人要受损失。商人受损失，钱财就不能流通到社会；农民受损害，田地就要荒芜。粮价每斗价格最高不超过八十钱，最低不少于三十钱，那么农民和商人都能得利。粮食平价出售，并平抑调整其他物价，关卡税收和市场供应都不缺乏，这是治国之道。至于积贮货物，应当务求完好牢靠，没有滞留的货币资金。买卖货物，凡属容易腐败和腐蚀的物品不要久藏，切忌冒险囤居以求高价。研究商品过剩或短缺的情况，就会懂得物价涨跌的道理。物价贵到极点，就会返归于贱；物价贱到极点，就要返归于贵。当货物贵到极点时，要及时卖出，视同粪土；当货物贱到极点时，要及时购进，视同珠宝。货物钱币的流通周转要如同流水那样。”句践照计然策略治国十年，越国富有了，能用重金去收买兵士，使兵士们冲锋陷阵，不顾箭射石击，就像口渴时求得饮水那样，终于报仇雪耻，灭掉吴国，继而耀武扬威于中原，号称“五霸”之一。

范蠡既已协助越王洗雪了会稽被困之耻，便长叹道：“计然的策略有七条，越国只用了其中五条，就实现了雪耻的愿望。既然施用于治国很有效，我要把它用于治家。”于是，他便乘坐小船漂泊江湖，改名换姓，到齐国改名叫鸱夷子皮，到了陶邑改名叫朱公。朱公认为陶邑居于天下中心，与各地诸侯国四通八达，交流货物十分便利。于是，就治理产业，囤积居奇，随机应变，与时逐利，而不责求他人。所以，善于经营致富的人，要能择用贤人并把握时机。十九年期间，他三次赚得千金之财，两次分散给贫穷的朋友和远房同姓的兄弟。这就是所谓君子富有便喜好去做仁德之事了。范蠡后来年老力衰而听凭子孙行事，子孙继承了他的事业并有所发展，终致有了巨万家财。所以，后世谈论富翁时，都称颂陶朱公。

子贡曾在孔子那里学习，离开后到卫国做官，又利用卖贵买贱的方法在曹国和鲁国之间经商。孔门七十多个高徒之中，端木赐（即子贡）最为富有。孔子的另一位高徒原宪穷得连糟糠都吃不饱，隐居在简陋的小巷子里。而子贡却乘坐四马并辔齐头牵引的车子，携带束帛厚礼去访问、馈赠诸侯，所到之处，国君与他只行宾主之礼，不行君臣之礼。使孔子得以名扬天下的原因，是有子贡在人前人后辅助他。这就是所谓得到形势之助而使名声更加显著吧？

白圭是西周人。当魏文侯在位时，李克正致力于开发土地资源，而白圭却喜欢观察市场行情和年景丰歉的变化，所以当货物过剩低价抛售时，他就收购；当货物不足高价索求时，他就出售。谷物成熟时，他买进粮食，出售丝、漆；蚕茧结成时，他买进绢帛棉絮，出售粮食。他了解，太岁在卯位时，五谷丰收；转年年景会不好。太岁在午宫时，会发生旱灾；转年年景会很好。太岁在酉位时，五谷丰收；转年年景会变坏。太岁在子位时，天下会大旱；转年年景会很好，有雨水。太岁复至卯位时，他囤积的货物大致比常年要增加一倍。要增长钱财收入，他便收购质次的谷物；要增长谷子石斗的容量，他便去买上等的谷物。他能不讲究吃喝，控制嗜好，节省穿戴，与雇用的奴仆同甘共苦，捕捉赚钱的时机就像猛兽猛禽捕捉食物那样迅捷。因此，他说：“我干经商致富之事，就像伊尹、吕尚筹划谋略，孙子、吴起用兵打仗，商鞅推行变法那样。所以，如果一个人的智慧够不上随机应变，勇气够不上果敢决断，仁德不能够正确取舍，强健不能够有所坚守，虽然他想学习我的经商致富之术，我终究不会教给他的。”因此，天下人谈论经商致富之道都效法白圭。白圭大概是有所尝试，尝试而能有所成就，这不是马虎随便行事就能成的。

猗顿是靠经营池盐起家。而邯郸郭纵以冶铁成就家业，其财富可与王侯相比。

乌氏倮经营畜牧业，等到牲畜繁殖众多之时，便全部卖掉，再购求各种奇异之物和丝织品，暗中献给戎王。戎王以十倍于所献物品的东西偿还他，送他牲畜，牲畜多到以山谷为单位来计算牛马的数量。秦始皇诏令乌氏倮位与封君同列，按规定时间同诸大臣进宫朝拜。而巴郡寡妇清的先祖自得到朱砂矿，竟独揽其利达好几代人，家产也多得不计其数。清是个寡妇，能守住先人的家业，用钱财来保护自己，不被别人侵犯。秦始皇认为，她是个贞妇而以客礼对待她，还为她修筑了女怀清台。乌氏倮不过是个边鄙之人、畜牧主，巴郡寡妇清是个穷乡僻壤的寡妇，却能与皇帝分庭抗礼，名扬天下，这难道不是因为他们富有吗？

汉朝兴起，天下统一，便开放关卡要道，解除开采山泽的禁令。因此，富商大贾得以通行天下，交易的货物无不畅通，他们的欲望都能满足，汉朝政府又迁徙豪杰、诸侯和大户人家到京城。

关中地区从汧、雍二县以东至黄河、华山，膏壤沃野方圆千里。从有虞氏、夏后氏实行贡赋时起，就把这里作为上等田地。后来，公刘迁居到邠，周太王、王季迁居岐山，文王兴建丰邑，武王治理镐京，因而这些地方的人民仍有先王的遗风，喜好农事，种植五谷，重视土地的价值，把做坏事看得很严重。直到秦文公、德公、穆公定都雍邑，这里地处陇、蜀货物交流的要道，商人很多。秦献公迁居栎邑，栎邑北御戎狄，东通三晋，也有许多大商人。秦孝公和秦昭襄王治理咸阳，汉朝借此作为都城；长安附近的诸陵，四方人、物辐凑集中于此，地方很小，人口又多，所以当地百姓越来越玩弄奇巧，从事商业。关中地区以南则有巴郡、蜀郡。巴蜀地区也是一片沃野，盛产栀子、生姜、朱砂、石材、铜、铁和竹木之类的器具。南边抵御滇、僰，僰地多出僮仆。西边邻近邛、笮，笮地出产马和牦牛。然而，巴蜀地区四周闭塞，有千里栈道，与关中无处不通，唯有褒斜通道控扼其口，勾联四方道路，用多余之物来交换短缺之物。天水、陇西、北地和上郡与关中风俗相同，而西面有羌中的地利，北面有戎狄的牲畜，畜牧业居天下首位。可是，这里土地贫瘠险阻，长安又正在它通往东方的道路上。所以，整个关中之地占天下三分之一，而人口还不到十分之三。但计算这里的财富，却占天下十分之六。

古时，唐尧定都河东地区，殷人定都河内地区，东周定都河南地区。河东、河内与河南这三地居于天下的中心，好像鼎的三个足，是帝王们更迭建都的地方，建国各有数百年乃至上千年，这里土地狭小，人口众多，是各国诸侯集中聚会之处。所以，当地民俗为小气俭省，熟悉世故。杨与平阳两邑人民，向西可到秦和戎狄地区经商，向北可到种、代地区经商。种、代在石邑以北，地靠匈奴，屡次遭受掠夺。人民崇尚强直、好胜，以扶弱抑强为己任，不愿从事农商诸业。但因邻近北方夷狄，军队经常往来，中原运输来的物资，时有剩余。当地人民强悍而不务耕耘，从三家尚未分晋之时就已经对其剽悍感到忧虑，而到赵武灵王时就更加助长了这种风气，当地习俗仍带有赵国的遗风。所以，杨和平阳两地的人民经营驰逐于其间，能得到他们所想要的东西。温、轵地区的人民向西可到上党地区经商，向北可到赵、中山一带经商。中山地薄人多，在沙丘一带还有纣王留下的殷人后代，百姓性情急躁，仰仗投机取巧度日谋生。男子们常相聚游戏玩耍，慷慨悲声歌唱。白天纠合一起杀人抢劫，晚上挖坟盗墓、制作赝品、私铸钱币。多有美色男子，去当歌舞艺人。女子们常弹奏琴瑟，拖着鞋子，到处游走，向权贵富豪献媚讨好，有的被纳入后宫，遍及诸侯之家。

然而，邯郸也是漳水、黄河之间的一个都市。北面通燕、涿，南面有郑、卫。郑、卫风俗与赵相似，但因地靠梁、鲁，稍显庄重而又注重节操。卫君曾从濮上的帝丘迁徙到野王，野王地区民俗崇尚气节，扶弱抑强，这是卫国的遗风。

燕国故都蓟也是渤海、碣石山之间的一个都市。南面通齐、赵，东北面与胡人交界。从上谷到辽东一带，地方遥远，人口稀少，屡次遭侵扰，民俗大致与赵、代地区相似，而百姓迅捷凶悍，不爱思考问题，当地盛产鱼、盐、枣、栗。北面邻近乌桓、夫馀，东面处于控扼秽貊、朝鲜、真番的有利地位。

洛阳东去可到齐、鲁经商，南去可到梁、楚经商。所以，泰山南部是鲁国故地，北部是齐国故地。

齐地被山海环抱，方圆千里一片沃土。适宜种植桑麻，人民多有彩色丝绸、布帛和鱼盐。临淄也是东海与泰山之间的一个都市。当地民俗从容宽厚，通情达理，而又足智多谋，爱发议论，乡土观念很重，不易浮动外流，怯于聚众斗殴，而敢于暗中伤人。所以，常有劫夺别人财物者，这是大国的风尚。这里士、农、工、商、贾五民俱备。

而邹、鲁两地滨临洙水、泗水，还保存着周公传留的风尚，民俗喜好儒术，讲究礼仪，所以当地百姓小心拘谨。颇多经营桑麻产业，而没有山林水泽的资源。土地少，人口多，人们节俭吝啬，害怕犯罪，远避邪恶。等到衰败之时，人们爱好经商追逐财利，比周地百姓还厉害。

从鸿沟以东，芒山、砀山以北，直到钜野泽，这是过去梁、宋的地方。陶邑、睢阳也是都会。以前，唐尧兴起于成阳，虞舜在雷泽打过鱼，商汤曾定都于亳。这里的民俗还存有先王遗风，宽厚庄重，君子很多，喜好农事，虽然没有富饶的山河物产，人们却能省吃俭用，以求得财富的积蓄。

越、楚地带有西楚、东楚和南楚三个地区的不同风俗。从淮北沛郡到陈郡、汝南、南郡，这是西楚地区。这里民俗剽悍轻捷，容易发怒，土地贫瘠，少有蓄积。江陵原为楚国国都，西通巫县、巴郡，东有云梦，物产富饶。陈在楚、夏交接之处，流通鱼盐货物，居民多经商。徐、僮、取虑一带的居民清廉苛严，信守诺言。

彭城以东，包括东海、吴、广陵一带，这是东楚地区。这里风俗与徐、僮一带相似。朐、缯以北，风俗与齐地相同。浙江以南风俗与越地相同。吴地从吴王阖闾、楚春申君和汉初吴王刘濞招致天下喜好游说的子弟以来，东有丰富的海盐，以及章山的铜矿，三江五湖的资源，也是江东的一个都市。

衡山、九江、江南、豫章、长沙一带是南楚地区。这里风俗与西楚地区大体相似。楚失郢都后，迁都寿春，寿春也是一个都市。而合肥县南有长江，北有淮河，是皮革、鲍鱼、木材汇聚之地。因与闽中、于越习俗混杂，所以南楚居民善于辞令，说话乖巧，少有信用。江南地方地势低下，气候潮湿，男子寿命不长。竹木很多。豫章出产黄金，长沙出产铅、锡。但矿产蕴藏量极为有限，开采所得不足以抵偿支出费用。九嶷山、苍梧以南至儋耳，与江南风俗大体相同，其中混杂着许多杨越风俗。番禺也是当地的一个都市，是珠玑、犀角、玳瑁、水果、葛布之类的集中地。

颍川、南阳是原夏朝人居住之地。夏人为政崇尚忠厚朴实，还有先王传留的风尚。颍川人敦厚老实。秦朝末年，曾经迁徙不法之民到南阳。南阳西通武关、郧关，东南面临汉水、长江、淮水。宛也是一个都市。当地民俗混杂，好事。多以经商为业。居民以抑强扶弱为己任，与颍川地区相交往，所以直到现在还被称作“夏人”。

天下物产各地不均，有少有多，民间习俗各有不同，山东地区吃海盐，山西地区吃池盐，岭南和大漠以北本来也有许多地方出产盐，这方面情况大体如此。

总而言之，楚越地区，地广人稀，以稻米为饭，以鱼类为菜，刀耕火种，水耨除草，瓜果螺蛤，不需从外地购买，便能自给自足。地形有利，食物丰足，没有饥馑之患。因此，人们苟且偷生，没有积蓄，多为贫穷人家。所以，江淮以南既无挨饿受冻之人，也无千金富户。沂水、泗水以北地区，适合种植五谷桑麻，饲养六畜，地少人多，屡次遭受水旱灾害，百姓喜好积蓄财物。所以，秦、夏、梁、鲁地区勤于农业而重视劳力。三河地区以及宛、陈等地也是这样，再加上经商贸易。齐、赵地区的居民聪明灵巧，靠投机求财利。燕、代地区的居民能种田、畜牧，并且养蚕。

由此看来，贤能之人在朝廷出谋划策，论辩争议，守信尽节及隐居深山之士自命清高，保全名声，他们究竟都是为着什么呢？都是为了财富。因此，为官清廉就能长久做官，时间长了，便会更加富有；商人买卖公道，营业发达，就能多赚钱而致富。求富，是人们的本性，用不着学习，就都会去追求。所以，壮士在军队中，打仗时攻城先登，遇敌时冲锋陷阵，斩将夺旗，冒着箭射石击，不避赴汤蹈火、艰难险阻，是因为重赏的驱使。那些住在乡里的青少年，杀人埋尸，拦路抢劫，盗掘坟墓，私铸钱币，伪托侠义，侵吞霸占，借助同伙，图报私仇，暗中追逐掠夺，不避法律禁令，往死路上跑如同快马奔驰，其实都是为了钱财罢了。如今，赵国、郑国的女子打扮得漂漂亮亮，弹着琴瑟，舞动长袖，踩着轻便舞鞋，用眼挑逗，用心勾引，出外不远千里，不择年老年少，招来男人，也是为财利而奔忙。游手好闲的贵族公子，帽子宝剑装饰讲究，外出时车辆马匹成排结队，也是为大摆富贵的架子。猎人渔夫，起早贪黑，冒着霜雪，奔跑在深山大谷，不避猛兽伤害，为的是获得各种野味。进出赌场，斗鸡走狗，个个争得面红耳赤，自我夸耀，必定要争取胜利，是因为重视输赢。医生方士及各种靠技艺谋生的人，劳神过度，极尽其能，是为了得到更多的报酬。官府吏士，舞文弄墨，私刻公章，伪造文书，不避斫脚杀头，这是由于陷没在他人的贿赂之中。至于农、工、商、贾储蓄增殖，原本就是为了谋求增添个人的财富。如此绞尽脑汁，用尽力量地索取，终究是为了不遗余力地争夺财物。

谚语说："贩柴的不出一百里，贩粮的不出一千里。"在某地住上一年，就要种植谷物；住上十年，就要栽种树木；住上百年，就应招来德行。所谓德，就是人的才德名望和财物。现在有些人，没有官职俸禄或爵位封地收入，而生活欢乐富有，可与有官爵者相比，被称作"素封"。有封地的人享受租税，每户每年缴入二百钱。享有千户的封君，每年租税收入可达二十万钱，朝拜天子、访问诸侯和祭祀馈赠，都要从这里开支。普通百姓如农、工、商、贾，家有一万钱，每年利息可得二千钱，拥有一百万钱的人家，每年可得利息二十万钱，而更徭租赋的费用要从这里支出。这种人家，就能随心所欲地吃喝玩乐了。所以说，陆地牧马五十匹，养牛一百六七十头，养羊二百五十只，草泽里养猪二百五十口，水中占有年产鱼一千石的鱼塘，山里拥有成材大树一千株。安邑有千株枣树；燕、秦有千株栗子树；蜀郡、汉水、江陵地区有千株橘树；淮北、常山以南和黄河、济水之间有千株楸树；陈、夏有千亩漆树；齐、鲁有千亩桑麻；渭川有千亩竹子；还有名扬国内、万户人家的都城，郊外有亩产一钟的千亩良田，或者千亩栀子、茜草，千畦生姜、韭菜：诸如此类的人，其财富都可与千户侯的财富相等。然而，这些成为富足的资本，人们不用到市上去察看，不用到外地奔波，坐在家中即可不劳而获，身有处士之名，而取用丰足。至于那些贫穷人家，父母年老，妻子儿女瘦弱不堪，逢年过节无钱祭祀祖宗鬼神、赠人路费、聚集饮食，吃喝穿戴都难以自足，如此贫困，还不感到羞愧，那就没有什么可比拟的了。所以，没有钱财只能出卖劳力，稍有钱财便玩弄智巧，已经富足便争时逐利，这是常理。如今，谋求生计，谁能不冒生命危险，即可取得所需物品，那就应受到贤人的鼓励。所以，靠从事农业生产而致富为上，靠从事商工而致富次之，靠玩弄智巧甚至违法而致富是最低下的。没有深居山野不肯做官的隐士之行，而长期处于贫贱地位，妄谈仁义，也足以值得羞愧了。

凡是编户的百姓，对于财富比自己多出十倍的人就会低声下气，于多出百倍的就会惧怕人家，于多出千倍的就会被其役使，于多出万倍的就会为人奴仆，这是事物的常理。要从贫穷达到富有，务农不如做工，做工不如经商，刺绣再好也不如去市场上卖货，所以说经商是穷人致富的重要途径。在交通发达的大都市，每年酿一千瓮酒，一千缸醋，一千甑饮浆，屠宰一千张牛羊猪皮，贩卖一千钟谷物，一千车柴草，总长千丈的船只，一千株木材，一万根竹竿，一百辆马车，一千辆牛车，一千件涂漆木器，一千钧铜器，一千担原色木器、铁器及染料，二百匹马，二百五十头牛，一千只猪羊，一百个奴隶，一千斤筋角、丹砂，一千钧棉絮、细布，一千匹彩色丝绸，一千担粗布、皮革，一千斗漆，一千瓶酒曲、盐豆豉，一千斤鲐鱼、鲨鱼，一千石小杂鱼，一千钧腌咸鱼，三千石枣子、栗子，一千件狐貂皮衣，一千石羔羊皮衣，一千条毛毡毯，以及一千种水果蔬菜，还有一千贯放高利贷的资金，或在市场上当经纪人，多者抽取三分之一，少者抽取五分之一的佣金，这些收入也可与千乘之家相比，这是大概的情况。至于其他杂业，如果利润不足十分之二，就都不值得干了。

请让我简略说明当代千里范围那些贤能者之所以能够致富的情况，以便后世的人得以考察选择。

蜀地卓氏的祖先是赵国人，靠冶铁致富。秦国击败赵国时，迁徙卓氏，卓氏被掳掠，只有他们夫妻二人推着车子，去往迁徙地方。其他同时被迁徙的人，稍有多余钱财，便争着送给主事的官吏，央求迁徙到近处，近处是在葭萌县。只有卓氏说："葭萌地方狭小，土地瘠薄，我听说汶山下面是肥沃的田野，地里长着大芋头，形状像蹲伏的鸱鸟，人到死也不会挨饿。那里的百姓善于交易，容易做买卖。”于是，就要求迁到远处，结果被迁移到临邛，他非常高兴，就在有铁矿的山里熔铁铸械，用心筹划计算，财势压倒滇蜀地区的居民，以至富有到奴仆多达一千人。他在田园水池尽享射猎游玩之乐，可以比得上国君。

程郑是从太行山以东迁徙来的降民，也经营冶铸业，常把铁器制品卖给西南地区少数民族，他的财富与卓氏相等，与卓氏同住在临邛。

宛县孔氏的先祖是梁国人，以冶铁为业。秦国攻伐魏国后，把孔氏迁到南阳。他便大规模地经营冶铸业，并规划开辟鱼塘养鱼，车马成群结队，并经常游访诸侯，借此牟取经商发财的便利，博得了游闲公子乐施好赐的美名。然而，他赢利很多，大大超出施舍花费的那点钱，胜过吝啬小气的商人，家中财富多达数千金。所以，南阳人做生意全部效法孔氏的从容稳重和举止大方。

鲁地民俗节俭吝啬，而曹邴氏尤为突出，他靠冶铁起家，财富多达几万钱。然而，他家父兄子孙都遵守这样的家规：低头抬头都要有所得，一举一动都要不忘利。他家租赁、放债、做买卖遍及各地。以这个缘故，邹鲁地区有很多人丢弃儒学而追求发财，这是受曹邴氏的影响。

齐地风俗是鄙视奴仆，而刀间却偏偏重视他们。凶恶狡猾的奴仆是人们所担忧的，唯有刀间收留使用，让他们追逐渔盐商业上的利益，或者让他们乘坐成队的车马，去结交地方官员，并且更加信任他们。刀间终于获得他们的帮助，致富达数千万钱。所以，有人说："与其出外求取官爵，不如在刀家为奴。"说的就是刀间能使豪奴自身富足而又能为他竭尽其力。

周地居民原本就很吝啬，而师史尤为突出，他以车载货贩运赚钱，车辆数以百计，经商于各郡诸侯之中，无所不到。洛阳道处齐、秦、楚、赵等国的中心，街巷的穷人在富家学做生意，常以自己在外经商时间长相互夸耀，屡次路过乡里也不入家门。因能筹划任用这样的人，所以师史能致富达七千万钱。

宣曲任氏的先祖，是督道仓的守吏。秦朝败亡之时，豪杰全都争夺金银珠宝，而任氏独自用地窖储藏米粟。后来，楚汉两军相持于荥阳，农民无法耕种田地，米价每石涨到一万钱，任氏卖谷大发其财，豪杰的金银珠宝全都归于任氏，任氏因此发了财。一般富人都争相奢侈，而任氏却屈己从人，崇尚节俭，致力于农田畜牧。田地、牲畜，一般人都争着低价买进，任氏却专门买进贵而好的。任家数代都很富有。但任氏家约规定，不是自家种田养畜得来的物品不穿不吃，公事没有做完自身不得饮酒吃肉。以此作为乡里表率，所以他富有而皇上也尊重他。

边疆地区开拓之际，只有桥姚取得马千匹，牛二千头，羊一万只，粟以万钟计算。

吴楚七国起兵反叛汉朝中央朝廷时，长安城中的列侯封君要从军出征，需借贷有息之钱，高利贷者认为列侯封君的食邑封国均在关东，而关东战事胜负尚未决定，没有人肯把钱贷给他们。只有无盐氏拿出千金放贷给他们，其利息为本钱的十倍。三个月后，吴楚被平定。一年之中，无盐氏得到十倍于本金的利息，以此致富与关中富豪相匹敌。

关中地区的富商大贾，大多是姓田的那些人家，如田啬、田兰。还有韦家栗氏、安陵和杜县的杜氏，家产也达万万钱。

以上这些人都是显赫有名、与众不同的人物。他们都不是有爵位封邑、俸禄收入或者靠舞文弄法、作奸犯科而发财致富的，全是靠推测事理，进退取舍，随机应变，获得赢利，以经营商工末业致富，用购置田产从事农业守财，以各种强有力的手段夺取一切，用法律政令等文字方式维持下去，变化多端大略如此，所以是值得记述的。至于那些致力于农业、畜牧、手工、山林、渔猎或经商的人，凭借权势和财利而成为富人，大者压倒一郡，中者压倒一县，小者压倒乡里，那更是多得不可胜数。

精打细算、勤劳节俭，是发财致富的正路，但想要致富的人还必须出奇制胜。种田务农是笨重的行业，而秦扬却靠它成为一州的首富。盗墓本来是犯法的勾当，而田叔却靠它起家。赌博本来是恶劣的行径，而桓发却靠它致富。行走叫卖是男子汉的卑贱行业，而雍乐成却靠它发财。贩卖油脂是耻辱的行当，而雍伯靠它挣到了千金。卖水浆本是小本生意，而张氏靠它赚了一千万钱。磨刀本是小手艺，而郅氏靠它富到列鼎而食。卖羊肚儿本是微不足道的事，而浊氏靠它富至车马成行。给马治病是浅薄的小术，而张里靠它富到击钟佐食。这些人都是由于心志专一而致富的。

由此看来，致富并不靠固定的行业，而财货也没有一定的主人，有本领的人能够集聚财货，没有本领的人则会破败家财。有千金的人家可以比得上一个都会的封君，有巨万家财的富翁便能同国君一样地享乐。这是否所谓的“素封”者？难道不是吗？

第一百一十二卷　太史公自序第七十

《太史公自序》是《史记》的自序，也是司马迁的自传，人们常称之为司马迁自作之列传。不仅一部《史记》总括于此，而且司马迁一生本末也备见于此。文章气势浩瀚，宏伟深厚，是研究司马迁及其《史记》的重要资料。

《自序》历述了太史公世谱家学之本末。从重黎氏到司马氏的千余年家世，其父司马谈重老庄之学术思想，司马迁本人成长经历，继父志为太史公，及其著述《史记》之始末，无不具备于篇中。但作者娓娓道来，错落有致，累如贯珠。叙写司马迁千余年家世，不过数百字，而系次井然。耕牧壮游，磊落奇迈的倜傥少年形象跃然纸上。父子执手流涕，以史相托付，场面又何其凝重。草创未就，横被腐刑，愤懑不平之词，又使读者不禁掩卷叹息。特别是作者用相当篇幅序写六家的要旨，论道六经的要义，充分而深刻地反映了司马氏父子的学术思想。对儒、墨、名、法、道及阴阳六家的分析精辟透彻，入木三分，指陈得失，有若案断，虽历百世而无可比拟。

《自序》明述了作书之本旨，概述了各篇的写作旨趣。一般说来，书之为序其义有二：一曰，序者，绪也，所以助读者，使易得其端绪也；二曰，序者，次也，所以明篇次先后之义也。《自序》可以说是兼此二义。推本春秋，考信六艺，这一宗旨或殿于卷末，或冠于篇首，反复述明；又分别标明诸篇小序，申明为某事作某本纪，为某事作某年表等，全书纲领体例，《自序》中莫不灿然明白。

《史记》自《黄帝本纪》起百三十篇，合而论之，总是一篇。篇终必须收束得尽，承载得起，意理要包括得完，气象更要笼罩得住。《史记》的最后一篇以自序世系开始，逐层卸下，中载六家、六经两论，气势已极隆，后又排出一百三十段，行行列列，整整齐齐，最后又总序一百三十篇总目，其可谓无往不收，无微不尽。其文势有如百川汇海，万壑朝宗，难怪乎后世之学士文人有望洋向若之叹了。

【原文】

昔在颛顼，命南正重①以司天，北正黎②以司地。唐虞之际，绍③重黎之后，使复典之，至于夏商，故重黎氏世序天地。其在周，程伯休甫其后也。当周宣王时，失其守而为司马氏。司马氏世典④周史。惠襄之间，司马氏去周适⑤晋。晋中军随会奔秦，而司马氏入少梁。

【注释】

①南正：传说中官名。重：人名。②北正：传说中官名。黎：人名。③绍：继承。④典：掌管。⑤去：离开。适：到……去。

【原文】

自司马氏去周适晋，分散，或在卫，或在赵，或在秦。其在卫者，相中山。在赵者，以传剑论显[①]，蒯聩其后也。在秦者名错，与张仪争论[②]，于是惠王使错将伐蜀，遂拔，因而守之。错孙靳，事武安君白起。而少梁更名曰夏阳。靳与武安君阬赵长平军[③]，还而与之俱赐死杜邮，葬于华池。靳孙昌，昌为秦主铁官，当始皇之时。蒯聩玄孙卬为武信君将而徇朝歌。诸侯之相王[④]，王卬于殷[⑤]。汉之伐楚，卬归汉，以其地为河内郡。昌生无泽，无泽为汉市长。无泽生喜，喜为五大夫，卒，皆葬高门。喜生谈，谈为太史公。

【注释】

①此句意思是说，以传授剑术理论而显扬名声。剑论，剑术之论。显，显扬，显贵。②据《张仪列传》载，在伐蜀伐韩先后问题上，司马错主张伐蜀，张仪主张伐韩，秦惠王采纳了司马错的意见。③事在秦昭王四十七年（前260）。秦赵战于长平，赵将赵括指挥失当，使赵军四十余万被俘活埋。详见《白起王翦列传》。阬，通“坑”，活埋。④相王：相互尊称为王。⑤王卬于殷：使卬在殷地称王。

【原文】

太史公学天官[①]于唐都，受《易》于杨何，习道论[②]于黄子。太史公仕于建元[③]元封之间，愍学者之不达其意而师悖[④]，乃论六家之要指[⑤]曰：

【注释】

①天官：指天文，天文学。②道论：道家的理论。③建元：汉武帝第一个年号（前140—前135）。元封：汉武帝第六个年号（前110—前105）。④愍：忧虑。其意：各家学说的要义。师悖（bèi）：以悖为师，即各习师书，惑于所见，学得一些谬误。悖，惑，谬误。⑤六家：指阴阳、儒、墨、名、法、道德六个学派。要指：通“要旨”，指主要的思想。

【原文】

《易·大传》：“天下一致而百虑，同归而殊涂[①]。”夫阴阳、儒、墨、名、法、道德，此务[②]为治者也，直[③]所从言之异路，有省不省[④]耳，尝窃观阴阳之术，大祥而众忌讳[⑤]，使人拘而多所畏；然其序四时之大顺[⑥]，不可失也。儒者博而寡要，劳而少功，是以其事难尽从；然其序君臣父子之礼，列夫妇长幼之别，不可易也。墨者俭而难遵，是以其事不可遍循；然其强本节用，不可废也。法家严而少恩；然其正君臣上下之分，不可改矣。名家使人俭[⑦]而善失真；然其正名实，不可不察也。道家使人精神专一，动合无形，赡[⑧]足万物。其为术也，因[⑨]阴阳之大顺，采儒墨之善，撮[⑩]名法之要，与时迁移，应物变化，立俗施事，无所不宜，指约而易操，事少而功多。儒者则不然。以为人主天下之仪表也，主倡而臣和，主先而臣随。如此则主劳而臣逸。至于大道之要，去健羡[⑪]，绌聪明[⑫]，释此而任术。夫神大用则竭，形大劳则敝。形神骚动，欲与天地长久，非所闻也。

【注释】

①引语见《易·系辞下》："天下同归而殊涂，一致而百虑。"涂，通"途"。②务：致力，从事。③直：仅，只是。④省：犹"察"。明白，显明。⑤大祥：以祥为大。即重视吉凶的预兆。众忌讳：讲究的忌讳多。⑥四时之大顺：指四时运行的顺序。⑦俭：〔日〕泷川资言《史记会注考证》按："俭检通用，下文所谓苛察是也。"检，约束，检点。⑧赡：充足。⑨因：依照，根据。⑩撮：提取，摘录。⑪去健羡：意为舍弃刚强与贪欲。《集解》："'知雄守雌'，是去健也。'不见可欲，使心不乱'，是去羡也。"⑫绌聪明：去掉聪明智慧。道家主张绝圣弃智。绌，通"黜"，废。

【原文】

夫阴阳四时、八位、十二度、二十四节各有教令[1]，顺之者昌，逆之者不死则亡，未必然也，故曰"使人拘而多畏"。夫春生夏长，秋收冬藏，此天道之大经[2]也，弗顺则无以为天下纲纪，故曰"四时之大顺，不可失也"。

【注释】

①八位：指八卦的方位。震卦东，离卦南，兑卦西，坎卦北，乾卦西北，坤卦西南，巽卦东南，艮卦东北。十二度：指十二星次。我国古代为量度星辰所在的位置，把黄道带分成十二个部分，称"十二次"。教令：指各种"宜""忌"的规定。②经：常道，常规。

【原文】

夫儒者以六艺[①]为法。六艺经传[②]以千万数，累世不能通其学，当年[③]不能究其礼，故曰“博而寡要，劳而少功”。若夫列君臣父子之礼，序夫妇长幼之别，虽百家弗能易也。

【注释】

①六艺：即六经，包括《礼》《乐》《诗》《书》《易》《春秋》六种儒家经典。②经：指六经本文。传：注释或讲解经义的文字。③当年：有生之年。

【原文】

墨者亦尚尧舜道，言其德行曰：“堂高三尺，土阶三等[①]，茅茨不翦[②]，采椽不刮。食土簋[③]，啜土刑[④]，粝粱之食，藜藿之羹[⑤]。夏日葛衣，冬日鹿裘。”其送死，桐棺三寸，举音不尽其哀。教丧礼，必以此为万民之率[⑥]。使[⑦]天下法若此，则尊卑无别也。夫世异时移，事业不必同，故曰“俭而难遵”。要曰强本节用，则人给[⑧]家足之道也。此墨子之所长，虽百家弗能废也。

【注释】

①等：台阶的层级。按：这段引文不见于今本《墨子》。《索引》谓见于《韩非子》，但有所不同。②茅茨：《正义》：“屋盖曰茨，以茅覆屋。”翦：通“剪”。③簋：古时盛食物的圆形器具。④刑：通“铏”，盛羹的器皿。⑤粝：粗米。粱：〔日〕泷川资言《史记会注考证》：“粱当作粢，粢与粝皆食之

粗者。”藜：一种野草，初生时可食。藿：豆叶。⑥率：标准，规格。⑦使：假使。⑧给：足，丰足。

【原文】

法家不别亲疏，不殊[1]贵贱，一断于法，则亲亲尊尊[2]之恩绝矣。可以行一时之计，而不可长用也，故曰“严而少恩”。若尊主卑臣，明分职[3]不得相逾越，虽百家弗能改也。

【注释】

①殊：不同。②亲亲尊尊：亲爱自己的亲属，尊敬长辈。③分职：即名分和职分。

【原文】

名家苛察缴绕[1]，使人不得反其意，专决于名而失人情，故曰“使人俭而善失真”。若夫控名责实[2]，参伍不失[3]，此不可不察也。

【注释】

①苛察：苛刻烦琐，显示精明。缴绕：缠绕，纠缠不清。②控名责实：由名以求实，使名实相符。控，规制。责，求。名，概念。实，实际。③参伍：错综比较，以为验证。参，三。伍，五。

【原文】

道家无为，又曰无不为[1]，其实易行，其辞难知。其术以虚无为本，以因循[2]为用。无成势[3]，无常形，故能究万物之情。不为物先，不为物后[4]，故能为万物主[5]。有法无法，因时为业[⑥]；有度无度，因物与合[⑦]。故曰“圣人不朽，时变是守。虚者道之常也，因[⑧]者君之纲”也。群臣并至，使各自明也。其实中其声者谓之端[⑨]，实不中其声者谓之窾[⑩]。窾言不听，奸乃不生，贤不肖自分，白黑乃形。在所欲用耳，何事不成。乃合大道，混混冥冥。光燿[⑪]天下，复反[⑫]无名。凡人所生者神也，所托者形也。神大用则竭，形大劳则敝，形神离则死。死者不可复生，离者不可复反，故圣人重之。由是观之，神者生之本也，形者生之具也。不先定其神形，而曰“我有以治天下”何由哉？

【注释】

①《老子》第三十七章云：“道常无为而无不为”。第四十八章云：“为学日益，为道日损，损之又损，以至于无为，无为而无不为。”《史记正义》：“无为者，守清净也。无不为者，生育万物也。”道家的“无为”思想，意即顺应自然。“无为”则“万物将自化”，什么都可办成，故曰“无为而无不为”。②因循：顺应自然。③成势：既成不变之势。④此两句意为：不为物所牵制。⑤主：主宰。⑥此两句意为道家有法而不以法为法，要顺应时势以成其业。⑦此两句意为：道家有度但不恃度以为度，要根据万物之形以与之相合。⑧常：规律，准则。因：因循。⑨中：符合。端：正。⑩窾：空。⑪燿：通“耀”。⑫反：通“返”。

【原文】

太史公既掌天官，不治民。有子曰迁。

迁生龙门，耕牧河山之阳。年十岁则诵古文[①]。二十而南游江、淮，上会稽，探禹穴，窥九疑，浮[②]于沅、湘；北涉汶、泗，讲业[③]齐、鲁之都，观孔子之遗风，乡射[④]邹、峄；厄困鄱、薛、彭城，过梁、楚以归。于是迁仕为郎中，奉使西征巴、蜀以南，南略[⑤]邛、筰、昆明，还报命[⑥]。

【注释】

①古文：指用先秦古文字书写的古书。②浮：行船，航行。③讲业：研讨学问。讲，研究，商讨。④乡射：古代的射礼。⑤略：巡行，夺取。⑥报命：复命。

【原文】

是岁天子始建汉家之封[①]，而太史公留滞周南，不得与[②]从事，故发愤且[③]卒。而子迁适使反，见父于河洛之间。太史公执迁手而泣曰："余先周室之太史也。自上世尝显功名于虞夏，典天官事。后世中衰，绝于予乎？汝复为太史，则续吾祖矣。今天子接千岁之统，封泰山，而余不得从行，是命也夫，命也夫！余死，汝必为太史；为太史，无[④]忘吾所欲论著矣。且夫孝始于事亲，中于事君，终于立身。扬名于后世，以显父母，此孝之大者。夫天下称诵周公，言其能论歌文武之德，宣周邵之风，达太王王季之思虑，爰及公刘，以尊后稷也。幽厉之后，王道缺，礼乐衰，孔子修旧起废，论《诗》《书》，作《春秋》，则学者至今则之[⑤]。自获麟以来四百有[⑥]余岁，而诸侯相兼，史记放绝[⑦]。今汉兴，海内一统，明主贤君忠臣死义[⑧]之士，余为太史而弗论载，废天下之史文，余甚惧焉，汝其念哉!”迁俯首流涕曰:“小子不敏,请悉论先人所次[⑨]旧闻,弗敢阙[⑩]。”

【注释】

①是岁:这年。指汉武帝元封元年(前110)。封:古代帝王在泰山上筑坛祭天的一种迷信活动。②〔日〕泷川资言《史记会注考证》:“武帝初与诸儒议封事,命草其仪,及且封,尽罢诸儒不用,谈之滞周南,以罢不用之故也。”与:参加。③且:将要。④无:通“毋”,不要。⑤则之:以之为准则。⑥获麟:《春秋·哀公十四年》:“春,西狩获麟。”《春秋》绝笔于获麟。自鲁哀公十四年(前481)至汉元封元年(前110)凡三百七十一年。有:用在整数和零数之间,相当于“又”。⑦放绝:弃置中断。放,散失。绝,中断。⑧死义:为义而死。⑨次:按次序编列,排列。⑩阙:遗漏。

【原文】

卒三岁而迁为太史公,紬史记石室金匮[①]之书。五年而当太初[②]元年,十一月甲子朔旦冬至,天历始改[③],建于明堂[④],诸神受纪[⑤]。

【注释】

①紬:缀集。石室金匮:都是国家收藏图书、档案之处。②太初:汉武帝第七个年号(前104—前101)。③在此之前,汉沿袭秦制,以夏历的十月为岁首。太初元年改用太初历,以正月为岁首。④明堂:古代帝王宣明政教的地方。⑤诸神受

纪：《索隐》引虞喜《志林》：“改历于明堂，班之于诸侯。诸侯，群神之主，故曰‘诸神受纪’。”《集解》引韦昭曰：“告于百神，与天下更始，著纪于是。”

【原文】

太史公曰：“先人[①]有言：‘自周公卒五百岁而有孔子。孔子卒后至于今五百岁，而能绍明世，正《易经》，继《春秋》，本[②]《诗》《书》《礼》《乐》之际？’意在斯乎！意在斯乎！小子何敢让[③]焉。”

【注释】

①先人：指司马谈。②本：以……为本，以……为根据。③让：辞让，推辞。

【原文】

上大夫壶遂曰：“昔孔子何为而作《春秋》哉？”太史公曰“余闻董生[①]曰：‘周道衰废，孔子为鲁司寇，诸侯害之，大夫壅[②]之。孔子知言之不用，道之不行也，是非二百四十二年[③]之中，以为天下仪表，贬天子，退诸侯，讨大夫，以达王事而已矣。’子曰：‘我欲载之空言，不如见之于行事之深切著明也[④]。’夫《春秋》，上明三王[⑤]之道，下辨人事之纪[⑥]，别嫌疑，明是非，定犹豫，善善恶恶，贤贤贱不肖，存亡国，继绝世，补敝起废，王道之大者也。《易》著天地阴阳四时五行，故长于变；《礼》经纪[⑦]人伦，故长于行；《书》记先王之事，故长于政；《诗》记山川谿谷禽兽草木牝牡雌雄，故长于风[8]；《乐》乐所以立，故长于和；《春秋》辩是非，故长于治人。是故《礼》以节人，《乐》以发和，《书》以道事，《诗》以达意，《易》以道化，《春秋》以道义。拨乱世反之正，莫近于《春秋》。《春秋》文成数万，其指数千。万物之散聚皆在《春秋》。《春秋》之中，弑君三十六，亡国五十二[9]，诸侯奔走不得保其社稷者不可胜数。察其所以，皆失其本已。故《易》曰‘失之豪[10]厘，差以千里’。故曰：‘臣弑君，子弑父，非一旦一夕之故也，其渐久矣。’故有国者不可以不知《春秋》，前有谗而弗见，后有贼[11]而不知。为人臣者不可以不知《春秋》，守经事而不知其宜，遭变事而不知其权[12]。为人君父而不通于《春秋》之义者，必蒙首恶之名。为人臣子而不通于《春秋》之义者，必陷篡弑之诛，死罪之名。其实皆以为善，为之不知其义，被之空言而不敢辞[13]。夫不通礼义之旨，至于君不君[14]，臣不臣，父不父，子不子。夫君不君则犯[15]，臣不臣则诛，父不父则无道，子不子则不孝。此四行者，天下之大过也。以天下之大过予之，则受而弗敢辞。故《春秋》者，礼义之大宗也。夫礼禁未然之前，法施已然之后；法之所为用者易见，而礼之所为禁者难知。”

【注释】

①董生：董仲舒。②壅：阻挠。③是非：褒贬。以是为是，以非为非。二百四十二年：指《春秋》所记历史时间。④引语见《春秋纬》。⑤三王：指夏禹、商汤、周文王。⑥纪：法度，准则。⑦经纪：安排，料理。⑧风：风土人情。

⑨据清梁玉绳《史记志疑》统计，《春秋》经传载弑君三十七，亡国四十一。⑩豪：通“毫”。⑪贼：杀人者。⑫权：权变，变通。⑬此句意谓被修史者加上不实之罪名而不敢予以否认。《左传·宣公二年》载，晋灵公不君，晋大夫赵宣子赵盾上谏不听，反而三番两次地要谋害他。赵盾的堂弟赵穿攻杀灵公。史官董狐以赵盾在事变发生时，未能逃出国境就又返回，回来又未诛伐赵穿，故书其事曰“赵盾弑其君”。对此，赵盾虽也感慨一番，但终于蒙受弑君的罪名。孔子称他“为法受恶”，并为他未能出境而感到惋惜，盖出境即可避免这种罪名。被：蒙受，遭受。⑭君不君：君不像君。下“臣不臣”“父不父”“子不子”句式结构仿此。⑮犯：指为臣下所干犯。

【原文】

壶遂曰：“孔子之时，上无明君，下不得任用，故作《春秋》，垂空文以断礼义[①]，当一王之法。今夫子上遇明天子，下得守职，万事既具，咸各序其宜[②]，夫子所论，欲以何明？”

【注释】

①垂：流传。②咸：都，全。各序其宜：各得其所，井然有序。序，依次序排列。

【原文】

太史公曰：“唯唯，否否，不然[①]。余闻之先人曰：‘伏羲至[②]纯厚，作《易》八卦。尧舜之盛，《尚书》载之，礼乐作焉。汤武之隆，诗人歌之。《春秋》采善贬恶，推三代之德，褒周室，非独刺讥而已也。’汉兴以来，至明天子，获符瑞[3]，封禅，改正朔[4]，易服色，受命于穆清[5]，泽流罔极[6]，海外殊俗，重译款塞[7]，请来献见者，不可胜道。臣下百官力诵圣德，犹不能宣尽其意。且士贤能而不用，有国者之耻，主上明圣而德不布闻，有司之过也。且余尝掌其官，废明圣盛德不载，灭功臣世家贤大夫之业不述，堕[8]先人所言，罪莫大焉。余所谓述故事，整齐其世传，非所谓作也，而君比之于《春秋》，谬矣。”

【注释】

①唯唯，否否，不然：自谨的应答声。相当于现代汉语的“是是，不不，不对。”②至：极。③符瑞：祥瑞的征兆，吉兆。④改正朔：修订历法。正，一年的开始。朔，一月的开始。正朔，即一年的第一天。⑤穆清：指天。⑥罔极：无边，无极。⑦重译：辗转翻译。款塞：叩塞门。⑧堕（huī）：通“隳”，毁坏。

【原文】

于是论次[1]其文。七年而太史公遭李陵之祸[2]，幽于缧绁[3]。乃喟然而叹曰：“是余之罪也夫！是余之罪也夫！身毁不用矣。”退而深惟[4]曰：“夫《诗》《书》隐约者，欲遂[5]其志之思也。昔西伯[6]拘羑里，演《周易》；孔子厄[7]陈蔡，作《春秋》；屈原放逐[8]，著《离骚》；左丘失明，厥[9]有《国语》；孙子膑脚[10]，而论兵法；不韦迁蜀，世传《吕览》[11]；韩非囚秦，《说难》《孤愤》[12]；《诗》三百篇，大抵贤圣发愤之所为作也。此人皆意有所郁结，不得通其道也，故述往事，思来者。”于是卒述陶唐以来，至于麟止[13]，自黄帝始。

【注释】

①论次：按次序论述。②事在汉武帝天汉二年（前99）。骑都尉李陵击匈奴，至浚稽山被围，苦战力竭而降。太史令司马迁因言陵事，得罪下狱，受宫刑。详见司马迁的《报任安书》。③缧绁：系犯人的绳索，此指牢狱。④惟：思，考虑。⑤遂：通，达。⑥西伯：指周文王。西伯囚羑里事，详见《周本纪》。⑦厄：穷困，灾难。孔子厄于陈蔡事，详见《孔子世家》。⑧屈原放逐事，详见《屈原贾生列传》。⑨厥：乃，才。⑩膑：膝盖骨，特指古代一种剔除膝盖骨的酷刑。脚：小腿。孙子（指孙膑）膑脚事，详见《孙子吴起列传》。⑪《吕览》：即《吕氏春秋》。吕不韦主持编著此书远在迁蜀以前。事见《吕不韦列传》。⑫韩非著《说难》《孤愤》事，《老子韩非列传》谓在入秦以前。⑬至于麟止：谓《史记》述事止于武帝获麟之年，犹《春秋》止于获麟。武帝获麟在元狩元年（前122），事见《孝武本纪》《汉书·武帝纪》。

【原文】

维昔黄帝，法天则地，四圣[1]遵序，各成法度；唐尧逊位[2]，虞舜不台[3]；厥美帝功[4]，万世载之。作《五帝本纪》

第一。

【注释】

①四圣：指颛顼、帝喾、尧、舜四位上古圣王。②逊位：让位。③台：通“怡”，快乐，高兴。④厥美帝功：意谓那些美好的帝王功德。厥，那，那些。

【原文】

维禹之功，九州攸[①]同，光唐虞际，德流苗裔[②]；夏桀淫骄，乃放鸣条。作《夏本纪》第二。

【注释】

①攸：犹“是”。用《尚书·禹贡》原句。②苗裔：后代。

【原文】

维契作商[①]，爰及成汤；太甲居桐，德盛阿衡；武丁得说，乃称高宗；帝辛湛湎[②]，诸侯不享[③]。作《殷本纪》第三。

【注释】

①作商：建立商。契传为商的始祖，故云。②湛湎：即沉湎，沉溺于。③享：用食物供奉鬼神，引申为献。

【原文】

维弃作稷，德盛西伯；武王牧野[①]，实抚天下；幽厉昏乱，既丧酆镐；陵迟至赧[②]，洛邑不祀[③]。作《周本纪》第四。

【注释】

①指周武王联合诸侯伐纣陈师牧野事。详见《周本纪》。

②陵迟：衰落。赧：指周赧王。③不祀：不被祭祀。指周室宗庙断绝香火，喻亡国。

【原文】

维秦之先[1]，伯翳佐[2]禹；穆公思义，悼豪之旅[3]；以人为殉，诗歌《黄鸟》[4]；昭襄业帝[5]。作《秦本纪》第五。

【注释】

①先：祖先。②佐：辅佐。③此二句谓秦穆公兵败思过，哀悼死于秦晋殽之战中的秦国将士。事见《秦本纪》。豪，即殽。④《黄鸟》：《诗经·秦风》篇名。秦穆公死后，一百七十七人为之殉葬，秦之良臣子舆与三人也在从死者之中，秦人哀之，为作此诗。事见《秦本纪》。⑤昭襄：指秦昭襄王。业帝：开创帝业。

【原文】

始皇即立，并兼六国；销锋铸鐻[1]，维偃干革[2]，尊号称帝，矜武任力[3]；二世受运，子婴降虏。作《始皇本纪》第六。

【注释】

①锋：兵器。鐻：古代悬挂钟的架子两旁的柱子。“销锋铸鐻”事见《秦始皇本纪》。②偃：停止，停息。干革：兵器，此指战争。③矜武任力：炫耀武力，专行暴力。矜，夸耀。

【原文】

秦失其道，豪桀并扰；项梁业之，子羽[①]接之；杀庆[②]救赵，诸侯立之；诛婴背怀，天下非之。作《项羽本纪》第七。

【注释】

①子羽：即项羽。②庆：指庆子冠军宋义。秦将章邯围赵，楚怀王遣宋义与项羽共救赵。后羽杀义，大破秦军于钜鹿。事详此纪。

【原文】

子羽暴虐，汉行功德；愤发蜀汉，还定三秦；诛籍业帝，天下惟宁，改制易俗。作《高祖本纪》第八。

惠之早霣[①]，诸吕不台；崇强禄、产[②]，诸侯谋之；杀隐幽友[③]，大臣洞疑[④]，遂及宗祸[⑤]。作《吕太后本纪》第九。

【注释】

①霣（yǔn）：通“陨”，坠落，指死亡。②崇：高，抬高。禄：指吕禄。产：指吕产。③隐：指赵隐王如意。友：指赵幽王刘友。④洞疑：恫疑；恐惧。洞，通“恫”。⑤宗祸：宗族之祸。指吕氏集团被诛灭事。

【原文】

汉既初兴，继嗣不明[①]，迎王践祚[②]，天下归心；蠲除[③]肉刑，开通关梁[④]，广恩博施，厥称太宗。作《孝文本纪》第十。

【注释】

①继嗣不明：指惠帝去世前后由吕后先后所立的几位继承人都不光明正大。事详此纪。②迎王：指迎立代王刘恒。践祚：即位。祚，通“阼”，帝位。③蠲（juān）除：免除。废除肉刑事在文帝前元十三年（前167）。④关梁：指水陆要会之处。关，关口。梁，津梁。

【原文】

诸侯骄恣，吴首为乱[①]，京师行诛，七国伏辜[②]，天下翕然[③]，大安殷富。作《孝景本纪》第十一。

【注释】

①汉景帝前元三年（前154），吴王刘濞和楚、赵、胶东、胶西、济南、淄川七国以诛建议削弱诸侯王国封地的晁错为名，发动叛乱。详见《吴王濞列传》。②伏辜：伏罪。辜，罪。③翕然：安定的样子。

【原文】

汉兴五世[①]，隆在建元[②]，外攘夷狄，内修法度，封禅，改正朔，易服色。作《今上本纪》第十二[③]。

【注释】

①五世：指汉高祖、惠帝、文帝、景帝、武帝五代皇帝。②隆：盛，兴盛。建元：汉武帝第一个年号（前140—前135）。③《今上本纪》已佚。今上，指汉武帝。今本《史记》之《孝武本纪》系取《封禅书》一部分而扩充之。

【原文】

维三代尚[①]矣，年纪不可考，盖取之谱牒[②]旧闻，本于兹，于是略推，作《三代世表》第一。

【注释】

①三世：指夏、商、周三代。尚：通“上”，久远。②谱牒：记述氏族或宗族世系的书。

【原文】

幽厉之后，周室衰微，诸侯专政，《春秋》有所不纪[①]；而谱牒经略[②]，五霸更[③]盛衰，欲睹周世相先后之意，作《十二诸侯年表》第二。

【注释】

①纪：通“记”，记载。②经略：谋划，治理。③更：交替。

【原文】

春秋之后，陪臣[①]秉改，强国相王[②]；以至于秦，卒并诸夏，灭封地，擅其号。作《六国年表》第三。

【注释】

①陪臣：诸侯的大夫对天子自称陪臣。②相王：相尊为王。

【原文】

秦既暴虐，楚人发难，项氏遂乱，汉乃扶义征伐；八年之间，天下三嬗[1]，事繁变众，故详著《秦楚之际月表》第四。

【注释】

①嬗：以帝位让给别人。这里是变迁、更替的意思。

【原文】

汉兴已来，至于太初百年，诸侯废立分削，谱纪不明，有司靡踵[1]，强弱之原云以世。作《汉兴以来诸侯年表》第五。

【注释】

①有司靡踵：谓史官无法随继其事。有司，这里指史官。靡，不，没有。踵，跟随，继承。

【原文】

维高祖元功，辅臣股肱[1]，剖符[2]而爵，泽流苗裔，忘其昭穆[3]，或杀身陨国。作《高祖功臣侯者年表》第六。

【注释】

①股肱：大腿和手臂。比喻辅佐君王的大臣。这里指辅佐君王得力的人。②剖符：古时帝王授予诸侯和功臣的凭证，剖分为二，双方各执一半，以昭信用。③昭穆：古代宗法制度，宗庙和墓地的辈次排列，始祖居中，二世、四世、六世等依次位于始祖的左边，称昭；三世、五世、七世等依次位于始祖的右边，称穆。昭穆用来分别宗族内部的远近亲疏。

【原文】

惠景之间，维申功臣宗属爵邑[1]，作《惠景间侯者年表》第七。

【注释】

①申：通“伸”，舒展，这里指扩增封爵的范围。爵邑：爵位和封邑。

【原文】

北讨强胡，南诛劲越，征伐夷蛮，武功爰列[①]。作《建元以来侯者年表》第八。

【注释】

①爰：乃，于是。列：众，多。

【原文】

诸侯既强，七国为从[①]；子弟众多，无爵封邑，推恩[②]行义，其势销弱[③]，德归京师[④]。作《王子侯者年表》第九[⑤]。

【注释】

①从：同“纵”，南北方向为纵。以吴、楚等七国形成南北一片的形势，故云。②推恩：谓施恩惠于他人。元朔二年（前127），武帝采纳主父偃“令诸侯得推恩分子弟，以地侯之”的建议，下“推恩令”，规定各诸侯王除嫡长子可以继承王位外，其他子弟也可以在其所在王国中封侯，借以削弱王国势力。事见《平津侯主父列传》。③销弱：削弱。销，通“消”。④此句谓受封诸侯王的子弟对朝廷感恩戴德。京师，这里代指朝廷或天子。⑤今本《史记》作“建元以来王子侯者年表”。

【原文】

国有贤相良将，民之师表也。维见汉兴以来将相名臣年表，贤者记其治①，不贤者彰②其事。作《汉兴以来将相名臣年表》第十。

【注释】

①治：治绩，为政的功绩。②彰：使明显，披露。

【原文】

维三代之礼，所损益各殊务①，然要②以近性情，通王道，故礼因人质为之节文③，略协④古今之变。作《礼书》第一。

【注释】

①务：事务。②要：要领，关键。③质：朴实无华。文：华美，有文采，与“质”相对。④协：和洽，协调。

【原文】

乐者，所以移风易俗也。自《雅》《颂》①声兴，则已好郑卫之音②，郑卫之音所从来久矣。人情之所感，远俗则怀③。比《乐书》以述来古④，作《乐书》第二。

【注释】

①雅：指《诗经》的《大雅》《小雅》。颂：指《诗经》中的《周颂》《鲁颂》《商颂》。②郑卫之音：春秋战国时期郑国和卫国的俗乐。③《集解》：“乐者所以感和人情。人情既感则远方殊俗莫不怀柔向化也。”怀：人心归向。④比：比照，仿效。来古：〔日〕泷川资言《史记会注考证》：来古，

即往古也。

【原文】

非兵[1]不强，非德不昌，黄帝、汤、武以兴，桀、纣、二世以崩，可不慎欤？《司马法》所从来尚[2]矣，太公、孙、吴、王子能绍而明之，切[3]近世，极人变[4]。作《律书》第三。

【注释】

①兵：军队。②《司马法》：古代兵书。《汉书·艺文志》谓《司马法》一百五十篇，今存五篇。尚：久远。③切：切合，切近。④极人变：极尽人事之变。

【原文】

律居阴而治阳，历居阳而治阴，律历更相治，间不容翲忽[1]。五家之文怫异[2]，维太初之元论。作《历书》第四。

【注释】

①翲忽：〔日〕泷川资言《史记会注考证》："翲即秒也。"秒、忽都是古代的长度单位，忽为一寸的万分之一，十忽为一秒。②怫（bèi）异：违背，违异。怫，通"悖"。

【原文】

星气之书，多杂机祥[1]，不经[2]；推其文，考其应，不殊。比集论[3]其行事，验于轨度[4]以次，作《天官书》第五。

【注释】

①机祥：祈神以求福去灾之事。②不经：荒诞不经，不合乎常理。③比：及，等到。集论：指汉武帝召集唐都、司马迁

等讨论天文历法之事。④轨度：法度，法则。

【原文】

受命而王，封禅之符罕用，用则万灵罔不禋祀[①]。追本[②]诸神名山大川礼，作《封禅书》第六。

【注释】

①禋祀：祭祀。禋，古代祭天的祭名。②追本：追溯本原。

【原文】

维禹浚川，九州攸宁；爰及宣防[①]，决渎通沟。作《河渠书》第七。

【注释】

①宣防：即宣房宫。元光三年（前132）黄河决于瓠子，后二十余年，汉武帝命堵塞瓠子决口，筑宫其上，名宣房宫。

【原文】

维币之行，以通农商；其极则玩巧，并兼兹殖[①]，争于机利，去本趋末[②]。作《平准书》以观事变，第八。

【注释】

①兹：通"滋"，益，更加。殖：增长，增加。②本：指农业。末：指商、工等业。

【原文】

太伯避历[①]，江蛮是适；文武攸兴，古公王迹。阖庐弑僚，宾服荆梦[2]；夫差克齐，子胥鸱夷[3]；信嚭亲越，吴国既灭。嘉伯之让，作《吴世家》第一。

【注释】

①周太王欲立幼子季历，太伯与弟仲雍同避江南。②宾服荆梦：使荆梦降服。宾服，归降，投降。③鸱夷：革囊，皮制口袋。

【原文】

申吕肖[1]矣，尚父侧微[2]，卒归西伯，文武是师；功冠群公，缪权于幽[3]；番番[4]黄发，爰飨营丘[5]。不背柯盟[6]，桓公以昌，九合诸侯，霸功显彰。田阚争宠，姜姓解亡。嘉父之谋，作《齐太公世家》第二。

【注释】

①肖：衰微。②侧微：卑贱。③缪：绸缪，紧缠密绕。此处意为周密。幽：暗。④番番：通“皤皤”，形容头发白。⑤爰飨营丘：指受封于齐，建都营丘。飨，享有。⑥周釐王元年（前681）齐桓公与鲁君会于柯，约定桓公归还齐侵占的鲁地。

【原文】

依之违之，周公绥[1]之；愤发文德，天下和[2]之；辅翼成王，诸侯宗周。隐桓之际，是独何哉？三桓[3]争强，鲁乃不昌。嘉旦《金縢》[4]，作《周公世家》第三[5]。

【注释】

①绥：安抚。②和：应和。③三桓：指春秋后期掌握鲁国

政权的三家贵族孟孙氏、叔孙氏、季孙氏，因其均为鲁桓公之后裔故称三桓。④《金縢》：周公收藏在金縢匮中的祷祝策文。武王克殷二年，有疾不愈，周公向先王祷祝，愿以身代武王死，并问卜，让史官读其所书策文，占卜结果吉兆，周公将策文收藏在金縢匮中。⑤今本《史记》作《鲁周公世家》。

【原文】

武王克纣，天下未协而崩。成王既幼，管蔡疑之，淮夷叛之，于是召公[1]率德，安集王室，以宁东土。燕哙之禅[2]，乃成祸乱。嘉《甘棠》[3]之诗，作《燕世家》第四。

【注释】

①召公：即邵公。②燕王哙三年（前318），让君位于相国子之。后太子平和将军市被叛乱，齐宣王乘机攻占燕国，他和子之皆被杀。③《甘棠》：《诗经·召南》中的篇名，诗中称颂召公。

【原文】

管蔡相武庚，将宁旧商；及旦摄政，二叔[1]不飨；杀鲜放度[2]，周公为盟；大任十子，周以宗强。嘉仲悔过，作《管蔡世家》第五。

【注释】

①二叔：指管叔、蔡叔。②鲜：管叔鲜。度：蔡叔度。

【原文】

王后不绝，禹舜是说[1]：维德休明[2]，苗裔蒙烈[3]。百世享杞，爰周陈杞，楚实[4]灭之。齐田既起，舜何人哉？作《陈杞世家》第六。

【注释】

①说：通“悦”，喜悦。②休明：美善清明。③蒙：承受，承蒙。烈：事业，功绩。④实：句中语气词，用以加强语意。

【原文】

收殷余民，叔封始邑，申[1]以商乱，《酒》《材》是告[2]，及朔之生，卫顷不宁；南子恶蒯聩，子父易名[3]。周德卑微，战国既强，卫以小弱，角独后亡。嘉彼《康诰》，作《卫世家》第七[4]。

【注释】

①申：申饬，告诫。②《酒》：《酒诰》。《材》：《梓材》。此二篇连及下文的《康诰》都是周公写给康叔的告诫之辞。③谓儿子和父亲名分颠倒。指卫出公先立而其父庄公反后继其位。④今本《史记》作《卫康叔世家》。

【原文】

嗟箕子乎！嗟箕子乎！正言不用，乃反为奴。武庚既死，周封微子。襄公伤于泓[1]，君子孰称。景公谦德，荧惑[2]退行。剔成暴虐，宋乃灭亡。嘉微子问太师[3]，作《宋世家》第八。

【注释】

①前638年，宋襄公伐郑，与救郑的楚军战于泓水，宋襄

公讲“仁义”，要待敌军列阵后再战，结果大败且身受重伤。②荧惑：即火星。古代迷信认为荧惑表示“天罚”。③微子数谏纣王，纣王不听。微子欲自杀，又欲出发，犹豫不决，于是请教于太师（按孔安国说是箕子）。

【原文】

武王既崩，叔虞邑唐。君子讥名[①]，卒[②]灭武公。骊姬之爱，乱者五世[③]；重耳不得意，乃能成霸。六卿[④]专权，晋国以秏[⑤]。嘉文公锡珪鬯[⑥]，作《晋世家》第九。

【注释】

①讥名：晋穆侯太子名仇，少子名成师。晋大夫认为嫡庶命名颠倒反常，晋将会出乱子。②卒：终于。③五世：指晋献公、晋君奚齐、晋君悼子、晋惠公、晋怀公。④六卿：指赵、韩、魏、知、范、中行六卿。⑤秏：今作“耗”，尽，灭亡。⑥锡：通“赐”。珪：通“圭”，帝王、诸侯举行朝会、祭祀典礼时拿的一种玉器。鬯（chàng）：祭祀用的香酒。

【原文】

重黎业之，吴回接之；殷之季世，粥子[①]牒之。周用熊绎，熊渠是继。庄王之贤，乃复国陈[②]；既赦郑伯，班师华元[③]。怀王客死，兰咎屈原；好谀信谗，楚并于秦。嘉庄王之义，作《楚世家》第十。

【注释】

①粥子：即鬻子。②楚庄王十六年（前598），乘陈乱入

陈，灭陈以为县。楚大夫申叔时进谏，庄王乃恢复陈国。③因赞赏华元肯讲真话而班师回国。楚庄王二十年（前594），以宋杀楚过境者而围宋，长达五个月。城中乏食，华元夜见楚将，称城中“析骨而炊，易子而食”，庄王以其言确实，遂罢兵离去。班师，调回出征的军队或指凯旋。

【原文】

少康之子，实宾[①]南海，文身断发，鼋鳝[②]与处，既守封、禺，奉禹之祀。句践困彼[③]，乃用种、蠡[④]。嘉句践夷蛮能修其德，灭强吴以尊周室，作《越王句践世家》第十一。

【注释】

①宾：通“摈”，抛弃。②鼋：大鳖。③困彼：为别人所困。④种：文种。蠡：范蠡。

【原文】

桓公之东[①]，太史是庸[②]。及侵周禾，王人是议。祭仲要[③]盟，郑久不昌。子产之仁，绍世[④]称贤。三晋侵伐，郑纳于韩。嘉厉公纳惠王，作《郑世家》第十二。

【注释】

①指桓公东迁。②庸：用，任用。③要：威胁，要挟。④绍世：继世，犹言后世。

【原文】

维骥騄耳[①]，乃章[②]造父。赵夙事献，衰续厥绪。佐文尊王，卒为晋辅。襄子困辱，乃禽[③]智伯。主父生缚[④]，饿死探爵[5]。王迁辟淫，良将是斥。嘉鞅讨周乱，作《赵世家》第十三。

【注释】

①骥：千里马。騄耳：名马之名。②章：通“彰”。③禽：通“擒”，捕捉。④生缚：活活被绑缚，指被围困。⑤爵：通“雀”。

【原文】

毕万爵魏，卜人知之。及绛戮[1]干，戎翟[2]和之。文侯慕义，子夏师之。惠王自矜，齐秦攻之。既疑信陵，诸侯罢之。卒亡大梁，王假厮之[3]。嘉武佐晋文申霸道，作《魏世家》第十四。

【注释】

①戮：羞辱。②翟：通“狄”，我国古代北部的少数民族。③厮之：为之厮。指假被秦俘虏后，让他做厮养卒。

【原文】

韩厥阴德[1]，赵武攸兴。绍绝立废，晋人宗之。昭侯显列，申子庸之。疑非不信，秦人袭之。嘉厥辅晋匡周天子之赋，作《韩世家》第十五。

【注释】

①阴德：暗中施德于人。指韩厥保护赵氏孤儿事。

【原文】

完子避难，适齐为援，阴施五世，齐人歌之。成子得政，田和为侯。王建动心，乃迁于共。嘉威、宣能拨浊世而独宗周，作《田敬仲完世家》第十六。

周室既衰，诸侯恣行。仲尼悼礼废乐崩，追修经术，以达王道，匡乱世反之于正，见[①]其文辞，为天下制仪法，垂《六艺》之统纪于后世。作《孔子世家》第十七。

【注释】

①见：通“现”，显现。

【原文】

桀、纣失其道而汤武作，周失其道而《春秋》作。秦失其政，而陈涉发迹，诸侯作难，风起云蒸，卒亡秦族。天下之端，自涉发难。作《陈涉世家》第十八。

成皋之台，薄氏始基。诎意[①]适代，厥崇诸窦[②]。栗姬偩[③]贵，王氏乃遂。陈后太骄，卒尊子夫。嘉夫德若斯，作《外戚世家》第十九。

【注释】

①诎意：违心，屈意。②崇诸窦：使诸窦氏高贵。③偩：通“负”，恃，依仗。

【原文】

汉既谲[①]谋，禽信于陈；越荆剽[②]轻，乃封弟交为楚王，爰都彭城，以强淮泗，为汉宗藩。戊溺于邪，礼复绍之。嘉游辅祖，作《楚元王世家》第二十。

【注释】

①谲：欺诈。此句系指汉高祖设计擒韩信事。事见《淮阴侯列传》。②剽：剽悍，又作“慓悍”。

【原文】

维祖[①]师旅，刘贾是兴；为布所袭，丧其荆、吴。营陵激吕[②]，乃王琅邪；怵午[③]信齐，往而不归，遂西入关，遭立孝文，获复王燕。天下未集[④]，贾、泽以族[⑤]，为汉藩辅。作《荆燕世家》第二十一。

【注释】

①祖：指汉高祖。②激吕：使吕氏激动、感动。此句指营陵侯刘泽因田子春感动吕后事。事详本世家。③怵午：指刘泽为祝午所诱骗。事详《齐悼惠王世家》。怵，诱惑。④集：通“辑”，安定。⑤以族：谓刘贾、刘泽以系汉高祖同族而被封王。以，因。

【原文】

天下已平，亲属既寡；悼惠先壮[①]，实镇东土。哀王擅兴[②]，发怒诸吕[③]，驷钧暴戾，京师弗许。厉之内淫[④]，祸成主父[⑤]。嘉肥股肱，作《齐悼惠王世家》第二十二。

【注释】

①先壮：先长大成人。②擅兴：擅自兴兵。③发怒诸吕：对诸吕用事感到愤怒。④内淫：亲属内部淫乱。此句指齐厉王刘次昌与其姊通奸事。⑤祸成主父：厉王内淫之事由主父偃揭

出，由他按治。

【原文】

楚人[①]围我荥阳，相守三年；萧何填抚[②]山西，推计踵兵[③]，给[④]粮食不绝，使百姓爱汉，不乐为楚。作《萧相国世家》第二十三。

【注释】

①楚人：指楚霸王项羽的军队。②填抚：镇抚。填，通“镇”，安定。③推计：计算，登记。踵兵：后继部队。踵，跟随。④给：供给，供应。

【原文】

与信定魏，破赵拔齐，遂弱楚人。续何相国，不变不革，黎庶攸宁。嘉参不伐功矜能[①]，作《曹相国世家》第二十四。

【注释】

①不伐功矜能：夸耀自己的功劳和才能。伐、矜均有“夸耀”“卖弄”之意。

【原文】

运筹帷幄[①]之中，制胜于无形[②]，子房计谋其事，无知名，无勇功[③]，图难于易，为大于细[④]。作《留侯世家》第二十五。

【注释】

①帷幄：军中的帐幕。②无形：《孙子·虚实篇》：“形兵之极，至于无形……人皆知我所以胜之形，而莫知吾所以制胜之形。”③《孙子·军形篇》：“善战者之胜也，无智名，无勇

功。”知，通“智”。④语出自《老子·德经·第六十三章》：“图难于其易，为大于其细。”

【原文】

六奇既用，诸侯宾从[①]于汉；吕氏之事[②]，平为本谋[③]，终安宗庙，定社稷。作《陈丞相世家》第二十六。

【注释】

①宾从：像宾客一样服从，归附。②吕氏之事：指消灭诸吕之事。③本谋：主谋。

【原文】

诸吕为从[①]，谋弱京师，而勃反经[②]合于权；吴楚之兵[③]，亚夫驻于昌邑，以厄[④]齐赵，而出委[⑤]以梁。作《绛侯世家》第二十七。

【注释】

①从：通“纵”，放纵。②反经：反常。经，常，常规。③吴楚之兵：指吴楚起兵叛乱。④厄：使……遭遇困境。⑤委：委弃，抛弃。

【原文】

七国叛逆，蕃[①]屏京师，唯梁为扞[②]；偷爱矜功，几获于祸。嘉其能距[③]吴楚，作《梁孝王世家》第二十八。

【注释】

①蕃：通“藩”，屏障。②扞：抵御，保卫。③距：通“拒”，抵御。

【原文】

五宗既王，亲属洽和，诸侯大小为藩，爰得其宜，僭拟之事稍衰贬[1]矣。作《五宗世家》第二十九。

【注释】

①僭拟：僭位而自拟于天子。僭，超越本分。拟，比拟于天子。衰贬：衰减，减少。

【原文】

三子之王，文辞[1]可观。作《三王世家》第三十。

【注释】

①文辞：指武帝封三王时分别赐给他们的策文。

【原文】

末世争利，维彼[1]奔义；让国饿死，天下称之。作《伯夷列传》第一。

【注释】

①彼：指伯夷、叔齐。

【原文】

晏子俭矣，夷吾则奢；齐桓以霸，景公以治[1]。作《管晏列传》第二。

【注释】

①齐桓公因得管夷吾而称霸，齐景公因得晏婴而国治。

【原文】

李耳无为自化，清净自正[1]；韩非揣事情[2]，循势理。作《老子韩非列传》第三。

【注释】

①“无为”两句出自《老子》第五十七章：“我无为而民自化，我好静而民自正。”②事情：事物情理。

【原文】

自古王者而有《司马法》，穰苴能申明之。作《司马穰苴列传》第四。

非信廉仁勇不能传兵论剑，与道同符，内可以治身，外可以应变，君子比[1]德焉。作《孙子吴起列传》第五。

【注释】

①比：挨近，靠近。

【原文】

维建遇谗[1]，爰及子奢，尚既匡父，伍员奔吴。作《伍子胥列传》第六。

【注释】

①费无忌为太子建娶秦女而使平王自娶之，恐太子继立将杀己，遂谗害太子。事见《楚世家》。

【原文】

孔氏述文，弟子兴业，咸为师傅，崇仁厉义。作《仲尼弟子列传》第七。

鞅去卫适秦，能明其术，强霸孝公[①]，后世遵其法。作《商君列传》第八。

【注释】

①强霸孝公：使孝公强盛称霸。

【原文】

天下患衡秦毋餍[①]，而苏子能存诸侯，约从[②]以抑贪强。作《苏秦列传》第九。

【注释】

①衡：通“横”，指连横。毋餍：贪得无厌。毋，通“无”。餍，饱，满足。②从：通“纵”，指合纵。

【原文】

六国既从亲[①]，而张仪能明其说，复散解诸侯。作《张仪列传》第十。

【注释】

①从亲：合纵相亲近。

【原文】

秦所以东攘雄诸侯，樗里、甘茂之策。作《樗里甘茂列传》第十一[①]。

【注释】

①今本《史记》其传名《樗里子甘茂列传》。

【原文】

苞[1]河山，围大梁，使诸侯敛手[2]而事秦者，魏冉之功。作《穰侯列传》第十二。

【注释】

①苞：通“包”，裹。②敛手：束手，拱手。

【原文】

南拔鄢郢，北摧长平，遂围邯郸，武安为率[1]；破荆灭赵，王翦之计。作《白起王翦列传》第十三。

【注释】

①率：通“帅”，主将。

【原文】

猎儒墨之遗文，明礼义之统纪，绝惠王利端[1]，列往世兴衰。作《孟子荀卿列传》第十四。

【注释】

①根绝梁惠王逐利念头。《孟子·梁惠王》上：“孟子见梁惠王。王曰：‘叟不远千里而来，亦将有以利吾国乎？’孟子对曰：‘王何必曰利，亦有仁义而已矣！……’”

【原文】

好客喜士，士归于薛，为齐扞楚魏。作《孟尝君列传》第十五。

争冯亭以权[1]，如楚以救邯郸之围，使其君复称于诸侯。

作《平原君虞卿列传》第十六。

【注释】

①赵孝成王四年（前262）韩上党守冯亭派人请将上党城邑十七座降赵，赵王受降，引起秦的忌恨。两年后，秦大破赵军于长平。

【原文】

能以富贵下贫贱[①]，贤能诎[②]于不肖，唯信陵君为能行之。作《魏公子列传》第十七。

【注释】

①下贫贱：对贫贱者谦下。②诎：通“屈”，屈就。

【原文】

以身徇君[①]，遂脱强秦，使驰说之士南乡走[②]楚者，黄歇之义。作《春申君列传》第十八。

【注释】

①以身徇君：指黄歇以身殉楚考烈王事。徇，通“殉”。②驰说：游说。乡：通“向”，面向。走：奔向，趋向。

【原文】

能忍询[①]于魏齐，而信[②]威于强秦；推贤让位，二子有之。作《范雎蔡泽列传》第十九。

【注释】

①询（gòu）：通“诟”，耻辱。②信：通“伸”，伸展。

【原文】

率行其谋，连五国兵，为弱燕报强齐之仇，雪其先君之耻。作《乐毅列传》第二十。

能信[①]意强秦，而屈体廉子，用徇其君，俱重于诸侯。作《廉颇蔺相如列传》第二十一。

【注释】

①信：通“伸”。

【原文】

湣王既失临淄而奔莒，唯田单用即墨破走[①]骑劫，遂存齐社稷。作《田单列传》第二十二。

【注释】

①破走：打败并赶跑。走，逃跑，这里是使之逃跑。

【原文】

能设诡说[①]解患于围城，轻爵禄，乐肆[②]志。作《鲁仲连邹阳列传》第二十三。

【注释】

①诡说：巧妙的说辞。②肆：尽，极。

【原文】

作辞以讽谏，连类以争义，《离骚》有之。作《屈原贾生列传》第二十四。

结子楚亲，使诸侯之士斐然[①]争入事秦。作《吕不韦列传》第二十五。

【注释】

①斐然：有文采的样子。这里有“纷纷然”之意。

【原文】

曹子[①]匕首，鲁获其田，齐明其信；豫让义不为二心。作《刺客列传》第二十六。

【注释】

①曹子：指曹刿，也作曹沫。

【原文】

能明其画[①]，因时推秦[②]，遂得意于海内，斯为谋首。作《李斯列传》第二十七。

【注释】

①画：谋划，策划。②因时推秦：顺应时势的发展推尊秦国。

【原文】

为秦开地益众，北靡匈奴，据河为塞，因山为固，建榆中。作《蒙恬列传》第二十八。

填[①]赵塞常山以广河内，弱楚权，明汉王之信于天下。作《张耳陈馀列传》第二十九。

【注释】

①填：通“镇”，安定，平定。

【原文】

收西河、上党之兵，从至彭城；越之侵掠梁地以苦[1]项羽。作《魏豹彭越列传》第三十。

【注释】

①苦：使之困扰。

【原文】

以淮南叛楚归汉，汉用[1]得大司马殷，卒破子羽于垓下。作《黥布列传》第三十一。

【注释】

①用：因。

【原文】

楚人迫我京索，而信拔魏赵，定燕齐，使汉三分天下有其二，以灭项籍。作《淮阴侯列传》第三十二。

楚汉相距巩洛，而韩信为填颍川，卢绾绝籍粮饷。作《韩信卢绾列传》第三十三。

诸侯畔[1]项王，唯齐连[2]子羽城阳，汉得以间[3]遂入彭城。作《田儋列传》第三十四。

【注释】

①畔：通“叛”。②连：牵制。③间：间隙，空隙。这里指机会。

【原文】

攻城野战，获功归报，哙、商有力焉，非独鞭策[1]，又与之[②]脱难。作《樊郦列传》第三十五[③]。

【注释】

①鞭策：马鞭子。喻指驱使、督促之意。②之：指刘邦。③今本《史记》正文标目为《樊郦滕灌列传》。

【原文】

汉既初定，文理[①]未明，苍为主计，整齐[②]度量，序律历。作《张丞相列传》第三十六。

【注释】

①文理：条理，礼仪。②整齐：整理使之统一。

【原文】

结言[①]通使，约怀[②]诸侯；诸侯咸亲，归汉为藩辅。作《郦生陆贾列传》第三十七。

【注释】

①结言：通过说辞结交。②约：预先规定须共同遵守的条文或条件。指陆贾出使南越，使南越王尉他奉汉约等事。怀：安抚。

【原文】

欲详知秦楚之事，维周緤常从高祖，平定诸侯。作《傅靳蒯成列传》第三十八。

徙强族，都关中，和约匈奴；明朝廷礼，次宗庙仪法。作《刘敬叔孙通列传》第三十九。

能摧刚作柔，卒为列臣[①]；栾公不劫于势而倍死[②]。作

《季布栾布列传》第四十。

【注释】

①列臣：刚正之臣。列，通“烈”。②不劫于势：不为威势所屈。劫，威逼，胁迫。倍死：背叛死者。倍，通“背”，背叛。

【原文】

敢犯颜色以达主义[①]，不顾其身，为国家树长画[②]。作《袁盎朝错[③]列传》第四十一。

【注释】

①犯颜色：冒犯对方而不管对方脸色如何。颜色，脸色。达主义：使主上言行合于道义。②树长画：建立长远规划。画，筹划，谋划。③朝错：即晁错。

【原文】

守法不失大理，言古贤人，增主之明。作《张释之冯唐列传》第四十二。

敦厚慈孝，讷[①]于言，敏于行，务在鞠躬，君子长者。作《万石张叔列传》第四十三。

【注释】

①讷：语言迟钝，不善于讲话。

【原文】

守节切直，义足以言廉，行足以厉[①]贤，任重权不可以非理挠[②]。作《田叔列传》第四十四。

【注释】

①厉：勉励，激励。②以非理挠：用非理使之屈服。挠，通“桡”，弯曲。引申为屈服。

【原文】

扁鹊言医，为方者[1]宗，守数[2]精明；后世修序，弗能易也，而仓公可谓近之矣。作《扁鹊仓公列传》第四十五。

【注释】

①方者：泛指医家。方，医方，药方。②守数：所操的技艺。数，技艺，方术。

【原文】

维仲之省[1]，厥濞王吴，遭汉初定，以填抚[2]江淮之间。作《吴王濞列传》第四十六。

【注释】

①省：减，削。指刘仲被削夺王爵。②填抚：镇守安抚。填，通“镇”。

【原文】

吴楚为乱，宗属唯婴贤而喜士，士乡之，率师抗山东荥阳。作《魏其武安列传》第四十七。

智足以应近世之变，宽足用以得人。作《韩长孺列传》第四十八。

勇于当敌，仁爱士卒，号令不烦，师徒[1]乡之。作《李将军列传》第四十九。

【注释】

①师徒：泛指军队将士。徒，步兵。

【原文】

自三代以来，匈奴常为中国[1]患害；欲知强弱之时，设备[2]征讨，作《匈奴列传》第五十。

【注释】

①中国：指中原地区，亦即汉朝。②设备：设防备，防务。

【原文】

直曲塞[1]，广河南，破祁连，通西国[2]，靡[3]北胡。作《卫将军骠骑列传》第五十一。

【注释】

①直曲塞：使曲折的边塞通直。②西国：西域各国。③靡：倒下。这里有使屈服、使逃遁的意思。

【原文】

大臣宗室以侈靡相高[1]，唯弘用节衣食为百吏先。作《平津侯列传》第五十二。

【注释】

①相高：相互比高低。

【原文】

汉既平中国，而佗能集[1]杨越以保南藩，纳贡职。作《南越列传》第五十三。

【注释】

①集：通“辑”，安定。下文“以集真藩”之“集”，同此。

【原文】

吴之叛逆，瓯人斩濞，葆[1]守封禺为臣。作《东越列传》第五十四。

【注释】

①葆：通“保”，保全，保护。

【原文】

燕丹散乱辽间，满收其亡民，厥聚海东，以集真藩，葆塞为外臣。作《朝鲜列传》第五十五。

唐蒙使略[1]通夜郎，而邛笮之君请为内臣受吏[2]。作《西南夷列传》第五十六。

【注释】

①使：出使。略：经略。②受吏：接受朝廷委派的官吏。

【原文】

《子虚》之事，《大人》赋说，靡丽多夸，然其指风谏[1]，归于无为。作《司马相如列传》第五十七。

【注释】

①指：通“旨”，意图，意思。风谏：讽谏。风，通

“讽”。

【原文】

黥布叛逆，子长国之[1]，以填江淮之南，安剽楚庶民。作《淮南衡山列传》第五十八。

【注释】

①国之：以之为国。做那里的国王。

【原文】

奉法循理之吏，不伐功矜能，百姓无称，亦无过行。作《循吏列传》第五十九。

正衣冠立于朝廷，而群臣莫敢言浮说，长孺矜[1]焉；好荐人，称长者，壮有溉[2]。作《汲郑列传》第六十。

【注释】

①矜：庄重，严肃。②溉：《集解》引徐广曰：“一作‘概’。”慨，气节。

【原文】

自孔子卒，京师莫崇庠序，唯建元元狩之间，文辞粲如[1]也。作《儒林列传》第六十一。

【注释】

①粲如：鲜明、鲜美的样子。

【原文】

民倍本多巧[1]，奸轨[2]弄法，善人不能化[3]，唯一切严削为能齐之。作《酷吏列传》第六十二。

【注释】

①倍本多巧：背离本业而多巧诈。倍，通“背”。②奸轨：作奸犯科的人。轨，通“宄”，犯法作乱的人。③化：改变。

【原文】

汉既通使大夏，而西极远蛮，引领内乡[①]，欲观中国。作《大宛列传》第六十三。

【注释】

①引领：伸长脖子。形容盼望急切。乡：通“向”。

【原文】

救人于厄，振[①]人不赡，仁者有乎；不既信[②]，不倍言，义者有取焉。作《游侠列传》第六十四。

【注释】

①振：通“赈”，救济。②不既信：不失信。既，尽，完了。

【原文】

夫事人君能说[①]主耳目，和主颜色，而获亲近，非独色爱，能亦各有所长。作《佞幸列传》第六十五。

【注释】

①说：通“悦”，喜欢；使……愉快。

【原文】

不流世俗，不争势利，上下无所凝滞[1]，人莫之害[2]，以道之用[3]。作《滑稽列传》第六十六。

【注释】

①凝滞：流动不畅。这里指阻塞。②人莫之害：没人能伤害他。莫之害，莫害之。③以道之用：意为合乎正道。用，采用。道之用，用道。

【原文】

齐、楚、秦、赵为日者[1]，各有俗所用[2]。欲循观其大旨，作《日者列传》第六十七。

【注释】

①日者：古时占候卜筮的人。②各有俗所用：各自有随俗而用的不同之法。

【原文】

三王不同龟[1]，四夷各异卜，然各以决吉凶。略窥其要，作《龟策列传》第六十八。

【注释】

①三王：指夏、商、周三代君王。龟：用龟甲占卜。

【原文】

布衣匹夫之人，不害于政，不妨百姓，取与以时而息[1]财富，智者有采焉。作《货殖列传》第六十九。

【注释】

①取与：指买卖。以时：根据时机。息：增长。

【原文】

维我汉继五帝末流[①]，接三代绝业。周道废，秦拨去古文[②]，焚灭《诗》《书》，故明堂石室金匮玉版图籍散乱。于是汉兴，萧何次律令，韩信申军法，张苍为章程，叔孙通定礼仪，则文学彬彬稍[③]进，《诗》《书》往往间出矣。自曹参荐盖公言黄老，而贾生、晁错明申、商，公孙弘以儒显，百年之间，天下遗文古事靡不毕集[④]太史公。太史公仍父子相续纂[⑤]其职。曰："於戏[⑥]！余维先人尝掌斯事，显于唐虞，至于周，复典之，故司马氏世主天官。至于余乎，钦念哉！钦念哉！"罔罗[⑦]天下放失旧闻，王迹所兴，原[⑧]始察终，见盛观衰，论考之行事，略推三代，录秦汉，上记轩辕，下至于兹，著十二本纪，既科条之[⑨]矣。并时异世，年差不明，作十表。礼乐损益，律历改易，兵权、山川、鬼神、天人之际，承敝通变[⑩]，作八书。二十八宿环北辰，三十辐共一毂[⑪]，运行无穷，辅拂[⑫]股肱之臣配焉，忠信行道，以奉主上，作三十世家。扶义俶傥[⑬]，不令己失时，立功名于天下，作七十列传。凡百三十篇，五十二万六千五百字，为《太史公书》。序略，以拾遗补艺[⑭]，成一家之言，厥协《六经》异传[⑮]，整齐百家杂语，藏之名山[⑯]，副在京师，俟[⑰]后世圣人君子。第七十。

太史公曰：余述历黄帝以来至太初而讫[⑱]，百三十篇。

【注释】

①末流：末世，遗风。②古文：古代文化典籍。③彬彬：既有文采又有好品德。稍：逐渐。④靡：无，没有。毕集：全部集中。⑤仍：重，又。纂：通“缵”，继承。⑥於戏：通“呜呼”。⑦罔罗：从各方面收集，寻找。罔，通“网”，捕鱼之网。罗，捕鸟的网。⑧原：追究根源。推究。⑨科条之：按类别条目列出纲目。⑩承敝通变：趁着其衰败进行变革。承，通“乘”，趁着。敝，衰败。⑪辐：车轮的辐条。毂：车轮中心的圆木。⑫辅拂：辅弼，辅佐。拂，通“弼”，辅助。⑬俶傥：卓越，不拘于俗。⑭艺：六艺。指儒家六部经典。⑮异传：注释或解释经义的各种著作。⑯名山：指书府。《穆天子传》云：天子北征，至于群王之山，河平无险，四彻中绳，先生所谓策府。按：策府即古帝王藏策之府。⑰俟：等待。⑱历：经。讫：终了，完毕。

【译文】

从前颛顼统治天下时，任命南正重掌管天文，北正黎掌管地理。唐虞之际，又让重、黎的后代继续掌管天文、地理，直到夏商时期，所以，重黎氏世代掌管天文地理。周朝时候，程伯休甫就是他们的后裔。当周宣王时，重黎氏因失去官守而成为司马氏。司马氏世代掌管周史。周惠王和周襄王统治时期，司马氏离开周都，到了晋国。后来，晋国中军元帅随会逃奔秦国，司马氏也迁居少梁。

自从司马氏离周到晋之后，族人分散各地，有的在卫国，有的在赵国，有的在秦国。在卫国的，做了中山国的相。在赵国的，以传授剑术理论而显扬于世，蒯聩就是他们的后代。在秦国的名叫司马错，曾与张仪发生争论。于是，秦惠王派司马错率军攻打蜀国，攻取后，又让他做了蜀地郡守。司马错之孙司马靳侍奉武安君白起。而少梁已更名为夏阳。司马靳与武安君坑杀赵国长平军，回来后与武安君一起被赐死于杜邮，埋葬在华池。司马靳之孙司马昌是秦国主管冶铸铁器的官员，生活在秦始皇时代。蒯聩玄孙司马卬曾为武信君部将并带兵攻占朝歌。诸侯争相为王时，司马卬在殷地称王。汉王刘邦攻打楚霸王项羽之际，司马卬归降汉王，汉以殷地为河内郡。司马昌生司马无泽，司马无泽当过主管长安集市的官吏。无泽生司马喜，司马喜封爵五大夫，死后都埋葬在高门。司马喜生司马谈，司马谈做了太史公。

太史公从师唐都学习天文，从师杨何学习《易经》，从师黄子学习道家理论。太史公在建元至元封年间做官，他忧虑学者不能通晓各学派的要义而所学悖谬，于是论述阴阳、儒、墨、名、法和道德六家的要旨说：

《周易·系辞传》说："天下人追求相同，而具体谋虑却多种多样；达到的目的相同，而采取的途径却不一样。"阴阳家、儒家、墨家、名家、法家和道家都是致力于如何达到太平治世的学派，只是它们所遵循依从的学说不是一个路子，有的显明，有的不显明罢了。我曾经在私下里研究过阴阳之术，发现它注重吉凶祸福的预兆，禁忌避讳很多，使人受到束缚并多有所畏惧，但阴阳家关于一年四季运行顺序的道理，是不可丢弃的。儒家学说广博但殊少抓住要领，花费了气力却很少功效。因此，该学派的主张难以完全遵从。然而，它所序列君臣父子之礼、夫妇长幼之别则是不可改变的。墨家俭啬而难以依遵，因此该派的主张不能全部遵循。但它关于强本节用的主张，则是不可废弃的。法家办事严厉刻薄少恩；但是它划清君臣上下的等级名分，那是不可改变的。名家讲究名实相符使人们被虚名、迂礼所束缚，从而违背人的真实情感，但是它提倡的名实相符，也是不能不细思的。道家主张清静，能使人精神专一，行动合乎无形之“道”，使万物丰足。道家之术是依据阴阳家关于四时运行顺序之说，吸收儒墨两家之长，撮取名、法两家之精要，随着时势的发展而发展，顺应事物的变化，树立良好风俗，应用于人事，无不适宜，意旨简约扼要而容易掌握，用力少而功效多。儒家则不是这样。他们认为君主是天下人的表率，君主倡导，臣下应和，君主先行，臣下随从。这样一来，君主劳累而臣下却得安逸。至于大道的要旨，是舍弃刚强与贪欲，去掉聪明智慧，将这些放置一边而用智术治理天下。精神过度使用就会衰竭，身体过度劳累就会疲惫，身体和精神受到扰乱，不得安宁，却想要与天地共长久，则是从未听说过的事。

阴阳家认为四时、八位、十二度和二十四节气各有一套宜、忌规定，顺应它就会昌盛，违背它不死则亡。这未必是对的，所以说阴阳家“使人受束缚而多所畏惧”。春生、夏长、秋收、冬藏，这是自然界的重要规律，不顺应它就无法制定天下纲纪，所以说“四时的运行是不能舍弃的”。

儒家以《诗》《书》《易》《礼》《春秋》《乐》这六部书

作为经典。这些书的本文和释传以千万计，几代相继不能弄通其学问，有生之年不能穷究其礼仪。所以说，儒家“学说广博但殊少抓住要领，花费了力气却很少功效”。至于序列君臣父子之礼、夫妇长幼之别，即使百家之说也是不能改变它的。

墨家也崇尚尧舜之道，谈论他们的品德行为说：“堂口三尺高，堂下土阶只有三层，用茅草搭盖屋顶而不加修剪，用栎木做椽子而不经刮削。用陶簋吃饭，用陶铏喝汤，吃的是糙米粗饭和藜藿做的野菜羹。夏天穿葛布衣，冬天穿鹿皮裘。”墨家为死者送葬只做一副厚仅三寸的桐木棺材，送葬者恸哭而不能尽诉其哀痛。教民丧礼，必须以此为万民的统一标准。假使天下都照此法去做。那贵贱尊卑就没有区别了。世代不同，时势变化，人们所做的事业不一定相同，所以说墨家“俭啬而难以遵从”。墨家学说的要旨强本节用，则是人人丰足、家家富裕之道。这是墨子学说的长处，即使百家学说也是不能废弃它的。

法家不区别亲疏远近，不区分贵贱尊卑，一律依据法令来决断，那么亲亲属、尊长上的恩爱关系就断绝了。这些可作为一时之计来施行，却不可长用，所以说法家“严酷而刻薄寡恩”。至于说到法家使君主尊贵，使臣下卑下，使上下名分、职分明确，不得相互逾越的主张，即使百家之说也是不能更改的。

名家刻细烦琐，不识大体，使人不能回归各自的真实性情，它一切都是讲形式上的名，而扭曲了人的真情，所以说它

“使人受约束而容易丧失真实性”。至于循名责实，要求名称与实际进行比较验证，这是不可不予以认真考察的。

道家讲“无为”，又说“无不为”，其实际主张容易施行，其文辞则幽深微妙，难以明白通晓。其学说以虚无为理论基础，以顺应自然为实用原则。道家认为，事物没有既成不变之势，没有常存不变之形，所以能够探求万物的情理。不做超越物情的事，也不做落后物情的事，所以能够成为万物的主宰。有法而不任法以为法，要顺应时势以成其业；有度而不恃度以为度，要根据万物之形各成其度而与之相合。所以说：“圣人的思想和业绩之所以不可磨灭，就在于能够顺应时势的变化。虚无是道的永恒规律，顺天应人是国君治国理民的纲要。”群臣一齐来到面前，君主应让他们各自明确自己的职分。其实际情况符合其言论名声者，叫作“端”；实际情况不符合其言论声名者，叫作“窾”。不听信“窾言”即空话，奸邪就不会产生，贤与不肖自然分清，黑白也就分明。问题在于想不想运用，只要肯运用，什么事办不成呢。这样才会合乎大道，一派混混冥冥的境界。光辉照耀天下，重又返归于无名。大凡人活着是因为有精神，而精神又寄托于形体。精神过度使用就会衰竭，形体过度劳累就会疲惫，形、神分离就会死亡。死去的人不能复生，神、形分离便不能重新结合，所以圣人重视这个问题。由此看来，精神是人生命的根本，形体是生命的依托。不先安定自己的精神和身体，却侈谈“我有办法治理天下”，凭借的又是什么呢？

太史公职掌天文，不管民事。太史公有子名迁。

司马迁生于龙门，在黄河之北、龙门山之南过着耕种畜牧生活。年仅十岁便已习诵古文。二十岁开始南游江、淮地区，登会稽山，探察禹穴，观览九嶷山，泛舟于沅水湘水；北渡汶水、泗水，在齐、鲁两地的都会研讨学问，考察孔子的遗风，在邹县、峄山行乡射之礼；困厄于鄱、薛、彭城，经过梁、楚之地回到家乡。于是，司马迁出仕为郎中，奉命出使西征巴蜀以南，往南经略邛、笮、昆明，归来向朝廷复命。

这一年，天子开始举行汉朝的封禅典礼，而太史公被滞留周南，不能参与其事，所以心中愤懑，致病将死。其子司马迁适逢出使归来，在黄河、洛水之间拜见了父亲。太史公握着司马迁的手哭着说："我们的先祖是周朝的太史。远在上古虞夏之世便显扬功名，职掌天文之事。后世衰落，今天会断绝在我手里吗？你继做太史，就会接续我们祖先的事业了。现在天子继承汉朝千年一统的大业，在泰山举行封禅典礼，而我不能随行，这是命啊，是命啊！我死之后，你必定要做太史。做了太史，不要忘记我想要撰写的著述啊。再说孝道始于奉养双亲，进而侍奉君主，最终在于立身扬名。扬名后世来显耀父母，这是最大的孝道。天下称道歌颂周公，说他能够论述歌颂文王、武王的功德，宣扬周、邵的风尚，通晓太王、王季的思虑，乃至于公刘的功业，并尊崇始祖后稷。周幽王、厉王以后，王道衰败，礼乐衰颓。孔子研究整理旧有的典籍，修复振兴被废弃破坏的礼乐，论述《诗经》《书经》，写作《春秋》，学者至今以之为准则。自获麟以来四百余年，诸侯相互兼并，史书丢弃殆尽。如今汉朝兴起，海内统一，明主贤君忠臣死义之士，我作为太史都未能予以论评载录，断绝了天下的修史传统，对此我甚感惶恐，你可要记在心上啊！”司马迁低下头流着眼泪说：“儿子虽然驽笨，但我会详述先人所整理的历史旧闻，不敢稍有缺漏。”

司马谈去世三年后，司马迁任太史令，开始缀集历史书籍及国家收藏的档案文献。司马迁任太史令五年正当汉太初元年，十一月甲子朔旦冬至，汉朝的历法开始改用夏正，即以农历一月为正月，天子在明堂举行实施新历法的仪式，诸神皆受瑞纪。

太史公说：“先人说过：‘自周公死后五百年而有孔子。孔子死后到现在五百年，有能继承清明之世，正定《易传》，接续《春秋》，意本《诗》《书》《礼》《乐》的人吗?’其用意就在于此，在于此吧！我又怎敢推辞呢。”

上大夫壶遂问：“从前孔子为什么要作《春秋》呢?”太史公说：“我听董生讲：‘周朝王道衰败废弛，孔子担任鲁国司寇，诸侯嫉害他，卿大夫阻挠他。孔子知道自己的意见不被采纳，政治主张无法实行，便褒贬评定二百四十二年间的是非，作为天下评判是非的标准，贬抑无道的天子，斥责为非的诸侯，声讨乱政的大夫，为使国家政事通达而已。’孔子说：‘我与其载述空洞的说教，不如举出在位者所作所为以见其是非美恶，这样就更加深切显明了。’《春秋》这部书，上阐明三王的治道，下辨别人事的纪纲，辨别嫌疑，判明是非，论定犹豫不决之事，褒善怨恶，尊重贤能，贱视不肖，使灭亡的国家存在下去，断绝了的世系继续下去，补救衰敝之事，振兴废弛之业，这是最大的王道。《易》载述天地、阴阳、四时、五行，所以在说明变化方面见长；《礼》规范人伦，所以在行事方面见长；《书》记述先王事迹，所以在政治方面见长；《诗》记山川溪谷、禽兽草木、牝牡雌雄，所以在风土人情方面见长；《乐》是论述音乐立人的经典，所以在和谐方面见长；《春秋》论辨是非，所以在治人方面见长。由此可见，《礼》是用来节制约束人的，《乐》是用来诱发人心平和的，《书》是来述说政事的，《诗》是用来表达情意的，《易》是用来讲变化的，《春秋》是用来论述道义的。平定乱世，使之复归正道，没有什么著作比《春秋》更切近有效。《春秋》不过数万字，而其要旨就有数千条。万物的离散聚合都在《春秋》之中。在《春秋》一书中，记载弑君事件三十六起，被灭亡的国家五十二个，诸侯出奔逃亡不能保其封国的数不胜数。考察其变乱败亡的原因，都是丢掉了作为立国立身根本的春秋大义。所以，《易》中讲‘失之毫厘，差以千里’。说‘臣弑君，子弑父，并非一朝一夕的缘故，其发展渐进已是很久了’。因此，做国君的不可以不知《春秋》，否则就是谗佞之徒站在面前也看不见，奸贼之臣紧跟在后面也不会发觉。做人臣者不可以不知《春秋》，否则就只会株守常规之事却不懂得因事制宜，遇到突发事件则不知如何灵活对待。做人君、人父若不通晓《春秋》的要义，必定蒙受首恶之名。做人臣、人子如不通晓《春秋》要义，必定陷于篡位杀上而被诛伐的境地，并蒙死罪之名。其实，他们都认为是好事而去做，只因为不懂得《春秋》大义，而蒙受史家口诛笔伐的不实之言却不敢推卸罪名。如不明了礼义的要旨，就会弄到君不像君、臣不像臣、父不像父、子不像子的地步。君不像君，就会被臣下干犯。臣不像臣，就会被诛杀。父不像父，就会昏聩无道。子不像子，就会忤逆不孝。这四种恶行，是天下最大的罪过。把天下最大的罪过加在他身上，也只得接受而不敢推卸。所以，《春秋》这部经典是礼义根本之所在。礼是禁绝坏事于发生之前，法规施行于坏事发生之后；法施行的作用显而易见，而礼禁绝的作用却隐而难知。”

壶遂说：“孔子时候，上没有圣明君主，他处在下面又得不到任用，所以撰写《春秋》，留下一部空洞的史文来裁断礼义，当作一代帝王的法典。现在，先生上遇圣明天子，下能当官供职，万事已经具备，而且全部各得其所，井然相宜，先生所要撰述的想要阐明的是什么呢?”

太史公说：“是，是啊，不不，不完全是这么回事。我听先人说过：‘伏羲最为纯厚，作《易》八卦。尧舜的强盛，《尚书》做了记载，礼乐在那时兴起。商汤周武时代的隆盛，诗人予以歌颂。《春秋》扬善贬恶，推崇夏、商、周三代盛德，褒扬周王室，并非仅仅讽刺讥斥呀。’汉朝兴建以来，至当今英明天子，获见符瑞，举行封禅大典，改订历法，变换服色，受命于上天，恩泽流布无边，海外不同习俗的国家，辗转几重翻译到中国边关来，请求进献朝见的不可胜数。臣下百官竭力颂扬天子的功德，仍不能完全表达他们的心意。再说士贤能而不被任用，是做国君的耻辱；君主明圣而功德不能广泛传扬使大家都知道，是有关官员的罪过。况且我曾担任太史令的职务，若弃置天子圣明盛德而不予记载，埋没功臣、世家、贤大夫的功业而不予载述，违背先父的临终遗言，罪过就实在太大了。我所说的缀述旧事，整理有关人物的家世传记，并非所谓著作呀，而您拿它与《春秋》相比，那就错了。”

于是，开始论述编次所得文献和材料。到了第七年，太史公遭逢李陵之祸，被囚禁狱中。于是，喟然而叹道：“这是我的罪过啊！这是我的罪过啊！身体残毁没有用了。”退而深思道：“《诗》《书》含义隐微而言辞简约，是作者想要表达他们的心志和情绪。从前，周文王被拘禁羑里，推演了《周易》；孔子遭遇陈蔡的困厄，作有《春秋》；屈原被放逐，著了《离骚》；左丘明双目失明，才编撰了《国语》；孙子的腿受了膑刑，却论述兵法；吕不韦被贬徙蜀郡，世上才流传《吕览》；韩非被囚禁在秦国，才写有《说难》《孤愤》；《诗》三百篇，大都是圣人贤士抒发愤懑而作的。这些人都是心中聚集郁闷忧愁，理想主张不得实现，因而追述往事，考虑未来。”于是，终于下定决心记述陶唐以来直到武帝获麟那一年的历史，而始自黄帝。

从前，黄帝以天为法，以地为则，颛顼、帝喾、尧、舜四位圣明帝王先后相继，各建成一定法度；唐尧让位于虞舜，虞舜因觉自己不能胜其任而不悦。这些帝王的美德丰功，万世流传。作《五帝本纪》第一。

大禹治水之功，九州同享其成，光耀唐虞之际，恩德流传后世；夏桀荒淫骄横，于是被放逐鸣条。作《夏本纪》第二。

契建立商国，传到成汤；太甲被放逐居桐地改过返善，阿衡功德隆盛；武丁得有傅说辅佐，才被称为高宗；帝辛沉湎无道，诸侯不再进贡。作《殷本纪》第三。

弃发明种谷，西伯姬昌时功德隆盛；武王在牧野伐纣，安抚天下百姓；幽王、厉王昏暴淫乱，丧失了酆、镐二京；王室衰败直至赧王，洛邑断绝了周室宗庙的祭祀。作《周本纪》第四。

秦的祖先伯翳，曾经辅佐大禹；秦穆公思及君义，祭悼秦国在殽战死的将士；穆公死后以活人殉葬，《黄鸟》一诗诉其哀伤；昭襄王开创了帝业。作《秦本纪》第五。

秦始皇即位，兼并了六国，销毁兵器，铸为钟鐻，希望干戈止息，尊号称为皇帝，耀武扬威，专凭暴力，秦二世承受国运，子婴投降做了俘虏。作《始皇本纪》第六。

秦朝丧失王道，豪杰并起造反；项梁开创反秦大业，项羽接续；项羽杀了庆子冠军宋义，解救了赵国，诸侯拥立他；可他诛杀子婴，背弃义帝怀王，天下都责难他。作《项羽本纪》第七。

项羽残酷暴虐，汉王建功施德；发愤于蜀、汉，率军北还平定三秦；诛灭项羽建立帝业，天下安定，又改革制度，更易风俗。作《高祖本纪》第八。

惠帝早逝，诸吕用事使百姓不悦；吕后提高吕禄、吕产的地位，加强他们的权力，诸侯图谋剪除他们；吕后杀害赵隐王，又囚杀赵幽王刘友，朝中大臣疑惧，终于导致吕氏宗族覆灭之祸。作《吕太后本纪》第九。

汉朝初建，惠帝死后帝位继承人不明，众臣迎立代王刘恒即位，天下心服；文帝废除肉刑，开通水陆要道，博施恩惠，死后被称为太宗。作《孝文本纪》第十。

诸侯王骄横放肆，吴王率先叛乱，朝廷派兵讨伐，叛乱七国先后伏罪，天下安定，太平富裕。作《孝景本纪》第十一。

汉朝兴建五世，兴隆盛世在建元年间，天子外攘夷狄，内修法度，举行封禅，修订历法，改变服色。作《今上本纪》第十二。

夏、商、周三代太久远了，具体年代已不可考，大致取之于传世的谱牒旧闻，以此为据，进而大略地推断，作《三代世表》第一。

幽王、厉王之后，周朝王室衰落，诸侯各自为政，《春秋》有些未作记载；而谱牒只记概要，五霸又交替盛衰，为考察周朝各诸侯国的先后关系，作《十二诸侯年表》第二。

春秋以后，陪臣执政，强国之君竞相称王，及至秦王嬴政，终于吞并各国，铲除封地，独享尊号。作《六国年表》第三。

秦帝暴虐，楚人陈胜发难，项氏又自乱反秦阵营，汉王于是仗义征伐。八年之间，天下三易其主，事变繁多，所以详著《秦楚之际月表》第四。

汉朝兴建以来，直到太初一百年间，诸侯废立分削的情况，谱录记载不明，主管的官员也无法接着记下去，但可据其世系推知其强弱的缘由。作《汉兴以来诸侯年表》第五。

高祖始取天下，辅佐他创业的功臣，都得剖符封爵，恩泽传给他们的子孙后代，有的忘其亲疏远近，分不出辈分，也有的竟至杀身亡国。作《高祖功臣侯者年表》第六。

惠帝、景帝年间，增封功臣宗属爵位和食邑。作《惠景间侯者年表》第七。

北面攻打强悍的匈奴，南面诛讨强劲的越人，征伐四方蛮夷，不少人以武功封侯。作《建元以来侯者年表》第八。

诸侯国日渐强大，吴楚等七国南北连成一片，诸侯王子弟众多，没有爵位封邑，朝廷下令推行恩义，分封诸侯王子弟为侯，致使王国势力日益削弱，而德义却归于朝廷。作《王子侯者年表》第九。

国家的贤相良将，是民众的表率。曾看到汉兴以来将相名臣年表，对贤者则记其治绩，对不贤者则明其劣迹。作《汉兴以来将相名臣年表》第十。

夏、商、周三代之礼，各有所增减而不同，但总的来看，其要领都在于使礼切近人的情性，通于王道，所以礼根据人的质朴本性而制成，减掉了那些繁文缛节，大体顺应了古今之变。作《礼书》第一。

乐是用来移风易俗的。自《雅》《颂》之声兴起，人们就已经喜好郑、卫之音，郑、卫之音由来已久。为人情所感发，那远方异俗之人就会归附。仿照已有《乐书》来论述自古以来音乐的兴衰，作《乐书》第二。

没有军队国家就不会强大，没有德政国家就不会昌盛，黄帝、商汤、周武王以明于此而兴，夏桀、商纣、秦二世以昧于此而亡，怎么可以对此不慎重呢？《司马法》产生已很久了，姜太公、孙武、吴起、王子成甫能继承并有所发明，切合近世情况，极尽人事之变。作《律书》第三。

乐律处于阴而治阳，历法处于阳而治阴，律历交替相治，其间不容许丝毫差错。原有五家的历书相互悖逆不同，只有太初元年所论历法为是。作《历书》第四。

星气之书，杂有许多求福去灾、预兆吉凶的内容，荒诞不经；推究其文辞，考察其应验，并无什么特别之处。待到武帝召集专人研讨此事，并依次用轨度加以验证。作《天官书》第五。

承受天命做了帝王，封禅这样的符瑞之事不可轻易举行，如果举行，那一切神灵没有不受祭祀的。追溯祭祀名山大川诸神之礼，作《封禅书》第六。

大禹疏通河川，九川得以安宁；及至建立宣防宫之时，河道沟渠更被疏浚。作《河渠书》第七。

钱币的流通，是为沟通农商；其弊端竟发展到玩弄智巧，兼并发财，争相投机牟利，舍本逐末，去农经商。作《平准书》来考察事情的变化发展，这是第八。

太伯为让季历继位，避居江南蛮夷之地，文王、武王才得以振兴周邦，发展了古公亶父的王业。阖闾杀了吴王僚，夺取王位，降服楚国；夫差战胜齐国，逼杀伍子胥以革囊盛其尸；听信伯嚭的话亲善越国，最终为越国所灭。为赞许太伯让位的美德，作《吴世家》第一。

中、吕两国衰弱，尚父微贱坎坷，终于投归西伯，为文王、武王之师；他的功劳为群臣之首，长于暗中设计权谋；头发斑白，受封于齐，建都营丘，成为齐国始祖。齐桓公不背弃与鲁国在柯地所订盟约，事业由此昌盛，多次会合诸侯，霸功显赫。田恒与阚止争宠，姜姓齐国于是瓦解灭亡。为赞美尚父的宏谋，作《齐太公世家》第二。

诸侯和部属对周无论是依顺的，还是违抗的，周公都安抚他们；他努力宣扬文德，天下都响应随和；辅佐保护成王，诸侯以周天子为天下宗主。隐公、桓公之际却屡屡发生悖德非礼之事，这是为什么呢？只因三桓争强，鲁国国运不昌。赞美周公旦的《金縢》策文，作《周公世家》第三。

武王战胜商纣，天下尚未协洽他便驾崩。成王年幼，管叔、蔡叔怀疑周公篡位，淮夷也起兵叛乱，于是召公以其高德率先支持周公，使王室团结安定，保证了周公东征的胜利，使东方得以安宁。燕王哙的禅位，才造成了祸乱。赞赏《甘棠》诗篇，作《燕世家》第四。

管蔡二叔辅佐武庚，想要安定商朝旧地；周公旦摄政，二叔不服，周公便杀死管叔鲜，流放蔡叔度，周公盟誓忠于成王，太任生育十个儿子，周室以宗族繁盛而强大。表彰蔡仲悔过，作《管蔡世家》第五。

先王后代延续不绝，舜、禹为此而感到高兴；他们功德美好清明，后代得以承其功业。百世享受祭祀，到了周时，封有陈国、杞国，后被楚国灭掉。齐田氏又使之兴起，舜是位多么了不起的人啊！作《陈杞世家》第六。

收纳殷的遗民，康叔始封邑。周公用商朝乱德亡国的教训申饬他，写了《酒诰》《梓材》等辞来告诫他。到卫公子朔出生，卫国开始倾危不宁；南子憎恶蒯聩，造成儿子和父亲名分颠倒。周朝统治日益衰微，各诸侯国日益强大，卫国因为弱小，国君角反而后亡。赞美《康诰》，作《卫世家》第七。

可叹啊，箕子！可叹啊，箕子！正确的意见没有被采纳，反被迫害装疯为奴。武庚死后，周朝封微子于宋。宋襄公在泓水之战中受伤，又有哪位君子称道？景公有自谦爱民之德，荧惑为之退行。剔成暴虐无道，宋国因而灭亡。赞美微子请教太师，作《宋世家》第八。

武王去世后，叔虞封邑于唐。君子讥讽晋穆公为儿子取名之事，武公终于灭而代之。献公宠爱骊姬，造成五世之乱；重耳不得志，却能威霸诸侯。六卿专权，晋国衰亡。赞美文公因功得天子珪鬯，作《晋世家》第九。

重黎在远古创业，吴回接续了他的事业；殷朝末年，有简札记述鬻子为楚国始祖。周成王任用熊绎封为楚子，熊渠继承先世之业。楚庄王贤明，又恢复陈国。赦免了郑伯之罪，又因华元之言而班师回国。怀王客死于秦，子兰归咎屈原，楚君喜阿谀信谗言，终于为秦所吞并。赞美庄王的德义，作《楚世家》第十。

少康的后代，被封在南海，他们纹身断发，与龟类、鳝类水族动物共处相安，守在封山禺山，侍奉大禹的祭祀。句践受到夫差的困辱，于是信用文种、范蠡。赞美句践身在夷蛮能修其德，消灭强大吴国以尊奉周室，作《越王句践世家》第十一。

桓公东迁，信用太史之言。庄公派兵侵犯周土，割取庄稼，受到周王臣民的非议。祭仲被宋胁迫结盟，郑国长期不得昌兴。子产的仁政，后世称道贤明。三晋侵犯征伐，郑终被韩吞并。赞美郑厉公接纳周惠王，作《郑世家》第十二。

因为能训练好马，造父得以闻名。赵夙事奉晋献公，赵衰侍奉晋文公。由于赵衰帮着晋文公尊王定霸，于是成为晋国的肱股大臣。赵襄子被智伯所辱，最终灭了智伯。主父遭臣子围困，掏雀充饥活活饿死。赵王迁邪僻淫乱，贬斥迫害良将。我欣赏赵鞅子讨平周王室之乱，稳定敬王的统治，作《赵世家》第十三。

毕万在魏封爵，卜官预知其后代必昌盛。及至魏绛羞辱杨干，负罪完成与戎翟媾和之命。文侯仰慕仁义，拜子夏为师。惠王骄傲自大，受到齐国秦国的攻打。安釐王怀疑信陵君，因而诸侯疏远魏国。魏终于为秦所灭，魏王假做了厮养卒。赞美魏武子佐助晋文公创立霸业，作《魏世家》第十四。

韩阙善积阴德，赵武才得兴立。使灭国者重新振起，使废弃者得以再立，晋人尊崇他。韩昭侯在诸侯中地位显要，重用申不害。韩王怀疑韩非而不信用，秦攻袭韩。赞赏韩厥辅佐晋君，匡正周王室的兵赋，作《韩世家》第十五。

完子避难，出奔到齐国请求援助，田氏暗施恩惠于民相继五世，齐人歌颂他。田成子夺得齐国政权，田和成为诸侯。齐王建被奸计说动，使齐迁于共。赞赏齐威王、齐宣王能冲破污浊之世而独尊崇周天子，作《田敬仲完世家》第十六。

周王室已经衰落，诸侯恣意而行。孔子伤感礼乐崩废，因而追研经术，以重建王道，匡正乱世，使之返于正道，观其著述，为天下制定礼仪法度。留下《六艺》纲纪于后世。作《孔子世家》第十七。

桀、纣丧失王道而汤、武兴起，周失其王道而《春秋》一书问世。秦失其为政之道，陈涉发起反秦义举，诸侯相继造反，风起云涌，终于灭掉秦国。天下亡秦之端，始于陈涉发难。作《陈涉世家》第十八。

成皋台是薄氏的肇基之地。窦太后被迫到了代国，才使窦氏家族得以富贵。栗姬依仗地位尊贵而自骄于人，王氏才得以顺达显贵。陈皇后过于娇贵，终于使子夫受到尊宠。赞美卫子夫德行如此之好，作《外戚世家》第十九。

汉高祖设诡计在陈擒拿韩信；越、楚之民剽悍轻捷，于是封其弟刘交作了楚王，建都彭城，以加强淮、泗地区的统治，成为汉王朝的宗属国。楚王刘戊溺于邪僻合谋反叛，刘礼又被封为楚王继承王业。赞赏刘交辅佐高祖，作《楚元王世家》第二十。

高祖率军反秦，刘贾加入其行列，后被英布攻袭，丧失了他的荆、吴之地。营陵侯使人游说感动吕后，被封为琅琊王；被祝午诱骗轻信齐王，前往齐国不得归返，用计离齐，西入关中，又遇到迎立孝文帝的事，获封燕王。当天下未安定之时，刘贾、刘泽以高祖同族兄弟身份，成为其藩属。作《荆燕世家》第二十一。

天下平定后，高祖亲属已不多。齐悼惠王先长大成人，镇守东部国土。齐哀王擅自出兵是因为对诸吕用事感到愤怒；驷钧粗暴乖戾，朝廷不准立其为帝。厉王亲属内部淫乱，杀身之祸成于主父偃之手。表彰悼惠王刘肥为辅佐天子的股肱，作《齐悼惠王世家》第二十二。

楚霸王围汉于荥阳，相持三年；萧何镇抚山西，计算人口输送兵员，粮食供给不断，使百姓爱戴汉王，而不愿为楚王出力。作《萧相国世家》第二十三。

与韩信一起平定了魏地，又打败赵国，攻取齐地，削弱了楚霸王的势力。继萧何之后成为汉相国，凡事不做变更，百姓得以安宁。赞美曹参不夸耀自己的功劳和才能，作《曹相国世家》第二十四。

运筹策划于帷幄之中，无形之中克敌制胜，子房谋划克敌制胜之事，没有智巧之名，没有勇武之功，从易处着手解决难题，从小处着手成就大事。作《留侯世家》第二十五。

六出奇计都被高祖采用，诸侯归附于汉；消灭诸吕之事，陈平为主谋，终于安定王室和国家。作《陈丞相世家》第二十六。

诸吕勾结，阴谋削弱皇室，周勃在剪灭诸吕的问题上，背离常规而合于权变之道；吴楚七国起兵叛乱，周亚夫驻军于昌邑，以扼制齐赵之军，放弃了求救的梁王。作《绛侯世家》第二十七。

吴楚七国叛逆，藩屏天子的同姓王中只有梁孝王抵御敌国；但他自恃宠爱夸耀前功，几乎遭到杀身之祸。表彰他能抵抗吴楚叛军，作《梁孝王世家》第二十八。

五宗封王以后，天子亲属融洽和睦，诸侯或大或小皆为藩屏，各得其宜，僭位而自拟于天子之事逐渐减少。作《五宗世家》第二十九。

当今皇上三位皇子被封为王，策文文辞典雅可观。作《三王世家》第三十。

末世争权夺利，而伯夷、叔齐兄弟却追求仁义，为让君位，双双饿死，天下称赞他们的美德。作《伯夷列传》第一。

晏子节俭，管仲则奢侈；齐桓公因得管仲辅佐而称霸，齐景公因得晏子辅佐而国治。作《管晏列传》第二。

李耳主张无为而治，使百姓自化于善；清静寡欲，使百姓自归于正。韩非揣度事物的实际情况，遵循事物发展的趋势和道理。作《老子韩非列传》第三。

自古做帝王的都有《司马法》，穰苴能够对其阐述发挥。作《司马穰苴列传》第四。

没有信、廉、仁、勇不能传授兵法论说剑术，兵法剑术与道相符，内可以修身，外可以应变，君子对此重视并以之为德。作《孙子吴起列传》第五。

太子建遇谗毁，祸及伍奢，伍尚救父，伍员逃奔吴国。作

《伍子胥列传》第六。

孔子传述文德，弟子振兴其业，都成为师傅，教导人们尊仁行义。作《仲尼弟子列传》第七。

商鞅离卫到秦，能阐明实施他的治国之术，使秦孝公强盛称霸，后世遵循其法度。作《商君列传》第八。

天下忧虑连横秦将贪得无厌，苏秦能保存诸侯利益，约定合纵来抑制秦的贪婪强横。作《苏秦列传》第九。

六国合纵相互亲近，而张仪明了合纵的主张，所以能针锋相对，使联合起来的诸侯再次离散瓦解。作《张仪列传》第十。

秦国之所以能够向东侵伐，称雄诸侯，是樗里、甘茂的良策。作《樗里甘茂列传》第十一。

席卷河山，围困大梁，使诸侯拱手而服事秦国，是魏冉的功劳。作《穰侯列传》第十二。

南面攻占鄢郢，北面摧毁长平守军，进而围困赵都邯郸，武安君是主将；破楚灭赵，是王翦的计谋。作《白起王翦列传》第十三。

涉猎儒墨的遗文，阐明礼义的纪纲，根绝梁惠王逐利的念头，陈述往世的兴衰。作《孟子荀卿列传》第十四。

喜爱门客、士人，士人归附薛公，为齐抵御楚、魏。作《孟尝君列传》第十五。

出于权变争得冯亭所献上党之地，为解邯郸之围亲自赴楚救赵，使其国君得以再次称雄于诸侯。作《平原君虞卿列传》第十六。

身为富贵而能尊重贫贱者，自身贤能而能屈就不肖，只有信陵君能够如此。作《魏公子列传》第十七。

舍身以救其主，终于逃离强秦，使游说之士向南趋赴楚国，这是黄歇的忠义所致。作《春申君列传》第十八。

能忍辱于魏齐，却扬威于强秦，推举贤能让出相位，范雎、蔡泽都有这样的美德。作《范雎蔡泽列传》第十九。

身为主将施展谋略，联合五国军队，为弱燕报复了强齐侵凌的仇恨，洗雪了燕国先君的耻辱。作《乐毅列传》第二十。

能在强秦朝廷上陈述己意，又能对廉颇忍让谦恭，以尽忠其君，将相二人名重于诸侯。作《廉颇蔺相如列传》第二十一。

齐湣王丢失临淄后逃到莒邑，只有田单凭借即墨打败敌军驱逐骑劫，才保住齐国江山。作《田单列传》第二十二。

能用巧妙的说辞解除围城之患，轻视爵位利禄，却以尽其志趣为乐。作《鲁仲连邹阳列传》第二十三。

创作诗赋文章进行讽喻，连类比附来伸张正义，《离骚》有这样的特色。作《屈原贾生列传》第二十四。

与子楚结交，使各诸侯国的士人争相入秦，为秦效力。作《吕不韦列传》第二十五。

曹沫凭借匕首使鲁国重获失去的土地，也使齐君昭信于诸侯；豫让守义，忠于其君而无二心。作《刺客列传》第二十六。

能够阐明自己的谋略，顺应时势推尊秦国，终于使秦得志于海内，李斯实为谋首。作《李斯列传》第二十七。

为秦开拓疆土，增聚民众，北面击败匈奴，据黄河为要塞，依山岭为固垒，建榆中。作《蒙恬列传》第二十八。

平定赵国要塞常山，扩张河内，削弱西楚霸王的势力，彰明汉王的信义于天下。作《张耳陈馀列传》第二十九。

收拢西河、上党之兵，跟随高祖直到彭城；彭越侵掠梁地以困扰项羽。作《魏豹彭越列传》第三十。

黥布以淮南之地叛楚归汉，汉王通过他而得到楚大司马周殷，最后在垓下打败项羽。作《黥布列传》第三十一。

楚军困迫汉军于京、索，韩信攻克魏、赵，平定燕、齐，使三分天下汉得其二，奠定消灭项羽的基础。作《淮阴侯列传》第三十二。

楚汉相持于巩、洛，韩信为汉镇守颍川，卢绾断绝了项羽军队的粮饷。作《韩信卢绾列传》第三十三。

诸侯背叛项王，唯有齐王在城阳牵制项羽，使汉王得机攻入彭城。作《田儋列传》第三十四。

攻打城池，战于旷野，获功归报，樊哙、郦商是出力最多的战将，不仅随时听命汉王的驱遣，又常和汉王一起摆脱危难。作《樊郦列传》第三十五。

汉朝天下初定，文治条理未明，张苍担任主计，统一度量衡，编订律历。作《张丞相列传》第三十六。

游说通使，笼抚诸侯；诸侯都亲附汉朝，归汉成为藩属辅臣。作《郦生陆贾列传》第三十七。

想要详细了解秦楚之际的事情，只有周緤最清楚，因为他经常跟随高祖，参加平定诸侯的军事活动。作《傅靳蒯成列传》第三十八。

迁徙豪强大族，建都关中，与匈奴和亲；明辨朝廷之礼，制订宗庙仪法。作《刘敬叔孙通列传》第三十九。

季布能改其刚戾而为柔顺，终于成为汉朝名臣；栾公不为威势所迫背叛死者。作《季布栾布列传》第四十。

敢于犯颜强谏，使主上言行合于道义，不顾自身安危，为国家建立长远方案。作《袁盎朝错列传》第四十一。

维护法律不失大节，言称古代贤人，增长君主之明。作《张释之冯唐列传》第四十二。

敦厚慈孝，不善言辞，敏于行事，致力于谦恭，堪为君子长者。作《万石张叔列传》第四十三。

恪守节操，恳切刚直，义足以称清廉，行足以激励贤能，担任要职而不能以无理使之屈服。作《田叔列传》第四十四。

扁鹊论医，为医家所尊奉，医术精细高明；后世遵循其法，不能改易，而仓公可谓接近扁鹊之术了。作《扁鹊仓公列传》第四十五。

刘仲被削夺王爵，其子刘濞受封做了吴王，适逢汉朝初定天下，让他镇抚江淮之间。作《吴王濞列传》第四十六。

吴、楚叛乱，宗室亲属中只有窦婴贤能而喜好士人，士人归心于他，率军在荥阳抵抗叛军。作《魏其武安侯列传》第四十七。

智谋足以应付近世之变，宽厚足以得人。作《韩长孺列传》第四十八。

勇于抗敌，仁爱士卒，号令简明不繁，将士归心于他。作《李将军列传》第四十九。

自夏、商、周三代以来，匈奴常为中原祸害，为要了解强弱时势，设防征讨，作《匈奴列传》第五十。

拓直曲曲折折的边塞，扩展河南之地，攻破祁连山，打开通往西域各国的道路，击败北方匈奴。作《卫将军骠骑列传》第五十一。

大臣和宗室以奢侈浪费争高强，只有公孙弘节衣缩食为百官表率。作《平津侯列传》第五十二。

汉朝已经平定中国，而赵佗能安定杨越以保卫南方藩属之地，纳贡尽职。作《南越列传》第五十三。

吴国叛逆，东瓯人斩杀刘濞，保卫封禺山，终为汉臣。作《东越列传》第五十四。

燕太子丹败散于辽东地区，卫满收拢其逃亡百姓，聚集海东，以安定真藩等部，保卫边塞而成为塞外之臣。作《朝鲜列传》第五十五。

唐蒙出使，经略西南，通使夜郎，而邛、笮之君请求成为汉朝内臣并接受朝廷所派官吏。作《西南夷列传》第五十六。

司马相如作《子虚赋》《大人赋》之事，深得君主喜欢，虽然文辞过于华丽夸张，但其旨意在于讽谏，归结于无为而治。作《司马相如列传》第五十七。

黥布叛逆，高祖少子刘长封为那里的国王，镇守江淮之间，安抚剽悍的楚地百姓。作《淮南衡山列传》第五十八。

遵奉法律、按照情理办事的官吏，不自夸其功劳贤能，百姓对其无所称赞，也没有什么过失行为。作《循吏列传》第五十九。

端正衣冠立于朝廷，群臣没人敢说虚浮不实的话，汲长孺刚正庄重；好荐贤人，称道长者，郑庄慷慨有节操。作《汲郑列传》第六十。

自孔子去世以后，在京师没有谁重视学校教育，只有建元至元狩年间，文教事业灿烂辉煌。作《儒林列传》第六十一。

人们背弃本业而多巧诈，作奸犯科，玩弄法律，善人也不能感化他们，只有一切依法严酷惩治才能使他们整齐划一，遵守社会秩序。作《酷吏列传》第六十二。

汉与大夏通使之后，西方极远的蛮族，伸长脖子望着内地，想观瞻中国文明。作《大宛列传》第六十三。

救人于难，济人于贫，仁者有此美德吧；不失信用，不背诺言，义者有可取之处。作《游侠列传》第六十四。

侍奉君主能使其耳目愉快，脸色和悦，同时得到主上的亲近，这不仅是美色招人喜爱，技能也各有特长。作《佞幸列传》第六十五。

不流于世俗，不争夺势利，上下无所阻碍，没有人能伤害他们，因善用其道。作《滑稽列传》第六十六。

齐、楚、秦、赵占卜者，各有随俗所用的方法。想要总览其要旨，作《日者列传》第六十七。

夏、商、周三代君主占卜之法不同，四方蛮夷卜筮风俗各异，但都以卜筮判断吉凶祸福。粗略考察卜筮的要略，作《龟策列传》第六十八。

布衣匹夫这种普普通通的人，不妨害政令，也不妨害百姓，据时买卖增殖财富，智者在他们那里可取得借鉴。作《货殖列传》第六十九。

想我大汉王朝继承五帝的遗风，接续三代中断的大业。周朝王道废弛，秦朝毁弃古代文化典籍，焚毁《诗》《书》，所以明堂、石室金匮玉版图籍散失错乱。这时汉朝兴起，萧何修订法律，韩信申明军法，张苍制立章程，叔孙通确定礼仪，于是品学兼优的文学之士逐渐进用。《诗》《书》不断地在各地发现。自曹参荐举盖公讲论黄老之道，而贾生、晁错通晓申不害、商鞅之法，公孙弘以儒术显贵，百年之间，天下遗文古事无不汇集于太史公。太史公父子相继执掌这职务。太史公说：

“呜呼！我先人曾职掌此事，扬名于唐虞之世，直到周朝，再次职掌其事，所以司马氏世代相继主掌天官之事。难道中止于我这一代吗？敬记在心，敬记在心啊！”网罗搜集天下散失的旧闻，对帝王兴起的事迹溯源探终，既要看到它的兴盛，也要看到它的衰亡，研讨考察各代所行之事，简略推断三代，详细载录秦汉，上记轩辕，下至于今，著十二本纪，已按类别加以排列。有的同时异世，年代差误不明，作十表。礼乐增减，律历改易，兵法权谋，山川鬼神，天和人的关系，趁其衰败实行变革，作八书。二十八宿列星环绕北辰，三十根车辐集于车毂，运行无穷，辅弼股肱之臣与此相当，他们忠信行道，以侍奉主上，作三十世家。有些人仗义而行，倜傥不羁，不使自己失去时机，立功名于天下，作七十列传。总计一百三十篇，五十二万六千五百字，称为《太史公书》。序略，以拾遗补充六艺，成为一家之言，协合《六经》异传，整齐百家杂语，藏之于名山，留副本在京都，留待后世圣人君子观览。第七十。

太史公说：我历述黄帝以来史事至太初年止，共一百三十篇。

第一百一十三卷　礼书第一

书是司马迁创行的史体之一。《索隐》说："书者，五经六籍总名也。"《正义》说："五经六籍，咸谓之书。"其实，司马迁《史记》中的八书之书，与五经六籍之书完全不同。后者是名词；前者是动词，为书写之书，是记录的意思。班氏《汉书》改称为志，志、誌在古代通用，也是记录的意思。本来，十二本纪、十表、八书、三十世家、七十列传都是记录，唯因内容和形式有所不同，故以不同名目区别之：史以帝王为中心，名为本纪；人物为传记，名列传；诸侯以世袭，名世家；大事系以年月，列成表格，名之为表；余无所属，便径以书名之。

书体的由来，多数人承认是司马迁独创，同时又以为，虽曰独创，必有所本。于是，有人以为仿自《礼经》（如刘知几《史通·书志篇》)，有人以为原于《尔雅》（如郑樵《通志序》)，或以为仿自《吕览》《淮南子》诸子书（如章学诚《文史通义·亳州志掌故例义》）等。

史以纪事，事关人物及其言论、行动者，司马迁分别以本纪、列传、表、世家贯穿之，此外不能及者，按类分篇，以书名之。若从按类分篇看，与诸子书颇相似，但内容绝不能侔；若从内容与《礼经》《尚书》《尔雅》有相似处看，其轻重、繁简、体例又绝不相同。因此，只能说史之有书体，创自司马迁，仅此而已。

【原文】

太史公曰：洋洋[1]美德乎！宰制[2]万物，役使群众，岂人力也哉[3]？余至大行礼官[4]，观三代损益[5]，乃知缘[6]人情而制礼，依人性而作仪，其所由来尚[7]矣。

【注释】

①洋洋：盛大的样子。②宰制：主宰，控制。③岂人力也哉：难道是靠着人们的强制力量吗？意思是说人类社会的维持，不能靠强力的压迫，而必须用礼乐来感化。④大行：大行令。官名。主持礼仪、接待宾客的官。官：官府。⑤三代损益：夏、商、周三代对礼制所作的减增。⑥缘：顺随；顺着。⑦尚：久远。

【原文】

人道经纬万端[1]，规矩[2]无所不贯，诱进以仁义，束缚以刑罚，故德厚者位尊，禄[3]重者宠荣，所以总一[4]海内而整齐万民也。人体安驾乘，为之金舆错衡[5]以繁其饰；目好五色，为之黼黻文章以表其能[6]；耳乐钟磬[7]，为之调谐八音以荡[8]其心；口甘[9]五味，为之庶羞[10]酸咸以致其美；情好珍善[11]，为之琢磨圭璧[12]以通其意。故大路越席[13]，皮弁[14]布裳，朱弦洞越[15]，大羹玄酒[16]，所以防其淫侈[17]，救其雕敝[18]。是以君臣朝廷尊卑贵贱之序[19]，下及黎庶车舆衣服宫室饮食嫁娶丧祭之分[20]，事有宜适，物有节文[21]。仲尼[22]曰："禘[23]自既灌而往者，吾不欲观之矣！"

【注释】

①人道：人类社会活动的道德规范。经纬万端：像织物一样纵横交错，相错贯通。经纬，织物的纵线和横线。②规矩：规则；礼法。③禄：俸禄；禄位（官位）。④总一：合而为一。⑤金舆：装有金饰的车子。错衡：饰有花纹色彩的车辕头的横木（轭）。错，镶嵌。⑥黼黻（fǔ fú）：古代礼服上绣的花纹。文章：文采。表其能（tài）：美化他的仪表。能，通"态"，仪容。⑦乐：喜爱。钟：古代一种用青铜制作的乐器。磬（qìng）：古代一种用玉石或金属制的乐器。⑧调谐：调合。八音：古代乐器的统称，指金、石、土、革、丝、木、匏、竹八类。荡：涤荡，廓清。⑨甘：觉得甜美。⑩庶羞：多种佳肴。羞，今作馐。⑪珍善：美好的东西。⑫圭璧：古代贵族常用的玉质礼器。璧，也作美玉的通称。⑬大路：即"大辂（lù）"。古代天子乘坐的一种车。越席：织蒲草作席。越，编结。⑭皮弁（biàn）：国王临朝戴的一种鹿皮做的帽子。⑮朱弦：指琴瑟上用的红色丝弦。洞越：瑟底开着小孔，使声浊而迟。⑯大羹：古代祭礼上用的没加调味的肉汤。玄酒：上古没有酒，祭时用白水。后来有了酒，为了遵循古制，祭时也用水，叫作"玄酒""玄尊"。⑰淫侈：过度放纵。⑱雕敝：衰

败。⑲朝廷：国君接受朝见和处理政事的地方。序：等第；次序。⑳黎庶：百姓。分：名分。㉑节文：节制；修饰。㉒仲尼（前551—前479）：孔丘，字仲尼。春秋时鲁国陬邑（今山东省曲阜市）人，儒家学派的创始者。㉓禘（dì）：祭名。一、天子、诸侯祭祀祖先。分殷祭，三年一次；时祭，每年夏季举行。二、祭天。

【原文】

周[①]衰，礼废乐坏，大小相逾[②]，管仲[③]之家，兼备三归[④]。循法守正者见[⑤]侮于世，奢溢僭差[⑥]者谓之显荣。自[⑦]子夏，门人之高弟[⑧]也，犹云“出见纷华盛丽而说[⑨]，入闻夫子[⑩]之道而乐，二者心战[⑪]，未能自决”，而况中庸[⑫]以下，渐渍[⑬]于失教，被服[⑭]于成俗乎？孔子曰“必也正名[⑮]”，于卫所居不合[⑯]。仲尼没[⑰]后，受业之徒沉湮而不举[⑱]，或适齐、楚[⑲]，或入河[⑳]、海，岂不痛哉！

【注释】

①周：朝代名。公元前11世纪周武王所建立。②大小：各种不同身份的人。逾：超过。③管仲（？—前645）：字夷吾。辅佐齐桓公，在政治经济方面采取了一些改革措施，使齐国富强起来，成为五霸之首。④三归：汉以来有三说：一、藏钱币的府库；二、管仲家里一座台的名称；三、娶了三姓女子。⑤循：遵行。见：被。⑥奢溢：过度。僭差（jiàn cī）：越分。⑦自：即使。⑧门人：弟子；学生。高弟：弟子中的高明的。⑨纷华盛丽：华丽多姿的事物。说（yuè）：通

"悦"。⑩夫子：孔门弟子对孔丘的尊称。⑪心战：几种矛盾想法在思想上交锋。⑫中庸：中等材质的人。⑬渐渍：沾染。⑭被服：感受。⑮必也正名：首先一定要辨正名分。⑯不合：不融洽；不投契。⑰没：通"殁"，死去。⑱受业：跟从师父学习。沉湮（yīn）：埋没。举：选拔；任用。⑲或：有的人。适：去；往。齐：国名。在今山东省北部。楚：国名。在今长江中游一带。⑳河：黄河。《论语·微子》说，鼓方叔到黄河边去了，少师阳和击磬襄到海滨去了。

【原文】

至秦①有天下，悉内六国②礼仪，采择其善，虽不合圣制，其尊君抑臣，朝廷济济③，依古以来。至于高祖④，光有四海⑤，叔孙通⑥颇有所增益减损，大抵皆袭秦故⑦。自天子称号下至佐僚⑧及官室官名，少所变改。孝文⑨即位，有司⑩议欲定仪礼。孝文好道家⑪之学，以为繁礼饰貌，无益于治，躬化⑫谓何耳，故罢去之。孝景⑬时，御史大夫晁错⑭明于世务刑名，数干谏孝景曰："诸侯藩辅⑮，臣子一例，古今之制也。今大国专治异政⑯，不禀京师⑰，恐不可传后。"孝景用其计，而六国畔逆⑱，以错首名，天子诛错以解难⑲。事在《袁盎》语中⑳。是后官者养交安禄而已，莫敢复议。

【注释】

①秦：公元前221年，秦王独揽大政统一六国，自称始皇帝，建都咸阳（今陕西省咸阳市东北），建立我国历史上第一个专制主义中央集权的封建王朝。前206年为刘邦领导的农民

起义军所灭亡。②内：通“纳”，采纳。六国：指秦以外的韩、赵、魏、齐、楚、燕六国。③济济：庄严恭敬的样子。指朝廷君臣名分之严。④高祖（前256—前195）：汉高祖刘邦。⑤光：广阔。四海：古人认为中国四面环海，故以四海代指“天下”。⑥叔孙通：薛（今山东省枣庄市薛城区）人。刘邦称帝，叔孙通采择古礼，结合秦制，制定朝仪。由博士做到太子太傅。详见《叔孙通列传》。⑦大抵：大都。袭：继承。故：旧例。⑧佐僚：官吏的通称。⑨孝文（前203—前157）：汉文帝刘恒。刘邦的儿子。前180—前157年在位。⑩有司：古代设官分职，各有专司，因称官吏为有司。⑪道家：先秦的一个学派。以老聃关于“道”学说为中心，政治上主张归真返璞，无为而治。⑫躬化：以自身的模范行为来进行感化。⑬孝景（前188—前141）：汉景帝刘启。刘恒的儿子。前157—前141年在位。⑭御史大夫：官名。主管弹劾纠察，掌管图书典籍，官位仅次于丞相。晁（cháo）错（前200—前154）：颍川（今河南省禹州市）人。西汉政论家，得到汉景帝信任，有“智囊”之称。⑮藩辅：古代称分封及臣服的诸侯国。⑯专：专擅。不经请示擅自行事。异政：和朝廷政令相违背的行政措施。⑰京师：首都。⑱六国畔逆：指吴、楚、赵、胶西、胶东、齐、淄川七国之乱。⑲汉景帝采用了晁错逐渐削夺诸侯国封地的建议，以吴王刘濞为首，纠集楚、赵等六国，以诛杀晁错为名，发动武装叛乱。景帝又听信袁盎的谗言，杀了晁错。后来还是派大将周亚夫领兵征讨，叛乱才得平息。⑳事在袁盎语中：此事除载在《袁盎晁错列传》外，还载在《吴王濞列传》。

【原文】

今上[1]即位，招致儒术[2]之士，令共定仪，十余年不就[3]。或言古者太平，万民和喜，瑞应辨[4]至，乃采风俗，定制作。上闻之，制诏[5]御史曰："盖受命[6]而王，各有所由兴，殊路而同归，谓因[7]民而作，追[8]俗为制也。议者咸称太古[9]，百姓何望[10]？汉亦一家之事，典法[11]不传，谓子孙何？化隆者闳博[12]，治浅者褊狭[13]，可不勉与[14]！"乃以太初之元改正朔[15]，易服色[16]，封太山[17]，定宗庙百官之仪，以为典常[18]，传之于后云[19]。

【注释】

①今上：现今的皇上。指汉武帝刘彻（前156—前87）。刘启的儿子。前141—前87年在位。②儒术：儒家的政治理论和学说。③就：成就功业。④瑞应：古代迷信认为上天降赐祥瑞是人君德行的感应。辨：通"遍"。⑤制诏：皇帝的两种文告。这里作动词用。⑥盖：表示下文有所推论的发语词。受命：古代帝王假托神权来巩固自己的统治地位，自称接受了上天的命令。⑦因：顺从。⑧追：追随。⑨太古：上古；远古。⑩望：仰望。这里有"取法"的意思。⑪典法：常法；永远施行的法则。⑫闳（hóng）博：宏大广博。⑬褊（biǎn）狭：狭小。⑭与：通"欤"。⑮太初：汉武帝的年号。为前104—前101年。正朔：指一年的第一天。正，阴历每年的第一个

月。朔，阴历的每月初一。汉以前各代的历法各不相同，如夏代以孟春（正月，建寅之月）为正，商代以季冬（十二月，建丑之月）为正，周代以仲冬（十一月，建子之月）为正，秦和汉太初元年以前以孟冬（十月，建亥之月）为正。改正朔，就是改变历法。⑯服色：古代各个王朝所定的车马服饰的颜色。⑰封太山：帝王在泰山上筑坛祭天。⑱典常：常法；常规。⑲云：语助词。无义。

【原文】

礼由人起[①]。人生有欲，欲而不得则不能无忿，忿而无度量则争，争则乱。先王恶其乱，故制礼义以养人之欲，给人之求，使欲不穷[②]于物，物不屈[③]于欲，二者相待而长，是礼之所起也。故礼者养也。稻粱五味，所以养口也；椒兰芬茝[④]，所以养鼻也；钟鼓管弦，所以养耳也；刻镂文章[⑤]，所以养目也；疏房床笫[⑥]几席，所以养体也：故礼者养也。

【注释】

①从本段到篇末，除了中间“治辨之极”至“刑措而不用”是《荀子·议兵》答李斯语外，基本内容出自《荀子·礼论》。②穷：尽。③屈：竭。④茝：一种香草。⑤刻镂（lòu）：雕刻。文章：文采；错综华丽的色彩花纹。⑥疏房：通明的房间；或说是有窗的房间。床笫（zǐ）：床铺。

【原文】

君子既得其养，又好其辨[①]也。所谓辨者，贵贱有等[②]，长少有差[3]，贫富轻重皆有称[4]也。故天子大路越席，所以养体也；侧载臭[5]茝，所以养鼻也；前有错衡，所以养目也；和鸾[6]之声，步中《武》《象[7]》，骤中《韶》《濩[8]》，所以养耳也；龙旂九斿[9]，所以养信也；寝兕持虎[10]，鲛韅弥龙[11]，所以养威也。故大路之马，必信至教顺，然后乘之，所以养安也。孰知夫出死要节[12]之所以养生也，孰知夫轻[13]费用之所以养财也，孰知夫恭敬辞让之所以养安也，孰知夫礼义文理之所以养情也。

【注释】

①辨：别；差别。②等：等级；次序。③差：等差；差别。④称（chèn）：适合；相副。⑤臭（xiù）：气味。此指香味。⑥和鸾：古代车马上的铃铛。挂在车前用作扶手的横木（轼）上的叫和，挂在马嚼子（镳）上的叫鸾。鸾，通“銮”。⑦步：缓行。武：乐名。象：周代一种舞名。⑧骤：马奔驰。韶：虞舜时的乐名。濩（huò）：商汤时的乐名。⑨旂（qí）：古代一种绣龙带铃的旗子。斿（liú）：古代旌旗上垂着的装饰物。⑩寝兕（sì）：伏着的兕牛。寝，伏。兕，雌性犀牛。持虎：蹲着的虎。持读作畤（zhì），蹲或坐着。兕、虎，都是画在天子车轮上的装饰。⑪鲛韅（xiǎn）：鲛皮制的马腹带。鲛，鲨鱼。弥（mǐ）龙：车的衡木上雕绘着金龙。⑫孰知：审知。孰，通“熟”。夫：句中助词。要（yāo）节：成名立节。⑬轻：减少。

【原文】

人苟[①]生之为见，若[②]者必死；苟利之为见，若者必害；怠惰之为安，若者必危；情胜之为安，若者必灭。故圣人一之于礼义，则两得之矣；一之于情性，则两失之矣。故儒者[③]将使人两得之者也，墨者[④]将使人两失之者也。是儒墨之分[⑤]。

【注释】

①苟：如；如果。②若：如若；这样。③儒者：信奉儒家学说的人。④墨者：信奉墨家学说的人。⑤分：分野，差等。

【原文】

治辨之极[①]也，强固之本[②]也，威行之道[③]也，功名之总[④]也。王公由[⑤]之，所以一天下，臣[⑥]诸侯也；弗由之，所以捐[⑦]社稷也。故坚革利兵[⑧]不足以为胜，高城深池不足以为固，严令繁刑不足以为威。由其道则行，不由其道则废。楚[⑨]人鲛革犀兕，所以为甲，坚如金石；宛之钜铁施[⑩]，钻如蜂虿[⑪]，轻利剽遬[⑫]，卒如熛[⑬]风。然而兵殆于垂涉[⑭]，唐眛[⑮]死焉；庄跻[⑯]起，楚分而为四参[⑰]。是[⑱]岂无坚革利兵哉？其所以统之者非其道故也。汝、颍[⑲]以为险，江、汉以为池[⑳]，阻之以邓林[㉑]，缘之以方城[㉒]。然而秦师至，鄢郢举[㉓]，若振槁[㉔]。是岂无固塞险阻哉？其所以统之者非其道故也。纣剖比干[㉕]，囚箕子[㉖]，为炮格[㉗]，刑[㉘]杀无辜，时臣下懔然[㉙]，莫必[㉚]其命。然而周师至，而令不行乎下，不能用其民。是岂令不严，刑不陖[㉛]哉？其所以统之者非其道故也。

【注释】

①治辨：治理国家，辨正名分。极：最高原则。②强固之本：指是“用礼制治国，就能使邻国敬畏，所以是国家强大巩固的根本办法”。③威行之道：意思是“用礼制劝导感化，人民就仰慕悦服，所以是推行威权的有效措施”。④功名之总：意思是“用礼制统治人民，是成就功名事业的总纲”。⑤由：顺着；遵从。⑥臣：使臣服。⑦捐：舍弃；丧失。⑧坚革：坚硬的甲盾。利兵：锋利的兵器。⑨楚：国名。⑩宛（yuān）：楚邑名。即今河南省南阳市。钜铁：刚硬的铁。施：《荀子·议兵》作“鍦”。矛。⑪钻：发挥穿刺力量。虿：蝎类毒虫。⑫剽遫：轻捷快速。⑬卒：通“猝”，突然。熛（biāo）：疾速。⑭兵殆：兵败。垂涉：楚地名。今地不详。《荀子·议兵》《战国策·楚策》《淮南子·兵略》作垂沙。⑮唐昧：楚将。⑯庄跻：楚将。楚顷襄王派他西征，深入滇池（今云南省昆明市西南）一带。遇上秦军进攻，被截断了归路，他就在滇称王。⑰楚分而为四参：楚国因无力抵御邻国的侵犯，曾三次被迫迁都。⑱是：此；这。⑲汝：汝水。在河南省境内。颍：颍水。经河南、安徽两省流入淮水。⑳江汉：指岷江、汉江。池：护城河。㉑邓林：地名。在今湖北省襄阳市襄州区南。㉒方城：春秋时楚国的长城。由今河南省方城县北延至邓州市。㉓鄢郢：楚之别都，即都，故城今湖北省宜城市东南。这里指楚都。举：攻下；占领。被动用法。㉔振：通“震”，动；击。槁：枯叶。㉕纣：商朝最末的君主。比干：

纣的叔父。㉖箕子：纣的叔父。因劝谏被囚，为求避祸，假装疯狂。㉗炮格：即炮烙之刑。商纣用的一种酷刑。用铜器作格，下面烧炭，令犯者在上面赤脚行走，跌下烧死。㉘刑：处罚，杀戮。㉙懔然：恐惧的样子。㉚必：保证，保住。㉛陖：通“峻”，严厉。

【原文】

古者之兵，戈矛弓矢而已，然而敌国不待试而诎[①]。城郭不集[②]，沟池不掘，固塞不树，机变[③]不张，然而国晏然[④]不畏外而固者，无他故焉，明道而均分之，时使而诚爱之，则下应之如景响[⑤]。有不由命者，然后俟[⑥]之以刑，则民知罪矣。故刑一人而天下服。罪人不尤[⑦]其上，知罪之在己也。是故刑罚省而威行如流，无他故焉，由其道故也。故由其道则行，不由其道则废。古者帝尧[⑧]之治天下也，盖杀一人刑二人[⑨]而天下治。传[⑩]曰：“威厉而不试，刑措[⑪]而不用。”

【注释】

①试：用。诎：通“屈”，屈服；降顺。②城郭：内城外城。外城为郭。集：积累。此处有“高筑”的意思。③机变：弓弩上的发射器。④晏然：安逸；平静。⑤如景响：如影的随形，如响的应声，比喻效验很快。⑥俟：待；对待。⑦尤：埋怨。⑧帝尧：远古部落联盟的领袖。⑨杀一人刑二人：意思是刑杀的极少，不是确数。⑩传（zhuàn）：古人称先人的书传、记载，统名之曰“传”。⑪措：设置。

【原文】

天地者，生之本[1]也；先祖者，类之本[2]也；君师者，治之本也。无天地，恶[3]生？无先祖，恶出？无君师，恶治？三者偏亡[4]，则无安人。故礼，上事天，下事地，尊先祖而隆[5]君师，是礼之三本也。

【注释】

①生之本：古时认为天地是造物主，世间万物是天地创造的，所以说天地是生命的根本。②类之本：人类的根本。③恶（wū）：怎么。④三者偏亡：三者缺一。⑤隆：尊崇。

【原文】

故王者天太祖[1]，诸侯不敢怀，大夫士有常宗[2]，所以辨贵贱。贵贱治，得[3]之本也。郊畤[4]乎天子，社至乎诸侯[5]，函[6]及士大夫，所以辨尊者事尊，卑者事卑，宜钜者钜，宜小者小。故有天下者事七世[7]，有一国者[8]事五世，有五乘之地[9]者事三世，有三乘之地者事二世，有特牲而食者[10]不得立宗庙。所以辨积[11]厚者流泽广，积薄者流泽狭也。

【注释】

①天太祖：以太祖配天。太祖，对开国君主的尊称。②大夫士有常宗：诸侯的庶子（嫡长子以下的儿子）受封，他的后代大夫士就永远尊崇他为始祖。③得：通“德”。④郊：周朝于冬至日在南郊祭天称为“郊”。畤：止。⑤社至乎诸侯：社，祭祀土神的场所。⑥函：包含，包括。⑦有天下者：指天

子。事七世：建立七座宗庙祭祀七代祖先。⑧有一国者：指诸侯。⑨五乘（shèng）之地：能出兵车五乘的土地。古制，纵横十里，其中六十四井（八户叫“井”），出兵车一乘（四马一车）。⑩特牲而食者：用一头熟牲进献鬼神的人。指百姓。⑪积：通“绩”，功业。

【原文】

大飨上玄尊，[1]俎[2]上腥鱼，先大羹，贵食饮之本[3]也。大飨上玄尊而用薄酒[4]，食先黍稷而饭[5]稻粱，祭哜[6]先大羹而饱庶馐，贵本而亲用[7]也。贵本之谓文，亲用之谓理，两者合而成文，以归太一[8]，是谓大隆。故尊之上玄尊也，俎之上腥鱼也，豆[9]之先大羹，一[10]也。利爵[11]弗啐也，成事[12]俎弗尝也，三侑[13]之弗食也，大昏[14]之未废齐也，大庙之未内尸[15]也，始绝[16]之未小敛，一也。大路之素帱[17]也，郊之麻绕[18]，丧服之先散麻[19]，一也。三年哭之不反[20]也，《清庙》之歌[21]一倡而三叹，县一钟尚拊膈[22]，朱弦而通越，一也。

【注释】

①大飨（xiǎng）：又叫“大袷（xiá）”。古代天子或诸侯一种合祭祖先的祭礼。玄尊：盛玄酒（白水）的器皿，即指玄酒。②俎（zǔ）：古代祭祀时盛食物的器皿。③贵：认为珍贵。食饮之本：先祖原始的饮食。④《荀子·礼论》作“飨尚玄尊而用酒醴”，文意较合。⑤饭：把饭给人吃。⑥哜（jì）：微微尝一点，古代行礼时的仪节之一。⑦用：实用。⑧太一：原指天地形成前的混沌元气。这里是指返璞归真到太

古原始时的状态。⑨豆：古代盛食物的器皿。⑩一：一样的道理。⑪利爵：祭祀将毕时再次向尸敬酒。古代祭祀祖先，由一活人代表死者受祭，叫“尸”。这段里所说的“啐、尝、食”，都是指尸按照仪式规定的动作。⑫成事：祭祀告成。⑬侑：劝食。根据《荀子·礼论》，“三侑之弗食也”一缺“一也”二字。⑭大昏：帝王的婚礼。⑮大庙：即“太庙”，君主的祖庙。未内尸：祭时，迎尸之前先在室内西南角举行一项仪式。内，通“纳”，使进入。⑯绝：绝气；死。⑰素帱（chóu）：素色车帷。⑱麻绕（miǎn）：麻质的礼帽。绕，通“冕”。⑲散麻：用粗麻布制成的丧服，上下左右不缝。⑳三年哭：指死了父母丧时的哀哭。不反：一恸失声。反，通“返”。㉑《清庙》之歌：《诗经·周颂》有《清庙篇》，说是祭祀周文王的乐章。㉒县：“悬”的本字。拊（fǔ）：击；拍。膈：通“隔”，悬钟的支架。

【原文】

凡礼，始乎脱[①]，成乎文[②]，终乎税[③]。故至备，情[④]文俱尽；其次，情文代[⑤]胜；其下，复情以归太一。天地以合，日月以明，四时以序，星辰以行，江河以流，万物以昌，好恶以节，喜怒以当。以为下[⑥]则顺，以为上[⑦]则明。

【注释】

①脱：脱略；粗疏。②文：修饰。③税（yuè）：通“悦”。④情：指礼意，如居丧必哀，临祭必敬。⑤代：更代。⑥下：在下者，指臣民。⑦上：在上者，指君主。

【原文】

太史公曰：至矣哉！立隆以为极[①]，而天下莫之能益损也。本末相顺，终始相应，至文有以[②]辨，至察有以说。天下从之者治，不从者乱；从之者安，不从者危。小人不能则[③]也。

【注释】

①立隆以为极：制定隆重的礼仪，作为事物、行为的最高准则。②有以：《荀子·礼论》作“以有”，义较长。③则：取法。

【原文】

礼之貌[①]诚深矣，坚白同异[②]之察，入焉而弱[③]；其貌诚大矣，擅作典制褊陋之说，入焉而望[④]；其貌诚高矣，暴慢恣睢[⑤]，轻俗以为高之属[⑥]，入焉而队[⑦]。故绳诚陈[⑧]，则不可欺以曲直；衡[⑨]诚悬，则不可欺以轻重；规矩诚错[⑩]，则不可欺以方员[⑪]；君子审[⑫]礼，则不可欺以诈伪。故绳者，直之至也；衡者，平之至也；规矩者，方员之至也；礼者，人道之极也。然而不法礼者不足礼，谓之无方之民；法礼足礼，谓之有方之士。礼之中，能思索，谓之能虑；能虑勿易，谓之能固。能虑能固，加好之焉，圣矣。天者，高之极也；地者，下之极也；日月者，明之极也；无穷者，广大之极也；圣人者，道之极也。

【注释】

①礼之貌：《荀子·礼论》作“礼之理”。②坚白同异：

战国时名家公孙龙所创的“离坚白”和惠施所创的“合同异”的学说。③弱：通“溺”，淹没。④望：羞愧。⑤暴慢恣睢：粗暴强横。⑥属：类；那一类人。⑦队：通“坠”。⑧绳：木工用的墨线。诚：如果。⑨衡：秤。⑩错：通“措”，置备。⑪员：通“圆”。⑫审：认真观察、研究。

【原文】

以财物为用[①]，以贵贱为文[②]，以多少[③]为异，以隆杀为要[④]。文貌繁，情欲省，礼之隆也；文貌省，情欲繁，礼之杀也。文貌情欲相为内外表里，并行而杂[⑤]，礼之中流[⑥]也。君子上致其隆，下尽其杀，而中处其中。步骤驰骋广骛不外，是以君子之性守宫庭[⑦]也。人域是域[⑧]，士君子也；外是，民也；于[⑨]是中焉，房皇周浃[⑩]，曲[⑪]得其次序，圣人也。故厚者，礼之积也；大者，礼之广也；高者，礼之隆也；明者，礼之尽也。

【注释】

①根据《荀子·礼论》，此句上面缺“礼者”二字。②以贵贱为文：各种贵贱尊卑的身份，用不同文彩装饰的车服旗章来表示。③多少：用财物的多少。④隆：隆盛。杀：减少；降等。要：要点。这句意思是该隆就隆，该杀就杀。⑤杂：通“集”，会合。⑥中流：适中。⑦君子之性守宫庭：意思是君子常像身处宫庭，守礼不离。⑧人域是域：以人生行为的规范为规范。⑨于：介词。⑩房皇周浃：意思是周旋进退，言谈举止。房（páng）皇：通“彷徨”，徘徊；盘旋。周浃（jiā）：

周匝；遍及。⑪曲：周遍。

【译文】

太史公说："伟大崇高是礼的美德啊！主宰制约天地万物，役使民众，难道只是人的力量吗？我到过主管礼仪的大行官署，考察夏、商、周三代礼制减少或增加的情况，才知道根据人情来制定礼节，依据人性来制定仪式，这种情形由来已久了。"

做人的道理驾驭着人们千头万绪的行为，礼仪规矩没有一处是不存在的。用仁义来诱导人们上进，用刑罚来限制人们越轨。因此，道德修养高的人地位尊贵，俸禄优厚的人备受荣耀恩宠，这是统一四海，使万众步调一致的方法呀。人的身体以安然地坐乘车马为舒适，就因此在车子上装饰黄金，在横木上绘画彩纹，用来增加繁多饰物；人的眼睛喜欢五彩缤纷的颜色，为此在服装上刺绣花纹和图案，用来满足视觉功能；人的耳朵爱听钟磬的音响，为此调和金石丝竹匏土革木八种音响，用来激励追求的心愿；人的口爱好五味，为此调制甜辣酸咸各种滋味，用来达到享受美食的目的；人的常情喜好珍贵美好的东西，为此雕琢打磨圭璧等玉器，用来舒通自己的旨意。所以，古代帝王祭天用大路车蒲草席，戴鹿皮帽穿布衣裳，演奏用底部有孔的红弦瑟，祭祀用清肉汤、淡水酒，这是因为要防止淫滥奢侈，挽救过于讲求雕饰排场的弊病。因此，上自朝廷君臣的礼仪，尊卑贵贱的秩序，下至平民百姓的车马、衣服、住房、饮食，嫁娶、丧祭的等级区分，万事都有恰当的分寸，万物都有节制条文。孔子说："鲁国的禘祭礼，从第一项献酒往下，我就不想看它啦。”

周朝衰落后，礼制废弃，乐制破坏，大小不按等级，以至管仲家中娶三姓妇女为妻。世上遵法律、守正道的人受侮辱，奢侈逾制的人名显身荣。上自子夏这样的孔门高弟，犹且说："出门见到纷纭华丽盛美的事物而欢喜，回来听到夫子的学说而欢喜，二者常在心中斗争，不能决定取舍。”更何况中材以下的人，长期处在失于教导的习俗、环境中？孔子论卫国政治说："必先正其名分。”但在卫国终于无法做到。孔子死后，受业门人沉沦星散，有的到了齐、楚，有的遁入河北、海内。岂不令人痛惜！

至秦统一天下，全部收罗六国礼仪制度，择其善者而用之，虽与先圣先贤的制度不合，却也尊君抑臣，使朝廷威仪，庄严肃穆，与古代相同。到汉高祖光复四海，拥有天下，儒者叔孙通增损秦制，制定了汉代制度。主体却是沿袭秦制，上自天子称号，下至僚佐和宫殿、官名，都很少变更。孝文帝即位后，政府有关部门建议，要重定礼仪制度。那时，孝文帝喜爱道家学说，以为烦琐的礼节只能粉饰外表，无益于天下治乱，没有采纳。孝景帝时期，御史大夫晁错明于世务，深通刑名之学，屡屡建议说："诸侯是天子的屏藩、辅佐，与臣子相同，古往今来都是如此。如今却是诸侯大国专治其境，与朝廷政令不同，诸事又不向京城禀报，此事断然不可持续下去，流毒后世。”孝景帝采纳他的计策，削弱诸侯，导致了六国叛乱，首以诛晁错为名，天子不得已，杀晁错以解时局的危难。此事详载于《袁盎列传》中。自此以后，为官者但务结交诸侯、安享俸禄而已，无人敢再倡此议。

今上（汉武帝）即位后，招纳罗致通儒学的人才，命他们共同制定礼仪制度，搞了十余年，不能成功。有人说，古时天下太平，万民和乐欢喜，感应上天，降下各种祥瑞征兆，才能够采择风俗，制定制度。如今不具备这些条件。皇帝向御史下诏书道："历朝受天命而为王，虽然各有其兴盛的原因，却是殊途而同归，即因民心而起，随民俗确定制度。如今议者都厚古而薄今，百姓还有何指望？汉朝也是一家帝王，典法制度不能流传，如何对后世子孙解释？治化隆盛的对后世影响也自博大闳深，治化浅的影响就偏窄狭小，怎可不自勉励！"于是，以"太初"为元年改定历法，变易服色，封祭泰山，制定宗庙、百官礼仪，作为不变的制度，流传后世。

礼是由人产生的，人生而有欲望，欲望达不到则不能没有怨愤，愤而不止就要争斗，争斗就生祸乱。古代帝王厌恶祸乱，才制定礼仪来滋养人的欲望，满足人的需求，使欲望不致因物不足而受抑制，物也不致因欲望太大而枯竭，物、欲二者相得而长，这样礼就产生了。所以，礼就是养的意思。稻粱等五味是养人之口的，椒、兰、芬芳的芷草是养人之鼻的，钟、鼓及各种管弦乐器的音声是养人之耳的，雕刻花纹是养人眼目的，宽敞的房屋以及床笫几席是养人身体的。所以说，礼就是养的意思。

君子欲望既得到滋养而满足，又愿受到"辨"的限制。所谓辨，就是辨别贵贱使有等级，长少使有差别，贫富轻重都能得到相称的待遇。因此，天子以大路越席保养身体；身旁放着香草，用来养鼻；前面的车衡经过嵌错装饰，用来养目；车动时，鸾铃叮当，节奏缓和如《武》《象》二舞的乐曲，急骤如《韶》《濩》舞曲，是用来养耳的；龙旗下，九旒低垂，是用来养信用的。战阵上，以兕牛皮为席，车上手握处，雕成虎文，用鲛鱼皮蒙马腹，雕龙文饰车轭，是用来养威的。驾驭大路的马，之所以必须调教顺驯才能乘坐，是为了养安。谁能知道，士人出生入死，邀立名节，正是为了养护他们的生命？谁能知道，轻财好施，挥金如土，是为了养护钱财？谁能知道，谦恭辞让、循循多礼，是为了养护平安？谁能知道，知书达礼，温文儒雅，是可以安养性情的？

人若一意苟且求生，如此必死；一意苟且图利，如此必受害；安于懈怠、懒惰的必危，固执情性的必亡。因此，圣人一概处之以礼义，就能获生避死、近利远害、居安离危，事事得两全其美了。反之，若一概任情尽性，就会两者齐失。而儒者的学说使人两全其美，墨家学说使人两皆有失，这是儒墨两家的分别。

礼义是治理国家，辨别名分的最高准则；是使国家富强巩固的根本办法；是天子威行天下的途径；是功业集其大成的重要因素。帝王遵循礼义，可以统一天下，臣服诸侯；不奉行就会捐弃社稷，破家亡国。所以，坚韧的甲胄、犀利的兵器，不足以获得胜利，高大的城墙、宽深的沟池，不足以为险固，严酷的号令、繁苛的刑罚，不足以增加威严。按礼办事，就事事成功，不按礼办事，就诸事皆废。楚人以鲛鱼革，犀牛、兕牛皮为衣甲，坚韧如同金石；又有宛城制造的大铁矛，钻刺时犀利如蜂虿之尾；军队轻捷快速，士卒像疾风骤雨般迅捷。然而，兵败于垂涉，将军唐眛战死；庄蹻起兵，楚国分而为四。这能说是由于没有坚甲利兵吗？是统领的方法不对头啊。楚国以汝水、颍水为险阻，以岷江、汉水为沟池，以邓林与中原相阻隔，以方城山为边境。然而，秦国军队直攻到鄢郢，一路如摧枯拉朽。怎能说是因它无险可守呢？是统驭的方法不对啊。殷纣王剖比干之心，囚禁箕子，造炮烙刑具，杀害无罪之人，当时臣民凛然畏惧，生死不保。周朝军队一到，纣王命令无人奉行，百姓不为所用，怎能说是号令不严、刑罚不峻呢？是统领的方法不对头啊。

古时的兵器，不过戈、矛、弓矢罢了，然而，不待使用敌国已窘迫屈服。城郊百姓不需聚集起来守城，城外也不需挖掘防守用的沟池，不需建立坚固的阨塞要地，不用兵机谋略，而国家平安，不畏外敌，坚固异常。没有其他原因，只不过是懂得礼义之道，对百姓分财能均，役使有时，并且推诚相爱。所以，百姓听命，如影随形，如响应声。间有不服从命令的，以刑罚处治他，老百姓也就知罪了。所以，一人受刑，天下皆服。犯罪的人对上级无怨无尤，知道是自己罪有应得。因此，刑罚简省而威令推行无阻。没有其他原因，按礼义之道办事罢了。所以，遵行礼义之道，万事能行；不遵此道，诸事皆废。古时帝尧治理天下，杀一人、刑二人而天下大治，书传说是“威虽猛厉而不使，刑罚厝置而不用”。

天地是生命的根本，先祖是种族的根本，君主与业师是国家治理、安定的根本。无天地哪里会有生命？无先祖你如何能来到这个世上？无君主和业师，国家怎能得到治理？三者缺一，则无人能安。所以，礼上侍奉天、下侍奉地，尊敬先祖而隆遇恩师，是礼的三项根本问题。

所以，帝王得以太祖配天而祭之，诸侯不敢怀想，大夫、士也各有常宗，不敢祭先祖，以此来区别贵贱。贵贱有别，就得到礼的根本了。只有天子有郊天、祭太祖的权力，自立社以祭地则至于诸侯，下及士大夫各有定制，以此表现尊者侍奉尊者、卑者侍奉卑者，应大则大、应小则小的原则。所以，统治天下的侍奉七世宗庙，有二乘采地的侍奉二世宗庙，待耕而食的人不得立宗庙，以此来表现德厚的恩泽流布广、德薄的恩泽流布狭的原则。

大祭祀飨神，樽酒崇尚玄酒，俎实崇尚腥鱼，羹以大羹为先，是饮食贵本原的意思。飨神虽崇尚玄酒，饮用的却是薄酒；食尚黍稷，所饭还要加稻粱；祭尸先上大羹，饱腹的却是各种肴核杂膳，这是贵本亲用的意思。贵本是形式，所以叫作文；亲用符合实际，所以叫作理。两者相合还是文。只有再加入礼的初始状态那种质朴性，才算有文有质，达到礼最隆盛完美的阶段了，称为大隆。因此，樽酒尚玄酒，俎实尚腥鱼，羹尚大羹，道理是一样的。祭祀时，佐食不啐酒，一饮而尽；卒哭之祭有献无酢，参加祭祀的人除尸之外，不尝俎实；祝与佐食劝尸用饭，因礼成于三，三劝之后，礼数已成，尸停止用饭，虽再劝侑，亦不再食。以上三事道理相同，都是表示礼好其辨、有节制、贵本原的意思。大婚时祭神以前，祭祀时迎尸入太庙以前，丧礼从始绝气到小敛之间，礼的性质相同，都保留了原始的质朴性。天子大路用素色帷盖，郊祭时服麻布冕，丧服最重散麻带，道理相同，都是礼尚质不尚文的意思。斩衰之丧，哭声哀痛，不重形式；《清庙》这首祭歌，一人唱，三人叹和，情致殷殷，溢于歌词之外；乐钟在架，却有时悬而不击，拊击钟架以为节拍；大瑟练丝制成朱红色弦，音质清越，却于瑟底穿孔，使声音重浊，道理也都相同，是重情不重声，亦重本原的意思。

大凡礼在初始时粗疏简略，形成后仪文增加，最后达到使人喜悦的效果。所以，最完美的礼制，是情文并茂的；次一等的是文胜于情，或者情胜于文，二者具其一；最下等的违背情性，浑浑噩噩，有如同无，回复到了太一原始的状态。完备的礼能使天地和谐，日月光明，四时有秩序，星辰运行，江河流动，万物昌盛，好恶有所节制，喜怒无不适当。在下位者则顺从，处上位者则贤明。

太史公说："完美极了！建立礼制作为事物、行为的最高准则，人们就不能随便地增减它。它情文相符，首尾呼应，富于文采而不繁缛、有节制，明察秋毫而不苛细、使人心悦服。天下遵从就能得到治理，否则就生祸乱；遵从者得安定，不从则危亡。平民百姓靠自身是不能守礼的。"

礼制的仪文形式是深厚的，关于"坚百"与"同异"的分辨，进入礼的范围来讨论问题就显得软弱无力了。那礼的内涵非常丰富呀，擅自制作典章制度坚持偏狭浅陋理论的人，进入礼的范围来讨论问题就望而却步了。礼的内涵非常高远啊，粗暴、傲慢、任性、放纵、轻视礼俗自己认为了不起的人，进入礼的范围来比较就显得渺小卑微了。所以，墨绳弹画以后，就不能进行欺骗说曲道直了；秤锤挂平以后，就不能进行欺骗说轻论重了；圆规曲尺摆在那里，就不能进行欺骗说方论圆了；有道德修养的人小心地按礼办事，就不可能受欺诈虚伪的蒙骗。因此，墨绳是直的最高尺准，秤是公平的最高标准，圆规曲尺是圆和方的最高标准，礼是做人处事的最高标准。然而，那些不遵礼法的人不懂得满足礼仪的要求，叫作无道的流氓；遵循礼法懂得礼的要求，叫作有道的人士。切合礼义，能够思考探究，可以说能考虑问题了；能考虑问题又不轻易改变观点，可以说能固守信义了。能考虑问题又能固守信义，加上由衷的爱好，那就是圣人了。天是高的顶点，地是低的顶点，太阳月亮是光明的顶点，无边的宇宙是广大的顶点，圣人是遵行礼道的顶峰了。

礼用钱财物质表现馈赠，用服饰文彩表现贵贱，用多少区别等级不同，用厚薄表示远近。仪文形式繁富，人情欲望收敛，这是礼隆重的表现；仪文内容简约，人情欲望繁多，这是礼薄的表现；仪文和人情互相作为里外的形式和内容，有机地结合，这便合乎礼仪的要求，就可不息了。有道德修养的人用大礼达到隆重，用小礼尽力简约微薄，用中礼又能合乎情理要求。轻重缓急都不超出礼仪的范围，所以有道德修养的人才能常守礼义呀。在普通人住的地方才能知道礼义的界限，这种人士就是有道德修养的人了。行为超出礼义的限制，就是一般的人了。在这样的普通人中间，徘徊周旋，对错都能依礼的程序去做，这就是圣人了。所以，道德修养高深的人，是平时积累礼义的结果；伟大的人，是平时广施礼义的结果；崇高的人，是平时重视隆重礼义的结果；聪明精细的人，是平时对礼义尽心研究的结果。

第一百一十四卷　乐书①第二

什么是乐?《正义》认为:“天有日月星辰,地有山陵河海,岁有万物成熟……咸谓之乐。”意思是,大凡自然界中事物的一切差异与和谐,通通叫作乐。这与礼的定义一样,是后世儒者故弄玄虚,非司马迁书的本意。司马迁所说的乐与如今所说的音乐之乐大致是相通的,它包括歌、舞和有关的器具(乐器和舞具)三部分。还认为乐是由于客观事物被人感知以后产生的,这也是正确的。但也有所不同,首先,他把乐与音、声做了严格区分,认为心感于物而动,产生声;声与声相感应,发生有规律的变化,叫作音;人因音而生欢乐,甚至翩翩而舞,都叫作乐。

在儒家看来,礼乐互为表里、同为治国安邦的重要手段,故《乐书》与《礼书》蝉联,在“八书”中序列第二。据前人考证,《史记·乐书》亡佚,今本《史记·乐书》系后人割取《礼记》中《乐记》的部分内容拼凑而成。但其序文部分从篇首至“世多有,故不论”共604字当为太史公手笔。《乐书》虽抄自《乐记》,但段落次第不与《乐记》全同,行文亦略有差异,加上内容庞杂、涉及面广,因此段落内容显得错杂松散，全篇结构把握起来确有一定困难。

概括起来，《乐书》主要论述了以下几个方面的问题：一、序文部分概括介绍了乐的历史演变；二、论述了乐的本源问题；三、论述了乐与礼之间的关系及其社会作用；四、论述了先王制乐的目的；五、揭示了礼、乐的本质，提出了把握礼乐精神实质与技艺形式的基本原则；六、论述了乐对于施行教化、提高道德修养的重要作用；七、举例说明音乐具有深沉的内涵并且直接关系到国家的治乱兴衰。尽管作者关于乐的作用的论述未免有强调失当的地方，但是作为推行政治教化的重要工具，音乐确实具有不容低估的巨大力量。由于《乐书》内容十分丰富，所论涉及天地、人情、政治、礼乐等许多方面的问题，因此还可以将它看作研究秦汉时期社会风情以及上层建筑理论的重要资料。

【原文】

太史公曰：余每读《虞书》[2]，至于君臣相敕[3]，维是几安[4]，而股肱[5]不良，万事堕坏[6]，未尝不流涕也。成王作《颂》[7]，推己惩艾[8]，悲彼家难，可不谓战战恐惧，善守[9]善终哉？君子不为约[10]则修德，满则弃礼[11]，佚[12]能思初，安能惟始[13]，沐浴膏泽[14]而歌咏勤苦，非大德谁能如斯[15]！《传》[16]曰“治定功成，礼乐乃兴”。海内人道[17]益深，其德益至[18]，所乐者益异。满而不损则溢，盈而不持[19]则倾。凡作乐者，所以节乐。君子以谦退为礼，以损减为乐，乐其如此也。以为州异国殊，情习[20]不同，故博采风俗，协比声律[21]，以补短移化[22]，助流[23]政教。天子躬于明堂[24]临观，而万民咸荡涤邪秽，斟酌[25]饱满，以饰厥[26]性。故云《雅》《颂》之音理[27]而民正，嘄噭[28]之声兴而士奋，郑卫之曲[29]动而心淫。及其调和谐合，鸟兽尽感[30]，而况怀五常[31]，含好恶，自然之势也！

【注释】

①《乐书》：据《史记志疑》考证，《史记》中《乐书》全缺，这是后人取《乐记》穿靴戴帽而成。②《虞书》：《尚书》的一部分，今本共五篇，是记载传说中的唐尧、虞舜、夏禹等人的事迹的书。③敕（chì）：告诫：鼓励。④维是几（jī）安：考虑着如何化险为夷。⑤股肱（gōng）：大腿和胳膊。比喻帝王左右辅助得力的大臣。⑥堕坏：败坏。堕，通“隳”，毁坏。⑦成王：周成王。姬诵。西周国王。周武王之子。《颂》：指《诗经·周颂》，是古代宗庙祭典时的一种歌舞。周武王死时，成王年幼，由周公旦摄政。⑧推己惩艾：责备告诫自己，吸取失败教训。艾，惩戒，警惕。⑨守：指守礼。⑩约：穷困。⑪满：充足富裕。礼：泛指古代等级制社会的行为法则、道德规范和各种仪式等。⑫佚（yì）：通“逸”，安乐。⑬惟始：想着开始时的危险。⑭膏泽：滋润作物的雨。比喻恩惠、幸福。⑮如斯：如此。⑯《传（zhuàn）》：解释经义的文字。⑰人道：犹“仁道”，其主要内容指人与人互相亲爱。⑱至：指最高尚。⑲持：握住。引申为制约。⑳情习：人情习性。㉑协比：排列，组合。声律：指宫、商、角、徵（zhǐ）、羽五声和黄钟、太簇、姑洗（xiǎn）、蕤（ruí）宾、夷

则、无射（yì）六律，这里泛指音乐。㉒补短：补救短缺。移化：改变风俗教化。㉓助流：帮助推行。㉔明堂：古代帝王宣明政教的地方，凡朝会、祭祀、庆赏、选士、教学等大典，都在此举行。㉕斟酌：取酒饮用。㉖饰：修整。厥：他（们）的。㉗《雅》《颂》：《诗》篇名，也是古代乐曲的分类名称。雅乐是朝廷的乐曲，颂乐是宗庙祭祀的乐曲，二者都被古代统治者称为“正乐”。理：演奏。㉘噪嗷（jiào）：高亢的声音。㉙郑卫之声：指春秋战国时郑国（在今河南省中部地区）、卫国（在今河南省北部地区）的民间音乐。㉚鸟兽尽感：相传尧舜时命夔（kuí）为乐官主持音乐，演奏时乐声和谐动听，曾引得凤凰来鸣，百兽起舞。㉛五常：又称“五伦”，是儒家所提倡的阶级社会的五种伦理关系，即君臣、父子、夫妇、兄弟、朋友。

【原文】

治道亏缺[①]而郑音兴起，封君[②]世辟，名显邻州，争以相高[③]。自仲尼不能与齐优遂容于鲁，虽退正乐以诱世[④]，作五章[⑤]以刺时，犹莫之化[⑥]。陵迟[⑦]以至六国，流沔沉佚[⑧]，遂往不返，卒于丧身灭宗，并国于秦。

【注释】

①治道亏缺：指政治败坏。②封君：领受封邑的贵族。世辟：世代相承的君主。辟，君主。③高：抬高郑音的地位。④正乐：整理音乐。诱世：劝导世人。⑤五章：《索隐》认为是歌词，即“彼妇人之口，可以出走；彼妇人之谒，可以死

败。优哉游哉，聊以卒岁”。但与五章之名不符。⑥莫之化：即“莫化之”，没能改变这种风气。⑦陵迟：衰落。⑧流沔(miǎn)：放纵；沉迷。沔，通“湎”。沉佚：指沉溺游荡于歌乐而不加节制。

【原文】

秦二世尤以为娱。丞相李斯进谏曰：“放弃《诗》[1]《书》，极意声色，祖伊[2]所以惧也；轻[3]积细过，恣心长夜[4]，纣[5]所以亡也。”赵高[6]曰：“五帝[7]、三王乐各殊名，示不相袭。上自朝廷，下至人民，得以接欢喜，合殷勤，非此和说[8]不通，解泽[9]不流，亦各一世之化[10]，度时之乐，何必华山之騄耳[11]而后行远乎？”二世然[12]之。

【注释】

①《诗》：即《诗经》。我国最早的诗歌总集，先秦称为《诗》，汉儒尊为经典，始称《诗经》。收西周初年至春秋中叶各国民歌和朝庙乐章三百零五篇，分风、雅、颂三大类。这些诗歌以四言为主，普遍运用赋、比、兴的手法，生动地反映了当时的社会生活。②祖伊：商纣时贤臣。③轻：蔑视。④长夜：指通宵宴饮。⑤纣（zhòu）：商代最末的君主。名受，号帝辛。⑥赵高（？—前207）：秦时宦官，本赵国人。任中车府令，兼行符玺令事。秦始皇死后，他与李斯伪造遗诏，逼使公子扶苏自杀，立胡亥为皇帝，被任为郎中令。后杀李斯，自任丞相。不久又逼杀二世，立子婴为秦王，终为子婴所杀。⑦五帝：相传为古代五个部落联盟的领袖。⑧说：通“悦”，

喜悦。⑨解泽：散布恩泽。⑩一世之化：一个时代的风尚。⑪华（huà）山：山名。五岳中的西岳，在今陕西省华阴市南。騄（lù）耳：也作“绿耳”，良马名。周穆王的八骏之一。引申为劣马也可以行远。用以比喻郑声虽俗，也可以作为娱乐。⑫然：赞同。动词。

【原文】

高祖[①]过沛，诗《三侯之章》[②]，令小儿歌之。高祖崩，令沛得以四时歌儛宗庙[③]。孝惠[④]、孝文、孝景无所增更，于乐府习常肄[⑤]旧而已。

【注释】

①高祖：即汉高帝刘邦。②诗：作诗。《三侯之章》：即《大风歌》。歌词为：“大风起兮云飞扬，威加海内兮归故乡，安得猛士兮守四方。”因诗中有三“兮”，而“兮”与“侯”同为语助词，因此这里称《大风歌》为《三侯之章》。③儛；通“舞”。宗庙：古代天子、诸侯祭典祖先的处所。④孝惠（前210—前188）：即汉惠帝刘盈。⑤乐府：古代主管音乐的官署。始于秦代，盛行于汉武帝之时。肄（yì）：研习；训练。

【原文】

至今上[①]即位，作十九章[②]，令侍中李延年[③]次序其声，拜为协律都尉[④]。通一经之士不能独知其辞，皆集会五经[⑤]家，相与[⑥]共讲习读之，乃能通知[⑦]其意，多尔雅[⑧]之文。

【注释】

①今上：这里指汉武帝。前140—前87年在位。②十九

章：即《郊祀歌》（共十九章）。③侍中：官名。侍从于皇帝左右，出入宫廷，应对顾问，地位贵重，是皇帝的亲信人员。李延年（？—约前87）：西汉著名音乐家。④协律都尉：又称“协律郎”，官名。职掌校正乐律等音乐方面的事务。⑤五经：指《易》《书》《诗》《礼》《春秋》这五部儒家经典。汉武帝建元五年（前136）置五经博士之职，始有“五经”之称。⑥相与：共同；一起。⑦通知：知晓；完全理解。⑧尔雅：近乎雅正。指文辞典雅纯正。

【原文】

汉家常以正月上辛祠太一甘泉[①]，以昏时夜祀，到明而终。常有流星经于祠坛上。使僮男僮女七十人俱歌。春歌《青阳》，夏歌《朱明》，秋歌《西暤》，冬歌《玄冥》[②]。世多有，故不论。

【注释】

①上辛：上旬的辛日。太一：也指“泰一”。传说中的天神。甘泉：宫名。旧址在今陕西省淳化县西北甘泉山。②《青阳》《朱明》《西暤》《玄冥》：都是《郊祀歌》中的歌名。以每首歌词中的开头二字命题。

【原文】

又尝得神马渥洼水中[①]，复次[②]以为《太一之歌》。歌曲曰：“太一贡兮天马下，沾赤汗兮沫流赭。骋容与兮跇[③]万里，今安匹[④]兮龙为友。”后伐大宛[⑤]得千里马，马名蒲梢，次作以为歌。歌诗曰："天马来兮从西极[6]，经万里兮归有德[7]。承灵威兮降外国，涉流沙兮四夷[8]服。"中尉汲黯[9]进曰："凡王者作乐，上以承祖宗，下以化兆民[10]。今陛下[11]得马，诗以为歌，协[12]于宗庙，先帝百姓岂能知其音邪[13]？"上默然不说。丞相公孙弘[14]曰："黯诽谤圣制[15]，当族[16]。"

【注释】

①得神马渥（wò）洼水中：汉武帝时南阳郡新野县（今属河南省）人暴利长，因判刑被发配到敦煌（现甘肃省敦煌市附近）屯田，曾得一宝马，献给官府。为了神化此马，说它是从渥洼水（在今甘肃省敦煌市西南）中出来的。②次：编次，这里指作诗。③容与：放任。跇：越过：逾越。④匹：匹配；相比。⑤大宛（yuān）：西域国名。在今中亚费尔干纳盆地，都城在贵山城（今卡散赛），以产汗血马著名。⑥西极：西方极远之处。⑦有德：指有德之人。⑧流沙：指流沙泽。后称居延泽、居延海，因淤积分为二湖，即今内蒙古额济纳旗之嘎顺诺尔与苏古诺尔湖。四夷：即东夷、西戎、南蛮、北狄。是古代统治者对华夏族以外各族的蔑称。⑨中尉：官名。掌管京城治安。汲黯（？—前 112）：濮阳（今河南省濮阳县西南）人。武帝时任东海太守，后召为九卿，敢于直言切谏。⑩兆民：众百姓。⑪陛下：臣下对帝王的尊称。⑫协：协和音律。引申为演奏。⑬先帝：指当朝已去世的皇帝。邪（yé）：表疑问语气的词，相当于"吗""呢"。⑭公孙弘（前 200—前 121）；西汉大臣。菑川（今山东省寿光市南）薛人。

先后任御史大夫、丞相，封平津侯。⑮圣制：这里指武帝创作的诗歌。⑯族：灭族。

【原文】

凡音[1]之起，由人心[2]生也。人心之动，物[3]使之然也。感于物而动，故形[4]于声；声相应[5]，故生变；变成方[6]，谓之音；比音而乐[7]之，及干戚羽旄[8]，谓之乐也。乐者，音之所由生也，其本[9]在人心感于物也。是故其哀心[10]感者，其声噍以杀[11]；其乐心感者，其声啴以缓[12]；其喜心感者，其声发以散[13]；其怒心感者，其声粗以厉[14]；其敬心感者，其声直以廉[15]；其爱心感者，其声和以柔。六者非性[16]也，感于物而后动，是故先王[17]慎所以感之。故礼以导其[18]志，乐以和[19]其声，政以壹[20]其行，刑以防其奸[21]。礼乐刑政，其极[22]一也，所以同民心而出治道[23]也。

【注释】

①音：该处指的"音"，是与"声""乐"相比而言的概念。按：从本段以下至《师乙篇》，都是《乐记》上的话，只是篇次和个别文字略有差异。②心：古人认为，人的思想感情、理智、道德等是由人体内的一个物质器官"心"所统管的，这与现在所说的思维器官是不同的。③物：外界事物和环境。④形：显露；表现。⑤相应：互相应和。⑥方：指一定的组织形式，即构成的音阶、曲调等。⑦比：依次连缀，排列。乐（yuè）：演奏、演唱。⑧及：加上；配合上。干（gān）：盾牌。戚：斧头。羽：鸟毛，这里指野鸡毛。旄（máo）：牦

牛尾。⑨本：本源。⑩是故：因此；所以。哀心：悲哀的心情。这里的“心”，指心情、感情，下文的“乐心”“喜心”“怒心”“敬心”“爱心”类此。⑪噍（jiāo）以杀：忧伤而急促。⑫啴（chǎn）以缓：宽和而舒缓。⑬发以散：奋发而开朗。⑭粗以厉：粗犷而严厉。⑮直以廉：爽直而庄重。⑯性：天性。⑰先王：古代帝王，统指夏、商、周三代开国的禹、汤、文武等帝王。⑱其：指民众。⑲和：调和。当据刘向《说苑》改作“性”。⑳壹：统一。㉑奸：奸诈。㉒极：最终目标。㉓同：齐一。治道：指政治清明、社会安定的太平世道。

【原文】

凡音者，生人心者也[1]。情动于中[2]，故形于声，声成文[3]谓之音。是故治世之音安以乐，其正和[4]；乱世之音怨以怒，其正乖[5]；亡国之音哀以思[6]，其民困。声音[7]之道，与正通矣。宫为君，商为臣，角为民，徵为事，羽[8]为物。五者不乱，则无怗懘[9]之音矣。宫乱则荒[10]，其君骄；商乱则搥[11]，其臣坏；角乱则忧，其民怨；徵乱则哀，其事勤[12]；羽乱则危[13]，其财匮[14]。五者皆乱，迭相陵[15]，谓之慢[16]。如此则国之灭亡无日[17]矣。郑卫之音，乱世之音也，比[18]于慢矣。桑间濮上[19]之音，亡国之音也，其政散[20]，其民流[21]，诬上[22]行私而不可止。

【注释】

①生人心者：即“生于人心者”的省文。②中：内心。③文：指交织组成的乐典。④正：通“政”，政治。下文“其正乖”“与正通矣”的“正”，同此。和：和顺。指君臣上下

和谐协调。⑤乖：背离；不一致。指君臣上下失序，政治混乱。⑥思：哀伤。⑦声音：代指音乐。⑧宫、商、角、徵、羽：我国古代五声音阶的五个阶名，合称“五音”或“五声”。⑨沾滯（zhān chì）：声音不和谐。⑩荒：迷乱；散漫。⑪槌：当据《礼记·乐记》作“陂”，为不正、邪佞之意。⑫事勤：指劳役繁重。⑬危：恐惧不安。⑭匮（kuì）：贫乏。⑮迭相陵：互相排斥，倾轧。⑯慢：过分放纵。⑰无日：不要多少时间。犹言不久。⑱比：接近。⑲桑间：地名。在古代濮水之滨。濮上：濮水（古代黄河与济水的支流）一带。⑳散：混乱。㉑流：放荡。㉒诬：诽谤。上：在上者。指君主。

【原文】

凡音者，生于人心者也；乐者，通于伦理[1]者也。是故知声而不知音者，禽兽是也；知音而不知乐者，众庶[2]是也。唯君子为能知乐。是故审[3]声以知音，审音以知乐，审乐以知政，而治道[4]备矣。是故不知声者不可与言音，不知音者不可与言乐。知乐则几[5]于礼矣。礼乐皆得，谓之有德。德者得也。是故乐之隆[6]，非极音[7]也；食飨[8]之礼，非极味[9]也。清庙之瑟[10]，朱弦而疏越[11]，一倡而三叹[12]，有遗音[13]者矣。大飨之礼，尚玄酒而俎[14]腥鱼，大羹[15]不和，有遗味者矣。是故先王之制礼乐也，非以极口腹耳目之欲也，将以教民平好恶而反人道之正[16]也。

【注释】

①伦理：事物的条理、秩序，指人与人之间的道德关系。②众庶：百姓；普通老百姓。③审：审察；辨别。④治道：治国的道理。⑤几（jī）：接近；差不多。⑥隆：隆重；盛大。⑦极音：极度满足听觉上的享受。⑧食飨（sì xiǎng）之礼：古代合祭祖先的一种隆重礼仪。⑨极味：极力满足味觉上的享受。⑩清庙：祭祀周文王的宗庙。也可作宗庙的通称。清，肃穆清静的意思。瑟：古代的一种拨弦乐器，形似古琴，通常为二十五弦。⑪朱弦：朱红色的丝弦。疏越：稀疏的小孔。越，瑟底的孔穴。⑫倡：通“唱”。叹：跟着歌声和唱。“三叹”，形容和唱的人不多。⑬遗音：余音。以上所说的清庙之瑟，底孔疏朗，乐音舒畅，和唱的人也不多，但听完之后，犹余音在耳，令人久久不忘。这反映了儒家提倡以“温柔敦厚”“平和中正”“淡和”为特色的音乐主张，是其“中庸之道”在音乐观上的体现。⑭尚：通“上”。玄酒：古代祭典时当酒用的水。上古无酒，以水代替；水本无色，但古人习以为玄（黑色），所以称之为“玄酒”。俎（zǔ）：古代祭祀时用以盛放牲口的礼器。这里作动词用，陈设的意思。⑮大（tài）羹：不和五味的肉汁，古代祭祀时用。⑯平：平衡。引申为调节，控制。反：通“返”，返回；恢复。人道之正：即“人之正道”，指为人的正确规范或准则。

【原文】

人生而静[①]，天之性[②]也；感于物而动，性之颂[③]也。物至知知[4]，然后好恶形焉。好恶无节于内，知诱于外[5]，不能反己[6]，天理[7]灭矣。夫物之感人无穷，而人之好恶无节，则是物至而人化物[8]也。人化物也者，灭天理而穷人欲[9]者也。于是有悖逆[10]诈伪之心，有淫佚[11]作乱之事。是故强者胁[12]弱，众者暴[13]寡，知者诈[14]愚，勇者苦[15]怯，疾病[16]不养，老幼孤寡不得其所，此大乱之道也。是故先王制礼乐，人为之节：衰麻[17]哭泣，所以节丧纪[18]也；钟[19]鼓干戚，所以和安乐也；婚姻冠笄[20]，所以别男女也；射乡食飨[21]，所以正交接[22]也。礼节民心，乐和民声，政以行之，刑以防之。礼乐刑政四达[23]而不悖，则王道[24]备矣。

【注释】

①静：指人的感情、理智和天性、道德等本性未曾表现时的状态。②天之性：即天性，天然的品质或特性。③颂(róng)：通“容”，仪容；样子。④知（zhì）知：指通过人的理智去了解外物，认识外物。⑤知诱于外：理智为外物所引诱。⑥反己：指恢复自己原来的天性。反，通“返”。⑦天理：即天性。⑧人化物：指人被外物同化，即失去人的善性而混同于禽兽一般。⑨穷人欲：极力完全满足人的欲望。⑩悖(bèi）逆：违乱忤逆。⑪淫佚（yì）：也作“淫泆”，纵欲放荡。⑫胁：威逼。⑬暴：欺侮；糟蹋。⑭诈：欺骗。⑮苦：使之痛苦。⑯疾病：指患有疾病的人。⑰衰（cuī）麻：麻布制成的丧服。⑱丧纪：丧事。纪，事。⑲钟：乐器名。铜制而中空。古代祭典或宴享时用。悬挂于架上，用木槌击之发声。单

独悬挂的称特钟，大小依次成组悬挂的称编钟。⑳冠笄：古代男子二十岁举行加冠仪式，女子十五岁举行加笄仪式，表示男女已经成年。㉑射：射礼。古代集会练习比武的典礼，有四种：祭祀或选士时举行的为大射，诸侯来朝时举行的为宾射，宴饮时举行的为燕射，卿大夫举士后举行的为乡射。乡：乡饮酒礼。古代地方上为被推荐给朝廷的乡学毕业生举行的送行之礼。食飨：用酒食宴请宾客。㉒正：端正。交接：指人与人的交往。㉓达：通行无阻。指充分发挥作用。㉔王道：用儒家学说的“仁义”治理天下的一种政治主张，与“霸道”相对。

【原文】

乐者为同[①]，礼者为异[②]。同则相亲，异则相敬。乐胜则流[③]，礼胜则离[④]。合情饰貌[⑤]者，礼乐之事也。礼义立，则贵贱等[⑥]矣；乐文[⑦]同，则上下和矣；好恶著[⑧]，则贤不肖[⑨]别矣；刑禁暴，爵[⑩]举贤，则政均[⑪]矣。仁以爱之，义以正[⑫]之，如此则民治[⑬]行矣。

【注释】

①同：和；调和。②异：区别。③胜：超过；过分。流：放任，放纵；没有节制。④离：隔离；疏远。⑤合情：符合人们内心的感情。饰貌：端正人们的仪态。⑥等：次序；等级。⑦乐文：乐的形式，指乐曲。⑧著：显明。⑨不肖（xiào）：不贤；不正派。这里指坏人。⑩爵：爵位。国君给贵族封号的等级。⑪均：均匀；公平。指政治清明。⑫正：纠正，引申为教导。⑬民治：治理百姓之事。

【原文】

乐由中出[①]，礼自外作[②]。乐由中出，故静；礼自外作，故文[③]。大乐必易[④]，大礼必简[⑤]。乐至[⑥]则无怨，礼至则不争。揖让[⑦]而治天下者，礼乐之谓也。暴民[⑧]不作，诸侯宾服[⑨]，兵革不试[⑩]，五刑[⑪]不用，百姓无患[⑫]，天子不怒[⑬]，如此则乐达矣。四海之内[⑭]，合父子之亲，明长幼之序，以敬四海之内，天子如此，则礼行矣。

【注释】

①中：指内心世界。出：发出；产生。②作：兴起；表现。③文：文饰；文理。指礼仪形式等方面的规章制度。④大乐：伟大、高尚的音乐。易：平易。⑤大礼：伟大、隆重的礼仪。简：简朴。⑥至：到达。这里指深入人心，发挥作用。下句的“至”，同此。⑦揖让：古代宾主相见表示谦让的一种礼仪，用来比喻文德。⑧暴民：强暴不法的人。⑨宾服：即臣服。指诸侯或边远部落按时向皇帝进贡，表示服从、归顺。⑩兵革：兵器衣甲的总称，泛指武器。不试：不动用。⑪五刑：古代的五种刑罚，即墨（在面额上刺字，染上黑色）、劓（割去鼻子）、刖（断足）、宫（男子切割生殖器，女子幽闭）、大辟（死刑）。⑫患：忧患；灾祸。⑬不怒：没有生气。⑭四海之内：相当于“天下”。古代以为中国四周都是海，因此称中国为“四海之内”，简称“海内”，称外国则为“海外”。

【原文】

大乐与天地同和[①]，大礼与天地同节[②]。和，故百物不失；

节，故祀天祭地。明[3]则有礼乐，幽[4]则有鬼神，如此则四海之内合敬同爱矣。礼者，殊事[5]合敬者也；乐者，异文[6]合爱者也。礼乐之情[7]同，故明王[8]以相沿也。故事与时并[9]，名[10]与功偕。故钟鼓管磬羽籥干戚[11]，乐之器也；诎信俯仰级兆舒疾[12]，乐之文也。簠簋俎豆[13]制度文章，礼之器也；升降上下周旋裼袭[14]，礼之文也。故知礼乐之情者能作，识礼乐之文者能术[15]。作者之谓圣，术者之谓明。明圣者，术作之谓也。

【注释】

①和：指调和万物。②节：调节。③明：与“幽”相反，指人世间。④幽：幽冥，指鬼神世界。⑤殊事：不同的人和事。指不同的礼节规定。⑥异文：不同的乐文，即不同的乐曲形式。⑦情：情理；道理。⑧明王：圣明的君主。⑨事：指所制定的礼乐。并：相比；齐等。引申为符合。⑩名：指乐曲的命名。⑪钟鼓管磬（qìng）羽籥干戚：都是古代乐器。⑫诎信（qū shēn）俯仰：指舞蹈时舞者的各种姿势。诎，通“屈”，弯曲；信，通“伸”，伸直。级兆舒疾：指舞蹈时的队列和速度。级，一作“缀”，指行列的位置；兆，界域，范围；舒，徐缓的动作；疾，急速的动作。⑬簠簋（guǐ）俎豆：都是古代祭祀时用来盛祭品的器具。⑭升降上下周旋裼袭：都是行礼的动作。升降上下指登堂拜退等迎送之礼。裼是敞开外衣，袭是放不放袖。⑮术：通“述”，阐述。

【原文】

乐者，天地之和也；礼者，天地之序也。和，故百物皆化[1]；序，故群物皆别。乐由天[2]作，礼以地[3]制。过[4]制则乱，过作则暴[5]。明于天地，然后能兴[6]礼乐也。论伦无患[7]，乐之情也；欣喜欢爱，乐之官[8]也。中正无邪，礼之质也[9]；庄敬恭顺，礼之制[10]也。若夫礼乐之施于金石[11]，越[12]于声音，用于宗庙社稷[13]，事于山川鬼神，则此所以与民同[14]也。

【注释】

①化：融化；融合。②天：指天的道理，即和气化物的功能。③地：指地的道理，即高低贵贱的区别。④过：过分。⑤暴：急，猛；过激放纵。⑥兴：制作。⑦论伦无患：指歌词内容合乎伦理而无害于礼义。⑧官：官能；功用。⑨质：本质。⑩制：体制。⑪若夫：发语词，相当于“至于”。金石：指钟。⑫越：发扬；传播。⑬社稷（jì）：古代帝王、诸侯所祭奠的土神和谷神，泛指祭祀祖先鬼神的场所。⑭与民同：指从君主到百姓同样适用。按：以上四段论述礼乐的社会作用及其相互关系，是《乐记》中的《乐论篇》。

【原文】

王者功成作乐，治[1]定制礼。其功大者其乐备[2]，其治辨[3]者其礼具。干戚之舞，非备乐也[4]；亨孰而祀[5]，非达礼[6]也。五帝殊时，不相沿乐；三王异世，不相袭礼。乐极[7]则忧，礼粗则偏[8]矣。及夫敦[9]乐而无忧，礼备而不偏者，其唯大圣[10]乎！天高地下，万物散殊，而礼制行也；流而不息[11]，合同而化[12]，而乐兴也。春作[13]夏长，仁也；秋敛[14]冬藏，义也。仁近于乐，义近于礼。乐者敦和[15]，率神[16]而从天；礼者辨宜[17]，居[18]鬼而从地。故圣人作乐以应天[19]，作礼以配地[20]。礼乐明备[21]，天地官矣[22]。

【注释】

①治：政治；社会秩序。②备：完善。③辨：明察。④干戚之舞，非备乐也：古乐以文德为贵，采用朱弦疏越，因此用干戚为舞，不可以算是完美的音乐。⑤亨（pēng）孰而祀：用丰盛精美的熟食来祭奠。⑥达礼：通礼；最隆重的礼仪。古代祭品追求生牲，所以说烹熟而祀不能算是最好的祭礼。⑦极：过分。⑧粗：粗疏；不仔细。偏：偏失。⑨及夫：至于。敦：厚；盛。引申为完善。⑩其：表揣测的副词，相当于“大概”。大圣：至圣。指道德高尚完备、智能超凡的人。⑪流而不息：指天地间的阴阳二气流行不止。⑫化：化育万物。⑬作：兴起；发生。⑭敛：收获。⑮敦和：促进和合。⑯率神：属于神的范围。⑰辨宜：指区分不同的事物。⑱居：处于；属于。⑲应天：顺应天意。⑳配地：配合地道。㉑明备：明达完备。㉒天地官矣：天地的功用就能发挥了。

【原文】

天尊地卑，君臣定矣。高卑已陈[1]，贵贱位[2]矣。动静有常[3]，小大[4]殊矣。方[5]以类聚，物以群分，则性命[6]不同矣。在天成象[7]，在地成形[8]，如此则礼者天地之别也。地气上跻[9]，天气下降，阴阳相摩[10]，天地相荡[11]，鼓[12]之以雷霆，奋[13]之以风雨，动[14]之以四时，煖[15]之以日月，而百化兴[16]焉，如此则乐者天地之和也。

【注释】

①陈：陈设；分布。②位；指确定名位。③动静：指天地间阴阳二气的运行与静止状态。常：常规。④小大：指大大小小的事物。⑤方：解释不一，以指事物中的同类一说为妥。⑥性命：指事物的天性、特性。⑦象：指日月星辰发光的现象。⑧形：指山川人物各异的形状。⑨隮：登；升。⑩摩：摩擦；接触。⑪荡：震动；激荡。⑫鼓：震响。⑬奋：飞动；起落。⑭动：移动变化；交替运转。⑮煖：温暖。⑯百化：百物。兴：兴起；生长。

【原文】

化不时[①]则不生，男女无别则乱登[②]，此天地之情也。及夫礼乐之极乎天而蟠[③]乎地，行乎阴阳而通乎鬼神，穷高极远而测[④]深厚，乐著太始而礼居成物[⑤]。著[⑥]不息者天也，著不动者地也。一动一静者，天地之间[⑦]也。故圣人曰“礼云乐云[⑧]”。

【注释】

①化不时：化育不符合天时。②乱登：指放纵淫乱的行为就会产生。登，造成，发作。③极：至；达到。蟠（pán）：充满。④穷：极；尽。测：测量。⑤著：附着。成物：指地。因为地能使万物生长，所以称“成物”。⑥著：明白；显示。⑦天地之间：指天地之间的万物。⑧礼云乐云：礼所说的和乐所说的。

【原文】

昔者舜[①]作五弦之琴，以歌《南风》[②]；夔[③]始作乐，以赏诸侯。故天子之为乐也，以赏诸侯之有德者也。德盛而教尊[④]，五谷时孰[⑤]，然后赏之以乐。故其治民劳者[⑥]，其舞行级[⑦]远；其治民佚者，其舞行级短[⑧]。故观其舞而知其德，闻其谥[⑨]而知其行。《大章》[⑩]，章[⑪]之也；《咸池》[⑫]，备[⑬]也；《韶》[⑭]，继[⑮]也；《夏》[⑯]，大[⑰]也；殷、周之乐[⑱]尽也。

【注释】

①舜：相传父系社会后期部落联盟领袖。②《南风》：歌名。③夔（kuí）：传说为舜的臣子，掌管音乐。④德盛：品德高尚。教尊：教化尊严。⑤时孰：按时成熟。指粮食丰收。⑥治民劳者：指诸侯治国使人民劳苦的。⑦舞行（háng）级：舞蹈的行列位置。这里指舞队行列的间隔距离。级，一作。“缀”，义同。⑧短：指间隔距离小。⑨谥（shì）：古时君主、贵族、大官僚死后，朝廷根据其生前事迹所给予的表示褒贬的称号。⑩《大章》：乐名。相传是歌颂尧的圣明大德的音乐。⑪章：通“彰”，表彰；显扬。⑫《咸池》：乐名。⑬备：完备。⑭《韶》：乐名。相传为虞舜时所作。⑮继：继承。指舜能继承尧的美德。⑯《夏》：乐名。相传为禹时所作，后成为周代祭祀山川的乐舞。⑰大：光大。指禹能发扬光大尧舜的功德。⑱殷、周之乐：指殷代的《大濩》（纪念商汤伐桀功绩的乐舞）和周代的《大武》（表现周武王伐纣武功的乐舞）等音乐。

【原文】

天地之道，寒暑不时则疾[①]，风雨不节则饥[②]。教[③]者，民之寒暑也，教不时则伤世[④]。事[⑤]者，民之风雨也，事不节则无功。然则先王之为乐也，以法治[⑥]也，善[⑦]则行象德矣。夫豢豕为酒[⑧]，非以为祸也；而狱讼[⑨]益烦，则酒之流[⑩]生祸也。是故先王因为酒礼，一献[⑪]之礼，宾主百拜[⑫]，终日饮酒而不得醉焉，此先王之所以备[⑬]酒祸也。故酒食者，所以合欢[⑭]也。

【注释】

①不时：不符合时令。疾：发病。②节：节制；调节。饥：发生饥荒。③教：指包括音乐在内的教化。④伤世：妨害社会生活的正常秩序。⑤事：指包括礼在内的政令制度。⑥以法治：取法于天地之道来进行治理。⑦善：指乐的教化得当。⑧夫：发语词。豢豕（shǐ）为酒：指为祭神、宴客而饲养牲畜，酿造酒醴。⑨狱讼：指各种诉讼案件。⑩酒之流：指饮酒无度。⑪献：指进酒。⑫百拜：多次拜礼。⑬备：防备；防止。⑭合欢：联欢。

【原文】

乐者，所以象德也；礼者，所以闭[①]淫也。是故先王有大事[②]，必有礼以哀之；有大福[③]，必有礼以乐之：哀乐之分[④]，皆以礼终[⑤]。

【注释】

①闭：堵塞，制止。②大事：指丧事。③大福：指吉庆之

事。④分：分寸；限度。⑤以礼终：用礼来加以制约。

【原文】

乐也者，施[①]也；礼也者，报[②]也。乐，乐其所自生[③]；而礼，反其所自始[④]。乐章德[⑤]，礼报情[⑥]反始也。所谓大路者[⑦]，天子之舆也[⑧]；龙旂九旒[⑨]，天子之旌[⑩]也；青黑缘[⑪]者，天子之葆龟[⑫]也；从之以牛羊之群，则所以赠诸侯也。

【注释】

①施：施予。②报：回报。指统治者以礼制定人们之间的等级关系，有往有来，有恩必报。③乐：快乐。所自生：从人的内心而产生。④反：通“返”，还；回报。所自始：指恩惠所来之处。⑤章德：表彰功德。⑥报情：报答恩情。⑦大路：大车，又称“大辂（lù）”。⑧舆：车。⑨龙旂：绣有龙形的旗帜，是帝王出行时的仪仗。九旒（liú）：九条穗子。⑩旌：旗的通称。⑪缘：边缘。⑫葆龟：即宝龟。古代用龟甲占卜吉凶，所以龟为宝。葆，通“宝”。

【原文】

乐也者，情之不可变者[①]也；礼也者，理之不可易[②]者也。乐统[③]同，礼别异，礼乐之说[④]贯乎人情矣。穷[⑤]本知变，乐之情[⑥]也；著[⑦]诚去伪，礼之经[⑧]也。礼乐顺天地之诚[⑨]，达神明[⑩]之德，降兴[⑪]上下之神，而凝[⑫]是精粗之体，领父子君臣之节[⑬]。

【注释】

①情之不可变：指当感情一定时，乐也一定。②理之不可

易：指当事理一定时，礼也一定。③统：统一；总管。④说：道理。⑤穷：寻根究源的意思。⑥情：本性；本质。⑦著：显示；发扬。⑧经：规则；典范。⑨诚：情感；意志。⑩神明：神灵。⑪降兴：下降和上升。⑫凝：形成。⑬领：统管；治理。节：礼节。引申为关系。

【原文】

是故大人[①]举礼乐，则天地将为昭[②]焉。天地欣合[③]，阴阳相得[④]，煦妪覆育[⑤]万物，然后草木茂，区萌[⑥]达，羽翮奋[⑦]，角觡[⑧]生，蛰虫昭稣[⑨]，羽者妪伏[⑩]，毛者孕鬻[⑪]，胎生者不殰而卵生者不殈[⑫]，则乐之道[⑬]归焉耳。

【注释】

①大人：德行高尚的人，即前文所说的圣人。②为昭：因此而显得光明。③欣合：欣然相合。④相得：互相得到合适的调节。⑤煦妪：天降气以养物叫煦，地赋物以形体叫妪。覆育：天覆盖万物，地生育万物，合称“覆育”。⑥区（gōu）萌：区，指豆类屈曲而生，萌，指谷类竖直而生。区，通“勾”，弯曲。⑦羽翮：羽翼，代指飞鸟。奋：指鸟类张开翅膀。⑧角觡（gé）：无分枝的角（如牛羊）和有分枝的角（如麋鹿）。⑨蛰虫：冬眠在土里的昆虫。昭稣：指蛰伏之虫从地里出来。⑩羽者：指鸟类。妪伏：孵卵。⑪毛者：指兽类。鬻（yù）：通“育”，生育。⑫殰（dú）：胎未出生而死，即流产。殈（xù）：鸟卵未孵成而破裂。⑬道：道理。这里指功能。

【原文】

乐者，非谓黄钟大吕弦歌干扬[①]也，乐之末节也，故童者舞之；布筵席，陈樽俎[②]，列笾豆[③]，以升降为礼者，礼之末节也，故有司[④]掌之。乐师辩[⑤]乎声诗，故北面而弦[⑥]；宗祝[⑦]辩乎宗庙之礼，故后尸[⑧]；商祝[⑨]辩乎丧礼，故后主人[⑩]。是故德成[⑪]而上，艺成[⑫]而下；行成[⑬]而先，事成[⑭]而后。是故先王有上有下，有先有后，然后可以有制于天下[⑮]也。

【注释】

①黄钟、大吕：乐律名。黄钟为六律之首，大吕为六吕之首。干扬：盾和大斧，泛指舞蹈用的道具。扬，钺（yuè）的别称，形状像斧头。②樽俎：通“尊俎”，古代盛酒和盛肉的器皿，常用为宴席的代称。③笾（biān）豆：古代举行祭祀或宴会时盛果脯和盛酱菜等的礼器。④有司：古代设官分职，各有专司，所以称主管某一职事的官吏为“有司”。这里指司礼的官吏。⑤辩：通“辨”，辨别；了解。⑥北面而弦：坐南向北弹琴奏乐。古代座席，以坐北向南为尊，坐南向北为卑。⑦宗祝：官名。⑧尸：古代祭祀时，代替死者受祭的人，以臣下或死者的晚辈充任。后世则逐渐改用神主牌位或画像代替。⑨商祝：官名。职掌祭祀、治丧等礼仪。因周代丧礼基本上承袭商礼，所以称为“商祝”。⑩后主人：指商祝虽懂得丧葬之礼，但不是发丧之主，他只能处于卑位，站在主人之后唱礼司仪。⑪德成：指掌握礼乐的精神实质。⑫艺成：指懂得礼乐仪式等技艺。⑬行成：指德行修养方面的成就。⑭事成：指处理

事物方面的成就。⑮有制于天下：指制礼定乐，推行到整个社会。

【原文】

乐者，圣人之所乐[1]也，而可以善[2]民心，其感人深，其风移俗易，故先王著其教[3]焉。

【注释】

①乐：喜欢。②善：使之行善。③著：立。指设置乐官。教：指乐教。

【原文】

夫人有血气心知[1]之性，而无哀乐喜怒之常[2]，应感起物[3]而动，然后心术形[4]焉。是故志微[5]焦衰之音作，而民思忧；啴缓慢易[6]繁文简节之音作，而民康乐；粗厉猛起奋末广贲[7]之音作，而民刚毅；廉直经正[8]庄诚之音作，而民肃敬；宽裕肉好顺成和动[9]之音作，而民慈爱；流辟邪散狄成[10]涤滥之音作，而民淫乱。

【注释】

①血气：本指血液和气息，这里指人的感情。心知：指人的理智。②常：常情；常态。③应感起物：指受到外界事物的刺激感染。④心术：指内在的思想感情。形：显露；表现。⑤志微：志意细小；情调低沉。⑥啴（chǎn）缓：和缓。慢易：舒缓平和。⑦奋末：鼓起四肢的力气。末，四肢。广贲（fèn）：高亢激越。贲，通“愤”。⑧经正：刚强正直。⑨肉

好：圆润悦耳。顺成和动：流畅和谐，活泼动听。⑩流辟邪散：放荡虚伪，邪恶散乱。辟，通“僻”，不诚实。狄成：节奏疾速。

【原文】

是故先王本[1]之情性，稽之度数[2]，制之礼义，合生气[3]之和，道五常[4]之行，使之阳而不散[5]，阴而不密[6]，刚气不怒，柔气不慑[7]，四畅交于中[8]而发作于外，皆安其位而不相夺[9]也。然后立之学等[10]，广[11]其节奏，省[12]其文采，以绳德厚[13]也。类[14]小大之称，比[15]终始之序，以象事行[16]，使亲疏贵贱长幼男女之理皆形见[17]于乐：故曰“乐观其深矣”。

【注释】

①本：根据。②稽（jī）：考核；审定。度数：即律度，音律的法度标准。③生气：指使万物生长发育的阴阳二气。④道：遵循。五常：指君臣、父子、兄弟、夫妇、朋友之间的五种关系。⑤阳：与“阴”相对，指人的气质。下文的“刚”与“柔”同此。散：散漫。⑥密：缜密；闭塞。⑦慑：畏惧；恐惧。⑧四畅交于中：指阴、阳、刚、柔四种气质在人的内心畅通交流。⑨不相夺：互不侵犯。⑩立之学等：指根据各人气质的差别制定学习的进度。⑪广：扩大。这里指逐步增加。⑫省（xǐng）：审查；研究。⑬绳：衡量。德厚：仁厚。⑭类：法度；标准。⑮比：按次序排列组合。⑯象：象征；表现。事行：指君臣等伦理关系。⑰形见（xiàn）：表现。

见，通“现”。

【原文】

土敝[①]则草木不长，水烦[②]则鱼鳖不大，气[③]衰则生物不育，世乱则礼废而乐淫。是故其声哀而不庄，乐而不安，慢易[④]以犯节，流湎以忘本[⑤]。广则容奸[⑥]，狭则思欲[⑦]，感[⑧]涤荡之气而灭平和之德，是以君子贱[⑨]之也。

【注释】

①敝：疲敝，这里指土地贫瘠。②烦：烦扰；搅扰。③气：元气。指自然力。④慢易：简慢草率的意思。⑤流湎（miǎn）：流连沉迷，放纵无度。忘本：忘了根本，失去归宿。⑥容奸：包藏邪恶。⑦思欲：挑动欲望。⑧感：通“撼”，动摇。⑨贱：轻视；看不起。

【原文】

凡奸声感人而逆气[①]应之，逆气成象[②]而淫乐兴焉。正声感人而顺气[③]应之，顺气成象而和乐兴焉。倡和[④]有应，回邪[⑤]曲直各归其分，而万物之理以类相动[⑥]也。

【注释】

①奸声：邪恶的声音，与下文的“正声”相对而言。逆气：违乱忤逆之气。②成象：指通过音乐、舞蹈等方式表现。③正声：纯正的声音。顺气：平和顺畅之气。④倡和（hè）：一唱一和，互相呼应。⑤回邪：枉曲；不正。⑥以类相动：同类事物互相应和。

【原文】

是故君子反情[①]以和其志，比类以成其行[②]。奸声乱色不留聪明[③]，淫乐废礼不接于心术[④]，惰慢邪辟之气不设[⑤]于身体，使耳目鼻口心知百体皆由[⑥]顺正，以行其义[⑦]。然后发[⑧]以声音，文[⑨]以琴瑟，动[⑩]以干戚，饰以羽旄，从[⑪]以箫管，奋至德[⑫]之光，动[⑬]四气之和，以著万物之理[⑭]。是故清明象天[⑮]，广大[⑯]象地，终始[⑰]象四时，周旋[⑱]象风雨；五色成文[⑲]而不乱，八风从律而不奸[⑳]，百度[㉑]得数而有常；大小[㉒]相成，终始[㉓]相生，倡和清浊，代相为经[㉔]。故乐行而伦清，耳目聪明，血气和平，移风易俗，天下皆宁。故曰“乐者乐也[㉕]”。君子乐得其道[㉖]，小人乐得其欲[㉗]。以道制欲，则乐而不乱；以欲忘道，则惑[㉘]而不乐。是故君子反情以和其志，广乐以成其教，乐行而民乡[㉙]方，可以观德矣。

【注释】

①反情：恢复人的天赋善性，即前文所说的“反人道之正”。反，通“返”。②比：比照；依照。类：事物的类别，这里指正类，好的榜样。成其行：成就自己的德行。③乱色：淫乱之色。聪明：指耳和目。④废礼：邪恶之礼。心术：心灵。⑤惰慢：轻薄下流。邪辟：古怪而不正派。设：存在。这里是沾染的意思。⑥百体：身体的各部分。由：从；随着。⑦行其义：得到正当的发展。义，宜，适当，合理。⑧发：显出；表现。⑨文：交错；修饰。⑩动：舞动，指舞蹈。⑪从：伴随，指伴奏。⑫奋：振作；发扬。至德：最高尚

的道德，借指天地之理。⑬动：调度；协调。⑭著：显明；显示。万物之理：即天地万物发展的自然规律。⑮清明象天：用格调清澈明朗的乐曲来表现天的清明。⑯广大：指格调开阔宏亮的乐曲。⑰终始：指终而复始的乐曲形式。⑱周旋：指反复回旋的舞蹈姿态。⑲五色：统指五音（宫、商、角、徵、羽）及相对应的五行（金、木、水、火、土）。成文：交错组织成曲。⑳八风：统指八音（金、石、丝、竹、匏、土、革、木八类乐器）和八风（炎、滔、熏、巨、凄、飕、厉、寒八方之风）。从律：合乎音律。奸：干扰；杂乱。㉑百度：即百刻。古代以刻漏计时，一昼夜分为一百刻。㉒小大：泛指包括乐律在内的大小不同的各种事物。㉓终始：泛指包括乐律在内的迭相为终始的事物。㉔代相为经：相互循环交错，形成一定的规律。㉕乐者乐也：语见《论语》。两个“乐”字，前一个指音乐，后一个指快乐。㉖道：指道德修养。㉗欲：指声色等欲望。㉘惑：迷惑；惑乱。㉙乡：通“向”，归向；向往。

【原文】

德者，性之端①也；乐者，德之华②也；金石丝竹③，乐之器也。诗，言其志也；歌，泳其声也；舞，动其容也：三者④本乎心，然后乐气⑤从之。是故情深而文明⑥，气盛而化神⑦，和顺积中而英华⑧发外，唯乐不可以为伪。

【注释】

①端：首；根本。②华：通“花”。③金石丝竹：指金、

石、丝、竹制成的钟、磬、琴、箫等。④三者：指上文所说的“志”“声”“容”。⑤乐气：指乐器。一说指诗、歌、舞。⑥文明：文采光明；文德辉煌。⑦化神：变化神妙。⑧积：蓄积；蕴藏。英华：指神采之美。

【原文】

乐者，心之动也；声者，乐之象[①]也；文采节奏，声之饰[②]也。君子动其本[③]，乐其象[④]，然后治其饰。是故先鼓以警戒[⑤]，三步以见方[⑥]，再始以著往[⑦]，复乱以饬归[⑧]，奋疾而不拔[⑨]，极幽[⑩]而不隐。独乐其志，不厌其道[⑪]；备举[⑫]其道，不私其欲。是以情见而义[⑬]立，乐终而德尊[⑭]；君子以好善[⑮]，小人以息过[⑯]：故曰“生民[⑰]之道，乐为大焉”。

【注释】

①象：表象。②文采节奏：指乐曲的章法结构。饰：修饰。指乐曲的编排组织。③动其本：指君子之心被作为外物之德这个本源所感动。④乐其象：用乐曲来表现音乐形象。乐，用如动词。⑤为了论证君子制乐先动其本后治其饰的观点，以下引用反映周武王伐纣的《武乐》为例来加以说明。警戒：指促使注意，作好准备。⑥三步：三次顿足。见方：表示即将开始。方，将要。⑦再始以著往：再次开始起舞，表示周武王是第二次才正式出兵的。⑧复乱以饬（chì）归：再次奏起尾声，表示周武王第二次伐纣胜利，整装而归。乱，古代乐曲的最后一章，相当于现在歌曲的“尾声”。饬，整顿。⑨奋疾：指舞蹈动作极快。拔：倾倒。⑩幽：指乐曲精深含蓄。⑪独乐

其志，不厌其道：指《武乐》表现了周武王既以讨伐暴虐之志为乐，又不厌弃仁义之道的德行。⑫备举：全面推行。⑬义：义理；道德。⑭尊：受到尊敬。⑮好善：注意修养善德。⑯息过：改过。⑰生民：养民，这里指治理民众。

【原文】

君子曰：礼乐不可以斯须去[①]身。致[②]乐以治心，则易直子[③]谅之心油然生矣。易直子谅之心生则乐[④]，乐则安[⑤]，安则久[⑥]，久则天[⑦]，天则神。天则不言而信[⑧]，神则不怒而威[⑨]。致乐，以治心者也；致礼，以治躬[⑩]者也。治躬则庄敬，庄敬则严威。心中斯须不和不乐，而鄙诈[⑪]之心入之矣；外貌斯须不庄不敬，而慢易[⑫]之心入之矣。故乐也者，动[⑬]于内者也；礼也者，动于外者也。乐极和，礼极顺。内和而外顺，则民瞻其颜色而弗与争也，望其容貌而民不生易慢焉。德辉动乎内而民莫不承听[⑭]，理发乎外而民莫不承顺，故曰“知礼乐之道[⑮]，举而错之天下无难矣”[⑯]。

【注释】

①斯须：须臾；片刻。去：离开。②致：求得。引申为审察，研究。③易：平易。直：正直。子（cí）：通“慈”，慈爱。④乐：快乐。⑤安：指内心安定，舒适。⑥久：长久，指长寿。⑦天：和下句的“神”，都借以指人们修养的最高理想境界。⑧信：信用；威信。⑨威：威严。⑩治躬：治理身体。指端正人们的仪表、举止。⑪鄙诈：卑鄙欺诈。⑫慢易：轻忽怠慢。⑬动：变动。引申为影响。⑭德辉：道德的光辉。承

听：接受；服从。⑮道：道理；规律。这里指功效。⑯举而错之：采用并推行。

【原文】

乐也者，动于内者也；礼也者，动于外者也。故礼主其谦[1]，乐主其盈[2]。礼谦而进[3]，以进为文[4]；乐盈而反[5]，以反为文。礼谦而不进，则销[6]；乐盈而不反，则放[7]。故礼有报[8]而乐有反。礼得其报则乐，乐得其反则安。礼之报，乐之反，其义[9]一也。

【注释】

①主：注重；着重。谦：谦逊退让。②盈：丰富充实。③进：进取。指努力向前，有所作为。④文：美；善。⑤反：反躬自省。⑥销：通“消”，消散；消沉。⑦放：放任；恣纵。⑧报：通“褒”，有进取的意思。⑨义：意义；道理。

【原文】

夫乐者，乐也，人情之所不能免也。乐必发诸声音[1]，形[2]于动静，人道[3]也。声音动静，性术[4]之变，尽于此矣。故人不能无乐，乐不能无形。形而不为道[5]，不能无乱。先王恶[6]其乱，故制《雅》《颂》之声以道之，使其声足以乐[7]而不流，使其文足以纶而不息[8]，使其曲直繁省廉肉节奏[9]，足以感动人之善心而已矣，不使放心[10]邪气得接焉，是先王立乐之方[11]也。是故乐在宗庙之中，君臣上下同听之，则莫不和敬；在族长乡里[12]之中，长幼同听之，则莫不和顺；在闺门[13]之内，父子兄弟同听之，则莫不和亲。故乐者，审一[14]以定和，比物以饰节[15]，节奏合以成文[16]，所以合和父子君臣，附亲[17]万民也，是先王立乐之方也。故听其《雅》《颂》之声，志意[18]得广焉；执其干戚，习其俯仰诎信，容貌得庄焉；行其缀兆[19]，要[20]其节奏，行列[21]得正焉，进退得齐焉。故乐者天地之齐[22]，中和[23]之纪，人情之所不能免也。

【注释】

①发诸声音：通过声音发露。②形：表现。③人道：指人的禀性。④性术：指性情和它的表现方式。⑤道：通“导”，疏导；引导。⑥恶：厌恶；憎恨。⑦乐：使人快乐。⑧文：文辞，指乐章。纶：理丝。引申为有条理。息：止息。引申为死板。⑨曲直：指曲调的曲折与平直。繁省：复杂与简单。廉肉：清淡简约与丰满圆润。节奏：高低与缓急。⑩放心：放纵之心。⑪立乐：制定音乐。方：原则。⑫族、长、乡、里：都是古代地方行政编制单位。⑬闺门：内室之门。借指家庭。⑭审：审定；选择。一：指人们某一高低适中的音。⑮比物：配合上各种乐器。物，指乐器。饰节：体现节奏。饰，修饰。这里是表现的意思。⑯合以成文：组合而构成乐曲。⑰附亲：依附和亲近。⑱志意：志向和思想。这里指心胸，心境。⑲缀兆：通“级兆”。⑳要（yāo）：会；合着。㉑行列：和下句的“进退”，都是借指人们的行为举止。㉒齐：和合。㉓中和：调和；和谐。

【原文】

夫乐者，先王之所以饰①喜也；军旅鈇钺②者，先王之所以饰怒也。故先王之喜怒皆得其齐③矣。喜则天下和④之，怒则暴乱者畏之。先王之道礼乐可谓盛⑤矣。

【注释】

①饰：装饰。这里是寄托、表露的意思。②军旅：军队。鈇钺（yuè）：古代军法用以杀人的斧子，泛指刑戮。③齐：指同样得到相应的表现。④和（hè）：应和。⑤道：即治世之道。盛：盛大，指体现得非常充分。

【原文】

魏文侯①问于子夏曰："吾端冕而听古乐②则唯恐卧，听郑卫之音则不知倦。敢问③古乐之如彼，何也？新乐④之如此，何也？"

【注释】

①魏文侯（？一前 396）：魏斯。战国时魏国的建立者。前 445—前 396 年在位。②端冕（miǎn）：古代朝服。这里指穿端戴冕，用如动词。端，玄端，是黑色的祭服；冕，大冠，是古代贵族所戴的一种礼帽。穿戴端冕，用以表示庄严、肃敬。古乐：古代帝王祭祀、朝会时奏的音乐，又称"雅乐"，以别于民间音乐。③敢问：冒昧相问。④新乐：这里指与古乐相对的郑卫等国的民间音乐。

【原文】

子夏答曰："今夫古乐，进旅而退旅[①]，和正以广，弦匏笙簧[②]合守拊鼓，始奏以文[③]，止乱以武[④]，治乱以相，讯疾以雅[⑤]。君子于是语[⑥]，于是道古[⑦]，修身及家，平均天下[⑧]：此古乐之发[⑨]也。今夫新乐，进俯退俯[⑩]，奸声以淫[⑪]，溺[⑫]而不止，及优侏儒[⑬]，獿杂子女[⑭]，不知父子。乐终不可以语，不可以道古：此新乐之发也。今君之所问者乐也，所好者音也。夫乐之与音，相近而不同。"

【注释】

①进旅、退旅：舞蹈时众人同进同退，动作整齐划一。旅，共同。②弦匏笙簧：泛指各种乐器。③文：指鼓。④乱：乐曲的结尾。武：指铙。⑤讯疾：迅急。讯，通"迅"。雅：一种打击乐器，外形如竹筒，口小身大，大约二围，长五尺六寸，用羊皮蒙口，筒身刻有图案，系有两根带子。⑥于是语：在这时发表议论。⑦道古：称颂古代的事迹。⑧修身及家，平均天下：即"修身齐家治国平天下"的意思。⑨发：发表。⑩俯：弯曲；不整齐。⑪淫：过度；放纵。⑫溺：沉迷。⑬优：俳（pái）优；倡优。侏（zhū）儒：身材矮小的人。古代杂技滑稽演员多由身材矮小者充当，所以也称艺人为"侏儒"。⑭獿（náo）杂：通"猱杂"，混杂。子女：男女。

【原文】

文侯曰："敢问如何？"

子夏答曰："夫古者天地顺而四时当，民有德而五谷昌，疾疢不作而无祆祥[1]，此之谓大当[2]。然后圣人作为父子君臣以为之纪纲[3]，纪纲既正，天下大定，天下大定，然后正六律[4]，和五声[5]，弦歌《诗·颂》，此之谓德音[6]，德音之谓乐。《诗》曰：'莫[7]其德音，其德克明[8]，克明克类[9]，克长[10]克君。王此大邦[11]，克顺克俾[12]。俾于[13]文王，其德靡悔[14]。既受帝祉[15]，施于孙子。'[16]此之谓也。今君之所好者，其溺音[17]与？"

【注释】

①疾疢（chèn）：疾病。祆（yāo）祥：即妖祥。②大当：完全合适；极得其所。③纪纲：法则；纲领。④六律：六种音律，即黄钟、大簇、姑洗、蕤宾、夷则、无射。⑤五声：即五音。⑥德音：指歌颂崇高美德的音乐。⑦莫：通"寞"，安定，宁静。⑧克明：能够普施光明。克，能够。⑨克类：能够带来好处。类，善。⑩克长：能够为人师长。⑪王：称王。引申为统治。邦：古代称诸侯的封国，后泛指国家。⑫克顺：能够顺应人心。克俾：能使上下亲近。俾，通"比"，相近，相亲。⑬俾于：至于。⑭靡悔：没有遗憾，即完美无缺的意思。⑮帝祉（zhǐ）：上天的福泽。⑯以上诗句引自《诗·大雅·文王之什·皇矣》。⑰溺音：使人沉迷惑乱的音乐。

【原文】

文侯曰："敢问溺音者何从出也？"

子夏答曰："郑音好滥淫志[1]，宋音燕女溺志[2]，卫音趣数烦志③，齐音骜辟骄志④，四者皆淫于色而害于德，是以祭祀不用也。《诗》曰：‘肃雍和鸣⑤，先祖是听。’夫肃肃，敬也；雍雍，和也。夫敬以和，何事不行？为人君者，谨其所好恶而已矣。君好之则臣为之，上行之则民从之。《诗》曰‘诱民孔⑥易’，此之谓也。然后圣人作为鞉、鼓、椌、楬、埙、篪⑦，此六者，德音之音⑧也。然后钟、磬、竽⑨、瑟以和之，干、戚、旄、狄⑩以舞之。此所以祭先王之庙也，所以献酬酳酢⑪也，所以官序贵贱⑫各得其宜也，此所以示后世有尊卑长幼序也。钟声铿⑬，铿以立号⑭，号以立横⑮，横以立武⑯。君子听钟声则思武臣。石声硁⑰，硁以立别⑱，别以致死⑲。君子听磬声则思死封疆之臣⑳。丝声哀，哀以立廉，廉以立志。君子听琴瑟之声则思志义之臣。竹声滥㉑，滥以立会，会以聚众。君子听竽笙箫管之声则思畜聚之臣㉒。鼓鼙之声讙㉓，讙以立动，动以进众㉔。君子听鼓鼙之声则思将帅之臣。君子之听音，非听其铿锵㉕而已也，彼亦有所合之㉖也。”

【注释】

①好滥淫志：形容音调十分放荡，使人心志惑乱。②燕女溺志：形容音调安逸柔媚，使人心志沉溺。③趣数烦志：形容音调急促多变，使人心志烦躁。④骜辟骄志：形容音调傲慢怪僻，使人心志骄纵。骜，通“傲”。辟，通“僻”，偏颇，不实在。⑤和（hè）鸣：指鸣声相应。按：这两句诗引自《诗·周颂·臣工之什·有瞽》。《有瞽》是周成王时的一首祭祀乐歌。⑥诱：诱导；教导。孔：甚；很。按：这句诗引自

《诗·大雅·生民之什·板》。⑦鞉（táo）：“鼗”之异体，乐器名。一种有柄的小鼓，用手摇动发声，类似现在的拨浪鼓。椌（qiāng）：即“柷”，乐器名。木制，外形像方斗，上宽下窄，一面正中开圆孔，中间插有椎柄，用小椎敲击左右发声。楬（qià）：乐器名。木制，外形像伏虎，背上有二十七道锯齿状突起物，用木棒敲击发声。椌和楬都用于雅乐演奏，开始时击椌，结束时击楬。埙：乐器名。陶制，也有用石、骨或象牙制成的。大如鹅蛋，外形像秤锤，上尖下平中空。顶上一孔为吹口，前面四孔，后面二孔。篪（chí）：乐器名。竹制，外形像笛，单管横吹。埙和篪都是吹奏乐器，合奏时声音相应，十分和谐。⑧德音之音：发出德音的乐器。后“音”字，指乐器。⑨竽：乐器名。外形像笙而稍大，有三十六支簧管。⑩狄（dí）：通“翟”，野鸡尾巴上的长羽，文舞时用作舞具。⑪献酬酳酢（zuò）：泛指宴饮宾客的各种礼仪。献酬，指饮酒时相酬劝。酳，宴会时食毕用酒漱口的一种礼节。酢，客人以酒回敬主人的一种礼节。⑫序贵贱：古代作乐时，乐器和舞列的多少，都按照尊卑贵贱等级有一定的规定，所以演奏古乐可以“序贵贱”。⑬铿：象声词。形容钟声洪亮。⑭立号：作为号令。⑮横：充满。这里形容气势雄壮。⑯立武：指成就用武之事。⑰石：乐器名。指石制的磬。硁（kēng）：象声词。形容击石声坚定强劲。⑱别：区分。⑲致死：舍弃生命，为正义而死。⑳死封疆之臣：为国死守疆土的忠臣良将。㉑滥：广泛，会合。㉒畜聚之臣：指爱抚百姓、体恤民情的官吏。㉓鼓鼙：大鼓和小鼓，古代军中常用的乐器。讙（xuān）：通“喧”，喧腾。㉔进众：指挥兵众前进。㉕铿锵（qiāng）：象声词。形容金石声响亮和谐。㉖有所合之：指能从乐声中听到与自己志趣相契合的东西。

【原文】

宾牟贾[①]侍坐于孔子，孔子与之言，及乐[②]，曰：“夫《武》[③]之备戒之已久，何也？”

【注释】

①宾牟贾：人名。②及乐：谈到音乐方面的事情。③《武》：即《大武》。周代六舞之一。以反映周武王伐纣的武功为内容，带有戏剧性。

【原文】

答曰：“病不得其众也[①]。”

【注释】

①病：忧虑。不得其众：武王伐纣时，担心得不到士众拥护，酝酿、准备了很长时间才正式出兵。

【原文】

“永叹[①]之，淫液[②]之，何也？”

【注释】

①永叹：长声歌唱。永，通“咏”，曼声长吟。②淫液：形容乐声连绵不绝，拖得很长。

【原文】

答曰："恐不逮事[1]也。"

【注释】

①不逮事：赶不上战机。逮，及，赶上。事，指战事。

【原文】

"发扬蹈厉之已蚤[1]，何也?"

【注释】

①发扬蹈厉：举手以示奋发，顿足以示猛厉。已蚤：指演出一开始就举手顿足，针对上文的"已久"而言。蚤，通"早"。

【原文】

答曰："及时事[1]也。"

【注释】

①及时事：把握时机，进行战事。

【原文】

"《武》坐致右宪[1]左，何也?"

【注释】

①《武》：这里指表演《武舞》的演员。坐：跪。致右：右膝着地。致，至，达到。宪：通"轩"，提起。

【原文】

答曰："非《武》坐[1]也。"

【注释】

①非《武》坐：《武舞》要表现激战情景，其动作猛烈急速，所以宾牟贾说这种动作不是《武舞》所应有的。

【原文】

“声淫及商[①]，何也？”

【注释】

①声淫及商：这种声音的寓意，当时有人解释为象征周武王贪图商纣的政权，故孔丘以此发问。

【原文】

答曰：“非《武》音[①]也。”

【注释】

①非《武》音：宾牟贾认为周武王伐纣除暴是顺应天意民心，不得已而为之，并非贪图权力，所以他认为这不是《武乐》所应有的。

【原文】

子曰：“若非《武》音，则何音也？”

答曰：“有司[①]失其传也。如非有司失其传，则武王之志荒[②]矣。”

【注释】

①有司：指乐官、乐师。②荒：迷乱；糊涂。

【原文】

子曰：“唯丘之闻诸苌弘[①]，亦若吾子[②]之言是也。”

【注释】

①唯：语助词。用在句首，无实在意义。苌（cháng）弘：周景王、敬王时的大夫。②吾子：对人的爱称。

【原文】

宾牟贾起，免席[1]而请曰："夫《武》之备戒之已久，则既闻命[2]矣。敢问迟之迟而又久[3]，何也？"

【注释】

①免席：避席；离席。古人席地而坐，离席而起，表示恭敬。②闻命：遵命领教。指自己的回答得到了孔丘的肯定。③迟之迟而又久：指演出时站在舞位上久久不动。迟，等待。

【原文】

子曰："居[1]，吾语[2]汝。夫乐者，象成[3]者也。总干而山立[4]，武王之事[5]也；发扬蹈厉，太公[6]之志也；《武》乱[7]皆坐，周召[8]之治也。且夫[9]《武》，始而北出[10]，再成[11]而灭商，三成而南[12]，四成而南国是疆[13]，五成而分陕[14]，周公左，召公右，六成复缀[15]，以崇天子，夹振之而四伐[16]，盛威于中国[17]也。分夹而进，事蚤济也。久立于缀，以待诸侯之至也。且夫女独未闻牧野之语[18]乎？武王克殷反商[19]，未及下车，而封黄帝之后于蓟[20]，封帝尧之后于祝[21]，封帝舜之后于陈[22]；下车而封夏后氏之后于杞[23]，封殷之后于宋[24]，封王子比干[25]之墓，释箕子[26]之囚，使之行商容[27]而复其位。庶民弛政[28]，庶士倍禄[29]。济河[30]而西，马散华山之阳[31]而弗复乘；牛散桃林[32]之野而不复服；车甲弢而藏之府库[33]而弗复用；倒载干戈[34]，苞[35]之以虎皮；将率之士，使为诸侯，名之曰‘建櫜[36]’：然后天下知武王之不复用兵也。散军而郊射[37]，左射《狸首》[38]，右射《驺虞》[39]，而贯革之射息[40]也；裨冕搢笏[41]，而虎贲之士[42]税剑也；祀乎明堂[43]，而民知孝；朝觐[44]，然后诸侯知所以臣[45]；耕藉[46]，然后诸侯知所以敬：五者天下之大教也。食[47]三老五更于太学，天子袒而割牲[48]，执酱而馈[49]，执爵[50]而酳，冕[51]而总干，所以教诸侯之悌[52]也。若此，则周道[53]四达，礼乐交通[54]，则夫《武》之迟久，不亦宜乎？”

【注释】

①居：坐下。②语（yù）：告诉。汝：你（们）。③象成：表现已经成功的事迹。④总：持；拿着。干：盾牌。山立：立定如山。⑤武王之事：象征武王伐纣时持盾而立，指挥各路诸侯兵马。⑥太公：姜姓，吕氏，名尚，字子牙，号太公望，俗称姜太公。⑦《武》乱：指《武》舞将要结束时。⑧周：指周公姬旦。周武王弟。因采邑在周（今陕西省岐山县东北）而称为“周公”。曾辅佐武王灭纣。召（shào）：指召公姬奭。因采邑在召（今陕西省岐山县西南）而称为召公或召伯。曾辅佐周武王灭商。成王时与周公分治陕地（今河南省三门峡市陕州区）西东。后封于燕（今河北省北部）。这里所说的“周召之治”，指息武修文的统治。⑨且夫：语助词。用在句首，表示推进一层或另提一事。⑩始：指《武舞》的第一段。下文的再、三、四、五、六都是指舞的段数。北出：指表现周

武王出师北上，讨伐商纣的情形。⑪成：古代称乐曲的段落。“再成”即第二段。⑫南：指表现周武王灭纣胜利南还镐京的情形。⑬南国是疆：指表现南方各族都来归服周朝，这些地方因而成了周的疆土的史事。⑭分陕：指舞队分成左右两队，表示周公、召公分陕而治。⑮复缀：回到原来的舞位。缀，指表演者所处的位置。⑯夹振：指舞队两边有人夹着舞者摇动金铎（古代用来传布命令的大铃），以表示周武王伐纣时鼓动士气的情节。四伐：指舞者按铎声的节奏向四方击刺，以表示周武王东讨西伐，南征北战，威震四方。伐，一刺一击叫一伐。⑰盛威于中国：向全国显示军威的强盛。中国，上古时代，我国华夏族建国于黄河流域，以为居天下之中，因而自称“中国”，而称周围各族所居之地为“四方”。⑱牧野之语：指关于牧野之事的传说。⑲殷：指殷纣。商朝自从盘庚迁都殷以后时期很长，因此也称殷朝。反：“及”的误字。商：指商朝都城。⑳黄帝：传说中中原各族的共同祖先。姓姬，号轩辕氏。蓟（jì）：地名。在今北京市西南。非今天津省蓟州区。㉑祝：国名。在今山东省济南市长清区东北。㉒陈：国名。在今河南省周口市淮阳区与安徽省亳州市谯城区一带。相传周武王封虞舜后代妫满于此。㉓夏后氏：上古部落名，后指夏朝。杞（qǐ）：国名。在今河南省杞县。相传周武王封夏禹后代东楼公于此。㉔宋：国名。在今河南省商丘市。相传周武王封殷纣庶兄微子启于此。㉕封：堆土筑坟。王子比干：殷纣的叔伯父（一说为庶兄）。任少师。㉖箕（jī）子：殷纣的叔伯父（一说为庶兄）。任太师，封于箕（今山西省晋中市太谷区东北）。传说曾因规劝纣而遭囚禁。后被周武王释放留镐京。㉗行：巡视。引申为察访。商容：商代贵族，任礼乐官。㉘弛政：指废除殷纣的暴政。㉙倍禄：成倍地增加俸禄。㉚济河：指周武王灭商之后，率军南渡黄河，西还镐京。济，渡。河，黄河。㉛华（huà）山：山名。在今陕西省华阴市南。阳：古代称山的南面或水的北面。㉜桃林：地名。约在今陕西省潼关县与河南省灵宝市之间。㉝车甲：战车和铠甲。弢（tāo）：弓套。用作动词，有蒙盖、包裹的意思。府库：官府储存财物兵甲的仓库。㉞倒（dào）载干戈：把兵器的锋刃向内或向下放置。㉟苞：通“包”，包裹。㊱建櫜（gāo）：将兵器包裹收藏，建，通“键”，锁闭。櫜，古代收藏衣甲或弓箭的袋子。按：名之曰“建櫜”似当接在“苞之以虎皮”一句之下，文意才顺。㊲散军：解散军队。郊射：指帝王在郊外祭天，并在射宫练习射箭以选拔贤士的典礼。㊳左：指东郊的射宫。下句的“右”，指西郊的射宫。《狸首》：逸诗篇名。行射礼时，诸侯演奏此诗。㊴《驺虞》：《诗·召南》篇名。行射礼时帝王演奏此诗。㊵贯革：穿透革制的铠甲。息：停止。㊶裨（pí）冕：古代臣下朝见帝王时穿戴的礼服和礼帽。这里指穿戴这种礼服礼帽。搢笏（hù）：指将笏板插在礼服外面的腰带上。搢，插。笏，古代君臣朝见时手中所执的狭长板子，用来记事，以备遗忘。帝王、诸侯、大夫等按地位尊卑分执玉笏、象牙笏和竹笏。㊷虎贲（bēn）之士：勇猛的武士。㊸明堂：这里指周文王的庙。㊹朝觐：诸侯朝见帝王。春季来朝为“朝”，秋季来朝为“觐”。㊺臣：指为臣之道。㊻耕藉：指举行耕藉之礼。古代帝王、诸侯都有征用民力来耕种的公田，称为“藉田”。每逢春耕之前，由帝王或诸侯率领群臣用犁具在藉田上来回推几次，表示重视农业或敬仰祖先（亲自耕作，以供奉祭祖的谷物），称为“藉礼”。㊼食（sì）：通“饲”，拿食物给人吃。㊽袒：解开上衣，露出左臂；或脱去外衣，露出短衣。牲：指供食用的牲畜。天子袒衣，亲自切割牲肉，是古代敬老、养老的一种礼节。㊾馈（kuì）：进献食物。㊿爵：酒器名。青铜制，有三足，用以温酒和盛酒，盛行于商代及西周。51冕：戴帽。52悌（tì）：敬爱兄长；顺从长上。53周道：周朝的治道、教化。54交通：彼此相通。

【原文】

子贡见师[①]乙而问焉，曰：“赐闻声歌各有宜[②]也，如赐者宜何歌也?”

【注释】

①子贡：孔丘弟子。姓端木，名赐，字子贡。卫国人。善于经商，富至千金。师：乐官。乙：人名。②各有宜：指适合各自的性情。

【原文】

师乙曰：“乙，贱工也，何足以间所宜。请诵其[①]所闻，而吾子自执[②]焉。宽而静，柔而正者宜歌《颂》；广大[③]而静，疏达而信者宜歌《大雅》[4]；恭俭而好礼者宜歌《小雅》[5]；正直清廉而谦者宜歌《风》[6]；肆直而慈爱者宜歌《商》[7]；温良而能断者宜歌《齐》[8]。夫歌者，直己而陈德[9]；动己[10]而天地应焉，四时和焉，星辰理[11]焉，万物育焉。故《商》者，五帝之遗声也，商人志[12]之，故谓之《商》；《齐》者，三代之遗声也，齐人志之，故谓之《齐》。明乎《商》之诗者，临事而屡断；明乎《齐》之诗者，见利而让也。临事而屡断，勇也；见利而让，义也。有勇有义，非歌孰[13]能保此？故歌者，上如抗，下如队，曲如折[14]，止如槁木[15]，居中矩[16]，句中钩[17]，累累乎殷如贯珠[18]。故歌之为言[19]也，长言[20]之也。说[21]之，故言之；言之不足，故长言之；长言之不足，故嗟叹之；嗟叹之不足，故不知手之舞之足之蹈之。”

【注释】

①诵：述说。其：代指师乙自己。②自执：自己斟酌决定。③广大：指性格开朗。④疏达：通明畅达。信：诚实。《大雅》:《诗》组成部分之一。共三十一篇。⑤恭俭：谦恭谨慎。《小雅》:《诗》组成部分之一。共七十四篇。大部分是西周后期及东周初期贵族宴会的乐歌，小部分是批评当时朝政过失或抒发怨愤的民间歌谣。⑥《风》：《诗》组成部分之一。包括十五国风，共一百六十篇。大约为周初至春秋中叶的各国民歌，较为广泛地反映了当时的社会生活面貌。⑦肆直：爽直；坦率。《商》：指《诗·商颂》，共五篇。⑧《齐》：指《诗·齐风》共十一篇。⑨直己：率直地表白自己的心意。陈

德：表现一定的德行。⑩动己：激发自己的情感、德行。⑪理：有条理。指星辰运行有序。⑫志：记录。⑬孰：怎么。⑭曲：转折。折：形容声调转折像折断东西一样干脆利落。⑮槁木：枯木。⑯居：通“倨”，微曲。中（zhòng）：适合；合乎。矩：古代画方形或直角的用具，如同现在的曲尺。⑰句（gōu）：通“勾”，弯曲。钩，古代画圆的用具，如同现在的圆规。以上两句都是形容声调的曲折变化合乎规矩。⑱累累：形容接连不断，联贯成串的样子。乎：助词。大致相当于“的”“地”。殷：丰富；充实。贯珠：成串的珠子。⑲言：言辞；说话。⑳长言：拖着长声说话。㉑说（yuè）：通“悦”。

【原文】

凡音由于[①]人心，天之与人有以相通，如景[②]之象形，响[③]之应声。故为善者天报之以福，为恶者天与之以殃，其自然[④]者也。

【注释】

①由于：发自；产生于。②景（yǐng）：通“影”，影子。③响：回声。④自然：指天然的道理。

【原文】

故舜弹五弦之琴，歌《南风》之诗而天下治；纣为朝歌北鄙[①]之音，身死国亡。舜之道何弘[②]也？纣之道何隘[③]也？夫《南风》之诗者生长之音也，舜乐好[④]之，乐与天地同意，得万国[⑤]之欢心，故天下治也。夫“朝歌”者不时[⑥]也，北者败[7]也，鄙者陋[8]也，纣乐好之，与万国殊心，诸侯不附，百姓不亲，天下畔之，故身死国亡。

【注释】

①朝歌北鄙：都城朝歌北方偏远地区。②弘：通“宏”，宏大。③隘：狭小。④乐好（hào）：爱好；喜欢。⑤万国：相传上古时有诸侯国上万。这里泛指诸侯国。⑥不时：不是时候。⑦败：衰落；腐败。⑧陋：僻陋；粗劣。

【原文】

而卫灵公[1]之时，将之晋[2]，至于濮水之上舍[3]。夜半时闻鼓琴声，问左右，皆对曰“不闻”。乃召师涓[4]曰：“吾闻鼓琴音，问左右，皆不闻。其状似鬼神，为我听而写之。”师涓曰：“诺。”因端坐援[5]琴，听而写之。明日，曰：“臣得之矣，然未习[6]也，请宿习之。”灵公曰：“可。”因复宿。明日，报曰：“习矣。”即去[7]之晋，见晋平公[8]。平公置酒于施惠[9]之台。酒酣，灵公曰：“今者来，闻新声，请奏之。”平公曰：“可。”即令师涓坐师旷[10]旁，援琴鼓之。未终，师旷抚而止之曰：“此亡国之声也，不可遂[11]。”平公曰：“何道出？”师旷曰：“师延[12]所作也。与纣为靡靡之乐，武王伐纣，师延东走，自投濮水之中，故闻此声必于濮水之上，先闻此声者国削。”平公曰：“寡人所好者音也，愿遂闻之。”师涓鼓而终之。

【注释】

①卫灵公：姬元。春秋时卫国国君。前534—前493年在

位。②之：前往；去到。晋：国名。开国君主为周成王弟姬叔虞。春秋时据有今山西省大部与河北省西南地区，地跨黄河两岸。这时的晋国是大国，都新绛（今山西省曲沃县西北）。③舍：住宿；止宿。④师涓：乐官，名涓。⑤援：持；操。⑥习：熟悉。⑦去：离开。⑧晋平公：姬彪。⑨施惠：即“虒祁”，宫殿名。晋平公所建。故址在今山西省侯马市附近。⑩师旷：春秋时晋国乐师名旷。字子野。⑪遂：终；竟。指弹奏完毕。⑫师延：乐官，名延。

【原文】

平公曰：“音无此最悲[①]乎？”师旷曰：“有。”平公曰：“可得闻乎？”师旷曰：“君德义薄，不可以听之。”平公曰：“寡人所好者音也，愿闻之。”师旷不得已，援琴而鼓之。一奏之，有玄鹤二八集乎廊门[②]；再奏之，延颈[③]而鸣，舒翼[④]而舞。

【注释】

①最：极，这里是更的意思。悲：指感染力。②玄鹤：黑鹤。廊门：走廊通往室内的门。③延颈：伸长脖子。④舒翼：展开翅膀。

【原文】

平公大喜，起而为师旷寿[①]。反坐[②]，问曰：“音无此最悲乎？”师旷曰：“有。昔者黄帝以大合[③]鬼神，今君德义薄，不足以听之，听之将败[④]。”平公曰：“寡人老矣，所好者音也，愿遂闻之。”师旷不得已，援琴而鼓之。一奏之，有白云从西北起；再奏之，大风至而雨随之，飞[5]廊瓦，左右皆奔走。平公恐惧，伏于廊屋之间。晋国大旱，赤地[6]三年。

【注释】

①寿：祝寿；祝福。②反坐：返回席位坐下。反，通“返”。③合：汇集。④败：使国家招致衰败之祸。⑤飞：刮走。⑥赤地：形容旱灾严重，地上寸草不生。

【原文】

听者或吉或凶[1]。夫乐不可妄[2]兴也。

【注释】

①或吉或凶：同是听到这支乐曲，黄帝可用它来大会鬼神，平公却使晋国遭受大旱之祸，所以这里说“听者或吉或凶”。②妄：胡乱；随便。

【原文】

太史公曰：夫上古明王举乐者，非以娱心自乐，快意恣欲，将欲为治也。正教[1]者皆始于音，音正而行正。故音乐者，所以动荡血脉，通流精神而和正[2]心也。故宫动脾而和正圣，商动肺而和正义，角动肝而和正仁，徵动心而和正礼，羽动肾而和正智。故乐所以内辅正心而外异[3]贵贱也；上以事宗庙，下以变化[4]黎庶也。琴长八尺一寸[5]，正度[6]也。弦大者为宫，而居中央，君也。商[7]张右傍，其余大小相次[8]，不失其次序，则君臣之位正矣。故闻宫音，使人温舒[9]而广大；闻商音，使人方正[10]而好义；闻角音，使人恻隐而爱人；闻徵音，使人乐善而好施[11]；闻羽音，使人整齐[12]而好礼。夫礼由外入，乐自内出。故君子不可须臾离礼，须臾离礼则暴慢之行穷[13]外；不可须臾离乐，须臾离乐则奸邪之行穷内。故乐音[14]者，君子之所养义也。夫古者，天子诸侯听钟磬未尝离于庭[15]，卿[16]大夫听琴瑟之音未尝离于前，所以养行义而防淫佚也。夫淫佚生于无礼，故圣王使人耳闻《雅》《颂》之音，目视威仪之礼，足行恭敬之容[17]，口言仁义之道。故君子终日言而邪辟无由[18]入也。

【注释】

①正教：端正教化。②和正：调和修养。③异：分别；区分。④变化：转变感化。⑤八尺一寸：这是黄钟律管十倍的长度。古代的尺寸要比现代的短。⑥正度：标准的尺度。⑦商：指能发出商音的弦。⑧相次：指五音依次排列。⑨温舒：平和舒畅。⑩方正：端方正直。⑪善：行善；做好事。施：施舍财物，接济别人。⑫整齐：指衣饰整齐，仪表端庄。⑬暴慢：凶恶傲慢。穷：侵蚀；腐蚀。⑭乐音：即音乐。⑮钟磬：指钟磬之音。庭：厅堂。下句的“前”同此。⑯卿：官名。后来成为一般官员的称呼。⑰容：仪容。这里指合乎法度的仪表举止。⑱无由：无从；没有门径，没有机会。

【译文】

太史公说：“我每次读《虞书》，读到舜、禹、皋陶君臣互相告诫，只有往常想到天下安危，才接近平安；而左右的辅佐大臣不好，所有的事业都会垮台败坏的文字时，没有一次不流泪的。成王作《周颂》，检查自己谴责过错，为那家族的危难深深地感到悲哀，可以说这不是小心谨慎、担惊受怕、善始善终、守成家业的帝王吗？有道德修养的人不因穷困才修养德行，或志得意满就抛弃礼义，而在安逸的境遇能思念当初创业的艰难，在安定的环境能想到开始的不容易；生活在幸福当中，不忘歌唱吟咏辛勤劳作的诗篇，不是有崇高道德的人谁能像这样啊！古书传文上说：‘统治安定大功告成，礼乐制度才能产生。’天下做人的道理越深刻，他的品德修养越高，他认为欢乐的事物越特殊。水满了不减少就流淌出来，充盈了而不能把握就会倾倒。一般来说，创作音乐的目的，是用来节制过分逸乐的。有道德修养的人把谦虚礼让作为礼的要求，把减损过高的欲望作为乐事，音乐的实质大概就是像这样的吧。认为州与州不同，国和国特殊，人的性情习俗不相同，因此广博地采集各地风俗人情，协调配备音律，用来弥补政治的短缺，移风易俗进行教化，帮助推行政治教育。天子亲自在明堂观看民歌演奏，可以使所有的百姓都除掉邪恶污秽，有选择地吸收音乐的精神，用来培养自己的性情。因此说，整理好《雅》《颂》的音乐，那么，百姓就走正道了，响亮高亢的音乐演奏起来，将士就振奋，郑国、卫国的靡婉小曲一演奏，人的心意就迷乱了。等到把音乐和谐协调以后演奏，飞鸟走兽也全会感动，何况心里装着五常人伦、具备爱憎情感的人呢，这是自然的情势吧？”

治民的规则破坏、短缺，郑国的靡乱音乐就流行了，诸侯国君为了在邻近州郡显示声望，争着欣赏郑国的音乐互相比高低。自从孔子不能和齐国的歌女一起在鲁国并存以后，虽然退居整理音乐用来诱导世人，作五章诗歌来讥刺当时社会政治，还是没有办法使民风转化。逐渐衰败到六国时代，人们随波逐流，沉湎逸乐，于是一去不回头，最后丧失自身生命，宗族被消灭了，国家也被秦吞并了。

秦二世更加喜好以音声为娱乐。丞相李斯谏说道："放弃《诗》《书》所载道理，极力肆意于音声和女色，是引起殷代贤臣祖伊忧惧的原因；轻视细小过失的积累，恣意于长夜的欢乐，是殷纣王灭亡的原因。"赵高说："五帝、三王的乐曲各不相同，表明彼此不相沿袭。而上自朝廷，下到百姓，得以同欢喜、共勤劳，非音乐上下的和顺欢悦不能相通，推行的恩泽不能流布，各自同样是一世的教化，超度时俗的音乐。难道一定要有产自华山的骏马，然后才能远行吗?"秦二世以为赵高说得对。

汉高祖讨平淮南王黥布的叛乱，回兵路过沛郡时，作了《三侯之章》的诗歌，命儿童歌唱。高祖死后，命沛郡得以四时祭祀宗庙时，以此诗为歌舞乐曲。历孝惠、孝文、孝景帝无所变更，乐府中不过是演习旧有乐曲罢了。

当今皇帝即位后，作《郊祀歌》十九章，命侍中李延年次第配曲，因封拜李为协律都尉官。当时通一经的儒士们不能单独解释歌词含义，必会集五经各名家，共同讲习、研读，才能贯通、明了词的含义，因为歌词中使用了许多古雅纯正的文字。

汉代朝廷常常在正月的第一个辛日祭祀太一神于甘泉宫，从黄昏开始夜祀，到黎明时结束。时常有流星划过祠坛上的夜空。男女儿童共七十人一起歌唱。春季唱《青阳》歌，夏季唱《朱明》歌，秋天唱《西暤》歌，冬天唱《玄冥》歌。歌辞世间多有流传，所以不再记述。

又曾在渥洼水中得神马，复配曲为《太一之歌》。歌曲说："太一神的赐与哟有天马降下，汗流如血哟口吐赭色涎沫，从容驰骋哟已过万里，谁能匹敌哟唯有与龙为友。"此后，兵伐大宛得到千里马，名为蒲梢，次序其韵作成歌曲。歌词是："天马来哟远自西极，经万里哟归于有德，承神灵之威哟收降外国，涉过流沙哟四夷臣服。"中尉汲黯进谏说："凡王者作乐，上以继承祖宗功业，下以感化亿万百姓。如今陛下得到一匹马，又是作诗又是作歌，还要作为祭祖的郊祀歌，先帝和百姓怎能知道这乐歌的含义呢？"今皇帝听了默默无言，心中不悦。丞相公孙弘说："汲黯诽谤圣朝制度，罪当灭族。"

大凡音的起始，是由人心产生的。而人心的变动，是物造成的。心有感于物而变动，由声表现；声与声相应和，才发生变化；按照一定的方法、规律变化，就叫作音；随着音的节奏用乐器演奏之，再加上干戚羽旄以舞之，就叫作乐了。所以说，乐是由音产生的，而其根本是人心有感于物造成的。因此，为物所感而生哀痛心情时，其声急促而且由高而低，由强而弱；心生欢乐时，其声舒慢而宽缓；心生喜悦时，其声发扬而且轻散；心生愤怒时，其声粗猛严厉；心生敬意时，其声正直清亮；心生爱意时，其声柔和动听。以上六种情况，不关性情，任谁都会如此，是感于物而发生的变化。所以，先王对于外物的影响格外慎重。因此说，礼用以诱导人的意志，乐用以调和人的声音，政用来统一人的行动，刑用来防止奸乱。礼乐刑政，其终极目的是相同的，都是齐同民心而使出现天下大治的世道啊。

凡是音，都是在人心中生成的。感情在心里冲动，表现为声，片片段段的声组合变化为有一定结构的整体称为音。所以，世道太平时的音中充满安适与欢乐，其政治必平和；乱世时候的音里充满了怨恨与愤怒，其政治必是倒行逆施的；灭亡及濒于灭亡的国家其音充满哀和愁思，百姓困苦无望。声音的道理，是与政治相通的。五声中宫为君，商为臣，角为民，徵为事，羽为物。君、臣、民、事、物五者不乱，就不会有敝败不和的音声。宫声乱则五声废弃，其国君必骄纵废政；商声乱则五声跳掷不谐调，其臣官事不理；角声乱五音谱成的乐曲基调忧愁，百姓必多怨愤；徵音乱则曲多哀伤，其国多事；羽声乱曲调倾危难唱，其国财用匮乏。五声全部不准确，就是迭相侵凌，称为慢。这样国家的灭亡也就没有多少日子了。郑国、卫国的音声，是乱世之音，可与慢音相比拟；桑间濮上的音声，是亡国之音，其国的政治放散，百姓流荡，臣子诬其君，在下位者不尊长上，公法废弃，私情流行而不可纠正。

凡音，是在人心中产生的；乐，是与伦理相通的。所以，单知声而不知音的，是禽兽；知音而不知乐的，是普通百姓。唯有君子才懂得乐。所以，详细审察声以了解音，审察音以了解乐，审察乐以了解政治情况，治理天下的方法也就完备了。因此，不懂得声的不足以与他谈论音，不懂得音的不足以与他谈论乐，懂得乐就近于明礼了。礼乐的精义都能得之于心，称为有德，德就是得的意思。所以说，大乐的隆盛不在于极尽音声的规模，宴享礼的隆盛不在于肴馔的丰盛。周庙太乐中用的瑟，外表是朱红色弦，下有两个通气孔，毫不起眼；演奏时一人唱三人和，形式单调简单，然而于乐声之外寓意无穷。大飨的礼仪中崇尚玄酒，以生鱼为俎实，大羹用味道单一的咸肉汤，不具五味，然而在实际的滋味之外另有滋味。所以说，先王制定礼乐的目的，不是满足口腹耳目的嗜欲，而是要以此教训百姓，使其拥有正确的好恶之心，从而归于人道的正路上来。

人生来好静，是人的天性；受客观事物刺激而萌动，这是本性贪欲的表现。客观事物出现了，心中就有反应，然后喜好、厌恶的情绪就会表现。喜欢、厌恶在内心没有节制，心智被外界事物诱惑，不能回到自己平静的心态，先天的理性就泯灭了。那外界事物感动人是没有穷尽的，而人的喜好、厌恶没有节制，那么就形成外界事物一来到，人就跟着受影响了。人跟着外界事物变化，便泯灭了先天的理性，满足人心的欲望了。这样就有了违背正道叛逆欺诈虚伪的思想，有了淫乱逸乐为非作歹的事。所以，强大的胁迫弱小的，众多的欺负寡少的，聪明的欺骗愚昧的，勇敢的折磨怯懦的，有疾病的人得不到疗养，老年幼孩孤儿寡妇得不到应有的安置，这是天下大乱的道路啊。所以，古代帝王制订礼乐，人们遵循它节制欲望。办丧事时服饰缞麻、哭泣的礼仪，是为了节制哀痛设置的；敲钟打鼓挥动盾牌、斧头的舞蹈，是为了调和安乐设置的；婚姻嫁娶男冠女笄，是为了区别男女而设置的；乡射礼、乡饮酒礼、宴会宾客礼，是为了正常交往待人接物而设立的。礼仪节制百姓的思想，音乐调和百姓的心声，政的作用是推行国家的政令，刑的作用是防止邪恶的事情发生。礼仪、音乐、刑罚、政令四项通达而不背乱，那么王者的治道就具备啦。

音乐是为了协同好恶的，礼仪是为了区别贵贱的。协同了好恶就会互相亲善，区别了贵贱等级就会互相尊敬。乐的作用超过礼就会随波逐流，礼的作用超过乐就会骨肉分离。调和人们的内心情感，修饰人们的外表行为，是礼乐共同的事情。礼义确立，那么贵贱等级便明确了；乐曲和谐，那么上下便协调欢畅了；喜好、厌恶分明，那么好人坏人就区别开了；刑罚禁止强暴，封赏爵位推举贤能，那么政治就公正了。用仁慈的心爱护百姓，用理义来端正百姓，像这样做，那么百姓的治理就以利施行了。

音乐从人们内心产生，礼仪从规范外在行为兴起。音乐从内心产生，所以安心静气；礼仪从外在行为兴起，所以形式严肃。盛大的音乐一定要平易，盛大的礼仪一定要简约。音乐达到效果就没有仇恨，礼仪达到效果就没有斗争。作揖谦让而能治理天下的，是因为达到了礼乐的效果。强暴的百姓不作乱，诸侯诚心服从，兵刃铠甲不用，五种刑罚不施行，百姓没有祸患，天子没有恼怒，像这样就达到乐的效果了。促进父子的亲情，明确长幼的次序，使四海之内互相尊敬，天子这样做，礼的功效就完全显露出来了。

盛大的音乐和天地阴阳调和协同，盛大的礼仪和天地高低有节度相合。和合才使诸物生长不失；节制，才有了祭祀天地的不同仪式。人间有礼乐，阴司有鬼神，以此二者教民，就能做到普天之下互相敬爱了。礼，是要在各种场合都做到互相尊敬；乐，则是不论采用何种形式都体现同样的爱心。礼乐这种合敬合爱之情永远相同，是以古代贤明帝王一代代因袭下来。使得礼乐之事与时代相符，盛名与功德相副。所以，钟鼓管磬羽籥干戚，只是乐所用器具；屈伸俯仰聚散舒疾，是乐的表面形式。而簠簋俎豆制度文章，是礼所用器具；升降上下周旋袒露或放下衣袖，是礼的表面形式。知礼乐之情的才能制礼作乐，识得礼乐表面形式的只能记述修习先王所作不能自制。能自制作的称为圣，记述修习先王制作的称为明。谓明谓圣，就是传授和制定的意思。

乐是模仿天地的和谐产生的，礼是模仿天地的有序性产生的。和谐，才能使百物都化育生长；有序，才使群物都有区别。乐是按照天作成，礼是仿照地所制。所制过分了就会由于贵贱不分而生祸乱，所作过分则会因上下不和而生强暴。明白了天地的这些性质，然后才能制礼作乐。言与实和合不悖，是乐的主旨；欣喜欢爱，是乐的功用。而中正无邪曲，是礼的实质，庄严恭敬顺从则是礼的形制。至于礼乐加于金石，度为乐曲，用于祭祀宗庙社稷和山川鬼神的形式，天子与众民都是一样的。

帝王在功业有成后才会作乐，在国家安定后才会制礼。功业成就大的，所作的乐就完备；政教广被四方的，所制的礼就周全。手持盾、斧的歌舞，不能算是完备的乐；用烹熟的食物祭祀，不能算是周全的礼。五帝在位不同时，所作乐不相沿袭；三王不同世，也各自有礼，互不相同。乐太过则废事，后必有忧患，礼太简则不易周全，往往有偏漏。至于乐敦厚而无有忧患，礼完备又没有偏漏的，岂不是唯有大圣人才能如此吗？天空高远，地面低下，万物分散又各不相同，仿照这些实行了礼制；万物流动，变化不息，相同者合，不同者化，仿照这些兴起了乐。春天生，夏天长，化育万物，这就是仁；秋天收敛，冬天贮藏，敛藏决断，这就是义。乐能陶化万物，与仁相近，礼主决断，所以义与礼相近。乐使人际关系敦厚和睦，尊神而服从于天；礼能分别宜贵宜贱，敬鬼而服从于地。所以，圣人作乐以与天相应，制礼与地相应。礼乐详明而完备，天地也就各得其职了。

按照天尊贵、地卑下的道理，君臣像天地，其地位高下就确定了。山泽高卑不同，布列在那里，公卿像山泽，其地位就有了贵贱之分。天地万物，或动或静，各有常态；或大或小，各自不同。万事万物，同类的相聚合，不同类的相分离，它们的本质特征是不同的。在天上出现日月星辰的现象，在地上出现山川人物的形体，如此说，礼就是天地间万物的界限和区别。地上的气上升，天上的气下降，地气为阴，天气为阳，所以阴阳之气相促迫，天地之气相激荡，以雷霆相鼓动，以风雨相润泽，于是万物奋迅而出，并随四时而变动，再以日月的光泽相温暖，就变化、生长了。如此说，乐就是天地万物间的和合与谐调。

化育不时万物就不能产生，男女没有分别就会产生祸乱，这是天地的情趣或意志。并且礼乐充斥天地之间，连阴阳鬼神也与礼乐之事相关，高远至于日月星三辰，深厚如山川，礼乐都能穷尽其情。乐产生于万物始生的太始时期，而礼则产生于万物形成以后。生而不停息者是天，生而不动者是地。有动有静，是天地间的万物。礼乐像天地，所以圣人才有以上关于礼乐的种种论述。

舜曾经作五弦琴，用来歌唱《南风》的乐章；自夔开始作乐以赏赐诸侯。所以天子作乐，是为了赏赐那些有德行的诸侯的。德行隆盛而又教化尊显，五谷丰登，不失季节，然后赏给乐舞。因此，治化使民劳苦者，赏给的乐队人数少，行短，相互连缀的距离远；治化使民安逸的，赏给的乐队人数多，行长而缀距短，所以只要看诸侯的乐舞就能知道他德行的大小，听他的谥号就能知道他行为的善恶。乐名《大章》，是表彰尧德盛明的意思；乐名《咸池》，是说黄帝施德咸备，无有不及；乐名为《韶》，表示舜能绍继尧的功德；夏就是大，所以《夏》乐表示禹能光大尧舜的功德；殷乐《大濩》、周乐《大武》，也都是各自尽述其人事的。

天地的规律是，寒暑不按时而至就产生疾病，风雨无节制就产生饥荒。政治、教化，犹如百姓的寒暑，教化不合时宜就会伤害世道。劳役工事，犹如老百姓的风雨，不加节制就劳而无功。这样先王作乐，用来作为治化的象征。好的乐舞，其行长短就象征着治化之德的大小。养猪造酒，不是为了惹是生非，但有了酒肉以后，由于酗酒斗殴，刑狱诉讼的事更加繁多了。所以，先王制定了饮酒的礼节制度，有献有酬，一献之间，宾主互拜不计其数，以致终日饮酒也不会醉倒，以此对付酒食造成的祸端。有了酒礼才可以说：酒食，是用来合众而欢乐的。

乐是用来象征德行的，礼是用来防止行为过分的。所以，先王有死丧大事，必有相应的礼以表示哀痛之情；有祭祀等祈福喜庆大事，必有相应的礼以遂顺其欢乐的心情。哀痛、欢乐的程度，都视礼的规定为准。

乐的性质是施予；礼的性质是报答。乐是内心产生快乐的结果，而礼则是追反原始，对原施恩者予以报答。乐的作用是张扬功德，礼却是要反映自身得民心的情况，并追思其原因。

所谓大路，是天子乘坐的车舆；车上装饰着缀有九条流苏的龙旗，是天子专有的旌旗；有青黑色的须髯的宝龟，是天子用于占卜的宝龟，原是天子之龟；还附带有成群的牛羊，所有这些都是天子回报来朝诸侯的礼品。

乐歌颂的是人情中永恒不变的主题，礼表现的则是世事中不可移易的道理。乐在于表现人情中的共性部分，礼则是要区别人们之间的不同，礼乐相合就贯穿人情的终始了。深得本源，又能随时而变，是乐的内容特征；彰明诚实，去除诈伪，是礼的精义所在。礼乐相合就能顺从天地的诚实之情，通达神明变化的美德，以感召上下神祇，成就一切事物，统领父子君臣的大节。

所以，在上位的贤君明臣若能按礼乐行事，天地将为此而变得光明。至于使天地之气欣然和合，阴阳相从不悖，熏陶母育万物，然后使草木茂盛，种子萌发，飞鸟奋飞，走兽生长，蛰虫复苏，披羽的孵化，带毛的生育，胎生者不死胎，卵生者不破卵。乐的全部功能就在于此了。

乐不是指的黄钟大吕和弦歌舞蹈，这只是乐的末节，所以只命童子奏舞也就够了；布置筵席，陈列樽俎笾豆，进退拜揖，这些所谓的礼，也只是礼的末节，命典礼的职役掌管也就够了。乐师熟习声诗，只让他在下首演奏；宗祝熟习宗庙祭礼，地位却在尸的后面；商祝熟习丧礼，地位也在主人后面。所以说是道德成就的居上位，技艺成就的居下位；功行成就的在前，职任琐事的在后。因此，先王有了上下先后的分别，然后才制礼作乐，颁行于天下。

乐是圣人娱乐的一种方式，而它可以使民心向善。乐对人感化很深，可以移风易俗，所以先王明令乐为教育的内容之一。

人都有情感和理智的本性，却没有不变的喜怒哀乐等常情，人心受外物的感应而产生波动，然后其心术邪正才显现。所以，人君心志细小而笃好繁文缛节的，促迫而气韵微弱的乐声产生，其民多悲思忧愁；人君舒缓大度、不拘细行的，简易而有节制的乐声产生，治下的百姓也必享安乐；人君粗疏刚猛的，亢奋急疾而博大的乐声产生，其民气刚毅；人君廉正不阿的，庄重诚挚的乐声产生，其民气整肃，相互礼敬；人君宽裕厚重，谐和顺畅的乐声产生，其治下的百姓多慈爱亲睦；人君放纵淫邪不正派的，乐声也必猥滥琐屑，不能永久，其国百姓也多淫乱。

因此，先王以人的性情为本，制成乐。以日月行度相考察，礼义制度相节制，使与调和的阴阳二气相符合，引导诱发人们合于礼义仁智信五常的行为，使性刚的人阳刚之气不散，性柔的人阴柔之性不密，刚而不暴怒，柔而不胆小畏惧，阴阳刚柔四者交融于心中表现于外之行动，各自相安不相凌夺。然后根据个人的禀赋气质制订学习音乐的进度，增加乐曲节奏方面的训练，审查他们演奏乐曲的组织结构，以此来衡量他们的仁德与忠厚。以小大不同分类，制为乐器，与音律高低相称，与五音终始的次序相合，作为行事善恶的象征，使亲疏贵贱、长幼男女的关系都反映在乐声音之中。所以，古语说“乐的道理太深奥了”。

土壤瘠薄草木就不能生长，水域烦扰鱼鳖就难以长大，时气衰微有生命之物就不能生长发育，世道丧乱则会礼制废弃，音乐就会放荡。所以，这时的乐声悲哀而不庄重，虽以乐为乐，实不能自安，漫涣不敬而失于节奏，流连沉湎而不能返璞归真。声太缓是酝酿奸情，急则是思逞其欲，有损善良的气质，灭杀平和的德行，因此君子鄙视这样的乐声。

人的气质都有顺、逆两个方面，所感不同有不同表现。受奸邪不正派的乐声所感，逆气就反映，逆气造成恶果，又促使淫声邪乐产生。受正派的乐声所感，顺气就反映，顺气造成影响，又促使和顺的乐声产生。奸正与逆顺相互唱和呼应，使正邪曲直各得其所，而世间万物的道理也都与此一般是同类互相感应的。

所以，居上位的君子才约束情性，和顺心志，比拟善类以造就自己美善的德行情操。务使不正当的声色不入心田，以免迷惑自己的耳目聪明；淫乐秽礼不与心术相接触，怠惰、轻慢、邪僻的气质不加于身体，使耳、目、口、鼻、心智等身体的所有部分都按照“顺”“正”二字的原则，执行各自的官能功用。然后，以如此美善的身体、气质发为声音，再以琴瑟之声加以文饰美化，以干戚谐调其动作，以羽旄装饰其仪容，用箫管伴奏，奋发神明至极恩德的光耀，以推动四时阴阳和顺之气，从而使天地万物自然和谐的变化规律显著地表现出来。因而这种音乐歌声朗朗，音色像天空一样清明；钟鼓铿锵，气魄像地一样广大；五音终始相接，如四时一样的循环不止；舞姿婆娑，进退往复如风雨一般地周旋。以致与它相配的五色也错综成文而不乱，八风随月律而至没有失误，昼夜得百刻之数，没有或长或短的差失，大小月相间而成岁，万物变化终始相生，清浊相应，迭为主次。所以，乐得以施行，就能使人沦类分明，不相混淆；耳聪目明，不为恶声恶色所乱；血气平和，强暴止息；风俗移易，归于淳朴，天下皆得乐享安宁。所以说就是欢乐的意思。居上位的君子为从乐中得到正天下的道理而欢乐，士庶人等为从乐中满足了自己的私欲而欢乐。若以道德节制私欲，就能得到真正的欢乐而不会以乐乱性；若因私欲遗忘了道德，就会因真性惑乱得不到真正的快乐。因此，君子约束情性以使心志和顺，推广乐治以促成其教化。乐得以施行而百姓心向道德，就可由此以观察人君的道德了。

道德是端正了的人性，乐是道德发于外产生的光华，金石丝竹则是奏乐用的器具。诗是表述心志的，歌是对诗词声调的咏唱，舞则只改变歌者的容色。志、声、容三者都以心为根本，再由诗、歌、舞加以表现，所以情致深远而又文明，气势充盛而能变化神通，心志的善美化成的和顺之气积于心中，才有言辞声音等英华发于身外，只有乐不可能做假骗人。

音乐，是内心活动的表现；声音，是音乐的表现形式；乐舞的结构编排和节奏快慢，是声音的加工修饰。君子之心被作为外物之德这个本源所感动，又为它的外部形象声而欢乐，然后下功夫对声加以文饰，这就产生了乐。所以，《武》乐先击鼓以警众，然后三举步表示伐纣开始、军至孟津而归，复又开始，表明第二次伐纣，舞毕整饬队形，鸣铙而退。舞姿奋疾而不失节，气势坚毅而不可拔，含意幽深而不隐晦。可见《武》乐作者（武王）对伐纣的志意独乐于心，而又不厌弃实现此志意的道德方法；他将这些道德方法全都做到了，并不为私欲所动。因而乐中不但伐纣的情形历历可见，其以有道伐无道的义旨也表现了，乐毕，武王之德更加尊显了；在上位的君子观后心慕武王更加好善，士庶人观后痛惩纣恶而改正自己的过失。所以说，"治理百姓的方法，乐是最重要的"。

大人君子说：礼乐片刻不可以离身。追求用乐治理人心，和易、正直、亲爱、诚信的心地就会油然而生。和易、正直、亲爱、诚信的心地产生就会感到快乐，心中快乐身体就会安宁，安宁则长寿，长寿就会使人像对天一样地信从，信极生畏，就会如奉神灵。以乐治心，就能如天一样不言不语，民自信从；如神一样从不发怒，民自敬畏。制乐是用来治理人心的；治礼，则是用来治身的。治身则容貌庄重恭敬，庄重恭敬则生威严。心中片刻不和不乐，卑鄙欺诈之心就会乘虚而入；外貌片刻不庄不敬，轻慢简易之心就会乘虚而入。所以，乐是对内心起作用的；礼是对外貌起作用的。乐极平和，礼极恭顺。心中平和而又外貌恭顺，百姓瞻见其容颜面色就不会与他争竞，望见他的容貌就不会生简易怠慢之心。乐产生的道德的光耀在心中起作用，百姓无不承奉听从；礼产生的容貌举止的从容入理在外表起作用，百姓无不承奉顺从，所以说“懂得礼乐的道理，把它举而用之于天下，不会遇到难事”。

乐是在心中起作用的，礼则是对人的容貌举止起作用。所以说礼主谦抑，乐主盈满。礼主谦抑而须自勉力进取，以进取为美德；乐主盈满须自加抑制，以抑制为美德。礼若一味谦抑，不自勉力进取，礼就会消亡，难以实行下去；乐只一味盈满，不知自加抑制，就会流于放纵。所以礼尚往来，讲究报答；乐有反复，曲终而复奏。行礼得到报答心里才有快乐，奏乐有反复，心中才得安宁。礼的报答，乐的反复，意义是相同的。

乐就是快乐的意思，是人情不可缺少的。心中快乐就会发出声音，在行动中表现，这是人之必然。人性情心术的变化全都表现在声音与行动。所以，人不能没有快乐，快乐不能没有形迹，有形迹而不为它确定某种规范，不能不发生混乱。先王厌恶这种混乱，才制定《雅》《颂》一类的音乐来加以引导，使它的声音足以做到欢乐而不流漫放纵，使乐的美善足以维系不绝，使它的曲直繁简、表里节奏，足以感发人的善心而已。不使人的放纵之心、淫邪之气与音声接触，是先王立乐的基本方法。所以，乐在宗庙中施行，君臣上下一同听了，则无不和顺恭敬；在族长乡里之中施行，长幼一起听了，无不和睦顺从；在家中演奏，父子兄弟听了，无不和睦亲爱。所以乐就是详审人声，以确定调和之音，并与金石匏木等乐器相比类，以装饰音声的节奏，使节奏调合，成为优美的乐章，以此和合父子君臣，使万民亲附，这是先王制乐的基本道理和手法。所以听《雅》《颂》这种音乐，人们的志向和思想就会变得宽广了；手持干戚，演习俯仰屈伸等舞姿，容貌变得庄严了；若标明行列位置，求得舞步与音声的节奏相合，则舞者行列方正，进退整齐。因此说，乐就是天地的齐同，是求得心中和美的纪纲，是人情断不可缺少的。

乐是先王用来文饰喜乐的，军队武器则是先王用来文饰愤怒的。所以，先王喜怒不妄发，整齐有规。喜则天下和乐，怒则暴乱者生畏，先王可说是把礼乐发展到了极盛的地步。

魏文侯问子夏说："我身服兖冕，恭恭敬敬地听古乐，却唯恐睡着了觉，听郑卫之音就不知道疲倦。请问古乐那样令人昏昏欲睡，原因何在？新乐这样令人乐不知疲，又是为何？"

子夏回答说："如今所指的古乐，齐进齐退，整齐划一，乐声谐和、雅正，而且气势宽广，弦匏笙簧一应管弦乐器都听拊鼓节制，以播鼓开始，以鸣金铙结束，将终以相理其节奏，舞姿迅捷且又雅而不俗。君子由这些特征称说古乐，谈论制乐时所含深意，近与自己修身、理家、平治天下的事相联系。

这是古乐所起作用。如今的新乐，进退曲折，或俯或偻，但求变幻，不求整齐，乐声淫邪，沉溺不反，并有俳优侏儒，侧身其间，男女无别，不知有父子尊卑，如猕猴群聚。乐终之后无余味可寻，又不与古事相连，这是新乐的作用。现在您所问的是乐，所喜好的却是音。乐与音虽然相近，其实不同。”

文侯说道：“请问音与乐有何不同？”

子夏答道：“古时候天地顺行，四时有序，民有道德，五谷丰盛，疾病不生，又无凶兆，一切都适当其时，恰到好处，这就称为大当。然后，圣人制作了父子君臣之类的礼仪作为纪纲法度，纪纲既立，天下真正安定了。天下安定，然后考正六律，调和五声，弹琴吟唱《诗·颂》，这就是有德之音，有德之音才叫作乐。《诗经·大雅·文王之什·皇矣》说：‘肃静宁定的德音啊，其德行能光照四方，既能光照四方又能施惠同类，能为人之长又能为人之君。如今做了大邦之王，能慈和服众能择善而从，与文王相比，德行毫不逊色。既受了上帝的赐福，又施于其子子孙孙。’就是这个意思。如今您所喜好的不是这种属于德音的乐，岂不是那种沉溺难反的溺音吗？”

文侯说：“请问溺音是怎样产生的？”

子夏说：“溺音有几种：郑音是由于好违礼法而浸淫人志产生的，宋音是由于耽于女色而志气丧失产生的，卫音是由于促速劳顿而使人心志烦劳产生的，齐音是由于傲慢邪僻使人心志骄纵产生的，这四者都沉溺于女色而损害德行，所以祭祀时不使用它们。《诗经·周颂·臣工之计·有瞽》说：‘肃雍相和而鸣的声音，才是先祖之所听。’肃肃，是尊敬的意思；雍雍，是和谐的意思。尊敬而又和谐，何事不能成功？作为百姓的君主，不过是要对自己好恶之心的流露谨慎一些罢了。君主喜好，臣子就会去实行，上行则下效。古《诗》说：‘诱导百姓，十人容易。’就是这个意思。既能谨其好恶，然后圣人又制作了鞉鼓椌楬埙篪，这六种乐器音色质素无华，是属于德音一类的音声。然后又制成钟磬竽瑟等华美的音声，与它们相赞和，就文质兼备了，再以干戚旄羽等舞动之。这种乐被用来祭祀先王宗庙，用于主客之间的献酬酳酢，用于序明官职大小、身份贵贱，使各得其宜，不相悖乱，用来向后世表示有尊卑长幼的次序。钟声铿然，以此立为号令以警众，以号令的威严树立军士勇敢横充的气概，有此横充的气概则武事可立了。所以，君子听钟声就会思念武臣。石类乐器声音硁直有力，硁直的音声用来辨别万物，万物有别，心怀节义者就会效死不顾了。所以，君子听磬声就会思念死守封疆的大臣。丝弦乐的声音悲哀，悲哀可以树立廉直的作风，廉直可以使人树立志向。所以，听琴瑟的声音就会思念有志重义的大臣。竹类乐器声音滥杂，滥杂使人产生会聚的意向，有会聚之心就能把众多的事物聚集起来。所以，君子听竽笙箫管的声音就会思念善于畜聚的大臣。鼓鼙声音喧嚣，听了就会意气感动，感动则使众人奋进。所以，君子听了鼓鼙的声音就会思念将帅之臣。君子听音声，并不是徒然听它的铿铿锵锵而已，必与自己心志有所合，并促成相应心志的产生。”

宾牟贾陪孔子坐，孔子与他闲聊，说到乐，孔子问道：“《武》乐开始时击鼓警众，与别的乐相比，持续时间忒长，这有什么含义?”

宾牟贾答道：“表示武王伐纣之初，担心得不到众诸侯的拥护，迟迟不肯发动。”

“其歌声反复咏叹，漫声长吟，是什么意思?”

答道：“那是心有疑虑，生恐事不成功的缘故。”

“《武》舞一开始便发扬蹈厉，气势威猛，是什么意思?”

答说：“表示时至则动，当机立断，不要错过了时机。”

“《武》舞坐的动作与他舞不同，是右腿单膝着地，那是什么意思?”

答道：“这不是《武》舞原有的动作。”

“歌声淫靡，表现有贪图商王政权的不正当目的，这是什么原因?”

答道：“这不是《武》舞原有的曲调。”

孔子说：“不是《武》舞原有的曲调，那是什么曲调?”

答道：“掌管《武》乐的机构已失其传说了。若非如此，就表示武王作乐时，心志已经荒耄昏聩了。”

孔子道：“对，对。我曾听苌弘说过，他的话与您所说一般无二。”

宾牟贾起身，离开自己的座席请教说：“《武》乐击鼓警众，迟迟不肯开始，我所知仅限于此。承蒙您所说，苌弘也这样解释，知道的确是那样了。但我不明白的是，稍迟些就是了，为何竟拖得那样久?”

孔子道：“您先请坐，我慢慢告诉您。乐是对已发生过的事的形象化再现，如《武》乐开始时，舞者手持盾牌，山立不动，象征当时武王的行事：命部下全副武装，只待诸侯响应，就要出击了；《武》舞一开始就发扬蹈厉，威猛异常，象征太公吕望指挥战斗，欲一举而灭商的决心；结束时，武事已毕，舞者单膝跪地，象征周公、召公战后治理国家归于安定。再者，《武》乐开始时，舞者自南而北，象征北出朝歌，曲奏第二遍，舞者的动作象征灭商时的殊死决斗，第三遍象征凯旋，第四遍象征南方诸国归入版图，第五遍象征分陕而治，周、召二公为左右二伯，周公居左，治陕以东，召公居右，治陕以西，第六遍舞者重又相缀成行，表示对天子的崇敬，天子与大将夹舞者而立，振动铎铃，以增士气，出兵四面讨伐，威势盛于中国。夹舞者分进出击，是为了战事早些成功。成行以后久立不动，是为了等待诸侯兵的到来。您难道没有听说过武王在牧野誓师时说过的话吗？武王克殷以后，恢复商初的政治，不及下车，就封黄帝的后人于蓟，封帝尧的后人于祝，封帝舜的后人于陈；下车后封夏禹的后人于杞，封殷汤的后人于宋，给殷代贤臣比干的坟墓添土，释放被纣王囚禁的贤臣箕子，使他检视商朝掌管礼乐的官员，有贤者就恢复原来的官位。废除殷纣王的苛政，增加士人俸禄。渡过黄河，西行入陕，把战马散于华山南坡，不再乘骑；把役牛分散于华山以东桃林地区的荒野，不再用以驮载战具军需；战车、衣甲收藏于府库，不再使用；倒载干戈等兵器，使刃向里，外面裹上虎皮，表示定能以武力止息兵事；有功将帅，建立为诸侯，使他们像櫜弓一样，把天下的战乱也从此櫜藏起来，不再发生，因称建立诸侯为'建櫜'。然后，天下知武王不再用兵了。遣散军队而行郊射求贤之礼，东郊射礼歌唱《狸首》的曲子，西郊射礼唱《驺虞》的曲子，军中那种旨在角力比武的贯穿革甲的射击停止了；使天下贤者人人穿着裨衣冕冠等礼服，衣带上插着笏板，勇武的士人就会解下长剑，弃武从文；天子于明堂中祭祀先祖，百姓就由此懂得了为人子者应该行孝；朝廷行朝觐之礼，使诸侯知道怎样做个贤臣；天子亲耕藉田，然后诸侯知道怎样敬奉先祖。以上五项（郊射、裨冕、祀明堂、朝觐、耕藉田）是教化天下最重要的方法。此外，在太学奉养三老五更，天子亲自袒衣，切割牲肉，执酱请三老五更食肉，执爵请三老五更饮酒洗漱，头戴冠冕、手执干盾，亲自舞蹈，使他们能欢乐快活，以此教化诸侯，尊长敬老，懂得悌道。这样，周朝的教化达于四方，礼乐相辅相成，为了这些，《武》舞初的迟久，不是应该的吗？"

子贡见乐师乙问道："我听说不同的声歌适合于不同禀赋的人，像我这样的人适合唱什么歌呢？"

师乙说："我不过是个低贱的乐工，不配说谁适宜唱什么歌。请允许我把我所知道的说出来，先生自己决定适合唱什么歌吧。为人宽大好静、柔顺而又正派的适合唱《颂》歌；心胸宽广而好静，疏脱、豁达而守信用的人适合唱《大雅》；恭敬、俭朴而又好礼的，适宜唱《小雅》；为人正直、清正廉洁而又谦虚的人，适于唱《风》；恣肆爽直又心慈友爱的，适宜唱《商》；温顺良善而能决断的，适合唱《齐》。歌，是披露自己的心胸，陈述自己品德的；自己动于情感，真情流露，那么天地就会受感应，四时来相和，星辰不逆行，万物得以繁育生长。因此，《商》这首歌虽是五帝留传下来的，但商人记述下来，用以摅己心胸，陈己品德，所以叫作《商》歌；《齐》这首歌是三代留传下来的，齐人记述下来，所以称为《齐》歌。真正懂得《商》这首诗歌含义的，临事屡屡决断；懂得《齐》这首诗歌含义的，见利能够让人。临事屡断的，表现了勇气；见利能让人的，表现了义气。有勇有义，除了歌还有什么能使人保持这样的品格？所以歌声高亢处，如人扛举而上，音低处如直坠而下，屈曲处如被弯折，静止处如同槁木，小曲如矩，大曲如钩，殷殷然如累珠落盘。歌也是一种语言，是种长声调的语言。有可说的东西了，才言说出来；言语表达得不充分，才用长声的语言表达；仍不充分，才相续相和，反复吟唱；还不充分，就不知不觉地手舞足蹈起来了。”《子贡问乐》。

凡音都是由于人心产生的，天与人是有某种关联的，两者就像镜中的影子与物形那样相像，响与应声那样相应和。所以，行善的人天就以福回报他，作恶的人天就使他遭祸殃，这是很自然的事。

所以，舜弹奏五弦琴，歌唱《南风》的诗篇而天下得到治理；纣王根据都城朝歌北方偏远地区的音乐创作歌曲，落得个身死国亡。舜的作为有什么弘大？纣王的作为有什么狭隘之处呢？原来，《南风》的诗篇是生长性质的音乐，而舜喜乐爱好它，这种喜乐爱好与天地的意旨相同，得天下人的欢心，所以天下能治理得很好。而朝歌就是早晨的歌，是不时之歌，北就是败北，鄙就是鄙陋的意思，纣王喜爱这样的音乐，与天下人的心意不同，诸侯不肯顺附于他，老百姓不与他亲近，天下人都背叛他，所以才身死国亡。

而卫灵公在位的时候，有一次他将要去晋国，走到濮水流域，住在一个上等馆舍中。半夜里突然听到抚琴的声音，问左右跟随的人，都回答说："没有听到。"于是，召见乐师名叫涓的人，对他说道："我听到了抚琴的声音，问身边的从人，都说没有听到。这样子好像有了鬼神，你为我仔细听一听，把琴曲记下来。"师涓说："好吧。"于是端坐下来，取出琴，一边听卫灵公叙述一边拨弄，随手记录下来。第二天，说道："臣已每句都记下了，但还没有串习，难以成曲，请允许再住一宿，熟习几遍。"灵公说："可以。"于是又住一宿。第二天说："练习好了。"这才动身到晋国，见了晋平公。平公在施惠之台摆酒筵招待他们。饮酒饮到酣畅痛快的时候，卫灵公道："我们这次来时，得了一首新曲子，请为您演奏以助酒兴。"平公道："好极了。"即命师涓在晋国乐师旷的身边坐下来，取琴弹奏。一曲没完，师旷甩袖制止说："这是亡国之音，不要再奏了。"平公说："为什么说出这种话来?"师旷道："这是师延作的曲子，他为纣王作了这种靡靡之音，武王伐纣后，师延向东逃走，投濮水自杀，所以这首曲子必是得之于濮水之上，先听到此曲的国家就要削弱了。"平公说："寡人所喜好的，就是听曲子这件事，但愿能够听完它。"这样师涓才把它演奏完毕。

平公道："这是我听到过的最动人的曲子了，还有比这更动人的吗?"师旷说："有。"平公说："能让我们听一听吗?"师旷说："必须修德行义深厚的才能听此曲，您还不能听。"平公说："寡人所喜好的，只有听曲子一件事，但愿能听到它。"师旷不得已，取琴弹奏起来。奏第一遍，有十六只黑鹤聚集到廊门；第二遍，这些黑鹤伸长脖子鸣叫，展开翅膀起舞。

晋平公非常高兴，站起来给师旷敬酒。又返回座位，问师旷说："音乐没有比这个曲子更感动人的吗?"师旷说："有。过去黄帝用那种音乐，大举合祭鬼神，现在您的德行仁义浅薄，不配听这种音乐，听了这种音乐将会灭亡。"晋平公说："寡人年纪老了，所爱好的是音乐，希望实现心愿听听它。"师旷不得已，抚琴弹奏那支曲子，第一遍演奏时，有白云从西北涌起；第二遍演奏时，大风刮来并有雨随着下起来，掀飞回廊屋顶的瓦片，左右的人都奔走逃命。晋平公恐惧，伏在回廊正屋中间的地面。这件事以后，晋国大旱，光秃秃的土地，三年寸草不生。

听音乐，有的吉祥，有的灾凶。那音乐不是可以随便演奏的啊。

太史公说："那远古圣明的君王创作音乐的人，不是要使内心娱乐自己高兴、心情愉快欲望满足，而是想要用音乐帮助治理国家。正确的教化都从音乐开始，音乐正确，人的行为就正派。所以，音乐是感动激荡血脉、流通精神而调和整理人心的东西。所以，宫声感动脾并调和修正诚信，商声感动肺并调和修正道义，角声感动肝并调和修正仁德，徵声感动心并调和修正礼节，羽声感动肾并调和修正智慧。所以，音乐是用来在内辅佐修心正意，对外区别尊贵卑贱的；上可以侍奉祭祀宗庙鬼神，下可以改变感化黎民百姓。琴长八尺一寸，是正规的尺度。弦粗大的发宫声，放在中央，象征君主。发商声的弦张设在右旁附近，其余大小乐器依次序排列，不破坏排列次序，那么君臣的位置就摆正啦。所以听宫音，使人温和舒畅，胸襟开阔；听商音，使人方正，喜欢义理；听角音，使人怜悯而慈爱人；听徵音，使人愿意行善而喜欢施舍；听羽音，使人整齐庄重崇尚礼节。那礼节从外面来约束人，音乐从内心产生影响。所以有道德修养的人，不能片刻离开礼仪，片刻离开礼仪，那么强暴傲慢的行为就在外表充分表现了；不可以片刻离开音乐，片刻离开音乐，那么奸邪的行为就在内心大量产生。所以说，音乐是有道德修养的人用来培养礼义的。在古代，天子诸侯听钟磬不曾离开庭院，卿大夫听琴瑟的音乐不曾离开堂前；用这种方式培养行为义理而预防淫乱逸乐。那淫乱逸乐产生于缺乏礼仪，因此圣王让人们耳朵听《雅》《颂》的音乐，眼睛看威严的礼仪，脚下走路表现恭敬的姿态，嘴里讲着仁义的道理。所以，有道德修养的人整天讲话，奸邪乖僻也没有空子钻入。

第一百一十五卷　律书[1]第三

什么是律？这是一个很有意思的问题。《索隐》引《释名》说："律，述也，所以述阳气也。"这原是从《尔雅》翻出的话，《尔雅》还把律释为铨、法等，都不能究其窍要。其实，律就是率的同音字，律学就是关于万物形体比例的学问。《律书》开篇说："王者制事立法，物度轨则，壹禀于六律，六律为万事根本焉。"万事都有比率，尤其"物度轨则"四字把律诠释得再明白不过了。这句话包含了古人的基本认识，即万物之间都存在一种比例，比例的大小是像六律那种"三分损益"的关系。

探索宇宙万物间的数量关系，这是许多古老民族的先民们都曾走过的路。欧洲有个毕达哥拉斯，认为宇宙存在一种数学的和谐。此后的柏拉图、托勒密、哥白尼、开普勒，以至伽利略等都曾对此做过有益的研究。律学便是中国先民中的毕达哥拉斯们留下的足迹。

《律书》分三部分：律与兵、与星历的关系，以及律数本身的学问。《律书》说，律"于兵械尤所重"。兵械指军事器械，它与律的关系从今本《考工记》中还能看到一些影子，儒者只注重“望敌知吉凶，闻声效胜负”，那是买椟还珠了。与星历的关系只讲了与八方、十二月、十二支、二十八宿的对应关系，至于数量关系的变化就不是这篇短文所能包括得了的了。

【原文】

王者[2]制事立法，物度轨则[3]，壹禀于六律[4]，六律为万事根本焉。

【注释】

①律书：此是论述军事的专文。律指音律，古时军出皆听律声，所以《律书》即《兵书》。但它实际上还包括乐律、星象、气象等多方面的内容。②王者：指最高统治者，即创立制度的所谓圣王。③物度（duó）：测量。物，估量；度，估计。轨则：事物的规律法则。④壹：皆，都。禀（bǐng）：承受，来自于。六律：指阴阳各六共十二个音律。十二个音律为黄钟、大吕、太簇（cù）、夹钟、姑洗（xiǎn）、中吕、蕤（ruí）宾、林钟、夷则、南吕、无射（yì）、应钟。

【原文】

其于兵械[1]尤所重，故云“望敌知吉凶[2]，闻声效胜负[3]”，百王[4]不易之道也。

【注释】

①兵械：指兵器。②望敌知吉凶：古人认为两军相敌，双方阵地上皆有云气，观察敌阵上空云气的颜色和形状能推知战

争胜负。③闻声效胜负：指出军时听律声可预知战争胜负。古代兵书说，作战前，乐师吹律，商声相应则军事张强，角声相应则军扰多变，宫声相应则将士同心，徵声相应则将急兵疲，羽声相应则兵弱少威。④百王：历代帝王。百，泛指多数。

【原文】

武王[①]伐纣，吹律听声[②]，推孟春以至于季冬[③]，杀气相并[④]，而音尚宫[⑤]。同声相从[⑥]，物之自然，何足怪哉！

【注释】

①武王：周武王姬发，文王姬昌之子。②吹律听声：指武王出军之日，令乐师吹律以预测战争胜负。③推孟春以至于季冬：指十二个律管都吹听。④杀气相并：指律管中吹出的音反映北方寒气。寒气充满杀机，故名杀气。并，合。⑤而音尚宫：指乐师吹律，律管中发出宫音为主。宫音意味着武王将士同心。尚，主。指律管声以宫音为主。⑥同声相从：指武王出军吉利与律声相适应。

【原文】

兵[①]者，圣人所以讨强暴，平乱世，夷险阻[②]，救危殆[③]。自含齿戴角之兽见犯则校[④]，而况于人怀好恶喜怒之气？喜则爱心生，怒则毒螫加，情性之理也。

【注释】

①兵：兵器。引申指军队或战争。②夷：平定。险阻：山川艰险阻塞处。③危殆（dài）：危险；危难。④自：虽；纵

然。含齿戴角之兽：指生有锐利牙齿、长着犄角的野兽。校：计较；报复。这里比喻杀伐。

【原文】

昔黄帝[1]有涿鹿之战，以定火灾[2]；颛顼有共工之陈[3]，以平水害；成汤有南巢之伐[4]，以殄[5]夏乱。递[6]兴递废，胜者用事[7]，所受于天[8]也。

【注释】

①黄帝：为前26世纪时中国原始社会（约在今陕西省中部一带）一个部族的领袖。②以定火灾：相传姜姓炎帝族以火德王（wàng），黄帝败炎帝族榆罔于阪泉，故谓“以定火灾”。涿鹿之战为黄帝败蚩尤处，非黄帝败炎帝处，疑此文有误。③颛顼（zhuān xū）：相传为黄帝之孙，号高阳氏。共工：相传为少昊金天氏（在今山东省曲阜市）部族的水官。陈：通“阵”。这里指讨伐。④成汤：相传为契的后裔：舜封契于商，赐姓子氏。夏王朝末年，汤为商部族领袖。南巢之伐：前17世纪左右，成汤领导商部族讨伐夏王朝君主桀，败桀于鸣条（今山西省夏县西北），汤流放桀到南巢（今安徽省巢湖市东北），遂灭亡了夏王朝，建立了商王朝。所谓“南巢之伐”，即指此事。⑤殄（tiǎn）：灭绝。⑥递：顺次。⑦用事：当权。⑧天：天意；天命。

【原文】

自是[1]之后，名士迭[2]兴，晋[3]用咎犯，而齐用王子[4]，吴用孙武[5]，申明军约，赏罚必信，卒伯诸侯[6]，兼列邦土[7]，虽不及三代之诰誓[8]；然身宠君尊[9]，当世显扬，可不谓荣焉！岂与世儒暗于大较[10]，不权[11]轻重，猥云[12]德化，不当用兵，大至君辱失守，小乃侵犯削弱，遂执不移等哉！故教笞不可废于家[13]，刑罚不可捐[14]于国，诛伐不可偃于天下，用之有巧拙，行之有逆顺耳。

【注释】

①自是：自此，从此。②迭（dié）：屡次，多次。③晋：春秋时期的诸侯国，姬姓。④齐：春秋时的诸侯国，姜姓。周武王封姜尚于齐，都营丘（今山东省淄博市东北），据有今山东省北部及河北省一部，是为齐建国之始。至春秋齐桓公时，齐国成为强大的诸侯国。至战国初，齐政权被其大夫田氏夺取，成为田姓齐国。王子：王子成父，齐国大夫。曾大败狄人，由此显名。⑤吴：周文王之伯父太伯居吴，是为吴建国之始。传至夫差，为越国所灭（前473）。详见《吴太伯世家》。孙武：春秋末期齐国人。后来投奔吴国，经伍子胥推荐于吴王阖闾，遂被起用为将，在吴国破楚入郢的作战中起过重大作用。⑥卒：终于。伯：通“霸”，指为诸侯国的盟主。诸侯：指当时列国君主。⑦兼列邦土：指兼并或分裂其他诸侯国之土地。兼，并，并吞。列，通“裂”，分裂。⑧三代：指夏、商、周三代。诰（gào）誓：夏商周三代之王发布的一种告诫性质的文辞。⑨身宠君尊：谓上述名士自身受到宠幸，其国君得到尊荣。⑩世儒：指世俗庸儒。暗：糊涂；不明白。大较：

大法；根本法则。⑪权：衡量。⑫猥云：滥说。⑬教笞(chī)：教训和鞭挞。家：指卿大夫领地。⑭捐：弃。

【原文】

夏桀、殷纣手搏豺狼，足追四马[①]，勇非微也；百战克胜[②]，诸侯慑服，权非轻也。秦二世宿军无用之地[③]，连兵于边陲，力非弱也；结怨匈奴，絓祸[④]於越，势非寡也。及其威尽势极，闾巷之人为敌国。咎生穷武之不知足，甘得之心[⑤]不息也。

高祖有天下，三边外畔[⑥]；大国之王虽称蕃辅，臣节未尽。会高祖厌苦军事，亦有萧、张之谋，故偃武一休息，羁縻[⑦]不备。

历至孝文即位，将军陈武等议曰："南越、朝鲜自全秦时内属为臣子，后且拥兵阻阸[⑧]，选蠕[⑨]观望。高祖时天下新定，人民小安，未可复兴兵。今陛下仁惠抚百姓，恩泽加海内，宜及士民乐用，征讨逆党，以一封疆。"孝文曰："朕能任衣冠[⑩]，念不到此。会吕氏之乱，功臣宗室共不羞耻，误居正位，常战战栗栗，恐事之不终。且兵凶器，虽克所愿，动亦秏病[⑪]，谓百姓远方何[⑫]？又先帝知劳民不可烦，故不以为意。朕岂自谓能？今匈奴内侵，军吏无功，边民父子荷兵日久，朕常为动心伤痛，无日忘之。今未能销距[⑬]，愿且坚边设候[⑭]，结和通使，休宁北陲，为功多矣。且无议军。"故百姓无内外之繇[⑮]，得息肩于田亩，天下殷富，粟至十余钱，鸣鸡吠狗，烟火万里，可谓和乐者乎！

太史公曰：文帝时，会天下新去汤火⑯，人民乐业，因其欲然，能不扰乱，故百姓遂安。自年六七十翁亦未尝至市井，游敖嬉戏如小儿状。孔子所称有德君子者邪！

【注释】

①四马：即驷马。四匹马拉的车。②克胜：克敌制胜。克，胜敌。③《索隐》解释说："谓常拥兵于郊野之外也。"④结祸：招祸、惹祸。结，丝结牵缠。引申为招惹。⑤甘得之心：以得为乐之心，引申为贪得之心。甘，乐。见《玉篇》。⑥三边：三方边境。由下文知是指东方的朝鲜，北方的匈奴，南边的越国。畔：同"叛"。⑦羁縻：笼络、稍加约束。⑧阸：通"厄"，厄塞，狭隘的通道。⑨选蠕：《索隐》说："谓动身欲有进取之状也。"全句是说欲有进取而又观望不前，是踌躇不决、首鼠而狼顾的意思。⑩能任衣冠：指长大成人以来。古时男子二十岁行加冠礼后，始可任职事，居士位。表示已进入成年。加冠以前称为幼学。⑪秏病：损耗和创伤病痛。秏，通"耗"。⑫可译为：你说百姓执役远方有什么办法可以避免？⑬销距：销毁御敌的武器。比喻停止争战。距，刃锋、倒刺。这里泛指一切武器。⑭坚边设候：坚守边境，远设斥候。候，斥候。即巡逻、候望敌情的兵卒。⑮繇：通"徭"，徭役。⑯新去汤火：刚刚脱离水深火热的处境。

【原文】

书曰：七正二十八舍①、律历，天所以通五行八正②之气，天所以成孰万物也。舍者，日月所舍。舍者，舒气也。

不周风[3]居西北，主杀生。东壁居不周风东[4]，主辟生气[5]而东之。至于营室。营室者，主营胎[6]阳气而产之。东至于危。危，垝[7]也。言阳气之垝，故曰危。十月也[8]，律中应钟。应钟者，阳气之应，不用事[9]也。其于十二子[10]为亥。亥者，该[11]也。言阳气藏于下，故该也。

广莫风居北方。广莫者，言阳气在下，阴莫阳广大也，故曰广莫。东至于虚。虚者，能实能虚，言阳气冬则宛[12]藏于虚，日冬至则一阴下藏[13]，一阳上舒，故曰虚。东至于须女。言万物变动其所，阴阳气未相离，尚相如胥也，故曰须女。十一月也，律中黄钟。黄钟者，阳气踵黄泉而出[14]也。其于十二子为子。子者，滋也；滋者，言万物滋于下也。其于十母[15]为壬癸。壬之为言任也，言阳气任养万物于下也。癸之为言揆也，言万物可揆度，故曰癸。东至牵牛。牵牛者，言阳气牵引万物出之也。牛者，冒也，言地虽冻，能冒而生也。牛者，耕植种万物也。东至于建星。建星者，建诸生也。十二月也，律中大吕。大吕者，其于十二子为丑。

条风居东北，主出万物。条之言条治万物而出之，故曰条风。南至于箕。箕者，言万物根棋，故曰箕。正月也，律中泰蔟。泰蔟者，言万物蔟生也，故曰泰蔟。其于十二子为寅。寅言万物始生螾然也，故曰寅[16]。南至于尾，言万物始生如尾也。南至于心，言万物始生有华心也。南至于房。房者，言万物门户也，至于门则出矣。

明庶风居东方。明庶者，明众物尽出也。二月也，律中夹钟。夹钟者，言阴阳相夹厕也。其于十二子为卯。卯之为言茂也，言万物茂也。其于十母为甲乙。甲者，言万物剖符甲[17]而出也；乙者，言万物生轧轧[18]也。南至于氐。氐者，言万物皆至[19]也。南至于亢。亢者，言万物亢见也。南至于角。角者，言万物皆有枝格如角也。三月也，律中姑洗。姑洗者，言万物洗生[20]。其于十二子为辰。辰者，言万物之蜄[21]也。

【注释】

①七正：日、月、五星。《索隐》以为其“可正天时”；又引孔安国注说是由于它们各有所主（“各异政”），所以称为七正。二十八舍：又称二十八星、二十八宿等，是赤道附近的二十八个恒星座，古人用作测天的参照物。②五行：木、火、土、金、水。八正：四立（立春、立夏、立秋、立冬）与二至（夏至、冬至）二分（春分、秋分）合为八节，又称八正，言其得四时之正的意思。其五行之气，即指五行代表的五个季节：春、夏、长夏、秋、冬。八正之气，泛指每年的二十四节气。③不周风：古人所说的八方风名之一。④东壁：二十八舍星名，为北方七宿之一。《天官书》无东壁名。不周风东：指自西北方的不周风向东行。⑤辟：开辟、打开通道。生气：生长之气，指阳气。天气变化到子位时一阳生，东壁，营室在子位前而临近子位，是未雨绸缪的时期，所以说东壁打开了生气产生的通道，使向东行，而营室胎孕之。⑥营胎：营造而胎养之。⑦垝：土筑矮墙，用来放置物品，又称土坫。这里是指围墙。⑧以上危、室、壁三宿与十月相应。按：《淮南子·天文

训》十月日在尾宿，与危相差约90°，黄昏时日从西方落下，危宿恰在南方正中天，就是古人所说的“日昏中”。《律书》中所说某星与某月相配，是指在该月昏时斗柄指向某星。以下不注。⑨不用事：不主事。阳气潜藏未生，对事物不起主宰作用。⑩十二子：即十二支，或称十二辰。以亥配十月，是由子配十一月顺次而得，子配十一月的原因可能与古时曾以十一月为岁首有关。余不另注。⑪该：读如阂，义为隔阂之阂。⑫宛：《正义》说读如蕴。宛藏就是蕴藏。⑬意思是，到了冬至的日子，阴气有三分之一藏于地下（即消失）了。古人计数法，阴阳各分为三份，称三阴三阳，中医学中又各有专名。一阴指一份阴气。下文一阳义同。⑭踵黄泉而出：即自黄泉之下而出。黄泉，指地下深处。⑮十母：自甲至癸十天干。称为“母”是相对于十二子而言。⑯以下至段末为错简文，应放在下段第二句“明众物尽出也”之后。理由有二，一据以上文例：西北不周风占一辰，接北方广漠风，占二辰，后面是东北方条风，也应该只隔一辰便接东方明庶风。二据《淮南子·天文训》：“东方曰苍天，其星房、心、尾；东北曰变天，其星箕、斗、牵牛。”房心尾为东方宿，不应置于东北方的条风之下。⑰符甲：即莩甲。植物种子外面的硬壳，如稻壳、谷壳等。剖符甲而出就是萌发生芽的意思。⑱轧轧：曲折、艰难貌。⑲至：抵达。与氐音相谐。⑳《正义》引《白虎通》说：“洗者，鲜也。言万物去故就新，莫不鲜明也。”㉑蝂：动。

【原文】

清明风居东南维[①]，主风吹万物而西之。至于轸。轸者，言万物益大而轸轸然[②]。西至于翼。翼者，言万物皆有羽翼也。四月也，律中中吕。中吕者，言万物尽旅而西行也。其于十二子为巳。巳者，言阳气之已尽也[③]。西至于七星。七星者，阳数成于七[④]，故曰七星。西至于张。张者，言万物皆张也。西至于注[⑤]。注者，言万物之始衰，阳气下注，故曰注。五月也，律中蕤宾。蕤宾者，言阴气幼少，故曰蕤[⑥]；痿阳[⑦]不用事，故曰宾。

景风居南方。景者，言阳气道竟[⑧]，故曰景风。其于十二子为午。午者，阴阳交，故曰午。其于十母为丙丁。丙者，言阳道著明，故曰丙[⑨]；丁者，言万物之丁壮也，故曰丁。西至于弧[⑩]。弧者，言万物之吴落且就死也[⑪]。西至于狼[⑫]。狼者，言万物可度量[⑬]，断万物，故曰狼。

凉风居西南维，主地。地者，沈夺万物气也[⑭]。六月也，律中林钟。林钟者，言万物就死，气林林然[⑮]。其于十二子为未。未者，言万物皆成，有滋味也。北至于罚。罚者，言万物气夺可伐也。北至于参[⑯]。参言万物可参[⑰]也，故曰参。七月也，律中夷则。夷则，言阴气之贼万物也[⑱]。其于十二子为申。申者，言阴用事，申贼万物[⑲]，故曰申[⑳]。北至于浊[㉑]。浊者，触也，言万物皆触死也，故曰浊。北至于留[㉒]。留者，言阳气之稽留也，故曰留。八月也，律中南吕。南吕者，言阳气之旅入藏也。其于十二子为酉。酉者，万物之老也[㉓]，故曰酉。

阊阖风居西方。阊者，倡也；阖者，藏也。言阳气道[24]万物，阖黄泉也。其于十母为庚辛。庚者，言阴气庚万物，故曰庚；辛者，言万物之辛生，故曰辛。北至于胃。胃者，言阳气就藏，皆胃胃[25]也。北至于娄。娄者[26]，呼万物且内之也。北至于奎。奎者，主毒螫杀万物也，奎而藏之[27]。九月也，律中无射。无射者，阴气盛用事，阳气无余也，故曰无射[28]。其于十二子为戌。戌者，言万物尽灭[29]，故曰戌。

【注释】

①东南维：东方与南方相连接处，即东南方。维，维系；连接。②轸轸然：众盛貌。③古巳、已二字通读，所以释“巳”为“已”尽。以下所述注、七星、张三宿为南方宿；又按行文顺序，应该先述张，次及七星，知为错简。应把下段“景风居南方”至“故曰景风”移到此句“尽也”之后。而把下句“西至于七星”至“故曰七星”间的文字移到更下句“万物皆张也”之后。④阳数有五个（1、3、5、7、9），始于1，成于7，终于9。⑤注：即柳宿。按《天官书》的说法，南方七宿为朱雀，其中柳宿为鸟喙，又称鸟咮，咮音转成了“注”字。⑥蕤：有柔弱意，所以释为“幼少”。⑦痿阳：阳盛已极，极则衰，因称痿阳。⑧竟：终、穷、结束。⑨“丙”释为著明，见《说文》。⑩弧：在赤道经度7～8°，南纬25°～40°间。汉代已不在二十八宿之内，《天官书》附于西方参宿之下。⑪吴落：《集解》说：“吴，一作柔。”柔落亦不可解。

按：吴当是鹜的同音假借字，叶落如鹜，渐近枯死了。⑫狼：即天狼星，为弧矢座 α 星，汉代也不在二十八宿之内。⑬古代传说：狼善卜，将远出扑食，先倒立以卜所向，所以猎人遇狼则喜，以为狼之所向，必有禽兽。这里由狼善断，引申为度量。⑭这一段自开头“凉风”至此处，为错简，应移到后面“有滋味也”之后。⑮林林然：犹懔懔然，有畏惧意。⑯参：读 shēn。⑰前一个“参”读“申”，指参宿；第二个“参”读 cān，义为弹劾、抨击。是借同字异音以立解。⑱夷为斩杀，则是贼的假借字，所以有以上解释。⑲申释为重，重贼万物，就是重重地，或狠狠地贼害万物。⑳以下浊、留为西方宿，所以知有错简，应把下一段自开始“阊阖”二字至“阖黄泉也”移到此句之后。㉑浊：毕宿。见《尔雅·释天》。㉒留：留宿，也叫昴宿。㉓《说文》释酉为就，徐铉解释就意思是成熟。物成熟就是老了。所以此处释酉为老。㉔道：通“导”，引导。㉕胃胃：缩聚之貌。㉖娄：是系牛的绳，引申为牵引、招呼。㉗这一句中的“奎”，同跬，义为举足、开步，即行动起来。㉘律名无射中的“射”，射取之射，取而得之称为射。无所余，则无可射取，因称无射。㉙《说文》释戌为灭，与此句同义。

【原文】

律数[①]：

九九八十一为宫[②]。三分去一[③]，五十四以为徵[④]。三分益一[⑤]，七十二以为商。三分去一，四十八以为羽。三分益一，

六十四以为角。

黄钟长八寸十分一[6]，宫[7]。大吕长七寸五分三分二[8]。太蔟长七寸十二，角[9]。夹钟长六寸七分三分一。姑洗长六寸十分四，羽。仲吕长五寸九分三分二，徵。蕤宾长五寸六分三分二。林钟长五寸十分四，角。夷则长五寸三分二，商。南吕长四寸分八，徵。无射长四寸四分三分二。应钟长四寸二分三分二，羽。

生钟分[10]：

子一分[11]。丑三分二[12]。寅九分八[13]。卯二十七分十六。辰八十一分六十四。巳二百四十三分一百二十八。午七百二十九分五百一十二。未二千一百八十七分一千二十四。申六千五百六十一分四千九十六。酉一万九千六百八十三分八千一百九十二。戌五万九千四十九分三万二千七百六十八。亥十七万七千一百四十七分六万五千五百三十六。

生黄钟术曰[14]：以下生者倍其实[15]，三其法[16]。以上生者[17]，四其实，三其法。上九[18]，商八[19]，羽七，角六，宫五，徵九。置一而九三之以为法[20]。实如法[21]，得长一寸[22]。凡得九寸[23]，命曰“黄钟之宫”。故曰音始于宫[24]，穷于角[25]；数始于一，终于十[26]，成于三[27]；气[28]始于冬至，周而复生。

【注释】

①就是五音以及十二律管长度的比率数。②设定宫声为81，作为比率的基数。③三分除去一分，就是去掉三分之一，留三分之二。④留下的三分之二是54，以此作为徵声。⑤三

分加一分就是 4/3。以下同此，不另注。五音比率的计算式如下：

宫：81；

徵：宫 ×2/3 = 81 ×2/3 = 54；

商：徵 ×4/3 = 54 ×4/3 = 72；

羽：商 ×2/3 = 72 ×2/3 = 48；

角：羽 ×4/3 = 48 ×4/3 = 64。

⑥宫数 81，黄钟为宫，其长 8 寸 1 分，用古代分数的表示法就是八寸十分一。⑦表示以上述长度的黄钟管发出的声音作为宫声。这完全是一种假定，因为古代有“旋相为宫”的理论，十二律中任何一律都可当作宫声，同时又认为以长度八寸一分的黄钟管作为宫声，最得五声之正，即高低最合适。⑧用注⑥所说的翻译法可译为：大吕长为七寸五又三分之二分，此处分数部分为近似值。古人习惯于把数的奇零部分分为三分，接近 1/3 便说是 1/3；接近 2/3 便说是 2/3；有的还要加上强、弱二字。各律管长度的计算法如下：

黄钟：81 分（即八寸一分，以下不注）

林钟：81 分 ×2/3 = 54 分；

太蔟：54 分 ×4/3 = 72 分；

南吕：72 分 ×2/3 = 48 分；

姑洗：48 分 ×4/3 = 64 分。

又《索隐》说：“谓十一月以黄钟为宫，五行相次，土生金，故以大吕为商者。”可知小司马所见本此句后尚有“商”字，今本脱。⑨以太蔟为角。⑩产生钟律积实的方法。积实就是分子。⑪十二律与十二辰对应，所以以十二辰表示，首先假定子为一分，再推算其余各辰。⑫子三分去一得丑，所以丑为三分之二，古时说是“三分二”。⑬丑三分益一，即丑的4/3倍是寅，得九分之八，古人说是“九分八”。其余各辰同。⑭产生或说是计算钟律的方法。然而不说是“生钟律术”说成是“生黄钟术”，是由于音律循环相生，自黄钟81分开始，经过变化产生各律，最后应该能重新回到黄钟81分的长度。古人用三分损益法以达到这个目的，由注⑧若将仲吕长分乘以4/3，约等于80分，可知只能近似恢复黄钟长度。汉代京房用三分损益法从仲吕继续做下去得60律，宋元嘉中，太史钱乐之得到360律，始终不能恢复黄钟长度。称为“生黄钟术”就反映了古人这种目的性。⑮下生：由长律管生短律管为下生。《索隐》引蔡邕的话说：“阳生阴为下生。”误 。如蕤宾为阳，大吕为阴，由蕤宾生大吕（阳生阴）是“四其实，三其法”，为上生。实：被除数、乘积或分子都称为实，这里指分子。⑯将分母乘以3。法，指除数或分母。⑰由短律管产生长律管为上生。《索隐》谓“阴生阳为上生”，误。由注⑧可见，大吕以下阴生阳皆为下生。⑱数起于一，终于十，所以九为最大数，因称“上九”。郭嵩焘以为“所生数以九为上”，亦可。⑲五音中宫是中数，与五行中的土相应，土数为五，所以宫也是五；宫生徵（参见“律数”），五行中除了宫声之外，徵产生得最早，其余三声都是由徵产生，所以徵数为9，成了最大数；徵生商，商自应是8；同样，商生羽，羽为7；羽生角，角为6。梁玉绳以为是“旋相为宫”法，颇繁复，不取。⑳置一：古人做乘法的步骤，先将一根算筹放置在算盘上，称置一。九三之：依次用三的倍数相乘，乘一次是乘3，再乘一次就是乘9，一直乘下去称为“九三之”。以为法：用乘得的数作除数。㉑实除以法。实，就是“生钟分”中所得的黄钟实十七万七千一百四十七。㉒得到一个长度为寸的数字。这是古算法的术语，并不是说实如法，所得商为一寸。㉓“凡得九寸”的意思是除了许多次，直到得到九寸的商数为止。由前面的“生钟分”法可知，将子数一分“九三”之，直乘到第十次，得酉数一万九千六百八十三，以此数除黄钟实数才能得到九寸的商数。㉔由九寸之宫，用“生黄钟术”的方法可以依次得到其余各律，黄钟为宫声，所以说是“音始于宫”。㉕由“律数”部分可知宫生徵，徵生商，商生羽，羽生角。五音中最后生角，所以说“穷于角”。㉖1至10为中国数字的十个基本数，变化而生其余各数。所以说是起于1，终于10。㉗数字的变化是由基本数乘以3完成的，反映古人对3的比率重要性的认识。《淮南子·天文训》说：“一生二、二生三、三生万物。”万物都由3生成，所以说“成于三”。㉘气：节气。冬至为十一月中气，阳气从冬至开始产生，由生到灭，再到复生，一岁毕。所以说节气由冬至始。

【原文】

神生于无[1]，形成于有[2]，形然后数[3]，形而成声[4]，故曰神使气[5]，气就形[6]。形理如类有可类[7]。或未形而未类[8]，或同形而同类[9]，类而可班[10]，类而可识[11]。圣人知天地识之别，故从有以至未有[12]，以得细若气，微若声。然圣人因神而存之[13]，虽妙必效情[14]，核其华[15]，道[16]者明矣。非有圣心以乘[17]聪明，孰能存天地之神而成形之情[18]哉？神者，物受之而不能知其去来，故圣人畏而欲存之。唯欲存之，神之亦存其欲存之者[19]，故莫贵焉[20]。

【注释】

①神：精神、本质、规律、原理等一切内涵的概念性的东西，都称为神，古人概括为“道”“理”。生于无：先天产生的，强调精神的独立性，认为它可以不依附于质而存在。②形：形体。成于有：是由看得见、摸得着的质（有）形成的。③有形体然后才有数量。即认为数是从形体（具体的事物）中抽象出来的。④有形体然后才能生成声音。⑤神使气：神使用、运用、操纵气。这里气指的是声和形赖以存在的质。认为气是质，这是古代哲学思想的精华之一。⑥气或质依附于形，或者说以形体的形式而存在。⑦形理：形体之理，或说是形体的特征、事物的特征。类有可类：大都有可以分类之处。前面的“类”作大抵、大都解释；后一个“类”解释为分类，是名词的动词化。⑧神有的没有依附于形体，即没有具体化，

就没有类别可分。⑨有的依附于同一形体，处于同一类别。这两句是说没有抽象的类，类是对形体性质（神）所做的区分，没有形体就没有性质，自然也没有性质的类；形体相同，性质也相同，类自也相同。⑩班：清方苞释为别，说“类有可班者，制器而可别其度也”（见方苞《望溪先生文集》卷二《诂律书一则》）。误。班，通“颁”，颁发，公之于世，普及推广等。全句的意思是有了类的特征，就成了具体的、可资区别的东西，因而可以按特征表示，班之于众，而不与他物相混。⑪有类则可以识别。⑫本句述圣人识别事物的方法。即从形体，从具体的物推断没有形的“神”。⑬是认识的另一个方面。虽然认识是由具体的物（“有”）再到神，但具体的物（“有”）是通过对“神”的理解存在于圣人的认识之中的。即只有认识了事物的类特征和“神”，事物才能被认识。⑭神理虽然微妙，仍然在具体的物中表现它的情性。这一句是说认识由有到无、由具体到抽象的根据。郭嵩焘将“情”字点入下句，亦通。⑮审核、研究事物的花（华）叶。⑯道：即神。⑰乘：驾驭、应用、因。⑱存天地之神：认识天地万物的本质。使它不因被混淆于他物而被漏失，因称为“存”。成形之情：应用于具体事物，使之以具体事物的情性表现。成，成就，作为。这还是认识的意思，能认识神与具体物的情性的联系，仿佛是使神在具体物中表现出来了。⑲欲存之者：指圣人。全句是说，想要神存在，最好的办法就是信仰并尊重神。

【原文】

太史公曰：故旋玑玉衡以齐七政[①]，即天地、二十八宿、十母、十二子、钟律调自上古[②]，建律运历造日度[③]，可据而度也[④]。合符节[⑤]，通道德[⑥]，即从斯之谓也[⑦]。

【注释】

①旋玑玉衡：浑仪。为测天仪器。有异说，略。七政：日、月、五星。也有异说，略。全句是说，以浑仪观测天体，使日、月、五星运行谐调（整齐），即不致有与天象不合（不谐调）的错误判断。②以上诸元的相互关系，自上古以来不断加以调整。中华书局标点本《史记》“二十八宿”与“上古”后为句号，其余为逗号。均改。③建立相互之间的比率，以运算历法，构造起日星度数来。④可根据这些（指上句中的律、历、日度）对日月运行加以度量了。⑤使符与节相合。符，指物候。即万物随时令不同表现的不同状貌；节，节气。⑥树立共同遵守的道德规范。道德，指规律、品性。⑦就是指此而言。斯，比，这。这里是指“齐七政”或“建律、运历、造日度”以度日月之行等事。

【译文】

帝王们掌握事态建立法纪，对物品进行度量，制定准则，一概要承受六律的控制，六律是万物的根本呀。

六律对于兵家尤其重要，所以说“两军相遇望见敌阵上的云气、日晕就可以知道出师的吉凶，军中的太师应用律听到军声就能够占验交战的胜负”，这是无论哪一个君王都不能改变的法则。

周武王讨伐商纣王，吹动音律探听声气，从孟春一直推算到季冬，和纣王的暴虐酷急相应是兼有很重的杀气，在五音中武王是崇尚军中和协士卒同心的宫声。同声的事物互相依从，这是万物的自然现象，有什么奇怪的呢？

武装力量，是圣人用来讨伐强暴势力、平定混乱的社会局面、铲除艰难险阻、拯救国家危亡局面的。连口含利齿头带犄角的野兽受到侵犯都知道进行抵抗，更何况人还怀抱有好恶喜怒的意志呢？喜欢就会产生爱心，愤怒就会付诸暴力，这是情理中的自然道理。

从前，黄帝发动了涿鹿地方的战斗，来平定五行中属火的灾难；颛顼摆下对共工的战阵，来消除五行中属水的危害；成汤发动了使桀逃奔到南巢山去的攻伐，来灭绝夏代的叛乱。动用武力一个时期兴盛一个时期废弃，胜利的人掌管国家权力，他的权力是从上天那里接受下来的。

从这以后，有名的武士更递兴起，晋国任用咎犯，而齐国任用王子成父，吴国任用孙武，申明军事行动的规范，赏罚措施一定确实执行，终于称霸诸侯，兼并了列国的封土，虽说比不上三代时期由天子发布诰令誓命所给予的封赏，然而自身得到宠幸，国君受到尊敬，在当世名声显扬，能够不说是荣耀吗？难道和社会上的儒生不明大法大理，不权衡利害得失，苟且地宣传道德教化，说不应当动用武力，大至君主受辱国家失守，小则受到侵犯国家削弱，仍然是固执己见不加变通的情况能够等同吗！所以，家庭不能够废掉教鞭，国家不能够放弃刑罚，天下不能够偃息诛伐，只是武力动用起来计谋上有巧妙有笨拙，推行起来有顺从或是违反正义原则的不同罢了。

夏桀、殷纣王能赤手空拳与豺狼搏斗，奔跑起来能追得上四匹马拉的车子，其勇力并不弱；他们曾百战百胜，诸侯对他们恐惧服从，权力也不算轻。秦二世屯军于四郊，连兵于边陲，力量不是不强；北与匈奴结怨，南在诸越招惹祸端，势力不算寡弱。等到他们的威风使尽，势力盛极，闾巷中的平民也成了敌国。错就在于他们穷兵黩武不知止足，贪得之心不能停息。

高祖统一天下后，三方边境叛乱于外，国内大国诸侯王名虽称为天子的屏藩辅佐，并不太像为臣子的样子。赶上高祖厌烦再有战事，也是由于有萧何、张良的计谋，所以一时得以停止武事，与民休息，对他们只稍加约束，不深防备。

直到孝文帝即位，将军陈武等建议说："南越、朝鲜自从秦朝统一时内属为臣子，后来才拥兵守险，踌躇观望。高祖时天下初定，人民刚刚得到一点安宁，不可再次用兵。如今陛下以仁德、惠爱抚治百姓，四海以内都受恩泽，应该乘此时士民乐为陛下所用的机会，讨伐叛逆的党徒，以统一疆土。"孝文帝说："朕自从能胜衣冠，从来没有想到这些。赶上吕氏之乱，功臣和宗室都不以我的微贱出身为耻，阴差阳错使我得了皇帝的大位。我常战战兢兢，害怕事情有始无终。况且兵是凶器，纵然能达到目的，发动起来也必有耗损和创病，又怎能避免得了百姓抛家离业远方征讨？先皇帝知道劳乏的百姓不可再加使用，所以不把南越、朝鲜等事放在心上。朕岂能自以为有能耐？如今，匈奴入侵内地，军吏御敌无功，边地百姓父死子继，服兵役的日子已经很久，朕时常为此不安和伤痛，没有一天能够忘记。如今既不能销毁兵器，长守安定，但愿暂且坚守边防，远设斥候，派遣使者，缔盟结好，使北部边陲得到休息安宁，功劳就算大得很了。切不可再议兴兵的事了。”因此，百姓内外都无徭役，得到休息以致力于农事，致使天下殷实富足，粮食每斗降至十余文钱，国内鸡鸣狗吠相闻，烟火万里不惊，可说是够和平安乐的了。

太史公说：“文帝时，赶上天下刚从水火中解脱，人民安心生产，顺着他们的意愿，能做到不加扰乱，所以百姓安不思乱。就连六七十岁的老翁也未曾到过集市之中，终日守在乡里遨游玩耍，像个孩子一样。这岂不就是孔子称道的有德君子！”

书中记载，七正二十八舍和律历，是天用来沟通五行八正之气的，是天用来产生和养育万物的。舍的意思就是日月止宿的地方。舍就是休息一下缓口气的意思。

不周风在西北方，主管杀生的事。东壁宿在不周风以东，主持开辟生气使往东行，到达营室。营室主管胎育阳气并把它产生出来。再向东到达危宿。危就是垝的意思，是说阳气的垝，所以称为危。以上星宿与十月相对应，于十二律与应钟相对应。应钟就是阳气的反应，阳气这时还不主事。于十二子与亥相对应。亥就是该的意思，是说阳气藏在它下面，所以是它成了阳气出现的隔阂。

广莫风在北方。广莫是说阳气在下，阴气没有阳气广大，所以说是广莫。广莫风以东到虚宿。虚的意思，是指能实能虚，是说阳气冬季则蕴藏于空虚，到冬至日就会有一分阴气下藏，一分阳气上升发散，所以称虚。再向东到达须女宿。须女是说万物的位置发生变动，阴气阳气没有分离开，尚且互相胥如的意思，所以称为须女。月份与十一月相对应，律与黄钟相对应。黄钟的意思是阳气踵随黄泉而出。于十二子与子相对应。子就是滋长的滋字；滋，是说万物滋长于下面。于十母与壬癸相对应。壬就是任，是说阳气负担着在下面养育万物的重任。癸就是揆，说万物可以揆度，所以称为癸。向东到牵牛宿。牵牛的意思是说阳气牵引万物而出。牛就是冒，是说地虽冻，能冒出地面生长。牛又指耕耘种植万物的意思。再向东到建星。建星，就是建立诸有生命之物的意思。与十二月相对应，十二律与大吕相对应。大吕的意思是十二子与丑相对应。

条风在东北方，主管万物的产生和出现。条风的意思是说条治万物而使它们产生，所以称为条风。条风向南到箕宿。箕就是万物的根柢，所以称为箕。条风与历月正月对应，与音律太蔟相对应。太蔟有万物蓬勃生长之势，所以称为太蔟。十二子与寅相对应。寅是说万物初生如蚯蚓之行螾然弯曲的样子，所以称为寅。向南到达尾宿，尾是说万物初生像尾巴一样弯曲。向南到达心宿，心是说万物初生都有像花一般的顶心。再向南到房宿。房是指为万物的门户，到门前就要出来了。

明庶风在东方。明庶的意思是，表明众物全都出土萌发了。与二月相应，律与夹钟相对应。夹钟指阴阳二气互相挟持糅合。十二子与卯相对应。卯就是茂，是说万物生长茂盛。于十母与甲乙相对应。甲指各种植物破壳而出；乙指植物生长过程所经历的曲折。向南到达氐宿。氐的意思是说万物都已抵达、来到的意思。向南到达亢宿。亢的意思是说万物渐渐长高了。再向南到角宿。角的意思是说万物都已有了枝叉，就像角一样。十二月中与三月相对应，律中与姑洗相对应。姑洗的意思是说万物初生，颜色光鲜如洗。于十二子与辰相对应。辰，是说万物都已蠕动起来。

清明风在东南方，主管吹动万物向西发展。先到达轸宿。轸是说万物生长得殷殷轸轸，更加盛大了。向西到达翼宿。翼是说万物都已长大，如同有了羽翼。以上两宿为四月宿，于律为中吕。中吕的意思是说万物全都向西旅行。于十二子为巳。巳的意思是说阳气已尽了。向西到达七星。七星是由于阳数成于七，所以称为七星。向西到张宿。张是说万物都已张大。再向西到注宿。注是说万物开始衰落，阳气下注，所以称为注。以上三宿为五月宿，于律为蕤宾。蕤宾的意思是说阴气幼小，所以称为蕤；衰落的阳气已不主事，所以称为宾。

景风在南方。景是说阳气之道已尽，所以称为景风。于十二子为午。午就是阴阳交午的意思，所以称为午。于十母为丙丁。丙是说阳道彪炳明著，所以称丙；丁是说万物已长成丁壮，所以称丁。向西到弧宿。弧的意思是说万物鹜落，很快就要死亡了。向西到狼宿。狼是说万物都可度量，量断万物，所以称狼。

凉风在西南方，主宰地。地就是沉夺万物之气的意思。与六月相应，律属林钟。林钟是说万物走向死亡的气象懔然恐惧的样子。于十二子为未。未与味同音，是说万物都已长成，有滋有味了。向北是罚宿。罚是说万物气势已夺，可以斩伐了。向北是参宿。参是说万物都可参验，所以称参。以上两宿属七月，律属夷则。夷则，是说阴气贼害万物的意思。于十二子为申。申是说阴气主事，一再贼害万物，所以名为申。向北是浊宿。浊与触音相近，是说万物都触阴气而死，所以名为浊。向北是留宿。留是说阳气稽留没有去尽，所以名为留。以上两宿为八月宿，于律属南吕。南吕是说阳气旅行入于藏所，就要被收藏起来了。于十二子属于酉。酉就是万物已经成熟，所以名为酉。

阊阖风在西方。阊就是倡导，阖就是闭藏。是说阳气倡导万物，阖藏于黄泉之下。于十母为庚辛。庚是说阴气变更万物，所以称为庚；辛是说万物生存艰辛，所以称为辛。向北是胃宿。胃是说阳气被收藏，都偎偎然缩聚起来。向北是娄宿。娄就是呼唤万物而且要拽拉使入于内的意思。向北是奎宿。奎主管以毒螫杀万物，举而收藏起来。以上三宿为九月宿，律属无射。无射是说阴气正盛，主宰事物，阳气隐藏无所余，所以称为无射。于十二子属戌。戌是说万物全都灭亡了，所以称为戌。

律数：

五声之间的比例关系，以九九八十一作为宫的大小，将八十一分为三分，除去一分，余二分得五十四就是徵。将五十四分为三分，加上一分，得四分，为七十二，就是商。把七十二分为三分，除去一分，余二分为四十八就是羽。将四十八分为三分，加上一分，得四分为六十四就是角。

黄钟长八寸七分一为宫。大吕长七寸五分又三分之一。太蔟长为七寸二分，为角声。夹钟长六寸七又三分之一分。姑洗长六寸四分，为羽声。仲吕长五寸九又三分之二分，为徵声。蕤宾长五寸六又三分之二分。林钟长五寸四分，为角声。夷则长五寸零三分之二分。为商声。南吕长为四寸八分，为徵声。无射长四寸四又三分之二分。应钟长四寸二又三分之二分，为羽声。

生钟律数方法的运用：

子一分，丑为三分之二分。寅为九分之八分。卯为二十七分之十六分。辰为八十一分之六十四分。巳为二百四十三分之一百二十八分。午为七百二十九分之五百一十二分。未为二千一百八十七分之一千零二十四分。申为六千五百六十一分之四千零九十六分。酉为一万九千六百八十三分之八千一百九十二分。戌为五万九千零四十九分之三万二千七百六十八分。亥为十七万七千一百四十七分之六万五千五百三十六分。

由黄钟产生十二律的方法是：由长律管生短律管将分子加倍，分母乘三。由短律管生长律管则是将分子乘四，分母乘三。数最大为九，音数为五，所以，以宫为五；宫生徵，以徵为九；徵生商，以商为八；商生羽，以羽为七；羽生角，以角为六。以“生钟律数”中的黄钟大数十七万余为分子，另把一枚算筹放置在算盘上，用三去乘，一乘得三，再乘得九，依次乘下去，直乘到“生钟律数”中的酉数一万九千余。以每次乘得的数为分母，用分母除分子，得到一些长度为寸的数，直到得到九寸的数为止，将此数称为“黄钟律的宫声”。由此用“生黄钟术”得到其余各音，所以说五音是由宫声开始，角声结束的。而数由一开始，到十终止，变化则由三来完成。节气则由冬至开始，周而复始。

神只存在于尚无物质时的虚无之中，物质产生以后，才有表征物质的形的存在，有形才有律数，有形才有五声，所以说精神支配元气，元气依附形体。万物的形状事理如果有可以类别的地方就能够将它们分类。或者是形状不同而有不同的种类，或者是形状相同而成为同一个种类，有种类就可以分辨，有种类就可以识别。圣人了解天地间万物的区别，所以认识万物的形质一直到天地没有形成以前的各种情状，还能分辨刚从虚无之中产生的细微之气和轻微之声。然而，圣人借助神而去掌握它们，因此事物虽然微妙，也能发现并归纳其原则，能符合事实的实际情况，道理也就彰明了。如果没有圣人的心灵和聪明，谁又能够掌握天地间精神的存在并成为万物形质的情状呢？精神，万物接受它的神妙之气并不能知觉它去来的情况，所以圣人害怕神妙的义理难以认识就想让它经常存在。只有想让它经常存在，它的精神才能存在。想要神存在，最好的办法就是信仰并尊重神。

太史公说：“所以运用旋玑玉衡这样的天象仪器进行观察来辨方向、定季节，或确定天地二十八宿的位置。十天干为母，十二地支为子，十二律的调协起自上古。建立律制，运算历法，规定日行度数，可以依据它们进行测度。像验合符节一样准确没有差错，通晓事物的各种本质和规律，也就是所说的要依从上面的律则和制度。”

第一百一十六卷　历书第四

《历书》不在《史记》亡失的十篇之内，主要是司马迁的手笔是无疑的了（也有人持相反意见，如有人说它系妄人抄录《汉志》而成等，多是摘取它的一二纰漏为文，可以不论）。篇末所附《历术甲子篇》序至汉成帝建始四年（前29），至少天汉以后的部分为后人所补（一说是褚少孙所补）也没有什么疑问。与此篇有关的有两大问题：一、什么是太初历？二、太初元年的岁名是什么？

第一个问题古今以来，聚讼纷纭。晋司马彪《续汉书·律历志》说："自太初元年始用三统历，施行百有余年。"南朝刘宋时的何承天则认为，说自太初元年始用三统历是无知妄说。第二个问题是由于《历书》和《汉志》都记载，太初改元诏书命太初元年岁名为甲寅，而三统历以为是丙子，《通鉴》又记为丁丑。对此也有不少人提出过各种解释，僧一行便是较早的一个。清季以来又出了一些专门著作，如收入《诂经精舍文集》的就有三篇。此外，如王元启《史记三书正讹》等书也有专篇论述，近现代的一些天文史家的著作中也多少涉及这个问题。

事实上，由于列国不同历，大约秦汉之间的岁名纷乱得很，太初历以太初上元岁名甲寅，太初元年也取为甲寅；而三统历按刘歆《世经》排定为丙子，都无不可，大可不必定作左右袒：非舍班从马，便要舍马从班，再不然就说××是后人窜乱之文。对其由来有不明处，虽不妨按孔子序《尚书》的传统，阙之可也，下面的注文仍然提出一种解释。

【原文】

昔自在古，历建正[①]作于孟春。于时冰泮发蛰[②]，百草奋兴，秭鳺先滜[③]。物乃岁具[④]，生于东[⑤]，次顺四时，卒于冬分[⑥]。时鸡三号，卒明[⑦]。抚十二月节[⑧]，卒于丑[⑨]。日月成[⑩]，故明也。明者孟也[⑪]，幽者幼也[⑫]，幽明者雌雄也[⑬]。雌雄代兴，而顺至正之统也[⑭]。日归于西，起明于东[⑮]；月归于东，起明于西[⑯]。正不率天[⑰]，又不由人，则凡事易坏而难成矣[⑱]。

【注释】

①建正：设定正月位置。如秦以十月为岁首（正月），称为建亥，周以十一月为岁首，称为建子等。正，即正月。一年之中开始的月份为正月。孟春：春天的第一个月。古人把每季三个月，依次名之为孟、仲、季，如孟春、仲春、季春等。②冰泮：冰融化。泮，原义是分散。如《诗·国风·邶风·匏有苦叶》“迨冰未泮”，毛注：“泮，散也”。冰散就是冰融化。发蛰：在地下冬眠（称为蛰）的动物苏醒，钻出地面。《夏小正》称为“启蛰”，《礼记·月令》称为“振蛰”。

今称惊蛰。汉代以前以发蛰为孟春时的物候，如《三统历》尚以惊蛰为正月中气，此处同；汉以后便是仲春（二月）的物候了。③秭鴂：即杜鹃鸟，又名子规、鹈鴂等。《离骚》“恐鹈鴂之先鸣兮”，王逸注说：鹈鴂，“常以春分鸣也。”滜：通“号”，鸣号。④万物于是具有了一岁的禀赋。就是又长了一岁的意思。⑤按五行理论，东方与春相应，生于东就是生于春季的意思。⑥到冬尽结束。卒，《索隐》释为“尽也”。冬分，《索隐》释为“冬尽之后，分为来春”，就是冬末的意思。⑦很快天就亮了。卒，通“猝”。与上句一起状黎明时的天色，细致入微。⑧依次经过十二个月的节气。抚，挨次，一个挨着一个。⑨自正月寅到十二月丑，恰一岁。《正义》释为“自平明寅到鸡鸣丑”，与上句不谐，不取。⑩日月成周。即由交会到下一次在同一层次交会谓之成。日每天行一度，月每天行十三度余，日月每月一交会，正月会于寅，则二月会于卯，如此下去到来年一月，日月重又会于寅，是为一周，称为成。⑪古人解释经典，自汉以来多从双声叠韵字求义。如《周礼·考工记》中以蹇释楗，以齐释资等。此处以孟释明也属此类。明、孟本义完全不同，但两字声母相同，便互相通假了。孟是长、大的意思，与下文幽义相对。⑫幽、幼也是双声字，见上注。⑬为阴阳理论。幽属阴，明属阳；阴为雌，阳为雄。所以幽明就成了雌雄。按：以上是就性质的分类而言，并非幽明真的就有了男女之别。⑭至正之统：指建寅之统，即以孟春为正月的历法。按：《汉书·律历志》：夏、商、周三代历法为三统之历，夏正建寅，商正建丑，周正建子，唯建寅的夏正最得岁时之正，固称至正之统。⑮指太阳东升，西落。⑯古人认为天左转（自东向西转），所以日月五星被天带动也向左转，人们才看到太阳东升西落；同时日月五星等又有一个向右行的自转运动，向右行就是自西向东行，所以人们看到的是月亮从西方露出来，每天向东行十三度余，直到从东方没入地下。⑰当真是不靠天。正，真正是，当真是。语出《大戴礼》，原意正通政。率天，一作法天。以天为表率，模仿天而行。⑱既不靠天，也不由人，天、人都无所施其力，所以说物易坏而难成。这是一种比兴的说法，并非“物易坏难成”的理由当真是“不率天”“不由人”，古人论事，往往如此：取其一端而已，不可太过执着。

【原文】

王者易姓受命[①]，必慎始初，改正朔[②]，易服色，推本天元[③]，顺承厥意[④]。

太史公曰[⑤]：神农以前尚矣。盖黄帝考定星历，建立五行[⑥]，起消息[⑦]，正闰余[⑧]，于是有天地神祇物类之官[⑨]，是谓五官[⑩]。各司其序[⑪]，不相乱也。民是以能有信，神是以能有明德[⑫]。民神异业，敬而不渎，故神降之嘉生[⑬]，民以物享[⑭]，灾祸不生，所求不匮。

少暤氏之衰也[⑮]，九黎乱德[⑯]，民神杂扰，不可放物[⑰]，祸菑荐至[⑱]，莫尽其气[⑲]。颛顼受之，乃命南正重司天以属神[⑳]，命火正黎司地以属民[㉑]，使复旧常，无相侵渎。

其后三苗服九黎之德[22]，故二官咸废所职，而闰余乖次，孟陬殄灭[23]，摄提无纪[24]，历数失序。尧复遂重黎之后，不忘旧者，使复典之，而立羲和[25]之官。明时正度，则阴阳调，风雨节，茂气[26]至，民无夭疫[27]。年耆禅舜[28]，申戒文祖[29]，云“天之历数在尔躬[30]”。舜亦以命禹。由是观之，王者所重也。

【注释】

①王者易姓：即“为王者易姓”。就是改朝换代。受命：受天命。②改定历法。正，指岁始正月；朔，为月朔，就是每月初一。正朔皆改就是改正历法。③《索隐》释为“推本天之元气行运所在，以定正朔”。天元释为天之元气行运所在。其实就是历法中的上元，古人制历讲究推求上元作为计算历法的始点，这时候日月五星处在天球的同一位置，即所谓“日月如合璧，五星如连珠”。自元·郭守敬等《授时历》开始不用上元，只从日月五星当年所在位置推起。④顺承天的意旨。厥，其。指天。⑤（清）王元启《史记三书正讹》以为此四字应在“王者易姓”之前。⑥确立起木、火、土、金、水等五行与历法的关系。历与五行本无关，但为了给历法演变以合理解释，才把它纳入五行系统。如春天过后就是夏天，这是历的变化。为什么会有这种变化？五行理论解释为春属木，夏属火，木能生火，所以春季之后就会产生夏季。⑦确定阴阳消长变化的关系。消息，阴阳生长、产生、发生的意思。始见于《易经》。（清）严杰《易消息解》说：“消息者，阴阳生长之名也。”阳生为息，阴生为消。由于有生就有灭，也可释为消

失、灭亡。如（清）汪家禧《易消息解》说：“阴往阳来为息，阳往阴来为消。”阴的消失、灭亡与阳的产生、生长都叫作息，相反称为消。⑧正确确定闰月余分的大小。详后注。⑨于是有了分管天地、神祇、物类等事的官员。⑩即《正义》所说春官、夏官、秋官、冬官、中官，分别名为青云、缙云、白云、黑云、黄云，合称五官。⑪司：掌管。序：序列。指职任系统。⑫神不昏瞶，有明德，指善恶有报之类。⑬神为百姓降下好的收成。嘉生，应劭释为嘉谷。应是泛指好年景，丰收。⑭百姓以祭物（三牲福礼之类）享神。享，通“飨”。按：神降嘉生，百姓享神，是民神互敬不渎的意思。《正义》引刘伯庄语，释为民“享福”，误。⑮按皇甫谧《帝王世纪》等书的说法，古帝王的序列在黄帝以后是少皞，少皞以后是颛顼。与《史记·五帝本纪》不同，有人以此否认《历书》为司马迁原著。其实，司马迁并不排斥其他书所载的帝王序列，这从《五帝本纪》中的“太史公后序”里就不难看到。所以，在《五帝本纪》以外引用新的史料并不足怪。⑯九黎作乱的意思。九黎：《集解》释为少皞时作乱的诸侯。〔日〕泷川资言《史记会注考证》释为：“南方种族名。言九者，非一族也。”⑰不可以群类区别。王元启《史记三书正讹》以为放物就是方物，“《易》曰‘方以类聚，物以群分’。类聚可以辨方，群分可以辨物。今既民神杂扰，则群类混淆，故曰不可方物。”⑱荐至：层杂而至、一起来到、多次至。《索隐》说：“荐，集也。”《尔雅·释言》释为“再也”。⑲沴气未尽。灾祸仍不止息的意思。⑳《索隐》说，《左传》重名句芒，为木正，兼司天。天属阳，南方为阳位，所以称为南正。正，就是政，官名，南正如同说是主管南方之政（即阳事）的官员；属神，领属神事，如祭祀之类。㉑《索隐》说，黎就是祝融，为火正，兼司地事。地属阴，北方为阴位，所以又有称黎为北正者。属民，领属民事，就是管民政。㉒三苗随从九黎一起作乱。三苗，《五帝本纪》《集解》引马融的话说是“国名也”，又引吴起的话说：“三苗之国，左洞庭而右彭蠡。”洞庭、彭蠡为湖名。㉓《正义》解释说：“言历数乖误，乃使孟陬殄灭，不得其正也。”孟陬，就是正月。㉔《集解》引《汉书音义》说：“摄提，星名，随斗杓（北斗星如勺。杓就是勺把，指北斗星的第五、六、七三颗星）所指建十二月。若历误，春三月当指辰而指巳，是谓失序（按：即‘元纪’）。”㉕羲和：官名。《尚书·尧典》有羲仲、羲叔，和仲、和叔，孔安国解释说：“羲仲，居治东方之官”；“羲叔，居治南方之官”；“和仲，居治西方之官，掌秋天政也”；“和叔”，当是居治北方之官，掌冬天政。可知羲和是分掌四方天文星历的官员。又《尚书·征》中孔安国解释：“羲氏、和氏，世掌天地四时之官。自唐虞至三代，世职不绝。”称羲和为氏，是以官为氏。㉖茂气：生长之气。显示兴旺景象。㉗夭疫：夭殇和疾疫。不得天年为夭，时疾流行称为疫。㉘年耆：年老。《礼记·曲礼》：“六十曰耆。”相传尧在位七十年得舜，又二十年令舜摄政，禅位时必不至六十岁。因此，这里耆泛指年老。禅舜：禅帝位于舜。即把帝位让给舜。㉙申戒饬于文祖庙中。申戒，申明戒语。就是告诫的意思；文祖，就是祖庙，或称明堂、世室等。《五帝本纪》说："文祖者，尧大（按：读为太）祖也。"《正义》引《尚书帝命验》注说："唐虞谓之天府，夏谓之世室，殷谓之重屋，周谓之明堂，皆祀五帝之所也。文祖者，赤帝熛怒之府，名曰文祖。"王者祭五帝以祖配，所以明堂就是祖庙。㉚语出《论语·尧曰》何晏释"历数"为"列次"，全句的意思是：按天数做帝王的次序，该轮到你了。司马迁引此句把历数作历法解释，全句可解释为：制定（反映天数的）历法，责任落在你身上了。由于制历是王者独有的责任，两种解释皆通，都是告诉舜，要把王位禅让给他，以资勉励的意思。

【原文】

夏正①以正月，殷正以十二月，周正以十一月。盖三王之正若循环，穷则反本②。天下有道，则不失纪序③；无道，则正朔不行于诸侯。

幽、厉之后，周室微，陪臣④执政，史不记时，君不告朔⑤，故畴人⑥子弟分散，或在诸夏⑦，或在夷狄，是以其礼祥废而不统⑧。周襄王二十六年闰三月，而《春秋》非之⑨。先王之正时也，履端于始⑩，举正于中⑪，归邪于终⑫。履端于始，序则不愆⑬；举正于中，民则不惑；归邪于终，事则不悖。

其后战国并争，在于强国禽敌⑭，救急解纷而已，岂遑⑮

念斯哉！是时独有邹衍，明于五德之传[16]，而散消息之分[17]，以显诸侯。而亦因秦灭六国，兵戎极烦，又升至尊之日浅，未暇遑也。而亦颇推五胜[18]，而自以为获水德之瑞，更名河曰“德水”，而正以十月[19]，色上黑[20]。然历度闰余，未能睹其真也。

【注释】

①夏正：夏朝历法开始的月份。正，历正。历法开端。②一周完了，重新开始。按：三正说是先秦人的传说。近代以来，有董作宾《殷历谱》力主此说，其余学者多不认可，以为系统、完善的历法是从战国中期以后产生的，周历尚极幼稚，建子之说无法证明，殷历建丑、夏历建寅就更无从说起了。即便三正都属实，循环说也无事实根据，周朝以后，有秦历建亥，并没有“反本”。三正循环说是汉人为适应改历的需要制造的理论，太初历建寅，表示不承认是继承秦朝之统，而是直接上继周统，周统绝则反夏，夏为寅统，适与太初历相同。③纪序：纪元的次序。就是历法的次序。④陪臣：列国之臣。《礼记·曲礼下》：列国之大夫“自称曰陪臣某”。陪臣执政，就是列国大夫执国政。⑤告朔：月祭。《集解》说：“礼，人君每月告朔于庙，有祭，谓之朝享。”⑥畴人：星历算学者，古皆世传其业，称为畴人。《集解》引如淳的话说：“家业世世相传为畴。”世传其业者很多，不都称为畴；而历算学者纵然不是得自家传，也称畴人。愚以为所谓畴人，是对执筹为算的一类人的总称。⑦诸夏：华夏诸国。就是中原各国。

⑧全句的意思是由于畴人子弟分散，无人观天以占吉凶，所以祥废，无人统理。祥，如同祈祥。祈祷以求吉祥。⑨周襄王二十六年就是鲁文公元年（前626），事见《左传·文元》纪事："于是闰三月非礼也。"杜预注："于历法闰当在僖公末年，误于今年三月置闰，盖时达历者所讥。"按：所谓"非礼也"是左传的话，《春秋经》与《公羊》《穀梁》等都无此语。原因是当时周朝不颁正朔，列国自制历法，未必都按岁终置闰的原则。董作宾《殷历谱》考订殷周间置闰法有无节置闰、无中置闰和岁终置闰三种方法，前二种是根据本月节气或中气的有无设立闰月的，都优于岁终置闰法。⑩履：推步。指制定历法的全过程。端：端正。动词，正之使无错谬的意思。始：历始。如十一月、夜半、朔旦冬至等。全句意思是：制定历法必须从历法的开头就务求端正无误。⑪有两种解释：一如《集解》引韦昭语说："气在望中，则时日昏明皆正也。"即"中"指月望，月的位置由月的晦、朔、弦、望决定（举"望"以概其余）。参见王元启《史记三书正讹》。二是认为"中"指中气。以中气定诸月位置。如有春分的月份为二月，有秋分的月份为八月，有夏至的月份为五月，有冬至的月份为十一月等。参见《左传·文元》杜预注。若强调岁终置闰，以前说为长。因为以中气正诸月位置，无中气的月份必然是闰月，与岁终置闰说不合。⑫有两种解释：一如《集解》引韦昭语说："邪，余分也。终，闰月也。"积邪分够三十日则设为闰月，是把邪分都归入闰月了。二是释"终"为"岁终"，积邪分于

岁终置为闰月。清人范景福《春秋闰月在岁中解》（收入阮元《诂经精舍文集》卷六）说，《春秋》经、传、疏解释归余于终，“皆不言归于何时，惟万充宗（清人，名万斯大，为万斯同之兄）明言归余日于岁终”。⑬《左传·文元》杜预解释说：“四时无愆过”。即释“序”为四时；愆，为过失。历始正则四时正。⑭强国：使国家强盛。禽：通“擒”。⑮遑：闲暇、空闲。⑯五德之传：木、火、土、金、水五德之间互相转化的规律。又称五德终始说、五运终始说等。有相生、相克两种序列。三代以前为公天下，按相生序列转化，如黄帝土德；土能生金，少皞氏继黄帝而立，为金德；金能生水，颛顼继少皞而立，为水德；水能生木，帝喾继颛顼而立等。三代以后为家天下，强凌弱，明兼昧，唯力是视，所以按相克序列转化，如夏为木德；金能克木，商为金德，起而灭夏；火能克金，周为火德，起而灭商；水能克火，秦为水德，起而灭周等。此等理论盛行于秦汉之间，后转衰。⑰意思是，散布阴阳消长的分限或说是界限、条件等这样一些理论。散，散布、传播；分，分限、界限等。⑱五胜：五行相胜。⑲十二辰与十二月相应，十月为亥；与五方相应，亥居北方；北方与五行相应，属水。所以自以为得水德，便推重十月，以十月为正。⑳五行与五色的对应关系是水色黑，所以得水德者尚黑。

【原文】

汉兴，高祖曰“北畤待我而起”[①]，亦自以为获水德之瑞。虽明习历及张苍等，咸以为然。是时天下初定，方纲纪大基，高后女主，皆未遑，故袭秦正朔服色。

至孝文时，鲁人公孙臣以终始五德上书，言："汉得土德，宜更元[②]，改正朔，易服色。当有瑞，瑞黄龙见。"事下丞相张苍，张苍亦学律历，以为非是，罢之。其后黄龙见成纪，张苍自黜，所欲论著不成。而新垣平以望气见，颇言正历服色事，贵幸，后作乱，故孝文帝废不复问。

至今上即位，招致方士唐都，分其天部[③]；而巴落下闳运算转历[④]，然后日辰之度与夏正同[⑤]。乃改元，更官号，封泰山。因诏御史曰："乃者，有司言星度之未定也，广延宣问，以理星度，未能詹[⑥]也。盖闻昔者黄帝合而不死[⑦]，名察度验[⑧]，定清浊[⑨]，起五部[⑩]，建气物分数[⑪]。然盖尚矣。书缺乐弛，朕甚闵焉。朕唯未能循明也[⑫]。紬绩日分[⑬]，率应水德之胜[⑭]。今日顺夏至[⑮]，黄钟为宫[⑯]，林钟为徵，太蔟为商，南吕为羽，姑洗为角。自是以后，气复正[⑰]，羽声复清[⑱]，名复正变[⑲]，以至子日当冬至[⑳]，则阴阳离合之道行焉[㉑]。十二月甲子朔旦冬至已詹[㉒]，其更以七年为太初元年。年名'焉逢摄提格'[㉓]，月名'毕聚'[㉔]，日得甲子，夜半朔旦冬至[㉕]。"

【注释】

①周秦之间，分别祭五帝于东、西、南、北畤。汉初建国，五畤之中缺少祭祀黑帝的北畤，高祖问群臣原因何在，群臣不能答。高祖省悟说："原来北畤是等待我来建立的。"参见《封禅书》文。②元：历元。计算历法开始的日子。更元就是改历法。③将天划分为若干部分，以便进行天体观测。古

人分天为四宫、十二次，每一宫次随时代不同包含的星度数略有差异。太初改历，重分天部，就是要重新测定各宫次包含的精确度数，即重新进行天体测量的意思。④运算转历：通过运算编制历表，由历表转推历日。由于历有循环性，若干年后，历日就又重新出现原来的样子，所以推求历日，如轮之转，称为转历。⑤与夏正同：就是与夏历相同。⑥詹：通“赡”，满足。全句意思是没有得到满意的答复。《集解》引徐广语，说：“一作‘售’。”又《汉书·律历志》作雠，皆通。⑦《集解》引孟康语解释说：“合，作也。黄帝作历，历终复始无穷已，故曰不死。”又引臣瓒语，说：“黄帝圣德，与虚合契，升龙登仙于天，故曰合而不死。”以后说为长。⑧名察：星历名称，一一考辨明白，不令含糊、混淆。度验：星度数一一验证无误。⑨确定五音的高下清浊。音细而高者为清，低而沉者为浊。⑩确立历与五部之间的联系。五部，即五行。指木、火、土、金、水。⑪确定二十四节气以及历法中其他名物（指各种参数）的大小。⑫叹惋之词：虽“甚闵焉”，而未循而明之，以补其缺漏。《汉书·律历志》作“未能修明”。循，通“修”。⑬《索隐》解释说：“紬绩者，女工紬缉之意，以言造历算运者犹若女工缉而织之也。”按：紬绩就是纺绩。抽棉麻为纱称为纺（或谓之紬），缉纱为线谓为绩。这里比喻制历，是取其不嫌微细，积少成多的意思。制历积日分成日，积日为月，积月为年。日分：分一日长短为若干份作为制历的基数。⑭率：全都、大率、通常。水德之胜：指土德。五行土胜水。⑮如今时令已快到了夏至。夏至，五月中气。⑯由于十二律旋相为宫，此处申明黄钟为宫、林钟为徵等是为了说明已得十二律之正。⑰节气重又得到夏时之正。⑱五声之中宫声最浊，羽声最清。羽声不清则五音不正，说明长度单位不正确(失之过长)，制历也不会准确，这是制历先正五声十二律的原因。⑲有两种解释：一认为“名”是“各”字的误文，“各复正变”是说，羽声复清，其余各声也都恢复了按正确比率的变化，是指五声皆正的意思；二是认为“变”字为衍文，“名复正”是说与历相关的各名物都恢复到了正确状态。译文取后说。⑳此句是解释正好是冬至日，作为历法的开端，下句便是对此问题的回答。㉑王元启解释说：“古者太初上元甲子夜半冬至，七曜皆会于斗牵牛分度，自此而后，诸曜或迟或疾；各异其行，所谓离合之道也。”阴阳，此处是指七曜诸星，如月为阴，日为阳。金、水为阴，木、火为阳之类；离合之道，当离者离，当合者合，各循其道。㉒制历要求以十一月甲子日为朔旦冬至，这一条已经可以得到满足了。由于当时已经推算出当年十一月朔旦，是甲子日，又是冬至节，所以才有此言。㉓此为太岁纪年法，是以新名代替干支名号，表示太岁所在位置。《尔雅》所载新名，抄录如下，后不另注：“太岁在甲曰阏逢，在乙曰旃蒙，在丙曰柔兆，在丁曰强圉，在戊曰著雍，在己曰屠维，在庚曰上章，在辛曰重光，在壬曰玄黓，在癸曰昭阳。以上是岁阳。”太岁在寅曰摄提格，在卯曰单阏，在辰曰执徐，在巳曰大荒落，在午曰敦牂，在未曰协洽，在申曰涒滩，在酉曰作噩，在戌曰阉茂，在亥曰大渊献，在子曰困敦，在丑曰赤奋若。”《历书》中的阏逢摄提格显然是指甲寅岁。㉔录《尔雅》所载月名如下：“月在甲曰毕，在乙曰橘，在丙曰修，在丁曰圉，在戊曰厉，在己曰则，在庚曰窒，在辛曰塞，在壬曰终，在癸曰极。”以上为月阳。“正月为陬，二月为如，三月为寎，四月为余，五月为皋，六月为且，七月为相，八月为壮，九月为玄，十月为阳，十一月为辜，十二月为涂。”月阳是按顺序排定，与十二月名结合，六十月一周；十二月名则每年位置固定不变。如正月得甲名毕陬，得乙则名橘陬，余类推。《历书》中“毕聚”，聚与陬同。㉕以上数句颇为支离：“月名”是指元封七年（即太初元年）正月，“日得甲子”是指元封六年十一月（即太初元年正月）朔的日名，“夜半朔旦冬至”又与前文重复。所以有人认为自“年名”以下二十一字，是后人传写，误接于诏书以下的文字，可备一说。参见清金衍绪《史记太初元年岁名辨》；收入《诂经精舍文集》卷八。

【原文】

历术甲子篇①

太初元年，岁名“焉逢摄提格”，月名“毕聚”，日得甲子，夜半朔旦冬至。

正北②

十二③

无大余④，无小余⑤；

无大余[6]，无小余[7]；

焉逢摄提格太初元年[8]。

【注释】

①《索隐》说："以十一月朔旦冬至得甲子，甲子是阳气支干之首，故以甲子命历术为篇首，非谓此年岁在甲子也。"②这是冬至所在辰次的方位。太初元年冬至在夜半子时，子的方位是正北。③这是一年的月数，无闰月为十二个月，有闰月则为十三个月。④这一行是计算月朔甲子日名的参数，《索隐》称为月朔大小余。已知本年初的月朔干支日名，将本年的总天数减去所含的甲子周数（甲子一周为六十日，含几甲子就减去几个六十日），剩余的不足一甲子的部分，整日数称为大余。从本年初的月朔干支，数到大余数目之外的第一个干支名，就是下年初的月朔干支日名（例见下年月朔大余注）。由于太初历把元封七年称为太初元年，而元封六年的十一月朔旦冬至是太初历的起算日期，冬至发生在朔日夜半子时，所以说太初元年（冬至前）没有大余。⑤这是月朔甲子余数中不足一整日的部分，太初历测得每月日，每年十二个月整日数之外还有小数，小数中的分子部分就是小余。同样由于太初历从十一月朔起算，所以说太初元年（冬至前）是"无小余"。⑥这一行是计算冬至干支日名的参数，《索隐》称为冬至大小余。已知本年冬至日名，从本年总天数中除去所包含的甲子周数，剩余部分中的整日数称为大余。从本年初的冬至干支日名，数到大余数之外的第一个干支就是下年冬至的干支日名

（例见下年冬至大余注）。由于太初历是从元封六年的十一月冬至起算（这时已经是历法中的太初元年冬至），所以太初元年便是冬至无大余。⑦小余是指冬至日余分，即不足一整日的部分。太初历以每年为日，每日分为32分，日合8分，每隔一年，小余增加8分，四年积为一日，入大余。同样由于是自元封六年十一月冬至起算，冬至前无小余。⑧此句是说上述的月朔大小余和冬至大小余都是指甲寅年即太初元年而言。后同此。按:《历书》所指年是历法年，即以天正十一月为起止日期。如月朔大小余是指头年十一月朔的大小余；冬至大小余是指截至头年十一月冬至的大小余。而实际上太初历规定一年日期是从正月开始的。历法年比实际年早约一个半月。

【原文】

十二①

大余五十四②，小余三百四十八③；

大余五④，小余八⑤；

端蒙单阏二年⑥。

【注释】

①本年（即太初二年）为十二个月，无闰月。②分数部分归入下年。整数354日分配于十二月之中，每月29天半。实际月份不能含半日，命大月为30日，小月为29日，大小月相间安排，六大六小，恰354日。欲知下年月朔甲子，354日除6甲子300日，余54日为大余。自甲子起算大余外，即第55日戊午为下年十一月朔的日名。③由上注，全年354日零

分日，其中分子348分便是小余。此后每月加29日，499分，小余积够940分为一日，入于大余之中本月便为大月30日，不足为小月29日。④太初历测得一个回归年（从冬至到下年冬至）的日数是日，已知上年冬至日名为甲子，欲求下年冬至日名，将一个回归年数除去6甲子（360日），余日，其中整数部分5便是大余。自太初元年冬至日名（甲子）起算，后数第6日为己巳，便是太初二年冬至的日名。余仿此。⑤上注中的余数，其中日合8分（每日析为32分）便是小余。小余满32分入大余。⑥前引《尔雅》文“端蒙”作旃蒙，为乙；单阏为卯，知端蒙单阏即为乙卯年。二年：指太初二年。后仿此，不另注。

【原文】

闰十三①

大余四十八②，小余六百九十六③；

大余十④，小余十六⑤；

游兆执徐三年⑥。

【注释】

①表示本年有闰月，全年共十三个月。如前述，每个回归年为日，而历法年才日，差约十一日，三年差一个月余，九年差一季，月与季节便失去了固定关系，即今年六月为夏季，若干年后的六月就成了严冬，很不方便。为此，在历法中设置了闰月，以求得历年和回归年的平衡。方法是将每年差数归入下年，积够一月则置为闰月，当年便是十三个月。旧历大约是每

三年一闰，五年再闰。十九年置七个闰月。若按《汉书·律历志》所说的阳历（即设置大小月时，使月先朔而生）计算，本年为闰七月。《通鉴》闰月在太初二年正月，不合。②上年大余54，加上本年54，合为108日，除去一甲子60，余48日。所以说是大余48。③上年小余348分，今年又余348分，合为696分。④上年大余5，今年又余5，合为大余10。后仿此，不另注。⑤上年小余8分，今年又余8分，合为16分，余仿此。⑥前引《尔雅》游兆作柔兆，同。游兆执徐为丙辰年。

【原文】

十二

大余十二[①]，小余六百三[②]；

大余十五，小余二十四；

强梧大荒落四年[③]。

十二

大余七，小余十一；

大余二十一[④]，无小余[⑤]；

徒维敦牂天汉元年[⑥]。

闰十三

大余一，小余三百五十九；

大余二十六，小余八；

祝犁协洽二年[⑦]。

十二

大余二十五，小余二百六十六；

大余三十一；小余十六；

商横涒滩三年[8]。

十二

大余十九，小余六百一十四；

大余三十六，小余二十四；

昭阳作鄂四年[9]。

闰十三

大余十四，小余二十二；

大余四十二，无小余；

横艾淹茂太始元年[10]。

十二

大余三十七，小余八百六十九；

大余四十七，小余八；

尚章大渊献二年[11]。

闰十三

大余三十二，小余二百七十七；

大余五十二，小余一十六；

焉逢困敦三年[12]。

十二

大余五十六，小余一百八十四；

大余五十七，小余二十四；

端蒙赤奋若四年[13]。

【注释】

①上年大余48日，加上当年所余54日，由于上年有闰月（闰月也是日），再加29日，合为131日，除去2甲子120日，余11日，加上小余积成的1日（见注②），为12日，所以大余为12日。此后每逢上年有闰，本年大余除了加上当年余54日外，另加闰月的29日。不另注。②上年小余696分，加上当年小余348分，再加上闰月余分499分，合为1543分。除去940分一整日，归入大余，余603分。所以小余是603。此后每逢上年有闰，小余除了加上当年所余348分之外，还要加上闰月余分499。不另注。③前引《尔雅》，强梧作强圉。强梧大荒落为丁巳年。④上年大余15，加上当年大余5，为20日，再加上小余积成的1日，合为21日，所以说大余为21日。⑤上年小余24分，加上当年小余8分合为32分，恰是一日分数，入于大余，所以说无小余。⑥上年（太初四年）为丁巳，本年当成戊午年，前引《尔雅》“戊曰著雍”，“午曰敦牂，年名当为著雍敦牂。此处为徒维敦牂，与《尔雅》不同。⑦由前引《尔雅》文，天汉二年的年名（己未）当为屠维协洽。此处为祝犁协洽，与《尔雅》不同。⑧天汉三年为庚申，《尔雅》当为上章涒滩，此处作商横涒滩，与《尔雅》不同。⑨辛酉年，《尔雅》作重光作噩，此处为昭阳作鄂。不同。⑩壬戌年，《尔雅》作玄黓阉茂，此处为横艾淹茂。⑪癸亥年，《尔雅》当作昭阳大渊献，与此不同。《索隐》释亥为困敦，又不知其所据。⑫甲子岁，《尔雅》“焉”作“阏”，同

音字。⑬乙丑岁，《尔雅》“端”作“旃”。同韵而讹。《索隐》“赤奋若”作“汭汉”，不知所据。按：由以上可知，《历术甲子篇》中的岁阳多与《尔雅》不同，其中多数是讹音字，也有的是根本不同。后不注。

【原文】

十二

大余五十，小余五百三十二；

大余三，无小余；

游兆摄提格征和元年。

闰十三[①]

大余四十四，小余八百八十；

大余八，小余八；

强梧单阏二年。

十二

大余八，小余七百八十七；

大余十三，小余十六；

徒维执徐三年。

十二

大余三，小余一百九十五；

大余十八，小余二十四；

祝犁大芒落四年[②]。

闰十三

大余五十七，小余五百四十三；

大余二十四，无小余；

商横敦牂后元元年。

十二

大余二十一，小余四百五十；

大余二十九，小余八；

昭阳汁洽二年[③]。

闰十三[④]

大余十五，小余七百九十八；

大余三十四，小余十六；

横艾涒滩始元元年。

正西[⑤]

十二

大余三十九，小余七百五；

大余三十九，小余二十四；

尚章作噩二年[⑥]。

【注释】

①《汉书·武帝纪》征和二年为闰四月。②太初四年中“大芒落”作“大荒落”，《尔雅》亦作“大荒落”。③前天汉二年“汁洽”作“协洽”，《尔雅》亦作“协洽”。④《汉书·武帝纪》为闰九月。⑤一日为十二辰，日当在酉时，即始元二年冬至加于酉时（酉时为冬至）。酉的方位为正西。所以此处“正西”就是冬至加于酉时的意思。⑥天汉四年所纪为“作鄂”，《尔雅》为“作噩”，与此同。

【原文】

十二

大余三十四，小余一百一十三；

大余四十五，无小余；

焉逢淹茂三年

闰十三

大余二十八，小余四百六十一；

大余五十，小余八；

端蒙大渊献四年。

十二

大余五十二，小余三百六十八；

大余五十五，小余十六；

游兆困敦五年。

十二

大余四十六，小余七百一十六；

无大余，小余二十四；

强梧赤奋若六年。

闰十三

大余四十一，小余一百二十四；

大余六，无小余；

徒维摄提格元凤元年。

十二

大余五，小余三十一；

大余十一，小余八；

祝犁单阏二年。

十二

大余五十九，小余三百七十九；

大余十六，小余十六；

商横执徐三年。

闰十三

大余五十三，小余七百二十七；

大余二十一，小余二十四；

昭阳大荒落四年。

十二

大余十七，小余六百三十四；

大余二十七，无小余；

横艾敦牂五年。

闰十三

大余十二，小余四十二；

大余三十二，小余八；

尚章汁洽六年。

十二

大余三十五，小余八百八十九；

大余三十七，小余十六；

焉逢涒滩元平元年。

十二

大余三十，小余二百九十七；

大余四十二，小余二十四；

端蒙作噩本始元年。

闰十三

大余二十四，小余六百四十五；

大余四十八，无小余；

游兆阉茂二年。

十二

大余四十八，小余五百五十二；

大余五十三，小余八；

强梧大渊献三年。

十二

大余四十二，小余九百；

大余五十八，小余十六；

徒维困敦四年。

闰十三

大余三十七，小余三百八；

大余三，小余二十四；

祝犁赤奋若地节元年。

十二

大余一，小余二百一十五；

大余九，无小余；

商横摄提格二年。

闰十三

大余五十五，小余五百六十三；

大余十四，小余八；

昭阳单阏三年。

正南[1]

十二

大余十九，小余四百七十；

大余十九，小余十六；

横艾执徐四年。

【注释】

①十二辰午居正南方，所以，此处“正南”的意思是地节四年冬至加于午时。此后初元二年有“正东”，算法同，不另注。

【原文】

十二

大余十三，小余八百一十八；

大余二十四，小余二十四；

尚章大荒落元康元年。

闰十三

大余八，小余二百二十六；

大余三十，无小余；

焉逢敦牂二年。

十二

大余三十二，小余一百三十三；

大余三十五，小余八；

端蒙协洽三年。

十二

大余二十六，小余四百八十一，

大余四十，小余十六；

游兆涒滩四年。

闰十三

大余二十，小余八百二十九；

大余四十五，小余二十四；

强梧作噩神雀元年。

十二

大余四十四，小余七百三十六；

大余五十一，无小余；

徒维淹茂二年。

十二

大余三十九，小余一百四十四；

大余五十六，小余八；

祝犁大渊献三年。

闰十三

大余三十三，小余四百九十二；

大余一，小余十六；

商横困敦四年。

十二

大余五十七，小余三百九十九；

大余六，小余二十四；

昭阳赤奋若五凤元年。

闰十三

大余五十一，小余七百四十七；

大余十二，无小余；

横艾摄提格二年。

十二

大余十五，小余六百五十四；

大余十七，小余八；

尚章单阏三年。

十二

大余十，小余六十二；

大余二十二，小余十六；

焉逢执徐四年。

闰十三

大余四，小余四百一十；

大余二十七，小余二十四；

端蒙大荒落甘露元年。

十二

大余二十八，小余三百一十七；

大余三十三，无小余；

游兆敦牂二年。

十二

大余二十二，小余六百六十五；

大余三十八；小余八；

强梧协洽三年。

闰十三

大余十七，小余七十三；

大余四十三，小余十六；

徒维涒滩四年。

十二

大余四十，小余九百二十；

大余四十八，小余二十四；

祝犁作噩黄龙元年。

闰十三

大余三十五，小余三百二十八；

大余五十四，无小余；

商横淹茂初元元年。

正东

十二

大余五十九，小余二百三十五；

大余五十九，小余八；

昭阳大渊献二年。

十二

大余五十三，小余五百八十三；

大余四，小余十六；

横艾困敦三年。

闰十三

大余四十七，小余九百三十一；

大余九，小余二十四；

尚章赤奋若四年。

十二

大余十一，小余八百三十八；

大余十五，无小余；

焉逢摄提格五年。

十二

大余六，小余二百四十六；

大余二十，小余八；

端蒙单阏永光元年。

闰十三

无大余，小余五百九十四；

大余二十五，小余十六；

游兆执徐二年。

十二

大余二十四，小余五百一；

大余三十，小余二十四；

强梧大荒落三年。

十二

大余十八，小余八百四十九；

大余三十六，无小余；

徒维敦牂四年。

闰十三

大余十三，小余二百五十七；

大余四十一，小余八；

祝犁协洽五年。

十二

大余三十七，小余一百六十四；

大余四十六，小余十六；

商横涒滩建昭元年。

闰十三

大余三十一，小余五百一十二；

大余五十一，小余二十四；

昭阳作噩二年。

十二

大余五十五，小余四百一十九；

大余五十七，无小余；

横艾阉茂三年。

十二

大余四十九，小余七百六十七；

大余二，小余八；

尚章大渊献四年。

闰十三

大余四十四，小余一百七十五；

大余七，小余十六；

焉逢困敦五年。

十二

大余八，小余八十二；

大余十二，小余二十四；

端蒙赤奋若竟宁元年。

十二

大余二，小余四百三十；

大余十八，无小余；

游兆摄提格建始元年。

闰十三

大余五十六，小余七百七十八；

大余二十三，小余八；

强梧单阏二年。

十二

大余十二，小余六百八十五；

大余二十八，小余十六；

徒维执徐三年。

闰十三

大余十五，小余九十三；

大余三十三，小余二十四；

祝犁大荒落四年。

右《历书》：大余者，日也[①]。小余者，月也[②]。端蒙者[③]，年名也。支：丑名赤奋若，寅名摄提格[④]。干：丙名游兆[⑤]。正北，冬至加子时[⑥]；正西，加酉时；正南，加午时；正东，加卯时。

【注释】

①指余数中整日的数目。②小余是余数中不足一日的部分，即分数部分。由于把月朔小余依次加上每月余分499，可以决定该月是大月或小月（大于940分为大月，不足940分为小月）；而冬至小余决定了冬至所在辰次，即天正（历法正月）十一月的位置。所以释小余为"月也"，是有道理的。《正义》说"小余又非是"，不妥。③年名由两部分组成：一为岁阳，如端蒙等；二为岁名，即太岁所在的十二辰次名。文中只举岁阳部分，是略语。④举丑、寅二支以概其余。⑤举丙名以概其余。⑥加子时：就是加于子时，或者说在子时。后同此，不另注。

【译文】

上古时候，历法以孟春月作为正月。这时候，冰雪开始消融，蛰虫苏醒过来，百草萌生新芽，杜鹃鸟在原野中啼鸣。万物都长了一岁：它们从东春时降生，顺次经历夏秋四季，最后到了冬尽春分的时候。雄鸡三唱，天色黎明。以往经过了十二个月的节气，直到丑月即腊月结束，日月运行都已成周。日、月组成一个“明”字，所以才有了正月的这第一个黎明。明就是孟的意思，幽就是幼，幽明就是指雌雄。雌雄交替出现，而又与以孟春为正月的历法相符合。太阳从西边落下，自东方升起；而新月先在西方露明，从东方隐于地下。真正是既不由天，也不由人，世间事也大都是这样，所以凡事都易于破坏，难以促成了。

帝王受天命而改朝换代，对于其初始必十分慎重，所以要更改历法，改变服装崇尚的颜色，推本天体运行的起始时刻，以顺承天的意旨。

太史公说：“神农以前年代太远，就不必论了。黄帝时考察星度，制定历法，建立了五行序列，确立起阴阳死生消长的规律，纠正了闰月余分数值的大小，于是有了分管天地神祇和其他物类的官员，称为五官。各自掌管一套，不相杂乱。所以百姓能够有所信赖，神能有灵明。民神各有所职，互相敬重，不相冒犯，所以神给百姓降下好年景，百姓以丰洁的礼品飨祭神，以致灾祸不生，养生所需，永不匮乏。”

少皞氏衰落以后，诸侯九黎作乱，民神不分，群类混淆，灾祸接连发生，沴气犹不能尽。颛顼即位后，就任命南正重负责天事，所有的神祇属他管理；任命火正黎负责地事，管理民事，使恢复以前的样子，不得相互侵扰渎乱。

后来诸侯三苗随九黎一起作乱，所以重、黎二官都不修所职，闰余的排列失了次序，正月的设置也与正岁不合，摄提所指失了规律，历法与天运的次第不符。尧时重新任命重黎二氏的后人，不忘旧功，使他们恢复了原来的职务，还设立了羲和的官职。时刻明，度数正，就阴阳调和，风雨有节，有了兴旺景象，百姓没有夭殇疾疫。尧年老以后禅位给舜，在文祖庙中告诫舜说“为天造历的重任在尔一身”。舜也用同样的话告诫禹。由此看来，造历法是帝王很为重视的事。

夏朝以正月为历正，殷朝以十二月为历正，周朝以十一月为历正。大凡三王的历正如同循环，周而复始。天下治理得好，就不会乱了次第；治理不好，连诸侯也不会执行王者的历法。

幽王、厉王以后，周朝衰微，列国大夫执国政，史官不记时日，为君者不行告朔礼，所以历算世家的子弟纷纷出走。有的分散在中原诸国，有的流入夷狄，所以祝祷祭祀的制度荒废而不能统一。周襄王二十六年有闰三月，《春秋》书中非难它置闰月不当。先王制定历法的规则是，先定历元和年、月、日等开始的时刻，再由中气纠正十二月的位置，有日月余分则归于年末。开始的时刻既定，接续下来的四时等也无错误；以中气纠正月位，百姓才不致迷惑；余分归入年末，诸事才不悖乱。

此后是战国纷争的时期，各国的目的都只在于强国胜敌，挽救危机，解决纠纷而已，哪有机会顾及编制历法的事！那时候，只有邹衍懂得五德终始相传，而且散布阴阳消长的分限等理论，因此而显名于诸侯。同时，也由于秦灭六国，战争频繁，后来虽然做了皇帝，时日太短，也顾不上历法的事。但是，秦时颇为注重推求五行胜克，自以为是得了五行中水德的祥瑞，把河改名为“德水”，岁正取为十月，五色中崇尚黑色。然而，历法星度闰月余分等，未能做到更为准确一些。

汉朝兴起后，高祖说“北畤祀黑帝的事待我开始办起”，也是自认为得了水德的祥瑞。纵然一些明习历法的人以及丞相张苍等，也都以为如此。当时天下刚刚平定，正着力在大的方面建纲设纪。此后，高后以女子主政，都顾不及此，所以沿袭了秦朝的历法和服色。

到孝文帝时，鲁人公孙臣以五德终始的理论上书，说“汉朝所得是土德，应该改变历元，更改历法，变易衣服崇尚的颜色。这样天就会降下祥瑞，有黄龙出现”。文帝将此事交给张苍处理，张苍也是习学律历的人，认为他说得不对，把事情搁了起来。此后，果然有黄龙出现于成纪地区。张苍引咎降职，他打算做的制定汉历的有关论述也就不了了之。又有新垣平以善于望云气的技艺得见天子，也对天子说了些改正历法和服色的事，很得天子信任，后来竟然作乱，所以汉文帝再也不谈改历的事。

直到当今皇帝即位，招致方士唐都，测量周天各部的星宿度数；而由巴郡的落下闳运算制历，然后日辰星度得与夏历相同。于是改定年号，更改官名，封祭泰山。因而下诏书对御史说道："过去，主管官员说星度没有测定，于是朕广泛征求、询问臣下意见，该怎样测定星度，未能得到满意的答复。听说古时黄帝圣德与神灵相合，固得不死，乘龙仙去。他曾经察星名，验度数，判定五音清浊高低，确立四时与五行的关系，建立了节气的日分余数。然而年代太远了。如今典籍缺少，礼乐废弛，朕深觉遗憾。只是朕又无力把它们补修完备。今造历者运算日分，全都与能克制水德的土德相合，如今已临近夏至，以黄钟为宫声，林钟为徵声，太蔟为商声，南吕为羽声，姑洗为角声。从此之后，节气重新得正，羽声重新成为最清音，律名等复又得到纠正，以子日作为冬至日，此后的阴阳离合自可循道而行了。已经算得十一月甲子日夜半时为月朔冬至，更定元封七年为太初元年。年名是'焉逢摄提格'，月名是'毕聚'，日名已算得为甲子，又算得月朔夜半时为冬至。"

历术甲子篇

太初元年，岁名是"焉逢摄提格"，月名是"毕聚"，十一月朔旦日名得甲子，夜半时为冬至节。

冬至在子时，方位为正北。

全年为十二个月，

月朔无大余，无小余；

冬至无大余，无小余；

焉逢摄提格，即太初元年。

全年为十二个月，

月朔大余为五十四日，小余为三百四十八分；

冬至大余为五日，小余为八分；

端蒙单阏，即太初二年。

有闰月，全年为十三个月，

月朔大余四十八日，小余六百九十六分；

冬至大余十日，小余十六分；

游兆执徐，即太初三年。

全年为十二个月，

月朔大余十二日，小余六百零三分；

冬至大余十五日，小余二十四分；

强梧大荒落，即太初四年。

全年为十二个月，

月朔大余七日，小余十一分；

冬至大余二十一日，无小余；

徒维敦牂，即天汉元年。

有闰月，全年为十三个月，

月朔大余一日，小余三百五十九分；

冬至大余二十六日，小余八分；

祝犁协洽，即天汉二年。

全年为十二个月，

月朔大余二十五日，小余二百六十六分；

冬至大余三十一日，小余十六分；

商横涒滩，即天汉三年。

全年为十二个月，

月朔大余十九日，小余六百一十四分；

冬至大余三十六日，小余二十四分；

昭阳作鄂，即天汉四年。

有闰月，全年为十三个月，

月朔大余十四日，小余二十二分；

冬至大余四十二日，无小余；

横艾淹茂，即太始元年。

全年为十二个月，

月朔大余三十七日，小余八百六十九分；

冬至大余四十七日，小余八分；

尚章大渊献，即太始二年。

有闰月，全年为十三个月，

月朔大余三十二日，小余二百七十七分；

冬至大余五十二日，小余十六分；

焉逢困敦，即太始三年。

全年为十二个月，

月朔大余五十六日，小余一百八十四分；

冬至大余五十七日，小余二十四分；

端蒙赤奋若，即太始四年。

全年为十二个月，

月朔大余五十日，小余五百三十二分；

冬至大余三日，无小余；

游兆摄提格，即征和元年。

有闰月，全年为十三个月，

月朔大余四十四日，小余八百八十分；

冬至大余八日，小余八分；

强梧单阏，即征和二年。

全年为十二个月，

月朔大余八日，小余七百八十七分；

冬至大余十三日，小余十六分；

徒维执徐，即征和三年。

全年为十二个月，

月朔大余三日，小余一百九十五分；

冬至大余十八日，小余二十四分；

祝犁大芒落，即征和四年。

有闰月，全年为十三个月，

月朔大余五十七日，小余五百四十三分；

冬至大余二十四日，无小余；

商横敦牂，即后元元年。

全年为十二个月，

月朔大余二十一日，小余四百五十分；

冬至大余二十九日，小余八分；

昭阳汁洽，即后元二年。

有闰月，全年为十三个月，

月朔大余十五日，小余七百九十八分；

冬至大余三十四日，小余十六分；

横艾涒滩，即始元元年。

冬至在酉时，方位正西；

全年为十二个月，

月朔大余三十九日，小余七百零五分；

冬至大余三十九日，小余二十四分；

尚章作噩，即始元二年。

全年为十二个月，

月朔大余三十四日，小余一百一十三分；

冬至大余四十五日，无小余；

焉逢淹茂，即始元三年。

有闰月，全年为十三个月，

月朔大余二十八日，小余四百六十一分；

冬至大余五十日，小余八分；

端蒙大渊献，即始元四年。

全年为十二个月，

月朔大余五十二日，小余三百六十八分；

冬至大余五十五日，小余十六分；

游兆困敦，即始元五年。

全年为十二个月，

月朔大余四十六日，小余七百一十六分；

冬至无大余，小余二十四分；

强梧赤奋若，即始元六年。

有闰年，全年为十三个月，

月朔大余四十一日，小余一百二十四分；

冬至大余六日，无小余；

徒维摄提格，即元凤元年。

全年为十二个月，

月朔大余五日，小余三十一分；

冬至大余十一日，小余八分；

祝犁单阏，即元凤二年。

全年为十二个月，

月朔大余五十九日，小余三百七十九分；

冬至大余十六日，小余十六分；

商横执徐，即元凤三年。

有闰月，全年为十三个月，

月朔大余五十三日，小余七百二十七分；

冬至大余二十一日，小余二十四分；

昭阳大荒落，即元凤四年。

全年为十二个月，

月朔大余十七日，小余六百三十四分；

冬至大余二十七日，无小余；

横艾敦牂，即元凤五年。

有闰月，全年为十三个月，

月朔大余十二日，小余四十二分；

冬至大余三十二日，小余八分；

尚章汁洽，即元凤六年。

全年为十二个月，

月朔大余三十五日，小余八百八十九分；

冬至大余三十七日，小余十六分；

焉逢涒滩，即元平元年。

全年为十二个月，

月朔大余三十日，小余二百九十七分；

冬至大余四十二日，小余二十四分；

端蒙作噩，即本始元年。

有闰月，全年为十三个月，

月朔大余二十四日，小余六百四十五分；

冬至大余四十八日，无小余；

游兆阉茂，即本始二年。

全年为十二个月，

月朔大余四十八日，小余五百五十二分；

冬至大余五十三日，小余八分；

强梧大渊献，即本始三年。

全年为十二个月，

月朔大余四十二日，小余九百分；

冬至大余五十八日，小余十六分；

徒维困敦，即本始四年。

有闰月，全年为十三个月，

月朔大余三十七日，小余三百零八分；

冬至大余三日，小余二十四分；

祝犁赤奋若，即地节元年。

全年为十二个月，

月朔大余一日，小余二百一十五分；

冬至大余九日，无小余；

商横摄提格，即地节二年。

有闰月，全年为十三个月，

月朔大余五十五日，小余五百六十三分；

冬至大余十四日，小余八分；

昭阳单阏，即地节三年。

冬至在午时，方位为正南；

全年为十二个月，

月朔大余十九日，小余四百七十分；

冬至大余十九日，小余十六分；

横艾执徐，即地节四年。

全年为十二个月，

月朔大余十三日，小余八百一十八分；

冬至大余二十四日，小余二十四分；

尚章大荒落，即元康元年。

有闰月，全年为十三个月，

月朔大余八日，小余二百二十六分；

冬至大余三十日，无小余；

焉逢敦牂，即元康二年。

全年为十二个月，

月朔大余三十二日，小余一百三十三分；

冬至大余三十五日，小余八分；

端蒙协洽，即元康三年。

全年为十二个月，

月朔大余二十六日，小余四百八十一分；

冬至大余四十日，小余十六分；

游兆涒滩，即元康四年。

有闰月，全年为十三个月，

月朔大余二十日，小余八百二十九分；

冬至大余四十五日，小余二十四分；

强梧作噩，即神雀元年。

全年为十二个月，

月朔大余四十四日，小余七百三十六分；

冬至大余五十一日，无小余；

徒维淹茂，即神雀二年。

全年为十二个月，

月朔大余三十九日，小余一百四十四分；

冬至大余五十六日，小余八分；

祝犁大渊献，即神雀三年。

有闰月，全年为十三个月，

月朔大余三十三日，小余四百九十二分；

冬至大余一日，小余十六分；

商横困敦，即神雀四年。

全年为十二个月，

月朔大余五十七日，小余三百九十九分；

冬至大余六日，小余二十四分；

昭阳赤奋若，即五凤元年。

有闰月，全年为十三个月，

月朔大余五十一日，小余七百四十七分；

冬至大余十二日，无小余；

横艾摄提格，即五凤二年。

全年为十二个月，

月朔大余十五日，小余六百五十四分；

冬至大余十七日，小余八分；

尚章单阏，即五凤三年。

全年为十二个月，

月朔大余十日，小余六十二分；

冬至大余二十二日，小余十六分；

焉逢执徐，即五凤四年。

有闰月，全年为十三个月，

月朔大余四日，小余四百一十分；

冬至大余二十七日，小余二十四分；

端蒙大荒落，即甘露元年。

全年为十二个月，

月朔大余二十八日，小余三百一十七分；

冬至大余三十三日，无小余；

游兆敦牂，即甘露二年。

全年为十二个月，

月朔大余二十二日，小余六百六十五分；

冬至大余三十八日，小余八分；

强梧协洽，即甘露三年。

有闰月，全年为十三个月，

月朔大余十七日，小余七十三分；

冬至大余四十三日，小余十六分；

徒维涒滩，即甘露四年。

全年为十二个月，

月朔大余四十日，小余九百二十分；

冬至大余四十八日，小余二十四分；

祝犁作噩，即黄龙元年。

有闰月，全年为十三个月，

月朔大余三十五日，小余三百二十八分；

冬至大余五十四日，无小余；

商横淹茂，即初元元年。

冬至在卯时，方位正东；

全年为十二个月，

月朔大余五十九日，小余二百三十五分；

冬至大余五十九日，小余八分；

昭阳大渊献，即初元二年。

全年为十二个月，

月朔大余五十三日，小余五百八十三分；

冬至大余四日，小余十六分；

横艾困敦，即初元三年。

有闰月，全年为十三个月，

月朔大余四十七日，小余九百三十一分；

冬至大余九日，小余二十四分；

尚章赤奋若，即初元四年。

全年为十二个月，

月朔大余十一日，小余八百三十八分；

冬至大余十五日，无小余；

焉逢摄提格，即初元五年。

全年为十二个月，

月朔大余六日，小余二百四十六分；

冬至大余二十日，小余八分；

端蒙单阏，即永光元年。

有闰月，全年为十三个月，

月朔无大余，小余五百九十四分；

冬至大余二十五日，小余十六分；

游兆执徐，即永光二年。

全年为十二个月，

月朔大余二十四日，小余五百零一分；

冬至大余三十日，小余二十四分；

强梧大荒落，即永光三年。

全年为十二个月，

月朔大余十八日，小余八百四十九分；

冬至大余三十六日，无小余；

徒维敦牂，即永光四年。

有闰月，全年为十三个月，

月朔大余十三日，小余二百五十七分；

冬至大余四十一日，小余八分；

祝犁协洽，即永光五年。

全年为十二个月，

月朔大余三十七日，小余一百六十四分；

冬至大余四十六日，小余十六分；

商横涒滩，即建昭元年。

有闰月，全年为十三个月，

月朔大余三十一日，小余五百一十二分；

冬至大余五十一日，小余二十四分；

昭阳作噩，即建昭二年。

全年为十二个月，

月朔大余五十五日，小余四百一十九分；

冬至大余五十七日，无小余；

横艾阉茂，即建昭三年。

全年为十二个月，

月朔大余四十九日，小余七百六十七分；

冬至大余二日，小余八分；

尚章大渊献，即建昭四年。

有闰月，全年为十三个月，

月朔大余四十四日，小余一百七十五分；

冬至大余七日，小余十六分；

焉逢困敦，即建昭五年。

全年为十二个月，

月朔大余八日，小余八十二分；

冬至大余十二日，小余二十四分；

端蒙赤奋若，即竟宁元年。

全年为十二个月，

月朔大余二日，小余四百三十分；

冬至大余十八日，无小余；

游兆摄提格，即建始元年。

有闰月，全年为十三个月，

月朔大余五十六日，小余七百七十八分；

冬至大余二十三日，小余八分；

强梧单阏，即建始二年。

全年为十二个月，

月朔大余二十日，小余六百八十五分；

冬至大余二十八日，小余十六分；

徒维执徐，即建始三年。

有闰月，全年为十三个月，

月朔大余十五日，小余九十三分；

冬至大余三十三日，小余二十四分；

祝犁大荒落，即建始四年。

以上《历书》中：大余，是指的余日。小余，是指余分。端蒙等，是年名。包括干支两部分，支：如丑名赤奋若，寅名摄提格等。干，如丙名游兆等。正北，是指冬至在子时；正西，冬至在酉时；正南，冬至在午时；正东，冬至在卯时。

全新足本·精注全译

拾贰

史记

【西汉】司马迁◎著

石磊◎主编

中国文史出版社

目录

第一百一十七卷　天官书[①] 第五

《汉书·艺文志》记载的古代天文著作凡二十一家，多达四百五十卷。但是，到了著录《隋书·经籍志》的唐代，大约全都失传了。今知年代较古远的天文著作如甘氏、石氏、巫咸三家《星经》《黄帝天文占》等最早见于《隋书·经籍志》中，《汉书·艺文志》不载其名，显然属于后人整理、辑佚一类著作。其他如《淮南子·天文训》等失之芜杂，近年来考古发现的如马王堆出土《天文气象杂占》等又不能作为综合性的天文著作。所以，今知的系统、全面的天文学专著以《史记·天官书》为最古。

《史记·天官书》与《历书》一样，也不在《史记》十篇亡书之数，必为太史公原著（也有人以为是“妄人录《汉书·天文志》而成”，可不论），当然不排斥其中有错简以及后人窜入的成分，这是古书难以避免的，也不影响它的真正价值。

天官书的内容大体可分作七章：一为经星，分作五宫记述三垣二十八宿等恒星；二为五纬，记木、火、土、金、水五行星；三为二曜，记日与月；四为异星；五为云气；六为候岁；

七是总论。前二章是记述的重点。第三章对日、月的记述最为简略，日只讲了晕、虹与食，而且偏重于占卜。日的其他天文知识，如运行失常、黑子（《晋书·天文志》黑子之外，还记有日乌、黑气、黑云等名)、日珥（《周礼·视》称为监，郑玄等称为冠珥)、光斑（《宋史·天文志》记为“日生牙”等)、色变、“乍三乍五”等，都没有记载，对月的记述同样有许多当有而无的地方。(清）王元启解释说：“《天官书》前无所承，史公首创为之，不能如后代测验之详，故约举大纲以存占候之旧。”

【原文】

中宫天极星[②]，其一明者，太一[③]常居也；旁三星三公[④]，或曰子属[⑤]。后句四星[⑥]，末大星正妃[⑦]，余三星后宫[⑧]之属也。环之匡卫[⑨]十二星，藩臣[⑩]。皆曰紫宫[⑪]。

【注释】

①天官书：讲述古代天文学的专著，但是其中夹杂着很多占星、望气、候岁之类的占卜术，使得精华与糟粕混杂，披沙拣金，读者须得深思。②中宫：古代把北极星所在的天区看作天空的正中，所以把北极星当作天空的中官。宫，当据《索隐》和王念孙《读书杂志》改作“官”，后文的“东官”“南官”“西官”“北官”与这里相同。天极星：就是北极星，又叫北辰，包括五颗星，属于紫微垣。现代所称的北极星是指勾陈一星，跟古代所指不同。③太一：天帝的别名，是最尊贵的

天神。④三星三公：三颗星象征人世间的三公。周代把太师、太傅、太保称为三公，西汉把丞相、御史大夫、太尉称作三公。⑤子属：指太子星、庶子星。属，种类，等辈。⑥句（gōu）：通“勾”，弯曲。四星：据《星经》说，这四颗星叫作四辅。⑦正妃：帝王的正妻。⑧后宫：宫中妃嫔居住的地方。借指妃嫔、姬妾。⑨匡卫：辅助，保卫。⑩藩臣：保卫帝王的诸侯。⑪紫宫：就是紫微宫或紫微垣。既是星官名，又是天区名。这里指星官。

【原文】

前列直斗口①三星，随北端兑②，若见若不③，曰阴德④，或曰天一⑤。紫宫左三星日天枪⑥，右五星曰天棓⑦，后六星绝汉抵营室⑧，曰阁道⑨。

【注释】

①直：通“值”，挡。斗口：北斗星的开口。②随：当据《索隐》《史记志疑》改作“隋”，通“堕”，下垂。端：尖端；前端。兑（ruì）：通“锐”，尖锐。③若：如；像。见（xiàn）：显现。不（fuǒ）：通“否”，表示对上文的否定。④阴德：星官名。⑤天一：阴德的另一名称。⑥左：据清代方苞《史记注补正》说，应当跟下句的“右”字互换。天枪：星官名。⑦天棓：星官名。棓，同“棒”。⑧绝：度过；跨越。汉：指天汉。就是银河，俗称天河。营室：星官名。原来包括室宿和壁宿，后来专指室宿。室宿是二十八宿之一，北方

七宿的第六宿，包括两颗星，现在属于飞马座。壁宿又叫东壁，也是二十八宿之一，北方七宿的第七宿，包括两颗星，现在分属于飞马座和仙女座。⑨阁道：星官名。包括六颗星。

【原文】

北斗七星[①]，所谓"旋玑、玉衡[②]以齐七政"。杓携龙角[③]，衡殷南斗[④]，魁枕参[⑤]首。用昏建者杓[⑥]；杓，自华[⑦]以西南。夜半建者衡[⑧]；衡，殷中州河、济[⑨]之间。平旦[⑩]建者魁；魁，海岱[⑪]以东北也。斗为帝[⑫]车，运于中央[⑬]，临制四乡[⑭]。分阴阳[⑮]，建[⑯]四时，均五行[⑰]，移节度[⑱]，定诸纪[⑲]，皆系[⑳]于斗。

【注释】

①北斗：星官名。在北天排斗形的七颗亮星。②旋玑：又作"璇玑"。北斗星的这一部分象征浑天仪或浑天仪的横筒。玉衡：象征浑天仪的横筒或圆形外壳。③杓：指北斗星的柄。携：连接。龙角：星官名。就是角宿。④衡：指北斗星的斗中央。殷：居中；当于。南斗：星官名。就是斗宿，亦名北斗（非指北斗七星）。二十八宿之一，北方七宿的第一宿，包括六颗星，现在属于人马座。⑤魁：指北斗星的第一星。枕：临；靠近。参（shēn）：星官名。二十八宿之一，西方七宿的第七宿，包括七颗星，现在属于猎户座。⑥用：以；于。昏：黄昏。指戌时。相当于现在的十九点至二十一点。建：北斗星的斗柄（或斗魁、或斗衡）所指叫作建，并以建寅（指向东

偏北方向）作为基点。杓：指北斗星的第七星。⑦华（huà）：山名。在陕西省东部，属于秦岭山脉东段。⑧夜半：指子时。相当于现在的二十三时至一时。衡：指北斗星的第五星。⑨中州：古代豫州位处九州的中央，称为中州。有时也泛指黄河中游地区。河：古代黄河的专名。济：水名。发源于河南省济源市王屋山，古代分为黄河南、北两部分，下游河道变化很多。⑩平旦：指寅时。相当于现在的三时至五时。⑪海岱（dài）：指东海（今渤海）和泰山之间的地区，就是古代的青州，现在的山东省一带。岱，泰山的别名。⑫帝：天帝。也可象征皇帝。⑬运：运转；转动。中央：天空的正中。⑭临制：统制。临，站在上面俯看下面。四乡：四方。⑮阴阳：昼夜。⑯建：制定。四时：四季。⑰均：调和；调节。五行：指水、火、木、金、土，古代称构成各种物质的五种元素。⑱移：改变。节度：节序度数。⑲诸纪：指岁、日、月、星辰、历数。⑳系：联属依附。

【原文】

斗魁戴匡六星曰文昌宫[1]：一曰上将[2]，二曰次将，三曰贵相，四曰司命，五曰司中，六曰司禄。在斗魁中[3]，贵人之牢。魁下六星，两两相比[4]者，名曰三能[5]。三能色齐[6]，君臣和；不齐，为乖戾[7]。辅星明近[8]，辅臣[9]亲强；斥小[10]，疏弱[11]。

【注释】

①匡：通“筐”，文昌宫的六颗星排列成为筐形。②上将：星名。下文的次将、贵相、司命、司中、司禄都是星名。③在斗魁中：指天理四星。这句上面有缺文。④比（bì）：并列；靠近。动词。⑤三能：星官名。就是三台。⑥色齐：颜色平和。指亮度正常稳定。⑦乖戾：抵触，不一致。⑧辅星：星名。靠近开阳星的伴星。明近：明亮而接近观测者。⑨辅臣：辅佐皇帝的大臣。⑩斥小：远离观测者而微小。⑪疏弱：疏远而无能。

【原文】

杓端有两星：一内为矛[①]，招摇；一外为盾[②]，天锋。有句圜十五星[③]，属[④]杓，曰贱人之牢。其牢中星实[⑤]则囚多，虚则开出[⑥]。

【注释】

①内：接近。矛：天矛星。②外：远离。盾：天盾星。又叫天锋星。③句圜（yuán）十五星：句指七公星，包括七颗星；圜指贯索星，包括九颗星，但其中正北的一颗星一般隐而不显，因此在观测者看来总计有十五颗星。它们排列成为连环形。句，通“勾”；圜，通“圆”。④属（zhǔ）：接连。⑤其：那。指示代词。实：充满。⑥开出：开放；释放。

【原文】

天一、枪、棓、矛、盾动摇，角[①]大，兵[②]起。

【注释】

①角：芒角；光芒。②兵：军事；战争。

【原文】

东宫[①]苍龙，房、心[②]。心为明堂[③]，大星天王[④]，前后星子属。不欲直[⑤]，直则天王失计[⑥]。房为府[⑦]，曰天驷。其阴[⑧]，右骖[⑨]。旁有两星曰衿[⑩]；北一星曰辖[⑪]。东北曲十二星曰旗[⑫]。旗中四星曰天市[⑬]；中六星曰市楼[⑭]。市中星众者实[⑮]；其虚则耗[⑯]。房南众星曰骑官[⑰]。

【注释】

①东宫：当作“东官”。②房：房宿。星官名。又叫天驷。二十八宿之一，东方七宿的第四宿，包括四颗星，现在属于天蝎座。心：心宿。星官名。又叫商星。二十八宿之一，东方七宿的第五宿，包括三颗星，现在属于天蝎座。③明堂：古代君王宣明政教的大会堂，所有朝会、祭祀、庆赏等盛大典礼都在这里举行。④天王：春秋时代称周天子为天王，后世泛指皇帝。⑤直：三星排列直线。⑥失计：失策；⑦府：当据《索隐》和《史记志疑》补作“天府”。⑧阴：北边。⑨右骖(cān)：当据《史记志疑》作“左、右骖”。左骖、右骖都是星名。⑩衿：当据《索隐》《正义》作“钩衿”。钩、衿皆星名。衿，通“钤”。⑪辖：星名。⑫旗：天旗。星官名。⑬天市：星官名。⑭市楼：星官名。⑮实：经济繁荣。⑯耗：经济枯竭。⑰骑官：星官名。

【原文】

左角[1]，李[2]；右角，将。大角[3]者，天王帝廷[4]。其两旁各有三星，鼎足[5]句之，曰摄提[6]。摄提者，直斗杓所指，以建时节[7]，故曰“摄提格[8]”。亢为疏庙[9]，主疾。其南北两大星，曰南门[10]。氐为天根[11]，主疫。

【注释】

①角：角宿。星官名。二十八宿之一，东方七宿的第一宿，包括两颗星，现在属于室女座。②李：通“理”，法官。③大角：星名。④帝廷：朝廷，朝见的地方。⑤鼎足：比喻三方并立。鼎，古代炊煮用的器具，有三只脚。⑥摄提：星官名。包括六颗星。⑦时节：四季的次序。⑧摄提格：摄提星随着斗柄指向寅位是一年的开始。格，起始。⑨亢：亢宿，星官名。二十八宿之一，东方七宿的第二宿，包括四颗星，现在属于室女座。疏庙：外朝。天帝处理政事的地方。⑩南门：星官名。⑪氐：氐宿，星官名。二十八宿之一，东方七宿的第三宿，包括四颗星，现在属于天秤座。天根：它是角、亢两宿的根柢。

【原文】

尾[1]为九子，曰君臣；斥绝[2]，不和。箕为敖客[3]，曰口舌[1]。

【注释】

①尾：尾宿，星官名。二十八宿之一，东方七宿的第六

宿，包括九颗星，现在属于天蝎座。②斥绝：相距很遥远。③箕：箕宿。星官名。二十八宿之一，东方七宿的第七宿，包括四颗星，现在属于人马座。敖客：挑拨是非的人们。④口舌：口角；争吵。

【原文】

火犯守[1]角，则有战。房、心[2]，王者恶[3]之也。

【注释】

①火：火星。又叫荧惑。犯守：古人观测天象时的术语。甲星从下往上光芒接触到乙星的光芒，叫作甲星犯乙星；甲星停留在乙星通常所在的位置，叫作甲星守乙星。②房、心：紧承上句，省略了主语和谓语“火犯守”。③恶（wù）：憎恨；厌恶。

【原文】

南宫朱鸟，权、衡[1]。衡，太微，三光[2]之廷。匡卫十二星，藩臣：西，将；东，相；南四星，执法[3]一中，端门[4]；门左右，掖门[5]——门内六星，诸侯[6]。其内五星，五帝坐[7]。后聚一十五星，蔚然[8]，曰郎位[9]；傍[10]一大星，将位[11]也。月、五星顺入[12]，轨道，司其出[13]，所守[14]，天子所诛也。其逆入[15]，若[16]不轨道，以所犯命[17]之；中坐[18]，成形[19]，皆群下从谋[20]也。金[21]、火尤甚。廷藩西有隋[22]星五，曰少微[23]，士大夫。权，轩辕。轩辕，黄龙体[24]。前大星，女主象[25]；旁小星，御者[26]后宫属。月、五星守犯者，如衡占[27]。

【注释】

①南宫：当作“南官”。权、衡：都是星官名。权，又叫轩辕，包括十七颗星。衡，又叫太微，包括十颗星。②三光：指日、月、五星。③执法：官名。跟上两句的将、相一样，可以看成这些星辰的职务，也可以看作它们的名称。④端门：正门。天空门名。⑤掖门：旁门。天空门名。⑥诸侯：星官名。⑦五帝坐：星官名（坐，通“座”）。它们的名称是：中央黄帝坐，神名含枢纽；东方苍帝坐，神名灵威仰；南方赤帝坐，神名赤熛（biāo）怒；西方白帝坐，神名白招拒；北方黑帝坐，神名叶光纪。⑧蔚然：密密麻麻的样子。⑨郎位：星官名。⑩傍（páng）：通“旁”，⑪将位：星名。⑫五星：五大行星。顺入：从西方进入太微廷。⑬司（sì）：通“伺”，等候，观察。出：从太微廷经过五帝坐向东运行。⑭所守：指被月或五星侵占了位置的星辰所象征的大官员。⑮其：倘若；如果。假设连词。逆入：从东方进入太微廷。⑯若：或；或者。⑰以：根据；针对。所犯：指被月或五星侵犯了的星辰所象征的大官员。命：给定罪名。⑱中坐：有两种解释：一是侵犯或侵占五帝坐。中（zhòng），冲击。二是指五帝坐的中央黄帝坐。⑲成形：有两解：一是灾祸已经明显地表现；二是一定会要施以刑罚。形，通“刑”。⑳从谋：勾结起来图谋犯上作乱。㉑金：金星。又叫太白、启明、长庚。㉒廷藩：指作为太微廷的藩臣的各个星官。隋（duò）：通“堕”，下垂。㉓少（shào）微：星官名。㉔黄龙体：比喻轩辕星的形状。㉕女主：

指皇后。象：象征；形象。㉖御者：指宫内侍女。㉗占：看兆头以预知吉凶。

【原文】

东井为水事[①]。其西曲星曰钺[②]。钺北，北河[③]；南，南河[④]；两河、天阙间为关梁[⑤]。舆鬼[⑥]，鬼[⑦]祠事；中白者为质[⑧]。火守南北河，兵起，谷不登[⑨]。故德成衡[⑩]，观成潢[⑪]，伤成钺[⑫]，祸成井[⑬]，诛成质[⑭]。

【注释】

①东井：就是井宿。星官名。二十八宿之一，南方七宿的第一宿，包括八颗星，现在属于双子座。为水事：掌握法令制度的准则。水最平，可以作为制法和执法者的榜样。②钺：星名。③北河：星官名。包括三颗星。④南河：星官名。包括三颗星。⑤两河：指北河星、南河星。天阙（què）：星官名。包括两颗星。关梁：关卡和桥梁。比喻交通要冲。⑥舆鬼：就是鬼宿。星官名。二十八宿之一，南方七宿的第二宿，包括四颗星，现在属于巨蟹座。⑦鬼：当据《正义》《史记志疑》改作“主”，或依王先谦说作“为”。⑧质：鬼宿四星中央有一个附座星官，名叫质，又叫积尸气或鬼星团。⑨登：成熟。⑩德成衡：帝王施行德政，就会预先从衡星表现征兆。⑪观成潢（huáng）：帝王外出游览，就会预先从潢星表现征兆。潢星是天帝的车舍，因此可以看出帝王车马的行踪。潢，又叫天潢或天横，星官名，包括八颗星。⑫伤成钺：帝王胡作非为，就会预先从钺星表现征兆。⑬祸成井：帝王有灾祸，就会预先

从井宿表现征兆。井宿主水事，有帝王的征象。⑭诛成质：帝王执行诛杀，就会预先从质星表现征兆。

【原文】

柳为鸟注[①]，主木草。七星[②]，颈，为员官[③]，主急事。张[④]，素[⑤]，为厨，主觞[⑥]客。翼[⑦]为羽翮，主远客。

【注释】

①柳：柳宿。星官名。二十八宿之一，南方七宿的第三宿，包括八颗星，现在属于长蛇座。注：通“咮”，鸟口；鸟嘴。②七星：就是星宿。星官名。二十八宿之一，南方七宿的第四宿，包括七颗星，现在属于长蛇座。③员官：喉咙。员，通“圆”。④张：张宿，又叫鹑尾。星官名。二十八宿之一，南方七宿的第五宿，包括六颗星，现在属于长蛇座。⑤素：通“嗉（sù）”，嗉囊。⑥觞（shāng）：盛酒器。敬酒或喝酒。⑦翼：翼宿。星官名。二十八宿之一，南方七宿的第六宿，包括二十二颗星，现在分属巨爵座和长蛇座。

【原文】

轸[①]为车，主风。其旁有一小星，曰长沙[②]，星星[③]不欲明；明与四星等，若五星入轸中，兵大起。轸南众星曰天库、楼[④]；库有五车[⑤]。车星角[⑥]，若益众，及不具[⑦]，无处[⑧]车马。

【注释】

①轸（zhěn）：轸宿。星官名。二十八宿之一，南方七宿的第七宿，包括四颗星，现在属于乌鸦座。②长沙：星名。

③星星：细小。④天库：星官名。包括六颗星。楼：天楼。星官名。包括四颗星。⑤五车：星名。⑥角：光芒。⑦不具：隐而不见。⑧无处：没法安排。

【原文】

西宫咸池[1]，曰天五潢[2]。五潢，五帝车舍。火入，旱；金，兵；水[3]，水。中有三柱[4]；柱不具，兵起。

【注释】

①西宫：当作“西官”。咸池：星官名。②“曰”上面疑有缺文。③水：水星。又叫辰星。④三柱：星官名。

【原文】

奎[1]曰封豕，为沟渎[2]。娄[3]为聚众。胃[4]为天仓。其南众星曰廥积[5]。

【注释】

①奎（kuí）：奎宿。又叫天豕、封豕。星官名。二十八宿之一，西方七宿的第一宿，包括十六颗星，现在分属仙女座和双鱼座。②沟渎（dú）：沟渠。③娄：娄宿。星官名。二十八宿之一，西方七宿的第二宿，包括三颗星，现在属于白羊座。④胃：胃宿。星官名。二十八宿之一，西方七宿的第三宿，包括三颗星，现在属于白羊座。⑤廥积：星官名。包括六颗星。

【原文】

昴[1]曰髦头，胡星[2]也，为白衣会[3]。毕[4]曰罕车，为边兵，主弋[5]猎。其大星旁小星为附耳[6]。附耳摇动，有谗乱[7]臣在侧。昴、毕间为天街[8]。其阴，阴国[9]；阳[10]，阳国[11]。

【注释】

①昴（mǎo）：昴宿。星官名。二十八宿之一，西方七宿的第四宿。昴宿是一个星团，又叫髦头、昴星团，有七颗较亮的星，现在属于金牛座。②胡星：象征胡人的星辰。③白衣会：古代占卜说是丧事的征兆。白衣，丧服。会，吉凶的遭遇。④毕：毕宿。又叫天浊、罕车。星官名。二十八宿之一，西方七宿的第五宿，包括八颗星，现在属于金牛座。⑤弋（yì）：用绳子系着箭发射。⑥附耳：星名。⑦谗乱：颠倒是非，进行捣乱。⑧天街：星官名。包括两颗星。⑨阴国：指野蛮落后的外族国家。⑩阳：南边。⑪阳国：指文明先进的华夏族国家。

【原文】

参[1]为白虎。三星直者，是为衡石[2]。下有三星，兑，曰罚[3]，为斩艾[4]事。其外四星，左右肩股也。小三星隅置[5]，曰觜觿[6]，为虎首，主葆旅[7]事。其南有四星，曰天厕[8]。厕下一星，曰天矢[9]。矢黄则吉；青、白、黑，凶。其西有句曲九星，三处罗[10]：一曰天旗[11]，二曰天苑[12]，三曰九游[13]。其东有大星曰狼[14]。狼角变色，多盗贼。下有四星曰弧[15]，直狼。狼[16]比地有大星，曰南极老人[17]。老人见，治安；不见，兵起。常以秋分时候之于南郊[18]。

【注释】

①参（shēn）：参宿。星官名。②衡石：衡，秤杆，秤；

石，古代重量单位，等于四钧、一百二十斤。③罚：也作“伐”，星官名。④艾（yì）：通“刈”，割；杀。⑤隅（yú）置：排列在角落。⑥觜觿（zīxī）：就是觜宿。星官名。二十八宿之一，西方七宿的第六宿，包括三颗星，现在属于猎户座。⑦葆旅：两解：一是保护军需运输。二是收取野生食物。⑧天厕：星官名。⑨天矢：星名。矢，通“屎”。⑩罗：分布；排列。⑪天旗：星官名。⑫天苑：星官名。⑬九游：星官名。据《正义》说，天旗星包括九颗星，天苑星包括十六颗星，九游星包括九颗星，跟上句“九星”不合。⑭狼：天狼。星名。天空最亮的恒星，现在属于大犬座。⑮弧：星官名。⑯狼：衍文。当据《汉书·天文志》和《史记志疑》删。⑰南极老人：星名。又叫寿星。天空次亮的恒星，现在属于船底座。⑱以：于；在。候之于南郊：南极星只出现在南天地平线附近，我国中部地区很难见到。

【原文】

附耳入毕中，兵起①。

【注释】

①这两句话应当移到前文“附耳”句下面。

【原文】

北宫玄武①，虚、危②。危为盖屋；虚为哭泣之事。

【注释】

①北宫，当作“北官”。玄武：指龟或龟蛇合体的形象。

武，龟蛇身有鳞甲，有勇武象。②虚：虚宿。星官名。二十八宿之一，北方七宿的第四宿，包括两颗星，现在分属宝瓶座和小马座。危：危宿。星官名。

【原文】

其南有众星，曰羽林天军[①]。军西为垒[②]，或曰钺。旁有一大星为北落[③]。北落若微亡[④]，军星动角益希[⑤]，及五星犯北落，入军，军起。火、金、水尤甚。火，军忧；水，水患；木、土[⑥]，军吉。危东六星，两两相比，曰司空[⑦]。

【注释】

①羽林天军：星官名。②垒：又叫钺。星官名。③北落：星名。④微亡：隐而不显。微，隐蔽，藏匿；亡，消失。⑤希：通“稀”，稀疏；稀少。⑥木：木星，又叫岁星。土：土星，又叫填星、镇星。⑦司空：星官名。

【原文】

营室为清庙[①]，曰离宫[②]阁道。汉中四星，曰天驷[③]。旁一星，曰王良[④]。王良策[⑤]马，车骑[⑥]满野。旁有八星，绝汉，曰天潢。天潢旁，江星[⑦]。江星动，人涉水。

【注释】

①清庙：帝王诸侯祭祀祖宗的祠庙。②离宫：帝王临时居住的宫殿。③天驷：星官名。与房宿的别名“天驷”是两码事。④王良：星名。本是春秋时晋国的一个善于驭马的人。⑤策：星名。策本是马鞭或鞭打的意思，这里借星名作动词

用，语意双关。⑥车骑：车和驾车的马。⑦江星：又叫天江。星官名。

【原文】

杵、臼[①]四星，在危南。匏瓜[②]，有青黑星[③]守之，鱼盐贵。

【注释】

①杵臼：星官名。②匏瓜：星官名。包括五颗星。③青黑星：指天空新出现的客星。

【原文】

南斗[①]为庙，其北建星[②]。建星者，旗也。牵牛为牺牲[③]。其北河鼓[④]。河鼓大星，上将；左右[⑤]，左右将。婺女[⑥]，其北织女[⑦]。织女，天女孙[⑧]也。

【注释】

①南斗：就是斗宿。星官名。二十八宿之一，北方七宿的第一宿，包括六颗星，现在属于人马座。②建星：星官名。包括六颗星。也叫天旗，跟房宿的“天旗”是两码事。③牵牛：就是牛宿。星官名。二十八宿之一，北方七宿的第二宿，包括六颗星，现在属于摩羯（jié）座。牺牲：古代供祭祀用的牲畜的通称。④河鼓：星官名。包括三颗星，现在属于天鹰座。古代天文书籍大都称牛宿为牵牛星，而在诗文中常常称河鼓星为牵牛星，一般人称它为牛郎星。⑤左右：分别指大星南边和北边的星。⑥婺（wù）女：就是女宿。星官名。二十八宿之

一，北方七宿的第三宿，包括四颗星，现在属于宝瓶座。⑦织女：星官名。包括三颗星，现在属于天琴座。⑧天女孙：晋代以后的天文书籍中多作“天女”，在诗文中常简称“天女”或“天孙”。

【原文】

察日、月之行以揆岁星顺逆[①]。曰东方木[②]，主春[③]，曰甲、乙[④]。义失者，罚出岁星[⑤]。岁星赢缩[⑥]，以其舍命[⑦]国。所在国不可伐，可以罚[⑧]人。其趋舍[⑨]而前曰赢，退舍[⑩]曰缩。赢，其国有兵不复[⑪]；缩，其国有忧，将[⑫]亡，国倾败[⑬]。其所在，五星皆从而聚于一舍[⑭]，其下之国可以义致[⑮]天下。

【注释】

①揆（kuí）：测度；度量。顺逆：顺入或逆入。五大行星围绕太阳运行的轨道是椭圆的，跟黄道斜交。②东方木：根据五行说，把五行跟五方配合：东方木，南方火，西方金，北方水，中央土。③主春：根据五行说，把五行跟四季配合：木主春，火主夏，金主秋，水主冬；还剩下土怎么办呢？于是就从一年四季的中间划出季夏来跟它配合：土主季夏。④曰甲、乙：根据五行说，把五行跟纪日的十干配合：甲乙木，丙丁火，戊己土，庚辛金，壬癸水。⑤义失者，罚出岁星：本文把五行跟道德规范或政治措施配合：木主义，火主礼，土主德，金主杀，水主刑。⑥赢缩：五大行星出现得早叫作赢，出现得晚叫作缩。赢缩就是进退的意思。⑦舍：就是“宿”，侧重指天空区划。命：命名；起名。⑧罚：通“伐”。⑨趋舍：超过

正常达到的天区。⑩退舍：落后于正常达到的天区。⑪复：兴复；恢复。⑫将（jiàng）：将帅。⑬倾败：危险，灭亡。⑭五星皆从而聚于一舍：指五大行星同时出现于同一天区，古代称为“五星聚”或“五星连珠”。⑮致：招致；招来。

【原文】

以摄提格[①]岁：岁阴[②]左行在寅，岁星右转[③]居丑。正月，与斗、牵牛晨出东方，名曰监德[④]。色苍苍[⑤]有光。其失次[⑥]，有应[⑦]见柳。岁早[⑧]，水；晚，旱。

【注释】

①摄提格：万物秉承阳气兴起。古代用岁阴的名目纪年，它们的名称是：摄提格、单阏（chán yān）、执徐、大荒落、敦牂（zāng）、协洽、涒（tūn）滩、作噩、阉茂、大渊献、困敦、赤奋若。分别相当于十二支的寅、卯、辰、巳、午、未、申、酉、戌、亥、子、丑。②岁阴：古代天文学中假设的天体名称，又叫太岁或太阴。③右转：从西向东运行。④监德：给正月间每天早晨出现在东方的木星起的特定名称。下文的“降人”“青章”等名称跟这相类似。⑤苍苍：深青色。⑥次：也称星次。古代为了测量日、月、五星的位置和运动，把黄道带分成十二个部分，叫作十二次。但因为它们是按赤道经度等分的，所以跟现代的黄道十二宫有出入。⑦应：效应；占验。⑧岁早：指一年的前半段；下面的“晚”指后半段。

【原文】

岁星出，东行十二度，百日而止，反[①]逆行；逆行八度，百日，复东行。岁行三十度十六分度之七[②]，率[③]日行十二分度之一，十二岁而周天[④]。出常东方，以晨；入于西方，用昏。

【注释】

①反：通“返”。②三十度十六分度之七：就是三十又十六分之七度。③率：大概；通常。④十二岁而周天：根据现代实测，木星的公转周期是11.86年。古代把周天分为三百六十五又四分之一度，现在分为三百六十度。这里作动词用，是绕天一周的意思。

【原文】

单阏[①]岁：岁阴在卯，星[②]居子。以二月与婺女、虚、危晨出，曰降入。大有光。其失次，有应见张。其岁大水。

【注释】

①单阏：阴气尽止，阳气推动万物兴起。②星：承上文，指岁星。

【原文】

执徐[①]岁：岁阴在辰，星居亥。以三月与营室、东壁晨出，曰青章。青青甚章[②]。其失次，有应见轸。岁早，旱；晚，水。

【注释】

①执徐：蛰伏的动物缓慢地开始活动。②章：通“彰”，明显，显著。

【原文】

大荒骆[①]岁：岁阴在巳，星居戌。以四月与奎、娄晨出，曰跰踵[②]。熊熊[③]赤色，有光。其失次，有应见亢。

【注释】

①大荒骆：万物都勃然兴起，十分活跃。②跰（pián）踵：踉跄前行。③熊熊：火焰旺盛的样子。

【原文】

敦牂[①]岁：岁阴在午，星居酉。以五月与胃、昴、毕晨出，曰开明。炎炎有光。偃[②]兵；唯利公王[③]，不利治兵[④]。其失次，有应见房。岁早，旱；晚，水。

【注释】

①敦牂：万物壮盛。②偃（yǎn）：止息；停止。③公王：指太平盛世的帝王诸侯。④治兵：练兵；用兵。

【原文】

叶洽[①]岁：岁阴在未，星居申。以六月与觜觿、参晨出，曰长列。昭昭[②]有光。利行兵。其失次，有应见箕。

【注释】

①叶洽：阳气化生，万物和合。叶，也作“协”。②昭昭：明亮；清朗。

【原文】

涒滩[①]岁：岁阴在申，星居未。以七月与东井、舆鬼晨出，曰大音。昭昭白。其失次，有应见牵牛。

【注释】

①涒滩：万物成熟。

【原文】

作鄂[①]岁：岁阴在酉，星居午。以八月与柳、七星、张晨出，曰长王。作作[②]有芒。国其[③]昌，熟谷。其失次，有应见危。有旱而昌，有女丧，民疾。

【注释】

①作鄂：植物芒角尖锐。②作作：形容光芒四射。③其：将要。

【原文】

阉茂[①]岁：岁阴在戌，星居巳。以九月与翼、轸展出，曰天睢[②]。白色大明。其失次，有应见东壁。岁水，女丧。

【注释】

①阉茂：万物都隐蔽起来。②睢：抬眼看。

【原文】

大渊献[①]岁：岁阴在亥，星居辰。以十月与角、亢晨出，曰大章。苍苍然，星若跃而阴[②]出旦，是谓“正平”。起师旅[③]，其率[④]必武；其国有德，将有四海[⑤]。其失次，有应见娄。

【注释】

①大渊献：万物大量深藏。②阴：暗淡；隐约。③师旅：

军队；战争。④率：通“帅”。⑤有：取得；占有。四海：天下。

【原文】

困敦[①]岁：岁阴在子，星居卯。以十一月与氐、房、心晨出，曰天泉。玄色[②]甚明。江池其昌，不利起兵。其失次，有应见昴。

【注释】

①困敦：万物刚刚萌发，处于混沌状态。②玄色：天青色；浅黑色。

【原文】

赤奋若[①]岁：岁阴在丑，星居寅。以十二月与尾、箕晨出，曰天皓[②]。黫[③]然黑色甚明。其失次，有应见参。

【注释】

①赤奋若：阳气振起万物，顺应它们的天性。②皓：光明。③黫（yān）：黑色的样子。

【原文】

当居[①]不居，居之又左右摇，未当去[②]去之，与他星会，其国凶。所居久，国有德厚[③]。其角动，乍小乍大，若色数[④]变，人主有忧。

【注释】

①居：停留。②去：离开。③德厚：道德高厚。④数（shuò）：屡次；频繁。

【原文】

其失次舍[①]以下，进而东北，三月生天棓，长四丈，末兑。进而东南，三月生彗星[②]，长二丈，类[③]彗。退而西北，三月生天欃[④]，长四丈，末兑。退而西南，三月生天枪，长数丈，两头兑。谨视其所见之国，不可举事[⑤]用兵。其出如浮如沉，其国有土功[⑥]；如沉如浮，其野[⑦]亡。色赤而有角，其所居国昌。迎[⑧]角而战者，不胜。星色赤黄而沉，所居野大穰[⑨]。色青白而赤灰，所居野有忧。岁星入月[⑩]，其野有逐相；与太白斗[⑪]，其野有破军。

【注释】

①次舍：行星运行过程中一定时期在十二次和二十八舍（宿）的位置。②彗星：绕太阳运行的一种天体。形状很特别，远离太阳时，是一个云雾状小斑点；接近太阳时，由彗头和彗尾两部分组成，彗尾像扫帚，所以通常叫扫帚星。③类：相似。④天欃（chán）：星名。它和上文的天棓、下文的天枪都是彗星一类的天体。⑤举事：兴办国家大事。⑥土功：土木水利等建筑工程。⑦野：指分野。古代天文学说，把天上星宿的位置跟地上州、国的位置相对应。就天文说，称分星；就地域说，称分野。⑧迎：正对着。⑨穰（ráng）：丰收；繁荣。⑩岁星入月：当木星运行到跟月亮、地球成为一直线时，观测者的视线被月球遮断，看不见木星。这种现象古人叫作月食星。⑪斗：斗争。意谓两星的光芒相接触。

【原文】

岁星一曰摄提，曰重华，曰应星，曰纪星。营室为清庙，岁星庙[①]也。

【注释】

①庙：宫室；朝堂。

【原文】

察刚气以处[①]荧惑。曰南方火，主夏，日丙、丁。礼[②]失，罚出荧惑，荧惑失行[③]是也。出[④]则有兵，入[⑤]则兵散。以其舍命国。荧惑为勃[⑥]乱，残贼、疾、丧[⑦]、饥、兵。反道[⑧]二舍以上，居之，三月有殃，五月受兵，七月半亡地，九月太半[⑨]亡地。因与俱出入[⑩]，国绝祀[⑪]。居之，殃还[⑫]至，虽大当小；久而至，当小反大。其南为丈夫[⑬]丧，北为女子丧。若角动绕环之，及乍前乍后，左右[⑭]，殃益大。与他星斗，光相逮[⑮]，为害；不相逮，不害。五星皆从而聚于一舍，其下国可以礼致天下。

【注释】

①刚气：刚毅之气。因为古人认为火星象征执法者，所以这样说。处：位置；判断位置。②礼：规定社会行为的法则、规范、仪式的总称。③失行：火星在天空中运行，时隐时现时东时西，情况复杂。④出：出现；显现。⑤入：隐没。⑥勃(bèi)：通“悖”，违反；迷惑。⑦残贼：凶杀，暴乱。疾：疾病；瘟疫。丧：死亡；灾祸。⑧反道：回转轨道运行。⑨太

半：大半；多半。⑩因与俱出入：承上文而言，意思是说：到了九个月以后，仍然在那里时而出现，时而隐没。⑪绝祀：断绝祭祀。指国家（王朝）灭亡。⑫还（xuán）：通“旋”，随即；不久。⑬丈夫：男子。⑭左右：乍左乍右。状语。⑮逮：及；到。

【原文】

法[①]，出东行十六舍而止；逆行二舍；六旬[②]，复东行，自所止数十舍，十月而入西方；伏行[③]五月，出东方。其出西方曰“反明”，主命者[④]恶之。东行急，一日行一度半。

【注释】

①法：法则；常规。②旬：十日。③伏行：潜伏运行。④主命者：发号施令的人。指帝王诸侯。

【原文】

其行东、西、南、北疾[①]也。兵各聚其下；用[②]战，顺之[③]胜，逆之败。荧惑从太白，军忧；离之，军却[④]。出太白阴，有分军[⑤]；行其阳，有偏将战[⑥]。当其行，太白逮之，破军杀将。其入守犯太微、轩辕、营室，主命[⑦]恶之。心为明堂，荧惑庙也。谨候此[⑧]。

【注释】

①疾：快速。②用：需要。③顺之：顺着火星运行的方向行进。④却：倒退；退却。⑤分军：别部；奇兵。⑥偏将战：敌对双方约定时间和地点，各据一面，正式交战。⑦主命：就

是主命者。⑧候：占验星象。依据天象的变化来预测吉凶。

【原文】

历斗之会[①]以定填星之位。曰中央土，主季夏[②]，日戊、己，黄帝[③]，主德，女主象也。岁填[④]一宿，其所居，国吉。未当居而居，若已去而复还，还居之，其国得土，不[⑤]，乃得女。若当居而不居，既已居之，又西东去，其国失土，不，乃失女，不可举事用兵。其居久，其国福厚；易[⑥]，福薄。

【注释】

①历：跟踪观测。斗：指斗宿。会：聚合；会合。②季夏：夏季的最后一个月。③黄帝：指中央天帝。④岁填一宿：土星约二十八年运行一周天（根据现代实测，土星的公转周期是29～46年），每年行程大概相当于一宿的天区。⑤不：通"否"，不然。⑥易：随便；迅速。

【原文】

其一名曰地侯[①]，主岁[②]。岁行十三度百十二分度之五，日行二十八分度之一，二十八岁周天。其所居，五星皆从而聚于一舍，其下之国可以重[③]致天下。礼、德、义、杀[④]、刑尽失，而填星乃为之动摇。

【注释】

①地侯：也是土星的别名。②岁：年景；一年的收成。③重：庄严质朴的品行。④杀：杀伐；征战。

【原文】

赢，为王不宁；其缩，有军不复[①]。填星，其色黄，九芒，音曰黄钟宫[②]。其失次上二三宿曰赢，有主命不成[③]，不，乃大水。失次下二三宿曰缩，有后戚[④]，其岁不复[⑤]，不，乃天裂若地动。

【注释】

①复：还转；返回。②黄钟宫：黄钟律，十二律的第一律；宫声，五声的第一声。③主命不成：君主的命令不能够贯彻执行。④有后戚：王后忧戚。⑤不复：阴阳不调和。

【原文】

斗为文太室[①]，填星庙，天子之星也。

【注释】

①文太室：有文采的帝王祖庙的中室。

【原文】

木星与土合[①]，为内乱，饥，主[②]勿用战，败；水则变谋而更事[③]；火为旱；金为白衣会若水。金在南曰牝牡[④]，年谷熟。金在北，岁偏[⑤]无。火与水合为焠[⑥]，与金合为铄[⑦]，为丧，皆不可举事，用兵大败。土为忧，主孽卿[⑧]；大饥，战败，为北军[⑨]，军困，举事大败。土与水合，穰而拥阏[⑩]，有覆军[⑪]，其国不可举事。出，亡地；入，得地。金为疾，为内兵[⑫]，亡地。三星若合，其宿地国外内有兵与丧，改立公王。四星合，兵丧并起，君子[⑬]忧，小人[⑭]流。五星合，是为易行[15]，有德，受庆，改立大人[16]，掩[17]有四方，子孙蕃昌[18]；无德，受殃若亡。五星皆大，其事[19]亦大；皆小，事亦小。

【注释】

①木星与土合：当据《汉书·天文志》和《史记志疑》作“凡五星，木与土合”。②主：注重；着重。③更（gēng）事：更改工作。④金在南曰牝（pìn）牡：木星代表阳，金星代表阴。牝，雌性，阴；牡，雄性，阳。⑤偏：特别；意外。⑥烨：通“淬（cuì）”，锻炼；磨炼。⑦铄（shuò）：熔化；销熔。⑧孽（niè）卿：庶子担任大臣。⑨北军：战败的军队。⑩拥阏（è）：阻塞；不流畅。⑪覆军：覆灭的军队。⑫内兵：内战；内部变乱。⑬君子：古时指统治阶级，后用以称有才德的人。⑭小人：古时指劳动人民，后用以称无才德的人。⑮易行：改变了正常的行程。⑯大人：指帝王。⑰掩：通“奄（yǎn）”，覆盖；包括。⑱蕃（fán）昌：繁荣昌盛。⑲其事：指吉庆或灾祸。

【原文】

蚤出[1]者为赢，赢者为客。晚出[2]者为缩，缩者为主人。必有天应见于杓星。同舍为合。相陵[3]为斗，七寸以内[4]必之矣。

【注释】

①蚤出：指超舍而前的现象。②晚出：指退舍以下的现象。③陵：遮掩；冒过。④七寸以内：指观测者所看到的相斗

两星间的距离。

【原文】

五星色白圜，为丧旱；赤圜，则中不平，为兵；青圜，为忧水；黑圜，为疾，多死；黄圜，则吉。赤角[1]犯我城，黄角地之争，白角哭泣之声，青角有兵忧，黑角则水。意行穷兵之所终[2]。五星同色，天下偃兵，百姓宁昌。春风秋雨，冬寒夏暑。动摇常以此[3]。

【注释】

①赤角：发出红色光芒。②意行穷兵之所终：《史记三书正讹》和《史记志疑》认为是衍文。③动摇常以此：跟上下文不相衔接，当是脱文。

【原文】

填星出百二十日而逆西行，西行百二十日反东行。见三百三十日而入，入三十日复出东方。太岁在甲寅，镇星在东壁，故在营室[1]。

【注释】

①这一段应该放到前面有关填星的那段。

【原文】

察日行以处位[1]太白。曰西方[2]，秋，日庚辛，主杀。杀失者，罚出太白。太白失行，以其舍命国。其出行十八舍二百四十日而入。入东方，伏行十一舍百三十日；其入西方，伏行三舍十六日而出。当出不出，当入不入，是谓失舍，不有破军，必有国君之篡[③]。

【注释】

①处位：定位；判断位置。②曰西方：根据五行说，此下缺“金”字。③国君之篡：国君被夺权。

【原文】

其纪《上元》[①]，以摄提格之岁，与营室晨出东方，至角而入；与营室夕出西方，至角而入；与角晨出，入毕；与角夕出，入毕；与毕晨出，入箕；与毕夕出，入箕；与箕晨出，入柳；与箕夕出，入柳；与柳晨出，入营室；与柳夕出，入营室。凡出入东西各五，为八岁二百二十日，复与营室晨出东方。其大率[②]，岁一周天[③]。其始出东方，行迟，率日半度，一百二十日，必逆行一二舍；上极而反，东行，行[④]日一度半，一百二十日入。其庳[⑤]，近日，曰明星[⑥]，柔；高，远日，曰大器，刚。其始出西方，行疾，率日一度半，百二十日；上极而行迟，日半度，百二十日，旦入，必逆行一二舍而入。其庳，近日，曰大白，柔；高，远日，曰大相，刚。出以辰[⑦]、戌，入以丑[⑧]、未。

【注释】

①《上元》：古代历法名。②大率：大约；大概。③岁一周天：根据现代实测，金星的公转周期约225日。④行：衍文，当删。⑤庳（bēi）：低下。⑥明星：金星的特定名称。⑦辰：辰时。相当于现在的七时至九时。⑧丑：丑时。相当于

现在的一时至三时。

【原文】

当出不出，未当入而入，天下偃兵，兵在外，入。未当出而出，当入而不入，天下起兵，有破国。其当期出也，其国昌。其出东为东[①]，入东为北方；出西为西，入西为南方。所居久，其乡[②]利；易，其乡凶。

出西至东，正西国吉。出东至西，正东国吉。其出不经天[③]；经天，天下革政[④]。

【注释】

①其出东为东：它在东方出现，占验在东方。以下三句类推。②乡：处所；方位。③经天：指金星最亮时白昼当空出现。④革政：改变政权。指改朝换代。

【原文】

小以[①]角动，兵起。始出大，后小，兵弱；出小，后大，兵强。出高，用兵深[②]吉，浅[③]凶；庳，浅吉，深凶。日方南[④]金居其南，日方北[⑤]金居其北，日赢，侯王[⑥]不宁，用兵进吉退凶。日方南金居其北，日方北金居其南，日缩，侯王有忧，用兵退吉进凶。用兵象[⑦]太白：太白行疾，疾行；迟[⑧]，迟行。角，敢战。动摇躁[⑨]，躁。圜以静，静。顺角所指，吉；反之，皆凶。出则出兵，入则入兵[⑩]。赤角，有战；白角，有丧，黑圜角，忧，有水事[⑪]；青圜小角，忧，有木事[⑫]；黄圜和角，有土事[⑬]，有年[⑭]。其已出三日而复有微入[⑮]，入三日乃复盛出[16]，是谓耎[17]，其下国有军败将北[18]。其已入三日又复微出，出三日而复盛入，其下国有忧：师有粮食兵革[19]，遗[20]人用之；卒[21]虽众，将为人虏[22]。其出西失行，外国败；其出东失行，中国败。其色大圜黄滜[23]，可为好事[24]；其圜大赤，兵盛不战。

【注释】

①以：通“而”。②深：周密深入。③浅：冒失轻进。④日方南：指夏至过后，太阳直射光线向南移动。⑤日方北：指冬至过后，太阳直射光线向北移动。⑥侯王：帝王诸侯。⑦象：取法；效法。⑧迟：慢行；缓慢。⑨躁：急躁；不安静。⑩入兵：退兵；收兵。⑪水事：治水之事。⑫木事：斫木的事。⑬土事：动土之事。⑭年：年成；五谷成熟。⑮有：衍文。微入：逐渐隐没。⑯盛出：突然出现。⑰耎（ruǎn）：软弱；退缩。⑱将北：将帅败亡。⑲兵革：兵器和盔甲。泛指武器装备。⑳遗（wèi）：致送；留给。㉑卒：步兵；士兵。㉒将为人虏：两解：一是将要被人家俘虏。二是将要做人家的俘虏。㉓滜（zé）：通“泽”，光润。㉔好事：指各国和平交往的事。

【原文】

太白白，比[1]狼；赤，比心[2]；黄，比参左肩[3]；苍，比参右肩[4]；黑，比奎大星[5]。五星皆从太白而聚乎[6]一舍，其下之国可以兵从[7]天下。居实[8]，有得也；居虚[9]，无得也。行胜色[10]，色胜位[11]，有位胜无位，有色胜无色，行得尽胜之。出而留桑榆间[12]，疾[13]其下国。上而疾，未尽其日过参天[14]，疾其对国[15]。上复下，下复上，有反将。其入月[16]，将僇[17]。金、木[18]星合，光[19]，其下战不合[20]，兵虽起而不斗；合相毁[21]，野有破军。出西方，昏而出阴，阴兵[22]强；暮食[23]出，小弱；夜半出，中弱；鸡鸣出[24]，大弱：是谓阴陷[25]于阳。其在东方，乘明而出阳，阳兵[26]之强；鸡鸣出，小弱；夜半出，中弱；昏出，大弱：是谓阳陷于阴。太白伏也[27]，以出兵，兵有殃。其出卯[28]南，南胜北方；出卯北，北胜南方；正在卯，东国利。出酉北，北胜南方；出酉南，南胜北方；正在酉，西国胜。

【注释】

①比：比拟，类似。②心：指心宿的商星。③参左肩：指参宿三颗亮星的左侧一星。④参右肩：指参宿三颗亮星的右侧一星。⑤奎大星：指奎宿的西南大星，古代称作天豕目。⑥乎：通“于”。⑦从：服从；归顺。⑧居实：处在正常出现的天区。⑨居虚：处在非正常出现的天区。⑩行：指运行的方向（顺行或逆行）或速度（正常或超舍、退舍）。色：指光色的变化和季节的对应关系（春苍、夏赤、季夏黄、秋白、冬黑）。⑪位：指所在次舍。⑫出而留桑榆间：傍晚正常出现应当在视平线上，而停留在桑树、榆树的顶端，是出现得太早了。⑬疾：损害。⑭参天：三分之一的天空。参，通“三”。⑮疾：《汉书·天文志》作“病”。对国：正对着的国家。⑯其入月：指月掩金星。⑰僇（lù）：通“戮”，杀。⑱木：当据《史记三书正讹》《史记志疑》改作“水”。⑲光：有

光。两星会合，但水星的光辉并没有被遮掩。⑳战不合：敌对双方对阵而不交战。㉑合相毁：两星会合，金星遮掩了水星的光辉。㉒阴兵：奇兵；秘密偷袭的军队。㉓暮食：就是日入。指酉时。㉔鸡鸣：指丑时。㉕陷：沦陷。㉖阳兵：正兵；公开宣战的军队。比照上文“阴兵强”可以推知。㉗伏也：隐没到了地平线以下。㉘卯：古代用十二支代表方位：子正北，午正南，卯正东，酉正西，以此类推。

【原文】

其与列星[①]相犯，小战；五星，大战。其相犯，太白出其南，南国败；出其北，北国败。行疾，武；不行，文。色白五芒，出蚤为月蚀[②]，晚为天夭[③]及彗星，将发[④]其国。出东为德，举事左之迎之[⑤]，吉。出西为刑，举事右之背之[⑥]，吉。反之皆凶。太白光见景[⑦]，战胜。昼见而经天，是谓争明，强国弱，小国强，女主昌。

【注释】

①列星：众星。②蚀：侵蚀；污损。③天夭：古人把不是正常出现的天体如彗星等统称为妖星。④发：震动。⑤迎之：面对着它。⑥背之：背向着它。⑦太白光见景（yǐng）：金星的亮度仅次于太阳和月亮，它的光辉照在地物上，有时可以现出影子。

【原文】

亢为疏庙，太白庙也。太白，大臣也，其号上公[①]。其他名殷星、太正、营星、观星、宫星、明星、大衰、大泽、终星、大相、天浩、序星、月纬。大司马[②]位谨候此。

【注释】

①上公：周代官制，三公（太师、太傅、太保）中有特殊功德者，加荣衔称上公。②大司马：周代官制，有大司马掌管庶政。秦代和汉代初期，设太尉掌管军事，为三公之一。到汉武帝时，废太尉，改设大司马，作为权力最大的将军的加衔。

【原文】

察日、辰之会，以治[①]辰星之位。曰北方水，太阴[②]之精，主冬，日壬、癸。刑失者，罚出辰星，以其宿[③]命国。

【注释】

①日辰之会：指太阳和列宿的会合。治：研究；确定。②太阴：极盛的阴气。③宿：就是“舍”。也是指所停留的天区。

【原文】

是正[①]四时：仲春[②]春分，夕出郊奎、娄、胃东[③]五舍，为齐[④]；仲夏[⑤]夏至，夕出郊东井、舆鬼、柳东七舍，为楚[⑥]；仲秋秋分[⑦]，夕出郊角、亢、氐、房东四舍，为汉[⑧]；仲冬[⑨]冬至，晨出郊东方，与尾、箕、斗、牵牛俱西[⑩]，为中国[⑪]。其出入常以辰、戌、丑、未。

【注释】

①是正：审定；校正。②仲春：春季的中间一个月。③出郊：出现。郊，当据清代钱大昕《廿二史考异》和《史记志疑》改作“效”。东：东行。下文两“东”字都相同。④齐：指战国时代的齐国地区，约当今山东省。⑤仲夏：夏季的中间一个月。⑥楚：指战国时代的楚国地区，约当今湖北省、湖南省、江西省、安徽省一带。⑦仲秋：秋季的中间一个月。秋分：二十四节气之一。约在公历九月二十三日前后，这时太阳到达黄经一百八十度，阳光直射赤道。⑧汉：指汉朝京都长安附近的三辅地区，约当今陕西省。⑨仲冬：冬季的中间一个月。⑩俱：偕同。西：西行。⑪中国：指中原地区，约当今河南省。

【原文】

其蚤为月蚀，晚为彗星及天夭。其时宜效不效[①]为失，追兵在外不战。一时[②]不出，其时不和[③]；四时不出，天下大饥。其当效而出也，色白为旱，黄为五谷[④]熟，赤为兵，黑为水。出东方，大而白，有兵于外，解[⑤]。常在东方，其赤，中国[⑥]胜；其西而赤，外国利。无兵于外而赤，兵起。其与太白俱出东方，皆赤而角，外国大败，中国胜；其与太白俱出西方，皆赤而角，外国利。五星分天之中，积[⑦]于东方，中国利；积于西方，外国用兵者利。五星皆从辰星而聚于一舍，其所舍之国可以法[⑧]致天下。辰星不出，太白为客；其出，太白为主。出而与太白不相从，野虽有军，不战。出东方，太白出西方；若出西方，太白出东方，为格[9]，野虽有兵，不战。失其时而出，为当寒反温，当温反寒。当出不出，是谓击卒[10]，兵大起。其入太白中[11]而上出，破军杀将，客军胜；下出，客亡地。辰星来抵[12]太白，太白不去，将死。正旗上出，破军杀将，客胜；下出，客亡地[13]。视旗所指，以命破军。其绕环太白，若与斗，大战，客胜。兔[14]过大白，间可槭[15]剑，小战，客胜。兔居太白前，军罢；出太白左，小战；摩[16]太白，有数万人战，主人吏[17]死；出太白右，去三尺，军急约战[18]。青角，兵忧；黑角，水。赤行穷兵之所终[19]。

【注释】

①效：显现。②时：季节。③不和：晴雨寒暑不调和。④五谷：五种谷物。⑤解：消弭；罢退。⑥中国：指华夏族各国或它的统一王朝。⑦积：聚集；集合。⑧法：法制。⑨格：抗拒；抵触。⑩击卒：斩杀士兵。⑪其入太白中：指水星被金星遮掩。⑫抵：靠近。⑬正旗上出……客亡地：跟上文重复，根据《史记志疑》怀疑是衍文，当是。⑭兔：兔星。水星的又一别名。⑮间（jiàn）：距离。槭（hán）：通“含”，容纳。⑯摩：接近；迫近。⑰主人吏：指主方的将校。⑱约战：预先挑战。⑲赤行穷兵之所终：衍文，据《史记三书正讹》《史记志疑》当删。

【原文】

兔七命[1]，曰小正、辰星、天欃、安周星、细爽、能星、钩星。其色黄而小，出而易处[2]，天下之文[3]变而不善矣。兔五色，青圜忧，白圜丧，赤圜中不平，黑圜吉。赤角犯我城，黄角地之争，白角号泣[4]之声。

【注释】

①命：名称。②易处：移动位置。③文：礼乐制度。④号（háo）泣：哭泣。

【原文】

其出东方，行四舍四十八日，其数[1]二十日而反，入于东方；其出西方，行四舍四十八日，其数二十日而反，入于西方。其一[2]候之营室、角、毕、箕、柳。出房、心间，地动。

【注释】

①其数：概率；约数。②其一：其他一种情况。

【原文】

辰星之色：春，青黄；夏，赤白；秋，青白，而岁熟；冬，黄而不明。即[1]变其色，其时不昌。春不见，大风，秋则不实[2]。夏不见，有六十日之旱，月蚀。秋不见，有兵，春[3]则不生。冬不见，阴雨六十日，有流邑[4]，夏[5]则不长。

【注释】

①即：假若；如果。②不实：谷物不成熟。③春：指第二年春季。④流邑：被冲毁的城邑。⑤夏：指第二年夏季。

【原文】

角、亢、氐，兖州[1]。房、心，豫州[2]。尾、箕，幽州[3]。斗，江、湖[4]。牵牛、婺女，扬州[5]。虚、危，青州[6]。营室至东壁，并州[7]。奎、娄、胃，徐州[8]。昴、毕，冀州[9]。觜觿、参，益州[10]。东井、舆鬼，雍州[11]。柳、七星、张，三河[12]。翼、轸，荆州。

【注释】

①本节记载的是分星、分野的对应关系，应该移至第一大段“五官”末了。②豫州：古州名。汉代豫州约现在河南省东部和安徽省北部。③幽州：古州名。汉代幽州约现在河北省北部、辽宁省大部和朝鲜大同江流域。④江：指长江下游地区。湖：指太湖流域一带。⑤扬州：古州名。汉代扬州约当今安徽省南部、江苏省南部和江西省、浙江省、福建省一带。⑥青州：古州名。汉代青州约当今山东省中部和东部、北部。⑦并（bīng）州：古州名。汉代并州约当今山西省大部、河北省西部和内蒙古自治区东南部。⑧徐州：古州名。汉代徐州约当今江苏省北部和山东省东南部。⑨冀州：古州名。汉代冀州约当今河北省中南部和山东省西端、河南省北端地区。⑩益州：汉代州名，约当今四川省东部、甘肃省南端、陕西省南部、湖北省西北部和贵州省大部。⑪雍州：古州名。⑫三河：指河东、河内、河南三郡，约当今山西省西南部和河南省大部。

【原文】

七星为员官，辰星庙，蛮夷[1]星也。

【注释】

①蛮夷：古时华夏族统治者对四方外族的贬称。

【原文】

两军相当①，日晕②。晕等，力钧③；厚长大，有胜；薄短小，无胜。重抱大破无④。抱为和，背⑤为不和，为分离相去。直为自立⑥，立侯王；破军若曰杀将。负且戴⑦，有喜。围在中⑧，中⑨胜；在外⑩，外⑪胜。青外赤中，以和相去；赤外青中，以恶相去。气晕⑫先至而后去，居军⑬胜。先至先去，前利后病⑭；后至后去，前病后利；后至先去，前后皆病，居军不胜。见而去，其发疾，虽胜无功。见半日以上，功大。白虹屈⑮短，上下兑，有者下大流血。日晕制胜⑯，近期三十日，远期六十日。

【注释】

①相当：相互敌对。②日晕：太阳光线经过云层中冰晶的折射或反射而形成的光学现象，常见的是围绕太阳内红外紫的彩色光环和通过太阳的白色光带（后者古人称为“白虹贯日”）。③力钧：势均力敌。钧，通“均”。④重（chóng）抱大破无：指日晕形成、变化和消失的整个过程。⑤背：光晕背日向外。⑥直：光带笔直。自立：指分裂势力或反对势力宣告独立。⑦负：背着。指云气发生在太阳背后。戴：顶着。指云气发生在太阳顶上。⑧围在中：云气的外层有光芒。⑨中：指处于内线态势的军队。⑩在外：云气的内层有光芒。⑪外：指处于外线态势的军队。⑫气晕：指日晕时出现的光环、光带等。⑬居军：驻守的军队。⑭病：困难；不顺利。⑮屈：弯曲。⑯制胜：制服对方以取得胜利；决断胜败。

【原文】

其食[①]，食所不利；复生[②]，生所利；而食益尽[③]，为主位[④]。以其直[⑤]及日所宿，加以日时[⑥]，用命其国也。

【注释】

①其食：指日食。②复生：指食甚以后生光或增光。③而食益尽：《史记三书正讹》《史记志疑》认为“而”“益”二字是衍文，当删。④为主位：占验在帝王或诸侯身上。⑤其直：日食部位所当。古人认为地球是天球的中心，太阳围绕地球运行，观测者向着哪个天区看到太阳，就认为太阳经过哪个天区。再根据太阳所在的星次或列宿来确定分野，如星纪次应在扬州，角宿、亢宿、氐宿都应在兖州之类。⑥日时：日食发生的日期（甲、乙……）和时辰（子、丑……），它们都各跟一定的地区对应，如甲应在齐地、乙应在东夷、子应在周地、丑应在北狄之类。

【原文】

月行中道[①]，安宁和平。阴间[②]，多水，阴事[③]。外北[④]三尺，阴星[⑤]。北三尺，太阴[⑥]，大水，兵。阳间[⑦]，骄恣[⑧]。阳星[⑨]，多暴狱。太阳[⑩]，大旱丧也。角天门[⑪]，十月为四月[⑫]，十一月为五月，十二月为六月，水发，近三尺，远五尺。犯四辅[⑬]，辅臣诛。行南、北河，以阴阳[⑭]，旱水兵丧。

【注释】

①中道：运行线路的名称。指房宿四星的中间。②阴间：

指房宿北二星的中间。③阴事：秘密的事情；变乱的事情。④外北：指房宿最北一星。⑤阴星：指房宿最北一星。⑥太阴：太阴道。⑦阳间：指房宿南二星的中间。⑧骄恣：骄傲，放纵。⑨阳星：指房宿最南一星的南边三尺处。⑩太阳：极盛的阳气。不是指日球。路线在阳星道以南三尺。⑪角天门：角宿二星是天关，二星的中间是天门。⑫四月：指第二年四月。下文的"五月""六月"以此类推。⑬四辅：房宿四星是心宿的四个辅佐。⑭阴阳：指北河星之北和南河星之南。

【原文】

月蚀[①]岁星，其宿地[②]，饥若亡。荧惑[③]也乱，填星也下犯上，太白也强国以战败，辰星也女乱[④]。蚀大角，主命者恶之；心，则为内贼乱[⑤]也；列星，其宿地忧。

【注释】

①蚀：《汉书·天文志》都作"食"，可以互通。②宿地：指分野。③荧惑：与上句相连，省略了主谓结构"月蚀"。下几句类推。④女乱：指由于帝王宠信后妃或女主掌握政权而导致的动乱。⑤内贼乱：指统治集团内部的变乱。

【原文】

月食始日[①]，五月者六[②]，六月者五，五月复六，六月者一，而五月者五，凡百一十三月而复始[③]。故月蚀，常也；日蚀，为不臧[④]也。甲、乙，四海之外，日月不占[⑤]。丙、丁，江、淮[⑥]、海岱也。戊、己，中州、河、济也。庚、辛，华山以西。壬、癸，恒山[⑦]以北。日蚀，国君；月蚀，将相当之。

【注释】

①月食始日：指某种历法（如《太初历》）开始出现月食的那天。②五月者六：每过五个月出现月食，如此连续六次。以下四句类推。③凡百一十三月而复始：根据上文合计，应当是一百二十一月，数目有错误。根据现代测算，日月食的周期是十八年零十一日（或十日），一个周期内平均出现日食四十三次，月食二十八次。④不臧（zāng）：不好。⑤日月不占：日食月食不能预测，因为灾祥无法验证。⑥淮：淮河。起源于河南省桐柏山，东流经安徽省到江苏省汇入洪泽湖，洪泽湖以下分道流入长江。⑦恒山：古山名。在今河北省曲阳县西北，古时称为"北岳"。

【原文】

国皇星[①]，大而赤，状类南极[②]。所出，其下起兵，兵强；其冲[③]不利。

【注释】

①国皇星：星名。②南极：就是南极老人。③冲：指相互对立的方向。

【原文】

昭明星[①]，大而白，无角，乍上乍下。所出国，起兵，多变。

【注释】

①昭明星：星名，又称笔星。

【原文】

五残星[①]，出正东东方之野。其星状类辰星，去地可[②]六丈。

【注释】

①五残星：星名。②可：大约。

【原文】

大贼星[①]，出正南南方之野。星去地可六丈，大而赤，数动，有光。

【注释】

①大贼星：星名。

【原文】

司危星[①]，出正西西方之野。星去地可六丈，大而白，类太白。

【注释】

①司危星：星名。

【原文】

狱汉星[①]，出正北北方之野。星去地可六丈，大而赤，数动，察之中青。此四野星[②]所出，出非其方，其下有兵，冲不利。

【注释】

①狱汉星：星名，又名咸汉星。②四野星：指五残星、大贼星、司危星、狱汉星。

【原文】

四填星[①]，所出四隅[②]，去地可四丈。

【注释】

①四填星：星名。②四隅：指东南、西南、东北、西北四个方位。

【原文】

地维咸光[①]，亦出四隅，去地可三丈，若月始出。所见下，有乱乱[②]者亡，有德者昌。

【注释】

①地维：星名。咸光：当从《汉书·天文志》《史记志疑》改作“臧（cáng）光”，隐藏着光芒。②乱乱：下“乱”字为衍文，根据同上当删。

【原文】

烛星[①]，状如太白，其出也不行，见则灭。所烛[②]者，城邑[③]乱。

【注释】

①烛星：星名。②烛：照。③城邑：城市。借指有中心城市的政区或国家。

【原文】

如星非星，如云非云，命曰归邪①。归邪出，必有归国者②。

【注释】

①归邪：与彗星相似的天体名称。②归国者：有两种解释：一、回到本国的。指逃亡的国君或大臣而言。二、投降本国的。

【原文】

星者，金之散气，其本曰火①。星众，国吉；少则凶。

【注释】

①星者，金之散气，其本曰火：星球是金属的液态或气态，它的实质是热能。

【原文】

汉者，亦金之散气，其本曰水①。汉，星多，多水，少则旱，其大经②也。

【注释】

①其本曰水：它的本质是水蒸气。这是古代对银河的初步认识。现在对银河的认识，究竟是天体的投影还是密集的天体，似乎还没有定论。②大经：大法；常规。

【原文】

天鼓①，有音如雷非雷，音在地而下及地②。其所往者，兵发其下。

【注释】

①天鼓：星名。②上“地”字当依据清代张文虎《校刊史记集解索引正义札记》改作“天”。

【原文】

天狗[1]，状如大奔星[2]，有声，其下止地，类狗。所堕[3]及，望之如火光炎炎冲天。其下圜如数顷田处，上兑者则有黄色，千里破军杀将。

【注释】

①天狗：实际上是陨星。②奔星：流星。③堕：落下。

【原文】

格泽星[1]者，如炎火之状，黄白，起地而上，下大上兑。其见也，不种而获；不有土功，必有大害[2]。

【注释】

①格泽星：星名。②大害：依据《汉书·天文志》和《史记志疑》作“大客”，大客是周代称大诸侯国派出的卿一级的使臣，后来用作对宾客的尊称。

【原文】

蚩尤之旗[1]，类彗而后曲，象旗。见则王者征伐[2]四方。

【注释】

①蚩（chī）尤之旗：星名。蚩尤，相传东方九黎族的首

领，后来跟黄帝交战，失败被杀。②征伐：用军事手段惩治有罪者。

【原文】

旬始[1]，出于北斗旁，状如雄鸡。其怒[2]，青黑，象伏鳖。

【注释】

①旬始：星名。②怒：光芒四射。

【原文】

枉矢[1]，类大流星，蛇行而仓[2]黑，望之如有毛羽然。

【注释】

①枉矢：星名。②蛇行：蜿蜒曲折地行进。仓：通“苍”。

【原文】

长庚[1]，如一匹布著天[2]。此星见，兵起。

【注释】

①长庚：星名。不是指金星。②著（zhuó）天：挂在天空。著，通“着”，附着。

【原文】

星坠[1]至地，则石也。河、济之间，时有坠星。

【注释】

①星坠：星体陨落。

【原文】

天精而见景星[①]。景星者，德星也。其状无常，常出于有道之国。

【注释】

①精：清亮；明朗。景星：也叫瑞星、德星。

【原文】

凡望云气[①]，仰而望之，三四百里；平望，在桑榆上，千余二千里；登高而望之，下属地者三千里。云气有兽居上者，胜。

【注释】

①望云气：观察云气，与人间万事相附，预测吉凶。这是一种迷信占卜方法。

【原文】

自华以南，气下黑上赤。嵩高[①]、三河之郊，气正赤。恒山之北，气下黑上青。勃、碣[②]、海、岱之间，气皆黑。江、淮之间，气皆白。

【注释】

①嵩高：山名。也叫嵩山。在河南省登封市北。②勃：勃海。就是渤海。碣（jié）：碣石。山名，在河北省昌黎县西北。

【原文】

徒气[①]白。土功气[②]黄。车气[③]乍高乍下，往往而聚。骑气[4]卑而布。卒气抟[5]。前卑而后高者，疾；前方[6]而后高者，兑；后兑而卑者，却。其气平者其行徐[7]。前高而后卑者，不止而反。气相遇[8]者，卑胜高，兑胜方。气来卑而循车通[9]者，不过三四日，去之五六里见[10]。气来高七八尺者，不过五六日，去之十余里见。气来高丈余二丈者，不过三四十日，去之五六十里见。

【注释】

①徒气：预兆备战的气。②土功气：预测修筑防御工事的气。③车气：预兆车战的气。④骑气：预测骑战的气。⑤卒气：预兆步战的气。卒，步兵。抟（tuán）：收拢；团聚。⑥方：形状平正。⑦徐：缓慢。⑧气相遇（ǒu）：两股气相遇时。⑨通：当据《汉书·天文志》和《史记志疑》改作“道”。⑩不过三四日，去之五六里见：意指，在出现这种气的三四天时间，在距离这种气的五六里范围预兆的事件会出现。

【原文】

稍云精白[1]者，其将悍，其士怯。其大根[2]而前绝远者，当战。青白，其前低者，战胜；其前赤而仰者，战不胜。阵云如立垣[3]。杼云[4]类杼。轴云[5]抟两端兑。杓云[6]如绳者，居前亘[7]天，其半半天[8]。其蛪者[9]类阙旗[10]故兑[11]。钩云[12]句曲。诸此云见，以五色合[13]占。而泽抟密，其见动人[14]，乃有占；兵必起，合斗[15]其直。

【注释】

①稍云精白：依据《汉书·天文志》和《史记志疑》作“捎云青白”。捎云，飘拂的云。②大根：云的基部大。③阵云：形状似战阵的云。立垣：高耸的城墙。④杼（zhù）云：形状像织梭的云。杼，织布的梭子。⑤轴云：形状像滚筒的云。⑥杓（sháo）云：形状像杓子的云。杓，舀取液体的器具，像半球形，有柄。⑦亘（gèn）：横贯；从这端直到那端。⑧半天：绵延半个天空。半，占了一半。⑨蜺（ní）者：形状像虹的云。蜺，通“霓”。⑩阙旗：城阙上飘动的战旗。⑪兑：原本缺文，根据同上补。⑫钩云：形状像钩的云。⑬合：衍文，当据《汉书·天文志》和《史记志疑》删。⑭动人：引人注意；打动人心。⑮合斗：交战。

【原文】

王朔[①]所候，决于日旁。日旁云气，人主象[②]。皆如其形以占。

【注释】

①王朔：汉武帝时擅长望气的人。②人主象：帝王的征兆。

【原文】

故北夷之气如群畜穹闾[①]，南夷之气类舟船幡旗[②]。大水处，败军场，破国之虚[③]，下[④]有积钱金宝，之[⑤]上皆有气，不可不察。海旁蜃气[⑥]像楼台，广野气成宫阙[⑦]然。云气各像其山川人民所聚积[⑧]。

【注释】

①北夷：古时对北方外族的称呼，含有轻贬的意味。穹(qióng)间：游牧民族的帐篷。②幡旗：直着挂的长方形旗子。这里指帆。③虚：通“墟”，废址。④下：指地底下。⑤之：衍文，当据《汉书·天文志》和《史记志疑》删。⑥蜃（shèn）气：蜃景。⑦宫阙（què）：指宫殿。阙，宫门外两侧的牌楼。⑧所聚积：指山川的形势和百姓的气质。聚积，指这些特征的形成和获得的过程。

【原文】

故候息耗[①]者，入国邑[②]，视封疆田畴之正治[③]，城郭[④]室屋门户之润泽，次至车服畜产精华[⑤]。实息[⑥]者，吉；虚耗[⑦]者，凶。

【注释】

①息耗：情况的好坏。②国邑：国家和行政区域。古时从居民点到封国都可以称邑。③封疆：边界。田畴：耕种的田地。种谷地称田，种麻地称畴。正治：疆界明确；田地耕作得好。④城郭：内城和外城。⑤车服：车马，服饰。精华：华美。指车服的华美和牲畜的肥壮。⑥实息：充实，繁荣。⑦虚耗：空虚，消耗。

【原文】

若烟非烟，若云非云，郁郁[①]纷纷，萧索轮囷[②]，是谓卿云[3]。卿云，喜气也。若雾非雾，衣冠而不濡[4]，见则其域被甲而趋[5]。

【注释】

①郁郁：文采明盛的样子。②萧索：云气散开的样子。轮囷（qūn）：弯曲的样子。③卿云：一种彩云。④濡（rú）：沾湿。⑤被（pī）甲而趋：披着铠甲奔走。被，通“披”。

【原文】

夫雷电、虾虹、辟历、夜明[1]者，阳气之动者也，春夏则发，秋冬则藏，故候者无不司之。

【注释】

①夫：指示代词。虾（xiá）虹：虹霓。虾，通“霞”。辟历：通“霹雳”，惊雷。夜明：就是夜气辉。

【原文】

天开县物[1]，地动坼绝[2]；山崩及徙，川塞溪垘[3]；水澹[4]地长，泽竭见象[5]。城郭门闾[6]，润臬[7]槁枯；宫庙邸[8]第，人民所次[9]；谣俗[10]车服，观民饮食；五谷草木，观其所属[11]；仓府厩库[12]，四通之路；六畜[13]禽兽，所产去就[14]；鱼鳖鸟鼠，观其所处[15]；鬼哭若呼，其人逢俉[16]，化言[17]，诚[18]然。

【注释】

①天开县（xuán）物：天空裂开，出现悬空的物象。②坼（chè）绝：断裂。③垘（fú）：堵塞。④水澹（dàn）：波浪起伏，流水回旋。⑤泽竭：湖沼干涸。象：征兆；迹象。

⑥闾：里巷的大门。⑦润臬：当据《汉书·天文志》和《史记志疑》作“润泽”，潮湿的意思。⑧宫：古代是房屋的通称，秦、汉以后专指君主居住的房屋。邸（dǐ）：封国王侯在京城的住所。⑨次：止宿；居住。⑩谣俗：风俗。谣，民间歌谣，歌谣可以反映百姓的风俗习惯。⑪属（zhǔ）：聚会；汇集。⑫府：储藏财物的地方。库：储藏武器战车的地方。⑬六畜：指牛、马、羊、猪、狗、鸡。⑭去就：去或留；退或进。⑮处（chǔ）：居止；栖息。⑯逢俉（wǔ）：意外相逢，感到惊怪。俉，通“迕（wǔ）”，偶然相遇。⑰化言：谣言；妖言。⑱诚：真是；的确。

【原文】

凡候岁①美恶，谨候岁始。岁始或②冬至日，产气始萌③；腊明日④，人众卒岁⑤，一会⑥饮食，发阳气，故曰初岁；正月旦⑦，王者岁首；立春⑧日，四时之始也。四始⑨者，候之日。

【注释】

①候岁：占卜年岁的吉凶。②或：有。③产气：生气。萌：开始；萌生。④腊明日：腊祭的次日，古人称为小岁，举行庆贺。⑤卒岁：过年。卒，终止，结束。⑥一会：一齐集合。⑦正月旦：正月一日。⑧立春：二十四节气之一。⑨四始：指冬至日、腊明日、正月旦、立春日。

【原文】

而汉魏鲜集腊明、正月旦决八风①。风从南方来，大旱；

西南，小旱；西方，有兵；西北，戎菽为[2]，小雨[3]，趣兵[4]；北方，为中岁[5]；东北，为上岁[6]；东方，大水；东南，民有疾疫，岁恶。故八风各与其冲对[7]，课[8]多者为胜。多胜少，久胜亟[9]，疾胜徐。旦至食[10]，为麦；食至日昳[11]，为稷[12]；昳至铺[13]，为黍；铺至下铺[14]，为菽；下铺至日入[15]，为麻。欲[16]终日有云，有风，有日。日当其时者[17]，深而多实；无云有风日，当其时，浅而多实；有云风，无日，当其时，深而少实；有日，无云，不风，当其时者稼有败[18]。如食顷[19]，小败；熟五斗米顷[20]，大败。则[21]风复起，有云，其稼复起。各以其时用云色占种[22]所宜。其雨雪若寒，岁恶。

【注释】

①魏鲜：汉代善于占候星象的人。八风：八个方面的风。②戎菽：大豆；豌豆；蚕豆。为：成熟。③小雨：衍文，据《史记三书正讹》《史记志疑》当删。④趣（cù）兵：迅速发生战争。⑤中岁：中等年成。⑥上岁：上等年成。⑦对：敌对，抵消。⑧课：考察；比较。⑨亟（jí）：迅速、快速；短暂。⑩旦：平旦。指寅时。食：食时。指辰时。相当于现在的七时至九时。⑪日昳：指未时。昳，午后日偏斜。⑫稷（jì）：古代常用的粮食作物，黍的一个变种；有时也作为粟或粱的别名。⑬铺（bū）：铺时，也作“晡（bū）时”，指申时。相当于现在的十五时至十七时。⑭下铺：申时过后五刻。相当于现在的十八时过后。⑮日入：指酉时。⑯欲：希望。⑰衍文，当据《汉书·天文志》和《史记志疑》删。当其时者：意思是

说，希望整天三有，那就五谷丰登。不然的话，哪一段时间三有，相应的那种作物就能够丰收。如平旦至食时三有，麦子就能够丰收。以下三句类推。⑱稼：庄稼；作物。有：助词。败：歉收。⑲食顷：吃一顿饭的时间。形容时间较短。⑳熟五斗米顷：煮熟五斗米的时间。㉑则：假如；如果。㉒种：指五谷中的某一种。

【原文】

是日[1]光明，听都邑人民之声[2]。声宫[3]，则岁善，吉；商，则有兵；徵，旱；羽，水；角，岁恶。

【注释】

①是日：指正月一日。②都邑：都市，集镇。声：指乐声和歌声。③宫：古乐五声音阶的名称依次是：宫、商、角、徵(zhǐ)、羽。

【原文】

或从正月旦比数[1]雨。率日食一升，至七升而极[2]；过之，不占。数至十二日，日直其月，占水旱[3]。为其环域[4]千里内占，则为天下候，竟[5]正月。月所离[6]列宿，日、风、云，占其国。然必察太岁所在。在金[7]，穰；水，毁；木，饥；火，旱。此其大经也。

【注释】

①比（bì）：排列；接连。数（shǔ）：计算。②率（lǜ）日食一升，至七升而极：计算正月开初一天下雨，百姓会有一

升粮食；两天下雨，会有两升粮食……到七日为止，假如天天有雨，会有七升粮食，这就达到了最高限度。③数至十二日，日直其月，占水旱：数到十二日，日期应在跟它相当的月份，占候水旱。就是正月一日下了雨，正月有雨水，否则干旱；二日下了雨，二月有雨水，否则干旱；以下数到十二日为止。④环域：环绕国境；周围。⑤竟：自始至终。⑥离：经历。⑦金：指西方。

【原文】

正月上甲①，风从东方，宜蚕；风从西方，若旦黄云，恶。

【注释】

①上甲：上旬的甲日。

【原文】

冬至短极，县土炭①，炭动，鹿解角②，兰根出，泉水跃，略以知日至③，要决晷④景。岁星所在，五谷逢昌⑤。其对为冲⑥，岁乃有殃。

【注释】

①县土炭：在平衡器的两端，分别悬挂土和炭，让它们平衡轻重。②鹿解角：牡鹿的角，每年初春脱落，到春末复生。解，脱落。③日至：太阳运行到达极南或极北的地方，即指太阳直射南回归线即往北运行，直射北回归线即往南运行。④要：总；总要。晷（guǐ）：日规。测量日影以判定时刻的仪器。

⑤逢昌：大丰收。逢，大。⑥其对为冲：跟木星所在的星次相对的星次叫作冲。例如：木星在星纪次，鹑首次就是冲；木星在玄枵（xiāo）次，鹑火次就是冲。在这种情况下，鹑首次和鹑火次的分野就有灾殃。

【原文】

太史公曰：自初生民[①]以来，世主曷尝不历日月星辰[②]？及至五家[③]、三代，绍[④]而明之，内冠带[⑤]，外夷狄[⑥]，分中国为十有二州[⑦]，仰则观象[⑧]于天，俯则法类[⑨]于地。天则有日月，地则有阴阳[⑩]。天有五星，地有五行。天则有列宿，地则有州域[⑪]。三光[⑫]者，阴阳之精，气本在地，而圣人统理[⑬]之。

【注释】

①生民：人类；出现人类。②世主：君主。星辰：有两解：一、众星的总称。二、星指五星，辰指二十八宿。③五家：就是五帝。④绍：继承。⑤内：亲近。冠带：礼帽和腰带。⑥外：疏远。夷狄：古代对西方外族的贬称，夷，主要指东方外族；狄，主要指北方外族。⑦十有（yòu）二州：《书·尧典》有“肇十有二州”的话，但并没有记载州名，后人根据《书·禹贡》《周礼·职方》《尔雅·释地》三种“九州”名称，拼凑成为冀、幽、并、兖、青、营、徐、扬、荆、豫、梁、雍十二州名。有，通“又”，用在整数和零数之间。⑧观象：观察天象（如日月星辰的运行等）。⑨法类：取法各种事物。⑩阴阳：一种中国古代的哲学思想。⑪州域：州界。⑫三光：指日、月、星。⑬统理：统一调理。

【原文】

幽厉以往[1]，尚[2]矣。所见天变[3]，皆国殊窟穴[4]，家占物怪[5]，以合时应[6]，其文图籍机祥不法[7]。是以孔子[8]论《六经》，纪异而说不书。至天道命[9]，不传；传其人[10]，不待告；告非其人，虽言不著[11]。

【注释】

①幽、厉：周厉王，前877—前842年在位。周幽王，厉王的孙子，前781—前771年在位。以往：以后；以下。②尚：久远。③天变：天象的变化，指日月食、地震之类。④殊：异；不同。窟穴：洞穴。借指灾异现象和它的遗迹。⑤物怪：怪异的事物。⑥合时应：符合当时的应验。⑦文图籍：文字图画的书籍。机（jī）祥：一、祈祷鬼神求福。二、吉凶的征兆。不法：不可以作为法则。⑧孔子（前551—前479）：孔丘。春秋末期鲁国陬（zōu）邑（今山东省曲阜市）人。我国历史上伟大的思想家、教育家，儒家学派的创始者。⑨命：天命。就是天神的意旨。⑩其人：指懂得天道、天命的哲人。⑪著：明白；通晓。

【原文】

昔之传天数[1]者：高辛[2]之前，重、黎[3]；于唐、虞[4]，羲、和[5]；有夏[6]，昆吾[7]；殷商[8]，巫咸[9]；周室[10]，史佚、苌弘[11]；于宋[12]，子韦[13]；郑则裨灶[14]；在齐[15]，甘公[16]；楚[17]，唐眛[18]，赵[19]，尹皋[20]，魏[21]，石申[22]。

【注释】

①天数：天文历法。②高辛：传说中古代部族领袖帝喾的国号。③重：人名。黎：人名。④唐：陶唐氏，帝尧的国号。虞：有虞氏，帝舜的国号。⑤羲、和：羲氏，和氏，两个掌管天地四时的官名。⑥有夏：夏代，我国历史上第一个朝代，约当公元前21世纪至前16世纪。有，用在名词之前的助词。⑦昆吾：夏代部落名。这里指它的君长己樊。⑧殷商：指商、殷、商殷朝代。约当公元前16世纪至前11世纪。⑨巫咸：殷中宗时吴地人。⑩周室：周朝。公元前11世纪建立，建都镐（hào）京（今陕西省西安市西南），前770年迁都洛邑（今河南省洛阳市），前256年灭亡。历史上称建都镐京时期为西周，迁都洛邑以后为东周，东周又分为春秋、战国两个时期。⑪史佚（yì）：周武王时的太史尹佚。苌（cháng）弘：周敬王时的大夫，在晋国大夫内讧中帮助了范氏，因此被杀。⑫宋：古国名。公元前11世纪周朝分封的诸侯国，现在河南省东部和山东省、江苏省、安徽省交界地区，前286年被齐国灭亡。⑬子韦：宋景公时人，天文历算家。⑭郑：古国名。公元前806年周朝分封的诸侯国，地在今河南省境，前375年消亡。裨（pí）灶：郑国的大夫。⑮齐：古国名。公元前11世纪周朝分封的姜姓诸侯国，春秋末年大臣田和夺取了政权，仍沿用齐国号，前221年灭亡。⑯甘公：甘德。战国末人。⑰楚：古国名。西周时开始建国，前223年灭亡。⑱唐昧（mò）：人名。⑲赵：国名。战国初年建国，现在河北省西南部、山西省中北

部和内蒙古自治区河套地区，前 222 年灭亡。⑳尹皋（gāo）：人名。㉑魏：国名。战国初年建国，地在今河南省中北部和山西省、陕西省交界地区，前 225 年消亡。㉒石申：战国末人。

【原文】

夫[①]天运，三十岁一小变，百年中变，五百载[②]大变；三大变一纪，三纪而大备[③]：此其大数[④]也。为国者必贵三五[⑤]，上下各千岁，然后天人之际[⑥]续备。

【注释】

①夫：提起连词。②载（zǎi）：年。唐、虞时代称载，夏代称岁，商代称祀，周代称年。③大备：经过四千五百年，经历了一切变化。④大数：自然的分限。气数，命运。⑤三五：统指三十年至四千五百年这些变化周期。⑥天人之际：天道和人事的相互关系。

【原文】

太史公推[①]古天变，未有可考[②]于今者。盖略以春秋[③]二百四十二年之间，日蚀三十六，彗星三见，宋襄公时星陨如雨[④]。天子微[⑤]，诸侯力政[⑥]，五伯[⑦]代兴，更[⑧]为主命。自是之后，众暴[⑨]寡，大并[⑩]小。秦、楚、吴、越[⑪]，夷狄也，为强伯。田氏篡齐[⑫]，三家分晋[⑬]，并为战国[⑭]。争于攻取，兵革[⑮]更起，城邑数屠[⑯]，因以饥馑[⑰]疾疫焦苦，臣主共忧患，其察机祥候星气[⑱]尤急。近世十二诸侯七国相王[⑲]，言从衡者继踵[⑳]，而皋、唐、甘、石因时务论其书传[㉑]，故其占验凌杂米盐㉒。

【注释】

①推：推测。②考：验证；占验。③盖：表示推原的承接连词。春秋：时代名。根据鲁国编年史《春秋》得名。④宋襄公时星陨如雨：《春秋》记载陨星事有两次：一次是鲁庄公七年发生在鲁国，这时是宋闵公五年，原文为“夜中星陨如雨”。一次是鲁僖公十六年发生在宋国，这时是宋襄公七年，原文为“陨石于宋五”。⑤天子微：指周王朝势力减弱。⑥力政（zhēng）：用武力征伐。政，通“征”。⑦五伯（bà）：就是五霸。伯，通“霸”。指春秋时期先后称霸的五个诸侯，有三说：一、齐桓公、晋文公、秦穆公、宋襄公、楚庄王。二、齐桓公、晋文公、秦穆公、楚庄王、吴王阖（hé）闾。三、齐桓公、晋文公、楚庄王、吴王阖闾、越王句践。⑧更（gēng）：连续；交替。⑨暴：欺侮；糟蹋。⑩并：兼并；并吞。⑪秦：古国名。西周时建国，现在陕西省和甘肃省、四川省一带，前221年秦始皇统一中国，建立秦朝。吴：古国名。西周初年建国，地在今江苏省和安徽省、浙江省的一部分，前473年灭亡。越：古国名。传说于夏代建国，地在今浙江省北部和江苏省、安徽省、江西省交界地区，约前306年灭亡。⑫田氏篡齐：齐国国君原来姓姜，前672年田完从陈国逃奔到齐国，以后他的子孙世代担任齐国的大臣，逐渐夺得齐国政权，前386年田和正式自立为齐君。⑬三家分晋：晋国原有六家大臣，经过长期的争夺兼并剩下了三家，前376年，魏斯、

韩虔、赵籍三人最后瓜分晋国，分别建立魏国、韩国、赵国。⑭战国：时代名。⑮兵革：借指战争。⑯屠：宰杀牲畜；杀害人命。⑰因：连接。饥馑（jǐn）：灾荒。饥，五谷不成熟；馑，蔬菜不成熟。⑱星气：星象和云气。⑲十二诸侯：指春秋时期的鲁、齐、晋、秦、楚、宋、卫、陈、蔡、曹、郑、燕十二个诸侯国。七国：指战国时期的秦、楚、齐、燕、韩、赵、魏七个强国，通称“七雄”。相王（wàng）：互相尊称为王。王，动词。⑳从衡：通“纵横”，指合纵连横的外交斗争。继踵：前后相接。㉑因：就；针对。时务：当时的各种事物。常指国家社会的形势。书传（zhuàn）：文书典籍。这里指占候的书籍。㉒米盐：比喻微小琐碎。

【原文】

二十八舍主十二州[①]，斗秉[②]兼之，所从来久矣。秦之疆[③]也，候在太白，占于狼、弧。吴、楚之疆，候在荧惑，占于鸟[④]、衡。燕[⑤]、齐之疆，候在辰星，占于虚、危。宋、郑之疆，候在岁星，占于房、心。晋[⑥]之疆，亦候在辰星，占于参、罚。

【注释】

①十二州：联系前文关于分星、分野的记载来看，本文的所指十二州是：兖、豫、幽、扬、青、并、徐、冀、益、雍、三河、荆。这跟汉代学者关于古代十二州的看法和汉代的政区实际都有较大的出入。②斗秉：指北斗星。秉，通“柄”。③疆：国界：国土。④鸟：指柳宿。⑤燕（yān）：古国名。

⑥晋：古国名。

【原文】

及秦并吞三晋、燕、代[①]，自河山[②]以南者中国。中国于四海内则在东南，为阳；阳则日、岁星、荧惑、填星；占于街[③]南，毕主之。其西北则胡、貉、月氏诸衣旃裘引弓之民[④]，为阴；阴则月、太白、辰星；占于街北，昴主之。故中国山川东北流，其维[⑤]，首在陇、蜀[⑥]，尾没[⑦]于勃、碣。是以秦、晋好用兵，复占太白，太白主中国；而胡、貉数侵掠，独占辰星，辰星出入躁疾[⑧]，常主夷狄：其大经也。此更为客、主人。荧惑为孛[⑨]，外则理[⑩]丘，内则理政。故曰“虽有明天子，必视荧惑所在”[⑪]。诸侯更强，时灾异记，无可录者。

【注释】

①代：战国时国名。现在河北省蔚县一带，后来归属赵国。这里指后者。②河：指黄河。山：指秦岭山系。一说指华山。③街：指天街星。④貉（mò）：也作“貊（mò）”。古代对东北部族的贬称。月氏：也作“月支”。衣（yì）：穿（衣）。旃（zhān）裘：也作“毡裘”。引弓之民：指以射猎为生的民族。引弓，开弓。⑤维：系统；脉络。⑥陇：陇山。古代称为陇坂，就是六盘山的南段，绵延于陕西省、甘肃省边境地区，因而称这个地区为陇。蜀：古国名。现在四川省中西部，后来称为蜀。⑦没（mò）：沉入水中。⑧躁疾：急躁，快速。⑨孛（bó）：星球光芒四向扫射的现象，也就用作彗星的别称。⑩理：治理；主宰。⑪从“荧惑为孛”起这两句话，

根据《汉书·天文志》和《史记志疑》应当移到前面“荧惑”节的末了。

【原文】

秦始皇之时，十五年彗星四见，久者八十日，长或竟天。其后秦遂以兵灭六王[①]，并中国，外攘四夷[②]，死人如乱麻，因以张楚[③]并起，三十年之间兵相骀藉[④]，不可胜[⑤]数。自蚩尤以来，未尝若斯也。

【注释】

①六王：韩王韩安、赵王赵迁、魏王魏假、楚王熊负刍、燕王姬喜、齐王田建。②攘（rǎng）：排斥；排除。四夷：古代对华夏族以外四方各民族的统称。分开来说，就称为东夷、西戎、南蛮、北狄。③张楚：秦代末年农民起义领袖陈胜于公元前209年在陈县（今河南省周口市淮阳区）建立楚政权，号为张楚。④骀藉（tái jí）：践踏。⑤胜（shēng）：尽。

【原文】

项羽[①]救钜鹿，枉矢西流，山东遂合从[②]诸侯，西坑秦人[③]，诛屠咸阳[④]。

【注释】

①项羽（前232—前202）：名籍，字羽。泗水郡下相县（今江苏省宿迁市宿城区西南）人。②山东：战国、秦、汉时代，通称崤（xiáo）山或华山以东为山东，一般专指黄河流域，有时也泛指战国时秦国以外的六国领土。合从：通“合

纵”。联合从南到北的许多势力。③西坑秦人：项羽在巨鹿之战中摧毁了秦军主力，章邯率余部投降。项羽率领诸侯联军和投降的秦军西进到达新安（今河南省渑池县东），秦军谋划暴乱。项羽命令楚军夜袭秦军，坑杀秦军士兵二十多万人。坑，活埋。④诛屠：杀戮。咸阳：秦朝的都城，在今陕西省咸阳市东北。

【原文】

汉之兴，五星聚于东井。平城之围[①]，月晕[②]参、毕七重。诸吕作乱[③]，日蚀，昼晦[④]。吴、楚七国叛逆[⑤]，彗星数丈，天狗过梁[⑥]野；及兵起，遂伏尸[⑦]流血其下。元光、元狩[⑧]，蚩尤之旗再见，长则[⑨]半天。其后京师[⑩]师四出，诛夷狄者数十年[⑪]，而伐胡尤甚。越之亡[⑫]，荧惑守斗；朝鲜之拔[⑬]，星茀于河戍[⑭]；兵征大宛[⑮]，星茀招摇：此其荦荦[⑯]大者。若至委曲[⑰]小变，不可胜道。由是观之，未有不先形见而应随[⑱]之者也。

【注释】

①平城之围：公元前200年（汉高帝七年），刘邦亲自率领大军出击匈奴，刚到平城（今山西省大同市东北），被匈奴突击部队围困在白登山（在今大同市东北），七天才突围。②月晕：现象和原理都同日晕。③诸吕作乱：公元前180年（汉高后八年），吕雉死后，她的侄儿吕产、吕禄等企图夺取政权，被太尉周勃等平定。④昼晦：白天昏暗。⑤吴、楚七国叛逆：公元前154年（汉景帝前元三年），吴王刘濞（bì）联合楚王刘戊、赵王刘遂、胶西王刘卬（áng）、胶东王刘雄渠、

济南王刘辟光、菑（zī）川王刘贤，为了反对朝廷的“削藩”政策，发动大规模动乱，随即被太尉周亚夫等平定。⑥梁：汉初封国，现在河南省、安徽省交界地区。⑦伏尸：尸体倒地。⑧元光：汉武帝的年号，前134—前129年。元狩：汉武帝的年号，相当于前122—前117年。⑨则：乃至；竟达。⑩京师：首都。借指朝廷。⑪诛夷狄者数十年：指汉武帝时期对匈奴、西南夷、百越、朝鲜、西域的历次战争。⑫越之亡：公元前112年（汉武帝元鼎五年），南越相吕嘉反，武帝派兵征讨，平定南越，设置南海等九郡。越，指南越。⑬朝鲜之拔：公元前109年（汉武帝元封二年），朝鲜王卫右渠攻掠辽东，武帝派兵进击，平定朝鲜，设置乐浪等四郡。⑭茀（bó）：通“孛”，像彗星出现。河戍：河，指南河星、北河星。因为它们的位置是天帝的关梁，是需要守卫的交通要冲，所以称为河戍。⑮兵征大宛（yuān）：前104—前101年（汉武帝太初元年至四年），武帝派兵征服大宛，夺得名马。大宛，西域国名，在今中亚费尔干纳盆地。⑯茡茡：分明的样子。⑰委曲：隐微曲折。委，微末；曲，曲折。⑱形见：指天象变化的出现。应随：指人间灾祸的发生。

【原文】

夫自汉之为天数者，星则唐都[1]，气则王朔，占岁则魏鲜。故甘、石历五星法，唯独荧惑有反逆行；逆行所守，及他星逆行，日月薄[2]蚀，皆以为占。

【注释】

①唐都：汉武帝时方士，通晓天文。②薄：太阳或月亮被观测不到的高空云气遮挡，因而昏暗无光。

【原文】

余观史记[①]，考行事[②]，百年之中，五星无出而不反逆行，反逆行，尝盛大[③]而变色；日月薄蚀，行南北[④]有时：此其大度[⑤]也。故紫宫、房心、权衡、咸池、虚危列宿部星[⑥]，此天之五官坐[⑦]位也，为经[⑧]，不移徙[⑨]，大小有差[⑩]，阔狭[⑪]有常。水、火、金、木、填星，此五星者，天之五佐，为纬[⑫]，见伏[⑬]有时，所过行[⑭]赢缩有度。

【注释】

①史记：泛指古代史书。②考：稽考；考察。行事：事迹；事实。③盛大：光辉强烈闪耀。④南北：指天球黄道的南北。⑤大度：一般规律。⑥列宿：分出星空区划；划分星座。部星：分区管辖众星。⑦五官：中官、东官、南官、西官、北官。坐：通"座"。⑧经：经星。⑨不移徙：相对位置不移动。⑩差（cī）：次序；等级。⑪阔狭：宽窄。⑫纬：纬星。就是行星。⑬见伏：出现和隐没。⑭过行：运行；经过。

【原文】

日变修德[①]，月变省刑[②]，星变结和[③]。凡天变，过度[④]乃占。国君强大有德者昌，弱小饰诈[⑤]者亡。太上修德，其次修政[⑥]，其次修救[⑦]，其次修禳[⑧]，正下无之[⑨]。夫常星[⑩]之变希见，而三光之占亟[11]用。日月晕適[12]，云风，此天之客气[13]，其发见亦有大运[14]。然其与政事俯仰[15]，最近天人之符[16]。此五者，天之感动。为天数者，必通三五[17]，终始[18]古今，深观时变[19]，察其精粗[20]，则天官[21]备矣。

【注释】

①修德：修养品德。②省刑：减省刑罚。③结和：团结起来，实现和睦。④过度：指天变的程度严重或出现次数多。⑤饰诈：虚伪欺骗。⑥修政：修明政治。⑦修救：采取补救措施。⑧修禳（ráng）：祈祷鬼神。⑨正下：最下。无：无视。之：指天变。⑩常星：恒星。⑪亟（qì）：一再；多次。⑫適（zhé）：通“谪”，变异现象。指日食、月食。⑬客气：指非常见的自然力量。⑭大运：就是天运。⑮俯仰：上下变化。⑯天人之符：天道和人事的同一性。⑰三五：有两解：一、指天运的变化周期。二、指三光和五星。⑱终始：从头至尾贯通。⑲时变：时势的变迁。⑳精粗：精髓和皮毛。㉑天官：指天文学的理论体系。

【原文】

苍帝行德，天门为之开。赤帝行德，天牢为之空。黄帝行德，天夭为之起。风从西北来，必以庚、辛。一秋中五至，大赦；三至，小赦。白帝行德。以正月二十日、二十一日，月晕围，常大赦。载，谓有太阳也。一曰：白帝行德，毕、昴为之围。围三暮，德乃成；不三暮及围不合，德不成。二曰：以辰围，不出其旬。黑帝行德，天关为之动。天行德，天子更立年；不德，风雨破石。三能、三。衡者，天廷也。客星出天廷，有奇令。

【注释】

以上字句是一些残简，在长期的传抄、转刻过程中积存下来了。字句错杂，事理紊乱，不好理解。《史记三书正讹》曾经作过一番校对和解说，以下解释供读者参考。

“苍帝行德，天门为之开；赤帝行德，天牢为之空；黄帝行德，天夭为之起；［白帝行德，毕、昴为之围；］［黑帝行德，天关为之动。］”这十句应该移到上文末节“此五者，天之感动”的前面，分别说明五方星官发出明亮光辉的不同影响。意指：东方星官发出明亮的光辉，天门因此开启；南方星官发出明亮的光辉，天牢因此空虚；中央星官发出明亮的光辉，天矢因此兴起；西方星官发出明亮的光辉，毕宿、昴宿天区因此月晕环绕；北方星官发出明亮的光辉，天关因此开闭。

“风从西北来，必以庚、辛。一秋中五至，大赦；三至，小赦。”这几句应当移到上文“候岁”段中，但跟魏鲜的说法不同。意指：风从西北吹来，一定在庚日或辛日。一个秋季里出现五次，会宣布大赦；出现三次，会宣布局部赦免。

“白帝行德”一句是衍文。

“以正月二十日、二十一日，月晕围，常大赦。”这两句是“白帝行德，毕、昴为之围”的旁注，后人误入正文。

"载"字是衍文。

"谓有太阳也。"这一句是"候岁"段中的旁注。

"一曰：围三暮，德乃成；不三暮及围不合，德不成。二曰：以辰围，不出其旬。"这几句是别的占星家的异说。

"白帝行德，毕、昴为之围。""黑帝行德，天关为之动。"这四句移至前面。

"天行德，天子更立年；不德，风雨破石。"这四句说明全天星官都发出明亮的光辉，皇帝应当改定年号；如果都发光暗淡，那就会发生巨大的灾害。

"三能、三……"下面有缺文。

"衡者，天廷也。客星出天廷，有奇令。"这三句申述上文"南官朱鸟"段的一层意思。

【译文】

中宫以天极星为中心，在中间明亮的那颗星，好像常居正北不动，名为太一，是天帝的意思。旁边三颗星名三公，或名太子、庶子，后面弯曲的四颗星中末尾较为明亮的星叫正妃，其余三颗星为后宫嫔妃之属。环绕守卫着中央的十二颗星，是护卫的藩臣，它们合起来就构成紫宫。

挡在紫宫门口内的三星，呈向北尖锐的形态，尖端的那颗星若隐若现，称为阴德，或称天一。紫宫左前方有三颗星是天枪，右前方有五星是天棓，后面有六颗星越过银河可抵达营室的，就是阁道。

北斗七星，即《尚书》说的"璇、玑、玉衡以齐七政"。

斗杓延长线上的亮星是东宫苍龙的龙角叫大角星，玉衡和前后两星连线延伸向南可见南斗，斗魁四星顺着杓的方向向北延伸是参宿的头。用黄昏后斗杓所指十二辰方位名为该月月名的月建方法叫昏建；杓还可用于分野，斗杓指向为华山及其西南地域；以子夜玉衡所指为月建的叫夜半建，玉衡指向为中州黄河、济水之间的地域；以平旦斗魁所指为月建就是平旦建，魁的指向为东部及东北部地域。斗就像天帝乘坐的车子，运行于靠近天极的中央，它可主管四方地域分野，区分阴阳，分辨月建，配合五行均分五个节气，计量节气度数，确定历法的章、部纪元，这些重大的事都要依靠斗。

在斗魁之上有六颗星，形状如筐，名为文昌宫：六颗星的名称一是上将，二是次将，三是贵相，四是司命，五是司中，六是司禄。在斗魁四颗星中间，有星名贵人之牢。魁下有六颗星，每两颗相邻成对，共三对，称为三能。三能星颜色明暗相同，象征君臣和合；不同，表示君臣乖戾。北斗旁的辅星明而近，则辅佐的大臣受信任而且权重；离北斗远而小，则不受信任，权轻而弱。

斗杓的末端有二星，靠近北斗的称为天矛，就是招摇星，离北斗较远的为盾星，又名天锋。靠近斗杓有十五颗星，形状上如钩下如环，名为贱人之牢。牢中星多，象征尘世的囚犯多，星少囚犯也少。

天一、天枪、天棓、天矛和盾星动摇，星光的芒角大，预示世乱兵起。

东官名苍龙，包括以下星宿：房宿、心宿。心宿是天帝发布政令的明堂，其中一颗大星为天王，前后二小星为诸子。心宿的三颗星排列形状不宜于直，直则表示天王政令失宜。房宿为天府，又名为天驷。房宿以北有星名右骖。旁有二星名为衿；北有一星名为舝。东北有弯曲排列的十二颗星，名为旗。旗中有四星名为天市；六星名为市楼。天市中星数多表示世间富足殷实；星数少则国虚民贫。房宿以南有许多星，总名为骑官。

角宿有二颗；左边的为李，右边的为将。大角一星，为天王大帝的公廷。两旁各有三颗星，鼎足而立如钩状，名为摄提。之所以称为摄提，是它们正当斗杓所指的方向之下，为斗杓所提携，以建明时节，所以又有“摄提格”的名号。亢宿是天神的外朝，主疾病。在它南边有南北两颗大星，名为南门。氐宿就是天的根柢的意思，主疫气。

尾宿九星，为天帝九子，又有的说它象征君臣；各星间相距绝远，就表示君臣不和。箕宿为敖客，又称为天的口舌。

火星凌犯或者守在角宿附近，预示有战争发生。守在房宿、心宿附近，不利于帝王。

南宫名朱鸟，包括以下星宿：权、衡。衡指太微垣，是日、月、五星三光的宫廷。周围有匡辅和守卫的十二颗星，代表藩臣：西边是将；东边是相；南边四颗星，中间两颗名为执法，执法之间为端门；端门左右，为掖门。门内有六个星座，都是诸侯。其中一个有五颗星，为五帝坐。诸侯、五帝坐之后聚集着十五颗星，蔚然丛杂，名为郎位；郎位旁有一大星，是将位。月与五星自西而东顺入于太微垣中，循轨道运行。察看它们走过的路径，停留某星旁，世间与该星对应的官员就会被天子杀掉。月与五星自东而西逆入于太微垣，若不循轨道运行，按照它们所凌犯的星名占卜吉凶；若犯于中间的五帝坐，表示祸福已成，无法可解，是群下相从而谋、共同作乱的结果。金星、火星犯帝坐尤为严重。在太微垣西部藩卫星的西面，有五颗相垂而下的星，名为少微，是士大夫的象征。权，就是轩辕座，形体如黄龙。前面一颗大星，是女主的象征；其他小星代表后宫奉御妃嫔之属。月与五星犯守，占卜与衡相同。

东井宿主占卜与水有关的事宜。它的西面偏曲处有一颗星名为钺。钺以北，有北河，以南，有南河；两河与天阙星之间为三光所经的关梁。舆鬼宿，主占卜鬼神祭祀事；其中一颗白色星名叫质星。火星守南北河，有兵祸起，粮食歉收。所以说观道德于衡，天子游观占于潢，王者伤败表现于钺，有祸乱表现于井，有诛杀则表现于质星。

柳宿是朱雀的嘴巴，主占草木事。七星宿为朱雀颈，是员官，主占卜紧急事。张宿为朱雀的嗉囊，是天庭的厨房，主占卜宴客事。翼宿是朱雀的羽翮，主占卜远客事。

轸宿是天神的车子，主管风事。旁边有一颗小星，名叫长沙星，星不宜明，若与轸宿的四颗星一样明亮，与五星入于轸宿之中一样，表示将有大的战争发生。轸宿南面的众星名为天库、楼；库旁有五个车星。车星有芒角或星数太多、太少，都预示天下将出现兵车骚动，无有宁处。

西官名为咸池，包括的星宿有：天五潢。五潢，是五帝的车舍。火星入其中，天有旱灾；金星入，有兵灾；水星入，有水灾。其中又有三个柱星；一个不见，就表示有战争发生。

奎宿又名封豕，主占卜有关沟渎的事。娄宿主占卜聚众的事。胃宿主占卜仓廪的事。胃宿南有许多星，名为廥积。

昴宿又名髦头，是一个与胡人有关的星，又主丧事，称为白衣之会。毕宿又名为罕车，象征边兵，主占卜弋猎等事。在毕宿中最大一颗星的旁边有一颗小星，名为附耳，附耳星摇动，表示天子身边有谗乱之臣。昴宿、毕宿之间的两颗星是天街。街北，象征夷狄人的国家；街南，象征华夏建立的国家。

参宿形状如同白虎。中间三颗东西直立的星，其平如衡，称为衡石。衡石下有三颗星，直立如锥，名为罚，主占卜有关斩杀的事。衡石外的四颗星，是参宿的左右肩、左右股。参宿上面边隅处有三颗小星排成三角形，名为觜觿，如同参宿这头白虎的虎头，主占卜军旅事。参宿以南有四颗星，名为天厕。厕下有一颗星，名为天矢。矢星为黄色则吉利；若为青色、白色、黑色则凶。参宿以西有弯弯曲曲的九颗星，分三处罗列，一处名为天旗，第二处名为天苑，第三处名为九游。参宿以东有一颗大星名为狼。狼星星光的芒角变色，天下多盗贼。下有四颗星名为弧，正对着狼星。下面与地相接处有一颗大星，名为南极老人。老人星出现，世道安宁；不出现，有战事。常常在秋分时的黎明，于城南郊对它进行观测。

附耳星进入毕宿之中，有兵事兴起。

北官名为玄武，包括的星宿有：虚宿、危宿。危宿主天府、天市盖房等土功事；虚宿主占卜丧事。

虚、危二宿以南有一大群星，总名为羽林天军，羽林天军西部诸星名垒星，或者称为钺星。钺星旁有一颗大星名为北落。倘若北落星暗而不明或隐而不显，羽林天军星动摇、有芒角、星数不备，以及五星凌犯北落，入于羽林天军，有战事发生。火星、金星、水星入羽林天军就更为严重：火入，不利于军；水入，有水灾；木星、土星入，对军事有利。危宿以东有六颗星，每两颗相邻成对，名为司空。

营室宿是天上的清庙，附近有离宫、阁道。营室以北的天汉之中有四颗星，名为天驷。天驷旁一星，名为王良。王良旁一星为策，策星动摇，天下兵起。旁有八星，横跨天汉，名为天潢，天潢旁有一颗星，名为江星。江星动摇，有大水灾。

杵臼有四颗星，在危宿南面。又有匏瓜星，若有青色、黑色星停留附近，天下鱼盐价贵。

南斗宿是天庙，它的北边有建星。建星，如同天庙前的旗。牵牛宿就是庙前祭祀的牺牲。牵牛以北是河鼓宿，河鼓中的大星，代表上将；左右小星，代表左右将。又有婺女宿，它的北边是织女星。织女，是天帝的孙女。

观察日、月的运行，以揆度岁星的运行是否正常。按五行说，岁星于五方主东方，于五行为木，于四季主春，于十天干为甲乙。多行不义，天降惩罚就会由岁星表现。岁星运动有了赢缩，就按它在天球所处的次舍，检查与地面的什么国相对应，岁星所在次舍对应的国家不可征伐，而该国可以征伐别国。岁星运行超过了应处的次舍称为赢，不到应处的次舍称为缩。赢，所对应的国家有兵事，人不得息；缩，对应的国家有忧患，军将死亡，国家倾败。岁星所在次舍，若五星也都聚集在此舍，下面对应的国家可以义取天下。

在摄提格岁：岁阴在寅位从东向西行，岁星在丑位从西向东行。正月时，岁星与斗宿、牵牛宿黎明前出现于东方，名为监德。星色青苍而明亮。如岁星失次运动，在它出现时，犹能看到柳宿。岁星早出，有水灾；晚出，天旱。

岁星出现后，先自西向东行十二度，需要一百天的时间，然后开始向西逆行；逆行八度，也是要一百天，重又向东行。一岁共行三十度又十六分之七度，平均每天行十二分之一度，十二年绕天一周。出时常在东方，时间为早晨；隐入地下在西方，黄昏时候。

单阏岁的时候：岁阴在卯位，岁星在子位。二月时，岁星与婺女、虚、危三宿早晨出现于东方，名为降入。星大而且明亮。若运行失次，出现时能够见到张宿。这样的年份有大水灾。

执徐岁时：岁阴在辰位，岁星在亥位。在三月份时，岁星与营室、东壁二宿一起，早晨时出现于东方，名为青章。星光青青而彰明，所以得名。如果运行失次，出现时应能见到轸宿。岁星早出，天旱；晚出，有水灾。

大荒骆岁时：岁阴在巳位，岁星在戌位。四月份时，岁星与奎、娄二宿一起，早晨出现在东方，名为跰踵。星光熊熊呈赤色，有光芒。若失次运行，出现时应能见到亢宿。

敦牂岁时：岁阴在午位，岁星在酉位。五月份，岁星与胃、昴、毕三宿一起，早晨出现于东方，名为天明。星炎炎有光。这一年应该停止兵事，只对帝王有利，不利于治军弄武。若岁星失次，出现时应能见到房宿。岁星早出，有旱灾；晚出，有水灾。

叶洽岁时：岁阴在未位，岁星在申位。六月份，岁星与觜觿、参宿一起，早晨出现于东方，名为长列。星体昭昭有亮光。当年利于出兵行武事。岁星若运行失次，出现时应能见到箕宿。

涒滩岁时：岁阴在申位，岁星在未位。七月份，岁星与东井、舆鬼二宿一起，早晨出现于东方，名为大音。星体昭昭，光呈白色。若运行失次，出现时应能见到牵牛宿。

作鄂岁时：岁阴在酉位，岁星在午位。八月份，岁星与柳宿、七星、张宿一起，早晨时出现于东方，名为长王。星光明亮而有芒角。当年，所出国大吉利，五谷丰熟。若运行失次，出现时应能见到危宿。这时若有旱灾算是吉利事了，再不就是有女主的丧事，民间有疾疫流行。

阉茂岁时：岁阴在戌位，岁星在巳位。九月份，岁星与翼、轸二宿一起，早晨时出现于东方，名为天睢。星光呈白色，大而明亮。若运行失次，出现时应能见到东壁宿。这样的年岁便有水灾或有女主的丧事。

大渊献时：岁阴在亥位，岁星在辰位。十月份，岁星与角宿、亢宿一起，早晨时出现在东方，名为大章。星光苍苍然。如同星欲提前跃出黎明前的黑暗。名为正平。这样的年岁，宜于兴兵用武，其将帅必有武功；岁星所在国有德，将要拥有四海，成为普天下人共同的君主。岁星运行失次，应能见到娄宿。

困敦岁时：岁阴在子位，岁星在卯位。十一月份，岁星与氐宿、房宿、心宿一起，早晨出现于东方，名为天泉。星光玄色，很是明亮。当年，有事于江和池沼则吉利，不利于起兵。岁星运行失次，应能见到昴宿。

赤奋若岁时：岁阴在丑位，岁星在寅位。十二月份，岁星与尾宿、箕宿一起，早晨时出现于东方，名为天皓。星光殷然，色黑而明亮。岁星运行失次，应能见到参宿。

岁星有一定的行度，如果按推算它应当留于某一宿而没有留，或留在那里又左右摇动，不该离去又提早离去了，与其他星会合，那么该宿相应国家有大灾难。在某处停留得久，相应国德泽深厚。岁星光的芒角动摇，或乍大乍小，颜色屡变，都预示人主有忧患。

岁星失次超过一宿，进而向东北行，不出三月就会出现天棓星，其长四丈，末端尖锐。进而向东南行，不出三月就会出现彗星，其长二丈，和彗星很类似。退而向西北行，不出三月就会出现天棓星，其长四丈，末端尖锐。退而向西南方行，不出三个月就会出现天枪星，其长数丈，两头尖锐。认真观察与这些星出现的天宇相对应的国家，该国不可以举办大事、出兵用武。岁星出时如浮如沉，该国有土功；如沉如浮，分野之国亡。岁星颜色赤红而且有芒角，所在国必昌盛。与该国作战的，必不胜。岁星颜色赤黄而浓重，所在国五谷大熟，得大丰收。岁星颜色青白或赤灰，所在国有忧患。岁星隐于月亮之后，分野国有被放逐的宰相；岁星与太白星往复离合，所在分野有军队被击败。

岁星又名摄提，名重华，名应星，名纪星等。前面说营室是天上的清庙，就是指岁星的清庙。

荧惑就是火星，表现了一种刚正执法的气概。主管南方，五行属火，四时主夏，十干为丙丁。有失礼的国家，天降惩罚可以从火星不规则的运行看出来。火星出现就有战争，隐没战争就会停止。以火星所在的分野占卜该国的吉凶。火星主管惩罚，所以它的出现意味着动乱、流寇、疾病、死丧、饥饿、战争等灾难的发生。火星逆行二次以上，停留下来，所停处相应的国度三月内有祸殃，五月内有外兵入侵，七月内国土半数丧失，九月内大半丧失。九月以后仍留而不去，该国灭亡。火星停留不去的地方，祸殃不旋踵而至，看似大，反而小；若缓缓而来，所受祸殃看似小反而大。火星停留在舆鬼宿以南，预示男子死丧；在舆鬼以北，则女子死丧。若火星有芒角、动摇、原地旋转，以及忽前忽后、忽左忽右，祸殃更大。与其他星复离复合，若亮度相差不多，有危害；星的亮度相差悬殊，不能为害。连同火星一起的五星相从聚集在同一舍，对应的国度可以礼让得天下。

火星运行的规律是：晨出来方后向东顺行十六宿后留；经留后向西逆行两宿；共用时六十天，再向东顺行，数十宿留，约十个月后从西方隐入地下；在地下伏行五个月后，从东方出现。若自西方出现名为“反明”，对人君不利。火星顺行时速度比较快，一天移动一度半。

火星向东行急，有兵聚于东；向西行急，有兵聚于西；向南北行急，有兵聚于南北。兵所聚在火星下相应的地区。用于占卜战争，顺火星所行用兵的必胜，逆火星所行用兵的则败。火星随太白而行，军事有忧患；离太白而去，主退军。行于太白以北，有军队分营；行于太白以南，有偏将出战。当火星运行时，太白星自后追及火星，有军队被击败，将军被杀的事发生。火星停留或凌犯太微垣、轩辕座、营室宿，对人君不利。心宿是行政殿堂，是火星执法的庙堂，对火星的占候谨撰于上。

由历法中与南斗交会的年份判定填星的位置。按五行说，填星于五方为中央，于五行属土，于四时主季夏，于十天干为戊、己，于五帝配黄帝，主道德，是女主的象征。每年行过一宿，二十八年绕一周，停留处，对相应国有利。不应当停留而停留，或者已经离去重又返回来，返回之后便停留，是相应国领土扩大的征兆，否则，得子女玉帛。若填星应当停留而不停留，既已停留，又东西来去，相应国有丧失领土的灾祸，否则，失子女玉帛，不可以举办大事，用兵于敌。填星停留得久，相应国的福气大；短暂，福气小。

填星又名地侯，主占卜收成好坏。每年在恒行间运行十三度又一百一十二分之五，每日运行二十分之一度，二十八年在天空运行一周。填星停留的地方，五星都相从聚集于同一舍，下面相应的国家可以重厚之德得天下。礼、德、义、杀戮、刑罚全都失当，填星就会为此而动摇不定。

填星早出，为王者不安；晚出，有战事不得息。填星色黄，有九芒，五音与黄钟宫相配。若失次而行超前二三宿称为羸，象征君主有令不能实行，否则预示有大水灾。若失次而行落后二三宿称为缩，王后忧戚，当年阴阳失和，不然这个国家就将发生天崩地动的大灾难。

斗宿是文太室，是填星之庙，填星是占卜天子吉凶的星宿。

木星与土星会合，象征有内乱和饥荒发生，人君不可发动战争，战必失败；木星与水星会合象征谋事不终，半途而废；与火星会合，象征有旱灾；与金星会合象征有死丧事或有水灾。金星在南，木星（岁星）在北，称为牝牡，预兆五谷丰收；金星在北，木星在南，五谷有收有歉。火星与水星会合称为焠，与金星会合称为铄，预兆有丧事，都不可举行大事，对敌用兵则大败。火与土会合有忧患，庶子担任大臣；表示有大饥，战败、成为败北之军，军被困，举事遭大失败等。土星与水星会合，五谷熟而壅蔽不能流通，有全军覆灭的征兆，相应的国度不可以举办大事。星出现，则丧失国土；星入地隐而不见，失地可复。土星与金星会合为疾病，为外兵入侵，为丧失国土。五星中有三星会合，于会合处相应的国度，内外有战事和丧事，要改立王公。四星会合，预示有兵丧并起，人君有忧患、百姓有流离的灾难。五星会合，表示要易世而行，改朝换代了，有德者，受喜庆，改立君主，占有天下，子孙繁衍昌盛；无德者，受祸殃以致灭亡。五星星体都大，预兆的事体也大；都小，预兆的事体也小。

五星早出的称为赢，赢者为客星。晚出者称为缩，缩者为主人星。五星赢缩失次，天必有反应，由北斗的杓星失常显示。星同舍为会合。相凌犯为斗，斗者相距七寸以内，预示的祸事必然发生。

五星色白体圆，表示有丧事和旱灾；色赤体圆，边沿与中部有不平状，表示有战争；色青体圆，表示有忧患和水灾；色黑而圆，表示有疾病，多死亡；色黄而圆，则吉利。五星有赤色芒角表示有敌兵犯我城池；有黄色芒角表示有争夺土地的战争，有白色芒角表示有丧事，有青色芒角表示军队有忧患，有黑色芒角则有水灾。有赤角，坚守以待敌力穷、兵事自解。五星同色，天下兵戈止息，百姓安宁昌盛。春风秋雨，冬寒夏热，时令正常与否，五星的动摇常在这些方面表现。

填星出现以后，经过一百二十天开始向西逆行，又经过一百二十天重又向东行。再经过九十天，总计三百三十日然后隐于地下，隐三十日后重新在东方出现。太初历开始的年份，太岁在甲寅位，镇（填）星在东壁宿，所以说是在营室宿。

观察太阳的运行以判断太白星的位置。按照五行说，太白星于五方配西方，于四季属秋，于十天干为庚辛，主刑杀。刑杀失当，天降惩罚就由太白星表现。太白星运行失常，按照所经行的次舍推断对应国家的吉凶。太白星出现后行经十八舍，凡需二百四十日而隐入地下。若从东方隐入地下，在地下行经十一舍，需一百三十日；从西方隐入地下，则在地下行经三舍，需十六日，然后重新出现。应当出现而不出现，或者应当隐入地下而不入，都称为失舍。与太白失舍相应的国度，若没有军队被击败，必有国君被篡位的事件发生。

按上元历法，在寅年时，太白星与营室宿，晨时同出于东方，行到角宿时隐入地下；然后与营室宿黄昏时同出于西方，至角宿隐入地下。再与角宿晨时同出于东方，行到毕宿时入于地下；然后与角宿黄昏时同出于西方，行到毕宿时入于地下。再与毕宿晨时同出于东方，行到箕宿时入于地下；然后与毕宿黄昏时同出于西方，到箕宿时入于地下。再与箕宿晨时同出于东方，行到柳宿时入于地下，然后与箕宿黄昏时同出于西方，到柳宿时入于地下。再与柳宿晨时同出于东方，行到营室宿时入于地下；然后与柳宿黄昏时同出于西方，行到营室宿时入于地下。凡出入东西各五次为一周，经八年零二百二十天，重新与营室宿晨时同出于东方。平均起来大约每年行一周天。开始出现于东方的时候，运行较慢，大约每天行半度，一百二十天以后，必然逆行一二舍；星位极高，而后反向东行，每天行一度半，经一百二十日后入于地下。星位最低时，距日最近，称为明星，性柔；星位最高时，距日最远，名为大嚣，性刚。太白星开始出现于西方的时候，运行较快，大约每天行一度半，经一百二十天，星位极高而后运行变慢，每天行半度，一百二十天以后，将入于地下时，必逆行一二舍然后入地下。星位最低时，距日最近，名为大白，性柔；星位最高时，距日最远，名为大相，性刚。出与辰位、戌位，入与丑位、未位相对应。

应当出现时不出现，不应当隐入时隐入地下，预兆着天下将干戈停息，不再有战争了。兵若在外，应该返回本国。不应当出现而出现，应当隐入地下而不隐入，预兆天下将要发生战争，有国家为战争所击破。太白星按期出现，对应的国家必昌盛。出于东方与东方国相对应，入于东方与北方国相对应；出于西方与西方国相对应，入于西方与南方国相对应。在某处停留得久，对应方向获吉利；停留得短暂，对应方向不吉利。

太白星从西方出现向东运行，正西方向上的国家获吉利。从东方出现向西运行，在正东方向上的国家获吉利。太白星出现后不会经过整个天空（按：指出东落西，或出西落东），如若经过整个天空，预示天下就要改朝换代了。

太白星光的芒角稍微有动摇，兵起有战争。始出的星大，后变小，兵弱；出时小，后变大，兵强。出时太白星高，用兵一方进入敌国境内愈深愈吉利，浅者凶；出时星低，用兵一方进入敌国境内浅者吉利，深则凶险。日向南行，金星在日南方，或者日向北行而金星在日北方，称为赢，预示侯王不得安宁，如正在用兵，进兵吉利，退兵凶。日向南行金星在日以北，或者日向北行金星在日以南，称为缩，预示侯王有忧患，如正在用兵，退兵吉利，进兵凶。用兵应该模仿太白星：太白星运行得快，用兵应速战速决；太白星运行慢，用兵也应持重缓行，静以待变。太白星有芒角，兵也有锋芒敢战。太白星动摇为躁动，兵也宜动。太白星圆而静，兵也宜静。顺太白星芒角所指方向用兵吉利；逆芒角方向用兵凶。太白星出则出兵，太白星隐入地下则应收兵。太白星有赤色芒角，预示有战争发生；白色芒角，预示有丧事；黑色芒角而且钝，国有忧患，或有水灾；青色芒角而且既小又钝，国有忧患，或者于五行属木的祸事；黄色芒角而且颜色平和，芒角圆钝，国有于五行属土的事发生，有好年成。太白星已经出现三日而又稍微隐入，或者隐入已经三日又大出，称作耎，对应国有军队失败，将军败北的事发生。太白星已入三日又稍有所出，或者已出现三日又复大入，对应国有忧患；军队的粮食辎重，为敌人所用；士卒虽多，将军做了敌军的俘虏。太白星在西方出现时运行失常，预示外国失败；在东方出现时运行失常，预示中国失败。太白星大而且圆，色黄而又润泽，可做一些通使、会盟之类的和好之事；圆大而色赤，象征兵势虽盛而无战争。

太白星色白，与天狼星相似；色赤，与心星相似；色黄，与参宿左肩上的大星相似；色苍，与参宿右肩上的大星相似；色黑，与奎宿中的大星相似。五星随大白聚集在同一舍，与所聚处对应的国家可以兵纵横于天下。太白星所停留处为应当停留的地方，对应国有实利可得；所停留处若是不应停留的地方，对应国虽吉而无所得。由太白星卜吉凶，有关诸因素中，太白星运行的迟疾伏现等状况比星的颜色更重要，星的颜色比所在方位更重要，而有方位吉利的条件胜于无方位吉利的条件，有颜色吉利的条件胜于没有此条件者，若得到运行吉利的条件胜过其他所有条件，即运行有利，色、位全都不利也毫无关系。太白星出以后，迟迟停留于树梢之间，对应国不利。向上行，速度极快，行期未尽，其行已超过了星空的三分之一，对于对应国的敌对国不利。太白星忽上忽下，上下反复，预示对应国有反叛的将军。太白入月中，预示将军遭杀戮。金星与木［水］星会合而有光，对应的地区有战争而兵不相遇，兵虽起而不战；会合而无光，预示双方大战，一方被击破。太白星自西方出，时在昏时为阴，西方也属阴，所以象征阴兵强盛。阴兵晚饭时出动，兵势小弱；夜半时出动，势中弱；鸡鸣时出动，最弱，这叫作阴陷于阳。太白星在东方出现，时在黎明，为阳，东方也属阳，所以象征阳兵强。阳兵倘若鸡鸣时出动，兵势小弱；夜半时出动，势中弱；黄昏时出动，势大弱，这叫作阳陷于阴。太白星在地下伏行的时候出兵，兵必有祸殃。太白星出于卯位以南，象征南方胜北方；出于卯位以北，象征北方胜南方；正好出现在卯位（正东方向），对东方国有利。太白星出于酉位以北，北方胜南方；出于酉位以南，南方胜北方；正好出现在酉位，对西方国有利。

太白星与诸恒星相凌犯，预示有小规模的战争发生；与行星相凌犯，有大战发生。相犯时，太白星位在所犯星以南，预示南方国失败；在所犯星以北，北方国失败。运行得快，象征对应国有武勇；停留不动，象征对应国多礼有文。太白星色白有五芒角，早出必为月所食，晚出就会变成天夭星或彗星，祸事将会发生在对应国。太白星从东方出为德星，行事若居太白左方或者面对太白星，吉。从西方出为刑星，行事若居太白右方或背向太白，吉。相反则凶。太白星光能够见影，战则能胜。昼见太白过午位，称为争明，预示强国要变弱，弱国将要变强，女主势力将要昌盛。

亢宿是天神的外朝，是指为太白星神的外朝。太白，又是大臣的象征，号为上公，还有其他名称，如殷星、太正、营星、观星、宫星、明星、大衰、大泽、终星、大相、天浩、序星、月纬等。官位为大司马者欲知吉凶应仔细观察太白星的运行。

观察太阳与其他星辰的交会以判定辰星的位置。按五行说，辰星于五方属北方，于五行属水，是太阴月亮的精华聚成，于四时为冬，于十天干为壬癸。刑罚失当者，天降惩罚于辰星中表现，由辰宿的状况判断对应国的吉凶。

由辰星以正四时季节：二月春分，黄昏时出于西郊外奎、娄、胃以东五宿的范围，对应的分野为齐；五月夏至，黄昏时出于西郊外东井、舆鬼、柳以东七宿范围，对应的分野为楚；八月秋分，黄昏时出于西郊外角、亢、氐、房以东四宿范围，对应分野为汉；十一月冬至，清晨出于东方郊外，与尾宿、箕宿、南斗宿、牵牛宿一起随天球西行，对应分野是中国。辰星出现与隐没常常是在辰、戌、丑、未四个方位间。

辰星越次早出，会为月所掩成为星食；晚出，就会变成彗星或其他妖星。某时辰星应当出现而没出现是罚有失当的表现，虽追兵在外没有战斗。一季不出，该季阴阳不和，四季不出，天下五谷不收，有大饥荒。辰星按时出现了，星色白预兆有旱灾，色黄为五谷丰收，色赤有战争，色黑为水灾。出于东方，星大而色白，表示有敌兵在外，得解兵而去。辰星常在东方，星色赤，表示中国胜利；常在西方，星色赤，表示对外国有利。外无敌兵而辰星色赤，将有兵起。辰星与太白星都从东方出现，都是星色赤红而有芒角，预兆外国将有大败，中国得胜利；都从西方出现，而且星色赤红有芒角，对外国有利。若将天球从子午位中分，五星聚集于子午位以东，对中国有利，聚集于子午位以西，对外国用兵的一方有利。五星都随辰星聚于某一星舍，相应国可以法取天下。辰星不出现时，太白为客星；与辰星一起出现，太白为主星，辰星为客星。辰星出现而与太白星不在同一方位，郊外虽有敌兵而没有战斗。辰星出东方，太白星出西方；或者辰星出西方，太白星出东方，都称为格，预示郊外有兵而没有战斗。辰星不按时出现，表示气候应当寒冷反而温暖，应当温暖反而寒冷。应当出现而不出现，称为击卒，预兆有大规模的乱兵兴起。辰星入太白之中并从太白星上边离去，预兆有军队被击破、将军被杀的大事发生，客军为胜利的一方；自太白星下边离去，客军失败，丧失领土。辰星追及太白，太白仍停留不动，预兆有将军死。辰星自旗星上出，预兆有破军杀将的事发生，客军胜利；下出，客军失败，丧失领土。观察芒角所指方向，以判定何方军队失败。辰星环绕太白，如同与太白相斗，预示有大战发生，客军得胜。辰星从太白星旁经过，其间距离约一剑宽，预示有小规模的战争发生，客军得胜。辰星在太白星前，罢军休战；从太白左方经过，有小战发生；与太白星光相触而过，有数万人规模的战争发生，主人一方的官吏被杀；从太白右方经过，相去三尺，象征军情紧急，双方相约而战。辰星有青色芒角，军队有忧患；黑色芒角，有水灾；颜色赤红且运行，败军的末日来临。

兔星有七个名字，叫做小正、辰星、天欃、安周星、细爽、能星、钩星等。星色黄而且小，出现时又不按正常的方位，表示天下有大的政策变化，是不吉利的象征。兔星有五色：青而圆预示忧患，白而圆预示丧事，赤而圆预示中有不平事，黑而圆则吉利。兔星有赤色芒角预示有敌军来犯我城，黄色芒角预示有争夺土地的事发生，白色芒角预示丧事，有号哭之声。

辰星出东方，运行四舍，经四十八日，其中快行二十日，然后反方向从东方入于地下；辰星出于西方，运行四舍，经四十八日，其中快行二十日，然后反方向自西方入于地下。观测辰星应在营室、角宿、毕宿、箕宿、柳宿之中的某一宿之旁。辰星出于房、心二宿之间，有地震发生。

辰星的颜色：春季，青黄色；夏季，赤白色；秋季，青白色，预兆年岁丰熟；冬季，黄色，星不明亮。某季改变颜色，该季不得顺昌。辰星春季不出现，有大风，秋天物不结实。夏季不出现，有六十天的旱灾，有月蚀发生。秋季不出现，有战争，春天物不萌发。冬季不出现，有阴雨六十天，有被冲毁的城邑，来年夏天谷物不生长。

角、亢、氐三宿，分野为兖州。房、心二宿，为豫州。尾、箕，分野为幽州。南斗为江、湖地区。牵牛、婺女，为扬州。虚、危，分野为青州。营室到东壁，为并州。奎、娄、胃三宿，分野为徐州。昴、毕二宿为冀州。觜觿、参宿的分野为益州。东井、舆鬼为雍州。柳、七星、张宿的分野为三河地区。翼、轸二宿为荆州。

七星是天上的员官，是辰星的庙廷，是象征着蛮夷外族的星宿。

两军对阵时，应看日晕。若日晕各处大小厚薄相同，表示两军势均力敌；某方肥厚长大，某方有获胜的希望；某方薄而短小，该方必无胜利的希望。光晕向日为抱，抱晕出现两军修和；光晕背日向外，两军不能修和但会撤军。有直气，象征有自立事，指自立为侯王；也象征有破军杀将的事发生。日旁有负有戴，象征有喜庆事。日晕外有芒，被围者胜；晕内有芒，围敌者胜。日晕外圈青色里圈红色者，双方言和而去；外圈红里圈青者，双方怀愤而去。日旁气或晕出现早消失得晚，主军胜利。出现早消失得也早，对主军起初有利，后来不利；出现晚消失也晚，对主军起初不利，后来有利；出现晚消失早，对主军前后都不利，主军必不能胜。出现后很快消失了，虽胜不会有大功。出现在半日以上的才有大功。白虹的形状短而屈，上、下端尖锐，见则预失相应地区有大流血事发生。由日晕判定吉凶，应验的日期近在三十日之内，远在六十日之内。

日食，象征不吉利；食后复生，象征吉利；日全食，吉凶的承担者是君主，非全食，吉凶的承担者为臣下。用太阳的方位及所在星宿，再配合日期干支，可以判定对应国的吉凶。

月亮运行在黄道附近，安宁和平。运行在黄道北，象征多雨水，多恶事。黄道北三尺，有阴星。阴星北三尺，为太阴道，月行于太阴道象征有大水和兵事。同样，中道以南为阳间，阳间以外三尺处为阳星，阳星以北三尺之间为太阳道，月行于阳间，象征君主骄横恣肆。行于阳星间，象征国中多以暴虐凶残治刑狱。行于太阳道，象征将有大旱和丧事。月行于角宿和天门之间，若事在十月，来年四月成灾，事在十一月，来年五月成灾；事在十二月，来年六月成灾，灾是发大水，少说水深三尺，多说深可达五尺。月与房四星中的任一颗相凌犯，预示有辅佐大臣被诛杀。月行于南河、北河附近，在北河星之北或南河星之南的分野，有水旱兵丧的大祸。

由于月掩蔽岁星发生岁星星蚀，预示对应地区有饥荒或死亡。月蚀荧惑星预示世道混乱，月蚀填星预示有臣下犯上作乱，月蚀太白星预示强国由于战争而衰败，月蚀辰星预示有女子作乱。月蚀大角星，对于执掌命令的君主不利；月蚀心宿，预示有内贼作乱；其他诸星被蚀，预示相应地区有忧患。

自月食开始的日子算起，每隔五个月一次的月食连续发生六次，每隔六个月一次的月食连续发生五次，重又每隔五个月发生一次，连续食六次，隔六个月一次的月食发生一次，每隔五个月一次的月食发生五次，总计凡经一百一十三个月上述月食的过程重复发生一遍。所以说，月蚀是很平常的事，日蚀才是不吉利的。甲、乙主东方，对应的地区是海外，所以不由日月占吉凶。丙、丁主南方，对应地区为江、淮、海岱。戊、己主中央，对应地区是中州、河、济一带。庚、辛主西方，对应地区为华山以西。壬、癸主北方，对应地区为恒山以北。日蚀，吉凶由国君承当；月蚀，由将相承当。

国皇星，星大而红，形状类似南极老人星。国皇星出现，象征对应的地区有兵兴起，而且兵势强盛，对于兵所向的一方不利。

昭明星，星大而色白，没有芒角，忽上忽下，昭明星出现，象征相应地区有兵兴起，而且形势多变。

五残星，出现于正东方向，在东方分野的上空。形状类似于辰星，距地面高约六丈。

大贼星，出现于正南方向，在南方分野的上空。距地面高约六丈，星大而色红，时常摇动，有光芒。

司危星，出现于正西方向，在西方分野的上空。距地面高约六丈，星大而色白，类似于太白星。

狱汉星，出现于正北北方的分野。距地面高约六丈，星大而色红，时常摇动，仔细观察可以发现星中微带青色。以上是四方分野星出现的天区。如果它出现在不应出现的方位，对应的地区都有兵兴起，于相对的一方不利。

四填星，出现于天球四宫相连处的东北、西北等四隅地区，距地面高约四丈。

地维咸光，也出现于上述的四隅地区，距地面高约三丈，星光朦胧，如同月亮刚出现时的样子一样。与星出对应的地区若有乱，乱必灭亡；若有德，有德必昌。

烛星，形状如同太白星，出现后不行不动。出现不久则消失，对应的地区城邑有乱。

样子似星非星，似云非云，称为归邪。归邪出现，预兆必有归降于中国者。

星，是五行中金气的离散之气，本身是一团火。星众多，对应的国家吉利；少则凶险不利。

天汉，也是离散的金气，本身是水，天汉中星数多，预兆地上多水；星数少，预兆地上水少有旱灾，以上是以星占卜吉凶的大致情形。

天鼓，有声音大如雷又不是雷，音响在地上传播，发声处又不在地上，声音所往的方向，有兵兴起。

天狗，形状如同一颗大流星，伴随有隆隆声，落在地上，形状如狗。远望去火光炎炎，上冲天际。方圆有数顷地大小，上端尖锐处呈黄色，象征千里之内有破军杀将的事发生。

格泽星，形状如同炎火。黄白色，从地上升起，下大上尖。格泽星出现，不耕种而有收获；再者，如若没有土木工程方面的成就，必有大害。

蚩尤旗，形状如同彗星，不同的是后端弯曲如旗。蚩尤旗出现，表示将有王者征伐四方。

旬始，出现于北斗星旁，形状如同雄鸡。星怒时有芒角，星为青黑色，形状如同伏鳖。

枉矢，如同大流星，弯弯曲曲如蛇行走，呈苍黑色，看上去像是有羽毛一样。

长庚星，如同一匹布挂在天上，此星出现，预示有战事兴起。

星落在地上，则是石头。在黄河、济水流域间，时常有坠落的星石。

天空清朗而明亮时，有时能见到景星。景星，就是德星。它的形状不固定，常常出现于治理得好的国家。

凡是望云气，若仰面才能望见，云气距人不过三四百里；若平望过去，见云气在树梢之间，相距千余里到二千里；若登高而望，才能见到云气与地相连，距人约有三千里远近。云气形状，上边如同兽类的，吉利。

自华山以南的云气，下为黑色上赤色。嵩高山、三河一带野外的云气，是正红色。恒山以北的云气，下边黑色上边为青色。勃海、碣石和海岱之间的云气，都是黑色。江、淮之间的云气，都是白色。

备战是白色。修筑备战工事之气是黄色。车战之气忽高忽低，经常聚拢。骑战之气低矮平铺。步战之气团团聚集。云气前边低后边高，表示奔行急，速度快；前边方形后边高，表示士卒精锐；云气后端尖锐而矮，表示退却。云气平表示军行慢，前端高后端低，表示不停地退却。两服气相遇时，低矮的一方胜，高的一方败；尖锐的一方胜，圆平的一方败。敌气低矮行疾，若向我方移动，且是循车辙而来，不过三四日可至，距我五六里可见敌踪。敌气高七八尺，不过五六日可至，距我十余里可见敌踪。敌气高一丈多到二丈的，不过三四十日可至，距我五六十里可见敌踪。

稍云呈青白色的，将军勇悍，士卒怯懦。云气根柢大而前方延伸得很远的，应当战。云气青白色，前端低矮者，战则能胜；前端红色而上仰的，战不能胜。此外，兵阵形成的云气就像直立的墙垣一样；杼云形状像织布木梭一样；轴云抟直而上，两端尖锐，杓云有一种细长如绳的，长可亘天，一半也有半个天空长；另一种如虹霓的形如城阙上飘动的战旗，所以边角尖锐。还有钩云像钩一样弯曲。诸如以上云出现后，以所具五色综合考察。云气润泽、抟成团而且密，出现后足以动人的，才是某种事务的预兆而可资占卜；以上云气预兆有兵兴起，对应的地区有战争。

善望气者王朔所候望的云气，都取自日旁。日旁的云气与其他云气相比有人主的气象。卜时按云气所成的形象直接判定吉凶。

所以，北方夷人所成的云气如同畜群和居住的毡包群，南方夷人所成的云气如同舟船和旗幡。有大水的地方，败军被击败的战场，破国留下的废墟，以及地下埋藏有积钱、金宝之上等都有云气，不可不仔细观察。海边的蜃气形状像楼台；广阔的原野上所成云气像宫殿城阙，总之云气各自与所在地的山川人民聚积的气象相同。

所以，候望某国虚实的人，可以到该国的城邑中去，观察封疆、田畴治理得是否平正，城郭房屋门户是否润泽，其次观察车辆、衣着、畜产等项是朴陋还是华美。殷实而繁息者吉利，虚竭耗损的凶。

似烟非烟，似云非云，萧索迷蒙，纷郁一团的称为卿云。卿云是喜气化成。此外有一种样子像雾又不是雾，人在其中，衣冠不潮不湿。出现则域内人都披甲趋走，有征战城守事。

雷电、霞光与飞虹、霹雳、夜明等现象，是阳气发动形成的，春、夏二季发生，秋、冬二季隐藏，所以观察测候的人无不等待季节进行观测。

天开裂而见物象，地震动而有裂缝，山崩摧和移动，河川堵塞，溪谷崩壅，水动荡、地长高，沼泽涸竭，都是吉凶的象征。此外对城郭家门闾巷，观察它们是润泽还是枯槁；对宫室庙宇、官邸宅第，观察普通人民所处的等次。对于谣谚、风俗、车辆、衣着等，重在观察百姓的饮食。对五谷草木，首先观察它们所属的类别。对仓廪、马厩、库藏等，首先观察四周的交通道路。对六畜禽兽，重在观察它们的产地和用场，对鱼鳖鸟鼠，重在观察其居处的环境如何。有鬼哭泣，如同呼叫，人逢必有惊貌。万物都与此一般，遇异必有表现，所以可以望气知吉凶。此虽俚俗传言，理实不虚。

大凡测候年成好坏，一定要谨慎地占候岁首。岁首有四种，一为冬至日，是一年生气萌发之时。二为腊祭的第二天，腊祭是由于岁事已毕，众人在一起会餐一顿，以引发阳气，所以称第二天为初岁。三为正月初一，这是帝王颁用年历的起始日。四为立春日，这一日是四季开始的第一天。以上四种岁始，都是占候的日子。

而汉朝人魏鲜，集中在腊祭的第二日与正月初一黎明时由八方所起的风，判定当年的吉凶美恶。风从南方来，有大旱灾；从西南来，有小旱；从西方来，有战争；从西北方来，豆类的收成好，多小雨，促兵兴起；从北方来，是中等年成；从东北来，丰收年；从东方来，有大水；从东南来，百姓多疾病、时疫，年成不好。所以，八风吉凶各与它们相对方向的风相比较，以多少、久亟、疾徐决胜负：多胜少，时间长久胜短暂，风速快疾胜于舒缓。黎明到早饭之间的风与麦子收成相对应；早饭到日偏西之间与稷对应；日偏西到晚饭间与黍对应；晚饭后与豆对应，日入时与麻对应。在这两日里，希望终日有云、有风，有太阳。如果是这样，本年农作面积大结实多；无云、有风，又有太阳，对应的作物株浅而多实；有云、有风，无太阳，对应的作物只长秸秆又少结籽实；只有太阳，无云、无风，本年庄稼歉收。无风的时间只有一顿饭的工夫，庄稼损失小；无风的时间能煮熟五斗米，庄稼有大损失。此后重又有云、有风，那么被伤败的作物也恢复，此外还可以由以上所说各时段的云气颜色占卜一年之中种植何种作物最为适宜。若岁首有雨雪，天气寒冷，当年的年成不好。

岁首时若天气晴朗，可由都城人民的声音占卜一岁吉凶。若是宫声，则年岁好，吉利；商声，有兵事；徵声，天旱少雨；羽声，有水灾；角声，年成最坏。

还可以正月初一日开始依次数雨多少，卜年成好坏：初一有雨，当年百姓每人每天可得一升的口粮，初二日有雨，每人每天有两升的口粮，一直数到七升为止。初八日以后，不再占卜。若欲自初一占卜到十二日，卜法又有不同，每日与月相对应，占卜水旱灾情。以上是为小国卜。所占卜的地区若至方圆千里，由于地域广大，应该按占卜天下的方法，卜尽整个正月，由正月之内，月在周天绕行，经过某宿时是否有太阳、有风、有云，由此判定对应地区的年成好坏吉凶。但是，必须同时观察太岁的位置。太岁在金位，当年丰收；在水位，庄稼受毁损，收成不好；在木位，有饥荒；在火位，岁旱少雨。以上是大致情形。

正月上旬，多东风，宜于养蚕；多西风，而且初一日有黄云，岁恶不吉利。

冬至这一天白昼极短，可把土和炭分别悬挂在衡的两端，若悬挂炭的一端开始仰起，此后鹿换新角，兰根生芽，泉水涌出，便能约略判定冬至这一天是否到来，但最终还要用日晷测定日影长短，才能做出准确判断。与岁星所在辰次对应的地区五谷丰熟，吉利昌盛，相对的辰次称为衡，与衡对应的地区则有灾殃。

太史公说：“自从有生民以来，世间君主何尝不推步日月星辰的运行以定历法？直到五帝和三代时期，才把这件事继承而又发扬光大了：内为冠带，外为夷狄，使内外有别，把中国划分为十二州，仰则观察天上的星象，俯则模仿、效法地面的事物，然后知天上有日月，地上则有阴阳；天上有五星，地上则有五行；天上有列宿，地上则有州郡，一一相对应。天上的日、月、星三光，是地上的阴阳二气精华凝聚而成，三光之气是以地为本原的，所以圣人得以统一天地而加以治理。”

周幽王、厉王以前，时日太遥远了。由所观察到的天象变化，各国所卜吉凶均不相同；各家取为占卜的物怪，也都是与当时情事相符合的。所以遗留的文字图书记载的灾祥征兆之类，都不可取为法则。因此，孔子论述六经，虽记灾异而有关灾异的理论不予记载，至于天道性命之类，更不相传授。这是由于传得其人，不待告而知之；若不得其人，虽告犹不能明。

往昔得传授而知天数的人：高辛氏以前，有重和黎；唐、虞时期，有羲氏、和氏；夏朝时，为昆吾；殷商时，有巫咸；周朝时，有史佚、苌弘；列国时宋有子韦；郑有裨灶；齐有甘公；楚有唐昧；赵有尹皋；魏有石申。

天体运行，三十年有一小变，百年有一中变，五百年有一大变；每三次大变为一纪，三纪之中所有变化都经历一遍了，这是天体运行的大致规律。作为一个国家的君主必然重视三、五这两个数字，就是基于以上原因。经过上下各一千年，然后天人之间的关系才能接续完备。

太史公推求古代天象的变化，发现没有今天可资考证的资料。约略以春秋二百四十二年之间的历史为例，据记载其间日蚀有三十六次，彗星出现三次，宋襄公时星体陨落如同降雨，当时，天子微弱，诸侯有力者主政事，五霸相继兴起，迭次主掌天下的政令。从此以后，人众多的对寡少者横施强暴，国大的对小国加以兼并。秦、楚、吴、越诸国都是夷狄之国，也成了强有力的霸主。自田氏篡夺了齐国政权，韩、赵、魏三家分割晋国以后，进入战国时期。各国间争相攻取掠夺，战争相继而起，城镇屡次遭屠灭，加上灾荒、疾疫与火焚所致的焦土之痛，各国君臣无不以此为忧患，所以观察机祥征兆、测候星气以预见吉凶更成了当务之急。近世以来十二诸侯、七国争相为王，倡言纵横的人接踵而至，何去何从，骤难判定，在这种情况下，皋、唐、甘、石等人各自根据当时事务解释他们的占卜书籍，这就使他们的占验杂乱琐碎得如同米、盐一般。

占卜以二十八舍分主十二州，而北斗兼主十二州，自很久以前就是这样了。秦国疆域的吉凶，候望于太白星，占卜于狼、弧星。吴国、楚国疆域的吉凶，候望于荧惑星，占卜于鸟、衡星。燕国、齐国疆域的吉凶，候望于辰星，占卜于虚、危星。宋国、郑国疆域的吉凶，候望于岁星，占卜于房、心星。晋国疆域的吉凶，也是候望于辰星，占卜于参、罚星。

秦国并吞三晋和燕、代地区以后，华山与黄河以南的地区称为中国。中国在四海之中为东南方向，东南方属阳；阳则与日、岁星、荧惑、填星相对应；占于天街星以南诸星，以毕宿为主。中国西北是胡、貉、月氏等穿毡裘、以射猎为生的百姓，西北为阴，阴则与月、太白、辰星相对应，占于天街星以北诸星，以昴星为主。所以，中国的山脉、河流多是自西南向东北的走向，山川的源头在陇蜀地区，而末尾消失在渤海、碣石一带。秦、晋好用兵，有夷狄风，复占太白星，而秦、晋为中国地，所以，中国不但占日、岁等星，也占太白星，太白星也主中国域内的祸福吉凶；而胡、貉经常侵掠中国，只占辰星，因为辰星出入轻躁、疾速，类夷狄，所以常主夷狄人的吉凶。这是大致情形。是前文所说辰星与太白星更相为客、主人的原因。（荧惑星为李星，李与理同音，外理兵事，内理政事。所以文献说："虽然有明天子在位，也必须时常观察荧惑星的位置。"）诸侯更为强大，当时记录的灾异等事，没有可以录用的。

秦始皇在位时，十五年之间彗星出现四次，存在时间长的达到八十多天，彗星之长有横空而过的。后来，果然秦朝灭掉六国，统一天下，对外又攘除四周围的夷人，死人枕藉，如同乱麻，因而有张楚王等人共同起兵。前后三十多年间，士兵相互践踏，死伤不可胜数。自蚩尤以来，还没有出现过这样的大乱。

项羽援救钜鹿时，枉矢星西流，此后，山东诸侯兵联合起来，西行破秦，坑杀秦朝降兵，屠灭咸阳城。

汉朝兴起时，五星会聚于东井宿。匈奴兵围汉高祖于平城，在参、毕二宿附近，月晕多至七重。诸吕作乱，发生日食，虽白昼也黑暗无光。吴、楚等七国叛乱，有彗星长达数丈，天狗星经过梁国郊野。七国兵起以后，以致尸横血流于梁国城下。元光、元狩年间，蚩尤旗星两次出现，其长横过半个天空。以后京城四处出兵，与夷狄作战前后数十年，其中与胡人的战争最为激烈。越国灭亡的征兆，是荧惑星守于南斗；攻拔朝鲜的征兆是彗星出现于南河、北河；出兵征讨大宛前，有彗星出现于招摇附近。以上是最为明显的例证。至于一些小的、较为间接的例证，更是多不胜数。由此看来，没有一件事不是先由天象表现，然后才在世间看到应验。

汉代以来研究天数的，占候星象有唐都，占候云气有王朔，占候年岁收成的有魏鲜。从前甘德、石申使用五星作占，认为其中只有火星才会出现反方向运动的逆行；他们根据火星逆行停留所在位置，其他行星的逆行、日食月食，进行占卜。

但我读过的历史记载和我自己的观察实践，证明近百年来，五颗行星没有不在出现后有逆行运动的，并且当出现逆行的时候，这些行星往往比平常亮并改变颜色；日月接近的时候是否出现交食，和它们在南北方向的相对位置有关，这是一般的法则。占候时通常以紫宫、房宿和心宿、轩辕和太微、咸池、虚宿和危宿等列宿，作为五官的固定位置，为经，不移动，各宿的东西方向大小不同，每宿的宽窄各有定数。水、火、金、木、土星，这五颗星是天帝的五个辅佐，为纬，在经向分布的列宿中间穿梭时出现和隐没都是有规律的，它们运行的赢缩有一定的限度。

做君主的在发生日变时要行修德政，发生月变时要反省刑罚是否得当，发生星变时要对外睦邻对内人和。凡是发生天变，只有超出常规的才用来作占。国君强大而有德行，他的国家才能繁荣；国君虚弱而伪诈狡猾，他的国家会灭亡。一个国君提高自己的德行修养是最为重要的；其次是要制定和执行好的政策；不然也要能在发现错误的时候，提出及时的补救措施；再不然也要在出现灾害后，虔诚祈祷求上天结束和减轻灾害；最糟糕的就是不闻不问，无视出现的问题。人们罕见恒星的变化，日月五星因为不停地运动变化而常常被用于占候。日晕、月晕、日月交食、云气和风这五种现象不是天体自身的变化，对天来说都是过客，然而它们的出现和变化也是应当极为关注的，因为它们和国家政治有联系，是最能沟通天人之间关系的媒介。这五气都是天对人间政治行为反映的表象，所以研究天数的人，必须精通三光和五气的占候，要能纵观古今上下历史，深入了解当前时事的变化，考察其间的应验关系，这样才算掌握了天官这门学问。

苍帝主政，可见天门打开的天象，赤帝主政，可见天牢中无星。黄帝当政，可见到妖异天象。有风从西北来，必在庚日、辛日。一季之内风来五次，有大赦；来三次，有小赦。白帝主政，可在正月二十日、二十一日，见到残月外围有晕包围，常有大赦令出现，因为再过一会儿天亮就见到太阳了。另一种说法是白帝主政，月行于毕宿昴宿而为月晕所围，围三个晚上，政德人和；围不到三个晚上，或围得不合拢，没有德政。还有的说，破晓前见月晕不能连续十日看到，也是无德政的兆头。黑帝主政，可见到天关星动摇的表象。随着五帝更换着主政，君主要更换他的年号；不顺应五帝主政的变化，就会有石破天惊的大灾害。三能、三衡，都是天王帝廷。若有客星在天庭出现，就会有奇异的兆应和它对应。

第一百一十八卷　封禅书[①] 第六

按照《正义》解释，“封禅”的意思有两种说法。一是在泰山上封土为坛以祭天，称为封；在泰山下一处小山上清理出一块地面以祭地，称为禅。合称封禅。二是认为祭天的册文（符）要用银绳缠束，打结的地方封以金泥，加盖印玺，称为封，其余相同。不论何种解释，封禅的意思总的是指封泰山、禅梁父（或其他泰山下的小山）的祭祀天地活动。但《封禅书》的实际内容几乎包括了所有的神祀，司马迁在《太史公自序》中解释说：“受命而王，封禅之符罕用，用则万灵罔不禋祀，追本诸神名山大川礼，作《封禅书》第六。”禋祀就是祭祀。封禅时，万灵同时受祀，因论封禅而追论诸神及名山大川的祭祀，这是司马迁写《封禅书》的基本设想。清梁玉绳指责说：“牵引郊社巡狩诸典礼，未免黩经。”这是对司马迁本意缺乏了解的缘故。

《封禅书》的意义还在于，司马迁以愤懑之情，对汉代统治者，尤其是对汉武帝的滥祭淫祀，进行了委婉而充分的揭露和嘲笑，为后世治史者留下了光辉的典范。由《封禅书》的命题不难看出，司马迁的本意不在于记述祭祀等礼制，而是为了对汉代弊政——围绕封禅的诸种活动——加以抨击。而班固《汉书》易名为《郊祀志》，如前所述，它的文既不限于郊祀（祭天为郊祀），于揭露封禅活动的主题也因而变得隐而不彰，可说是文、意两失，史、汉优劣，于此可见。至《晋书》定名为《礼志》，才算是正规的记述礼仪制度的篇名，从此可以看出，过去史家把制度史体的创始之功全部归于司马迁的八书，并不是贴切的说法，这原是一个不断摸索的过程。

【原文】

自古受命[2]帝王，曷[3]尝不封禅？盖有无其应而用事者矣[4]，未有睹符瑞见而不臻[5]乎泰山者也。虽受命而功[6]不至，至梁父矣而德不洽[7]，洽矣而日有不暇给[8]，是以即事用[9]希。《传》[10]曰："三年不为礼[11]，礼必废；三年不为乐[12]，乐必坏。"每世之隆[13]，则封禅答[14]焉，及衰而息。厥旷[15]远者千有余载，近者数百载，故其仪阙然堙[16]灭，其详不可得而记闻云。

【注释】

①封禅书：古代君王即位后，在泰山上筑土为坛以祭天，表示报答上天之功，叫作封；在泰山下面小山梁父上划定地区以祭地，表示报地之功，叫作禅。②受命：接受天命。③曷（hé）：何。④盖：推原之词。应（yìng）：感应；灵应。者矣：表示已然的语助词。⑤符瑞：古代以所谓祥瑞征兆，附会为君主获得上天赐予符命的象征。见（xiàn）：同"现"，显露。臻（zhēn）：至；及。⑥功：事有成效叫作功。⑦梁父（fǔ）：一作"梁甫"。泰山支脉，在今山东省泰安市东南。洽：和

协；周遍。⑧日有（yòu）不暇给：指事务繁多没有空闲时间。有，通“又”。暇，空闲。⑨即事：当前的事。这里指当前封禅之事。用：施行；举行。⑩《传（zhuàn）》：古时典籍都称“传”，此处指《论语·阳货》。⑪礼：泛指古代贵族等级社会的一切礼仪法度，道德规范。如婚姻之礼，乡饮之礼，丧祭之礼，朝觐（jìn）之礼等。⑫乐：音乐。古代五声（宫、商、角、徵、羽）、八音（金、石、丝、竹、匏、土、革、木）的总称。⑬隆：兴隆旺盛。⑭答：报答。⑮厥：其。旷：空阔。⑯阙：空缺。堙：埋没。

【原文】

《尚书》[①]曰，舜在璇玑[②]玉衡，以齐七政[③]。遂类于上帝[④]，禋于六宗[⑤]，望山川[⑥]，遍群神。辑[⑦]五瑞，择[⑧]吉月日，见四岳诸牧[⑨]，还瑞[⑩]。岁二月，东巡狩[⑪]，至于岱宗[⑫]。岱宗，泰山也。柴，望秩[⑬]于山川。遂觐[⑭]东后。东后者，诸侯也。合时月正日[⑮]，同律[⑯]度量衡，修五礼[⑰]，五玉三帛二生一死贽[⑱]。五月，巡狩至南岳。南岳，衡山[⑲]也。八月，巡狩至西岳。西岳，华山[⑳]也。十一月，巡狩至北岳。北岳，恒山[㉑]也。皆如岱宗之礼。中岳，嵩高[㉒]也。五载一巡狩。

【注释】

①《尚书》：儒家经典之一。尚，上古。由于其记载为上古典、谟、训、诰之文，所以称《尚书》。②舜：传说中古代部落联盟首领。受尧禅为共主，建都蒲阪（今山西省永济市境），死后禅位于禹。详见《五帝本纪》。在：停留；观察。

璇（xuán）：美玉。玑（jī）：古代观测天象的仪器，可以运转，汉代以来叫浑天仪。③七政：日、月五星。古代认为观察天象吉凶，可知政治得失，故曰七政。④类：通“禷”，祭天。一说指有大事临时举行的祭祀。上帝：天帝；天神。⑤禋（yīn）：烟。升烟祭祀，使气上达神灵，为古代祭神之礼。六宗：指六种尊崇之神，各家说法不一：一说指四时、寒暑、水旱、日、月、星；一说指水、火、雷、风、山、泽；一说指天上日、月、星，地上河、海、岱；一说指天、地、春、夏、秋、冬。⑥望山川：遥望祭祀九州名山大山。⑦辑：聚集；验视。⑧择：挑选。⑨四岳：古代分管四季四方的长官。牧：一州的长官。⑩还瑞：指舜验视诸侯所奉之圭璧后，再赐还之；以示瑞物虽受之于尧，经舜验视赐还，今后即为舜臣。⑪巡狩（shòu）：古时天子视察诸侯叫巡狩，意谓巡视诸侯守土之责。狩，通“守”。⑫岱宗：泰山别称岱。⑬柴：祭祀的一种。秩：按次序而祭。⑭觐（jìn）：朝见；接受朝见。⑮合时月正日：谓四时气节，月份大小，日子的变动，都能配合齐整。时，四时；月，十二月；日，三百六十日。⑯同：统一。律：音律。一说指法制。⑰修：整治。五礼：指吉礼（祭祀）、凶礼（丧葬）、宾礼（朝会）、军礼（军事）、嘉礼（婚冠）。⑱五玉：即五瑞。三帛：三公述职所持的礼物。二生：指活的羔羊与雁，是卿、大夫所持的礼物。一死：一只死雉，是士所持的礼物。贽（zhì）：古代会见时所送的礼物；也可指这种会见。⑲衡山：此指今安徽霍山县西南之天柱山。⑳华山：在今陕西省华阴市南。㉑恒山：在今河北省曲阳县西北，不是现在山西的恒山。㉒嵩高：即嵩山，亦作崧山，又名太室山。现在河南省登封市北。

【原文】

禹[1]遵之。后十四世，至帝孔甲[2]，淫[3]德好神，神渎[4]，二龙去之[5]。其后三世，汤[6]伐桀，欲迁夏社[7]，不可，作《夏社》。后八世[8]，至帝太戊[9]，有桑榖[10]生于廷，一暮大拱[11]，惧。伊陟[12]曰："妖不胜[13]德。"太戊修德，桑榖死。伊陟赞巫咸[14]，巫咸[15]之兴自此始。后十四世，帝武丁得傅说[16]为相，殷复兴焉，称高宗。有雉登鼎耳雊[17]，武丁惧。祖己[18]曰"修德"。武丁从之，位以永宁。后五世，帝武乙慢[19]神而震死。一后三世，帝纣[20]淫乱，武王[21]伐之。由此观之，始未尝不肃祇[22]，后稍怠慢也。

【注释】

①禹：传说中古代部落联盟首领。姓姒，名文命，也称大禹、夏禹。②孔甲：夏朝第十四代国君，在位三十一年。③淫：邪恶。④渎（dú）：怠慢；不敬。⑤二龙去之，相传孔甲在位，天赐二龙，与之骑乘，后因孔甲对神怠慢不敬，二龙飞去，夏廷遂衰。⑥汤：又名成汤。商代开国君主。子姓，名履，一名天乙。⑦夏社：上文指夏代国家土神祠，下文《夏社》，《尚书》篇名，今已亡逸。⑧后八世：指商汤以后第八世。⑨太戊：商代第十代国君，在位时任用贤臣伊陟辅政，国事日治。⑩桑榖：桑树和楮树。⑪拱：两手合围。⑫伊陟

(zhì)：太戊臣，伊尹之子。⑬胜：占优势。⑭赞：陈说；告诉。巫咸：殷臣，主管祈神消灾之事。⑮巫咸：指祈祷神灵消除灾祸的事情。⑯武丁：即殷高宗。用傅说为相，殷政复兴，在位五十九年。傅说（yuè）：殷高宗贤相。初隐居傅岩（今山西省平陆县东），从事版筑操作，高宗梦说，访得之，举以为相，国事大治。⑰雉：野鸡。鼎：古代炊器，金属制成，三足两耳。相传夏禹铸九鼎，作为传国重器。雊（gòu）：野鸡叫。⑱祖己：殷代贤臣，曾进谏武丁治理民事要兢兢业业，用德化民，祭祀有常，不丰不薄。⑲武乙：在位35年，昏乱无道。慢：通“嫚”，轻侮；傲慢。⑳纣：商末代君主，子姓，名受（一作受德）。㉑武王：姓姬，名发，周文王子。㉒肃祇：恭敬；谨慎；兢兢业业。

【原文】

《周官》[①]曰，冬日至[②]，祀天于南郊[③]，迎长日[④]之至；夏日至[⑤]，祭地祇[⑥]。皆用乐舞[⑦]，而神乃可得而礼[⑧]也。天子祭天下名山大川，五岳视三公[⑨]，四渎视诸侯[⑩]，诸侯祭其疆[⑪]内名山大川。四渎者，江、河、淮、济也。天子曰明堂、辟雍[⑫]，诸侯曰泮宫。

【注释】

①《周官》：即《周礼》。儒家经典之一。周朝官制和战国时代各国制度的汇编。②冬日至：即“冬至”。③南郊：古时每年冬至日，于南郊建圜丘，即天坛，大祀皇天，所以也称南郊大祀。④长日：指冬至以后，白天一天比一天长，故称长

日。⑤夏日至：指“夏至”。⑥地祇（qí）：地神。⑦乐舞：依据乐曲节拍而起舞。⑧礼：致敬献礼于神灵。⑨五岳：指东岳泰山、南岳衡山、北岳恒山、西岳华山、中岳嵩山。三公：周朝太师、太傅、太保称三公。⑩四渎：古人当时对四条入海的大川的总称，即长江、黄河、淮水、济水。诸侯：这里特指仅次于三公而具有侯爵称号的诸侯，不是泛指五等诸侯。⑪疆：疆界。⑫明堂：古代阐明政教的厅堂。凡祭祀、朝会、敬老、尊贤等大典，都在这里举行。辟雍：周朝所设大学的名称。

【原文】

周公既相成王[①]，郊祀[②]后稷以配天，宗祀文王[③]于明堂以配上帝。自禹兴而修社祀[④]，后稷稼穑，故有稷祠，郊社所从来尚[⑤]矣。

【注释】

①周公：西周初期政治家。姓姬，名旦。相（xiàng）：辅助。成王：西周君主，姬诵。武王儿子。年幼即位，由叔父周公旦摄政。亲政后，继续分封诸侯，加强对地方的控制，奠定了西周统治的基础。②郊祀：在郊外祭祀。③宗祀：在宗庙祭祀。后凡祭祀祖宗，统称宗祀。文王：商末时周族领袖。姓姬，名昌。④社祀：祭土神。⑤郊社：冬至祭天叫“郊”，夏至祭地叫“社”。也泛指祭天地。尚：久远。

【原文】

自周克殷[①]后十四世，世益衰，礼乐废，诸侯恣[②]行，而幽王为犬戎[3]所败，周东徙雒邑[4]。秦襄公[5]攻戎救周，始列为诸侯。秦襄公既侯，居西垂[6]，自以为主少皞[7]之神，作西畤[8]，祠白帝[9]，其牲用骝驹黄牛羝羊[10]各一云。其后十六年，秦文公[11]东猎汧渭之间，卜居[12]之而吉。文公梦黄蛇自天下属[13]地，其口止于鄜[14]衍。文公问史敦[15]，敦曰："此上帝之征，君其祠之。"于是作鄜畤[16]，用三牲[17]郊祭白帝焉。

【注释】

①周：朝代名。公元前 11 世纪，周武王灭商后建立，定都镐京。平王东迁以前称西周，东迁以后称东周。前 256 年为秦所灭。殷：朝代名。商王盘庚从奄（今山东省曲阜市境）迁到殷（今河南省安阳市西北的小屯村），因而商也称殷。从盘庚迁殷到纣亡国，一般称为殷，又整个商代也称商殷、殷商。②恣：放纵；没有约束。③幽王：西周国王，姬宫涅。犬戎：古代西戎部族名。④雒（luò）邑：都邑名。周成王为了巩固对东方殷故土的统治，在周公主持下所筑。⑤秦襄公：春秋时秦国君主。姓嬴。前 777—前 766 年在位。西周消亡时，护送周平王东迁，被封为诸侯，赐给岐（今陕西省岐山县）以西地。⑥垂：通"陲"，边境。⑦少皞（hào）：亦作"少昊"。传说中古代东夷族首领，名挚。国号金天氏。⑧西畤（zhì）：祭祀坛址的名称。畤，祭祀天地五帝的坛址。⑨白帝：神话中的西方天帝，神名白招拒。⑩骝（liú，也作"骝"）驹：赤身黑鬣的少壮马。羝（dī）羊：公羊。⑪秦文公：东周初年秦国君主。前 765—前 716 年在位，建都于汧。⑫卜居：

用占卜选择居地。⑬黄蛇：古多以蛇神为白帝。属（zhǔ）：连接；附着。⑭鄜（fū）：古地名，后设县。在今陕西省，改名富县。衍：山坡低平之处。⑮史敦：秦之太史，名敦。⑯鄜畤：坛址名称。⑰三牲：牛、羊、猪。

【原文】

自未作鄜畤也，而雍旁故有吴阳武畤[1]，雍东有好畤[2]，皆废无祠。或曰："自古以雍州[3]积高，神明之隩[4]，故立畤郊上帝，诸神祠皆聚云。盖黄帝[5]时尝用事，虽晚周亦郊焉。"其语不经[6]见，缙绅[7]者不道。

【注释】

①雍（yōng）：邑名。秦德公建都于此。治所在今陕西省凤翔县南。吴阳：地名。在雍邑附近。武畤：秦时所建祭地神的处所。②好畤：祭天的地方。③雍州：古九州之一。现在陕西省北部、甘肃省西北部及青海省部分地区。④隩：通"墺"，可居住的地方。⑤黄帝：传说为上古中原各族共同的祖先。⑥经：正常；时常。⑦缙（jìn）绅：通"搢绅""荐绅"。搢，插。绅，大带。意谓插笏于绅。将笏插于大带与革带之间，官吏的装束。

【原文】

作鄜畤后九年，文公获若石[1]云，于陈仓北阪[2]城祠之。其神或岁不至，或岁数来，来也常以夜，光辉若流星，从东南来集于祠城，则若雄鸡，其声殷云[3]，野鸡夜雊。以一牢[4]祠，命[5]曰陈宝。

【注释】

①若石：指其质像玉石。②陈仓：山名。现在陕西省宝鸡市东。阪（bǎn）：山坡；斜坡。③其声：指雄雉之神叶君，每一、二岁来与雌雉之神宝夫人会合，来时天空发出殷殷雷鸣之声，雌雉高声长鸣。④一牢：牛羊猪各一头。⑤命：称名；称呼。

【原文】

作鄜畤后七十八年，秦德公[1]既立，卜居雍，后子孙饮马于河，遂都[2]雍。雍之诸祠自此兴。用三百牢[3]于鄜畤。作伏祠[4]。磔狗邑[5]四门，以御蛊[6]灾。

【注释】

①秦德公：前677—前676年在位，建都于雍。②都：定都；建都。③三百牢：牛羊猪各三百头。④伏祠：伏日祭祀的祠庙。夏至到立秋有三伏，即初伏、中伏、末伏。⑤磔（zhé）：分裂牲畜肢体以祭神。邑：城邑。⑥蛊（gǔ）：极毒之虫。聚集百虫于器皿中，半年打开后，别的虫都被一虫食尽。这种虫极毒，名之曰蛊。

【原文】

德公立二年卒。其后四年，秦宣公作密畤[1]于渭南，祭青帝[2]。

【注释】

①秦宣公：前675—前664年在位。密畤：祭祀坛址的名称。②青帝：神话中的东方天帝，神名灵威仰。一说即太昊氏。

【原文】

其后十四年，秦缪公[①]立，病卧五日不寤[②]；寤，乃言梦见上帝，上帝命缪公平晋乱[③]。史书而记藏之府[④]。而后世皆曰秦缪公上天。

【注释】

①秦缪公：春秋时秦国君，姓嬴名任好。前659—前621年在位。任用百里奚、蹇叔为谋臣，称霸西戎。缪，通"穆"。②寤（wù）：睡醒。③晋：国名。公元前11世纪周朝分封的诸侯国。晋乱：晋献公宠幸骊姬，杀太子申生。献公死后群公子争立，相互残杀，致使晋国陷于混乱。④史：官名。在君王左右掌管祭典和记事等。府：古代国家收藏财物、图书的处所。

【原文】

秦缪公即位九年，齐桓公[①]既霸，会诸侯于葵丘[②]，而欲封禅。管仲[③]曰："古者封泰山禅梁父者七十二家[④]，而夷吾所记者十有[⑤]二焉。昔无怀氏封泰山，禅云云[⑥]；虙羲[⑦]封泰山，禅云云；神农[⑧]封泰山，禅云云；炎帝[⑨]封泰山，禅云云；黄帝封泰山，禅亭亭[⑩]；颛顼[⑪]封泰山，禅云云；帝佶[⑫]封泰山，禅云云；尧[13]封泰山，禅云云；舜封泰山，禅云云；禹封泰山，禅会稽[14]；汤封泰山，禅云云；周成王封泰山，禅社首[15]：皆受命然后得封禅。”桓公曰：“寡人北伐山戎[16]，过孤竹[17]，西伐大夏[18]，涉流沙[19]，束马悬车[20]，上卑耳之山[21]；南伐至召陵[22]，登熊耳山[23]以望江、汉。兵车之会三[24]，而乘车之会六[25]，九合[26]诸侯，一匡天下[27]，诸侯莫违我。昔三代[28]受命，亦何以异乎？”于是管仲睹桓公不可穷[29]以辞，因设之以事，曰：“古之封禅，鄗上之黍[30]，北里之禾[31]，所以为盛[32]；江、淮[33]之间，一茅三脊[34]，所以为藉[35]也。东海致比目之鱼[36]，西海致比翼之鸟[37]，然后物有不召而自至者十有五焉。今凤皇麒麟[38]不来，嘉谷不生，而蓬蒿藜莠[39]茂，鸱枭[40]数至，而欲封禅，毋乃[41]不可乎？”于是桓公乃止。是岁，秦缪公内晋君夷吾[42]。其后三置晋国之君[43]，平其乱。缪公立三十九年而卒。

【注释】

①齐桓公（？—前643）：春秋时齐国君主，姜小白。前685—前643年在位。②葵丘：邑名。现在河南省兰考县东北。齐桓公于前651年，邀集鲁、宋、卫、郑、许、曹等国诸侯，在这里结盟，倡导尊贤育才，选拔贤能，永结盟好，借以巩固政权。③管仲（？—前645年）：即管敬仲，名夷吾，字仲。春秋初期政治家，由鲍叔牙推荐，被齐桓公任命为卿。④七十二家：指孔子登泰山，考察古代新建王朝前来泰山祭天的有七十多个，其他曾来泰山祀天而无从查考者，不可胜数。⑤有：通“又”，用在整数与零数之间。⑥无怀氏：古帝号，

在太昊氏（伏羲）前。云云：山名。泰山支脉，在今山东省泰安市泰山区东南。一说在今山东省蒙阴县。⑦虙羲：即伏羲。神话传说中人类的始祖。相传人类由他和女娲氏即兄妹相婚而产生。⑧神农：相传我国远古时代农业和医药的发明者。生于姜水，以姜为姓。起于烈山，又号烈山氏（一作厉山氏）。以火德王，故又称炎帝。传说中远古人民过着渔猎、采集生活。他教民用木制作耒耜，从事农业生产。又说他曾亲尝百草，发现药材，教民治病。⑨炎帝：此指传说中神农氏之后代。⑩亭亭：泰山支脉。在今山东省泰安市泰山区西。⑪颛顼：传说中古代部族首领。号高阳氏。⑫帝俈：即帝喾。传说中古代部族首领，号高辛氏。⑬尧：传说中父系氏族社会后期部落联盟首领。称陶唐氏，名放勋，史称唐尧。⑭会（kuài）稽：山名。在今浙江省绍兴市南，本名防山、茅山、苗山。相传夏禹曾在此大会诸侯，计功封爵，始名会稽。⑮社首：山名。在今山东省泰安市泰山区西南。一说在巨平（今山东省宁阳县境）。⑯山戎：亦称北戎，即鲜卑族。现在今河北省迁安市一带，春秋时常为齐、郑、燕的祸患。⑰孤竹：国名。姓墨胎氏。在今河北省卢龙县。⑱大夏：古并州晋阳。在今山西太原市西南。⑲流沙：在今山西境，平陆县东。⑳束马悬车：包裹马脚，挂牢车辆，以防跌滑。㉑卑耳之山：即辟耳山。在今山西省平陆县西北。㉒召（shào）陵：地名。在今河南省漯河市郾城区东。齐桓公率诸侯伐楚，楚使屈完来盟于此。㉓熊耳山：在河南省西部卢氏县南，秦岭东段支脉，主峰名全宝山。㉔兵车之会三：指鲁庄公十三年（前681），齐桓公会盟鲁、宋、陈、蔡、邾等国于北杏（今山东省东阿县北），平定宋动乱；鲁釐公四年（前656），齐桓公率领诸侯之师，进军蔡国（今河南省新蔡县），蔡军溃败，又乘胜讨伐楚；鲁釐公六年（前654年），齐桓公会宋、陈、卫、曹等国伐郑。㉕乘车之会六：鲁庄公十四年（前680）冬，桓公与鲁公、宋公、卫侯、郑伯会盟于鄄（今山东省鄄城县北）；十五年（前679）又会盟于鄄；十六年（前678）冬，桓公与鲁、宋、陈、卫、郑、许、滑、滕等国诸侯会盟于幽（今河北省北部及辽宁省一带）；釐公五年（前655），桓公率鲁、宋、陈、卫、郑、许、曹等国诸侯，会于首止（今河南省睢县东南），确定周惠王长子襄王的继承权；釐公八年（前652），桓公与鲁、宋、卫、许、曹、陈等国诸侯会盟于洮（今山东省鄄城县西），表示效忠周王朝；釐公九年（前651），会于葵丘。㉖九合：指三次兵车会，六次乘车会。㉗一匡天下：有两说，一、概括地说，拯救了天下；二、具体指确定周襄王的继承权。㉘三代：指夏、商、周。㉙穷：穷尽。指使其感到理屈词穷。㉚鄗（hào）上：山名。现在河南省荥阳市有鄗山，疑即指此。又地名，在今河北省高邑县东。黍：黍子。子粒叫黄米，可供食用及酿酒。㉛北里：地名。今不详。禾：粮食作物总称。又专指粟。㉜盛（chéng）：装进祭器的粮食祭品。㉝江淮：长江、淮河。㉞茅：草名。有白茅、黄茅、青茅等。三脊：指茅草秆有三条棱，古称灵茅。㉟藉（jiè）：以物衬垫。

㊱东海：古代泛指东方极远的海域。比目之鱼：鲽形目鱼类的总称。㊲西海：古代泛称西方极远的海域。比翼之鸟：传说中的鸟名。一目一翼，互相辅助而飞。㊳凤皇：相传详瑞之鸟。雄曰凤，雌曰凰。皇，通作“凰”。麒麟：传说中的神兽。似鹿而大，有一角，牛尾马蹄，腹毛黄，背毛五彩，不践生草，不食生物。㊴蓬：草名。秋枯根拔，随风飘卷，故称飞蓬。蒿：草名。藜：一年生草本植物。莠：恶草的通称。蓬、蒿、藜、莠，皆秽恶之草。㊵鸱（chī）：鹞鹰；猫头鹰之类。枭（xiāo）：通“鸮”，鸱鸮科鸟类的通称。㊶毋乃：岂不。㊷内：通“纳”，纳入。夷吾：即晋惠公。㊸三置晋国之君：指秦穆公相继安置晋惠公、晋怀公、晋文公为君。

【原文】

其后百有余年，而孔子[①]论述六艺，传略[②]言易姓而王，封泰山禅乎[③]梁父者七十余王矣，其俎豆之礼不章[④]，盖难言之。或问禘[⑤]之说，孔子曰：“不知。知禘之说，其于天下也视其掌。”诗[⑥]云纣在位，文王受命，政不及泰山。武王克殷二年，天下未宁而崩[⑦]。爰周德之洽维[⑧]成王，成王之封禅则近之矣。及后陪臣[⑨]执政，季氏[⑩]旅于泰山，仲尼讥之。

【注释】

①孔子（前551—前479）：名丘，字仲尼。鲁国陬邑（今山东省曲阜市）人。②传：阐述儒家经义的文字。一般文字记载也可称传。略：记载事迹大略的文字。③乎：通“于”。④章：彰明。⑤禘（dì）：祭名。有时禘、殷禘、大禘

三种。时禘，宗庙四时祭祀的一种。殷禘，帝王诸侯宗庙的大祭。大禘，帝王祭天，并以始祖和远祖配享。⑥诗：疑为衍文。⑦崩：旧称帝王死叫崩。⑧爰：于是；因此。维：为；是。⑨陪臣：诸侯的大夫对天子自称陪臣，大夫的家臣也叫陪臣。⑩季氏：春秋鲁国季孙氏为鲁庄公弟季友后代，子孙世为鲁大夫，把持国政，权势很大。这里指季桓子。

【原文】

是时苌弘以方事周灵王[①]，诸侯莫朝周，周力少，苌弘乃明鬼神事，设射狸首[②]。狸首者，诸侯之不来者。依物怪[③]欲以致诸侯。诸侯不从，而晋人执杀苌弘[④]。周人之言方怪者自苌弘。

【注释】

①苌弘：周大夫，有方术，能招致神异。方：方术。指卜筮、星占等。周灵王：姬泄心。前571—前545年在位。②狸首：本为逸诗篇名。狸，一名“不来”；首，先。③物怪：奇异的动物。④晋人执杀苌弘：周晋王时晋大夫范吉射、中行寅作乱，事情牵涉苌弘。晋人因此兴师进犯周室，捕杀苌弘。

【原文】

其后百余年，秦灵公[①]作吴阳上畤，祭黄帝[②]；作下畤[③]，祭炎帝[④]。

【注释】

①秦灵公：前424—前415年在位。②黄帝：神话中的中

央天帝，神名含枢纽。③下畤：祭祀坛址的名称。④炎帝：神话中的南方天帝，神名赤熛怒，一说即神农炎帝。

【原文】

后四十八年，周太史儋[①]见秦献公曰："秦始与周合[②]，合而离[③]，五百岁当复合[④]，合十七年而霸王出[⑤]焉。"栎阳[⑥]雨金，秦献公自以为得金瑞，故作畦畤[⑦]栎阳而祀白帝。

【注释】

①太史：西周春秋时期管理起草文书，策命诸侯卿大夫，记载史事，编写史书，掌管国家典籍、天文、历法、祭祀等职的官。儋（dān）：人名。秦献公：嬴师隰。前384—前362年在位。②秦始与周合：谓周、秦同为黄帝之后，在周朝别封非子于秦之前这段时间为合。③合而离：谓周别封非子于秦为其附庸国之后，周秦分离。④五百岁当复合：谓自非子封于秦，至秦孝公二年（前360）周显王分赠祭肉，周秦相亲，是为复合。⑤合十七年而霸王出：指自秦孝公三年至十九年，周显王封秦孝公为霸王，则为霸者出现；至惠文王称王，则为王者出现。⑥栎阳：地名。秦献公建都于此。现在陕西省西安市临潼区东北。⑦畦（qí）畤：祭祀坛址的名称。

【原文】

其后百二十岁而秦灭周，周之九鼎[①]入于秦。或曰宋太丘[②]社亡，而鼎没于泗水彭城[③]下。

【注释】

①九鼎：传说夏禹铸了九只鼎，象征九州，三代时奉为传

国之宝。秦灭周取了九鼎，其中一只沉于泗水，其余无考。②太丘：地名。现在河南省永城市西北。③泗水：在山东省中部，源出泗水县东蒙山南麓。彭城：县名。在今江苏省徐州市。

【原文】

其后百一十五年而秦并天下。

秦始皇既并天下而帝，或曰："黄帝得土德，黄龙地螾见①。夏得木德，青龙止②于郊，草木畅茂。殷得金德，银自山溢。周得火德，有赤乌之符③。今秦变周，水德之时。昔秦文公出猎，获黑龙，此其水德之瑞。"于是秦更命河④曰"德水"，以冬十月为年首，色上⑤黑，度以六为名⑥，音上大吕⑦，事⑧统上法。

【注释】

①地螾（yǐn）：蚯蚓。见（xiàn）：通"现"，出现。②止：居住；栖息。③赤乌之符：相传周武王时有火从天而降，形如赤乌。④更（gēng）命：改名。河：指黄河。⑤上：通"尚"，崇尚。⑥度：度制。以六为名：如符规定为方六寸，长度规定为六尺为一步之类。⑦大吕：十二律之一。⑧事：国家一切政事。

【原文】

即帝位三年，东巡郡县，祠驺峄山①，颂秦功业。于是征从齐②、鲁之儒生博士七十人，至乎泰山下，诸儒生或议曰："古者封禅为蒲车③，恶伤山之土石草木；埽地而祭，席用葅秸[4]，言其易遵也。”始皇闻此议各乖异[5]，难施用，由此绌[6]儒生。而遂除[7]车道，上自泰山阳[8]至巅，立石颂秦始皇帝德，明其得封也。从阴[9]道下，禅于梁父。其礼颇采太祝[10]之祀雍上帝所用，而封藏皆秘[11]之，世不得而记也。

【注释】

①驺峄山：山名。又名驺山或峄山。现在山东省邹城市东南。②齐：国名。前11世纪周分封的诸侯国。姜姓。现在山东省北部。③蒲车：用蒲草裹着车轮的车子。这种车子常用于祭告天地或者迎接贤士。④葅（zū）：通“菹”，枯草。秸：农作物的茎秆，去皮可以做席。⑤乖异：违背；不和睦。⑥绌（chù）：通“黜”，贬退；排除。⑦除：修治；修建。⑧阳：山的南面，水的北面。⑨阴：山的北面，水的南面。⑩太祝：官名。⑪秘：隐秘。

【原文】

始皇之上泰山，中阪[1]遇暴风雨，休于大树下。诸儒生既绌，不得与[2]用于封事之礼，闻始皇遇风雨，则讥之。

【注释】

①中阪：山坡中段。②与（yù）：参与。

【原文】

于是始皇遂东游海上，行礼祠名山大川及八神，求仙人羡门[1]之属。八神将自古而有之，或曰太公[2]以来作之。齐所以为齐，以天齐也。其祀绝，莫知起时。八神：一曰天主，祠天齐。天齐渊水[3]，居临菑[4]南郊山下者。二曰地主，祠泰山梁父。盖天好阴，祠之必于高山之下，小山之上，命曰“畤”；地贵阳，祭之必于泽中圜丘[5]云。三曰兵主，祠蚩尤[6]。蚩尤在东平陆监乡[7]，齐之西境也。四曰阴主，祠三山[8]。五曰阳主，祠之罘[9]。六曰月主，祠之莱山[10]。皆在齐北，并[11]勃海。七曰日主，祠成山[12]。成山斗[13]入海，最居齐东北隅[14]，以迎日出云。八曰四时主，祠琅邪[15]。琅邪在齐东方，盖岁之所始。皆各用一牢具[16]祠，而巫祝[17]所损益，珪币[18]杂异焉。

【注释】

①羡门：古时仙人，名子高。②太公：指姜太公。③天齐渊水：泉水名。在临淄城南。④临菑：都邑名。亦作“临淄”。齐国国都。在今山东省淄博市东北。⑤圜丘：圆形高坛。⑥蚩（chī）尤：相传为黄帝时诸侯，好兵喜乱，为黄帝所杀，其冢在东平陆监乡。⑦东平陆：县名。在今山东省东平县东。监乡：乡名。⑧三山：即参山。汉时在东莱郡曲成县境。在今山东省东莱市北。⑨之罘：山名。也作芝罘。现在山东省烟台市北。⑩莱山：在今山东省龙口市东南。⑪并（bàng）：通“傍”，挨着。⑫成山：现在山东省荣成市东北。⑬斗：通“陡”。⑭隅：角落。⑮琅邪：山名。在山东省青岛市黄岛区西南。⑯牢具：指盛在器皿中的牲畜。⑰巫祝：祠庙中司祭礼的人。⑱珪币：祭祀用的玉和帛。

【原文】

自齐威、宣[1]之时，驺子[2]之徒论著终始五德之运，及秦帝[3]而齐人奏之，故始皇采用之。而宋毋忌、正伯侨、充尚、羡门高[4]最后，皆燕人，为方[5]仙道，形解销化[6]，依于鬼神之事。驺衍以阴阳主运[7]显于诸侯，而燕齐海上之方士[8]传其术不能通，然则怪迂阿谀苟合[9]之徒自此兴，不可胜数[10]也。

【注释】

①齐威、宣：指齐威王、齐宣王。②驺（zōu）子：即驺衍。驺，亦作“邹”。战国时的阴阳五行家。③秦帝：秦国统一天下称帝。帝，动词。④宋毋忌、正伯侨、充尚、羡门高：都是所谓仙人的名字。⑤方：通“仿”，比拟；模仿。⑥形解销化：古代方士说修道可以成仙，把死叫作“形解”，亦作“尸解”。意指解脱形体。⑦阴阳主运：邹衍把古代关于“阴阳交替”的朴素辩证法思想和“天人感应”说结合，用它来比附新旧王朝的变更，说它可以主宰一个王朝的命运。⑧方士：古代通晓神仙方术的人。⑨怪迂：奇异脱离实际。苟合：无原则地附和。⑩胜数（shēng shǔ）：尽数。

【原文】

自威、宣、燕昭使人入海求蓬莱、方丈、瀛洲[1]。此三神山者，其傅[2]在勃海中，去人不远，患且至，则船风引而去。盖尝有至者，诸仙人及不死之药皆在焉。其物禽兽尽白，而黄金银为宫阙。未至，望之如云；及到，三神山反居水下。临之，风辄引去，终莫能至云。世主莫不甘心[3]焉。及至秦始皇并天下，至海上，则方士言之不可胜数。始皇自以为至海上而恐不及矣，使人乃赍[4]童男女入海求之。船交[5]海中，皆以风为解，曰未能至，望见之焉。其明年，始皇复游海上，至琅邪，过恒山，从上党[6]归。后三年，游碣石[7]，考入海方士，从上郡[8]归。后五年，始皇南至湘山[9]，遂登会稽，并海上，冀[10]遇海中三神山之奇药。不得，还至沙丘[11]崩。

【注释】

①燕昭：指战国时期的燕昭王。蓬莱、方丈、瀛洲：古代传说东海中有此三山，为神仙所居，总称“三神山”。②傅：《汉书·郊祀志》作“传”。③甘心：羡慕。④赍（jī）：携带。⑤交：开始进入。⑥上党：郡名。治所在壶关（现在山西省长治市北），辖境相当今山西省东南部。⑦碣石：山名。在河北省昌黎县北。⑧上郡：郡名。治所在肤施（今陕西省榆林市榆阳区东南），地在今陕西省北部和内蒙古南端。⑨湘山：一名君山，又名洞庭山。在湖南省岳阳县西洞庭湖中。⑩冀：希望。⑪沙丘：在今河北省广宗县西北大平台。

【原文】

二世[1]元年，东巡碣石，并海南，历泰山，至会稽，皆礼祠之，而刻勒始皇所立石书旁，以章[2]始皇之功德。其秋，诸侯畔秦。三年而二世弑[3]死。

【注释】

①二世：指秦二世嬴胡亥。二世元年，前209年。②章：表彰；表扬。③弑：古代称子杀父、臣杀君为“弑”。此处指秦二世为赵高所杀。

【原文】

始皇封禅之后十二岁，秦亡。诸儒生疾[①]秦焚《诗》《书》，诛僇[②]文学，百姓怨其法，天下畔之，皆讹曰："始皇上泰山，为暴风雨所击，不得封禅。"此岂所谓无其德而用事者邪？

【注释】

①疾：厌恶；憎恶。②僇（lù）：通"戮"，杀戮。

【原文】

昔三代之居皆在河、洛[①]之间，故嵩高为中岳，而四岳各如其方，四渎咸在山东[②]。至秦称帝，都咸阳[③]，则五岳、四渎皆并在东方。自五帝[④]以至秦，轶[⑤]兴轶衰，名山大川或在诸侯，或在天子，其礼损益世殊，不可胜记。及秦并天下，令祠官所常奉天地名山大川鬼神可得而序[⑥]也。

【注释】

①河、洛：指黄河、洛河。②山东：战国、秦、汉时称崤山或华山以东为山东，也指战国时秦以外的六国地域。③咸阳：都邑名。战国时秦孝公开始建都于此。现在陕西省咸阳市东北。④五帝：相传中的中国原始社会末期部落或部落联盟的领袖。指黄帝、颛顼、帝喾、唐尧、虞舜。⑤轶（dié）：通"迭"，交替地；轮流地。⑥序：依次序排列。

【原文】

于是自殽[①]以东，名山五，大川祠二。曰太室。太室，嵩高也。恒山，泰山，会稽，湘山。水曰济，曰淮。春以脯酒为岁[②]祠，因泮[③]冻，秋涸冻[④]，冬塞祷[⑤]祠。其牲用牛犊各一，牢具珪币各异。

【注释】

①殽：即崤山。现在河南省西部。②脯（fǔ）：干肉。岁：一年的农事收成。③泮（pàn）：解；散。④涸（hé）冻：结冻。涸，凝结。⑤塞（sài）：通“赛”。祷：祷告；乞求神保佑。

【原文】

自华以西，名山七，名川四。曰华山，薄山[①]。薄山者，衰山也。岳山[②]，岐山[③]，吴岳[④]，鸿冢[⑤]，渎山[⑥]。渎山，蜀之汶[⑦]山。水曰河，祠临晋[⑧]；沔[⑨]，祠、汉中[⑩]；湫渊[⑪]，祠朝那[⑫]；江水[⑬]，祠蜀[⑭]。亦春秋泮涸祷塞，如东方名山川；而牲牛犊牢具珪币各异。而四大冢[⑮]鸿、岐、吴、岳，皆有尝禾[⑯]。

【注释】

①薄山：即襄山。在今山西省永济市南。②岳山：山名。在陕西省武功县境。③岐山：山名。在陕西省岐山县东北。④吴岳：又名吴山。在陕西省陇县西南。⑤鸿冢：山名。现在陕西省凤翔县东。⑥渎山：即四川岷山。⑦汶：通“岷”。⑧临晋：县名。现在陕西省大荔县东。⑨沔（miǎn）：水名。源头出自陕西省略阳县，是汉水的上游。⑩汉中：郡名。这里

指郡治南郑（今陕西省汉中市东）。⑪湫（jiǎo）渊：湖名。现在宁夏回族自治区固原市原州区。⑫朝那：县名。现在宁夏回族自治区固原市原州区东南。⑬江水：指长江。⑭蜀：郡名。这里指郡治成都。⑮冢：山顶。指高大的山。⑯尝禾：用新谷举行祭祀。尝，祭名。

【原文】

陈宝节来祠。其河加有尝醪[①]。此皆在雍州[②]之域，近天子之都，故加车一乘，骍驹四。

【注释】

①醪：汁滓混合的酒，即酒酿。②雍州：古九州之一。地域约当今陕西、甘肃、宁夏、青海等省区。

【原文】

霸、产、长水、沣、涝、泾[①]、渭皆非大川，以近咸阳，尽得比山川祠，而无诸加。

【注释】

①霸：灞水，古滋水。现在陕西省西安市东入渭水。产：浐水。源出自陕西蓝田县西南山谷中，至西安市东南合灞水入渭。长水：源出陕西省蓝田县境，至西安市长安区东南流入浐水。沣：水名。源出陕西省西安市鄠邑区东南终南山，北流至咸阳市东南入渭河。涝：水名。源出自陕西省西安市鄠邑区西南，流入浐水后再入渭河。泾：水名。源出宁夏固原市原州区南六盘山，往东南流至陕西西安市高陵区入渭河。

【原文】

汧、洛[①]二渊，鸣泽、蒲山、岳嵴山[②]之属，为小山川，亦皆岁祷塞泮涸祠，礼不必同。

【注释】

①洛：洛水有二：一、今名北洛河。在陕西省北部，发源于定边县南梁山，流入渭河。二、今名洛河，本名雒水。在河南省西部，源出自陕西省华山，流入黄河，这里可能是指前者。②鸣泽：泽名。在河北省涿州市北。蒲山：山名。无考。岳嵴（xū）山：山名。在华山西。

【原文】

而雍有日、月、参、辰、南北斗、荧惑、太白、岁星、填星、辰星[①]、二十八宿、风伯、雨师、四海、九臣、十四臣、诸布、诸严、诸逑之属，百有余庙。西[②]亦有数十祠。于湖[③]有周天子祠。于下邽有天神[④]。沣、滈有昭明、天子辟池[⑤]。于杜、亳有三社主之祠、寿星[⑥]祠；而雍菅庙亦有杜主[⑦]。杜主，故周之右将军，其在秦中[⑧]，最小鬼之神者。各以岁时奉祠。

【注释】

①参（shēn）：星官名。二十八宿之一。辰：即心宿。二十八宿之一。南北斗：南斗、北斗，都是斗宿的别名，二十八宿之一。荧惑：即火星。太白：即金星。岁星：即木星。填（zhèn）星：即土星。辰星：即水星。②西：县名。现在甘肃

省天水市麦积区西南。③湖：县名。在今河南省灵宝市境。④下邽（guī）：县名。在今陕西省渭南市临渭区东北。天神：古人所想象的天上日、月、星辰、风雨的主宰。⑤滈（hào）：水名。在陕西省西安市西。今已废绝。昭明：火星的又一别名。辟池：即滈池。⑥杜：县名。现在陕西省西安市东南。亳（bó）：亭名。在杜县境。社主：《汉书·郊祀志》作“杜主”，照应下文以“杜主”为是。寿星：南极老人星。⑦菅（jiān）：茅草。杜主：杜伯，周宣王的大夫，封于杜地，无罪被杀，人以为神。⑧秦中：地区名。现在陕西省中部，因春秋、战国时为秦国而得名。

【原文】

唯雍四畤上帝[①]为尊，其光景动人民唯陈宝。故雍四畤，春以为岁祷，因泮冻，秋涸冻，冬塞祠，五月尝驹[②]，及四仲之月[③]月祠，若陈宝节来一祠。春夏用骍[④]，秋冬用駵。駵驹四匹，木禺龙栾车[⑤]一驷，木禺车马一驷[⑥]，各如其帝色。黄犊羔[⑦]各四，珪币各有数，皆生瘗[⑧]埋，无俎豆[⑨]之具。三年一郊。秦以冬十月为岁首，故常以十月上宿[⑩]郊见，通权火[⑪]，拜于咸阳之旁，而衣上白，其用如经[⑫]祠云。西畤、畦畤，祠如其故，上不亲往。

【注释】

①四畤上帝：在鄜畤祭典白帝，在密畤祭典青帝，在吴阳上畤祭典黄帝，在吴阳下畤祭典炎帝（赤帝）。鄜畤在咸阳东，其他三鄜畤在咸阳西。②尝驹：用少壮的骏马举行祭祀。

③四仲之月：四季的中间一个月，即二、五、八、十一月。④骍（xīng）：赤色马。⑤木禺（ǒu）龙：木头雕的龙。栾（luán）车：有铃的车。栾，通“銮”，车辆的马铃。⑥驷（sì）：古代四马一车，因以称一车所驾之四马或驾四马之车。这里指四条龙。⑦羔：小羊。⑧瘗（yì）：埋葬。⑨俎豆：祭祀宴享的祭品。俎，祭祀时用以盛祭品的礼器，青铜制，也有木制漆饰的。豆，盛干肉一类食物的器皿。⑩上宿：皇上斋戒，以示崇敬。⑪权火：烽火。⑫经：经常。指常行的仪式。

【原文】

诸此祠皆太祝常主，以岁时奉祠之。至如他名山川诸鬼及八神之属，上过则祠，去则已[①]。郡县远方神祠者，民各自奉祠，不领于天子之祝官[②]。祝官有秘祝[③]，即有灾祥[④]，辄[⑤]祝祠移过于下。

【注释】

①已：停止。②祝官：主管祭祀的官员。③秘祝：官名。④灾祥：灾异和吉祥。这里指灾异。⑤辄：就；总是。

【原文】

汉兴，高祖之微[①]时，尝杀大蛇。有物[②]曰：“蛇，白帝子也，而杀者赤帝[③]子。”高祖初起，祷丰枌榆社[④]。徇沛[⑤]，为沛公，则祠蚩尤，衅[⑥]鼓旗。遂以十月至灞上[⑦]，与诸侯平[⑧]咸阳，立为汉王。因以十月为年首，而色上赤。

【注释】

①高祖：汉高帝刘邦的庙号。微：卑贱。②物：指鬼神。

③赤帝：神话中的南方天帝。④丰枌榆社：指汉高帝故乡丰邑枌榆乡的土地神。⑤徇（xùn）：攻取；巡行。沛（pèi）：现在江苏省沛县。⑥衅：古代新制器物成功，杀牲以祭，用血涂缝隙之称。⑦灞（bà）上：地名。现在陕西省西安市东南。⑧平：平定。

【原文】

二年，东击项籍[1]而还入关，问："故秦时上帝祠何帝也?"对曰："四帝，有白、青、黄、赤帝之祠。"高祖曰："吾闻天有五帝，而有四，何也?"莫知其说。于是高祖曰："吾知之矣，乃待我而具五也。"乃立黑帝[2]祠，命曰北畤[3]。有司进祠，上不亲往。悉召故秦祝官，复置太祝、太宰[4]，如其故仪礼。因令县为公社[5]。下诏曰："吾甚重祠而敬祭。今上帝之祭及山川诸神当祠者，各以其时礼祠之如故。"

【注释】

①二年：汉王二年，前205年。项籍（前232—前202）：名籍，字羽。秦末农民起义军首领。下相（今江苏省宿迁市宿城区西南）人。②黑帝：神话传说中的北方天帝，神名叶光纪。一说即颛顼。③北畤：祭祀坛址的名称。④太宰：官名。掌管祭祀贡享。⑤公社：官府祭奠天地神鬼的地方。

【原文】

后四岁，天下已定，诏御史[1]，令丰谨治枌榆社，常以四时春以羊彘[2]祠之。令祝官立蚩尤之祠于长安。长安置祠祝官、女巫。其梁[3]巫，祠天、地、天社、天水、房中、堂上[4]之属；晋[5]巫，祠五帝、东君、云中君、司命、巫社、巫祠、族人、先炊[6]之属；秦[7]巫，祠社主、巫保、族纍[8]之属；荆[9]巫，祠堂下、巫先、司命、施糜[10]之属；九天巫[11]，祠九天；皆以岁时祠宫中。其河巫[12]祠河于临晋，而南山巫祠南山秦中[13]。秦中者，二世皇帝。各有时日。

【注释】

①御史：官名。秦以前本为史官。②彘（zhì）：猪。③梁：指战国时的魏地。因魏国从惠王以后一直建都大梁，故又别称梁国。④天社、天水、房中、堂上：都是神名。⑤晋：指春秋时的晋地。⑥东君：日神。云中君：云神。司命、巫社、巫祠、族人、先炊：都是神名。⑦秦：指战国时的秦地。⑧社主：仍以作“杜主”为宜。巫保、族纍：神名。⑨荆：指春秋战国时的楚地。楚国建国于荆山一带，故又别称荆。⑩堂下、巫先、施糜：都是神名。⑪九天巫：专管祭祀九天的巫师。九天，指中央和八方之天。⑫河巫：专管祭奠黄河的巫师。⑬南山：山名。现在秦岭终南山。秦中：这里借指秦二世。因他为赵高所杀，魂魄变成了厉鬼。

【原文】

其后二岁，或曰周兴而邑部[1]，立后稷之祠，至今血食[2]天下。于是高祖制诏[3]御史：“其令郡国[4]县立灵星祠，常以岁时祠以牛。”

【注释】

①邰（tái）：一作“斄”。邑名。现在陕西省武功县西南。②血食：享受祭祀。因祭祀宰牲牢。③制诏：汉代皇帝文告的两种形式：制书命令三公，传达州郡；诏书布告臣民。④郡国：汉初，郡和王国同为地方高级行政区划。

【原文】

高祖十年春，有司请令县常以春二月及腊祠社稷[1]以羊豕，民里社[2]各自财以祠。制曰：“可。”

【注释】

①有司：主管官吏。腊：夏历十二月祭名，因借以指十二月。社稷：古代帝王、诸侯所祭祀的土神和谷神。②里社：古时里中供奉土地神的处所。

【原文】

其后十八年，孝文帝[1]即位。即位十三年，下诏曰：“今秘祝移过于下，朕[2]甚不取。自今除之。”

【注释】

①孝文帝：刘恒。前179—前157年在位。②朕（zhèn）：从秦始皇起专用为皇帝的自称。

【原文】

始名山大川在诸侯，诸侯祝各自奉祠，天子官不领[1]。及齐、淮南国[2]废，令太祝尽以岁时致礼如故。

【注释】

①领：管领。②齐：汉初封国名。始王为汉高帝长子刘肥。境内有泰山。淮南国：汉初封国名。

【原文】

是[①]岁，制曰："朕即位十三年于今，赖宗庙之灵，社稷之福，方内艾安[②]，民人靡[③]疾。间者比年登[④]，朕之不德，何以飨[⑤]此？皆上帝诸神之赐也。盖闻古者飨其德必报其功，欲有增诸神祠。有司议增雍五畤路车[⑥]各一乘，驾被[⑦]具；西畤畦畤禺车各一乘，禺马四匹，驾被具；其河、湫、汉水[⑧]加玉各二；及诸祠，各增广坛场，珪币俎豆以[⑨]差加之。而祝釐[⑩]者归福于朕，百姓不与[⑪]焉。自今祝致敬，毋[⑫]有所祈。"

【注释】

①是：此；这。②方内：四境之内；国内。艾（yì）安：太平安定。③靡：无；不。④间者：近来。登：庄稼成熟。⑤飨（xiǎng）：通"享"，享受。⑥路车：亦作"辂车"。帝王诸侯乘坐的车子。⑦被：通"披"。⑧汉水：即汉江。发源于陕西省西南部宁强县，东南流经陕西省南部，湖北省西北部和中部，在武汉市汇入长江。⑨以：按照。⑩釐（xī）：通"禧"，福。⑪与（yù）：在其中。⑫毋：莫；不要。

【原文】

鲁人公孙臣[①]上书曰："始秦得水德，今汉受之，推终始传，则汉当土德，土德之应黄龙见。宜改正朔[②]，易服色[③]，色上黄。”是时丞相张苍④好律历，以为汉乃⑤水德之始，故河决金堤⑥，其符⑦也。年始冬十月，色外黑内赤，与德相应。如公孙臣言，非也。罢之。后三岁，黄龙见成纪⑧。文帝乃召公孙臣，拜为博士，与诸生草⑨改历服色事。其夏，下诏曰：“异物之神见于成纪，无害于民，岁以有年。朕祈郊上帝诸神，礼官议，无讳⑩以劳朕。”有司皆曰：“古者天子夏亲郊，祀上帝于郊，故曰郊。”于是夏四月，文帝始郊见雍五畤祠，衣皆上赤。

【注释】

①鲁：指春秋时的鲁地，现在山东省泰山以南地区。公孙臣：方士。②正朔：指每年的第一天。我国古代夏历以孟春之月（建寅之月）为岁首，商、周两代各向上推一月，即商以季冬之月（建丑之月，夏历十二月）为岁首，周以仲冬之月（建子之月，夏历十一月）为岁首，秦代改以夏历十月（孟冬之月，建亥之月）为岁首，汉初沿用秦历。正，阴历每年的第一个月。朔，每月的初一。③易：改变。服色：古时每一朝代所定的车马祭祀的颜色。如夏尚黑色，商尚白色，周尚赤色，各代以其所崇尚之色为正色。④丞相：官名。始于战国时，是百官之长。张苍：阳武（今河南省原阳县东南）人。秦时为御史，后归汉。精通律历，历任御史大夫、丞相，封北平侯。⑤乃：是；就是。⑥决：冲破堤岸。金堤：指修筑得很坚固的江河堤塘。这里指西汉时东郡一带黄河两岸石筑的金堤。⑦符：符应。⑧成纪：县名。即今甘肃省秦安县北。

⑨草：草拟；起稿。⑩讳：隐瞒；忌讳。

【原文】

其明年，赵人新垣平[①]以望气见上，言“长安东北有神气，成五采，若人冠绕[②]焉。或曰东北神明之舍，西方神明之墓也。天瑞[③]下，宜立祠上帝，以合符应”。于是作渭阳五帝庙[④]，同宇，帝一殿，面各五门，各如其帝色[⑤]。祠所用及仪亦如雍五畤。

【注释】

①赵：指战国时的赵地。新垣平：方士。姓新垣，名平。②冠绕：官吏所戴的帽子。绕，通“冕”。③天瑞：天降吉祥。④渭阳五帝庙：旧址在今咸阳市东北。⑤各如其帝色：东方青色，南方赤色，西方白色，北方黑色，中央黄色。

【原文】

夏四月，文帝亲拜霸、渭之会[①]，以郊见渭阳五帝。五帝庙南临渭，北穿蒲池[②]沟水，权火举而祠，若光辉然属[③]天焉。于是贵平上大夫[④]，赐累千金。而使博士诸生刺《六经》中作《王制》[⑤]，谋议巡狩封禅事。

【注释】

①霸：灞水。渭：渭水。会：汇合口。②蒲池：可能就是秦始皇修建的人工湖——兰池，旧址在今咸阳市东北。③属：连接。④贵：尊宠，宠信。上大夫：官名。⑤刺：采取。《王制》：书名。

【原文】

文帝出长门[①]，若见五人于道北，遂因其直[②]北立五帝坛，祠以五牢具。

【注释】

①长门：亭名。现在陕西省西安市临潼区。②因：根据；就着。直：通“值”，当其处。

【原文】

其明年，新垣平使人持玉杯，上书阙下[①]献之。平言上曰：“阙下有宝玉气来者。”已视之，果有献玉杯者，刻曰：“人主延寿”。平又言“臣候日再中[②]”。居顷之，日却[③]复中。于是始更[④]以十七年为元年，令天下大酺[⑤]。

【注释】

①阙下：指君王宫殿之下。②日再中：太阳再次在天当中。③却：退。④更：调换；改变。⑤大酺（pú）：盛大聚饮。皇帝准许臣民盛大聚会饮宴。

【原文】

平言曰：“周鼎亡在泗水中，今河溢通泗，臣望东北汾阴[①]直有金宝气，意[②]周鼎其出乎？兆[③]见不迎则不至。”于是上使使治庙汾阴南，临河，欲祠出周鼎。

【注释】

①汾阴：县名。在今山西省万荣县西南。②意：意料。③兆：征象；预兆。

【原文】

人有上书告新垣平所言气神事皆诈[①]也。下平吏治，诛夷[②]新垣平。自是之后，文帝怠于改正朔服色神明之事，而渭阳、长门五帝使祠官领，以时致礼，不往焉。

【注释】

①诈：欺诈。②诛夷：杀戮；消灭。除灭其家室宗族。

【原文】

明年，匈奴数入边，兴兵守御。后岁少[①]不登。

【注释】

①少：稍；稍微。

【原文】

数年而孝景即位。十六年，祠官各以岁时祠如故，无有所兴，至今天子。今天子初即位，尤敬鬼神之祀[①]。

【注释】

①本篇以本段以下内容与《今上（孝武）本纪》完全相同，只是个别字句有出入。

【原文】

元年，汉兴已六十余岁矣，天下艾安，搢绅之属皆望天子封禅改正度[①]也，而上乡[②]儒术，招贤良[③]，赵绾、王臧等以文学为公卿[④]，欲议古立明堂城南，以朝诸侯。草巡狩、封禅、改历服色事未就。会[⑤]窦太后治黄老言，不好儒术，使人微伺得赵绾等奸利[⑥]事，召案[⑦]绾、臧，绾、臧自杀，诸所兴为皆废。

后六年，窦太后崩。其明年，征文学之士公孙弘[⑧]等。

【注释】

①正度：正朔和服色制度。②乡：通“向”，趋向；向往。③贤良：汉代选拔官吏的科目之一。④赵绾（wǎn）：著名的儒者，这时任御史大夫。王臧：著名的儒者，这时任郎中令。公卿：原指三公九卿，后泛指朝廷的高级官员。⑤会：恰逢。窦太后（？—前135或129）：汉文帝皇后。景帝继位后，被尊为皇太后。⑥奸利：以奸诈方法谋求私利。⑦案：通“按”，审查；拷问。⑧公孙弘（前200—前121）：姓公孙，名弘，菑川薛（在今山东省寿光市南）人。

【原文】

明年，今上初至雍，郊见五畤。后常三岁一郊[①]。是时上求神君[②]，舍之上林中蹏氏观[③]。神君者，长陵[④]女子，以子死，见神于先后宛若[⑤]。宛若祠之其室，民多往祠。平原君[⑥]往祠，其后子孙以尊显。及今上即位，则厚礼置祠之内中，闻其言，不见其人云。

【注释】

①三岁一郊：三年中第一年祭天，第二年祭地，第三年祭五畤。每三年轮流一遍。②神君：对神灵的敬称。③上林：苑名。旧址在陕西省西安市西南鄠邑区、周至县界。蹏氏观：上

林苑中宫观名。④长陵：县名。西汉五陵之一的高祖陵墓所在地。故城在今西安市北。⑤先后：兄弟妻相互称“先后”，即妯娌。宛若：人名。⑥平原君：武帝外祖母。

【原文】

是时，李少君亦以祠灶、谷道[①]、却老方见上，上尊之。少君者，故深泽侯舍人[②]，主方[③]。匿其年及其生长[④]，常自谓七十，能使物[⑤]，却老。其游以方遍诸侯。无妻子。人闻其能使物及不死，更馈遗[⑥]之，常余金钱衣食。人皆以为不治生业[⑦]而饶给，又不知其何所人，愈信，争事[⑧]之。少君资[⑨]好方，善为巧发奇中[⑩]。尝从武安侯[⑪]饮，坐中有九十余老人，少君乃言与其大父游射[⑫]处，老人为儿时从其大父，识其处，一坐尽惊。少君见上，上有故[⑬]铜器，问少君。少君曰：“此器齐桓公十年陈于柏寝[⑭]。”已而案其刻[⑮]，果齐桓公器。一宫尽骇，以为少君神，数百岁人也。

【注释】

①灶：灶神。谷道：一说是种谷得金的方法，一说是长生不老的方法。②故：死亡。深泽侯：指赵将夜。舍人：家臣。战国及汉初王公贵官都有舍人。③主方：主管方术、医药之事。④匿：隐瞒。生长：指生平经历。⑤使物：一、驱使鬼神；二、使用药物。⑥更：连续；相继。馈遗（wèi）：赠予。⑦治：管理。泛指进行某种工作。生业：职业；产业。⑧事：侍奉。⑨资：资质，即人的天资禀赋。⑩巧发奇中（zhòng）：善于伺机发言，且每能猜中、应验。⑪武安侯：田蚡（fén）。

⑫大父：祖父。游射：游乐射击。⑬故：古旧。⑭陈：陈放。柏寝：春秋时齐国的台名。⑮已而：随即。案：通“按”。刻：指刻在上面的文字。

【原文】

少君言上曰：“祠灶则致[①]物，致物而丹沙[②]可化为黄金，黄金成以为饮食器则益寿，益寿而海中蓬莱仙者乃可见，见之以封禅则不死，黄帝是也。臣尝游海上，见安期生[③]，安期生食巨枣[④]，大如瓜。安期生仙者，通蓬莱中，合[⑤]则见人，不合则隐。”于是天子始亲祠灶，遣方士入海求蓬莱安期生之属[⑥]，而事化丹沙诸药齐[⑦]为黄金矣。

【注释】

①致：招引；招来。②丹沙：即丹砂（硫化汞）。古代方士说可用它炼制长生不老药，又说可用它炼制黄金。③安期生：先秦时方士。后代传说为道家仙人。④巨枣：《今上本纪》和《汉书·郊祀志》作“臣枣”。相传中的仙果，后因有安期枣之称。⑤合：和合；融洽。此指道相合。⑥属（shǔ）：种类；等辈。⑦事：从事。齐：通“剂”。

【原文】

居久之，李少君病死。天子以为化去不死，而使黄锤史宽舒[①]受其方。求蓬莱安期生莫能得，而海上燕、齐[②]怪迂之方士多更来言神事矣。

【注释】

①黄：县名。治所在今山东省龙口市东。锤：县名。治所

在今山东省烟台市福山区。《秦始皇本纪》“过黄锤”。疑初为一县，后乃分治。史：掌管文书的小吏。宽舒：后任祠官。②燕（yān）：国名。前11世纪分封的诸侯国。辖今河北省北部和辽宁省西端。齐：国名。前11世纪周分封的诸侯国。辖今山东省北部，后又扩充到山东省东部。此指原齐国地区。

【原文】

亳人谬忌奏祠太一方，曰：“天神贵者太一，太一佐①曰五帝。古者天子以春秋祭太一东南郊，用太牢②，七日，为坛开八通之鬼道③。”于是天子令太祝④立其祠长安东南郊，常奉祠如忌方。其后人有上书，言“古者天子三年壹用太牢祠神三一⑤：天一、地一⑥、太一”。天子许之，令太祝领⑦祠之于忌太一坛上，如其方。后人复有上书，言“古者天子常以春解祠⑧，祠黄帝用一枭破镜⑨；冥羊⑩用羊祠；马行⑪用一青牡马；太一、泽山君地长⑫用牛；武夷君⑬用干鱼；阴阳使者⑭以一牛”。令祠官领之如其方，而祠于忌太一坛旁。

【注释】

①亳（bó）：地名。有南亳、北亳、西亳；南亳在今河南省商丘市西南；北亳在今山东省曹县南，西亳在河南省偃师市西。谬忌：方士。济阴郡薄县人。太一：也作“泰一”神。佐：辅佐。这里指辅佐太一的神。②太牢：指牛、羊、猪三牲。③坛：土筑的高台，古代用于祭祀、朝会、盟誓等大事。八通之鬼道：八面筑有台阶的坛，作为神鬼来往的通道。④太祝：掌管祭祀的官。⑤壹：通“一”。⑥天一、地一：都是神

名。⑦领：管领。指祀天地于太一坛。⑧解祠：为了消灾解祸而祭奠。⑨枭（xiāo）：传说中吃母的恶鸟。破镜：也称“獍”（jìng）。相传吃父的猛兽，似虎豹而小。⑩冥羊：神名。⑪马行：神名。⑫泽山君地长（zhǎng）：神名。⑬武夷君：武夷山神。武夷山在福建省武夷山市崇安街道境。⑭阴阳使者：主司阴阳之神。

【原文】

其后，天子苑[①]有白鹿，以其皮为币[②]，以发瑞应[③]，造白金[④]焉。

【注释】

①苑：养禽兽、植树木的地方，后多指帝王游乐打猎的园林。②币：皮币。既作货币，又作用以垫璧的礼品。③瑞应：吉祥的征象。④白金：本指银，这里指银锡合金。

【原文】

其明年，郊雍，获一角兽[①]，若麃[②]然。有司曰：“陛下肃祇郊祀，上帝报享[③]，锡一角兽，盖麟[④]云。”于是以荐[⑤]五畤，畤加一牛以燎[⑥]。锡诸侯白金，风符应[⑦]合于天也。

【注释】

①一角兽：有一只角的兽。②麃：通“麅（狍）”。鹿一类的动物，形似獐，牛尾，一角。③报享：酬报祭享之德。④锡：赐。麟：即麒麟。传说外形像鹿，一只角，全身有鳞甲，牛尾。⑤荐：进献。⑥燎：烧柴火祭天的祭礼。⑦风：示

意；暗示。符应：以所谓天降祥瑞来附会人事。

【原文】

于是济北王[1]以为天子且封禅，乃上书献太山及其旁邑[2]，天子以他县偿之。常山王[3]有罪，迁[4]，天子封其弟于真定[5]，以续先王祀[6]，而以常山为郡，然后五岳皆在天子之郡。

【注释】

①济北王：刘胡。汉高祖曾孙。国都故城在现在的山东省济南市长清区南。②太山：即泰山。邑：指县。③常山王：刘勃。汉景帝孙。国都故城在今河北省元氏县西北。④迁：贬谪；流放。⑤真定：县名。治所在现在的河北省正定县南。汉武帝元鼎四年（前 113 年）更常山国为真定国。⑥续：延续；继续。祀：祭祀。

【原文】

其明年，齐人少翁[1]以鬼神方见上。上有所幸王夫人[2]，夫人卒，少翁以方盖夜致王夫人及灶鬼之貌云[3]，天子自帷[4]中望见焉。于是乃拜[5]少翁为文成将军，赏赐甚多，以客礼礼之。文成言曰："上即欲与神通[6]，宫室被服非象神，神物不至。"乃作画云气车，及各以胜日驾车辟[7]恶鬼。又作甘泉宫[8]，中为台室，画天、地、太一诸鬼神，而置祭具以致天神。居岁余，其方益衰，神不至。乃为帛书以饭牛，详[9]不知，言曰此牛腹中有奇。杀视得书，书言甚怪。天子识其手书[10]，问其人，果是伪书，于是诛文成将军，隐之。

其后则又作柏梁、铜柱、承露仙人掌[11]之属矣。

【注释】

①少翁：方士。隐含“少年老头”的意思。②王夫人：《汉书·郊祀志》《外戚传》都认为是李夫人。③云：句末助词。④帷：帷幕。⑤拜：授予官职。⑥即：如果；假如。通：会遇。⑦胜日：指干支五行相胜（克）之日。如甲乙日驾青车，丙丁日驾赤车占据优势；又驾青车办土事，驾赤车办金事占据优势之类。辟：排除；驱走。⑧甘泉宫：又名云阳宫。⑨帛书：指在帛上书写文字。详：通“佯”。⑩手书：书写的手迹；笔迹。⑪柏梁：台名，相传台高二十丈，又以香柏为梁，故名。旧址在西安城中。承露仙人掌：武帝迷信神仙，在建章宫神明台立铜柱，高二十丈，大七围，上有仙人掌举盘以承接甘露。

【原文】

文成死明年，天子病鼎湖[1]甚，巫医无所不致，不愈。游水发根[2]言上郡有巫，病而鬼神下之。上召置祠之甘泉。及病，使人问神君。神君言曰：“天子无[3]忧病。病少愈，强与我会甘泉。”于是病愈，遂起，幸[4]甘泉，病良已。大赦，置寿宫[5]神君。寿宫神君最贵者太一，其佐曰大禁[6]、司命之属，皆从之。非可得见，闻其言，言与人音等。时去时来，来则风肃然。居室帷中。时昼言，然常以夜。天子祓[7]，然后入。因巫为主人，关[8]饮食。所以言，行下。又置寿宫北宫[9]，张羽旗[10]，设供具[11]，以礼神君。神君所言，上使人受书其言，命之曰“画法”[12]。其所语，世俗之所知也，无绝[13]殊者，而天子心独喜。其事秘，世莫知也。

【注释】

①鼎湖：宫名。故址在今陕西省蓝田县西。②游水发根：姓游水，名发根。一说游水即“油水”，水名。发根，人名。③无：莫；不用。④幸：封建社会称帝王亲临某地。⑤寿宫：神庙。⑥大禁：神名。⑦祓（fú）：灭灾祈福的仪式。⑧因：依靠。关：领取。⑨北宫：宫名。故址在今陕西省西安市长安区境。⑩张：陈设。羽旗：用羽毛装饰的旗帜。⑪供具：摆设酒食的器具。⑫画法：记下法术。⑬绝：独特。

【原文】

其后三年，有司言元宜以天瑞[1]命，不宜以一、二数。一元曰“建[2]”，二元以长星曰“光[3]”，三元以郊得一角兽曰“狩”云[4]。

【注释】

①元：开始。这里指纪元。天瑞：天降的祥瑞。②建：指汉武帝的第一个年号“建元”。③长星：彗星。光：指汉武帝的第二个年号“元光”。④三元……曰“狩”：汉武帝元朔七年冬十月，在雍县祭祀五帝时，获得了一只独角兽，附会为所谓“白麟”，因即改年号为“元狩”，这是汉武帝的第四个年号。“三元”的说法有错误，中漏武帝的第三个年号“元朔”。

【原文】

其明年冬，天子郊雍，议曰：“今上帝朕亲郊，而后土无祀，则礼不答[①]也。”有司与太史公[②]、祠官宽舒议：“天地牲角茧栗[③]。今陛下亲祠后土，后土宜于泽中圜丘为五坛，坛一黄犊太牢具，已祠尽瘗，而从祠[④]衣上黄。”于是天子遂东，始立后土祠汾阴脽丘[⑤]，如宽舒等议。上亲望拜，如上帝礼。礼毕，天子遂至荥阳[⑥]而还。过雒阳[⑦]，下诏曰：“三代邈[⑧]绝，远矣难存。其以三十里地封周后为周子南君，以奉其先祀焉[⑨]。”是岁，天子始巡郡县，侵寻于泰山矣[⑩]。

【注释】

①后土：古时称地神或土神。答：回报；引申为周全。②太史公：指司马谈（司马迁之父）。③牲角茧栗：牛角的形状有的小如蚕茧，有的小如板栗。④圜（yuán）丘：祭天的坛。其外形圆如天体，高如小丘。圜，通“圆”。瘗（yì）：埋葬。从祠：陪祭。这里指陪祭者。⑤脽丘：汾阴土丘名。在现在的山西省万荣县西南。⑥荥阳：县名。治所在现在的河南省荥阳市东北。⑦雒阳：都城名。在现在的洛阳市东北。⑧邈（miǎo）：遥远。⑨周子南君：即周朝后代姬嘉。子南，封邑名。⑩侵寻于泰山：指武帝将有泰山之行。

【原文】

其春，乐成侯[①]上书言栾大。栾大，胶东[②]宫人，故尝与文成将军同师，已而为胶东王尚方[③]。而乐成侯姊为康王后，无子。康王死，他姬子立为王。而康后有淫行，与王不相中[④]，相危以法。康后闻文成已死，而欲自媚于上，乃遣栾大因[⑤]乐成侯求见言方。天子既诛文成，后悔其蚤死，惜其方不尽，及见栾大，大说[6]。大为人长美，言多方略，而敢为大言，处之不疑[7]。大言曰："臣常往来海中，见安期、羡门[8]之属。顾以臣为贱，不信臣。又以为康王诸侯耳，不足与方。臣数言康王，康王又不用臣。臣之师曰：'黄金可成，而河决可塞，不死之药可得，仙人可致[9]也。'然臣恐效文成，则方士皆奄口，恶[10]敢言方哉！"上曰："文成食马肝[11]死耳。子诚能修其方，我何爱[12]乎！"大曰："臣师非有求人，人者求之。陛下必欲致之，则贵其使者，令有亲属，以客礼待之，勿卑，使各佩其信印[13]，乃可使通言于神人。神人尚肯邪不邪[14]。致尊[15]其使，然后可致也。"于是上使验小方，斗棋[16]，棋自相触击。

【注释】

①乐成侯：丁义。②胶东：汉初封国名。景帝之子刘寄为王。③故：以往。尚方：官名。④中：投合；和谐。⑤因：凭借；通过。⑥蚤：通"早"。说：通"悦"。⑦方略：计谋策略。处之不疑：指说谎话时神态镇定。⑧安期、羡门：即安期生、羡门高。⑨致：求得。⑩奄：通"掩"。恶（wū）：何；怎么。⑪马肝：相传马肝有毒，人吃了会死。⑫诚：果真；如果。修：学习；研修。爱：吝惜。⑬信印：即印信。⑭尚：犹；还。邪（yé）：语气助词。表疑问。不（fǒu）：同"否"。⑮致尊：表示尊敬之意。⑯斗棋：方士利用磁力作用，使棋子在棋盘上自相触击，用这种魔术手段来欺骗人。

【原文】

是时上方[1]忧河决，而黄金不就，乃拜大为五利将军。居月余，得四印，佩天士将军、地士将军、大通将军印。制诏御史："昔禹疏九江[2]，决四渎[3]。间者河溢皋陆[4]，堤繇[5]不息。朕临天下二十有八年，天若遗朕士而大通[6]焉。《乾》称'蜚龙[7]'，'鸿渐于般[8]'，朕意庶几与[9]焉。其[10]以二千户封地士将军大为乐通侯。"赐列侯甲第[11]，僮[12]千人。乘舆斥车马帷幄[13]器物以充其家。又以卫长公主妻[14]之，赍[15]金万斤，更命其邑曰当利[16]公主。天子亲如[17]五利之第。使者存[18]问供给，相属[19]于道。自大主[20]将相以下，皆置酒其家，献遗之。于是天子又刻玉印曰"天道将军"，使使衣[21]羽衣，夜立白茅[22]上，五利将军亦衣羽衣，夜立白茅上受印，以示不臣[23]也。而佩"天道"者，且为天子道[24]天神也。于是五利常夜祠其家，欲以下神。神未至而百鬼集矣，然颇能使之。其后装治行[25]，东入海，求其师云。大见[26]数月，佩六印，贵震天下，而海上燕、齐之间，莫不扼捥而自言有禁方[27]，能神仙矣。

【注释】

①方：正当。②九江：指在今湖北省境内长江的九条水道。《汉书·郊祀志》作"九河"，则是指黄河在今河北省境内的九条水道。③决：开道引水。四渎：指长江、黄河、淮河、济水。④皋（gāo）：岸；水旁地。陆：广阔的平原。⑤堤繇：修筑堤防的劳役。繇，通"徭"，劳役。⑥临：统管；治理。通：通晓。⑦乾（qián）：《易》卦名。蜚（fēi）龙：语本《易·乾》"飞龙在天"。意指获得了道术，就像天上的飞龙。蜚，通"飞"。⑧鸿渐于般（pán）：语出《易·

渐》。意指得到了栾大，就像大雁进到了涯岸，可以高飞远翔了。渐，进。般：水边高岸。⑨庶几：也许；差不多。与：赞许。⑩其：应当。⑪列侯：秦、汉二十等爵的最高一级为彻侯，后避武帝讳，改为通侯，或称列侯。甲第：上等房屋。原指封侯者的住宅，后泛指显贵者的豪华住宅。⑫僮：奴隶。⑬乘（shèng）舆：帝王所用的车马、衣服、器械、百物曰乘舆。斥：指；指视。《后汉书·孔融传》："凝斥乘舆。"李贤注："斥，指也。"帷幄：宫室的帐幕。借指宫廷。⑭卫长（zhǎng）公主：卫皇后的长女。妻：以女嫁人。⑮赍：赠送。⑯邑：封地。当利：县名。治所在今山东省东莱市西南。⑰如：往；到。⑱存：问候；省视。⑲属：连接；跟随。⑳大主：即大长公主。窦太后之女，武帝姑母。㉑衣（yì）：穿。羽衣：用羽毛做成的服装。㉒白茅：多年生草本。㉓臣：看作臣子。㉔道：通"导"，引导。㉕装治行：整理行装，准备出行。㉖见：引见。㉗扼捥：握住手腕，表示激动、振奋的动作。禁方：秘方。

【原文】

其夏六月中，汾阴巫锦为民祠魏脽后土营[①]旁，见地如钩状，掊[②]视得鼎。鼎大异于众鼎，文镂无款识[③]，怪之，言吏。吏告河东太守胜[④]，胜以闻[⑤]。天子使使验问巫得鼎无奸诈，乃以礼祠，迎鼎至甘泉，从行，上荐之。至中山[⑥]，曣㬈[⑦]，有黄云盖焉。有麃过，上自射之，因以祭云。至长安，公卿大夫皆议请尊宝鼎。天子曰："间者河溢，岁数不登，故巡祭后土，祈为百姓育谷。今岁丰庑未报，鼎曷[8]为出哉?”有司皆曰：“闻昔泰帝[9]兴神鼎一；一者壹统，天地万物所系终[10]也。黄帝作宝鼎三，象[11]天地人。禹收九牧[12]之金，铸九鼎。皆尝亨鬺[13]上帝鬼神。遭圣则兴，鼎迁于夏商。周德衰，宋之社[14]亡，鼎乃沦没，伏而不见。《颂》[15]云：‘自堂徂基[16]，自羊徂牛；鼐鼎及鼒[17]，不吴不骜[18]，胡考之休[19]。’今鼎至甘泉，光润龙变[20]，承休无疆[21]。合兹[22]中山，有黄白云降，盖若兽为符[23]，路弓乘[24]矢，集[25]获坛下，报祠大享。唯受命而帝者心知其意而合德[26]焉。鼎宜见于祖祢[27]，藏于帝廷[28]，以合明应[29]。”制曰：“可。”

【注释】

①锦：人名。魏：指战国时期魏地。脽：即脽丘。营：祠庙四周的界限。②掊（póu）：用手扒土。③文镂：雕刻的花纹。款识（zhì）：钟鼎等器物上刻的文字。阴文叫款，阳文叫识。④河东：郡名。地位于现在的山西省西南部。治所在安邑（今夏县西北）。胜：人名。⑤以闻：把这件事上报。⑥中（zhòng）山：山名。在陕西省淳化县东南。⑦曣𥅨（yàn wēn）：天气晴和温暖。⑧丰庑（wú）：丰收。庑，通“芜”，草本茂盛。报：即报赛。一年的农事完毕后举行的祭典。曷：何；什么。⑨泰帝：传说中的太昊伏羲氏。⑩系终：归结。⑪象：象征。⑫九牧：九州。牧，原指州的长官。⑬亨鬺（pēng shāng）：烹煮，特指烹煮牲畜以祭祀。亨，通“烹”。⑭社：祭祀土神的场所。宋之社：指亳社。⑮《颂》：

指《诗经·周颂·丝衣》。⑯堂：正屋。徂（cú）：往；到。基：指门外两侧房屋的地基。⑰鼐（nài）：最大的鼎。鼒（zī）：口小肚大的鼎。⑱吴：喧哗。骜（ào）：通“傲”，傲慢。⑲胡考：长寿。休：福。⑳龙变：龙是古代传说中的神异动物，它能大能小，能上天下海，变化莫测，所以龙变就是变幻神奇的意思。㉑疆：极限；尽头。㉒兹：此；这。㉓符：符瑞；瑞应。㉔路：大。乘：“四”的代称。㉕集：会聚；纷杂。㉖合德：天人互相感应。迷信的人认为，天控制着人事，人的言行也能感动上天。㉗祖祢（nǐ）：祖先。祢，父死，牌位进入宗庙以后称祢。㉘帝廷：指甘泉宫天帝殿廷。㉙明应：上天降赐的神明符应。

【原文】

入海求蓬莱者，言蓬莱不远，而不能至者，殆[①]不见其气。上乃遣望气佐候[②]其气云。

【注释】

①殆：大概。②望气佐：望气的官吏。望气，一种迷信活动。候：等着观察。

【原文】

其秋，上幸雍，且郊。或[①]曰“五帝，太一之佐也，宜立太一而上亲郊之”。上疑未定。齐人公孙卿[②]曰：“今年得宝鼎，其冬辛巳朔旦冬至[③]，与黄帝时等[④]。”卿有札书[⑤]曰：“黄帝得宝鼎宛朐[⑥]，问于鬼臾区[⑦]。鬼臾区对曰：‘帝得宝鼎神策[8]，是岁己酉朔旦冬至，得天之纪[9]，终而复始。'于是黄帝迎日推策[10]，后率二十岁复朔旦冬至，凡二十推[11]，三百八十年，黄帝仙登于天。"卿因所忠[12]欲奏之。所忠视其书不经，疑其妄书，谢曰："宝鼎事已决矣，尚何以为！"卿因嬖人[13]奏之。上大说，乃召问卿。对曰："受此书申公，申公[14]已死。"上曰："申公何人也？"卿曰："申公，齐人。与安期生通，受黄帝言，无书，独有此鼎书。曰'汉兴复当黄帝之时'。曰'汉之圣者在高祖之孙且[15]曾孙也。宝鼎出而与神通，封禅。封禅七十二王，唯黄帝得上泰山封'。申公曰：'汉主亦当上封，上封则能仙登天矣。黄帝时万诸侯，而神灵之封[16]居七千。天下名山八，而三在蛮夷，五在中国[17]。中国华山、首山、太室、泰山、东莱[18]，此五山黄帝之所常游，与神会。黄帝且战且学仙。患百姓非[19]其道者，乃断斩[20]非鬼神者。百余岁然后得与神通。黄帝郊雍上帝，宿三月。鬼臾区号[21]大鸿，死葬雍，故鸿冢是也。其后黄帝接万灵明廷[22]。明廷者，甘泉也。所谓寒门者，谷口[23]也。黄帝采首山铜，铸鼎于荆山[24]下。鼎既成，有龙垂胡[25]髯下迎黄帝。黄帝上骑，群臣后宫从上者七十余人，龙乃上去。余小臣不得上，乃悉[26]持龙髯，龙髯拔，堕，堕黄帝之弓。百姓仰望黄帝既上天，乃抱其弓与胡髯号[27]，故后世因名其处曰鼎湖，其弓曰乌号。"于是天子曰："嗟乎[28]！吾诚得如黄帝，吾视去妻子如脱躧[29]耳。"乃拜卿为郎[30]，东使候神于太室。

【注释】

①或：有人。②公孙卿：方士。③其冬辛巳朔旦冬至：这

年仲冬月辛巳日是朔日，凌晨交冬至中气。④等：相同。⑤札书：写在木简上的文书。⑥宛朐：县名。治所在现在的山东省菏泽市牡丹区西南。⑦鬼臾区：相传为黄帝的臣子。⑧神策：即神蓍（shī）。草名。⑨纪：历数。⑩迎日推策：推算历法，预知朔、望、节气等。⑪率：大致；一般。推：推算。⑫所忠：汉武帝近臣。⑬嬖（bì）人：宠信的人。⑭申公：方士名。《今上本纪》作“申功”。⑮且：抑；或。⑯神灵之封：举行过名山大川祭祀的封国。⑰蛮夷：指中原华夏族以外的外族地区。中国：指华夏族居住的中原地区。⑱首山：在今山西省永济市南。太室：即嵩山。在今河南省登封市北。东莱：即莱山。在山东省龙口市东南。⑲患：忧虑。非：非难；反对。⑳断斩：斩杀；审判斩杀。㉑号：别号。㉒明廷：即明堂。㉓寒门：一作“塞门”。谷口：地名。在现在的陕西省礼泉县东北。㉔荆山：在今河南省灵宝市境。㉕胡：颈项下垂的肉。㉖悉：全；都。㉗号（háo）：大声哀号。㉘嗟乎：感叹声。㉙蹝（xǐ）：鞋子。㉚郎：皇帝侍从官，议郎、中郎、侍郎、郎中等的称呼。

【原文】

上遂郊雍，至陇西[①]，西登崆峒[②]，幸甘泉。令祠官宽舒等具[③]太一祠坛，祠坛放薄忌[④]太一坛，坛三垓[⑤]。五帝坛环居其下，各如其方，黄帝西南，除[⑥]八通鬼道。太一，其所用如雍一畤物，而加醴[⑦]枣脯之属，杀一狸[⑧]牛以为俎豆牢具。而五帝独有俎豆醴进。其下四方地，为醊[⑨]食群神从者及北斗云。已祠，胙余皆燎[10]之。其牛色白，鹿居其中，彘[11]在鹿中，水而洎[12]之。祭日以牛，祭月以羊彘特[13]。太一祝宰[14]则衣紫及绣。五帝各如其色，日赤，月白。

【注释】

①陇西：郡名。②崆峒（kōng tóng）：山名。在甘肃省平凉市西。③具：备置；供设。④放（fǎng）：通“仿”，模仿；仿效。薄忌：亳人谬忌。薄，通“亳”。⑤垓（gāi）：层。一说台阶的阶层。⑥除：修治。⑦醴：甜酒。⑧狸（lǐ）牛：身上长着长毛的牦牛。⑨醊（zhuì）：连续祭祀。⑩胙（zuò）：祭肉。燎（liáo）：焚化以祭神。⑪彘（zhì）：猪。⑫洎（jì）：浸润。⑬特：牲一头。⑭祝宰：掌管祭祀的官员。

【原文】

十一月辛巳朔旦冬至，昧爽[1]，天子始郊拜太一。朝朝日[2]，夕夕月[3]，则揖；而见太一如雍郊礼。其赞飨[4]曰：“天始以宝鼎神策授皇帝，朔而又朔[5]，终而复始，皇帝敬拜见焉。”而衣上黄。其祠列火[6]满坛，坛旁亨[7]炊具。有司云“祠上有光焉”，公卿言“皇帝始郊见太一云阳，有司奉瑄玉[8]嘉牲荐飨。是夜有美光，及昼，黄气上属天”。太史公[9]、祠官宽舒等曰：“神灵之休[10]，祐福兆祥，宜因此地光域[11]立太畤坛以明应。令太祝领，秋及腊间祠。三岁天子一郊见。”

【注释】

①昧爽：拂晓。②朝（zhāo）朝（cháo）日：早晨朝拜

太阳。③夕月：祭祀月亮。夕，动词。④赞飨（xiǎng）：祝词。⑤朔：月球运行到地球与太阳之间，和太阳同时没时所呈现的新月月相，叫朔。夏历把这天定为初一。⑥列火：陈列火炬。⑦亨：通“烹”，烹饪。⑧瑄（xuān）玉：六寸大的玉璧。⑨太史公：指司马谈。⑩休：美善，指美好的景象。⑪光域：指华光所出现的地域。

【原文】

其秋，为伐南越[1]，告祷太一。以牡荆[2]画幡日月北斗登龙，以象太一三星，为太一锋[3]，命曰“灵旗”。为兵祷，则太史奉[4]以指所伐国。而五利将军使[5]不敢入海，之泰山祠。上使人随验，实毋所见。五利妄言见其师，其方尽，多不雠[6]。上乃诛五利。

【注释】

①南越：通“南粤”。指现在的广东、广西一带。当时，南越相国吕嘉谋反，杀南越王赵兴、王太后、汉使者终军等，武帝因此率兵讨伐。②牡荆：灌木名。以牡荆为幡竿。③太一：星官名。锋：指竖在最前面的旗帜。④奉：通“捧”。⑤使：被派遣出使。⑥雠（chóu）：应验。

【原文】

其冬，公孙卿候神河南，言见仙人迹缑氏[1]城上，有物如雉[2]，往来城上。天子亲幸缑氏城视迹。问卿：“得毋效文成、五利乎？”卿曰：“仙者非有求人主，人主者求之。其道非少[3]

宽假，神不来。言神事，事如迂诞[4]，积以岁乃可致也。”于是郡国各除道，缮治宫观[5]名山神祠所，以望幸矣。

【注释】

①缑（gōu）氏：县名。在现在的河南省偃师市东南。②雉（zhì）：野鸡。③少（shǎo）：略微。宽假：宽容。④迂诞：迂阔荒诞。⑤除道：修筑和清扫道路。缮治：修补；修整。宫观：供君主临时居住的宫馆。

【原文】

其春，既灭南越，上有嬖臣李延年[1]以好音见。上善[2]之，下公卿议，曰：“民间祠尚有鼓舞乐，今郊祀而无乐，岂称[3]乎？”公卿曰：“古者祠天地皆有乐，而神祇[4]可得而礼。”或曰：“太帝使素女[5]鼓五十弦瑟，悲，帝禁不止，故破其瑟为二十五弦。”于是塞[6]南越，祷祠太一、后土，始用乐舞，益召歌儿[7]，作二十五弦及空侯[8]琴瑟自此起。

【注释】

①李延年：汉武帝李夫人之兄。②善：喜爱；赞许。③称（chèn）：相当；适合。④神祇（qí）：指天神和地神。⑤素女：神女名。⑥塞（sài）：酬神报功。⑦益：更加。歌儿：这里泛指歌手。⑧空侯：通“箜篌”。乐器名，似瑟而较小。传为武帝令乐人侯调所作。

【原文】

其来年冬，上议曰：“古者先振兵泽旅[1]，然后封禅。”乃遂北巡朔方[2]，勒[3]兵十余万，还祭黄帝冢桥山[4]，释兵须如[5]。上曰："吾闻黄帝不死，今有冢，何也？"或对曰："黄帝已仙上天，群臣葬其衣冠。"既至甘泉，为且用事[6]泰山，先类祠[7]太一。

【注释】

①泽（shì）：通"释"，遣散。旅：指军队。②朔方：郡名。管辖地在现在的内蒙古自治区西南部，治所在朔方（今杭锦旗北）。③勒：统率。④桥山：在现在的陕西省黄陵县北。⑤须如：地名。在现在的陕西陇县西北。⑥用事：行事。⑦类祠：为特定目的而举行祭典。类，通"禷"。

【原文】

自得宝鼎，上与公卿诸生[1]议封禅。封禅用希[2]旷绝，莫知其仪礼，而群儒采封禅《尚书》《周官》《王制》之望祀射牛[3]事。齐人丁公年九十余，曰："封禅者，合不死之名也。秦皇帝不得上封。陛下必欲上，稍上即无风雨，遂上封矣。"上于是乃令诸儒习射牛，草封禅仪。数年，至且行。天子既闻公孙卿及方士之言，黄帝以上封禅，皆致怪物与神通，欲放黄帝以上接神仙人蓬莱士，高世比德于九皇[4]，而颇采儒术以文[5]之。群儒既已不能辨明封禅事，又牵拘于《诗》《书》古文而不能骋[6]。上为封禅祠器示群儒，群儒或曰"不与古同"，徐偃又曰"太常[7]诸生行礼不如鲁善"，周霸属图[8]封禅事，于是上绌偃、霸，而尽罢诸儒不用。

【注释】

①诸生：众儒生。②希：通“稀”。③《周官》：即《周礼》。《王制》：《礼记》篇名。射牛：旧时君主祭天地宗庙，亲自射杀牲牛，以示隆重。④高世：高出世俗。九皇：相传为远古帝王。⑤文：修饰。⑥骋：自由发挥。⑦徐偃：博士。太常：官名。为九卿之一，掌礼乐郊庙社稷事宜。⑧周霸：生平不详。属图：串联策划。

【原文】

三月，遂东幸缑氏，礼登中岳太室。从官在山下闻若有言“万岁”云。问上，上不言；问下，下不言。于是以三百户封太室奉祠，命曰崇高邑。东上泰山，泰山之草木叶未生，乃令人上[1]石立之泰山巅。

【注释】

①上：运上去。

【原文】

上遂东巡海上，行礼祠八神[1]。齐人之上疏言神怪奇方者以万数，然无验者。乃益发船，令言海中神山者数千人求蓬莱神人。公孙卿持节常先行候名山，至东莱，言夜见大人，长数丈，就[2]之则不见，见其迹甚大，类禽兽云。群臣有言见一老父牵狗，言“吾欲见巨公[3]”，已忽[4]不见。上即见大迹，未信，及群臣有言老父，则大以为仙人也。宿留[5]海上，予方士传车[6]及间使求仙人以千数。

【注释】

①八神：指天主、地主、兵主、阴主、阳主、月主、日主、四畤主共八位神灵。②节：古时使者用作凭证的信物。就：接近。③巨公：指天子。④已忽：随即。⑤宿（sù）留：停留；逗留。⑥传（zhuàn）车：官府载人的车。

【原文】

四月，还至奉高[①]。上念诸儒及方士言封禅人人殊[②]，不经，难施行。天子至梁父，礼祠地主。乙卯，令侍中儒者皮弁荐绅[③]，射牛行事。封泰山下东方，如郊祠太一之礼。封广丈二尺，高九尺，其下则有玉牒书[④]，书秘。礼毕，天子独与侍中奉车[⑤]子侯上泰山，亦有封。其事皆禁。明日，下阴道[⑥]。丙辰，禅泰山下址东北肃然山[⑦]，如祭后土礼。天子皆亲拜见，衣上黄而尽用乐焉。江淮间一茅三脊为神藉[⑧]。五色土益杂[⑨]封。纵远方奇兽蜚禽[⑩]及白雉诸物，颇以加礼。兕[⑪]牛犀象之属不用，皆至泰山祭后土。封禅祠，其夜若有光，昼有白云起封中。

【注释】

①奉高：县名。治所在现在的山东省泰安市东。②殊：异；差异。③侍中：官名。皮弁（biàn）：用白鹿皮制作的帽子。荐绅：在腰带间插着笏。荐，通“搢”，插。④玉牒书：帝王封禅所用的文书，写在简牒上，用玉作装饰。⑤奉车：官名。即奉车都尉。掌管皇帝车马。⑥阴道：山北的道路。⑦下

址：山脚下。肃然山：山名。为泰山东麓，在现在的山东省济南市莱芜区东北。⑧藉：垫席。⑨杂：五颜六色相错杂。⑩蜚禽：飞鸟。蜚，通“飞”。⑪兕（sì）：兽名。古书中常将兕与犀对举。

【原文】

天子从禅还，坐明堂，群臣更[①]上寿。于是制诏御史：“朕以眇眇之身承至尊[②]，兢兢[③]焉惧不任。维德菲薄[④]，不明于礼乐。修祠太一，若有象景光[⑤]，屑[⑥]如有望，震于怪物，欲止不敢，遂登封太山；至于梁父，而后禅肃然。自新，嘉[⑦]与士大夫更始，赐民百户牛一酒十石[⑧]，加年八十孤寡布帛二匹。复博、奉高、蛇丘、历城[⑨]，无出今年租税。其大赦天下，如乙卯赦令。行所过毋有复作[⑩]。事在二年前，皆勿听治[⑪]。”又下诏曰：“古者天子五载一巡狩，用事泰山，诸侯有朝宿地。其令诸侯各治邸[⑫]泰山下。”

【注释】

①更：接连；轮流。②眇眇：微小。至尊：最尊贵的地位。③兢兢：小心谨慎的样子。④菲薄：微薄。⑤景光：吉祥之光。⑥屑：轻快的样子。⑦嘉：希望。⑧石：容量单位。十斗为一石。⑨复：免除赋税或徭役。博：即博阳县。治所在现在的山东省泰安市东南。蛇（yí）丘：县名。今山东省肥城市南。历城：县名。治所在今山东省济南市郊。⑩复作：监外劳役。⑪事：指触犯法令的事。听治：判决；处理。⑫邸（dǐ）：王侯府第。

【原文】

天子既已封泰山，无风雨灾，而方士更言蓬莱诸神若将可得，于是上欣然庶几[1]遇之，乃复东至海上望，冀[2]遇蓬莱焉。奉车子侯暴病，一日死。上乃遂去，并海上，北至碣石[3]，巡自辽西[4]，历北边至九原[5]。五月，反至甘泉。有司言宝鼎出为元鼎，以今年为元封[6]元年。

【注释】

①若：或许。庶几：几乎，或许。表示希望。②冀（jì）：希望。③并（bàng）：通“傍”，沿着。碣石：山名。在河北省昌黎县北。④辽西：郡名。管辖地当今河北省东部辽宁省西部的部分地区。⑤九原：县名。⑥元鼎：为武帝时第五个年号（前116—前111）。元封：为武帝时第六个年号（前110—前105）。

【原文】

其秋，有星茀于东井[1]。后十余日，有星茀于三能[2]。望气王朔[3]言：“候[4]独见填星出如瓜，食顷[5]复入焉。”有司皆曰：“陛下建汉家封禅，天其报德星[6]云。”

【注释】

①茀：通“孛”。星球光芒四射的现象，因此为彗星的别称。东井：星官名。即井宿。二十八宿之一。②三能（tái）：星官名。即三台。③王朔：方士名。④候：伺望；观测。“填”应为“旗”，当据《索隐》改。⑤食顷：吃一顿饭的时

间。⑥德星：迷信者称主祥瑞的星为德星。方士虚诞之言，不必据岁星为德星。

【原文】

其来年冬，郊雍五帝。还，拜祝祠太一。赞飨曰：“德星昭衍[①]，厥维休祥[②]。寿星仍[③]出，渊耀光明。信星[④]昭见，皇帝敬拜太祝之享。”

【注释】

①德星：即“旗星出如瓜”。昭衍：光明广布。②厥：其；那。维：是。休祥：吉祥。③寿星：即南极老人星。仍：接着。④信星：即土星，古又名镇星。

【原文】

其春，公孙卿言见神人东莱山，若云“欲见天子”。天子于是幸缑氏城，拜卿为中大夫[①]。遂至东莱，宿留之数日，无所见，见大人迹云。复遣方士求神怪采芝[②]药以千数。是岁旱，于是天子既出无名，乃祷万里沙[③]，过祠泰山。还至瓠子[④]，自临塞决河，留二日，沉祠[⑤]而去。使二卿[⑥]将卒塞决河，徙二渠[⑦]，复禹之故迹焉。

【注释】

①中大夫：官名。②芝：即灵芝草。③万里沙：神祠。旧址在现在的山东省东莱市东北。④瓠（hú）子：地名。在河南省濮阳县西南，也称瓠子口。是黄河在元光三年（前132）的决口。元封二年（前109），武帝遣兵填塞，作《瓠子歌》。

⑤沉祠：祭祀河神时，把祭品沉入河中。这次沉的是白马和玉璧。⑥二卿：指汲仁、郭昌。⑦徙二渠：疏浚两条支流，使黄河改道。二渠指大河（在今河南省滑县境内）和漯水（在今河南省南乐县附近），分别在瓠子口的上游和下游。

【原文】

是时既灭两越[①]，越人勇之[②]乃言："越人俗鬼，而其祠皆见鬼，数有效。昔东瓯王[③]敬鬼，寿百六十岁。后世怠慢，故衰秏[④]。"乃令越巫立越祝祠，安台无坛，亦祠天神上帝百鬼，而以鸡卜[⑤]。上信之，越祠鸡卜始用。

【注释】

①两越：指南越、东越。②勇之：人名。③东瓯王：汉惠帝三年（前192），封东越族首领摇为东海王，建都东瓯（在今浙江省永嘉县西南），所以又称东瓯王。④衰秏：衰败。秏，通"耗"。⑤鸡卜：用鸡骨占卜。

【原文】

公孙卿曰："仙人可见，而上往常遽[①]，以故不见。今陛下可为观[②]。如缑城，置脯枣，神人宜可致也。且仙人好楼居。"于是上令长安则作蜚廉桂观[③]，甘泉则作益延寿观[④]，使卿持节设具而候神人。乃作通天茎台[⑤]，置祠具其下，将招来仙神人之属。于是甘泉更置前殿，始广[⑥]诸宫室。夏，有芝生殿房内中。天子为塞河，兴通天台，若见有光云，乃下诏："甘泉房中生芝九茎，赦天下，毋有复作。"

【注释】

①遽（jù）：迅。②观（guàn）：楼台；庙宇。③蜚廉桂观：二观名。④益延寿观：指益寿、延寿二观。⑤通天茎台：《今上本纪》《汉书·武帝纪》《汉书·郊祀志下》均作“通天台”。⑥广：扩大；扩充。

【原文】

其明年，伐朝鲜①。夏，旱。公孙卿曰：“黄帝时封则天旱，干封③三年。”上乃下诏曰：“天旱，意③干封乎？其令天下尊祠灵星④焉。”

【注释】

①朝鲜：国名。相传周初箕子封于此。汉初卫满自立为朝鲜王，其南部为三韩诸国。②干封：晒干封坛的土。③意：意料；猜测。④灵星：星名。又称天田星。

【原文】

其明年，上郊雍，通回中道①，巡之。春，至鸣泽，从西河②归。

【注释】

①回中道：道路名。②西河：郡名。管辖地为今内蒙古、山西、陕西三省交界处的部分地区。

【原文】

其明年冬，上巡南郡①，至江陵而东。登礼灊之天柱山②，号曰南岳[3]。浮江，自寻阳出枞阳[4]，过彭蠡[5]，礼其名山川。北至琅邪[6]，并海上。四月中，至奉高修封焉。

【注释】

①南郡：郡名。辖今湖北省西部、中部，治所在江陵(今江陵县)。②灊：县名。治所在今安徽省霍山县。天柱山：又名皖山，一名潜山。现在的安徽省潜山市西北。③南岳：古时本以湖南省的衡山为南岳，汉武帝改以天柱山为南岳，隋以后仍以衡山为南岳。④寻阳：县名。治所在今湖北省黄梅县西南。枞阳：县名。治所在今安徽省枞阳县。⑤彭蠡（lǐ）：湖名。即今江西省的鄱阳湖。⑥琅邪：山名、县名、郡名。山在今山东省青岛市黄岛区南，县治所在今琅琊台西北；郡以东武(在今诸城市）为郡所，管辖地为今山东半岛东南部。

【原文】

初，天子封泰山，泰山东北址古时有明堂处，处险不敞[1]。上欲治明堂奉高旁，未晓其制度。济南人公玊带[2]上黄帝时明堂图。明堂图中有一殿，四面无壁，以茅盖，通水，圜宫垣为复道[3]，上有楼，从西南入，命曰昆仑，天子从之入，以拜祠上帝焉。于是上令奉高作明堂汶[4]上，如带图。及五年修封，则祠太一、五帝于明堂上坐，令高皇帝祠坐对之。祠后土于下房，以二十太牢。天子从昆仑道入，始拜明堂如郊礼。礼毕，燎堂下。而上又上泰山，自有秘祠其巅。而泰山下祠五帝，各如其方，黄帝并赤帝，而有司侍祠焉。山上举火，下悉应之。

【注释】

①敞：宽广；高朗。②公玊带：方士。姓公玊，名带。③圜：通“环”，围绕。复道：高楼间或山岩险要处的架空通道。④汶（wèn）：水名。即现在的大汶河。在今山东省济南市莱芜区至梁山县一带，中经奉高城西南。

【原文】

其后二岁[①]，十一月甲子朔旦冬至，推历者以本统。天子亲至泰山，以十一月甲子朔旦冬至日祠上帝明堂，毋修封禅。其赞飨曰：“天增授皇帝太元神策[②]，周而复始。皇帝敬拜太一。”东至海上，考入海及方士求神者，莫验，然益遣，冀遇之。

【注释】

①其后二岁：指元封七年，亦即太初元年（前104）。本篇下文说，这一年五月，汉武帝诏令改历。②太元：《今上本纪》作“泰元”。天的别称。策：蓍（shī）草。

【原文】

十一月乙酉，柏梁灾[①]。十二月甲午朔，上亲禅高里[②]，祠后土。临勃海[③]，将以望祀蓬莱之属，冀至殊廷[④]焉。

【注释】

①灾：发生火灾。②高里：山名。③勃海：即当今渤海。④殊廷：指蓬莱中仙人之庭。

【原文】

上还，以柏梁灾故，朝受计[①]甘泉。公孙卿曰："黄帝就青灵台，十二日[②]烧，黄帝乃治明廷。明廷，甘泉也。"方士多言古帝王有都甘泉者。其后天子又朝诸侯甘泉，甘泉作诸侯邸。勇之乃曰："越俗有火灾，复起屋必以大，用胜服[③]之。"于是作建章宫[④]，度为千门万户。前殿度高未央[⑤]。其东则凤阙[⑥]，高二十余丈。其西则唐中[⑦]，数十里虎圈。其北治大池，渐台高二十余丈，命曰太液池[⑧]，中有蓬莱、方丈、瀛洲、壶梁[⑨]，象海中神山龟鱼之属。其南有玉堂、璧门[⑩]、大鸟之属。乃立神明台、井幹楼[⑪]，度五十丈，辇道[⑫]相属焉。

【注释】

①受计：接受郡国所呈上的计簿（指包括户口登记在内的会计簿册）。②就：建成。十二日：徐广曰："日，一作月。"③胜服：制服。④建章宫：宫名。故址在今陕西省西安市长安区西。⑤未央：宫名。故址在今陕西省西安市西北。⑥凤阙：阙名。上有铜凤凰，故名。⑦唐中：池名。⑧渐台：台名。渐，浸。台建于池中，故名。太液池：池名。相传面积达一千亩（汉制）。⑨蓬莱、方丈、瀛洲、壶梁：都是模拟海上仙山的人造山。⑩玉堂：宫名。璧门：建章宫正门的名称。⑪神明台：台名。台上立铜仙人，有承露盘。井幹楼：楼名。⑫辇（niǎn）道：供辇车通行的天桥。辇，秦汉以后专指皇帝的车子。

【原文】

夏，汉改历，以正月为岁首，而色上黄，官名更印章以五字[①]，为太初元年。是岁，西伐大宛[②]。蝗大起。丁夫人、雒阳虞初等以方祠诅匈奴[③]、大宛焉。

【注释】

①更印章以五字：据方士推算，汉为土德，而在五行中，土的序数为五，因此将官印改为五字。②大宛（yuān）：西域国名。③丁夫人：方士名。姓丁，名夫人。虞初：方士名。匈奴：部族名。秦汉时也称“胡”。

【原文】

其明年，有司上言雍五畤无牢熟具，芬芳不备。乃令祠官进畤犊牢具，色食所胜[①]，而以木禺马代驹[②]焉。独五月尝驹，行亲郊用驹。及诸名山川用驹者，悉以木禺马代。行过，乃用驹。他礼如故。

【注释】

①色食所胜：祭牲的毛色，按五行相克的原则，加以选择。②禺：通“偶”。驹：两岁以下的幼马或少壮的骏马。

【原文】

其明年，东巡海上，考神仙之属，未有验者。方士有言“黄帝时为五城十二楼[①]，以候神人于执期，命曰迎年[②]”。上许作之如方，命曰明年[③]。上亲礼祠上帝焉。

【注释】

①五城十二楼：传说，黄帝在昆仑山上建有金台五座，玉楼十二座。②迎年：祠名。③明年：祠名。

【原文】

公王带曰："黄帝时虽封泰山，然风后、封巨、岐伯令黄帝封东泰山[①]，禅凡山[②]，合符[③]，然后不死焉。"天子既令设祠具，至东泰山，东泰山卑小，不称其声，乃令祠官礼之，而不封禅焉。其后令带奉祠候神物。夏，遂还泰山，修五年之礼如前，而加以禅祠石闾[④]。石闾者，在泰山下址南方，方士多言此仙人之闾也，故上亲禅焉。

【注释】

①风后、封巨、岐伯：传说都是黄帝的臣子。东泰山：山名。在现在的山东省临朐县南。②凡山：山名。在现在的山东省临朐县东北。③合符：指神灵降赐的瑞应。④石闾：山名。在山东省泰安市南。闾：里巷的大门；里巷。

【原文】

其后五年，复至泰山修封，还过祭恒山。

今天子所兴祠，太一、后土，三年亲郊祠，建汉家封禅，五年一修封。薄忌太一及三一、冥羊、马行、赤星[①]，五，宽舒之祠官以岁时致礼。凡六祠[②]，皆太祝领之。至如八神诸神，明年、凡山他名祠，行过则祠，行去则已。方士所兴祠，各自主，其人终则已，祠官不主[③]。他祠皆如其故。今上封禅，其后十二岁而还，遍于五岳、四渎矣。而方士之候祠神人，入海求蓬莱，终无有验。而公孙卿之候神者，犹以大人之迹为解，无有效。天子益怠厌方士之怪迂语矣，然羁縻[4]不绝，冀遇其真。自此之后，方士言祠神者弥众，然其效可睹矣。

【注释】

①薄忌太一及三一、冥羊、马行、赤星：都是神祠名。②凡六祠：上文所言五祠，加上后土祠，共六。③主：主持致祭。④羁縻（jī mí）：笼络。

【原文】

太史公曰：余从巡祭天地诸神、名山川而封禅焉。入寿宫侍祠神语，究观[1]方士祠官之意，于是退而论次[2]自古以来用事于鬼神者，具见其表里[3]。后有君子，得以览焉。若至俎豆珪币之详，献酬[4]之礼，则有司存[5]。

【注释】

①究观：仔细观察。②论次：按次序论述。③表里：内外。④献酬：献祭神灵，酬报神功。⑤存：保存；记载在卷。

【译文】

从古以来接受天命就位的帝王，哪个人曾经不是想要进行封禅活动？大概有由于没有相应的德行灵验而要去从事这种活动的，却没有是看到了符瑞显现而不奔赴梁父、泰山进行封禅的。虽然是接受了天命但自己的功绩没有达到应有的程度，功绩达到了但自己的恩泽在天下布施还不融洽，布施恩泽即使融洽了但是时日又没有空闲，所以真正能够去进行封禅活动的实在是很少。《传》中说："三年不采用礼制，礼制一定会废弃；三年不演奏乐曲，乐曲一定会毁坏。"每一个世代兴隆的时候，就会进行封禅典礼答谢天地。等到这个世代衰败了，这种活动也自然停息。这些世代有长久的达到了一千多年，短些的也有几百年，所以进行封禅的礼仪因为残缺而遭到湮灭，有关它的详细情况不能加以记载并使之传闻。

《尚书》当中说，舜帝通过璇玑玉衡这样的天文仪器进行观测，来调整四时节气和历法。就对上帝进行禷祭，对六宗进行禋祭，对山川之神进行望祭，并普遍祭祀各种神灵。验视五等诸侯所执作为符信用的瑞玉，选择吉祥的月日，会见分管四方和各州的长官，给诸侯发还瑞玉。每年二月，到东方去巡行视察，一直到达岱宗。岱宗，就是泰山。举行柴祭，按次序望祭山川之神。于是，接受东后们的朝见。东后，就是诸侯。协调四时气节和月份大小，校正日的甲乙，统一音律和度量衡，修正吉、凶、宾、军、嘉五种礼仪，规定在进见时五等诸侯各自应执的瑞玉和三公所执荐玉的缯帛、卿和大夫所执的两种生物、士所执的一种死物等的礼品。五月，巡行视察到达南岳。南岳，就是衡山。八月，巡行视察到达西岳。西岳，就是华山。十一月，巡行视察到达北岳。北岳，就是恒山。都举行到达岱宗时候一样的礼仪。中岳，就是嵩山。每五年去进行一次巡行视察。

禹遵循舜帝的做法。他以后的第十四世，到了孔甲帝在位时期，品德淫乱喜好鬼神，对天神怠慢不敬，天赐给他骑乘的两条龙就飞去了。孔甲以后的第三世，商汤讨伐夏桀，想迁移夏家的社神，后来认为不可以这么做，就写下了一篇文字叫《夏社》。以后的第八世，到了太戊帝在位的时期，有桑树和楮树合生在朝廷堂前，一天内从早到晚就长成两手合抱这么大，太戊帝惧怕。贤臣伊陟说："妖孽不会胜过德行。"太戊修善德行，桑树和楮树的合生树就死了。伊陟告诉太戊的另一个臣子巫咸，巫咸所主管的祈祷神灵消除灾祸这种事情的兴盛从这个时候就开始了。太戊以后的第十四世，武丁帝因为得到傅说做辅相，殷家重新兴盛了，号称高宗。有只野鸡飞来停在鼎器的耳子上鸣叫，武丁害怕。贤臣祖己劝谏说："修善德行。"武丁依着去做，他在帝位上因而得以长期安宁。以后的第五世，武乙帝因为怠慢天神被雷震死了。武乙以后的第三世，纣帝淫虐暴乱，武王去讨伐他。从这些事情看起来，开始的时候未尝不是肃敬恭谨，以后慢慢地就怠惰轻侮了。

《周官》说，冬至那一天，祭天于城南郊，以迎接夏至日的到来；夏至那一天，祭地祇。都用音乐、舞蹈，神才会接受你的礼敬。天子祭祀天下的名山大川，视五岳如同对待三公礼，视四渎如同对诸侯礼，诸侯只祭境内的名山大川。四渎，就是指长江、黄河、淮水、济水。天子祭天的地方称为明堂、辟雍，诸侯祭祀的地方称为泮宫。

周公既做了成王的相国，定下制度：郊祀时以后稷配天，宗庙祭祀时在明堂中祭文王以配上帝。自从夏禹兴起时从事社神的祭祀，后稷稼穑有功，才有后稷的神祠，郊祭与社祭都有很悠久的历史了。

自周朝灭殷以后十四世，世道更加衰落，礼乐废弃，诸侯恣意行事，而周幽王被犬戎战败，周朝都城东迁到雒邑。秦襄公攻犬戎救周，以功劳开始列为诸侯。秦襄公既为诸侯，居住在西部边陲，自以为是少皞神的代表，作西畤祭祀白帝，牺牲用马驹、黄牛、羝羊各一头。过了十六年，秦文公往东方打猎，来到汧、渭二水之间，想留居下来，卜得吉兆。文公梦见有一条黄蛇，身子从天上下垂到地面，嘴巴一直伸到鄜城一带的田野中。文公以梦中的事问史敦，史敦回答说："这是上帝的象征，请君祭祀它。"于是建立了鄜畤，用三牲大礼郊祭白帝。

在立鄜畤以前，雍城旁原有吴阳武畤，雍城东有好畤，都已废弃无人祭祀。有人说："自古以来，由于雍州地势高，为神明聚居处，所以立畤郊祀上帝，其他诸神的祠庙也都聚集在这里。大约黄帝时曾加祭祀，直到晚周还举行郊祭。"这些话不见于经典，为缙绅大人所不言。

作鄜畤以后九年，秦文公得到一块质似石头的东西，在陈仓山北坡的城邑中祭祀它。它的神灵有时经岁不至，有时一年之中数次降临，降临常在夜晚，有光辉似流星，从东南方来，汇集在祠城中，形状像雄鸡一样，鸣叫声殷殷然，引得四方野鸡纷纷夜啼。祭祀这位神灵的供品，是用牛、羊、猪各一头，这位神灵称为陈宝。

作鄜畤后七十八年，秦德公既立为帝，经占卜居住在雍城，后来子孙把疆域扩展到黄河沿岸，便定都于雍城，雍城的许多祠庙都是这时期建立的。开始用牛、羊、猪各三百头在鄜畤祭天。又开始在夏天入伏时进行祭祀。还磔裂狗于城邑四方，以防御热毒恶气。

德公立二年而死。又过四年，秦宣王在渭水以南作密畤，祭祀青帝。

过了十四年，秦缪公即位，病卧五天不省人事；醒来后，自说梦见上帝了，上帝命缪公平定晋国内乱。史官记载下来藏于内府。而后世都说秦缪公上天了。

秦缪公即位九年，齐桓公既为霸主，在葵丘召集诸侯会盟，产生了封禅的念头。管仲说："古时候封泰山禅梁父的有七十二家，而我记得的只有十二家。以往无怀氏封泰山；禅云云；虙羲封泰山，禅云云；神农封泰山，禅云云；炎帝封泰山，禅云云；黄帝封泰山，禅亭亭；颛顼封泰山，禅云云；帝俈封泰山，禅云云；尧封泰山，禅云云；舜封泰山，禅云云；禹封泰山，禅会稽；汤封泰山，禅云云；周成王封泰山，禅社首。都是受天命为帝王以后才得以封禅。"齐桓公说："寡人向北征伐山戎，兵过孤竹；向西伐大夏，远涉流沙，勒马停车，登上卑耳山；向南征伐到召陵，登上熊耳山以眺望长江、汉水。为平乱伐叛等武事召集诸侯会兵三次，为政治、外交等文事集会了六次，前后九次集会诸侯，一统天下，诸侯无一人敢违背我。与以往三代受天命为帝王，又有什么两样?”于是，管仲看出对桓公不可能以言辞相说服，因此设置些难办的事情阻止他，说道：“古时候封禅，需要用鄗上地区的黍，北里地区的禾，做祭天用的粢盛；用江淮之间生长的三脊茅，编织荐神的席子。东海来贡比目鱼，西海来贡比翼鸟，然后还有不求自至的十五种吉祥物出现。如今什么祥瑞也没有，凤凰麒麟没有降临，嘉谷没有产生，而田野中的蓬蒿杂草茂盛，鸱枭等恶鸟数次出现于朝堂，在这种情况下想要封禅，是否有点儿不太合适?”于是，桓公打消了封禅的念头。这一年，秦缪公送夷吾回国立为晋君。此后先后三次为晋国立君主，平定晋国的内乱。缪公在位三十九年而死。

此后过了一百多年，有孔子论述六艺。书传中曾简略地记述说天下改姓而出现的新王，封泰山禅梁父的有七十多人，而孔子论述中却看不到有关封禅的俎豆之礼，大约是难以记述的缘故。曾有人问及有关谛祭的事，孔子说：“不知道。倘若知道谛祭的事，对天下任何事都如同观察自己的掌纹一样明白了。”古诗说，纣王在位，文王受天命后，政事中没有封泰山的事。武王于灭殷以后二年，天下尚未安宁而死。所以，周朝唯有到成王时才说得上德政融洽，成王要封泰山才接近于合乎道理。然而，此后诸侯各国陪臣执政，鲁国季氏旅祭于泰山，孔子曾嘲笑这种事。

这时期，苌弘以法术效力于周灵王，诸侯不肯朝见周王，周朝微弱，无力治其罪，于是苌弘就明目张胆地搞起了鬼神活动，设置了射狸首的仪式。狸首，代表那些不来朝见的诸侯。想凭借神怪的力量招致诸侯来朝。诸侯不从，而晋人捕杀了苌弘。周朝人谈论方术神怪自苌弘开始。

百余年后，秦灵公在吴阳设上畤，祭祀黄帝；设下畤，祭祀炎帝。

此后四十八年，周朝太史儋见秦献公说："起初秦与周联合，联合后又分离，五百年后该当重新联合，联合十七年就会有霸王出现了。"栎阳下雨，有黄金随雨而落，秦献公自认为是得了五行中属于金的祥瑞，因而在栎阳作畦畤祭祀白帝。

此后过了一百二十年，秦灭周朝，周朝的九鼎流入秦国。有人说宋国的太丘社坛被毁以后，九鼎在彭城下的泗水中沉没了。

又过了一百一十五年，秦国统一天下。

秦始皇既统一天下为帝，有人说："黄帝于五行得土德，有黄龙和大蚯蚓出现。夏朝得木德，有青龙降落都城郊外，草木长得格外茁壮茂盛。殷朝得金德，所以才从山中流出银子来。周朝得火德，有红色乌鸦这种符瑞产生。如今秦朝改变了周朝天下，是得水德的时代。以前，秦文公出外打猎，曾得到一条黑龙，这就是水德的吉祥物。"于是，秦把黄河的名字改为"德水"，以冬季十月为每年的开头，颜色崇尚黑色，尺度以六为数，音声崇尚大吕，政事崇尚法令。

秦始皇即帝位的第三年，向东方巡察郡县，祭祀了驺峄山，在石头上刻字来颂扬秦朝的功业。于是征发齐鲁的儒生、博士七十人为随从，来到泰山下。众儒生有的建议说："古时候封禅，乘坐用蒲草包裹车轮的车子，是怕伤害了山上的土石草木；把地面打扫一下，就作为祭祀场地，席子用草、禾秸秆编成，是容易办到、易于遵行的缘故。"始皇听到这些议论各不相同，而且于情理不合，难以实行，由此不用儒生。而命人修理、打扫行车道路，自阳坡登上泰山的顶峰，立石碑歌颂秦始皇的功德，表明他应该封禅的道理。从阴坡下山，在梁父山禅祭地神。封禅的仪式有许多是采用在雍城祭祀上帝所用的仪式，而所封所藏都秘而不宣，世人无法知晓并记录。

秦始皇上泰山时，于山腰中遇到暴风雨，曾在大树下避雨。诸儒生既被贬退，不能参与封禅的礼仪，听说始皇遇风雨，就讥笑他。

封禅既毕，秦始皇继续东行到海上游览，一路祭祀名山、大江河以及八神，向仙人羡门子高等祈求福佑。八神名目自古就有，有的说是齐太公以来制造的。齐国之名为齐，就是八神之一的天齐神的缘故。天齐的祭祀已经废绝，不知起自何时。八神：一是天主，祀于天齐，有天齐渊水，在临淄城南郊的山脚下。二是地主，祀于泰山下的梁父山。这是由于天性喜阴，祭祀它必须在高山的下面，小山的上面，称为畤；地性喜阳，祭祀它必须在低洼地区的圆丘上。三是兵主，祭蚩尤。蚩尤祠在东平陆的监乡，为齐国西境。四是阴主，祭于参山。五是阳主，祭于之罘山。六是月主，祭于莱山。以上六项在齐国北部，临近勃海。七是日主，祀于成山。成山绝壁回曲，入于海中，在齐东北部的最为边隅的地区，据说是迎接日出的地方。八是四时主，祀于琅邪山。琅邪在齐国东部，为太岁开始运行的地方。祭祀八神都用牺牲一头，而巫祝的数目有多有少，珪币的名目、数目也各不相同。

自从齐威王、宣王的时候，驺衍等人著书立说，论述五德终始变化，到秦称帝后有齐人把这套理论奏明秦王，所以秦始皇采用了它。而自宋毋忌、正伯侨、充尚、羡门高以后都是燕国人，实行神仙道家的法术，如形解销化、依托鬼神等事。驺衍以阴阳迭主运数的理论显名诸侯，而燕齐地区海上的方士传习他的理论又不能通达，因此一些荒诞奇怪、阿谀逢迎、苟且求合的人从此兴起了，其人数之多不可胜计。

自从齐威王、齐宣王、燕昭王以来，就使人入海寻找蓬莱、方丈、瀛州三神山。这三座神山，相传在渤海之中，路程并不算远，困难在于将到山侧时，就会有海风吹引船只离山而去。据说曾有人到过那里，众仙人以及长生不老药那里都有。山上的东西凡禽兽都是白色的，以黄金和白银建造宫阙。到山上以前，望过去如同一片白云；来到跟前，见三神山反而在海水以下。想要登上山，则每每被风吹引离去，终究不能到达。世俗间的君主帝王无不钦羡非常。及秦始皇统一天下后，到海上游览，向始皇谈及这些事的方士不计其数。始皇自以为亲到海上不见得就能找到三神山，于是派人带着童男童女到海上寻找。船从海中回来，都以遇风不能到达为词，说道虽没到达，但确实看到了三神山。第二年，始皇重游海上，到琅邪，路过恒山，取道上党而回。三年后，巡游碣石山，考察被派遣入海寻找三神山的方士，从上郡返回京城。过了五年，始皇南游到湘山，于是登上会稽山，并来到海上，希望能得到海中三神山中的长生不老药，没能如愿，回来的路上在沙丘宫病死。

二世元年，秦二世向东巡游到碣石山和海南，经过泰山，到达会稽，每处都按礼仪祭祀神祇，在始皇所立石上勒文纪事，以颂扬始皇的功德。这年秋天，诸侯起兵背叛秦朝。三年后，二世遇弑而死。

始皇封禅以后十二年，秦朝灭亡。那些儒生疾恨秦朝焚毁诗书，屠杀、侮辱文学士人，百姓怨恨秦朝法律，天下人都背叛秦朝，因而都讹传说："始皇上泰山，为暴风雨所阻，没能行封禅礼。"既没封禅，怎能如方士们所说是无封禅之德而行封禅之礼呢?

以往三代建国都在河、洛二水之间，所以，以嵩高山为中岳，其他四岳名也都与各自的方位相合，而四渎都在崤山以东。到秦称帝，建都咸阳，则五岳、四渎都在都城东方。自五帝到秦朝一代代的迭兴迭衰，名山大川或在诸侯境内，或在天子国中，祭祀的礼仪有损有益，随世而异，不可胜计。及秦朝统一天下后，命令祠官将经常供奉的天地名山大川诸鬼神按次序记述。

当时从崤山以东，所祭祀的大山有五座，大河有两条。五座大山分别为太室山（又叫嵩山）、恒山、泰山、会稽山、湘山。两条大河，一叫济水，一叫唯河。春季以干肉、酒醴举行岁祭，此外由于岁暖不能封冻，或秋季因干旱而河床涸落、因旱寒而冰冻，或冬季寒冷冰雪塞途等异常现象，随时祈祷祭祀。祭祀牺牲用牛犊各一头，与牛犊相配的礼器以及珪币等各不相同。

自华山以西，大山有七座，大河有四条。七座大山名为华山、薄山（薄山，就是衰山）、岳山、岐山、吴岳、鸿冢、渎山（渎山，就是蜀中的汶山）。四条大河为黄河，祀于临晋；沔河，祭祀于汉中；湫渊，祭祀于朝那；长江，祭祀于蜀郡。也是在春秋天不结冰、河川干涸及冰雪塞途时祷祭，与东方名山川相同，但祭祀所用牺牲牛犊以及配用礼具和珪币等各不相同。此外，四大冢鸿冢、岐冢、吴冢、岳冢都有尝禾的祭祀。

陈宝神也应节日来享受祭祀，祭祀华山以西的河流时还要增献新酒酿。这些山河都在雍州地域以内，靠近天子的都城，所以祭祀增加车一辆，马驹四匹。

霸水、产水、长水、沣水、涝水、泾水、渭水都不是大川，由于邻近咸阳，都得到与名山川相同的祭祀，但没有加祭的诸项内容。

汧水、洛水二渊，鸣泽、蒲山、岳嵎山之类，是小山川，也都有每年的祷祭、冰雪塞途、河川干涸、不封冻等祀，但礼仪不必相同。

而雍州有日、月、参、辰、南北斗、荧惑星、太白星、岁星、填星、辰星、二十八宿、风伯、雨师、四海、九臣、十四臣、诸布、诸严、诸逑之类，共一百多个祠庙。西县也有数十座祠庙。在湖县有周天子祠，下邽有天神祠，沣县、滈县有昭明庙，天子辟池庙。在杜、亳二县有三社主的祠庙、寿星庙；而雍城的菅庙中也有杜主庙。杜主，原是周朝的右将军，在秦中地区，是小庙中最有灵验的庙宇。以上种种各自都按年岁、季节供奉和祭祀。

诸神祠中唯有雍州四畤的上帝祠地位最尊，祭祀场面最激动人心的要数陈宝祠。所以，雍州四畤，春季举行岁祷，此外还有由于不封冻、秋季河川干涸和早寒冰冻，冬季寒冷引起的冰雪塞途的祭祀，五月的尝驹，以及四仲月举行的月祀；而陈宝神祠只有陈宝神应节降临时的一次祭祀。祭礼春夏季用骍牛，秋冬季用驹。每用驹四匹，由四匹木偶龙拉的木偶栾车一乘，四匹木偶马拉的木偶马车一乘，颜色与各帝相应的五方色相同。黄牛犊和羔羊各四只，珪币各有定数，牛、羊等都是活埋于地下，没有俎豆等礼器。三年郊祭一次。秦以冬季十月为每年的开头，所以常以十月斋戒后郊祀上帝，由祭的地方以权火直达宫禁，皇帝拜于咸阳宫旁，衣服崇尚白色，其他用具与通常祭祀相同。西畤、畦畤的祭祀与秦统一前相同，皇帝不亲身往祭。

此类祠庙都由太祝主持常务，按年岁季节加以祭祀。至于其他名山川、诸鬼神以及八神之类，皇帝路过它们的祠庙时就加祭祀，离去则停祭。郡县以及边远地区的神祠，百姓各自供奉祭祀，不归天子设置的祝官管辖。祝官中有一种秘祝，即遇有灾祸，每每祝祷祭祀，把过失转归臣下身上。

汉朝兴起了。汉高祖贫贱时，曾经杀死一条大蛇，有神物化作人形说："这条蛇，是白帝的儿子，杀它的是赤帝的儿子。"高祖初起兵时，曾祷于丰县的枌榆社坛。攻下沛县后，称为沛公，就祭祀蚩尤神，以血衅鼓旗染成红色。终于在十月兵至灞上，与诸侯兵共同平定咸阳，自立为汉王。因此，以十月为一年的开头，颜色崇尚赤色。

第二年，向东攻打项籍，还兵入关后，问道："过去秦朝时祭祀的上帝是什么帝呢？"左右回答说："共四帝，有白帝、青帝、黄帝、赤帝等祠庙。"高祖说："我听说天有五帝，只有四庙，是什么原因呢？"谁也回答不出来。于是，高祖说："我知道了，是等待我来凑足五帝之数的。"于是又建立了黑帝祠，命名为北畤。由有关机构主持祭祀，皇帝不亲自往祭。全部录用往时秦朝的祝官，又设置了太祝、太宰，仪礼也与以往相同。因命各县设置公用社坛，下诏书说："我很重视祠庙而敬重祭祀。如今，上帝的祭祀以及山川诸神应当祭祀的，各州县及有关机构按时礼像往常一样加以祭祀。"

四年后，天下已经平定，诏命御史，令丰县整修枌榆社坛，恭谨祭祀，四时祭常于春季用羊猪祭祀。令祝官在长安建立蚩尤祠。在长安设置祠祝官、女巫。其中梁巫，祭祀天、地、天社、天水、房中、堂上之类；晋巫，祭祀五帝、东君、云中君、司命、巫社、巫祠、族人、先炊之类；秦巫，祭祀社主、巫保、族纍之类；荆巫，祭祀堂下、巫先、司命、施糜之类；九天巫，祭祀九天。都按年岁、季节祭于宫中。其河巫祭河神于临晋，而南山巫祭祀南山和秦中。秦中，是祭祀二世皇帝的。祭祀各有定时。

此后二年，有人说周朝兴起就建立了邰邑，立了后稷庙，所以至今受天下人祭祀。于是，高祖命令御史："下令各郡、诸侯国和县建立灵星庙，经常按岁时用牛祭祀。"

汉高祖十年春天，主管机构请求，命各县常以春二月和腊月祀社稷，牺牲用羊猪，百姓按里社各自集资加以祭祀。高祖以制书批复说："可。"

此后十八年，孝文帝即皇帝位。即位的第十三年，下诏书说："如今的秘祝把过失转移到臣下身上，朕很不喜欢这种法子，从今日起，取消秘祝。"

起初名山大川在诸侯国境内的，由诸侯的祝官各自供奉祭祀，天子的祝官不领其事。及废除了齐、淮南国后，命令由太祝官负责，一律像往常一样按岁时加以祭祀。

这一年，颁制书说："朕即皇帝位至今已十三年，依赖宗庙的神灵，社稷的福报，境内安定，疾疫不兴。其间连年丰收，如朕这般无德，为何能享受这样的福报？这都是上帝诸神的赐予啊。听说古时候享受神的恩德必报答它的功劳，所以想增加对诸神的祭祀礼数。经主管机构议定，雍州五畤增加路车各一乘，连同驾车以及车上各种装具；西畤、畦畤增加木偶车各一乘，木偶马各四匹，连同驾车和车上的各种装具；河、湫、汉水的祭祀增加玉各二枚；并且所有祠庙，各增大其祭坛场地，珪币俎豆也按等级有所增加。而祝福者把这些都归福于朕，百姓得不到好处。从今以后祝官向神致礼，不得为了朕再对神有所祈求。”

鲁人公孙臣上书说：“起初秦朝得水的福德，如今汉承受了它。若推求五德终始的传受，汉朝应当受土德，受土德的感应是出现黄龙。应该更改岁正和月朔，变易服色，于五色崇尚黄色。”当时，丞相张苍爱好律历的学问，认为汉朝是水德的开始，河水决口于金堤，便是水德的符兆。以上年十月为开始，颜色崇尚外黑内赤，能与五行之德相符合。公孙臣所说，是错误的。于是，公孙臣的上书就被否决了。此后三年，黄龙出现于成纪地区。于是，文帝召见公孙臣，拜他为博士官，与诸儒生一起起草更改历法和服色的事宜。当年夏天，颁下诏书说：“今有异类的神灵出现于成纪，对百姓不加伤害，且使每年得到好收成。朕欲郊祀上帝诸神，礼官商议一下具体事宜，不要因有所忌讳以劳朕思。”主管官员都说：“古时候天子在夏季亲自郊祀，在郊外祭祀上帝，所以称为郊。”于是，夏季四月，文帝首次亲自郊祀雍城的五畤祠，礼服崇尚赤色。

第二年，赵人新垣平以善望气得以朝见皇帝，说道：“长安城的东北方有神气，色呈五彩，形状与人的冠冕相同。有人说，东北方是神明居住的地方，西方是神明的坟墓。今东北方出现神气，是天降的祥瑞，应该立祠庙祀上帝，以与这天降的祥瑞相应合。”于是，在渭阳作五帝庙，五帝同庙而居，每帝居一殿，庙的每一面有五个门，颜色各与殿内所祭帝的五方色相同。祭祀所用以及诸仪式也都与雍城的五畤相同。

夏季四月，文帝亲自在霸、渭二水汇合处拜神，以郊祀渭阳五帝。五帝庙南临渭水，北部横跨蒲地池水，权火燃烧起来时开始祭祀，火光辉然上烛于天。于是，封新垣平为上大夫，赏赐累计达千金之多。而命博士和诸生员搜辑六经中有关资料撰成《五制》，打算商讨巡狩和封禅的事宜。

文帝出游到长门，仿佛见到五人立于道路以北，于是在道路以北就其所立处建立了五帝坛，以五牢和相应的礼具祭祀。

第二年，新垣平使人带着玉杯，到天子阙下上书进献。新垣平自己预先对皇帝说：“有宝玉气来到了天子阙下。”事后，检查各处给皇帝的进献，果然发现有献玉杯的，上面刻着“人主延寿”四个字。新垣平又说：“就为臣观测，太阳在一日之内将会出现两个中午。”过了不久，太阳过午以后，向东逆行，重又出现一个中午。于是，把文帝十七年改为元年，命令天下人得以聚饮庆贺。

新垣平对皇帝说：“周鼎失落在泗水之中，如今河水泛滥通于泗水，臣望见东北方汾阴地区有金宝气，推想难道是周鼎要出现了吗？虽然征兆已经出现，若不争取它还是不能自己来到人间。”于是，皇上命人在汾阴南修了一座庙，临河而立，希望通过祭祀祈求周鼎的出现。

有人上书告发新垣平所说的种种望气事都是骗局，把新垣平交给司法官员审理，杀新垣平，夷灭其族。从此以后，文帝对于更改岁正、服色、神明等事再也没有兴趣了，把渭阳、长门的五帝庙交给祠官管领，按时祭祀，自己不再亲往行礼了。

第二年，匈役数次侵入边境，汉朝发兵守卫，此后几年收成稍差一些。

数年后孝景帝即皇帝位，在位十六年，祠官像以往一样各自按照岁时祭祀，没有什么兴革，一直到本朝天子。

本朝天子即位之初，就特别注重对鬼神的祭祀。

到武帝元年时，汉朝建国已经六十多年了，天下安定，官绅等辈都希望天子行封禅礼并改定岁正、度数。而皇帝心向儒术，招揽贤良士人。赵绾、王臧等是以文学升任为公卿的官员，打算按古制在城南建立明堂，以朝见诸侯；起草了皇帝巡狩、封禅的礼仪制度和改正历法、服色等事项，尚未完成。正赶上窦太后专攻黄老学说，不喜欢儒术，派人私下里搜集、访察赵绾等人干过的违法事，召集官员审理绾、臧的案件。赵绾、王臧自杀，他们主持兴办的各项事务也都随之废止。

此后六年，窦太后死。第二年，武帝征召文学人士公孙弘等人为官。

又过了一年，本朝皇帝初次到雍城，郊祀、礼见五畤神灵。以后常常是每隔三年郊祀一次。当时皇帝求得神君偶像，供奉在上林苑中的蹏氏观。神君，原是长陵一女子，因儿子的原因而死，显神灵于字为宛若的妯娌二人。宛若在家中供奉它，百姓多到他家里来祭祀。平原君曾去祭祀过她，平原君的后世子孙因此而位尊名显。到本朝天子即位，就以隆重的礼节在宫中设庙祭祀。能听到神君的说话声，看不到它的形象。

当时，李少君也以祭灶、辟谷、长生不老等法术见皇帝，受到皇帝的尊重。李少君，原来是深泽侯的舍人，主管方术。这时，他隐瞒了自己的年龄和经历，经常自称是七十岁，能驱使鬼物，长生不老。他用自己的法术遍交诸侯。无妻无子。人们听说他能驱使鬼物还能长生不死，不断赠送给他一些礼物，因此金钱衣食时常有余，不知情者都以为他不从事任何生业反而很富裕，又不知道他的来历出身，对他更加信奉，争相尊崇他。少君天生好法术，善于巧发奇中。曾经随武安侯赴宴，宴席中有一位九十多岁的老人，少君就与他谈论早先与他祖父一起游玩射猎的地方。这位老人年幼时与祖父住在一起，还能记得这些地方，宴会上所有的人都惊讶不止。少君见皇帝，皇帝有一件古铜器，问少君，少君说："这件铜器是齐桓公十年时在柏寝台上的陈设品。"过后考察铜器上的铭文，果然是齐桓公时的器物，举宫上下，尽都惊骇，以为少君是活神仙，是数百岁人了。

少君对皇帝说："祭灶能招致鬼物，招致来鬼物后丹砂就能炼成黄金，用变化来的黄金打造饮食器，使用后能延年益寿。益寿才能见到蓬莱山的仙人，见仙人后再行封禅礼就能长生不老了。黄帝就是一个例证。为臣曾经在海中游历，见到安期生，他正吃着一种枣，像瓜一样大。仙人安期生往来于蓬莱山中，缘分合就与人相见，不合就隐而不见。”于是，天子开始亲自行祭灶礼，派遣方士到海中寻找安期生等仙人，并从事于炼丹砂等药剂为黄金的事情了。

过了很久，李少君病死。天子认为没有死，是化去成仙了，指命黄锤县史名为宽舒的人学习他的方术。蓬莱安期生寻找不到，而燕齐两地海上怪诞、迂腐的方士们一拨又一拨地相继前来讲述修炼神仙的事了。

亳县人谬忌以祭祀太一神的方法上奏朝廷，说：“天神之中以太一为贵，太一的辅佐名为五帝。古时候，天子在春秋两季祭太一神于东南郊，礼用太牢，祭祀凡用七天，建造神坛，于八方设立阶梯，开门为鬼道。”于是，天子命太祝在长安东南郊建祠庙，经常按谬忌的方法供奉和祭祀。后来有人上书，说：“古时候的天子，每三年一次用太牢祭祀三一神：就是天一、地一、太一神。”天子准其奏，命太祝负责在谬忌奏请建立的太一神坛上祭祀三一神，祭法按上书人所说的方法。以后又有人上书，说：“古时候天子常在春季举行解除灾殃的祭祀，祀黄帝用枭、破镜各一只；祀冥羊用羊；祀马行用一匹青色牡马；祀太一、泽山君地长用牛；祀武夷君用干鱼；祀阴阳使者用牛一头。”命祠官负责，都按上书人说的方法，在谬忌太一神坛的旁边祭祀。

后来，天子苑中有白鹿，用白鹿皮作为货币，为了引发祥瑞征兆的产生，制造了白金。

第二年，在雍城郊祭，猎获一只一角兽，样子像麃。主管官员说："陛下恭恭敬敬地进行郊祀，上帝作为报答，赐给一角兽，这大约就是麒麟。"于是，把它献给五畤，每畤的祭物增加牛一头，在燎火中焚祭。由于这是造白金引发天降下的祥瑞，所以赐给诸侯白金，向他们暗示，造白金为瑞应是与天意相合的。

于是，济北王以为天子将要封禅了，就上书把太山以及附近的城邑献给天子，天子赏给他其他县城作为报答。常山王有罪，贬除王爵，天子另封他的弟弟为真定王，以继续对先王的祭祀，而把常山国改为郡，这样五岳都在天子直接管辖的郡县之内了。

第二年，齐人少翁以能与鬼神相通的法术来见皇帝。皇帝有一位宠爱的妃嫔王夫人，王夫人死，少翁用法术使王夫人和灶鬼的形貌在黑夜中重现，天子隔着帷幕看到了她。于是就封少翁为文成将军，赏赐他很多东西，以客礼对待他。文成向皇帝进言说："皇帝想与神交往，宫殿居室衣服用具没有神的样子，神就不会降临。"于是，制造了画着云气的车子，并且所驾车的颜色必与干支相胜的日子合，以避恶鬼。又建造甘泉宫，在宫中起高台，台上建宫室，室内画着天、地、太一等鬼神像，而且摆上祭祀用具，以此召致天神。过了一年多，他的法术更加不灵了，天神总也不降临。于是，用帛写上字让牛吃到肚子里，假装预先不识，说这头牛肚子里必有古怪。杀牛得帛，上面写的尽是怪里怪气的话。但天子认识他的笔迹，经过追查，果然是假的，于是杀文成将军，并把这事掩盖起来。

此后，又建造了柏梁殿、铜柱、承露仙人掌之类。

文成死后的第二年，天子在鼎湖宫病得很厉害，巫和医都千方百计加以治疗，始终不见好转。游水发根推荐说，上郡有一个巫师，曾经有病，有鬼神附在身上，因而很灵验。皇帝召来巫师，为附在他身上的鬼神在甘泉宫建立了祠庙，称为神君。这一次得病，使人问神君吉凶如何。神君说道："天子不要为病担心，等你病体稍愈，强起与我在甘泉宫相会。"于是病体见轻，就起身，驾幸甘泉宫，病也完全好了。因此，颁布大赦，为神君建造寿宫。在寿宫神君之中最尊贵的是太一神，他的辅佐是大禁、司命之类，都跟随着他。人们看不到他的样子，能听到他的说话声，与人的声音相同。有时去有时来，来的时候则风声肃然。住在室内帷帐中，有时白昼说话，然而经常是在夜间说话。天子祓除以后才进入庙中。庙以巫为主人，关照、领取神君饮食。神君有什么话，由巫传递到下面。又建造了寿宫的北宫，在宫中张挂羽旗，设置供具，以礼敬神君。神君说的话，皇帝使人记录下来，称为"画法"。它说的话，都是世俗人所知道的，没有特别不同处，然而独有天子心里喜爱。事情很隐秘，世间无人知晓。

此后三年，主管官员说，纪元应该按天降的符瑞命名，不应该按一元二元的顺次数。一元称为"建"，二元因有长星出现称为"光"，如今郊祀得到一角兽，应称为"狩"。

第二年冬，天子郊祀于雍城，说："如今上帝由朕亲自祭祀，却不祭后土，于礼不合。"负责官员与太史令司马谈、祠官宽舒商议后说："祭天地用牛角像茧栗那样大的牲牛。如今陛下要亲自祭祀后土，祭后土应在低洼地区建圜丘，在圜丘上设五个祭坛，每坛的祭牲用黄牛犊一头以及连带的太牢礼具，祭过以后全部埋掉，随从祭祀的人衣服用黄色。"于是，天子遂东行，首次在汾阴脽丘建起了后土祠，祭仪按宽舒等议定的执行。皇帝亲自望祭礼拜，与祭天帝的礼仪相同。祭祀结束后，天子经荥阳回京。路过雒阳时下诏书说："三代年代渺远，如今连一点影子也不存在了。可划出三十里的地区封周王的后人为周子南君，以供奉他们祖先的祭祀。"这一年，天子第一次巡察郡县，逐渐到了泰山下。

这年春天，乐成侯上书皇帝，介绍栾大事迹。栾大是胶东王的宫人，以前曾与文成将军同师学习方术，后来做了胶东王的尚方。而乐成侯的姐姐是康王的王后，没有生子。康王死后，其他姬妾的儿子继承了王位。康王后作风淫乱，与新王合不来，相互间明争暗斗。康后听说文成将军已死，想对皇上谄媚，就派栾大通过乐成侯求见皇帝讲述自己的法术。天子既已杀掉文成将军，后悔他死得太早，惋惜他的法术没有全部使用出来，及至见到栾大，很是高兴。栾大这个人身材高大俊美，言谈中有许多机巧，而又敢于说大话，像真有其事一样。他曾自吹说："臣经常往来于海中，会见安期生、羡门高这些仙人。他们因为臣的地位低贱，不相信臣的话。又以为康王不过是一个诸侯，不足以把神仙方术交给他。臣曾数次对康王说，康王又不采用臣的话。为臣的师父说：'黄金可以炼成，河水的决口可以堵塞，长生不死药可以得到，仙人可以招致而来。’但是，臣恐怕再走文成的老路，被诛而死，就会使方士人人掩口不言，怎么还敢再谈方术！”皇帝说：“文成是吃马肝死的，不是朕杀了他。先生倘若真有修成神仙的方术，我对爵禄等赏赐有何吝惜呢！”栾大说：“臣的师父不是有求于人，而是人们有求于他。陛下若一定要招他来，就要让招聘的使者地位更尊贵，使他做天子的亲属，以客礼对待他，不要卑视他，让他佩带各种印信，才可使他传话给神人。即便这样，神人来与不来，尚在两可。总之，尊崇求访神人的使者，然后才有可能招致神人降临。”于是，皇帝要他演示小方术，看有无效验。演示斗棋，棋子能自相撞击。

那时，皇帝正为黄河决口而忧虑，而炼黄金又不成功，就封栾大为五利将军。过了一月多，他得到四颗官印，五利将军印之外，还佩有天士将军、地士将军、大通将军印。皇帝颁诏书给御史说：“以前大禹能够疏导九江，决通四渎。近些日子河水泛滥于大陆，筑堤的徭役久不能息。朕在帝位二十八年，如果天委派士人辅佐我，栾大就是其中之一。《乾》卦称‘飞龙’，又有所谓‘鸿渐于般’，朕以为栾大的境遇接近于这个样子。你们给办理一下，以二千户的租税封地士将军栾大为乐通侯。”赐给列侯的宅第一区，僮仆千人。从皇帝的乘骑用物中分出车马帷帐器物布置他的新居。又把卫长公主嫁给他做妻子，送给黄金万斤，把他住的城邑改名为当利公主邑。天子亲自到五利家里做客。到他家里慰问、赏赐物品的天子使者，络绎不绝。自大长公主、将相以下，都在他家摆酒庆贺，献给物品。于是，天子又刻了一颗“天道将军”的玉印，命使者穿着羽衣，夜间站在白茅草的上面，把印赐给五利将军，五利将军也穿着羽衣，夜间站在白茅上受印，以此表示不是天子的臣子。而佩带“天道”将军印，只是姑且为了与天子引导天神。于是，五利时常夜间在家中祭祀，欲请神仙下降。神没有降临，各种鬼却聚集来了。然而，五利善能驱使诸鬼。此后，他治理行装上路，东行到海中，说是要寻找他的师父。栾大见皇帝后几个月的时间，佩带六颗大印，其尊贵使天下震动，而海上的燕齐众方士无不以手扼腕表示振奋，并自言有祝禁的方术，能够修炼成神仙。

这年夏季六月中旬，一个名为锦的汾阴巫师在魏脽后土祠旁为民祭祀，见地下有个像钩一样的东西，挖开来看是一个鼎，尺寸很大，与普通大多数鼎都不同，刻有花纹，没有款识，觉得奇怪，告诉了小吏。吏上报给河东太守胜，胜上报朝廷。天子派使者检查并询问巫师得鼎的经过，确认中间没有奸诈作伪事以后，就按礼祭祀，迎接鼎到甘泉宫，天子从行，将要把它上献给天。行到中山，鼎的上空出现一片黄云，氤氲缭绕如同车盖。恰有一头麃子经过，皇帝射死它，就势用来做了祭鼎的牲礼。到长安以后，公卿大夫都议论请求尊奉宝鼎。天子说：“最近以来，河水泛滥，一连数年收成不好，所以朕才巡察郡县，祭祀后土，为百姓祈求有个好年成。今年丰收与否尚不可知，鼎究竟是为什么原因才出现的呢？原因不明，就不知是何兆头，怎可盲目尊奉？”有关官员都说：“听说过去泰帝制神鼎一个，一就是壹统的意思，天地万物都统于宝鼎，与宝鼎所示现象相联系。黄帝作宝鼎三个，象征天地人。禹收集九州的铜，铸成九鼎，象征九州，都曾经用来烹煮牺牲祭祀上帝和鬼神。遭逢圣主盛世鼎就会出现，迁延经过了夏商二朝，到周末世德衰败，宋国社坛被毁以后，鼎就沦没了。从此隐伏不再出现。《诗经·周颂》中说：‘自堂上至于门塾，自牲羊至于牲牛，大鼎小鼎，全都验过，牲肥鼎洁，祭事绸缪……不喧哗不倨傲，恭慎又肃穆，神必降福，得享寿考，休美征候。’如今鼎已到甘泉宫，看它色泽光润。变化如神，朝廷必承无疆之福。这与行到中山时，有黄白云盖降落鼎上的征兆相符，还有麃兽这种符瑞，以及大弓和四支一套的箭，都是在神坛下得到的，这全是上天对于祭祀大享的回报。只有受天命而为帝的人才能心知其意而与天德相合。鼎应该献给祖祢庙，藏于帝王宫廷，以与上述各种明显的瑞应相合。”皇帝下制书说道：“就这么办。”

到海中寻找蓬莱山的人，说蓬莱山路程不远，而总也不能到达的原因，大约是看不到仙山的云气。于是，皇上派遣善于望气者帮助他们观察云气。

这年秋天，皇上来到雍城，将要行郊祀五帝礼。有人说：“五帝是太一神的辅佐，应该建立太一庙，皇上亲自郊祀。”皇上犹豫未决。齐人公孙卿说：“今年得到宝鼎，冬季辛巳日十一月初一是冬至节，与黄帝时完全一样。”公孙卿有一本札记书说：“黄帝在宛朐城得到宝鼎，向鬼臾区询问，鬼臾区回答说：‘帝得到了宝鼎和神策，这一年己酉日的月朔是冬至节，从此进入天纪，终而复始，循环不止。’于是，黄帝按日影用神策推算，以后大率每二十年重又出现月朔黎明时为冬至节，到二十周，第三百八十年，黄帝成仙上天而去。”公孙卿想通过所忠把此事上奏皇上，所忠看他的书荒诞不经，怀疑是他妄造的假书，辞谢说：“宝鼎的事已经定下来了，还有什么文章可做?”公孙卿又通过皇帝的私宠上奏，皇上很是高兴，就召问公孙卿。公孙卿回答说：“这本书是申公传授给我的，如今申公已然去世。”皇上说：“申公是个什么样的人?”公孙卿说：“申公是齐人。与安期生相交往，接受黄帝的教言，没有书，只有这本关于鼎的书。其中说：‘汉朝兴盛于黄帝时的年名重新出现的时候。汉朝的圣人出现在于高祖皇帝的孙和曾孙之中。宝鼎出现后就能与神沟通，并行封禅礼。古来行封禅礼的共有七十二个帝王，唯有黄帝得以登上泰山顶行封祭礼。’申公说：‘汉朝皇帝也应当上泰山行封祭礼，登上泰山封祭就能成仙登天了。黄帝时诸侯上万数，而举行过名山大川祭祀的封国占了七千。天下有名山八座，其中三座在蛮夷境内，五座在中国。在中国的有华山、首山、太室、泰山、东莱山，这五座是黄帝经常游观的地方，在那里与神相会。黄帝一边作战一边学习修仙，恐怕百姓有对仙道非议者，就断然把非难鬼神的人杀掉。经过百多年的修炼，然后能与神仙往来了。黄帝在雍城郊祭上帝，住了三个月。鬼臾区号称大鸿，死后葬在雍城，所以那里才有鸿冢这个地方。此后，黄帝在明廷与万千神灵相见。明廷，就是甘泉山。黄帝升仙的地方为寒门，就是今天的谷口。黄帝采掘首山的铜矿，铸鼎于荆山脚下。鼎既铸成，云端里有一条龙垂下长长的胡须，迎接黄帝。黄帝攀缘而上骑在龙背上，群臣以及后宫妃嫔随他登上龙背的有七十多人，龙就向天上飞去。其余级别低的官员不得上，都抓住龙须不放手，龙须被拉断，从空中落下，匆忙间黄帝的弓也落了下来。百姓仰面望见黄帝慢慢飞上天去，于是抱着他失落的弓以及拉断的龙须哭号，所以后世把这个地方称为鼎湖，弓的名字叫作乌号'。"于是天子说："呀！要是能像黄帝那样，我把离开妻子只当作扔掉一只鞋子一样容易。"于是，就封公孙卿为郎官，让他到东面太室山去迎候神仙。

皇上遂到雍城郊祀，后来到陇西，向西行登上崆峒山，又回到甘泉宫。命祠官宽舒等人准备好太一神的祭坛，祭坛仿照薄忌的太一坛建造，坛分三层。第一层是太一坛，五帝坛环绕在太一坛下，五帝各自所在方位与所主方位相同，只有主中央方位的黄帝处在西南方，除去这个方向上的八通鬼道，以立黄帝坛位。太一坛，祭祀所用与雍城五畤中的一畤相同，而增加酒醴、枣和肉脯之类，宰杀一头狸牛作为俎豆和其他与牲牢相配的礼器中的供奉物。而五帝坛只有酒醴和俎豆供奉。最下一层坛是一块四方形地面，作为供奉配祭群神和北斗的地方。祭祀完毕，剩余的胙肉都付之燎火。牲牛用白色，把宰杀好的鹿塞入牛的腹腔，再把猪塞入鹿的腹腔，一起放在釜中加水烹煮。祭日的牺牲用牛，祭月用羊猪，都用一只，雄性。太一坛的祝宰礼服用紫色以及五彩绣衣，五帝坛祝宰的礼服则各按帝所主方位的颜色，日坛祝宰礼服为赤色，月坛的为白色。

十一月初一黎明冬至这一天，天刚拂晓，天子开始祭祀太一神，行跪拜礼。早晨朝见日神，傍晚朝见月神，都揖而不跪；而朝见太一神则和雍城的郊祭礼相同。其赞礼者念道："天开始把宝鼎神策授给皇帝，此后朔日一次接着一次，终而复始，永无穷尽，皇帝恭敬拜见天神。"礼服崇尚黄色。祭祀时满坛是一堆堆的燎火，坛旁边放着烹煮等炊具。主管官员说："祀坛上有光出现了。"公卿说："皇帝最初在云阳郊祭，朝见太一神，主管官员供奉着瑄玉，嘉牲献给太一神享食。当夜就有很美的光辉出现，到天亮时，黄气上腾，与天相连。"太史公、祠官宽舒等说："这是神灵的美意，保祐降福于人的吉兆祥瑞，应该按照这里神光所照的地区建立太畤坛以与神光的祥瑞吉兆相呼应。命太祝管领此事，每年秋天和腊月间祭祀，隔三年天子郊祭朝见一次。"

这年秋天，为了讨伐南越，向太一神祷告祈求福佑。以牡荆为幡竿，幡上画日月、北斗、升龙等图案，以象征太一座的三星，作为太一锋旗，命名为"灵旗"。在出兵祷告时，由太史官手捧灵旗指向被伐的国家。五利将军作为使者不敢入海求神，却来到泰山祭祷。皇上派人尾随着他察看他的行踪，知道他实际上什么也没见到。五利却妄言说见到他师父了。他的方术已经用尽，大多没有效验。于是，皇上杀掉五利。

这年冬天，公孙卿在河南迎候神仙，说在缑氏城上看到了仙人足迹，还有个东西样子像山鸡一样，往来于城上。天子亲自到缑氏城看了仙人足迹。问公孙卿："莫非你是仿效文成、五利吗？"公孙卿说："仙人不是有求于皇帝，是皇帝求仙人。所以，这事非得宽限时日，神就不会降临。谈论神仙事，似乎迂腐怪诞，然而积以年岁就能办成。"于是，郡国各自清扫道路，修治宫殿、列观、名山、神庙等，以等待皇帝到来。

这年春天，既已灭掉南越，皇上有位宠爱的官员李延年献上一首优美的乐曲。皇上称善不止，命公卿商议说："民间祠庙还有鼓舞乐曲，如今郊祭反而无乐，如何相称。"公卿说："古时候祭祀天地都有乐，神祇才来享受祭祀。"还有人说："太帝命素女奏五十弦瑟，由于太过悲哀，太帝禁而不能止，所以把她的瑟分为两半成二十五弦瑟。"当时，为了庆祝、酬贺攻打南越的胜利，开始用乐舞祷祭太一、后土，广召歌儿，并从这时期开始制作二十五弦瑟和空侯。

来年冬天，臣下进言说："古时候，先振兵释旅，专力于农，然后行封禅礼。"于是，皇帝巡察北方到朔方，布勒军队十多万人，回来时祭黄帝冢于桥山，在须如遣散军队。皇上说："我听说黄帝没有死，如今有黄帝冢，是何原因？"有人回答说："黄帝成仙后飞升上天，群臣把他的衣冠埋葬起来，因而有黄帝冢。"既已回到甘泉宫，由于不久就要到泰山行封禅礼，先类祭了太一神。

自从得到宝鼎以后，皇上与公卿、诸经生员商议封禅事。

封禅由于以往很少举行，有关资料已旷废绝灭，无人知道礼仪的详细情形，而众儒者从《尚书》《周官》《王制》等书中摘引了封禅时望祭射牛的故事。齐人丁公年已九十多岁，说："封禅，就是合当不死的意思。秦始皇没有这种造化，所以没能够登上山顶行封祭礼。陛下若一定上山，上到一定高度，乘无风雨的时候，即刻行礼就算是上山封祭了。"皇上于是命诸儒者演习射牛的礼仪，起草封禅的程式。数年以后，终于到了将要封禅的日子。天子既然听了公孙卿以及方士的话，说黄帝以前的帝王封禅，都招徕异类以与神相通。所以，想仿照黄帝以前的帝王招徕蓬莱士人以迎神仙，对世人抬高自己的身价以与九皇相比德，而又稍稍采用儒者的一套作为文饰。众儒者既不能把封禅的仪式搞明白，又牵缠拘泥于《诗》《书》等古文的记载，不能骋其想象。皇上亲自设计了封禅用的祭器让群儒观看，这些儒者有的说："与古时候不同。"一个名叫徐偃的人又说："太常诸生演习的礼不如鲁礼好。"周霸嘱咐他另绘封禅礼图。于是，皇上把徐偃、周霸免官，所有儒生也被停止使用。

三月，东行到缑氏，登上中岳太室山行祭礼。随从官员在山下听到像有呼喊"万岁"的声音。问皇上，皇上不答；问下官，下官也不言语。于是，将三百户人家封为太室奉祠，以他们的租税作为太室山祭祀的费用，把他们的居住区命名为崇高邑。继续东行到泰山。那时候，泰山上的草木还没有长出叶子，乘机命人将大石运上泰山绝顶，备封禅时用。

皇上随即向东巡游来到海上，行礼祭祀八神。齐人纷纷上书谈论神怪和奇异方术，数以万计，然而没有一件能得到证实。于是，调发了更多的船只，让那些谈论海中神山的数千人下海寻求蓬莱山的神人。天子出行，常常由公孙卿持天子符节先行到达，在名山胜境迎候天子车驾，他到东莱后，说夜间看到一个异常高大的人，身长数丈，走近后却看不到了，只留下一个很大的足迹，形状像是禽兽的足印。群臣还有的说见到一个老人牵着狗，说："我想见一见巨公。"说完，忽然不见踪影。皇上亲自看了大足印，尚不肯相信，等到又听群臣讲述牵狗老人的事，才深信这就是仙人了。特意在海上留宿以待仙人，准予方士乘坐驿传的车子以来往报信，陆续派出的求仙人已有千数以上。

四月，从海上归来，到奉高县。皇上认为众儒生和方士所说的封禅事各自不同，荒诞不经，难以施行。天子到了梁父山，以礼祭祀地主。乙卯日，命侍中和儒者穿着隆重的礼服：头戴皮弁，插笏垂绅，行射牛的礼仪。在泰山东面的山脚封土行礼，礼仪程式与郊祭太一相同。所封土宽一丈二尺，高九尺。下面埋有玉牒书，书的内容隐秘无人知。行礼毕，天子独自带了侍中奉车霍子侯登上泰山，在山顶同样行了封土礼，只是在山顶事禁止外传。第二天，从山后阴道下山。丙辰日，在泰山脚下东北的肃然山上行禅祭礼，与祭后土仪式相同。封祭、禅祭天子都亲行拜见礼。礼服尚黄色，都用乐伴奏。荐神用的草席是用江淮间的三脊茅编织而成，封土用杂土石，上面加盖五色土。将远方进贡来的奇兽、飞禽以及白山鸡等物纵还山林，比起雍畤的祭祀礼数颇有增加。兕牛犀象之类不宜放还山林的，都到泰山下祭祀后土。行封禅礼的地方，当夜仿佛有光出现，白天有白云从封土中升起。

天子从禅祭的地方回来后，坐于明堂，群臣轮番入见道贺，恭祝天子圣寿无疆。于是降下制书，诏告于御史说："朕以渺小之身继承至尊大位，终日战战兢兢深恐不能胜任。由于德行微薄，不明礼乐。所以，重修祭祀太一的盛典时，仿佛有霞光出现，又隐然见到一些奇怪物事，恐怕是怪物出现，欲停止行礼而又怕得罪神灵，于是强自支撑，登上太山行封祭礼，到梁父，而后在肃然山行禅祭礼。欲从此自新，与士大夫一起重新做起，特赐给百姓每百户牛一头、酒十石，年八十岁以上的孤寡老人赠赐布帛二匹。博县、奉高、蛇丘、历城四县免除徭役和今年租税。大赦天下，细则与乙卯日赦令相同。所经过处不得再有复作者。凡二年以前所犯过失，都不再治罪。"又下诏说："古时候，天子每隔五年外出巡狩一次，到泰山行礼，诸侯都有朝见留宿的处所。今命诸侯各自在泰山下构筑邸舍房屋。"

天子既已封泰山，没有遇到风雨灾，因而方士纷纷说蓬莱山诸神不久将能见到，皇上也欣然以为差不多，就重新东行到海上观望，希望能遇到蓬莱山诸神。奉车霍子侯突然得急病，才一天就死了。皇上这才离去。沿海而上，北行到碣石，自辽西开始巡察，历经北部边塞来到九原县。五月，返回到甘泉宫。主管官员说宝鼎出现年号定为元鼎，今年封禅年号应为元封元年。

这年秋天，有彗星出现于东井宿中。十多天后，又有彗星出现于三台附近。有个望气的人名叫王朔的说：“测候时，独有我看到填星出现时像瓜一样大，约一顿饭的工夫隐去不见了。”有关官员都说：“陛下创建了汉朝封禅的礼仪，大约是上天以德星的出现作为报答。”

来年冬天，郊祭雍城的五帝祠，回来后拜祝并祭祀了太一神。赞礼官念道：“德星明亮，其是吉祥。又出寿星，渊耀光明。信星光见，皇帝敬拜太祝之享食。”

这年春天，公孙卿说在东莱山见到神人，隐约听到神人说：“要见天子。”天子于是来到缑氏城，封公孙卿为中大夫。随后到达东莱，住了数日，什么也没看到，有的说见到了大人的足印。重又派遣方士寻访神仙、采掘灵芝达千余人。这一年天旱，天子既已出游，没有出游的理由，就借口说往万里沙祷神求雨，顺道祭祀泰山。回来时到达瓠子县，亲自到河水决口处堵塞决口，住了两日，沉祭河神以后离去。命上卿二人率领兵卒堵塞河水的决口，将两条渠水移位，以恢复禹时的旧迹。

当时既已灭掉两越，一个名为勇之的越人说道：“越人风俗是信鬼，祭祀时都能见到鬼，常常很有效验。过去东瓯王敬鬼，活了一百六十岁。后世人怠慢鬼神，所以很早就衰老了。”于是命越巫建立越祝庙，其中有台而无坛，同样是祭祀上帝百鬼，而用鸡卜吉凶。皇上极为信任，越祭和鸡卜从此开始在天下行用。

公孙卿说："仙人本来可以看到，而皇上来往急促，匆匆忙忙，因此才看不到。如今，陛下可以建一座楼观，像缑氏城楼一样，上面摆上肉脯、枣，神人理应可以请到。而且仙人喜欢住在楼上。"于是，皇上命在长安建造蜚廉观和桂观，在甘泉则建造益寿观和延寿观，使公孙卿持天子符节在上面设立供具，迎候神人。又作通天台，台下设置祭祀礼具，用来招致仙人、神人之属。于是，在甘泉宫又建了前殿，开始扩建各处的宫殿。夏季，在甘泉殿的房中长出了灵芝草。天子以为是由于亲自塞决河，建通天台，产生的祥瑞感应，就下诏书说："甘泉宫房中长出一株九茎灵芝，为此天下大赦，免去复作者刑。"

第二年，出兵伐朝鲜。夏季，天旱。公孙卿说："黄帝时只要封祭就会出现天旱，是由于天要把封土晒干，一直晒上三年。"皇上就下诏书说："天旱，推想是天要晒干封土吗？兹令天下人都尊奉、祭祀灵星。"

第二年，皇上在雍城郊祭，打通了去回中的道路，到那里去巡察。春季，到达鸣泽，从西河县而归。

第二年冬天，皇上巡察南郡，到江陵后向东行。登上灊县境内的天柱山并且行了祭礼，此山号为南岳。然后乘船沿江而下，自寻阳起程，出枞阳，经过彭蠡湖，沿途祭奠了名山大河。再向北行到琅邪，是循海路而上。四月中旬，到奉高县修整了泰山上的封土。

起初，天子封泰山，在泰山的东北方向有一处古时候的明堂旧址，周围地势险而且不宽敞。皇上想在奉高邑旁另建一座明堂，而不知道该建成什么样子。济南人公玊带献上一幅黄帝时的明堂图。于明堂正中是一座殿，四周无墙，以茅草复顶。与水相通，水环绕宫垣一周。又建有复道。殿上有楼，从西南方的复道进入大殿，称为昆仑道。天子从这里入殿，就可拜祀上帝了。于是皇上命奉高邑在汶水旁建造明堂，形制与公玊带的明堂图相同。到元封五年重到此处修整封土的时候，就在明堂的上层祭祀太一和五帝，命高皇帝庙的神座与它们相对，在明堂下层祭奠后土，用牢牛共二十头。天子从昆仑道进入，开始祭拜明堂，礼数与郊祭相同。行礼毕，在堂下点燃燎火。皇上又登上泰山，在山顶又有一番外人不知详情的秘祭。而在泰山下祭祀五帝，则各按其方位进行，只有黄帝与赤帝合并祭祀，祭时都有主管官员辅助侍候。山上燃起燎火，山下各处都举火响应。

两年以后，适逢十一月甲子日朔旦为冬至节，推算历法的人认为这一天是进入统岁的开始，所以天子亲自到泰山下，在这一天于明堂祭祀上帝，但不行封禅礼。其赞礼官念道："天增授给皇帝太初历法，周而复始，无有穷尽。皇帝敬拜太一。"然后东行到海上，询问访求神仙的方士和其他下海人，没见有何效验，然而非但不停止这些活动，反正增派人员，希望能侥幸与神仙相遇。

十一月乙酉日，柏梁殿发生火灾。十二月甲午初一日，皇上亲自到高里禅祭，祭祀后土。来到勃海岸边，将要望祭蓬莱山的仙人之属，希望自己终有一日到达仙人之庭。

皇上回到京都，由于柏梁殿发生火灾的缘故，改在甘泉宫朝见天下郡国的上计吏，并接受他们献上的计簿。公孙卿说：“黄帝建造成青灵台，才十二天被火烧掉，黄帝就又建造了明廷。明廷，就是甘泉宫。”方士大都说古时帝王有建都于甘泉的。后来天子又在甘泉宫朝见诸侯，在甘泉建造诸侯的邸舍。勇之就说：“越地的风俗是发生火灾后，重新盖屋必须比原来的更大，用以镇服、胜过原屋，以避灾害。”于是建造了建章宫，计有千门万户。前殿比未央宫还高。建章宫以东建有凤阙，二十多丈高。以西则是唐中，方圆数十里辟为虎圈。以北开凿了一个很大的池沼，其中有渐台，高二十多丈，名为太液池，池中有蓬莱、方丈、瀛洲、壶梁诸岛屿，以象征海中的神山龟鱼之类。以南有玉堂、璧门等建筑以及大鸟的塑像。又建造了神明台、井幹楼，高度为五十丈，以辇道彼此相连属。

夏季，汉朝改变历法，以每年正月为一年的开头，五色中崇尚黄色，刻着官名的印章改为五字，以当年为太初元年。这一年，向西出兵讨伐大宛。遍地生蝗虫。丁夫人、雒阳虞初等人以方术祷祀诅咒匈奴和大宛。

第二年，主管机构说雍城五畤没有煮熟的牲牢等祭品，祭祀时芬芳之味不能齐备。于是命祠官给五畤煮牺牲的器具，颜色按照五行相胜配置。牲礼中的驹以木偶马代替。只有五月的尝驹祭以及天子亲行郊祀礼时才用真正的驹作牺牲。所有名山川的祭祀有用驹的，也一律改用木偶马代替。天子出行路过该地祭祀时用真驹。其他礼数不变。

第二年，东行巡察来到海上，考察方士们关于神仙之类的话，没有一件有效验的。方士有的说："黄帝时候建造了五个城邑十二座楼，在执期迎接、等候神人，称为迎年。"皇上准许按他所说的办，称为明年。皇上亲自行礼祭祀上帝。

公王带说："黄帝的时候虽然封祭泰山，然黄帝的臣子风后、封巨、岐伯让黄帝到东泰山去行封礼，到凡山去行禅礼，来契合神灵降赐的符应，然后就长生不死了。"天子下令准备祭礼，到达东泰山，东泰山矮小，和它的声誉不相称，就下令祠官以礼祭祀，而不举行封禅大典了。这以后，令公王带供奉祭祀来恭候神物。夏天，就回到泰山，和从前一样，举行五年一次的封禅大典，再加上一次禅祭石闾山。石闾在泰山山脚的南面，方士们很多人说这是仙人的居住地，所以皇上亲临举行禅礼。

以后的第五年，重新来到泰山举行封禅典礼。回程路过的时候，祭祀了恒山。

当今天子所兴起的祭祀，太一、后土，每三年亲临郊外祭祀，创建的汉家封禅大典，每五年一次举行祭祀。薄忌建议设立的太一祠以及三一、冥羊、马行、赤星，五处神祠，并由祠官宽舒负责掌管，每年按时置办祭礼。以上总共六处的祭祀，都由太祝官统领。至于像八神中的各种神仙，明年、凡山等其他有名的神祠，皇上出行经过时就给祭祀，出行中离开以后就停止。方士们所兴起的祭祀，由各自主管，兴起的人去世就停止，祠官不再负责主持。其他种类的祭祀都像往常一样办理。当今皇上举行过封禅大典，这以后的第十二年再来回顾，祭祀就已经遍及五岳、四渎了。而方士们恭候祭祀神仙，进入大海寻求蓬莱，最终还是没有应验。而公孙卿的恭候神人，还是得拿大人的足迹作借口，也没有效应。天子更加倦怠厌恶方士们怪诞迂阔的言论了，然而笼络他们的办法仍然不断，总是希望遇见真正的神仙。从这以后，方士们谈论神人祭祀的更多了，然而它的效果是可想而知了。

太史公说："我随从巡行祭祀天地间各种神到过有名的山川并参加了封禅大典。进入寿宫旁听了祭神的祝词，考究观察方士和祠官们的用意，于是坐下来依次论述自古以来对鬼神进行祭祀的情状，完备地表现它的外部形式和内中缘由。以后如有君子，能够借此进行考察。至于像俎豆玉帛等祭品的详细内容，献飨酬报的各种礼仪，那么官府的档案中是保存着的。"

第一百一十九卷 河渠书[①] 第七

中国古代记述水道的著作，最早的当然要数《尚书·禹贡》。但是，它还不是专记水道，其中有导山、导水两部分。此外，如《管子·水地》《度地》，《山海经》中的山经、海经等，都大体相似。专门记水道源自《史记·河渠书》，此例一开，不但正史、地方志将水道列为专节，还出现了如《水经注》那样的专门巨著，蔚成古代地理书的一个大类，这意义实在非同小可。

《河渠书》的内容特征，首先是它不是对现有河渠做静态描述，如像《水经注》那样，分别记述某水系有某支流，发源某处，流经某地，沿途有何地形、地物、掌故，入于某川、某河、某海等；而是主要通过河道的开凿、治理过程，阐述人们变水害为水利的伟大斗争。一般说来，这项活动有三部分内容：治理水害、修筑漕渠和灌渠。司马迁以极大的热情和兴趣对许多成功的事实和经验做了详细记述，同时他还怀着满腔郁愤，对于豪门的阻挠、气数等迷信思想的干扰做了揭露，从而对汉代弊政进行了无情的鞭挞。

司马迁为写《河渠书》曾做过大量、长期的实际考察和研究，所以，写来不但真实性强，许多地方三言两语，恰中肯綮。如写井渠的开凿，是由于“岸善崩”；褒斜道的失败是由于“水湍石”等，都正确反映了该地区的土壤、地形特征。为写禹迹，他曾沿江、淮、河三大河流最易出事的地段实地踏勘，而后悟出禹为何不径挽黄河东行入海，反而使它东北流入渤海湾的原因。他说，这是由于自朔方至龙门一段，地势高，水流急，孟津以东地势渐低，落差太大，易生水灾。所以，把它引入鲁西北的高地，以减小水势。这是一个很少有人提出的问题，司马迁不但提出来，还给了正确的解答。

【原文】

《夏书》②曰：禹抑③洪水十三年，过家不入门。陆行载④车，水行载舟，泥行蹈毳⑤，山行即桥⑥。以别九州⑦，随山浚川⑧，任土作贡⑨。通九道⑩，陂九泽⑪，度九山⑫。然河⑬灾衍溢，害中国⑭也尤甚。唯是为务⑮。故道河自积石历龙门⑯，南到华阴⑰，东下砥柱⑱，及孟津⑲、雒汭⑳，至于大邳㉑。于是禹以为河所从来者高㉒，水湍悍㉓，难以行平地，数为败㉔，乃厮二渠㉕以引其河。北载㉖之高地，过降水㉗，至于大陆㉘，播为九河㉙，同为逆河㉚，入于勃海㉛。九川既㉜疏，九泽既洒㉝，诸夏艾安㉞，功施㉟于三代。

【注释】

①河渠书：本篇叙述从夏禹到汉武帝时期水利事业发展的历史，是《禹贡》之后的又一篇水利史专著。②夏书：《今文尚书》中的《禹贡》《甘誓》两篇是记载夏代史事之书，称为

《夏书》。③抑：治。④载：乘载。⑤蹈：踏。毳：通“橇”，古代在泥路行走所乘之具。《集解》引孟康说，橇形象簸箕，适合在泥上爬行。⑥即：则。桥：登山的轿。“桥”是“轿”的假借字。⑦别：区分。九州：传说禹治水后划分天下为九州。据《禹贡》，九州是冀州、兖州、青州、徐州、扬州、荆州、豫州、梁州、雍州。⑧随山浚川：顺着山势的高下来疏浚河道。浚，疏通。⑨任土作贡：根据各地土地的肥瘠多少，制定贡赋。任，依据。⑩通九道：开通九州的道路。⑪陂（bēi）九泽：给九州的湖泊修筑堤防，不让泛滥。陂，障遏，堵塞，指修筑堤防。⑫度（duó）九山：测量九州的山势，以便疏通水道，开通道路。⑬河：黄河。衍溢：泛滥。⑭中国：指黄河中下游一带。上古时代，我国华夏族建国于黄河中下游一带，以为居天下之中，故称中国。⑮唯是为务：唯以此（治理黄河）为当务之急。是，此。⑯积石：指大积石山，在今青海省南部。黄河流经此山。龙门：即龙门山。在今山西省河津市西北及陕西省韩城市东北，跨黄河两岸。黄河至此，两岸悬崖壁立，巨涛奔流其间，形如阙门，传说是大禹治水所开。⑰华阴：华山北面。汉始置华阴县，即今陕西省华阴市。⑱砥柱：即砥柱山，又名三门山。在今河南省三门峡市黄河之中。以山在水中若柱，故名。因修三门峡水库，现已炸毁。⑲孟津：古黄河津渡名。在今河南省孟津县东北。⑳雒汭（luò ruì）：古地区名，亦名洛口。指雒水（今洛河）入古黄河处。在今河南省巩义市境内。㉑大邳：山名。在今河南省浚县东南。㉒于是：当时。“于”是“当”的意思，“是”为“时”的假借字。本文中的“于是”，有的作“当时”讲，有的作连词“于是”用，由上下文意而定。所从来者高：是说黄河从地势高的地方流来。㉓湍（tuān）悍：水势湍急而凶悍。㉔数(shuò)：多次。败：害；灾害。㉕乃：于是。厮：分。二渠：禹导河至于大邳山后，分黄河为两支，以泄其湍激之水势。其一为黄河主流；其一即漯水，一名漯川。故道自今河南浚县西南别黄河，东北流经濮阳、山东范县、莘县、聊城、临邑、滨州市滨城区等境入海。今山东省徒骇河即古漯水的残余而稍有变迁。㉖载：乘，登。㉗降水：（清）胡渭以为是古漳、绛二水的通称。绛水乃浊漳水上游，源出今山西省长治市屯留区，东流入漳水，在今河北省邯郸市肥乡区、曲周区间注入古黄河。㉘大陆：古泽薮名。即大陆泽，又名巨鹿泽。在今河北省邢台市任泽区、隆尧县、巨鹿县之间。源出内丘以南，太行山区的河流都汇注于此，今已淤成平地。㉙播：分。九河：据《尔雅·释水》说是徒骇、太史、马颊、覆釜、胡苏、简、絜、钩盘、鬲津九条河，今已不能确指。今人多主张九河不一定是九条河，而是古时黄河下游许多支派的总称。㉚同为逆河：是说黄河“播为九河”之后，又合而为一，名为“逆河”。同，汇合。据梁启超考证，逆河在今天津市，及河北沧县、盐山，山东省滨州市沾化区、无棣县等境。㉛勃海：即今渤海。㉜九川：指九州的大川。《索隐》以为即弱水、黑水、河水、漾水、江水、沇水、淮水、渭水、洛水。既：已。㉝九泽：九州的湖泊。洒：划分。㉞诸夏：古代泛称中国为诸夏。艾（yì）安：太平无事。㉟施（yì）：延续。

【原文】

自是[1]之后，荥阳下引河东南为鸿沟[2]，以通宋、郑、陈、蔡、曹、卫[3]，与济、汝、淮、泗会[4]。于楚[5]，西方则通渠汉水、云梦之野[6]，东方则通沟[7]江淮之间。于吴[8]，则通渠三江、五湖[9]。于齐[10]，则通菑济[11]之间。于蜀[12]，蜀守冰凿离碓[13]，辟沫水[14]之害，穿二江成都之中[15]。此渠[16]皆可行舟，有余则用溉浸[17]，百姓飨[18]其利。至于所过[19]，往往[20]引其水，益用溉田畴[21]之渠，以万亿计，然莫足[22]数也。

【注释】

①是：此，指大禹治水。②荥（xíng）阳：在现在的河南省荥阳市东北。战国时韩为荥阳邑，秦置县。鸿沟：古运河名。约在战国魏惠王十年（前360）开通。③宋：诸侯国名。周朝封国，前286年为齐国所灭。在今河南商丘市一带。郑：诸侯国名。前806年郑武公立国，前375年为韩国所灭。在今河南新郑市一带。陈：诸侯国名。周朝封国，建国于今河南淮阳县一带。前478年为楚所灭。蔡：诸侯国名。曾建都于今河南省上蔡县。后多次迁都。前447年为楚所灭。曹：诸侯国名。建都于今山东省菏泽市定陶区西南。前487年为宋所灭。卫：诸侯国名。曾先后建都于今河南省鹤壁市、滑县、濮阳。④济：济水，古水名。包括黄河南北两部分，河北部分源出河南省济源市西王屋山，河南省部分本系黄河的一个支脉，河道

几经变迁。汝：汝水，古水名。上游即今河南省北汝河，下游东沅水（今洪河），南经上蔡县至遂平县又东会深水（今沙河），此下即今南汝河及新蔡县以下的洪河。淮：淮水。即今淮河。泗：泗水，古水名。因其四源合为一水，故名，即今泗河，但河道有变迁。会：汇合。⑤于：在。下文“于吴”“于齐”“于蜀”的“于”均同。楚：指楚国。⑥西方：楚国的西部。下文的“东方”即楚国的东部。汉水：又名汉江。长江最大的支流。发源于今陕西宁强县北嶓冢山。初出山时名漾水，东南经勉县为沔水，东经原褒城县（已撤销，详见第一册第58页注），合褒水，始为汉水。东南流经陕西、湖北至武汉入长江。云梦：即云梦泽。野：郊野，这里泛指汉水与云梦泽之间的地方。⑦沟：指邗沟。古运河。春秋时吴王夫差为争霸中原在江淮间开凿。⑧吴：指吴国。在现在的江苏省境内，前473年为越所灭。建都今江苏省苏州市。⑨三江：三江的说法很多，但都很牵强。近人多认为三江是长江下游众多水道的总称，并非确指某三条水。“三”，古人常用来表示多数。五湖：泛指太湖流域一带所有的湖泊，并非实指某五个湖泊。⑩齐：指齐国。⑪菑（zī）：通“淄”。水名，即今淄河。发源于山东省济南市莱芜区，东北流经淄博市临淄区东，北上合小清河入海。济：指济水。⑫蜀：指战国时期秦国的蜀郡。在今四川省境内，治今成都市。⑬守：郡守。冰：即李冰，战国时期的水利家，约前256—前251年被秦昭王任为蜀郡守。在任期间，主持兴建了著名的都江堰水利工程。凿：凿开；挖通。

离碓：即离堆。⑭辟：通“避”。沫水：即今大渡河。⑮穿二江成都之中：岷江上游，流经川北山区，水流湍急，挟带着大量泥沙。岷江进入灌县（今都江堰市）以后，就进入成都平原，水流突然变缓慢，泥沙在灌县地方壅积，河床垫高，容易泛滥，以致平原地区常闹水灾。在李冰主持下，成都平原的劳动人民在灌县附近把岷江分为郫江（即内江）和检江（即外江）两支，使岷江的水流分散，既可免除泛滥的水灾，又便利了航运和灌溉，使成都平原成为“天府之国”。⑯此渠：指这一段提到的鸿沟、邗沟等所有人工开凿的沟渠水道。这些沟渠水道，都是春秋战国时期各国先后开凿的。⑰溉浸：灌溉。⑱飨：通“享”。⑲所过：渠道所经过的地方。⑳往往：到处；处处。㉑益：增加。田畴：田地；农田。㉒然：承接连词，和“则”差不多，译为“就”或“便”。莫足：不能；无法。

【原文】

西门豹引漳水溉邺[1]，以富魏之河内[2]。

【注释】

①西门豹：战国魏文侯（前445—前396年在位）时邺令。漳水：有清漳河、浊漳河两源，均出自山西省东南部，在河北省南部汇合后称漳河，东南流入卫河。邺：古都邑名。②河内：古地区名。春秋战国时以黄河以北为河内，黄河以南为河外。邺属河内。

【原文】

而韩闻秦之好兴事[①]，欲罢之[②]，毋令东伐[③]，乃使水工郑国[④]间说秦，令凿泾水自中山西邸瓠口为渠[⑤]，并北山东注洛[⑥]三百余里，欲以溉田。中作而觉[⑦]，秦欲杀郑国。郑国曰："始臣为间，然渠成亦秦之利也。"秦以为然[⑧]，卒使就[⑨]渠。渠就，用注填阏[⑩]之水，溉泽卤之地[⑪]四万余顷，收皆亩一钟[⑫]。于是关中为沃野[⑬]，无凶年[⑭]，秦以[⑮]富强，卒并诸侯[⑯]，因命曰郑国渠[⑰]。

【注释】

①韩：韩国。战国七雄之一。秦：秦国。好（hào）兴事：喜欢兴办各种事业。②罢（pí）：通"疲"。之：代词，指秦国。③毋：不。东伐：指向东方攻打韩国。④使：派遣。水工：治水的工程人员。郑国：战国末水利家。⑤泾水：水名。上游两源：北源出自今甘肃省平凉，南源出自甘肃省华亭，至甘肃省泾川汇合，东南流至陕西省彬州市，再折而东南至高陵南流入渭河。自中山西邸瓠口为渠：是说从中山（又名仲山，在今陕西省泾阳县西北）引泾水向西到瓠口（即焦获泽，在今泾阳北）作为渠口，利用西北微高、东南略低的地形，沿北山南麓引水向东伸展。⑥并（bàng）：通"傍"，挨着；沿着。北山：泛指关中平原北面诸山。洛：洛河，即北洛河。发源于今陕西省定边县东南，东南流经志丹、甘泉、富县，至洛川纳沮河，又流经蒲城，到大荔南合渭河后，东入黄河。⑦中作：工程进行到一半的时候。觉：发觉。⑧然：是；

对。⑨卒：终于。就：成就；完成。⑩注：引。阏：通“淤”，填阏，淤泥。填阏之水，指含有淤泥、十分浑浊的水。这种水可以降低土地的盐碱含量。⑪泽卤之地：盐碱地。⑫钟：六斛四斗为一钟。⑬关中：指关中平原。沃野：肥沃的田野。⑭凶年：荒年。⑮以：因此。⑯并：吞并。诸侯：指关东六国。⑰命：命名。郑国渠：自中山引泾水西至瓠口，然后沿北山南麓向东伸展，经今三原、富平等县地，穿过许多纵流的小河，从今大荔县东南，注入洛水。

【原文】

汉兴三十九年①，孝文时河决酸枣②，东溃金堤③，于是东郡大兴卒塞④之。

【注释】

①汉兴三十九年：时为汉文帝十二年（前168）。从刘邦初为汉王时算起，至此整三十九年。②孝文：即汉文帝刘恒，前180—前157年在位。孝文时，指文帝十二年。酸枣：县名。治所在今河南省延津县西南。③东溃：西汉时的黄河故道自现在的河南省浚县西南为东北流向，南岸的堤防溃决，水流向东，因此称“东溃”。金堤：西汉时东郡、魏郡、平原郡界内黄河两岸，都有石筑的大堤，高者至四五丈，因修筑得很坚固而被称为金堤。此次东溃金堤在东郡白马（今河南省滑县境）。④东郡：郡名。治所在今河南濮阳县西南。兴：征发。卒：民夫。塞：堵塞。

【原文】

其后四十有余年[①]，今天子元光[②]之中，而河决于瓠子[③]，东南注钜野[④]，通于淮、泗[⑤]。于是天子使汲黯、郑当时[⑥]兴人徒塞之，辄复[⑦]坏。是时武安侯田蚡[⑧]为丞相，其奉邑食鄃[⑨]。鄃居河北[⑩]，河决而南则鄃无水灾，邑收多。蚡言于上曰："江河[⑪]之决皆天事，未易[⑫]以人力为强塞，塞之未必应天[⑬]。"而望气用数者[⑭]亦以为然。于是天子久之不事复塞[⑮]也。

【注释】

①其后四十有余年：指汉文帝十二年黄河决堤之后四十多年。实际上汉文帝十二年到汉武帝元光三年河决于瓠子，仅有三十六年。②今天子：指汉武帝刘彻。前141—前87年在位。司马迁为汉武帝时人，故提到汉武帝时称"今天子"或"天子"。元光：汉武帝年号。前134年至前129年。元光之中，指元光三年（前132）。③瓠子：地名，亦称瓠子口。在现在的河南省濮阳县西南。④钜野：钜野泽，又名大野泽。约在今山东巨野县北部，今湮没。⑤通于淮、泗：黄河决口之后，水流入淮水、泗水等河。⑥汲黯：西汉濮阳（今河南省濮阳县西南）人。汉武帝时任东海郡太守。后召为主爵都尉。郑当时：西汉陈（今河南省周口市淮阳区）人。武帝时曾为九卿。⑦辄：随即；马上。复：又。⑧武安侯田蚡（fén）：西汉长陵（今陕西省咸阳东北）人。汉景帝王皇后同母弟。武帝时以贵戚封武安侯。曾任太尉、丞相，骄横专断。武安，今河北省武安市。⑨奉邑：即食邑，采邑。鄃（shū）：鄃县，县

名。治所在今山东省平原县西南。⑩河北：黄河以北。⑪江河：这里是泛指，并不专指长江和黄河。⑫未：不能。易：轻易。⑬应天：与天意相合。⑭望气用数者：指方士、术士等。望气，方士的一种占候术，望云气以测吉凶。⑮之：语气助词，用在“久”字之后，以补凑音节，无实在意义。不事复塞：不再从事堵塞黄河决口。

【原文】

是时郑当时为大农[①]，言曰：“异时关东漕粟从渭中上[②]，度六月而罢[③]，而漕水道[④]九百余里，时有难处[⑤]。引渭穿渠起长安[⑥]，并南山[⑦]下，至河三百余里，径[⑧]，易漕，度可令三月罢；而渠下[⑨]民田万余顷，又可得以溉田：此损漕[⑩]省卒，而益肥关中之地，得谷[⑪]。”天子以为然，令齐人水工徐伯[⑫]表，悉发卒数万人穿漕渠[⑬]，三岁而通。通，以漕[⑭]，大便利。其后漕稍[⑮]多，而渠下之民颇[⑯]得以溉田矣。

【注释】

①是时：此时，指武帝元光六年（前129）。大农：大农令，九卿之一。汉武帝太初元年（前104）改名为大司农。主要掌管租税钱谷盐铁等事。②异时：往日；从前。关东：指函谷关以东的地区。漕粟：从水路运输粮食。渭：即渭水。源出今甘肃省渭源县西北鸟鼠山，东南流至清水县，入陕西省境，横贯关中平原，东流至潼关，入黄河。从渭中上：从渭水西运京师长安。③度（duó）：估计。六月：六个月。罢：完；结束。指把漕粟运到长安。④漕水道：漕运的水道。⑤时：

时时；时常。难处：难以行船之处。⑥引渭穿渠起长安：据《水经注》说，在郑当时主持下所修的漕渠是引昆明池（故址在今西安市西南）水，傍南山（秦岭）开渠，东至于黄河，不是引渭水。⑦南山：终南山，即秦岭；在今陕西省西安市南。⑧径：直。指路线直，距离短。⑨渠下：因为渠紧临终南山，山下有农田，故谓渠下。⑩损漕：减少漕运时间。损，减少。⑪得谷：多打粮食。⑫徐伯：西汉齐郡（治今山东省淄博市临淄区）人。是当时的水利专家。⑬穿：开凿。漕渠：漕运之渠。⑭以漕：用来漕运。⑮稍：逐渐。⑯颇：皆，多。

【原文】

其后河东守番係[1]言："漕从山东[2]西，岁百余万石，更砥柱之限[3]，败亡[4]甚多，而亦烦费[5]。穿渠引汾溉皮氏、汾阴[6]下，引河溉汾阴、蒲坂[7]下，度可得五千顷。五千顷故尽河壖弃地[8]，民茭牧其中[9]耳，今溉田[10]之，度可得谷二百万石以上。谷从渭上[11]，与关中无异[12]，而砥柱之东可无复[13]漕。"天子以为然，发卒数万人作渠田[14]。数岁，河移徙[15]，渠不利[16]，则田者不能偿种[17]。久之，河东渠田废，予越人[18]，令少府以为稍[19]入。

【注释】

①河东：郡名，秦置。治所在安邑（今山西省夏县西北）。辖境相当今山西省沁水县以西、霍山以南地区。黄河进入陕西、山西两省交界地区时，作北南流向，当时的河东郡位于黄河东边，故名。守：即太守。番係：人名。当时为河东

郡太守。②山东：秦汉时期，称崤山或华山以东为山东，与“关东”的含义相同。漕从山东西，谓漕粮从山东地区西运。③更：历；经。砥柱：即砥柱山。限：险阻。④败亡：指物资损失和人员伤亡。⑤烦费：耗费。⑥汾：汾河。黄河支流。发源于今山西省宁武县管涔山，南流至曲沃县西折，在河津市入黄河。皮氏：县名。治所在今山西省河津市西。汾阴：县名。治所在今山西省万荣县境，故在汾河之南而得名。⑦蒲坂：县名。治所在今山西省永济市西蒲州镇。⑧故：本来。尽：都是。河壖：河边地。弃地：荒地。⑨茭牧其中：谓放牧牛马，使食其中的茭草。茭，茭草，可喂牲口。⑩田：耕种。⑪谷从渭上：粮食沿渭水运上。⑫与关中无异：是说从渭水运粮到京师，路程很近，和从关中各地运粮到京师没有多少差别。⑬无复：不再。⑭作渠田：兴修水渠，开垦田地。⑮移徙：迁移；改道。⑯不利：不能发挥作用。⑰则：而。不能偿种：是说收成很少，连种子的价值都收不回来。⑱予越人：当时越人有徙居者，废弃的渠田便给了他们。⑲少府：官名。九卿之一。掌山海池泽收入和皇室手工业制造，为皇帝的私府。稍：小。

【原文】

其后人有上书欲通褒斜道[①]及漕，事下御史大夫张汤[②]。汤问[③]其事，因[④]言：“抵蜀从故道[⑤]，故道多阪[⑥]，回远[⑦]。今穿褒斜道，少阪，近四百里；而褒水通沔[⑧]，斜水通渭，皆可以行船漕。漕从南阳[⑨]上沔入褒，褒之绝水[⑩]至斜，间[⑪]百余里，以车转[⑫]，从斜下下[⑬]渭。如此，汉中之谷可致[⑭]，山东从沔无限[15]，便于砥柱之漕。且褒斜材木竹箭[16]之饶，拟于巴蜀[17]。”天子以为然，拜[18]汤子卬为汉中守，发数万人作褒斜道五百余里。道果便近[19]，而水湍石[20]，不可漕。

【注释】

①人有：有人。上书：古时臣下或官吏用文字向帝王或上官陈述意见或建议称上书。通：开通。褒斜道：古道路名。因取道褒水、斜水两河谷而得名。两水同出秦岭太白山。褒水南注汉水，谷口在旧褒城县北十里；斜水北注渭水，谷口在眉县西南三十里。汉武帝时曾征发数万人治褒斜水道，欲使通漕运，没成功。褒斜道自汉以后长期为往来秦岭南北的重要通道之一。②事下：皇帝把事情交给大臣去拟议叫“事下”。御史大夫：官名。秦汉时仅次于丞相的中央最高长官。主要职务为监察、执法，兼掌重要文书图籍。张汤（？—前116）：杜陵（今陕西省西安市东南）人。汉武帝时历任廷尉、御史大夫等职。用法严峻。曾与赵禹共定律令。建议铸造白金（银币）及五铢钱，支持盐铁官营，制定“告缗令”，以打击富商大贾。因被朱买臣等陷害，自杀。③问：有的本子作“阿”。王先谦说，“阿”字因形近而误为“问”。当据改作“阿”。阿，阿谀，奉承，迎合。④因：于是，就，便。⑤抵：至；到。蜀：蜀郡。故道：又名陈仓道。起自陈仓（今陕西省宝鸡市东），西南行出散关，沿故道水谷道至今凤县折而东南入褒谷，出抵汉中。道虽迂远，以坡度较平缓，自古以来为往来秦岭南北的通道。⑥阪：山坡。⑦回远：绕远。⑧沔：沔水。本

为汉水的上游，后因通称汉水为沔水。⑨南阳：郡名。治所在今河南南阳市。⑩绝水：指源头（河流的发源处）。⑪间：间隔。⑫转：陆运。⑬下下：《汉书·沟洫志》无后一“下”字，《史记会注考证》认为是衍文，应删减。⑭汉中：即汉中郡。致：运到。⑮无限：无所阻隔。⑯褒斜：指褒水、斜水流域。竹箭：一名蔡，小竹，可以作箭杆。⑰拟：比。巴蜀：巴郡和蜀郡，包括今四川省全境。⑱拜：授官。⑲便近：既方便又近。⑳而：但。水湍石：当作“水多湍石”。《史记会注考证》说，神田（喜一郎）抄本有“多”字，与《汉书·沟洫志》相合。当补。湍石，湍流激石。

【原文】

其后庄熊罴[①]言：“临晋民愿穿洛以溉重泉以东万余顷故卤地[②]。诚[③]得水，可令亩十石。”于是为发卒万余人穿渠，自徵引洛水至商颜[④]山下：岸善崩[⑤]，乃凿井，深者四十余丈。往往[⑥]为井，井下相通行水。水穨以绝[⑦]商颜，东至山岭十余里间[⑧]。井渠之生[⑨]自此始。穿渠得龙骨[⑩]，故名曰龙首渠[⑪]。作之十余岁，渠颇通，犹未得其饶[⑫]。

【注释】

①庄熊罴：人名。②临晋：县名。治所在今陕西省大荔县东朝邑旧县东南。重泉：县名。卤地：盐碱地。③诚：果然。④徵：县名。在现在的陕西省澄城县西南。商颜：山名，即今铁镰山。在今陕西省大荔县北。⑤岸善崩：是说商颜山下的土质松疏，渠岸容易崩塌。⑥往往：一处一处地。⑦穨：水

向下流。绝：通过；越过。⑧东至山岭十余里间：与上文相连是说，井渠从商颜山下修起，越过商颜山，向东修到距离山岭十余里的地方。⑨生：产生；出现。⑩龙骨：古代脊椎动物的骨骼和牙齿的化石。⑪龙首渠：此渠是汉武帝时为灌溉今陕西北洛水下游东岸一万多顷盐碱地而开凿。渠自今澄城县西南引北洛水东南流，至今大荔西仍入洛。渠经商颜山下，由于土质松散，渠岸易崩，故凿井在井下开渠通水，长十余里。这是我国历史上第一条地下井渠。汉朝人发明的这种井渠法未大成功，此法后由中国传至西域及波斯。⑫犹：依然；仍然。饶：利；好处。

【原文】

自河决瓠子后二十余岁，岁因以数①不登，而梁楚之地②尤甚。天子既封禅③，巡祭山川④，其明年⑤，旱，干封⑥少雨。天子乃使汲仁、郭昌⑦发卒数万人塞瓠子决。于是天子已用事万里沙⑧，则还自临⑨决河，沉白马玉璧于河⑩，令群臣从官自将军已下皆负薪⑪窴决河。是时东郡烧草⑫，以故⑬薪柴少，而下淇园之竹以为楗⑭。

【注释】

①岁：年成。因以：因此。数（shuò）：屡次；连年。②梁楚之地：梁、楚均为西汉的封国。梁治睢阳（今河南省商丘市南），楚治彭城（今江苏省徐州市）。③既：已。封禅：封建帝王祭祀天地的典礼。在泰山上筑土为坛祭天，称“封”；在泰山南的梁父山上辟场祭地，称“禅”。汉武帝举行

封禅典礼在元封元年。④巡：天子到各地视察叫“巡”。武帝封禅后曾不断出巡。山川：指名山大川。⑤其明年：指武帝封禅后的第二年，即元封二年（前109）。⑥干封：西汉方士有一种迷信说法，凡是帝王封禅后应连续三年不下雨，以便晒干祭坛之土。封，指封禅时所筑祭天之土坛。⑦汲仁：汲黯之弟，曾为九卿。郭昌：云中（治所在今内蒙古托克托东北）人，曾任校尉。⑧用事：行事。指行祭祀之事。万里沙：即万里沙祠。在今山东半岛东莱市北。⑨则：于是；便；就。自：亲自。临：到。⑩沉白马玉璧于河：这是一种祭祀水神之礼。⑪薪：草。⑫烧草：用草作燃料。⑬以故：因此。⑭而：于是；便；就。下：顺流运输。淇园：地名。古以产竹闻名，在今河南省淇县附近。楗（jiàn）：古代用以堵塞河决的埽（sào），以竹为之称竹楗。据《元和志》，李冰曾做楗尾堰，以防江决。其法：破竹为笼，圆径三尺，长十丈，装以石头，一层层累起以堵水，此为下竹为楗之法。

【原文】

天子既临河决，悼功[①]之不成，乃作歌[②]曰：“瓠子决兮将奈何[③]？皓皓旰旰兮闾[④]殚为河！殚为河兮地[⑤]不得宁，功无已时兮吾山[⑥]平。吾山平兮钜野[⑦]溢，鱼沸郁兮柏[⑧]冬日。延道弛[⑨]兮离常流，蛟龙骋兮方[⑩]远游。归旧川兮神哉沛[⑪]，不封禅兮安知外！为我谓河伯[⑫]兮何不仁，泛滥不止兮愁吾人！啮桑浮兮淮、泗满[⑬]，久不反兮水维缓[⑭]。”一曰：“河汤汤兮激潺湲[⑮]，北渡迂兮浚[⑯]流难。搴长茭兮沉美玉[⑰]，河伯许兮薪不属[18]。薪不属兮卫人罪[19]，烧萧条兮噫乎何以御[20]水！穨林竹兮楗石菑[21]，宣房[22]塞兮万福来。”于是卒[23]塞瓠子，筑宫其上，名曰宣房宫。而道河北行二渠[24]，复禹旧迹，而梁、楚之地复宁，无水灾。

【注释】

①悼：伤；痛；悲。功：事，指堵塞河决之事。②歌：即《瓠子歌》，共二首。第一首写河决瓠子，灾情严重，堵塞决口，刻不容缓。第二首写塞河本事，祝其功成来福。③兮（xī）：语气助词。相当于现代汉语中的“啊”。奈何：怎么办。④皓皓（hào）：通“浩浩”，水盛大的样子。旰旰（hàn）：水盛大的样子。闾：是“虑”的假借字。虑，大抵，大都。⑤地：指梁、楚之地。⑥已：止。吾（yú）山：指鱼山。在现在的山东省东阿县西南。当时大量开采吾山之石以塞黄河决口，所以慨叹地说“吾山平”。⑦钜野：即巨野泽。⑧沸郁：读为“沸渭”。“沸渭”犹“纷纭”，盛多貌。柏：通“迫”，接近。柏冬日，是说时已近冬，黄河之水仍泛滥不止。⑨延：有的本子作“正”，《汉书·沟洫志》作“正”，《水经注》亦作“正”。王先谦说，“延”是“正”的误字。当改。弛：毁坏。⑩骋（chěng）：奔驰。方：通“放”，恣意；放纵。⑪归旧川：水还旧道。神：这里指河神。哉：语气助词。相当于“啊”。沛：滂沛。形容神力的巨大。⑫为：替。谓：告语。河伯：河神。⑬啮桑：地名，即啮桑亭。在今江苏省沛县西南。浮：漂没。满：溢。⑭反：通“返”。水

维：河水的纲维，指河堤。缓：舒缓。指河堤崩溃。⑮汤汤（shāng）：水盛貌。潺湲（chán yuán）：水势急疾。⑯迂（yū）：通“迂”，曲折；绕远。浚：疏导。⑰搴（qiān）：取。茭（jiǎo）：篾缆，即用薄竹片或芦苇编成的大索，用来引致土石。沉美玉：是祭祀河神之礼。⑱许：答应佑助。属（zhǔ）：接连。不属，接济不上，供应不及。⑲卫人罪：东郡是战国时期卫国的地方。所以这里把东郡人叫“卫人”。⑳烧萧条：草都烧尽，田野萧条。噫乎：感叹词，相当于现代汉语中的“唉”。御：抵挡；堵塞。㉑穨林竹：即上文所说“下淇园之竹”。穨，下。楗石菑：用竹楗和石菑来巩固河堤。楗，桩。作动词用，即“打桩”。石菑，打桩所用的石柱。㉒宣房：武帝堵塞瓠子决口后，在瓠子堤上筑宫，名为“宣房”。这里用来指代瓠子决口。㉓卒：终于。㉔道河北行二渠：元封二年（前109），堵塞瓠子决口，河归故道及其支流漯水，故称“道河北行二渠”。

【原文】

自是之后，用事者[①]争言水利。朔方[②]、西河[③]、河西[④]、酒泉皆引河及川谷[⑤]以溉田；而关中辅渠[⑥]、灵轵引堵水[⑦]；汝南[⑧]、九江[⑨]引淮；东海引钜定[⑩]；泰山下引汶水[⑪]；皆穿渠为[⑫]溉田，各万余顷。佗小披山通道[⑬]者，不可胜言。然其著者在宣房[⑭]。

【注释】

①用事者：犹言“有司”，指官吏。②朔方：郡名。汉武

帝元朔二年（前 127）设置。治所在朔方（今内蒙古杭锦旗北）。管辖境地为相当今河套西北部及后套地区。③西河：郡名。汉武帝元朔四年置。治所在平定（今内蒙古鄂尔多斯市东胜区境）。辖境相当今内蒙古鄂尔多斯市东部、山西吕梁山、芦芽山以西、石楼以北及陕西省宜川县以北黄河沿岸地带。④河西：地区名。指今甘肃、青海两省黄河以西，即河西走廊与湟水流域。⑤酒泉：郡名。汉武帝元狩二年（前 121）置。治所在福禄（今甘肃酒泉）。川谷：指河流。⑥辅渠：又称六辅渠、六渠。汉武帝元鼎六年（前 111）在左内史兒（ní）宽的主持下，于郑国渠上游南岸开凿六道小渠，以辅助灌溉郑国渠所不能达到的高地。约起自今陕西省淳化县西南，至泾阳西北的云阳镇北。⑦灵轵：即灵轵渠。汉武帝时，自今陕西省眉县东北渭水北岸，引渭水东流经今扶风南，武功、兴平、咸阳之北，至灞、渭汇合处东注渭水，称为成国渠。堵水：徐广说，一本作“诸川”。当据改。诸川，众水。⑧汝南：郡名。汉高祖刘邦四年（前 203）置。治所在上蔡（今河南省上蔡县西南）。⑨九江：郡名。秦置。治所在寿春（今安徽省寿县）。汉武帝时辖境相当今安徽省淮河以南、瓦埠湖流域以东、巢湖以北地区。⑩东海：郡名。治所在郯县（今山东省郯城北）。钜定：泽名，即巨定泽。今山东省广饶县东北清水泊的前身。⑪泰山：郡名。治所在博县（今山东省泰安市泰山区东南），后移治奉高（今泰安市泰山区东北）。汶（wèn）水：今称大汶水或大汶河。发源于山东省济南市莱芜区北，西南流经古嬴县南，又西南会牟汶、北汶、石汶、柴汶至今东平县戴村坝，西流经东平县南至梁山东南入济水。⑫为：以。⑬佗：通“他”，即其他。披山通道：谓随山势造陂池以导水。道，通“导”。⑭著：显著；有名。宣房：指堵塞瓠子决口的水利工程。

【原文】

太史公曰：余南登庐山①，观禹疏九江②，遂至于会稽③太湟，上姑苏④，望五湖；东窥洛汭、大邳，迎河⑤，行淮、泗、济、漯、洛渠⑥；西瞻蜀之岷山⑦及离碓；北自龙门至于朔方。曰：甚哉，水之为利害也！余从负薪塞宣房，悲《瓠子》之诗，而作《河渠书》。

【注释】

①庐山：即现今江西省九江市柴桑区的庐山。②观：观察；实地考察。九江：长江水系的九条河。③会稽：山名。在现今浙江省绍兴市柯桥区东南十二里。④姑苏：山名。在今江苏省苏州市西南。⑤窥：看。迎河：即逆河。⑥渠：河。⑦瞻：观望。岷山：在四川省松潘县北，绵延四川、甘肃两省边境。

【译文】

《夏书》上说：“大禹治理洪水十三年，路过家不进门。陆地上行走坐车，水中行走坐船，泥路上行走踏橇，山路中行走乘轿。从而划分九州疆界；随着山势疏通河流，根据土地实际决定贡赋级别；开通九州的道路，堵塞九州的沼泽，度量九州的山脉。然而黄河泛滥成灾，危害中原地区尤其严重。只有治理黄河这件事是当务之急。于是疏导黄河，从积石山开始，经过龙门，南到华阴县，东下砥柱山和洛州河阳县的孟津、雒汭，一直到大邳山。到达这里，禹认为黄河的发源地地势很高，水势湍急迅猛，很难在平地通行，多次造成河堤败坏，就开凿两道河渠用来导引黄河。往北通过高地流去，经过降水，到达大陆泽，分拨成九条支流，又汇合成逆河，流入渤海。九州的河已经疏通，九州的湖已经清理，整个华夏地区安宁了，功绩延续到三代。”

从大禹治水以后，又从荥阳城下引黄河水向东南流，形成鸿沟，水流通过宋、郑、陈、蔡、曹、卫各国，和济水、汝水、淮水、泗水汇合。在楚地，西方有水渠连通汉水、云楚泽一带，东方有邗沟连通江、淮之间。在吴地，开渠沟通三江、五湖。在齐地，则修渠连通菑水和济水。在蜀地，蜀郡守李冰凿穿离碓，避开了沫水的危害，在成都平原开通二江。这些渠道都可以行船，有多余的水就用来灌溉田地，百姓都享受渠水的利益。至于渠水经过的地方，常常开支渠引水灌溉农田，流入田地的水渠道要用万亿来计算，但是规模小不值得计数。

西门豹引漳水灌溉邺郡的农田，使魏国的河内地区富裕起来。

韩国听说秦国好兴办工役等新奇事，想以此消耗它的国力，使它无力对山东诸国用兵，于是命水利工匠郑国找机会游说秦国，要它凿穿泾水，从中山（今陕西省泾阳县北）以西到瓠口修一条水渠，出北山向东流入洛水长三百余里，欲用来灌溉农田。渠未成，郑国的目的被发觉，秦国要杀他。郑国说："臣开始是为韩国做奸细而来，但渠成以后确实对秦国有利。"秦国以为他说得对，最后命他继续把渠修成。渠成后，引淤积混浊的泾河水灌溉两岸低洼的盐碱地四万多顷，亩产都达到了六斛四斗。从此，关中沃野千里，再没有饥荒年成，秦国富强起来，最后并吞了诸侯各国，把此渠命名为郑国渠。

汉朝建立后三十九年，孝文帝时黄河堤决于酸枣县，向东冲垮了黄河大堤，于是东郡派出了大量的士卒去堵塞决口。

此后过了四十多年，到本朝天子元光年间，黄河在瓠子决口，向东南流入钜野泽，将淮河、泗水连成一片。于是天子命汲黯、郑当时调发民夫、罪徒堵塞决口，往往堵塞以后又被冲坏。那时朝中的丞相是武安侯田蚡，他的奉邑是鄃县，以鄃县租税为食。而鄃县在黄河以北，黄河决口水向南流，鄃县没有水灾，收成很好。所以，田蚡对皇帝说："江河决口都是上天的事，不可轻易用人力强加堵塞，即便将决口堵塞了，也未必符合天意。"此外，望云气和以术数占卜的人也都这样说。因此，天子很长时间没有提堵塞决口的事。

那时，郑当时任大司农职，说道："往常从关东漕运的粮食是沿渭水逆流而上，运到长安估计要用六个月，水路全程九百多里，途中还有许多难行的地方。若从长安开一条渠引渭水，沿南山而下，直到黄河才三百多里，是一条直道，容易行船，估计可使漕船三个月运到；而且沿渠农田一万多顷得到灌溉。这样既能减少漕运的兵卒，节省开支，又能使关中农田更加肥沃，多打粮食。”天子认为说得对，命来自齐地的水利工匠徐伯表测地势，确定河道走向，动员全部兵卒数万人开凿漕渠，历时三年完工。通水后，用来漕运，果然十分便利。此后，漕渠渐渐多起来，渠下的老百姓都能得到以水溉田的利益。

后来，河东守番係说：“从山东漕运粮米西行入关，每年一百多万石，中间经过砥柱这个行船的禁限地区，有许多漕船船坏人亡，而且运费太大。若穿渠引汾水灌溉皮氏、汾阴一带的土地，引黄河水灌溉汾阴、蒲坂一带的土地，估计可以造田五千顷。这五千顷田原来都是河边被遗弃的荒地，老百姓只在其中打草放牧。如今，加以灌溉耕种，估计可得粮食二百万石以上。这些粮食沿渭水运入长安，与直接从关中收获的没有两样，而不再从砥柱以东漕粮入关。”天子同意他的意见，动员兵卒数万人造渠田。几年以后，黄河改道，渠无水，种渠田的连政府贷给的种子也难以偿还。久而久之，河东渠田完全报废，朝廷把它分给从越地内迁的百姓耕种，使少府能从中得到一点微薄的租赋收入。

以后有人上书，是为了想打通褒斜道以及漕运的事，天子交给御史大夫张汤，张汤详细了解后，说道："从汉中入蜀向来走故道，故道有许多山坂大坡，曲折路远。今若凿穿褒斜道，山坂坡路少，比故道近四百里的路程；而且褒水与沔水相通，斜水与渭水相通，都能通行漕船。漕船从南阳沿沔水上行驶入褒水，从褒水登陆到斜水旱路一百多里，以车转运，再下船顺斜水下行驶入渭水。这样不但汉中的粮食可以运来，山东的粮食从沔水而上没有禁限，比经砥柱漕运方便。而且褒斜地区的木材箭竹，其富饶可以与巴蜀相比拟。"天子认为有道理，封张汤的儿子卬为汉中郡太守，调发数万人开出一条长五百多里的褒斜道。果然，方便而且路程近，但是水流湍急多石，不能通漕。

此后，庄熊罴说："临晋地区的老百姓愿意凿穿洛水筑成水渠，用来灌溉重泉以东原有的一万多顷盐碱地。倘若果然能得水灌溉，可使每亩产量达到十石。"于是，调发兵卒一万多人开渠，自徵城引洛水到商颜山下。由于土岸容易塌方，于是沿流凿井，最深有的达到四十多丈。许多地方都凿了井，井下相互连通，使水通行。水从地下穿商颜山而过，东行直到山岭之中十多里远。从此，产生了井渠。凿渠时曾掘出了龙骨，所以给此渠命名为龙首渠。这条渠筑了十多年，颇有些地方通了水，但是并未得到太大的好处。

自从黄河在瓠子决口后二十多年，每年土地都因水涝没有好收成，梁楚地区更为严重。天子既已封禅，并巡祭了天下名山大川。第二年，天由于要晒干泰山封土而少雨。于是命汲仁、郭昌调发兵卒数万人堵塞瓠子决口，阻止水涝，天子从万里沙祠祷神以后，回来的路上亲临黄河决口处，沉白马、玉璧于河中祭奠河神，命群臣及随从官员自将军衔以下，都背负柴薪，填塞决口。当时，东郡百姓以草为炊，柴薪很少，因而命砍伐淇园的竹子作为塞决口的楗。

天子既然亲临决河处，哀痛于塞河不能成功，作歌道："瓠子决口啊，有何办法啊？水势汪洋浩大，州闾都成了河！都成河了啊，大地不得安宁，人们无休此地挖土堵塞决口，可是眼看山都挖平了。决口仍然没有被堵住，流入钜野湖的水仍然泛滥不止，鱼儿遍地都是啊，水已迫近天边。河道废弛啊水离常流，蛟龙因而驰骋啊，正打算远游。水归旧道啊神福滂沛，若不封禅啊怎知此事！为我告河伯啊因何不仁，泛滥不止啊愁煞人。河浸啮桑啊淮泗水满，久不归故道啊唯愿水流稍缓。"另一首是："黄河浩浩荡荡啊，激起滚滚波涛，北渡迂远啊，流急难疏浚。揭草埽于决口啊沉美玉于河，河伯纵许息水啊奈薪柴不足。薪柴不足啊卫人获罪，民烧柴尚不足啊如何御水！伐淇园之竹啊楗阻石柱，堵塞宣房啊万福来。"于是，塞住了瓠子决河，在决口处筑了一座宫殿，取名为宣房宫。修两条渠引河水北行，恢复了禹时的样子，梁、楚地区重又得到安宁，没有水灾了。

从这以后，掌权的人争着讲水利的事。朔方、西河、河西、酒泉都引黄河和川谷的水用来灌溉田地；关中辅渠、灵轵渠引堵水；汝南、九江引淮水；东海郡引钜定泽的水；泰山脚下引汶水：都开掘水渠用来灌溉田地，各一万多顷。其他小的水渠以及劈山凿通水道的，多得说不完。但最著名的工程还是在宣房。

太史公说：我南行登上庐山，看过大禹疏导的九江，向东南走到了会稽太湟，登上姑苏山，远望五湖；向东考察了洛汭、大邳、迎河，巡视了引淮、泗、济、漯、洛诸水的渠道；向西行瞻望了蜀地的岷山和离碓；向北行从龙门到达朔方。很有感触：厉害呀，水可以得利，也可以为害呀！我随从天子出行中也参加了背柴薪堵塞宣房的黄河决口，感叹天子作的《瓠子》歌，因此写下了《河渠书》。

第一百二十卷　平准书[1]第八

《平准书》所述是汉代平准政策产生的由来，实际上系统介绍了汉武帝以前的富国政策。从中可以看到一个大一统的封建集权政府是如何利用权力，扼杀、限制工商业的发展，以求解决自身财政危机的。其主要措施是改变钱法、卖官爵和卖复徒法、官卖政策（由官卖盐铁发展到平准法的确立）、强制征商等。对于整个封建制度，这是一个探索过程，也给后人留下了深刻教益。

本文反映了司马迁的政治思想是主张节俭政治的，虽然本质上仍属于那种主张礼乐治天下的儒学思想。在篇末的评论中，他说："安宁则长庠序，先本绌末，以礼义防于利；事变多故而亦反是。"对于汉武帝的尚武开边、祭神、封禅、巡游等"事变"之多极为不满，认为汉代重用"兴利之臣"，是搞得国耗民贫、天下骚然的主要原因，这是一种杂糅了黄老色彩的儒学思想。

【原文】

汉兴[2]，接秦之弊[3]，丈夫从军旅[4]，老弱转粮饷[5]，作业剧而财匮[6]，自天子不能具钧驷[7]，而将相或[8]乘牛车，齐民无

藏盖[⑨]**。于是**[⑩]**为秦钱重难用，更令民铸钱**[⑪]**，一黄金一斤**[⑫]**，约法省禁**[⑬]**。而不轨逐利之民**[⑭]**，蓄积余业以稽市物**[⑮]**，物踊腾粜**[⑯]**，米至石**[⑰]**万钱，马一匹则百金**[⑱]**。**

【注释】

①平准书：本篇论述汉初到武帝时一百多年财政经济的发展变化过程，是我国史籍中最早的经济史专门著作。内容主要是阐述财政经济政策的变动和得失。②汉兴：指汉高祖刘邦初为汉王之时。③弊：凋敝；衰败。指社会经济。④丈夫：指成年男子。从：参加。军旅：军队。⑤转：转运。粮饷：指军粮。⑥作业：所从事的谋生之业。这里指社会生产。剧：难；不易。这里有停滞的意思。财：指物资。匮（kuì）：缺乏。⑦自：即使。天子：指刘邦。钧驷：古代一车套四马。四匹马的毛色一样，叫作钧驷。钧，同，这里指马色相同。驷，四马。⑧或：有的人。⑨齐民：平民；百姓。藏盖：储蓄。⑩于是：当时。“于”为介词，是“在”“当”的意思；“是”为“时”的假借字。本文中的“于是”，除少数是口语中的承接连词以外，多数作“当时”讲。这从上下文中可以辨别。⑪更令民铸钱：秦以“半两钱”为全国统一的货币。每枚重量为当时的半两，即十二铢，合今二钱。汉初由于铜料缺乏，故托秦钱太重，令民改铸轻钱。⑫一黄金一斤：一黄金又称一金，是黄金单位，犹言黄金一锭。秦以一镒（二十两，一说二十四两）为一金，汉初为了以少量之金，当多量之用，规定以一斤（十六两）为一金。⑬约法省禁：简约法令，减省

禁律。⑭不轨逐利之民：指富商大贾（gǔ）。不轨，不遵守法度，越出常轨。逐利，追逐商贾之利。⑮蓄积：聚积。余业：丰厚的产业，指钱财。稽（jī）：囤积。市物：市场上的货物。⑯物踊腾粜：《史记志疑》认为“踊”“粜”都是误字，当依《汉书·食货志》作“物痛腾跃”。痛，大大地。腾跃，跳跃，表示物价上涨。⑰石：十斗为一石。⑱百金：在汉代，凡说“黄金”若干“斤”指的是真金；不言“黄”字“斤”字，如十金、百金，指的是钱。一金万钱，十金十万，百金百万。

【原文】

天下已平[1]，高祖乃令贾人不得衣丝[2]乘车，重租税以困辱之[3]。孝惠、高后[4]时，为[5]天下初定，复弛商贾之律[6]，然市井之子孙亦不得仕宦[7]为吏。量吏禄[8]，度官用[9]，以赋[10]于民。而山川园池市井租税[11]之入，自天子以至于封君汤沐邑[12]，皆各为私奉养[13]焉，不领于天下之经费[14]。漕转山东[15]粟，以给中都官[16]，岁[17]不过数十万石。

【注释】

①天下已平：天下太平以后。前202年，汉高祖刘邦战胜项羽，统一天下，即皇帝位。②贾（gǔ）人：指商人。衣（yì）丝：穿丝织品的衣服。衣，穿（衣服）。③重租税：加重租税。之：他们。指商人。④孝惠（前210—前188）：即刘邦的儿子汉惠帝刘盈，前194—前188年在位。高后（前241—前180）：即高祖刘邦的皇后吕雉。⑤为：由于。⑥弛：放松。商贾之律：指困辱商贾的法律。⑦市井：原指做买卖的

地方，犹言市场，这里用来指商贾。仕宦：做官。⑧量：估量。吏禄：官吏的俸给。⑨度（duó）：估计。官用：政府的经费。⑩赋：征收赋税。⑪山川园池市井租税：汉代所谓山、川、园、池、市井租税，包括盐铁税；海租（即渔税）；假税（天子或诸侯的园囿池苑佃给人民所收之税）；工税（向手工业者征收的税）；市租（商品交易税）等。⑫封君：受有封邑的公主及列侯之属。汤沐邑：这里指公主、列侯的封邑。意思是说，邑内收入供封君朝见天子时斋戒沐浴之用，故名。⑬私奉养：私人的生活费用。⑭不领于天下之经费：不属于国家的经费。领，属。天下，国家。汉代的赋税管理制度是，田租和算赋等的收入，归治粟内史（后改称大农令、大司农）掌管，属于国家经费。“山川园池市井租税之入”则归少府掌管，属于皇帝的私奉养，供皇室享用，不属于国家的经费。诸侯的封国和公主、列侯的封邑，也是一样。⑮漕转：从水道运输粮食。漕，水道运粮。转，车运。山东：战国秦汉时称崤山或华山以东为山东。也称关东。⑯中都官：京师各官府。中都，古代对京师的通称。⑰岁：年。

【原文】

至孝文[1]时，荚钱[2]益多，轻，乃更铸四铢钱，其文[3]为“半两”，令民纵得自铸钱[4]。故吴[5]，诸侯也，以即[6]山铸钱，富埒[7]天子，其后卒[8]以叛逆。邓通[9]，大夫也，以铸钱财过王者。故吴、邓氏钱布[10]天下，而铸钱之禁生焉[11]。

【注释】

①孝文：即汉文帝刘恒（前203—前157），高祖刘邦的中子，是西汉第三代皇帝，前180—前157年在位。②荚钱：即上文高祖刘邦“更令民铸钱”以来民间私铸之轻钱。③文：钱文，钱上铸的文字。④令民纵得自铸钱：纵，随意、任意。⑤吴：西汉初期的一个诸侯王国。吴王刘濞（bì），是刘邦的侄儿，高帝十二年（前195）封。他在封国内铸钱、煮盐，招纳亡人，扩张势力。景帝前三年（前154），他联合楚、赵等六个诸侯国，发动叛乱，史称“吴楚七国之乱”。不久失败，逃到东越被杀。⑥以：凭；依靠。即：就。⑦埒（liè）：等于；相等。⑧卒：终于。⑨邓通：西汉蜀郡南安（今四川省乐山市）人。文帝时初为黄头郎（掌管船舶行驶的吏员。戴黄帽，故名），后得宠幸，官至上大夫。⑩布：流传。⑪而铸钱之禁生焉：连上句是说，自从文帝放铸以后，吴、邓之钱布天下，而景帝时禁止民间铸钱的原因就产生于此。

【原文】

匈奴数侵盗北边，屯戍[1]者多，边粟不足给食当食者[2]。于是募民能输及转粟于边者拜爵[3]，爵得至大庶长[4]。

【注释】

①屯戍：驻防边境。②给食（sì）：给养。食，通“饲”，给人吃。当食者：指驻防边境的士卒。③募：招募。能输：能向国家捐献粮食。输，献纳。转粟于边：把国家的粮食转运到

边境。拜爵：封爵。④爵得至大庶长：是说买爵可以买到大庶长这一级。汉爵二十等，大庶长为第十八等爵。文帝前十二年（前168）采用晁错建议，实行卖爵政策。入粟六百石爵上造（第二等爵），累增至四千石为五大夫（第九等爵），再累增至一万二千石为大庶长。

【原文】

孝景①时，上郡以西旱②，亦复修③卖爵令，而贱其价④以招民；及徒复作⑤得输粟县官以除罪。益造苑马以广用⑥，而宫室列观舆马益增修⑦矣。

【注释】

①孝景：即汉景帝刘启（前188—前141），汉文帝的儿子，西汉第四代皇帝，前157—前141年在位。②上郡以西旱：事在景帝中元三年（前147）。上郡，治肤施（今陕西省榆林市榆阳区东南），辖境当今无定河流域及内蒙古鄂托克旗等地。③修：修订。④贱其价：使其价贱。⑤徒复作：刑名。遇赦令，对判了刑的人，免除其罪犯身份，但仍令其在官府服劳役，服完原定刑期。这样的人，叫“徒复作”，也叫“免徒复作”。⑥益：增。造苑马：造苑养马。苑，牧场。汉西北边郡有六牧师苑，养马三十万匹。广用：宽裕军用；使军用宽裕。⑦列观：各观。观，供皇帝游憩的宫馆。舆马：车马。益增修：逐渐增建和修饰。

【原文】

至今上①即位数岁，汉兴七十余年之间，国家无事，非遇水旱之灾，民则人给家足，都鄙廪庾[2]皆满，而府库余货财。京师之钱累巨万[3]，贯朽而不可校[4]。太仓之粟陈陈相因[5]，充溢露积[6]于外，至腐败不可食。众庶[7]街巷有马，阡陌[8]之间成群，而乘字牝者傧[9]而不得聚会。守闾阎者食粱肉[10]，为吏者长子孙[11]，居官者以为姓号[12]。故人人自爱而重[13]犯法，先行义[14]而后绌耻辱焉。当此之时，网疏而民富[15]，役财骄溢[16]，或至兼并[17]；豪党之徒，以武断于乡曲[18]；宗室有土[19]公卿大夫以下，争于奢侈，室庐舆服僭[20]于上，无限度。物盛而衰，固其变也。

【注释】

①今上：当今皇上，指汉武帝刘彻（前156—前87）。②都鄙：指郡县政府所在的地邑。廪庾（yǔ）：米仓。③累：累积；积聚。巨万：万万。④贯：穿钱的绳索，即钱串。校（jiào）：计点；计数。⑤太仓：汉代京城储粮的大仓。陈陈相因：是说太仓的粮食吃不完，陈粮加陈粮，层层积累。⑥充溢：米装得太满，溢出仓外。露积：露天堆积。⑦众庶：庶民；众民。⑧阡陌（qiān mò）：田间小路。⑨字牝（pìn）：母马。傧（bìn）：通“摈”，排斥。⑩闾阎：里巷的门。粱肉：指精美的膳食。粱，小米。⑪为吏者长子孙：是说当时太平无事，官吏不轻易调动，以至于在任所使子孙长大。“长”字在这里是使动用法。⑫居官者以为姓号：是说做官的人久任其职，便以官名作为自己的姓氏。⑬重：难；不轻易。⑭先行义而后绌耻辱焉：《汉书补注》及《史记会注考证》都认为“先”“绌”对文，《汉书·食货志》无“后”字，“后”字是

衍文，当删。先行义，把品行端正看作首要的事。先，首要的事情，意动用法。⑮网疏而民富：是说当时“约法省禁”，法网宽疏，谋生之途广，百姓殷富。当然，这里所谓“民”以及上面所谓“众庶”，都不是指农民，而是指地主阶级和富商大贾。一般农民不是荒年也仅能自给而已。⑯役：使用，有“凭借”的意思。骄溢：骄傲放纵。⑰或：有的人。至：甚至。兼并：指兼并土地。⑱以：用法同“则”。武断：横行霸道。乡曲：乡里；乡间。⑲宗室：与皇帝同宗的贵族。有土：有封邑的列侯。⑳僭（jiàn）：超越本分。

【原文】

自是之后，严助、朱买臣等招来东瓯[①]，事两越[②]，江淮之间萧然[③]烦费矣。唐蒙、司马相如开路西南夷[④]，凿山通道千余里，以广巴、蜀[⑤]，巴、蜀之民罢[⑥]焉。彭吴[⑦]贾灭朝鲜，置沧海之郡[⑧]，则燕、齐之间靡然发动[⑨]。及王恢设谋马邑[⑩]，匈奴绝和亲[⑪]，侵扰北边，兵连[⑫]而不解，天下苦[⑬]其劳。而干戈日滋[⑭]，行者赍[⑮]，居者送，中外骚扰而相奉[⑯]，百姓抏弊以巧法[⑰]，财赂衰耗而不赡[⑱]。入物者补官[⑲]，出货[⑳]者除罪，选举陵迟[㉑]，廉耻相冒[㉒]，武力进用[㉓]，法严令具[㉔]。兴利之臣[㉕]自此始也。

【注释】

①招来东瓯：东瓯为古代越族的一支，秦汉时分布今浙江南部瓯江、灵江流域。②事两越：两越指南越和闽越。闽越也是古代越族的一支，秦汉时分布今福建北部、浙江南部的部分地区。其首领无诸，相传与东瓯王摇同是越王句践的后裔。汉

初受封为闽越王，治东冶（今福建福州）。后分为繇和东越两部。武帝元鼎六年（前111），东越王余善反抗汉朝，武帝拜侍中朱买臣为会稽太守，在会稽郡预治楼船、储备粮食。元封元年（前110），朱买臣受诏将兵，与横海将军韩说等一同击破东越，徙东越人于江淮地区。南越是南方越人的一支。秦于其地置桂林、南海和象郡。秦末，龙川令赵佗兼并三郡，建立南越国。汉武帝建元六年（前135），闽越兴兵击南越，南越向汉朝求援，武帝派兵攻闽越。闽越王郢弟余善杀闽越王以降，汉乃罢兵。武帝令严助讽谕南越，南越王即遣太子随严助入侍。元鼎五年（前112），南越相吕嘉反，武帝出兵于次年平定越地，置九郡。③萧然：即骚然，动乱不安的样子。④开路西南夷：开通西南夷始自唐蒙、司马相如，因此这里说"唐蒙、司马相如开路西南夷"。⑤巴、蜀：巴郡，治江州（今重庆市北嘉陵江北岸）；蜀郡，治成都（今成都市）。⑥罢（pí）：通"疲"。⑦彭吴：人名。贾：当依《汉书·食货志》作"穿"。⑧置沧海之郡：武帝元朔元年（前128）秽君降汉。⑨燕、齐：燕，指今河北省北部和辽宁省西端，是战国时燕国之地，汉代仍沿称为燕。齐，指今山东省泰山以北黄河流域及山东半岛地区，为战国时齐国之地，汉代仍沿称为齐。靡然：随风披靡貌。发动：动作起来。元封二年（前109），汉遣楼船将军杨仆从齐地渡海，左将军荀彘从燕地出辽东，攻打朝鲜，因此这里说"燕、齐之间靡然发动"。⑩王恢设谋马邑：元光二年（前133），武帝采用大行王恢所设的计谋，在马邑

（今山西省朔州市朔城区）旁伏兵三十万，欲诱致匈奴邀击之。单于入塞，在距马邑百余里的地方发觉，乃引兵还。⑪和亲：从高祖刘邦时开始，以宗室女嫁给匈奴单于，并年年送给匈奴大批礼物，以换取匈奴的不来侵扰，叫作“和亲”。直到文帝、景帝时，对匈奴仍是继续采取和亲政策。⑫兵连：一个战争接连一个战争。⑬苦：痛苦。⑭干戈：干，盾；戈，平头戟。滋：增多。⑮赍：携带。指出征的人携带衣食等物。⑯奉：供应。⑰抏（wán）弊：贫敝；穷乏。巧法：用欺骗取巧的办法来抵制朝廷的法令。⑱财赂（lù）：财物。赡：足。⑲入物：向政府缴纳财物。补官：做官。⑳出货：拿出财货给政府。㉑选举：选拔任用官吏的制度。陵迟：衰颓、败坏。㉒廉耻相冒：是“不顾廉耻”的意思。冒，有所干犯而不顾叫“冒”。㉓武力进用：武勇有力的人得到提升重用。㉔法严令具：法令苛细。严，密；具，完备。㉕兴利之臣：指东郭咸阳、孔仅、桑弘羊之类为汉武帝谋利之臣。

【原文】

其后汉将岁以数万骑出击胡[①]，及车骑将军卫青[②]取匈奴河南地，筑朔方[③]。当是时，汉通西南夷道，作者[④]数万人。千里负担馈[⑤]粮，率十余钟致[⑥]一石。散币于邛、僰以集[⑦]之。数岁道不通，蛮夷因以数[⑧]攻，吏发兵诛[⑨]之，悉巴、蜀租赋不足以更[⑩]之。乃募豪民[⑪]田南夷，入粟县官[⑫]，而内受钱于都内[⑬]。东至沧海之郡，人徒之费拟[⑭]于南夷。又兴十万余人筑卫朔方[⑮]，转漕[⑯]甚辽远，自山东咸被[⑰]其劳，费数十百巨万[18]，府库益虚。乃募民能入奴婢得以终身复[19]，为郎增秩[20]，及入羊为郎[21]，始于此。

【注释】

①岁：年；每年。骑：骑兵。胡：指匈奴。②卫青（？—前106）：西汉名将。河东平阳（今山西省临汾市西南）人。卫皇后弟。本平阳公主家奴，后为汉武帝重用。初拜车骑将军，后为大将军。元朔二年（前127），他率军大败匈奴，取得了匈奴占领下的河套地区，在那里设置了朔方郡。元狩四年（前119），与霍去病共同击垮匈奴主力。他前后七次出击匈奴，解除了匈奴对西汉王朝的威胁。③朔方：朔方城在今内蒙古杭锦旗北。元朔三年（前126）筑朔方城。④作者：指被征发修筑道路的人。⑤负担：负，背（bēi）；担，挑。馈：送。⑥率（shuài）：大率；大致。钟：古量器名。六斛四斗为一钟。致：送到。⑦币：指财物。邛：古族名，分布今四川省西昌地区。僰（bó）：古族名，分布今四川省宜宾一带。集：安定。⑧蛮夷：指西南夷。数（shuò）：屡次。⑨诛：讨伐。⑩悉：尽。更：抵偿。⑪豪民：豪富之民。⑫入粟：缴纳粮食。县官：指巴、蜀各县政府。⑬都内：官名。西汉大司农属官有都内令、丞，是主管国库的官。⑭拟：相等。⑮筑卫朔方：既修筑朔方城又守卫朔方城。⑯转漕：车运叫“转”，水运叫“漕”。⑰被：蒙受；遭受。⑱数十百巨万：数十万万以至百万万。巨万，万万。⑲复：免除徭役。⑳秩：官吏的品级。㉑入羊为郎：畜牧主卜式，屡以家财捐助政府，武帝任为

中郎，借以鼓励其他富商大贾出钱。

【原文】

其后四年[①]，而汉遣大将[②]将六将军，军十余万，击右贤王[③]，获首虏万五千级[④]。明年[⑤]，大将军将六将军仍再出击胡，得首虏万九千级。捕斩首虏之士受赐黄金二十余万斤[⑥]，虏数万人皆得厚赏[⑦]，衣食仰给县官[⑧]；而汉军之士马[⑨]死者十余万，兵甲[⑩]之财，转漕之费，不与焉[⑪]。于是大农陈藏钱经秏[⑫]，赋税既竭[⑬]，犹不足以奉[⑭]战士。有司[⑮]言："天子曰：'朕闻五帝之教不相复[⑯]而治；禹汤之法不同道而王[⑰]。所由殊路[⑱]，而建德一[⑲]也。北边未安，朕甚悼[⑳]之。日者[㉑]，大将军攻匈奴，斩首虏万九千级，留蹛[㉒]无所食。议令民得买爵及赎禁锢[㉓]免减罪。'请置赏官[㉔]，命[㉕]曰武功爵。级十七万，凡直三十余万金[㉖]。诸买武功爵官首者试补吏[㉗]，先除[㉘]；千夫如五大夫[㉙]；其有罪又减二等[㉚]；爵得至乐卿[㉛]：以显[㉜]军功。"军功多用越等[㉝]，大者封侯卿大夫，小者郎吏[㉞]。吏道[㉟]杂而多端，则官职[㊱]秏废。

【注释】

①其后四年：元朔五年（前124）。②大将：当作"大将军"。③右贤王：匈奴官名。是单于下的最高官职。冒顿单于（mò dú chán yú）时，除自领中部外，设左、右贤王，分领东西二部，由单于子弟担任。④级：战国时期秦国规定；斩下敌人一个人头，赐爵一级。因此"级"字便用来作为计数单位。如"斩首数十级"，即斩下人头数十个。这里说"获首虏万五

千级”，是说斩首和俘虏的数目共计一万五千。俘虏应说若干“人”，不应说“级”，这是古人行文不嫌疏略，从一而省的写法。⑤明年：元朔六年（前123）。⑥黄金二十余万斤：指的是真金。⑦虏数万人皆得厚赏：俘虏得厚赏，这是汉武帝对待匈奴的俘虏政策。⑧县官：指朝廷，中央政府。⑨士马：士卒和马匹。⑩兵甲：兵，兵器；甲，战士的护身衣，用皮革或金属制成。⑪不与（yù）焉：不计算在内。焉，于此，在这里面。⑫大农：即大司农。官名。九卿之一。掌管国家租税钱谷盐铁的财政收支。陈藏钱：库藏旧存之钱。上文说武帝初年“府库余财”，“贯朽而不可校”，就是指的陈藏钱。陈，久、旧。经：已经。秏：尽。⑬既：已。竭：尽。⑭奉：供给。⑮有司：古代设官分职，各有专司，因称官吏为“有司”。⑯朕：从秦始皇开始，皇帝自称“朕”。五帝：传说中上古时期的五个帝王。据《五帝本纪》说是黄帝、颛顼、帝喾、唐尧、虞舜。教：教化。相复：递相重复。⑰禹：夏朝第一代君主。汤：商朝的建立者。法：法令、制度。王（wàng）：称王，统治天下。⑱所由殊路：所经的道路不同。由，经过。⑲建德：立德，树立德业。古人把创立一种能使百姓得到好处的法令制度，叫作“立德”。一：一致。⑳悼：悲伤。㉑日者：往日；从前。㉒留蹛（zhì）：滞留，停留。㉓禁锢：不准做官。据《汉书·贡禹传》说，文帝时，贾人、赘埍[婿]和官吏贪污的，都禁锢不准做官，而且没有赎罪之法。㉔赏官：用于赏赐的官爵。㉕命：命名；起名。㉖凡直三十余万金：是说武功爵每级卖价十七万钱，卖爵总值是三十余万万钱（用胡三省说）。万金，万万钱。㉗试补吏：官首为吏称“试”，有试用的意思。补，补缺任用。㉘先除：优先任命。除，任命、授职的意思。㉙千夫如五大夫：武帝时除武功爵外，尚有旧二十等爵并行。㉚其有罪又减二等：是说有罪的人买爵要减二等。如每级十七万出至五十一万者当得三等爵良士，因有罪，故只授一等爵造士。余类推。㉛爵得至乐卿：是说不管什么人，买爵只能买到第八级乐卿为止，第九级执戎以上，只有立下军功的人才能得到。㉜显：显扬。㉝越等：越级。这里是越级提拔的意思。㉞郎吏：郎，郎官，皇帝侍从官的通称；吏，指官府中的低级官员。㉟吏道：做官的途径。㊱官职：官吏的职务。

【原文】

自公孙弘以《春秋》之义绳[①]臣下取蹓汉相，张汤用峻文决理为廷尉[②]，于是见知之法[③]生，而废格沮诽穷治之狱用[④]矣。其明年[⑤]，淮南、衡山、江都王[⑥]谋反迹见，而公卿寻端[⑦]治之，竟其党与[⑧]，而坐死者[⑨]数万人，长吏益惨急而法令明察[⑩]。

【注释】

①公孙弘（前200—前121），西汉菑川（郡治今山东省寿光市南）薛人。少为狱吏。年四十余始治《春秋公羊传》。绳：纠正。②张汤（？—前116）：西汉杜陵（今陕西省西安市东南）人。武帝时历任廷尉、御吏大夫等职。建议铸造白

金及五铢钱，并支持盐铁官营政策，制订“告缗令”，以打击富商大贾。主办许多重大审判案件，用法严峻。曾与赵禹共同编订律令。峻文：严峻的法律条文。决理：断狱；判案。廷尉：官名，九卿之一，掌刑狱。张汤为廷尉在元朔三年（前126）。③见知之法：官吏明明见到、知道某人犯法的事而不予处理，要判以故纵之罪。④废格：废阁的假借。阁，通“搁”，搁置；拖延。沮诽：指对抗、毁谤皇帝诏令的行为。沮，阻止；诽，毁谤。穷治：追根到底地处理。狱：罪案。用：行；流行。⑤其明年：元狩元年（前122）。⑥淮南、衡山、江都王：三王都是汉武帝时代的同姓诸侯王。淮南王刘安，衡山王刘赐，江都王刘建。⑦端：头绪；线索。⑧竟：追究。党与：朋党；参与其事的人。⑨坐死者：因为犯牵连罪而被处死的人。⑩长吏：六百石以上的官吏称长吏，一说二百石至四百石的县吏称长吏。这里指一般审理案件的官吏。惨急：惨酷峻急，指用法严酷。明察：苛细。

【原文】

当是之时，招尊方正贤良文学①之士，或至公卿大夫。公孙弘以汉相，布被，食不重味②，为天下先③。然无益于俗，稍④骛于功利矣。

【注释】

①方正贤良文学：汉代选拔官吏的科目之一。文帝前二年（前178），为了询访政治得失，始诏举贤良方正能直言极谏者。凡中选者，皆授以官职。武帝时，或诏举贤良，或诏举贤

良方正，或昭举贤良文学，名目时有不同，性质无异。②食不重（chóng）味：每顿饭只吃一个菜。③先：先导；表率；榜样。④稍：渐渐。

【原文】

其明年[①]，骠骑[②]仍再出击胡，获首四万。其秋，浑邪王[③]率数万之众来降，于是汉发车二万乘迎之[④]。既至，受赏[⑤]，赐及有功之士。是岁费凡百余巨万。

【注释】

①明年：元狩二年（前 121）。②骠骑：指骠骑将军霍去病。霍去病（前 140—前 117），西汉名将。河东平阳（今山西省临汾市西南）人。官至骠骑将军。他在元狩二年春天和夏天接连两次大败匈奴，控制了河西地区，断了匈奴的“右臂”，打开通往西域的道路。元狩四年（前 119），又和卫青共同击垮匈奴主力。他前后六次出击匈奴，解除了西汉初年以来匈奴对汉王朝的威胁。③浑邪（yé）王：浑邪与休屠（chú）是匈奴的两个部落，同居于今甘肃河西地区。元狩二年夏天，霍去病击败匈败，取得焉支山、祁连山。同年秋天，浑邪王杀休屠王，并其众降汉，共四万人。汉以其地置武威、酒泉两郡。④汉发车二万乘迎之：浑邪王率四万众来降，汉恐其有诈，故命霍去病征发战车二万乘迎接。乘（shèng），古时一车四马为一乘。⑤受赏：是说来降的浑邪王部众四万人受到汉朝的赏赐。

【原文】

初，先是往十余岁河决[①]，观[②]梁、楚之地，固已数困[③]，而缘河之郡堤塞[④]河，辄[⑤]决坏，费不可胜计。其后番係欲省底柱[⑥]之漕，穿汾、河渠以为[⑦]溉田，作者数万人；郑当时为渭漕渠回[⑧]远，凿直渠自长安至华阴，作者数万人；朔方[⑨]亦穿渠，作者数万人：各历二三期[⑩]，功未就，费亦各巨万十数[⑪]。

【注释】

①往十余岁河决：指元光三年（前132）黄河在瓠子（堤名，在今河南省濮阳县境古黄河南岸）决口。从浑邪王来降之元狩二年（前121）算起，首尾共十二年，故云“往十余岁”。②观：古县名，本属上句。《史记志疑》《廿二史考异》和李慈铭《汉书札记》都考证黄河决口的瓠子在濮阳，不在观县，“观”乃“灌”字之讹，当从《汉书·食货志》作“灌”，属下句。今据改。③固：本来。数（shuò）困：数，屡次，频繁；困，贫困，穷困。④堤塞：筑堤堵塞。⑤辄：每每，往往，常常。⑥番（pó）係：是武帝时的河东郡太守，姓番名係。他认为当时每年从山东地区往京师长安运粮一百多万石，经过底柱险流，损失很大，也太耗费，向武帝建议在河东地区修渠，引汾水和黄河水灌溉皮氏（今山西省河津市西）、汾阴（今山西省万荣县西南宝鼎）、蒲坂（今山西省永济市蒲州镇）一带，估计可溉田五千顷，每年可得谷二百万石以上。这样就可以不再从底柱以东运粮了。武帝采纳了他的

建议，征发数万人修渠。渠成之后不久，因黄河改道，渠废。底柱：即砥柱山，又名三门山。⑦以为：同义词连用，“为”也当“以”讲，介词。⑧郑当时：武帝时为大司农。元光六年（前129），在他的建议并主持下，征发数万人，由水工徐伯督率，自昆明池（故址在今西安市西南斗门镇东南一片洼地）南傍南山（秦岭）开渠，东至华阴（今为县级市）通黄河。三年而成。当时此渠既便漕运关东粟，又可溉田。今已无水。为：因为。渭漕渠：渭水漕运的河道。回：弯弯曲曲。⑨朔方：指河套地区。⑩期（jī）：整年。⑪巨万十数：以十万万为单位来计算。数，计。

【原文】

天子为伐胡，盛[①]养马，马之来食[②]长安者数万匹。卒牵掌者[③]关中不足，乃调旁近郡。而胡降者皆衣食县官，县官不给[④]，天子乃损膳[⑤]，解乘舆驷[⑥]，出御府禁藏以赡[⑦]之。

【注释】

①盛：多。②食（sì）：通“饲”，饲养。③卒牵掌者：卒之牵马掌马者，即马夫。④县官不给：政府经费不足，不能供给。⑤损膳：即减膳。膳，饭食。减膳是吃素或减少鱼肉之类的菜肴。⑥解乘舆驷：意思是武帝解下自己用的车上的四匹马，来补助国家的经费。乘舆，皇帝坐的车。驷，四马，古时一车四马。⑦御府禁藏：内廷的库藏。赡（shàn）：供给。

【原文】

其明年[①]，山东被[②]水灾；民多饥乏。于是天子遣使者虚郡国仓廥[3]，以振[4]贫民。犹[5]不足，又募豪富人相贷假[6]。尚不能相救，乃徙贫民于关[7]以西，及充朔方以南新秦[8]中，七十余万口，衣食皆仰[9]给县官。数岁，假予产业[10]，使者[11]分部护之，冠盖相望[12]。其费以亿计，不可胜数。

【注释】

①明年：元狩三年（前120）。②被：遭受。③仓廥（kuài）：粮仓。④振：救济。⑤犹：还；仍。⑥贷假：借贷。这里是把粮食借给贫民的意思。⑦关：指函谷关或潼关。⑧新秦：秦始皇遣蒙恬击匈奴，得其河南地，名曰“新秦”，汉代仍沿称，即今河套地区。⑨仰：依靠。⑩产业：指土地、房屋、牲畜、农具等。⑪使者：指朝廷派去管理移民的官吏，名义上是皇帝的使者。⑫冠盖相望：冠是官吏的礼帽，盖是车盖，相望，互相看得见。这是形容朝廷的使者来往不绝，他们坐着车子，前后都能互相看见。

【原文】

于是县官大空，而富商大贾或蹛财役贫[1]，转毂[2]百数，废居居邑[3]，封君皆低首仰给[4]。冶铸[5]煮盐，财或累万金，而不佐国家之急，黎民重[6]困。于是天子与公卿议，更钱造币以赡用[7]，而摧浮淫并兼[8]之徒。是时禁苑有白鹿而少府[9]多银锡。自孝文更造四铢钱[10]，至是岁四十余年[11]。从建元[12]以来，用少，县官往往即[13]多铜山而铸钱，民亦间盗铸钱[14]，不可胜数。钱益多而轻[15]，物益少而贵[16]。有司言曰：“古者皮币[17]，诸侯以聘享[18]。金有三等，黄金为上，白金[19]为中，赤金[20]为下。今半两钱法[21]重四铢，而奸或盗摩钱里取鋊[22]，钱益轻薄而物贵，则远方用币烦费不省。”乃以白鹿皮方尺，缘以藻缋[23]，为皮币，直[24]四十万。王侯宗室朝觐[25]聘享，必以皮币荐璧[26]，然后得[27]行。

【注释】

①蹛财役贫：这是说富商大贾积贮财货，役使贫民，远途贩卖。蹛，通“滞”，贮。役，役使。②转毂：载运货物的车子。“蹛财役贫，转毂百数”指行商。③废居：废，舍弃，在这里是“出卖”的意思。居，囤积。居邑：居，住。邑，城市。居邑，住在城市中。废居居邑指坐贾。④封君皆低首仰给：是说有封邑的公主列侯都低下头来向富商大贾告贷，靠富商大贾借钱给他们。⑤冶铸：冶铁，铸造铁器。⑥重：益加。⑦更：改。赡：充裕。用：财用，犹今言“经费”。⑧摧：抑；压制；打击。浮淫：骄溢不法。并兼：兼并土地。⑨禁苑：皇家园囿。少府：官名，九卿之一。掌山川园池市井租税之入和皇室手工业制造，是皇帝的私府。⑩孝文更造四铢钱：文帝前元五年（前175）改铸四铢重的“半两”钱为法钱。⑪至是岁四十余年：是岁，指元狩三年（前120）。⑫建元：汉武帝的第一个年号，前140年至前135年。⑬即：就。⑭间(jiàn)：暗暗地，偷偷地。盗铸钱：私自铸钱。自景帝中元六年（前144）下令禁止民间私自铸钱。⑮轻：贱，指币值，不是指重量。⑯贵：指物价昂贵。⑰皮币：用皮做的货币。⑱聘享：聘问献纳。⑲白金：银。⑳赤金：铜。㉑半两钱：指文帝

前五年铸的四铢重的“半两”钱。法：标准。㉒摩：通“磨”，磨损。里：铜钱有字的一面称“文”，无字的一面称“里”。鋊：铜屑。㉓缘以藻缋：用彩绣来饰边。缘，绕。藻缋，彩绣。㉔直：通“值”。㉕朝覲：王侯朝见天子叫朝覲。㉖荐：垫。璧：平圆形中心有孔的玉器。古代朝聘、祭祀、丧葬时用为礼器。㉗得：可以。

【原文】

又造银锡为白金[①]。以为天用莫[②]如龙，地用[③]莫如马，人用[④]莫如龟，故白金三品：其一曰重八两[⑤]，圜[⑥]之，其文[⑦]龙，名曰“白选”，直[⑧]三千；二曰以[⑨]重差小，方之，其文马，直五百；三曰复小，捕[⑩]之，其文龟，直三百。令县官销半两钱[⑪]，更铸三铢钱，文如其重[⑫]。盗铸诸金钱罪皆死，而吏民之盗铸白金者不可胜数。

【注释】

①又造银锡为白金：以银锡为原料造白金。据《汉书·武帝本纪》，造白金、皮币和改铸三铢钱都在元狩四年（前119）。②用：行；飞行。莫：没有哪一种东西。③用：行；奔驰。④用：使用。⑤其一曰重八两：不少学者认为此句以下文字有脱误。⑥圜：通“圆”。⑦文：花纹；图案。⑧直：通“值”。⑨以：他本《史记》无“以”字。细按上下文，其一“重八两”，二则“重差小”，三则“复小”，文从字顺，若加“以”字，不仅多余，而且费解，宜删。⑩捕：是“椭”的讹字，当改。椭，椭圆形。⑪县官：指各郡国政府。半两钱：指

四铢重的半两钱。⑫文如其重：钱重三铢，钱上的文字也是“三铢”，钱文和钱重相符。

【原文】

于是以东郭咸阳、孔仅为大农丞[1]，领[2]盐铁事；桑弘羊以计算用事[3]，侍中[4]。咸阳，齐之大煮盐[5]，孔仅，南阳大冶[6]，皆致生[7]累千金，故郑当时进言[8]之。弘羊，雒阳[9]贾人子，以心计[10]，年十三侍中。故三人言利事析秋豪[11]矣。

【注释】

①东郭咸阳：姓东郭，名咸阳。大农丞：大农令（后改大司农）的属官。②领：管领。③用事：当权。④侍中：在宫中侍从皇帝左右。⑤大煮盐：大盐商。⑥大冶：大铁商。⑦致：获得。生：产业。⑧进言：向皇帝进言，这里是“推荐”的意思。⑨雒（luò）阳：即洛阳。⑩心计：心算。⑪利事：赢利的事。秋豪：鸟兽在秋天新长出来的细毛。比喻细微。

【原文】

法既益严，吏多废免[1]。兵革[2]数动，民多买复及五大夫[3]，征发之士益鲜[4]。于是除千夫、五大夫为吏[5]，不欲者出马；故吏皆適令伐棘上林[6]，作昆明池[7]。

【注释】

①废：罢官。免：免官。②兵革：是兵器和衣甲的总称，引申指战争。③买复及五大夫：向政府缴纳一定数量的财物，可以免除徭役，叫“买复”，如晁错《贵粟疏》说，献马一

匹，免除三个人的徭役。④鲜（xiǎn）：少。⑤除千夫、五大夫为吏：本来在元朔六年（前123）就规定，买爵至千夫的和五大夫一样，可以做官，是一种优待，但由于法令越来越严峻，做官容易获得罪谴，因此那些买得千夫爵和五大夫爵的人宁肯不去做官，现在下令“除千夫、五大夫为吏”，强迫他们去做官。⑥故吏：因为有罪被废免的官吏。適：通“谪”，责罚。棘：有刺草木的通称。上林：即上林苑。故址在今西安市西及鄠邑区、周至县界，周围二百多里。⑦昆明池：故址在今西安市西南斗门镇东南一片洼地。元狩三年（前120），武帝为准备与昆明国作战、训练水军和解决长安水源不足的困难而开凿。周围四十里。

【原文】

其明年[①]，大将军、骠骑[②]大出击胡，得首虏八九万级，赏赐五十万金，汉军马死者十余万匹，转漕车甲之费不与焉。是时财匮，战士颇不得禄[③]矣。

【注释】

①明年：指元狩四年（前119）。②大将军：指大将军卫青。骠骑：指骠骑将军霍去病。③颇：间或，有时。禄：俸禄。

【原文】

有司言三铢钱轻，易奸诈，乃更请诸郡国铸五铢钱[①]，周郭其下[②]，令不可磨取鋊焉。

【注释】

①诸郡国铸五铢钱：据《汉书·武帝纪》，元狩五年（前118）行五铢钱。②周郭其下：周郭，铜钱的轮廓（外框）。下，铜钱无字的一面，也称“里”。原来铜钱的下面无周郭，磨铬与否不易发现；现在在钱的下面铸以周郭，可以防止磨铬，因为磨则郭灭，容易发现。

【原文】

大农上盐铁丞孔仅、咸阳言：“山海，天地之藏[①]也，皆宜属少府[②]，陛下不私，以属大农佐赋。愿募民自给费[③]，因官器作[④]；煮盐，官与牢盆[⑤]。浮食奇民欲擅管山海之货[⑥]，以致富羡[⑦]，役利[⑧]细民，其沮事[⑨]之议，不可胜听。敢私铸铁器煮盐者，钛左趾[⑩]，没入其器物。郡不出铁者，置小铁官[⑪]，便属在所县[⑫]。”使孔仅、东郭咸阳乘传举行[⑬]天下盐铁，作[⑭]官府，除故盐铁家富者为吏。吏道益杂，不选[⑮]，而多贾人矣。

【注释】

①天地：天地之间；世界上。藏：储存东西的地方，如库藏、府藏。②宜属少府：山海池泽之税本来是天子的“私奉养”，归少府管领，不属于政府的经费，所以孔仅、咸阳说“宜属少府”。③自给费：自己拿本钱。④因：用。作：指冶铁铸器。⑤牢盆：煮盐用的铁盆名牢盆。⑥浮食奇民：浮食即浮末，指商贾等业。奇（jī）民，奇邪之民。浮食奇民指垄断

盐铁业的富商大贾和地方豪强。擅管；犹今言“垄断”。山海之货：指盐铁。⑦富羡：富饶。⑧役利：役使。⑨沮（jǔ）事：阻止破坏已成之事。⑩钛：足钳，重六斤，着左足下，类似后世的“脚镣”。趾：脚。⑪小铁官：汉武帝为了实行盐铁官营，据《汉书·地理志》记载，在全国设铁官者凡四十郡，共五十处。产铁地方置铁官，主铸造铁器，不出铁的地方置小铁官，铸旧铁。⑫便属在所县：是说铁官、小铁官即管辖所在郡之各县铁器。便，即。属，管辖。⑬乘传（zhuàn）：驿站传车的一种。举行：举办。⑭作：设立。⑮选：选举。

【原文】

商贾以[1]币之变，多积货逐利。于是公卿言：“郡国颇被灾害[2]，贫民无产业者，募徙广饶之地[3]。陛下损膳省用，出禁钱以振元元[4]，宽贷[5]赋，而民不齐出于南亩[6]，商贾滋[7]众。贫者畜积[8]无有，皆仰县官。异时算轺车贾人缗钱皆有差[9]，请算如故。诸贾人末作[10]，贳贷卖买[11]，居邑稽诸物[12]，及商以取利者，虽无市籍[13]，各以其物自占[14]，率缗钱二千而一算[15]。诸作有租及铸[16]，率缗钱四千一算。非吏比者、三老、北边骑士[17]，轺车以一算；商贾人轺车二算；船五丈以上一算。匿不自占，占不悉，戍边一岁，没入缗钱[18]。有能告者，以其半[19]畀之。贾人有市籍者，及其家属，皆无得籍名田[20]，以便农。敢犯令，没入田僮[21]。”

【注释】

①以：借。②郡国颇被灾害：指上文“其明年，山东被

水灾”。③募徙广饶之地：指上文“乃徙贫民于关以西，及充朔方以南新秦中，七十余万口”。④禁钱：内廷库藏的钱，也就是少府掌管的钱。元元：庶民；众民。⑤宽贷：宽缓。⑥出于南亩：意思是到田地里去耕种。南亩，泛指农田。⑦滋：益加。⑧畜（xù）积：积蓄。⑨异时：往时；从前。算轺车：征收轺车税。算，本义是计算，引申为“征税”。缗钱：缗是穿钱的丝绳，一缗千钱。缗钱即俗所谓“贯钱”，是汉代向工商业者征收财产税时计算其资产的单位名称，同时也是工商业资产税名称。算缗钱即征收工商业资产税。据《武帝纪》，“元狩四年初算缗钱”。这里说过去就曾算缗钱，《史记》《汉书》的本纪和列传均无记载，可能指汉武帝以前向商人征收的“訾算”（财产税）。有差：是说征税有差等。⑩末作：即末业，指工商业。“诸贾人末作”总冒以下“贳贷卖买，居邑稽诸物，及商以取利者”诸句。⑪贳贷卖买：贳贷，指高利贷者。卖买，指贱买贵卖的商人，行商坐贾全部包括在内。⑫居邑稽诸物：指囤户。⑬市籍：商贾的户籍。⑭自占：犹自报。⑮率（shuài）：一概；一律。缗钱二千而一算：商人财产以“缗钱”为单位计算，值缗钱二千出一算。算是税额单位名称，每算一百二十文。⑯诸作有租及铸：是“诸作及铸有租”的倒装。诸作指各种手工业。铸，指铸造铜锡合金器物的行业。这个行业本来也属于手工业，因其较为突出，故特为标出，与“诸作”平列。⑰吏比者：与官吏相等的人。指那些有千夫、五大夫以上爵位的人。三老：掌教化的乡官。西汉有乡三老、县三老。北边骑士：北部边郡做骑士的人。⑱没入缗钱：据《汉书·昭帝纪》如淳注，商人自报财产不实，没收其隐匿不报的财产。⑲畀（bì）：给予。⑳籍：衍文，当删。名田：以个人名义占有田地。㉑田僮：田地和僮仆。

【原文】

天子乃思卜式之言[①]，召拜式为中郎[②]，爵左庶长[③]，赐田十顷[④]，布告天下，使明知之。

【注释】

①卜式之言：指下段卜式回答使者的话："天子诛匈奴，愚以为贤者宜死节于边，有财者宜输委，如此而匈奴可灭也。"②召：呼唤使之来。拜：授予官职叫"拜"。中郎：皇帝的侍从官。③左庶长：二十等爵的第十等。④顷：田百亩为顷。

【原文】

初，卜式者，河南[①]人也，以田畜[②]为事。亲死[③]，式有少弟。弟壮[④]，式脱身出分[⑤]，独取畜羊[⑥]百余，田宅财物尽予弟。式入山牧十余岁，羊致千余头，买田宅。而其弟尽破其业[⑦]，式辄复分予弟者数[⑧]矣。是时汉方数使将击匈奴[⑨]，卜式上书，愿输家之半县官助边[⑩]。天子使使[⑪]问式："欲官乎？"式曰："臣少牧，不习仕宦[⑫]，不愿也。"使问曰："家岂[⑬]有冤，欲言事乎？"式曰："臣生与人无分争[⑭]。式邑人贫者贷[⑮]之，不善者教顺[⑯]之，所居人皆从[⑰]式，式何故见[⑱]冤于人！无所欲言也。”使者曰：“苟[19]如此，子[20]何欲而然？”式曰：“天子诛[21]匈奴，愚以为贤者宜死节[22]于边，有财者宜输委[23]，如此而匈奴可灭也。”使者具其言入以闻[24]。天子以语丞相弘[25]。弘曰：“此非人情。不轨[26]之臣，不可以为化[27]而乱法，愿陛下勿许。”于是上久不报[28]式，数岁，乃罢[29]式。式归，复田牧。岁余，会[30]军数出，浑邪王等降，县官费众，仓府[31]空，其明年[32]，贫民大徙[33]，皆仰给县官，无以[34]尽赡，卜式持钱二十万予河南守，以给徙民。河南上富人助贫人者籍[35]，天子见卜式名，识[36]之，曰“是[37]固前而欲输其家半助边”，乃赐式外繇四百人[38]。式又尽复予县官。是时富豪皆争匿财[39]，唯式尤[40]欲输之助费。天子于是以式终长者[41]，故尊显以风百姓[42]。

【注释】

①河南：河南郡，治雒阳（今洛阳市东北）。②田：耕田。畜：畜牧。③亲：父母。④壮：壮年。⑤脱身出分：从家庭里抽身份出来。⑥畜羊：所畜养的羊。⑦业：产。⑧辄：每每；总是。数（shuò）：多次。⑨方：正在。数使将击匈奴：指元光六年（前129）至元朔六年（前123），汉不断遣将出击匈奴，特别是元朔五年和六年，大将军卫青接连两次将六将军兵十余万，出击匈奴。⑩助边：补助边防的军费。⑪使使：派使者。⑫习：熟悉。仕宦：做官。⑬岂：难道；莫非。⑭分争：即纷争。⑮邑人：同邑的人。贷：救济。⑯教顺：即教训。“顺”是“训”的假借字。⑰从：顺从。⑱见：被。⑲苟：假如，如果。⑳子：表敬意的对称，相当于“您”。

㉑诛：讨伐。㉒死节：尽节义而死。㉓输委：献纳其所蓄财物。㉔具其言：把他的话全部写出来。闻：使皇上听见；向皇上报告。㉕弘：公孙弘。㉖轨：法。㉗化：教化。㉘不报：吏民上书后，皇上置之不理，不予答复叫“不报”。㉙乃：才。罢：即报罢。吏民上书言事，皇上拒不采纳，宣令退去叫“报罢”。㉚会：恰巧；适逢。㉛仓府：仓指存粮的米仓，借指存钱的府库。㉜明年：元狩三年。㉝贫民大徙：指元狩三年徙贫民七十余万口于关以西及朔方以南。㉞无以：犹无从，无法。㉟籍：名册。㊱识（zhì）：通“志”，记得。㊲是：此人。㊳赐式外繇四百人：汉法规定，每个成年男子都要用一定时间为国家戍边。不愿戍边的，一人出三百钱由政府雇人代役。这代役钱即“过更”。赐式外繇四百人，即赐给卜式每年四百人的过更钱，共为十二万钱。一说是免除其家四百人的徭役。繇，通“徭”。㊴匿财：隐藏财产。㊵尤：通“犹”，却。㊶终：终归。长者：性情谨厚，有德行的人。㊷尊显：尊贵显达。风百姓：教化百姓，希望他们效法卜式，向国家输财助边。

【原文】

初，式不愿为郎。上曰：“吾有羊上林中[1]，欲令子牧之。”式乃拜为郎，布衣屩[2]而牧羊。岁余，羊肥息[3]。上过见其羊，善之[4]。式曰：“非独羊也，治民亦犹是[5]也。以时起居；恶者辄[6]斥去，毋[7]令败群。”上以式为奇，拜为缑氏令[8]试之，缑氏便之[9]。迁为成皋[10]令，将漕最[11]。上以为式朴忠[12]，拜为齐王太傅[13]。

【注释】

①吾有羊上林中：《汉书·卜式传》“羊”后有“在”字。王念孙说：“《类聚》《御览》引《史记》并有‘在’字，今本脱去。”当据补。②屩（juē）：草鞋。③息：繁殖。④善之：以之为善；认为他放牧得很好。⑤犹是：如此。⑥辄：立即；立刻：⑦毋（wú）：不要。⑧缑（gōu）氏：汉县，治今河南省洛阳市偃师区东南。令：县令。汉代万户以上的县官称“令”，万户以下的县官称“长”。⑨便之：以之为便。⑩成皋：汉县，治今河南省荥阳市汜水镇。⑪将：领；管领。漕：漕运。最：指成绩最好。⑫朴忠：忠诚老实。⑬齐王：元狩六年（前117），武帝封皇子刘闳为齐王。太傅：辅导诸侯王的官。

【原文】

而孔仅之使天下铸作器[1]，三年中拜为大农[2]，列于九卿[3]。而桑弘羊为大农丞[4]，管诸会计[5]事。稍稍置均输[6]以通货物矣。

【注释】

①孔仅之使天下铸作器：指上文元狩四年“孔仅、东郭咸阳乘传举行天下盐铁，作官府，除故盐铁家富者为吏”，实行盐铁官营。使，出使。铸作器，铸作铁器。②三年中拜为大农：孔仅于元鼎二年（前115）任大农令。③九卿：汉以太

常、光禄勋、卫尉、太仆、廷尉、鸿胪、宗正、大农（大司农）、少府为九卿。④桑弘羊为大农丞：元鼎二年，桑弘羊为大农中丞。⑤会计：古代所谓会计，是指为朝廷掌管财物赋税，进行月计、岁会的工作。每月计算为“计”，年终合算为“会”。⑥稍稍：渐渐；逐渐。均输：汉武帝实行的一项经济措施。元鼎二年开始在一些地区置均输官，元封元年（前110）在全国遍设均输官。

【原文】

始令吏得入谷补官[①]，郎至六百石[②]。

【注释】

①吏得入谷补官：谓已试为吏者入赀补官，由二百石至六百石。汉郎吏二百石至六百石，郡丞及减（不足）万户的县长及诸曹丞皆六百石。②郎至六百石：为郎者入谷可以提高级别，到六百石为止。

【原文】

自造白金五铢钱后五岁[①]，赦吏民之坐[②]盗铸金钱死者数十万人。其不发觉相杀者[③]，不可胜计。赦自出[④]者百余万人，然不能半自出。天下大抵无虑[⑤]皆铸金钱矣。犯者众，吏不能尽诛取[⑥]。于是遣博士褚大、徐偃等分曹循行郡国[⑦]，举兼并之徒守相为利者[⑧]。而御史大夫张汤[⑨]方隆贵用事，减宣、杜周等为中丞[⑩]，义纵、尹齐、王温舒等用惨急刻深[⑪]为九卿，而直指夏兰[⑫]之属始出矣。

【注释】

①自造白金五铢钱后五岁：据《汉书·武帝纪》，元狩四年（前119）造白金，五年行五铢钱，元鼎元年（前116）赦天下，首尾只有四年，应该说“后三年”。②坐：犯……罪。③不发觉相杀者：此句费解。可能是指有的盗铸者被官府严刑拷问致死，而始终没有得到盗铸实证的。“相杀”犹“杀之”。④自出：自首。⑤大抵：大都；大致。无虑：大略；大约。⑥诛取：捕杀。⑦褚大：胡母生弟子，治《公羊春秋》。分曹：分批。循行郡国：循，通“巡”，往来视察的意思。⑧举：检举。兼并：指兼并土地。守：郡守。相：诸侯国的相。为利者：贪污受贿的。⑨御史大夫：是当时仅次于丞相的最高长官，主要职务为监察、执法，兼管重要文书图籍。⑩减宣：杨县（今山西省洪洞县东南）人。初以佐史给事河东太守，逐渐迁升至中丞。使治主父偃及淮南王案件，论杀甚众，称为敢决疑。杜周：南阳杜衍（今河南省南阳市西南）人。义纵为南阳守，以杜周为爪牙。后事张汤，升为御史。办案多杀人，奏事中上意，故见任用，与减宣轮流为中丞十余年。中丞：御史大夫属官，受公卿奏事，举劾案章。⑪义纵：河东（治今山西省夏县北）人。群盗出身。武帝时任长陵和长安令，执法严峻。继迁河内都尉，族灭豪强穰氏之属。尹齐：东郡茬平（在今山东省聊城市茌平区西南）人。以刀笔吏渐升至御史。事张汤，斩伐不避贵戚。武帝以为能，迁为中尉。王温舒：阳陵（治今陕西省西安市高陵区西南）人。盗墓出身。

事张汤，为御史。督“盗贼”，杀伤甚多。迁为河内太守，捕杀郡中豪强，连坐千余家，“至流血十余里”。武帝以为能，迁为中尉。张汤败后，徙为廷尉，又拜为少府。惨急刻深：惨酷峻急，苛刻严峻。指用法严酷。⑫直指：汉朝政府特派官员，衣绣衣，持节发兵，有权诛杀办事不力的官员，称绣衣直指，或称直指绣衣使者。夏兰：人名。

【原文】

而大农颜异诛[①]。初，异为济南亭长[②]，以廉直稍迁至九卿。上与张汤既造白鹿皮币，问异。异曰：“今王侯朝贺以苍璧[③]，直数千，而其皮荐反四十万，本末不相称[④]。”天子不说[⑤]，张汤又与异有郤[⑥]，及有人告异以它议[⑦]，事下张汤治异[⑧]。异与客语，客语初令[⑨]下有不便者，异不应，微反唇[⑩]。汤奏当[⑪]异九卿见令不便，不入言而腹诽[⑫]，论[⑬]死。自是之后，有腹诽之法比[⑭]，而公卿大夫多谄谀取容[⑮]矣。

【注释】

①大农颜异诛：据《汉书·百官表》，颜异诛在元狩六年（前117）。②济南：济南郡，治东平陵（今山东省济南市章丘区西北）。亭长：西汉时在乡村每十里设一亭，亭有亭长，掌治安警卫，兼管停留旅客，治理民事。③苍璧：青色的璧。④称（chèn）：适合；相副。⑤说（yuè）：通“悦”。⑥郤（xì）：通“隙”，嫌隙。⑦它议：犹“非议”。⑧治：审理。异：杨树达《汉书窥管》说，此文当以“事下张汤治”为句，“异”字是衍文，当删。⑨初令：新令。⑩反唇：翻其唇，

表示心有所不服。⑪当：判（罪）。⑫腹诽：口里不说，心里不以为然。⑬论：定罪。⑭比：则例。⑮谄谀取容：巴结奉承，讨别人的喜欢。

【原文】

天子既下缗钱令[①]而尊卜式，百姓终莫[②]分财佐县官，于是告缗钱纵[③]矣。

【注释】

①缗钱令：指元狩四年（前119）颁布的算缗钱（向工商业征收资产税）的法令。②莫：没有人。③告缗钱：告发商人自报缗钱不实者。据《汉书·武帝纪》，元鼎三年（前114）十一月曾下告缗令，鼓励百姓告缗，以没收缗钱的一半给予告发者。纵：放；放令百姓告发。

【原文】

郡国多奸铸[①]钱，钱多轻[②]，而公卿请令京师铸钟官赤侧[③]，一当五，赋官用[④]非赤侧不得行。白金稍贱，民不宝[⑤]用，县官以令禁之，无益。岁余，白金终废不行。

【注释】

①奸铸：用奸巧的办法，杂以铅锡铸钱，不合规格。②轻：指重量轻。③而：所以。钟官赤侧：钟官是水衡都尉属官，掌铸钱。元鼎二年（前115年）由钟官铸赤侧钱。其钱以赤铜为郭（外框），故名钟官赤侧。④赋：缴纳赋税。官用：给官用；给政府缴钱。⑤宝：爱。

【原文】

是岁[①]也张汤死而民不思。

【注释】

①是岁：元鼎二年。

【原文】

其后二岁[①]，赤侧钱贱，民巧法用之[②]，不便[③]，又废。于是悉禁郡国无[④]铸钱，专令上林三官[⑤]铸。钱既多，而令天下非三官钱不得行，诸郡国所前铸钱皆废销[⑥]之，输[⑦]其铜三官。而民之铸钱益[⑧]少，计其费不能相当[⑨]，唯真工大奸乃[⑩]盗为之。

【注释】

①其后二岁：张汤死后二岁，应是元鼎四年，实际以下记事，都在元鼎三年（前114年）。②巧法用之：用巧诈的手段抵制法令，不按政府规定的一当五来使用。③不便：意思是赤侧钱行不通。④无：通“毋”，不要。⑤上林三官：指钟官、辨铜、技巧三令丞。三官皆属水衡都尉，而水衡都尉设在上林苑，故称上林三官（用陈直《史记新证》说）。⑥销：熔化。⑦输：运送。⑧益：逐渐。⑨计其费不能相当：是说盗铸者计算一下铸钱的费用超过钱值，无利可图。⑩真工大奸：技术巧妙的豪民。真工，谓技术巧妙，能以伪乱真。乃：才。

【原文】

卜式相齐，而杨可告缗遍天下[①]，中家以上大抵[②]皆遇告。

杜周治之，狱少反者[3]。乃分遣御史廷尉正监[4]分曹往，即治郡国缗钱[5]。得民财物以亿计，奴婢以千万数，田大县数百顷，小县百余顷，宅亦如之[6]。于是商贾中家以上大率[7]破，民偷[8]甘食好衣，不事畜藏之[9]产业。而县官有[10]盐铁缗钱之故，用益[11]饶矣。

【注释】

①杨可告缗遍天下：是说武帝命杨可主持告缗的事，告缗的案件遍于天下，所在皆有。这一句和上文“告缗钱纵矣”，说的是同一年的同一回事。②中家：中产之家。在当时有十万钱财产的算是中产之家。大抵：大概；大都。③狱：罪案；案件。少反者：很少有翻案的。④御史：西汉御史大夫之下有御史中丞，御史中丞之下有侍御史十五人，通称御史。其职掌或给事殿中，或举劾非法，或督察郡县，或奉使出外执行指定的任务。廷尉正监：西汉廷尉之下有廷尉正和左右监，都是司法官。⑤即：就。缗钱：指告缗钱的案件。⑥如之：像财物、奴婢和田一样，相当多。⑦大率：大概；大都。⑧偷：苟且；只图眼前，得过且过。⑨之：其。⑩而：然而。有：以；因。⑪用：财用。益：逐渐。

【原文】

益广关[1]，置左右辅[2]。

【注释】

①益广关：把函谷关东移。益，加；广，东西为广。函谷

关原在今河南省灵宝市东北。因关在谷中，深险如函得名。现尚存关门。②置左右辅：据《汉书·百官公卿表》，元鼎四年（前113）置三辅都尉。左辅都尉治高陵（今陕西省西安市高陵区），右辅都尉治郿（今陕西省眉县），京辅都尉治华阴（今陕西省华阴市）。这里只说置左右辅，可能是省略的说法。

【原文】

初，大农筦盐铁官布①多，置水衡②，欲以主盐铁。及杨可告缗钱，上林财物众，乃令水衡主上林。上林既充满，益广。是时越欲与汉用船战逐③，乃大修昆明池④，列观⑤环之。治⑥楼船，高十余丈，旗帜加其上，甚壮。于是天子感之⑦，乃作柏梁台⑧，高数十丈。宫室之修，由此日⑨丽。

【注释】

①布：分布。②水衡：元鼎二年（前115）置水衡都尉，掌上林苑，兼管皇室财物及铸钱。③战逐：战斗驰逐。④大修昆明池：元狩三年（前120）开始修昆明池，是为准备与滇王战；元鼎二年又大修昆明池，是为准备与南越战。⑤观（guàn）：楼、馆一类的建筑。⑥治：修造。⑦感之：是说武帝对楼船之宏伟，有感于中，于是思作高台以登临。⑧柏梁台：据《汉书·武帝纪》，元鼎二年作柏梁台。以香柏为之，故名。⑨日：更加。

【原文】

乃分缗钱①诸官，而水衡、少府、大农、太仆②各置农官，往往即郡县比没入田田[3]之。其没入奴婢，分诸苑[4]养狗马禽兽，及与诸官。诸官益杂置[5]多，徒奴婢[6]众，而下河漕度[7]四百万石，及官自籴[8]乃足。

【注释】

①缗钱：指没收的财物。②太仆：掌皇帝的舆马和马政，为九卿之一。③往往：处处；到处。比：近来。第二个“田”：通“佃”，耕种。④诸苑：武帝时除上林苑外，还有博望苑，边郡又有六牧师苑养马。⑤杂置：杂设分管各种事情的官员。⑥徒奴婢：指没入官的奴婢。其身份有如囚徒，故称“徒奴婢”。⑦下河：指潼关以东的黄河。度：运。⑧官自籴：政府自己出钱买粮食。

【原文】

所忠[1]言：“世家子弟富人或斗鸡走狗马[2]，弋猎博戏[3]，乱[4]齐民。”乃征[5]诸犯令，相引[6]数千人，命[7]曰“株送徒”。入财者得补郎，郎选[8]衰矣。

【注释】

①所忠：人名，武帝的近臣。②世家：世代做官的人家。斗鸡走狗马：游手好闲不务正业者的嬉戏。③弋（yì）猎：射猎。博戏：棋弈之类的游戏。④乱：惑乱。⑤征：通“惩”。⑥引：牵引；牵连。⑦命：名。⑧郎选：选拔郎官的制度。

【原文】

是时山东被河灾[1]，及岁不登[2]数年，人或相食[3]，方一二千里。天子怜[④]之，诏曰[⑤]：“江南火耕水耨[⑥]，令饥民得流[⑦]就食江淮间，欲留[⑧]，留处[⑨]。”遣使冠盖相属[⑩]于道，护[⑪]之，下[⑫]巴、蜀粟以振之。

【注释】

①山东被河灾：据《汉书·武帝纪》，事在元鼎二年（前115）。②岁：年成；年景。登：庄稼成熟。③人或相食：据《武帝纪》，人相食在元鼎三年（前114）。④怜：哀怜。⑤诏曰：据《武帝纪》，诏书下在元鼎二年，其内容是专就江南地区水潦说的，与本文所说“山东被河灾”，不是一回事。⑥江南：当时指今湖北省的长江以南部分和湖南、江西省一带。火耕水耨：是古代一种粗放的耕作方法。先用火烧掉田里的杂草，作为肥料，然后下水种稻。等到杂草又生出来，再加以芟除。⑦流：迁徙。⑧留：留住；定居。⑨留处：留住下来，加以安排。处，安排。⑩属（zhǔ）：接连。⑪护：监领；管理。⑫下：当时运巴、蜀的粮食到江南赈济饥民，是从长江顺流而下，所以说“下”。

【原文】

其明年[①]，天子始巡郡国。东度河，河东守[②]不意行至，不辨[③]，自杀。行西逾陇[④]，陇西守以行往卒[⑤]，天子从官不得食，陇西守自杀。于是上北出萧关[⑥]，从数万骑[⑦]，猎新秦中[⑧]，以勒边兵[⑨]而归。新秦中或千里无亭徼[⑩]，于是诛北地[⑪]太守以下，而令民得畜牧边县，官假马母[⑫]，三岁而归[⑬]，及息什一[⑭]，以除告缗[⑮]，用充仞[⑯]新秦中。

【注释】

①其明年：据《汉书·武帝纪》，武帝始巡郡国在元鼎四年（前113）。②河东守：河东郡太守。河东郡治安邑，今山西省夏县东北。③不辨：不办，食宿的事情没有办好。辨，通“办”。④西逾陇：据《武帝纪》，武帝西逾陇在元鼎五年（前112）。逾，越过。陇，陇山，在今陕西省陇县西北，跨甘肃省清水县，亦名陇坻、陇坂、陇首。⑤行往卒：天子到得突然。卒，通“猝”⑥萧关：故址在今宁夏回族自治区固原市原州区东南，为关中通向塞北的交通要冲。⑦骑：骑兵。⑧猎新秦中：在新秦地区围猎，实际是军事演习性质。⑨以勒边兵：以围猎检阅边兵。勒，训练；检阅。⑩亭：亭障，古时建筑在边境的烽火亭。徼（jiào）：关塞。⑪北地：北地郡，治马岭（今甘肃省庆城县西北）。⑫马母：母马。⑬三岁而归：三年后归还官假母马。⑭息什一：借官家母马十匹，三年后还官家一驹，这叫作利息十分之一。⑮除告缗：对于在边县畜牧的人，废除告缗。⑯充仞：充实。仞，通“牣”。

【原文】

既得宝鼎[①]，立后土、太一[②]祠，公卿议[③]封禅事，而[④]天下郡国皆豫治道桥，缮故宫，及当驰道[⑤]县，县治官储[⑥]，设供具[⑦]，而望以待幸[⑧]。

【注释】

①得宝鼎：据《汉书·武帝纪》和《郊祀志》，元鼎四年

（前113）十一月立后土祠于汾阴（治今山西省万荣西南宝鼎）脽上（地名），同年六月，得宝鼎于后土祠旁。②后土：土地神。太一：亦作“泰一”。天神。据《武帝纪》，元鼎五年（前112）十一月立泰一祠于甘泉（宫名，故址在今陕西省淳化西北甘泉山）。③议：计议。④而：所以。⑤驰道：秦代修筑的专供帝王行驶马车的道路。道广五十步，每隔三丈种树。⑥官储：官府贮存的物资叫官储。这里指粮食酒肉等饮食之物。⑦设：设置。供具：供天子及从官酒食用器皿等物。⑧以：语气助词，无义。幸：帝王驾临曰“幸”。

【原文】

其明年[①]，南越反[②]，西羌侵边[③]为桀。于是天子为山东不赡[④]，赦天下囚[⑤]，因南方楼船卒二十余万人击南越[⑥]，数万人发三河以西[⑦]骑击西羌，又数万人度河筑令居[⑧]。初置张掖、酒泉郡[⑨]，而上郡[⑩]、朔方、西河、河西开田官[⑪]，斥塞卒六十万人戍[⑫]田之。中国缮道馈[⑬]粮，远者三千，近者千余里，皆仰给大农。边兵[⑭]不足，乃发武库工官兵器以赡[⑮]之。车骑马[⑯]乏绝，县官钱少，买马难得，乃著令[⑰]，令封君以下至三百石以上吏，以差出牝马[⑱]天下亭，亭有畜牸马[⑲]，岁课息[⑳]。

【注释】

①明年：元鼎五年（前112）。②南越反：据《汉书·武帝纪》，元鼎五年南越相吕嘉反，杀汉使者及其王、太后。③西羌侵边：据《武帝纪》，元鼎五年九月，西羌与匈奴勾结，十余万人反，攻故安（在今甘肃省兰州市南）、袍罕（在

今甘肃省临夏县东北)。④为：因为。不赡：不充裕。指山东地区遭水灾，连年收成不好。⑤赦天下囚：据《武帝纪》，元鼎五年赦天下，使罪人从军击南越。⑥因：就。楼船卒：西汉根据地方特点训练各兵种，江淮以南训练水军，称为楼船士。二十余万人击南越：《南越列传》《汉书·武帝纪》《五行志》都说是令罪人及江淮以南楼船士十万人击南越，不是二十余万。⑦数万人：几万人。三河以西：《武帝纪》说，元鼎六年(前111)“发陇西、天水、安定骑士及中尉、河南、河内卒十万人”征西羌。汉以河内、河南、河东为三河。陇西、天水、安定在三河以西，所以这里说“三河以西”。⑧令（líng）居：令居故城在今甘肃省永登县西北，地当自湟水流域通向河西走廊的要冲。⑨初置张掖、酒泉郡：据《武帝纪》，元狩二年(前121）置武威、酒泉二郡，元鼎六年分武威郡为张掖郡，分酒泉郡为敦煌郡。此处酒泉当作敦煌。⑩上郡：治肤施，在今陕西省榆林市榆阳区东南。⑪西河：西河郡，治平定，在今内蒙古自治区鄂尔多斯市东胜区境。河西：地区名，指今甘肃、青海两省黄河以西，即河西走廊与湟水流域。开田官：当时在四地区普设田官主持屯田，统名“开田官”。⑫斥塞卒：当时在四地区有卒六十万人，且田且戍，称“斥塞卒”。戍：防守边疆。⑬馈：送。⑭兵：兵器。⑮武库工官：汉代各郡国皆有武库，储存武器；有的还设有工官，制造武器。赡(shàn)：供给。⑯车骑马：指战马。⑰著令：制定法令。⑱差：等级。牝马：母马。⑲牸马：母马。⑳课息：征收利息。利息不是要钱，而是要马。

【原文】

齐相卜式上书曰："臣闻主忧臣辱。南越反，臣愿父子与齐习船者[①]往死之。"天子下诏曰："卜式虽躬[②]耕牧，不以为[③]利，有余辄[④]助县官之用。今天下不幸有急，而式奋愿父子死之。虽未战，可谓义形于内[⑤]。赐爵关内侯[⑥]，金六十斤，田十顷。"布告天下，天下莫[⑦]应。列侯[⑧]以百数，皆莫求从军击羌、越。至酎[⑨]，少府省金[⑩]，而列侯坐酎金失侯者百余人。乃拜式为御史大夫。

【注释】

①习船者：善于行船的人。②躬：亲自。③以为：同义词连用，只等于"为"，当"为了"讲。④辄：往往；每每。⑤义形于内：事君报国的正义之情，发自于内心。⑥关内侯：二十等爵的第十九级。⑦莫：没有人；没有谁。⑧列侯：二十等爵的最高级。原称"彻侯"，避武帝讳改称"通侯"，又改"列侯"。列侯均有封邑，关内侯一般无封邑。⑨酎（zhòu）：经过三次重酿的醇酒。汉律，每年八月，天子以酎酒祭宗庙，诸侯王、列侯都必须按规定献金助祭，叫"酎金"。⑩省金：省察酎金的好坏多少。

【原文】

式既在位，见郡国多不便县官作盐铁[①]，铁器苦恶[②]，贾[③]贵，或强令民卖买之[④]。而船有算[⑤]，商者少，物贵。乃因[⑥]孔仅言船算事。上由是[⑦]不悦卜式。

【注释】

①不便：不宜；不方便。县官作盐铁：由政府煮盐、铸铁器。指盐铁官营。②苦恶：粗制滥造，质量不好。苦，粗劣。③贾（jià）：通“价”。④卖买：交易。“强令民卖买之”，是说强迫百姓交易，买官作铁器。⑤船有算：即上文所说“船五丈以上一算”。⑥因：通过。⑦由是：因此。

【原文】

汉连兵三岁[①]，诛[②]羌，灭南越，番禺[③]以西至蜀南者置初郡十七，且[④]以其故俗治，毋赋税[⑤]。南阳、汉中以往[⑥]郡，各以地比给初郡吏卒奉[⑦]食币物，传车马被具[⑧]。而初郡时时小反，杀吏。汉发南方吏卒往诛之，间岁[⑨]万余人，费皆仰给大农。大农以均输调盐铁助赋[⑩]，故能赡之。然兵所过县，为以訾给[⑪]毋乏而已，不敢言擅赋法[⑫]矣。

【注释】

①连兵三岁：元鼎五年（前112）击南越，六年征西羌，又击东越，至元封元年（前110）东越杀其王余善降，一连用兵首尾共三年。②诛：讨伐。③番（pān）禺：秦置县，在今广州市南部。④且：姑且；暂且。⑤毋赋税：不征赋税。⑥南阳：郡名，治宛县，今河南省南阳市。汉中：郡名，治南郑，今陕西省汉中东。以往：指南阳、汉中以南。⑦各以地比：各就地之所近。比，近。奉：俸禄。⑧传（zhuàn）车马：传车

传马。古代驿站上的车称“传车”，马称“传马”。被具：泛指驾车乘马之物。⑨间岁：隔一年。⑩以均输调盐铁：由政府统一运销盐铁，以调剂各地盐铁的供应。助赋：补助赋税的收入。⑪为以：同义词连用，只相当于“以”。以，则。訾给：供给。訾，通“资”。⑫擅赋法：大概当时有擅赋法，禁止在政府规定的赋税以外另征赋税。

【原文】

其明年，元封元年，卜式贬秩[①]为太子太傅。而桑弘羊为治粟都尉[②]，领[③]大农，尽代仅[④]筦天下盐铁。弘羊以诸官各自市[⑤]，相与争，物故腾跃[⑥]，而天下赋输或不偿其僦费[⑦]，乃请置大农部丞[⑧]数十人，分部主郡国，各往往县置均输、盐、铁官[⑨]，令远方各以其物贵时商贾所转贩者为赋[⑩]，而相灌输[⑪]。置平准[⑫]于京师，都受天下委输[⑬]。召工官治车诸器[⑭]，皆仰给大农。大农之诸官尽笼[⑮]天下之货物，贵即卖之，贱则买之。如此，富商大贾无所牟大利则反本[⑯]，而万物不得腾踊[⑰]。故抑天下物[⑱]，名曰“平准”。天子以为然[⑲]，许之[⑳]。于是天子北至朔方[㉑]，东到太山[㉒]，巡海上[㉓]，并北边以归[㉔]。所过赏赐，用帛百余万匹，钱金以巨万计，皆取足大农。

【注释】

①贬秩：降职。②治粟都尉：治粟都尉唯汉初有之，武帝时无此官。武帝时设搜粟都尉，掌太常三辅饲马之粟。③领：兼领；兼管。④仅：孔仅。⑤诸官：即上文分受缗钱的各官府。各自市：各自经商，贱买贵卖。⑥腾跃：指物价上涨。

⑦赋输：各地作为赋税缴纳的各种物品。僦（jiù）费：雇人运输的费用。⑧大农部丞：大农令的属官。⑨往往：处处。置均输、盐、铁官：均输官大概只设在郡国，可考者有千乘、辽东、河东三郡，想来不止这三郡。设盐官者，据《汉书·地理志》有三十六郡县；设铁官者，据《地理志》有五十郡县。⑩以其物贵时商贾所转贩者为赋：按照当地作为赋税应缴之物最贵的时候商贾所卖的价钱来缴纳赋税。⑪相灌输：均输官以所收赋税购当地所产之物，运销外地；又以外地所产之物，运销本地，这就是互相灌输。⑫平准：大农属官有平准令、丞，掌物价调节。⑬都：总。委输：郡国所贮积的货物随时输送京师曰委输。委，积。⑭工官：官名。西汉京师各官署多设有工官，或主造武器，或主造御用冠服，或主造日用器物，或主造各种手工艺品。车诸器：车及各种车器，造之以供运输之用。⑮笼：收揽；掌握。⑯牟：取；求取。反本：回到农业上去。反同“返”。本，本业，指农业。⑰腾踊：涨价。⑱抑天下物：压平天下的物价。⑲然：是；对。⑳许之：允许其施行。㉑北至朔方：据《汉书·武帝纪》记载，元封元年（前110），武帝自云阳（今陕西省淳化县西）出发，经过上郡、西河、五原（今内蒙古包头市西北），出长城，北登单于台（在今呼和浩特市西），至朔方，北临黄河，勒兵十八万骑，旌旗千余里，威震匈奴。㉒东到太山：据《武帝纪》，元封元年四月，武帝登封泰山。㉓巡海上：据《武帝纪》，武帝登封泰山以后，自泰山出发，东巡海上，至碣石（山名，在河北省昌黎

县北）。㉔并（bàng）北边以归：并，通“傍”，挨着，沿着。以，而。

【原文】

弘羊又请令吏得入粟补官[①]，及罪人赎罪。令民能入粟甘泉各有差[②]，以复终身，不告缗[③]。他郡各输急处[④]，而诸农[⑤]各致粟，山东漕益[⑥]岁六百万石。一岁之中，太仓、甘泉仓满，边余谷；诸物均输[⑦]，帛五百万匹[⑧]。民不益赋[⑨]而天下用饶。于是弘羊赐爵左庶长[⑩]，黄金再百斤[⑪]焉。

【注释】

①吏得入粟补官：《汉书·食货志》作“民得入粟补吏”。②甘泉：指甘泉仓，在今陕西省淳化西北甘泉山。有差：有差次，有差别。③不告缗：对于入粟甘泉买复的人废除告缗，这实际上是鼓励商人入粟买复。④他郡各输急处：其他各郡入粟，各就近输送紧急需要处。这里既说“他郡各输急处”，可见入粟甘泉者限于甘泉旁近各郡。⑤诸农：指上文“水衡、少府、太仆、大农各置农官，往往即郡县比没入田田之”的各农官。⑥益：增加。⑦诸物均输：是说各种货物用均输法统一运销以营利。⑧帛五百万匹：是均输赢利所得。⑨民不益赋：此“赋”指田租口赋，商贾之算缗不计在内。⑩左庶长：二十等爵的第十级。⑪再百斤：两次各赐百斤。再，两次。

【原文】

是岁小旱，上令官求雨。卜式言曰：“县官当食租衣税而已，今弘羊令吏坐市列肆[1]，贩物求利。亨[2]弘羊，天乃雨。”

【注释】

①市列肆：市中商店。王念孙《读书杂志》说“肆”为衍文。《汉书·食货志》无“肆”字。②亨：今作烹。古代用鼎镬煮人的酷刑。

【原文】

太史公曰[1]：农工商交易之路通，而龟贝金钱刀布[2]之币兴焉。所[3]从来久远。自高辛氏之前尚[4]矣，靡得而记[5]云。故《书》[6]道唐虞之际，《诗》[7]述殷周之世，安宁则长庠序[8]，先本绌末[9]，以礼义防于[10]利；事变多故而亦反是[11]。是以[12]物盛则衰，时极[13]而转，一质一文[14]，终始之变也。

《禹贡》九州[15]，各因其土地所宜[16]，人民所多少，而纳职[17]焉。汤武承弊易变[18]，使民不倦[19]，各兢兢所以为[20]治，而稍陵迟[21]衰微。齐桓公用管仲[22]之谋，通轻重之权[23]，徼山海之业[24]，以朝[25]诸侯，用区区[26]之齐，显成霸名[27]。魏用李克[28]，尽地力[29]，为强君[30]。自是之后，天下争于战国[31]，贵诈力[32]而贱仁义，先富有而后推让[33]。故庶人之富者或累巨万，而贫者或不厌糟糠[34]；有国强者或并群小以臣[35]诸侯，而弱国或绝祀而灭世[36]。以至于秦，卒并海内[37]。

虞夏[38]之币，金为三品[39]，或黄[40]，或白[41]，或赤[42]；或钱，或布，或刀，或龟贝。及至秦，中一国[43]之币为二等，黄金以溢名[44]，为上币；铜钱识[45]曰“半两”，重如其文，为下币。而珠玉、龟贝、银锡之属为器饰宝藏，不为币。然各随时而轻重[46]无常。于是外攘夷狄[47]，内兴功业[48]，海内之士[49]力耕不足粮饷，女子纺绩不足衣服。古者尝竭[50]天下之资财以奉其上，犹自以为不足也。无异故云，事势[51]之流，相激使然[52]，曷[53]足怪焉！

【注释】

①太史公曰：史书在每篇的结尾部分，作者往往要写一段评论的话，《史记》以“太史公曰”开始，班固《汉书》、范晔《后汉书》以“赞曰”开始，陈寿《三国志》以“评曰”开始，荀悦《汉纪》以“论曰”开始。②龟：指龟甲，古代用作货币。贝：指贝壳，古代用作货币。金：指黄金、白银、赤铜。刀：刀币。形似刀，故名。布：布币。形似铲，故又名铲币。③所：近指代词，相当于“此”。④高辛氏：即帝喾。传说中的五帝之一。尚：久远。⑤靡：不。记：记述。⑥故：语气助词，用在句首，和“夫”差不多，表议论的开始。《书》：指《尚书》。⑦《诗》：指《诗经》。⑧安宁：安定，指天下太平，社会稳定。长（zhǎng）：崇尚。庠（xiáng）序：古代地方学校名。⑨先：首要的事情。本：指农业。末：指工商业。⑩于：语气助词，用在单音动词后面补凑音节，没有实义。⑪事变多故：指社会动乱不安。而：则。反是：相反于此；与此相反。是，此。⑫是以：语气助词。用在句首，与“夫”差不多，不当“因此”讲。⑬时：时世；时代。极：极点；尽头。⑭一质一文：是说时代风尚一时质朴，一时文采。⑮《禹贡》：《尚书》篇名。九州：指冀州、兖州、青州、徐

州、扬州、荆州、豫州、梁州、雍州。⑯因：根据；按照。所：之。宜：指宜于种植之物。⑰职：贡。⑱汤：商汤，商王朝的建立者。武：周武王，西周王朝的建立者。弊：流弊；弊病。易变：改变；交通。⑲使民不倦：连上句是说，汤、武各承前代制度上的流弊，加以改革变通，使百姓各乐其业而不懈怠。⑳兢兢：小心谨慎貌。以为：同义词连用，只相当于“为”。㉑陵迟：衰颓。㉒齐桓公（？—前643）：春秋时齐国的国君。前685—前643年在位。管仲（？—前645）：春秋初期政治家。㉓通轻重之权：指实行稳定物价、调节民食的政策。据《管子·国蓄》说，其办法是，政府掌握粮价的涨落，贱时籴入，贵时粜出，使粮价保持稳定，富商大贾无法囤积居奇。通，行。轻重，指粮食与货币的轻重关系。权，权衡，均平。㉔徼（yāo）：通“邀”，求取。山海之业：指盐铁业。㉕以：而。朝：朝见。㉖区区：小小。㉗显成霸名：成就霸业，显扬名声。㉘李克：《史记·孟子荀卿列传》说“魏有李悝尽地力之教”，《汉书·食货志》亦说“李悝为魏文侯作尽地力之教”。《汉书·艺文志》李克七篇在儒家，李悝三十二篇在法家。故王应麟《困学纪闻》、梁玉绳《史记志疑》、周寿昌《汉书注校补》都认为尽地力者是李悝，不是李克，故当改。㉙尽地力：尽量发掘土地潜力，发展农业生产。㉚强君：强国之君。㉛于：为。战国：好战之国。㉜贵：意动用法。诈力：欺诈与武力。㉝先：意动用法。后：意动用法。推让：谦让。㉞厌：饱。糟糠：酒渣糠皮之类的东西。㉟有国：

即国。“有”字语气助词，无义。群小：指众小国。臣：臣服。使动用法。㊱绝祠：断绝祭祀。灭世：诸侯封国由子孙世世享有，灭世谓诸侯子孙失去世禄。㊲卒：终于。海内：古人认为我国疆域四面环海，故称国境以内为海内。㊳夏：夏朝。㊴品：等级。㊵黄：指黄金。㊶白：指白银。㊷赤：指赤铜。㊸中：分。一国：全国。㊹溢：通“镒”。《集解》引孟康说，二十两为溢。名：计算单位之名。㊺识：标记。指铜钱上的文字。㊻轻重：贵贱。㊼外攘夷狄：指秦始皇北击匈奴，南定百越。㊽内兴功业：指秦始皇统一六国后，车同轨，书同文，统一度量衡，筑长城，修驰道，动员七十多万人修阿房宫及骊山陵等事。㊾士：男子。㊿古者：古代。尝：曾经。竭：尽。使动用法。51事势：事物发展的趋势。52相激使然：激，阻遏水势。然，如此。此连上文是说“竭天下之资财以奉其上，犹自以为不足”的原因在于事物发展的趋势像流水一样受到阻遏，以致如此。这是作者讥评汉武帝连年用兵，挥霍无度，以致财政耗竭，不得不实行一系列搜括民财的财经政策，但往往愈是搜括民财，愈是感到不足。53曷：何。

【译文】

汉朝兴起，承接秦朝衰败的局面，成年男子参军打仗，老弱也被征去转运粮饷，要干的事业繁多急剧但是财政匮乏，就是皇帝坐的车子也配不齐四匹相同颜色的马，将军、宰相有的人还要乘坐牛拉的车，平民百姓没有储存的粮食。当时，因为秦朝铸的钱币重，流通使用比较困难，就改令百姓新铸榆荚钱，又规定一方寸黄金的重量为一斤，简约法律省减禁令。但是，那些不守规矩、追逐财利的人蓄积货物以考校市价贱买贵卖，以致物价粮价飞涨，一石米达到一万钱，一匹马就价高一百金。

天下平定以后，高祖就下令商人不允许穿丝织的衣服不准乘车，并加重租税来逼迫羞辱他们。孝惠帝、高后执政的时候，因为天下刚刚安定，重新放松了抑制商人的条令，可是商人的子孙仍然不允许做官当公差。衡量官吏的俸禄，估计官府的费用，来向百姓征收赋税。山川、园池、街市上租税的收入，从天子到大小封君汤沐邑地区内的，都各自作为他们私家的供养费用，不归入国家的常年经费。水陆运送崤山以东的粮食，用来供给京师官府使用，每年不过几十万石。

到孝文帝时，榆荚钱越来越多了，但是分量很轻，就改铸为四铢钱，钱面上标着“半两”的字样。让百姓随便可以自己造钱。吴国虽然只是一个诸侯国，因为靠近铜山采矿铸钱，富得可以和皇帝相比，后来终于凭仗富有造反了。邓通是一个大夫，也靠铸铜钱发财胜过诸侯王。所以，当时吴国及邓通铸的钱通行遍及全国，便产生了禁止私人铸钱的法令。

匈奴多次侵犯掠夺北部边境地区，汉朝驻扎边境的士兵有许多，边境的粮食供应都不能满足食用的人的需要。于是，招募百姓凡能给边境驻军捐献和运送粮食的人授予爵位，最高的能达到大庶长爵位。

孝景皇帝在位的时候，上郡以西的地区发生干旱，就修订了出卖爵位的法令，并且降低爵位价格用来吸引人们用钱买；以及囚犯和在监外劳作的人，可以通过向官府交纳粮谷赎罪。又增加修建牧场养马以便准备战争需用。同时，殿屋居室各种宫观建筑以及马拉的车舆等增加修造得也越来越多了。

今上即位不几年，那时自汉朝建国七十多年之间，国家无大事，除非遇到水旱灾害，老百姓家给人足，天下粮食堆得满满的，少府仓库还有许多布帛等货材。京城积聚的钱币千千万万，以致穿钱的绳子朽烂了，无法计数。太仓中的粮食大囤小囤如兵阵相连，有的露积在外，以致腐烂不能食用。普通街巷中的百姓也有马匹，田野中的马匹更是成群，以致乘年轻母马的人受排斥不许参加聚会。居住里巷的普通人也吃膏粱肥肉，为吏胥的老死不改任，做官的以官为姓氏名号。因此，人人知道自爱，把犯法看得很重，崇尚行义，厌弃做耻辱的事。那时候，法网宽疏而百姓富实，因而产生了利用财物作骄奢不法事的人，兼并土地的人家以及土豪巨党，以威势武力横行于乡里。宗室有封地的以至公卿大夫以下，争相奢侈，房屋车服超过了自身等级，没有限度。物盛则衰，本来是事物应有的变化。

从此以后，严助、朱买臣等招徕东瓯，发生了对两越的战事，江淮之间费用浩大，从而变得萧条而烦乱。唐蒙、司马相如开通西南夷的道路，为此凿山劈岭，修路一千多里，以扩大巴蜀与外界的联系，巴蜀的百姓疲惫不堪了。彭吴开通入秽貊、朝鲜的道路，设置了沧海郡，燕齐之间如风靡草偃一般骚动起来。及至王恢在马邑设计谋袭击匈奴，匈奴与汉断绝和亲关系，不断侵扰北部边境，兵连祸结，无法和解，天下人为此烦劳，叫苦不迭，而战争还是日甚一日。行人为战事运载物资，留守的则忙于送行，内外扰攘骚动，都为战争而忙碌，百姓舞弊钻法律的空隙，财物衰竭消耗而不足于用。缴纳财物的做官，出具货赂的除罪，选官制度被破坏，廉耻不分，有武力者被重用，法律严酷而命令烦琐，善于为国刮财谋利的官员从此产生了。

后来，汉将每年以数万骑出击胡人，终至车骑将军卫青攻占匈奴河套以南的土地，修筑了朔方城。那时候，汉朝正在打通西南夷的道路，动用数万人，从千里之外肩扛担挑运送粮食，每十余钟运到的只有一石，将钱币散于邛、僰地区以招徕那里的人民。一连数年道路不通，那里的蛮夷人乘机屡次进攻，官吏发兵诛杀他们。以巴蜀地区的全部租税不足以维持这种局面，于是招募豪民在南夷地区种田，将收获的粮食卖给当地县官，而到京都内府支取粮款。向东开凿通向沧海郡的道路，人工的费用与南夷相仿佛。又调发十万多人修筑并守卫朔方郡，水陆运输的路程极为辽远，自山以东都承受了这个负担，花费数十万万以至百万万，府库更加空虚。于是，招募百姓能向政府缴纳奴婢的，得以终身免除租赋徭役，原是郎官的增加品级，以及纳羊者得郎官，就始于此时。

过了四年，汉派遣大将率领六位将军、十多万军队出击匈奴右贤王，杀死及俘获共一万五千人。第二年，大将军率六将再次出击胡人，杀死及俘获一万九千人。赏赐给杀获敌人的将士黄金多达二十多万斤，投降的胡虏数万人也得到很厚的赏赐，衣服、食物全都仰仗县官供给。而汉军士、马匹死了十多万，兵器甲仗等物水陆运输的费用还都不计算在内。于是，大司农报告，倾尽库藏钱和赋税收入仍不足以供给战士的费用。负责人员道："天子说：'朕听说五帝的教命不相重复天下同样得到治理，禹和汤法律不同都是一代之王，走的路子不同，建立的功德则完全相同。北部边境未得安宁，朕深念于此。这些日子以来，大将军攻匈奴，斩首并俘获一万九千人，而富人囤积财物，贫者没有粮食吃。你们商量一下，命百姓出钱买爵并得以缴纳赎金减免禁锢等罪刑。'据此，请准于设置赏官，名为武功爵。每级价十七万，共值三十多万金。凡买武功爵到官首一级的，可通过测试补为吏，并优先除授；千夫一级与五大夫相当；有罪的降二等；武功爵最高可至乐卿。以此使军功显荣。"而实际军功爵有许多超过了这个等级，大者封侯或封卿大夫，小者为郎为吏。吏制杂乱多端，官员名位变轻，职任也荒废了。

自从公孙弘以《春秋》大义绳治官民，从而取得汉丞相的职位，张汤以峻文苛法断事当上了廷尉，于是产生了因

"见知不举报""不遵天子之命""沮格、诽谤"等罪名，便穷治不休，以致入监入狱的事。第二年，出现了淮南、衡山、江都王谋反的事。公卿寻根究底，审理此案，把他们的党羽一网打尽，获罪而死的达到数万人。从此，官吏执法更加平峻，法令条文更加苛细了。

那时候，朝廷正在招揽、尊崇方正、贤良、文学等士人，有的升任为卿大夫。公孙弘以汉朝丞相的身份，盖布被，饭食也很简单，欲以此作天下人的榜样。但是，对世人影响很小，从此便渐渐以功利为务了。

过了一年，骠骑将军再次出击胡人，斩敌首四万级。当年秋天，匈奴浑邪王率领数万人投降。于是，汉朝廷调发二万辆车迎接。降人到京城后，受到赏赐，连同有功将士也一并受了赏。这一年花费达一百多万万钱。

当初，十多年前黄河在观县决口，梁楚地区原已数次遭困，而缘河诸郡筑堤塞河，每每重又堤坏河决，费用之多无法计算。此后，番係为了避开底柱山一段艰难的水运，开渠引汾水、黄河用以灌溉农田，开渠的达数万人；郑当时因渭水漕运曲折路远，自长安到华阴开凿一条直渠，有数万人施工，朔方郡也开凿水渠，数万人参加。各自都历时两三年之久，功且未成，花费也都达到数十万万。

天子为讨伐胡人，大量养马，到长安就食的马多达数万匹，养马士卒关中不足，就从附近诸郡调发。而投降的胡人都靠县官供给衣食，县官财力不足，天子就减少膳食费用，解下自己乘车上的马匹，从私人仓库御府中拿出钱财养活他们。

第二年，崤山以东地区遭受水灾，老百姓大多陷于饥饿困乏，于是天子派遣使者，尽出郡国仓库中的物资赈济贫民。仍不够用，又招募豪富人家借贷予贫民，还是不能救灾民脱困境，就把贫民迁徙到关西，或充实到朔方郡以南的新秦，有七十余万人，衣食都靠县官供给。数年之间，借给他们产业，派使者分部保护他们，一批批的天子使者，冠盖相望，道路不绝。费用以亿计，多到不可计算。

这时国库空虚了，而富商大贾有的蓄积财物，奴役贫民；前呼后拥，车乘百余辆；囤积居奇，封君对他们也都俯首低眉，仰仗他们供给物资。有的冶铸煮盐，家财积累到万金，而不解国家之急难，黎民百姓陷于重困。于是，天子与公卿商议，另造钱币以足用，并打击摧折那些浮华荒淫的兼并之徒。那时，皇帝苑囿中有白鹿，少府有许多银锡。自孝文帝另造四铢钱以来，已有四十多年，从建元年间以来，钱财少，县官往往在产铜多的山旁冶铜铸钱，豪强之家也乘机偷铸，数目很大。钱越来越多，却越来越不值钱，货物越来越少而且贵。有关机构的官员说：“古时候有皮币，诸侯聘享时使用。金有三等，黄金是上等，白金为中等，赤金为下等。如今的半两钱法定重量是四铢，而奸盗人等摩钱里以取铜屑，钱更轻薄物价更贵，远方用钱很不方便。”于是，以白鹿皮一尺见方，饰以绣文，制成皮币，值四十万钱，规定王侯宗室来朝觐聘享，玉璧都必须以皮币作衬垫进献，然后礼仪得行。

又杂铸银锡制成白金，认为天所用最重要的是龙，地所用最重要的是马，人所用最重要的是龟，所以把白金分作三品，第一品重八两，圆形，花纹为龙，名为“白选”，值三千钱；第二品重量较小，方形，花纹是马，值五百钱；第三品又小一些，椭圆形，花纹是龟，值三百钱。命令县官销毁半两钱，另铸三铢钱，钱文与重量相同。盗铸各种金钱的一律是死罪，但是盗铸白金的吏民仍是不可胜数。

于是任命东郭咸阳、孔仅为大农丞，兼领盐铁事；桑弘羊以计算被任命为侍中。咸阳，是齐地煮盐的大商人，孔仅是南阳地区冶铸业的首户，产业都积累到千金以上的规模，所以郑当时才向朝廷推荐他们。弘羊是雒阳商人的儿子，因善于心算，十三岁就当了侍中。这三人讲求财利的事那真可说是精细入微、察见毫末了。

法律既然越来越严酷，官吏多因罪免官。加上不断打仗，百姓买爵以求免赋役，大多买到五大夫一级，官府可征发的人越来越少了。于是，除授有千夫、五大夫爵位的人为吏，不愿为吏的向官府交马匹求免；原来为吏的都免去职务，责令到上林苑砍伐荆棘，或去开凿昆明池。

第二年，大将军、骠骑将军大规模出兵与胡人作战，捕获斩杀敌人八九万，赏赐有功将士五十万金，汉军死于战场的马多达十余万匹，运输和制造兵车衣甲的费用还不计算在内。当时财政匮乏，战士有许多人得不到俸禄。

有关机构的人说三铢钱重量小，容易从中舞弊，于是请准于诸郡铸五株钱，将钱背面四周加厚为钱郭，使人无法磨取铜屑。

大农奏上盐铁丞孔仅、东郭咸阳的意见说：“山海是天地藏物的大仓库，都应该属于少府，陛下不为私有，命属于大农作为赋税的补充。请准于招募百姓自备经费，使用官府器具煮盐，官府供给牢盆。一些浮游无籍的人欲独占山海的利益，求取财富，奴役贫民取利。他们阻挠此事的议论，听不胜听。建议敢于私铸铁器、煮盐的，钛其左脚，没收其器物用具。不产铁的郡设置小铁官，隶属于所在县。”于是，使孔仅、东郭咸阳乘着传舍的车子到各地去督促实行官办盐铁，建立官府，除授原来经营盐铁的富家为吏。吏制更加杂乱，不再行选举制，官吏中有许多是商人。

商人因币制多变，大量存贮货物以牟取利润。于是，公卿建议说：“郡国颇受灾害，贫民没有产业的，招募他们迁徙到地多而富饶的地方。陛下为此降低膳食等级、节省费用，拿出皇宫中的钱来赈济百姓，减缓赋税，百姓仍不能都去田亩中耕作，商人数目不断增加。贫民没有积蓄，都仰赖县官供给衣食。以前，轺车、商人所有的缗钱都要征收多少不等的算赋，请准许像往时一样出算赋。那些属于末作的商人凡赊贷买卖，囤积居奇，以及营商取利的人，即使没有市籍，也要各自按自己的货物、资产认定应占的算赋等级，通常是缗钱二千为一算。诸种手工行业有租税以及冶铸业的人家，大抵四千缗为一算。不属于官吏的三老、北部边境的骑士，有轺车一辆为一算；商人有轺车一辆为二算；有船长五丈以上的为一算。有隐匿不自度资产，或隐瞒部分资产的，罚到边境戍守一年，没收资产。有能告发的，给予被告发者资产的一半。商人有市籍的，连同他的家属，都不许占有土地，以有利于农民。有敢违犯此令的，没收为他种田的田仆入官。

天子于是想起卜式的话，封他官为中郎，爵为左庶长，赐给农田十顷，还布告天下，使每个人都知道这件事 。

卜式是河南人，以种田养畜为业。当初，父母去世后，留下一个年少的弟弟。等弟弟长大成人，就与他分了家，自己只要了百余只羊，其余田地、房屋等全都留给弟弟。从此，卜式入山牧羊，经过十多年，羊繁育到一千多只，买了田地宅舍。他的弟弟却家业尽破，卜式每每再分给他一些。这时候，汉朝廷正数次遣将出兵对匈奴作战。卜式上书说，愿意把一半家产交给官府作为边境作战费用。天子派使者问他："你是想做官吗?"卜式说："为臣自幼放牧，不熟习官场的事，不愿做官。"使者问："是家中有冤屈，有话要对天子说?"卜式道："臣生来与人无争，同邑人有贫穷的我就借贷给他，不善良的我就教导他，使他驯良，邻里人都愿听我的话，我怎会受人冤屈！没有要对天子说的话。”使者说：“那么，你捐了这么多家产，究竟为了何事?”卜式道：“天子要讨伐匈奴，我认为应该有力的出力、有钱的出钱，这样才能灭掉匈奴。”使者把他的话回报了天子。天子又转告公孙弘丞相。公孙弘说：“这不合人情。不守法度的人，不可以作天下楷模以扰乱了法纪，希望陛下不要再去理会他。”于是，天子很久没给卜式答复。数年后，打发他离开京城。卜式回家后，依旧种田放牧。过了一年多，正赶上汉军屡次出征，浑邪王等人投降，县官花费很大，仓库空虚。第二年，贫民大迁徙，都靠县官供给，县官没有力量全部负担起来。卜式拿着二十万钱交给河南太守，作为被迁百姓的花费。河南呈上富人资助贫人的籍账，天子见到上面卜式的名字，尚能记得，说道：“这是前些日子，要献一半家产助边的那个人。”于是，赐给卜式免戍边徭役四百人的权利。卜式又把它全都交给县官。那时，富豪人家为了逃税争着隐匿家产，唯有卜式热衷于输资帮助官府。天子于是认为卜式的确是位有德长者，才给他显官尊荣以诱导百姓。

起初，卜式不愿做郎官。天子说：“我有羊在上林苑中，想请你替我放牧。”卜式才做了郎官，却是穿着布衣草鞋的放羊郎。一年多后，羊群肥壮且繁殖了很多。天子路过这里看到羊群，夸奖他一番。卜式道：“不但是羊，治理百姓与这是同一道理：让他们按时起居，不断把凶恶的除掉，不要让他败了群。”天子听了很是惊奇，封他为缑氏令试一试他的本领，果然缑氏百姓反映很好。升任为成皋令，办理漕运的政绩又被评为“最”好。天子认为卜式为人朴实忠厚，封他做了齐王太傅。

而孔仅由于出使各地铸作铁器，三年之中升任为大农令，位列于九卿。而桑弘羊当上了大农丞，管理有关会计事务，慢慢设置起均输制度来流通货物了。

这时期，开始允许吏缴纳谷物补为官，补为郎官缴纳的谷物多至六百石。

自从制造白金和五铢钱以后五年，赦免官民因盗铸金钱获死罪的数十万人，天子没有发觉而被地方处死的，不可胜数。自出赎金经赦免罪的有百余万人。然而，犯罪又能出得起赎金的连一半人也没有，普天之下大约所有人都无顾忌地盗铸金钱了。犯罪的人太多，官吏不可能把他们全都诛杀，于是派遣博士褚大、徐偃等人按照尚书诸曹职司的不同划分权限，巡察郡国，揭发、举报兼并之徒，以及身为郡守、国相等职却利用职权图谋私利的人。而御史大夫张汤这时正处在官势显赫、大权在握的时候，减宣、杜周等人任御史中丞，义纵、尹齐、王温舒等人以执行法律惨急刻深被提升为九卿，在这种局面下，如直指夏兰这类人开始出现了。

而大农令颜异被诛杀了。起初，颜异是济南的一个亭长，因办事清廉直率慢慢升迁到九卿的地位。天子与张汤既已制造了白鹿皮币，问颜异有什么看法。颜异说：“如今诸侯王朝见天子有苍璧，价值不过数千钱，而作为垫衬的皮币反而值四十万，本末不相称。”天子听了很不高兴。张汤又与颜异平素有些过节，适巧有人以其他事告发颜异，此事交给张汤审理。颜异曾经与客人闲谈，客人说到某法令初颁下时有些弊病，颜异没有说话，客人以为他与己见不同，反唇讥刺几句。张汤知道此事后上奏天子说，颜异身为九卿，见法令有不妥处，不向朝廷进言，只在心中诽谤非难，其罪当死。从此之后，有了“腹诽”的罪名，而公卿大夫多以谄媚逢迎、阿谀奉承取悦于人了。

天子既颁发了算缗钱令并尊崇卜式为天下人的榜样，而百姓终究不肯拿出钱财帮助县官，于是发生了怂恿告缗钱的事。

郡国有许多盗铸的金钱，大多不够分量，因而公卿请求命京城铸造钟官赤侧钱，一个当五个，向官府缴纳赋税以及其他对官方使用的场合，不是赤侧钱不许使用。从此，白金的价值降低了，百姓不再珍视它，县官下令禁止，仍无作用。一年多后，白金终于废止不用。

这一年，张汤死，而百姓对他毫无思念之情。

此后两年，赤侧钱又贱，老百姓千方百计把它花出去，这对市场很不利，赤侧钱又废弃了。于是，下令所有郡国都不许再铸钱，专门命上林苑三官铸造。流行的钱既已很多，下令天下，凡不是三官铸造的钱币不许使用，诸郡国以前铸造的钱币全都销毁，把销钱得到的铜上缴三官。百姓铸钱的事更少了，铸钱所获利益还没有花费大，只有巧工匠和大奸商才有能力盗铸。

卜式做了齐国诸侯相，而杨可掀起的告发隐匿缗钱的事遍及天下，中等人家以上大约都被告发。由杜周加以审理，很少有能翻案的。于是，分别派遣御史、廷尉、正监等官员按不同使命出使诸国，顺便治理郡国隐匿缗钱的案子，所得没收老百姓的钱物以亿计，奴婢上千万，田地大县数百顷，小县百余顷，房产也与这些数字相当。于是商人中等以上人家全都破了家，从此老百姓满足于美衣美食，得吃就吃，得喝就喝，谁也不再经营买卖、蓄藏等事业了，而县官因为有官办盐铁和告缗钱这两件事，财政宽裕多了。

接着，把函谷关东迁三百多里扩大关中地域，设置了京都左右辅都尉。

起初，大农主管的盐铁官分布很多，因而设置了水衡都尉，想让他主管盐铁事。等到杨可告发隐匿缗钱的事发生后，上林有许多财物，就命水衡主管上林。上林财物既满，便扩大上林的规模。这时因越国打算与汉朝用船决战，于是大规模修建昆明池，池周筑观宇环绕。建造楼船，有十丈多高，上面插着旗子，很是壮观。天子受这气派的感染，建造了柏梁台，高达数十丈。修建的宫室，也从此日趋于富丽。

于是把缗钱分给各官府，而水衡、少府、大农、太仆还各自设置了农官，往往就地在各郡县整治没收来的土地，加以耕种。没收来的奴婢，则分给诸苑囿，使之喂养狗马禽兽，或者分给诸官府。诸官府更设置了做各种事情的奴婢，罪徒奴婢众多，因而由黄河漕运至京的粮食大约增加到每年四百万石，并且要官府自籴一部分粮食才能足用。

所忠上书说："世家子弟和富人或斗鸡赛狗赛马，或射猎赌博游戏，扰乱齐民的生活。"于是惩罚诸罪犯，命他们互相攀引，牵连达到数千人，称为"株送徒"。入财的既得以补为郎官，郎官的选拔从此衰退了。

这时，崤山以东遭受黄河水灾，并且一连数年没有收成，方圆一二千里间，易子而食。天子心中怜悯，下诏书说："江南火耕水耨，命饥民可流亡到江淮之间寻口饭吃，想留在那里的，可在那里定居。"派遣的使者冠盖相连，来往于道路，护送这些饥民，并从巴蜀运来粮食赈济他们。

第二年，天子开始巡察郡国。东渡黄河，河东太守没有想到天子的车驾会来到这里，供具不备，失了礼数，畏罪自杀。西行穿过陇山，陇西太守因车驾来去仓促，准备不足，以致天子从官连饭也吃不上，陇西太守自杀。于是，天子北出萧关，随从数万骑，在新秦中射猎，以此布勒边兵，然后回到京城。见新秦中有的地方千里之间没有一名亭兵徼卒，于是尽杀北地太守以下官员，并命百姓，得以到边境诸县放牧牲畜，官府贷给母马，三年归还，利息十分之一，废除告缗令，以此充实新秦中地区。

既得宝鼎以后，设立了后土祠、太一祠，公卿在讨论在关封禅的事宜，而天下郡国都在预先修桥铺路，缮治原有的宫室，那些临近驰道的县份，在准备官库，储藏物品，设置需供给的用具，巴望并等待着天子车驾的幸临。

第二年，南越反叛，西羌侵犯边境以逞凶暴。于是，天子因山以东年成不好，赦免天下囚犯的罪行，就南方的楼船士卒二十多万人一起进攻南越，数万人调发三河以西的马匹为坐骑进攻西羌，还有数万人西渡黄河修筑令居城。这一年设置了张掖、酒泉郡，而在上郡、朔方、西河、河西等地设置田官，使在这里戍守的候卒逻兵六十万人一面戍守，一面耕种。中国内地则缮治道路以馈运粮饷，路远的达三千里，近的也有一千多里，全都仰仗大农供给。边境的兵器不足，就调发武库和工官的兵器来满足那里的需要。兵车和战马不够，县官钱少，很难买到马匹，就制定一项命令：封君以下至于年俸三百石以上的官吏，按等级不同缴纳不同数目的母马，分给天下驻兵的亭牧养，使每亭都有母马，每年考核其喂养繁息的成绩以定赏罚。

齐国相卜式上书说："为臣曾闻说天子有忧虑，是臣子的耻辱。如今南越反叛，臣父子情愿与从齐国发来的操船兵卒一起战死于南越战场。"天子下诏说："卜式虽然是个耕田放牧人，并不以此求利，每有剩余就帮助县官缓解经费的困难。如今，天下不幸有危急的事发生，而卜式奋勇请求父子为此献身，虽没有参加战斗，心中的义念可说是已表现了。特赏赐给他关内侯的爵位，黄金六十斤，农田十顷。”布告天下，但天下没有人响应。诸侯有上百名，没有一人要求从军与羌、越作战。于是到九月诸侯朝见，尝酎献酎金时，命少府检查酎金的成色，列侯由于酎金分量不足被削夺侯位的有一百多人。拜卜式为御史大夫。

卜式既有了这等重要的官位，见到许多郡国反映县官作盐铁的坏处，如铁器质量差，价钱贵，还有的强迫百姓买卖。而船有算赋，以船运货的商人少，商品昂贵，于是通过孔仅上书反映船只征收算赋的事。天子因此对卜式很不满意。

汉朝接连打了三年仗，杀掉了西羌入侵的军队，灭了南越国，番禺以西直到蜀南初次设了十七郡，姑且按照他们原来的风俗加以治理，不征收赋税。南阳至汉中之间旧有的郡县各自承担与自己毗邻的新设郡中吏卒的薪俸、食品、钱物，以及驿传所用的车马被服等具的一切费用。而新设郡县还时常有小规模的反叛，诛杀官吏，汉朝调发南方的官吏兵卒前往镇压，每年有万余人，费用都靠大农支给。大农以均输法调各地盐铁所得，以补充赋税的不足，所以才能应付得了。然而，士兵路过的县城，不过做到供给无缺就是了，再也谈不上遵守赋税成法了。

第二年，即元封元年，卜式贬官做了太子太傅。而桑弘羊任治粟都尉，兼领大农令，完全代替孔仅管理天下盐铁。由于各地官员们自做买卖，相互间竞争，所以价格涨落很快，而天下所缴赋税有的还不够偿还转运的脚力钱，桑弘羊于是请求设立大农部丞官数十名，分别掌管各郡国的大农事务，各自又往往在主要县份设立均输官和盐铁官，命边远地区都以物价贵时，商人从该地区向外地贩运的物品为赋税，而由政府互相转输。在京城设立平准机构，总受天下输纳来的物品。召雇工官制造车辆等器物，都由大农供给费用。大农所属各个机构全部垄断了天下的货物，物贵则卖出，贱则买入。这样，富商大贾无从牟取大利，就会返本为农，而所有商品都不会出现价格忽涨忽落的现象。由于天下物品价格都受其抑制，所以称之为“平准”。天子认为有道理，答应了他的请求。于是天子巡游向北到朔方郡，向东到太山，又巡行海上，以及北部边郡，然后归来。所过之处都有赏赐，用去帛一百多万匹，钱、金以亿计，全由大农支出。

桑弘羊又奏请让官吏可以通过捐献粮食补官，以及犯罪的人缴纳粮食可以抵罪。下令百姓能缴纳粮食到甘泉宫仓库的，按照各种等级差别，可以免除终身赋税徭役，不在告缗的范围。其他郡各自运粮到急需的地方，而各个农业部门也各自送来粮食，崤山以东水船运粮增加到每年六百万石。一年当中，太仓、甘泉官的粮仓就装满了。边境有了多余的粮谷和各种物资，均输存帛五百万匹。老百姓不增加赋税，天下就富饶起来了。于是，赏赐给桑弘羊左庶长的爵位，黄金二百斤。

这一年稍有旱灾，皇上命令官员求雨。卜式建议说：“国家官吏应当是吃穿租赋税收就罢了，现在桑弘羊让做官的人坐在集市的行列，买卖货物谋求利润。烹了桑弘羊，天就会下雨。”

太史公说：“农工商互相交换贸易的道路沟通以后，那么龟、贝、金、钱、刀、布各种货币也就产生了。这种情况由来已经很久远了，自高辛氏以前年代太远，没有办法得到资料加以记述。所以，《尚书》记载唐尧、虞舜的时代，《诗》叙述殷商、周代的社会情况，世道安定太平就会尊崇学校教育，提倡农业生产，排斥经商活动，用礼义防止人们去争利；因为社会上发生了很多的变乱事故，情况也就和原来相反了。所以事物兴盛以后就会走向衰败，时势发展到极限就要生变，一度质朴，一度灿然，始终循环变化。

《禹贡》记载的九州，各自根据那里土地所适宜的出产、人民收入的多少交纳职分内的贡赋。商汤和周武王承接前世社会重重弊端而加以变革，百姓安居乐业不觉疲倦，各自兢兢业业，但是他们即使如此治理国家，后来也还是慢慢地走向了衰败。齐桓公采取管仲的谋划，通过物价贵贱的控制，开发山海资源物产，使得诸侯前来朝拜，凭着小小的齐国，显赫地成就了霸主的名声。魏国任用李悝，充分开发土地资源的效率，使魏文侯成为强有力的国君。从这以后，天下处于战国时代，互相争斗，尊崇欺诈和武力而轻视仁德，先考虑占有财富然后才讲究辞让。所以，平民百姓中间富有的人有的累积上亿，而贫穷的人有的连糟糠都吃不饱；强大的诸侯国兼并那些小的诸侯，迫使他们称臣服从，而弱小的诸侯国有的断绝了祖宗的祭祀，国家也灭亡了。这样一直到秦代，终于统一了天下。

虞舜和夏朝时的货币，金属类分为三等，有黄金、白银、红铜；此外还有钱、有布币、有刀币、有龟甲贝壳。到了秦代，统一全国的货币分作二等，黄金用镒作单位，是一等货币；铜钱上的文字标记是'半两'，重量和写的字相同，是二等货币。珠玉、龟贝、银锡一类的东西，作为装饰的器物，珍藏着，不作为货币使用。尽管如此，各种货币随着时代的变迁而轻重没有定数。于是国外征伐夷狄，国内兴利建立功业，天下的男人努力耕作却不能满足粮食供应，女人纺线织布却不能满足衣服需要。古时候曾经全部拿出天下的物资钱财供奉皇帝，皇帝还认为不够用。没有别的原因，事物的发展和时势的变化，互相影响促使它形成这样的局面，有什么值得奇怪呢！”

第一百二十一卷　报任安书

本篇是司马迁写给其友人任安的一封回信。任安，字少卿，曾任益州刺史、北军使者护军等职，《田叔列传》中附有褚先生补记的《任安传》。司马迁因李陵之祸处以宫刑，出狱后任中书令，表面上是皇帝近臣，实则近于宦官，为士大夫所轻贱。任安此时曾写信给他，希望他能“推贤进士”。司马迁由于自己的遭遇和处境，感到很为难，所以一直未能复信。后任安因罪下狱，被判死刑，司马迁才给他写了这封回信。关于此信的写作年代，一说是在汉武帝征和二年（前91），另一说是在汉武帝太始四年（前93）。

司马迁在此信中，以无比激愤的心情，向朋友也是向世人诉说了自己因李陵之祸所受的奇耻大辱，倾吐了内心郁积已久的痛苦与愤懑，大胆揭露了朝廷大臣的自私，甚至还不加掩饰地流露了对汉武帝是非不辨、刻薄寡恩的不满。信中还委婉述说了他受刑后“隐忍苟活”的一片苦衷。为了完成《史记》的著述，司马迁所忍受的屈辱和耻笑，绝非常人所能想象。但他有一条非常坚定的信念，死要死得有价值，要“重于泰山”，所以，不完成《史记》的写作，绝不能轻易去死，即使一时被人误解也在所不惜。就是这样的信念支持他在“肠一日而九回”的痛苦挣扎中顽强地活了下来，忍辱负重，坚忍不拔，终于实现了他的夙愿，完成了他的大业。今天我们读着这部不朽的巨著，遥想司马迁当年写作时的艰辛与坚毅，怎能不对他的崇高精神无比敬佩呢！

本篇不仅对于我们研究司马迁的思想以及《史记》的写作动机和完成过程有极其重要的价值，并且在文学史上是不可多得的散文杰作。古人早就把它视为天下奇文，可与《离骚》媲美。此文之奇，首先表现为气势的磅礴。作者长久郁积心中的悲愤，借此文喷薄而出，有如长江大河，一泻千里，其气势之壮阔，令人惊叹。

【原文】

太史公牛马走[1]司马迁，再拜言。

少卿足下[2]：曩[3]者辱赐书，教以慎于接物[4]，推贤进士为务[5]。意气勤勤恳恳[6]，若望仆不相师用[7]，而流[8]俗人之言。仆非敢如是也。虽罢驽[9]，亦侧闻[10]长者遗风矣。顾自以为身残处秽[11]，动而见尤[12]，欲益反损，是以抑郁而无谁语[13]。谚曰：“谁为为之[14]？孰令听之！”盖钟子期死，伯牙终身不复鼓琴[15]。何则？士为知己者用，女为说[16]己者容。若仆，大质[17]已亏缺矣，虽才怀随和[18]，行若由夷[19]，终不可以为荣，适足以发笑而自点[20]耳。书辞宜答，会东从上[21]来，又迫贱事，相见日浅，卒卒无须臾之间[22]，得竭指意[23]。今少卿抱不测之罪，涉旬月[24]，迫季冬[25]，仆又薄从上上雍[26]，恐卒然不可讳[27]。是仆终已不得舒愤懑以晓左右[28]，则长逝者[29]魂魄私恨无穷。请略陈固陋[30]。阙然[31]久不报，幸勿过[32]。

【注释】

①太史公：这里指作者自己。牛马走：像牛马一样奔走的仆役。按：古代书信常在开头先列具写信人的官职姓名。《汉书》删去了这句和下句“再拜言”共十二字的开头，此据《文选》补入。②足下：古代对人的敬称。③曩（nǎng）：从前。④接物：待人接物。⑤务：事，任务。⑥勤勤恳恳：诚恳的样子。⑦望：怨。相师用：效法他人的意见行事。⑧流：这里有顺从、追随的意思。按：以上两句，《文选》作：“若望仆不相师，而用流俗人之言。”⑨罢驽：比喻才能庸劣。罢，通“疲”。驽，劣马。⑩侧闻：在一旁听到。这是自谦之词。⑪顾：只是。身残：指受了宫刑。处秽：处在污秽可耻的境地，指形同宦官。⑫尤：罪过。这里是指责的意思。⑬这句《文选》作“是以独郁悒而谁与语”。⑭谁为为之：给谁做事。⑮钟子期、伯牙：都是春秋楚人。伯牙善弹琴，钟子期最能欣赏、理解伯牙的琴音。后来钟子期死了，伯牙认为已无知音，便毁琴，从此不再弹琴。⑯说：通“悦”。按：以上两句，《汉书》作“士为知己用，女为说己容”，此从《文选》。⑰大质：身体。⑱随和：指随侯之珠与和氏之璧，是春秋时期著名的宝物。随侯之珠，传说春秋随国国君曾救活一条受了伤的大蛇，后来大蛇衔来一颗明珠报答他，因称随侯之珠；和氏之璧，见《廉颇蔺相如列传》。⑲由夷：指许由和伯夷，两人

都是被人称颂的品德高尚的人。许由，尧时的高士，相传尧想把天下让给他，他不接受，其事参见《庄子·逍遥游》；伯夷，商孤竹君之子，周灭商后，与其弟叔齐耻食周粟，饿死首阳山。见本书《伯夷列传》。⑳点：污辱。㉑会：正赶上。上：皇上。㉒卒卒：急急忙忙的样子。卒，通“猝”。须臾：片刻。间（jiàn）：空闲。㉓指意：心意。指，通“旨”。㉔旬月：满一个月。㉕季冬：冬季的最末一个月，即阴历十二月。汉朝法律规定，每年十二月处决罪犯，所以这句的意思是说，快到处决罪犯的时候了。㉖薄：迫近。雍：地名。㉗不可讳：死的委婉说法。㉘左右：原意是左右侍奉的人。这里是古代书信中常用的谦词，不直称对方，以表尊敬。㉙长逝者：指任安。㉚固陋：褊狭浅陋的见解。㉛阙然：相隔很久。㉜过：责怪。

【原文】

仆闻之：修身者，智之府[①]也；爱施者，仁之端也；取予者，义之符[②]也；耻辱者，勇之决也；立名者，行之极也。士有此五者，然后可以托[③]于世，列于君子之林矣。故祸莫憯[④]于欲利，悲莫痛于伤心，行莫丑于辱先，诟[⑤]莫大于宫刑。刑余之人[⑥]，无所比数，非一世也[⑦]，所从来远矣。昔卫灵公与雍渠同载，孔子适陈[⑧]；商鞅因景监见，赵良寒心[⑨]；同子参乘，爰丝变色[⑩]：自古而耻之。夫中材之人，事关于宦竖[⑪]，莫不伤气，况忼慨[⑫]之士乎？如今朝廷虽乏人，奈何令刀锯之余荐天下豪俊哉！

【注释】

①府：财物集中之处。按：《文选》府作“符”。②符：凭证，标志。《文选》符作“表”。③托：托身，立身。④憯(cǎn)：通“惨”。⑤诟：耻辱。⑥刑余之人：受刑后得到余生的人。特指受过宫刑的人，或虽非受刑而被阉割的人。⑦这句《汉书》原作“非一也”，此据《文选》增“世”字。⑧“昔卫灵公”两句：据本书《孔子世家》载，孔子在卫国时，有一次卫灵公与夫人南子同车出游，让宦官雍渠同车陪侍，让孔子乘后面的一辆车跟随，招摇过市，孔子认为是一种耻辱，于是就离开卫国，到曹国去了。这里说去卫适陈，所记不同。适，到……去。⑨“商鞅”两句：据本书《商君列传》载，秦国贤者赵良认为，商鞅是通过宦官景监的推荐才见到秦孝公并被重用的，一开始名声就不好。所以这里说“赵良寒心”。⑩“同子”两句：据本书《袁盎晁错列传》载，汉文帝乘车外出，让宦官赵同在车中陪侍，袁盎伏在车前直言谏阻，文帝只好让赵同下车。赵同，原名谈，司马迁为避其父的名讳，所以称其为赵同或同子；爰丝，即袁丝，袁盎字丝，袁，《汉书》作“爰”。⑪宦竖：对宦官的贱称。竖，古代对卑贱者的蔑称。⑫忼慨：通“慷慨”。

【原文】

仆赖先人绪业[①]，得待罪辇毂下[②]，二十余年矣。所以自惟：上之，不能纳忠效信，有奇策才力之誉，自结明主；次之，又不能拾遗补阙[③]，招贤进能，显岩穴之士[④]；外之，不能备行伍[5]，攻城野战，有斩将搴[6]旗之功；下之，不能累日积劳，取尊官厚禄，以为宗族交游[7]光宠。四者无一遂[8]，苟合取容[9]，无所短长之效[10]，可见于此矣。向者仆亦尝厕下大夫[11]之列，陪外廷末[12]议，不以此时引维纲[13]，尽思虑，今已亏形为扫除之隶[14]，在阘茸[15]之中，乃欲卬首信[16]眉，论列是非，不亦轻朝廷羞当世之士邪！嗟乎，嗟乎！如仆尚何言哉！

【注释】

①绪业：遗业。②待罪：做官的谦词。辇（niǎn）毂下：代指京城。辇，皇帝乘坐的车；毂，车轮中心插入车轴的圆木，常代指车轮。③拾遗补阙：指帮助皇帝弥补失误。阙，通“缺”。④岩穴之士：指隐居山野的贤士。⑤备：充任，充数。行伍：军队。⑥搴（qiān）：拔取。⑦交游：指朋友。⑧遂：成就。⑨苟合取容：苟且求合以得到别人的容纳。⑩短长之效：特别的表现。短长，或小或大，或劣或优；效，效验，贡献。⑪厕：夹杂，处于，谦词。下大夫：按周代官制，太史属下大夫这一级别，作者这里也是用为谦词。⑫外廷：即外朝。汉代把官员分为外朝与中朝，外朝是丞相以下的正规行政官员。国家疑难大事由外朝官员讨论。末：微末。⑬维纲：指国家的重要法令。⑭亏形：形体残缺。扫除之隶：喻地位卑下如役隶。⑮阘（tà）茸：卑贱。⑯卬：通“昂”。信：通“伸”。

【原文】

且事本末未易明也。仆少负不羁之才[1]，长无乡曲[2]之誉。主上幸以先人之故，使得奉薄技，出入周卫[3]之中。仆以为戴盆何以望天[4]，故绝宾客之知，忘室家之业，日夜思竭其不肖之才力，务一心营职，以求亲媚于主上。而事乃有大谬不然者。

夫仆与李陵，俱居门下[5]，素非相善也。趣舍[6]异路，未尝衔杯酒接殷勤之欢。然仆观其为人自奇士，事亲孝，与士信，临财廉，取予义，分别有让[7]，恭俭下人[8]。常思奋不顾身，以徇[9]国家之急。其素所蓄积[10]也，仆以为有国士之风。夫人臣出万死不顾一生之计，赴公家之难，斯已奇矣。今举事一不当，而全躯保妻子之臣，随而媒孽[11]其短，仆诚私心痛之。且李陵提[12]步卒不满五千，深践戎马之地[13]，足历王庭[14]，垂饵虎口，横挑强胡。卬[15]亿万之师，与单于连战十余日，所杀过当[16]，虏救死扶伤不给[17]。旃裘[18]之君长咸震怖，乃悉征左右贤王[19]，举引弓之民，一国共攻而围之。转斗千里，矢尽道穷，救兵不至，士卒死伤如积。然陵一呼劳军，士无不起躬[20]流涕，沬血[21]饮泣，张空弮[22]，冒白刃，北首争死敌[23]。陵未没时，使有来报，汉公卿王侯皆奉觞上寿[24]。后数日陵败，书闻，主上为之食不甘味，听朝[25]不怡。大臣忧惧，不知所出。仆窃不自料其卑贱，见主上惨凄怛[26]悼，诚欲效其款款之愚[27]。以为李陵素与士大夫绝甘分少[28]，能得人之死力，虽古名将不过也。身虽陷败，彼观其意[29]，且欲得其当而报汉。事已无可奈何，其所摧败，功亦足以暴[30]于天下。仆怀欲陈之，而未有路。适会召问，即以此指，推言[31]陵功。欲以广主上之意，塞睚眦[32]之辞。未能尽明，明主不深晓，以为仆沮贰师[33]，而为李陵游说。遂下于理[34]。拳拳之忠终不能自列[35]，因为诬上，卒从吏议[36]。家贫，财赂不足以自赎[37]。交游莫救，左右亲近[38]不为一言。身非木石，独与法吏为伍，深幽囹圄[39]之中，谁可告愬[40]者！此正少卿所亲见，仆行事岂不然邪？李陵既生降，颓[41]其家声，而仆又茸以蚕室[42]，重为天下观笑。悲夫，悲夫！事未易一二[43]为俗人言也。

【注释】

①负：仗恃。不羁之才：不受拘束的高远之才。②乡曲：乡里。③周卫：指防卫周密的宫禁。④戴盆何以望天：比喻二者不可得兼。这里作者以喻自己忙于职守，无暇他顾。⑤门下：指可以出入宫门的官。李陵曾任侍中，司马迁当时任太史令，都是宫内之官。李陵事迹见本书《李将军列传》。⑥趣舍：进取或退止。趣，通“趋”。⑦分别有让：指对有差别的事物肯于退让。⑧下人：居于人下，甘居人后。⑨徇：通“殉”。⑩素所蓄积：指平素各种表现中所包含的相同的气度。⑪媒孽：通“媒糵”，酿酒的酒曲。这里引申为扩大，夸大。⑫提：率领。⑬戎马之地：指战场。或解“戎马”为代指匈奴。⑭王庭：匈奴王的住地。⑮卬：这里有昂首面对、昂首迎敌的意思。⑯当：相当，相等。“过当”指超过了和自己军队相等的数量。⑰不给：供应不上，顾不上。⑱旃（zhān）裘：兽毛制作的皮衣，这里代指匈奴。旃，通“毡”。⑲左右贤王：匈奴的最高官位。⑳起躬：起身。㉑沬血：血流在面上，犹如以血洗脸。沬，洗脸。㉒卷（quān）：弩弓。㉓北首：面

向北。死敌：与敌人拼死。㉔奉觞（shāng）上寿：捧着酒杯向皇上祝贺。觞，酒器。㉕听朝：上朝听政。㉖怛：痛苦。㉗款款之愚：诚恳的忠心。㉘绝甘分少：好吃的东西自己不要，分财物时自己要最少的。㉙彼观其意：即“观彼其意”。㉚暴：显露。㉛推言：阐述。㉜睚眦（yá zì）：怒目而视。㉝沮：败坏，中伤。贰师：指贰师将军李广利。李广利是武帝宠妃李夫人之兄，武帝为提拔他，派他征匈奴，李陵协助。李陵被围，李广利坐视不救。司马迁替李陵说话，所以武帝认为他有意中伤贰师将军。㉞理：即大理，古代的司法官。㉟拳拳：忠诚恭谨的样子。列：陈述，罗列。㊱卒从吏议：指武帝最后同意法吏的判决。㊲汉朝规定，被判刑的罪犯可以用财物赎罪。财赂，财货。㊳左右亲近：指皇帝身边的近臣。㊴幽：囚禁。囹圄（líng yǔ）：监狱。㊵告愬：诉说。愬，通“诉”。㊶颓：毁坏，败坏。㊷茸：推入。蚕室：养蚕的房屋。这里指受了宫刑的人居住的房屋，因受宫刑后不可受风寒，要住进像蚕室那样温暖密封的房屋，因而叫作蚕室。㊸一二：逐一。

【原文】

仆之先人，非有剖符丹书①之功，文史星历②，近乎卜祝③之间，固主上所戏弄，倡优④畜之，流俗之所轻也。假令仆伏法受诛，若九牛亡一毛，与蝼蚁⑤何异？而世又不与能死节者比，特以为智穷罪极，不能自免，卒就死耳。何也？素所自树立⑥使然。人固有一死，死，有重于泰山⑦，或轻于鸿毛，用之所趋⑧异也。太上不辱先，其次不辱身，其次不辱理色⑨，其次不辱辞令；其次诎体[10]受辱，其次易服[11]受辱，其次关木索、被箠楚[12]受辱，其次剔毛发、婴金铁[13]受辱，其次毁肌肤、断支体[14]受辱，最下腐刑[15]极矣！传曰："刑不上大夫[16]。"此言士节不可不厉[17]也。猛虎处深山，百兽震恐，及其在穽槛[18]之中，摇尾而求食，积威约之渐[19]也。故士有画地为牢，势不入；削木为吏，议不对，定计于鲜[20]也。今交手足，受木索，暴肌肤，受榜[21]箠，幽于圜墙[22]之中。当此之时，见狱吏则头枪[23]地，视徒隶则心惕息[24]。何者？积威约之势也。及已至此，言不辱者，所谓强颜[25]耳，曷足贵乎！且西伯[26]，伯[27]也，拘牖里[28]；李斯，相也，具五刑[29]；淮阴，王也，受械于陈[30]；彭越、张敖，南向称孤，系狱具罪[31]；绛侯[32]诛诸吕，权倾五伯[33]，囚于请室[34]；魏其，大将也，衣赭、关三木[35]；季布为朱家钳奴[36]；灌夫受辱居室[37]。此人皆身至王侯将相，声闻邻国，及罪至罔加[38]，不能引决自财[39]，在尘埃[40]之中，古今一体，安在其不辱也！此言之，勇怯，势也；强弱，形也。审矣[41]，曷足怪乎？且人不能蚤自财绳墨[42]之外，已稍陵夷[43]，至于鞭箠之间，乃欲引节，斯不亦远乎！古人所以重施刑于大夫者，殆为此也。

【注释】

①剖符：汉代皇帝给功臣的一种凭信。符，竹制，上写永不改变爵位的誓言，剖分为二，皇帝与功臣各存其一。丹书：即丹书铁券，铁制的券契，用朱砂书写誓词，故称丹书。得剖符丹书的功臣，子孙有罪可以赦免。②文史星历：史籍和天文

历法，这些都是太史令掌管的事务。③卜祝：负责占卜和祭祀的官职。④倡优：乐人和戏人，是古代被人轻贱的下等人。⑤蝼蚁：蝼蛄和蚂蚁，泛指微小的生物。⑥所自树立：自己用来立身的。指工作和职位。⑦死，有重于泰山：《文选》作“或重于泰山”。⑧用之所趋：意思是为什么去死。用，因；之，代“死”。⑨理色：脸面。理，纹理；色，脸色。或解为道理和脸面。⑩诎体：指身体被捆绑。诎，通“屈”。⑪易服：指换上罪人的衣服。⑫关木索：戴上枷锁。关，指戴上；木，指枷；索，绳索。箠楚：木杖和荆杖，都是刑具。⑬剔毛发：把头发剃光，即所谓髡（kūn）刑。剔，通“剃”。婴金铁：指颈上套着铁圈，即所谓钳刑。婴，环绕。⑭毁肌肤、断支体：指毁伤肉体的刑罚。如脸上刺字的黥刑、砍去双脚的刖（yuè）刑等。支，同“肢”。⑮腐刑：即宫刑。破坏生殖机能的酷刑，仅次于死刑。⑯刑不上大夫：此语见《礼记·曲礼上》。⑰厉：通“砺”，磨砺。⑱穽：通“阱”。槛：关野兽的木笼。⑲积威约：长期威力的约束。渐：逐渐发展的结果。⑳定计：指早就拿定主意。鲜：指态度鲜明。或解为夭亡、不以寿终。㉑榜：鞭打。㉒圜墙：指监狱。圜，通“圆”。㉓枪：同“抢”，撞，触。㉔徒隶：狱卒。惕息：不敢喘息，形容极其恐惧。㉕强颜：厚着脸皮。㉖西伯：即周文王。殷纣时他是西方诸侯之长，故称。㉗伯：方伯，即一方诸侯之长。㉘拘牖里：据本书《殷本纪》《周本纪》载，周文王曾被殷纣王拘禁。牖，两《本纪》及《文选》均作“羑”。㉙李斯被赵高陷害，最后被腰斩、灭三族。详见《李斯列传》。至于他受了哪五种酷刑，传中未详。㉚韩信先被封为楚王，有人告他谋反，刘邦假做南游，到陈地，韩信来见，被逮捕。后被赦，封为淮阴侯。详见《淮阴侯列传》。㉛彭越，汉初功臣，封梁王；张敖，汉初功臣张耳之子，父死，袭为赵王。二人都因被诬告谋反，下狱定罪。其事分别见《魏豹彭越列传》《张耳陈馀列传》。㉜绛侯：周勃的封号。吕后死，吕禄等人谋反，周勃与陈平等诛灭吕氏亲族，迎立文帝。其事见本书《吕太后本纪》《绛侯周勃世家》。㉝五伯：即春秋五霸。伯，通"霸"。㉞请室：汉代囚禁有罪官吏的监狱。周勃后来被诬告谋反，下狱治罪。㉟衣赭：穿红褐色的衣服。古代囚服为赭色。三木：指加在颈、手、足三处的刑具，即枷和桎梏。魏其侯窦婴，景帝时为大将军，武帝时被诬下狱处死。详见《魏其武安侯列传》。㊱季布原为项羽将领，屡次困辱刘邦。项羽死后，刘邦悬赏捉拿季布。季布剃光了头，颈戴铁圈，改变姓名，卖身为鲁人朱家的奴隶。见《季布栾布列传》。㊲灌夫平七国之乱有功，为中郎将。武帝时被诬下狱、灭族。见《魏其武安侯列传》。居室，少府所属的官署名。㊳罔加：法网加在身上。罔，通"网"。㊴引决：自杀。自财：自杀。财，通"裁"。㊵尘埃：指监狱。㊶审矣：明白了。㊷蚤：通"早"。绳墨：指法令。㊸陵夷：卑下，衰颓。

【原文】

夫人情莫不贪生恶死，念亲戚[①]，顾妻子。至激于义理者不然，乃有不得已也。今仆不幸，蚤失二亲，无兄弟之亲，独身孤立。少卿视仆于妻子何如哉？且勇者不必死节，怯夫慕义，何处不勉焉！仆虽怯懦欲苟活，亦颇识去就[②]之分矣，何至自沉溺累绁[③]之辱哉！且夫臧获[④]婢妾犹能引决，况若仆之不得已乎？所以隐忍[⑤]苟活，函粪土[⑥]之中而不辞者，恨私心有所不尽，鄙没世而文采[⑦]不表于后也。

【注释】

①亲戚：这里指父母。②去就：去留，进退。这里指偷生或赴死。③沉溺：陷身。累绁（xiè）：捆绑犯人的绳索，引申为牢狱。累，《文选》作“缧”。④臧获：古代骂奴婢的贱称。⑤隐忍：克制忍耐。⑥函：包围。粪土：指监狱。⑦鄙：鄙陋，鄙薄。没（mò）世：终结一世，即死。文采：指文章。

【原文】

古者富贵而名摩[①]灭，不可胜记，唯倜傥[②]非常之人称焉。盖西伯拘而演《周易》[③]；仲尼厄而作《春秋》[④]；屈原放逐，乃赋《离骚》[⑤]；左丘失明，厥有《国语》[⑥]；孙子膑脚，《兵法》修列[⑦]；不韦迁蜀，世传《吕览》[⑧]；韩非囚秦，《说难》[⑨]《孤愤》；《诗》三百篇，大氐[⑩]圣贤发愤之所为作也。此人皆意有所郁结，不得通其道[⑪]，故述往事，思来者[⑫]。及如左丘无目，孙子断足，终不可用，退论书策[⑬]，以舒其愤，思垂空文[14]以自见。仆窃不逊，近自托于无能之辞，网罗天下放失[15]旧闻，考之行事，稽其成败兴坏之理[16]。上计轩辕[17]，下至于兹，为十表、本纪十二、书八章、世家三十、列传七十[18]，凡百三十篇。亦欲以究天人之际[19]，通古今之变，成一家之言。草创未就，适会此祸，惜其不成，是以就极刑而无愠[20]色。仆诚已著此书，藏之名山，传之其人[21]，通邑大都。则仆偿前辱之责[22]，虽万被戮[23]，岂有悔哉！然此可为智者道，难为俗人言也。

【注释】

①摩：通“磨”。②倜傥（tì tǎng）：卓越豪迈，才华不凡。③传说文王被拘禁时，把《易》的八卦推演为六十四卦。西伯，《文选》作“文王”。④关于孔子作《春秋》，见本书《孔子世家》。厄，受困，指孔子周游列国所受的困厄。按：现代学者认为，《春秋》为鲁国史官所记，孔子进行了加工与修订。⑤《屈原贾生列传》载，《离骚》是屈原被楚怀王疏远后所作，与本文所说不同。⑥左丘即左丘明。关于他失明的事，他书未见记载；《国语》是否为他所作，学者多有疑问。⑦孙子即孙膑。他的事迹详见《孙子吴起列传》。他所作的兵法早已失传，1972 年山东临沂银雀山西汉墓出土的竹简中，有《孙膑兵法》残简五千九百余字。膑，断足之刑；修列，著述，编著。⑧《吕览》：即《吕氏春秋》，吕不韦为相时命门客编写的。吕不韦的事迹详见《吕不韦列传》。⑨《说难》《孤愤》是韩非著作中的两篇。关于韩非的事迹，详见

《老子韩非列传》。⑩氐：通“抵”。⑪通其道：行其道，即实现其理想。⑫思来者：意思是想到以后的人会有理解自己的。⑬书策：写作，著书。策，竹简。⑭垂：流传。空文：即指文章著作。当时还不能以文章建立功业，故称空文。⑮放失：散失。失，通“佚”。⑯稽：考察。理：道理，规律。⑰轩辕：黄帝名。⑱“上计轩辕”至“列传七十”，《汉书》原无此二十六字，当是删节，此据《文选》补入。⑲天人之际：天道与人事的关系。⑳极刑：指宫刑。愠（yùn）：怨怒。㉑其人：指志同道合之人，能传布自己著作的人。㉒责：通“债”。㉓戮：辱。

【原文】

且负下[1]未易居，下流[2]多谤议。仆以口语遇遭此祸，重为乡党[3]戮笑，污辱先人，亦何面目复上父母之丘墓乎？虽累百世，垢[4]弥甚耳！是以肠一日而九回，居则忽忽若有所亡，出则不知所如往。每念斯耻，汗未尝不发背沾衣也。身直为闺阁之臣[5]，宁得自引[6]深藏于岩穴邪？故且从俗浮沉，与时俯仰[7]，通[8]其狂惑。今少卿乃教以推贤进士，无乃与仆之私指[9]谬乎？今虽欲自雕琢[10]，曼辞[11]以自解，无益于俗，不信[12]，祇[13]取辱耳。要之，死日然后是非乃定。书不能尽意，故略陈固陋。谨再拜。

【注释】

①负下：负罪之下，背负罪名的情况下。②下流：身处下流，指地位卑微，名声不好。③乡党：同乡之人。④垢：耻

辱。⑤闺阁之臣：指宦官。闺阁，宫中的小门，借指宫中深密之处。⑥引：引退。⑦俯仰：应付，周旋。⑧通：舒发。⑨私指：私意。指，通“旨”。⑩自雕琢：修饰、美化自己。⑪曼辞：美饰之词。⑫不信：不被信任。⑬祇：通“只”。

【译文】

太史公、像牛马一般的仆役、司马迁再拜说：

少卿足下：前时，蒙您屈尊给我写信，教导我待人接物要谨慎，应把推荐贤士当作自己的责任。情意那样诚恳，好像抱怨我没有遵从您的教诲，而是追随了世俗之人的意见。我是不敢这样做的。我虽然才能庸劣，也曾从旁听说过有德之人留传下来的风尚。只是自己以为身体残缺处于污秽耻辱的境地，行动就要受指责，想做有益之事反而招来损害，因此只能独自愁闷，没有谁可以去诉说。谚语说：“为谁去做事？谁来听从你！”钟子期死后，俞伯牙终身不再弹琴，为什么呢？士人要为他的知己效力，女子要为喜爱她的人梳妆美容。像我这样的人，即使自己怀有的才能像随侯珠及卞和玉那样宝贵，品行像许由和伯夷那样高尚，终究不能再以此为荣，恰恰只能被人耻笑而自取污辱罢了。您的信本应早日回复，正赶上随从皇上东巡归来，又忙于一些琐事，与您见面的机会较少，匆匆忙忙没有半点空闲，能够尽情陈述自己的心意。如今您遭到无法预料之罪，再过一个月，逼近冬末，我又迫于跟随皇上到雍地去，恐怕突然之间就会发生不可避免的事，那样我最终也就不可能向您抒发我的愤懑之情了，那么您的魂魄也会抱恨无穷的。请允许我把浅陋的意见略加陈述，时隔很久没有回信，望您不要责怪。

我听说，修身是智慧的集中体现；爱人和助人是仁的发端；要得到什么和付出什么是义的标志；有耻辱之心是勇敢的先决条件；树立名誉是行为的最终目标。士人有了这五个方面，然后才可以立身于世并进入君子的行列。所以，祸没有比贪欲私利更惨的，悲没有比刺伤心灵更痛苦的，行为没有比污辱祖先更丑的，耻辱没有比宫刑更大的。受刑之后得到余生的人，无法和别人相比，并非一代如此，由来已久了。从前，卫灵公和宦官雍渠同乘一辆车，孔子见到后就到陈国去了；商鞅依靠宦官景监的引见得到重用，赵良感到寒心；赵谈陪文帝乘车，袁丝脸色都变了。自古以来，就以宦官为耻辱。那些才能平庸的人，事情只要涉及宦官，就没有不感到丧气的，何况是那些志气昂扬的人呢？如今，朝廷虽然缺乏人才，可怎么能让一个受了宫刑的人来举荐天下的豪杰呢！

我仰仗先人留下的事业，才能在皇帝左右为官达二十多年。所以常自思自想，往高处说，不能尽心报效诚信，也没有因出奇的谋略和特殊的能力受到赞誉，取得贤君的信任；其次又不能为皇帝拾取遗漏弥补缺陷，也不能招纳举荐贤能之人，并让山野中的隐士显露才能；对外又不能参加军队，攻城野战，有斩杀敌将夺取敌人军旗的功劳；往低处说，不能以日积月累的辛劳，取得高官厚禄，使亲族朋友都感到荣耀。这四者没有一件如愿以偿，只好勉强求合以博得皇上的喜欢，不会有特别表现，我的情况从这里也就可以看出来了。从前，我也曾置身下大夫的行列，在外朝陪着别人发表些微不足道的意见，没有借这个时机根据朝廷法度竭尽自己的才思，如今已经身体残缺成了从事扫除的差役，处在卑贱的地位，还想要昂首扬眉，评论是非，那不是轻慢朝廷羞辱当今的士人吗！唉！唉！像我这样的人还有什么可说的呢！

况且事情的前因后果是不容易说清的。我年少时以不受约束的高才自负，长大后没有得到乡里的赞誉，幸而皇上以我父亲的缘故，使我能够贡献浅薄的才能，出入于宫禁。我以为戴着盆还怎么能去望天呢，所以断绝了与朋友的交往，忘记了家庭的事情，日夜都想竭尽自己并不很高的能力，专心致志尽力于职守，以便能够讨好皇上。然而，事情竟会大错特错，而不是所想象的那样。

我和李陵都在宫廷内做官，平时并没有什么交情，彼此志趣不同，不曾在一起喝过一杯酒，在一起尽情交欢。然而，我观察他的为人，是能自守节操的奇士，侍奉双亲讲孝道，和士人交往重诚信，在钱财面前廉洁，收取和给予都以义为准则，对有差别的事肯于退让，对人谦恭，甘居人后，时常想奋不顾身为国家的急难而牺牲自己。从他平素的言行表现来看，我认为他有国士的风度。作为臣子，虽经历万般危险，也不为自己的生命考虑，只想到解救公家之危难，这已是很出奇了。如今，所做的事稍有不当，那些只顾保全自己和妻儿的大臣，接着就把他的失误尽情夸大，我确实内心里感到痛苦。况且李陵率领步兵不满五千，深入战场踏上匈奴的住地，在虎口中投下诱饵，对强悍的匈奴勇敢地挑战，迎着亿万敌军与单于连续作战十多天，所杀的敌人超过了自己的军队的人数，敌人顾不上救援死伤士兵，匈奴的君王都震惊恐怖，于是才把左右贤王的兵马全都调来，发动会拉弓射箭的人，全国的军队共同围攻李陵，李陵转战千里，箭用光了，路走绝了，救兵不到，死伤的士兵堆积如山。然而，李陵一喊慰劳军队，士兵没有不奋起的，个个涕泪横流，满脸是血，吞下眼泪，再拉开空弓，冒着刀箭，向北争着和敌人拼死。李陵还没有覆没的时候，曾有使者来报告战况，汉朝的公卿王侯都举杯向皇上祝贺。过了几天，李陵兵败的奏章知道后，皇上为此吃饭不香，上朝不乐，大臣忧虑恐惧，不知道该怎么办。我私下没有考虑自己的卑贱，看到皇上的悲戚哀伤，真心想献上自己的恳切忠诚，认为李陵平时与军官们在一起，甘美的食物自己不吃，分东西自己少要，能使人们拼死为他效力，虽是古代名将，也不能超过他。李陵虽然兵败陷身匈奴，看他的心意，将要等到合适的时机报效汉朝。事情已经无可奈何，他消灭了那么多敌军，这战功也足能显示给天下了。我心中想陈述这个看法但没有机会，恰好皇上召见问话，我就按这个意思阐述李陵的战功，想用这番话宽慰皇上的心胸，堵塞怨恨李陵的人所说的坏话；没能完全说明，皇上不理解，认为我是有意中伤贰师将军李广利，并为李陵游说，于是就把我交付法庭，诚恳的忠心终于不能自己一一陈述。因此，被定为欺骗皇上之罪，最后皇上同意狱吏的判决。我家中贫穷，财物不够用来赎罪，朋友没人相救，皇上左右的近臣也没有谁向皇帝说句话，自身并非木石，却要与法吏在一起，被囚禁在监狱之中，谁是可以听我诉说的人呢！这正是少卿亲眼所见，我的所作所为，难道不是这样吗？李陵既已投降匈奴，败坏了他家的名声，而我又受刑住进蚕室，更加被天下人嘲笑，悲痛啊悲痛啊！事情是不容易一一地讲给俗人听的。

我的先辈并没有立下什么功劳，可以得到皇上赐给的剖符和丹书铁券；先辈掌管史籍和天文历法，类似于占卜祭祀之官，本来就是给皇上戏耍的，像畜养倡优一样，是世俗之人看不起的职业。如果我依法被处死，也就像九牛失去一根毛，同死个蝼蛄或蚂蚁有什么两样？世人也不会把我和那些死于气节的人相提并论，只不过认为你智虑穷尽，罪恶已极，不能自己赎免，终于走上死路罢了。为什么呢？就是平日自己的工作和职业造成的。人本来都有一死，有人死得比泰山还重，有人死得比鸿毛还轻，为什么去死是不一样的。最重要的是不能使祖先受辱，其次是不使自身受辱，其次是不使脸面受辱，其次是不让别人用文辞和教令来羞辱，再次是身体被捆绑受辱，再次是换上囚服受辱，再次是披枷带锁被刑杖拷打受辱，再次是剃光头发、颈戴铁圈受辱，再次是毁伤肌肤、砍断肢体受辱，最下等的是宫刑，受辱到顶点了。古书上说："刑罚不用在大夫身上。"这就是说士大夫在气节方面不能不进行磨砺。猛虎在深山里，百兽都震惊恐惧。等它到了陷阱或兽笼里，就得摇着尾巴乞求食物，这是由于长期用威力制约，逐渐取得的结果。因此，即使有个在地上划出的监牢，士人也绝对不能进去；有个用木头削成的狱吏审判你，也不能去质对。受刑之前就决计自杀，这才是鲜明的态度。如今捆绑手脚，戴上枷锁，暴露肌肤，受到鞭打，囚禁在监狱之中。在这时候，看到狱卒就要叩头触地，看到狱卒就吓得不敢出气。为什么呢？这是长期用威力制约造成的情势。等已经到了这种地步，还说不受辱的人，不过是所谓的厚脸皮罢了，还有什么值得尊重的呢！况且西伯是诸侯之长，曾被拘禁在牖里；李斯是丞相，也受遍了五种刑罚；韩信已是诸侯王，却在陈地被戴上刑具；彭越、张敖已南面称王，结果都下狱定罪；绛侯周勃诛杀了吕氏家族，权力超过了春秋时的五霸，后来也被囚禁在待罪之室；魏其侯是大将军，最后也穿上了囚衣，戴上了刑具；季布做了朱家的家奴；灌夫被关押在居室受辱。这些人都已身居王侯将相，名声传到了邻国，等犯了罪受到法令制裁，不能下决心自杀，在监狱里，古今都一样，他们怎能不受辱呢！从这些情况来说，勇敢和怯懦，是权力地位不同造成的；坚强和软弱，是由所处的形势决定的。这是很清楚的，有什么值得奇怪的呢？况且一个人如果不能在受刑之前早点自杀，就已经逐渐衰颓了；到了鞭打受刑的时候，才能到以自杀殉节，那不是太晚了吗？古人之所以要慎重对待对士大夫的用刑，大概就在于此吧！

人之常情没有不贪恋生存、厌恶死亡的，没有不顾念父母妻儿的。至于那些为义理所激励的人并不如此，那是由不得已的形势造成的。如今我不幸，早年丧失父母，没有兄弟相亲，孤独一人在世，少卿您看我对妻儿们该如何呢？况且勇敢的人不必以死殉节，怯懦的人只要仰慕节义，什么情况下不能勉励自己呢！我虽然怯懦，想苟且偷生，但也还懂得偷生与赴死的界限，何至于自甘陷身牢狱去受辱呢！奴隶婢妾还能去自杀，何况我这种处于不得已境地的人呢！我之所以要克制忍耐、苟且偷生，囚禁在污秽的监狱之中也在所不辞，是以心中还有未了之事为恨，以身死之后文章不能留传后世为耻呀！

古时候虽富贵而名声却泯灭不传的人是无法都记载下来的，只有卓越不凡的特殊人物能够名扬后世。周文王被拘禁后，推演出《周易》的六十四卦；孔子受困回来后，开始作《春秋》；屈原被放逐后，才创作了《离骚》；左丘明失明后，才有《国语》的写作；孙子被砍断双脚，编撰出《兵法》著作；吕不韦贬官迁徙到蜀地，世上传出了《吕氏春秋》；韩非被秦国囚禁，写出了《说难》《孤愤》等文章；《诗经》的三百篇诗，大都是圣贤为抒发忧愤而创作的。这些人都是心中忧郁苦闷，不能实现自己的理想，所以才记述以往的史事，想让后来的人看到并了解自己的心意。至于左丘明失去双目，孙子砍断双脚，终于不可能被任用，便退而著书立说，以此来舒散他们的愤慨，想让文章流传后世以表现自己的志向。我私下里不自量力，近年来，投身在无用的文辞，收集天下散失的史籍与传闻，考证前代人物的事迹，考察他们成败兴衰的道理，上自黄帝轩辕，下至当今，写成了十表、本纪十二篇、书八章、世家三十篇、列传七十篇，共计一百三十篇。也是想借此探究天道与人事的关系，贯通从古到今的历史发展变化，完成有独特见解、自成体系的著作。草稿尚未完成，就遭到这场灾祸，我痛惜此书没有完成，因此受到最残酷的刑罚也没有露出怨怒之色。我确实是想著成此书，把它珍藏在名山，把它传给志同道合的人，让它在通都大邑之间流传。那么，我就可以偿还从前受辱所欠的债了，即使受到再多的侮辱，难道会后悔吗！然而，我这番苦心只能对智者讲，很难对俗人说呀！

况且在背着恶名的情况下不容易处世，处在被鄙视的地位会招来更多的诽谤。我由于发表议论遭受了这场灾祸，深为家乡的人耻笑，污辱了祖先，又有什么脸面再去拜谒父母的坟墓呢！即使再经历一百代，耻辱只会越来越深啊！因此，愁肠每天都反复回转，在家里就恍恍惚惚若有所失，外出就不知道要到哪里去。每当想到这种耻辱，没有不汗流浃背沾湿衣裳的。

自己简直就是个宦官，还怎能自行隐退，藏身深山岩穴呢？所以，只得暂且随世俗浮沉，在时势中周旋，以此来抒发内心的狂乱迷惑。如今，少卿却教诲我要推荐贤士，岂不是和我内心的苦衷相违背吗？现在即使想粉饰自己，用美妙的言辞宽慰自己，对俗人毫无用处，也不会被信任，只是自讨羞辱罢了。总之，到了死的那天，然后是非才能论定。信中不能把意思写尽，只能简略陈述浅陋之见。特此再拜。

第一百二十二卷　三代世表第一（表略）

《史记》有十篇年表，用表格形式谱列某一时期的史事人物。年表前面有一段文字概说，习惯称之为表序。表序集中地阐述司马迁通古今之变的史学理论，同时提示年表内容，言约义丰，必须作贯通的阅读，方知司马迁作史之意。

前人阐释史表，主要是从组织材料上立论。唐司马贞曰："《礼》有《表记》，而郑玄云'表，明也'。谓事微而不著，须表明也，故言表也。"（《三代世表·索隐》）。清赵翼说："《史记》作十表，仿于周之谱牒，与纪传相为出入，凡列侯、将、相、三公、九卿功名表著者，既为立传，此外大臣无功无过者，传之不胜传，而又不容尽没，则于表载之，作史体裁，莫大于是。"（《二十二史札记》卷一）准此，则"表"之义有三：其一，表隐微细事，使之鲜明；其二，扩大纪、传的记事范围；其三，表与纪传互为经纬，是联系纪传的桥梁。从编纂方法看，这些解释无疑是正确的。但这只是表层意义。

从史学构架立论，十表为司马迁精心之作，每篇年表均有切合内容的特殊结构。十表合成一系统结构，深微的史学义理蕴藏于年表的结构。十表的史学义理也可以概为三点：其一，编年记正朔，与本纪互相贯通，发明补充，展现天下大势为全书之纲；其二，打破王朝体系，划分历史变革的时代段落；其三，各表结构与表序结合，阐述深微大义，最具《春秋》笔法。

十表篇目依年代顺序排列，按时代断限将黄帝至汉武帝近三千年历史划分为三个阶段，即上古、近古、今世；分为五个时期，即三代、春秋十二诸侯、战国、秦汉之际、汉兴以来。

《太史公自序》强调："维三代尚矣，年纪不可考，盖取之谱牒旧闻，本于兹，于是略推，作《三代世表》第一。"

《三代世表》谱列五帝三代世系，而篇名只称"三代世表"，不命名为"五帝三代世表"，这是因为五帝禅让，不是传代；且五帝之世为传说之史，世系也不可确考；而三代称王以后世系才较为明晰，故定名"三代世表"。全表分为两截，谱列内容以帝王世次为经，前半截以不居帝王位者世次为纬，后半截以周初所封自鲁至曹十国世次为纬。主旨是"观百世之本支"，追溯历史起于黄帝，宣扬大一统。

【原文】

太史公曰：五帝、三代[①]之记，尚[②]矣。自殷以前诸侯不可得而谱[③]，周以来乃颇[④]可著。孔子因史文次《春秋》[⑤]，纪元年[⑥]，正时日月[⑦]，盖其详哉。至于序《尚书》[⑧]则略，无年月；或颇有，然多阙，不可录。故疑则传疑[⑨]，盖其慎也。

【注释】

①五帝：传说上古时代氏族公社军事民主制时期的五位帝王。《史记》开篇为《五帝本纪》，以黄帝、颛顼、帝喾、帝尧、帝舜为五帝。三代：夏、殷、周。②尚：通“上”，久远。③谱：按类编列。这里指填制表格。④颇：略，稍稍。⑤因：凭借。次：编次。这里指撰写。《春秋》：孔子依据鲁国史记资料编撰的一部编年史，记载起鲁隐公元年（前722）至鲁哀公十四年（前481）间东周王室及诸侯列国间的史事。后世称《春秋》所载这段历史为春秋时代。⑥纪元年：按年编次帝王相承的历史。纪，条列。元年，帝王即位之始年。⑦正：矫正，考核。⑧序《尚书》：编次、整理《尚书》。《尚书》，五经之一，孔子选编的一部古典文献集。⑨疑则传疑：对不可确考的传说，或同一事物的不同异说，只作客观记载，称疑则传疑。这里指殷以前的帝王世次，不可确考。

【原文】

余读《谍记》[①]，黄帝以来皆有年数。稽其《历谱谍》《终始五德之传》[②]，古文[③]咸不同，乖异[④]。夫子之弗论次其年月，岂虚哉[⑤]！于是以《五帝系谍》《尚书》集世纪黄帝以来讫共和为《世表》[⑥]。

【注释】

①谍记：《索隐》认为是记载古代帝王世系和谥号的书。

《汉书·艺文志·历谱》有《黄帝五家历》三十三卷、《颛顼历》二十一卷、《古来帝王年谱》五卷等书。这些书均是春秋以后的伪托书，所记古帝王年数、世系，乃传闻奇说的记录，司马迁认为不可靠，弃而不取，表现了他的科学精神。②稽其句：稽，考核，校勘。《历谱谍》：《索隐》认为是历代的《谍记》。按：应指历谱家所写《谍记》。《终始五德之传》：阴阳家所论著的五德循环更替之书。《艺文志·阴阳家》有《公梼生终始》十四篇，班固论云："传邹奭《始终书》。"又《邹子》四十九篇。这些书就是所谓"终始五德之传"。终始，即循环、更替。阴阳家认为古代帝王相承及朝代更替，依金、木、水、火、土五德相生相克之理转次相承，循环无已。③古文：指用古代文字书写的先秦古籍，重点指儒家典籍。先秦古文字称籀书，又叫大篆。秦汉文字改革，秦用小篆，汉用隶书，称今文。④乖异：抵牾，矛盾。司马迁将历谱家的《谍记》与阴阳家的"五德终始"互校，又与儒家古文对照，结果出入很大，矛盾百出。⑤夫子句：夫子，指孔子。这里说孔子序《尚书》略无年月，并非写作上的疏失，而是文献无征，故阙而不载，正是科学的态度。《尚书》即为古文典籍之一。⑥于是句：《五帝系谍》，古书名，《大戴礼》中有《五帝德》《帝系姓》两篇。这句是说《三代世表》是根据《五帝德》和《帝系姓》并参考《尚书》编次而成的。集世，指编述了世系。共和，公元前841年西周国人赶走了残暴的厉王，王室政权由周公、召公两卿共同执政，史称共和。共和维持了十四年后，大臣们拥立了厉王之子即位，就是周宣王，恢复了周天子的统治。这一重大事件司马迁作为历史断限的临界点，所以《三代世表》起于黄帝，迄于共和，而以共和元年为《十二诸侯年表》之起点。

【原文】

张夫子问褚先生[①]曰："《诗》言契、后稷皆无父而生[②]。今案诸传记咸言有父，父皆黄帝子[③]也，得无与《诗》谬[④]乎？"

褚先生曰："不然。《诗》言契生于卵，后稷人迹者，欲见其有天命精诚[⑤]之意耳。鬼神不能自成，须人而生，奈何无父而生乎！一言有父，一言无父，信以传信，疑以传疑，故两言之。尧知契、稷皆贤人，天之所生，故封之契七十里，后十余世至汤，王天下。尧知后稷子孙之后王也，故益封之百里，其后世且千岁，至文王而有天下。《诗传》曰[⑥]：'汤之先为契，无父而生。契母与姊妹浴于玄丘水。有燕衔卵堕之，契母得，故含之，误吞之，即生契。契生而贤，尧立为司徒[⑦]，姓之曰子氏。子者兹；兹，益大也。诗人美而颂之曰："殷社芒芒，天命玄鸟，降而生商[⑧]。"商者质[⑨]，殷号也。文王之先为后稷，后稷亦无父而生。后稷母为姜嫄，出见大人迹而履践之，知于身，则生后稷。姜嫄以为无父，贱而弃之道中，牛羊避不践也。抱[⑩]之山中，山者养之。又捐[⑪]之大泽，鸟覆席食之[12]。姜嫄怪之，于是知其天子，乃取长[13]之。尧知其贤才，立以为大农，姓之曰姬氏。姬者，本也。诗人美而颂之曰“厥初生民[14]”，深修益成，而道后稷之始也。’孔子曰[15]：‘昔者尧命契为子氏，为有汤也。命后稷为姬氏，为有文王也。太王命季历[16]，明天瑞[17]也。太伯[18]之吴，遂生源[19]也。’天命难言，非圣人莫能见。舜、禹、契、后稷皆黄帝子孙也。黄帝策天命而治天下，德泽深后世，故其子孙皆复立为天子，是天之报有德也。人不知，以为氾[20]从布衣匹夫起耳。夫布衣匹夫安能无故而起王天下乎？其有天命然。”

【注释】

①张夫子：即张长安。褚先生：即褚少孙。两人均是西汉《诗经》大儒王式的学生，对鲁诗有贡献。事见《汉书·儒林传》。“夫子”“先生”均是尊称。两人为元、成间博士。褚少孙雅好《太史公书》，即《史记》，他续补了十篇，附骥《史记》而行，用“褚先生曰”来说明续补之由，并与司马迁原作相区别。此篇是褚少孙为《三代世表》写的后录，解释两传存疑。《史记·殷本纪》载殷始祖契为其母简狄吞玄鸟卵而生；《史记·周本纪》载周始祖后稷名弃，其母姜嫄践巨人迹而生，是为无父。又姜嫄为帝喾元妃，简狄为帝喾次妃，弃、契两人皆帝喾之子，《三代世表》载其所出，是为有父。这两种说法，司马迁皆有根据。在汉代经学分为古文、今文两派。古文家从父权制观念立说，主张三代始祖皆父生；今文家为了

神化帝王受命，取神生说，是无父而生。两种观念皆有传说史影，反映人类从母权制到父系社会的历史过程。褚少孙时代的学者还不能科学地解释这两种传说史影，于是褚少孙用两传存疑来解释。所谓两传存疑，就是把两种或两种以上的说法加以并存，留待后人去稽考，叫两传存疑。②《诗》言句：指《诗经·商颂·玄鸟》和《大雅·生民》两首诗。《玄鸟》颂商始祖契，《生民》颂周始祖后稷。③黄帝子：黄帝子孙。司马迁作《史记》将三代始祖、列国诸侯、周边民族都追溯为黄帝子孙，因黄帝完成了父权制的统一，结束了部落纷争，所以司马迁有意识地以黄帝为述史开端，借黄帝来构成大一统历史观，在心理上消除各种氏族的畛域偏见，走向中央一统。北齐魏收作《魏书》，在《序纪》中说："黄帝以土德王，北俗谓土为拓，谓后为跋，故以为氏。"魏收把拓跋氏附会为黄帝子孙是效法司马迁的大一统历史观，为拓跋氏入主中原制造舆论。中华民族皆黄帝子孙就奠基于《史记》，《三代世表》具体谱列世系，这是当时的一种进步历史观，不仅在中华民族大融合的历史上起了巨大的进步作用，而且"黄帝子孙"这一观念至今乃至永远都有无限的号召力，它是民族精神的象征。④得无：难道不。谬：违背，矛盾。⑤天命：上天意旨。精诚：真诚。⑥《诗传》曰：这里引文为鲁诗的解说。传，解说文字。⑦司徒：古代掌土地、户籍的最高长官。⑧殷社芒芒等句：这里的诗句引自《诗经·商颂·玄鸟》。原诗作："天命玄鸟，降而生商，宅殷土芒芒。”殷社，指商地。盘庚迁殷前国号商，故城在今河南省商丘市；盘庚迁殷国号殷，殷墟在今河南安阳市小屯村。芒芒：广大的样子。玄鸟：燕子。⑨质：朴质。⑩抱：读为“抛”。⑪捐：丢弃。⑫鸟覆席食之：鸟覆盖着他，又铺垫着他，还喂食给他。席，《周本纪》作“荐”，即铺垫。⑬长：抚养使之成长。⑭厥初生民：引自《诗经·大雅·生民》。厥，其。生民，指后稷。⑮孔子曰：引自纬书。⑯太王：文王祖父古公亶父，为周族先公杰出首领之一。太王为周武王所追封。季历：太王少子，文王之父。⑰天瑞：上天降下的祥瑞。⑱太伯：古公亶父长子，他为了让位季历，逃奔勾吴成为吴国始祖，史称吴太伯。⑲生源：指周代产生的本源。由于太伯奔吴，季历嗣位，所以才有文王、武王建立周朝。⑳氾：通“泛”，普遍。

【原文】

“黄帝后世何王天下之久远邪?”

曰：“《传》云天下之君王为万夫之黔首请赎民之命者帝[①]，有福万世。黄帝是也。五政[②]明则修礼义，因天时举兵征伐而利者王，有福千世。蜀王[③]，黄帝后世也，至今在汉西南五千里，常来朝降[④]，输献于汉，非以其先之有德，泽流后世邪？行道德岂可以忽乎哉！人君王者举而观之。汉大将军霍子孟[⑤]名光者，亦黄帝后世也，此可为博闻远见者言，固难为浅闻者说也。何以言之？古诸侯以国为姓，霍者，国名也。武王封弟叔处于霍[6]，后世晋献公灭霍公，后世为庶民，往来居平阳。平阳在河东[7]，河东晋地，分为卫国。以《诗》言之，亦可为周世[8]。周起后稷，后稷无父而生。以三代世传言之，后稷有父名高辛；高辛，黄帝曾孙。《皇帝终始传》[9]曰：‘汉兴百有余年，有人不短不长[10]，出白燕之乡[11]，持天下之政，时有婴儿主[12]，却行车[13]。’霍将军者，本居平阳白燕。臣为郎时[14]，与方士考功会旗亭下[15]，为臣言，岂不伟哉[16]！”

【注释】

①《传》云句：传，泛指经传古书。此句有讹文，《史记会注考证》认为“黔首”当作“元首”。赎，通“续”，延续。句意谓，古书上说，作为天下的君王，他是万民的元首，也就是能延续人民生命的人才能成为帝王。②五政：古以兴农桑、审好恶、宣文教、立武备、明赏罚为五政。③蜀王：名蚕丛，传说为昌意之庶子封于蜀的后裔。昌意，黄帝次子。蜀王为昌意之后，故为黄帝子孙。④朝降：义不通，降字为衍文。朝，朝见天子。⑤霍子孟：霍光的字。霍光，平阳（今山西省临汾市）人，官至大将军，辅佐昭宣中兴的大政治家。《汉书》有传。⑥霍：西周武王弟姬处的封国。古霍邑在今山西省霍州市西南。⑦河东：汉郡名，治所安邑，在今山西省夏县西北。⑧世：世系，子孙。霍氏为姬处后裔，因此为周之子孙。⑨《皇帝终始传》：阴阳家言五行谶纬之书。⑩不短不长：中等身材。指霍光。《汉书·霍光传》载，身高仅七尺三

寸，合1.69米。⑪白燕之乡：乡名白燕。《正义》作“白毙”。⑫婴儿主：指昭帝刘弗陵，八岁即位，霍光辅政。⑬却行车：倒退行车，喻霍光擅权，帝辇不得前行。⑭臣为郎时：褚少孙在宣帝五凤四年（前54）应博士弟子选，甘露元年（前53）以高第为郎，元、成间为博士。郎，宫廷禁卫官，属郎中令。⑮与方士考功会旗亭下：曾和有职衔的老资格方士在旗亭下相会。方士，医卜星相一类人的通称。考功，方士的官衔，授予年老资深的方士。旗亭，即市楼，古时建于集市之中，上立旗，故称旗亭，为观察指挥集市之所。⑯为臣言。岂不伟哉：指方士在旗亭下对褚少孙讲述了霍光执政的故事，他们对我说了这些。难道不是很伟大吗！

【译文】

太史公说：关于五帝以及三代的记载，年代很久远了。殷商以前的诸侯世系已无法编排，周代以来的世系才稍微能够著录。孔子依据有限的史籍和文献编著《春秋》按照年月日记录史事，订正了时日月的错识，是多么详尽啊！至于他编排的《尚书》记录亦不齐全，一般不记年月；有的有记述，可是大多数没有，不能著录。所以有疑问的地方就保留疑问，孔子这样做大概是出于谨慎吧。

我阅读了一些谱牒类著作，从黄帝以来都有年代的记叙。考察那些历书、谱牒和五德终始循环转换的情况，古代文献记载全都不一样，孔子没有论列那些年月，难道是没有道理的吗！于是，我利用《五帝系谍》《尚书》编列的世系，记载黄帝以来到共和这一时期，撰成《三代世表》。

张夫子问褚先生：“《诗经》里说契、后稷没有父亲，又有传说他们的父亲是黄帝，难道《诗经》是谬记？”

褚先生说：“不是。《诗经》说契是蛋生，这是想表示天命精诚的意思。鬼神不能自己生成，必须靠人产生，怎么会没有父亲就诞生呢！有人说有父亲，有人说没有，两种说法，有人相信，有人怀疑。尧知晓契和后稷都是当世贤人为天生，所以给契七十里地为封邑，传了十余世后至汤，汤得天下为商。尧知晓后稷的子孙也必得天下，因而给后稷百里地为封邑。千年后，果然后稷的子孙文王得有天下，是为周。《诗传》说：‘汤的先祖没有父亲，契母和他的姐妹到玄丘水洗澡，有燕雀携卵掉下，契母好奇误食而生契。契生来就贤，尧封他为司徒，专司土地疆域管理。尧赐契姓子，子就是兹，意思是日益强大。诗人称颂：“殷社茫茫，天命玄鸟，降而生商。”文王先祖后稷也没有父亲，他的母亲叫姜嫄，她出门遇巨人脚印践踩后生下后稷。姜嫄嫌弃此子无父，弃之于路，有牛羊过也避而不践踏他。弃之于荒山，而有山里人或者禽兽喂养他。弃之于江湖中，有鹏鸟张翅为铺垫不致他淹死，并喂养他食物。姜嫄非常奇怪，认为他是上天之子，于是把他养大。尧知晓后稷贤，就启用他为大司农，主管农业，劝课农桑。尧赐他姓姬，是本的意思。诗人称颂他“厥初生民”，深修益成而道后稷之始也。’孔子说：‘往昔尧赐契姓子，后有商汤。赐后稷为姬姓后有文王建周。大王受天命传位季历，是为祥瑞，太伯建吴是后稷子孙繁衍的源本。’天命是很难说的，非圣人难以预见。舜、禹、契、后稷都是黄帝的子孙，黄帝顺应天命而治理天下，恩德泽被后世。所以其子孙纷纷复为天子而拥有天下，这是上天的安排回报他的恩德。世人不知道，以为凡夫市井走卒也能受天命，凡夫俗子怎么可能无故拥有天下呢？只有那受天命的才可以啊？”

“黄帝后裔称王天下为什么那么长久呢？”

褚先生说：“《诗传》说天下的君主是人民的领袖，延续人民生命的人称帝。福荫万世，黄帝就是这样的人。施五政以定礼仪，顺应天命而起兵讨伐胜利者为王，福荫千世，就是蜀王。蜀王亦是黄帝的后裔，还在大汉西南五千里地的地方，称降于大汉，常来朝贺献贡。不是因为其祖先的恩德吗？行道布德是不可敷衍的，为人君主称王天下的人要自查反省。大将军霍光也是黄帝的后裔，这些事情只能和博闻远见的人讨论，很难和见识浅短的人说，为什么这样说呢？古时候，各诸侯都是以封地为姓，霍就是国名，周武王封他弟弟叔处为霍国国君，后来晋献公灭掉霍国，他的后裔就成为庶民了。居住于平阳，而平阳在河东，河东晋地分为卫国，按《诗经》里说也可以为周的后裔。周的帝王是后稷的后裔，后稷是没有父亲的，三代以来的传说，后稷的父亲是高辛（帝喾），高辛是黄帝的曾孙。《黄帝终始传》说：‘大汉兴起一百多年后，有不高不矮，出自白燕之乡的人把持天下。而此时天子年幼，此人命帝车倒退。’霍光本居于平阳白燕，当时我任郎官，与方士考功相会于旗楼下，他们对我说起这事，难道不是很伟大吗！”

第一百二十三卷　十二诸侯年表第二（表略）

《太史公自序》强调："幽厉之后，周室衰微，诸侯专政，《春秋》有所不纪；而谱牒经略，五霸更盛衰，欲睹周世相先后之意，作《十二诸侯年表》第二。"

《十二诸侯年表》年经国纬，谱列春秋之时的列国事件，共有十四栏，即周、鲁、齐、晋、秦、楚、宋、卫、陈、蔡、曹、郑、燕、吴。除首栏周为共主外，实谱十三诸侯。因第二栏鲁象征《春秋》当一王之法，不计在十二数中，故表名《十二诸侯年表》。

《十二诸侯年表》与《三代世表》相接，划分上古史为两个时期。《三代世表》反映积德累善得天下的古朴时期，《十二诸侯年表》反映春秋霸政时期。《十二诸侯年表》断限起西周共和元年，讫孔子卒，即前 841 年至前 476 年，共 366 年。孔子卒于公元前 479 年，因《十二诸侯年表》用周历纪年，而周敬王卒于公元前 476 年，故年表的下限绝对年代延伸了三年，这是为了便于纪年而作的变通处理。表序云，"自共和讫于孔子"，示意年表断限以重大历史事件为临界点，表现了司马迁杰出的历史断限理论。

《十二诸侯年表》摘载春秋时大事，书诸侯相攻，书篡弑之罪，书淫乱之事，书日食天变，书孔子、晏婴、子产等贤人事迹，书征伐会盟，皆精言摘要，“不骋其词”。周匡王二年载齐懿公“不得民心”；周景王二十年载郑火，“欲禳之，子产曰：不如修德”；周敬王四年载齐国彗星见，晏子曰：“田氏有德于齐可畏”。这些记载就是司马迁“综其终始”所得到的认识，故载于表中。表序阐述修撰史书的价值，曲折地表达了《史记》效《春秋》以当一王之法的目的。

【原文】

太史公读《春秋历谱谍》[1]，至周厉王[2]，未尝不废书而叹也。曰：呜呼，师挚[3]见之矣！纣为象箸而箕子唏[4]。周道缺，诗人本之衽席[5]，《关雎》[6]作。仁义陵迟[7]，《鹿鸣》[8]刺焉。及至厉王，以恶闻其过，公卿惧诛而祸作，厉王遂奔于彘[9]，乱自京师始，而共和行政焉。是后或力政，强乘[10]弱，兴师不请天子[11]。然挟王室之义，以讨伐为会盟主，政由五伯[12]，诸侯恣行，淫侈不轨，贼臣篡子滋起矣[13]。齐、晋、秦、楚其在成周[14]微甚，封或百里或五十里。晋阻三河，齐负东海，楚介江、淮，秦因雍州[15]之固，四国迭兴[16]，更为伯主，文、武所褒大封，皆威而服焉[17]。

是以孔子明王道，干七十余君[18]，莫能用，故西观周室，论史记旧闻，兴于鲁而次《春秋》，上记隐，下至哀之获麟[19]，约其辞文，去其烦重，以制义法[20]，王道备，人事浃[21]。七十子之徒口受其传指，为有所刺讥褒讳挹损[22]之文辞不可以书见也。鲁君子左丘明惧弟子人人异端，各安其意，失其真，故因孔子史记具论其语，成《左氏春秋》[23]。铎椒为楚威王[24]傅，为王不能尽观“春秋”，采取成败，卒四十章，为《铎氏微》[25]。赵孝成王[26]时，其相虞卿上采春秋，下观近势，亦著八篇，为《虞氏春秋》[27]。吕不韦者，秦庄襄王相[28]，亦上观尚古，删拾“春秋”，集六国时事，以为八览、六论、十二纪，为《吕氏春秋》[29]。及如荀卿、孟子、公孙固、韩非[30]之徒，各往往捃摭“春秋”之文以著书[31]，不可胜纪[32]。汉相张苍[33]历谱五德，上大夫董仲舒推《春秋》义[34]，颇著文焉。

【注释】

①《春秋历谱谍》：泛指古代的年历和谱牒类典籍。《汉书·艺文志》载有《黄帝五家历》《古来帝王年谱》《帝王诸侯世谱》等书，共十八家，六百零六卷。②周厉王：西周第十世国君姬胡，为政暴虐，在公元前841年被国人驱逐。③师挚：鲁太师名挚，与孔子同时代人。周道衰微，雅乐失堕，他整理了王室音乐，在鲁国演奏《关雎》，得到了孔子的称赞，见《论语·泰伯》第十五章。④纣为象箸而箕子唏：纣王骄奢淫逸，箕子见微知著而为之悲叹。象箸，象牙筷子，象征淫逸。箕子，纣王的叔父，他因谏纣不听而佯狂为奴。唏，悲叹声。⑤衽席：卧具，喻夫妇之道。⑥《关雎》：《诗经·周南》中的第一篇，本是一首民歌爱情诗，东周初年时的作品，后经文人加工改造成为贵族婚礼上的唱诗。《毛诗序》曲解说是歌颂文王夫妇道德的作品，司马迁根据鲁诗说认为《关雎》《鹿

鸣》都是讽刺诗。⑦陵迟：衰败。⑧《鹿鸣》：《诗·小雅》中第一首诗，是贵族宴会宾客时的唱诗。⑨彘：古邑名，在今山西省霍州市东北。⑩力政：凭恃武力征伐。政，读“征”。乘：乘势欺凌。⑪兴师不请天子：《论语·季氏》第二章，孔子说：“天下有道，则礼乐征伐自天子出；天下无道，则礼乐征伐自诸侯出。”周王室衰微，诸侯自专，征伐由己，但仍打着尊王的旗号为诸侯盟主，这就是春秋时代的兼并战争。⑫五伯：即春秋五霸。伯，通“霸”，诸侯盟主。五伯有两说：《孟子·告子篇》赵岐注孟子说谓齐桓公、晋文公、秦穆公、宋襄公、楚庄王为五伯。《荀子·王霸篇》则以齐桓公、晋文公、楚庄王、吴王阖庐、越王句践为五伯。《史记》并存其说。这里指孟子说。《货殖列传》所叙五伯采荀子说。《天官书》兼包二说。⑬贼臣篡子滋起矣：弑君的臣和杀父自立的儿子一个接一个起来了。滋起，频繁地发生。《太史公自序》说，春秋时代有弑君的臣三十六。⑭成周：指西周盛世。⑮阻、负、介、因：变文互义，都是具有凭恃的意思。三河：河东、河内、河南的总称。雍州：古九州之一，指今关陇地区。⑯迭兴：更替兴起。⑰文、武二句：指周初文王、武王所封的大国如鲁、卫、燕、蔡等反而被原来微小的而后兴起的五霸征服了。⑱干七十余君：干，求。孔子周游列国，据《孔子世家》记载，曾到过宋、卫、陈、蔡、齐、楚、晋、曹等十多个国家。“干七十余君”，包括所求的一些诸侯大夫在内，但并无七十余君。这里凭传闻作夸张记述，用以形容孔子谋求用世的积极精神，不必指实。⑲故西观周室五句：指孔子西去周王室观览图籍，论述历史记录和过去的传闻，依据鲁国历史的发展编次了《春秋》，上起鲁隐公元年（前722），下迄鲁哀公十四年（前481）获麟。⑳制：制定，引申为寄寓。义法：指《春秋》的褒贬笔法。例如吴、楚之君自称王，而《春秋》贬之曰“子”，践土之会晋文公召周天子，而《春秋》讳之曰“天王狩于河阳”。㉑王道备，人事浃：指《春秋》对王道和人伦的阐述十分完备和周洽。浃，同“洽”。㉒褒讳挹损：蕴含了讽刺、褒奖、忌讳、贬抑的意思，偏重讳、损之义，指《春秋》以隐讳、刺讥为重点，表扬、增饰为辅。挹，“益”之借字。㉓《左氏春秋》：又称《春秋左氏传》，简称《左传》，是孔子同时代的鲁国史官左丘明解释《春秋》的书。《左传》以历史事实充实和解说《春秋》，因而是一部真正的编年史。㉔楚威王：战国时楚国君，名熊商。㉕《铎氏微》：《汉书·艺文志》春秋类有《铎氏微》三篇，楚太傅铎椒著。这是一本删取各种史书论述历史变迁、朝代兴亡的一部简编史书，早佚。㉖赵孝成王：战国时赵国国君，名赵丹。㉗《虞氏春秋》：《艺文志》儒家类有《虞氏春秋》十五篇，赵相虞卿著。《史记·平原君虞卿列传》说虞卿“上采春秋，下观近世，曰《节义》《称号》《揣摩》《政谋》等凡八篇，以刺讥国家得失，世传之曰《虞氏春秋》”。篇目差异，可能是刘向校书时多分出了七篇。其书已佚不可考。（清）马国翰《玉函山房辑佚书》子编儒家类有《虞氏春秋》一卷。㉘秦庄襄王：

战国末秦国国君，名子楚，秦始皇之父。㉙《吕氏春秋》：又名《吕览》，为秦相吕不韦集门客所作，《艺文志》入杂家类。㉚荀卿：战国时赵人，名况，著《荀子》三十三篇。孟子：战国时邹人，名轲，著《孟子》七篇。公孙固：齐闵王时人，著有《公孙固子》，《艺文志》记载为一篇，十八章，已佚。韩非：战国时韩国诸公子，名非，著有《韩非子》五十五篇。㉛捃摭"春秋"之文以著书：从历史典籍中采录资料以著书。捃摭：收集，摘取。春秋：这里泛指典籍，不是孔子的《春秋》。㉜不可胜纪：无法完全统计。㉝张苍：西汉历算家，汉文帝时官至丞相，著有《终始五德传》。㉞上大夫董仲舒推《春秋》义：董仲舒，西汉武帝时著名哲学家，长期任中大夫之职。西汉中大夫秩千石，相当于古制上大夫，故称"上大夫董仲舒"。推，推演，发挥。推《春秋》之义，即发挥《春秋》义理之书。《索隐》认为是指董仲舒的《春秋繁露》。按：先秦史书凡各国编年史泛指"春秋"；凡称专书必冠以他名，如《虞氏春秋》《吕氏春秋》；而孔子《春秋》享有专名，本文共三处："兴于鲁而次《春秋》"，"推《春秋》之义"，"表见《春秋》《国语》"。故本文将泛指典籍的"春秋"用引号而不用书名号以资区别。

【原文】

太史公曰：儒者断其义[①]，驰说者骋其辞[②]，不务综其终始[③]，历人取其年月[④]，数家隆于神运[⑤]，谱谍独记世谥，其辞略，欲一观诸要难。于是谱十二诸侯，自共和讫孔子，表见

《春秋》《国语》学者所讥盛衰大指著于篇，为成学治古文者要删焉[⑥]。

【注释】

①儒者断其义：指儒家经传偏重阐明义理，对历史事实记述很少，不能叫历史书。②驰说者聘其词：指纵横家、杂家的著述，这里指《铎氏微》《虞氏春秋》《吕氏春秋》等，虽谈说博辩，但没有系统地记述史实。③不务综其终始：概指儒、纵横、杂家之书不探索历史兴亡本末。“综其终始”，是司马迁重要的历史观和方法论之一。④历人取其年月：指历谱家的著述只记录些流水账式的年月，缺少史实。⑤数家隆于神运：指阴阳家的著述空谈历史是天命循环，如张苍的《终始五德传》之类。隆，丰厚之意，引申为偏重。⑥表见二句：这里是说《十二诸侯年表》的内容是将《春秋》《国语》所述史实，作一总其终始的轮廓摘要，以便观览。《国语》，记述春秋时的国别史，相传《左传》《国语》均左丘明所作。《左传》为《春秋》内传，《国语》为《春秋》外传。

【译文】

太史公读《春秋历谱谍》这些古籍的时候，每每读到周厉王时，都会合书感叹万分说：“唉，周朝至厉王衰败，师挚早有预见，但还是无能为力。商纣王用象牙做筷子的时候，箕子也同样叹息。”周道颓废，诗人作《关雎》以男女情爱昭示仁义道德，但还是被贪婪和虚妄侵蚀。诗人作《鹿鸣》讥刺。厉王是最不喜欢别人说他的过失的人，三公九卿惧怕诛灭而作祸生乱。厉王只好出京师逃到彘这个地方避祸，祸乱从京师爆发，京师就由周公和召公联合执政。这以后，各诸侯以强凌弱，相互杀伐，动用军队根本就不用请示天子。挟持王室征讨攻伐，更有充当诸侯盟主者，政令均出自五霸。诸侯横行霸道，骄奢淫逸，行为不轨，置法度而不顾，乱臣贼子层出不穷。齐、晋、秦、楚在周建立的时候，均是微不足道的小诸侯，封邑大者方圆百余里，小者方圆五十里。而晋依仗三河之险，齐背靠东海，楚盘踞长江淮河之间，秦拥雍州险要。它们在周的四方兴起，充当各方霸主。当初，文王、武王褒封的大诸侯慑于他们的武力而服从于他们，所以孔子彰显王道，游说于七十余诸侯国君，却没有一个听他的主张。于是，孔子西行到周王室之地考察，讨论史籍记载和以前的旧闻，然后回到鲁国编撰《春秋》。上自鲁隐公，下至鲁哀公猎获麒麟的年份。简约文字，精练语句，删除繁冗，以定修史的意义和理法，以至王道齐备，人事周全。他有七十多个高徒凭口述而领会《春秋》要义，因为《春秋》礼有讥讽、谴责、抑扬、褒奖、忌讳之言语而不便于书写示众。鲁国君子左丘明害怕众弟子各持己见，各以所解，以至丧失孔子本意，所以依照孔子《春秋》论述详尽真实的记录成书，编撰成《左氏春秋》。铎椒任楚威王太傅，由于楚王不能全面理解《春秋》要义，他便抄摘其中关于国家兴衰成败的地方辑合成四十章名为《铎氏微》。赵孝成王的时候，虞卿上采《春秋》，下看近代各国形势，也编辑成八篇，是为《虞氏春秋》。吕不韦是秦庄襄王的相国，也上看前代古史，删减补合《春秋》，汇集当时六国局势，编成八览、六论、十二纪而成《吕氏春秋》。至于荀卿、孟子、公孙固、韩非等人往往抄摘《春秋》言论著书立说。这样的人事很多，就不一一列举了。汉代丞相张苍根据《春秋》编制历法。上大夫董仲舒推论《春秋》，著作了不少文章。

太史公说："儒家截取其要义，辩论家取其雅词，都忽略其前后贯通的历史过程。历法家只取其年月记载，术数方士只要神意气韵，谱牒学者只是记录世系、谥号，他们都是片面地摄取，要从他们的抄录里了解全面的历史和要义是非常困难的。于是，我就编写《十二诸侯年表》，从共和到孔子辞世。列表反映《春秋》《国语》之要旨，学者所注意的兴盛衰败主要文件都抄录在这一篇中，为那些研究古文的人删繁留要。"

第一百二十四卷　六国年表第三（表略）

《太史公自序》强调："春秋之后，陪臣秉政，强国相王；以至于秦，卒并诸夏，灭封地，擅其号。作《六国年表》第三。"

《六国年表》接《十二诸侯年表》，编排也是年经国纬。"起周元王，表六国时事，讫二世，凡二百七十年，著诸所闻兴坏之端。"表名"六国"，实谱八国，第一栏周，尊天下共主，纪年；第二栏秦，日食灾异载于秦表，而不载于周，又载秦事特详，即以秦系天下之存亡，褒美秦统一之业，故周、秦不在"六国"数中。表序简括地总结了秦统一六国的历史，是一篇专论秦朝兴亡的史论。要点有二：一是讨论秦统一中国的原因；二是评价短命秦朝在历史上的地位。

【原文】

大史公读《秦纪》①，至犬戎败幽王②，周东徙洛邑③，秦襄公④始封为诸侯，作西畤⑤用事上帝，僭端见矣⑥。《礼》曰⑦："天子祭天地，诸侯祭其域内名山大川。"今秦杂戎翟之俗，先暴戾，后仁义⑧，位在藩臣而胪于郊祀⑨，君子惧焉。及文公逾陇⑩，攘夷狄⑪，尊陈宝⑫，营岐、雍⑬之间，而穆公[14]修政，东竟至河[15]，则与齐桓、晋文中国侯伯侔[16]矣。是后陪臣执政[17]，大夫世禄[18]，六卿[19]擅晋权，征伐会盟，威重于诸侯。及田常[20]杀简公而相齐国，诸侯晏然[21]弗讨，海内争于战功矣。三国[22]终之卒分晋，田和[23]亦灭齐而有之，六国之盛自此始。务在强兵并敌，谋诈用而从衡短长之说起[24]。矫称蜂出[25]，誓盟不信，虽置质剖符犹不能约束[26]也。秦始小国僻远，诸夏宾[27]之，比于戎翟，至献公[28]之后常雄诸侯。论秦之德义不如鲁卫之暴戾者，量秦之兵不如三晋之强也，然卒并天下，非必险固便形势利[29]也，盖若天[30]所助焉。

或曰："东方，物所始生，西方，物之成孰[31]。"夫作事者必于东南，收功实者常于西北。故禹兴于西羌[32]，汤起于亳[33]，周之王也以丰、镐[34]伐殷，秦之帝用雍州[35]兴，汉之兴自蜀汉[36]。

【注释】

①《秦纪》：秦国史官记述的秦国史书。②犬戎：西戎别名，又称畎夷、昆夷、混夷、串夷，古时活动在今陕西省凤翔县以北一带。幽王：西周末主名宫涅。公元前771年，犬戎入侵，幽王被杀于骊山，西周亡。③洛邑：周初经营的东方军事重镇。西周亡，幽王子平王宜臼东迁洛邑，史称东周。洛邑故城在今洛阳市西。④秦襄公：秦开国君主，因护送周平王东迁洛邑有功，被封为诸侯，赐岐山以西之地。前777至前766年在位。⑤西畤：秦襄公在西陲建置的祭祀白帝的神祠。畤，止也，神灵所栖止之处所。畤建于西陲邑故名西畤。汉置西县，

故城在今甘肃天水西南一百公里处盐关堡东南的西汉水南岸。⑥僭端见矣：越礼称王的苗头出现了。白帝是五天帝之一，秦襄公祭白帝表示直接继承了天命，为称王作准备，所以说“僭端见矣”。⑦《礼》曰后二句：见《礼记·曲礼》，原文是“天子祭天地，祭四方，祭山川；诸侯方祀，祭山川”。⑧先暴戾，后仁义：把暴戾放在第一位，把仁爱礼义放在后面。⑨胪于郊祀：陈列祭天的礼仪。胪，陈列。郊祀，在郊外祭天。⑩文公：秦襄公之子，他越过陇山进入关中，击退犬戎，占有岐山以西之地。前765至前716年在位。陇：指陇山，又称陇坂、陇坻、陇首。陇山绵亘在今陕西省陇县、宝鸡以及甘肃省的清水、秦安一带。⑪攘：排斥，打击。⑫尊陈宝：陈宝是神雉名。秦文公在陈仓北坂，即宝鸡山北坡建置宝鸡神祠，制造神话说，有一只神雉化成了宝石，秦得宝石当为帝王。宝鸡地名由此而得。⑬岐、雍：岐，即岐山，在陕西省凤翔县东。雍，即雍山，在凤翔县西。⑭穆公：春秋五霸之一，前659年至前621年在位。秦穆公时，秦国占有全部关陇之地，东边国境线到了黄河岸边。⑮竟：通“境”。河：黄河。⑯侔：平等，比肩。⑰陪臣执政：指春秋后期，诸侯国政权落入卿大夫之手。诸侯国的卿大夫对天子称陪臣，即臣之臣。⑱世禄：世代相袭爵秩食禄。西周制度，卿大夫也是世袭。⑲六卿：春秋末晋政权落入六卿之手，即韩、赵、魏、范、智、中行六家贵族。⑳田常：齐大臣，相简公，后又杀简公立平公，专制齐政。㉑晏然：安然，平静。指不作出反应。

㉒三国：晋六卿互相兼并，后剩下韩、赵、魏三家，于公元前453年瓜分晋国，又于公元前403年正式称诸侯。㉓田和：田常曾孙，他夺取了姜齐政权。公元前386年，周安王承认田和为诸侯。㉔谋诈句：这句是说，战国时，列国间钩心斗角，用奇谋诈术取胜，从而产生了纵横家。史称纵横家之说为长短说，西汉刘向校书时汇编成《战国策》。㉕矫称蜂出：假传命令的事件层出不穷。如信陵君窃符救赵，就是假传王命夺了晋鄙军。㉖置质剖符犹不能约束：这句是说，战国之世，尽管诸侯之间置质，君臣之间剖符，都不起约束作用。质，抵押。两国间缔约，常交换太子或大臣到对方以示信守叫置质。被质的太子叫质子，被质的大臣叫质臣。㉗宾：通“摈”，排斥。㉘献公：前384至前362年在位。㉙险固便形势利：秦据关中，东伐诸侯居高临下，地理形势有利，险固予秦国以方便。㉚天：《史记》中的“天”字有多种意义，一为自然之天，二为命运之天，三为有意志之天。这里指有意志之天，同时含有形势之意。秦得天之助，司马迁反复言之。如《魏世家赞》云，“天方令秦平海内”云云。这里指出秦非“德义”之邦，论兵力也不如三晋之强，但东方各国礼崩乐坏，人才西去，以至于在秦献公之后，常称雄诸侯，仿佛秦是得了天助一样。由于司马迁还不能用唯物史观解释秦并六国的原因，不免困惑而发出“盖若天所助焉”的慨叹。㉛或曰后四句：按五行理论木、火、金、水、土五行应东、南、西、北、中五方，并与春、夏、秋、冬、闰相配合。因东与春相配，西与秋相配，所

以说“东方，物所始生，西方，物之成熟［熟］”，用以解释汉兴起于西方。这是从历史现象中演绎的唯心主义历史观，也是司马迁时代学术界解释历史之变的一种理论。㉜禹兴于西羌：古史中的一种传说。《夏本纪·正义》引《帝王纪》谓禹“本西夷人也”。扬雄《蜀王本纪》云：“禹本汶山郡：广柔县人也，生于石纽。”汶山郡：汉武帝置，郡治汶江，在今四川省茂县西北，本冉駹族地。冉駹以氐羌为主。㉝亳：亳有四地，一在关中，三在河南。商丘东南称南亳，商丘西北称北亳，偃师市西有西亳。关中之亳，《殷本纪》三家注谓在上洛，即今陕西省丹凤县。这里以关中之西亳为汤的发祥地。㉞丰、镐：文王营丰邑，武王营镐邑，两邑均在今西安市西。㉟雍州：指关中地区。㊱蜀汉：刘邦被项羽封为汉中王，拥有巴、蜀、汉中地。

【原文】

秦既得意[①]，烧天下《诗》《书》，诸侯史记尤甚，为其有所刺讥也。《诗》《书》所以复见者，多藏人家；而史记独藏周室，以故灭。惜哉，惜哉！独有《秦记》，又不载日月，其文略不具[②]。然战国之权变亦有可颇采者，何必上古。秦取天下多暴，然世异变，成功大[③]。传曰“法后王”[④]，何也？以其近己而俗变相类，议卑而易行[⑤]也。学者牵[⑥]于所闻，见秦在帝位日浅，不察其终始，因举而笑之，不敢道，此与以耳食[⑦]无异。悲夫！

余于是因《秦记》，踵《春秋》之后[⑧]，起周元王[⑨]，表六国时事，讫二世⑩，凡二百七十年⑪，著诸所闻兴坏之端⑫。后有君子，以览观焉。

【注释】

①秦既得意：指秦得遂统一之志。《秦始皇本纪》载，始皇二十八年东巡，上琅邪山刻石颂功，“明得意”。②具：完全。③世异变，成功大：指秦顺应事变，获得成功。其语化自《韩非子·五蠹》，原文是：“时异则事异，事异则备变。”④传曰“法后王”：传，指《荀子·儒效篇》：“法后王，一制度。”又《荀子·非相篇》：“欲观圣王之迹，则于其粲然者，后王是也。”司马迁引此为重视秦朝的理论依据。⑤议卑而易行：议论平易浅近容易遵行。⑥学者：主要指那些高谈阔论法先王尧舜的汉代儒生，特别是朝中博士先生，他们全盘否定秦朝，局限在自己旧说里跳不出来。牵：局限。⑦耳食：用耳朵吃饭（听食）不知味，喻不切合实际。⑧踵《春秋》之后：接续在孔子所著的《春秋》之后，即接在《十二诸侯年表》之后，因该表是表现《春秋》的。踵，脚后跟，引申为跟着、接续之意。⑨周元王：名姬仁，前475至前469年在位。⑩讫二世：指《六国年表》下限不止于秦统一的公元前221年，而讫于秦二世之亡的公元前207年，正是司马迁“综其终始”历史观的反映，以表现其凭恃暴力不能守国的观点。秦二世，名胡亥，继位三年（前209—前207）就亡了秦国。⑪凡二百七十年：此举成数。前475至前207年，实际为269年。凡，总共。⑫兴坏之端：成功与失败的头绪，即兴亡经过及其

原因。

【译文】

太史公研读《秦记》，看到上面记载犬戎部族击败杀死周幽王，周王室往东迁都到洛邑，秦襄公开始被封为诸侯，就建造西畤来侍奉天帝，这表明秦国越位犯上的苗头已经显现了。《礼经》上说：“天子才有权祭祀天地，诸侯只能祭祀本国封区内的名山大川。”当时，秦国夹杂着西戎北狄的民风习俗，把凶暴乖戾摆在前面，将仁德道义放在后头，地位处在捍卫王室的臣属行列，却在祭祀规格上同天子平起平坐，君子对此感到后怕。到秦文公，越过陇山，驱逐戎狄，祭祀陈宝，开发了岐山到雍地这片地区，而秦穆公修明政治，把东部国境扩展到黄河西岸，就与齐桓公、晋文公这些中原霸主势均力敌了。此后，家臣执掌国政，大夫世代保持政治地位，六卿独揽晋国的大权，无论征伐还是会盟，威势都在诸侯之上。到田常杀掉齐简公而自任齐相，诸侯却无动于衷不予讨伐，这标志着海内已经围绕怎样保持本国的军事实力来争斗了。韩赵魏终于到最后瓜分晋国，田和也吞灭姜齐据为己有，六国并立的局面由此开始了。首要之务在于壮大军事力量，兼并对方，因而权谋诈术得到普遍应用，合纵连横的学说也相继兴起。各种谎言骗局蜂拥而出，誓词盟约毫无诚意，即使互派人质，剖符为凭，还不能相互约束。秦国起初只是一个偏远小国，中原各国都排斥它，把它比作戎狄。但从献公以后，一直在诸侯中称雄。论起秦国的德义，还不如鲁卫两国中那些凶暴乖戾的人；计量秦国的兵力，也不如三晋强大，最后却吞并天下，这不一定就是因为秦国凭据天险，攻守方便，地理形势非常有利；好像上天对它有所扶助似的。

有一种说法认为："东方是万物萌生的地方，西方是万物最后成熟的地方。"据此看来，开创事业的人必定出现在东南，获取胜利果实的人常常诞生在西北。所以，大禹在西羌勃兴，成汤在亳地崛起，周人建立王朝是因为有丰镐作根据地去讨伐殷商，秦国完成帝业是由于有雍州当大本营才日益强大，汉朝兴盛是从巴蜀汉中开始的。

秦国已经统一天下，就焚烧《诗》《书》，而各国国史被烧得更厉害，因为书中有讽刺讥笑秦国的地方。《诗》《书》之所以重新流传于世，是收藏的人家很多，而各国国史专门收藏在周王室，因此一下子就全毁灭了。可惜呀！可惜呀！如今，只有《秦纪》传下来，又不写明日月，内容简略也不完整。但是，战国关于变通和应急的对策也有大量可以采用的，为什么非上古不可呢？秦国夺取天下暴行很多，但能随着时代的不同而相应调整对策，建树的功业非常巨大。传世的典籍强调说："效法后王。"这是为什么呢？因为后王距离自己近，当代民俗的变化也和后王那个时期差不多，道理讲起来浅显明白，容易推行。一般的读书人局限于平常听到的那点东西，看见秦朝高居皇帝宝座的时间很短促，不考察它本身发展的全过程，就都耻笑它，这和用耳朵吃东西没有什么两样，真可悲呀！

我于是根据《秦纪》，接在《春秋》后面，上起周元王，列表编排六国发生的大小事件，下至秦二世，总共二百七十年，借此显示我所闻知的各种兴盛衰败的头绪来。后世若有君子，请来阅读它。

第一百二十五卷　秦楚之际月表第四（表略）

《太史公自序》强调："秦既暴虐，楚人发难，项氏遂乱，汉乃扶义征伐；八年之间，天下三嬗，事繁变众，故详著《秦楚之际月表》第四。"

《秦楚之际月表》月经国纬，勾勒秦汉之际政治形势剧变的特点：即陈涉发难，项羽灭秦，刘邦称帝，这一系列变化发生于一段短促的时间，也就是"五年之间，号令三嬗"，故司马迁创"月表"来详述这一时期的事势剧变，称为"月表"。《索隐》引张晏曰："时天下未定，参错变易，不可以年记，故列其月。"司马贞按曰："秦楚之际，扰攘僭篡，运数又促，故以月纪事名表也。"如陈涉称王六月而死，武臣王赵四月而亡，魏咎、田儋十月而终，皆不及一年。项梁起兵十三月而败亡，项羽继业，另起纪月。由此看来，创"月表"纪事，形势使然。

《秦楚之际月表》由两部分组成。第一部分为秦表，表陈涉发难，六国纷起，以接《六国年表》，六国加秦、项、汉三栏，共九栏。秦为第一栏，因秦未亡，时为天下主也。第二部分为楚表，表项羽分封十八王及楚、汉相争，十八王加义帝、项羽两栏，共二十栏。义帝升入第一栏，示为天下共主。义帝死，第一栏留空，因项羽只称号霸王，未称帝。但主天下者，实项羽，故于项王表中云：“西楚主伯，项籍始，为天下主命立十八王。”汉王五年刘邦称帝，但不升为第一栏，仍载汉王表中，故总表名“秦楚之际月表”，也就名实相符。司马迁不用“秦汉之际”而用“秦楚之际”命名，乃是突出陈、项灭秦功绩。秦表起陈涉，讫项羽入关，凡三年，只纪月，不纪年。楚表起项羽分封十八王，讫刘邦称帝，凡五年，纪年又纪月。陈涉、项羽、刘邦更相主命，是为“天下三嬗”。表序云：“五年之间，号令三嬗。”《太史公自序》中，一曰“五年”，又曰“八年”，互见示例。“五年”是突出楚、汉相争，从秦亡到刘邦称帝恰是五年；若溯及陈涉发难，则是“八年”。在楚表中，项羽及十七王纪年皆不书“元年”及“正月”；刘邦入关即书“汉元年”以承秦之灭，又书“正月”，且早诸侯王一月，接秦王子婴之死，这是寓意汉承正统，故序云：“此乃传之所谓大圣乎？”《史记》十表，纪实正名，义例严密，首推此表。

表序追溯三代以来天下一统的艰难历程，分析刘邦得天下的原因是秦政暴虐，替兴起于民间的天子开辟了道路。在序中，司马迁强调了民心向背和客观形势对历史进程的决定性作用，具有独到的见解。

【原文】

太史公读秦、楚之际[①]，曰：初作难，发于陈涉；虐戾灭秦[②]，自项氏；拨乱诛暴[③]，平定海内，卒践帝祚[④]，成于汉家[⑤]。五年之间，号令三嬗[⑥]，自生民[⑦]以来，未始有受命[⑧]若斯之亟也。

【注释】

①秦、楚之际：秦汉变革之间。题名及时间断限详“提示”。②虐戾灭秦：指项羽用残暴手段灭掉秦国。项羽曾坑杀秦降卒二十余万，又火烧咸阳。③拨乱诛暴：平定乱世，诛灭暴虐。暴，指项羽。④践：登。帝祚：帝位。⑤成于汉家：建立汉朝。⑥嬗：更换。三嬗，指陈胜称楚王、项羽称西楚霸王、刘邦称帝，三次更换了天命。⑦生民：人类。⑧受命：得天命。

【原文】

昔虞、夏之兴，积善累功数十年，德洽百姓，摄行政事，考之于天，然后在位[①]。汤、武之王，乃由契、后稷修仁行义十余世[②]。不期而会孟津[③]八百诸侯，犹以为未可，其后乃放弑[④]。秦起襄公，章于文、穆，献、孝之后[⑤]，稍[⑥]以蚕食六国，百有余载[⑦]，至始皇乃能并冠带之伦[⑧]。以德若彼，用力如此[⑨]，盖一统若斯之难也。

【注释】

①昔虞、夏之兴六句：昔，从前，往古。洽，润露，恩泽

施及的意思。摄，代理，试职。《五帝本纪》载，舜试职二十一年，然后受尧禅位；禹试职二十年，然后受舜禅位。舜、禹在试职期间尽心办事，得到人民的拥护，表明获得了天命，才得到了禅位。②汤武二句：商的祖先契佐禹治水，功业著于百姓，传十三世至汤灭了夏朝而有天下。周的祖先后稷为帝尧农师，天下得其利，传十五世到了周武王，才灭殷纣而有天下。③孟津：黄河古渡口，在今河南省孟州市南，武王会盟诸侯处。④放弑：放，流放，指汤放桀于鸣条。弑，指武王伐殷杀纣王。⑤章于文、穆，献、孝之后：这两句，文、穆属上读，孝、献属下读，中间用逗号或分号，指秦国历史发展的两个时期。秦文公、秦穆公时期，秦国强大起来；秦献公、孝公及其之后，秦国已称雄诸侯。章，通“彰”，显著，指秦强大起来，名字响亮。⑥稍：逐渐。⑦百有余载：公元前 361 年，秦孝公即位，招贤变法，即商鞅变法，秦国富强，开始了统一战争，历秦孝公、惠文王、武王、昭襄王、孝文王、庄襄王六世，三分天下秦有其二，始皇即位，奋六世之余业，于公元前 221 年统一六国。前 361 至前 221 年，共历 130 年。百有余载，指的就是这一阶段的秦国发展史。⑧并冠带之伦：指统一东方六国。冠，帽子；带，腰带。冠带之伦指中原华夏民族与披发左袒的四方夷狄民族相对称。秦偏于西方，被视为夷狄之国。⑨彼：指虞、夏、商、周。此：指秦。

【原文】

秦既称帝，患兵革[①]不休，以有诸侯也，于是无尺土之封[②]，堕[③]坏名城，销锋镝[④]，锄豪桀[⑤]，维[⑥]万世之安。然王迹之兴，起于闾巷[⑦]，合从讨伐，轶于三代[⑧]，乡秦之禁，适足以资贤者[⑨]为驱除难耳。故愤发其所为天下雄，安在无土不王[⑩]。此乃传之所谓大圣乎？岂非天哉，岂非天哉！非大圣孰能当此受命而帝者乎？

【注释】

①兵革：兵器、甲胄，代指战争。②无尺土之封：指秦行郡县制，废除了分封制。③堕：通“隳”，毁坏。④销锋镝：销毁兵器。销，熔化。锋，刀口，指弋、矛等兵器。镝，箭头。⑤锄豪桀：指秦迁徙东方六国贵族及地方豪强于关中，以及流放于巴、蜀的政治措施。锄，铲除。⑥维：希望。⑦起于闾巷：指陈胜、项羽及刘邦起自民间。闾巷，闾阎街巷，指代民间。⑧轶于三代：指秦末农民起义推翻暴秦，天下三嬗，其威力之大、收功之速超过了三代。轶，本义为后车超过前车，这里作超越用。⑨乡秦之禁，适足以资贤者：原来秦朝的苛法禁忌成了贤者的凭借。乡，通“向”，原来，从前。贤者，指刘邦。⑩无土不王：古代谚语，没有封地，便不能称王。刘邦以布衣称帝，打破了“无土不王”的旧格局，这就是时代的大变局。

【译文】

太史公研读关于秦楚之际的记载，说："最早发难的是陈涉，残酷暴戾地灭掉秦朝的是项羽，拨乱反正、诛除凶暴、平定天下、终于登上帝位、取得成功的是汉家。五年之间，号令变更了三次，自从有人类以来，帝王受天命的变更，还不曾有这样急促的。"

当初虞舜、夏禹兴起的时候，他们积累善行和功劳的时间长达几十年，百姓都受到他们恩德的润泽，他们代行君主的政事，还要受到上天的考验，然后才即位。商汤、周武称王是由契、后稷开始讲求仁政，实行德义，经历了十几代，到周武王时，竟然没有约定就有八百诸侯到孟津相会，他们还认为时机不到。后来，各自才放逐了夏桀，杀了殷纣王。秦国自襄公时兴起，在文公、穆公时显示强大的力量，到献公、孝公之后，逐步侵占六国的土地。经历了一百多年以后，到了始皇帝才兼并了六国诸侯。实行德治像虞、夏、汤、武那样，使用武力像秦国这样，才能成功，统一天下是如此艰难！

秦称帝之后，忧虑过去的战争之不断，是有诸侯的缘故，因此，对功臣、宗室连一尺土地都没有分封，而且毁坏有名的城池，销毁刀箭，铲除各地的豪强势力，打算保持万世帝业的安定。然而，帝王的功业，兴起于民间，天下英雄豪杰互相联合，讨伐暴秦，气势超过了三代。从前秦国的那些禁令，恰好用来资助贤能的人排除创业的患难而已。因此，发奋有为而成为天下的英雄，怎么能说没有封地便不能成为帝王呢？这就是上天把帝位传给所说的大圣吧！这难道不是天意吗？这难道不是天意吗？如果不是大圣，谁能在这乱世承受天命建立帝业呢！

第一百二十六卷　汉兴以来诸侯年表第五（表略）

《太史公自序》强调："汉兴已业，至于太初百年，诸侯废立分削，谱纪不明，有司靡踵，强弱之原云以世。作《汉兴以来诸侯年表》第五。"

《汉兴以来诸侯年表》起高祖元年，终武帝太初四年，以高祖、惠帝、吕后、文帝、景帝、武帝历年为经，以楚、齐、荆、淮南、燕、赵、梁、淮阳、代、长沙等诸侯国为纬，展示汉兴百年之间诸侯王的废立分削情况。表序论述了自周至汉武时封建制度的变化，主旨在于肯定景武之世的削藩政策。"辅卫王室""承卫天子""蕃辅京师"是诸侯的基本责任和作用。汪越说读此表"以天子为主"。很明显，本表的作用是拥护汉王朝的大一统，反对诸侯分裂。

【原文】

太史公曰：殷以前尚矣。周封五等：公，侯，伯，子，男。然封伯禽、康叔于鲁、卫，地各四百里，亲亲之义，褒有德也；太公于齐，兼五侯地，尊勤劳也。

武王、成、康所封数百，而同姓五十五[①]，地上不过百里，下三十里，以辅卫王室。管、蔡、康叔、曹、郑，或过或损。厉、幽之后，王室缺，侯伯强国兴焉，天子微，弗能正。非德不纯，形势弱也[②]。

【注释】

①汉书封国八百，同姓五十余。顾氏据左传魏子谓成鱄云"武王克商，光有天下，兄弟之国十有五人，姬姓之国四十人"是也。②《索隐》注：纯，善也，亦云纯一。言周王非德不纯一，形势弱也。

【原文】

汉兴，序二等[①]。高祖末年，非刘氏而王者，若无功上所不置[②]而侯者，天下共诛之。高祖子弟同姓为王者九国[③]，虽独长沙异姓，而功臣侯者百有余人。自雁门、太原以东至辽阳[④]，为燕、代国；常山以南，大行左转，度河、济，阿、甄以东薄海，为齐、赵国；自陈以西，南至九疑，东带江、淮、谷[⑤]、泗，薄会稽，为梁、楚、淮南、长沙国：皆外接于胡、越。而内地北距山以东尽诸侯地，大者或五六郡，连城数十，置百官宫观，僭于天子。汉独有三河、东郡、颍川、南阳，自江陵以西至蜀，北自云中至陇西，与内史[⑥]凡十五郡，而公主列侯颇食邑其中。何者？天下初定，骨肉同姓少，故广强庶孽，以镇抚四海，用承卫天子也。

【注释】

①《集解》韦昭曰："汉封功臣，大者王，小者侯也。"②《集解》徐广曰："一云'非有功上所置'。"③《集解》

徐广曰："齐、楚、荆、淮南、燕、赵、梁、代、淮阳。"《索隐》徐氏九国不数吴，盖以荆绝乃封吴故也。仍以淮阳为九。下文所列有十国者，以长沙异姓，故言九国也。④《集解》韦昭曰："辽东辽阳县。"⑤《集解》徐广曰："谷水在沛。"⑥《正义》："京兆也。"

【原文】

汉定百年之间，亲属益疏，诸侯或骄奢，忕[①]邪臣计谋为淫乱，大者叛逆，小者不轨于法，以危其命，殒身亡国。天子观于上古，然后加惠，使诸侯得推恩分子弟[②]国邑，故齐分为七[③]，赵分为六[④]，梁分为五[⑤]，淮南分三[⑥]，及天子支庶子为王，王子支庶为侯，百有余焉。吴楚时，前后诸侯或以适削地[⑦]，是以燕、代无北边郡，吴、淮南、长沙无南边郡[⑧]，齐、赵、梁、楚支郡名山陂海咸纳于汉。诸侯稍微，大国不过十余城，小侯不过数十里，上足以奉贡职，下足以供养祭祀，以蕃辅京师。而汉郡八九十，形错诸侯间，犬牙相临[⑨]，秉其阸塞地利，强本干，弱枝叶之势，尊卑明而万事各得其所矣。

【注释】

①《索隐》注：忕，音誓。言习于邪臣之谋计，故尔雅云"忕犹狃"也。狃亦训习。②《索隐》案：武帝用主父偃言而下推恩之令。③《集解》徐广曰："城阳、济北、济南、菑川、胶西、胶东，是分为七。"④《集解》徐广曰："河间、广川、中山、常山、清河。"⑤《集解》徐广曰："济阴、济川、济东、山阳也。"⑥《集解》徐广曰："庐江、衡山。"

⑦《索隐》注：适，音宅。或作“过”。⑧《集解》如淳曰：“长沙之南更置郡，燕代以北更置缘边郡，其所有饶利兵马器械，三国皆失之也。”《正义》：景帝时，汉境北至燕、代，燕、代之北未列为郡。吴、长沙之国，南至岭南；岭南、越未平，亦无南边郡。⑨《索隐》注：错谓交错。相衔如犬牙，故云犬牙相对，言犬牙参差也。

【原文】

臣迁谨记高祖以来至太初①诸侯，谱其下益损之时，令后世得览。形势虽强，要之以仁义为本。

【注释】

①太初：汉武帝年号，共四年，前104至前101年。

【译文】

太史公说：殷朝以前年代久远，封爵的情况已不可考知了。周朝的封爵分为五等：公、侯、伯、子、男。封伯禽、康叔于鲁、卫，地域各为四百里，这是以亲亲之义为本，同时也是对有德之人的褒奖。太公封于齐，兼有五个侯爵的封地，这是对勤劳者的尊崇。

武王、成王、康王所封的诸侯有数百个，其中与周室同姓者有五十五个，他们的封地最大不过百里，最小者只有三十里，用来辅卫王室。管叔、蔡叔、康叔和曹、郑始封之君，他们的封地有的超过爵位应得之数，有的则不足。厉王、幽王以后，周室衰败，争强称霸的诸侯国兴盛，天子的力量微弱，不能纠正。这并不是周王道德不纯一，而是形势衰弱的缘故。

汉兴以后，封爵为王、侯二等。高祖末年，不是刘氏而称王者，或没有功劳不是天子所封而称侯者，天下共同讨伐他。高祖的子弟同姓而被封为王者有九国，唯独长沙王是异姓，而有功之臣被封为侯者有一百多人。自雁门、太原以东至辽阳，为燕国和代国；常山以南，太行山以东，过黄河、济水，以及阿、甄以东一直到海边，为齐国和赵国；从陈以西，南至九嶷山，东含江、淮、谷、泗，直到会稽，为梁国、楚国、淮南国、长沙国，这些国的外围都和胡、越接壤。而内地北到太行山以东，都是诸侯王的封地，大的诸侯王国有五六个郡，数十个城，设置百官，建造宫观，超越本分，使用了天子的规模制度。汉朝廷只有河东、河西、河南、东郡、颍川、南阳，以及从江陵以西至蜀地，北从云中至陇西，加上内史共十五个郡，而公主列侯的食邑有不少也在其中。为什么会形成这种局面呢？因为天下初定时，骨肉同姓者较少，所以广泛地使庶子们强大起来，用以镇抚四海，保卫天子。

汉朝平定天下以后百年之间，诸侯王与天子的关系更加疏远，有的诸侯王骄奢起来，习惯于听从奸邪之臣的计谋去做淫乱之事，严重者谋反叛逆，轻微者不守法度，以致危及生命，丧身亡国。天子借鉴上古的办法，然后加赐恩惠，使诸侯王得以施恩惠于子弟，并分封给他们国邑。所以，齐分为七国，赵分为六国，梁分为五国，淮南分为三国，连同天子的支庶子被分为王者、诸侯王的支庶子被分为侯者，共有一百多个。吴楚反叛时，有的诸侯王先后因犯罪而被削减封地，因此燕、代失去了北部的郡，吴、淮南、长沙失去了南部的郡，齐、赵、梁、楚的支郡、名山、陂海也都被朝廷收回。诸侯的势力渐渐衰弱，大国不过十余城，小侯不过数十里，对上足以完成贡职，对下足以供养祭祀，用来藩卫京师。而汉王朝直辖的郡有八九十个。交错在诸侯王国之间，犬牙相临，控制着要塞的地利，形成了本干强大、枝叶弱小的形势，使尊卑分明而万事各得其所。

臣迁恭谨地记载了高祖以来至太初间的诸侯王国的情况，用列表的方式记录自始封年间以下各国兴衰损益的时间，使后世得以观览。现今朝廷形势虽强，处理好同诸侯王关系的关键仍在于以仁义为本。

第一百二十七卷　高祖功臣侯者年表第六（表略）

《太史公自序》强调："维高祖元功，辅臣股肱，剖符而爵，泽流苗裔，忘其昭穆，或杀身陨国。作《高祖功臣侯者年表》第六。"

《高祖功臣侯者年表》以时为主，国经年纬，谱列汉初功臣一百四十三侯世系，反映汉初一百年间的政局变化。从汉初至太初百年之间，有一百三十七侯都犯法殒身或无后亡国，太初以后只剩了五侯，这是当时历史中的一件大事。上古诸侯传代数千年，汉初诸侯却如此短促。这是怎么一回事呢？司马迁究其原委，一方面是汉家德薄，法网日益严密；另一方面是诸侯子孙骄奢淫逸，触犯刑律造成的。属于前者，如坐酎金失侯，为太常牺牲不如令失侯，为太常酒酸失侯，不偿人债过六月失侯，坐出国界失侯，坐买塞外禁物失侯，坐入上林谋盗鹿失侯，坐卖宅县官故贵失侯，坐葬过律失侯等，皆罪之轻者，表而出之，讥汉家德薄。属于犯重法者，如坐略人妻，坐杀人，坐祝诅，坐奸淫，坐大不敬，坐谋反等，总之，不守刑律胡为者，列表记载，供人自镜。表序则从理论上总结西汉开国功臣侯及其子孙承袭的情况，揭示为政之道，要以仁义为本的政治思想。

【原文】

正义高祖初定天下，表明有功之臣而侯之，若萧、曹等。

太史公曰：古者人臣功有五品[①]，以德立宗庙定社稷曰勋，以言曰劳，用力曰功，明其等曰伐，积日曰阅[②]。封爵之誓曰："使河如带，泰山若厉，国以永宁，爰及苗裔[③]。"始未尝不欲固其根本，而枝叶稍陵夷衰微也。

【注释】

①功有五品：人臣论功的五个品级，即勋、劳、功、伐、阅五等功臣。②以德五句：言五等功臣为：安定宗庙社稷的叫作"勋"，建言有益于国的叫作"劳"，用武力立功的叫作"功"，为国家建立秩序叫作"伐"，长年累月积历年资的叫作"阅"。伐阅：《汉书·车千秋传》注云："伐，积功也；阅，经历也。"③封爵之誓曰五句：授与封爵的誓词说："黄河不到干枯如衣带，泰山不到陵夷如磨刀石，你们的封国永远安宁，传给子子孙孙。"厉，通"砺"，磨刀石。《困学纪闻》引《楚汉春秋》云，高祖封侯，赐丹书铁券，曰："使黄河如带，泰山如砺，汉有宗庙，尔无绝世。"誓词后两句迥然不同，梁玉绳认为《史记》所载是吕太后篡改后的誓词。

【原文】

余读高祖侯功臣，察其首封[①]，所以失之者，曰：异哉所闻！《书》曰"协和万国"[②]，迁于夏商，或数千岁[③]。盖周封八百，幽、厉之后，见于《春秋》。《尚书》有唐虞之侯伯，历三代千有余载，自全以蕃卫天子，岂非笃于仁义，奉上法哉？汉兴，功臣受封者百有余人。天下初定，故大城名都散亡，户口可得而数者十二三，是以大侯不过万家，小者五六百户[④]。后数世，民咸归乡里，户益息，萧、曹、绛、灌之属或至四万[⑤]，小侯自倍，富厚如之。子孙骄溢[⑥]，忘其先，淫嬖[⑦]。至太初百年之间，见侯五[⑧]，余皆坐法陨命亡国，秏[⑨]矣。罔亦少密焉，然皆身无兢兢于当世之禁云[⑩]。

【注释】

①察其首封：研究汉高祖最初封侯的形势。②《书》曰句：引自《尚书·尧典》，原文作“协和万邦”。“邦”字避汉高祖刘邦讳改。这句话是对上文“异哉所闻”作注释，意思是说上古封侯多而小，汉初封侯少而大，所以侯国子孙骄奢失国。③迁于夏商，或数千岁：指唐虞时代的诸侯，随着时代的变迁，直到夏商依然为侯。例如，舜之后历夏有虞，历商有遂，历周有满、陈；皋陶之后，封英、六，直到春秋时才被灭亡；伯益佐禹，舜赐嬴姓，历周有秦。这些古诸侯经历了数千年。迁，移也。④大侯不过万家，小者五六百户：查侯表，万户侯只有两人，一平阳侯曹参万六百户，二留侯张良万户。一般是五六百户至五千户。⑤户益息，萧、曹、绛、灌之属或至四万：户口日益增加，萧、曹、绛、灌等大侯户口至武帝时有的达到了四万户。萧，即酂侯萧何；曹，平阳侯曹参；绛，绛侯周勃；灌，颍阴侯灌婴。他们的封邑户口日益增加。如平阳

侯曹参初封一万六百户至武帝元鼎二年（前115）达二万三千户，约八十五年，增加一倍多。酂侯萧何初封八千户，至孝文后元四年（前160）达二万六千户，约四十年增加两倍多。曲周侯郦商初封四千户，至孝文后元六年（前158），达一万八千户，约四十年增加三倍多。⑥骄溢：骄横达到了极点。溢，满，过度。《汉书·功臣表序》作“骄逸”，即骄奢淫逸，亦通。⑦淫嬖：淫乱邪恶。⑧见侯五：现存之侯有五，即平阳侯曹宗，曲周侯郦终根，阳河侯卞仁，戴侯秘蒙，汾阳侯靳石。另谷陵侯冯偃失载。其余一百三十七侯皆失国。见，通“现”。按：张守节《正义》谓见侯五为“平阳侯曹宗，曲周侯郦终根，阳阿侯齐仁，戴侯祕蒙，谷陵侯冯偃”。以实校之，《正义》有误。查《史》《汉》两表，谷陵侯冯偃何时国除，两书均失载，不应计入五侯之数。《史表》云：“建元四年（前137），侯偃元年。”《汉表》云：“建元四年，侯偃嗣。”五侯之数中应有汾阳侯靳石，《史》《汉》两表均载太始四年（前93）失国。又“阳阿侯齐仁”，《史表》作：“阳河侯卞仁”，《汉表》作“阳河侯其仁”，这三种记载当以《史表》所载“阳河侯卞仁”为是。《正义》将“河”误作“阿”，将“卞”误作“齐”。《汉表》作“其”亦误。⑨秏：尽、无。⑩罔亦少密两句：罔，法网。这两句，一方面批评武帝法网严密，另一方面批评汉代诸侯没有一个兢兢业业遵守禁令的。

【原文】

居今之世，志[①]古之道，所以自镜[②]也，未必尽同。帝王者各殊礼而异务[③]，要以成功为统纪[④]，岂可绲[⑤]乎？观所以得尊宠及所以废辱，亦当世得失之林也，何必旧闻？于是谨其终始[⑥]，表其文，颇有所不尽本末[⑦]；著其明，疑者阙之。后有君子，欲推而列之，得以览焉。

【注释】

①志：通“誌”，记住。②自镜：自我借鉴。③礼：礼法。务：政务，政略。④统纪：准则。⑤绲：缝合。引申为强制捏合。帝王者……岂可绲乎，这几句承上“志古自镜”立论，意思是说：借鉴往古，为的是巩固统治，并不是强要混同古今。⑥谨其终始：指严肃认真地考察诸侯废立的始末。谨：谨慎，严肃。⑦本末：原委。这里指谱表下限在太初，而太初后尚有五侯终始失载，故云不尽本末。

【译文】

正义高祖刚刚平定天下，表明有功劳的臣子会封侯，像萧何、曹参等等。

太史公说，古时人臣的功绩有五等：依靠仁德安定国家的称“勋”；依靠出谋划策的称“劳”；借助武力的称“功”；能为国家建立秩序的称“伐”；凭借资历长短的称“阅”。我朝的封爵誓词上讲：“即使黄河细得像衣带，泰山平得像磨刀石了，你们的封国也会永远安宁，还要把对你们的恩泽延及后代。”朝廷最初不是不想稳固这些功臣们的根本，但那些枝枝叶叶渐渐地衰微了。

我读了有关高祖给功臣们的封侯的史料，考察了功臣侯们初次受封及他们后嗣失掉侯位的因由，认为这真是和我所听到的传闻不一样！《尚书》说：“各个邦国都应协调和睦。”直到夏、商时代，有的邦国竟经历了几千年。周朝分封了八百个诸侯，经幽王、厉王之后，在《春秋》的记载上还能见得到。《尚书》上记载了唐尧、虞舜时的侯伯，经历夏、商、周三代的千余年，仍然保全着自己的地位而屏卫着天子。这难道还不是因为他们深信明义，遵奉君主的法令吗？汉朝兴起了，受到分封的功臣一百多人。当时，天下刚刚安定，以前那些大城名都的人口离散逃亡，可以统计的户口不过原来的十之二三。因此，大侯的封户不过万户，小的只有五六百户。以后几代，民众都回归故乡了，户口才日益繁衍起来。萧何、曹参、周勃、灌婴这些人的后裔有的封户达到了四万，小侯的封户也增加了一倍，财产也像这样不断积累，他们确实富裕厚足了。于是，这些人的子孙骄傲自满了，忘记了自己祖先创业的艰难，干起了荒淫邪恶的勾当。从开始受封到太初时，只有百余年的时间，而原来的侯爵保持至今的只剩下五家，其余的都因犯法而丧命亡国，一下子就全完了。这有国家法网渐渐严密的缘故，然而他们自己也没有小心翼翼地对待当世的禁令啊！

生活在今世，记住古代的道理是要把它当作镜子来对照自己，可不一定今天就与古代完全一样。帝王们完全可以根据不同的利益而采取不同的统治方法，主要还是以成就功业为原则，岂能完全一样？观察功臣侯门为什么受到尊荣恩宠和为什么受到废黜羞辱，也是当今政治得失的经验教训，何必非得古代的传闻！在此，我考察了功臣侯们的始末，把关于他们的文献改列成下表，其中有些没能完全弄清本末之处，就只记下那些比较可信的材料，对有疑问的地方就空着。不过，以后如果有人想继续推究和说明其中的道理，这个表还是可以参阅的。

第一百二十八卷　惠景间侯者年表第七（表略）

《太史公自序》强调："惠景之间，维申功臣宗属爵邑，作《惠景间侯者年表》第七。"

《惠景间侯者年表》国经年纬，表列惠帝、高后、文帝、景帝四代所封诸侯九十三人，其中王子侯及外戚恩泽侯凡四十八人，以功封及功荫者四十五人，多数不以功封。高帝约，非功者不得为侯，故表名"惠景间侯者"，而不书功臣之名，以与"高祖功臣侯者"相区别。九十三侯，可分六类：一是高祖遗臣；二是随文帝从代来者；三是平吴、楚之乱的功臣；四是诸侯子弟；五是外戚；六是外国归义。表序以长沙王起论，反复致意，以明国小而完，侯王之忠，形势相宜。

【原文】

太史公读列封至便侯[①]，曰：有以[②]也夫！长沙王者，著令甲[③]，称其忠焉。昔高祖定天下，功臣非同姓疆土而王者八国[④]。至孝惠[⑤]时，唯独长沙全，禅五世，以无嗣绝[⑥]，竟无过，为藩守职，信矣。故其泽流枝庶[⑦]，毋功而侯者数人。及孝惠讫孝景间五十载[⑧]，追修高祖时遗功臣[⑨]，及从代来、吴楚之劳、诸侯子弟若肺腑，外国归义[⑩]，封者九十有余。咸表始终，当世仁义成功之著者也。

【注释】

①读列封：阅读和整理封列侯的档案材料。便侯：长沙王吴芮之子吴浅，孝惠元年（前194）封为便侯。便，县名，故县治在今湖南省永兴县。②以：缘由。③令甲：律令汇编的集序，有令甲、令乙等，令甲即第一集。长沙王吴芮忠勤王室，故著名于令甲上，以示褒扬。④非同姓疆土而王者八国：高祖初年所封异姓八王是：楚王韩信、韩王韩信、燕王卢绾、燕王臧荼、梁王彭越、赵王张耳、淮南王英布、长沙王吴芮。至高祖十一年，除长沙王外，其余七王均被除灭。⑤孝惠：汉惠帝刘盈，刘邦之子，西汉第二代皇帝，前194—前188年在位。⑥禅五世，以无嗣绝：吴芮传国至其玄孙吴产，共五代，至文帝后元七年（前157）无后，国除。禅，传。⑦泽流枝庶：封建时代的宗法制度，长子称宗子，也叫嫡子，其余兄弟叫枝子。妾生之子叫庶子。吴芮以长沙王传宗子外，次子吴浅受封为便侯至曾孙四世，所以说“泽流枝庶”。⑧孝惠讫孝景间五十载：孝惠元年至景帝末后元三年，共五十三年（前194—前141），此云五十年是指成数。本表所谱为孝景间五十年所封侯。⑨追修：追封。高祖时遗功臣：追随高祖而遗留至今的功臣。⑩从代来：指文帝为代王时的臣属，随代王来京师，以拥戴之功封侯。吴楚之劳：指景帝时平吴、楚之乱的功臣。肺腑：喻骨肉至亲。外国归义：指匈奴及南越的内附之臣。

【译文】

太史公读有关列侯分封的档案资料，读到便侯时，说道："真是事出有因啊！长沙王被封为诸侯王，著录在法令的第一篇，他的忠诚受到称赞。当初，高祖平定天下，功臣之中不是皇室同姓宗亲而分疆裂土受封为诸侯王的共有八国。到孝惠帝时，只剩下长沙王能够保全自己的封国，接连传承五世，最后因为没有后嗣才绝封，自始至终没有犯什么过错，作为国家的藩守，尽心尽职，事情果真就是这样。所以，他的德业能使旁系子孙也沾受恩惠，未立功勋而受封为列侯的就有数人。从孝惠帝之初以至孝景帝之末，其间五十多年，追录高祖时遗漏未封的功臣，以及追随孝文帝从代国入继大统的旧臣，孝景帝时在平定吴楚七国之乱的战事中功劳卓著的将相官员，身为皇室骨肉至亲的诸侯王子弟，前来投顺归化的外邦异族的首领等等，先后受封为列侯的有九十多人。现把他们受封传承等情况列表记载如下，这些都是当代有仁义、成大功的人物中比较突出的。"

第一百二十九卷　建元以来侯者年表第八（表略）

《太史公自序》强调："北讨强胡，南诛劲越，征伐夷蛮，武功爰列。作《建元以来侯者年表》第八。"

《建元以来侯者年表》包括太史公本表和褚先生补写的部分。太史公记述了汉武帝元光四年（前125）至元封四年（前107）所封的七十二个侯国，褚先生补写了汉武帝时所封的四国、汉昭帝时所封的十二国、汉宣帝时所封的二十九国以及汉元帝时所封一国，共一百一十八个侯国。

【原文】

太史公曰：匈奴绝和亲，攻当路塞；闽越擅伐，东瓯请降。二夷交侵，当盛汉之隆，以此知功臣受封侔于祖考矣。何者？自《诗》《书》称三代"戎狄是膺，荆荼是征[①]"，齐桓越燕伐山戎，武灵王以区区赵服单于，秦缪用百里霸西戎，吴楚之君以诸侯役百越。况乃以中国一统，明天子在上，兼文武，席卷四海，内辑亿万之众，岂以晏然不为边境征伐哉！自是后，遂出师北讨强胡，南诛劲越，将卒以次封矣。

【注释】

①膺：《毛诗传》曰："膺，当也。"郑玄曰："征，艾。"

【原文】

后好事儒者褚先生曰：太史公记事尽于孝武之事，故复修记孝昭以来功臣侯者，编于左方，令后好事者得览观成败长短绝世之适，得以自戒焉。当世之君子，行权合变，度时施宜，希世用事，以建功有土封侯，立名当世，岂不盛哉！观其持满守成之道，皆不谦让，骄蹇争权，喜扬声誉，知进不知退，终以杀身灭国。以三得之①，及身失之，不能传功于后世，令恩德流子孙，岂不悲哉！夫龙雒侯曾为前将军，世俗顺善，厚重谨信，不与政事，退让爱人。其先起于晋六卿之世。有土君国以来，为王侯，子孙相承不绝，历年经世，以至于今，凡百余岁，岂可与功臣及身失之者同日而语之哉？悲夫，后世其诫之！

【注释】

①《集解》：以三得之者，即上所谓“行权合变，度时施宜，希世用事”也。

【译文】

太史公说：“匈奴断绝和亲，攻击我正当要道的边塞，闽越凭借武力，擅自攻伐东瓯，致使东瓯请求内迁，受我保护。这两支外夷一起侵扰边境，正在我大汉最昌盛的时候，由此可以推知功臣受封之多，当与高祖开国时相等。为什么会这样呢？自从《诗经》《书经》记称夏、商、周三代‘抵御抗击北方的戎狄，讨伐惩罚南方的荆荼’以来，齐桓公曾越过燕国攻打山戎，赵武灵王以小小的赵国使匈奴的单于降服，秦穆公依靠百里奚称霸西戎，吴、楚两国的国君以诸侯的身份而能役使百越。何况以实现了大一统的中国，圣明的天子在位，兼有文武之才，志在平定四方，使国内亿万民众都和睦相处，安居乐业，怎么会面对外夷的侵扰安然无事，不去经营边疆进行讨伐呢？从此以后，我大汉就出兵北方，征讨凶悍的匈奴，又出兵南方，消灭强劲的南越，建立军功的将士们也都依次受封了。”

后进好事的儒者褚先生说：“太史公记事到孝武帝之世为止，所以我又撰记孝昭帝以后功臣封侯的情况，编于左方，目的在于使后世的好事者能从中看到功臣们功业成败，享国长短，侯位有的传世有的绝封的必然之理，吸取教训，引以为戒。当世的君子或者能不守常规而随机应变，或者能审察时世的变化而采取适宜的措施，或者能迎合世俗得到重用，从而建立功业，受封侯爵，拥有封地，难道不是十分兴旺，令人羡慕吗？然而，看他们用来保全功业的举动，又都不谦虚谨慎，全是骄傲自满，争权夺利，喜欢招摇扬名，只知前进，不知应该留有退路，终于都犯罪被杀，封国随之灭绝。依靠上述三种途径得到的侯位，在自己这一辈子就失掉了，不能把功业传给后代，使子孙们也能享受恩德，这难道不是十分可悲的吗？那龙雒侯曾经担任前将军这一官职，他能够顺应世俗，行善积德，为人忠厚诚信，不干预政事，遇事退让，处处爱护他人。他的祖先本是春秋时晋国的六卿之一。自从拥有国土成为诸侯以来，为王为侯，子孙代代相传，从未断绝，经历了许多年岁和世代，直至如今，算起来已有一百多年了，这又哪里能与自身在世之时就失去爵位的功臣们同日而语呢？真是可悲啊，后世的人们要引以为戒啊！”

第一百三十卷　建元以来王子侯者年表第九（表略）

《太史公自序》强调："诸侯既强，七国为从；子弟众多，无爵封邑，推恩行义，其势销弱，德归京师。作《王子侯者年表》第九。"

《建元以来王子侯者年表》仍以所封侯国为经，以王子侯、元光、元朔、元狩、元鼎、元封、太初为纬，表列武帝所封王子、侯者。前几表中"侯功"一栏改为"王子侯"，说明这些人因王子而侯，也说明无功可言。从《太史公自序》和表序来看，《建元以来王子侯者年表》的主旨在于歌颂武帝采取"推恩"的方法，削弱诸侯势力，巩固中央集权。本表记王子侯不从高祖开始而断自武帝建元，"以大封诸王支庶实始于主父偃策也"。概言之，目的仍在于大一统政治。

【原文】

制诏御史[①]："诸侯王或欲推私恩[②]分子弟邑者，令各条上[③]，朕[④]且临定其号名。"

太史公曰：盛哉，天子之德！一人有庆，天下赖之[⑤]。

【注释】

①制诏：皇帝的书面命令。御史：此指御史大夫，官名，

为三公之一，协助丞相处理政务，并掌纠察弹劾之事，管理国家图籍档案。汉代皇帝颁行制度，用制书。制书的文字都用“制诏某某（三公官名）”开头，加玺封固，再用尚书令印重封，然后颁布州郡。这一制书是武帝元朔二年（前127年）颁布的。②诸侯王：汉代皇子封王，都有自己的封国、官属，其地位相当于周代的诸侯，称诸侯王。推私恩：谓推行、施加私人的恩惠。按：汉初规定诸侯王死后，由其嫡子继位，而其他儿子无尺土之封。武帝采纳主父偃的建议，令诸侯王得推行私恩，分地给子弟为侯。从此，每一诸侯王国中又分出若干小侯国，诸侯王的势力大大削弱。③条上：分列上报。④朕：皇帝自称。上古不论贵贱，皆可自称为朕，自秦始皇起，只有皇帝或临朝听政的皇太后才可称朕。⑤一人有庆，天下赖之：本自《书吕刑》：“一人有庆，兆民赖之。”

【译文】

皇上下诏给御史大夫说：“诸侯王凡有愿意把恩惠推及自己的私亲，分封子弟城邑的，命令他们各自条列上报，朕将临时决定这些王子侯的名号。”

太史公说：“真是伟大啊，天子的圣德！他一人有了喜庆，天下都跟着沾光。”

第一百三十一卷　汉兴以来将相名臣年表第十（表略）

《太史公自序》强调："国有贤相良将，民之师表也。维见汉兴以来将相名臣年表，贤者记其治，不贤者彰其事。作《汉兴以来将相名臣年表》第十。"

《汉兴以来名臣将相年表》实际上是一篇自汉高祖创建汉朝起至西汉后期汉成帝鸿嘉元年（前20）为止的西汉大事记。它主要记载了二百年间的丞相、将军、御史大夫等中央主要官员的任免、升黜、生死等情况，并附记了历年发生的主要军国大事。《汉兴以来名臣将相年表》以大事为主，年经而人纬，表列汉兴以来名臣将相，可以把它看作一条西汉政治史的纲要。《集解》《索隐》认为，太始（前96—前93）以后为褚少孙所续。仔细对照前后笔法，原表记事至征和四年（前89），后元（前88—前87）以后疑为褚少孙所续。这是一个复杂的问题，此处从略。

《汉兴以来名臣将相年表》无序有倒书，为司马迁匠心独运的奇作，这是识读本表的最大难点，必须弄清。本表分为五栏，即"帝纪""大事纪""相位""将位""御史大夫位"。颂扬贤相良将是《史记》的写作宗旨之一，也是司马迁"一家之言"的重要内容之一。贤相良将是民之师表，是治平天下的保证，所以专列将相表，“贤者记其治，不贤者彰其事”，特设“大事记”一栏记载治行。但在专制政体下，贤相良将多无好下场，特别是汉武帝一朝，丞相多不善终。所以，司马迁用倒书，将丞相之罢废死免倒书于“大事记”栏，太尉之废置及将军的下场倒书于“相位”栏，御史大夫之去职倒书于“将位”栏，“御史大夫位”中则无倒书。倒书升栏，与顺书形成鲜明对照，恰似两表之重合。顺书是记载将相的治行，倒书是揭露将相的危境和不平待遇的下场。不创倒书，这一层的意义就不明显。可以说，倒书就是《将相表》的无字之序。因当世多忌讳，故司马迁特出此创造。《匈奴列传赞》突兀议论说：“孔氏著《春秋》，隐、桓之间则章，至定、哀之际则微，为其切当世之文而罔褒，忌讳之辞也。世俗之言匈奴者，患其徼一时之权，而务谄纳其说，以便偏指，不参彼己；将率席中国广大，气奋，人主因以决策，是以建功不深。尧虽贤，兴事业不成，得禹而九州宁。且欲兴圣统，唯在择任将相哉！唯在择任将相哉！”可以说，这段议论就是读《将相表》的凡例。择任将相关系国家兴亡，而汉家用人，赏轻罚重，尤其是汉武帝用亲斥疏，顺我者昌，逆我者亡，将相多危。司马迁用倒书作了集中的表现，丞相下场可悲，太尉废置无常，御史大夫多凶，不可用序以明书其旨，而用倒书暗喻其意，笔削之讥，用心良苦。这就是《汉兴以来名臣将相年表》有表、无序、倒书的原因。

注：此表无序。

全新足本·精注全译

贰

史记

【西汉】司马迁◎著
石磊◎主编

中国文史出版社

目录

第七卷　项羽本纪第七

《项羽本纪》通过秦末农民大起义和楚汉之争的宏阔历史场面，生动而又深刻地描述了项羽的一生。他既是一个力拔山、气盖世的“近古以来未尝有”的英雄，又是一个性情暴戾、优柔寡断、只知用武不谙机谋的匹夫。司马迁巧妙地把项羽性格中矛盾的各个侧面有机地统一于这一鸿篇巨制，虽然不乏深刻的挞伐，但更多的是由衷的惋惜和同情。

《项羽本纪》以描绘项羽这一人物的形象、刻画这一人物的性格为主，同时也生动地叙写了战争。披卷读之，既可以闻见战场的血腥，听到战马的嘶鸣和勇士们的猛吼，又可以看见项羽披甲持戟，瞋目而叱，大呼驰下，溃围、斩将、刈旗的神态与身姿。《项羽本纪》正是在广阔的历史背景下写人，在写人的过程中写战争，二者相得益彰。战争因人物而生动、壮观，人物因战争而更显生动、奇伟。

《项羽本纪》是《史记》传记中最精彩的一篇，达到了思想和艺术的高度统一。它犹如一幅逼真传神的英雄肖像画，色彩鲜明；又像一张秦汉之际的政治军事形势图，错综有序。通篇文章气势磅礴，情节起伏，场面壮阔，脉络清楚，疏密相间，语言生动，成为我国文学史上的一篇不朽佳作。文中破釜沉舟、鸿门宴、四面楚歌、乌江自刎等故事，早已家喻户晓，历代传诵。

【原文】

项籍者，下相[①]人也，字羽。初起时，年二十四。其季父[②]项梁，梁父即楚将项燕，为秦将王翦所戮者也[③]。项氏世世为楚将，封于项[④]，故姓项氏。

【注释】

①下相：县名。治所在今江苏省宿迁市宿城区西南。②季父：小叔父。③为秦将王翦所戮：始皇二十三年（前224），王翦破楚，虏楚王。项燕立昌平君为楚王，驻兵淮南反秦。第二年，王翦等破楚军，昌平君死，项燕自杀。④项：春秋时国名。故城在今河南省沈丘县。

【原文】

项籍少时，学书[①]不成，去[②]，学剑，又不成。项梁怒之。籍曰："书足以记名姓而已。剑一人敌[③]，不足学，学万人敌。"于是项梁乃教籍兵法，籍大喜，略知其意，又不肯竟学。项梁尝有栎阳[④]逮，乃请蕲狱掾曹咎书抵[⑤]栎阳狱掾司马欣，以故事得已[⑥]。项梁杀人，与籍避仇于吴中[⑦]。吴中贤士大夫皆出项梁下[⑧]。每吴中有大繇[⑨]役及丧，项梁常为主办，阴以兵法部勒[⑩]宾客及子弟，以是知其[⑪]能。秦始皇帝游会稽[⑫]，渡浙江[⑬]，梁与籍俱观。籍曰："彼可取而代也。"梁掩其口，曰："毋妄言，族矣！"梁以此奇籍。籍长八尺余，力能扛[14]鼎，才气过人，虽[15]吴中子弟皆已惮籍矣。

【注释】

①学书：学习认字和写字。②去：放弃。③敌：对抗；抵拒。④栎（yuè）阳：县名。治所在今陕西省西安市临潼区东北。⑤蕲（qí）：县名。治所在今安徽省宿州市埇桥区东南。狱掾（yuàn）：掌管监狱官吏的属员。掾，属员，相当今天的办事员。抵：致；送到。⑥已：了结。⑦吴中：县名，即吴县。治所在今江苏省苏州市，当时为会稽郡郡治。⑧出项梁下：贤能在项梁之下。⑨繇：通"徭"。⑩部勒：部署，组织。⑪其：指宾客及子弟。⑫会稽（kuài jī）：山名。在今浙江省绍兴市柯桥区东南。⑬浙江：即今浙江省的钱塘江。⑭扛（gāng）：两手对举。⑮虽：意思与"唯"同，句首语气词。

【原文】

秦二世元年七月[1]，陈涉[2]等起大泽中。其九月，会稽[3]守通谓梁曰："江西[4]皆反，此亦天亡秦之时也，吾闻先即制人，后则为人所制。吾欲发兵，使公及桓楚[5]将。"是时桓楚亡在泽中。梁曰："桓楚亡，人莫知其处，独籍知之耳。"梁乃出，诫籍持剑居外待。梁复入，与守坐，曰："请召籍，使受命召桓楚。"守曰："诺。"梁召籍入。须臾，梁眴[6]籍曰："可行矣！"于是籍遂拔剑斩守头，项梁持守头，佩其印绶[7]。门下大惊，扰乱，籍所击杀数十百人。一府中皆慑伏[8]，莫敢起。梁乃召故所知豪吏，谕以所为起大事，遂举吴中兵。使人收下县[9]，得精兵八千人。梁部署吴中豪杰为校尉、候、司马[10]。有一人不得用，自言于梁。梁曰："前时某丧使公主某事，不能办，以此不任用公。"众乃皆伏[11]。于是梁为会稽守，籍为裨将[12]，徇[13]下县。

【注释】

①秦二世元年：前209年。②陈涉：即陈胜。③会稽：郡名。地辖今江苏省南部、浙江省大部、安徽省南部，治所在吴县（今江苏省苏州市）。④江西：泛指长江以西地区。⑤桓楚：吴中奇士。⑥眴（shùn）：使眼色。⑦印绶：即印。绶，系印的丝绳。⑧慑伏：惊吓得趴在地上。⑨下县：郡以下所属各县。这里指下属各县的后备兵员。⑩校尉：地位略次于将军的军官。候，即军候，军中的侦察官。司马：军中的司法官。⑪伏：通"服"，佩服。⑫裨将：副将。⑬徇（xùn）：兼有夺取、招降和安抚的意思。

【原文】

广陵人召平于是为陈王徇广陵[1]，未能下。闻陈王败走，秦兵又且[2]至，乃渡江矫陈王命，拜梁为楚王上柱国[3]。曰："江东已定，急引兵西击秦。"项梁乃以八千人渡江而西。闻陈婴已下东阳[4]，使使欲与连和俱西。陈婴者，故东阳令史[5]，居县中，素信谨，称为长者[6]。东阳少年杀其令，相聚数千人，欲置长，无适用[7]，乃请陈婴。婴谢不能，遂强立婴为长，县中从者得二万人。少年欲立婴便为王，异军苍头特起[8]。陈婴母谓婴曰："自我为汝家妇，未尝闻汝先古[9]之有贵者。今暴得大名[10]，不祥。不如有所属，事成犹得封侯，事败易以亡，非世所指名[11]也。”婴乃不敢为王。谓其军吏曰：“项氏世世将家，有名于楚。今欲举大事，将非其人，不可。我倚名族，亡秦必矣。”于是众从其言，以兵属项梁。项梁渡淮，黥布、蒲将军[12]亦以兵属焉。凡六七万人，军下邳[13]。

【注释】

①召平：陈涉部属。广陵：县名。治所在今江苏省扬州市。②且：将。③上柱国：官名。楚国上卿，相当于相国，多系荣誉爵位。④东阳：县名。治所在今江苏省盱眙县东南。⑤令史：县令手下的书吏。⑥长（zhǎng）者：忠厚老实的人。⑦无适用：没有恰当的人可以任用。⑧苍头：用青色头巾裹头作为标记。特起：新起；崛起。⑨先古：上世；祖先。⑩暴：突然。大名：指称帝称王。⑪指名：点名道姓。这里指被点名道姓的人。⑫黥（qíng）布：英布。因曾受黥刑，所以称黥布。蒲将军：不详。⑬军：驻扎。动词。下邳（pī）：县名。治所在今江苏省邳州市西南。

【原文】

当是时，秦嘉已立景驹[1]为楚王，军彭城[2]东，欲距[3]项梁。项梁谓军吏曰：“陈王先首事[4]，战不利，未闻所在。今秦嘉倍[5]陈王而立景驹，逆无道。”乃进兵击秦嘉。秦嘉军败走，追之至胡陵[6]。嘉还战一日，嘉死，军降。景驹走死梁地[7]。项梁已并秦嘉军，军胡陵，将引军而西。章邯军至栗[8]，项梁使别将朱鸡石[9]、馀樊君与战。馀樊君死。朱鸡石军败，亡走胡陵。项梁乃引兵入薛[10]，诛鸡石。项梁前使项羽别攻襄城[11]，襄城坚守不下。已拔，皆阬之。还报项梁。项梁闻陈王定死[12]，召诸别将会薛计事。此时沛公亦起[13]沛，往焉。

【注释】

①秦嘉：凌县（今江苏省宿迁市宿城区东南）人。景驹：战国末年楚王的同族。②彭城：县名。即今江苏省徐州市。③距：通“拒”。④首事：首先起义。⑤倍：通“背”。⑥胡陵：县名。治所在今山东省鱼台县东南。⑦梁地：指战国时的魏境，今河南省东部一带。⑧章邯：秦将。栗：县名。治所在今河南省夏邑县。⑨朱鸡石：符离（在今安徽省宿州市埇桥区）人。⑩薛：县名。治所在今山东省滕州市南。⑪襄城：县名。即今河南省襄城县。⑫定死：陈涉于前208年在下城父被杀。定，确实。⑬沛（pèi）公：刘邦起兵时，自称沛公。按：楚国县令称公。起：起兵。

【原文】

居鄛[①]人范增，年七十，素居家，好奇计，往说[②]项梁曰：“陈胜败固当。夫秦灭六国，楚最无罪。自怀王入秦不反[③]，楚人怜之至今，故楚南公[④]曰‘楚虽三户，亡秦必楚[⑤]’也。今陈胜首事，不立楚后而自立，其势不长。今君起江东，楚蜂午[⑥]之将皆争附君者，以君世世楚将，为能复立楚之后也。”于是项梁然其言，乃求楚怀王孙心民间，为人牧羊，立以为楚怀王[⑦]，从民所望也：陈婴为楚上柱国，封五县，与怀王都盱台[⑧]。项梁自号为武信君。

【注释】

①居鄛：一作居巢。县名，治所在今安徽省巢湖市西南。②说（shuì）：游说。劝人听从自己意见。③怀王入秦不反：前299年，楚怀王被欺入秦，被秦昭王扣留，客死秦国。反，通“返”。④楚南公：战国时楚国的阴阳家，姓名不详。⑤楚虽三户，亡秦必楚：是当时流行的谶语。楚虽三户，有三解：一指三户人家，极言其少；另二说指楚昭、屈、景三大姓；或地名。⑥蜂午：纵横交错，蜂拥而起的意思。⑦怀王：谥号。祖父为怀王，孙又称怀王，是要以祖父的名望来号召人民。这是顺从人民的愿望。⑧盱台（xū yí）：即盱眙。县名。治所在今江苏省盱眙县东北。

【原文】

居数月，引兵攻亢父[①]，与齐田荣、司马龙且军救东阿[②]，大破秦军于东阿。田荣即引兵归，逐其王假[③]，假亡走楚。假相田角亡走赵。角弟田间故齐将，居赵不敢归。田荣立田儋子市[④]为齐王。项梁已破东阿下[⑤]军，遂追秦军。数使使趣[⑥]齐兵，欲与俱西。田荣曰：“楚杀田假，赵杀田角、田间，乃发兵。”项梁曰：“田假为与国[⑦]之王，穷来从我，不忍杀之。”赵亦不杀田角、田间以市[⑧]于齐。齐遂不肯发兵助楚。项梁使沛公及项羽别攻城阳[⑨]，屠[⑩]之。西破秦军濮阳[⑪]东，秦兵收入濮阳。沛公、项羽乃攻定陶[⑫]。定陶未下，去，西略地至雝丘[⑬]，大破秦军，斩李由[⑭]。还攻外黄[⑮]，外黄未下。

【注释】

①亢父（gāng fǔ）：县名。治所在今山东省济宁市南。②田荣：原齐国王族，田儋之弟。龙且（jū）：齐国人，楚国骁将，当时任司马。东阿（ē）：地名。故城在今山东省阳谷县西南的阿城镇。③假：田假。战国末年齐国国王田建的弟弟。④市（fú）：人名。⑤下：这里是“附近”“一带”的意思。⑥数（shuò）：屡次。趣（cù）：通“促”，催促。⑦与国：友好国家。⑧市：交易；讨好卖乖。⑨城阳：也作“成阳”。县名。治所在今山东省鄄城县东南。⑩屠：宰杀，引申为大规模的残杀。⑪濮阳：县名。治所在今河南省濮阳县西南。⑫定陶：县名。治所在今山东省菏泽市定陶区西北。⑬雎丘：县名。治所在今河南省杞县。⑭李由：李斯之子，当时为三川郡守。⑮外黄：县名。治所在今河南省民权县西北。

【原文】

项梁起[①]东阿，西，比[②]至定陶，再破秦军，项羽等又斩李由，益轻秦，有骄色。宋义[③]乃谏项梁曰：“战胜而将骄卒惰者败。今卒少[④]惰矣，秦兵日益，臣为君畏[⑤]之。”项梁弗听。乃使宋义使于齐。道遇齐使者高陵君显[⑥]，曰：“公将见武信君乎？”曰：“然。”曰：“臣论武信君军必败。公徐行即免死，疾行则及祸。”秦果悉起兵益章邯，击楚军，大破之定陶，项梁死。沛公、项羽去外黄攻陈留[⑦]，陈留坚守不能下。沛公、项羽相与谋曰：“今项梁军破，士卒恐。”乃与吕臣[⑧]军俱引兵而东。吕臣军彭城东，项羽军彭城西，沛公军砀[⑨]。

【注释】

①起：起程；出发。②比：及；等到。③宋义：原为楚国的令尹，此时在项羽军中。④少：稍微。⑤畏：担心；担忧。⑥显：人名，姓氏不详，高陵君是封号。⑦陈留：县名。治所在今河南省开封市祥符区东南陈留镇。⑧吕臣：楚将，后归顺刘邦，被封为宁陵侯。⑨砀（dàng）：郡名。治所在砀县（今安徽省砀山县南）。

【原文】

章邯已破项梁军，则以为楚地兵不足忧，乃渡河[①]击赵，大破之。当此时，赵歇为王[②]，陈馀为将，张耳为相[③]，皆走入钜鹿[④]城。章邯令王离、涉间[⑤]围钜鹿，章邯军其南，筑甬道[⑥]而输之粟。陈馀为将，将卒数万人而军钜鹿之北，此所谓河北之军也。

【注释】

①河：黄河。②赵歇为王：陈涉起义时，派武臣和陈馀、张耳到河北发动起义，武臣自立为赵王，后为人所杀。陈馀、张耳立赵歇为赵王。赵歇，赵国后裔。③“陈馀为将”二句：陈馀、张耳本为刎颈之交，都是魏国大梁人，名士。陈涉起义后，二人随武臣到赵国。后张耳跟随项羽，复降汉，陈馀仍在赵国。④钜鹿：县名。治所在今河北省平乡县西南。⑤王离、涉间：都是秦将。⑥甬道：两侧筑有墙垣的通道。

【原文】

楚兵已破于定陶，怀王恐，从盱台之[①]彭城，并项羽、吕臣军自将之。以吕臣为司徒[2]，以其父吕青为令尹[3]。以沛公为砀郡长，封为武安侯，将砀郡兵。

【注释】

①之：到……去。②司徒：官名。西周始设，主管国家的土地和人民。这里指主管后勤的军需官。③令尹：官名。

【原文】

初，宋义所遇齐使者高陵君显在楚军，见楚王曰："宋义论武信君之军必败，居数日，军果败。兵未战而先见败征[1]，此可谓知兵矣。"王召宋义与计事而大说[2]之，因置以为上将军；项羽为鲁公，为次将，范增为末将，救赵。诸别将皆属宋义，号为卿子冠军[3]。行至安阳[4]，留四十六日不进。项羽曰："吾闻秦军围赵王钜鹿，疾引兵渡河，楚击其外，赵应其内，破秦军必矣。"宋义曰："不然。夫搏牛之虻不可以破虮虱[5]。今秦攻赵，战胜则兵罢，我承其敝[6]；不胜，则我引兵鼓行[7]而西，必举[8]秦矣。故不如先斗秦赵。夫被坚执锐[9]，义不如公；坐而运策，公不如义。"因下令军中曰："猛如虎，很如羊[10]，贪如狼，强不可使者，皆斩之。"乃遣其子宋襄相齐，身送之至无盐[11]，饮酒高会。天寒大雨，士卒冻饥。项羽曰："将戮力[12]而攻秦，久留不行。今岁饥民贫，士卒食芋菽[13]，军无见粮[14]，乃饮酒高会，不引兵渡河因[15]赵食，与赵并力攻秦，乃曰'承其敝'。夫以秦之强，攻新造之赵，其势必举赵。赵举而秦强，何敝之承！且国兵新破[16]，王坐不安席，埽境内而专属于将军，国家安危，在此一举。今不恤士卒而徇其私[17]，非社稷之臣。”项羽晨朝上将军宋义，即其帐中斩宋义头，出令军中曰：“宋义与齐谋反楚，楚王阴令羽诛之。”当是时，诸将皆慑服，莫敢枝梧⑱。皆曰：“首立楚者，将军家也。今将军诛乱。”乃相与共立羽为假上将军⑲。使人追宋义子，及之齐，杀之。使桓楚报命⑳于怀王。怀王因使项羽为上将军，当阳君㉑、蒲将军皆属项羽。

【注释】

①征：征兆，象征。②说（yuè）：通“悦”，高兴。③卿子：当时对男子的美称，犹言公子。冠（guàn）军：诸军之冠。④安阳：地名。在今山东省曹县东北，非今日河南省的安阳。⑤搏牛之虻（méng）不可以破虮虱：意思是叮咬牛的牛虻其目的不可能是消灭虱子，而在叮牛。另一说认为拍击牛身上的虻虫，而不可以消灭毛里藏的虮虱。比喻志在大不在小，要想灭亡秦朝，不可立即与章邯交战去救赵。⑥承：趁机利用。敝：困；疲惫。⑦鼓行：击鼓前进，大张旗鼓前进。⑧举：攻克。⑨被：通“披”。坚：指铠甲。锐：指锐利的武器。⑩很：违逆；执拗。⑪无盐：地名。西汉置县。治所在今山东省东平县东南。⑫戮力：并力，合力，协力。⑬芋菽：芋头和豆类。⑭见粮：存粮。见，通“现”。⑮因：依靠；凭借。⑯国兵新破：指楚军在定陶失利这件事。⑰徇其私：指宋义派遣儿子宋襄辅助齐国这件事。⑱枝梧：即“支吾”，抗拒；抵触。⑲假：暂时代理。⑳报命：本为奉命出使，回来汇报的意思。这里是受命报告的意思。㉑当阳君：黥布的封号。

当阳，县名，即今湖北省当阳市。

【原文】

项羽已杀卿子冠军，威震楚国，名闻诸侯。乃遣当阳君、蒲将军将卒二万渡河[①]，救钜鹿。战少利，陈馀复请兵。项羽乃悉引兵渡河，皆沉船，破釜甑[②]，烧庐舍，持三日粮，以示士卒必死，无一还心。于是至则围王离，与秦军遇，九战[③]，绝其甬道，大破之，杀苏角[④]，虏王离。涉间不降楚，自烧杀。当是时，楚兵冠诸侯，诸侯军救钜鹿下者十余壁[⑤]，莫敢纵兵。及楚击秦，诸将皆从壁上观[⑥]。楚战士无不一以当十，楚兵呼声动天，诸侯军无不人人惴恐。于是已破秦军，项羽召见诸侯将，入辕门[⑦]，无不膝行而前[⑧]，莫敢仰视。项羽由是始为诸侯上将军，诸侯皆属焉。

【注释】

①河：指漳河。②釜甑（zèng）：锅和蒸饭用的瓦罐，泛指炊具。③九战：多次作战。九，指多数。④苏角：秦将。⑤下：《汉书·陈胜项籍传》无“下”字，疑衍。壁：营垒；军营。⑥壁上观：人家交战，自己站在营垒上观看。⑦辕门：古代军队驻扎时以车为营，将车辕相向竖起为门，所以称“辕门”。⑧膝行而前：跪着前进。

【原文】

章邯军棘原[①]，项羽军漳[②]南，相持未战。秦军数却，二世使人让[③]章邯。章邯恐，使长史[④]欣请事。至咸阳[⑤]，留司马门三日[6]，赵高不见，有不信之心。长史欣恐，还走其军，不敢出故道，赵高果使人追之，不及。欣至军，报曰："赵高用事于中[7]，下无可为者。今战能胜，高必疾妒吾功；战不能胜，不免于死。愿将军孰计[8]之。"陈馀亦遗章邯书曰："白起[9]为秦将，南征鄢郢[10]，北阬马服[11]，攻城略地，不可胜计，而竟赐死。蒙恬为秦将[12]，北逐戎人[13]，开榆中[14]地数千里，竟斩阳周[15]。何者？功多，秦不能尽封，因以法诛之。今将军为秦将三岁矣，所亡失以十万数，而诸侯并起滋益多。彼赵高素谀日久，今事急，亦恐二世诛之，故欲以法诛将军以塞责，使人更代将军以脱其祸。夫将军居外久，多内郤[16]，有功亦诛，无功亦诛。且天之亡秦，无[17]愚智皆知之。今将军内不能直谏，外为亡国将，孤特独立而欲常[18]存，岂不哀哉！将军何不还兵与诸侯为从[19]，约共攻秦，分王其地，南面称孤；此孰与身伏铁质，妻子为僇[20]乎？"章邯狐疑，阴使候始成[21]使项羽，欲约。约未成，项羽使蒲将军日夜引兵度三户[22]，军漳南，与秦战，再破之。项羽悉引兵击秦军汙水[23]上，大破之。

【注释】

①棘原：在今河北省平乡县南。②漳：漳河。发源于山西省东南部，清漳、浊漳合流后，流经河北、河南两省边境，向东南汇入卫河。③让：责备。④长（zhǎng）史：官名，相当于今天的秘书长职务。⑤咸阳：在今陕西省咸阳市东北。⑥司马门：皇宫的外门。宫墙里面到处设有卫士，外门都由司马指挥卫士把守，故称司马门。⑦中：指朝廷中。⑧孰计：仔细考

虑。孰，通“熟”。⑨白起：秦国著名将领，后昭王令其自杀。⑩鄢郢（yān yǐng）：战国时楚国国都，在今湖北省江陵东北。按：楚国曾建都郢，后迁鄢郢，此处鄢郢实指郢都。⑪马服：指赵将赵括。他袭父亲赵奢封爵，为马服君。白起击败赵括大军后，坑其降卒四十万。⑫蒙恬：秦朝名将。秦统一六国后，他带领三十万人屯戍北部边塞，防御匈奴入侵，后为赵高所害。⑬戎人：指匈奴人。⑭榆中：即榆林塞，要塞名。旧址在今内蒙古自治区准格尔旗。⑮阳周：县名。在今陕西省子长市北。⑯郤：通“隙”，裂缝，仇怨。⑰无：无论。⑱常：通“长”。⑲还兵：倒戈。为从：联合。⑳鈇质：斩人的刑具。鈇，通“斧”。僇：侮辱；又通“戮”，斩杀。㉑候始成：名叫始成的军候。㉒三户：漳河的一个渡口，在今河北省临漳县西。㉓汙（yú）水：在今河北省临漳县西，源出河北省太行山，东南流入漳河，今已干涸。

【原文】

章邯使人见项羽，欲约。项羽召军吏谋曰：“粮少，欲听其约。”军吏皆曰：“善。”项羽乃与期洹水南殷虚①上。已盟，章邯见项羽而流涕，为言赵高②。项羽乃立章邯为雍王，置楚军中。使长史欣为上将军，将秦军为前行③。

【注释】

①期：约期会晤。洹（huán）水：即今河南省北部的安阳河。殷虚：殷盘庚建都的遗址，在今河南省安阳市西北小屯村。虚，通“墟”。②为言赵高：指向项羽诉说赵高不信任自

己的情况。③前行：前锋。

【原文】

到新安[①]。诸侯吏卒异时故繇使屯戍过秦中[②]，秦中吏卒遇之多无状[③]，及秦军降诸侯，诸侯吏卒乘胜多奴虏使之，轻折[④]辱秦吏卒。秦吏卒多窃言曰："章将军等诈吾属降诸侯，今能入关破秦，大善；即不能，诸侯虏吾属而东，秦必尽诛吾父母妻子。"诸将微[⑤]闻其计，以告项羽。项羽乃召黥布、蒲将军计曰："秦吏卒尚众，其心不服，至关中不听，事必危，不如击杀之，而独与章邯、长史欣、都尉翳[⑥]入秦。"于是楚军夜击阬秦卒二十余万人新安城南[⑦]。

【注释】

①新安：县名。在今河南省渑池县东。②繇使：服徭役。屯戍：驻守边疆。秦中：泛指原秦国地域，即关中。③无状：无礼。④轻：轻率；随便。折：折磨。⑤微：暗地。⑥都尉：比将军地位略低的武官名。翳：董翳。原为章邯部下，曾劝章邯投降项羽。⑦时在汉元年十一月。

【原文】

行略定[①]秦地。函谷关有兵守关，不得入。又闻沛公已破咸阳[②]，项羽大怒，使当阳君等击关。项羽遂入，至于戏西[③]。沛公军霸上[④]，未得与项羽相见。沛公左司马曹无伤使人言于项羽曰："沛公欲王[⑤]关中，使子婴为相[⑥]，珍宝尽有之。"项羽大怒，曰："旦日飨[⑦]士卒，为击破沛公军！"当是时，项羽兵四十万，在新丰鸿门[8]，沛公兵十万，在霸上。范增说项羽曰："沛公居山东[9]时，贪于财货，好美姬。今入关，财物无所取，妇女无所幸[10]，此其志不在小。吾令人望其气[11]，皆为龙虎，成五采，此天子气也。急击勿失。"

【注释】

①行：即将。略定：夺取，平定。②沛公已破咸阳：楚怀王派宋义、项羽去河北救赵国时，又派刘邦从河南西进攻秦。刘邦进攻咸阳，子婴投降。③戏西：戏水以西。④霸上：即灞水西面的白鹿原，在今陕西省西安市东南。⑤王（wàng）：动词，称王。⑥使子婴为相：子婴投降后已被监视，并未为相。这是曹无伤的挑拨之词。⑦飨：犒赏酒肉。⑧新丰：秦时名郦邑，汉改名新丰。在今陕西省西安市临潼区东北。鸿门：山坡名。⑨山东：战国时泛指六国或六国土地，因在崤山之东而得名。⑩幸：亲近，同房。⑪望其气：当时一些方士诡称通过观望云气，可以预测吉凶祸福。

【原文】

楚左尹项伯[1]者，项羽季父也，素善留侯张良[2]。张良是时从沛公，项伯乃夜驰之沛公军，私见张良，具告以事，欲呼张良与俱去。曰："毋从俱死也。"张良曰："臣为韩王送沛公[3]，沛公今事有急，亡去不义，不可不语。"良乃入，具告沛公。沛公大惊，曰："为之奈何？"张良曰："谁为大王为此计者？"曰："鲰生说我曰'距关[4]，毋内[5]诸侯，秦地可尽王也'。故听之。"良曰："料大王士卒足以当[6]项王乎？"沛公默然，曰："固不如也，且为之奈何？"张良曰："请往谓项伯，言沛公不敢背项王也。"沛公曰："君安与项伯有故？"张良曰："秦时与臣游，项伯杀人，臣活之。今事有急，故幸来告良。"沛公曰："孰与君少长？"良曰："长于臣。"沛公曰："君为我呼入，吾得兄事之[7]。"张良出，要[8]项伯。项伯即入见沛公。沛公奉卮酒为寿[9]，约为婚姻，曰："吾入关，秋豪[10]不敢有所近，籍吏民[11]，封府库，而待将军。所以遣将守关者，备他盗之出入与非常[12]也。日夜望将军至，岂敢反乎！愿伯具言臣之不敢倍德[13]也。"项伯许诺。谓沛公曰："旦日不可不蚤[14]自来谢项王。"沛公曰："诺。"于是项伯复夜去，至军中，具以沛公言报项王。因言曰："沛公不先破关中，公岂敢入乎？今人有大功而击之，不义也，不如因善遇之。"项王许诺。

【注释】

①左尹：楚国官名，令尹的副职。项伯：名缠，字伯。②留侯张良：字子房，刘邦的重要谋臣，后被封为留侯。③为韩王送沛公：张良先人五世相韩，他曾请项梁立韩成为韩王，自任司徒。刘邦西进时，韩成留守阳翟（今河南省禹州市），张良随刘邦西进。④鲰（zōu）生：小鱼所生，引申为浅陋之人。古代骂人或自称之词。距关：把住关口。距，通"拒"。⑤内：通"纳"。⑥当：抵挡。⑦兄事之：以待兄长之礼待之。⑧要：通"邀"。⑨卮（zhī）：酒器。为寿：向尊长者敬酒祝福。⑩秋豪：鸟类秋天的毛最细，形容其细小。豪，通

“毫”，毫毛。⑪籍吏民：登记官吏和庶民的户籍。籍，登记户籍。⑫非常：意外的事变。⑬倍德：忘恩负义。倍，通“背”，德，恩德。⑭蚤：通“早”。

【原文】

沛公旦日从百余骑来见项王，至鸿门，谢曰：“臣与将军戮力而攻秦，将军战河北，臣战河南，然不自意①能先入关破秦，得复见将军于此。今者有小人之言，令将军与臣有隙。”项王曰：“此沛公左司马曹无伤言之；不然，籍何以至此。”项王即日因留沛公与饮。项王、项伯东乡坐②，亚父③南乡坐。亚父者，范增也。沛公北乡坐，张良西乡侍。范增数目项王，举所佩玉玦④以示之者三，项王默然不应。范增起，出召项庄⑤，谓曰：“君王为人不忍⑥，若入前为寿，寿毕，请以剑舞。因击沛公于坐，杀之。不者⑦，若属皆且为所虏。”庄则入为寿。寿毕，曰：“君王与沛公饮，军中无以为乐，请以剑舞。”项王曰：“诺。”项庄拔剑起舞，项伯亦拔剑起舞，常以身翼蔽沛公，庄不得击。于是张良至军门，见樊哙⑧。樊哙曰：“今日之事何如？”良曰：“甚急。今者项庄拔剑舞，其意常在沛公也。”哙曰：“此迫矣，臣请入，与之同命⑨。”哙即带剑拥盾入军门。交戟之卫士欲止不内，樊哙侧其盾以撞，卫士仆地，哙遂入，披帷西乡立，瞋目⑩视项王，头发上指，目眦⑪尽裂。项王按剑而跽⑫曰：“客何为者？”张良曰：“沛公之参乘⑬樊哙者也。”项王曰：“壮士，赐之卮酒。”则与斗卮⑭酒。哙拜谢，起，立而饮之。项王曰：“赐之彘肩。”则与一生彘肩[15]。樊哙覆其盾于地，加彘肩上，拔剑切而啖[16]之。项王曰："壮士，能复饮乎？"樊哙曰："臣死且不避，卮酒安足辞！夫秦王有虎狼之心，杀人如不能举，刑人如恐不胜[17]，天下皆叛之。怀王与诸将约曰：'先破秦入咸阳者王之。'今沛公先破秦入咸阳，毫毛不敢有所近，封闭宫室，还军霸上，以待大王来。故遣将守关者，备他盗出入与非常也。劳苦而功高如此，未有封侯之赏，而听细说[18]，欲诛有功之人。此亡秦之续耳，窃为大王不取也。"项王未有以应，曰："坐。"樊哙从良坐。坐须臾，沛公起如厕，因招樊哙出。

【注释】

①意：自料。意，料；料想。②东乡坐：即面向东坐。③亚父：尊称，尊敬他仅次于父亲。一说亚父是范增的别名。④玉玦（jué）：玉器名。圆形而有缺口。玦，与"决"谐音，范增举玉玦：是暗示项羽与刘邦决裂，杀掉刘邦。⑤项庄：项羽的堂弟。⑥不忍：不狠心。⑦不者：不然的话。不，通"否"。⑧樊哙：沛人。吕后的妹夫。⑨与之同命：有两解：一是与刘邦同生死；二是跟项羽拼命。⑩瞋（chēn）目：瞪着眼睛。⑪眦（zì）：眼角。⑫跽（jì）：古人席地而坐，两股贴在脚跟上，直身，股不着脚跟为"跽"，长跪。项羽按剑而跽，是以备不测。⑬参乘：也叫陪乘，乘车时立于车右，相当于卫士。⑭斗卮：大卮，大杯。⑮生彘（zhì）肩：猪腿。《史记志疑》："生，字疑误。"疑为"全"之坏字。⑯啖（dàn）：吃。⑰杀人如不能举，刑人如恐不胜：杀人唯恐

不杀尽，用刑唯恐不够。举，完，全，遍。胜，尽。⑱细说：小人的谗言。

【原文】

沛公已出，项王使都尉陈平[1]召沛公。沛公曰："今者出，未辞也，为之奈何?"樊哙曰："大行不顾细谨，大礼不辞小让[2]。如今人方为刀俎[3]，我为鱼肉，何辞为[4]。"于是遂去。乃令张良留谢。良问曰："大王来何操[5]?"曰："我持白璧一双，欲献项王，玉斗[6]一双，欲与亚父，会其怒，不敢献。公为我献之。"张良曰："谨诺[7]。"当是时，项王军在鸿门下，沛公军在霸上，相去四十里。沛公则置车骑，脱身独骑，与樊哙、夏侯婴、靳强、纪信[8]等四人持剑盾步走，从骊山下，道芷阳间行[9]。沛公谓张良曰："从此道至吾军，不过二十里耳。度我至军中，公乃入。"沛公已去，间至军中，张良入谢，曰："沛公不胜桮杓[10]，不能辞。谨使臣良奉白璧一双，再拜[11]献大王足下；玉斗一双，再拜奉大将军足下。"项王曰："沛公安在?"良曰："闻大王有意督过[12]之，脱身独去，已至军矣。"项王则受璧，置之坐上。亚父受玉斗，置之地，拔剑撞而破之，曰："唉！竖子[13]不足与谋。夺项王天下者，必沛公也，吾属今为之虏矣。"沛公至军，立诛杀曹无伤。

【注释】

①陈平：阳武（今河南省兰考县境）人。项羽的部下，后来成为刘邦的谋士，官至相国。②大行，大礼：指大事。行，行为，作为。细谨：细枝末节；小节。辞：辞让；拒绝。

让：责备。③俎（zǔ）：砧板。④为：表示疑问的语气助词。⑤操：持执。此指带礼物。⑥玉斗：玉制的大酒杯。⑦谨诺：遵命的意思。⑧夏侯婴：沛人。随刘邦起义，后封汝阴侯。靳强：曲沃人，刘邦部属，后封汾阳侯。纪信：刘邦的将领，后被项羽烧死。⑨芷阳：县名。在今陕西省西安市东北。间（jiàn）行：抄小路走。⑩桮杓（sháo）：酒器，这里借代酒。桮，通"杯"。⑪再拜：先后拜两次，古代一种隆重的礼节。⑫督过：责备。⑬竖子：骂人的话，相当于"小子"。

【原文】

居数日，项羽引兵西屠咸阳，杀秦降王子婴，烧秦宫室，火三月不灭；收其货宝妇女而东。人或说项王曰："关中阻山河四塞[①]，地肥饶，可都以霸。"项王见秦宫室皆以[②]烧残破，又心怀思欲东归，曰："富贵不归故乡，如衣绣夜行，谁知之者！"说者[③]曰："人言楚人沐猴而冠[④]耳，果然。"项王闻之，烹说[⑤]者。

【注释】

①关中：地区名。所指范围不一，秦、汉时称函谷关以西为关中。阻：依恃。四塞：指东面的函谷关，南面的武关（在今陕西省丹凤县东南），西面的散关（即大散关，在今陕西省宝鸡市西南），北面的萧关（在今甘肃省环县西北）。②以：通"已"。③说者：《楚汉春秋》《扬子法言》作"蔡生"，《汉书》作"韩生"。④沐猴而冠：猴子戴人帽，像人样，却办不成人事。沐猴：猕猴。⑤烹：古代以鼎镬煮杀人的

酷刑。

【原文】

项王使人致命[①]怀王。怀王曰："如约。"乃尊怀王为义帝[②]。项王欲自王，先王诸将相。谓曰："天下初发难时，假立诸侯后[③]以伐秦。然身被坚执锐首事，暴露于野三年，灭秦定天下者，皆将相诸君与籍之力也。义帝虽无功，故[④]当分其地而王之。"诸将皆曰："善。"乃分天下，立诸将为侯王。项王、范增疑沛公之有天下，业已讲解，又恶负约[⑤]，恐诸侯叛之，乃阴谋曰："巴、蜀道险，秦之迁人皆居蜀[⑥]。"乃曰："巴、蜀亦关中地[⑦]也。"故立沛公为汉王，王巴、蜀、汉中[⑧]，都南郑[⑨]。而三分关中[⑩]，王秦降将以距塞[⑪]汉王。项王乃立章邯为雍王，王咸阳以西，都废丘[⑫]。长史欣者，故为栎阳狱掾，尝有德于项梁；都尉董翳者，本劝章邯降楚。故立司马欣为塞王，王咸阳以东至河，都栎阳；立董翳为翟王，王上郡[⑬]，都高奴[⑭]。徙魏王豹为西魏王[⑮]，王河东[⑯]，都平阳[⑰]。瑕丘申阳[⑱]者，张耳嬖臣也，先下河南[⑲]，迎楚河上，故立申阳为河南王，都雒阳[⑳]。韩王成因故都，都阳翟[㉑]。赵将司马卬定河内[㉒]，数有功，故立卬为殷王，王河内，都朝歌[㉓]。徙赵王歇为代[㉔]王。赵相张耳素贤，又从入关，故立耳为常山[㉕]王，王赵地，都襄国[㉖]。当阳君黥布为楚将，常冠军，故立布为九江[㉗]王，都六[㉘]。鄱君吴芮率百越[㉙]佐诸侯，又从入关，故立芮为衡山[㉚]王，都邾[㉛]。义帝柱国共敖将兵击南郡[㉜]，功多，因立敖为临江王[㉝]，都江陵[㉞]。徙燕王韩广为辽东[㉟]王。燕将臧荼从楚救赵，因从入关，故立荼为燕王，都蓟[36]。徙齐王田市为胶东王[37]。齐将田都从共救赵，因从入关，故立都为齐王，都临菑[38]。故秦所灭齐王建孙田安，项羽方渡河救赵，田安下济北数城，引其兵降项羽，故立安为济北王[39]，都博阳[40]。田荣者，数负项梁，又不肯将兵从楚击秦，以故不封。成安君陈馀弃将印去[41]，不从入关，然素闻其贤，有功于赵，闻其在南皮[42]，故因环封三县。番君将梅锠功多，故封十万户侯。项王自立为西楚霸王[43]，王九郡[44]，都彭城。

【注释】

①致命：即报命。有报告、请示的意思。②义帝：意为名义上的皇帝。③假：暂且；姑且。诸侯后：诸侯后裔，如韩成、田假、赵歇等。④故：通“固”，本来。⑤恶（wù）：嫌恶。约：指“先破秦入咸阳者王之”之约。这句是说项羽心想如果把刘邦杀掉或不封他在关中，又忌讳落个负约的罪名，致使诸侯背叛自己。⑥巴：郡名。地在今四川省东北部。蜀：郡名。地在今四川省中部。迁人：被贬谪流放的人。⑦巴、蜀亦关中地：地处函谷关以西，战国时即属秦，故云。⑧汉中：郡名。地在今陕西省南部和湖北省西北部。⑨南郑：县名。即今陕西省汉中市南郑区。⑩三分关中：将关中分割为雍、塞、翟三国。⑪距塞：抗拒，拦阻。⑫废丘：县名。在今陕西省兴平市东南。⑬上郡：郡名。地在今陕西省北部和内蒙古部分地区。郡治肤施，今陕西省榆林市榆阳区东南。⑭高奴：县名。治所在今陕西省延安东北。⑮魏王豹：魏王咎之弟。陈胜立魏

公子宁陵君咎为魏王，魏咎被章邯战败自杀后，怀王使其弟复定梁地，立为魏王。⑯河东：郡名。地在今山西省西南部。⑰平阳：县名。治所在今山西省临汾市西南。⑱瑕丘：县名。治所在今山东省济宁市兖州区东北。申阳：姓申名阳，曾为瑕丘令。⑲河南：即指秦三川郡。地在今河南省西北部。⑳雒(luò)阳：三川郡治，在今洛阳市东北。㉑阳翟（zhái）：县名。治所在今河南省禹州市。㉒司马卬（áng）：姓司马名卬。卬，通“昂”。河内：郡名。地当今河南省黄河以北地区、山西省东南地区和河北省南部地区。㉓朝歌：古都邑名。在今河南省淇县东北。㉔代：郡名。跨今河北、山西两省北部。㉕常山：地区名。汉置郡。地在今河北省中部，兼有山西省东、中部部分地区。㉖襄国：县名。治所在今河北省邢台市西南。㉗九江：郡名：地在今安徽、河南两省淮河以南，湖北省黄冈以东和江西省。郡治寿春（今安徽省寿县)。㉘六：县名。约当今安徽省六安市金安区、裕安区北。㉙鄱（pó)：县名。在今江西省鄱阳县东。百越：泛指居住在今江南各省的少数民族，因种类繁多，故统称百越，又称百粤。鄱，也作“番”。㉚衡山：此指衡山国。地在今湖南省全部、湖北省东部、安徽省西部。㉛邾：县名。地在今湖北省黄冈市黄州区西北。㉜南郡：郡名。地在今湖北省洪湖以西和四川省巫山以东地区。㉝临江王：共（gōng）敖封地在南郡，而南郡地临长江，故名。㉞江陵：县名。本楚国郢都，在今湖北省江陵县。㉟辽东：郡名。地在今辽宁省大凌河以东。㊱蓟（jì)：县名。在今北京市西南，非天津之蓟州区。㊲胶东王：项羽瓜分齐地为三，称三齐，中为齐，东为胶东，西北为济北。㊳临菑：即临淄。县名，在今山东省淄博市东北。㊴济北：指当时济水以北地区。㊵博阳：疑为今山东省聊城市茌平区西北的博平镇。一说即山东省泰安市泰山区东南的博县故城。㊶成安：县名。治所在今河北省成安县东南。弃将印去：秦将章邯围攻钜鹿时，赵相张耳被围城中，将军陈馀领兵驻在漳河以北。钜鹿解围后，张耳责备陈馀不来救援，陈馀一怒之下，把将印交给张耳，领着数百人走往河上泽中渔猎。㊷南皮：县名。在今河北省南皮县东北。㊸西楚：古代楚国有南楚、东楚、西楚之分，项羽建都的彭城，地处西楚，所以自称“西楚霸王”。霸王：霸主，诸王的盟主。㊹九郡：指梁、楚部分地区，约当今河南省东部、山东省西南部和江苏省、安徽省的部分地区。

【原文】

汉之元年[①]四月，诸侯罢戏下[②]，各就国[③]。项王出之国，使人徙义帝，曰：“古之帝者地方千里，必居上游。”乃使使徙义帝长沙郴县[④]。趣义帝行，其群臣稍稍[⑤]背叛之，乃阴令衡山、临江王击杀之江中[⑥]。韩王成无军功，项王不使之国，与俱至彭城，废以为侯，已又杀之。臧荼之国，因逐韩广之辽东，广弗听，荼击杀广无终[⑦]，并王其地。

【注释】

①汉之元年：前206年，这年刘邦被封为汉王。②戏（huī）下：即麾下，帅旗之下。③就国：赴封国就王位。④长

沙：郡名。约辖今湖南省资江以东以及广东省、广西壮族自治区一部分地区。郴（chēn）县：即今湖南省郴州市苏仙区。⑤稍稍：渐渐。⑥《黥布列传》记载：“布使将击义帝，建杀之郴县。”与此处记载不合。⑦无终：县名。即今天津市蓟州区。

【原文】

田荣闻项羽徙齐王市胶东，而立齐将田都为齐王，乃大怒，不肯遣齐王之胶东，因以齐反，迎击田都。田都走楚。齐王市畏项王，乃亡之胶东就国。田荣怒，追击杀之即墨[①]。荣因自立为齐王，而西击杀济北王田安，并王三齐。荣与彭越[②]将军印，令反梁地。陈馀阴使张同、夏说说齐王田荣曰：“项羽为天下宰[③]，不平。今尽王故王于丑地[④]，而王其群臣诸将善地，逐其故主赵王[⑤]，乃北居代，馀以为不可。闻大王起兵，且不听不义，愿大王资馀兵，请以击常山，以复赵王，请以国为扞蔽[⑥]。”齐王许之，因遣兵之赵。陈馀悉发三县兵，与齐并力击常山，大破之。张耳走归汉。陈馀迎故赵王歇于代，反之赵。赵王因立陈馀为代王。

【注释】

①即墨：县名。在今山东省平度市东南。②彭越：字仲。昌邑（在今山东省金乡县西北）人。③夏说（yuè）：人名。宰：主宰。④故王：项羽分封前自立的王。丑地：不好的地方。丑，恶，引申为不好，坏。⑤《史记志疑》记：“赵王歇乃陈馀之故主也。⑥扞蔽（hàn bì）：捍卫，掩护。

【原文】

是时，汉还定三秦[1]。项羽闻汉王皆已并关中，且东，齐、赵叛之，大怒。乃以故吴令郑昌为韩王，以拒汉。令萧公角[2]等击彭越。彭越败萧公角等。汉使张良徇韩，乃遗项王书曰："汉王失职[3]，欲得关中，如约即止，不敢东。"又以齐、梁[4]反，书遗项王曰："齐欲与赵并灭楚。"楚以此故无西意，而北击齐。征兵九江王布。布称疾不往，使将将[5]数千人行。项王由此怨布也。汉之二年冬，项羽遂北至城阳，田荣亦将兵会战。田荣不胜，走至平原[6]，平原民杀之。遂北烧夷齐城郭室屋，皆阬田荣降卒，系虏其老弱妇女。徇齐至北海[7]，多所残灭。齐人相聚而叛之。于是田荣弟田横收齐亡卒得数万人，反城阳。项王因留，连战未能下。

【注释】

①汉还定三秦：汉元年八月，刘邦用韩信计，攻入秦地，次年，统一三秦。②萧公角：萧县县令角，姓氏不详。萧，在今安徽省萧县西北。按楚制，县令称为"公"。③汉王失职：汉王失去了按规定应得的关中王职位。④梁：指彭越。⑤将将：前一"将"字，将领，名词；后一"将"字，率领，动词。⑥平原：县名：地在今山东省平原县西南。⑦北海：古代北方僻远地域的泛称。

【原文】

春，汉王部五诸侯[1]兵，凡五十六万人，东伐楚。项王闻之，即令诸将击齐，而自以精兵三万人南从鲁[2]出胡陵。四月，汉皆已入彭城，收其货宝美人，日置酒高会。项王乃西从萧，晨击汉军而东，至彭城，日中，大破汉军。汉军皆走，相随入穀、泗水[3]，杀汉卒十余万人。汉卒皆南走山，楚又追击至灵壁东睢水[4]上。汉军却，为楚所挤，多杀，汉卒十余万人皆入睢水，睢水为之不流。围汉王三匝[5]。于是大风从西北而起，折木发屋[6]，扬沙石，窈冥昼晦[7]，逢迎楚军。楚军大乱，坏散，而汉王乃得与数十骑遁去。欲过沛，收家室而西；楚亦使人追之沛，取汉王家；家皆亡，不与汉王相见。汉王道逢得孝惠、鲁元[8]，乃载行。楚骑追汉王，汉王急，推堕孝惠、鲁元车下，滕公常下收载之[9]。如是者三。曰："虽急不可以驱，奈何弃之?"于是遂得脱。求太公、吕后不相遇。审食其[10]从太公、吕后间行，求汉王，反遇楚军。楚军遂与归，报项王，项王常置军中。

【注释】

①春：汉之二年春。因此时仍沿用秦历，以十月为岁首。五诸侯：一说指张耳、申阳、郑昌、魏豹、司马卬。一说"犹后言引天下兵耳"。②鲁：县名。即今山东省曲阜市。③穀、泗水：穀水和泗水，流经彭城东，南流入淮河。④灵壁：邑名。故地在今安徽省淮北市西南。睢水：又名濉河。流经今安徽省灵璧、江苏省睢宁等地，至江苏省宿迁市宿城区南入古泗水。⑤三匝（zā）：多层包围圈。三，表多数。匝：圈。⑥发屋：掀去房屋。⑦窈冥昼晦：形容天昏地暗。窈冥，幽暗

的样子。⑧孝惠、鲁元：刘邦嫡子惠帝刘盈和女儿鲁元公主。⑨滕公：夏侯婴，曾为滕县令，故称。⑩审食其（yì jī）：沛人，后为左丞相，封辟阳侯。

【原文】

是时吕后兄周吕侯为汉将兵居下邑[①]，汉王间往从之，稍稍收[②]其士卒。至荥阳[③]，诸败军皆会，萧何亦发关中老弱未傅[④]悉诣荥阳，复大振。楚起于彭城。常乘胜逐北[⑤]，与汉战荥阳南京、索[⑥]间，汉败楚，楚以故不能过荥阳而西。

【注释】

①周吕侯：吕泽。周吕是封号。下邑：县名。在今安徽省砀山县。②收：收编。③荥阳：县名。治所在今河南省荥阳市东北，是古代的军事要地。④萧何：沛县人。秦末辅佐刘邦起义，对建立汉朝起了重要作用，是汉朝开国名相，封酂侯。未傅：指庶民不合服役年龄，没有列入征集名册的。⑤逐北：追逐败军。⑥京：邑名。在今荥阳市东南。索：索亭，即今荥阳市治。

【原文】

项王之救彭城，追汉王至荥阳，田横亦得收齐，立田荣子广为齐王。汉王之败彭城，诸侯皆复与[①]楚而背汉。汉军荥阳，筑甬道属[②]之河，以取敖仓[③]粟。汉之三年，项王数侵夺汉甬道，汉王食乏，恐，请和，割荥阳以西为汉。

【注释】

①与（yù）：结交：归附。②属（zhǔ）：连接。③敖仓：

秦在敖山修建的谷仓。敖山在荥阳东北，下临黄河。

【原文】

项王欲听之。历阳[①]侯范增曰：“汉易与[②]耳，今释弗取，后必悔之。”项王乃与范增急围荥阳。汉王患之，乃用陈平计间项王。项王使者来，为太牢具[③]，举[④]欲进之。见使者，详[⑤]惊愕曰：“吾以为亚父使者，乃反项王使者。”更[⑥]持去，以恶食食项王使者。使者归报项王，项王乃疑范增与汉有私，稍夺之权。范增大怒，曰：“天下事大定矣，君王自为之。愿赐骸骨归卒伍[⑦]。”项王许之，行未至彭城，疽[⑧]发背而死。

【注释】

①历阳：县名。治所在今安徽省和县。②与：对付。③太牢具：丰盛的酒席。④举：捧上；陈设。⑤详：通“佯”，假装。⑥更：更换。⑦赐骸（hái）骨：古代官吏因年老请求退职的代词。归卒伍：古代军队编制以五人为伍，百人为卒。⑧疽（jū）：毒疮。

【原文】

汉将纪信说汉王曰：“事已急矣，请为王诳[①]楚为王，王可以间出。”于是汉王夜出女子荥阳东门被甲二千人，楚兵四面击之。纪信乘黄屋车[②]，傅左纛[③]，曰：“城中食尽，汉王降。”楚军皆呼万岁。汉王亦与数十骑从城西门出，走成皋[④]。项王见纪信，问：“汉王安在？”曰：“汉王已出矣。”项王烧杀纪信。

【注释】

①诳（kuáng）：欺骗。②黄屋车：天子乘坐的车，用黄

绸做顶篷。③左纛（dào）：皇帝座车的左边，插着用犛牛尾和雉尾做的装饰物。④成皋：邑名，又名虎牢，在今河南省荥阳市汜水镇。

【原文】

汉王使御史大夫周苛、枞公[①]、魏豹守荥阳。周苛、枞公谋曰："反国之王[②]，难与守城。"乃共杀魏豹。楚下荥阳城，生得周苛。项王谓周苛曰："为我将，我以公为上将军，封三万户。"周苛骂曰："若不趣[③]降汉，汉今虏若，若非汉敌也。"项王怒，烹周苛，并杀枞公。

【注释】

①御史大夫：官名，负责监察，相当于副丞相。枞（cōng）公：姓枞，名不详。②反国之王：魏豹原被项羽封为西魏王。③趣（cù）：赶快。

【原文】

汉王之出荥阳，南走宛、叶[①]，得九江王布，行收兵。复入保成皋。汉之四年，项王进兵围成皋。汉王逃，独与滕公出成皋北门，渡河走脩武[②]，从张耳、韩信军。诸将稍稍得出成皋，从汉王。楚遂拔成皋，欲西。汉使兵距之巩[③]，令其不得西。

【注释】

①宛（yuān）：县名。即今河南省南阳市。叶（旧读shè）：邑名。在今河南省叶县南。②脩武：邑名。指今河南省

获嘉县的小修武。③巩：县名。治所在今河南省巩义市西南。

【原文】

是时，彭越渡河击楚东阿，杀楚将军薛公。项王乃自东击彭越[1]。汉王得淮阴侯兵[2]，欲渡河南。郑忠[3]说汉王，乃止壁河内。使刘贾[4]将兵佐彭越，烧楚积聚[5]。项王东击破之，走彭越。汉王则引兵渡河，复取成皋，军广武[6]，就敖仓食[7]。项王已定东海[8]来，西，与汉俱临广武而军，相守数月。

【注释】

①《史记志疑》据《高祖本纪》及《汉书·高帝纪》《汉书·项籍传》考证：项羽击彭越是汉三年五月，在楚拔成皋前，这里记为在拔成皋后，误。②汉王得淮阴侯兵：汉大将军韩信（淮阴侯是他最后的封号）原来率领一支部队在赵地作战，这时刘邦把他的军队夺了过来。③郑忠：汉郎中。④刘贾：刘邦的堂兄，后封为荆王。⑤积聚：指为军队储备的粮草。⑥广武：城名。旧址在今荥阳市东北广武山上。⑦《史记志疑》说："汉王则引兵渡河……就敖仓食"，是在败海春侯以后的事，当在下文"项王信任之"句下。⑧东海：泛指东方。

【原文】

当此时，彭越数反梁地，绝楚粮食，项王患之。为高俎[1]，置太公其上，告汉王曰："今不急下，吾烹太公。"汉王曰："吾与项羽俱北面[2]受命怀王，曰'约为兄弟'，吾翁即若翁，必欲烹而翁，则幸分我一杯羹。”项王怒，欲杀之。项伯曰：“天下事未可知，且为天下者不顾家，虽杀之无益，只益祸耳。”项王从之。

【注释】

①俎：古代祭祀用来盛放牲肉的高几。青铜制成，也有木制漆饰的。②北面：古代臣子朝见君王面向北。

【原文】

楚汉久相持未决，丁壮苦军旅，老弱罢转漕①。项王谓汉王曰：“天下匈匈②数岁者，徒以吾两人耳，愿与汉王挑战决雌雄，毋徒苦天下之民父子为也③。”汉王笑谢曰：“吾宁斗智，不能斗力。”项王令壮士出挑战。汉有善骑射者楼烦④，楚挑战三合，楼烦辄射杀之。项王大怒，乃自被甲持戟挑战。楼烦欲射之，项王瞋目叱之，楼烦目不敢视，手不敢发，遂走还入壁，不敢复出。汉王使人间问⑤之，乃项王也。汉王大惊。于是项王乃即汉王相与临广武间⑥而语。汉王数之⑦，项王怒，欲一战。汉王不听，项王伏弩射中汉王。汉王伤，走入成皋。

【注释】

①转：陆运。漕：水运。②匈匈：即汹汹，波涛汹涌，比喻动乱。③毋徒苦天下之民父子为也：“毋为徒苦……”的倒装句式。民父子：老少几代的百姓。④楼烦：西北边境的少数民族，擅长骑马射箭，因而称善射者为楼烦，不一定都是楼烦

人。⑤间问：暗中打听。⑥即：就近；凑近。广武间：间，当作“涧”。⑦汉王数（shǔ）之：汉王数落项羽十大罪状。详见《高祖本纪》。数，数落。

【原文】

项王闻淮阴侯已举河北，破齐、赵，且欲击楚，乃使龙且往击之[①]。淮阴侯与战，骑将灌婴击之，大破楚军，杀龙且。韩信因自立为齐王。项王闻龙且军破，则恐，使盱台人武涉往说淮阴侯[②]。淮阴侯弗听。是时，彭越复反，下梁地，绝楚粮。项王乃谓海春侯大司马曹咎等曰：“谨守成皋，则[③]汉欲挑战，慎勿与战，毋令得东而已。我十五日必诛彭越，定梁地，复从将军。”乃东，行击陈留、外黄。

【注释】

①楚将龙且击韩信事：详见《淮阴侯列传》。②武涉往说淮阴侯：指武涉劝韩信背汉结楚。详见《淮阴侯列传》。③则：即使。

【原文】

外黄不下。数日，已降，项王怒，悉令男子年十五已上诣城东，欲坑之。外黄令舍人[①]儿年十三，往说项王曰：“彭越强劫外黄，外黄恐，故且降，待大王。大王至，又皆坑之，百姓岂有归心？从此以东，梁地十余城皆恐，莫肯下矣。”项王然其言，乃赦外黄当坑者。东至睢阳[②]，闻之皆争下项王。

【注释】

①舍人：门客。②睢阳：县名。

【原文】

汉果数挑楚军战，楚军不出。使人辱之，五六日，大司马怒，渡兵汜水[①]。士卒半渡，汉击之，大破楚军，尽得楚国货赂[②]。大司马咎、长史翳、塞王欣皆自刭汜水上[③]。大司马咎者，故蕲狱掾，长史欣亦故栎阳狱吏，两人尝有德于项梁，是以项王信任之。当是时，项王在睢阳，闻海春侯军败，则引兵还。汉军方围钟离昧[④]于荥阳东，项王至，汉军畏楚，尽走险阻。

【注释】

①汜（sì）水：水名。②货赂：泛指珍宝财富。③翳、塞王：《史记志疑》认为这三字是衍文，《高祖本纪》《汉书·高帝纪》《汉书·陈胜项籍传》都没有这三个字。④钟离昧：姓钟离，名昧，项羽手下的猛将。

【原文】

是时，汉兵盛食多，项王兵罢食绝[①]。汉遣陆贾说项王[②]，请太公，项王弗听。汉王复使侯公[③]往说项王，项王乃与汉约，中分天下，割鸿沟以西者为汉[④]，鸿沟而东者为楚。项王许之，即归汉王父母妻子。军皆呼万岁。汉王乃封侯公为平国君。匿弗肯复见[⑤]。曰："此天下辩士，所居倾国[⑥]，故号为平国君。"项王已约，乃引兵解而东归。

【注释】

①从"汉之四年"起到这里止，《史记志疑》指出：所叙之事，前后倒置，不但与《汉书》有异，并与《高祖本纪》

不同，恐系错简。②陆贾：汉王的辩士，后官至太中大夫。事详《郦生陆贾列传》。③侯公：名成，字伯盛。山阳人。④鸿沟：古运河名，又名狼汤渠。自今河南省荥阳市北引黄河水，曲折东流，经中牟至开封南折流至周口市淮阳区南入颍水。⑤匿弗肯复见：一说刘邦避而不见侯公，一说侯公避而不见刘邦，表示不图赏赐。⑥所居倾国：形容辩士口舌厉害，可毁坏别人的国家。

【原文】

汉欲西归，张良、陈平说曰："汉有天下太半[①]，而诸侯皆附之。楚兵罢食尽，此天亡楚之时也，不如因其机而遂取之。今释弗击，此所谓'养虎自遗患'也。"汉王听之。汉五年，汉王乃追项王至阳夏[②]南，止军，与淮阴侯韩信、建成侯彭越期会[③]而击楚军。至固陵[④]，而信、越之兵不会。楚击汉军，大破之。汉王复入壁，深堑而自守。谓张子房曰："诸侯不从约，为之奈何?"对曰："楚兵且破，信、越未有分地，其不至固宜。君王能与共分天下，今可立致[⑤]也。即[⑥]不能，事未可知也。君王能自陈以东傅[⑦]海，尽与韩信；睢阳以北至穀城[⑧]，以与彭越：使各自为战[⑨]，则楚易败也。"汉王曰："善。"于是乃发使者告韩信、彭越曰："并力击楚。楚破，自陈以东傅海与齐王，睢阳以北至穀城与彭相国[⑩]。"使者至，韩信、彭越皆报曰："请今进兵。"韩信乃从齐往，刘贾军从寿春并行[⑪]，屠城父[⑫]，至垓下[⑬]。大司马周殷叛楚，以舒屠六[⑭]，举九江兵[⑮]，随刘贾、彭越皆会垓下，诣项王。

【注释】

①太半：大半。②阳夏（jiǎ）：县名。治所在今河南省太康县。③期（jī）会：约期会合。期，约定。④固陵：聚（村落）名。⑤致：招致。⑥即：如果。⑦陈：县名。治所在今河南省周口市淮阳区。傅：贴近。⑧穀城：城名。旧址在今山东省平阴县西南东阿镇。⑨各自为战：就是各为自战，为自己获取封地而战。⑩彭相国：彭越曾任魏豹相国。⑪寿春：县名。治所在今安徽省寿县。⑫城父（fǔ）：邑名。故址在今安徽省亳州市东南城父村。⑬垓（gāi）下：地名。在今安徽省灵璧县东南。⑭六：县名。治所在今安徽省六安市裕安区东北。⑮举：发动。九江兵：指黥布的军队。

【原文】

项王军壁垓下，兵少食尽，汉军及诸侯兵围之数重。夜闻汉军四面皆楚歌，项王乃大惊曰："汉皆已得楚乎？是何楚人之多也！"项王则夜起，饮帐中。有美人名虞，常幸从[①]；骏马名骓[②]，常骑之。于是项王乃悲歌忼慨[③]，自为诗曰："力拔山兮气盖世，时不利兮骓不逝[④]。骓不逝兮可奈何，虞兮虞兮奈若何！"歌数阕[⑤]，美人和[⑥]之。项王泣数行下，左右皆泣，莫能仰视。

【注释】

①幸从：因宠幸而侍从。②骓（zhuī）：毛色苍白相杂的马。③忼慨：通"慷慨"。④逝：行，这里指向前行进。⑤数

阕（què）：几遍。阕，乐终。⑥和（hè）：跟着唱。

【原文】

于是项王乃上马骑[①]，麾下[②]壮士骑从者八百余人，直夜[③]溃围南出，驰走。平明，汉军乃觉之，令骑将灌婴以五千骑追之。项王渡淮，骑[④]能属者百余人耳。项王至阴陵[⑤]，迷失道，问一田父，田父绐曰"左"[⑥]。左，乃陷大泽中[⑦]。以故汉追及之。项王乃复引兵而东，至东城[⑧]，乃[⑨]有二十八骑。汉骑追者数千人。项王自度不得脱。谓其骑曰："吾起兵至今八岁矣，身七十余战，所当者破，所击者服，未尝败北，遂霸有天下。然今卒困于此，此天之亡我，非战之罪也。今日固决死，愿为诸君快战[⑩]，必三胜之，为诸君溃围，斩将，刈旗，令诸君知天亡我，非战之罪也。"乃分其骑以为四队，四乡。汉军围之数重。项王谓其骑曰："吾为公取彼一将。"令四面骑驰下，期山东为三处[⑪]。于是项王大呼驰下，汉军皆披靡，遂斩汉一将。是时，赤泉侯[⑫]为骑将，追项王，项王瞋目而叱之，赤泉侯人马俱惊，辟易[⑬]数里。与其骑会为三处。汉军不知项王所在，乃分军为三，复围之。项王乃驰，复斩汉一都尉，杀数十百人，复聚其骑。亡其两骑耳。乃谓其骑曰："何如?"骑皆伏曰："如大王言。"

【注释】

①乃上马骑：《汉书·陈胜项籍传》作"遂上马"。②麾（huī）下：指挥属下，意为部下。③直夜：当夜。④骑：骑兵。⑤阴陵：县名。在今安徽省定远县西北。⑥绐（dài）：欺

骗。⑦大泽：低洼沼泽地。今安徽省定远县西南迷沟，相传为当年项羽所陷入的大泽。⑧东城：县名。治所在今安徽省定远县东南。⑨乃：仅；才。⑩快战：痛快地一战。⑪期山东为三处：约定在山的东面分三处集合。山，相传是在今安徽省和县北的四溃山。⑫赤泉侯：即杨喜。时为刘邦手下的郎中骑将。赤泉侯是他后来的封号。⑬辟易：惊退。辟，躲避。易，换地方。

【原文】

于是项王乃欲东渡乌江[1]。乌江亭长檥[2]舣船待，谓项王曰："江东虽小，地方千里，众数十万人，亦足王也。愿大王急渡。今独臣有船，汉军至，无以渡。"项王笑曰："天之亡我，我何渡为！且籍与江东子弟八千人渡江而西，今无一人还，纵江东父兄怜而王我，我何面目见之？纵彼不言，籍独不愧于心乎？"乃谓亭长曰："吾知公长者。吾骑此马五岁，所当无敌，尝一日行千里，不忍杀之，以赐公。"乃令骑皆下马步行，持短兵接战。独籍所杀汉军数百人。项王亦身被十余创。顾见汉骑司马[3]吕马童，曰："若非吾故人乎？"马童面之[4]，指王翳[5]曰："此项王也。"项王乃曰："吾闻汉购我头千金，邑万户，吾为若德。"乃自刎而死。王翳取其头，余骑相蹂践争项王，相杀者数十人。最其后[6]，郎中骑杨喜，骑司马吕马童，郎中吕胜、杨武各得其一体。五人共会其体，皆是。故分其地[7]为五：封吕马童为中水[8]侯，封王翳为杜衍[9]侯，封杨喜为赤泉[10]侯，封杨武为吴防[11]侯，封吕胜为涅阳[12]侯。

【注释】

①乌江：即今安徽省和县东北的一段长江，江西岸有个渡口名乌江浦。②亭长：亭是秦汉时乡以下的一种行政机构，十里设一亭，设亭长一人。舣（yǐ）：通“舣”，停船靠岸。③骑司马：官名，骑兵将领。一说骑兵中掌管法纪的官员。④面之：对面看。⑤指王翳：指给王翳看。⑥最其后：《汉书·陈胜项籍传》无“其”字，疑衍。⑦其地：指悬赏的万户。⑧中水：地名。在今河北省献县西北。⑨杜衍：地名。在今河南省南阳市西南。⑩赤泉：《索隐》称南阳有丹水县，疑赤泉后改。丹水故址在今河南省淅川县西南。⑪吴防：即吴房。地名。在今河南省遂平县。⑫涅（niè）阳：地名。在今河南省镇平县南。

【原文】

项王已死，楚地皆降汉，独鲁不下。汉乃引天下兵欲屠之，为其守礼义，为主死节，乃持项王头视[①]鲁，鲁父兄乃降。始，楚怀王初封项籍为鲁公，及其死，鲁最后下，故以鲁公礼葬项王穀城[②]。汉王为发哀[③]，泣之而去。

【注释】

①视：通“示”，给人看。②穀城：在今山东平阴县西南东阿镇。③发哀：发丧。

【原文】

诸项氏枝属[①]，汉王皆不诛。乃封项伯为射阳[②]侯。桃侯、平皋侯、玄武侯皆项氏[③]，赐姓刘。

【注释】

①枝属：宗族。②射阳：地名。在今江苏省淮安市淮安区东南。③桃侯：项襄。封地桃在今山东省汶上县东北。平皋侯：项佗。封地平皋在今河南省温县东。玄武侯：《高祖功臣侯者年表》中无此侯，不知指谁。

【原文】

太史公曰：吾闻之周生[①]曰，“舜目盖重瞳子[②]”，又闻项羽亦重瞳子。羽岂其苗裔邪？何兴之暴也！夫秦失其政，陈涉首难，豪杰蜂起，相与并争，不可胜数。然羽非有尺寸[③]，乘势起陇亩之中，三年，遂将五诸侯[④]灭秦，分裂天下，而封王侯，政由羽出，号为“霸王”，位虽不终，近古以来未尝有也。及羽背关怀楚[⑤]，放逐义帝而自立，怨王侯叛己，难矣。自矜功伐[⑥]，奋其私智而不师古，谓霸王之业，欲以力征[⑦]经营天下，五年卒亡其国，身死东城，尚不觉寤[⑧]而不自责，过矣。乃[⑨]引“天亡我，非用兵之罪也”，岂不谬哉！

【注释】

①周生：当时的儒生，姓周。②盖：传疑副词。重瞳子：眼睛里有两个瞳子。③尺寸：比喻少许、微薄。④五诸侯：指齐、赵、韩、魏、燕五国的诸侯军。⑤背关怀楚：背离关中，怀恋楚国。⑥自矜（jīn）：自我夸耀。功伐：功劳。伐，积功，与“功”基本同义。⑦力征：以武力征伐。⑧寤：通“悟”。⑨乃：竟然。

【译文】

项籍，是下相人，字羽。他开始创业的时候，年纪才二十四岁。他的叔父名叫项梁，项梁的父亲是楚国的将军项燕，就是为秦国将军王翦所杀的那位楚国将军。项氏世代任楚国的将军，所以被封在项城县，因此姓项。

项籍少年时代，学习认字写字没有什么成就，于是放弃了而去学习剑术，又没有学成。项梁对他发怒。项籍说："认字写字不过书写姓名罢了。学好剑术也只能抵抗得住一个人，所以不值得学，我要学能够打败万人的本领。"因此，项梁就教授项籍学习用兵打仗的策略。项籍非常喜欢，略懂得其中的大意后，又不肯认真彻底地学。项梁曾经因犯罪受牵连在栎阳被捕入狱，于是就请蕲县狱掾曹咎写一封讲情的信给栎阳狱掾司马欣，所以犯罪的事能得到解脱。项梁又杀了人，就和项籍逃到吴中地区躲避仇家的报复。吴中地区的贤士大夫都推崇他。吴中地区每遇有大的徭役和丧葬的事，项梁经常是做主办人。他暗中用兵法部署组织客人和子弟，借此来了解他们的能力。秦始皇帝到会稽去巡视，在他渡过浙江的时候，项梁和项籍一起去观看。项籍说："那个人我可以取而代之。"项梁掩住了他的嘴，说："不要胡说，会被灭族的！"项梁因此认为项籍是一个不凡的奇人。项籍身高八尺有余，他的力气能够举起大鼎，才气过人，尽管吴中青年刚烈好斗，但都很畏惧项籍。

秦二世元年（前209）七月，陈涉等在大泽乡起义。这年九月，会稽郡守殷通对项梁说：“长江以西全都造反了，这也是上天要灭亡秦朝的时候啊。我听说，做事情占先一步就能控制别人，落后一步就要被人控制。我打算起兵反秦，让您和桓楚统领军队。”当时，桓楚正逃亡在草泽之中。项梁说：“桓楚正在外逃亡，别人都不知道他的去处，只有项籍知道。”于是，项梁出去嘱咐项籍持剑在外面等候，然后又进来跟郡守殷通一起坐下，说：“请让我把项籍叫进来，让他奉命去召桓楚。”郡守说：“好吧！”项梁就把项籍叫进来了。待了不大一会儿，项梁给项籍使了个眼色，说：“可以行动了！”于是，项籍拔出剑来斩下了郡守的头。项梁手里提着郡守的头，身上挂了郡守的官印。郡守的部下大为惊慌，一片混乱，项籍一连杀了有一百来人。整个郡府上下都吓得趴倒在地，没有一个人敢起来。项梁召集原先所熟悉的豪强官吏，向他们说明起事反秦的道理，于是就发动吴中之兵起事了。项梁派人去接收吴中郡下属各县，共得精兵八千人。又部署郡中豪杰，派他们分别做校尉、候、司马。其中有一个人没有被任用，自己来找项梁诉说。项梁说：“前些日子某家办丧事，我让你去做一件事，你没有办成，所以不能任用你。”众人听了都很敬服。于是，项梁做了会稽郡守，项籍为副将，去巡行占领下属各县。

这时候，广陵人召平为陈王去巡行占领广陵，广陵没有归服。召平听说陈王兵败退走，秦兵又快要到了，就渡过长江假托陈王的命令，拜项梁为楚王的上柱国。召平说：“江东之地已经平定，赶快带兵西进攻秦。”项梁就带领八千人渡过长江向西进军。听说陈婴已经占据了东阳，项梁就派使者去东阳，想要同陈婴合兵西进。陈婴，原先是东阳县的令史，在县中一向诚实谨慎，人们称赞他是忠厚老实的人。东阳县的年轻人杀了县令，聚集起数千人，想推举一位首领，没有找到合适的人选，就来请陈婴。陈婴推辞说自己没有能力，他们就强行让陈婴当了首领，县中追随的人有两万。那帮年轻人想索性立陈婴为王，为与其他军队相区别，用青巾裹头，以表示是新突起的一支义军。陈婴的母亲对陈婴说："自从我做了你们陈家的媳妇，还从没听说你们陈家祖上有显贵之人。如今，你突然有了这么大的名声，恐怕不是吉祥的征兆。依我看，不如去归属谁，起事成功还可以封侯，起事失败也容易逃脱，因为那样你就不是为世所指名注目的人了。"陈婴听了母亲的话，没敢做王。他对军吏们说："项氏世世代代做大将，在楚国是名门。现在我们要起义成大事，那就非得项家的人不可。我们依靠了名门大族，灭亡秦朝就确定无疑了。"于是，军众听从了他的话，把军队归属于项梁。项梁渡过淮河向北进军，黥布、蒲将军也率部队归属于项梁。这样，项梁总共有了六七万人，驻扎下邳。

这时候，秦嘉已经立景驹做了楚王，驻扎彭城以东，想要阻挡项梁西进。项梁对将士们说："陈王最先起义，仗打得不顺利，不知道如今在什么地方。现在秦嘉背叛了陈王而立景驹为楚王，这是大逆不道。"于是，进军攻打秦嘉。秦嘉的军队战败而逃，项梁率兵追击，直追到胡陵。秦嘉又回过头来与项梁交战，打了一天，秦嘉战死，部队投降。景驹逃跑到梁地，死在那里。项梁接收了秦嘉的部队，驻扎胡陵，准备率军西进攻秦。秦将章邯率军到达栗县，项梁派别将朱鸡石、馀樊君去迎战章邯。结果，馀樊君战死，朱鸡石战败，逃回胡陵。项梁于是率领部队进入薛县，杀了朱鸡石。在此之前，项梁曾派项羽另外去攻打襄城，襄城坚守，不肯投降。项籍攻下襄城之后，把那里的军民全部活埋了，然后回来向项梁报告。项梁听说陈王确实已死，就召集各路别将来薛县聚会，共议大事。这时，沛公也在沛县起兵，应召前往薛县参加了聚会。

居鄛人范增，七十岁了，一向家居不仕，喜好琢磨奇计，他前来游说项梁说："陈胜失败，本来就应该。秦灭六国，楚国是最无罪的。自从楚怀王被骗入秦没有返回，楚国人至今还在同情他。所以，楚南公说：'楚国即使只剩下三户人家，灭亡秦国的也一定是楚国。'如今陈胜起义，不立楚国的后代却自立为王，势运一定不会长久。现在您在江东起事，楚国有那么多将士如众蜂飞起，争着归附您，就是因为项氏世世代代做楚国大将，一定能重新立楚国后代为王。"项梁认为范增的话有道理，就到民间寻找楚怀王的嫡孙熊心。这时，熊心正在给人家牧羊。项梁找到他以后，就袭用他祖父的谥号立他为楚怀王，这是为了顺应楚国民众的愿望。陈婴做楚国的上柱国，获封五个县，辅佐怀王建都盱台。项梁自己号称武信君。

过了几个月，项梁率兵去攻打亢父，又和齐将田荣、司马龙且的军队一起去援救东阿，在东阿大败秦军。田荣立即率兵返回齐国，赶走了齐王假。假逃亡到楚国。假的相田角逃亡到赵国。田角的弟弟田间本来是齐国大将，留住在赵国不敢回齐国来。田荣立田儋的儿子田市为齐王。项梁击破东阿附近的秦军以后，就去追击秦的败军。他多次派使者催促齐国发兵，想与齐军合兵西进。田荣说："楚国杀掉田假，赵国杀掉田角、田间，我才出兵。"项梁说："田假是我们盟国的王，走投无路来追随我，我不忍心杀他。"赵国也不肯杀田角、田间来跟齐国做交易。齐国始终不肯发兵帮助楚军。项梁派沛公和项羽另外去攻打城阳，屠戮了这个县。又向西进，在濮阳以东打败了秦军，秦收拾败兵退入濮阳城。沛公、项羽就去打定陶。定陶没有打下，又离开定陶西进，沿路攻取城邑，直到雍丘，打败秦军，杀了李由。然后回过头来攻打外黄，没有攻下。

项梁自东阿出发西进，等来到定陶时，已两次打败秦军，项羽等又杀了李由，因此更加轻视秦军，渐渐显露骄傲的神态。宋义于是规谏项梁说："打了胜仗，将领就骄傲，士卒就怠惰，这样的军队一定要吃败仗。如今士卒有点怠惰了，而秦兵在一天天地增加，我替您担心啊！"项梁不听，却派宋义出使齐国。宋义在路上遇见了齐国使者高陵君显，问道："你是要去见武信君吧？"回答说："是的。"宋义说："依我看，武信君的军队必定要失败。您要是慢点儿走就可以免于身死，如果走快了就会赶上灾难。"秦朝果然发动了全部兵力来增援章邯，攻击楚军，在定陶大败楚军，项梁战死。沛公、项羽离开外黄去攻打陈留，陈留坚守，攻不下来。沛公和项羽一块儿商量说：“现在项梁的军队被打败了，士卒都很恐惧。”就和吕臣的军队一起向东撤退。吕臣的军队驻扎彭城东边，项羽的军队驻扎彭城西边，沛公的军队驻扎砀县。

章邯打败项梁军队以后，认为楚地的军队不值得忧虑了，于是渡过黄河北进攻赵，大败赵军。这时候，赵歇为王，陈馀为大将。张耳为国相，都逃进了钜鹿城。章邯命令王离、涉间包围了钜鹿，自己的军队驻扎钜鹿南边，筑起两边有墙的甬道给他们输送粮草。陈馀作为赵国的大将，率领几万名士卒驻扎钜鹿北边，这就是所谓的河北军。

楚军在定陶战败以后，怀王心里害怕，从盱台前往彭城，合并项羽、吕臣的军队亲自统率。任命吕臣为司徒，吕臣的父亲吕青为令尹。任命沛公为砀郡长，封为武安侯，统率砀郡的军队。

先前，宋义在路上遇见的那位齐国使者高陵君显正在楚军中，他求见楚王说：“宋义曾猜定武信君的军队必定失败，没过几天，就果然战败了。在军队没有打仗的时候，就能事先看出失败的征兆，这可以称得上懂得用兵了。”楚怀王召见宋义，跟他商计军中大事，非常欣赏他，因而任命他为上将军；项羽为鲁公，任次将，范增任末将，去援救赵国，其他各路将领都隶属于宋义，号称卿子冠军。部队进发抵达安阳，停留四十六天不向前进。项羽说：“我听说秦军把赵王包围在钜鹿城内，我们应该赶快率兵渡过黄河，楚军从外面攻打，赵军在里面接应，打垮秦军是确定无疑的。”宋义说：“我认为并非如此。能叮咬大牛的牛虻却损伤不了小小的虮虱。如今秦国攻打赵国，打胜了，士卒也会疲惫；我们就可以利用他们的疲惫；打不胜，我们就率领部队擂鼓西进，一定能歼灭秦军。所以，现在不如先让秦、赵两方相斗。若论披坚甲执锐兵，勇战前线，我宋义比不上你；若论坐于军帐，运筹决策，您比不上我宋义。”于是通令全军：“凶猛如虎，执拗如羊，贪婪如狼，顽固不听指挥的，一律斩杀。”又派儿子宋襄去齐国为相，亲自送到无盐，置备酒筵，大会宾客。当时天气寒冷，下着大雨，士卒一个个又冷又饿。项羽对将士说：“我们大家是想齐心合力攻打秦军，他却久久停留不向前进。如今正赶上荒年，百姓贫困，将士们吃的是芋头掺豆子，军中没有存粮，他竟然置备酒筵，大会宾客，不率领部队渡河去从赵国取得粮食，跟赵合力攻秦，却说‘利用秦军的疲惫’。凭着秦国那样强大去攻打刚刚建起的赵国，那形势必定是秦国攻占赵国。赵国被攻占，秦国就更加强大，到那时，还谈得上什么利用秦国的疲惫？再说，我们的军队刚刚打了败仗，怀王坐不安席，集中了境内全部兵卒粮饷交给上将军一个人，国家的安危，就在此一举了。可是上将军不体恤士卒，却派自己的儿子去齐国为相，谋取私利，这不是国家真正的贤良之臣。”项羽早晨去参见上将军宋义，就在军帐中，斩下了他的头，出来向军中发令说：“宋义和齐国同谋反楚，楚王密令我处死他。”这时候，将领们都畏服项羽，没有谁敢抗拒，都说：“首先把楚国扶立起来的，是项将军家。如今又是将军诛灭了叛乱之臣。”于是，大家一起立项羽为代理上将军。项羽派人去追赶宋义的儿子，追到齐国境内，把他杀了。项羽又派桓楚去向怀王报告。楚怀王无奈，让项羽做了上将军，当阳君、蒲将军都归属项羽。

项羽诛杀了卿子冠军，威震楚国，名扬诸侯。他首先派遣当阳君、蒲将军率领二万人渡过漳河，援救钜鹿。战争只有一些小的胜利，陈馀又来请求增援。项羽就率领全部军队渡过漳河，把船只全部弄沉，把锅碗全部砸破，把军营全部烧毁，只带上三天的干粮，以此向士卒表示一定要决死战斗，毫无退还之心。部队抵达前线，就包围了王离，与秦军遭遇，交战多次，阻断了秦军所筑甬道，大败秦军，杀了苏角，俘虏了王离。涉间拒不降楚，自焚而死。这时，楚军强大居诸侯之首，前来援救钜鹿的诸侯各军筑有十几座营垒，没有一个敢发兵出战。到楚军攻击秦军时，他们都只在营垒中观望。楚军战士无不一以当十，士兵们杀声震天，诸侯军人人战栗胆寒。项羽在打败秦军以后，召见诸侯将领。当他们进入军门时，一个个都跪着用膝盖向前走，没有谁敢抬头仰视。自此，项羽真正成了诸侯的上将军，各路诸侯都隶属于他。

章邯的军队驻扎棘原，项羽的军队驻扎漳河南，两军对阵，相持未战。由于秦军屡屡退却，秦二世派人来责问章邯。章邯害怕了，派长史司马欣回朝廷去请示公事。司马欣到了咸阳，被滞留宫外的司马门待了三天，赵高竟不接见，心有不信任之意。长史司马欣非常害怕，赶快奔回棘原军中，都没敢顺原路走。赵高果然派人追赶，没有追上。司马欣回到军中，向章邯报告说："赵高在朝廷中独揽大权，下面的人不可能有什么作为。如今，仗能打胜，赵高必定嫉妒我们的战功；打不胜，我们更免不了一死。希望您认真考虑这情况！"这时，陈馀也给章邯写了封信，说："白起身为秦国大将，南征攻陷了楚都鄢郢，北征屠灭了马服君赵括的军队，打下的城池，夺取的土地，数也数不清，最后还是惨遭赐死。蒙恬也是秦国大将，北面赶跑了匈奴，在榆中开辟了几千里的土地，最终也被杀害于阳周。这为什么呢？就是因为他们战功太多，秦朝廷不可能每个人都予以封赏，所以就从法律上找借口杀了他们。如今将军您做秦将已三年了，士卒伤亡损失以十万计，而各地诸侯一时并起，越来越多。那赵高一向阿谀奉承，时日已久，如今形势危急，他也害怕秦二世杀他，所以想从法律上找借口，杀了将军来推卸罪责，让别人来代替将军以免去他自己的灾祸。将军您在外时间长久，朝廷里跟您有嫌隙的人就多，有功也是被杀，无功也是被杀。而且，上天要灭秦，不论是智者，还是愚者，谁都明了。现在将军您在内不能直言进谏，在外已成亡国之将，孤身一人支撑着却想维持长久，难道不可悲吗？将军您不如率兵掉转回头，与诸侯联合，订立和约一起攻秦，共分秦地，各自为王，南面称孤，这跟身受刑诛、妻儿被杀相比，哪个上算呢？"章邯犹疑不决，秘密派军候始成，到项羽那里去，想要订立和约。和约没有成功，项羽命令蒲将军日夜不停地率兵渡过三户津，在漳河之南驻扎下来，与秦军交战，再次击败秦军。项羽率领全部军兵在汙水攻击秦军，把秦军打得大败。

章邯又派人来求见项羽，想订和约。项羽召集军官们商议说："部队粮草不多，我想答应他们来订约。"军官们都说："好。"项羽就和章邯约好日期在洹水南岸的殷墟上会晤。订完了盟约，章邯见了项羽，禁不住流下眼泪，向项羽述说了赵高的种种劣行。项羽封章邯为雍王，安置在项羽的军中。任命司马欣为上将军，统率所降秦军担当先头部队。

部队到了新安。诸侯军的官兵以前曾经被征徭役，驻守边塞，路过秦中时，秦中官兵很多人对待他们不像样子，等到秦军投降之后，诸侯军的官兵很多人就借着胜利的威势，像对待奴隶一样地使唤他们，随意侮辱。秦军官兵很多人私下议论："章将军骗我们投降了诸侯军，如果能入关灭秦，倒是很好；如果不能，诸侯军俘虏我们退回关东，秦朝廷必定把我们父母妻儿全部杀掉。"诸侯军将领们暗地访知秦军官兵的这些议论，就报告了项羽。项羽召集黥布、蒲将军商议道："秦军官兵人数仍很多，他们内心里还不服，如果到了关中不听指挥，事情就危险了。不如把他们杀掉，只带章邯、长史司马欣、都尉董翳进入秦地。"于是，楚军趁夜把秦军二十余万人击杀坑埋在新安城南。

项羽带兵西行，要去夺取平定秦地。到了函谷关，关内有士兵把守，没能进去。又听说沛公已经攻下了咸阳，项羽非常生气，就派当阳君等攻打函谷关。这样项羽才进了关，一直到戏水之西。当时，沛公的军队驻扎霸上，没能跟项羽相见。沛公的左司马曹无伤派人告诉项羽说："沛公想在关中称王，让秦王子婴为相，珍奇宝物都占为己有了。"项羽大为愤怒，说："明天准备酒食，好好犒劳士卒，给我把沛公的部队打垮！"这时候，项羽有兵卒四十万，驻扎新丰鸿门；沛公有兵卒十万，驻扎霸上。范增劝项羽说："沛公住在山东的时候，贪图财货，宠爱美女。现在进了关，财物什么都不取，美女也没亲近一个。看这势头，他的志气可不小啊。我让人觇望他那边的云气，都呈现为龙虎之状，五色斑斓，这是天子的瑞气呀。希望您赶快进攻，不要错失良机！"

楚国的左尹项伯是项羽的叔父，一向跟留侯张良要好。张良这时正跟随沛公，项伯连夜驱马跑到沛公军中，私下会见了张良，把事情全都告诉了他，想叫张良跟他一起离开。项伯说："不要跟沛公一块儿送死啊。"张良说："我是为韩王来护送沛公的，沛公如今情况危急，我若逃走就太不仁不义了，不能不告诉他。"张良于是进入军帐，把项伯的话全部告诉了沛公。沛公大为吃惊，说："该怎么办呢？"张良说："是谁给您出的派兵守关这个主意？"沛公说："是一个浅陋小人劝我说：'守住函谷关，不要让诸侯军进来，您就可以占据整个秦地称王了。'所以，我听了他的话。"张良说："估计您的兵力敌得过项王吗？"沛公沉默不语，过了一会儿说："当然敌不过，那怎么办呢？"张良说："请让我前去告诉项伯，就说沛公是不敢背叛项王的。"沛公说："您怎么跟项伯有交情呢？"张良说："还是在秦朝的时候，我们就有交往。项伯杀了人，我使他免了死罪。如今情况危急，幸好他来告诉我。"沛公说："你们两人谁的年龄大？"张良说："他比我大。"沛公说："您替我请他进来，我要像对待兄长一样侍奉他。"张良出去请项伯。项伯进来与沛公相见。沛公捧着酒杯，向项伯献酒祝福，又定下了儿女婚姻。沛公说："我进驻函谷关以后，连秋毫那样细小的东西都没敢动，登记了官民的户口，查封了各类仓库，只等着项将军到来。我之所以派将守关，是防备其他盗贼窜入和意外的变故。我们日夜盼着项将军到来，哪里敢谋反啊！希望您详细转告项将军，我是绝不敢忘恩负义的。"项伯答应了，对沛公说："明天可千万要早点来向项王道歉。"沛公说："好吧。"于是，项伯又乘夜离开，回到军营中，把沛公的话一一报告了项王。接着又说："如果不是沛公先攻破关中，您怎么敢进关呢？如今，人家有大功反而要攻打人家，这是不符合道义的，不如就此好好对待他。"项王答应了。

第二天一清早，沛公带着一百多名侍从人马来见项王，到达鸿门，向项王赔罪说："我跟将军合力攻秦，将军在河北作战，我在河南作战。却没想到我能先入关攻破秦朝，能够在这里又见到您。现在是有小人说了什么坏话，才使得将军和我之间产生了嫌隙。"项王说："是您的左司马曹无伤说的，不然，我怎么会这样！"项王当日就让沛公留下一起喝酒。项王、项伯面朝东坐，亚父面朝南坐。亚父也就是范增。沛公面朝北坐，张良面朝西陪侍着。范增好几次给项王递眼色，又好几次举起身上佩戴的玉玦向他示意，项王只是沉默着，没有反应。范增起身出去，叫来项庄，对他说："君王为人心肠太软，你进去上前献酒祝福，然后请求舞剑，趁机刺击沛公，把他杀死在坐席上。不然的话，你们这班人都将成为人家的俘虏啦。"项庄进来，上前献酒祝福。祝酒完毕，对项王说："君王和沛公饮酒，军营中没有什么可以娱乐的，就让我来舞剑吧。"项王说："那好。"项庄就拔剑起舞，项伯也拔剑起舞，常常用身体掩护沛公，项庄没有办法刺击沛公。见此情景，张良走到军门，找来樊哙。樊哙问道："今天的事情怎么样？"张良说："很危急！现在项庄正在舞剑，他一直在打沛公的主意呀！"樊哙说："这么说，太危险啦！让我进去，我要跟沛公同生死！"樊哙带着宝剑拿着盾牌就往军门里闯。交叉持戟的卫士想挡住不让他进去，樊哙侧过盾牌往前一撞，卫士扑倒在地，樊哙于是闯进军门，挑开帷帐面朝西站定，睁圆眼睛怒视项王，头发根根竖起，两边眼角都要睁裂了。项王伸手握住宝剑，挺直身子，问："这位客人是干什么的？"张良说："是沛公的护卫樊哙。"项王说："真是位壮士！赐他一杯酒！"手下的人给他递上来一大杯酒。樊哙拜谢，起身站着喝了。项王说："赐他一只猪肘！"手下的人递过来一只整猪肘。樊哙把盾牌反扣在地上，把猪肘放在上面，拔出剑来边切边吃。项王说："好一位壮士！还能再喝吗？"樊哙说："我连死都不在乎，一杯酒又有什么可推辞的！那秦王有虎狼一样凶狠之心，杀人无数，唯恐杀不完；给人加刑，唯恐用不尽，天下人都叛离了他。怀王曾经和诸将约定说：‘先击败秦军进入咸阳，让他在关中为王。’如今，沛公先击败秦军进入咸阳，连毫毛那么细小的财物都没敢动，封闭秦王宫室，把军队撤回到霸上，等待大王您的到来。特地派遣将士把守函谷关，为的是防备其他盗贼窜入和意外的变故。沛公如此劳苦功高，没有得到封侯的赏赐，您反而听信小人的谗言，要杀害有功之人。这只能是走秦朝灭亡的老路，我私下认为大王您不会采取这种做法！”一番话说得项王无话回答，只是说：“坐！”樊哙挨着张良坐下来。坐了一会儿，沛公起身上厕所，顺便把樊哙叫了出来。

沛公出来后，项王派都尉陈平来叫沛公。沛公对樊哙说：“现在我出来，没有来得及告辞，怎么办?”樊哙说：“干大事不必顾及小的礼节，讲大节无须躲避小的责备。如今，人家好比是刀子砧板，而我们好比是鱼是肉，还告辞干什么！”于是一行人离开那里，让张良留下来向项王致歉。张良问：“大王来的时候带了什么礼物?”沛公说：“我拿来白璧一双，准备献给项王；玉斗一对，准备献给亚父。正赶上他们发怒，没敢献上。您替我献上吧。”张良说：“遵命。”这个时候，项王部队驻扎鸿门一带，沛公的部队驻扎霸上，相距四十里。沛公扔下车马、侍从，脱身而走，他独自一人骑马，樊哙、夏侯婴、靳强、纪信四人手持剑盾，跟在后面徒步奔跑，从骊山而下，顺着芷阳抄小路而行。沛公临行前对张良说：“从这条路到我们军营，超不过二十里。估计我们到了军营，您就进去。”沛公等一行离开鸿门，抄小路回到军营，张良进去致歉，说道：“沛公酒量不大，喝得多了点，不能跟大王告辞了。谨让臣下张良捧上白璧一双，恭敬地献给大王足下；玉斗一对，恭敬地献给大将军足下。”项王问道：“沛公在什么地方?”张良答道：“听说大王有意责怪他，他就脱身一个人走了，现在已经回到军营。”项王接过白璧，放在座位上。亚父接过玉斗，扔在地上，拔出剑来撞碎了，说：“唉！这小子不足以共谋大事，将来夺取项王天下的，一定是沛公了。我们这班人就要成为俘虏了！”沛公回到军中，立即杀了曹无伤。

过了几天，项羽率兵西进，屠戮咸阳城，杀了秦降王子婴，烧了秦朝的宫室，大火三个月都不熄灭；劫掠了秦朝的财宝、妇女，往东走了。有人劝项王说：“关中这块地方，有山河为屏障，四方都有要塞，土地肥沃，可以建都成就霸业。”但项王看到秦朝宫室都被火烧得残破不堪，又思念家乡想回去，就说：“富贵不回故乡，就像穿了锦绣衣裳而在黑夜中行走，别人谁知道呢?”那个劝项王的人说：“人说楚国人像是猕猴戴了人的帽子，果真是这样。”项王听见这话，把那个人扔进锅里煮死了。

项王派人向怀王禀报破关入秦的情况。怀王说：“就按以前约定的那样办。”于是，项王给怀王一个徒具虚名的尊贵称号叫义帝。项王打算自己称王，就先封手下诸将相为王，并对他们说：“天下发动起义之初，暂时立诸侯的后代为王，为的是讨伐秦朝。然而，身披坚甲，手持利兵，带头起事，暴露山野，三年在外，灭掉秦朝，平定天下，都是靠各位将相和我项籍的力量啊。义帝虽说没有什么战功，但分给他土地让他做王，本来也是应该的。”诸将都说：“好。”于是，就分封天下，立诸将为侯王。项王、范增担心沛公据有天下，然而鸿门之会已经和解了，又不乐意违背当初的约定，怕诸侯背叛，于是暗中谋划道：“巴、蜀两郡道路险阻，秦朝流放的人都居住在蜀地。”又说，“巴、蜀也算关中的地盘。”因此，就立沛公为汉王，统治巴、蜀、汉中之地，建都南郑。又把关中分为三块，封秦朝三名降将为王以阻断汉王的东出之路。项王立章邯为雍王，统治咸阳以西的地区，建都废丘。长史司马欣，以前是栎阳狱掾，曾经对项梁有恩；都尉董翳，当初曾劝章邯投降楚军。因此，立司马欣为塞王，统治咸阳以东到黄河的地区，建都栎阳；立董翳为翟王，统治上郡，建都高奴。改立魏王豹为西魏王，统治河东，建都平阳。瑕丘申阳，本是张耳的宠臣，首先攻下河南郡，在黄河岸边迎接楚军，所以立申阳为河南王，建都洛阳。韩王成仍居旧都，建都阳翟。赵将司马卬平定河内，屡有战功，因此立司马卬为殷王，统治河内，建都朝歌。改立赵王歇为代王。赵相张耳一向贤能，又跟随项羽入关，因此立张耳为常山王，统治赵地，建都襄国。当阳君黥布做楚将，战功在楚军中一直属第一，因此立黥布为九江王，建都六县。鄱君吴芮率领百越将士协助诸侯，又跟随项羽入关，因此立吴芮为衡山王，建都邾县。义帝的柱国共敖率兵攻打南郡，战功多，因此立共敖为临江王，建都江陵。改立燕王韩广为辽东王。燕将臧荼跟随楚军救赵，又随军入关，因此立臧荼为燕王，建都蓟县。改立齐王田市为胶东王，齐将田都随楚军一起救赵，接着又随军入关，因此立田都为齐王，建都临菑。当初被秦朝灭亡的齐王建之孙田安，在项羽渡河救赵的时候，曾攻下济水之北的几座城池，率领他的军队投降了项羽，因此立田安为济北王，建都博阳。田荣多次有背于项梁，又不肯率兵跟随楚军攻打秦军，因此不封。成安君陈馀因与张耳有矛盾，抛弃将印而离去，也不跟随楚军入关，但他一向以贤能闻名，又对赵国有功，知道他在南皮，因此把南皮周围的三个县封给他。番君吴芮的部将梅鋗战功多，因此封他为十万户侯。项王自立为西楚霸王，统治九个郡，建都彭城。

汉元年（前206）四月，诸侯受封已毕，在大将军的旗帜下罢兵，分别前往各自的封国。项王出了函谷关，来到自己的封国，派人去让义帝迁都，说："古时候帝王拥有的土地是纵横各千里，而且一定要居住在河流的上游。"让使者把义帝迁徙到长沙郴县去。使者催促义帝起程，左右群臣渐渐叛离了他。项王于是秘密派衡山王、临江王把义帝截杀于大江之中。韩王成没有军功，项王不让他到封国去，带他一起到了彭城，废为侯，不久又杀了他。臧荼到了封国，就驱逐韩广去辽东，韩广不听从，臧荼在无终杀了他，把他的土地并为己有。

田荣听说项羽改封齐王市到胶东，而立齐将田都为齐王，非常愤怒，不肯把齐王迁往胶东，就占据了齐地，起而反楚，迎头攻击田都。田都逃往楚国。齐王市害怕项王，偷偷向胶东逃去，奔赴封国。田荣发怒，就追赶他，把他杀死在即墨。田荣于是自立为齐王，又向西进攻并杀死济北王田安，全部统治了三齐之地。田荣把将军印授给彭越，让他在梁地反楚。陈馀私下派张同、夏说劝齐王田荣说："项羽主持天下事，不公道。现在把以前的诸侯王都封在坏地方，而把他自己的群臣诸将都封在好地方，驱逐了原来的君主赵王，让他往北徙居到代地，我认为这样是不合适的。听说大王您已起兵反楚，而且不听从项羽的不义之命，希望大王您接济我一部分兵力，让我去攻打常山，恢复赵王原有的地盘。我愿用我们的国土给你们齐国作屏障。"齐王答应了，就派兵赴赵。陈馀发动三县全部兵力，跟齐军合力攻打常山，把常山王打得大败。张耳逃走，去归附汉王。陈馀从代地把原赵王歇接回赵国。赵王因此立陈馀为代王。

这时，汉王回师，平定了三秦。项羽听说汉王已经兼并了关中，将要东进，齐国、赵国又都背叛了自己，非常生气。于是，用以前的吴县令郑昌为韩王，抵挡汉军。命令萧公角等攻打彭越，彭越打败了萧公角等。汉王派张良去夺取韩地，并送给项王一封信说："汉王失去了做关中王的封职，所以想要得到关中。若能遵循以前的约定，就立即停下来，不再向东进。"又把齐、梁二地的反叛书送给项王，说："齐国想要跟赵国一起灭掉楚国。"楚军因此就放弃了西进的打算，向北去攻打齐国了。项王向九江王黥布征调部队。黥布推托有病，不肯亲自去，只派部将率领几千人前往。项羽因此怨恨黥布。汉二年冬天，项羽向北到达城阳，田荣也带领部队来与项羽决战。田荣没有打胜，逃到平原，平原的百姓把他杀了。项羽于是北进，烧平了齐国的城市房屋，全部活埋了田荣手下投降的士兵，掳掠了齐国的老弱妇女。项羽夺取齐地直到北海，杀死了许多人，毁灭了许多地方。齐国人聚集起来，一起造项羽的反。这时候，田荣的弟弟田横收拢了齐军逃散的士卒共有几万人，在城阳反击楚军。项王因此而停下来，但一连打了几仗都没打下。

这一年春天，汉王率领五个诸侯国的兵马，共五十六万人，向东进兵讨伐楚国。项王听到这个消息，就命令诸将攻打齐国，他自己又率领精兵三万人向南从鲁县穿过胡陵。四月，汉军已全部进入彭城，掳掠那里的财宝、美人，每天摆酒席大会宾客。项王引兵西行奔向萧县，从早晨开始，一边攻打汉军，一边向东推进，打到彭城，已是中午时分，把汉军打得大败。汉军四处逃散，前后相随掉进穀水、泗水，楚军杀了汉兵卒十多万人。汉兵向南逃入山地，楚军又追击到灵壁东面的睢水边。汉军后退，由于楚军的逼挤，很多人被伤杀，汉军士卒十余万人都掉进睢水，睢水因被堵塞都不向前流动了。楚军把汉王里外围了三层。正在这个时候，狂风从西北方向刮起，摧折树木，掀毁房舍，飞沙走石，刮得天昏地暗，白天变成了黑夜，向着楚军迎面扑来。楚军大乱，队阵崩溃，这样，汉王才得以带领几十名骑兵慌忙逃离战场。汉王原打算从沛县经过，接取家眷向西逃，楚军也派人追到沛县，去抓汉王的家眷；但汉王家眷已经逃散，没有跟汉王见面。汉王在路上遇见了孝惠帝和鲁元公主，就把他们带上车，一块儿西逃。楚军骑兵追赶汉王，汉王感到情况危急，就把孝惠帝、鲁元公主推落车下，滕公夏侯婴每次都下车把他俩重新扶上车，这样推下扶上有好几次。滕公对汉王说："虽然情况危急，马也不能赶得再快，可是怎么能把他们扔掉呢?"就这样，姐弟俩才得以脱险。汉王等人到处寻找太公、吕后，没有找见。审食其跟随着太公、吕后抄小路走，也在寻找汉王，却偏偏碰上了楚军。楚军就带着他们回来，向项王报告。项王一直把他们留置军中当作人质。

这时候，吕后的哥哥周吕侯为汉王带兵驻守下邑，汉王顺小路去投奔他，渐渐地收集汉军士卒。到荥阳时，各路败军都已会集在这里，萧何也把关中没有载入兵役名册的老弱人丁全部带到荥阳，汉军重又大振。楚军从彭城出发，一路上经常借着胜利的威势追击败逃的汉兵。可是，在荥阳南面的京邑、索邑之间与汉军打了一仗，汉军打败了楚军，楚军因此不能越过荥阳向西推进。

项王去援救彭城，追赶汉王到荥阳。这时，田横也得以恢复了齐地，立田荣的儿子田广为齐王。汉王在彭城失败的时候，诸侯又都归附楚而背叛了汉。汉王驻扎荥阳，筑起两边有墙的甬道，和黄河南岸相连接，用以取得敖仓的粮食。汉三年（前204），项王多次侵夺汉王的甬道，汉王粮食匮乏，心里恐慌，请求讲和，条件是把荥阳以西的地盘划归汉王。

项王打算接受这个条件。历阳侯范增说："汉军容易对付，如果现在把它放走而不征服它，以后一定会后悔的！"项王和范增立即包围了荥阳。汉王很担心，就用陈平的计策离间项王。项王的使者来了，汉王让人准备了特别丰盛的酒筵，端过来刚要进献，一见使者又装作惊愕的样子说道："我们以为是亚父的使者，没想到却是项王的使者。"把酒筵重又撤回，拿来粗劣的饭食给项王使者吃。使者回去向项王报告，项王竟真的怀疑范增和汉王有私情，渐渐地把他的权力剥夺了。范增非常气愤，说："天下事大局已定，君王您自己看着办吧。希望您把这把老骨头赐还给我，让我回乡为民吧。"项王答应了他的请求。范增启程走了，还没走到彭城，由于背上毒疮发作而身亡。

汉将纪信给汉王出主意说："形势危急，请让我假扮成大王去替您诓骗楚兵，您可以趁机逃走。"于是汉王趁夜从荥阳东门放出二千名身披铠甲的女子，楚兵立即从四面围打上去。纪信乘坐着天子所乘的黄屋车，车辕横木左方插着有毛羽装饰的旗帜，说："城中粮食已经吃光了，汉王投降。"楚军一起欢呼万岁。汉王这时也带着几十名骑兵从城的西门逃出，逃到成皋。项王见到纪信，问道："汉王在哪儿？"纪信说："汉王已经出城。"项王把纪信烧死了。

汉王派御史大夫周苛、枞公、魏豹等把守荥阳。周苛、枞公商议道："魏豹是已经叛变过的国家的君王，难以和他一块儿守城。”就一起杀了魏豹。楚军攻下荥阳城，活捉了周苛。项王对周苛说：“给我做将军吧，我任命你为上将军，封你为三万户侯。”周苛骂道：“你若不快快投降汉王，汉王就要俘虏你了，你不是汉王的对手。”项王发怒，煮死周苛，把枞公也一块儿杀了。

汉王逃出荥阳后，向南跑到宛县、叶县，九江王黥布前来归附，一边行进，一边收拢士兵，重又进入成皋固守。汉四年（前203），项王进兵包围成皋。汉王逃走，一个人带着滕公出了成皋北门，渡过黄河，逃向修武，去投奔张耳、韩信的部队。诸将也陆续逃出成皋，追随汉王。楚军因此拿下成皋，想要西进。汉王派兵在巩县抵抗，阻断了楚军西进的去路。

这时候，彭越渡过黄河，在东阿攻打楚军，杀了楚国将军薛公。项王于是亲自率兵东进攻打彭越。汉王得到淮阴侯的部队，想要渡黄河南进。郑忠劝阻汉王，汉王才停止南进，在黄河北岸修筑营垒驻扎。汉王派刘贾率兵去增援彭越，烧毁了楚军的粮草辎重。项王继续东进，打败了刘贾，赶跑了彭越。汉王这时就率领部队渡过黄河，又拿下了成皋，在广武扎营，就近取食敖仓的粮食。项王平定东海郡后回军向西，与汉军都面对广武涧扎营，对峙了几个月。

就在这个时候，彭越几次往返梁地，断绝了楚军的粮食，项王为此深感忧虑。他做了一张高腿案板，把汉王父亲太公搁置上面，向汉王宣告说：“现在你如果不赶快投降，我就把太公煮死。”汉王说：“我和项羽作为臣子一块儿接受了怀王的命令，曾说‘相约结为兄弟’，这样说来，我的老子也就是你的老子，如果你一定要煮了你的老子，就希望你能分给我一杯肉汤。”项王大怒，要杀太公。项伯说：“天下事还不知道怎么样，再说要夺天下的人是不顾及家的，即使杀了他也不会有什么好处，只会增加祸患罢了。”项王听从了项伯的话。

楚、汉长久相持，胜负未决。年轻人厌倦了长期的军旅生活，老弱也因水陆运输而十分疲惫。项王对汉王说：“天下纷纷乱乱好几年，只是因为我们两人的缘故。我希望跟汉王挑战，决一雌雄。再不要让百姓老老小小白白地受苦啦。”汉王笑着回绝说：“我宁愿斗智，不能斗力。”项王让勇士出营挑战，汉军有善于骑射的楼烦，楚兵挑战好几次，楼烦每次都把他们射死。项王大怒，就亲自披甲持戟出营挑战。楼烦搭箭正要射，项王瞪大眼睛向他大吼一声，楼烦吓得眼睛不敢正视，两只手不敢放箭，转身逃回营垒，不敢再出来。汉王派人私下打听，才知道原来是项王。汉王大为吃惊。这时，项王就向汉王那边靠近，分别站在广武涧东西两边互相对话。汉王一桩一桩地列举了项王的罪状，项王很生气，要和汉王决一战。汉王不听，项王埋伏下的弓箭手射中了汉王。汉王受了伤，跑进成皋。

项王听说淮阴侯韩信已经攻克了河北，打败了齐、赵两国，而且正准备向楚军进攻，就派龙且前去迎击。淮阴侯与龙且交战，汉骑将灌婴也赶来了，把楚军打得大败，杀了龙且。

韩信趁此机会自立为王。项王听到龙且军败的消息，心里害怕了，派盱台人武涉前去游说淮阴侯，劝他联楚背汉，与楚汉三分天下。淮阴侯不听。这时候，彭越又返回梁地，断绝了楚军的粮食。项王对海春侯大司马曹咎等说："你们要谨慎地守住成皋，如果汉军挑战，千万不要和他们交战，只要别让他们东进就行。十五天之内，我一定杀死彭越，平定梁地，回来再跟将军们会合。"于是带兵向东进发，一路上攻打陈留、外黄。

外黄起先不归顺。过了几天终于投降了，项王很生气，命令男子十五岁以上的全部到城东去，要把他们活埋了。外黄县令门客的儿子十三岁，前去劝说项王，说道："彭越凭强力威胁外黄，外黄人害怕，所以才姑且投降，为的是等待大王。如今大王来了，又要全部活埋他们，百姓哪儿还会有归附之心呢？从这往东，梁地十几个城邑的百姓都会很害怕，就没有人肯归附您了。"项王认为他的话对，就赦免了准备活埋的那些人。项王东进睢阳县，睢阳人听到这情况都争着归附项王。

汉军果然多次向楚军挑战，楚军都没出来。汉军就派人去辱骂他们，一连五六天，大司马曹咎忍不住气愤，派兵渡汜水。士卒刚渡过一半，汉军出击，大败楚军，缴获楚军的全部物资。大司马曹咎、长史董翳、塞王司马欣等都在汜水边自刎了。大司马曹咎，就是原来的蕲县狱掾，长史司马欣就是以前的栎阳狱吏，两个人都曾经对项梁有恩德，所以项王信任他们。这时候，项王在睢阳，听说海春侯的军队被打败了，就带兵往回赶。汉军当时正把楚将钟离昧包围在荥阳东边，项王赶到，汉军害怕楚军，全部逃入附近的山地。

这时候，汉军士卒气盛，粮草充足，项王士卒疲惫，粮食告绝。汉王派陆贾去劝说项王，要求放回太公，项王不答应。汉王又派侯公去劝说项王，项王才跟汉王定约，平分天下，鸿沟以西的地方划归汉，鸿沟以东的地方划归楚。项王同意了这个条件之后，立即放回了汉王的家属。汉军官兵都呼喊万岁。汉王于是封侯公为平国君，让他隐匿起来，不肯再跟他见面。说："这个人是天下的善辩之士，他待在哪国，就会使哪国倾覆，所以给他个称号叫平国君。"项王订约后，就带上队伍罢兵东归了。

汉王也想撤兵西归，张良、陈平劝他说："汉已据天下的大半，诸侯又都归附于汉。而楚军已兵疲粮尽，这正是上天亡楚之时。不如索性趁此机会把它消灭。如果现在放走项羽而不打他，这就是所谓的'养虎给自己留下祸患'。"汉王听从了他们的建议。汉五年（前202），汉王追赶项王到阳夏南边，让部队驻扎，并和淮阴侯韩信、建成侯彭越约好日期会合，共同攻打楚军。汉军到达固陵，而韩信、彭越的部队没有来会合。楚军攻打汉军，把汉军打得大败。汉王又逃回营垒，掘深壕沟坚守。汉王问张良道："诸侯不遵守约定，怎么办？"张良回答说："楚军快被打垮了，韩信和彭越还没有得到分封的地盘，所以，他们不来是很自然的。君王如果能和他们共分天下，就可以让他们立刻前来。如果不能，形势就难以预料了。君王如果把从陈县以东到海滨一带地方都给韩信、把睢阳以北到穀城的地方给彭越，使他们各为自己而战，楚军就容易打败了。”汉王说：“好。”于是，派出使者告诉韩信、彭越说：“你们跟汉王合力击楚，打败楚军之后，从陈县往东至海滨一带地方给齐王，睢阳以北至穀城的地方给彭相国。”使者到达之后，韩信、彭越都说：“我们今天就带兵出发。”于是，韩信从齐国起行，刘贾的部队从寿春和他同时进发，屠戮了城父，到达垓下。大司马周殷叛离楚王，以舒县的兵力屠戮了六县，发动九江兵力，随同刘贾、彭越一起会师垓下，逼向项王。

项王的部队在垓下修筑了营垒，兵少粮尽，汉军及诸侯兵把他团团包围了好几层。深夜，听到汉军在四面唱着楚地的歌，项王大为吃惊，说：“难道汉已经完全取得了楚地？怎么楚国人这么多呢？”项王连夜起来，在帐中饮酒。有美人名虞，一直受宠跟在项王身边；有骏马名骓，项王一直骑着。这时候，项王不禁慷慨悲歌，自己作诗吟唱道：“力量能拔山啊，英雄气概举世无双，时运不济呀骓马不再往前闯！骓马不往前闯啊可怎么办？虞姬呀虞姬，怎么安排你呀才妥善？”项王唱了几遍，美人虞姬在一旁应和。项王眼泪一道道流下来，左右侍者也都跟着落泪，没有一个人能抬起头来看他。

于是项王骑上马，部下壮士八百多人骑马跟在后面，趁夜突破重围，向南冲出，飞驰而逃。天快亮的时候，汉军才发觉，命令骑将灌婴带领五千骑兵去追赶。项王渡过淮河，部下壮士能跟上的只剩下一百多人了。项王到达阴陵，迷了路，去问一个农夫，农夫骗他说：“向左边走。”项王带人向左，陷进了大沼泽地中。因此，汉兵追上了他们。项王又带着骑兵向东，到达东城，这时就只剩下二十八人。汉军骑兵追赶上来的有几千人。项王自己估计不能逃脱了，对他的骑兵说：“我带兵起义至今已经八年，亲自打了七十多仗，我所抵挡的敌人都被打垮，我所攻击的敌人无不降服，从来没有失败过，因而能够称霸，据有天下。可是，如今终于被困在这里，这是上天要灭亡我，决不是作战的过错。今天肯定得决心战死了，我愿意给诸位打个痛痛快快的仗，一定胜它三回，给诸位冲破重围，斩杀汉将，砍倒军旗，让诸位知道的确是上天要灭亡我，决不是作战的过错。”于是，把骑兵分成四队，面朝四个方向。汉军把他们包围起几层。项王对骑兵们说：“我来给你们拿下一员汉将！”命令四面骑士驱马飞奔而下，约定冲到山的东边，分作三处集合。于是项王高声呼喊着冲了下去，汉军像草木随风倒伏一样溃败了，项王杀掉了一名汉将。这时，赤泉侯杨喜为汉军骑将，在后面追赶项王，项王瞪大眼睛呵斥他，赤泉侯连人带马都吓坏了，倒退了好几里。项王与他的骑兵在三处会合了。汉军不知项王的去向，就把部队分为三路，再次包围上来。项王驱马冲了上去，又斩了一名汉军都尉，杀死有百八十人，聚拢骑兵，仅仅损失了两个人。项王问骑兵们道：“怎么样？”骑兵们都敬服地说：“正像大王说的那样。”

这时候，项王想要向东渡过乌江。乌江亭长正停船靠岸等在那里，对项王说：“江东虽然小，但土地纵横各有一千里，民众有几十万，也足够称王啦。希望大王快快渡江。现在只有我这儿有船，汉军到了，没法渡过去。”项王笑了笑说：“上天要灭亡我，我还渡乌江干什么？再说我和江东子弟八千人渡江西征，如今没有一个人回来，纵使江东父老兄弟怜爱我让我做王，我又有什么脸面去见他们？纵使他们不说什么，我项籍难道心中没有愧吗？”于是对亭长说：“我知道您是位忠厚长者，我骑着这匹马征战了五年，所向无敌，曾经日行千里，我不忍心杀掉它，把它送给您吧。”命令骑兵都下马步行，手持短兵器与追兵交战。光项籍一个人就杀掉汉军几百人。项王身上也有十几处负伤。项王回头看见汉军骑司马吕马童，说：“你不是我的老相识吗？”马童这时才跟项王打了个对脸儿，于是指给王翳说：“这就是项王。”项王说：“我听说汉王用黄金千斤，封邑万户悬赏征求我的脑袋，我就把这份好处送你吧！”说完，自刎而死。王翳拿下项王的头，其他骑兵互相践踏争抢项王的躯体，由于相争而被杀死的有几十人。最后，郎中骑将杨喜，骑司马吕马童，郎中吕胜、杨武各争得一个肢体。五人到一块儿把肢体拼合，正好都对。因此。把项羽的土地分成五块；封吕马童为中水侯，封王翳为杜衍侯，封杨喜为赤泉侯，封杨武为吴防侯，封吕胜为涅阳侯。

项王死后，楚地全部归降汉王，只有鲁地不降。汉王于是率领天下的军队准备平灭鲁地，因为这个地区的人恪守礼义，为君王誓死守节，于是就拿来项王的头让鲁地人观看，鲁地的百姓才投降汉王。最初，楚怀王初次封项籍为鲁公，等他死后，鲁地又是最后投降，所以用鲁公的名义和葬礼把项王埋葬在穀城。汉王为他发丧致哀，哭祭一番然后离去。

项氏宗族各支属的人，汉王都没有诛杀。于是，封项伯为射阳侯。桃侯、平皋侯、玄武侯都是项氏的族人，汉王赐他们姓刘。

太史公说："我从周生那里听说'舜的眼睛是重瞳子'，又听说项羽也是重瞳子。难道项羽是舜的后代吗？不然，为何发迹得这样突然呢！秦朝失却了能治国的政道，陈涉首先起义，豪杰们蜂拥而起，相互之间争夺天下，数也数不清。可是，项羽没有尺寸的封地，乘势兴起于田间陇亩，经过三年的时间，结果率领五路诸侯的军队灭亡了秦朝，分割天下，而封王封侯，一切大政由项羽制定，号称'霸王'，他的职位虽然没有好结果，但在近古以来也是未曾有过的。等到项羽离开关中而怀思楚地，放逐义帝而自立为王，又恨王侯们背叛自己，这样想成就大事就难了。他自己凭借着功劳而骄矜，按照他个人的想法办事而不效法古代，认为霸王的功业，要靠武力来治理天下。五年后终于使他的国家灭亡了，身死东城，仍然不能觉醒不能自责，这实在是极大的失误。他却用'天要灭亡我，不是我用兵的过失造成的'作为借口，难道这不是很荒谬吗！"

第八卷　高祖本纪第八

在《高祖本纪》中，司马迁侧重叙写的是刘邦如何战胜项羽，最后建立汉帝国的过程，同时充分肯定了这位开国之君在统一天下过程中的重要作用。

这种作用，是司马迁运用鲜明、强烈的对比手法展示给读者的。比如，记叙项羽、刘邦两支军队分兵入关中击秦时，对项羽军的行动是这样描述的："及项羽杀宋义，代为上将军，诸将黥布皆属，破秦将王离军，降章邯，诸将皆附。"读者看到的，只是单纯的军事方面的成功。而写刘邦军，除了写军事策略外，还写了刘邦的安民措施，"诸所过毋得掠卤"，于是"秦人憙，秦军解，因大破之"。这就一下子把"沛公遂先诸侯至霸上"的重要因由突出了。

这种对比又是从许多侧面展开的。例如，写刘邦、项羽对待各路诸侯的策略。项羽一听到有自立为王的消息，便"大怒"，便"发兵"；而当刘邦听到韩信自请立为"假王"时，开始头脑发热，打算攻打韩信，但一经张良提醒，立刻转变态度，"乃遣张良操印绶立韩信为齐王"。在天下大乱、群雄逐鹿的形势下，在争取同盟者方面，又是刘邦高出一筹。本篇还特别记下了刘邦在平定天下后所说的那段脍炙人口的话："夫运筹策帷帐之中，决胜于千里之外，吾不如子房；镇国家，抚百姓，给馈饷，不绝粮道，吾不如萧何；连百万之军，战必胜，攻必取，吾不如韩信。此三者，皆人杰也，吾能用之，此吾所以取天下也。项羽有一范增不能用，此其所以为我擒也。"这是用人方面的对比。项羽刚愎自专，而刘邦则虚怀若谷，知人善任。正是通过这样层层对比，逐层推进，从而揭示了楚汉之争的必然结局。

《高祖本纪》在谋篇布局上也有特色。李景星说："《项羽本纪》每事为一段，插入合来，犹好下手；《高纪》则将诸事纷纷抖碎，整中见乱，乱中见整，绝无痕迹。"（《史记评议》）这正是司马迁的高妙之处。

【原文】

高祖①，沛丰邑中阳里②人，姓刘氏，字季③。父曰太公④，母曰刘媪⑤。其先，刘媪⑥尝息大泽之陂，梦与神遇。是时雷电晦冥⑦，太公往视，则见蛟龙于其上。已而有身⑧，遂产高祖。

【注释】

①高祖：刘邦死后，庙号汉太祖。他的子孙和臣下因他功绩高，是汉的始祖，曾上尊号为高皇帝。习惯上称他为高祖。②沛：县名。治所在今江苏省沛县。丰邑中阳里：邑和里都是当时地方行政单位。③字季：汉高祖最初没有名字。做皇帝之后，才取名"邦"。这里的"季"不是他的字，而是他在兄弟

中的排行最末位次。兄弟的排行顺序为伯、仲、叔、季。④太公：对老年男子的尊称。⑤媪（ǎo）：对老年妇女的通称。⑥其先：原先；当初。⑦晦冥：天色昏暗。⑧有身：怀孕。身，通“娠”。古代帝王为了巩固自己的统治地位，常常编造某些迷信故事来神化自己，欺骗人民。

【原文】

高祖为人，隆准而龙颜[①]，美须髯[②]，左股有七十二黑子[③]。仁而爱人，喜施[④]，意豁如[⑤]也。常有大度，不事家人[⑥]生产作业。及壮，试为吏，为泗水亭[⑦]长，廷中吏无所不狎侮[⑧]。好酒及色。常从王媪、武负贳[⑨]酒，醉卧，武负、王媪见其上常有龙，怪之。高祖每酤留饮，酒雠数倍[⑩]。及见怪，岁竟，此两家常折券弃责[⑪]。

【注释】

①隆准：高鼻子。准，鼻梁。龙颜：上额凸起，像龙额。②须髯（rán）：胡须。生在嘴下的叫须，生在两颊的叫髯。③黑子：黑痣。④施：施舍。⑤意豁如：性情开朗。⑥家人：平民百姓。⑦泗水亭：在今江苏省沛县东。亭长：官名。秦时县下设乡，乡下每十里设亭。亭有亭长，掌管治安、诉讼等事。⑧廷中吏：指衙门里的吏役。狎（xiá）侮：戏弄耍笑。⑨武负：武大娘。负，通“妇”。贳（shì）：赊欠。⑩酤：买酒。雠：售，卖出。酒雠数倍，指酒的销售量比平日多几倍。⑪岁竟：年终。折券弃责：毁掉欠据，放弃债款。券，指赊欠的酒账。

【原文】

高祖常繇咸阳[①]，纵观[②]，观秦皇帝，喟然太息[③]曰："嗟乎，大丈夫当如此也!"

【注释】

①常：通"尝"，曾经。繇：通"徭"，服徭役。咸阳：秦的都城，在今陕西省咸阳市东。②纵观：任人观看。当时皇帝车驾出行，戒备森严，禁止老百姓观看。③喟（kuì）然：叹气的样子。太息：叹息。

【原文】

单父人吕公善沛令[①]，避仇从之客，因家沛焉。沛中豪桀吏闻令有重客[②]，皆往贺。萧何为主吏，主进[③]，令诸大夫曰："进不满千钱，坐之[④]堂下。"高祖为亭长，素易诸吏，乃绐为谒[⑤]曰"贺钱万"，实不持一钱。谒入，吕公大惊，起，迎之门。吕公者，好相人，见高祖状貌，因重敬之，引入坐。萧何曰："刘季固多大言，少成事。"高祖因狎侮诸客，遂坐上坐，无所诎[⑥]。酒阑，吕公因目[⑦]固留高祖。高祖竟酒，后[⑧]。吕公曰："臣少好相人，相人多矣，无如季相，愿季自爱[⑨]。臣有息女，愿为季箕帚妾[⑩]。"酒罢，吕媪怒吕公曰："公始常欲奇此女，与贵人，沛令善公，求之不与，何自[⑪]妄许与刘季?"吕公曰："此非儿女子[⑫]所知也。"卒与刘季。吕公女乃吕后也，生孝惠帝、鲁元公主[⑬]。

【注释】

①单父（shàn fǔ）：县名。治所在今山东省单县。善沛

令：与沛县县令要好。令，汉时县的行政长官大县称“令”，万户以下小县称“长”。②桀：通“杰”。重客：贵客。③萧何（前257—前193）：刘邦同乡。辅佐刘邦统一天下后，任丞相，封为酂侯。主吏：即主吏掾（yuàn）：也称功曹掾，是协助县令管理人事考核的官职。主进：主持收纳贺礼的事宜。进，通“赆”，赠送的钱物。④大夫：本爵位名。这里用作对贵客们的尊称，如同后来称“老爷”。坐之：使之坐。⑤易：轻视。绐（dài）：欺骗。谒（yè）：名帖之类的东西，上面还写着贺礼的价值。⑥诎（qū）：谦让。⑦酒阑：酒尽席残。目：使眼色。⑧竟酒：坚持到酒宴结束。后：走在最后。⑨臣：自谦之词。爱：爱惜，保重。⑩息女：亲生女儿。箕帚妾：打扫清洁的女仆。⑪与：嫁给。自：原因。⑫儿女子：相当于“妇孺之辈”，是蔑视人的话。⑬吕后：事详见《吕太后本纪》。孝惠帝：刘邦长子刘盈。前194年继位，在位七年。鲁元公主：刘邦之女，后嫁给鲁元王张敖，所以称“鲁元公主”。

【原文】

高祖为亭长时，常告归之田[①]。吕后与两子居田中耨[②]，有一老父过请饮[③]，吕后因餔[④]之。老父相吕氏曰：“夫人天下贵人。”令相两子，见孝惠，曰：“夫人所以贵者，乃此男也。”相鲁元，亦皆贵。老父已去，高祖适从旁舍来，吕后具言客有过[⑤]，相我子母皆大贵。高祖问，曰：“未远。”乃追及，问老父。老父曰：“乡者[⑥]夫人、婴儿皆似君，君相贵不可言。”高祖乃谢曰：“诚[7]如父言，不敢忘德。”及高祖贵，遂不知老父处。

【注释】

①告归：请假回家。之：往；到。田：田间；乡下。②耨（nòu）：除草。③老父：老大爷。请饮：讨水喝。④铺（bū）：拿饭食给人吃。⑤具：详细，一一。客有过：有客人路过。⑥乡者：刚才。乡，通“向”。⑦诚：果真，的确。

【原文】

高祖为亭长，乃以竹皮为冠，令求盗之薛治[1]之，时时冠之。及贵常冠，所谓“刘氏冠”乃是也。

【注释】

①求盗：亭长手下专管追捕盗贼的小卒。薛：县名。治所在今山东省滕州市南。治：办理。

【原文】

高祖以亭长为县送徒郦山[1]，徒多道亡[2]。自度[3]比至皆亡之。到丰西泽[4]中，止饮[5]，夜乃解纵所送徒。曰：“公等皆去，吾亦从此逝[6]矣！”徒中壮士愿从者十余人。高祖被酒[7]，夜径[8]泽中，令一人行前。行前者还报曰：“前有大蛇当径，愿还。”高祖醉，曰：“壮士行，何畏！”乃前，拔剑击斩蛇。蛇遂分为两，径开。行数里，醉，因卧。后人来至蛇所，有一老妪[9]夜哭。人问何哭，妪曰：“人杀吾子，故哭之。”人曰：“妪子何为[10]见杀？”妪曰：“吾子，白帝[11]子也，化为蛇，当道，今为赤帝[12]子斩之，故哭。”人乃以妪为不诚，欲告[13]之，妪因忽不见。后人至，高祖觉[14]。后人告高祖，高祖乃心独喜，自负[15]。诸从者日益畏之。

【注释】

①徒：民夫。多为服劳役的犯人。郦（lí）山：即骊山。在今陕西省西安市临潼区东南。②道亡：半路上逃跑。③度（duó）：推测；估计。④丰西：丰邑西面。泽：积水的洼地。⑤止饮：停下来饮酒休息。⑥逝：离去。指逃跑。⑦被酒：带着酒意。被，加。⑧径：小路。这里用如动词，抄小路走。⑨老妪（yù）：老妇人。⑩何为：为何，为什么。⑪白帝：古代传说中的五天帝之一。位于西方，代表五行中的金德。秦襄公供奉白帝，自称白帝的子孙。⑫赤帝：五天帝之一。位于南方，代表五行中的火德。汉朝人崇奉赤帝，自认是赤帝的子孙。⑬告：告官。向政府告发其妖言惑众。一本作“笞”，《汉书·高帝纪》作“苦”，亦通。⑭觉（jiào）：睡醒。⑮自负：自有所恃，即自命不凡的意思。

【原文】

秦始皇帝常曰，“东南有天子气”[1]，于是因东游以厌[2]之。高祖即自疑，亡匿，隐于芒、砀[3]山泽岩石之间。吕后与人俱求[4]，常得之。高祖怪问之。吕后曰：“季所居上常有云气，故从往，常得季。”高祖心喜。沛中子弟[5]或闻之，多欲附者矣。

【注释】

①常：通“尝”。天子气：方士们认为皇帝所在的地方，天空有一种特殊的云气。②东游：秦始皇称帝后，为了显示帝制的绝对权威，曾多次东巡，最后一次沿长江而下，一直到了会稽。厌：压制；镇压；制伏。③芒、砀（dàng）：均为山名。在今安徽省砀山县东南。④俱求：一同去寻找。⑤子弟：这里指一班年轻人。

【原文】

秦二世元年[①]秋，陈胜等起蕲[②]，至陈[③]而王，号为“张楚”[④]。诸郡县皆多杀其长吏以应陈涉。沛令恐，欲以沛应涉。掾[⑤]、主吏萧何、曹参乃曰：“君为秦吏，今欲背之，率沛子弟，恐不听。愿君召诸亡在外者，可得数百人，因劫[⑥]众，众不敢不听。”乃令樊哙[⑦]召刘季。刘季之众已数十百人矣。

【注释】

①秦二世元年：即前209年。二世：嬴胡亥。前209至前207年在位。②陈胜（？—前208）：秦末农民起义领袖。字涉，阳城（今河南省登封市东南）人。蕲（qí）：县名。治所在今安徽省宿州市埇桥区东南。③陈：县名。治所在今河南省周口市淮阳区。④张楚：张大楚国的意思。张是动词。陈胜自称楚王，而非张楚王。⑤掾：县令属吏。曹参曾做过掌管刑狱的狱掾。⑥因：依靠；凭借。劫：威胁，挟持。⑦樊哙（kuài，前242—前189）：刘邦同乡。原以屠狗为业，后来成

为刘邦的得力将领。曾任左丞相，封舞阳侯。

【原文】

于是樊哙从刘季来。沛令后悔，恐其有变，乃闭城城守[1]，欲诛萧、曹。萧、曹恐，逾城保刘季[2]。刘季乃书帛射城上，谓沛父老曰："天下苦秦[3]久矣。今父老虽为沛令守，诸侯并起，今[4]屠沛。沛今共诛令，择子弟可立者立之，以应诸侯，则家室完[5]。不然，父子俱屠，无为也[6]。"父老乃率子弟共杀沛令，开城门迎刘季，欲以为沛令。刘季曰："天下方扰，诸侯并起，今[7]置将不善，壹败涂地[8]。吾非敢自爱，恐能薄，不能完父兄子弟。此大事，愿更相推择可者[9]。"萧、曹等皆文吏，自爱，恐事不就，后秦种族[10]其家，尽让刘季。诸父老皆曰："平生所闻刘季诸珍怪，当贵；且卜筮[11]之，莫如刘季最吉。"于是刘季数[12]让。众莫敢为，乃立季为沛公[13]。祠黄帝，祭蚩尤[14]于沛庭，而衅鼓旗[15]。帜，皆赤，由所杀蛇白帝子，杀者赤帝子，故上[16]赤。于是少年豪吏如萧、曹、樊哙等皆为收沛子弟二三千人，攻胡陵、方与[17]，还守丰。

【注释】

①城守：据城防守。②保刘季：得到刘季的保护，指投靠刘季。③苦秦：为秦所苦害。④今：即将，马上就会。⑤完：完全。指得以保全。⑥无为：无意义；不值得。⑦今：这里相当于"若""如果"。⑧壹败涂地：一旦战败就肝脑涂地。⑨可者：能够胜任的人。⑩种族：绝种灭族。"种"和"族"均用作动词。⑪卜筮（shì）：占卜吉凶。⑫数（shuò）：多次。

⑬沛公：楚人称县令为公，故名。⑭蚩尤：传说中的部落首领，兵器的发明者。当时人认为，黄帝最善战略战术，蚩尤则首创各种兵器，所以作战前祭祀他们，以求取保佑。⑮衅（xìn）鼓旗：用牲畜的血涂在战鼓战旗上。这是古代的一种祭礼。⑯上：通“尚”，崇尚。⑰胡陵：县名。治所在今山东省鱼台县东南。方与（fáng yù）：县名。治所在今山东省鱼台县西北。

【原文】

秦二世二年，陈涉之将周章军西至戏[①]而还。燕、赵、齐、魏[②]皆自立为王。项氏[③]起吴。秦泗川监平[④]将兵围丰，二日，出与战，破之。命雍齿[⑤]守丰，引兵之薛。泗川守壮败于薛，走至戚[⑥]，沛公左司马得[⑦]泗川守壮，杀之。沛公还军亢父[⑧]，至方与，未战。陈王使魏人周市略地[⑨]。周市使人谓雍齿曰：“丰，故梁徙[⑩]也。今魏地已定者数十城。齿今下[⑪]魏，魏以齿为侯守丰。不下，且屠丰。”雍齿雅[⑫]不欲属沛公，及魏招之，即反为魏守丰。沛公引兵攻丰，不能取。沛公病，还之沛。沛公怨雍齿与丰子弟叛之，闻东阳宁君、秦嘉立景驹为假[⑬]王，在留[⑭]，乃往从之，欲请兵以攻丰。是时秦将章邯从陈[⑮]，别将司马尼[⑯]将兵北定楚地，屠相[⑰]，至砀[⑱]。东阳宁君、沛公引兵西，与战萧[⑲]西，不利。还收兵聚留，引兵攻砀，三日乃取砀。因收砀兵，得五六千人。攻下邑[⑳]，拔之。还军丰。闻项梁在薛，从骑[㉑]百余往见之。项梁益沛公卒五千人、五大夫将[㉒]十人。沛公还，引兵攻丰。

【注释】

①周章（？—前209）：也叫周文。陈县（今河南省周口市淮阳区）人。陈胜起义军将领。率兵攻入关中，后被秦将章邯战败自杀。戏（xì）：水名。在今陕西省西安市临潼区东。②燕（yān）：国名。辖今河北省北部和辽宁省西部地区，都城在蓟（今北京市西南隅）。赵：国名。在今山西省中部和河北省西南部地区，都城在邯郸（今河北省邯郸市）。齐：国名。辖今山东省泰山以北黄河流域和胶东半岛地区，都城在临淄（今山东省淄博市东北）。魏：国名。辖今河南省北部和山西省西南部，都城在大梁（今河南省开封市）。燕、赵、齐、魏都是战国时的诸侯强国，后为秦所灭。陈胜起义后，它们的后裔也纷纷起兵反秦。③项氏：指项梁、项羽叔侄。项氏为战国末年楚将之后，流亡在吴（今江苏省苏州市）。陈胜起义后，他们起兵响应，于前208年渡江西进。④泗川：即泗水，郡名。辖今安徽省北部和江苏省西北部地区，郡治在相县（今安徽省淮北市西北）。监：郡的监察官。秦时每郡设守、尉、监三官。守为行政首长，尉管军事，监管督察官吏，由中央所派的御史充任。平：和下文的“壮”都是人名。⑤雍齿：刘邦同乡。随刘邦起兵后，一度背叛。汉初被封为什方侯。⑥戚：县名。治所在今山东省滕州市南。⑦左司马：官名。掌管军政。这里指曹无伤。得：这里是“俘获”的意思。⑧亢父（fǔ）：县名。治所在今山东省济宁市南。⑨陈王：指陈胜。他率领起义军攻下陈县之后，被推为王，所以称“陈王”。周市

(fú)：陈胜手下的将领。后降魏，迎魏咎为王，自任魏相。最后为秦将章邯所杀。略地：用武力扩充地盘。⑩故梁徙：曾是梁的迁都之地。⑪下：投降。⑫雅：素来；向来。⑬东阳宁君：东阳君（今江苏省金湖县西南、安徽省天长市西北）姓宁的某人。秦嘉：凌县（今江苏省泗阳县西北）人。响应陈胜，在郯（tán）县（今山东省郯城县北）起兵，自称大司马。景驹：战国时楚国王族的后裔，姓景名驹。假：暂时代理。⑭留：县名。治所在今江苏省沛县东南。⑮章邯（？—前205）：秦末大将。率军镇压以陈胜为首的农民起义军，后投降项羽。楚汉战争中被刘邦击败自杀。⑯别将：配合主将在别处率军作战的将领。⑰相：县名。当时是泗水郡的郡治。⑱砀：县名。治所在今河南省夏邑县东南。⑲萧：县名。治所在今安徽省萧县西北。⑳下邑：县名。治所在今安徽省砀山县。㉑从骑：随从的骑兵。㉒益：增拨。五大夫将：五大夫级的将领。五大夫是秦朝爵位的第九级。

【原文】

从项梁月余，项羽已拔襄城[①]还。项梁尽召别将居薛。闻陈王定死[②]，因立楚后怀王孙心[③]为楚王，治盱台[④]。项梁号武信君。居数月[⑤]，北攻亢父，救东阿[⑥]，破秦军。齐军归[⑦]，楚独追北[⑧]，使沛公、项羽别攻城阳[⑨]，屠之。军濮阳[⑩]之东，与秦军战，破之。

【注释】

①襄城：县名。治所在今河南省襄城县西。②定死：确实已死。③怀王孙心（？—前206）：楚怀王熊槐的孙子熊心。④盱台（xūyí）：即盱眙。县名。治所在今江苏省盱眙县东北。“治盱台”即定都盱台。⑤居数月：“月”字或为“日”字之误。⑥东阿（ē）：县名。治所在今山东省阳谷县西南之阿城镇。⑦齐军归：东阿之围解除后，田荣引兵东归，驱逐了齐人所立的田假，另立田儋之子田市为王。田假逃到楚地，受到保护，田荣从此与项梁、项羽生怨。⑧追北：追击败退的敌军。⑨城阳：县名。治所在今山东省鄄（juàn）城县东南。⑩军：驻扎。濮阳：县名。治所在今河南省濮阳县西南。

【原文】

秦军复振，守濮阳，环水[①]。楚军去而攻定陶[②]，定陶未下。沛公与项羽西略地至雍丘[③]之下，与秦军战，大破之，斩李由[④]。还攻外黄[⑤]，外黄未下。

【注释】

①环水：环城挖沟引水，以防御敌军。②定陶：县名。治所在今山东省菏泽市定陶区西北。③雍丘：县名。治所在今河南省杞（qǐ）县。④李由：秦丞相李斯之子。当时任三川郡守。⑤外黄：县名。治所在今河南省民权县西北。

【原文】

项梁再破秦军，有骄色。宋义谏[①]，不听。秦益章邯兵，夜衔枚[②]击项梁，大破之[③]定陶，项梁死。沛公与项羽方攻陈留[④]，闻项梁死，引兵与吕将军[⑤]俱东。吕臣军彭城[⑥]东，项羽军彭城西，沛公军砀。

【注释】

①宋义：战国末年楚国的令尹。随项羽起兵伐秦，曾任上将军，号称“卿子冠军”。②枚：形状像筷子之类的东西。古代军队秘密行动时，为了防止喧哗，命令士兵将枚横衔在嘴里，两头用绳子系在颈上，叫作“衔枚”。③大破之：下面省略了介词“于”。④陈留：县名。治所在今河南省开封市祥符区东南陈留镇。⑤吕将军：即吕臣。⑥彭城：县名。治所在今江苏省徐州市。

【原文】

章邯已破项梁军，则以为楚地兵不足忧，乃渡河[①]，北击赵，大破之。当是之时，赵歇[②]为王，秦将王离围之钜鹿[③]城，此所谓“河北之军”也。

【注释】

①河：古代黄河的专名。②赵歇：战国时赵国的后裔。陈胜起义后，派部将武臣到赵地招抚。③王离：秦朝名将王翦的孙子。钜鹿：县名。治所在今河北省平乡县西南。

【原文】

秦二世三年，楚怀王见项梁军破，恐，徙盱台，都彭城，并吕臣、项羽军自将之。以沛公为砀郡长，封为武安侯，将砀郡兵。封项羽为长安侯，号为鲁[1]公。吕臣为司徒[2]，其父吕青为令尹[3]。

【注释】

①鲁：县名。在今山东省曲阜市。②司徒：楚官名。楚国的司徒职掌后勤事务，与一般所说的六卿之一的司徒（主管教化）不同。③令尹：楚官名，相当于丞相。

【原文】

赵数请救，怀王乃以宋义为上将军，项羽为次将，范增[1]为末将，北救赵。令沛公西略地入关。与诸将约，先入定关中者王[2]之。

【注释】

①范增（前277—前204）：项氏叔侄的重要谋臣。居鄛（cháo，今安徽省安庆市北）人。曾劝项梁立楚怀王。项羽尊称他为“亚父”。②关中：地区名。一般指函谷关以西、散关以东、萧关以南、武关以北为关中。周平王东迁后，秦国一直占据着这一地区，因此通常称秦地为关中。王：封为王。用作动词。

【原文】

当是时，秦兵强，常乘胜逐北，诸将莫利先入关[1]。独项羽怨秦破项梁军，奋[2]，愿与沛公西入关。怀王诸老将皆曰：“项羽为人僄悍猾贼[3]。项羽尝攻襄城，襄城无遗类[4]，皆坑之，诸所过无不残灭。且楚数进取，前陈王、项梁皆败。不如更遣长者扶义⑤而西，告谕秦父兄。秦父兄苦其主久矣，今诚得长者往，毋侵暴，宜可下。今项羽僄悍，今不可遣；独沛公素宽大长者，可遣。”卒不许项羽，而遣沛公西略地，收陈王、项梁散卒。乃道砀至成阳，与杠里秦军夹壁⑥，破秦二军。楚军出兵击王离，大破之。

【注释】

①莫利先入关：没有人认为先入关是有利的。②奋：愤激。③僄（piào）悍猾贼：勇猛凶残。④无遗类：一个不留。⑤更：改。长（zhǎng）者：宽厚而老成的人。扶义：仗义；按照仁义行事。⑥道：取道；经过。成阳：即城阳。在今山东省鄄城县东南。杠里：地名。在城阳西面。夹壁：对垒而阵。壁：营垒。

【原文】

沛公引兵西，遇彭越①昌邑，因与俱攻秦军，战不利。还至栗②，遇刚武侯③，夺其军，可④四千余人，并之。与魏将皇欣、魏申徒⑤武蒲之军并攻昌邑，昌邑未拔。西过高阳⑥。郦食其为监门⑦，曰：“诸将过此者多，吾视沛公大人长者。”乃求见说沛公。沛公方踞床⑧，使两女子洗足。郦生不拜，长揖，曰：“足下必欲诛无道秦⑨，不宜踞见长者。”于是沛公起，摄衣谢之，延⑩上坐。食其说沛公袭陈留，得秦积粟。乃以郦食其为广野君，郦商⑪为将，将陈留兵，与偕攻开封，开封未拔。西与秦将杨熊战白马，又战曲遇⑫东，大破之。杨熊走之荥阳[13]，二世使使者斩以徇。南攻颍阳[14]，屠之。因张良遂略韩地轘辕[15]。

【注释】

①彭越：陈胜起义后，起兵响应，依附刘邦。汉初被封为梁王，后为刘邦所杀。②栗：县名。治所在今河南省夏邑县。③刚武侯：姓名失传。④可：大约。⑤申徒：官名。即司徒。⑥高阳：聚邑名。在今河南省杞县西南。⑦郦食其（yì jī）：说客。监门：看守城门的吏卒。⑧踞（jù）床：两脚岔开，坐在床上。这是一种极不礼貌的见客姿态。床，坐具。⑨足下：敬称。⑩摄：整理；提起。谢：道歉。延：引进。⑪郦商：郦食其之弟。汉初封曲周侯。⑫白马：县名。治所在今河南省滑县东。曲遇：聚邑名。在今河南省中牟县东。⑬荥阳：县名。治所在河南省荥阳市东北。⑭颍阳：县名。治所在今河南省许昌市西南。⑮轘辕：山名。在今河南省偃师市东南。山路盘旋，形势险峻，是有名的要隘。

【原文】

当是时，赵别将司马卬[1]方欲渡河入关，沛公乃北攻平阴[2]，绝河津[3]。南，战雒阳东[4]，军不利，还至阳城[5]，收军中马骑，与南阳守齮[6]战犨东，破之。略南阳郡，南阳守齮走，保城守宛。沛公引兵过而西。张良谏曰：“沛公虽欲急入关，秦兵尚众，距险[7]。今不下宛，宛从后击，强秦在前，此危道也。”于是沛公乃夜引兵从他道还，更旗帜，黎明，围宛城三匝[8]。南阳守欲自刭[9]。其舍人[10]陈恢曰：“死未晚也。”乃逾城见沛公，曰："臣闻足下约，先入咸阳者王之。今足下留守宛。宛，大郡之都也，连城数十，人民众，积蓄多，吏人自以为降必死，故皆坚守乘城⑪。今足下尽日止攻⑫，士死伤者必多；引兵去宛，宛必随足下后：足下前则失咸阳之约，后又有强宛之患。为足下计，莫若约降，封其守，因使止守⑬，引其甲卒与之西。诸城未下者，闻声争开门而待，足下通行无所累。"沛公曰："善。"乃以宛守为殷侯，封陈恢千户。引兵西，无不下者。至丹水⑭，高武侯鳃、襄侯王陵降西陵⑮。还攻胡阳，遇番君别将梅鋗，与皆，降析、郦⑯。遣魏人甯昌使秦⑰，使者未来。是时章邯已以军降项羽于赵矣。

【注释】

①司马卬（áng）：原为赵将，后归项羽，被封为殷王。②平阴：县名。治所在今河南省孟津县东北。③绝：切断。河津：指黄河渡口。④雒阳：雒，三国魏改作"洛"。县名。治所在今河南省洛阳市东北。⑤阳城：县名。治所在今河南省登封市东南。⑥南阳：郡名。辖今河南省西南部及湖北省北部地区。郡治在宛（今河南省南阳市）。齮（yǐ）：吕齮。犨（chōu）：县名。治所在今河南省鲁山县东南，属南阳郡。⑦距险：依险固守，以拒敌人。⑧匝：环绕一周。三匝：指重重包围。⑨自刭：用刀割颈自杀。⑩舍人：侍从于左右的亲信或门客。⑪坚守乘城：即乘城坚守。乘，登。⑫止攻：指停止前进，攻击宛城。⑬止守：留守。⑭丹水：县名。在今河南省淅川县西南、丹水北岸。⑮西陵：地名，在今湖北省宜昌市

西。但此地方位与史文不符，疑为衍文。⑯胡阳：一作“湖阳”。县名。治所在今河南省唐河县西南。番（pó）君：即吴芮（ruì，？—前202）。秦时曾任番县令。皆：通“偕”。析：邑名。在今河南省西峡县。郦：县名。治所在今河南省南阳市西北。⑰使秦：指入秦与赵高通谋。

【原文】

初，项羽与宋义北救赵，及项羽杀宋义，代为上将军，诸将黥布皆属[①]；破秦将王离军，降章邯，诸侯皆附。及赵高[②]已杀二世，使人来，欲约分王关中。沛公以为诈，乃用张良计，使郦生、陆贾[③]往说秦将，啖以利，因袭攻武关[④]，破之。又与秦军战于蓝田[⑤]南，益张疑兵旗帜，诸所过毋得掠卤，秦人憙，秦军解[⑥]，因大破之。又战其北，大破之。乘胜，遂破之。

【注释】

①黥布：原名英布。因受过黥刑，人称黥布。②赵高（？—前207）：以宦官任中车府令。③郦生：即郦食其。陆贾：刘邦的谋士。汉初拜太中大夫。④啖：以食予人。引申为以利诱人。武关：在今陕西省丹凤县东南丹江上。⑤蓝田：县名。治所在今陕西省蓝田县西。⑥卤：通“虏”。憙：通“喜”。解：通“懈”。

【原文】

汉元年十月[①]，沛公兵遂先诸侯至霸上[②]。秦王子婴[③]素车白马，系颈以组[④]，封皇帝玺符节[⑤]，降轵道[⑥]旁。诸将或言诛秦王。沛公曰："始怀王遣我，固以[⑦]能宽容；且人已服降，又杀之，不祥。"乃以秦王属吏[⑧]，遂西入咸阳。欲止宫休舍[⑨]，樊哙、张良谏，乃封秦重宝财物府库，还军霸上。召诸县父老豪桀曰："父老苦秦苛法久矣，诽谤者族[⑩]，偶语者弃市[⑪]。吾与诸侯约，先入关者王之，吾当王关中。与父老约[⑫]法三章耳：杀人者死，伤人及盗抵罪[⑬]。余悉除去秦法。诸吏人皆案堵如故[⑭]。凡吾所以来，为父老除害，非有所侵暴[⑮]，无恐！且吾所以还军霸上，待诸侯至而定约束耳。"乃使人与秦吏行县乡邑，告谕之。秦人大喜，争持牛羊酒食献飨[⑯]军士。沛公又让不受，曰："仓粟多，非乏，不欲费人[⑰]。"人又益喜，唯恐沛公不为秦王。

【注释】

①汉元年十月：即前206年阴历十月。这一年刘邦被封为汉王，所以称"汉元年"。为汉纪元的开始。秦朝历法建亥，以夏历十月为岁首，汉承秦制，元年十月即汉元年的第一个月，也就是正月。②霸上：也作"灞上"。地名。在今陕西省西安市东，是古代咸阳、长安附近的军事要地，因地处灞水以西的高原而得名。③子婴（？—前206）：秦朝末代王，秦二世兄之子。前207年，赵高杀二世后，他被立为王。④系颈以组：用丝带系颈。组，丝织的宽带子。素车白马、颈上系带，表示自己该死，投降请罪。⑤玺（xǐ）：本为印的通称，从秦代起专指皇帝用的印。符：古代朝廷派遣使者传达命令、征调

兵将用的凭证。⑥轵（zhǐ）道：一作“枳道”。亭名。在今陕西省西安市东北。⑦固：本来；原来。以：认为。⑧属（zhǔ）吏：交给主管官吏处理。属，交付。⑨止宫休舍：留住宫中休息。⑩诽谤者族：批评朝政的灭族。⑪偶语：相聚在一起议论。弃市：刑法名。在闹市执行死刑，并将尸体暴露街头示众，表示为人所弃，称为“弃市”。⑫约：约定，达成协议。⑬抵罪：当其罪。意思是根据罪行大小来确定刑的轻重。⑭案堵如故：一切照旧。案堵，即“安堵”，安定而不变动的意思。⑮侵暴：侵犯残害。⑯飨（xiǎng）：用酒肉款待、慰劳。⑰费人：叫人破费。

【原文】

或说沛公曰：“秦富十倍天下，地形强。今闻章邯降项羽，项羽乃号为雍王，王关中①。今则②来，沛公恐不得有此。可急使兵守函谷关③，无内④诸侯军，稍征关中兵以自益，距之。”沛公然其计⑤，从之。十一月中，项羽果率诸侯兵西，欲入关，关门闭。闻沛公已定关中，大怒，使黥布等攻破函谷关。十二月中，遂至戏。沛公左司马曹无伤闻项王⑥怒，欲攻沛公，使人言项羽曰：“沛公欲王关中，令子婴为相，珍宝尽有之。”欲以求封。亚父⑦劝项羽击沛公。方飨士，旦日合战⑧。是时项羽兵四十万，号百万。沛公兵十万，号二十万，力不敌。会项伯⑨欲活张良，夜往见良，因以文谕项羽，项羽乃止。沛公从百余骑，驱之鸿门⑩，见谢⑪项羽。项羽曰：“此沛公左司马曹无伤言之。不然，籍何以生⑫此！”沛公以樊哙、张良故，得解[13]归。归，立诛曹无伤。

【注释】

①“项羽乃号为雍王”二句：意思是项羽传出要封章邯为雍王的话，使之统辖关中之地。②则：如果。③函谷关：在今河南省灵宝市东北，是河南通往关中地区的门户。④内：通“纳”。⑤然其计：以其计为然，即赞同他的建议。⑥项王：《汉书·高帝纪》作“项羽”。这时项羽尚未称王，而且本篇此文之前各处都称“项羽”，唯独此处称“项王”，疑误。⑦亚父：即范增。⑧旦日：明早。合战：会战。⑨会：恰巧遇上。项伯（？—前192）：即项羽的叔父项缠，字伯。当时在项羽军中任左尹。汉初封射阳侯，赐姓刘。⑩鸿门：在今陕西省西安市临潼区东。因项羽曾驻军于此，所以后来又称“项王营”。⑪谢：赔罪。⑫籍：项羽名籍，字羽。这里是以名谦称自己。按：“生”字疑为“至”字之误。“生此”应为“至此”。⑬解：解脱。

【原文】

项羽遂西，屠烧咸阳秦宫室，所过无不残破。秦人大失望，然恐，不敢不服耳。

项羽使人还报怀王。怀王曰：“如约[1]。”项羽怨怀王不肯令与沛公俱西入关，而北救赵，后天下约[2]。乃曰：“怀王者，吾家项梁[3]所立耳，非有功伐[4]，何以得主约！本定天下，诸将及籍也。”乃详尊怀王为义帝[5]，实不用[6]其命。

【注释】

①如约：按原先的约定办，即“先入定关中者王之”。②后天下约：失约而落在人后。③吾家项梁：项羽这样直呼其叔，不大合情理。④功伐：功劳。伐，积功，与“功”近义。⑤详：通“佯”，假装；假意。义帝：有两种解释：一说“义”即“假”，义帝就是假皇帝；一说义帝即名义上的皇帝，相当于说“名誉皇帝”。二者都说明，项羽把怀王只是当作傀儡。⑥用：采用；执行。

【原文】

正月，项羽自立为西楚霸王[①]，王梁、楚地九郡[②]，都彭城。负约[③]，更立沛公为汉王，王巴、蜀、汉中[④]，都南郑。三分关中，立秦三将：章邯为雍王，都废丘；司马欣为塞王，都栎阳[⑤]；董翳[⑥]为翟王，都高奴[⑦]。楚将瑕丘申阳[⑧]为河南王，都洛阳。赵将司马卬为殷王，都朝歌[⑨]。赵王歇徙王代[⑩]。赵相张耳[⑪]为常山王，都襄国[⑫]。当阳君黥布为九江王，都六[⑬]。怀王柱国共敖[⑭]为临江王，都江陵[⑮]。番君吴芮为衡山王，都邾[⑯]。燕将臧荼[⑰]为燕王，都蓟[⑱]。故燕王韩广徙王辽东[⑲]。广不听，臧荼攻杀之无终[⑳]。封成安君陈馀河间[㉑]三县，居南皮[㉒]。封梅销十万户。

【注释】

①西楚霸王：古代楚国有南楚、东楚、西楚之分，项羽建都的彭城，地处西楚，所以这样自称。所谓“霸王”，大致相

当于春秋时期作为诸侯之长的盟主（霸主）。②梁、楚地九郡：指战国时梁国和楚国的部分地区，即今河南省东部、山东省西南部和江苏、安徽两省的大部及浙江省北部地区。至于九郡，说法不一。王先谦引全祖望说，认为是指黔中、南阳、东海、砀、薛、楚、泗水、会（kuài）稽、东郡，均秦所立。③负约：指违背楚怀王关于先入关破秦者做关中王的约定。④巴、蜀、汉中：均郡名。⑤栎阳：县名。治所在今陕西省西安市临潼区东北。⑥董翳（yì）：原为章邯部下，任都尉，曾劝说章邯投降项羽。⑦高奴：县名。治所在今陕西省延安市东北。⑧瑕丘申阳：即原瑕丘令申阳。瑕丘为秦县名。治所在今山东省济宁市兖（yǎn）州区东北。申阳为人名。⑨朝歌：县名。治所在今河南省淇县。⑩代：古国名。战国时属赵，秦置郡。⑪张耳（前264—前202）：魏国名士，与陈馀齐名。大梁（今河南省开封市附近）人。陈胜起义后，先后拥立武臣、赵歇为赵王。初附项羽，封常山王；后归刘邦，封赵王。⑫襄国：秦时为信都县，汉改襄国县，治所在今河北省邢台市西南。⑬六：县名。治所在今安徽省六安市裕安区北，是黥布的故乡。⑭柱国：楚官名。也称“上柱国”。共（gōng）敖：人名。⑮江陵：县名。治所在今湖北省江陵县。⑯邾（zhū）：邑名。在今湖北省黄冈市黄州区西北。⑰臧荼（tú）：原为燕王韩广的部将，曾领兵援赵，随项羽入关。后归附刘邦。⑱蓟（jì）：县名。在今北京市西南。⑲韩广：原为陈胜部将武臣的下属，后领兵攻取燕地，自立为燕王。辽东：

郡名。辖今辽宁省大凌河以东、辽东半岛地区，郡治在襄平（今辽宁省辽阳市）。⑳无终：县名。治所在今天津市蓟州区。臧荼杀韩广事在这年八月，这里连带叙及。㉑成安：县名。治所在今河北省成安县东南。陈馀：魏国名士，与张耳齐名。大梁人。陈胜起义后，和张耳一起拥立赵歇为赵王，赵歇封他为代王。河间：汉置河间国，在乐成（今河北省献县东南）。《张耳陈馀列传》无“河间”二字，作“即以南皮旁三县以封之”。㉒南皮：县名。在今河北省南皮县东北。

【原文】

四月，兵罢戏下[①]，诸侯各就国[②]。汉王之国，项王使卒三万人从[③]，楚与诸侯之慕从者数万人，从杜南入蚀[④]中。去辄烧绝栈道[⑤]，以备诸侯盗兵袭之，亦示项羽无东意。至南郑，诸将及士卒多道亡归，士卒皆歌思东归。韩信[⑥]说汉王曰：“项羽王诸将之有功者，而王独居南郑，是迁[⑦]也。军吏士卒皆山东[⑧]之人也，日夜跂而望[⑨]归，及其锋[⑩]而用之，可以有大功。天下已定，人皆自宁，不可复用。不如决策东乡[⑪]，争权天下。”

【注释】

①戏下：即“麾（huī）下”，大将的指挥旗下。戏，通“麾”，大旗。②就国：到自己的封国去。③使卒三万人从：刘邦入咸阳时有兵十万，这时仅使卒三万人从，说明项羽已削夺刘邦的兵力。④杜：县名。治所在今陕西省西安市东南。蚀：谷道名。大约就是子午谷，在今陕西省西安市西南，是关

中通往汉中的重要谷道。⑤栈道：也叫“阁道”。指在山崖上凿石架木构成的通道。⑥韩信（？—前196）：汉初著名军事家。淮阴（今江苏省淮安市清江浦区附近）人。⑦迁：贬谪；流放。⑧山东：泛指崤（xiáo）山或华（huà）山、函谷关以东广大地区。⑨跂（qì）而望：踮起脚跟向前远望。⑩锋：锐。这里指锐气。⑪东乡（xiàng）：向东（进军）。乡，通“向”。

【原文】

项羽出关，使人徙义帝。曰：“古之帝者地方千里，必居上游。”乃使使徙义帝长沙郴县①，趣②义帝行，群臣稍倍③叛之，乃阴令衡山王、临江王击之，杀义帝江南④。项羽怨田荣⑤，立齐将田都⑥为齐王。田荣怒，因自立为齐王⑦，杀田都⑧而反楚；予彭越将军印，令反梁地⑨。楚令萧公角⑩击彭越，彭越大破之。陈馀怨项羽之弗王己也，令夏说⑪说田荣，请兵击张耳。齐予陈馀兵，击破常山王张耳，张耳亡归汉。迎赵王歇于代⑫，复立为赵王。赵王因立陈馀为代王。项羽大怒，北击齐。

【注释】

①长沙：郡名。辖今湖南省大部和江西省西北部地区，郡治在临湘（今湖南省长沙市）。郴（chēn）县：县名。即今湖南省郴州市苏仙区。当时属长沙郡。②趣（cù）：催促。③稍：逐渐，陆续。倍：通“背”。④“杀义帝江南”二句：这里说项羽暗令衡山王吴芮与临江王共敖杀义帝于江南。⑤项羽怨田荣：田荣是齐国王族后裔。陈胜起义后，他随堂兄田儋起兵，重建齐国。曾被秦将章邯围困于东阿，经项梁解救得

脱。田荣归齐后，立田儋之子田市为王，驱逐齐王田假。田假逃归项梁。项梁击章邯于定陶，秦大军增援。项梁告急于齐，田荣不救，章邯大败楚军，项梁战死。⑥田都：田假部将。曾随项羽救赵，入关，被项羽封为齐王。项羽同时又封原齐王田建的孙子田安为济北王，而改封田荣所立的齐王田市为胶东王，使齐地一分为三。⑦“田荣怒”二句：田荣恼恨项羽不封己为王，先后击败田都，击杀田安、田市，尽并三齐之地，自立为齐王。⑧杀田都：田都被田荣击败后，逃归项羽，未被杀。⑨予彭越将军印，令反梁地：《汉书·韩彭英卢吴传》作“汉乃使人赐越将军印”，与此处记载不一。⑩萧公角：原为萧县县令，名角。公，是楚对县令的称呼。⑪夏说（yuè）：陈馀为代王时，曾任相国。⑫迎赵歇于代：指陈馀打败张耳收复赵地之后，将已徙代郡的赵歇迎回。

【原文】

八月，汉王用韩信之计，从故道[①]还，袭雍王章邯。邯迎击汉陈仓，雍兵败，还走；止战好畤[②]，又复败，走废丘。汉王遂定雍地。东至咸阳，引兵围雍王废丘，而遣诸将略定陇西、北地、上郡[③]。令将军薛欧、王吸出武关[④]，因[⑤]王陵兵南阳，以迎太公、吕后于沛。楚闻之，发兵距之阳夏[⑥]，不得前。令故吴令郑昌[⑦]为韩王，距汉兵。

【注释】

①故道：县名。在今陕西省凤县东北，接甘肃省两当县。②好畤（zhì）：县名。治所在今陕西省乾（qián）县东。③陇

西：郡名。辖今甘肃省东南部地区，郡治在狄道（今甘肃省临洮县）。北地：郡名。辖今内蒙古自治区、宁夏回族自治区和甘肃省、陕西省的部分地区，郡治在义渠（今甘肃省镇宁布依族苗族自治县西北）。上郡：郡名。辖今陕西省北部和内蒙古自治区西南部地区，郡治在肤施（今陕西省榆林市榆阳区东南）。④薛欧：刘邦部将。以舍人身份随刘邦在丰邑起兵，后被封为广平侯。王吸：刘邦部将。后被封为清阳侯。⑤因：随着。这里指会合王陵在南阳的几千驻军。⑥阳夏（jiǎ）：县名。治所在今河南省太康县。⑦郑昌：项羽部将。

【原文】

二年，汉王东略地，塞王欣、翟王翳、河南王申阳皆降。韩王昌不听，使韩信击破之①。于是置陇西、北地、上郡、渭南、河上、中地郡②；关外置河南③郡。更立韩太尉信④为韩王。诸将以万人若⑤以一郡降者，封万户。缮治⑥河上塞。诸故秦苑囿园池⑦，皆令人得田⑧之。正月，虏雍王弟章平，大赦罪人。

【注释】

①使韩信击破之：这句省略了主语“汉王”。②渭南、河上、中地郡：这三个郡分别成为后来的京兆尹、左冯翊（píng yì）、右扶风。③河南：郡名。辖今河南省新安县以东、开封市以西地区，郡治在洛阳（今河南省洛阳市东北）。④韩太尉信：战国时韩襄王的后代。⑤若：或者。⑥缮治：修整。河上塞（sài）：指河上郡北部一带防御匈奴

的工事。⑦苑囿（yuàn yòu）园池：古代畜养禽兽、种植花木的园林，这里指专供帝王与贵族游猎的风景区。⑧田：开垦；耕种。用如动词。

【原文】

汉王之出关至陕[①]，抚关外父老，还，张耳来见[②]，汉王厚遇之。

【注释】

①陕：县名。治所在今河南省三门峡市西。②张耳来见：指张耳被陈馀打败后，前来归附刘邦。

【原文】

二月，令除秦社稷[①]，更立汉社稷。

【注释】

①社稷（jì）：即社稷坛，是古代君主祭祀土神和谷神的场所。常用来作为国家的代称。除去秦的社稷坛，再立汉的社稷坛，表示改朝换代。

【原文】

三月，汉王从临晋[①]渡，魏王豹[②]将兵从。下河内，虏殷王，置河内郡[③]。南渡平阴津，至雒阳。新城三老董公遮[④]说汉王以义帝死故。汉王闻之，袒[⑤]而大哭。遂为义帝发丧，临[⑥]三日。发使者告诸侯曰："天下共立义帝，北面[⑦]事之。今项羽放杀义帝于江南，大逆无道。寡人亲为发丧，诸侯皆缟素[⑧]。悉发关内兵，收三河[⑨]士，南浮江汉[⑩]以下，愿从诸侯王击楚之杀义帝者。”

【注释】

①临晋：关隘名。在今陕西省大荔县东黄河西岸，是古代秦晋间的重要通道。因关下有蒲津渡，所以又叫蒲津关。②魏王豹：战国时魏国王族的后裔。③河内：泛指今河南省黄河以北地区。河内郡：治所在怀县（今河南省武陟县西南）。④新城：汉改为县。治所在今河南省伊川县西南。三老：官名。掌管一乡的教育与民俗。遮：拦住。⑤袒（tǎn）：裸露。古代丧服有袒露左臂的规定。⑥临：聚众举哀，祭吊死者。⑦北面：古代君主面南而坐，臣下北面朝见。⑧缟（gǎo）素：这里泛指白色的丧服。⑨三河：河南、河东、河内三郡的合称。⑩江汉：长江、汉水。

【原文】

是时项王北击齐，田荣与战城阳。田荣败，走平原[①]，平原民杀之。齐皆降楚。楚因焚烧其城郭，系虏[②]其子女。齐人叛之。田荣弟横立荣子广为齐王，齐王反楚城阳。项羽虽闻汉东[③]，既已连齐兵[④]，欲遂破之而击汉。汉王以故得劫五诸侯[⑤]兵，遂入彭城。项羽闻之，乃引兵去齐，从鲁[⑥]出胡陵，至萧，与汉大战彭城灵壁东睢水[⑦]上，大破汉军，多杀士卒，睢水为之不流。乃取汉王父母妻子于沛，置之军中以为质[⑧]。当是时，诸侯见楚强汉败，还皆去汉复为楚。塞王欣亡入楚。

【注释】

①平原：县名。治所在今山东省平原县南。西汉时改置

郡。②系虏：拘缚掳掠。③汉东：汉军向东进军。东，用如动词。④连齐兵：指与齐兵交战。⑤五诸侯：指常山王张耳、河南王申阳、韩王郑昌、魏王魏豹、殷王司马卬。劫：控制，把持。⑥鲁：县名。治所在今山东省曲阜市东古城。⑦灵壁：邑名。在今安徽省淮北市西南。睢水：鸿沟支流之一。⑧质：抵押品。此指人质。

【原文】

吕后兄周吕侯为汉将兵，居下邑[①]。汉王从之，稍收士卒，军砀。汉王乃西过梁地，至虞[②]。使谒者随何[③]之九江王布所，曰："公能令布举兵叛楚，项羽必留击之。得留数月，吾取天下必矣。"随何往说九江王布，布果背楚。楚使龙且[④]往击之。

【注释】

①周吕侯：即吕泽。下邑：县名。治所在今安徽省砀山县东。②虞：县名。治所在今河南省虞城县北。③谒者：官名。为国君掌管传达等事务的侍从官。随何：刘邦的谋士。④龙且(jū)：项羽的部将。

【原文】

汉王之败彭城而西，行使人求家室，家室亦亡[①]，不相得。败后乃独得孝惠，六月，立为太子，大赦罪人。令太子守栎阳，诸侯子在关中者皆集栎阳为卫。引水灌废丘，废丘降，章邯自杀。更名废丘为槐里。于是令祠官祠天地、四方、上帝[②]、山川，以时祀之。兴[③]关内卒乘塞。

【注释】

①行：将。亡：逃亡；失散。②上帝：泛指天帝、天神。③兴：发动，征调。

【原文】

是时九江王布与龙且战，不胜，与随何间行[①]归汉。汉王稍收士卒，与诸将及关中卒益出[②]，是以兵大振荥阳，破楚京、索[③]间。

【注释】

①间（jiàn）行：抄小路秘密而行。②益出：大举出动。③京：县名。治所在今河南省荥阳市东南。索：城名。故址在今荥阳市境内。

【原文】

三年，魏王豹谒归视亲[①]疾，至，即绝河津[②]，反为楚。汉王使郦生说豹，豹不听。汉王遣将军韩信击，大破之，虏豹。遂定魏地，置三郡，曰河东、太原、上党[③]。汉王乃令张耳与韩信遂东下井陉[④]击赵，斩陈馀、赵王歇。其明年，立张耳为赵王。

【注释】

①谒归：告假回家。亲：指父母。②绝河津：断绝蒲津关的黄河渡口，以阻止汉军东渡。③河东：郡名。辖今山西省阳城县以西、石楼县以南地区，郡治在安邑（今山西省夏县西

北）。太原：郡名。辖今山西省雁门关以南、吕梁山与太行山之间地区，郡治在晋阳（今山西省太原市西南）。上党：郡名。辖今山西省沁源县与河北省涉县以西地区，郡治汉时在长子（今山西省长子县西）。④井陉（xíng）：县名。治所在今河北省井陉县西北。

【原文】

汉王军荥阳南，筑甬道属之河①，以取敖仓②。与项羽相距岁余。项羽数侵夺汉甬道，汉军乏食，遂围汉王。汉王请和，割荥阳以西者为汉。项王不听。汉王患之，乃用陈平③之计，予陈平金四万斤，以间疏④楚君臣。于是项羽乃疑亚父。亚父是时劝项羽遂下荥阳，及其见疑，乃怒，辞老，愿赐骸骨归卒伍⑤，未至彭城而死。

【注释】

①甬道：两旁筑有高墙以防敌人劫夺的通道。属（zhǔ）之河：指从荥阳一直连通到黄河边。属，连接。②敖仓：秦代修建的著名大粮仓。因地处荥阳以北的敖山上而得名。③陈平（？—前178年）：刘邦的重要谋臣。④间疏：挑拨离间，使之疏远。⑤愿赐骸骨：古代臣子事君，看作以身许人，“愿赐骸骨”是请求辞职退休的客套话。卒伍：古代乡间基层编制，五人为伍，百人为卒。归卒伍，即辞职为民。

【原文】

汉军绝食，乃夜出女子①东门二千余人，被②甲，楚因四面击之。将军纪信乃乘王驾，诈为汉王，诳[3]楚，楚皆呼“万岁”[4]，之城东观，以故汉王得与数十骑出西门遁[5]。令御史大夫[6]周苛、魏豹、枞公守荥阳。诸将卒不能从者，尽在城中。周苛、枞公相谓曰：“反国之王[7]，难与守城。”因杀魏豹。

【注释】

①女子：妇女。②被：通“披”。③诳：欺骗，迷惑。④万岁：原为古人欢呼、庆贺之词，后来专用以称皇帝。⑤遁：逃。⑥御史大夫：官名。⑦反国之王：指魏豹。魏豹先依附项羽，后归顺刘邦，不久又叛变，反复无常。

【原文】

汉王之出荥阳入关，收兵欲复东。袁生[1]说汉王曰：“汉与楚相距荥阳数岁，汉常困。愿君王出武关，项羽必引兵南走，王深壁[2]，令荥阳[3]、成皋间且得休。使韩信等辑[4]河北赵地，连燕、齐[5]，君王乃复走荥阳，未晚也。如此，则楚所备者多，力分，汉得休，复与之战，破楚必矣。”汉王从其计，出军宛、叶[6]间，与黥布行收兵。

【注释】

①袁生：《汉书·高帝纪》作“辕生”。②深壁：深沟高垒，指坚守不战。③成皋：邑名。在今河南省荥阳市西北。④辑：收拾；安抚。⑤连燕、齐：以赵地为纽带，把燕地和齐地连成一片。⑥宛（yuān）：邑名。在今河南省南阳市。叶(shè)：邑名。在今河南省叶县境内。

【原文】

项羽闻汉王在宛，果引兵南。汉王坚壁不与战。是时彭越渡睢水，与项声、薛公战下邳[①]，彭越大破楚军。项羽乃引兵东击彭越。汉王亦引兵北军成皋。项羽已破走彭越，闻汉王复军成皋，乃复引兵西，拔荥阳，诛周苛、枞公，而虏韩王信，遂围成皋。

【注释】

①项声：项羽部将。薛公：原为楚国令尹，后归附刘邦。黥布叛汉时，他曾为刘邦献策，因而被封为千户侯。下邳（pī）：县名。治所在今江苏省邳州市东。

【原文】

汉王跳[①]，独与滕公共车出成皋玉门[②]，北渡河，驰宿脩武[③]。自称使者，晨驰入张耳、韩信壁[④]，而夺之军。乃使张耳北益收兵赵地[⑤]，使韩信东击齐。汉王得韩信军，则复振。引兵临河南飨[⑥]，军小脩武南，欲复战。郎中郑忠乃说止[⑦]汉王，使高垒深堑，勿与战。汉王听其计，使卢绾、刘贾[⑧]将卒二万人，骑数百，渡白马津[⑨]，入楚地，与彭越复击破楚军燕[⑩]郭西，遂复下梁地十余城。

【注释】

①跳（táo）：通“逃”。②滕公：即夏侯婴。刘邦同乡。玉门：成皋城的北门。③脩武：秦县名。治所在今河南省修武县，是为大修武。城东小修武，即汉王所宿之地，在今河南省

获嘉县境。④壁：军营。⑤益收兵赵地：到赵地征集更多的兵员。⑥临河南飨：《史记志疑》认为，“南飨”当作“南乡”。乡，通“向”。⑦郎中：官名。说（shuì）止：劝说阻止。⑧卢绾（wǎn）：刘邦的同乡好友。跟随刘邦起兵，汉初封长安侯，后封燕王。因谋反逃入匈奴。刘贾：刘邦堂兄。汉初封荆王，后为黥布所杀。⑨白马津：渡口名。在今河南省滑县东北，是当时黄河中下游的重要渡口。⑩燕：县名。治所在今河南省延津县北、卫辉市东。

【原文】

淮阴已受命东[①]，未渡平原[②]。汉王使郦生往说齐王田广[③]，广叛楚[④]，与汉和，共击项羽。韩信用蒯通[⑤]计，遂袭破齐。齐王烹郦生，东走高密[⑥]。项羽闻韩信已举河北兵破齐、赵，且欲击楚，则使龙且、周兰往击之。韩信与战，骑将灌婴[⑦]击，大破楚军，杀龙且。齐王广奔彭越。当此时，彭越将兵居梁地，往来苦楚兵，绝其粮食。

【注释】

①淮阴：即淮阴侯韩信。淮阴是他后来的封地，在今江苏省淮安市淮阴区西南。②平原：即平原津。在今山东省平原县南。③田广：田荣之子。当时继位为齐王。④广叛楚：田广向来未曾归楚，这里说“叛楚”，不当。⑤蒯通：当时著名的说客。范阳（在今河北定兴县西南）人。⑥高密：县名。治所在今山东省高密市西南。⑦灌婴（？—前176）：刘邦的得力将领。睢阳（今河南省商丘市南）人。绸贩出身，跟随

刘邦起兵，屡建奇功，汉初封颍阴侯。后与陈平、周勃诛灭诸吕，拥立文帝，不久任丞相。

【原文】

四年，项羽乃谓海春侯大司马曹咎[①]曰："谨守成皋。若汉挑战，慎勿与战，无令得东而已。我十五日必定梁地，复从[②]将军。"乃行，击陈留、外黄、睢阳[③]，下之。汉果数挑楚军，楚军不出，使人辱之五六日，大司马怒，度兵汜水[④]。士卒半渡，汉击之，大破楚军，尽得楚国金玉货赂[⑤]。大司马咎、长史欣[⑥]皆自刭汜水上。项羽至睢阳，闻海春侯破，乃引兵还。汉军方围钟离眛[⑦]于荥阳东，项羽至，尽走险阻[⑧]。

【注释】

①大司马：官名。掌管军政的高级官员。曹咎：原为蕲县狱掾，项羽叔父项梁因罪在栎阳被捕时，他曾写信给该县狱掾司马欣，为项梁说情，使事情得以了结。②从：这里是"会合"的意思。③睢阳：县名。治所在今河南省商丘市南。④度：通"渡"。汜（sì）水：水名。发源于河南省荥阳市西南的方山，北流注入黄河。⑤货赂：财物。⑥长（zhǎng）史：官名。丞相、大将军等高级官员的属吏。因为诸吏之长而得名。欣：即司马欣。初为栎阳狱掾，后为秦将章邯的长史。入项羽军后，被封为塞王。⑦钟离眛：姓钟离，名眛。项羽部将。⑧险阻：指险要之地。

【原文】

韩信已破齐，使人言曰："齐边[①]楚，权轻，不为假王，恐不能安齐。”汉王欲攻之[②]，留侯[③]曰：“不如因而立之，使自为守。”乃遣张良操印绶[④]立韩信为齐王。

【注释】

①边：邻近。②韩信要称假王事，详见《淮阴侯列传》。③留侯：即张良。留侯是他的封号。留，县名。在今江苏省沛县东南。④印绶（shòu）：印和系印的丝带，即指印信。

【原文】

项羽闻龙且军破，则恐，使盱台人武涉往说韩信[①]。韩信不听。

【注释】

①武涉劝韩信联楚反汉，三分天下。

【原文】

楚汉久相持未决，丁壮苦军旅，老弱罢转馕[①]。汉王项羽相与临广武之间[②]而语。项羽欲与汉王独身挑战。汉王数[③]项羽曰：“始与项羽俱受命怀王，曰先入定关中者王之，项羽负约，王我于蜀汉，罪一。项羽矫杀卿子冠军[④]而自尊，罪二。项羽已救赵，当还报，而擅劫诸侯兵入关，罪三。怀王约入秦无暴掠，项羽烧秦宫室，掘始皇帝冢[⑤]，私收其财物，罪四。又强[⑥]杀秦降王子婴，罪五。诈坑秦子弟新安二十万，王其将[⑦]，罪六。项羽皆王诸将善地，而徙逐故主[⑧]，令臣下争叛逆，罪七。项羽出逐义帝彭城，自都[⑨]之，夺韩王地[⑩]，并王梁、楚[⑪]，多自予[⑫]，罪八。项羽使人阴[⑬]弑义帝江南，罪九。

夫为人臣而弑其主，杀已降，为政不平，主约不信，天下所不容，大逆无道，罪十也。吾以义兵从诸侯诛残贼，使刑余罪人[14]击杀项羽，何苦乃与公[15]挑战！”项羽大怒，伏弩[16]射中汉王。汉王伤匈[17]，乃扪[18]足曰：“虏中吾指[19]！”汉王病创卧，张良强请汉王起行劳军，以安士卒，毋令楚乘胜于汉。汉王出行军[20]，病甚，因驰入成皋。

【注释】

①罢（pí）：通“疲”，疲惫；劳累。转馕：转运粮秣给养。②广武：广武山。在今河南省荥阳市北。山上有东西二城，隔广武涧相对，据传分别为项羽、刘邦所建。间，通“涧”。③数（shǔ）：这里指列举罪状。④矫：假托名义。卿子冠军：指宋义。“卿子”为敬称；“冠军”谓地位冠于诸将之上。⑤掘始皇帝冢：据《光明日报》1985 年 3 月 29 日报道，秦始皇陵考古队历时十二年，通过大面积调查钻探，在始皇陵“只发现两个盗洞，位于陵西铜车马坑道部位，直径九十厘米至一米，深不到九米，未能接近地宫，整个封土的土层为秦时原状。考古队认为，封土堆的土层未被掘动，地宫宫墙没有被破坏痕迹，地宫水银分布有规律，均可成为地宫未被盗毁的证明”。从两个盗洞的广度和深度判断，盗洞似非项羽及其部下所为。⑥强杀：不该杀而杀了。⑦“诈坑秦子弟”二句：指项羽封秦降将章邯、司马欣为王，而将秦降卒二十万坑杀于新安（今河南省渑池县东）一事。⑧“项羽皆王诸将善地”二句：指项羽赶走原来受封的诸侯王，而把这些好地方

封给他们的部将。如封臧荼为燕王，而徙燕王韩广为辽东王；封田都为齐王，而徙齐王田市为胶东王；封张耳为常山王，而徙赵王赵歇为代王。⑨都：建都。用如动词。⑩夺韩王地：在熊心被立为楚怀王后，原韩国王族后代韩成曾先后被项梁、项羽封为韩王。⑪并王梁、楚：指项羽兼并了梁国和楚国的土地。⑫多自予：多给自己。⑬阴：暗地。⑭刑余罪人：受过刑法的罪人。⑮乃与公：似应为“与乃公”。乃公，相当于“你老子”。刘邦这样自称以骂人。⑯弩：一种装有机关，利用机栝（kuò）发箭，射程很远的弓。⑰匈：通“胸”。⑱扪（mén）：按着；抚摸。⑲虏：对敌人的蔑称。指：指脚趾。⑳行（xìng）军：巡行视察部队。

【原文】

病愈，西入关，至栎阳，存问[①]父老，置酒，枭故塞王欣头栎阳市[②]。留四日，复如[③]军，军广武。关中兵益出[④]。

【注释】

①存问：慰问。②枭（xiāo）：悬头示众。塞王司马欣被汉军打败后，在汜水自杀。市：集市；闹市。③如：往；到。④关中兵益出：指汉军开出关中增援前线。

【原文】

当此时，彭越将兵居梁地，往来苦楚兵，绝其粮食。田横往从之[①]。项羽数击彭越等，齐王信又进击楚。项羽恐，乃与汉王约，中分天下，割鸿沟[②]而西者为汉，鸿沟而东者为楚。

项王归汉王父母妻子，军中皆呼万岁，乃归而别去。

【注释】

①田横（？—前202）：田荣之弟。狄县（今山东省高青县东南）人。本齐国贵族。秦末随兄田儋起兵反秦。田儋死后，他立田荣之子田广为齐王，自任齐相。韩信破齐后，他自立为齐王。败投彭越。②鸿沟：一作大沟。战国魏惠王时开凿沟通黄河与淮水的运河。

【原文】

项羽解而东归。汉王欲引而西归，用留侯、陈平计[1]，乃进兵追项羽，至阳夏南止军，与齐王信、建成侯彭越期会[2]而击楚军。至固陵[3]，不会。楚击汉军，大破之。汉王复入壁，深堑而守之。用张良计[4]，于是韩信、彭越皆往。及刘贾入楚地，围寿春[5]，汉王败固陵，乃使使者召大司马周殷举九江兵而迎武王[6]，行屠城父[7]，随刘贾、齐梁诸侯皆大会垓下[8]。立武王布为淮南王。

【注释】

①留侯、陈平计：张良、陈平认为汉已得天下大半，楚兵又兵疲粮尽，如果失此机会，将会养虎遗患。因此，他们向刘邦建议乘胜追击，消灭项羽。②期会：约期会合。③固陵：邑名。在今河南省太康县南。④张良计：张良认为韩信、彭越失约，是因为分地的欲望未得到满足，因此劝刘邦答应将陈县至海滨之地、睢阳至穀城之地分别封给韩信、彭越，让他们为自

己的封地而战。刘邦依计行事，韩信、彭越果然立即进兵。⑤寿春：县名。即今安徽省寿县，当时为九江郡治。⑥周殷：项羽部将。武王：即黥布。⑦城父（fǔ）：地名。在今安徽省亳州市东南。⑧垓（gāi）下：邑名。在今安徽省灵璧县东南沱河北岸。

【原文】

五年，高祖与诸侯兵共击楚军，与项羽决胜垓下。淮阴侯将三十万自当之，孔将军①居左，费将军②居右，皇帝③在后，绛侯④、柴将军在皇帝后。项羽之卒可十万。淮阴先合，不利，却。孔将军、费将军纵⑤，楚兵不利，淮阴侯复乘之，大败垓下⑥。项羽卒⑦闻汉军之楚歌，以为汉尽得楚地，项羽乃败而走，是以兵大败。使骑将灌婴追杀项羽东城⑧，斩首八万，遂略定楚地。鲁为楚坚守不下。汉王引诸侯兵北，示鲁父老项羽头，鲁乃降。遂以鲁公号葬项羽穀城⑨。还至定陶，驰入齐王⑩壁，夺其军。

【注释】

①孔将军：韩信部将孔熙。后封为蓼侯。蓼，县名。治所在今河南省固始县东北。②费将军：韩信部将陈贺。后封为费侯。封地费县，治所在今山东省费县西北。③皇帝：即汉王刘邦。刘邦与项羽决战垓下时尚未称帝，且此以前均称“沛公”“汉王”等，因此，这里与下文的“皇帝”都应作“汉王”。④绛（jiàng）侯：即周勃（？—前169）。刘邦同乡。曾以编织蚕箔为业，后随刘邦起兵反秦，率军转战各地，成为刘邦的

重要将领，汉初封绛侯。⑤纵：纵兵伏击。⑥大败垓下：承前句省主语“楚兵”。⑦卒：《项羽本纪》和《汉书·高帝纪》均作“夜”，疑“卒”字误。⑧东城：县名。治所在今安徽省定远县东南。⑨穀城：邑名。在今山东省平阴县西南东阿镇。一说认为当在曲阜西北的小穀城。⑩齐王：即韩信。

【原文】

正月，诸侯及将相相与[1]共请尊汉王为皇帝。汉王曰：“吾闻帝贤者有也，空言虚语，非所守[2]也，吾不敢当帝位。”群臣皆曰：“大王起微细[3]，诛暴逆，平定四海，有功者辄裂地而封为王侯。大王不尊号，皆疑不信[4]。臣等以死守[5]之。”汉王三让，不得已，曰：“诸君必以为便，便国家[6]。”甲午[7]，乃即皇帝位氾水之阳[8]。

【注释】

①相与：一起；共同。②守：求取。③微细：轻微细小。④皆疑不信：意思是人心都会要疑虑不安。⑤守：保持。这里指坚持自己的意见。⑥诸君必以为便，便国家：意思是，大家坚持认为这样做好，是因为这样做有利于国家。⑦甲午：甲午日。即夏历二月初三。这里缺“二月”两字，《汉书·高帝纪》有。⑧氾水之阳：氾水的北岸。氾水，水名。故道在今山东省曹县北，由古济水分出，流经菏泽市定陶区北，注入古菏泽。此水今已堙没。

【原文】

皇帝曰："义帝无后[1]。齐王韩信习楚风俗[2]，徙为楚王，都下邳。"立建成侯彭越为梁王，都定陶。故韩王信为韩王，都阳翟[3]。徙衡山王吴芮为长沙王，都临湘[4]。番君之将梅鋗有功，从入武关，故德[5]番君。淮南王布、燕王臧荼、赵王敖[6]皆如故。

【注释】

①义帝无后：此句语意未完。刘邦说这么半句话，是为徙韩信为楚王张本。②韩信习楚风俗：这是刘邦迁调韩信以孤立他的托词。③阳翟：县名。治所在今河南省禹州市。④临湘：县名。治所在今湖南省长沙市。当时为长沙郡治。⑤德：感谢、报答人的恩德。用如动词。⑥赵王敖：即赵王张耳之子张敖。

【原文】

天下大定。高祖都雒阳，诸侯皆臣属[1]。故临江王驩[2]为项羽叛汉，令卢绾、刘贾围之，不下。数月而降，杀之雒阳。

【注释】

①臣属：称臣归附。②故临江王驩：临江王共敖之子共驩。

【原文】

五月，兵皆罢[1]归家。诸侯子在关中者复[2]之十二岁，其归者复之六岁，食[3]之一岁。

【注释】

①罢：遣散；复员。②复：免除徭役赋税。③食（sì）：供养。

【原文】

高祖置酒雒阳南宫。高祖曰："列侯诸将无敢隐朕①，皆言其情。吾所以有天下者何？项氏之所以失天下者何？"高起、王陵对曰②："陛下③慢而侮人，项羽仁而爱人。然陛下使人攻城略地，所降下者④因以予之，与天下⑤同利也。项羽妒贤嫉能，有功者害⑥之，贤者疑之，战胜而不予人功，得地而不与人利，此所以失天下也。"高祖曰："公知其一，未知其二。夫运筹策帷帐之中⑦，决胜于千里之外，吾不如子房⑧；镇国家，抚百姓，给馈饟⑨，不绝粮道，吾不如萧何；连百万之军，战必胜，攻必取，吾不如韩信。此三者，皆人杰也，吾能用之，此吾所以取天下也。项羽有一范增而不能用，此其所以为我擒也。"

【注释】

①无敢隐朕（zhèn）：不要瞒我。朕，本为古人自称之词，从秦始皇起，专为皇帝自称。②高起：人名。孟康说："姓高名起。"③陛（bì）下：本意是帝王宫殿的台阶之下，古代臣子不能与君主直接对话，由陛下侍从转达，故以"陛下"尊称帝王。④降下者：指归降的和攻克的城池。⑤天下：这里指刘邦的部属，相当于说"大家"。⑥害；嫉恨。⑦运筹策帷帐

之中：在营中定计决策。⑧子房：即张良，表字子房。⑨馈（kuì）饷：粮饷。

【原文】

高祖欲长都雒阳，齐人刘敬[①]说，及留侯劝上入都关中，高祖是日驾，入都关中。六月，大赦天下。

【注释】

①刘敬：原姓娄，齐国人。最初只是一名戍卒，他求见高祖，主张定都关中。大臣们大都是山东人，反对西迁。由于张良劝说，刘邦采纳了娄敬的意见，并赐他姓刘。

【原文】

十月[①]，燕王臧荼反，攻下代地。高祖自将击之，得燕王臧荼。即立太尉[②]卢绾为燕王。使丞相哙[③]将兵攻代。

【注释】

①十月：《汉书·高帝纪》作“七月”，又据《秦楚之际月表》载，“八月，帝自将诛燕”，“十月”疑为“七月”之误。②太尉：官名。③哙：即樊哙。按：当时樊哙并未任丞相，《樊哙列传》也无樊哙率兵攻代之事。

【原文】

其秋，利几反，高祖自将兵击之，利几走。利几者，项氏之将。项氏败，利几为陈公[①]，不随项羽，亡降[②]高祖，高祖侯之颍川[③]。高祖至雒阳，举通侯籍召之[④]，而利几恐，故反。

【注释】

①陈公：陈县（今河南省周口市淮阳区）县令。②亡降：逃来投降。③侯：封为侯。用如动词。颍川：郡名。辖今河南省中部地区，郡治在阳翟（今河南省禹州市）。④举通侯籍召之：即召集所有在名册上的通侯来洛阳。举，全部。通侯，即列侯。

【原文】

六年，高祖五日一朝太公，如家人父子礼。太公家令[①]说太公曰："天无二日，土无二王[②]。今高祖[③]虽子，人主也；太公虽父，人臣也。奈何令人主拜人臣！如此，则威重不行[④]。"后高祖朝，太公拥彗迎门却行[⑤]。高祖大惊，下扶太公。太公曰："帝，人主也，奈何以我乱天下法！"于是高祖乃尊太公为太上皇[⑥]。心善家令言，赐金五百斤。

【注释】

①家令：即家臣。管理家事的官吏。②"天无二日"二句：语出《礼记·坊记》。③高祖：与家令口吻不合，也与情理不符（"高祖"是刘邦死后的庙号），此处当依《汉书·高帝纪》作"皇帝"。④威重不行：指天子贵重的权威不能推行于全国。⑤拥彗迎门却行：手拿扫帚，面向门户倒退着行走以引进贵人，表示自己地位低贱，愿为人清扫道路。⑥太上皇：帝王对父亲的尊称，始于秦始皇。

【原文】

十二月，人有上变事[①]告楚王信谋反，上问左右，左右争欲击之。用陈平计，乃伪游云梦[2]，会诸侯于陈，楚王信迎，即因执[3]之。是日，大赦天下。田肯贺，因说高祖曰："陛下得韩信，又治秦中[4]。秦，形胜之国[5]，带河山之险，县隔千里[6]，持戟百万，秦得百二[7]焉。地势便利，其以下兵于诸侯，譬犹居高屋之上建瓴水[8]也。夫齐，东有琅邪、即墨[9]之饶，南有泰山之固，西有浊河之限[10]，北有勃海之利[11]。地方二千里，持戟百万，县隔千里之外，齐得十二焉。故此东西秦[12]也。非亲子弟，莫可使王齐矣。"高祖曰："善。"赐黄金五百斤。

【注释】

①上变事：指上报揭发谋反情况的书状。②云梦：泽名。③执：拘捕。④治：建都。秦中：即关中。因曾为古秦国之地，所以当时崤山以东之人又称其为"秦中"。⑤形胜之国：形势险要，足以取胜的地方。⑥县隔千里：形势险要，易守难攻，好像跟敌对诸侯隔绝千里一样。县，通"悬"。⑦百二：众说纷纭，一般认为，古人以"二"为"倍"，"百二"也就是"百倍"。⑧居高屋之上建瓴（líng）水：在高屋上让水从瓦沟中顺势流下，比喻居高临下，势不可挡。建，通"瀽"（jiǎn），倾倒。瓴，瓦沟。⑨琅邪（yá）：郡名。辖今山东省东南部地区，郡治在东武（今山东省诸城市）。即墨：县名。治所在今山东省平度市东南。⑩浊河：即黄河。因河水浑浊而得名。限：隔；断。⑪勃海之利：指勃海出产鱼盐。⑫东西秦：指齐地形胜而又富饶，可与秦地东西抗衡。

【原文】

后十余日，封韩信为淮阴侯，分其地为二国。高祖曰："将军刘贾数有功，以为荆王，王淮东[①]。弟交为楚王，王淮西[②]。子肥为齐王，王七十余城，民能齐言者皆属齐。"乃论功，与诸列侯剖符行封[③]。徙韩王信太原[④]。

【注释】

①淮东：指今安徽省淮河东部和南部一带。②淮西：指今安徽省淮河西部和北部一带。③剖符行封：将符的一半给受封者，作为受封的凭证，以示信用。④太原：郡名。辖今山西省中部地区，郡治在晋阳（今山西省太原市西南）。

【原文】

七年，匈奴攻韩王信马邑[①]，信因与谋反太原。白土曼丘臣、王黄[②]立故赵将赵利为王以反。高祖自往击之。会天寒，士卒堕指者什二三[③]，遂至平城[④]。匈奴围我平城，七日而后罢去[⑤]。令樊哙止定代地[⑥]。立兄刘仲[⑦]为代王。

【注释】

①匈奴：也称"胡"。先后叫"鬼方""混夷""猃狁""山戎"。马邑：县名。治所在今山西省朔州市。当时为韩王信的国都。②白土：县名。治所在今内蒙古自治区鄂尔罗斯市。曼丘臣：韩王信的将领。姓曼丘，名臣。王黄：韩王信的部将。③什二三：十分之二三。什，通"十"。④平城：县名。在今山西省大同市东北。⑤"匈奴围我平城"二句：高

祖被匈奴围于平城东南的白登山，七日不得食。后用陈平计，厚赂匈奴阏氏（yān zhī，匈奴语称王后），阏氏以“两主不相困”等语劝冒顿单于解围一角，汉军趁大雾突围，与大军会合；冒顿也收兵而去。⑥止定代地：留下来平定代地。⑦刘仲：刘邦的二哥。“仲”是他的排行。

【原文】

二月，高祖自平城过赵、雒阳，至长安[①]。长乐宫成[②]，丞相已下徙治长安[③]。

【注释】

①长安：西汉都城。在今陕西省西安市西北。②长乐宫：宫名。在长安城内东南隅，即今阎老门村。③丞相已下徙治长安：指丞相属下的整个中央政府机构，由栎阳迁至长安。已，通“以”。

【原文】

八年，高祖东击韩王信余反寇于东垣[①]。

【注释】

①余：残余。东垣（yuán）：县名。治所在今河北省石家庄市东北。

【原文】

萧丞相营作未央宫[①]，立东阙[②]、北阙、前殿、武库、太仓。高祖还，见宫阙壮甚，怒谓萧何曰：“天下匈匈[③]苦战数岁，成败未可知，是何治宫室过度也？”萧何曰：“天下方未定，故可因遂就[4]宫室。且夫天子以四海为家，非壮丽无以重威[5]，且无令后世有以加[6]也。”高祖乃说[7]。

【注释】

①未央宫：宫名。在长安城内西南隅，即今马家寨村。②阙（què）：宫殿前的高台建筑物。③匈匈：通“汹汹”，纷扰，动乱。④因遂：趁此机会。就：建成。⑤重威：使威重。即“充分显示威严”的意思。⑥加：超过。⑦说（yuè）：通“悦”。

【原文】

高祖之东垣，过柏人[1]，赵相贯高等谋弑高祖[2]，高祖心动，因不留[3]。代王刘仲弃国亡[4]，自归雒阳，废以为合阳侯[5]。

【注释】

①柏人：邑名。在今河北省隆尧县西。②贯高等谋弑高祖：赵王张敖是高祖的女婿。高祖先前在平城脱围，路过赵都时，对赵王傲慢无礼。赵相贯高等气愤不平，请杀高祖，张敖不肯。③高祖心动，因不留：据说高祖打算在柏人留宿时，心有所动。当得知县名为“柏人”时，便说：“柏人者，迫于人也。”因此不宿而去。④刘仲弃国亡：当时匈奴攻代，代王刘仲不能守，便弃国而逃。刘仲名喜，刘邦次兄。⑤废以为合阳侯：指取消刘仲的代王封爵，改封为合阳侯。合阳，即郃阳。县名。治所在今陕西省合阳县东南。

【原文】

九年，赵相贯高等事发觉，夷三族[①]。废赵王敖为宣平[②]侯。是岁，徙贵族楚昭、屈、景、怀、齐田氏[③]关中。

【注释】

①夷：灭。三族：其说不一，有说为父母、兄弟、妻子，有说为父族、母族、妻族，还有说为父、子、孙。②宣平：为张敖封号，非封邑名。③昭、屈、景、怀：都是战国时楚国王族后裔。田氏：战国时齐国王族后裔。

【原文】

未央宫成。高祖大朝诸侯群臣，置酒未央前殿。高祖奉玉卮[①]，起，为太上皇寿，曰："始大人常以臣无赖[②]，不能治产业，不如仲力。今某之业所就孰与仲多[③]？"殿上群臣皆呼万岁，大笑为乐。

【注释】

①奉：恭敬地捧着。玉卮（zhī）：玉制的酒器。②无赖：没有赖以谋生的本领。③孰与仲多：即"与仲孰多"的倒装。意思是，与刘仲相比，究竟谁的产业多？

【原文】

十年十月，淮南王黥布、梁王彭越、燕王卢绾、荆王刘贾、楚王刘交、齐王刘肥、长沙王吴芮皆来朝长乐宫。春夏无事。

七月，太上皇崩[①]栎阳宫。楚王、梁王皆来送葬。赦栎阳囚。更命郦邑曰新丰[②]。

【注释】

①崩：古代称帝王死为“崩”。②郦邑：县名。治所在今陕西省西安市临潼区东北。“新丰”，含义为“新的丰邑”。

【原文】

八月，赵相国[①]陈豨反代地。上曰：“豨尝为吾使，甚有信。代地吾所急[②]也，故封豨为列侯，以相国守代，今乃与王黄等劫掠[③]代地！代地吏民非有罪也，其赦代吏民。”九月，上自东往击之。至邯郸[④]，上喜曰：“豨不南据邯郸而阻漳水[⑤]，吾知其无能为也。”闻豨将皆故贾人也，上曰：“吾知所以与之。”乃多以金啖[⑥]豨将，豨将多降者。

【注释】

①赵相国：下文说“以相国守代”，又《汉书·高帝纪》也作“代相国陈豨反”，所以此处似应为“代相国”。②急：认为紧要；看重。③乃：竟然。劫掠：劫持，指胁迫他人一同造反。④邯郸：都邑名。即今河北省邯郸市。汉初为赵国国都。⑤漳水：水名。源出山西省，有清漳、浊漳二支，合流后流经河北、河南两省边境，东北注入古黄河。⑥啖（dàn）：引诱；利诱。

【原文】

十一年，高祖在邯郸诛豨等未毕，豨将侯敞将万余人游行[①]，王黄军曲逆[②]，张春渡河击聊城[③]。汉使将军郭蒙[④]与齐将击，大破之。太尉周勃道[5]太原入，定代地。至马邑，马邑不下，即攻残之。

【注释】

①游行：游击；运动作战。②曲逆（yù）：县名。治所在今河北省顺平县东南。③张春：陈豨部将。河：黄河。聊城：县名。治所在今山东省聊城市东昌府区西北。④郭蒙：汉将。曾以都尉为汉守敖仓，后封东武侯。⑤道：从；由。

【原文】

豨将赵利守东垣，高祖攻之，不下。月余，卒骂高祖，高祖怒。城降，令出骂者斩之，不骂者原[1]之。于是乃分赵山北[2]，立子恒[3]以为代王，都晋阳[4]。

【注释】

①原：原宥；赦罪。②分赵山北：将赵国常山（即恒山）以北地区划归代国。③恒：即汉文帝刘恒，薄太后所生。④晋阳：县名。治所在今山西省太原市西南古城晋源区晋源街道。当时为太原郡治。

【原文】

春，淮阴侯韩信谋反关中，夷三族。

夏，梁王彭越谋反[1]，废迁蜀；复欲反，遂夷三族。立子恢[2]为梁王，子友[3]为淮阳王。

【注释】

①彭越谋反：高祖领兵讨伐陈豨时，向彭越征兵，彭越称

病不去。部将扈辄劝他叛变，彭越没有答应。②恢：即刘恢。高祖第五子，后徙为赵共王。③友：即刘友。高祖第六子，后徙为赵幽王。

【原文】

秋七月，淮南王黥布反[①]，东并荆王刘贾地，北渡淮，楚王交走入薛。高祖自往击之。立子长[②]为淮南王。

【注释】

①黥布反：高祖杀死彭越后，把他剁成肉酱分赐各诸侯。黥布见状大恐，便决定叛变。②长：即刘长。高祖第七子。

【原文】

十二年十月，高祖已击布军会甀[①]，布走，令别将追之。

【注释】

①会甀（kuài chuí）：邑名。在今安徽省宿州市埇桥区西南。当时属蕲县。

【原文】

高祖还归，过沛，留。置酒沛宫，悉召故人父老子弟纵酒[①]，发沛中儿得百二十人，教之歌。酒酣，高祖击筑[②]，自为歌诗曰：“大风起兮云飞扬，威加海内兮归故乡，安得猛士兮守四方！”令儿皆和习之。高祖乃起舞，慷慨伤怀，泣数行下。谓沛父兄曰：“游子悲[③]故乡。吾虽都关中，万岁后吾魂魄犹乐思沛。且朕自沛公以诛暴逆，遂有天下，其以沛为朕汤沐邑[④]，复其民，世世无有所与[⑤]。”沛父兄诸母故人日乐饮极骥，道旧故为笑乐[6]。十余日，高祖欲去，沛父兄固请留高祖。高祖曰："吾人众多，父兄不能给[7]。"乃去。沛中空县皆之邑西献[8]。高祖复留止，张饮三日[9]。沛父兄皆顿首[10]曰："沛幸得复，丰未复，唯陛下哀怜之。"高祖曰："丰吾所生长，极不忘耳，吾特[11]为其以雍齿故反我为魏。"沛父兄固请，乃并复丰，比[12]沛。于是拜沛侯刘濞[13]为吴王。

【注释】

①纵酒：开怀饮酒。②筑：古代的一种弹拨乐器。外形像筝，有十三弦，演奏时左手按弦，右手以竹尺击弦发音。③游子：行游之客。悲：这里是"想念""眷恋"的意思。④其：副词。表祈使。汤沐邑：原指古代天子在自己的领地内，赐给诸侯以供其朝拜天子时住宿、斋戒、沐浴的封地，后用以称天子、诸侯、皇后、公主等的私邑。⑤无有所与（yù）：与徭役没有关系，即不服任何徭役。⑥道旧故：谈论往事。⑦给：供给。⑧空县：意谓全县出动。献：指献酒食。⑨张饮：在郊外搭起帐篷饯饮。张，通"帐"。⑩顿首：叩头。⑪特：只是。⑫比：比照。⑬刘濞（前216—前154）：刘仲次子。二十岁为骑将，随高祖破黥布有功。高祖为了加强对东南一带的统治，特封他为吴王。

【原文】

汉将别击布军洮水①南北，皆大破之，追得斩布鄱阳。

【注释】

①洮水：水名。在今湖南省永州市零陵区境内。《水经

注》载："洮水出洮阳县西南，东流注入湘水。"今广西全州，为汉洮阳县地。

【原文】

樊哙别将兵定代①，斩陈豨当城②。

【注释】

①樊哙别将兵定代：《汉书·高帝纪》作"周勃定代"，且《樊哙列传》中无定代之事，疑此处史文有误。②当城：邑名。在今河北省蔚县东。

【原文】

十一月，高祖自布军①至长安。十二月，高祖曰："秦始皇帝、楚隐王②陈涉、魏安釐王、齐缗王、赵悼襄王皆绝无后，予守冢各十家，秦皇帝二十家，魏公子无忌③五家。"赦代地吏民④为陈豨、赵利所劫掠者，皆赦之。陈豨降将言豨反时，燕王卢绾使人之豨所，与阴谋。上使辟阳侯⑤迎绾，绾称病。辟阳侯归，具言绾反有端⑥矣。二月，使樊哙、周勃将兵击燕王绾。赦燕吏民与反者。立皇子建⑦为燕王。

【注释】

①布军：指征讨黥布叛乱的大军。②楚隐王：即陈涉。"隐"是他的谥号。③魏公子无忌：即信陵君（？—前243）。魏安釐王异母弟，战国时著名"四公子"之一。④赦代地吏民：下句既有"皆赦之"，这句的"赦"字当删。⑤辟阳侯：即审食其（yì jī）：刘邦同乡。受吕后宠信，封辟阳侯，后官

至左丞相。文帝时被淮南厉王刘长击杀。辟阳，县名。治所在今河北省衡水市冀州区东南。⑥端：迹象；苗头。⑦建：即刘建。高祖第八子。

【原文】

高祖击布时，为流矢所中，行道病[①]。病甚，吕后迎良医。医入见，高祖问医。医曰："病可治[②]。"于是高祖嫚骂之曰："吾以布衣提三尺剑取天下，此非天命乎？命乃在天，虽扁鹊何益[③]！"遂不使治病，赐金五十斤罢之。已而[④]吕后问："陛下百岁后，萧相国即[⑤]死，令谁代之？"上曰："曹参可。"问其次，上曰："王陵可。然陵少戆[⑥]，陈平可以助之。陈平智有余，然难以独任。周勃重厚少文[⑦]，然安刘氏者必勃也，可令为太尉。"吕后复问其次，上曰："此后亦非而[⑧]所知也。"

【注释】

①行道病：在途中患病。②病可治：这是医生婉转的说法。③扁鹊：战国时名医。姓秦，名越人。齐国勃海鄚（今河北省任丘市）人。因医术高明，人们便以传说中黄帝时的神医扁鹊相称。④已而：随后；不久。⑤即：倘若；如果。⑥少：稍微。戆（zhuàng）：憨厚刚直。⑦重厚少文：稳重厚道，但缺少文才。⑧而：通"尔"。

【原文】

卢绾与数千骑居塞下候伺[①]，幸[②]上病愈自入谢。

【注释】

①候伺：侦察。这里是观望等待的意思。②幸：希望。

【原文】

四月甲辰[1]，高祖崩长乐宫。四日不发丧。吕后与审食其谋曰："诸将与帝为编户民[2]，今北面为臣，此常怏怏[3]，今乃事少主[4]，非尽族是[5]，天下不安。"人或闻之，语郦将军[6]。郦将军往见审食其，曰："吾闻帝已崩，四日不发丧，欲诛诸将。诚如此，天下危矣。陈平、灌婴将十万守荥阳，樊哙、周勃将二十万定燕、代，此闻帝崩，诸将皆诛，必连兵还乡[7]以攻关中。大臣内叛，诸侯外反，亡可翘足而待[8]也。"审食其入言之，乃以丁未发丧[9]，大赦天下。

【注释】

①四月甲辰：即前195年夏历四月二十五日。②编户民：编入户籍的平民。③此：此辈；这班人。怏（yàng）怏：因不平或不满而闷闷不乐的样子。④少主：小主子。指汉惠帝刘盈。⑤族：族诛；灭族。是：这些人。指诸将。⑥郦将军：即郦商。郦食其的弟弟。⑦还乡：反向；回过头来。乡，通"向"。⑧可翘（qiáo）足而待：指可在短时间内实现。翘足，跷起二郎腿。翘，通"跷"。⑨丁未：夏历四月二十八日。

【原文】

卢绾闻高祖崩，遂亡入匈奴。

丙寅[1]，葬。己巳，立太子[2]，至太上皇庙。群臣皆曰："高祖起微细[3]，拨乱世反之正[4]，平定天下，为汉太祖，功最高。"上尊号[5]为高皇帝。太子袭号为皇帝，孝惠帝也。令郡国诸侯各立高祖庙，以岁时祠[6]。

【注释】

①丙寅：夏历五月十七日。②立太子：指立太子刘盈为皇帝。③当时群臣尚在议论上尊号的事，不应先称庙号“高祖”。④拨乱世反之正：治理好乱世，使之回到正轨。反，通“返”。⑤尊号：即谥（shì）号。⑥以岁时祠：每年按时祭祀。祠，通“祀”。

【原文】

及孝惠五年[1]，思高祖之悲乐[2]沛，以沛宫为高祖原庙[3]。高祖所教歌儿百二十人，皆令为吹乐，后有缺，辄[4]补之。

【注释】

①孝惠五年：即前190年。②悲乐：想念和喜爱。③原庙：即第二宗庙。④辄（zhé）：即；就。

【原文】

高帝八男：长庶[1]齐悼惠王肥；次孝惠，吕后子；次戚夫人[2]子赵隐王如意；次代王恒，已立为孝文帝，薄太后[3]子；次梁王恢，吕太后时徙为赵共王；次淮阳王友，吕太后时徙为赵幽王；次淮南厉王长；次燕王建。

【注释】

①庶：旧时称姬妾所生之子。②戚夫人：高祖宠姬。生赵王刘如意。高祖晚年曾想废掉太子刘盈，另立如意为太子，因遭大臣反对而止。高祖死后，吕后先后将戚夫人母子杀害。

③薄太后：高祖之姬。文帝刘恒即位后改称皇太后。

【原文】

太史公曰：夏之政忠[①]。忠之敝[②]，小人[③]以野，故殷人承之以敬。敬之敝，小人以鬼[④]，故周人承之以文[⑤]。文之敝，小人以僿[⑥]，故救僿莫若以忠。三王[⑦]之道若循环，终而复始[⑧]。周、秦之间，可谓文敝矣。秦政不改，反酷[⑨]刑法，岂不缪[⑩]乎？故汉兴，承敝易变[⑪]，使人不倦，得天统[⑫]矣。朝以十月。车服黄屋左纛。葬长陵[⑬]。

【注释】

①忠：忠厚朴实。②敝：坏处。③小人：本为古代统治者对劳动人民的蔑称，这里用以称平民百姓。④鬼：迷信鬼神。⑤文：讲究礼仪。⑥僿：不诚。⑦三王：指夏禹、商汤、周文王和周武王，即三代开国之王。⑧“终而复始”二句：司马迁认为秦始皇应行夏政，严刑苛政是违反三王之道循环规律的，因而招致灭亡。⑨酷：使之严酷。⑩缪：通“谬”，错误。⑪承敝易变：承受弊病，加以改变。指高祖废除秦朝苛法，与民约法三章，实行与民休息的各项政策。承，受。⑫天统：天然的顺序、规律。⑬朝以十月：以每年的十月作为诸侯王入京朝见皇帝的时间。黄屋：用黄色丝织物作顶篷的车，供帝王乘坐。长陵：高祖陵墓。在今陕西省咸阳市东北。按：“朝以十月”以下三句，文义不连贯，疑有脱误；且三句为叙事语气，与上文议论不合。从上句“得天统矣”的文气看，似为收束之语。

【译文】

高祖是沛郡丰邑县中阳里人，姓刘，字季。他的父亲是太公，母亲是刘媪。高祖未出生之前，刘媪曾经在大泽的岸边休息，梦中与神交合。当时，雷鸣电闪，天昏地暗，太公正好前去看她，见到有蛟龙在她身上。不久，刘媪有了身孕，生下了高祖。

高祖这个人，高鼻子，一副龙的容貌，一脸漂亮的胡须，左腿上有七十二颗黑痣。他仁厚爱人，喜欢施舍，心胸豁达。他平素具有干大事业的气度，不干平常人家生产劳作的事。到了成年以后，他试着去做官，当了泗水亭这个地方的亭长，对官署中的官吏，没有不加捉弄的。他喜欢喝酒，好女色。他常常到王媪、武负那里去赊酒喝，喝醉了躺倒就睡。武负、王媪看到他身上常有龙出现，觉得这个人很奇怪。高祖每次去买酒，留在店中畅饮，买酒的人就会增加，售出去的酒达到平常的几倍。等到看见了有龙出现的怪现象，到了年终，这两家就把记账的简札折断，不再向高祖讨账。

高祖曾经到咸阳去服徭役。有一次，秦始皇出巡，允许人们随意观看。他看到了秦始皇，长叹一声说："唉，大丈夫就应该像这样！"

单父人吕公与沛县县令要好，为躲避仇人投奔县令这里来作客，于是就在沛县安了家。沛中的豪杰、官吏们听说县令有贵客，都前往祝贺。萧何当时是县令的属官，掌管收贺礼事宜，他对那些送礼的宾客们说："送礼不满千金的，让他坐到堂下。”高祖做亭长，平素就看不起这帮官吏，于是在进见的名帖上谎称“贺钱一万”，其实他一个钱也没带。名帖递进去了，吕公见了高祖大为吃惊，赶快起身，到门口去迎接他。吕公这个人喜欢给人相面，看见高祖的相貌，就非常敬重他，把他领到堂上坐下。萧何说：“刘季一向满口说大话，很少做成什么事。”高祖就趁机戏弄那些宾客，干脆就坐到上座去，一点儿也不谦让。酒喝得尽兴了，吕公于是向高祖递眼色，让他一定留下来。高祖喝完了酒，就留在后面。吕公说：“我从年轻的时候就喜欢给人相面，经我给相面的人多了，没有谁能比得上你刘季的面相，希望你好自珍爱。我有一个亲生女儿，愿意许给你做你的洒扫妻妾。”酒宴散了，吕媪对吕公大为恼火，说：“你起初总是想让这个女儿出人头地，把她许配给个贵人。沛县县令跟你要好，想娶这个女儿你不同意，今天你为什么随随便便地就把她许给刘季了呢？”吕公说：“这不是女人家所懂得的。”他终于把女儿嫁给刘季了。吕公的女儿就是吕后，生了孝惠帝和鲁元公主。

高祖做亭长的时候，经常请假回家到田里去。有一次，吕后和孩子正在田中除草，有一老汉从这里经过讨水喝，吕后让他喝了水，还拿饭给他吃。老汉给吕后相面说：“夫人真是天下的贵人。”吕后又让他给两个孩子相面，他见了孝惠帝，说：“夫人之所以显贵，正在于这个男孩子。”他又给鲁元相面，同样是富贵面相。老汉走后，高祖正巧从旁边的房舍走来。吕后就把刚才那老人经过此地，给他们看相，说他们母子都是富贵之相的情况，原原本本地告诉了高祖。高祖问这个人在哪儿，吕后说："还走不远。"于是，高祖就去追上了老汉，问他刚才的事。老汉说："刚才我看贵夫人及子女的面相都很像您，您的面相简直是贵不可言。"高祖于是道谢说："如果真的像老人家所说，我决不会忘记你的恩德。"等到高祖显贵的时候，始终不知道老汉的去处。

高祖做亭长时，喜欢戴用竹皮编成的帽子。他让掌管捕盗的差役到薛地去制作，经常戴着。到后来显贵了，仍旧经常戴着。人们所说的"刘氏冠"，指的就是这种帽子。

高祖以亭长的身份为沛县押送徒役去郦山，徒役们有很多在半路逃走了。高祖估计等到了郦山也就会都逃光了，所以走到丰西大泽中时，就停下来饮酒，入夜后，他解开役徒的绳索放役徒们走。高祖说："你们都逃命去吧，从此我也要远远地走了！"徒役中有十多个壮士愿意跟随他一块儿走。高祖乘着酒意，夜里抄小路通过沼泽地，让一个在前边先走。走在前边的人回来报告说："前边有条大蛇挡在路上，我们想往回走。"高祖已醉，说："大丈夫走路，有什么可怕的！"于是，他赶到前面，拔剑去斩大蛇。大蛇被斩成两截，道路通了，继续往前走了几里，醉得厉害了，就躺倒在地上。后边的人来到斩蛇的地方，看见有一老妇在暗夜中哭泣。有人问她为什么哭，老妇人说："有人杀了我的孩子，我在哭他。"有人问："你的孩子为什么被杀呢？"老妇说："我的孩子是白帝之子，变化成蛇，挡在道路中间，如今被赤帝之子杀了，我就是为这个哭啊。”众人以为老妇人是在说谎，正要打她，老妇人却忽然不见了。后面的人赶上了高祖，高祖醒了。那些人把刚才的事告诉了高祖，高祖心中暗暗高兴，更加自负。那些追随他的人也渐渐地畏惧他了。

秦始皇帝曾说：“东南方有象征天子的一团云气。”于是，他巡游东方，想借此把它压下去。高祖怀疑自己带着这团云气，就逃到外边躲避起来，躲在芒山、砀山一带的深山湖泽间。吕后和别人一起去找，常常能找到他。高祖奇怪地问她怎么能找到，吕后说：“你所在的地方，上空常有一团云气，顺着去找就常常能找到你。”高祖心里更加欢喜。沛县的年轻人中有人听说了这件事，因此许多人都愿意依附于他。

秦二世元年的秋天，陈胜等在蕲县起事，打到陈的时候，自称为王，定国号为“张楚”，取张大楚国之意，许多郡县都杀了他们的长官来响应陈涉。沛县县令非常惊恐，也想率领沛县的人响应陈涉。于是，主吏萧何、狱曹掾曹参说：“您作为秦朝的官吏，现在想背叛秦朝，率领沛县的子弟起义，恐怕没有人会听从命令。希望您召回那些在外逃亡的人，可召集到几百人，用他们来胁迫众人，众人就不敢不听从命令了。”于是，派樊哙去叫刘季。这时，刘季的追随者已经有几十人或者到一百人了。

樊哙跟着刘季一块儿回来了。沛令在樊哙走后后悔了，害怕刘季来了会发生什么变故，就关闭城门，据守城池，不让刘季进城，而且想要杀掉萧何、曹参。萧何、曹参害怕了，越过城池来依附刘季，以求得保护。于是，刘季用帛写了封信射到城上去，向沛县的父老百姓宣告说："天下百姓为秦政所苦已经很久了。现在，父老们虽然为沛令守城，但是各地诸侯全都起来了，现在很快就要屠戮到沛县。如果现在沛县父老一起把沛令杀掉，从年轻人中选择可以拥立的人立他为首领，来响应各地诸侯，那么你们的家室就可得到保全。不然的话，全县老少都要遭屠杀，那时就什么也做不成了。"于是，沛县父老率领县中子弟一起杀掉了沛令，打开城门迎接刘季，想要让他当沛县县令。刘季说："如今正当乱世，诸侯纷纷起事，如果安排将领人选不妥当，就将一败涂地。我并不敢顾惜自己的性命，只是怕自己能力小，不能保全父老兄弟。这是一件大事，希望大家一起推选能胜任的人。"萧何、曹参等都是文官，都顾惜性命，害怕起事不成遭到满门抄斩之祸，极力地推让刘季。城中父老也都说："平素听说刘季那么多奇异之事，必当显贵，而且占卜没有谁比得上你刘季最吉利。"刘季还是再三推让。众人没有敢当沛县县令的，就立刘季做了沛公。于是，在沛县祭祀能定天下的黄帝和善制兵器的蚩尤，把牲血涂在旗鼓上，以祭旗祭鼓，旗帜都是红色的。这是由于被杀的那条蛇是白帝之子，而杀蛇那个人是赤帝之子，所以崇尚红色。那些年轻有为的官吏如萧何、曹参、樊哙等都为沛公去招收沛县中的年轻人，共招了二三千人，一起攻打胡陵、方与，然后退回驻守丰邑。

秦二世二年（前208），陈涉手下大将周章率军攻打到戏水，被章邯打败又退回去了。燕、赵、齐、魏各国都自立为王。项梁、项羽在吴县起兵，秦朝泗川郡监名叫平的率兵包围了丰邑。两天之后，沛公率众出城与秦军交战，打败了秦军。沛公命雍齿守卫丰邑，自己率领部队到薛县去。泗川郡守壮在薛县被打败，逃到戚县，沛公的左司马曹无伤抓获泗川郡守壮并杀了他。沛公把军队撤到亢父，一直到方与，没有发生战斗。陈王胜派魏国人周市来夺取土地。周市派人告诉雍齿说："丰邑是过去魏国国都迁来的地方。现在，魏地已经平定的有几十座城。你如果归降魏国，魏国就封你为侯驻守丰邑。如果不归降，我就要屠戮丰邑。"雍齿本来就不愿意归属于沛公，等到魏国来招降了，立刻就反叛了沛公，为魏国守卫丰邑。沛公带兵攻打丰邑，没有攻下。沛公生病了，退兵回到沛县。沛公怨恨雍齿和丰邑的子弟背叛他，又听说东阳县的宁君、秦嘉立景驹做了代理王，驻守留县，于是前去投奔他，想向他借兵去攻打丰邑。这时候，秦朝将领章邯正在追击陈胜的军队，章邯的别将司马尼带兵向北平定楚地，屠戮了相县，到了砀县。东阳宁君、沛公领兵向西，和司马尼在萧县西交战，战事不利，就退回来收拢兵卒聚集在留县，然后带兵攻打砀县，攻了三天就攻下来了。于是，收集砀县的兵卒，共得到五六千人。攻打下邑，攻了下来。退兵驻扎丰邑。听说项梁在薛县，就带着一百多随从骑兵前去见项梁。项梁又给沛公增加了五千人，五大夫级的将领十人。沛公回来后，又带兵去攻打丰邑。

沛公跟从项梁一个多月，项羽已经攻下襄城回来了。项梁把各路将领全部召到薛县。听说陈王确实是死了，因而立楚国后代怀王的孙子熊心为楚王，建都盱台。项梁号称武信君。待了几个月，向北攻打亢父，援救东阿，击败了秦军。齐国军队回去了，只剩下楚军单独追击败逃之敌。另外，让沛公、项羽去攻打城阳，屠戮了城阳。军队驻扎濮阳县东边和秦军交战，打败了秦军。

秦军重新振作，守住濮阳，在城周围引水坚守。楚军撤兵去攻打定陶，没有攻下。沛公和项羽向西夺取土地，到了雍丘城下，和秦军交战，大败秦军，斩杀李由。又返回攻打外黄，没有攻下。

项梁两次打败秦军，露出骄傲的神色。宋义进谏，项梁不听。秦朝给章邯增派了军队，趁着黑夜袭击项梁军队。为了防止喧哗，让士兵口里都衔着一根横木棍，结果在定陶打败了项梁的军队，项梁战死。这时，沛公和项羽正在攻打陈留，听说项梁已死，就带兵和吕将军一起向东进军。吕臣的军队驻扎彭城的东面，项羽的军队驻扎彭城的西面，沛公的军队驻扎砀县。

章邯打败了项梁的军队之后，就以为楚地的军队不值得担忧，于是渡过黄河，向北进攻赵国，大败赵军。正当这个时候，赵歇立为赵王，秦将王离在钜鹿城包围了赵歇的军队，这就是所谓的河北军。

秦二世三年（前207），楚怀王看到项梁军已被打败，害怕了，就把都城从盱台迁到彭城，把吕臣、项羽的军队合在一起由他亲自率领。任命沛公为砀郡太守，封为武安侯，统率砀郡的部队。封项羽为长安侯，号称鲁公。吕臣担任司徒，他的父亲吕青担任令尹。

赵国几次请求援救，怀王就任命宋义为上将军，项羽为次将，范增为末将，向北进兵救赵。命令沛公向西攻取土地，进军关中。和诸将相约，谁先进入函谷关平定关中，就让谁在关中做王。

这时候，秦军强大，常常乘着胜利的威势追击败逃之敌，诸将中没有人认为先入关是有利的事。只有项羽恨秦军打败了项梁的军队，很激愤，愿意和沛公一起西进入关。怀王手下的老将们都说："项羽这个人敏捷勇猛，却又奸猾伤人。项羽曾经攻下襄城，那里的军民没有一个活下来，都被他活埋了。凡是他经过的地方，没有不被毁灭的。再说，多次进攻，先前陈王、项梁都被打败了，不如改派忠厚老实的人，实行仁义，率军西进，向秦地的父老兄弟讲明道理。秦地父老兄弟因为他们的君主暴虐而受苦已经很久了，现在如果真的能有个忠厚老实的人前去，不欺压百姓，才会使秦地降服。项羽只是敏捷勇猛，不能派他去。现在，只有沛公一向忠厚老实，可以派他去。"怀王最终没有答应项羽，而派了沛公率领大军向西去夺取土地，一路收拢陈胜、项梁的散兵。沛公取道砀县到达成阳，与杠里的秦军对垒相持，结果击败了秦军的两支部队。楚军又出兵攻击王离，把王离打得大败。

沛公率兵西进，在昌邑与彭越相遇。于是，和他一起攻打秦军，战事不利。撤兵到栗县，正好遇到刚武侯，就把他的军队夺了过来，大约有四千人，并入了自己的军队。又与魏将皇欣、魏申徒武蒲的军队合力攻打昌邑，没有攻下。沛公继续西进，经过高阳。郦食其负责看管城门，他说："各路经过此地的多了，我看只有沛公才是个德行高尚忠厚老实的人。"于是前去求见，游说沛公。沛公当时正岔开两腿坐在床上，让两个女子给他洗脚。郦食其见了并不叩拜，只是略微俯身作了个长揖，说："如果您一定要诛灭没有德政的暴秦，就不应该坐着接见长者。"于是，沛公站起身来，整理衣服，向他道歉，把他请到上坐。郦食其劝说沛公袭击陈留，得到了秦军储存的粮食。沛公就封郦食其为广野君，任命他的弟弟郦商为将军，统率陈留的军队，与沛公一起攻打开封，没有攻下。继续向西，与秦将杨熊在白马打了一仗，又在曲遇东面打了一仗，大破秦军。杨熊逃到荥阳去了，秦二世派使者将他斩首示众。沛公又向南攻打颍阳，屠戮了颍阳。通过张良的关系，占领了韩国的轘辕险道。

这时候，赵国的别将司马卬正想渡过黄河，进入函谷关。沛公就向北进攻平阴，截断黄河渡口。又向南进军，与秦军在洛阳东面交战，战事不利，退回到阳城，聚集军中的骑兵，在南阳县东面和南阳太守吕齮交战，打败了秦军，攻取了南阳郡，南阳郡守吕齮逃跑了，退守宛城。沛公率兵绕过宛城西进，张良进谏说："您虽然想赶快入关，但目前秦兵数量仍旧很多，又凭借险要地势进行抵抗。如果现在不攻下宛城，那么宛城的敌人从背后攻击，前面又有强大的秦军，这是一条危险的道啊。”于是，沛公连夜率兵从另一条道返回，更换旗帜，黎明时分，把宛城紧紧围住，围了好几圈。南阳郡守想要自刎。他的门客陈恢说：“现在自刎还太早。”于是，越过城墙去见沛公，说：“我听说您和诸侯约定，先攻入咸阳的就让他在那里做王。现在，您停下来攻打宛城。宛城是个大郡的都城，相连的城池有几十座，人民众多，积蓄充足，官民都认为投降肯定要被杀死，所以都决心据城坚守。现在，您整天停在这里攻城，士兵伤亡必定很多。如果率军离去，宛城军队一定在后面追出。这样一来，您向西前进就会错过先进咸阳在那里称王的约定，后面又有宛城强大军队袭击的后患。替您着想，倒不如约定条件投降，封赏南阳太守，让他留下来守住南阳，您率领宛城的士兵一起西进。那些还没有降服的城邑听到了这个消息，一定会争着打开城门等候您。您就可以通行无阻地西进，不必担心什么了。”沛公说：“好！”于是，封宛城郡守为殷侯，封给陈恢一千户。从此，沛公率兵继续西进，所经过的城邑没有不降服的。到了丹水，高武侯鳃、襄侯王陵也在西陵归降了。沛公又回转来攻打胡阳，遇到了番君的别将梅鋗，就跟他一起，降服了析县和郦县。沛公派遣魏国人宁昌出使秦地，甯昌还没有回来。这时，秦将章邯已经在赵地率军投降项羽了。

当初，项羽和宋义向北去救赵，等到项羽杀了宋义，代替他做了上将军，各路将领如黥布等都归属了项羽；打败了秦将王离的军队，降服了章邯，诸侯都归附了项羽。赵高杀了秦二世之后，派人来求见，想和沛公定约在关中分地称王，沛公以为其中有诈，就用了张良的计策，派郦生、陆贾去游说秦将，并用财利进行引诱，乘此机会前去偷袭武关，攻了下来。又在蓝田南面与秦军交战。增设疑兵旗帜，命令全军，所过之处，不得掳掠，秦地的人都很高兴，秦军瓦解，因此大败秦军。接着，在蓝田的北面与秦军交战，又大败秦军。于是乘胜勇战，终于彻底打败了秦军。

汉元年（前206）十月，沛公的军队在各路诸侯中最先到达霸上。秦王子婴驾着白车白马，用丝绳系着脖子，封好皇帝的御玺和符节，在轵道旁投降。将领们有的说应该杀掉秦王。沛公说：“当初，怀王派我攻关中，就是认为我能宽厚容人。再说人家已经投降了，又杀掉人家，这么做不吉利。”于是，把秦王交给主管官吏，就向西进入咸阳。沛公想留在秦宫中休息，樊哙、张良劝阻，这才下令把秦宫中的贵重宝器财物和库府都封好，然后退回来驻扎霸上。沛公召来各县的父老和有才德有名望的人，对他们说：“父老们苦于秦朝的苛虐法令已经很久了，批评朝政得失的要灭族，相聚谈话的要处以死刑。我和诸侯们约定，谁首先进入关中就在这里做王，所以我应当当关中王。现在，我和父老们约定，法律只有三条：杀人者处死刑，伤人者和抢劫者依法治罪。其余凡是秦朝的法律全部废除。所有官吏和百姓都像往常一样，安居乐业。总之，我到这里来，就是要为父老们除害，不会对你们有任何侵害，请不要害怕！再说，我之所以把军队撤回霸上，是想等着各路诸侯到来，共同制定一个规约。”随即派人和秦朝的官吏一起到各县镇乡村去巡视，向民众讲明情况。秦地的百姓都非常喜悦，争着送来牛羊酒食，慰劳士兵。沛公推让不肯接受，说：“仓库里的粮食不少，并不缺乏，不想让大家破费。”人们更加高兴，唯恐沛公不在关中做秦王。

有人游说沛公说：“秦地的富足是其他地区的十倍，地理形势又好。现在听说章邯投降项羽，项羽给他的封号是雍王，在关中称王。如今要是他来了，沛公您恐怕就不能拥有这个地方了。可以赶快派军队守住函谷关，不要让诸侯军进来。并且逐步征集关中的兵卒，加强自己的实力，以便抵抗他们。”沛公认为他的话有道理，就依从了他的计策。十一月中旬，项羽果然率领诸侯军西进，想要进入函谷关。可是，关门闭着。项羽听说沛公已经平定了关中，非常恼火，就派黥布等攻克了函谷关。十二月中旬，到达戏水。沛公的左司马曹无伤听说项羽发怒，想要攻打沛公，就派人去对项羽说：“沛公要在关中称王，让秦王子婴做丞相，把秦宫所有的珍宝都据为己有。”曹无伤想借此求得项羽的封赏。亚父范增劝说项羽攻打沛公，项羽正在犒劳将士，准备次日和沛公会战。这时，项羽的兵力有四十万，号称百万；沛公的兵力有十万，号称二十万，实力抵不过项羽。恰巧项伯要救张良，使他不至于与沛公一起送死，趁夜来沛公军营见张良，因而有机会让项伯向项羽说了一番道理，项羽这才作罢。次日，沛公带了百余名随从骑兵驱马来到鸿门见项羽，向他道歉。项羽说："这是沛公左司马曹无伤说的，不然我怎么会这样呢？"沛公因为是带着樊哙、张良去的，才得以脱身返回。回到军营，沛公立即杀了曹无伤。

项羽于是向西行进，一路屠杀，焚烧了咸阳城内的秦王朝宫室，所经过的地方，没有不遭毁灭的。秦地的人们对项羽非常失望，但又害怕，不敢不服从他。

项羽派人回去向怀王报告并请示。怀王说："按原来约定的办。"项羽怨恨怀王当初不肯让他和沛公一起西进入关，却派他到北边去救赵，结果没能率先入关，落在了别人之后。他说："怀王是我家叔父项梁拥立的，他没有什么功劳，凭什么能主持定约呢！平定天下的，本来就是各路将领和我项籍。"于是，他假意推尊怀王为义帝，实际上并不听从他的命令。

正月，项羽自立为西楚霸王，统治梁地、楚地的九个郡，建都彭城。又违背当初的约定，改立沛公为汉王，统治巴蜀、汉中之地，建都南郑。把关中分为三份，封给秦朝的三个降将：章邯为雍王，建都废丘；司马欣为塞王，建都栎阳；董翳为翟王，建都高奴。又封楚将瑕丘申阳为河南王，建都洛阳。封赵将司马卬为殷王，建都朝歌。把赵王歇改封到代地为代王。封赵相张耳为常山王，建都襄国。封当阳君黥布为九江王，建都六县。封怀王的柱国共敖为临江王，建都江陵。封番君吴芮为衡山王，建都邾县。封燕将臧荼为燕王，建都蓟县。把原燕王韩广改封到辽东为辽东王。韩广不接受，臧荼就率军去攻打，在无终把他杀了。项羽又封给成安君陈馀河间周围的三个县，让他住在南皮县。封给梅铜十万户。

四月，各路诸侯在项羽的大将军旗帜下罢兵，回各自的封国去。汉王也前往封国，项羽派了三万士兵随从前往，楚国和诸侯国中因为敬慕而跟随汉王的有几万人，他们从杜县往南进入蚀地的山谷中。军队过去以后，在陡壁上架起的栈道就全部烧掉，为的是防备诸侯或其他强盗偷袭，也是向项羽表示没有东进之意。到达南郑时，部将和士兵有许多人在中途逃跑回去了，士兵们都唱着歌，想东归回乡。韩信劝说汉王道："项羽封有功的部将，却偏偏让您到南郑去，分明是流放您。部队中的军官、士兵大都是崤山以东的人，他们日夜踮起脚跟东望，盼着回归故乡。如果趁着这种心气极高的时候利用他们，可以建大功。如果等到天下平定以后人们都安居乐业了，就再也用不上他们了。不如立即决策，率兵东进，与诸侯争权夺天下。"

项羽出了函谷关，派人让义帝迁都，并对义帝说："古代帝王拥有纵横各千里的土地，而且一定要居住在江河的上游。"派使者把义帝迁徙到长沙郡的郴县，催促他赶快起程，群臣于是渐渐背叛了他，项羽就秘密命令衡山王、临江王去杀义帝，把义帝杀死在江南。项羽怨恨田荣，就封齐将田都为齐王。田荣很生气，就自立为齐王，杀掉田都，反叛楚王；又把将军印授给了彭越，让他在梁地反楚。楚派萧公角去攻打彭越，被彭越打得大败。陈馀怨恨项羽不封自己为王，就派夏说去游说田荣，向他借兵攻打张耳。齐国给了陈馀一些兵力，打败了常山王张耳。张耳逃走，归附了汉王。陈馀从代地把赵王歇接回赵国，重新立为赵王。赵王因此立陈馀为代王。项羽大为恼怒，发兵向北攻打齐国。

八月，汉王采用韩信的计策，顺原路返回关中，袭击雍王章邯。章邯在陈仓迎击汉军，雍王的军队被打败，退兵逃走；在好畤停下来再战，又被打败，逃到废丘。汉王于是平定了雍地。汉王向东挺进咸阳，率军在废丘包围雍王，并派遣将领们去夺取土地，平定了陇西、北地、上郡。派将军薛欧、王吸带兵出武关，借着王陵兵驻南阳，到沛县去接太公、吕后。楚王听说后，派兵在阳夏阻截，汉军不能前进。楚又封原吴县县令郑昌为韩王，以抵拒汉军。

二年（前205），汉王向东夺取土地，塞王司马欣、翟王董翳、河南王申阳都归降了汉王。韩王昌不肯归降，汉王派韩信打败了他。于是，把攻占的土地设置为陇西、北地、上郡、渭南、河上、中地等郡；在关外设置了河南郡。改封韩国的太尉信为韩王。汉王下令各路将领，率领一万人或者献出一郡之地降汉的，封给他一万户。修筑河上郡的要塞。原先秦朝供帝王游玩打猎的园林，都允许人们去耕种。正月，俘虏了雍王的弟弟章平。大赦天下罪犯。

汉王出了函谷关到达陕县，抚慰关外的父老，回来后，张耳前来求见。汉王对他十分厚待。

二月，下令废除秦的社稷，改立汉的社稷。

三月，汉王从临晋渡黄河，魏王豹带兵跟随着。攻下河内，俘虏了殷王司马卬，设置了河内郡。又率军向南渡过平阴津，到达雒阳。新城县一位掌管教化的三老董公拦住了汉王，向他说了义帝被杀的情况。汉王听后，袒露左臂失声大哭。随即下令为义帝发丧，哭吊三天。派使者通告各诸侯说："天下诸侯共同拥立义帝，称臣侍奉。如今，项羽在江南放逐并杀害了义帝，这是大逆不道。我亲自为义帝发丧，诸侯也都应该穿白戴素。我将发动关中全部军队，聚集河南、河东、河内三郡的士兵，向南沿长江、汉水而下，我希望与诸侯王一起去打楚国那个杀害义帝的罪人！"

这时候，项羽正在北方攻打齐国，田荣和他在城阳交战。田荣被打败，逃往平原县，平原县的民众杀了他。齐国各地也都归降楚国。楚军放火焚毁了齐国的城邑，掠走了齐人的子女，齐国人十分愤怒，又反叛楚国了。田荣的弟弟田横立田荣的儿子田广为齐王。齐王已在城阳举兵反楚。项羽虽然听说汉王已经到东方来了，但因为已经与齐军连续作战多日，就想在打败齐军之后再去迎击汉军。汉王因此得以挟持常山王张耳、河南王申阳、韩王郑昌、魏王魏豹、殷王司马卬五诸侯的军队，攻入彭城。项羽闻讯，立即率兵离开齐国，从鲁县穿过胡陵到达萧县，跟汉军在彭城灵壁以东的睢水上激战，大败汉军，杀了许多汉兵，睢水因此被阻塞不能畅流。项羽又派人从沛县掳来了汉王的父母妻子、儿女，把他们扣留在军中做人质。当时，诸侯们见楚军强大，汉军被打败，又都背离了汉王而去帮助楚王。塞王司马欣逃入楚国。

吕后的哥哥周吕侯为汉王率兵驻扎下邑。汉王去投奔他，逐渐聚拢士卒，驻扎砀县。然后率军向西，经过梁地，到达虞县。汉王派使者随何到九江王黥布那里去，汉王说："您如果能说服黥布发兵反楚，项羽一定会暂停时留在那里攻击黥布。只要项羽军停留几个月，我就一定能取得天下。"随何前去游说九江王黥布。黥布果然反楚。楚派龙且前去攻打他。

汉王在彭城兵败向西撤退的时候，途中派人去寻找家室，家室都已逃走，没有找到他们。败退途中，只找到了孝惠。六月，立孝惠为太子，大赦罪犯。让太子守卫栎阳，把在吴中的各诸侯的儿子也都集中到栎阳来守卫。接着，引水灌废丘，废丘降汉，章邯自杀。把废丘改名为槐里。于是，命令掌管祭祀的祠官祭祀天地、四方、上帝、山川，要按时祭祀。又发动关内的士兵去防守边塞。

这时候，九江王黥布与龙且交战，没打胜，就跟随何一起抄小路而行来归附汉王。汉王又渐渐收拢士兵，跟各路将领及吴中军队频频出动，因而声威大振于荥阳，在京、索之间击败了楚军。

三年（前204），魏王豹请假回乡去探视父母的疾病，一到魏国，就毁绝了黄河的渡口，反汉助楚。汉王派郦食其去劝说魏豹，魏豹不听。汉王就派将军韩信前去攻打，把魏军打得大败，俘虏了魏豹，于是平定了魏地，设置了三个郡：河东郡、太原郡、上党郡。汉王随即命令张耳与韩信率兵攻取井陉，攻打赵国，杀了陈馀和赵王歇。第二年，封张耳为赵王。

汉王的军队驻扎荥阳南面，修筑了一条两旁筑墙的甬道，和黄河南岸相连接，以便取用敖仓的粮食。汉王跟项羽互相对峙，持续了一年多。项羽多次侵夺汉甬道，汉军粮食缺乏，项羽于是包围了汉王。汉王请求讲和，条件是把荥阳以西的地方划归汉王。项王不答应。汉王为此而忧虑，就用陈平的计策，给了陈平黄金四万斤，用以离间项羽和范增君臣之间的关系。项羽便对亚父范增产生了怀疑。范增当时是劝项羽务必攻下荥阳，当他遭到项羽猜疑后，非常愤怒，就托词年老，希望项羽准许他乞身告退回乡为民，结果还没有到彭城就死了。

汉军粮草断绝，就趁夜把两千多名身披铠甲的女子放出东门，楚军从四面追赶围打。这时，将军纪信乘坐着汉王的车驾，假扮成汉王的样子诳骗楚军。楚军一起高呼万岁，都到城东去观看。因此，汉王才得以带着几十名随从骑兵从城西门出去逃走。出城之前，汉王命令御史大夫周苛、魏豹、枞公守卫荥阳。那些不能随从汉王出城的将领和士兵，都留在城中。周苛、枞公商量说："魏豹是已经反叛过的侯国之王，难以和他一起守城。"于是，把魏豹杀了。

汉王逃出荥阳进入关中，收拢士兵准备再次东进。袁生游说汉王说："汉与楚在荥阳相持不下好几年，汉军常陷于不利的困境。希望汉王出武关，项羽一定率军南下，那时大王加高壁垒，不出战，让荥阳、成皋一带得以休息。派韩信等去安抚河北赵地，把燕国、齐国连接起来，那时大王再兵进荥阳也不晚。这样一来，楚军就要多方防备，力量分散，而汉军得到了休整，再跟楚军作战，打败楚军，就确定无疑了。”汉王听从了他的计策，出兵于宛县、叶县间，与黥布一路行进，一路收拢人马。

项羽听说汉王在宛县，果然率军南下。汉王加固壁垒，不跟他交战。这时候，彭越渡过睢水，和项声、薛公在下邳交战，彭越大败楚军。于是，项羽就率军东进去攻打彭越。汉王同时也就率军北进，驻扎成皋。项羽打跑了彭越，听说汉王又驻进了成皋，就率军向西，攻下了荥阳，杀死了周苛、枞公，并且俘虏了韩王信，接着包围了成皋。

汉王逃走，只和滕公共乘一车从成皋北面的玉门逃出，往北渡过黄河，驱马跑到夜晚，留宿在修武。他自称是使者，在第二天清晨，冲入张耳、韩信的军营，夺了他们的军权。又派张耳往北到赵地去大量收集兵卒，派韩信东进攻打齐国。汉王夺取韩信的军队后，重新振作起来。他率领军队到了黄河岸边，面向南方，在小修武城南驻扎下来，准备与项羽再度开战。郎中郑忠劝阻汉王，让他加深壕沟，增高壁垒坚守，不要跟楚军作战。汉王听从了他的计谋，派卢绾、刘贾率兵两万人、骑兵数百名，渡过白马津，进入楚地，跟彭越的军队一起在燕县西面再次打败了楚军，接着又攻下了梁地的十多座城池。

淮阴侯韩信已受命东进，还没有渡过平原津。这时，汉王却暗中派郦食其前去游说齐王田广。田广叛楚，与汉和好，共同进攻项羽。韩信见此，本想停止攻齐，蒯通劝他还是要攻下齐国。于是，听了蒯通的主意，袭击并打攻了齐军。齐王用大鼎把郦食其煮死，向东逃到高密。项羽听说韩信已率河北军攻占了齐国、赵国，将要进攻楚国，就派龙且、周兰前去攻打韩信。韩信跟他们交战，骑将灌婴出击，大败楚军，杀了龙且。齐王田广投奔彭越。这时候，彭越带兵驻在梁地，往来袭击骚扰楚军，断绝楚军的粮食供给。

四年（前203），项羽对海春侯大司马曹咎说："你们谨慎地守住成皋。如果汉军挑战，千万不要应战，只要别让他们东进就可以了。我在十五天之内一定能平定梁地，回头再跟将军们会合。"便率兵去攻打陈留、外黄、睢阳，都攻下来了。汉军果然多次向楚军挑战，楚军都不出来。汉军派人辱骂他们，接连五六天。曹咎气愤至极，领兵横渡汜水。士兵刚刚渡过一半，汉军出击，大败楚军，缴获了楚国的全部金玉财物。大司马曹咎、长史司马欣都在汜水上自刎了。项羽到达睢阳，听说海春侯被打败，就率军赶回来。汉军这时把钟离眛围困在荥阳东面，项羽到来，汉兵已全部跑到深山险阻地带去了。

韩信攻下齐国后，派人去对汉王说："齐国和楚国临界，我的权力太小，如果不立个代理之王，恐怕不能安定齐地。"汉王想去攻打韩信，留侯张良说："不如趁此机会立他为齐王，让他自己为自己守住齐地。"于是，汉王派张良带着王印到齐国封韩信为齐王。

项羽听说龙且的军队被打败，就害怕了，派盱台人武涉去游说韩信反汉。韩信没有同意。

楚汉两军相持很久，胜负未决，年轻人厌倦了长期的行军作战，老弱者由于运送粮饷疲备不堪。汉王和项羽隔着广武涧对话。项羽要跟汉王单独决一雌雄，汉王则一项一项地列举项羽的罪状说：“当初，我和你项羽一同受怀王之命，说定了先入关中者在关中为王，你项羽违背了约定，让我在蜀汉为王，这是你的第一条罪状。你项羽假托怀王之命，杀了卿子冠军宋义，而自任上将军，这是你的第二条罪状。你项羽奉命援救了赵国，本应当回报怀王，而你项羽却擅自劫持诸侯的军队入关，这是你的第三条罪状。怀王当初约定入关后不准烧杀掳掠，你却焚毁秦朝宫室，挖了始皇帝坟墓，私自收取秦地的财物，这是你的第四条罪状。你硬是杀掉已经投降的秦王子婴，这是你的第五条罪状。你采用欺诈手段在新安活埋了二十万秦兵，却封赏他们的降将，这是你的第六条罪状。你项羽把各诸侯的将领都封在好地方，却迁移赶走原来的诸侯王田市、赵歇、韩广等，使得他们的臣下为争王位而反叛，这是你的第七条罪状。你项羽把义帝赶出彭城，自己却在那里建都，又侵夺韩王的地盘，把梁、楚之地并在一起据为己有，这是你的第八条罪状。你项羽派人在江南秘密地杀了义帝，这是你的第九条罪状。你为人臣子却谋杀君主，杀害已经投降之人，你为政不公，不守信约，不容于天下，大逆不道，这是你的第十条罪状。如今，我率领义兵和诸侯们来诛讨你这个残害人的罪人，只让那些受过刑的罪犯就可以灭掉你项羽，又何必劳累我来跟你挑战呢？”项羽十分恼怒，埋伏好的带机关的箭射中了汉王。汉王伤的是胸部，却按着脚说："这个强盗射中了我的脚趾！"汉王因受箭伤而病倒了，张良硬是请他起来出去巡行，慰劳部队，以便稳定军心，不让楚军占胜利的威势压过汉军。汉王出去巡视军营，病情加重，立即赶回了成皋。

汉王伤好后，西行入关，来到栎阳，慰问当地父老，摆设酒席，砍下原塞王司马欣的头悬挂在木杆上示众。汉王在栎阳停留了四天，又回到军中，部队驻扎广武。这时候，关中的军队出关参战的也增多了。

这时候，彭越带兵驻在梁地，往来袭击骚扰楚军，断绝楚军的粮食供给。田横前往梁地依附他。项羽多次攻击彭越等人，齐王韩信又进兵攻打楚军。项羽害怕了，就跟汉王约定，平分天下，鸿沟以西的地方划归汉，鸿沟以东的地方划归楚。项羽送回了汉王的家属，汉军官兵都呼喊万岁，然后项羽回营别去。

项羽于是撤兵东归。汉王想引兵西归，采用张良、陈平的计策，乘楚军兵疲粮尽，索性就消灭它，于是进兵追赶项羽，到阳夏南面让部队驻扎，和齐王韩信、建成侯彭越约定日期会合，共同攻击楚军。汉王到达固陵，韩信、彭越却没有来会合。楚军迎击汉军，汉军大败。汉王逃回营垒，深挖壕堑固守。又采用张良的计策派使者封给韩信、彭越土地，使他们各为自己而战，于是韩信、彭越都来会合了。黥布和刘贾进入楚地，围攻寿春，汉王却在固陵打了败仗，于是派人去招降项羽的大司马周殷，让他率领九江军队去迎接武王黥布，行军途中屠戮了城父，然后随刘贾、齐、梁诸侯的军队在垓下大会师。汉王封武王黥布为淮南王。

五年（前202），高祖和诸侯军共同进攻楚军，与项羽在垓下决战。淮阴侯韩信率领三十万大军与楚军正面对阵，他的部将孔将军在左边，费将军在右边，汉王领兵随后，绛侯周勃、柴将军跟在汉王的后面，项羽的军队大约有十万。淮阴侯首先跟楚军交锋，不利，向后退却。孔将军、费将军从左右两边纵兵攻上去，楚军不利，淮阴侯乘势再次攻上去，大败楚军于垓下。项羽的士兵听到汉军唱起了楚地的歌，以为汉军已经完全占领了楚地。项羽战败逃走，楚军因此全部崩溃。汉王派骑将灌婴追杀项羽，一直追到东城，杀了八万楚兵，终于攻占平定了楚地。只有鲁县人还为项羽坚守，不肯降服，因为怀王当初封项羽为鲁公。汉王就率领诸侯军北上，把项羽的头给鲁县的父老们看，鲁人这才投降。于是，汉王按照鲁公这一封号的礼仪，把项羽葬在穀城。然后回师定陶，驱马驰入齐王韩信的军营，夺了他的兵权。

正月，诸侯及将相们共同尊请汉王为皇帝。汉王说："我听说皇帝的尊号，贤能的人才能据有，空言虚语，不是我所要的，我可承担不了皇帝的尊号。"大臣们都说："大王从平民起事，诛伐暴逆，平定四海，有功的分赏土地封为王侯，如果大王不称皇帝尊号，人们对大王的封赏就都不会相信。我们这班人愿意以死相请求。"汉王辞让再三，实在推辞不过了，才说：“既然诸位认为这样合适，那我就为了国家的便利吧。”甲午日，汉王在氾水北面登临皇帝之位。

皇帝说：“义帝没有后代。因为齐王韩信熟悉楚地的风俗，就改封韩信为楚王，建都下邳。”封建成侯彭越为梁王，建都定陶。原韩王信仍旧为韩王，建都阳翟。改封衡山王吴芮为长沙王，建都临湘。番君的部将梅鋗有功劳，曾经随汉军进入武关，所以皇帝感激番君。淮南王黥布、燕王臧荼、赵王张敖封号都不改变。

天下全都平定了，高祖定都在雒阳，诸侯都称臣归从于高祖。原临江王共驩为项羽效忠，反叛汉朝，高祖派卢绾、刘贾去包围了他，没有攻下。过了几个月，共驩才投降，在雒阳把他杀了。

五月，士兵都遣散回家了。各诸侯子弟留在关中的，免除赋税徭役十二年，回到封国去的免除赋税徭役六年，国家供养他们一年。

高祖在雒阳南宫摆设酒宴。高祖说：“列侯和各位将领，你们不能瞒我，都要说真心话。我之能取得天下，是因为什么呢？项羽之失去天下，又是因为什么呢？”高起、王陵回答说：“陛下傲慢而且好侮辱别人，项羽仁厚而且爱护别人。可是，陛下派人攻打城池夺取土地，所攻下和降服的地方就分封给人们，跟天下人同享利益。而项羽却妒贤嫉能，有功的就忌妒人家，有才能的就怀疑人家，打了胜仗不给人家授功，夺得了土地不给人家好处，这就是他失去天下的原因。”高祖说：

“你们只知其一，不知其二。如果说运筹帷幄之中，决胜于千里之外，我比不上张子房；镇守国家，安抚百姓，供给粮饷，保证运粮道路不被阻断，我比不上萧何；统率百万大军，战则必胜，攻则必取，我比不上韩信。这三个人都是人中的俊杰，我却能够使用他们，这就是我能够取得天下的原因所在。项羽仅有的一位范增却还不信用，这就是他被我擒获的原因。”

高祖打算长期定都雒阳，齐人刘敬劝说，还有留侯张良也劝说高祖进入关中去定都，高祖当天就起驾入关，到关中去建都。六月，大赦天下。

十月，燕王臧荼造反，攻下了代地。高祖亲自率军前去讨代，擒获了燕王臧荼。当即封太尉卢绾为燕王。派丞相樊哙领兵去攻打代地。

这一年的秋天，利几造反，高祖又亲自带兵去讨伐，利几败逃。利几原先是项羽的部将。项羽失败时，利几是陈县县令，没有跟随项羽，逃出归降了高祖。高祖把他封在颍川为侯。高祖到达雒阳后，召见全部在名册的列侯，利几心里害怕，所以就造反了。

六年（前201），高祖每五天朝拜太公一次，按照一般人家父子相见的礼节。太公的家令劝说太公道：“天上不会有两个太阳，地上不应有两个君主。当今皇帝在家虽然是儿子，在天下却是万民之主。太公您在家虽然是父亲，对皇帝却是臣子，怎么能够叫万民之主拜见他的臣子呢！这样做，皇帝的威严就不能遍行天下了。”后来，高祖再去朝见太公，太公就抱着扫帚，面对门口倒退着走。高祖大为吃惊，急忙下车搀扶太公。太公说：“皇帝是万民之主，怎么能因为我而乱了天下的规矩呢！”于是，高祖就尊奉太公为太上皇，心里赞赏那个家令的话，赐给他五百斤黄金。

十二月，有人上书报告楚王韩信谋反作乱的事，高祖向左右大臣询问对策，大臣们都争着想去征讨。最后，高祖采用了陈平的计策，假装去游览云梦泽，在陈县召见诸侯，楚王韩信来迎接，就趁机拘捕他。当天，大赦天下。田肯来祝贺，趁便劝说高祖道：“陛下抓住了韩信，又在关中建都。秦地是形势险要之地，周围有山河环绕，与关东有千里长的疆界被山河阻隔。如果关东拥有百万军队，那么秦地只需兵力二万就可以抵挡住。秦地地势这样有利，如果对诸侯用兵，就像从高屋檐角的滴水器往下流水一样，居高临下，势不可挡。还有齐地，东有琅邪、即墨的富饶，南有泰山的险固，西有黄河的天险，北有渤海的地利。土地纵横各二千里，与诸侯的疆界被山水阻隔，超过千里，如果诸侯拥有百万军队，那么齐地只需二十万就可以抵挡住。所以说，齐地可以和秦地抗衡于东西。如果不是陛下的嫡亲子弟，就没有人可以派去做齐王。”高祖说：“好。”赏给他黄金五百斤。

十多天以后，封韩信为淮阴侯，把他原来的封地分为两个侯国。高祖说，将军刘贾屡次立功，就封他为荆王，统治淮水以东。又封他的弟弟刘交为楚王统治淮水以西。封皇子刘肥为齐王，统辖七十多座城，老百姓凡是能说齐国话的都属于齐国。高祖于是评定功绩，进行封赏，与各列侯剖开刻有封侯字样的符节，一半留在朝廷，一半交给受封者，以做凭证。让韩王信迁徙到太原郡。

七年（前200），匈奴在马邑攻打韩王信，韩王信就与匈奴在太原谋反。他的部将在白土城的曼丘臣、王黄拥立前赵将赵利为王，也反叛朝廷。高祖亲自率兵前往讨伐。正赶上天气寒冷，士兵们冻掉手指的有十分之二三，于是赶到平城。匈奴军队包围了平城，七天之后才撤围离去。高祖让樊哙留下平定代地。封哥哥刘仲为代王。

二月，高祖从平城出发，经过赵国、雒阳，抵达长安。长安的长乐宫建成了，丞相萧何以下的官员们都迁到长安治事了。

八年（前199），高祖又率军东进，在东垣一带追击韩王信的残余反寇。

丞相萧何主持营建未央宫，未央宫建东阙、北阙、前殿、武库、太仓。高祖回来，看到宫殿非常壮观，很生气，对萧何说："天下动荡纷乱，苦苦争战好几年，成败还不可确知，为什么要把宫殿修造得如此过分豪华壮美呢?"萧何说："正因为天下还没有安定，才可以利用这个时机建成宫殿。再说，天子以四海为家，宫殿不壮丽就无法树立天子的威严；而且让后世无法超过呀。"高祖这才高兴了。

高祖到东垣去，经过柏人县。赵相贯高等人设下埋伏，想要谋杀高祖。高祖本想在柏人留宿，可是心里一动，想到“柏人”字音与“迫人”相同，就没有住在那里。代王刘仲弃国逃亡，到雒阳投案自首。高祖废掉了他的王位，改封为合阳侯。

九年（前198），赵相贯高等人企图谋杀高祖的事情被发觉，灭了他们的三族。废掉了赵王敖的王位，改封为宣平侯。这一年，把原来楚国的贵族昭氏、屈氏、景氏、怀氏和原来齐国贵族田氏等贵族迁到关中。

未央宫建成了。高祖大会诸侯、群臣，在未央宫前殿摆设酒宴。高祖捧着玉制酒杯，起身向太上皇献酒祝福，说：“当初大人常以为我没有才能，无可依仗，不会经营产业，比不上刘仲勤苦努力。可是，现在我的产业和刘仲相比，谁的多呢？”殿上群臣都呼喊万岁，大笑取乐。

十年（前197）十月，淮南王黥布、梁王彭越、燕王卢绾、荆王刘贾、楚王刘交、齐王刘肥、长沙王吴芮都到长乐宫朝见高祖。春天和夏天，国家太平无事。

七月，太上皇在栎阳宫去世。楚王、梁王都来送葬。赦免栎阳的囚徒。把郦邑改名为新丰。

八月，赵相国陈豨在代地造反。皇上说：“陈豨曾经给我做事，很有信用。代地我认为是很重要的地方，所以封陈豨为列侯，以相国的身份镇守代地。如今，他竟然和王黄等人劫掠代地！但是，代地的官吏和百姓并没有罪，全都赦免他们。”九月，高祖亲自率军往东，前去讨伐陈豨。到达邯郸，皇上高兴地说：“陈豨不在南面据守邯郸，而阻断漳水。我就知道他没什么大出息了。”后又听说陈豨部将都是商贾出身，皇上就说：“我知道应该怎么对付他了。”于是，拿了许多黄金去利诱陈豨的部将，很多人都投降了。

十一年（前196），高祖在邯郸讨伐陈豨等人还没有完毕，陈豨的部将侯敞带领一万多人在各地往来游动作战，王黄驻扎曲逆，张春渡过黄河攻打聊城。汉派将军郭蒙和齐国的将领去攻打他们，把他们打得大败。太尉周勃从太原攻入，平定了代地。到马邑时，马邑叛军不肯降服，周勃就摧毁了马邑。

陈豨的部将赵利坚守东垣，高祖去攻打，没有攻下。攻了一个多月，东垣的士兵在城上辱骂高祖，高祖大怒。等到东垣被攻下以后，下令把辱骂过自己的人找出来斩了，不曾辱骂自己的人就宽恕了他们。随后，把赵国常山以北的地区划归代国，立皇子刘恒为代王，建都晋阳。

这年的春天，淮阴侯韩信在关中谋反，被夷灭三族。

夏天，梁王彭越谋反，废掉了他的王位，把他流放到蜀地。不久，他又想谋反，被夷灭三族。高祖就立皇子刘恢为梁王，皇子刘友为淮阳王。

秋季七月，淮南王黥布造反，向东吞并了荆王刘贾的地盘，又北渡淮河，楚王刘交被迫逃到薛国。高祖亲自率军前去讨伐。立皇子刘长为淮南王。

十二年（前195）十月，高祖在会甄击败了黥布的军队。黥布逃走，高祖派别将继续追击。

高祖回京途中，路过沛县时停留下来。在沛宫置备酒席，把老朋友和父老子弟都请来一起纵情畅饮。挑选沛中儿童一百二十人，教他们唱歌。酒喝得正痛快时，高祖自己弹击着筑琴，唱起自己编的歌："大风刮起来啊云彩飞扬，声威遍海内啊回归故乡，怎能得到猛士啊守卫四方！"让儿童们跟着学唱。于是，高祖起舞，情绪激动心中感伤，洒下行行热泪。高祖对沛县父老兄弟说："远游的赤子总是思念着故乡。我虽然建都关中，但是将来死后我的魂魄还会喜欢和思念故乡。而且我开始是以沛公的身份起兵讨伐暴逆，终于取得天下，我把沛县作为我的汤沐邑，免除沛县百姓的赋税徭役，世世代代不必纳税服役。"沛县的父老兄弟及同宗婶子大娘亲戚朋友天天快活饮酒，尽情欢宴，叙谈往事，取笑作乐。过了十多天，高祖要走了，沛县父老坚决要高祖多留几日。高祖说："我的随从人众太多，父兄们供应不起。"于是，离开沛县。这天，沛县城里全空了，百姓都赶到城西来敬献牛、酒等礼物。高祖又停下来，搭起帐篷，痛饮三天。沛县父兄都叩头请求说："沛县有幸得以免除赋税徭役，丰邑却没有免除，希望陛下可怜他们。"高祖说："丰邑是我生长的地方，我最不能忘，我只是因为当初丰邑人跟着雍齿反叛我而帮助魏王才这样的。"沛县父老仍旧坚决请求，高祖才答应把丰邑的赋税徭役也免除掉，跟沛县一样。于是，封沛侯刘濞为吴王。

汉将军在洮水南北分别进击黥布，全部打败了叛军，追到鄱阳抓获了黥布，把他斩了。

樊哙另外带兵平定了代地，在当城杀了陈豨。

十一月，高祖从讨伐黥布的军中返回长安。十二月，高祖说：“秦始皇、楚隐王陈涉、魏安釐王、齐缗王、赵悼襄王等都没有后代，分别给予守墓人十户，给秦始皇二十户，给魏公子无忌五户。”代地的官吏、百姓，凡是为陈豨、赵利所劫持的，全部赦免。陈豨的降将说，陈豨造反时，燕王卢绾曾经派人到陈豨那里跟他密谋。高祖派辟阳侯审食其召卢绾进京，卢绾推说有病不来。辟阳侯回来后，详细报告说卢绾谋反，事有端绪。二月，高祖派樊哙、周勃带兵讨伐燕王卢绾。赦免了燕地参与造反的官吏与百姓。立皇子刘建为燕王。

高祖讨伐黥布的时候，被飞箭射中，在回来的路上生了病，病得很厉害。吕后为他请来了一位好医生。医生进宫拜见，高祖问医生病情如何。医生说：“可以治好。”于是，高祖骂他说：“就凭我一个平民，手提三尺之剑，最终取得天下，这不是由于天命吗？人的命运决定于上天，纵然你是扁鹊，又有什么用处呢！”说完，并不让他治病，赏给他五十斤黄金打发走了。不久，吕后问高祖：“陛下百年之后，如果萧相国也死了，让谁来接替他做相国呢？”高祖说：“曹参可以。”又问曹参以后的事，高祖说：“王陵可以。不过他略显迂愚刚直，陈平可以帮助他。陈平智慧有余，然而难以独自担当重任。周勃深沉厚道，缺少文才，但是安定刘氏天下的一定是周勃，可以让他担任太尉。”吕后再问以后的事，高祖说：“再以后的事，也就不是你所能知道的了。”

卢绾带着几千骑兵在边境等待机会，希望在高祖病愈以后，亲自到长安去请罪。

四月甲辰日，高祖在长乐宫逝世。过了四天，还不发布丧事消息。吕后和审食其商量说：“那些将领先前和皇帝同为登记在册的平民百姓，后来北面称臣，这些人就常常流露不满意不服气的样子，现在又要侍奉年轻的新皇帝了，如果不全部族灭他们，天下就安定不了。”有人听到了这个话，告诉了将军郦商。郦将军去见审食其，说：“我听说皇帝已驾崩四天了还不发布丧事消息，而且要杀掉所有的将领。如果真的这样做，天下可就危险了。陈平、灌婴率领十万大军镇守荥阳，樊哙、周勃率领二十万大军平定燕地和代地。如果他们听说皇帝驾崩了，诸将都将遭杀戮，必定把军队联合在一起，回过头来进攻关中。那时候，大臣们在朝廷叛乱，诸侯们在外面造反，覆亡的日子就举足可待了。”审食其进宫把他的话告诉了吕后，于是就在丁未日发布高祖逝世的消息，大赦天下。

卢绾听说高祖驾崩的消息，就逃到匈奴去了。

丙寅日，在长陵安葬皇帝。下棺安葬完毕，太子来到太上皇庙。大臣们都说：“高祖起事于平民，平治乱世，使之归于正道，平定了天下，是汉朝的开国皇帝，功劳最高。”献上尊号称为高皇帝。太子继承皇帝之号，就是孝惠帝。又下令让各郡国诸侯都建高祖庙，每年按时祭祀。

到孝惠帝五年（前 190），皇上想到高祖生前思念和喜欢沛县，就把沛宫定为高祖的原庙。高祖所教过唱歌的儿童一百二十人，都让他们在原庙奏乐唱歌，以后有了缺员，就随时加以补充。

高祖有八个儿子：庶出的长子是齐悼惠王刘肥；次子孝惠皇帝，是吕后的儿子；三子是戚夫人的儿子赵隐王如意；四子代王刘恒，后来被立为孝文皇帝，是薄太后的儿子；五子梁王刘恢，吕太后当政时被改封为赵共王；六子淮阳王刘友，吕太后时被改封为赵幽王；七子是淮南厉王刘长；八子是燕王刘建。

太史公说：“夏朝的政治忠厚。忠厚的弊病是使得百姓粗野少礼，所以殷朝代之以恭敬。恭敬的弊病的是使得百姓相信鬼神，所以周朝代之以礼仪。礼仪的弊病是使百姓不诚恳。所以要救治不诚恳的弊病，就没有什么比得上忠厚。由此看来，夏、殷、周三代开国君主的治国之道就像循着圆圈转，终而复始。至于周朝到秦朝之间，其弊病可以说就在于过分讲究礼仪了。秦朝的政治不但没有改变这种弊病，反而使刑法更加残酷，难道不是很错误吗？所以，汉朝的兴起，虽然承继了前朝政治的弊端却有所改变，使老百姓不至于倦怠，这是符合循环终始的天道了。汉以十月为岁首，诸侯在每年的十月进京朝见皇帝。规定车服制度，皇帝乘坐的车驾，用黄缎子做车盖的衬里，车前横木的左上方要插用牦牛尾或野鸡尾做的装饰。高祖葬在长陵。”

第九卷　吕太后本纪第九

吕后名雉，字娥姁，是中国历史上著名的女性野心家。这篇本纪成功地塑造了吕后这样一个残忍刻毒、权欲熏心的乱政后妃的形象，详细地记述了吕后篡权及其覆灭的过程：从吕后在刘邦死后培植吕氏势力、残害刘邦宠姬和诸子的罪恶行径，到周勃、陈平等元老大臣联合刘氏宗室诛灭诸吕的惊险斗争，到诛吕功臣们商议迎立刘恒即位的情况。王诸吕和诛诸吕是关系汉室存亡兴替的大事，作者紧紧扣住这个关键问题布局谋篇，充分体现了太史公作为一个史学家的卓越识见。

作者多处运用简洁的漫画笔法辛辣地讽刺了吕后处心积虑培植吕氏势力的种种表现：惠帝死后，“太后哭，泣不下”；丞相陈平请拜吕台、吕产、吕禄为将，掌握南北军军权，诸吕入宫，居中用事，则“太后说〔悦〕，其哭乃哀”。同样是哭，稍事勾勒，就产生了绝妙的讽刺效果。又如写吕后欲王吕氏而“风大臣”的欲盖弥彰，宣平侯女为孝惠皇后时“取美人子名之”的弄巧成拙，废帝更立时的装腔作势，都描绘得活灵活现，或明或暗地流露作者对弄权女主的无情鞭挞。

这篇本纪记事真实，刻画人物性格鲜明深刻：写吕后，像她残害戚姬、连杀三赵王等事件的本身就足以表现其残忍狠毒的性格了，而作者还往往用貌似悠闲的文字不动声色地加重表达自己对吕后的憎恶之情，从而也增加了作品的艺术感染力。如惠帝得知“人彘”就是戚夫人后，有“此非人所为”的痛苦哀叹，借用吕后亲生儿子之口，骂得何等有力！又如吕后鸩杀赵王如意之前，以周昌抗旨和惠帝苦心相护来反衬吕后必置赵王于死地而后快的刻毒。再如赵王刘友被幽死前所唱的那首悲歌，更是对吕后人性灭绝的揭露与声讨。写诸元老大臣和刘氏宗室，也是多处着意刻画，如右丞相王陵敢于当面斥责吕后“今王吕氏，非约也”，又当面质问周勃、陈平：“诸君从欲阿意背约，何面目见高帝地下？”一尊刚正不阿的汉室忠臣塑像活现眼前。又如在诛灭诸吕的过程中，周勃、陈平的多谋机警，朱虚侯的勇武，齐哀王的果断，灌婴的沉稳等，也都描绘得恰如其分。正是由于这些性格各异的人物的通力合作，加之人心所向，才使得他们虽屡处险境，却又总是绝处逢生，最终诛尽诸吕而大快人心。

【原文】

吕太后者①，高祖微时②妃也，生孝惠帝、女鲁元太后③。及高祖为汉王，得定陶④戚姬，爱幸，生赵隐王⑤如意。孝惠为人仁弱，高祖以为不类⑥我，常欲废太子，立戚姬子如意，如意类我。戚姬幸，常从上之关东⑦，日夜啼泣，欲立其子代太子。吕后年长，常留守，希⑧见上，益疏。如意立为赵王后，几⑨代太子者数矣，赖大臣争⑩之，及留侯⑪策，太子得毋废。

【注释】

①吕太后：即吕雉（zhì，前241—前180），字娥姁。砀（dàng）郡单父（shàn fǔ，今山东省单县）人。儿子刘盈即位后，她为皇太后。②高祖：即刘邦（前256—前195）。前202至前195年在位。“高祖”是他的庙号。微时：贫贱的时候。③孝惠帝：即刘盈。鲁元太后：刘盈的姐姐。后嫁给张敖为妻。因其子张偃被封为鲁王，其夫张敖谥鲁元王，所以称鲁元太后。④定陶：县名。治所在今山东省菏泽市定陶区西北。⑤赵隐王：即赵王刘如意，谥号“隐”。封国辖今河北省南部地区，都城在邯郸（今河北省邯郸市）。⑥不类：不像。⑦关东：古代泛指函谷关或潼关以东，即今河南、河北、山东等省地区。⑧希：通“稀”。⑨几（jī）：几乎。⑩争：通“诤”，谏诤；劝阻。⑪留侯：即张良（？—前189）。

【原文】

吕后为人刚毅，佐高祖定天下，所诛大臣多吕后力①。吕后兄二人，皆为将。长兄周吕侯②死事，封其子吕台为郦③侯，子产为交④侯；次兄吕释之为建成⑤侯。

【注释】

①多吕后力：韩信、黥布、彭越等被诛，吕后均参与其事。②周吕侯：即吕泽。随刘邦起兵，后封周吕侯。周、吕：皆国名。济阴有吕都县，约在今山东省菏泽市牡丹区西。

③郦：县名。在今河南省南阳市北。④交：《汉兴以来诸侯王年表》作“洨”（xiáo）。洨，县名。治所在今安徽省固镇县东南。北临洨水（今沱河）。⑤吕释之：随刘邦起兵，汉初封建成侯，后谥康王。建成：县名。治所在今河南省永城市东南。

【原文】

高祖十二年四月甲辰[①]，崩长乐宫[②]，太子袭号为帝。是时高祖八子：长男肥，孝惠兄也，异母[③]，肥为齐[④]王；余皆孝惠弟，戚姬子如意为赵王，薄夫人[⑤]子恒为代王，诸姬子恢为梁[⑥]王，子友为淮阳[⑦]王，子长为淮南[⑧]王，子建为燕[⑨]王。高祖弟交为楚[⑩]王，兄子濞为吴[⑪]王。非刘氏功臣番君吴芮子臣为长沙[⑫]王。

【注释】

①高祖十二年：即前195年。甲辰：二十五日。②长乐宫：汉宫名。在当时长安城内东南隅，即今阁老门村。③异母：指曹氏。④齐：汉初封国。辖今山东省北部、东部地区，都城在临淄（今山东省淄博市东北）。⑤薄夫人：刘邦的妃嫔。吴（今江苏省苏州市）人。生子刘恒，即孝文帝。刘恒即皇帝位后，尊她为皇太后。⑥梁：汉初封国。辖今河南、安徽两省交界地区，都城在睢阳（今河南省商丘市南）。⑦淮阳：汉初封国。辖今河南省东部部分地区，都城在陈县（今河南省周口市淮阳区）。⑧淮南：汉初封国。辖今安徽省中部地区，都城在寿春（今安徽省寿县）。⑨燕（yān）：汉初封国。辖今河北省北部、中部部分地区，都城在蓟（jì）（今北

京市西南)。⑩楚：汉初封国。⑪濞：即刘濞。高祖次兄刘仲之子。二十岁为骑将，随高祖破黥布有功，被封为吴王。吴：汉初封国。辖今江苏、浙江、安徽等省部分地区，都城在广陵(今江苏省扬州市东北)。⑫番君吴芮（ruì)：吴芮秦时曾为番阳（今江西省鄱阳县东北）县令，所以称番君。刘邦起兵时，吴芮曾派梅鋗兵相助，汉初被封为长沙王。刘邦在诛灭韩信、彭越等异姓诸侯王后，与功臣、宗室定盟时曾说："非刘氏者不得王，非有功者不得侯。"而非刘氏者却保留王号的，仅吴芮一人。长沙：汉初封国。

【原文】

吕后最怨戚夫人及其子赵王，乃令永巷[1]囚戚夫人，而召赵王。使者三反[2]，赵相建平侯周昌[3]谓使者曰："高帝属[4]臣赵王，赵王年少。窃闻太后怨戚夫人，欲召赵王并诛之，臣不敢遣王。王且亦病，不能奉诏。"吕后大怒，乃使人召赵相。赵相征至长安[5]，乃使人复召赵王。王来，未到。孝惠帝慈仁，知太后怒，自迎赵王霸上[6]，与入宫，自挟[7]与赵王起居饮食。太后欲杀之，不得间[8]。孝惠元年十二月，帝晨出射。赵王少，不能蚤[9]起，太后闻其独居，使人持鸩[10]饮之。犁明[11]，孝惠还，赵王已死。于是乃徙淮阳王友为赵王。夏，诏赐郦侯[12]父追谥为令武侯。太后遂断戚夫人手足，去眼，煇耳[13]，饮喑药[14]，使居厕中，命曰"人彘"[15]。居数日，乃召孝惠帝观人彘。孝惠见，问，乃知其戚夫人，乃大哭，因病，岁余不能起。使人请[16]太后曰："此非人所为。臣为太后子，终不能治天下。”[17]孝惠以此日饮为淫乐，不听政，故有病也。

【注释】

①永巷：永巷令的省称。永巷本为宫女住所，因群室相连，排列如街巷而得名。②反：通“返”。③周昌（？—约前192）：刘邦同乡。随刘邦起兵反秦，先后任中尉、御史大夫等，封汾阴侯。为人坚忍质直。④属：通“嘱”，托付。⑤征：召；调。长安：西汉都城。在今陕西省西安市西北。⑥霸上：地名。在今陕西省西安市东南。因地处灞水西面的高原而得名。⑦自挟（xié）：亲自守护。挟，持，携带。引申为伴随、保护。⑧间（jiàn）：空隙；机会。⑨蚤：通“早”。⑩鸩（zhèn）：传说中的一种毒鸟，黑身赤目，以蝮蛇为食。据传鸩鸟羽毛浸过的酒，人喝了很快就可丧命。这里泛指毒酒。⑪犁明：等到天亮以后。犁，通“黎”。⑫郦侯：即吕台。吕泽之子。⑬煇（xūn）：通“熏”，用火灼烧。⑭饮（yìn）：使之喝。这里是灌的意思。喑（yīn）药：喝了使人变哑的药。喑，哑。⑮彘（zhì）：猪。⑯请：告诉。⑰“臣为太后子”二句：意思是，母后如此残虐，作为你的儿子，我没有脸面再来治理天下了。终：终归。

【原文】

二年，楚元王、齐悼惠王[1]皆来朝。十月，孝惠与齐王燕饮[2]太后前，孝惠以为齐王兄，置上坐[3]，如家人之礼。太后怒，乃令酌两卮鸩，置前，令齐王起为寿[4]。齐王起，孝惠亦起，取卮欲俱为寿。太后乃恐，自起泛[5]孝惠卮。齐王怪之，因不敢饮，详[⑥]醉去。问，知其鸩，齐王恐，自以为不得脱长安，忧。齐内史士[⑦]说王曰："太后独有孝惠与鲁元公主。今王有七十余城，而公主乃食数城。王诚以一郡上太后，为公主汤沐邑[⑧]，太后必喜，王必无忧。"于是齐王乃上[⑨]城阳之郡，尊公主为王太后[⑩]。吕后喜，许之。乃置酒齐邸，乐饮，罢，归齐王[⑪]。三年，方筑长安城，四年就半，五年六年城就。诸侯来会。十月朝贺。

【注释】

①楚元王、齐悼惠王：即高祖的异母弟刘交，高祖的庶子刘肥。"元"和"悼惠"分别是他们的谥号。②燕饮：指安闲而不拘礼仪的宴饮，相当于现在说的设便宴而饮。③坐：通"座"。④卮（zhī）：酒器。寿：祝福。⑤泛（fěng）：通"覂"，翻覆；倒掉。⑥详（yáng）：通"佯"，假装。⑦内史：官名。治理京师及其附近的高级官员，相当于后来的京兆尹。士：人名。一作"出"。⑧汤沐邑：古代天子赐给诸侯以供其斋戒时沐浴费用的领地，后用以指皇室收取赋税的私邑。⑨上：献上。城阳：郡名。辖今山东省沂南县一带，都城在莒（jǔ）县（今山东省莒县）。⑩尊为王太后：齐王与鲁元公主为异母兄妹，按理不应以母礼事之，尊称鲁元公主为王太后，刘肥违背常理这么做，是为了讨好吕太后。⑪齐邸（dǐ）：指齐王刘肥设在京城长安的官邸。依汉法规定，各诸侯王可在京城建立府舍，以供来京入朝时使用。归齐王：让齐王归国。

【原文】

七年[①]秋八月戊寅，孝惠帝崩。发丧，太后哭，泣下不[②]。留侯子张辟彊为侍中[③]，年十五，谓丞相[④]曰："太后独有孝惠，今崩，哭不悲，君知其解[⑤]乎？"丞相曰："何解？"辟彊曰："帝毋壮子，太后畏君等。君今请拜吕台、吕产、吕禄为将，将兵居南北军[⑥]，及诸吕皆入宫，居中用事[⑦]，如此则太后心安，君等幸得脱祸矣。"丞相乃如[⑧]辟彊计。太后说，其哭乃哀。吕氏权由此起。乃大赦天下。九月辛丑，葬。太子[⑨]即位为帝，谒高庙[⑩]。元年，号令一[⑪]出太后。

【注释】

①七年：前188年。这年惠帝二十三岁。②泣：眼泪。③侍中：官名。侍从于皇帝左右，以备参谋顾问之用。④丞相：当时右丞相为王陵，左丞相为陈平。⑤解：解释。引申为道理、缘故。⑥将（jiàng）：统率；带领。南北军：西汉时京城长安和皇宫的卫戍部队。因分驻京城南北，所以统称"南北军"。⑦用事：执政；当权。也泛指管事。⑧如：依照。⑨太子：名字不详。⑩谒高庙：到高庙里去朝拜，祭祀。古代皇帝登位时，都到祖庙里去举行朝拜礼。⑪元年：高后元年，即前187年。一：都；一概。

【原文】

太后称制[①]，议欲立诸吕为王，问右丞相王陵[②]。王陵曰："高帝刑白马盟[③]曰：'非刘氏而王，天下共击之。'今王吕氏，非约也。”太后不说。问左丞相陈平、绛侯周勃[4]。勃等对曰：“高帝定天下，王子弟，今太后称制，王昆弟诸吕，无所不可。”太后喜，罢朝。王陵让[5]陈平、绛侯曰：“始与高帝啑血盟，诸君不在邪？今高帝崩，太后女主，欲王吕氏，诸君从欲阿意背约[6]，何面目见高帝地下！”陈平、绛侯曰：“于今面折廷争[7]，臣不如君；夫全社稷[8]，定刘氏之后，君亦不如臣。”王陵无以应之。十一月，太后欲废王陵，乃拜为帝太傅[9]，夺之相权。王陵遂病免归。乃以左丞相平为右丞相，以辟阳侯审食其[10]为左丞相。左丞相不治事，令监宫中，如郎中令[11]。食其故得幸太后，常用事，公卿皆因而决事[12]。乃追尊郦侯父为悼武王，欲以王诸吕为渐[13]。

【注释】

①称制：行使皇帝的权力。制，特指皇帝的诏命。②王陵（？—前181）：刘邦同乡。在陈胜首义后，他聚众数千人在南阳起兵反秦。楚汉战争时归附刘邦，曾先后被封为襄侯、安国侯，继曹参之后担任右丞相。③刑白马盟：杀白马订立盟约。④陈平（？—前178）：汉初大臣。周勃（？—前169）：刘邦同乡。随刘邦起兵后，率军转战各地，是刘邦的重要将领。汉初以军功封绛侯，文帝时任右丞相。⑤让：责怪。⑥阿（ē）意：曲意逢迎他人的意见。背约：违背刘邦的规约。⑦面折廷争：在朝廷上当面指责，竭力谏诤。⑧全社稷（jì）：保全维护国家。社稷，即社稷坛。是古代帝王祭祀土神和谷神的地方，后常用以代称国家。⑨太傅：官名。职掌辅导君主施行政

教。⑩审食其（yì jī）：刘邦同乡。因长期侍奉吕后，深受宠信，汉初被封为辟阳侯。文帝时为淮南厉王刘长击杀。⑪不治事：不管理本职内的事务。监宫中：管理宫内事务。郎中令：官名。皇帝的高级侍从官，负责守卫宫门及管理内廷事务，为“九卿”之一。⑫公卿：指三公九卿，这里泛指朝廷大臣。皆因决事：都通过他来决断大事。⑬渐：逐渐。引申为“事物发展的开始”。

【原文】

四月，太后欲侯[①]诸吕，乃先封高祖之功臣郎中令无择[②]为博城侯。鲁元公主薨，赐谥为鲁元太后。子偃为鲁王。鲁王父，宣平侯张敖[③]也。封齐悼惠王子章为朱虚侯，以吕禄女妻之。齐丞相寿[④]为平定侯。少府延[⑤]为梧侯。乃封吕种[⑥]为沛侯，吕平[⑦]为扶柳侯，张买[⑧]为南宫侯。

【注释】

①侯：封……为侯。用如动词。②无择：即冯无择。他跟随刘邦起兵，力战有功，特别在荥阳之役中，曾保护吕后长兄吕泽杀出重围。③张敖：汉初赵王张耳之子，鲁元公主之夫。原袭父爵为赵王，后因其臣下贯高等企图刺杀高祖而降为宣平侯。④寿：即齐寿。曾任齐王刘肥的丞相。⑤少府：官名。九卿之一。延：人名。姓阳成，名延。军匠出身，因参加营建长乐宫、未央宫和长安城有功而被封。⑥吕种：吕后次兄建成侯吕释之之子。⑦吕平：吕后妹吕媭（xū）之子。⑧张买：刘邦骑将张越人之子。后因诸吕事件牵连被杀。

【原文】

太后欲王吕氏，先立孝惠后宫[①]子彊为淮阳王，子不疑为常山[②]王，子山为襄城[③]侯，子朝为轵[④]侯，子武为壶关[⑤]侯。太后风[⑥]大臣，大臣请立郦侯吕台为吕[⑦]王，太后许之。建成康侯释之[⑧]卒，嗣子[⑨]有罪，废，立其弟吕禄为胡陵[⑩]侯，续康侯后。二年，常山王薨，以其弟襄城侯山为常山王，更名义。十一月，吕王台薨，谥为肃王，太子嘉代立为王。三年，无事。四年，封吕媭[⑪]为临光侯，吕他为俞[⑫]侯，吕更始为赘其侯，吕忿为吕城侯[⑬]，及诸侯丞相五人[⑭]。

【注释】

①后宫：妃嫔居住的宫室。②常山：汉初封国。辖今河北省西南部部分地区，都城在元氏（今河北省元氏县西北）。③襄城：县名。即今河南省襄城县。④轵：县名。治所在今河南省济源市东南。⑤壶关：地名。今在山西省长治市。⑥风：通“讽”，用含蓄的语言暗示。⑦吕：吕台封国都，在今山东省菏泽市牡丹区一带。⑧建成康侯释之：即吕释之。被封为建成侯，谥号为“康”。⑨嗣子：指嫡生的长子。按照古代礼制，爵位一般传给嫡生的长子。⑩吕禄：建成侯吕释之最小的儿子。胡陵：县名。治所在今山东省鱼台县东南。⑪吕媭（xū）：吕后之妹，樊哙之妻。历史上女人封侯，自她为始。⑫吕他：吕媭之子。俞：即鄃（shū）县。治所在今山东省平原县西南。⑬“吕更始为赘其侯”二句：吕更始、吕忿都是吕后之侄。⑭诸侯丞相五人：指做过诸侯王丞相

的五个人。

【原文】

宣平侯女为孝惠皇后时，无子，详为有身，取美人子名之①，杀其母，立所名子为太子。孝惠崩，太子立为帝。帝壮②，或闻其母死，非真皇后子，乃出言曰："后安能杀吾母而名我？我未壮，壮即为变。"太后闻而患之，恐其为乱，乃幽③之永巷中，言帝病甚，左右莫得见。太后曰："凡有天下治为万民命者④，盖之如天，容之如地，上有欢心以安百姓，百姓欣然以事其上，欢欣交通而天下治。今皇帝病久不已，乃失惑惛⑤乱，不能继嗣奉宗庙祭祀，不可属⑥天下，其代之⑦。"群臣皆顿首⑧言："皇太后为天下齐民计⑨所以安宗庙社稷甚深，群臣顿首奉诏。"帝废位，太后幽杀⑩之。五月丙辰，立常山王义为帝，更名曰弘。不称元年者，以太后制天下事也。以轵侯朝为常山王。置太尉⑪官，绛侯勃为太尉。五年八月，淮阳王薨，以弟壶关侯武为淮阳王。六年十月，太后曰吕王嘉居处⑫骄恣，废之，以肃王台弟吕产为吕王。夏，赦天下。封齐悼惠王子兴居为东牟⑬侯。

【注释】

①美人：西汉时妃嫔的称号之一。名之：称为自己所生的儿子。名，称。动词。②帝壮：下文有"我未壮，壮即为变"的话，可知当时帝并未壮。③患：忧虑。幽：囚禁。④《集解》引徐广语，说一本无"命"字。⑤惛（hūn）：糊涂。⑥属（zhǔ）：通"嘱"，托付。⑦其：副词。表示祈使，相当

于“当”。“其代之”，《汉书·高后纪》作“其议代之”，意思是希望大家讨论一下换了他。⑧顿首：叩头。古代“九拜”之一。下文的“顿首”则用于下对上的敬语。⑨齐民：平民。齐，相等。平民百姓彼此地位相等，所以称为“齐民”。计：考虑；谋划。⑩幽杀：禁闭折磨死。⑪太尉：官名。西汉时全国最高军事长官，与丞相、御史大夫合称“三公”。汉初，这一官职时设时废。⑫居处（chǔ）：生活。这里相当于现在说“生活作风”。⑬东牟：县名。在今山东省烟台市牟平区。

【原文】

七年正月，太后召赵王友。友以诸吕女为后，弗爱，爱他姬，诸吕女妒，怒去，谗之于太后，诬以罪过，曰：“吕氏安得王！太后百岁后，吾必击之。”太后怒，以故召赵王。赵王至，置邸不见，令卫[①]围守之，弗与食。其群臣或窃馈[②]，辄捕论[③]之。赵王饿，乃歌曰：“诸吕用事兮刘氏危，迫胁王侯兮强授我妃。我妃既妒兮诬我以恶，谗女乱国兮上曾[④]不寤。我无忠臣兮何故弃国？自决中野兮苍天举直[⑤]！于嗟不可悔兮宁蚤自财[⑥]。为王而饿死兮谁者怜之！吕氏绝理兮托天报仇。”丁丑，赵王幽死[⑦]，以民礼葬之长安民冢次[⑧]。

【注释】

①卫：指卫士。②其群臣：指随赵王来京的臣属。窃馈（kuì）：偷着送给食物。馈，进食于人。③辄：即；就。论：

判罪。这里指处死。④谗女：指刘友的王后吕氏女。乱国：这里指败坏赵国。曾（zēng）：乃；竟然。⑤自决：自杀。中野：荒野之中。举直：行为完全正直。⑥于（xū）嗟：叹词。于，通“吁”。自财：自杀。财，通“裁”。⑦幽死：指幽禁困饿而死。⑧次：侧；旁。

【原文】

己丑，日食，昼晦。太后恶之，心不乐，乃谓左右曰：“此为我也。”

二月，徙梁王恢为赵王。吕王产徙为梁王，梁王不之国，为帝太傅。立皇子平昌侯[①]太为吕王。更名梁曰吕[②]，吕曰济川。太后女弟吕媭有女为营陵侯刘泽[③]妻，泽为大将军[④]。太后王诸吕，恐即崩后刘将军为害，乃以刘泽为琅邪[⑤]王，以慰其心。

【注释】

①据《惠景间侯者年表》与《汉书·外戚恩泽侯表》，刘太为“昌平侯”，此处言“平昌侯”，记载不一。②吕：汉初封国。③营陵：县名。治所在今山东省昌乐县东南。刘泽：刘邦的堂兄弟。汉初为郎中，因军功封营陵侯。文帝时被封为燕王。④大将军：官名。是将军的最高称号，职掌统兵征战，大多由贵戚担任。后来还以大司马（太尉）为大将军所兼官号，成为朝廷中最高军政长官。⑤琅邪（láng yá）：汉初封国。辖今山东半岛南部地区，治所在东武（今山东省诸城市）。

【原文】

梁王恢之徙王赵，心怀不乐。太后以吕产女为赵王后。王后从官皆诸吕，擅权，微伺[①]赵王，赵王不得自恣[②]。王有所爱姬，王后使人鸩杀之。王乃为歌诗四章，令乐人歌之。王悲，六月即自杀。太后闻之，以为王用妇人弃宗庙礼[③]，废其嗣[④]。

【注释】

①擅权：独揽大权。微伺：暗中监视。②自恣：自由放任。这里指行动自由。③用：因为。弃宗庙礼：背弃了宗庙的礼仪。④废其嗣：废除其后代继承王位的权利。

【原文】

宣平侯张敖卒[①]，以子偃为鲁王，敖赐谥为鲁元王。

秋，太后使使告代王，欲徙王赵。代王谢[②]，愿守代边。

【注释】

①一说张敖卒于高后六年。这里书于七年。②谢：谢绝。

【原文】

太傅产、丞相平等言，武信侯吕禄上侯[①]，位次第一[②]，请立为赵王。太后许之，追尊禄父康侯[③]为赵昭王。九月，燕灵王[④]建薨，有美人子，太后使人杀之，无后，国除[⑤]。八年十月，立吕肃王子东平[⑥]侯吕通为燕王，封通弟吕庄为东平侯。

【注释】

①武信侯吕禄：吕禄已于高后元年被封为胡陵侯，这里称“武信侯”，想是中间曾有改封之事。上侯：上等的侯爵。②位次第一：在爵位的等第中名列第一。③康侯：即建成侯吕释之。④燕灵王：即刘建，“灵”是他的谥号。⑤国除：取消封国。⑥东平：地名，在今山东省东平县东南。

【原文】

三月中，吕后祓[①]，还过轵道[②]，见物如苍犬，据高后掖[③]，忽弗复见。卜之，云赵王如意为祟[④]。高后遂病腋伤。

【注释】

①祓（fú）：古代为除灾去邪而举行的一种祭礼。②轵道：古亭名。故址在今陕西省西安市东北。③据：这里是“击”“撞”的意思。掖：通“腋”。④祟：古人称神鬼作怪害人。

【原文】

高后为外孙鲁元王偃[①]年少，蚤失父母，孤弱，乃封张敖前姬两子，侈为新都[②]侯，寿为乐昌侯，以辅鲁元王偃。及封中大谒者[③]张释为建陵侯，吕荣为祝兹侯。诸中宦者令丞皆为关内侯[④]，食邑[⑤]五百户。

【注释】

①鲁元王偃：“元”为张偃之父张敖的谥号，按理不应用来称张偃；《汉书·张耳陈馀传》无“元”字，可知这里的

"元"字为衍文。②新都：《惠景间侯者年表》作"信都"。故城在今河北省衡水市冀州区。③大谒者：官名。掌管为皇帝接收文件、传达诏命、接待宾客等事宜。前面加"中"字者，多指宦官。④诸中宦者令丞：指宫中的各宦官头目。令为正职，丞为副手，二者都为少府属官。关内侯：侯爵名。因常居关内京师而得名。⑤食邑：也叫"采邑"。指天子封给诸侯收取赋税以供衣食之用的封地。一般为世袭，但受封者在食邑里只能收取民户赋税，没有行政统治之权。

【原文】

七月中，高后病甚，乃令赵王吕禄为上将军[①]，军北军[②]；吕王产居南军。吕太后诫产、禄曰："高帝已定天下，与大臣约，曰'非刘氏王者，天下共击之'。今吕氏王，大臣弗平。我即崩，帝年少，大臣恐为变。必据兵卫宫，慎毋送丧，毋为人所制[③]。"辛巳，高后崩，遗诏赐诸侯王各千金，将、相、列侯、郎、吏皆以秩[④]赐金。大赦天下。以吕王产为相国，以吕禄女为帝后[⑤]。

【注释】

①上将军：官名。掌管军政的最高武官。②军北军：统辖北军。军，驻扎，引申为统领。③制：控制。④以秩：按级别。秩，次序，等级。⑤"以吕王产为相国"二句：由吕王吕产出任相国，将吕禄的女儿嫁与皇帝为后。

【原文】

高后已葬，以左丞相审食其为帝太傅[①]。

【注释】

①审食其为帝太傅事在高后七年七月，这里叙于吕后死后，似误。

【原文】

朱虚侯刘章有气力[①]，东牟侯兴居其弟也，皆齐哀王[②]弟，居长安。当是时，诸吕用事擅权，欲为乱，畏高帝故大臣绛、灌[③]等，未敢发。朱虚侯妇，吕禄女，阴知其谋[④]。恐见诛，乃阴令人告其兄齐王，欲令发兵西，诛诸吕而立[⑤]。朱虚侯欲从中与大臣为应。齐王欲发兵，其相弗听。八月丙午，齐王欲使人诛相，相召平[⑥]乃反，举兵欲围王，王因杀其相，遂发兵东，诈夺琅邪王兵[⑦]，并将之而西。语在“齐王语”中[⑧]。

【注释】

①气力：气魄和勇力。②齐哀王：即刘肥之子刘襄，是刘章和刘兴居的兄长。下文所说的“齐王”，也是指他。③绛、灌：即绛侯周勃和颍阴侯灌婴。灌婴（？—前176），汉初大将，睢阳（今河南省商丘市南）人。丝绸小商出身。随刘邦转战各地，陷阵却敌，以年轻善战闻名，成为刘邦的得力将领。汉初封颍阴侯，文帝时先后任太尉、丞相。④阴知其谋：指刘章因其妻为吕禄之女，暗中知道了诸吕的阴谋。⑤诛诸吕而立：即叫刘襄发兵诛灭诸吕而自立为帝。当时齐国在诸侯国

中势力最大，而刘襄在刘邦诸孙中年龄又最长，所以刘章有这样的设想。⑥召平：姓召名平。⑦诈夺琅邪王兵：刘襄不知琅邪王刘泽意向如何，于是派人将他骗到齐国加以扣留，然后把他的军队全部调出。⑧语在“齐王语”中：指有关此事的详细情况，都载在《齐悼惠王世家》中。《史记》记事，凡采用互见法时，常以“语在某某语（或事）中”提示。所谓“某某语（或事）”，即指某人的传证（“本纪”“世家”或“列传”）。

【原文】

齐王乃遗诸侯王书曰：“高帝平定天下，王诸子弟，悼惠王王齐。悼惠王薨，孝惠帝使留侯良立臣为齐王。孝惠崩，高后用事，春秋高①，听诸吕，擅废帝更立，又比杀三赵王②，灭梁、赵、燕以王诸吕③，分齐为四④。忠臣进谏，上惑乱弗听。今高后崩，而帝春秋富⑤，未能治天下，古恃大臣诸侯。而诸吕又擅自尊官，聚兵严威⑥，劫列侯忠臣，矫制⑦以令天下，宗庙所以危。寡人率兵入诛不当为王者。”汉⑧闻之，相国吕产等乃遣颍阴⑨侯灌婴将兵击之。灌婴至荥阳⑩，乃谋曰：“诸吕权兵关中⑪，欲危刘氏而自立。今我破齐还报，此益吕氏之资也。”乃留屯荥阳，使使谕齐王及诸侯，与连和，以待吕氏变，共诛之。齐王闻之，乃还兵西界待约。

【注释】

①春秋高：指年老，上了岁数。②比：接连。三赵王：即先后为赵王的刘如意、刘友、刘恢。③灭梁、赵、燕以王诸

吕：指吕后徙梁王刘恢为赵王而后杀之，封吕产为梁王；连杀三赵王后，封吕禄为赵王；杀燕王刘建之子而除其国，封吕通为燕王。④分齐为四：指吕后削夺齐地，另建吕、琅邪、城阳三国，使齐国分而为四。⑤春秋富：指年纪小。⑥擅自尊官：私自升官。聚兵严威：集中兵权，以加强自己的威势。“严”，用如动词。⑦劫：挟持；威胁。矫制：假托皇帝的命令。⑧汉：这里指诸吕把持的朝廷。⑨颍阴：县名。治所在今河南省许昌市。⑩荥（xíng）阳：县名。治所在今河南省荥阳市东北。⑪权兵：拥兵；掌握军队。关中：地区名。

【原文】

吕禄、吕产欲发乱关中，内惮绛侯、朱虚等，外畏齐、楚兵，又恐灌婴畔[1]之，欲待灌婴兵与齐合[2]而发，犹豫未决。当是时，济川王太、淮阳王武、常山王朝名为少帝弟[3]，及鲁元王吕后外孙，皆年少未之国，居长安。赵王禄、梁王产各将兵居南北军，皆吕氏之人。列侯群臣莫自坚[4]其命。

【注释】

①惮（dàn）：害怕。畔：通“叛”。②合：合战；交战。③名为少帝弟：名义上说是少帝的弟弟。刘太、刘武、刘朝三人，均惠帝后宫美人之子，而被孝惠张皇后称为自己所生。④自坚：自固，自己确保。

【原文】

太尉绛侯勃不得入军中主兵[1]。曲周侯郦商[2]老病，其子寄与吕禄善[3]。绛侯乃与丞相陈平谋，使人劫郦商，令其子寄往绐[4]说吕禄曰："高帝与吕后共定天下，刘氏所立九王，吕氏所立三王，皆大臣之议，事已布告诸侯，诸侯皆以为宜。今太后崩，帝少，而足下佩赵王印，不急之国守藩，乃为上将，将兵留此，为大臣诸侯所疑。足下何不归将印，以兵属太尉？请梁王归相国印，与大臣盟而之国，齐兵必罢，大臣得安，足下高枕而王千里，此万世之利也。"吕禄信然[5]其计，欲归将印，以兵属太尉。使人报吕产及诸吕老人，或以为便，或曰不便[6]，计犹豫未有所决。吕禄信郦寄，时与出游猎。过[7]其姑吕媭，媭大怒，曰："若为将军而弃军，吕氏今无处[8]矣。"乃悉出珠玉宝器散堂下，曰："毋[9]为他人守也。"

【注释】

①主兵：掌管兵权。②郦商：刘邦的重要将领，谋士郦食其之弟。刘邦起兵反秦后，他率四千人来归。后封曲周侯，任右丞相。曲周：县名。治所在今河北省曲周县东北。③善：亲善；友好。④绐（dài）：欺骗。⑤信然：相信并赞同。⑥便：有利；适宜。⑦过：探望。⑧若：你（们）。弃军：放弃兵权。无处：没有安身之处。⑨毋：通"无"，不，勿。

【原文】

左丞相食其免。

八月庚申[1]旦，平阳侯窋[2]行御史大夫事，见相国产计事。郎中令贾寿使从齐来，因数[3]产曰："王不蚤之国，今虽欲行，尚可得邪？"具以灌婴与齐楚合从[4]，欲诛诸吕告产，乃趣[5]产急入宫。平阳侯颇闻其语，乃驰告丞相、太尉。太尉欲入北军，不得入。襄平侯通尚符节[6]，乃令持节矫内[7]太尉北军。太尉复令郦寄与典客[8]刘揭先说吕禄曰："帝使太尉守[9]北军，欲足下之国，急归将印辞去，不然，祸且起。"吕禄以为郦兄[10]不欺己，遂解印属典客，而以兵授太尉。太尉将之[11]入军门，行令军中曰："为吕氏右袒[12]，为刘氏左袒。"军中皆左袒为刘氏。太尉行至，将军吕禄亦已解上将印去，太尉遂将北军[13]。

【注释】

①八月庚申：上文已有"八月丙午"（八月二十六日），此处当作"九月庚申"（九月十日）。②平阳侯窋：即曹参之子曹窋，袭父爵为平阳侯。平阳，县名。治所在今山西省临汾市西南。③数（shǔ）：责备。④合从（zòng）：联合。本指战国时六国联合抗秦，后也泛指弱国联合抵抗强国。从，通"纵"。⑤趣：通"促"，催促。⑥襄平侯通：即纪通。尚：主管。符节：古代作为传达朝廷命令、调动军队、出入门关等用的凭证，用金、玉、铜或竹木制成。⑦矫：假传命令。内（nà）：通"纳"，放进来。⑧典客：官名。主管诸侯及国内少数民族事务，为"九卿"之一。后改称"大鸿胪"。⑨守：掌管。⑩郦兄（kuàng）：即郦寄。"兄"（通"况"）是他的字。⑪将之：指带着将印。⑫袒（tǎn）：指裸露臂膀。右袒，即露出右臂。⑬"太尉行至"三句可看作对太尉入北军前的补充交代。《汉书·高后纪》删去了这几句，显得简洁些。

【原文】

然尚有南军。平阳侯闻之，以吕产谋告丞相平①，丞相平乃召朱虚侯佐太尉。太尉令朱虚侯监军门，令平阳侯告卫尉②：“毋入相国产殿门。”吕产不知吕禄已去北军，乃入未央宫③，欲为乱，殿门弗得入，裴回往来。平阳侯恐弗胜，驰语太尉。太尉尚恐不胜诸吕，未敢讼言④诛之，乃遣朱虚侯谓曰：“急入宫卫帝。”朱虚侯请卒⑤，太尉予卒千余人。入未央宫门，遂见产廷中。日餔时⑥，遂击产。产走。天风大起，以故其从官乱，莫敢斗。逐产，杀之郎中府⑦吏厕中。

【注释】

①“平阳侯闻之”二句：《史记志疑》认为这两句与上下文不相接，且与前文“平阳侯颇闻其语，乃驰告丞相、太尉”重复，是衍文，当删。②卫尉：官名。掌管宫廷防卫事务，为“九卿”之一。③未央宫：汉宫名。位于长安城内西南隅，即今马家寨村。当时是西汉朝廷的朝会之所。④讼言：明说；公开声称。⑤请卒：请求拨给士兵。⑥日餔（bū）时：傍晚时候。餔，通“晡”，傍晚。⑦郎中府：郎中令的官府。因郎中令职掌守卫宫殿门户，其官府设在未央宫中。

【原文】

朱虚侯已杀产，帝命谒者持节劳朱虚侯。朱虚侯欲夺节信①，谒者不肯，朱虚侯则从与载②，因③节信驰走，斩长乐卫尉吕更始。还，驰入北军，报太尉。太尉起，拜贺朱虚侯曰：

"所患独吕产[④]，今已诛，天下定矣。"遂遣人分部悉捕诸吕男女，无少长皆斩之。辛酉，捕斩吕禄，而笞杀吕媭。使人诛燕王吕通，而废鲁王偃。壬戌，以帝太傅食其复为左丞相。戊辰，徙济川王王梁，立赵幽王子遂为赵王[⑤]。遣朱虚侯章以诛诸吕事告齐王，令罢兵。灌婴兵亦罢荥阳而归。

【注释】

①节信：表示凭证的符节。②从与载：跟着谒者上车，与之同车共载。③因：凭借。④所患独吕产：因为吕产身为相国，又掌握着南军，所以周勃有这样的担心。⑤立赵幽王子遂为赵王：据《孝文本纪》与《汉兴以来诸侯王年表》，刘遂被立在文帝即位之后，不在吕后八年；又，刘遂为文帝所立，非大臣所立。

【原文】

诸大臣相与阴谋[①]曰："少帝及梁、淮阳、常山王，皆非真孝惠子也。吕后以计诈名他人子，杀其母，养后宫，令孝惠子之[②]，立以为后，及诸王，以强吕氏。今皆已夷灭诸吕，而置所立[③]，即[④]长用事，吾属无类[⑤]矣。不如视诸王最贤者立之。"或言："齐悼惠王高帝长子，今其適[⑥]子为齐王，推本言之，高帝適长孙，可立也。"大臣皆曰："吕氏以外家恶而几[⑦]危宗庙，乱功臣。今齐王母家驷[⑧]钧，驷钧，恶人也，即立齐王，则复为吕氏。"欲立淮南王，以为少，母家又恶。乃曰："代王方今高帝见子[⑨]，最长，仁孝宽厚。太后家薄氏谨良。且立长故顺，以仁孝闻于天下，便。"乃相与共阴使人召代王。代王使人辞谢。再反，然后乘六乘传[10]。后九月[11]，晦日己酉，至长安，舍代邸。大臣皆往谒，奉天子玺上代王，共尊立为天子。代王数让，群臣固请，然后听。

【注释】

①相与：共同；一起。阴谋：秘密谋划。②少帝及梁、淮阳、常山王，皆非真孝惠子也：指少帝刘弘和梁王刘太、淮阳王刘武、常山王刘朝都不是惠帝之子。事实上，既然前文说了这几个人是"孝惠后宫子"，是惠帝张皇后"无子，佯为有身，取美人子名之"，就说明这几个人仍是惠帝之子。大臣们这么说，只是一种托词。③置：放；留着。所立：指吕后所立的少帝刘弘。④即：如果；倘若。⑤无类：绝种。指被杀光。⑥適：通"嫡"。⑦外家：外祖母家。几（jī）：几乎；差点儿。⑧母家驷：母家姓驷。⑨见子：现存的儿子。见，通"现"。⑩反：通"返"。乘传：古代驿站用四匹下等马拉的车。传，指驿站或驿站的车马。⑪后九月：闰九月。

【原文】

东牟侯兴居曰："诛吕氏吾无功，请得除宫[1]。"乃与太仆汝阴[2]侯滕公入宫，前谓少帝曰："足下非刘氏，不当立。"乃顾麾左右执戟者掊兵[3]罢去。有数人不肯去兵，宦者令[4]张泽谕告，亦去兵。滕公乃召乘舆车[5]载少帝出。少帝曰："欲将我安之乎？"滕公曰："出就舍。"舍少府。乃奉天子法驾[6]，迎代王于邸。报曰："宫谨除。"代王即夕入未央宫。有谒者十人持戟卫端门[⑦]，曰：“天子在也，足下何为者而入?”代王乃谓太尉。太尉往谕，谒者十人皆掊兵而去。代王遂入而听政[⑧]。夜，有司[⑨]分部诛灭梁、淮阳、常山王及少帝于邸。

【注释】

①除宫：清除皇宫。即清除少帝及诸吕残余势力。②太仆：官名。掌管皇帝车马，是“九卿”之一。汝阴：县名。治所在今安徽省阜阳市。③麾：通“挥”，指挥。这里是挥手示意。掊（bó）兵：放下武器。掊，通“踣”，放倒。④宦者令：即宦官头目。⑤乘舆车：帝王乘坐的一般车驾。⑥天子法驾：古代天子举行典礼时乘坐的车驾。⑦端门：宫殿的正门。⑧听政：处理政务。⑨有司：主管有关事务的官员。

【原文】

代王立为天子。二十三年[①]崩，谥为孝文皇帝。

【注释】

①二十三年：指文帝在位二十三年（前179—前157）。

【原文】

太史公曰：孝惠皇帝、高后之时，黎民[①]得离战国之苦，君臣俱欲休息乎无为[②]，故惠帝垂拱[③]，高后女主称制，政不出房户，天下晏然[④]。刑罚罕用，罪人是希[⑤]。民务稼穑[⑥]，衣食滋殖[⑦]。

【注释】

①黎民：众民；老百姓。②无为：古代道家的一种哲学思想。③垂拱：垂衣拱手。形容天下太平安乐，统治者安闲无事的局面。④“政不出房户”二句：指皇帝用不着出门处理政务，而天下就能太平无事。晏然：形容平静、安逸的样子。⑤希：通“稀”，稀少。⑥稼穑（sè）：播种和收获，泛指农业生产。⑦滋殖：日益富足。滋，愈加。殖，繁殖，生长。

【译文】

吕太后是高祖还没有显贵时娶的妻子，她生有孝惠帝刘盈、女儿鲁元太后。等到高祖做了汉王，又娶得定陶人戚姬，特别宠爱，她生有赵隐王刘如意。孝惠帝为人仁厚柔弱，高祖认为他的性格不像他，常想要废掉太子，而立戚姬的儿子如意，认为如意的性格像他。戚姬受到高祖的宠幸，经常跟随皇上到关东去，她日夜在高祖面前啼哭，想要立她的儿子替代太子。吕后年纪较大，经常留在关中，很少能和皇上相见，就更加疏远了。如意被立为赵王以后，曾经有好多次几乎要替代刘盈做太子。由于大臣们的力争，再加上留侯的计谋，太子才没有被废掉。

吕后为人性格刚强，辅佐高祖平定天下，高祖诛杀大臣也多是由吕后出力献策。吕后有两个哥哥，都做了将军。大哥周吕侯死于征战，高祖封他的儿子吕台为郦侯，儿子吕产为交侯。二哥吕释之被封为建成侯。

高祖十二年（前195）四月甲辰日，高祖逝于长乐宫，太子承袭帝号做了皇帝。当时，高祖有八个儿子：长子刘肥是惠帝的异母兄，被封为齐王，其余都是惠帝的弟弟，戚夫人的儿子刘如意被封为赵王，薄夫人的儿子刘恒被封为代王，其他妃嫔的儿子，刘恢被封为梁王，刘友被封为淮阳王，刘长被封为淮南王，刘建被封为燕王。高祖的弟弟刘交被封为楚王，高祖兄的儿子刘濞被封为吴王。非刘氏的功臣番君吴芮的儿子吴臣被封为长沙王。

吕后最怨恨戚夫人和她的儿子赵王，就命令永巷令把戚夫人囚禁起来，同时派人召赵王进京。使者往返多次，赵国丞相建平侯周昌对使者说："高皇帝把赵王托付给我，赵王年纪还小。我听说太后怨恨戚夫人，想把赵王召去一起杀掉，我不能让赵王前去。况且赵王又患病，不能接受诏命。"吕后非常恼怒，就派人去召周昌。周昌被召到长安，吕后又派人去召赵王。赵王动身赴京，还在半路上。惠帝仁慈，知道太后恼恨赵王，就亲自到霸上去迎接，跟他一起回到宫中，亲自保护，跟他同吃同睡。太后想要杀赵王，却得不到机会。孝惠元年（前194）十二月一天清晨，惠帝出去射箭。赵王年幼，不能早起。太后得知赵王独自在家，派人拿去毒酒让他喝下。等到惠帝回到宫中，赵王已经死了。于是，就调淮阳王刘友去做赵王。这年夏天，下诏追封郦侯吕台的父亲吕泽为令武侯。太后随即派人砍断戚夫人的手脚，挖去眼睛，熏聋耳朵，灌了哑药，扔到猪圈里，叫她"人猪"。过了几天，太后叫惠帝去看人猪。惠帝看了，一问，才知道这就是戚夫人，于是大哭起来，从此就病倒了，一年多不能起来。惠帝派人请见太后说：“这不是人干的事情，我作为太后的儿子，再也不能治理天下了。”惠帝从此每天饮酒作乐，放纵无度，不问朝政，所以一直患病。

二年（前193），楚元王刘交、齐悼惠王刘肥都前来朝见。十月，有一天惠帝与齐王在太后面前宴饮，惠帝因为齐王是兄长，就按家人的礼节，请他坐上座。太后见此大怒，就叫人倒了两杯毒酒放在齐王面前，让齐王起来向她献酒祝福。齐王站了起来，惠帝也站起来，端起酒杯要一起向太后祝酒。太后害怕了，急忙站起来倒掉了惠帝手里的酒。齐王觉得奇怪，因而没敢喝这杯酒，就装醉离开了座席。事后打听，才知道那是毒酒。齐王心里很害怕，认为不能从长安脱身了，非常焦虑。齐国的内史向齐王献策说：“太后只有惠帝和鲁元公主两个孩子。如今，大王您拥有七十多座城，而公主只享食几座城的贡赋。大王如果能把一个郡的封地献给太后，来作公主的汤沐邑，供公主收取赋税，太后一定高兴，您也就不必再担心了。”于是，齐王就献上城阳郡，为了讨好太后，并违背常礼尊自己的异母妹鲁元公主为王太后。吕后很高兴，就接受了。于是，在齐王在京的官邸摆设酒宴，欢饮一番，酒宴结束，就让齐王返回封地了。三年（前192），开始修筑长安城，四年（前191），完成了一半，五年（前190）、六年（前189）全部竣工。诸侯都来京聚会，十月入朝祝贺。

七年（前188）秋季八月戊寅日，惠帝逝世。发丧时，太后只是干哭，没有眼泪。留侯张良的儿子张辟彊任侍中，只有十五岁，对丞相陈平说："太后只有惠帝这一个儿子，如今去世了，太后只干哭而不悲痛，您知道这里的原因吗？"陈平问："是什么原因？"张辟彊说："皇帝没有成年的儿子，太后顾忌的是你们这班老臣。如果您请求太后拜吕台、吕产、吕禄为将军，统领两宫卫队南北二军，并请吕家的人都进入宫中，在朝廷掌握重权，这样太后就会安心，你们这些老臣也就能够幸免于祸了。"丞相照张辟彊的办法做了。太后很满意，才哭得哀痛起来。吕氏家族掌握朝廷大权就是从这时开始的。于是，大赦天下。九月辛丑日，安葬惠帝。太子即位做了皇帝，到高祖庙举行典礼，向高祖禀告。少帝元年（前187），朝廷号令完全出自太后。

太后行使皇帝的职权之后，召集大臣商议，打算立诸吕为王。先问右丞相王陵。王陵说："高帝曾杀白马，和大臣们立下誓约，'不是刘氏子弟却称王的，天下共同诛讨他'。现在如果封吕氏为王，是违背誓约的。"太后很不高兴。又问右丞相陈平和绛侯周勃。周勃等人回答："高帝平定天下，封刘氏子弟为王。如今，太后代行天子之职，封吕氏诸兄弟为王，没有什么不可以的。"太后大喜，于是退朝。王陵责备陈平、周勃："当初跟高帝歃血盟誓时，你们难道不在吗？如今高帝去世，太后是临朝执政的女主，却要封吕氏子弟为王。你们竟然纵容她的私欲，迎合她的心愿，违背与高帝立下的誓约，将来还有什么脸面见高帝于黄泉呢？"陈平、周勃说："如今在朝廷上当面反驳，据理诤谏，我们比不上您；而要保全大汉天下，安定刘氏后代，您又比不上我们。”王陵无话可答。十一月，太后想要罢免王陵，就拜他为皇帝的太傅，夺了他右丞相的实权。王陵于是就称病免职回乡了。吕后任命左丞相陈平做了右丞相，任命辟阳侯审食其做了左丞相。但左丞相审食其不管应该做的事情，而只是监督宫中事务，就像郎中令一样。审食其原先做过太后的舍人，曾随太后落入项羽军中，所以很得宠信。常常决断大事，朝廷大臣处理政务都要通过他来决定。吕后又追尊郦侯吕台的父亲吕泽为悼武王，想由此开头来封诸吕为王。

四月，太后准备封诸吕为侯，就先封高祖的功臣郎中令冯无择为博城侯。鲁元公主去世，赐给她谥号为鲁元太后，封她的儿子张偃为鲁王。鲁王的父亲就是宣平侯张敖。封齐悼惠王刘肥的儿子刘章为朱虚侯。把吕禄的女儿嫁给他做妻子。封齐国的丞相齐寿为平定侯。封少府阳成延为梧侯。接着，就封吕种为沛侯，吕平为扶柳侯，张买为南宫侯。

吕太后为了封吕姓人为王，就先封惠帝后宫妃子所生的儿子刘彊为淮阳王，刘不疑为常山王，刘山为襄城侯，刘朝为轵侯，刘武为壶关侯。太后暗示大臣们，大臣们就请求封郦侯吕台为吕王，太后同意了。建成侯吕释之去世，继承侯位的儿子因为有罪而被废黜，就封他的弟弟吕禄为胡陵侯，作为继承建成侯的后代。二年（前186），常山王刘不疑去世，封他的弟弟襄城侯刘山为常山王，改名刘义。十一月，吕王吕台去世，谥为肃王，他的儿子吕嘉接替为王。三年（前185），无可记之事。四年（前184），吕后封她的妹妹吕媭为临光侯，封吕他为俞侯，吕更始为赘其侯，吕忿为吕城侯，又封了诸侯王的丞相五人为侯。

宣平侯张敖的女儿做孝惠皇后时，没有儿子，假装怀孕，抱来后宫妃子生的孩子说成是自己所生，杀掉他的母亲，立他为太子。惠帝去世，太子立为皇帝。后来，皇帝略微懂事时，偶然听说自己的母亲已经死了，自己并不是皇后的亲生儿子，就口出怨言，说："皇后怎么能杀死我的母亲却把我说成自己的儿子呢？我现在还小，等长大成人后我就造反。"太后听说这件事以后很担心，害怕他将来作乱，就把他囚禁在永巷宫中，声称皇帝得了重病，左右大臣谁也见不到他。太后说："凡是拥有天下掌握万民命运的人，应该像上天覆盖大地、像大地容载万物一样抚育百姓，皇帝有欢悦爱护之心安抚百姓，百姓就会欢欣喜悦地侍奉皇帝，这样上下欢悦欣喜的感情相通，天下就能太平。如今皇帝病重，经久不愈，以致神志昏乱失常，不能继承帝位供奉宗庙祭祀了，因此不能把天下托付给他，应该找人代替他。"群臣都叩头说："皇太后为天下百姓谋划，对安定宗庙社稷的思虑极为深远，我们恭敬地叩头听命。"于是，废了皇帝的帝位，太后又在暗中杀了他。五月丙辰日，立常山王刘义为皇帝，改名叫刘弘。没有改称元年，是因为太后在行使着皇帝的职权。改封轵侯刘朝为常山王。设置太尉的官职，绛侯周勃当了太尉。五年（前183）八月，淮阳王刘彊去世，封他的弟弟壶关侯刘武为淮阳王。六年（前182）十月，太后说吕王吕嘉行为骄横跋扈，废掉了他，封肃王吕台的弟弟吕产为吕王。夏天，大赦天下。封齐悼惠王的儿子刘兴居为东牟侯。

七年（前181）正月，太后召赵王刘友进京。刘友的王后是吕氏的女儿，刘友不喜欢她，而喜欢其他的姬妾。这个吕氏的女儿很嫉妒，恼怒之下离开了家，到吕后面前诽谤刘友，诬告刘友曾经说："吕氏怎么能封王！太后百年之后，我一定收拾他们。"太后大怒，因此召赵王来京。赵王到京后，太后把他安置在官邸里却不接见，并派护卫队围守着，不给他饭吃。赵王的臣下有偷着给送饭的，就被抓起来问罪。赵王饿极了，就作了一首歌，唱道：

"诸吕朝中掌大权啊，刘氏江山实已危；
以势胁迫诸王侯啊，强行嫁女为我妃。
我妃嫉妒其无比啊，竟然谗言诬我罪；
谗女害人又乱国啊，不料皇上也蒙昧。
并不是我无忠臣啊，如今失国为哪般？
途中自尽弃荒野啊，曲直是非天能辨。
可惜悔之时已晚啊，宁愿及早入黄泉。
为王却将饥饿死啊，无声无息有谁怜！
吕氏天理已灭绝啊，祈望苍天报仇冤。"

丁丑日，赵王被囚禁饿死，按照平民的葬礼，把他埋在长安百姓坟墓的旁边。

己丑日，发生日食，白昼变得跟黑夜一样。太后非常嫌恶，心中闷闷不乐，对左右的人说："这是因为我啊。"

二月，改封梁王刘恢为赵王。吕王吕产被改封为梁王，但梁王没有去封国，留在朝廷担任皇帝的太傅。封皇帝之子平昌侯刘太为吕王。把梁国改为吕国。原来的吕国改名为济川国。太后的妹妹吕媭有个女儿嫁给营陵侯刘泽为妻，刘泽当时担任大将军。太后封诸吕为王，怕自己死后刘泽作乱，于是就封刘泽为琅邪王，想借此来稳住他的心。

梁王刘恢改封为赵王后，心里不高兴。太后就把吕产的女儿嫁给赵王做王后。王后的随从官员都是吕家的人，专揽大权，暗中监视赵王，赵王不能随意行动。赵王有个宠爱的姬妾，王后派人用毒酒毒死了她。赵王于是作诗四章，让乐工们歌唱。赵王内心悲痛，六月就自杀了。太后知道这件事后，认为赵王为了女人就连祭祀宗庙的礼仪都不要了，于是废除了他后代的王位继承权。

宣平侯张敖去世，封他的儿子张偃为鲁王，赐给张敖鲁元王的谥号。

秋天，太后派使者去告诉代王刘恒，想要改封他为赵王。代王辞谢了，表示愿意守卫边远的代国。

太傅吕产，丞相陈平等人向太后进言说，武信侯吕禄是上侯，在列侯中排在第一位，请求立他为赵王。太后同意，并追尊吕禄的父亲康侯为赵昭王。九月，燕灵王刘建去世，他有一个姬妾生的儿子，太后派人把他杀了，燕灵王绝了后代，封国被废除。八年（前180）十月，立吕肃王的儿子东平侯吕通为燕王，封吕通的弟弟吕庄为东平侯。

三月中旬，吕后举行了除灾求福的祓祭，回来路过轵道亭时，看到一个东西像是一条黑狗，一下子撞到她的腋下，忽然又不见了。让人占卜，说是赵王刘如意在作祟，从此太后得了腋下疼痛的病。

吕后因为外孙鲁元王张偃年幼，又老早就死了父母，孤单势弱，就封了张敖前妾所生的两个儿子，封张侈为新都侯，张寿为乐昌侯，来辅佐鲁元王张偃。又封中大谒者张释为建陵侯，封吕荣为祝兹侯。宫中宦官担任令和丞的都封为关内侯，食邑五百户。

七月中旬，吕后病重，就任命赵王吕禄为上将军，统领北军；吕王吕产统领南军。吕后告诫吕禄、吕产说："高帝平定天下后，曾和大臣们立下誓约，说：'不是刘氏子弟却称王的，天下共同诛讨他。'现在吕家的人被封为王，大臣们心中不平。我如果死了，皇帝年轻，大臣们恐怕要作乱。你们一定要握住兵权，保卫皇宫，千万不要为我送丧，不要为人所制服。"辛巳日，吕后去世，留下诏书，赐给每个诸侯王黄金千斤。将、相、列侯、郎、吏等都按位次赐给黄金。大赦天下。以吕王吕产为相国，以吕禄的女儿为皇后。

吕后安葬以后，用左丞相审食其做皇帝的太傅。

朱虚侯刘章有气概有勇力，东牟侯刘兴居是他的弟弟，二人都是齐哀王刘襄的弟弟，住在长安。当时，诸吕独揽大权，打算作乱，但他们畏惧高帝的老臣周勃、灌婴等人，未敢妄动。朱虚侯的妻子是吕禄的女儿，因此他私下里了解到诸吕的阴谋。他怕自己被杀，就暗中派人告诉他的哥哥齐王刘襄，想要让他发兵西进，诛杀诸吕自立为帝。朱虚侯自己准备在朝廷里联合大臣们做内应。齐王准备发兵，他的丞相不服从。八月丙午日，齐王准备派人诛杀丞相，丞相召平于是造反，发动军队想要围攻齐王，齐王因此杀了丞相，接着发兵东进，诈夺了琅邪王刘泽的军队，然后把两支军队一并率领起来向西进发。此事在《齐悼惠王世家》中有记载。

齐王写信给各诸侯王说："高帝平定天下后，分封子弟为王，悼惠王被封在齐国。悼惠王去世，孝惠帝派留侯张良立我为齐王。孝惠帝逝世，吕后执掌朝权，年事已高，听信诸吕，擅自废掉和改立皇帝，又接连杀了刘如意、刘友、刘恢三个赵王，废除了梁、赵、燕三个刘氏封国，用来封诸吕为王，还把齐国一分为四。虽有忠臣进言劝谏，可是吕后昏乱糊涂听不进去。如今吕后逝世，而皇帝还很年轻，不能治理天下，本应依靠大臣、诸侯。可是，诸吕随意自己提高官职，聚兵率卒，增加威势，胁迫列侯、忠臣，假传皇帝之命，向天下发号施令，刘氏宗庙因此濒临危境。我率兵入京就是去杀不该为王的人。"朝廷知道后，相国吕产等人就派颍阴侯灌婴率军迎击齐王。灌婴到了荥阳，和将士们商议说："诸吕在关中握有兵权，图谋颠覆刘氏，自立为帝。如果我打败齐国回去报告，就是给吕氏增了实力。"于是，把军队留驻荥阳，派使者告知齐王及各国诸侯，要和他们联合，等待吕氏发动变乱，再共同诛灭他们。齐王得知灌婴的打算以后，就带兵返回齐国的西部边界，等待按照约定行事。

吕禄、吕产想要在关中发动叛乱，但在朝廷他们害怕绛侯、朱虚侯等人，在外面他们害怕齐、楚两国的军队，又担心灌婴背叛他们，想等到灌婴的军队与齐王交战后再起事，所以犹豫不决。当时，名义上是少帝弟弟的济川王刘太、淮阳王刘武、常山王刘朝，以及吕后的外孙鲁元王张偃，都因年纪太小未去封国，住在长安。赵王吕禄、梁王吕产各自带兵分居南北二军，他们都是吕家的人，列侯群臣都感到不能自保性命。

太尉绛侯周勃不能进入军营主持军务。曲周侯郦商年老患病，他儿子郦寄和吕禄要好。绛侯就跟丞相陈平商议，派人挟持郦商，让他儿子郦寄前去骗吕禄，说："高帝和吕后共同平定天下，刘氏被立为王的九人，吕氏被立为王的三人，都是大臣们商议过的，此事已通告诸侯，诸侯都认为这样合适。现在太后逝世，皇帝年轻，而您佩带着赵王的印，不赶快回去守卫封国，却担任上将军，率军留驻此地，让大臣诸侯们产生怀疑。您为什么不把将印归还朝廷，把兵权交还太尉呢？也请梁王归还相国印，和大臣们订立盟约，返回封国，这样齐国必然罢兵，大臣也能心里踏实，您也可以在千里封国高枕无忧地做您的王了，这是有利于子孙万代的好事呀。"吕禄果然相信了他的建议，准备交出将军印，把军队归还太尉。派人把这事告知吕产和吕家的老人们，这些人有的认为可行，有的认为不行，意见不一，迟疑未决。吕禄信任郦寄，常和他一起出外游玩射猎。一次，经过他姑姑吕媭的府第，吕媭大发雷霆，说："你作为将军却放弃军队，我们吕家如今就要没有容身之地了。"接着，把所有的珠玉宝器都抛撒到庭堂下面，说："再也不替别人保存这些玩意儿了。"

左丞相审食其被免职。

八月庚申日早晨，代理御史大夫职务的平阳侯曹窋，会见相国吕产商议事情。郎中令贾寿从齐国出使回来，趁机责备吕产说："大王早不到封国去，现在即使想走，还走得成吗？"接着就把灌婴与齐楚联合，准备诛灭诸吕的事情全部告诉了吕产，催促吕产赶快进宫。平阳侯曹窋大体听到了这些话，立即跑去告诉丞相陈平和太尉周勃。太尉想进入守卫吕后所居长乐宫的北军，因为长乐宫原为吕后所居，是诸吕的活动中心，而且北军力量较强，所以没能进去。襄平侯纪通主管符节，太尉就让纪通拿着符节，假传皇帝诏令，要让太尉进入北军。太尉又派郦寄和典客刘揭先去劝说吕禄："皇帝命太尉主管北军，让您回封国去，还是赶快交出将军印，及早离开，不然，大祸将要临头了。"吕禄认为郦寄不会欺骗他，就解下将军印交给典客，把兵权交给太尉。太尉拿着将印进入军门，向军中发令："拥护吕氏的袒露右臂，拥护刘氏的袒露左臂。"军中将士都袒露左臂拥护刘氏。太尉还没到北军时，吕禄已经交出将军印离开了军营，太尉于是统率了北军。

然而，南军还在吕氏手里。平阳侯曹窋听到吕产的阴谋，告诉了丞相陈平以后，陈平就召来朱虚侯刘章，让他协助太尉。太尉派朱虚侯监守军门，命令曹窋通知未央宫卫尉："不准放相国吕产进入殿门。"吕产不知道吕禄已离开北军，就进入未央宫，准备作乱，但进不了殿门，在那里走来走去，徘徊不定。平阳侯担心不能取胜，就驱马跑去告诉太尉。太尉也担心不能战胜诸吕，没敢明言杀掉吕产，就派朱虚侯进宫，对他说："赶快进宫保卫皇帝。"朱虚侯要求派兵，太尉给他一千多人。朱虚侯进入未央宫，就看见吕产已在宫中。到吃晚饭的时分，朱虚侯向吕产发起攻击，吕产逃走。这时狂风大作，吕产的随从官员一片混乱，无人再敢抵抗。朱虚侯率兵追赶吕产，追到郎中令官府的厕所中把他杀掉了。

朱虚侯刘章杀掉吕产后，皇帝派谒者手持符节前来慰劳。朱虚侯想夺过符节，谒者不肯。刘章就跟谒者同乘一辆车，凭借谒者手中的符节在宫中驱马奔跑，斩了长乐宫的卫尉吕更始。然后，跑回北军向太尉报告。太尉起身向朱虚侯拜贺说："我们所担心的就是这个吕产，因为他身为相国，又掌握着南军，现在已经把他杀了，刘氏天下就安定了。"随即派人分头把吕氏的男男女女全部抓来，不分老少，一律斩杀。辛酉日，将吕禄抓获斩首，用鞭杖竹板打死吕媭。又派人杀了燕王吕通，并废掉了鲁王张偃。壬戌日，恢复了皇帝太傅审食其左丞相的职务。戊辰日，改封济川王刘太为梁王，立赵幽王的儿子刘遂为赵王。派朱虚侯把诛杀诸吕的事情通知齐王，让他收兵。灌婴也从荥阳收兵回京。

朝廷的大臣们聚在一起秘密商量，说：“少帝以及吕（梁）王刘太、淮阳王刘武、常山王刘朝，都不是孝惠皇帝真正的儿子。吕后用欺诈的手段，把别人的儿子抱来谎称是惠帝的儿子，杀掉他们的生母，养在后宫，让孝惠皇帝把他们认作自己的儿子，立为继承人，或者封为诸侯王，来加强吕氏的势力。如今已经把诸吕全部消灭了，却还留着吕氏所立的人，那么等到他们长大后掌了权，我们这班人就要被灭族了。不如现在挑选一位最贤明的诸侯王，立他为皇帝。”有人说：“齐悼惠王刘肥是高帝的长子，现在他的嫡子为齐王，从根儿上说，是高帝的嫡长孙，可以立为皇帝。”但大臣们都说：“吕氏就凭着他们是外戚而专权作恶，几乎毁了刘氏天下，害了功臣贤良。现在，齐王外祖母家姓驷，驷钧是个恶人，如果立齐王为皇帝，那就相当于又一个吕氏。”大家考虑立淮南王刘长，又觉得他太年轻，外祖母家也很凶恶。最后，大家说：“代王刘恒是现今高帝儿子中最大的了，为人仁孝宽厚。太后薄夫人娘家谨慎善良。再说，拥立最大的儿子本来就名正言顺，而且代王以仁爱孝顺闻名天下，立他为帝合适。”于是，就一起暗中派使者去召代王进京。代王派人推辞。使者再次前来，代王才带着随从人员乘坐六辆驿车进京。闰九月月末己酉日到达长安，住在代王的官邸。大臣们都前去拜见，把天子的玉玺奉上，一起尊立代王为天子。代王一再推辞，群臣坚决请求，最后才答应了。

东牟侯刘兴居说：“诛杀吕氏的时候，我没有建立功劳，请允许我去清理皇宫。”就和太仆汝阴侯滕公夏侯婴进入皇宫，上前对少帝说：“足下不是刘氏的后代，不应立为皇帝。”说完，就挥手示意在少帝左右持戟护卫的兵士们放下兵器离去。有几个人不肯放下武器，宦者令张泽告谕他们，也就放下了武器。滕公于是召来乘舆，用车载着少帝出了皇宫。少帝说：“你准备把我拉到哪儿去呢?”滕公说：“出宫到私舍去住。”少帝被安置住在少府。于是就奉天子法驾，到代王府邸迎请代王。向代王报告说：“我们已经谨慎地清理了皇宫。”代王就在当天傍晚进入未央宫。有十位谒者手执着戟保卫端门，他们说：“天子还在，足下为什么要进宫?”代王就对太尉说了，太尉前往晓谕他们，这十位谒者全都放下兵器而离去。代王就进入宫中开始执政。当夜，主管部门就分别在他们的府邸杀了梁王、淮阳王、常山王以及少帝。

代王即位为天子。二十三年以后崩逝，谥号叫孝文皇帝。

太史公说：“孝惠皇帝及高后统治时期，黎民百姓摆脱了战国以来的痛苦，君臣们都希望休养生息而太平无事，所以惠帝垂手拱让，由高太后女主代行皇帝权力治理天下，颁行政令却不出居室门户，天下太平安然。极少施用刑罚，而犯罪的人因而很稀少。民众致力从事农业，衣食之物丰足繁盛了。”

第十卷 孝文本纪第十

这篇本纪记载了汉文帝在位二十三年间的种种仁政，赞颂了他宽厚仁爱、谦让俭朴的品德，刻画出一个完美贤圣的封建君主的形象。

这篇本纪一个突出的特点就是记录了许多文帝的诏书，“且所行政事，又足以副之，非讬［托］诸空言者比也”（《史记评议》）。以此直透核心，表现文帝的贤德。这些诏书一方面反映了文帝治天下的才能，另一方面反映文帝仁爱的内心世界和俭朴的思想品格。而后者更能感染打动读者。如废除连坐法和肉刑的两个诏令，就体现了文帝不株连无辜、不摧残肉体的人道精神。再如遣列侯之国、罢卫将军军等诏令，以及遗诏，都贯穿着文帝不劳苦百姓和节省财力的用心。诏令大多以“上曰”的形式出现，口吻真实，感情诚挚，说得入情入理，对于展现文帝“专务以德化民”的内心世界起了重要作用。

这篇本纪没有扣人心弦的紧张情节和场面，作者只是用舒缓的语调，按照年代顺序选择关键事件娓娓道来，给人一种从容不迫的感觉，同时也饱含了作者对一代明君的追慕和向往之情。如一开始描写文帝即位和立太子的过程中，表现了他的周详慎重和谦让。又如写缇萦上书救父，写文帝取消修建露台的打算，以及对南越王、吴王刘濞等人的以德报怨，对匈奴的或战或和，既强硬又不失灵活等，都表现了文帝的仁爱、宽厚和以国家、百姓的安宁为重。在这篇本纪的结尾，作者还巧妙地用景帝之诏、群臣之议，以“世功莫大于高皇帝，德莫大于孝文皇帝”表现了司马迁的赞颂之情。本纪最后，作者满怀深情地发出了“廪廪乡［向］改正服封禅矣，谦让未成于今”的感叹。

汉文帝与其子景帝两代在旧史上并称为文景之治，他提倡农耕，免农田租税，减轻刑罚，从本质上说都是为了维护和巩固汉王朝的统治。但在经历了战国至秦末的长期战乱之后，这些对经济的恢复和政治的稳定都起了积极的作用。而他的仁厚、俭朴截然不同于暴君，自然成为人们心目中理想的明君圣主。太史公对他的褒扬，也正是这种思想感情的反映。

【原文】

孝文皇帝①，高祖中子②也。高祖十一年③春，已破陈豨④军，定代⑤地，立为代王，都⑥中都。太后薄氏⑦子，即位十七年，高后八年七月，高后⑧崩。九月，诸吕吕产⑨等欲为乱，以危刘氏，大臣共诛之，谋召立代王，事在“吕后语”中⑩。

【注释】

①孝文皇帝（前203—前157）：名恒，刘邦之子。前179—前157年在位。“孝文”是他的谥号。②高祖：即刘邦。中子：排行在中间的儿子。③高祖十一年：即前196年。④陈豨（xī）：宛句（今山东省东明县东南）人。汉初封阳夏侯，

任代国相，并监管代、赵两国边防军。⑤代：汉初封国。辖有今河北省与内蒙古自治区交界地区和山西省东北部地区，都城先在代县（今河北省蔚县），后迁中都（今山西省平遥县西南）。⑥都：定都。用如动词。⑦薄氏：高祖的妃嫔。刘恒生母。刘恒尊她为代太后；即帝位后，尊为皇太后。⑧高后：即吕太后。⑨诸吕：吕后执政时，分封她的吕氏子侄四人为王，六人为侯，史称"诸吕"。吕产：吕后长兄吕泽之子。吕后执政时，被封为梁王，后任相国。⑩事在"吕后语"中：即有关此事的详情细节，都记在《吕太后本纪》中。

【原文】

丞相[1]陈平、太尉周勃等使人迎代王。代王问左右郎中令[2]张武等。张武等议曰："汉大臣皆故高帝时大将，习兵，多谋诈，此其属意非止此也[3]，特[4]畏高帝、吕太后威耳。今已诛诸吕，新啑血[5]京师，此以迎大王为名，实不可信。愿大王称疾毋往，以观其变。"中尉宋昌进[6]曰："群臣之议皆非也。夫秦失其政[7]，诸侯豪桀[8]并起，人人自以为得之者以万数[9]，然卒[10]践天子之位者，刘氏也，天下绝望[11]，一矣。高帝封王子弟，地犬牙相制，此所谓盘石[12]之宗也，天下服其强，二矣。汉兴，除秦苛政，约法令，施德惠，人人自安，难动摇，三矣。夫以吕太后之严，立诸吕为三王[13]，擅权专制，然而太尉以一节入北军[14]，一呼士皆左袒[15]，为刘氏，叛诸吕，卒以灭之。此乃天授，非人力也。今大臣虽欲为变，百姓弗为使[16]，其党宁[17]能专一邪？方今内有朱虚、东牟[18]之亲，外畏吴、楚、淮南、琅邪、齐、代之强。方今高帝子独淮南王与大王，大王又长，贤圣仁孝，闻于天下，故大臣因天下之心而欲迎立大王，大王勿疑也。”代王报太后计之，犹与[19]未定。卜之龟[20]，卦兆得大横。占[21]曰：“大横庚庚[22]，余为天王，夏启以光[23]。”代王曰：“寡人固已为王矣，又何王？”卜人曰：“所谓天王者乃天子。”于是代王乃遣太后弟薄昭往见绛侯[24]，绛侯等具为昭言所以迎立王意。薄昭还报曰：“信矣，毋可疑者。”代王乃笑谓宋昌曰：“果如公言。”乃命宋昌参乘[25]，张武等六人乘传[26]诣长安。至高陵[27]休止，而使宋昌先驰之长安观变。

【注释】

①丞相：西汉初曾称“相国”，与太尉、御史大夫合称“三公”。②郎中令：官名。掌管皇宫侍卫事务的高级武官。③此其属意非止此也：意思是，他们的意图并不止于像现在这样当个大臣。属（zhǔ）意，用意。④特：但；只。⑤喋血：踏血。形容杀人很多，血流遍地。⑥中尉：官名。掌管京城治安的武官。宋昌：楚将宋义的孙子。随刘邦起兵反秦，文帝时被封为壮武侯。进：指进言，建议。⑦失其政：政治混乱，不清明。⑧桀：通“杰”。⑨以万数：即“数以万计”的意思。⑩卒：最终。⑪绝望：指断绝了当皇帝的希望。⑫盘石：厚而大的石头。盘，通“磐”。⑬三王：即梁王吕产、赵王吕禄、燕王吕通。⑭节：符节。古代使者所持的一种凭证，用金、玉、竹、木等制成。北军：西汉时京城长安的警卫部队，因驻

地在城北，所以称“北军”。⑮左袒：裸露左臂。“太尉以一节入北军，一呼士皆左袒”事，详见《吕太后本纪》。⑯弗为使：不会为他们所利用。⑰宁（nìng）：难道。⑱朱虚：即朱虚侯刘章。封地在朱虚县［今山东省临朐（qú）县东南］。东牟：即东牟侯刘兴居。封地在东牟县（今山东省烟台市牟平区）。⑲犹与：通“犹豫”。⑳卜之龟：通过龟甲上的裂纹形状来推测吉凶。下文的“大横”，即指大的横向裂纹。㉑占：本指占卜时观察龟甲上的裂纹以判断吉凶，这里指卜辞。㉒庚庚：坚强的样子。㉓夏启以光：像夏启那样继承和发扬光大先人的帝业。启，夏禹之子。㉔绛（jiàng）侯：即太尉周勃。封地在绛县（今山西省侯马市东北）。㉕参乘：也叫“陪乘”，指立在车右随行。古人乘车，主人在左，中为驭手，右则为参乘，作保卫及平衡车座之用。㉖乘传：古代驿站用四匹下等马拉的车。传，指驿站或驿站的车马。㉗高陵：县名。即今陕西省西安市高陵区。

【原文】

昌至渭桥[①]，丞相以下皆迎。宋昌还报。代王驰至渭桥，群臣拜谒称臣。代王下车拜。太尉勃进曰：“愿请间言[②]。”宋昌曰：“所言公，公言之。所言私，王者不受私。”太尉乃跪上天子玺符[③]。代王谢[④]曰：“至代邸[⑤]而议之。”遂驰入代邸。群臣从至。丞相陈平、太尉周勃、大将军陈武、御史大夫张苍[⑥]、宗正刘郢、朱虚侯刘章、东牟侯刘兴居、典客刘揭皆再拜言曰：“子弘[⑦]等皆非孝惠帝子，不当奉宗庙[⑧]。臣谨请与阴安侯、列侯顷王后与琅邪王、宗室、大臣、列侯、吏二千石[⑨]议曰：‘大王高帝长子[⑩]，宜为高帝嗣。’愿大王即天子位。”代王曰：“奉高帝宗庙，重事也。寡人不佞[⑪]，不足以称宗庙[⑫]。愿请楚王计[⑬]宜者，寡人不敢当。”群臣皆伏固请。代王西乡让者三，南乡让者再[⑭]。丞相平等皆曰：“臣伏计之，大王奉高帝宗庙最宜称，虽天下诸侯万民以为宜。臣等为宗庙社稷[⑮]计，不敢忽[⑯]。愿大王幸听臣等。臣谨奉天子玺符再拜上。”代王曰：“宗室将相王列侯以为莫宜寡人[⑰]，寡人不敢辞。”遂即天子位。

【注释】

①渭桥：指中渭桥。②间言：指私下秘密进言。③玺（xǐ）：皇帝的印。符：和前文的“节”一样，是古代朝廷传达命令或调动军队用的凭证。用金、铜、玉或竹、木制成，剖而为二，双方各执一半，以验真伪。④谢：辞谢。⑤代邸（dǐ）：代王设在京城的公馆。⑥大将军：官名，是将军的最高称号。御史大夫：官名。“三公”之一。主管弹劾、监察以及图籍秘书等。张苍（前256—前152）：汉初大臣。阳武（今河南省原阳县东南）人。⑦弘：指吕后所立，后为周勃等人所杀的少帝刘弘，是惠帝后宫所生之子。⑧宗庙：古代帝王或诸侯祭祀祖先的场所，后成为王室、国家的代称。⑨阴安侯：指刘邦长兄刘伯的妻子，阴安侯是她的封号。阴安，县名。治所在今河南省清丰县西南。顷王后：指刘邦次兄刘仲的妻子。顷王是刘仲的谥号。宗室：即皇族。二千石：汉代内自九卿郎

将，外至郡守尉官，其俸禄等级，均为年俸二千石。⑩高帝长子：在当时高帝尚存的两个儿子（代王刘恒、淮南王刘长）中，刘恒居长。⑪不佞：不才，不贤。自谦之词。⑫称（chèn）宗庙：配得上祭祀宗庙。称，适合，符合。⑬愿请楚王计：楚王刘交是刘邦之弟，在皇族中年辈最高，所以刘恒要和他商议。⑭“代王西乡让者三”两句：古代礼仪，宾主之间一般东西而坐，以向东坐为尊；君臣之间南北相对，以君主向南坐为尊。代王朝西谦让了三次，是按宾主礼；朝南谦让了两次，则是依君臣礼。乡：通“向”。再：两次。⑮社稷（jì）：即社稷坛。是古代帝王祭祀土神（社）和谷神（稷）的地方，后常用以作为国家的代称。⑯忽：不经意。指草率从事。⑰莫宜寡人：没有人比我更合适。

【原文】

群臣以礼次侍。乃使太仆婴与东牟侯兴居清宫[①]，奉天子法驾[②]，迎于代邸。皇帝即日夕入未央宫[③]。乃夜拜宋昌为卫将军[④]，镇抚南北军。以张武为郎中令，行[⑤]殿中。还坐前殿。于是夜下诏书曰：“间者诸吕用事[⑥]擅权，谋为大逆[⑦]，欲以危刘氏宗庙，赖将相、列侯、宗室、大臣诛之，皆伏其辜[⑧]。朕初即位，其[⑨]赦天下，赐民爵一级[⑩]，女子百户牛酒[⑪]，酺五日[⑫]。”

【注释】

①太仆：官名。“九卿”之一，是掌管皇帝车马的高级侍从官员。清宫：清除皇宫。这里指为保护文帝登基的安全，预

先清除皇宫中的诸吕残余势力。②法驾：也叫“法车”。皇帝专用的车驾之一。古代皇帝的车仗根据人员、设备规模，有大驾、法驾、小驾之分。③未央宫：汉宫名。位于京城长安城内西南隅，是当时群臣朝见皇帝的场所。④卫将军：官名。掌管京城卫戍事务。⑤行：巡行。⑥间者：近来。用事：当权；执政。⑦大逆：指谋反作乱。⑧伏其辜：受到了应得的惩罚。辜，罪。⑨其：副词。表示祈使、命令。⑩赐民爵一级：汉代常例，每逢新皇帝登位或朝廷有大庆典，要授予担任过军吏或文吏的家长（有时也可以扩大到一般民户）一级爵位，最高限于五大夫或公乘。⑪女子百户牛酒：赐给无夫无女的女子按每百户为单位分配一定数量的牛和酒。⑫酺：相聚饮酒。特指命令所准许的大聚饮。

【原文】

孝文皇帝元年①十月庚戌，徙立故琅邪王泽为燕②王。

【注释】

①元年：即前179年。②燕（yān）：汉初封国。辖今河北省北部和中部部分地区，都蓟（jì，今北京市西南）。

【原文】

辛亥，皇帝即阼①，谒高庙②。右丞相平徙为左丞相，太尉勃为右丞相，大将军灌婴③为太尉。诸吕所夺齐、楚故地，皆复与之。

【注释】

①即阼（zuò）：即位。阼，帝王即位时所登的台阶。②高

庙：汉高祖刘邦之庙。古代皇帝登基时，都要到祖庙里去举行祭祀、朝拜之礼。③灌婴（？—前176）：汉初大将。

【原文】

壬子，遣车骑将军[1]薄昭迎皇太后于代。皇帝曰："吕产自置为相国，吕禄为上将军[2]，擅矫[3]遣灌将军婴将兵击齐，欲代刘氏，婴留荥阳[4]弗击，与诸侯合谋以诛吕氏。吕产欲为不善，丞相陈平与太尉周勃谋夺吕产等军。朱虚侯刘章首先捕吕产等。太尉身率襄平侯通[5]持节承诏入北军。典客刘揭身夺赵王吕禄印。益封[6]太尉勃万户，赐金五千斤。丞相陈平、灌将军婴邑各三千户，金二千斤。朱虚侯刘章、襄平侯通、东牟侯刘兴居邑各二千户，金千斤。封典客揭为阳信[7]侯，赐金千斤。"

【注释】

①车骑将军：官名。汉代将军名号繁多，其中大将军、骠骑将军，职位次于丞相；车骑将军、卫将军、左右前后将军等，职位次于上卿。②吕禄：吕后次兄吕释之之子。上将军：官名。掌管全国军队的最高武官。③擅矫：擅自假借皇帝的诏令。④荥（xíng）阳：县名。治所在今河南省荥阳市东北，是古代的军事要地。⑤襄平侯通：即纪成的儿子纪通。其父封襄平侯，父死后他继承父爵。⑥益封：加封。⑦阳信：县名。在今山东省阳信县境内。

【原文】

十二月，上曰："法者，治之正也，所以禁暴而率[1]善人也。今犯法已论，而使毋罪之父母妻子同产[2]坐之，及为收帑[3]，朕甚不取。其议之。”有司[4]皆曰：“民不能自治，故为法以禁之。相坐[5]坐收，所以累其心，使重[6]犯法，所从来远矣。如故便[7]。”上曰：“朕闻法正则民悫，罪当[8]则民从。且夫牧民[9]而导之善者，吏也。其既不能导，又以不正之法罪[10]之，是反害于民为暴者[11]也。何以禁之？朕未见其便，其[12]孰计之。”有司皆曰：“陛下加大惠，德甚盛，非臣等所及也。请奉诏书，除收帑诸相坐律令。”

【注释】

①正：通“证”，凭证；依据。率：率领；引导。②同产：指同母的兄弟姊妹。③收帑（nú）：指将全家老小都抓来治罪。帑，通“孥”，妻子儿女。这里用以代指上文所说的“父母妻子同产”。④有司：有关主管官员。古代设官分职，各有专司，所以称“有司”。这里泛指朝廷大臣。⑤相坐：一人犯法，株连他人同时治罪。⑥重：看重；不轻视。⑦如故便：照老办法合适。⑧悫（què）：忠诚；谨慎。当：恰当。⑨牧民：牧养民众，引申为统治百姓。这是统治阶级鄙视劳动人民的说法。⑩罪：治罪。⑪为暴者：干凶暴的事。⑫其：表示祈使语气的副词。

【原文】

正月，有司言曰：“蚤[1]建太子，所以尊宗庙。请立太子。”上曰：“朕既不德，上帝神明未歆享[2]，天下人民未有嗛志[3]：今纵不能博求天下贤圣有德之人而禅[4]天下焉，而曰豫[5]

建太子，是重吾不德也。谓天下何？其[6]安之。”有司曰：“豫建太子，所以重宗庙社稷，不忘天下也。”上曰：“楚王，季父[7]也，春秋高[8]，阅天下之义理多矣，明于国家之大体；吴王于朕，兄也，惠仁以好德；淮南王，弟也，秉德以陪[9]朕。岂为不豫哉！诸侯王宗室昆弟有功臣，多贤及有德义者，若举有德以陪朕之不能终，是社稷之灵，天下之福也。今不选举[10]焉，而曰必子，人其以朕为忘贤有德者而专于子，非所以忧天下也。朕甚不取也。”有司皆固请曰：“古者殷周有国，治安皆千余岁，古之有天下者莫长焉，用此道[11]也。立嗣必子，所从来远矣。高帝亲率士大夫[12]，始平天下，建诸侯，为帝者太祖。诸侯王及列侯始受国者皆亦为其国祖。子孙继嗣，世世弗绝，天下之大义也，故高帝设之以抚海内。今释[13]宜建而更选于诸侯及宗室，非高帝之志也。更议不宜。子某[14]最长，纯厚慈仁，请建以为太子。”上乃许之。因赐天下民当代父后者[15]爵各一级。封将军薄昭为轵[16]侯。

【注释】

①蚤：通“早”。②歆（xīn）享：指鬼神享受祭品、香火。③嗛志：满足；快意。嗛，通“慊”。④禅（shàn）：禅让；将帝位让给别人。⑤豫：通“预”，预先。⑥其：副词。表示祈使。⑦季父：叔父。⑧春秋高：年纪大。⑨陪：这里是“辅佐”的意思。⑩选举：挑选，推荐。⑪用：因；由于。此道：指预立太子的办法。⑫士大夫：这里泛指跟随刘邦起兵的文臣武将，后用以指官僚阶层。⑬释：放下；舍弃。

⑭某：当时应是汉景帝刘启的名字“启”，史官为了避讳，改用“某”字代替。⑮当代父后者：应当继承父亲后代的人（一般为长子）。⑯轵（zhǐ）：县名。治所在今河南省济源市东南。

【原文】

三月，有司请立皇后。薄太后曰：“诸侯皆同姓[①]，立太子母为皇后。”皇后姓窦氏。上为立后故，赐天下鳏寡孤独[②]穷困及年八十已上、孤儿九岁已下布帛米肉各有数。上从代来，初即位，施德惠天下，填抚诸侯四夷[③]皆洽驩，乃循[④]从代来功臣。上曰：“方[⑤]大臣之诛诸吕迎朕，朕狐疑，皆止朕，唯中尉宋昌劝朕，朕以得保奉宗庙。已尊昌为卫将军，其封昌为壮武[⑥]侯。诸从朕六人，官皆至九卿[⑦]。”

【注释】

①诸侯：指文帝的儿子刘启和刘武，他们都是窦氏所生。同姓：同母所生。②鳏（guān）：指老而丧妻的人。寡：指死了丈夫的妇人。孤：指幼年丧父的人。独：指老而无子的人。③填（zhèn）抚：镇抚。填，通“镇”，安定。四夷：即东夷、西戎、南蛮、北狄，是古代统治者对华夏族以外各部族的蔑称。④循：依照。这里指依次论功行赏。⑤方：当。⑥壮武：县名。⑦九卿：汉代对太常、光禄勋、卫尉、太仆、廷尉、大鸿胪、宗正、大司农、少府等中央九个重要行政机关高级首长的总称，其职位仅次于“三公”。

【原文】

上曰："列侯从高帝入蜀、汉中[1]者六十八人皆益封各三百户，故吏二千石以上从高帝颍川守尊等十人食邑[2]六百户，淮阳守申徒嘉[3]等十人五百户，卫尉[4]定等十人四百户。封淮南王舅父赵兼为周阳[5]侯，齐王舅父驷钧为清郭侯[6]。"秋，封故常山丞相蔡兼为樊[7]侯。

【注释】

①蜀：郡名。辖今四川省中部一带，郡治在成都（今四川省成都市）。汉中：郡名。辖今陕西省秦岭以南地区，郡治在南郑（今陕西省汉中市）。②颍川：郡名。辖今河南省中部地区，郡治在阳翟（今河南省禹州市）。守（shòu）：郡守。食邑：又叫"采邑"，是皇帝赐给诸侯收取赋税以供衣食的封地，以征收赋税的民户数来表示等级大小。③淮阳：郡名。辖今河南省东部太康、周口市淮阳区一带，郡治在陈县（今河南省周口市淮阳区）。申徒嘉：一作"申屠嘉"，复姓申徒，名嘉。梁（今河南省商丘市南）人。初随刘邦击项羽、黥布，任都尉，惠帝时为淮阳郡守。④卫尉：官名。掌管宫门警卫等事务，为"九卿"之一。⑤周阳：地名。在今山西省闻喜县东北。⑥清郭：地名。疑即战国时齐国的靖郭邑，当在今山东省滕州市境内。⑦常山：汉初封国。辖今河北省中部和山西省东部部分地区，郡治在元氏（今河北省元氏县西北）。樊：县名。治所在今山东省济宁市兖州区西南。

【原文】

人或说右丞相曰："君本诛诸吕，迎代王，今又矜其功[①]，受上赏，处尊位，祸且[②]及身。"右丞相勃乃谢病[③]免罢，左丞相平专为丞相。

【注释】

①矜（jīn）其功：即居功骄傲。矜，自负。②且：将要。③谢病：托病自动请求免职。

【原文】

二年十月，丞相平卒，复以绛侯勃为丞相[①]。上曰："朕闻古者诸侯建国千余，各守其地，以时[②]入贡，民不劳苦，上下驩欣，靡有遗德[③]。今列侯多居长安，邑远[④]，吏卒给输费苦[⑤]，而列侯亦无由[⑥]教驯其民。其令列侯之国，为吏及诏所止者，遣太子。"

【注释】

①《汉兴以来将相名臣年表》载：周勃复相在十一月。②以时：按规定时间。③靡：无。遗德：失德。④邑远：指列侯的封邑离长安遥远。⑤给输费苦：从封邑往长安给列侯运送供给的物资，费用大且辛苦。⑥无由：无从；没有机会。

【原文】

十一月晦[①]，日有食之。十二月望[②]，日又食。上曰："朕闻之，天生蒸民[③]，为之置君以养治之。人主不德，布政[④]不均，则天示之以菑，以诫不治。乃十一月晦，日有食之，适见[5]于天，菑孰大焉！朕获保宗庙，以微眇[6]之身托于兆民君王之上，天下治乱，在朕一人，唯二三执政犹吾股肱[7]也。朕下不能理育群生，上以累三光[8]之明，其不德大矣。令至，其悉思朕之过失，及知见思[9]之所不及，匄[10]以告朕。及举贤良方正[11]能直言极谏者，以匡[12]朕之不逮。因各饬其任职[13]，务省繇费以便民。朕既不能远德，故憪然念外人之有非[14]，是以设备[15]未息。今纵不能罢边屯戍[16]，而又饬兵厚卫[17]，其罢[18]卫将军军。太仆见马遗财足[19]，余皆以给传置[20]。"

【注释】

①晦：夏历每月的最末一天。②望：夏历每月的十五日。③蒸民：众民。蒸，通"烝"（zhēng），众多。④布政：施行政教。⑤適（zhé）：通"谪"，谴责。见：通"现"，显现；出现。⑥眇：通"渺"，微小。⑦股肱（gōng）：大腿和手臂。⑧三光：日、月、星的合称。⑨知见思：知识、见识和思考。⑩匄：乞求；希望。⑪及：和；以及。贤良方正：指有德有才、端平正直的人。汉代自文帝这次下诏后，始设"贤良方正"（又称"贤良文学"）这一科目，以选拔人才，询访政治得失。凡中选者，由朝廷授予官职。⑫匡：帮助；补救。⑬饬（chì）其任职：整顿好自己的本职工作。饬：整治。⑭憪（xiàn）然：忧虑不安的样子。非：非分之想，这里指侵略野心。⑮设备：设防。⑯罢边屯戍：撤除边防驻军。⑰饬兵厚卫：整顿军队，重重防卫。⑱罢：撤销。⑲见马：现有的马匹。见，通"现"，现在。遗财足：只保留刚刚够用的马匹。

财，通“才”，仅仅。⑳传（zhuàn）置：驿站。

【原文】

正月，上曰：“农，天下之本，其开籍田[①]，朕亲率耕，以给宗庙粢盛[②]。”

【注释】

①籍田：古代帝王亲自耕种的田。实际上，只是每年春耕时由帝王犁几下，象征亲自耕种，用以奉祀宗庙，并以此表示提倡农业之意。因为这种田靠征籍（通“藉”，借）民力耕种，所以称“籍田”。②粢盛（zīchéng）：盛在祭器内以供祭祀的饭食。

【原文】

三月，有司请立皇子为诸侯王。上曰：“赵幽王幽死[①]，朕甚怜之，已立其长子遂为赵王。遂弟辟彊及齐悼惠王子朱虚侯章、东牟侯兴居有功，可王。”乃立赵幽王少子辟彊为河间[②]王，以齐剧郡立朱虚侯为城阳[③]王，立东牟侯为济北[④]王，皇子武[⑤]为代王，子参为太原[⑥]王，子揖[⑦]为梁王。”

【注释】

①赵幽王：即刘友。刘邦第六子。被封为淮阳王，吕后时改封为赵王，后为吕后幽禁而饿死。②河间：汉初封国。辖今河北省献县、泊头市交河镇等地的部分地区，都城在乐成（今献县东南）。③剧郡：指地位重要、政务繁重、复杂难治的大郡。城阳：汉初封国。辖今山东省沂南县一带，都城在莒（jǔ）县（今山东省莒县）。④济北：汉初封国。辖今山东省

平阴县、肥城市等地区，都城在卢县（今山东省济南市长清区西南）。⑤武：文帝次子刘武。⑥参：文帝第三子刘参。封为太原王后，又曾改封为代王。太原：汉初封国。辖今山西省中部地区，都城在晋城（今山西省太原市西南）。⑦揖：文帝幼子刘揖。后从马上跌落而死。

【原文】

上曰："古之治天下，朝有进善之旌，诽谤之木[①]，所以通治道[②]而来谏者。今法有诽谤妖言之罪，是使众臣不敢尽情，而上无由闻过失也。将何以来远方之贤良？其除之。民或祝诅上以相约结而后相谩[③]，吏以为大逆[④]，其有他言，而吏又以为诽谤。此细民[⑤]之愚无知抵死，朕甚不取。自今以来，有犯此者勿听治[⑥]。"

【注释】

①进善之旌，诽谤之木：相传帝尧时，曾在交通要道竖立旗帜和木牌，让人们在旗下提意见，在牌上写谏言。②通治道：疏通治政的渠道。③祝诅（zǔ）：祈求鬼神降祸以加害所憎恨的人。相约结：一起誓盟定约，相当于现在说的"订立攻守同盟"。相谩：指互相欺骗，向官府告发。④大逆：犯上作乱，罪大恶极。⑤细民：小民。⑥听治：追究治罪。

【原文】

九月，初与郡国守相为铜虎符、竹使符。

三年十月丁酉晦，日有食之。十一月，上曰："前日诏遣列侯之国，或辞[①]未行。丞相朕之所重，其为朕率列侯之国。”绛侯勃免丞相就国，以太尉颍阴[②]侯婴为丞相。罢太尉官，属丞相。四月，城阳王章薨。淮南王长与从者魏敬杀辟阳侯审食其[③]。

【注释】

①辞：托词；借故。②颍阴：县名。即今河南省许昌市。③长：即刘邦第七子刘长，封淮南王。从者：随从的人。审食其（yì jī）：刘邦同乡。因侍奉吕后受到宠信，封辟阳侯，吕后时官至左丞相。辟阳：县名。治所在今河北省衡水市冀州区东南。

【原文】

五月，匈奴入北地[①]，居河南[②]为寇。帝初幸甘泉[③]。六月，帝曰：“汉与匈奴约为昆弟，毋使害边境，所以输遗[④]匈奴甚厚。今右贤王[⑤]离其国，将众居河南降地[⑥]，非常故[⑦]，往来近塞，捕杀吏卒，驱保塞蛮夷[⑧]，令不得居其故，陵轹[⑨]边吏，入盗，甚敖[⑩]无道，非约[⑪]也。其发边吏骑八万五千诣高奴[⑫]，遣丞相颍阴侯灌婴击匈奴。”匈奴去，发中尉材官[⑬]属卫将军，军长安。

【注释】

①匈奴：又称“胡”，中国古代北方游牧民族。北地：郡名。辖今甘肃省东北部和宁夏回族自治区东南部地区，郡治在马岭（今甘肃省庆城县西北）。②河南：指今内蒙古境内黄河以南鄂尔多斯市一带。③甘泉：宫名。旧址在今陕西省淳化县

西北甘泉山。④输遗（wèi）：供给和赠送。⑤右贤王：匈奴官名。⑥河南降地：指今内蒙古境内黄河以南一带。最初为胡人所占，后被秦始皇攻取，胡人归降。⑦非常故：无正当理由。⑧保塞蛮夷：指当时居住边塞一带保卫边防的少数民族。⑨陵轹（lì）：通“凌轹”，欺侮，侵犯。⑩敖：通“傲”。⑪非约：违背了协约。⑫高奴：县名。治所在今陕西省延安市东北。⑬中尉：官名。掌管京城的治安，兼管北军。材官：指勇武有力、精于骑射的步兵。

【原文】

辛卯，帝自甘泉之高奴，因幸太原[①]，见故群臣，皆赐之。举功行赏，诸民里赐牛酒。复[②]晋阳、中都民三岁。留游太原十余日。

【注释】

①太原：郡名。辖今山西省北部地区，郡治在晋阳（今山西省太原市西南）。②复：免除徭役或赋税。晋阳、中都均为文帝任代王时的旧都。

【原文】

济北王兴居闻帝之代，欲往击胡[①]，乃反，发兵欲袭荥阳。于是诏罢丞相兵，遣棘蒲[②]侯陈武为大将军，将十万往击之。祁侯贺[③]为将军，军荥阳。七月辛亥，帝自太原至长安。乃诏有司曰：“济北王背德反上，诖误[④]吏民，为大逆。济北吏民兵未至先自定，及以军地邑[⑤]降者，皆赦之，复官爵。与王兴居去来[6]，亦赦之。”八月，破济北军，虏其王。赦济北诸吏民与王反者。

【注释】

①胡：即匈奴。②棘蒲：地名。在今河北省赵县境内。③祁：县名。治所今山西省祁县东南。祁侯贺：祁侯缯（zēng）贺。④诖（guà）误：贻误；连累。⑤地邑：土地城邑。⑥去来：指去来者，即与济北王刘兴居通往来的人。

【原文】

六年，有司言淮南王长废先帝法，不听天子诏，居处毋度[1]，出入拟于天子[2]，擅为法令，与棘蒲侯太子奇谋反，遣人使闽越[3]及匈奴，发其兵，欲以危宗庙社稷。群臣议，皆曰“长当弃市”[4]。帝不忍致法于王，赦其罪，废勿王[5]。群臣请处王蜀严道、邛都[6]，帝许之。长未到处所，行病死，上怜之。后十六年[7]，追尊淮南王长谥为厉王，立其子三人为淮南王、衡山王、庐江王[8]。

【注释】

①居处（chǔ）毋度：居住的宫室和穿戴的服饰等超过了法度。毋，通“无”。②出入拟于天子：出入的车马仪仗模仿天子。③闽越：古族名。古代越人的一支。④弃市：执行死刑后将尸体暴露街头示众。⑤废勿王：废除其爵位，不叫他当王。⑥严道：县名。治所在今四川省荥经县。邛（qióng）都：地名。在今四川省西昌市东南。⑦后十六年：指后来到文帝十

六年，即前164年。⑧淮南王、衡山王、庐江王：即刘长之子刘安、刘勃、刘赐。

【原文】

十三年夏，上曰："盖闻天道祸自怨起而福繇[1]德兴。百官之非，宜由朕躬[2]。今祕祝[3]之官移过于下，以彰[4]吾之不德，朕甚不取。其除之。"

【注释】

①天道：古代唯心论者指支配人类命运的天神意志，唯物论者则指自然规律。从；自。繇，通"由"。②躬：自身。这里指由自己来承担。③祕祝：官名。掌管为皇帝向神灵求福消灾。④彰：表明；显扬。

【原文】

五月，齐太仓令淳于公[1]有罪当刑，诏狱[2]逮徙系长安。太仓公无男，有女五人。太仓公将行会[3]逮，骂其女曰："生子不生男，有缓急非有益也！"其少女缇萦[4]自伤泣，乃随其父至长安，上书曰："妾[5]父为吏，齐中皆称其廉平，今坐法当刑。妾伤夫死者不可复生，刑者不可复属[6]，虽复欲改过自新，其道无由[7]也。妾愿没入为官婢[8]，赎父刑罪，使得自新。"书奏天子，天子怜悲其意，乃下诏曰："盖闻有虞氏[9]之时，画衣冠异章服以为僇[10]，而民不犯。何则[11]？至治[12]也。今法有肉刑三[13]，而奸[14]不止，其咎[15]安在？非乃朕德薄而教不明欤？吾甚自愧。故夫驯道不纯[16]而愚民陷焉。诗曰：'恺悌[17]君子，民之父母。’今人有过，教未施而刑加焉，或欲改行为善而道毋由[18]也。朕甚怜之。夫刑至断支[19]体，刻肌肤，终身不息，何其楚痛而不德也，岂称[20]为民父母之意哉！其除肉刑。”

【注释】

①太仓令：官名。掌管国家粮库，属大司农。淳于公：复姓淳于，名意，汉初名医。临菑（今山东省淄博市东北临淄区）人。因曾任齐国太仓令，所以又称“仓公”。②诏狱：奉皇帝诏令拘禁犯人的监狱。③会：恰逢。④缇萦（tí yíng）：淳于意的小女儿。⑤妾：古代女子自称的谦词。⑥复属（zhǔ）：复原。属，连接，聚合。⑦其道无由：指无从走向改过自新的道路。⑧没（mò）入为官婢：被没收进官府充当奴婢。⑨有虞氏：传说中的远古部落名。居住在蒲阪（今山西省永济市蒲州镇）一带。⑩画衣冠：将衣帽画上特别的图形或颜色做标志，以示区别。章服：以图文为标志的衣服。僇（lù）：羞辱。⑪何则：相当于“何者”。⑫至治：指政治清明，达到了最高境界。⑬肉刑三：古代残害犯人肉体的三种刑法，一般指黥（在脸上刺字）、劓（yì，割去鼻子）、刖（yuè，断足），也有人认为是指劓、刖、宫（残害生殖机能）三种。⑭奸：指违法作乱的人和事。⑮咎：罪责。⑯驯道不纯：教导的方法不对头。驯，通“训”。⑰恺悌：和易近人。⑱道毋由：无路可通。⑲支：通“肢”。⑳楚痛：痛苦。称（chèn）：符合，相当。

【原文】

上曰："农，天下之本，务莫大焉。今勤身从事而有租税之赋，是为本末者毋以异①，其于劝农之道未备②。其除田之租税。"

【注释】

①本末者毋以异：即本末不分。本，指农业；末，指商业和手工业等。②未备：不够完善。备，完备。

【原文】

十四年冬，匈奴谋入边为寇，攻朝䣕①塞，杀北地都尉卬②。上乃遣三将军军陇西、北地、上郡③，中尉周舍为卫将军④，郎中令张武为车骑将军，军渭⑤北，车千乘⑥，骑卒十万。帝亲自劳军，勒兵申教令⑦，赐军吏卒。帝欲自将击匈奴，群臣谏，皆不听。皇太后固要⑧帝，帝乃止。于是以东阳⑨侯张相如为大将军，成⑩侯赤为内史，栾布⑪为将军，击匈奴，匈奴遁走。

【注释】

①朝（zhū）䣕：县名。治所在今宁夏回族自治区固原市原州区东南。②都尉：官名。掌管全郡军事，维持地方治安。卬（áng）：孙卬。③三将军：指陇西将军隆虑侯周灶、北地将军宁侯魏敕（chì）、上郡将军昌侯卢卿。陇西：郡名。辖今甘肃省东南部一带，郡治为狄道（今甘肃省临洮县）。上郡：郡名。④卫将军：和下文的"车骑将军"一样，都是征伐时

所加的将军名号。⑤渭：渭水。⑥乘（shèng）：古代以一车四马为一乘。⑦勒兵申教令：检阅军队，发布训令。申，申明。⑧固要（yāo）：坚决阻拦。要，通“邀”，中途拦截。⑨东阳：县名。治所在今山东省武城县东北。⑩成：县名。治所在今山东省宁阳县东北，一说在今河北省保定市境。⑪栾布：汉初将领。梁（今河南省商丘市南）人。

【原文】

春，上曰：“朕获执牺牲珪币[①]以事上帝宗庙，十四年于今，历日绵长[②]，以不敏不明而久抚临天下，朕甚自愧。其广增诸祀墠场[③]珪币。昔先王远施不求其报，望祀[④]不祈其福，右贤左戚[⑤]，先民后己，至明之极也。今吾闻祠官祝釐[⑥]，皆归福朕躬，不为百姓，朕甚愧之。夫以朕不德，而躬享独美其福，百姓不与[⑦]焉，是重吾不德。其令祠官致敬，毋有所祈。”

【注释】

①牺牲：古代对供祭祀用的牲畜的通称。珪（guī）币：祭祀、朝聘用的玉和帛。②绵长：长久。③墠（shàn）场：祭祀的场所。④望祀：遥望而致祭。是祭祀的一种形式。⑤右贤左戚：先贤后戚。即推荐贤才，使居于亲戚之上。⑥祝釐（xī）：祭祀上天，祈求降福。釐，通“禧”，幸福，吉祥。⑦不与（yù）：不在其中，即没有份儿。

【原文】

是时北平[①]侯张苍为丞相，方明律历[②]。鲁人公孙臣上书陈终始传五德事[3]，言方今土德时，土德应黄龙见[4]，当改正朔服色制度[5]。天子下其事[6]与丞相议。丞相推以为今水德，始明正十月上黑[7]事，以为其言非是，请罢之。

【注释】

①北平：县名。治所在今河北省保定市满城区北。②律历：乐律和历法，这里主要指后者。③终始传五德事：指天地间的事物都是由五德（又叫“五行”，即金、木、水、火、土等构成各种物质的五种元素）终而复始，循环往复相传下来的。这是阴阳家用以解释王朝兴废原因的一种理论。④土德应黄龙见：根据阴阳家的理论，与金、木、水、火、土五德相应的是白、青、黑、红、黄五色。公孙臣认为汉朝正值土德，相应的是黄色，所以这样推断。⑤改正朔服色制度：改变一年起始时间和车马服饰颜色的制度。正（zhēng），一年的开始。朔，一月的开始。正朔指历法制度。⑥下其事：将事情下交给有关部门处理。⑦正十月：定每年的十月为岁首（即正月）。上黑：崇尚黑色。上，通“尚”。

【原文】

十五年，黄龙见成纪[1]，天子乃复召鲁公孙臣，以为博士[2]，申明土德事。于是上乃下诏曰：“有异物之神见于成纪，无害于民，岁以有年[3]。朕亲郊祀[4]上帝诸神。礼官议，毋讳以劳朕[5]。”有司礼官皆曰：“古者天子夏躬亲礼祀上帝于郊，故曰郊。”于是天子始幸雍[6]，郊见五帝[7]，以孟夏[8]四月答礼焉。赵人新垣平以望气[9]见，因说上设立渭阳五庙[10]。欲出周鼎[11]，当有玉英见[12]。

【注释】

①成纪：县名。治所在今甘肃省秦安县北。②博士：官名。③有年：有年成；有丰收的年景。④郊祀：在郊外祭祀天地，是祭祀的形式之一。⑤毋讳以劳朕："毋以劳朕讳"的倒装形式。劳朕，使我劳累。⑥雍：即辟雍，古代设在郊外的祭祀之所。⑦五帝：五天帝。⑧孟夏：夏季的头一个月，即夏历四月。⑨新垣平：复姓新垣，名平。望气：一种借观望云气以附会人事、占卜吉凶的迷信方术。⑩渭阳：地名。在今陕西省咸阳市东北。五庙：即五帝之庙。⑪周鼎：周朝传国的九个宝鼎，相传沉没在泗水。⑫玉英：精美的宝玉。见：通"现"，出现。

【原文】

十六年，上亲郊见渭阳五帝庙，亦以夏答礼而尚赤[1]。

【注释】

①尚赤：崇尚红色。

【原文】

十七年，得玉杯，刻曰"人主延寿"。于是天子始更为元年[1]，令天下大酺。其岁，新垣平事觉[2]，夷[3]三族。

【注释】

①更为元年：把十七年（前163）改为元年，以表示划时代的转变，史书称此后的纪年为"后元"。②新垣平事觉：指

新垣平诡称望气，让人诈献刻有“人主延寿”字样玉杯的骗局被发觉。③夷：诛灭。

【原文】

后二年[①]，上曰：“朕既不明，不能远德，是以使方外[②]之国或不宁息。夫四荒[③]之外不安其生，封畿之内[④]勤劳不处，二者之咎，皆自于朕之德薄而不能远达也。间者[⑤]累年，匈奴并暴[⑥]边境，多杀吏民，边臣兵吏又不能谕吾内志[⑦]，以重吾不德也。夫久结难连兵[⑧]，中外之国将何以自宁？今朕夙兴夜寐[⑨]，勤劳天下，忧苦万民，为之怛惕[⑩]不安，未尝一日忘于心，故遣使者冠盖相望，结轶于道[⑪]，以谕朕意于单于[⑫]。今单于反[⑬]古之道，计社稷之安，便万民之利，亲与朕俱弃细过，偕之大道[⑭]，结兄弟之义，以全天下元元之民[⑮]。和亲[⑯]已定，始于今年。”

【注释】

①后二年：即前162年。②既：已；尽。远德：使恩德到达远方。方外：汉边界以外，指外族。③四荒：四方荒远之地。④封畿（jī）之内：京都一带。这里泛指内地。⑤间者：近来。⑥并暴：接连侵犯。⑦谕吾内志：理解我内心的想法。⑧结难连兵：灾难相结，战火相连。⑨夙（sù）兴夜寐：早起晚睡。形容勤奋不懈。⑩怛（dá）惕：忧虑戒惧。⑪冠盖相望，结轶于道：前后车篷相望，路上车辙交错。形容车马络绎不绝。轶，通“辙”。⑫单（chán）于：匈奴最高首领的简称。全称为“撑黎（天）孤涂（子）单于（广大）”。⑬反：

通“返”，返回，⑭偕：一起。之：前往；走。大道：和睦相处的正道。⑮元元之民：善良的老百姓。元元，善。⑯和亲：与敌议和，结为姻亲。多指汉族封建王朝与少数民族首领之间的联姻。

【原文】

后六年冬，匈奴三万人入上郡，三万人入云中[①]。以中大夫令勉为车骑将军[②]，军飞狐[③]；故楚相苏意为将军，军句注[④]；将军张武屯北地；河内守周亚夫[⑤]为将军，居细柳[⑥]；宗正刘礼为将军，居霸上[⑦]；祝兹侯[⑧]军棘门：以备胡。数月，胡人去，亦罢。

【注释】

①云中：郡名。辖今内蒙古自治区四子王旗以南、前房子以北地区，郡治为云中（今内蒙古自治区托克托县东北）。②中大夫：官名。大夫中的一种。职位略低于卿，是朝廷的顾问官。令勉：姓令名勉。车骑将军：地位仅低于大将军的高级武官。③飞狐：即飞狐口。关隘名。④句（gōu）注：通“勾注”，即雁门山。在今山西省代县西北，是古代著名的九大要塞之一。⑤河内：郡名。辖今河南省黄河以北地区，郡治在怀县（今河南省武陟县西南）。周亚夫（前199—前143）：绛侯周勃之子，以治军谨严著称。初封条侯，景帝时任太尉，后因平定吴楚七国之乱有功，升为丞相。⑥细柳：地名。在今陕西省咸阳市西南渭水北岸。⑦霸上：又称“霸头”。地名。在今陕西省西安市东，是古代咸阳、长安附近的军事要地。⑧祝兹

侯：《表》作松兹侯，姓徐，名悍。棘门：地名。在今陕西省咸阳市东北，原为秦宫门。

【原文】

天下旱，蝗。帝加惠：令诸侯毋入贡，弛山泽[①]，减诸服御狗马[②]，损郎吏员[③]，发仓庾以振[④]贫民，民得卖爵。

【注释】

①弛山泽：开放封禁的山林湖泊。②服御狗马：衣服、车马和玩好之物。③损：裁减。郎吏：泛指皇帝的随从人员。员：人数；名额。④仓庾：泛指各种贮存粮食的仓库。振：通“赈”，救济。

【原文】

孝文帝从代来，即位二十三年，宫室苑囿[①]狗马服御无所增益，有不便[②]，辄弛以利民。尝欲作露台，召匠计之，直[③]百金。上曰：“百金中民十家之产，吾奉先帝宫室，常恐羞之，何以台为！”上常衣绨衣，所幸慎夫人，令衣不得曳地[④]，帏帐不得文绣[⑤]，以示敦朴，为天下先。治霸陵[⑥]皆以瓦器，不得以金银铜锡为饰，不治坟[⑦]，欲为省，毋烦民。南越王尉佗[⑧]自立为武帝，然上召贵尉佗兄弟，以德报之，佗遂去帝称臣。与匈奴和亲，匈奴背约入盗，然令边备守，不发兵深入，恶[⑨]烦苦百姓。吴王诈病不朝，就赐几杖[⑩]。群臣如袁盎[⑪]等称说虽切，常假借[⑫]用之。群臣如张武等受赂遗金钱，觉，上乃发御府金钱赐之，以愧其心，弗下吏[⑬]。专务以德化民，是以海内殷富，兴于礼义。

【注释】

①苑囿（yòu）：种植林木、畜养禽兽的园林风景区，多为帝王或贵族的游猎之所。②有不便：指凡有对老百姓不利的事。③露台：供休息、赏景等用的露天平台。直：通“值”。④衣（yì）：穿。绨（tì）：一种质地粗糙厚实的丝织品。曳（yè）地：拖到地上。⑤文绣：绣有彩色花纹的丝织品或衣服。文，花纹，引申为刺绣花纹。⑥治：建造。霸陵：文帝陵墓。在长安城东（今陕西省西安市东北）。⑦坟：古代埋葬之处封土成丘的叫“坟”，平的叫“墓”。后来坟墓连用，不再区别。⑧尉佗：即赵佗。本为真定（今河北省正定县南）人，因秦时做过南海郡尉，所以称“尉佗”。⑨恶（wù）：讨厌。这里是“不愿”“生怕”的意思。⑩就：立即。几（jī）杖：坐时靠身用的木几和行走时扶持用的手杖。古代以“赐几杖”表示敬老。文帝赐几杖，是示意吴王不必进京朝见。⑪袁盎（àng）：即爰盎。楚人，后徙安陵（今陕西省咸阳市东北），历任齐相、吴相。⑫假借：宽容；原谅。⑬愧：使之感到羞愧。下吏：交法官审判。

【原文】

后七年六月己亥，帝崩于未央宫。遗诏曰：“朕闻盖天下万物之萌生，靡不有死。死者天地之理，物之自然者，奚可甚哀！当今之时，世咸嘉[①]生而恶死，厚葬以破业，重服[②]以伤生。吾甚不取。且朕既不德，无以佐百姓；今崩，又使重服久临[3]，以离寒暑之数[4]，哀人之父子，伤长幼之志，损其饮食，绝鬼神之祭祀，以重吾不德也，谓天下何！朕获保宗庙，以眇眇之身讬于天下君王之上，二十有余年矣。赖天地之灵，社稷之福，方内[5]安宁，靡有兵革[6]。朕既不敏，常畏过行[7]，以羞先帝之遗德；维[8]年之久长，惧于不终。今乃幸以天年，得复供养于高庙，朕之不明与嘉之[9]，其奚哀悲之有！其令天下吏民，令到出临三日，皆释服[10]，毋禁取妇、嫁女、祠祀、饮酒、食肉者。自当给丧事服临者，皆无践[11]。绖带无过三寸，毋布[12]车及兵器，毋发民男女哭临宫殿。宫殿中当临者，皆以旦夕各十五举声[13]，礼毕罢。非旦夕临时，禁毋得擅哭。已下[14]，服大红十五日，小红十四日，纤七日[15]，释服。佗不在令中者，皆以此令比率[16]从事。布告天下，使明知朕意。霸陵山川因其故，毋有所改。归夫人以下至少使[17]。"令中尉亚夫为车骑将军，属国悍[18]为将屯将军，郎中令武为复土将军，发近县见卒[19]万六千人，发内史卒万五千人，藏郭穿复土[20]属将军武。

【注释】

①咸：都。嘉：赞美；喜欢。②服：居丧。③临（lìn）：哭吊死者。④离：通"罹"，遭受。数：气数；命运。这里指遭遇。⑤方内：四境之内，即国内。⑥兵革：兵器和衣甲的总称。⑦过行：错误的行为。⑧维：语气助词，常用在句首，起强调作用。⑨乃：竟然。朕之不明与嘉之：也许我的见识不高明吧，却喜欢这样的归宿。与，语气助词。⑩释服：除去丧

服。⑪跣：赤脚踏地。古人哭吊死者，赤脚踏地，表示十分悲痛。⑫绖（dié）带：古代治丧期间结在头上或腰间的麻带。布：陈列。⑬“皆以”句：都只在早晚各哭十五声。⑭已下：下葬以后。⑮“服大红十五日”句：这是文帝根据俭约精神独创的丧服制度。⑯比率：比照，参照。⑰归夫人以下至少使：后宫从夫人以下的美人、良人、八子、七子、长使、少使，一律遣回娘家改嫁。归，遣散回家。⑱属国：即典属国。官名。主管民族交往事务。悍：人名。⑲见卒：现有士卒；现役士兵。见，通“现”。⑳藏郭：埋葬棺椁（guǒ）。郭，即椁，棺外的套棺。穿复土：穿土和复土。即挖穴出土和填土。复，返还。

【原文】

乙巳，群臣皆顿首[①]上尊号曰“孝文皇帝”。

太子即位于高庙。丁未，袭号曰“皇帝”。

【注释】

①顿首：叩头。古代“九拜”之一。

【原文】

孝景皇帝元年[①]十月，制诏御史[②]：“盖闻古者祖有功而宗[③]有德，制礼乐[④]各有由。闻歌者，所以发德也；舞者，所以明功也。高庙酎[⑤]，奏《武德》[⑥]《文始》《五行》之舞。孝惠[⑦]庙酎，奏《文始》《五行》之舞。孝文皇帝临天下，通关梁[⑧]，不异远方。除诽谤，去肉刑，赏赐长老，收恤孤独，以育群生。减嗜欲，不受献，不私其利也。罪人不帑，不诛无罪。除宫刑，出美人，重绝人之世。朕既不敏，不能识。此皆上古之所不及，而孝文皇帝亲行之。德厚侔⑨天地，利泽施四海，靡不获福焉。明象乎日月，而庙乐不称，朕甚惧焉。其为孝文皇帝庙为《昭德》⑩之舞，以明休德⑪。然后祖宗之功德着于竹帛，施⑫于万世，永永无穷，朕甚嘉之。其与丞相、列侯、中二千石⑬、礼官具为礼仪奏。”丞相臣嘉⑭等言：“陛下永思孝道，立《昭德》之舞以明孝文皇帝之盛德，皆臣嘉等愚所不及。臣谨议：世功莫大于高皇帝，德莫盛于孝文皇帝，高皇庙宜为帝者太祖之庙，孝文皇帝庙宜为帝者太宗之庙。天子宜世世献祖宗之庙。郡国诸侯宜各为孝文皇帝立太宗之庙。诸侯王列侯使者侍祠天子，岁献祖宗之庙，请著之竹帛，宣布天下。”制曰：“可。”

【注释】

①孝景皇帝元年：即前156年。②制诏：汉代皇帝文书的两种形式——制书诏令三公，传达州郡；诏书则布告臣民。御史：官名。有侍御史、符玺御史、治书御史、监军御史等，都属御史大夫。③祖、宗：古代帝王世系中，一般称开国皇帝为“祖”，祖的继承者为“宗”。另说，第一个治理天下有功绩的皇帝为“宗”。④礼乐：礼仪和音乐的合称。⑤酎（zhòu）：指经过多次酿制而成的醇酒。⑥《武德》：古代乐舞有文武之分。⑦孝惠：刘邦的嫡长子刘盈。前194至前188年在位。“孝惠”是他的谥号。⑧通关梁：指文帝十二年废除禁止百姓

自由出入关隘的法令一事。⑨侔（móu）：相等。⑩《昭德》：景帝时参照刘邦《武德》舞所编制的一种乐舞，意在颂扬文帝的功德。见《汉书·礼乐志》。⑪休德：美德。⑫竹帛：古代书写用的竹简和素绢。这里代指史册。施（yì）：延及，流传。⑬中（zhòng）二千石：汉代官职品级的一种，高于二千石。汉制，官吏品级为二千石者，一年俸禄实为一千四百四十石，而中二千石者，实为二千一百六十石。中，"满"的意思。⑭嘉：即申徒嘉。文帝时先任御史大夫，后为丞相，封故安侯。

【原文】

太史公曰：孔子言"必世[①]然后仁。善人之治国百年，亦可以胜残去杀[②]"。诚哉是言！汉兴，至孝文四十有余载，德至盛也。廪廪乡改正服封禅[③]矣，谦让未成于今[④]。呜呼，岂不仁哉！

【注释】

①世：古代以三十年为一世。②残：指暴政。杀：指刑戮。③廪（lǐn）廪：渐渐接近的样子。封禅（shàn）：古代帝王祭祀天地的一种大典。④今：指汉武帝刘彻时期，也即司马迁作《史记》之时。

【译文】

孝文皇帝是高祖的排行中间的儿子。高祖在十一年春天，攻破了陈豨的叛军以后，平定了代地，立刘恒为代王，王国的都城在中都。他是太后薄氏所生的儿子。登代王位十七年时，在高后八年七月，高后逝世。九月，吕氏家族的人以吕产为首企图发动叛乱，来夺取刘氏社稷。大臣们共同诛杀了他们，谋划召代王入长安立他为皇帝。这些史事记载在《吕太后本纪》中。

丞相陈平和太尉周勃等人派人去迎请代王。代王问左右侍从的郎中令张武等人，张武等人商议说："朝廷大臣都是高帝在世时的大将，熟习军事，多有谋略，他们的企图决不止于做大臣，只是因为畏惧高帝和吕太后的权威罢了。现在，他们已经诛杀了那些吕氏族人，刚刚血洗了京都。现在这么做只是在名义上说迎请大王，实际的用意却不可信。希望大王称病而不要去，来观察事态的变化。"中尉宋昌进言说："群臣的建议都不对。要知道，秦朝政治失道，诸侯豪杰们一同起义，自以为能够得到天下的人多得可以数以万计，然而最终登上天子位置的人是刘氏。这使天下的诸侯豪杰们消除了幻想，这是其一。高帝分封子弟为王，使各王国和郡县的土地犬牙相错而相互制约，这就是所谓稳如磐石一般的宗族根基，天下的人都信服刘氏的强大，这是其二。汉朝兴起以后，除去了秦朝的苛政，简化法令，施行恩惠德政，使人们感到平安，人心很难动摇，这是其三。至于说以吕太后的威严，立那些吕家的人为三王，他们把持政权，独断专行，然而太尉仅仅持一信节进入北军，一声呼唤士卒都左袒其臂，表示为刘氏效忠，背叛吕氏，最后把吕氏消灭了。这是上天的授意，不是人力所能做到的。

如今，大臣们尽管想要发动变乱，百姓们也不会被他们驱使，他们的党羽难道能自始至终地追随而不变吗？现在，在朝内有朱虚侯和东牟侯这样的宗亲，在朝外他们又畏惧吴、楚、淮南、琅邪、齐、代等王国的强大。如今，高帝的儿子只有淮南王和大王，大王又是长兄，为人贤德圣明仁爱孝顺，美名传遍了天下。所以，大臣们顺应天下的人心而想要迎请大王拥立为帝，大王不要再怀疑了。”代王把此事报告给薄太后进行计议，犹豫不决。于是，用龟甲占卜，卦的兆象是一大条横向裂纹。卜辞说：“大横裂纹意味着要变更地位，我将成为天王，像夏启一样继承父爵而光大先代的基业。”代王说：“寡人本来已经是王了，还做什么王?”占卜的人说：“所谓天王，就是天子。”于是，代王就派太后的弟弟薄昭前去会见绛侯周勃，绛侯等人详细地对薄昭讲述了他们为什么迎请代王的用意。薄昭回来报告说：“可以相信了，没有什么可怀疑的。”代王于是就笑着对宋昌说：“果真像你所说。”就命令宋昌陪他乘一辆车，张武等六人也乘坐传驿之车一同前往长安。到达了高陵县后就暂停，而派宋昌先驾快车进入长安观察事态。

宋昌刚到渭桥，丞相以下的官员都来迎接。宋昌返回报告。代王驱车到了渭桥，群臣都来拜见称臣。代王也下车答拜群臣。太尉周勃上前说：“我希望单独向大王禀报。”宋昌说：“你要说的如果是公事，就请公开说；如果是私事，在王位的人不受理私事。”太尉于是跪下，献上皇帝的玉玺和符节。代王辞谢说："等到代邸再商议吧。"然后，驱车进入代王官邸。群臣也跟着来了。丞相陈平、太尉周勃、大将军陈武、御史大夫张苍、宗正刘郢、朱虚侯刘章、东牟侯刘兴居、典客刘揭都上前行礼，拜了两拜，然后说："皇子刘弘等人都不是孝惠皇帝的儿子，不应当继位侍奉宗庙。我们恭敬地与阴安侯、顷王后、琅邪王以及宗室、大臣、列侯、二千石以上的官员商议，大家都说：'大王如今是高帝的长子，最应该做高帝的继承人。'希望大王即天子之位。"代王说："侍奉高帝宗庙，这是大事。我没有才能，胜任不了侍奉宗庙的大事。希望请叔父楚王考虑最合适的人，我是不敢当此重任的。"群臣都伏在地上，坚决请求。代王先是面向西坐在主人的位置谦让了几次，群臣扶他向南坐在君主的位置，他又谦让了两次。丞相陈平等人都说："我们再三考虑，认为大王侍奉高帝宗庙是最适宜的。即使让天下诸侯和百姓来考虑，也会认为适宜的。我们臣子是为宗庙社稷着想，绝不敢轻率疏忽。希望大王听从我们的意见，我们将感到荣幸。现在，我们恭敬地奉上天子的玉玺和符节。"代王说："既然宗室、将相、诸王、列侯都认为没有人比我更适宜，那我就不敢推辞了。"于是，代王即位做了天子。

群臣按照礼仪依次陪侍皇帝。于是，派太仆夏侯婴与东牟侯刘兴居去清理皇宫。然后，用天子乘坐的法驾，来代邸迎接皇帝。皇帝当天晚上就进入未央宫。连夜任命宋昌为卫将军，统领两宫卫队南北军；任命张武为郎中令，负责巡视殿中。皇帝回到前殿坐朝，当夜下诏说：“近来诸吕把持朝政，独断专行，阴谋叛逆，企图危害刘氏天下，全靠众位将相、列侯、宗室和大臣诛灭了他们，使他们的罪恶全都受到了应有的惩罚。现在我刚刚即位，下令大赦天下，赐给民家户主每人一级爵位，赐给无夫无子的女子每百户一头牛、十石酒，允许百姓聚会饮酒五天。”

孝文皇帝元年（前179）十月庚戌日，改封原琅邪王刘泽为燕王。

辛亥日，文帝正式即位，在高祖庙举行典礼向高祖禀报。右丞相陈平改任左丞相，太尉周勃任右丞相，大将军灌婴任太尉。诸吕所剥夺的原齐、楚两国的封地，全部归给齐王和楚王。

壬子日，文帝派车骑将军薄昭去代国迎接皇太后。文帝说：“吕产自任为相国，吕禄为上将军，擅自假托皇帝诏令，派遣将军灌婴带领军队攻打齐国，企图取代刘氏，而灌婴留驻荥阳不发兵攻齐，并与诸侯共谋诛灭了吕氏。吕产图谋不轨，丞相陈平与太尉周勃谋划夺了吕产等人的兵权，朱虚侯刘章首先捕杀了吕产等人。太尉周勃亲自率领襄平侯纪通持节奉诏进入北军。典客刘揭亲自夺了赵王吕禄的将军印。为此，加封太尉周勃食邑一万户，赐黄金五千斤；加封丞相陈平、将军灌婴食邑各三千户，赐黄金二千斤；加封朱虚侯刘章、襄平侯纪通、东牟侯刘兴居食邑各二千户，赐黄金一千斤；封典客刘揭为阳信侯，赐黄金一千斤。”

十二月，文帝说："法令是治理国家的准绳，是用来制止暴行，引导人们向善的工具。如今，犯罪的人已经治罪，却还要使他们无罪的父母、妻子、儿女和兄弟因为他们而被定罪，甚至被收为奴婢。我认为这种做法很不可取，希望你们再议论议论吧。"主管官员都说："百姓不能自治，所以制定法令来禁止他们做坏事。无罪的亲属连坐，和犯人一起收捕判罪，就是要使人们心有牵挂，感到犯法干系重大。这种做法由来已久，还是依原来的做法不加改变为宜。"文帝说："我听说法令公正百姓就忠厚，判罪得当百姓就心服。再说治理百姓引导他们向善，要靠官吏。如果既不能引导百姓向善，又使用不公正的法令处罚他们，这样反倒是加害于民而使他们去干凶暴的事。又怎么能禁止犯罪呢？这样的法令，我看不出它有哪些适宜之处，请你们再仔细考虑考虑。"官员们都说："陛下给百姓以大恩大惠，功德无量，这不是我们这些臣下所能想得到的。我们遵从诏书，废除拘执罪犯家属、收为奴婢等各种连坐的法令。"

正月，主管大臣进言说："及早确立太子，是尊奉宗庙的一种保障。请皇帝确立太子。"皇帝说："我的德薄，上帝神明还没有欣然享受我的祭品，天下的人民心里还没有满意。如今，我既不能广泛求访贤圣有德的人把天下禅让给他，却说预先确立太子，这是加重我的无德。我将拿什么向天下人交代呢？还是缓一缓吧。"主管大臣又说："预先确立太子，正是为了尊奉宗庙社稷，不忘天下。"皇帝说："楚王是我的叔父，年岁大，经历见识过的道理多了，懂得国家的大体。吴王是我的兄长，贤惠仁慈，甚爱美德。淮南王是我的弟弟，能守其才德以辅佐我。有他们，难道还不是预先做了安排吗？诸侯王、宗室、兄弟和有功的大臣，很多是有才能有德义的人，如果推举有德之人辅佐我这不能做到底的皇帝，这也将是国家的幸运、天下人的福分。现在不推举他们，却说一定要立太子，人们就会认为我忘掉了贤能有德的人，而只想着自己的儿子，不是为天下人着想。我觉得这样做很不可取。”大臣们都坚决请求说：“古代殷、周立国，太平安定都达一千多年，古来享有天下的王朝没有比它们更长久的了，就是因为采取了立太子这个办法。确立继承人必须是自己的儿子，这是由来已久的。高帝亲自率领众将士最早平定天下，封建诸侯，成为本朝皇帝的太祖。诸侯王和列侯第一个接受封国的，也都成为他们各自侯国的始祖。子孙继承，世世代代不断绝，这是普天之下的大原则，所以高帝设立了这种制度来安定天下人心。现在如果抛开应当立为太子的人，却从诸侯或宗室中另选他人，那就违背高帝的本意了。另议他人是不合适的。陛下的儿子启最大，纯厚仁爱，请立他为太子。”文帝这才同意了。于是，赐给全国民众中应当继承父业的人每人一级爵位。封将军薄昭为轵侯。

三月，主管大臣请求皇帝封立皇后。薄太后说：“皇帝的儿子都是同母所生，就立太子的母亲为皇后吧。”皇后姓窦。文帝以立了皇后的缘故，赐给天下无妻、无夫、无父、无子的穷困人，以及年过八十的老人，不满九岁的孤儿，每人若干布、帛、米、肉。文帝由代国来到京城，即位不久，就对天下施以德惠，安抚诸侯和四方边远的部族，使各方面的上上下下都融洽欢乐，于是慰问从代国随同来京的功臣。文帝说："当朝廷大臣诛灭了诸吕迎接我入朝的时候，我犹疑不定，代国的大臣们也都劝阻我，只有中尉宋昌劝我入京，我才得以侍奉宗庙。前已提拔宋昌为卫将军，现在再封他为壮武侯。另外随我进京的六个人，都任命为九卿。"

文帝说："当年跟随高帝进入蜀郡和汉中的列侯六十八人，都加封食邑三百户；原先官禄在二千石以上曾跟随高帝的颍川郡守刘尊等十人，各赐封食邑六百户；淮阳郡郡守申徒嘉等十人，各赐封食邑五百户；卫尉定等十人，各赐封食邑四百户。封淮南王的舅父赵兼为周阳侯，齐王的舅父驷钧为清郭侯。"秋天，封原常山国的丞相蔡兼为樊侯。

有人劝说右丞相道："您原先诛杀诸吕，迎立代王；如今又自夸功劳，受到最高的赏赐，居于尊贵的地位，灾祸就要落到您头上了。"于是，右丞相周勃就推说有病而免职，由左丞相陈平一个人专任丞相。

文帝二年（前178）十月，丞相陈平去世，又用绛侯周勃为丞相。文帝说："我听说古代诸侯建立国家的有一千多个，他们各守封地，按时入朝进贡，百姓不觉劳苦，上下欢欣，没有发生不遵守道德的事情。如今，列侯大都住在长安，封邑离得又远，要靠官吏士卒供应运输给养，既浪费又辛苦，而这些列侯也无法教导和管理封地的百姓。命令列侯回到各自的封国去，在朝廷任职和诏令所准许留下的诸侯，要派太子回去。”

十一月最后一天发生了日食。十二月十五日又发生了日食。文帝说：“我听说天生万民，为他们设置君主，来抚育治理他们。如果君主不贤德，施政不公平，那么上天就显示灾异现象，告诫他治理得不好。十一月最后一天发生日食，上天的谴责在天象上表现了灾异现象，有什么比这更大的呢！我能够侍奉宗庙，以这微小之躯依托于万民和诸侯之上，天下的治与乱，责任在我一个人，你们众位执掌国政的大臣好比是我的左膀右臂。我对下不能很好地治理抚育众生，对上又牵累了日、月、星辰的光辉，以致发生日食，我的无德实在太严重了。接到诏令后，你们都要认真想想我的过失，以及你们知道的、见到的、想到的我做得不够的地方，恳请你们告诉我。还要推举贤良方正、能直言极谏的人，来补正我的疏漏。趁此机会，官吏们要整顿好各自所担任的职事，务必减少徭役和费用，以便利民众。我不能使惠德及于远方，所以忧虑不安，怕外族侵扰边境为非作歹，因此边疆的防务一直没停止。现在既然不能撤除边塞的军队，却还要命令军队增加兵力来保卫我吗？应该撤销卫将军统辖的军队。太仆掌管的现有马匹，只需留下一些够用就可以了，其余的都交给驿站使用。”

正月，文帝说：“农业是国家的根本，应当开辟皇帝亲自耕种的籍田，我要亲自带头耕作，来供给宗庙祭祀用的谷物。”

三月，主管大臣建议封皇子们为诸侯王。文帝说：“赵幽王刘友被囚禁而死，我非常怜惜他，他的长子刘遂已经被立为赵王。刘遂的弟弟辟彊，以及齐悼惠王的儿子朱虚侯刘章、东牟侯刘兴居有功，也可以封王。”于是，封赵幽王的小儿子刘辟彊为河间王，用齐国的重要大郡封朱虚侯为城阳王，封东牟侯为济北王，封皇子刘武为代王，刘参为太原王，刘揖为梁王。

文帝说：“古代治理天下，朝廷设置进善言的旌旗和批评朝政的木牌，用以打通治国的途径，招来进谏的人。现在法令中有诽谤朝廷妖言惑众的罪状，这就使大臣们不敢完全说真话，做皇帝的也无从了解自己的过失。这还怎么能招来远方的贤良之士呢？应当废除这样的条文。百姓中有人一起诅咒皇帝，约定互相隐瞒，后来又负约相互告发，官吏认为这是大逆不道；如果再有其他不满的话，官吏又认为是诽谤朝廷。这些实际上只是因小民愚昧无知而触犯了死罪。上述做法我认为很不可取。从今以后，再有犯这类罪的，一律不加审理不予治罪。”

九月，首先把授兵权或调军队的铜虎符和使臣出使所持的竹使符发给各封国丞相和各郡郡守。

三年（前177）十月底丁酉日，发生日食。十一月，文帝说：“日前曾诏令列侯回各自的封国，有的找借口还没有走。

丞相是我所敬重的，希望丞相为我率领列侯回封国。”于是，绛侯周勃免去丞相职务，回自己的封国了。文帝任命太尉颍阴侯灌婴为丞相。取消了太尉这个官职，太尉所掌的兵权归属于丞相。四月，城阳王刘章去世。淮南王刘长和他的随从魏敬杀了辟阳侯审食其。

五月，匈奴侵入北地郡，在河南地区进行抢掠。文帝初次幸临甘泉宫。六月，文帝说：“汉朝曾与匈奴结为兄弟，目的是不使它侵扰边境，为此给他们运去了大量的物资，馈赠十分丰厚。现在，匈奴的右贤王离开他们本土，率众进驻早已归属汉朝的河南地区，没有任何正当理由，就在边塞地区出入往来，捕杀汉官吏士卒，驱逐守卫边塞的蛮夷，使他们不能在原居住地居住，欺凌边防官吏，侵入内地抢劫，十分傲慢，不讲道理，破坏了先前的协约。为此，可调发边防官吏骑兵八万五千人前往高奴，派丞相颍阴侯灌婴率兵反击匈奴。”匈奴退离边境。又征调中尉属下勇武的士卒归属于卫将军统领，驻守长安。

辛卯日，文帝从甘泉前往高奴，顺便来到太原，接见原代国的群臣，全都给以赏赐。根据功劳大小给以不同的奖赏，赐给百姓牛、酒，免除晋阳、中都两地百姓三年的赋税。文帝在太原逗留游玩了十多天。

济北王刘兴居得知文帝到了代地，想要前去反击匈奴，趁势起兵造反，打算袭击荥阳。于是，文帝下令丞相灌婴撤回部队，派遣棘蒲侯陈武为大将军，率领十万部队前去讨伐叛军。任命祁侯缯贺为将军，驻扎荥阳。七月辛亥日，文帝从太原回到长安。诏令有关大臣说："济北王背德反上，连累了济北的官吏百姓，这是大逆不道。济北的官吏和民众，凡是在朝廷大军到来之前就自己停止反叛活动的，以及率部投降或献出城邑出降的，一律赦免，官爵复原。那些开始曾与刘兴居一起造反但后来投降了的人，也予以赦免。"八月，打垮了济北叛军，俘虏了济北王。文帝宣布赦免济北国中随济北王造反的官吏百姓。

六年（前174），主管大臣报告淮南王刘长废弃先帝的法律，不听从皇帝的诏令，宫室居所超过规定的限度，出入车马仪仗比拟天子，擅自制定法令，与棘蒲侯的太子陈奇图谋造反，派人出使闽越和匈奴，调用它们的军队，企图危害宗庙社稷。群臣议论此事，都说"刘长应当在街市上斩首示众"。文帝不忍心法办淮南王，免了他的死罪，废了他的王位，不准再做诸侯王。群臣请求把淮南王流放到蜀郡的严道和邛都一带，文帝同意了。刘长还没到达流放地，就病死在路上。文帝怜惜他，后来到十六年（前164）时，追尊淮南王刘长，谥号为厉王，并封他的三个儿子：刘安为淮南王，刘勃为衡山王，刘赐为庐江王。

十三年（前167）夏天，文帝说："我听说，天道是祸从怨起、福由德兴。百官的过错，应当由我一人承担责任。如今，秘祝官把过错都推到下面的大臣，其结果是显扬了我的无德，我很不赞成。应当取消这种做法。”

五月，齐国的太仓令淳于公犯了罪，应该受刑。朝廷下诏让狱官逮捕他，把他押解到长安拘禁。太仓令没有儿子，只有五个女儿。他被捕临行时，骂女儿们说：“生孩子不生儿子，遇到紧急情况，就没有用处了！”他的小女儿缇萦伤心地哭了，就跟随父亲来到长安，向朝廷上书说：“我的父亲做官，齐国的人们都称赞他廉洁公平。现在，因触犯法律而犯罪，应当受刑。我哀伤的是，受了死刑的人不能再活过来，受了肉刑的人肢体断了不能再接起来，虽想走改过自新之路，也没有办法了。我愿意被收入官府做奴婢，来抵父亲的应该受刑之罪，使他能够改过自新。”上书送到文帝那里，文帝怜悯缇萦的孝心，就下诏说：“听说在有虞氏的时候，只是在罪犯的衣帽上画上特别的图形或颜色，给罪犯穿上有特定标志的衣服，以此来羞辱他们，这样民众就不犯法了。为什么能这样呢？因为当时政治清明到了极点。如今法令中有刺面、割鼻、断足三种肉刑，可是犯法的事仍然不能禁止，过失出在哪儿呢？不就是因为我道德不厚教化不明吗？我自己感到很惭愧，所以训导的方法不完善，愚昧的百姓就会走向犯罪。《诗经》上说，‘平易近人的官员，才是百姓的父母’。现在人犯了过错，还没施以教育就加给刑罚，那么有人想改过从善也没有机会了。我很怜悯他们。施用刑罚以致割断犯人的肢体，刻伤犯人的肌肤，终身不能长好，多么令人痛苦而又不合道德呀，作为百姓的父母，这样做，难道合乎天下父母心吗？应该废除肉刑。”

文帝说：“农业是天下的根本，没有什么比这事情更重要。现在，农民辛勤地从事农业生产却还要缴纳租税，使得务农和从事商业手工业没有区别，本末不分，这恐怕是由于鼓励农耕的方法还不完备。应当免除农田的租税。”

十四年（前166）冬天，匈奴谋划侵入边境进行劫掠，攻打朝㢲塞，杀死北地郡都尉孙卬。文帝于是派出三位将军率兵分别驻扎陇西、北地、上郡，任命中尉周舍为卫将军，郎中令张武为车骑将军，驻扎渭河以北地区，计有战车千辆、骑兵十万。文帝亲自慰劳军队，部署军队，申明训令，奖赏全军将士。文帝想要亲自率兵反击匈奴，群臣劝阻，一概不听。皇太后坚决阻拦文帝，文帝这才作罢。于是，任命东阳侯张相如为大将军，成侯董赤为内史，栾布为将军，率军攻打匈奴。匈奴逃跑了。

这年春天，文帝说：“我有幸得以执掌祭祀的牺牲、玉帛来祭祀上帝、宗庙，登上帝位，至今十四年了，历时已经很久，以我这样一个既不聪敏又不明智的人长久地治理天下，深为自愧。应当广泛增设祭祀的墠场和玉帛。从前先王远施恩惠而不求回报，遥祭山川却不为自己祈福，尊贤抑亲，先民后己，圣明到了极点。如今，我听说掌管祭祀的祠官祈祷时，全都是为我一个人，而不为百姓祝福，我为此而感到非常惭愧。凭着我这样无德之人，却独自享受神灵的降福，而百姓却享受不到，这就加重了我的无德。现在命令祠官祭祀要向神献上敬意，不要为我一个人祈求什么。”

这时，北平侯张苍任丞相，刚刚明确了新的乐律和历法。鲁国人公孙臣上书陈说金、木、水、火、土五行相生相克，终而复始以象征王朝兴替的五德终始学说，说现在正当土德，土德的验证是将有黄龙出现，应当更改历法、服色等制度。文帝把此事下交给丞相去研究。丞相张苍经过推算认为现今是水德，才明确把冬十月作为岁首，应该崇尚黑色，认为公孙臣的说法不对，请求文帝不要采纳。

十五年（前165），有黄龙出现在成纪县，文帝又召来鲁国的公孙臣，任命他为博士，让他重新说明当今应为土德的道理。于是，文帝下诏说：“有奇物神龙出现在成纪，没有伤害到百姓，今年又是个好年成。我要亲自到郊外祭祀上帝和诸神。礼官们商议这件事，不要因为怕我劳累而有什么隐讳。”主管大臣和礼官们都说：“古代天子每年夏天亲自到郊外祭祀上帝，所以叫作‘郊’。”于是，文帝第一次来到雍，郊祭五帝，在夏初四月向天帝致礼。赵国人新垣平凭着善于望云气而知凶吉来进见文帝，劝说文帝在渭阳建五帝庙，并预言这将使周朝的传国宝鼎出现，还会有奇异的美玉出现。

十六年（前164），文帝亲自到渭阳五帝庙郊祭，仍在夏季向天帝致敬，并崇尚红色。

十七年（前163），文帝得到一个玉杯，这个玉杯实际是新垣平为欺骗文帝而派人献上的，玉杯上刻有“人主延寿”四个字。于是，文帝下诏把这一年改为元年，下令天下民众尽情聚会饮酒。当年，新垣平欺诈的事情被发觉，夷灭了三族。

后元二年（前162），文帝说：“我不英明，不能施恩德于远方，因而使境外有些国家时常侵扰生事。边远地区的人民不能安定地生活，内地的百姓辛勤劳动也不得歇息，这两方面的过失，都是由于我的德不厚，不能惠及远方。最近连续几年，匈奴都来为害边境，杀我许多官吏和百姓，边境的官员和将领又不明白我的心意，以致加重我的无德。这样长久结下怨仇，兵祸不断，中外各国将怎么能各自安宁呢？现在我起早睡晚，操劳国事，为万民忧虑，惶惶不安，未曾有一天心里不想着这些事情，所以我派出一批又一批的使者，在路上礼帽车盖前后相望，车子的辙迹道道相连，为的就是让他们向单于说明我的意愿。现在单于已经回到从前友好相处的道路了，考虑国家的安定，为了万民的利益，亲自跟我相约完全抛弃细小的过失，一起走和平的大道，结为兄弟之好，以保全天下善良的百姓。和亲的协议已经确定，从今年就开始。”

后元六年（前158）冬天，匈奴三万人入侵上郡，三万人入侵云中郡。文帝任命中大夫令勉为车骑将军，驻扎在飞狐口；任命原楚国丞相苏意为将军，驻扎句注山；命将军张武驻守北地郡；任命河内郡郡守周亚夫为将军，驻军细柳；任命宗正刘礼为将军，驻军霸上；命祝兹侯徐悍驻扎棘门：以防备匈奴。过了几个月，匈奴人退去，这些军队也撤回了。

这一年天下干旱，发生蝗灾。文帝施恩于民：诏令诸侯不要向朝廷进贡，解除民众开发山林湖泊的禁令，减少宫中各种服饰、车驾和狗马，裁减朝廷官吏的人数，打开粮仓救济贫苦百姓，允许民间买卖爵位。

孝文帝从代国来到京城，即位二十三年，宫室、园林、狗马、服饰、车驾等，什么都没有增加。但凡有对百姓不便的事情，就予以废止，以便利民众。文帝曾打算建造一座高台，召来工匠一计算，造价要值上百斤黄金。文帝说："百斤黄金相当于十户中等人家的产业，我承受了先帝留下来的宫室，时常担心有辱于先帝，还建造高台干什么呢？"文帝平时穿的是质地粗厚的丝织衣服，对所宠爱的慎夫人，也不准她穿长得拖地的衣服，所用的帷帐不准绣彩色花纹，以此来表示俭朴，为天下人做出榜样。文帝规定，建造他的陵墓霸陵，一律用瓦器，不准用金银铜锡等金属做装饰，不修高大的坟；要节省，不要烦扰百姓。南越王尉佗自立为武帝，文帝却把尉佗的兄弟召来，使他们显贵，报之以德。尉佗于是取消了帝号，向汉朝称臣。汉与匈奴相约和亲，匈奴却背约入侵劫掠，而文帝只命令边塞戒备防守，不发兵深入匈奴境内，不乐意给百姓带来烦扰和劳苦。吴王刘濞谎称有病不来朝见，文帝就趁此机会赐给他木几和手杖，以表示关怀他年纪大，可以免去进京朝觐之礼。群臣中如袁盎等人进言说事，虽然直率尖锐，而文帝总是宽容采纳。大臣中如张武等人接受别人贿赂的金钱，事情被发觉，文帝就从皇宫仓库中取出金钱赐给他们，用这种办法使他们内心羞愧，而不下交给执法官吏处理。文帝一心致力于用恩德感化臣民，因此天下富足，礼义兴盛。

后元七年六月己亥日，文帝在未央宫逝世。留下遗诏说："我听说天下万物萌发生长，最终没有不死的。死是世间的常理，事物的自然归宿，有什么值得过分悲哀呢！当今世人都喜欢活着而不乐意死，死了人还要厚葬，以致破尽家产；加重服丧以致损害身体。我认为很不可取。况且我生前没什么德行，没有给百姓什么帮助；现在死了，又让人们加重服丧长期哭吊，遭受严寒酷暑的折磨，使天下的父子为我悲哀，使天下的老幼心灵受到损害，减少饮食，中断对鬼神的祭祀，其结果是加重了我的无德，我怎么向天下人交代呢！我有幸得以保护宗庙，凭着我这渺小之身依托在天下诸侯之上，至今已二十多年。靠的是天地的神灵、社稷的福气，才使得国内安宁，没有战乱。我不聪敏，时常担心行为有过错，使先帝遗留的美德蒙受羞辱；岁月长久了，总是担心不能维持始终。如今没想到能侥幸享尽天年，将被供奉在高庙里享受祭祀，我如此不贤明，却能有这样的结果，我认为就很好，还有什么可悲哀的呢！现在诏令全国官吏和百姓，诏令到达后，哭吊三日就除去丧服。不要禁止娶妻、嫁女、祭祀、饮酒、吃肉。应当参加丧事、服丧哭祭的人，都不要赤脚。服丧的麻带宽度不要超过三寸，不要陈列车驾和兵器，不要动员民间男女到宫殿来哭祭。宫中应当哭祭的人，都在早上和晚上各哭十五声，行礼完毕就停止。不是早上和晚上哭祭的时间，不准擅自哭泣。下葬以后，按丧服制度应服丧九个月的大功只服十五日，应服丧五个月的小功只服十四日，应服丧三个月的缌麻只服七日，期满就脱去丧服。其他不在此令中的事宜，都参照此令办理。要把这道诏令通告天下，使天下人都明白地知道我的心意。葬我的霸陵周围山水要保留其原来的样子，不要有所改变。后宫夫人以下直至少使，都遣送回家。”朝廷任命中尉周亚夫为车骑将军，典属国徐悍为将屯将军，郎中令张武为复土将军。征调京城附近各县现役士卒一万六千人，又征调内史所统辖的京城士卒一万五千人，去做安葬棺椁的挖土、填土等工作，归将军张武统领。

乙巳日，文帝葬在霸陵，群臣叩首至地，奉上谥号，尊称为孝文皇帝。

太子刘启在高祖庙中即位。丁未日，承帝号称为皇帝。

孝景帝元年十月，下诏书给御史：“听说古时候称为祖是建有功业，而称为宗是施有德泽，制作礼乐都各有原因。我又听说歌唱是为了颂扬德行，舞蹈是为了表彰功绩。在高祖庙中举行奉献醇酒的礼仪上，要演奏《武德》《文始》《五行》等乐曲和舞蹈。孝惠帝庙举行奉献醇酒的礼仪时，演奏《文始》《五行》乐舞。孝文皇帝君临天下，疏通关隘桥梁，远近没有区别歧视。废除诽谤之罪，取缔割毁肢体肌肤的肉刑，赏赐年长的老人，收养抚恤孤独，以此养育众生，他抑制自己的嗜好和私欲，不接受臣子的供献，不私自谋求利益。犯罪人的妻子不受牵连，不滥杀无辜。取消宫刑，放出后宫的美人，慎重地对待隔绝人情伦理及父子相继的事。朕既然不够聪敏，也就不能很好地认识到先帝的英明。这些德业都是在上古时代所不能做到的，而孝文帝能够亲自施行，他恩德的厚重与天地同高，他谋利的泽惠施加于四海，民众没有谁不获得他的福泽。他如日月一般光明，而在庙中祭祀时却没有和他的德业相称的乐舞，我感到惶恐不安。应为孝文皇帝庙制作《昭德》之舞，来显扬他的美德。然后祖宗的功德能够记载在史册上，使它们传于万世，永远无所穷尽，朕非常满意这样做。你们和丞相、列侯、品秩达到二千石的大臣及礼官们一同制作出祭祀文帝的礼仪舞乐后上奏。”丞相申屠嘉等人进言：“陛下总是念及孝道，建立《昭德》的舞乐来昭明孝文皇帝的盛大德业，这些都是臣子申屠嘉等愚钝的人所想不到的事。臣子们谨慎地商议认为：若论万世的功业，没有人能比高皇帝所建立的更加巨大；若论德泽，没有人能比孝文皇帝所施行的更为盛大。高皇帝庙应当作本朝帝室的太祖庙，孝文帝庙应当作为本朝帝室的太宗庙。后世的天子应当世世代代地向太祖太宗庙供奉祭祀。各郡、各诸侯国应各自为孝文皇帝建立太宗庙。诸侯王、列侯要派使者侍从天子祭祀，每年都要向太祖太宗庙献祭。请求皇帝把这些规定写进法典明文，向天下宣布。”皇帝颁下制书说：“可以。”

太史公说：“孔子说过‘一定要经过三十年以后仁政才能有成效。善人治理国家经过百年，也就能够清除残暴，废弃刑杀’，这话是对极了！汉朝兴起，到孝文皇帝已经历了四十多年，是德政最盛的时期。他非常谨慎地改正朔、易服色、行封禅，但是他谦让的德政在今天还没有最后完成。唉！这难道不正是仁吗！”

第十一卷　孝景本纪第十一

这篇本纪以大事记的形式，简略地记录了汉景帝在位十六年间所发生的要事。

作者对景帝的功绩基本上是肯定的。本纪虽然记载简略，但从中仍可看出景帝在基本国策上对文帝的继承和发展。如"除禁锢"的宽松政策、"省列侯遣之国"等节俭措施，以及遗诏中"出宫人归其家"的善举等。尤其对景帝果断平定吴楚七国之乱和鼓励农业生产、稳定局势等做了肯定的记录。《太史公自序》说："诸侯骄恣，吴首为乱，京师行诛，七国伏辜，天下翕然，大安殷富。作《孝景本纪》。"这篇本纪基本上体现了这个思想。

较之前篇《孝文本纪》详载诏书德泽，而《孝景本纪》只书年月。这一详一略，说明二帝在作者心目中的分量相距颇大。实际上，所谓"文景之治"的主要功绩应属于文帝，而且在对百姓的仁爱、对臣属的宽厚等方面，景帝也是远不及文帝的。这篇本纪行文省俭的另一个原因，恐怕还在于作者对景帝之子、当朝执政的武帝心存戒惧，唯恐言多语失，招致更大的祸患。

虽然这篇本纪未见直书景帝之过的文字，但从他篇中还是可以看到作者对景帝在用人方面的批判。如在《绛侯周勃世家》中记载了景帝意气用事，致使敢于直言诤谏、平定七国之乱的大功臣周亚夫受辱含冤绝食而死；在《袁盎晁错列传》中记载了颇有远见、为朝廷的利益出谋划策的晁错，最后却成了景帝退敌的牺牲品。作者没有因为景帝之功，而漏书其过，对他的不仁不义之举，还是给予了相当尖锐的批判。这篇本纪篇末的赞语只论及七国之乱一事，表面上指责晁错削夺诸侯封地操之过急，实际上暗刺景帝审时不明、谋划不周。

【原文】

孝景皇帝①者，孝文②之中子也。母窦太后③。孝文在代④时，前后有三男，及窦太后得幸⑤，前后死，及三子更⑥死，故孝景得立。

【注释】

①孝景皇帝：刘启（前188—前141）。前156年继位，在位十六年。“孝景”是他的谥号。②孝文：文帝刘恒（前203—前157）。高祖之子。③窦太后：景帝即位后，她被尊为皇太后。④代：汉初封国。辖有今河北省与内蒙古自治区交界地带和山西省东北部地区，都城先在代县（今河北省蔚县东北），后迁中都（今山西省平遥县西南）。⑤得幸：旧指得到帝王宠爱。⑥更（gēng）：递，连续，接连。

【原文】

元年①四月乙卯，赦天下。乙巳②，赐民爵一级。五月，除田半租[3]。为孝文立太宗[4]庙。令群臣无朝贺。匈奴[5]入代，与约和亲。

【注释】

①元年：指景帝前元元年，即前156年。汉以夏历十月为一年之始，故前156年夏历十月，即算作元年正月。②乙巳：乙巳日上距乙卯日共五十天，不可能出现在四月，因而与上句“四月乙卯”、下句“五月”有抵牾。③除田半租：减去田地租税的一半。文帝时规定田十五而税一，景帝再减收一半，即田三十而税一。除，减去。④太宗：文帝的庙号。⑤匈奴：又称“胡”，汉代时北方的游牧民族。

【原文】

二年春，封故相国萧何孙系为武陵侯[1]。男子二十而得傅[2]。四月壬午，孝文太后[3]崩。广川、长沙[4]王皆之国。丞相申屠嘉[5]卒。八月，以御史大夫[6]开封侯陶青为丞相。彗星出东北。秋，衡山[7]雨雹，大者五寸，深者二尺。荧惑逆行，守北辰[8]。月出北辰间。岁星[9]逆行天廷中。置南陵[10]及内史、祋祤为县。

【注释】

①封系为武陵侯：《高祖功臣侯者年表》谓“武阳，前二年，封炀侯弟幽侯嘉”，又《汉书·高惠高后文功臣表》谓“武阳，孝景二年，侯嘉以则弟绍封”。②得傅：指男子到了服役年龄，将名字登记入册。傅，正卒。《史记志疑》认为，

“得”字因下“傅”字误衍。汉旧制，男子服役需年满二十三岁，景帝时改为二十岁。③孝文太后：指文帝的母亲薄太后，高祖的妃嫔。④广川：汉初封国。原名信都，景帝前元二年改。辖今河北省武邑、景县以南，南宫市以北部分地区和山东省德州市一带。都城在信都（今河北省衡水市冀州区）。这时的广川王是景帝的第八子刘彭祖。长沙：汉初封国。辖今湖南省溆浦县以东，衡山县以北地区。都城在临湘（今湖南省长沙市）。⑤申屠嘉（？—前155）：汉初大臣。高祖时任都尉，惠帝时任淮阳郡守，文帝时迁御史大夫，不久位至丞相。景帝时，他反对晁错，借晁错穿宗庙垣为门之事，奏请斩错，景帝却袒护晁错，他因此呕血而死。⑥御史大夫：官名。其位仅次于丞相。主管监察、弹劾及掌管图籍秘书。⑦衡山：汉初封国。辖今湖北省东部、河南省南部和安徽省西部地区，以境内有衡山（今安徽省境内的霍山）而得名。都城为邾（zhū，今湖北省黄冈市黄州区北）。⑧荧惑：即火星。北辰：即北极星。⑨岁星：即木星。⑩南陵：《汉兴以来将相名臣年表》载，孝文七年“四月丙子，初置南陵”。

【原文】

三年正月乙巳，赦天下。长星[1]出西方。天火燔雒阳[2]东宫大殿城室。吴王濞[3]、楚王戊、赵王遂、胶西王卬、济南王辟光、菑川王贤、胶东王雄渠反，发兵西乡。天子为诛晁错，遣袁盎谕告，不止，遂西围梁[4]。上乃遣大将军窦婴、太尉周亚夫[5]将兵诛之。六月乙亥，赦亡军及楚元王[6]子蓺等与谋反者。封大将军窦婴为魏其[7]侯。立楚元王子平陆[8]侯礼为楚王。立皇子端为胶西王，子胜为中山[9]王。徙济北王志为菑川王，淮阳王馀为鲁王，汝南王非为江都[10]王。齐王将庐、燕王嘉皆薨。

【注释】

①长星：即流星。②天火：指自然界产生的火，如雷电闪击而生的火等。燔：烧。雒阳：县名。治所在今河南省洛阳市东北。③吴王濞：即高祖次兄刘仲之子刘濞。曾随高祖破黥布，以功封为吴王。景帝时，他反对削夺诸侯封地，联合楚、赵等六国发动叛乱。兵败后逃入东越，为越人所杀。④梁：汉初封国。辖今河南省与安徽省交界地区。都城在睢（suī）阳（今河南省商丘市南）。⑤窦婴（？—前131）：窦太后侄，字王孙，观津（今河北省武邑县东南）人。太尉："三公"之一，最高军事长官。周亚夫（前199—前143）：沛县（今江苏省沛县）人，周勃之子。⑥楚元王：即高祖异母弟刘交。"元"是他的谥号。⑦魏其（jī）：县名。治所在今山东省临沂县（已撤销，分划为临沂市所属三区：兰山、罗庄、河东）东南。⑧平陆：韦昭云"平陆，西河县"。误。此为东平陆。梁玉绳说为邑名，故城在今山东省汶上县北。钱穆说为县名，故城在今河南省尉氏县东北。⑨中山：汉初封国。辖今河北省保定市满城区至无极县一带。都城在卢奴（今河北省定州市）。⑩江都：秦时为广陵县，汉改为江都。治所在今江苏省扬州市西南。

【原文】

四年夏，立太子[①]。立皇子彻[②]为胶东王。六月甲戌，赦天下。后九月，更以易阳为阳陵[③]。复置津关[④]，用传出入。冬，以赵国为邯郸[⑤]郡。

【注释】

①太子：指栗太子刘荣，为栗姬所生。后于景帝七年被废。②彻：即汉武帝刘彻。③阳陵：景帝的陵墓。故址在今陕西省西安市北。④津关：设在水陆冲要之处的关卡。⑤邯郸：郡名。辖今河北省南部地区。郡治邯郸，即今邯郸市。

【原文】

五年三月，作阳陵、渭桥[①]。五月，募徙阳陵，予钱二十万。江都大暴风从西方来，坏城十二丈。丁卯，封长公主子蟜为隆虑[②]侯。徙广川王为赵王。

【注释】

①渭桥：长安附近横跨渭水的桥，有中渭、东渭、西渭三座。这里指东渭桥。②长公主：指景帝的姐姐刘嫖，窦太后所生。汉代称皇帝的姊妹为长公主，皇帝的女儿为公主。隆虑：县名。在今河南省林州市。

【原文】

六年春，封中尉绾为建陵[①]侯，江都丞相嘉为建平[②]侯，陇西太守浑邪为平曲[③]侯，赵丞相嘉为江陵[④]侯，故将军布为鄃[⑤]侯。梁楚二王皆薨[⑥]。后九月，伐驰道树，殖[⑦]兰池。

【注释】

①中尉：官名。主管京城长安的治安事务。建陵：县名。治所在今江苏省沭阳县西北。②嘉：程嘉。建平：县名，在今河南省永城市西南。③陇西：郡名。郡治狄道，在今甘肃省临洮县境内。太守：官名。一郡的最高行政长官。浑邪（yé）：公孙浑邪。平曲：邑名。在今河北省霸州市东。④嘉：苏嘉。江陵：县名。在今湖北省江陵县西北。⑤布：栾布。鄃（shū）：又作“俞”，县名。治所在今山东省平原县西南。⑥梁楚二王皆薨：下文中元六年有梁孝王薨的记载，另《汉兴以来诸侯王年表》《梁孝王世家》和《汉书·诸侯王表》均载梁孝王死于中元六年。此处关于梁孝王死的记载显然有误，当为“楚文王薨”。楚文王：即楚元王刘交的儿子刘礼。⑦后九月：即闰九月。殖：一本作“填”。

【原文】

七年冬，废栗太子为临江[①]王。十一月晦，日有食之。春，免徒隶[②]作阳陵者。丞相青免[③]。二月乙巳，以太尉条[④]侯周亚夫为丞相。四月乙巳，立胶东王太后[⑤]为皇后。丁巳，立胶东王为太子。名彻[⑥]。

【注释】

①临江：县名。治所在今重庆市忠县。②免：赦免，解除。徒隶：服劳役的罪犯和奴隶。③青：陶青。免：指罢免职务。④条：也作“蓨（tiáo）”。县名。治所在今河北省景县

南。⑤胶东王太后：指刘彻的母亲王美人。⑥名彻：胶东王的名字，在前文已有交代；且《本纪》无此写法。

【原文】

中元年，封故御史大夫周苛孙平为绳[①]侯，故御史大夫周昌孙左车为安阳[②]侯。四月乙巳，赦天下，赐爵一级。除禁锢[③]。地动。衡山、原都[④]雨雹，大者尺八寸。

【注释】

①周苛：周昌的堂兄，高帝时在荥阳被俘遭烹。绳：今地名不详。据《清一统志》，山东省境内有绳、渑二水。在益都县境内者为绳水，在临淄县境内者为渑水。②周昌（？—前192）：刘邦同乡。随刘邦起兵反秦，任中尉。汉初为御史大夫，封汾阴侯。为人刚直敢言。安阳：县名。治所在今河南安阳市西南。③禁锢：禁止，封闭。指勒令不准做官，相当于后来所说的"永不录用"。西汉初曾有不准商人和上门女婿做官，不准犯罪官吏重新做官的法令。④原都：县名。今地名不详。《汉志》原都属上郡。约在今陕西省北部。

【原文】

中二年二月，匈奴入燕[①]，遂不和亲。三月，召临江王来，即死中尉府中[②]。夏，立皇子越为广川王，子寄为胶东王。封四侯[③]。九月甲戌，日食。

【注释】

①燕：泛指古代燕国之地，即今河北省北部和辽宁省西部

一带。②“召临江王来”二句：临江王刘荣因人告发他犯有侵占宗庙罪，被景帝召来京城，交给主管京城治安的中尉郅（zhì）都处置，刘荣畏罪，在中尉府中自杀。③封四侯：吴楚七国叛乱时，楚国丞相张尚、太傅赵夷吾，赵国丞相建德、内史王悍因拒绝参与谋反而被楚王刘戊、赵王刘遂杀害，所以景帝封张尚之子张当居、赵夷吾之子赵周、建德之子横、王悍之子玉弃分别为山阳侯、商陵侯、遽侯和新市侯。

【原文】

中三年冬，罢诸侯御史中丞[①]。春，匈奴王二人[②]率其徒来降，皆封为列侯[③]。立皇子方乘为清河[④]王。三月，彗星出西北。丞相周亚夫免，以御史大夫桃[⑤]侯刘舍为丞相。四月，地动。九月戊戌晦，日食。军东都门[⑥]外。

【注释】

①御史中丞：官名。汉代御史大夫下设两丞：一称御史中丞，一称御史丞。中丞掌管图籍文书，外负责督察刺史，内负责接受公卿奏事，举劾案章。因居殿中，所以得名。当时各诸侯王国也设有这一官职。②匈奴王二人：据《惠景间侯者年表》，这年匈奴王来降者共七人。③列侯：爵位名。原名彻侯，因避武帝刘彻名讳，改为通侯，又称列侯，是秦汉时二十级爵位中的最高一级。④清河：汉初封国。约辖今河北省南部南宫市与山东省北部高唐县之间的地区，都城在清阳（今河北省清河县东）。⑤桃：地名，即桃丘。在今山东省东阿县西南。⑥东都门：当时长安城东北的外城门。

【原文】

中四年三月，置德阳宫[①]。大蝗。秋，赦徒作阳陵者。

【注释】

①德阳宫：景帝为自己建的庙。故址在今陕西省咸阳市东北。

【原文】

中五年夏，立皇子舜为常山[①]王。封十侯[②]。六月丁巳，赦天下，赐爵一级。天下大潦[③]。更命诸侯丞相曰相。秋，地动。

【注释】

①常山：汉初封国。辖今河北省中部和山西省东部的部分地区。都城为元氏（今河北省元氏县西北）。②封十侯：据《惠景间侯者年表》载，这年夏封五侯，非十侯。③潦(lào)：通“涝”，水淹。

【原文】

中六年二月己卯，行幸雍[①]，郊见五帝[②]。三月，雨雹。四月，梁孝王、城阳共王、汝南王[③]皆薨。立梁孝王子明为济川王，子彭离为济东王，子定为山阳王，子不识为济阴王。梁分为五。封四侯[④]。更命廷尉[⑤]为大理，将作少府[⑥]为将作大匠，主爵中尉[⑦]为都尉，长信詹事[⑧]为长信少府，将行[⑨]为大长秋，大行[⑩]为行人，奉常[⑪]为太常，典客[⑫]为大行，治粟内史[⑬]为大农。以大内为二千石[⑭]，置左右内官，属大内。七月辛亥，日食。八月，匈奴入上郡⑮。

【注释】

①雍：即辟雍，古代设在郊外的祭祀之所。②郊：即郊祀。在郊外祭祀天地，是古代祭礼之一。五帝：传说中上古时代的五个帝王，说法不一。参见《孝文本纪》。③梁孝王：即景帝的胞弟刘武。封于梁，国辖今河南省与安徽省交界地区，都城为睢阳（今河南省商丘市南）。城阳共（gōng）王：即城阳王刘章之子、悼惠王刘肥之孙刘喜。国辖今山东省沂南县一带，都城为莒（jǔ）县（今山东省莒县）。汝南王：上文说前元三年六月，已徙“汝南王非为江都王”。④封四侯：据《汉书·景帝纪》载：“梁王薨，分梁为五国，立孝王子五人皆为王。”与此处记载不一。所立五人，即梁王刘买、济川王刘明、济东王刘彭离、山阳王刘定、济阴王刘不识。⑤廷尉：官名。掌管刑狱的最高司法官，为“九卿”之一。⑥将（jiāng）作少（shào）府：官名。主管宫室、宗庙、路寝、陵园等土木营建。⑦主爵中尉：官名。掌管有关封爵事宜。⑧长信詹事：官名。在长信宫（皇太后的住所）掌管皇太后事务的官员。⑨将（jiāng）行：官名。掌管传达皇后意旨与皇后宫中事务。是皇后的近侍人员，大多由宦官充任。⑩大行：官名。掌管接待诸侯等宾客的事务。⑪奉常：官名。掌管宗庙礼仪的高级官员，是“九卿”之一。⑫典客：官名，掌管接待四方边境各族来朝人员事务，为“九卿”之一。⑬治粟内史：官名。⑭大内：官名。掌管京城仓库。二千石：官名。因每年俸禄为二

千石（月俸一百二十斛）而得名。地位相当于太守。⑮上郡：郡名。辖今陕西省北部和内蒙古自治区河套以南地带，郡治为肤施（今陕西省榆林市榆阳区东南）。

【原文】

后元年冬，更命中大夫令[①]为卫尉。三月丁酉，赦天下，赐爵一级，中二千石[②]、诸侯相爵右庶长。四月，大酺。五月丙戌，地动，其蚤食时[③]复动。上庸[④]地动二十二日，坏城垣。七月乙巳，日食。丞相刘舍免。八月壬辰，以御史大夫绾[⑤]为丞相。封建陵侯[⑥]。

【注释】

①中大夫令：官名。掌管宫门警卫事务，并统辖南军。②中（zhòng）二千石：官名。③蚤食时：早饭时分。蚤，通“早”。④上庸：县名。治所在今湖北省竹山县西南。⑤绾：即卫绾。⑥卫绾封为建陵侯事，在前元六年，前文已叙及，此处当删。

【原文】

后二年正月，地一日三动。郅将军[①]击匈奴，酺五日。令内史、郡不得食马粟，没入县官[②]。令徒隶衣七缨布[③]。止马舂[④]。为岁不登[⑤]，禁天下食不造岁[⑥]。省列侯，遣之国[⑦]。三月，匈奴入雁门[⑧]。十月，租长陵[⑨]田。大旱。衡山国、河东、云中[⑩]郡民疫。

【注释】

①郅将军：郅都。②食（sì）：通“饲”，喂养。县官：古

代指天子，这里指朝廷、官府。③七缨（zōng）布：一种质地很粗糙的布。古代布帛在二尺二寸的幅度内以八十根经线为一缨，七缨就是只有五百六十根经线，所以极粗糙。④止：禁止。马舂：用马舂粮食。⑤不登：没成熟。指庄稼没有收成。⑥造岁：到秋收时。造，到。⑦省列侯，遣之国：减少京城里的列侯，让他们回到自己的封地去，以减轻京城压力和民众负担。⑧雁门：郡名。辖今山西省北部和内蒙古自治区黄旗海、岱海以南的部分地区，郡治为善无（今山西省右玉县东南）。⑨十月：应当记在正月的前面。有人认为“十”是“七”的误字，也说是通。长陵：汉高祖的陵墓，在今陕西省咸阳市东北。⑩河东：郡名。辖今山西省石楼县以南、沁水县以西地区，郡治为安邑（今山西省夏县西北）。云中：郡名。辖今内蒙古自治区四子王旗以南、前房子以北地区，郡治为云中（今内蒙古自治区托克托县东北）。

【原文】

后三年十月，日月皆食赤五日。十二月晦，靁[①]。日如紫。五星逆行守太微[②]。月贯天廷中。正月甲寅，皇太子冠[③]。甲子，孝景皇帝崩。遗诏赐诸侯王以下至民为父后爵一级，天下户百钱[④]。出宫人归其家，复无所与[⑤]。太子即位，是为孝武皇帝[⑥]。三月，封皇太后弟蚡为武安[⑦]侯，弟胜为周阳[⑧]侯。置阳陵[⑨]。

【注释】

①靁：《集解》引徐广语：“一作‘雷’字，又作‘图’

字，实所未详。”②五星：即金、木、水、火、土五大行星。太微：星宿名。是“三垣”（太微垣、紫微垣、天市垣）之一。③冠（guàn）：加冠。④民为父后：即继承父业的百姓。天下户百钱：指赏给全体百姓每户一百钱。⑤复无所与：即终身免除赋税。⑥是为孝武皇帝：司马迁在《史记》中称武帝均为“今上”“今帝”“今天子”“今皇帝”，此处独以谥号相称，必是后人所改。⑦蚡（fén）：即田蚡（？—前130）。长陵（今陕西省咸阳市）人，景帝王皇后的同母弟。武安：县名。治所在今河北省武安市。⑧胜：即田蚡的弟弟田胜。周阳：据《索隐》说：“县名。属上郡。”按：属上郡者为阳周。周阳在今山西省闻喜县东北。⑨置阳陵：设置阳陵县。汉代皇帝生前即建陵，死后陵地往往置县。

【原文】

太史公曰：“汉兴，孝文施大德，天下怀安①。至孝景，不复忧异姓②，而晁错刻削诸侯，遂使七国俱起，合从③而西乡，以诸侯太盛，而错为之不以渐也。及主父偃④言之，而诸侯以弱，卒以安。安危之机⑤，岂不以谋哉？”

【注释】

①怀安：怀念帝王的德政而安居乐业。②忧异姓：担心异姓诸侯王的反叛。③合从：本指战国时南北六国联合共同抗秦，这里借指吴楚七国联合起兵反叛朝廷。④主父偃（？—前126）：复姓主父。武帝时上书言事，任郎中，官至中大夫。⑤机：关键。

【译文】

孝景皇帝（刘启）是孝文皇帝的排行中间的儿子。母亲是窦太后。孝文帝在代地为王的时候，先前的王后生有三个儿子。等到窦太后得到宠幸时，先前的王后已经死去，接着她所生的三个儿子也先后去世。所以，孝景皇帝即位。

前元元年四月乙卯日，大赦天下。乙巳日，赏赐平民每户一级爵位。五月，削减田租的一半数额。为孝文皇帝建立太宗庙。下令群臣不要上朝道贺。匈奴侵入代郡，朝廷与匈奴约定和亲。

二年春天，封前相国萧何的孙子萧系为武陵侯。规定男子年满二十岁便得服兵役。四月壬午日，孝文皇帝的母亲逝世。广川王、长沙王都前往封国。丞相申屠嘉去世。八月，任命御史大夫开封侯陶青为丞相。彗星在东北天空出现。秋天，衡山地区天降冰雹，最大的雹子直径有五寸，冰雹聚积最深的达二尺。火星倒转运行，留守北极星附近。月亮出现在北极星区间。木星在太微垣中间倒转逆行。设置了南陵县及内史、祋祤县。

三年（前154）正月乙巳日，大赦天下。流星出现在西方。天火烧掉了雒阳的东宫大殿和城楼。吴王刘濞、楚王刘戊、赵王刘遂、胶西王刘卬，济南王刘辟光、菑川王刘贤和胶东王刘雄渠反叛，起兵向西进发。景帝为安抚反叛的诸侯王而杀了晁错，派遣袁盎通告七国。但他们仍不罢兵，继续西进，包围了梁国。景帝于是派了大将军窦婴、太尉周亚夫率军讨伐，平定了叛乱。六月乙亥日，下诏赦免被打散逃亡的叛军和楚元王的儿子刘蓺等参与谋反的人。封大将军窦婴为魏其侯。立楚元王的儿子平陆侯刘礼为楚王。立皇子刘端为胶西王，刘胜为中山王，改封济北王刘志为菑川王，淮阳王刘馀为鲁王，汝南王刘非为江都王。齐王刘将庐、燕王刘嘉都去世了。

四年（前153）夏天，立皇太子。立皇子刘彻为胶东王。六月甲戌日，大赦天下。闰九月，把易阳改名为阳陵。重新在水陆要道设置关卡，用凭证方得出入。冬天，改赵国为邯郸郡。

五年（前152）三月，修建阳陵和渭桥。五月，拨钱二十万，招募民众迁居阳陵。从西边来的大风暴侵袭江都一带，毁坏城墙十二丈。丁卯日，景帝封姐姐长公主的儿子陈蟜为隆虑侯。改封广川王刘彭祖为赵王。

六年（前151）春天，封中尉卫绾为建陵侯，江都国丞相程嘉为建平侯，陇西郡太守公浑邪为平曲侯，赵国丞相苏嘉为江陵侯，前将军栾布为鄃侯。梁王、楚王都去世了。闰九月，砍伐驰道两旁的树木，填平兰池。

七年（前150）冬天，废掉栗太子刘荣，封他为临江王。十一月最后一天，发生日食。春天，赦免和释放修建阳陵的囚犯和奴隶。丞相陶青被免职。二月乙巳日，任命太尉条侯周亚夫为丞相。四月乙巳日，立胶东王的母亲为皇后；丁巳日，立胶东王为太子。名叫彻。

中元元年（前149），封前御史大夫周苛的孙子周平为绳侯，前御史大夫周昌的孙子周左车为安阳侯。四月乙巳日，大赦天下，赐给民众每户户主爵位一级。废除不准商人、入赘女婿做官和不准犯过罪的官吏重新做官的法令。发生地震。衡山、原都地区下了冰雹，最大的达直径一尺八寸。

中元二年（前 148）二月，匈奴侵入燕地，朝廷因而断绝与匈奴和亲。三月，下令召临江王刘荣来京问罪，刘荣畏罪，就在中尉郅都的府第中自杀了。夏天，立皇子刘越为广川王，刘寄为胶东王。分封了四个列侯。九月甲戌日，发生日食。

中元三年（前 147）冬天，废除诸侯国中御史中丞一职。春天，匈奴的两个王率领自己的部众前来归降，都被封为列侯。立皇子刘方乘为清河王。三月，彗星出现在天空的西北方。丞相周亚夫被免职，任命御史大夫桃侯刘舍为丞相。四月，发生地震。九月最后一天戊戌日，发生日食。在京城的东都门外驻扎军队。

中元四年（前 146）三月，修建德阳宫。发生大蝗灾。秋天，赦免修建阳陵的囚犯。

中元五年（前 145）夏，立皇子刘舜为常山王。分封了十个侯。六月丁巳日，大赦天下，赐给民众每户户主爵位一级。全国发生严重涝灾。将诸侯国的丞相改称为相。秋天，发生地震。

中元六年（前 144）二月己卯日，景帝亲自到雍县，在郊外祭祀五帝庙。三月，下冰雹。四月，梁孝王、城阳共王、汝南王都去世了。分别立梁孝王的儿子刘明为济川王，刘彭离为济东王，刘定为山阳王，刘不识为济阴王，把梁国一分为五。封了四个列侯。把廷尉这个官职改名为大理，将作少府改名为将作大匠，主爵中尉改名为都尉，长信詹事改名为长信少府，将行改名为大长秋，大行改名为行人，奉常改名为太常，典客改名为大行，治粟内史改名为大农。把主管京城仓库的大内定为二千石级的官员，设置左、右内官，隶属于大内。七月辛亥日，发生日食。八月，匈奴侵入上郡地区。

后元元年（前 143）冬天，把中大夫令改名为卫尉。三月丁酉日，大赦天下，赐给民众每户户主爵位一级。赐给中二千石一级的官员和诸侯国的相以右庶长的爵位。四月，下令特许民众聚会饮酒。五月丙戌日，发生地震，早饭时又震。上庸县地震持续了二十二天，城墙被震毁。七月乙巳日，发生日食。丞相刘舍被免职。八月壬辰日，任命御史大夫卫绾为丞相，封为建陵侯。

后元二年（前 142）正月，一天之内连续地震三次。郅都将军率军回击匈奴。下令准许民众聚会饮酒五日。诏令内史和各郡不准用粮食喂马，违者将其马匹收归官府。规定罪犯和奴隶穿很粗糙的七缨布衣服。禁止用马舂米。因为这一年粮食歉收，诏令全国节约用粮，严禁不到收获时节就把口粮吃完。减少驻京的列侯，让他们回到自己的封国去。三月，匈奴侵入雁门郡。十月，把高祖陵墓长陵附近的官田租给农民耕种。发生大旱灾。衡山国、河东郡和云中郡发生瘟疫。

后元三年十月，出现了太阳、月亮连续在天空红赤五日。

十二月的最后一天，忽然打雷。太阳变成了紫色。金、木、水、火、土五星都逆转运行，逼近太微坦。月亮也从太微垣穿行而过。正月甲寅日，皇太子举行冠礼。甲子日，孝景皇帝去世。留下遗诏赏赐诸侯王以下至平民凡是应继承父业的男子每人一级爵位，赏赐天下百姓每户一百钱。放出后宫宫人让她们各自回家，免除她们终身负担和义务。太子即位。他就是孝武皇帝。三月，封皇太后的弟弟田蚡为武安侯，弟弟田胜为周阳侯。设置景帝的墓园阳陵。

太史公说："汉朝建立，孝文皇帝施行大德，使天下人心怀安定。到了孝景帝的时候，不再为异姓诸侯王的反叛而忧虑了，而晁错强行削夺诸侯王的势力，于是激起了七个王国一同起来造反，联合向西进攻。因为诸侯的势力还太强盛，而晁错采取的处置办法却又不是循序渐进地施行。等到主父偃提出'推恩'而分封王侯诸子的建议以后，才使诸侯的势力因此受到削弱，终于使国家获得安定。使国家安定或沦为战乱境地的关键，难道不是在于运用谋略吗！"

第十二卷　孝武本纪[①]第十二

这篇本纪是后人截取《史记·封禅书》并在开头补写六十字而成，以补所缺的《史记·今上本纪》。这段文字记载了汉武帝即位后四十余年间的祭祀天地山川鬼神的活动。

这篇本纪中以汉武帝为中心，围绕在他周围的是李少君、齐人少翁、栾大和公孙卿等方士。作者对这些方士以方术行骗的描述极为生动曲折，从而深刻地讽刺了武帝希冀鬼神赐福、追求长生不老的荒诞和愚昧。这些方士或以魔术手法炫人眼目，或以动听言辞故弄玄虚；而武帝对方士却是深信不疑，或尊之礼之，或封之赏之，并且言听计从；而结局却是方术无一灵验。武帝屡屡受骗，却始终不能醒悟自拔，仍然执着地“羁縻弗绝，冀遇其真”。这些描述不仅嘲讽了方士的伪诈和武帝的愚昧，也揭示了方士行骗能够得逞于一时，正是武帝对鬼神方术的耽迷给他们创造了条件。

这篇本纪在讽刺手法的运用中，表现一种冷峻的风格和犀利深刻的效果，体现了作者对汉武的滥祭淫祀的不满和卓越的讽刺艺术才能。作者有时是直书方士之伪。如李少君“匿其年及所生长……”，齐人少翁“乃为帛书以饭牛，详弗知也……”，栾大“敢为大言，处之不疑”等。有时旁衬一笔，以倾慕暴贵、纷起效尤者的丑态暗刺武帝之愚。如“大见数月，佩六印，贵振天下，而海上燕齐之间，莫不搤捥而自言有禁方，能神仙矣”，又如“齐人之上疏言神怪奇方者以万数，然无验者”等。

【原文】

孝武皇帝②者，孝景③中子也。母曰王太后。孝景四年，以皇子为胶东④王。孝景七年，栗太子废为临江⑤王，以胶东王为太子。孝景十六年崩，太子即位，为孝武皇帝。孝武皇帝初即位，尤敬鬼神之祀。

【注释】

①孝武本纪：《太史公自序》作“今上本纪”，且本纪中叙武帝事迹时都称“上”“今上”“今天子”等，可知篇名称谥号“孝武”，于理所无。②孝武皇帝（前156—前87）：名彻。景帝之子。前141至前87年在位。他继承文、景之业，对内实行经济统制，加强中央集权，对外用兵，进击匈奴，开拓疆土。尊儒术，倡仁义，黜百家，建太学，置五经博士。在位期间，为西汉一代军事、政治、经济、文化的极盛时期。③孝景（前188—前141）：即景帝刘启。文帝之子。前157—前141年在位。他继文帝之后，继续采取“与民休息”政策，轻徭薄赋，重农抑商，兴办水利，发展农业生产。④胶东：封国名。辖今山东半岛中部地区，都城在即墨（今山东省平度市东南）。⑤栗太子：即景帝之子刘荣，为栗姬所生。后因罪

自杀。临江：封国名。辖今湖北省西南部地区，都城在江陵（今湖北省江陵县）。

【原文】

元年[①]，汉兴已六十余岁[②]矣，天下乂安[③]，荐绅之属皆望天子封禅改正度[④]也。而上乡儒术[⑤]，招贤良[⑥]，赵绾、王臧等以文学为公卿[⑦]，欲议古立明堂[⑧]城南，以朝诸侯。草巡狩封禅改历服色事未就[⑨]。会窦太后[⑩]治黄老言，不好儒术，使人微得赵绾等奸利事[⑪]，召案[⑫]绾、臧，绾、臧自杀，诸所兴为者皆废。

【注释】

①元年：汉武帝建元元年（前140年）。②六十余岁：指从汉高祖刘邦前202年称帝，到这时已六十多年。③乂（yì）安：太平无事。④荐绅：同“缙绅”“搢绅”。指将笏（hù）插在官服的大带与革带之间，是古代高级官吏的装束，后用作官宦的代称。封禅（shàn）：帝王祭祀天地的典礼。秦始皇嬴政曾登泰山封禅，此后的历代王朝也都以此作为国家大典。改正度：改换正朔（一年和一月的开始，即一年的正月初一）和服色等制度。古时改朝换代，新即位的帝王为了表示“应天承运”，改故用新，必须重新确定正朔等制度。⑤上：指君主。乡：通“向”，倾向，引申为崇尚。儒术：儒家的学术。⑥贤良：又称“贤良方正”“贤良文学”。汉代选拔统治人才的科目之一。汉文帝为了询访政治得失，始诏“举贤良方正能直言极谏者”，中选者则授予官职。⑦赵绾（wǎn）：代（今

河北省蔚县东北）人，当时任御史大夫。王臧：兰陵（今山东省枣庄市东南）人，当时任郎中令。公卿：三公、九卿的统称。⑧明堂：古代帝王宣明政教的地方，凡朝会、祭祀、庆赏、选士、养老、教学等大典，都在此举行。后来宫室渐备时，另在近郊东南面建明堂，以存古制。⑨“草巡狩”句：草拟的巡狩、封禅和改换历法、服色等计划没有实现。巡狩，指皇帝出巡，视察诸侯所守的封地，一般每五年一次。⑩窦太后：文帝的皇后。景帝即位后，尊她为皇太后。是武帝的祖母。⑪微：暗中察访。奸利事：指以非法手段谋取私利，如贪污受贿等情事。⑫召案：传讯审查定罪。案，通“按”，拷问。

【原文】

后六年[1]，窦太后崩。其明年，上征文学之士公孙弘[2]等。

【注释】

①后六年：指建元六年，即前135年。②公孙弘（前200—前121）：菑川薛（今山东省寿光市南）人。狱吏出身，学《春秋》杂说，武帝初征为博士。

【原文】

明年，上初至雍[1]，郊见五畤[2]。后常三岁一郊[3]。是时上求神君[4]，舍之上林中蹏氏观[5]。神君者，长陵[6]女子，以子死悲哀故，见神于先后宛若[7]。宛若祠之其室，民多往祠。平原君[8]往祠，其后子孙以尊显。及武帝即位，则厚礼置祠之内中，闻其言，不见其人云。

【注释】

①雍：县名。治所在今陕西省凤翔县南。②郊：古代祭礼之一。即在郊外祭祀天地。五畤（zhì）：古代祭祀天地五帝的五个固定处所。地在今陕西省凤翔县南。③三岁一郊：即三年中头年祭天，次年祭地，第三年祭五畤，每三年轮到一次。④神君：古代对神灵的敬称，这里指长陵女子。⑤上林：苑名。秦时所建，武帝时加以扩大，周围达两百多里，内有离宫、馆、观七十多座。苑中放养各种禽兽，供皇帝春秋时打猎。在今陕西省西安市西鄠邑区及周至县界。蹏氏观（guàn）：庙宇名。在上林苑中。⑥长陵：县名。汉高帝陵墓所在，故址在今陕西省西安市西北。⑦先后：古代兄弟的妻子之间相称为"先后"，相当于"妯娌"。宛（yuān）若：人名。⑧平原君：武帝的外祖母，叫臧儿。

【原文】

是时而李少君亦以祠灶、谷道、却老方[1]见上，上尊之。少君者，故深泽侯入以主方[2]。匿其年及所生长[3]，常自谓七十，能使物[4]，却老。其游以方遍诸侯。无妻子。人闻其能使物及不死，更[5]馈遗之，常余金钱帛衣食。人皆以为不治产业而饶给[6]，又不知其何所人，愈信，争事[7]之。少君资[8]好方，善为巧发奇中[9]。尝从武安侯[10]饮，坐中有年九十余老人，少君乃言与其大父游射[11]处，老人为儿时从其大父行，识其处，一坐尽惊。少君见上，上有故铜器，问少君。少君曰："此器齐桓公十年陈于柏寝。”已而案[12]其刻，果齐桓公器。一宫尽骇，以少君为神，数百岁人也。

【注释】

①是时：这时；当时。而：助词。祠灶：祭祀灶神以求安。谷道：种谷得金的道术。一说不吃粮食而能生活，是长生不老的方术。却老：防止衰老，延长寿命。方：方术；道术。②深泽侯：赵胡。他继承祖爵为深泽侯。主方：主管方术医药之事。③匿：隐瞒。生长：指生平履历等。④使物：驱使鬼神或使用药物。⑤更：连续；纷纷。⑥治：管理；经营。饶给：富裕。⑦事：侍奉。⑧资：资质，指人的天资禀赋。⑨巧发奇中（zhòng）：能用巧言猜中。⑩武安侯：田蚡（fén）。长陵人。景帝王皇后的弟弟。武帝时封武安侯，拜太尉，后迁丞相。⑪大父：祖父。游射：出游射猎。⑫已而：随即。案：通“按”，查验。

【原文】

少君言于上曰：“祠灶则致物[1]，致物而丹沙[2]可化为黄金，黄金成以为饮食器则益寿，益寿而海中蓬莱[3]仙者可见，见之以封禅则不死，黄帝[4]是也。臣尝游海上，见安期生[5]，食臣枣[6]，大如瓜。安期生仙者，通蓬莱中，合[7]则见人，不合则隐。”于是天子始亲祠灶，而遣方士[8]入海求蓬莱安期生之属，而事化丹沙诸药齐[9]为黄金矣。

【注释】

①致物：指招来鬼神。②丹沙：即朱砂（硫化汞）。矿物

名。供药用，也可作颜料。古代方士说它可以炼制长生不老药或黄金。③蓬莱：古代传说东海中的三座仙山之一。④黄帝：传说中中原各族的共同祖先。相传他得到各部落的拥戴，先后打败炎帝，击杀蚩尤，被推为部落联盟领袖。⑤安期生：古代传说中的道家仙人。⑥食（sì）：通“饲”，给人吃。枣：传说中的仙果。⑦合：和合；融洽。这里指道相合。⑧方士：方术之士，指古代求仙、炼丹，自称能长生不死的人。这些人常以修炼成仙和不死之药等方术骗取统治者的信任。⑨事：从事。齐（jì）：通“剂”。

【原文】

居久之[1]，李少君病死。天子以为化去不死也[2]，而使黄锤史宽舒[3]受其方。求蓬莱安期生莫能得，而海上燕齐怪迂之方士多相效，更言神事矣。

【注释】

①居久之：过了许久。②“天子以为”句：意为皇上认为他是尸解升天了，并没有死。③黄：县名。治所在今山东省龙口市东。锤：县名。治所在今山东省威海市文登区西。宽舒：后任祠官。

【原文】

亳[1]人薄诱忌奏祠泰一方，曰：“天神贵者泰一，泰一佐曰五帝[2]。古者天子以春秋祭泰一东南郊，用太牢[3]具，七日，为坛开八通之鬼道[4]。”于是天子令太祝[5]立其祠长安东南郊，常奉祠如忌方。其后人有上书，言“古者天子三年一用太牢具祠神三一：天一，地一[⑥]，泰一”。天子许之，令太祝领祠之忌泰一坛上，如其方。后人复有上书，言“古者天子常以春秋解祠[⑦]，祠黄帝用一枭破镜[⑧]；冥羊[⑨]用羊；祠马行[⑩]用一青牡马；泰一、皋山山君、地长[⑪]用牛；武夷君[⑫]用干鱼；阴阳使者[⑬]以一牛”。令祠官领之如其方，而祠于忌泰一坛旁。

【注释】

①亳（bó）：地名。有南亳（今河南省商丘市南）、北亳（今山东省曹县南）、西亳（今河南省偃师市西）等几处，都曾为商朝的都城。②佐：辅佐。指辅佐泰一的神。五帝：传说中的天上五方之帝：东方苍帝，名为灵威仰；南方赤帝，名为赤熛怒；中央黄帝，名为含枢纽；西方白帝，名为白招拒；北方黑帝，名为叶光纪。一说五帝即太昊（hào）、炎帝、黄帝、少昊、颛顼（zhuān xū）。③太牢：古代盛肉食用的器具叫牢，大的叫太牢。太牢用来盛牛、羊、猪三牲，所以也把祭祀时并用的三牲叫作“太牢”。④坛：土筑的高台。古代用来举行祭祀、朝会、盟誓等大事。八通之鬼道：坛的八方有通行的石阶，作为神鬼来往的通道。⑤太祝：官名。主管祭祀祈祷之事。⑥天一，地一：都是神名。⑦解祠：为了消灾解祸而举行祭祀。⑧枭（xiāo）：通“鸮”，传说中吃母的恶鸟。破镜：又叫“獍”，传说中吃父的恶兽。⑨冥羊：神名。⑩马行：神名。⑪皋山山君、地长（zhǎng）：都是神名。⑫武夷君：武夷山神。武夷山在今福建省武夷山市崇安街

道南。⑬阴阳使者：神名。

【原文】

其后，天子苑[①]有白鹿，以其皮为币[②]，以发瑞应[③]，造白金[④]焉。

【注释】

①天子苑：指当时的皇家园林上林苑。②币：指既作货币，又用以作垫璧礼品的白鹿皮币。法律规定，鹿皮方尺，值黄金一斤。③瑞应：吉祥的征兆。④白金：银。这里指银锡合金。

【原文】

其明年，郊雍，获一角兽[①]，若麃[②]然。有司[③]曰："陛下肃祗[④]郊祀，上帝报享[⑤]，锡[⑥]一角兽，盖麟[⑦]云。"于是以荐[⑧]五畤，畤加一牛以燎[⑨]。赐诸侯白金，以风符应[⑩]合于天地。

【注释】

①一角兽：长着一只角的野兽。②麃（páo）：通"麅[狍]"，古代鹿的一种，据说外形像獐，牛尾，一角。③有司：即主管官吏。古代设官分职，诸事各有专人主管，所以称有关主管官员为"有司"。④陛（bì）下：臣下对帝王的尊称。肃祗：庄严恭敬。⑤报享：报答对他的祭祀。⑥锡：赐；给予。⑦麟：麒麟。古代传说中的一种动物，外形像鹿，独角，全身生鳞甲，牛尾。一般认为是吉祥的象征，与龙、凤、龟一起称为"四灵"。⑧荐：进献。⑨燎（liào）：焚柴祭天的

祭礼。⑩风（fěng）：通“讽”，暗示。符应：古代迷信，以所谓天降祥瑞来附会人事，称为符应，又叫“瑞应”。

【原文】

于是济北王[1]以为天子且封禅，乃上书献泰山[2]及其旁邑。天子受之，更以他县偿之。常山王[3]有罪，迁[4]，天子封其弟于真定[5]，以续先王祀，而以常山为郡。然后五岳皆在天子之郡。

【注释】

①济北王：刘胡。汉高帝曾孙。②泰山：在今山东省中部。古称东岳，主峰玉皇顶在今泰安市北。古代帝王常在泰山举行封禅大典。③常山王：刘勃。汉景帝之孙。国辖今河北省西南部分地区，都城在元氏（今元氏县西北）。④迁：流放。⑤真定：县名。在今河北省正定县南。武帝置真定国，都城设此。

【原文】

其明年，齐人少翁[1]以鬼神方见上。上有所幸王夫人[2]，夫人卒，少翁以方术盖夜致王夫人及灶鬼之貌云[3]，天子自帷[4]中望见焉。于是乃拜[5]少翁为文成将军，赏赐甚多，以客礼礼之[6]。文成言曰：“上即[7]欲与神通，宫室被服不象神，神物不至。”乃作画云气车，及各以胜日驾车辟[8]恶鬼。又作甘泉宫[9]，中为台室，画天、地、泰一诸神，而置祭具以致天神。居岁余，其方益衰[10]，神不至。乃为帛书以饭牛[11]，详弗知也，言此牛腹中有奇。杀而视之，得书，书信甚怪，天子疑之。有识其手书，问之人，果伪书。于是诛文成将军而隐之。

【注释】

①少翁：即“少年老人”的意思。②王夫人：武帝的爱妾。③云：句末助词。④帷：帐幕。⑤拜：授予官职。⑥礼之：以礼节接待他。⑦即：如果；假使。⑧胜日：指干支五行相胜（克）之日。如甲乙日驾青车、丙丁日驾赤车占据优势。又驾青车办土事、驾赤车办金事占据优势之类。辟：排除；驱走。⑨甘泉宫：宫名。又叫云阳宫。⑩益衰：越发不见灵验。⑪饭牛：喂牛。指将帛书让牛吞食下去。

【原文】

其后则又作柏梁[1]、铜柱、承露仙人掌之属矣。

【注释】

①柏梁：台名。台高二十丈，相传以香柏为梁，所以称“柏梁台”。

【原文】

文成死明年，天子病鼎湖[1]甚，巫医无所不致，不愈；游水发根[2]乃言曰：“上郡[3]有巫，病而鬼下之。”上召置祠之甘泉。及病，使人问神君[4]。神君言曰：“天子毋[5]忧病。病少愈，强[6]与我会甘泉。”于是病愈，遂幸[7]甘泉，病良[8]已。大赦天下，置寿宫[9]神君。神君最贵者太一，其佐曰大禁、司命之属，皆从之。非可得见，闻其音，与人言等。时去时来，来则风肃然也。居室帷中。时昼言，然常以夜。天子祓[10]，然后入。因巫为主人，关[11]饮食。所欲者言行下。又置寿宫、北宫[12]，张羽旗[13]，设供具，以礼神君。神君所言，上使人受书其言，命之曰“画法”[14]。其所语，世俗之所知也，毋[15]绝殊者，而天子独[16]喜。其事秘，世莫知也。

【注释】

①鼎湖：宫名。故址在今陕西省蓝田县境；一为地名，在今河南省灵宝市，此说似不确。②游水发根：姓游水，名发根。③上郡：郡名。辖今陕西省北部和内蒙古河套以南地区，郡治在肤施（今陕西省榆林市榆阳区东南）。④神君：指巫师所说的鬼。⑤毋：莫；不用。⑥强（qiǎng）：勉强；勉强支持。⑦幸：封建时代称帝王亲临。⑧良：的确；真的。⑨寿宫：神庙。⑩祓（fú）：为除灾去邪而举行的一种祭礼。⑪关：领取。⑫北宫：宫名。旧址在今陕西省西安市长安区西北。⑬羽旗：用羽毛做装饰的旗帜。⑭画法：记下法术。⑮毋：通“无”。⑯独：单独；独自。

【原文】

其后三年，有司言元[1]宜以天瑞命，不宜以一二数。一元曰“建元”[2]，二元以长星[3]曰“元光”，三元以郊得一角兽曰“元狩”[4]云。

【注释】

①元：开始。这里指纪元。②建元：我国古代第一个年

号。汉武帝以前，帝王纪年只有年数，没有年号。到武帝元狩年间，才开始采用年号纪年，并追定建元以来的年号。③长星：彗星的一种。④三元：武帝的第三个年号为“元朔”，第四个年号才是“元狩”。元狩：即上文所叙武帝元狩元年在雍县郊祀五帝时获得独角兽一事，因附会为天赐麒麟，所以定年号为“元狩”。

【原文】

其明年冬，天子郊雍，议曰：“今上帝朕[①]亲郊，而后土[②]毋祀，则礼不答[③]也。”有司与太史公[④]、祠官宽舒等议：“天地牲角茧栗[⑤]。今陛下亲祀后土，后土宜于泽中圜丘[⑥]为五坛，坛一黄犊太牢具，已祠尽瘗[⑦]，而从祠衣上[⑧]黄。”于是天子遂东[⑨]，始立后土祠汾阴脽[⑩]上，如宽舒等议。上亲望拜[⑪]，如上帝礼。礼毕，天子遂至荥阳[⑫]而还。过雒阳[⑬]，下诏曰：“三代[⑭]邈绝，远矣难存。其以三十里地封周后为周子南君[⑮]，以奉先王祀焉。”是岁，天子始巡郡县，侵寻于泰山[⑯]矣。

【注释】

①朕（zhèn）：皇帝自称。②后土：地神。③答：回报，引申为周全。④太史公：指司马谈（司马迁的父亲）。⑤天地牲角茧栗：祭祀天地用的牛，其角要小如蚕茧或板栗。⑥圜（yuán）丘：祭天的坛。因外形圆如天体，高如小丘，所以称“圜丘”。圜，通“圆”。⑦瘗（yì）：埋葬。⑧从祠：陪祭。这里指陪祭者。上：通“尚”，崇尚。⑨东：向东行。⑩汾阴脽（shuí）：即汾脽。汾阴县治（今山西省万荣县西南）所在

地。宽约二里，高十余丈。县西后土祠，为武帝时所建。脽，高丘。⑪望拜：遥望远方，拜祭神灵。⑫荥（xíng）阳：县名，在今河南省荥阳市东北。⑬雒（luò）阳：都邑名。在今河南省洛阳市东北。当时是河南郡的郡治。雒，三国时改作“洛”。⑭三代：指夏、商、周三代。⑮周子南君：指周朝的后代姬嘉。⑯侵寻于泰山：指武帝将有泰山之行。侵寻，通“侵淫”，渐近。

【原文】

其春，乐成侯[①]上书言栾大。栾大，胶东官人[②]，故尝与文成将军同师，已而为胶东王尚方[③]。而乐成侯姊为康王[④]后，毋[⑤]子。康王死，他姬子立为王。而康后有淫行，与王不相中[⑥]，相危[⑦]以法。康后闻文成已死，而欲自媚于上，乃遣栾大因[⑧]乐成侯求见言方。天子既诛文成，后悔恨其早死，惜其方不尽，及见栾大，大悦。大为人长美，言多方略[⑨]，而敢为大言，处之不疑[⑩]。大言曰：“臣尝往来海中，见安期、羡门[⑪]之属。顾[⑫]以为臣贱，不信臣。又以为康王诸侯耳，不足予方。臣数言康王，康王又不用臣。臣之师曰：‘黄金可成，而河决可塞，不死之药可得，仙人可致[⑬]也。’臣恐效文成，则方士皆掩口，恶[⑭]敢言方哉！”上曰：“文成食马肝[⑮]死耳。子诚[⑯]能修其方，我何爱[⑰]乎！”大曰：“臣师非有求人，人者求之。陛下必欲致之，则贵[⑱]其使者，令有亲属，以客礼待之，勿卑，使各佩其信印，乃可使通言于神人。神人尚肯邪不邪[⑲]。致尊[⑳]其使，然后可致也。”于是上使先验小方，斗旗[21]，旗自相触击。

【注释】

①乐成侯：丁义。②胶东：指当时的胶东王、景帝之子刘寄。官人：官名。掌管诸侯王的日常生活事务。③尚方：官名。掌管配制药方等事务。④康王：刘寄的谥号。⑤毋：通“无”。⑥中（zhòng）：投合。⑦危：危害；倾轧。⑧因：凭借；通过。⑨方略：计谋策略。⑩处之不疑：指说谎话而神色自若。⑪安期、羡门：即传说中的仙人安期生、羡门高。⑫顾：但；不过。⑬致：求得。⑭恶（wū）：何；怎么。⑮马肝：相传马肝有毒，人吃了会丧命。⑯诚：果真；如果。副词。⑰爱：吝惜；舍不得。⑱贵：使之尊贵。⑲邪（yé）：语气助词，表疑问。不（fǒu）：通“否”。⑳致尊：尽量尊重他的使者。㉑斗旗：方士利用磁性相斥相吸的作用，使棋子在棋盘上自相触击，用这种魔术手段来骗人。

【原文】

是时上方忧河[1]决，而黄金不就[2]，乃拜大为五利将军。居月余，得四金印，佩天士将军、地士将军、大通将军、天道将军印。制诏御史[3]：“昔禹疏九江[4]，决四渎[5]。间者河溢皋陆[6]，堤繇[7]不息。朕临[8]天下二十有八年，天若遗朕士而大通[9]焉。《乾》称‘蜚龙’，‘鸿渐于般’[10]，意庶几与[11]焉。其以二千户封地士将军大为乐通[12]侯。”赐列侯甲第[13]，僮[14]千人。乘舆斥车马帷帐[15]器物以充其家。又以卫长公主妻[16]之，赍[17]金万斤，更名其邑曰当利[18]公主。天子亲如[19]五利之第。使者存问所[20]给，连属于道。自大主[21]将相以下，皆置酒其家，献遗之。于是天子又刻玉印曰“天道将军”，使使衣羽衣[22]，夜立白茅[23]上，五利将军亦衣羽衣，立白茅上受印，以示弗臣[24]也。而佩“天道”者，且为天子道[25]天神也。于是五利常夜祠其家，欲以下[26]神。神未至而百鬼集矣，然颇能使之。其后治装[27]行，东入海，求其师云。大见[28]数月，佩六印，贵振[29]天下，而海上燕齐之间，莫不搤捥[30]而自言有禁方，能神仙矣。

【注释】

①方：正当。河：黄河。②黄金不就：指用丹砂、铅锡来提炼黄金的事没有成功。③御史：官名。④禹：古代部落联盟领袖。也称大禹、夏禹。姓姒（sì）。原为夏后氏部落领袖，奉舜之命治理洪水有功，被舜选为继承人。九江：指长江在今湖北省境内的九条水道。《汉书·郊祀志》作“九河”，则是指黄河在河北省境内的九条水道。⑤决：开道引水。四渎：古代对四条独流入海的大川的总称，即是江（长江）、河（黄河）、淮（淮河）、济（济水）四水。⑥间者：指近年以来。皋陆：高地，指河岸。皋，通“高”。⑦堤繇（yáo）：修筑堤防的劳役。繇，通“徭”，劳役。⑧临：统管；治理。⑨通：通晓，指了解天意。⑩《乾》（qián）称‘蜚龙’，‘鸿渐于般（pán）’：称赞获得了道术，如飞龙在天上游弋，腾跃自如；找到了方士，似鸿鸟渐近涯岸，高飞远翔。⑪庶几（jī）：也许；差不多。表希望推测之词。与：赞许。⑫其：应当。祈使

副词。乐通：地名。在今江苏省泗洪县东南。⑬列侯：秦汉时二十等爵位的最高一级。甲第：上等房屋。旧时官僚住宅有甲乙等第之分，所以称豪华住宅为甲第。⑭僮（tóng）：奴仆。⑮乘舆：帝王乘坐的车辆。斥：剩余的；不用的。帷帐：宫室的帐幕，借指宫廷。⑯卫长公主：武帝卫皇后的长女。妻：以女嫁人。动词。⑰赍（jī）：赠送；赐给。⑱当利：县名。治所在今山东省东莱市西南。⑲如：往；去。动词。⑳存问：慰问；省视。所：当依《封禅书》和《汉书·郊祀志》作"供"。㉑大主：大长公主的省称。㉒使使：派遣使者。衣（yì）：穿。动词。羽衣：用鸟羽制成的衣服，后用来称道士的衣服。㉓白茅：多年生野草。古代常用来包裹祭祀用的礼物。㉔臣：意动用法。㉕道：通"导"，引导。㉖下：使动用法。㉗治装：整理行装。㉘见：被引见。㉙振：通"震"，震惊。㉚搤捥：通"扼腕"。握着手腕，表示情绪激动精神振奋的动作。

【原文】

其夏六月中，汾阴巫锦为民祠魏脽后土营[①]旁，见地如钩状，掊[②]视得鼎。鼎大异于众鼎，文镂[③]毋款识，怪之，言吏。吏告河东太守胜[④]，胜以闻[⑤]。天子使使验问巫锦得鼎无奸诈，乃以礼祠，迎鼎至甘泉，从行，上荐之。至中山[⑥]，晏温[⑦]，有黄云盖焉。有麃过，上自射之，因以祭云。至长安，公卿大夫[⑧]皆议请尊宝鼎。天子曰："间者河溢，岁数不登[⑨]，故巡祭后土，祈为百姓育谷。今年丰庑未有报[⑩]，鼎曷为[⑪]出哉？"有司皆曰：“闻昔大帝兴神鼎[12]一，一者一统，天地万物所系终[13]也。黄帝作宝鼎三，象[14]天地人也。禹收九牧[15]之金，铸九鼎，皆尝鬺烹[16]上帝鬼神。遭圣则兴[17]，迁于夏商。周德衰，宋[18]之社亡，鼎乃沦伏而不见[19]。《颂》云：‘自堂徂基，自羊徂牛；鼐鼎及鼒。不虞不骜，胡考之休[20]。’今鼎至甘泉，光润龙变[21]，承休无疆。合兹中山，有黄白云降盖，若兽为符[22]，路弓[23]乘矢，集[24]获坛下，报祠大飨[25]。惟受命而帝者心知其意而合德[26]焉。鼎宜见于祖祢[27]，藏于帝廷[28]，以合明应[29]。”制[30]曰：“可。”

【注释】

①巫：古代称能够以舞降神的人。女的称巫，男的称觋（xí）。锦：人名。魏脽：即汾阴脽，因原属魏国，所以称魏脽。营：祠庙周围的界限。②掊（póu）：通“抔”，用手扒土。③文镂（lòu）：雕刻的花纹。④河东：郡名。辖今山西省西南部地区，郡治在安邑（今夏县西北）。太守：官名，郡的最高行政长官。胜：人名。⑤闻：传报。⑥中（zhòng）山：山名，在今陕西省淳化县东南。⑦晏温：天气晴和温暖。⑧大夫：官名。名目甚繁，多系中央要职和顾问。⑨登：庄稼成熟。⑩丰庑：丰收。庑，茂盛。报：报赛，农事完毕之后举行的祭祀。⑪曷（hé）为：为何；为什么。⑫大帝：也作“泰帝”。传说中的太昊伏羲氏。神鼎：对宝鼎的美称。⑬系终：归结。⑭象：象征；代表。⑮九牧：即九州。牧原指州的长官。⑯鬺（shāng）烹：烹煮，特指烹煮牲畜以祭祀。⑰兴：

兴起，出现。⑱宋：国名。⑲见：通“现”，出现。⑳《颂》：指《诗经》中的《周颂·丝衣》。徂（cú）：往；到。基：指门外两侧房屋的地基。鼐（nài）：大鼎。鼒（zī）：小鼎。虞：喧哗。骜：通“傲”，傲慢。胡考：长寿。休：福禄。㉑光润：指鼎的外表光彩华美。龙变：龙是古代传说中的一种神异动物，能上天下海，变化莫测，这里用“龙变”来形容鼎的光彩的变幻神奇。㉒符：祥瑞；吉祥之兆。㉓路弓：大弓。㉔集：会聚。㉕大飨：古代帝王诸侯合祭历代祖先的祭礼。㉖合德：天人互相感应。迷信者认为天能干预人事，人的行为也能感动上天。㉗祖祢（nǐ）：祖先。古代父死，神主进入祖庙以后称“祢”。㉘帝廷：指甘泉宫内供奉天帝的殿廷。㉙明应：上天所降符瑞的应验。㉚制：称帝王的命令。

【原文】

入海求蓬莱者言蓬莱不远，而不能至者，殆[1]不见其气。上乃遣望气佐候[2]其气云。

【注释】

①殆（dài）：大概。②望气佐：指善于望气的官员。候：等候观察。

【原文】

其秋，上幸雍，且[1]郊。或曰“五帝，泰一之佐也，宜立泰一而上亲郊之”。上疑未定。齐人公孙卿[2]曰：“今年得宝鼎，其冬辛巳朔旦冬至[3]，与黄帝时等。”卿有札书[4]曰：“黄帝得宝鼎宛朐[5]，问于鬼臾区[6]。区对曰：‘帝得宝鼎神筴[7]，是岁己酉朔旦冬至，得天之纪[8]，终而复始。’于是黄帝迎日推筴[9]，后率[10]二十岁得朔旦冬至，凡二十推[11]，三百八十年，黄帝仙登于天。”卿因所忠[12]欲奏之。所忠视其书不经[13]，疑其妄书，谢[14]曰：“宝鼎事已决矣，尚何以为！”卿因嬖人[15]奏之。上大说[16]，召问卿。对曰：“受此书申功[17]，申功已死。”上曰：“申功何人也？”卿曰：“申功，齐人也。与安期生通，受黄帝言，无书，独有此鼎书。曰‘汉兴复当黄帝之时，汉之圣者在高祖之孙且[18]曾孙也。宝鼎出而与神通，封禅。封禅七十二王，唯黄帝得上泰山封’。申功曰：‘汉主亦当上封，上封则能仙登天矣。黄帝时万诸侯，而神灵之封[19]居七千。天下名山八，而三在蛮夷[20]，五在中国[21]。中国华山、首山、太室、泰山、东莱[22]，此五山黄帝之所常游，与神会。黄帝且战且学仙。患百姓非[23]其道，乃断斩[24]非鬼神者。百余岁然后得与神通。黄帝郊雍上帝，宿三月。鬼臾区号[25]大鸿，死葬雍，故鸿冢[26]是也。其后黄帝接万灵明廷。明廷者，甘泉也。所谓寒门[27]者，谷口[28]也。黄帝采首山铜，铸鼎于荆山[29]下。鼎既成，有龙垂胡髯[30]下迎黄帝。黄帝上骑，群臣后宫从上龙七十余人，龙乃上去。余小臣不得上，乃悉持龙髯，龙髯拔，堕黄帝之弓。百姓仰望黄帝既上天，乃抱其弓与龙胡髯号[31]，故后世因名[32]其处曰鼎湖，其弓曰乌号。”于是天子曰：“嗟乎[33]！吾诚得如黄帝，吾视去妻子如脱躧[34]耳。”乃拜卿为郎[35]，东使候神于太室。

【注释】

①且：将要。②公孙卿：方士。③其冬辛巳朔旦冬至：这年仲冬辛巳日是朔日，早晨交冬至中气。朔，指月亮运行到太阳与地球之间和太阳同时出没时所呈现的新月月相，这种现象一般出现在夏历每月初一，因此一般称初一为朔日。④札书：写在木简上的文章。⑤宛朐（yuān qú）：县名。治所在今山东省菏泽市牡丹区西南。⑥鬼臾（yú）区：传说中黄帝的臣子。⑦神筴：占卜用的蓍草。⑧纪：历数。⑨迎日推筴：按日月推算历法，预知朔望节气等。⑩率：大率；通常。⑪推：指推算次数。⑫所忠：武帝的近臣名。⑬经：正常；寻常。⑭谢：推托。⑮嬖（bì）人：宠信的人。⑯说：通“悦”，高兴。⑰申功：方士。⑱且：或者。选择连词。⑲神灵之封：指为主持祭祀名山大川而建立的封国。居：占有。⑳蛮夷：古代对南方和东方各族的泛称。这里指中原华夏族以外的四方各族。㉑中国：指中原地区。㉒华山：山名。古称西岳。在今陕西省东部。首山：山名，在今山西省永济市南。太室：指嵩山。古称中岳（按：中岳实含太室、少室二山）。在今河南省登封市北。东莱：即莱山。有两座：一在今山东省莱阳市北，一在今山东省龙口市东南。㉓患：忧虑。非：非难；反对。㉔断斩：审判斩杀。㉕号：别名。㉖冢（zhǒng）：隆起的坟墓。㉗寒门：一作“塞门”。㉘谷口：即中山的谷口，因谷北寒凉，所以称为“寒门”。㉙荆山：山名。在今河南省灵宝市境。㉚胡：颈部下垂之肉。髯（rán）：颊上的长须。㉛号

(háo)：大声哭喊。㉜名：命名；起名。动词。㉝嗟（声）乎：感叹声。㉞蹝（xǐ）：鞋子。㉟郎：皇帝侍从官的通称。

【原文】

上遂郊雍，至陇西[①]，西登空桐[②]，幸甘泉。令祠官宽舒等具[③]泰一祠坛，坛放[④]薄忌泰一坛，坛三垓[⑤]。五帝坛环居其下，各如其方[⑥]，黄帝西南，除八通鬼道。泰一所用，如雍一畤[⑦]物，而加醴枣脯[⑧]之属，杀一犛牛[⑨]以为俎豆牢具。而五帝独有俎豆醴进[⑩]。其下四方地，为餟[⑪]食群神从者及北斗云。已祠，胙余[⑫]皆燎之。其牛色白，鹿居其中，彘在鹿中[⑬]，水而洎[⑭]之。祭日以牛，祭月以羊彘特[⑮]。泰一祝宰[⑯]则衣紫及绣。五帝各如其色，日赤，月白。

【注释】

①陇西：郡名。辖今甘肃省东南部地区，郡治在狄道（今甘肃省临洮县）。②空桐：即崆峒。山名。在今甘肃省平凉市崆峒区西。③具：备置；供设。④放（fǎng）：通“仿”。⑤垓（gāi）：台阶的级次。⑥方：方位。⑦一畤：指五畤之一。⑧醴（lǐ）：甜酒。脯（fǔ）：干肉。⑨犛（lí）牛：即牦牛。一种毛很长的牛。⑩独：只；仅。进：进献；供奉。⑪餟：连续祭祀。⑫胙（zuò）余：祭祀后剩余的酒肉。⑬“鹿居其中”二句：指将鹿纳入牛的体腔，又把猪纳入鹿的体腔。彘（zhì）：猪。⑭洎（jì）：添水浸润。⑮特：牲畜一头称为“特”。⑯祝宰：指司祭的官员。

【原文】

十一月辛巳朔旦冬至，昧爽[1]，天子始郊拜泰一。朝朝日[2]，夕夕月[3]，则揖；而见泰一如雍礼。其赞飨[4]曰："天始以宝鼎神筴授皇帝，朔而又朔，终而复始，皇帝敬拜见焉。"而衣上黄。其祠列火满坛，坛旁亨炊具。有司云"祠上有光焉"。公卿言"皇帝始郊见泰一云阳，有司奉瑄玉嘉牲荐飨[5]。是夜有美光，及昼，黄气上属[6]天"。太史公[7]、祠官宽舒等曰："神灵之休[8]，祐福兆祥，宜因此地光域[9]立泰畤坛以明应。令太祝领，秋及腊[10]间祠。三岁天子一郊见。"

【注释】

①昧爽：即拂晓。②朝朝（zhāo chǎo）日：早晨朝拜太阳。③夕夕月：傍晚祭祀月亮。后一"夕"字为动词，古代称祀月为"夕"。④赞飨：祭祀时的祝词。⑤奉（pěng）：通"捧"。瑄（xuān）玉：古代祭天所用的璧，直径为六寸。嘉牲：肥美的牲畜。荐飨：进献。⑥属（zhǔ）：连接。⑦太史公：指司马谈。⑧休：指神灵所显示的美好气象。⑨光域：指美光所出现的地域。⑩腊：夏历十二月。

【原文】

其秋，为伐南越[1]，告祷泰一，以牡荆画幡日月北斗登龙[2]，以象天一[3]三星，为泰一锋[4]，名曰"灵旗"。为兵祷，则太史奉以指所伐国。而五利将军使[5]不敢入海，之[6]泰山祠。上使人微随验，实无所见。五利妄言见其师，其方尽，多不雠[7]，上乃诛五利。

【注释】

①南越：通“南粤”，指今广东、广西两省区以及越南部分地区。②牡荆：灌木。用作旗柄。登龙：飞龙。③天一：星官名。④锋：指最前面的旗帜。⑤使：被派遣出使。⑥之：到；往。动词。⑦雠（chóu）：应验。

【原文】

其冬，公孙卿候神河南[1]，见仙人迹缑氏[2]城上，有物若雉，往来城上。天子亲幸缑氏城视迹。问卿：“得毋[3]效文成、五利乎？”卿曰：“仙者非有求人主，人主求之。其道非少宽假[4]，神不来。言神事，事如迂诞[5]，积以岁乃可致。”于是郡国各除道[6]，缮治宫观名山神祠所，以望幸矣。

【注释】

①其冬：《汉书·武帝纪》载公孙卿言仙人事在元鼎六年（前111），此处当作“明年冬”。河南：郡名。②缑（gōu）氏：县名。治所在今河南省偃师市。③得毋：通“得无”。④少（shǎo）：稍微。宽假：宽容。指延长一段时间。⑤迂诞：迂阔荒诞，不切实际。⑥除道：修筑和清扫道路。

【原文】

其年，既灭南越，上有嬖臣李延年[1]以好音见。上善[2]之，下[3]公卿议，曰：“民间祠尚有鼓舞[4]之乐，今郊祀而无乐，岂称[5]乎？”公卿曰：“古者祀天地皆有乐，而神祇[6]可得而礼。”

或曰：“泰帝使素女鼓五十弦瑟[7]，悲，帝禁不止，故破[8]其瑟为二十五弦。于是塞[9]南越，祷祠泰一、后土，始用乐舞，益召歌儿[10]，作二十五弦及箜篌[11]瑟自此起。

【注释】

①李延年（？—前87）：汉代著名音乐家。中山（今河北省定州市）人。②善：赞许；宠爱。③下：下交。④鼓舞：古代的一种杂舞。⑤称（chèn）：相称；合适。⑥神祇（qí）：天神和地神。⑦素女：神女名。擅长弦歌。瑟（sè）：一种拨弦乐器，形似古瑟，通常为二十五弦，弦各有柱，可上下移动，以确定声音的高低清浊。⑧破：打破。引申为改变。⑨塞（sài）：通“赛”，古代称举行祭祀酬谢神灵。⑩益：增加。歌儿：歌童，泛指歌手。⑪箜篌（kōng hóu）：一种拨弦乐器，有卧式、竖式两种。

【原文】

其来年冬，上议曰：“古者先振兵泽旅[1]，然后封禅。”乃遂北巡朔方[2]，勒[3]兵十余万，还祭黄帝冢桥山[4]，泽兵须如[5]。上曰：“吾闻黄帝不死，今有冢，何也？”或对曰：“黄帝已仙[6]上天，群臣葬其衣冠。”既至甘泉，为且用事泰山[7]，先类祠[8]泰一。

【注释】

①振兵泽旅：表示不再用武，天下太平的意思。振，收。泽，通“释”，解除，遣散。②朔方：郡名。辖今内蒙古西南

部河套地区，郡治在朔方（今乌拉特前旗东南）。③勒：统率。④桥山：也称子午山。⑤须如：地名。方位不详。⑥仙：成仙。用如动词。⑦为且用事泰山：为了将封禅泰山。⑧类祠：祭名。为特定目的而举行的临时祭礼。

【原文】

自得宝鼎，上与公卿诸生[1]议封禅。封禅用希[2]旷绝，莫知其仪礼，而群儒采封禅《尚书》[3]《周官》《王制》之望祀射牛事。齐人丁公年九十余，曰："封者，合[4]不死之名也。秦皇帝不得上封。陛下必欲上，稍上即无风雨，遂上封矣。"上于是乃令诸儒习射牛，草封禅仪。数年，至且行。天子既闻公孙卿及方士之言，黄帝以上封禅，皆致怪物与神通，欲放黄帝以尝接神仙人蓬莱士，高世比德于九皇[5]，而颇采儒术以文[6]之。群儒既以不能辩明封禅事，又牵拘于《诗》《书》古文而不敢骋[7]。上为封祠器示群儒，群儒或曰"不与古同"，徐偃又曰"太常诸生行礼不如鲁[8]善"，周霸属图封事[9]，于是上绌[10]偃、霸，尽罢诸儒弗用。

【注释】

①诸生：许多儒生。②用希：很少举行。希，通"稀"。③《尚书》：简称《书》，我国现存最早的关于上古时代典章文献的汇编，其中也保存了商及西周初期的一些重要史料。④合：应当。⑤高世：超出世俗。九皇：传说中远古时的帝王。兄弟九人，分管天下九州，所以称九皇。⑥文：修饰。⑦不敢骋：不敢自由发表见解。⑧徐偃：博士。太常：官名。

鲁：国名。前11世纪周分封的诸侯国，辖今山东省南部地区，都城在曲阜（今曲阜市）。⑨周霸：人名。属（zhǔ）图：聚会谋划。封事：指封禅之事。⑩绌（chù）：通“黜”，贬退；排斥。

【原文】

三月，遂东幸缑氏，礼登中岳太室[①]。从官[②]在山下闻若有言“万岁”云。问上[③]，上不言[④]；问下，下不言。于是以三百户封太室奉祠，命曰崇高邑[⑤]。东上泰山，山之草木叶未生，乃令人上石立之泰山颠[⑥]。

【注释】

①中岳太室：即中岳嵩山。②从官：皇帝的侍从官。③上：指山上的人。④不言：不曾呼喊。⑤崇高邑：武帝取崇拜敬奉嵩高山之意，所以将嵩山的封邑命名为崇高邑。⑥上石：指将石刻运上山。颠：通“巅”，最高峰。

【原文】

上遂东巡海上，行礼祠八神[①]。齐人之上疏[②]言神怪奇方者以万数，然无验者。乃益发[③]船，令言海中神山者数千人求蓬莱神人。公孙卿持节[④]常先行候名山，至东莱，言夜见一人，长数丈，就[⑤]之则不见，见其迹甚大，类禽兽云。群臣有言见一老父[⑥]牵狗，言“吾欲见巨公[⑦]”，已忽[⑧]不见。上既见大迹，未信，及群臣有言老父，则大[⑨]以为仙人也。宿留[⑩]海上，与方士传车及间使[⑪]求仙人以千数。

【注释】

①八神：即天主、地主、兵主、阴主、阳主、月主、日主、四时主。②疏：奏章。③益发：增派。④节：古代使者所持作为凭证的信物，用玉、角或竹制成。⑤就：接近；靠拢。⑥老父（fù）：老人的尊称。⑦巨公：天子。⑧已忽：随即；一会儿。⑨大：非常；完全。⑩宿留：停留；逗留。⑪传（zhuàn）车：古代驿站的专用车辆。间（jiàn）使：密使。

【原文】

四月，还至奉高[①]。上念诸儒及方士言封禅人人殊[②]，不经，难施行。天子至梁父[③]，礼祠地主[④]。乙卯，令侍中儒者皮弁[⑤]荐绅，射牛行事。封泰山下东方，如郊祠泰一之礼。封[⑥]广丈二尺，高九尺，其下则有玉牒书[⑦]，书秘[⑧]。礼毕，天子独与侍中奉车[⑨]子侯上泰山，亦有封。其事皆禁[⑩]。明日，下阴道[⑪]。丙辰，禅泰山下阯东北肃然山[⑫]，如祭后土礼。天子皆亲拜见，衣上黄而尽用乐焉。江淮间一茅三脊[⑬]为神藉。五色土益杂封。纵远方奇兽蜚禽及白雉[⑭]诸物，颇以加祠。兕旄牛犀[⑮]象之属弗用。皆至泰山然后去。封禅祠，其夜若有光，昼有白云起封中。

【注释】

①奉高：县名。在今山东省泰安市泰山区东北。②殊：异；不同。③梁父（fǔ）："梁甫"，山名，在今山东省泰安市

泰山区东南，是泰山下的一座小山。④地主：地神。⑤侍中：官名。是从列侯以下至郎中的加官，侍从于皇帝左右。皮弁(biàn)：冠名。用白鹿皮制作，朝会时的常服。⑥封：指祭天的坛。⑦玉牒书：古代帝王告天的文书，写在简册上，用玉做装饰。⑧书秘：文书的内容保密。⑨奉车：即奉车都尉。官名，掌管皇帝车马。⑩禁：禁止向外泄露。⑪阴道：山北的道路。⑫阯：基地；山脚。肃然山：山名。是泰山的东麓，在今山东省济南市莱芜区西北。⑬一茅三脊：一种有三条脊棱的茅草，即菁茅，又叫灵茅。⑭纵：放出。白雉：白毛野鸡。古代迷信以为祥瑞之物。⑮兕（sì)：古代称犀牛一类的野兽。旄(máo）牛：一种长着长毛的牛。犀：即犀牛。

【原文】

天子从封禅还，坐明堂[①]，群臣更[②]上寿。于是制诏御史："朕以眇眇之身承至尊[③]，兢兢[④]焉惧弗任。维[⑤]德菲薄，不明于礼乐。脩[⑥]祀泰一，若有象景光[⑦]，屑[⑧]如有望，依依[⑨]震于怪物，欲止不敢，遂登封泰山，至于梁父，而后禅肃然。自新，嘉与士大夫更始[⑩]，赐民百户牛一酒十石，加年八十孤寡布帛二匹。复博、奉高、蛇丘[⑪]、历城，毋出今年租税。其赦天下，如乙卯赦令。行所过毋有复作[⑫]。事在二年前，皆勿听治[⑬]。"又下诏曰："古者天子五载一巡狩[⑭]，用事泰山，诸侯有朝宿地[⑮]；其令诸侯各治邸[⑯]泰山下。"

【注释】

①明堂：在泰山东北麓，是古代帝王巡狩时朝会诸侯的场

所。②更：陆续。③眇（miǎo）眇：微小。至尊：最尊贵的地位，指帝王之位。④兢兢：小心谨慎的样子。⑤维：助词。通常在句首，也可放在句中。⑥脩：修治。⑦景光：吉祥之光。⑧屑（xiè）：好像，似乎。⑨依依：深深。⑩嘉：希望。士大夫：通称居官有职位的人。更（gēng）始：重新开始。⑪复：免除赋税或徭役。博：县名。治所在今山东省泰安市泰山区东南。蛇（yí）丘：县名。在今山东省泰安市泰山区西南。⑫复作：汉刑律名。指解除枷锁的罪犯在监外服劳役。⑬勿听治：不处理；不追究。⑭巡狩（shòu）：指帝王到各地巡行视察诸侯所守的地方，所以又作“巡守”。⑮朝宿地：朝会时的住宿之所。⑯邸（dǐ）：府第。

【原文】

天子既已封禅泰山，无风雨菑，而方士更言蓬莱诸神山若[1]将可得，于是上欣然庶几[2]遇之，乃复东至海上望，冀[3]遇蓬莱焉。奉车子侯暴病，一日死，上乃遂去，并[4]海上，北至碣石[5]，巡自辽西[6]，历北边至九原[7]。五月，返至甘泉。有司言宝鼎出为元鼎[8]，以今年为元封[9]元年。

【注释】

①若：或许。②庶几（jī）：也许可以。表希望、推测之词。③冀：希望。④并（bàng）：通“傍”，挨着；沿着。⑤碣（jié）石：山名；在今河北省昌黎县北。⑥辽西：郡名。辖今辽宁省中西部及河北省承德等地区，郡治在且虑（今河北省卢龙县东）。⑦九原：县名。治所在今内蒙古包头市西。

⑧元鼎：汉武帝第五个年号（前116—前111）。⑨元封：汉武帝第六个年号（前110—前105）。

【原文】

其秋，有星茀于东井[①]。后十余日，有星茀于三能[②]。望气王朔[③]言："候独见其星出如瓠[④]，食顷[⑤]复入焉。"有司言曰："陛下建汉家封禅，天其报德星[⑥]云。"

【注释】

①茀（bó）：通"孛"，指星星光芒四射的现象。东井：即井宿，星官名。②三能（tái）：即三台，星官名。③王朔：方士。④候：占验星象。瓠（hù）：瓠瓜；葫芦瓜。⑤食顷：吃一顿饭的工夫，形容时间很短。⑥其：语气副词。报德星：以德星报答。德星，迷信者把某些具有异常现象的天体称为德星，说它是吉祥幸福的象征。这里或以为指木星，或以为指土星。

【原文】

其来年冬，郊雍五帝[①]，还，拜祝[②]祠泰一。赞飨曰："德星昭衍[③]，厥维休祥[④]。寿星仍[⑤]出，渊耀[⑥]光明。信星昭见[⑦]，皇帝敬拜泰祝[⑧]之飨。"

【注释】

①郊雍五帝：郊祀五帝于雍地。②祝：向神灵说话求福。③昭衍：光明广布。④厥：助词。维：是。休祥：吉祥。⑤寿星：南极星。仍：跟随；接着。⑥渊耀：光照深远。⑦信星：

即土星。见：通“现”，显现。⑧泰祝：通“太祝”。

【原文】

其春，公孙卿言见神人东莱山，若云“见天子”①。天子于是幸缑氏城，拜卿为中大夫②。遂至东莱，宿留之③数日，毋所见，见大人迹。复遣方士求神怪采芝④药以千数。是岁旱。于是天子既出毋名⑤，乃祷万里沙⑥，过祠泰山。还至瓠子⑦，自临塞决河⑧，留二日，沉祠⑨而去。使二卿将⑩卒塞决河，河徙二渠⑪，复禹之故迹焉。

【注释】

①《封禅书》和《汉书·郊祀志》都作“欲见天子”。此处当补“欲”字。②中大夫：官名。掌论议，备顾问。③之：语中助词。④芝：即灵芝。菌类植物，有光泽，可供观赏，又供药用。⑤毋名：没有正当理由。毋，通“无”。⑥万里沙：地名。在今山东省招远市与东莱市之间。这里指建在万里沙的神庙。⑦瓠子：即瓠子口。在今河南省濮阳县西南，是当时黄河的决口。⑧自临塞决河：汉武帝元光三年（前132），黄河决于瓠子口，洪水泛滥成灾。⑨沉祠：沉白马、玉璧以祭祀河神。⑩二卿：指将军汲仁、郭昌。将：率领。⑪二渠：一为大河（在今河南省滑县境内），一为漯水（在今河南省南乐县附近），分流于当时瓠子口的上游和下游。

【原文】

是时既灭南越，越人勇之①乃言：“越人俗信鬼，而其祠皆见鬼，数有效。昔东瓯王[2]敬鬼，寿至百六十岁。后世谩怠[3]，故衰秏[4]。”乃令越巫立越祝祠，安台无坛，亦祠天神上帝百鬼，而以鸡卜[5]。上信之，越祠鸡卜始用[6]焉。

【注释】

①勇之：人名。②东瓯王：即东海王。东越人的首领，名摇。惠帝三年（前192）被立为东海王，建都东瓯（今浙江省永嘉县西南）。③谩怠：指怠慢鬼神。谩，通“慢”，怠忽，轻视。④衰秏（hào）：衰败。秏，同“耗”。⑤鸡卜：古代占卜法之一。⑥用：采用；流行。

【原文】

公孙卿曰：“仙人可见，而上往常遽[1]，以故不见。今陛下可为观[2]，如缑氏城，置脯[3]枣，神人宜[4]可致。且仙人好楼居。”于是上令长安则作蜚廉桂观[5]，甘泉则作益[6]延寿观，使卿持节设具[7]而候神人。乃作通天台[8]，置祠具其下，将招来神仙之属。于是甘泉更置前殿，始广[9]诸宫室。夏，有芝生殿防[10]内中。天子为塞河，兴通天台，若有光云，乃下诏曰：“甘泉防生芝九茎[11]，赦天下，毋有复作[12]。”

【注释】

①遽（jù）：急促。②观（guàn）：台阁；庙宇。③脯：干肉。④宜：大概。⑤蜚廉：观名。桂观：观名。⑥益：《史记志疑》认为是衍文。⑦具：指祠具，祭神用的供具。

⑧通天台：台名。在甘泉宫内，台高三十丈，可以望见二百里外的长安城。⑨广：扩大；扩充。⑩防：通“房”。⑪九茎：长有九株菌柄的灵芝。⑫复作：秦汉时强制罪犯劳役的一种刑罚。

【原文】

其明年，伐朝鲜[1]。夏，旱。公孙卿曰：“黄帝时封则天旱，乾封三年。”上乃下诏曰：“天旱，意乾封乎？其令天下尊祠灵星[2]焉。”

【注释】

①朝鲜：国名。在今辽宁、吉林两省部分地区和朝鲜半岛北部。相传周初箕子被封于此，汉初由卫满继之。其南部为三韩诸国，当时都属汉朝所辖。②灵星：一说是主宰庄稼的星；一说是主宰庄稼的神。

【原文】

其明年，上郊雍，通回中[1]道，巡之。春，至鸣泽[2]，从西河[3]归。

【注释】

①回中：地名。在今陕西省陇县西北。②鸣泽：泽名。在今河北省涿州市东北。一说即今甘肃平凉县西之独鹿（都卢山）鸣泽，今谓之弹筝峡。③西河：郡名。汉武帝元朔四年（前125）置。

【原文】

其明年冬，上巡南郡[①]，至江陵而东。登礼潜之天柱山[②]，号曰南岳。浮江[③]，自寻阳出枞阳[④]，过彭蠡[⑤]。祀其名山川。北至琅邪[⑥]，并海上。四月中，至奉高脩封焉。

【注释】

①南郡：郡名。辖今湖北省西南部，郡治在江陵（今江陵县）。②登礼：登山祭祀。潜：县名。治所在今安徽省霍山县东北。天柱山：又名皖山、潜山。在安徽省霍山县西南。③浮江：指乘船游览长江。④寻阳：县名。治所在今湖北省黄梅县西南。枞（zōng）阳：县名。治所在今安徽省枞阳县。⑤彭蠡（lǐ）：泽名。约当今鄂东皖西一带滨江湖泊，后演变成现在的鄱阳湖。⑥琅邪（láng yá）：郡名。

【原文】

初，天子封泰山，泰山东北阯古时有明堂处，处险不敞。上欲治明堂奉高旁，未晓其制度。济南人公玊带[①]上黄帝时明堂图。明堂图中有一殿，四面无壁，以茅盖，通水，圜宫垣为复道[②]，上有楼，从西南入：命曰昆仑[③]，天子从之入，以拜祠上帝焉。于是上令奉高作明堂汶[④]上，如带图。及五年脩封，则祠泰一、五帝于明堂上坐[⑤]，令高皇帝[⑥]祠坐对之。祠后土于下房，以二十太牢[⑦]。天子从昆仑道入，始拜明堂如郊礼。礼毕，燎堂下。而上又上泰山，有秘祠其颠。而泰山下祠五帝，各如其方，黄帝并赤帝，而有司侍祠焉。泰山，上举火，下悉应之。

【注释】

①济南：郡名。辖今山东省济南市历城区、章丘区等地，郡治在东平陵（今章丘区西北）。公玊带：人名。姓公玊，名带。②圜：通“环”，环绕，复道：高楼间或山岩险要处架空的通道。③昆仑：山名。在今西藏、新疆之间。④汶（wèn）：水名。从泰山东北流过，经奉高县城（位于今泰安市岱岳区）西南注入巨野泽。⑤上坐：受尊敬的席位。坐，通“座”。⑥高皇帝：即汉高帝。⑦太牢：本指牛、羊、猪三牲一套（三者各一）。

【原文】

其后二岁[①]，十一月甲子朔旦冬至，推历者以本统[②]。天子亲至泰山，以十一月甲子朔旦冬至日祠上帝明堂，每脩封禅[③]。其赞飨曰：“天增授皇帝泰元[④]神策，周而复始。皇帝敬拜泰一。”东至海上，考[⑤]入海及方士求神者，莫验，然益遣，冀[⑥]遇之。

【注释】

①其后二岁：即汉武帝太初元年（前104）。②推历者：推算历法的人。本统：正统。③每脩封禅：封禅每五年一次，这时还只两年，所以仅祭祀于明堂，而不举行封禅大典。④泰元：天的别称。⑤考：考察验证。⑥冀：希望。

【原文】

十一月乙酉，柏梁灾[①]。十二月甲午朔，上亲禅高里[②]，祠后土。临渤海[3]，将以望祠蓬莱之属，冀至殊庭[4]焉。

【注释】

①柏（bó）梁：即柏梁台。在今陕西省西安市长安区西北。灾：指失火遭灾。②高里：山名。在泰山南麓，今泰安市西南。③渤海：也作“勃海”。在今辽东半岛与山东半岛之间。④殊庭：异域，指神仙居住的地方。

【原文】

上还，以柏梁裁故，朝受计[1]甘泉。公孙卿曰：“黄帝就[2]青灵台，十二日烧，黄帝乃治明庭。明庭，甘泉也。”方士多言古帝王有都[3]甘泉者。其后天子又朝诸侯甘泉，甘泉作诸侯邸。勇之乃曰：“越俗有火裁，复起屋必以大，用胜服之。”于是作建章宫，度[4]为千门万户。前殿度高未央[5]。其东则凤阙[6]，高二十余丈。其西则唐中[7]，数十里虎圈[8]。其北治大池，渐台[9]高二十余丈，名曰泰液池，中有蓬莱、方丈、瀛洲、壶梁[10]，象海中神山龟鱼之属。其南有玉堂、璧门[11]、大鸟之属。乃立神明台、井幹楼[12]，度五十余丈，辇道[13]相属焉。

【注释】

①朝受计：临朝受理各郡国上报的表册。计，计簿，登记政府财物、人事等情况的簿册。②就：建成。③都（dū）：建都。动词。④度：制度；规模。⑤未央：宫名。汉高帝时修建，周围二十八里，规模十分宏伟。故址在今陕西省西安市西北。⑥凤阙（què）：宫阙名。因阙上以五尺铜凤为饰而得名。

⑦唐中：宫名。在今陕西省西安市长安区西北，太液池南。⑧虎圈（juàn）：养虎的地方。在今西安市偏西。⑨渐台：台名。因建于太液池中，为水所浸而得名。⑩蓬莱、方丈、瀛（yíng）洲、壶梁：都是传说中的海上仙山，这里是托名的建筑。⑪玉堂：宫名。璧门：宫门名。门高二十五丈，因门上以玉璧为饰而得名。⑫井幹楼：楼名。因楼形像井上围栏而得名。⑬辇道：指楼阁间可通手推车的空中通道，相当现在的天桥。

【原文】

夏，汉改历，以正月为岁首，而色上黄，官名更印章以五字[①]，因为[②]太初元年。是岁，西伐大宛[③]。蝗大起。丁夫人、雒阳虞初等以方祠诅[④]匈奴、大宛焉。

【注释】

①更印章以五字：据方士们推算，汉朝为土德，而在五行中土的序数为五，所以应将官印一律改为五个字。②因为：因而定为。③大宛（yuān）：西域国名。位于今中亚境内，都城在贵山城（今中亚卡散赛），盛产葡萄、名马。④丁夫人：姓丁，名夫人。虞初：曾任侍郎，号称“黄衣使者”，相传著有《虞初周说》。祠诅（zǔ）：举行祭祀，祈求鬼神加祸于人。

【原文】

其明年，有司言雍五畤无牢熟具[①]，芬芳[②]不备。乃命祠官进畤犊[③]牢具，五色食所胜[④]，而以木禺[⑤]马代驹焉。独五帝用驹，行亲郊用驹。及诸名山川用驹者，悉以木禺马代。行过，乃用驹[⑥]。他礼如故。

【注释】

①牢熟具：指煮熟的牲畜等祭品。具，酒肴和食器，泛指祭品。②芬芳：指芳香的祭品。③犊：小牛。④五色食所胜：指所用的牲牢的颜色，按照五行相克的道理，加以选择。⑤木禺：木雕的偶像。禺，通“偶”。⑥独五帝用驹……乃用驹：这几句文字有错乱，如《汉书·郊祀志》作“及诸名山川用驹者，悉以木禺马代。独行过亲祠，乃用驹”，文意才顺。

【原文】

其明年，东巡海上，考神仙之属，未有验者。方士有言“黄帝时为五城十二楼[①]，以候神人于执期[②]，命曰迎年[③]”。上许作之如方，名曰明年[④]，上亲礼祀上帝，衣上黄焉。

【注释】

①五城十二楼：相传黄帝时在昆仑山顶建有金台五座，玉楼十二座，以供神仙居住。②执期：传说中的地名。③迎年：楼名。取祈求丰年之意。④明年：楼名。

【原文】

公玊带曰：“黄帝时虽封泰山，然风后、封钜、岐伯令黄帝封东泰山[①]，禅凡山，合符[②]，然后不死焉。”天子既令设祠具，至东泰山，东泰山卑小，不称[③]其声，乃令祠官礼之，而不封禅焉。其后令带奉祠候神物。夏，遂还泰山，修五年之礼如前，而加禅祠石闾[④]。石闾者，在泰山下阯南方，方士多言此仙人之闾[⑤]也，故上亲禅焉。

【注释】

①风后、封钜、岐伯：都是黄帝时的臣子。东泰山：山名。在今山东省沂源、沂水两县间。②凡山：山名。在今山东省昌乐县西南。③称（chèn）：适合，相符。④石闾：山名。在今山东省泰安市泰山区南。⑤闾：里巷的大门；里巷。

【原文】

其后五年，复至泰山脩封，还过祭常山[①]。

【注释】

①常山：即恒山。古称北岳。在今河北省曲阳县西北。汉时因避文帝刘恒名讳，改称“常山”。

【原文】

今天子所兴祠，泰一、后土，三年亲郊祠，建汉家封禅，五年一脩封。薄忌泰一及三一、冥羊、马行、赤星[①]，五，宽舒之祠官[②]以岁时致礼。凡六祠[③]，皆太祝领之。至如八神诸神，明年、凡山他名祠，行过则祀，去则已。方士所兴祠，各自主[④]，其人终则已，祠官弗主。他祠皆如其故。今上封禅，其后十二岁而还[⑤]，遍于五岳、四渎矣。而方士之候祠神人，入海求蓬莱，终无有验。而公孙卿之候神者，犹以大人迹为解[⑥]，无其效。天子益[⑦]怠厌方士之怪迂语矣，然终羁縻[⑧]弗绝，冀遇其真。自此之后，方士言祠神者弥[⑨]众，然其效可睹矣[⑩]。

【注释】

①薄忌泰一：指根据亳人谬忌所奏而建的泰一神祠。三一、冥羊、马行、赤星：都是神祠名。赤星，即灵星。②宽舒之祠官：字句疑有误。似应作“祠官宽舒”。③凡六祠：指上述五座神祠外加后土祠。凡，总共。④主：主持致祭。⑤还：行，过，回顾。⑥解：解释。指解说的依据。⑦益：更加；越发。⑧羁縻（jī mí）：笼络。⑨弥：更加。⑩其效可睹矣：其效验可以想见了。言外之意是，可见其效验是等于零了。

【原文】

太史公[①]曰：余从巡祭天地诸神名山川而封禅焉。入寿宫侍祠神语，究观[②]方士祠官之言，于是退而论次[③]自古以来用事于鬼神者，具见其表里[④]。后有君子，得以览焉。至若俎豆珪币[⑤]之详，献酬之礼[⑥]，则有司存[⑦]焉。

【注释】

①太史公：司马迁自称。②究观：推究体察。③论次：依次论述。④表里：指祭祀之事的内外情形。⑤至若：至于。珪（guī）币：祭祀用的玉和帛。⑥献酬之礼：指献祭神灵、酬报神功的礼仪。⑦存：保存；记载存案。

【译文】

孝武皇帝是孝景帝排行中间的儿子。生母是王太后。景帝四年，以皇帝儿子的身份被封为胶东王。景帝七年，栗太子被废成了临江王，就立胶东王做太子。景帝在位十六年后去世，太子登位，就是孝武皇帝。孝武皇帝刚刚就位，尤其敬重对鬼神的祭祀。

武帝元年，汉家兴起已经有六十多年了，天下太平，在绅带间挺着朝笏的官员们都企望天子举行封禅大典和更改正朔和服色等制度。但是，皇上心向儒家经术，招集贤良人士，赵绾、王臧等由于具备文化学术方面的才能做了公卿，想计议依照古代制度在长安城南门外建立明堂，来接受诸侯们的朝拜。草拟巡行视察、举行封禅典礼、改革律历和服饰颜色等事项还没有完成，碰上窦太后奉行黄、老道家言论，不喜欢儒家学说，派人暗中窥察到赵绾等人用不正当手段谋求私利的事实，召来并处罚赵绾、王臧，赵绾、王臧在监狱中自杀，他们所兴办的事暂时都被废除了。

这以后的第六年，窦太后逝世。第二年，皇上征召擅长文化学术的士人公孙弘等人。

又过了一年，皇帝初次来到雍县，在祭祀五位天帝的五畤举行郊祀仪式。以后经常是每隔三年郊祀一次。这时候皇上求得一位神君，供奉在上林苑中的蹏氏观。神君本来是长陵的一个女子，因为儿子夭折，悲哀而死，显灵于她的妯娌宛若身上。宛若在家里供奉她，很多老百姓都来祭拜。战国时的赵国公子平原君曾经前往祭祀，平原君的后代子孙因此而地位尊贵，声名显赫。到武帝即位后，就用隆重的礼仪安置在宫里供奉，能听见神君的说话声，但见不到她本人。

当时，李少君也以祭灶致福、辟谷不食、长生不老的方术进见皇上，受到皇上的敬重。李少君是由已故的深泽侯引荐来主管方术之事的。这时，他隐瞒了自己的年龄和出身经历等，经常自称七十岁了，能驱使鬼物，使人长生不老。他靠方术遍游了诸侯各国。他没有妻子儿女。人们听说他能驱使鬼物，还能使人长生不老，就不断地赠送财物给他。因此，他常常有多余的金钱、丝织品、衣服和食物。人们都因为他不经常产业却很富有，又不知道他是什么地方的人，所以对他越发相信，争着去为他效力。李少君天生喜好方术，善于用巧言说中事情。他曾经到武安侯处宴饮，在座的有一位九十多岁的老人，他就谈起从前跟老人的祖父一起游玩射猎的地方。这位老人小时候曾经跟着祖父，还能记得那些地方。这时，满座宾客都惊讶不已。有一次，少君拜见皇上，皇上有一件古铜器，拿出来问少君。少君说："这件铜器，齐桓公十年时陈列在柏寝台。"随即查验铜器上的铭文，果真是齐桓公时的器物。整个宫中都大为吃惊，以为少君就是神，已经有几百岁了。

李少君对皇上说道："祭祀灶神就能招来鬼神，招来鬼神后朱砂就可以炼成黄金，黄金炼成了用它打造饮食器具，使用后就能延年益寿。寿命长了就可以见到东海里的蓬莱岛仙人，见到仙人后再举行封禅典礼就可以长生不死了，黄帝就是这样的。我曾经在海上游历，见到过安期生，他给我枣吃，那枣儿像瓜一样大。安期生是仙人，来往于蓬莱岛的山中；跟他投合的，他就出来相见，不投合的就躲起来不见。”于是，天子开始亲自祭祀灶神，并派遣方术之士到东海访求安期生之类的仙人，同时干起用丹砂等各种药剂提炼黄金的事来了。

过了许久，李少君病死了。天子以为他是成仙而去并不是死了，就命令黄锤县的佐吏宽舒学习他的方术。访求蓬莱仙人安期生，没有人能找到，而燕、齐沿海一带许多荒唐迂腐的方士却有许多人仿效李少君，纷纷前来谈论神仙之类的事情了。

亳县人薄诱忌把祭祀泰一神的方法上奏朝廷。他说：“天神中最尊贵的是泰一神，泰一的辅佐神叫五帝，就是五天帝。古时候，天子于春秋两季在东南郊祭泰一神，用牛、羊、猪三牲祭祀达七天之久，筑祭坛，祭坛八面开有通道，供神鬼来往。”于是，天子命令太祝在长安东南郊立泰一神祠，经常按照薄诱忌说的方法供奉和祭祀。那以后，有人上书说：“古时天子每三年一次，用牛、羊、猪三牲祭祀三一之神，即天一神、地一神和泰一神。”天子准其奏，命太祝负责在薄诱忌所奏请建立的泰一神坛上祭祀，依照上书人所说的方式进行。后来，又有人上书说：“古时候，天子经常在春秋两季举行除灾求福的解祠，用食其母的恶鸟枭鸟、食其父的恶兽破镜各一只祭黄帝；用羊祭冥羊神；用一匹青色雄马祭马行神；用牛祭泰一神、皋山山君和地长神；用干鱼祭武夷山神；用一头牛祭阴阳使者神。”天子也命祠官负责此事，按照上书人说的方式，在薄诱忌所奏请建立的泰一神坛旁边举行祭祀。

后来，天子的苑囿里有白鹿，就用白鹿皮制成货币。为了促使上天发出吉祥的征兆，又铸造了银锡合金的白金币。

第二年，天子到雍县举行郊祀，猎获了一头独角兽，样子像狍子。主管官员说："陛下恭恭敬敬地举行郊祀，上帝为了报答对他的供奉，赐给这头独角兽，这大概就是麒麟。"于是，把它进献给五帝之畤，每畤的祭品外加一头牛，举行焚柴祭天的燎祭。赐给诸侯白金币，向他们暗示这种吉祥的征兆是与天地之意相合的。

这时，济北王以为天子将要举行封禅大典，就上书向天子献出泰山及其周围的城邑。天子接受了，另用其他县邑给他作为抵偿。常山王有罪，被放逐，天子把他的弟弟封在真定，以延续对祖先的祭祀，而把常山国改为郡。这样一来，五岳就都在天子直接管辖的郡县之内了。

第二年，齐人少翁以招引鬼神的方术来进见皇上。皇上有一个宠爱的王夫人死，据说少翁用方术在夜里使王夫人和灶神的形貌出现，天子隔着帷幕望见了。于是，就封少翁为文成将军，给他的赏赐很多，以宾客之礼对待他。文成将军说道："皇帝如果想要跟神交往，而宫室、被服等用具却不像神用的，神就不会降临。"于是，就制造了画有各种云气的车子，按照五行相克的原则，在不同的日子里分别驾着不同颜色的车子以驱赶恶鬼。又营建甘泉宫，在宫中建起高台宫室，室内画着天、地和泰一等神，而且摆上祭祀用具，想借此招来天神。过了一年多，他的方术越发不灵验了，神仙总也不来。文成将军就在一块帛上写了一些字，让牛吞到肚里，自己装作不知道，说这头牛的肚子里有怪异。把牛杀了观看，发现有一块帛上写着字，上面的话很奇怪，天子怀疑这件事。有人认得文成的笔迹，拿出一问，果然是少翁假造的。于是杀了文成将军，并把这事隐瞒起来。

在这以后，天子又让人建造了柏梁台、铜柱、承露仙人掌等一类东西。

文成死后的第二年，天子在鼎湖宫病得很重，巫医们什么法子都用了，却不见好转。于是，游水发根说道："上郡有个巫师，在他生病期间鬼神附了体。"皇上把巫师召来，供奉在甘泉宫。等到皇上生病的时候，派人去问附在巫师身上的神君。神君说道："天子不必为病担忧，病一会儿就会好，您可以强撑着来跟我在甘泉宫相会。"于是，天子的病见轻了，就亲自前往甘泉宫，果然完全好了。大赦天下，把神君安置在寿宫。神君中最尊贵的是太一神，他的辅佐神是大禁、司命之类的神仙，都跟随着他。人们看不到众神仙的模样，只能听到他们的说话声，跟人的声音一样。神仙们时去时来，来的时候能听见沙沙的风声。他们住在室内的帷帐中，有时白天说话，但经常是在晚上。天子先举行除灾求福的祓祭，然后才进入宫内。以巫师为主人，让他关照神君的饮食。众神所说的话，由巫师传送下来。又把他们安置在寿宫、北宫，张挂羽旗，设置祭器，来礼敬神君。神君所说的话，皇上命人记录下来，管它叫作"画法"，意思是划一之法。其实，神君所说的话一般世俗人都知道，没有什么特别的，可是天子暗暗高兴。这些事情都是秘密的，世上无人知晓。

那以后的第三年，主管官员建议，纪元应该根据上天所降的吉祥征兆来命名，不应按一年、二年的顺序计算。开国的第一个纪元可以称为“建元”；第二个纪元因为有一种叫长星的彗星出现，可称为“元光”；第三个纪元，因为郊祀时得到了独角兽，可以称为“元狩”。

次年冬天，天子到雍城举行郊祀，提出：“如今上帝由我亲自祭祀了，可是地神后土我没有祭拜，这样于礼不合。”主管官员跟太史令司马谈、祠官宽舒等人商议道：“祭天地要有犄角像蚕茧、板栗那样大小的幼牲。如今陛下要亲自祭祀后土，祭后土应该在水泽中的圜丘上筑五个祭坛，每个祭坛用黄牛犊一头作太牢祭品，祭过以后全部埋掉，陪从祭祀的人员都要穿黄色衣服。”于是，天子就向东行，首次在汾阴脽上立了后土祠，是按宽舒等人的建议做的。皇上亲自望拜地神，跟祭祀上帝用的礼仪相同。祭礼结束后，天子就经由荥阳回长安。途经雒阳时，下诏说：“夏、商、周三代已经很久远了，难以保存下多少后代。可以划出三十里的地方赐封周王的后代为周子南君，让他在那儿供奉祖先的祭祀。”这年，天子开始巡视各郡县，逐渐地靠近泰山了。

这年春天，乐成侯上书推荐栾大。栾大是胶东王刘寄宫中管日常生活事务的宫人。从前曾经跟文成将军同师学习，后来做了胶东王掌管配制药品的尚方令。乐成侯的姐姐是胶东康王的王后，没有儿子。康王死了，其他姬妾的儿子被立为王。而康后有淫乱行为，同新王合不来，彼此用各种办法去加害对方。康后听说文成将军已死，想要自己去讨好皇上，就派栾大通过乐成侯求见皇上谈方术。天子杀死文成将军后，也后悔他死得早，惋惜没有让他把方术全部拿出来，等到见了栾大，天子非常高兴。栾大这个人长得高大英俊，说话很有策略，而且敢说大话，说什么大话也不犹豫。他吹嘘说："我曾经在海中往来，见到过安期生、羡门高那些仙人。不过他们认为我地位低下，不信任我。又认为康王只是个诸侯罢了，不配把神仙方术传给他。我屡次向康王进言，康王又不任用我。我的老师说：'黄金可以炼成，黄河决口可以堵塞，不死之药可以求得，神仙也可以招来。'我只怕像文成一样也遭杀身之祸，那么方士们就都要把嘴封上了，哪里还敢再谈方术呢！"皇上说："文成只是误食马肝而死的。如果您对老师的方术真的有研究，我有什么舍不得的呢！"栾大说："不是我的老师有求于人，而是人们有求于他。陛下如果一定要想要招来神仙，那就要让神仙的使者地位更尊贵，让他有自己的家眷，用客礼来对待他，不要瞧不起他，并让他佩带各种印信，才可以使他传话给神仙。神仙究竟肯来不肯来，尚在两可。总之，只有让神仙的使者极为尊贵，然后才有可能招来神仙。"这时，皇上要他先使个小方术，检验一下效果，他就表演斗棋，那些棋子在棋盘上互相撞击。皇上不知道其实那只是用磁石棋子和带磁钢棒搞的骗人把戏。

当时，皇上正在为黄河决口的事忧虑，而且炼黄金没有成功，就封栾大为五利将军。过了一个多月，栾大又得到四枚金印，身佩天士将军、地士将军、大通将军和天道将军等印信。皇上下诏书给御史："从前大禹能够疏通九江，开引四渎。近来，泛滥的河水溢出淹没陆地，筑堤的劳役连续不断。我治理天下二十八年了，上天如果要送方士给我，那就是大通将军了。《周易·乾卦》上说到'飞龙升天'，《易经·渐卦》说'大雁渐近涯岸'，我看与这差不多吧。应该以二千户的地方封地士将军栾大为乐通侯。"赐给他第一等的宅第和奴仆千人。把皇帝所用多余的车马和帷帐等器物分给栾大，摆满了他的新居。又把卫长公主嫁给他，送给他黄金万斤，把他所住的城邑改名为当利公主邑。天子亲临五利将军的府第。使者们前去慰问，所赐赠的物品在道路上络绎不绝。从皇帝的姑姑大长公主到将相以下的人，都在家里置备酒宴招待他，献赠礼物给他。接着，天子又刻了一枚"天道将军"的玉印，派使者手持玉印，身着鸟羽制成的衣服，夜间站在白茅草上，五利将军也穿着鸟羽制成的衣服，站在白茅草上接受玉印，以此表示天子并不把受印者当臣下看待。佩带上"天道"之印，是要为天子引导天神降临的意思。于是，五利时常夜间在家中祭祀，想求神仙降临下界。结果神仙没来，种种鬼却聚集来了，不过五利将军还是很能驱使诸鬼的。此后他就整理行装，东行去海上，据说是要去寻找他的老师。栾大被引见几个月的时间，就佩上了六枚大印，尊贵之名震惊天下，使得燕、齐沿海地区的方士们无不握住手腕，激动振奋，都说自己也有秘方，能通神仙。

这个夏季六月中旬，一个叫锦的汾阴巫师在魏脽后土祠旁为民众祭祀，看见地面隆起，呈现弯钩的形状，扒开土来看，得到一只鼎。这只鼎跟其他所有的鼎大不相同，上面只有花纹，而没有铸刻文字。巫师觉得奇怪，就告诉了当地官吏。当地官吏报告给河东太守胜，胜又报告了朝廷。天子派使者来检验并查问巫师锦得鼎的详情，确认其中没有诈伪之后，就按礼仪举行祭祀，把鼎请到甘泉宫。天子随鼎而行，准备把它献给天帝。走到中山时，天气晴暖，有一片黄云覆盖。正好有一头狍子跑过，皇上亲自射死了它，就用来做了祭品。到长安以后，公卿大夫们都议论请求尊奉宝鼎。天子说："近来黄河泛滥，一连几年收成不好，所以我才出巡郡县祭祀后土，祈求它为百姓滋育庄稼。今年五谷丰茂，还没有举行祭礼酬谢地神，这鼎为什么会出现呢？"主管官员都说："听说从前太帝太昊伏羲氏造了一只神鼎，表示一统，就是说天地万物都归统于神鼎。黄帝造了三只宝鼎，象征着天、地、人。夏禹收集了九州的铜，铸成九只宝鼎，都曾经用来烹煮牲畜祭祀上帝和鬼神。遇到圣主鼎就会出现，宝鼎就这样传下来经历了夏朝、商朝。到周末世德衰败，宋国祭祀土神的社坛也被毁灭，鼎就沦没隐伏而不再出现了。《诗经·周颂》说：'从堂到阶来回走，从羊到牛已齐备，大鼎小鼎全查过；不哗不傲极恭敬，健康长寿又多福。'如今，鼎已迎到甘泉宫，它外表光彩夺目，变化神奇莫测，这意味着我们国家必将获得无穷无尽的吉祥。这跟行至中山时，上有黄白祥云覆盖，下逢狍子吉兽跑过，这些祥瑞征兆正好相合，还有在神坛下获得大弓和四箭，这全是您在太庙合祭远近祖先神主得到的回报。只有受天命做皇帝的人才能知道天意而与天德相合。这宝鼎应该进献祖先，珍藏在天帝宫廷，这样才符合种种吉祥之兆。”皇上下诏书说：“可以。”

去海上寻找蓬莱仙山的人说，蓬莱并不算远，可是总也不能到达，大概是因为看不到仙山的云气。皇上就派出善于望气的官员帮助观测云气。

这年秋天，皇上到了雍县，将要举行郊祀祭五帝。有人说：“五帝是泰一神的辅佐，应该立泰一神坛，并由皇上亲自举行郊祀。”皇上犹豫未决。齐人公孙卿说：“今年得到宝鼎，今冬辛巳日正是朔日初一，这天早晨又交冬至，这和黄帝得宝鼎的时间相同。”公孙卿有一部木简书，上面说：“黄帝得到宝鼎在宛朐县，向鬼臾区询问此事。鬼臾区回答说：‘帝得宝鼎和占卜用的神策，这年己酉日是朔日，早晨又交冬至，符合天道历数，天道历数是周而复始、循环往复的。’于是，黄帝观测太阳的运行来推算历法，以后大致每二十年就遇到朔日早晨交冬至，一共推算了二十次，共三百八十年，黄帝成仙，升天而去。”公孙卿想通过所忠把这件事奏给皇上，所忠见到他的书不正经，怀疑那是荒诞的伪书，因此推辞说：“宝鼎的事已经定下来了，还上奏干什么！”公孙卿又通过皇帝所宠信的人上奏了。皇上非常高兴，就把公孙卿召来细问。公孙卿回答说：“传这本书的是申功，他已经死了。”皇上问：“申功是什么人?”公孙卿说:“申功是齐人。他与安期生有交往,接受过黄帝的教诲,没留下其他书,只有这部关于鼎的书。书中说:‘汉代的兴盛期,应该跟黄帝时的历日相同;汉代的圣君,将出在高祖皇帝的孙子或曾孙之中。宝鼎出现了,就能与神仙相通,应该举行封禅。自古以来,举行过封禅大典的有七十二个王,只有黄帝能登上泰山祭天。’申功说:‘汉代的皇帝也应该登上泰山祭天,上了泰山行祭天礼,然后就可以成仙升天了。黄帝时有上万个诸侯国,为祭祀神灵而建立的封国就占了七千。天下的名山有八座,其中三座在蛮夷境内,五座在中原地区。中原有华山、首山、太室山、泰山和东莱山,这五座山是黄帝常去游览的地方,在那里与神仙相会。黄帝一边作战一边学习仙道。他唯恐百姓反对他所学的仙道,就断然把诽谤鬼神的人杀掉。这样经过了一百多年,才能够与神仙相通了。黄帝当年在雍县郊祀上帝,住了三个月。鬼臾区别号叫大鸿,死后葬在雍县,鸿冢就是这么来的。那以后黄帝在明廷迎接过上万的神灵。明廷,就是现在的甘泉山。所谓寒门,就是现在的谷口。黄帝开采首山的铜矿,在荆山脚下铸鼎。鼎铸成后,有一条脖颈下悬着垂肉两腮长着胡须的龙从天上下来迎接黄帝。黄帝骑上龙背,群臣和后宫嫔妃跟着上去的有七十多人,龙才飞升离去。其余的小臣们上不去,全都抓住龙须不放,龙须被拉断,黄帝的弓也落了下来。百姓们抬头望着黄帝升上天去,就抱着他的弓和龙须大声哭喊,所以后世把那个地方称作鼎湖,把那张弓称作乌号。’”天子说:“啊!如果我真能像黄帝那样，那么我看离开妻子儿女只不过就像脱掉鞋子一样罢了。”于是，就封公孙卿为郎官，让他往东到太室山去等候神仙。

接着，皇上去雍县郊祀，又到了陇西，西行登上了崆峒山，然后回到甘泉宫。命祠官宽舒等人设置泰一神的祭坛。祭坛仿照薄诱忌所说的泰一坛建造，分作三层，五帝的祭坛环绕泰一坛下，各自依照他们所属的方位，黄帝坛在西南方，修八条供鬼神往来的通道。泰一坛所有的祭品，与雍县五畤中的一畤相同，而外加甜酒、枣果和干肉之类，还杀一头犛牛作为祭器中的牲牢。而五帝坛只进献牛羊等牲牢和甜酒，没有犛牛。祭坛下的四周，作为一一祭祀随从的众神和北斗星的地方。祭祀完毕，把用过的祭品全部烧掉。祭祀所用的牛是白色的，把鹿塞进牛的腹腔，再把猪塞进鹿的腹腔，然后放在水里浸泡。祭日神用牛，祭月神用羊或猪，都只用一头。祭泰一神的祝官穿紫色绣衣，祭五帝的祝官，其礼服颜色各按照五帝所属的颜色，祭日穿红衣，祭月穿白衣。

十一月辛巳朔日早晨交冬至，这天刚刚拂晓，天子就开始在郊外祭祀泰一神。早晨朝拜日神，傍晚祭祀月神，都是拱手肃拜；而祭拜泰一神则按照在雍县的郊祀礼仪进行。劝神进食的祝词说：“上天开始把宝鼎神策赐给皇帝，让他的天下月复一月、年复一年，终而复始，永无止息。皇帝在此恭敬拜见天神。”祭祀礼服用黄色。祭祀时坛上布满火炬，坛旁摆着烹煮器具。主管官员说“祠坛上方有光出现”。公卿大臣们说：

“皇帝最初在云阳宫郊祀，祭拜泰一神，司祭的官员捧着直径六寸的大壁瑄玉、毛纯膘肥的美牲献给神灵享用。当夜有美丽的光彩出现，到了白天，有黄色云气上升，与天相连。”太史公和祠官宽舒等说：“神灵降下美好景象，是保佑福禄的吉祥预兆，应该在这神光所照的地域建立泰畤坛，用来宣扬上天的神明瑞应。命令太祝主管此事，每年秋天和腊月间举行祭祀。每三年天子郊祀一次。”

这年秋天，为讨伐南越而祭告泰一神，用牡荆做幡旗杆，旗上画有日、月、北斗和腾空升起的龙，以象征天一三星，因为太一星在后、天一三星在前，所以把天一三星作为泰一神的先锋旗，命名为“灵旗”。在为兵事祭告时，由太史官手持灵旗指向被伐国的方向。当时，五利将军身为使者却不敢入海求仙，只到泰山去祭祀。皇上派人暗中跟随，查验他的行踪，得知他实际上什么也没有见到。五利将军胡说见到了他的老师，其实他的方术已经用尽，大多不能应验。皇上就杀了五利将军。

这年冬天，公孙卿在河南等候神仙，说是在缑氏城上看到了仙人的脚印，还有个像山鸡一样的神物，往来于城上。天子亲自到缑氏城察看脚印，问公孙卿：“你该不是在仿效文成和五利欺骗我吧？”公孙卿说：“仙人并非有求于皇帝，而是皇帝有求于仙人。求仙人道，如果不把时间稍微放宽一些，神仙是不会来的。谈起求神这种事，似乎是迂腐荒诞的，其实只要积年累月就可以招来神仙。”于是，各郡国都修筑道路，修缮宫殿观台和名山的神祠，以期待天子到来。

这年，灭了南越之后，皇上有个宠臣李延年以优美的音乐来进见。皇上认为那音乐极美，就下交公卿大臣们商议，说：“民间祭祀还有鼓、舞和音乐，如今我举行郊祀却没有音乐，怎么相称呢？”公卿们说：“古时候祭祀天地都有音乐，这样天神和地神才会来享受祭祀。”有人说：“泰帝让女神素女奏五十弦的瑟，由于声音悲切，泰帝让她停下来，可是她不能自止，所以把她的瑟剖开改成了二十五弦。”于是，在为平定南越而酬祭泰一、后土神时，开始采用音乐歌舞，广召歌手，并以此开始制作二十五弦瑟和箜篌瑟。

第二年冬天，皇上提议说：“古代帝王先要收兵止武，然后才进行封禅。”于是，就北上巡视朔方，带着十几万军队，回来时在桥山黄帝陵墓前祭祀，在须如遣散了军队。皇上说：“我听说黄帝并没死，而现在却有陵墓，是怎么回事呢？”有人回答说：“黄帝成仙升天后，众臣把他的衣服帽子埋在这里，所以有陵墓。”皇上到了甘泉宫后，为了要上泰山举行封禅，就先祭告泰一神。

自从得了宝鼎，皇上就跟公卿大臣及众儒生商议起封禅的事了。由于封禅大典很少举行，时间隔久了，已经失传，没有人了解它的礼仪，众儒生主张采用《尚书》《周官》《王制》中记载的天子射牛、望祀的仪式来进行。齐人丁公已经九十多岁，他说：“登泰山祭天的‘封’应该是不死的意思。秦始皇没能登上泰山行封礼。陛下如果一定要上去，就应该坚持；只要稍微登得高一些，就没有风雨阻挡了，也就最终可以登上泰山行封礼了。”皇上于是命令儒生们反复练习射牛，草拟封禅的礼仪。几年后，要进行封禅了。天子听了公孙卿和方士的话，说是黄帝以前的帝王举行封禅，都招来了怪异之物而与神仙相通，就想仿效黄帝那时迎接仙人蓬莱士的做法，借此以超乎世俗，跟九皇比德，而且在很大程度上采用儒术加以修饰。儒生们因为既不能明辨封禅的具体事宜，又受《诗》《书》等古文经籍的束缚，所以不敢尽情施展他们的学问。皇上把封禅用的祭器拿给儒生们看，儒生们有的说“跟古代的不同”，徐偃又说“太常祠官们行礼不如古代鲁国的好”。就在这时候，周霸会聚群儒策划封禅事宜，皇上贬退了徐偃、周霸，把儒生们全部罢黜不用了。

三月，皇上到东方去，到了缑氏县，登上中岳的太室山祭祀。随从官员在山下听到似乎有人喊“万岁”。问山上的人，说是没喊；问山下的人，也说没喊。于是，皇上封给太室山三百户以供祭祀，命名叫崇高邑。往东登上泰山，山上的草木还没长出叶子，就叫人把石碑运上山，立在泰山顶峰。

接着，皇上又东巡海上，行礼祭祀天主、地主、兵主、阴主、阳主、月主、日主和四时主八神。齐地人中上书谈神仙精灵和奇异方术的数以万计，但没有一个灵验。于是，皇上增派船只，命令那些谈论海上神山的几千人去访求蓬莱仙人。公孙卿经常手持符节，先到各山等候神仙，到东莱时，说夜间看见一个人，身高数丈，等靠近去，却不见了。据说看到了他的脚印很大，类似禽兽的脚印。群臣中有人说看见一位牵着狗的老人，说“我想要见天子”，一会儿又忽然不见了。皇上见到那大脚印时，还不相信，等到群臣中有人说起老人的事，才在很大程度上认为那老人就是仙人了。因此，留住在海上，给方士驿车，派了几千名密使去求访。

四月，返回到奉高。皇上想着儒生和方士们对封禅礼仪的说法各不相同，又缺乏古书记载，实在难以施行。天子又到了梁父山，行礼祭祀地神。乙卯日，命侍中官儒生头戴白鹿皮帽，身穿插笏官服，天子射牛，进行祭祀。在泰山下的东方筑坛祭天，依照郊祀泰一神的礼仪。祭天的坛宽一丈二、高九尺，坛下放有封禅的文书，文书的内容隐秘，无人知晓。祭礼完毕，天子单独带着侍中奉车都尉霍子侯登上泰山，也举行了祭天仪式。这些事情都禁止泄露。第二天，顺着山北的道路下山。丙辰日，在泰山脚下东北方的肃然山辟场祭地，按照祭祀后土的礼仪。以上的封禅，天子都亲自拜见天神、地神，穿黄色礼服并全部用了音乐。用采自江淮一带的三棱灵茅作神垫，用代表五方的五色泥土混杂起来多多地加在祭坛上。还放出远方奇异的飞禽走兽和白毛野鸡等动物，大大增加礼仪的隆重气氛。但不用兕牛、旄牛、犀牛、大象之类的动物。天子及其随从都是到了泰山，然后离去的。举行封禅大典的那天晚上，天空仿佛有亮光出现，白天又有白云从祭坛中升起。

天子封禅归来，坐在明堂上，群臣相继上前祝福。这时，天子下诏令给御史：“我以渺小之身继承了皇帝的至尊之位，一直谨言慎行，唯恐不能胜任。我德行微薄，不懂礼乐。祭泰一神时，天上像是有瑞祥之光，我心中不安似乎望见了什么，为这奇异景象所深深震撼，想要停止却不能，终于登上泰山筑坛祭天，到了梁父山，然后在肃然山辟场祭地。我要完善自己，勉力与士大夫们一起重新开始。赐给百姓每百户一头牛、十石酒，八十岁以上的老人和孤儿寡妇，再另加赐布帛二匹。免除博县、奉高、蛇丘和历城等地的赋税，不用缴纳今年租税和免除徭役。大赦天下，和乙卯年的大赦令一样。凡是我巡行所经过的地方，都不要再有弛刑再犯的轻罪徒。如果是在两年以前犯的罪，一律不再追究。”又下诏说：“古时天子每五年出巡一次，在泰山举行祭祀，诸侯们来朝拜都有住所。应该让诸侯在泰山下各自修建官邸。”

天子在泰山封禅完毕，并未遇上风雨灾害，方士们又说蓬莱等神山似乎就要找到了。于是，皇上很高兴，觉得或许自己能遇到，就又东行到海边眺望，希望能见到蓬莱神山。奉车都尉霍子侯突然生病，一天的工夫就死了。皇上这才离开，沿海而上，往北到达碣石。又从辽西开始巡行，经北方边境到达九原县。五月，回到甘泉宫。主管官员说，宝鼎出现那年的年号为“元鼎”，今年天子到泰山举行封禅大典，年号应为“元封”。

这年秋天，有慧星出现在东井宿天区，光芒四射。十几天后，慧星又出现在三台宿天区，光芒四射。有个望气的人叫王朔的说：“我观测时，只见那星出现时形状像葫芦瓜，一会儿就又消失了。”主管官员说道：“陛下创建了汉家封禅礼制，上天大概是用象征吉祥的德星出现来报答您。”

第二年冬天，天子到雍县郊祀五帝，回来后又拜祭了泰一神。祝词说：“德星光芒四射，象征美好吉祥。寿星相继出现，光辉遍照远方。信星明亮降福，皇帝敬拜诸神福泽无量。”

这年春天，公孙卿说在东莱山见到了仙人，那仙人似乎是说了“想见天子”。天子于是到了缑氏城，任命公孙卿为中大夫。随即到了东莱，在那里留宿了几天，什么也没看见，只看见了巨大的人脚印。天子又派出数以千计的方士去寻找神仙奇物，采集灵芝仙药。这年天旱。这时候，天子已经没有出巡的正当名义了，就前往万里沙祈求降雨，路过泰山时又举行了祭祀。返回时到了瓠子口，亲自来到堵塞黄河决口的现场，停留了两天，沉白马于河中，以祭河神，然后离去。派二位将军率领士兵堵塞决口，把黄河分成两条河渠，使它恢复了当初大禹治水后的面貌。

灭了南越之后，越人勇之向皇上进言说：“越人有信鬼的习俗，而且他们祭祀时都能见到鬼，屡屡见效应。从前东瓯王敬鬼，高寿达一百六十岁。后世子孙怠慢了鬼，所以就衰微下来。”天子就命越地巫师建立越祠，只设台而没有祭坛，也祭祀天神上帝百鬼，是采用鸡卜的方法。皇上相信这些，越祠和鸡卜的方法从此就开始流行。

公孙卿说：“仙人是可以见到的，而皇上去求仙的时候总是太仓促，因此见不到。如今，陛下可以修建一座台阁，就像缑氏城所建的一样，摆上干肉枣果之类的祭品，仙人应该是能够招来的。而且仙人喜欢住楼阁。”于是，皇上命令在长安建造蜚廉观和桂观，在甘泉宫建造益延寿观，派公孙卿手持符节摆好祭品，等候仙人。又建造了通天台，在台下摆设祭品，希望招来神仙之类。又在甘泉宫设置前殿，开始增建宫室。夏天，有灵芝草在宫殿内长了出来。天子因为堵塞了黄河决口，兴建了通天台，据说当时天上隐约出现了神光，就下诏书说：“甘泉宫殿房内生出了灵芝长有九株菌柄，特此大赦天下，免除苦役犯的刑罚。”

第二年，征伐朝鲜。夏天，干旱。公孙卿说：“黄帝时举行完封礼，天就会干旱，这是为了使封坛的土晾干，要连旱三年。”皇上就下诏书说：“天旱，大概是为了使封坛的土干燥吧？应该让天下百姓尊祭主宰农业的灵星。”

第三年，皇上到雍县郊祀，然后打通去回中的道路到那里巡察。春天，到达鸣泽，再从西河返回。

转年冬天，皇上巡视南郡，到江陵后往东走。登上潜县的天柱山，举行祭祀，称这座山为南岳。乘船顺江而行，从寻阳穿过枞阳，又经过彭蠡泽，一路祭祀名山大川。然后北到琅邪郡，再沿海而上。四月中旬，到达奉高县，举行了封禅典礼。

当初，天子在泰山举行封禅典礼时，泰山脚下的东北方有古时的明堂旧址，旧址处路不好走，又不宽敞。皇上想要在奉高县旁修建明堂，但不知道明堂的形制尺度。济南人公王带献上黄帝时的明堂图。明堂图中有一座殿堂，四面没有墙壁，用茅草盖顶，殿堂周围通水，环绕着宫墙修有天桥，殿上有楼，从西南方向伸入殿堂，命名为昆仑道，天子由此走进殿堂，在那里拜祭上帝。于是，皇上命令按照公玊带的图样在奉高的汶上建造明堂。等到第五年再来举行封禅时，就让泰一神和五帝的神位居于上座进行祭祀，让高皇帝的神主灵位对着他们。在下房祭祀后土神，用牛、羊、猪各二十头。天子从昆仑道进去，开始按郊祀的礼仪在明堂祭拜。祭拜完毕，在堂下烧掉祭品。然后，皇上又登上泰山，在山顶秘密举行祭祀。在泰山下祭祀五帝时，按照他们各自所属的方位，只有黄帝和赤帝并排，祭祀时由主管官员陪祭。在泰山上举火，山下也都举火呼应。

两年以后，十一月甲子日是朔日，早晨交冬至，推算历法的人认为以这一天为推历的起点是正统。天子亲临泰山，在这一天到明堂去祭祀上帝，因为距上一次封禅不到五年，所以没有举行封禅典礼。那祝词说："上天授予皇帝泰元神策，周而复始。皇帝在此虔诚地拜祭泰一神。"皇上又东到海上，考察那些到海上求仙的人和方士们，没有什么效验。但皇上还是增派使者继续前往，希望能遇上神仙。

十一月乙酉日，柏梁台失火遭灾。十二月甲午日初一这一天，皇上亲自到高里山祭祀后土神。又到了渤海，遥望而拜祭蓬莱之类的仙山，希望能到达仙人所居住的异境。

皇上回京后，由于柏梁台遭灾焚毁了，就改在甘泉宫临朝接受各郡国上报的计簿。公孙卿说："黄帝建成青灵台，十二天后就被烧了，黄帝于是修建了明庭。明庭就是甘泉宫。"方士们很多人也说古代帝王有在甘泉建都的。后来，天子又在甘泉宫接受诸侯朝见，并在甘泉建造诸侯的官邸。勇之说："越地风俗，火灾之后再盖起的房子，一定要比原先的大，以此制服火灾。"于是，天子修造建章宫，规模极大，有千门万户。它的前殿比未央宫高。它的东面是凤阙，高二十多丈。它的西面是唐中宫，旁边是几十里的虎圈。它的北面修了大水池，池中的渐台高二十多丈，池名叫作泰液池，池中有蓬莱、方丈、瀛洲和壶梁四座山，仿照海中仙山，还有用石头雕成的龟鱼之类。它的南面有玉堂、壁门和鸟雕像之类。还建了神明台、井幹楼，高达五十多丈，楼台之间有辇车道相互连接。

夏天，汉朝更改历法，以夏历正月作为一年的开始，官府服色崇尚黄色，把官印一律改为五个字，因而把当年定为太初元年。这年，往西去征伐大宛。蝗灾严重。丁夫人和雒阳虞初等人用方术祭祀，祈求鬼神降祸于匈奴、大宛。

第二年，主管官员说，雍县五畤祭祀时没有烹煮过的熟牲等祭品，没有芬芳香的气味。天子就命令祠官用牛犊做成熟牲祭品分别进献给五畤，并按照五行相克的原理选用各方天帝所能制胜毛色的牛犊，用木偶马代替马驹作祭品。只有祭祀五帝时使用马驹。天子亲自祭祀天地时也使用马驹。至于祭祀各名山大川该用马驹的，全都用木偶马代替。皇帝出巡经过时举行祭祀，才用马驹，其他礼节照旧。

次年，天子东巡海上，考察神仙之类的事情，没有灵验的。有的方士说："黄帝时建造了五城十二楼，以便在执期那个地方迎候神仙，命名为迎年。"皇上批准按他所说的建造五城十二楼，命名为明年祠。皇上亲自到那里行礼祭祀上帝，穿着黄色礼服。

公王带说："黄帝时虽然已在泰山筑坛祭天，然而风后，封钜、岐伯等人又要黄帝去东泰山筑坛祭天，去凡山辟场祭地，与符瑞相合了，才能长生不死。"天子就命令准备祭品，来到东泰山，见东泰山矮小，跟它的名声不相称，就命祠官祭祀，但不举行封禅。此后命公王带在那里供奉祭祀和迎候神灵。夏天，天子返回泰山，像以前那样举行五年一次的封禅典礼，另外增加了在石闾山辟场祭地的仪式。石闾在泰山脚下的南面，很多方士说这里是仙人住的地方，所以皇上亲自在这里祭祀地神。

这以后的第五年，重新来到泰山举行封禅典礼，回程路过的时候祭祀了常山。

当今天子所兴起的祭祀，太一、后土，每三年亲临郊外祭祀，创建汉家的封禅大典，每五年一次举行祭祀。薄忌建议设立的太一祠以及三一、冥羊、马行、赤星等五处神祠，并由祠官宽舒负责掌管，每年按时置办祭礼。以上总共六处的祭祀，都由太祝官统领。至于像八神中的各种神仙，明年、凡山等其他有名的神祠，皇帝出行经过时就给祭祀，出行离开以后就停止。方士们所兴起的祭祀，由各自主管，兴起的人去世就停止，祠官不再负责主持。其他种类的祭祀都像往常一样办理。现今皇上举行过封禅大典，这以后的第十二年来回顾，祭祀就已经遍及五岳、四渎了。而方士们恭候祭祀神仙，进入大海寻求蓬莱仙岛，最终还是没有应验。而公孙卿的恭候神人，仍然拿大人的足迹作借口，也没有效应。天子更加倦怠厌恶方士们怪诞迂阔的言论了，然而最终联络他们的办法仍然不断，总是希望遇见真正的神仙。从这以后，方士们谈论神仙祭祀的人更多了，然而其效果是可以想象的。

太史公说："我跟随巡行祭祀天地间各种神到过有名的山川并参加了封禅大典。进入寿宫旁听了祭神的祝词，研究考察方士和祠官们的言论，于是坐下来依次论述自古以来对鬼神进行祭祀的情状，完备地表现其外部形式和内中缘由。以后如有君子，就能够借此进行考察。至于像俎豆玉帛等祭品的详细内容，献飨酬报的各种礼仪，那在官府的档案中是有保存的。"

第十三卷　吴太伯世家[①] 第一

《世家》的叙事方法，大体与《本纪》相同，即以编年之体记载列国诸侯之事。因此，刘知几说："司马迁之记诸国也，其编次之体与《本纪》不殊。盖欲抑彼诸侯，异乎天子，故假以他称，名为《世家》。"

本篇名为《吴太伯世家》，记载了吴国从开国祖先吴太伯远避荆蛮（约前12世纪中叶）至吴王夫差亡国（前473），长达一千二百年的一部兴亡史。通过本篇，我们清晰地了解到吴国由弱而强又由盛而衰的完整历程。篇中再现了吴楚、吴越以及吴与中原诸侯之间错综复杂的矛盾关系，也反映了吴国内部统治阶级之间的王室斗争和君臣龃龉。

在本篇中，司马迁用"皮里阳秋"的史笔，寓论断于叙事，歌颂了吴太伯、季札二人不慕权力避位让国的高风亮节，无疑是对统治集团内部争权夺势喋血残杀的一种嘲讽和反拨。同时，通过描绘公子光弑王僚的历史场面，正面揭露和鞭挞了吴国王族成员之间同室操戈以谋王位的残忍行径。并且，通过对伍子胥尽忠报国反遭赐死的具体史实的生动描述，愤慨地批判了吴王夫差的昏暗不明，抒发了对专制社会正直贤能之士

"忠而被谤、信而见疑"的人生悲剧无限的同情和不平。

本篇艺术上的第一个特点就是太史公从历史现实出发，塑造了几个栩栩如生性格丰富的人物形象。这些形象不是平面的概念演绎，而是有血有肉瑕瑜互见的多重性格立体组合。本篇艺术上的第二个特点是史笔的成功运用。中国史传叙事以简洁为上。本来有关吴国的史实，在《左传》及《国语·吴语》《越语》中记载很多，有些言论连篇累牍。作为断代史这样写或还可以，但《史记》作为通史必然不能容纳这么庞杂的内容。因此，司马迁以"博采"为基础，而以"善择"为主导，选取那些最生动最能反映吴国基本历史面貌的言论和事实，经过去粗取精的理解消化和艺术再创造，变为言简意赅的简洁叙述和传神对话，使全篇叙述不蔓不枝线索清晰，人物语言如从口出无不毕肖。

【原文】

吴太伯②，太伯弟仲雍③，皆周太王④之子，而王季历⑤之兄也。季历贤⑥，而有圣⑦子昌，太王欲立季历以及昌，于是太伯、仲雍二人乃奔荆蛮⑧，文身⑨断发，示不可用，以避季历。季历果立⑩，是为王季，而昌为文王。太伯之奔荆蛮，自号句吴⑪。荆蛮义⑫之，从而归之千余家，立为吴太伯。

【注释】

①世家：纪传体史书的一种编写体例，主要记述世袭封国的诸侯的事迹。但个别特殊的重要历史人物如儒家学派的创始人孔丘、农民起义领袖陈胜的传记也列入"世家"。②吴太

伯：太伯，一作“泰伯”。周太王的长子。吴：也叫句吴。③仲雍：又称“虞仲”“吴仲”。周太王的次子。伯、仲、叔、季是区分兄弟次第的用字。④周太王：即古代周族领袖古公亶父。他是周朝建国的始祖。传说是后稷的第十二代孙。⑤王季历：周太王的少子。武王灭商，追尊季历为王季。⑥贤：才能、德行好。⑦圣：道德、智慧极高。⑧荆蛮：周朝人对楚国的贬称。西周时吴地并不属于楚国的范围，这里是指战国时楚国的疆域。⑨文身：在身上刺画花纹。⑩立：立为国君。⑪句（gōu）吴：也作“勾吴”，即吴国。⑫义：仁义；义军。意动用法，即“感到（认为）……义”。

【原文】

太伯卒，无子，弟仲雍立，是为吴仲雍。仲雍卒，子季简立。季简卒，子叔达立。叔达卒，子周章立。是时周武王克殷，求太伯、仲雍之后，得周章。周章已君吴，因而封之。乃封周章弟虞仲于周之北故夏虚①，是为虞仲，列为诸侯。

【注释】

①虞仲：仲是字，虞是始封地。夏虚：指夏代故都的所在地。虚，通“墟”，故城废址。

【原文】

周章卒，子熊遂立。熊遂卒，子柯相立。柯相卒，子彊鸠夷立。彊鸠夷卒，子馀桥疑吾立。馀桥疑吾卒，子柯卢立。柯卢卒，子周繇立。周繇卒，子屈羽立。屈羽卒，子夷吾立。夷吾卒，子禽处立。禽处卒，子转立。转卒，子颇高立。颇高卒，子句卑立。是时晋献公灭周北虞公，以开晋伐虢也。句卑卒，子去齐立。去齐卒，子寿梦立。寿梦立而吴始益大，称王。

自太伯作[①]吴，五世[②]而武王克殷，封其后为二：其一虞，在中国；其一吴，在夷蛮。十二世而晋灭中国之虞。中国之虞灭二世，而夷蛮之吴兴。大凡从太伯至寿梦十九世。

【注释】

①作：兴建。②五世：五代，指太伯、仲雍、季简、叔达、周章五代。

【原文】

王寿梦[①]二年，楚之亡大夫申公巫臣[②]怨楚将子反而奔晋，自晋使吴，教吴用兵乘车，令其子为吴行人[③]，吴于是始通于中国。吴伐楚。十六年，楚共王伐吴，至衡山[④]。

【注释】

①王寿梦：前585—前561年在位。②申公巫臣：巫臣本姓屈，曾为申县之尹，故称申公巫臣。③行人：官名。管理朝觐聘问接待宾客。④衡山：古山名。此山一说在今浙江省湖州市吴兴区南；一说在今安徽省当涂县东北。

【原文】

二十五年，王寿梦卒。寿梦有子四人，长曰诸樊，次曰馀祭，次曰馀眛，次曰季札。季札贤，而寿梦欲立之，季札让不可，于是乃立长子诸樊，摄[1]行事当国。

【注释】

①摄：代理。

【原文】

王诸樊[1]元年，诸樊已除丧[2]，让位季札。季札谢[3]曰："曹宣公之卒也，诸侯与曹人不义曹君[4]，将立子臧[5]，子臧去之，以成曹君，君子曰'能守节矣'。君义嗣[6]，谁敢干[7]君！有国，非吾节也。札虽不材，愿附于子臧之义。"吴人固立季札，季札弃其室而耕，乃舍之。秋，吴伐楚，楚败我师。四年，晋平公初立。

【注释】

①诸樊：前560—前548年在位。②除丧：也叫"除服"，服丧期满，除去丧服。③谢：推辞。④曹君：指曹成公负刍。他是曹宣公的庶子，杀宣公太子而自立为君。⑤子臧：也是曹宣公的庶子（一说宣公之弟），负刍的庶兄。⑥义嗣：嫡子继位符合当时的礼制。⑦干：冒犯。

【原文】

十三年，王诸樊卒。有命授弟馀祭[1]，欲传以次，必致[2]国于季札而止，以称[3]先王寿梦之意，且嘉季札之义，兄弟皆欲致国，令以渐至焉。季札封于延陵[4]，故号曰延陵季子。

【注释】

①有命：指诸樊有遗嘱。馀祭（zhài）：前547—前531年

在位。②致：传致；达到。③称（chèn）：符合。④延陵：邑名。故城在今江苏省常州市。

【原文】

王馀祭三年，齐相庆封[①]有罪，自齐来奔吴。吴予庆封朱方[②]之县，以为奉邑，以女妻之，富于在齐。

【注释】

①庆封：齐国大夫。②朱方：邑名。故城在今江苏省镇江市丹徒区境。

【原文】

四年，吴使季札聘于鲁，请观周乐[①]。为歌《周南》《召南》[②]。曰："美哉，始基[③]之矣，犹未[④]也。然勤而不怨[⑤]。"歌《邶》《鄘》《卫》[⑥]。曰："美哉，渊[⑦]乎，忧而不困者也。吾闻卫康叔、武公[⑧]之德如是，是其《卫风》乎？"歌《王》[⑨]。曰："美哉，思而不惧，其周之东乎？"歌《郑》[⑩]。曰："其细已[⑪]甚，民不堪也，是其先亡乎？"歌《齐》[⑫]。曰："美哉，泱泱[⑬]乎大风也哉。表[⑭]东海者，其太公乎？国未可量也。"歌《豳》[⑮]。曰："美哉，荡荡[⑯]乎，乐而不淫，其周公之东[⑰]乎？"歌《秦》[⑱]。曰："此之谓夏声[⑲]。夫能夏则大，大之至也，其周之旧乎？"歌《魏》[⑳]。曰："美哉，沨沨[㉑]乎，大而宽，俭而易，行以德辅，此则盟[㉒]主也。"歌《唐》[㉓]。曰："思深哉，其有陶唐氏[㉔]之遗风乎？不然，何忧之远也？非令德[㉕]之后，谁能若是！"歌《陈》[㉖]。曰："国无主，其能久乎？”自《郐》[27]以下。无讥[28]焉。歌《小雅》[29]。曰：“美哉，思而不贰[30]，怨而不言，其周德之衰乎？犹有先王之遗民也。”歌《大雅》[31]。曰：“广哉，熙熙[32]乎，曲而有直体；其文王之德乎？”歌《颂》[33]。曰：“至[34]矣哉，直而不倨[35]，曲而不诎[36]，近而不偪[37]，远而不携[38]，迁而不淫[39]，复而不厌，哀而不愁，乐而不荒[40]，用而不匮[41]，广而不宣[42]，施而不费[43]，取而不贪，处而不厎[44]，行而不流。五声[45]和，八风[46]平，节有度[47]，守有序，盛德之所同也。”见舞《象箾》[48]《南籥》[49]者，曰：“美哉，犹有感[50]。”见舞《大武》[51]，曰：“美哉，周之盛也其若此乎？”见舞《韶濩》者[52]，曰：“圣人之弘也，犹有惭德，圣人之难也！”见舞《大夏》[53]，曰：“美哉，勤而不德！非禹其谁能及之？”见舞《招箾》[54]，曰：“德至矣哉，大矣，如天之无不焘[55]也，如地之无不载也，虽甚盛德，无以加矣。观止[56]矣，若有他乐，吾不敢观。”

【注释】

①聘：古代国与国之间遣使访问。周乐：周朝王室的乐舞。成王曾赐给鲁国以天子之乐，所以在鲁国可以欣赏到周乐。②《周南》《召（shào）南》：周、召是周公、召公最初的封地。③始基：开始奠定基础。④未：指没有《雅》《颂》的成功。意思是说，还有商纣的虐政，没有达到尽善。⑤言民赖其德，虽勤于王室而其音不怨恨。⑥《邶（bèi）》《鄘（yōng）》《卫》：指采自邶、鄘、卫三国的乐歌。这三国在同一地区，也就是原商纣的首都地区。邶，周武王封商纣王之子

武庚于此，都城在今河南省汤阴县东南。鄘，周武王弟管叔的封地，都城在今河南省卫辉市北。⑦渊：深沉。⑧康叔：姬姓。卫国的始祖。周武王的弟弟。因封于康（今河南省禹州市西北），故称康叔。周公攻灭武庚后，把商的故都四周地区封给他，国号卫。详见《卫康叔世家》。武公：卫武公。康叔的第九世孙。传说康叔和武公都是卫国的贤君。⑨《王》：指采自王城一带的乐歌。⑩《郑》：指采自郑国的乐歌。郑国都城在今河南省新郑市。⑪细：本指音乐的细弱，象征政令的烦琐细碎。已：太。⑫《齐》：指采自齐国的乐歌。齐国都城临淄（在今山东省淄博市东北）。⑬泱泱：深广宏大的样子。⑭表：表式；表率。⑮《豳（bīn）》：指采自豳地的乐歌。原是周的旧邑，公刘所居。故城在今陕西省旬邑县西。⑯荡荡：广大的样子。⑰东：指周公东征，因管、蔡叛乱，周公东征三年。⑱《秦》：指采自秦国的乐歌。秦国地在陕西、甘肃一带。⑲夏声：指中原地区的民间音乐。⑳《魏》：指采自魏国的乐歌。魏国都城安邑，在今山西省夏县。㉑沨（fēng）沨：形容乐声婉转抑扬。㉒盟：《集解》引徐广曰："盟，一作'明'。"《左传》也作"明"。㉓《唐》：指采自唐国的乐歌。唐原是晋始祖叔虞的封国，都城在今山西翼城县西。㉔陶唐氏：即唐尧，传说中的古代帝王。㉕令德：美德；善德。㉖《陈》：指采自陈国的乐歌。陈国都宛丘（今河南省周口市淮阳区），地在今河南东部和安徽一部分。㉗《郐》：指采自郐国的乐歌。郐国都城在今河南省新密市东北。㉘无讥：没有批评。对《郐风》《曹风》，因国小诗少，无所刺讥。㉙《小雅》：《诗经》组成部分。共七十四篇。㉚贰：叛逆。㉛《大雅》：《诗经》组成部分。共三十一篇。大都是西周王室贵族的音乐。㉜熙熙：和乐声。㉝《颂》：《诗经》组成部分。有《周颂》《鲁颂》《商颂》三部分，共四十篇，是歌颂贵族的作品。㉞至：至善。㉟倨：傲慢。㊱诎：通“屈”，屈挠；曲折。㊲偪：通“逼”，逼迫。㊳携：分离；离异。㊴迁：变动。淫：邪乱。㊵荒：迷乱。㊶匮（kuì）：缺乏。㊷宣：显示；显露。㊸费：耗损。㊹底：终；停滞。㊺五声：也称五音。古乐五声音阶的阶名：宫、商、角、徵（zhǐ）、羽。㊻八风：八方之风。㊼节：节拍。指八音［金、石、丝、竹、匏（páo）、土、革、木八类乐器］的节拍。度：尺度；常度。㊽《象箾（shuò）》：模拟武功的舞曲。箾，舞者所执之竿。㊾《南籥（yuè）》：宣扬文德的舞曲。籥：管乐器，可以用作舞具。㊿感（hàn）：通“憾”，不满足。51《大武》：简称《武》。周代“六舞”之一。52《韶濩》：又称《韶頀（hù）》，周代“六舞”之一。为商代歌颂商汤伐桀功勋的乐舞。53《大夏》：周代“六舞”之一。54《招箾》：招，也作“韶”；箾，也作“箫”。周代“六舞”之一。相传虞舜时代的乐舞。55焘：通“帱”（dào），覆盖。56观止：看到了止境，看到了尽头。

【原文】

去鲁，遂使齐。说晏平仲[①]曰：“子速纳邑与政。无邑无政，乃免于难。齐国之政将有所归；未得所归，难未息也。”

故晏子因陈桓子以纳政与邑，是以免于栾高之难[2]。

【注释】

①晏平仲：即晏婴（？—前500），夷维（今山东省高密市）人。②栾高之难：栾，栾施；高，高强。齐景公十四年（前534）两家相攻，经陈桓子调停才止。

【原文】

去齐，使于郑。见子产[1]，如旧交。谓子产曰：“郑之执政[2]侈，难将至矣，政必及子。子为政，慎以礼。不然，郑国将败。”去郑，适卫。说蘧瑗、史狗、史鳝[3]、公子荆、公叔发、公子朝曰：“卫多君子，未有患也。”

【注释】

①子产：即公孙侨（？—前522）。郑国贵族，郑简公十二年（前554）为卿，积极实行改革，对郑国的政治起了较大的作用。②执政：指良霄（伯有）。③遽瑗：字伯玉。卫国的贤大夫。史鳝（qiū）：字子鱼，也称史鱼。以正直敢谏著名。

【原文】

自卫如[1]晋，将舍于宿[2]，闻钟声，曰：“异哉！吾闻之，辩而不德，必加于戮。夫子[3]获罪于君以在此，惧犹不足，而又可以畔[4]乎？夫子之在此，犹燕之巢于幕[5]也。君[6]在殡而可以乐乎？”遂去之。文子闻之，终身不听琴瑟。

【注释】

①如：往；去。②宿：通“戚”。戚，卫邑，孙文子的食邑。③夫子：指孙文子。即孙林父，卫大夫，先曾以武力赶走卫献公，十二年后又要求晋国帮助卫献公回国复位。④畔：通“般（pán）”，玩乐；亦可读“乐”，“乐”谓所闻钟声。⑤幕：帐幕。⑥君：指卫献公。

【原文】

适晋，说赵文子、韩宣子、魏献子[1]曰：“晋国其萃[2]于三家乎！”将去，谓叔向[3]曰：“吾子[4]勉之！君侈而多良[5]，大夫皆富，政将在三家。吾子直，必思自免于难。”

【注释】

①赵文子：赵武。韩宣子：韩起。魏献之：魏仲舒，三人都是晋国的大臣。②萃（cuì）：聚集。③叔向：羊舌肸的字。曾任太傅。④子：古代对男子的敬称。⑤良：谓良臣。

【原文】

季札之初使，北过徐[1]君。徐君好季札剑，口弗敢言。季札心知之，为使上国[2]，未献。还至徐，徐君已死，于是乃解其宝剑，系之徐君冢树而去。从者曰：“徐君已死，尚谁予乎？”季子曰：“不然。始吾心已许之，岂以死倍[3]吾心哉！”

【注释】

①过：拜见。徐：古国名。嬴姓。周初徐戎所建，故城在今江苏省泗洪县南。②上国：春秋时齐晋等中原诸侯国称为

"上国"。③倍：通"背"，背弃。

【原文】

七年，楚公子围弑其王夹敖[1]而代立，是为灵王。十年，楚灵王会诸侯而以伐吴之朱方，以诛齐庆封[2]。吴亦攻楚，取三邑而去。十一年，楚伐吴，至雩娄[3]。十二年，楚复来伐，次于乾谿[4]，楚师败走。

【注释】

①围：楚共王庶子，康王之弟。夹敖：也作郏敖。康王之子。②齐庆封：庆封是齐景公的相国，因专政骄横，被田、鲍、高、栾四家驱逐，出奔吴，吴将朱方之地给庆封，聚族而居，比在齐国时还富。③雩（yú）娄：古城名。故址在今河南省商城县东北。④次：停留。乾（gān）谿：地名，楚东境，在今安徽省亳州市谯城区东南。

【原文】

十七年，王馀祭卒，弟馀眜[1]立。王馀眜二年，楚公子弃疾[2]弑其君灵王代立焉。

【注释】

①馀眜：前530—前527年在位。②弃疾：楚灵王弟，即位后为平王。

【原文】

四年，王馀眜卒，欲授弟季札。季札让，逃去。于是吴人曰："先王有命，兄卒弟代立，必致季子。季子今逃位，则王馀眛后立。今卒，其子当代。”乃立王馀眛之子僚[①]为王。

【注释】

①僚：前526—前515年在位。

【原文】

王僚二年，公子光伐[①]楚，败而亡[②]王舟。光惧，袭楚，复得王舟而还。

【注释】

①公子光：诸樊的长子，后来为吴王阖庐。②亡：失去。

【原文】

五年，楚之亡臣伍子胥[①]来奔，公子光客之。公子光者，王诸樊之子也。常以为吾父兄弟四人，当传至季子。季子即[②]不受国，光父先立。即不传季子。光当立。阴纳贤士，欲以袭王僚。

【注释】

①伍子胥：名员。他的父（伍奢）、兄（伍尚）被楚平王杀害，故逃来吴国。②即：如果。

【原文】

八年，吴使公子光伐楚，败楚师，迎楚故太子建母于居巢[①]以归。因北伐，败陈、蔡之师。九年，公子光伐楚，拔居巢、钟离[②]。初，楚边邑卑梁[③]氏之处女与吴边邑之女争桑，二女家怒相灭，两国边邑长闻之，怒而相攻，灭吴之边邑。吴王怒，故遂伐楚，取两都[④]而去。

【注释】

①太子建母：楚平王蔡姬。居巢：邑名。故城在今安徽省巢湖市。②拔：攻克。钟离：邑名。故城在今安徽省凤阳县东北。③卑梁：邑名。故城在今安徽省天长市西北。④两都：指居巢、钟离。

【原文】

伍子胥之初奔吴，说吴王僚以伐楚之利。公子光曰："胥之父兄为僇[①]于楚，欲自报其仇耳，未见其利。"于是伍员知光有他志，乃求勇士专诸[②]，见之光。光喜，乃客伍子胥。子胥退而耕于野，以待专诸之事。

【注释】

①僇（lù）：通"戮"，杀戮。②专诸：一作"鱄设诸"，堂邑（故城在今江苏省南京市六合区）人。

【原文】

十二年冬，楚平王卒。十三年春，吴欲因楚丧而伐之，使公子盖馀、烛庸以兵围楚之六、灊[①]。使季札于晋，以观诸侯之变[②]。楚发兵绝吴兵后，吴兵不得还。于是吴公子光曰："此时[③]不可失也。"告专诸曰："不索何获！我真王嗣，当立，吾欲求之。季子虽至，不吾废也。"专诸曰："王僚可杀也。母老子弱，而两公子将兵攻楚，楚绝其路。方今吴外困于楚，而内空无骨鲠[④]之臣，是无奈我何。"光曰："我身，子之身也[⑤]。"四月丙子，光伏甲士于窟室[⑥]，而谒[⑦]王僚饮，王僚使兵陈于道，自王宫至光之家，门阶户席，皆王僚之亲也，人夹持铍[8]。公子光详[9]为足疾，入于窟室，使专诸置匕首于炙鱼之中以进食，手匕首刺王僚，铍交于匈[10]，遂弑王僚。公子光竟代立为王，是为吴王阖庐[11]。阖庐乃以专诸子为卿[12]。

【注释】

①盖馀（《春秋》作“掩馀”）、烛庸：二人为王僚弟。六：邑名。故城在今安徽省六安市东北。灊（qián）：邑名。故城在今安徽省霍山县东北。②变：指国势强弱的变化。③时：时机；机会。④骨鲠：比喻刚直、正直。⑤我身，子之身也：意思就是两人一体，不分你我，生死相关，荣辱与共。身，身子。⑥窟室：地下室。⑦谒（yè）：请。⑧铍：两刃小刀。⑨详：通“佯”，假装。⑩匈：通“胸”。⑪阖庐：“阖闾”，前514—前496年在位。⑫卿：古代天子、诸侯所属的高级大臣的称呼。

【原文】

季子至，曰：“苟先君无废祀，民人无废主，社稷有奉，乃吾君也。吾敢谁怨乎？哀死事[1]生，以待天命。非我生乱，立者从之，先人之道也。”复命，哭僚墓，复位而待。吴公子烛庸、盖馀二人将兵遇围于楚者，闻公子光弑王僚自立，乃以其兵降楚，楚封之于舒[2]。

【注释】

①事：侍奉。②舒：邑名。故城在今安徽省舒城县东南。

【原文】

王阖庐元年，举伍子胥为行人而与[1]谋国事。楚诛伯州犁[2]，其孙伯嚭亡奔吴，吴以为大夫。

【注释】

①与（yù）：参与；参加。②伯州犁：原为晋国人，后逃来楚国，曾任太宰，后来为楚灵王所杀。

【原文】

三年，吴王阖庐与子胥、伯嚭将兵伐楚，拔舒，杀吴亡将二公子。光谋欲入郢[1]，将军孙武[2]曰："民劳，未可，待之。"四年，伐楚，取六与灊。五年，伐越，败之。六年，楚使子常[3]囊瓦伐吴。迎而击之，大败楚军于豫章[4]，取楚之居巢而还。

【注释】

①郢（yǐng）：楚的国都。故城在今湖北省江陵县西北纪南城。②孙武：原为齐国人，这时任吴将。③子常：囊瓦的字。当时为令尹。④豫章：古地区名。

【原文】

九年，吴王阖庐请[1]伍子胥、孙武曰："始子之言郢未可入，今果[2]如何？"二子对曰："楚将子常贪，而唐、蔡[3]皆怨之。王必欲大伐，必得唐、蔡乃可。"阖庐从之，悉[4]兴师，与唐、蔡西伐楚，至于汉水。楚亦发兵拒吴，夹水陈。吴王阖庐弟夫槩欲战，阖庐弗许，夫槩曰："王已属臣兵，兵以利为上，尚何待焉？"遂以其部五千人袭冒楚，楚兵大败，走。于是吴王遂纵兵追之。比[5]至郢，五战，楚五败。楚昭王[6]亡出郢，奔郧[7]。郧公[8]弟欲弑昭王，昭王与郧公奔随[9]。而吴兵遂入郢。子胥、伯嚭鞭[10]平王之尸以报父雠。

【注释】

①请：问。②果：果真；诚然。③唐：国名。姬姓。这时国君为唐成公。都城在今湖北省随县西北。蔡：国名，姬姓。这时国君为蔡昭侯。④悉：全部。⑤比：及；等到。⑥楚昭王：前515—前489年在位。⑦郧（yún）：古国名。⑧郧公：郧县长官。名鬭（dòu）辛，其弟名鬭怀。⑨随：国名，姬姓。地在今湖北省随县一带。⑩鞭：鞭打。

【原文】

十年春，越闻吴王之在郢，国空，乃伐吴。吴使别兵击越。楚告急秦，秦遣兵救楚击吴，吴师败。阖庐弟夫槩见秦越交败吴，吴王留楚不去，夫槩亡归吴而自立为吴王。阖庐闻之，乃引兵归，攻夫槩。夫槩败奔楚。楚昭王乃得以九月复入郢，而封夫槩于堂谿[1]，为堂谿氏。十一年，吴王使太子夫差伐楚，取番[2]。楚恐而去郢徙鄀[3]。

【注释】

①堂谿：通“棠谿”，地在今河南省西平县西南。②番：通“鄱”。地在今江西省鄱阳县。有人说此鄱阳非当时吴楚兵争之地，疑番在今安徽省凤台县西北。③鄀：邑名。即鄢郢。

【原文】

十五年，孔子相[1]鲁。

【注释】

①相（xiàng）：辅助。这里指代行国相职务。

【原文】

十九年夏，吴伐越，越王句践迎击之槜李[①]。越使死士[②]挑战，三行造[③]吴师，呼，自刭。吴师观之，越因伐吴，败之姑苏[④]，伤吴王阖庐指[⑤]，军却七里。吴王病伤而死。阖庐使立太子夫差[⑥]，谓曰："尔而[⑦]忘句践杀汝父乎?"对曰："不敢!"三年，乃报越。

【注释】

①槜（zuì）李：邑名。一作"醉李"。故城在今浙江省嘉兴市南湖区南。②死士：敢死队员。③造：往；到。④姑苏：台名。在今江苏省苏州市西。⑤指：脚趾。⑥夫差：阖庐之子。前495—前473年在位。⑦而（néng）：通"能"。

【原文】

王夫差元年，以大夫伯嚭为太宰[①]。习战射，常以报越为志。二年，吴王悉精兵以伐越，败之夫椒[②]，报姑苏也。越王句践乃以甲兵五千人栖于会稽[③]，使大夫种因吴太宰嚭而行成[④]，请委国为臣妾[⑤]。吴王将许之，伍子胥谏曰："昔有过氏[⑥]杀斟灌以伐斟寻，灭夏后帝相[⑦]。帝相之妃后缗方娠[⑧]，逃于有仍[⑨]而生少康。少康为有仍牧正[⑩]。有过又欲杀少康，少康奔有虞[⑪]。有虞思夏德，于是妻之以二女而邑之于纶[⑫]，有田一成[13]，有众一旅[14]。后遂收夏众，抚其官职。使人诱之，遂灭有过氏，复禹之绩，祀夏配[15]天，不失旧物[16]。今吴不如有过之强，而句践大于少康。今不因此而灭之，又将宽[17]之，不亦难乎！且句践为人能辛苦，今不灭，后必悔之。”吴王不听，听太宰嚭，卒许越平[18]，与盟而罢兵去。

【注释】

①太宰：官名。也名冢宰。②夫椒：山名。在今浙江省绍兴市柯桥区北。一说在江苏省苏州市吴中区西南太湖中。③栖：鸟类歇宿。泛指居住、停留。会（kuài）稽：山名。在今浙江省中部绍兴市柯桥区东南，嵊州市、诸暨市、东阳市间。④种：文种。楚国郢人。后被句践逼迫自杀。行成：求和。⑤委国：把国家政权交给人。臣妾：奴隶。男奴叫臣，女奴叫妾。⑥有过（guō）氏：过，古国名。⑦相：夏启之孙。因丧失国家，依附二斟，为寒浞、浇所杀。⑧后缗（mín）：有仍氏之女，缗姓。娠：怀孕。⑨有仍：国名。都城在今山东省济宁市任城区。⑩牧正：官名，主管畜牧。⑪有虞：国名，相传是虞帝舜的后代。都城在今河南省虞城县西南。⑫纶：虞邑，故城在今河南省虞城县东南。⑬成：古称地方十里为成。⑭旅：五百人为旅。⑮配：配享。按照古代礼节，祭天时同时祭祀开国始祖。⑯旧物：指先代的典章制度。⑰宽：宽容，宽恕。⑱平：媾和。

【原文】

七年，吴王夫差闻齐景公死而大臣争宠[1]，新君[2]弱，乃兴师北伐齐。子胥谏曰：“越王句践食不重味，衣不重采，吊死问疾，且欲有所用其众。此人不死，必为吴患。今越在腹心疾而王不先，而务[3]齐，不亦谬[4]乎！”吴王不听，遂北伐齐，败齐师于艾陵[5]。至缯[6]，召鲁哀公而征百牢[7]。季康子使子贡[8]以周礼说太宰嚭，乃得止。因留略[9]地于齐鲁之南。九年，为驺[10]伐鲁，至，与鲁盟乃去。十年，因伐齐而归。十一年，复北伐齐。

【注释】

①齐景公死而大臣争宠：事见《齐太公世家》。②新君：指晏孺子。后为齐臣田乞所杀，在位仅一年。③务：勉力从事。④谬：错误。⑤艾陵：齐邑，故城在今山东省泰安市东南。一说在济南市莱芜区东北。⑥缯（zēng）：邑名。也作“鄫”。故城在今山东省枣庄市东。⑦召：呼唤。牢：牛羊猪一套（各一只）。⑧子贡：姓端木，名赐。卫国人。有口才，善货殖。孔子弟子。详见《仲尼弟子列传》。⑨略：侵略；夺取。⑩驺（zōu）：通“邹”，本作“邾”。古国名，曹姓。故城在今山东省邹城市。

【原文】

越王句践率其众以朝吴，厚献遗[1]之，吴王喜。唯子胥惧，曰：“是弃[2]吴也。”谏曰：“越在腹心，今得志于齐，犹石田[3]，无所用。且《盘庚之诰》有颠越勿遗[4]，商之以兴。”吴王不听，使子胥于齐，子胥属其子于齐鲍氏[5]，还报吴王。吴王闻之，大怒，赐子胥属镂[6]之剑以死。将死，曰：“树吾墓上以梓，令可为器[7]。抉[8]吾眼置之吴东门，以观越之灭吴也。”

【注释】

①遗（wèi）：赠与；致送。②弃：抛弃。《左传》作“豢”。豢，养。③石田：多石不可耕的田。比喻无用。④《盘庚之诰》：指《尚书·盘庚》。颠越勿遗：坏东西应当彻底消灭，不留残余。颠越，仆倒，坠落。⑤齐鲍氏：齐大夫鲍息。⑥属镂：剑名。⑦器：指棺材，意谓吴必亡。⑧抉（jué）：挖；挑出。

【原文】

齐鲍氏[1]弑齐悼公。吴王闻之，哭于军门外三日，乃从海上攻齐。齐人败吴，吴王乃引兵归。

【注释】

①鲍氏：指鲍牧的族人党徒。

【原文】

十三年，吴召鲁、卫之君会于橐皋[1]。

【注释】

①橐（tuó）皋：邑名，故城在今安徽省巢湖市西北。

【原文】

十四年春，吴王北会诸侯于黄池[1]，欲霸中国以全[2]周室。六月丙子[3]，越王句践伐吴。乙酉，越五千人与吴战。丙戌，虏吴太子友。丁亥，入吴。吴人告败于王夫差，夫差恶其[4]闻也。或泄其语，吴王怒，斩七人于幕[5]下。七月辛丑，吴王与晋定公争长。吴王曰："于周室我为长[6]。"晋定公曰："于姬姓我为伯[7]。"赵鞅[8]怒，将伐吴，乃长晋定公[9]。吴王已盟，与晋别，欲伐宋。太宰嚭曰："可胜而不能居也。"乃引兵归国。国亡[10]太子，内空，王居外久，士皆罢敝[11]，于是乃使厚币[12]以与越平。

【注释】

①黄池：地名。即黄亭。在今河南省封丘县西南。②全：保全。③丙子：古代用十天干（甲乙丙丁戊己庚辛壬癸）和十二地支（子丑寅卯辰巳午未申酉戌亥）依次配合（如甲子、乙丑、丙寅、丁卯……）纪日，六十日一周期。后来也用以纪年、月。④其：代词。指越入吴之事。⑤幕：帐幕。会盟时在郊野，各国自立帐幕。⑥于周室我为长：吴国的始祖太伯是周太王的长子。晋国的始祖叔虞是周成王的弟弟，按辈分吴国比晋国大三代。⑦于姬姓我为伯（bà）：伯，通"霸"。当时姬姓诸侯称霸的只有晋国。⑧赵鞅：晋正卿。即赵简子，又名正父，亦称赵孟。⑨《史记》中的《秦本纪》《晋世家》《赵世家》以及《国语》和《公羊传》都说是吴领先。⑩亡：损失；丧失。⑪罢（pí）敝：疲困。敝，疲劳。罢，通"疲"。⑫厚币：诸多贵重的礼物。厚，丰厚。币，古代玉、马、皮、圭、璧、帛皆称币，泛指贵重物品。

【原文】

十五年，齐田常[1]杀简公。

【注释】

①田常：齐相国。本名恒，田氏原为陈氏，故又称陈恒、陈成子。

【原文】

十八年，越益强。越王句践率兵复伐败吴师于笠泽[1]。楚灭陈。

【注释】

①笠泽：水名。一说即今太湖；一说系太湖东岸一小湖，在今江苏省苏州市吴江区省；一说即今吴淞江。

【原文】

二十年，越王句践复伐吴。二十一年，遂围吴。二十三年十一月丁卯，越败吴。越王句践欲迁吴王夫差于甬东[1]，予百家居之。吴王曰："孤老矣，不能事君王也。吾悔不用子胥之言，自令陷[2]此。"遂自刭死。越王灭吴，诛太宰嚭，以为不忠，而归。

【注释】

①甬东：地名，一作甬句东。即今浙江省舟山岛。②陷：陷落；陷入。

【原文】

太史公曰：孔子言："太伯可谓至德矣，三以天下让，民无得而称焉[1]。"余读《春秋》古文，乃知中国之虞与荆蛮句吴兄弟也。延陵季子之仁心，慕义[2]无穷，见微而知清浊。呜呼，又何其闳[3]览博物君子也！

【注释】

①引语出于《论语·泰伯》。②慕义：向慕正义。③闳：宏大。

【译文】

吴太伯和他的弟弟仲雍，都是周太王亶父的儿子，王季历的哥哥。季历贤明，而且又有一个圣德的儿子昌。太王想立季历为王，将来好传位给昌。于是，太伯、仲雍二人逃到了荆蛮地区，把身上刺上花纹，剪短头发，表示不能继承王位，来避让季历。季历果然被立为王，这就是王季，昌因而继位成为周文王。太伯奔逃到荆蛮，自称句吴。荆蛮人都称赞他的义举，有一千多家前来追随归附，拥立他为吴太伯。

太伯去世，因为他没有儿子，弟弟仲雍继位，这就是吴仲雍。仲雍去世，儿子季简继位。季简去世，儿子叔达继位。叔达去世，儿子周章继位。此时，周武王灭了殷朝，寻找太伯、仲雍的后代，找到了周章。周章已经做了吴国的君王，因而把吴地封给他。就封他弟弟虞仲在周室北边夏都的旧址，这就是虞仲，成了诸侯。

周章去世，儿子熊遂继位。熊遂去世，儿子柯相继位。柯相去世，儿子彊鸠夷继位。彊鸠夷去世，儿子馀桥疑吾继位。馀桥疑吾去世，儿子柯卢继位。柯卢去世，儿子周繇继位。周繇去世，儿子屈羽继位。屈羽去世，儿子夷吾继位。夷吾去世，儿子禽处继位。禽处去世，儿子转继位。转去世，儿子颇高继位。颇高去世，儿子句卑继位。这时候，晋献公灭了周室北边的虞公，是虞公借道给晋国去侵伐虢国的缘故。句卑去世，儿子去齐继位。去齐去世，儿子寿梦继位。寿梦在位时期吴国开始逐渐强大，自称为吴王。

自从太伯创建吴国，传五代，到周武王灭了殷朝，封他的后代为两个诸侯国：一个是虞国，在中原地区；一个是吴国，在蛮夷地区。传到十二代，晋国灭了中原的虞国。中原的虞国灭亡以后又传两代，蛮夷地区的吴国就强盛起来。总计从太伯到寿梦共传十九代。

王寿梦二年（前 584），楚国流亡在外的大夫申公巫臣怨恨楚国大将子反，逃到晋国，由晋出使吴国，教给吴国用兵之术和车战之法，让他儿子做吴国的行人之官，吴国从此开始与中原各国交往。吴国开始派兵征伐楚国。十六年（前 570），楚共王征伐吴国，直至衡山。

二十五年（前 561），王寿梦死。寿梦有四个儿子：长子叫诸樊，次子叫馀祭，三子叫馀眛，四子叫季札。季札贤能，寿梦生前也曾想让他继位，但季札避让不答应，于是让长子诸樊继位，总理诸种事务，代理执掌国政。

王诸樊元年（前 560），诸樊服丧期满，要把君位让于季札。季札推辞说："曹宣公死后，各国诸侯和曹国人都认为新立的曹君不义，想要立子臧为曹君，子臧离开曹国，以成全曹君继续在位。君子评论子臧说他'能遵守节义'。您作为长子本是合理的继位人，谁敢干犯您呢！当国君不是我应有之节。

我虽无能，也愿学习子臧那样的义举。”吴国人坚持要立季札，他反而抛弃了家室财产去当农民，吴人只好放弃了这个打算。秋天，吴又征伐楚国，楚打败了吴军。四年（前557），晋平公方始继位。

十三年（前548），王诸樊死去。留下遗命把君位传给其弟余祭，目的是想按次序以兄传弟，一定要把国位最后传至季札为止，来满足先王寿梦的遗愿。而且因为兄弟们都赞赏季札让国的高风亮节，大家都想把国君之位让给别人，这样就能依次渐渐传到季札身上了。季札被封在延陵，因此号为延陵季子。

王馀祭三年（前545），齐国相庆封获罪于齐，从齐逃到吴国来。吴王把朱方县赏赐给他作为奉邑，把公主嫁给庆封，庆封结果比原先在齐国还富有。

四年（前544），吴王派季札到鲁国聘问，季札要求欣赏一下周朝廷的音乐。鲁国乐工为他演唱《周南》和《召南》，季札听后说：“美啊，从音乐中听出周朝王业基础已打好，但还未获得最后成功。曲中洋溢着虽辛劳但无怨言的情绪。”乐工又演唱《邶风》《鄘风》《卫风》。季札说：“美啊，深沉哪，虽遭坎坷而其精神不陷于困顿颓唐，我听说卫康叔、卫武公的德行就是如此，这是《卫风》的歌曲吧？”乐工又演唱《王风》。季札说：“美啊，其情虽忧伤而不惧葸，这是周室东迁后的歌曲吧？”又演唱《郑风》。季札说：“歌声细琐反映其国政令苛细，人民难以忍受，这个国家恐怕要率先灭亡吧？”

又演唱《齐风》。季札说："美啊，曲调宏大深远，真有大国之风。堪为东海一方表率，这是姜太公的遗风吧！国家的前途无可限量！"又演唱《豳风》。季札说："美啊，曲调宽宏坦荡，欢快而不过分，这是周公东征的歌曲吧？"又演唱《秦风》。季札说："这就叫作夏声。既然歌曲曲调能演进为夏声，国家也必会日益强大，大到极点，能达到周王朝创业的程度了吧？"又演唱《魏风》。季札说："美啊，曲调弘阔，博大而又宽和，朴实平易，行此政教再辅以道德，就能使国君成为明主了。"又演唱《唐风》。季札说："思虑深远啊，这是陶唐氏的流风遗韵吧？不然，怎能如此忧思深远呢？如非具有美德之人的后代，怎能达到这种水平！"又演唱《陈风》。季札说："国无良君，又怎么能长久不亡呢？"对于《郐风》以下的地方乐调，季札没有加以评论。又演唱《小雅》。季札说："美啊，满怀忧思，而无叛离之意，怨悱之情忍而不发，这是周德衰微时的乐曲吧？但还有先王遗民之情啊。"又演唱《大雅》。季札说："乐曲宽缓啊，多么和谐安乐，旋律曲折优美但基调仍刚直有力，这是周文王美德的象征吧？"又演唱《颂》。季札说："达到音乐的极致了。曲调刚直有力却无倨傲不逊之意，旋律婉曲优美却无过分曲折之憾，节奏紧密时却无迫促窘急之嫌，节奏舒缓时却无分离割断之弊，变化丰富而不淫靡，回还反复而不令人厌倦，表现悲哀恰到好处不显得愁苦，表现欢乐时恰到好处不流于放纵，其音如圣人之才，广用智慧而永不匮乏，如圣人之德宽宏而不侈大，如圣人之理民，施惠而不显耗费，征取而不陷贪婪，音乐暂时休止时却不陷于停滞，音乐流畅前进时却不虚浮无根。五声和谐，八音协调，节拍尺寸整齐，旋律遵循法度，象征着所有圣德之人的共同风度啊。”季札看到乐工表演的《象箾》《南籥》之舞，说：“很美啊，但仍有微憾。”看到舞《大武》，说：“很美啊，周朝的盛德就如此吧？”看到舞《韶濩》，说：“真象征了圣人的宏大之德，尚有自愧之心，可见达到圣人标准之难啊。”看到舞《大夏》，说：“很美啊，为民辛劳而不以有德于民而自居，除了大禹谁还能做到呢？”看到舞《招箾》，说：“美德的巅峰啊，太伟大了，如上天覆盖万物，如大地无不承载，再好的德行，也不会比这乐舞所象征的舜的美德更高了。观乐可以停止了，如还有别的音乐，我不敢再欣赏了。”

季札离开鲁国，就出使到齐国。劝说晏平仲说：“你快些交出你的封邑和官职。没有这两样东西，你才能免于祸患。齐国的政权快要易手了，易手之前，国家祸乱不会平息。”因此，晏子通过陈桓子交出了封邑与官职，所以在栾、高二氏相攻杀的祸难中得以身免。

季札离开齐国，出使郑国。见到子产，如见故人。对子产说：“郑国掌握政权的人奢纵欺人，大难将临，政权定落于你身上。你执政时，要小心地以礼治国，否则郑国将要衰败！”离开郑国后，季札到了卫国。非常欣赏蘧瑗、史狗、史鳅、公子荆、公叔发、公子朝，说：“卫国君子很多，因此国家无患。”

从卫国到了晋国，季札要住在宿邑，听到鼓钟作乐之声，说：“奇怪！我听说有才无德，祸必加身。这孙文子正是为此得罪国君，小心翼翼尚恐不够，还可以玩乐吗？孙文子在这里，就如燕巢于帷幕之上那样危险。而且国君尚在棺中停殡未葬，难到可以作乐吗？”于是离开了。孙文子听说后，一辈子不再听音乐。

季札到晋国，欣赏赵文子、韩宣子、魏献子，说：“晋国政权将要落到这三家吧。”临离开晋国时，对叔向说：“你要勉力而行啊！晋国国君奢纵而良臣又多，大夫很富，政权将落于韩、赵、魏三家。你为人刚直，定要慎思如何免于祸患。”

季札刚出使时，北行时造访徐国国君。徐君喜欢季札的宝剑，但嘴里没敢说，季札心里也明白徐君之意，但因还要到中原各国去出使，所以没献宝剑给徐君。出使回来又经徐国，徐君已死，季札解下宝剑，挂在徐君坟墓树木之上才离开。随从人员说：“徐君已死，那宝剑还给谁呀！”季子说：“不对，当初我内心已答应了他，怎能因为徐君之死我就违背自己的心愿呢！”

七年（前541），楚公子围杀死楚王夹敖而自立为王，就是灵王。十年（前538），楚灵王与诸侯盟会，以征伐吴国朱方县，为了诛惩齐庆封。吴国也攻楚国，占领楚国三个城邑后离开。十一年（前537），楚征伐吴，到雩娄。十二年（前536），楚又来伐吴，在乾溪驻军数日，最后败走。

十七年（前531），王馀祭死去，其弟馀眛继位。王馀眛二年（前529），楚公子弃疾杀死楚灵王，自己代立为君。

四年（前527），王馀眛死，想传位于其弟季札。季札避让，逃离开去。于是，吴人说："先王有令，兄死弟继位，一定传国给季子。季子现在逃脱君位，那王馀眛成为兄弟中最后一个当国君的人。现在他死了，其子应代其为王。"于是，立起馀眛的儿子僚为吴王。

王僚二年（前525），公子光率兵征伐楚国，打了败仗，把吴先王之舟也丢掉了。公子光害怕因此获罪，就偷袭楚军，又夺回了王舟才回军。

五年（前522），楚国流亡之臣伍子胥逃来吴国，公子光待以客礼。公子光是王诸樊的儿子。他一直认为："我父亲兄弟四人，应该传国传到季子。现在季子不当国君，我父亲是最先当国君的。既然不传国于季子，我应当继承我父亲当国君。"他在暗中结纳贤士，想以之袭击王僚。

八年（前519），吴王派公子光征伐楚国，大败楚军，把楚原太子建之母从居巢接回吴国。借势北伐，打败陈、蔡的军队。九年（前518），公子光又征伐楚国，攻克楚国的居巢、钟离二城。当初，楚国边城卑梁氏有少女与吴边城女子争抢采摘桑叶，两个女子的家人气愤之下互相攻杀，两国边邑的官长听说后，一怒之下互相进攻，吴国边邑被灭掉。吴国闻之大怒，所以讨伐楚国，攻取居巢、钟离二城而还。

伍子胥刚逃至吴国时，向吴王僚陈说伐楚的益处。公子光说："子胥的父、兄为楚王所杀，他劝您伐楚是为了报自己的私仇，对吴国并无好处。”伍子胥这才明白公子光别有目的，子胥寻找到一位名叫专诸的勇士，介绍给公子光。光十分高兴，才把子胥当作宾客对待。子胥退居郊野耕作度日，来等待专诸大事成功。

十二年（前515）冬，楚平王死去。

十三年（前514）春，吴王想借楚国有国丧而攻伐它，派公子盖馀、烛庸带兵包围楚国的六、灊二邑，派季札出使晋国，来观察诸侯的动静。谁知楚国派奇兵绝其后路，吴兵被阻不能回国。这时吴公子光说：“此时机不可失。”告诉专诸说：“不寻找就不能得到。我是真正的国王后代，应当立为国君，我正是要追求这个。季子虽然回来，也不会反对我的。”专诸说：“杀死王僚的条件已经具备，国内只有他的老母幼子，而他两个弟弟率兵攻楚，被阻绝了归路。现在吴王境外为楚国所困扰，国内没有刚直忠诚之臣，他拿我们没什么办法。”公子光说：“我的身体，就是你的身体，祸福与共。”四月丙子日，公子光把甲士埋伏于地下室，然后请王僚来宴饮。王僚派兵列于道旁，从王宫到公子光之家，直至光家的大门、台阶、屋门、座席旁，布满王僚的亲兵，人人手执利剑。王僚来到后，公子光假装脚疼，藏进了地下室，派专诸将匕首藏于烤全鱼的腹中，伪装上菜。专诸将鱼送至王僚前时，从鱼腹中取出匕首刺向王僚，左右卫士急用剑刺入专诸胸膛，但王僚已被杀死。公子光果真代立为吴王，就是吴王阖庐。阖庐任命专诸之子为卿。

季札回到吴国，说："只要对先君的祭祀不废止，人民不至于没有国君，社稷之神得到奉祀，那就是我的国君。我敢怨责谁呢？我只有哀悼死者，侍奉生者，来对待天命安排。祸乱不是自己制造，就应听从新立之君，这是先人的原则啊。"于是，季札到王僚的墓上，汇报了自己完成外交任务的经过，痛哭王僚一番，之后回到朝廷中自己的位置等待新君之命。吴国公子盖馀、烛庸带兵在楚军围困之中，听说公子光杀死王僚自立为王，就带领军队投降了楚国，楚王把他们封在舒地。

吴王阖庐元年（前 514），任命伍子胥担任行人之官并参政议国事。楚王杀死了伯州犁，其孙伯嚭逃亡到吴国，吴王任命他为大夫。

三年（前 512），吴王阖庐与伍子胥、伯嚭领兵征伐楚国，攻取舒邑，杀了吴国逃亡的公子盖馀、烛庸。阖庐计划顺势进攻楚国首都郢，将军孙武说："军民征战已很劳顿，现在不能攻打郢都，要等待时机成熟。"四年（前 511），吴又伐楚，攻下六邑与灊邑。五年（前 510），吴伐越，打败越军。六年（前 509），楚国派子常囊瓦征伐吴国，吴君迎头痛击，在豫章大败楚军，攻下楚国居巢才班师回吴。

九年（前 506），吴王阖庐询问伍子胥和孙武说："当初你们说不能攻打郢都，现在情况如何？"二人回答说："楚国大将子常贪婪，唐国、蔡国都恨他。大王您如一定大举伐楚，必须联合唐、蔡二国才能成功。"阖庐听从他们，出动全部军队，与唐国蔡国一道西进伐楚，来到汉水边。楚国也发兵抵拒，双方隔水列阵。吴王阖庐之弟夫槩欲战，阖庐不许。夫槩说："大王已把军队委托于我，作战要抓住有利时机才是上策，还等什么！"于是，带领其部五千人突袭楚军，楚军大败奔逃。吴王纵兵追击。及至郢都，一共交战五次，楚兵五次被打败。楚昭王逃出郢都，跑到郧县。郧公之弟想杀死昭王，昭王又与郧公逃到随国。吴兵进入郢都。伍子胥、伯嚭从墓中挖出楚平王尸体加以鞭打，来报杀父之仇。

十年（前505）春，越王听说吴王兵驻郢都，国内空虚，举兵伐吴。吴国派另一支军队抗击越兵。楚国向秦国告急，秦国派兵救楚击吴，吴军败北。阖庐之弟夫槩看到秦兵越兵同时打败吴兵，吴王又留在楚国不归，夫槩就跑回吴国自立为吴王。阖庐闻知后，就领兵回吴，攻打夫槩。夫槩兵败逃往楚国。楚昭王才得以于九月返回郢都，而把夫槩封在堂谿，就是堂谿氏。十一年（前504），吴王命太子夫差伐楚，攻取番邑。楚王恐惧，把国都从郢迁到鄀。

十五年（前500），孔子摄行鲁国相事。

十九年（前496）夏，吴兵伐越，越王句践带兵在槜李抗击。越兵派遣敢死队挑战，三次冲向吴阵，高呼口号，自杀于阵前。吴兵只顾观看这种奇观而放松防备，越兵趁势攻击，在姑苏大败吴兵。吴王脚拇指被越军击伤，军队退却七里。吴王此时伤重而死。临死前，吴王阖庐命立太子夫差为王，对夫差说："你能忘记句践杀死了你的父亲吗？"夫差回答说："不敢忘！"过了三年，吴终于报复了越国。

吴王夫差元年（前495），任命大夫伯嚭为太宰。吴国坚持军事训练，一直有报复越国之志。二年（前494），吴王出动全部精兵伐越，在夫椒大败越军，终于报了姑苏失败之仇。越王句践只得带五千甲兵躲进会稽山，派出大夫文种通过吴国太宰伯嚭请求媾和，愿以越国作为吴国的奴仆之国。吴王想允许，伍子胥劝谏说："从前，有过氏杀了斟灌氏又征伐斟寻氏，灭掉夏后帝相。帝相的妻子后缗正在怀孕，逃到有仍国生下少康。少康当了有仍国的牧正之官。有过氏又想杀死少康，少康逃到有虞国。有虞氏怀念夏之恩德，于是把两个女儿嫁给少康并封给他纶邑。当时，少康只有方圆十里的土地，只有五百部下。但以后少康收聚夏之遗民，整顿官职制度。派人打入有过氏内部，终于消灭了有过氏，恢复了夏禹的业绩，祭祀时以夏祖配享天帝，夏代过去的全部故物都收复如初。现在，吴国不如当年有过氏那么强大，而句践的实力大于当年的少康。现在不借此时机彻底消灭越国力量，反而又要宽恕他们，不是为以后找麻烦吗！而且句践为人能坚忍吃苦，现在不消灭他，将来后悔不及。"吴王不听子胥之计，而听从太宰嚭之言，终与越国停战。两国订立和平盟约后，吴国撤军回国。

七年（前489），吴王夫差听说齐景公死后大臣争夺权力，新立之君幼小无势，于是兴兵北伐齐国。伍子胥劝谏说："越王句践吃饭不设两样以上的菜肴，穿衣不用两种以上的颜色，吊唁死者，慰问病者，这是想到利用民众伐吴报仇啊。句践不死，必为吴国大患。现在越国是我国的心腹大患，您却不注重，反而把力量用于齐国，岂非大错特错!”吴王不听，北伐齐国，在艾陵大破齐兵。兵至缯邑，召见鲁哀公并索取百牢。季康子派子贡列举周礼来劝说太宰嚭，吴王才停止。于是，吴王留下来略取齐、鲁两国南疆土地。九年（前487)，为驺国讨伐鲁国，至鲁，与鲁定盟后离开。十年（前486)，趁势伐齐而归。十一年（前485)，又一次北伐齐国。

越王句践带领越国群臣朝拜吴王，献上丰厚贡礼，吴王大喜。只有伍子胥心中害怕，说：“这是要丢掉吴国啊。”于是，劝谏吴王说：“越国近在腹心之地，现在我国虽能战胜齐国，好比石头田地，没有用处。而且《盘庚之诰》说，乱妄之人只有消灭干净，商王朝才能兴旺。”吴王不听，派伍子胥出使齐国。子胥把自己的儿子委托给齐国鲍氏，回报吴王。吴王闻说，大怒，赐给子胥属镂之剑令其自杀。子胥临死时说：“你们在我坟上种上梓树，让它们生长到可以制器的时候吴国就要灭亡了。把我的眼睛挖出来放在吴都东门上，让我看到越国怎样灭掉吴国。”

齐国的鲍氏杀死齐悼公。吴王得到消息后，在军门外痛哭了三天，然后就取海道攻打齐国。齐军打败了吴军，吴王率领败军回国。

十三年（前483)，吴王征召鲁国、卫国的国君在橐皋会盟。

十四年（前482）春天，吴王北上在黄池和诸侯会盟，想称霸中原保全周室。六月丙子日，越王句践攻打吴国。乙酉日，越军五千人和吴军交战。丙戌日，俘获了吴军太子友。丁亥日，攻进吴国的都城。吴人把战败的消息告诉了吴王夫差，夫差不愿意让诸侯知道这件事。偏偏有人走漏了消息，吴王大怒，把七个人杀死在军营幕下。七月辛丑日，吴王和晋定公争当盟主。吴王说："以周室而言，我祖先的辈分最大。"晋定公说："以姬姓诸侯而言，晋国当过霸主。"晋国的赵鞅怒不可遏，要发兵攻打吴军，就让晋定公当了盟主。吴王已经和诸侯签订盟约，与晋定公告辞，想去攻打宋国。太宰伯嚭说："可以战胜宋国而不能占有它。"吴王这才率领军队回国。吴国太子被俘，国内空虚，吴王在外的时间很长，士兵都疲惫不堪，于是派遣使者携带重金与越国讲和。

十五年（前481），齐国田常杀死齐简公。

十八年（前478），越国更加强盛。越王句践率领军队在笠泽再次打败吴军。楚国灭了陈国。

二十年（前476），越王句践再次讨伐吴国。二十一年（前475），乘势围攻吴国的都城。二十三年（前473）十一月丁卯日，越军打败吴国。越王句践想把吴王夫差迁到甬东，给他一百户民家的地域居住在那里。吴王说："我年纪老了，不能侍奉君王了。我后悔当初没有听从伍子胥的劝告，使自己陷入如此的境地。"说完就自杀了。越王灭掉吴国，杀了吴太宰伯嚭，认为他不忠，然后率师回国。

太史公说："孔子说：'吴太伯可称得上达到了最高的德行，三次以君位相让，百姓简直不知道用什么言辞称赞他才好。'我读了《春秋》古文，才知道中原的虞国和荆蛮的吴国是兄弟之邦呢。延陵季子的仁爱心，仰慕道义无穷无尽，观察细微而能测知事物的清白与污浊。啊，他又是一位视野多么广阔、知识多么渊博的君子啊！"

全新足本·精注全译

叁

史记

【西汉】司马迁◎著
石磊◎主编

中国文史出版社

目录

第十四卷　齐[1] 太公世家第二

《齐太公世家》记载了姜姓齐国自西周初太公建国起，至公元前379年齐康公身死国灭，总计近千年的历史。

姜姓齐国是春秋时代我国中原的一个重要诸侯国。在地理上有着良好的自然条件，“自泰山属之琅邪，北被于海，膏壤二千里”；自开国以来又十分注重发展经济，太公时期就“通工商之业，便鱼盐之利”，管仲相齐后，又“连五家之兵，设轻重鱼盐之利”，为齐国发展打下了良好的物质基础。在政治文化上，既不像鲁国一样死死拘束于彻底的宗法制，又不像秦、楚早期那样“以夷狄自置”。而是顺应“其民阔达多匿知”的原有文化，有条件地推行宗法制和集权制的结合，“因其俗，简其礼”，为政简而不苛，平易近民。所以，到齐桓公时，齐国终成为大国争霸斗争中的第一个霸主，一个名副其实的泱泱大国。

自桓公去世，齐国渐趋衰落。一方面，由于姜姓公室旧贵族日益腐败；另一方面，由于统治阶级内部斗争日益激烈。尤其经过崔杼、庆封之乱，大伤元气，终于被新兴的贵族集团田氏所替代。

本篇在艺术上的第一个特点是取材有法、详略得当。司马迁抓住最能代表齐国历史发展线索的几个时期，清晰地反映了它由盛而衰的历史过程。前半叶主要介绍了太公时期和桓公时期，中后叶则主要记叙了崔庆之乱与田氏代齐的详尽过程。这几部分作者运用浓墨重彩，生动形象地再现了斑斓多姿的历史画面。其余部分则仅仅记其大概，明其脉络，避免冲淡重点部分的思想意义，真正做到了“略小取大，举重明轻”。

本篇的第二个艺术特点是塑造了生动复杂立体的人物形象。作者从生活中的历史现实出发，把握历史人物的复杂心理，加以真实再现，使人感到可亲可信。例如，对于齐桓公，作者一方面极力写其机智果断、从谏如流、重义守信的明君风度，但另一方面也写了他晚年骄傲固执、好大喜功的思想变化。既写他九合诸侯、一匡天下的宏伟业绩，也写他好内多宠，以致死后虫出于户的性格弱点，给人留下深深的历史回味。即使是反面人物崔杼，作者也写了他两次不杀晏婴的微妙心理，表现出人物的复杂个性。

【原文】

太公望[②]吕尚者，东海上[③]人。其先祖尝为四岳[④]，佐禹平水土甚有功。虞夏之际封于吕[⑤]，或封于申[⑥]，姓姜氏。夏商之时，申、吕或封枝庶子孙[⑦]，或为庶人，尚其后苗裔[⑧]也。本姓姜氏，从其封姓，故曰吕尚。

【注释】

①齐：始建国于前11世纪。姜姓。领地在今山东省北部，

后扩张到山东东部。建都营丘（后称临淄，故城在今山东省淄博市东北）。②太公望：姓姜，名牙，周文王时号太公望，武王时号师尚父，祖先曾封于吕，又名吕尚。③东海：东方滨海之地，约当今江苏、山东沿海一带。非指今东海。上：畔。④四岳：传说为尧、舜时掌管四时的官长，主持方岳巡守之事。⑤吕：古国名。相传为炎帝之裔，伯夷之后，掌四岳有功，封于吕。故城在今河南省南阳市西。⑥申：古国名。⑦枝庶：宗族旁出的支派：⑧苗裔：后代子孙。

【原文】

吕尚盖尝穷困，年老矣[①]，以渔钓奸周西伯[②]。西伯将出猎，卜[③]之，曰“所获非龙非彲[④]，非虎非罴[⑤]，所获霸王之辅”。于是周西伯猎，果遇太公于渭[⑥]之阳，与语大说[⑦]，曰：“自吾先君太公曰‘当有圣人适[⑧]周，周以兴’。子真是邪？吾太公望子久矣。”故号之曰“太公望”，载与俱归，立为师[⑨]。

【注释】

①据传当时太公年七十二岁。②奸（gān）：通“干”，求取。周西伯：即周文王姬昌。商末周族领袖。③卜：古人用火灼龟甲取征兆来预测吉凶，叫卜。④彲（chī）：通“螭”，传说中一种像龙的动物。⑤罴（pí）：兽名。俗称人熊。⑥渭：水名。即今渭河。在陕西省中部。⑦说：通“悦”。⑧适：往，到。⑨师：统率军队的长官。

【原文】

或曰，太公博闻，尝事纣[①]。纣无道[②]，去之。游说诸侯，无所遇，而卒西归周西伯。或曰，吕尚处士[③]，隐海滨。周西伯拘羑里[④]，散宜生[⑤]、闳夭素知而招吕尚。吕尚亦曰："吾闻西伯贤，又善养老，盍[⑥]往焉。"三人者为西伯求美女奇物，献之于纣，以赎西伯。西伯得以出，反[⑦]国。言吕尚所以事周虽异，然要之为文武师。

【注释】

①纣：商代最后一个君主。②无道：暴虐，没有德政。③处士：有才德而隐居不仕的人。④羑（yǒu）里：地名。故址在今河南汤阴县北。⑤散宜生：西周初年大臣。⑥盍（hé）：何不。副词。⑦反：通"返"。

【原文】

周西伯昌之脱羑里归，与吕尚阴谋修德以倾[①]商政，其事多兵权[②]与奇计，故后世之言兵及周之阴权皆宗太公为本谋[③]。周西伯政平，及断虞芮[④]之讼，而诗人称西伯受命曰文王。伐崇、密须、犬夷[⑤]，大作丰邑[⑥]。天下三分，其二归[⑦]周者，太公之谋计居多。

【注释】

①阴谋：秘密计谋。倾：颠覆。②兵权：用兵的权谋。③阴权：阴谋权术。宗：尊崇。本谋：主要的策划者。④虞：

国名。姬姓。都城在今山西省平陆县北。芮（ruì）：国名。姬姓。都城在今陕省西大荔县东南。⑤崇：国名。都城在今陕省沣水县东。密须：一作“密”，国名。都城在今甘肃省灵台县西南；一说在今河南省密县东。犬夷：也作犬戎。部族名。周初活动于今陕西省彬县、岐山一带。⑥大作：大兴土木。丰邑：西周的京都。故城在今陕西省西安市西南。⑦归：归顺。

【原文】

文王崩，武王即位。九年，欲修文王业，东伐以观诸侯集否[①]。师行，师尚父左杖黄钺[②]，右把白旄[③]以誓，曰：“苍兕[④]苍兕，总尔众庶，与尔舟楫，后至者斩!”遂至盟津[⑤]。诸侯不期而会者八百诸侯[⑥]。诸侯皆曰：“纣可伐也。”武王曰：“未可。”还师，与太公作此《太誓》[⑦]。

【注释】

①集否：指人心的向与背。集，聚集。②杖：执持。黄钺（yuè）：以黄金为饰的钺斧。③白旄（mào）：古代军旗的一种，竿顶用旄牛尾为饰。④苍兕（sì）：水兽名。善奔突，能覆舟。以苍兕名官，职掌舟楫。⑤盟津：地名。即孟津。故城在今河南省孟津县东北。⑥不期：事先未约定。句末的“诸侯”二字是衍文。⑦《大誓》：《尚书》篇名。

【原文】

居二年，纣杀王子比干[①]，囚箕子[②]。武王将伐纣，卜龟兆，不吉，风雨暴至。群公尽惧，唯太公强[③]之劝武王，武王于是遂行。十一年正月甲子[4]，誓于牧野[5]，伐商纣。纣师败绩。纣反走[6]，登鹿台[7]，遂追斩纣。明日，武王立于社[8]，群公奉明水[9]，卫康叔封布[10]采席，师尚父牵牲[11]，史佚策祝[12]，以告神讨纣之罪。散鹿台之钱，发钜桥[13]之粟，以振[14]贫民。封[15]比干墓，释箕子囚。迁九鼎[16]，修周政，与天下更始[17]。师尚父谋居多。

【注释】

①比干：殷末纣王的叔父，（一说是庶兄）。管少师。②箕子：殷末纣王的诸父（同宗族的伯叔辈），一说是庶兄。官太师。③强：坚决。④甲子：古代用十天干相配以纪年。⑤牧野：古地名。在今河南省淇县西南。⑥反走：回头跑。反，通“返”。⑦鹿台：台名。旧址在今河南省淇县。商纣所筑。⑧社：祭祀土神之所。⑨明水：祭祀所用的净水。⑩布：铺展。⑪牲：牺牲，做祭品用的牲口，如牛、羊之类。⑫史佚：西周初期史官。策祝：向神诵祷告之文。⑬钜桥：商代粮仓所在地。故址在今河北省曲周县东北。⑭振：通“赈”，救济。⑮封：筑土增高。⑯九鼎：古代象征国家政权的传国之宝。⑰更始：除旧布新。

【原文】

于是武王已平商而王天下，封师尚父于齐营丘[1]。东就[2]国，道宿行迟。逆旅[3]之人曰：“吾闻时难得而易失。客寝甚安，殆[4]非就国者也。”太公闻之，夜衣而行，犁明[5]至国。莱侯来伐，与之争营丘。营丘边莱[6]。莱人，夷也，会纣之乱而周初定，未能集[7]远方，是以与太公争国。

【注释】

①营丘：邑名。齐的都城。后改为临菑。故城在今山东省淄博市东北。②就：趍；归。③逆旅：客舍；旅馆。④殆：大概；恐怕。⑤犁明：即黎明。⑥莱：即莱夷，古国名，都城在今山东省烟台市黄县东南。后为齐所灭，成为齐邑。⑦集：通“辑”，辑睦；安定。

【原文】

太公至国，修政，因其俗，简其礼，通商工之业，便鱼盐之利，而人民多归齐，齐为大国。及[1]周成王少时，管蔡[2]作乱，淮夷[3]畔周，乃使召康公[4]命太公曰：“东至海，西至河，南至穆陵[5]，北至无棣[6]。五侯九伯[7]，实得征之。”齐由此得征伐，为大国，都营丘。

【注释】

①及：至；到。②管蔡：即管叔、蔡叔。二人都是周武王的弟弟，因封于管（故城在今河南省郑州市）、蔡（故城在今河南省上蔡县），故称。③淮夷：部族名。三代时分布在今淮河下游一带。④召康公：姬奭，周代燕国的始祖。因封邑在召（今陕西省岐山西南），故称召公或召伯。成王时任太保，与周公旦分陕而治，陕以西由他治理。⑤穆陵：邑名。在今山东省临朐县南。⑥无棣（dì）：邑名。在今山东省无棣县北。

⑦五侯：指公、侯、伯、子、男五等诸侯。九伯：九州之长。

【原文】

盖太公之卒百有余年，子丁公吕伋立。丁公卒，子乙公得立。乙公卒，子癸公慈母立。癸公卒，子哀公不辰立。

哀公时，纪侯谮[①]之周，周烹[②]哀公而立其弟静，是为胡公。胡公徙都薄姑[③]，而当周夷王之时。

【注释】

①谮（zèn）：诬陷。②烹：古代用鼎镬煮人的酷刑。③薄姑：国名。一作“蒲姑”。

【原文】

哀公之同母少弟山怨胡公，乃与其党率营丘人袭攻杀胡公而自立，是为献公。献公元年，尽逐胡公子，因徙薄姑都，治临菑。

九年，献公卒，子武公[①]寿立。武公九年，周厉王出奔[②]，居彘[③]。十年，王室乱，大臣行政，号曰“共和”[④]。二十四年，周宣王初立。

【注释】

①武公：前850—前825年在位。②奔：逃跑。③彘（zhì）：地名。故城在今山西省霍县东北。④共和：周厉王时，奴隶和自由民大暴动，厉王逃跑，至宣王执政，中间十四年，号共和。

【原文】

二十六年，武公卒，子厉公[1]无忌立。厉公暴虐，故胡公子复入齐，齐人欲立之，乃与攻杀厉公。胡公子亦战死。齐人乃立厉公子赤为君，是为文公[2]，而诛杀厉公者七十人。

【注释】

①厉公：前824—前816年在位。②文公：前815—前804年在位。

【原文】

文公十二年卒，子成公[1]脱立。成公九年卒，子庄公[2]购立。

【注释】

①成公：前803—前795年在位。②庄公：前794—前731年在位。

【原文】

庄公二十四年，犬戎杀幽王[1]，周东徙雒[2]。秦始列为诸侯。五十六年，晋弑其君昭侯。

【注释】

①犬戎：部族名。戎人的一支。商、周时游牧于泾渭流域（今陕西省境内）。幽王：姬宫涅（shēng），前781—771年在位。任用虢石父执政，剥削严重，使人民流离失所。②雒（1uò）：通“洛”，都邑名。故城在今河南省洛阳市西。

【原文】

六十四年，庄公卒，子釐公[1]禄甫立。

【注释】

①釐公：前730—前698年在位。

【原文】

釐公九年，鲁隐公[1]初立。十九年，鲁桓公弑其兄隐公而自立为君。

【注释】

①鲁隐公：姬息。前722—前712年在位。

【原文】

二十五年，北戎[1]伐齐。郑使太子忽来救齐，齐欲妻之。忽曰："郑小齐大，非我敌[2]。"遂辞之。

【注释】

①北戎：又称山戎。部族名。春秋时分布在今河北省北部。②敌：相当；匹配。

【原文】

三十二年，釐公同母弟夷仲年死。其子曰公孙无知，釐公爱之，令其秩服奉养比[1]太子。

【注释】

①秩：俸禄。服：指衣服、车马、宫室等。奉养：供养；

赡养。比：按照；类似。

【原文】

三十三年，釐公卒，太子诸兒立，是为襄公[①]。

【注释】

①襄公：前697—前686年在位。

【原文】

襄公元年，始为太子时，尝与无知斗，及立，绌[①]无知秩服，无知怨。

【注释】

①绌：通“黜”，贬退；废除。

【原文】

四年，鲁桓公与夫人如[①]齐，齐襄公故尝私通[②]鲁夫人[③]。鲁夫人者，襄公女弟也，自釐公时嫁与鲁桓公妇，及桓公来而襄公复通焉。鲁桓公知之，怒夫人，夫人以告齐襄公。齐襄公与鲁君饮，醉之，使力士彭生抱上鲁君车，因拉杀[④]鲁桓公，桓公下车则死矣。鲁人以为让[⑤]，而齐襄公杀彭生以谢[⑥]鲁。

【注释】

①如：往；到。②通：通奸。③鲁夫人：文姜。齐襄公同父异母的妹妹。④拉杀：打折其胁致死。⑤让：责备。⑥谢：认错，道歉。

【原文】

八年，伐纪[1]，纪迁去其邑。

【注释】

①纪：国名。都城在今山东省寿光市南。

【原文】

十二年，初，襄公使连称、管至父[1]戍葵丘，瓜时[2]而往，及瓜而代[3]。往戍一岁，卒[4]瓜时而公弗为发代。或为请代，公弗许。故此二人怒，因公孙无知谋作乱，连称有从妹在公宫，无宠，使之间[5]襄公，曰："事成以女[6]为无知夫人。"冬十二月，襄公游姑棼[7]，遂猎沛丘[8]，见彘，从者曰"彭生"。公怒，射之，彘人立[9]而啼。公惧，坠车伤足，失屦[10]。反而鞭主屦者茀三百。茀出宫。而无知、连称、管至父等闻公伤，乃遂率其众袭宫。逢主屦茀，茀曰："且无人惊宫，惊宫未易入也。"无知弗信，茀示之创[11]，乃信之。待宫外，令茀先入。茀先入，即匿襄公户间。良久，无知等恐，遂入宫。茀反与宫中及公之幸臣攻无知等，不胜，皆死。无知入宫，求公不得。或见人足于户间，发视，乃襄公，遂弑之，而无知自立为齐君。

【注释】

①连称、管至父：都是齐国大夫。②瓜时：七月，指瓜熟的时候。③及瓜：指第二年瓜熟的时候。代：替代。④卒：

终，尽。⑤间（jiàn）：找空子。⑥女（rǔ）：通“汝”，你。⑦姑棼（fén）：齐地名。又名薄姑。在今山东省博兴县东南。⑧沛丘：地名。或作浿丘、贝丘。在今山东省博兴县东南（薄姑东南）。⑨人立：如人一般站立。⑩屦（jù）：麻、葛等制成的鞋子。⑪创：创伤。

【原文】

桓公[1]元年春，齐君无知游于雍林[2]。雍林人尝有怨无知，及其往游，雍林人袭杀无知，告齐大夫曰：“无知弑襄公自立，臣谨行诛。唯大夫更立公子之当立者，唯命是听。”

【注释】

①桓公：姜小白。前685—前643年在位。春秋时的第一个霸主。②雍林：地名。齐临淄西门曰雍门，雍林当在临淄近郊。一本作“雍廪”，系人名，为渠丘大夫，故雍林也可理解为人名。

【原文】

初，襄公之醉杀鲁桓公，通其夫人，杀诛数[1]不当，淫于妇人，数欺大臣，群弟恐祸及，故次弟纠奔鲁。其母鲁女也。管仲[2]、召忽傅之。次弟小白奔莒[3]，鲍叔[4]傅之。小白母，卫女也，有宠于釐公。小白自少好善大夫高傒[5]。及雍林人杀无知，议立君，高、国[6]先阴召小白于莒。鲁闻无知死，亦发兵送公子纠，而使管仲别将兵遮莒道，射中小白带钩[7]。小白详[8]死，管仲使人驰报鲁。鲁送纠者行益迟，六日至齐，则小白已入，高傒立之，是为桓公。

【注释】

①数（shuò）：屡次，多次。②管仲：（？—前645）管夷吾，字仲。齐颍上人。佐齐桓公成为五霸之首。③莒（jǔ）：国名。都城在今山东省莒县。④鲍叔：即鲍叔牙，齐国大夫。以知人著称。⑤高傒：齐国正卿。⑥国：国懿仲。齐国正卿。⑦带钩：束腰革带上的金属钩。③详：通“佯”，假装。

【原文】

桓公之中钩，详死以误管仲，已而载温车①中驰行，亦有高、国内应，故得先入立，发兵距②鲁。秋，与鲁战于乾时③，鲁兵败走，齐兵掩绝④鲁归道。齐遗鲁书曰：“子纠兄弟，弗忍诛，请鲁自杀之。召忽、管仲仇也，请得而甘心醢⑤之。不然，将围鲁。”鲁人患之，遂杀子纠于笙渎⑥。召忽自杀，管仲请囚。桓公之立，发兵攻鲁，心欲杀管仲。鲍叔牙曰：“臣幸得从君，君竟以立。君之尊，臣无以增君。君将治齐，即高傒与叔牙足也。君且欲霸王，非管夷吾不可。夷吾所居国国重，不可失也。”于是桓公从之。乃详为召管仲欲甘心，实欲用之。管仲知之，故请往。鲍叔牙迎受管仲，及堂阜⑦而脱桎梏，斋祓⑧而见桓公。桓公厚礼以为大夫，任政。

【注释】

①已而：不久；随后。温车：卧车。即有帐幕之车。温，一作“辒”。②距：通“拒”，抵御。③乾（gǎn）时：齐地

名。在今山东省益都县境。④掩绝：拦截；阻击。⑤甘心：称心；快意。醢（hǎi）：将人剁成肉酱的酷刑。⑥笙渎（dòu）：鲁地名。即“句渎”。在今山东省菏泽市北。⑦堂阜：地名。在今山东省蒙阴县西北。⑧斋：斋戒。即沐浴更衣素食以示诚敬。祓（fú）：古代除灾祈福的仪式。

【原文】

桓公既得管仲，与鲍叔、隰朋[①]、高傒修齐国政，连五家之兵[②]，设轻重[③]鱼盐之利，以赡[④]贫穷，禄[⑤]贤能，齐人皆说。

【注释】

①隰（xí）朋：齐国大夫。②五家之兵：一种兵民结合的军事行政制度。③轻重：指钱。设轻重之利是指铸货币，控制物价流通。④赡（shàn）：赡养，救济。丰富，充足。⑤禄：薪金。这里作动词用，意即使贤能的人得到俸禄，也就是起用优待贤能的人。

【原文】

二年，伐灭郯[①]，郯子奔莒。初，桓公亡时，过郯，郯无礼，故伐之。

【注释】

①郯（tán）：国名。都城在今山东省郯城县东北。

【原文】

五年，伐鲁，鲁将师败。鲁庄公请献遂邑[①]以平，桓公许，与鲁会柯[②]而盟。鲁将盟，曹沫以匕首劫桓公于坛[③]上，曰："反[④]鲁之侵地！"桓公许之。已而曹沫去匕首，北面就臣位。桓公后悔，欲无与鲁地而杀曹沫。管仲曰："夫劫许之而倍[⑤]信杀之，愈[⑥]一小快耳，而弃信于诸侯，失天下之援，不可。"于是遂与曹沫三败所亡地于鲁。诸侯闻之，皆信齐而欲附焉。七年，诸侯会桓公于甄[⑦]，而桓公于是始霸焉。

【注释】

①遂邑：鲁邑名。故城在今山东省宁阳县北。②柯：齐邑名。故城在今山东省东阿县西南。③劫：威逼；胁迫。坛：土筑的高台。④反：通"返"，归还。⑤倍：通"背"。⑥愈（yú）：愉快，满足。⑦甄：卫邑名。故城今山东省鄄城县西北。

【原文】

十四年，陈厉公子完[①]，号敬仲，来奔齐。齐桓公欲以为卿，让；于是以为工正[②]。田成子[③]常之祖也。

【注释】

①完：陈厉公之子。陈国内乱，出奔齐，改姓田，任齐国大夫，死谥敬仲。②工正：官名。百工之长。③田成子：即陈成子。春秋末齐国大臣。

【原文】

二十三年，山戎伐燕，燕告急[①]于齐。齐桓公救燕，遂伐山戎，至于孤竹[②]而还。燕庄公遂送桓公入齐境。桓公曰：

"非天子，诸侯相送不出境，吾不可以无礼于燕。"于是分沟割燕君所至与燕，命燕君复修召公之政，纳贡于周，如成康之时。诸侯闻之，皆从齐。

【注释】

①告急：报告战事危急。②孤竹：古国名。故城在今河北卢龙县东。

【原文】

二十七年，鲁湣[1]公母曰哀姜，桓公女弟也。哀姜淫于鲁公子庆父[2]，庆父弑湣公，哀姜欲立庆父，鲁人更立釐公[3]。桓公召哀姜，杀之。

【注释】

①湣（mǐn）：通"闵"，谥号用字。②庆父：鲁桓公庶子，庄公庶弟。③釐：谥号用字。

【原文】

二十八年，卫文公有狄[1]乱，告急于齐。齐率诸侯城楚丘[2]而立卫君。

【注释】

①狄：部族名。亦作"翟"。②楚丘：卫国都城。故城在今河南省滑县东。城：筑城。卫都原在朝歌（故城在今河南省淇县）。

【原文】

二十九年，桓公与夫人蔡姬戏船中。蔡姬习水[1]，荡[2]公，公惧，止之，不止，出船，怒，归蔡姬，弗绝。蔡亦怒，嫁其女。桓公闻而怒，兴师往伐。

【注释】

①习水：会游泳。②荡：摇动。

【原文】

三十年春，齐桓公率诸侯伐蔡①，蔡溃②。遂伐楚。楚成王兴师问曰："何故涉③吾地？"管仲对曰："昔召康公命我先君太公曰：'五侯九伯，若实④征之，以夹辅⑤周室。'赐我先君履⑥，东至海，西至河，南至穆陵，北至无棣。楚贡包茅不入⑦，王祭不具，是以来责。昭王⑧南征不复，是以来问。"楚王曰："贡之不入，有之，寡人罪也，敢不共⑨乎！昭王之出不复，君其问之水滨。"齐师进，次于陉⑩。夏，楚王使屈完将兵扞⑪齐，齐师退，次召陵⑫。桓公矜⑬屈完以其众。屈完曰："君以道则可；若不⑭，则楚方城⑮以为城，江、汉以为沟⑯，君安能进乎？"乃与屈完盟而去。过陈，陈袁涛涂诈齐，令出东方，觉⑰。秋，齐伐陈。是岁，晋杀太子申生。

【注释】

①蔡：国名。②溃：逃散。③涉：到。④若：你。实：是。⑤夹辅：在左右辅佐。⑥履（lǚ）：鞋；踩。此处指足迹所到的范围。⑦包茅：楚国的特产植物。不入：没有进贡。⑧昭王：周昭王，一作邵王。名瑕，在南征途中渡汉江溺死。⑨共：通"供"，供给。⑩次：停留。也指行军在一处停留超

过一宿。陉（xíng）：楚地名。在今河南省郾城境。⑪扞：保卫；抵御。⑫召（shào）陵：楚邑名，故城在今河南省郾城东。⑬矜：夸耀。⑭不（fǒu）：通“否”。⑮方城：春秋时楚国所筑长城，北起今之河南省方城县北，南至泌阳县东北。⑯江：长江。汉：汉江。沟：指护城河。⑰觉：发觉。

【原文】

三十五年夏，会诸侯于葵丘①。周襄王使宰孔赐桓公文武胙、彤弓矢、大路②，命无拜。桓公欲许之，管仲曰：“不可。”乃下拜受赐。秋，复会诸侯于葵丘，益有骄色。周使宰孔会。诸侯颇有叛者。晋侯③病，后，遇宰孔。宰孔曰：“齐侯骄矣。弟④无行。”从之。是岁，晋献公卒，里克杀奚齐、卓子，秦穆公以夫人⑤入公子夷吾为晋君。桓公于是讨晋乱，至高梁⑥，使隰朋立晋君，还。

【注释】

①葵丘：宋邑名。故城在今河南省兰考县境。②宰孔：周朝太宰周公姬孔。胙（zuò）：祭祀用的肉。彤弓矢：朱红色的弓箭。大路：大车。路，通“辂”。③晋侯：指晋献公。④弟：通“第”，但，且。⑤夫人：穆姬。夷吾的异母姐姐。⑥高梁：晋地名。在今山西省临汾市东北。

【原文】

是时周室微，唯齐、楚、秦、晋为强。晋初与①会，献公死，国内乱。秦穆公辟②远，不与中国会盟。楚成王初收荆蛮有之，夷狄自置。唯独齐为中国会盟，而桓公能宣其德，故诸侯宾[3]会。于是桓公称[4]曰："寡人南伐至召陵，望熊山[5]；北伐山戎、离枝[6]、孤竹；西伐大夏[7]，涉流沙[8]；束马悬车登太行[9]，至卑耳山[10]而还。诸侯莫违寡人。寡人兵车之会三[11]，乘车之会六[12]，九合[13]诸侯，一匡天下[14]。昔三代受命，有何以异于此乎？吾欲封泰山，禅梁父[15]。"管仲固谏，不听；乃说桓公以远方珍怪物至乃得封，桓公乃止。

【注释】

①与（yù）：参加。②辟：通"僻"，偏僻。③宾：归服；顺从。④称：声称。⑤熊山：山名。在今河南省西部卢氏县、洛宁县南。⑥离枝：国名。又名令支，地在今河北省迁安市西。⑦大夏：地名。在今山西省太原市南。⑧流沙：沙漠。在今山西省平陆县东。⑨束马悬车：山路险隘难行，包裹马脚，将车钩挂牢，以防滑跌。太行：山名。绵延山西、河北、河南三省间。⑩卑耳山：即辟耳山。在今山西省平陆县西北。⑪兵车之会三：为战争而举行的盟会有三次：鲁庄公十三年（前681），平宋乱；釐公四年（前656），侵蔡，伐楚；釐公六年（前654），伐郑，围新城。⑫乘（shèng）车之会六：为和平而举行的盟会有六次：鲁庄公十四年，会于鄄（juàn）（卫邑，故城在今山东省鄄城县）；十五年，又会鄄；十六年，盟于幽（宋地）；釐公五年，会首止（卫地，故城在今河南省睢县东南）；八年，盟于洮（táo）（曹地，故城在今山东省鄄城西）；

九年，会葵丘。⑬合：会合。⑭一匡天下：指洮之会确定了周襄王的继承权一事。⑮梁父（fǔ）：山名。泰山南坡的一座小山，在山东省新泰市西。禅（shàn）：扫地而祭。

【原文】

三十八年，周襄王弟带与戎、翟合谋伐周，齐使管仲平戎于周。周欲以上卿礼管仲，管仲顿首曰："臣陪臣[①]，安敢！"三让，乃受下卿礼以见。三十九年，周襄王弟带来奔齐。齐使仲孙请王，为带谢。襄王怒，弗听。

【注释】

①陪臣：诸侯的大夫，对天王自称陪臣。也可指大夫的家臣。陪，重；层叠。

【原文】

四十一年，秦穆公虏晋惠公，复归之。是岁，管仲、隰朋皆卒。管仲病，桓公问曰："群臣谁可相者？"管仲曰："知臣莫如君。"公曰："易牙[①]如何？"对曰："杀子以适君，非人情，不可。"公曰："开方[②]如何？"对曰："倍亲以适君，非人情，难近。"公曰："竖刀[③]如何？"对曰："自宫[④]以适君，非人情，难亲。"管仲死，而桓公不用管仲言，卒近用三子，三子专权。

【注释】

①易牙：齐桓公宠臣。一作狄牙。雍人，名巫，亦称雍巫。长调味，善逢迎。②开方：齐桓公宠臣。卫懿公的儿子，

他离开母亲在外十五年没有回去过。③竖刀：齐桓公的近臣。④宫：阉割生殖器。

【原文】

四十二年，戎伐周，周告急于齐，齐令诸侯各发卒戍[①]周。是岁，晋公子重耳[②]来，桓公妻之。

【注释】

①戍：军队驻防。②重耳：前636—前628年在位，即晋文公。

【原文】

四十三年。初，齐桓公之夫人三：曰王姬、徐姬、蔡姬，皆无子。桓公好内[①]，多内宠[②]，如夫人[③]者六人，长卫姬，生无诡；少卫姬，生惠公元；郑姬，生孝公昭；葛嬴，生昭公潘；密姬，生懿公商人；宋华子[④]，生公子雍。桓公与管仲属[⑤]孝公于宋襄公，以为太子。雍巫有宠于卫共姬，因宦者竖刀以厚献于桓公，亦有宠，桓公许之立无诡。管仲卒，五公子皆求立。冬十月乙亥，齐桓公卒。易牙入，与竖刀因内宠[⑥]杀群吏，而立公子无诡为君。太子昭奔宋。

【注释】

①好（hào）内：贪女色。②内宠：宠爱的姬妾。③如夫人：意谓同于夫人，礼数与夫人无别，故称如夫人。④宋华子：宋华氏之女，子姓。⑤属：托付。⑥内宠：此指有权势的内官。“多内宠”，指姬妾。指内官之有权宠者。

【原文】

桓公病，五公子各树党[1]争立。及桓公卒，遂相攻，以故宫中空，莫敢棺[2]。桓公尸床上六十七日，尸虫出于户。十二月乙亥，无诡立，乃棺赴[3]，辛巳夜，敛殡[4]。

【注释】

①树党：培植党羽。②棺：收尸入棺。动词。③赴：通"讣"，报丧。④敛殡：为死者装殓，将棺材停在堂上拜祭。

【原文】

桓公十有余子，要[1]其后立者五人：无诡立三月死，无谥；次孝公；次昭公；次懿公；次惠公。孝公元年三月，宋襄公率诸侯兵送齐太子昭而伐齐。齐人恐，杀其君无诡。齐人将立太子昭，四公子之徒攻太子，太子走宋，宋遂与齐人四公子战。五月，宋败齐四公子师而立太子昭，是为齐孝公[2]。宋以桓公与管仲属之太子，故来征之。以乱故，八月乃葬齐桓公。

【注释】

①要：总计。②孝公：前642—前633年在位。

【原文】

六年春，齐伐宋，以其不同盟于齐也[1]。夏，宋襄公卒。七年，晋文公立。

【注释】

①齐孝公二年，诸侯在齐国举行盟会，宋襄公没有参加。

【原文】

十年，孝公卒，孝公弟潘因卫公子开方杀孝公子而立潘，是为昭公[①]。昭公，桓公子也，其母曰葛嬴。

【注释】

①昭公：前632—前613年在位。

【原文】

昭公元年，晋文公败楚于城濮[①]，而会诸侯践土[②]，朝周，天子使晋称伯[③]。六年，翟侵齐。晋文公卒。秦兵败于殽[④]。十二年，秦穆公卒。

【注释】

①城濮：卫地名。在今山东省鄄城县西南临濮集。②践土：郑地名。在今河南省原阳县西南。③伯（bà）：通“霸”。④殽：山名，即崤山。

【原文】

十九年五月，昭公卒，子舍立为齐君。舍之母无宠于昭公，国人莫畏。昭公之弟商人以桓公死争立不得，阴交[①]贤士，附爱[②]百姓，百姓说[③]。及昭公卒，子舍立，孤弱，即与众十月即墓上弑齐君舍，而商人自立，是为懿公[④]。懿公，桓公子也，其母曰密姬。

【注释】

①阴交：暗中交结。②附爱：抚爱。③说：通“悦”。

④懿公：前612—前609年在位。

【原文】

懿公四年春，初，懿公为公子时，与丙戎之父猎，争获[1]不胜，及即位，断丙戎父足[2]，因使丙戎仆[3]。庸职之妻好，公内之宫[4]，使庸职骖乘[5]。五月，懿公游于申池[6]，二人浴，戏。职曰："断足子！"戎曰："夺妻者！"二人俱病[7]此言，乃怨。谋与公游竹中，二人弑懿公车上，弃竹中而亡去。

【注释】

①获：指猎得的禽兽。②断丙戎父足：时其人已死，掘墓断其足。③仆：驾车。④内（nà）：通"纳"。⑤骖乘：陪乘。乘车时居于车右。⑥申池：齐南城门叫申门，此指申门外之池。⑦病：以为耻辱。动词。

【原文】

懿公之立，骄，民不附。齐人废其子而迎公子元于卫，立之，是为惠公[1]。惠公，桓公子也。其母卫女，曰少卫姬，避齐乱，故在卫。

【注释】

①惠公：前608—前599年在位。

【原文】

惠公二年，长翟[1]来，王子城父[2]攻杀之，埋之于北门。晋赵穿弑其君灵公。

【注释】

①长翟：狄族的一支。身体高大。翟，通“狄”。②王子城父：齐国大夫。

【原文】

十年，惠公卒，子顷公[1]无野立。初，崔杼有宠于惠公，惠公卒，高、国畏其逼[2]也，逐之，崔杼奔卫。

【注释】

①顷公：前598—前582年在位。②高、国：齐国的两个大家族。世为齐卿。逼：侵逼；逼迫。

【原文】

顷公元年，楚庄王强，伐陈；二年，围郑，郑伯降，已复国郑伯。

六年春，晋使郤克于齐[1]，齐使夫人帷[2]中而观之。郤克上，夫人笑之。郤克曰：“不是报，不复涉河！”归，请伐齐，晋侯弗许。齐使至晋，郤克执齐使者四人河内[3]，杀之。八年，晋伐齐，齐以公子彊质晋，晋兵去。十年春，齐伐鲁、卫。鲁、卫大夫如晋请师，皆因郤克。晋使郤克以车八百乘为中军将，士燮将上军，栾书将下军，以救鲁、卫，伐齐。六月壬申，与齐侯兵合靡笄[4]下。癸酉，陈于鞌[5]，逄丑父为齐顷公右[6]。顷公曰：“驰之，破晋军会食。”射伤郤克，流血至履。克欲还入壁[7]，其御曰：“我始入，再伤，不敢言疾，恐惧[8]士卒，愿子忍之。”遂复战。战，齐急，丑父恐齐侯得[9]，乃易处，顷公为右，车絓[10]于木而止。晋小将韩厥伏齐侯车前，曰“寡君使臣救鲁、卫”，戏之。丑父使顷公下取饮，因得亡，脱去，入其军。晋郤克欲杀丑父。丑父曰：“代君死而见僇[11]，后人臣无忠其君者矣。”克舍之，丑父遂得亡归齐。于是晋军追齐至马陵[12]。齐侯请以宝器谢，不听；必得笑克者萧桐叔子[13]，令齐东亩[14]。对曰：“叔子，齐君母。齐君母亦犹晋君母，子安置之？且子以义伐而以暴为后，其可乎？”于是乃许，令反鲁、卫之侵地。

【注释】

①郤（xì）克：晋国大夫，是个驼子。②帷：帐幕。③河内：地区名。④靡笄（jī）：山名。即今山东省济南市东北的华不注山；一说即历山，又叫千佛山。在今山东省济南市东南。⑤陈：通“阵”。鞌：齐地名。在今山东省济南市。⑥逄（páng）丑父：齐国大夫。右：车右。古时乘车位于御者右边的武士。⑦壁：营垒。⑧恐：恐怕。惧：震惊；吓唬。使动用法。⑨得：获得；俘虏。被动用法。⑩絓（guà）：通“挂”。⑪见僇（lù）：僇，通“戮”。见，表被动，被杀戮。⑫马陵：齐邑名。即马陉。故城在今山东省益都县西南。⑬萧桐叔子：萧国君桐叔的女儿。实指齐顷公之母。萧，国名：桐叔，萧君的表字。子，古代兼指儿女。⑭令齐东亩：要求齐国把田亩间的干道都改成东西向，以便晋国战车向齐国进军。

【原文】

十一年，晋初置六卿，赏鞌之功。齐顷公朝晋，欲尊王[1]晋景公，晋景公不敢受，乃归。归而顷公弛苑囿[2]，薄[3]赋敛，振[4]孤问疾，虚积聚以救民，民亦大说。厚礼诸侯。竟顷公卒，百姓附[5]，诸侯不犯[6]。

【注释】

①尊王：用朝见周王的礼节对待晋君。②弛：开放。苑囿（yòu）：种植花木、畜养禽兽供王侯游玩打猎的风景园林。③薄：减轻。④振：通“赈”，救济。⑤附：亲附。⑥犯：侵犯；欺侮。

【原文】

十七年，顷公卒，子灵公[1]环立。

【注释】

①灵公：前581—前554年在位。

【原文】

灵公九年，晋栾书弑其君厉公。十年，晋悼公伐齐，齐令公子光质[1]晋。十九年，立子光为太子，高厚傅之，令会诸侯盟于钟离[2]。二十七年，晋使中行献子伐齐。齐师败，灵公走入临菑。晏婴[3]止灵公，灵公弗从。曰：“君亦无勇矣！”晋兵遂围临菑，临菑城守不敢出，晋焚郭[4]中而去。

【注释】

①质：作为抵押品的人或物。②钟离：古邑名。故城在沂

州承县界，即今山东枣庄市南。③晏婴（？—前500）：字平仲，齐国大臣。④郭：外城。

【原文】

二十八年，初，灵公取[1]鲁女，生子光，以为太子。仲姬，戎姬。戎姬嬖[2]，仲姬生子牙，属之戎姬。戎姬请以为太子，公许之。仲姬曰："不可。光之立，列于诸侯[3]矣，今无故废之，君必悔之。"公曰："在我耳。"遂东[4]太子光，使高厚傅牙为太子。灵公疾，崔杼迎故太子光而立之，是为庄公[5]。庄公杀戎姬。五月壬辰，灵公卒，庄公即位，执太子牙于句窦[6]之丘，杀之。八月，崔杼杀高厚。晋闻齐乱，伐齐，至高唐[7]。

【注释】

①取：通"娶"。②嬖（bì）：宠爱。③列于诸侯：指跟随灵公参加诸侯会盟征战。④东：流放到齐国的东部边境。⑤庄公：前553—前548年在位。⑥句窦：古邑名。故城在今山东省菏泽市北。⑦高唐：齐邑名。城故在今山东省高唐县东北。

【原文】

庄公三年，晋大夫栾盈奔齐，庄公厚客待之。晏婴、田文子谏，公弗听。四年，齐庄公使栾盈间入晋曲沃[1]为内应，以兵随之，上太行，入孟门[2]。栾盈败，齐兵还，取朝歌[3]。

【注释】

①间：私自；秘密。曲沃：晋邑名。故城在今山西省闻喜

县东北。②孟门：山名。为晋国要隘。在今河南省辉县西。③朝（zhāo）歌：故城在今河南省淇县。原为卫邑，后归晋。

【原文】

六年，初，棠公妻[1]好，棠公死，崔杼取之。庄公通之，数如崔氏，以崔杼之冠赐人。侍者曰："不可。"崔杼怒，因其伐晋，欲与晋合谋袭齐而不得间[2]。庄公尝笞宦者贾举，贾举复侍，为崔杼间公以报怨。五月，莒子朝齐，齐以甲戌飨[3]之。崔杼称病不视事[4]。乙亥，公问崔杼病，遂从崔杼妻。崔杼妻入室，与崔杼自闭户不出，公拥柱而歌。宦者贾举遮[5]公从官而入，闭门，崔杼之徒持兵从中起。公登台而请解[6]，不许；请盟，不许；请自杀于庙[7]，不许。皆曰："君之臣杼疾病[8]，不能听命。近于公宫[9]。陪臣争趣[10]有淫者，不知二命[11]。"公逾墙，射中公股，公反坠，遂弑之。晏婴立崔杼门外，曰："君为社稷死则死之，为社稷亡则亡之。若为己死己亡，非其私暱[12]，谁敢任之！"门开而入，枕公尸而哭，三踊[13]而出。人谓崔杼："必杀之。"崔杼曰："民之望[14]也，舍[15]之得民。"

【注释】

①棠公妻：齐国棠邑（在今山东省聊城市西北）大夫的妻子，叫棠姜。是崔杼的家臣东郭偃的姐姐。②间（jiàn）：间隙；空隙。③飨（xiǎng）：用酒食款待。④视事：办公；就职。⑤遮：阻止；拦住。⑥解：和解。⑦庙：王宫的前殿；朝

堂。⑧疾病：病重。⑨近于公官：意谓崔杼家邻近齐官，淫犯可能冒称齐君。⑩争趣：《左传》作扦趣。⑪二命：其他命令。⑫私暱（nì）：指所亲近、宠爱的人。⑬三踊：三次往上跳。有表示痛定奋起的意思。⑭望：仰望。⑮舍：释放。

【原文】

丁丑，崔杼立庄公异母弟杵臼，是为景公①。景公母，鲁叔孙宣伯女也。景公立，以崔杼为右相，庆封②为左相。二相恐乱起，乃与国人盟曰："不与崔庆者死！"晏子仰天曰："婴所不获唯忠于君利社稷者是从③！"不肯盟。庆封欲杀晏子，崔杼曰："忠臣也，舍之。"齐太史书④曰"崔杼弑庄公"，崔杼杀之。其弟复书，崔杼复杀之。少弟复书，崔杼乃舍之。

【注释】

①景公：前547—前490年在位。②庆封：齐国大夫。③婴所不获唯忠于君利社稷者是从：我所以不争取什么，就在于只有忠于君王利于社会的人才服从他。获，争取；得到。④太史：官名。三代为史官和历官之长。

【原文】

景公元年，初，崔杼生子成及彊，其母死，取东郭女①，生明。东郭女使其前夫子无咎与其弟偃相②崔氏。成有罪，二相急治之，立明为太子。成请老于崔③，崔杼许之，二相弗听，曰："崔，宗邑④，不可。"成、彊怒，告庆封。庆封与崔杼有郤⑤，欲其败也。成、彊杀无咎、偃于崔杼家，家皆奔亡。崔杼怒，无人，使一宦者御，见庆封。庆封曰："请为子诛之。"使崔杼仇卢蒲嫳[6]攻崔氏，杀成、彊，尽灭崔氏，崔杼妇自杀。崔杼毋归，亦自杀。庆封为相国，专权。

【注释】

①东郭女：即棠姜，亦称东郭姜。②相：辅佐。③崔：齐地名，是崔杼的封邑。在今山东省济阳县东北。④宗邑：宗庙所在的地方。⑤郤：通"隙"，嫌隙。⑥卢蒲嫳（piè）：齐大夫庆封的亲信。

【原文】

三年十月，庆封出猎。初，庆封已杀崔杼，益骄，嗜酒好猎，不听政令。庆舍用[1]政，已有内郤。田文子谓桓子[2]曰："乱将作。"田、鲍、高、栾氏相与谋庆氏。庆舍发甲围庆封宫，四家徒共击破之。庆封还，不得入，奔鲁。齐人让鲁，封奔吴。吴与之朱方[3]，聚其族而居之，富于在齐。其秋，齐人徙葬庄公，僇崔杼尸于市以说众。

【注释】

①庆舍：庆封的儿子。用：执掌。②田文子：田须无，谥文子。桓子：田无宇，谥桓子。③朱方：吴邑名。故城在今江苏省丹徒境。

【原文】

九年，景公使晏婴之[1]晋，与叔向[2]私语曰："齐政卒归田氏。田氏虽无大德，以公权私[3]，有德于民，民爱之。”十二年，景公如晋，见平公[4]。欲与伐燕。十八年，公复如晋，见昭公[5]。二十六年，猎鲁郊，因入鲁，与晏婴俱问鲁礼。三十一年，鲁昭公辟[6]季氏难，奔齐。齐欲以千社[7]封之，子家[8]止昭公，昭公乃请齐伐鲁，取郓[9]以居昭公。

【注释】

①之：往；到。②叔向：晋国大夫，即羊舌肸（xī）。③田氏虽无大德：指田氏祖先没有做出有大利于天下的德泽，如姜氏的太公辅佐周文王、武王灭纣兴周的业绩。以公权私：谓田氏为公事树私恩，如向百姓收赋税用小斗，私家贷给百姓粮食则用大斗之类。④平公：晋国君。前557—前532年在位。⑤昭公：晋国君。前531—前526年在位。⑥辟：通“避”。⑦社：古代地方基层行政单位。二十五家为一社。⑧子家：鲁国公族，随同昭公出奔。⑨郓（yùn）：鲁邑名。

【原文】

三十二年，彗星见[1]。景公坐柏寝[2]，叹曰：“堂堂！谁有此乎？”群臣皆泣，晏子笑，公怒。晏子曰：“臣笑群臣谀甚。”景公曰：“彗星出东北，当齐分野[3]，寡人以为忧。”晏子曰：“君高台深池，赋敛如弗得，刑罚恐弗胜，茀星[4]将出，彗星何惧乎？”公曰：“可禳[5]否？”晏子曰：“使神可祝[6]而来，亦可禳而去也。百姓苦怨以万数，而君令一人禳之，安能胜众口乎？”是时景公好治[7]宫室，聚狗马，奢侈，厚赋重刑，故晏子以此谏之。

【注释】

①见（xiàn）：通“现”。②柏寝：台名。在今山东省广饶县东北。③分野：古代占星术，把十二星次或二十八宿的位置跟地上州、国的位置相对应。④茀（pèi）星：即孛星。⑤禳（ráng）：祭祷消灾。⑥祝：祈祷。⑦治：修建；整治。

【原文】

四十二年，吴王阖闾伐楚，入郢[1]。

【注释】

①郢（yǐn）：楚都城。故城在今湖北省江陵县东北。按郢原在今江陵县西北纪南城。楚平王迁至今江陵县东北。

【原文】

四十七年，鲁阳虎[1]攻其君，不胜，奔齐，请齐伐鲁。鲍子[2]谏景公，乃囚阳虎。阳虎得亡，奔晋。

【注释】

①阳虎：一作阳货，或说字货。②鲍子：鲍国。谥文子。齐大臣。

【原文】

四十八年，与鲁定公好会夹谷[1]。犁钼曰：“孔丘[2]知礼而怯，请令莱人[3]为乐。因执鲁君，可得志。”景公害[4]孔丘相鲁，惧其霸，故从犁钼之计。方会，进莱乐，孔子历阶[5]上，使有司[6]执莱人斩之，以礼让景公。景公惭，乃归鲁侵地以谢[7]，而罢去。是岁，晏婴卒。

【注释】

①好会：和平友好相会。夹谷：即祝其。齐地名。在今山东省莱芜市东南。②孔丘（前551—前479）：即孔子，字仲尼。③莱人：即莱夷，部族名。当时居住在今山东半岛东部。④害：妒忌。⑤历阶：一脚踏一台阶急上。⑥有司：古代设官分职，各有专司，因称官吏为有司。⑦谢：认错，道歉。

【原文】

五十五年，范[1]、中行反其君于晋，晋攻之急，来请粟。田乞[2]欲为乱，树党于逆臣，说[3]景公曰："范、中行数有德于齐，不可不救。"乃使乞救而输之粟。

【注释】

①范：晋国大夫范吉射。②田乞：齐国大臣。田无宇之子。③说（shuì）：劝说。

【原文】

五十八年夏，景公夫人燕姬適[1]子死。景公宠妾芮姬生子荼，荼少，其母贱，无行，诸大夫恐其为嗣，乃言愿择诸子长贤者为太子。景公老，恶言嗣事，又爱荼母，欲立之，惮[2]发之口，乃谓诸大夫曰："为乐耳，国何患无君乎？"秋，景公病，命国惠子、高昭子[3]立少子荼为太子，逐群公子，迁之莱。景公卒，太子荼立，是为晏孺子。冬，未葬，而群公子畏诛，皆出亡。荼诸异母兄公子寿、驹、黔奔卫，公子驵[4]、阳生奔鲁。莱人歌之曰："景公死乎弗与埋，三军事乎弗与谋[5]，师[6]乎师乎，胡党[7]之乎？"

【注释】

①適：通"嫡"。②惮：怕。③国惠子：国夏，谥惠子。高昭子：高张，谥昭子。④驵：zǎng。⑤三军：周制，王设六军，诸侯大国设立三军，齐国设上、中、下三军，每军一万二千五百人。谋：计议；商量。⑥师：众人。指群公子的部下。⑦胡：何，哪。党：处所。

【原文】

晏孺子元年春，田乞伪[1]事高、国者，每朝，乞骖乘，言曰："子得君[2]，大夫皆自危，欲谋作乱。"又谓诸大夫曰："高昭子可畏，及未发[3]，先之。"大夫从之。六月，田乞、鲍牧[4]乃与大夫以兵入公宫，攻高昭子。昭子闻之，与国惠子救公。公师败，田乞之徒追之，国惠子奔莒，遂反杀高昭子。晏圉[5]奔鲁。八月，齐秉意兹[6]。田乞败二相，乃使人之鲁召公子阳生。阳生至齐，私匿[7]田乞家。十月戊子，田乞请诸大夫曰："常之母[8]有鱼菽之祭，幸来会饮。"会饮，田乞盛阳生橐[9]中，置坐[10]中央，发[11]橐出阳生，曰："此乃齐君矣！"大夫皆伏谒[12]。将与大夫盟而立之，鲍牧醉，乞诬[13]大夫曰："吾与鲍牧谋共立阳生。"鲍牧怒曰："子忘景公之命乎？"诸大夫相视欲悔，阳生前，顿首曰："可则立之，否则已。"鲍牧恐祸起，乃复曰："皆景公子也，何为不可！"乃与盟，立阳生，是为悼公⑭。悼公入宫，使人迁晏孺子于骀⑮，杀之幕⑯下，而逐孺子母芮子。芮子故⑰贱而孺子少，故无权，国人轻之。

【注释】

①伪：假装。②得君：得到君主的宠信。③发：发动。④鲍牧：齐国大夫。⑤晏圉：晏婴之子。⑥秉意兹：齐国大夫。⑦匿：躲藏。⑧常之母：田乞的妻子。常，指田常，田乞的儿子。⑨盛：装。橐（tuó）：无底的袋子。⑩坐：通"座"。⑪发：揭开。⑫伏谒：伏地谒见。⑬诬：欺骗。⑭悼公：前488—前485年在位。⑮骀（tái）：齐邑名。故城在今山东省临朐县境。⑯幕：指途中临时设置的帐幕。⑰故：原来，本来。

【原文】

悼公元年，齐伐鲁，取讙①、阐。初，阳生亡在鲁，季康子以其妹妻②之。及归即位，使迎之。季姬与季鲂侯③通，言其情，鲁弗敢与，故齐伐鲁，竟迎季姬。季姬嬖，齐复归鲁侵地。

【注释】

①讙（huān）：鲁邑名。故城在今山东省泰安县南。②妻（qì）：嫁给。③季鲂侯：季康子的叔父。

【原文】

鲍子与悼公有郄，不善。四年，吴、鲁伐齐南方。鲍子弑悼公，赴于吴。吴王夫差哭于军门外三日，将从海入讨齐。齐人败之，吴师乃去。晋赵鞅伐齐，至赖①而去。齐人共立悼公子壬，是为简公②。

【注释】

①赖：齐邑名。故城在今山东省章丘市西北。②简公：前484—前481年在位。

【原文】

简公四年春，初，简公与父阳生俱在鲁也，监止①有宠焉。及即位，使为政。田成子惮之，骤顾②于朝。御鞅③言简公曰："田、监不可并也，君其择焉。"弗听。子我夕④，田逆⑤杀人，逢之，遂捕以入。田氏⑥方睦，使囚病⑦而遗守囚者酒，醉而杀守者，得亡。子我盟诸田于陈宗⑧。初，田豹⑨欲为子我臣；使公孙言⑩豹，豹有丧而止。后卒以为臣，幸于子我。子我谓曰："吾尽逐田氏而立女，可乎？"对曰："我远⑪田氏矣。且其违者⑫不过数人，何尽逐焉！"遂告田氏。子行曰："彼⑬得君，弗先，必祸子⑭。"子行舍⑮于公宫。

【注释】

①监止：即子我。②田成子：即田常。骤顾：心情不安，东张西望。③御：主管驾驶车马的官员。鞅：田鞅。齐国大夫。田常堂侄。④夕：晚上上朝。⑤田逆：即子行。田氏族

人。⑥田氏：指田氏家族。⑦囚：指田逆。病：装病。⑧陈宗：陈氏（即田氏）宗长（田常）之家。⑨田豹：田氏族人。⑩公孙：齐国大夫。言：介绍；推荐。⑪远：疏远。指远房。⑫违者：指不服从监止的田氏族人。⑬彼：指监止。⑭子：指田常。⑮舍：住。

【原文】

夏五月壬申，成子兄弟四乘[①]如公。子我在幄[②]，出迎之，遂入，闭门。宦者[③]御之，子行杀宦者。公与妇人饮酒于檀台[④]，成子迁诸寝[⑤]。公执戈将击之，太史子馀[⑥]曰："非不利也，将除害也。"成子出舍于库[⑦]，闻公犹怒，将出[⑧]，曰："何所无君！"子行拔剑曰："需[⑨]，事之贼也。谁非田宗？所不杀子者有如田宗。"乃止。子我归，属徒攻闱[⑩]与大门，皆弗胜，乃出。田氏追之。丰丘[⑪]人执子我以告，杀之郭关[⑫]。成子将杀大陆子方[⑬]，田逆请而免之。以公命取车于道，出雍门[⑭]。田豹与之车，弗受，曰："逆为余请，豹与余车，余有私焉。事子我而有私于其仇，何以见鲁、卫之士？"

【注释】

①乘（shèug）：车辆，四马一车为乘。②幄：帐幕，听政之处。③宦者：齐简公的宦官。④檀台：台名。⑤寝：宗庙的后殿。⑥子馀：齐国大夫。⑦库：储藏军械的处所。⑧出：出奔；逃亡。⑨需：迟疑；等待。⑩属：集合；会合。闱：宫中小门。⑪丰丘：田氏封邑。⑫郭关：齐关名。一说外城门。

⑬大陆子方：齐国大夫。即东郭贾。⑭雍门：齐城门。

【原文】

庚辰，田常执简公于徐州[①]。公曰："余蚤[②]从御鞅言，不及此。"甲午，田常弑简公于徐州。田常乃立简公弟骜，是为平公[③]。平公即位，田常相之，专齐之政，割齐安平[④]以东为田氏封邑。

【注释】

①徐州：田氏封邑。在今山东省滕州市南。②蚤：通"早"。③平公：前480—前456年在位。④安平：齐邑名。故城在今山东省淄博市东。

【原文】

平公八年，越灭吴。二十五年卒，子宣公[①]积立。

【注释】

①宣公：前455—前405年在位。

【原文】

宣公五十一年卒，子康[①]以贷立。田会反廪丘[②]。

【注释】

①康公：前404—前379年在位。②田会：齐国大夫。廪丘：齐邑名。

【原文】

康公二年，韩、魏、赵始列为诸侯。十九年，田常曾孙田和始为诸侯，迁康公海滨。

二十六年，康公卒，吕氏遂绝其祀。田氏卒有齐国，为齐威王[①]，强于天下。

【注释】

①齐威王：田因齐。前356—前320年在位。

【原文】

太史公曰：吾适齐，自泰山属之琅邪[①]，北被[②]于海，膏壤[③]二千里，其民阔达多匿知[④]，其天性也。以太公之圣，建国本，桓公之盛，修善政，以为诸侯会盟，称伯，不亦宜乎？洋洋[⑤]哉，固[⑥]大国之风也！

【注释】

①属：附属；余脉。琅邪（láng yá）：一作琅琊、瑯琊。山名。②被：及；达到。③膏壤：肥沃的土壤。④阔达：胸怀开阔。匿知：智慧深沉。⑤洋洋：广大宽宏的样子。⑥固：诚然；的确。

【译文】

太公望吕尚是东海一带的人。他的祖先曾经做过四岳的官，佐夏禹治理水土，立有大功。在虞舜、夏禹时期被封在吕，有的被封在申，姓姜。夏、商时代，申、吕有的封给旁支子孙，有的变成了平民，吕尚就是他们远代的子孙。吕尚本姓姜，后以他的封地为姓，所以叫吕尚。

吕尚大约曾经穷困潦倒。年纪老了，因钓鱼而结识了周西伯。西伯将要出去打猎，卜了一卦，卦辞说："所获得的不是龙不是螭，不是虎不是罴；获得的是霸王的辅佐。"于是，周西伯出去打猎，果然在渭水北面遇到太公，与他交谈后，非常高兴，说："自从我的先君太公就说'当有圣人到周家来，周家因此就会兴盛'。先生果真就是所说的这个人吧？我的太公盼望先生很久啦。"所以，称吕尚为"太公望"。西伯和他坐车一同回去，封他做军师。

有人说，太公博才多学，曾经侍奉过商纣王，纣王残酷无道，太公就离开了他。周游列国劝说诸侯，没有遇到知己的君王，最后向西去归附周西伯。有人说，吕尚是隐士，隐居在海滨。周西伯被纣王拘禁在羑里时，散宜生、闳夭平常知道吕尚而招请他出来。吕尚也说："我听说西伯贤明，又慈善地赡养老人，为什么不到他那里去呢？"他们三人合谋替西伯寻找美女和宝物，献给纣王，用以赎回西伯。西伯因此被释放，回到故国。记述吕尚归周的原因说法虽然不同，但重要的是都说他是周文王、周武王的军师。

周西伯昌从羑里脱身归来，暗中和吕尚修行德政，为推翻商朝做准备，其中大多是用兵的权谋和奇妙的计策，所以后世谈论兵策及周代的秘密权术都推崇太公为最初的谋划者。周西伯施政公平，和平解决了虞芮两国的争端以后，诗人称道西伯是受了天命的文王。他征伐崇国、密须、犬夷，大规模地兴建丰邑。当时，天下三分之二的诸侯归顺周朝，多半出于太公的计谋。

文王死后，武王即位。九年，武王想继续完成文王的大业，东征商纣察看诸侯是否云集响应。军队出师之际，被尊称为“师尚父”的吕尚左手拄持黄钺，右手握秉白旄誓师，说：“苍兕苍兕，统领众兵，集结船只，迟者斩首。”于是，兵至盟津。各国诸侯不召自来有八百之多。诸侯都说：“可以征伐商纣了。”武王说：“还不行。”班师而还，与太公同写了《太誓》。

又过二年，商纣杀死王子比干，囚禁了箕子。武王又将征伐商纣，占卜一卦，龟兆显示不吉利，风雨突至。群臣恐惧，只有太公强劝武王进军，武王于是出兵。十一年正月甲子日，在牧野誓师，进伐商纣。商纣军队彻底崩溃。商纣回身逃跑，登上鹿台，于是被追杀。第二天，武王立于社坛之上，群臣手捧明水，卫康叔封铺好彩席，师尚父牵来祭祀之牲，史佚按照策书祈祷，向神祇禀告讨伐罪恶商纣之事。散发商纣积聚在鹿台的钱币，发放商纣囤积在钜桥的粮食，用以赈济贫民。培筑加高比干之墓，释放被囚禁的箕子。把象征天下最高权力的九鼎迁往周国，修治周朝政务，与天下之人共同开始创造新时代。上述诸事多半是采用师尚父的谋议。

此时，武王已平定商纣，成为天下之王，就把齐国营丘封赏给师尚父。师尚父东去自己的封国，边行边住，速度很慢。客舍中的人说他：“我听说时机难得而易失。这位客人睡得这样安逸，恐怕不是去封国就任的吧。”太公听了此言，连夜穿衣上路，黎明就到达齐国。正遇莱侯带兵来攻，想与太公争夺营丘。营丘毗邻莱国。莱人是夷族，趁商纣之乱而周朝刚刚安定，无力平定远方，因此和太公争夺国土。

太公到齐国后，修明政事，顺其风俗，简化礼仪，开放工商之业，发展渔业盐业优势，因而人民多归附齐国，齐成为大国。到周成王年幼即位之时，管蔡叛乱，淮夷也背叛周朝，成王派召康公命令太公说："东至大海，西至黄河，南至穆陵，北至无棣，此间五等诸侯，各地官守，如有罪愆，命你讨伐。"齐因此可以征讨各国，形成大国，定都营丘。

太公死时一百余岁，其子丁公吕伋继位。丁公死，其子乙公得继位。乙公死，其子癸公慈母继位。癸公死，其子哀公不辰继位。

哀公时，纪侯向周王诬陷哀公，周王用大鼎煮死哀公，而立其弟静为齐君，就是胡公。胡公迁都于薄姑，此时正当周夷王在位。

哀公同母少弟山怨恨胡公，就与自己党徒带领营丘人袭击杀死胡公自立为齐君，就是献公。献公元年，全部驱逐胡公诸子，借机把首都从薄姑迁到临菑。

九年，献公死，其子武公寿继位。武公九年，周厉王逃亡，住在彘邑。十年（前 841），周王室大乱，大臣们主持国政，号称"共和"。二十四年（前 827），周宣王即位。

二十六年（前 825），武公死，其子厉公无忌继位。厉公残暴肆虐，所以胡公之子又返回齐国，齐人想立胡公之子为君，就一同攻杀厉公。胡公之子也战死。齐人于是立厉公之子赤为齐君，就是文公，斩掉七十多个攻杀厉公的人。

文公十二年（前804）死，其子成公脱继位。成公九年（前795）死，其子庄公购继位。

庄公二十四年（前771），犬戎杀死幽王，周王室东迁都到洛邑。秦国开始列位于诸侯。五十六年（前739），晋人杀死他们的国君晋昭侯。

六十四年（前731），庄公死，其子釐公禄甫继位。

釐公九年（前722），鲁隐公即位。十九年（前712），鲁桓公杀其兄隐公而自立为鲁君。

二十五年（前706），北戎攻伐齐国。郑国派太子忽来援救齐国，齐侯想把女儿嫁给他。忽说："郑国小齐国大，我配不上。"就谢绝了。

三十二年（前699），釐公同母弟夷仲年死。其子名叫公孙无知，釐公宠爱他，给他的级别车服生活待遇和太子一样。

三十三年（前698），釐公死，太子诸儿立，就是襄公。

襄公元年（前697），襄公原来还是太子时，曾与无知争斗，即位以后，降低无知的俸禄车马服饰的等级，无知心中怨恨。

四年（前694），鲁桓公和夫人来到齐国。齐襄公过去曾与鲁夫人私通。鲁夫人是襄公的妹妹，在齐釐公时嫁给鲁桓公做夫人，此次与鲁桓公来齐国又与襄公通奸。鲁桓公发现此事，怒责夫人，夫人告诉了齐襄公。齐襄公宴请鲁桓公，把桓公灌醉，派大力士彭生把鲁桓公抱上车，接着折断桓公的肋骨杀死桓公，桓公被抬出车时已死掉了。鲁国人为此责备齐国，齐襄公杀死彭生以向鲁国谢罪赎过。

八年（前690），齐国征伐纪国，纪国被迫迁都。

十二年（前686），当初，襄公派连称、管至父驻守葵丘，约定七月瓜熟时前去，第二年瓜熟时派人去替换他们。他们前去驻守一年，瓜熟时期已过襄公仍不派人去替换。有人为他们要求派人，襄公不答应。所以二人生气，通过公孙无知策划叛乱。连称有一堂妹在襄公宫内，不被宠幸，就让她侦伺襄公，对她说："事成以后，让你给无知当夫人。"冬十二月，襄公到姑棼游玩，又到沛丘打猎。见一大猪，侍从说"是彭生"，襄公大怒，用箭射去，大猪如人站立而叫。襄公害怕，从车上摔下伤了脚，鞋子也掉了。回去后把管鞋的名叫"茀"的人鞭打三百下。茀出宫。无知、连称、管至父等人闻知襄公受伤，就带领徒众来攻袭襄公宫。正遇管鞋的茀，茀说："先不要进去以免惊动宫中，惊动宫中后就不易再攻进去了。"无知不信此言，茀让他验看自己的伤痕，才被相信。他们等在宫外，让茀先进去探听。茀先入后，马上把襄公藏在屋门后。过了好久，无知等害怕，就进宫去。茀反而和宫中之人以及襄公的亲信之臣反攻无知等人，未能得胜，全被杀死。无知进宫，找不到襄公。有人见屋门下露着人脚，开门一看，门后正是襄公，就杀死襄公，无知自立为齐君。

桓公元年（前685）春，齐君无知到雍林游玩。雍林有人曾怨恨无知，等到无知去游玩时，雍林人偷袭杀死无知，向齐国大夫宣告说："无知杀死襄公自立为君，我已将他处死。请大夫们改立其他公子中该即位的，我唯命是听。"

当初，襄公将鲁桓公灌醉杀死，与鲁夫人通奸，还屡屡杀罚不当，沉迷女色，多次欺侮大臣，他的诸弟害怕祸患牵连，因此次弟纠逃亡鲁国，他母亲是鲁国之女。管仲、召忽辅佐他。次弟小白逃亡莒国，鲍叔辅佐他。小白母亲是卫国之女，很得齐釐公宠幸。小白从小与大夫高傒交好。雍林人杀死无知后，商议立君之事，高氏、国氏抢先暗中从莒国召回小白。鲁国闻知无知已死，也派兵护送公子纠返齐，并命管仲另带军队遏阻莒国通道，管仲射中小白衣带钩。小白假装死了，管仲派人飞报鲁国。鲁国护送公子纠的部队速度就放慢了，六天才至齐国，而小白已先入齐国，高傒立其为君，就是桓公。

桓公当时被射中衣带钩之后，装死以迷惑管仲，然后藏在温车中飞速行进，也因为有高氏国氏二大家族为内应，所以能够先入齐国即位，派兵抵御鲁军。秋天，齐兵与鲁兵在乾时作战，鲁兵败逃，齐兵又切断鲁兵的退路。齐国写信给鲁国说："子纠是我兄弟，不忍亲手杀他，请鲁国将他杀死。召忽、管仲是我仇敌，我要求活着交给我，让我把他们剁成肉酱才甘心。不然，齐兵要围攻鲁国。"鲁人害怕，就在笙渎杀死子纠。召忽自杀而死，管仲要求囚禁。桓公即位时，派兵攻鲁，本欲杀死管仲。鲍叔牙说："我有幸跟从您，您终于成为国君。您的尊贵地位，我已无法再帮助您提高。您如果只想治理齐国，有高傒和我也就够了。您如果想成就霸王之业，没有管夷吾不行。夷吾所居之国，其国必强，不能失去这个人才。”于是，桓公听从此言。他假装召回管仲以报仇雪恨，实际是想任他为政。管仲心里明白，所以要求返齐。鲍叔牙迎接管仲，一到齐国境内的堂阜就给管仲除去桎梏，让他斋戒沐浴而见桓公。桓公赏以厚礼，任管仲为大夫，主持政务。

桓公得到管仲后，与鲍叔、隰朋、高傒共同修治齐国政事，组织基层五家连兵之制，开发商业流通、渔业盐业优势，用以给赡贫民，奖励贤能之士，齐国人人欢欣。

二年（前 684），齐国伐灭郯国，郯国国君逃亡莒国。当初，齐桓公逃亡国外时，曾经过郯国，郯国对桓公无礼，所以讨伐它。

五年（前 681），征伐鲁国，鲁军眼看失败。鲁庄公请求献出遂邑来媾和，桓公允诺，与鲁人在柯地盟会。将要盟誓之际，鲁国的曹沫在祭坛上用匕首劫持齐桓公，说：“归还鲁国被侵占的土地！”桓公答应。然后，曹沫扔掉匕首，回到面向北方的臣子之位。桓公后悔，想不归还鲁国被占领土并杀死曹沫。管仲说：“如果被劫持时答应了人家的要求，然后又背弃诺言杀死人家，是满足于一件小小的快意之事，而在诸侯中却失去了信义，也就失去了天下人的支持，不能这样做。”桓公于是就把曹沫三次战败所丢的全部领土归还给鲁国。诸侯闻知，都认为齐国守信而愿意归附。七年（前 679），诸侯与齐桓公在甄地盟会，齐桓公从此成为天下诸侯的霸主。

十四年（前 672），陈厉公子陈完，号敬仲，逃亡来到齐国。齐桓公想任命他为卿，他谦让不肯。于是，让他做工正之官。这就是田成子田常的祖先。

二十三年（前 663），山戎侵伐燕国，燕向齐国告急。齐桓公派兵救燕，接着讨伐山戎，到达孤竹后才班师。燕庄王又送桓公进入齐国境内。桓公说："除了天子，诸侯之间相送不出自己国境，我不能对燕无礼。"于是，把燕君所至的齐国领土用沟分开送给燕国，让燕君重修召公之政，向周王室进贡，就像周成王、康王时代一样。诸侯闻知后，都服从齐国。

二十七年（前 659），鲁湣公之母叫哀姜，是齐桓公的妹妹。哀姜与鲁公子庆父私通，庆父杀死湣公，哀姜想立庆父为国君，鲁人改立起釐公。桓公把哀姜召回齐国，杀了哀姜。

二十八年（前 658），卫文公被狄人侵伐，向齐国告急。齐国率领诸侯在楚丘筑成城池，安置卫君在那里。

二十九年（前 657），桓公与夫人蔡姬乘船游玩。蔡姬熟悉水性，摇晃船只颠簸桓公。桓公害怕，命她停止，她仍不停，下船之后，桓公恼怒，把蔡姬送回娘家，但又不断绝婚姻关系。蔡侯也十分生气，就又把蔡姬另嫁给别人。桓公听说后更加生气，兴兵伐蔡。

三十年（前 656）春，齐桓公率领诸侯讨伐蔡国，蔡国大败。接着伐楚。楚成王兴兵来问："为什么进入我的国土?"

管仲回答说："过去召康公命令我国先君太公：'五等诸侯，各地守官，你有权征伐，以辅佐周室。'赐给我先君有权征伐的疆界，东至大海，西至黄河，南至穆陵，北至无棣。楚国应该进贡的包茅没有进献，天子祭祀用品不全，因此来督责。昭王南征不归死在南方，因此前来问罪。"楚王说："贡品没有进献，确实如此，是我之罪过，今后不敢不奉上。至于昭王一去不归，并未在我楚国领土，请您到汉水边上去问罪。"齐军进扎于陉地。夏，楚王命屈完领兵抗齐，齐军退驻召陵。桓公向屈完炫耀兵多将广。屈完说："您合于正义才能胜利；如果不然，楚国就以方城山为城墙，以长江、汉江为护城河，您怎么能推进呢?"齐桓公就与屈完订立协约而回。途经陈国，陈国大夫袁涛涂欺骗桓公，让齐军走东线难行之路，被齐国发觉。秋天，齐国讨伐陈国。这一年，晋国君杀死其太子申生。

三十五年（前651）夏，桓公与诸侯在葵丘盟会。周襄王派宰孔赏赐给桓公祭祀文王武王的福肉、丹彩装饰的弓箭、天子乘用的车乘，而且特许桓公不要下拜谢恩。桓公本想答应，管仲说："不可。"桓公于是下拜接受赏物。秋天，再次与诸侯在葵丘盟会，齐桓公愈发面有骄傲之色。周王派宰孔参加盟会。诸侯见桓公如此也使有些人离心。晋君病重，上路迟了，正逢宰孔。宰孔说："齐桓公骄傲了，尽管不去也没什么关系。"晋君听从此言，未去盟会。此年，晋献公死，里克杀死献公少子奚齐和卓子，秦穆公因为自己夫人是晋公子夷吾的姐姐，所以武力护送夷吾返晋为君。桓公也讨伐晋国内之乱，到达高梁地方，派隰朋立起夷吾为晋国君，然后撤军。

此时，周朝王室衰微，天下只有齐、楚、秦、晋四国强盛。晋国刚刚参加盟会，晋献公便死去，国内大乱。秦穆公处地偏远，不参加中原诸侯的会盟。楚成王刚刚将荆蛮之地占为己有，认为自己是夷狄之邦。只有齐国能够召集中原诸侯盟会，齐桓公又充分宣示出其盛德，所以各国诸侯无不宾服而来会。因此，桓公宣称："寡人南征至召陵，望到了熊耳山；北伐山戎、离枝、孤竹国；西征大夏，远涉流沙；包缠马蹄，挂牢战车登上太行险道，直达卑耳山而还。诸侯无人违抗寡人。寡人召集兵车盟会三次，乘车盟会六次，九次会合诸侯，匡正天下于一统。过去三代开国天子，与此有何不同？我想要封祭泰山，禅祭梁父。"管仲力谏，桓公不听。管仲于是介绍封禅之礼要等远方各种奇珍异物具备才能举行，桓公才作罢。

三十八年（前648），周襄王之弟带与戎人、翟人合谋侵周，齐国派管仲到周去为双方讲和。周天子想用上卿之礼接待管仲，管仲叩头而拜说："我是陪臣，怎么敢受此礼遇！"谦让再三，才接受以下卿之礼拜见天子。三十九年（前647），周襄王之弟王子带逃亡到齐国。齐国派仲孙请求周襄王，替带谢罪。周襄王很生气，不答应。

四十一年（前645），秦穆公俘获晋惠公，又释放他归国。

此年，管仲、隰朋都去世。管仲病重之后，齐桓公问他：“你死后群臣之中谁可做相国?”管仲说：“知臣莫如君。”桓公说：“易牙这人怎么样?”回答说：“他杀死自己的儿子来迎合国君，不合人情，不能任用。”桓公问：“开方这人怎么样?”回答说：“他抛弃双亲来迎合国君，不合人情，不可接近。”桓公说：“竖刀这人怎么样?”回答说：“阉割自己来迎合国君，不合人情，不可亲信。”管仲死后，桓公不听管仲之言，还是亲近任用这三人，三人专权。

四十二年（前644），戎人伐周，周向齐国告急，齐国命各诸侯分别派兵戍卫周王室。此年，晋公子重耳来齐国，齐桓公把本族之女嫁给重耳为妻。

四十三年（前643）。当初，齐桓公有三位夫人：名叫王姬、徐姬、蔡姬，都没生儿子。桓公好色，有很多宠幸的妾，其中地位等同于夫人的就有六个：长卫姬，生的无诡；少卫姬，生的惠公元；郑姬，生的孝公昭；葛嬴，生的孝公潘；密姬，生的懿公商人；宋华子，生的公子雍。齐桓公和管仲曾把孝公昭托付给宋襄公，立为太子。易牙受到桓公长卫姬的宠幸，又通过宦者竖刀送给桓公厚礼，所以也受到桓公宠幸，桓公答应易牙立无诡为太子。管仲死后，五位公子都要求立为太子。冬十月乙亥日，齐桓公死。易牙进宫，与竖刀借助宫内宠臣杀死诸大夫，立公子无诡为齐君。太子昭逃亡到宋国。

桓公病时，五公子各自结党要求立为太子。桓公死后，就互相攻战，以致宫中无人，也没人敢去把桓公装尸入棺。桓公尸体丢在床上六十七天，尸体爬满蛆虫以致爬出门外。十二月乙亥日，无诡即位，才装棺并向各国报丧。辛巳日夜，才穿衣入殓，停柩于堂。

桓公有子十余人，总计前后五人曾登君位：无诡即位三月死去，没有谥号；接着是孝公；接着是昭公；再接下去是懿公；最后是惠公。孝公元年（前642）三月，宋襄公率领诸侯军队送齐太子昭归国并伐齐。齐人害怕，杀死其君无诡。齐人将要立太子昭为齐君时，其余四公子的徒众又攻打太子，太子逃到宋国，宋国与齐国四公子的军队作战。五月，宋军打败四公子立太子昭为君，就是齐孝公。宋国因为曾受桓公与管仲之托照顾太子，所以前来征伐。因为战乱，到八月才顾上埋葬齐桓公。

六年（前637）春，齐国伐宋，因为宋国不参加在齐国的盟会。夏，宋襄公死。七年（前636），晋文公即位。

十年（前633），孝公死，孝公之弟潘让公子开方杀死孝公之子而立潘为君，就是昭公。昭公是桓公的儿子，其母名叫葛嬴。

昭公元年（前632），晋文公在城濮大败楚军，召集诸侯在践土盟会，朝见周天子，天子让晋做诸侯的霸主。六年（前627），狄人侵齐。晋文公死。秦兵在殽地兵败。十二年（前621），秦穆公死。

十九年（前614）五月，昭公死，其子舍立为齐君。舍之母不被昭公宠爱，齐国人都不怕他。昭公之弟商人因为桓公死后未能争立为君，暗中结交贤士，抚恤存爱百姓，百姓拥戴。昭公死后，其子舍继位，孤独软弱，商人就与众人于十月在昭公坟前杀死其君舍，商人自立为君，就是懿公。懿公是桓公之子，他的母亲名叫密姬。

懿公四年（前609）春，当初，懿公还是公子的时候，与丙戎的父亲一同打猎，互相争夺猎物，懿公未争到。即位以后，懿公斩断丙戎父亲的脚，却让丙戎为自己驾车。庸职的妻子漂亮，懿公抢入宫中，却让庸职骖乘。五月，懿公在申池游玩，丙戎和庸职洗澡，互相开玩笑。庸职说丙戎是“砍脚人的儿子”，丙戎说庸职是“被人夺妻的丈夫”。两人都为这些话感到耻辱，共同怨恨懿公。两个人谋划与懿公共同到竹林中游玩，二人在车上把懿公杀死，把尸体抛在竹林中逃跑。

懿公即位后，非常骄横，人民不归附。齐国人废黜懿公子之子而从卫国迎接公子元回齐，立为国君，就是惠公。惠公是桓公之子。他的母亲是卫国之女，名叫少卫姬，因躲避齐国内乱，所以逃往卫国。

惠公二年（前607），长翟来齐，王子城父攻杀长翟，把他埋在北门。晋国大夫赵穿杀死国君晋灵公。

十年（前599），惠公死，其子顷公无野继位。当初，崔杼曾得到惠公宠幸。等到惠公死后，高氏、国氏怕受他胁迫，把崔杼驱逐出国，崔杼逃到卫国。

顷公元年（前598），楚庄王强盛起来，征伐陈国。二年（前597），围攻郑国，郑伯投降，后又让郑伯复国。

六年（前593）春，晋国派郤克出使齐国，齐顷公让其母坐在帷幕中观看。郤克上阶，夫人笑话他。郤克说："此辱不报，誓不再渡黄河！"回国后，请求晋君伐齐，晋君不答应。齐国使者至晋，郤克在河内捉住齐国使者四人，全部杀死。八年（前591），晋国伐齐，齐国让公子强到晋国做人质，晋军才离去。十年（前589）春，齐国征伐鲁国、卫国。鲁、卫二国大夫到晋国请兵，都是通过郤克。晋国派郤克率领战车八百乘，做中军之将，士燮率领上军，栾书率领下军，来救鲁、卫，讨伐齐国。六月壬申日，晋军与齐军在靡笄山下交兵。癸酉日，在鞌地排列成阵。逢丑父做齐顷公的车右武士。顷公说："冲上去，击破晋军后聚餐。"齐国射伤郤克，血流到脚。郤克想退回营垒，他战车的驭手说："我从进入战斗后，已两次负伤，我不敢说疼痛，害怕使士卒恐惧，愿您忍痛继续战斗。"郤克又投入战斗。战斗进行中，齐军危急，逢丑父怕齐顷公被活捉，就互相交换了位置，顷公成为车右武士，战车绊在树上抛锚。晋国小将韩厥拜伏在齐顷公战车之前，说："我们晋君派我来救援鲁、卫。"这样嘲笑顷公。丑父装成顷公，让装成车右武士的顷公下车取水来喝，顷公借此得以逃脱，跑回齐军阵中。晋国的郤克要杀丑父。丑父说："我替国君死而被杀，以后为人臣子的就不会有忠于君主的人了。"郤克就放了他，丑父于是能逃归齐军。晋军追赶齐军直到马陵。齐顷公请求用宝器谢罪，郤克不答应，一定要得到耻笑郤克的萧桐叔子，还命令齐国把田垅一律改成东西方向。齐人回答说："萧桐叔子，是齐顷公的母亲。齐君的母亲就犹如晋君的母亲一样地位，您怎么处置她？而且您是以正义之师伐齐，却以暴虐无礼来结束，怎么可以呢？"于是，郤克答应了他们，只让齐国归还侵占的鲁、卫二国的领土。

十一年（前588），晋开始设置六卿，用以封赏鞌地战争中的有功人员。齐顷公朝见晋君，想用朝见天子的礼节拜见晋景公，晋景公不敢承受，齐君乃回国。回国后，顷公开放自己游猎的园林，减轻赋税，赈济孤寡吊问残疾，拿出国家积蓄来解救人民，人民也十分高兴。齐顷公还给诸侯厚礼。直到顷公去世，百姓归附，诸侯没有侵犯齐国的。

十七年（前582），顷公死，其子灵公环继位。

灵公九年（前573），晋大夫栾书杀其国君晋厉公。十年（前572），晋悼公伐齐，齐让公子光到晋国做人质。十九年（前563），立公子光为太子，让高厚辅佐他，派他到钟离参加诸侯盟会。二十七年（前555），晋国派中行献子伐齐。齐军战败，灵公跑进临淄城。晏婴劝阻灵公，灵公不听。晏子说："我们国君太没有勇气了。"晋兵合围临菑，齐人守内城不敢出击，晋军把外城内烧光后离去。

二十八年（前554），当初，灵公娶鲁国之女，生下儿子光，立为太子。后又娶仲姬、戎姬。戎姬受宠，仲姬生儿子名叫牙，托付给戎姬抚养。戎姬请求立牙为太子，灵公答应了。

仲姬说："不行。光立为太子，已经名列诸侯，现在无故废黜他，您必定会后悔。"灵公说："废立全在于我。"于是，把太子光迁往东部，让高厚辅佐牙为太子。灵公患病，崔杼迎接原来的太子光立为国君，就是庄公。庄公杀死戎姬。五月壬辰日，灵公死，庄公即位，在句窦丘捉住太子牙杀死。八月，崔杼杀死高厚。晋国闻知齐国内乱，伐齐，到达高唐。

庄公三年（前551），晋国大夫栾盈逃亡到齐国，庄公待以隆重客礼。晏婴、田文子谏阻，庄公不听。四年（前550），齐庄公派栾盈秘密进入曲沃做齐国内应，齐国大兵随后，上太行山，进入孟门关口。栾盈败露，齐军还师，攻取朝歌城。

六年（前548），当初，棠公之妻美丽，棠公死后，崔杼娶了她。庄公又与她通奸，多次去崔杼家，还把崔杼的冠赏给别人。庄公的侍从说："不能这样。"崔杼十分恼怒，借庄公伐晋之机，想与晋国合谋袭击庄公但未得机会。庄公曾经鞭打宦官贾举，贾举又被任为内侍，替崔杼寻找庄公的漏隙来报复仇怨。五月，莒国国君朝见齐君，齐庄公在甲戌日宴请莒君。崔杼谎称有病，不去上朝。乙亥日，庄公探望崔杼病情，接着追嬉崔杼妻子。崔妻入室，与崔杼同把屋门关上不出来，庄公在前堂抱柱唱歌。这时，宦官贾举把庄公的侍从拦在外面而自己进入院子，把院门从里边关上。崔杼的徒众手执兵器一拥而上。庄公登上高高的庭台请求和解，众人不答应。庄公又请求盟誓定约，众人也不答应。庄公最后请求让他到自己的祖庙里去自杀，众人仍不允许。大家说："国君之臣崔杼病重，不能听你吩咐。这里离宫廷很近，我们只管捉拿淫乱之徒，没接到其他命令。"庄公跳墙想逃，被人射中大腿，反坠墙里，于是被杀。晏婴站在崔杼院门之外，说："国君为社稷而死则臣子应为他殉死，国君为社稷而逃亡则臣子应随他流亡。国君为自己私利而死而逃，除了他的宠幸私臣，别人不会为此殉死逃亡的。"晏子等打开大门进入院内，把庄公之尸枕放在自己的大腿上抚尸而哭，起来后三次顿足以示哀痛然后走出院子。别人对崔杼说："一定杀死晏婴！"崔杼说："他深得众望，放过他我们会争取民心。"

丁丑日，崔杼立庄公异母弟杵臼为君，就是景公。景公母亲，是鲁国大夫叔孙宣伯之女。景公即位后，让崔杼当右相，庆封当左相。二位国相怕国内动乱不稳，就与国人盟誓说："谁不跟从崔庆谁就别活！"晏子仰天长叹说："我做不到，我只跟从忠君利国的人！"不肯参加盟誓。庆封想杀晏子，崔杼说："他是忠臣，放过他。"齐太史记载在简策上"崔杼杀庄公"，崔杼把太史杀死。太史之弟又一次记载上，崔杼又杀了他。太史的小弟又记载上，崔杼放过了他。

景公元年（前547），当初，崔杼生有儿子成、彊，其母死去，崔杼又娶了东郭氏之女，生下明。东郭氏女让她前夫之子无咎、她自己的弟弟东郭偃做崔氏家族的相。成犯了罪过，无咎和东郭偃两位家相立即严治成，把明立为太子。成请求到崔邑告老还乡，崔杼答应，二相不肯，说：“崔邑是崔氏宗庙所在之地，成不许去。”成、彊恼怒，告知庆封。庆封与崔杼有矛盾，希望崔氏败落。成、彊在崔杼家中杀死无咎、偃，家人都奔逃。崔杼大怒，但没有家人，只好让一个宦官为他驾车，去见庆封。庆封说：“让我为您杀掉成、彊。”于是，派崔杼的仇人卢蒲嫳攻打崔氏，杀死成、彊，全部消灭崔氏一族，崔杼之妻自杀。崔杼无家可归，也自杀了。庆封当上相国，大权在握。

三年（前545）十月，庆封外出打猎。当初，庆封杀死崔杼以后，愈发骄横，酗酒游猎，不理政务。其子庆舍执政，内部已有矛盾。田文子对田桓子说：“动乱将起。”田、鲍、高、栾四家族联合谋划消灭庆氏。庆舍派出甲兵围护庆封的宫室，四家族的徒众共同击破庆氏之家。庆封归来，不能进家，逃亡到鲁国。齐人责备鲁国，庆封又逃到吴国。吴国把朱方之地赏给庆封，庆封与族人居此，比在齐国时还富有。此年秋，齐人移葬庄公，而把崔杼尸体示众于市，以泄民愤。

九年（前539），景公派晏婴出使晋国，晏婴私下对叔向说：“齐国政权最终将归田氏。田氏虽无大的功德，但能借公事施私恩，有恩德于民，人民拥戴。”十二年（前536），景公到晋国，会见晋平公，想共同伐燕。十八年（前530），景公又到晋国，会见晋昭公。二十六年（前522），景公在鲁国郊外打猎，接着进入鲁国都，同晏婴一起咨询鲁国的礼制。三十一年（前517），鲁昭公躲避季氏叛乱，逃亡到齐国。景公想封给昭公千社人家连同土地，子家劝阻昭公不要接受，昭公就要求齐国伐鲁，攻取郓邑，让昭公居住。

三十二年（前516），天空出现彗星。景公坐在柏寝台上叹息说："堂皇的亭台，终归谁手呢？"群臣忧然泪下。晏子反而笑起来，景公很恼怒。晏子说："我笑群臣过于谄谀了。"景公说："彗星出现在东北天空，正是对着齐国的地域位置，寡人为此而担忧。"晏子说："您筑高台凿深池，多收租税唯恐得的少，滥施刑罚唯恐不严苛，最凶的茀星将出现，您怕什么彗星呢？"景公说："可以用祭祷禳除彗星吗？"晏子说："如果祝祷可以使神明降临，那么祈禳也可以使它离去。但百姓愁苦怨恨的成千上万，而您让一个人去祈禳，怎么能胜过众口怨声呢？"当时，景公好大造宫室，多养狗马，奢侈无度，税重刑酷，所以晏子借机谏止齐景公。

四十二年（前506），吴王阖闾攻伐楚国，攻入楚都郢。

四十七年（前501），鲁国大夫阳虎攻打鲁君，失败，逃亡齐国，请求齐国伐鲁。鲍子谏止景公，景公乃把阳虎囚禁。阳虎逃脱，逃到晋国。

四十八年（前500），景公与鲁定公在夹谷盟会修好。犁鉏说："孔丘深通礼仪但怯懦不刚，请允许让莱人表演歌舞，借机捉住鲁君，可以让鲁满足我们的要求。"景公担心孔子做鲁相，害怕鲁国成就霸业，所以听从犁鉏之计。盟会时，齐国献上莱人乐舞，孔子登阶上台，命有关人员捉住莱人斩首，用礼仪责备景公。景公心亏，就归还了侵占的鲁国领土以谢罪，然后离去。此年，婴晏死。

五十五年（前493），晋国大夫范氏、中行氏反叛其国君，晋君攻二氏吃紧，二氏来齐借粮。田乞想在齐国叛乱，想和晋国叛臣结党，劝景公说："范氏、中行氏多次对齐国有恩，不可不救。"景公派田乞去救援并供给他们粮食。

五十八年（前490）夏，景公夫人燕姬的嫡子死去。景公的宠妾芮姬生有儿子荼，荼年幼，其母出身微贱，荼又行为不端，诸位大夫担心荼成为太子，都说愿意在诸公子中选择年长贤德者做太子。景公因年老，讨厌提立太子事，又宠爱荼的母亲，想立荼当太子，又不愿亲自主动提出，就对大夫们说："及时行乐吧，还怕国家没有君主吗？"秋天，景公病重，命令国惠子、高昭子立幼子荼为太子，驱逐其他公子，迁居到莱地。景公死，太子荼为国君，就是晏孺子。冬天，齐景公还未埋葬，其他公子害怕被杀，都逃亡国外。荼的异母兄寿、驹、黔逃到卫国，公子驵、阳生逃到鲁国。莱人为此唱道："景公葬礼不能参加，国家军事不让谋划。众公子的追随者呀，你们最终去何方？"

晏孺子元年（前489）春，田乞伪装忠于高氏、国氏，每次二氏上朝，田乞为他们骖乘，进言说："您得到君王信任，群大夫都人人自危，想图谋叛乱。"又对群大夫说："高昭子太可怕了，趁他还没开始行动迫害我们，我们抢先搞掉他。"大夫们都听从他。六月，田乞、鲍牧与众大夫带兵进入宫中，攻打高昭子。昭子听说，与国惠子共救国君。国君兵败，田乞的徒众追击，国惠子逃到莒国，田乞回来又杀死高昭子。晏围逃到鲁国。八月，齐大夫秉意兹逃往鲁国。田乞击败高、国二相，就派人到鲁国迎回公子阳生。阳生到齐后，暗藏在田乞家中。十月戊子日，田乞邀请各位大夫说："尝儿的母亲今天在家将操持菲薄的祭礼，敬请光临饮酒。"会餐饮酒时，田乞事先把阳生装在大口袋里，放在座席中央，然后打开口袋放出阳生，说："这就是齐国之君!"众大夫就地拜见。接着，要与众大夫盟誓而立阳生为君，此时鲍牧已醉，田乞就欺骗大家说："我和鲍牧谋划一致立阳生为君。"鲍牧恼怒说："您忘记了景公立荼为君的遗命了吗?"众大夫面面相觑想反悔，阳生上前，叩头而拜说："对于我可立则立，否则作罢。"鲍牧也怕惹起祸乱，就又说："都是景公的儿子，有什么不可的。"就与众盟誓，立阳生为齐君，就是悼公。悼公进入宫中，派人流放晏孺子去骀，于途中设帐幕将晏孺子杀死在里面，驱逐了孺子之母芮子。芮子本来微贱而孺子又幼小，所以无权势，国人轻视他们。

悼公元年（前 488），齐国伐鲁，攻取讙、阐二地。当初，阳生逃亡在鲁，季康子把妹妹嫁给他。阳生归国即位后，便派人迎接妻子。其妻季姬与季鲂侯私通，向家人说出真情，鲁人不敢把季姬给齐国，所以齐国伐鲁，终于把季姬接到齐。季姬受悼公宠爱，齐国就又把侵占的鲁国土地归还。

鲍子与悼公有矛盾，关系不睦。四年（前 485），吴国、鲁国伐齐国南方。鲍子杀死悼公，向吴国报丧。吴王夫差按礼仪在军门外哭吊三日，将要从海路进军讨伐齐国。齐军战胜吴军，吴军撤退。晋国赵鞅伐齐，到达赖地后撤军。齐人一致立起悼公之子壬为齐君，就是简公。

简公四年（前481）春，当初，齐简公和其父悼公同在鲁国时，宠幸大夫监止。简公即位后，让监止执政。田成子怕他加害，在上朝时总戒备地回头看他。简公的御手田鞅向简公进言说："田、监不能并存，你要选择其中一个。"简公不听。监止有次晚朝，田逆杀人，监止正遇上，就把田逆逮捕进宫。田氏宗族这时正非常团结，就让被囚禁的田逆伪装病重，借机由家人探监送酒给看守，看守醉后被杀掉，田逆逃脱。监止与田氏在田氏宗祠盟誓将此事和解。当初，田豹想给监止做家臣，让大夫公孙向监止荐举，正逢田豹服丧就作罢了。以后终于做了监止家臣，而且受到监止的宠任。监止对田豹说："我要把田氏全部驱逐而让你当田氏之长，可以吗？"田豹回答说："我只不过是田氏族中的疏远旁支，而且田氏族中不服从您的不过几个人，何必全都驱逐呢！"接着，田豹告知田氏。田逆说："他正得君主宠任，你田常如不先下手，必遭其祸。"田逆就住在国君宫中以便接应。

夏季五月壬申日，田成子（田常）兄弟乘坐四辆车到简公住处。子我正在帐幕中，出来迎接，他们走进去，关上宫门。宦官们奋力抵抗，子行杀死宦者。简公和妇人们正在檀台饮酒，田成子把他们迁移到寝宫。简公拿起戈要刺田成子，太史子馀说："不是对你不利，他们是为你除害的。"田成子出宫住进武器库，听说简公还在发怒，准备逃走，说："哪里没有国王呢?"子行拔剑说："迟疑，是成功的大敌。我们谁不是田氏宗族的子孙呢？你若逃走，不杀你，我就不姓田。"田成子只好留下来。子我回家，召集徒众攻打宫中的大门和小门，都不能胜利，就退出来了。田氏族人紧追不舍。丰丘人抓住子我来报告给田氏，在郭关把他杀死。田成子要杀大陆子方，在田逆请求下赦免了他。大陆子方以简公的名义在道上截了车，从雍门逃出。田豹要送他车辆，大陆子方不肯接受，说："田逆已经为我求情，田豹再给我车辆，人家会说我跟你们有私交。我侍奉子我而竟然和他的仇人有私交，那还有什么脸面见鲁国、卫国的人士呢?"

庚辰日，田常在徐州逮住简公。简公说："我早听从御者田鞅的话，不至于像现在这样。"甲午日，田常在徐州弑杀简公。田常拥立简公的弟弟骜，这就是平公。平公就国君位，田常辅佐他，而独揽齐国的大权，割占齐国安平以东的土地作为田氏的封邑。

平公八年，越国灭了吴国。二十五年，平公去世，儿子宣公积继位。

宣公在位五十一年去世，儿子康公贷继位。田会在廪丘反叛。

康公二年，韩、魏、赵开始被封为诸侯。十九年，田常的曾孙田和开始成为诸侯，把康公迁移到海滨。

二十六年，康公去世，吕氏就断绝了祭祀。田氏终于夺取了齐国。齐威王时，齐成为天下的强国。

太史公说：“我到齐国，沿着泰山山麓行至琅邪山，北到海边，肥沃的土地达二千里。那里的百姓胸怀豁达，深沉多智，这是他们的天性。靠太公的圣明，奠定了齐国的基础，桓公的强盛，推行德政，以此主持诸侯会盟，称霸天下，不也是顺理成章的吗？广阔博大，本来就是大国的风范啊！”

第十五卷　鲁[1] 周公世家第三

本篇内容主要是详细地记述了西周开国重臣周公的生平事迹，并择要记载了鲁国经历三十四代君主、历时一千余年的历史发展过程。

周公是我国政治史、文化史上的一个极为重要的人物。他帮助周武王开创了周王朝八百年的基业，从而也把我国的第一个文明社会形式推向了巅峰，为我国民族融合、政治统一做出了巨大贡献。同时，他所制定的“礼乐行政”，对我国民族文化传统的形成，也具有开山的意义。时至今日，中华民族的文化心理之中，仍涓涓流淌着西周时代那种重伦理、轻逸乐、好俭朴、乐献身的君子风度和集体精神。司马迁对周公不但有一种深厚的景仰之情，而且把周公作为“立德立功立言”的楷模来学习仿效，要为中国文化发展做出贡献。在《太史公自序》中，他激动地回忆了父亲临终时的嘱托：“夫天下称颂周公，言其能论歌文武之德，宣周邵之风，达太王王季之思虑，爰及公刘，以尊后稷也。”可见，周公的榜样力量是激励司马迁完成《史记》创作的重要因素之一。

但是，历史唯物主义地来看，周、孔所创立的儒家文化也有其消极的一面：泯灭个性，过于保守，强调等级，以及由此带来的繁缛的礼仪……凡此种种，要批判地对待。另外，司马迁对周公的极度褒扬之中，也表现出司马迁思想的局限。对此，古人今人多有指出，兹不赘述。下面谈谈本篇在艺术上的特点。

在本篇中，作者正是饱含着激情来塑造周公形象的。作者用四分之一的篇幅，详尽地叙述了周公的一生：幼年时代的笃仁纯孝，平定管蔡分裂叛乱时的坚定果断，牺牲个人时的义无反顾，代理国政时的忍辱负重……作者用与主人公性格相一致的深沉有力的语言娓娓道来，为我们树立了一个胸怀博大、深沉果断，为国家利益辛劳毕生、鞠躬尽瘁的高岸君子形象，感人至深。

【原文】

周公[②]旦者，周武王[③]弟也。自文王[④]在时，旦为子孝，笃仁[⑤]，异于群子。及武王即位，旦常辅翼武王，用事[⑥]居多。武王九年，东伐至盟津[⑦]，周公辅行。十一年，伐纣[⑧]，至牧野[⑨]，周公佐武王，作《牧誓》[⑩]。破殷[⑪]，入商宫。已杀纣，周公把大钺[⑫]，召公把小钺[⑬]，以夹武王，衅社[⑭]，告纣之罪于天，及殷民。释箕子之囚[⑮]。封纣子武庚[⑯]禄父，使管叔、蔡叔[⑰]傅之，以续殷祀。遍封功臣同姓戚者。封周公旦于少昊之虚曲阜[⑱]，是为鲁公。周公不就封，留佐武王。

【注释】

①鲁：始建国于前 11 世纪，其辖地在今山东省西南部，

都城在曲阜（今山东曲阜）。前256年为楚所灭。②周公：姬旦，亦称叔旦。③武王：姬发。④文王：姬昌。商末为西伯（即西方诸侯之长），亦称西伯昌。曾被商纣王囚禁于羑里（故城在今河南省汤阴县北）。都丰邑（故城在今陕西省西安市鄠邑区东），在位五十年。⑤笃仁：忠厚仁爱。⑥用事：执掌政事。⑦盟津：即孟津，黄河渡口名。在今河南省孟津县东北。⑧纣：名受，号帝辛。商代最后的君主。详见《殷本纪》。⑨牧野：地名，在今河南省淇县西南。⑩《牧誓》：《尚书》篇名，是武王伐纣到达牧野时向各部族将士发布的战斗动员令。⑪殷：商朝第二十任国王盘庚从奄（故城在今山东省曲阜东）迁都到殷（故城在今河南省安阳市西北），故商亦称殷，或连称商殷、殷商。⑫钺（yuè）：古代兵器。青铜制，圆刃，可以砍劈，似斧而大，盛行于商、西周时。⑬召（shào）公：一作邵公。即召康公姬奭（shì）。因采邑在召（在今陕西省岐山县西南），故称为召公或召伯。⑭衅（xìn）：杀牲血祭。社：土地神。⑮箕子：纣王的叔父。官太师，封于箕（故城在今山西省太谷东北）。因劝谏纣王，被囚禁。⑯武庚：字禄父，商纣王之子。周武王灭商后，封他为殷君。⑰管叔、蔡叔：均为周武王之弟。因封于管（故城在今河南省郑州市）、蔡（故城在今河南省上蔡县），故称。⑱少昊：一作少皞。传说中古代东夷族首领。名挚处所；旧址。曲阜：邑名。故城在今山东曲阜县。

【原文】

武王克殷二年，天下未集[①]，武王有疾，不豫[②]，群臣惧，太公、召公乃缪卜[3]。周公曰："未可以戚我先王。"周公于是乃自以为质[4]，设三坛，周公北面立，戴璧秉圭[5]，告于太王、王季[6]、文王。史策祝[7]曰："惟尔元孙[8]王发，勤劳阻[9]疾。若尔三王是有负子之责[10]于天，以旦代王发之身。旦巧能，多材多蓺，能事鬼神。乃王发不如旦多材多蓺，不能事鬼神。乃命于帝庭，敷[11]佑四方，用能定汝子孙于下地[12]，四方之民罔[13]不敬畏。无坠天之降葆命[14]，我先王亦永有所依归。今我其即命于元龟[15]，尔之许我，我以其璧与圭归，以俟[16]尔命。尔不许我，我乃屏璧与圭。"周公已令史策告太王、王季、文王，欲代武王发，于是乃即三王而卜。卜人皆曰吉，发书视之，信[17]吉。周公喜，开籥[18]，乃见书遇吉。周公入贺武王曰："王其无害。旦新受命三王，维长终是图[19]。兹道能念予一人[20]。"周公藏其策金縢匮[21]中，诫守者勿敢言。明日，武王有瘳[22]。

【注释】

①集：通"辑"，安定。②不豫：不安适。③太公：即姜尚。缪（mù）：通"穆"，虔诚。卜：古人用火灼龟甲，取征兆以预测吉凶。④质：指作为保证用以取信的人或物。⑤璧、圭：古代贵族用的玉制礼器。璧，平圆形，正中有孔。圭，长条形。秉（bǐng）：拿着。⑥太王：古代周族的领袖，名古公直父，武王的曾祖。王季：名季历。⑦史策祝：史官把周公祷告的祝词写在简策上诵读。⑧元孙：长孙。⑨阻：淹久。⑩负子之责：承担保护子孙的责任。⑪敷：普遍。⑫下地：地上；

人间。⑬罔：无，无指代词。⑭葆命：宝贵的生命。葆，通“宝”。⑮元龟：占卜用的大龟。⑯俟（sì）：等候。⑰信：确实。⑱籥（yuè）：通“钥”，锁钥。⑲维长终是图：即“唯图长终”。维，通“唯”，只。⑳予一人：指武王。㉑金縢匮：用绳索缠绕再用金属缄封的匮子。縢（téng）：封缄。匮（guì）：“柜”的本字。㉒瘳（chōu）：病愈。

【原文】

其后武王既崩，成王少，在强葆[①]之中。周公恐天下闻武王崩而畔[②]，周公乃践阼[③]代成王摄行政当国。管叔及其群弟流言于国曰：“周公将不利于成王。”周公乃告太公望、召公奭曰：“我之所以弗辟[④]而摄行政者，恐天下畔周，无以告我先王太王、王季、文王。三王之忧劳天下久矣，于今而后成。武王蚤[⑤]终，成王少，将以成周，我所以为之若此。”于是卒相成王[⑥]，而使其子伯禽[⑦]代就封于鲁。周公戒伯禽[⑧]曰：“我文王之子，武王之弟，成王之叔父，我于天下亦不贱矣。然我一沐三捉发[⑨]，一饭三吐哺[⑩]，起以待士，犹恐失天下之贤人。子之鲁，慎[⑪]无以国骄人。”

【注释】

①强葆：通“襁褓”，包裹婴儿的布带和被子。②畔：通“叛”。③践阼（zuò）：通“践祚”。古代称即位行事为“践阼”。践，踩踏。古代庙、寝堂前两阶，主阶在东，称阼阶。④辟：通“避”。⑤蚤：通“早”。⑥相：辅佐。⑦伯禽：周

公的长子。⑧戒：告诫。⑨沐：洗头发。捉发；手握头发。⑩吐哺（bǔ）：吐出口中咀嚼的食物。⑪慎：禁戒之词。

【原文】

管、蔡、武庚等果率淮夷[①]而反。周公乃奉成王命，兴师东伐，作《大诰》[②]。遂诛管叔，杀武庚，放蔡叔。收[③]殷余民，以封康叔[④]于卫，封微子[⑤]于宋，以奉殷祀。宁淮夷东土，二年而毕定。诸侯咸服宗[⑥]周。

【注释】

①淮夷：部族名。②《大诰》：周公东征时晓喻各诸侯国君及其官员的文告。③收：降伏。④康叔：周武王弟，姬封。初封于康（地在今河南省禹县西北），故称康叔。周公攻灭武庚后，把殷民七族和商故都地区封给他，国号卫，建都朝歌（故城在今河南省淇县）。⑤微子：商纣王的庶兄，名启。周公平息武庚叛乱后，封他于宋，建都商丘（今河南省商丘市南）。⑥宗：归向。

【原文】

天降祉[①]福，唐叔[②]得禾，异母同颖[③]，献之成王，成王命唐叔以馈周公于东土，作《馈禾》[④]。周公既受命禾，嘉天子命，作《嘉禾》[⑤]。东土以集，周公归报成王，乃为诗贻[⑥]王，命之曰《鸱鸮》[⑦]。王亦未敢训[⑧]周公。

【注释】

①祉（zhǐ）：福。②唐叔：姬虞。③颖：禾穗。④《馈

禾》：《归禾》，《尚书》篇名，已佚。⑤《嘉禾》：《尚书》篇名，已佚。⑥贻（yí）：赠送。⑦《鸱鸮》（chī xiāo）：《诗经》篇名。⑧训：《尚书》作“诮”，责备之意。

【原文】

成王七年二月乙未，王朝步自周①，至丰②，使太保召公先之雒③相土。其三月，周公往营成周雒邑④，卜居⑤焉，曰吉，遂国⑥之。

【注释】

①周：指镐京。②丰：与镐京同为西周国都。③太保：辅佐国君的高级大臣。雒（luò）：故城在今河南省洛阳市。④成周雒邑：周公经营雒邑，分筑成周城和王城。⑤卜居：择定建都之地。⑥国：建为国都。

【原文】

成王长，能听政。于是周公乃还政于成王，成王临朝。周公之代成王治，南面倍依①以朝诸侯。及七年后，还政成王，北面就臣位，匔匔②如畏然。

【注释】

①南面：面向南。古代君主南面而坐，臣子朝见君主则北面。倍依：通“背扆”。依，又称斧依，斧扆，为古代帝王置于堂上类似屏风的器具，因上面画有斧形图案，故名。②匔匔：恭敬的样子。

【原文】

初，成王少时，病，周公乃自揃其蚤[1]沉之河，以祝于神曰："王少未有识，奸[2]神命者乃旦也。"亦藏其策于府。成王病有瘳。及成王用事，人或谮[3]周公，周公奔楚。成王发府，见周公祷书，乃泣，反[4]周公。

【注释】

①揃（jiǎn）：修剪。蚤：通"爪"。②奸：通"干"，冒犯。③谮（zèn）：进谗言，诬陷。④反：通"返"。

【原文】

周公归，恐成王壮，治有所淫佚[1]，乃作《多士》，作《毋逸》[2]。《毋逸》称："为人父母，为业至长久，子孙骄奢忘之，以亡其家，为人子可不慎乎！故昔在殷王中宗[3]，严恭敬畏天命[4]，自度[5]治民，震惧不敢荒宁[6]，故中宗飨国[7]七十五年。其在高宗[8]，久劳于外，为与小人[9]，作其即位，乃有亮闇[10]，三年不言，言乃欢，不敢荒宁，密靖[11]殷国，至于小大[12]无怨，故高宗飨国五十五年。其在祖甲[13]，不义惟王，久为小人于外，知小人之依[14]，能保施[15]小民，不侮鳏寡[16]，故祖甲飨国三十三年。"《多士》称曰："自汤[17]至于帝乙，无不率祀明德[18]，帝无不配天[19]者。在今后嗣王纣，诞淫厥佚[20]，不顾天及民之从也。其民皆可诛。""文王日中昃不暇食[21]，飨国五十年。"作此以诫成王。

【注释】

①淫佚（yì）：通“淫逸”，纵欲放荡。②《多士》：《尚书》篇名。《书序》：“成周既成，迁殷顽民，周公以王命诰，作《多士》。”《毋逸》：亦作《无逸》，《尚书》篇名。为周公还政成王后对成王的告诫之词。③殷王中宗：即帝太戊。④天命：上天的命令。古代统治者自称承受了天命，或把自己的意志假托为天命。⑤度：法制。⑥荒宁：荒废政事，贪图安逸。⑦飨（xiǎng）国：拥有政权。指帝王在位或王朝传代的期限。飨，通“享”。⑧高宗：即帝武丁。⑨小人：西周、春秋时对被统治的劳动者的称呼。⑩亮闇：指帝王守丧。⑪密靖：安定。⑫小大：指小事大事。⑬“其在祖甲”三句：祖甲，武丁之子。据汉马融说：“祖甲有兄祖庚，而祖甲贤，武丁欲立之，祖甲以王废长立少不义，逃亡民间，故曰不义惟王，久为小人也。”⑭依：爱，引申为要求。⑮保施：保护，施与。⑯鳏（guān）寡：老而无妻叫鳏，老而无夫叫寡。⑰汤：又称武汤、成汤。⑱率祀明德：恭顺地祭祀鬼神，表彰任用有德者。率，遵循。明，显扬。⑲配天：比配于天。⑳诞淫厥佚：极度地放纵享乐。㉑“文王”二句：出自《无逸》，应移到“故祖甲飨国三十三年”的下面。昃（zè）：日西斜。

【原文】

成王在丰，天下已安，周之官政未次序[①]，于是周公作

《周官》[2]，官别其宜。作《立政》[3]，以便百姓。百姓[4]说。

【注释】

①官政：官制。次序：系统的等级职责。②《周官》：《尚书》篇名。③《立政》：《尚书》篇名。周公还政成王后，告成王以施政之道。④百姓：百官；平民。

【原文】

周公在丰，病，将没[1]，曰："必葬我成周，以明吾不敢离成王[2]。"周公既卒，成王亦让[3]，葬周公于毕[4]，从文王，以明予小子不敢臣[5]周公也。

【注释】

①没（mò）：通"殁"，死亡。②以明吾不敢离成王：这句话不是周公说的，据说是汉代伏胜对周公"必葬我成周"的解说，后人把它改成了一人称。③让：谦让。④毕：地名。⑤臣：以……为臣。

【原文】

周公卒后，秋未获，暴风雷，禾尽偃[1]，大木尽拔。周国大恐。成王与大夫朝服以开金縢书，王乃得周公所自以为功[2]代武王之说。二公及王乃问史[3]百执事，史百执事曰："信[4]有，昔周公命我勿敢言。"成王执书，以泣，曰："自今后其无缪卜乎！昔周公勤劳王家，惟予幼人弗及知。今天动威以彰[5]周公之德，惟朕[6]小子其迎，我国家礼亦宜之。"王出郊[7]，天乃雨，反风，禾尽起。二公命国人，凡大木所偃，尽起而筑[8]之。岁则大孰[9]。于是成王乃命鲁得郊祭文王[10]。鲁有天子礼乐者，以褒[11]周公之德也。

【注释】

①偃：倒下。②功：名，名义。③二公：指太公、召公。史：官名。④信：确实。⑤彰：表彰；显扬。⑥朕（zhèn）：古人自称之词。从秦始皇起，专用为皇帝自称。⑦郊：在郊外祭天。⑧筑：有两解，培土，收拾。⑨孰：通“熟”。⑩郊祭文王：按照周代礼制，只有周天子才能举行郊祀典礼和立庙祭文王。⑪褒：嘉奖。

【原文】

周公卒，子伯禽固[1]已前受封，是为鲁公。鲁公伯禽之初受封之鲁，三年而后报政周公。周公曰：“何迟也?”伯禽曰：“变其俗，革其礼，丧三年然后除[2]之，故迟。”太公亦封于齐[3]，五月而报政周公。周公曰：“何疾[4]也?”曰：“吾简其君臣礼，从其俗为也。”及后闻伯禽报政迟，乃叹曰：“呜呼，鲁后世其北面事齐矣！夫政不简不易，民不有近；平易近民，民必归[5]之。”

【注释】

①固：原来，本来。②除：免除。③齐：周分封的诸侯国，在今山东省北部，开国君主是太公吕尚，建都营丘（今称临淄，在今山东省淄博市东北）。④疾：快。⑤归：归向；

顺从。

【原文】

伯禽即位之后，有管、蔡等反也，淮夷、徐戎[①]亦并兴反。于是伯禽率师伐之于肸[②]，作《肸誓》[③]，曰："陈尔甲胄[④]，无[⑤]敢不善。无敢伤牿[⑥]。马牛其风[⑦]，臣妾逋逃[⑧]，勿敢越逐[⑨]，敬复之。无敢寇攘[⑩]，逾墙垣。鲁人三郊三隧[⑪]，峙尔刍茭、糗粮、桢榦[⑫]，无敢不逮[⑬]。我甲戌筑[⑭]而征徐戎，无敢不及，有大刑[⑮]。"作此《肸誓》，遂平徐戎，定鲁。

【注释】

①徐戎：部族名。亦称徐夷或徐方。东夷之一。②肸（bì）：鲁邑名。亦作"费"、鄪。在今山东省费县西北。③《肸誓》：即《费誓》，《尚书》篇名。过去认为这是伯禽伐淮夷的誓词。④甲胄（zhòu）：古代士兵穿戴的铠甲和头盔。⑤无：莫；不要。⑥牿（gù）：牛马圈。⑦风：走失。一说兽类雌雄相诱叫风。⑧臣妾：男女奴隶。逋（bū）逃：逃亡。⑨越逐：超越队伍追逐。⑩寇攘：掠夺和偷取。⑪三郊三隧：城外近处曰郊，郊外曰隧。三，指西南北三方。东郊要拒守，故不供应。⑫峙（zhì）：准备；积储。刍（chú）茭：喂牲口的干草。糗（qiǔ）粮：干粮。桢榦（zhēn gàn）：通"贞榦"，筑墙用的木桩。⑬逮：及，到。⑭筑：指修筑战壕等工事。⑮大刑：死刑。

【原文】

鲁公伯禽卒，子考公酋立。考公四年卒，立弟熙，是谓炀公。炀公筑茅阙门[①]。六年卒，子幽公宰立。幽公十四年，幽公弟溃[②]杀幽公而自立，是为魏公。魏公五十年卒，子厉公擢立。厉公三十七年卒，鲁人立其弟具，是为献公。献公三十二年卒，子真[③]公濞立。

【注释】

①茅阙门：宫门名。②溃：fèi。③真（shèn）：借作"慎"。

【原文】

真公十四年，周厉王[①]无道，出奔彘[②]，共和行政[③]。二十九年，周宣王[④]即位。

【注释】

①周厉王：姬胡。前878—前842年在位。因"虐而好利"，杀戮谤王者，被国人流放。②彘（zhì）：地名。③共和行政：周厉王出奔后，至周宣王即位前共十四年（前841—前828年），由大臣召公、周公共同行政，故称共和行政。④周宣王：姬静。前828—前782年在位。

【原文】

三十年，真公卒，弟敖立，是为武公[①]。

【注释】

①武公：前825—前816年在位。

【原文】

武公九年春，武公与长子括，少子戏，西朝[①]周宣王。宣王爱戏，欲立戏为鲁太子。周之樊仲山父[②]谏宣王曰："废长立少，不顺[③]；不顺，必犯王命；犯王命，必诛之：故出令不可不顺也。令之不行，政之不立；行而不顺，民将弃上[④]。夫下事上，少事长，所以为顺。今天子建诸侯，立其少，是教民逆也。若鲁从之，诸侯效之，王命[⑤]将有所壅；若弗从而诛之，是自诛王命也。诛之亦失，不诛亦失，王其图[⑥]之。"宣王弗听，卒立戏为鲁太子。夏，武公归而卒，戏立，是为懿公[⑦]。

【注释】

①朝：古代诸侯定期朝见帝王，叫朝。往后臣子见国君也叫朝。②仲山父：周宣王时的大臣，食邑于樊（在今河南省济源市南），亦称樊仲，樊穆仲。③顺：顺理；合理。④上：长上，统治者。⑤王命：指周代先王立嫡长子为继承人的制度。⑥图：考虑。⑦懿公：前815—前807年在位。

【原文】

懿公九年，懿公兄括之子伯御与鲁人攻弑[①]懿公，而立伯御为君。伯御即位十一年，周宣王伐鲁，杀其君伯御，而问鲁公子能道顺[②]诸侯者，以为鲁后。樊穆仲曰："鲁懿公弟称，肃恭明神，敬事耆老[③]；赋事[④]行刑，必问于遗训而咨于固实[⑤]；不干[⑥]所问，不犯所咨。"宣王曰："然，能训治其民矣。”乃立称于夷宫[7]，是为孝公[8]。自是后，诸侯多畔王命。

【注释】

①弑（shì）：古代称臣杀君、子杀父母为弑。②道顺：《国语》作“导训”。引导，教训。③耆老：老人。特指受尊敬的老人。④赋事：授予任务。⑤咨：询问。固实：《国语》作“故实”。指能供效法借鉴的旧事。⑥干：冒犯；抵触。⑦夷宫：周宣王祖父夷王之庙。⑧孝公：前796年—前769年在位。

【原文】

孝公二十五年，诸侯畔周，犬戎[1]杀幽王。秦[2]始列为诸侯。

【注释】

①犬戎：部族名。②秦：国名。嬴姓。相传为伯益的后代。非子做部落首领时，被周孝王封于秦（今甘肃省张家川东），作为附庸。秦襄公因护送周平王东迁有功，被封为诸侯。

【原文】

二十七年，孝公卒，子弗湟[1]立，是为惠公[2]。

【注释】

①弗湟：《十二诸侯年表》作弗生。②惠公：前768—前

723 年在位。

【原文】

惠公三十年，晋人弑其君昭侯①。四十五年，晋人又弑其君孝侯②。

【注释】

①昭侯：姬伯。前 745—前 740 年在位。②孝侯：姬平。

【原文】

四十六年，惠公卒，长庶子①息摄当国，行君事，是为隐公②。初，惠公适③夫人无子，公贱妾④声子生子息。息长，为娶于宋。宋女至而好，惠公夺而自妻之。生子允。登⑤宋女为夫人，以允为太子。及惠公卒，为允少故，鲁人共令息摄政，不言即位。

【注释】

①庶子：妾所生子。②隐公：前 722—前 712 年在位。③適：通“嫡”。④贱妾：妾的地位低于正妻，故称。⑤登：上升。

【原文】

隐公五年，观渔于棠①。八年，与郑②易天子之太山之邑祊及许田，君子讥之③。

【注释】

①渔：渔人捕鱼。棠：鲁邑名。故城在今山东省鱼台县

北。②郑：国名。姬姓。③君子讥之：根据当时的礼制："天子在上，诸侯不得以地相与。"

【原文】

十一年冬，公子挥谄[①]谓隐公曰："百姓便[②]君，君其遂立。吾请为君杀子允，君以我为相。"隐公曰："有先君命。吾为允少，故摄代。今允长矣，吾方营菟裘[③]之地而老焉，以授子允政。"挥惧子允闻而反诛之，乃反谮隐公于子允曰："隐公欲遂立，去子，子其图之。请为子杀隐公。"子允许诺。十一月，隐公祭钟巫[④]，齐于社圃[⑤]，馆于蒍氏[⑥]，挥使人弑隐公于蒍氏，而立子允为君，是为桓公[⑦]。

【注释】

①公子挥：字羽父。鲁国大臣。谄（chǎn）：巴结奉承。②便：方便；拥戴。③菟（tú）裘：鲁邑名。故城在今山东省泰安县南。④钟巫：神名。⑤齐（zhāi）：通"斋"。社圃：园名。⑥馆：住宿。蒍（wěi）氏：鲁国大夫。⑦桓公：前711—前694年在位。

【原文】

桓公元年，郑以璧易天子之许田[①]。二年，以宋之赂鼎[②]入于太庙，君子讥之。

【注释】

①隐公八年，郑请以祊邑交换鲁之许田，因祊小许田大，

鲁未给，故郑再加璧。②宋之赂鼎：宋华父督杀其君宋殇公，用大鼎贿赂鲁桓公。

【原文】

三年，使挥迎妇于齐为夫人[①]。六年，夫人生子，与桓公同日，故名曰同。同长，为太子。

【注释】

①夫人：文姜。齐僖公之女，襄公之妹。

【原文】

十六年，会于曹[①]，伐郑，入厉公[②]。

【注释】

①曹：国名。周初分封的诸侯国。姬姓。②入：纳。使动用法。厉公：郑侯姬突。这时因与大臣祭仲发生矛盾而出奔，居于栎邑（今河南省禹县)。

【原文】

十八年春，公将有行，遂与夫人如齐。申𦈡[①]谏止，公不听，遂如齐。齐襄公通[②]桓公夫人。公怒夫人，夫人以告齐侯。夏四月丙子，齐襄公飨公，公醉，使公子彭生抱鲁桓公，因命彭生摺其胁[③]，公死于车。鲁人告于齐曰："寡君畏君之威，不敢宁居，来修好礼。礼成而不反，无所归咎[④]，请得彭生以除丑于诸侯。"齐人杀彭生以说鲁。立太子同，是为庄公[⑤]。庄公母夫人因留齐，不敢归鲁。

【注释】

①申缙（xū）：鲁国大夫。②通：私通、通奸。③摺：通“折”，折断。胁：肋骨。④归咎（jiù）：归罪。⑤庄公：前693—前662年在位。

【原文】

庄公五年冬，伐卫，内卫惠公①。

【注释】

①内：通“纳”。卫惠公：姬朔。

【原文】

八年，齐公子纠①来奔。九年，鲁欲内子纠于齐，后桓公②，桓公发兵击鲁，鲁急，杀子纠。召忽③死。齐告鲁生致管仲④。鲁人施伯⑤曰：“齐欲得管仲，非杀之也，将用之，用之则为鲁患。不如杀，以其尸与之。”庄公不听，遂囚管仲与齐。齐人相管仲。

【注释】

①公子纠：齐襄公庶弟。②桓公：指齐桓公小白。襄公庶弟，出奔莒国，后来齐襄公被公孙无知所杀，桓公从莒回国取得政权。前685—前643年在位。③召（shào）忽：辅佐公子纠的大夫。公子纠被杀，他自杀。④致：交给。管仲：管夷吾，字仲。随公子纠出奔鲁。桓公即位后，经鲍叔牙推荐，被任命为卿，使齐称霸诸侯。⑤施伯：鲁惠公之孙。

【原文】

十三年，鲁庄公与曹沫[①]会齐桓公于柯，曹沫劫齐桓公，求鲁侵地，已盟而释桓公。桓公欲背约，管仲谏，卒归鲁侵地。十五年，齐桓公始霸。二十三年，庄公如齐观社[②]。

【注释】

①曹沫：一作曹刿。②社：祭祀社神，同时举行军事检阅。

【原文】

三十二年，初，庄公筑台临党氏[①]，见孟女[②]，说而爱之，许立为夫人，割臂以盟。孟女生子斑。斑长，说梁氏[③]女，往观。圉人荦[④]自墙外与梁氏女戏。斑怒，鞭荦。庄公闻之，曰："荦有力焉，遂杀之，是未可鞭而置也。"斑未得杀。会庄公有疾。庄公有三弟，长曰庆父，次曰叔牙，次曰季友。庄公取齐女为夫人曰哀姜。哀姜无子，哀姜娣[⑤]曰叔姜，生子开[⑥]。庄公无適嗣[⑦]，爱孟女，欲立其子斑。庄公病，而问嗣于弟叔牙。叔牙曰："一继一及[⑧]，鲁之常[⑨]也。庆父在，可为嗣，君何忧？"庄公患叔牙欲立庆父，退而问季友。季友曰："请以死立斑也。"庄公曰："曩者[⑩]叔牙欲立庆父，奈何？"季友以庄公命命牙待于鍼巫氏[⑪]，使鍼季劫饮叔牙以鸩[⑫]，曰："饮此则有后奉祀；不然，死且无后。"牙遂饮鸩而死，鲁立其子为叔孙氏。八月癸亥，庄公卒，季友竟立子斑为君，如庄公命。侍丧，舍[⑬]于党氏。

【注释】

①党氏：鲁国大夫。②孟女：党氏的长女。③梁氏：鲁国大夫。④圉（yù）人：主管养马的人。荦（luò）：人名。⑤娣（dì）：妹。⑥开：本名启。作者避汉景帝刘启名讳，改作“开”。⑦適嗣：即嫡子。⑧一继一及：指君位世袭制。父死子继，兄死弟及。⑨常：常规；法则。⑩曩（nǎng）者：先前。⑪鍼巫氏：即鍼季。鲁国大夫。⑫鸩（zhèn）：传说中的一种毒鸟，羽毛为紫绿色，放在酒中，能毒死人。⑬舍：住宿。

【原文】

先时庆父与哀姜私通，欲立哀姜娣子开。及庄公卒而季友立斑，十月己未，庆父使圉人荦杀鲁公子斑于党氏。季友奔陈[①]，庆父竟立庄公子开，是为湣公[②]。

【注释】

①陈：国名。妫姓。开国君主胡公（妫满），为周武王灭商后所封。②湣公：前661—前660年在位。“湣”通“闵”，谥号用字。

【原文】

湣公二年，庆父与哀姜通益甚。哀姜与庆父谋杀湣公而立庆父。庆父使卜齮袭杀湣公于武闱[①]。季友闻之，自陈与湣公弟申如邾[②]，请鲁求内之。鲁人欲诛庆父。庆父恐，奔莒。于是季友奉子申入，立之，是为釐公[③]。釐公亦庄公少子。哀姜恐，奔邾。季友以赂如莒求庆父，庆父归，使人杀庆父，庆父请奔，弗听，乃使大夫奚斯行哭而往。庆父闻奚斯音，乃自杀。齐桓公闻哀姜与庆父乱以危鲁，乃召之邾而杀之，以其尸归，戮[4]之鲁。鲁釐公请而葬之。

【注释】

①卜齮（yǐ）：鲁国大夫。武闱：宫中侧门名。②邾（zhū）：国名。后改名“邹”。曹姓。③釐公：前659—前627年在位。釐：谥号用字。④戮（lù）：陈尸示众。

【原文】

季友母陈女，故亡在陈，陈故佐送季友及子申。季友之将生也，父鲁桓公使人卜之，曰：“男也，其名曰‘友’，间于两社[1]，为公室辅。季友亡，则鲁不昌。”及生，有文在掌曰“友”，遂以名之，号为成季。其后为季氏，庆父后为孟氏也。

【注释】

①鲁富有三门：库门（即外门）；雉门（即中门）；路门（即寝门）。雉门之外右有周社，左有亳（bó）社，两社之间为执政大臣治事之所。

【原文】

釐公元年，以汶阳鄪[1]封季友。季友为相。

【注释】

①汶（wèn）阳：邑名。故城在今山东省泰安县西南。鄪：

邑名，或作“费”，故城在今山东省费县西北。

【原文】

九年，晋里克杀其君奚齐、卓子①。齐桓公率釐公讨晋乱，至高梁②而还，立晋惠公③。十七年，齐桓公卒。二十四年，晋文公④即位。

【注释】

①里克：晋国大夫。奚齐、卓子：均晋献公子。奚齐为骊姬所生，卓子为骊姬妹所生。献公宠骊姬，骊姬谮杀太子申生，并逐群公子。②高梁：晋地。在今山西省临汾市东北。③晋惠公：晋献公子，名夷吾。④晋文公：晋献公子，名重耳。前636—前628年在位，为春秋五霸之一。

【原文】

三十三年，釐公卒，子兴立，是为文公①。

【注释】

①文公：前626—前609年在位。

【原文】

文公元年，楚太子商臣①弑其父成王，代立。三年，文公朝晋襄公②。

【注释】

①商臣：初立为太子，后因成王欲废长立少，故弑成王代立，是为穆王。②晋襄公：晋文公子。

【原文】

十一年十月甲午，鲁败翟[①]于咸，获长翟乔如[②]，富父终甥舂[③]其喉以戈，杀之，埋其首于子驹之门[④]，以命宣伯[⑤]。

【注释】

①翟（dí）：通“狄”，部族名。②乔如：长狄的首领。③富父终甥：鲁国大夫。舂：通“冲”，抵住。④子驹之门：鲁郭门名。⑤宣伯：叔孙得臣之子。叔孙得臣是这次战役的主将。

【原文】

初，宋武公[①]之世，鄋瞒[②]伐宋，司徒[③]皇父帅师御之，以败翟于长丘[④]，获长翟缘斯[⑤]。晋之灭路[⑥]，获乔如弟棼如。齐惠公[⑦]二年，鄋瞒伐齐，齐王子城父[⑧]获其弟荣如，埋其首于北门。卫人获其季弟简如。鄋瞒由是遂亡。

【注释】

①宋武公：前 765—前 748 年在位。②鄋（sōu）瞒：部族名。③司徒：官名。西周始设，负责管理土地和人民。④长丘：宋地名。在今河南省封丘县西南。⑤缘斯：乔如的先代。⑥路：国名。赤狄的别种。在今山西省潞城县东北。⑦齐惠公：前 608—前 599 年在位。⑧王子城父：齐国大夫。

【原文】

十五年，季文子[①]使于晋。

【注释】

①季文子：季友之子季孙行父，鲁国公族。后相鲁宣公、成公、襄公。

【原文】

十八年二月，文公卒。文公有二妃[①]：长妃齐女为哀姜[②]，生子恶及视；次妃敬嬴，嬖爱[③]，生子俀[④]。俀私事襄仲[⑤]，襄仲欲立之，叔仲[⑥]曰不可。襄仲请齐惠公，惠公新立，欲亲鲁，许之。冬十月，襄仲杀子恶及视而立俀，是为宣公[⑦]。哀姜归齐，哭而过市，曰："天乎！襄仲为不道，杀適立庶！"市人皆哭，鲁人谓之"哀姜"。鲁由此公室[⑧]卑，三桓[⑨]强。

【注释】

①妃（fēi）：王侯之妻。长妃为正妻，次妃为妾。②哀姜：此为另一哀姜，不是鲁庄公夫人。③嬖（bì）爱：特别宠爱。④俀（wéi）：一作"倭"。⑤襄仲：即公子遂，鲁国大臣。⑥叔仲：即叔仲惠伯，鲁国大夫。⑦宣公：前608—前591年在位。⑧公室：诸侯的家族，也指诸侯的政权。⑨三桓：鲁国的三卿。孟孙（仲孙）、叔孙、季孙都是鲁桓公的后代，故称三桓。

【原文】

宣公俀十二年，楚庄王[①]强，围郑。郑伯[②]降，复国之。

【注释】

①楚庄王：熊侣。前613—前591年在位。②郑伯：郑襄

公。姬坚。前 604 年—前 587 年在位。

【原文】

十八年，宣公卒，子成公[①]黑肱立，是为成公。季文子曰：“使我杀適立庶失大援者，襄仲。”襄仲立宣公，公孙归父[②]有宠。宣公欲去三桓，与晋谋伐三桓。会宣公卒，季文子怨之，归父奔齐。

【注释】

①成公：前 590—前 573 年在位。②公孙归父：襄仲之子。

【原文】

成公二年春，齐伐取我隆[①]。夏，公与晋郤克败齐顷公于鞌[②]，齐复归我侵地。四年，成公如晋，晋景公[③]不敬鲁。鲁欲背晋合于楚，或谏，乃不[④]。十年，成公如晋。晋景公卒，因留成公送葬，鲁讳之[⑤]。十五年，始与吴王寿梦会钟离[⑥]。

【注释】

①隆：一作“龙”，鲁邑名。故城在今山东省泰安市东南。②郤克：晋国执政大臣。齐顷公：姜无野。前 598—前 586 年在位。鞌：齐邑名。故城在今山东省济南市。③晋景公：姬据。前 599—前 581 年在位。④不（fǒu）：通“否”。⑤鲁讳之：安葬晋景公时，除鲁成公外，其他诸侯均不在，鲁以为耻。⑥吴王寿梦：吴自寿梦始称王。前 585—前 561 年在

位。钟离：楚邑名。故城在今安徽省凤阳县东。

【原文】

十六年，宣伯[1]告晋，欲诛季文子。文子有义[2]，晋人弗许。

【注释】

①宣伯：叔孙乔如。②文子有义：晋国大臣范氏，栾氏认为季文子是鲁国的忠臣。

【原文】

十八年，成公卒，子午立，是为襄公[1]。是时襄公三岁也。

【注释】

①襄公：前572—前542年在位。

【原文】

襄公元年，晋立悼公。往年冬，晋栾书[1]弑其君厉公。四年，襄公朝晋。

【注释】

①栾书：晋国执政大臣。

【原文】

五年，季文子卒。家无衣帛之妾，厩无食粟之马，府无金玉，以相三君[1]。君子曰："季文子廉忠矣。"

【注释】

①三君：指宣公、成公、襄公。

【原文】

九年，与晋伐郑。晋悼公冠①襄公于卫，季武子②从，相行礼。

【注释】

①冠：举行冠礼。②季武子：季孙宿。季文子之子。继其父执政。

【原文】

十一年，三桓氏分为三军①。

【注释】

①按周制，天子设六军，诸侯大国三军。鲁国原有三军，后来减为二军。

【原文】

十二年，朝晋。十六年，晋平公①即位。二十一年，朝晋平公。

【注释】

①晋平公：姬彪。前557—前532年在位。

【原文】

二十二年，孔丘①生。

【注释】

①孔丘：前551—前479年，世称孔子。名丘，字仲尼。

【原文】

二十五年，齐崔杼弑其君庄公[①]，立其弟景公[②]。

【注释】

①崔杼（zhù）：齐国大臣。庄公：姜光。前553—前548年在位。②景公：姜杵臼。前547—前490年在位。

【原文】

二十九年，吴延陵季子[①]使鲁，问周乐，尽知其意，鲁人敬焉。

【注释】

①延陵季子：吴王寿梦之子，封于延陵（今江苏省常州市），故称。

【原文】

三十一年六月，襄公卒。其九月，太子[①]卒。鲁人立齐归之子裯为君，是为昭公[②]。

【注释】

①太子：襄公子，姬子野。②齐归：鲁襄公妾。裯：人名。昭公：前541—510年在位。

【原文】

昭公年十九，犹有童心[①]。穆叔[②]不欲立，曰："太子死，有母弟可立，不即立长。年钧[③]择贤，义钧则卜之。今裯非適嗣，且又居丧意不在戚[④]而有喜色，若果立，必为季氏忧。"季武子弗听，卒立之。比及葬，三易衰[⑤]。君子曰："是不终也。"

【注释】

①童心：孩子气。②穆叔：鲁国大夫。③钧：通"均"，相等。④戚：忧伤。⑤衰（cuī）：通"缞"。

【原文】

昭公三年，朝晋至河，晋平公谢还之，鲁耻焉。四年，楚灵王[①]会诸侯于申，昭公称病不往。七年，季武子卒。八年，楚灵王就章华台[②]，召昭公。昭公往贺，赐昭公宝器[③]；已而悔，复诈取之。十二年，朝晋至河，晋平公谢还之。十三年，楚公子弃疾[④]弑其君灵王，代立。十五年，朝晋，晋留之葬晋昭公[⑤]，鲁耻之。二十年，齐景公与晏子狩竟[⑥]，因入鲁问礼。二十一年，朝晋至河，晋谢还之。

【注释】

①楚灵王：熊围。前540—前529年在位。②章华台：台名。旧址在今湖北省监利县西。③宝器：这里指大曲弓。④弃疾：楚平王。前528—前516年在位。⑤晋昭公：姬夷。前531—前526年在位。⑥晏子：名婴，字平仲。夷维（今山东

省高密市）人。齐国大臣。狩竟：在鲁国边境打猎。竟：通“境”。

【原文】

二十五年春，鸜鹆[1]来巢。师己[2]曰：“文成之世童谣曰：‘鸜鹆来巢，公在乾侯[3]。鸜鹆入处，公在外野。’”

【注释】

①鸜鹆（qúyù）：鸟名，即八哥。②师己：鲁国大夫。③文成：指鲁文公、成公。乾（gān）侯：晋邑名。故城在今河北省成安县东南。

【原文】

季氏与郈[1]氏斗鸡，季氏芥[2]鸡羽，郈氏金距[3]。季平子怒而侵[4]郈氏，郈昭伯[5]亦怒平子。臧昭伯[6]之弟会伪谗臧氏，匿季氏，臧昭伯囚季氏人。季平子怒，囚臧氏老[7]。臧、郈氏以难告昭公。昭公九月戊戌伐季氏，遂入。平子登台请曰：“君以谗不察臣罪，诛之，请迁沂[8]上。”弗许。请囚于鄪，弗许。请以五乘亡，弗许。子家驹[9]曰：“君其许之。政自季氏久矣，为徒者众，众将合谋。”弗听。郈氏曰：“必杀之。”叔孙氏之臣戾[10]谓其众曰：“无季氏与有，孰利？”皆曰：“无季氏是无叔孙氏。”戾曰：“然，救季氏！”遂败公师。孟懿子[11]闻叔孙氏胜，亦杀郈昭伯。郈昭伯为公使，故孟氏得之。三家共伐公，公遂奔。己亥，公至于齐。齐景公曰：“请致千社[12]待君。”子家曰：“弃周公之业而臣于齐，可乎？”乃止。子家曰：“齐景公无信，不如早之晋。”弗从。叔孙[13]见公还，见平子，平子顿首。初欲迎昭公，孟孙[14]、季孙后悔，乃止。

【注释】

①郈（hòu）：一作“厚”。②芥：有两说。一说捣芥子为粉末，播散于鸡翼，以迷对方鸡之目；一说“芥”为“介”，为鸡着甲。③金距：鸡爪上安金属套。距，鸡附足骨。④季平子：季孙意如，季武子之孙。侵：侵占郈氏的宫地。⑤郈昭伯：郈恶，鲁孝公的后代。⑥臧昭伯：臧孙赐。⑦老：大夫的家臣。⑧沂：水名。鲁都城南有沂水，平子想要出城待罪。⑨子家驹：仲孙驹，字子家。鲁国大夫。⑩戾（lì）：叔孙氏的司马。⑪孟懿子：仲孙何忌。鲁国大夫。⑫社：地方基层行政单位。⑬叔孙：叔孙婼（ruò）。鲁国大夫。⑭孟孙：指孟懿子。

【原文】

二十六年春，齐伐鲁，取郓[1]而居昭公焉。夏，齐景公将内公，令无受鲁赂。申丰、汝贾许齐臣高龁、子将粟五千庾[2]。子将言于齐侯曰：“群臣不能事鲁君，有异[3]焉。宋元公[4]为鲁如晋，求内之，道卒。叔孙昭子[5]求内其君，无病而死。不知天弃鲁乎？抑[6]鲁君有罪于鬼神也？愿君且待。”齐景公从之。

【注释】

①郓（yùn）：鲁邑名。故城在今山东省郓城县东。②申

丰、汝贾：鲁国大夫。子将：梁丘据。齐景公的宠臣。庾(yǔ)：古容量单位。一庾等于十六斗。③异：怪异。指特别的征兆。④宋元公：子佐。前531—前517年在位。⑤叔孙昭子：即叔孙蜡。⑥抑：抑或；还是。

【原文】

二十八年，昭公如晋，求入。季平子私于晋六卿[①]，六卿受季氏赂，谏晋君，晋君乃止，居昭公乾侯。二十九年，昭公如郓。齐景公使人赐昭公书，自谓“主君”[②]。昭公耻之，怒而去乾侯。三十一年，晋欲内昭公，召季平子。平子布衣跣行[③]，因六卿谢罪。六卿为言曰：“晋欲内昭公，众不从。”晋人止。三十二年，昭公卒于乾侯。鲁人共立昭公弟宋为君，是为定公[④]。

【注释】

①晋六卿：晋之韩、赵、魏、范、中行及智氏等六族，世为晋卿，故称六卿。②主君：当时人们对国君、卿、大夫的敬称，而齐景公以此自称，显示傲慢。③布衣跣（xiǎn）行：表示忧伤。跣：赤脚。④定公：前509—前495年在位。

【原文】

定公立，赵简子问史墨[①]曰：“季氏亡乎?”史墨对曰：“不亡。季友有大功于鲁，受鄪为上卿，至于文子、武子，世增其业。鲁文公卒，东门遂[②]杀適立庶，鲁君于是失国政。政在季氏，于今四君[③]矣。民不知君，何以得国！是以为君慎器与名[4]，不可以假人。”

【注释】

①赵简子：即赵鞅。晋国大臣。史墨：晋国史官蔡墨。②东门遂：即襄仲。③四君：指宣公、成公、襄公、昭公。④器：古代表示一定等级、地位的器物。名：爵号。

【原文】

定公五年，季平子卒。阳虎[1]私怒，囚季桓子[2]，与盟，乃舍之。七年，齐伐我，取郓，以为鲁阳虎邑以从政。八年，阳虎欲尽杀三桓適，而更立其所善庶子以代之；载季桓子将杀之，桓子诈而得脱。三桓共攻阳虎，阳虎居阳关。九年，鲁伐阳虎，阳虎奔齐，已而奔晋[3]赵氏。

【注释】

①阳虎：一作“阳货”。季孙氏的家臣。挟持季桓子，据有阳关（故城在今山东省泰安市东南），掌握国政。②季桓子：季孙斯。季平子之子。鲁执政大臣。③奔晋：指阳虎投奔晋赵鞅，为其家臣。

【原文】

十年，定公与齐景公会于夹谷[1]，孔子行相事[2]。齐欲袭鲁君，孔子以礼历阶，诛齐淫乐，齐侯惧，乃止，归鲁侵地而谢过。十二年，使仲由[3]毁[4]三桓城，收其甲兵。孟氏不肯堕城，伐之，不克而止。季桓子受齐女乐[5]，孔子去。

【注释】

①夹谷：齐地名。故城在今山东省莱芜市南。②行相事：主持礼赞。③仲由：字子路，卞（故城在今山东省济宁市泗水县）人，孔子的门生，为季氏家臣之长。④毁：毁坏。⑤女乐（yuè）：歌姬舞女。

【原文】

十五年，定公卒，子将立，是为哀公[①]。

【注释】

①哀公：前494—前467年在位。

【原文】

哀公五年，齐景公卒。六年，齐田乞[①]弑其君孺子。

【注释】

①田乞：齐国执政大臣。

【原文】

七年，吴王夫差[①]强，伐齐，至缯[②]，征百牢[③]于鲁，季康子使子贡说吴王及太宰嚭[④]，以礼诎之[⑤]。吴王曰："我文身[⑥]，不足责礼。"乃止。

【注释】

①夫差：前495—前473年在位。②缯：邑名。故城在今山东省枣庄市东。③牢：指祭祀宴享用的牲畜猪、牛、羊各一头。百牢：指牛、羊、猪各百头。④季康子：季孙肥。季桓子

之子，鲁国执政大臣。子贡：卫国人，孔子的弟子。太宰嚭（pī）：伯嚭。⑤以礼诎（qū）之：根据礼制折服人。礼，指周礼。诎，折服。参见《吴太伯世家》。⑥文身：身上刺画花纹，为古时吴越习俗。

【原文】

八年，吴为邹伐鲁[①]，至城下，盟而去。齐伐我，取三邑[②]。十年，伐齐南边。十一年，齐伐鲁。季氏用冉有有功[③]，思孔子，孔子自卫归鲁。

【注释】

①吴为邹伐鲁：因上年鲁国曾攻打邹国，所以吴国借此出兵。②三邑：据《齐太公世家》和《左传》记载，只有二邑，即讙和阐。③季氏用冉有有功：鲁与齐战，冉有帅左师，获甲首八十，齐人夜遁。冉有：冉求，字子有。鲁国人，孔子的弟子。为季氏宰。

【原文】

十四年，齐田常弑其君简公于徐州[①]。孔子请伐之，哀公不听。十五年，使子服景伯、子贡为介[②]，适齐，齐归我侵地。田常初相，欲亲诸侯。

【注释】

①田常：即田成子。徐州：齐地名。在今山东省滕州市南。②子服景伯：鲁国大夫。介：助手；副使。

【原文】

二十七年春，季康子卒。夏，哀公患三桓，将欲因诸侯以劫[①]之，三桓亦患公作难，故君臣多间[②]。公游于陵阪[③]，遇孟武伯[④]于街，曰："请问余及死乎？"对曰："不知也。"公欲以越伐三桓。八月，哀公如陉氏[⑤]。三桓攻公，公奔于卫，去如邹，遂如越。国人迎哀公复归，卒于有山氏。子宁立，是为悼公[⑥]。

【注释】

①劫：以武力胁迫。②间：间隙；仇怨。③陵阪（bǎn）：鲁地名。④孟武伯：即仲孙彘。鲁国大臣。⑤陉（xíng）氏：即有山氏。⑥悼公：前466—前429年在位。

【原文】

悼公之时，三桓胜，鲁如小侯，卑于三桓之家。

十三年，三晋灭智伯[①]，分其地有之。

【注释】

①三晋：晋国被赵、魏、韩三家瓜分晋国并各自立国，史称三晋。智伯：晋国执政大臣知瑶。

【原文】

三十七年，悼公卒。子嘉立，是为元公[①]，元公二十一年卒，子显立，是为穆公[②]。穆公三十三年卒，子奋立，是为共公[③]。共公二十二年卒，子屯立，是为康公[④]。康公九年卒，子匽立，是为景公[⑤]。景公二十九年卒，子叔立，是为平公[⑥]，是时六国[⑦]皆称王。

【注释】

①元公：前 428—前 408 年在位。②穆公：据《六国年表》载在位三十一年，前 407—前 377 年。③共公：据《六国年表》载在位二十四年，即前 376—前 353 年。④康公：前 352—前 344 年在位。⑤景公：前 343—前 315 年在位。⑥平公：前 314—前 296 年在位。⑦六国：秦惠王也于前 324 年称王。

【原文】

平公十二年，秦惠王[①]卒。二十年，平公卒，子贾立，是为文公[②]。文公元年，楚怀王[③]死于秦。二十三年，文公卒。子雠立，是为顷公[④]。

【注释】

①秦惠王：嬴驷。前 337—前 311 年在位。②文公：前 295—前 273 年在位。③楚怀王：熊槐。前 328—前 299 年在位。④顷公：前 272—前 250 年在位。

【原文】

顷公二年，秦拔楚之郢[①]，楚顷王东徙于陈[②]。十九年，楚伐我，取徐州[③]。二十四年，楚考烈王[④]伐灭鲁。顷公亡，迁于下邑[⑤]，为家人[⑥]，鲁绝祀。顷公卒于柯[⑦]。

【注释】

①郢：楚都城，故城在今湖北省江陵县西北。②楚顷王：即楚顷襄王。陈：地名。③徐州：地名。在今山东省滕州市南。④楚考烈王：熊元。前262—前238年在位。⑤下邑：国外的小邑。⑥家人：平民。⑦柯：邑名。

【原文】

鲁起周公至顷公，凡三十四世。

太史公曰：余闻孔子称曰“甚矣鲁道之衰也！洙泗之间龂龂[1]如也”。观庆父及叔牙、闵公之际，何其乱也？隐、桓之事；襄仲杀適立庶；三家北面为臣，亲攻昭公，昭公以奔。至其揖让[2]之礼则从矣，而行事何其戾[3]也？

【注释】

①洙泗：洙水和泗水的合称。二水流经鲁国都城。龂龂（yǐn yín）：通“訚訚”，和悦有礼之貌。②揖（yī）让：古代宾主相见的礼节。③戾：暴戾，凶狠。

【译文】

周公旦是周武王之弟。从文王还在世时，旦作为儿子非常孝顺，忠厚仁爱，胜过其他兄弟。到武王即位，旦经常佐助辅弼武王，处理很多政务。武王九年，亲自东征至盟津，周公随军辅助。十一年，讨伐殷纣，军至牧野，周公佐助武王，发布了动员战斗的《牧誓》。周军攻破殷都，进入殷王宫。杀殷纣以后，周公手持大钺，召公手持小钺，左右夹辅武王，举行衅社之礼，向上天与殷民昭布纣之罪状。把箕子从监狱中释放出来。封纣子武庚禄父，命管叔、蔡叔辅助他，以承续殷之祭祀。遍封功臣、同姓及亲戚。封周公于少昊故墟曲阜，就是鲁公。但不让周公去自己的封国，而是留在朝廷辅佐武王。

武王灭商两年后，天下仍没有安定。又遇上武王患病，不舒服，群臣都很害怕，太公、召公就去文王庙虔诚地占卜吉凶。周公说："不可以使我们的先王担忧。"周公于是就用自己的生命担保，设立三坛，周公面向北站着，胸前挂着璧，手里拿着圭，向太王、王季、文王祈祷。史官为他宣读写在简上的祷告词说："你们的长孙武王发，积劳成疾。如果你们三王在上天现在有助祭的职责，就让我替代武王发的身子吧。我灵巧能干，多才多艺，能侍奉鬼神。你们的武王发不如我多才多艺，不会侍奉鬼神。他刚被上帝那儿任命，普遍保有四方，因而能够在世上安定你们的子孙，天下的百姓没有不敬仰和畏惧他的。不要毁坏上天赐给周家的宝贵使命，我们的先王也才能永远有所归依。现在我将听命于大龟，若你们答应我的请求，我就把这些璧和圭带回去，等待你们的命令。若你们不答应我的请求，我就把璧和圭收藏起来。"周公已经让史官把简册上的祝文告诉太王、王季、文王，要代替武王发死，于是就到三王神位前占卜。占卜的人都说吉利，打开占卜书一看，果然吉利。周公非常高兴，打开藏卜兆书的管子，所见卜辞也都吉利。周公进宫向武王道贺说："王没有灾害。我刚领受了三王的命令，让你为周家作长久打算。这是上天让你很好地考虑天子的职责。”周公把策书藏在金属装束的匣子里，密封好，告诫看守人不准张扬。第二天，武王的病就好了。

这以后，武王已经逝世，成王年幼，还处在襁褓生活中。周公恐怕天下知道武王逝世而叛乱，周公就登上王位暂替成王行使王权，主持国政。管叔和其他弟弟纷纷在国内散布流言蜚语，说：“周公将对成王不利。”周公就告诉太公望、召公奭说：“我之所以不避嫌疑而代替成王行使王权，是怕天下的人背叛周朝，没法向我先王太王、王季、文王交代。三王为天下忧劳已经很久了，至今才算成功。武王去世早，成王年幼，为了完成周朝的大业，所以我才这样做。”于是，终于辅佐成王，而让他的儿子伯禽代替到鲁国去就封。周公告诫伯禽说：“我是文王的儿子，武王的弟弟，成王的叔父，我在天下的地位也算不低了。然而，我洗一次头三次握住头发，吃一顿饭三次吐出嘴里的食物，起身接待贤士，还怕失掉天下的贤人。你到了鲁国，千万不要因为是国君就骄傲看不起人。”

管叔、蔡叔、武庚等果然率领淮夷反叛。周公便奉成王的命令，兴师东征，并作了《大诰》。于是，诛杀了管叔，处死了武庚，流放了蔡叔。收服殷代的遗民，进而把康叔封于卫地，把微子封于宋地，叫他接续殷商的祭祀，安抚东方的淮夷，经过两年东方都安定了下来。诸侯都朝拜周室，尊周王为宗主。

上天降下福祉，唐叔得到了奇异的禾苗，异株同穗，将它奉献给成王，成王命令唐叔送到东方去赠给周公，周公作了

《馈禾》。周公既已接受天子赏赐的特异禾稻，赞扬天子的恩宠，作了《嘉禾》。东部地区已经安定，周公回京师向成王报告，就作了一首诗送给成王，题名叫《鸱鸮》。成王也不敢责问周公。

成王七年二月乙未日，成王在镐京朝拜武王庙，然后步行至丰京朝拜文王庙，命太保召公先行到洛邑勘察地形。三月，周公去洛邑营造成周京城，并进行占卜，得象大吉，于是就以洛邑为国都。

成王长大，能够处理国事了。于是，周公就把政权还给成王，成王临朝听政。过去周公代替成王治天下时，面向南方，背对扆壁，接受诸侯朝拜。七年之后，还政于成王，周公面向北站在臣子之位上，仍谨慎恭敬如履薄冰。

当初，成王幼小时，有病了，周公就剪下自己的指甲沉入河中，向神祝告说："王年幼没有主张，冒犯神命的是旦。"也把那祝告册文藏于秘府，成王病果然痊愈。到成王临朝后，有人说周公坏话，周公逃亡到楚国。成王打开秘府，发现周公当年的祈祷册文，感动得泪流满面，即迎回周公。

周公归国后，怕成王年轻，为政荒淫放荡，就写了《多士》《毋逸》。《毋逸》说："做父母者，经历长久时期创业成功，其子孙骄奢淫逸忘记了祖先的困苦，毁败了家业，做儿子的能不谨慎吗？因此，过去殷王中宗庄重恭敬地畏惧天命，治民时严以律己，兢兢业业不敢荒废事业自图逸乐，所以中宗拥有国家七十五年之久。殷之高宗久在民间劳碌，与小民共同生活，他即位后居丧，三年不言语，一旦说话就得到臣民拥戴，不敢荒淫逸乐，使殷国家安定，小民大臣均无怨言，所以高宗拥有国家五十五年。殷王祖甲，觉得自己并非长子，为王不宜，因此长时间逃避于民间，深知人民需要，他安定国家、施惠于民，不侮慢鳏寡孤独之人，所以祖甲拥有国家三十三年。"《多士》说："自汤至帝乙，殷代诸王无不遵循礼制去祭祀，勉力向德，都能上配天命。后来到殷纣时，大为荒淫逸乐，不顾天意民心，万民都认为他该杀。""周文王每天日头偏西还顾不上吃饭，拥有国家五十年。"周公写了这些用来告诫成王。

成王居于丰京，当时天下虽已安定，但周朝的官职制度尚未安排得当，于是周公写了《周官》，划定百官职责。写了《立政》，以利百姓，百姓欢悦。

周公在丰京患病，临终时说："一定要把我埋葬在成周，以表明我不敢离开成王。"周公死后，成王也谦让，最后把周公葬于毕邑，伴随文王，来表示成王不敢以周公为臣。

周公去世那年秋后，庄稼尚未收割，一场暴风雷霆，禾稼倒伏，大树连根拔起。王都的人十分害怕。成王和众大夫穿好朝服，恭敬地打开用金丝封缄的装着祭神祷文的盒子，看到周公愿以己身代武王去死的祷文。太公、召公和成王于是问史官和有关人员，他们说："确有此事，但过去周公命令我们不许说出去。"成王手执册文而泣，说："今后不要笃行占卜了！过去周公为王室辛劳，但我年幼不理解。现在上天发威来彰明周公之德，现在我应设祭迎其神，亦合于我们国家之礼。”成王于是举行祭天之礼，果真天下雨，风向反转，倒伏之禾全部立起。太公、召公命国人，凡倒下的大树都扶起培实土基。当年大丰收。于是，成王特准鲁国可以行郊祭天和庙祭文王之礼。鲁国所以有周天子一样的礼乐，是因为褒奖周公的德行啊。

周公死时，其子伯禽早在以前接受封国，就是鲁公。鲁公伯禽当初受封至鲁，三年以后才向周公汇报施政情况。周公说：“为何如此迟晚？”伯禽说：“变其风俗，改其礼仪，要等服丧三年除服之后才能看到效果，因此迟了。”太公受封于齐国，五个月后就向周公汇报施政情况。周公说：“为何如此迅速？”太公说：“我简化其君臣之间的仪节，一切从其风俗去做。”等后来太公听说伯禽汇报政情很迟，叹息说：“唉！鲁国后代将要为齐国之臣了，为政不简约易行，人民就不会亲近；政令平易近民，人民必然归附。”

伯禽即位之后，有管、蔡等造反之事，淮夷、徐戎也一起兴兵造反。于是，伯禽率军至肸邑讨伐之，写了《肸誓》，说：“准备你们的战甲头盔，必须良好。不许毁坏牛栏马圈。马牛走失，奴隶逃跑，军士不得擅离职守去追捕，他人之马牛奴隶跑到自己处要归还。不许劫略侵扰，不许入户盗窃。鲁国西、南、北三方近郊远郊之人，备办干草、干粮和木桩，不许缺少。甲戌日我军修筑工事征伐徐戎，不许届时不至，否则处以极刑。”发布《肸誓》后，就讨平徐戎，安定了鲁国。

鲁公伯禽死后，其子考公酋继位。考公四年死，其弟熙继位，就是炀公。炀公修建了茅阙宫门。六年炀公死，其子幽公宰继位。幽公十四年，其弟杀幽公自立为君，就是魏公。魏公五十年死，其子厉公擢继位。厉公三十七年死，鲁人立其弟具为君，就是献公。献公三十二年死，其子真公濞继位。

真公十四年（前 841），周厉王为政无道，出逃于彘邑，周公、召公共同执政。二十九年（前 827），周宣王即位。

三十年（前 826），真公死，其弟敖继位，就是武公。

武公九年（前 817）春，武公和长子括、少子戏，西行朝拜周宣王。宣王喜欢戏，想立戏为鲁国太子。周之大夫樊仲山甫劝谏宣王说："废弃长子而立少子，不符合于礼制；不符合礼制，必然触犯先王之命；触犯先王之命必被诛杀：所以，发令不可违背礼制。命令难以实行，政令就没有权威；命令被实行而又违背礼制，人民将不服从主上。而下级服务于上级，年轻者服务于年长者，这才符合礼制。现在，天子您立诸侯之继承人，而立其少子，是教给人民违反礼制。如果鲁国遵从您的命令，诸侯也仿效而行，先王之命必然阻塞难行；如果鲁国不遵从您废长立少的命令，您必要诛伐鲁国，您就等于自己诛伐先王之命。那时，您诛伐鲁国是错误，不诛伐也是错误，请您慎重考虑。"宣王不听，终于立戏为鲁太子。夏天，武公回鲁国后去世，戏继位，就是懿公。

懿公九年（前 807），懿公之兄括的儿子伯御和鲁国人攻杀懿公，立起伯御为鲁相。伯御在位十一年，周宣王伐鲁，杀死其君伯御，而询问鲁国公子中谁能启发训导诸侯，让他做鲁国嗣君。樊穆仲说："鲁懿公之弟称，庄重恭谨敬事神灵，敬重长者；处理事务执行法规时，必定咨询先王遗训和正确经验，不干犯先王遗训，不抵触正确经验。"宣王说："好，这样就能训导治理其民众了。"于是，在夷宫立称为鲁君，就是孝公。此后，诸侯多有违抗王命的。

孝公二十五年（前771），诸侯背叛周室，犬戎人杀死幽王。秦开始列为诸侯。

二十七年（前769），孝公死，其子弗湟继位，就是惠公。

惠公三十年（前739），晋人杀其君昭侯。四十五年（前724），晋人又杀其君孝侯。

四十六年（前723），惠公死，长庶子息代理政务，执掌君权，就是隐公。当初，惠公正妻无子，其贱妾声子生儿子息。息长大后，惠公为息娶宋国女。宋女来到鲁国，惠公看她美丽，就夺为自己的妻子。生下儿子允。惠公将宋女升为正妻，立允为太子。到惠公死时，因为允太幼小，鲁人共同让息代理国政，不叫作即位。

隐公五年（前781），在棠地观看捕鱼。八年（前715），与郑国交换天子所赐之封邑太山的祊和许田，君子讥贬这件事。

十一年（前712）冬，公子挥向隐公献媚说："百姓认为您当国君于民有利，您就不要代理而正式做国君吧。我请求您杀掉子允，您让我当国相。"隐公说："先君有命在前。我是因为允幼小，所以代理国政。现在允已长大，我正营造菟裘这个地方准备养老，再把国政交给子允。"公子挥害怕子允听到自己的话而杀他，反而向子允说隐公的坏话诬陷说："隐公想正式做国君，除掉你，你要考虑此事。请允许我为你杀死隐公。"子允答应了。十一月，隐公将要祭祀钟巫之神，在社圃斋戒，住在蔿氏家中。公子挥派人在蔿氏家杀死隐公，而立子允为鲁君，就是桓公。

桓公元年（前711），郑国用玉璧换取天子赐给鲁的封邑许田。二年（前710），鲁君命把宋国赂送的鼎放入太庙，君子讥贬此事。

三年（前709），派公子挥到齐国接娶齐女为桓公夫人。六年（前706），夫人生下一子，其生日与桓公相同，所以起名叫"同"。同长大，为太子。

十六年（前696），桓公与诸侯在曹国盟会，讨伐郑国，支持郑厉公回国执政。

十八年（前694）春，桓公准备外出，与夫人一同去齐国。申繻谏止，桓公不听，于是去了齐国。齐襄公与桓公夫人私通。桓公知道了怒责夫人，夫人把桓公责骂之事告诉了齐侯。夏四月丙子日，齐襄公宴请桓公，桓公酒醉后，齐襄公命公子彭生抱住桓公，又命彭生折断桓公肋骨，桓公死于车中。鲁人告于齐人说："我们国君敬畏您的威严，不敢安居，到齐国修两国友睦之礼。礼成而人未归，罪责无法追究，只要求得到彭生以在诸侯面前洗掉丑闻。"齐人杀死彭生以向鲁解释。鲁国人立太子同为君，就是庄公。庄公之母桓公夫人于是留在齐国，不敢归鲁。

庄公五年（前689）冬，伐卫，武力支持卫惠公回国执政。

八年（前686）冬，齐公子纠逃亡来鲁国。九年（前685），鲁国想武力护送子纠返齐国为君，但落后于齐桓公，齐桓公发兵攻鲁，鲁国危急，只能杀了子纠，其臣召忽从死。齐人告知鲁国要生得管仲。鲁人施伯说："齐想得到管仲，并非想杀他，而是将要任用他，他被任用后必为鲁之大患。不如杀死管仲，把他尸体给齐国。"庄公不听，把管仲押解到齐。齐人用管仲为相。

十三年（前681），鲁庄公和大夫曹沫在柯地与齐桓公盟会，曹沫武力劫持齐桓公，索要鲁被齐侵占的土地，盟誓后释放桓公。桓公想毁约，管仲谏止，终于归还给鲁国被侵之地。十五年（前679），齐桓公开始称霸于诸侯。二十三年（前671），庄公到齐国去观看社祭。

三十二年（前662），当初，庄公修筑一台正好俯临党氏之家，庄公见其孟女，十分喜爱，答应立她为夫人，割破胳膊订下盟誓。孟女生子斑。斑长大后，喜爱梁氏之女，前去她家看她。一个名叫荦的养马人从墙外戏弄梁氏女。斑大怒，鞭打荦。庄公听说此事，说："荦很有膂力，应杀掉他，这人不能打完后就放了。"斑未来得及杀荦。正适庄公有病。庄公有三个弟弟，长名庆父，次曰叔牙，幼名季友。庄公娶齐女为夫人名哀姜。哀姜无子，哀姜之妹名叔姜，生子名开。庄公正夫人无子，因喜爱孟女，想立其子斑为太子。庄公病，向其弟叔牙问谁可继承君位。叔牙说：“父死子继，兄死弟及，这是鲁国常规。现有庆父，可为嗣君，您担忧什么?”庄公嫌恶叔牙想立庆父，无人时又问季友。季友说：“我昌死也要立斑为君。”庄公曰：“刚才叔牙想立庆父，怎么办?”季友就以庄公名义命令叔牙在鍼巫氏家中待命，派鍼季强迫叔牙喝毒酒，向叔牙说：“你喝了这个，可以不杀你的后人；不然，你死了，你的后人也将被杀。”叔牙于是饮毒酒而死，鲁国立叔牙之子为叔孙氏。八月癸亥日，庄公死，季友终于立子斑为君，合于庄公遗命。子斑有丧在身，住于党氏家。

当初庆父与哀姜私通，庆父想立哀姜妹之子开。结果，庄公死后季友立斑为君，十月己未日，庆父派圉人荦在党氏家杀死鲁公子斑。季友逃到陈国。庆父终立庄公子开，就是湣公。

湣公二年（前660），庆父与哀姜私通愈益严重。哀姜与庆父商量想杀死湣公而立庆父为鲁君。庆父派卜齮在武闱杀死湣公。季友闻知后，与湣公弟申从陈至邾，要求鲁国接他们回国。鲁人想杀庆父，庆父害怕，逃到莒。于是季友拥戴子申回到鲁国，立为国君，就是釐公。釐公也是庄公少子。哀姜害怕，逃到邾。季友送礼给莒人索要庆父，庆父被送回，季友派人杀庆父，庆父要求允许他流亡国外，季友不答应，派大夫奚斯哭着去告诉庆父。庆父听到奚斯的哭声，心中明白，只好自杀而死。齐桓公听到哀姜与庆父淫乱危害鲁国，就从邾国把哀姜召回杀死，把她尸体送归鲁国，陈尸示众。鲁釐公求情后，埋葬了哀姜。

季友母亲乃陈国之女，所以季友逃亡时去陈国，陈国帮助护送季友和子申。季友临降生时，桓公令人为之占卜，卜人说："这是一个男孩，其名叫作'友'，将来位于两社之间，定将成为公室重臣。季友死后，鲁国将衰。"到降生时，其掌中有纹路为'友'字，就以友命名，取号叫成季。其后人就是季氏，庆父的后人为孟氏。

釐公元年（前659），把汶阳与邑封赐季友。季友为鲁相。

九年（前651），晋大夫里克杀死其君奚齐、卓子。齐桓公率领鲁釐公讨伐晋国之乱，到达高梁而返，立晋惠公为君。十七年（前643），齐桓公死。二十四年（前636），晋文公即位。

三十三年（前627），釐公死，其子兴继位，就是文公。

文公元年（前626），楚国太子商臣杀其父成王，自立为君。三年（前624），文公朝会晋襄公。

十一年（前616）十月甲午日，鲁人在咸大败狄人，俘虏长狄乔如，鲁大夫富父终甥用戈刺乔如之喉，杀死了他，把乔如的首级埋于子驹门，并以乔如二字为宣伯命名。

当初，宋武公之时，鄋瞒伐宋，司徒皇父率师抵抗，在长丘击败狄人，俘获长狄缘斯。晋国灭掉路国时，俘获乔如之弟棼如。齐惠公二年（前607），鄋瞒伐齐，齐王子城父俘获其弟荣如，埋其首级于北门。卫人俘获其弟简如。鄋瞒因此终于灭亡。

十五年（前621），季文子到晋国出使。

十八年（前609）二月，鲁文公死。文公有两个妃子：长妃齐女是哀姜，生儿子恶和视；次妃是敬嬴，甚受宠爱，生子倭。倭暗中笼络襄仲，襄仲想立倭为君，叔仲说不行。襄仲请求齐惠公，齐惠公刚即位，想拉拢鲁国，就答应了。冬十月，襄仲杀死恶与视而立倭为鲁君，就是宣公。哀姜回齐国，号哭而过闹市，说："天哪！襄仲大逆不道，杀嫡立庶！"市上人都跟着哭泣，鲁国人都称她为"哀姜"。从此，公国室衰微，而孟孙氏、叔孙氏、季孙氏三桓之族强盛起来。

宣公倭十二年（前597），楚庄王强大，围攻郑国。郑伯投降，后庄王又恢复郑封国的地位。

十八年（前591），宣公死，其子成公黑肱继位，就是成公。季文子说："使我国杀嫡立庶失去诸侯支持的人，是襄仲。"襄仲立起宣公后，襄仲之子公孙归父备受宣公宠爱。宣公想除掉三桓，与晋国商量讨伐三桓。适值宣公死去，季文子怨恨公孙归父，归父逃到齐国。

成公二年（前589）春，齐国讨伐鲁国占据隆邑。夏季，成公与晋国大夫郤克联军在鞌地大败齐顷公的军队，齐国归还占我之地。四年（前587），成公之晋国，晋景公不尊重成公。成公想背叛晋国与楚联盟，有人谏止，才作罢。十年（前581），成公至晋国。晋景公死，晋人留下成公送葬，鲁人讳言此事。十五年（前576），鲁第一次与吴国来往，与吴王寿梦在钟离盟会。

十六年（前575），宣伯请求晋国，想让晋人杀掉季文子。因为季文子是节义之人，晋人没有答应宣伯的请求。

十八年（前573），成公死，其子午继位，就是襄公。这时襄公才三岁。

襄公元年（前572），晋人立悼公为君。去年冬季，晋大夫栾书杀其君厉公。四年（前569），襄公到晋国朝会。

五年（前568），季文子死。其家中无穿丝绸之妾，马棚中没有吃谷子的马，府中无金玉之器，就这样俭朴地做了三代国君的相。君子说："季文子真是廉洁忠正啊！"

九年（前564），鲁国与晋国共同伐郑。晋悼公在卫国为襄公举行冠礼，季武子随从，辅助举行冠礼仪式。

十一年（前562），三桓氏分别掌握鲁国三军。

十二年（前561），朝会晋国。十六年（前557），晋平公即位。二十一年（前552），朝会晋平公。

二十二年（前551），孔丘降生。

二十五年（前548），齐国大夫崔杼杀其君庄公，立庄公弟景公为齐君。

二十九年（前544），吴国的延陵季子出使鲁国，观周乐，能全部解说其意，鲁人十分敬重他。

三十一年（前542）六月，襄公死。其年九月，太子死。鲁人立襄公夫人妹齐归之子裯为鲁君，就是昭公。

昭公时年十九岁，还是幼稚顽皮。穆叔不想立他，说："太子死，有他同母之弟可立为君，如无同母弟，才立庶子中的长子。年龄相同的就要择其才能，才能也相同则占卜以决定。现在裯不是嫡子，而且居丧时并不悲伤，反有喜色，若真的立了他，必为季氏之忧。”季武子不听，终于立裯为君。等到襄公下葬时，裯已因顽皮穿坏了三件丧服。君子说：“这人不得善终。”

昭公三年（前539），朝拜晋国到达黄河边，晋平公婉言拒绝，让昭公返回，鲁人以为耻辱。四年（前538），楚灵王要诸侯到申地盟会，昭公称病不去。七年（前535），季武子死。八年（前534），楚灵王建成章华台，召见昭公。昭公前往祝贺，灵王赐给昭公宝器；后又反悔，又骗取回来。十二年（前530），昭公朝会晋国至黄河，晋平公又辞谢，昭公返回。十三年（前529），楚公子弃疾杀死其君灵王，自立为楚王。十五年（前527），昭公朝会晋国，晋人留下他给晋昭公送葬，鲁人以为耻辱。二十年（前522），齐景公与晏子在边境巡狩，顺便到鲁国询问礼制。二十一年（前521），昭公朝会晋国至黄河，晋国辞谢，昭公返回。

二十五年（前517）春，有鸜鹆鸟来鲁国巢居。师己说：“文公和成公有童谣说：‘鸜鹆来巢到鲁国，国君出居到乾侯。鸜鹆住进来，国君去野外。’”

季氏与郈氏斗鸡，季氏给鸡装上护甲，郈氏给鸡爪套上金属套。季平子一怒之下侵犯郈氏，郈氏也愤恨季平子。臧昭伯之弟臧会曾造伪诬陷臧氏，后藏在季氏家中，臧昭伯因此拘禁季氏家人。季平子大怒，把臧氏家臣囚禁。臧氏与郈氏向昭公告难。昭公九月戊戌日攻伐季氏，进入其家。平子登台请求说：“您因听信谗言而不能细察我之过错大小，就来诛伐我，请允许我迁居到沂上。”昭公不答应。季平子又请求把自己囚禁于鄪邑，仍不答应。平子又请求带五乘车流亡国外，昭公还不答应。子家驹说：“您答应了吧。季氏掌握政权时间甚久，徒党极多，他们将合谋对付您。”昭公不听。郈氏说：“一定杀死季平子。”叔孙氏家臣戾对其徒众说：“季氏被灭亡或仍存在，哪样对我们有利?”大家都回答：“没有了季氏，叔孙氏也不能存在。”戾说：“对，马上救援季氏。”于是，他们击败昭公军队。孟懿子听到叔孙氏战胜，也杀死郈昭伯。郈昭伯正作为昭公使节派往孟氏，所以孟氏抓住了他。孟孙、叔孙、季孙三家共同讨伐昭公，昭公于是逃亡。己亥日，昭公至齐国。齐景公说：“我给你两万五千户人及土地来接待你。”子家说：“怎么能放弃周公之业而做齐国臣子?”昭公作罢。子家说：“齐景公不讲信用，不如早去晋国。”昭公不从。叔孙见昭公回国，就去见季平子，平子叩头至地表示惶愧。开始他们想迎回昭公，孟孙、季孙后又反悔，于是作罢。

二十六年（前 516）春，齐伐鲁，占领郓邑让鲁昭公居住。夏季，齐景公想武力护送昭公回国，命部下不得接受鲁国的礼物。鲁大夫申丰、汝贾许诺给齐大夫高龁、子将粟谷八万斗。子将就向齐侯说：“鲁群臣不服从鲁君，有奇怪现象。宋元公为鲁昭公到晋国求援，想支持昭公回国，死于途中。叔孙昭子请求让鲁君回国，无病而死。不知是上天抛弃鲁君，还是他得罪了鬼神？请您再等等看吧。”齐景公听从了他的话。

二十八年（前514），昭公到晋国，要求支持他回国为君。季平子贿赂晋国的六卿，六卿接受了季氏礼物，就去谏止晋君，晋君也就不再坚持，只让昭公居住在乾侯。二十九年（前513），昭公至郓邑。齐景公派人给昭公送信，信中称昭公为“主君”。昭公以之为耻辱，一怒之下又去了乾侯。三十一年（前511），晋人想支持昭公回鲁，召见季平子。季平子身着布衣赤脚而行，通过六卿谢罪。六卿替季平子说话，说：“晋国虽支持昭公，但鲁人不愿意。”晋君也就作罢。三十二年（前510），昭公死在乾侯。鲁人一同立昭公之弟宋为君，就是定公。

定公即位时，赵简子问史墨说：“季氏会灭亡吗？”史墨回答说：“不会。季友为鲁国立过大功，受封于鄪是国之上卿，至季文子、季武子时，累世增其功业。鲁文公死，东门逐杀嫡立庶，鲁国君丧失其权。权力掌在季氏手中，至今已历四代国君了。人民不知道他们的国君，这样的国君怎么能掌握国家！因此，做国君的一定要慎守礼器爵号，不能给予别人。”

定公五年（前505），季平子死。阳虎因私愤囚禁季桓子，季桓子与他订立盟约，才被释放。七年（前503），齐国伐鲁，占领郓邑，阳虎住在那里作为自己的奉邑，在那里处理政务。八年（前502），阳虎想把三桓之家嫡子全部杀掉，改立起与自己关系密切的庶子代替嫡子；阳虎派车接季桓子要杀掉他，季桓子用计脱身。三桓共攻阳虎，阳虎跑到阳关驻扎。九年

（前501），鲁军讨伐阳虎。阳虎逃亡到齐，后又逃至晋国赵氏处。

十年（前500），定公与齐景公在夹谷相会，孔子主持礼仪。齐人想袭击定公，孔子按礼仪登阶而上，诛责齐国秦淫乐的乐人，齐侯害怕，未敢袭害定公，而且归还侵占的鲁国土地来谢罪。十二年（前498），派仲由折毁三桓家族的城墙，没收他们的铠甲武器。孟氏不肯折毁其城，定公派兵攻伐，不能战胜而作罢。季桓子接受齐国的美女乐工，孔子离开鲁国。

十五年（前495），定公死，其子将继位，就是哀公。

哀公五年（前490），齐景公死。六年（前489），齐大夫田乞杀其君孺子。

七年（前488），吴王夫差强盛，伐齐，到缯地，向鲁国索要牛、羊、猪各一百头。季康子派子贡说服吴王和吴太宰嚭，用礼制折服他们。吴王说："我们是文身的蛮夷之人，不值得用礼制来要求。"于是停止索要。

八年（前487），吴国为邹国攻伐鲁，至城下，与鲁订盟约而离去，齐伐鲁，占领三邑。十年（前485），鲁伐齐国南部边境。十一年（前484），齐国又伐鲁。季氏任用冉有甚有成效，因此思念孔子，孔子就自卫国归返鲁国。

十四年（前481），齐国大夫田常在徐州杀死齐君简公。孔子要求哀公出兵征伐田常，哀公不从。十五年（前480），派子服景伯为使节，子贡为副手，去至齐国。齐归还侵鲁之地。田常初为齐国相，想要亲睦诸侯，所以如此。

十六年（前479），孔子逝世。

二十二年（前473），越王句践灭掉吴王夫差。

二十七年（前468）春天，季康子去世。夏天，哀公忧虑三桓作乱，想借诸侯的力量缴了他们的武装，三桓也怕哀公发难，所以君臣间的矛盾很深。哀公到陵阪游玩，在街衢上遇到孟武伯，说："请问我能不能善终？"孟武伯回答说："不知道。"哀公想利用越国攻打三桓。八月，哀公前往陉氏。三桓攻打哀公，哀公逃到卫国，又离开卫国，跑到邹国，最终到达越国。鲁国人迎接哀公，哀公重新回国时，死在有山氏家里。儿子宁即位，这就是悼公。

悼公的时候，三桓强盛，鲁君犹如一个很小的诸侯，势力比三桓之家弱。

十三年（前454），韩、赵、魏三晋灭掉智伯，瓜分其地为三家所有。

三十七年（前429），悼公死，其子嘉继位，就是元公。元公二十一年（前408）死，其子显继位，就是穆公。穆公三十三年（前376）死，其子奋继位，就是共公。共公二十二年（前353）死，其子屯继位，就是康公。康公九年（前344）死，其子匽继位，就是景公。景公二十九年（前315）死，其子叔继位，就是平公。此时六国皆自称为王。

平公十二年（前303），秦惠王死。二十年（前296），平公死，其子贾继位，就是文公。文公元年（前295），楚怀王死于秦国。二十三年（前273），文公死，其子雠继位，就是顷公。

顷公二年（前271），秦攻克楚国郢都，楚顷王向东迁都于陈。十九年（前254），楚伐鲁，夺取徐州。二十四年（前249），楚考烈王伐灭鲁国。顷公逃亡，迁居到都外小邑，成为平民，鲁国祭祀灭绝。顷公在柯邑死去。

鲁国自周公至顷公，总计三十四代。

太史公说："我听说孔子曾说：'鲁国的道德真是衰微至极了！洙水泗水之间人们争辩计较不已。'看看庆父、叔牙和闵公即位之时，鲁国多么混乱不堪！隐公桓公交替之事；襄仲杀嫡立庶；孟孙、叔孙、季孙三家本是臣子，却亲身攻打昭公，以致昭公逃亡。他们虽一直遵循礼仪揖让之节，但实际行事又多么与此违背啊！"

第十六卷　燕召公世家第四

这篇传记本着“原始察终，见盛观衰”（《太史公自序》）的宗旨，记叙了西周开国功臣召公奭所受封的燕国的八九百年的历史。文中通过民众爱戴燕召公，并突出记叙他听讼甘棠之下，后人思召公之政而作《甘棠》诗歌颂他的典型事例，高度赞扬了燕召公仁德爱民的思想和行为，并把这归结为弱小的燕国国运长久的重要原因，充分体现了作者主张德治的政治理想。

这篇传记在材料取舍上是颇具匠心的。在诸多史料中，作者主要选取了这样两个方面的史实：燕王哙违背历史规律，盲目追求帝尧禅让的美名，把国家让给权臣子之，以致给百姓带来灾难，造成国破身亡；燕昭王谦恭下士，召来乐毅等四方贤才，与百姓同甘共苦，富国强兵，收复失地。作者对以上两个方面的史实，浓墨重笔，对比着进行生动的描述，褒贬锋芒，犀利而鲜明。

在记述燕国衰世之秋时，作者又着重列举了以下几个方面的史实：燕惠王挟持私怨，迫走名将乐毅；燕王喜不听苦谏，袭击盟邦赵国，后又误用骄将剧辛；燕太子丹谋刺秦王等。通过记述这些史实，阐明了燕国衰亡在军事和外交上的原因。

为了突出主旨，要言不烦，对另有传记详载的乐毅破齐奔赵及荆轲刺秦王等事的始末，篇中不再复述，只是提纲挈领，进行简笔勾勒，做到轮廓清楚，使读者可观大略。

这篇传记在人物描写上也很有特色。作者往往抓住人物具有代表性的语言和行动，三言两语，生动鲜明地表现出人物的性格。比如，苏代为齐使燕的一番对话，透露着他十足的狡狯；鹿毛寿劝说让国的一段说辞，隐藏着他的叵测居心，而昏庸无能的燕王哙则被他们玩弄于股掌之上，神态堪称惟妙惟肖。再如，郭隗劝燕昭王招引贤士，理直气壮地大言“先从隗始”，于是燕昭王“改筑宫而师事之”；将渠劝燕王喜不去伐赵，以致“引燕王绶止之”，哭泣陈词，而“王蹴之以足”，这些场面也使读者如闻如见。

【原文】

召公奭与周[①]同姓，姓姬氏。周武王之灭纣，封召公于北燕[②]。

【注释】

①召（shào）公：一作邵公。周代燕国的始祖。因采邑在召（故城在今陕西省岐山县西南），故称为召公。奭（shì）：召公名。周：周王室。②北燕：国名，通称燕。因当时有南燕，故称北燕。

【原文】

其在成王时，召公为三公[①]：自陕[②]以西，召公主[③]之；自陕以东，周公[④]主之。成王既幼，周公摄[⑤]政，当国践祚[⑥]，召公疑之，作《君奭》[⑦]。君奭不说[⑧]周公。周公乃称“汤[⑨]时有伊尹，假于皇天；在太戊时，则有若伊陟、臣扈，假于上帝，巫咸[⑩]治王家；在祖乙时，则有若巫贤[⑪]；在武丁时，则有若甘般[⑫]：率维兹有陈[⑬]，保乂有殷[⑭]”。于是召公乃说[⑮]。

【注释】

①三公：周代称太师、太傅、太保为三公。成王时，召公任太保。②陕：地名，故城在今河南省陕县。③主：掌管；主持。④周公：姬旦。周武王之弟。⑤摄：代理；兼理。⑥当国：主持国政；掌握国家政权。践祚（zuó）：登帝王位。⑦《君奭》：今存《尚书》中。篇名，相传为周公所作。③说（yuè）：通“悦”，喜悦；愉快。⑨称：说。汤：商朝的建立者。⑩太戊：商朝国王，任用贤臣治国理政，使商朝复兴。伊陟（zhì）：伊尹之子，太戊任为相。臣扈（hù）：太戊时贤臣。巫咸：太戊时的大臣。相传为用蓍草占卜的创始者，又是占星家。⑪祖乙：商朝第十四代国王。巫贤：巫咸之子。⑫武丁：商代的第二十三代国王。相传少时生活在民间，即位后重用傅说、甘盘为大臣，力求巩固统治。甘般：武丁时的大臣。⑬率：遵循；顺着。引申为沿袭，依照。维：语助词。兹：此，指这几位贤臣。陈：陈列；布陈。⑭保乂（yì）：安定，

治理。殷：商朝的别称，也称商殷或殷商。⑮说：通“悦”。

【原文】

召公之治西方[①]，甚得兆民和[②]。召公巡行乡邑[③]，有棠树[④]，决狱政事[⑤]其下，自侯伯[⑥]至庶人各得其所，无失职[⑦]者。召公卒，而民人思召公之政，怀棠树不敢伐[⑧]，哥咏[⑨]之，作《甘棠》[⑩]之诗。

【注释】

①西方：指陕以西之地。②兆民：百姓。和：欢心。③乡邑：乡村和城市。④棠树：即棠梨树。⑤决狱政事：判官司，理政事。⑥侯伯：古爵位名。为五等爵的第二、第三等。此处泛指贵族。庶人：西周以后对农业生产者的称呼。⑦失职：失去职务和职业。⑧伐：砍伐。⑨哥：通“歌”，歌咏，歌唱。⑩《甘棠》：篇名，见《诗·召南》。

【原文】

自召公已下九世[①]至惠侯。燕惠侯当周厉王[②]奔彘，共和之时。

【注释】

①已：通“以”。世：父子相继为一世。②当：值；在。周厉王：姬胡。

【原文】

惠侯卒，子釐[①]侯立。是岁，周宣王[②]初即位。釐侯二十一年，郑桓公[3]初封于郑。三十六年，釐侯卒，子顷侯立。

【注释】

①釐（xī）：谥号用字。②周宣王：姬静，厉王子。③郑桓公：姬友。

【原文】

顷侯二十年，周幽王淫乱，为犬戎所弑[1]。秦[2]始列为诸侯。

【注释】

①周幽王为犬戎所弑：见《齐太公世家》齐庄公二十四年注。②秦：嬴姓。非子始封于秦（今甘肃省张家川东），作为周朝的附庸。传至秦襄公，因护送周平王东迁有功，始被封为诸侯。

【原文】

二十四年，顷侯卒，子哀侯立。哀侯二年卒，子郑侯立。郑侯三十六年卒，子缪[1]侯立。

【注释】

①缪（mù）：通“穆”，谥号用字。

【原文】

缪侯七年，而鲁隐公元年也。十八年卒，子宣侯立。宣侯十三年卒，子桓侯立。桓侯七年卒，子庄公[1]立。

【注释】

①庄公：燕君自此始称为公。

【原文】

庄公十二年，齐桓公始霸。十六年，与宋、卫共伐周惠王[①]。惠王出奔温[②]，立惠王弟穨为周王。十七年，郑执燕仲父而内[③]惠王于周。二十七年，山戎来侵我[④]，齐桓公救燕，遂北伐山戎而还。燕君送齐桓公出境，桓公因割燕所至地予燕，使燕共贡天子，如成周时职[⑤]；使燕复修召公之法[⑥]。三十三年卒，子襄公立。

【注释】

①与宋、卫共伐周惠王：事详《周本纪》。②温：邑名。故城在今河南省温县。③执：捉拿；拘捕。燕仲父：人名。内(nà)：通"纳"。④山戎：部族名。又称北戎。我：指燕国。下同。⑤成周时：指西周初期。成王时，周公营建洛邑作东都，称为成周。职：赋税；贡品。⑥修：整治；修明。法：法令；制度。

【原文】

襄公二十六年，晋文公为践土[①]之会，称伯[②]。三十一年，秦师败于殽。三十七年，秦穆公[③]卒。四十年，襄公卒，桓公立。

【注释】

①晋文公：重耳。在位期间（前636—前628年），他加

强军队，使国力强盛。又平定了周王室的内乱，迎接周襄王复位，以“尊王”相号召。城濮之战大胜楚军，并在践土大会诸侯，成为霸主。践土：郑邑名，故城在今河南省原阳县西南。②伯（bà）：通“霸”。③秦穆公：秦国君。嬴姓，名任好。

【原文】

桓公十六年卒，宣公立。宣公十五年卒，昭公立。昭公十三年卒，武公立。是岁晋灭三郤[①]大夫。

【注释】

①三郤（xì）：指郤錡（qí）、郤犨（chōu）、郤至。

【原文】

武公十九年卒，文公立。文公六年卒，懿公立。懿公元年，齐崔杼[①]弑其君庄公。四年卒，子惠公立。

【注释】

①崔杼（zhù）：齐国大夫。

【原文】

惠公元年，齐高止来奔。六年，惠公多宠姬[①]，公欲去诸大夫而立宠姬宋[②]，大夫共诛姬宋，惠公惧，奔齐。四年[③]，齐高偃[④]如晋，请共伐燕，入其[⑤]君。晋平公许，与齐伐燕，入惠公。惠公至燕而死。燕立悼公。

【注释】

①宠姬：宠臣。②去：罢免；废黜。宋：人名。③四年：

指燕惠公奔齐的第四年。④高偃：人名。⑤入：使动用法。其：代词。指代燕国。

【原文】

悼公七年卒，共[①]公立。共公五年卒，平公立。晋公室[②]卑，六卿[③]始强大。平公十八年，吴王阖闾破楚入郢[④]。十九年卒，简公立。简公十二年卒，献公立。晋赵鞅围范、中行于朝歌[⑤]。献公十二年，齐田常[⑥]弑其君简公。十四年，孔子卒。二十八年，献公卒，孝公立。

【注释】

①共（gōng）：通“恭”。②公室：诸侯的家族，也指诸侯国的政权。③六卿：指晋国的韩、赵、魏、智、范、中行六家大臣。④吴王阖（hé）闾：姬光，是春秋末年的霸主。破：攻下。郢（yǐng）：楚国都城，地在现在的湖北省江陵县西北纪南城。⑤赵鞅（yāng）：晋国大臣。范：指范吉射（yì）。晋国大臣。中行（háng）：指中行寅。晋国大臣。朝（zhāo）歌：晋邑名。故城在今河南省淇县。⑥田常：齐国大臣。杀死简公后，拥立齐平公，任相国，尽杀公族中的强者，扩大封邑，从此齐国由田氏专政。

【原文】

孝公十二年，韩、魏、赵灭知伯[①]，分其地，三晋[②]强。

【注释】

①韩：韩康子。魏：魏桓子。赵：赵襄子。知伯：即智

瑶。皆晋国大臣。②三晋：韩、魏、赵三家瓜分晋国后，史称“三晋”。

【原文】

十五年，孝公卒，成公立。成公十六年卒，湣[1]公立。湣公三十一年卒，釐公立。是岁，三晋列为诸侯[2]。

【注释】

①湣（mín）：通“闵”，谥号用字。②列为诸侯：指正式被周威烈王承认为诸侯。

【原文】

釐公三十年，伐败齐于林营[1]。釐公卒，桓公立。桓公十一年卒，文公立。是岁，秦献公卒。秦益强。

【注释】

①林营：地名。今地不详。

【原文】

文公十九年，齐威王[1]卒。二十八年，苏秦[2]始来见，说[3]文公。文公予车马金帛以至赵，赵肃侯用之。因约六国[4]，为从长[5]。秦惠王以其女为燕太子妇。

【注释】

①齐威王：田姓，名因齐，齐国国君。②苏秦：战国时著名的纵横家。③说（shuì）：说服对方使他按自己的意思行事。④六国：指当时七雄中除秦以外的齐、燕、楚、韩、赵、魏六

国。⑤从：通“纵”，合纵。指东方六国的联盟。长(zhǎng)：首领。

【原文】

二十九年，文公卒，太子立，是为易王。

易王初立，齐宣王因燕丧[①]伐我，取十城；苏秦说齐，使复归燕十城。十年，燕君为王[②]。苏秦与燕文公夫人私通，惧诛，乃说王使齐为反间[③]，欲以乱齐。易王立十二年卒，子燕哙[④]立。

【注释】

①因：趁。丧（sāng）：丧事。②燕君：即易王。为王：称王。③使：出使。反间（jiàn）：指用计谋离间敌方，使发生内乱。④燕哙（kuài）：燕王姬哙。

【原文】

燕哙既立，齐人杀苏秦。苏秦之在燕，与其相子之为婚[①]，而苏代与子之交[②]。及苏秦死，而齐宣王复用苏代。燕哙三年，与楚、三晋攻秦，不胜而还。子之相[③]燕，贵重[④]，主断[⑤]。苏代为齐使于燕，燕王问曰：“齐王奚如?”对曰：“必不霸。”燕王曰：“何也?”对曰：“不信其臣。”苏代欲以激[⑥]燕王以尊子之也。于是燕王大信子之。子之因遗[⑦]苏代百金，而听其所使。

【注释】

①为婚：结婚。②苏代：苏秦之弟，战国时著名的纵横

家。交：交往。③相：为相。动词。④贵重：位尊权重。⑤主断：主决国事。⑥激：鼓动，激发。⑦遗（wèi）：赠送；给予。金：黄金单位的名称。古时以一镒（yì）（二十两或二十四两）为一金。

【原文】

鹿毛寿[1]谓燕王："不如以国让相子之。人之谓尧[2]贤者，以其让天下于许由[3]，许由不受，有让天下之名而实不失天下。今王以国让于子之，子之必不敢受，是王与尧同行[4]也。"燕王因属[5]国于子之，子之大重[6]。或[7]曰："禹荐益[3]，已而以启人[9]为吏。及老，而以启人为不足任乎[10]天下，传之[11]于益。已而启与交党[12]攻益，夺之。天下谓禹名传天下于益，已而实令启自取之。今王言属国于子之，而吏无非太子人者，是名属子之而实太子用事[13]也。"王因收印自三百石吏已上而效[14]之子之。子之南面[15]行王事，而哙老不听政[16]，顾[17]为臣，国事皆决于子之。

【注释】

①鹿毛寿：人名。姓鹿毛，名寿。《韩非子》作"潘寿"。②尧：唐尧，古史中"五帝"之一，相传他晚年将帝位让给虞舜。③许由：人名。④同行：相同的德行。⑤属（zhǔ）：托付。⑥大重：极为尊贵。⑦或：有的人。虚指代词。⑧禹：即夏禹。相传原为虞舜的大臣，因治水有功，被虞舜选为继任人，舜死后即位，国号夏。益：一作伯益。相传善于畜牧和狩

猎，被舜任为虞。他为禹所重用，助禹治水有功，被推举为帝位继任人。禹死后，禹子启继位，他与启发生争夺，被杀。⑨已而：不久，旋即。人：亲信者。⑩以：认为。人：《史记会注考证》认为是衍文。任：胜任。乎：通“于”。介词。⑪之：指君位。⑫交党：党羽。⑬用事：当权。⑭三百石：俸禄为三百石。效：呈献；致送；授予。⑮南面：古代帝王面南而坐。⑯听政：处理政事。⑰顾：反而。

【原文】

三年[①]，国大乱，百姓[②]恫恐。将军市被[③]与太子平谋，将攻子之。诸将谓齐湣王曰：“因而赴[④]之，破燕必矣。”齐王因令人谓燕太子平曰：“寡人[⑤]闻太子之义，将废私而立公，饬[⑥]君臣之义，明父子之位。寡人之国小，不足以为先后[⑦]。虽然[⑧]，则唯太子所以令之。”太子因要[⑨]党聚众，将军市被围公宫[⑩]，攻子之，不克[⑪]。将军市被及百姓反攻太子平，将军市被死，以徇[⑫]。因构难[⑬]数月，死者数万，众人恫恐，百姓离志[⑭]。孟轲[⑮]谓齐王曰：“今伐燕，此文、武之时[⑯]，不可失也。”王因令章子将五都[⑰]之兵，以因北地[⑱]之众以伐燕。士卒不战，城门不闭，燕君哙死，齐大胜。燕子之亡二年[⑲]，而燕人共立太子平，是为燕昭王[⑳]。

【注释】

①三年：指子之当权的第三年。②百姓：古时对贵族的总称。③市被：人名。④赴：奔赴。意即迅速进攻。⑤寡人：古

时君主自谦之称。意为寡德之人。⑥饬（chì）：整顿。⑦先后：前锋和后卫。⑧虽然：即使这样。⑨要（yāo）：约集。⑩公宫：诸侯的宫室。⑪克：攻下。⑫徇（xùn）：示众。⑬构难：造成祸乱。⑭离志：人心各异。⑮孟轲（约前372—前289）：即孟子。⑯文、武之时：指周文王、武王灭商兴周之时。⑰章子：章匡。齐国大将。将（jiàng）：率领。动词。五都：战国时齐国设置的一级政区，可能是临淄、平陆、高唐、即墨和莒，性质略同于当时其他国家设置的郡。⑱北地：指齐国的北方边境。⑲亡：死亡。二年：指燕君哙和子之死后的二年。⑳燕昭王：燕王哙之子，前311—前279年在位。

【原文】

燕昭王于破燕之后即位，卑身[①]厚币以招贤者。谓郭隗[②]曰："齐因孤[③]之国乱而袭破燕，孤极知燕小力少，不足以报。然诚得贤士以共国[④]，以雪先王[⑤]之耻，孤之愿也。先生视可者[⑥]，得身事之[⑦]。"郭隗曰："王必欲致士[⑧]，先从隗始。况贤于隗者，岂远[⑨]千里哉！"于是昭王为隗改筑宫而师事之。乐毅[⑩]自魏往，邹衍[⑪]自齐往，剧辛[⑫]自赵往，士争趋燕。燕王吊死问孤，与百姓同甘苦。

【注释】

①卑身：这里是态度谦和之意。②郭隗（wěi）：燕大臣。③因：趁。孤：王侯的自称。④诚：果真，如果。共国：一道

治理国家。⑤先王：已经死去的国王。⑥可者：指可以共国的人。⑦身事之：亲自侍奉他。⑧致士：招引贤士。⑨岂：难道。反诘副词。远：以动用法。以……为远。⑩乐（yuè）毅：中山国灵寿（故城在今河北省平山县东北）人，战国时代著名的军事家。⑪邹衍：齐国稷下（在今山东省淄博市）人。⑫剧辛：赵国人，后为燕国大将。

【原文】

二十八年，燕国殷富[①]，士卒乐轶轻战[②]，于是遂以乐毅为上将军[③]，与秦、楚、三晋合谋以伐齐。齐兵败，湣王出亡于外。燕兵独追北[④]，入至临淄[⑤]，尽取齐宝，烧其宫室宗庙。齐城之不下者，独唯聊、莒、即墨[⑥]，其余皆属燕，六岁。

【注释】

①殷富：殷实富裕。②轶（yì）：通“逸”，安逸。轻战：轻视打仗。③上将军：武官名。④追北：追赶败逃的敌人。⑤临淄：齐国都，故城在今山东省淄博市东北。⑥独唯：唯独；只有。聊：齐邑名。故城在今山东省聊城市西北。莒（jǔ）：齐邑名。故城在今山东省莒县。即墨：齐邑名。故城在今山东平度市东南。

【原文】

昭王三十三年卒，子惠王立。

惠王为太子时，与乐毅有隙[①]；及即位，疑毅，使骑劫[②]代将。乐毅亡走赵。齐田单以[③]即墨击败燕军，骑劫死，燕兵引[4]归，齐悉[5]复得其故城。湣王死于莒，乃立其子为襄王。

【注释】

①隙（xì）：裂痕，引申为嫌怨。②骑劫：人名。③田单：齐国临淄人。燕军破齐时，他坚守即墨。以：凭借。④引：退却。⑤悉：全部。

【原文】

惠王七年卒。韩、魏、楚共伐燕。燕武成王立。

武成王七年，齐田单伐我，拔中阳[1]。十三年，秦败赵于长平[2]四十余万。十四年，武成王卒，子孝王立。

【注释】

①拔：拔取；攻下。中阳：即“中人亭”。②长平：赵邑名。故城在今山西省高平市西北。

【原文】

孝王元年，秦围邯郸者解去[1]。三年卒，子今王喜[2]立。

【注释】

①邯郸：赵国都，故城在现在的河北省邯郸市西南。解去：解除包围而离去。②今王：当今的国王。喜：燕王之名。

【原文】

今王喜四年，秦昭王卒。燕王命相栗腹约欢赵[1]，以五百金为赵王酒[2]。还报燕王曰：“赵王壮者皆死长平，其孤未壮，可伐也。”王召昌国君乐间[3]问之。对曰：“赵四战之国[4]，其民习兵[5]，不可伐。”王曰：“吾以五而伐一。”对曰：“不可。”燕王怒，群臣皆以为可。卒起二军，车二千乘[6]，栗腹将而攻鄗[7]，卿秦攻代[8]。唯独大夫将渠[9]谓燕王曰：“与人通关约交[10]，以五百金饮[11]人之王，使者报而反攻之，不祥，兵[12]无成功。”燕王不听，自将偏军[13]随之。将渠引燕王绶[14]止之曰：“王必无[15]自往，往无成功。”王蹴[16]之以足。将渠泣曰：“臣非以自为，为王也！”燕军至宋子[17]，赵使廉颇[18]将，击破栗腹于鄗。乐乘[19]破卿秦于代。乐间奔赵。廉颇逐之五百余里，围其国[20]。燕人请和，赵人不许，必令将渠处[21]和。燕相[22]将渠以处和。赵听将渠，解燕围。

【注释】

①栗腹：人名。约欢赵：和赵国结为同盟。约，以语言或文字互订共守的条件。②为赵王酒：给赵王祝酒（祝福）。③昌国君乐间（jiān）：乐毅之子。④四战之国：意为四面受敌、四面拒战的国家。⑤习兵：熟悉军事。⑥乘（shèng）：量词。古时一车四马叫乘。⑦鄗（hào）：赵邑名。故城在今河北省柏乡县北。⑧卿秦：人名，代：赵邑名。故城在今河北省蔚县东北。⑨大夫：官名。将渠：人名。⑩通关：开通要道。约交：互订盟约。⑪饮：使喝酒。⑫兵：军事；战争。⑬偏军：配合主力作战的军队。⑭引：牵挽。绶（shòu）：古代系印纽的丝带。⑮无：通“毋”，不要。⑯蹴（cù）：踢。⑰宋子：赵地名。在今河北省赵县东北。⑱廉颇：赵国名将。⑲乐

乘：乐毅的族人。初为燕将，后为赵将，封武襄君。⑳国：指国都。㉑处：处置；处理。㉒相：任命为相。使动用法。

【原文】

六年，秦灭东周[①]，置三川郡[②]。七年，秦拔赵榆次[③]三十七城，秦置大原郡。九年，秦王政[④]初即位。十年，赵使廉颇将攻繁阳[⑤]，拔之。赵孝成王卒，悼襄王立。使乐乘代廉颇，廉颇不听，攻乐乘，乐乘走，廉颇奔大梁[⑥]。十二年，赵使李牧[⑦]攻燕，拔武遂、方城[⑧]。剧辛故[⑨]居赵，与庞煖善[⑩]，已而亡走燕。燕见赵数[⑪]困于秦，而廉颇去，令庞煖将也，欲因赵獘[⑫]攻之。问剧辛，辛曰："庞煖易与耳[⑬]。"燕使剧辛将击赵，赵使庞煖击之，取燕军二万，杀剧辛。秦拔魏二十城，置东郡。十九年，秦拔赵之邺[⑭]九城。赵悼襄王卒。二十三年，太子丹质于秦，亡归燕。二十五年，秦虏灭韩王安，置颍川郡。二十七年，秦虏赵王迁，灭赵。赵公子嘉自立为代王[⑮]。

【注释】

①东周：东周王朝末年在京城洛邑附近分立的一个小国，建都巩（今河南省巩义市西南）。②三川郡：秦郡名。地在现在的河南省黄河以南伊洛二水流域，故城在今河南省洛阳市东北。③榆次：赵邑名。故城在今山西省榆次县。④秦王政：即秦始皇。⑤繁阳：魏邑名。故城在今河南省内黄县西北。⑥大梁：魏国都。故城在今河南省开封市。⑦李牧：赵国名将。⑧武遂：燕地名。在现在的河北省保定市徐水区西北。一

说在河北武强县东北。方城：燕地名。在今河北省固安县南。⑨故：以前；当初。⑩庞煖（xuàn）：赵将。善：友善；相好。⑪数（shuò）：屡次；多次。⑫獘：通“弊”，疲困；破败。⑬与：对付。耳：语气助词。⑭邺（yè）：邑名。⑮代王：秦将王翦占据邯郸后，赵公予嘉带领宗族数百人北逃至代郡（赵地，治所在今河北省蔚县东北），自称代王。

【原文】

燕见秦且[①]灭六国，秦兵临易水[②]，祸且至燕。太子丹阴[③]养壮士二十人，使荆轲献督亢[④]地图于秦，因袭[⑤]刺秦王。秦王觉，杀轲，使将军王翦[⑥]击燕。二十九年，秦攻拔我蓟，燕王亡，徙居辽东，斩丹以献秦。三十年，秦灭魏。

【注释】

①且：将要；快要。②临：到。易水：水名，在现在的河北省易县南，流入定兴县。③阴：暗中；暗地里。④荆轲：卫国人。秦灭卫后逃亡到燕，燕太子用重金收买他，尊为上卿，与他共谋暗杀秦始皇。督亢：燕国南部的肥沃之地，在今河北省涿州市东至固安一带地区。⑤袭：乘人不备而攻击。⑥王翦：秦将。先后统兵攻破赵国、燕国和击败楚国，封武成侯。

【原文】

三十三年，秦拔辽东，虏燕王喜，卒灭燕。是岁，秦将王贲[①]亦虏代王嘉。

【注释】

①王贲（bēn）：王翦之子。先后领兵攻灭魏国，攻取燕国的辽东和击败齐国。

【原文】

太史公曰：召公奭可谓仁矣！甘棠且思[1]之，况其人乎？燕外迫[2]蛮貉，内措[3]齐、晋，崎岖[4]强国之间，最为弱小，几[5]灭者数矣。然社稷[6]血食者八九百岁，于姬姓[7]独后亡，岂非召公之烈邪[8]！

【注释】

①且：尚且。思：怀念；想念。②迫：逼近。③措：通“错”，交杂；夹杂。上句的“外”和这句的“内”是就华夏族说的。蛮貉非华夏族故称“外”，齐、晋同属华夏族，故称“内”。④崎岖：山路高低不平。比喻处境困难。⑤几（jī）：几乎；差一点儿。⑥社稷：古代帝王、诸侯所祭的土神和谷神，代指国家。⑦姬姓：指与周王同姓的诸侯国。⑧烈：功业；余业。邪：通“耶”，表疑问的语气助词。

【译文】

召公奭和周王族同姓，姓姬。周武王灭了商纣王以后，把召公封在北燕。

在周成王的时候，召公是三公之一。自陕县以西，归召公管理；自陕县以东，归周公管理。成王既然年幼，周公代替他处理朝政，登基行使王权。召公怀疑周公，周公写作了《君爽》。写作《君奭》是因为召公不满意周公。于是，周公说："商汤的时代，有伊尹，功德受到上帝嘉许；在太戊的时代，就有那个伊陟、臣扈，功德受到上帝嘉许，又有巫咸辅佐治理王室；在祖乙的时代，就有那个巫贤；在武丁的时代，就有那个甘般。凭借这些有道的贤臣，使殷朝得到安定和治理。"于是，召公才高兴。

召公治理西部，深得广大百姓的爱戴。召公到乡邑巡视，有一棵棠梨树，就在树下审判官司、处理政事，从侯爵、伯爵到平民百姓都得到了适当安置，没有由于处理错误而失职的地方。召公去世后，民众思念召公的政绩，思念棠梨树，不敢砍伐，歌颂它，并编了叫《甘棠》的诗篇。

自召公下传第九代到惠侯。燕惠侯正处在周厉王逃奔彘地，共和行政的时期。

惠侯去世，儿子釐侯继位。这一年，周宣王刚刚即位。釐侯二十一年，郑桓公开始封到郑国。三十六年，釐侯去世，儿子顷侯继位。

燕顷侯二十年，周幽王淫乱，被犬戎部族杀死。秦国开始被封为诸侯。

二十四年，顷侯去世，儿子哀侯继位。哀侯在位二年去世，儿子郑侯继位。郑侯在位三十六年去世，儿子缪侯即位。

燕缪侯七年，正是鲁隐公元年。在位十八年去世，儿子宣侯继位。宣侯在位十三年去世，儿子桓侯继位。桓侯在位七年去世，儿子庄公继位。

燕庄公十二年，齐桓公开始称霸。十六年，和宋国、卫国一块儿攻打周惠王，惠王出逃奔往温地，三国拥立惠王的弟弟穨为周王。十七年，郑国拘捕燕仲父，送周惠王回京师。二十七年，山戎部族南下侵犯燕国，齐桓公率军救助燕国，于是北伐山戎而后回师。燕庄公感谢齐桓公，一直送他出了燕国边境，齐桓公便把燕庄公到达的地方割给燕国，让燕庄公一起向周王进贡，像周成王时那样履行职责，并让燕国重新修复召公时的法度。庄公在位三十三年去世，儿子襄公继位。

燕襄公二十六年，晋文公在践土主持会盟，成为霸主。三十一年，秦军在殽山被晋军打败。三十七年，秦穆公去世。四十年，襄公去世，桓公继位。

燕桓公在位十六年去世，宣公继位。宣公在位十五年去世，昭公继位。昭公在位十三年去世，武公继位。这一年，晋国灭了三郤大夫。

燕武公在位十九年去世，文公继位。文公在位六年去世，懿公继位。懿公元年，齐国崔杼杀害他的国君庄公。在位四年去世，儿了惠公继位。

燕惠公元年，齐国高止逃亡来到燕国。六年，惠公有许多宠姬，他想除掉各位大夫而立名叫宋的宠姬，各位大夫先下手杀死名叫宋的宠姬，惠公害怕，逃到秦国。四年后，齐国派高偃到晋国，请求共同攻打燕国，送惠公回燕国。晋平公答应，和齐国一起攻打燕国，送燕惠公回国。惠公回到燕国就死了，燕国拥立悼公。

燕悼公在位七年去世，共公继位。共公在位五年去世，平公继位。晋国公室卑弱，六卿开始强大。平公十八年，吴王阖闾打败楚国，攻进郢都。在位十九年去世，简公继位。简公在位十二年去世，献公继位。晋国赵鞅在朝歌围攻范氏、中行氏。献公十二年，齐国田常杀害他的国君简公。十四年，孔子去世。二十八年，献公去世，孝公即位。

燕孝公十二年，晋国的韩、魏、赵灭了知伯，瓜分了他的土地，三晋从此强大起来。

十五年，孝公去世，成公继位。成公在位十六年去世，湣公继位。湣公在位三十一年去世，釐公继位。这一年，韩、魏、赵三晋开始被封为诸侯。

燕釐公三十年，在林营打败齐国。釐公去世，桓公继位。桓公在位十一年去世，文公继位。这一年，秦献公去世。秦国更加强大了。

燕文公十九年，齐威王去世。二十八年，苏秦初次来燕国拜见文公，向文公宣传他的主张。文公给他车马、黄金、布帛，让他到赵国去，赵肃侯重用了他。于是，苏秦联合六国合纵，他当了合纵联盟的主持者。秦惠王把他的女儿嫁给燕国的太子为妻。

二十九年，文公去世，太子继位，这就是易王。

燕易王刚登位，齐宣王趁燕国有丧事攻打燕国，占领了十座城市；苏秦劝说齐宣王，让齐国归还了攻占燕国的十座城市。十年，燕君称王。苏秦同燕文公的夫人通奸，害怕被杀，就劝说易王派他到齐国去施行反间计，想用这个办法扰乱齐国。易王在位十二年去世，儿子燕王哙继位。

燕王哙已经登位，齐国人杀死了苏秦。苏秦在燕国的时候，和燕相子之结为婚姻关系，因而他的弟弟苏代就和子之结交。等到苏秦死后，齐宣王又重用苏代。燕王哙三年，和楚、三晋攻伐秦国，无功而还。子之当燕国的丞相，位尊权重，独断专行。苏代受齐宣王派遣出使到燕国，燕王哙问道："齐王怎么样?"苏代回答说："肯定不能称霸。"燕王哙说："为什么?"苏代回答说："不信任他的臣子。"苏代想借此刺激燕王尊重子之。于是，燕王非常信任子之。子之因此赠送给苏代一百镒黄金，任凭他使用。

鹿毛寿对燕王说："不如把国家让给丞相子之。人们都说尧是贤人，是由于他把天下让给了许由，许由不接受，尧有让天下的美名，而实际上并未失去天下。现在，大王把国家让给子之，子之一定不敢接受，这样大王就具备了和尧相同的品行。"燕王因此把国家托付给子之，子之大为尊贵。有人说："夏禹推荐益，不久任用启的臣属当官吏。等到年老时，认为启的臣属不能担当治理天下的大任，便把君位让给了益。不久，启和他交结的党徒攻打益，夺取了天下。天下人说夏禹名义上把君位传给了益，不久实际上又让启自己夺回了君位。如今大王说把国家托付给子之，而官吏都是太子的亲信，这只是名义上托付给子之，实际上却是太子当权。”燕王因此把俸禄在三百石以上官吏的印信收回呈交给了子之。子之面朝南就君位，行使君王的权力，而燕王哙直到年老不能处理国政，反而成为臣子，国家大事一概由子之决定。

经过三年，燕国大乱，百姓恐惧。将军市被和太子平共同谋划，准备攻打子之。齐国的诸位将领对齐湣王说：“趁燕国内乱赶快去进攻它，一定能攻破燕国。”齐王因此派人对燕太子平说：“我听说太子将有义举，准备废弃私情，树立公义，整顿君臣关系，明辨父子的地位。我的国家很小，不配跟随在你的左右，虽然如此，但愿意听从太子的调遣。”太子因此邀集党徒、聚合人众。将军市被围攻王宫，攻打子之，没有攻克。将军市被和百姓反而围攻太子平，将军市被战死殉难。因而造成几个月的动乱，死亡的人有几万，民众惧怕，百姓离心。孟轲对齐王说：“现在攻打燕国，正是周文王、周武王成就事业时一样的机遇，不可失去啊。”齐王因此让章子率领五都的军队，并依靠北部边境的部队讨伐燕国。燕国的军队不敢战斗，城门也不关闭，燕王哙死亡，齐国军队大胜。燕国子之死后二年，燕国人拥立太子平，这就是燕昭王。

燕昭王在燕国被攻破以后登位，他卑身下士以优厚待遇来招揽贤人。他对郭隗说：“齐国趁我的国家动乱而袭击攻破燕国，我非常清楚燕国小、力量薄弱，不能够报仇。然而，如果能得到贤人共同治理国家，洗雪先王的耻辱，这是我的心愿。

先生发现可以共同治国的贤人，我一定亲自侍奉他。”郭隗说：“大王一定要招揽贤人，就先从我郭隗开始。况且比我更贤的人，难道还会嫌千里远吗?”昭王便替郭隗改建住室，并且把他当老师侍奉。于是乐毅从魏国前往，邹衍从齐国前往，剧辛从赵国前往，贤士争着奔赴燕国。燕昭王吊唁死者，慰问孤儿，与百姓同甘共苦。

二十八年，燕国殷实富裕，士卒快乐安逸，不怕战争。于是就任命乐毅为上将军，和秦国、楚国、韩国、赵国、魏国共同谋划来讨伐齐国。齐兵败退，齐湣王逃往外地。燕军单独追击败兵，攻占了齐国的都城临淄，夺取了齐国所有的宝物，放火焚烧齐国的王宫和宗庙。齐国未被燕军占领的城市，只剩下聊城、莒城、即墨，其余都归属于燕国，时间长达六年。

燕昭王在位三十三年去世，儿子惠王继位。

燕惠王还是太子的时候，曾和乐毅有嫌隙；等到他即位，怀疑乐毅，所以派骑劫取代乐毅为将军。乐毅逃亡到赵国。齐国田单靠即墨的兵力击败了燕军，骑劫战死，燕军撤退回国，齐国完全收复了它原有的城池。齐湣王死在莒城，于是齐国人拥立湣王的儿子为襄王。

惠王在位七年去世，韩国、魏国、楚国共同讨伐燕国。燕武成王继位。

燕武成王七年，齐国田单征讨燕国，攻占了中阳。十三年，秦国在长平打败赵国的四十多万大军。十四年，武成王去世，儿子孝王继位。

孝王元年，秦国围困邯郸的军队撤离而去。孝王在位三年去世，儿子当今的君王喜继位。

燕王喜四年，秦昭王去世。燕王派丞相栗腹到赵国相约结欢，携带五百镒黄金为赵王祝寿。栗腹回来对燕王说：“赵王国中的青壮年都死在了长平，剩下的孤儿还没有长大，可以趁机征伐他。”燕王召见昌国君乐间询问这件事。乐间回答说：“赵国是能四方作战的国家，它的百姓熟习战事，不可以攻伐。”燕王说：“我有五人去攻打一人的优势。”乐间说：“那也不可以。”燕王发怒。群臣都认为可以讨伐。终于调遣两军，战车二千乘，由栗腹率领去攻打鄗邑，卿秦去攻打代地。只有大夫将渠对燕王说：“跟人家开通关卡，签约交好，并用五百镒黄金为人家的国王祝寿，使者回报以后就反过来兴兵攻打人家，这种做法不吉利，进攻不会成功。”燕王不听，亲自统领偏军跟随。将渠拉住燕王的印带阻止说：“大王一定不要亲自出征，去了不会成功。”燕王用脚踢开他。将渠哭泣说：“臣子并不是为自己，为的是大王啊！”燕军到达宋子，赵国派廉颇为将军，在部邑击溃栗腹。乐乘在代地击败卿秦。乐间投奔赵国。廉颇追赶燕军达五百多里，包围了燕国的都城。燕国人求和，赵国人不答应，提出来一定要将渠出面和谈。燕王委任将渠为丞相，处理议和事务，赵国接受将渠的请求，解除了对燕国都城的包围。

六年，秦国灭掉东周，设置三川郡。七年，秦军攻占赵国的榆次等三十七城，秦国设置太原郡。九年，秦王嬴政刚即位。十年，赵国派遣廉颇领兵进攻繁阳，占领了它。赵孝成王去世，悼襄王继位。让乐乘取代廉颇，廉颇不服从，攻打乐乘，乐乘逃走，廉颇逃到魏国的大梁。十二年，赵国派李牧攻打燕国，占领了武遂、方城。剧辛原来在赵国居住，和庞煖的关系很好，后来逃到燕国。燕王见赵国屡次被秦国攻打，而廉颇已离去，让庞煖统领军队，就想趁赵国的困境进攻它。询问剧辛，剧辛说："庞煖容易对付。"燕王便让剧辛率军攻打赵国，赵国派庞煖迎战，消灭燕军二万人，攻杀剧辛。秦国攻占魏国的二十座城，设置东郡。十九年，秦军攻取赵国的邺城等九座城。赵悼襄王去世。二十三年，燕太子丹被送往秦国当人质，丹逃回燕国。二十五年，秦军俘虏韩王安，灭了韩国，设置颍川郡。二十七年，秦军俘获赵王迁，灭了赵国。赵国公子嘉自己立为代王。

燕国眼看秦即将灭亡六国，秦军已经临近易水，灾祸即将降临燕国。太子丹暗中养着二十名壮士，他派荆轲到秦国献督亢地图，想趁机袭击并刺杀秦王。秦王发觉，杀死荆轲，派将军王翦率军攻击燕国。二十九年，秦军攻占燕的国都蓟城，燕王逃走，迁居辽东，斩杀太子丹，把他的头献给秦国。三十年，秦国灭掉魏国。

三十三年，秦军攻占辽东，俘获燕王喜，终于灭了燕国。这一年，秦将王贲也俘获了代王嘉。

太史公说："召公奭可以说是仁义的人了！棠梨树，百姓尚且怀念它，更何况召公本人呢？燕国外受蛮貉的逼迫，内受齐、晋大国的夹击，艰难地自立在强国之间，势力最为微弱，好多次几乎都要被灭亡了。然而，国家存在有八九百年，在姬姓诸侯中最后灭亡，岂不是因为召公的业绩吗？”

第十七卷　管蔡世家第五

司马迁在本书《太史公自序》一篇中，介绍了本篇的主要内容和作者意图。他说："管蔡相武庚，将宁旧商；及旦摄政，二叔不飨；杀鲜放度，周公为盟；太妊十子，周以宗强。嘉仲悔过，作《管蔡世家第五》。"本篇主要叙述周武王之弟管叔、蔡叔事迹及蔡、曹二国的兴灭历程，兼及武王兄弟的概括介绍。

西周立国，实行以血缘关系维系统治的宗法制度，即把王室宗族分封为诸侯国，作为辅弼国王统治的政治力量。但武王死后，成王年幼即位，周公旦摄政，引起了管叔、蔡叔的怀疑与不满。他们利用自己封地内殷族余民的力量叛周，后被武力平息。首先，在本篇里，司马迁既从维护统一的立场出发，批评了管叔、蔡叔的分裂行为，又委婉辩证地指出了二人叛国的真实思想根源："疑周公之为不利于成王。"司马迁没有像那些极端的卫道者一样，把管蔡之乱完全归咎于管蔡个人品质的顽劣，表现出太史公尊重史实、不虚美不隐恶的实录精神和具有真知灼见的高度史识。

其次，本篇通过对曹、蔡两国几度兴亡的简练叙述，生动地再现出这两个小国在激烈兼并形势下的窘迫处境，以及两国统治阶级内部弑杀无已的尖锐斗争。这就从一个特定的侧面反映了春秋战国时代的剧烈动荡和破国亡家相继的残酷现实。

另外，本篇不拘成法，体圆用神，笔有繁简，表明了司马迁对历史编纂体例的灵活运用。本篇名为“世家”，原应记载流传数世的诸侯。太史公却把伯邑考、成叔武、霍叔处、冉季载、管叔鲜等无后或其后人不明的都连带介绍。一是因为这些人与蔡叔度、曹叔振铎均为武王兄弟；二是这些人又不同于武王的其他两个弟弟周公旦、卫康叔那样传国久远。从有利于记叙史实的角度看，把这些有一定联系（兄弟关系）而又史实不多、影响不大的人物论列在一起，以免失考，体现了太史公在结构设计上的匠心：以介绍十兄弟起，以管蔡之乱承，然后分述蔡曹两国以结。篇中照应十兄弟的下落。全篇脉络清晰、井然有序。

【原文】

管叔鲜、蔡叔度者[①]，周文王子而武王弟也。武王同母兄弟十人。母曰太姒[②]，文王正妃也。其长子曰伯邑考，次曰武王发，次曰管叔鲜，次曰周公旦，次曰蔡叔度，次曰曹[③]叔振铎，次曰成[④]叔武，次曰霍[⑤]叔处，次曰康[⑥]叔封，次曰冉[⑦]季载。冉季载最少。同母昆弟[⑧]十人，唯发、旦贤，左右[⑨]辅文王，故文王舍伯邑考而以发为太子。及文王崩[⑩]而发立，是为武王。伯邑考既已前卒[⑪]矣。

【注释】

①管、蔡：叔鲜、叔度受封国名。管，都城，在今河南省郑州市。蔡，都城，在今河南省上蔡县西南。鲜（xiān）、度：管叔、蔡叔的名，姓姬。②太姒：姓姒。相传太姒治内，旦夕勤奋，教子有方，是古代贤王后的典范。③曹：叔振铎受封国名，都曹（在今山东省菏泽市定陶区北）。④成：一作“郕（chéng）”，叔武受封国名。都城在今山东省宁阳县东北。⑤霍：叔处受封国名。都城在今山西省霍县西南。⑥康：叔封初封国名。都城在现在的河南省禹县西北。⑦冉：或作“鄅（rǎn）”。季载受封国名。都城在今河南省平舆县北，一说在今山东省曹县东北。⑧昆弟：兄弟。昆，兄。⑨左右：通“佐佑”，辅佐；帮助。⑩崩：古代讳称皇帝死为“崩”，如山陵崩。⑪卒：古指卿大夫死，后为死的通称。

【原文】

武王已克殷纣，平天下，封功臣昆弟。于是封叔鲜于管，封叔度于蔡：二人相纣子武庚禄父[①]，治殷遗民。封叔旦于鲁而相周，为周公。封叔振铎于曹，封叔武于成，封叔处于霍。康叔封、冉季载皆少，未得封。

【注释】

①武庚禄父：商纣王的长子，名武庚，字禄父。相（xiàng）：辅佐。管、蔡名为相武庚，实是监视武庚。

【原文】

武王既崩，成王少，周公旦专王室[①]。管叔、蔡叔疑周公之为不利于成王，乃挟[②]武庚以作乱。周公旦承成王命伐诛武庚，杀管叔，而放[③]蔡叔，迁之，与车十乘，徒七十人从。而分殷余民为二：其一封微子启[④]于宋，以续殷祀；其一封康叔为卫君，是为卫康叔。封季载于冉。冉季、康叔皆有驯[⑤]行，于是周公举康叔为周司寇[⑥]，冉季为周司空[⑦]，以佐成王治，皆有令名[⑧]于天下。

【注释】

①专王室：即摄政，代行周王职权。②挟：挟制；要挟。③放：放逐；流放。④微子启：宋国的始祖。⑤驯：驯服；善良。⑥司寇：官名。掌管刑律、纠察等事。⑦司空：官名。主掌工程。⑧令名：美名。

【原文】

蔡叔度既迁而死。其子曰胡，胡乃改行，率[①]德驯善。周公闻之，而举胡以为鲁卿士[②]，鲁国治。于是周公言于成王，复封胡于蔡[③]，以奉蔡叔之祀，是为蔡仲。余五叔[④]皆就国，无为天子吏者。

【注释】

①率：遵循；依照。②卿士：官名。③蔡：此指新蔡，即今河南省新蔡县。④五叔：实为四叔，即蔡叔、曹叔、成叔、

霍叔。

【原文】

蔡仲卒，子蔡伯荒[1]立。蔡伯荒卒，子宫侯立。宫侯卒，子厉侯立。厉侯卒，子武侯立。武侯之时，周厉王失国，奔彘[2]，共和行政[3]，诸侯多叛周。

【注释】

①蔡伯荒：蔡君，原为侯爵，荒独称伯。②彘（zhì）：地名，在今山西省霍县。③共和行政：周厉王奔彘后，由召公、周公共同理政，号共和行政；周厉王死，就归政给周宣王。

【原文】

武侯卒，子夷侯立。夷侯十一年，周宣王即位。二十八年，夷侯卒，子釐侯所事[1]立。

【注释】

①所事：釐侯名。

【原文】

釐侯三十九年，周幽王为犬戎所杀，周室卑而东徙[1]。秦始得列为诸侯。

【注释】

①周卑东徙：周幽王被杀后，太子宜臼被申、鲁、许等国拥立于申，就是周平王。平王时，周室衰微，故都残破，就东迁至洛邑（故城在今洛阳市西），依靠晋、郑等诸侯国辅佐。

【原文】

四十八年，釐侯卒，子共[①]侯兴立。共侯二年卒，子戴侯立。戴侯十年卒，子宣侯措父立。

【注释】

①共：通“恭”。

【原文】

宣侯二十八年，鲁隐公初立。三十五年，宣侯卒，子桓侯封人立。桓侯三年，鲁弑[①]其君隐公。二十年，桓侯卒，弟哀侯献舞立。

【注释】

①弑：封建时代称臣杀君、子杀父母为弑。

【原文】

哀侯十一年，初，哀侯娶陈[①]，息[②]侯亦娶陈。息夫人将归，过蔡，蔡侯不敬[③]。息侯怒，请楚文王：“来伐我，我求救于蔡，蔡必来，楚因击之，可以有功。”楚文王从之，虏蔡哀侯以归。哀侯留九岁，死于楚。凡立二十年卒。蔡人立其子肸[④]，是为缪[⑤]侯。

【注释】

①陈：国名。妫姓。建都宛丘（故城在今河南省淮阳县）。②息：国名。一作“鄎”。姬姓。其地在现在的河南省息县西南。③不敬：指轻佻的行为。④肸：xī。⑤缪：通“穆”。

【原文】

缪侯以其女弟[1]为齐桓公夫人。十八年，齐桓公与蔡女戏船中，夫人荡舟，桓公止之，不止，公怒，归蔡女而不绝[2]也。蔡侯怒，嫁其弟[3]。齐桓公怒，伐蔡；蔡溃[4]，遂虏缪侯，南至楚邵陵[5]。已而诸侯为蔡谢齐，齐侯归[6]蔡侯。二十九年，缪侯卒，子庄侯甲午立。

【注释】

①女弟：妹妹。②不绝：没有断绝关系，指没有正式离婚。③弟：指女弟。④溃：溃败。⑤邵陵：楚地名。在现在的河南省漯河市郡陵区东。《齐太公世家》作“召陵”。⑥归：使动用法。

【原文】

庄侯三年，齐桓公卒。十四年，晋文公败楚于城濮[1]。二十年，楚太子商臣弑其父成王代立。二十五年，秦穆公卒。三十三年，楚庄王即位。三十四年，庄侯卒，子文侯申立。

【注释】

①城濮：在今山东省鄄城县西南临濮集。

【原文】

文侯十四年，楚庄王伐陈，杀夏徵舒[1]。十五年，楚围郑，郑降楚，楚夏醉[2]之。二十年，文侯卒，子景侯固立。

【注释】

①夏徵舒：陈国大夫，其母夏姬与陈灵公等通奸，陈

灵公侮辱他，他杀死陈灵公，自立为君。②醳：通“释”，释放。

【原文】

景侯元年，楚庄王卒。四十九年，景侯为太子般娶妇于楚，而景侯通[①]焉。太子弑景侯而自立，是为灵侯。

灵侯二年，楚公子围弑其王郏敖[②]而自立，为灵王。九年，陈司徒招[③]弑其君哀公。楚使公子弃疾灭陈而有之。十二年，楚灵王以灵侯弑其父，诱蔡灵侯于申[④]，伏甲饮[⑤]之，醉而杀之，刑[⑥]其士卒七十人。令公子弃疾围蔡。十一月，灭蔡，使弃疾为蔡公[⑦]。

【注释】

①通：通奸。②楚王郏敖：熊员。③司徒：官名，西周置，掌管国家的土地和人民。招：妫招，陈哀公之弟。④申：楚邑名。故城在今河南省南阳市东北。⑤饮（yìn）：给他酒喝。⑥刑：割；杀。动词。⑦蔡公：废蔡为县，楚国称县令为公。

【原文】

楚灭蔡三岁，楚公子弃疾弑其君灵王代立，为平王。平王乃求蔡景侯少子庐，立之，是为平侯。是年，楚亦复立陈。楚平王初立，欲亲诸侯，故复立陈、蔡后。

平侯九年卒，灵侯般之孙东国攻平侯子而自立，是为悼侯。悼侯父曰隐太子友。隐太子友者，灵侯之太子，平侯立而杀隐太子，故平侯卒而隐太子之子东国攻平侯子而代立，是为悼侯。悼侯三年卒，弟昭侯申立。

昭侯十年，朝楚昭王，持美裘二，献其一于昭王而自衣[①]其一。楚相子常[②]欲之，不与。子常谗蔡侯，留之楚三年。蔡侯知之，乃献其裘于子常；子常受之，乃言归蔡侯。蔡侯归而之晋，请与晋伐[③]楚。

【注释】

①衣（yì）：穿。动词。②子常：即楚令尹囊瓦的别号。③伐：讨伐；攻打。

【原文】

十三年春，与卫灵公会邵陵。蔡侯私于周苌弘以求长于卫[①]；卫使史鳝言康叔之功德[②]，乃长卫。夏，为晋灭沈[③]，楚怒，攻蔡。蔡昭侯使其子为质于吴，以共伐楚。冬，与吴王阖闾遂破楚入郢。蔡怨子常，子常恐，奔郑[④]。十四年，吴去而楚昭王复国[⑤]。十六年，楚令尹为其民泣以谋蔡[⑥]，蔡昭侯惧。二十六年，孔子如[⑦]蔡。楚昭王伐蔡，蔡恐，告急于吴。吴为蔡远[⑧]，约迁以自近，易以相救；昭侯私许，不与大夫计。吴人来救蔡，因迁蔡于州来[⑨]。二十八年，昭侯将朝于吴，大夫恐其复迁，乃令贼利[⑩]杀昭侯；已而诛贼利以解过[⑪]，而立昭侯子朔，是为成侯。

【注释】

①私：隐秘；暗中活动。动词。苌（cháng）弘：人名。

求长于卫：蔡国始祖蔡叔度为卫国始祖康叔封之兄，故要求列首位。长，盟会时列首位。②史鰌（qiū）言康叔之功德：史鰌，卫国史官，名鰌。③沈：西周分封的诸侯国，姬姓。地在今河南平舆县北，楚属国。④奔郑：子常率军队抵御吴、蔡兵，大败。⑤楚昭王复国：吴入郢后，楚昭王逃避随国。申包胥到秦国求援，秦出兵救楚，大败吴师，昭王复归郢。⑥楚令尹为其民泣以谋蔡：楚令尹子西，因为楚国被吴国打败，死伤人众多而流泪；吴入郢，由蔡所启导，蔡国小近楚，所以图谋伐蔡。⑦如：前往。⑧吴为蔡远：这蔡是指蔡国都邑新蔡。⑨州来：又名下蔡。⑩贼利：贼徒利。利，人名。⑪解过：推脱过错。

【原文】

成侯四年，宋灭曹。十年，齐田常[1]弑其君简公。十三年，楚灭陈。十九年，成侯卒，子声侯产立。声侯十五年卒，子元侯立。元侯六年卒，子侯齐立。

【注释】

①田常：齐国大臣。

【原文】

侯齐四年，楚惠王灭蔡，蔡侯齐亡，蔡遂绝祀[1]。后陈灭三十三年。

【注释】

①绝祀：古代以祭祀为国家大事，立国必建宗庙，断绝宗

庙祭祀，即亡国的表现。

【原文】

伯邑考，其后不知所封。武王发，其后为周，有本纪[①]言。管叔鲜作乱诛死，无后。周公旦，其后为鲁，有世家[②]言。蔡叔度，其后为蔡，有世家[③]言。曹叔振铎，其后为曹，有世家[④]言。成叔武，其后世无所见[⑤]。霍叔处，其后晋献公时灭霍[⑥]。康叔封，其后为卫，有世家[⑦]言。冉季载，其后世无所见。

【注释】

①本纪：指《周本纪》。②世家：指《鲁周公世家》。③世家：指本篇上文。④世家：指本篇下文。⑤见：通“现”，表现；显扬。⑥灭霍：前61年，晋灭霍。⑦世家：指《卫康叔世家》。

【原文】

太史公曰：管蔡作乱，无足载者。然周武王崩，成王少，天下既疑，赖同母之弟成叔、冉季之属十人为辅拂[①]：是以诸侯卒宗[②]周，故附之世家言。

【注释】

①属：等辈。辅拂（bì）：辅佐。拂，通“弼”。②卒：终于；毕竟。宗：尊崇。

【原文】

曹叔振铎者，周武王弟也。武王已克殷纣，封叔振铎于曹。

叔振铎卒，子太伯脾立。太伯卒，子仲君平立。仲君平卒，子宫伯侯立。宫伯侯卒，子孝伯云立。孝伯云卒，子夷伯喜立。

夷伯二十三年，周厉王奔于彘。

三十年卒，弟幽伯彊立。幽伯九年，弟苏杀幽伯代立，是为戴伯。戴伯元年，周宣王已立三岁。三十年，戴伯卒，子惠伯兕[①]立。

惠伯二十五年，周幽王为犬戎所杀，因东徙，益卑，诸侯畔之。秦始列为诸侯。

【注释】

①兕（sì）：雌的犀牛。此为惠伯名。

【原文】

三十六年，惠伯卒，子石甫立，其弟武杀之代立，是为缪公。缪公三年卒，子桓公终生立。

桓公三十五年，鲁隐公立。四十五年，鲁弑其君隐公。四十六年，宋华父督弑其君殇公，及孔父。五十五年，桓公卒，子庄公夕姑立。

庄公二十三年，齐桓公始霸。

三十一年，庄公卒，子釐公夷立。釐公九年卒，子昭公班立。昭公六年，齐桓公败蔡，遂至楚召陵。九年，昭公卒，子共公襄立。

共公十六年，初，晋公子重耳[①]亡过曹，曹君无礼，欲观其骈胁[②]。釐负羁[③]谏，不听，私善[④]于重耳。二十一年，晋文公重耳伐曹，虏共公以归，令军毋入釐负羁之宗族闾[⑤]。或说晋文公曰："昔齐桓公会诸侯，复异姓；今君囚曹君，灭同姓，何以[⑥]令于诸侯？"晋乃复归共公。

【注释】

①重耳：即晋文公，因受其父献公迫害，曾出奔各国十九年。②骈（pián）胁：肋骨连成一片。③釐负羁：春秋时期曹国大夫。④善：表示好感。⑤毋：莫；不要。闾：里巷大门。⑥何以：以何，凭什么。

【原文】

二十五年，晋文公卒。三十五年，共公卒，子文公寿立。文公二十三年卒，子宣公彊立。宣公十七年卒，弟成公负刍立。

成公三年，晋厉公伐曹，虏成公以归，已[①]复释之。五年，晋栾书、中行偃[②]使程滑弑其君厉公。二十三年，成公卒，子武公胜立。武公二十六年，楚公子弃疾弑其君灵王代立。二十七年，武公卒，子平公须立。平公四年卒，子悼公午立。是岁，宋、卫、陈、郑皆火[③]。

【注释】

①已：随即；不久。②栾书、中行（háng）偃：晋国世袭的上卿。③火：发生火灾。

【原文】

悼公八年，宋景公立。九年，悼公朝于宋，宋囚之；曹立其弟野，是为声公。悼公死于宋，归葬。

声公五年，平公弟通弑声公代立，是为隐公。隐公四年，声公弟露弑隐公代立，是为靖公。靖公四年卒，子伯阳立。

伯阳三年，国人有梦众君子[①]立于社宫，谋欲亡曹；曹叔振铎止之，请待公孙彊，许之。旦，求之曹，无此人。梦者戒其子曰："我亡，尔闻公孙彊为政[②]，必去[③]曹，无离商[④]祸。"及伯阳即位，好田弋[⑤]之事。六年，曹野人公孙彊亦好田弋，获白雁而献之，且言田弋之说，因访[⑥]政事。伯阳大说[⑦]之，有宠，使为司城[⑧]以听政。梦者之子乃亡去。

【注释】

①君子：有位者；贵族。②为政：施政；行政；掌握政权。③去：离开。④无：通"毋"。莫；不要。商：通"罹(lí)"，遭受。⑤田弋（yì）：打猎。弋，以带绳的箭射鸟。⑥访：咨询；商量。⑦说：通"悦"。⑧司城：官名，即司空。宋国因避宋武公之名，故改司空为司城。

【原文】

公孙彊言霸说[①]于曹伯。十四年，曹伯从之，乃背晋干[②]宋。宋景公伐之，晋人不救。十五年，宋灭曹，执曹伯阳及公孙彊以归而杀之。曹遂绝其祀。

【注释】

①霸说：称霸的理论。②干：犯；冒犯。

【原文】

太史公曰：余寻[①]曹共公之不用釐负羁，乃乘轩者三百人，知唯[②]德之不建。及振铎之梦，岂不欲引[③]曹之祀者哉？如公孙彊不修厥政[④]，叔铎之祀忽诸[⑤]。

【注释】

①寻：探求；寻根究底。②唯：以；因为。③引：拉长；延长。④厥：其；他的。政：指霸政。⑤忽诸：突然绝灭。诸，“之乎”的合音词。

【译文】

管叔鲜和蔡叔度都是周文王的儿子、周武王的弟弟。武王一母同胞的兄弟共有十人。他们的母亲名叫太姒，是文王的正妻。她的长子是伯邑考，以下依次是武王发、管叔鲜、周公旦、蔡叔振、曹叔振铎、成叔武、霍叔处、康叔封，最小的是冉季载。十兄弟中只有武王发和周公旦德重才高，是辅助文王的左膀右臂，所以文王不立伯邑考，而立次子发为太子。文王死后，太子发即位，就是武王。这以前，伯邑考已经死了。

武王战胜商朝的纣王、平定天下以后，大封功臣和兄弟。于是把管地分封给叔鲜，把蔡地分封给叔度；并让二人做纣子武庚禄父的相，一起治理殷族遗民。把鲁地分封给叔旦，同时让叔旦做周王朝的相，故称周公。叔振铎封于曹地，叔武封于成地，叔处封于霍地。当时，康叔和冉季载年龄幼小，未受分封。

武王死后，成王年幼继位，周公旦掌握国家大权。管叔和蔡叔怀疑周公的作为不利于成王，于是扶持武庚一起叛乱。周公旦按成王旨意征伐叛军，诛斩武庚，杀死管叔而流放蔡叔，流放时只给了蔡叔十乘车和刑徒七十人为随从。又把殷遗民分为二部分：宋地一部分封给微子启，以接续殷人香火；卫地一部，命康叔做卫国国君，就是卫康叔。又把冉地分封给季载。冉季、康叔品行美善，因此周公举报康叔为周王的司寇，冉季做司空。二人辅佐成王治理国家，美名传于天下。

蔡叔度流放后死去。其子名胡，胡一改其父旧行，尊德向善。周公听说后，举荐他做鲁国的卿士，鲁国大治。周公向成王建议，又把胡封在蔡地，以行蔡叔的岁时祭祀之礼，就是蔡仲，其余五叔各回封国，没有在周朝廷做官的。

蔡仲死，其子蔡伯荒继位。蔡伯荒死，其子宫侯继位。宫侯死，其子厉侯继位。厉侯死，其子武侯继位。武侯时，周厉王丢了王位，逃到彘地，周公、召公共同执政，有许多诸侯背叛周室。

武侯死，其子夷侯继位。夷侯十一年（前827），周宣王即位。二十八年（前810），夷侯死，其子釐侯所事继位。

釐侯三十九年（前771），周幽王被犬戎杀死，周室衰落东迁。秦国开始被列为诸侯。

四十八年（前762），釐侯死，其子共侯兴继位。共侯二年（前760）死，其子戴侯继位。戴侯十年（前750）死，其子宣侯措父继位。

宣侯二十八年（前722），鲁隐公即君位。三十五年（前715），宣侯死，其子桓侯封人继位。桓侯三年（前712），鲁国人杀了鲁隐公。二十年（前695），桓侯死，其弟哀侯献舞继位。

哀侯十一年（前684），先前，哀侯从陈国娶的夫人，这一年，息侯也从陈国娶了夫人，息夫人出嫁路过蔡国，哀侯表现极不尊重。息侯怒，请求楚文王："你带兵来征伐我国，我向蔡国求救，蔡兵必来援救，楚国借机攻打蔡国，必获胜利。"楚文王照计而行，把蔡哀侯俘获带回楚国。哀侯被扣留在楚九年，死于楚国。共在位二十年，蔡人拥立哀侯之子肸为国君，就是缪侯。

缪侯把妹妹嫁给齐桓公做夫人。十八年（前657），齐桓公和夫人蔡女乘船游玩，夫人使劲晃船，桓公制止她，她还是晃个不停。桓公大怒，把她送回娘家却并不断绝关系。蔡侯也很生气，把其妹嫁了别人。齐桓公一怒之下讨伐蔡国。蔡国大败，缪侯被俘，齐国向南进军至楚国邵陵。后来，诸侯替蔡侯向齐桓公道歉，齐桓公才放蔡侯回国。二十九年（前646），缪侯死，其子庄侯甲午继位。

庄侯三年（前643），齐桓公死。十四年（前632），晋文公在城濮大败楚军。二十年（前626），楚国太子商臣杀其父成王，代立为君。二十五年（前621），秦穆公死。三十三年

（前613），楚庄王即位。三十四年（前612），庄侯死，其子文侯继位。

文侯十四年（前598），楚庄王讨伐陈国，杀夏徵舒。十五年（前597），楚围郑国，郑君投降，楚国又释放郑君。二十年（前592），文侯死，其子景侯固继位。

景侯元年（前591），楚庄王死。四十九年（前543），景侯给太子般从楚国娶来媳妇，景侯又与儿媳通奸，太子杀死景侯，自立为君，就是灵侯。

灵侯二年（前541），楚公子围杀国君郏敖自立为楚王，就是灵王。九年（前534），陈国司徒招杀死陈哀公。楚国派公子弃疾占领陈国，陈国灭亡。十二年（前531），楚灵王借口蔡灵侯杀父，诱骗蔡灵侯到申地，预先埋伏甲兵，用酒宴招待灵侯。灵侯醉后被楚人杀死，跟随灵侯的七十名士兵也遭刑受害。楚灵王又命公子弃疾围住蔡国。十一月，楚灭掉蔡国，任命弃疾做蔡公。

楚灭蔡三年后，楚国公子弃疾杀了楚灵王，代其为君，就是平王。平王找到蔡景侯的小儿子庐，立为蔡国国君，就是平侯。这一年，楚国也恢复了陈国。楚平王刚即位，打算亲近诸侯，所以让陈、蔡国君的后人继君位。

平侯九年（前522）死，蔡灵侯的孙子东国打跑平侯之子，自立为国君，就是悼侯。悼侯的父亲是隐太子友。友本是灵侯太子，平侯继位后杀了隐太子友。因此平侯一死，隐太子的儿子东国就攻打平侯的儿子，自立为君。悼侯三年（前

519）死，其弟昭侯申继位。

昭侯十年（前509）时去朝见楚昭王，带着两件漂亮皮衣，一件献给昭王，一件自己穿。楚国令尹子常想要蔡昭侯那一件，昭侯不给。子常就向楚昭王说昭侯的坏话，把昭侯扣留在楚国达三年之久。后来，蔡昭侯知其中原因，就把自己那件皮衣献给子常。子常接受皮衣后，才向楚王建议把昭侯放回国。蔡侯回国后赶到晋国，请求晋国帮助蔡国攻楚。

十三年（前506）春，昭侯和卫灵侯都在邵陵盟会。蔡侯私下要求周大夫苌弘把蔡国在盟会上的位次排在卫国前面。卫则派史鳍陈说卫康叔德高功大，于是卫国排位先于蔡国。夏天，蔡国按晋国意愿灭掉沈国，楚王大怒，发兵攻蔡。蔡昭侯派其子去吴国做人质，请吴国发兵共伐楚国。冬天，蔡侯与吴王阖闾攻破楚国，进入楚都城郢。因蔡侯痛恨子常，子常心中害怕，逃到郑国。十四年（前505），吴国撤军，楚昭王光复楚国。十六年（前503），楚国令尹计划攻蔡报仇，在向民众鼓动时泣不成声，蔡昭侯听说后十分恐惧。二十六年（前493），孔子到蔡国。楚昭王讨伐蔡国，蔡侯恐慌，向吴国告急。吴王认为蔡国都城距吴国太远，要求蔡侯将其国都迁得离吴国近一些，以便于出兵相救；蔡昭侯也不与大夫商量，暗中答应了。于是，吴国出兵救蔡，并把蔡国都城迁到州来。二十八年（前491），昭侯要去朝见吴王，蔡国大夫们怕他再次迁都，就指使一个名叫“利”的盗贼杀死昭侯，然后又杀掉利以推诿杀君之罪，于是拥立昭侯之子朔为国君，就是成侯。

成侯四年（前 487），宋国灭掉曹国。十年（前 481），齐国的田常杀死国君齐简公。十三年（前 478），楚国灭掉陈国。十九年（前 472），成侯死，其子声侯产继位。声侯十五年（前 457）死，其子元侯继位。元侯六年（前 451）死，其子侯齐继位。

侯齐四年（前 447），楚惠王灭掉蔡国，蔡侯齐出逃，蔡国从此祭祀断绝，国家灭亡，比陈国晚灭亡三十三年。

伯邑考的后人不知分封何处。武王发的后人是周王，有本纪记载。管叔鲜叛乱被杀，没有后代。周公旦的后人是鲁国君主，有世家记载。蔡叔度的后人是蔡国君主，有世家记载。曹叔振铎的后人是曹国君主，有世家记载。成叔武的后人不知下落。霍叔处的后人分封于霍地，后被晋献公灭掉。康叔封的后人是卫国君主，有世家记载。冉季载的后代下落不明。

太史公说："管叔、蔡叔造反的事情，没有什么值得记载的。但周武王死后，成王年幼，天下的人都怀疑周公，全仗成叔、冉季等同母兄弟十人的辅助，才使天下诸侯共尊周室，所以把他们的事迹附记在世家内。"

曹叔振铎是周武王之弟，武王战胜商纣后，就把曹地分封给叔振铎。

叔振铎死，其子太伯脾继位。太伯死，其子仲君平即位。仲君平死，其子宪伯侯继位。宪伯侯死，其子孝伯云继位。孝伯云死，其子夷伯喜继位。

夷伯二十三年（前842），周厉王逃往彘地。

夷伯三十年（前835）死，其弟幽伯彊继位。幽伯九年（前826），其弟苏杀死幽伯，自立为国君，就是戴伯。戴伯元年（前825），周宣王已即位三年。戴伯三十年（前796）死，其子惠伯兕继位。

惠伯二十五年（前771），周幽王被犬戎杀死，王室东迁，越发衰微，诸侯纷纷背叛王室。秦国在这一年开始被列为诸侯。

惠伯三十六年（前760）死，其子石甫继位，其弟武杀掉石甫代立为君，就是缪公。缪公三年（前757）死，其子桓公终生继位。

桓公三十五年（前722），鲁隐公继位为君。四十五年（前712），鲁人杀死隐公。四十六年（前711），宋国的华父督杀死宋殇公和大夫孔父。五十五年（前702），楚桓公死，其子庄公夕姑继位。

庄公二十三年（前679），齐桓公开始做诸盟主，称霸天下。

三十一年（前671），庄公死，其子釐公夷继位。釐公九年（前662）死，其子昭公班继位。昭公六年（前656），齐桓公战胜蔡国，顺势进军至楚国邵陵。九年（前653），昭公死，其子共公襄继位。

共公十六年（前637），当初，晋公子重耳逃亡时经过曹国，曹共公对待他很不礼貌，甚至想看重耳那长得连在一块儿的肋骨。釐负羁进谏，共公不听，釐负羁只得暗中对重耳表示友好。二十一年（前632），晋文公重耳讨伐曹国，把曹共公掳回晋国，却命令军队不得骚扰釐负羁一族所居之地。有人劝晋文公："当年齐桓公大会诸侯，连异姓国家都帮助他们重新复国；现在您却囚禁曹君，消灭同姓国家。这样做，以后怎能号令诸侯?"晋文公才又把曹共公释放。

二十五年（前628），晋文公死。三十五年（前618），曹共公死，其子文公寿继位。文公二十三年（前595）死，其子宣公强继位。宣公十七年（前578）死，其弟成公负刍继位。

成公三年（前575），晋厉公攻伐曹国，俘获曹成公带回晋国，第二年又放归。五年（前573），晋国大夫栾书、中行偃指使程滑杀死晋厉公。二十三年（前555），成公死，其子武公胜继位。武公二十六年（前529），楚公子弃疾杀死楚灵王，代立为君。二十七年（前528），武公死，其子平公须继位。平公四年（前524）死，其子悼公午继位。这一年，宋、卫、陈、郑四国都发生了火灾。

悼公八年（前516），宋景公即位。九年（前515），曹悼公去宋国朝会，被宋囚禁；曹国大臣拥立悼公之弟野为君，就是声公。悼公最终死在宋国，后来归葬于曹。

声公五年（前510），曹平公之弟通杀声公自立，就是隐公。隐公四年（前506），曹声公之弟露又杀隐公自立，就是靖公。靖公四年（前502）死，其子伯阳继位。

伯阳三年（前499），曹国都城里有一人做梦，梦见许多君子站在社宫那里商议灭掉曹国；曹叔振铎制止了他们，让他们等待公孙彊，众君子答应了叔振铎的要求。做梦者天亮后找遍了曹国，也没有公孙彊这个人。做梦者就告诫他的儿子："我死以后，你听说公孙彊执掌政事，一定离开曹国，免遭祸事。"等到伯阳即位后，喜好射猎。六年（前496），曹国有个农夫公孙彊也喜好射猎，猎得白雁献给伯阳，大谈射猎之道，借此商问政事。伯阳高兴之极，非常宠幸公孙彊，命他做司城来处理政务。做梦者之子听说后，逃离了曹国。

公孙彊向曹伯陈说称霸诸侯的主张。十四年（前488），曹伯听从公孙彊的主意，背叛晋国，进犯宋国。宋景公攻曹，晋国不救。十五年（前487），宋灭掉曹，抓曹伯阳和公孙彊回宋杀掉，曹国就灭亡了。

太史公说："我通过探究曹共公不听信贤人釐负羁却宠幸后宫美女三百人高乘轩车的事，得知共公不树德政。至于曹叔振铎托梦于人，岂不是想延长曹国命运吗？无奈公孙彊却不好好治理国家，曹叔振铎的祭祀香烟终于灭绝了。"

第十八卷　陈杞世家第六

本篇的主要内容，是叙述陈国历史发展的兴亡过程，同时简要记载了杞国的世系源流，篇末兼及概括简介了十一位尧舜之际著名历史人物后裔的下落。

在本篇中，太史公首先充分表现了中国史家强调对历史进行道德评价的鲜明特征。汉代史家荀悦曾指出：“立典有五志焉：一曰达道义，二曰彰法式，三曰通古今，四曰著功勋，五曰表贤能。”（《汉纪·高祖第一》）但他基本上还只是注意树立正面道德楷模，以为后人法式。实际上，中国史家总是从正反两个方面对历史进行道德评价和教育，即所谓“彰善瘅恶，以树风声”。唐代史学家刘知几在总结中国史学经验时就明确提出了这一点：“今更广三科，以增前目：一曰叙沿革，二曰明罪恶，三曰旌怪异。”（《史通·书事》）他特别强调“君臣邪僻、国家丧乱则书之”（同上），对于“干纪乱常，存灭兴亡所系，既有关时政，故不可缺书”（《史通·人物》）。司马迁正是如此。本篇并未巨细不遗、平铺直叙地记载陈国史实，而是选择最能反映陈国君臣道德品质的典型事例来叙写，以达到“其恶可以戒后”的目的。

荒淫无道，是中国古代专制社会君主极权政治的必然现象，也是导致统治阶级内讧、国家丧乱的主要原因之一。司马迁在本篇着重写了陈厉公好淫而丧生，陈灵公荒淫而失国，孔宁、仪行父因淫乱而逃亡他国，通过这些事例，太史公对统治阶级的腐朽堕落进行了深刻的揭露和无情的鞭挞。

在本篇中，还体现了太史公善于剪裁、重点突出的史家手法。例如，“杞小微，其事不足称述”；“滕、薛、驺，夏商周之间封也，小，不足齿列，弗论也”；“江、黄、胡、沈之属，不可胜数，故弗采于传云”。太史公大胆删削了与历史发展关系不大的小国事迹，避免了蓁芜不弃的缺点，从而使文章的主旨更加鲜明。

值得指出的是，由于时代发展的局限，司马迁于强调人事之际，还不能完全抛弃某种程度的天命迷信思想，所以在引用古代文献如《左传》时，对其中的一些占卜预言未加批判地移录进来，带有一定的神秘主义色彩，降低了作品的思想性，需要我们批判地去对待。

【原文】

陈胡公满①者，虞帝舜②之后也。昔舜为庶人③时，尧妻④之二女，居于妫汭⑤，其后因为氏姓⑥，姓妫氏⑦。舜已崩，传禹天下，而舜子商均⑧为封国。夏后⑨之时，或⑩失或续。至于周武王克殷纣，乃复求舜后，得妫满，封⑪之于陈，以奉帝舜祀⑫，是为胡公。

【注释】

①陈：始建国于前11世纪。建都宛丘（故城在今河南省淮阳县），有现在河南省东部和安徽省一部分。前479年为楚所灭。胡公满：胡公，谥号。满，名。②舜：古史中“五帝”之一。③庶人：平民。④尧：古史中“五帝”之一。陶唐氏，名放勋，史称唐尧。妻：以女嫁人。⑤妫汭：妫水弯曲的地方，在今山西省永济市南。⑥氏姓：氏与姓的合称。三代以前，男子称氏，女子称姓。⑦姓妫氏：帝舜姚姓，他的后代有姓妫的。⑧商均：舜的儿子。禹封商均于虞，其地在今河南省虞城县一带。⑨夏后：夏朝的别称。⑩或：有时。⑪封：君主把土地或爵位赐给臣子。⑫奉：承担。祀：祭祀。

【原文】

胡公卒[1]，子申公犀侯立。申公卒，弟相公皋羊立。相公卒，立申公子突，是为孝公。孝公卒，子慎公圉戎立。慎公当周厉王[2]时。慎公卒，子幽公宁立。

【注释】

①卒：指大夫死亡及年老寿终。②周厉王：姬胡。任用荣夷公执政，实行“专利”。

【原文】

幽公十二年，周厉王奔于彘[1]。

【注释】

①彘：在现在的山西省霍县。

【原文】

二十三年，幽公卒，子釐公孝立。釐公六年，周宣王即位。三十六年，釐公卒，子武公灵立。武公十五年卒，子夷公说立。是岁，周幽王即位。夷公三年卒，弟平公燮立。平公七年，周幽王为犬戎所杀，周东徙。秦始列为诸侯①。

【注释】

①秦：国名。嬴姓。

【原文】

二十三年，平公卒，子文公圉立。

文公元年，取蔡女①，生子佗。十年，文公卒，长子桓公鲍立。

【注释】

①取：通“娶”。蔡女：蔡侯的女儿。

【原文】

桓公二十三年，鲁①隐公初立。二十六年，卫②杀其君州吁。三十三年，鲁弑其君隐公。

三十八年正月甲戌己丑③，桓公鲍卒。桓公弟佗，其母蔡女，故蔡人为佗杀五父及桓公太子免而立佗，是为厉公④。桓公病而乱作，国人分散，故再赴⑤。

【注释】

①鲁：前11世纪周分封的诸侯国，姬姓。开国君主是周公旦之子伯禽，在今山东省西南部，建都曲阜（故城在今山东省曲阜市）。②卫：国名。始封之君为周武王的弟弟康叔。前十一世纪，周公平定武庚的叛乱后，把原来商都周围地区和殷民七族分封给他，成为当时大国。建都朝歌（故城在今河南省淇县）。③甲戌己丑：甲戌是正月二十一日，己丑是二月九日，从甲戌到己丑共十六天。④五父：《左传》上说佗就是五父。厉公：佗在第二年八月被害，没有谥号。厉公是公子跃即利公的谥号。⑤赴：通“讣”，报告丧期。

【原文】

厉公二年，生子敬仲完[①]。周太史[②]过陈，陈厉公使以《周易》[③]筮之，卦得《观》之《否》[④]：“是为观国之光[⑤]，利用宾于王。此其代陈有国乎！不在此，其在异国[⑥]。非此其身，在其子孙[⑦]。若在异国，必姜姓[⑧]。姜姓，太岳[⑨]之后。物莫能两大，陈衰[⑩]，此其昌[⑪]乎！”

【注释】

①敬仲完：名完，谥（或曰字）敬仲。②太史：官名。西周、春秋时，太史掌管起草文书，策命诸侯、卿大夫，记载史事，编写史书，兼管国家典籍、天文历法、祭祀等。③《周易》：即《易经》，儒家经典之一。④《观》之《否》：

《观》爻在六四，变而之《否》。《观》《否》两卦，除六四九四外，其余五爻相同，故可变通。《观》：六十四卦之一，《坤》下《巽》上。《否》：六十四卦之一，《坤》下《乾》上。⑤“观国之光”二句：这是《观》六四爻辞。意思是说，《观》爻在六四，最接近九五至尊的位置，可以观看国家的光彩。居在至尊亲近而得到高贵的位置，就会熟习国家的礼仪，所以有利于在王庭为宾。⑥异国：其他国家。⑦在其子孙：《史记正义》说：“内卦为身，外卦为子孙，故知在子孙也。”⑧必姜姓：《史记正义》说：“六四变，此爻是辛未，《观》上体《巽》；未为羊，《巽》为女，女乘羊，故为姜。姜，齐姓，故知在齐。”⑨太岳：尧时四方部落的领袖。⑩陈衰：指周敬王四十一年（前479），楚惠王杀陈湣（mǐn）公，灭陈。⑪此其昌：指周敬王三十九年（前481）田常弑齐简公，为齐相，从此齐国大权归田常。

【原文】

厉公取蔡女，蔡女与蔡人乱[①]，厉公数如[②]蔡淫。七年，厉公所杀桓公太子免之三弟，长曰跃，中[③]曰林，少曰杵臼，共令蔡人诱厉公以好女，与蔡人共杀厉公而立跃，是为利公。利公者，桓公子也。利公立五月卒，立中弟林，是为庄公。庄公七年卒，少弟杵臼立，是为宣公。

宣公三年，楚武王[④]卒，楚始强。十七年，周惠王[⑤]娶陈女为后。

【注释】

①乱：淫乱。②数（shuò）：屡次。如：往，去。③中（zhòng）：通“仲”，老二。④楚：国名。芈（mǐ）姓。始祖鬻熊。西周时立国于荆山一带，建都丹阳（故城在今湖北省秭归县东南）。周人称之为荆蛮。楚武王：熊通。前740—前690年在位。⑤周惠王：姬阆。前676—前652年在位。

【原文】

二十一年，宣公后有嬖姬[①]生子款，欲立之，乃杀其太子御寇。御寇素爱厉公子完，完惧祸及己，乃奔齐。齐桓公欲使陈完为卿[②]，完曰：“羁旅[③]之臣，幸得免负檐[④]，君之惠也，不敢当高位。”桓公使为工正[⑤]。齐懿仲[⑥]欲妻陈敬仲，卜之，占[⑦]曰：“是谓凤皇于飞，和鸣锵锵[⑧]。有妫[⑨]之后，将育于姜[⑩]。五世其昌[⑪]，并于正卿[⑫]。八世之后，莫之与京[⑬]。”

【注释】

①嬖（bì）姬：宠爱的妾。②卿：诸侯国的高级大臣。③羁旅：寄居做客。羁，寄。旅，客。④负檐（dàn）：通“负担”，指害怕陈宣公杀死自己的事。⑤工正：主管百工的官。⑥懿仲：齐国大夫。⑦占：此指占卜预测的话。⑧凤皇：通“凤凰”。古代传说中的鸟王。雄的叫凤，雌的叫皇。于：助词。锵锵：凤凰和鸣的声音，像敲击金属器物一样。⑨有：助词。常用在名词之前。妫（guī）：陈姓。⑩姜：齐姓。⑪五世其昌：说敬仲的五代孙会昌盛起来。⑫并于正卿：言其后代

五世与正卿并列，意即为正卿。⑬京：高大。

【原文】

三十七年，齐桓公伐蔡，蔡败；南侵楚，至召陵[①]，还过陈。陈大夫辕涛涂恶[②]其过陈，诈齐令出东道。东道恶[③]，桓公怒，执陈辕涛涂。是岁，晋献公[④]杀其太子申生。

【注释】

①召（shào）陵：楚邑名。在今河南省漯河市郾陵区东。也作“邵陵”。②恶（wù）：憎恨。③恶（è）：恶劣。④晋献公：姬诡诸。前676—前651年在位。

【原文】

四十五年，宣公卒，子款立，是为穆公。穆公五年，齐桓公卒。十六年，晋文公败楚师于城濮[①]。是岁，穆公卒，子共公朔立。共公六年，楚太子商臣弑其父成王代立，是为穆王。十一年，秦穆公卒[②]。十八年，共公卒，子灵公平国立。

【注释】

①晋文公：姬重耳。前636—前628年在位。城濮：卫国地名。在今山东省鄄城县西南临濮集。②秦穆公：嬴任好。前659—前621年在位。任用百里奚、蹇叔、由余为谋臣，击败晋国，俘晋惠公。灭梁、芮两国。后在崤（今河南省三门峡市东南）被晋军袭击，大败。转而向西发展，攻灭十二国，称霸西戎。

【原文】

灵公元年，楚庄王[1]即位。六年，楚伐陈。十年，陈及楚平[2]。

【注释】

①楚庄王：熊侣。前613—前591年在位。②平：讲和。

【原文】

十四年，灵公与其大夫孔宁、仪行父皆通于夏姬[1]，衷[2]其衣以戏于朝。泄冶[3]谏曰："君臣淫乱，民何效焉?"灵公以告二子，二子请杀泄冶，公弗禁，遂杀泄冶。十五年，灵公与二子饮于夏氏。公戏二子曰："徵舒似汝。"二子曰："亦似公。"徵舒怒。灵公罢酒出，徵舒伏弩厩[4]门射杀灵公。孔宁、仪行父皆奔楚，灵公太子午奔晋。徵舒自立为陈侯。徵舒，故陈大夫也。夏姬，御叔之妻，舒之母也。

【注释】

①通：通奸。夏姬：郑穆公女，陈大夫御叔的妻子，陈大夫夏徵舒的母亲。②衷：贴肉的内衣。这里作动词用，即穿着贴肉的内衣。③泄冶：人名。陈国大夫。④厩（jiù）：马棚。

【原文】

成公元年冬，楚庄王为夏徵舒杀灵公，率诸侯伐陈。谓陈曰："无[1]惊！吾诛徵舒而已。"已诛徵舒，因县陈[2]而有之，群臣毕贺。申叔时使[3]于齐来还，独不贺。庄王问其故，对曰：“鄙语有之，‘牵牛径[4]人田，田主夺之[5]牛。径则有罪矣，夺之牛，不亦甚乎？’今王以徵舒为贼弑君，故征[6]兵诸侯，以义伐之，已而取之，以利其地，则后何以令于天下！是以不贺。”庄王曰：“善。”乃迎陈灵公太子午于晋而立之，复君陈[7]如故，是为成公。孔子读史记至楚复陈，曰：“贤哉，楚庄王！轻千乘之国而重一言[8]。”

【注释】

①无：莫，不要。②县陈：改陈国为县。③申叔时：楚国大夫。使：出使。④径：直路。此处作动词用。⑤之：其，他的。⑥征：召集。⑦君陈：做陈国的国君。⑧一言：指申叔时说的话。

【原文】

八年，楚庄王卒。二十九年，陈倍[1]楚盟。三十年，楚共王伐陈。是岁，成公卒，子哀公弱立。楚以陈丧，罢兵去。

【注释】

①倍：通“背”，背叛。

【原文】

哀公三年，楚围陈，复释之。二十八年，楚公子围弑其君郏敖[1]自立，为灵王。

【注释】

①郏（jiá）敖：前544—前541年在位。

【原文】

三十四年，初，哀公娶郑，长姬[①]生悼太子师，少姬生偃。二嬖妾，长妾生留，少妾生胜。留有宠哀公，哀公属之其弟司徒招[②]。哀公病，三月，招杀悼太子，立留为太子。哀公怒，欲诛招，招发兵围守哀公，哀公自经[③]杀。招卒[④]立留为陈君。四月，陈使使[⑤]赴楚。楚灵王闻陈乱，乃杀陈使者，使公子弃疾发兵伐陈，陈君留奔郑。九月，楚围陈。十一月，灭陈，使弃疾为陈公[⑥]。

【注释】

①姬：妇女的美称。②属（zhǔ）：托付。司徒招：司徒，官名；招，人名。③经：缢死，上吊。④卒：终于。⑤使使：前“使”字读 shǐ，派遣；后“使”字读 shì，使者。⑥陈公：陈地的长官。

【原文】

招之杀悼太子也，太子之子名吴，出奔晋。晋平公问太史赵曰：“陈遂亡乎？”对曰：“陈，颛顼[①]之族。陈氏得政于齐，乃卒亡[②]。自幕至于瞽瞍[③]，无违命[④]。舜重之以明德[⑤]。至于遂[⑥]，世世守之。及胡公，周赐之姓[⑦]，使祀虞帝。且盛德之后，必百世祀。虞之世未[⑧]也，其在齐乎？”

【注释】

①颛顼（zhuān xū）：古史中“五帝”之一。陈国以虞舜为祖，舜出于颛顼，所以是“颛顼之族”。②乃卒亡：这是推

测之词，意谓陈氏在齐国得到政权，陈国才会最后灭亡。③幕：虞舜的先人。瞽瞍：虞舜的父亲。④无违命：没有违背天命以致废绝国家的人。⑤舜重之以明德：舜以明德为重，即舜有明德，得为天子。重，重视。⑥遂：虞舜的后人。⑦“及胡公”二句：胡公满是虞遂的后代，事周武王，赐姓妫，续封于陈。⑧未：没有断绝。“未”下省“绝”字。

【原文】

楚灵王灭陈五岁，楚公子弃疾弑灵王代立，是为平王。平王初立，欲得和诸侯，乃求故陈悼太子师之子吴，立为陈侯，是为惠公。惠公立，探续哀公卒时年而为元[1]，空籍[2]五岁矣。

【注释】

①探续：追溯连接。元：元年。②空籍：空出君位。

【原文】

十年，陈火。十五年，吴王僚使公子光伐陈，取胡、沈[1]而去。二十八年，吴王阖闾与子胥败楚入郢[2]。是年，惠公卒，子怀公柳立。

【注释】

①胡：国名。归姓。在今安徽省阜阳县。前495年为楚国所灭。沈：国名。姬姓。在今河南省平舆县北。②郢：楚都。旧址在今湖北省江陵县东北。原郢都在今江陵县西北纪南城。

【原文】

怀公元年，吴破楚，在郢，召陈侯。陈侯欲往，大夫曰：“吴新得意；楚王虽亡，与陈有故，不可倍[①]。”怀公乃以疾谢[②]吴。四年，吴复召怀公。怀公恐，如吴。吴怒其前不往，留之，因卒吴。陈乃立怀公之子越，是为滑公。

【注释】

①倍：通“背”，背离。②谢：推辞。

【原文】

滑公六年，孔子适[①]陈。吴王夫差[②]伐陈，取三邑而去。十三年，吴复来伐陈，陈告急楚，楚昭王[③]来救，军于城父[④]，吴师去。是年，楚昭王卒于城父。时孔子在陈。十五年，宋灭曹[⑤]。十六年，吴王夫差伐齐，败之艾陵[⑥]，使人召陈侯。陈侯恐，如吴。楚伐陈。二十一年，齐田常[⑦]弑其君简公。二十三年，楚之白公胜[⑧]杀令君子西、子綦，袭惠王。叶公[⑨]攻败白公，白公自杀。

【注释】

①适：往，去到。②吴王夫差：吴王阖闾的儿子。前495—前473年在位。③楚昭王：熊珍。前515—前482年在位。④城父：楚邑名。旧城在今安徽省亳州市。⑤宋：前11世纪周公平定武庚后，把商的旧都周围地区分封给商纣的庶兄微子启，建都商丘（故城在今河南省商丘市南）。曹：前11世纪周分封的诸侯国。姬姓。始封的君主为周武王弟振铎。

⑥艾陵：齐地名。在今山东泰安县东南。一说在莱芜市东北。⑦田常：一名恒。齐国大臣。陈完的后代，据说是第八世孙。⑧白公胜：熊胜。楚平王之孙，曾任曹大夫，号白公。⑨叶（旧读 shè）公：沈诸梁，时任叶邑大夫。叶：楚邑名。故城在今河南叶县南。

【原文】

二十四年，楚惠王复国，以兵北伐，杀陈湣公，遂灭陈而有之。是岁，孔子卒。

杞[①]东楼公者，夏后禹之后苗裔[②]也。殷时或封或绝。周武王克殷纣，求禹之后，得东楼公，封之于杞[③]，以奉夏后氏祀。

【注释】

①杞（qǐ）：姒姓。始建国于前 11 世纪，在今河南省东部。②夏后禹：本部落名。禹为夏后氏部落首领，因称夏后禹。苗裔：后代子孙。③杞：在今河南省杞县。

【原文】

东楼公生西楼公，西楼公生题公，题公生谋娶公。谋娶公当周厉王时。谋娶公生武公。武公立四十七年卒，子靖公立。靖公二十三年卒，子共公立。共公八年卒，子德公立。德公十八年卒，弟桓公姑容立。桓公十七年卒，子孝公匄[①]立。孝公十七年卒，弟文公益姑立。文公十四年卒，弟平公郁立。平公十八年卒，子悼公成立。悼公十二年卒，子隐公乞立。七月，隐公弟遂弑隐公自立，是为釐公。釐公十九年卒，子湣公维立。湣公十五年，楚惠王灭陈。十六年，湣公弟阏路弑湣公代立，是为哀公。哀公立十年卒，湣公子敕立，是为出公。出公十二年卒，子简公春立。立一年，楚惠王之四十四年，灭杞。杞后陈亡三十四年。

【注释】

①匄："丐"的异体字。

【原文】

杞小微，其事不足称述。

舜之后，周武王封之陈，至楚惠王灭之，有世家言。禹之后，周武王封之杞，楚惠王灭之，有世家言。契[①]之后为殷，殷有本纪言。殷破，周封其后于宋，齐湣王[②]灭之，有世家言。后稷[③]之后为周，秦昭王[④]灭之，有本纪言。皋陶[⑤]之后，或封英、六[⑥]，楚穆王[⑦]灭之，无谱[⑧]。伯夷[⑨]之后，至周武王复封于齐，曰太公望[⑩]，陈氏[⑪]灭之，有世家言。伯翳之后[⑫]，至周平王时封为秦，项羽[⑬]灭之，有本纪言。垂、益、夔、龙[⑭]，其后不知所封，不见也。右十一人者，皆唐虞之际名[⑮]有功德臣也；其五人之后皆至帝王[⑯]，余乃为显诸侯。滕、薛、驺[⑰]，夏、殷、周之间封也，小，不足齿列，弗论也。

【注释】

①契（xiè）：相传为商的始祖，帝喾的儿子。②齐湣王：

田地。约前301—前284年在位。③后稷：古代周族的始祖，名弃。曾在尧舜时做农官，教人民耕种。④秦昭王：嬴稷。前306—前251年在位。⑤皋陶（gāo yáo）：相传为东夷族的领袖，偃姓。曾被舜任为掌管刑法的官。⑥英、六：二国名。或作蓼、六。偃姓。皋陶的后代。其地在今安徽省一带。前622年为楚国所灭。⑦楚穆王：熊商臣。前625—前614年在位。⑧谱：记述帝王诸侯世系的史书。⑨伯夷：尧舜时代的贤臣。曾任秩宗（掌宗庙祭祀）。不是商、周之际的伯夷。⑩太公望：即吕尚，为前11世纪周所分封的齐国的开国之君。⑪陈氏：即田氏，指田和。⑫伯翳：即伯益。古代嬴姓各族的祖先，相传善于畜牧和狩猎，被舜任为虞（主管山泽之官）。⑬项羽：项籍，字羽。下相（故城在今江苏省宿迁市西南）人。⑭垂、益、夔、龙：垂，尧舜时代的贤臣，曾任共工（掌百工之官）。益，即伯翳，前已言，此为衍文。夔，尧舜时代的贤臣，曾任典乐（掌管对卿大夫以上的子弟的教育）。龙，尧舜时代的贤臣，曾任纳言（掌喉舌议论之官）。⑮名：称为。⑯按舜、禹本身为帝王，稷、契、翳都是后代为帝王。⑰滕：姬姓。在今山东省滕州市西南。薛：任姓。在现在的山东省滕州市南。驺：也作邹、邾。曹姓。都城在今山东省邹县。

【原文】

周武王时，侯伯尚千余人。及幽、厉之后，诸侯力攻相并。江、黄、胡、沈[①]之属，不可胜数，故弗采著于传云。

【注释】

①江、黄、胡、沈：江、黄二国都是嬴姓。江，在今河南省息县西南。黄，在今河南省潢川县西。

【原文】

太史公曰：舜之德可谓至矣！禅位于夏，而后世血食[1]者历三代。及楚灭陈，而田常得政于齐，卒为建国，百世不绝，苗裔兹兹[2]，有土者不乏焉。至禹，于周则杞，微甚，不足数也。楚惠王灭杞，其后越王句践兴。

【注释】

①血食：享受祭祀。②兹兹：蕃多。

【译文】

陈胡公满是虞帝舜的后代。当初，舜还是一个平民时，尧把自己的两个女儿嫁给了他，住在妫汭，他的后代就借此地名当姓氏，姓了妫氏。舜死后，把天下传给禹，舜的儿子商均是一个诸侯。夏代时，舜后人的侯位时断时续。周武王战胜殷纣以后，又寻找舜的后人，找到妫满，把他封在陈国，来供奉帝舜的岁时祭祀，就是胡公。

胡公死，其子申公犀侯继位。申公死，其弟相公皋羊继位。相公死，又立起申公之子突为君，就是孝公。孝公死，其子慎公圉戎继位。慎公时正当周厉王之朝。慎公死，其子幽公宁继位。

幽公二十年（前841），周厉王逃到彘地。

二十三年（前832），幽公死，其子釐公孝继位。釐公六年（前828），周宣王即位。三十六年（前796），釐公死，其子武公灵继位。武公十五年（前781）死，其子夷公说继位。这年，周幽王即位。夷公三年（前778）死，其弟平公燮继位。平公七年（前771），周幽王被犬戎杀死，周王朝首都东迁洛邑。秦国开始成为诸侯。

二十三年（前755），平公死，其子文公圉继位。

文公元年（前754），娶了蔡国之女为妇，生下儿子佗。十年（前745），文公死，其长子桓公鲍继位。

桓公二十三年（前722），鲁隐公即位。二十六年（前719），卫人杀死卫君州吁。三十三年（前712），鲁人杀死鲁隐公。

三十八年（前707）正月甲戌己丑，桓公鲍死。其弟佗之母是蔡国之女，因此蔡人为佗杀死五父和桓公太子免而立佗为国君，就是厉公。桓公病后国内大乱，国民离散，所以两次发来讣告。

厉公二年（前705），生下儿子敬仲完。正值周太史经过陈国，陈厉公让他用《周易》为儿子算卦，得到的卦象是《观》卦变《否》卦，周太史说："这叫作能看到国家的荣光，利于做天子之宾。他大概会取代陈国而自己据有国家吧？不是在陈国，大概是在别的国家吧？这事不会发生在他本人之世，大概是发生在他子孙之时吧？如发生在别国，一定是在姜姓国家。因为姜姓是太岳的后代。事物不能在两个方面都充分发展，大概要等到陈国衰亡，他的后代就要昌盛了吧?”

陈厉公娶蔡国之女为妻，蔡女与蔡国一个人通奸，陈厉公也屡次去蔡国乱搞女人。七年（前200），被厉公所杀的桓公太子免的三个弟弟，大的叫跃，二的叫林，小的叫杵臼，一同让蔡人用美女引诱厉公，然后三人与蔡人一起杀掉厉公，而立跃为国君，就是利公。利公是桓公的儿子。利公即位后五个月就死了，二弟林继位，就是庄公。庄公七年（前693）死，小弟弟杵臼继位，就是宣公。

宣公三年（前690），楚武王死，楚国开始强大。十七年（前676），周惠王娶陈君之女为王后。

二十一年（前672），宣公后来有宠爱之姬生一子名款，宣公想立他为太子，就杀掉了原来的太子御寇。御寇一直喜欢厉公之子完，完害怕祸连自己，就逃到齐国。齐桓公想让陈完做卿，陈完说：“我作为寄居在外之臣，有幸能不做劳苦之役，就是您给我的恩惠了，我不敢担任高官。”桓公就让他做工正之官。齐懿仲想把自己的女儿嫁给陈完，先算一卦，卦辞说：“夫妻好比雄雌凤凰双双飞翔，鸣叫应和响亮清脆。妫姓的后人将在姜姓之国繁育昌盛。五代以后就将发达，地位与正卿并驾齐驱。八代以后，无人能与之相比。”

三十七年（前656），齐桓公讨伐蔡国，蔡国战败。齐兵趁势侵入楚国境内，向南直至召陵，军队返齐时经过陈国。陈国大夫辕涛涂嫌齐军过境骚扰，就骗齐桓公说由东路沿海返齐更好。齐桓公明白真相后大怒，把辕涛涂抓了起来。此年，晋献公逼死自己的太子申生。

四十五年（前648），宣公死，其子款继位，就是穆公。穆公五年（前643），齐桓公死。十六年（前632），晋文公在城濮大败楚军。此年，陈穆公死，其子共公朔继位。陈共公六年（前626），楚国太子商臣杀死父亲楚成王，自立为君，就是楚穆王。十一年（前621），秦穆公死。十八年（前614），陈共公死，其子灵公平国继位。

陈灵公元年（前613），楚庄王即位。六年（前608），楚国征伐陈国。十年（前604），陈国与楚国媾和。

十四年（前600），陈灵公和陈国大夫孔宁、仪行父都与夏姬通奸，而且贴身穿着夏姬的衣服在朝中嬉笑。大夫泄冶劝谏说："国君和大臣如此淫乱，让人民如何效法？"陈灵公把此话告诉孔宁、仪行父二人，二人要求杀死泄冶，陈灵公也不禁止他们，于是二人果然杀死了泄冶。十五年（前599），陈灵公和孔宁、仪行父在夏姬家饮酒取乐。陈灵公对二人开玩笑说："夏徵舒长得像你们。"二人反唇相讥说："他长得也像您。"夏徵舒听了十分生气。灵公喝完酒出来，夏徵舒藏在马棚门口用箭射杀灵公。孔宁、仪行父吓得逃到楚国，灵公太子午也逃往晋国。夏徵舒自立为陈侯。夏徵舒过去是陈国大夫。夏姬是御叔之妻、夏徵舒之母。

陈成公元年（前598）冬天，楚庄王以夏徵舒杀死陈灵公为由，带诸侯之兵讨伐陈国。并且对陈国人说："别害怕，我只是诛杀夏徵舒而已。"可是，杀了夏徵舒之后，借势就把陈国吞并，作为楚国的一个县而占有了，楚国群臣都为此向楚庄王祝贺。这时，申叔时从齐国出使回来，独独不表示祝贺。楚庄王问他为什么这样，申叔时回答说：“俗语说得好，有人牵牛抄近路，踩坏别人庄稼地，田地主人追过来，把牛抢来归自己。抄近路踩人田确实有罪，可是因此就把他的牛夺来，不也太过分了吗？现在，大王以夏徵舒杀君为不义，因此征集诸侯军队，讨伐夏徵舒以伸张正义，可是事毕之后却占有陈国，贪图人家土地，那么今后还怎么号令天下？所以，我不祝贺。”楚庄王听后说：“讲得好！”于是，从晋国接回陈灵公的太子妫午，立为陈君，像过去一样治理陈国，就是陈成公。孔子在读历史时看到楚国恢复陈国主权一段，说：“楚庄王真可谓贤德。轻视千乘之国而看重一句有益之言。”

八年（前 591），楚庄王死。二十九年（前 570），陈国背叛与楚国的盟约。三十年（前 569），楚共王征伐陈国。此年，陈成公死，其子哀公弱继位。楚王因陈国有丧事，罢兵回国。

哀公三年（前 566），楚兵包围陈国，后来又饶了陈国。二十八年（前 541），楚国公子围杀死楚王郏敖自立为楚王，就是楚灵王。

三十四年（前 535），原先时，陈哀公从郑国娶妻，长姬生下悼太子师，少姬生下儿子偃。哀公又有两名宠幸的妾，长妾生子名叫留，少妾生子名叫胜。哀公最宠爱留，把他托付给自己的弟弟司徒招来照顾。哀公病了以后，三月，招杀死了悼太子，把留立为太子。哀公很生气，想杀掉招，招发兵包围哀公，哀公自缢而死。最后招还是把留立为国君。四月，陈国派使节去楚国报告丧信。楚灵王闻说陈国内乱，就杀掉陈国使者，派公子弃疾举兵征伐陈国，陈君留逃往郑国。九月，楚兵围陈。十一月，灭掉陈国。命楚公子弃疾做陈公。

招杀死悼太子时，悼太子的儿子吴逃到晋国。晋平公问太史赵说："陈国这次算最终灭亡了吧？"太史赵回答说："陈国是颛顼的后代。等陈氏在齐国得到政权之后，陈国本国才最终灭亡。陈国祖先从幕到瞽瞍，都未违背天命。加之舜的完美道德，一直到遂，世世恪守其道。等到胡公之世，周天子赐姓，命他供祀舜帝。而且具有大功德之人，应享受百代的祭祀。虞舜享祀的百代之数尚且未满，大概将会在齐国继续享祀吧？"

楚灵王灭陈后第五年，楚国公子弃疾杀死灵王自立为楚王，就是平王。平王刚刚即位，想友睦以得诸侯之心，就找到过去陈国悼太子师的儿子吴，立他为陈侯，就是陈惠公。惠公即位后，上溯到哀公死的那年来接续陈国纪年作为元年，空空借了五年。

十年（前524），陈国发生火灾。十五年（前519），吴王僚命公子光伐陈国，攻取胡、沈而归。二十八年（前506），吴王阖闾与伍子胥打败楚国攻进郢都。此年，陈惠公死，其子怀公柳继位。

怀公元年（前505），吴王攻破楚国后，驻扎郢都，召见陈怀公。怀公想要前去，陈国大夫说："吴王最近志得意满，可是楚王虽然逃走，但与陈国是旧交，不能背叛陈、楚之交。”怀公就以身体有病为借口推辞了会见。四年（前502），吴王又召见怀公，怀公害怕，只得前往吴国。吴王生气上次陈怀公不来，扣留了他，终于死在吴国。陈国于是立怀公之子越为君，就是湣公。

湣公六年（前496），孔子至陈国。吴王夫差征伐陈国，攻取三城而归。十三年（前489），吴国又来征伐陈国，陈国向楚国告急求救，楚昭王带兵来援救，驻军城父，吴军撤兵。此年，楚昭王死在城父。当时，孔子仍在陈国。十五年（前487），宋国灭掉曹国。十六年（前486），吴王夫差北伐齐国，在艾陵大败齐兵，又派人召见陈侯。陈湣公害怕，前往吴国。楚国因此征伐陈国。二十一年（前481），齐国大夫田常杀死齐简公。二十三年（前479），楚国的白公胜杀死令尹子西、子綦，袭击楚惠王。楚国叶公击败白公，白公自杀。

二十四年（前478），楚惠王复国，举兵北伐，杀死陈湣公，于是灭掉陈国占为楚有。此年，孔子去世。

杞国东楼公，是夏代大禹的后代子孙。商朝时其封国时断时续。周武王战胜殷纣之后，寻找禹的后代。找到东楼公，封他在杞，以供奉夏后氏的祭祀。

东楼公生子西楼公，西楼公生子题公，题公生子谋娶公。谋娶公正值周厉王时代。谋娶公生子武公。武公即位后四十七年死，其子靖公二十三年死，其子共公继位。共公八年死，其子德公继位。德公十八年死，其弟桓公姑容继位。桓公十七年（前567）死，其子孝公丐继位。孝公十七年（前550）死，其子文公益姑继位。文公十四年（前536）死，其弟平公郁继位。平公十八年（前518）死，其子悼公成继位。悼公十二年（前506）死，其子隐公乞继位。七月，隐公之弟遂杀隐公自立为君，就是釐公。釐公十九年（前487）死，其子湣公维继位。湣公十五年，楚惠王灭掉陈国。十六年，湣公之弟阏路杀湣公自立为君，就是哀公。哀公即位十年死，湣公之子敕继位，就是出公。出公十二年死，其子简公春继位。即位一年，即楚惠王之四十四年（前454），楚灭掉杞国。比陈国晚灭亡三十四年。

杞国弱小，它的事迹不值得记载。

舜的后代，周武王封于陈，到楚惠王时被灭掉，有《世家》记载。禹的后代，周武王封于杞，楚惠王灭掉它，有《世家》记载。契的后代是殷商王族，有《本纪》记载。殷朝灭亡后，周朝封其后代于宋，齐湣王灭掉宋，有《世家》记载。后稷的后代是周朝王族，秦昭王灭掉周，有《本纪》记载。皋陶的后代，有的被封在英、六之地，楚穆王灭掉它们，没有谱牒记载。伯夷的后代，在周武王时又被封于齐，叫作太公望，陈氏灭了它，有《世家》记载。垂、益、夔、龙，他们的后代不知封于何地，没有听说过他们。以上十一个人，都是尧、舜时著名的功德之臣；其中五人的后代都当过帝王，其余的则是著名诸侯。滕、薛、驺，是夏、商、周三代时所封之国，很小，不足挂齿，就不论列了。

周武王时，封侯封伯的还有一千多人。等到周幽王周厉王以后，诸侯以力相攻互相吞并。江、黄、胡、沈之类的小国，数不胜数，因此就不采录于史传之中。

太史公曰：“舜的道德可谓达到极点了！让位给夏，而以后经历夏商周三代仍享受祭祀。楚国灭掉陈国之后，田常又取得了齐国政权，终于还是一个封国，百代不绝，后代子孙著盛，被封赐土地的人很多。至于禹，在周时其后代就是杞国之君，很弱小，不值得一说。楚惠王灭掉杞以后，禹的后代越王句践就振兴起来。”

第十九卷　卫康叔世家第七

本篇记述了卫国从建立到灭亡的整个历史。卫是周初姬姓封国，其封地在今河南北部即殷墟一带。先建都朝歌，后迁楚丘，再迁帝丘。

初封时，周公担心康叔年少，对付不了这一带复杂的形势，乃作《康诰》等谆谆教导之。殷朝遗民以后再无造反之迹，而卫国从西周末年起，中经整个春秋时期，贵族内部争权斗争迭起，父子相残、兄弟相杀屡屡发生，又加上齐、晋等大国的直接干预，卫国变得更加不稳和脆弱。一入战国，先受制于赵，再受制于魏，地位一降再降，最终灭亡于秦。

本篇震撼人心的是宣公杀害太子伋和太子异母弟子寿争死相让之事。宣公为人父、为人君，竟厚颜无耻地夺子之妻据为己有，反倒心恶太子，直至对太子下狠毒手。可见，古代君王全权在握时，就会毫无顾忌地为所欲为以致丧心病狂。太子伋面对亲生父亲的一系列恶行劣迹，毫无违逆之心、抗争之意，竟至自投罗网，束手就擒，成为刀下鬼。由此又可见，封建社会的忠孝意识能置人于愚昧混沌之中。而太子伋异母弟子寿在劝告、阻止太子伋无济于事后，竟以死相让，这种壮烈行为犹如一道闪电，划破充满父子相杀、兄弟相灭的腥风血雨的夜空。

【原文】

卫康叔[1]名封，周武王同母少弟也。其次尚有冉季，冉季最少。

【注释】

①卫康叔：叔封初封于康（在今河南省禹县西北。），故称康叔；后改封于卫，故称卫康叔。卫：始建国于前11世纪。领地在今河北省南部、河南省北部一带。建都朝歌（故城在今河南省淇县），后迁楚丘（故城在今河南省滑县），再迁帝丘（故城在今河南省濮阳县）。前254年为魏所灭。

【原文】

武王已克殷纣[1]，复以殷余民封纣子武庚禄父[2]，比诸侯，以奉其先祀勿绝。为武庚未集[3]，恐其有贼心[4]，武王乃令其弟管叔、蔡叔傅相[5]武庚禄父，以和其民。武王既崩，成王少。周公旦代成王治，当国。管叔、蔡叔疑周公，乃与武庚禄父作乱，欲攻成周[6]。周公旦以成王命兴师[7]伐殷，杀武庚禄父、管叔，放[8]蔡叔，以武庚殷余民封康叔为卫君，居河、淇间故商墟[9]。

【注释】

①克：战胜。殷纣：即商纣王。②武庚禄父：名武庚，字

禄父。③集：通“辑”，和顺。④贼心：图谋叛乱之心。⑤傅相：辅佐。⑥成周：即雒邑，故城在今河南省洛阳市。武庚叛乱时，雒邑还没有营为东都，但是把它当作“宗周”。⑦师：军队。⑧放：放逐。⑨河、淇：河即黄河。淇指淇水，在河北省北部，古为黄河支流。商墟：商代末期京都朝歌遗址。在今河南省淇县。

【原文】

周公旦惧康叔齿少，乃申[①]告康叔曰：“必求殷之贤人君子长者，问其先殷所以兴，所以亡，而务[②]爱民。”告以纣所以亡者以淫于酒，酒之失，妇人是用，故纣之乱自此始。为《梓材》[③]，示君子可法则。故谓之《康诰》《酒诰》《梓材》以命[④]之。康叔之国，即以此命，能和集[⑤]其民，民大说[⑥]。

【注释】

①申：一再。②务：必须。③《梓材》：《尚书》篇名。梓，匠人。④谓：称说。《康诰》《酒诰》：都是《尚书》篇名。命：教诲。⑤和集：和顺安定。⑥说：通“悦”。

【原文】

成王长，用事，举康叔为周司寇[①]，赐卫宝祭器[②]，以章[③]有德。

【注释】

①司寇：官名。掌管刑狱、纠察等事。②宝祭器：宝器

（指高级车辆、旗帜、乐器、玉饰等）和祭器（祭祀时用的礼器）。③章：表彰。

【原文】

康叔卒，子康伯代立。康伯卒，子考伯立。考伯卒，子嗣伯立。嗣伯卒，子庢[1]伯立。庢伯卒，子靖伯立。靖伯卒，子贞伯立。贞伯卒，子顷侯立。

【注释】

①庢：jié。

【原文】

顷侯厚赂[1]周夷王，夷王命卫为侯[2]。顷侯立十二年卒，子釐侯立。

【注释】

①赂：行贿。②命卫为侯：周制，诸侯分公、侯、伯、子、男五等，侯高于伯。但《史记索隐》认为：卫国从康叔起就是侯爵，不是伯爵。上文从“康伯”到“贞伯”六代称伯，是方伯（一方诸侯之长）而不是伯爵。

【原文】

釐侯十三年，周厉王出奔于彘[1]，共和行政[2]焉。二十八年，周宣王[3]立。

【注释】

①周厉王：姬胡。彘（zhì）：地名。在今山西省霍县东

北。②共和行政：周厉王暴虐，前841年，国人暴动，厉王逃到彘，由召公、周公共同行政，史称“共和行政”，凡十四年。③周宣王：姬靖。厉王子。前828—前782年在位，废降籍田制度（一说废除在籍田上的奴隶集体耕作）。

【原文】

四十二年，釐侯卒，太子共伯馀立为君。共伯弟和有宠于釐侯，多予之赂[①]；和以其赂赂[②]士，以袭攻共伯于墓上，共伯入釐侯羡[③]自杀。卫人因葬之釐侯旁，谥[④]曰共伯，而立和为卫侯，是为武公。

【注释】

①赂：财物。②赂赂：第一个“赂”字指所得的财物，第二个“赂”字指行贿。③羡（yán）：墓道。④谥：封建时代在人死后，按其生前行迹，评定褒贬所给予的称号。

【原文】

武公即位，修康叔之政，百姓和集。四十二年，犬戎[①]杀周幽王，武公将兵往佐周平戎，甚有功，周平王命武公为公[②]。五十五年，卒，子庄公扬立。

【注释】

①犬戎：中国古代部族名，戎人的一支。②命武公为公：《史记志疑》认为周朝东迁以后，诸侯在他的国内都称公，从来没有天子命诸侯为公的。

【原文】

庄公五年，取齐女为夫人，好而无子。又取陈女为夫人，生子，蚤[①]死。陈女女弟亦幸[②]于庄公，而生子完。完母死，庄公令夫人齐女子[③]之，立为太子。庄公有宠妾，生子州吁。十八年，州吁长，好兵，庄公使将[④]。石碏[⑤]谏庄公曰："庶子[⑥]好兵，使将，乱自此起。"不听。二十三年，庄公卒，太子完立，是为桓公。

【注释】

①蚤：通"早"。②女弟：妹妹。幸：宠信。③子：养他为子。④将（jiàng）：带领军队。⑤石碏（què）：卫国上卿。⑥庶子：妾所生的儿子。

【原文】

桓公二年，弟州吁骄奢，桓公绌[①]之，州吁出奔。十三年，郑伯弟段攻其兄，不胜，亡，而州吁求与之友。十六年，州吁收聚卫亡人[②]以袭杀桓公，州吁自立为卫君。为郑伯弟段欲伐郑，请宋、陈、蔡与俱，三国皆许州吁。州吁新立，好兵，弑桓公，卫人皆不爱。石碏乃因桓公母家于陈，详[③]为善州吁。至郑郊，石碏与陈侯共谋，使右宰丑[④]进食，因杀州吁于濮[⑤]，而迎桓公弟晋于邢[⑥]而立之，是为宣公。

【注释】

①绌：通"黜"，贬退。②亡人：逃亡在外的人。③详：通"佯"，诈。④右宰丑：卫大夫。⑤濮：水名。即今安徽省

芡河上游。⑥邢：前11世纪周分封的诸侯国。姬姓。故地在今河北省邢台市一带。

【原文】

宣公七年，鲁弑其君隐公。九年，宋督弑其君殇公，及孔父[①]。十年，晋曲沃[②]庄伯弑其君哀侯。

【注释】

①宋督：宋国华父督。孔父：孔父嘉，宋国大夫。②曲沃：邑名。旧址在今山西省闻喜县东北。东周初，晋昭侯封他的叔父姬成师于此。

【原文】

十八年，初，宣公爱夫人夷姜，夷姜生子伋，以为太子，而令右公子傅[①]之。右公子为太子取齐女，未入室，而宣公见所欲为太子妇者好[②]，说而自取之，更为太子取他女。宣公得齐女，生子寿、子朔，令左公子傅之。太子伋母死，宣公正夫人与朔共谗恶[③]太子伋。宣公自以其夺太子妻也，心恶[④]太子，欲废之。及闻其恶[⑤]，大怒，乃使太子伋于齐而令盗遮[⑥]界上杀之，与太子白旄[⑦]，而告界盗见持白旄者杀之。且行，子朔之兄寿，太子异母弟也，知朔之恶太子而君欲杀之，乃谓太子曰："界盗见太子白旄，即杀太子，太子可毋[⑧]行！"太子曰："逆[⑨]父命求生，不可。"遂行。寿见太子不止，乃盗其白旄而先驰至界。界盗见其验[⑩]，即杀之。寿已死，而太子伋又至，谓盗曰："所当杀，乃我也。"盗并杀太子伋，以报宣公。宣公乃以子朔为太子。十九年，宣公卒，太子朔立，是为惠公。

【注释】

①右公子：左右媵（随嫁或陪嫁的女子）的儿子叫左公子、右公子。傅：教导。②好：美丽。③正夫人：指齐女。谗恶（wù）：说坏话。④恶（wù）：厌恶，憎恶。⑤恶（è）：坏处。⑥于：往。遮：拦阻。⑦白旄：指用白旄（白色牦牛尾）做装饰的使节（古代卿大夫聘于诸侯时所持的符信）。⑧毋：莫，不要。⑨逆：违背。⑩验：证据，凭证。

【原文】

左右公子不平朔之立也，惠公四年，左右公子怨惠公之谗杀前太子伋而代立，乃作乱，攻惠公，立太子伋之弟黔牟为君，惠公奔齐。

卫君黔牟立八年，齐襄公率诸侯奉王命[①]共伐卫，纳卫惠公，诛左右公子。卫君黔牟奔于周，惠公复立。惠公立三年出亡，亡八年复入，与前通年凡十三年矣。

【注释】

①奉王命：《春秋》说诸侯纳惠公是逆王命，《史记》说奉王命，说法有出入。

【原文】

二十五年，惠公怨周之容舍[①]黔牟，与燕伐周。周惠王奔温[②]，卫、燕立惠王弟穨为王。二十九年，郑[③]复纳惠王。三十一年，惠公卒，子懿公赤立。

【注释】

①容舍：允许居留。②温：西周时国名。地在今河南省温县境。③郑：指郑厉公。

【原文】

懿公即位，好鹤，淫乐奢侈。九年，翟[①]伐卫，卫懿公欲发兵，兵或畔[②]。大臣言曰："君好鹤，鹤可令击翟。"翟于是遂入，杀懿公。

【注释】

①翟：通"狄"，部族名。②畔：通"叛"。

【原文】

懿公之立也，百姓大臣皆不服。自懿公父惠公朔之谗杀太子伋代立至于懿公，常欲败之，卒灭惠公之后而更立黔牟之弟昭伯顽之子申为君，是为戴公。

戴公申元年卒。齐桓公以卫数乱，乃率诸侯伐翟，为卫筑楚丘[①]，立戴公弟燬为卫君，是为文公。文公以乱故奔齐，齐人入[②]之。

初，翟杀懿公也，卫人怜之，思复立宣公前死太子伋之后，伋子又死，而代伋死者子寿又无子。太子伋同母弟二人：其一曰黔牟，黔牟尝代惠公为君，八年复去；其二曰昭伯。昭伯、黔牟皆已前死，故立昭伯子申为戴公。戴公卒，复立其弟燬为文公。

文公初立，轻赋平罪[3]，身自劳，与百姓同苦，以收卫民。

【注释】

①楚丘：卫都。故城在今河南省滑县东。②入：纳；送进去。③轻赋：减轻赋税。平罪：持平断狱。

【原文】

十六年，晋公子重耳[1]过，无礼。十七年，齐桓公卒。二十五年，文公卒，子成公郑立。

【注释】

①重耳：因受其父晋献公迫害，逃亡在外十九年，后回晋为君，即晋文公。前636—前628年在位。

【原文】

成公三年，晋欲假[1]道于卫救宋，成公不许。晋更从南河度[2]，救宋。征师于卫，卫大夫欲许，成公不肯。大夫元咺[3]攻成公，成公出奔[4]。晋文公重耳伐卫，分其地予宋，讨前过无礼及不救宋患也。卫成公遂出奔陈。二岁，如[5]周求入，与晋文公会。晋使人鸩[6]卫成公，成公私[7]于周主鸩，令薄，得不死。已而周为请晋文公，卒入之卫，而诛元咺，卫君瑕出奔。七年，晋文公卒。十二年，成公朝晋襄公[8]。十四年，秦穆公卒。二十六年，齐邴歜弑其君懿公[9]。三十五年，成公卒，子穆公遬立[10]。

【注释】

①假：借。②更（gēng）：改变。南河：黄河的一段。度：通“渡”。③咺：xuān。④成公出奔：奔往楚国。⑤如：往；去。⑥鸩（zhèn）：以毒酒杀人。⑦私：私下以财物收买。⑧晋襄公：姬欢。前627—前621年在位。⑨邴歜：齐国大夫。⑩遬：sù。

【原文】

穆公二年，楚庄王[①]伐陈，杀夏徵舒。三年，楚庄王围郑，郑降，复释之。十一年，孙良夫[②]救鲁伐齐，复得侵地。穆公卒，子定公臧立。定公十二年卒，子献公衎[③]立。

【注释】

①楚庄王：熊侣。前613—前591年在位。春秋时霸主之一。②孙良夫：卫国大夫。③衎：kàn。

【原文】

献公十三年，公令师曹[①]教宫妾鼓琴，妾不善，曹笞之。妾以幸恶[②]曹于公，公亦笞曹三百。十八年，献公戒孙文子、宁惠子[③]食，皆往。日旰[④]不召，而去射鸿于囿[⑤]。二子从之，公不释[⑥]射服与之言。二子怒，如宿[⑦]。孙文子子[⑧]数侍公饮，使师曹歌《巧言》[⑨]之卒章。师曹又怒公之尝笞三百，乃歌之，欲以怒孙文子，报[⑩]卫献公。文子语蘧伯玉[⑪]，伯玉曰：“臣不知也。”遂攻出献公。献公奔齐，齐置卫献公于聚邑[⑫]。孙文子、宁惠子共立定公弟秋为卫君，是为殇公。

【注释】

①师曹：乐人名曹。②恶（wù）：说人家的坏话。③戒：命令，告请。孙文子：孙林父。卫国大夫。宁惠子：宁殖。卫国大夫。④旰（gàn）：晏；晚。⑤囿：王侯养禽畜兽的园林。⑥释：脱下。⑦宿：邑名。《左传》作“戚”。在今河南省濮阳县北。⑧孙文子子：孙蒯。⑨《巧言》：《诗·小雅》篇名。⑩报：报复。⑪语（yù）：告诉。蘧伯玉：卫国贤大夫。⑫聚邑：齐邑名。今地不详。

【原文】

殇公秋立，封孙文子林父于宿。十二年，宁喜[①]与孙林父争宠相恶，殇公使宁喜攻孙林父。林父奔晋，复求入故卫献公。献公在齐，齐景公[②]闻之，与卫献公如晋求入。晋为伐卫，诱与盟。卫殇公会晋平公[③]，平公执殇公与宁喜而复入卫献公。献公亡在外十二年而入。

【注释】

①宁喜：卫国大夫。②齐景公：姜杵臼。前547—前490年在位。③晋平公：姬彪。前557—前532年在位。

【原文】

献公后元年，诛宁喜。

三年，吴延陵季子[①]使过卫，见蘧伯玉、史鳍[②]，曰：“卫多君子，其国无故[3]。”过宿，孙林父为击磬[4]，曰：“不乐，音大悲，使卫乱乃此矣。”是年，献公卒，子襄公恶立。

【注释】

①吴：国名。姬姓。始祖是周太王的儿子太伯、仲雍。延陵：吴国邑名。在今江苏省常州市。延陵季子：吴公子季札。封于延陵（今江苏省常州市），故称延陵季子。②史鳕（qiū）：卫国贤大夫。鳕，通“鳅”。③故：事故；问题。④磬：乐器。用玉或石制成。

【原文】

襄公六年，楚灵王会诸侯，襄公称病不往。

九年，襄公卒。初，襄公有贱妾，幸之，有身，梦有人谓曰：“我康叔也，令若[1]子必有卫，名而[2]子曰‘元’。”妾怪之，问孔成子[3]。成子曰：“康叔者，卫祖也。”及生子，男也，以告襄公。襄公曰：“天所置[4]也。”名之曰“元”。襄公夫人无子，于是乃立元为嗣，是为灵公。

【注释】

①若：你（们）。②而：你（们）。③孔成子：孔烝钽。卫国大夫。④置：设立；安排。

【原文】

灵公五年，朝晋昭公[1]。六年，楚公子弃疾弑灵王自立，为平王。十一年，火。

【注释】

①晋昭公：姬夷。前531—前526年在位。

【原文】

三十八年，孔子来，禄[①]之如鲁。后有隙，孔子去[②]。后复来。

【注释】

①禄：俸禄；官吏的薪金。这里作动词用。②事见《孔子世家》。

【原文】

三十九年，太子蒯聩与灵公夫人南子有恶[①]，欲杀南子。蒯聩与其徒戏阳遬[②]谋，朝，使杀夫人。戏阳后悔，不果。蒯聩数目[③]之，夫人觉之，惧，呼曰："太子欲杀我！"灵公怒，太子蒯聩奔宋，已而之晋赵氏。

【注释】

①南子：宋国女子。恶：嫌怨。②戏阳遬：蒯聩（kuì）的家臣。③数：多次。目：以目示意。

【原文】

四十二年春，灵公游于郊，令子郢仆[①]。郢，灵公少子也，字子南。灵公怨太子出奔，谓郢曰："我将立若为后。"郢对曰："郢不足以辱[②]社稷，君更[③]图之。"夏，灵公卒，夫人命子郢为太子，曰："此灵公命也。"郢曰："亡人太子蒯聩之子辄在也，不敢当。”于是卫乃以辄为君，是为出公。

【注释】

①仆：驾驭车马。②辱：玷辱；污辱。③更：另。

【原文】

六月乙酉，赵简子欲入蒯聩，乃令阳虎诈命卫十余人衰绖归[1]，简子送蒯聩。卫人闻之，发兵击蒯聩。蒯聩不得入，入宿[2]而保，卫人亦罢兵。

【注释】

①衰绖（cuī dié）归：穿着丧服，伪装从卫国来迎接太子回去似的。②宿：邑名。

【原文】

出公辄四年，齐田乞弑其君孺子。八年，齐鲍子弑其君悼公。

孔子自陈入卫。九年，孔文子[1]问兵于仲尼，仲尼不对。其后，鲁迎仲尼，仲尼反[2]鲁。

【注释】

①孔文子：孔圉（yǔ），卫国大夫。②反：通“返”。

【原文】

十二年，初，孔圉文子取太子蒯聩之姊，生悝[1]。孔氏之竖[2]浑良夫美好，孔文子卒，良夫通于悝母。太子在宿，悝母使良夫于[3]太子。太子与良夫言曰：“苟能入我国，报子以乘轩[4]，免子三死[5]，毋所与[6]。”与之盟，许以悝母为妻。闰月，良夫与太子入，舍孔氏之外圃。昏，二人蒙衣[7]而乘，宦者罗[8]御，如孔氏。孔氏之老[9]栾宁问之，称姻妾[10]以告。遂入，适伯姬[11]氏。既食，悝母杖戈而先[12]，太子与五人介[13]，舆豭[14]从之。伯姬劫[15]悝于厕，强盟之，遂劫以登台[16]。栾宁将饮酒，炙[17]未熟，闻乱，使告仲由[18]。召护驾乘车[19]，行爵[20]食炙，奉出公辄奔鲁。

【注释】

①悝：kuī。②竖：童仆。③于：往；到……去。④轩：大夫所乘的车。⑤三死：三种死罪，即着紫衣（君服）、袒裘（天热偏袒裘为不敬）、带剑。⑥与（yù）：在其中。⑦蒙衣：穿着妇人的衣服，用头巾蒙着头。⑧罗：人名。⑨老：家臣。⑩姻妾：亲戚家的小妻。⑪伯姬：即孔文子之妻，孔悝之母。⑫杖：执持。先：走在前面。⑬介：甲；披甲。⑭舆：扛；抬。豭（jiā）：公猪。舆豭：抬着公猪，将用来盟誓。⑮劫：威逼。⑯台：居高临下的建筑物，可凭以发号令。⑰炙（zhì）：烤肉。⑱仲由：字子路，孔子弟子。⑲召（shào）护：卫国大夫。驾乘车：驾着坐人的车，不是兵车，以示不想作战。⑳爵：酒器。

【原文】

仲由将入，遇子羔[1]将出，曰：“门已闭矣。”子路曰：“吾姑至[2]矣。”子羔曰：“不及[3]，莫践其难。”子路曰：“食焉不辟[④]其难。”子羔遂出。子路入，及门，公孙敢[⑤]阖门，曰：“毋入为也！”子路曰：“是公孙也？求利而逃其难。由不然，利其禄，必救其患。”有使者出，子路乃得入。曰：“太子焉用孔悝？虽杀之，必或继之。”且曰：“太子无勇。若燔台，必舍孔叔。”太子闻之，惧，下石乞、盂黡敌[⑥]子路，以戈击之，割缨[⑦]。子路曰：“君子死，冠不免[⑧]。”结缨而死。孔子闻卫乱，曰：“嗟乎！柴[⑨]也其来乎？由[⑩]也其死矣。”孔悝竟立太子蒯聩，是为庄公。

【注释】

①子羔：高柴字。卫国大夫，孔子弟子。②姑：暂且。至：到门前去。③不及：子羔认为子路要为国事而死难，这时出公已出奔，事情已来不及了。④焉：于此。辟：通“避”。⑤公孙敢：卫国大夫。⑥石乞、盂黡（yǎn）：蒯聩的臣子。敌：当。⑦缨：结冠的带子。⑧免：脱落。⑨柴：即高柴。⑩由：即子路。

【原文】

庄公蒯聩者，出公父也，居外，怨大夫莫迎立。元年即位，欲尽诛大臣，曰：“寡人居外久矣，子亦尝闻之乎？”群臣欲作乱，乃止。

二年，鲁孔丘卒。

三年，庄公上城，见戎州[①]，曰：“戎虏何为是？”戎州病之。十月，戎州告赵简子，简子围卫。十一月，庄公出奔，卫人立公子斑师[2]为卫君。齐伐卫，虏斑师，更立公子起[3]为卫君。

【注释】

①戎州：戎人的城邑。②斑师（般师）：卫襄公之孙。③起：卫灵公子。

【原文】

卫君起元年，卫石曼尃[1]逐其君起，起奔齐。卫出公辄自齐复归立。初，出公立十二年亡，亡在外四年复入。出公后元年，赏从亡者。立二十一年卒[2]，出公季父黔攻出公子而自立，是为悼公。

【注释】

①石曼尃（fū）：卫大夫。《左传》作"石圃"。②立二十一年卒：指前后共立二十一年，前十二年，后九年。

【原文】

悼公五年卒，子敬公弗立。敬公十九年卒，子昭公纠立。是时三晋[1]强，卫如小侯，属之[2]。

【注释】

①三晋：春秋末年，晋国大夫韩、赵、魏三家瓜分晋国，就是战国时的韩、赵、魏三国，历史上称为"三晋"。②之：指赵氏。

【原文】

昭公六年，公子亹[1]弑之代立，是为怀公。怀公十一年，公子颓弑怀公而代立，是为慎公。慎公父，公子適；適父，敬公也。慎公四十二年卒，子声公训立。声公十一年卒，子成侯遬立。

【注释】

①亹：wěi。

【原文】

成侯十一年，公孙鞅[①]入秦。十六年，卫更贬号曰侯。

【注释】

①公孙鞅：卫国人，一称卫鞅。辅佐秦孝公变法，国以富强。以功封于商（今陕西省丹凤县），号商君，因称商鞅。

【原文】

二十九年，成侯卒，子平侯立。平侯八年卒，子嗣君立。嗣君五年，更贬号曰君，独有濮阳[①]。

【注释】

①濮阳：卫国都城，在今河南濮阳县西南。卫原是个大国，都朝歌。后被北狄打败，靠齐的帮助，迁都楚丘，成为小国。春秋末年，又迁都帝丘（即濮阳），国土更狭小了。

【原文】

四十二年卒，子怀君立。怀君三十一年，朝魏，魏囚杀怀君。魏更立嗣君弟，是为元君。元君为魏婿，故魏立之。元君十四年，秦拔魏东地，秦初置东郡[①]，更徙卫野王县[②]，而并濮阳为东郡。二十五年，元君卒，子君角立。

【注释】

①东郡：郡名。治所在濮阳。②野王县：其地为今河南省沁阳市。

【原文】

君角九年，秦并天下，立为始皇帝。二十一年，二世废君角为庶人，卫绝祀。

太史公曰：余读世家言，至于宣公之太子以妇见诛，弟寿争死以相让，此与晋太子申生不敢明骊姬[1]之过同，俱恶[2]伤父之志。然卒死亡，何其悲也！或父子相杀，兄弟相灭，亦独[3]何哉？

【注释】

①骊姬：春秋时骊戎的女子。晋献公攻克骊戎，夺之立为夫人，生奚齐。②恶（wù）：厌恶。③亦：语气助词，无义。独：犹“其”，这。

【译文】

卫国康叔名封，是周武王的同母弟，他们还有一个名冉季的弟弟，年龄最小。

周武王打败殷纣后，又把殷纣的遗民封给纣王的儿子武庚禄父，让他与诸侯同位，以便使其得以奉祀先祖，世代相传。因武庚还未完全顺从，武王担心武庚有叛逆之心，便派自己的弟弟管叔、蔡叔监视并辅佐武庚禄父，用以安抚百姓。武王逝世后，成王年幼，尚在襁褓之中。周公旦便代替成王主掌国事。管叔、蔡叔怀疑周公旦，就与武庚禄父发动叛乱，要攻打成周。周公旦托成王之命组织军队讨伐殷国，杀死武庚禄父和管叔，放逐了蔡叔，并把武庚殷的遗民封给康叔，立他为卫国君主，居住在黄河、淇水之间，即商朝的旧都殷墟。

周公旦担忧康叔年轻，难以维持统治，于是反复告诫康叔："你一定找到殷朝有才德、有威望、有经验的人，向他们了解殷朝兴衰成败的历史，并务必关心爱护自己的百姓。"又告诫康叔纣灭亡的原因在于他饮酒无度，一味作乐，沉溺于女色之中，所以纣王时的混乱正从这里开始。周公旦还按照匠人制作木器必用规矩的道理，撰写了《梓材》，作为治国者用以效法的准则。所以称之为《康诰》《酒诰》《梓材》，并以之教导康叔。康叔使用这些准则治理封国，安定敦睦他的人民，人民非常高兴。

成王成人后，亲自主掌政权，任命康叔为周朝的司寇，把许多宝器祭器赐给他，用以表彰康叔的德行。

康叔逝世后，儿子康伯立为国君。康伯逝世后，儿子考伯立为国君。考伯逝世后，儿子嗣伯立为国君。嗣伯逝世后，儿子庢伯立为国君。庢伯逝世后，儿子靖伯立为国君。靖伯逝世后，儿子贞伯立为国君。贞伯逝世后，儿子顷侯立为国君。

因顷侯用厚礼贿赂周夷王，夷王便又命卫国君称侯爵。顷侯在立为国君十二年时逝世，儿子釐侯立为国君。

釐侯十三年（前841），周厉王逃亡到彘地，由召公、周公共同掌管政权，号为“共和”行政。釐侯二十八年（前827），周宣王立为天子。

四十二年（前813），釐侯逝世，太子共伯余立为国君。共伯之弟和曾被釐侯宠爱，釐侯给了和很多财物，和便用这些财物收买武士，在釐侯的墓地袭击共伯余，共伯被迫逃到釐侯墓道自杀。卫人把共伯埋葬在釐侯墓旁，称之为共伯，立和为卫国国君，这就是武公。

武公即位后，重新整饬康叔的政务，百姓和乐安定。四十二年（前771），犬戎杀死周幽王，武公亲自指挥部将辅佐周天子平定犬戎的侵袭，建立了战功，周平王命武公称公。五十五年（前758），武公逝世，儿子庄公扬立为国君。

庄公即位第五年（前753），娶齐国女为夫人，齐女貌美但无子。庄公便又娶陈国女为夫人，陈女生了个儿子，夭折了。陈女的妹妹亦被庄公宠幸，生了个儿子取名完。完的母亲去世后，庄公让夫人齐女抚养完，并立完为太子。庄公还有个宠妾，生了个儿子名州吁。庄公十八年（前740），州吁长大成人，喜好军事，庄公便派他做军队的将领。卫国的上卿石碏好心进谏庄公说：“妾生的儿子喜好军事，您便让他做将领，祸乱将从此兴起。”庄公不听，二十三年（前735），庄公逝世，太子完立为国君，这就是桓公。

桓公二年（前733），弟州吁骄奢淫逸，桓公罢黜了他，州吁逃到国外。十三年（前722），郑伯之弟段攻击哥哥，未能取胜，也逃走，州吁请求与他结为友好。十六年（前719），州吁聚集卫国逃亡的人袭击并杀死桓公，州吁自己立为卫国国君。因郑伯之弟段要讨伐郑国，州吁请求宋、陈、蔡共同支持段，三国都答应了这一请求。州吁刚刚即位，因喜好军事、杀死桓公，卫人都厌恶他。石碏因桓公母亲家在陈国，佯装与州吁友善，卫国军队行至郑国国都的郊野，石碏与陈侯共谋计策，派右宰丑向州吁进献食品，借机在濮击杀州吁，而从邢地把桓公弟晋迎回卫国立为国君，这就是宣公。

宣公七年（前712），鲁人杀害了自己的国君隐公。九年（前710），宋督杀死自己的国君殇公和大夫孔父。十年（前709），晋国曲沃庄伯也杀死了自己的国君哀侯。

十八年（前701），当初，宣公所宠爱的夫人夷姜生了儿子取名伋，伋被立为太子。宣公派右公子教导他。右公子为太子娶齐国美女，美女还未与伋拜堂成婚，被宣公所见，宣公见齐国女长得漂亮，很喜欢，就自娶此女，而为太子另娶了其他女子。宣公得到齐女后，齐女生了儿子子寿、子朔，宣公派左公子教导他们。太子伋母亲去世后，宣公正夫人与子朔共同在宣公面前中伤诬陷太子伋。宣公原本就因自己抢夺太子之妻而讨厌太子，早想把他废掉。等到听说太子的坏话后，怒气冲天，就派太子伋出使齐国，并暗中命令大盗在边境线上拦截击杀伋。宣公给太子白旄使节，告诫边境线上的大盗一见手持白旄使节的人就把他杀掉。太子伋将要启程前往齐国，子朔的哥哥子寿，即太子的异母弟，深知子朔憎恨太子与君王欲除掉太子之事，就对太子说：“边界上的大盗只要见到太子你手持白旄使节，就会杀死你，太子千万不要去！”太子说：“违背父辈之命保全自己，这绝对不行。”于是，毫不犹豫地前往齐国。子寿见太子不听劝告，只好偷取他的白旄使节先于太子驾车赶到边界。大盗见事先的约定应验了，就杀死了他。子寿被杀后，太子伋又赶到，对大盗说：“应当杀死的是我呀！”大盗于是又杀死太子伋，回报了宣公。宣公就立子朔为太子。十九年（前709），宣公逝世，太子朔立为国君，这就是惠公。

左右两公子对子朔立为国君愤愤不平。惠公四年（前696），左右公子因怨恨惠公中伤并谋杀太子伋而自立之事，便发起动乱，攻打惠公，立太子伋的弟弟黔牟为国君，惠公逃奔到齐国。

卫君黔牟八年（前689）时，齐襄公受周天子之命率领各诸侯国共同讨伐卫国，送卫惠公回国，诛杀了左右公子。卫君黔牟逃奔到周，惠公又重登君位。惠公在初立国君后三年（前696）逃亡，八年（前688）后又回归卫国，前后通共十三年。

二十五年（前675），惠公对周接纳安置黔牟心怀不满，与燕国共同伐周。周惠王逃奔到温，卫、燕共立惠王弟穨为王。二十九年（前671），郑国又护送惠王回周。三十一年（前669），卫惠公逝世，儿子懿公赤立为国君。

懿公登位后，喜欢养鹤，挥霍淫乐。九年（前660）时，翟攻伐卫国，卫懿公率军抵御，有些士兵背叛了他。大臣们说：“君王喜好鹤，就派鹤去抗击翟人吧！”于是，翟人侵入卫国，杀死懿公。

懿公立为国君，百姓大臣心都不服。从懿公父亲惠公朔攻讦谋杀太子伋自立为国君到懿公，百姓、大臣常想推翻他们。最后，终于灭了惠公的后代而改立黔牟的弟弟昭伯顽的儿子申为国君，他就是卫戴公。

戴公申于其元年（前660）逝世。齐桓公因卫国多次动乱，便率领诸侯讨伐翟，替卫在楚丘修筑城堡，立戴公弟燬为卫国国君，他就是文公。文公因卫动乱逃奔到齐国，齐人送他回国。

当初，翟人杀死懿公，卫人怜悯他，想再立被宣公谋害的太子伋的后代，但伋的儿子已去世，代替伋死的子寿又无子。太子伋有两个同母弟：一个叫黔牟，黔牟曾代替惠公做了八年国君，后又被惠公赶出卫国，另一个叫昭伯。昭伯、黔牟都早已去世，所以卫人又立了昭伯的儿子申为戴公，戴公逝世后，卫人又立他的弟弟燬为文公。

文公即位伊始，就减轻百姓的赋税，明断犯人的罪行，劳心劳力，和百姓同甘共苦，以此来赢得民心。

十六年（前644），晋公子重耳路过卫国，文公没有礼遇重耳。十七年（前643），齐桓公逝世。二十五年（前635）时，文公逝世，儿子成公郑立为国君。

成公三年（前632）时，晋国为了救宋想向卫借路，成公不答应。晋便改道渡南河救宋。晋国征兵于卫，卫大夫想同意，而成公却拒绝了。大夫元咺攻打成公，成公逃到了楚国。

晋文公重耳为了报以前路过卫国而文公无礼和卫不援救宋国之仇，讨伐了卫国，并把卫国一部分土地分送给宋国。卫成公不得不逃亡到陈。两年后，成公到周天子处请求帮助回国，与晋文公相会。晋派人想用毒酒害死成公，成公贿赂了周王室主持毒杀的人，让他少放些毒药，才免于一死。不久，周王替成公请求晋文公，成公终于被送回卫国，杀死了元咺，卫君瑕奔逃。七年（前628）时，晋文公逝世。十二年（前623）时，成公朝见晋襄公。十四年（前621）时，秦穆公逝世。二十六年（前609）时，齐邴歜杀死他的国君懿公。三十五年（前600）时，成公逝世，儿子穆公遬立为国君。

穆公二年（前598）时，楚庄王攻打陈国，杀死夏徵舒。三年（前597）时，楚庄王围攻郑国，郑侯投降。楚庄王又释放了他。十一年（前589），孙良夫为援救鲁国而讨伐齐国，又收复被侵夺的领土。穆公逝世后，儿子定公臧立为国君。定公十二年（前577）逝世，儿子献公衎立为国君。

十三年（前576）时，献公让乐师曹教宫中妾弹琴，妾弹得很差，曹笞打了她，以示惩罚。妾以献公宠爱，就在献公面前说曹的坏话，故意中伤曹，献公也笞打曹三百下。十八年（前571）时，献公告请孙文子、宁惠子进宴，两人如期前往待命。天晚了，献公还未去召请他们，却到园林去射大雁。两人只好跟从献公到了园林，献公未脱射服就与他们谈话，对献公的这种无礼行为，两人非常生气，便到宿邑去了。孙文子的儿子多次陪侍献公饮酒，献公让乐师曹唱《诗·小雅》中

《巧言》篇的最后一章。乐师曹本来就痛恨献公以前曾笞打他三百下，于是就演唱了这章诗，想以此激怒孙文子，来报复卫献公。孙文子把这件事告诉了卫大夫蘧伯玉，蘧伯玉说："我不知道。"于是，孙文子赶走了献公。献公逃亡到了齐国，齐国把他安置在聚邑。孙文子、宁惠子共同立定公弟秋为卫国国君，这就是殇公。

殇公秋即位后，把宿封给孙文子林父。十二年（前547）时，宁喜与孙林父因争宠而互相攻讦，殇公让宁喜攻打孙林父。孙林父逃奔到晋国，又请求晋国护送卫献公回国。当时，献公在齐国。齐景公听到这个消息，和卫献公一起到晋国请求帮助返回卫国。晋国便去讨伐卫国，诱使卫与晋结盟。卫殇公前去会见晋平公，平公逮捕了殇公与宁喜，紧接着就送卫献公回国。献公在外逃亡十二年重又返回故国。

献公后元元年（前546），诛杀宁喜。

三年（前544），吴国延陵季子出使路过卫国，见到蘧伯玉和史鳍说："卫国君子很多，所以这个国家不会有患难。"他又路过宿地，孙林父为他击磬说："不高兴，乐音很悲伤，使卫国动乱的就是这里呀！"同年，献公逝世，儿子襄公恶立为国君。

襄公六年（前538），楚灵王会见各诸侯，襄公托辞有病不去赴会。

九年（前535），襄公逝世。当初，襄公有个小妾，很受宠爱，有孕后曾梦见有人对她说："我是康叔，一定让你的儿子享有卫国，你的儿子应取名‘元’。”妾醒后十分惊讶，询问孔成子。成子说：“康叔是卫国的始祖。”等到妾生下孩子，果真是个男孩，就把此梦告诉襄公。襄公说：“这是上天安排的！”于是，给男孩取名元，恰好襄公夫人未生儿子，便立元为嫡子，这就是灵公。

五年（前530），灵公朝见晋昭公。六年（前529），楚公子弃疾杀死灵王自立为国君，称平王。十一年（前524），卫发生了火灾。

三十八年（前498），孔子来到卫国，卫给他同在鲁国时一样多的俸禄。后来，孔子与卫国国君发生矛盾，便离去了。不久，又周游到卫国。

三十九年（前497），太子蒯聩和灵公夫人南子有仇，想杀掉南子。蒯聩与他的家臣戏阳遬商议，等朝会时，让戏阳遬杀死夫人。事到临头，戏阳后悔，没有动手。蒯聩多次使眼色示意他，被夫人察觉，夫人十分恐惧，大呼道：“太子想杀我！”灵公大怒，太子蒯聩逃奔到宋国，不久又逃到晋国赵氏那里。

四十二年（前494）春天，灵公郊游，让子郢驾车。郢是灵公的小儿子，字子南。灵公怨恨太子逃亡，就对郢说：“我将要立你为太子。”郢回答道：“郢不够格，不能辱没国家，您再想别的办法吧！”夏天，灵公逝世，夫人让子郢为太子，说：“这是灵公的命令！”郢答道：“逃亡太子蒯聩的儿子辄在，我不敢担当此重任。”于是，卫人就立辄为国君，这就是出公。

六月乙酉这一天，赵简子想送蒯聩回国，就让阳虎派十多个人装扮成卫国人，身穿丧服，假装从卫国来晋国迎接太子，简子为蒯聩送行。卫人听到消息，组织军队攻击蒯聩。蒯聩不能回卫，只好跑到宿地自保，卫人也停止了进攻。

出公辄四年（前489），齐田乞杀死自己的国君孺子。八年（前485），齐鲍子杀死自己的国君悼公。

孔子从陈国来到卫国。九年（前484），孔文子向孔仲尼请教军事，仲尼不予回答。之后，鲁侯派人迎接仲尼，仲尼返回鲁国。

十二年（前481）年初，孔圉文子娶了太子蒯聩的姐姐为妻，生了悝。孔文子的仆人浑良夫英俊漂亮，孔文子去世后，浑良夫与悝的母亲私通。太子在宿地，悝母便让浑良夫到太子那里。太子对良夫说："假使你能协助我回国，我将以赐你大夫所乘的车报答你，还赦免你三种死罪。穿紫衣、袒裘服、带宝剑，都不在死罪之中。"二人订立了盟约，太子还允许悝母做良夫的妻子。闰十二月，良夫和太子回到国都，暂住孔氏的外园。晚上，两个人身着妇人衣服，头蒙围巾，乘车而来，由宦者罗驾车。孔氏的家臣栾宁盘问他们姓名，他们自称是姻戚家的侍妾，于是顺利地进入孔氏家，直抵伯姬住所。饭毕，悝母手持戈先到孔悝住所，太子与五人身穿甲胄，载着公猪随后而行。伯姬把悝逼到墙角里，强迫他订立同盟，并劫持悝登上台，逼他召集群臣。栾宁正要饮酒，烤肉还未熟，就听到一片乱糟糟的响声，派人告诉了仲由。召护驾着乘车，边饮酒边吃烤肉，护奉着出公辄逃奔到鲁国。

仲由闻讯后赶到，将进孔宅，遇刚刚逃出孔家的子羔。子羔说："门已经关闭。"子路说："我暂且去看看。"子羔说："来不及了，你不要跟着悝去受难。"子路说："享受悝的俸禄，不能看他受难不救。"于是，子羔逃走了。子路要进去，来到门前，公孙敢关紧大门说："不要再进去了！"子路说："你是公孙吧！拿着别人的利禄却躲避别人的危难。我不能这样，享受人家的俸禄，一定拯救人家的危难。"这时，有使者出来，子路才趁机进去。子路说："太子怎么用得着孔悝做帮手？即使杀死他，也一定有人接替他进攻太子。"又说，"太子缺乏勇气，如果放火烧台，必然会释放孔叔。"太子听了，十分害怕，让石乞、盂黡下台阻挡子路，二人用戈击子路，割掉子路的帽缨。子路说："君子死，帽子不能掉到地上。"说着，系好帽缨死去。孔子听到卫国动乱的消息后说："唉！柴将会回来的吧？可由，却死去了。"孔悝终于立太子蒯聩为国君，这就是庄公。

庄公蒯聩是出公的父亲，逃亡在外时，怨恨大夫们不迎立他为国君。元年即位后，庄公想把大臣们尽数杀死，说："我在外久了，你们也曾经听说了吗？"大臣们想作乱，庄公才不得不罢休。

二年（前 479），鲁国孔丘去世。

三年（前 478），庄公登上城墙，看见戎州，说："戎虏干吗要建城邑?”戎州人对他的话十分忧虑。十月间，戎州人告诉赵简子，简子包围卫国。十一月，庄公逃奔，卫人立公子斑师做国君。齐国讨伐卫国，俘虏了斑师，改立公子起为国君。

卫君起元年（前477）时，卫石曼尃赶走起，起逃亡到齐国。卫出公辄又从齐返回卫国做国君。当初，出公即位十二年（前481）后逃亡，在外四年才得返回。出公后元元年（前476），赏赐了跟随他逃亡的人们。前后当政二十一年（前456）死去，出公叔父黚赶走出公儿子而自立为国君，这就是悼公。

悼公五年（前451）逝世，儿子敬公弗立为国君。十九年（前432），敬公逝世，儿子昭公纠立为国君。这时，三晋强盛起来，卫君如同小诸侯，附属于赵国。

昭公六年（前426），公子亹杀死昭公自立为国君，这就是怀公。怀公十一年（前415），公子穨杀死怀公自立为国君，这就是慎公。慎公的父亲是公子適。適的父亲是敬公。四十二年（前373），慎公逝世，儿子声公训立为国君。十一年（前362），声公逝世，儿子成侯遬立为国君。

成侯十一年（前351），公孙鞅进入秦国。十六年（前346），卫被贬称为侯。

二十九年（前333），成侯逝世，儿子平侯立为国君。平侯于八年（前325）逝世，儿子嗣君立为国君。

嗣君于五年（前320）时又被贬称为君，仅有濮阳一地。

四十二年（前283），嗣君逝世，儿子怀君立为国君。三十一年（前252），怀君朝拜魏国，魏囚禁并杀害了怀君。魏改立嗣君弟，这就是元君。元君是魏国的女婿，所以魏国立了他。元君十四年（前239）时，秦攻下魏国东部领土，秦国开始在这一带设置东郡。又把卫君迁徙到野王县，而把濮阳合并到东郡。二十五年（前228）元君去世，儿子君角立为君。

君角九年（前221）时，秦兼并天下，嬴政立为始皇帝。二十一年（前210），秦二世废掉卫君，君角成为普通平民，卫国世系彻底断绝。

太史公说："我阅读世家的记载，读到卫宣公太子因妻被杀，弟弟子寿与太子互相推让，争着去死，这与晋太子申生不敢声明骊姬的过错相同，都害怕伤害父亲的情面。然而，终于死去了，这是多么悲哀呀！有的父子互相残杀，有的兄弟互相毁灭，这究竟是为什么呢？"

第二十卷　宋微子世家第八

商朝末年，商纣王荒淫无道，庶兄微子启、箕子和王子比干谏而不听，微子逃走、箕子佯狂为奴。王子比干以强谏故，被剖腹而死。孔子称他们为“殷之三仁”。周武王灭商后，访微子与箕子，并找到了他们。本篇所记即周武王问箕子洪范九等、微子建宋及宋国的兴衰史。

读过该篇，掩卷之后仍使人不能忘怀的悲愤来自比干的惨死。比干认为君主有过，臣应用死直言规劝，才能免使百姓受害。但纣王丧尽天良地杀死比干，挖出心验证圣人是否“心有七窍”。比干死得何其惨痛、悲壮！他的死绝非毫无意义、毫无价值。他的死更加暴露了纣王的残忍，使人们认清纣王的真正面目。在浩浩荡荡的历史进程中，这样无畏的忠良屡见不鲜。他们用生命、用鲜血在漫长黑暗的专制主义道路上树起一座座鲜亮闪烁的路标，指示人们推翻暴君统治、迈上新的里程。

宋襄公为了保全仁义，在战斗中坐失一个又一个良机，终于落得大败而归、身受重伤而死的结局。这种蠢猪式的仁义成为后人的笑柄，确实是空前绝后的。

【原文】

微子[1]开者，殷帝乙之首子而帝纣之庶兄[2]也。纣既立，不明，淫乱于政，微子数谏，纣不听。及祖伊以周西伯昌之修德，灭阢国，惧祸至，以告纣。纣曰："我生不有命在天乎？是何能为！"于是微子度纣终不可谏，欲死之，及去，未能自决，乃问于太师、少师曰："殷不有治政，不治四方。我祖遂陈于上，纣沉湎于酒，妇人是用，乱败汤德于下。殷既小大好草窃奸宄，卿士师师非度，皆有罪辜，乃无维获，小民乃并兴，相为敌仇。今殷其典丧！若涉水无津涯。殷遂丧，越至于今。"曰："太师、少师，我其发出往？吾家保于丧？今女无故告予，颠跻[3]，如之何其？"太师若[4]曰："王子，天笃下灾亡殷国，乃毋畏畏，不用老长。今殷民乃陋淫神祇[5]之祀。今诚得治国，国治身死不恨。为死，终不得治，不如去。"遂亡。

【注释】

①微子开：《尚书·微子之命》云命微子启代殷后。今此名开，是避讳汉景帝的名。②庶兄：《吕氏春秋》云生微子时母犹为妾，及为妻而生纣。故微子为纣同母庶兄也。③颠跻：《集解》曰："跻犹坠也。恐颠坠于非义，当如之何也。"④若：顺。⑤神祇：天曰神，地曰祇。

【原文】

箕子者，纣亲戚也。纣始为象箸，箕子叹曰："彼为象箸，必为玉杯；为杯，则必思远方珍怪之物而御之矣。舆马宫室之渐自此始，不可振也。”纣为淫泆，箕子谏，不听。人或曰：“可以去矣。”箕子曰：“为人臣谏不听而去，是彰君之恶而自说[①]于民，吾不忍为也。”乃被发详[②]狂而为奴。遂隐而鼓琴以自悲，故传之曰《箕子操》[③]。

王子比干者，亦纣之亲戚也。见箕子谏不听而为奴，则曰：“君有过而不以死争[④]，则百姓何辜！”乃直言谏纣。纣怒曰：“吾闻圣人之心有七窍，信有诸乎？”乃遂杀王子比干，刳[⑤]视其心。

微子曰：“父子有骨肉，则臣主以义属。故父有过，子三谏不听，则随而号之；人臣三谏不听，则其义可以去矣。”于是太师、少师[⑥]乃劝微子去，遂行。

【注释】

①说：通“悦”。②被：通“披”。详：通“佯”。③《箕子操》：《风俗通义》曰：“其道闭塞忧愁而作者，命其曲曰操，操者，言遇灾遇害，困厄穷迫，虽怨恨失意，犹守礼义，不惧不慑，乐道而不改其操也。”④争：通“诤”，直言相劝。⑤刳：剖开而挖空。⑥太师、少师：《集解》曰：“太师，三公，箕子也。少师，孤卿，比干也。”《集解》又云：“时比干已死，而云少师者似误。”

【原文】

周武王伐纣克殷，微子乃持其祭器造[①]于军门，肉袒面缚[2]，左牵羊，右把茅，膝行而前以告。于是武王乃释微子，复其位如故。

武王封纣子武庚禄父以续殷祀，使管叔、蔡叔傅相之。

【注释】

①造：往，到。②肉袒面缚：《索隐》云肉袒者，袒而露肉也。面缚者，缚手于背而面向前也。

【原文】

武王既克殷，访问箕子。

武子曰："於乎！维天阴定下民，相和其居，我不知其常伦所序。"

箕子对曰："在昔鲧堙鸿[1]水，汩[2]陈其五行，帝乃震怒，不从鸿范九等，常伦所斁[3]。鲧则殛[4]死，禹乃嗣兴。天乃锡禹鸿范九等，常伦所序。

"初一曰五行；二曰五事；三曰八政；四曰五纪；五曰皇极；六曰三德；七曰稽疑；八曰庶征；九曰向用五福，畏用六极。

"五行：一曰水，二曰火，三曰木，四曰金，五曰土。水曰润下，火曰炎上，木曰曲直，金曰从革，土曰稼穑。润下作咸，炎下作苦，曲直作酸，从革作辛，稼穑作甘。

"五事：一曰貌，二曰言，三曰视，四曰听，五曰思。貌曰恭，言曰从，视曰明，听曰聪，思曰睿。恭作肃，从作治，明作智，聪作谋，睿作圣。

"八政：一曰食，二曰货，三曰祀，四曰司空，五曰司徒，六曰司寇，七曰宾，八曰师。

"五纪：一曰岁，二曰月，三曰日，四曰星辰，五曰历数[5]。

"皇极：皇建其有极，敛时[6]五福，用傅锡[7]其庶民，维时其庶民于女[8]极，锡女保极。凡厥庶民，毋有淫朋，人毋有比德，维皇作极。凡厥庶民，有猷[9]有为有守，女则念之。不协于极，不离于咎[10]，皇则受之。而安而色，曰予所好德，女则锡之福。时人斯其维皇之极。毋侮鳏寡而畏高明。人之有能有为，使羞[11]其行，而国其昌。凡厥正人，既富方穀。女不能使有好于而家，时人斯其辜。于其毋好，女虽锡之福，其作女用咎。毋偏毋颇，遵王之义。毋有作好，遵王之道。毋有作恶，遵王之路。毋偏毋党，王道荡荡。毋党毋偏，王道平平[12]。毋反毋侧，王道正直。会其有极，归其有极。曰王极之傅言，是夷[13]是训，于帝其顺。凡厥庶民，极之傅言，是顺是行，以近[14]天子之光。曰天子作民父母，以为天下王。

"三德：一曰正直，二曰刚克，三曰柔克，平康正直，强不友刚克[15]，内[16]友柔克，沈渐[17]刚克，高明柔克。维辟作福，维辟作威，维辟玉食[18]。臣无有作福作威玉食。臣有作福作威玉食，其害于而家，凶于而国。人用侧颇辟，民用僭忒[19]。

"稽[20]疑：择建立卜筮[21]人。乃命卜筮，曰雨，曰济[22]，曰涕[23]，曰雾，曰克，曰贞，曰悔，凡七。卜五，占之用二，衍贞[24]。立时人为卜筮，三人占则从二人之言。女则有大疑，谋及女心，谋及卿士，谋及庶人，谋及卜筮。女则从，龟从，筮从，卿士从，庶民从，是之谓大同[25]，而身其康强，而子孙其逢，吉[26]。女则从，龟从，筮从，卿士逆，庶民逆，吉。卿士从，龟从，筮从，女则逆，庶民逆，吉。庶民从，龟从，筮从，女则逆，卿士逆，吉[27]。女则从，龟从，筮逆，卿士逆，庶民逆，作内吉，作外凶[28]。龟筮共违于人，用静吉，用作凶[29]。

"庶征：曰雨，曰阳，曰奥，曰寒，曰风，曰时。五者来备，各以其序，庶草繁庑[30]。一极备，凶。一极亡[31]，凶。曰休[32]征：曰肃，时雨若；曰治，时旸若；曰知，时奥若；曰谋，时寒若；曰圣，时风若。曰咎[33]征：曰狂，常雨若；曰僭[34]，常旸若；曰舒，常奥若；曰急，常寒若；曰雾，常风若。王眚[35]维岁，卿士维月，师尹维日。岁月日时毋易，百谷用成，治用明，畯[36]民用章，家用平康。日月岁时既易，百谷用不成，治用昏不明，畯民用微，家用不宁。庶民维星，星有好风，星有好雨。日月之行，有冬有夏。月之从星，则以风雨。

"五福：一曰寿，二曰富，三曰康宁，四曰攸[37]好德，五曰考[38]终命。六极[39]：一曰凶短折[40]，二曰疾，三曰忧，四曰贫，五曰恶，六曰弱。"

于是武王乃封箕子于朝鲜而不臣也。

其后箕子朝周，过故殷墟，感宫室毁坏，生禾黍，箕子伤之，欲哭则不可，欲泣为其近妇人，乃作《麦秀》之诗以歌咏之。其诗曰：“麦秀渐渐[41]兮，禾黍油油。彼狡僮兮，不与我好兮！”所谓狡僮者，纣也。殷民闻之，皆为流涕。

【注释】

①鸿：通“洪”。②汩（gū）：扰乱。③斁：搅乱。④殛（jí）：诛戮。⑤历数：推算岁时节候。⑥时：通“是”。⑦傅：通“敷”，布。锡：赐。⑧女：通“汝”，你。⑨有：通“又”。猷（yóu）：谋划。⑩离：通“罹”，遭受。咎：罪责。⑪羞：进。⑫平平：清明可辨貌。⑬夷：通“彝”，一定的法则。⑭近：益，增加。⑮克：战胜。⑯内：《索隐》曰内当为燮，和。⑰沈：通“沉”。渐：通“潜”。沉、潜，均有在下的意思，当指劳动人民。⑱维辟作福，维辟作威，维辟玉食：《集解》曰：“辟，君也。玉食。美食。不言王者，关诸侯也。”“作福，专爵赏也。作威，专刑罚也。玉食，珍美也。”⑲僭忒：逾越常规，心怀恶念。⑳稽：通“乩”，旧时迷信者求神降示的一种方法。能为人决疑治病，预示吉凶。㉑卜筮：《集解》云：“龟曰卜，蓍曰筮。”㉒济：通“霁”，兆象雨止。㉓涕：兆象气络绎不绝。㉔衍貣：推演变化。㉕大同：《集解》曰：“大同于吉。”㉖子孙其逢吉：《集解》曰：“动不违众，故后世遇吉也。”㉗吉：《集解》曰：“此三者皆从多，故为吉。”㉘作内吉，作外凶：《集解》曰：“此逆者多，以故举事于境内则吉，境外则凶。”㉙用静吉，用作凶：《集解》云：

"安以守常则吉，动则凶。""龟筮皆与人谋相违，人虽三从，犹不可以举事。"㉚奥（yù）：通"燠"，暖。庑：通"芜"，草盛。㉛亡：通"无"。㉜休：旧指美善。㉝咎：灾祸。㉞僭：差失。㉟眚（shěng）：过失。㊱畯：通"俊"。㊲攸：所。㊳考：老。㊴极：惩罚的意思。㊵凶短折：《集解》云："未龀曰凶，未冠曰短，未婚曰折。"㊷渐渐：麦芒之状。

【原文】

武王崩，成王少，周公旦代行政当国[①]。管、蔡疑之，乃与武庚作乱，欲袭成王、周公。周公既承成王命诛武庚，杀管叔，放蔡叔，乃命微子开代殷后，奉其先祀，作《微子之命》以申之，国于宋。微子故能仁贤，乃代武庚，殷之余民甚戴爱之。

微子开卒，立其弟衍，是为微仲[②]。微仲卒，子宋公稽立。宋公稽卒，子丁公申立。丁公申卒，子湣公共立。湣公共卒，弟炀公熙立。炀公即位，湣公子鲋祀杀炀公而自立，曰"我当立"，是为厉公。厉公卒，子釐公举立。

釐公十七年，周厉王出奔彘。

二十八年，釐公卒，子惠公𫖮立。惠公四年，周宣王即位。三十年，惠公卒，子哀公立。哀公元年卒，子戴公立。

戴公二十九年，周幽王为犬戎所杀，秦始列为诸侯。

三十四年，戴公卒，子武公司空立。武公生女为鲁惠公夫人，生鲁桓公。十八年，武公卒，子宣公力立。

【注释】

①当国：掌握国家政权。②微仲：一说微仲乃微子末之子。

【原文】

宣公有太子与夷。十九年，宣公病，让其弟和，曰："父死子继，兄死弟及，天下通义也。我其立和。"和亦三让而受之。宣公卒，弟和立，是为穆公。

穆公九年，病，召大司孔父谓曰："先君宣公舍太子与夷而立我，我不敢忘。我死，必立与夷也。"孔父曰："群臣皆愿立公子冯。"穆公曰："毋立冯，吾不可以负宣公。"于是穆公使冯出居于郑。八月庚辰，穆公卒，兄宣公子与夷立，是为殇公。君子闻之，曰："宋宣公可谓知人矣，立其弟以成义，然卒其子复享之。"

殇公元年，卫公子州吁弑其君完自立，欲得诸侯，使告于宋曰："冯在郑，必为乱，可与我伐之[①]。"宋许之，与伐郑，至东门而还。二年，郑伐宋，以报东门之役。其后诸侯数来侵伐。

九年，大司马孔父嘉妻好，出，道遇太宰华督，督说，目而观之。督利[②]孔父妻，乃使人宣言国中曰："殇公[③]即位十年耳，而十一战[④]，民苦不堪，皆孔父为之，我且杀孔父以宁民。"是岁[⑤]，鲁弑其君隐公。十年，华督攻孔父，取[⑥]其妻。

殇公怒，遂弑殇公，而迎穆公子冯于郑而立之，是为庄公。

【注释】

①冯在郑，必为乱，可与我伐之：据《左传·隐公四年》载，宋公子冯欲与宋殇公争君位，当宋殇公即位后，公子冯便出奔郑国。“郑人欲纳之，及卫州吁立将修先君之怨于郑，而求宠于诸侯，以和其民。”于是，州吁便以除掉公子冯为由派使者劝告宋国与自己共同讨伐郑国。②利：贪图。③殇公：为谥号，死后称之，此处“殇”字当省。④十一战：《集解》曰：“一战，伐郑，围其东门；二战，取其禾；三战，取邾田；四战，邾郑宋，入其郛；五战，伐郑，围长葛；六战，郑以王命伐宋；七战，鲁败宋师于菅；八战，宋、卫入郑；九战，伐戴；十战，郑入宋；十一战，郑伯以虢师大败宋。⑤是岁：鲁隐公被杀在宋殇公八年，不当在此年。⑥取：通“娶”。

【原文】

庄公元年，华督为相。九年[①]，执郑之祭仲，要以立突为郑君。祭仲许，竟立突。十九年[②]，庄公卒，子湣公捷立。

湣公七年，齐桓公即位。九年，宋水，鲁使臧文仲往吊[③]水。湣公自罪曰：“寡人以不能事鬼神，政不修，故水。”臧文仲善此言。此言乃公子子鱼[④]教湣公也。

十年[⑤]夏，宋伐鲁，战于乘丘，鲁生虏宋南宫万。宋人请万，万归宋。十一年秋，湣公与南宫万猎，因博[⑥]争行，湣公怒，辱之，曰：“始吾敬若；今若，鲁虏也。”万有力，病[⑦]此言，遂以局[⑧]杀湣公于蒙泽。大夫仇牧闻之，以兵造公门，万搏牧，牧齿著门阖[⑨]，死。因杀太宰华督，乃更立公子游为君。诸公子奔萧，公子御说奔亳。万弟南宫牛将兵围亳。冬，萧及宋之诸公子共击杀南宫牛，弑宋新君游而立湣公弟御说，是为桓公。宋万奔陈。宋人请以赂陈。陈人使妇人饮之醇酒，以革裹之，归宋。宋人醢[⑩]万也。

【注释】

①九年：执郑之祭仲当在宋庄公十年。九年误。②十九年：庄公十八卒，无十九年。③吊：慰问遭遇不幸。④公子子鱼：据《左传·庄公十一年》，子鱼当为子鱼之父御说。子鱼至釐公八年始见《左传》，距此尚三十余年矣。⑤十年：宋伐鲁当在宋湣公八年。十年误。⑥博：通“簙”，古代一种博戏。⑦病：痛恨。⑧局：棋盘。⑨阖：《集解》曰：“阖，门扇。”⑩醢（hǎi）：古代的一种酷刑，把人剁成肉酱。

【原文】

桓公二年，诸侯伐宋，至郊而去。三年，齐桓公始霸。二十三年，迎卫公子燬于齐，立之，是为卫文公。文公女弟[①]为桓公夫人。秦穆公即位。三十年，桓公病，太子兹甫让其庶兄目夷[②]为嗣。桓公义太子意，竟不听。三十一年春，桓公卒，太子兹甫立，是为襄公。以其庶兄目夷为相。未葬，而齐桓公会诸侯于葵丘，襄公往会。

襄公七年，宋地贯星如雨，与雨偕下；六鹢退蜚[③]，风疾也。

襄公八年，齐桓公卒，宋欲为盟会。十二年春，宋襄公为鹿上之盟，以求诸侯于楚，楚人许之。公子目夷谏曰："小国争盟，祸也。"不听。秋，诸侯会宋公盟于盂。目夷曰："祸其在此乎？君欲已甚，何以堪之！"于是楚执宋襄公以伐宋。冬，会于亳，以释宋公。子鱼曰："祸犹未也。"十三年夏，宋伐郑。子鱼曰："祸在此矣。"秋，楚伐宋以救郑。襄公将战，子鱼谏曰："天之弃商久矣，不可。"冬，十一月，襄公与楚成王战于泓。楚人未济，目夷曰："彼众我寡，及其未济击之。"公不听。已济未陈[④]，又曰："可击。"公曰："待其已陈。"陈成，宋人击之。宋师大败，襄公伤股。国人皆怨公。公曰："君子不困人于厄，不鼓不成列。"子鱼曰："兵以胜为功，何常言与[⑤]！必如公言，即奴事之耳，又何战为？"

楚成王已救郑，郑享[⑥]之；去而取郑二姬以归。叔瞻曰："成王无礼，其不没乎？为礼卒于无别，有以知其不遂霸也。"

是年，晋公子重耳过宋，襄公以伤于楚，欲得晋援，厚礼重耳，以马二十乘。

十四年[⑦]夏，襄公病伤于泓而竟卒，子成公王臣立。

【注释】

①女弟：妹妹。②目夷：字子鱼。③蜚：通"飞"。④陈：通"阵"。⑤何常言与：《集解》一云"尚何言与"。

⑥享：通“飨”。⑦十四年：当作“二十四年”。

【原文】

成公元年，晋文公即位。三年，倍[①]楚盟亲晋，以有德于文公也。四年，楚成王伐宋，宋告急于晋。五年，晋文公救宋，楚兵去。九年，晋文公卒。十一年，楚太子商臣弑其父成王代立。十六年，秦穆公卒。

十七年，成公卒。成公弟御杀太子及大司马公孙固而自立为君。宋人共杀君御而立成公少子杵臼，是为昭公。

昭公四年，宋败长翟缘斯于长丘。七年，楚庄王即位。

九年，昭公无道，国人不附。昭公弟鲍革[②]贤而下士。先，襄公夫人欲通于公子鲍，不可，乃助之施于国，因大夫华元为右师。昭公出猎，夫人王姬使卫伯攻杀公杵臼。弟鲍革立，是为文公。

【注释】

①倍：通“背”，背弃。②鲍革：“革”字为衍文，即公子鲍。

【原文】

文公元年，晋率诸侯伐宋，责以弑君。闻文公定立，乃去，二年，昭公子因文公母弟须与武、缪、戴、庄、桓之族为乱，文公尽诛之，出武、缪之族[①]。

四年春，楚命郑伐宋。宋使华元将，郑败宋，囚华元。华元之将战，杀羊以食士，其御羊羹不及，故怨，驰入郑军，故宋师败，得囚华元。宋以兵车百乘文马四百匹赎华元。未尽入，华元亡归宋。

十四年，楚庄王围郑。郑伯降楚，楚复释之。

十六年，楚使过宋，宋有前仇，执楚使[②]。九月，楚庄王围宋。十七年，楚以围宋五月[③]不解，宋城中急，无食，华元乃夜私见楚将子反。子反告庄王。王问："城中何如?"曰："析骨而炊，易子而食。"庄王曰："诚哉言！我军亦有二日粮。"以信故，遂罢兵去。

二十二年，文公卒，子共公瑕立。始厚葬。君子讥华元不臣矣。

共公十年，华元善楚将子重，又善晋将栾书，两盟晋楚。十三年，共公卒。华元为右师，鱼石为左师。司马唐山攻杀太子肥，欲杀华元，华元奔晋，鱼石止之，至河乃还，诛唐山。乃立共公少子成，是为平公。

【注释】

①出武、穆之族：《左传·文公十八年》载此事为："宋武氏之族道昭公子，将奉司城须以作乱。十二月，宋公杀母弟须及昭公子，使戴、庄、桓之族攻武氏于司马子伯之馆，遂出武、穆之族。"此将戴、庄、桓三族亦为作乱者，误也。②执楚使：据《左传·宣公十四年》当作"杀楚使者"。《楚世家》《十二诸侯年表》亦"杀楚使者"。③围宋五月：据《左传·宣公十五年》所载当作"围宋九月"。

【原文】

平公三年，楚共王拔宋之彭城，以封宋左师鱼石。四年，诸侯共诛鱼石，而归彭城于宋。三十五年，楚公子围弑其君自立，为灵王。四十四年，平公卒，子元公佐立。

元公三年，楚公子弃疾弑灵王，自立为平王。八年，宋火。十年，元公毋信，诈杀诸公子，大夫华、向氏作乱。楚平王太子建来奔，见诸华氏相攻乱，建去如郑。十五年，元公为鲁昭公避季氏居外，为之求入鲁，行道卒，子景公头曼立。

景公十六年，鲁阳虎来奔，已复去。二十五年①，孔子过宋，宋司马桓魋恶之，欲杀孔子，孔子微服②去。三十年，曹倍宋，又倍晋，宋伐曹，晋不救，遂灭曹有之。三十六年，齐田常弑简公。

三十七年，楚惠王灭陈。荧惑守心③。心，宋之分野④也。景公忧之。司星子韦曰："可移于相。"景公曰："相，吾之股肱。"曰："可移于民。"景公曰："君者待民。"曰："可移于岁。"景公曰："岁饥民困，吾谁为君！"子韦曰："天高听卑，君有君人之言三，荧惑宜有动。"于是候⑤之，果徙三度。

六十四年⑥，景公卒。宋公子特⑦攻杀太子而自立，是为昭公。昭公者，元公之曾庶孙也。昭公父公孙纠，纠父公子褍秦，褍秦即元公少子也。景公杀昭公父纠，故昭公怨杀太子而自立。

【注释】

①二十五年：孔子过宋在二十二年，此处误。②微服：旧

时帝王、官吏为了隐藏自己的身份而改装平民的服装。③荧惑：即火星。守：甲星侵占乙星通常所在的天区。④分野：我国古代的一种迷信说法，将天空星宿分为十二次，配属于各国，用以占卜吉凶。⑤候：观察。⑥六十四年：表记景公卒于前451年，在位共六十六年，实误。⑦公子特："特"当作"得"。

【原文】

昭公四十七年卒，子悼公购由立。悼公八年卒，子休公田立。休公田二十三年卒，子辟公辟兵立。辟公三年卒，子剔成立。剔成四十一年，剔成弟偃攻袭剔成，剔成败奔齐，偃自立为宋君。

君偃十一年，自立为王。东败齐，取五城[①]，南败楚，取地三百里；西败魏军，乃与齐、魏为敌国。盛血以韦囊，县[②]而射之，命曰"射天"。淫于酒、妇人。群臣谏者辄射之。于是诸侯皆曰"桀宋"。"宋其复为纣所为，不可不诛。"告齐伐宋。王偃立四十七年[③]。齐湣王与魏、楚伐宋[④]，杀王偃，遂灭宋而三分其地。

【注释】

①取五城：《战国策·宋策》载"齐拔宋五城"，此处误为宋取五城。以下载"南败楚"事亦有误。②县：通"悬"。③王偃立四十七年：《六国年表》言前286年齐灭宋，君偃在位应为四十三年。④齐湣王与魏、楚伐宋：此

说仅见于此，《六国年表》及各世家皆言齐湣王灭宋，未言魏、楚参与。

【原文】

太史公曰：孔子称“微子去之，箕子为之奴，比干谏而死，殷有三仁焉”。《春秋》讥宋之乱自宣公废太子而立弟，国以不宁者十世。襄公之时，修行仁之，欲为盟主。其大夫正考父[①]美之，故追道契、汤、高宗，殷所以兴，作《商颂》。襄公既败于泓，而君子或以为多，伤中国阙礼义，褒之也，宋襄之有礼让也。

【注释】

①正考父：正考父曾佐戴、武、宣诸公，在襄公以前百余年，此处言“正考父美之”云云，实误。

【译文】

微子开是殷朝帝乙的长子，帝纣的同母兄。商纣即位后，统治黑暗，不务国政，淫逸奢侈，微子多次进谏，纣都不听。等到祖伊因周西伯昌修行德政，灭阢国后，担忧灾祸降落殷朝，便又来奉告纣王。纣王却说：“我生有命，难道不是在天吗？这能把我怎么样呢？”于是，微子估计纣王至死也不能清醒，打算一死了之，或离开纣王，自己又无法决断，便去询问太师、少师说：“殷朝已经没有清明的政治，不能很好地治理四方。我们的祖先在上世贡献了才力，取得了成功，纣王在当今竟一味沉溺于酒宴之中，唯妇人之言是从，扰乱败坏汤王的德政。殷朝上下大大小小都热衷于草野盗窃、犯上作乱，而朝廷大臣也互相仿效，违法乱纪，使得人人有罪，自然他们的爵禄也就无法继续下去。朝廷既乱，百姓便各起于四方，互为仇敌，天下失去了协和的局面。现在，殷朝丧失国典，如同乘船渡河找不到渡口。殷朝的灭亡，指日可待了。”微子继续说：“太师，少师，我将何去何从呢？我们的殷朝还能保住吗？你们无意告诫我，我如陷于不义，那么怎么办呢？”太师顺着说道：“王子啊，天帝降临灾祸灭亡殷朝，殷纣上不畏天、下不畏民，又不采纳长者老者的意见。今天，殷朝臣民竟违背和诬秽神祇意旨。现在，假使真能救治殷朝，国家治理好了，即使自己死了，国家还得不到治理，那就不如远走他乡。”于是，微子离开了殷朝。

箕子是纣的亲属。纣王最初制作象牙箸时，箕子就悲叹道：“他现在制作象牙箸，将来就一定还要制作玉杯；制作玉杯，就一定想把远方的稀世珍宝占为己有。车马宫室的奢侈豪华也必将从这里开始，国家肯定无法振兴了。”由于纣王淫逸无度，箕子进谏，纣王仍不听。有人说：“可以离开了。”箕子说：“做人臣的向君主进谏，君主置之不理，便离他而去，这是张扬君主的恶行，哗众取宠于百姓，我不忍心这样做。”于是，箕子披头散发、假装疯癫做了奴隶。隐居弹琴，聊以自慰。所以，人们传诵他的曲子为《箕子操》。

王子比干也是纣王的亲属，看到箕子进谏，君主不听，去做了奴隶，就说：“君主有罪过，而不能用死直言规劝，百姓将受害，那百姓有什么罪呢?”于是，就直言进谏纣王。纣王大怒道：“我听说圣人的心有七个窍，真是这样吗?”于是，纣王杀死比干，挖出他的心来验证。

微子说：“父子是骨肉情，臣主是义理连。所以，父亲如果有过错，儿子屡次劝不听，就应随之而号哭；人臣如果屡次规劝，君主不听，那么从义上讲，人臣应该远离君主了。于是，太师、少师就劝告微子离去，微子便远行了。

周武王讨伐纣王，战胜殷朝，微子便手持自己的祭器来到军门。他露出右臂，两手绑在背后，左边让人牵着羊，右边让人拿着茅，跪在地上前行求告武王。于是，武王就释放了微子，恢复了他原来的爵位。

武王封商纣的儿子武庚禄父，让他来继承殷朝的祭祀，并派管叔、蔡叔辅佐他。

武王灭亡殷朝后，便去访问箕子。

武王说：“唉！上天默默地安定百姓，使他们安居乐业，我却不知道上天定民的常理次序。”

箕子回答：“早先鲧堵塞大水，扰乱了上天五行的规律，上帝就怒气冲冲，天道大法九类常理因此败坏。鲧被杀死，禹就接续而兴起。上天赐给禹天道大法九种，常理因而有了顺序。

“这九种大法，一叫五行，二叫五事，三叫八政，四叫五纪，五叫皇极，六叫三德，七叫稽疑，八叫庶征，九叫任用五福，而让人畏使用六极。

“五行，一是水，二是火，三是木，四是金，五是土。水的自然常性是滋润万物而行下，火的常性是炎热旺盛而上升，木可弯曲变直，金可销熔变形，土可耕种收获。滋润下物产生水卤有咸味，火光上升烧焦物体作苦味，木成曲直作酸味，金销熔变形有辣味，土地种收百谷有甜味。

“五事：一是仪容，二是言语，三是观察，四是听闻，五是思维。仪容应严肃恭敬，言语应使人心悦诚服，观察要明察秋毫，听闻要明辨是非，思维要通达周密。仪容恭敬，百姓就严肃；言语使人信服，国家就能治理；观察能明察秋毫，就不会受骗；听闻聪慧，臣民就会进其谋划；思维通达，事情就成功。

“八政：一是粮食，二是财贷，三是祭祀，四是营建，五是教化，六是除奸，七是宾赞，八是军事。

“五纪：一是年，二是月，三是日，四是星辰，五是历法。

“君王的法则：天子应建立准则，聚集这种幸福，布施给自己的臣民，臣民们就拥护天子制定的准则，天子也可以要求臣民遵守这些准则。凡是臣民都不允许结党营私，人们不结成私党，就会把天子建立的准则当作至高无上的。凡是臣民，都要为天子谋虑，为天子办事，要求自己遵守天子制定的原则。你要这样考虑，虽然臣民的作为有时与你的原则不协调，但只要未达到犯罪程度，天子就要容忍他。假如有人谦恭地说‘我喜欢你的原则’，你就赐给他幸福。如此，人们便会完全遵守你的原则。不要虐待那些无依无靠的人，却畏惧高贵显赫的人。对有能力有作为的人，你应善于任用他们，国家便会繁荣昌盛。凡是那些被任用的，都应使他们有爵位有俸禄。假如你不能使官吏对国家做出贡献，这些人就要走上犯罪道路。对于那些不喜欢你建立的原则的人，你虽然赏赐给他幸福，他对你的国家也没有好处。你不要偏颇不公平，应遵循先王的法则办事。你不要有个人的好恶，沿着先王的道路前进。你不要为非作歹，要遵循先王的正路行事。你不要偏私，不要结交朋党，那么，圣王的道路就会宽广。不结党，不偏私，圣王的道路就会清明可辨。你不要违反王道，不要冒犯原则，圣王的道路就正直。你要会集那些按原则办事的人，那么，臣民们就都能归向你的原则。所以说，天子宣布的至高无上的原则，就应当经常遵守，就是天子的教导也要符合上帝的意旨。凡是臣民，也应把天子宣布的法则当作至高无上的，按照这个原则行事，就是亲附天子了。所以说，天子应当像做百姓的父母一样，来做天下臣民的君主。

"三德：一是端正人的曲直；二是刚能取胜；三是柔能取胜。要想使天下平安，就要端正人的曲直，对那些强硬不友好的人，就应用刚硬态度战胜他们，对那些友好的人就应用柔和态度对待他们，对乱臣贼子，就必须强硬，对高明君子，就必须柔和。只有国君才能授人爵位赏有俸禄，只有国君才能主持刑罚，只有国君才能享有美食。臣子无权授人爵位赏人俸禄，无权主持刑罚，无权享有美食。臣子如果也能授人爵位赏人俸禄，也能主持刑罚，也能享有美食，就会给你的王室带来危害，给你的国家带来灾祸。人们就会因此行为不合王道，百姓就会因此犯上作乱。

“解决疑难的办法是选择擅长卜筮的人，任用他们分别用龟甲或蓍草占卜。命令他们进行卜筮，卜筮的征兆有的像下雨，有的像雨后初晴，有的像云气连绵，有的像雾气蒙蒙，还有兆相交错，有的明正，有的隐晦，卦象共七种。前五种用龟甲占卜，后两种用蓍草占卜，对复杂多变的卦象加以推演研究。任用这些卜筮之人，如果三个人占卜就信从两个人的话。你如果遇到重大的疑难问题，就首先独自深思熟虑，然后与卿士商量，与百姓商量，最后用卜筮来决断。你自己同意，龟卜同意，草占同意，卿士同意，百姓同意，这就叫大同，那么你本人就健康强壮，子孙也将大吉大利。你自己同意，龟卜同意，草占同意，卿士不同意，百姓不同意，这就是吉。卿士同意，龟卜同意，草占同意，你不同意，卿士不同意，这也是吉。百姓同意，龟卜同意，草占同意，你不同意，卿士不同意，这还是吉。你同意，龟卜同意，草占不同意，卿士不同意，百姓不同意，在境内办事就会吉，在境外办事就有凶险。龟卜、草占与人们的意见都违背，静守就会吉利，行动就会有凶险。

“各种征兆：或是雨，或是晴，或是暖，或是寒，或是风，这五种自然现象都应按时发生。如果五种自然现象都具备，并能按一定规律出现，庄稼就茂盛。如果一种现象过多发生，就会歉收。如果一种现象缺乏了，同样也要歉收。关于美好的征兆：天子谦恭，天就按时下雨；天子政务清明，阳光就会充足；天子英明，温暖就会按时到来；天子深谋远虑，寒冷就会应时而生；天子通达，风就会按时刮过。各种凶恶的征兆：天子狂妄，雨水就会过多；天子僭越差错，天就会干旱；天子贪图享乐，天气就会过分炎热；天子暴虐急躁，天就会过分寒冷；天子昏暗不明，大风就刮个不止。天子决策有了过失，就影响一整年，卿士管理有了过失，就影响一整月；官吏办事有了过失，就影响一整天。年、月、日都没有异常，各种庄稼就会生长茂盛，政治就会清明，贤能的人就会得到提拔，国家就会平安稳定。相反，年、月、日出现了异常，庄稼就长不好，政治就昏暗，贤能的人就受压抑，国家就会动乱。百姓像星辰，有的星辰喜好风，有的星辰喜好雨。日月按规律运行，便产生了冬夏。月亮如果顺从星辰，那么有时就会多风，有时就会多雨。

"五种幸福：一是长寿，二是富有，三是平安，四是有美德，五是善终。六种灾祸：一是早死，二是多病，三是多愁，四是贫穷，五是丑陋，六是懦弱。"

武王听完箕子的一番陈述，就把朝鲜封给箕子，未让他做臣民。

后来，箕子朝拜周王，经过故都殷墟，感伤于宫室毁坏坍塌、禾苗丛生，箕子十分悲痛，想大哭一场，但不行；想小声哭泣，又感到近于女人的性格，于是触景生情吟出《麦秀》

诗，诗中说："麦芒尖尖啊，禾苗绿油油。那个小子啊，不和我友好！"所谓小子，就是纣王。殷的百姓看到这首诗，都为之泣下。

武王驾崩后，成王还年少，周公旦代理行政掌握国家政权。管叔、蔡叔怀疑周公旦，就与武庚作乱，想攻打成王、周公。周公借用成王的命令诛杀武庚、管叔，放逐了蔡叔，又让微子开管理殷地，以继续殷先祖的事业，并作《微子之命》告诫他，国名为宋。微子本来就仁义贤能，代替武庚后，殷的百姓十分拥戴他。

微子开去世后，立他的弟弟衍为国君，这就是微仲。微仲去世后，儿子宋公稽即位。宋公稽去世后，儿子丁公申即位。丁公申去世后，儿子湣公共即位。湣公共去世后，弟弟炀公熙即位。炀公即位后，湣公有儿子鲋祀杀死炀公夺取君位，并宣布说："我应当即位。"这就是厉公。厉公去世后，儿子釐公举即位。

釐公十七年（前841），周厉王逃跑到彘。

二十八年（前831），釐公去世后，儿子惠公覸即位。惠公四年（前827），周宣王即位。三十年（前801），惠公去世，子哀公即位。哀公于元年（前800）去世，子戴公即位。

戴公二十九年（前771），周幽王被犬戎所杀，秦国开始被列为诸侯。

三十四年（前766），戴公去世，儿子武公司空即位。武公的女儿做了鲁惠公的夫人，生下了鲁桓公。十八年（前

748)，武公去世，儿子宣公力即位。

宣公的太子名与夷。十九年（前729），宣公生病了，把君位让给弟弟和说："父亲死了，儿子继位；哥哥死了，弟弟继位，是天下普遍的道义。我要立和为国君。"和多次谦让，最后才接受。宣公去世后，弟弟和即位，这就穆公。

穆公于九年（前720）病重，对大司马孔父说："先君宣公舍弃太子与夷而把君位让给我。我永生不能忘怀。我死后，一定立与夷为国君。"孔父却说："大臣们都希望立公子冯！"穆公说："不要立冯，我绝不能辜负宣公。"于是，穆公派冯出使郑国并居住在那里。八月庚辰日，穆公去世，哥哥宣公的儿子与夷即位，这就是殇公。君子听到这种情况后说："宋宣公可以算是知人善任了，立自己的弟弟为国君保全了道义，然而自己的儿子也还是终于享有了国家。"

殇公元年（前719），卫公子州吁杀死自己的国君完，自己立为君主，想得到诸侯的支持，便派人告诉宋国君说："冯在郑国，一定是后患，你可以和我共同讨伐他。"宋答应了，和卫共同攻打郑国，军队打到东门便返回了。第二年（前718），郑国讨伐宋国，还报"东门役"的仇恨。那以后，诸侯多次来进犯宋国。

九年（前711）的一天，大司马孔父嘉的美貌夫人外出，路遇太宰华督，华督看中嘉的夫人，竟目不转睛地盯住她。华督贪图孔父妻，就让人在国中扬言说："殇公即位十年，竟打了十一次大仗，百姓苦不堪言，这都是孔父的罪过，我要杀死孔父以安定人民。”当年，鲁人杀死自己的国君隐公。十年（前710），华督杀死孔父，夺了他的妻子。殇公很生气，于是华督又杀死殇公，从郑国迎回穆公儿子冯并立他为君王，这就是庄公。

庄公元年（前710），华督做宰相。九年（前702），逮捕了郑国的祭仲，要挟他立突做郑国国君。祭仲答应了，终于立突为国君。十九年（前692），庄公去世，儿子湣公捷即位。

湣公七年（前685），齐桓公即位。九年（前683），宋国洪水成灾，鲁国派臧文仲到宋国慰问，湣公自责说：“因为我不能侍奉鬼神，政治不清明，所以发生了大水。”臧文仲认为这话很对。这话实际是公子子鱼教导湣公的。

十年（前682）夏天，宋国讨伐鲁国，在乘丘作战，鲁国活捉了宋国南宫万。宋人请求释放万，南宫万回归宋国。十一年（前681）秋天，湣公与南宫万出猎时作博戏，南宫万与湣公争道，湣公很生气，侮辱了他，说：“最初我很敬重你，今天，你只不过是鲁国的一个俘虏。”南宫万勇武有力，痛恨湣公这样说，于是抓起棋盘把湣公杀死在蒙泽。大夫仇牧听说这件事，带着武器来到公门。南宫万迎击仇牧，仇牧门齿碰到扉上死了。南宫万又杀死太宰华督，就改立公子游做国君。各位公子逃奔到萧邑，公子御说逃奔到亳。南宫万的弟弟南宫牛带领军队包围了亳。冬天，萧邑大夫和宋都逃来的公子们联合击杀了南宫牛，并杀死新立的国君公子游，而立湣公弟弟御说，这就是桓公。南宫万逃奔到陈国。宋国派人贿赂了陈。陈国人巧使美人计用醇酒灌醉了南宫万，用皮革把他裹上，送回宋国。宋国人对南宫万施以醢刑。

桓公二年（前680），诸侯讨伐宋国，到了宋都郊外就离开了。三年（前679），齐桓公开始称霸。二十三年（前659），卫国把公子燬从齐国迎回，并立他为国君，这就是卫文公。文公的妹妹是宋桓公的夫人。这一年，秦穆公即位。三十年（前652），宋桓公病重，太子兹甫谦让自己的庶兄目夷继承君位。桓公虽然认为太子之意合乎道义，但最终未同意。三十一年（前651）春，桓公去世，太子兹甫即位，这就是宋襄公。襄公让自己的哥哥目夷做宰相。桓公还未安葬，齐桓公就在葵丘会见各国诸侯，襄公前去赴会。

襄公七年（前644），宋地陨星坠落如雨，和雨一块儿降下，六只鸟退着飞行，因为风太大了。

襄公八年（前643），齐桓公去世，宋国想与各诸侯结盟相会。十二年（前639）春天，宋襄公要在鹿上结盟，向楚国提出请求，楚人答应了他。公子目夷进谏说："小国争当盟首，是灾祸。"襄公听不进目夷的劝告。秋天，各诸侯在盂与宋公聚会结盟。目夷说："灾祸难道在此吗？国君的欲望太过分了，怎么受得了呢？"果然，楚拘捕了宋襄公以讨伐宋国。冬天，诸侯再次在亳相会，楚释放了宋公。子鱼说："灾祸还没有结束呢。"十三年（前638）夏天，宋国讨伐郑国。子鱼说："灾祸就在这里了。"秋天，楚国为援救郑国而讨伐宋国。襄公要出战。子鱼进谏说："天抛弃商很久了，不可以战。"

冬天，十一月，襄公在泓水与楚成王作战。楚军渡河未完时，目夷就劝说："彼众我寡，要趁他们渡河时攻打他们。"襄公不听目夷的意见。等到楚军渡完河还未排列成阵势时，目夷又建议："可以攻打了。"襄公却说："等他们排好阵势再打。"楚军阵势排好，宋军才出战。结果宋军大败，襄公大腿受伤。宋国人都怨恨襄公。襄公辩解说："君子不能乘人之危，不能攻打未列好阵势的军队。"子鱼说："打仗胜了就是功劳，说些空洞的道理又有什么用呢？真的按襄公说的做，就当奴隶服侍别国算了，何必还打仗呢？"

楚成王救郑成功，郑国热情款待他。成王离开时，娶了郑君两个女儿回楚。叔瞻说："成王不懂礼节，难道能寿终正寝吗？讲究礼节内外无别，从这里就知道他绝对不能成就霸业了。"

这一年，晋公子重耳路过宋国，襄公因为被楚国打伤，想得到晋援助，于是厚礼重耳，赠送给重耳八十匹马。

十四年（前637）夏天，襄公终于死于泓水之战时的腿伤，儿子成公王臣即位。

成公元年（前636），晋文公即位。三年（前634），宋国背弃楚国盟约与晋友好，因为宋曾对文公有过恩德。四年（前633），楚成王讨伐宋国，宋国向晋国告急。五年（前632）晋文公救援宋国，楚军退去。九年（前628），晋文公去世。十一年（前625），楚太子商臣杀死自己的父亲成王即位。十六年（前620），秦穆公去世。

十七年（前619），成公去世。成公的弟弟御杀死太子和大司马公孙固，自己立为国君。宋人杀死国君御，拥立成公小儿子杵臼，这就是昭公。

昭公四年（前616），宋在长丘打败长翟缘斯。七年（前613），楚庄王即位。

九年（前611），昭公昏庸无道，百姓不归附他。昭公的弟弟鲍革很贤惠，又能礼遇下士。先前，襄公夫人想与公子鲍私通，未能如愿，于是就帮助鲍对国人布施恩惠。公子鲍因为华元的推荐做了右师。昭公出猎时，夫人王姬让卫伯杀死昭公杵臼，弟弟鲍革即位，这就是文公。

文公元年（前610），晋国率领诸侯讨伐宋国，谴责宋杀死了国君。但听说文公已被立为国君，就退兵了。二年（前609），昭公儿子靠文公的同母弟弟须和武公、缪公、戴公、庄公、桓公后代的支持作乱，文公便诛杀了他们，赶走武公、缪公后代。

四年（前607）春天，楚让郑讨伐宋国。宋国派华元做统帅，郑国打败了宋国，囚禁了华元。华元在作战初曾杀羊犒劳士兵，他的车夫没有吃到羊羹，所以十分怨恨，便驾着车跑到郑军中，所以宋军失败，华元被囚。宋国用一百辆兵车、四百匹毛色漂亮的马赎回华元。这些东西还未完全送到楚国，华元就逃了回来。

十四年（前597），楚庄王包围了郑国。郑伯投降了楚国，楚国又解围而去。

十六年（前595），楚国使者路过宋国，宋国因有前仇，就逮捕了楚国使者。九月，楚庄王包围宋都。十七年（前594），楚国包围宋都达五月之久，城内告急，无粮可吃，华元便在一天夜里暗中会见楚国将领子反。子反告诉庄王。庄王问："城中怎么样？"子反回答："城内人劈开人骨作柴烧，交换幼子果腹。"庄王说："这话是真的呀！我军也只有两天的口粮了。"楚国由于讲求信义，就退兵了。

二十二年（前589），文公去世，儿子共公瑕立为国君。宋国第一次实行厚葬。君子讥笑华元没有尽到为臣的职责。

共公十年（前579），华元与楚将子重友好，又与晋将栾书友好，因此与晋楚都结了盟。十三年（前576），共公去世。华元做右师，鱼石做左师。司马唐山杀死太子肥，又打算杀死华元，华元要逃亡到晋国，鱼石阻止了他，到了黄河又折回来，杀死了唐山。于是，立共公小儿子成，这就是平公。

平公三年（前573），楚共王攻下宋国的彭城，把彭城封给宋国左师鱼石。四年（前572），诸侯共同杀死鱼石，而把彭城归还给宋国。三十五年（前541），楚公子围杀死自己的国君即位，这就是灵王。四十四年（前532），平公去世，儿子元公佐即位。

元公三年（前529），楚公子弃疾杀君即位，做了平王。八年（前524），宋国发生火灾。十年（前522），元公不讲信用，用欺骗手段杀死许多公子。大夫华氏、向氏作乱。楚平王太子建逃奔到宋国，看见华氏等人互相攻伐作战，便离开宋国跑到郑国。十五年（前517），因为鲁昭公在外居住躲避季氏，元公便替他四处求情回鲁国，半路上元公去世，儿子景公头曼即位。

景公十六年（前501），鲁国阳虎逃奔到宋国，后又离开。二十五年（前492），孔子路过宋国，宋国司马桓魋讨厌孔子，想杀死他，孔子换上平民服逃出宋国。三十年（前487），曹背叛宋国，宋国讨伐曹国，晋国未去救援，于是宋国灭亡了曹国，占据了曹国。三十六年（前481），齐国田常杀死国君简公。

三十七年（前480），楚惠王灭亡了陈国，火星侵占了心宿星区。心宿区是宋国的天区，景公十分担忧。司星子韦说："可以把灾祸移到相国身上。"景公说："不行，相国像是我的手足。"子韦又说："可以移到百姓身上。"景公说："也不行，国君靠的就是百姓。"子韦又说："可以移到年成上。"景公说："更不行，年成歉收，百姓贫困，我做谁的国君？"子韦说："天虽高远却能听到下界细微的声音，您有这三句国君应该说的话，火星应该移动了。"于是，仔细观测火星，火星果然移动了三度。

六十四年（前453），景公去世。宋公子特杀死太子即位，这就是昭公。昭公是元公的曾孙。昭公的父亲是公孙纠，纠的父亲是公子褍秦，褍秦就是元公的小儿子。景公杀死昭公的父亲公孙纠，所以昭公怨恨太子，便杀死他，自己即位。

昭公四十七年（前404）去世，儿子悼公购由立为国君。

悼公八年（前396）去世，儿子休公田即位。休公田二十三年（前373）去世，儿子辟公辟兵即位。辟公三年（前370）去世，儿子剔成即位。剔成四十一年（前329），剔成的弟弟偃袭击剔成，剔成失败逃到齐国，偃自立宋国国君。

君偃十一年（前318），自己号为王。东面打败齐国，攻下五座城；南面打败楚国，侵占三百里地；西面打败魏国，和齐魏结成冤家。君偃用牛皮袋盛着血，悬挂起来用箭射它，称为“射天”。君偃只知沉湎于酒色之中。凡是规劝提意见的大臣，君偃一律射死。于是，诸侯们都称他为“桀宋”。“宋君偃又步纣王后尘，为所欲为，不可不杀。”诸侯要求齐国讨伐宋国。王偃即位四十七年（前282），齐湣王与魏、楚讨伐宋国，杀死王偃，灭亡了宋国，瓜分了宋地。

太史公说：“孔子说过：‘微子走了，箕子成为奴隶，比干进谏被杀，殷朝有三位仁者。’《春秋》讥讽宋国的动乱从宣公废掉太子让自己的弟弟即位开始，国家不安定达十代之多。襄公时，修行仁义，想做盟主。他的大夫正考父称赞他，所以追述契、汤、高宗时代殷朝兴盛的原因，写了《商颂》。宋襄公在泓水吃了败仗之后，有的君子认为他值得赞扬，感叹当时中原地区的国家缺少礼义，所以表彰他，因为宋襄公具有礼让精神。”

第二十一卷　晋世家第九

西周初年，周成王封自己的弟弟叔虞于唐，称为唐叔虞。唐曾是尧的都城。据《毛诗谱》说，叔虞的儿子燮父因尧墟以南有晋水，改称晋侯。本篇所记从成工削桐叶为珪以封叔虞起至晋静公二年（前376年）魏、韩、赵三家分晋止，有六个半世纪的历史。晋国的内乱始自晋穆侯。晋穆侯娶齐女姜氏为夫人，生一太子，取名曰“仇”。晋国大夫师服认为，太子名曰仇，少子名曰成师，这是嫡庶名字的颠倒，预示着晋国将要发生内乱。果然，穆侯死后，弟殇叔自立为君，太子仇出奔，内乱开始。当然，这仅仅是一种巧合，其根本原因在于君子所言：“末大于本而得民心，不乱何待！”

父死子继、兄终弟及是古代君主传位的两种方式。为了巩固地位，古代各朝君王一般都是趁自己健在时，就确定太子作为继承人。这样一来，争夺太子位便成为争夺君位的“序幕”。晋献公宠爱年轻貌美的骊姬，爱屋及乌，献公便想废掉原立太子申生，而立骊姬子奚齐。这本来正中骊姬下怀，但骊姬却装模作样哭哭啼啼表示不同意，还以自杀威胁献公，暗中却耍花枪，让太子申生去祭母，把祭祀的福肉献给献公，骊姬趁机放进毒药，以达到中伤申生、立奚齐为太子的目的。为了私欲，骊姬之流可谓极尽狠毒用心、卑劣手段而毫无顾忌。面对这出其不意、攻其不备的阴谋，申生先是仓皇逃回封地，尔后考虑父亲年老、失去骊姬将“寝不稳，食无味”，最终只好背负恶名、自杀身亡，结束了这场争夺战，而成为至高无上的权位争夺战舞台上可怜的殉葬品。读者对他也只能发一声“哀其不幸、怒其不争”的叹息而已。

晋文公从年轻时就好学不倦，十七岁曾结交五个贤士，在国外逃亡十九年，经历过各种艰难险阻，积累了丰富的治国治民经验，终于在62岁时返回晋国荣登君主宝座。在执政期间，他修明政务、施惠百姓、奖惩分明，实行了一系列改革政策，成为世代公认的圣贤君王、春秋五霸之一。但他也曾犯有两个错误。

封建帝王都会犯错误，这是毋庸置疑的事实。但犯了错误能诚心听取各方面的意见，知错、认错、改错，却只有明君、圣王才能做到。所以，汉代政治家王符在《潜夫论·明暗》中说：“君之所以明者，兼听也；其所以暗者，偏信也。”因此，“兼听则明，偏听则暗”，就成为箴言流传了下来。这句箴言大可治国安邦，小可修身养性。

【原文】

晋唐叔虞者，周武王子而成王弟。初，武王与叔虞母会时，梦天谓武王曰：“余命女生子，名虞，余与之唐。”及生子，文在其手曰“虞”，故遂因命之曰虞。

武王崩，成王立，唐有乱，周公诛灭唐。成王与叔虞戏，削桐叶为珪①以与叔虞，曰：“以此封若②。”史佚因请择日立叔虞。成王曰：“吾与之戏耳。”史佚曰：“天子无戏言。言则史书之，礼成之，乐歌之。”于是遂封叔虞于唐。唐在河、汾之东，方百里，故曰唐叔虞。姓姬氏，字子于。

唐叔子燮，是为晋侯③。晋侯子宁族，是为武侯。武侯之子服人，是为成侯。成侯子福，是为厉侯。厉侯之子宜臼，是为靖侯。靖侯已来，年纪可推。自唐叔至靖侯④五世，无其年数。

靖侯十七年，周厉王迷惑暴虐，国人作乱，厉王出奔于彘，大臣行政，故曰“共和”⑤。

十八年，靖侯卒，子釐侯司徒立。釐侯十四年，周宣王初立。十八年，釐侯卒，子献侯籍立。献侯十一年卒，子穆侯费王立。

【注释】

①珪：古玉器名，长条形，上端作三角状。古代贵族朝聘、祭祀、丧葬所用的礼器，分封时的信物。②若：你。③晋侯：叔虞本封唐侯，其子燮父以尧墟南有晋水，故改国号为晋。④靖侯：当作厉侯。⑤共和：公元前 841 年“国人”起义，周厉王逃奔到彘，由召公、周公共同行政，号为“共和行政”，共十四年。一说由共伯和摄行王事，号共和元年。周

厉王死后，始归政于周宣王，这是中国历史上有确切纪年的开始。

【原文】

穆侯四年，取[1]齐女姜氏为夫人。七年，伐条。生太子仇。十年，伐千亩，有功。生少子，名曰成师。晋人师服曰："异哉，君之命子也！太子曰仇，仇者雠也。少子曰成师，成师大号，成之者也。名，自命也；物，自定也。今適庶[2]名反逆，此后晋其能毋乱乎？"

二十七年，穆侯卒，弟殇叔自立，太子仇出奔。殇叔三年，周宣王崩。四年，穆侯太子仇率其徒袭殇叔而立，是为文侯。

文侯十年，周幽王无道，犬戎杀幽王，周东徙。而秦襄公始列为诸侯。

三十五年，文侯仇卒，子昭侯伯立。

昭侯元年，封文侯弟成师于曲沃。曲沃邑大于翼。翼，晋君都邑也。成师封曲沃，号为桓叔。靖侯庶孙栾宾相桓叔。桓叔是时年五十八矣，好德，晋国之众皆附焉。君子曰："晋之乱其在曲沃矣。末大于本而得民心，不乱何待！"

七年，晋大臣潘父弑其君昭侯而迎曲沃桓叔。桓叔欲入晋，晋人发兵攻桓叔。桓叔败，还归曲沃。晋人共立昭侯子平为君，是为孝侯。诛潘父。

孝侯八年，曲沃桓叔卒，子鲜代桓叔，是为曲沃庄伯。孝侯十五年，曲沃庄伯弑其君晋孝侯于翼。晋人攻曲沃庄伯，庄伯复入曲沃。晋人复立孝侯于郄为君，是为鄂侯。

【注释】

①取：通“娶”。②適：通“嫡”。此处指嫡子，即宗法社会中正妻所生的长子。按规定，君王的嫡子应被立为太子。庶：旁支。与“嫡”相对。此处指庶子，旧称妾所生的儿子为庶子。

【原文】

鄂侯二年，鲁隐公初立。

鄂侯六年卒。曲沃庄伯闻晋鄂侯卒，乃兴兵伐晋。周平王使虢公将兵伐曲沃庄伯，庄伯走保曲沃。晋人共立鄂侯子光，是为哀侯[①]。

哀侯二年，曲沃庄伯卒，子称代庄伯立，是为曲沃武公。哀侯六年，鲁弑其君隐公。哀侯八年，晋侵陉廷。陉廷与曲沃武公谋，九年，伐晋于汾旁，虏哀侯。晋人乃立哀侯子小子为君，是为小子侯。

小子元年，曲沃武公使韩万杀所虏晋哀侯。曲沃益强，晋无如之何。

晋小子之四年，曲沃武公诱召晋小子杀之。周桓王使虢仲伐曲沃武公，武公入于曲沃，乃立晋哀侯弟缗为晋侯。

晋侯缗四年，宋执郑祭仲而立突为郑君。晋侯十九年，齐人管至父弑其君襄公。

晋侯二十八年，齐桓公始霸[2]。曲沃武公伐晋侯缗，灭之，尽以其宝器赂献于周釐王。釐王命曲沃武公为晋君，列为诸侯，于是尽并晋地而有之。

曲沃武公已即位三十七年矣，更号曰晋武公。晋武公始都晋国[3]，前即位曲沃，通年三十八年。

【注释】

①哀侯：据《左传·隐公五年》所载，此段有数误：此时鄂侯未卒，下云“曲沃庄伯闻鄂侯卒，乃兴兵伐晋”亦误。庄伯伐晋，与鄂侯卒否无关。周平王当作周桓王。哀侯之立实出自周桓王之命，非晋人立之。②齐桓公始霸：齐桓公称霸当在晋侯二十六年。③晋武公始都晋国：据《汉书·地理志》等记载：叔虞封唐，燮父改晋，至曾孙成侯南徙曲沃，成侯曾孙之孙穆侯徙于绛，昭侯以下徙翼，武公并晋后又徙绛，景公迁新田。以上晋多次迁都，《史记》均未记，而说武公始都晋，献公始都绛，乃司马迁疏误了。

【原文】

武公称者，先晋穆侯曾孙也，曲沃桓叔孙也。桓叔者，始封曲沃。武公，庄伯子也。自桓叔初封曲沃以至武公灭晋也，凡六十七岁，而卒代晋为诸侯。武公代晋二岁，卒。与曲沃通年，即位凡三十九年而卒。子献公诡诸立。

献公元年，周惠王弟穨攻惠王，惠王出奔，居郑之栎邑。

五年，伐骊戎[1]，得骊姬，骊姬弟[2]，俱爱幸之。

八年，士蒍说公曰[③]：“故晋之群公子多，不诛，乱且起。”乃使尽杀诸公子，而城聚都之，命曰绛，始都绛。九年，晋群公子既亡奔虢，虢以其故再伐晋，弗克。十年，晋欲伐虢，士蒍曰：“且待其乱。”

十二年，骊姬生奚齐。献公有意废太子，乃曰：“曲沃吾先祖宗庙所在，而蒲边秦，屈边翟，不使诸子居之，我惧焉。”于是使太子申生居曲沃，公子重耳居蒲，公子夷吾居屈。献公与骊姬子奚齐居绛。晋国以此知太子不立也[④]。太子申生，其母齐桓公女也，曰齐姜，早死。申生同母女弟为秦穆公夫人。重耳母，翟之狐氏女也。夷吾母，重耳母女弟也。献公子八人，而太子申生、重耳、夷吾皆有贤行。及得骊姬，乃远此三子。

十六年，晋献公作二军。公将上军，太子申生将下军，赵夙御戎[⑤]，毕万为右[⑥]，伐灭霍，灭魏，灭狄。还，为太子城曲沃，赐赵夙耿，赐毕万魏，以为大夫。士蒍曰：“太子不得立矣。分之都城[⑦]，而位以卿，先为之极[⑧]，又安得立！不如逃之，无使罪至。为吴太伯[⑨]，不亦可乎，犹有令名[⑩]。”太子不从。卜偃曰：“毕万之后必大。万，盈数也；魏[⑪]，大名也。以是始赏，天开之矣。天子曰兆民，诸侯曰万民，今命之大，以从盈数，其必有众。”初，毕万卜仕于晋国，遇《屯》之《比》[⑫]。辛廖占之曰：“吉。《屯》固，《比》入，吉孰大焉。其后必蕃[⑬]昌。”

【注释】

①骊戎：部族名，西戎别居在骊山的一支。②弟：古代也称妹为弟。③说：劝说。④晋国以此知太子不立也：据《左传·庄公二十八年》载："骊姬嬖，欲立其子，赂处嬖梁五与东关嬖五，使言于公曰：'曲沃，君之宗也；蒲与二屈，君之疆也；不可以无主。宗邑无主，则民不威；疆场无主，则启戎心；戎之生心，民慢其政，国之患也。若使太子主曲沃，而重耳、夷吾主蒲与屈，则可以威民而惧戎，且旌君伐。'使俱曰：'狄之广莫，于晋为都。晋之启土，不亦宜乎！'晋侯说之。"由此可见，太子申生、重耳、夷吾被赶出京城，皆骊姬所为也。此事标志骊姬开始专权，晋国内乱为不可避免也。⑤戎：戎车。⑥右：马车上防备车子倾倒或受阻的力士，位置在驾车者之右。⑦都城：邑有先君之主曰都。⑧极：言其禄位到了极点。⑨吴太伯：吴太伯为周太王之子，王季历之史，季历贤，又有圣子昌。当吴太伯知周太王欲立季历以及昌，于是便与其弟仲雍奔荆蛮，以避季历。季历果立，是为王季，而昌为文王。孔子曾高度评价太伯"可谓至德矣"。详见《吴太伯世家》。⑩令名：好名声。⑪魏：通"巍"，高大。⑫《屯》之《比》：《集解》曰："《震》下《坎》上《屯》，《坤》下《坎》上《比》。《屯》初九变之《比》。"⑬蕃：茂盛。

【原文】

十七年，晋侯使太子申生伐东山。里克谏献公曰："太子奉冢祀社稷之粢①盛，以朝夕视君膳者也，故曰冢子②。君行则守，有守则从，从曰抚军③，守曰监国④，古之制也。夫率师，专行谋也；誓军旅，君与国政⑤之所图也：非太子之事也。师在制命⑥而已，禀命⑦则不威，专命⑧则不孝，故君之嗣適⑨不可以帅师。君失其官，率师不威，将安用之？”公曰：“寡人有子，未知其太子谁立。”里克不对而退，见太子。太子曰：“吾其废乎？”里克曰：“太子勉之！教以军旅，不共⑩是惧，何故废乎？且子惧不孝，毋惧不得立。修己而不责人，则免于难。”太子帅师，公衣之偏衣⑪，佩之金玦⑫。里克谢病，不从太子。太子遂伐东山。

十九年，献公曰：“始吾先君庄伯、武公之诛晋乱，而虢常助晋伐我，又匿晋亡公子，果为乱。弗诛，后遗子孙忧。”乃使荀息以屈产之乘假道于虞。虞假道，遂伐虢，取其下阳以归。

【注释】

①冢祀：古代帝王、诸侯在宗庙举行的大祭祀。社稷：古代帝王、诸侯祭祀的土神和谷神。一般指国家。粢（zī）：谷类的总称。②冢子：古代宗法制度称嫡长子为冢子。③抚军：协助国君安抚军士。④监国：代替国君兼管国政。⑤国政：国家政权，此指掌握国家政权的正卿。⑥命：《集解》曰：“命，将军所制。”⑦禀命：承命，请命。⑧专命：旧谓无所承命而独断独行。⑨嗣適：继承君位的嫡子。⑩共：通“恭”。⑪偏

衣：左右不同颜色的衣服。偏，半也；意为献公分身一半予太子。⑫金玦：军队统帅的标志。据杨伯峻《左传注》载："玦，古代佩身之物，形如环缺，多以玉为之，而金玦则以青铜为之。"

【原文】

献公私谓骊姬曰："吾欲废太子，以奚齐代之。"骊姬泣曰："太子之立，诸侯皆已知之，而数将兵，百姓附之，奈何以贱妾之故废適立庶？君必行之，妾自杀也。"骊姬详[①]誉太子，而阴令人谮[②]恶太子，而欲立其子。

二十一年，骊姬谓太子曰："君梦见齐姜，太子速祭曲沃，归釐[③]于君。"太子于是祭其母齐姜于曲沃，上其荐胙[④]于献公。献公时出猎，置胙于宫中。骊姬使人置毒药胙中。居二日，献公从猎来还，宰人上胙献公。献公欲飨[⑤]之。骊姬从旁止之，曰："胙所从来远，宜试之。"祭地，地坟[⑥]；与犬，犬死；与小臣，小臣死。骊姬泣曰："太子何忍也！其父欲弑代之，况他人乎？且君老矣，旦暮之人，曾不能待而欲弑之！"谓献公曰："太子所以然者，不过以妾及奚齐之故。妾愿子母辟[⑦]之他国，若[⑧]早自杀，毋徒使母子为太子所鱼肉也。始君欲废之，妾犹恨之；至于今，妾殊自失于此。"太子闻之，奔新城。献公怒，乃诛其傅杜原款。或谓太子曰："为此药者乃骊姬也，太子何不自辞明之？"太子曰："吾君老矣，非骊姬，寝不安，食不甘。即辞之，君且怒之。不可。"或谓太子曰：

“可奔他国。”太子曰：“被[9]此恶名以出，人谁内[10]我？我自杀耳。”十二月戊申，申生自杀于新城。

此时重耳、夷吾来朝。人或告骊姬曰：“二公子怨骊姬谮杀太子。”骊姬恐，因谮二公子：“申生之药胙，二公子知之。”二子闻之，恐，重耳走蒲，夷吾走屈，保其城，自备守。初，献公使士蒍为二公子筑蒲、屈城，弗就。夷吾以告公，公怒士蒍。士蒍谢曰：“边城少寇，安用之？”退而歌曰：“狐裘蒙茸[11]，一国三公，吾谁适从！”卒就城。及申生死，二子亦归保其城。

二十二年，献公怒二子不辞而去，果有谋矣，乃使兵伐蒲。蒲人之宦者勃鞮命重耳促自杀。重耳逾垣，宦者追斩其衣袪[12]。重耳遂奔翟。使人伐屈，屈城守，不可下。

【注释】

①详：通“佯”，假装。②谮：进谗言。③釐：通“禧”。④上：进献。荐：献，进。胙：祭过神的福食。⑤飨：通“享”，享用。⑥坟（fèn）：高起。⑦辟：通“避”。⑧若：或者。⑨被：通“披”。⑩内：通“纳”。⑪蒙茸：散乱貌。⑫袪（qū）：袖口。

【原文】

是岁也，晋复假道于虞以伐虢。虞之大夫宫之奇谏虞君曰：“晋不可假道也，是且灭虞。”虞君曰：“晋我同姓，不宜伐我。”宫之奇曰：“太伯、虞仲[1]，太王之子也，太伯亡去，是以不嗣。虢仲、虢叔，王季之子也，为文王卿士，其记勋在王室，藏于盟府。将虢是灭，何爱于虞？且虞之亲能亲于桓、庄之族乎？桓、庄之族何罪，尽灭之。虞之与虢，唇之与齿，唇亡则齿寒。”虞公不听、遂许晋。宫之奇以其族去虞。其冬，晋灭虢，虢公丑奔周。还，袭灭虞，虏虞公及其大夫井伯百里奚以媵[②]秦缪姬，而修虞祀。荀息牵曩所遗虞屈产之乘马奉之献公，献公笑曰：“马则吾马，齿亦老矣[③]！”

二十三年，献公遂发贾华等伐屈，屈溃。夷吾将奔翟。冀芮曰：“不可，重耳已在矣，今往，晋必移兵伐翟，翟畏晋，祸且及。不如走梁，梁近于秦，秦强，吾君百岁后可以求入焉。”遂奔梁。二十五年，晋伐翟，翟以重耳故，亦击晋于啮桑，晋兵解而去。当此时，晋强，西有河西，与秦接境，北边翟，东到河内。骊姬弟生悼子[④]。

【注释】

①虞仲：据梁玉绳《史记志疑》云：太伯之弟当为仲雍，又称吴仲，误为虞仲。虞仲乃仲雍之曾孙。②媵（yìng）：陪嫁。③马则吾马，齿亦老矣：《集解》曰：“以马齿戏喻荀息之年老也。”④悼子：《左传·僖公九年》作卓子。《秦本纪》《十二诸侯年表》《齐世家》皆作“卓”，“悼”字误。

【原文】

二十六年夏，齐桓公大会诸侯于葵丘。晋献公病，行后，未至，逢周之宰孔。宰孔曰：“齐桓公益骄，不务德而务远略，诸侯弗平。君弟[①]毋会，毋如晋何。”献公亦病，复还归。病甚，乃谓荀息曰：“吾以奚齐为后，年少，诸大臣不服，恐乱起，子能立之乎？”荀息曰：“能。”献公曰：“何以为验？”对曰：“使死者复生，生者不惭，为之验。”于是遂属[②]奚齐于荀息。荀息为相，主国政。秋九月，献公卒。里克、邳郑欲内重耳，以三公子[③]之徒作乱，谓荀息曰：“三怨将起，秦、晋辅之，子将何如？”荀息曰：“吾不可负先君言。”十月，里克杀奚齐于丧次，献公未葬也。荀息将死之，或曰不如立奚齐弟悼子而傅之，荀息立悼子而葬献公。十一月，里克弑悼子于朝，荀息死之。君子曰：“诗所谓‘白珪之玷[④]，犹可磨也，斯言之玷，不可为也’，其荀息之谓乎！不负其言。”初，献公将伐骊戎，卜曰“齿牙为祸”。及破骊戎，获骊姬，爱之，竟以乱晋。

里克等已杀奚齐、悼子，使人迎公子重耳于翟，欲立之。重耳谢曰：“负父之命出奔，父死不得修人子之礼侍丧，重耳何敢入！大夫其更立他子。”还报里克，里克使迎夷吾于梁。夷吾欲往，吕省、郤芮曰：“内犹有公子可立者而外求，难信。计非之秦，辅强国之威以入，恐危。”乃使郤芮厚赂秦[⑤]，约曰：“即得入，请以晋河西之地与秦。”及遗[⑥]里克书曰：“诚得立，请遂封子于汾阳之邑。”秦缪公乃发兵送夷吾于晋。齐桓公闻晋内乱，亦率诸侯如晋。秦兵与夷吾亦至晋，齐乃使隰朋会秦俱入夷吾，立为晋君，是为惠公。齐桓公至晋之高梁而还归。

【注释】

①弟：通“第”，但，只。②属：通“嘱”，托付。③三公子：指申生、重耳、夷吾。④《诗》所谓“白珪之玷”：引诗出自《诗·大雅·抑》。珪：玉。玷：玉的斑点。⑤乃使郤芮厚赂秦：《左传·僖公九年》作“晋郤芮使夷吾重赂秦以求之”。⑥遗（wèi）：送给。

【原文】

惠公夷吾元年，使邳郑谢秦曰：“始夷吾以河西地许君，今幸得入立。大臣曰：‘地者先君之地，君亡在外，何以得擅许秦者？’寡人争之弗能得，故谢秦。”亦不与里克汾阳邑，而夺之权。四月，周襄王使周公忌父会齐、秦大夫共礼晋惠公。惠公以重耳在外，畏里克为变，赐里克死。谓曰：“微[①]里子寡人不得立。虽然，子亦杀二君一大夫[②]，为子君者不亦难乎？”里克对曰：“不有所废，君何以兴？欲诛之，其无辞乎？乃言为此！臣闻命矣。”遂伏剑而死。于是邳郑使谢秦未还，故不及难。

晋君改葬恭太子申生。秋，狐突之下国[③]，遇申生，申生与载而告之曰：“夷吾无礼，余得请于帝，将以晋与秦，秦将祀余。”狐突对曰：“臣闻神不食非其宗，君其祀毋乃绝乎？君其图之。”申生曰：“诺，吾将复请帝。后十日，新城西偏将有巫者见我焉。”许之，遂不见。及期而往，复见，申生告之曰：“帝许罚有罪矣，弊[④]于韩。”儿乃谣曰：“恭太子更葬矣，后十四年，晋亦不昌，昌乃在兄。”

邳郑使秦，闻里克诛，乃说秦缪公曰：“吕省、郤称、冀芮实为不从。若重赂与谋，出晋君，入重耳，事必就。”秦缪公许之，使人与归报晋，厚赂三子。三子曰：“币厚言甘，此必邳郑卖我于秦。”遂杀邳郑及里克、邳郑之党七舆大夫⑤。邳郑子豹奔秦，言伐晋，缪公弗听。

惠公之立，倍⑥秦地及里克，诛七舆大夫，国人不附。二年，周使召公过礼晋惠公，惠公礼倨，召公讥之。

【注释】

①微：无。②二君一大夫：《集解》曰：“奚齐、悼子、荀息也。”③下国：即新城，指曲沃。《集解》曰：“曲沃有宗庙，故谓之国；在绛下，故曰下国也。”④弊：失败。⑤七舆大夫：指申生所统率的下军的大夫们，当时申生有副车七乘，每车由一大夫主管，故称七舆大夫。⑥倍：通“背”。

【原文】

四年，晋饥，乞籴①于秦。缪公问百里奚，百里奚曰：“天灾流行，国家代有，救灾恤邻，国之道也。与之。”邳郑子豹曰：“伐之。”缪公曰：“其君是恶，其民何罪！”卒与粟，自雍属②绛。

五年，秦饥，请籴于晋。晋君谋之，庆郑曰：“以秦得立，已而倍其地约。晋饥而秦贷我，今秦饥请籴，与之何疑？而谋之！”虢射曰：“往年天以晋赐秦，秦弗知取而贷我。今天以秦赐晋，晋其可以逆天乎？遂伐之。”惠公用虢射谋，不与秦粟，而发兵且伐秦。秦大怒，亦发兵伐晋。

六年春，秦缪公将兵伐晋。晋惠公谓庆郑曰：“秦师深矣，奈何？”郑曰：“秦内君，君倍其赂；晋饥秦输粟，秦饥而晋倍之，乃欲因其饥伐之：其深，不亦宜乎！”晋卜御右，庆郑皆吉。公曰：“郑不孙[3]。”乃更令步阳御戎，家仆徒为右，进兵。九月壬戌，秦缪公、晋惠公合战韩原。惠公马騺[4]不行，秦兵至，公窘，召庆郑为御。郑曰：“不用卜，败不亦当乎！”遂去。更令梁繇靡御，虢射为右，辂[5]秦缪公。缪公壮士冒败晋军，晋军败，遂失秦缪公，反获晋公以归。秦将以祀上帝。晋君姊为缪公夫人，衰绖[6]涕泣。公曰：“得晋侯将以为乐，今乃如此。且吾闻箕子见唐叔之初封，曰‘其后必当大矣’，晋庸[7]可灭乎！”乃与晋侯盟王城而许之归。晋侯亦使吕省等报国人曰：“孤虽得归，毋面目见社稷，卜日立子圉。”晋人闻之，皆哭。秦缪公问吕省：“晋国和乎？”对曰：“不和。小人惧失君亡亲，不惮立子圉，曰‘必报仇，宁事戎狄’。其君子则爱君而知罪，以待秦命，曰‘必报德’。有此二故，不和。”于是秦缪公更舍晋惠公，馈之七牢[8]。十一月，归晋侯。晋侯至国，诛庆郑，修政教。谋曰：“重耳在外，诸侯多利内之。”欲使人杀重耳于狄。重耳闻之，如齐。

【注释】

①籴：买进粮食。②属：接连。③孙：通“逊”，恭顺。

④蛰：马难起步的样子。⑤辂（yà）：通“迓”，迎上前去。⑥衰绖（cuī dié）：丧服。⑦庸：岂，难道。⑧牢：祭祀牺牲名。一牛一羊一豕为太牢。

【原文】

八年，使太子圉质秦。初，惠公亡在梁，梁伯以其女妻之，生一男一女。梁伯卜之，男为人臣，女为人妾，故名男为圉，女为妾。

十年，秦灭梁。梁伯好土功，治城沟，民力罢[1]怨，其众数相惊，曰“秦寇至”，民恐惑，秦竟灭之。

十三年，晋惠公病，内有数子。太子圉曰：“吾母家在梁，梁今秦灭之，我外轻于秦而内无援于国。君即不起，病[2]大夫轻，更立他公子。”乃谋与其妻俱亡归。秦女曰：“子一国太子，辱在此。秦使婢子侍，以固子之心。子亡矣，我不从子，亦不敢言。子圉遂亡归晋。十四年九月，惠公卒，太子圉立，是为怀公。

子圉之亡，秦怨之，乃求公子重耳，欲内之。子圉之立，畏秦之伐也，乃令国中诸从重耳亡者与期，期尽不到者尽灭其家。狐突之子毛及偃从重耳在秦，弗肯召。怀公怒，囚狐突。突曰：“臣子事重耳有年数矣，今召之，是教之反君也，何以教之?”怀公卒杀狐突。秦缪公乃发兵送内重耳，使人告栾、郤之党为内应，杀怀公于高梁，入重耳。重耳立，是为文公。

【注释】

①罢：通“疲”。②病：忧虑。

【原文】

晋文公重耳，晋献公之子也。自少好士，年十七，有贤士五人[①]：曰赵衰；狐偃咎犯，文公舅也；贾佗；先轸；魏武子。自献公为太子时，重耳固已成人矣。献公即位，重耳年二十一。献公十三年，以骊姬故，重耳备蒲城守秦。献公二十一年，献公杀太子申生，骊姬谗之，恐，不辞献公而守蒲城。献公二十二年，献公使宦者履鞮趣[②]杀重耳。重耳逾垣，宦者逐斩其衣袪。重耳遂奔狄。狄，其母国也。是时重耳年四十三。从此五士，其余不名者数十人，至狄。

狄伐咎如，得二女：以长女妻重耳，生伯鯈、叔刘；以少女妻赵衰，生盾。居狄五岁而晋献公卒，里克已杀奚齐、悼子，乃使人迎，欲立重耳。重耳畏杀，因固谢，不敢入。已而晋更迎其弟夷吾立之，是为惠公。惠公七年，畏重耳，乃使宦者履鞮与壮士欲杀重耳。重耳闻之，乃谋赵衰等曰："始吾奔狄，非以为可用与[③]，以近易通，故且休足。休足久矣，固愿徙之大国。夫齐桓公好善，志在霸王，收恤诸侯。今闻管仲、隰朋死，此亦欲得贤佐，盍往乎？"于是遂行。重耳谓其妻曰："待我二十五年不来，乃嫁。"其妻笑曰："犁[④]二十五年，吾冢上柏大矣。虽然，妾待子。"重耳居狄凡十二年而去。

【注释】

①有贤士五人：《左传·僖公二十三年·昭公十三年》《吕氏春秋·介立》注，与此所列五人有异。此五人有先轸，

先轸未跟从流亡，故史迁误。②趣（cù）：赶快。③与：《索隐》云："诸本或为'兴'。兴，起也。"④犁：比及。

【原文】

过卫，卫文公不礼。去。过五鹿，饥而从野人乞食，野人盛土器中进之。重耳怒。赵衰曰："土者，有土也，君其拜受之。"

至齐，齐桓公厚礼，而以宗女妻之，有马二十乘，重耳安之。重耳至齐二岁而桓公卒，会竖刀等为内乱，齐孝公之立，诸侯兵数至。留齐凡五岁。重耳爱齐女，毋去心。赵衰、咎犯乃于桑下谋行。齐女侍者在桑上闻之，以告其主。其主乃杀侍者，劝重耳趣行。重耳曰："人生安乐，孰知其他！必死于此，不能去。"齐女曰："子一国公子，穷而来此，数士者以子为命。子不疾反[1]国，报劳臣，而怀女德，窃为子羞之。且不求，何时得功？"乃与赵衰等谋醉重耳，载以行。行远而觉，重耳大怒，引戈欲杀咎犯。咎犯曰："杀臣成子，偃之愿也。"重耳曰："事不成，我食舅氏之肉。"咎犯曰："事不成，犯肉腥臊，何足食！"乃止，遂行。

【注释】

①疾：赶快。反：通"返"。

【原文】

过曹，曹共公不礼，欲观重耳骈胁[1]。曹大夫釐负羁曰："晋公子贤，又同姓，穷来过我，奈何不礼！"共公不从其谋。

负羁乃私遗重耳食，置璧其下。重耳受其食，还其璧。

去，过宋。宋襄公新困兵于楚，伤于泓，闻重耳贤，乃以国礼礼于重耳。宋司马公孙固善于咎犯，曰：“宋小国新困，不足以求入，更之大国。”乃去。

【注释】

①骈胁：一种生理畸形，肋骨紧密相连。

【原文】

过郑，郑文公弗礼。郑叔瞻谏其君曰：“晋公子贤，而其从者皆国相，且又同姓。郑之出自厉王，而晋之出自武王。”郑君曰：“诸侯亡公子过此者众，安可尽礼！”叔瞻曰：“君不礼，不如杀之，且后为国患。”郑君不听。

重耳去，之楚，楚成王以適[①]诸侯礼待之，重耳谢不敢当。赵衰曰：“子亡在外十余年，小国轻子，况大国乎？今楚大国而固遇[②]子，子其毋让，此天开子也。”遂以客礼见之。成王厚遇重耳，重耳甚卑。成王曰：“子即反国，何以报寡人？”重耳曰：“羽毛齿角玉帛，君王所余，未知所以报。”王曰：“虽然，何以报不穀[③]？”重耳曰：“即不得已，与君王以兵车会平原广泽，请辟王三舍[④]。”楚将子玉怒曰：“王遇晋公子至厚，今重耳言不逊，请杀之。”成王曰：“晋公子贤而困于外久，从者皆国器[⑤]，此天所置，庸可杀乎？且言何以易之！”居楚数月，而晋太子圉亡秦，秦怨之；闻重耳在楚，乃召之。成王曰：“楚远，更数国乃至晋。秦晋接境，秦君贤，子其勉行!”厚送重耳。

【注释】

①適：官爵相同的人。②遇：接待。③不穀：国君自称。④三舍：古代行军以三十里为一舍，三舍为九十里。⑤国器：旧时谓可使主持国政的人才。

【原文】

重耳至秦，缪公以宗女五人妻重耳，故子圉妻与往。重耳不欲受，司空季子曰：“其国且伐，况其故妻乎！且受以结秦亲而求入，子乃拘小礼，忘大丑乎!”遂受。缪公大欢，与重耳饮。赵衰歌《黍苗》[①]诗。缪公曰：“知子欲急反国矣。”赵衰与重耳下，再拜曰：“孤臣之仰君，如百谷之望时雨。”是时晋惠公十四年秋。惠公以九月卒，子圉立。十一月，葬惠公。十二月，晋国大夫栾、郤等闻重耳在秦，皆阴来劝重耳、赵衰等反国，为内应甚众。于是秦缪公乃发兵与重耳归晋。晋闻秦兵来，亦发兵拒之。然皆阴知公子重耳入也。唯惠公之故贵臣吕、郤之属不欲立重耳。重耳出亡凡十九岁而得入，时年六十二矣，晋人多附焉。

【注释】

①《黍苗》：喻重耳君臣需要帮助回国。《黍》为《诗·小雅》篇名。

【原文】

文公元年春，秦送重耳至河。咎犯曰：“臣从君周旋天下，过亦多矣。臣犹知之，况于君乎？请从此去矣。”重耳曰：“若反国，所不与子犯共者，河伯视之！”乃投璧河中，以与子犯谋。是时介子推从，在船中，乃笑曰：“天实开公子，而子犯以为己功而要市[①]于君，固足羞也。吾不忍与同位。”乃自隐渡河。秦兵围令孤，晋军于庐柳。二月辛丑，咎犯与秦晋大夫盟于郇。壬寅，重耳入于晋师。丙午，入于曲沃。丁未，朝于武宫[②]，即位为晋君，是为文公。群臣皆往。怀公圉奔高梁。戊申，使人杀怀公。

怀公故大臣吕省、郤芮本不附文公，文公立，恐诛，乃欲与徒谋烧公宫，杀文公。文公不知。始尝欲杀文公宦者履鞮知其谋，欲以告文公，解前罪，求见文公。文公不见，使人让曰：“蒲城之事，女斩予祛。其后我从狄君猎，女为惠公来求杀我。惠公与女期三日至，而女一日至，何速也？女其念之。”宦者曰：“臣刀锯之余[③]，不敢以二心事君倍主，故得罪于君。君已反国，其毋蒲、翟乎？且管仲射钩，桓公以霸[④]。今刑余之人以事告而君不见，祸又且及矣。”于是见之，遂以吕、郤等告文公。文公欲召吕、郤，吕、郤等党多，文公恐初入国，国人卖己，乃为微行[⑤]，会秦缪公于王城，国人莫知。三月己丑，吕、郤等果反，焚公宫，不得文公。文公之卫徒与战，吕、郤等引兵欲奔，秦缪公诱吕、郤等，杀之河上，晋国复而文公得归。夏，迎夫人于秦，秦所与文公妻者卒为夫人。秦送三千人为卫，以备晋乱。

【注释】

①要（yāo）市：求取。②武宫：《集解》曰："文公之祖武公庙也。"③刀锯之余：刀锯，古代的刑具。受过宫刑的人称刀锯之余或刀锯余人。④管仲射钩，桓公以霸：管仲为齐国大夫。雍林人杀死齐君无知后，齐人商议立新君。这时，公子纠在鲁，管仲辅佐他；公子小白在莒，鲍叔辅佐他。小白年轻时就与齐大夫高傒友好，所以，高傒、国氏便暗中到莒告知小白立即返齐。鲁人也护送公子纠返齐，并派管仲率军截击小白，管仲射中小白衣带上的钩。小白佯装死去，管仲派人到鲁回报，鲁不慌不忙地护送公子纠，结果，六天后才到达齐国。其时，小白早已到齐，由高傒立为国君，称桓公。桓公为报射钩之仇发兵拒鲁，鲁军大败。桓公要求公子纠自杀，并召回管仲，拟处以醢刑。但鲍叔牙认为桓公欲称霸，非管仲不可。在鲍叔牙的劝说下，桓公任用了管仲，果然称霸。详见《齐太公世家》。⑤微行：旧时帝王或高官隐藏身份改装出行。

【原文】

文公修政，施惠百姓。赏从亡者及功臣，大者封邑，小者尊爵。未尽行赏，周襄王以弟带难出居郑地，来告急晋。晋初定，欲发兵，恐他乱起，是以赏从亡未至隐者介子推。推亦不言禄，禄亦不及。推曰："献公子九人，唯君在矣。惠、怀无亲，外内弃之；天未绝晋，必将有主，主晋祀者，非君而谁？

天实开之，二三子以为己力，不亦诬乎？窃人之财，犹曰是盗，况贪天之功以为己力乎？下冒其罪，上赏其奸，上下相蒙[①]，难与处矣！”其母曰：“盍亦求之，以死谁怼[②]？”推曰：“尤而效之，罪有甚焉。且出怨言，不食其禄。”母曰：“亦使知之，若何？”对曰：“言，身之文也；身欲隐，安用文之？文之，是求显也。”其母曰：“能如此乎？与女偕隐。”至死不复见[③]。

【注释】

①蒙：欺骗。②怼：怨恨。③见：通“现”。

【原文】

介子推从者怜之，乃悬书宫门曰：“龙欲上天，五蛇为辅[①]。龙已升云，四蛇各入其宇，一蛇独怨，终不见处所。”文公出，见其书，曰：“此介子推也。吾方忧王室，未图其功。”使人召见，则亡。遂求所在，闻其入绵上山中，于是文公环绵上山中而封之，以为介推田，号曰介山，“以记吾过，且旌[②]善人”。

从亡贱臣壶叔曰：“君三行赏，赏不及臣，敢请罪。”文公报曰：“夫导我以仁义，防我以德惠，此受上赏。辅我以行，卒以成立，此受次赏。矢石之难，汗马之劳，此复受次赏。若以力事我而无补吾缺者，此受次赏。三赏之后，故且及子。”晋人闻之，皆说[③]。

【注释】

①龙欲上天，五蛇为辅：《索隐》云："龙喻重耳。五蛇即五臣，狐偃、赵衰、魏武子、司空季子及子推也。"②旌：表彰。③说：通"悦"。

【原文】

二年春，秦军河上，将入王。赵衰曰："求霸莫如入王尊周。周晋同姓，晋不先入王，后秦入之，毋以令于天下。方今尊王，晋之资也。"三月甲辰，晋乃发兵至阳樊，围温，入襄王于周。四月，杀王弟带。周襄王赐晋河内阳樊之地。

四年，楚成王及诸侯围宋，宋公孙固如晋告急。先轸曰："报施定霸，于今在矣。"狐偃曰："楚新得曹而初婚于卫，若伐曹、卫，楚必救之，则宋免矣。"于是晋作三军。赵衰举郤縠将中军，郤臻佐之，使狐偃将上军，狐毛佐之，命赵衰为卿；栾枝将下军，先轸佐之；荀林父御戎，魏犨为右；往伐。冬十二月，晋兵先下山东，而以原封赵衰。

五年春，晋文公欲伐曹，假道于卫，卫人弗许。还自河南度，侵曹，伐卫。正月，取五鹿。二月，晋侯、齐侯盟于敛盂。卫侯请盟晋，晋人不许。卫侯欲与楚，国人不欲，故出其君以说晋。卫侯居襄牛，公子买守卫。楚救卫，不卒[①]。晋侯围曹。三月丙午，晋师入曹，数之[②]，以其不用釐负羁言，而用美女乘轩者三百人也。令军毋入釐负羁宗家以报德。楚围宋，宋复告急晋。文公欲救则攻楚，为楚尝有德，不欲伐也；

欲释宋，宋又尝有德于晋：患之。先轸曰："执曹伯，分曹、卫地以与宋，楚急曹、卫，其势宜释宋。"于是文公从之，而楚成王乃引兵归。

【注释】

①卒：《集解》云一作"胜"。②数之：历数罪状。

【原文】

楚将子玉曰："王遇晋至厚，今知楚急曹、卫而故伐之，是轻王。"王曰："晋侯亡在外十九年，困日久矣，果得反国，险厄尽知之，能用其民，天之所开，不可当。"子玉请曰："非敢必有功，愿以间执谗慝[①]之口也。"楚王怒，少与之兵。于是子玉使宛春告晋："请复卫侯而封曹，臣亦释宋。"咎犯曰："子玉无礼矣，君取一，臣取二[②]，勿许。"先轸曰："定人之谓礼。楚一言定三国，子一言而亡之，我则毋礼。不许楚，是弃宋也。不如私许曹、卫以诱之，执宛春以怒楚，既战而后图之。"晋侯乃囚宛春于卫，且私许复曹、卫。曹、卫告绝于楚。楚得臣怒，击晋师，晋师退。军吏曰："为何退？"文公曰："昔在楚，约退三舍，可倍乎！"楚师欲去，得臣不肯。四月戊辰，宋公、齐将、秦将与晋侯次城濮。己巳，与楚兵合战，楚兵败，得臣收余兵去。甲午，晋师还至衡雍，作王宫于践土。

【注释】

①间执：堵塞。谗慝（tè）：邪恶之人。②君取一，臣取

二：《集解》云："君，文公也。臣，子玉也。一谓释宋围，二谓复曹、卫。"

【原文】

初，郑助楚，楚败，惧，使人请盟晋侯。晋侯与郑伯盟。

五月丁未，献楚俘于周，驷介[①]百乘，徒兵[②]千。天子使王子虎命晋侯为伯，赐大辂[③]，彤弓矢百，玈[④]弓矢千，秬鬯一卣[⑤]，珪瓒[⑥]，虎贲[⑦]三百人。晋侯三辞，然后稽首受之。周作《晋文侯命》[⑧]："王若曰：父义和[⑨]，丕显文、武，能慎明德，昭登于上[⑩]，布闻在下[⑪]，维时[⑫]上帝集厥命于文、武。恤朕身，继予一人永其在位。"于是晋文公称伯[⑬]。癸亥，王子虎盟诸侯于王庭。

晋焚楚军[⑭]，火数日不息，文公叹。左右曰："胜楚而君犹忧，何？"文公曰："吾闻能战胜安者唯圣人，是以惧。且子玉犹在，庸可喜乎！"子玉之败而归，楚成王怒其不用其言，贪与晋战，让责子玉，子玉自杀。晋文公曰："我击其处，楚诛其内，内处相应。"于是乃喜。

六月，晋人复入卫侯。壬午，晋侯度河北归国。行赏，狐偃为首。或曰："城濮之事，先轸之谋。"文公曰："城濮之事，偃说我毋失信。先轸曰'军事胜为右'，吾用之以胜。然此一时之说，偃言万世之功，奈何以一时之利而加[⑮]万世功乎？是以先之。"

冬，晋侯令诸侯于温，欲率之朝周。力未能，恐其有畔[⑯]

者，乃使人言周襄王狩于河阳。壬申，遂率诸侯朝王于践土。孔子读史记⑰至文公，曰："诸侯无召王。'王狩河阳'者，《春秋》⑱讳之也。"

【注释】

①驷介：披甲的驷马。②徒兵：步兵。③大辂：金辂。用黄金装饰的大车。④玈（lǔ）：黑色。⑤秬鬯（chàng）：祭祀时降神所用的以郁金草和黑黍酿造的酒。卣（yǒu）：酒器。⑥珪瓒：以珪为柄的瓒，祭祀时盛灌酒的勺子。⑦虎贲：勇士。⑧《晋王侯命》：《索隐》云："《尚书·文侯之命》是平王命晋文侯仇之语；今此文乃襄王命文公重耳之事。"有误。⑨父：《集解》云："同姓，故称曰父。"义和：用道义使诸侯和睦。⑩昭：明亮。上：天。⑪布：流传。下：人民。⑫时：通"是"。⑬伯：通"霸"。⑭晋焚楚军：《左传·僖公二十八年》无此语。此处有误。⑮加：超过。⑯畔：通"叛"。⑰史记：泛指史书，实指《春秋》。⑱《春秋》：儒家经典之一。编年体史书。相传孔子依据鲁国史官所编《春秋》加以整理修订而成。文字简短，寓有褒贬之意，后世称为"春秋笔法"。

【原文】

丁丑，诸侯围许。曹伯臣或说晋侯曰："齐桓公合诸侯而国异姓，今君为会而灭同姓。曹，叔振铎之后；晋，唐叔之后。合诸侯而灭兄弟，非礼。"晋侯说，复曹伯。

于是晋始作三行[1]。荀林父将中行，先縠将右行，先蔑将左行。

七年，晋文公、秦缪公共围郑，以其无礼于文公亡过时，及城濮时郑助楚也。围郑，欲得叔瞻。叔瞻闻之，自杀。郑持叔瞻告晋。晋曰："必得郑君而甘心焉。"郑恐，乃间[2]令使谓秦缪公曰："亡郑厚晋，于晋得矣，而秦未为利。君何不解郑，得为东道交[3]？"秦伯说，罢兵。晋亦罢兵。

【注释】

①晋始作三行：据《左传·僖公二十八年》载："晋侯作三行以御狄。"行为步卒。春秋时各国都用战车作战，晋文公为了抵御狄族，在上、中、下三军之外，增设三支步兵，即右行、中行、左行，称为"三行"，以回避周王六军的名称。从此，三行便成为晋国军制的名称。②间：乘空隙。③东道交：东方路上的朋友。郑国在秦国的东方，所以这样说。

【原文】

九年冬，晋文公卒，子襄公欢立。是岁郑伯亦卒。

郑人或卖其国于秦，秦缪公发兵往袭郑。

十二月，秦兵过我郊。襄公元年春，秦师过周，无礼，王孙满讥之。兵至滑，郑贾人弦高将市于周，遇之，以十二牛劳秦师。秦师惊而还，灭滑而去。

晋先轸曰："秦伯不用蹇叔，反其众心，此可击。"栾枝曰："未报先君施[1]于秦，击之，不可。"先轸曰："秦侮吾孤[2]，伐吾同姓，何德之报？”遂击之。襄公墨衰绖。四月，败秦师于殽，虏秦三将孟明视、西乞秫、白乙丙以归。遂墨以葬文公。文公夫人秦女，谓襄公曰：“秦欲得其三将戮之。”公许，遣之。先轸闻之，谓襄公曰：“患生矣。”轸乃追秦将。秦将渡河，已在船中，顿首谢，卒不反。

后三年，秦果使孟明伐晋，报殽之败，取晋汪以归。四年，秦缪公大兴兵伐我，度河，取王官，封[3]殽尸而去。晋恐，不敢出，遂城守。五年，晋伐秦，取新城，报王官役也。

六年，赵衰成子、栾贞子、咎季子犯、霍伯皆卒。赵盾代赵衰执政。

【注释】

①施：给予。此指给予恩惠。②孤：襄公初丧父，故称孤。③封：堆土筑坟。

【原文】

七年八月，襄公卒。太子夷皋少。晋人以难[1]故，欲立长君。赵盾曰：“立襄公弟雍。好善而长，先君爱之；且近于秦，秦故好也。立善则固，事长则顺，奉爱则孝，结旧好则安。”贾季曰：“不如其弟乐。辰嬴嬖[2]于二君，立其子，民必安之。”赵盾曰：“辰嬴贱，班[3]在九人下，其子何震之有！且为二君嬖，淫也。为先君子，不能求大而出在小国，僻也。母淫子僻，无威；陈小而远，无援；将何可乎！”使士会如秦迎公子雍。贾季亦使人召公子乐于陈。赵盾废贾季，以其杀阳处父。十月，葬襄公。十一月，贾季奔翟。是岁，秦缪公亦卒。

灵公元年四月，秦康公曰："昔文公之入也无卫，故有吕、郤之患。"乃多与公子雍卫。太子母缪嬴日夜抱太子以号泣于朝，曰："先君何罪？其嗣亦何罪？舍適而外求君，将安置此？"出朝，则抱以适赵盾所，顿首曰："先君奉此子而属[4]之子，曰'此子材，吾受其赐，不材，吾怨子'。今君卒，言犹在耳，而弃之，若何？"赵盾与诸大夫皆患缪嬴，且畏诛，乃背所迎而立太子夷皋，是为灵公。发兵以距[5]秦送公子雍者。赵盾为将，往击秦，败之令狐。先蔑、随会亡奔秦。秋，齐、宋、卫、郑、曹、许君皆会赵盾，盟于扈，以灵公初立故也。

四年，伐秦，取少梁。秦亦取晋之郩。六年，秦康公伐晋，取羁马。晋侯怒，使赵盾、赵穿、郤缺击秦，大战河曲，赵穿最有功。七年，晋六卿患随会之在秦，常为晋乱，乃详令魏寿馀反晋降秦。秦使随会之魏，因执会以归晋。

八年，周顷王崩，公卿争权，故不赴[6]。晋使赵盾以车八百乘平周乱而立匡王。是年，楚庄王初即位。十二年，齐人弑其君懿公。

【注释】

①难：《集解》曰："晋国数有患难。"②嬖：宠幸。③班：位次。④奉：通"捧"。属：通"嘱"，托付。⑤距：通"拒"，抗拒。⑥赴：报丧。

【原文】

十四年，灵公壮，侈，厚敛以雕①墙。从台上弹人，观其避丸也。宰夫胹②熊蹯不熟，灵公怒，杀宰夫，使妇人持其尸出弃之，过朝。赵盾、随会前数谏，不听；已又见死人手，二人前谏。随会先谏，不听。灵公患之，使鉏麑刺赵盾。盾闺③门开，居处节，鉏麑退，叹曰："杀忠臣，弃君命，罪一也。"遂触树而死。

初，盾常田④首山，见桑下有饿人。饿人，示眯明也。盾与之食，食其半。问其故，曰："宦三年，未知母之存不，愿遗母。"盾义之，益与之饭肉。已而为晋宰夫，赵盾弗复知也。九月，晋灵公饮赵盾酒，伏甲将攻盾。公宰示眯明知之，恐盾醉不能起，而进曰："君赐臣，觞三行可以罢。"欲以去赵盾，令先，毋及难。盾既去，灵公伏士未会，先纵啮狗名敖⑤。明为盾搏杀狗。盾曰："弃人用狗，虽猛何为。"然不知明之为阴德也。已而灵公纵伏士出逐赵盾，示眯明反击灵公之伏士，伏士不能进，而竟脱盾。盾问其故，曰："我桑下饿人。"问其名，弗告。明亦因亡去。

【注释】

①雕：用彩画装饰。②胹（ér）：煮。③闺：内室。④田：通"畋"，打猎。⑤敖：大狗。《集解》曰："犬四尺曰敖。"

【原文】

盾遂奔，未出晋境。乙丑，盾昆弟将军赵穿袭杀灵公于桃园而迎赵盾。赵盾素贵，得民和；灵公少，侈，民不附，故为弑易。盾复位。晋太史董狐书曰“赵盾弑其君”，以视于朝。盾曰：“弑者赵穿，我无罪。”太史曰：“子为正卿，而亡不出境，反不诛国乱，非子而谁？”孔子闻之，曰：“董狐，古之良史也，书法不隐。宣子，良大夫也，为法受恶。惜也，出疆乃免。”

赵盾使赵穿迎襄公弟黑臀于周而立之，是为成公。

成公者，文公少子，其母周女也。壬申，朝于武宫。

成公元年，赐赵氏为公族①。伐郑，郑倍晋故也。三年，郑伯初立，附晋而弃楚。楚怒，伐郑，晋往救之。

六年，伐秦，虏秦将赤。

成公七年，成公与楚庄王争强，会诸侯于扈。陈畏楚，不会。晋使中行桓子伐陈，因救郑，与楚战，败楚师。是年，成公卒，子景公据立。

【注释】

①赐赵氏为公族：骊姬作乱时，在神前诅咒，不许收容公子，晋国从此无公族。晋成公即位，把卿的嫡长子赐为公族。此赐赵氏为公族即其一。公族，公族大夫，即国君同族的大夫。

【原文】

景公元年春，陈大夫夏徵舒弑其君灵公。二年，楚庄王伐陈，诛徵舒。

三年，楚庄王围郑，郑告急晋。晋使荀林父将中军，随会将上军，赵朔将下军，郤克、栾书、先縠、韩厥、巩朔佐之。六月，至河。闻楚已服郑，郑伯肉袒与盟而去，荀林父欲还。先縠曰："凡来救郑，不至不可，将率[1]离心。"卒度河。楚已服郑，欲饮马于河为名而去。楚与晋军大战。郑新附楚，畏之，反助楚攻晋。晋军败，走河，争度，船中人指甚众[2]。楚虏我将智䓨。归而林父曰："臣为督将，军败当诛，请死。"景公欲许之。随会曰："昔文公之与楚战城濮，成王归杀子玉，而文公乃喜。今楚已败我师，又诛其将，是助楚杀仇也。"乃止。

四年，先縠以首计而败晋军河上，恐诛，乃奔翟，与翟谋伐晋。晋觉，乃族縠。縠，先轸子也。

五年，伐郑，为助楚故也。是时楚庄王强，以挫晋兵河上也。

六年，楚伐宋，宋来告急晋，晋欲救之，伯宗谋曰："楚，天方开之，不可当。"乃使解扬绐[3]为救宋。郑人执与楚，楚厚赐，使反其言，令宋急下。解扬绐许之，卒致晋君言。楚欲杀之，或谏，乃归解扬。

【注释】

①率：通"帅"。②人指甚众：据《左传·宣公十二年》载："中军、下军争舟，舟中之指可掬也。"③绐（dài）：欺骗，谎言。

【原文】

七年，晋使随会灭赤狄。

八年，使郤克于齐。齐顷公母从楼上观而笑之。所以然者，郤克偻[①]，而鲁使蹇[②]，卫使眇[③]，故齐亦令人如之以导客。郤克怒，归至河上，曰："不报齐者，河伯视之！"至国，请君，欲伐齐。景公问知其故，曰："子之怨，安足以烦国！"弗听。魏文子请老休[④]，辟[⑤]郤克，克执政。

九年，楚庄王卒。晋伐齐，齐使太子彊[⑥]为质于晋，晋兵罢。

十一年春，齐伐鲁，取隆。鲁告急卫，卫与鲁皆因郤克告急于晋。晋乃使郤克、栾书、韩厥以兵车八百乘与鲁、卫共伐齐。夏，与顷公战于鞌，伤困顷公。顷公乃与其右易位，下取饮，以得脱去。齐师败走，晋追北至齐。顷公献宝器以求平[⑦]，不听。郤克曰："必得萧桐姪子为质。"齐使曰："萧桐姪子，顷公母；顷公母犹晋君母，奈何必得之？不义，请复战。"晋乃许与平而去。

楚申公巫臣盗夏姬以奔晋，晋以巫臣为邢大夫。

【注释】

①偻：曲背。②蹇：跛足。③眇：眼瞎。④魏文子请老休：依《左传·宣公十七年》记载，请老休者乃范武子士会。魏文子系魏颉，在悼公时，景公时尚无此人。⑤辟：推荐。⑥太子彊：当为公子彊。⑦平：讲和。

【原文】

十二年冬，齐顷公如晋，欲上尊晋景公为王，景公让不敢。晋始作六军，韩厥、巩朔、赵穿[①]、荀骓、赵括、赵旃皆为卿。智罃自楚归。

十三年，鲁成公朝晋，晋弗敬，鲁怒去，倍晋。晋伐郑，取汜。

十四年，梁山崩。问伯宗，伯宗以为不足怪也。

十六年，楚将子反怨巫臣，灭其族。巫臣怒，遗子反书曰："必令子罢于奔命！"乃请使吴，令其子为吴行人，教吴乘车用兵。吴晋始通，约伐楚。

十七年，诛赵同、赵括，族灭之。韩厥曰："赵衰、赵盾之功岂可忘乎？奈何绝祀！"乃复令赵庶子武为赵后，复与之邑。

十九年夏，景公病，立其太子寿曼为君，是为厉公。后月余，景公卒。

【注释】

①赵穿：《左传·成公三年》作韩穿。

【原文】

厉公元年，初立，欲和诸侯，与秦桓公夹河而盟。归而秦倍盟，与翟谋伐晋。三年，使吕相让秦，因与诸侯伐秦。至泾，败秦于麻隧，虏其将成差。

五年，三郤谗伯宗，杀之。伯宗以好直谏得此祸，国人以是不附厉公。

六年春，郑倍晋与楚盟，晋怒。栾书曰："不可以当吾世而失诸侯。"乃发兵。厉公自将，五月度河。闻楚兵来救，范文子请公欲还。郤至曰："发兵诛逆，见强辟之，无以令诸侯。"遂与战。癸巳，射中楚共王目，楚兵败于鄢陵。子反收余兵，拊循[①]欲复战，晋患之。共王召子反，其侍者竖阳穀进酒，子反醉，不能见。王怒，让子反，子反死。王遂引兵归。晋由此威诸侯，欲以令天下求霸。

【注释】

①拊循：安抚，抚慰。

【原文】

厉公多外嬖姬，归，欲尽去群大夫而立诸姬兄弟。宠姬兄曰胥童，尝与郤至有怨，及栾书又怨郤至不用其计而遂败楚，乃使人间谢楚。楚来诈厉公曰："鄢陵之战，实至召楚，欲作乱，内子周立之。会与国不具，是以事不成。"厉公告栾书。栾书曰："其殆有矣！愿公试使人之周微考[①]之。"果使郤至于周。栾书又使公子周见郤至，郤至不知见卖也。厉公验之，信然，遂怨郤至，欲杀之。八年，厉公猎，与姬饮，郤至杀豕奉进，宦者夺之。郤至射杀宦者。公怒，曰："季子欺予！"将诛三郤，未发也。郤锜欲攻公，曰："我虽死，公亦病矣。"郤至曰："信不反君，智不害民，勇不作乱。失此三者，谁与我？我死耳！"十二月壬午，公令胥童以兵八百人袭攻杀三郤。胥童因以劫栾书、中行偃于朝，曰："不杀二子，患必及公。"公曰："一旦杀三卿，寡人不忍益也。"对曰："人将忍君。"公弗听，谢栾书等以诛郤氏罪："大夫复位。"二子顿首曰："幸甚幸甚！"公使胥童为卿。闰月乙卯，厉公游匠骊氏，栾书、中行偃以其党袭捕厉公，囚之，杀胥童，而使人迎公子周于周立之，是为悼公。

悼公元年正月庚申，栾书、中行偃弑厉公，葬之以一乘车。厉公囚六日死，死十日庚午，智罃迎公子周来，至绛，刑[2]鸡与大夫盟而立之，是为悼公。辛巳，朝武宫。二月乙酉，即位。

【注释】

①微考：暗地观察。②刑：杀。

【原文】

悼公周者，其大父捷，晋襄公少子也，不得立，号为桓叔，桓叔最爱。桓叔生惠伯谈，谈生悼公周。周之立，年十四矣。悼公曰："大父、父皆不得立而辟[1]难于周，客死焉。寡人自以疏远，毋幾[2]为君。今大夫不忘文、襄之意而惠立桓叔之后，赖宗庙大夫之灵，得奉晋祀，岂敢不战战乎？大夫其亦佐寡人！"于是逐不臣者七人，修旧功，施德惠，收文公入时功臣后。秋，伐郑。郑师败，遂至陈。

三年，晋会诸侯。悼公问群臣可用者，祁傒举解狐。解狐，傒之仇。复问，举其子祁午。君子曰："祁傒可谓不党[3]

矣！外举不隐仇，内举不隐子。”方会诸侯，悼公弟杨干乱行[4]，魏绛戮其仆[5]。悼公怒，或谏公，公卒贤绛，任之政，使和戎，戎大亲附。十一年，悼公曰：“自吾用魏绛，九合诸侯，和戎、翟，魏子之力也。”赐之乐，三让乃受之。冬，秦取我栎。

十四年，晋使六卿率诸侯伐秦，度泾，大败秦军，至棫林而去。

十五年，悼公问治国于师旷。师旷曰：“惟仁义为本。”冬，悼公卒，子平公彪立。

【注释】

①辟：通“避”。②幾：通“冀”，盼望。③党：偏私。④行：阵势。⑤仆：驾车者。

【原文】

平公元年，伐齐，齐灵公与战靡下，齐师败走。晏婴曰：“君亦毋勇，何不止战?”遂去。晋追，遂围临菑，尽烧屠其郭中。东至胶，南至沂，齐皆城守，晋乃引兵归。

六年，鲁襄公朝晋。晋栾逞有罪，奔齐。八年，齐庄公微遣栾逞于曲沃，以兵随之[1]。齐兵上太行，栾逞从曲沃中反，袭入绛。绛不戒，平公欲自杀，范献子止公，以其徒击逞。逞败走曲沃。曲沃攻逞，逞死，遂灭栾氏宗。逞者，栾书孙也。其入绛，与魏氏谋。齐庄公闻逞败，乃还，取晋之朝歌去，以报临菑之役也。

十年，齐崔杼弑其君庄公。晋因齐乱，伐败齐于高唐去，报太行之役也。

十四年，吴延陵季子来使，与赵文子、韩宣子、魏献子语，曰："晋国之政，卒归此三家矣。"

十九年，齐使晏婴如晋，与叔向语。叔向曰："晋，季世[2]也。公厚赋为台池而不恤政，政在私门，其可久乎！"晏子然之。

二十二年，伐燕。二十六年，平公卒，子昭公夷立。

【注释】

①以兵随之：依《左传·襄公二十三年》所载，齐遣栾逞与齐伐晋上太行，判若两事，此恐误为一边。②季世：末世，衰微的时代。

【原文】

昭公六年卒。六卿强[1]，公室卑。子顷公去疾立。

顷公六年，周景王崩，王子争立。晋六卿平王室乱，立敬王。

九年，鲁季氏逐其君昭公，昭公居乾侯。十一年，卫、宋使使请晋纳鲁君。季平子私赂范献子，献子受之，乃谓晋君曰："季氏无罪。"不果[2]入鲁君。

十二年，晋之宗家祁傒孙，叔向子，相恶[3]于君。六卿欲弱公室，乃遂以法尽灭其族，而分其邑为十县，各令其子为大夫。晋益弱，六卿皆大。

十四年，顷公卒，子定公午立。

定公十一年，鲁阳虎奔晋，赵鞅简子舍子。十二年，孔子相鲁。

十五年，赵鞅使邯郸大夫午，不信[④]，欲杀午，午与中行寅、范吉射亲攻赵鞅，鞅走保晋阳。定公围晋阳。荀栎、韩不信、魏侈与范、中行为仇，乃移兵伐范、中行。范、中行反，晋君击之，败范、中行。范、中行走朝歌，保之。韩、魏为赵鞅谢晋君，乃赦赵鞅，复位。二十二年，晋败范、中行氏，二子奔齐。

三十年，定公与吴王夫差会黄池，争长，赵鞅时从，卒长吴。

三十一年，齐田常弑其君简公，而立简公弟骜为平公。三十三年，孔子卒。

三十七年，定公卒，子出公凿立。

【注释】

①六卿强：六卿，晋国的六家大夫，即韩、赵、魏、范、中行及智氏。此时六卿始强。②果：成为事实。③恶：中伤。④不信：据《左传·定公十三年》载，赵鞅要求邯郸午把卫国进贡的五百家还给他，把他们迁移到晋阳去。邯郸午答应了，回去告诉了他的父老兄长。父老兄长都不同意，邯郸午没能按赵鞅的要求去做，故曰不信。

【原文】

出公十七年，知伯与赵、韩、魏共分范、中行地以为邑。

出公怒，告齐、鲁，欲以伐四卿。四卿恐，遂反攻出公。出公奔齐，道死①。故知伯乃立昭公曾孙骄为晋君，是为哀公②。

哀公大父雍，晋昭公少子也，号为戴子。戴子生忌。忌善知伯，蚤③死，故知伯欲尽并晋，未敢，乃立忌子骄为君。当是时，晋国政皆决知伯，晋哀公不得有所制。知伯遂有范、中行地，最强。

哀公四年，赵襄子、韩康子、魏桓子共杀知伯，尽并其地。

【注释】

①道死：据《竹书纪年》所载，出公在位二十三年，奔齐后六年始死，与此处所说不同。②哀公：《赵世家》作懿公。③蚤：通“早”。

【原文】

十八年，哀公卒，子幽公柳立。

幽公之时，晋畏，反朝韩、赵、魏之君。独有绛、曲沃，余皆入三晋。

十五年，魏文侯初立。十八年，幽公淫妇人，夜窃出邑中，盗杀幽公。魏文侯以兵诛晋乱，立幽公子止，是为烈公。

烈公十九年，周威烈王赐赵、韩、魏皆命为诸侯。

二十七年，烈公卒，子孝公颀立。孝公九年，魏武侯初立，袭邯郸，不胜而去。十七年，孝公卒，子静公俱酒立。是岁，齐威王元年也。

静公二年，魏武侯、韩哀侯、赵敬侯灭晋后而三分其地。静公迁为家人[①]，晋绝不祀。

【注释】

①家人：平民。

【原文】

太史公曰：晋文公，古所谓明君也，亡居外十九年，至困约[①]，及即位而行赏，尚忘介子推，况骄主乎？灵公既弑，其后成、景致[②]严，至厉大刻，大夫惧诛，祸作。悼公以后日衰，六卿专权。故君道之御其臣下，固不易哉！

【注释】

①约：贫困。②致：极。

【译文】

晋国的唐叔虞是周武王的儿子，周成王的弟弟。当初，周武王与叔虞母亲交会时，母梦见上天对周武王说："我让你生个儿子，名叫虞，我把唐赐给他。"等到武王夫人生下婴儿后一看，手掌心上果然写着"虞"字，所以就给儿子取名为虞。

周武王逝世后，周成王继位，唐发生内乱，周公灭了唐。一天，周成王和叔虞做游戏，成王把一片桐树叶削成珪状送给叔虞，说："用这个分封你。"史佚于是请求选择一个吉日封叔虞为诸侯。周成王说："我和他开玩笑呢！"史佚说："天子无戏言。只要说了，史官就应如实记载下来，按礼节完成它，并奏乐章歌咏它。"于是，周成王把唐封给叔虞。唐在黄河、汾河的东边，方圆一百里，所以叫唐叔虞，姓姬，字子于。

唐叔的儿子燮就是晋侯。晋侯的儿子宁族就是武侯。武侯的儿子服人就是成侯。成侯的儿子福就是厉侯。厉侯的儿子宜臼就是靖侯。靖侯以后，可以推算年代。从唐叔到靖侯五代，没有年代记载。

靖侯十七年（前842），周厉王残暴狂虐，国人动乱，厉王逃到彘，大臣主持政务，所以叫“共和”。

十八年（前841），靖侯逝世，儿子釐侯司徒继位。釐侯十四年（前827），周宣王刚刚即位。十八年（前823），釐侯逝世，儿子献侯籍即位。献侯于十一年（前812）逝世，儿子穆侯费王即位。

穆侯即位的第四年（前808），娶了齐女姜氏做夫人。七年（前805），穆侯讨伐条地。夫人生下太子仇。十年（前802），讨伐千亩，建立了功劳。穆侯又得了小儿子，取名成师。晋人师服说：“君王给孩子取的名，真奇怪呀！太子叫仇，仇是仇恨的意思。小儿子却叫成师，成师是大名号，是成就他的意思。名字是自己命名的，然而，事物却自有规定。现在，嫡长子与庶子取的名字正相反，这以后晋难道能不乱吗？”

二十七年（前785），穆侯去世，弟弟殇叔自己立为君王，太子仇被迫逃亡。殇叔三年（前782），周宣王逝世。四年（前781），穆侯的太子仇率领自己的党徒袭击殇叔自立为国君，这就是文侯。

文侯十年（前771），周幽王昏庸无道，犬戎杀死幽王，周王室东迁。秦襄公开始被列为诸侯。

三十五年（前746），文侯仇逝世，儿子昭侯伯即位。

昭侯于元年（前745）把曲沃封给文侯弟弟成师。曲沃城比翼城大。翼城是晋君的都城。成师被封在曲沃，称为桓叔。靖侯的庶孙栾宾辅佐桓叔。当时，桓叔已58岁，崇尚德行，晋国百姓都归附他。君子说："晋国的动乱就在曲沃了。末大于本并且深得民心，不乱还等什么?"

七年（前739），晋国大臣潘父杀死国君昭侯，要迎接曲沃桓叔。桓叔也想去晋都，但晋人发兵攻打桓叔。桓叔失败，又回到曲沃。晋人共同立昭侯的儿子平为国君，这就是孝侯。孝侯杀了潘父。

孝侯八年（前732），曲沃桓叔逝世，儿子鱓代替桓叔，这就是曲沃庄伯。孝侯十五年（前725），曲沃庄伯在翼杀死国君晋孝侯。晋人攻打曲沃庄伯，庄伯再回到曲沃。晋人又立孝侯儿子郄为国君，这就是鄂侯。

鄂侯二年（前722），鲁隐公刚即位。

鄂侯于六年（前718）逝世。曲沃庄伯听说晋鄂侯去世，便兴兵讨伐晋都。周平王派虢公率领军队讨伐曲沃庄伯，庄伯逃回曲沃防守。晋人共同立鄂侯儿子光为国君，这就是哀侯。

哀侯二年（前716），曲沃庄伯逝世，儿子称接替庄伯即位，这就是曲沃武公。哀侯六年（前712），鲁国人杀死自己的国君隐公。哀侯八年（前710），晋国侵伐陉廷。陉廷人和曲沃武公共同策划，九年（前709），到达汾河畔讨伐晋国，俘虏了哀侯。晋人就立哀侯的儿子小子为国君，这就是小子侯。

小子元年（前709），曲沃武公指使韩万杀死了被俘的晋哀侯。曲沃越发强大，晋国对它无可奈何。

晋小子四年（前706），曲沃武公骗来晋小子杀死了他。周桓王派虢仲讨伐曲沃武公，武公逃回曲沃，晋哀侯的弟弟缗被立为晋侯。

晋侯缗四年（前703），宋逮捕了郑国的祭仲，强迫他立突为郑国国君。晋侯十九年（前688），齐人管至父杀死自己的国君齐襄公。

晋侯二十八年（前679），齐桓公开始称霸。曲沃武公讨伐晋侯缗，灭亡了晋，把晋国的宝器全部用来贿赂了周釐王，釐王任命曲沃武公为晋国君，并列为诸侯。于是，武公把整个晋国土地全部吞并，据为己有。

曲沃武公已经即位三十七年了，才改号叫晋武公。晋武公开始迁到晋国都城，加上以前在曲沃的即位，总共三十八年。

武公称是先君晋穆侯的曾孙、曲沃桓叔的孙子。桓叔是首先被封于曲沃的。武公是庄伯的儿子。从桓叔最初封于曲沃到武公灭亡晋国，共六十七年，最终代替晋国成为诸侯。武公代替晋君两年去世，与在曲沃的年份合在一起，总共即位三十九年去世。他的儿子献公诡诸即位。

献公元年（前676），周惠王的弟弟穨攻击惠王，惠王逃跑，住在郑国的栎邑。

五年（前672），晋献公讨伐骊戎，得到骊姬及骊姬妹妹，对她们十分宠爱。

八年（前670），晋大夫士蒍劝说献公："晋国原有很多公子，不杀死他们就要发生动乱。"于是献公派人要把所有公子杀死，同时修筑聚城当作都城，改名叫绛，开始定都绛。九年（前669），晋国的许多公子已经逃奔到虢，虢因此再一次讨伐晋国，未能取胜。十年（前668），晋想讨伐虢，士蒍说："姑且等它自己发生内乱！"

十二年（前666），骊姬生下奚齐。献公打算废掉太子，就说："曲沃是我们先祖宗庙所在之地，而蒲靠近秦，屈靠近翟，如果不让公子们在那些地方镇守，我将忧心忡忡。"于是，献公让太子申生去驻守曲沃，公子重耳去驻守蒲，公子夷吾去驻守屈。献公与骊姬儿子奚齐就驻守在绛。晋国人因此知道太子将不能即位了。太子申生的母亲是齐桓公的女儿，叫齐姜，早就去世。申生同母的妹妹是秦缪公夫人。重耳的母亲是翟人狐氏女子。夷吾的母亲是重耳母亲的妹妹。献公共有八个儿子，太子申生、重耳、夷吾都很有贤能，品德高尚。等有了骊姬，献公就疏远了这三个儿子。

十六年（前662），晋献公建立二军。献公统率上军，太子申生统率下军，赵夙驾战车，毕万担任护右，相继讨伐灭亡了霍、魏、耿。等全军回到晋后，献公给太子在曲沃筑城，把耿赐予赵夙，把魏赐予毕万，让他们成为大夫。士蒍说："太子已经不能立为国君了。分给都城，爵位是卿，预先把太子的禄位提高到极点，又怎么能即位呢？太子不如逃走，免得大祸临头。太子仿效吴太伯，不也可以吗？这样一来，还能落得个好名声。”太子没有听从。掌卜的大夫郭偃说：“毕万的后代一定有大发展。万是个满数，魏又是个高大的名字。把魏赏赐给毕万，是上天保佑毕万呢。天子有兆民，诸侯有万民，今天给它大名，又随从满数，它必定会有众多的人。”当初，毕万在晋国占卜自己的官运，遇到《屯卦》演成《比卦》。辛廖占卜说：“这是吉利，屯预示坚固，比预示深入，没有比这更吉利的了。他的后代一定繁荣昌盛。”

十七年（前661），晋侯让太子申生讨伐东山。里克进谏献公说：“太子是奉献祭祀宗庙、社稷的祭品、早晚检查国君膳食的人，所以叫冢子。国君要出行，太子就应留守，有人代为留守，太子就跟从，随从叫抚军，留守叫监国，这是古代的制度。军队的统帅必定专心谋划；发布号令，是国君与正卿的专职，这不是太子的事情。军队的统帅在于服从将军的命令，太子请命于国君，则没有威严；如独断专行，又会不孝。所以国君的继位嫡子不可以统率军队。国君以太子为军队统帅是错命官职，统帅没有威严，又怎样用他呢？”献公说：“我有几个儿子，不知道立谁为太子。”里克没有回答就退了出来，去见太子。太子问：“我将要被废掉吧？”里克说：“太子努力吧，让您统率下军，怕的应该是不能完成任务，为什么废掉您呢？况且您怕的是不孝，不应怕不能即位。自己注意修身养性，不去责难别人，就可以免除灾难。”太子统率军队，献公让他穿上左右异色的偏衣，佩戴上金玦。里克推说有病，没有跟从太子。太子去讨伐东山。

十九年（前659），献公说：“当初我们的先君庄伯、武公平息晋国动乱时，虢国常常帮助晋国讨伐我们，又藏匿了晋国逃跑的公子。如果果真作乱，不去讨伐，将给子孙留下后患。”于是，献公就让荀息驾着屈产的驷马向虞借路。虞同意借路，晋就去讨伐虢，攻下下阳后回国了。

献公私下对骊姬说：“我想废掉太子，让奚齐代替他。”骊姬听后，哭着说：“太子已经立好，诸侯们都已经知道了，而且太子多次统率军队，百姓都归附他，为什么因为我就废掉嫡长子而立庶子。你一定这样做，我就自杀了。”骊姬假装赞扬太子，但暗中却让人中伤太子，想立自己的儿子为太子。

二十一年（前657），骊姬对太子说：“君王曾梦见齐姜，太子应立即去曲沃祭祀母亲，回来后把胙肉献给君王。”于是，太子赶到曲沃去祭祀母亲，回晋都后，把胙肉奉送给献公。献公当时出去打猎了，太子便把胙肉放在宫中。骊姬派人在胙肉上放了毒药。过了两天，献公打猎回宫，厨师把胙肉献给献公。献公正想享用，骊姬从旁阻止说：“胙肉来自远方，应尝尝它。”厨师把胙肉倒在地上，地面突起；厨师把胙肉扔给狗，狗吃后立即死了；厨师把胙肉给宦臣吃，宦臣也死了。骊姬哭着说：“太子怎么这么残忍呢？连自己的父亲都想杀死去接替其位，何况其他人呢？况且您已经年老了，还能在世几天呢？太子竟迫不及待地想杀死您！”骊姬接着又对献公说：“太子之所以这样做，不过是因为我和奚齐的缘故。我们母子宁愿躲到别国，或早早自杀，不要白白让我母子俩被太子残害。当初您想废掉他，我还反对您。到了今天，我才知道我大错特错了。”太子听到这事后，逃到新城。献公非常生气，就杀死了太子的老师杜原款。有人对太子说：“把毒药放到胙肉里的就是骊姬，太子为什么不自己去说清楚呢？”太子说：“我父亲年老了，没有骊姬将睡不稳、食无味。假使我说明白，父亲将对骊姬很生气。这不行。”有人又对太子说：“那你赶快逃到别的国家去吧。”太子说：“带着这个罪名逃跑，谁能接纳我呢？我自杀算了。”十二月戊申日，申生便在新城自杀身亡。

这时，重耳、夷吾来朝见国君。有人告诉骊姬说：“这两位公子恨你诬陷杀死了太子。”骊姬十分害怕，因此又向献公造谣说：“申生把毒药放到胙肉中，两位公子事先都知道。”重耳、夷吾听到骊姬的谣言，也很害怕。于是，重耳跑到蒲，夷吾跑到屈，戒备森严地亲自保护着自己的城市。当初，献公让士蒍给两位公子修筑蒲、屈城墙，现在还未修筑成功。夷吾把这事报告了献公，献公对士蒍很生气。士蒍谢罪说：“边城寇贼少，何必非要修城墙呢？”士蒍退下后，作歌道：“狐皮袄的毛散乱了，一个国家有三个主，我将服从谁呢？”士蒍终于修好城。等到申生死后，两位公子也就各自回去防守着自己的城池了。

二十二年（前656），献公对两位公子不辞而别十分不满，认为他们果真有阴谋，就派军队讨伐蒲城。蒲城有个叫勃鞮的宦者让重耳赶快自杀。重耳爬墙逃走，勃鞮追赶，割下重耳的衣袖。重耳得以逃跑，到了翟。献公又派人讨伐屈，屈城人全力防守未被攻下。

这年，晋国又向虞借路讨伐虢。虞国大夫宫之奇劝谏虞君说："不能把路借给晋国，否则晋国会灭亡虞国。"虞君说："晋国与我同姓，它不应该攻打我国。"宫之奇说："太伯、虞仲都是太王的儿子，太伯逃走，因而未能继承王位。虢仲、虢叔都是王季的儿子，是文王的卿士，他们的功勋都在王室中有记载，收藏在掌管盟约的官员手中。定要将虢国灭掉，又怎么会爱惜虞国？况且，晋亲近虞国能胜过亲近桓叔、庄伯家族吗？桓叔、庄伯家族有何罪过，晋君竟然全部杀死了他们。虞国与虢国的关系，就如同唇与齿的关系，唇亡齿寒。"虞君不听宫之奇的劝告，便答应了晋国。宫之奇带着整个家族离开了虞国。这年冬天，晋国灭亡了虢国，虢公丑逃到周京。晋军返回时，袭击灭亡了虞国，俘虏了虞公及他的大夫井伯、百里奚作为献公女儿秦缪姬的陪嫁人，并派人办理虞国的祭祀。荀息把献公过去送给虞君的屈产的名马又献给了献公，献公笑道："马还是我的马，可惜也老了！"

二十三年（前655），献公派贾华等人攻打屈城，屈城的百姓都逃跑了。夷吾打算逃奔到翟。冀芮说："不行，重耳已经在那里了。今天你如果也去，晋国肯定会调军攻打翟。翟害怕晋，灾祸就要危及你了。你不如逃到梁国，梁国靠近秦国，秦国强大，我们国君去世后，你就可以请求秦送你回国了。”于是，夷吾跑到了梁国。二十五年（前653），晋国攻打翟国，翟国为重耳的缘故，也从啮桑攻打晋国。结果，晋国退了兵。

就在这个时期，晋国强大了起来，西占有河西，与秦国接壤，北到翟国，东到河内。

骊姬的妹妹生下悼子。

二十六年（前652）夏天，齐桓公在葵丘与诸侯举行盛大盟会。晋献公因病去得晚，还没到达葵丘，就遇见周朝的宰孔。宰孔说：“齐桓公越发骄横了，不尽力修行德政而想方设法向远方侵略，诸侯们不满意。您还是不去的好，齐桓公不能对晋国怎么样。”加之献公有病，就返回晋国了。不久，献公病重，就对荀息说：“我让奚齐继承王位，可是他还年幼，大臣们都不服，恐怕要起乱子，你能立他吗？”荀息说：“能。”献公说：“拿什么做凭证？”荀息回答说：“假使您死后再生还，活着的我仍然不感到惭愧，这就是凭证。”于是，献公把奚齐托付给荀息。荀息做国相，主持国家政务。秋季九月时，献公逝世。里克、邳郑想接回重耳，利用三位公子的党徒作乱，便对荀息说：“三个冤家将要起来，外有秦、内有晋国百姓帮助他们，你打算怎么办？”荀息说：“我不能违背对先君的承诺。”十月，里克在守丧的地方杀死奚齐，当时，献公还未被安葬。荀息打算一死了之，有人建议不如立奚齐的弟弟悼子并辅佐他。荀息便立了悼子，安葬了献公。十一月，里克在朝堂上杀死了悼子，荀息为此也自杀了。君子说：“《诗经》所说的‘白珪有了斑点，还可以磨亮，话要是说错，就不能挽救了’，这就是说的荀息呀！荀息没有违背自己的诺言。”当初，献公将要讨伐骊戎时，龟卜说过“谗言为害”。等到打败了骊戎，得到了骊姬，献公十分宠爱她，竟因此搞乱了晋国。

里克等人已杀死了奚齐、悼子，派人到翟国迎接公子重耳，打算拥立他。重耳辞谢道：“违背父亲的命令逃出晋国，父亲逝世后又不能按儿子的礼仪侍候丧事，我怎么敢回国即位，请大夫还是改立别人吧。”派去的人回来报告里克，里克让人到梁国去迎接夷吾。夷吾想回晋，吕省、郤芮说：“国内还有公子可以即位却到国外来找，难以让人相信。估计不去秦国，以便借强国的威力回晋国，恐怕很危险。”于是，夷吾让郤芮用厚礼贿赂秦国，并约定：“假使我能回到晋国，愿把晋国河西奉献给秦国。”夷吾还给里克一封信说：“假使我真能即位，愿把汾阳之城封给您。”秦缪公就派军队护送夷吾回晋国了。齐桓公听说晋国内乱，也率领诸侯到达晋国。秦军和夷吾这时也到达了晋国，齐国就让隰朋会同秦国一起把夷吾送回晋国，立他为晋君，这就是惠公。齐桓公到了晋国的高梁就返回齐国了。

惠公夷吾于元年（前650），派邳郑向秦君道歉说：“当初我把河西地许给您，今有幸回国立为国君。大臣说：‘土地是先君留下来的，你逃亡在外，凭什么擅自许给秦国呢？’我力争也无用，所以向秦道歉。”同时，夷吾也不把汾阳城封给里克，反而夺了他的大权。四月，周襄王派周公忌父与齐、秦大夫相会共同拜访晋惠公。惠公因重耳逃亡在外，怕里克发动政变，便赐里克死，并对他说：“没有你里克，我不能即位。虽然如此，你也杀死了两位国君和一位大夫，做你的国君不也太难了吗?”里克回答说：“不废掉前边的，你怎么能兴起呢?想杀死我，难道还找不到借口吗？你竟说这种话！我遵命就是了。”说完，里克就伏剑自杀了。而邳郑却由于去秦国道歉没回来，才免于此难。

晋君重新按礼仪改葬太子申生。秋季，狐突到了曲沃，遇到申生的鬼魂，申生让他一起乘车并告诉他说：“夷吾无礼，我要向天帝请求，将把整个晋送给秦国，秦国将祭祀我。”狐突回答说：“我听说神是不享用不是自己宗族祭祀的，如此，您的祭祀不是断绝了吗？您仔细考虑考虑吧！”申生说：“好吧，我要再一次向天帝请求。十天后，在新城西边将有巫者显现我。”狐突答应了申生，申生就不见了。等到狐突按期前往新城西，果然见到了申生。申生告诉他说：“天帝已答应惩罚罪人了，他将在韩原大败。”于是，儿童唱起了歌谣：“恭太子改葬了，以后十四年，晋国不会繁荣昌盛了，昌盛是他兄长。”

邳郑出使秦国，听说里克被杀，就对秦缪公说：“吕省、郤称、冀芮确实不愿意以河西贿赂秦国。如果能够贿赂他们一些财物，与他们商量，赶走晋君，送重耳回晋，事情就一定成功。”秦缪公答应了他，派人和邳郑一起归报晋国，用厚财贿赂了三人。三人说：“财多话甜，一定是邳郑向秦国出卖了我们。”于是，三人杀死了邳郑及里克、邳郑的党徒七舆大夫。邳郑的儿子豹逃到秦，要求秦攻打晋国，缪公没有听从。

惠公即位后，违背了给秦土地及封里克的约定，又杀死了七舆大夫，晋国人都不顺服。二年（前 649），周派召公拜访晋惠公，惠公礼节傲慢，召公讥笑了他。

四年（前 647），晋国发生饥荒，向秦乞求购买粮食。缪公问百里奚，百里奚说：“天灾流行，各国都可能发生，救灾助邻是国家的道义。应该帮助晋国。”邳郑的儿子豹却说：“攻打晋国。”缪公说：“晋君确实有罪，晋国百姓有什么罪！”秦国终于卖给晋粮食，自雍源源不断运到绛。

五年（前 646），秦又发生饥荒，请求买晋国粮食。晋君与大臣们商量这件事，庆郑说：“君王凭借秦国力量才即位，后来我们又违背给秦地的约定。晋国发生饥荒，秦国卖给了我们粮食，今天，秦国饥荒，请求买晋国的粮食，我们给他们，还有什么疑问的呢？何必还商量呢？”虢射说：“去年上天把晋国赐给了秦国，秦国竟不知道夺取晋国反而卖给了我们粮食。今天，上天把秦国赐给了晋国，晋难道应该违背天意吗？应该攻打秦国。”惠公便采纳了虢射的计谋，未给秦国粮食，反而派军攻打秦国。秦国非常生气，也派军攻打晋国。

六年（前 645）的春天，秦缪公率领军队讨伐晋国。晋惠公对庆郑说：“秦军深入到我国境内，该怎么办呢？”庆郑说：

“秦国护送您回国，您却违背约定不给秦地；晋国闹饥荒时，秦国立即运来粮食援助我们，秦国闹饥荒，晋国不仅不给予援助，反而想借机攻打人家，今天秦军深入国境不也应该吗?”晋国对驾车和担任护卫的人进行了占卜，二者都是庆郑吉。惠公说：“庆郑不驯服。”就改让步阳驾车，家仆徒做护卫进军秦。九月壬戌日，秦缪公、晋惠公在韩原交战。惠公的重马深陷在泥里跑不动了，秦军赶来，惠公十分窘迫，叫庆郑驾车。庆郑说：“不照占卜的去做，不也应该失败吗?”说完，庆郑就走了。惠公改让梁繇靡驾车，虢射担任护卫迎击秦缪公。缪公的勇武士兵打败了晋军，晋军败退，让秦缪公跑走了，秦军反而俘获了晋君带回秦国。秦国将要杀死他祭祀上帝。晋君的姐姐是缪公夫人，她身穿丧服哭泣不止。缪公说：“俘获了晋侯应该庆贺高兴啊，现在你竟悲痛起来。况且我听说箕子看到唐叔刚刚被分封时说过‘他的后代一定繁荣昌盛’，晋怎么能灭亡呢?”于是，秦缪公就和晋侯在王城结盟并允许他返回晋国。晋侯也派吕省等人回报国人说：“我虽然能回晋，但也没有脸面见社稷，选个吉日让子圉即位吧!”晋人听到这话都伤心地哭了。秦缪公问吕省：“晋国人和睦吗?”吕省回答说：“不和睦。老百姓怕失去国君出现内乱、牺牲父母，不怕子圉即位，都说：‘一定报此仇，宁可侍奉戎、狄。’可是，那些贵族们却很爱护自己的国君，知道有罪，他们正等待秦送回国君的命令，他们说：‘一定报答秦国对晋国的恩惠。’因为这两种情况，所以晋国不和睦。”于是，秦缪公改换晋惠公的住处，馈赠晋惠公七牢牺牲。十一月，秦送回晋公。晋侯返回晋国后，杀了庆郑，重新修整政务。与大臣们商议说："重耳在外，诸侯大多认为他有利而接待他。"晋君想派人到狄杀死重耳。重耳听到风声，跑到齐国去了。

八年（前643），晋惠公让太子圉到秦当人质。当初，惠公逃到梁国时，梁伯把自己的女儿嫁给了惠公，生下一男一女。梁伯为他们占卜，男孩是做臣的，女孩是做妾的，所以男孩取名为圉，女孩取名为妾。

十年（前641），秦国灭亡了梁国。梁伯喜好大兴土木、修筑城池沟堑，百姓疲惫不堪怨声载道，多次互相惊吓道"秦军来了"，百姓过分恐惧，秦终于灭亡了梁。

十三年（前638），晋惠公生病了，他有几个儿子。太子圉说："我母亲家在梁国，今天梁被秦国灭亡，我在国外被秦轻视，在国内又无援助。我的父亲病重卧床不起，我担心晋国大夫看不起我，请改立其他公子为太子。"于是，太子圉与妻子商量一起逃回去。秦国的女子说："您是一国的太子，在此受辱。秦国让我服侍您，为的是稳住您的心。您逃跑吧，我不拖累你，也不敢声张出去。"太子圉于是跑回晋国。十四年（前637）九月，晋惠公去世，太子圉即位，这就是怀公。

太子圉逃走，秦国十分生气，就找公子重耳，想送他回去。太子圉即位后，担忧秦国来攻打，于是下令晋国跟从重耳逃亡在外的人必须按期归晋，逾期未归者杀死整个家族。狐突的儿子毛和偃都跟从重耳在秦国，狐突不肯叫他们回来。怀公很不高兴，囚禁了狐突。狐突说："我的儿子侍奉重耳也已经很多年了，今天您下令叫回他，这是让他们反对自己的君主，我用什么教育他们呢?"怀公终于杀死狐突。秦缪公将派军队护送重耳回晋国，派人先通知栾枝、郤縠的党徒做内应，在高梁杀死怀公，送回了重耳。重耳即位，这就是文公。

晋文公重耳是晋献公的儿子。从小就喜好结交士人，十七岁时就有五个品德高尚、才能出众的朋友：赵衰；狐偃咎犯，这是文公的舅父；贾佗；先轸；魏武子。从献公做太子时，重耳就已是成人了。献公即位时，重耳二十一岁。献公十三年(前664)，因为骊姬的缘故，重耳就住在了蒲城防守秦国。献公于二十一年（前656）时，杀死了太子申生，骊姬进谗言，重耳害怕，与献公不辞而别就跑回蒲城据守。献公二十二年(前655)，献公让宦者履鞮赶快杀死重耳。重耳爬墙逃跑，宦者追赶，砍掉重耳的衣袖。重耳就逃到狄。狄是重耳母亲的祖国。当时，重耳四十三岁。从那以后，他的五位朋友，还有不知名的几十位朋友，与他一起到了狄。

狄讨伐咎如，俘获两位女子，把年长的女子嫁给重耳，生下伯儵、叔刘；把年少的女子嫁给赵衰，生下了盾。重耳在狄住了五年，晋献公就逝世了，里克已杀死奚齐、悼子，让人迎接重耳，想拥立重耳。重耳怕被杀，因此坚决辞谢，不敢回晋。后来，晋国又迎接重耳的弟弟夷吾并拥立了他，这就是惠公。惠公七年（前644）时，因害怕重耳，就让宦者履鞮带着勇士去谋杀重耳。重耳知道情况后，就与赵衰等人商量说：

“我当初逃到狄，不是因为它可以给我帮助，而是因为路途近容易到达，所以暂且在此歇脚。歇脚久了，就希望迁到大国去。齐桓公喜好善行，有志称霸，体恤诸侯。现在听说管仲、隰朋去世，齐也想寻找贤能的人辅佐，为何不前往呢？”于是，重耳又踏上了去齐国的路途。离开狄时，重耳对妻子说：“等我二十五年不回来，你就改嫁。”妻子笑着回答：“等到二十五年，我坟上的柏都长大了。虽然如此，我还是等着你的。”重耳在狄共居住十二年才离开。

重耳经过卫国，卫文公很不礼貌。辞走，经过五鹿时，饿了，向村民讨饭，村民把土放在容器中献给他。重耳很不高兴，赵衰说：“土象征着拥有土地，你应该行礼接受它。”

重耳到了齐国，齐桓公厚礼招待他，并把同家族的一个少女嫁给重耳，陪送二十辆驷马车，重耳在此感到很满足。重耳在齐住了两年，桓公去世，正赶上竖刀等人发起内乱，齐孝公即位，诸侯的军队多次来侵犯。重耳在齐总共住了五年。重耳爱恋在齐国娶的妻子，没有离开齐国的意思。赵衰、咎犯有一天就在一棵桑树下商量离齐之事。重耳妻子的侍女在桑树上听到他们的密谈，回屋后偷偷告诉了主人。主人竟把侍女杀死，劝告重耳赶快走。重耳说：“人生来就是寻求安逸享乐的，何必管其他事。我一定死在齐，不能走。”妻子说：“你是一国的公子，走投无路才来到这里，你的这些随从把你当作他们的生命。你不赶快回国，报答劳苦的臣子，却贪恋女色，我为你感到羞耻。况且，现在你不去追求，什么时候才能成功呢？”

她就和赵衰等人用计灌醉了重耳，用车载着他离开了齐国。走了一段很长的路，重耳才醒来，一弄清事情的真相，他就大怒，拿起戈来要杀咎犯。咎犯说：“杀死我成就你，是我的心愿。”重耳说：“事情要是不成功，我就吃舅父的肉。”咎犯说：“事情不能成功，我的肉又腥又臊，怎么值得吃！”于是，重耳平息了怒气，继续前行。

重耳路过曹国，曹共公无礼，想偷看重耳的骈胁。曹国大夫釐负羁说：“晋公子贤明能干，与我们又是同姓，穷困中路过我国，为什么无礼？”共公不听劝告。负羁就私下给重耳食物，并把一块璧玉放在食物下面。重耳接受了食物，把璧玉还给负羁。

重耳离开曹国，来到宋国，宋襄公刚刚被楚军打败，在泓水负伤，听到重耳贤明，就按国礼接待了重耳。宋国司马公孙固与咎犯友好，说：“宋国是小国，又刚吃败仗，不足以帮助你们回国，还是到大国去吧。”重耳一行人于是又离开宋国。

重耳路过郑国，郑文公无礼。郑大夫叔瞻劝告国君说：“晋公子贤明，他的随从都是国家的栋梁之材，又与我们同姓。郑国从厉王分出，晋国从武王分出。”郑国国君说：“从诸侯国中逃出的公子经过我国的太多了，怎么可以完全按礼仪去接待呢！”叔瞻说：“您若不以礼相待，就不如杀掉他，免得成为咱们的后患。”郑国君没有听从。

重耳离开郑国到了楚国，楚成王用对待诸侯的礼节招待他，重耳辞谢不敢接受。赵衰说：“你不外逃亡已达十余年之多，小国都轻视你，何况大国呢？今天，楚是大国坚持厚待你，你不要辞让，这是上天在让你兴起。”重耳于是按诸侯的礼节会见了楚成王。成王很好地接待了重耳，重耳十分谦恭。成王说：“您将来回国后，用什么来报答我？”重耳说：“珍禽异兽、珠玉绸绢，君王都富富有余，不知道用什么礼物报答。”成王说：“虽然如此，到底应该用些什么来报答我呢？”重耳说：“假使不得已，万一在平原、湖沼地带与您兵戎相遇，请为王退避三舍。”楚国大将子玉生气地说：“君王对待晋公子太好了，今天重耳出言不逊，请杀了他。”成王说：“晋公子品行高尚，但在外遇难很久了，随从都是国家的贤才，这是上天安置的，怎么可以杀了呢？况且他的话又该怎样去说呢？”重耳在楚住了几个月，晋国太子圉从秦国逃跑了。秦国怨恨他，听说重耳住在楚国，就要把重耳邀请到秦国。成王说：“楚国太远了，要经过好几个国家才能到达晋国。秦国、晋国交界，秦国国君很贤明，您好好去吧！”成王赠送很多礼物给重耳。

重耳到了秦国，秦缪公把同宗的五个女子嫁给重耳，原公子圉的妻子也在其中。重耳不打算接受公子圉妻，司空季子说：“他的国家都将去攻打了，何况他的妻子呢！而且，您接受此女为的是与秦国结成姻亲以便返回晋国，您竟拘泥于小礼节，忘了大的羞耻！”重耳于是接受了公子圉妻。秦缪公十分高兴，亲自与重耳宴饮。赵衰吟了《黍苗》诗。秦缪公说：“知道你想尽快返回晋国。”赵衰与重耳离开了座位，再次拜谢说：“我们这些孤立无援的臣子仰仗您，就如同百谷盼望知时节的好雨。”当时是晋惠公十四年（前637）秋季。惠公于九月逝世，子圉即位。十一月，晋安葬了惠公。十二月，晋国大夫栾枝、郤縠等人听说重耳在秦国，都暗中来劝重耳、赵衰等人回晋国，做内应的人很多。于是，秦缪公就派军队护送重耳回晋国。晋君听说秦军来了，也派出军队抵拒。可是，民众都暗中知道了公子重耳要回来。只有惠公的旧大臣吕甥、郤芮之流不愿让重耳即位。重耳在外逃亡十九年最终返回晋国，这时已六十二岁了，晋人大多都归向他。

文公元年（前636）春天，秦国护送重耳到达黄河岸边。咎犯说：“我跟随您周游天下，过错也太多了。我自己都知道，何况您呢？我请求从这时离去吧。”重耳说：“如果我回到晋后，有不与您同心的，请河伯做证！”于是，重耳就把璧玉扔到黄河中，与子犯明誓。那时介子推也是随从，正在船中，就笑道：“确实上天在支持公子兴起，可子犯却认为是自己的功劳并以此向君王索取，太耻辱了。我不愿和他同列。”说完，就隐蔽起来渡过黄河。秦军包围了令狐，晋军驻扎在庐柳。二月辛丑日，咎犯与秦晋大夫在郇结盟。壬寅日，重耳进入晋军中。丙午日，重耳到达曲沃。丁未日，重耳到武宫朝拜，即位做了晋国国君，这就是文公。大臣们都前往曲沃。怀公圉逃到高梁。戊申日，重耳派人杀死了怀公。

怀公旧大臣吕省、郤芮本来就不归附文公，恐怕被杀，就和自己的党徒阴谋放火烧掉文公居住的宫殿，杀死文公。文公对此毫无察觉。而早先曾经想杀死文公的宦者履鞮却知道这个阴谋，想把这个阴谋告诉文公，以便解脱早先的罪过，便要求谒见文公。文公拒绝见他，派人谴责他说："蒲城的事，你砍掉了我的衣袖。后来，我跟着狄君去狩猎，你替惠公追踪杀我。惠公与你约定三天到达，而你竟一天就赶到，何其快也？你仔细想想吧。"宦者说："我是受过宫刑的人，不敢用二心侍奉国君，背叛主人，所以得罪了您。您已经回国，难道就没有反对您的人了吗？况且，管仲射中齐桓公的衣带钩，桓公仍靠着管仲得以称霸。今天我这个罪人想告诉您一件要事，您却不见，灾祸又将降临到您头上了。"于是，文公接见了他，他便把吕甥、郤芮等人的阴谋一五一十地告诉了文公。文公想召见吕、郤，但吕、郤等党徒众多，文公担心刚刚回国，国人可能出卖自己，就隐藏起自己的身份改装到了王城会见了秦缪公，国人全然不知道他的行动。三月己丑日，吕、郤等人果真造反，烧毁了文公居住的宫殿，却未找到文公。文公的卫兵与他们交战，吕、郤等想率军逃跑，秦缪公引诱吕、郤等人，在黄河畔杀死他们，晋国恢复平静，文公得以返回晋。夏季，文公从秦国接回夫人，秦国所给文公的妻子终于成为夫人。秦国还送了三千人做卫士，以便防备晋国内乱。

文公修明政务，对百姓布施恩惠，赏赐随从逃亡的人员和各位有功之臣，功大的封给城邑，功小的授予爵位。文公还未来得及赏赐完毕，周襄王因弟弟带的发难逃到郑国居住，于是来向晋国告急。晋国刚刚安定，想派军队去，又担心国内发生动乱，因此，文公赏赐随从的逃亡者还未轮到隐藏起来的介子推。介子推也不要求俸禄，俸禄也没轮到他。介子推说：“献公有九个儿子，只有国君还健在。惠公、怀公没有亲信，国内外都唾弃他们；上天还没让晋国灭亡，必定要有君主，主持晋国祭祀的，除了国君还有谁呢？上天确实在助您兴起，可是有两三个人以为是自己的功劳，不也很荒谬吗？偷了别人的财物，还说可以是盗贼，何况贪天之功以为己功的人呢？臣下遮盖罪过，主上赏赐奸佞，上下互相欺骗，我难以与他们相处了！”介子推的母亲说：“你为什么不也去请求赏赐呢？死了怨谁？”介子推说：“我怨恨那些人，再去仿效他们的行为，罪过就更大了。况且我已经说出了怨言，绝不吃他的俸禄。”母亲说：“也让文公知道一下你的情况，怎么样？”介子推回答说：“话是每人身上的花饰，身体都想隐藏起来了，何必再使用花饰呢？装上花饰是为了显露自己。”介子推的母亲说：“能像你说的这样做吗？那我和你一起隐藏起来吧。”母子俩至死没有再露面。

介子推的随从们很怜悯他，就在宫门口挂上一张牌子，上面写道：“龙想上天，需五条蛇辅佐。龙已深入云霄，四条蛇各自进了自己的殿堂，只有一条蛇独自悲怨，最终没有找到自己的去处。”文公出宫时，看见了这几句话，说：“这是介子推。我正为王室之事担忧，还没能考虑他的功劳。”于是，文公派人去叫介子推，但介子推已逃走。文公就打听介子推的住所，听说他进了绵上山。于是，文公把整座绵上山封给介子推，作为他的封地称之为介推田，又起名叫介山，“以此来记载我的罪过，而且表彰能人”。

随从文公逃亡的无能之辈壶叔说：“您三次赏赐功臣都没有轮到我，请问我有什么罪过。”文公回报说：“用仁义教导我，用道德、恩惠规劝我，这应受到上等赏赐。用行动辅佐我，终于使我获得成功，这应受到次等赏赐。承担弓箭的危难，给我立下汗马功劳，这应受到再次等赏赐。假如只是用劳力侍奉我，而没有弥补我的错误，这也应受到再次等赏赐。这三次赏赐完了，就会轮到你。”晋国人听到文公的话，皆大欢喜。

二年（前635）的春天，秦国军队驻扎在黄河边，将要护送周王回京。赵衰说：“要想成为霸主，不如护送周王回京、尊敬周王。周、晋同一个姓，晋国不抢先护送周王回京，而落在秦国后边，就无法在天下发号施令。今天尊敬周王是晋称霸的资本。”三月甲辰日，晋国就派兵到了阳樊，包围了温，护送周襄王到了周都。四月，晋杀死了襄王的弟弟王子带。周襄王把河内、阳樊地赐给了晋国。

四年（前633），楚成王和诸侯包围了宋国，宋国公孙固赶到晋国请求援助。先轸说：“报答恩人决定霸主，就在于今天了。”狐偃说：“楚国刚刚占有曹国，而且初次与卫国通婚，假如攻打曹国、卫国，楚国一定救援，那么宋国就得到解脱了。”于是，晋国编制了三军，赵衰推荐郤縠统率中军，郤臻辅佐他；派狐偃统率上军，狐毛协助他，赵衰被命为卿；栾枝统率下军，先轸协助他；荀林父驾车，魏犨做护卫：三军去讨伐曹、卫。冬季十二月时，晋军首先攻下太行山以东，把原邑封给赵衰。

五年（前632）的春季，晋文公想讨伐曹国，向卫国借路，卫国人不答应。晋军只好迂回从南渡过黄河攻打曹国，讨伐卫国。正月，晋军攻下五鹿。二月，晋侯、齐侯在敛盂结盟。卫侯请求与晋结盟，晋人不答应。卫侯想与楚国结盟，国人反对，结果赶出卫侯讨好晋国。卫侯住在襄牛，公子买在卫国防守，楚国救援卫国，未能取胜。晋侯包围了曹国。三月丙午日，晋军侵入曹都，列举了曹君的罪状，因为曹君不听釐负羁的话，却用乘坐华丽的车子的三百个美女。文公下令军队不许进入釐负羁同宗族的家内，以报答他的恩德。楚包围宋国，宋又向晋国求援。文公想救援宋国就应攻打楚国，因为楚国曾对文公有恩，文公便不想攻打楚国；想放弃对宋国的救援，可宋国又曾经对晋国有恩，文公为此举棋不定。先轸劝说："抓住曹伯，把曹、卫的土地分给宋国，楚为此肯定着急，那楚国势必要放弃宋国了。"于是，文公听取了先轸的意见，楚成王真的率军离开了宋国。

楚国大将子玉说："成王对晋国太好了，今天文公知道楚国与曹国、卫国关系密切却故意攻打它们，这是轻视君王。"成王说："晋侯在外逃亡十九年，受困的时间太久了，终于返回晋国。他因尝尽了艰难险阻，就能正确对待百姓，上天为他开路，他不可阻挡。"子玉仍请兵说："不敢一定建功立业，只求堵塞中伤诽谤的言论。”楚王很生气，只给他很少的军队。于是子玉让宛春告诉晋国：“请求恢复卫侯地位，保存曹国，我也放弃宋国。”咎犯说：“子玉无礼了，我的国君只得到一份，他们的臣子却得到两份，不能答应。”先轸说：“安定人心叫作礼。楚国一句话安定了三个国家，您一句话灭亡了它们，我们才是无礼了。不答应楚国，这就是放弃宋国。不如私下里答应恢复曹国、卫国以便引诱楚国，扣留宛春来激怒楚国，视战争胜负的情况再来计谋。”晋侯就把宛春囚禁在卫国，并私下答应恢复曹国、卫国。曹卫两国派使者通知与楚国断交。楚将得臣很生气，攻打晋军，晋军后退，军官问道：“为什么退兵？”文公说：“过去在楚国时已立约说交战时退避三舍，可以违约吗？”楚军也想撤退，得臣不同意。四月戊辰日，宋公、齐将、秦将与晋侯驻扎在城濮。己巳日，他们与楚军交战，楚军失败，得臣带着残兵败将逃走。甲午日，晋军返回衡雍，在践土为周襄王修筑王宫。

当初，郑国曾援助楚国，现在楚国失败，郑国很害怕，派人请求与晋侯结盟。于是，晋侯与郑伯结盟。

五月丁未日，晋文公把楚国俘虏奉献给周王，共有一百辆披甲的驷马车、一千多名步兵。天子让王子虎宣布晋侯为霸主，赏赐给晋侯黄金装饰的大车，一副红色弓，百支红色箭，十副黑色弓，千支黑色箭，一卣香酒，还有玉勺和三百名勇士。晋侯多次辞谢，最后才行礼接受了。周王写了《晋文侯命》：“王说：您用道义使诸侯和睦，大显文王、武王的功业。

文王、武王能够谨慎地修养美好的德行，感动了上天，在人民中间传播，因此，上天把帝王的事业赐给文王、武王，恩泽流传到子孙后代。长辈关怀我，让我继承祖先的事业，永远保存王位。”于是，晋文公称霸。癸亥日，王子虎在王宫与诸侯结盟。

晋国焚烧了楚军阵地，熊熊大火几天不熄灭，文公叹息。左右大臣们说：“战胜了楚国，您还发愁，为什么？”文公说：“我听说打了胜仗而能心情安定的，只有圣人，我因此恐惧。况且子玉还在，怎么可以高兴呢？”子玉大败而回，楚成王怨他不听自己的话，只顾与晋交战，于是责备子玉，子玉自杀身亡。晋文公说：“我在外部打击楚，楚在内部诛杀大将，内外呼应。”于是，文公才面露喜色。

六月，晋人又恢复卫侯地位。壬午日，晋侯渡过黄河向北边回国。晋文公论功行赏，狐偃属头功。有人说：“城濮的战争，是先轸的计谋。”文公说：“城濮的战争，狐偃劝我不要失去信用。先轸说：‘打仗以战胜为重。’我听了先轸的话取胜了。然而，这只是有利于一时的说法，狐偃说的是千秋万代的功业，怎么能使一时的利益超过万代的功业呢？因此，狐偃应得首功。”

冬季，晋侯在温会见诸侯，想率领诸侯朝拜周王。晋侯担心力量达不到，恐怕诸侯中有背叛的人，就派人告诉周襄王到河阳打猎。壬申日，晋侯便率领诸侯到践土朝拜襄王。孔子读史书中记载文公处，说：“诸侯无权召唤周王。‘周王在河阳打猎。’这种记载，《春秋》隐瞒了。”

丁丑日，诸侯包围了许。曹伯大臣中有人劝告晋侯说：“齐桓公会合诸侯国，为保存异姓国家，今天您会合诸侯，却灭亡同姓国家。曹国是叔振铎的后代，晋国是唐叔的后代。会合诸侯国却消灭史弟国。不合礼仪。”晋侯高兴了，恢复了曹伯的地位。

于是，晋国开始建立三行军制。荀林父统率中行军，先縠统率右行军，先蔑统率左行军。

七年（前630），晋文公、秦缪公共同包围郑国，原因是在文公逃亡路过郑国时郑国对文公不礼貌，以及在城濮之战中郑国援助了楚国。晋国包围郑国，想得到叔瞻。叔瞻听说后，自杀了。郑国人带叔瞻尸体告诉晋君。晋君却说：“一定得到郑君才甘心。”郑国害怕了，就暗中派使者对秦缪公说：“灭亡了郑国，增强了晋国，晋有所收获，秦国却得不到什么好处。您为什么不放弃郑国，与郑结为友好？”秦伯同意了，撤走了军队，晋国也随后撤了军。

九年（前628）的冬季，晋文公逝世，儿子襄公欢即位。当年郑伯也逝世了。

郑国有人向秦国出卖自己的国家，秦缪公率军去偷袭郑国。十二月，秦军路过晋都郊处。襄公元年（前627）的春季，秦军路过周都，无礼，王孙满讥讽秦国。秦军开到滑，郑国大商人弦高将要去周京做买卖，路遇秦军，用十二头牛犒劳秦军。秦军大吃一惊赶快回国，消灭了滑离去。

晋国的先轸说："秦伯不听蹇叔的计谋，违反了民意，可以攻打它。"栾枝说："还没有报答秦对先君的恩惠就攻打它，不行。"先轸说："秦国欺侮刚刚失去父亲的我君，讨伐我同姓国，有什么恩惠需要报答?"于是，晋国就攻打了秦国。襄公穿着黑色的丧服从戎。四月，晋在殽打败了秦军，俘虏了秦国的三员大将孟明视、西乞秫、白乙丙后回到晋国。于是，晋襄公穿着黑色丧服埋葬了文公。文公的夫人是秦国的女子，对襄公说："秦国想得到这三员大将杀死他们。"襄公同意了，便送回了三员大将。先轸听说后，对襄公说："祸患将要产生了。"先轸就去追赶三员大将。三员大将为渡黄河，已经到了船上，看到先轸便磕头道谢，终于一去不返。

三年以后，秦国果然派孟明视讨伐晋国，为在殽的失败复仇，攻下晋国汪地后撤兵。四年（前624），秦缪公派大军攻打晋国，渡过黄河，拿下王宫，在殽山修筑了阵亡将士的坟墓才离去。晋国十分惶恐，不敢再出来，只好坚守城池。五年（前623），晋国攻打秦国，拿下了新城，为王官失败报了仇。

六年（前622），赵衰成子、栾贞子、咎季子犯、霍伯都死去。赵盾代替赵衰主持政务。

七年（前621）八月，襄公逝世。太子夷皋还年幼。晋人因为多次遇难，想立年纪长些的君王。赵盾说："立襄公弟弟雍。雍温和善良年纪大，先君又喜爱他，而且他亲近秦国，秦本来是友好邻国。立善良的人国家就稳固，侍奉年长的人国家就顺利，侍奉先君喜欢的人就孝顺，与旧日的朋友结交就安定。”贾季说：“雍不如他弟弟乐。辰嬴被两位国君宠爱，立她的儿子，百姓一定安心。”赵盾说：“辰嬴卑贱，地位在九个妃妾的下边，他的儿子能有什么威望？况且她被两位国君宠爱，这是淫乱。乐作为先君的儿子，不能投靠大国而出居小国，这是孤立。母亲淫乱，儿子孤立，没有威严；陈国既小又远离晋国，得不到援助，怎么可以为君呢？”于是，晋国派士公到秦迎接公子雍。贾季也派人到陈国召回公子乐。赵盾废掉贾季，因为贾季杀死了阳处父。十月，晋国埋葬了襄公。十一月，贾季逃到了翟。当年，秦缪公也逝世了。

灵公元年（前620）四月，秦康公说：“先前文公回到晋国没有卫士，所以发生了吕、郤的祸患。”于是，秦送给公子雍很多卫士。太子的母亲缪嬴日夜怀抱太子到朝廷号叫哭泣说：“先君有什么罪？他的继承人有什么罪？你们丢弃嫡子却到外边找君主，打算把太子放在什么位置上？”缪嬴出了朝廷，就抱着太子跑到赵盾的住所，磕头说：“先君把这个孩子嘱托给您，曾说过‘这孩子成了才，我就是受了您的赐予，不成才，我就怨恨你’。现在先君去世了，话还响在耳边，您却废掉他，怎么行？”赵盾和各位大臣都害怕缪嬴，又怕被逼迫，于是背弃了迎接雍，而立了太子夷皋，这就是灵公。同时，派军队抵御秦国护送公子雍的军队。赵盾为将军，率军攻打秦，在令狐打败秦军。先蔑、随会逃到秦。秋季，齐、宋、卫、郑、曹、许国的国君都拜会了赵盾，并在扈结盟，这是因为灵公刚刚即位的缘故。

四年（前617），晋国攻打秦国，夺取了少梁，秦也夺走了晋国的殽。六年（前615），秦康公讨伐晋国，夺取了羁马。晋侯很生气，派赵盾、赵穿、郤缺攻打秦国，在河曲展开大战，赵穿立了大功。七年（前614），晋国的六卿担心在秦国的随会常常造成晋国内乱，于是假让魏寿馀反对晋国投降秦国。秦国让随会到魏，因而捉住随会带回晋国。

八年（前613），周顷王逝世，由于公卿争权夺利，所以没有发讣告。晋国派赵盾率八百辆战车平息了周朝的动乱拥立了匡王。这一年，楚庄王刚即位。十年（前609），齐人杀死自己的国君懿公。

十四年（前607），灵公长成人了，非常奢侈，搜刮民脂民膏用彩画装饰宫墙。从高台上弹人，以观赏人们避开弹丸而取乐。厨师没把熊掌煮烂，灵公就发怒，竟杀死厨师，让妇女抬着厨师的尸体扔出去，路过朝廷。赵盾、随会前去多次劝告，灵公根本不听。后来，他们又看见死人的手，于是又前去劝告。随会先去劝，灵公不听。灵公也担心他们，竟让钼麑刺杀赵盾。赵盾内室的门敞开着，钼麑看见赵盾的住处极其简朴，便退出来叹息道："杀死忠臣，违背君王的命令，这罪都是一样的。"说完，头撞树身亡。

当初，赵盾常在首山打猎，曾看到桑树下有个饿极了的人。这个人叫示眯明。赵盾给了他一些食物，他只吃了一半。赵盾问他为什么不吃完，示眯明回答："我已经为人臣隶三年了，不知母亲是否还在人间，愿把剩下的一半留给母亲。"赵盾认为他很孝敬，又给他一些饭、肉。不久，示眯明做了晋君的厨师。但赵盾不知道示眯明做晋君厨师一事。九月，晋灵公宴请赵盾，埋伏好士兵准备杀死他。示眯明知道后，恐怕赵盾酒醉起不来身，于是上前劝说赵盾："君王赏赐您酒，只喝三杯就可以了。"想让赵盾赶在前面离开免于遭难。赵盾已经离去了，灵公埋伏的士兵还未集合好，就先放出一条叫敖的恶狗。示眯明替赵盾徒手杀死了狗。赵盾说："抛弃人，使用狗，虽然凶猛有什么用呢？"可是，赵盾并不知道示眯明是在暗中保护他呢。一会儿，灵公指挥埋伏的士兵追赶赵盾，示眯明反击灵公的士兵，士兵不能前进，赵盾终于逃脱。赵盾问示眯明为什么救自己，示眯明说："我就是桑树下那个饿汉。"赵盾询问他的姓名，他没有告诉。示眯明因此隐遁而去。

赵盾于是得以逃脱，但还没有越出晋国国境。乙丑日，赵盾的弟弟赵穿将军在桃园杀死灵公迎回了赵盾。赵盾一向尊贵，很得民心。灵公年纪不大，又奢侈，百姓不归向他，所以杀死他比较容易。赵盾又恢复了先前的地位。晋国的太史董狐写道："赵盾杀死了自己的国君。"在朝廷上传给大家看。赵盾说："杀国君的是赵穿，我没罪。"太史说："你是正卿，你逃跑了但没有逃出晋国国境，你回来也没有杀死作乱的人，不是你是谁呢？"后来，孔子听到这件事说："董狐是古代优秀的史官，据法直书而毫不隐瞒。宣子是优秀的大夫，为遵守法制甘愿承受坏名声。可惜呀，如果赵盾逃出国境，也就免除罪名了。"

赵盾让赵穿从周京迎来襄公的弟弟黑臀，让他即位，这就是成公。

成公是文公的小儿子，他的母亲是周王室女子。壬申日，成公去武宫朝拜祖宗。

成公元年（前606），赐给赵氏为公族大夫。晋国讨伐郑国，因为郑国背叛了晋国。三年（前604），郑伯刚刚即位，郑国归附晋国却背弃了楚国。楚王生气了，讨伐郑国，晋国前往援救。

六年（前601），晋国攻打秦国，俘虏了秦国将军赤。

七年（前600），晋成公与楚庄王争压霸权，在扈邑会见诸侯。陈国畏惧楚国，未去赴会。晋国派中行桓子讨伐陈国，因而救援郑国，与楚国交战，打败了楚军。那一年，成公逝世，儿子景公据即位。

景公元年（前599）的春季，陈国大夫夏徵舒杀死了自己的国君灵公。二年（前598），楚庄王讨伐陈国，杀死了夏徵舒。

三年（前597），楚庄王包围郑国，郑国向晋国求救。晋国派荀林父统率中军，随会统率上军，赵朔统率下军，郤克、栾书、先縠、韩厥、巩朔辅佐他们。六月，晋军赶到黄河。听说楚国已降服郑国，郑伯脱去上衣露出胳膊与楚国结盟，楚军就回去了，荀林父想班师回晋。先縠说："总算是来救郑国的，不到达不可以，否则将帅将要离心离德。"晋军终于渡过黄河。楚国已经降服郑国，想在黄河饮马扬名就离开郑国。楚晋两军大战，郑国刚刚归附楚国，惧怕楚国，反而帮助楚军进攻晋军。晋军大败，退到黄河边，士兵争船渡河，船中有很多被砍掉的手指。楚国俘虏了晋军大将智罃。晋军返回晋国后，林父说：“我是大将，晋军失败我应该被杀，请求死罪。”晋景公想答应他。随会说：“过去文公与楚国在城濮作战，楚成王回到楚国后杀死了大将子玉，文公才高兴。今天，楚国已经打败了我军，我们又杀死自己的将军，这是帮助楚国杀死楚国的仇人。”晋景公听了这番话才罢手。

四年（前596），先縠因为首先建议而使晋军在黄河畔吃了败仗，害怕被杀，于是逃亡到翟，与翟国商量讨伐晋国。晋国发觉后，就杀死了先縠整个家族。先縠是先轸的儿子。

五年（前595），晋国讨伐郑国，因为它援助楚国。当时楚庄王很强大，结果在黄河边挫败了晋军。

六年（前594），楚国讨伐宋国，宋国便向晋国求援，晋国想去援救。伯宗献计说：“楚国，上天正兴发它，不能阻挡。”于是，晋国派解扬谎称救援宋国。郑国人抓住解扬把他交给了楚国，楚国赏赐了他很多财物，让他说反话，以使宋国赶快败下阵来。解扬假装许诺，终于将晋君的话告诉了宋国。楚国想杀死他，有人规谏，楚国便放回了解扬。

七年（前593），晋国派随会灭亡了赤狄。

八年（前592），晋国派郤克出使齐国。齐顷公的母亲从楼上观看而发笑。之所以如此，是因为郤克驼背，而鲁国使者跛足，卫国使者一只眼瞎，这样一来，齐君也派同样的残疾人去引导宾客。郤克很生气，回到黄河畔发誓说：“不报复齐国，河伯来见证!”郤克返回晋国，向晋君请求攻打齐国。晋景公询问进攻的原因后，说：“你有怨气，怎么能够烦扰国家呢?”晋君没有听。魏文子因年迈请求辞职，推荐了郤克，郤克执掌国家政权。

九年（前591)，楚庄王逝世。晋国讨伐齐国，齐国派太子彊到晋国做人质，晋军才停止进攻。

十一年（前589）的春季，齐国讨伐鲁国，夺取了隆。鲁国向卫国告急。卫国和鲁国都通过郤克赂晋国求救。晋国就派郤克、栾书、韩厥用八百辆战车和鲁国、卫国共同讨伐齐国。夏天，晋国与齐顷公在鞌交战，顷公受伤被困，于是便与他的护右交换了座位，下车去找水喝，从而逃脱而去。齐军大败而逃，晋国追赶败兵一直达到齐都。顷公献上宝器求和，晋国不同意。郤克说：“一定要得到萧桐姪子做人质。”齐国使者说：“萧桐姪子是顷公的母亲，顷公的母亲如同晋君的母亲，怎么一定要得到她呢？你们太不讲信义了，请求再一次交战。”结果，晋才答应与齐讲和而离去。

楚申公巫臣偷娶了夏姬逃到晋国，晋君拜巫臣做邢邑大夫。

十二年（前588）的冬季，齐顷公到了晋国，想尊称晋景公做王，景公辞谢不敢当。晋国开始设置六军，韩厥、巩朔、赵穿、荀骓、赵括、赵旃都任大臣。智罃也从楚国返回晋国。

十三年（前587)，鲁成公朝拜晋君，晋君很不礼貌，鲁君生气地走了，背叛了晋国。晋国讨伐了郑国，攻下了氾。

十四年（前586），梁山发生山崩。晋君询部伯宗，伯宗认为不值得大惊小怪。

十六年（前584），楚国大将子反怨恨巫臣，杀死了巫臣整个家族。巫臣十分气恼，给子反一封信说："一定让你疲于奔命！"于是，巫臣请求出使吴国，让自己的儿子做吴国的行人，教吴国士兵乘车打仗。吴、晋两国开始有交往，约定讨伐楚国。

十七年（前583），晋国杀死了赵同、赵括，并灭亡了他们的家族。韩厥说："怎么能忘记赵衰、赵盾的功劳呢？怎么能断绝他们的香火呢？"于是，晋君又让赵氏庶子赵武作为赵氏后代，又封给他城池。

十九年（前581）的夏季，景公病重，立太子寿曼做国君，这就是厉公。一个月后，景公逝世。

厉公元年（前580），因为刚刚即位，想与诸侯求和，便与秦桓公隔着黄河订立盟约。回国后秦国就违背盟约，和翟商量攻打晋国。三年（前578），晋国派吕相谴责秦国，借机和诸侯讨伐秦国。兵至泾水，在麻隧打败秦军，俘虏了秦国大将成差。

五年（前576），郤锜、郤犨、郤至中伤伯宗，晋君杀死他。伯宗是因为喜好直言劝谏才召来这个灾祸，百姓因此不再信任厉公。

六年（前575）的春季，郑国背叛了晋国与楚国结盟，晋君十分生气。栾书说："不可以在我们这一代失去诸侯。"于是，晋国派军队攻打郑国。厉公亲自统率军队，五月渡过黄河。听说楚军来援救，范文子请求厉公撤兵。郤至说：“派军讨伐逆贼，遇到了强敌就躲避，就无法对诸侯发号施令。”于是，晋国与楚国交战。癸巳日，晋军射中楚共王的眼睛，楚军在鄢陵失败。子反聚集残兵，安抚好楚军，想再一次与晋交战，晋国很担心。共王召唤子反，子反的侍者竖阳穀向他敬酒，子反喝醉了，不能去拜见共王。共王很生气，责备子反，子反自杀。共王于是带兵返回楚国。晋国因此威震诸侯，想号令天下，求得霸权。

厉公有很多宠姬，回国后，想免除所有大臣的职务，任用宠姬的兄弟。有个宠姬的哥哥叫胥童，曾与郤至有矛盾，再加上栾书又怨恨郤至不使用自己的计谋竟打败了楚军，就派人暗中向楚国道歉。楚国派人欺骗厉公说：“鄢陵一战，实际是郤至召来楚国参与的，郤至想作乱，迎接子周到晋国即位。恰好盟国没有准备好，所以事情未成功。”厉公把引话告诉给栾书，栾书说：“大概有这种情况，希望您试着派人到周京暗地考察一下。”厉公果然派郤至到周京。栾书又让公子周会见郤至，郤至却不知道自己已被出卖。厉公验证这件事，认为确实了，于是很痛恨郤至，想杀死他。八年（前 573），厉公去打猎，与宠姬饮酒，郤至杀猪奉献给厉公，被宦者夺去，郤至射死了宦者。厉公很生气说：“季子欺侮我！”打算杀掉三郤，还未动手。郤锜想先下手为强，进攻厉公，说：“我虽然也许会死，国君也会遭难。”郤至说：“忠诚，不能反对君主；智慧，不能伤害百姓；勇猛，不能挑起乱子。失去这三种美德，谁肯帮助我？我死了算了。”十二月壬午日，厉公让胥童带领八百名士兵袭击攻杀三郤。胥童借机在朝廷上劫持了栾书、中行偃，说：“不杀死这两个人，灾祸一定落到国君您头上。”厉公说：“一个早上就杀死了三位卿士，我不忍心再多杀人了。”胥童回答说：“别人将忍心杀死你。”厉公不听，向栾书道歉说明只是惩治郤氏的罪过：“大夫都恢复职位。”两人磕头说：“很幸运，很幸运！”厉公让胥童担任大臣。闰月乙卯日，厉公到匠骊氏家去游玩，栾书、中行偃派他们的党羽袭击逮捕了厉公，囚禁起来，杀死了胥童，并派人从周京迎来了公子周，立他为君王，这就是晋悼公。

悼公元年（前572），正月庚申日，栾书、中行偃杀死了厉公，只用一辆车陪葬了他。厉公是在被囚禁了六天后死去的，死去十天后的庚午日，智罃迎接公子周来晋，到了绛，杀鸡和大夫结盟拥立公子周，这就是悼公。辛巳日，到武宫朝拜。二月乙酉日，公子周即位。

悼公周的祖父捷是晋襄公的儿子，没能继位，号称桓叔，桓叔最受怜爱。桓叔生下惠伯谈，谈生下悼公周。周即位时已十四岁。悼公说：“祖父、父亲都未能继位而到周避难，客死在周。我认为自己已经疏远了，从未盼望当晋君。今天，大夫们不忘文公、襄公的意愿而施惠，拥立桓叔的后代，全仰仗祖宗和大夫们的威灵，得以继承晋国的祭祀，难道敢不兢兢业业吗？大夫们也应该辅佐我！”于是，驱逐了不忠于国君的七个大臣，修整旧的功业，向百姓布施恩惠，抚恤文公回晋时各位功臣的后代。秋天，讨伐郑国。郑军大败，于是又到了陈国。

三年（前570），晋国会见诸侯。悼公向大臣们询问可以任用的人，祁傒推荐解狐。解狐是祁傒的仇人。悼公又问还有谁，祁傒又推荐自己的儿子祁午。君子说：“祁傒可以算作不偏私了。在外举荐不避仇人，在内荐不避儿子。”正在会见诸侯时，悼公的弟弟杨干乱了军阵，魏绛杀死了他的驾车人。悼公很生气，有人劝谏悼公，悼公终于认识到绛很有贤德，任用他主持政务，派他与戎讲和，戎终于非常亲近晋国。十一年（前562），悼公说：“从我任用魏绛以来，九次会合诸侯，与戎翟和解了，这全是魏子的功劳。”悼公赐给他乐队，他三次辞让才接受下来。冬天，秦国攻取了晋国的栎。

十四年（前559），晋国派六卿率领诸侯们讨伐秦国，渡过泾河，把秦军打得大败，直到棫林才离去。

十五年（前558），悼公向师旷询问治国的道理。师旷说：“只有仁义是根本。”冬季，悼公逝世，儿子平公彪即位。

平公元年（前557），晋国讨伐齐国，齐灵公与晋国在靡下交战。齐军被打败逃跑。晏婴说：“你本来就没有勇气，为何不停止打仗?”齐军于是离去了。晋国穷追不舍，包围了临菑，烧光了外城内的房屋，杀光了外城内的军民。晋军东到胶水，南到沂水，齐军坚守着城市，晋国就退兵返回了。

六年（前552），鲁襄公朝拜晋君。晋栾逞犯了罪，逃到齐国。八年（前550），齐庄公暗中派栾逞到曲沃，又派军跟随他。齐军上了太行山，栾逞从曲沃内造反，袭击了绛。绛毫无警戒，平公想自杀，范献子阻止了平公，派自己的家兵袭击栾逞，栾逞被打败逃到了曲沃。曲沃人攻打栾逞，栾逞被杀死，曲沃人还消灭了栾逞的族党。栾逞是栾书的孙子。他进入绛时，与魏氏商量过。齐庄公听说栾逞失败，就返回了，攻取了晋国的朝歌离去，为的是报复临菑一战之仇。

十年（前548），齐国的崔杼杀死自己的国君庄公。晋国趁齐国动乱，高唐打败齐军离去，为的是报复太行一战之仇。

十四年（前544），吴国延陵季子出使来到晋国，曾与赵文子、韩宣子、魏献子谈话，事后说："晋国的政权，终于要落在这三家手中。"

十九年（前539），齐国派晏婴到晋国，晏婴与叔向谈话。叔向说："晋国处于末世了。平公向百姓征收重税修建池台楼阁却不务政事，政务落在私家门下，难道可以持久吗？"晏子表示同意。

二十二年（前536），晋国讨伐燕国。二十六年（前532），平公逝世，儿子昭公夷即位。

昭公六年（前526）逝世。晋国六卿强大，公室却弱小了。儿子顷公去疾即位。

顷公六年（前520），周景王逝世，各公子们争夺王位。晋国的六卿平息了周王室的乱子，拥立敬王。

九年（前517），鲁季氏驱逐了自己的国君昭公，昭公住在乾侯。十一年（前515），卫国、宋国派使者请求晋国送鲁君回国。季平子私下贿赂了范献子，献子接受贿赂后，就对晋君说：“季氏没有罪。”最终没有送鲁君回国。

十二年（前514），晋国公族祁傒的孙子，叔向的儿子，在晋君面前互相诋毁。六卿想削弱国君的力量，便依照刑法杀死了他们全部家族，并把他们的封邑划分为十个县，各自让自己的儿子去做大夫。晋君力量更加弱小，六卿都强大起来。

十四年（前512），顷公逝世，儿子定公午即位。

定公十一年（前501），鲁国的阳虎逃到晋国，赵鞅简子留宿了他。十二年（前500），孔子做了鲁国的宰相。

十五年（前497），赵鞅与邯郸大夫午约定，要将卫国进贡的五百户归还后，让他迁居晋阳，邯郸父兄不答应，赵鞅便认为午不诚实，想杀死午，午和中行寅、范吉射亲自攻打赵鞅，赵鞅逃到晋阳防守。定公包围了晋阳。荀栎、韩不信、魏侈与范去射、中行寅有仇，就调军队攻打范去射、中行寅。范去射、中行寅反叛，晋军攻打他们，打败了范去射、中行寅。范去射、中行寅逃到朝歌，据城自保。韩不信、魏侈替赵鞅向晋君道歉，于是晋君赦免了赵鞅，恢复了他的地位。二十二年（前490），晋国打败了范吉射、中行氏，这两个人逃到齐国。

三十年（前482），定公与吴王夫差在黄池相会，争当首领，赵鞅当时从行，终于让吴王做了首领。

三十一年（前481），齐国田常杀死了自己的国君简公，立简公的弟弟骜做平公。三十三年（前479），孔子去世。

三十七年（前475），定公逝世，儿子出公凿即位。

出公十七年（前458），知伯与赵鞅、韩不信、魏侈共同瓜分了范吉射、中行寅的领地归入自己的城邑。出公很生气，求告齐国、鲁国，想借机讨伐四卿，四卿很惶恐，于是反击攻打出公。出公逃亡齐国，半路上死去。所以知伯就立昭公曾孙骄做了晋君，这就是哀公。

哀公的祖父雍，是晋昭公的小儿子，号叫戴子。戴子生下了忌。忌与知伯关系密切，但早死，所以知伯想吞并晋国，没敢动，就立了忌的儿子骄做晋君。当时，晋国的政务全部由知伯决定，晋哀公不能控制朝政。于是，知伯占有了范吉射、中行寅的领地，在六卿中最强大。

哀公四年（前453），赵襄子、韩康子、魏桓子共同杀死了知伯，全部吞并了他的土地。

十八年（前439），哀公逝世，儿子幽公柳即位。

幽公当政时，晋君由于衰弱而畏惧卿大夫，反而朝拜韩、赵、魏的君王。晋君只占有绛、曲沃，余下的都并入三晋。

十五年（前423），魏文侯初即位。十八年（前420），幽公奸淫妇女，夜间私自出城，强盗杀死了他。魏文侯派兵诛灭晋国的内乱，立幽公儿子止，这就是烈公。

烈公十九年（前401），周威烈王赐封赵国、韩国、魏国，都命他们为诸侯。

二十七年（前393），烈公逝世，儿子孝公颀即位。孝公九年（前384），魏武侯刚刚即位，袭击了邯郸，未能取胜就离去了。十七年（前376），孝公逝世，儿子静公俱酒即位。

这一年是齐威王元年（前377）。

静公二年（前376），魏武侯、韩哀侯、赵敬侯灭亡晋国后把晋地分割为三份。静公成为平民，晋国断绝祭祀。

太史公说："晋文公是古代所说的贤明的君主，逃亡在外十九年，极为贫困，到即位时施行赏赐，还忘记了介子推，何况骄奢的君主呢？灵公被杀后，成公、景公极为严厉，到了厉公更加苛刻，大夫惧怕诛杀，祸乱发生。悼公以后晋国一天天衰弱下去，六卿专掌政权。所以，国君驾驭自己的臣民，本来就不容易啊！"

全新足本·精注全译

肆

史记

【西汉】司马迁◎著

石磊◎主编

中国文史出版社

目录

第二十二卷　楚世家第十

根据司马迁的说法，楚国的发展也并非一帆风顺。春秋时，与吴、越关系紧张，一度被吴国打败，进入战国后，虽有吴起相楚悼王的改革（见《吴起列传》），但由于旧贵族势力强大，不久即夭折。楚国的发展道路是很曲折的，最终为秦国所灭。《楚世家》记述了楚国从兴盛到灭亡的完整历史。从文化方面讲，楚国产生了像屈原、宋玉那样的大文学家，也产生了像老子、庄子那样博大精深的思想家，为后人留下了丰富的文化遗产。从政治方面讲，楚国对人们有启发、可资借鉴的也比较多。楚庄王的改革就是其中之一。

楚庄王听取忠良的正面进谏而使国家强盛了，楚平王却轻信谣言，疏远骨肉、残害忠良。可见，在集权专制的封建时代，尽管君主具有至高无上的权力，但其左右也能发挥作用。而在无健全法律、无强大机构制约君主权力的封建社会，左右发挥作用的好坏、正误便完全取决于君主及其左右人的个人品质、德行的好坏了。贤明的君主能勤奋听政、结交贤才、集思广益、兼听兼信、实行改革，国家政治自然清明，百姓安居乐业，封建社会因此而出现过盛世。反之，昏庸的君主无视政事、寻欢作乐、暴虐无道、偏听偏信，国家政治自然昏暗，百姓遭殃。

晋国的叔向曾分析楚共王太子子比有五难：一没有贤才辅佐；二没有主要力量支持；三没有长远谋划；四没有人民拥护；五没有崇高品德。因此，不能享有国家。果如叔向言，子比为王才十余日。相反，晋文公是贤君，具备好的德行，“从善如流、施惠不倦”，“好学不倦”，能结交贤才作为心腹、左膀右臂，爱到国内外力量的支持，百姓相从而归附他。这样一来，他不仅享有国家，而且在治国上也获得突出的成功，终于称霸于诸侯。叔向所言的五难，从反面给历代统治者治国安邦献出了计策，对今人来讲，也具有启迪意义。

【原文】

楚之先祖出自帝颛顼高阳。高阳者，黄帝之孙，昌意之子也。高阳生称，称生卷章，卷章生重黎。重黎为帝喾高辛居火正，甚有功，能光融[①]天下，帝喾命曰祝融。共工氏作乱，帝喾使重黎诛之而不尽。帝乃以庚寅日诛重黎，而以其弟吴回为重黎后，复居火正，为祝融。

吴回生陆终。陆终生子六人，坼[②]剖而产焉。其长一[③]曰昆吾；二曰参胡；三曰彭祖；四曰会人；五曰曹姓；六曰季连，芈姓，楚其后也。昆吾氏，夏之时尝为侯伯，桀之时汤灭之。彭祖氏，殷之时尝为侯伯。殷之末世灭彭祖氏。季连生附沮，附沮生穴熊。其后中微[④]，或在中国，或在蛮夷，弗能纪[⑤]其世。

周文王之时，季连之苗裔曰鬻熊。鬻熊子事文王，蚤[⑥]卒。其子曰熊丽，熊丽生熊狂，熊狂生熊绎。

【注释】

①融：明。②坼（chè）：分裂，裂开。③长一：据梁玉绳说《史记志疑》云："长"与"一"不宜连文。④中微：中途衰落。⑤纪：通"记"。⑥蚤：通"早"。

【原文】

熊绎当周成王之时，举文、武勤劳之后嗣，而封熊绎于楚蛮，封以子男之田，姓芈氏，居丹阳。楚子熊绎与鲁公伯禽、卫康叔子牟、晋侯燮、齐太公子吕伋俱事成王。

熊绎生熊艾，熊艾生熊黮，熊黮生熊胜。熊胜以弟熊杨为后。熊杨生熊渠。

熊渠生子三人。当周夷王之时，王室微[①]，诸侯或不朝，相伐。熊渠甚得江汉间民和，乃兴兵伐庸、杨粤，至于鄂。熊渠曰："我蛮夷也，不与中国之号谥[②]。"乃立其长子康为句亶王，中子红为鄂王，少子执疵为越章王，皆在江上楚蛮之地。及周厉王之时，暴虐，熊渠畏其伐楚，亦去[③]其王。

【注释】

①微：衰落。②谥：古代帝王及官僚死后，统治阶级所给予的表示褒贬的称号。③去：除掉。

【原文】

后为熊毋康，毋康蚤死。熊渠卒，子熊挚红立。挚红卒，其弟弑而代立[①]，曰熊延。熊延生熊勇。

熊勇六年，而周人作乱，攻厉王，厉王出奔彘。熊勇十年，卒，弟熊严为后。

熊严十年，卒。有子四人，长子伯霜，中子仲雪，次子叔堪，少子季徇。熊严卒，长子伯霜代立，是为熊霜。

熊霜元年，周宣王初立。熊霜六年，卒，三弟争立。仲雪死；叔堪亡，避难于濮；而少弟季徇立，是为熊徇。熊徇十六年，郑桓公初封于郑。二十二年，熊徇卒，子熊咢立。熊咢九年，卒，子熊仪立，是为若敖。

【注释】

①挚红卒，其弟弑而代立：据梁玉绳《史记志疑》云："既云红卒，则非弑矣。"

【原文】

若敖二十年，周幽王为犬戎所弑，周东徙，而秦襄公始列为诸侯。

二十七年，若敖卒，子熊坎立，是为霄敖。霄敖六年，卒，子熊眴立，是为蚡冒。蚡冒十三年，晋始乱，以曲沃[①]之故。蚡冒十七年，卒。蚡冒弟熊通弑蚡冒子而代立，是为楚武王。

武王十七年，晋之曲沃庄伯弑主[②]国晋孝侯。十九年，郑伯弟段作乱。二十一年，郑侵天子之田。二十三年，卫弑其君桓公。二十九年，鲁弑其君隐公。三十一年，宋太宰华督弑其君殇公。

三十五年，楚伐随。随曰："我无罪。"楚曰："我蛮夷也。今诸侯皆为叛相侵，或相杀。我有敝甲③，欲以观④中国之政，请王室尊吾号。"随人为之周，请尊楚，王室不听，还报楚。三十七年，楚熊通怒曰："吾先鬻熊，文王之师也，蚤终。成王举我先公，乃以子男田令居楚，蛮夷皆率⑤服，而王为加位，我自尊耳。"乃自立为武王，与随人盟而去。于是始开濮地而有之。

五十一年，周召随侯，数⑥以立楚为王。楚怒，以随背己，伐随。武王卒师中而兵罢⑦。子文王熊赀立，始都郢。

【注释】

①曲沃：东周初年，晋昭侯封桓公叔于此，从此引起内乱。详见《晋世家》。②主：掌管、主持。③敝甲：破旧的铠甲，指军队。谦辞。④观：参与、观察。⑤率：顺服。⑥数：列举罪状。⑦罢：停止。

【原文】

文王二年，伐申过邓，邓人曰"楚王易取①"，邓侯不许也。六年，伐蔡，虏蔡哀侯以归，已而释之。楚强，陵②江汉间小国，小国皆畏之。十一年，齐桓公始霸，楚亦始大。

十二年，伐邓，灭之。十三年，卒，子熊囏立，是为庄敖。庄敖五年，欲杀其弟熊恽，恽奔随，与随袭弑庄敖代立，是为成王。

成王恽元年，初即位，布德施惠，结旧好于诸侯。使人献天子，天子赐胙[3]，曰："镇尔南方夷越之乱，无侵中国。"于是楚地千里。

十六年，齐桓公以兵侵楚，至陉山，楚成王使将军屈完以兵御之，与桓公盟。桓公数以周之赋[4]不入王室，楚许之，乃去。

【注释】

①楚王易取：《左传·庄公六年》载：楚文王伐申。过邓。邓祁侯止而享之。骓甥、聃甥、养甥请杀楚子。邓侯弗许云云，事载颇详。太史公于《楚世家》取《左传》而变其词。"楚王易取"，即指三甥请杀楚子。②陵：通"凌"，欺侮。③胙：祭祀用的肉。④周之赋：向周交纳的贡品。

【原文】

十八年，成王以兵北伐许，许君肉袒谢[1]，乃释之。二十二年，伐黄。二十六年，灭英[2]。

三十三年，宋襄公欲为盟会，召楚。楚王怒曰："召我，我将好往袭辱之。"遂行，至盂，遂执辱宋公，已而归之。三十四年，郑文公南朝楚。楚成王北伐宋，败之泓，射伤宋襄公，襄公遂病创死。

三十五年，晋公子重耳过楚，成王以诸侯客礼飨[3]，而厚送之于秦。

三十九年，鲁僖公来请兵以伐齐，楚使申侯将兵伐齐，取穀，置齐桓公子雍焉。齐桓公子七子皆奔楚，楚尽以为上大夫。灭夔，夔不祀祝融、鬻熊故也。

【注释】

①肉袒：去上衣，露肢体。谢：道歉，表示服顺。②二十六年，灭英：当作二十四年。③飨：用酒食款待人。

【原文】

夏，伐宋，宋告急于晋，晋救宋，成王罢归。将军子玉请战，成王曰："重耳亡居外久，卒得反[①]国，天之所开，不可当。"子玉固请，乃与之少师而去。晋果败子玉于城濮。成王怒，诛子玉[②]。

四十六年，初，成王将以商臣为太子，语令尹子上。子上曰："君之齿未[③]也，而又多内宠，绌[④]乃乱也。楚国之举[⑤]常在少者。且商臣蜂目而豺声，忍[⑥]人也，不可立也。"王不听，立之。后又欲立子职而绌太子商臣。商臣闻而未审[⑦]也，告其傅潘崇曰："何以得其实？"崇曰："飨王之宠姬江芈而勿敬也。"商臣从之。江芈怒曰："宜乎王之欲杀若而立职也。"商臣告潘崇曰："信[⑧]矣。"崇曰："能事之乎？"曰："不能。""能亡去乎？"曰："不能。""能行大事乎[⑨]？"曰："能。"冬十月，商臣以宫卫兵围成王。成王请食熊蹯而死，不听。丁未，成王自绞杀。商臣代立，是为穆王。

【注释】

①反：通“返”。②诛子玉：此与《晋世家》载“子玉自杀”而死不同，实乃均奉成王之命耳。详见《晋世家》可参《左传·襄公二十八年》。③齿未：指年岁尚少。④绌：通“黜”。废弃。⑤举：立。⑥忍：《集解》曰“言忍为不义”。⑦审：详查，细究。⑧信：确实。⑨能行大事乎：《集解》云：“谓弑君。”

【原文】

穆王立，为其太子宫予潘崇，使为太师，掌国事。穆王三年，灭江。四年，灭六、蓼。六、蓼，皋陶之后。八年，伐陈。十二年，卒。子庄王侣立。

庄王即位三年，不出号令，日夜为乐，令国中曰：“有敢谏者死无赦!”伍举入谏[①]。庄王左抱郑姬，右抱越女，坐钟鼓之间。伍举曰：“愿有进隐[②]。”曰：“有鸟在于阜[③]，三年不蜚[④]不鸣，是何鸟也?”庄王曰：“三年不蜚，蜚将冲天；三年不鸣，鸣将惊人。举退矣，吾知之矣。”居数月，淫益甚。大夫苏从乃入谏。王曰：“若不闻令乎?”对曰：“杀身以明君，臣之愿也。”于是乃罢淫乐，听政，所诛者数百人，所进者数百人，任伍举、苏从以政，国人大说[⑤]。是岁灭庸。六年，伐宋，获五百乘。

【注释】

①伍举：伍举在康、灵之世，事庄王者乃其父伍参，此与

《伍子胥列传》同误。②隐：《集解》曰：“‘隐’谓隐藏其意”。③阜：土山。④蜚：通“飞”。⑤说：通“悦”。

【原文】

八年，伐陆浑戎，遂至洛，观兵[①]于周郊。周定王使王孙满劳[②]楚王。楚王问鼎[③]小大轻重，对曰：“在德不在鼎。”庄王曰：“子无阻[④]九鼎！楚国折钩之喙[⑤]，足以为九鼎。”王孙满曰：“呜呼！君王其忘之乎？昔虞夏之盛，远方皆至，贡金九牧，铸鼎象物，百物而为之备，使民知神奸[⑥]。桀有乱德，鼎迁于殷，载祀六百[⑦]。殷纣暴虐，鼎迁于周。德之休明[⑧]，虽小必重；其奸回昏乱，虽大必轻。昔成王定鼎于郏鄏，卜世三十，卜年七百，天所命也。周德虽衰，天命未改。鼎之轻重，未可问也。”楚王乃归。

九年，相若敖氏。人或谗之王，恐诛，反攻王，王击灭若敖氏之族。十三年，灭舒。

【注释】

①观兵：检阅军队。②劳：犒劳。③鼎：即九鼎，古代传国的重宝。④阻：倚仗。⑤钩：剑一类的兵器。喙（huì）：指刀剑上的刃尖。⑥神奸：鬼神怪异之物。⑦载祀：《集解》曰：“载祀者，犹言年也。”⑧休明：美好清明。

【原文】

十六年，伐陈，杀夏徵舒。徵舒弑其君，故诛之也。已破陈，即县之。群臣皆贺，申叔时使齐来，不贺。王问，对曰：

"鄙语[①]曰，牵牛径[②]人田，田主取其牛。径者则不直矣，取之牛不亦甚乎？且王以陈之乱而率诸侯伐之，以义伐之而贪其县，亦何以复令于天下！"庄王乃复国陈后。

十七年春，楚庄王围郑，三月克之，入自皇门，郑伯肉袒牵羊以逆[③]，曰："孤不天[④]，不能事君，君用怀怒，以及敝邑[⑤]，孤之罪也。敢不惟命是听！宾[⑥]之南海，若以臣妾赐诸侯，亦惟命是听。若君不忘厉、宣、桓、武，不绝其社稷，使改事君，孤之愿也，非所敢望也。敢布[⑦]腹心。"楚群臣曰："王勿许。"庄王曰："其君能下人，必能信用其民，庸可绝乎！"庄王自手旗，左右麾[⑧]军，引兵去三十里而舍，遂许之平[⑨]。潘尪入盟，子良出质。夏六月，晋救郑，与楚战，大败晋师河上，遂王衡雍而归。

【注释】

①鄙语：俗语。②径：笔直走。③逆：迎。④不天：不为天所保佑。⑤敝邑：称自己国家的谦辞。⑥宾：通"摈"，遗弃，排斥。⑦布：展开，铺开，引申为表白。⑧麾：通"挥"，指挥。⑨平：议和。

【原文】

二十年，围宋，以杀楚使也。围宋五月[①]，城中食尽，易[②]子而食，析[③]骨而炊。宋华元出告以情。庄王曰："君子哉！"遂罢兵去。

二十三年，庄王卒，子共王审立。

【注释】

①五月：据梁玉绳《史记志疑》云：五月乃九之误。②易：交换。③析：劈柴。

【原文】

共王十六年，晋伐郑。郑告急，共王救郑。与晋兵战鄢陵，晋败楚，射中共王目。共王召将军子反。子反嗜酒，从者竖阳穀进酒，醉。王怒，射杀子反[1]，遂罢兵归。

三十一年，共王卒，子康王招立。康王立十五年卒，子员立，是为郏敖。

康王宠弟公子围、子比、子皙、弃疾。郏敖三年，以其季父康王弟公子围为令尹，主兵事。四年，围使郑，道闻王疾而还。十二月己酉，围入问王疾，绞[2]而弑之，遂杀其子莫及平夏。使使赴[3]于郑。伍举问曰："谁为后[4]？"对曰："寡大夫围。"伍举更曰："共王之子围为长。"子比奔晋，而围立，是为灵王。

【注释】

①射杀子反：据《晋世家》载：王怒，让子反，子反死。②绞：《集解》曰："以冠缨绞之。"③赴：通"讣"。为楚王之死讣告郑国。④《左传·昭公元年》载："伍举问应为后之辞焉"，意即伍举问使者关于继位人的措辞该如何说。

【原文】

灵王三年六月，楚使使告晋，欲会诸侯。诸侯皆会楚于申。伍举曰："昔夏启有钧台之飨；商汤有景亳之命，周武王有盟律之誓，成王有岐阳之蒐[1]，康王有丰宫之朝，穆王有涂山之会，齐桓有召陵之师，晋文有践土之盟，君其何用？"灵王曰："用桓公[2]。"时郑子产在焉。于是晋、宋、鲁、卫不往[3]。灵王已盟，有骄色。伍举曰："桀为有仍之会，有缗叛之。纣为黎山之会，东夷叛之。幽王为太室之盟，戎、翟叛之，君其慎终[4]！"

【注释】

①蒐（sōu）：打猎。②此指用齐桓公召陵之礼。详见《齐太公世家》。③晋、宋、鲁、卫不往：据《左传·昭公四年》云，申之会，不往者鲁、卫、曹、邾四国也，此改曹、邾为晋、宋，妄也。④慎终：谨慎仔细地考虑结果。

【原文】

七月，楚以诸侯兵伐吴，围朱方。八月，克之，囚庆封，灭其族。以封徇[1]，曰："无效齐庆封弑其君而弱[2]其孤，以盟诸大夫！"封反曰："莫如楚共王庶子围弑其君兄之子员而代之立！"于是灵王使疾[3]杀之。

七年，就章华台，下令内[4]亡人实之。

【注释】

①徇：对众宣示。②弱：欺凌。③疾：赶快。④内：通"纳"，收容。

【原文】

八年，使公子弃疾将兵灭陈。十年，召蔡侯，醉而杀之。使弃疾定蔡，因为陈蔡公。

十一年，伐徐以恐吴，灵王次[1]于乾谿以待之。王曰："齐、晋、鲁、卫，其封皆受宝器，我独不[2]。今吾使使周求鼎以为分[3]，其予我乎？"析父对曰："其予君王哉！昔我先王熊绎辟[4]在荆山，荜露蓝蒌[5]以处草莽，跋涉山林以事天子，唯是桃弧棘矢以共[6]王事。齐，王舅也；晋及鲁、卫，王母弟[7]也；楚是以无分而彼皆有。周今与四国服事君王，将惟命是从，岂敢爱鼎？"灵王曰："昔我皇祖伯父昆吾旧许是宅[8]，今郑人贪其田，不我予，今我求之，其予我乎？"对曰："周不爱鼎，郑安敢爱田？"灵王曰："昔诸侯远我而畏晋，今吾大城[9]陈、蔡、不羹，赋[10]皆千乘，诸侯畏我乎？"对曰："畏哉！"灵王喜曰："析父善言古事焉。"

【注释】

①次：驻扎。②不：通"否"。③分：指分器。古代帝王分赐诸侯世代保存的宗庙宝器。④辟：通"僻"，偏僻。⑤荜露：简陋的车子。蓝蒌：通"褴褛"，衣服破烂不堪。⑥桃弧棘矢：桃木制的弓，棘枝制的箭。共：通"供"。⑦母弟：同母所生的弟弟。⑧旧许是宅：昆武曾居许地，故曰旧许是宅。⑨大城：扩大加固城池。⑩赋：兵。古代以田赋出兵，所以谓兵为赋。

【原文】

十二年春，楚灵王乐乾谿，不能去也。国人苦役。初，灵王会兵于申，僇[①]越大夫常寿过，杀蔡大夫观起，起子从亡在吴，乃劝吴王伐楚，为间[②]越大夫常寿过而作乱，为吴间[③]。使矫[④]公子弃疾命召公子比于晋，至蔡，与吴、越兵欲袭蔡。令公子比见弃疾，与盟于邓。遂入杀灵王太子禄，立子比为王，公子子皙为令尹，弃疾为司马。先除王宫[⑤]，观从从师于乾谿，令楚众曰："国有王矣。先归，复爵邑[⑥]田室。后者迁之。"楚众皆溃，去灵王而归。

【注释】

①僇：侮辱。②间：离间。③间：间谍。④矫：假借。⑤除王宫：指驱除灵王的亲信。除：清除。⑥爵邑：爵位，封地。

【原文】

灵王闻太子禄之死也，自投[①]车下，而曰："人之爱子亦如是乎？"侍者曰："甚是。"王曰："余杀人之子多矣，能无及此乎？"右尹曰："请待于郊以听国人。"王曰："众怒不可犯。"曰："且入大县[②]而乞师于诸侯。"王曰："皆叛矣。"又曰："且奔诸侯以听大国之虑。"王曰："大福不再，只取辱耳。"于是王乘舟将欲入鄢。右尹度王不用其计，惧俱死，亦去王亡。

【注释】

①投：跌倒。②大县：《左传·昭公十三年》作“大都”，义同。指大的都邑。

【原文】

灵王于是独仿偟山中，野人莫敢入王。王行遇其故铜人[①]，谓曰：“为我求食，我已不食三日矣。”铜人曰：“新王下法，有敢饷[②]王从王者，罪及三族，且又无所得食。”王因枕其股而卧。铜人又以土自代，逃去。王觉而弗见，遂饥弗能起。芋尹[③]申无宇之子申亥曰：“吾父再犯[④]王命，王弗诛，恩孰大焉！”乃求王，遇王饥于釐泽，奉之以归。夏五月癸丑，王死申亥家，申亥以二女从死，并葬之。

【注释】

①铜人：通“涓人”。《集解》曰：“今之中涓也。”主管清洁打扫的人员。②饷：用食物款待。③芋尹：有两解：一指芋邑的大夫；一指管理芋园的官。④再犯：两次触犯。

【原文】

是时楚国虽已立比为王，畏灵王复来，又不闻灵王死，故观从谓初王[①]比曰：“不杀弃疾，虽得国犹受祸。”王曰：“余不忍。”从曰：“人将忍王。”王不听，乃去。弃疾归。国人每夜惊，曰：“灵王入矣！”乙卯夜，弃疾使船人从江上走呼曰：“灵王至矣！”国人愈惊。又使曼成然告初王比及令尹子皙曰：“王至矣！国人将杀君，司马将至矣！君蚤自图，无取辱焉。

众怒如水火，不可救也。”初王及子晳遂自杀。丙辰，弃疾即位为王，改名熊居，是为平王。

【注释】

①初王：子比在位时间很短，死后没给谥号，故曰“初王”。

【原文】

平王以诈弑两王而自立，恐国人及诸侯叛之，乃施惠百姓。复陈蔡之地而立其后如故，归郑之侵地。存恤①国中，修政教。吴以楚乱故，获五率②以归。平王谓观从：“恣③尔所欲。”欲为卜尹，王许之。

初，共王有宠子五人，无適④立，乃望⑤祭群神，请神决之，使主社稷⑥，而阴与巴姬埋璧于室⑦内，召五公子斋而入。康王跨之，灵王肘加之，子比、子晳皆远之。平王幼，抱其上而拜，压纽⑧。故康王以长立，至其子失之；围为灵王，及身而弑；子比为王十余日，子晳不得立，又俱诛。四子皆绝无后。唯独弃疾后立，为平王，竟续楚祀，如其神符。

【注释】

①存恤：慰问救济。②率：通“帅”。③恣：听任，任凭。④適：通“嫡”。⑤望：古代祭祀山川的专名。⑥社稷：古代帝王、诸侯所祭的土神和谷神。旧时因用作国家的代称。⑦室：太室，指祖庙。⑧纽：装在器物上以备提携悬系的襻儿。

【原文】

初，子比自晋归，韩宣子问叔向曰："子比其济[1]乎？"对曰："不就[2]。"宣子曰："同恶相求，如市贾[3]焉，何为不就？"对曰："无与同好，谁与同恶？取国有五难：有宠无人，一也；有人无主[4]，二也；有主无谋，三也；有谋而无民，四也；有民而无德，五也。子比在晋十三年矣，晋、楚之从不闻通者，可谓无人矣；族尽亲叛，可谓无主矣；无衅[5]而动，可谓无谋矣；为羁[6]终世，可谓无民矣；亡无爱征，可谓无德矣。王虐而不忌，子比涉[7]五难以弑君，谁能济[8]之！有楚国者，其弃疾乎？君[9]陈、蔡，方城外属焉。苛慝[10]不作，盗贼伏隐，私欲不违[11]，民无怨心。先神命之，国民信之。芈姓有乱，必季[12]实立，楚之常也。子比之官，则右尹也；数其贵宠，则庶子也；以神所命，则又远之；民无怀焉，将何以立？"宣子曰："齐桓、晋文不亦是乎？"对曰："齐桓，卫姬之子也，有宠于釐公。有鲍叔牙、宾须无、隰朋以为辅，有莒、卫以为外主，有高、国以为内主。从善如流[13]，施惠不倦。有国，不亦宜乎？昔我文公，狐季姬之子也，有宠于献公。好学不倦。生十七年，有士五人，有先大夫子馀、子犯以为腹心，有魏犨、贾佗以为股肱，有齐、宋、秦、楚以为外主，有栾、郤、狐、先以为内主。亡十九年，守志弥[14]笃。惠、怀弃民，民从而与之[15]。故文公有国，不亦宜乎？子比无施[16]于民，无援于外，去晋，晋不送；归楚，楚不迎。何以有国!”子比果不终焉，卒立者弃疾，如叔向言也。

【注释】

①济：成功。②就：成。③市贾：商人。④主：依靠力量。⑤衅：间隙，可乘之机。⑥羁：作客在外。⑦涉：经历。⑧济：帮助。⑨君：统治。⑩慝（tè）：邪恶。⑪私欲不违：《集解》曰：“不以私欲违民心。”⑫季：排行最小的。⑬从善如流：听从好的像流水一样。⑭弥：更加。⑮民从而与之：《正义》曰：“以惠、怀弃民，故民相从而归心于文公。”⑯施：给予。

【原文】

平王二年，使费无忌如秦为太子建取[1]妇。妇好，来，未至，无忌先归，说[2]平王曰：“秦女好，可自娶，为太子更求。”平王听之，卒自娶秦女，生熊珍。更为太子娶。是时伍奢为太子太傅，无忌为少傅。无忌无宠于太子，常谗恶太子建。建时年十五矣，其母蔡女也，无宠于王，王稍益疏外[3]建也。

六年，使太子建居城父，守边。无忌又日夜谗太子建于王曰：“自无忌入秦女，太子怨，亦不能无望于王，王少自备焉。且太子居城父，擅[4]兵，外交诸侯，且欲入矣。”平王召其傅伍奢责之。伍奢知无忌谗，乃曰：“王奈何以小臣疏骨肉?”无忌曰：“今不制，后悔也。”于是王遂囚伍奢。乃令司马奋扬召太子建，欲诛之。太子闻之，亡奔宋。

【注释】

①取：通“娶”。②说（shuì）：劝说。③稍：逐渐；益：更加。外：疏远。④擅：专，独揽。

【原文】

无忌曰：“伍奢有二子，不杀者为楚国患。盍以免其父召之，必至。”于是王使使谓奢：“能致二子则生，不能将死。”奢曰：“尚至，胥不至。”王曰：“何也？”奢曰：“尚之为人，廉，死节，慈孝而仁，闻召而免父，必至，不顾其死。胥之为人，智而好谋，勇而矜[①]功，知来必死，必不来。然为楚国忧者必此子。”于是王使人召之，曰：“来，吾免尔父。”伍尚谓伍胥曰：“闻父免而莫奔，不孝也；父戮莫报，无谋也；度能任事[②]，知[③]也。子其行矣，我其归死。”伍尚遂归。伍胥弯弓属[④]矢，出见使者，曰：“父有罪，何以召其子为？”将射，使者还走，遂出奔吴。伍奢闻之，曰：“胥亡，楚国危哉。”楚人遂杀伍奢及尚。

十年，楚太子建母在居巢，开[⑤]吴。吴使公子光伐楚，遂败陈、蔡，取太子建母而去。楚恐，城[⑥]郢。初，吴之边邑卑梁与楚边邑钟离小童争桑，两家交怒相攻，灭卑梁人。卑梁大夫怒，发邑兵攻钟离。楚王闻之怒，发国兵灭卑梁。吴王闻之大怒，亦发兵，使公子光因建母家攻楚，遂灭钟离、居巢。楚乃恐而城郢。

十三年，平王卒。将军子常曰：“太子珍少，且其母乃前太子建所当娶也。”欲立令尹子西。子西，平王之庶弟也，有义。子西曰：“国有常法，更立则乱，言之则致诛。”乃立太子珍，是为昭王。

【注释】

①矜：崇尚。②度（duó）：估计、图谋。任：担当，承担。③知：通“智”。④属：佩、系。⑤开：暗通。⑥城：此作动词，修筑加固。

【原文】

昭王元年，楚众不说[①]费无忌，以其谗亡太子建，杀伍奢子父与郤宛。宛之宗姓伯氏子嚭及子胥皆奔吴，吴兵数[②]侵楚，楚人怨无忌甚。楚令尹子常诛无忌以说众，众乃喜。

四年，吴三公子[③]奔楚，楚封之以扞吴[④]。五年，吴伐取楚之六、潜。七年，楚使子常伐吴，吴大败楚于豫章。

十年冬，吴王阖闾、伍子胥、伯嚭与唐、蔡俱伐楚，楚大败，吴兵遂入郢，辱平王之墓，以伍子胥故也。吴兵之来，楚使子常以兵迎[⑤]之，夹汉水阵。吴伐败子常，子常亡奔郑。楚兵走，吴乘胜逐之，五战及郢。己卯，昭王出奔。庚辰，吴人入郢。

【注释】

①说：同“悦”。②数：屡次。③三公子：《索隐》曰：“昭三十年，二公子奔楚，公子掩余奔徐，公子烛庸奔钟离。此言三公子，非也。”④扞：通“捍”，抵御。⑤迎：迎击。

【原文】

昭王亡也至云梦。云梦不知其王也，射伤王。王走郧。郧公之弟怀曰："平王杀吾父，今我杀其子，不亦可乎？"郧公止之，然恐其弑昭王，乃与王出奔随。吴王闻昭王往，即进击随，谓随人曰："周之子孙封于江汉之间者，楚尽灭之。"欲杀昭王。王从臣子綦乃深匿王，自以为王，谓随人曰："以我予吴。"随人卜予吴，不吉，乃谢[1]吴王曰："昭王亡，不在随。"吴请入自索之，随不听，吴亦罢去。

【注释】

①谢：推辞。

【原文】

昭王之出郢也，使申鲍胥请救于秦，秦以东五百乘救楚，楚亦收余散兵，与秦击吴。十一年六月，败吴于稷。公吴王弟夫概见吴王兵伤败，乃亡归，自立为王。阖闾闻之，引兵去楚，归击夫概。夫概败，奔楚，楚封之堂谿，号为堂谿氏。

楚昭王灭唐。九月，归入郢。二十年，吴复伐楚，取番。楚恐，去郢，北徙都鄀。

十六年，孔子相鲁。二十年，楚灭顿，灭胡。二十一年，吴王阖闾伐越。越王句践射伤吴王，遂死。吴由此怨越而不西伐楚。

二十七年春，吴伐陈，楚昭王救之，军城父。十月，昭王病于军中，有赤云如鸟，夹日而蜚。昭王问周太史[1]，太史曰：“是害于楚王，然可移于将相。”将相闻是言，乃请自以身祷于神。昭王曰：“将相，孤之股肱[②]也，今移祸，庸去是身乎！”弗听。卜而河为祟，大夫请祷河。昭王曰：“自吾先王受封，望不过江、汉，而河非所获罪也。”止不许。孔子在陈，闻是言，曰：“楚昭王通[③]大道矣。其不失国，宜哉！”

【注释】

①此时昭王军城父，距周室近，故至王城问周太史。②股肱：喻君王左右得力的臣子。③通：通晓。

【原文】

昭王病甚，乃召诸公子大夫曰：“孤不佞，再辱楚国之师，今乃得以天寿[①]终，孤之幸也。”让其弟公子申为王，不可。又让次弟公子结，亦不可。乃又让次弟公子闾[②]，五让，乃后许为王。将战，庚寅，昭王卒于军中。子闾曰：“王病甚，舍其子让群臣，臣所以许王，以广[③]王意也。今君王卒，臣岂敢忘君王之意乎！”乃与子西、子綦谋，伏师闭涂[④]，迎越女之子章立之，是为惠王。然后罢兵归，葬昭王。

【注释】

①天寿：天年，自然的寿数。②据《左传·哀公六年》注云：三公子皆昭王兄，此弟误。③广：宽慰。④伏师：秘密行军。涂：通“途”。

【原文】

惠王二年，子西召故平王太子建之子胜于吴，以为巢大夫，号曰白公。白公好兵而下士，欲报仇。六年，白公请兵令尹子西伐郑。初，白公父建亡在郑，郑杀之，白公亡走吴，子西复召之，故以此怨郑，欲伐之。子西许而未为发兵。八年，晋伐郑，郑先急楚，楚使子西救郑，受赂而去。白公胜怒，乃遂与勇力死士石乞等袭杀令尹子西、子綦于朝，因劫惠王，置之高府[①]，欲弑之。惠王从者屈固负王亡走昭王夫人宫。白公自立为王。月余，会叶公来救楚，楚惠王之徒与共攻白公，杀之。惠王乃复位。是岁也，灭陈而县之。

十三年，吴王夫差强，陵齐、晋，来伐楚。十六年，越灭吴。四十二年，楚灭蔡。四十四年，楚灭杞。与秦平。是时越已灭吴而不能正[②]江、淮北；楚东侵，广地至泗上。

五十七年，惠王卒，子简王中立。

【注释】

①高府：楚王别宫。一说楚府库名。②正：长，统治、管辖。

【原文】

简王元年，北伐灭莒。八年，魏文侯、韩武子、赵桓子始列为诸侯[①]。

二十四年，简王卒，子声王当立。声王六年，盗杀声王，子悼王熊疑立。悼王二年，三晋来伐楚，至乘丘而还。四年，楚伐周[②]。郑杀子阳。九年，伐韩，取负黍。十一年，三晋伐楚，败我大梁、榆关。楚厚赂秦，与之平。二十一年，悼王卒，子肃王臧立。

肃王四年，蜀伐楚，取兹方。于是楚为扞关以距之。十年，魏取我鲁阳。十一年，肃王卒，无子，立其弟熊良夫，是为宣王。

【注释】

①《史记志疑》引《疏证》曰："楚简王八年三家皆初立，未列为诸侯也。《周本纪》威烈王二十三年，命韩、赵、魏为诸侯，是年为楚声王五年，盖后二十二年。"②楚伐周：据梁玉绳《史记志疑》云：《大事记》曰以"郑"为"周"，字之误也。《年表》亦云："败郑师，围郑。郑人杀子阳。"

【原文】

宣王六年，周天子贺秦献公。秦始复强，而三晋益大，魏惠王、齐威王尤强。三十年，秦封卫鞅于商，南侵楚。是年，宣王卒，子威王熊商立。

威王六年，周显王致文武胙于秦惠王。

七年，齐孟尝君父田婴欺楚，楚威王伐齐，败之于徐州，而令齐必逐田婴。田婴恐，张丑伪谓楚王曰："王所以战胜于徐州者，田盼子不用也。盼子者，有功于国，而百姓为之用。婴子弗善而用申纪。申纪者，大臣不附，百姓不为用，故王胜之也。今王逐婴子，婴王逐，盼子必用矣。复搏[①]其士卒以与王遇，必不便于王矣。"楚王因弗逐也。

十一年，威王卒，子怀王熊槐立。魏闻楚丧，伐楚，取[②]

我陉山。

【注释】

①抚：通“抚”，安抚、慰勉。②取：据梁玉绳《史记志疑》云：“取”当作“败”。

【原文】

怀王元年，张仪始相秦惠王。四年，秦惠王初称王。

六年，楚使柱国昭阳将兵而攻魏，破之于襄陵，得八邑。又移兵而攻齐，齐王患之。陈轸适为秦使齐，齐王曰：“为之奈何？”陈轸曰：“王勿忧，请令罢之。”即往见昭阳军中，曰：“愿闻楚国之法，破军杀将者何以贵？”昭阳曰：“其官为上柱国，封上爵执珪[①]。”陈轸曰：“其有贵于此者乎？”昭阳曰：“令尹。”陈轸曰：“今君已为令尹矣，此国冠之上。臣请得譬之。人有遗其舍人一卮[②]酒者，舍人相谓曰：‘数人饮此，不足以遍，请遂画地为蛇，蛇先成者独饮之。’一人曰：‘吾蛇先成。’举酒而起，曰：‘吾能为之足。’及其为之足，而后成人夺之酒而饮之，曰：‘蛇固无足，今为之足，是非蛇也。’今君相楚而攻魏，破军杀将，功莫大焉，冠之上不可以加矣。今又移兵而攻齐，攻齐胜之，官爵不加于此；攻之不胜，身死爵夺，有毁于楚：此为蛇为足之说也。不若引兵而去以德[③]齐，此持满[④]之术也。”昭阳曰：“善。”引兵而去。

【注释】

①执珪：楚爵功臣，赐以珪，谓之执珪。一说，战国时，

楚国设置的最高爵位名。②遗：赠送。卮：古代酒器。③德：施恩惠。④持满：谓处在盛满的地位。

【原文】

燕、韩君初称王。秦使张仪与楚、齐、魏相会，盟啮桑。

十一年，苏秦约从[①]山东六国共攻秦，楚怀王为从长[②]。至函谷关，秦出兵击六国，六国兵皆引而归，齐独后。十二年，齐滑王伐败赵、魏军，秦亦伐败韩，与齐争长。

十六年，秦欲伐齐，而楚与齐从亲[③]，秦惠王患之，乃宣言张仪免相，使张仪南见楚王，谓楚王曰："敝邑之王所甚说者无先大王，虽仪之所甚愿为门阑[④]之厮者亦无先大王。敝邑之王所甚憎者无先齐王，虽仪之所甚憎者亦无先齐王。而大王和之，是以敝邑之王不得事王，而令仪亦不得为门阑之厮也。王为仪闭关而绝齐，今使使者从仪西取故秦所分楚商於之地方六百里，如是则齐弱矣。是北弱齐，西德于秦，私商於以为富，此一计而三利俱至也。"怀王大悦，乃置相玺於张仪，日与置酒，宣言"吾复得吾商於之地"。群臣皆贺，而陈轸独吊。怀王曰："何故？"陈轸对曰："秦之所为重王者，以王之有齐也。今地未可得而齐交先绝，是楚孤也。夫秦又何重孤国哉，必轻楚矣。且先出地而后绝齐，则秦计不为。先绝齐而后责[⑤]地，则必见欺于张仪。见欺于张仪，则王必怨之。怨之，是西起秦患，北绝齐交。西起秦患，北绝齐交，则两国之兵必至。臣故吊。"楚王弗听，因使一将军西受封地。

【注释】

①苏秦：据梁玉绳《史记志疑》云：是时苏秦已死四年，约六国以伐秦者李兑也，此误。从：通“纵”。②从长：六国合从之长。③从亲：合纵亲善。④门阑：门框。⑤责：责求，索取。

【原文】

张仪至秦，详[①]醉坠车，称病不出三月，地不可得。楚王曰：“仪以吾绝齐为尚薄邪？”乃使勇士宋遗北辱齐王。齐王大怒，折楚符而合于秦。秦齐交合，张仪乃起朝，谓楚将军曰：“子何不受地？从某至某，广袤六里。”楚将军曰：“臣之所以见命[②]者六百里，不闻六里。”即以归报怀王。怀王大怒，兴师将伐秦。陈轸又曰：“伐秦非计也。不如因赂之一名都，与之伐齐，是我亡于秦，取偿于齐也，吾国尚可全。今王已绝于齐而责欺于秦，是吾合秦齐之交而来天下之兵也，国必大伤矣。”楚王不听，遂绝和于秦，发兵西攻秦。秦亦发兵击之。

十七年春，与秦战丹阳，秦大败我军，斩甲士八万，虏我大将军屈匄、裨将军逢侯丑等七十余人，遂取汉中之郡。楚怀王大怒，乃悉[③]国兵复袭秦，战于蓝田，大败楚军。韩、魏闻楚之困，乃南袭楚，至于邓。楚闻，乃引兵归。

【注释】

①详：通“佯”。②见命：受命。③悉：全部。

【原文】

十八年，秦使使约复与楚亲，分汉中之半以和楚。楚王曰："愿得张仪，不愿得地。"张仪闻之，请之楚。秦王曰："楚且甘心于子，奈何?"张仪曰："臣善其左右靳尚，靳尚又能得事于楚王幸姬郑袖，袖所言无不从者。且仪以前使负楚以商於之约，今秦楚大战，有恶[①]，臣非面自谢楚不解。且大王在，楚不宜敢取仪。诚杀仪以便国，臣之愿也。"仪遂使楚。

至，怀王不见，因而囚张仪，欲杀之。仪私于靳尚，靳尚为请怀王曰："拘张仪，秦王必怒。天下见楚无秦，必轻王矣。"又谓夫人郑袖曰："秦王甚爱张仪，而王欲杀之，今将以上庸之地六县赂楚，以美人聘[②]楚王，以宫中善歌者为之媵[③]。楚王重地，秦女必贵，而夫人必斥矣。夫人不若言而出之。"郑袖卒言张仪于王而出之。仪出，怀王因善遇仪，仪因说楚王以叛从约而与秦合亲，约婚姻。张仪已去，屈原使从齐来，谏王曰："何不诛张仪?"怀王悔，使人追仪，弗及。是岁，秦惠王卒。

二十年，齐湣王欲为从长，恶楚之与秦合，乃使使遗楚王书曰："寡人患楚之不察于尊名也。今秦惠王死，武王立，张仪走魏[④]，樗里疾、公孙衍用，而楚事秦。夫樗里疾善乎韩，而公孙衍善乎魏；楚必事秦，韩、魏恐，必因二人求合于秦，则燕、赵亦宜事秦。四国争事秦，则楚为郡县矣。王何不与寡人并力收韩、魏、燕、赵，与为从而尊周室，以案[⑤]兵息民?

令于天下，莫敢不乐听，则王名成矣。王率诸侯并伐，破秦必矣。王取武关、蜀、汉之地，私[6]吴、越之富而擅江海之利，韩、魏割上党，西薄[7]函谷，则楚之强百万也。且王欺于张仪，亡地汉中，兵锉[8]蓝田，天下莫不代王怀怒。今乃欲先事秦！愿大王孰计之。”

【注释】

①恶：仇恨。②聘：古代出嫁、娶妇皆曰聘。③媵（yìng）：随嫁，也指随嫁的人。④张仪走魏：据梁玉绳《史记志疑》云：当秦昭王时，仪死已久，走魏作“死魏”。⑤案：通“按”，按住，停止。⑥私：私自享有。⑦薄：迫近。⑧锉：挫伤，挫败。

【原文】

楚王业已欲和于秦，见齐王书，犹豫不决，下[1]其议群臣。群臣或言和秦，或曰听齐。昭睢曰：“王虽东取地于越，不足以刷耻；必且取地于秦，而后足以刷耻于诸侯。王不如深善齐、韩以重[2]樗里疾，如是则王得韩、齐之重以求地矣。秦破韩宜阳，而韩犹复事秦者，以先王墓在平阳，而秦之武遂去之七十里，以故尤畏秦。不然，秦攻三川，赵攻上党，楚攻河外，韩必亡。楚之救韩，不能使韩不亡，然存韩者楚民。韩已得武遂于秦，以河山为塞，所报德莫楚厚，臣以为其事王必疾[3]。齐之所信于韩者，以韩公子眛为齐相也。韩已得武遂于秦，王甚善之，使之以齐、韩重樗里疾，疾得齐、韩之重，其主弗敢弃疾也。今又益之以楚之重，樗里疾必言秦，复与楚之侵地矣。”于是怀王许之，竟不合秦，而合齐以善韩。

【注释】

①下：交下。②重：重视。③疾：急切，迅速。

【原文】

二十四年，倍[1]齐而合秦，秦昭王初立，乃厚赂于楚。楚往迎妇。二十五年，怀王入与秦昭王盟，约于黄棘。秦复与楚上庸。二十六年，齐、韩、魏为楚负其从亲而合于秦，三国共伐楚。楚使太子入质于秦而请救。秦乃遣客卿[2]通将兵救楚，三国引兵去。

二十七年，秦大夫有私与楚太子斗，楚太子杀之而亡归。二十八年，秦乃与齐、韩、魏共攻楚，杀楚将唐眛，取我重丘而去。二十九年，秦复攻楚，大破楚，楚军死者二万，杀我将军景缺。怀王恐，乃使太子为质于齐以求平。三十年，秦复伐楚，取八城。秦昭王遗楚王书曰：“始寡人与王约为弟兄，盟于黄棘，太子为质，至欢也。太子陵杀寡人之重臣，不谢而亡去，寡人诚不胜怒，使兵侵君王之边。今闻君王乃令太子质于齐以求平。寡人与楚接境壤界，故为婚姻，所从相亲久矣。而今秦楚不欢，则无以令诸侯。寡人愿与君王会武关，而相约，结盟而去，寡人之愿也。敢以闻下执事[3]。”楚怀王见秦王书，患之。欲往，恐见欺；无往，恐秦怒。昭雎曰：“王毋行，而发兵自守耳。秦虎狼，不可信，有并诸侯之心。”怀王子子兰劝王行，曰："奈何绝秦之欢心！"于是往会秦昭王。昭王诈令一将军伏兵武关，号为秦王。楚王至，则闭武关，遂与西至咸阳，朝章台，如蕃臣[④]，不与亢礼[⑤]。楚怀王大怒，悔不用昭子言。秦因留楚王，要[⑥]以割巫、黔中之郡。楚王欲盟，秦欲先得地。楚王怒曰："秦诈我而又强要我以地！"不复许秦。秦因留之。

【注释】

①倍：通"背"。②客卿：指在本国做官的他国人。③执事：古时指侍从左右供使令的人。④蕃臣：指附属国的大臣。蕃，通"番"。⑤亢礼：通"抗礼"，谓以彼此平等之礼相待。⑥要：要挟。

【原文】

楚大臣患之，乃相与谋曰："吾王在秦不得还，要以割地，而太子为质于齐，齐、秦合谋，则楚无国矣。"乃欲立怀王子在国者。昭雎曰："王与太子俱困于诸侯，而今又倍王命而立其庶子，不宜。"乃诈赴于齐[①]，齐湣王谓其相曰："不若留太子以求楚之淮北。"相曰："不可，郢中立王，是吾抱空质而行不义于天下也。"或曰："不然，郢中立王，因与其新王市[②]曰'予我下东国，吾为王杀太子，不然，将与三国共立之'，然则东国必可得矣。"齐王卒用其相计而归楚太子。太子横至，立为王，则为顷襄王。乃告于秦曰："赖社稷神灵，国有王矣。"

【注释】

①诈赴于齐：指诈言怀王薨。②市：做交易。

【原文】

顷襄王横元年，秦要怀王不可得地，楚立王以应秦，秦昭王怒，发兵出武关攻楚，大败楚军，斩首五万，取析十五城而去。二年，楚怀王亡逃归，秦觉之，遮楚道，怀王恐，乃从间道[1]走赵以求归。赵王父在代，其子惠王初立，行王事，恐，不敢入楚王。楚王欲走魏，秦追至，遂与秦使复之秦。怀王遂发病。顷襄王三年，怀王卒于秦，秦归其丧于楚。楚人皆怜之，如悲亲戚。诸侯由是不直[2]秦。秦楚绝。

【注释】

①间道：小道。②直：正直。

【原文】

六年，秦使白起伐韩于伊阙，大胜，斩首二十四万。秦乃遗楚王书曰："楚倍秦，秦且率诸侯伐楚，争一旦之命。愿王之饬[1]士卒，得一乐战。"楚顷襄王患之，乃谋复与秦平。七年，楚迎妇于秦，秦楚复平。

【注释】

①饬：整顿。

【原文】

十一年，齐秦各自称为帝；月余，复归帝为王。

十四年，楚顷襄王与秦昭王好会于宛，结和亲。十五年，楚王与秦、三晋、燕共伐齐，取淮北。十六年，与秦昭王好会于鄢。其秋，复与秦王会穰。

十八年，楚人有好以弱弓微缴[1]加归雁之上者，顷襄王闻，召而问之。对曰："小臣之好射鶀雁[2]，罗鸗[3]，小矢之发也，何足为大王道也。且称楚之大，因大王之贤，所弋非直[4]此也。昔者三王[5]以弋道德，五霸以弋战国。故秦、魏、燕、赵者，鶀雁也；齐、鲁、韩、卫者，青首[6]也；驺、费、郯、邳者，罗鸗也。外其余则不足射者。见鸟六双[7]，以王何取？王何不以圣人为弓，以勇士为缴，时张而射之？此六双者，可得而囊载也。其乐非特朝昔[8]之乐也，其获非特凫[9]雁之实也。王朝张弓而射魏之大梁之南，加其右臂而径属之于韩，则中国之路绝而上蔡之郡坏矣。还[10]射圉之东，解魏左肘而外击定陶，则魏之东外弃而大宋、方与二郡者举矣。且魏断二臂，颠[11]越矣；膺[12]击郯国，大梁可得而有也。王绢[13]缴兰台，饮马西河，定魏大梁，此一发之乐也。若王之于弋[14]诚好而不厌，则出宝弓，碆[15]新缴，射噣鸟于东海，还盖[16]长城以为防，朝射东莒，夕发浿丘，夜加即墨，顾[17]据午道，则长城之东收而太山之北举矣。西结境于赵而北达于燕，三国布翄[18]，则从不待约而可成也。北游目于燕之辽东而南登望于越之会稽，此再发之乐也。若夫泗上十二诸侯，左萦而右拂[19]之，可一旦而尽也。今秦破韩以为长忧，得列城而不敢守也；伐魏而无功，击赵而顾病[20]，则秦魏之勇力屈[21]矣，楚之故地汉中、析、郦可得而复有也。王出宝弓，碆新缴，涉鄳塞，而待秦之倦也，山东、河内可得而一也。劳民休众，南面称王矣。故曰秦为大鸟，负海内而处，东面而立，左臂据赵之西南，右臂傅[22]楚鄢郢，膺击韩魏，垂头[23]中国，处既形便，势有地利，奋翼鼓𦐊，方三千里，则秦未可得独招而夜射也。”欲以激怒襄王，故对以此言。襄王因召与语，遂言曰：“夫先王为秦所欺而客死于外，怨莫大焉。今以匹夫有怨，尚有报万乘[24]，白公、子胥是也。今楚之地方五千里，带甲百万，犹足以踊跃中野也，而坐受困，臣窃为大王弗取也。”于是顷襄王遣使于诸侯，复为从，欲以伐秦。秦闻之，发兵来伐楚。

【注释】

①缴（zhuó）：系在箭上的生丝绳，射鸟用。②鶀雁：小雁。③罗鸗：小鸟，野鸟。④弋：取。直：特，但。⑤三王：一说指夏禹、商汤、周文王、武王。⑥青首：头有青毛的小野鸭。⑦鸟六双：《索隐》曰：以此喻下文秦赵等十二国，故云六双。⑧昔：通“夕”。⑨凫：泛指野鸭。⑩还：饶。⑪颠：颠覆，引申为灭亡。⑫膺：胸脯，此指正面。⑬绩：屈曲，此指收拢。⑭弋：用绳系在箭上射。⑮碆：射鸟用的石制箭头。⑯盖：覆盖。⑰顾：反转。⑱𦐊：通“翅”。⑲萦：缠绕。拂：击。⑳病：担忧、患苦。㉑屈：竭、穷尽。㉒傅：通“附”，附着。㉓垂头：《索隐》曰：“垂头犹申颈也。言欲吞山东。”㉔万乘：万辆兵车，指大国。

【原文】

楚欲与齐、韩连和伐秦，因欲图[①]周。周王赧使武公谓楚相昭子曰："三国以兵割周郊地以便输，而南器[②]以尊楚，臣以为不然。夫弑共主[③]，臣世君[④]，大国不亲；以从胁寡，小国不附。大国不亲，小国不附，不可以致名实。名实不得，不足以伤民[⑤]。夫有图周之声，非所以为号也。"昭子曰："乃图周则无之。虽然，周何故不可图也？"对曰："军不五不攻，城不十不围。夫一周为二十晋，公之所知也。韩尝以二十万之众辱于晋之城下，锐士死，中士伤，而晋不拔。公之无百韩以图周，此天下之所知也。夫怨结于两周以塞驺鲁之心，交绝于齐，声失天下，其为事危矣。夫危两周以厚三川，方城之外必为韩弱矣。何以知其然也？西周之地，绝长补短，不过百里。名为天下共主，裂其地不足以肥国，得其众不足以劲[⑥]兵。虽无攻之，名为弑君。然而好事之君，喜攻之臣，发号用兵，未尝不以周为终始。是何也？见祭器在焉，欲器之至而忘弑君之乱。今韩以器之在楚，臣恐天下以器仇楚也。臣请譬之。夫虎肉臊，其兵利身，人犹攻之也。若使泽中之麋蒙虎之皮，人之攻之必万于虎矣。裂楚之地，足以肥国；诎[⑦]楚之名，足以尊主。今子将以欲诛残天下之共主，居三代之传器[⑧]，吞三翮六翼[⑨]，以高世主，非贪而何？《周书》曰'欲起无先'，故器南则兵至矣。"于是楚计辍[⑩]不行。

【注释】

①图：图谋。②南器：指向南迁移宝器。器，鼎之类。

③共主：诸侯共同尊奉的君主。这是周自谓也。④世君：世代相传的君主。⑤伤民：伤害百姓，具体言之为起兵也。⑥劲：强。⑦诎：谴责。⑧居：占有。传器：《索隐》曰："谓九鼎也。"⑨三翮（hé）六翼：《索隐》曰："三翮六翼亦谓九鼎也。"⑩辍：停止。

【原文】

十九年，秦伐楚，楚军败，割上庸、汉北地予秦。二十年，秦将白起拔我西陵。二十一年，秦将白起遂拔我郢，烧先王墓夷陵。楚襄王兵散，遂不复战，东北保于陈城。二十二年，秦复拔我巫、黔中郡。

二十三年，襄王乃收东地兵，得十余万，复西取秦所拔我江旁十五邑以为郡，距秦。二十七年，使三万人助三晋伐燕。复与秦平，而入太子为质于秦。楚使左徒侍太子于秦。

三十六年，顷襄王病，太子亡归。秋，顷襄王卒，太子熊元代立，是为考烈王。考烈王以左徒为令尹，封以吴，号春申君。

考烈王元年，纳州于秦以平。是时楚益弱。

六年，秦围邯郸，赵告急楚，楚遣将军景阳救赵。七年，至新中。秦兵去。十二年，秦昭王卒，楚王使春申君吊祠于秦。十六年，秦庄襄王卒，秦王赵政立。二十二年，与诸侯共伐秦，不利而去。楚东徙都寿春，命曰郢。

二十五年，考烈王卒，子幽王悍立。李园杀春申君[①]。幽王三年，秦、魏伐楚。秦相吕不韦卒。九年，秦灭韩。十年，幽王卒，同母弟犹代立，是为哀王。哀王立二月余，哀王庶兄负刍之徒袭杀哀王而立负刍为王。是岁，秦虏赵王迁。

【注释】

①李园杀春申君：考烈王无子，春申君为此担忧。赵人李园将其妹献给春申君，其妹怀孕后，李园与她谋划说服春申君，将她献给考烈王。不久，她果然生下个儿子，这就是幽王。考烈王死后，李园怕春申君泄露真情而更加骄横，便杀死春申君以灭口。详见《春申君列传》。

【原文】

王负刍元年，燕太子丹使荆轲刺秦王[①]。二年，秦使将军伐楚，大破楚军，亡十余城。三年，秦灭魏。四年，秦将王翦破我军于蕲，而杀将军项燕。

五年，秦将王翦、蒙武遂破楚国，虏楚王负刍，灭楚，为郡云。

【注释】

①燕太子丹使荆轲刺秦王：荆轲，卫国人。受燕太子丹的委托，携带夹有匕首的燕国督亢地图及秦国大将、秦王的仇人樊於期的头作为礼物，赴秦宫献给秦王。献礼时，荆轲向秦王展示地图，图穷匕首见。荆轲拿起匕首刺杀秦王不中，被杀。详见《刺客列传》。次年，秦国攻破燕国，燕太子丹为父亲燕王喜所杀。

【原文】

太史公曰：“楚灵王方会诸侯于申，诛齐庆封，作章华台，求周九鼎之时，志小天下；及饿死于申亥之家，为天下笑。操行之不得，悲夫！势之于人也，可不慎与？弃疾以乱立，嬖①淫秦女，甚乎哉，几②再亡国！”

【注释】

①嬖：宠爱，宠幸。②几：几乎。

【译文】

楚国的祖先出自高阳氏颛顼帝。高阳是黄帝的孙子，昌意的儿子。高阳生了儿子称，称生了儿子卷章，卷章生了儿子重黎。重黎做高辛氏喾帝的火正，很有功绩，能使天下光明融治，喾帝赐给他一个称号叫祝融。共工氏叛乱，喾帝派重黎去平定叛乱，但没有彻底消灭叛乱者。喾帝就在庚寅日杀死重黎，让他的弟弟吴回做重黎的继承人，再做火正，仍然称祝融。

吴回生了儿子陆终。陆终有六个儿子，都是剖腹产的。长子名叫昆吾；次子名叫参胡；三子名叫彭祖；四子名叫会人；五子名叫曹姓；六子名叫季连，季连姓芈，楚国就是他的后代。昆吾氏，在夏朝时候曾是侯伯，到桀的时期被商汤灭亡。彭祖氏，殷朝时候曾是侯伯，殷朝末年彭祖氏被灭。季连生了儿子附沮，附沮生了儿子穴熊。这以后中途衰微了，有的居住中原地区，有的居住蛮夷地区，无法记载他们的世系。

周文王的时候，季连的后代子孙有个叫鬻熊的。鬻熊如同儿子一样侍奉文王，死得早。他的儿子叫熊丽。熊丽生了儿子熊狂，熊狂生了儿子熊绎。

熊绎正当周成王在位的时候，成王封赏文王、武王功臣的后代，把熊绎封在楚蛮地区，给他子男爵位的田地，姓芈，居住丹阳。楚子熊绎和鲁公伯禽、卫国康叔的儿子牟、晋侯燮、齐国太公的儿子吕伋一起侍奉周成王。

熊绎生了儿子熊艾，熊艾生了儿子熊黵，熊黵生了儿子熊胜。熊胜让弟弟熊杨做继承人。熊杨生了儿子熊渠。

熊渠有三个儿子。在周夷王的时候，周王室衰落，有的诸侯不肯朝觐天子，诸侯间互相攻伐。熊渠很得长江、汉水一带民众的拥戴，就出兵攻打庸、杨粤，一直打到鄂地。熊渠说："我在蛮夷地区，不必和中原各国的名称谥号一样。"于是，他就封自己的长子熊康作句亶王，二儿子熊红作鄂王，小儿子熊执疵做越章王，都在长江沿岸楚蛮地区。等到周厉王时，由于厉王暴躁狂虐，熊渠担心他来攻打楚国，也就去掉了自己的王号。

熊渠的继承者是长子熊毋康，毋康早死。熊渠逝世后，次子熊挚红即位。挚红死，他的弟弟杀了他即位，这就是熊延。熊延生下了熊勇。

熊勇六年（前 841），周人挑起内乱，攻打厉王，厉王逃到䖒。熊勇于十年（前837）逝世，弟弟熊严继承王位。

熊严于十年（前828），逝世。熊延有四个儿子，长子叫伯霜，二子叫仲雪，次子叫叔堪，小儿子叫季徇。熊严逝世。长子伯霜即位，这是熊霜。

熊霜元年（前827），周宣王刚即位。熊霜于六年（前822）逝世，三个弟弟争着即位。仲雪死了，叔堪逃亡，到濮避难，小弟弟季徇即位，这是熊徇。熊徇十六年（前806），郑桓公刚刚被封到郑。二十二年（前800），熊徇逝世，儿子熊咢即位。熊咢于九年（前791）逝世，儿子熊仪即位，这就是若敖。

若敖二十年（前771），周幽王为犬戎所杀，周都向东迁移，秦襄公开始成为诸侯。

二十七年（前764），若敖逝世，儿子熊坎即位，这就是霄敖。霄敖于六年（前758）逝世，儿子熊眴即位，这是蚡冒。蚡冒十三年（前745），晋国开始动乱，因为曲沃的缘故。蚡冒于十七年（前741）逝世。蚡冒的弟弟熊通杀死蚡冒的儿子即位，这就是楚武王。

武王十七年（前724），晋国曲沃庄伯杀死了宗主国国君晋孝侯。十九年（前722），郑伯的弟弟段挑起内乱。二十一年（前720），郑国侵占天子的田地。二十三年（前718），卫国人杀死了自己的国君桓公。二十九年（前712），鲁国人杀死了自己的国君隐公。三十一年（前710），宋国的太宰华督杀死了自己的国君殇公。

三十五年（前706），楚国讨伐随国。随国君说：“我没有罪过。”楚王说：“我处在蛮夷地区。今天诸侯们都背叛王室，互相侵伐，互相攻杀。我有军队，想凭此参与中原的政事，请求周王室尊奉我的名号。”随国人替他到周王室请求尊号，周王室不答应，随国人回来向楚国报告。三十七年（前704），楚熊通大怒说：“我的祖先鬻熊是文王的老师，很早死去。周成王提拔我的先公，竟只赐予子男爵位的田地，让他住在楚地，蛮夷部族都顺服，可是周王不加封爵位，我只好自称尊号了！”于是，他自称武王，和随国人订立盟约后才撤军。从此，便开始垦殖濮地并占有它。

五十一年（前690），周王召见随侯，责备他让楚国君称王。楚武王很生气，认为是随侯背叛了自己，便攻打随国。武王在行军路上病死，楚国才停止进军。武王的儿子文王熊赀即位，楚国开始迁都到郢。

文王二年（前688），楚国攻伐申国经过邓。邓人说：“楚王很容易捕获。”邓侯没有答应。六年，楚国讨伐蔡国，俘虏了蔡哀侯后回国，不久又释放了他。楚国强盛起来，欺凌长江、汉水流域的小国，小国都很畏惧楚国。十一年（前679），齐桓公开始称霸，楚国也开始强大。

十二年（前678），楚国讨伐邓国，灭亡了邓国。十三年（前677），文王逝世，儿子熊囏即位，这是庄敖。庄敖于五年

（前672），想杀死自己的弟弟熊恽。熊恽逃到随国，与随人袭击杀死了庄敖即位，这就是成王。

成王恽于元年（前671），刚刚即位就向百姓布施恩惠道德，在诸侯中恢复旧时的友好关系。派人向天子进贡，天子赏赐给他祭祀的肉。说："镇抚你们南方夷越地区的动乱，不要侵犯中原。"于是，楚国扩地到方圆千里。

十六年（前656），齐桓公派军侵犯楚国，一直到陉山。楚成王让将军屈完率军抵御，与桓公结盟。桓公责备楚成王没有向周王室交纳贡品，楚成王答应了他，他才撤军离楚。

十八年（前654），成王率军向北讨伐许国，许国国君脱去上衣露出胳膊请罪，楚成王才释放了他。二十二年（前650），楚国讨伐黄国。二十六年（前646），楚国灭亡了英国。

三十三年（前639），宋襄公想与诸侯结盟相会，叫楚国参加。楚王生气地说："叫我去，我将以友好的态度前往，趁机袭击侮辱他。"于是，楚王出兵到了盂，逮捕侮辱了宋公，不久又让他回国。三十四年（前638），郑文公南下朝拜楚王。楚成王向北攻打宋国，在泓水打败宋军，射伤了宋襄公，襄公不久便因伤而死。

三十五年（前637）晋公子重耳经过楚国，成王按招待诸侯客的礼节款待了重耳，并赠送重耳很多礼物，又把他护送到秦国。

三十九年（前633），鲁僖公向楚国请求出兵讨伐齐国，楚国派申侯率军攻打齐国，夺下榖邑，把齐桓公的儿子雍安置在榖地。齐桓公的七个儿子都逃到楚国，楚国全部拜他们为上大夫。楚国灭亡了夔，因为夔不祭祀祝融、鬻熊的缘故。

夏天，楚国攻打宋国，宋国向晋国告急，晋国救援宋国，楚成王只好作罢回归楚国。将军子玉请求继续作战，成王说："重耳在外逃亡多年，终于能够回到晋国，是上天在兴发他，不能阻挡。"子玉坚决请战，于是楚成王只给他很少的军队就离去了。晋国果然在城濮打败子玉。楚成王很生气，杀死了子玉。

四十六年（前626），起初，成王打算确立商臣为太子，告诉了令尹子上。子上说："国君你还年轻，又有很多宠爱的妻妾，如果确立了再废弃，国家将会发生乱子，楚国立的太子常常是年少的。况且商臣毒蜂眼豺狼音，是很残忍的人，不宜立他为太子。"楚王不听，终于立了商臣。后来，楚王又想立儿子职，而废弃太子商臣。商臣听到一点儿风声，可是还没有证实，便问自己的老师潘崇："怎么才能得到确实的情况呢？"潘崇说："款待成王宠爱的江芈姬，但不要尊敬她。"商臣听从了他的计谋。江芈生气地说："君王想杀掉你立职为太子是应该的。"商臣告诉潘崇说："确实了。"潘崇问："您能侍奉职吗?”商臣回答:“不能!”“能逃跑吗?”商臣又回答:“不能。”“能杀死君王吗?”商臣回答道:“能。”冬季十月,商臣让宫里的卫兵包围了成王,成王请求吃过熊掌后再死,商臣不答应。丁未这一天,成王上吊自杀。商臣即位,这就是穆王。

穆王即位后,把自己的太子宫赐予潘崇,让他作太师,主持国家事务。穆王三年(前623),灭亡了江国。四年(前622),灭亡了六国、蓼国。六、蓼国君是皋陶的后裔。八年(前618),楚讨伐陈国。十二年(前614),穆王逝世。儿子庄王侣即位。

庄王即位三年,从未向国内发布过任何政令,日日夜夜寻欢作乐,还向国内下了道诏令:“有敢进谏的格杀勿论!”伍举入宫进谏。庄王左手怀抱郑姬,右手怀抱越女,坐在歌舞乐人中间。伍举说:“希望向您进献一个隐语。”接着又说:“有一只鸟落在土山上,三年不飞不鸣,这是什么鸟呢?”庄王说:“三年不飞,一飞冲天;三年不鸣,一鸣惊人。你下去吧,我知道你的意思了。”过了几个月,庄王更加淫逸放纵。苏从大夫就入宫进谏。楚庄王说:“你没有听到我的诏令吗?”苏从回答说:“舍身而使您贤明,这是我的夙愿。”楚王于是就停止淫逸作乐,开始处理政务,杀死了几百个罪人,擢升了几百个有功之臣,任用伍举、苏从管理政务,举国上下十分拥护。当年,楚国灭亡庸国。六年(前608),楚国讨伐宋国,得到五百辆战车。

八年（前606），楚国讨伐陆浑戎，到达洛，在周都郊外阅兵。周定王派王孙满犒劳楚王。楚王向王孙满询问鼎的大小轻重，王孙满回答说："统治国家在于道德不在于宝鼎。"庄王说："你不要倚仗九鼎！楚国只要销毁刀剑上的刃尖，便可以铸成九鼎。"王孙满说："啊呀！君王忘记这些了吗？过去虞夏昌盛时，边远的国家都来朝贡，让九州的长官进贡金属，铸成九鼎，其上绘了许多山川物体，各种怪异之物都具备，好让百姓知道怪异为害情况。桀道德败坏，鼎便被迁到殷朝，殷延续了六百年。殷纣王残暴狂虐，鼎又被迁到周朝。如果天子道德美好，鼎虽然很小却重得移不动；如果天子道德败坏，鼎即使再重也容易移动。过去，周成王把九鼎安置在郏鄏，占卜说可以传世三十代，立国七百年，这是上天的意旨。如今，周王室虽然衰微，但上天的意旨难以改变。问鼎轻重，确实不可以啊。"楚王这才撤军回国。

九年（前605），楚庄王让若敖氏做宰相。有人在庄王面前中伤他。他怕被杀，反而攻击庄王，庄王杀死了若敖氏整个家族。十三年（前601），楚国灭亡了舒国。

十六年（前598），楚国讨伐陈国，杀了夏徵舒。因为徵舒杀死了自己的国君，所以楚国杀死了他。攻下陈国后，楚国就把它划作自己的县。群臣都庆贺胜利，只有申叔时刚从齐国出使归来不庆贺。庄王问他为什么，申叔时回答说："俗语说，牵着牛笔直地走到人家田里，田的主人抢走了牛。牵牛走入人家田里确实不对，但抢走牛不也太过分了吗？当然，庄王您是因为陈国动乱才率领诸侯们攻伐它，明明是有理攻伐它，但贪婪地把它划归为自己的一个县，这怎么能在天下发布命令呢！”庄王于是又恢复了陈国后代的地位。

十七年（前597），春天，楚庄王包围了郑国，三个月攻下它。从皇门进入郑都，郑伯脱去上衣露出胳膊牵着羊迎接庄王说：“我不为上天所保佑，不能侍奉您，您因此发怒，来到我国，这是我的罪过。我怎敢不唯命是听！您把我遗弃到南海吧，或者把我当奴隶赏赐给诸侯，我也唯命是听。假若您不忘记周厉王、宣王、郑桓公、武公，不断绝他们国家的祭祀，让我侍奉您，这是我的心愿，我也不敢有如此的奢望。只是大胆地向您表白一下。”楚国的大臣们都说：“君王不要答应他。”庄王说：“郑国君能这样谦卑，就一定能任用自己的百姓，怎么可以断绝他的祭祀呢！”说完，庄王亲自举起军旗，左右的人指挥军队，率军退后三十里驻扎下来，于是答应与郑国国君讲和。郑大夫潘尫来订立盟约，子良到楚国当人质。夏季六月，晋国救助郑国，与楚国大战，在黄河畔楚国大败晋军，楚国一直打到衡雍才回国。

二十年（前594），楚国包围了宋都，因为宋国杀死了楚国使者。楚国包围宋都达五个月之久，都城内粮食吃尽，人们互换亲子骨肉而食，劈开人骨当柴烧。宋国的华元出城向楚军讲明实情。庄王说：“这是君子啊！”于是，撤军离去。

二十三年（前591），庄王逝世，儿子共王审即位。

共王十六年（前575），晋国讨伐郑国。郑国向楚国求救，共王救援郑国。楚军与晋军在鄢陵交战，晋军打败楚军，射中共王的眼睛。共王传呼将军子反。子反贪杯、随从竖阳毂向子反劝酒，子反竟喝得酩酊大醉。共王生气了，射死子反，撤军回国。

三十一年（前560），共王逝世，儿子康王招即位。康王即位十五年（前545）逝世，儿子员即位，这是郏敖。

康王有宠爱的弟弟公子围、子比、子皙、弃疾。郏敖于三年（前542），让自己的叔父、康王弟弟公子围做令尹，主管军事。四年（前541），公子围出使郑国，途中听说楚王生病就返回楚国。十二月己酉这一天，公子围进宫询问楚王病情，竟用帽带勒死楚王，又杀死楚王的儿子莫和平夏，派使者到郑国报丧。伍举问使者道："谁将即位？"使者回答："寡大夫公子围。"伍举更正说："共王的儿子公子围是长者。"子比逃到晋国，公子围即位，这是灵王。

灵王三年（前538）六月，楚国派使者通知晋国，想与诸侯相会。诸侯都到楚国的申邑聚会。伍举说："从前，夏启有钧台宴飨，商汤有景亳诰命，周武王有盟津誓师，成王有岐阳会猎，康王有丰宫朝觐，穆王有涂山相会，齐桓公有召陵会师，晋文公有践土结盟，您打算使用哪种礼仪？"灵王说："使用齐桓公的。"当时，郑国的子产在场，而晋、宋、鲁、卫都未参与申之会。灵王与诸侯订立盟约后，面露骄色。伍举说："桀因有仍相会，有缗背叛他。纣王因黎山相会，东夷背叛他。幽王因太室盟约，戎、翟背叛他。您要慎重思虑结局呀！"

七月，楚国率诸侯军讨伐吴国，包围了朱方。八月，攻下朱方，囚禁了庆封，杀尽庆封家族。楚国拿庆封示众说："大家不要仿效齐国庆封杀死自己的国君，欺凌自己的幼君。挟制各位大夫与自己盟誓。"庆封反唇相讥说："不要学习楚共王的庶出之子公子围杀死自己的国君——哥哥的儿子员却代替员即位！"于是，灵王派人立即杀死了庆封。

七年（前534），灵王建成了章华台，下令安置逃亡者在里面服役。

八年（前533），楚王派公子弃疾率军灭亡了陈国。十年（前531），楚王召来蔡侯，灌醉后杀死了他。让弃疾平定蔡国，令他作陈、蔡的地方官。

十一年（前530），楚王讨伐徐国以恫吓吴国。灵王驻扎乾谿等待伐徐的消息。灵王说："齐、晋、鲁、卫，他们受封时都接受了宝器，只有我国没有。今天我派使者到周把鼎要来作为分封的宝器，周王室会给我吗？"析父回答说："他会给君王的！过去，我们的先王熊绎远在偏僻的荆山，乘坐简陋的车子，身穿破衣烂衫，居住草莽地区，跋山涉水侍奉天子，曾把桃木弓、棘枝箭进贡给周王室。齐国君是周王的舅父，晋和鲁、卫国君是周王同母弟弟。因此，他们都有宝器，唯独楚国没有。周王室今天和那四个国家都侍奉您，将对您唯命是从，怎么敢吝惜鼎呢?”灵王说：“过去，我们远祖伯父昆吾住在原来的许国，今天郑国人贪婪地占据那块田地，不给我，现在我去要回，他们将给我吗?”析父回答说：“周王室不吝惜鼎，郑国怎么敢吝惜田呢?”灵王又说：“过去诸侯们都认为我国地处偏远而畏惧晋国，今天我扩大加固陈、蔡、不羹的城池，那里都备有一千辆战车的兵力，诸侯们怕我吗?”析父回答说：“很怕呀!”灵王高兴地说：“析父善谈往古的事啊!”

十二年（前529）的春天，楚灵王在乾谿作乐，舍不得离去。百姓们苦于徭役。当初，灵王在申与诸侯会师时，曾侮辱了越国大夫常寿过，杀死了蔡国大夫观起。观起的儿子观从逃到吴国，他劝吴王讨伐楚国，挑拨越国大夫常寿过与越国的关系，要他挑起内乱，做吴国的间谍。派人假借公子弃疾的命令从晋国召回公子比，到了蔡国，想与吴国、越国军队袭击蔡国。让公子比会见弃疾，并在邓与弃疾结盟。于是，入宫杀死灵王的太子禄，拥立子比为楚王，任命公子子皙做令尹、弃疾做司马。先清除了王宫，观从又率领军队到乾谿，向楚国官兵宣布说：“楚国已经拥立新王了。先返回国都的，恢复他们的爵、封邑、田地、房屋。后返回的一律流放。”楚国官兵一听都逃的逃、散的散，纷纷离开灵王返回国都。

灵王听到太子禄被杀的消息，竟失神跌倒在车下，说：“人们爱自己的儿子也都如此吗?”侍者说：“还要超过您。”灵王说：“我杀别人的儿子也太多了，能不落到这步田地吗?”右尹说：“请您到国都郊外听从国人的处置吧。”灵王说：“众人的怒气不可冒犯。”右尹说：“暂且到大县避一避，再向诸侯们请兵吧。”灵王说：“诸侯们都将要背叛我的。”右尹又说：“暂且逃到诸侯国听听大国国君的意见。”灵王说：“大福不能再次降临，只不过是自取其辱罢了。”于是，灵王想乘船进入鄢城。右尹估计灵王决不会听从自己的建议，担心与灵王一块被杀，也离开灵王逃跑了。

灵王于是独自在山中徘徊，村民们没有敢收容灵王的。半路，灵王遇见过去在宫里的涓人，对他说：“你替我找口饭吃吧，我已经饿了三天了。”涓人说：“新王刚刚下达诏令，有敢给您送饭并与您一起逃亡的诛灭三族，何况我也无处寻食。”灵王便头枕涓人大腿睡下。涓人用土块来代替，抽出自己的腿逃走了。灵王醒后找不见涓人，饿得竟不能坐起。芋地地方官申无宇的儿子申亥说：“我的父亲曾经两次触犯王法，灵王都赦免了他，恩德没有比这更大的了!”于是，他到处寻找灵王，终于在釐泽找到饿昏的灵王，侍奉灵王一直到自己的家中。夏季五月癸丑这一天，灵王在申亥家逝世，申亥让两个女儿殉葬，并安葬了灵王。

这时，楚国虽然已经拥立公子比为楚王，却怕灵王再一次返回，又未曾听到灵王死去的消息，所以观从对新王子比说："不杀死弃疾，即使拥有整个国家也还要遭受灾难。"楚王说："我不忍心杀他。"观从说："别人可忍心杀你啊。"新王不听从，观从就离去了。弃疾回到国都后，都城的人每每夜里都很惊恐，说："灵王进城了。"乙卯日那天夜间，弃疾让撑船的人在长江岸边奔走呼号说："灵王来了！"都城的人们更加惊惧。弃疾又让曼成然告诉新王子比和令尹子皙说："灵王到了！都城的人将要杀死你们，司马将要来到了！您尽早想个办法吧，不要自取其辱。众人的怒气就像洪水与大火，那是无法解救的。"新王和子皙就自杀了。丙辰日，弃疾即位做了楚王，改名为熊居，这是平王。

平王靠诈骗的方法杀死两个君王自己即位，恐怕都城的人们和诸侯背叛自己，就对百姓布施恩惠。归还陈、蔡两国的地盘，并让两国原来国君的后代即位，如过去一样，归还了侵占郑国的土地。对国内百姓抚恤安慰，修明政务。吴国因楚国动乱，抓获楚国五位将帅回国。平王对观从说："满足你的欲望。"观从想作卜尹，平王答应了他。

当初，共王有五个宠爱的儿子，没有嫡长子可立，就遥祭山川群神，请求神灵决断继承人，让他主持国务。共王暗中与巴姬在祖庙里埋了块玉璧，叫五位公子斋戒后进入祖庙。康王跨璧而过，灵王的手肘放在玉璧上，子比、子皙都远离玉璧。平王年幼，别人抱着他跪在璧玉上行礼，正好压在璧玉的襻上。因此，康王因为年长即位了，君位传到他的儿子便丧失；公子围做了灵王，结果被杀；子比只做了十几天君王，子皙未能即位，又都被杀。这四个公子都继绝后代了，唯独弃疾最后继位，就是平王，终于继续了楚国的祭祀，这和神灵所预示的完全符合。

当初，子比从晋国回国，韩宣子问叔向说："子比能成功吗?"叔向答道："不能成功。"宣子说："楚国人和子比都厌恶楚王，要求立新君，如同生意人牟取高利一样，怎么能不成功呢?"叔向答道："谁跟子比相好，谁跟子比共仇恨呢？夺取王位有五难：有宠爱的但无贤才，是一难；有贤才却无国内支持力量的响应，是二难；有支持力量却无长远谋划，是三难；有长远谋划却无人民拥护，是四难；有人民拥护却无德行，是五难。子比在晋国十三年了，没听说晋国楚国跟随他的人有学识渊博的，可以说他没有贤才了；家族尽失，亲人背叛，可以说他没有支持力量了；没有可乘之机却轻举妄动，可以说他没有长远的谋划；一辈子羁旅在外，可以说他没有人民的拥护了；逃亡在外，国内人却没有爱戴他的迹象，可以说他没有德行了。灵王暴虐，无所顾忌，可以说是自取灭亡，子比五难具备，竟敢杀死国君，谁能帮助他呢？享有楚国的，可能是弃疾吧？弃疾统治陈地、蔡地，方城山为外属。在他统治的区域没有任何邪恶民生，盗贼隐遁，不敢妄动，他决不因个人的欲望去违背民心，因此百姓毫无怨言。祖先神灵保佑他，人民信任他。芈氏发生内乱，排行在末位的一定继位，这是楚国的常例。子比的官职，不过是右尹；论他的贵宠，无非是个庶子；与神灵的意旨，却又差得很远；百姓不怀念他，他将凭什么即位呢?”宣子说：“齐桓公、晋文公不也是这样的吗?”叔向回答：“齐桓公是卫姬的儿子，为釐公所宠爱。有鲍叔牙、宾须无、隰朋的辅佐，有莒国、卫国作外援，有高氏、国氏做内应。他听从正确意见像流水一样，对百姓不倦怠地布施恩惠。他享有君位，不也应该吗？过去，我们文公是狐季姬的儿子，被献公宠爱。他好学不倦。年仅十七岁，就结交五位贤才，有先大夫子馀、子犯做心腹，有魏犨、贾佗作左膀右臂，有齐国、宋国、秦国、楚国作外援，有栾、郤、狐、先做内应。文公逃亡十九年，返国的志向十分坚定。因惠公、怀公丧失民心，百姓都互相跟随心向文公，这样，文公享有国家，不也应该吗？子比没有什么可给予百姓的，又得不到外援，离开晋国时，晋国人不护送；返回楚国，楚国人不迎接。凭什么享有国家呢!”子比当王果然没有长久，最终即位的是弃疾，正如叔向所预言的一样。

平王二年（前527），委派费无忌到秦国为太子建娶妻。这个女子貌美过人，还没到达楚都时，无忌先一步赶回，怂恿平王：“秦国女子倾国倾城貌，您可自己留下，再为太子另寻一位。”平王听从了无忌的劝说，终于自己娶了秦女，生下熊珍。又为太子娶了另一位女子。当时，伍奢是太子的太傅，无忌是少傅。无忌不被太子宠爱，常常中伤诽谤太子建。太子建当时十五岁了，他的母亲是蔡国女子，也不被平王宠幸，平王渐渐地更加疏远太子建了。

六年（前523），平王让太子建住在城父，戍守边界。无忌又日夜在平王面前中伤太子建说："就因我把秦国女子送到您的后宫，太子便十分怨恨我，亦不可能对您没有怨气，您也要略加防备啊。况且太子住在城父，专揽兵权，对外结交诸侯，而且时时想打进国都。"平王便把太傅伍奢叫来责备一番。伍奢心知这是无忌造谣的结果，就说："君王您为什么因为一个小人而疏远亲生骨肉呢？"无忌说："今天不制服伍奢，后悔就晚了。"于是，平王就囚禁了伍奢。让司马奋扬召太子建回来，想杀死太子。太子听到风声，逃到了宋国。

无忌说："伍奢有两个儿子，不杀死他们将成为楚国的祸害。为什么不以免除他们父亲的死罪为条件把他们召来，这样他们必定回楚。"于是，平王派使者对伍奢说："能把你的两个儿子召回，你就可以活命，否则必处死。"伍奢说："伍尚为人正直憨厚，敢为节义而死，慈爱孝悌忠义，听说回楚可以免除父亲的死罪，必然回来，不顾惜自己的性命。伍胥为人聪慧而有谋略，勇猛而喜功，知道回来必死无疑，便肯定不会回来。可是，成为楚国未来忧患的必定是这个儿子。"于是，平王派人去叫他们，说："你们回楚国，我就赦免你们父亲的死罪。”伍尚对伍胥说：“听到父亲可以免死却不回去，那是不孝；父亲被杀，做儿子的如不想方设法报仇，那是无谋划；估计能力去成就大事，那才是智慧。你快走吧，我将回楚国一死了之。”伍尚就回楚国了。伍胥拿起弓箭，走出房间去见使者，说：“父亲有罪，为什么叫儿子回去呢？”说完，将拉弓射击使者，使者掉头就跑，伍胥便逃到了吴国。伍奢听到这个消息后说：“伍胥跑了，楚国危险了。”楚国就杀死了伍奢和伍尚。

十年（前519），楚国太子建的母亲住在居巢，暗中与吴国有来往。吴国派公子光讨伐楚国，打败陈国、蔡国军队，带走太子建的母亲，楚国很害怕，加固了郢都。先前，吴国的边城卑梁和楚国的边城钟离有两个小孩争夺桑树，两家因此发生争吵互相攻打，钟离人杀死了卑梁人。卑梁大夫很生气，派城里的守军攻打钟离。楚王听到后也很生气，派军占据了卑梁。吴王听到后大怒，也派出军队，让公子光借太子建母亲家在楚国为由而攻打楚国，一举攻下了钟离、居巢。楚国十分畏惧，便又加固了郢都。

十三年（前516），平王逝世。将军子常说：“太子珍还年幼，况且他的母亲就是以前太子建应当娶的。”想立令尹子西为王。子西是平王庶出的弟弟，但很仁义。子西说：“国家有固定的法则，改立其他王就要动乱，谈论这件事就要招来杀身之祸。”于是，楚国拥立太子珍，这是昭王。

昭王元年（515），楚国众人不喜欢费无忌，因为他的中伤使太子建逃亡，并杀死了伍奢父子和郤宛。郤宛的同宗伯氏的儿子嚭和子胥都逃到了吴国，吴军多次侵伐楚国，楚国人更加怨恨无忌了。楚国令尹子常杀死了无忌取得众人的欢心，众人才高兴。

四年（前512），吴国的三位公子逃到楚国，楚国赐封给他们土地用以抵御吴国。五年（前511），吴国讨伐并攻下了楚国的六、潜。七年（前509），楚国派子常讨伐吴国，吴国在豫章把楚国打得大败。

十年（前506）的冬季，吴王阖闾、伍子胥、伯嚭和唐国、蔡国共同讨伐楚国，楚国大败，吴军于是进入郢都，掘开平王墓污辱平王尸体，因为伍子胥的缘故。吴军侵来，楚国派子常率军迎击，两军隔着汉水摆开阵势。吴国打败子常军，子常逃到郑国。楚军溃散，吴军乘胜追逐楚军，五次交锋后，吴军兵临郢都。己卯日，昭王逃跑。庚辰日，吴军开进郢城。

昭王逃到云梦。云梦人不知道是昭王，射伤了昭王。昭王又逃到郧国。郧公的弟弟怀说："平王杀死了我们的父亲，今天我杀死他的儿子，不也可以吗？"郧公阻止怀，可是又担心怀杀昭王，就和昭王逃到随国。吴王听说昭王赴随，立即进击随国，对随人说："被封到长江、汉水之间的周王室的子孙们，都被楚国消灭了。"随君想杀死昭王。昭王的随从子綦就把昭王隐藏到非常秘密的地方，然后自称昭王，对随人说："把我送给吴王吧。"随人便问卜把昭王交给吴国这件事，不吉利，于是，向吴王推辞说："昭王逃跑了，已经不在随国了。"吴王强求派人到随国搜索昭王，随人不同意，吴人只好停止进击离开随国。

昭王逃出郢都时，曾派申鲍胥向秦国请求救援。秦国派了五百辆战车救助楚国，楚国也聚集残余士兵，和秦军共同反击吴国。十一年（前505），六月，在稷打败吴军。恰好吴王的弟弟夫概见到吴王的士兵伤残败退，于是逃回吴国，自立为王。阖闾听到这个情况，立即率军撤离楚国，回国去攻打夫概。夫概失败，逃到楚国，楚国把他封到堂谿，号为堂谿氏。

楚昭王灭亡了唐国。九月，昭王回到了郢都。十二年（前504），吴国又攻打楚国，攻下了番。楚王很害怕，离开郢城，并把都城迁到北边的鄀。

十六年（前500），孔子做了鲁国宰相。二十年（前496），楚国灭亡了顿国、胡国。二十一年（前495），吴王阖闾讨伐越国。越王句践射伤吴王，于是吴王死去。吴国因此怨恨越国不再向西攻打楚国了。

二十七年（前489）的春天，吴国攻打陈国，楚昭王救助陈国，驻军城父。十月，昭王病倒在军中。天空有红色云霞像鸟一样，围绕太阳飞翔。昭王向周太史询问吉凶，太史说："这对楚王有害，可是能够把灾祸移到将相身上。"将相听到这句话，就请求向神祷告，自己代替昭王，昭王说："将相如同我的手足，今天把灾祸移到手足上，难道能够免除我的病吗?"昭王不同意。占卜病因，认为是黄河在作祟。大夫们请求祭祷河神。昭王说："自从我们先王受封后，遥祭的大川不过是长江、汉水，黄河神我们不曾得罪过。"昭王没有答应大夫们的请求。孔子在陈国，听到这些话，说："楚昭王通晓大义啊。他没有失去国家，太应该了!"

昭王病重，就把各位公子大夫召来说："我不才，使楚军一再受辱，今天竟能够寿终正寝，是我的幸运。"昭王推让自己的大弟公子申做楚王，公子申不答应。又推让二弟公子结，结也不答应。于是又推让三弟公子闾，三弟曾推辞五次，最后，才答应做楚王。楚军将要与吴军交战，庚寅这一天，昭王在军中逝世。子闾说："昭王病重时，放弃自己的儿子即位，却推让大臣们做王，我之所以答应昭王，是用来宽慰昭王的心意的，当今昭王逝世，我怎么敢忘记君王的一片好心呢?"于是，与子西、子綦商量，秘密派出军队堵塞道路，迎接越女的儿子章，拥立他为王，这是惠王。然后，停止进军，返回国内，安葬了昭王。

惠王二年（前487），子西把平王太子建的儿子胜从吴国叫来，授他为巢县大夫，号曰白公。白公喜好军事而且能礼遇士人，想为父亲报仇。六年（前483），白公向令尹子西请求出兵讨伐郑国。当初，白公的父亲太子建逃到郑国，郑国杀死了他，白公只好逃到吴国，子西又叫他来，所以白公仇视郑国，才想讨伐郑国。子西答应了，但没给他派军。八年（前481），晋国讨伐郑国，郑国向楚国告急，楚国派子西救助郑国，子西救郑后接受郑的贿赂离开了郑国。白公胜很生气，立即就和敢死的勇士石乞等人在朝堂上袭击杀死了令尹子西、子綦，趁机劫持了惠王，把他囚禁在高府，想杀死他。惠王的随从屈固背着惠王逃到昭王夫人的宫殿。白公自己登位作了楚王。一个月后，恰巧叶公来救助楚国，楚惠王手下人和叶公一起攻击白公，杀死了他。惠王才恢复王位。当年，楚国灭亡了陈国，将其划归为楚国一个县。

十三年（前476），吴王夫差强大起来，欺辱齐国、晋国，讨伐楚国。十六年（前473），越国灭亡了吴国。四十二年（前447），楚国灭亡了蔡国。四十四年（前445），楚国灭亡了杞国。与秦国讲和。这时越国已灭亡了吴国，可是不能统治长江、淮北地域。楚国向东部侵占，把地盘扩展到泗水一带。

五十七年（前432），惠王逝世，儿子简王中即位。

简王元年（前431），向北攻打灭亡了莒国。八年（前424），魏文侯、韩武子、赵桓子开始成为诸侯。

二十四年（前408），简王逝世。儿子声王当即位。声王六年（前402），强盗杀死了声王，儿子悼王熊疑即位。悼王二年（前400），三晋来讨伐楚国，打到乘丘就返回了。四年

（前398），楚国讨伐周朝。郑国杀死了子阳。九年（前393），楚国讨伐了韩国，夺下了负黍。十一年（前391），三晋来讨伐楚国，在大梁、榆关打败了我国。楚国给秦国送了厚礼，与秦讲和了。二十一年（前381），悼王逝世，儿子肃王臧即位。

肃王四年（前377），蜀国讨伐楚国，攻下兹方。于是楚国修建扞关口抵抗蜀军。十年（前371），魏国攻下我国鲁阳。十一年（前370），肃王逝世，肃王无子，便立弟弟熊良夫为王，这就是宣王。

宣王六年（前364），周天子祝贺秦献公。秦开始又强大起来，可是三晋更加强大，魏惠王、齐威王尤其强盛。三十年（前340），秦国把商地封给卫鞅，向南进犯楚国。当年，宣王逝世，儿子威王熊商即位。

威王六年（前334），周显王把祭祀文王、武王的福肉送给秦惠王。

七年（前333），齐国孟尝君的父亲田婴欺骗楚国，楚威王讨伐齐国，在徐州打败齐军，而且要挟齐国一定驱逐田婴。田婴害怕了，张丑欺骗楚王说："楚王之所以在徐州战胜了，是齐王没任用田盼子。盼子为齐国立了功，百姓们也服从他。田婴无能而任用申纪。申纪这个人，大臣们都不拥护他，百姓也不服从他，所以楚王您才战胜了齐军。今天楚王要驱逐婴子，婴子被赶走，齐王就一定重用盼子。那么齐王就又要整顿军队再来与楚王您交战了，这对您绝对没有好处。”楚王便不再提出驱逐田婴的要求。

十一年（前329），威王逝世，儿子怀王熊槐即位。魏国听说楚国有国丧，就讨伐楚国，夺取了陉山。

怀王元年（前328），张仪开始做秦惠王的国相。四年（前325），秦惠王刚称王。

六年（前323），楚国派柱国将军昭阳率军攻打魏国，在襄陵打败魏国，夺取魏国八个城邑。楚国又调军攻打齐国，齐王十分担心，陈轸恰好替秦国出使齐国。齐王说：“怎么对付楚国？”陈轸说：“君王不要担忧，请您允许我让他撤军。”于是，陈轸立即到楚军中去会见昭阳，说：“我想听听楚国的军功法，打败敌军杀死敌将的有功之臣，将赏赐什么？”昭阳说：“授予上柱国将军的官职，封给上等爵位，让他手执珪玉。”陈轸说：“楚国还有比这个更尊贵的赏赐吗？”昭阳说：“令尹。”陈轸说：“今天您已经做了令尹，这是楚国最高的官位。我请您允许我打个比方。有人赠给自己的舍人们一杯酒，舍人们说：‘几个人喝这杯酒，不够喝的，请大家在地上画一条蛇，谁先画成就赏给谁这杯酒。’一个人说：‘我先画好了。’举起酒杯站起身又说：‘我能给蛇添上足。’等到他为蛇画好足时，后于他画好蛇的人夺过他的酒一饮而尽，说：‘蛇本无足，今天你替它添上足，这就不是蛇了。’今天，您身为楚相，来攻打魏国，已打败魏军杀死魏将，没有比这再大的功劳了，可是官职爵禄不可能再增加；假使打不胜，您将要殉职丢爵，给楚国造成不好的声誉，这就是画蛇添足。您不如率军返楚对齐施恩施德，这就是永处高位的策略啊！”昭阳说：“好吧！”于是，率军离开齐国。

燕、韩国国君开始称王。秦国派张仪与楚、齐、魏相会，在啮桑订立盟约。

十一年（前318），苏秦与山东六国约定合纵共同攻打秦国，楚怀王为纵长。大军打到函谷关，秦国出兵迎击，六国军都先后撤军，其中齐军在最后。十二年（前317），齐湣王战胜赵、魏联军，秦国也战胜韩军，与齐国争当首领。

十六年（前313），秦国想讨伐齐国，可是楚国正和齐国合纵亲善。秦惠王担心这种情况，就扬言免掉张仪相国职；让张仪去会见楚王，对楚王说：“我国君王最喜欢的无过于楚王您，即使我特别希望做看门小厮的主人，也无过于大王；我国君王最憎恨的无过于齐王，即使我最憎恨的也无过于齐王。可是大王您却与他关系密切，所以我国君王不能侍奉您，这让我也不能为您做看门小厮了。如果楚王能为我关闭关口与齐国断交，那么今天您就派使者跟从我去秦领取秦曾夺取的楚国方圆六百里的商於地，如此，就会削弱齐国势力了。这样，您便可以北方削弱齐国，西方对秦有恩德，并增加商於六百里土地的财富，这真可谓一箭三雕了。”怀王十分高兴，于是把国相的玉玺赠给张仪，每天为他摆开酒宴，宣称“我又得到我的商於了”。大臣们都祝贺，唯独陈轸表示伤痛。怀王说：“为什么?”陈轸回答说：“秦国看重君王您，那是因为您与齐王友好亲善。今天还未得到商於之地就先断绝齐交，是孤立楚国的做法。秦国又如何要看重孤立无援的我国呢，一定要轻视楚国的。如果秦国先交出商於，尔后我们再与齐断交，那么，秦国的计谋就无效了。如果我们先与齐断交，尔后再去索取商於，那我们一定会被张仪欺骗。您如果被张仪欺骗，一定怨恨他。怨恨他，就等于西边兴起了秦国的忧患，北边断绝了齐国的友好。西边有秦的忧患，北边又与齐断交，那么，韩、魏两国的军队一定来攻打。所以，我在伤痛。”楚王不听陈轸的意见，于是派一位将军到秦国去接受商於了。

张仪回到秦国，假装醉酒摔倒在车下，声称生病，三个月未露面，楚国也不能得到商於之地。楚王说：“莫非张仪认为我与齐的断交还不够彻底吗?”于是，又派勇士宋遗到北边去辱骂齐王。齐王很生气，折断楚国的符节与秦国友好了。秦齐联合完毕，张仪才上朝，对楚国将军说：“你怎么还没接受土地呢? 从某处到某处，方圆有六里呢。”楚国将军说：“我受命来接受的是六百里，没听说六里。”立即返楚向怀王汇报。怀王十分生气，将要派军讨伐秦国。陈轸又说：“伐秦不是上策。不如趁机用一座名城贿赂秦国，联合秦国讨伐齐国，这就能把从秦国丢失掉的，又从齐国补偿过来了，如此，我国还可保全。当今，您已与齐国断交，又兴师追究秦国欺骗之罪，这就等于我们让秦齐友好引来天下的大军，我国一定会受到很大的伤害啊。”楚王仍不听从陈轸的建议，于是又与秦国断交，派军向西边攻打秦国。秦国也派军迎击楚军。

十七年（前312）的春天，楚军在丹阳与秦军交战，秦军把我军打得大败，斩杀八万名士兵，俘虏楚国大将军屈匄、偏将军逢侯丑等七十多人，又夺取了汉中的各郡县。楚怀王十分愤怒，就动用国内全部兵力又一次袭击秦国。两军在蓝田交战，楚军又大败。韩国、魏国听到楚国受困，就都南下袭击楚国，一直打到邓。楚国听到消息后，就率军撤出秦国。

十八年（前311），秦国派出使者又与楚约定亲善，并把汉中的一半地盘分给楚以求和解。楚王说：“愿意得到张仪，不想得到土地。”张仪听到楚王的话，请求赴楚。秦王说：“楚王正想抓住你才心满意足呢，怎么办？”张仪说：“我与楚王的大臣靳尚友好，靳尚又很受楚王宠幸的夫人郑袖的信任，楚王对郑袖百依百顺，况且我以前出使楚国时违背了割商於于楚的约定，今天秦楚交战有了仇恨，我不亲自去向楚国道歉就不能消除仇恨。再说有大王您在，楚国也不敢把我怎么样。果真楚国杀死我，只要对秦国有利，也正是臣子的愿望。”张仪于是出使楚国了。

张仪到达楚都后，怀王不见他，并囚禁了张仪，要杀死他。张仪暗中贿赂靳尚，靳尚替他向怀王求情说：“您拘捕张仪，秦王一定生气。天下诸侯看到楚国失去了秦国的友好，必定轻视您。”靳尚又对楚王夫人郑袖说：“秦王非常喜欢张仪，可是楚王想杀死他。现在，秦王将要用上庸的六个县贿赂楚国，把美人送给楚王，把宫中善于歌舞的美女送给大王当侍女。楚王看重地盘，秦女也必定得到楚王的宠爱，那么夫人一定受排斥了。夫人不如在楚王面前说句好话，释放张仪算了。”郑袖终于在楚王面前替张仪说了情，释放了张仪。张仪放出后，怀王很客气地款待张仪，张仪又借机劝说楚王背叛合纵盟约，与秦国联合亲善，相约两国结为婚姻。张仪离开楚国后，屈原刚从齐国出使归来，进谏怀王说：“为什么不杀死张仪？”怀王这才后悔，派人去追赶张仪，已经来不及了。这一年，秦惠王逝世。

二十年（前309），齐湣王想做合纵首领，憎恶楚国与秦国的联合，就派使者给楚王一封信道：“我担心楚王不曾考虑尊贵的称号。今天秦惠王死了，武王即位，张仪逃到魏国，武王任用樗里疾、公孙衍，可是楚国还是服从秦国。樗里疾与韩国友好，公孙衍与魏国亲善，楚国一定服事秦国，韩国、魏国就害怕，一定会借这两个人的力量与秦国联合，那么燕国、赵国也服事秦国。四国争服事秦国，那么楚国就成了秦国的一个郡县了。楚王为何不协力收服韩、魏、燕、赵，和它们合纵一起尊崇周王室，以便按兵养民，号令天下？天下没有人敢不乐意听从您的，您也将功成名就了。那时，楚王率领诸侯共同讨伐秦国，一定能打败秦国。楚王您便可以夺下武关、蜀、汉地区，占有吴国、越国的财富，专享长江、东海的利益，韩国、魏国割给您上党，西部逼近函谷关，那么楚国将比现在强大百万倍。况且大王您被张仪欺诈，丧失汉中地，大军在蓝田受挫，天下人没有不替您怀愤怒的。今天您竟想先服事秦国！望您仔细考虑吧。”

楚王正想与秦国联合，见到齐王的书信，犹豫不决，交给群臣们议论。有的说与秦联合，有的说听从齐国的意见。昭雎说：“君王虽然从东边的越国得到地盘，但不足以雪耻。您不如与齐国、韩国深交以抬高樗里疾的权位，这样，您才能得到韩国、齐国的支持要回地盘。秦国在宜阳打败韩国，可是韩国还服事秦国，是因为先祖墓在平阳，秦国的武遂距平阳只有七十里，因此韩国尤其畏惧秦国。否则，秦国攻打三川，赵国攻打上党，楚国攻打黄河外，韩一定灭亡。楚国救助韩国，也不能让韩免遭灾难，可是名义上保存韩国的是楚国。韩国已从秦国夺得武遂，凭借黄河、西山屏障，它所要报答恩德的都不如楚国厚，我认为韩国一定要急切服事楚王。齐国之所以信任韩国，是因为韩公子眛是齐国国相。韩国已从秦国夺得武遂，大王再好好亲善它，使它凭借齐国、韩国的力量抬高樗里疾的地位，樗里疾得到齐国、韩国的支持，他的主人就不敢抛弃他了。今天楚国又可以帮助他，樗里疾一定向秦王说情，把侵占楚国的土地归还楚国。”于是，怀王答应了他，终于不与秦联合，而联合齐国并与韩国友好。

二十四年（前305），楚国背叛齐国联合秦国。秦昭王刚即位，就用厚礼贿赂楚国。楚国去秦国迎娶女子。二十五年（前304），怀王赴秦与秦昭王订立盟约，在黄棘定约。秦王把楚国上庸归还楚国。二十六年（前303），齐国、韩国、魏国因为楚国违背了合纵亲善而与秦国联合，三国联合讨伐楚国。楚国让太子到秦国当人质请求救助。秦国就派客卿通率军救助楚国，三国才率军离去了。

二十七年（前302），秦国一位大夫私下与楚太子殴斗，楚太子杀死了他逃回楚国。二十八年（前301），秦国就和齐国、韩国、魏国共同攻打楚国，杀死楚国大将唐眜，攻下了楚国重丘离去。二十九年（前300），秦又攻打楚国，把楚军打得大败，杀死两万楚兵，杀死楚国将军景缺。怀王惊恐，就派太子到齐国做人质求得和解。三十年（前299），秦国又攻打楚国，夺取了八座城市。秦昭王给楚王一封国书说："当初我和您结拜为弟兄，在黄棘盟约，太子作人质，关系十分融洽。太子杀死我的要臣，竟不道歉就逃走了，我确实愤怒之至，便派军侵占您的边境。今天，听说您让太子到齐国做人质求得和解。我国和楚国接壤，本来就结成了婚姻，互相亲善友好很长时间了。当今秦楚关系恶化，就无法号令诸侯。我希望和您在武关相会并盟约，订立盟约后再分离，这是我的愿望。我冒昧地告诉您这个想法。"楚怀王看到秦王的信，很担心。想赴会，又担心受骗；想不去，又担心秦王发怒。昭雎说：“君王不要前去，应派军队加强边境的防守啊。秦国乃是虎狼之国，不能相信，他有吞并诸侯的野心。”怀王的儿子子兰劝怀王前往，说：“为什么断绝与秦王的友好?”于是，怀王去会见秦昭王。楚王一到，秦兵就关闭了武关，于是劫持怀王到咸阳。秦王在章台会见怀王，对待怀王就像对待附属国的臣子一般，不用平等的礼节。楚怀王大怒，后悔没听昭雎的劝告。秦王扣留楚王，要挟楚国割让巫、黔中的郡县给秦国。楚王想只订盟约，秦王想先得到地盘。楚王生气说：“秦国欺诈我，又强迫要挟我割让地盘!”没有再答应秦王。秦王因此扣留了楚王。

楚国大臣十分担心，互相商议说：“我们的君王留在秦不能回来，秦王要挟我们割地，太子又在齐国做人质，如果齐国、秦国联合谋划，那么楚国就要灭亡了。”于是，想拥立在国内的怀王的儿子。昭雎说：“君王与太子都在诸侯国受困，今天又违背君王的命令另立庶子，那是不合适的。”于是，蒙骗齐国，派使者到齐国报丧。齐湣王对国相说：“不如扣留太子以便求取楚国的淮北。”国相说：“不行，郢中如果立了君王，我们就空留人质并在天下人面前做出不义的事了。”有人说：“不对。郢中如果立了君王，正好借机和新王做个交易说：‘您给我们下东国，我们就替您杀死太子，否则，将和秦、韩、魏三国联合拥立太子。’这样，下东国一定就到手了。”齐王终于采用国相的计策送回了楚国太子。太子横回楚后，被立为君王，这就是顷襄王。于是，楚人通告秦国说：“依赖社稷的神灵，我国有君王了。”

顷襄王横元年（前298），秦国要挟怀王却得不到地盘，楚国立了君王对付秦国。秦昭王很生气，派军出武关攻打楚国，把楚军打得大败，杀死楚国五万士兵，夺取了析邑等十五座城离开楚国。二年（前297），楚怀王逃跑了。秦国发觉后，封锁了通往楚国的道路。怀王害怕，就从小路到赵国借路回楚。赵主父在代，他的儿子惠王刚刚即位，代行赵王的职事，胆子小，不敢收容楚王。楚王想跑到魏国，秦兵追上了他，楚王只好和秦国使者又回到秦国。这时，怀王生了病。顷襄王三年（前296），怀王在秦国去世。秦国把他的灵柩送回楚国。楚国人都哀怜怀王，像悲悼自己的父母兄弟一样。诸侯们从此看到秦王不正直。秦楚断交了。

六年（前293），秦国派白起攻打韩国，在伊阙获大胜，杀死韩国二十四万士兵。秦王写给楚王一封国书说：“楚国背叛了秦国，秦国将率领诸侯军攻打楚国，决一雌雄。希望您重整军队，以便痛快地打一场。”楚国顷襄王很担心，便打算再跟秦国讲和。七年（前292），楚国到秦国迎接新妇，秦楚又讲和了。

十一年（前288），齐王秦王各自称帝，一个月后，又把帝改为王。

十四年（前285），楚顷襄王与秦昭王在宛友好相会，议和结亲。十五年（前284），楚国和秦国、韩国、赵国、魏国共同攻打齐国，夺取了淮北。十六年（前283），楚王与秦昭王在鄢友好相会。那年秋季，又和秦王在穰相会。

十八年（前281），楚国有一位喜好用微弓细绳射中北归大雁的人，顷襄王听说后，把他叫来询问射中的经验。他回答说："我喜好射小雁、小鸟，这是小箭的作用，怎么值得向大王说呢？况且凭着楚国广袤的土地，凭借大王的贤明，所射中的绝非仅仅是这些小雁、小鸟。过去三王射取道德的尊号，五霸射取好战之国。所以，秦、魏、燕、赵是小雁，齐、鲁、韩、卫是小野鸭，邹、费、郯、邳是小鸟。其余的就不值得去射了。看见这六双小鸟，您怎么射中呢？您为何不用圣人作弓，以勇士作箭，看准时机张弓去射取呢？那么，这六双小鸟，您就可以用口袋装回宫了。这种乐趣绝非一朝一夕的欢乐，这种所获也绝非野鸭小雁一类猎物。您早晨张开弓箭去射击魏国大梁南部，射伤它的右臂直接牵动韩国，那么中原地区的通路就断绝了，上蔡各郡县就不攻自破了。返身再射击圉的东面，砍断了魏国的左臂，再向外射击定陶，那么魏国东部就放弃了，大宋、方与两个郡县就攻下了。况且魏国被砍断左膀右臂，就会倾倒坠落了；正面攻击郯国，就能夺取并占有大梁。您在兰台收拢弓箭，在西河饮马，安定了魏国的大梁，这是第一次射箭的欢乐。如果您对于射箭确实喜好不厌倦，那就拿出宝弓，换上石制箭头和新绳，去东海射击有钩喙的大鸟，转身回来重新修筑长城作为防线，早晨射取东莒，晚上射取次丘，夜里夺取即墨，转身占据午道，那么就能得到长城的东边，太山的北边也就攻下了。西边与赵国接境，北边达到燕，这样，楚、赵、燕三国就像鸟张开翅膀，不用盟约就形成了合纵。您到北边可以游观燕国的辽东，到南国边可以登山遥望越国的会稽，这就是再次射箭的欢乐。至于泗上的十二国诸侯，左手牵引，右手拍打，就可以在一个早上占有它们。现在秦国打败韩国，实际成了长久的忧患，因为秦国夺取韩国许多城都不能据守；秦国讨伐魏国没有功效，打击赵国反而又担忧，那么秦魏的勇气力量用尽了，原来楚国失去的汉中、析、郦便可以复得归为己有了。楚王您拿出宝弓，换上石制箭头和新绳，涉足鄳要塞，等待秦国疲倦，就可以得到山东、河内，使楚国完整。这样一来，就能慰劳百姓，休养士兵，您就可以面向南称王了。所以说，秦国是只大鸟，背靠大陆居住，面向东方屹立，左面靠近赵国的西南，右面紧挨楚国的鄢郢，正面对着韩国、魏国，妄想独吞中原，它的位置处于优势，地势又有利，展翅翱翔，方圆三千里，可见秦国不可能单独缚住而一夜射得了。”此人想以此激怒襄王，因此用这些话回答楚王。襄王果然又叫来和他详谈，于是他就说：“先王被秦国欺骗，客死外国，怨恨没有比这再大的了。现在，因为一个普通人有怨恨，还有用一个国家作为报复对象的，这就是白公、伍子胥。当今，楚国方圆五千里，拥有百万大军，本来足以驰骋于千里原野，却坐而待毙，我以为大王不会这样做。”于是，顷襄王派使者出使诸侯国，重新约定合纵，以便讨伐秦国。秦听到这个消息，派军来攻打楚国。

楚国想和齐国、韩国联合讨伐秦国，借机图谋周朝。周王赧派武公对楚国宰相昭子说：“三国使用武力来分割周都郊野以便于运输，并向南运送宝器尊崇楚王，我认为不对。杀诸侯共同尊奉的君王，让世代相传的君王作臣民，大国一定不亲近它。凭借人多威胁力单势薄的周室，小国一定不顺服它。大国不亲近，小国不顺服，既不可以获得威名，又不可以获得实利。威名实利都不能获得，就不应该动用武力去伤害百姓。如果有图谋周朝的名声，就无法向诸侯发布号令。”昭子说：“图谋周朝是无中生有。即使如此，周朝为什么不能图谋呢？”武公回答道：“不拥有五倍于敌的军力不发起攻击，不拥有十倍于守敌的力量不能围城。一个周朝相当于二十个晋国，您是知道的。韩国曾经动用二十万兵力包围晋国城邑，但最后遭受耻辱，精兵锐卒战死，普通士兵受伤，晋城也未被攻占。您未拥有百倍于韩的兵力却图谋周朝，这是天下人都明了的。您与两周结下了怨仇，伤害了礼仪之邦邹鲁人的心，与齐国绝交，在天下失掉声誉，你这样做很危险了。您危害两周是增强韩国的实力（三川为韩国所有），方城以外一定会被韩侵夺。怎么能知道这种结局呢？西周的地盘，截长补短，方圆不过一百里。西周名义上是天下诸侯共同尊奉的君主，实际上全部占有它的土地也不足以使国家强大，全部占有它的百姓也不足以增强军力。即使不攻打它，名义上还是杀害君主。可是，好事的君主，喜功的臣子，发号施令使用兵力，未曾不始终把矛头指向周朝的。这是什么原因呢？因为他们看见祭器在周，想占有祭器却利令智昏忘记杀害君主的罪名。今天，韩国要把祭器搬到楚国，我担心天下人因为祭器而仇恨楚国。我请给您打个比方。虎肉腥臊，它的爪牙有利于防身，人们还想猎杀它呢。假如让大泽中的麋鹿披上老虎皮，猎杀它的人一定会比猎虎的多上万倍。占有楚国土地，足以使国家强大；谴责楚国的名声，足以使君主尊贵。今天，您将要诛杀天下诸侯共同尊奉的君王，占有三代传下来的宝器，独吞九鼎，傲视所有的君王，这不是贪婪是什么？《周书》说的‘要想在政治上起家，不要首先倡乱’，所以祭器如南移到楚国，大军就会接踵而至。”于是，楚国放弃了原有的计划。

十九年（前280），秦国讨伐楚国，楚军战败，把上庸、汉北割让给秦国。二十年（前299），秦将白起攻占楚国的西陵。二十一年（前279），秦将白起攻占楚国的郢都，烧毁了先王的坟墓夷陵。楚襄王的军队全线崩溃，不能再战，退往楚国东部的陈城自保。二十二年（前277），秦军再次攻占楚国的巫郡和黔中郡。

二十三年（前276），襄王收集东部地区的散兵，共得十余万人，又西进收复被秦军攻占的长江沿岸的十五座城池，设置郡县，抵挡秦军。二十七年（前272），派遣三万士卒帮助三晋讨伐燕国。又与秦国讲和，派太子到秦国做人质。楚王派左徒到秦国侍奉太子。

三十六年（前263），顷襄王患病，太子逃回楚国。秋天，顷襄王病死，太子熊元继位，这就是考烈王。考烈王任命左徒为令尹，把吴地封给他，号为春申君。

考烈王元年（前262），把州县献给秦国讲和。这时，楚国更弱了。

六年（前257），秦军围攻邯郸，赵国向楚国告急，楚王派将军景阳率军救赵国。七年（前256），景阳率军到达新中，秦军解围离去。十二年（前251），秦昭王去世，楚王派春申君到秦国吊祭。十六年（前247），秦庄襄王去世，秦王赵政继位。二十二年（前241），楚国和诸侯共同讨伐秦国，战败撤退。楚国向东迁都到寿春，命名为郢。

二十五年（前238），考烈王去世，儿子幽王悍继位。李园杀死春申君。幽王三年（前235），秦、魏两国讨伐楚国。秦国丞相吕不韦去世。九年（前229），秦国灭了韩国。十年（前228），幽王去世，同母弟犹继位，这就是哀王。

哀王继位两个多月，哀王的庶兄负刍的党徒袭杀哀王，拥立负刍为王。这一年，秦军俘虏赵王迁。

王负刍元年（前227），燕国太子丹派荆轲行刺秦王。二年（前226），秦国派将军讨伐楚国，大败楚军，攻占十余座城邑。三年（前225），秦军灭了魏国。四年（前224），秦将王翦在蕲打败楚军，杀死楚将项燕。

五年（前223），秦将王翦、蒙武终于攻破楚都，俘获楚王负刍，灭掉楚国，改为郡县。

太史公说："当楚灵王在申地会合诸侯，诛杀齐国庆封，建造章华台，索取周室九鼎的时候，志向远大，小视天下；等到后来饿死在申亥的家里，被天下人耻笑。节操、品行不修，多么可悲啊！人们对于权势，能不小心谨慎吗？弃疾靠乱登上王位，宠爱秦国女子，荒淫太过分了，几乎再次使国家灭亡！"

第二十三卷　越王句践世家第十一

越王句践在会稽之困中被吴王赦免回国后，便卧薪尝胆，亲自耕作，礼贤下士，赈济穷人，悼慰死者，与百姓同甘共苦。作为没有任何制衡、约束的具有最高权力的一国国君，虽说是在受辱后做出的这些举动，也是十分难得的。加之，句践在艰苦奋斗、发奋图强时能虚心征求、听取谋臣们的意见，终于战胜了吴国、扩大了地盘、称霸于诸侯。而卧薪尝胆的精神就成为传统文化的精华流传下来。戏剧家曹禺先生在我国遭受天灾人祸的一九六二年，把卧薪尝胆的句践搬上戏剧舞台，确实起到鼓舞人心、团结全民共渡难关的作用。

范蠡是越王句践的重要谋臣，辅佐句践成就霸业，故太史公以范蠡传附之。在越国最困难的时刻，他侍奉越王勤奋不懈，为越王运筹谋划二十余年，终于辅佐越王报仇雪恨、荣登霸主权位。越王表示，要与范蠡平分越国。但范蠡目光敏锐，深知“飞鸟尽，良弓藏；狡兔死，走狗烹”，越王只宜与之共患难，不宜与之同享乐，终于离开越国，隐姓埋名，吃苦耐劳，辛勤生产，三次搬迁，三次成为豪门富户。相比之下，大夫文种的遭遇就悲惨多了，竟被越王安上“作乱”罪名，赐剑而亡。范蠡可谓贤能之人。做官，能深谋远虑、运筹帷幄，终使国富民强；理家，能辛苦劳作、惨淡经营终使家产累积数十万，被人们称颂。像范蠡这样能上能下，先官后民，在中国历史上可谓屈指可数。

范蠡的二子在楚杀人，为父者极力营救一段叙写，颇为曲折有致。最终未获成功，反而由长子载着弟弟尸首回到家中。家人见此都抱头痛哭，唯范蠡坦然一笑，觉得一切都在意料之中。文中记叙范蠡的分析判断亦合乎事理。遗憾的是，范蠡智慧超人，不应听之任之，坐而待毙。而“以廉直闻于国，自楚王以下皆师尊之”的庄生也不必与儿辈过于计较，而应大度、宽容些，因为这终归是人命关天、死而不能复生的大事。不过，杀人者抵罪也理所当然。总之，范蠡救子之事确实富有哲理性、戏剧性。因此，也有人认为此节“必好事者为之，非实也”。

【原文】

越王句践，其先禹之苗裔，而夏后帝少康之庶子也。封于会稽，以奉守禹之祀。文身断发①，披草莱②而邑焉。后二十余世③，至于允常。允常之时，与吴王阖庐战而相怨伐。允常卒，子句践立，是为越王。

元年，吴王阖庐闻允常死，乃兴师伐越。越王句践使死士④挑战，三行⑤，至吴陈⑥，呼而自刭。吴师观之，越因袭击吴师，吴败于槜李，射伤吴王阖庐，阖庐且死，告其子夫差曰："必毋忘越。"

【注释】

①文身：在身上刺画花纹。断发：剪短头发。②披：开辟。莱：野草。③二十余世：《吴越春秋》作十世。④据《左传·定公十四年》载："吴伐越，越子句践御之，陈于槜李。句践患吴之整也，使死士再禽焉，不动，使罪人三行，属剑于颈，而辞曰：'二君有治，臣奸旗鼓。不敏于君之行前，不敢逃刑，敢归死。'遂自刭也。"可见，死士之往禽［擒］与罪人之战两事也，此混并之。死士：勇战之士。⑤三行：排成三行。⑥陈：通"阵"。

【原文】

三年，句践闻吴王夫差日夜勒[①]兵，且以报越，越欲先吴未发往伐之。范蠡谏曰："不可，臣闻兵者凶器也，战者逆德也，争者事之末也。阴谋逆德，好用凶器，试身于所末，上帝禁之，行者不利。"越王曰："吾已决之矣。"遂兴师。吴王闻之，悉发精兵击越，败之夫椒。越王乃以余兵五千人保栖[②]于会稽。吴王追而围之。

【注释】

①勒：约束，统率。②保栖：守卫居住。

【原文】

越王谓范蠡曰："以不听子故至于此，为之奈何？"蠡对曰："持满者与天[①]，定倾者与人[②]，节事者以地[③]。卑辞厚礼以遗[④]之，不许，而身与之市。"句践曰："诺。"乃令大夫种行成[⑤]于吴，膝行顿首曰："君王亡臣句践使陪臣种敢告下执事[⑥]：句践请为臣，妻为妾。"吴王将许之。子胥言于吴王曰："天以越赐吴，勿许也。"种还，以报句践。句践欲杀妻子，燔宝器，触战[⑦]以死。种止句践曰："夫吴太宰嚭贪，可诱以利，请间行[⑧]言之。"于是句践乃以美女宝器令种间献[⑨]吴太宰嚭。嚭受，乃见[⑩]大夫种于吴王。种顿首言曰："愿大王赦句践之罪，尽入其宝器。不幸不赦，句践将尽杀其妻子，燔其宝器，悉五千人触战必有当[⑪]也。"嚭因说[⑫]吴王曰："越以[⑬]服为臣，若将赦之，此国之利也。"吴王将许之。子胥进谏曰："今不灭越，后必悔之。句践贤君，种、蠡良臣，若反[⑭]国，将为乱。"吴王弗听，卒赦越，罢兵而归。

【注释】

①持满：谓处在盛满的地位。与天：天与。得到天的保佑。②定倾：平定危难。与人：得到人的帮助。③以地：得到地利。《国语·越语》"以"作"与"，义同。④遗：赠送。⑤行成：求和。⑥下执事：指侍从左右供使令的人。⑦触战：拼一死战。⑧间行：潜行，从小路走。此处为暗中行动。⑨间献：暗中进献。⑩见：推荐，介绍。⑪有当：有相当的代价。⑫说：劝说。⑬以：通"已"。⑭反：通"返"。

【原文】

句践之困会稽也，喟然叹曰："吾终于此乎？"种曰："汤系[①]夏台，文王囚羑里，晋重耳奔翟[②]，齐小白奔莒，其卒王霸。由是观之，何遽不为福乎？”

吴既赦越，越王句践反国，乃苦身焦里，置胆于坐[③]，坐卧即仰胆，饮食亦尝胆也。曰：“女忘会稽之耻邪？”身自耕作，夫人自织，食不加肉，衣不重采，折节[④]下贤人，厚遇宾客，振[⑤]贫吊死，与百姓同其劳。欲使蠡治国政，蠡对曰：“兵甲之事，种不如蠡；填抚[⑥]国家，亲附百姓，蠡不如种。”于是举国政属[⑦]大夫种，而使范蠡与大夫柘稽行成，为质于吴。二岁而吴归蠡[⑧]。

【注释】

①系：拘囚。②翟：通“狄”。③坐：通“座”，座位。④折节：屈己下人。⑤振：通“赈”，救济。⑥填（zhèn）抚：镇定安抚。⑦属：通“嘱”，委托。⑧《国语》《韩子》《越绝书》《吴越春秋》皆言句践与范蠡亲身入臣于吴，三年遣归。与此不同。

【原文】

句践自会稽归七年，拊循[①]其士民，欲用以报吴。大夫逢同谏曰：“国新流亡，今乃复殷给[②]，缮饰备利[③]，吴必惧，惧则难必至。且鸷鸟之击也，必匿其形[④]。今夫吴兵加齐、晋，怨深于楚、越，名高天下，实害周室，德少而功多，必淫自矜。为越计，莫若结齐，亲楚，附晋，以厚吴。吴之志广，必轻战。是我连其权，三国伐之，越承[⑤]其弊，可克也。”句践曰："善。"

【注释】

①拊循：安抚，抚慰。②殷给：富足。③备利：指备战。④必匿其形：指鸷鸟将击，卑飞敛翼。⑤承：通"乘"。

【原文】

居二年，吴王将伐齐。子胥谏曰："未可，臣闻句践食不重味，与百姓同苦乐。此人不死，必为国患。吴有越，腹心之疾，齐与吴，疥癣[①]也。愿王释齐先越。"吴王弗听，遂伐齐，败之艾陵，虏齐高、国以归。让子胥。子胥曰："王毋喜！"王怒，子胥欲自杀，王闻而止之。越大夫种曰："臣观吴王政骄矣，请试尝之贷粟，以卜其事。"请贷，吴王欲与，子胥谏勿与，王遂与之，越乃私喜。子胥言曰："王不听谏，后三年吴其墟乎！"太宰嚭闻之，乃数[②]与子胥争越议，因谗子胥曰："伍员貌忠而实忍人[③]，其父兄不顾[④]，安能顾王？王前欲伐齐，员强谏，已而有功，用是反怨王。王不备伍员，员必为乱。"与逢同共谋，谗之王。王始不从，乃使子胥于齐，闻其托子于鲍氏，王乃大怒，曰："伍员果欺寡人！"役反，使人赐子胥属镂[⑤]剑以自杀。子胥大笑曰："我令而父霸，我又立若[⑥]，若初欲分吴国半予我，我不受，已，今若反以谗诛我。嗟乎，嗟乎，一人固不能独立！"报使者曰："必取吾眼置吴东门，以观越兵入也[⑦]！"于是吴任嚭政。

【注释】

①疥癣：此病于体外，不比“腹心之疾”，喻小毛病，小祸患。②数：屡次。③忍人：残忍之人。④其父兄不顾：其父伍奢、其兄伍尚为楚平王杀害。详见《楚世家》。⑤属镂：剑名。⑥若：你。⑦《国语·吴语》载：子胥“遂自杀。将死，曰：‘以悬吾目于东门，以见越之入，吴国之亡也。’王愠曰：‘孤不使大夫得有见也。’乃使取申胥之尸，盛以鸱，而投之于江”。

【原文】

居三年[①]，句践召范蠡曰：“吴已杀子胥，导谀[②]者众，可乎？”对曰：“未可。”

至明年春，吴王北会诸侯于黄池，吴国精兵从王，惟独老弱与太子留守。句践复问范蠡，蠡曰“可矣”。乃发习流[③]二千人，教士[④]四万人，君子[⑤]六千人，诸御[⑥]千人，伐吴。吴师败，遂杀吴太子。吴告急于王，王方会诸侯于黄池，惧天下闻之，乃秘之。吴王已盟黄池，乃使人厚礼以请成越。越自度亦未能灭吴，乃与吴平[⑦]。

【注释】

①居三年：《疏证》曰：“当作‘居二年’。”②导谀：谄谀之人。③习流：熟习水流，即熟练的水兵。④教士：受过训练的士兵。⑤君子：君王亲近有恩的禁卫军。⑥诸御：在军中有执掌的军官。⑦平：讲和。

【原文】

其后四年，越复伐吴。吴士民罢[①]弊，轻锐尽死于齐、晋。而越大破吴，因而留围之三年，吴师败，越遂复栖吴王于姑苏之山。吴王使公孙雄肉袒膝行而前，请成越王曰："孤臣夫差敢布[②]腹心，异日尝得罪于会稽，夫差不敢逆命，得与君王成以归。今君王举玉趾而诛孤臣，孤臣唯命是听，意者亦欲如会稽之赦孤臣之罪乎？"句践不忍，欲许之。范蠡曰："会稽之事，天以越赐吴，吴不取。今天以吴赐越，越其可逆天乎？且夫君王蚤朝晏罢[③]，非为吴邪？谋之二十二年，一旦而弃之，可乎？且夫天与弗取，反受其咎。'伐柯者其则不远[④]'，君忘会稽之厄[⑤]乎？"句践曰："吾欲听子言，吾不忍其使者。"范蠡乃鼓进兵，曰："王已属政于执事[⑥]，使者去，不[⑦]者且得罪。"吴使者泣而去。句践怜之，乃使人谓吴王曰："吾置王甬东，君[⑧]百家。"吴王谢曰："吾老矣，不能事君王！"遂自杀。乃蔽其面，曰："吾无面以见子胥也！"越王乃葬吴王而诛太宰嚭。

【注释】

①罢：通"疲"。②布：陈述。③蚤朝晏罢：意谓越王操劳国事，奋发图强。蚤：通"早"。晏，晚。④伐柯者其则不远：《诗经·豳（bīn）风·伐柯》中有"伐柯伐柯，其则不远"句。意思是说，用斧头去砍伐木头作斧柄，它的法则不要远求。用在此处的言外之意，即启发越王，不应失去良机灭

吴，其理易知。柯，斧柄。则，法则，道理。⑤厄：灾难。⑥执事：《集解》曰："执事，蠡自谓也。"⑦不：通"否"。⑧君：统治。

【原文】

句践已平吴，乃以兵北渡淮，与齐、晋诸侯会于徐州，致贡于周。周元王使人赐句践胙[1]，命为伯。句践已去。渡淮南，以淮上地与楚，归吴所侵宋地于宋，与鲁泗东方百里。当是时，越兵横行于江、淮东，诸侯毕贺，号称霸王。

范蠡遂去，自齐遗大夫种书曰："蜚[2]鸟尽，良弓藏；狡兔死，走狗烹。越王为人长颈鸟喙，可与共患难，不可与共乐，子何不去?"种见书，称病不朝。人或谗种且作乱，越王乃赐种剑曰："子教寡人伐吴七术，寡人用其三而败吴，其四在子，子为我从先王试之。"种遂自杀。

【注释】

①胙：祭祀用的肉。②蜚：通"飞"。

【原文】

句践卒，子王鼫与立。王鼫与卒，子王不寿立。王不寿卒，子王翁立。王翁卒，子王翳立。王翳卒，子王之侯立。王之侯卒，子王无彊立。

王无彊时，越兴师北伐齐，西伐楚，与中国争强，当楚威王之时，越北伐齐，齐威王[1]使人说越王曰："越不伐楚，大不王[2]，小不伯[3]。图[4]越之所为不伐楚者，为不得晋[5]也。

韩、魏固不攻楚。韩之攻楚，覆其军，杀其将，则叶、阳翟危；魏亦覆其军，杀其将，则陈、上蔡不安。故二晋之事越也，不至于覆军杀将，马汗之力不效[6]。所重于得晋者何也？”越王曰：“所求于晋者，不至顿刃[7]接兵，而况于攻城围邑乎？愿魏以聚大梁之下，愿齐之试兵南阳莒地，以聚常、郯之境，则方城之外不南，淮、泗之间不东，商、於、析、郦、宗胡之地，夏路以左，不足以备秦，江南、泗上不足以待[8]越矣。则齐、秦、韩、魏得志于楚也，是二晋不战而分地，不耕而获之。不此之为，而顿刃于河山之间以为齐秦用，所待者如此其失计，奈何其以此王也！”齐使者曰：“幸也越之不亡也！吾不贵其用智之如目，见豪毛而不见其睫也。今王知晋之失计，而不自知越之过，是目论[9]也。王所待于晋者，非有马汗之力也，又非可与合军连和也，将待之以分楚众也。今楚众已分，何待于晋？”越王曰：“奈何？”曰：“楚三大夫张[10]九军，北围曲沃、於中，以至无假之关者三千七百里，景翠之军北聚鲁、齐、南阳，分[11]有大此者乎？且王之所求者，斗晋楚也；晋楚不斗，越兵不起，是知二五而不知十也。此时不攻楚，臣以是知越大不王，小不伯。复雠、庞、长沙，楚之粟也；竟泽陵，楚之材也。越窥兵通无假之关，此四邑者不上贡事于郢[12]矣。臣闻之，图王不王，其敝[13]可以伯。然而不伯者，王道[14]失也。故愿大王之转攻楚也。”

【注释】

①齐威王：据梁玉绳《史记志疑》云：楚威不与齐威同

时，当作“齐宣王。”②王：称王。③伯：通“霸”，称霸。④图：谋算。⑤晋，此时晋已分为韩、魏、赵三国，此处的晋指代韩、魏两国。⑥效：《集解》云：“效犹见也。”⑦顿刃：指作战。⑧待：抵御、防备。⑨目论：《索隐》曰：“言越王知晋之失，不自觉越之过，犹人眼能见毫毛而自不见其睫，故谓之目论也。”后亦称浅见为“目论”。⑩张：铺开。⑪分：分散。⑫不上贡事于郢：不向楚国进贡，即不服从楚国，不属于楚国的意思。⑬敝：坏，此指不成功。⑬王道：君主以仁义治天下的政策。

【原文】

于是越遂释齐而伐楚。楚威王兴兵而伐之，大败越，杀王无彊，尽取故吴地至浙江，北破齐于徐州。而越以此散，诸族子争立，或为王，或为君，滨于江南海上，服朝[①]于楚。

后七世，至闽君摇，佐[②]诸侯平秦。汉高帝复以摇为越王，以奉越后。东越、闽君，皆其后也。

【注释】

①服：服从。朝：朝见。②佐：帮助。

【原文】

范蠡事越王句践，既苦身戮力[①]，与句践深谋二十余年，竟灭吴，报会稽之耻，北渡兵于淮以临[②]齐、晋，号令[③]中国，以尊周室，句践以霸，而范蠡称上将军[④]。还反国，范蠡以为大名天下，难以久居，且句践为人可与同患，难与处安，为书辞[5]句践曰："臣闻主忧臣劳，主辱臣死。昔者君王辱于会稽，所以不死，为此事也。今既以雪耻，臣请从会稽之诛。"句践曰："孤将与子分国而有之。不然，将加诛于子。"范蠡曰："君行令，臣行意。"乃装其轻宝珠玉，自与其私徒属乘舟浮海以行，终不反。于是句践表会稽山以为范蠡奉邑[6]。

【注释】

①戮力：并力，尽力。②临：靠近，此指进逼。③号令：发号施令。④上将军：古天子将兵称上将军。战国时也有因军功卓著之将领号上将军者。⑤辞：辞别、告别。此指辞职。⑥据梁玉绳《史记志疑》云：蠡已去起，何奉邑之有？《国语》云环会稽三百里以为范蠡地，不言奉邑也。表，表彰。奉邑，供给俸禄的封邑。

【原文】

范蠡浮海出齐，变姓名，自谓鸱夷子皮[1]，耕于海畔，苦身戮力，父子治产。居无几何，致产数十万。齐人闻其贤，以为相。范蠡喟然叹曰："居家则致千金，居官则至卿相，此布衣之极也。久受尊名，不祥。"乃归相印，尽散其财，以分与知友乡党[2]，而怀其重宝，间行[3]以去，止于陶，以为天下之中，交易有无之路通，为生可以致富矣。于是自谓陶朱公。复约要[4]父子耕畜，废居[5]，候时转物，逐什一之利。居无何，则致赀累巨万[6]。天下称[7]陶朱公。

【注释】

①鸱夷子皮：子胥自杀，吴王用鸱夷装了他的尸体，投之于江。范蠡自以为罪同子胥，故用“鸱夷子皮”自谓。②乡党：同制以五百家为党，一万二千五百家为乡，后用以泛指乡里。③间行：潜行，从小路走。④约要：约束，约定。⑤废居：指商人见货物价贱则买进，价贵则卖出，以求厚利。废，出卖。居，停蓄。⑥赀：通“资”。巨万：《集解》曰：“万万也。”⑦称：称道，称赞。

【原文】

朱公居陶，生少子。少子及壮，而朱公中男[①]杀人，囚于楚。朱公曰：“杀人而死，职[②]也。然吾闻千金之子不死于市[③]。”告其少子往视之。乃装黄金千溢[④]，置褐器[⑤]中，载以一牛车。且遣其少子，朱公长男固请欲行，朱公不听。长男曰：“家有长子曰家督[⑥]，今弟有罪，大人不遣，乃遣少弟，是吾不肖[⑦]。”欲自杀。其母为言曰：“今遣少子，未必能生中子也，而先空亡长男，奈何?”朱公不得已而遣长子，为一封书遗固所善庄生。曰：“至则进千金于庄生所，听[⑧]其所为，慎[⑨]无与争事。”长男既行，亦自私赍[⑩]数百金。

【注释】

①中男：次子。②职：常，常理。③市：闹市之中。④溢：通“镒”，古时金二十两之称。⑤褐器：褐色器具。⑥家督：旧时长子管理家事，故称长子为“家督”。⑦不肖：

此处意指不孝之子。⑧听：任凭，听任。⑨慎：千万。⑩赍(jī)：携带。

【原文】

至楚，庄生家负郭[①]，披藜藋到门，居甚贫。然长男发书进千金，如其父方。庄生曰："可疾去矣，慎毋留！即弟出，勿问所以然。"长男既去，不过[②]庄生而私留，以其私赍献遗楚国贵人用事者[③]。

庄生虽居穷阎[④]，然以廉直闻于国，自楚王以下皆师尊之。及朱公进金，非有意受也，欲以成事后复归之以为信[⑤]耳。故金至，谓其妇曰："此朱公之金。有如病不宿诫[⑥]，后复归，勿动。"而朱公长男不知其意，以为殊无短长[⑦]也。

庄生间时[⑧]入见楚王。言："某星宿某[⑨]，此则害于楚"。楚王素信庄生，曰："今为奈何？"庄生曰："独以德为可以除之。"楚王曰："生休矣，寡人将行之。"王乃使使者封三钱之府[⑩]。楚贵人惊告朱公长男曰："王且赦。"曰："何以也？"曰："每王且赦，常封三钱之府。昨暮王使使封之。"朱公长男以为赦，弟固当出也，重千金虚弃庄生，无所为也，乃复见庄生。庄生惊曰："若不去邪？"长男曰："固未也。初为事弟[⑪]，弟今议自赦，故辞生去。"庄生知其意欲复得其金，曰："若自入室取金。"长男即自入室取金持去，独自欢幸。

【注释】

①负郭：靠近城郭。②过：访，探望。③献遗：赠送。用

事者：执政者，当权者。④阎：巷门，亦即指里巷。⑤信：讲信用。⑥病不宿诫：自己哪一天生病不能预先告知别人。⑦殊：很。短长：过或不及。意谓效果无法预料。⑧间时：适当时机。⑨某星宿某：天上某星的位置移到了某处。⑩封三钱之府：封闭储存钱币（金、银、铜）的仓库。⑪事弟：弟弟的事情。

【原文】

庄生羞为儿子[①]所卖，乃入见楚王曰："臣前言某星事，王言欲以修德报之。今臣出，道路皆言陶之富人朱公之子杀人囚楚，其家多持金钱赂王左右，故王非能恤[②]楚国而赦，乃以朱公子故也。"楚王大怒曰："寡人虽不德耳，奈何以朱公之子故而施惠乎！"令论[③]杀朱公子，明日遂下赦令。朱公长男竟持其弟丧归。

至，其母及邑人尽哀之，唯朱公独笑，曰："吾固知必杀其弟也！彼非不爱其弟，顾有所不能忍者也。是少与我俱，见苦[④]，为生难，故重弃财。至如少弟者，生而见我富，乘坚驱良[⑤]逐狡兔，岂知财所从来，故轻弃之，非所惜吝。前日吾所当欲遣少子，固为其能弃财故也。而长者不能，故卒以杀其弟，事之理也，无足悲者。吾日夜固以望其丧之来也。"

故范蠡三徙[⑥]，成名于天下，非苟去而已，所止必成名。卒老死于陶，故世传[⑦]曰陶朱公。

【注释】

①儿子：小儿辈，此指范蠡长男。②恤：体恤，怜悯。

③论：定罪。④见：知道，觉得。⑤坚：好车。良：善马。⑥三徙：自越徙于齐，又自齐徙于陶。⑦世传：世人相传。

【原文】

太史公曰：禹之功大矣，渐[1]九川，定九州，至于今诸夏艾安[2]。及苗裔句践，苦身焦思，终灭强吴，北观兵中国，以尊周室，号称霸王。句践可不谓贤哉，盖有禹之遗烈焉。范蠡三迁皆有荣名，名垂后世。臣主若此，欲毋显得乎！

【注释】

①渐：疏导。②艾安：通“乂安”，谓太平无事。艾，通“乂”，治理。

【译文】

越王句践的祖先是夏禹的后裔，是夏朝少康帝的庶出之子。少康帝的儿子被封在会稽，恭敬地供奉继承着夏禹的祭祀。他们身上刺有花纹，剪短头发，除去草丛，修筑了城邑。二十多代后，传到了允常。允常在位的时候，与吴王阖庐产生怨恨，互相攻伐。允常逝世后，儿子句践即位，这就是越王。

越王句践元年（前496），吴王阖庐听说允常逝世，就举兵讨伐越国。越王句践派遣敢死的勇士向吴军挑战，勇士们排成三行，冲入吴军阵地，大呼着自刎身亡。吴兵看得目瞪口呆，越军趁机袭击了吴军，在槜李大败吴军，射伤吴王阖庐。阖庐在弥留之际告诫儿子夫差说：“千万不能忘记越国。”

三年（前494），句践听说吴王夫差日夜操练士兵，将报复越国一箭之仇，便打算先发制人，在吴未发兵前去攻打吴。范蠡进谏说："不行，我听说兵器是凶器，攻战是背德，争先打是事情中最下等的。阴谋去做背德的事，喜爱使用凶器，亲身参与下等事，定会遭到天帝的反对，这样做绝对不利。"越王说："我已经做出了决定。"于是，举兵进军吴国。吴王听到消息后，动用全国精锐部队迎击越军，在夫椒大败越军。越王只聚拢起五千名残兵败将退守会稽。吴王乘胜追击包围了会稽。

越王对范蠡说："因为没听您的劝告才落到这个地步，那该怎么办呢？"范蠡回答说："能够完全保住功业的人，必定效法天道的盈而不溢；能够平定倾覆的人，一定懂得人道是崇尚谦卑的；能够节制事理的人，就会遵循地道而因地制宜。现在，您对吴王要谦卑有礼，派人给吴王送去优厚的礼物。如果他不答应，您就亲自前往侍奉他，把自身也抵押给吴国。"句践说："好吧！"于是，派大夫种去向吴求和。种见到吴王后，跪在地上边向前行边叩头说："君王的亡国臣民句践让我大胆地告诉您的办事人员：句践请您允许他做您的奴仆，允许他的妻子做您的侍妾。"吴王将要答应种。子胥对吴王说："天帝把越国赏赐给吴国，不要答应他。"种回越后，将情况告诉了句践。句践想杀死妻子儿女，焚烧宝器，亲赴疆场拼一死战。种阻止句践说："吴国的太宰嚭十分贪婪，我们可以用重财诱惑他，请您允许我暗中去吴通融他。”于是，句践便让种给太宰嚭献上美女、珠宝玉器。嚭欣然接受，于是就把大夫种引见给吴王。种叩头说：“希望大王能赦免句践的罪过，我们越国将把世传的宝器全部送给您。万一不能侥幸得到赦免，句践将把妻子儿女全部杀死，烧毁宝器，率领他的五千名士兵与您决一死战，您也将付出相当的代价。”太宰嚭借机劝说吴王：“越王已经服服帖帖地当了臣子，如果赦免了他，将对我国有利。”吴王又要答应种。子胥又进谏说：“今天不灭亡越国，必定后悔莫及。句践是贤明的君主，大夫种、范蠡都是贤能的大臣，如果句践能够返回越国，必将作乱。”吴王不听子胥的谏言，终于赦免了越王，撤军回国。

句践被困在会稽时，曾喟然叹息说：“我将在此了结一生吗?”种说：“商汤被囚禁在夏台，周文王被围困在羑里，晋国重耳逃到翟，齐国小白逃到莒，他们都终于称王称霸天下。由此观之，我们今日的处境何尝不可能成为福分呢?”

吴王赦免了越王，句践回国后，深思熟虑，苦心经营，把苦胆挂到座位上，坐卧即能仰头尝尝苦胆，饮食也尝尝苦胆。还说：“你忘记会稽的耻辱了吗?”他亲身耕作，夫人亲手织布，饭桌上没有第二盘肉菜，不穿华丽的衣服，对贤人彬彬有礼，能委曲求全，招待宾客热情诚恳，能救济穷人，悼慰死者，与百姓共同劳作。越王想让范蠡管理国家政务，范蠡回答说："用兵打仗之事，种不如我；镇定安抚国家，让百姓亲近归附，我不如种。"于是，把国家政务委托给大夫种，让范蠡和大夫柘稽求和，到吴国作人质。两年后，吴国才让范蠡回国。

句践从会稽回国后七年，始终抚慰自己的士兵百姓，想以此报仇吴国。大夫逢同进谏说："国家刚刚流亡，今天才又殷实富裕。如果我们整顿军备，吴国一定惧怕。它惧怕，灾难必然降临。再说，凶猛的大鸟袭击目标时，一定先隐藏起来。现在，吴军压在齐、晋国境，对楚、越有深仇大恨，在天下虽名声显赫，实际危害周王室。吴缺乏道德而功劳不少，一定骄横狂妄。真为越国着想的话，那越国不如结交齐国，亲近楚国，归附晋国，厚待吴国。吴国志向高远，对待战争一定很轻视，这样我国可以联络三国的势力，让三国攻打吴国，越国便趁它的疲惫可以攻克它了。"句践说："好。"

过了两年，吴王将要讨伐齐国。子胥进谏说："不行。我听说句践吃饭从不炒两样好菜，与百姓同甘共苦。此人不死，一定成为我国的忧患。吴国有了越国，那是心腹之患，而齐对吴来说，只像一块疥癣。希望君王放弃攻齐，先伐越国。"吴王不听，就出兵攻打齐国，在艾陵大败齐军，俘虏了齐国的高、国氏回吴。吴王责备子胥，子胥说："您不要太高兴！"吴王很生气，子胥想自杀，吴王制止了他。越国大夫种说："我观察吴王当政太骄横了，请您允许我试探一下，向他借粮，来揣度一下吴王对越国的态度。”种向吴王请求借粮。吴王想借予，子胥建议不借，吴王还是借给越了，越王暗中十分喜悦。子胥说：“君王不听我的劝谏，再过三年吴国将成为一片废墟！”太宰嚭听到这话后，就多次与子胥争论对付越国的计策；还借机诽谤子胥说：“伍员表面忠厚，实际很残忍。他连自己的父兄都不顾惜，怎么能顾惜君王呢？君王上次想攻打齐国，伍员强劲地进谏。后来，您作战有功，他反而因此怨恨您。您不防备他，他一定作乱。”接着伯嚭又同越国的逄同一起谋划，在君王面前再三再四诽谤子胥。君王开始也不听信谗言，于是就派子胥出使齐国。听说子胥把儿子委托给鲍氏，君王才大怒，说：“伍员果真欺骗我！”子胥出使齐回国后，吴王就派人赐给子胥一把“属镂”剑让他自杀。子胥大笑道：“我辅佐你的父亲称霸，又拥立你为王，你当初想与我平分吴国，我没接受，事隔不久，今天你反而因谗言杀害我。唉，唉，你一个人绝对不能独自立国！”子胥告诉使者说：“一定取出我的眼睛挂在吴国都城东门上，以便我能亲眼看到越军进入都城。”于是，吴王重用嚭执掌国政。

过了三年，句践召见范蠡说：“吴王已杀死了胥，阿谀奉承的人很多，可以攻打吴了吗？”范蠡回答说：“不行。”

到第二年春天，吴王到北部的黄池去会合诸侯，吴国的精锐部队全部跟随吴王赴会了，唯独老弱残兵和太子留守吴都。句践又问范蠡是否可以进攻吴国。范蠡说：“可以了。”于是，派出熟悉水战的士兵两千人，训练有素的士兵四万人，受过良好教育的地位较高的近卫军六千人，各类管理技术军官一千人，攻打吴国。吴军大败，越军还杀死吴国的太子。吴国使者赶快向吴王告急，吴王正在黄池会合诸侯，怕天下人听到这种惨败消息，就坚守秘密。吴王已经在黄池与诸侯订立盟约，就派人带上厚礼请求与越国求和。越王估计自己也不能灭亡吴国，就与吴国讲和了。

这以后四年，越国又攻打吴国。吴国军民疲惫不堪，精锐士兵都在与齐、晋之战中死亡。所以，越国大败吴军，因而包围吴都三年，吴军失败，越国就又把吴王围困在姑苏山上。吴王派公孙雄脱去上衣露出胳膊跪着向前行，请求与越王讲和说："孤立无助的臣子夫差冒昧地表露自己的心愿，从前我曾在会稽得罪您，我不敢违背您的命令，如能够与您讲和，就撤军回国了。今天，您投玉足前来惩罚孤臣，我对您将唯命是听，但我私下的心意是希望像会稽山对您那样赦免我夫差的罪过吧！"句践不忍心，想答应吴王。范蠡说："会稽的事，是上天把越国赐给吴国，吴国不要。今天是上天把吴国赐给越国了，越国难道可以违背天命吗？再说君王早上朝晚罢朝，不是因为吴国吗？谋划伐吴已二十二年了，一旦放弃，行吗？且上天赐予您却不要，那反而要受到处罚。'用斧头砍伐木材做斧柄，斧柄的样子就在身边。'忘记会稽的苦难了吗？"句践说："我想听从您的建议，但我不忍心他的使者。"范蠡就鸣鼓进军，说："君王已经把政务委托给我了，吴国使者赶快离去，否则将要对不起你了。"吴国使者伤心地哭着走了。句践怜悯他，就派人对吴王说："我安置您到甬东！统治一百家。"吴王推辞说："我已经老了，不能侍奉您了！"说完，便自杀身亡，自尽时遮住自己的面孔说："我没脸面见到子胥！"越王安葬了吴王，杀死了太宰嚭。

句践平定了吴国后，就出兵向北渡过黄河，在徐州与齐、晋诸侯会合，向周王室进献贡品。周元王派人赏赐祭祀肉给句践，称他为"伯"。句践离开徐州，渡过淮河南下，把淮河流域送给楚国，把吴国侵占宋国的土地归还宋国。把泗水以东方圆百里的土地给了鲁国。当时，越军在长江、淮河以东畅行无阻，诸侯们都来庆贺，越王号称霸王。

范蠡于是离开了越王，从齐国给大夫种发来一封信。信中说："飞鸟尽，良弓藏；狡兔死，走狗烹。越王是长颈鸟嘴，只可以与之共患难，不可以与之共享乐，你为何不离去？"种看过信后，声称有病不再上朝。有人中伤种将要作乱，越王就赏赐给种一把剑说："你教给我攻伐吴国的七条计策，我只采用三条就打败了吴国，那四条还在你那里，你替我去到先王面前尝试一下那四条吧！"种于是自杀身亡。

句践逝世，儿子王鼫与即位。王鼫与逝世，儿子王不寿即位。王不寿逝世，儿子王翁即位。王翁逝世，儿子王翳即位。王翳逝世，儿子王之侯即位。王之侯逝世，儿子王无彊即位。

无彊在位时，越国发兵向北攻打齐国，向西攻打楚国，与中原各国争胜。在楚威王的时候，越国攻打齐国。齐威王派人劝说越王说："越国不攻打楚国，从大处说不能称王，从小处说不能称霸。估计越国不攻楚国的原因，是得不到韩、魏两国的支持。韩、魏本来就不攻打楚国。韩国如攻打楚国，它的军队就会覆灭，将领就会被杀，那么叶、阳翟就危险；魏国如攻打楚国也如此，军队覆灭、将领被杀，陈、上蔡都不安定。所以，韩、魏侍奉越国，就不至于军队覆灭、将领被杀，汗马之劳也就不会显现，您为什么重视得到韩、魏的支持呢？"越王说："我所要求韩魏的，并非与楚军短兵相接、你死我活地斗，何况攻城围邑呢？我希望魏军聚集大梁城下，齐军在南阳、莒练兵，集结在常、郯边界，那么方城以外的楚军不再南下，淮、泗之间的楚军不再向东，商、於、析、郦、宗胡等地即中原通路西部地区的楚军不足以防备秦国，江南、泗上的楚军不足以抵御越国了。那么，齐、秦、韩、魏四国就可以在楚国实现自己的愿望，这样，韩、魏无须作战就能扩大疆土，无须耕种就能收获。现在，韩魏不这样做，却在黄河、华山之间互相攻伐，而为齐国和秦国所利用。所期待的韩魏如此失策，怎么能依靠它们称王呢！"齐国使者说："越国没有灭亡，太侥幸了！我不看重他们使用智谋，因为那智谋就像眼睛一样，虽然能见到毫毛却见不到自己的睫毛。今天君王知道韩魏失策了，却不知道自己的过错，这就是刚才比方的‘能见到毫毛却看不到自己睫毛的眼睛’之论了。君王所期望于韩魏的，并非要它们的汗马功劳，也并非与韩、魏联军联合，而是分散楚军的兵力。现在，楚军兵力已分散了，何必有求于韩魏呢?”越王说：“怎么办?”使者说：“楚国三个大夫已分率所有军队，向北包围了曲沃、於中，直到无假关，战线总长为三千七百里，景翠的军队集结到北部的鲁国、齐国、南阳，兵力还有超过这种分散的吗？况且君王所要求的是使晋、楚争斗；晋、楚不斗，越国不出兵，这就只知两个五却不知十了。这时不攻打楚国，我因此判断越王从大处说不想称王，从小处说不想称霸。再说，雠、庞、长沙是楚国盛产粮食的地区，竟泽陵是楚国盛产木材的地区。越国出兵打通无假关，这四个地方将不能再向郢都进献粮、材了。我听说过，图谋称王却不能称王，尽管如此，还可以称霸。然而不能称霸的，王道也就彻底丧失了。所以，恳望您转而攻打楚国。”

于是，越国就放弃齐国攻打楚国。楚威王发兵迎击越军，大败越军，杀死无彊，把原来吴国一直到浙江的土地全部攻下，北边在徐州大败齐军。越国因此分崩离析，各族子弟们竞争权位，有的称王，有的称君，居住长江南部的沿海，服服帖帖地向楚国朝贡。

七代后，君位传到闽君摇，他辅佐诸侯推翻了秦朝。汉高帝又恢复摇做了越王，继续越国的奉祀。东越、闽君都是越国的后代。

范蠡侍奉越王句践，辛苦惨淡、勤奋不懈，与句践运筹谋划二十多年，终于灭亡了吴国，洗雪了会稽的耻辱。越军向北进军淮河，兵临齐、晋边境，号令中原各国，尊崇周室，句践称霸，范蠡做了上将军。回国后，范蠡以为盛名之下，难以长久，况且句践的为人，可与之同患难，难与之同安乐，写信辞别句践说：“我听说，君王忧愁臣子就劳苦，君主受辱臣子就该死。过去您在会稽受辱，我之所以未死，是为了报仇雪恨。当今既已雪耻，臣请求您给予我君主在会稽受辱的死罪。”句践说：“我将和你平分越国。否则，就要加罪于你。”范蠡说：“君主可执行您的命令，臣子仍依从自己的意趣。”于是，他打点包装了细软珠宝，与随从从海上乘船离去，始终未再返回越国。句践为表彰范蠡，把会稽山作为他的封邑。

范蠡乘船漂海到了齐国，更名改姓，自称“鸱夷子皮”，在海边耕作，吃苦耐劳，努力生产，父子合力治理产业。住了不久，积累财产达几十万。齐人听说他贤能，让他做了国相。范蠡叹息道：“住在家里就积累千金财产，做官就达到卿相高位，这是平民百姓能达到的最高地位了。长久享受尊贵的名号，不吉祥。”于是，归还了相印，全部发散了自己的家产，送给知音好友同乡邻里，携带着贵重财宝，秘密离去，到陶地住下来。他认为，这里是天下的中心，交易买卖的道路通畅，经营生意可以发财致富。于是，自称陶朱公。

又约定好父子都要耕种畜牧，买进卖出时都等待时机，以获得十分之一的利润。过了不久，家资又积累到万万。天下人都称道陶朱公。

朱公住在陶地，生了小儿子。小儿子成人时，朱公的二儿子杀了人，被楚国拘捕。朱公说：“杀人者抵命，这是常理。可是，我听说家有千金的儿子不会被杀在闹市中。”于是，告诫小儿子探望二儿子。便打点好一千镒黄金，装在褐色器具中，用一辆牛车载运。将要派小儿子出发办事时，朱公的长子坚决请求去，朱公不同意。长子说：“家里的长子叫家督，现在弟弟犯了罪，父亲不派长子去，却派小弟弟，这说明我是不肖之子。”长子说完想自杀。他的母亲又替他说：“现在派小儿子去，未必能救二儿子命，却先丧失了大儿子，怎么办？”朱公不得已，就派了长子，写了一封信要大儿子送给旧日的好友庄生，并对长子说：“到楚国后，要把千金送到庄生家，一切听从他去办理，千万不要与他发生争执。”长子走时，也私自携带了几百镒黄金。

长子到达楚国，看见庄生家靠近楚都外城，拨开野草才能到达庄生家门，庄生居住条件十分简陋。可是，长子还是打开信，向庄生进献了千金，完全照父亲所嘱做的。庄生说：“你可以赶快离去了，千万不要留在此地！等弟弟释放后，不要问原因。”长子已经离去，不再探望庄生，但私自留在了楚国，把自己携带的黄金送给了楚国主事的达官贵人。

庄生虽然住在穷乡陋巷，可是，由于廉洁正直在楚国很闻名，从楚王以下无不尊奉他为老师。朱公献上黄金，他并非有心收下，只是想事成之后再归还给朱公以示讲信用。所以，黄金送来后，他对妻子说："这是朱公的钱财，以后再如数归还朱公，但哪一天归还却不得而知，这就如同自己哪一天生病也不能事先告知别人一样，千万不要动用。"但朱公长子不知庄生的意思，以为财产送给庄生不会起什么作用。

庄生乘便入宫会见楚王，说："某星宿移到某处，这将对楚国有危害。"楚王平时十分信任庄生，就问："现在怎么办?"庄生说："只有实行仁义道德才可以免除灾害。"楚王说："您不用多说了，我将照办。"楚王就派使者查封贮藏三钱的仓库。楚国达官贵人吃惊地告诉朱公长子说："楚王将要实行大赦。"长子问："怎么见得呢?"贵人说："每当楚王大赦时，常常先查封贮藏三钱的仓库。昨晚，楚王已派使者查封了。"朱公长子认为既然大赦，弟弟自然可以释放了，一千镒黄金等于虚掷庄生处，没有发挥作用，于是，又去见庄生。庄生惊奇地问："你没离开吗?"长子说："始终没离开。当初我为弟弟一事来，今天楚国正商议大赦，弟弟自然得到释放，所以我特意来向您告辞。"庄生知道他的意思是想拿回黄金，说："你自己到房间里去取黄金吧。"大儿子便入室取走黄金离开庄生，私自庆幸黄金失而复得。

庄生被小儿辈出卖深感羞耻，就又入宫会见楚王说："我上次所说的某星宿的事，您说想用做好事来回报它。现在，我在外面听路人都说陶地富翁朱公的儿子杀人后被楚囚禁，他家派人拿出很多金钱贿赂楚王左右的人，所以君王并非体恤楚国人而实行大赦，却是因为朱公儿子才大赦的。”楚王大怒道：“我虽然无德，怎么会因为朱公的儿子布施恩惠呢！”就下令先杀掉朱公儿子，第二天才下达赦免的诏令。朱公长子竟然携带弟弟的尸体回家了。

回到家后，母亲和乡邻们都十分悲痛，只有朱公笑着说：“我本来就知道长子一定救不了弟弟！他不是不爱自己的弟弟，只是有所不能忍心放弃的。他年幼就与我生活在一起，经受过各种辛苦，知道为生的艰难，所以把钱财看得很重，不敢轻易花钱。至于小弟弟呢，一生下来就看到我十分富有，乘坐上等车，驱驾千里马，到郊外去打猎，哪里知道钱财从何处来，所以把钱财看得极轻，弃之也毫不吝惜。原来我打算让小儿子去，本来因为他舍得弃财，但长子不能弃财，所以终于害了自己的弟弟。这很合乎事理，不值得悲痛。我本来日日夜夜盼的就是二儿子的尸首送回来。”

范蠡曾经三次搬家，驰名天下，他不是随意离开某处，他住在哪儿就在哪儿成名。最后老死在陶地，所以世人相传叫他陶朱公。

太史公说：“夏禹的功劳很大，疏导了九条大河，安定了九州大地，一直到今天，整个九州都平安无事。到了他的后裔句践，辛苦劳作，深谋远思，终于灭亡了强大的吴国，向北进军中原，尊奉周室，号称霸王。能说他不贤能吗！这大概也有夏禹的遗风吧。范蠡三次搬家都留下荣耀的名声，并永垂后世。臣子君主能做到这样，想不显赫可能吗？”

第二十四卷　郑世家第十二

前806年，周宣王封其弟友于郑（今陕西省华县东），是为郑桓公。周幽王时，身为周王室司徒的郑桓公，看到西周行将灭亡，就在太史伯的建议下，将财产、部族、宗族连同商人迁移到东虢和郐之间（今河南省嵩山以东地区）。两年后，犬戎杀死周幽王，并杀郑桓公。继位的郑武公攻灭郐和东虢，建立郑国，都新郑。郑武公以和郑庄公相继为周平王卿士，且能控制内部卿大夫的势力，在春秋初年的历史上，郑国甚为活跃。但以后由于内乱迭起，国势逐渐衰弱，于前375年为韩国所灭。《郑世家》向人们介绍了这个夹在大国之间的小国的艰难曲折的发展历程。子产对于郑国的生存和发展做出了巨大贡献。

郑国在不长的历史中还产生了具有爱国行为的商人弦高。“秦缪公使三将将兵欲袭郑，至滑，逢郑贾人弦高”，弦高急中生智，拿出自己做生意用的十二头牛慰劳秦军，秦缪公竟误以为郑国早已获得秦军偷袭的消息而作好迎战的充分准备，便急率军回国。弦高的爱国行为使郑国免遭一场灭顶之灾。

【原文】

郑桓公友者，周厉王少子而宣王庶弟[1]也。宣王立二十二年，友初封于郑。封三十三岁，百姓皆便爱之。幽王以为司徒。和集[2]周民，周民皆说[3]，河洛之间，人便思之。为司徒一岁，幽王以褒后故，王室治多邪，诸侯或畔[4]之。于是桓公问太史伯曰："王室多故，予安逃死[5]乎？"太史伯对曰："独洛之东土，河济之南可居。"公曰："何以？"对曰："地近虢、郐，虢、郐之君而好利，百姓不附。今公为司徒，民皆爱公，公诚请居之，虢、郐之君见公方用事[6]，轻分公地。公诚居之，虢、郐之民皆公之民也。"公曰："吾欲南之江上，何如？"对曰："昔祝融为高辛氏火正，其功大矣，而其于周未有兴者，楚其后也。周衰，楚必兴。兴，非郑之利也。"公曰："吾欲居西方，何如？"对曰："其民贪而好利，难久居。"公曰："周衰，何国兴者？"对曰："齐、秦、晋、楚乎？夫齐，姜姓，伯夷之后也。伯夷佐尧典礼[7]。秦，嬴姓，伯翳之后也，伯翳佐舜怀柔[8]百物。及楚之先，皆尝有功于天下。而周武王克纣后，成王封叔虞于唐，其地阻险，以此有德与周衰并，亦必兴矣。"桓公曰："善。"于是卒[9]言王，东徙民洛东，而虢、郐果献十邑，竟国之[10]。

二岁，犬戎杀幽王于骊山下，并杀桓公。郑人共立其子掘突，是为武公。

【注释】

①庶弟：《集解》云："《年表》云母弟。"②和集：通

"和辑"，和协安抚。③说：通"悦"。④畔：通"叛"。⑤逃死：死里逃生。⑥用事：当权。⑦典礼：制度和礼仪。⑧怀柔：旧指统治者用政治手段笼络人心，使之归服。⑨卒：通"猝"，急速，突然。⑩据《国语》等载，桓公死幽王之难，其子武公与平王东徙，卒定下邑之地以为国，河南新郑是也。然则桓公始谋，非身得也。武公始国，非桓公也。武灭虢、郐，非王徙之而献邑也。十邑中八邑各为其国，非虢、郐之地，无由献之也。

【原文】

武公十年，娶申侯女为夫人，曰武姜。生太子寤生[①]，生之难，及生，夫人弗爱。后生少子叔段，段生易，夫人爱之。二十七年，武公疾。夫人请公，欲立段为太子，公弗听。是岁，武公卒，寤生立，是为庄公。

庄公元年，封弟段于京，号太叔。祭仲曰："京大于国[②]，非所以封庶也。"庄公曰："武姜欲之，我弗敢夺也。"段至京，缮[③]治甲兵，与其母武姜谋袭郑。二十二年，段果袭郑，武姜为内应。庄公发兵伐段，段走。伐京，京人畔段，段出走鄢。鄢溃，段出奔共。于是庄公迁其母武姜于城颍，誓言曰："不至黄泉[④]，毋相见也。"居岁余，已悔思母。颍谷之考叔有献于公，公赐食。考叔曰："臣有母，请君食赐臣母。"庄公曰："我甚思母，恶[⑤]负盟，奈何？"考叔曰："穿地至黄泉，则相见矣。"于是遂从之，见母。

【注释】

①寤生：逆生。寤，通“忤”。武姜生太子，脚先出母体，难产，故名之曰寤生。②国：国都。③缮：修补。④黄泉：指人死后伏葬的地穴。下句“穿地至黄泉”的黄泉则是指地下的泉水。⑤恶：厌恶。

【原文】

二十四年，宋缪公卒，公子冯奔郑。郑侵周地，取禾。二十五年，卫州吁弑其君桓公自立，与宋伐郑，以冯故也。二十七年，始朝周桓王。桓王怒其取禾，弗礼也。二十九年，庄公怒周弗礼，与鲁易祊、许田[①]。三十三年，宋杀孔父。三十七年，庄公不朝周，周桓王率陈、蔡、虢、卫伐郑。庄公与祭仲、高渠弥发兵自救，王师大败。祝聸射中王臂。祝聸请从[②]之，郑伯止之，曰：“犯长且难之，况敢陵天子乎?”乃止，夜令祭仲问王疾。

【注释】

①与鲁易祊（bēng）、许田：《索隐》曰：“许田，近许之田，鲁朝宿之邑。祊者，郑所受助祭太山之汤沐邑。郑以天子不能巡宋，故以祊易许田，各从其近。”详见《鲁周公世家》注。②从：追逐。

【原文】

三十八年，北戎[①]伐齐，齐使求救，郑遣太子忽将兵救齐。齐釐[②]公欲妻之，忽谢曰："我小国，非齐敌[③]也。"时祭仲与俱，劝使取[④]之，曰："君多内宠，太子无大援将不立，三公子皆君也。"所谓三公子者，太子忽，其弟突，次弟子亹也。

四十三年，郑庄公卒。初，祭仲甚有宠于庄公，庄公使为卿；公使娶[⑤]邓女，生太子忽，故祭仲立之，是为昭公。

庄公又娶宋雍氏女，生厉公突。雍氏有宠于宋。宋庄公闻祭仲之立忽，乃使人诱召祭仲而执[⑥]之，曰："不立突，将死。"亦执以求赂焉。祭仲许宋，与宋盟。以突归，立之。昭公忽闻祭仲以宋要[⑦]立其弟突，九月丁亥，忽出奔卫。己亥，突至郑，立，是为厉公。

【注释】

①北戎：部族名，即山戎。②釐：通"僖"。③敌：匹敌。④取：通"娶"。⑤娶：迎娶。⑥执：逮捕。⑦要：要挟。

【原文】

厉公四年，祭仲专[①]国政。厉公患之，阴[②]使其婿雍纠欲杀祭仲。纠妻，祭仲女也，知之，谓其母曰："父与夫孰亲？"母曰："父一而已，人尽夫也。"女乃告祭仲，祭仲反杀雍纠，戮之于市。厉公无奈祭仲何，怒纠曰："谋及妇人，死固宜哉！"夏，厉公出居边邑栎。祭仲迎昭公忽，六月乙亥，复入郑，即位。

秋，郑厉公突因栎人杀其大夫单伯，遂居之。诸侯闻厉公出奔，伐郑，弗克而去。宋颇予厉公兵，自守于栎，郑以故亦不伐栎。

【注释】

①专：专擅。②阴：暗中。

【原文】

昭公二年，自昭公为太子时，父庄公欲以高渠弥为卿，太子忽恶之，庄公弗听，卒用渠弥为卿。及昭公即位，惧其杀己，冬十月辛卯，渠弥与昭公出猎，射杀昭公于野。祭仲与渠弥不敢入厉公，乃更立昭公弟子亹为君，是为子亹也，无谥[①]号。

子亹元年七月，齐襄公会诸侯于首止，郑子亹往会，高渠弥相[②]，从，祭仲称疾不行。所以然者，子亹自齐襄公为公子之时，尝会斗，相仇，乃会诸侯，祭仲请子亹无行。子亹曰："齐强，而厉公居栎，即不往，是率诸侯伐我，内[③]厉公。我不如往，往何遽[④]必辱，且又何至是！"卒行。于是祭仲恐齐并杀之，故称疾。子亹至，不谢齐侯，齐侯怒，遂伏甲而杀子亹。高渠弥亡归，归与祭仲谋，召子亹弟公子婴于陈而立之，是为郑子。是岁，齐襄公使彭生醉拉杀鲁桓公。

【注释】

①谥：古代帝王及官僚死后，按生前的事迹，由统治阶级所给予的表示褒贬的称号。②相：辅佐。③内：通"纳"。

④遽：通"讵"，岂；不。

【原文】

郑子八年，齐人管至父等乱，弑其君襄公。二十年，宋人长万弑其君滑公。郑祭仲死。

十四年，故郑亡厉公突在栎者使人诱劫郑大夫甫瑕，要以求入。瑕曰："舍我，我为君杀郑子而入君。"厉公与盟，乃舍之。六月甲子，假杀郑子及其二子而迎厉公突，突自栎复入即位。初，内蛇与外蛇斗于郑南门中，内蛇死。居六年，厉公果复入。入而让其伯父原曰："我亡国外居，伯父无意入我，亦甚矣。"原曰："事君无二心，人臣之职[1]也。原知罪矣。"遂自杀。厉公于是谓甫瑕曰："子之事君有二心矣。"遂诛之。瑕曰："重德[2]不报，诚然哉？"

【注释】

①职：本分，职分。②重德：大德，厚德。

【原文】

厉公突后元年，齐桓公始霸。

五年，燕、卫与周惠王弟穨伐王[1]，王出奔温，立弟穨为王。六年，惠王告急郑，厉公发兵击周王子穨，弗胜，于是与周惠王归，王居于栎。七年春，郑厉公与虢叔袭杀王子穨而入惠王于周。

秋，厉公卒，子文公踕立。厉公初立四岁，亡居栎，居栎十七岁，复入，立七岁，与亡凡二十八年。

【注释】

①据《左传·庄公十九年》载：初，王姚得宠于庄王，生子穨。子穨有宠，蔿国当他的老师。惠王即位后，夺取了蔿国的圃作为自己的圃，夺了近于王宫的边伯的房产，又夺了子禽祝跪与詹父的田地，还没收了膳夫石速的俸禄。所以蔿国、边伯、石速、詹父、子禽祝跪借着苏氏反对王室而作乱。秋天，五大夫奉子穨之命讨伐惠王，未取胜，逃到温。苏子又奉子穨之命逃到卫国。卫师、燕师共同讨伐周朝。冬，立子穨。

【原文】

文公十七年，齐桓公以兵破蔡，遂伐楚，至召陵。

二十四年，文公之贱妾曰燕姞，梦天与之兰，曰："余为伯儵。余，尔祖也。以是为而[①]子，兰有国香[②]。"以梦告文公，文公幸[③]之，而予之草兰为符[④]。遂生子，名曰兰。

三十六年，晋公子重耳过，文公弗礼。文公弟叔詹曰："重耳贤，且又同姓，穷而过君，不可无礼。"文公曰："诸侯亡公子过者多矣，安能尽礼之！"詹曰："君如弗礼，遂杀之；弗杀，使即反[⑤]国，为郑忧矣。"文公弗听。

三十七年春，晋公子重耳反国，立，是为文公。秋，郑入滑，滑听命，已而反与[⑥]卫，于是郑伐滑。周襄王使伯犕请滑。郑文公怨惠王之亡在栎，而文公父厉公入之，而惠王不赐厉公爵禄，又怨襄王之与卫滑，故不听襄王请而囚伯犕。王怒，与翟人伐郑，弗克。冬，翟攻伐襄王，襄王出奔郑，郑文公居王于汜。三十八年，晋文公入襄王成周。

【注释】

①而：通“尔”，你。②国香：极为浓烈的香气。后称兰花为国香。③幸：宠爱。④符：凭证。⑤反：通“返”。⑥与：亲附。

【原文】

四十一年，助楚击晋。自晋文公之过无，故背晋助楚。四十三年，晋文公与秦穆公共围郑，讨其助楚攻晋者，及文公过时之无礼也。初，郑文公有三夫人，宠子五人，皆以罪蚤死[1]。公怒，溉[2]逐群公子。子兰奔晋，从晋文公围郑。时兰事晋文公甚谨，爱幸之，乃私于晋，以求入郑为太子。晋于是欲得叔詹为僇[3]。郑文公恐，不敢谓叔詹言。詹闻，言于郑君曰：“臣谓君，君不听臣，晋卒为患。然晋所以围郑，以詹，詹死而赦郑国，詹之愿也。”乃自杀[4]。郑人以詹尸与晋。晋文公曰：“必欲一见郑君，辱之而去。”郑人患之，乃使人私于秦曰：“破郑益晋，非秦之利也。”秦兵罢。晋文公欲入兰为太子，以告郑。郑大夫石癸曰：“吾闻姞姓乃后稷之元妃[5]，其后当有兴者。子兰母，其后也。且夫人子尽已死，余庶子无如兰贤。今围急，晋以为请，利孰大焉！”遂许晋，与盟，而卒立子兰为太子，晋兵乃罢去。

四十五年，文公卒，子兰立，是为缪公。

【注释】

①据《左传·宣公三年》载，五子中二人以罪见杀，一人早卒，一人为楚酖死，其一子瑕见存，文公恶之，则非五人俱有宠也，亦非皆以罪早死也。蚤：通“早”。②溉：《集解》曰：“溉，一作‘瑕’。”由此可见，瑕即子瑕，“溉”当属上。③僇：通“戮”，杀。④自杀：据《晋世家》载：叔詹未尝自杀。⑤元妃：君主或诸侯的“原配”。

【原文】

缪公元年春，秦缪公使三将将兵欲袭郑，至滑，逢郑贾人弦高诈以十二牛劳军；故秦兵不至而还，晋败之于崤。初，往年郑文公之卒也，郑司城缯贺以郑情卖之，秦兵故来。三年，郑发兵从晋伐秦，败秦兵于汪[1]。

往年楚太子商臣弑其父成王代立。二十一年，与宋华元伐郑。华元杀羊食士[2]，不与其御羊斟，怒以驰郑，郑囚华元。宋赎华元，元亦亡去。晋使赵穿[3]以兵伐郑。

二十二年，郑缪公卒，子夷立，是为灵公。

【注释】

①败秦兵于汪：据梁玉绳《史记志疑》载，晋败秦彭衙，取秦汪邑，两事也，此误合为一。②食（sì）士：犒劳士兵。③赵穿：当作赵盾。

【原文】

灵公元年春；楚献鼋[1]于灵公。子家、子公将朝灵公，子公之食指动，谓子家曰：“佗[2]日指动，必食异物。”及入见灵公，进鼋羹，子公笑曰：“果然！”灵公问其笑故，具[3]告灵公。灵公召之，独弗予羹。子公怒，染其指，尝之而出。公怒，欲杀子公。子公与子家谋先。夏，弑灵公。郑人欲立灵公弟去疾，去疾让曰：“必以贤，则去疾不肖；必以顺，则公子坚长。”坚者，灵公庶弟，去疾之兄也。于是乃立子坚，是为襄公。

【注释】

①鼋：俗名脚鱼，又名团鱼。②佗（tuō）：通“他”。③具：通“俱”，都，完全。

【原文】

襄公立，将尽去缪氏。缪氏者，杀灵公子公之族家也。去疾曰：“必去缪氏，我将去之。”乃止。皆以为大夫。

郑襄公元年，楚怒郑受宋赂纵[1]华元，伐郑。郑背楚，与晋亲。五年，楚复伐郑，晋来救之。六年，子家卒，国人复逐族，以其弑灵公也。

七年，郑与晋盟鄢陵。八年，楚庄王以郑与晋盟，来伐，围郑三月，郑以城降楚。楚王入自皇门[2]，郑襄公肉袒掔[3]羊以迎，曰：“孤不能事边邑，使君王怀怒以及弊邑，孤之罪也。敢不惟命是听。君王迁之江南，及以赐诸侯，亦惟命是听。若君王不忘厉、宣王、桓、武公，哀不忍绝其社稷，锡[4]不毛之地，使复得改事君王，孤之愿也，然非所敢望也。敢布[⑤]腹心，惟命是听。”庄王为却三十里而后舍。楚群臣曰：“自郢至此，士大夫亦久劳矣。今得国舍之，何如？”庄王曰：“所为伐，伐不服也。今已服，尚何求乎？”卒去。晋闻楚之伐郑，发兵救郑。其来持两端[⑥]，故迟，比至河，楚兵已去。晋将率[⑦]或欲渡，或欲还，卒渡河。庄王闻，还击晋。郑反助楚，大破晋军于河上。十年，晋来伐郑，以其反晋而亲楚也。

【注释】

①纵：释放。②皇门：郑国城门。③掔：通“牵”。④锡：赐。⑤布：陈述。⑥持两端：犹豫不决。⑦率：通“帅”。

【原文】

十一年，楚庄王伐宋，宋告急于晋。晋景公欲发兵救宋，伯宗谏晋君曰：“天方开[①]楚，未可伐也。”乃求壮士得霍人解扬，字子虎，诓[②]楚，令宋毋降。过郑，郑与楚亲，乃执解扬而献楚。楚王厚赐与约，使反其言，令宋趣[③]降，三要乃许。于是登解扬楼车[④]，令呼宋。遂负楚约而致[⑤]其晋君命曰：“晋方悉国兵以救宋，宋虽急，慎毋降楚。晋兵今至矣！”楚庄王大怒，将杀之。解扬曰：“君能制命[⑥]为义，臣能承命[⑦]为信。受吾君命以出，有死无陨[⑧]。”庄王曰：“若之许我，已而背之，其信安在？”解扬曰：“所以许王，欲以成吾君命也。”将死，顾谓楚军曰：“为人臣无忘尽忠得死者！”楚王诸弟皆谏王赦之，于是赦解扬使归。晋爵之为上卿。

十八年，襄公卒，子悼公濆立。

悼公元年，鄦公恶郑于楚，悼公使弟睔于楚自讼。讼不直⑨，楚囚睔。于是郑悼公来与晋平，遂亲。睔私于楚子反，子反言归睔于郑。

二年，楚伐郑，晋兵来救。是岁，悼公卒，立其弟睔，是为成公。

【注释】

①开：开拓，扩大。②诓：骗。③趣（cù）：赶快。④楼车：古代兵车之一种，即设有望楼用以瞭望敌人的战车。又称“巢车”，状高如鸟巢，用以瞭望敌人。⑤致：传达，表达。⑥制命：制定与发布命令。⑦承命：接受并贯彻命令。⑧陨：坠落。⑨直：伸。

【原文】

成公三年，楚共王曰“郑成公孤有德焉”，使人来与盟。成公私与盟。秋，成公朝晋，晋曰“郑私平于楚”，执之。使栾书伐郑。四年春，郑患晋围，公子如乃立成公庶兄繻为君。其四月，晋闻郑立君，乃归成公。郑人闻成公归，亦杀君繻，迎成公。晋兵去。

十年，背晋盟，盟于楚。晋厉公怒，发兵伐郑。楚共王救郑。晋楚战鄢陵，楚兵败，晋射伤楚共王目，俱罢而去。十三年，晋悼公伐郑，兵于洧上。郑城守，晋亦去。

十四年，成公卒，子恽立。是为釐公。

釐公五年，郑相子驷朝釐公，釐公不礼。子驷怒，使厨人药杀釐公[①]，赴[②]诸侯曰“釐公暴病卒”。立釐公子嘉，嘉时年五岁，是为简公。

简公元年，诸公子谋欲诛相子驷，子驷觉之，反尽诛诸公子。二年，晋伐郑，郑与盟，晋去。冬，又与楚盟。子驷畏诛，故两亲晋、楚。三年，相子驷欲立为君，公子子孔使尉止杀相子驷而代之。子孔又欲自立。子产曰：“子驷为不可，诛之，今又效之，是乱无时息也。”于是子孔从之而相郑简公。

四年，晋怒郑与楚盟，伐郑，郑与盟。楚共王救郑。败晋兵。简公欲与晋平，楚又囚郑使者。

十二年，简公怒相子孔专国权，诛之，而以子产为卿。十九年，简公如晋请卫君还，而封子产以六邑。子产让，受其三邑。二十二年，吴使延陵季子于郑，见子产如旧交，谓子产曰：“郑之执政者侈[③]，难将至，政将及子。子为政，必以礼；不然，郑将败。”子产厚遇[④]季子。二十三年，诸公子争宠相杀，又欲杀子产。公子或谏曰：“子产仁人，郑所以存者子产也，勿杀！”乃止。

【注释】

①使厨人药杀釐公：《年表》云：“子驷使贼夜杀釐公。”②赴：报丧。③侈：邪行。④厚遇：厚待。

【原文】

二十五年，郑使子产于晋，问平公疾。平公曰："卜而曰实沈、台骀为祟，史官莫知，敢问?"对曰："高辛氏有二子，长曰阏伯，季曰实沈，居旷林，不相能①也，日操干戈以相征伐。后帝弗臧②，迁阏伯于商丘，主辰③，商人是因④，故辰为商星。迁实沈于大夏，主参⑤，唐人是因，服事⑥夏、商，其季世⑦曰唐叔虞。当武王邑姜方娠大叔，梦帝谓己：'余命而子曰虞，乃与之唐，属之参而蕃⑧育其子孙。'及生有文在其掌曰'虞'，遂以命之。及成王灭唐而国⑨大叔焉。故参为晋星。由是观之，则实沈，参神也。昔金天氏有裔子曰昧，为玄冥师⑩，生允格、台骀。台骀能业⑪其官，宣⑫汾、洮，障⑬大泽，以处太原。帝用嘉之，国之汾川。沈、姒、蓐、黄实守其祀。今晋主汾川而灭之。由是观之，则台骀，汾、洮神也。然是二者不害君身。山川之神，则水旱之灾禜⑭之；日月星辰之神，则雪霜雨不时禜之；若君疾，饮食哀乐女色所生也。"平公及叔向曰："善，博物君子也!"厚为之礼于子产。

【注释】

①能：亲善。②臧：善。③主：主持祭祀；辰：指心宿，二十八宿之一。④因：沿袭。⑤参：参宿，二十八宿之一。⑥服事：诸侯定期进贡，各依服数以事天下。⑦季世：末世。⑧属：通"嘱"，托付。蕃：繁殖。⑨国：古代侯王的封地，此为动词。⑩师：长也。⑪业：继承。⑫宣：发泄，疏通。

⑬障：修筑堤防。⑭禜：古代禳灾之祭。

【原文】

二十七年夏，郑简公朝晋。冬，畏楚灵王之强，又朝楚，子产从。二十八年，郑君病，使子产会诸侯[①]，与楚灵王盟于申，诛齐庄封。

三十六年，简公卒，子定公宁立。秋，定公朝晋昭公。

定公元年，楚公子弃疾弑其君灵王而自立，为平王。欲行德诸侯，归灵王所侵郑地于郑。

四年，晋昭公卒，其六卿强，公室卑。子产谓韩宣子曰："为政必以德，毋忘所以立。"

六年，郑火，公欲禳[②]之。子产曰："不如修德。"

八年，楚太子建来奔。十年，太子建与晋谋袭郑。郑杀建，建子胜奔吴。

十一年，定公如晋。晋与郑谋，诛周乱臣，入敬王于周。

十三年，定公卒，子献公虿立。献公十三年卒，子声公胜立。当是时，晋六卿强，侵夺郑，郑遂弱。

【注释】

①据《春秋·昭公四年》载，郑伯会于申，无病使子产事。②禳：祭祷消灾。

【原文】

声公五年，郑相子产卒，郑人皆哭泣，悲之如亡亲戚。子产者，郑成公少子也。为人爱人，事君忠厚。孔子尝过郑，与子产如兄弟云。及闻子产死，孔子为泣曰："古之遗爱也！"

八年，晋范、中行氏反晋，告急于郑，郑救之。晋伐郑，败郑军于铁。

十四年，宋景公灭曹。二十年，齐田常弑其君简公，而常相于齐。二十二年，楚惠王灭陈。孔子卒。

三十六年，晋知伯伐郑，取九邑。

三十七年，声公卒，子哀公立。哀公八年，郑人弑公而立声公弟丑，是为共公。共公三年，三晋灭知伯。三十一年，共公卒，子幽公已立。幽公元年，韩武子伐郑，杀幽公。郑人立幽公弟骀，是为缧公。

缧公十五年，韩景侯伐郑，取雍丘。郑城京。

十六年，郑伐韩，败韩兵于负黍。二十年，韩、赵、魏列为诸侯。二十三年，郑围韩之阳翟。

二十五年，郑君杀其相子阳。二十七年，子阳之党共弑缧公骀而立幽公弟乙为君，是为郑君。

郑君乙立二年，郑负黍反，复归韩。十一年，韩伐郑，取阳城。

二十一年，韩哀侯灭郑，并其国。

太史公曰：语有之，"以权利合[1]者，权利尽而交疏"，甫瑕是也。甫瑕虽以劫杀郑子内厉公，厉公终背而杀之，此与晋之里克何异？守节如荀息，身死而不能存奚齐。变所从来，亦多故矣！

【注释】

①合：融洽。

【译文】

郑桓公友是周厉王的小儿子，周宣王的弟弟。宣王即位二十二年，友才被封到郑地。封了三十三年，百姓都喜爱他。幽王任命他为司徒。他使周朝百姓和睦相处，百姓都十分高兴，黄河、洛水流域的人们都思念他。在他做司徒一年的时候，因为幽王宠爱褒姒，朝迁政事废弃不顾，问题积重难返，有些诸侯背叛了幽王。于是，桓公询问太史伯说："王室灾难深重，我怎么才能死里逃生呢？"太史伯回答说："只有洛水东、黄河南可以安居。"桓公问："为什么？"太史伯回答说："那一带邻近虢国、郐国，虢国、郐国的国君既贪婪又喜好占小便宜，百姓不顺从他们。现在，您是司徒，百姓都热爱您，您如真的请求住在那一带，虢国、郐国国君看到您正当权，会很容易地分给您土地。您如真的住在那一带，虢国、郐国的百姓都是您的百姓了。"桓公："我想到南边的长江流域住，怎么样？"太史伯回答说："过去祝融替高辛氏掌管火，功劳甚大，但他的后代在周朝也没有兴盛起来，楚国就是他的后代。周王室衰弱，楚国一定兴盛。楚国如果兴盛，对郑国绝对没有好处。"桓公说；"我想住在西方，怎么样？"太史伯回答说："那里的百姓既贪婪又好利，难以久居。"桓公说："周王室衰弱，哪国将兴盛呢？"太史伯回答说："齐、秦、晋、楚吧？

齐国，姓姜，是伯夷的后代，伯夷曾辅助尧掌管礼仪制度。秦国，姓嬴，是伯翳的后代，伯翳曾辅助舜使很多部落顺服。至于楚国祖先，也都曾为天下人建立了功业。周武王战胜纣王后，成王把唐封给叔虞，那里山川险阻，凭这些有德的后代与衰弱的周室并存，晋国也一定能兴盛了。”桓公说：“好吧。”于是，急速向幽王请示，把他的百姓迁移到洛水东部，虢、郐国国君果然向他贡献出十座城邑，他终于建立了郑国。

第二年（前771），犬戎在骊山下杀死了幽王，也杀死了桓公。郑人拥立桓公的儿子掘突，这是武公。

武公于十年（前761），娶了申侯的女儿做夫人，叫武姜。武姜生下太子寤生，生时是难产，等到生下后，夫人不喜欢寤生。后来，武姜又生下小儿子叔段，生段时是顺产，夫人十分喜爱叔段。二十七年（前744），武公生病了，夫人向武公请求，想立段为太子，武公未答应。当年，武公逝世了，寤生即位，这是庄公。

庄公于元年（前743），把他的弟弟叔段封到京城，号称太叔。祭仲说：“京城大于国都，不可以封给弟弟。”庄公说：“武姜想这样，我不敢反对。”叔段到了京，整顿军备，与他的母亲武姜阴谋袭击郑都。二十二年（前722），叔段果然袭击了郑都，武姜做内应。庄公派军攻打叔段，段逃跑庄公又攻打京城，京城的人们都背叛了叔段，叔段无奈逃跑到鄢。鄢邑的百姓溃逃了。叔段不得已逃亡到共国。于是，庄公把他的母亲武姜迁徙到城颍，发誓说："不到黄泉，不与她见面。"过了一年多，庄公又后悔自己说过的话，很想念母亲。颍谷的考叔向庄公献礼，庄公赐给他食物。考叔说："我有老母，请您把食物赐给我的母亲吧。"庄公说："我很思念我的母亲，但又厌恶违背誓言，怎么办呢?"考叔说："挖条地道到有泉水处，你们母子就可见面了。"于是，庄公依照他的办法，终于见到母亲。

二十四年（前720），宋缪公逝世，公子冯逃到郑国。郑国侵夺周室田地，攫取了田里的庄稼。二十五年（前719），卫国州吁杀死了自己的国君桓公即位，与宋国联合讨伐郑国，因为郑国接纳了公子冯的缘故。二十七年（前717），郑君才朝拜周桓王，桓王对郑攫取庄稼一事很生气，没有按礼仪对待他。二十九年（前715），庄公生气周桓王没有礼遇自己，故意用祊与鲁国交换了靠近许国的鲁国的田地。三十三年（前711），宋国杀死了孔父。三十七年（前707），庄公不朝拜周桓王，桓王率领陈、蔡、虢、卫国讨伐郑国。庄公和祭仲、高渠弥出兵迎击，大败桓王的军队，祝聸射中了桓王的手臂。祝聸请求继续追击桓王，郑庄公阻止他说："侵犯长者尚且要遭到责难，何况欺辱天子呢?"于是，祝聸才停止追击。庄公深夜派祭仲询问桓王的箭伤。

三十八年（前706），北戎讨伐齐国，齐国派使者向郑国求援，郑国派太子忽领军救援齐国。齐釐公想把女儿嫁给太子忽。忽辞谢说："我国是个小国，不宜和齐大国相匹配。"当时，祭仲与太子在一起，规劝太子答应娶亲，说："我们郑国国君有很多宠爱的姬妾，太子得不到大国的援助将不能即位，三位公子都可以成为国君。"祭仲所说的三位公子，有太子忽及他的弟弟突、小弟弟子亹。

四十三年（前701），郑庄公逝世。当初，祭仲很受庄公宠信，庄公让他做上卿，庄公让祭仲为自己迎娶了邓国美女，生下了太子忽，所以祭仲立忽为君，这就是昭公。

庄公又曾娶宋国的雍氏女子，生下厉公突。雍氏女子很受国君宠爱。宋庄公听说祭仲拥立忽，就派人把祭仲骗来逮捕了他，威胁他说："不立突为君，将处死你。"宋国君也逮捕了突求取贿赂。祭仲答应了宋国，并与宋国君盟誓。他准备带着突回国，拥立突为国君。昭公忽听说祭仲因宋国的要挟拥立自己的弟弟突为国君，九月丁亥日，忽逃到了卫国。己亥日，突来到郑都即位，这是厉公。

厉公四年（前697），祭仲专权。厉公担心此事，暗中让祭仲的女婿雍纠杀死祭仲。雍纠的妻子是祭仲的女儿，她知道此事后，问母亲："父亲与丈夫哪一位更亲？"母亲说："父亲只有一个，丈夫却是可以有很多选择的！"祭仲女就把此事告诉了祭仲，祭仲反而杀死了雍纠，并暴尸于闹市。厉公对祭仲无可奈何，对雍纠却很生气，说："与妇人商量，死本来就活该了。”夏季，厉公被赶到边界的栎邑居住。祭仲迎来了昭公忽。六月乙亥日，忽又回到郑都即位了。

秋季，郑厉公依靠栎邑的人杀死了栎邑大夫单伯，于是就定居栎邑。诸侯们听说厉公逃跑了，就讨伐郑国，但没有战胜郑国就离去了。宋国赠给厉公很多军队，让他在栎邑坚守防备，郑国因此也不再讨伐栎邑。

昭公二年（前695），从昭公做太子时，父亲庄公就想拜高渠弥为上卿，太子忽厌恶高渠弥，庄公不听忽的意见，终于让渠弥做了卿。等到昭公即位，渠弥担心昭公杀害自己。冬季十月辛卯日，渠弥与昭公出外打猎，在郊野射杀了昭公。祭仲与渠弥不敢接纳厉公，便改立昭公的弟弟子亹做国君，就称子亹，他没有谥号。

子亹元年（前694）七月，齐襄公在首止会合诸侯。郑子亹赴会，高渠弥辅佐，跟从子亹前往，祭仲借口患病没去。祭仲这样做，是因为在齐襄公做公子时，子亹曾经与他相斗过，双方结仇。等到诸侯相会时，祭仲请求子亹不要去。子亹说："齐国强大，厉公又住在栎，假使我不去，齐就会率领诸侯攻打我，并让厉公回到国都。我不如前往，去了为什么一定受辱呢，而且，又为何一定落到像你所设想的那步田地呢！"子亹终于前往了。祭仲担心齐国会杀死子亹及随从，所以声称患病。子亹到了首止，也未向齐侯道歉，齐侯十分生气，就设下伏兵杀死了子亹。高渠弥逃回了郑国，与祭仲商议，把子亹的弟弟公子婴从陈国叫来拥立成国君，这是郑子。这一年，齐襄公让公子彭生趁鲁公酒醉摧折其肋骨，杀死了鲁桓公。

郑子八年（前686），齐国管至父等人作乱，杀死了自己的国君襄公。十二年（前682），宋国人长万杀死了自己的国君湣公。这年，郑国祭仲去世了。

十四年（前680），从前随郑厉公突逃亡在栎邑的人派人诱骗劫持了大夫甫瑕，要挟甫瑕帮助厉公回国都复位。甫瑕说："赦免我，我替你杀死郑子让你回到国都。"厉公与他订立盟约后，才释放了他。六月甲子日，甫假杀死了郑子和他的两个儿子，并迎来厉公突，突从栎又回来即位。当初，在郑都南门城内有一条蛇与城外一条蛇争斗，城内的蛇死去。过了六年，厉公果然又回来了。厉公回到郑都后，就责备自己的伯父原说："我失去了国家到都外居住，伯父却无意接纳我，也太过分了。"原说："侍奉国君不能有二心，这是做人臣的本分。我知道罪过了。"说完，竟自杀身亡。厉公于是又对甫瑕说："你侍奉国君有二心。"于是，杀死了他。临死，甫瑕后悔地说："对郑子的大德不去报答而有此下场，实在是应该啊！"

厉公突复位后元年（前679），齐桓公开始称霸。

五年（前675），燕国、卫国与周惠王的弟弟穨一起讨伐周惠王，惠王逃到温，弟弟穨即位为周王。六年（前674），惠王向郑国告急，厉公率军攻打周王子穨，未打胜，于是厉公与周惠王一起撤回郑国，惠王住在栎。七年（前673）的春天，郑厉公与虢叔共同袭击杀死了王子穨，护送惠王到周都。

秋季，厉公逝世，儿子文公踕即位。厉公刚刚即位四年，就逃到栎居住，在栎住了十七年，又回到郑都，在位七年，与逃亡的时间加在一起总共二十八年。

文公十七年（前656），齐桓公率军打败了蔡国，于是攻打楚国，一直打到召陵。

二十四年（前649），文公有一个名叫燕姞的贱妾，梦到天帝给她一株兰草说："我是伯儵。我是你的祖先。用这株兰草做你的儿子，兰草有浓烈醇正的香气。"燕姞把此梦告诉文公，文公便与她同房了，并赠送她兰草作为凭证。于是，燕姞生下了一个儿子，取名为兰。

三十六年（前637），晋公子重耳路过郑国，郑文公没有礼待他。文公的弟弟叔詹说："重耳是贤人，又与咱们同姓，受穷困经过您处，您不能对他无礼。"文公说："诸侯中逃亡的公子路过此处的有很多，怎么都能依礼招待他们呢！"叔詹说："您如果不礼待他，就杀死他。不杀，他假使返回国内，就是郑国的忧患了。"文公不听从叔詹的意见。

三十七年（前636）的春天，晋公子重耳返回晋国，即位了，这就是晋文公。秋季，郑国攻入滑国，滑国唯郑命是听。不久，滑国又亲附卫国。于是，郑国又攻打滑国。周襄王让伯犕替滑国说情。郑文公怨恨惠王曾逃到栎，是文公的父亲厉公护送惠王回朝复位的，但惠王却没有赏赐厉公爵位俸禄，又怨恨襄王亲附卫国、滑国，所以文公不听从襄王为滑国的说情，反而囚禁了伯犕。襄王十分生气，联合翟人攻打郑国，没有获胜。冬季，翟人攻打周襄王，襄王逃到郑国，郑文公让襄王住在汜。三十八年（前635），晋文公把周襄王送回成周。

四十一年（632），郑国帮助楚国攻击晋国。因晋文公当年路过郑，郑对他无礼，所以郑国背叛晋国帮助楚国。四十三年（前630），晋文公与秦缪公共同包围郑都，讨伐郑君帮助楚国攻打晋国，以及文公路过郑君的无礼罪行。当初，郑文公有三位夫人，五个宠爱的儿子，都因罪早死。郑文公厌恶子瑕，赶走了各位公子。子兰逃到晋国，跟从晋文公包围郑都。当时，子兰侍奉晋文公很恭敬，晋文公十分宠幸他。他在晋暗中活动，借机要求回郑做太子。晋国这时想得到叔詹并杀死他。郑文公很害怕，不敢对叔詹说。叔詹听到这个情况，告诉郑君说："我曾对您说，要杀死重耳，您却不听从我的意见，晋国终于成为我国的忧患了。可是，晋国之所以包围郑都，就是因为我，我死了而能赦免郑国，这是我的心愿。"于是，叔詹自杀了。郑人把叔詹尸首送给晋国。晋文公说："一定想见一下郑君，侮辱他后再离去。"郑人担心这件事，就派人私下对秦国说："打败了郑国对晋国有好处，并非对秦国有利。"

秦军听后才撤军。晋文公送子兰到郑国做太子，借机通报了郑国。郑国大夫石癸说："我听说姓姞的女儿是后稷的原配，她的后裔应当有兴发的，子兰的母亲就是他的后裔。况且夫人的儿子都已不在世了，剩下的儿子没有比得上兰贤能的。现在，晋国包围郑都很急迫，晋国替子兰请求回郑，没有比这个条件更好的了！"于是，郑国答应了晋国，与晋国订立盟约，终于立子兰为太子，晋军才撤走。

四十五年（前628），郑文公逝世了，子兰即位，这是缪公。

缪公元年（前627）的春天，秦缪公派三位将军率军想攻打郑国，到了滑国，遇上郑国商人弦高。弦高诈称奉郑君之命用十二头牛犒劳秦军，所以秦军没再继续进军就回国了，晋军在崤打败秦军。当初，郑文公逝世后，郑国都城的卫戍官缯贺把郑国的内情出卖给秦国，所以秦军才来攻打郑国。三年（前625），郑国派军跟从晋国攻打秦国，在汪打败秦军。

楚国太子商臣杀死了自己的父亲成王即位。二十一年（前607），楚国与宋国华元攻打郑国。华元宰羊犒劳士兵，却未给自己的驾车者羊斟肉食。羊斟十分恼怒，把车赶到郑国。郑国囚禁了华元，宋国用重金赎回华元而华元早已逃走。晋国让赵穿率军攻打郑国。

二十二年（前606），郑缪公逝世，儿子夷即位，这是灵公。

灵公元年（前605）的春天，楚国献给灵公鼋。子家、子公将要朝拜灵公，子公的食指颤动了一下，对子家说："我的手指曾动过，一定要吃珍异食物了。"等到入宫后，见到灵公进食鼋汤，子公笑道："果然如此。"灵公问子公为何笑，子公把以上情况告诉了灵公。灵公叫他过去，却唯独没把汤给他喝。子公很生气，手指在汤里蘸了一下，尝了尝就出了宫。灵公很生气，想杀死子公。子公与子家商议先下手。夏季，他们杀死了灵公。郑人想立灵公的弟弟去疾，去疾谦让说："一定让贤能的人即位，而我去疾无才能；一定按长少顺序即位，那么公子坚比我年长。"坚是灵公的弟弟，去疾的哥哥。于是，就立了子坚为君，这是襄公。

襄公即位后，将要把缪氏家族斩尽杀绝。缪氏是杀死灵公的子公的家族。去疾说："一定要杀死缪氏家族，我也将要离开郑国了。"襄公这才停止，并任命缪氏都为大夫。

襄公元年（前604），楚国生气郑国接受了宋国贿赂释放了华元，攻打郑国。郑国背叛楚国，与晋国亲近。五年（前600），楚国又攻打郑国，晋国来救助郑国。六年（前599），子家去世，郑都的人们又赶出了子家家族，因为他杀死了灵公。

七年（前598），郑国与晋国在鄢陵结盟。八年（前597），楚庄王因为郑国与晋国结盟，来讨伐郑国，包围郑都三个月，郑国献出国都投降了楚国。楚王从皇门入了城，郑襄公脱去上衣露出胳膊，手牵着羊迎接楚王说：“我不能在边城侍奉您，让您生气地来到我国国都，这是我的罪过。我不敢不唯命是听。您把我流放到江南，把郑赐给诸侯，我也唯命是听。如果君王没有忘记周厉王、周宣王、郑桓公、郑武公，可怜他们，不忍心断绝他们的祭礼，您就给我不毛之地，使我又能够侍奉您，这是我的愿望。可是，我不敢有所希望。我只不过冒昧地表露我的真心，对您将唯命是听。”庄王为此，让军队退却三十里后驻扎下来。楚国大臣们说：“我们千里迢迢来到这里，官兵们也长久地劳苦了。现在，已经打下的国家又放弃，为什么?”庄王说：“我们之所以讨伐，是讨伐不驯服的国君。今天，人家已经服服帖帖了，还有什么要求的呢?”楚军终于撤去。晋国听说楚国攻打郑国，派军救援。晋军出发时，晋国意见不统一，犹豫不决，所以来迟了。等到了黄河，楚军已经离去。晋国将帅有的想渡河追击，有的想班师回国，但终于渡过黄河。庄王听说后，反转身攻击晋军。郑国反而帮助楚国，在黄河上把晋军打得大败。十年（前595），晋国又来攻打郑国，因为它反对晋却亲近楚国。

十一年（前594），楚庄王讨伐宋国，宋国向晋国告急。晋景公想派军救助宋国，伯宗进谏晋君说：“上天正兴助楚国，不能攻打楚。”晋国于是找到一位壮士，是霍国人解扬，字子虎。晋国让解扬欺骗楚国，让宋国不要投降，解扬路过郑国，郑国和楚国关系亲密，就逮捕解扬献给楚国。楚王赏赐给解扬一份厚礼并与他立约，让他说反话，叫宋国赶快投降。楚王多次要挟解扬，解扬才勉强答应。于是，楚王让解扬登上观望敌军的巢车，让他向宋军喊话。但解扬竟违背与楚人的相约，传达了晋君给他的命令，大声喊："晋国正聚集全国的军队来援救宋国，宋国虽然形势紧迫，但千万不要投降楚国，晋军马上就要赶到了！"楚王一听非常生气，将要杀死解扬。解扬说："国君以制定命令为本分，臣民以执行命令为讲信用。我接受我国国君的命令出国办事，宁死也不让君命受损。"庄王说："那么，你已经答应了我，尔后又背叛，你的信用在哪儿呢？"解扬说："我之所以答应您，就是想用来完成我国国君的命令。"解扬将要受刑时，回头对楚军说："做人臣的不要忘记竭尽忠诚尔后去死！"楚王的弟弟们都进谏楚王赦免解扬，于是楚王赦免了他，让他回晋国。晋国授予他上卿。

十八年（前587），襄公逝世，儿子悼公濆即位。

悼公元年（前586），䣕公到楚国中伤郑国，悼公便让弟弟睔去楚自我申辩。申辩不成功，楚国囚禁了睔。于是，郑悼公来晋讲和两国言归于好。睔与楚国子反有交情，子反说情把他放回郑国。

二年（前585），楚国攻打郑国，晋军来救助。当年，悼公逝世，郑国立悼公的弟弟睔为君，这是成公。

成公三年（前582），楚共王说："对郑成公来说，我是有恩德的。"便派人来郑与成公订立盟约。成公暗中与楚国结盟了。秋季，成公朝拜晋国，晋说："郑国暗中与楚讲和了。"于是，逮捕了成公，并派栾书攻打郑国。四年（前581）的春季，郑国担心晋国来包围，公子如便立成公的哥哥繻做国君。当年四月，晋国听说郑国又立了新君，就让成公回国了。郑人听说成公回国，又杀死了繻迎接成公。晋军撤去。

十年（前575），郑国背叛了与晋国的盟约，与楚国结了盟。晋厉公很生气，派军攻打郑国。楚共王救助了郑国。晋楚在鄢陵交战，楚军失败了，晋军射伤楚共王的眼睛，双方才停战离去。十三年（前572），晋悼公攻打郑国，驻军洧上。郑军据城守卫，晋军也离去了。

十四年（前571），成公逝世，儿子恽即位，这是釐公。

釐公五年（前566），郑国国相子驷朝拜釐公，釐公没有礼遇他。子驷十分生气，让厨师用毒药杀死了釐公，向诸侯们报丧说"釐公患了急症病故"。立釐公儿子嘉，嘉当年五岁，这是简公。

简公元年（前565），公子们商议想杀死国相子驷，子驷发觉了，反而把公子们全部杀死了。二年（前564），晋国讨伐郑国，郑国与晋国结为盟好，晋国才离去。冬季，郑国又与楚国订立盟约。子驷害怕被杀，所以又亲近晋又亲近楚。三年（前563），宰相子驷想自己立为国君，公子子孔派尉止杀死了宰相子驷代替了他。子孔又想自立为国君。子产说："子驷自立是不行的，所以你杀了他，今天你又仿效他，这样，内乱就没有平息的那一天了。”于是，子孔听从了子产的意见，仍然只做了郑简公的国相。

四年（前562），晋国生气郑国与楚国订立盟约，攻打郑国，郑国又与晋国结盟。楚共王救援郑国，打败了晋军。简公想和晋国讲和，楚国又囚禁了郑国使者。

十二年（前554），简公对国相子孔专揽大权很愤慨，杀死了子孔，让子产做上卿。十九年（前547），简公到晋，给卫君说情让他回国，并把六个邑封给子产。子产辞让，只接受了三个邑。二十二年（前544），吴国派延陵季子到郑国，延陵季子与子产一见如故，对子产说："郑国执政的人多邪行，灾难将要降临，大权将落到你手中。你如果当政，一定按仪治国。否则，郑国将惨败。"子产厚遇了季子。二十三年（前543），各位公子竞争宠爱互相残杀，又想杀死子产。有的公子进谏说："子产是仁爱之人，郑还能生存就是因为有子产，千万不要杀他！"公子们才罢手。

二十五年（前541），郑国派子产到晋国，询问平公的病情。平公问："我占卜后说是实沈、台骀作祟，史官不了解他们的来历，冒昧地请问他们是什么神？"子产回答说："高辛氏有两个儿子，长子叫阏伯，二子叫实沈。两人住在大森林里，互相不容，每天拿着干戈互相征伐。尧帝不喜欢他们，于是让阏伯迁到商丘住，主持祭祀辰星，商人因此沿袭下来。所以，辰星称为商星。尧帝让实沈到大夏住，主持祭祀参星，唐人因此沿袭下来，服侍夏朝、商朝，唐的末世君主叫唐叔虞。当武王夫人邑姜正怀大叔时，曾梦见天帝对夫人说："我让你的儿子叫虞，就把唐封给他，委托他祭祀参星，在那里繁育后代。"等到大叔生出后，手掌心的纹理像"虞"字，于是用虞命名了。等到周成王灭亡了唐后，就把唐封给了大叔。所以，参星是晋国的星宿。从这了解到，实沈是参星神。过去，金天氏有个叫昧的后裔，做水官长，生了允格、台骀。台骀能继承前辈的官职，很好地疏通了汾水、洮水，给大泽修筑堤防，住在太原。颛顼帝因此嘉奖了他，把汾水封给他。沈、姒、蓐、黄国实际掌管着他的祭祀。现在，晋国统治了汾水流域，灭亡了这一带的国家。从这里看，台骀是汾水、洮水神。可是，这两位神灵都不会危害您的身体。对于山河神，在发生水旱灾时应祭祀。对于日月星辰神，在雪霜风雨不按时令来到时应祭祀。您有病，那是饮食哀乐女色所造成的。"平公及叔向听到子产这番议论后称赞说："对，您真不愧为知识渊博的君子！"他送给子产丰厚的礼物。

二十七年（前539）的夏天，郑简公去朝拜晋君。冬季，郑国怕楚灵王强大，又朝拜楚国，子产都跟从了。二十八年（前538），郑君生病，派子产会见诸侯，与楚灵王在申订立盟约，楚王杀死了齐国庆封。

三十六年（前530），简公逝世了，儿子定公宁即位。秋季，定公朝拜了晋昭公。

定公元年（前529），楚国公子弃疾杀死了国君灵王自立为君，这是平王。平王想在诸侯中做仁义道德之事，把灵王侵占郑国的土地都还给了郑国。

四年（前526），晋昭公逝世了，晋国的六卿强盛起来，国家力量减弱了。子产对韩宣子说："执掌政权一定凭仁义道德，不要忘记政权巩固的原因。"

六年（前524），郑国发生火灾，定公想祭祷消灾。子产说："不如修行德政。"

八年（前522），楚国太子建逃到郑国。十年（前520），太子建与晋国商议袭击郑国。郑国杀死了太子建，太子建的儿子逃到吴国。

十一年（前519），定公到了晋国。晋与郑商议，杀死周王室 作乱的臣子，送敬王回周。

十三年（前517），定公逝世了，儿子献公虿即位。献公十三年（前501）逝世，儿子声公胜即位。正在这时候，晋国六卿强盛了，侵夺郑国领土，郑于是衰落了。

声公五年（前496），郑国相子产逝世，郑人都哭泣，悲悼他如同悲悼自己的亲人。子产是郑成公的小儿子，为人仁慈关怀别人，侍奉君王忠诚老实。孔子曾经路过郑国，与子产亲如兄弟。听到子产死去，孔子悲哭道："子产的仁爱，真是古代的遗风啊！"

八年（前493），晋国的范氏、中行氏反叛晋国，晋向郑国告急，郑国救助他们。晋国因而攻打郑国，在铁把郑军打得大败。

十四年（前487），宋景公亡了曹国。二十年（前481），齐国田常杀死了自己的国君简公，田常做了齐国国相。二十二年（前479），楚惠王灭亡了陈国。孔子逝世了。

三十六年（前465），晋国知伯讨伐郑国，攻取了九个城邑。

三十七年（前464），声公逝世了，儿子哀公即位。哀公八年（前455），郑人杀死了哀公，立了声公的弟弟丑为国君，这是共公。共公三年（前452），三晋消灭了知伯。三十一年（前424），共公逝世了，儿子幽公即位。幽公元年（前423），韩武子讨伐郑国，杀死了幽公。郑人立了幽公的弟弟骀为国君，这是繻公。

繻公十五年（前408），韩景侯讨伐郑国，攻取了雍丘。郑国修筑了京城。

十六年（前407），郑国讨伐韩国，在负黍打败了韩军。二十年（前403），韩、赵、魏成为诸侯国。二十三年（前400），郑国包围了韩国的阳翟。

二十五年（前398），郑君杀死了国相子阳。二十七年（前396），子阳的党羽一起杀死了繻公骀，立了幽公的弟弟乙为国君，这是郑君。

郑君乙即位两年，被郑国占领的负黍的人反叛，使负黍回归韩国。十一年（前385），韩国讨伐郑国，夺下了阳城。

二十一年（前375），韩哀侯灭亡了郑国，吞并了郑国。

太史公说："有句俗话说：'用权势和利害使关系密切的，权势利害终止了，关系就疏远了。'这句话说的是甫瑕。甫瑕虽然靠劫持杀死了郑子接纳厉公回国，但厉公终于背叛了他并杀死了他，与晋国的里克有什么区别呢？像荀息那样坚守节操，即使死了也不能保住奚齐。所以说，变乱的产生，原因也是很多的呀！"

第二十五卷　赵世家第十三

在《史记》三十世家中，《赵世家》是颇具特色的一篇。全文洋洋万言，如长江大河，波澜起伏，精彩片断时有所见。其叙事之生动、人物之逼真、章法之多变、剪裁之精妙，都给读者留下了深刻的印象。其中最引人注目的有两件大事，其一是赵武灵王胡服骑射，其二是关于赵氏孤儿的故事。

赵武灵王是战国时期最杰出的人物之一。他根据赵国的国情，大胆提出了胡服骑射的主张。实行这一主张，就要改变传统习俗，因而遭到来自各方面的反对，阻力重重，举步维艰。但武灵王对旧的习惯势力毫不妥协，他力排众议，接连与贵族及大臣进行激烈的论辩，终于使反对者理屈词穷，不得不同意他的主张。司马迁对武灵王力排众议的记述是颇为详尽的，因为在反复论辩中，这位改革家的远见卓识及其勇气和魄力得到了最充分的体现。当然，作者也记述了胡服骑射使赵国迅速强大的功效。我们从历史上已经看到，胡服骑射之功绝不仅仅局限在赵国，这一移风易俗的措施对中国历史发展所产生的积极影响是多方面的。司马迁虽然还来不及完全看到这些影响，但他以敏锐的眼光看到了武灵王的革新措施极不寻常，因而给予充分的肯定。这也正是这位伟大史学家的卓越之处。

篇中有几处梦卜的记述。梦卜就是据梦境预卜后事，这种迷信思想应予批判。不过，史书中记梦卜等迷信活动并不始于司马迁，《左传》里就有不少这类记载。司马迁还不可能完全摆脱这种影响，这是时代的局限。

【原文】

赵[①]氏之先，与秦共祖。至中衍，为帝大戊[②]御。其后世蜚廉[③]有子二人，而命[④]其一子曰恶来，事纣，为周所杀，其后为秦。恶来弟曰季胜，其后为赵。

【注释】

①赵：赵氏。原为晋卿。前403年烈侯赵籍始为诸侯。②帝大戊：殷商第十代国君，在位期间，起用伊陟、巫咸等贤臣，较有政绩，曾任命中衍担任管理车马的车正。③蜚廉：亦作飞廉。④命：即命名。

【原文】

季胜生孟增。孟增幸[①]于周成王，是为宅皋狼[②]。皋狼生衡父，衡父生造父。造父幸于周缪王[③]。造父取骥之乘匹[④]，与桃林盗骊、骅骝、绿耳[⑤]，献之缪王。缪王使造父御，西巡狩[⑥]，见西王母[⑦]，乐之忘归。而徐偃王[⑧]反，缪王日驰千里马，攻徐偃王，大破之。乃赐造父以赵城[⑨]，由此为赵氏。

【注释】

①幸：宠爱。②宅皋狼：孟增居住皋狼，因以为号。③周

缪王：即周穆王。缪，通“穆”。④骥：良马的通称。乘（shèng）匹：即八匹。并四为乘，并两为匹，两四得八。⑤桃林：地区名，在今黄河及渭水南岸，河南省灵宝市至陕西省渭南市临渭区一带。其地多良马。盗骊、骅骝、绿耳：周穆王所乘八骏中的三骏。⑥巡狩：相传古代帝王五年一巡狩，视察诸侯所守的地方，其后帝王外出游历亦名巡狩。⑦西王母：神话人物。也称金母、王母。⑧徐偃王：相传周穆王时期的徐国国君。嬴姓，亦称徐子，“有地方五百里”。古徐国，在今江苏省泗洪县南。⑨赵城：邑名。在今山西省洪洞县北赵城镇。

【原文】

自造父已下六世至奄父，曰公仲，周宣王时伐戎[1]，为御。及千亩[2]战，奄父脱[3]宣王。奄父生叔带。叔带之时，周幽王无道，去周如晋，事晋文侯[4]，始建赵氏于晋国。

【注释】

①戎：我国古代西部民族的泛称，这里指西戎之别种姜氏之戎。②千亩：邑名。在今山西省安泽县东北。③脱：使……脱险。④晋文侯：姬仇。

【原文】

自叔带以下，赵宗益兴，五世而至赵夙。

赵夙，晋献公之十六年伐霍、魏、耿[1]，而赵夙为将伐霍。霍公求奔[2]齐。晋大旱，卜[3]之，曰“霍太山[4]为祟”。使赵夙召霍君于齐，复之[5]，以奉霍太山之祀，晋复穰[6]。晋献公赐赵夙耿。

【注释】

①晋献公：详见《晋世家》。霍：姬姓国。魏：国名。在今山西省芮城县东北。耿：春秋时小国，在今山西省河津市东南。②求：霍公之名。③卜：占卜。④霍太山：即霍山，也称太岳山，在今山西省霍州市东南。⑤复之：使他恢复（复国）。⑥穰（ráng）：丰收。

【原文】

夙生共孟，当鲁闵公之元年[1]也。共孟生赵衰[2]，字子馀。

【注释】

①鲁闵公元年：前661年。②赵衰：即赵成子。春秋时晋国的卿。

【原文】

赵衰卜事晋献公及诸公子[1]，莫吉；卜事公子重耳[2]，吉，即事重耳。重耳以骊姬之乱亡奔翟[3]，赵衰从。翟伐廧咎如[4]，得二女，翟以其少女妻重耳，长女妻赵衰而生盾。初，重耳在晋时，赵衰妻亦生赵同、赵括、赵婴齐。赵衰从重耳出亡，凡十九年，得反国。重耳为晋文公，赵衰为原大夫[5]，居原，任国政。文公所以反国及霸，多赵衰计策，语在晋事[6]中。

【注释】

①卜事：用占卜决定侍奉对象。诸公子：指晋献公的几个

儿子。②重耳：即后来的晋文公，献公之子。③骊姬之乱：指骊姬欲立己子奚齐为太子，于是谮杀太子申生，驱逐诸公子而引起晋国内乱的事件。翟：同“狄”。春秋时活动于齐、晋、鲁、宋、卫、邢等国之间的少数民族。④廧咎（qiáng gāo）如：春秋时赤狄部落名。⑤原：邑名。故城在今河南省济源市西北。原大夫：原邑的长官。⑥晋事：指《晋世家》。

【原文】

赵衰既反晋，晋之妻固要[1]迎翟妻，而以其子盾为適嗣[2]，晋妻三子皆下事之。晋襄公之六年，而赵衰卒，谥为成季。

【注释】

①固要（yāo）：坚持要求。②適嗣：即“嫡子”。嫡，正妻所生的儿子。有时也专指正妻所生的长子。

【原文】

赵盾代成季任国政二年而晋襄公卒，太子夷皋年少。盾为国多难，欲立襄公弟雍。雍时在秦，使使迎之。太子母日夜啼泣，顿首[1]谓赵盾曰：“先君何罪？释其適子而更求[2]君？”赵盾患之，恐其宗[3]与大夫袭诛之，乃遂立太子，是为灵公，发兵距[4]所迎襄公弟于秦者。灵公既立，赵盾益专国政。

【注释】

①顿首：头叩至地。②释：舍弃。更求：重新选择。③宗：宗族。同祖称宗。太子母即穆嬴，秦国宗室女。赵盾担心不答应穆嬴的要求，会引起秦国的干预、声讨。④距：通

"拒"，阻挡，抵御。

【原文】

灵公立十四年，益骄。赵盾骤[①]谏，灵公弗听。及食熊蹯，胹不熟，杀宰人[②]，持其尸出，赵盾见之。灵公由此惧[③]，欲杀盾。盾素仁爱[④]人，尝所食桑下饿人反扞救盾，盾以得[⑤]亡。未出境，而赵穿弑灵公而立襄公弟黑臀[⑥]，是为成公。赵盾复反，任国政。君子讥盾"为正卿[⑦]，亡不出境，反不讨贼"，故太史[⑧]书曰："赵盾弑其君"。晋景公时而赵盾卒，谥为宣孟[⑨]，子朔嗣。

【注释】

①骤：屡次，多次。②熊蹯（fán）：即熊掌。胹（ér）：煮。宰人：主持掌管君主饮食膳馐的小臣。③惧：害怕。④素：一向，向来。仁爱：指同情、爱护、热心帮助人的思想感情。⑤"桑下饿人反扞救盾"事，详见《晋世家》。扞，通"捍"，保护，捍卫。以：因此。得：能够；得以。⑥赵穿：赵盾的堂弟。黑臀（tún）：晋文公的小儿子。⑦正卿：春秋各国诸侯所属高级长官的通称。⑧太史：官名。春秋时太史掌管起草文书、记载史事，兼管国家典籍、天文历法、祭祀、卜筮等。⑨宣孟：《史记志疑》卷二十三说："孟非谥也，当作'宣子'。"

【原文】

赵朔，晋景公之三年[①]，朔为晋将下军[②]救郑，与楚庄王战河上[3]。朔娶晋成公姊为夫人。

【注释】

①晋景公之三年：前597年。②下军：三军之一。③河上：河畔。此处“河上”今郑州西北、荥阳东北的黄河沿岸。

【原文】

晋景公之三年，大夫屠岸贾[1]欲诛赵氏。初，赵盾在时，梦见叔带持要[2]而哭，甚悲；已而笑，拊手[3]且歌。盾卜之，兆绝[4]而后好。赵史援[5]占之，曰：“此梦甚恶，非君之身[6]，乃君之子，然亦君之咎[7]。至孙，赵将世[8]益衰。”屠岸贾者，始有宠于灵公，及至于景公而贾为司寇，将作难，乃治灵公之贼以致[9]赵盾，遍告诸将曰：“盾虽不知，犹为贼首[10]。以臣弑君，子孙在朝，何以惩罪[11]？请诛之。”韩厥[12]曰：“灵公遇贼，赵盾在外，吾先君[13]以为无罪，故不诛。今诸君将诛其后，是非先君之意而今妄诛。妄诛谓之乱。臣有大事而君不闻，是无君也。”屠岸贾不听。韩厥告赵朔趣亡[14]。朔不肯，曰：“子必不绝赵祀[15]，朔死不恨。”韩厥许诺，称疾[16]不出。贾不请而擅与诸将攻赵氏于下宫[17]，杀赵朔、赵同、赵括、赵婴齐，皆灭其族。

【注释】

①屠岸贾（gǔ）：姓屠岸，名贾。②要：通“腰”。③拊手：拍手。④兆：即“卜兆”，龟甲上灼的裂纹显示的吉凶。

绝：中断，断绝。⑤史援：史官名援。⑥身：自身，自己。⑦咎（jiù）：罪过，过失。⑧世：父子相继为一世。⑨司寇：官名。西周始置。作难：发难，起事。治：惩处。贼：杀人者。致：牵连。⑩贼首：杀人的首领，祸首。⑪惩罪：判罪。惩，处罚。⑫韩厥：即韩献子。时为晋六卿之一。⑬先君：指晋襄公。⑭趣（cù）亡：赶快逃跑。⑮必：果真。祀：祭祀。⑯称疾：声称患病。⑰下宫：后宫。

【原文】

赵朔妻成公姊，有遗腹，走[1]公宫匿。赵朔客曰公孙杵臼，杵臼谓朔友人程婴曰："胡不死？"程婴曰："朔之妇有遗腹，若幸而男，吾奉[2]之；即女也，吾徐死耳。"居无何，而朔妇免身[3]，生男。屠岸贾闻之，索于宫中。夫人置儿绔中[4]，祝曰："赵宗灭乎，若号[5]；即不灭，若无声。"及索，儿竟无声。已脱[6]，程婴谓公孙杵臼曰："今一索不得，后必且复索之，奈何？"公孙杵臼曰："立孤[7]与死孰难？"程婴曰："死易，立孤难耳。"公孙杵臼曰："赵氏先君[8]遇子厚，子强[9]为其难者，吾为其易者，请先死。"乃二人谋取他人婴儿负[10]之，衣以文葆[11]，匿山中。程婴出，谬谓诸将军曰："婴不肖[12]，不能立赵孤。谁能与我千金，吾告赵氏孤处。"诸将皆喜，许之，发师随程婴攻公孙杵臼。杵臼谬曰："小人哉程婴！昔下宫之难不能死，与我谋匿赵氏孤儿，今又卖我。纵不能立，而忍卖之乎！"抱儿呼曰："天乎天乎！赵氏孤儿何罪？请活之，独杀杵臼可也。”诸将不许，遂杀杵臼与孤儿。诸将以为赵氏孤儿良[13]已死，皆喜。然赵氏真孤乃反在，程婴卒与俱匿山中。

【注释】

①遗腹：妇人于丈夫死前怀孕未生的子女。走：跑。②奉：侍奉。此处引申为“抚养”。③免身：妇女分娩生孩子。免，通“娩”。④绔（kù）：通“袴”“裤”，此指裤裆。⑤号（háo）：大声哭，大声喊叫。⑥脱：脱身。⑦立孤：抚养孤儿。⑧先君：指赵朔。⑨强（qiǎng）：勉强。⑩谋取：设法取得。负：抱持。⑪文葆：文绣的襁褓。⑫不肖：不贤，没出息。⑬良：确实，真的。

【原文】

居十五年[①]，晋景公疾，卜之，大业之后不遂[②]者为祟。景公问韩厥，厥知赵孤在，乃曰：“大业之后在晋绝祀者，其赵氏乎？夫自中衍者皆嬴姓也。中衍人面鸟噣[③]，降佐[④]殷帝大戊，及周天子，皆有明德[⑤]。下及幽厉[⑥]无道，而叔带去周适晋，事先君文侯，至于成公，世有立功，未尝绝祀。今吾君独灭赵宗[⑦]，国人哀之，故见龟策[⑧]。唯[⑨]君图之。”景公问：“赵尚有后子孙乎？”韩厥具以实告。于是景公乃与韩厥谋立赵孤儿，召而匿之宫中。诸将入问疾，景公因[⑩]韩厥之众以胁诸将而见赵孤。赵孤名曰武。诸将不得已，乃曰：“昔下宫之难，屠岸贾为之，矫[⑪]以君命，并命群臣。非然，孰敢作难！

微[12]君之疾，群臣固且请立赵后。今君有命，群臣之愿[13]也。”于是召赵武、程婴遍拜诸将，遂反与程婴、赵武攻屠岸贾，灭其族。复与赵武田邑如故。

【注释】

①居十五年：过了十五年。这一年是景公十九年（前581）。②大业：即赵氏的祖先皋陶。不遂：不能顺利地成长。③噣（zhòu）：通“咮”，鸟嘴，特指钩形的鸟嘴。赵氏的祖先以鸟为图腾，作为崇拜对象，所以这里说人面鸟噣。④降（jiàng）佐：下来辅佐。⑤明德：完美的德行。⑥幽厉：指周幽王和周厉王。⑦赵宗：赵氏宗族。⑧见：通“现”，显示，显现。龟：占卜用的龟甲。策：占筮用的蓍草。⑨唯：希望。⑩因：依靠。⑪矫：假托，诈称。⑫微：如果不是。⑬愿：心愿，愿望。

【原文】

及赵武冠[1]，为成人，程婴乃辞诸大夫，谓赵武曰：“昔下宫之难，皆能死。我非不能死，我思立赵氏之后。今赵武既立，为成人，复故位，我将下报[2]赵宣孟与公孙杵臼。”赵武啼泣顿首固请，曰：“武愿苦[3]筋骨以报子至死，而子忍去我死乎！”程婴曰：“不可。彼以我为能成事[4]，故先我死；今我不报，是以我事为不成。”遂自杀。赵武服齐衰[5]三年，为之祭邑[6]，春秋祠之，世世勿绝。

【注释】

①冠（guàn）：冠礼。②下报：到九泉之下去报告，意谓死。③苦：劳苦。④成事：指能完成立孤的重任。⑤齐衰（zī cuī）：古人守丧时穿的一种衣服。⑥祭邑：供给祭祀用费的封邑。

【原文】

赵氏复位十一年[①]，而晋厉公杀其大夫三郤[②]。栾书[③]畏及，乃遂弑其君厉公，更立襄公曾孙周，是为悼公。晋由此大夫稍强。

【注释】

①赵氏复位十一年：即晋厉公七年（前575）。②三郤（xì）：指郤锜、郤犨（chōu）、郤至。③栾书（？—前573）：即栾武子。初为下军之佐，后为中军元帅，代郤克为政。

【原文】

赵武续赵宗二十七年[①]，晋平公立。平公十二年，而赵武为正卿。十三年，吴延陵季子[②]使于晋，曰："晋国之政卒归于赵武子、韩宣子、魏献子[③]之后矣。"赵武死，谥为文子。

【注释】

①二十七年：应为"二十五年"。赵武自晋景公十九年（前581）复位，至晋平公元年（前557），适二十五年。

②延陵季子：即季札。③赵武子：即赵武。“武子”为“文子”之误。“宣子”“献子”皆谥号，三子并称，赵武也应称谥号。

【原文】

文子生景叔[①]。景叔之时，齐景公使晏婴于晋，晏婴与晋叔向[②]语。婴曰：“齐之政后卒归田氏[③]。”叔向亦曰：“晋国之政将归六卿[④]。六卿侈[⑤]矣，而吾君不能恤也。”

【注释】

①景叔：即赵成子。②晏婴（？—前500）：字平仲，齐国大夫。叔向：姓羊舌，名肸（xī），晋国大夫，有贤名，平公任为太傅。③田氏：指春秋时齐国田氏宗族，世为齐国大臣。④六卿：晋国势力强大的六家卿大夫，即范氏、中行（háng）氏、知氏、赵氏、韩氏、魏氏。⑤侈：肆行无忌，意即不把晋君放在眼里。

【原文】

赵景叔卒，生赵鞅，是为简子[①]。

【注释】

①简子：即赵简子，名鞅。

【原文】

赵简子在位，晋顷公之九年[①]，简子将合诸侯戍[②]于周。其明年，入周敬王[③]于周，辟弟子朝之故也。

【注释】

①晋顷公之九年：前 517 年。②将（jiàng）：率领，统率。合：会合。戍：驻防，驻守。③入：护送。周敬王：景王之子，悼王同母弟。

【原文】

晋顷公之十二年，六卿以法诛公族祁氏、羊舌氏，分其邑为十县[①]，六卿各令其族为之大夫[②]。晋公室[③]由此益弱。

【注释】

①公族：国君的宗族。此处是“公族大夫”的省称。邑：泛指卿大夫的封地。县：地方行政区划单位。②族：指同族的人。大夫：即县宰、县令。③公室：指诸侯国的国君及其宗族，也代指其国家政权机构。

【原文】

后十三年[①]，鲁贼臣阳虎[②]来奔，赵简子受赂，厚遇之。

【注释】

①后十三年：晋定公十一年，鲁定公九年，即前 501 年。②阳虎：季孙氏的家臣。

【原文】

赵简子疾，五日不知人[①]，大夫皆惧。医扁鹊[②]视之，出，董安于问。扁鹊曰：“血脉治[⑧]也，而何怪！在昔秦缪公尝如此，七日而寤[④]。寤之日，告公孙支与子舆曰：‘我之帝所[⑤]甚乐。吾所以久者，适有学[⑥]也。帝告我：晋国将大乱，五世不安[⑦]；其后将霸，未老而死[⑧]；霸者之子且令而国男女无别[⑨]。'公孙支书而藏之，秦谶于是出[⑩]矣。献公之乱[⑪]，文公之霸，而襄公败秦师于殽[⑫]而归纵淫，此子之所闻。今主君之疾与之[⑬]同，不出三日疾必间[⑭]，间必有言也。"

【注释】

①不知人：不省人事。②扁鹊：春秋战国之际的名医。姓秦，名越人。③血脉治：血脉正常。④秦缪公：即秦穆公。尝：曾。寤：醒。⑤公孙支与子舆：都是春秋时秦国大夫。公孙支即子桑，子舆亦称子车。之：往，去，到。帝所：上帝的住处。⑥适：刚好。学：通"斅（xiào）"，接受教导。⑦五世不安：指晋献公、奚齐、悼子、惠公和怀公五世，国内都不安定。⑧未老而死：晋文公称霸未久即死。⑨而：你。男女无别：男女关系混乱。⑩秦谶（chèn）于是出：指公孙支写在秦国简策上的谶语，后来在晋国出现了。⑪献公之乱：晋献公宠爱骊姬，逼嫡子申生自杀，重耳、夷吾出奔。献公死，奚齐立，为里克所杀；悼子继立，又为里克所杀。后夷吾立，是为惠公。这一段变乱频繁的时期，即这里说的"献公之乱"。⑫殽：或作崤，即崤山。在今河南省洛宁县西北。⑬主君：古之国君、卿、大夫，均可称主君。此处是对赵简子的敬称。后一个"之"指秦穆公。⑭间：病愈，病势好转。

【原文】

居[1]二日半，简子寤。语大夫曰：“我之帝所甚乐，与百神游于钧天，广乐九奏[2]万舞，不类三代之乐，其声动人心。有一熊欲来援[3]我，帝命我射之，中熊，熊死。又有一罴[4]来，我又射之，中罴，罴死。帝甚喜，赐我二笥，皆有副[5]。吾见儿在帝侧，帝属我一翟犬[6]，曰：‘及而子之壮[7]也，以赐之。’帝告我：‘晋国且世衰，七世而亡，嬴姓将大败周人于范魁[8]之西，而亦不能有也。今余思虞舜之勋，适余将以其胄女孟姚配而七世之孙[9]。’”董安于受言而书藏之。以扁鹊言告简子，简子赐扁鹊田四万亩[10]。

【注释】

①居：等待，停留。②钧天：天的中央。广乐：多种乐器合奏的音乐，即宏伟壮丽的乐曲。九奏：多番演奏。古代奏乐，九次才终结，称为九成。③援：执，持。这里是抓的意思。④罴（pí）：熊的一种，即马熊或称人熊。此段谓晋国将有大难，上帝命简子灭二卿，熊与罴即二卿的祖先。⑤笥（sì）：盛东西的方形竹器。副：即备用的笥。⑥儿：小孩。指赵襄子。属（zhǔ）：托付，交给。翟（dí）犬：代国的祖先。翟，通“狄”。⑦壮：古人称年上三十，成家立业曰壮。⑧且：将。世衰：一代代衰落下去。七世：七代。指晋定公、出公、柬公、幽公、烈公、孝公、静公。嬴姓：指赵氏，赵氏的祖先姓嬴。周人：指卫人。卫侯的祖先康叔是周武王的同母

弟。范魁：战国时曾为卫国所辖，后属齐国，在今河南范县境内。⑨胄女：虞舜后代之女。古称帝王的后裔为胄。七世之孙：即武灵王。自简子至武灵王共历十世。“七”当为“十”。⑩亩：春秋各国尚实行井田制。周制：小亩步百。

【原文】

他日，简子出，有人当道，辟之不去，从者怒，将刃[①]之。当道者曰：“吾欲有谒[②]于主君。”从者以闻。简子召之，曰：“嘻，吾有所见子晰[③]也。”当道者曰：“屏[④]左右，愿有谒。”简子屏人。当道者曰：“主君之疾，臣[⑤]在帝侧。”简子曰：“然，有之。子之见我，我何为？”当道者曰：“帝令主君射熊与罴，皆死。”简子曰：“是，且何也？”当道者曰：“晋国且有大难，主君首之[⑥]。帝令主君灭二卿，夫[⑦]熊与罴皆其祖也。”简子曰：“帝赐我二笥皆有副，何也？”当道者曰：“主君之子将克二国，于翟，皆子姓[⑧]也。”简子曰：“吾见儿在帝侧，帝属我一翟犬，曰：‘及而子之长以赐之。’夫儿何谓以赐翟犬？”当道者曰：“儿，主君之子也。翟犬者，代[⑨]之先也。主君之子且必有代。及主君之后嗣，且有革政而胡服，并二国[⑩]于翟。”简子问其姓而延[⑪]之以官。当道者曰：“臣野人，致[⑫]帝命耳。”遂不见。简子书藏之府[⑬]。

【注释】

①当道：站在路中间，挡着路。辟：屏除，驱逐。刃：用刀杀。②谒（yè）：陈述，请求。③嘻（xī）：惊叹的声音，表

示高兴。子晰："当道者"的名字。④屏：屏退，让……避退。⑤臣：官吏、百姓对君主的自称。⑥首之：首当其冲。⑦二卿：指晋国的范昭子和中行文子。夫：那个。⑧二国：指赵襄子灭的代国及智伯领地。子姓：同姓。⑨代：战国时国名。在今河北省蔚县东北。⑩革政：改革政令。胡服：穿着胡人的短装。并：兼并，吞并。二国：指后文所说的"中山"和"胡地"。⑪延：邀请，聘请。⑫野人：乡下人。致：转致，转达。⑬府：盟府的省称。时赵虽未称国，早已凌驾于公室之上，所有建置皆比于诸侯。

【原文】

异日，姑布子卿见简子，简子遍召诸子相[①]之。子卿曰："无为将军者[②]。"简子曰："赵氏其灭乎？"子卿曰："吾尝见一子于路，殆君之子也。"简子召子毋卹[③]。毋卹至，则子卿起曰："此真将军矣！"简子曰："此其母贱，翟婢也，奚[④]道贵哉？"子卿曰："天所授，虽贱必贵。"自是之后，简子尽召诸子与语，毋卹最贤。简子乃告诸子曰："吾藏宝符[⑤]于常山上，先得者赏。"诸子驰之常山上，求，无所得。毋卹还，曰："已得符矣。"简子曰："奏之。"毋卹曰："从常山上临代[⑥]，代可取也。"简子于是知毋卹果贤，乃废太子伯鲁，而以毋卹为太子。

【注释】

①姑布子卿：姓姑布，名子卿。诸子：指赵简子的几个儿

子。相：相面，看骨相。②无为将军者：晋置上、中、下三军，后又置新军，称四军。四军主帅皆由正卿担任。这里说“无为将军者”，指没有能胜任正卿的人，对赵简子来说，亦即没有继承人。③毋卹：简子的庶子，即以后的赵襄子。④贱：卑微，地位卑贱。奚：何，怎么。⑤宝符：代表天命的符节。后指皇帝的印玺。⑥临：面对着。代：即代国，在常山北面约四百里。

【原文】

后二年[1]，晋定公之十四年，范、中行作乱。明年春，简子谓邯郸大夫午[2]曰：“归我卫士五百家，吾将置之晋阳[3]。”午许诺，归而其父兄不听，倍[4]言。赵鞅捕午，囚之晋阳。乃告邯郸人曰：“我私有[5]诛午也，诸君欲谁立？”遂杀午。赵稷、涉宾以[6]邯郸反。晋君使籍秦[7]围邯郸。荀寅、范吉射与午善[8]，不肯助秦而谋作乱，董安于知之。十月，范、中行氏伐赵鞅，鞅奔晋阳，晋人围之。范吉射、荀寅仇人魏襄等谋逐荀寅，以梁婴父[9]代之；逐吉射，以范皋绎[10]代之。荀栎[11]言于晋侯曰：“君命大臣，始乱者死。今三臣[12]始乱而独逐鞅，用刑不均[13]，请皆逐之。”十一月，荀栎、韩不佞、魏侈奉公命以伐范、中行氏，不克。范、中行氏反伐公，公击之，范、中行败走。丁未，二子奔朝歌[14]。韩、魏以赵氏为请。十二月辛未，赵鞅入绛[15]，盟于公宫。其明年，知伯文子谓赵鞅曰：“范、中行虽信为乱，安于发[16]之，是安于与谋也。晋国有法，始乱者死。夫二子已伏罪而安于独在。”赵鞅患之。安于曰：“臣死，赵氏定，晋国宁，吾死晚矣。”遂自杀。赵氏以告知伯，然后赵氏宁。

【注释】

①后二年：应作“后三年”，“阳虎奔晋”在晋定公十一年（前501），距下文所记“十四年”整差三年。②午：赵午。赵穿的曾孙。为邯郸大夫，所以也称邯郸午。③卫士五百家：指卫国向赵鞅进献的五百户士民。开头赵鞅把他们安置在邯郸，这时想迁往晋阳。晋阳：战国初赵国都城。在今山西省太原市西南。④父兄：父辈和兄长。这里指赵午的宗族和邯郸的贵族。倍：通“背”，违背。⑤私有：私自。赵午是邯郸大夫，捕杀他应报请晋君批准。赵鞅未经晋君批准就逮捕赵午，并且要杀他，所以说是“私有”。⑥赵稷：赵午子。涉宾：赵午家臣。以：凭借。⑦籍秦：晋国的正卿，时为晋上军司马。⑧善：友好，亲善。《左传·定公十三年》：“邯郸午，荀寅之甥也；荀寅，范吉射之姻也。”⑨魏襄：即魏襄子，名曼多，魏舒孙。梁婴父：晋大夫。⑩范皋绎：《左传》作“皋夷”。范吉射庶出的儿子。⑪荀栎（lì）：即知伯文子，亦称知栎。知氏原与中行氏同为晋大夫逝遨生，故也姓荀。⑫三臣：指范吉射、荀寅、赵鞅三人。⑬用刑：使用刑法。均：平，公平。⑭二子：指范吉射和荀寅。朝歌：邑名。在今河南省淇县。⑮绛（jiàng）：晋的都城。在今山西省翼城县东南。⑯信：确

实。发：挑起，发动。

【原文】

孔子闻赵简子不请晋君而执邯郸午，保晋阳，故书《春秋》曰："赵鞅以晋阳畔[①]。"

【注释】

①书：书写，记载。畔：通"叛"，背叛，叛乱。

【原文】

赵简子有臣[①]曰周舍，好直谏。周舍死，简子每听朝[②]，常不悦，大夫请罪。简子曰："大夫无罪。吾闻千羊之皮不如一狐之腋[③]。诸大夫朝，徒闻唯唯，不闻周舍之鄂鄂[④]，是以忧也。"简子由此能附赵邑而怀[⑤]晋人。

【注释】

①臣：指家臣。②听朝：主持朝会，处理政事。③腋：胳肢窝。狐皮以腋下部分价值最高。④唯唯：恭敬而顺从的应答词。鄂鄂：通"谔谔"，直言争辩的样子。⑤附：归附。怀：安抚。

【原文】

晋定公十八年，赵简子围范、中行于朝歌，中行文子[①]奔邯郸。明年，卫灵公卒。简子与阳虎送卫太子蒯聩[②]于卫，卫不内，居戚[③]。

【注释】

①中行文子：即中行寅（荀寅），"文子"是谥号。②蒯

聩（kuǎi kuì）：卫襄公孙。③戚：卫邑。在今河南省濮阳县北。

【原文】

晋定公二十一年，简子拔[①]邯郸，中行文子奔柏人。简子又围柏人，中行文子、范昭子遂奔齐。赵竟有邯郸、柏人。范、中行余邑入于晋。赵名晋卿，实专晋权，奉邑侔[②]于诸侯。

【注释】

①拔：攻克，占领。②名：名义，名分。侔（móu）：相等，等同。

【原文】

晋定公三十年，定公与吴王夫差争长于黄池[①]，赵简子从晋定公，卒[②]长吴。定公三十七年卒，而简子除三年之丧，期[③]而已。是岁，越王句践[④]灭吴。

【注释】

①争长：争在盟会时第一个行礼。黄池：邑名，即黄亭。在今河南省封丘县西南。②卒：终于。③除三年之丧：废除了守丧三年之礼。期（jī）：一周年。④越王句践：春秋末期越国国君。

【原文】

晋出公十一年，知伯伐郑。赵简子疾，使太子毋卹将而围郑。知伯醉，以酒灌击[①]毋卹。毋卹群臣请死之[②]。毋卹曰："君所以置毋卹，为能忍询[③]。"然亦愠[④]知伯。知伯归，因谓简子，使废毋卹，简子不听。毋卹由此怨知伯。

【注释】

①以酒灌击：拿酒强灌，并用酒杯敲击。②请死之：请求杀死他。③置：立。指立毋恤为太子。忍询：忍受耻辱。④愠：怨恨，生气。

【原文】

晋出公十七年，简子卒，太子毋卹代立，是为襄子。

赵襄子元年，越围吴。襄子降丧食[①]，使楚隆问[②]吴王。

【注释】

①降丧食：降低居丧时的饮食标准。②楚隆：襄子家臣名。问：慰问。

【原文】

襄子姊前为代王夫人。简子既葬，未除服，北登夏屋[①]，请代王。使厨人操铜枓以食代王及从者，行斟，阴令宰人各[②]以枓击杀代王及从官，遂兴兵平代地。其姊闻之，泣而呼天，摩笄[③]自杀。代人怜之，所死地名之为摩笄之山[④]。遂以代封伯鲁子周为代成君。伯鲁者，襄子兄，故[⑤]太子。太子蚤死，故封其子。

【注释】

①夏屋：山名。又名贾屋山、贾母山。在今山西省代县东

北，和句注山相接，为山西北部险要之地。②枓（dǒu）：一种方形有柄的勺子。各：宰人名。③摩：通“磨”。笄：盘头发或别住帽子用的簪子。④摩笄之山：一名磨笄山，亦名鸣鸡山，在蔚州飞狐县（今河北省涞源县）东北百五十里。⑤故：原来的。

【原文】

襄子立四年，知伯与赵、韩、魏尽分其范、中行故地。晋出公怒，告齐、鲁，欲以伐四卿①。四卿恐，遂共攻出公。出公奔齐，道死。知伯乃立昭公曾孙骄，是为晋懿公。知伯益骄。请地②韩、魏，韩、魏与之。请地赵，赵不与，以其围郑之辱。知伯怒，遂率韩、魏攻赵。赵襄子惧，乃奔保晋阳。

【注释】

①四卿：指晋荀瑶（知伯）与赵氏、韩氏、魏氏。②请地：索取土地。

【原文】

原过从，后，至于王泽，见三人，自带①以上可见，自带以下不可见。与原过竹二节，莫通。曰：“为我以是遗②赵毋卹。”原过既至，以告襄子。襄子齐③三日，亲自剖竹，有朱书曰：“赵毋卹，余霍泰山山阳侯天使也。三月丙戌，余将使女反灭知氏。女亦立我百邑，余将赐女林胡④之地。至于后世，且有伉王，赤黑，龙面而鸟噣，鬓麋髭髯，大膺大胸，修下而冯，左衽⑤界乘，奄有河宗，至于休溷诸貉，南伐晋别，北灭黑姑[6]。”襄子再拜，受三神[7]之令。

【注释】

①原过：赵襄子的属官。从：指跟着逃跑。后：落在后面，走在后面。王泽：晋地名。在今山西省新绛县西南。带：腰带。②遗（wèi）：赠送，给予。③齐（zhāi）：通“斋”，斋戒。④林胡：部族名。战国时分布在今山西省朔州市朔城区西北至内蒙古包头市以南一带。⑤伉（kàng）王：指赵武灵王。伉，勇健。鸟噣（zhòu）：鸟嘴，特指钩形的鸟嘴。鬓麋：鬓发散乱。髭（zī）髯：胡须很多。唇上曰髭，颊上曰髯。膺：胸脯。修下而冯（píng）：两腿长而上身大。修，长。冯，大。左衽（rèn）：衣襟向左边开。⑥奄有：尽有。奄，包括。河宗：指龙门河（在今河北省赤城县境）的上流，岚（故治在今山西省岚县北）、胜（故治在今内蒙古自治区托克托县、包头市一带）二州之地。休溷（hùn）：地区名，在今山西省介休、离石一带。诸貉（mò）：本指古代居于北方的各部族。这里指活动于今山西、河北、内蒙古一带的戎狄、林胡等族。貉，通“貊”。晋别：晋国别的城邑。黑姑：戎族的一支。⑦再拜：古代的一种礼节。先后拜两次，表示礼节隆重。三神：即指原过所见的三人。

【原文】

三国[1]攻晋阳，岁余，引汾水[2]灌其城，城不浸者三版[3]。城中悬釜[4]而炊，易子而食。群臣皆有外心[5]，礼益慢[6]，唯高共不敢失礼。襄子惧，乃夜使相张孟同私于韩、魏。韩、魏与合谋，以三月丙戌⑦，三国反灭知氏，共分其地。于是襄子行赏，高共为上。张孟同曰："晋阳之难，唯共无功。"襄子曰："方晋阳急，群臣皆懈，唯共不敢失人臣礼，是以先之。"于是赵北有代，南并知氏，强于韩、魏。遂祠三神于百邑，使原过主霍泰山祠祀。

【注释】

①三国：指韩、魏和知氏。②汾（fén）水：即今山西省境内的汾河。③浸：淹没。版：指筑墙用的墙版，古今一般高二尺，合今一尺多。④釜（fǔ）：无脚的锅。⑤外心：异心，二心。⑥慢：怠慢，轻忽。⑦以三月丙戌：把三月丙戌这一天作为共同行动的日期。

【原文】

其后娶空同氏①，生五子。襄子为伯鲁之不立也，不肯立子，且必欲传位与伯鲁子代成君。成君先死，乃取代成君子浣立为太子。襄子立三十三年卒，浣立，是为献侯。

【注释】

①空同氏：以居地为氏的一个部落。

【原文】

献侯少即位，治中牟①。

襄子弟桓子②逐献侯，自立于代，一年卒。国人曰桓子立非襄子意，乃共杀其子而复迎立献侯。

【注释】

①治：旧谓王都或地方官署所在地。中牟：邑名。在今河南省汤阴县西。②桓子：赵简子之子。名嘉。

【原文】

十年，中山[①]武公初立。十三年，城平邑[②]。十五年，献侯卒，子烈侯籍立。

【注释】

①中山：国名。春秋前期白狄别族所建立。又称鲜虞。②平邑：赵邑名。在今河南省南乐县东北。

【原文】

烈侯元年，魏文侯[①]伐中山，使太子击[②]守之。六年，魏、韩、赵皆相立为诸侯，追尊献子为献侯。

【注释】

①魏文侯（？—前396）：名斯，战国时魏国的建立者。②太子击：魏文侯太子，名击，即后来的魏武侯。

【原文】

烈侯好音[①]，谓相国公仲连[②]曰："寡人有爱，可以贵之乎？"公仲曰："富之可，贵之则否。"烈侯曰："然。夫郑歌者枪、石[③]二人，吾赐之田，人万亩。"公仲曰："诺。"不与。居一月，烈侯从代来，问歌者田。公仲曰："求[④]，未有可者[5]。”有顷，烈侯复问。公仲终不与，乃称疾不朝。番吾君[6]自代来，谓公仲曰：“君实好善[7]，而未知所持[8]。今公仲相赵，于今四年，亦有进士[9]乎？”公仲曰：“未也。”番吾君曰：“牛畜、荀欣、徐越皆可。”公仲乃进三人。及朝，烈侯复问：“歌者田何如？”公仲曰：“方使择其善者。”牛畜侍烈侯以仁义，约以王道[10]，烈侯逌然[11]。明日，荀欣侍，以选练举贤[12]，任官使能[13]。明日，徐越侍，以节财俭用，察度[14]功德。所与无不充[15]，君说[16]。烈侯使使谓相国曰：“歌者之田且止。”官牛畜为师[17]，荀欣为中尉[18]，徐越为内史[19]，赐相国衣二袭[20]。

【注释】

①好（hào）音：爱好音乐。②公仲连：姓公仲，名连，赵国的改革家。③枪、石：两歌者之名。④求：物色，寻求。⑤可者：合适的。⑥番（pān）吾君：战国赵烈侯时的封君。⑦好善：喜欢推行善政。⑧所持：指达到目的的手段。⑨进士：推荐人才。进，推荐。⑩约：约束，控制。王道：儒家的政治主张。⑪逌（yóu）然：欣然同意的样子。⑫选练：选择干练的人。举贤：起用有道德有才能的人。⑬任官：任命官吏。使能：使用有才能的人。⑭察度（dúo）：考察衡量。⑮所与：指向烈侯劝谏的话。充：充分。⑯说：通“悦”。⑰师：官名。师氏的简称。掌管教育贵族子弟。⑱中尉：官名。战国时赵国始置。负责指挥作战和选任官吏。⑲内史：官名。⑳二袭：两套。

【原文】

九年，烈侯卒，弟武公立。武公十三年卒，赵复立烈侯太子章，是为敬侯。是岁，魏文侯卒。

敬侯元年，武公子朝①作乱，不克，出奔魏。赵始都邯郸。

【注释】

①武公子朝：武公之子，名朝。

【原文】

二年，败齐于灵丘①。三年，救魏于廪丘②，大败齐人。四年，魏败我兔台③。筑刚平④以侵卫。五年，齐、魏为卫攻赵，取我刚平。六年，借兵于楚伐魏，取棘蒲⑤。八年，拔魏黄城⑥。九年，伐齐。齐伐燕，赵救燕。十年，与中山战于房子⑦。

【注释】

①灵丘：在今山东省高唐县南。②廪（lǐn）丘：齐邑名。在今山东省郓城县西北。③兔台：赵地名。在今河北省大名县东。④刚平：邑名。在今山东省宁阳县东北（一说在今河南省清丰县西南）。⑤棘蒲：地名。在今河北省赵县。⑥黄城：邑名，在今河南省内黄县西北。⑦房子：又作“鲂子”。赵邑名。在今河北省高邑县西南。

【原文】

十一年，魏、韩、赵共灭晋，分其地。伐中山，又战于中人[①]。十二年，敬侯卒，子成侯种立。

【注释】

①中人：中山邑名。在今河北省唐县西南。

【原文】

成侯元年，公子胜与成侯争立，为乱。二年六月，雨雪。三年，太戊午[①]为相。伐卫，取乡邑七十三。魏败我蔺[②]。四年，与秦战高安[③]，败之。五年，伐齐于鄄[④]。魏败我怀[⑤]。攻郑，败之，以与韩，韩与我长子[⑥]。六年，中山筑长城。伐魏，败涿泽[⑦]，围魏惠王[⑧]。七年，侵齐，至长城。与韩攻周[⑨]。八年，与韩分周以为两。九年，与齐战阿[⑩]下。十年，攻卫，取鄄。十一年，秦攻魏，赵救之石阿[⑪]。十二年，秦攻魏少梁[⑫]，赵救之。十三年，秦献公使庶长[⑬]国伐魏少梁，虏其太子、痤[⑭]。魏败我浍[⑮]，取皮牢[⑯]。成侯与韩昭侯遇上党[⑰]。十四年，与韩攻秦。十五年，助魏攻齐。

【注释】

①太戊午：戊一作"成"。②蔺：赵邑名。在今山西省吕梁市离石区西。③高安：邑名。④鄄（juàn）：卫邑名，后为齐邑。在今山东省鄄城县北旧城。⑤怀：郑邑名，后属魏。⑥长子：邑名。在今山西省长子县西南。⑦涿（tuán）泽：魏地名。在今河南省长葛县西，一说在今山西省运城市解州西。涿，通"浊"。⑧魏惠王（前 400—前 319）：即梁惠王。⑨周：不是指周朝或周王室，是指周考王时分封的一个小诸侯

国西周国，都城在今河南省洛阳市西。⑩阿：齐邑名。即东阿。在今山东省东阿县西南。⑪石阿：在今山西省隰县北。《六国年表》《秦本纪》皆作“石门”。石门，山名，一名白径岭。在今山西省运城市西南。⑫少梁：魏邑名。在今陕西省韩城市南。⑬庶长：秦爵名。⑭痤：公叔痤，魏国大臣。⑮浍：水名。源出今山西省翼城县东南，西流入汾河。⑯皮牢：即皮牢城。在今山西省翼城县东北。⑰遇：相逢，不期而会。上党：郡名。

【原文】

十六年，与韩、魏分晋，封晋君①以端氏。

【注释】

①晋君：晋静公。端氏：晋邑名。在今山西省沁水县东北。

【原文】

十七年，成侯与魏惠王遇葛孽①。十九年，与齐、宋会平陆②，与燕会阿。二十年，魏献荣椽③，因以为檀台④。二十一年，魏围我邯郸。二十二年，魏惠王拔我邯郸，齐亦败魏于桂陵⑤。二十四年，魏归我邯郸，与魏盟漳水⑥上。秦攻我蔺。二十五年，成侯卒。公子绁与太子肃侯争立，绁败，亡奔韩。

【注释】

①葛孽：在今河北省邯郸市肥乡区西南。②平陆：在今山东省汶上县北。③荣椽（chuán）：上等木材。④檀台：台名。在今河北省邯郸市永年区西。⑤桂陵：地名。在今河南省长垣

市西北。⑥漳水：即漳河。

【原文】

肃侯元年，夺晋君端氏，徙处屯留①。二年，与魏惠王遇于阴晋②。三年，公子范袭邯郸，不胜而死。四年，朝天子③。六年，攻齐，拔高唐④。七年，公子刻攻魏首垣⑤。十一年，秦孝公使商君⑥伐魏，虏其将公子卬⑦。赵伐魏。十二年，秦孝公卒，商君死。十五年，起寿陵⑧，魏惠王卒。

【注释】

①徙处：迁移安置。屯留：晋邑名。在今山西省长治市屯留区南。②阴晋：魏邑名。在今陕西省华阴市东南。③天子：指周显王。④高唐：齐邑。在今山东省高唐县东北。⑤首垣：邑名。在今河南省长垣市东北。⑥商君：指商鞅（约前390—前338）。本卫国人。姓公孙，名鞅，也称卫鞅。⑦公子卬：魏公子名卬。⑧起：兴建。寿陵：在常山。

【原文】

十六年，肃侯游大陵①，出于鹿门②，大戊午扣马③曰："耕事方急，一日不作④，百日不食。"肃侯下车谢⑤。

【注释】

①大陵：邑名。在今山西省文水县东北。②鹿门：地名。在今山西省盂县西北。③扣马：牵马。④作：耕作。⑤谢：道歉，认错。

【原文】

十七年，围魏黄[①]，不克。筑长城[②]。

【注释】

①黄：即敬侯二年所拔的黄城。②长城：指防齐、魏的南长城，以漳水、滏水（今河北南部滏阳河）的堤防为基础所筑。

【原文】

十八年，齐、魏伐我，我决河水灌之[①]，兵去。二十二年，张仪相秦[②]。赵疵[③]与秦战，败，秦杀疵河西[④]，取我蔺、离石。二十三年，韩举[⑤]与齐、魏战，死于桑丘[⑥]。

【注释】

①决：挖开。河：黄河。②张仪（？—前 310）：本魏国人，入秦说秦惠文王，任相国，采用“连横”策略，使秦更为强大。③赵疵：赵将。④河西：指今山西、陕西两省间黄河南段之西。⑤韩举：赵将。⑥桑丘：本燕地，时属齐。在今河北省保定市北。

【原文】

二十四年，肃侯卒。秦、楚、燕、齐、魏出锐师各万人来会葬[①]。子武灵王[②]立。

【注释】

①锐师：精锐部队。会葬：会合送葬。②武灵王：名雍。

在位二十七年（前325—前299）。

【原文】

武灵王元年，阳文君赵豹相。梁襄王与太子嗣，韩宣王与太子仓来朝信宫[①]。武灵王少，未能听政，博闻师三人，左右司过[②]三人。及听政，先问先王贵臣肥义[③]，加其秩；国三老年八十，月致其礼。

【注释】

①梁襄王：当作“梁惠王”。襄王名嗣，时为太子。信宫：宫名。②博闻：见识广。司过：官名。主管伺察人君过失。③贵臣：德高望重的大臣。肥义：人名。

【原文】

三年，城鄗[①]。四年，与韩会于区鼠[②]。五年，娶韩女为夫人。

【注释】

①鄗（hào）：邑名。②区（ōu）鼠：地名。

【原文】

八年，韩击秦，不胜而去。五国相王[①]，赵独否，曰：“无其实，敢处其名乎！”令国人谓己曰“君”。

【注释】

①五国相王：魏、韩、赵、燕、中山五国互相尊立为王。

【原文】

九年，与韩、魏共击秦，秦败我，斩首[1]八万级。齐败我观泽[2]。十年，秦取我中都及西阳[3]。齐破燕。燕相子之为君，君反为臣[4]。十一年，王召公子职[5]于韩，立以为燕王，使乐池[6]送之。十三年，秦拔我蔺，虏将军赵庄[7]。楚、魏王来，过[8]邯郸。十四年，赵何攻魏。

【注释】

①首：头。②观泽：邑名。在今山东省阳谷县西南，河南省清丰县南。③中都：邑名。在今山西省平遥县西南。西阳：邑名。即中阳。在今山西省中阳县境。④君反为臣：事见《燕召公世家》。⑤公子职：燕公子名职，时在韩国。⑥乐池：战国策士，曾为秦惠文王相。⑦赵庄：赵将。⑧过：访问。

【原文】

十六年，秦惠王卒。王游大陵。他日，王梦见处女鼓琴而歌诗[1]曰："美人荧荧[2]兮，颜若苕之荣[3]。命乎命乎[4]，曾无我嬴！"异日，王饮酒乐，数言所梦，想见其状。吴广[5]闻之，因[6]夫人而内其女娃嬴。孟姚[7]也。孟姚甚有宠于王，是为惠后。

【注释】

①处女：未出嫁的女子。鼓琴：抚琴，弹琴。歌诗：唱诗。②荧荧：光彩照人貌。③苕（tiáo）：草名。呈橙红色。荣：鲜艳。④命乎：叹无人知。命，命运。⑤吴广：赵人，相

传为虞舜之后。⑥因：凭借。⑦孟姚：娃嬴之字。

【原文】

十七年，王出九门[①]，为野台，以望齐、中山之境。

【注释】

①九门：邑名。在今河北省石家庄市东北。

【原文】

十八年，秦武王与孟说举龙文赤鼎，绝膑[①]而死。赵王使代相赵固迎公子稷于燕，送归，立为秦王，是为昭王[②]。

【注释】

①孟说（yuè）：秦国力士。龙文赤鼎：铸有龙形花纹的红色大鼎。绝膑：折断膝盖骨。②昭王：即秦昭襄王。武王异母弟。

【原文】

十九年春正月，大朝[①]信宫。召肥义与议天下，五日而毕。王北略中山之地，至于房子[②]，遂之代，北至无穷，西至河，登黄华[③]之上。召楼缓[④]谋曰："我先王因世之变，以长南藩[⑤]之地，属阻[⑥]漳、滏之险，立长城，又取蔺、郭狼[⑦]，败林人于荏[⑧]，而功未遂。今中山在我腹心[⑨]，北有燕，东有胡[⑩]，西有林胡、楼烦[⑪]、秦、韩之边，而无强兵之救，是亡社稷，奈何？夫有高世之名，必有遗俗[⑫]之累。吾欲胡服。"楼缓曰："善。"群臣皆不欲。

【注释】

①大朝：帝王大会群臣叫大朝，以别于平日常朝。②房子：邑名。在今河北省高邑县西南。③无穷：地名。今地不详。一说在今河北省张北县南。河：指黄河。黄华：西河侧之山名。④楼缓：赵大臣名。⑤长（zhǎng）：首领。南藩：南面的属地。藩，属国，属地。⑥属（zhǔ）：连接。阻：阻碍。⑦郭狼：地名。⑧林人：即林胡。古代民族名。从事畜牧，精骑射。荏：邑名。在今河北省邢台市任泽区东南。⑨腹心："腹心之疾"的省称。喻深入要害处。⑩胡：即东胡，后为鲜卑。古代民族名。⑪楼烦：古部落名。精骑射，从事畜牧。⑫遗俗：为世俗所摒弃。

【原文】

于是肥义[①]侍，王曰："简、襄主之烈[②]，计胡、翟之利。为人臣者，宠[③]有孝弟长幼顺明之节，通有补民[④]益主之业，此两者臣之分也。今吾欲继襄主之迹，开于胡、翟之乡，而卒世[⑤]不见也。为敌弱[⑥]，用力少而功多，可以毋尽百姓之劳，而序[⑦]往古之勋。夫有高世之功者，负[⑧]遗俗之累；有独智之虑[⑨]者，任骜民[⑩]之怨。今吾将胡服骑射以教百姓，而世必议寡人，奈何?"肥义曰："臣闻疑事[⑪]无功，疑行[⑫]无名。王既定负遗俗之虑，殆[⑬]无顾天下之议矣。夫论至德[⑭]者不和于俗，成大功者不谋于众。昔者舜舞有苗[⑮]，禹袒裸国[⑯]，非以养欲而乐志[⑰]也，务以论德而约功[⑱]也。愚者暗成事，智者睹未形，则王何疑焉。”王曰：“吾不疑胡服也，吾恐天下笑我也。狂夫之乐，智者哀焉；愚者所笑，贤者察焉。世有顺我者，胡服之功未可知也。虽驱世以笑我，胡地中山吾必有之。”于是遂胡服矣。

【注释】

①肥义：赵国大臣。②简：赵简子。襄：赵襄子。烈：事业，功绩。③宠：贵宠。又疑作“穷”。穷，不得志。④通：达，得志，显贵。补民：益民。⑤卒世：终身。⑥为敌弱：我为胡服，敌人必困弱。⑦序：按次序排列。⑧负：遭受。⑨独智之虑：独到的见解。⑩任：承受，担负。骜民：傲慢的百姓。⑪疑事：做事犹豫不决。⑫疑行：行动有顾虑。⑬殆：大概，也许。⑭至德：最高的德行。⑮舜舞有苗：相传舜在宫廷上表演苗人的舞蹈，苗人就来归顺了。⑯禹袒裸（tǎn luǒ）国：禹不穿衣服进入裸国。裸国，传说古代西方国名。⑰养欲：满足欲望。乐志：舒展心情。⑱务：致力，从事。论德：根据品德的高低。约功：追求功业。

【原文】

使王绁告公子成[①]曰：“寡人胡服，将以朝也，亦欲叔服之。家听于亲而国听于君，古今之公行[②]也。子不反亲，臣不逆君，兄弟[③]之通义也。今寡人作教[④]易服而叔不服，吾恐天下议之也。制国有常[⑤]，利民为本；从政有经[⑥]，令行为上。明德[⑦]先论于贱，而行政先信于贵[⑧]。今胡服之意，非以养欲而乐志也；事有所止而功有所出[9]，事成功立，然后善也。今寡人恐叔之逆从政之经，以辅叔之议[10]。且寡人闻之，事利国者行无邪[11]，因贵戚者名不累[12]，故愿慕公叔之义[13]，以成胡服之功。使继谒[14]之叔，请服焉。”公子成再拜稽首曰：“臣固闻王之胡服也。臣不佞[15]，寝疾[16]，未能趋走以滋进[17]也。王命之，臣敢对，因竭其愚忠。曰：臣闻中国者，盖聪明徇智[18]之所居也，万物财用之所聚也，贤圣之所教也，仁义之所施也，《诗》《书》礼乐之所用[19]也，异敏[20]技能之所试也，远方之所观赴[21]也，蛮夷之所义行[22]也。今王舍[23]此而袭远方之服，变古之教，易古之道，逆人之心，而佛[24]学者，离中国[25]，故臣愿王图之也。”使者以报。王曰：“吾固闻叔之疾也，我将自往请之。”

【注释】

①王绁（xiè）：人名。赵臣。公子成：赵国的贵族，武灵王的叔父。②公行：公认的行动准则。③兄弟：《战国策·赵策二》作“先王”。④作教：作出谕示。教，上对下的谕告。⑤制：治理。常：常规。⑥从政：参与政事。经：常行的法制。⑦明德：修明德政。⑧行政：施行政令。贵：指贵族。⑨止：至。意即达到目的。出：成，成就。⑩辅，辅佐。议：非议。⑪行无邪：实行起来不会不正确。⑫因：依靠，倚仗。不累：不受损害。⑬愿慕：希望借助。义：威望。⑭谒：禀告，陈说。⑮不佞（nìng）：不才，没有才能。⑯寝疾：病卧

在床。⑰滋进：多多进言。⑱徇（xùn）智：《战国策·赵策二》作“睿智”。明通的智慧。⑲用：应用。⑳异敏：奇巧。㉑观赴：观摩，向往。㉒蛮夷：泛指古代中国四方的各部族。义行：通“仪型”，表率、楷模之意。㉓舍：舍弃。㉔怫：通“悖”，违反，悖逆。㉕中国：指中原地区。

【原文】

王遂往之公子成家，因自请之，曰：“夫服者，所以便用也；礼者，所以便事也。圣人观乡①而顺宜，因事而制礼，所以利其民而厚②其国也。夫剪发文身③，错臂左衽④，瓯越之民也⑤。黑齿雕题⑥，却冠⑦秫绌，大吴之国也。故礼服莫同，其便一也。乡异而用变，事异而礼易。是以圣人果可以利其国，不一其用；果可以便其事，不同其礼⑧。儒者一师而俗异，中国同礼而教离⑨，况于山谷之便⑩乎？故去就⑪之变，智者不能一；远近之服，贤圣不能同。穷乡多异⑫，曲学⑬多辩。不知而不疑，异于己而不非者，公焉而众求尽善⑭也。今叔之所言者俗也，吾所言者所以制俗⑮也。吾国东有河、薄洛⑯之水，与齐、中山同之，无舟楫⑰之用。自常山⑱以至代、上党，东有燕、东胡之境，而西有楼烦、秦、韩之边，今无骑射之备⑲。故寡人无舟楫之用，夹水居之民，将何以守河、薄洛之水；变服骑射，以备燕、三胡⑳、秦、韩之边。且昔者简主㉑不塞晋阳以及上党，而襄主并戎取代以攘㉒诸胡，此愚智所明也。先时中山负㉓齐之强兵，侵暴吾地，系累㉔吾民，引水围鄗，微社稷之神灵，则鄗几于不守也。先王丑之㉕，而怨未能报也。今骑射之备，近可以便上党之形，而远可以报中山之怨。而叔顺中国之俗以逆简、襄之意，恶变服之名以忘鄗事之丑，非寡人之所望也。”公子成再拜稽首曰：“臣愚，不达于王之义，敢道世俗之闻，臣之罪也。今王将继简、襄之意以顺先王之志，臣敢不听命乎！”再拜稽首。乃赐胡服。明日，服而朝。于是始出胡服令也。

【注释】

①乡：地方。这里指各个地方的习俗。②厚：有益。③文身：在身上画刺花纹。④错臂：犹饰臂。以丹青画刺两臂。衽，衣襟。⑤瓯越：指今浙江省一带，古为越国地，境内有瓯江，故称。⑥黑齿：用草汁染黑牙齿。雕题：在额上刺着花纹。雕，刻。题，额。⑦却冠：鱼皮帽。⑧一：专一。用：措施，办法。“不一其用，不同其礼”，可看作“其用不一，其礼不同”的倒装，强调“不一”“不同”。⑨教：教化。离：区别，差异。⑩山谷：指偏远荒蛮的地方。便：便利。山谷之便，偏远地方民众已称便利的习俗。⑪去就：舍取，即对事物的选择。⑫异：异俗。⑬曲学：浅陋的见解。⑭尽善：完善，完美。⑮制俗：改变旧俗。⑯薄洛：薄洛津，漳水上的渡口。此处指漳水。⑰舟楫：泛指船只。楫，桨。⑱常山：山名。即恒山，古代恒山在今河北省曲阳县西北。⑲骑射：骑马射箭。指骑兵。备：防守。⑳三胡：指林胡、楼烦、东胡。㉑简主：

赵简子。㉒襄主：赵襄子。并戎取代：兼并戎狄，夺取代地。攘：排斥。㉓负：倚仗。㉔系累：拘捕。㉕丑之：以为可耻。

【原文】

赵文、赵造、周袑、赵俊[①]皆谏止王毋胡服，如故法便。王曰："先王不同俗，何古之法[②]？帝王不相袭，何礼之循？虙戏、神农[③]教而不诛，黄帝、尧、舜[④]诛而不怒。及至三王[⑤]，随时[⑥]制法，因事制礼。法度制令[⑦]各顺其宜，衣服器械各便其用。故礼也[⑧]不必一道，而便国不必古。圣人之兴也不相袭而王，夏、殷之衰也不易[⑨]礼而灭。然则反古[⑩]未可非，而循礼未足多[⑪]也。且服奇者志淫[⑫]，则是邹、鲁[⑬]无奇行也；俗辟者民易[⑭]，则是吴、越无秀士[⑮]也。且圣人利身谓之服，便事谓之礼。夫进退之节[⑯]，衣服之制者，所以齐常民[⑰]也，非所以论[⑱]贤者也。故齐民[⑲]与俗流，贤者与变俱。故谚曰'以书御者[⑳]不尽马之情，以古制今者不达事之变'。循法之功，不足以高世；法古之学，不足以制[㉑]今。子不及也。"遂胡服招骑射[㉒]。

【注释】

①赵文、赵造、赵俊：都是赵国贵族。周袑：赵大臣，后为王傅。②法：效法。③虙（fú）戏：即伏羲。神农：传说中的上古帝王。④黄帝、尧、舜：均传说中的上古帝王，详见《五帝本纪》。⑤三王：指夏禹、商汤、周文王。⑥随时：顺应时势。⑦法度制令：法令制度。⑧礼也：当作"理世"。即

治理国家。⑨易：改变。⑩反古：违反古制。⑪循礼：死守旧礼。多：称赞，肯定。⑫志淫：心意淫荡。⑬邹、鲁：国名。均在今山东省境内。邹都邾（今山东省曲阜市东南），后迁都绎（今山东省邹城市东南纪王城），战国时为楚所灭。⑭俗辟：风俗奇特。易：简率，轻慢。⑮吴、越：国名。在今江苏、浙江一带。吴、越在春秋战国时还是僻远荒蛮之地。秀士：德才优异的人。⑯节：礼节。⑰齐：治理。常民：普通人。⑱论：评论。⑲齐民：平民。⑳以书御者：用书本知识来驾马的人。㉑制：治理。㉒招骑射：招收了骑马射箭的士兵。

【原文】

二十年，王略中山地，至宁葭①；西略胡地，至榆中②。林胡王献马。归，使楼缓之秦，仇液之韩，王贲之楚，富丁之魏，赵爵之齐。代相赵固主胡③，致④其兵。

【注释】

①宁葭（jiā）：一作“蔓葭”，县名，属中山。在今河北省石家庄市西北。②榆中：地区名。在今内蒙古自治区鄂尔多斯市东胜区西北。③主胡：驻守胡地。④致：招收。

【原文】

二十一年，攻中山。赵袑为右军①，许钧为左军，公子章为中军，主并将之。牛翦将车骑②，赵希并将胡、代③。赵与之陉④，合军曲阳⑤，攻取丹丘、华阳、鸱之塞⑥。王军⑦取鄗、石邑、封龙、东垣。中山献四邑和⑧，王许之，罢兵。二十三年，攻中山。二十五年，惠后卒。使周袑胡服傅王子何。二十六年，复攻中山，攘[9]地北至燕、代，西至云中、九原[10]。

【注释】

①右军：赵建三军，称中军、左军、右军。②车骑：战车兵和骑兵。③并将：兼领。胡、代：指胡地和代地的军队。④陉（xíng）：山脉中断处，即山隘。⑤曲阳：邑名。⑥丹丘：邑名。在今河北省曲阳县西北。华阳：即恒山地区。在今河北省唐县西北。鸱之塞：按《史记集解》应作“鸿上塞”。位于华阳北。在今河北省唐县西北。⑦王军：指赵武灵王统率的三军。⑧献：献出。和：求和，请和。⑨攘：侵夺。⑩云中：郡名。战国时赵地。治所在今内蒙古自治区托克托县东北。九原：县名。在今内蒙古自治区包头市西。

【原文】

二十七年五月戊申，大朝于东宫[1]，传国，立王子何以为王。王庙见[2]礼毕，出临朝[3]。大夫悉为臣，肥义为相国，并傅[4]王。是为惠文王。惠文王，惠后吴娃子也。武灵王自号为主父。

【注释】

①东宫：太子所居之宫。②庙见：在太庙参拜祖先。③临朝：上朝，当朝处理国事。④傅：教导。

【原文】

主父欲令子主[①]治国，而身胡服将士大夫西北略胡地，而欲从云中、九原直南袭秦，于是诈自为使者入秦。秦昭王不知，已而怪其状甚伟，非人臣之度[②]，使人逐之，而主父驰已脱关[③]矣。审[④]问之，乃主父也。秦人大惊。主父所以入秦者，欲自略[⑤]地形，因观秦王之为人也。

【注释】

①主：主持。②度：风度。③脱关：走出秦国的关口。脱，离开。④审：仔细。⑤略：察看。

【原文】

惠文王二年，主父行新地[①]，遂出代，西遇楼烦王于西河而致其兵。

【注释】

①新地：新占领的土地。

【原文】

三年，灭中山，迁其王于肤施[①]。起灵寿[②]，北地方从，代道大通[③]。还归，行赏，大赦，置酒酺五日[④]，封长子章为代安阳君。章素侈[⑤]，心不服其弟所立。主父又使田不礼相章也。

【注释】

①肤施：今陕西省榆林市榆阳区南。②灵寿：邑名。在今

河北省灵寿县西北。③大通：畅通无阻。④酺（pú）五日：聚会饮酒五天。酺，聚饮，特指命令许可的大聚饮。⑤侈（chǐ）：奢侈放纵。

【原文】

李兑[①]谓肥义曰："公子章强壮而志骄，党众而欲[②]大，殆有私乎？田不礼之为人也，忍杀[③]而骄。二人相得[④]，必有谋阴贼起[⑤]，一出身[⑥]徼幸。夫小人有欲，轻虑[⑦]浅谋，徒见其利而不顾其害，同类相推，俱入祸门。以吾观之，必不久矣。子任重而势大，乱之所始，祸之所集也，子必先患。仁者爱万物而智者备祸于未形，不仁不智，何以为国[⑧]？子奚不称疾毋出，传政[⑨]于公子成？毋为怨府[⑩]，毋为祸梯[⑪]。"肥义曰："不可。昔者主父以王属[⑫]义也，曰：'毋变而度[⑬]，毋异而虑，坚守一心，以殁而世[⑭]。'义再拜受命而籍[⑮]之。今畏不礼之难而忘吾籍，变孰大焉。进受严命[⑯]，退而不全，负孰甚焉。变负之臣，不容于刑。谚曰'死者复生，生者不愧'。吾言已在前矣，吾欲全吾言，安得全吾身！且夫贞臣也难至而节[⑰]见，忠臣也累[⑱]至而行明。子则有赐而忠我矣，虽然，吾有语在前者也，终不敢失。"李兑曰："诺，子勉之矣！吾见子已今年耳。"涕泣而出。李兑数见公子成，以备田不礼之事。

【注释】

①李兑：赵惠文王四年与赵成一起平定公子章之乱，因功官为司寇，后来升为相国。②欲：欲望，野心。③忍杀：残忍

好杀。④相得：互相投合。⑤贼起：叛乱发生。⑥一：一旦，一经。出身：登高位掌权。⑦轻虑：不慎重考虑。⑧为国：治理国家。⑨传政：移交政事。⑩怨府：怨恨集中的地方。⑪祸梯：犹祸阶，谓祸患的传导者。⑫属（zhǔ）：委托，交付。⑬而：你。度：法度。⑭以殁而世：直到你离开人世。⑮籍：记录。⑯严命：严肃的命令。⑰贞臣：正直有操守之臣。节：节操。⑱累：忧患，危难。

【原文】

异日肥义谓信期[①]曰："公子与田不礼甚可忧也。其于义也声善[②]而实恶，此为人也不子不臣。吾闻之也，奸臣在朝，国之残[③]也；谗臣在中，主之蠹[④]也。此人贪而欲大，内得主[⑤]而外为暴。矫令为慢[⑥]，以擅一旦之命[⑦]，不难为[⑧]也，祸且逮[⑨]国。今吾忧之，夜而忘寐，饥而忘食。盗贼出入不可不备。自今以来，若有召王者必见吾面，我将先以身当[⑩]之，无故[⑪]而王乃入。"信期曰："善哉，吾得闻此也！"

【注释】

①信期：即下文的高信。②义：通"仪"，外，表面。声善：口头说得好。③残：祸害。④蠹：蛀虫。⑤得主：得到主上的宠信。⑥矫令：假托主上的命令。慢：轻慢。这里是指轻慢的行为，即作乱。⑦擅：占有。一旦之命：突然的命令。指公子章突然杀害惠文王登位。⑧不难为：不怕做，敢于做得出来。⑨逮：及。⑩当：挡住。⑪无故：没事，平安无事。

【原文】

四年，朝群臣，安阳君亦来朝。主父令王听朝，而自从旁观窥群臣宗室之礼。见其长子章傫然[①]也，反北面为臣，诎[②]于其弟，心怜之，于是乃欲分赵而王章于代，计未决而辍。

【注释】

①傫（lěi）然：垂头丧气的样子。②诎：通“屈”，屈服。

【原文】

主父及王游沙丘[①]，异宫[②]，公子章即以其徒与田不礼作乱，诈以主父令召王。肥义先入，杀之。高信即与王战[③]。公子成与李兑自国[④]至，乃起四邑之兵人距[⑤]难，杀公子章及田不礼，灭其党贼[⑥]而定王室。公子成为相，号安平君，李兑为司寇。公子章之败，往走主父，主父开之[⑦]，成、兑因围主父宫。公子章死，公子成、李兑谋曰：“以章故围主父，即解兵[⑧]，吾属夷[⑨]矣。”乃遂围主父。令宫中人“后出者夷”，宫中人悉出。主父欲出不得，又不得食，探爵鷇[⑩]而食之，三月余而饿死沙丘宫。主父定死[⑪]，乃发丧赴诸侯[⑫]。

【注释】

①沙丘：地名。在今河北省广宗县西北。②异宫：异宫而居，分别住在不同的行宫里。③与王战：跟惠文王一起与公子章作战。④国：国都。时赵都邯郸。⑤距：通“拒”，抵抗。

⑥党贼：党徒。⑦开之：开宫门接纳。⑧解兵：解除了军队的包围。⑨夷：灭族。⑩爵鷇（kòu）：雏雀。爵，古“雀”字。⑪定死：确实已死。⑫赴诸侯：向各国诸侯报丧。

【原文】

是时王少，成、兑专政，畏诛，故围主父。主父初以长子章为太子，后得吴娃，爱之，为[1]不出者数岁，生子何，乃废太子章而立何为王。吴娃死，爱弛[2]，怜故太子，欲两王之，犹豫未决，故乱起，以至父子俱死，为天下笑，岂不痛乎！

【注释】

①为：因。②驰：减退。

【原文】

五年，与燕鄚、易[1]。八年，城南行唐[2]。九年，赵梁将，与齐合军攻韩，至鲁关[3]下。及十年，秦自置为西帝[4]。十一年，董叔与魏氏伐宋，得河阳[5]于魏。秦取梗阳[6]。十二年，赵梁[7]将攻齐。十三年，韩徐[8]为将，攻齐。公主[9]死。十四年，相国乐毅[10]将赵、秦、韩、魏、燕攻齐，取灵丘[11]。与秦会中阳。十五年，燕昭王来见。赵与韩、魏、秦共击齐，齐王[12]败走，燕独深入，取临菑。

【注释】

①鄚（mào）：赵邑名。故城在今河北省任丘市北鄚州镇。易：燕邑名。在今河北省雄县西北。②南行唐：赵邑名。在今河北省行唐县北。③鲁关：关隘名。在今河南省鲁山县西南。

④西帝：指秦昭王。⑤董叔：赵将。魏氏：指魏国军队。河阳：即河雍，在今河南省孟州市西。⑥梗阳：赵邑名。在今山西省太原市西南清徐县。⑦赵梁：赵将。⑧韩徐：赵将。⑨公主：指赵武灵王女，惠文王姊。⑩乐毅：燕相国。⑪灵丘：齐西北边邑，在今山东省高唐县南。⑫齐王：指齐湣王。

【原文】

十六年，秦复与赵数①击齐，齐人患之。苏厉为齐遗②赵王书曰：

臣闻古之贤君，其德行非布于海内也，教顺非洽于民人③也，祭祀时享④非数常于鬼神也。甘露⑤降，时雨至，年谷⑥丰孰，民不疾疫，众人善之，然而贤主图之。

【注释】

①数：屡次。时乐毅已下齐七十余城，齐国仅保有莒、即墨二邑，秦与赵仍向齐多次进攻。②苏厉：战国纵横家、齐大臣。遗（wèi）：致送。③教顺：即教训，教育训诫。洽：普遍。民人：即人民。④时享：宗庙四时的祭祀。⑤甘露：甜露水。古人迷信，以为天下太平，政治清明，则天降甘露。⑥年谷：一年中收获的谷物。

【原文】

今足下之贤行功力①，非数加于秦也；怨毒②积怒，非素深于齐也。秦、赵与国，以强征兵③于韩，秦诚爱赵乎？其实憎齐乎？物④之甚者，贤主察之。秦非爱赵而憎齐也，欲亡韩而吞二周，故以齐啖[5]天下。恐事之不合，故出兵以劫[6]魏、赵。恐天下畏己也，故出质以为信。恐天下亟反[7]也，故征兵于韩以威之。声以德与国[8]，实而伐空韩，臣以秦计为必出于此。夫物固有势异[9]而患同者，楚久伐而中山亡，今齐久伐而韩必亡。破齐，王与六国分其利也。亡韩，秦独擅之。收[10]二周，西取祭器[11]，秦独私之。赋田计功[12]，王之获利孰与秦多？

【注释】

①贤行：善行。功力：功劳。②怨毒：极端怨恨。③征兵：征集军队。即要求出兵参战。④物：事。⑤啖：用利益引诱人。⑥劫：威逼，威胁。⑦亟（jí）反：速反。⑧声：声名，表面。德：施恩德。作动词用。与国：盟国。指赵国。⑨势异：地位不同。⑩收：攻取，占领。⑪祭器：祭祀所用的礼器。西取祭器，指西至王城（今河南省洛阳市西郊）取周王朝宗庙的祭器，即灭亡周朝。⑫赋田：授民以田。赋，授予，给予。计功：考定功绩，计算功效。

【原文】

说士[1]之计曰："韩亡三川[2]，魏亡晋国[3]，市朝[4]未变而祸已及矣。"燕尽齐之北地，去沙丘、钜鹿[5]敛三百里，韩之上党去邯郸百里，燕、秦谋王之河山，间[6]三百里而通矣。秦之上郡[7]近挺关，至于榆中者千五百里，秦以三郡攻王之上党，羊肠[8]之西，句注[9]之南，非王有已[10]。逾句注，斩[11]常山而守之，三百里而通于燕，代马胡犬[12]不东下，昆山[13]之玉不出，此三宝者亦非王有已。王久伐齐，从强秦攻韩，其祸必至于此。愿王孰虑[14]之。

【注释】

①说（shuì）士：游说之士。②三川：韩郡名。以境内有黄河、雒水、伊水三川得名。③晋国：指黄河以北今河南省沁阳市、山西夏县一带，原为晋国领地，战国时属韩。④市朝：指众人会集之处。也指集市。⑤钜鹿：赵县名。在今河北省平乡县西南。⑥间：间隔。⑦上郡：魏郡名。后为秦占。治所在肤施（今陕西省榆林市榆阳区东南）。⑧羊肠：太行山上的坂道，南在山西晋城市南，北在潼关县东南。⑨句（gōu）注：山名。又名西陉山、雁门山。在今山西省代县西北。⑩已：语气词。用法同“矣”。⑪斩：截断。⑫代马：代地产的骏马。胡犬：胡地产的野狗。⑬昆山：山名。⑭孰虑：通“熟虑”。

【原文】

且齐之所以伐者，以事王也；天下属行[1]，以谋王也。燕秦之约成而兵出有日矣。五国[2]三分王之地，齐倍五国之约而殉王之患[3]，西兵[4]以禁强秦，秦废帝[5]请服，反高平、根柔于[6]魏，反巠分、先俞[7]于赵。齐之事王，宜为上佼[8]，而今乃抵罪[9]，臣恐天下后事王者之不敢自必也。愿王孰计[10]之也。

【注释】

①属行（zhǔ háng）：集合军队。指组织诸侯对付赵国。②五国：指秦、齐、韩、魏、燕五国。③倍：通“背”。殉王

之患：牺牲自己解除赵王的忧虑。④西兵：向西用兵。⑤废帝：废除帝号。⑥反：归还。高平、根柔：魏地。高平，在今河南孟县西北。根柔，今地不详。⑦巠（xíng）分：山名。赵地。在今山西省代县北。先俞：即西俞。赵地。在今山西省代县西北。⑧上佼（jiǎo）：上行。⑨抵罪：问罪。指赵共秦伐齐。⑩孰计：缜密地谋划。

【原文】

今王毋与天下攻齐，天下必以王为义。齐抱[1]社稷而厚事王，天下必尽重王义。秦义，王以天下善秦[2]；秦暴，王以天下禁之，是一世之名宠制于王也。

【注释】

①抱：保。②善秦：跟秦国友好。

【原文】

于是赵乃辍[1]，谢秦不击齐。

【注释】

①辍（chuò）：停止。

【原文】

王与燕王遇。廉颇[1]将，攻齐昔阳[2]，取之。

【注释】

①廉颇：赵将。详见《廉颇蔺相如列传》。②昔阳：县名。

【原文】

十七年，乐毅将赵师攻魏伯阳[①]。而秦怨赵不与己击齐，伐赵，拔我两城[②]。十八年，秦拔我石城[③]，王再之卫东阳[④]，决河水，伐魏氏[⑤]。大潦[⑥]，漳水出。魏冉来相赵。十九年，秦取我二城。赵与魏伯阳。赵奢将，攻齐麦丘[⑦]，取之。

【注释】

①伯阳：魏邑名。在今河南省安阳市西北。②两城：指蔺（今山西省吕梁市离石区），祁（今山西省祁县东南）二城。③石城：城名。在今河南省林州市西南。④东阳：地区名。原属卫国，后属赵国，在今河北省清河县一带。⑤魏氏：指魏国。⑥潦（lào）：通“涝”。⑦麦丘：齐邑名。在今山东省商河县西北。

【原文】

二十年，廉颇将，攻齐。王与秦昭王遇西河外[①]。

【注释】

①王与秦昭王遇西河外：指秦昭王和赵惠文王在渑池相会。

【原文】

二十一年，赵徙漳水武平[①]西。二十二年，大疫。置公子丹为太子。

【注释】

①武平：即武平亭。在今河北省文安县东北。

【原文】

二十三年，楼昌[①]将，攻魏幾[②]，不能取。十二月，廉颇将，攻幾，取之。二十四年，廉颇将，攻魏房子，拔之，因城而还。又攻安阳[③]，取之。二十五年，燕周[④]将，攻昌城[⑤]、高唐，取之。与魏共击秦。秦将白起破我华阳[⑥]，得一将军。二十六年，取东胡欧[⑦]代地。

【注释】

①楼昌：人名。赵将。②幾：邑名。在今河北省大名县东南。③安阳：邑名。在今河南省安阳市西南。④燕周：人名。赵将。⑤昌城：齐邑名。在今山东省淄博市东南。⑥华阳：邑名。在今河南省新郑市北。⑦欧：通“殴”，袭击。

【原文】

二十七年，徙漳水武平南。封赵豹为平阳[①]君。河水出，大潦。

【注释】

①赵豹：赵惠文王同母弟。平阳：此为赵邑。

【原文】

二十八年，蔺相如[①]伐齐，至平邑[②]。罢城北九门[③]大城。燕将成安君公孙操弑其王。二十九年，秦、韩相攻，而围阏与[④]。赵使赵奢[⑤]将，击秦，大破秦军阏与下，赐号为马服君。

【注释】

①蔺相如：赵大臣。详见《廉颇蔺相如列传》。②平邑：

赵邑名。在今河南省南乐县东北。③罢：停止。城：修筑城墙。作动词用。九门：赵北部邑名。在今河北省石家庄市藁城区西北。④阏（yū）与：邑名。战国时韩地，后属赵。在今山西省和顺县西北。⑤赵奢：赵将。善用兵。详见《廉颇蔺相如列传》。

【原文】

三十三年，惠文王卒，太子丹立，是为孝成王。

孝成王元年，秦伐我，拔三城。赵王新立，太后用事[1]，秦急攻之。赵氏求救于齐，齐曰："必以长安君[2]为质，兵乃出。"太后不肯，大臣强谏。太后明谓左右曰："复言长安君为质者，老妇必唾其面。"左师[3]触龙言愿见太后，太后盛气而胥[4]之。入，徐趋[5]而坐，自谢[6]曰："老臣病足，曾不能[7]疾走，不得见久矣。窃自恕，而恐太后体之有所苦[8]也，故愿望见太后。"太后曰："老妇恃辇[9]而行耳。"曰："食得毋衰[10]乎？"曰："恃粥耳。"曰："老臣间者[11]殊不欲食，乃强步[12]，日三四里，少益嗜[13]食，和于身也。"太后曰："老妇不能。"太后不和之色[14]少解。左师公曰："老臣贱息[15]舒祺最少，不肖，而臣衰，窃怜爱之，愿得补黑衣[16]之缺以卫王宫，昧死以闻。"太后曰："敬诺。年几何矣？"对曰："十五岁矣。虽少，愿及未填沟壑[17]而托之。"太后曰："丈夫[18]亦爱怜少子乎？"对曰："甚于妇人。"太后笑曰："妇人异甚。"对曰："老臣窃以为媪之爱燕后贤[19]于长安君。"太后曰："君过矣，不若长安君之甚。”左师公曰：“父母爱子则为之计深远。媪之送燕后也，持其踵[20]，为之泣，念其远[21]也，亦哀之矣。已行，非不思也，祭祀则祝之曰‘必勿使反[22]’，岂非计长久，为子孙相继为王[23]也哉？”太后曰：“然。”左师公曰：“今三世[24]以前，至于赵主之子孙为侯者，其继[25]有在者乎？”曰：“无有。”曰：“微独[26]赵，诸侯有在者乎？”曰：“老妇不闻也。”曰：“此其近者祸及其身，远者及其子孙。岂人主之子侯则不善哉？位尊而无功，奉[27]厚而无劳，而挟[28]重器多也。今媪尊长安君之位，而封之以膏腴[29]之地，多与之重器，而不及今令有功于国，一旦山陵崩[30]，长安君何以自托于赵？老臣以媪为长安君之计短[31]也，故以为爱之不若燕后。”太后曰：“诺，恣[32]君之所使之。”于是为长安君约车[33]百乘，质于齐，齐兵乃出。

【注释】

①太后：即赵惠文王妻赵威后，孝成王的母亲。用事：执政。当时孝成王年幼，故由威后执政。②长安君：赵太后最宠爱的小儿子。③左师：官名。下文的“左师公”即指触龙，“公”是敬称。④胥：通“须”，等待。⑤徐趋：慢慢往前小跑。古人见尊长时，小步急行，表示尊敬。⑥谢：告罪，道歉。⑦曾不能：简直不能。⑧苦：劳苦。引申为疲劳，不舒服。⑨辇（niǎn）：用人力推着或拖着走的车。⑩衰：减少。⑪间者：近来。⑫强步：勉强走动。⑬少（shāo）：稍。益：增长，加多。嗜：喜爱。⑭色：怒色。⑮息：儿子。⑯黑衣：

王宫中卫士穿的衣服。这里代指宫中卫士。⑰及：趁。填沟壑(hè)：指死后埋在地里。⑱丈夫：古代对男子的通称。⑲媪(ǎo)：对老年妇女的敬称。燕后：赵太后的女儿。嫁给燕王。贤：胜过。⑳持：握。踵：脚跟。㉑念其远：惦念她远离自己。㉒必勿使反：一定别让她回来。古代诸侯的女儿嫁到别国为后，只有被废弃或者亡国才能回到本国。㉓相继为王：世世代代继承王位。㉔三世：三代，父子相继为一世。三世以前，当指赵肃侯（前349—前326）时。㉕继：指继承人，后代。㉖微独：非独，不仅。㉗奉：通“俸”，俸禄。㉘挟：持，拥有。㉙膏腴：肥沃，富饶。㉚山陵崩：婉言威后死去。㉛计短：打算得不长远。㉜恣：任凭，听任。㉝约车：准备车子。

【原文】

子义[①]闻之，曰：“人主之子，骨肉之亲也，犹[②]不能持无功之尊，无劳之奉，而守[③]金玉之重也，而况于予乎？”

【注释】

①子义：赵国的贤士。②犹：还，尚且。③守：保持。

【原文】

齐安平君田单将赵师而攻燕中阳[①]，拔之。又攻韩注人[②]，拔之。二年，惠文后[③]卒。田单为相。

【注释】

①田单：齐国的王族。赵惠文王二十年（前279），田单一举收复齐国的失地七十余城，因功而封安平君。安平，在今山东省青州市西北。中阳：一作“中人”，即中人亭，属燕。在今河北省唐县西。②注人：即注城。韩地。③惠文后：惠文王后，孝成王生母赵太后。

【原文】

四年，王梦衣偏裻之衣[①]，乘飞龙上天，不至而坠，见金玉之积如山。明日，王召筮史敢[②]占之，曰：“梦衣偏裻之衣者，残也。乘飞龙上天不至而坠者，有气[③]而无实也。见金玉之积如山者，忧[④]也。”

【注释】

①衣（yì）：穿。偏裻（dū）：即偏衣，左右各一色合成的衣服。裻，衣背缝。②筮（shì）史：以蓍（shī）草占卜吉凶的史官。敢：筮史之名。③气：气势。④忧：祸。

【原文】

后三日，韩氏上党守冯亭[①]使者至，曰：“韩不能守上党，入之于秦。其吏民[②]皆安为赵，不欲为秦。有城市邑[③]十七，愿再拜入之赵，财王[④]所以赐吏民。”王大喜，召平阳君豹告之曰：“冯亭入城市邑十七，受之何如？”对曰：“圣人甚祸无故之利。”王曰：“人怀吾德，何谓无故乎？”对曰：“夫秦蚕食韩氏地，中绝[5]不令相通，固自以为坐而受上党之地也。韩氏所以不入于秦者，欲嫁其祸于赵也。秦服其劳而赵受其利，虽强大不能得之于小弱，小弱顾能得之于强大乎？岂可谓非无故之利哉！且夫秦以牛田[6]之水通粮蚕食，上乘倍战[7]者，裂上国[8]之地，其政行，不可与为难，必勿受也。”王曰：“今发百万之军而攻，逾年历岁未得一城也。今以城市邑十七币[9]吾国，此大利也。”

【注释】

①韩氏：指韩国。冯亭：原为韩国的上党郡守，因秦的进攻威逼，以上党郡归赵，赵封为华阳君。②吏民：官吏和百姓。③城市邑：指大都邑。④财王：即王财，请王裁决。⑤中绝：从中隔断。赵孝成王四年（前262），秦攻取韩的野王（今河南省沁阳市），切断上党通韩都新郑的通道。⑥牛田：秦地名，近上党。⑦上乘（shèng）：上等好马。倍战：奋力作战。倍战者，指精锐的士卒。⑧上国：春秋时称中原诸侯国为上国，这里指韩国。⑨币：本指用作礼物的玉、马、皮、帛等。

【原文】

赵豹出，王召平原君[1]与赵禹而告之。对曰：“发百万之军而攻，逾岁未得一城，今坐受城市邑十七，此大利，不可失也。”王曰：“善。”乃令赵胜受地，告冯亭曰：“敝国使者臣胜，敝国君使胜致命，以万户都三封太守[2]，千户都三封县令，皆世世为侯，吏民皆益爵[3]三级，吏民能相安，皆赐之六金[4]。”冯亭垂涕不见使者，曰：“吾不处三不义也：为主守地，不能死固[5]，不义一矣；入之秦，不听主令，不义二矣；卖主地而食之，不义三矣。”赵遂发兵取上党。廉颇将军军长平[6]。

【注释】

①平原君：名赵胜（？—前251）。赵武灵王之子，赵惠文王同母弟。惠文王晚年和孝成王时为相。②万户都三：有万户的都邑三个。太守：指冯亭。③益爵：晋升爵位。④六金：六斤黄金。⑤死固：死于坚守。⑥长平：赵邑名。在今山西省高平市西北。

【原文】

六年[1]，廉颇免而赵括[2]代将。秦人围赵括，赵括以军降[3]，卒四十余万皆坑[4]之。王悔不听赵豹之计，故有长平之祸焉。

【注释】

①六年：赵孝成王六年（前260）。②赵括：赵将。马服君赵奢的儿子。③赵括以军降：此处有误。赵括是亲自率军搏战被秦军射杀的。④坑：活埋。

【原文】

王还[1]，不听秦[2]，秦围邯郸。武垣[3]令傅豹、王容、苏射率燕众反燕地。赵以灵丘[4]封楚相春申君。

【注释】

①王还：指孝成王回到邯郸。②不听秦：不接受秦国提出的割地要求。③武垣：赵邑名，与燕接境。在今河北省河间市。④灵丘：在今山东高唐县南。

【原文】

八年，平原君如楚请救。还，楚来救，及魏公子无忌[1]亦来救，秦围邯郸乃解。

【注释】

①魏公子无忌（？—前243）：魏昭王少子，封信陵君。

【原文】

十年，燕攻昌壮[1]，五月拔之。赵将乐乘、庆舍攻秦信梁[2]军，破之。太子[3]死。而秦攻西周[4]，拔之。徒父祺出[5]。十一年，城元氏[6]，县上原[7]。武阳君郑安平[8]死，收其地。十二年，邯郸廥[9]烧。十四年，平原君赵胜死。

【注释】

①昌壮：即昌城。在今河北省衡水市冀州区西北。②乐乘：乐毅之子。赵将。信梁：秦将。③太子，即赵太子，名不详。④西周：即前所说的小诸侯国西周国。⑤徒父祺：赵大夫，姓徒父，名祺。出：率军出都以备秦。⑥元氏：赵邑名。

在今河北省元氏县西北。⑦上原：即上元城。在今河北省元氏县西。⑧郑安平：魏国人。⑨侩（kuài）：储存牲畜饲料的仓库。

【原文】

十五年，以尉文[①]封相国廉颇为信平君。燕王令丞相栗腹约驩[②]，以五百金为赵王酒[③]，还归，报燕王曰："赵氏壮者皆死长平，其孤未壮，可伐也。"王召昌国君乐间[④]而问之。对曰："赵，四战之国[⑤]也，其民习兵[⑥]，伐之不可。"王曰："吾以众伐寡，二而伐一，可乎？"对曰："不可。"王曰："吾即以五而伐一，可乎？"对曰："不可。"燕王大怒。群臣皆以为可。燕卒起二军，车[⑦]二千乘，栗腹[⑧]将而攻鄗，卿秦[⑨]将而攻代。廉颇为赵将，破杀栗腹，虏卿秦、乐间。

【注释】

①尉文：赵邑名。今地不详。②燕王：指燕王喜，前254—前222年在位。驩：同"欢"，意为和好。③酒：设酒宴的费用，代指礼物。④乐间：乐毅之子。⑤四战之国：四面受敌的国家。⑥习兵：熟悉军事。⑦车：兵车。兵车一乘甲士三人，卒七十二人，辎重二十五人。⑧栗腹：燕将。⑨卿秦：燕将。

【原文】

十六年，廉颇围燕。以乐乘为武襄君。十七年，假相[①]大将武襄君攻燕，围其国[②]。十八年，延陵钧[③]率师从相国信平君助魏攻燕。秦拔我榆次[④]三十七城。十九年，赵与燕易土：

以龙兑、汾门、临乐[⑤]与燕；燕以葛、武阳、平舒[⑥]与赵。

【注释】

①假相：代理相国职务。②国：国都，京城。③延陵钧：赵将，名钧。延陵，县名，在今内蒙古兴和县境。④榆次：赵邑名。在今山西省太原市东南，即今晋中市榆次区。⑤龙兑：在今河北省保定市徐水区西南。汾门：在今保定市徐水区西北、易水之北。临乐：在今河北省固安县西南。⑥葛：在今河北省高阳县东北。武阳：在今河北省易县东南。平舒：在今山西省广灵县西。

【原文】

二十年，秦王政[①]初立。秦拔我晋阳。

【注释】

①秦王政：即后来的秦始皇。

【原文】

二十一年，孝成王卒。子偃立，是为悼襄王[①]。廉颇将，攻繁阳[②]，取之。使乐乘代之，廉颇攻乐乘，乐乘走，廉颇亡入魏。

【注释】

①“子偃立，是为悼襄王”句：《史记志疑》卷二十三：“据《廉颇传》，‘孝成王卒，子偃立，是为悼襄王’十二字，当在‘攻繁阳取之’下，此错简也。”②繁阳：春秋战国时魏地。在今河南省内黄县西北。

【原文】

悼襄王元年，大备[①]魏。欲通平邑、中牟[②]之道，不成。

【注释】

①大备：指行隆重的典礼。②平邑：在今河北省南乐县东北。中牟：在今河南省汤阴县西。非指今河南省开封西面的中牟县。

【原文】

二年，李牧[①]将，攻燕，拔武遂、方城[②]。秦召春平君[③]，因而留之。泄钧为之谓文信侯[④]曰："春平君者，赵王甚爱之而郎中妒之，故相与谋曰：'春平君入秦，秦必留之。'故相与谋而内之秦也。今君留之，是绝赵[⑤]而郎中之计中也。君不如遣春平君而留平都[⑥]。春平君者言行信于王，王必厚割赵而赎平都。"文信侯曰："善。"因遣之。城韩皋[⑦]。

【注释】

①李牧（？—前228）：战国末赵将。②武遂：燕邑名。今河北省保定市徐水区西。一说在今河北省武强县东北。方城：燕邑名。在今河北省固安县西南。③春平君：赵悼襄王的太子。④泄钧：秦臣。文信侯：即吕不韦。⑤绝赵：断绝赵的继嗣。⑥平都：指平都侯，失其姓名，为与春平君同时入质于秦的赵贵族。平都，赵县名。⑦韩皋：地名。不详。

【原文】

三年，庞煖将，攻燕，禽其将剧辛[①]。四年，庞煖将赵、楚、魏、燕之锐师，攻秦蕞[2]，不拔；移攻齐，取饶安[3]。五年，傅抵将，居平邑；庆舍将东阳河外师，守河梁[4]。六年，封长安君以饶[5]。魏与赵邺[6]。

【注释】

①剧辛：战国时燕将。②蕞：秦地名。在今陕西省西安市临潼区东北。③饶安：赵邑名。在今河北省盐山县西南。④傅抵：赵将。庆舍：赵将。东阳：晋之太行山以东地，汉始置县，在今山东省武城县东。河外：黄河南岸。河梁：河上的桥。⑤饶：赵邑名。⑥邺：邑名。在今河北省临漳县西南。

【原文】

九年，赵攻燕，取貍、阳城[1]。兵未罢，秦攻邺，拔之。悼襄王卒，子幽缪[2]王迁立。

【注释】

①貍、阳城：今地不详。②幽缪：赵王迁的谥号。

【原文】

幽缪王迁元年，城柏人。二年，秦攻武城[1]，扈辄[2]率师救之，军败，死焉。

【注释】

①武城：赵邑名。又名东武城。在今山东省武城县西北。②扈辄：赵将。

【原文】

三年，秦攻赤丽、宜安[1]，李牧率师与战肥[2]下，却之。

封牧为武安君。四年，秦攻番吾[3]，李牧与之战，却之。

【注释】

①赤丽：今地不详。宜安：县名。在今石家庄市藁城区西南。②肥：地名。在今河北省晋州市西南。③番吾：赵邑名。

【原文】

五年，代地大动，自乐徐[1]以西，北至平阴[2]，台屋墙垣太半坏[3]，地坼[4]东西百三十步。六年，大饥，民讹言[5]曰：“赵为号，秦为笑。以为不信，视地之生毛[6]。”

【注释】

①乐徐：赵地名。在今河北省涞源县东南。②平阴：赵地名。在今山西省阳高县东南。③太半：过半。④坼（chè）：分裂，裂开。⑤讹（é）言：谣言。⑥毛：指庄稼，植物。

【原文】

七年，秦人攻赵，赵大将李牧、将军司马尚将，击之。李牧诛，司马尚免，赵怱[1]及齐将颜聚代之。赵怱军破，颜聚亡去。以王迁降[2]。

【注释】

①赵怱：赵将。②以王迁降：王迁以降。以，因。

【原文】

八年十月，邯郸为秦。

太史公曰：吾闻冯王孙[①]曰："赵王迁，其母倡[②]也，嬖[③]于悼襄王。悼襄王废適子嘉而立迁。迁素无行[④]，信谗，故诛其良将李牧，用郭开[⑤]。"岂不缪哉！秦既虏迁，赵之亡大夫[⑥]共立嘉为王，王代六岁，秦进兵破嘉，遂灭赵以为郡。

【注释】

①冯王孙：和司马迁同时代的博闻有识之士。②倡：歌舞艺人。③嬖（bì）：宠爱。④无行：品行不好。⑤郭开：赵王迁的宠臣。⑥亡大夫：指逃出邯郸的大臣。这时秦军虽然占领了赵都邯郸，但是还有大片土地未归服秦国，所以这些亡大夫又在代地拥立赵嘉为赵王。

【译文】

赵国的祖先，和秦国的祖先同为一人。传到中衍，他替商朝的大戊帝赶车。中衍的后代蜚廉有两个儿子，给一个儿子起名叫恶来，恶来侍奉殷纣王，被周人杀死，他的后代就是嬴秦。恶来的弟弟名叫季胜，季胜的后代就是赵人。

季胜生了孟增。孟增深受周成王的宠信，这就是宅皋狼。皋狼生了衡父，衡父生了造父。造父深受周穆王的宠信。造父挑选了骏马八匹和在桃林的盗骊、骅骝、绿耳等良马，一起献给穆王。穆王让造父赶车，到西方巡行诸侯国，见到了西王母，高兴得忘记回朝。徐偃王趁机发动战乱，穆王靠良马一日奔驰千里，突然攻打徐偃王，把他彻底打败。于是，把赵城赐给造父，从此以赵为氏。

从造父往下传六代到奄父，奄父字公仲，周宣王讨伐戎族，他给宣王赶车。等到千亩战斗时，奄父使宣王脱离危险。奄父生了叔带。叔带的时候，周幽王荒淫无道。于是，他就离开周幽王到了晋国，侍奉晋文侯，开始在晋国建立赵氏的基业。

从叔带以下，赵氏宗族日益兴盛，传五代到赵夙。

赵夙在晋献公十六年讨伐霍、魏、耿三国时是将军，奉命率军讨伐霍国，霍公求逃到齐国。当年晋国大旱，献公让人占卜原因，卜辞说："霍太山的神灵作怪。"献公就派赵夙到齐国召回霍君，叫他恢复国家，主持霍太山的祭祀，晋国才获得丰收。晋献公把原来的耿国土地赏赐给赵夙。

赵夙生了共孟，正是鲁闵公的元年。共孟生了赵衰，赵衰字子馀。

赵衰占卜侍奉晋献公及诸位公子，都不吉利；又占卜侍奉公子重耳，吉利，就去侍奉重耳。重耳由于骊姬的变乱，逃亡到翟国，赵衰跟随。翟国讨伐廧咎如时，俘虏两位女子，翟君把年少的女子嫁给重耳为妻；把年长的女子嫁给赵衰为妻，生了儿子赵盾。当初，重耳还在晋国的时候，赵衰的妻子也已经生了儿子赵同、赵括、赵婴齐。赵衰跟随重耳出国流亡，共十九年，才返回晋国。重耳做了晋文公，赵衰做原大夫，居住在原地，执掌国家大权。晋文公之所以能回国且称霸，大多是赵衰的谋划，详情记载在《晋世家》中。

赵衰回到晋国以后，在晋国的原配妻子坚决要求把他在翟娶的妻子迎接回来，并且让翟妻的儿子赵盾做正宗继承人，而让自己的三个儿子居下位侍奉他。晋襄公六年（前623），赵衰去世，他的谥号是成季。

赵盾接替成季主持国政两年之后，晋襄公去世，太子夷皋年纪小。赵盾由于国家多难，想立襄公的弟弟雍为国君。雍当时在秦国，就派使臣去迎接他。太子的母亲日夜啼哭，叩头对赵盾说："先君有什么罪过，为什么要抛弃他的嫡子而另找国君呢？"赵盾为此事忧虑，恐怕她的宗亲和大夫们来袭击杀死自己，于是就立了太子，这就是晋灵公，并派兵去拦截到秦国迎接襄公弟弟的一行人。灵公即位之后，赵盾更加独揽晋国的政事。

灵公即位十四年，越来越骄纵。赵盾多次进谏，灵公不听。一次吃熊掌，没有煮熟，就把膳食官杀了，让人把他的尸体抬出去，正好被赵盾看见。灵公因此害怕，想要杀害赵盾。赵盾平素待人宽厚慈爱，他曾经送食物给一个饿倒在桑树之下的人，这个人回身掩护救了赵盾，赵盾才得以逃走。他还没有逃出国境，赵穿就杀死了灵公，立襄公的弟弟黑臀为君，这就是晋成公。赵盾又回来主持国政。君子讥讽赵盾"身为正卿，逃亡没有出国境，返回来也不诛讨逆贼"，所以史官记载说"赵盾杀了他的国君"。晋景公的时候赵盾去世，他的谥号是宣孟，其子赵朔承袭爵位。

晋景公三年（前597），赵朔率领晋国的下军援救郑国，与楚庄王在黄河边交战。赵朔娶了晋成公的姐姐为夫人。

晋景公三年，大夫屠岸贾要诛杀赵氏家族。当初，赵盾在世的时候，曾梦见叔带抱着他的腰痛哭，非常悲伤；之后又大笑，还拍着手唱歌。赵盾为此进行占卜，龟甲上烧出的裂纹中断，可后边又好了。赵国一位名叫援的史官判断说："这个梦很凶，不是应验在您的身上，而是在您儿子身上，可也是由于您的过错。到您孙子那一代，赵氏家族将更加衰落。"屠岸贾这个人，起初受灵公的宠信。到景公的时候，他就做了司寇，将要发难，就先惩治杀灵公的逆贼以便牵连出赵盾，同时遍告所有的将领说："赵盾虽然不知情，但仍然是逆贼之首。做臣子的杀害了国君，他的子孙却还在朝为官，这还怎么能惩治罪人呢？请各位诛杀他们。"韩厥说："灵公遇害的时候，赵盾在外地，我们的先君认为他无罪，所以没有杀他。如今，各位将要诛杀他的后人，这不是先君的意愿而是随意滥杀，随意滥杀就是作乱。为臣的有大事却不让国君知道，这是目无君主。"屠岸贾不听。韩厥就告知赵朔赶快逃跑。赵朔不肯逃跑，他说："您一定能不使赵氏的香火断绝，我死了也就没有遗恨了。"韩厥答应了他的要求，他谎称患病不出门。屠岸贾不请示国君就擅自和将领们在下宫攻袭赵氏，杀死了赵朔、赵同、赵括、赵婴齐，并且灭绝了他们的家族。

赵朔的妻子是成公的姐姐，有赵朔留下的身孕，她逃到景公宫里躲藏起来。赵朔的一位门客名叫公孙杵臼，杵臼对赵朔的朋友程婴说："您为什么不死？"程婴说："赵朔的妻子有身孕，如果有幸是男孩，我就奉养他；如果是女孩，我再慢慢去死。"过了不久，赵朔的妻子分娩，生下男孩。屠岸贾听到后，到宫中去搜查。夫人把婴儿藏在自己身下裤子内，祷告说："赵氏宗族要是灭绝，你就大哭；如果不会灭绝，你就不要出声。"搜查到这里的时候，婴儿竟然没有声音。脱险以后，程婴对公孙杵臼说："今天一次搜查没有找到，以后一定要再来搜查，怎么办呢？"公孙杵臼说："扶立遗孤和死哪件事更难？"程婴说："死很容易，扶立遗孤很难啊。"公孙杵臼说："赵氏的先君待您不薄，您就勉为其难吧。我去做那件容易的，让我先死吧！"于是，两人设法得到别人家的婴儿背着，给他包上漂亮的小花被，藏到深山里。程婴从山里出来，假意对将军们说："我程婴没出息，不能扶养赵氏孤儿，谁能给我千金，我就告诉他赵氏孤儿藏在哪里。"将军们都很高兴，答应了他，就派兵跟随程婴去攻打公孙杵臼。杵臼假意说："程婴，你这个小人哪！当初下宫之难你不能去死，跟我商量隐藏赵氏孤儿，如今你却出卖了我。即使你不能抚养，怎能忍心出卖他呢！"他抱着婴儿大叫道："天哪！天哪！赵氏孤儿有什么罪？请你们让他活下来，只杀我杵臼可以吧。"将军们不答应，立刻杀了杵臼和孤儿。将军们以为赵氏孤儿确实已经死了，都很高兴。然而，真的赵氏孤儿仍然活着，程婴终于和他一起隐藏到深山里。

过了十五年，晋景公生病，进行占卜，占卜的结果说是大业的子孙后代不顺利，因而作怪。景公问韩厥，韩厥知道赵氏孤儿还在世，便说："大业的后代子孙中如今已在晋国断绝香火的，不就是赵氏吗？从中衍传下的后代都是姓嬴的了。中衍人面鸟嘴，来到人世辅佐殷帝太戊，到他的后代辅佐的几位周天子，都有美好的德行。再往下到厉王、幽王时昏庸无道，叔带就离开周王朝来到晋国，侍奉先君文侯，一直到成公，他们世代都建立了功业，从未断绝过香火。如今只有君主您灭了赵氏宗族，晋国人都为他们悲哀，所以在占卜时就显示了。希望您考虑考虑吧！"景公问道："赵氏还有后代子孙吗？"韩厥就把实情完全告诉了景公。于是，景公就与韩厥商量立赵氏孤儿，先把他找来藏在宫中。将军们进宫问候景公的病情，景公依靠韩厥的众多随从迫使将军们同赵氏孤儿见面。赵氏孤儿名叫赵武。将军们不得已，只好说："当初下宫那次事变，是屠岸贾策动的，他假传君命，并且向群臣发令，不然的话，谁敢发动变乱呢！如果不是您患病，我们这些大臣本来就要请赵氏的后代了。如今您有这个命令，正是群臣的心愿啊！"当时就让赵武、程婴一一拜谢各位将军，将军们又反过来与程婴、赵武攻打屠岸贾，诛灭了他的家族。景公重又把原属赵氏的封地赐给赵武。

到赵武行了冠礼，已是成人了，程婴就拜别了各位大夫，然后对赵武说："当初下宫的事变，人人都能死难。我并非不能去死，我是想扶立赵氏的后代。如今，赵武已经承袭祖业，长大成人，恢复了原来的爵位，我要到地下去报告给赵宣孟（应为赵朔）和公孙杵臼。"赵武啼哭叩头，坚持请求说："我宁愿使自己筋骨受苦也要报答您一直到死，难道您忍心离开我去死吗?"程婴说："不行。他认为我能完成大事，所以在我以前死去。如今我不去复命，就会以为我的任务没有完成。"于是就自杀了。赵武为程婴守孝三年，给他安排了祭祀用的土地，春秋祭祀，世代不绝。

赵氏恢复爵位十一年后，晋厉公杀了三位郤氏大夫。栾书害怕牵连到自己，于是就杀了晋君厉公，改立襄公的曾孙周，这就是晋悼公。晋国从此以后大夫的势力逐渐强盛。

赵武接续赵氏宗族后二十七年，晋平公即位。平公十二年（前 546），赵武做了正卿。十三年（前 545），吴国的延陵季子使晋国，他说："晋国的政权最后要落到赵武子、韩宣子、魏献子后代的手里。"赵武死后，谥号是文子。

文子生了景叔。景叔的时候，齐景公派晏婴出使晋国，晏婴和晋国的叔向谈话。晏婴说："齐国的政权以后终要落到田氏手里。"叔向也说："晋国的政权将会落到六卿的手里。六卿很放肆，我们国君却不知忧虑。"

赵景叔去世，他生子赵鞅，这就是赵简子。

赵简子在位期间，晋顷公九年（前517），简子会合诸侯在周境内驻守。第二年，送周敬王回周朝，因为他在外躲避他的弟弟子朝。

晋顷公十二年（前514），六卿依照法令诛杀了国君的宗族祁氏和羊舌氏，把他们的领地分为十个县，六卿分别让自家的族人去做大夫。晋国公室从此更加削弱。

再过十三年（前514），鲁国的乱臣阳虎逃到晋国来，赵简子接受了贿赂，对他给以厚待。

赵简子生了病，五天不省人事，大夫们都害怕了。医生扁鹊看过后走出来，董安于询问病情。扁鹊说："血脉平和，你们何必惊怪！从前秦穆公也有过这种情况，过了七天才醒过来。醒来的那天，告诉公孙支和子舆说：'我到了天帝住的地方很快乐。我之所以停留的时间久，是我正好在受教。天帝告诉我：'晋国将要大乱，五世不得安宁；他们的后代将称霸，没有年老就死去，称霸者的儿子还会让你们晋国的男女关系混乱。'公孙支写下来并把它藏好，秦国的预言这时就传出来了。献公时的混乱，文公时的称霸，襄公时在殽山大败秦军，回去就纵容淫乱，这些都是您知道的。如今，你们君主的病与秦穆公一样，不出三天病一定会好转，好转之后一定有话要讲。"

过了两天半，简子醒过来了。他对大夫们说："我到了天帝那里非常快乐，和百神在钧天游览。听到了宏伟的乐曲多次演奏，还看到了万舞，不像是夏、商、周三代的音乐，那乐声非常动人。有一头熊要来抓我，天帝让我射它，熊被射中了，死了。又有一只罴过来，我又射它，罴被射中，也死了。天帝非常高兴，赐给我两个竹箱，都配有小箱。我看到一个小孩在天帝身边，天帝又托付给我一只翟犬，对我说：'等你的儿子长大了，把这只犬送给他。'天帝还告诉我：'晋国将逐渐衰落，再传七代就要灭亡，嬴姓的人将在范魁的西边大败周人，可是你们不能占有那里。现在我追念虞舜的功勋，到时候我将把舜的后代之女孟姚嫁给你的第七代孙子。'"董安于听了这番话，就把它写下来妥为保存。他把扁鹊说的话报告给简子，简子赐给扁鹊田地四万亩。

有一天，简子外出，有人拦路，驱赶他也不离开。随从们很生气，要杀他。拦路人说："我有事要拜见主君。"随从把他的话禀告简子，简子召见他，一见面就说："嘻！我曾经见过你子晰呀。"拦路人说："让左右侍从退下，我有事禀告。"简子让人们退下。拦路人说："您生病的时候，我正在上帝身边。"简子说："对，有这件事。你见到我的时候，我在做什么？"拦路人说："天帝让您射熊和罴，都被您射死了。"简子说："对，将会怎么样呢？"拦路人说："晋国将有大难，您是为首的。天帝让您灭掉两位上卿，熊和罴就是他们的祖先。"简子说："天帝赐给我两个竹箱，并且都有相配的小箱，这是什么意思？"拦路人说："您的儿子将在翟攻克两国，他们都是子姓。”简子说：“我看到一个小孩在天帝身边，天帝给我一只翟犬，并说：‘等你的儿子长大了把这只犬送给他。’把翟犬送给小孩是什么意思?”拦路人说：“小孩就是您的儿子，翟犬是代国的祖先。您的儿子将来必定占有代国。到您的后代，将有政令的变革，并且要穿胡人的服装，在翟吞并两国。”简子问他的姓并且要聘他做官。拦路人说：“我是乡野之人，只是来传达上帝的旨意罢了。”说完就不见了。简子把这些话记载下来保存在秘府里。

另一天，姑布子卿拜见简子，简子把儿子们都叫来让他看相。子卿说：“没有能做将军的人。”简子说：“赵氏要完了吗?”子卿说：“我曾在路上看到一个孩子，大概是您的儿子吧!”简子又叫来儿子毋卹。毋卹一到，子卿就站起来说：“这才是真正的将军呀!”简子说：“这孩子的母亲卑贱，是从翟来的婢女，怎么说他尊贵呢?”子卿说：“上天赐给的，即使卑贱也定能显贵。”从此以后，简子常把儿子们都叫来谈话，毋卹表现最好。简子有一次告诉儿子们说：“我把宝符藏在常山之上，谁先找到了就赏给他。”儿子们赶快跑到常山上去找，结果什么也没找到。毋卹回来后说：“已经找到宝符了。”简子说：“你说吧。”毋卹说：“从常山上往下看到代国，代国可以夺取过来。”简子这才知道毋卹果然是贤才。于是，废了太子伯鲁，把毋卹立为太子。

过了两年，晋定公十四年（前498），范氏、中行氏作乱。

第二年春天，简子对邯郸大夫赵午说："把卫国的五百户士民还给我，我要把他们安置到晋阳。"赵午答应了，回去后他的父兄却不同意，就违背了诺言。赵鞅逮捕了赵午，把他囚禁在晋阳。通告邯郸人说："我私自诛杀赵午，各位想立谁？"于是，杀了赵午。赵午之子赵稷和家臣涉宾凭借邯郸反叛。晋国国君派籍秦包围邯郸。荀寅、范吉射和赵午友好，不肯帮助籍秦反而策划叛乱，董安于知道这一情况。十月，范氏和中行氏讨伐赵鞅，赵鞅逃到晋阳，晋人包围晋阳。范吉射、荀寅的仇人魏襄等谋划驱逐荀寅，让梁婴父取代他；驱逐范吉射，让范皋绎取代他。荀栎对晋君说："先君对大臣有令，领头叛乱的要处死。如今三位大臣都领头作乱，可是单单驱逐赵鞅，这是施用刑罚不公平，请把他们全都驱逐了。"十一月，荀栎、韩不佞、魏侈奉国君的命令讨伐范氏、中行氏，没有取胜。范氏、中行氏反过来讨伐定公，定公还击，范氏、中行氏失败逃跑。丁未这天，两个人逃到朝歌。韩不佞、魏哆为赵鞅求情。十二月辛未这天，赵鞅进入绛城，在定公宫中盟誓。第二年，知伯文子对赵鞅说："范氏、中行氏虽然确实发动了叛乱，但这是董安于挑起的，这就是董安于参与了策划。晋国有法，开始作乱的要处死。那两个人已经受到处治，而唯独董安于还在。"赵鞅为此事忧虑。董安于说："我死了，赵氏可以安定，晋国也能安宁，我死得太晚了。"于是就自杀了。赵鞅把这件事告诉了知伯，此后赵氏才得安宁。

孔子听说赵简子不请示晋君就逮捕邯郸大夫赵午，以致退守晋阳，所以在《春秋》中记载说："赵鞅凭借晋阳叛乱。"

赵简子有个家臣名叫周舍，喜欢直言进谏。周舍死后，简子每当上朝处理政事的时候，常常不高兴，大夫们请罪。简子说："你们没有罪。我听说，一千张羊皮也不如一只狐的腋下皮毛。大夫们上朝，只听到恭敬顺从的应答声，听不到周舍那样的争辩之声了，我为此而忧虑。"简子因此能使赵地的人顺从，并使晋人也归向他。

晋定公十八年（前494），赵简子在朝歌包围了范吉射和中行寅，中行寅逃奔邯郸。第二年，卫灵公去世。赵简子和阳虎把卫太子蒯聩送到卫国，卫国不接纳，卫太子只好住到戚城。

晋定公二十一年（前491），赵简子攻入邯郸，中行寅逃到柏人。简子又包围了柏人，中行寅、范吉射于是又奔到齐国。赵氏终于占有了邯郸、柏人。范氏、中行氏其余的领地都归入晋国。赵简子名为晋国上卿，实际上独揽晋国政权，他的封地等同于诸侯。

晋定公三十年（前482），定公与吴王夫差在黄池的诸侯盟会上争做盟主。赵简子跟随晋定公，终于让吴王为盟主。定公在位三十七年去世，简子免除了守丧三年之礼，一周年就结束了。这一年，越王句践灭了吴国。

晋出公十一年（前464），知伯讨伐郑国。赵简子生病，派太子毋恤率兵包围郑国。知伯喝醉了，用酒强灌毋恤并打他。随从毋恤的群臣要求把知伯处死。毋恤说："主君之所以让我做太子，是我能忍辱。"但是，他也怨恨知伯。知伯回去后，就对简子讲了，让他废毋恤，简子不听。毋恤从此更加怨恨知伯。

晋出公十七年（前458），赵简子去世，太子毋恤继位，这就是赵襄子。

赵襄子元年（前457），越国包围吴国。襄子减少了守孝期间规定的饮食，派家臣楚隆去慰问吴王。

襄子的姐姐从前是代王夫人。简子安葬以后，襄子还没有除丧服，就到北边登上夏屋山，请来代王，让厨师拿着铜勺请代王和他的随从进餐。斟酒时，暗中让名叫各的厨师用铜勺打死代王和随从人员。于是，就发兵平定代地。他的姐姐听说这件事后，哭泣着呼天，磨尖簪子自杀了。代地人同情她，把她自杀的地方叫作摩笄之山。襄子把代地封给伯鲁的儿子赵周，让他做代君。伯鲁是襄子的哥哥，原来的太子。太子早已去世，所以封他的儿子。

襄子即位四年，知伯和赵、韩、魏三家把范氏、中行氏原有的领地全都瓜分了。晋出公大怒，通告齐国、鲁国，想依靠它们讨伐四卿。四卿害怕，于是就一起攻打晋出公。出公逃奔齐国，半路上死了。知伯就让昭公的曾孙骄即位，这就是晋懿公。知伯越来越骄横。他要求韩、魏两家割让领地，韩、魏给了他。要求赵氏割地，赵氏不给，因为在包围郑国时知伯侮辱过他。知伯恼怒，就率领韩、魏两家进攻赵氏。赵襄子害怕，就逃奔到晋阳退守。

原过跟随襄子，落在后边，到了王泽，看见三个人，从腰带以上可以看见，从腰带以下就看不见了。三人给了原过一根两节的竹棍，中间不通。对他说："替我们把这竹棍送给赵毋卹。"原过到了以后，把情况告诉襄子。襄子斋戒三天，亲自把竹棍剖开，里边有朱红的字写道："赵毋卹，我们是霍泰山山阳侯天使。三月丙戌日，我们将让你反过来灭掉知氏。你也要为我们的百邑立庙，我们将把林胡的土地赐给你。到你的后代，将有一位勇健的国王，皮肤红黑，龙脸鸟嘴，鬓眉相连，髭髯络腮，宽胸大腹，下体修长，上体壮大，衣襟左开，披甲骑马。全部占有黄河中游一带，直至休溷地区的各部貉人，往南进攻晋国的其他城邑，往北灭掉黑姑。"襄子再拜，接受了三位神人的旨令。

三国攻打晋阳，一年多以后，引来汾水灌城，城墙没有淹没的只剩下三版高了。城里的人都把锅挂起来做饭，互换子女吃掉。群臣都有了外心，礼节越来越怠慢，唯有高共不敢失礼。襄子害怕，于是半夜派丞相张孟同暗中结交韩、魏。韩、魏与赵合谋，三月丙戌这天，三国反过来灭了知氏，共同瓜分了他的土地。于是，襄子进行封赏，高共是上等。张孟同说："晋阳有难期间，只有高共没功劳。"襄子说："当晋阳危急之时，群臣都很怠慢，只有高共不敢有失臣下的礼节，因此他要受上赏。"这时，赵在北方占有代地，南边并吞了知氏，比韩、魏强大。于是，在百邑给三神立庙祭祀，派原过主持霍泰山神庙的祭祀。

后来，襄子娶空同氏为妻，生了五个儿子。襄子由于伯鲁未能继位，不肯立自己的儿子做太子，并且一定要传位给伯鲁的儿子代成君。成君先死了，就选定代成君的儿子赵浣立为太子。襄子在位三十三年去世，赵浣即位，这就是献侯。

献侯年纪不大就即位了，首府在中牟。

襄子的弟弟桓子驱逐了献侯，在代地自立为侯，一年后去世。赵国人认为桓子即位不是襄子的意愿，就共同杀了他的儿子，又迎回献侯即位。

献侯十年（前414），中山国武公即位。十三年（前411），在平邑筑城。十五年（前409），献侯去世，他的儿子烈侯赵籍即位。

烈侯元年（前408），魏文侯攻打中山国，派太子魏击驻守。六年（前403），魏、韩、赵都立为诸侯，赵籍追尊献子为献侯。

烈侯爱好音乐，对相国公仲连说："寡人有喜爱的人，能让他尊贵起来吗?"公仲说："使他富有还可以，让他尊贵就不好办了。"烈侯说："好吧。郑国的歌手枪和石两个人，我要赐给他们田地，每人一万亩。"公仲说："是。"但并没有给。过了一个月，烈侯从代地回来，询问给歌手赐田的事。公仲说："正在找，还没找到合适的。"过了不久，烈侯又问，公仲始终不给，于是就说有病不上朝。番吾君从代地来，对公仲说："国君其实喜欢善政，只是不知道怎样实行。现在您任赵的相国，至今已有四年，也曾推荐过人才吗?”公仲说:“没有。”番吾君说:“牛畜、荀欣、徐越都可以推荐。”公仲就推荐了这三个人。到上朝的时候，烈侯又问:“歌手的田地怎么样了?”公仲说:“正派人挑选最好的田。”牛畜侍奉烈侯时对他讲仁义的道理，用王道约束他，烈侯态度宽和。第二天，荀欣陪侍，建议精选起用贤才，任命官吏要使用能干的人。第三天，徐越陪侍，建议节约财物，俭省用度，考察评估官吏们的功绩德行。他们所讲的道理没有不充分的，国君很高兴。烈侯派人去对相国说:“给歌手赐田的事暂时停止。”任命牛畜为师，荀欣为中尉，徐越为内史，赐给相国衣服两套。

九年（前400)，烈侯去世，他的弟弟武公即位。武公在位十三年去世，赵国又让烈侯太子赵章即位，这就是赵敬侯。这一年，魏文侯去世。

敬侯元年（前386)，武公的儿子赵朝作乱，失败后逃奔魏国。赵国开始以邯郸为都城。

敬侯二年（前385)，在灵丘打败齐军。三年（前384)，在廪丘救援魏国，大败齐军。四年（前383)，赵军在兔台被魏军打败。赵修筑刚平城以便进攻卫国。五年（前382)，齐、魏两国帮助卫国攻赵，夺取了刚平。六年（前381)，向楚国借兵伐魏，夺取了棘蒲。八年（前379)，攻下了魏国的黄城。九年（前378)，进攻齐国。齐国进攻燕国，赵军援救燕国。十年（前377)，赵国与中山国在房子县交战。

敬侯十一年（前376），魏、韩、赵共同灭亡晋国，瓜分了它的土地。赵国攻打中山国，又在中人地区交战。十二年（前375），敬侯去世，他的儿子成侯赵种即位。

成侯元年（前374），公子赵胜与成侯争夺君位，发动叛乱。二年（前373）六月，下雪。三年（前372），太戊午任相国。征讨卫国，夺取了乡邑七十三处。魏国在蔺打败赵军。四年（前371），与秦军在高安交战，打败了它。五年（前370），在鄄城攻伐齐军。魏军在怀地打败赵军。赵军攻打郑国，打败了它，把占领的郑地给了韩国，韩国把长子县给了赵国。六年（前369），中山国修筑长城。赵军进攻魏国，在涿泽打败了它，围困了魏惠王。七年（前368），进攻齐国，打到了齐长城。同韩国联合进攻西周国。八年（前367），和韩国一起把西周分为两部分。九年（前366），与齐国在阿城之下交战。十年（前365），进攻卫国，夺取鄄城。十一年（前364），秦国进攻魏国，赵军到石阿去援救。十二年（前363），秦军进攻魏国的少梁，赵军前去援救。十三年（前362），秦献公派名叫国的庶长领兵进攻魏国的少梁，俘虏了魏国太子和公孙痤。魏军在浍水一带打败赵军，夺取了皮牢。成侯与韩昭侯在上党相遇。十四年（前361），赵与韩一起攻秦。十五年（前360），赵国帮助魏国攻齐。

十六年（前359），赵国与韩国、魏国瓜分晋国。把端氏县封给晋君。

十七年（前 358），成侯与魏惠王在葛孽相遇。十九年（前 356），赵国与齐国、宋国在平陆盟会，与燕国在西阿盟会。二十年（前 355），魏国进献上等木料做的檐椽，于是就用这些木椽修建了檀台。二十一年（前 354），魏军包围了邯郸。二十二年（前 353），魏惠王攻下了邯郸，齐军也在桂陵打败了魏军。二十四年（前 351），魏国把邯郸归还给赵国，赵国与魏国在漳水之滨盟誓。秦军进攻赵国的蔺城。二十五年（前 350），成侯去世。公子绁与太子肃侯争夺君位，赵绁失败，逃奔韩国。

肃侯元年（前 349），夺取了晋君的端氏县，把晋君迁到屯留安置。二年，与魏惠王在阴晋相遇。三年，公子赵范袭击邯郸，没有取胜就死了。四年，朝拜周天子。六年，进攻齐国，夺取了高唐。七年，公子赵刻进攻魏国的首垣。十一年，秦孝公派商鞅征伐魏国，俘虏了魏国将军公子赵卬。赵国进攻魏国。十二年，秦孝公去世，商鞅也死了。十五年，开始兴建寿陵。魏惠王去世。

十六年，肃侯游览大陵，经过鹿门，宰相太戊午牵住马头说：“正当农事繁忙的时候，一天不耕作，一百天没有饭吃。”肃侯听了，立即下车认错。

十七年，围困魏国的黄城，没有攻克。修筑长城。

十八年，齐、魏征伐赵国，赵国决黄河之水淹灌敌军，敌军撤离。二十二年，张仪任秦国宰相。赵疵与秦军交战，失败，秦军在河西杀死赵疵，夺取了赵国的蔺和离石两地。二十三年，韩举与齐军、魏军作战，战死在桑丘。

二十四年，肃侯去世。秦、楚、燕、齐、魏派出精兵各一万人同来参加葬礼。肃侯的儿子武灵王即位。

武灵王元年（前325），阳文君赵豹任宰相。梁襄王和太子嗣、韩宣王和太子仓到信宫来朝贺。武灵王年少，还不能处理政事，设有博闻师三人、左右司过官三人。到处理朝政的时候，首先问候先王的贵臣肥义，并给他增加品级和俸禄；国中八十以上的德高老人，每月都给他们送礼。

武灵王三年，修筑鄗城。四年，与韩王在区鼠会见。五年，娶韩国宗亲之女为夫人。

八年，韩国进攻秦国，没有取胜就撤离了。五国互相称王，只有赵国不称王，赵君说："没有实际，怎能处在这个名分上呢！"下令赵国人都称他为"君"。

九年，与韩、魏一起进攻秦国，秦国打败了三国军队，斩杀了八万人。齐国在观泽打败赵军。十年，秦军夺取赵国的中都和西阳。齐国打败燕国，燕国宰相子之做了国君，国君反而称臣。十一年，武灵王把燕国公子职从韩国召来，立他为燕王，派乐池把他送归燕国。十三年，秦军攻下赵国的蔺城，俘虏了将军赵庄。楚王、魏王来赵国，至邯郸。十四年，赵何进攻魏国。

十六年，秦惠王去世。武灵王游览大陵。有一天，武灵王梦见一位少女弹琴并唱了一首诗："美人光彩艳丽啊，容貌好像苕花。命运啊，命运啊，竟然无人知我嬴娃！"另一天，武灵王饮酒很高兴，屡次谈起他所做的梦，想象着梦中少女的美貌。吴广听说后，通过夫人把他的女儿娃嬴送入宫中。这就是孟姚。孟姚特别受武灵王的宠爱，她就是惠后。

十七年，武灵王到九门，修筑野台，以便瞭望齐国和中山国的边境。

十八年，秦武王和孟说举龙纹赤鼎，折断膝盖骨死去。赵王派代相赵固到燕国接来秦公子稷，送他回国，立为秦王，这就是秦昭王。

武灵王十九年春天正月，在信宫举行盛大朝会。召见肥义同他议论天下大事，谈了五天才结束。武灵王到北边巡视中山国的地界，到了房子县，又去代地，北到无穷，西到黄河，登上黄华山顶。然后，召见楼缓商议说："我们先王趁着世事的变化，做了南边领地的君长，连接了漳水、滏水的险阻，修筑长城，又夺取了蔺城、郭狼，在荏地打败了林胡人，可是功业尚未完成。如今，中山国在我们腹心，北面是燕国，东面是东胡，西面是林胡、楼烦、秦国、韩国的边界。然而，没有强大兵力的救援，这样下去，国家要灭亡。怎么办呢？要取得高出世人的功名，必定要受到背离习俗的牵累。我要穿起胡人服装。"楼缓说："很好。"可是，群臣都不愿意。

当时，肥义在旁侍奉。武灵王说："简子、襄子二位主君的功业，就在于考虑到了胡、翟之利。做臣子的，受宠时应有明孝悌、知长幼、顺从明理的德操，通达时应建立既可利民又能益君的功业。这两方面是臣子的本分。如今，我想继承襄主的事业，开拓胡人、翟人所住之地。可是，找遍世间也见不到这样的贤臣。为了削弱敌人，用力少而能取得更多的功效，可以不耗尽百姓的力气，就能继续两位先主的勋业。凡是有高出世上功业的人，就要承受背弃习俗的牵累；有独特智谋的人，就要听任傲慢民众的埋怨。如今，我要穿胡人服装骑马射箭，并用这个教练百姓。可是，世人一定要议论我，怎么办呢？"肥义说："我听说，做事犹疑就不会成功，行动犹豫就不会成名。您既然考虑决定承受背弃风俗的责难，那么就无须顾虑天下的议论了。追求最高道德的人不附和世俗，成就大功的人不找凡夫俗子商议。从前，舜用舞蹈感化三苗，禹到裸国脱去上衣，他们不是为了满足欲望和愉悦心志，而是必须用这种方法宣扬德政并取得成功。愚蠢的人事情成功了他还不明白，聪明人在事情尚无迹象的时候就能看清，那么您还犹疑什么呢！"武灵王说："穿胡服我不犹疑，我恐怕天下之人要嘲笑我。无知的人快乐，也就是聪明人的悲哀；蠢人讥笑的事，贤人却能看得清。世上有顺从我的人，穿胡服的功效是不可估量的。即便驱使世人都来笑我，胡地和中山国我也一定要占有。"于是，就穿起了胡服。

武灵王派王绁转告公子成说："寡人穿上胡服，将要这样上朝，也希望叔父穿上它。家事要听从双亲，国事要听从国君，这是古今公认的行为准则。子女不能反对双亲，臣子不能违背君主，这是兄弟们通用的道理。如今，我制定政令，改变服装，可是叔父您要不穿，我恐怕天下人会议论。治国有常规，利民是根本；处理政事有常法，有令就行最为重要。宣传德政要先从平民谈起，而推行政令就要先让贵族信从。如今，穿胡服的目的，不是满足欲望和愉悦心志；事情要达到一定的目的，功业才能完成。事情完成了，功业建立了，然后才算是妥善。如今，我恐怕叔父违背了处理政事的原则，因此来帮助叔父考虑。况且我听说过，做有利于国家的事，行为不会偏邪；依靠贵戚的人，名不会受损害。所以，我愿仰仗叔父的忠义，来成就胡服的功效。我派王绁来拜见叔父，请您穿上胡服。”公子成再拜叩头说：“我本来已听说了大王穿胡服的事，我没有才能，卧病在床，不能奔走效力多多进言。大王命令我，我斗胆回答，是为了尽我的愚忠。我听说中国是聪明智慧的人居住的地方，是万物财用聚集的地方，是圣贤进行教化的地方，是仁义可以施行的地方，是远方之人愿来观览的地方，是蛮夷乐于效法的地方。如今，大王却抛弃了这些而穿起远方的服装，变更古来的教化，改易古时的正道，违反众人的心意，背弃学者之教，远离中国风俗。所以，我希望大王仔细考虑此事。”使者回去如实禀报。武灵王说：“我本来知道叔父患病，我要亲自去请求他。”

武灵王于是前往公子成家中，亲自请求他，说：“衣服是为了便于穿用的，礼是为了便于行事的。圣人观察乡俗而顺俗制宜，根据实际情况制定礼仪，这是为了利民富国。剪掉头发，身上刺花纹，臂膀上绘画，衣襟开在左边，这是瓯越百姓的习俗。染黑牙齿，额上刺花，戴鱼皮帽子，穿粗针大线的衣服，这是大吴国的习俗。所以，礼制服装各地不同，而为了便利却是一致的。地方不同使用会有变化，事情不同礼制也会更改。因此，圣人认为，如果可以利国，方法不必一致；如果可以便于行事，礼制不必相同。儒者同一师承而习俗有别，中原礼仪相同而教化互异，何况是为了荒远地区的方便呢？所以，进退取舍的变化，聪明人也不能一致；远方和近处的服饰，圣贤也不能使它相同。穷乡僻壤风俗多异，学识浅陋却多诡辩。不了解的事不去怀疑，与自己的意见不同而不去非议的人，才会公正地博采众见以求尽善。如今，叔父所说的是世俗之见，我所说的是为了制止世俗之见。我国东有黄河、薄洛津，和齐国、中山国共有，可是没有舟船的设施。从常山直到代地、上党，东边是燕国、东胡的国境，西边有楼烦、秦国、韩国的边界，如今没有骑射的装备。所以，我认为，如果没有舟船的设施，住在河两岸的百姓将用什么守住黄河、薄洛之水呢？改变服装、练习骑射，就是为了防守同燕、三胡、秦、韩相邻的边界。况且从前简主不在晋阳以及上党设要塞，襄主并吞戎地、攻取代国以便排斥各地胡人，这是愚人和智者都能明白的。从前，中山国仗恃齐国的强大兵力，侵犯践踏我国土地，掳掠我国百姓，引水围困鄗城，如果不是社稷神灵保佑，鄗城几乎失守。先王以此为耻，可是这个仇还没有报。如今，有了骑射的装备，近可以使上党的地势更为有利，远可以报中山国之仇。可是，叔父顺从中原的习俗，违背简主、襄主的遗志，厌恶变服的名声而忘掉了鄗城被困的耻辱，这不是我所希望的。”公子成再拜叩头说：“我很愚蠢，没能理解大王的深意，竟敢乱说世俗的见解，这是我的罪过。如今，大王要继承简主、襄主的遗志，顺从先王的意愿，我怎敢不听从王命呢！”公子成再拜叩头。武灵王于是赐给他胡服。第二天，穿上胡服上朝。这时，武灵王才开始发布改穿胡服的命令。

赵文、赵造、周袑、赵俊都来劝阻武灵王不要穿胡服，依照原来的办法更适宜。武灵王说：“先王习俗不同，哪种古法可以仿效？帝王们不互相因袭，哪种礼制可以遵循？伏羲神农注重教化，不行诛罚；黄帝、尧、舜使用刑罚，但不残暴。到了夏、商、周三王，随时代不同来制定法度，根据实际情况规定礼制。法规政令都顺应实际需要，衣服器械都便于使用。所以，礼不必只用一种方式，而便利国家也不必效法古代。圣人的兴起并不互相因袭却能统一天下，夏、殷的衰败并未变礼制也终于灭亡。那么，违背古制未可厚非，遵循旧礼并不值得称道。如果说服装奇特的人心志浮荡，那么邹、鲁一带就不会有奇特行为的人了；习俗怪异的地方百姓都轻率，那么吴、越一带也就不会有出众的人才了。况且圣人认为，只要有利于身体就可以叫作衣服，只要便于行事就可以称为礼法。规定进退的礼节、衣服的制度，是为了使平民百姓有统一的遵循，不是为了评论贤人的。所以，平民总是和流俗相伴，贤人却是同变革一道。所以，谚语说：‘按照书本赶车的人不会摸透马的性情，用古法来约束今世的人不通晓事物的变化。’遵循古法的功效，不可能高出世俗；效法古代的学说，不可能治理今世。你们不懂这个道理啊！”终于推行胡服并招募士兵练习骑射。

二十年，武灵王巡察中山国地势，到达宁葭；往西巡察胡人地势，到达榆中。林胡王进献马匹。回来后，派楼缓出使秦国，仇液到韩国，王贲去楚国，富丁去魏国，赵爵去齐国。让代相赵固掌管胡地，招募胡地士兵。

二十一年，进攻中山国。赵袑率领右军，许钧率领左军，公子章率领中军，武灵王统率三军，牛翦率领战车和骑兵，赵希一并率领胡与代的士兵。赵希与诸军通过隘口，到曲阳会师，攻占了丹丘、华阳、鸱上关塞。武灵王率军夺取了鄗城、石邑、封龙、东垣。中山国献出四城求和，武灵王应允，收兵停战。二十三年，又进攻中山国。二十五年，惠后去世。派周袑穿胡服辅佐教导王子赵何。二十六年，再次进攻中山国，夺取的土地北至燕、代一带，西至云中、九原。

二十七年五月戊申日，在东宫举行盛大朝会，武灵王传位，立王子赵何为王。新王到祖庙行参拜祖先之礼以后，出来上朝。大夫全都是大臣，肥义任相国，并且是新王的师傅。这就是惠文王。惠文王是惠后吴娃的儿子。武灵王自称为主父。

主父想让儿子自主治国，自己就穿上胡服率领士大夫到西北巡视胡地，并想从云中、九原直向南方袭击秦国。于是，他亲自乔装成使者进入秦国。秦昭王没有觉察，过后惊怪他的状貌特别魁伟，不像人臣的气度，立即派人追赶。可是，主父早已飞马奔出了秦国的关口。仔细询问，才知道是主父。秦人非常惊恐。主父之所以要进入秦国，是想亲自察看地形，并趁机观察秦王的为人。

惠文王二年（前297），主父巡视新占领的土地，于是经过代地，往西在西河与楼烦王相会，并招收了他的士兵。

三年，灭中山国，把它的国王迁到肤施县。开始建灵寿城。北方的土地才开始属于赵国，通往代地的道路大为通畅。归来之后，论功行赏，实行大赦，设酒宴聚会欢饮五天，封长子赵章为代地的安阳君。赵章平素放纵，弟弟被立为国王他心中不服。主父又派田不礼辅佐赵章。

李兑对肥义说："公子章正当壮年并且心志骄狂，党徒众多，野心很大，恐怕会有私心吧！田不礼的为人，残忍并且傲慢。这两个人互相投合，一定会有阴谋作乱的事情发生，一旦挺身作乱就希图侥幸成功。小人有了野心，就会考虑轻率，谋事浅薄，只看到利益而不顾祸害，同伙互相怂恿，就会一起闯入祸乱之门。据我看，这种事一定不会很久了。您负有重任并握有大权，动乱会从您那里开始，灾祸会在您那里集中，您必定最先受害。仁人博爱万物，智者防患于未然，不仁不智，怎能治理国家？您何不声称患病不出家门，把政事移交公子成呢？不要成为怨恨汇集的地方，不要做祸乱发生的阶梯。”肥义说：“不行。当初主父把新王托付给我的时候说：‘不要变更你的法度，不要改变你的心，坚持一心，直到你去世。’我再拜接受王命并且记载下来。如今，惧怕田不礼作乱而忘记我记载的王命，什么罪过比变节更大呢！上朝接受了庄严的王命，退朝后就不全心全意，什么错误比负心更严重！变节负心之臣，刑罚是不宽容的。谚语说：‘死者如果复生，生者不应在他面前感到惭愧。’我已经有言在先，我要完全实现我的诺言，怎能只是保全我的身体！况且坚贞之臣当灾难临头时节操就会显现，忠良之臣遇到牵累时行事必须鲜明。您已对我赐教并给我忠告。尽管如此，我已有言在先，始终不敢违背。”李兑说：“好吧，您勉力而行吧！我能看到您只有今年了。”说完，就痛哭流涕而去。李兑几次去见公子成，以便防范田不礼作乱。

另一天，肥义对信期说：“公子章和田不礼非常令人忧虑。他们对我说得好听而实际上很坏，他们为人不孝不忠。我听说，奸臣在朝廷是国家的祸害，谗臣在宫中是君主的蛀虫。这种人贪婪并且野心很大，宫内得到君主宠爱就到外边行凶胡为。假传王命傲慢无礼，一旦擅自发出命令，也是不难做到的，祸害将要危及国家。如今，我为此忧虑，夜里忘记睡觉，饥饿忘记吃饭。对盗贼的出没不可不防。从今以后，如果有人请见国王一定要同我见面，我要先用自身抵挡他，没有变故君王才能进来。”信期说：“好极了，我能听到这样的话！”

四年，群臣前来朝拜，安阳君也来朝拜。主父让新王主持朝拜，他自己从旁暗中观察群臣和王室宗亲的礼仪。看到他的长子赵章颓丧的样子，反倒向北称臣，屈身在弟弟面前，心里很怜悯他。那时就想把赵国一分为二，让赵章做代国之王，这个打算没有决定就中止了。

主父和惠文王到沙丘游览，分住两处宫室。公子章就利用他的党徒和田不礼作乱，诈传主父命令召见惠文王。肥义首先进去，被杀死了。高信就与惠文王一起作战。公子成和李兑从国都赶到，就调集四邑的军队前来抵御这场变乱，杀死了公子章和田不礼，消灭了他们的党徒，安定了王室。任命公子成为宰相，封号是安平君，任命李兑为司寇。公子章被打败的时候，逃到了主父那里。主父开门收留了他，公子成和李兑因而包围了主父的宫室。公子章死后，公子成和李兑商量说：“由于赵章的缘故包围了主父，即使撤兵，我们这些人也要灭族啊！”于是，就继续包围主父宫室。命令宫中的人“最后出来的人灭族”，宫里的人全出来了。主父想出宫但出不来，又得不到食物，只好去掏雏雀充饥，三个多月以后饿死在沙丘宫。主父之死已确定无疑，这才向诸侯发出讣告。

当时，惠文王年少，公子成、李兑专政。两人害怕被杀，所以围困主父。主父起初是把长子赵章立为太子，后来得到吴娃，非常宠爱她，为此不出吴娃之宫好几年，生下儿子赵何后，便废了太子章而立赵何为王。吴娃死后，对赵何的爱也随之松懈，重又怜惜原来的太子，想让两个儿子并立为王，犹豫不决，所以变乱发生，以致父子一同死去，被天下人嘲笑，怎不令人痛惜呢！

惠文王五年（前 294），赵国把鄚、易两地给了燕国。八年，修筑南行唐城。九年，赵梁领兵，与齐国联合进攻韩国，直到鲁关之下。到了十年，秦国自称为西帝。十一年，董叔和魏氏征讨宋国，在魏国得到河阳。秦国夺取梗阳。十二年，赵梁领兵进攻齐国。十三年，韩徐为统帅，进攻齐国。公主去世。十四年，燕国宰相乐毅统率赵、秦、韩、魏、燕五国联军进攻齐国，夺取了灵丘。赵王与秦王在中阳相会。十五年，燕昭王来会见赵王。赵国与韩、魏、秦联合攻齐，齐王败逃，燕军孤军深入，攻下临菑城。

十六年，秦国又同赵国几次进攻齐国，齐国人非常忧虑。苏厉为齐国写信给赵王，信中说：

“我听说古代的贤君，他的德行并非遍布于海内各地，教化也并非普及所有的百姓，四时祭祀的供品也不是经常让祖先享用。可是，甘露普降，下雨及时，五谷丰收，百姓不生疫病，众人都对此赞颂，然而贤主却要深思。

“如今，您的贤德和功力并非经常施之于秦国，积蓄的怨恨和怒气也并非平素就对齐国特别深。秦赵两国联合，强使韩国出兵，秦国真是爱赵国吗？它确实恨齐国吗？事情如果过分，贤主就应该认真观察。秦国并非爱赵并且恨齐，而是想要灭亡韩国并且吞并东、西二周，故意以齐国为诱饵吸引天下。唯恐事情不能成功，所以才出兵胁迫魏国和赵国。又恐怕天下各国惧怕它，所以派出人质以便得到信任。还恐怕天下各国很快要反对它，所以在韩国征兵以示威胁。表面上说是对盟国有好处，实际上是要征讨空虚的韩国。我认为，秦国的计谋一定是从这方面考虑的。事情本来就有形势不同而祸患是一样的，楚国长期受到攻伐而中山国却灭亡了，如今齐国长期被攻伐而韩国必定该灭亡了。攻破齐国，大王您和六国共分其利。灭亡了韩国，秦国就单独占有它。占领二周，往西可以得到天子祭祀用的礼器，秦国独吞私占。授给田地要计算功利，大王您得到的利益同秦国比谁多？

“游说之士议论说：‘韩国失去三川，魏国失去晋地，市朝还没有什么变化，灾祸就要来到了。’燕国全部占领齐国北部土地之后，离沙丘、钜鹿就少了三百里，韩国的上党离邯郸一百里，燕国、秦国共谋夺取赵国的河山，经小路三百里就可贯通。秦国的上郡靠近挺关，到达榆中有一千五百里。秦国如果依托三郡进攻赵国的上党，羊肠坂以西、句注山以南就不再为大王您所有了。越过句注山，截断常山并驻守那里，仅三百里路就可直达燕国，代马胡犬从此不再东入赵国，昆山之玉也不能运至赵国，这三种宝物也就不再为大王所有了。大王长期攻伐齐国，跟随强秦进攻韩国，祸患必定达到这种地步。希望您多加考虑。

“况且齐国之被攻伐，就是由于它侍奉了大王；各国军队集结在一起，就是为了加祸于大王。燕、秦两国的盟约一订立，出兵的日子就不远了。五国想把赵国土地一分为三，齐国背弃了五国盟约而为解除赵国之祸牺牲自己，向西进兵抑制强秦，使秦国废除帝号请求屈服，把高平、根柔还给魏国，把巠分、先俞还给赵国。齐国侍奉大王，应该说是最上等的交情了，如今却让齐国服罪，我担心以后侍奉大王的国家不敢那么坚决了。希望大王仔细考虑。

“如今大王不与各国进攻齐国，天下各国必定认为大王主持正义，齐国将捧着江山社稷更尽心地侍奉大王，天下各国一定都会敬重大王的正义。要是秦国讲求信义，大王可以带领各国同秦国友好；如果秦国强暴，大王就带领各国抑制它。这样，一世的名誉荣耀都被大王掌握了。”

于是赵国就停止进兵，谢绝秦国，不再进攻齐国。

惠文王与燕王相会。廉颇领兵，进攻齐国的昔阳，把它攻下了。

惠文王十七年，乐毅率领赵国军队攻打魏国的伯阳。秦国怨恨赵国不同它一起进攻齐国，就征伐赵国，攻下赵国的两座城。十八年，秦国攻下赵国的石城。赵王再次到卫地的东阳，决黄河水，征伐魏国。大水成灾，漳水泛滥。魏冉来赵国任宰相。十九年，秦军夺取了赵国的两座城。赵国把伯阳还给魏国。赵奢领兵，攻打齐国的麦丘，把它攻取了。

二十年，廉颇领兵，进攻齐国。赵王与秦昭王在西河之外相会。

二十一年，赵国把漳水的水道改在武平的西边。二十二年，瘟疫大规模流行。立公子丹为太子。

二十三年，楼昌领兵，进攻魏国的幾邑，未能夺取。十二月，廉颇领兵，再攻幾邑，占领了它。二十四年，廉颇领兵，进攻魏国的房子，攻克了，就筑起城墙才回去。又进攻安阳，把它夺取了。二十五年，燕周领兵，进攻昌城、高唐，都攻克了。赵国和魏国一起攻秦，秦国大将白起在华阳打败赵军，俘虏一名赵将。二十六年，夺回被东胡胁迫叛离的代地。

二十七年，又把漳水改道在武平以南。封赵豹为平阳君。黄河泛滥，大水成灾。

二十八年，蔺相如征伐齐国，打到平邑。停止修建北边九门县的大城。燕国将领成安君和公孙操杀死了他们的国王。二十九年，秦与韩相助攻赵，包围了阏与。赵国派赵奢领兵，袭击秦军，在阏与城下大败秦军，赵王赐给他马服君的封号。

三十三年，惠文王去世，太子丹即位，这就是孝成王。

孝成王元年（前265），秦国进攻赵国，攻下了三座城。赵王刚刚即位，太后掌权，秦国加紧进攻。赵国向齐国求救，齐王说："一定要让长安君来做人质，才能出兵。"太后不肯，大臣极力进谏。太后明确地对左右说："有再来谈让长安君去作人质的，老妇一定要唾他的脸。”左师触龙说希望拜见太后，太后怒气冲冲地等着他。触龙进宫后，慢慢地走着小碎步坐下，自己告罪说：“老臣我脚有毛病，简直不能快跑，没来拜见您有很久了。我私下里宽恕自己，可是又恐怕太后的身体有什么不舒服，所以很想看望太后。”太后说：“老妇我依仗车辇行动。”触龙说：“您的饮食没有减少吧?”太后说：“就靠喝粥罢了。”触龙说：“老臣我近来很不想吃饭，就勉强散散步，每天走上三四里，多少增加了点食欲，身体也舒适一些了。”太后说：“老妇我办不到。”太后不平和的脸色稍有缓和。左师公触龙说：“我的儿子舒祺年龄最小，没什么出息，可是我已经衰老，心里很疼爱他，希望他能补上黑衣卫士的空缺来保卫王宫，我冒着死罪向您禀告。”太后说：“好吧！年纪多大了?”回答说：“十五岁了。虽然还不大，但愿在我还没入土的时候把他托付给您。”太后说：“你们男人也疼爱小儿子吗?”回答说：“超过妇人。”太后笑着说：“妇人爱得更厉害。”触龙说：“老臣私下里认为，您老疼爱燕后胜过爱长安君。”太后说：“您错了，比爱长安君差得多了。”左师公说：“父母疼爱子女，就应该为他们考虑得周到长远。您老送燕后远嫁的时候，握着她的脚后跟，为她哭泣，想到她要去那么远，也是很可怜她呀。走了以后，并非不想念她。可是，祭祀的时候却祷告说‘千万不要让她回来’。这难道不是为她的长远打算，希望她子子孙孙都能继承王位吗?”太后说：“是啊。”左师公说：“从现在上推到三代以前，直到赵国每位君主的子孙被封侯的，他们的继承人还有在位的吗？”太后说：“没有了。”触龙说：“不只是赵国，各国诸侯子孙后代的继承人还有在位的吗？”太后说：“老妇没听说过。”触龙说：“这是由于离得近的灾祸落到自己身上，离得远的灾祸就落到子孙头上。难道君主的子孙被封侯的就全不好吗？是由于他们的地位尊贵但没有功勋，俸禄优厚但没有劳绩，而拥有的贵重的宝物又太多了。如今，您老让长安君的地位尊贵了，又封给他肥沃的土地，给他许多贵重的宝物。可是，不趁现在让他为国立功，一旦您辞别了人世，长安君凭借什么在赵国立身？老臣以为您为长安君打算得短浅，所以认为您疼爱他不如疼爱燕后。”太后说：“好吧，任凭您派他到哪里去吧！”于是，为长安君准备了一百辆车，到齐去做人质，齐国这才出兵。

子义听到这件事，说：“君主的儿子，也是骨肉至亲，尚且不能依仗没有功勋的尊位、没有劳绩的俸禄，来保住金玉之类的重宝，何况我们这样的人呢？”

齐国的安平君田单率领赵国军队进攻燕国的中阳，把它攻克了。又进攻韩国的注人，也攻克了。二年，惠文后去世。田单任宰相。

四年，孝成王做梦穿着左右两色的衣服，乘飞龙上天，没到天上就坠落下来，看见金玉堆积如山。第二天，孝成王召见名叫敢的筮史官来占卜，他说："梦见穿左右两色衣服，象征残缺。乘飞龙上天没有到天上就坠落下来，象征有气势但没有实力。看见金玉堆积如山，象征忧患。"

过了三天，韩国上党的守将冯亭派使者到赵国。他说："韩国不能守住上党，就要并入秦国。那里的官吏百姓都愿意归属赵国，不愿归属秦国。上党有城邑十七个，愿再拜归入赵国。大王怎样向官吏百姓施恩，请您裁决。"孝成王大喜，召见平阳君赵豹告诉他说："冯亭进献十七城邑，接受它怎么样?"赵豹回答说："圣人把无缘无故的利益看作大祸害。"孝成王说："人们都被我的恩德感召，怎么说是无故呢?"赵豹回答说："秦国蚕食韩国的土地，从当中断绝，不让两边相通，本来自以为会安安稳稳地得到上党的土地了。韩国之所以不归顺秦国，是想要嫁祸于赵国。秦国付出了辛劳而赵国却白白得利，即使强国大国也不能随意从小国弱国那里得利，小国弱国反倒能从强国大国那里得利吗？这怎能说不是无故之利呢！况且秦国利用牛田的水道运粮蚕食韩国，用最好的战车奋力作战，分割韩国的土地，它的政令已经施行，不能和它为敌，一定不要接受。"孝成王说："如今出动百万大军进攻，一年半载也得不到一座城。现在人家把十七座城邑当礼物送给我国，这可是大利呀!"

赵豹出去后，孝成王召见平原君和赵禹告诉他们这件事。他们回答说："出动百万大军进攻，过一年也得不到一座城。

如今白白地得到十七座城邑，这么大的便宜不能丢掉。”孝成王说：“好。”于是，派赵胜去接受土地。赵胜告诉冯亭说：“我是敝国使者赵胜，敝国君主派我传达命令，封赐太守万户的城邑三座，封赐各县县令千户的城邑三座，全都世代为侯，官吏百姓全部晋爵三级，官吏百姓能平安相处，都赏赐黄金六斤。”冯亭流下眼泪不见使者，他说：“我不能处于三不义的境地：为君主守卫国土，不能拼死固守，这是一不义；韩王把上党归属秦国，我不听君主的命令，这是二不义；出卖君主的土地而得到封赏，这是三不义。”赵国于是发兵占领上党。廉颇领兵进驻长平。

六年，廉颇被免职，赵括接替他领兵。秦军包围赵括，赵括率军投降，四十多万士兵都被坑杀。孝成王后悔不听赵豹的意见，因此才有长平之祸。

孝成王回到王都，不答应秦国的要求，秦军围困邯郸。武垣令傅豹和王容、苏射率领燕国民众返归燕地。赵国把灵丘封给楚国宰相春申君。

八年，平原君到楚国请救兵。回国后，楚军前来救援，魏国公子无忌也来救援，秦国才解除了对邯郸的包围。

十年，燕军进攻昌壮，五月攻克了。赵国将军乐乘、庆舍进攻秦国信梁的军队，把他打败了。赵国太子去世。秦国进攻西周国，把它攻下了。徒父祺领兵出境。十一年，建元氏城，设上原县。武阳君郑安平去世，收回他的封地。十二年，邯郸的草料库被烧毁。十四年，平原君赵胜去世。

十五年，把尉文封给相国廉颇，封号信平君。燕王派丞相栗腹同赵国交好，送五百斤黄金为赵王祝酒。栗腹回国后，向燕王报告说："赵国的壮丁都死在长平，他们的遗孤还没长大，可以进攻它。"燕王召见昌国君乐间问他。乐间回答说："赵国是四面受敌的国家，它的百姓都受过军事训练，不能进攻它。"燕王说："我们以多攻少，两个打一个，可以吗？"回答："不可以。"燕王说："那我就用五个去打一个，可以吗？"回道："不可以。"燕王大怒。群臣都认为可以。燕国终于出动两支军队、两千辆战车，栗腹率军进攻鄗城，卿秦率军进攻代地。廉颇为赵国大将，打败并杀死栗腹，俘虏了卿秦、乐间。

十六年，廉颇围困燕国都城。把乐乘封为武襄君。十七年，代理宰相大将武襄君进攻燕国，包围了它的国都。十八年，延陵钧率领军队跟随相国信平君廉颇帮助魏国进攻燕国。秦军攻下了赵国榆次地区的三十七座城。十九年，赵国和燕国交换国土：赵国把龙兑、汾门、临乐给燕国；燕国把葛城、武阳、平舒给赵国。

二十年（前246），秦王政即位。秦军攻下赵国的晋阳。

二十一年，孝成王去世。孝成王之子赵偃即位，这就是悼襄王。廉颇领兵，进攻繁阳，把它占领了。赵王派乐乘接替廉颇，廉颇攻打乐乘，乐乘逃跑，廉颇逃亡到魏国。

悼襄王元年（前244），盛礼交好魏国。想修通到魏国平邑和中牟的道路，没有成功。

二年，李牧领兵，进攻燕国，攻下了武遂、方城。秦国召见春平君，借故把他扣留了。泄钧为他对文信侯说："春平君这个人，赵王特别喜爱他而郎中们却忌妒他，所以他们互相商议说：'春平君到秦国，秦国一定扣留他。'于是，他们一起商量把春平君送到秦国。如今您扣留他，就断绝和赵国的关系，中了那些郎中的奸计。您不如送回春平君扣留平都。春平君的言行受赵王的信任，赵王一定会割让许多土地赎回平都。"文信侯说："好。"于是，送走了春平君。赵国在韩皋筑城。

三年，以庞煖为将，攻打燕国，俘虏燕将剧辛。四年，庞煖率领赵、楚、魏、燕四国的精锐部队，攻打秦国的蕞地，没有攻占；移兵攻打齐国，夺取饶安。五年，以傅抵为将，屯居平邑；庆舍率领东阳河外的军队，守卫黄河的桥梁。六年，把饶地封给长安君。魏国把邺送给赵国。

九年，赵军攻打燕国，夺取貍阳城。兵未罢归，秦军来攻邺，占领了它。悼襄王去世，儿子幽穆王迁继位。

幽穆王迁元年，修建柏人城。二年，秦军攻打武城，扈辄率军救援，兵败，扈辄战死。

三年，秦军攻打赤丽、宜安，李牧率军和秦军在肥城下交战，打败秦军。赵王封李牧为武安君。四年，秦军攻打番吾，李牧和秦军作战，打退了它。

五年，代地发生大地震，从乐徐以西，北到平阴，楼台、房屋、墙壁大半毁坏，地面裂开，裂沟东西宽达一百三十步的大缝。六年，发生大饥荒，民间谣传说："赵人在哭叫，秦人在大笑。如若不相信，请看田里长的都是草。"

七年，秦军攻打赵国，赵国的大将李牧、将军司马尚为统帅，抗击秦军。李牧遭陷害被杀，司马尚免职，由赵忽和齐将颜聚代替他们。赵忽的军队被秦军击溃，颜聚逃亡，赵王迁因而投降。

八年十月，邯郸归属秦国。

太史公说："我听冯王孙说：'赵王迁，他母亲是歌舞艺人，受到悼襄王的宠爱。悼襄王废黜嫡子嘉而立迁为太子。迁一向品行恶劣，听信谗言，所以杀良将李牧，重用内奸郭开。'难道不是很荒谬吗！秦国俘虏赵王迁后，赵国的逃亡大夫共同拥立嘉为王，在代地称王六年。秦国进军大破赵嘉，终于灭了赵国，设为郡县。"

第二十六卷　魏世家第十四

本篇记述战国时期魏国的世系及其兴衰。文中多简短记事，但在魏文侯、魏惠王和安釐王三代记事颇详。因为魏之兴在文侯之世，魏之衰从惠王开始，而安釐王的失策加速了魏的灭亡。由于作者紧紧抓住了魏国历史转折的关键，所以全文篇幅虽长，但纲目清晰，有条不紊，平而不淡，时有波澜。

魏文侯是战国初期颇有声望的国君。他礼敬贤人，以子夏、段干木、田子方为师；重用贤士，文臣有李克、西门豹，武将有军事家吴起。文侯支持李克实行政治改革，使魏国成为战国初期最强的国家。作者没有具体记述文侯的政绩，但引述了秦国人对魏文侯的看法："魏君贤人是礼，国人称仁，上下和合，未可图也。"借敌国的看法来评价人物，这种评价更有客观性，胜过作者的主观评价。对李克的改革也没有具体记述，而是记载了他的两段谈话，中心是选相的五条标准。这两段谈话已充分显示了这位政治家之品格与才干。通过记言来表现人物是司马迁写人的主要手法之一。

魏惠王又称梁惠王，文中主要通过记事表现其为人。他在位三十六年，前十八年靠文侯打下的基础，与诸侯交战互有胜负。后十八年则连连败绩：一次是伐赵，被齐国派田忌、孙膑用计大败于桂陵；再一次是伐韩，又被田忌、孙膑大败于马陵；另一次是被商鞅率秦军打败，尽失河西之地。这几次大败使魏国兵力耗尽，国力空虚。惠王到晚年似乎有所觉悟，想广招贤士以挽回败局，但为时已晚。孟子的一席话给惠王作了总结："为人君，仁义而已矣，何以利为！"尖锐地指出魏惠王的失败是只顾争利、不施仁义的结果。引用名人的话来评价人物，比作者直接评价更具有权威性。

对安釐王的记述篇幅较长，将近全文的三分之一。主要内容不在记事，而是用不同的方式，从不同的角度揭示了安釐王的严重失策。首先是通过苏代对安釐王的批评，指出了"以地事秦，譬犹抱薪救火"的道理。其次是通过秦国大臣中旗对形势的分析指出，魏如能与韩联合，其力量是不可轻视的。最后记述了无忌反对魏王伐韩的谈话，这段谈话长约千言，对亲秦之害、存韩之利的分析极为精辟。三段谈话虽然出自不同人之口，但联系起来恰似一篇完整的谈话，层层深入地揭示了问题的要害。作者对这些史料的选择与安排是颇具匠心的。

篇末的论赞，后人多所指摘，也有人把它看作太史公愤激之极的反语。如果我们把这里所说的"天"理解为大势所趋、形势发展的必然，是否更贴近太史公的本意呢？

【原文】

魏[①]之先，毕公高之后也。毕公高与周同姓。武王[②]之伐纣，而高封于毕[3]，于是[4]为毕姓。其后绝封，为庶人[5]，或[6]在中国，或在夷狄[7]。其苗裔[8]曰毕万，事[9]晋献公。

【注释】

①魏：原是西周分封的姬姓小国，在今山西芮城县北。②武王：周武王姬发。③毕：国名。地在今陕西咸阳市北。④于是：表示承上接下的词组，现代汉语用作连词。⑤庶人：平民。⑥或：有的。虚指代词。中国：指中原地区。⑦夷狄：古代对东、北两方各部族的泛称。⑧苗裔：子孙；后代。⑨事：服事；侍奉。

【原文】

献公之十六年，赵夙为御[1]，毕万为右[2]，以伐霍、耿[3]、魏，灭之。以耿封赵夙，以魏封毕万，为大夫[4]。卜偃[5]曰："毕万之后必大[6]矣。万，满数[7]也；魏[8]，大名也。以是[9]始赏，天开之矣。天子曰兆民[10]，诸侯曰万民。今命[11]之大，以从满数，其必有众。"初，毕万卜事晋，遇《屯》之《比》[12]。辛廖[13]占之，曰："吉。《屯》固，《比》[14]入，吉孰大焉[15]，其必蕃昌[11]。"

【注释】

①赵夙（sù）：晋国大夫。御：驾驶车马。亦指御者。②右：右卫。古代车战时，主帅居中，御者居左，卫者居右。③霍、耿：皆周初国名。霍在今山西省霍州西南。耿在今山西省河津市南。④大夫：官名。周代有卿、大夫、士三级；大夫又分上、中、下三等。⑤卜偃：晋国掌卜大夫郭偃。⑥大：昌

盛。⑦满数：数从一至万为满，故称满数。⑧魏：通“巍”，高大。⑨是：此；这。⑩兆民：亿万人民。⑪命：名；起名。⑫遇《屯（zhūn）》之《比》：得到《屯》卦变为《比》卦。⑬辛廖：晋国大夫。⑭屯：屯卦，卦象䷂是云雷密结而不解，故屯有坚固之义。比：比卦，卦象䷇是地上有水，水在地上渗入之象，故比有进入之义。⑮焉：兼词，相当“于此”。“此”指前文《屯》《比》卦象。⑯蕃昌：繁衍昌盛。

【原文】

毕万封十一年，晋献公卒，四子[1]争更立，晋乱。而毕万之世弥[2]大，从其国名为魏氏。生武子[3]。魏武子以魏诸子[4]事晋公子重耳。晋献公之二十一年，武子从重耳出亡。十九年反[5]，重耳立[6]为晋文公，而令魏武子袭[7]魏氏之后封，列为大夫，治于魏。生悼子。

【注释】

①四子：指奚齐、卓子、夷吾（后为晋惠公）、重耳（后为晋文公）。②世：子孙。弥：更加。③武子：魏犨，谥武子。④诸子：庶子。⑤反：通“返”。⑥立：君主登位。⑦袭：继承。

【原文】

魏悼子徙治[1]霍，生魏绛。

【注释】

①徙治：迁徙治所。

【原文】

魏绛事晋悼公。悼公三年，会诸侯[①]。悼公弟杨干乱行[②]，魏绛僇辱[③]杨干。悼公怒曰："合诸侯以为荣，今辱吾弟！"将诛魏绛。或说[④]悼公，悼公止。卒[⑤]任魏绛政，使和戎、翟[⑥]，戎、翟亲附。悼公之十一年，曰："自吾用魏绛，八年之中，九[⑦]合诸侯，戎、翟和，子之力也。"赐之乐，三[⑧]让，然后受之。徙治安邑[⑨]。魏绛卒，谥为昭子。生魏嬴。嬴生魏献子[⑩]。

【注释】

①会诸侯：晋悼公与诸侯在鸡津（今河北省邯郸市东北）会盟。②乱行：军队行列混乱。古代军制，二十五人为一行。③僇（lù）辱：侮辱。僇，辱。④说（shuì）：劝说。⑤卒：终于。⑥戎、翟：古代对西北方部族的泛称。翟，通"狄"。⑦九：泛指多数。⑧三：多次，多数。⑨安邑：都邑名。在今山西省夏县西北。⑩献子：名荼，谥献子。

【原文】

献子事晋昭公。昭公卒而六卿[①]强，公室[②]卑。

【注释】

①六卿：范氏、中行氏、知氏、韩氏、赵氏、魏氏六大家族，数代都是晋卿，故称六卿。②公室：诸侯的家族，也指诸侯国的政权。

【原文】

晋顷公之十二年，韩宣子[①]老，魏献子为国政[②]。晋宗室祁氏、羊舌氏[3]相恶，六卿诛之，尽取其邑为十县[4]，六卿各令其子为之大夫[5]。献子与赵简子、中行文子、范献子[6]并为晋卿。

【注释】

①韩宣子：韩起，谥宣子。②为国政：执国政。③宗室：同一祖宗的贵族，此指晋国国君的宗族。祁氏、羊舌氏：祁盈、杨食我，二人均以公族为大夫。④邑：采邑；封地。县：古代地方行政区划名。⑤之：其。大夫：当时县长称大夫。⑥赵简子：即赵鞅。中行文子：即荀寅。范献子：即范吉射。

【原文】

其后十四岁而孔子相鲁[1]。后四岁，赵简子以[2]晋阳之乱也，而与韩、魏共攻范、中行氏。魏献子生魏侈。魏侈与赵鞅共攻范、中行氏。

【注释】

①孔子相鲁：《史记志疑》认为，孔子以司寇摄行人之职，掌傧相会盟之事，不是做鲁相。②以：因为；由于。

【原文】

魏侈之孙曰魏桓子[1]，与韩康子、赵襄子共伐灭知伯[2]，分其地。

【注释】

①魏桓子：魏驹。②韩康子：韩虔。晋国大夫。赵襄子：

赵无恤。晋国大夫。知（zhì）伯：即荀瑶，一作知瑶。晋国大夫。

【原文】

桓子之孙曰文侯都[①]。魏文侯元年，秦灵公之元年也。与韩武子、赵桓子、周威王[②]同时。

【注释】

①都：当根据《六国年表》和《集解》、《索隐》转引《世本》改作“斯”。②韩武子：韩启章。晋国大夫。赵桓子：晋国大夫。周威王：姬午。前425—前402年在位。

【原文】

六年，城少梁[①]。十三年，使子击围繁、庞[②]，出[③]其民。十六年，伐秦，筑临晋、元里[④]。

【注释】

①城：筑城。少梁：魏邑名。在今陕西省韩城市南。②子击：魏文侯太子，即魏武侯。前395—前370年在位。繁、庞：即繁、庞城，邑名。③出：迁走。④临晋：地名。在今陕西省大荔县东。元里：地名。在今陕西省澄城县南。

【原文】

十七年，伐中山[①]，使子击守之，赵仓唐傅[②]之。子击逢文侯之师田子方于朝歌，引车避[③]，下谒[④]。田子方不为礼[⑤]。子击因问曰：“富贵者骄[⑥]人乎？且[⑦]贫贱者骄人乎？”子方曰：

“亦[⑧]贫贱者骄人耳。夫诸侯而骄人则[⑨]失其国，大夫而骄人则失其家。贫贱者，行不合，言不用，则去[⑩]之楚、越，若脱躧然[⑪]，奈何其同[⑫]之哉！”子击不怿[⑬]而去。西攻秦，至郑[⑭]而还，筑雒阴、合阳[⑯]。

【注释】

①中山：春秋时白狄别种所建之鲜虞国，战国时号中山国。②傅：辅佐。③引车避：退车让路。④下谒（yè）：下车进见。⑤为礼：行礼；还礼。⑥骄：傲慢。⑦且：或者。⑧亦：原本是；本来是。⑨夫：发语词。则：即；就。⑩去：离开。之：前往。⑪躧（xǐ）：鞋。然：一般；一样。表比拟的语气助词。⑫其：可以。同：同等看待。⑬怿（yì）：喜悦；高兴。⑭郑：地名。在今陕西省渭南市华州区东。⑮雒（luò）阴：地名。在今陕西省大荔县南。合阳：地名在今陕西省合阳县东南。

【原文】

二十二年，魏、赵、韩列为诸侯[①]。

【注释】

①魏、赵、韩列为诸侯：前 403 年，周威烈王命晋大夫魏斯、赵籍、韩虔为诸侯，正式承认其三分晋国。

【原文】

二十四年，秦伐我[①]，至阳狐[②]。

【注释】

①我：指魏国。②阳狐：地名。在今山西省垣曲县东南。

【原文】

二十五年，子击生子罃[①]。

【注释】

①子罃（yīng）：魏惠王名。

【原文】

文侯受子夏[①]经艺，客段干木[②]，过其闾[③]，未尝不轼[④]也。秦尝欲伐魏，或曰："魏君贤人是礼[⑤]，国人称[⑥]仁，上下和合[⑦]，未可图[⑧]也。"文侯由此得誉于诸侯。

【注释】

①子夏：卜商字。孔丘学生。晋国温（今河南省温县西南）人，一说卫国人。曾到魏国讲学，魏文侯尊他为师。②客：以客礼相待。段干木：魏国人。姓段干，名木，子夏学生。③闾：里巷的大门，因代称里巷。④轼（shì）：设在车前供人凭依的横木。⑤贤人是礼：礼遇贤人。是，表示宾语提前的结构助词。⑥称：称颂。⑦和合：和睦同心。⑧图：谋取。

【原文】

任西门豹[①]守邺，而河内[②]称治。

【注释】

①西门豹：任邺守期间，曾开凿水渠十二条，引漳水灌溉，改良土壤，发展农业生产。守：地方长官。②河内：地区名。春秋战国时期，以黄河以北为河内，以黄河以南为河外。

【原文】

魏文侯谓李克曰[①]："先生尝教寡人曰'家贫则思良妻，国乱则思良相'。今所置非成则璜[②]，二子何如？"李克对曰："臣闻之，卑不谋尊，疏不谋戚[③]。臣在阙门[④]之外，不敢当命[⑤]。"文侯曰："先生临事勿让。"李克曰："君不察故也。居[⑥]视其所亲，富视其所与[⑦]，达[⑧]视其所举，穷视其所不为，贫视其所不取，五者足以定之矣，何待克哉！"文侯曰："先生就舍[⑨]，寡人之相定矣。"李克趋[⑩]而出，过[⑪]翟璜之家。翟璜曰："今者闻君召先生而卜[⑫]相，果谁为之？"李克曰："魏成子为相矣。"翟璜忿然作色[⑬]曰："以耳目之所睹记[⑭]，臣何负[⑮]于魏成子？西河[⑯]之守，臣之所进[⑰]也。君内以邺为忧[⑱]，臣进西门豹。君谋欲伐中山，臣进乐羊[⑲]。中山以[⑳]拔，无使守之，臣进先生。君之子无傅，臣进屈侯鲋。臣何以[㉑]负于魏成子！"李克曰："且子之言[㉒]克于子之君者，岂将比周[㉓]以求大官哉？君问而置相'非成则璜，二子何如'？克对曰：'君不察故也。居视其所亲，富视其所与，达视其所举，穷视其所不为，贫视其所不取。五者足以定之矣，何待克哉！'是以知魏成子之为相也。且子安得[㉔]与魏成子比乎，魏成子以食禄千钟[㉕]，什九在外，什一在内，是以东得卜子夏、田子方、段干木。此三人者，君皆师之[㉖]。子之所进五人者，君皆臣之[㉗]。子恶[㉘]得与魏成子比也？"翟璜逡巡[㉙]再拜曰："璜，鄙人[㉚]也，失对[㉛]，愿卒[㉜]为弟子。"

【注释】

①李克：为子夏弟子。②置：设立。成：即魏成子。魏文侯弟。璜：即翟（zhái）璜。时为上卿。③疏：远。戚：亲。④阙门：代指朝廷。⑤当命：承命；应命。⑥居：常时；平时。⑦与：亲附；交往。⑧达：显贵。⑨就舍：回府。舍，府第。⑩趋：快走；小跑。⑪过：访问。⑫卜：选择。⑬忿然：气愤的样子。作色：脸上变色。⑭所睹记：所见所知。⑮臣：古人表示谦卑的自称之词。负：弱。⑯西河：地区名。⑰进：举荐。⑱以邺为忧：忧虑赵国进攻邺。⑲乐羊：魏国将军。⑳以：通“已”。㉑以：衍文。㉒且：提起连词。言：进言；介绍。㉓比周：结党营私。㉔安：哪；怎么。疑问副词。得：能；可。㉕禄：俸禄。钟：古容量单位，六斛四斗或十斛为一钟。㉖师之：以之为师。㉗臣之：以之为臣。㉘恶（wū）：哪；怎么。㉙逡（qūn）巡：通“逡循”“逡遁”。㉚鄙人：乡野之人。㉛失对：回答不得当。㉜卒：终身。

【原文】

二十六年，虢山[①]崩，壅[②]河。

【注释】

①虢（guō）山：山名。在今河南省三门峡市西，临黄河。②壅：堵塞。

【原文】

三十二年，伐郑[1]。城酸枣[2]。败秦于注[3]。三十五年，齐伐取我襄陵[4]。三十六年，秦侵我阴晋[5]。

【注释】

①郑：国名。前375年为韩所灭。②酸枣：邑名。在今河南省延津西南。③注：地名。在今河南省汝州市西北。④襄陵：地名。在今河南睢县。⑤阴晋：邑名。

【原文】

三十八年，伐秦，败我武下[1]，得其将识。是岁，文侯卒，子击立，是为武侯。

【注释】

①武下：武城之下。武城，魏地，在今陕西省渭南市华州区东北。

【原文】

魏武侯元年，赵敬侯[1]初立，公子朔[2]为乱，不胜，奔魏，与魏袭邯郸[3]，魏败而去。

【注释】

①赵敬侯：赵国君。②公子朔：应据《六国年表》《赵世家》改作“公子朝”。③邯郸：赵都城。

【原文】

二年，城安邑、王垣[1]。

七年，伐齐，至桑丘[②]。九年，翟败我于浍[③]。使吴起[④]伐齐，至灵丘[⑤]。齐威王[⑥]初立。

【注释】

①王垣：魏邑名。即垣县，因境内有王屋山，故又名王垣。在今山西省垣曲县东南。②桑丘：邑名，本属燕，后为齐邑。在今河北保定市北。《史记会注考证》认为此桑丘在今山东省济宁市兖州区西。③翟：通“狄”，部族名。浍（kuài）：水名。源出今山西翼城县东北，西流经侯马市，至新绛入汾河。④吴起：战国时的政治家、军事家。卫国左氏（今山东省曹县北）人。初为鲁将，继为魏将，屡建战功。⑤灵丘：邑名，在今山东省滕县东。一说在今山东省高唐县南。⑥齐威王：齐国国君。

【原文】

十一年，与韩、赵三分晋地，灭其后。

十三年，秦献公[①]县栎阳。十五年，败赵北蔺[②]。

【注释】

①秦献公：嬴师隰。前 384—前 362 年在位。秦国国君。②北蔺：赵邑名。

【原文】

十六年，伐楚，取鲁阳[①]。武侯卒，子䓨立，是为惠王。

惠王元年，初，武侯卒也，子䓨与公中缓[②]争为太子。公孙颀自宋[③]入赵，自赵入韩，谓韩懿侯[④]曰：“魏䓨与公中缓争为太子，君亦闻之乎？今魏䓨得王错[5]，挟[6]上党，固半国也。因而除之，破魏必矣，不可失也。”懿侯说[7]，乃与赵成侯[8]合军并兵以伐魏，战于浊泽[9]，魏氏大败，魏君围[10]。赵谓韩曰：“除魏君，立公中缓，割地而退，我且利。”韩曰：“不可。杀魏君，人必曰暴；割地而退，人必曰贪。不如两分之。魏分为两，不强于宋、卫[11]，则我终无魏之患矣。”赵不听。韩不说，以其少卒[12]夜去。惠王之所以身不死，国不分者，二家谋不和也。若从一家[13]之谋，则魏必分矣。故曰：“君终无適子，其国可[14]破也。”

【注释】

①鲁阳：楚地名。在今河南省鲁山县。②公中（zhòng）缓：魏武侯子，与惠王争位，后奔赵。③公孙颀：魏国人。宋：国名。④韩懿侯：韩国国君。⑤王错：魏国大夫。后出奔韩。⑥挟：控制。⑦懿侯说：说，通“悦”。以下“韩不说”，说，亦通“悦”。⑧赵成侯：赵国国君。⑨浊泽：魏地名。在今山西省运城市盐湖区西南。⑩围：被动用法。⑪卫：国名。⑫以：使，挥使。少卒：少壮士兵；精锐部队。⑬一家：指韩国。⑭可：大约；大概。

【原文】

二年，魏败韩于马陵[1]，败赵于怀[2]。三年，齐败我观[3]。五年，与韩会宅阳[4]。城武堵[5]。为秦所败。六年，伐取宋仪台[6]。九年，伐败韩于浍。与秦战少梁，虏我将公孙痤，取庞。秦献公卒，子孝公[7]立。

【注释】

①马陵：春秋卫地，战国属齐。在今河北省大名县东南。②怀：战国魏邑。在今河南省武陟县西南。③观：邑名。在今山东省阳谷县西南，河南省清丰县南。④宅阳：即北宅。邑名，在今河南省郑州市北。⑤武堵：地名。当是“武都”，《六国表》作“武都”，今地不详。⑥仪台：台名。⑦孝公：即秦孝公。

【原文】

十年，伐取赵皮牢①。彗星见②。十二年，星③昼坠，有声。

【注释】

①皮牢：地名。在今山西省翼城县东。②见（xiàn）：通“现”。③星：陨星。

【原文】

十四年，与赵会鄗①。十五年，鲁、卫、宋、郑②君来朝。十六年，与秦孝公会杜平③。侵宋黄池④，宋复取之。

【注释】

①鄗（hào）：赵地名。在今河北省柏乡北。②鲁：指鲁恭侯。卫：指卫成侯。宋：指宋桓侯。郑：指郑釐（xī）侯，即韩昭侯。③杜平：邑名。在今陕省西澄城县东。④黄池：地名。在今河南省封丘县西南。

【原文】

十七年，与秦战元里，秦取我少梁。围赵邯郸。十八年，拔邯郸。赵请救于齐，齐使田忌、孙膑[1]救赵，败魏桂陵[2]。

【注释】

①田忌：齐国将。孙膑：军事家。②桂陵：地名。在今山东省菏泽市牡丹区东北。一说在今河南省长垣市西北。

【原文】

十九年，诸侯围我襄陵。筑长城[1]，塞固阳[2]。

【注释】

①筑长城：魏筑长城，从郑（今陕西省渭南市华州区东）开始，沿洛水（今陕西省北洛河）东岸，向北直到上郡（今陕西省榆林市榆阳区东南），与秦为界。②塞（sài）：关塞。作动词用。固阳：魏邑名。

【原文】

二十年，归赵邯郸，与盟漳水上。二十一年，与秦会彤[1]。赵成侯卒。二十八年，齐威王卒。中山君相[2]魏。

【注释】

①彤：秦地名。在今陕西省渭南市华州区西南。②相：任相。

【原文】

三十年，魏伐赵，赵告急齐。齐宣王用孙子计[1]，救赵击魏。魏遂大兴师，使庞涓[2]将，而令太子申为上将军。过外黄[3]，外黄徐子[4]谓太子曰："臣有百战百胜之术。"太子曰："可得闻乎？"客曰："固愿效[5]之。"曰："太子自将攻齐，大胜并莒[6]，则富不过有魏，贵不益[7]为王。若战不胜齐，则万世无魏矣[8]。此臣之百战百胜之术[9]也。”太子曰：“诺，请[10]必从公之言而还矣。”客曰：“太子虽欲还，不得矣。彼劝太子战攻，欲啜汁[11]者众。太子虽欲还，恐不得矣。”太子因[12]欲还，其御曰：“将出而还，与北[13]同。”太子果与齐人战，败于马陵[14]。齐虏魏太子申，杀将军涓，军遂大破。

【注释】

①齐宣王：战国齐国君田辟彊。孙子计：指孙膑逐日减灶制造齐军大量逃亡的假象，引诱魏军追击的计策。②庞涓：战国时魏将。③外黄：宋地名。在今河南省民权县西北。④徐子：宋国外黄人。⑤效：呈；进献。⑥莒：邑名。在今山东省莒县。⑦益：超过。⑧“若战不胜齐”二句：如果战不胜齐国，太子可能战死，子孙后代就没有魏国了。⑨百战百胜之术：指回师，无战败之忧，最终能拥有魏国，故称百战百胜之术。⑩请：谦敬副词。⑪啜（chuò）汁：原意为仰食残汁，此处借喻邀功取利。⑫因：就；便。⑬北：败北；败逃。⑭马陵：地名。

【原文】

三十一年，秦、赵、齐共伐我，秦将商君[1]诈我将军公子卬而袭夺其军，破之。秦用商君，东地至河，而齐、赵数[2]破我，安邑近秦，于是徙治大梁[3]。以公子赫为太子。

【注释】

①商君：姓公孙，名鞅。卫国人。②数（shuò）：屡次。③治：都治；国都所在地。大梁：魏都城，在今河南省开封市。

【原文】

三十三年，秦孝公卒，商君亡秦[1]归魏，魏怒，不入[2]。三十五年，与齐宣王会平阿[3]南。

【注释】

①亡秦：从秦国逃亡。②入：纳；收留。③平阿：齐邑名。在今安徽省怀远县西南。

【原文】

惠王数被于军旅[1]，卑礼厚币[2]以招贤者。邹衍、淳于髡[3]、孟轲皆至梁。梁惠王[4]曰："寡人不佞[5]，兵三折于外[6]，太子虏[7]，上将死，国以[8]空虚，以羞先君宗庙[9]社稷，寡人甚丑[10]之。叟不远[11]千里，辱幸至弊邑[12]之廷，将何以利[13]吾国？"孟轲曰："君不可以言利若是[14]。夫君欲利则[15]大夫欲利，大夫欲利则庶人欲利，上下争利，国则危矣。为人君，仁义而已矣，何以利为[16]！"

【注释】

①被：遭受。军旅：军队。引申指战争。②卑礼：卑下谦恭之礼。厚币：原指用作礼物的丝织品，也可泛指礼物。③邹衍（约前305—前240年）：齐国人。阴阳家的代表人物。淳

于髡（kūn）：齐国学者，以博学著称。④梁惠王：即魏惠王。⑤不佞（nìng）：不才；没有才能。⑥兵三折于外：指被齐、秦、楚三国打败。⑦虏：俘虏。被动用法。⑧以：由此；从此。⑨羞：耻辱。先君：先代君主。宗庙：帝王诸侯祭祀祖先的处所。⑩丑：羞耻；惭愧。意动用法。⑪叟：古代对长者的敬称。远：意动用法。⑫辱幸：犹言屈尊光临。弊邑：称本国的谦词。⑬将：打算；想要。何以：以何；用什么。利：有利。使动用法。⑭若是：如此；像这样。⑮夫：发语词。欲：想要；贪求。则：那么。连词。⑯为：语气助词，表疑问。

【原文】

三十六年，复与齐王会甄[①]。是岁，惠王[②]卒，子襄王[③]立。

【注释】

①甄（juàn）：通“鄄”。②惠王卒：据杨宽《战国史》考证，魏惠王到三十六年没有死，只是改元又称一年，又十六年才死。③襄王：名嗣。

【原文】

襄王元年[①]，与诸侯会徐州[②]，相王[③]也。追尊父惠王为王[④]。

【注释】

①襄王元年：应为惠王后元元年。前文惠王卒应为惠王改

元。②徐州：齐地名。在今山东省滕州市南。③相王：互相尊称为王。④追尊父惠王为王：追尊，古代在人死后追加尊号。《孟子》一书多处称魏惠王为王，是其明证。

【原文】

五年，秦败我龙贾军四万五千于雕阴[①]，围我焦、曲沃[②]。予秦河西[③]之地。

【注释】

①龙贾：魏国大臣。雕阴：魏地名。在今陕西省甘泉县南。②焦：魏地名。在今河南省三门峡市西北。曲沃：魏地名。在今河南省三门峡市西南。③河西：地区名。当时称今山西、陕西两省间黄河南段之西为河西。

【原文】

六年，与秦会应[①]。秦取我汾阴、皮氏[②]、焦。魏伐楚，败之陉山[③]。七年，魏尽入上郡[④]于秦。秦降我蒲阳[⑤]。八年，秦归我焦、曲沃。

【注释】

①应：邑名。在今河南省鲁山县东。②汾阴：魏邑名。在今山西省万荣县西南。皮氏：魏邑名。在今山西省河津市。③陉山：楚地名。在今河南省漯河市东。④入：交纳。上郡：魏地区名。⑤降：降伏。蒲阳：魏邑名。在今山西省隰（xí）县。

【原文】

十二年，楚败我襄陵。诸侯执政与秦相张仪会啮桑[①]。

十三年，张仪相魏。魏有女子化为丈夫[2]。秦取我曲沃、平周[3]。

【注释】

①啮桑：地名。在今江苏省沛县西南。②丈夫：古称成年男子为丈夫。③曲沃：古都邑名。春秋属晋，战国属魏，在今山西省闻喜县东北。此曲沃在魏北境。平周：魏邑名。在今山西省介休市西。

【原文】

十六年，襄王卒，子哀王立。张仪复归秦。

哀王元年，五国[1]共攻秦，不胜而去。

【注释】

①五国：指韩、魏、楚、赵、燕。

【原文】

二年，齐败我观津[1]。五年，秦使樗里子伐取我曲沃[2]，走犀首岸门[3]。六年，秦来立公子政为太子。与秦会临晋。七年，攻齐。与秦伐燕[4]。

【注释】

①观津：本赵邑，时属魏。在今河北省武邑县东南。②樗（chū）里子：嬴疾。曲沃：此曲沃在今河南省三门峡市西南。③走：逃跑。使动用法。犀首：魏官名。时任此职者为公孙衍。纵横家。岸门：魏邑名。在今山西省河津市南。④燕：周

初分封的诸侯国，姬姓。前222年为秦所灭。

【原文】

八年，伐卫，拔列城①二。卫君患②之。如耳③见卫君曰："请罢④魏兵，免⑤成陵君可乎？"卫君曰："先生果能，孤请世世以卫事先生。"如耳见成陵君曰："昔者魏伐赵，断羊肠⑥，拔阏与⑦，约斩⑧赵，赵分而为二，所以不亡者，魏为从主也⑨。今卫已迫亡⑩，将西请事于秦。与其以秦醳⑪卫，不如以魏醳卫，卫之德⑫魏必终无穷。"成陵君曰："诺。"如耳见魏王曰："臣有谒于卫⑬。卫故周室⑭之别也，其称小国，多宝器⑮。今国迫于难而宝器不出者，其心以为攻卫醳卫不以王为主，故宝器虽出⑯必不入于王也。臣窃料之，先言醳卫者必受卫者也。"如耳出，成陵君入，以其言见魏王。魏王听其说，罢其兵，免成陵君，终身不见。

【注释】

①列城：相邻的城池。②患：忧虑。③如耳：魏国大夫。④罢：停止。使动用法。⑤免：罢免。⑥羊肠：即羊肠坂。太行山上的坂道，在今山西省晋城市南。⑦阏与：战国韩邑，后属赵。在今山西省和顺西北。⑧约：图谋。斩：分割。⑨从主：诸侯合纵之长。⑩迫亡：迫近亡国。⑪以：由。醳(shì)：通"释"，宽释。⑫德：感激。⑬臣有谒于卫：我替卫国有所说明。谒，说明，陈述。于，为，替。⑭故：本来。周室：周王族。⑮宝器：宝贵的器物。⑯出：献出。

【原文】

九年，与秦王会临晋。张仪、魏章[①]皆归于魏。魏相田需死，楚害[②]张仪、犀首、薛公。楚相昭鱼谓苏代[③]曰："田需死，吾恐张仪、犀首、薛公有一人相魏者也。"代曰："然相者欲谁而君便[④]之？"昭鱼曰："吾欲太子[⑤]之自相也。"代曰："请为君北[⑥]，必相[⑦]之。"昭鱼曰："奈何？"对曰："君其为梁王，代请说[⑧]君。"昭鱼曰："奈何？"对曰："代也从楚来，昭鱼甚忧，曰：'田需死，吾恐张仪、犀首、薛公有一人相魏者也。'代曰：'梁王，长主[⑨]也，必不相张仪。张仪相，必右[⑩]秦而左魏。犀首相，必右韩而左魏。薛公相，必右齐而左魏。梁王，长主也，必不便也。'王曰[⑪]：'然则寡人孰[⑫]相？'代曰：'莫若[⑬]太子之自相。太子之自相，是[⑭]三人者皆以太子为非常相也，皆将务[⑮]以其国事魏，欲得丞相玺[⑯]也。以魏之强，而三万乘之国[⑰]辅之，魏必安矣。故曰莫若太子之自相也。'"遂北见梁王，以此告之。太子果相魏。

【注释】

①魏章：曾为魏将，后又相秦。②害：忌刻；畏惧。③苏代：游说之士，苏秦之弟。④便：方便；有利。⑤太子：指魏昭王。⑥北：北行。动词，⑦相：做相。使动用法。⑧说：游说。⑨长（zhǎng）主：贤明的国君。⑩右：古时尚右，故称所重为右，所轻为左。⑪王曰：是苏代模拟魏王说。⑫然则：

既然如此，那么。孰：谁。⑬莫若：莫如；不如。⑭是：此；这。⑮务：致力；尽力。⑯欲得丞相玺（xǐ）：想获得丞相印。玺，印。⑰万乘（shèng）之国：指大国。乘，一车四马。万乘，万辆车。

【原文】

十年，张仪死。十一年，与秦武王[①]会应。十二年，太子朝于秦。秦来伐我皮氏，未拔而解。十四年，秦来归武王后[②]。十六年，秦拔我蒲反、阳晋、封陵[③]。十七年，与秦会临晋。秦予我蒲反。十八年，与秦伐楚。二十一年，与齐、韩共败秦军函谷[④]。

【注释】

①秦武王：秦国国君荡。②武王后：魏公室女。③蒲反（bǎn）：亦作蒲坂。魏邑名。在今山西省永济市西。阳晋：应作“晋阳”。魏邑名。在今山西省永济市东。封陵：魏地名。在今山西省风陵渡东。④函谷：即函谷关，在今河南省灵宝市东北。

【原文】

二十三年，秦复予我河外及封陵为和。哀王卒，子昭王立。

昭王元年，秦拔我襄城[①]。二年，与秦战，我不利。三年，佐韩攻秦，秦将白起败我军伊阙二十四万[②]。六年，予秦河东[③]地方四百里。芒卯以诈重[④]。七年，秦拔我城大小六十一。八年，秦昭王[5]为西帝，齐湣王[6]为东帝，月余，皆复称王归帝。九年，秦拔我新垣、曲阳[7]之城。

【注释】

①襄城：魏邑名。在今河南省襄城县。②白起：一名公孙起。伊阙：山名。在今河南省洛阳市南。二十四万：指韩、魏两军共数。③河东：地区名，约指今山西境内黄河以东地区。④芒卯：魏国大臣。诈：智诈；智谋。重：见重；被重用。⑤秦昭王：即秦昭襄王。⑥齐湣王：亦作齐闵王、齐愍王。齐国君。⑦新垣：魏邑名。与曲阳相近。曲阳：魏邑名。在今河南省济源市西南。

【原文】

十年，齐灭宋，宋王[1]死我温。十二年，与秦、赵、韩、燕共伐齐，败之济西[2]，湣王出亡[3]。燕独入临菑。与秦王会西周[4]。

【注释】

①宋王：宋康王偃。②济西：济水以西。③湣王出亡：此句当在下句"燕独入临菑"后。④会西周：指会于西周国都河南（今河南省洛阳市西）。西周，战国时小国。

【原文】

十三年，秦拔我安城[1]。兵到大梁，去。十八年，秦拔郢[②]，楚王徙陈[③]。

【注释】

①安城：魏邑名。②郢：此为鄢郢，在今湖北省宜城市南。③楚王：王熊横。陈：楚邑名。

【原文】

十九年，昭王卒，子安釐王立。

【原文】

安釐王元年，秦拔我两城。二年，又拔我二城，军[①]大梁下，韩来救，予秦温以和。三年，秦拔我四城，斩首四万。四年，秦破我及韩、赵，杀十五万人，走我将芒卯。魏将段干子请予秦南阳[②]以和。苏代谓魏王曰："欲玺[③]者段干子也，欲地者秦也。今王使欲地者制玺，使欲玺者制[④]地，魏氏地不尽则不知已[⑤]。且夫[⑥]以地事秦，譬犹抱薪救火，薪不尽，火不灭。"王曰："是则然也。虽然，事始[⑦]已行，不可更矣。"对曰："王独不见夫博之所以贵[⑧]枭者，便则食[⑨]，不便则止矣。今王曰'事始已行，不可更'，是何王之用智不如用枭也?"

【注释】

①军：驻扎。②南阳：魏地名。故城在今河南省获嘉县北。③欲玺：指想获得秦国的封赏。玺，印章，借指官爵。④制：控制；掌握。⑤魏氏：指魏国。已：停止。⑥且夫：用法同"夫"，发语词。⑦始：开始；刚才。⑧独：难道。夫：那；指示代词。博：古代博局戏，以五木为骰子，其上刻有

枭、卢、雉、犊、塞等形。行博时掷骰子中采，然后行棋，得枭者为上采。贵：宝贵；看重。意动用法。⑨食：吃掉棋子。

【原文】

九年，秦拔我怀。十年，秦太子外质于魏死。十一年，秦拔我郪丘[①]。

【注释】

①郪（qī）丘：魏邑名。在今安徽省太和县北宋王城。

【原文】

秦昭王谓左右曰："今时韩、魏与始孰强?"对曰："不如始强。"王曰："今时如耳、魏齐[①]与孟尝、芒卯孰贤?"对曰："不如。"王曰："以孟尝、芒卯之贤，率强韩、魏以攻秦，犹无奈寡人何[②]也。今以无能之如耳、魏齐而率弱韩、魏以伐秦，其无奈寡人何亦明矣。"左右皆曰："甚然[③]。"中旗冯[④]琴而对曰："王之料天下过[⑤]矣。当晋六卿之时，知氏最强，灭范、中行，又率韩、魏之兵以围赵襄子于晋阳，决晋水以灌晋阳之城，不湛者三版[⑥]。知伯行[⑦]水，魏桓子御，韩康子为参乘[⑧]。知伯曰：'吾始不知水之可以亡人之国也，今乃知之。'汾水可以灌安邑，绛水可以灌平阳[⑨]。魏桓子肘[⑩]韩康子，韩康子履[⑪]魏桓子，肘足接于车上[⑫]，而知氏地分，身死国亡，为天下笑。今秦兵虽强，不能过知氏；韩、魏虽弱，尚贤[⑬]其在晋阳之下也。此方其用肘足之时[⑭]也，愿王之勿易也!”于是秦王恐。

【注释】

①魏齐：魏国公子，为魏昭王相。②无奈寡人何：不能把我怎么样。③甚然：非常对。④中旗：亦作中期。官名。掌琴瑟。一说，人名，即钟子期。冯（píng）：通“凭”，倚靠。⑤料：估量。过：错。⑥湛（chén）：通“沉”。版：亦作“板”。筑墙用的夹板。一板高二尺。⑦行：按视。⑧参乘：亦作“骖乘”，陪乘。⑨平阳：韩邑名。在今山西临汾市西南。⑩肘：臂肘。此谓用臂肘碰人，暗示以心相应。⑪履：踏。此谓用脚踩人，暗示所谋预合。⑬肘足接于车上：意思是说，韩、魏联合，共灭知伯的协约已成默契。⑬贤：胜过。⑭用肘足之时：意思是说制订联合抗秦计划之际。

【原文】

齐、楚相约而攻魏，魏使人求救于秦，冠盖相望[1]也，而秦救不至。魏人有唐雎者，年九十余矣，谓魏王曰：“老臣请西说秦王，令兵先臣出。”魏王再拜，遂约车[2]而遣之。唐雎到，入见秦王。秦王曰：“丈人芒然乃[3]远至此，甚苦矣！夫魏之来求救数矣，寡人知魏之急已[4]。”唐雎对曰：“大王已知魏之急而救不发者，臣窃以为用策之臣[5]无任矣。夫魏，一万乘之国也，然所以西面而事秦，称东藩[6]，受冠带[7]，祠春秋[8]者，以秦之强足以为与[9]也。今齐、楚之兵已合于魏郊[10]矣，而秦救不发，亦将赖其未急也[11]。使之大急[12]，彼且割地而约从[13]，王尚何救焉？必待其急而救之，是失一东藩之魏而强[14]二敌之齐、楚，则王何利焉？"于是秦昭王遽[15]为发兵救魏。魏氏复定。

【注释】

①冠盖相望：道路上使臣往来不绝，他们所戴帽子和所乘车子的车盖互相能够望见。冠，帽子。盖，车盖。②约车：备办车辆。③丈人：对长者的尊称。乃：竟。④已：用法同"矣"。⑤用策之臣：筹策之臣。亦即执政大臣。⑥东藩：东部藩属。⑦受冠带：接受秦国法度。冠带，本指服制，引申指法度。⑧祠春秋：春秋贡奉以助秦国祭祀。⑨与：与国；盟国。⑩合：会集。魏郊：魏都大梁城郊。⑪亦将赖其未急也：不过是凭恃着魏国不危急罢了。亦，不过。将，句中助词。赖，恃。⑫大急：极端危急。⑬割地：割地给齐、楚两国。约从：即合纵。⑭强：强大。使动用法。⑮遽（jù）：就；立即。

【原文】

赵使人谓魏王曰："为我杀范痤[1]，吾请献七十里之地。"魏王曰："诺。"使吏捕之，围而未杀。痤因上屋骑危[2]，谓使者曰："与其以死痤市[3]，不如以生痤市。有如[4]痤死，赵不予王地，则王将奈何？故不若与先定割地，然后杀痤。"魏王曰："善。"痤因上书信陵君[5]曰："痤，故魏之免相[6]也，赵以地杀痤而魏王听之，有如强秦亦将袭赵之欲，则君且奈何？"信陵君言于王而出之。

【注释】

①范痤（cuó）：一作范座。魏人，曾为魏相。②危：屋脊。③死痤：死范痤。市：交换。④有如：假如。⑤信陵君：魏无忌。魏安釐王之弟。⑥免相：免职的宰相。

【原文】

魏王以秦救之故，欲亲秦而伐韩，以求故地。无忌谓魏王曰：

秦与戎翟[1]同俗，有虎狼之心，贪戾[2]好利无信，不识[3]礼义德行。苟有利焉，不顾亲戚兄弟，若禽兽耳，此天下之所识也，非有所施厚积德也。故太后[4]母也，而以忧死[5]；穰侯[6]舅也，功莫大焉[7]，而竟逐之[8]；两弟[9]无罪，而再夺之国[10]。此于亲戚若此[11]，而况于仇雠[12]之国乎！今王与秦共伐韩而益近秦患，臣甚惑之。而王不识则不明，群臣莫以闻[13]则不忠。

【注释】

①戎翟：古代对西北方各族的泛称。翟，通“狄”。②贪戾（lì）：贪婪残暴。③识：知。④太后：宣太后。秦昭王之母。秦昭王十九岁即位，她掌握政权。⑤而以忧死：秦昭王四十一年，用范雎之说，废宣太后，她忧虑而死。⑥穰（ráng）侯：魏冉。宣太后异父弟。秦武王去世，秦内乱，他拥立昭王。⑦焉：兼词。此处当“于他”讲。⑧而竟逐之：秦昭王四十一年，任用范雎为相，驱逐魏冉，后死于陶。⑨两弟：指泾阳君嬴（市），秦昭王同母弟，封于泾阳（今陕西省泾阳县

境)；高陵君嬴悝，秦昭王同母弟，封于高陵（今陕西省西安市高陵区)。⑩再：一举而二叫“再”。之：其。国：封邑。泾阳君、高陵君封邑在关内。⑪此：指秦国。⑫仇雠(chóu)：仇敌。⑬以闻：以此上闻。

【原文】

今韩氏以一女子奉一弱主[①]，内有大乱，外交强秦、魏之兵，王以为不亡乎？韩亡，秦有郑[②]地，与大梁[③]邻，王以为安乎？王欲得故地，今负强秦之亲，王以为利乎？

【注释】

①今韩氏以一女子奉一弱主：当时韩桓惠王年幼，母后专权。②郑：指郑国旧地。韩哀侯二年（前375)，韩灭郑，迁都新郑（今河南省新郑市)，此后亦称韩为郑。③大梁：指魏。

【原文】

秦非无事之国也，韩亡之后必将更事[①]，更事必就[②]易与利，就易与利必不伐楚与赵矣。是何也？夫越山逾河，绝[③]韩上党而攻强赵，是复阏与[④]之事，秦必不为也。若道河内，倍[⑤]邺、朝歌，绝漳、滏水，与赵兵决于邯郸之郊，是知伯之祸也，秦又不敢。伐楚，道涉谷[⑥]，行三千里而攻冥厄[⑦]之塞，所行甚远，所攻甚难，秦又不为也。若道河外[⑧]，倍大梁，右上蔡、召陵[⑨]，与楚兵决于陈郊，秦又不敢。故曰秦必不伐楚与赵矣，又不攻卫与齐矣。

【注释】

①更事：再起事端。②就：趋；从。③绝：越过；穿过。④复：重蹈。阏与：韩邑名。⑤倍：通“背”。⑥涉谷：往楚之险路。⑦冥厄：楚之险塞。⑧河外：地区名。⑨上蔡：楚邑名。在今河南省上蔡西南。召（shào）陵：楚邑名。在今河南省漯河市郾城区东。

【原文】

夫韩亡之后，兵出之日，非魏无攻已。秦固有怀、茅、邢丘，城垝津①以临河内，河内共、汲②必危；有郑地，得垣雍③，决荧泽④水灌大梁，大梁必亡。王之使者出过而恶安陵氏⑤于秦，秦之欲诛⑥之久矣。秦叶阳、昆阳⑦与舞阳邻，听使者之恶之，随⑧安陵氏而亡之，绕舞阳之北，以东临许⑨，南国⑩必危，国无害乎？

【注释】

①城：筑城。垝（guǐ）津：地名。②共：邑名。在今河南省辉县市。汲：邑名。在今河南省卫辉市西。③垣雍：邑名。在今河南省原阳县西。④荧泽：泽名。一作荥泽。故址在今河南郑州市西北，西汉以后渐淤为平地。⑤出过：出访。恶：中伤。安陵氏：魏襄王封其弟为安陵君，后代以邑为氏，故称安陵氏。安陵，魏邑，在今河南省鄢陵县西北。⑥诛：灭。⑦叶（旧读shè）阳：秦邑名。在今河南省叶县南。昆阳：秦邑名。在今河南省叶县。⑧随：听任。⑨许：国名。在

今河南省许昌市东。⑩南国：指魏国的南部地区。此时属韩。

【原文】

夫憎韩不爱安陵氏可也，夫不患[①]秦之不爱南国非也。异日[②]者，秦在河西晋[③]，国去梁千里，有河山以阑[④]之，有周韩以间[⑤]之。从林乡军[⑥]以至于今，秦七攻魏，五入囿中[⑦]，边城尽拔，文台堕[⑧]，垂都[⑨]焚，林木伐，麋鹿[⑩]尽，而国继以围[⑪]。又长驱[⑫]梁北，东至陶、卫[⑬]之郊，北至平监[⑭]，所亡于秦者，山[⑮]南山北，河外河内，大县数十，名都数百。秦乃在河西晋，去梁千里，而祸若是矣。又况于使秦无韩，有郑地，无河山而阑之，无周、韩而间之，去大梁百里，祸必由此矣。

【注释】

①患：忧虑。②异日：往日。③河西晋：河西晋国故地。④阑：阻隔。⑤周：指周朝京畿。间：隔绝。⑥林乡军：指秦进攻林乡的战役。林乡，邑名。在今河南省新郑市东。⑦囿中：泽名。⑧文台：台名。故址在今山东省菏泽市牡丹区西南。堕（huī）：通“隳”，毁坏。⑨垂都：魏邑名。⑩麋鹿：鹿科动物。⑪国继以围：指安釐王二年秦军大梁下事。国，国都。⑫长驱：毫不停顿地快速进军。⑬卫：邑名。在今河南省滑县。⑭监：通“阚（kàn）”，邑名，在今山东汶上县西南。⑮山：指华山。

【原文】

异日者，从[①]之不成也，楚、魏疑而韩不可得也。今韩受兵[②]三年，秦桡之以讲[③]，识亡不听，投质[④]于赵，请为天下雁行顿刃[⑤]，楚、赵必集兵，皆识秦之欲[⑥]无穷也，非尽亡天下之国而臣[⑦]海内，必不休矣。是故臣愿以从事[⑧]王，王速受楚、赵之约[⑨]，而挟韩之质以存韩，而求故地，韩必效之。此士民不劳而故地得，其功多于与秦共伐韩，而又[⑩]与强秦邻之祸也。

【注释】

①从：合纵。②受兵：指遭受秦军侵扰。③桡（náo）：通“挠”。讲：媾和。④投质：派出人质。⑤为：与。雁行：谓按次序为行列前进。顿刃：指折坏兵器用来战。顿，通“钝”。⑥欲：贪欲。⑦臣：臣服。使动用法。⑧从事：合纵事王。事，服务；效劳。⑨约：盟约。⑩又：当作“无”。

【原文】

夫存韩安魏而利天下，此亦王之天时[①]已。通韩上党于共、甯[②]，使道安成[③]，出入赋之[④]，是魏重质[⑤]韩以其上党也。今有其赋，足以富国。韩必德魏爱魏重魏畏魏，韩必不敢反魏，是韩则魏之县也。魏得韩以为县，卫[⑥]、大梁、河外必安矣。今不存韩，二周[⑦]、安陵必危。楚、赵大破，卫、齐甚畏，天下西乡[⑧]而驰秦入朝而为臣不久矣。

【注释】

①天时：天赐的时机。②甯：魏邑名。在今河南省获嘉县。③安成：魏邑名。在今河南省原阳县西南。④出入赋之：

征收往来商贾之税。⑤重（chóng）：复；又。质：抵押。意动用法。⑥卫：指残存的卫国，当时为魏国附庸。⑦二周：指战国末期西周、东周二小国。⑧乡：通“向”。

【原文】

二十年，秦围邯郸[①]，信陵君无忌矫[②]夺将军晋鄙兵以救赵，赵得全。无忌因留赵。二十六年，秦昭王卒。

【注释】

①秦围邯郸：前257年，秦军围赵都邯郸，赵求救于魏。魏派晋鄙领军十万救赵，驻军邺，对秦赵成败持观望态度。②矫：假托君命。

【原文】

三十年，无忌归魏，率五国兵攻秦，败之河外，走蒙骜[①]。魏太子增质于秦，秦怒，欲囚魏太子增。或[②]为增谓秦王曰：“公孙喜[③]固谓魏相曰‘请以魏疾击秦，秦王怒，必囚增。魏王又怒，击秦，秦必伤’。今王囚增，是喜之计中也。故不若贵[④]增而合魏，以疑之于齐、韩。”秦乃止增。

【注释】

①走：逃跑。使动用法。蒙骜：秦国将领。②或：有人。虚指代词。③公孙喜：魏国将领。④贵：厚遇。

【原文】

三十一年，秦王政初立。

三十四年，安釐王卒，太子增立，是为景湣王。信陵君无忌卒。

景湣王元年，秦拔我二十城，以为秦东郡。二年，秦拔我朝歌。卫徙野王[①]。三年，秦拔我汲。五年，秦拔我垣、蒲阳、衍[②]。十五年，景湣王卒，子王假立。

【注释】

①野王：邑名。在今河南沁阳市。本韩邑，后被秦国攻取。此时秦国迁徙卫元君于此。②衍：魏邑名。在今河南省郑州市北。

【原文】

王假元年，燕太子丹使荆轲[①]刺秦王，秦王觉[②]之。

【注释】

①燕太子丹：燕王喜的太子。荆轲：卫国人。②觉：发觉。

【原文】

三年，秦灌大梁，虏王假，遂灭魏以为郡县。

太史公曰：吾适故大梁之墟[①]，墟中人曰："秦之破梁，引河沟[②]而灌大梁，三月城坏，王请降，遂灭魏。"说者皆曰魏以不用信陵君故，国削弱至于亡，余以为不然。天[③]方令秦平海内，其业未成，魏虽得阿衡之[④]佐，曷[⑤]益乎？

【注释】

①适：往。故：旧。墟：故城。②河沟：即鸿沟。古运河

名。③天：有两解：天命，天意；指历史变革的事势。④阿衡：即伊尹。⑤曷（hé）：何；什么。

【译文】

魏国的祖先是毕公高的后代。毕公高和周同姓。周武王灭商以后，高被封在毕，于是就以毕为姓。他的后代断绝了封爵，变成平民，有的居住在中原，有的流落到夷狄地区。他的后代子孙有个叫毕万的，侍奉晋献公。

晋献公十六年，赵夙赶车，毕万为护卫，攻打霍、狄、魏，灭了它们。献公把耿封给赵夙，把魏封给毕万，二人都升为大夫。晋国掌管占卜的大夫郭偃说："毕万的后代一定会昌盛。万，是满数；魏，是巍巍名号。用这样的名号开始封赏，是天意要他开拓帝业。天子统治亿万人民，诸侯统治万民。现在赐给他魏这样的大号，名字又是满数，他一定会拥有众多的百姓。"起初，毕万占卜到晋国做官的吉凶，得到"屯卦"变为"比卦"。辛廖推断说："吉利。'屯卦'象征坚固，'比卦'象征进入，吉利还有比这更大的吗？他的后代一定会繁荣昌盛。"

毕万受封后十一年，晋献公去世，他的四个儿子争位，晋国内乱。而毕万的子孙繁衍增多，依照他的封邑改称魏氏。毕万生了魏武子。魏武子以魏氏诸子的身份侍奉晋公子重耳。晋献公二十一年，魏武子随从公子重耳出国逃亡。十九年后返回晋国，重耳即位为晋文公，让魏武子作为魏氏的后代袭封，列为大夫，治所在魏邑。魏武子生了魏悼子。

魏悼子把治所迁移到霍邑。魏悼子生了魏绛。

魏绛侍奉晋悼公。悼公三年，晋和诸侯会盟。悼公的弟弟杨干扰乱了队伍的行列，魏绛杀了杨干的仆人，以示惩罚他。悼公愤怒地说："会合诸侯是为了显示荣耀，现在却侮辱我的弟弟！"将要诛杀魏绛。有人劝谏悼公，悼公才罢休。最终任用魏绛主持政事，派他联络戎、翟，戎、翟从此亲附晋国。悼公十一年，悼公说："从我任用魏绛，八年当中，九次会合诸侯，戎、翟亲附，全靠你的努力呀。"赏赐给他乐器，魏绛再三谦让，然后才接受赏赐。魏绛把治所迁移到安邑。魏绛去世，谥号为昭子。魏绛生了魏嬴。魏嬴生了魏献子。

魏献子侍奉晋昭公。昭公去世后，晋国的六卿强盛，公室卑微。

晋顷公十二年（前514），韩宣子告老，魏献子主持国政。晋国宗族祁氏和羊舌氏互相诽谤，六卿把他们诛杀了，收回他们的全部封地分为十个县，六卿分别派他们的儿子去十县为大夫。魏献子与赵简子、中行文子、范献子同任晋国的卿。

此后十四年，孔子在鲁国代理宰相。再过四年，赵简子由于晋阳之乱，同韩氏、魏氏一起攻打范氏和中行氏。魏献子生了魏侈，魏侈同赵鞅一起攻打范氏和中行氏。

魏侈的孙子是魏桓子，他和韩康子、赵襄子一起讨伐除灭了知伯，并瓜分了他的领地。

桓子的孙子是文侯魏斯。魏文侯元年（应为二十二年），正是秦灵公元年。魏文侯和韩武子、赵桓子、周威烈王同时。

文侯六年（应为二十七年），在少梁筑城。十三年（应为三十四年），派子击去围攻繁和庞两地，迁出那里的百姓。十六年，进攻秦国，在临晋、元里筑城。

文侯十七年（应为三十八年），攻灭中山国，派子击在那里驻守，让赵仓唐辅佐他。子击在朝歌遇到了文侯的老师田子方，他退车让路，下车拜见。田子方却不还礼。子击就问他说："是富贵的人对人傲慢呢，还是贫贱的人对人傲慢呢?"田子方说："也就是贫贱的人对人傲慢罢了。诸侯如果对人傲慢就会失去他的封国，大夫如果对人傲慢就会失去他的家。贫贱的人，如果行为不相投合，意见不被采纳，就离开这里到楚、越去，好像脱掉草鞋一样，怎么能和富贵者相同呢!"子击很不高兴地离开了。向西进攻秦国，到郑国就回来了，在雒阴、合阳筑城。

文侯二十二年（应为四十三年），魏国、赵国、韩国被承认为诸侯。

文侯二十四年（应为四十五年），秦军攻伐魏国，打到了阳狐。

文侯二十五年（应为四十六年），子击生下儿子子罃。

文侯师从子夏学经书，以客礼对待段干木，经过他的乡里，没有一次不凭轼敬礼的。秦国曾想进攻魏国。有人说："魏君对贤人特别敬重，魏国人都称赞他的仁德，上下和谐同心，不能对他有什么企图。"文侯因此得到诸侯的赞誉。

任命西门豹为邺郡郡守，因而河内号称清平安定。

魏文侯对李克说："先生曾经教导寡人说：'家贫就想得贤妻，国乱就想得贤相。'如今要安排宰相，不是成子就是翟璜，这两个人您看怎么样？"李克回答说："我听说，卑贱的人不替尊贵的人谋划，疏远的人不替亲近的人谋划。我的职责在宫门以外，不敢承担这个使命。"文侯说："先生面对此事就不要推辞了。"李克说："这是您不注意考察的缘故。平时看他亲近哪些人，富有时看他结交哪些人，显贵时看他推举哪些人，不得志时看他不做哪些事，贫苦时看他不要哪些东西，有这五条就足能决定谁当宰相了，何需等我李克呢！"文侯说："先生回家吧，我的宰相已经决定了。"李克快步走出去，到翟璜家中拜访。翟璜说："今天听说君主召见先生去选择宰相，结果是谁当宰相呢？"李克说："魏成子当宰相了。"翟璜气得变了脸色，他说："就凭耳目的所见所闻，我哪一点比魏成子差？西河的守将是我推荐的。君主对内地最忧虑的是邺郡，我推荐了西门豹。君主计划攻伐中山国，我推荐了乐羊。中山攻灭以后，派不出人去镇守，我推荐了先生。君主的儿子没有师傅，我推荐了屈侯鲋。我哪一点比魏成子差！"李克说："您向您的君主推荐我的目的，难道是结党营私来谋求做大官吗？君主询问安排宰相'不是成子就是翟璜，两个人怎么样'，我回答说：'这是您不注意考察的缘故。平时看他亲近哪些人，富有时看他结交哪些人，显贵时看他推举哪些人，不得志时看他不做哪些事，贫苦时看他不要哪些东西。有这五条就足能决定了，何需我李克呢?’因此，就知道魏成子要做宰相了。您怎么能跟魏成子相比呢？魏成子有千钟俸禄，十分之九用在外边，十分之一用在家里。因此，从东方聘来了卜子夏、田子方、段干木。这三个人，君主把他们都奉为老师。您所推荐的那五个人，君主都任他们为臣。您怎么能跟魏成子相比呢?”翟璜迟疑徘徊后再拜说：“我翟璜是个浅薄的人，说话很不得当，我愿终身做您的弟子。”

文侯二十六年（应为四十七年），虢山崩塌，堵塞了黄河。

文侯三十二年（应为武侯三年），魏军攻伐郑国。在酸枣筑城。在注城打败秦军。三十五年（应为武侯六年），齐军攻占了魏国的襄陵。三十六年（应为武侯七年），秦军侵入魏国的阴晋。

文侯三十八年（应为武侯九年），魏军攻秦，在武下被打败，魏俘虏了秦将识。这一年，魏文侯去世，子击即位，这就是魏武侯（按，文侯卒于周安王六年，此言误。）。

魏武侯元年（应为十年），赵敬侯刚刚即位，公子朔作乱，没有成功，逃到了魏国，与魏军一起袭击邯郸，魏军失败后撤离。

武侯二年（应为十一年），在安邑、王垣筑城。

武侯七年（应为十六年），魏军进攻齐国，打到了桑丘。九年（应为十八年），狄人在浍水打败魏军。魏侯派吴起进攻齐国，打到了灵丘。齐威王刚刚即位。（按，此事尚在二十二年之后。）

武侯十一年（应为二十年），魏与韩、赵三国瓜分了晋国领土，消灭了它的后代。

武侯十三年（应为二十二年），秦献公设置栎阳县。十五年（应为二十四年），魏军在北蔺打败赵军。

武侯十六年（应为二十五年），魏军进攻楚国，占领了鲁阳，武侯去世，子罃即位，这就是惠王。（按，武侯去世当在二十六年。）

惠王元年（应为武侯二十六年）。当初，武侯去世的时候，子罃和公中缓争做太子。公孙颀从宋国到赵国，又从赵国到韩国，对韩懿侯说："魏罃与公中缓争做太子，您也听说这件事了吧？如今，魏罃得到了王错的辅佐，拥有上党，本来就算半个国家了。趁这个机会除掉他，打败魏国是一定的，不可失去这个机会。"懿侯很高兴，就跟赵成侯合兵一起攻魏国，在浊泽交战，魏国大败，魏君被围困。赵侯对韩侯说："除掉魏君，让公中缓即位，割地后我们退兵，对我们有利。"韩侯说："不能这样。杀死魏君，人们必定指责我们残暴，割地退兵，人们必定指责我们贪婪。不如把魏国分成两半，魏国分为两国，不会比宋国、卫国还强，我们就永远也不会有魏国的祸患了。"赵侯不听。韩侯不高兴，带领部分军队连夜离去。魏惠王之没有死，魏国没有被分裂的原因，就在于韩、赵两家的意见不合。如果听从一家的意见，魏国就一定被分裂了。所以说，“君主死了没有嫡子继承，这个国家就可能被攻破”。

惠王二年（应为元年），魏军在马陵打败韩军，在怀邑打败赵军。三年（应为二年），齐军在观城打败魏军。五年（应为四年），魏王与韩侯在宅阳相会。筑武堵城。魏军被秦军打败。六年（应为五年），攻占了宋国的仪台。九年（应为六年），在浍水进攻并打败了韩军。魏军在少梁与秦军交战，秦军俘虏了魏将公孙痤，并夺取了庞城。秦献公去世，他的儿子孝公即位。

惠王十年（应为九年），魏军攻占了赵国的皮牢。彗星出现。十二年（应为十一年），白天陨星坠落，有声响。

惠王十四年（应为十三年），魏王与赵侯在鄗邑相会。十五年（应为十四年），鲁国、卫国、宋国和郑国的君主来朝见魏惠王。十六年（应为十五年），魏惠王与秦孝公在杜平相会。侵占了宋国的黄池，宋国又把它夺回去了。

惠王十七年（应为十六年），魏军与秦军在元里交战，秦军攻占魏国的少梁。魏军包围赵国的邯郸。十八年（应为十七年），魏军攻下邯郸。赵国向齐国请救兵，齐国派田忌、孙膑救赵，在桂陵打败了魏军。

惠王十九年（应为十八年），诸侯联合包围魏国的襄陵。修筑长城，固阳成为要塞。

惠王二十年（应为十九年），魏国把邯郸归还赵国，魏王与赵侯在漳水之滨会盟。二十一年（应为二十年），与秦君在形相会。赵成侯去世。二十八年（应为二十七年），齐威王去世。（按，此误，此年为齐威王十四年。）中山君任魏国宰相。

惠王三十年（应为二十九年），魏军进攻赵国，赵国向齐国告急。齐宣王（应为齐威王。宣王即位当在二十二年后）用孙子的计策，进击魏国援救赵国。魏国于是大量发兵，派庞涓率领，让太子申做上将军。魏军经过外黄的时候，外黄徐子对太子申说："我有百战百胜的方法。"太子说："可以让我听听吗？"徐子说："本来就想要呈献给您的。"他接着说："太子亲自领兵攻齐，即使大胜并占领莒地，富也不过就是拥有魏国，贵也不过就是做魏王。如果不能战胜齐国，那就会万世子孙也不能得到魏国了。这就是我的百战百胜的方法。"太子申说："好吧，我一定听从您的意见回国去。"徐子说："太子虽然想回去，已经不可能了。那些劝太子打仗，想从中得利的人太多了。太子虽然想回去，恐怕不可能了。"太子于是想回去，他的驾车人却说："将军领兵刚出来就回去，和打败仗是一样的。"太子申果然同齐军作战，在马陵战败。齐军俘虏了魏太子申，杀死了将军庞涓，魏军终于大败。

惠王三十一年（应为三十年），秦、赵、齐一起进攻魏国，秦将商鞅诈骗并俘虏了魏国将军公子卬，然后又袭击夺取了他的军队，打败了魏军。秦国任用商鞅，东边的领土到了黄河，而齐国、赵国又屡次打败魏国，安邑又靠近秦国，于是魏国就把都城迁到大梁。公子赫被立为太子。

惠王三十三年（应为三十二年），秦孝公去世，商鞅从秦国逃出来投奔魏国。魏人恼怒，不收留他。三十五年（应为三十四年），魏王与齐宣王（应为齐威王）在平阳南边相会。

惠王屡次遭受军事上的失败，就用谦恭的礼节和优厚的礼物来招纳贤人，邹衍、淳于髡、孟轲都来到魏国。梁惠王说："寡人没有才能，军队三次在国外受挫折，太子被俘，上将战死，国内因而空虚，以致使祖先的宗庙社稷受到羞辱，寡人非常惭愧。老先生屈尊亲临敝国朝廷，将用什么方法使我国得利呢？"孟轲说："君主不可以像这样谈论利益。君主想得利，那么大夫也想得利；大夫想得利，那么百姓也想得利。上上下下都来争利，国家就危险了。作为一国君主，讲仁义就行了，为什么要讲利呢？"

惠王三十六年（应为三十五年），再次与齐王在甄邑相会。这一年，惠王去世，他的儿子襄王即位。（按，惠成王三十六年改元称一年，未卒。襄王即位在此十六年后。）

惠王后元元年（前334），魏王与诸侯在徐州相会，是为了互相称王。襄王追尊他的父亲惠王为王。（按，此为史公自圆之说。）

惠王后元五年（前330），秦军在雕阴打败魏国龙贾率领的军队四万五千人，并围困魏国的焦城和曲沃。魏国把河西之地割给秦国。

惠王后元六年（前329），魏王与秦王在应城相会。秦军夺取魏国的汾阴、皮氏和焦城。魏军征讨楚国，在陉山打败了楚军。七年（前328），魏国把上郡全部给了秦国。秦军占领了魏国的蒲阳。八年（前327），秦国把焦城、曲沃归还魏国。

惠王后元十二年（前323），楚军在襄陵打败魏军。各诸侯国的执政大臣与秦相张仪在啮桑相会。十三年，张仪任魏国宰相。魏国有女子变成男子。秦军攻取了魏国的曲沃、平周。

惠王后元十六年（前318），襄王（应为惠王）去世，他的儿子哀王（应为襄王）即位。张仪又回到秦国。

襄王元年（前318），五国联合攻秦，没有胜利就撤兵了。

襄王二年，齐军在观津打败魏军。五年，秦国派樗里子攻取魏国的曲沃，并在岸门赶跑了犀首公孙衍。六年，秦国派人来魏国立魏公子政为太子。魏王与秦王在临晋相会。七年，魏军进攻齐国。同秦军一起征讨燕国。

襄王八年，魏军进攻卫国，攻克两座城邑。卫国国君非常忧虑，魏大夫如耳去见卫君，他说："让我去使魏国收兵，并免去成陵君，可以吗？"卫君说："先生果真能做到，我愿意世世代代以卫国侍奉先生。"如耳见了成陵君说道："从前魏军攻赵，断绝羊肠坂，攻克阏与，准备割裂赵国，把它分为两半，可是赵国之没有灭亡，是因为魏国是合纵的盟主。如今卫国已濒临灭亡，将向西方请求侍奉秦国。与其由秦国来解救卫国，不如由魏国来宽释卫国，这样，卫国一定会永远感激魏国的恩德。"成陵君说："是的。"如耳又去见魏王说："臣曾去觐见卫君。卫国本来是周王室的分支，它虽号称小国，但宝器非常多。如今国家濒临危难，可是宝器还不献出来，原因是他们心里认为进攻卫国或宽释卫国都不由大王做主，所以宝器即使献出来也一定不会到大王手里。臣私下里猜测，最先建议宽释卫国的人，一定是接受了卫国贿赂的人。”如耳出去后，成陵君进来，照如耳所说的话拜见魏王。魏王听了他的意见，撤回了魏军，同时也免去了成陵君的职位，终身不再见他。

襄王九年，魏王与秦王在临晋相会。张仪、魏章都归附魏国。魏国宰相田需去世，楚国唯恐张仪、犀首或薛公做魏相。楚国宰相昭鱼对苏代说：“田需死了，我恐怕张仪、犀首、薛公三人中有一人要做魏相了。”苏代说：“那么，做宰相的是谁对您才有利呢?”昭鱼说：“我想让魏国太子亲自做宰相。”苏代说：“请允许我为您北上，一定会让他做宰相。”昭鱼说：“怎么办?”苏代回答说：“您来做梁王，请让我向梁王游说。”昭鱼说：“你怎么说?”苏代回答说：“我从楚国来，昭鱼非常担忧，他说：‘田需去世了，我恐怕张仪、犀首、薛公三人中有一人要做魏相了。’我说：‘梁王是一位贤君，一定不会让张仪做宰相。张仪做了宰相，一定会偏向秦国，不助魏国。犀首做了宰相，也一定偏向韩国，不助魏国。薛公做了宰相，也一定偏向齐国，不助魏国。梁王是一位贤君，一定会知道这样对魏国不利。’魏王会说：‘那么，寡人应该让谁做宰相呢?’我说：‘不如让太子亲自做宰相。太子亲自做宰相，这三个人都会认为太子不是长期任宰相，都将尽力让他们原来的国家侍奉魏国，想借此得到丞相的地位。以魏国的强大，再加上三个大国的辅助，魏国一定会安定的。所以说不如让太子亲自做宰相。’”于是，北上见到魏王，把这些话告诉他。魏国太子果然做了宰相。

襄王十年，张仪去世。十一年，魏王与秦武王在应城相会。十二年，魏太子到秦国朝拜。秦军来进攻魏国的皮氏，没有攻克就撤兵了。十四年，秦国把秦武王王后送回魏国。十六年，秦军攻下魏国的蒲反、阳晋和封陵。十七年，魏王与秦王在临晋相会。秦国把蒲反还给魏国。十八年，魏国与秦国联合攻楚。二十一年，魏军与齐军、韩军联合在函谷关打败秦军。

襄王二十三年，秦国又把河外之地以及封陵还给魏国，同魏国讲和。哀王（应为襄王）去世，他的儿子昭王即位。

昭王元年（前295），秦军攻占魏国襄城。二年，魏军与秦军交战，魏军失利。三年，魏国帮助韩国进攻秦国，秦将白起在伊阙打败二十四万韩魏军。六年，魏国把河东四百里土地让给秦国。芒卯因善用诡诈之计被魏国重用。七年，秦军攻下魏国大小城邑六十一处。八年，秦昭王自称西帝，齐湣王自称东帝，过了一个多月，都重新称王收回了帝号。九年，秦军攻克魏国新垣、曲阳两城。

昭王十年，齐国灭了宋国，宋王死在魏国的温邑。十二年，魏国与秦、赵、韩、燕共同攻伐齐国，在济西把齐军打败，齐湣王出外逃亡。燕军单独进入临淄。魏王与秦王在西周国相会。

昭王十三年，秦军攻下魏国的安城。军队到了大梁，又撤离了。十八年，秦军攻陷楚国的郢都，楚王迁都到陈城。

昭王十九年，昭王去世，他的儿子安釐王即位。

安釐王元年（前276），秦军攻下魏国两座城。二年，又攻下魏国两座城，陈兵大梁城下，韩国派兵来援救；把温邑让给秦国求和。三年，秦军攻下魏国四座城，斩杀四万人。四年，秦军打败魏军和韩军、赵军、杀死十五万人，赶跑了魏将芒卯。魏将段干子请求把南阳让给秦国求和。苏代对魏王说："想升官的是段干子，想得到土地的是秦国。如今大王让想得土地的人控制官印，让想升官的人控制土地，魏国的土地不送光了就不会终结。况且用土地侍奉秦国，就好像抱着干柴去救火，柴不烧完，火是不会灭的。"魏王说："那是当然了，尽管如此，可是事情已经开始实行，不能更改了。"苏代回答说："大王难道没见过玩六博的人特别看重枭子吗？有利的时候就出枭子吃掉对方的子，无利就停下来。如今，大王说'事情已经开始实行，不能更改了'，大王使用智谋怎么还不如博戏时的用枭呢？"

安釐王九年，秦军攻下魏国怀邑，十年，在魏国作人质的秦国太子死了。十一年，秦军攻下魏国的郪丘。

秦昭王对左右侍臣说："现在的韩、魏和它们初起时比，哪个阶段强？"回答说："不如初起时强。"秦王说："现在的如耳、魏齐和从前的孟尝君、芒卯相比，谁更贤能？"回答说："如耳、魏齐不如孟尝君和芒卯。"秦王说："靠孟尝君和芒卯的贤能，率领韩、魏的强兵来进攻秦国，还未能把寡人怎么样呢。如今，由无能的如耳、魏齐率领疲弱的韩、魏军队来攻打秦国，他们不可能把寡人怎么样也是很明显的了。”左右侍臣都说：“太对了。”中旗倚着琴却回答说：“大王对天下形势的估计错了。当初晋国六卿掌权的时候，知氏最强，灭了范氏和中行氏，又率领韩、魏的军队在晋阳围攻赵襄子，决开晋水淹灌晋阳城，只剩下三版高没有淹没。知伯巡察水势，魏桓子驾车，韩康子在车右陪侍。知伯说：‘我起初不知道水也可以灭亡别人的国家，如今才知道了。’既然晋水可以淹灌晋阳，汾水自然也可以淹灌魏都安邑，绛水也可以淹灌韩都平阳。于是，魏桓子用臂肘碰一碰韩康子，韩康子也用脚碰一碰魏桓子，两人在车上用肘和脚暗中示意。结果，知氏的领土被瓜分，知伯身死国亡，被天下人嘲笑。如今，秦兵虽然较强，但不会超过知氏；韩、魏虽然较弱，但还是要胜过当初在晋阳城下的时候。现在正是他们用肘和脚暗中互相联合的时候，希望大王不要把形势看得太简单了！”于是，秦王有些惊恐。

齐、楚两国联合起来攻魏，魏国派人到秦国求救，使臣络绎不绝，秦国的救兵却不来。魏国有个叫唐雎的人，九十多岁了，对魏王说：“老臣请求到西方去游说秦王，一定让秦国的军队在我离秦之前出发。”魏王再拜，就准备好车辆派他前去。唐雎到秦国，入宫拜见秦王。秦王说：“老人家疲惫不堪地远路来到秦国，太辛苦了！魏国来求救已是多次了，寡人知道魏国的危急了。”唐雎回答说：“大王既然已经知道魏国的危急却不发救兵，我私下以为是出谋划策之臣无能。魏国是有万辆战车的大国，之所以向西侍奉秦国，称为东方藩属，接受秦国赐给的衣冠，春秋两季都向秦国送祭品，在于秦国的强大足以成为盟国。如今，齐、楚的军队已经在魏都的郊外会合，可是秦国还不发救兵，也就是依仗魏国还不太危急吧。假如到了特别危急的时候，它就要割地来加入合纵集团，大王您还去救什么呢？一定要等到危急了才去救它，这是失去东边一个作为藩属的魏国，而增强了齐和楚两个敌国，那么大王您有什么利益呢？”于是，秦昭王马上就发兵援救魏国，魏国才恢复了安定。

赵国派人对魏王说：“为我杀了范痤，我们愿意献出七十里土地。”魏王说：“好。”于是，派官吏去逮捕范痤，包围了他的家但还没有杀他。范痤因而上了屋顶骑在屋脊上，对使臣说：“与其用死范痤去作交易，不如用活范痤去作交易。如果把我范痤杀死了，赵国却不给大王土地，那么大王将怎么办呢？所以，不如与赵国先把割让的土地划定了，然后再杀我。”魏王说：“很好。”范痤于是给信陵君上书说：“范痤是过去魏国免职的宰相，赵国用割地为条件要求杀我，而魏王竟听从了。如果强秦沿用赵国的办法对待您，那么您将怎么办？”信陵君向赵王进谏之后，范痤被释放了。

魏王因为秦国曾经援救的缘故，想要亲近秦国，攻伐韩国，以便收回原来的土地。信陵君无忌对魏王说：

秦人和狄戎的习俗相同，有虎狼一样的心肠，贪婪凶狠，好利而不讲信用，不懂得礼义德行。如果有利，连亲戚兄弟也不顾，好像禽兽一样，这是天下人都知道的。他们不曾施厚恩，积大德。所以，太后本是秦王的母亲，却由于忧愁而死去；穰侯是秦王的舅父，功劳没有比他大的，可是竟然把他驱逐了；秦王两个弟弟没有罪过，却一再被削夺封地。这是对亲戚尚且如此，何况对仇敌之国呢？如今，大王与秦国共同攻伐韩国就会更加接近秦国的祸害，臣特别感到迷惑不解。大王不懂此理就是不明，君臣没有来向您奏闻此理就是不忠。

如今韩国靠一个女人辅佐一个幼弱的君主，国内有大乱，外边要与秦魏的强兵交战，大王以为它还会不亡吗？韩国灭亡后，秦国将要占有原来郑国的土地，与大梁相邻，大王以为能安宁吗？大王想得到原来的土地，就要依靠和强秦的亲近，大王以为这会有利吗？

秦国不是一个安分的国家，韩国灭亡后必将另起事端，另起事端必定要找容易的和有利的目标，找容易的和有利的目标必定不去找楚国和赵国。这是为什么呢？如果越大山跨黄河，穿过韩国的上党去进攻强大的赵国，这是重复阏与那一仗的失败，秦国一定不会这样的。如果取道河内，背向邺城和朝歌，横渡漳水、滏水，与赵军决战于邯郸郊外，这就会遇到知伯那样的灾祸，秦国又不敢这样做。进攻楚国，要取道涉谷，行军三千里，去攻打冥厄关塞，走的路太远，攻打的地方太难，秦国也不会这样做的。如果取道河外，背向大梁，右边是上蔡、召陵，与楚军在陈城郊外决战，秦国又不敢。所以说，秦国一定不会进攻楚国和赵国，更不会进攻卫国和齐国了。

韩国灭亡之后，秦国出兵的时候，除去魏国就没有可进攻的了。秦国本来已占有怀邑、茅邑、邢丘，如在垝津筑城逼近河内，河内的共城、汲邑必定危险；秦国据有郑国故地，得到垣雍城，决开荧泽，水淹大梁，大梁必定失陷。大王的使臣去秦已成过失，而又在秦国毁谤安陵氏，秦国早就想诛灭它了。秦国的叶阳、昆阳与魏国的舞阳相邻，听任使臣毁谤安陵氏，听任安陵氏被灭亡，秦军就会绕过舞阳北边，从东边逼近许国故地，这样南方一定危急，这对魏国无害吗?

憎恶韩国、不喜爱安陵氏是可以的，可是不担心秦国不爱南方那就错了。从前，秦国在河西晋国故地，离大梁有千里之远，有黄河及高山阻挡，有周与韩把它隔开。自从林乡一战到现在，秦国七次进攻魏国，五次攻入囿中，边境城邑都被攻陷，文台被毁，垂都被烧，林木被砍伐，麋鹿被猎尽，国都接着被围。秦军又长驱到大梁以北，东边打到陶、卫两城的郊外，北边打到阚县。丧失给秦国的，有山南山北，河外河内，大县几十个，名都几百个。秦国还在河西晋国故地，离大梁一千里的时候，祸患就已经如此了。又何况让秦国灭了韩国，据有郑国故地，没有黄河大山阻拦它，没有周和韩间隔它，离大梁只有一百里，大祸必定由此开始的。

从前，合纵没有成功，是由于楚、魏互相猜疑，而韩国又不可能参加盟约。如今，韩国遭受战祸已有三年，秦国使它屈从同它媾和，韩国知道要亡了可是不肯听从，反而送人质到赵国，表示愿做天下诸侯的先锋与秦国死战。楚国、赵国必定集结军队，它们都知道秦国的贪欲是无穷的，除非把天下各诸侯国完全灭亡，使海内之民都臣服于秦国，它是绝不会罢休的。因此，臣愿意用合纵的主张报效大王。大王应尽快接受楚国和赵国的盟约，挟持韩国的人质来保全韩国，然后再索取故地，韩国一定会送还。这样做军民不受劳苦就可得回旧地，其功效要超过与秦国一起去进攻韩国，而且没有与强秦为邻的祸害。

保存韩国从而安定魏国，而有利于天下，这是君王遇到的天时。开通韩国上党与共、宁的道路，使道路经过安成，对过路的商贾征收过境税，这等于魏国又把韩国的上党作了抵押。如今有了这些税收，足能使国家富裕。韩国定会感激魏国、亲近魏国、尊重魏国、害怕魏国，韩国必定不敢反叛魏国，这样，韩国就等于是魏国的郡县了。魏国获得韩国为郡县，大梁、河外一定能安宁。现在不保存韩国，东西二周、安陵一定危险，秦军大败楚、赵联军以后，卫国、齐国将很害怕，那样天下诸侯西向奔赴秦国，朝拜称臣为时就不远了。

二十年，秦军围攻邯郸，信陵君无忌假称王命，夺取将军晋鄙的军队去援救赵国，赵国得救。无忌因此留居赵国。二十六年，秦昭王去世。

三十年，无忌回归魏国，率领五国联军攻打秦国，在河外击败秦军，赶走秦将蒙骜。魏国太子增正在秦国作人质，秦王愤怒，想囚禁魏太子增。有人替增对秦王说：“公孙喜本来对魏相说：‘请派魏军急速攻打秦国，秦王恼怒，必定囚禁太子增。魏王又因此大怒，再攻打秦国，秦国一定会伤害太子增。’现在，君王囚禁太子增，正中了公孙喜的计。所以，不如尊重太子增，与魏国和好，使魏国被齐国、韩国猜疑。”秦王才释放了太子增。

三十一年，秦王嬴政刚即位。

三十四年，安釐王去世，太子增继位，这就是景湣王。信陵君无忌去世。

景湣王元年，秦军攻占魏国的二十座城，设为秦国的东郡。二年，秦军攻占魏国的朝歌。卫国迁到野王。三年，秦军攻占魏国的汲地。五年，秦军攻占我国的垣、蒲阳、衍。十五年，景湣王去世，儿子王假继位。

王假元年，燕太子丹派荆轲行刺秦王，秦王发觉了。

三年，秦军引水淹灌大梁，俘虏魏王假，于是灭了魏国，设为郡县。

太史公说：“我曾经到过大梁的故城，故城中的人说：‘秦军攻破大梁的时候，引河沟的水灌大梁城，三个月后城墙被水浸泡坏，王假请求投降，于是灭了魏国。’说话的人一致认为，魏王因为不重用信陵君的缘故，国家才削弱以至于灭亡。我认为不是这样。天意正要秦国平定天下，它的大业尚未完成，魏国即使得到阿衡一类的贤人辅佐，又有什么用呢？”

第二十七卷　韩世家第十五

韩国是战国时期力量最弱的国家。它东邻魏国，西邻秦国，两个邻国都比它强大得多。韩国两面受敌，常被侵伐，一篇《韩世家》，最常见的字句是“秦拔我××”“秦伐我”“魏败我”“魏攻我”等。加以韩国的经济条件较差，人口较少，因而国力难于兴盛。客观条件固然是韩国弱小的重要原因，但主观因素也是不可忽视的。从三家分晋直到韩国灭亡，将近二百年间，韩国基本上未曾出现过一位较有作为的国君。就这一点来说，韩国的历史比起其他六国来就有些逊色了。不过，韩国却曾出现过两位杰出的思想家、政治家。其一是申不害，他在昭侯时为相，实行政治改革，结果使韩国“国内以治，诸侯不来侵伐”，前后达十五年之久。这可以算是韩国历史上最有光彩的一页了。可惜的是本篇中关于申不害的记载比较简略，在《老子韩非列传》中所附的申不害传中也同样简略，致使我们无从了解申不害政绩的详情。尽管如此，司马迁还是对这位政治家给以明确的肯定。

韩国的另一位杰出的人物是韩非，本篇中仅有几句话的记载。我们从《老子韩非列传》中知道，这位韩国公子曾向当权者提出不少改革建议，但都未被采纳。韩国如果能重用韩非，历史也可能是另外一种面貌吧！

在篇末的论赞中，作者把韩国之所以能“终为诸侯十余世”，归功于当被韩厥能使赵氏香火不灭，积下了“阴德”。这种说法表明这位伟大史学家的唯物史观是不彻底的。

【原文】

韩之先[①]与周同姓，姓姬氏。其后苗裔[②]事晋，得封于韩原，曰韩武子。武子后三世有韩厥，从封姓为韩氏。

韩厥，晋景公之三年，晋司寇屠岸贾将作乱，诛灵公之贼赵盾[③]。赵盾已死矣，欲诛其子赵朔。韩厥止贾，贾不听。厥告赵朔令亡[④]。朔曰：“子必能不绝赵祀[⑤]，死不恨矣。”韩厥许之。及贾诛赵氏，厥称疾不出。程婴、公孙杵臼之藏赵孤赵武也，厥知之[⑥]。

【注释】

①韩之先：据《索隐》，周武王分封其子之一为韩侯，后来国被灭，下面说的韩武子就是他的后代。②苗裔：后代子孙。③灵公之贼赵盾：晋灵公暴虐，被赵穿杀死。因赵盾身为正卿，没有声讨弑君之贼，所以史官记载说：“赵盾弑其君。”详见《赵世家》。④亡：逃走。⑤绝赵祀：断绝赵氏祖先的祭祀，也就是断绝后代。⑥关于屠岸贾诛灭赵氏以及公孙杵臼和程婴救出并藏匿赵氏孤儿事，详见《赵世家》。

【原文】

景公十一年，厥与郤克将兵八百乘[①]伐齐，败齐顷公于鞍[②]，获逢丑父。于是晋作六卿，而韩厥在一卿之位，号为献子。

晋景公十七年，病，卜大业[③]之不遂者为祟。韩厥称赵成季[④]之功，今后无祀，以感景公。景公问曰："尚有世[⑤]乎？"厥于是言赵武，而复与故赵氏田邑[⑥]，续赵氏祀。

晋悼公之七年，韩献子老[⑦]。献子卒，子宣子代。宣子徙居州[⑧]。

【注释】

①乘：古代一车四马为一乘。春秋时，一乘战车的兵力是，车上甲士三人，车下步卒七十二人。②败齐顷公于鞍：这是春秋时期的著名战役之一，《左传·成公二年》对此有生动详细的记述。"鞍"，《左传》作"鞌"。③大业：赵人和秦人的远祖。④赵成季：即赵衰，晋文公的大臣。"成季"是其谥号。⑤世：后代。⑥田邑：封地。⑦老：告老，退休。⑧徙居：这里指其官邸驻地迁徙。州：地名，即州邑。

【原文】

晋平公十四年，吴季札使晋，曰："晋国之政卒归于韩、魏、赵矣。"晋顷公十二年，韩宣子与赵、魏共分祁氏、羊舌氏[①]十县。晋定公十五年，宣子与赵简子侵伐范、中行氏[②]。宣子卒，子贞子代立。贞子徙居平阳。

贞子卒，子简子代。简子卒，子庄子代。庄子卒，子康子代。康子与赵襄子、魏桓子共败知伯[3]，分其地，地益大，大于诸侯。

康子卒，子武子代。武子二年，伐郑，杀其君幽公。十六年，武子卒，子景侯立。

景侯虔元年，伐郑，取雍丘。二年，郑败我负黍。

【注释】

①祁氏、羊舌氏：都是晋君的宗族。②范、中行氏：晋国六卿中的两家。③知伯：晋国六卿之一。

【原文】

六年，与赵、魏俱得列为诸侯[1]。

九年，郑围我阳翟。景侯卒，子列侯取立。

列侯三年，聂政杀韩相侠累[2]。九年，秦伐我宜阳，取六邑。十三年，列侯卒，子文侯立。是岁魏文侯卒。

文侯二年，伐郑，取阳城。伐宋，到彭城，执宋君。七年，伐齐，至桑丘。郑反晋。九年，伐齐，至灵丘。十年，文侯卒，子哀侯立。

哀侯元年，与赵、魏分晋国。二年，灭郑，因徙都郑。

【注释】

①前 403 年，周天子正式承认韩、赵、魏为诸侯，史学家多以此为战国时代之始。②聂政杀侠累：其事详见《刺客列传》。

【原文】

六年[1]，韩严弑其君哀侯，而子懿侯立。

懿侯二年[2]，魏败我马陵。五年，与魏惠王会宅阳。九年，魏败我浍。十二年，懿侯卒，子昭侯立。

昭侯元年[3]，秦败我西山。二年，宋取我黄池。魏取朱。六年，伐东周[4]，取陵观、邢丘。

八年，申不害相韩，修术行道[5]，国内以治，诸侯不来侵伐。

十年，韩姬弑君悼公[6]。十一年，昭侯如[7]秦。二十二年，申不害死。二十四年，秦来拔我宜阳。

【注释】

①六年：此处应为懿侯四年。②懿侯二年：此处应为懿侯六年。③昭侯元年：此处应为昭侯五年。④东周：此指战国时的一个小诸侯国，其地在今河南巩县，因位于周王都洛阳以东，故名。⑤修术行道：申不害是法家政治家，这里的“术”是指他倡导的君主驾驭群臣的手段和方法，“道”即法家的治国之道。⑥悼公：韩国世系中没有悼公，这里不知所指。⑦如：到……去。

【原文】

二十五年，旱，作高门。屈宜臼曰：“昭侯不出此门。何也？不时。吾所谓时者，非时日也，人固有利不利时。昭侯尝利矣，不作高门。往年秦拔宜阳，今年旱，昭侯不以此时恤[1]民之急，而顾[2]益奢，此谓‘时绌举赢[3]’。”二十六年，高门成，昭侯卒，果不出此门。子宣惠王立。

【注释】

①恤：怜悯，救济。②顾：反而，却。③时绌举赢：衰敝不足的时候做奢侈的事情。绌，不足。赢，有余。

【原文】

宣惠王五年，张仪相秦。八年，魏败我韩举。十一年，君号为王。与赵会区鼠。十四年，秦伐败我鄢。

十六年，秦败我脩鱼，虏得韩将鲠、申差于浊泽。韩氏急，公仲谓韩王曰："与国[①]非可恃也。今秦之欲伐楚矣，王不如因张仪为和于秦，赂以一名都，具甲[②]，与之南伐楚，此以一易二[③]之计也。"韩王曰："善。"乃警[④]公仲之行，将西购[⑤]于秦。楚王闻之大恐，召陈轸告之。陈轸曰："秦之欲伐楚久矣，今又得韩之名都一而具甲，秦韩并兵而伐楚，此秦所祷祀而求也。今已得之矣，楚国必伐矣。王听臣为之警四境之内[⑥]，起师言救韩，命战车满道路，发信臣[⑦]，多其车，重其币[⑧]，使信王之救己也。纵韩不能听我，韩必德王也，必不为雁行[⑨]以来，是秦韩不和也，兵虽至，楚不大病也。为能听我绝和于秦，秦必大怒，以厚怨韩。韩之南交楚，必轻秦；轻秦，其应秦必不敬：是因秦、韩之兵而免楚国之患也。"楚王曰："善。"乃警四境之内，兴师言救韩。命战车满道路，发信臣，多其车，重其币。谓韩王曰："不穀[⑩]国虽小，已悉发之矣。愿大国遂肆志[⑪]于秦，不穀将以楚殉韩。"韩王闻之大说[⑫]，乃止公仲之行。公仲曰："不可。夫以实伐我者秦也，以虚名救我者楚也。王恃楚之虚名，而轻绝强秦之敌，王必为天下大笑。且楚韩非兄弟之国也，又非素约而谋伐秦也。已有伐形⑬，因发兵言救韩，此必陈轸之谋也。且王已使人报于秦矣，今不行，是欺秦也。夫轻欺强秦而信楚之谋臣，恐王必悔之。"韩王不听，遂绝于秦。秦因大怒，益甲⑭伐韩。大战，楚救不至韩。十九年，大破我岸门。太子仓质于秦以和。

二十一年，与秦共攻楚，败楚将屈丐，斩首八万于丹阳。是岁，宣惠王卒，太子仓立，是为襄王。

【注释】

①与国：友好国家，盟国。②具甲：准备盔甲武器。③以一易二：一，指送给秦国一座名城；二，指秦国不再伐韩并且又与韩国联合伐楚。④警：警戒，戒备。⑤购：通"媾"，讲和。⑥四境之内：即国内。四境，四方边境。⑦发：派出。信臣：使臣。⑧币：礼物。⑨雁行：像大雁那样排列成行。比喻军队列队进行。⑩不穀：古代王侯自称的谦辞。穀，善。⑪肆志：随心所欲。肆，放纵。⑫说：通"悦"。⑬已有伐形：指韩国已有了联秦伐楚的迹象。⑭益甲：增加兵力。甲，这里代指军队。

【原文】

襄王四年，与秦武王会临晋。其秋，秦使甘茂攻我宜阳，五年，秦拔我宜阳，斩首六万。秦武王卒。六年，秦复与我武遂。九年，秦复取我武遂。十年，太子婴朝秦而归。十一年，秦伐我，取穰。与秦伐楚，败楚将唐眜。

十二年，太子婴死。公子咎、公子虮虱争为太子。时虮虱质于楚。苏代谓韩咎曰："虮虱亡在楚，楚王欲内[1]之甚。今楚兵十余万在方城之外，公何不令楚王筑万室之都雍氏之旁，韩必起兵以救之，公必将[2]矣。公因以韩楚之兵奉虮虱而内之，其听公必矣，必以楚韩封公也。"韩咎从其计。

【注释】

①内：通"纳"，这里是使进入的意思。②将：领兵。

【原文】

楚围雍氏，韩求救于秦。秦未为发，使公孙昧入韩。公仲曰："子以秦为且救韩乎？"对曰："秦王之言曰'请道[1]南郑、蓝田，出兵于楚以待公'，殆不合矣。"公仲曰："子以为果乎？"对曰："秦王必祖张仪之故智[2]。楚威王攻梁也，张仪谓秦王曰：'与楚攻魏，魏折[3]而入于楚，韩固其与国也，是秦孤也。不如出兵以到[4]之，魏楚大战，秦取西河之外以归。'今其状阳言[5]与韩，其实阴善楚。公待秦而到，必轻与楚战。楚阴得秦之不用[6]也，必易与公相支[7]也。公战而胜楚，遂与公乘[8]楚，施[9]三川而归。公战不胜楚，楚塞[10]三川守之，公不能救也。窃为公患之。司马庚三反于郢，甘茂与昭鱼遇于商於，其言收玺[11]，实类有约也。"公仲恐，曰："然则奈何？"曰："公必先韩而后秦，先身而后张仪[12]。公不如亟以国合于齐楚，齐楚必委国于公。公之所恶者张仪也，其实犹不无秦[13]

也。”于是楚解雍氏围。

【注释】

①道：经过，取道。②祖：效。故智：过去用过的计谋。③折：挫折，失败。④到：欺骗，迷惑。⑤阳言：表面上假说。⑥不用：不为所用，即不为其效力。⑦相支：相持，相对抗。⑧乘：凌驾。⑨施：显示。这里指显示威风。⑩塞：阻塞。⑪玺：印信，秦以前尊卑通用。这里指将军带兵的印信。⑫张仪：这里指的是张仪之“故智”，不是指张仪其人。下文“公之所恶者张仪也”，同。⑬无秦：无视秦国。

【原文】

苏代又谓秦太后弟芈戎曰：“公叔、伯婴恐秦楚之内虮虱也，公何不为韩求质子于楚[①]？楚王听入质子于韩[②]，则公叔、伯婴知秦楚之不以虮虱为事，必以韩合于秦楚。秦楚挟韩以窘魏，魏氏不敢合于齐，是齐孤也。公又为秦求质子于楚，楚不听，怨结于韩。韩挟齐魏以围楚，楚必重公。公挟秦楚之重以积德于韩，公叔、伯婴必以国持公。”于是虮虱竟不得归韩。韩立咎为太子。齐、魏王来。

十四年，与齐、魏王共击秦，至函谷而军[③]焉。十六年，秦与我河外及武遂。襄王卒，太子咎立，是为釐王。

【注释】

①芈（mǐ）戎原是楚国贵族，所以苏代建议他“为韩求质子于楚”。②这一句《正义》认为应是“楚王不听人质子于

韩”，原文脱“不”字。据上下文意，《正义》的意见是有道理的。③军：驻军，驻扎。

【原文】

釐王三年，使公孙喜率周①、魏攻秦。秦败我二十四万，虏喜伊阙。五年，秦拔我宛。六年，与秦武遂地二百里。十年，秦败我师于夏山。十二年，与秦昭王会西周②而佐秦攻齐，齐败，湣王出亡。十四年，与秦会两周③间。二十一年，使暴鸢救魏，为秦所败，鸢走开封。

二十三年，赵、魏攻我华阳。韩告急于秦，秦不救。韩相国谓陈筮曰："事急，愿公虽病，为一宿之行。"陈筮见穰侯。穰侯曰："事急乎？故使公来。"陈筮曰："未急也。"穰侯怒曰："是可以为公之主使乎？夫冠盖相望④，告敝邑甚急，公来言未急，何也？"陈筮曰："彼韩急则将变而佗⑤从，以未急，故复来耳。"穰侯曰："公无见王，请今发兵救韩。"八日而至，败赵、魏于华阳之下。是岁，釐王卒，子桓惠王立。

【注释】

①周：《秦本纪》《六国年表》作“韩”。②西周：战国时的一个小诸侯国，在洛阳的西边。③两周：指小诸侯国西周和东周。④冠盖相望：指使者或官吏在路上往来不断。冠，这里专指官吏的礼帽；盖，古代车上伞状的车篷。⑤佗：通“他”。

【原文】

桓惠王元年，伐燕。九年，秦拔我陉，城[①]汾旁。十年，秦击我于太行，我上党郡守以上党郡降赵[②]。十四年，秦拔赵上党，杀马服子卒四十余万于长平[③]。十七年，秦拔我阳城、负黍。二十二年，秦昭王卒。二十四年，秦拔我城皋、荥阳。二十六年，秦悉拔我上党。二十九年，秦拔我十三城。

三十四年，桓惠王卒，子王安立。

【注释】

①城：筑城。②韩国上党郡守降赵事，详见《赵世家》。③秦杀赵卒四十万事，详见《廉颇蔺相如列传》。马服子，即赵括。

【原文】

王安五年，秦攻韩，韩急，使韩非使秦，秦留非，因杀之[①]。

九年，秦虏王安，尽入其地，为颍川郡。韩遂亡。

【注释】

①韩非使秦及被杀事，详见《老子韩非列传》。

【原文】

太史公曰：韩厥之感晋景公，绍[①]赵孤之子武，以成程婴、公孙杵臼之义，此天下之阴德[②]也。韩氏之功，于晋未睹其大者也。然也赵、魏终为诸侯十余世，宜乎哉！

【注释】

①绍：承继，接续。②阴德：暗中施德于人。

【译文】

韩国的祖先和周天子同姓，姓姬氏。以后他的后代侍奉晋国，被封在韩原，称为韩武子。韩武子之后再传三代有了韩厥，他随封地的名称以韩为氏。

韩厥在晋景公三年（前597）的时候，晋国司寇屠岸贾将要作乱，说是诛杀灵公的贼臣赵盾。赵盾早已经死了，就要杀他的儿子赵朔。韩厥阻止屠岸贾，屠岸贾不听。韩厥就去告诉赵朔，让他逃走。赵朔说："您一定能不使赵氏的后代断绝，我死后也就没有遗恨了。"韩厥答应了他。等到屠岸贾诛灭赵氏的时候，韩厥称病不出家门。程婴、公孙杵臼把赵氏孤儿赵武藏了起来，韩厥是知道这件事的。

晋景公十一年（前589），韩厥和郤克率领八百辆战车的兵力征讨齐国，在鞍打败了齐顷公，俘虏了逢丑父。从这时候起，晋国设置了六卿，韩厥位居一卿，号为献子。

晋景公十七年，景公生病，占卜的结果说是大业的后代子孙不顺心的人在作怪。韩厥就赞扬赵衰的功劳，并说他如今已没有人接续香火，以此来感动景公。景公问道："他还有后代吗？"韩厥当时就谈到了赵武，景公因而把赵氏原有的田邑重新给他，让他接续赵氏的香火。

晋悼公七年（前566），韩献子告老。献子去世后，他的儿子宣子继承爵位。宣子迁徙到州邑。

晋平公十四年（前544），吴国的季札到晋国出使，他说："晋国的政权最终要属于韩、魏、赵三家。"晋顷公十二年（前514），韩宣子和赵、魏两家一起瓜分了祁氏、羊舌氏的十个县。晋定公十五年（前497），韩宣子和赵简子攻打范氏、中行氏。宣子去世，他的儿子贞子继承爵位。贞子迁居平阳。

韩贞子去世，他的儿子简子继位。韩简子去世，他的儿子庄子继位。韩庄子去世，他的儿子康子继位。韩康子和赵襄子、魏桓子一起打败了知伯，瓜分了他的领地。他们三家的领地更大了，超过了诸侯。

韩康子去世后，他的儿子武子继位。武子二年，进攻郑国，杀死了他们的国君郑幽公。十六年，韩武子去世，他的儿子景侯即位。

韩景侯虔元年（前408），进攻郑国，占领雍丘。二年，郑军在负黍打败了韩军。

景侯六年（前403），韩与赵、魏一起被承认为诸侯国。

景侯九年，郑国包围韩国的阳翟。景侯去世。他的儿子列侯韩取即位。

列侯三年（前397），聂政刺杀了韩国宰相侠累。九年，秦国进攻韩国的宜阳，占领了六邑。十三年，列侯去世，他的儿子文侯即位。这一年，魏文侯去世。

韩文侯二年（前385），韩国进攻郑国，占领阳城。进攻宋国，打到彭城，俘虏了宋国国君。七年，进攻齐国，打到桑丘。郑国反叛晋国。九年，韩国进攻齐国，打到了灵丘。十年，韩文侯去世，他的儿子哀侯即位。

韩哀侯元年（前376），韩与赵、魏三家瓜分了晋国。二年，韩国灭了郑国，于是把都城迁到了新郑。

哀侯六年（应为懿侯四年），韩严杀死了他的国君哀侯，哀侯的儿子懿侯即位。

懿侯二年（应为六年），魏军在马陵打败韩军。五年（应为九年），韩侯与魏惠王在宅阳相会。九年（应为昭侯元年），魏军在浍水打败了韩军。十二年，懿侯去世，他的儿子昭侯即位。

韩昭侯元年（应为五年），秦军在西山打败韩军。二年（应为六年），宋国夺取了韩国的黄池。魏国夺取了朱邑。六年，韩军征讨东周国，攻占了陵观、邢丘。

昭侯八年，申不害任韩国宰相，运用君主驾驭群臣的权术，实行法家的治国之道，国内得到安定，各诸侯国不敢前来侵犯。

昭侯十年，韩姬杀死了他的国君悼公。十一年，昭侯到秦国去。二十二年，申不害去世。二十四年，秦军攻下了韩国的宜阳。

昭侯二十五年，发生旱灾，修建高大的城门。屈宜臼说："昭侯出不了这座门。为什么呢？因为不合时宜。我所说的时，不是指的时间，人本来就有顺利或不顺利的时候。昭侯曾经顺利过，可是并没有修建高门。去年秦国攻下了他们的宜阳，今年发生旱灾，昭侯不在这个时候救济民众的急难，反而是更加奢侈，这就叫作衰败的时候却做奢侈的事情。”二十六年，高门修成了，昭侯也去世了，果然没能出这座门。他的儿子宣惠王即位。

宣惠王五年（前328），张仪任秦国宰相。八年，魏军打败了韩国将军韩举。十一年，把君号改称为王。与赵王在区鼠相会。十四年，秦军进攻并在鄢陵打败韩军。

宣惠王十六年，秦军在脩鱼打败韩军，在浊泽俘虏了韩国将领鲠和申差。韩国着急了，相国公仲对韩王说：“盟国是不可靠的。如今，秦国想征伐楚国已经很久了。大王不如通过张仪向秦王求和，送给它一座名城，并准备好盔甲武器，和秦军一起向南征伐楚国。这是用一失换二得的计策。”韩王说：“好。”于是，为公仲的行动做好警戒，他要西行与秦国讲和。楚王听说后非常惊恐，召见陈轸把情况告诉他。陈轸说：“秦国想攻伐楚国已经很久了，现在又得到韩国的一座名城，并且还准备好了盔甲武器，秦韩合兵攻伐楚国，这是秦国祈祷祭祀梦寐以求的，如今已经得到了，楚国一定要受到侵伐。大王听我的意见，先在全国加强警戒，发兵声言援救韩国，让战车布满道路，然后派出使臣，多给他配备车辆，带上厚礼，让韩国相信大王是在救他们。即使韩王不听我们的意见，韩国也一定会感激大王的恩德，一定不会列队前来攻楚，这样秦韩就不和了，即使军队到了，也不会成为楚国的大患。如果韩国听从我们的意见，停止向秦求和，秦国必定大怒，因而对韩国的怨恨加深；韩国到南方结交楚国，必定慢待秦国，慢待秦国，应酬秦国时必定不很尊重：这就是利用秦韩军队之间的矛盾来免除楚国的祸患。”楚王说：“很好！”于是，在全国加强警戒，发兵声言去救援韩国，让战车布满道路，然后派出使臣，给他配备很多车辆，让他带着厚礼到韩国。楚使对韩王说：“敝国虽小，已经把军队全派出来了。希望贵国能随心所欲地同秦国作战，敝国君将让楚军为韩国死战。”韩王听了之后非常高兴，就停止了公仲到秦国议和的行动。公仲说：“不能这样，以实力侵犯我们的是秦国，用虚名来救我们的是楚国。大王想依靠楚国的虚名而轻易和强敌秦国绝交，大王必定要被天下大加嘲笑。况且楚韩并非兄弟之国，又不是早有盟约共谋伐秦的。我们已有了联秦攻楚的迹象，楚国才声言发兵救韩，这一定是陈轸的计谋。况且大王已经派人把我们的打算通报秦国了，现在又决定不去，这是欺骗秦国。轻易欺骗强秦，而听信楚国的谋臣，恐怕大王必定要后悔的。”韩王不听劝告，终于和秦国断交。秦国因而大怒，增加兵力进攻韩国，两国大战，而楚国救兵一直没到韩国来。十九年，秦军大败韩军于岸门。韩国只好派太子仓去作人质来向秦国求和。

宣惠王二十一年，韩国同秦国一起攻楚，打败了楚将屈丐，在丹阳斩杀了八万楚军。这一年，宣惠王去世，太子仓即位，这就是襄王。

襄王四年（前 308），和秦武王在临晋会见。这年秋天，秦国派甘茂进攻韩国的宜阳。五年，秦攻下宜阳，斩杀韩军六万。秦武王去世。六年，秦国又把武遂还给韩国。九年，秦国再度攻取了韩国的武遂。十年，韩国太子婴朝见秦王后回国。十一年，秦军攻韩，占领了穰邑。韩国和秦国进攻楚国，打败了楚将唐眛。

襄王十二年，太子婴去世。公子咎和公子虮虱争做太子。当时虮虱在楚国做人质。苏代韩咎说："虮虱流亡在楚国，楚王特别想把他送回国。现在，十几万楚军驻在方城山北边，您为什么不让楚国在雍氏城的旁边建起一座万户的城邑，这样，韩王必定派兵去救雍氏，您一定做统帅。您就可以利用韩楚两国的军队拥戴虮虱，把他接回韩国，将来他完全听从您是一定的，他一定会把楚韩边境封给您的。"韩咎听从了他的计谋。

楚军包围雍氏，韩国向秦国求救。秦国没有发兵，派公孙眛来到韩国。公仲对公孙眛说："您认为秦国将会援救韩国吗?"公孙眛回答说："秦王是这样说的：'我们要取道南郑、蓝田，出兵到楚国等待您的军队。'恐怕是不能会合了。"公仲说："您以为真会是这样吗?"公孙眛回答说："秦王一定仿效张仪原来的计谋。当初楚威王进攻魏国的时候，张仪对秦王说：'秦国和楚国进攻魏国，魏国失败就会倒向楚国，韩国本来就是它的盟国，这样，秦国就孤立了。我们不如出兵来迷惑它们，让魏国和楚国大战，秦军就可以占领西河以外的土地后再回来。'现在看秦王的样子表面上是同韩国结盟，其实是暗中同楚国交好。您等待秦军的到来，必定会轻率地同楚军打仗。楚国暗中已经得知秦军不会为韩国效力，一定很容易同您相对抗。您这一仗如果胜了楚国，秦国就会和您共同凌驾楚国之上，然后到三川一带扬威而回。您这一仗如果不能战胜楚国，楚（应为秦）国便会趁机阻塞三川据守，您就不能得救了。我私下里为您担忧。秦人司马庚三度往返于郢都，秦相甘茂和楚相昭鱼在商於相会，表面上扬言要收回攻韩楚军的印信，其实双方好像是有什么密约。”公仲惊恐地说：“那么该怎么办呢?”公孙昧说：“您一定要先从韩国自身考虑，然后考虑秦国是否来救援，先想好自救的方法，然后再考虑怎样应付张仪那种计谋。您不如尽快让韩国同齐楚两国联合，齐楚必定会把国事托付给您。您所厌恶的只是张仪那种欺诈的计谋，其实还是不能无视秦国呀!”于是，楚国解除了对雍氏的围困。

苏代又对秦太后的弟弟芈戎说：“公叔、伯婴（应为公子咎）唯恐秦国把虮虱送回韩国，您为什么不为韩国到楚国去请求放回质子虮虱呢？楚国如果不答应把质子放回韩国，那么公叔、伯婴（应为公子咎）就知道秦楚两国并不重视虮虱的事，一定会使韩国与秦楚联合。秦楚就能依靠韩国使魏国受窘，魏国不敢同齐国联合，这样，齐国就孤立了。然后您再替秦（应为魏）国要求楚国向魏国派出质子，楚国不答应，就会同韩（疑当为魏）国结怨。韩（应为秦）国再挟持齐（应为韩）国和魏国去围困楚国，楚国必定会看重您。您依靠秦国和楚国的倚重向韩国施以恩德，公叔、伯婴（应为公子咎）一定会拿整个国家来侍奉您。”于是，虮虱终究未能回到韩国。韩国立公子咎为太子。齐王、魏王到韩国来。

襄王十四年，韩国与齐、魏两国一起进攻秦国，到了函谷关就在那里驻军。十六年，秦国把河外之地和武遂还给韩国。襄王去世，太子咎即位，这就是釐王。

釐王三年（前 293），派公孙喜率领周和魏的军队攻秦。秦国大败韩军二十四万，在伊阙俘虏了公孙喜。五年，秦军攻下韩国的宛城。六年，韩国把武遂地带的二百里土地给了秦国。十年，秦军在夏山打败韩军。十二年，韩釐王与秦昭王在西周国相会，并帮助秦国进攻齐国。齐国战败，齐湣王外出逃亡。十四年，韩王与秦王在两周国之间相会。二十一年，派暴鸢救援魏国，被秦军打败，暴鸢逃到开封。

釐王二十三年，赵、魏两国进攻韩国的华阳。韩国向秦国告急，秦国不来援救。韩国相国对陈筮说："事态急迫，您虽有病，还是希望您连夜到秦国去。"陈筮到秦先会见穰侯魏冉。穰侯说："事情紧迫了吧？所以才派你来。"陈筮说："还不很急呀。"穰侯发怒道："如果这样，你的君主还能派你做使臣吗？你们的使臣来来往往，都是来向我们告急的，你来了却说不急，为什么？"陈筮说："韩国如果真的危急，就要改变政策去追随其他国家，因为还没到危急的时候，所以我又来了。"穰侯说："你不必去见秦王了，现在我立即发兵救援韩国。"过了八天，秦军赶到，在华阳山下打败赵军和魏军。这一年，釐王去世，他的儿子桓惠王即位。

桓惠王元年（前 272），韩军进攻燕国。九年，秦军攻占了韩国的陉城，并在汾水旁筑城。十年，秦军在太行山进击韩军，韩国的上党郡守献出上党郡投降赵国。十四年，秦国攻取赵国的上党，在长平杀死了马服君之子赵括率领的军卒四十万人。十七年，秦军攻占韩国的阳城、负黍。二十二年，秦昭王去世。二十四年，秦军攻占韩国的城皋、荥阳。二十六年，秦军全部攻占了韩国的上党地区。二十九年，秦军攻下韩国的十三座城。

三十四年，桓惠王去世，他的儿子韩王安即位。

韩王安五年（前234），秦国进攻韩国，韩国形势危急，派韩非出使秦国，秦国把韩非留下，后来就把他杀了。

九年，秦军俘虏了韩王安，韩国领土全部归属秦国，设置为颍川郡。韩国终于灭亡。

太史公说："韩厥感动了晋景公，让赵氏孤儿赵武继承了赵氏的爵位，因而成全了程婴和公孙杵臼的大义，这是天下少有的阴德。韩氏在晋国，并没看到有什么大功，然而，终于能和赵氏、魏氏一样，做诸侯十几代之久，这是很应该的呀！"

第二十八卷　田敬仲完世家第十六

前386年，齐国世卿田和取代了姜姓国君，成为齐国的新主，从此齐国就由姜姓国变为田姓国。田氏先祖最早来到齐国的是田完（即陈完），他的谥号是敬仲，因名本篇为《田敬仲完世家》，简称《田完世家》。史书又常称此后的齐国为田齐，所以也称本篇为《田齐世家》。

齐国在春秋时就是个强国，春秋后期渐趋衰落，但根基并未动摇，所以田氏代齐之后，很快又成了战国时代的强国。本篇前半主要记述田氏代齐的过程，以简短记事为主。后半则使用以人物代记事的方法，既突出了人物，又完成了记事任务，一举两得。

齐威王是本篇中较为突出的人物，作者选择了几个重要事例表现了他的不同寻常。一是严明赏罚。对即墨大夫的重赏，对阿大夫的烹杀，一举震慑了全国，官吏们不敢再文过饰非，使齐国大治。二是重用贤才。文中记述了一段齐威王与梁惠王的谈话，梁惠王以有十枚照夜珠自诩，而齐威王却把自己的贤臣良将视如珍宝。鲜明的对比，突出了齐威王对人才的重视。三是善于听取臣下意见。威王和邹忌议论鼓琴与治国，同大臣讨论是否救赵等，都表现了他的这个特点。

【原文】

陈完者，陈厉公他之子也[1]。完生，周太史过陈，陈厉公使卜完，卦得《观》之《否》[2]："是为观国之光，利用宾于王[3]。此其代陈有国乎？不在此而在异国乎？非此其身也，在其子孙。若在异国，必姜姓。姜姓，四岳之后[4]。物莫能两大，陈衰，此昌乎？"

厉公者，陈文公少子也，其母蔡女。文公卒，厉公兄鲍立，是为桓公。桓公与他异母。及桓公病，蔡人为他杀桓公鲍及太子免而立他，为厉公[5]。厉公既立，娶蔡女。蔡女淫于蔡人，数归，厉公亦数如蔡。桓公之少子林怨厉公杀其父与兄，乃令蔡人诱厉公而杀之。林自立，是为庄公。故陈完不得立，为陈大夫。厉公之杀，以淫出国，故《春秋》曰"蔡人杀陈他"，罪之也[6]。

【注释】

①陈厉公他：《索隐》及请梁玉绳《史记志疑》都认为厉公名跃，是陈桓公之子，与《陈杞世家》中的利公跃实为一人。陈他，又名五父，在位不满一年，所以没有谥号。参见《左传》桓公五年、六年、十二年及庄公二十二年经传原文以及杜预注、孔颖达疏。②《观》之《否（pǐ）》：《观》卦变为《否》卦。古代占卜方法中的一种方式是，先求出本卦，然后改变其中的一爻，即变为另一卦，称为"变卦"，或称"之

卦”。这里的《观》卦即为本卦，其卦画是䷓。把自下往上数第四爻的阴爻（－－）变为阳爻（——），即变为《否》卦。③观国之光，利用宾于王：这是《观·六四》的爻辞。光，风俗、风情。利用，利于。宾于王，做君王的上宾。④四岳：相传尧时分管四方诸侯的官称为四岳。《齐太公世家》说，吕尚的先祖曾为四岳，因佐禹治水有功，封于吕，赐姓姜。⑤及桓公病……为厉公：据《左传·桓公五年》载，陈桓公死后，其弟陈他杀桓公太子免而代之，不是蔡人杀太子免。⑥厉公之杀……罪之也：据前注，厉公名跃，与陈他并非一人，《春秋》所说的“蔡人杀陈他”，是指责陈他杀太子免夺取君位，不是指责厉公跃。

【原文】

庄公卒，立弟杵臼，是为宣公。宣公二十一年，杀其太子御寇。御寇与完相爱，恐祸及己，完故奔齐。齐桓公欲使为卿，辞曰：“羁旅[1]之臣，幸得免负檐，君之惠也，不敢当高位。”桓公使为工正。齐懿仲欲妻完[2]，卜之，占曰：“是谓凤凰于蜚[3]，和鸣锵锵[4]。有妫之后，将育于姜。五世其昌，并于正卿。八世之后，莫之与京[5]。”卒妻完。完之奔齐，齐桓公立十四年矣。

完卒，谥为敬仲。仲生穉孟夷。敬仲之如齐，以陈字为田氏[6]。

【注释】

①羁旅：寄居做客。②齐懿仲：清梁玉绳《史记志疑》认

为，懿仲是陈国大夫，不是齐人。③蜚：通“飞”。④锵锵：这里是指凤凰的鸣声。⑤京：大，高。⑥以陈字为田氏：《索隐》说：“陈田二字声相近，遂以为田氏。”《正义》说：“敬仲既奔齐，不欲称本国故号，故改陈字为田氏。”清梁玉绳《史记志疑》认为，陈氏改为田氏是春秋以后的事，不是陈完奔齐之后立即改为田氏。

【原文】

田稺孟夷生湣孟庄，田湣孟庄生文子须无。田文子事齐庄公。

晋之大夫栾逞作乱于晋，来奔齐，齐庄公厚客之。晏婴与田文子谏，庄公弗听。

文子卒，生桓子无宇。田桓子无宇有力，事齐庄公，甚有宠。

无宇卒，生武子开与釐子乞。田釐子乞事齐景公为大夫，其收赋税于民以小斗受之，其禀予民以大斗[①]，行阴德于民[②]，而景公弗禁。由此田氏得齐众心，宗族益强，民思田氏。晏子数谏景公，景公弗听。已而使于晋，与叔向私语曰：“齐国之政其卒归于田氏矣。”

晏婴卒后，范、中行氏反晋。晋攻之急，范、中行请粟于齐。田乞欲为乱，树党于诸侯，乃说景公曰：“范、中行数有德于齐，齐不可不救。”齐使田乞救之而输之粟。

【注释】

①禀：官方赐给粮食。②阴德：暗中施恩。

【原文】

景公太子死，后有宠姬曰芮子，生子荼。景公病，命其相国惠子与高昭子以子荼为太子。景公卒，两相高、国立荼，是为晏孺子。而田乞不说[1]，欲立景公他子阳生。阳生素与乞欢。晏孺子之立也，阳生奔鲁。田乞伪事高昭子、国惠子者，每朝代参乘[2]，言曰："始诸大夫不欲立孺子。孺子既立，君相之，大夫皆自危，谋作乱。"又绐大夫曰[3]："高昭子可畏也，及未发先之。"诸大夫从之。田乞、鲍牧与大夫以兵入公室[4]，攻高昭子。昭子闻之，与国惠子救公。公师败。田乞之众追国惠子，惠子奔莒，高昭子、晏圉奔鲁[5]。

【注释】

①说：通"悦"。②参乘：此指在车上右边护卫或陪侍的人。③绐（dài）：欺骗。④公室：春秋战国时诸侯的家族或其政权称为公室。这里指国君的住处。⑤晏圉（yǔ）奔鲁：据《左传·哀公六年》记载，奔鲁的是晏婴的儿子晏圉。司马迁误作晏孺子。

【原文】

田乞使人之鲁，迎阳生。阳生至齐，匿田乞家。请诸大夫曰："常之母有鱼菽之祭[1]，幸而来会饮。"会饮田氏。田乞盛阳生橐中[2]，置坐中央。发橐，出阳生，曰："此乃齐君矣。"大夫皆伏谒[3]。将盟立之，田乞诬曰："吾与鲍牧谋共立阳生也。”鲍牧怒曰：“大夫忘景公之命乎？”诸大夫欲悔，阳生乃顿首曰[④]：“可则立之，不可则已。”鲍牧恐祸及己，乃复曰：“皆景公之子，何为不可！”遂立阳生于田乞之家，是为悼公。乃使人迁晏孺子于骀，而杀孺子荼。悼公既立，田乞为相，专齐政。

【注释】

①常之母：田常之母，即田乞之妻。鱼菽之祭：鱼、豆之类的祭品。这里是谦称备有简便的菜肴。②橐：口袋。③伏谒：谒见尊者，伏地而通姓名。④顿首：叩头。

【原文】

四年，田乞卒，子常代立，是为田成子。

鲍牧与齐悼公有郄[①]，弑悼公[②]。齐人共立其子壬，是为简公。田常成子与监止俱为左右相，相简公。田常心害监止[③]，监止幸于简公，权弗能去。于是田常复修釐子之政，以大斗出贷，以小斗收。齐人歌之曰：“妪乎采芑[④]，归乎田成子[⑤]！”齐大夫朝，御鞅谏简公曰：“田、监不可并也，君其择焉。”君弗听。

【注释】

①郄（xì）：通“郤”，嫌隙，因猜疑而产生的仇怨。②弑悼公：《左传·哀公八年》记载的是悼公杀死了鲍牧，两年后齐人杀死悼公。③害：妒忌。④妪：老年妇女。芑（qǐ）：一种野菜，可食。另指一种谷类植物。⑤归乎田成子：按：田成子

是田常的谥号，生前是不可能有的。这里称谥号，显然不是民歌的原貌。《韩非子·外储说右上》也记载了这首民歌："讴乎，其已乎！苞乎，其往归田成子乎！"与《史记》所记不同，可见其流传中有所变化的痕迹。

【原文】

子我者，监止之宗人也①，常与田氏有郤。田氏疏族田豹事子我有宠。子我曰："吾欲尽灭田氏適②，以豹代田氏宗。"豹曰："臣于田氏疏矣。"不听，已而豹谓田氏曰："子我将诛田氏，田氏弗先，祸及矣。"子我舍公宫③，田常兄弟四人乘如公宫④，欲杀子我。子我闭门。简公与妇人饮檀台，将欲击田常。太史子馀曰："田常非敢为乱，将除害。"简公乃止。田常出，闻简公怒，恐诛，将出亡。田子行曰："需⑤，事之贼也⑥。"田常于是击子我。子我率其徒攻田氏，不胜，出亡。田氏之徒追杀子我及监止。

简公出奔，田氏之徒追执简公于徐州。简公曰："蚤从御鞅之言⑦，不及此难。"田氏之徒恐简公复立而诛己，遂杀简公。简公立四年而杀。于是田常立简公弟骜，是为平公。平公即位，田常为相。

【注释】

①《索隐》及清梁王绳《史记志疑》都认为子我就是监止，司马迁误为二人。②適：通"嫡"，这里指直系亲族。③舍：住宿。④如：到……去。⑤需：迟疑。⑥贼：败坏，害。

⑦蚤：通“早”。

【原文】

田常既杀简公，惧诸侯共诛己，乃尽归鲁、卫侵地，西约晋、韩、魏、赵氏，南通吴、越之使，修功行赏，亲于百姓，以故齐复定。

田常言于齐平公曰：“德施人之所欲，君其行之；刑罚人之所恶，臣请行之。”行之五年，齐国之政皆归田常。田常于是尽诛鲍、晏、监止及公族之强者，而割齐自安平以东至琅邪，自为封邑。封邑大于平公之所食[①]。

田常乃选齐国中女子长七尺以上为后宫[②]，后宫以百数，而使宾客舍人出入后宫者不禁[③]。及田常卒，有七十余男。

【注释】

①食：食邑，即领地。②七尺：春秋战国时期的一尺约合今22—23厘米，七尺约相当于今1.55—1.60米。后宫：原指妃嫔居住之所，常借代为妃嫔或姬妾。③舍人：亲近侍从。

【原文】

田常卒，子襄子盘代立，相齐。常谥为成子。

田襄子既相齐宣公，三晋杀知伯[①]，分其地。襄子使其兄弟宗人尽为齐都邑大夫，与三晋通使，且以有齐国[②]。

襄子卒，子庄子白立。田庄子相齐宣公。宣公四十三年，伐晋，毁黄城。围阳狐。明年，伐鲁、葛及安陵[③]。明年，取鲁之一城。

庄子卒，子太公和立[④]。田太公相齐宣公。宣公四十八年，取鲁之郕。明年，宣公与郑人会西城。伐卫，取毌丘。宣公五十一年卒，田会自廪丘反。

宣公卒，子康公贷立。贷立十四年，淫于酒妇人，不听政。太公乃迁康公于海上[⑤]，食一城，以奉其先祀。明年，鲁败齐平陆。

三年，太公与魏文侯会浊泽，求为诸侯。魏文侯乃使使言周天子及诸侯，请立齐相田和为诸侯。周天子许之。康公之十九年，田和立为齐侯，列于周室[⑥]，纪元年。

【注释】

①三晋：指晋国的韩、赵、魏三家贵族。②且：将近，几乎。以：通“已”。③葛：《六国年表》作“莒”。安陵：《六国年表》作“安阳”。④《索隐》据《竹书纪年》认为，庄子之后还有悼子，因在位时间短，所以史书未录。⑤海上：海边。⑥列于周室：列名于周王朝，表示被正式承认为诸侯。

【原文】

齐侯太公和立二年，和卒，子桓公午立[①]。桓公午五年，秦、魏攻韩，韩求救于齐。齐桓公召大臣而谋曰[②]：“蚤救之孰与晚救之？”驺忌曰：“不若勿救。”段干朋曰：“不救，则韩且折而入于魏[③]，不若救之。”田臣思曰：“过矣君之谋也！秦、魏攻韩，楚、赵必救之，是天以燕予齐也。”桓公曰：“善。”乃阴告韩使者而遣之。韩自以为得齐之救，因与齐、魏战。楚、赵闻之，果起兵而救之。齐因起兵袭燕国，取桑丘[④]。

六年，救卫。桓公卒，子威王因齐立[⑤]。是见，故齐康公卒，绝无后，奉邑皆入田氏。

【注释】

①和卒，子桓公午立：《索隐》引《竹书纪年》云："齐康公五年，田侯午生。二十二年，田侯剡立。后十年，齐田午弑其君及孺子喜而为公。"据此，田和死后，不是田午而是田剡继位。十年后，田午杀死田剡和孺子喜才即位为桓公，时当在前374年。司马迁在本篇中漏掉了田剡一代。②齐国君臣讨论出兵救援他国问题在本篇中出现不止一次，威王二十六年讨论救赵问题，宣王二年也是讨论救韩问题，这三次都有邹忌参加，并且情节和语言均相类似。可能是作者把不同史料中的类似记载都写入了本篇。《索隐》认为："其辞前后交互，是记史者听取各异，故不同耳。"③折：挫折，失败。④齐因起兵袭燕国，取桑丘：因，趁机。按：此事与上述史实无关。杨宽《战国史·附录三》认为，齐国趁秦、魏攻韩，赵、楚救韩之机，起兵伐燕一事，应在齐宣王六年。司马迁误把此事和周安王二十二年"齐代燕取桑丘"的事并为一谈。⑤《索隐》据《竹书纪年》认为，桓公卒、威王立应在桓公十九年（前357）。

【原文】

齐威王元年，三晋因齐丧来伐我灵丘。三年，三晋灭晋后而分其地。六年，鲁伐我，入阳关。晋伐我，至博陵。七年，卫伐我，取薛陵。九年，赵伐我，取甄。

威王初即位以来，不治[①]，委政卿大夫，九年之间，诸侯并伐，国人不治。于是威王召即墨大夫而语之曰："自子之居即墨也，毁[②]言日至。然吾使人视即墨，田野辟[③]，民人给[④]，官无留事[⑤]，东方以宁。是子不事吾左右以求誉也。"封之万家。召阿大夫语曰："自子之守阿，誉言日闻。然使使视阿，田野不辟，民贫苦。昔日赵攻甄，子弗能救。卫取薛陵，子弗知。是子以币厚[⑥]吾左右以求誉也。"是日，烹[⑦]阿大夫，及左右尝誉者皆并烹之。遂起兵西击赵、卫，败魏于浊泽而围惠王。惠王请献观以和解，赵人归我长城。于是齐国震惧，人人不敢饰非，务尽其诚。齐国大治。诸侯闻之，莫敢致兵于齐二十余年。

【注释】

①治：治理，管理。下文的"治"是安宁、安定的意思。②毁：诽谤。③辟：开辟。这里指田地的开垦。④给：丰足。⑤留事：指积压公事。⑥币：礼物。厚：厚赠。⑦烹：煮杀，古代的一种酷刑。

【原文】

驺忌子以鼓琴见威王，威王说而舍之右室。须臾[①]，王鼓琴，驺忌子推户入曰："善哉鼓琴！"王勃然[②]不说，去琴按剑曰："夫子见容[③]未察，何以知其善也？"驺忌子曰："夫大弦浊以[4]春温者，君也；小弦廉折[5]以清者，相也；攫[6]之深，醳[7]之愉者，政令也；钧谐[8]以鸣，大小相益[9]，回邪而不相害[10]者，四时也：吾是以知其善也。”王曰：“善语音。”驺忌子曰：“何独语音，夫治国家而弭[11]人民皆在其中。”王又勃然不说曰：“若夫语五音之纪[12]，信未有如夫子者也。若夫治国家而弭人民，又何为乎丝桐[13]之间？”驺忌之曰：“夫大弦浊以春温者，君也；小弦廉折以清者，相也；攫之深而舍之愉者，政令也；钧谐以鸣，大小相益，回邪而不相害者，四时也。夫复而不乱者，所以治昌也；连而径[14]者，所以存亡[15]也：故曰琴音调而天下治。夫治国家而弭人民者，无若乎五音者。”王曰：“善。”

【注释】

①须臾：片刻。②勃然：发怒变色。③容：或许，大概。④浊：形容琴声宽缓。以：而。⑤廉折：指乐声高亢，节奏明快。⑥攫：用手指勾拨琴统，是古琴弹奏的指法。⑦醳(shì)：通“释”，指放开琴弦。愉：《索隐》：“音舒也。”⑧钧谐：调谐，和谐。⑨相益：互相补助，引申为互相增色。⑩回邪：不正，曲折。害：妨害。⑪弭：顺服，安定。⑫五音：古代音乐以宫、商、角、徵、羽为五音，五音常为音乐的代称。纪：调理。⑬丝桐：指古琴。古琴琴体多用桐木，弦用丝弦，故称丝桐。⑭连：连贯。径：快捷。⑮存亡：使将亡或已亡之国得以复存。

【原文】

驺忌子见三月而受相印。淳于髡见之曰："善说哉！髡有愚志，愿陈诸前。"驺忌子曰："谨受教。"淳于髡曰："得全全昌[①]，失全全亡。"驺忌子曰："谨受令[②]，请谨毋离前[③]。"淳于髡曰："豨膏棘轴[④]，所以为滑也，然而不能运方穿[⑤]。"驺忌子曰："谨受令，请谨事左右。"淳于髡曰："弓胶昔干[⑥]，所以为合也，然而不能傅合疏罅[⑦]。"驺忌子曰："谨受令，请谨自附于万民。"淳于髡曰："狐裘虽敝，不可补以黄狗之皮。"驺忌子曰："谨受令，请谨择君子，毋杂小人其间。"淳于髡曰："大车不较[⑧]，不能载其常任；琴瑟不较，不能成其五音。"驺忌子曰："谨受令，请谨修法律而督奸吏。"淳于髡说毕，趋[⑨]出，至门，而面其仆曰："是人者，吾语之微言[⑩]五，其应我若响[⑪]之应声，是人必封不久矣。"居朞年[⑫]，封以下邳，号曰成侯。

【注释】

①得全全昌：据《索隐》注解，得全，指人臣事君之礼周全无失；全昌，指身与名都能昌盛。②令：命令，这里是指教的意思。③谨毋离前：据《索隐》，这是指谨记指教，不离心目之前。④豨膏：猪油。豨，通"豨"，猪。棘轴：棘木制作的车轴。⑤运：运转。方穿：方形的轴孔。穿，孔。以上三句以方圆之不合喻君臣不合。⑥胶：用胶粘。昔干：放旧的弓干。⑦傅：通"附"，附着。罅（xià）：裂缝。⑧较：通

“校”，校正。⑨趋：小步快走。⑩微言：隐微之言，隐语。⑪响：回声。⑫朞年：周年。朞，通“期”。

【原文】

威王二十三年，与赵王会平陆。二十四年，与魏王会田于郊[1]。魏王问曰：“王亦有宝乎？”威王曰：“无有。“梁王曰：“若寡人国小也，尚有径寸之珠照车前后各十二乘者十枚，奈何以万乘之国而无宝乎？”威王曰：“寡人之所以为宝与王异。吾臣有檀子者，使守南城，则楚人不敢为寇东取，泗上十二诸侯皆来朝[2]。吾臣有肦子者，使守高唐，则赵人不敢东渔于河。吾吏有黔夫者，使守徐州，则燕人祭北门，赵人祭西门[3]，徙而从者七千余家。吾臣有种首者，使备[4]盗贼，则道不拾遗。将以照千里，岂特十二乘哉！”梁惠王惭，不怿[5]而去。

二十六年，魏惠王围邯郸，赵求救于齐。齐威王召大臣而谋曰：“救赵孰与勿救？”驺忌子曰：“不如勿救。”段干朋曰：“不救则不义，且不利。”威王曰：“何也？”对曰：“夫魏氏并邯郸，其于齐何利哉？且夫救赵而军其郊，是赵不伐而魏全也。故不如南攻襄陵以弊[6]魏，邯郸拔而乘[7]魏之弊。”威王从其计。

【注释】

①魏王：指魏惠王，又称梁惠王。田：打猎。②泗上十二诸侯：指泗水之滨的一些小诸侯国，如邹、鲁、宋等。③以上

两句，《集解》引贾逵曰：“齐之北门西门也。言燕赵之人畏见侵伐，故祭以求福。”④备：戒备，防范。⑤怿：喜欢，高兴。⑥弊：疲困。⑦乘：利用。

【原文】

其后成侯驺忌与田忌不善，公孙阅[1]谓成侯忌曰：“公何不谋伐魏，田忌必将。战胜有功，则公之谋中也；战不胜，非前死则后北[2]，而命在公矣。”于是成侯言威王，使田忌南攻襄陵。十月，邯郸拔，齐因起兵击魏，大败之桂陵[3]。于是齐最强于诸侯，自称为王，以令天下。

三十三年，杀其大夫[4]牟辛。

三十五年，公孙阅又谓成侯忌曰：“公何不令人操十金卜于市，曰：‘我田忌之人也。吾三战而三胜，声威天下。欲为大事[5]，亦吉乎不吉乎？’”卜者出，因令人捕为之卜者，验[6]其辞于之所。田忌闻之，因率其徒袭攻临淄，求成侯，不胜而犇[7]。

三十六年，威王卒，子宣王辟彊[8]立。

【注释】

①公孙阅：《战国策·齐策一》作公孙■（hàn）。②前死：向前死战。北：败北，败逃。③田忌、孙膑用围魏救赵之计，解救了赵国，在桂陵大败魏军，这是古著名战例之一。详见《孙子吴起列传》，参见《赵世家》《魏世家》。④大夫：《集解》《索隐》及清梁玉绳《史记志疑》都认为“大夫”似

应作“夫人”。⑤大事：这里指夺取权位。⑥验：验证。⑦犇：通“奔”。《史记志疑》认为，田忌出奔在宣王二年马陵之战以后，司马迁在这里是因袭了《战国策》记载的错误。⑧辟彊：《史记》中“彊”字经常出现，大多同“强”字。这里作为人名，音义同“疆”。按：据《竹书纪年》，威王卒，宣王立应在前319年。

【原文】

宣王元年，秦用商鞅。周致伯[1]于秦孝公。

二年，魏伐赵。赵与韩亲，共击魏。赵不利，战于南梁[2]。宣王召田忌复故位[3]。韩氏请救于齐。宣王召大臣而谋曰：“蚤救孰与晚救?”驺忌子曰[4]：“不如勿救。”田忌[5]曰：“弗救，则韩且折而入于魏，不如蚤救之。”孙子[6]曰：“夫韩魏之兵未弊而救之，是吾代韩受魏之兵，顾[7]反听命于韩也。且魏有破国之志，韩见亡，必东面而愬[8]于齐矣。吾因深结韩之亲而晚承[9]魏之弊，则可重利而得尊名也。”宣王曰：“善。”乃阴告韩之使者而遣之。韩因恃齐，五战不胜，而东委国于齐。齐因起兵，使田忌、田婴将，孙子为师[10]，救韩、赵以击魏，大败之马陵[11]，杀其将庞涓，虏魏太子申。其后三晋之王皆因田婴朝齐王于博望，盟而去。

【注释】

①致：送。伯：通“霸”，诸侯的盟主。②魏伐赵……战于南梁：清梁玉绳《史记志疑》认为这几句记述有误，应改

为："魏伐韩，赵与魏亲，共击韩。赵不利，败于南梁。韩氏请救于齐。"③召田忌复故位：《史记志疑》认为，前有田忌出奔的误记，因而这里又出现复位的误记。④驺忌子曰：《战国策·齐策一》记载的这段文字中没有驺忌子。又《索隐》引王劭说，此时驺忌已死去四年。⑤田忌：《战国策》作张匄（同"丐"）。⑥孙子：即孙膑。《战国策》作田臣思。⑦顾：回头，反而。⑧愬（sù）：告诉，诉说。⑨承：通"乘"，趁，利用。⑩师：军师。⑪大败之马陵：孙膑用计，在马陵大败魏军。详见《孙子吴起列传》。

【原文】

七年，与魏王会平阿南。明年，复会甄。魏惠王卒[1]。明年，与魏襄王会徐州，诸侯相王也。十年，楚围我徐州。十一年，与魏伐赵，赵决河水灌齐、魏，兵罢。十八年，秦惠王称王。

宣王喜文学游说之士，自如驺衍、淳于髡、田骈、接予、慎到、环渊之徒七十六人，皆赐列第[2]，为上大夫，不治[3]而议论。是以齐稷下学士复盛[4]，且数百千人。

十九年，宣王卒，子湣王地[5]立。

【注释】

①魏惠王卒年，史书所记不一，详见《魏世家》襄王十六年注。②列第：不同等级的住宅。③不治：不理政事。④稷下学士复盛：桓公午开始在稷下设学官，招纳学士。到宣王时

最盛，成为当时百家争鸣的中心，是中国文化史上的盛事。⑤湣王地：或名遂。按：据《竹书纪年》，宣王卒，湣王立应在前301年。

【原文】

湣王元年，秦使张仪与诸侯执政会于啮桑。三年，封田婴于薛。四年，迎妇于秦。七年，与宋攻魏，败之观泽。

十二年，攻魏。楚围雍氏，秦败屈丐。苏代谓田轸[1]曰："臣愿有谒于公，其为事甚完[2]，使楚利公，成为福，不成亦为福。今者臣立于门，客有言曰魏王谓韩冯、张仪曰：'煮枣[3]将拔，齐兵又进，子来救寡人则可矣；不救寡人，寡人弗能拔[4]。'此特转辞[5]也。秦、韩之兵毋东，旬余，则魏氏转[6]韩从秦，秦逐张仪，交臂[7]而事齐楚，此公之事成也。"田轸曰："奈何使无东？"对曰："韩冯之救魏之辞，必不谓韩王曰'冯以为魏'，必曰'冯将以秦韩之兵东却齐宋，冯因抟[8]三国之兵，乘屈丐之弊，南割于楚，故地必尽得之矣'。张仪救魏之辞，必不谓秦王曰'仪以为魏'，必曰'仪且以秦韩之兵东距齐宋，仪将抟三国之兵，乘屈丐之弊，南割于楚，名存亡国，实伐三川而归[9]，此王业也'。公令楚王与韩氏地，使秦制和[10]，谓秦王曰'请与韩地，而王以施[11]三川，韩氏之兵不用而得地于楚'。韩冯之东兵之辞且谓秦何？曰'秦兵不用而得三川，伐楚韩以窘魏，魏氏不敢东，是孤齐也'。张仪之东兵之辞且谓何？曰'秦韩欲地而兵有案[12]，声威发于魏，魏氏之欲不失齐楚者有资[13]矣’。魏氏转秦韩争事齐楚，楚王欲而无与地，公令秦韩之兵不用而得地，有一大德也。秦韩之王劫于韩冯、张仪而东兵以徇[14]服魏，公常执左券[15]以责于秦韩，此其善于公而恶张子[16]多资矣。”

【注释】

①苏代谓田轸：以下这段谈话又见于马王堆汉墓帛书《战国纵横家书》，整理小组定为《苏秦谓陈轸章》，文字略有出入。陈轸，即田轸。②完：圆满。③煮枣：地名。④弗能拔：无法制止被攻陷。帛书“拔”作“枝（支）”。⑤转辞：婉转之词。⑥魏氏转：魏国转变策略。⑦交臂：拱手。⑧抟：统率。⑨三川：指韩国，因其境内有黄河、伊水、洛水，故称。⑩制和：控制两国议和。⑪施：施威。⑫案：通“按”，抑止。⑬资：本钱。⑭劫：威胁。徇：顺从。⑮左券：古代契约分为左右两片，左片称左券，由债权人收执，作为索偿的凭据。后常用“执左券”比喻有成功的把握。⑯张子：张仪。

【原文】

十三年，秦惠王卒。二十三年，与秦击败楚于重丘。二十四年，秦使泾阳君质[1]于齐。二十五年，归泾阳君于秦。孟尝君薛文入秦，即相秦。文亡去。二十六年，齐与韩魏共攻秦，至函谷军焉。二十八年，秦与韩河外[2]以和，兵罢。二十九年，赵杀其主父[3]。齐佐赵灭中山。

【注释】

①质：作人质。②河外：战国时一般指黄河以南为河外。③主父：赵武灵王把王位传给儿子后，自称主父。后游沙丘，被公子成围困，饿死。详见《赵世家》。

【原文】

三十六年，王为东帝，秦昭王为西帝。苏代自燕来，入齐，见于章华东门。齐王曰："嘻，善，子来！秦使魏冉致帝[①]，子以为何如?"对曰："王之问臣也卒[②]，而患之所从来微[③]，愿王受之而勿备称也。秦称之，天下安之，王乃称之，无后[④]也。且让争帝名，无伤也。秦称之，天下恶之，王因勿称，以收天下，此大资也。且天下立两帝，王以天下为尊齐乎？尊秦乎?"王曰："尊秦。"曰："释帝[⑤]，天下爱齐乎？爱秦乎?"王曰："爱齐而憎秦。"曰："两帝立约伐赵，孰与伐桀宋[⑥]之利?"王曰："代桀宋利。"对曰："夫约钧[⑦]，然与秦为帝而天下独尊秦而轻齐，释帝则天下爱齐而憎秦，伐赵不如伐桀宋之利，故愿王明释帝以收天下，倍约宾[⑧]秦，无争重[⑨]，而王以其间举[⑩]宋。夫有宋，卫之阳地危；有济西，赵之阿[⑪]东国危；有淮北，楚之东国危；有陶、平陆，梁门不开[⑫]。释帝而贷[⑬]之以伐桀宋之事，国重而名尊，燕楚所以形服[⑭]，天下莫敢不听，此汤武之举也。敬秦以为名，而后使天下憎之，此所谓以卑为尊者也。愿王孰虑之。"于是齐去帝复为王，秦亦去帝位。

【注释】

①致帝：送来帝号。②卒：通“猝”，仓促，突然。③微：隐微，不明显。④无后：不晚。⑤释帝：放弃帝号。⑥桀宋：宋君偃荒淫暴虐，人称桀宋。详见《宋微子世家》。⑦钧：通“均”。⑧倍：通“背”。宾：通“摈”，抛弃。⑨争重：争高低。⑩间：空子，时机。举：攻克。⑪阿：清梁玉绳《史记志疑》认为，《战国策》作“河”，这里误作“阿”。⑫梁门不开：魏都大梁的城门无法打开。这句连上句意思是，占有陶和平陆就等于堵塞了大梁东出的门户。⑬贷：代。⑭形服：迫于形势而归服。

【原文】

三十八年，伐宋。秦昭王怒曰：“吾爱宋与爱新城、阳晋同。韩聂与吾友也，而攻吾所爱，何也？”苏代为齐谓秦王曰：“韩聂之攻宋，所以为王也。齐强，辅之以宋，楚魏必恐，恐必西事秦，是王不烦一兵，不伤一士，无事而割安邑也，此韩聂之所祷于王也。”秦王曰：“吾患齐之难知。一从一衡[1]，其说何也？”对曰：“天下国令齐可知乎？齐以攻宋，其知事秦以万乘之国自辅，不西事秦则宋治[2]不安。中国白头游敖之士皆积智[3]欲离齐秦之交，伏式结轶[4]西驰者，未有一人言善齐者也；伏式结轶东驰者，未有一人言善秦者也。何则？皆不欲齐秦之合也。何晋楚之智而齐秦之愚也！晋楚合必议齐秦，齐秦合必图晋楚，请以此决事。”秦王曰：“诺。”于是齐遂伐宋，宋王出亡，死于温。齐南割楚之淮北，西侵三晋，欲以并周室，为天子。泗上诸侯邹鲁之君皆称臣，诸侯恐惧。

【注释】

①从：通“纵”，合纵。衡：通“横”，连横。②宋治：宋国管辖的地方。③中国：春秋战国时称中原地区为中国。游敖之士：即游士、游说之士。敖，游逛。积智：积聚智谋，处心积虑。④伏式结轶：形容乘车往来不断。式，通“轼”，车前横木。结轶，车辙在路上交错。轶，通“辙”。

【原文】

三十九年，秦来伐，拔我列城九。

四十年，燕、秦、楚、三晋合谋，各出锐师以伐[1]，败我济西。王解[2]而却。燕将乐毅遂入临菑[3]，尽取齐之宝藏器。湣王出亡，之卫。卫君辟宫舍之，称臣而共[4]具。湣王不逊，卫人侵之。湣王去，走邹、鲁，有骄色，邹、鲁君弗内[5]，遂走莒，楚使淖齿将兵救齐，因相齐湣王。淖齿遂杀湣王而与燕共分齐之侵地卤[6]器。

【注释】

①诸侯伐齐事，《秦本纪》《赵世家》《魏世家》《韩世家》的记载中没有楚国。②解：溃散。③乐毅率五国军队伐齐事，详见《乐毅列传》。④共：通“供”，供给。⑤内：通“纳”，收容，接纳。⑥卤：通“掳”，掠夺。据《竹书纪

年》，湣王在位十七年，司马迁误记为四十年。

【原文】

湣王之遇杀，其子法章变名姓为莒太史敫家庸[①]。太史敫女奇法章状貌，以为非恒人[②]，怜而常窃衣食之，而与私通焉。淖齿既以去莒，莒中人及齐亡臣相聚求湣王子，欲立之。法章惧其诛己也，久之，乃敢自言"我湣王子也"。于是莒人共立法章，是为襄王。以保[③]莒城而布告齐国中："王已立在莒矣。"

襄王既立，立太史氏女为王后，是为君王后，生子建。太史敫曰："女不取媒因自嫁，非吾种也，污吾世[④]。"终身不睹君王后。君王后贤，不以不睹故失人子之礼。

襄王在莒五年，田单以即墨攻破燕军[⑤]，迎襄王于莒，入临淄。齐故地尽复属齐。齐封田单为安平君。

十四年，秦击我刚寿。十九年，襄王卒，子建立。

【注释】

①庸：通"佣"。②恒人：常人。③保：占有、拥有。④世：一代。⑤田单用火牛陈破燕军是战国时期的著名战例。详见《田单列传》。

【原文】

王建立六年，秦攻赵，齐楚救之。秦计曰："齐楚救赵，亲则退兵，不亲遂攻之。"赵无食，请粟于齐，齐不听。周子曰："不如听之以退秦兵，不听则秦兵不却，是秦之计中而齐楚之计过[①]也。且赵之于齐楚，扞蔽[②]也，犹齿之有唇也，唇亡则齿寒。今日亡赵，明日患及齐楚。且救赵之务，宜若奉漏瓮沃焦釜[③]也。夫救赵，高义也；却秦兵，显名也。义救亡国，威却强秦之兵，不务[④]为此而务爱粟，为国计者过矣。”齐王弗听。秦破赵于长平四十余万[⑤]。遂围邯郸。

十六年，秦灭周。君王后卒。二十三年，秦置东郡。二十八年，王入朝秦，秦王政置酒咸阳。三十五年，秦灭韩。三十七年，秦灭赵。三十八年，燕使荆轲刺秦王，秦王觉，杀轲[⑥]。明年，秦破燕，燕王亡走辽东。明年，秦灭魏，秦兵次[⑦]于历下。四十二年，秦灭楚。明年，虏代王嘉，灭燕王喜。

【注释】

①过：错。②扞（hàn）蔽：屏障。扞，通“捍”。③奉：捧着。沃：浇水。釜：锅。④务：致力。⑤长平之役，秦将白起大破赵军，坑杀赵降卒四十余万。详见《白起王翦列传》。⑥荆轲刺秦王事，详见《刺客列传》。⑦次：停留，驻扎。

【原文】

四十四年，秦兵击齐。齐王听相后胜计，不战，以兵降秦。秦虏王建，迁之共。遂灭齐为郡。天下壹并[①]于秦，秦王政立号为皇帝。始，君王后贤，事秦谨，与诸侯信，齐亦东边海上，秦日夜攻三晋、燕、楚，五国各自救于秦，以故王建立四十余年不受兵。君王后死，后胜相齐，多受秦间[②]金，多使宾客入秦，秦又多予金，客皆为反间[③]，劝王去从朝秦，不修攻战之备，不助五国攻秦，秦以故得灭五国。五国已亡，秦兵卒入临淄，民莫敢格[④]者。王建遂降，迁于共。故齐人怨王建不蚤与诸侯合从攻秦，听奸臣宾客以亡其国，歌之曰："松耶柏耶？住建共者客耶？"疾建用客之不详[⑤]也。

【注释】

①壹并：统一。壹，全。并，合、兼并。②间：间谍。③反间：在敌方内部进行离间、分化活动。④格：抗拒。⑤疾：憎恨。详：审察。

【原文】

太史公曰：盖孔子晚而喜《易》。《易》之为术[①]，幽明远[②]矣，非通人达才孰能注意焉！故周太史之卦田敬仲完，占至十世之后；及完奔齐，懿仲卜之亦云。田乞及常所以比犯[③]二君，专齐国之政，非必事势之渐然[④]也，盖若遵厌兆祥[⑤]云。

【注释】

①术：学问，技能。②幽明：指《周易》中所说的无形和有形的物象。幽，隐微、不明。远：深。③比：接连。犯：冒犯，伤害。④渐然：逐渐如此。⑤厌：合。兆祥：占卜所得的预兆。

【译文】

陈完是陈厉公陈他（应为陈跃）的儿子。完初生的时候，周太史正好路过陈国，陈厉公请他给陈完卜卦，卜得的卦是《观卦》变为《否卦》，太史说：“卦辞的意思是：观看国家的风俗民情，利于做君王的上宾。这是说他将取得陈国君位拥有国家吧？也许是不在陈国而在他国吧？或者是不应验在他人身上，而应验在他的子孙身上。如果是在他国，必定是姜姓国。姜姓是帝尧时四岳的后代。事物不可能是两个同时强大，陈国衰落后，他这一支将要昌盛起来吧！”

厉公是陈文公的小儿子（应为孙子），他的母亲是蔡国女子。文公去世后，厉公（应为陈他）的哥哥陈鲍即位，这就是桓公。桓公和弟弟陈他不同母。趁桓公生病的时候，蔡国人替陈他杀死了桓公陈鲍和太子陈免，立陈他（应为陈跃）为君，这就是厉公。（此处史实当为，桓公死后，陈他杀桓公太子免，自立为君。蔡人杀陈他，改立陈跃为君，是为历公）。厉公即位以后，娶蔡国之女为妻。这个蔡女和蔡国人通奸，常常回蔡国去，厉公也经常去蔡国。桓公的小儿子陈林怨恨厉公杀死了他的父兄，就让蔡国人诱骗厉公并把他杀了。陈林自立为国君，这就是庄公。所以陈完不能立为国君，只是陈国大夫。厉公的被杀，是由于为淫乱而出国，所以《春秋》里说“蔡人杀陈他”，这就是指责他的罪恶。

庄公去世后，弟弟杵臼即位，这就是陈宣公。宣公二十一年（前672），杀死了太子御寇。御寇和陈完相友爱，恐怕灾祸牵连到自己，所以陈完逃奔齐国。齐桓公想要任他为卿，他推辞说："我这个寄居在外的小臣有幸能够免除种种负担，已经是您给我的恩惠了，不敢再担当这么高的职位。"齐桓公让他任管理百工的工正。齐国（应为陈国）的懿仲想把女儿嫁给陈完为妻，为此事进行占卜，占卜的结果说："这叫作凤凰飞翔，和谐的鸣声锵锵。有妫氏的后代，将在姜氏那里成长。五代之后就要昌盛，和正卿的地位一样。八代之后，地位之高没人比得上。"他终于把女儿嫁给陈完为妻。陈完逃到齐国的时候，齐桓公已在位十四年了。

陈完去世后，谥号是敬仲。敬仲生了稺孟夷。敬仲到齐国之后，把陈氏改为田氏。

田稺孟夷生了湣孟庄，田湣孟庄生了文子须无。田文子侍奉齐庄公。

晋国大夫栾逞在晋国作乱，逃奔到齐国来，齐庄公给他优厚的待遇。晏婴和田文子劝谏，庄公不听。

田文子去世，他生的儿子是桓子无宇。田桓子无宇有力气，侍奉齐庄公，很受宠信。

无宇去世，他生的儿子是武子开和釐子乞。釐子田乞侍奉齐景公，是大夫，他向百姓征收赋税时用小斗收进，赐给百姓粮食时用大斗，暗中向百姓施以恩德，而齐景公也不加禁止。因此，田氏得到齐国的民心，他们家族越来越强大，百姓心向田氏。晏子多次向景公进谏，景公不听。不久，晏子到晋国出使，他与叔向私下里说："齐国的政权最终要归到田氏的手里呀。"

晏婴去世后，范氏和中行氏在晋国反叛。晋国加紧追击他们，范氏和中行氏向齐国请求借粮。田乞想作乱，要在诸侯中结党，于是对齐景公说："范氏和中行氏多次对齐国有恩德，齐国不能不救他们。"齐国就派田乞去救援，并且给他们送去了粮食。

齐景公的太子死了，景公有个宠姬叫芮子，芮子生的儿子叫荼。景公生病时，让他的宰相国惠子和高昭子立儿子荼为太子。景公去世后，高、国两位宰相立荼为国君，这就是晏孺子。可是，田乞不高兴，想立景公的另一个儿子阳生。阳生平时和田乞关系很好。晏孺子即位后，阳生逃奔鲁国。田乞假装侍奉高昭子和国惠子，每次上朝都替参乘在车上陪侍。并且说："起初，各位大夫都不想立孺子。孺子即位后，您两位任宰相，大夫们人人自危，图谋作乱。"田乞又骗大夫们说："高昭子很可怕呀，趁他还没动手，我们先干吧！"大夫们都依从他。田乞、鲍牧和大夫们领兵进入宫廷，攻击高昭子。高昭子听说后，与国惠子去救国君。国君的军队失败了。田乞的部下去追国惠子，惠子逃到莒，高昭子、晏婴的儿子晏圉逃奔鲁国。

田乞派人到鲁国，迎回阳生。阳生回到齐国，藏在田乞家中。田乞邀请大夫们说："田常的母亲有祭祀后留下的酒食，请各位赏光来聚会饮酒。"大夫们都来田氏家饮酒。田乞把阳生装在口袋里，放在中央的座位上。饮宴中，田乞打开口袋，放出阳生，他说："这才是齐国的国君呀。"大夫们都俯身拜见。即将订盟拥立阳生，田乞编谎话说："我是与鲍牧合谋一起拥立阳生的。"鲍牧怒冲冲地说："大夫们忘记景公的遗命了吗？"大夫们想反悔，阳生就叩头说："看我可以就立我，不可以就算了。"鲍牧恐怕灾祸落到自己身上，就重新说："都是景公的儿子，怎么不可以呢！"终于在田乞家中立阳生为国君，这就是悼公。于是，派人把晏孺子迁到骀，并且杀死了孺子荼。悼公即位后，田乞任宰相，独揽齐国政权。

四年之后，田乞去世，他的儿子田常接替了职位，这就是田成子。

鲍牧和齐悼公不和，杀死了悼公。齐国人共同拥立悼公的儿子壬，这就是简公。成子田常与监止一起任左右相，辅佐简公。田常心中忌妒监止，因为监止受简公宠信，他的权力不能除去。于是，田常就重新使用他父亲釐子的措施，用大斗把粮食借出，用小斗收回。齐国人唱歌颂扬他说："老太太采芑菜呀，送给田成子！"齐国大夫上朝，御鞅向简公进谏说："田常、监止不可两立，请君主来选择吧！"简公不听。

子我是监止的同族，平时与田氏不和。田氏的远房同族田豹侍奉子我而受宠。子我说："我想把田氏的直系子孙都杀光，让你来接续田氏宗族。"田豹说："我只是田氏的远房啊。"子我不听。不久，田豹对田氏说："子我将要诛灭田氏，如果田氏不先下手，灾祸就要来了。"子我住在简公的宫里，田常兄弟四人也乘车到了宫中，想杀了子我。子我闭门。简公正与宠妃在檀台饮酒作乐，就想攻打田常。太史子馀说："田常不敢作乱，他是要为国除害。”简公才停止了。田常出宫后，听说简公发怒，恐怕自己要被杀，想出外逃亡。田子行说：“迟疑不决，是事业的大敌。”田常于是攻击了子我。子我率领他的部下进攻田氏，不能取胜，只能外出逃亡。田氏的部下追赶并杀死了子我和监止。

简公出逃，田氏的部下追到徐州把简公捉住了。简公说：“早听御鞅的话，也不会受到这样的灾难。”田氏的部下恐怕简公恢复君位后会杀他们，就把简公杀了。简公即位四年被杀。于是，田常让简公的弟弟骜即位，这就是平公。平公即位后，任田常为宰相。

田常杀了简公以后，害怕各国诸侯联合诛杀自己，就把侵占鲁国、卫国的土地全部归还。西边同晋国、韩氏、魏氏、赵氏订约，南方与吴国、越国互通使臣，建立功德，施行赏赐，亲近百姓。因此，齐国重又安定。

田常对齐平公说：“施行恩德是人们所希望的，由您来施行；惩罚是人们所厌恶的，请让臣去执行。”这样做了五年，齐国的政权都归田常把持了。于是，田常把鲍氏、晏氏、监止和公族中较强盛的全部诛杀了，并分割齐国从安平以东到琅邪的土地，作为自己的封地。他的封地比齐平公享有的领地还要大。

田常挑选身高七尺以上的齐国女子做后宫姬妾，姬妾达一百多人，并且让宾客侍从随便出入后宫，不加禁止。到田常去世的时候，姬妾生下七十多个儿子。

田常去世后，他的儿子襄子田盘接替他的职位，任齐国宰相。田常的谥号是成子。

田襄子做齐宣公宰相后，晋国韩、赵、魏三家杀死知伯，瓜分了他的领地。襄子也让他的兄弟和本族人都去做齐国大小城邑的大夫，与三晋互通使臣，几乎已经拥有齐国。

襄子去世后，他的儿子庄子田白继承父位。田庄子辅佐齐宣公。宣公四十三年（前413），齐国进攻晋国，攻毁黄城，围困阳狐。第二年，进攻鲁城、葛邑和安陵。再一年，夺取鲁国一城。

田庄子去世后，他的儿子太公田和继承父位。田太公辅佐齐宣公。宣公四十八年（前408），齐国夺取鲁国的郕城。第二年，齐宣公与郑国人在西城相会。齐国攻伐卫国，攻占了毌丘。宣公五十一年（前405），齐宣公去世，田会在廪丘反叛。

齐宣公去世后，他的儿子康公贷即位。贷即位十四年，沉溺于酒色，不理政事。太公田和就把他迁到海滨，只给一座城做食邑，以便供给对其祖先的祭祀。第二年，鲁军在平陆打败齐军。

第三年，齐太公田和与魏文侯在浊泽相会，请求成为诸侯。魏文（应为武）侯就派使臣报告周天子和各国诸侯，请求立齐相田和为诸侯，周天子准许这一请求。齐康公十九年（前386），田和正式成为齐侯，列名于周朝王室，开始纪元年。

齐侯太公田和在位二年去世，他的儿子桓公田午（应为侯剡）即位。桓公午五年（应为侯剡五年），秦国、魏国进攻韩国，韩国向齐国求救。齐桓公（应为侯剡）召集大臣商议说："早去救它好，还是晚去救它好？"驺忌子说："不如不救。"段干朋说："如果不救，韩国失败就要并入魏国，不如去救它。"田臣思说："您的计谋错了！秦、魏进攻韩国，楚、赵一定去救它，这是上天把燕国送给齐国。"桓公（应为侯剡）说："好极了！"于是，暗中告诉韩国使者一定去援救，并把他送走。韩国自以为得到了齐国的救兵，因而与秦、魏交战。楚赵两国知道以后，果然发兵救援。齐国趁机出兵袭击燕国，占领了桑丘。

侯剡六年，援救卫国。桓公去世，他的儿子威王因齐即位。（《索隐》曰："按《纪年》，齐桓公十八年后，威王始见。"）这一年，原来的齐康公去世，断绝了后代，封地都归田氏所有。

齐威王元年（应为侯剡七年），三晋趁齐国有丧事来进攻灵丘。三年（应为侯剡九年），韩、赵、魏灭晋后并瓜分了它的土地。六年（应为桓公二年），鲁国进攻齐国，攻入阳关。晋国进攻齐国，打到博陵。七年（应为桓公三年），卫国进攻齐国，夺取薛陵。九年（应为桓公五年），赵国进攻齐国，占领甄城。

威王即位以来，不理国事，把政事交给卿大夫办理，九年之间，各国诸侯都来讨伐，齐国人不得太平。于是，威王召见即墨大夫对他说："自从您治理即墨，毁谤您的言论每天都有。可是，我派人到即墨视察，田野得到开发，百姓生活富足，官府没有积压公事，齐国的东方因而得到安宁。这是由于您不会逢迎我的左右以求得赞扬啊！"于是，封给他一万户食邑，又召见阿城大夫对他说："自从你治理阿城，赞扬你的话每天都能听到。可是，我派人到阿城视察，田野荒废，百姓贫苦。从前赵军进攻甄城，你未能援救。卫国夺取薛陵，你也不知道。这是你用财物贿赂我的左右来求得赞扬吧！”当天就烹杀了阿城大夫，并把左右曾经吹捧过他的人也都一起烹杀了。于是，发兵往西边进攻赵、卫，在浊泽打败魏军并围困了魏惠王。魏惠王请求献出观城来讲和。赵国人归还了齐国的长城。于是，齐国全国震惊，人人都不敢文过饰非，努力表现他们的忠诚。齐国得到很好的治理。诸侯听到以后，不敢对齐国用兵有二十多年。

驺忌子由于善弹琴而进见齐威王，威王很喜欢他，并让他住在宫中的右室。没多久，威王正在弹琴，驺忌子推门就进来说：“琴弹得好极了！”威王突然不高兴，离开琴手按宝剑说：“先生只看到我的样子，还没有认真观察，怎么能知道弹得好呢？”驺忌子说：“大弦缓慢并且温和，这是象征国君；小弦高亢明快并且清亮，象征宰相；手指勾弦用力，放开舒缓，象征政令；发出的琴声和谐，大小配合美妙，曲折不正之声而不相干扰，象征四时：我由此能知道您弹得好。”威王说：“你很善于谈论音乐。”驺忌子说：“何止谈论音乐，治理国家和安抚人民都在其中啊！”威王又突然不高兴说：“如果谈论五音的调理，我相信没有比得上您的。如果是治理国家和安抚人民，又怎么能在琴弦之中呢？”驺忌子说：“大弦缓慢并且温和，象征国君；小弦高亢明快并且清亮，象征宰相；勾弦用力但放开舒缓，象征政令；弹出的琴声和谐，大小配合美妙，曲折不正之声不相干扰，象征四时。回环往复而不乱，是由于政治昌明；连贯而轻快，是由于保了将亡之国：所以说，琴音调谐就能保天下太平。治理国家和安抚人民，没有比五音的道理更相像的了。”威王说：“好极了。”

驺忌子进见威王才三个月就接受了相印。淳于髡见了他说：“您真会说话呀！我有些浅薄的想法，愿在您面前陈述。”驺忌子说：“恭敬地接受教诲。”淳于髡说：“侍奉国君能周到无误，你的身名就都能兴盛；如果稍有不周或失误，身名都要毁灭。”驺忌子说：“恭敬地接受指教，我要把您的话谨记在心。”淳于髡说：“用猪油涂抹棘木车轴，是为了使它润滑。然而，如果轴孔是方形的就无法转动。”驺书子说：“谨受指教，我要小心地在国君左右侍奉。”淳于髡说：“把胶涂在用久的弓干上，是为了让它黏合在一起，然而胶不可能把缝隙完全合起来。”驺忌子说：“谨受指教，我要使自己依附于万民。”淳于髡说：“狐皮袄即使破了，也不能用黄狗皮去补。”驺忌子说：“谨受指教，我将谨慎地选拔君子，不让小人混杂在其中。”淳于髡说：“大车如果不校正，就不能正常载重；琴瑟不把弦调好，就不能使五音和谐。”驺忌子说：“谨受指教，我要认真制订法律并监督奸猾的官吏。”淳于髡说完后，快步走出，到门外对他的仆人说：“这个人，我对他说了五条隐语，他回答我就像回声的响应一样，这个人不久必定要受封啊！”过了整一年，威王把下邳封给驺忌子，封号是成侯。

威王二十三年（应为威王元年），齐王与赵王在平陆相会。二十四年（应为威王二年），齐王与魏王在郊外一起打猎。魏王问道："大王也有宝物吗？"威王说："没有。"魏王说："像寡人的国家这样小，也还有能照亮前后各十二辆车的直径一寸的夜明珠十颗，齐国这样的万乘之国怎么能没有宝物呢？"威王说："寡人当作宝物的与大王不同。我有个大臣叫檀子的，派他镇南城，楚国人就不敢向东方侵犯掠夺，泗水之滨的十二诸侯都来朝拜。我有个大臣叫肦子的，派他镇守高唐，赵国人就不敢到东边的黄河里捕鱼。我有个官吏叫黔夫的，派他镇守徐州，燕国人就到北门祭祀，赵国人就到西门来祭祀，以求神灵保佑不受攻伐，搬家去追随他的有七千多家。我有个大臣叫种首的，派他戒备盗贼，结果就道不拾遗。这些都将光照千里，岂止十二辆车呢！"魏惠王心中惭愧，败兴离去。

威王二十六年（应为威王四年），魏惠王包围邯郸，赵国向齐国求救。齐威王召集大臣商议说："救赵好还是不救赵好？"驺忌子说："不如不救。"段干朋说："不救就是不义，并且对我们不利。"威王说："为什么呢？"段干朋回答说："魏国并吞邯郸，这对齐国有什么好处呢？如果救赵，军队驻在赵国郊外，这就使赵国不被攻伐而魏军也会完好无损。所以不如向南进攻魏国的襄陵使魏军疲惫，邯郸即使被攻下，我们也可以利用魏国的疲惫使它受挫。"威王听了他的计谋。

后来，成侯驺忌与田忌关系不好，公孙阅对成侯驺忌说："您为什么不考虑伐魏？那样，田忌一定领兵。如果战胜有功，那是您的计谋正确；如果打不胜，田忌不是向前死战就是向后败北，他的命就在您的手里了。"于是，成侯向威王建议，派田忌南攻襄陵。十月，邯郸被攻克。齐国趁机起兵进攻魏军，在桂陵大败魏军。于是，齐国成为诸侯中最强的国家，自称为王，来号令天下。

威王三十三年（应为威王十一年），威王杀了他的大夫牟辛。

威王三十五年（应为威王十三年），公孙阅又对成侯驺忌说："您为什么不让人拿黄金十斤到街上去占卜，说：'我是田忌的人。我们三战三胜，声威满天下。想要做大事，是吉利还是不吉利?'"问卜的人走了以后，就派人逮捕为他占卜的先生，在威王那里验证问卜之辞。田忌听说之后，就率领他的部下袭击临淄，捕捉成侯，没有取胜就逃跑了。

威王三十六年（应为威王十四年），齐威王去世，他的儿子宣王辟彊即位。（按，威王卒，宣王即位当在二十三年之后。）

宣王元年（应为威王十五年），秦国任用商鞅。周天子把霸主的称号送给秦孝公。

宣王二年（应为威王十六年），魏国进攻赵国。赵国与韩国友好，一起攻打魏国，赵国不利，在南梁战败。宣王（应为威王）召回田忌，恢复他原来的职位。韩国向齐国求救。宣王（应为威王）召集大臣商议说："早去救援好还是晚去救援好?"驺忌子说："不如不救。"田忌说："如果不救，韩国就要失败而并入魏国，不如早去援救它。"孙膑说："如果韩、魏的军队尚未疲惫就去援救，那就是我们代替韩国受魏军的攻击，回过头来反倒听从韩国的指挥。况且魏国已有攻破韩国的打算，韩国就要亡国，必定要到东边来向齐国告求救兵。我们趁机与韩国结下亲密的关系，又可晚一些去利用魏军的疲惫，这样就能有更大的利益并得到受人尊敬的名声。”宣王（应为威王）说：“很好。”于是暗中告诉韩国使者并把他送走。韩国由于倚仗齐国救援，结果五战都失败了，只好向东把国家托付给齐国。齐国趁势出兵，派田忌、田婴为统帅，孙膑为军师，进击魏国以救援韩、赵，并在马陵大败魏军，杀死魏将庞涓，俘虏了魏太子申。此后，三晋的君主都由田婴引见，在博望朝拜齐王，盟誓之后离去。

宣王七年（应为威王二十一年），齐王与魏王在平阿以南相会。第二年，又在甄城相会。魏惠王去世。再一年，齐宣王与魏襄王在徐州相会，诸侯互相称王。宣王十年（应为威王二十四年），楚军包围齐国的徐州。十一年（应为威王二十五年），齐国与魏国攻伐赵国，赵国决黄河水淹齐国、魏国的军队，齐、魏退兵。十八年（应为威王三十二年），秦惠王称王。

宣王喜爱博学和能言善辩的士人，像驺衍、淳于髡、田骈、接予、慎到、环渊一流的七十六人，都赐给府第，封为上大夫，让他们不处理政事而专门议论学术。因此，齐国的稷下学士又多起来了，将近数百以至上千人。

宣王十九年（应为威王三十三年），齐宣王去世，他的儿子湣王田地即位。（按，此事应当在二十三年之后。）

滑王元年（应为威王三十四年），秦国派张仪与各国执政大臣在啮桑相会。三年（应为威王三十六年），湣王把田婴封在薛。四年（应为威王三十七年），湣王从秦国迎娶他的夫人。七年（应为宣王三年），齐国与宋国攻打魏国，在观泽把魏军打败。

湣王十二年（应为宣王八年），齐国攻打魏国。楚国围攻韩国的雍氏，秦国打败楚将屈丐。苏代对楚国大臣田轸说："臣有事愿拜见您，这件事非常完满，会使楚国对您有利，成功了是福，不成功也是福。今天我站在门口，有人说到魏王曾对韩冯、张仪说：'煮枣将要失陷，齐军又来进犯，您二位来救寡人就可以不败；不来救寡人，寡人就无能为力了。'这只是婉转之词。秦、韩的军队不向东救魏，十几天之后，魏国就要转变策略，韩国追随秦国，秦国驱逐张仪，拱手侍奉齐、楚，这样，您的事就成功了。"田轸说："怎么才能使秦、韩军队不向东进呢?"苏代回答说："韩冯救魏的言辞，一定不会对韩王说'我是为了魏国'，必定说'我将用秦、韩的兵力向东打退齐、宋，我趁势聚合三国的军队，利用屈丐战败后的疲惫，向南要求楚国割地，韩国失去的旧地一定能全部收回'。张仪救魏的言辞，一定不会对秦王说'我是为了魏国'，必定说'我将用秦、韩的兵力向东抵挡齐、宋，我将聚合三国的军队，趁屈丐战败后的疲惫，向南要楚国割地，名义上是为保存将亡的国家，实际上是攻伐三川之后返回来，这是王者的事业'。您让楚王给韩国土地，让秦国控制两国议和，您对秦王说'请让楚国给韩国土地，而大王可以在三川一带施逞威风，韩国的军队没有动用就从楚国得到了土地’。韩冯向东发兵的言辞会怎样对秦国说呢？他说：‘秦国不用兵就得到了三川，进攻楚国、韩国，使魏国受到困窘，魏国便不敢向东联齐，这样就孤立了齐国。’张仪向东发兵的言辞会怎样说呢？他说：‘秦国、韩国想得到土地却按兵不动，声威震动了魏国，魏国不想失去和齐、楚的关系也就有所凭借了。’魏国转变对秦国、韩国的态度，争着侍奉齐国和楚国，楚国正想得到魏国侍奉而又不想给韩国土地，您让秦国、韩国不用兵就能得到土地，这是对两国有大恩德啊。秦韩两国国王受韩冯、张仪的威胁，向东发兵以便使魏国顺服，您可以常常持胜券去责问秦、韩，这样就使秦、韩两国喜欢您而厌恶张仪用的本钱太多了。”

湣王十三年（应为宣王九年），秦惠王去世。二十三年（应为宣王十九年），齐军和秦军在重丘击败楚军。二十四年（应为湣王元年），秦国派泾阳君到齐国作人质。二十五年（应为湣王二年），把泾阳君送回秦国。孟尝君薛文到秦国，立即任秦国宰相，不久又逃离秦国。二十六年（应为湣王三年），齐国与韩国、魏国一起进攻秦国，到函谷关驻扎军队。二十八年（应为湣王五年），秦把河外之地给韩国以求和，三国军队撤去。二十九年（应为湣王六年），赵国人杀了他们的主父。齐国帮助赵国灭了中山国。

湣王三十六年（应为湣王十三年），齐湣王自称东帝，秦昭王自称西帝。苏代从燕国来到齐国，在章华东门拜见齐王。齐王说：“嘿，好啊，您来了！秦国派魏冉送来了帝号，您认为怎么样?”苏代回答说:“大王对臣的提问太仓促了,而祸患的产生常常是不明显的。希望大王接受帝号,但不要马上就准备称帝。秦国称帝后,如果天下安定,大王再称帝,也不算晚。况且在争称帝名时表示谦让,也没什么关系。如果秦国称帝后,天下都憎恶它,大王也就不要称帝,以此收拢天下人心,这是很大的本钱。况且天下并立两帝,大王认为天下是尊崇齐国呢,还是尊崇秦国呢?”湣王说:“尊崇秦国。”苏代说:“如果放弃帝号,天下是敬爱齐国呢,还是敬爱秦国呢?”湣王说:“敬爱齐国而憎恨秦国。”苏代说:“东西两帝订立盟约进攻赵国有利,还是讨伐宋国的暴君有利?”湣王说:“讨伐宋国的暴君有利。”苏代说:“盟约是均等的,可是与秦国一起称帝,天下只尊崇秦国而轻视齐国,放弃了帝号,天下就会敬爱齐国而憎恨秦国,进攻赵国不如讨伐宋国的暴君有利。所以,希望大王明确地放弃帝号以收拢天下人心,背弃盟约,抛开秦国,不与秦国争高低,大王要利用这个时机攻下宋国。占有宋国,魏国的阳地也就危急了;占有济水以西,赵国的阿地以东一带就危急了;占有淮水以北,楚国的东部就危急了;占有陶、平陆,魏都大梁的城门就被堵塞了。放弃帝号而用讨伐宋国暴君的事代替,这样,国家地位提高,名声受人尊崇,燕国、楚国会因形势所迫而归服,天下各国都不敢不听从齐国,这是像商汤和周武王那样的义举呀。名义上敬重秦国的称帝,然后让天下人都憎恨它,这就是所谓由卑下变为尊贵的办法。希望大王认真地考虑。”于是,齐国放弃帝号,重新称王。秦国也放弃了帝位。

湣王三十八年（应为湣王十五年），齐国讨伐宋国。秦昭王发怒说："我爱宋国和爱新城、阳晋是一样的。齐国的韩聂和我是朋友，却进攻我所爱的地方，为什么呢？"苏代为齐国对秦王说："韩聂进攻宋国，就是为了大王。齐国强大，再有宋国的辅助，楚、魏必然恐慌，恐慌就一定向西侍奉秦国，这样，大王不用一兵，不伤一卒，不用费事就会使魏国割让安邑，这就是韩聂告求于大王的。"秦王说："我担心齐国很难看透，一会儿合纵，一会儿连横，这怎么解释呢？"苏代回答说："天下各国的情况能让齐国都知道吗？齐国进攻宋国，它知道侍奉秦国应该有万乘之国的力量辅助自己，不向西侍奉秦国，宋国也就不会安定。中原那些白发的游说之士都绞尽脑汁想离间齐、秦的联合，那些驾车纷纷向西奔驰的人们，没有一个人是去谈论和齐国交好的；那些驾车纷纷向东奔驰的人们，没有一个人是去谈论同秦国交好的。为什么？因为他们都不想让齐、秦联合。为什么三晋与楚那么聪明而齐、秦那么愚蠢呢？三晋与楚联合一定要商议进攻齐、秦，齐、秦联合一定要谋划进攻三晋及楚。请大王根据这种情况决定行事吧！"秦王说："好吧！"于是，齐国就去讨伐宋国，宋王出逃，死在温城。齐国在南方占据了楚国的淮水以北土地，在西边侵入了三晋，还打算吞并周室，立为天子。泗水一带的诸侯如邹、鲁等国的国君都向齐国称臣，各国诸侯都很恐惧。

湣王三十九年（应为湣王十六年），秦国来进攻齐国，攻下城邑九座。

湣王四十年（应为湣王十七年），燕、秦、楚及三晋合谋，各派出精兵来进攻齐国，在济水以西打败齐军。齐王的军队溃散退却。燕将乐毅于是攻入齐都临淄，全部掠取了齐国收藏的珍宝礼器。湣王出逃到卫国，卫国国君打开王宫让他居住，向他称臣并供给他用具。湣王却很傲慢，卫国人就去侵扰他。湣王只得离开卫国，跑到邹国、鲁国，表现傲慢的神气，邹、鲁的国君都不收留他，于是又跑到莒。这时，楚国派淖齿领兵救援齐国，因而就辅佐齐湣王。结果，淖齿竟把湣王杀了，并与燕国一起瓜分了侵占齐国的土地和掠夺的宝器。

湣王遇害之后，他的儿子法章更名改姓去莒太史敫的家中当用人。太史敫的女儿感到法章的相貌不凡，认为他不是平常之人，怜爱他因而时常偷着送他一些衣食，并且和他私通了。淖齿离开莒城之后，莒城里的人和齐国逃亡的大臣聚在一起寻找湣王的儿子，想要立他为齐王。法章先是害怕他们要杀害自己，过了很久，才敢自己声言“我就是湣王的儿子”。于是，莒人共同让法章即位，这就是襄王。由于拥有莒城而向齐国各地布告：“新王已经在莒即位了。”

襄王即位后，立太史氏的女儿为王后，称为君王后，生了儿子名建。太史敫说：“女儿不经媒人而私自嫁人，不能算我的后代，她玷污了我们的家风。”他就终身不与君王后见面。君王后贤惠，并不因为父亲不见她的缘故就失掉了做子女的礼节。

襄王在莒住了五年，田单依靠即墨军民打败了燕军，到莒迎接襄王，回到临菑。齐国原有的土地全部重新归属齐国。齐王封田单为安平君。

襄王十四年（前270），秦军进攻齐国的刚寿。十九年，襄王去世，他的儿子田建即位。

齐王建即位六年，秦国进攻赵国，齐、楚去救它。秦国盘算说："齐、楚援救赵国，如果它们关系亲近，我们就退兵；如果它们不亲近，我们就进攻它。"赵国没有粮食，请求齐国支援粟米，齐国不答应。周子说："不如答应它以便使秦兵撤退，不答应它秦兵就不会撤退，这样就使秦国的计谋得逞，而齐、楚的计谋失败了。况且赵国对于齐、楚来说，就是屏障啊，好像牙齿外面有嘴唇一样，嘴唇没有了，牙齿就会受寒。今天赵国灭亡，明天祸患就该到齐国、楚国了。而且救赵的事，应该像捧着漏水的瓮去浇烧焦的锅一样。救赵，是高尚的义举；使秦兵退却，可以显扬威名。仗义解救将亡的国家，扬威退却强秦的军队，不尽力去做这件事而专注于吝惜粮食，为国家出谋划策的人错了。"齐王不听劝谏。秦军在长平打败了赵国的四十多军队，接着就包围了邯郸。

齐王建十六年（前249），秦国灭亡周室。齐国君王后去世。二十三年，秦国设置东郡。二十八年，齐王到秦国朝拜，秦王政在咸阳设酒宴款待。三十五年，秦国灭亡韩国。三十七年，秦国灭亡赵国。三十八年，燕国派荆轲刺杀秦王，秦王发觉了，杀死了荆轲。第二年，秦军攻破燕都，燕王逃跑到辽东。再一年，秦国灭亡魏国，秦军驻扎历下。四十二年，秦国灭亡楚国。第二年，俘虏了代王嘉，杀死燕王喜，灭亡燕国。

齐王建四十四年（前221），秦国进攻齐国。齐王听从宰相后胜的计谋，不交战就率军投降秦国。秦国俘虏了齐王建，把他迁到共城。终于灭亡齐国改为一郡。天下由秦统一，秦王政建立称号叫作皇帝。起初，君王后为人贤惠，侍奉秦国谨慎，与诸侯相交有信用，齐国又处在东部海滨，秦国日夜进攻三晋、燕、楚，这五国面对秦国的进攻只有分别谋求自救，因此齐王建在位四十多年没有遭受战祸。君王后一去世，后胜做了齐国宰相，他接受了秦国间谍的许多金钱，派很多宾客到秦国，秦国又给他们很多钱，宾客们都回来进行反间活动，劝说齐王放弃合纵而归向秦国，秦国因此能灭亡五国。五国灭亡后，秦军终于攻入临淄，百姓没人敢反抗。齐王建于是投降，被迁到共城。所以，齐国人抱怨王建不早与诸侯合纵攻秦，听信奸臣及宾客的话以致亡国。人们编了歌唱道："松树呢，还是柏树呢？让王建住到共城的不是宾客吗？"意思是痛恨王建使用宾客不注意审察。

太史公说："大概孔子晚年喜欢读《易经》。《易经》作为一学问，从有形无形的物象中预知未来，道理很深奥，如果不是博古通今明智达理的人，谁能专注于它呢！所以，周太史为田敬仲完卜卦，能占卜到十代以后；到田完逃奔齐国，懿仲为他卜卦也是如此。田乞和田常之所以接连杀害两个国君，独揽齐国政权，不一定是事情的形势逐渐发展到了这样地步，大概像是要遵循或符合占卜的预兆吧！"

全新足本·精注全译

伍

史记

【西汉】司马迁◎著
石磊◎主编

中国文史出版社

目录

第二十九卷　孔子世家第十七

孔子是我国古代著名的思想家和伟大的教育家，儒家学派的创始人。《孔子世家》详细地记述了他的生平活动及各方面的成就，是研究孔子生平思想的一篇重要文章。

孔子一生都有着极高的政治热情，即使在他遭到打击、排斥、嘲讽甚至围困的时候仍然不减。为了宣传自己的政治主张，他不辞劳苦，用了一生的大部分时间，带领弟子周游列国，奔走游说。虽然到处碰壁，但他仍执着追求。文章用了相当篇幅，真实地记述了孔子一生的政治活动，写得生动具体、形象逼真。

孔子是我国教育史上私人授徒讲学的第一人。在他之前，学在官府。孔子兴办私学，广收门徒，把教育对象扩大到了平民，把文化知识传播到民间。这在我国教育史上，实在是个创举，为古代的教育作出了巨大贡献。文中对孔子的办学思想、教学内容和方法，以及他循循善诱、诲人不倦的作风，都有全面的描写，突出地表现了这位伟大教育家的风范。

文章也写了孔子渊博的知识和高度的修养，以及他在整理和传播古代文化典籍方面的功绩。他整理和编纂过《诗》

《易》《礼》《乐》《春秋》等古代文化典籍，并且将其作为教学内容的重点，从而对这些古文献的传播和保存作出了杰出贡献。

孔子一生的事迹很多，头绪也很纷乱，但司马迁在这篇洋洋近万言的文章中记述得线索清楚，有条不紊，而且重点突出，在记述故事的同时，注意人物性格特征的描写，从而全面地展现了孔子的形象和精神风貌。

司马迁写历史人物，暗含爱憎褒贬的感情，有较为鲜明的倾向性。他对孔子的向往和景仰，也在文中处处流露，加之引用了大量孔子的原话，用孔子自己的语言来表现其人，不仅使孔子形象具有真实感，而且也使人觉得亲切感人。

【原文】

孔子生鲁昌平乡陬邑。先[①]宋人也，曰孔防叔。防叔生伯夏，伯夏生叔梁纥。纥与颜氏女野合[②]而生孔子，祷[③]于尼丘得孔子。鲁襄公二十二年而孔子生。生而首上圩顶[④]，故因名曰丘云。字仲尼[⑤]，姓孔氏。

【注释】

①先：祖先。②野合：据《索隐》《正义》解释，叔梁纥与征在成婚时已超过六十四岁，而征在岁数尚小，二人年龄相差悬殊，此种婚姻在当时不合礼法，故谓野合。③祷：祈祷，向神求福。④圩（wéi）顶：形容人头顶四周高，中间低，呈“凹”字形。圩，洼田四周的埂。⑤古人有名也有字，且义常

相关联。因叔梁纥曾祷于尼丘山，故子名丘，字仲尼。就是把“尼丘”二字拆开来。仲，排行老二之意。孔子有异母兄名孟皮。

【原文】

丘生而叔梁纥死，葬于防山。防山在鲁东，由是孔子疑其父墓处，母讳之也。孔子为儿嬉戏，常陈俎豆[①]，设礼容[②]。孔子母死，乃殡五父之衢[③]，盖其慎[④]也。陬人輓父之母诲[⑤]孔子父墓，然后往合葬于防焉[⑥]。

【注释】

①陈：陈列、摆设。俎豆：古代祭祀时盛祭品的器皿。②礼容：指制仪容。③殡：停放灵柩。五父之衢：路名，是鲁城内的街道。④慎：慎重。⑤陬：通“陬”，陬邑。诲：告诉的意思。⑥焉：代指防山。

【原文】

孔子要绖[①]，季氏飨[②]士，孔子与往。阳虎绌[③]曰：“季氏飨士，非敢飨子也。”孔子由是退。

孔子年十七，鲁大夫孟釐子病且死[④]，诫其嗣[⑤]懿子曰：“孔丘，圣人之后，灭于宋。其祖弗父何始有宋而嗣让厉公。及正考父佐[⑥]戴、武、宣公，三命兹益[⑦]恭，故鼎铭[⑧]云：一命而偻[⑨]，再命而伛[⑩]，三命而俯，循墙[⑪]而走，亦莫敢余侮[⑫]。饘于是[⑬]，粥于是，以餬余口[⑭]。其恭如是。吾闻圣人之后，虽不当世[⑮]，必有达者[⑯]。今孔丘年少好[⑰]礼，其达者欤？吾即没[18]，若必师之[19]。”及釐子卒[20]，懿子与鲁人南宫敬叔往学礼焉[21]。是岁，季武子卒，平子代立。

【注释】

①要绖：古代丧服中的麻腰带。②飨：用酒食款待人。③绌：通“黜”，排除，贬退。④病且死：病重将要死。且，将要，将近。⑤诫：嘱告。嗣：继承人，此指儿子。⑥佐：辅助。⑦三命：指三次加官晋爵。兹益：更加。⑧鼎铭：鼎上所铸的文字。⑨偻：曲背，引申为弯腰鞠躬。⑩伛：义同“偻”。⑪循墙：挨着墙。循，沿着。⑫侮：欺侮。⑬饘(zhān)：稠粥。于是：在这个鼎中。⑭用饘、粥来勉强维持自己的生活。表示过俭朴的生活。⑮当世：指做国君。⑯达者：显贵的人。⑰好：喜欢。⑱即没：如果死了。⑲若：你，指孟懿子。师之：以他为师。⑳卒：死。㉑南宫敬叔与孟懿子同为孟釐子之子，此处不应更言“鲁人”。

【原文】

孔子贫且贱。及长，尝为季氏史[1]，料量平[2]；尝为司职吏而畜蕃息[3]。由是为司空。已而去鲁，斥乎齐，逐乎宋、卫，困于陈、蔡之间，于是反鲁。孔子长九尺有六寸，人皆谓之“长人”而异之。鲁复善待，由是反鲁。

【注释】

①尝：曾经。史：一作“委吏”，古代管理仓库的小官。②料：计算。量：量具。平：公平，精确。③司职吏：管理牧

场的小官吏。畜蕃息：牲畜繁殖兴旺。

【原文】

鲁南宫敬叔言鲁君[①]曰："请与孔子适[②]周。"鲁君与之一乘[③]车，两马，一竖子俱[④]，适周问礼，盖见老子云。辞去，而老子送之曰："吾闻富贵者送人以财，仁人者送人以言。吾不能富贵，窃[⑤]仁人之号，送子以言，曰：'聪明深察而近于死者，好议人者也。博辩广大危其身者，发人之恶者也。为人子者毋以有己[⑥]，为人臣者毋以有己。'"孔子自周反于鲁，弟子稍益进[⑦]焉。

【注释】

①鲁君：指鲁国国君昭公。②适：往，到。③乘：辆。④竖子：童仆。俱：一起。⑤窃：自谦之词，冒充。⑥毋以有己：忘掉自己。⑦稍：渐渐。益进：增多。

【原文】

是时也，晋平公淫，六卿擅权[①]，东伐诸侯；楚灵王兵强，陵轹中国[②]；齐大而近于鲁。鲁小弱，附于楚则晋怒；附于晋则楚来伐；不备[③]于齐，齐师侵鲁。

【注释】

①六卿擅权：指韩、赵、魏、范、中行及智氏六个大臣把持国政。参见《晋世家》。②陵轹：通"凌轹"，欺压。中国：此指中原地区。③备：防备。

【原文】

鲁昭公之二十年[①]，而孔子盖年三十矣。齐景公与晏婴来适鲁，景公问孔子曰："昔秦穆公国小处辟[②]，其霸何也？"对曰："秦，国虽小，其志大；处虽辟，行中正。身举五羖[③]，爵之大夫，起累绁[④]之中，与语三日，授之以政。以此取之，虽王[⑤]可也，霸小矣。"景公说[⑥]。

【注释】

①前 522 年。②辟：通"僻"，偏僻。③身举：亲自推荐。五羖（gǔ）：指五羖大夫百里奚。百里奚原为虞国人，晋虞，为晋所俘，作为陪嫁臣随秦穆公夫人即晋公子夷吾的姐姐入秦，后逃离秦国，在宛地被楚国人捉住，秦穆公，用五张羊皮把他赎回，任为大夫，故云。事详见《秦本纪》。羖，黑色公羊。④累绁（xiè）：通"缧绁"，绑人用的绳索，引申为拘禁。⑤王：统治天下。⑥说：通"悦"，高兴。

【原文】

孔子年三十五，而季平子与郈昭伯因斗鸡故得罪鲁昭公[①]，昭公率师击平子，平子与孟氏[②]、叔孙氏三家共攻昭公，昭公师败，奔于齐，齐处[③]昭公乾侯。其后顷之[④]，鲁乱。孔子适齐，为高昭子家臣[⑤]，欲以通乎景公。与齐太师语乐[⑥]，闻《韶》[⑦]音，学之，三月不知肉味，齐人称[⑧]之。

【注释】

①据《左传·昭公二十五年》记载，季平子与郈昭伯因

鸡斗仇，郈昭伯就劝鲁昭公讨伐季平子。②孟氏：即孟孙氏。③处：安置。④顷之：不久。⑤家臣：卿大夫的幕僚、私臣。⑥太师：乐官。语乐：谈论音乐。⑦《韶》：古代乐曲名，相传为虞舜所作。⑧称：赞扬。

【原文】

景公问政孔子，孔子曰："君君，臣臣，父父，子子①。"景公曰："善哉！信②如君不君，臣不臣，父不父，子不子，虽有粟，吾岂得而食诸！"他日又复问政于孔子，孔子曰："政在节财。"景公说，将欲以尼谿田封孔子。晏婴进曰："夫儒者滑稽而不可轨法③；倨傲自顺④，不可以为下；崇丧遂哀⑤，破产厚葬，不可以为俗；游说乞贷，不可以为国。自大贤之息⑥，周室既衰，礼乐缺有间⑦。今孔子盛容饰，繁登降之礼⑧，趋详⑨之节，累世⑩不能殚其学，当年⑪不能究其礼。君欲用之以移齐俗，非所以先细民⑫也。"后景公敬见孔子，不问其礼。异日，景公止孔子曰："奉⑬子以季氏，吾不能。"以季、孟之间⑭待之。齐大夫欲害孔子，孔子闻之。景公曰："吾老矣，弗能用也。"孔子遂⑮行，反乎鲁。

【注释】

①这几句话的意思是，国要像国君的样子，大臣要像大臣的样子，父亲要像父亲的样子，儿子要像儿子的样子，上下各守秩序，政治就可以走上轨道了。②信：的确。③滑稽：谓能言善辩，巧嘴滑舌。轨法：遵守法规。④居傲自顺：傲慢不

恭，自以为是。⑤崇丧遂哀：重礼丧葬，长期不止。遂，通“久”。⑥大贤：指文王、周公等人。息：灭。⑦这一句的意思是说，礼崩乐坏已经很久了。⑧繁登降之礼：使上下朝的礼节烦琐。⑨趋：小步快走，表示恭敬。详：审慎。⑩累世：几代。⑪当年：毕生。⑫先：导引。细民：小民百姓。⑬奉：进献。⑭季、孟之间：指上卿和下卿之间。季孙氏当时为上卿，孟孙氏为下卿。⑮遂：于是。

【原文】

孔子年四十二，鲁昭公卒于乾侯，定公立。定公立五年，夏，季平子卒，桓子嗣立。季桓子穿井得土缶[①]，中若[②]羊，问仲尼云“得狗”[③]。仲尼曰：“以丘所闻，羊也。丘闻之，木石之怪夔、罔阆[④]，水之怪龙、罔象[⑤]，土之怪坟羊[⑥]。”

【注释】

①穿井：打井。缶：一种肚大口小的瓦器。②《索隐》引《家语》云：“桓子穿井于费，得物如土缶，中有羊焉。”若，好像。③这一句的意思是说，询问孔子时谎称得到的是羊，以看其是否博学多闻。④夔：古代传说中的一种龙形动物，只有一足。罔阆：通“罔两”，古代传说中的山精怪。⑤罔象：古代传话中的水精怪。⑥坟羊：据《集解》说，是一种雌雄未成的怪手。又称土精。

【原文】

吴伐越，堕[①]会稽，得骨节专车[②]。吴使使问仲尼：“骨何者最大?”仲尼曰:“禹致群神于会稽山[3],防风氏[4]后至,禹杀而戮[5]之,其节专车,此为大矣。”吴客曰:“谁为神?”仲尼曰:“山川之神足以纲纪[6]天下,其守为神[7],社稷[8]为公侯,皆属于王者。”客曰:“防何风守?”仲尼曰:“汪罔氏[9]之君守封、禺之山,为釐姓。在虞、夏、商为汪罔,于周为长翟,今谓之大人。”客曰:“人长几何?”仲尼曰:“僬侥氏[10]三尺,短之至也。长者不过十之[11],数之极也。”于是吴客曰:“善哉圣人!”

【注释】

①堕:同“隳”,毁坏。②谓一节骨头有一辆车长。③致:召集。④防风氏:部落首领。⑤戮:陈尸。⑥纲纪:法则,原则。这里是造福的意思。⑦神:指神化了的部落首领。⑧社稷:指土地和谷物,此指守土神和谷神的人。⑨汪罔氏:上古部落名。⑩僬侥氏:古代传说中的矮人。《列子·汤问》:“从中州以东四十里,得僬侥国,人长一尺五寸。”⑪十之:指三尺的十倍,即三丈。

【原文】

桓子嬖臣[1]曰仲梁怀,与阳虎有隙[2]。阳虎欲逐怀,公山不狃止之。其秋,怀益骄,阳虎执怀。桓子怒,阳虎因囚桓子,与盟而醳[3]之。阳虎由此益轻季氏。季氏亦僭[4]于公室,陪臣[5]执国政,是以鲁自大夫以下皆僭离于正道。故孔子不仕,退而修《诗》《书》《礼》[6]《乐》,弟子弥[7]众,至自远方,莫不受业焉。

【注释】

①嬖臣：宠幸之臣。②隙：裂痕。此指嫌隙。③醳：通“释”，释放。④僭：超越本分。指下级冒用上级的名义、礼仪、器物。⑤陪臣：诸侯国的大夫，对天子自称陪臣。此指季氏。⑥《诗》：指《诗经》。《书》：指《书经》，又称《尚书》。《礼》：指《周礼》《仪礼》《礼记》，全称《三礼》。⑦弥：更加。

【原文】

定公八年①，公山不狃不得意于季氏，因阳虎为乱，欲废三桓之適②，更立其庶孽③阳虎素所善者，遂执季桓子。桓子诈之，得脱。定公九年，阳虎不胜，奔于齐。是时孔子年五十。

【注释】

①前502年。②三桓：指季孙氏、孟孙氏、叔孙氏，因都是鲁桓公之后，故称“三桓”。適：同“嫡”。指正妻所生的儿子，为法定继承人。③庶孽：妾所生的儿子。

【原文】

公山不狃以费畔①季氏，使人召孔子。孔子循道弥久，温温②无所试，莫能己用③，曰：“盖周文、武起丰、镐而王，今费虽小，傥④庶几乎！”欲往。子路不说，止孔子。孔子曰：“夫召我者岂徒⑤哉？如用我，为东周乎⑥！”然亦卒不行。

【注释】

①畔：通“叛”，反叛。②温温：柔和的样子。一说同

"蕴蕴"，郁郁不得志的样子。③己用：任用自己。④傥：通"倘"，或许。庶几：差不多。⑤徒：白费，空。⑥这句的意思是说，在东方建立一个像周那样的王朝。

【原文】

其后定公以孔子为中都宰，一年，四方皆则[①]之。由中都宰为司空，由司空为大司寇[②]。

【注释】

①则：效法。②孔子由中都宰为司空、大司寇不在一年内，此处谓在一年，误。

【原文】

定公十年春[①]，及齐平[②]。夏，齐大夫黎钼言于景公曰："鲁用孔丘，势危齐。"乃使使告鲁为好会[③]，会于夹谷。鲁定公且以乘车好往[④]。孔子摄相事[⑤]，曰："臣闻有文事者必有武备，有武事者必有文备。古者诸侯出疆，必具官以[⑥]从。请具左右司马。"定公曰："诺。"具左右司马。会齐侯夹谷，为坛位[⑦]，土阶三等[⑧]，以会遇之礼[⑨]相见，揖让[⑩]而登。献酬之礼毕，齐有司[⑪]趋而进曰："请奏四方之乐[⑫]。"景公曰："诺。"于是旍旄羽袚[⑬]矛戟剑拨鼓噪而至。孔子趋而进，历阶而登[⑭]，不尽一等[⑮]，举袂[⑯]而言曰："吾两君为好会，夷狄之乐何为于此！请命有司！"有司却之，不去，则左右视晏子与景公。景公心怍[⑰]，麾[⑱]而去之。有顷，齐有司趋而进曰："请奏宫中之乐。"景公曰："诺。"优倡侏儒[⑲]为戏而前。孔子趋而进，历阶而登，不尽不等，曰："匹夫而营惑诸侯者罪当诛！请命有司！"有司加法[20]焉，手足异处[21]。景公惧而动，知义不若，归而大恐，告群臣曰："鲁以君子之道辅其君，而子独以夷狄之道教寡人，使得罪于鲁君，为之奈何？"有司进对曰："君子有过则谢以质[22]，小人有过则谢以文。君若悼[23]之，则谢以质。"于是齐侯乃归所侵鲁之郓、汶阳、龟阴之田以谢过。

【注释】

①前500年。②平：和好。③好会：和好的会盟。④好往：毫无戒备地前往赴会。⑤摄：理。相：此指主持会议的司仪。⑥具：备。以：而。⑦坛：以土所筑的高台，用于祭祀、朝会及盟誓等。位：指坛上的席位。⑧土阶三等：登坛的土台阶只有三级。⑨会遇之礼：指国君相会时的一种简略礼节。⑩揖：拱手为礼。让：谦让。⑪有司：主管官员。⑫四方之乐：指边地少数民族的舞乐。⑬旍（jīng）：通"旌"，古代一种用五色羽毛装饰的旗子，用以指挥或开道。袚：一种粗糙结实的衣服。⑭历阶而登：指一步一阶地往台上走。按照古代礼法规定，登台阶时每上一级，要等双足取齐，然后才能登另一级台阶。如一只脚踏上第一级，另一只脚直接踏上第二级，就叫作"历阶"。孔子因紧急，不顾忌礼节，就历阶而登了。⑮不尽一等：还有一级台阶没有上。⑯袂（mèi）：衣袖。⑰怍：惭愧。⑱麾：指挥。⑲优倡：表演乐舞的艺人。侏儒：身材矮小的人。古代常以侏儒为倡优艺人。⑳加法：依法处

罚。㉑手足异处：指腰斩。㉒质：指具体实在的东西。㉓悼：痛心，悔愧。

【原文】

定公十三年夏[①]，孔子言于定公曰："臣无藏甲[②]，大夫毋百雉[③]之城。"使仲由为季氏宰，将堕三都[④]。于是叔孙氏先堕郈[⑤]。季氏将堕费[⑥]，公山不狃、叔孙辄率费人袭鲁。公与三子[⑦]入于季氏之宫，登武子[⑧]之台。费人攻之，弗克，入及公侧[⑨]。孔子命申句须、乐颀下伐之，费人北[⑩]。国人追之，败诸姑蔑。二子奔齐，遂堕费。将堕成[⑪]，公敛处父谓孟孙曰："堕成，齐人必至于北门。且成，孟氏之保鄣[⑫]，无成是无孟氏也。我将弗堕。"十二月，公围成，弗克。

【注释】

①前497年夏天。②甲：指武器。③雉：古代计算城墙面积的单位，长三丈高一丈为一雉。④三都：指季孙氏、孟孙氏、叔孙氏三人封地的城邑。⑤郈：叔孙氏属地。⑥费：季孙氏属地。⑦三子：指季孙氏、孟孙氏、叔孙氏。⑧武子：指季孙氏。⑨公侧：鲁定公所登的台侧。⑩北：打了败仗往回跑。⑪成：孟孙氏属地。⑫鄣：通"障"。

【原文】

定公十四年[①]，孔子年五十六，由大司寇行摄相事[②]，有喜色。门人曰："闻君子祸至不惧，福至不喜。"孔子曰："有是言也。不曰'乐其以贵下人'乎？"于是诛鲁大夫乱政者少正卯。

与闻[3]国政三月，粥羔豚者弗饰贾[4]；男女行者别于涂[5]；涂不拾遗；四方之客至乎邑者，不求有司，皆予之以归[6]。

【注释】

①前496年。②行摄相事：代理宰相的事务。相，指处理政务的最高行政官。③与闻：参与。④粥：通“鬻（yù）”，卖。贾：通“价”。⑤涂：通“途”，道路。⑥《索隐》云：“《家语》作‘皆如归’。”意谓都有宾至如归之感。

【原文】

齐人闻而惧，曰：“孔子为政必霸，霸则吾地近焉，我之为先并矣。盍[1]致地焉？”黎钼曰：“请先尝沮[2]之；沮之而不可则致地，庸[3]迟乎！”于是选齐国中女子好者八十人，皆衣文衣而舞《康乐》[4]，文马三十驷[5]，遗[6]鲁君。陈女乐文马于鲁城南高门外。季桓子微服往观再三，将受，乃语鲁君为周道游[7]，往观终日，怠于政事。子路曰：“夫子可以行矣。”孔子曰：“鲁今且郊[8]，如致膰[9]乎大夫，则吾犹可以止。”桓子卒齐女乐，三日不听政；郊，又不致膰俎于大夫。孔子遂行，宿乎屯。而师己送。曰：“夫子则非罪。”孔子曰：“吾歌可夫？”歌曰：“彼妇之口，可以出走；彼妇之谒，可以死败。善优哉游哉，维以卒岁！”师己反，桓子曰：“孔子亦何言？”师己以实告。桓子喟然[10]叹曰：“夫子罪我以群婢[11]故也夫！”

【注释】

①盍：何不。②沮：阻挠。③庸：难道。④文衣：指华丽

的衣服。《康乐》：舞曲名。⑤文马：身披彩饰的马。驷：古时一车驾四匹马，驷马为一乘。⑥遗：赠送。⑦周道游：指环游各地。⑧郊：在南郊祭天。⑨膰：祭祀用的烤肉。祭祀结束之后将所用烤肉分送大臣是符合当时礼节的，这样表示对大臣的尊重。⑩喟然：长叹的样子。⑪群婢：指女乐。

【原文】

孔子遂适卫，主[①]于子路妻兄颜浊邹家。卫灵公问孔子：“居鲁得禄几何？”对曰：“奉粟六[②]万。”卫人亦致粟六万。居顷之，或谮[③]孔子于卫灵公，灵公使公孙余假一出一入[④]。孔子恐获罪焉，居十月，去卫。

【注释】

①主：居住。②奉：通“俸”，俸禄。六：据《正义》解释，为六万小斗，计二千石。③谮：进谗言，中伤。④一出一入：指用兵仗跟踪孔子出入，进行威胁。

【原文】

将适陈，过匡，颜刻为仆[①]，以其策[②]指之曰：“昔吾入此，由彼缺[③]也。”匡人闻之，以为鲁之阳虎，阳虎尝暴[④]匡人，匡人于是遂止孔子[⑤]。孔子状类阳虎，拘焉[⑥]五日。颜渊后，子曰：“吾以汝为死矣。”颜渊曰：“子在，回何敢死！”匡人拘孔子益急，弟子惧。孔子曰：“文王既没，文不在兹[⑦]乎？天之将丧斯文也，后死者不得与于斯文也；天之未丧斯[⑧]文也，匡人其如予何[⑨]！”孔子使从者为宁武子臣于卫[⑩]，然后得去。

【注释】

①仆：驾车的人。②策：马鞭。③缺：缺口。这一城墙上的缺口是往昔被阳虎攻破的。④暴：残害。⑤据《孔子家语》说是匡人简子以甲士围孔子。⑥焉：那里，指匡地。⑦文：指周代的礼乐制度。兹：这里，指孔子自己。⑧斯：此。⑨如予何：他们能把我怎么样。⑩这句记可能有误，因武子在时，孔子尚未出生。参见《史记会注考证》。

【原文】

去即过蒲，月余，反乎卫，主蘧伯玉家。灵公夫人有南子者，使人谓孔子曰："四方之君子不辱[①]欲与寡君为兄弟者，必见寡小君[②]。寡小君愿见。"孔子辞谢，不得已而见之。夫人在絺帷[③]中。孔子入门，北面稽首[④]。夫人自帷中再拜，环佩玉声璆[⑤]然。孔子曰："吾乡[⑥]为弗见，见之礼答焉。"子路不说。孔子矢[⑦]之曰："予所不[⑧]者，天厌之！天厌之！"居卫月余，灵公与夫人同车，宦者雍渠参乘[⑨]，出，使孔子为次乘，招摇市过之。孔子曰："吾未见好德如好色者也。"于是丑之，去卫，过曹。是岁，鲁定公卒。

【注释】

①不辱：不以为辱。②寡小君：对他国称国夫人的谦词。此指南子。③絺帷：细葛布帐子。④稽首：古代的一种恭敬的礼节，叩头触地。⑤璆（qiú）：美玉。此指美玉相碰发出的声音。⑥乡：通"向"，向来，一向。⑦矢：发誓。⑧所：如

果。不（fǒu）：《论语·雍也》中作“否”。不对。⑨参乘：古代乘车，御者居中，尊者居左，参乘居右，是陪乘。

【原文】

孔子去曹适宋，与弟子习礼大树下。宋司马桓魋欲杀孔子[1]，拔其树。孔子去。弟子曰：“可以速矣。”孔子曰：“天生德于予，桓魋其如予何！”

【注释】

①桓魋欲杀孔子：据《曲礼·子贡问解》说：桓魋奢侈，曾奴役工匠为自己造石椁，受到孔子的责备，便怀恨在心，要杀孔子。

【原文】

孔子适郑，与弟子相失，孔子独立郭[1]东门。郑人或谓子贡曰：“东门有人，其颡[2]似尧，其项类皋陶，其肩类子产，然自要[3]以下不及禹三寸，累累[4]若丧家之狗。”子贡以实告孔子。孔子欣然笑曰：“形状，末[5]也。而谓似丧家之狗，然哉！然哉！”

【注释】

①郭：外城。在城的外围所加筑的城墙。②颡：额。③要：通“腰”。④累累：颓丧憔悴的样子。⑤末：不重要。一说是不对之意。

【原文】

孔子遂至陈，主于司城贞子家。岁余，吴王夫差伐陈，取三邑而去。赵鞅伐朝歌。楚围蔡，蔡迁于吴。吴败越王句[①]践会稽。

有隼[②]集于陈廷而死，楛[③]矢贯之，石砮[④]，矢长尺有咫[⑤]。陈湣公使使问仲尼。仲尼曰："隼来远矣，此肃慎之矢也。昔武王克商，通道九夷百蛮[⑥]，使各以其方贿[⑦]来贡，使无忘职业[⑧]。于是肃慎贡楛矢，石砮，长尺有咫。先王欲昭其令德[⑨]，以肃慎矢分大姬[⑩]，配胡公而封诸陈。分同姓以珍玉，展亲[⑪]；分异姓[⑫]以远方职，使无忘服。故分陈以肃慎矢。"试求之故府[⑬]，果得之。

【注释】

①句：通"勾"。②隼（sǔn）：一种凶猛的鸟，又叫鹘（hú）。③楛（hù）：树名。④石砮（nǔ）：用石头制作的箭镞。⑤咫：长度单位，周制八寸。⑥九夷百蛮：泛指各少数民族。⑦方贿：指地方特产。⑧职业：指贡之事。⑨昭：表彰。令德：美德。⑩大姬：周武王长女。⑪展亲：重视亲族。⑫异姓：指姬姓以外的诸侯。⑬故府：指过去收藏各方货物的仓库。

【原文】

孔子居陈三岁，会晋、楚争强，更伐陈，及吴侵陈，陈常被寇[①]。孔子曰："归与归与！吾党之小子狂简[②]，进取不忘其初。"于是孔子去陈。

过蒲，会[③]公叔氏以蒲畔，蒲人止孔子。弟子有公良孺者，以私车五乘从孔子。其为人长贤，有勇力，谓曰："吾昔从夫子遇难于匡，今又遇难于此，命也已。吾与夫子再罹[4]难，宁斗而死。"斗甚疾。蒲人惧，谓孔子曰："苟毋适卫，吾出[5]子。"与之盟，出孔子东门。孔子遂适卫。子贡曰："盟可负[6]邪？"孔子曰："要盟[7]也，神不听。"

【注释】

①被寇：指遭受侵犯。②狂简：志大而疏略于事。③会：恰遇。④罹：遭遇。⑤出：释放。⑥负：违犯。⑦要盟：要挟之下订立的盟约。要：要挟，胁迫。

【原文】

卫灵公闻孔子来，喜，郊迎。问曰："蒲可伐乎？"对曰："可。"灵公曰："吾大夫以为不可。今蒲，卫之所以待[1]晋、楚也，以卫伐之，无乃[2]不可乎？"孔子曰："其男子有死之志[3]，妇人有保西河之志[4]。吾所伐者不过四五人[5]。"灵公曰："善。"然不伐蒲。

灵公老，怠于政，不用孔子。孔子喟然叹曰："苟有用我者，期月[6]而已，三年有成[7]。"孔子行。

【注释】

①待：防备。②无乃：大概，岂不是。③公叔氏叛乱后，想将蒲改属他国，而蒲人坚决反对，所以说："其男子有死之志。"④西河是卫国的地方，所以卫国"妇人有保西河之志"。⑤四五人：指与公叔氏一道反叛的人。⑥期月：一整

年。⑦成：指成效。

【原文】

佛肸为中牟宰。赵简子攻范、中行，伐中牟。佛肸畔，使人召孔子。孔子欲往。子路曰："由闻诸夫子：'其身亲为不善者，君子不入[①]也。'今佛肸亲以中牟畔，子欲往，如之何？"孔子曰："有是言也。不曰坚乎，磨而不磷[②]；不曰白乎，涅而不淄[③]。我岂匏瓜[④]也哉，焉能系而不食？"

孔子击磬[⑤]。有荷蒉[⑥]而过门者，曰："有心哉，击磬乎！硁硁[⑦]乎，莫己知[⑧]也夫而已矣！"

【注释】

①不入：指不入其国。②磷：薄。③涅：一种古代用作黑色染料的矿物。此处作动词用，印染。淄：黑色。④匏瓜：葫芦的一种。这句孔子说自已有才能，不像那中看不中吃的匏瓜。⑤磬：用石或玉制成的一种打击乐器。⑥荷：扛、担。蒉(kuì)：用草编的盛土器具。⑦硁硁：象声词。击石声。⑧已知：即"莫知已"，没有人知道自已。

【原文】

孔子学鼓琴[①]师襄子，十日不进。师襄子曰："可以益矣。"孔子曰："丘已习其曲矣，未得其数[②]也。"有间[③]，曰："已习其数，可以益矣。"孔子曰："丘未得其志[④]也。"有间，曰："已习其志，可以益矣。"孔子曰："丘未得其为人[⑤]也。"有间，曰有所穆然[⑥]深思焉，有所怡然高望而远志焉。曰："丘得其为人，黯然而黑，几然[7]而长，眼如望羊[8]，如王四国，非文王谁能为此也!”师襄子辟席再拜[9]，曰：“师盖云《文王操》[10]也。”

【注释】

①鼓琴：弹琴。②数：指演奏乐曲的技术、方法。③有间：过了一段时间。④志：指乐曲的情感意蕴。⑤为人：乐曲作者的人品。⑥穆然：沉默静思的样子。穆，通“默”，沉默。⑦几然：身长的样子。⑧望羊：通“望洋”，远望。⑨辟：通“避”。再拜：拜两拜。⑩《文王操》：相传为周文王所作的琴曲名。

【原文】

孔子既不得用于卫，将西见赵简子。至于河[1]而闻窦鸣犊、舜华之死也，临河而叹曰：“美哉水，洋洋[2]乎！丘之不济此，命也夫!”子贡趋而进曰：“敢问何谓也?”孔子曰：“窦鸣犊、舜华，晋国之贤大夫也。赵简子未得志之时，须此两人而后从政；及其已得志，杀之乃从政。丘闻之也，刳胎杀夭则麒麟[3]不至郊，竭泽涸渔则蛟龙[4]不合阴阳，覆巢毁卵则凤皇[5]不翔。何则？君子讳伤类也。夫鸟兽之于不义也尚知辟之，而况乎丘哉!”乃还息[6]乎陬乡，作为《陬操》[7]以哀之。而反[8]乎卫，入主蘧伯玉家。

【注释】

①河：指黄河。②洋洋：水盛大的样子。③刳胎：剖腹取胎。夭：指幼小的动物。麒麟：通“骐麟”，简称“麟”。古

代传说中的一种象征吉祥的兽。④蛟龙：古代传说中能兴云致雨、调和阴阳之气的一种动物。⑤凤皇：通“凤凰”，古人也以之象征吉祥。⑥息：休息。⑦《陬操》：琴曲名。⑧反：通“返”。

【原文】

他日，灵公问兵陈①。孔子曰：“俎豆之事②则尝闻之，军旅之事未之学也。”明日，与孔子语，见蜚雁③，仰视之，色不在孔子。孔子遂行，复如④陈。

【注释】

①兵陈：指军队列阵作战的方法。陈，通“阵”。②俎豆之事：指祭祀之事。③蜚雁：飞雁。蜚，通“飞”。④如：往……；到……。

【原文】

夏，卫灵公卒，立孙辄，是为卫出公。六月，赵鞅内①太子蒯聩于戚。阳虎使太子绕②，八人衰绖③，伪自卫迎者，哭而入，遂居焉。冬，蔡迁于州来。是岁鲁哀公三年，而孔子年六十矣。齐助卫围戚，以卫太子蒯聩在故也。

夏，鲁桓釐庙燔，南宫敬叔救火。孔子在陈，闻之，曰：“灾必于桓釐④庙乎？”已而果然。

【注释】

①内：通“纳”，接纳。②绕：古代的一种孝服。③衰：

通“缞”，古代一种用粗麻布制成的孝服。绖：古代丧服上的麻布带子。④桓：指鲁桓公。釐：指鲁僖公。釐，通“僖”。

【原文】

秋，季桓子病，辇[①]而见鲁城，喟然叹曰：“昔此国几兴矣，以吾获罪于孔子，故不兴也。”顾谓其嗣康子曰：“我即死，若必相鲁；相鲁，必召仲尼。”后数日，桓子卒，康子代立。已葬，欲召仲尼。公之鱼曰：“昔吾先君用之不终，终为诸侯笑。今又用之，不能终，是再为诸侯笑。”康子曰：“则谁召而可？”曰：“必召冉求。”于是使使召冉求。冉求将行，孔子曰：“鲁人召求，非小用之，将大用之也。”是日，孔子曰：“归乎归乎！吾党之小子狂简，斐然成章[②]，吾不知所以裁[③]之。”子赣知孔子思归，送冉求，因诫曰“即用，以孔子为招”云。

【注释】

①辇：乘车。②斐然成章：指文章富有文采。③裁：剪裁。这里有教育的意思。

【原文】

冉求既去，明年，孔子自陈迁于蔡。蔡昭公将如吴，吴召之也。前[①]昭公欺其臣迁州来，后将往，大夫惧复[②]迁，公孙翩射杀昭公。楚侵蔡。秋，齐景公卒。

【注释】

①前：从前，指蔡昭公瞒着大臣迁国都于州来之时。

②复：再次。

【原文】

明年，孔子自蔡如叶。叶公问政，孔子曰："政[1]在来远附迩。"他日，叶公问孔子于子路，子路不对。孔子闻之，曰："由，尔何不对曰'其为人也，学道不倦，诲人不厌，发愤忘食，乐以忘忧，不知老之将至'云尔[2]。"

【注释】

①政：治国。②云尔：如此罢了。

【原文】

去叶，反于蔡。长沮、桀溺耦而耕[1]，孔子以为隐者，使子路问津[2]焉。长沮曰："彼执舆[3]者为谁？"子路曰："为孔丘。"曰："是鲁孔丘与？"曰："然。"曰："是知津矣。"桀溺谓子路曰："子为谁？"曰："为仲由。"曰："子，孔丘之徒与？"曰："然。"桀溺曰："悠悠[4]者天下皆是也，而谁以易[5]之？且与其从辟人之士[6]，岂若从辟世之士[7]哉？"耰[8]而不辍。子路以告孔子，孔子怃然[9]曰："鸟兽不可与同群[10]。天下有道[11]，丘不与易也。"

【注释】

①耦而耕：用耦耕的方法耕田。耦，古代耕作，两个人各执一耜（一种农具），配合并耕，这种耕作方法叫耦。②津：渡口。③执舆：手拉马缰绳。④悠悠：《论语》作"滔滔"。

⑤以：与。易：改变。⑥辟人之士：指孔子。⑦辟世之士：指隐士。⑧耰（yōu）：农具名。这里作动词，用耰击碎土块，覆盖种子。⑨怃然：失望的样子。⑩这句的意思是说，我们不能做隐士隐居山林与鸟兽同处。⑪天下有道：指天下太平，走上轨道。

【原文】

他日，子路行，遇荷蓧丈人[①]，曰："子见夫子乎?"丈人曰："四体不勤[②]，五谷不分[③]，孰[④]为夫子!"植其杖而芸[⑤]。子路以告，孔子曰："隐者也。"复往，则亡[⑥]。

【注释】

①荷：担、扛。蓧：锄田除草的工具。丈人：老人。②四体：四肢。勤：劳。③五谷：指稻子、黄米、谷子麦子、豆子。泛指各种农作物。分：分别，分辨。④孰：谁。⑤植：拄。芸：通"耘"，除草。⑥亡：外出，不在（家）。

【原文】

孔子迁于蔡三岁，吴伐陈。楚救陈，军[①]于城父。闻孔子在陈蔡之间，楚使人聘孔子。孔子将往拜礼，陈、蔡大夫谋曰："孔子贤者，所刺讥皆中诸侯之疾[②]。今者久留陈、蔡之间，诸大夫所设行[③]皆非仲尼之意。今楚，大国也，来聘孔子。孔子用于楚，则陈、蔡用事[④]大夫危矣。"于是乃相与发徒役[⑤]围孔子于野。不得行，绝粮。从者病，莫能兴[⑥]。孔子讲诵弦歌不衰。子路愠见曰："君子亦有穷[⑦]乎?"孔子曰：

“君子固穷，小人穷斯滥矣[8]。”

【注释】

①军：军队临时驻扎。②刺：指责。讥：讽刺。疾：弊病。③设行：指施政措施。④用事：当权。⑤徒役：服劳役的人。⑥兴：站起。⑦穷：走投无路、困厄。⑧《集解》引魏何晏的解释说：“滥，溢也。子固亦有穷时，但不如小人穷则滥溢为非。”

【原文】

子贡色作[1]。孔子曰：“赐，尔以予为多学而识[2]之者与？”曰：“然。非与？”孔子曰：“非也。予一以贯之。”

【注释】

①色作：脸变色。②识：强记。

【原文】

孔子知弟子有愠心，乃召子路而问曰：“《诗》云[1]：‘匪兕[2]匪虎，率[3]彼旷野。’吾道非邪？吾何为于此？”子路曰：“意者[4]吾未仁邪？人之不我信也。意者吾未知邪？人之不我行也。”孔子曰：“有是乎！由，譬使[5]仁者而必信，安有伯夷、叔齐？使知者而必行，安有王子比干？”

【注释】

①以下两句诗见《诗经·小雅·何草不黄》。②兕（sì）：犀牛。③率：行走。④意者：想来大概是。⑤譬使：

假使。

【原文】

子路出，子贡入见。孔子曰：“赐，《诗》云：‘匪兕匪虎，率彼旷野。’吾道[1]非邪？吾何为于此？”子贡曰：“夫子之道至大也，故天下莫能容夫子。夫子盖少贬[2]焉？”孔子曰：“赐，良农能稼而不能为穑[3]，良工能巧而不能为顺[4]。君子能修其道，纲而纪之，统而理之，而不能为容。今尔不修尔道而求为容。赐，而志不远矣！”

【注释】

①道：这里指学说、主张。②少贬：稍微降低一下。③稼：耕种。穑：收获。④顺：合。

【原文】

子贡出，颜回入见。孔子曰：“回，《诗》云：‘匪兕匪虎，率彼旷野。’吾道非邪？吾何为于此？”颜回曰：“夫子之道至大，故天下莫能容。虽然，夫子推而行之[1]，不容何病[2]？不容然后见君子！夫道之不修也，是吾丑[3]也；夫道既已大修而不用，是有国者[4]之丑也。不容何病？不容然后见君子！”孔子欣然而笑曰：“有是哉，颜氏之子！使[5]尔多财，吾为尔宰。”

于是使子贡至楚。楚昭王兴师[6]迎孔子，然后得免。

【注释】

①推而行之：指推广实行孔子的学说和主张。②这句的

意思是说，不接受有什么关系呢？病，忧，患。③丑：耻辱。④有国者：享有国家的人，即国君。⑤使：假使。⑥兴师：调动军队。

【原文】

昭王将以书社[①]地七百里封孔子。楚令尹子西曰："王之使使诸侯[②]有如子贡者乎？"曰："无有。""王之辅相有如颜回者乎？"曰："无有。""王之将率[③]有如子路者乎？"曰："无有。""王之官尹[④]有如宰予者乎？"曰："无有。""且楚之祖封于周，号为子男五十里[⑤]。今孔丘述三五之法[⑥]，明周、召之业[⑦]，王若用之，则楚安得世世堂堂[⑧]方数千里乎！夫文王在丰，武王在镐，百里之君，卒王天下。今孔丘得据土壤[⑨]，贤弟子为佐，非楚之福也。"昭王乃止。其秋，楚昭王卒于城父。

【注释】

①书社：《索隐》云："古者二十五家为里，里则各立社，则书社者，书其社之人名于籍。"也就是把里社的人名登记户籍。这里指有户籍登记的地方。②使使诸侯：派往诸侯国的使臣。③将率：即将帅。率，通"帅"。④官尹：官府中各部门的长官。⑤周初分封诸侯，分公、侯、伯、子、男五等爵位。中子、男封地各为五十里。⑥三五之法：三皇五帝的治国方法。⑦周、召：周指周公旦，召指召公奭。⑧世世堂堂：这里即世世代代的意思。⑨土壤：土地。这里指封地。

【原文】

楚狂接舆歌而过孔子[①]，曰："凤[②]兮凤兮，何德之衰[③]！往者不可谏[④]兮，来者犹可追也！已而[⑤]已而，今之从政者殆[⑥]而！"孔子下，欲与之言。趋而去，弗得与之言。

于是孔子自楚反乎卫。是岁也，孔子年六十三，而鲁哀公六年也。

【注释】

①歌而过孔子：唱着歌儿从孔子旁边走过。②凤：凤凰。此暗喻孔子。③何德之衰：即"德何衰"，指孔子不得意，周游列国，不被任用。④谏：挽回。⑤已而：算了吧！已，止。⑥殆：危险。

【原文】

其明年，吴与鲁会缯，征百牢[①]。太宰嚭召季康子。康子使子贡往，然后得已。

孔子曰："鲁、卫之政，兄弟也[②]。"是时，卫君辄父不得立，在外，诸侯数以为让[③]。而孔子弟子多仕于卫，卫欲得孔子为政，子路曰："卫君待子[④]而为政，子将奚[⑤]先？"孔子曰："必也正名[⑥]乎！"子路曰："有是哉，子之迂[⑦]也！何其正也？"孔子曰："野[⑧]哉由也！夫名不正则言不顺，言不顺则事不成，事不成则礼乐不兴，礼乐不兴则刑罚不中[⑨]，刑罚不中则民无所错[⑩]手足矣。夫君子为之必可[⑪]名，言之必可行。君子于其言，无所苟[⑫]而已矣。"

【注释】

①百牢："牢"指祭祀用的牲畜，牛羊猪。按周，上公九牢，侯伯七牢，子、男五牢。吴征百牢，是不懂礼的缘故。②鲁是周公之后，卫是康叔之后，周公与康叔是兄弟，所以鲁、卫是兄弟之国。另外，当时鲁、卫两国都政治腐败，政局动荡不安，好像是难兄难弟。③让：责备。④子：指孔子。⑤奚：何，什么。⑥正名：指辨正名称、名分。⑦迂：迂阔。⑧野：指鲁莽。⑨中：符合，正对上。⑩错：通"措"。⑪可：符合。⑫苟：苟且随便。

【原文】

其明年，冉有为季氏将师，与齐战于郎[1]，克之。季康子曰："子之于军旅[2]，学之乎？性[3]之乎？"冉有曰："学之于孔子。"季康子曰："孔子何如人哉？"对曰："用之有名：播[4]之百姓，质[5]诸鬼神而无憾。求之至于此道，虽累千社[6]，夫子不利也。"康子曰："我欲召之，可乎？"对曰："欲召之，则毋以小人固[7]之，则可矣。"而卫孔文子将攻太叔，问策于仲尼。仲尼辞不知，退而命载而行，曰："鸟能择木，木岂能择鸟乎[8]？"文子固止。会季康子逐[9]公华、公宾、公林，以币[10]迎孔子，孔子归鲁。

【注释】

①从"于是孔子自楚反乎卫"段所记年"鲁哀公六年"往后推，这里的"其明年"指鲁公八年，但是年齐鲁无战事。

"冉有为季氏将师，与齐战于郎"，在鲁哀公十一年（前484）。见《左传》。②军旅：此指指挥作战。③性：天生的。④播：传扬、公布。⑤质：对质。⑥累：累计得到。社：二十五家为一社。⑦固：阻碍。⑧这里是孔子用鸟来比喻自己，用木比喻所到的国家。⑨逐：据（日）泷川资言《史记会注考证》说，"逐"当作"使"。⑩币：古人用作礼物赠送的纺织品。

【原文】

孔子之去鲁凡[①]十四岁而反乎鲁。

鲁哀公问政，对曰："政在选臣。"季康子问政，曰："举直错诸枉[②]，则枉者直[③]。"康子患[④]盗，孔子曰："苟子之不欲[⑤]，虽赏之不窃[⑥]。"然鲁终不能用孔子，孔子亦不求仕。

【注释】

①凡：总共。②举直错诸枉：举用正直的人，废置邪曲的人。错，通"措"，置。枉，邪曲。③枉者直：邪曲的人变为正直的人。④患：忧虑。⑤苟：如果。欲：贪欲。⑥赏之不窃：给奖赏也不去偷。

【原文】

孔子之时，周室微而礼乐废[①]，《诗》《书》缺。追迹三代[②]之礼，序《书传》[③]，上纪唐、虞之际，下至秦缪[④]，编次其事。曰："夏礼吾能言之，杞[⑤]不足征也。殷礼吾能言之，宋[⑥]不足征也。足，则吾能征之矣。"观殷、夏所损益[⑦]，曰："后虽百世可知也，以一文一质[⑧]。周监二代[⑨]，郁郁[⑩]乎文哉。吾从[11]周。”故《书传》《礼记》自孔氏。

【注释】

①微：衰微。废：坏。②三代：指夏、商、西周。③《书传》：即《尚书》之传。④缪：通“穆”。⑤杞：西周初年分封的一个诸侯国。⑥宋：指宋国。⑦损：减少。益：增加。⑧文：指文采。质：指质朴。⑨周监二代：周朝的礼乐制度是在借鉴了夏、商二代礼乐制度长处的基础上制定的。监，通“鉴”，借鉴。⑩郁郁：丰富多彩。⑪从：遵行。

【原文】

孔子语鲁大[1]师：“乐其可知也。始作翕如[2]，纵之纯如[3]，皦如[4]，绎如[5]也，以成。”“吾自卫反鲁，然后乐正[6]，《雅》《颂》各得其所[7]。”

【注释】

①大：通“太”。②翕如：配合一致。③纵：放开。纯如：和谐。④皦（jiǎo）如：清晰。⑤绎如：连续不断。⑥乐正：即“正乐”，整理那些错乱的乐曲。⑦《雅》：《诗经》的一部分，包括《大雅》和《小雅》。《颂》：《诗经》的一部分，包括《周颂》《鲁颂》《商颂》。

【原文】

古者《诗》三千余篇[1]，及至孔子，去其重，取可施于礼义，上采契、后稷，中述殷、周之盛，至幽、厉[2]之缺，始于衽席[3]，故曰："《关雎》之乱以为《风》[4]始，《鹿鸣》[5]为《小雅》始，《文王》[6]为《大雅》始，《清庙》[7]为《颂》始。"三百五篇[8]，孔子皆弦歌之，以求合《韶》《武》[9]《雅》《颂》之音。礼乐自此可得而述，以备王道，成六艺[10]。

【注释】

①司马迁关于古代有《诗》三千余篇的说法缺乏根据，目前不少学者对此持怀疑态度。②幽：指周幽王。厉：指周厉王。③衽席：本是床席，这里指男女情爱。④《关雎》：《国风》的第一篇，所以说"《风》之始"。这是一篇有关男女爱情的诗歌。乱：音乐的尾声。《风》：即《国风》，《诗经》的一部分，共有十五《国风》。⑤《鹿鸣》：是《小雅》中的第一篇，为贵族宴会诗。⑥《文王》：《大雅》中的第一篇，为歌颂周文王的诗歌。⑦《清庙》：是《颂》中的第一篇，为周王祭祀祖先的乐歌。⑧三百五篇：《诗经》的总篇数。⑨《韶》：舜乐名。《武》：也作《大武》，西周乐曲名。⑩六艺：为《诗》《书》《易》《礼》《乐》《春秋》六种经籍的总称。

【原文】

孔子晚而喜《易》[1]，序《彖》《系》《象》《说卦》《文言》[2]。读《易》，韦编三绝[3]。曰："假[4]我数年，若是，我于《易》则彬彬[5]矣。"

【注释】

①《易》：《易经》，又称《周易》，我国古代用于占卜的

书。全书主要是六十四卦和三百八十四爻，由卦、爻两种符号和卦辞、爻辞两种文字组成。②《周易》中的卦辞和爻辞，文字简略，但隐晦难懂。故后人对其进行了解说，这些解说的文字称为《易传》，共十篇，故也称《十翼》，这就是《上彖》《下彖》《上象》《下象》《上系》《下系》《文言》《序卦》《说卦》《杂卦》。《彖》：即《彖辞》，《易传》中说明各卦基本观念的篇名。《系》，即《系辞》，《易传》中总论全部《易》理的篇名。《象》，即《象辞》，《易传》中解释爻辞语句的篇名。《说卦》，是《易传》中解释八卦性质和象征的篇名。《文言》，《易传》中解释《乾》《坤》两卦卦辞的篇名。③这句意在说明孔子读《易》勤奋而刻苦。韦，熟牛皮条。古代书籍是写在竹木简上，用熟牛皮条穿起来的。三绝，多次断开。三，并非确数，其言多也。④假：借。这里是给予的意思。⑤彬彬：文质兼备，兼通文辞和义理。

【原文】

孔子以诗书礼乐教，弟子盖三千焉，身通六艺①者七十有二人。如颜浊邹之徒，颇受业者甚众。

【注释】

①六艺：指礼、乐、射、御、书、数，为孔子教授弟子的内容。

【原文】

孔子以四教：文①，行②，忠③，信④。绝⑤四：毋意⑥，毋必[7]，毋固[8]，毋我[9]。所慎：齐[10]，战[11]，疾[12]。子罕言利与命与仁[13]。不愤不启[14]，举一隅不以三隅反[15]，则弗复[16]也。

其于乡党[17]，恂恂[18]似不能言者。其于宗庙朝廷，辩辩[19]言，唯谨尔[20]。朝，与上大夫言，訚訚[21]如也；与下大夫言，侃侃[22]如也。

【注释】

①文：文献。泛指学问。②行：实践；行事。③忠：忠恕。④信：信义。⑤绝：杜绝。⑥意：揣测。⑦必：武断肯定。⑧固：固执。⑨我：指自以为是。⑩齐：通“斋”，斋戒。⑪战：战争。⑫疾：疾病。⑬这句的意思是说，孔子很少谈及的是利益，如果谈到，就与命运和仁德联系起来。⑭这句的意思是说，孔子不到人家真正遇到困难、烦闷发急的时候，不去启发开导他。愤，烦闷发急。⑮这句的意思是说，举出一个道理，不能触类旁通地推演出相似的道理。隅，方角。这里可释为一个道理或一个方面。⑯弗复：不再重复。⑰乡党：乡里。⑱恂（xún）恂：谦恭的样子。⑲辩辩：能言善辩。⑳唯谨：指态度谨慎小心。尔：罢了。㉑訚（yín）訚：和悦而能直言的样子。㉒侃侃：和乐的样子。

【原文】

入公门[1]，鞠躬[2]如也；趋进，翼[3]如也。君召使傧[4]，色勃[5]如也。君命召，不俟[6]驾行矣。

鱼馁[7]，肉败[8]，割不正[9]，不食。席不正，不坐。食于有丧者之侧，未尝饱也。

是日哭，则不歌。见齐衰[10]、瞽[11]者，虽童子必变[12]。

【注释】

①公门：国君的宫门。②鞠躬：恭敬的样子。③趋：小步快走，表示恭敬。或释为“快走”。翼：谨慎的样子。④傧：迎接宾客。⑤色勃：脸色庄重认真。⑥俟（sì）：等待。⑦馁：鱼腐烂。⑧败：坏。⑨正：指按一定的方法、规矩切割。⑩齐衰（zī cuī）：古代用粗麻布做成的一种丧服。服期以死了什么人来决定，如齐衰三年、齐衰一年、齐衰五日、齐衰三日等。衰，通“缞”。⑪瞽者：盲人。⑫变：指改变脸色表示同情。

【原文】

“三人行，必得我师[1]。”“德之不修[2]，学之不讲[3]，闻义不能徙[4]，不善不能改，是吾忧也。”使人歌，善，则使复之，然后和之。

子不语：怪[5]，力[6]，乱[7]，神[8]。

【注释】

①《论语》作“三人行，必有我师焉”。②修：修明。③讲：讲求。④义：指道理。徙：指前往学习。⑤怪：怪异。⑥力：暴力。⑦乱：叛乱。⑧神：鬼神。

【原文】

子贡曰：“夫子之文章[1]，可得闻也。夫子言天道与性命，弗可得闻也已。”颜渊喟然叹曰：“仰之弥[2]高，钻之弥坚[3]。瞻之在前，忽焉在后。夫子循循[4]然善诱人，博我以文[5]，约[6]我以礼，欲罢不能。既竭我才，如有所立，卓尔[7]。虽欲从之，蔑[8]由也已。”达巷党人[9]曰：“大哉孔子，博学而无所成名[10]。”子闻之曰：“我何执[11]？执御[12]乎？执射乎？我执御矣。”牢曰：“子云：‘不试[13]，故艺[14]。’”

【注释】

①文章：文献知识渊博。章，明显。②弥：愈。③弥坚：谓不可穷尽。④循循：有条理有步骤地进行。⑤博我以文：用典籍文章来丰富我的知识。⑥约：约束，规范。⑦卓尔：高超，特出。⑧蔑：不能。⑨达巷党人：达巷这个地方的人。党，古时以五百家为一党。达为党名。⑩这句话的意思是，孔子博学多才却不专一名家。⑪执：掌握。⑫御：驾车。⑬试：指为世所用。⑭艺：技艺。

【原文】

鲁哀公十四年春，狩大野。波孙氏车子[1]钼商获兽，以为不祥，仲尼视之，曰：“麟也。”取之。曰：“河不出图[2]，雒不出书[3]，吾已矣夫！”颜渊死，孔子曰：“天丧予！”及西狩见麟，曰：“吾道穷矣[4]！”喟然叹曰：“莫知我夫！”子贡曰：“何为莫知子？”子曰：“不怨天，不尤[5]人，下学而上达[6]，知我者其天乎！”

【注释】

①车子：驾车的人，其人名钽商。②河不出图：《易·系辞》说："河出图雒出书，圣人则之。"传说有龙马从黄河出，背负河图。河，黄河。图，传说中的八卦图。③雒不出书：传说古代有灵龟背负雒书从雒水中浮出。雒，通"洛"，洛水。④吾道穷矣：麟在古代被视为祥瑞之兽，孔子见麟死，以为是自己的死亡之兆，所以哀叹他的政治主张不可能实现了。⑤尤：责备，怪罪。⑥下学而上达：《集解》引孔安国解释说："下学人事，上达天命。"达天命，即通天道、天理的意思。

【原文】

"不降其志，不辱其身，伯夷、叔齐乎！"谓"柳下惠、少连降志辱身矣"。谓："虞仲、夷逸隐居放言①，行中清②，废中权③"。"我则异于是，无可无不可④。"

【注释】

①放言：《集解》解释说："放，置也。置不复言世务也。"②行：行为。中清：合乎纯洁清高。③废：自我废弃，不追求功名利禄。中权：合乎权变之道。④这句意思是说，孔子既不降志辱身以求进取，也不隐居放言以避世。

【原文】

子曰："弗乎①弗乎，君子病没世而名不称②焉。吾道不行矣，吾何以自见于后世哉？"乃因史记③作《春秋》，上至隐公[4]，下讫[5]哀公十四年，十二公[6]。据鲁[7]，亲周[8]，故殷[9]，运之三代[10]。约其文辞而指[11]博。故吴、楚之君自称王，而《春秋》贬之曰“子”[12]；践土之会[13]实召周天子，而《春秋》讳之曰“天王狩[14]于河阳”：推此类以绳[15]当世。贬损之义，后有王者而开之。《春秋》之义行，则天下乱臣贼子惧焉。

【注释】

①弗乎：犹言“不行”。②病：担忧。没世：指死亡。称：赞许。③因：依据。史记：指当时的史籍。④隐公：指隐公元年（前722）。⑤讫：止。⑥十二公：指鲁国的十二个国君。即隐公、桓公、庄公、闵公、僖公、文公、宣公、成公、襄公、昭公、定公、哀公。⑦据鲁：以鲁国为中心记述。⑧亲周：指奉周王室为正统。⑨故殷：把殷朝的旧制作借鉴。故：古，引申有借鉴之意。⑩三代：指夏、商、周。⑪约：简约。指：通“旨”，宗旨，内容。⑫贬之曰“子”：吴、楚两国受封时都是子爵，但两国都自称为王，与周天子平列。在《春秋》中，仍称他们为“子”，以示对他们的贬削和对周王的尊崇。⑬践土之会：鲁僖公二十八年（前632），晋文公召集周天子与诸侯在践土会盟，确立了霸主地位。⑭狩：巡狩，即帝王巡察诸侯或地方官治理的地方。⑮绳：这里是衡、纠正之意。

【原文】

孔子在位听讼[1]，文辞有可与人共[2]者，弗独[3]有也。至于为《春秋》，笔则笔[4]，削则削[5]，子夏之徒不能赞一辞[6]。弟子受《春秋》，孔子曰："后世知丘者以《春秋》，而罪[7]丘者亦以《春秋》。"

【注释】

①听讼：审理诉讼案件。②可与人共：可以与人商量斟酌。③独：独自决断。④笔则笔：应该写的一定写上去。⑤削则削：应该删掉的一定删掉。⑥赞一辞：指帮助润改或增加一个词。⑦罪：责备，怪罪。

【原文】

明岁，子路死于卫。孔子病，子贡请见。孔子方负杖逍遥[1]于门，曰："赐，汝来何其晚也？"孔子因叹，歌曰："太山[2]坏乎！梁柱摧乎！哲人萎[3]乎！"因以涕[4]下。谓子贡曰："天下无道久矣，莫能宗予[5]。夏人殡于东阶，周人于西阶，殷人两柱间。昨暮予梦坐奠[6]两柱之间，予始殷人也。"后七日卒。

【注释】

①方：正。负杖：拄着拐杖。逍遥：悠闲自在。②太山：即泰山。太，通"泰"。③哲人：这里指孔子自己。萎：枯槁。这里指人的死亡。④涕：眼泪。⑤宗予：尊奉我的主张。予，我。⑥坐奠：坐着受人祭奠。

【原文】

孔子年七十三，以鲁哀公十六年四月己丑卒[1]。

哀公诔[2]之曰："旻天不吊[3]，不慭遗一老[4]，俾屏[5]余一人以在位，茕茕[6]余在疚。呜呼哀哉！尼父[7]，毋自律[8]！"子贡曰："君其不没于鲁乎！夫子之言曰：'礼失则昏，名失则愆[9]。失志为昏，失所为愆。'生不能用，死而诔之，非礼也。称'余一人'[10]，非名也。"

【注释】

①鲁哀公十六年：前 479 年。②诔：一种用于志哀的文体。③旻天：天。吊：善。④慭（yìn）：愿。遗：留下。一老：一位老人，指孔子。⑤俾：使。屏：扔下。⑥茕（qióng）茕：孤独无依的样子。⑦尼父：对孔子的尊称。⑧毋自律：《集解》引王肃曰："律，法也。言毋以自为法也。"意思是说，没有可以作为自己学习的楷模了。毋，通"无"。⑨愆（qiān）：过失错误。⑩一人：即寡人，只有天子才能这样自谓，诸侯不得用此，所以子贡谓鲁哀公称"余一人"不合名分。

【原文】

孔子葬鲁城北泗上，弟子皆服[1]三年。三年心丧[2]毕，相诀[3]而去，则哭，各复尽哀；或复留。唯子赣庐于冢上，凡六年，然后去。弟子及鲁人往从冢而家者百有余室[4]，因命曰孔里。鲁世世相传以岁时奉祠孔子冢，而诸儒亦讲礼乡饮[5]大射于孔子冢。孔子冢大一顷。故所居堂弟子内[6]，后世因庙藏孔子衣冠[7]琴车书，至于汉二百余年不绝[8]。高皇帝[9]过鲁，以太牢祠焉[10]。诸侯卿相至，常先谒[11]，然后从政。

【注释】

①服：指服丧。②心丧：在心中悼念，不穿丧服。③诀：告别。④百有余室：一百多家。室，家。⑤讲礼：讲习礼仪。乡饮：乡学结业的仪式。⑥故所居堂：孔子原来居住的堂屋，即故居。弟子内：弟子们所居住的房室。内，内室。⑦冠：帽子。⑧绝：废弃。⑨高皇帝：指汉高祖刘邦。⑩太祠：牛羊猪三牲俱备的祭祀。⑪谒：祭拜。

【原文】

孔子生鲤[1]，字伯鱼。伯鱼年五十，先孔子死。

伯鱼生伋，字子思，年六十二。尝困于宋。子思作《中庸》[2]。

子思生白，字子上，年四十七。子上生求，字子家，年四十五。子家生箕，字子京，年四十六。子京生穿，字子高，年五十一。子高生子慎，年五十七，尝为魏相。

【注释】

①据《孔子家语》说："孔子年十九，娶于宋之并官氏之女，一岁而生伯鱼。伯鱼之生，鲁昭公使人遗之鲤鱼。夫子荣君之赐，因以名其子也。"②《中庸》：原为《礼记》中的一篇，儒家经典之一。南宋以后将与《礼记》中的另一篇《大学》，以及《论语》《孟子》合在一起，称"四书"。在儒家看来，"中庸"是最高的道德标准。

【原文】

子慎生鲋，年五十七，为陈王涉[①]博士，死于陈下。

鲋弟子襄，年五十七。尝为孝惠皇帝博士，迁[②]为长沙守。长九尺六寸。

子襄生忠，年五十七。忠生武，武生延年及安国。安国为今皇帝[③]博士，至临淮太守，蚤[④]卒。安国生卬，卬生驩。

【注释】

①陈王涉：即陈涉。②迁：升官。③今皇帝：指汉武帝刘彻。④蚤：通“早”。

【原文】

太史公曰：《诗》有之[①]：“高山仰止[②]，景行[③]行止。”虽不能至，然心乡往之。余读孔氏书，想见其为人。适鲁，观仲尼庙堂、车服、礼器，诸生以时[④]习礼其家，余祗[⑤]回留之不能去云。天下君王至于贤人众矣，当时则荣，没则已焉。孔子布衣[⑥]，传十余世，学者宗之。自天子王侯，中国言六艺者折中[⑦]于夫子，可谓至圣矣！

【注释】

①以下两句诗，见《诗经·小雅·车辖》。②仰止：敬仰。③景行：大道。④以时：按时。⑤祗：敬。⑥布衣：平民。⑦折中：这里是判断的意思。

【译文】

孔子出生在鲁国昌平乡的陬邑。他的祖先是宋国人，叫孔防叔。防叔生伯夏，伯夏生了叔梁纥。叔梁纥年老时娶颜姓少女才生了孔子，那是他们到尼丘山向神明祷告后而得孔子的。鲁襄公二十二年（前551）孔子诞生。他刚出生时头顶是凹下去的，所以就给他取名叫丘。字仲尼，姓孔氏。

孔子出生不久，叔梁纥就死了，埋葬在防山。防山在鲁国东部，因此孔子无法确知父亲的坟墓在何处，母亲没有把父亲埋葬的地方告诉他。孔子小时候做游戏，常常摆起各种祭器，学做祭祀的礼仪动作。孔子的母亲死后，就把灵柩暂且停放在五父之衢，这是出于慎重没有马上埋葬。陬邑人輓父的母亲把孔子父亲的葬地告诉了他，然后孔子才把母亲灵柩迁去防山同父亲葬在一起。

孔子腰间还系着孝麻带守丧时，季孙氏举行宴会款待名士，孔子前往参加。季孙氏的家臣阳虎阻挠说："季氏招待名士，没有请你啊。"孔子因此而退了回来。

孔子十七岁那年，鲁国大夫釐子病危，临终前告诫儿子懿子说："孔丘这个人，是圣人的后代，他的祖先在宋国灭败。他的先祖弗父何本来继位做宋国国君，却让位于他的弟弟厉公。到他的另一个先祖正考父时，历佐宋戴公、宋武公、宋宣公三朝，三次受命一次比一次恭敬，所以正考父鼎的铭文说：'第一次任命鞠躬而受，第二次任命时弯腰而受，第三次任命时俯首而受。走路时顺墙根快走，也没人敢欺侮我；我就在这个鼎中做些面糊粥以糊口度日。'他就是这般恭谨节俭。我听说圣人的后代，虽不一定做国君执政，但必定会有才德显达的人出现。如今，孔子年少而好礼，他不就是才德显达的人吗？

如果我死了，你一定要以他为师。等到孟釐子死后，孟懿子和鲁国人南宫敬叔便前往孔子处学礼。这一年，季武子死了，由平子继承了卿位。

孔子家境贫穷，社会地位低下。到长大之后，曾给季氏做过管理仓库的小吏，出纳钱粮算得公平准确；也曾担任过管理牧场的小吏，牲畜蕃息。因此，他又升任主管营建工程的司空。过了不多久，他离开了鲁国，在齐国受到排斥，在宋国、卫国遭遇到驱逐，又在陈国和蔡国之间被围困，最后又返回了鲁国。孔子身高九尺六寸，人们都称他为“长人”，觉得他与一般人不一样。鲁国后来对他好了，所以他终于返回了鲁国。

鲁国人南宫敬叔对鲁昭公说：“请让我与孔子一起到周去。”鲁昭公就给了他一辆车子、两匹马、一名童仆，随他出发，到周去学礼，据说是见到了老子。告辞时，老子送他们时说：“我听说富贵的人是用财物送人，品德高尚的人是用言辞送人。我不是富贵的人，只能窃用品德高尚人的名号，用言辞为您送行。这几句话是：‘聪明深察的人常常受到死亡的威胁，那是他喜欢议论别人的缘故；博学善辩识见广大的人常遭困厄危及自身，那是他好揭发别人罪恶的缘故。做子女的要忘掉自己而心想父母，做臣下的要忘掉自己而心存君主。’”孔子从周回到鲁国之后，跟从他学习的弟子就渐渐多起来了。

在这个时候，晋平公淫乱无道，韩氏、赵氏、魏氏、中行氏、范氏、知氏六家大臣把持国政，不断出兵攻打东边的侯国。楚灵王军队强大，也时常侵犯中原各国。齐是大国，又靠近鲁国。鲁国既小又弱，归附楚国，就惹怒晋国；归附晋国，就招致楚国来讨伐；对于齐国如果侍候不周到，齐国的军队就侵犯鲁国。

鲁昭公二十年（前522），这时孔子三十岁了。齐景公带晏婴来到鲁国。景公问孔子说："从前秦穆公国家小而又处于偏僻的地方，他能够称霸，这是什么原因呢?"孔子回答说："秦国虽小，志向却很大；所处地方虽然偏僻，但施政很恰当。秦穆公亲自任用以五张黑公羊皮赎来的百里奚，授给他大夫的官爵，把他从拘禁中解救出来，就与他一连谈了三天的话，随后就把执政大权交给他了。用这种精神来治理国家，就是统治整个天下也是可以的，他当个霸主还算是小的呢。"景公听了很高兴。

孔子三十五岁的时候，季平子因为与郈昭伯斗鸡结怨的事得罪了鲁昭公，昭公率军队攻打平子。平子和孟孙氏、叔孙氏三家联合攻打昭公，昭公的军队吃了败仗，逃奔到齐国，齐国把昭公安置在乾侯这个地方。其后过了不久，鲁国发生了变乱。孔子来到齐国，做了高昭子的家臣，想借高昭子的关系接近景公。他与齐国的乐官谈论音乐，听到了舜时的《韶》乐，就学习了起来，有三个月的时间竟尝不出肉的味道，齐国人都称赞他。

齐景公向孔子请教如何为政，孔子说："国君要像国君的样子，臣子要像臣子的样子，父亲要像父亲的样子，儿子要像儿子的样子。"景公听了后说："对极了！假如国君不像个国君，臣子不像个臣子，父亲不像个父亲，儿子不像个儿子，即使有很多的粮食，我怎么能吃得着呢！”改日，景公又向孔子请教为政的道理。孔子说：“管理国家最重要的是节约开支，杜绝浪费。”景公听了很高兴，打算把尼谿的田地封赏给孔子。晏婴劝阻说：“儒者这种人，能说会道，是不能用法来约束他们的；他们高傲任性自以为是，不能任为下臣使用；他们重视丧事，竭尽哀情，为了葬礼隆重而不惜倾家荡产，不能让这种做法形成风气；他们四处游说乞求官禄，不能用他们来治理国家。自从那些圣贤相继下世以后，周王室也随之衰微下去，礼崩乐坏已有好长时间了。现在，孔子讲究仪容服饰，详定繁琐的上朝下朝礼节，刻意于快步行走的规矩。这些繁文缛节，就是几代人也学习不完，毕生也搞不清楚。您如果想用这套东西来改变齐国的风俗，恐怕这不是引导老百姓的好办法。”之后，齐景公虽然很有礼貌地接见孔子，可不再问起有关礼的问题了。有一天，景公慰留孔子说：“用给季氏那样高的待遇给您，我做不到。”所以，就用上卿季孙氏、下卿孟孙氏之间的待遇给孔子。齐国的大夫中有人想害孔子，孔子听到了这个消息。景公对孔子说：“我已年老了，不能重用你了。”孔子于是就离开齐国，返回了鲁国。

孔子四十二岁那年，鲁昭公死在齐国的乾侯，鲁定公继位。定公继位的第五年夏天，季平子死了，季桓子继立为上卿。季桓子掘井时掘得一个腹大口小的陶器，里面有个像羊的东西，告诉孔子时却谎称“得到一只狗”。孔子说：“据我所知，那里面是羊。我听说，山林中的怪物是一种叫‘夔’的单足兽和会学人声的山精‘罔阆’，水中的怪物是神龙和叫

‘罔象’的水怪，泥土中的怪物是一种雌雄未明的‘坟羊’。”

吴国攻打越国，把越国的国都会稽摧毁了，得到一节骨头，有一辆车长。吴国派使者来问孔子：“什么骨头最大?”孔子说：“大禹召集群神到会稽山，防风氏迟到，大禹就把他杀死并陈尸示众，他的骨头一节就有一车长，这就是最大的骨头了。”吴国的使者又问：“那神又是谁呢?”孔子说：“山川的神灵能兴云致雨足可造福天下，负责监守山川按时祭祀的就是神。守土地和谷物的就是公侯，他们都隶属于王者。”吴使又问：“防风氏是监守什么的?”孔子说：“汪罔氏的君长监守封山和禺山一带的祭祀，是釐姓。在虞、夏、商三叫汪罔，在周叫长翟，现在叫作大人。”吴使问：“人的身高有多少?”孔子回答说：“僬侥氏身高三尺，是最矮的了；高的不过三丈，数得上是最高的了。”吴国使者听了之后说：“了不起呀圣人!”

季桓子有个宠臣叫仲梁怀，与阳虎有怨仇。阳虎想要驱逐仲梁怀，季氏家臣公山不狃阻止了他。这年秋天，仲梁怀更加骄横了，阳虎把他捉了起来。季桓子对此很恼怒，阳虎就把季桓子也囚禁了起来，直到季桓子认输订立了盟约才把他释放出来。阳虎从此以后更加看不起季氏。季氏办事也竟然凌驾于鲁君之上，鲁国出现了大臣专权的局面。因此，鲁国自大夫以下都不守礼分，超越职权违背了正道。所以，孔子不愿意再在鲁国做官了，退闲在家，专心研究整理《诗》《书》《礼》《乐》这些典籍。学生们越来越多，有的甚至来自远方，无不虚心向孔子求教。

鲁定公八年（前502），公山不狃在季桓子手下感到不如意，就利用阳虎作乱，打算废掉季孙氏、孟孙氏、叔孙氏三家的嫡生嗣子，另立平日为阳虎所喜欢的庶子，于是就把季桓子抓了起来。桓子用计骗了他，才得以逃脱。鲁定公九年（前501），阳虎作乱失败，逃奔到了齐国。这时，孔子五十岁。

公山不狃凭借费城反叛季氏，他派人来召请孔子去帮忙。孔子探索所依循的治国之道已经很久了，但郁郁不得志，无处可以施展，没有人能任用自己，就说："当初周文王、周武王兴起于丰、镐而建立了王业，现在费城虽然小，该也差不多吧！"他想要应召前去。子路不高兴，阻止孔子。孔子说："他们请我去，难道会让我白白跑一趟吗？如果重用了我，我将在东方建立一个像周那样的王朝！"然而，最终也没能成行。

以后，鲁定公任命孔子做了中都长官。一年后，各地都效法他的治理办法。孔子便由中都长官提升为司空，又由司空提升为大司寇。

鲁定公十年（前500）的春天，鲁国与齐国和解。到了夏天，齐国大夫黎钽对景公说："鲁国起用了孔丘，势必危及齐国。"于是，齐景公就派使者告诉鲁国，说要与鲁定公行友好会晤，约定会晤的地点在夹谷。鲁定公准备好车辆随从，毫无戒备地前去赴约。孔子以大司寇的身份，兼办会晤典礼事宜。他对定公说："我听说办理外交必须有武装准备，办理武事也必须有外交配合。从前，侯出了自己的疆界，一定要带齐必要的官员随从。请求您安排左、右司马一起去。”定公说：“好的。”就带了左、右司马一道去。定公在夹谷与齐侯相会。在那里修筑了盟坛，坛上备好席位，设置了三级登坛的台阶，用国君相遇的简略礼节相见，拱手揖让登坛。彼此馈赠应酬的仪式行过之后，齐国管事的官员快步上前请示说：“请开始演奏四方各族的舞乐。”齐景公说：“好的。”于是，齐国的乐队以旌旗为先导，有的头戴羽冠，身披皮衣，有的手执矛、戟、剑、楯等武器也跟着上台了，喧闹着一拥而上。孔子见状，赶忙跑过来，一步一阶快步登台，还差一级台阶时，便扬起衣袖一挥，说道：“我们两国国君为和好而来相会，为什么在这里演奏夷狄的舞乐？请命令管事官员叫他们下去！”主管官员叫乐队退下，他们却不肯动，左右看看晏婴与齐景公的眼色。齐景公心里很惭愧，挥手叫乐队退下去。过了一会儿，齐国的管事官员又跑来说道：“请演奏宫中的乐曲。”景公说：“好的。”于是，一些歌舞杂技艺人和身材矮小的侏儒都前来表演了。孔子看了，又急跑过来，一步一阶往台上走，最后一阶还没有迈上就说：“普通人敢来胡闹迷惑诸侯，论罪当杀！请命令主事官员去执行！”于是，主事官员依法将他们处以腰斩，叫他们来个手足异处。齐景公大为恐惧，深深触动，知道自己道理上不如他，回国之后很是恐慌，告诉他的大臣们说：“鲁国是用君子的道理来辅佐他们的国君，而你们却仅拿夷狄的办法教我，使我得罪了鲁国国君，这该怎么办呢？”主管官员上前回答说：“君子有了过错，就用实际行动来向人家道歉认错；小人有了过错，就用花言巧语来谢罪。您如果痛心，就用具体行动来表示道歉吧。”于是，齐景公就退还了从前所侵夺的鲁国郓、汶阳、龟阴的土地，以此来向鲁国道歉并悔过。

鲁定公十三年（前497）的夏天，孔子对定公说：“臣下的家中不能收藏武器，大夫的封邑不能筑起高一丈长三百丈的城墙。”于是，就派仲由去当季氏的管家，打算拆毁季孙、孟孙、叔孙三家封邑的城墙。这时，叔孙氏首先把郈邑的城墙拆了。季孙氏也准备拆费邑的城墙，公山不狃和叔孙辄就带领费邑的人袭击鲁国。鲁定公和季孙、孟孙、叔孙三人就躲进了季孙的住宅，登上了季孙武子的高坛。公山不狃率领的费邑人进攻他们，没有能打进去，但有的人已经突入鲁定公所登高坛的近侧。孔子命令申句须、乐颀下台来攻打他们，费邑人失败逃走，鲁国人乘胜追击，在姑蔑把他们彻底击溃。公山不狃、叔孙辄两人逃到了齐国，费邑的城墙终于被拆毁了。接着，准备拆成城。孟孙氏的家臣公敛处父告诉孟孙说：“拆除了成邑的城墙，齐国人必将进逼到我们的北大门。且成城又是你们孟氏的屏障，没有成城也就等于没有孟氏。我不打算拆毁。”十二月，鲁定公率兵包围了成城，没有攻下来。

鲁定公十四年（前496），孔子五十六岁，他由大司寇理国相职务，脸上露出喜悦神色。他的弟子说：“听说君子大祸临头不恐惧，大福到来也不喜形于色。”孔子说：“有这句话，但不是还有一句‘乐在身居高位而礼贤下士’的话吗？”于是，就把扰乱国政的大夫少正卯杀了。孔子参与国政三个月，贩卖猪、羊的商人就不敢漫天要价了；男女行人都分开走路；掉在路上的东西也没人捡走；各地的旅客来到鲁国的城邑，用不着向官员们求情送礼，都能得到满意的照顾，好像回到了家中一样。

齐国听到了这个消息就害怕了起来，说："孔子在鲁国执政下去，一定会称霸。一旦鲁国称霸，我们靠它最近，必然首先来吞并我们。何不先送一些土地给他们呢？"黎钼说："我们先试着阻止他们一下，如果不成，再送给他们土地，这难道还算迟吗！"于是，就从齐国挑选了八十个美貌女子，都穿上华丽的衣服，教她们学会跳《康乐》的舞蹈，身上有花纹的马一百二十匹，一起送给鲁君。先把女乐和纹马彩车安置在鲁城南面的高门外。季桓子身着便服前往观看再三，打算接受下来，就告诉鲁君以外出到各地周游视察为名，乘机整天到南门观齐国的美女和骏马，连国家的政事也懒得去管理了。子路看到这种情形，便对孔子说："老师，我们可以离开这里了吧。"孔子说："鲁国现在就要在郊外祭祀，如果能按照礼法把典礼后的烤肉分给大夫们，那么我还可以留下不走。"季桓子终于接了齐国送来的女子乐团，一连三天不过问政务；在郊外祭祀结束后，又违背常礼，没把烤肉分给大夫们。孔子于是离开了鲁国，当天就在屯地住宿过夜。鲁国一个名叫师己的乐师来为他送行，说道："先生，您是没有过错的。"孔子说："我唱一首歌，好不好？"于是唱道："那些妇人的口，可以把大臣和亲信撵走；接近那些妇女，可以使人败事亡身。悠闲啊悠闲，我只有这样安度岁月！"师己返回后，桓子问他："孔子说了些什么？"师己如实相告。桓子长叹一声，说："先生是怪罪我们接受了齐国那一群女乐的缘故啊！"

孔子于是到了卫国，寄住在子路妻子的兄长颜浊邹家中。卫灵公问孔子："你在鲁国得到的俸禄是多少？"孔子回答说："俸米六万斗。"卫国也照样给了他俸米六万斗。过了不多久，有人向卫灵公说了孔子的坏话，卫灵公就派公孙余假用兵仗监视孔子的出入。孔子害怕在这里获罪，居住了十个月，就离开了卫国。

孔子将要到陈国去，经过一个叫匡的地方。弟子颜刻替他赶车，颜刻用马鞭子指着说："从前我进入过这个城，就是由那缺口进去的。"匡人听说，误以为鲁国的阳虎来了，阳虎曾经残害过匡人，于是匡人就围困了孔子。孔子的模样很像阳虎，所以被困在那里整整五天。颜渊后来赶到，孔子说："我还以为你死了。"颜渊说："老师您活着，我怎么敢死！"匡人围攻孔子越来越急，弟子们都很害怕。孔子说："周文王已经死去，周代的礼乐制度不就在我们这里吗？上天如果要毁灭这些礼乐制度的话，就不会让我们这些后死的人承担起维护它的责任。上天并没有要消灭周代的这些礼乐，匡人又能把我怎么样呢！"孔子派一个跟从他的人到宁武子那里称臣，然后才得以离开匡地。

孔子离开匡地之后，就到了一个叫蒲的地方。过了一多月，又返回了卫国，寄住在蘧伯玉家。卫灵公有个叫南子的夫人，派人对孔子说："各国的君子，凡是看得起我们国君，愿意与我们国君建立像兄弟一样交情的，必定会来见见我们南子夫人的，我们南子夫人也愿意见见您。"孔子开始还推辞谢绝一番，最后不得已才去见她。南子夫人坐在葛布做的帷帐中等待。孔子进门后，面朝北叩头行礼。南子夫人在帷帐中拜了两拜，她披戴的环佩玉器首饰发出了叮当撞击的清响。事后，孔子说："我本来就不愿见她，现在既然不得已见了，就得还她以礼。"子路不高兴。孔子发誓说："我假若不对的话，上天一定厌弃我！上天一定厌弃我！"在卫国住了一个多月，灵公与夫人南子同坐了一辆车子，宦官雍渠陪侍车右，出宫后，让孔子坐在第二辆车子上跟从，大摇大摆地从市上走过。孔子说："我没有见过喜好道德像这样喜欢美色的人啊。"于是，他对卫灵公的所作所为感到厌恶，就离开卫国，往曹国去了。这一年，鲁定公死了。

孔子离开曹国到达宋国，与弟子们在大树下演习礼仪。宋国的司马桓魋想杀死孔子，就把树砍掉了。孔子只得离开这个地方。弟子们催促说："我们可以快点走了。"孔子说："上天既然把传道德的使命赋予我，桓魋他又能把我怎么样！"

孔子到了郑国，与弟子们走失散了，孔子一个人站在外城的东门。郑国有人看见了，就对子贡说："东门有个人，他的额头像唐尧，脖子像皋陶，肩膀像郑子产，可是从腰部以下比禹短了三寸，一副狼狈不堪、没精打采的样子，真像一条丧家狗。"子贡见面后，把原话如实地告诉了孔子。孔子高兴地说道："他形容我的相貌，不一定对，但说我像条丧家狗，对极了！对极了！"

孔子于是到达陈国，寄住在司城贞子家里。过了一年多，吴王夫差来攻打陈国，夺取了三个城邑才退兵。赵鞅攻打朝歌。楚国包围了蔡国，蔡国迁移到吴地。吴国在会稽打败了越王句践。

有一天，许多只隼落在陈国的宫廷中死了，有楛木做的箭穿在身上，箭头是石头制作的，箭长一尺八寸。陈湣公派使者向孔子请教，孔子说：“这些隼是从很远的地方飞来的，这是肃慎部族的箭。从前周武王伐纣灭商，沟通了与各少数民族的联系，让九夷百蛮各族都贡献各自的地方特产，叫他们不能忘记自己的职责和义务。于是，肃慎部族献来楛木做的箭和石头制作的箭头，长一尺八寸。周武王为了显示他的美德，就把肃慎部族的箭分给长女太姬。后来，太姬嫁给了虞胡公，虞胡公又封在陈国。当初王室分珍宝玉器给同姓诸侯，是为了表示重视亲族；把远方的贡品分赠给同姓诸侯，是为了表示重视亲族；把远方的贡品分赠给异姓诸侯，是为了让他们不要忘服从周王朝。所以，把肃慎部族的箭分给陈国。”陈湣公听了，叫人到过去收藏各方贡物的仓库中去找一找，果然找到了这种箭。

孔子在陈国居住了三年，正好遇上晋国、楚国争霸，两国轮番攻打陈国，直到吴国攻打陈国为止，陈国常常遭受侵犯。孔子说：“回去吧，回去吧！我家乡的那些弟子，志气很大，只是行事阔一些，他们都很有进取心，也没有忘记自己的初衷。”于是，孔子就离开了陈国。

孔子路过一个叫蒲的地方，正好遇上公叔氏据蒲反叛卫国，蒲人扣留了孔子。弟子中有个叫公良孺的，自己带了五辆车子跟随孔子周游各地。他这个人身材高大，有才德，且有勇力，对孔子说：“我从前跟随老师周游在匡地遇到危难，如今又在这里遇到危难，这是命里注定的吧。我和老师若再遭难，可搏斗而死。”公良孺跟蒲人打得很激烈，蒲人害怕了，对孔子说：“如果你不到卫国去，就放你们走。”孔子与他们订立了盟约，这才放孔子他们从东门出去。孔子于是到了卫国。子贡说：“盟约可以违背吗?”孔子说：“在要挟下订立的盟约，神是不会认可的。”

卫灵公听说孔子到来，很高兴，亲自赶到郊外迎接。灵公问孔子说：“蒲这个地方可以讨伐吗?”孔子回答说：“可以。”灵公说：“我的大夫却认为不可以讨伐，因为现在的蒲是防御晋、楚的屏障，用我们卫国的军队去攻打，恐怕是不可以的吧?”孔子说：“蒲地的男子有誓死效忠卫国的决心，妇女有守卫西河这块地方的愿望。我所说要讨伐的，只是四五个领头叛乱的人罢了。”卫灵公说：“很好。”但是，没有出兵去讨伐叛乱。

卫灵公年纪老了，懒得处理政务，也不起用孔子。孔子长叹了一声说：“如果有人起用我，一年时间就差不多了，三年就会大见成效。”孔子只好离开。

佛肸做中牟的长官。晋国的赵简子攻打范氏、中行氏，讨伐中牟。佛肸就占据中牟，反叛赵简子，并派人招请孔子。孔子打算去。子路说：“我听老师说过：‘亲自做坏事的人那里，君子是不去的。’现在，佛肸自己占据中牟反叛，您想前去，这是为什么呢?”孔子说：“我是说过这句话。但我不也说过，坚硬的东西是磨不薄的；不也说过，洁白的东西是染不黑的。我难道是只中看不能吃的匏瓜吗？怎么可以老是挂着却不给人吃呢?”

有一次，孔子正敲着磬，有个背着草筐的人路过门口，说道:“有心思啊，这个击磬人，磬敲得又响又急。既然人家不赏识自己，那就算了吧!”

孔子向师襄子学习弹琴，一连学了十天，也没增学新曲子。师襄子说:“可以学些新曲了。”孔子说:“我已经熟习乐曲了，但还没有熟练地掌握弹琴的技法。”过了些时候，师襄子又说:“你已熟习弹琴的技法了，可以学些新曲子了。”孔子说:“我还没有领会乐曲的意蕴。”又过了些时候，师襄子说:“你已领会乐曲的意蕴了，可以学些新曲子了。”孔子说:“我还没有体会出作曲者是怎样的一个人。”过了些时候，孔子肃穆沉静，深思着什么，接着又心旷神怡，显出志向远大的样子。他说:“我体会出作曲者是个什么样的人了:他的肤色黝黑，身材高大，目光明亮而深邃，好像一个统治四方侯的王者。除了周文王，又有谁能够如此呢!”师襄子恭敬地离开座位，给孔子拜了两拜，说:“我老师原来说过，这是《文王操》呀。”

孔子既然得不到卫国的重用，打算西游去见赵简子。到了黄河边，听到窦鸣犊、舜华被杀的消息，就面对着黄河感慨地叹气说:“壮美啊黄河水，浩浩荡荡多么盛大，我之所以不能渡过黄河，也是命运的安排吧!”子贡赶上前去问:“冒昧地请问老师，这话是什么意思?”孔子说:“窦鸣犊、舜华两个人，都是晋国有才德的大夫。当赵简子还没有得志的时候，是依靠这两个人才得以从政的;等到他得志了，却杀了他们来执掌政权。我听说过，一个地方剖腹取胎杀害幼兽，麒麟就不来到它的郊野；排干了池塘水抓鱼，那么龙就不调合阴阳来兴云致雨了；倾覆鸟巢毁坏鸟卵，凤凰就不愿来这里飞翔。这是为什么呢？君子忌讳伤害他的同类。那些鸟兽对于不义的行为尚且知道避开，何况我孔丘呢！”于是，便回到老家陬乡休息，创作了《陬操》的琴曲来哀悼窦鸣犊、舜华两个贤人。随后，又回到卫国，寄住在蘧伯玉家。

有一天，卫灵公向孔子问起军队列阵作战的事。孔子回答说：“祭祀的事，我倒曾经听说过。排兵布阵的事，我还不曾学过呢。”第二天，卫灵公与孔子谈话的时候，看见空中飞来大雁，就只顾抬头仰望，神色不在孔子身上。孔子于是就离开了卫国，再往陈国。

这年夏天，卫灵公死了，他的孙子辄立为国君，这就是卫出公。六月间，赵鞅把流亡在外的卫灵公太子蒯聩接纳到戚地。阳虎让太子蒯聩穿上孝服，又让八个人披麻戴孝，装扮成是从卫国来接太子回去奔丧的样子，进了戚城，就在那里住了下来。冬天，蔡国迁都到州来。这一年是鲁哀公三年，孔子已六十岁了。齐国帮助卫国包围了戚城，是卫太子蒯聩在那儿的缘故。

还是这一年夏天，鲁桓公、釐公的庙堂起火烧了起来。南宫敬叔去救火。孔子在陈国听到了这个消息，就说：“火灾一定在桓公、釐公的庙堂吧？”不久证实，果然如他所言。

这年秋天，季桓子病重，乘着辇车望见鲁城，感慨地长叹一声说：“从前这个国家几乎兴旺了，因为我得罪了孔子，所以没有兴旺起来。”回头又对他的嗣子季康子说：“我要是死了，你一定会接掌鲁国的政权辅佐国君。你掌政之后，一定要召回孔子。”过了几天，季桓子死了，季康子继承了他的职位。丧事办完之后，想召回孔子。大夫公之鱼说：“从前我们的国君定公曾经任用过他，没能有始有终，最后被诸侯耻笑。现在你再任用他，如果也不能善终，这会再次招来诸侯的耻笑。”季康子说：“那么，召谁才好呢？”公之鱼说：“一定要召冉求。”于是，就派人召回了冉求。冉求准备起身前往。孔子说：“这次鲁国召冉求回去，不会小用，该会重用他。”就在这一天，孔子说：“回去吧，回去吧！我家乡的那些弟子志向高远而行事疏阔，为文富有文采，我真不知从何下手来教育他们才好。”子贡知道孔子思念家乡想回去，在送冉求时，叮嘱过他“你要是被重用了，要想着把老师请回去”之类的话。

冉求离去之后，第二年，孔子从陈国移居蔡国。蔡昭公准备到吴国去，是吴国召他去的。从前昭公欺骗他的大臣，把国都迁到了州来，这次将要前往，大夫们担心他又要迁都，公孙翩就在路上把蔡昭公射死了。接着，楚军就来侵犯蔡国。同年秋天，齐景公死了。

第二年，孔子从蔡国前往叶地。叶公问孔子为政的道理，孔子说：“为政的道理在于招纳远方的贤能，使近处的人归服。”有一天。叶公向子路问孔子的情况，子路不回答。孔子听说这件事后，就对子路说：“仲由，你为什么不对他说：‘他这个人呀，学习起道理来不知疲倦，教导人全不厌烦，发愤学习时忘记了吃饭，快乐时忘记了忧愁，以至于连衰老就将到来也不知道。’”

孔子离开楚国的叶地回到蔡国。在路上遇见长沮、桀溺两人并肩耕田，孔子以为他们是隐士，就叫子路前去打听渡口在什么地方。长沮说：“那个拉着马缰绳的人是谁?”子路回答说：“是孔丘。”长沮又问：“是鲁国的孔丘吧?”子路说：“是的。”长沮说：“那他应该知道渡口在哪儿了。”桀溺又问子路：“你是谁?”子路说：“我是仲由。”桀溺说：“你是孔丘的门徒吗?”子路说：“是的。”桀溺说：“天下到处都在动荡不安，而谁能改变这种现状呢？况且你与其跟着那逃避暴乱臣的人四处奔走，还不如跟着我们这些躲避乱世的人呢。”说完，就继续不停地耕田。子路把此话告诉了孔子，孔子失望地说：“我们不能居住在山林里与鸟兽同群，要是天下太平，我也用不着到处奔走想改变这个局面了。”

有一天，子路一个人行走的时候，路遇一位肩扛除草工具的老人。子路问他：“您看见过我的老师吗?”老人说：“你们这些人，四肢不勤劳，五谷分辨不清，谁是你的老师我怎么会知道?”说完，就拄着拐杖拔草去了。事后，子路把这些经过告诉了孔子。孔子说：“这是位隐士。”孔子叫子路再到那里看看，老人已经走了。

孔子迁居蔡国三年，吴国攻打陈国。楚国救援陈国，军队驻扎城父。听说孔子住在陈国和蔡国的边境，楚国便派人去聘请孔子。孔子正要前往拜见接受聘礼，陈国、蔡国的大夫商议说：“孔子是位有才德的贤人，他所指责讽刺的都切中诸侯的弊病。如今长久地停留在我们陈国和蔡国之间，大夫们的施政措施、所作所为都不合仲尼的意思。如今的楚国，是个大国，却来聘请孔子。如果孔子在楚国被重用，那么我们陈蔡两国掌权的大夫们就危险了。”于是，他们双方就派了一些服劳役的人把孔子围困在野外。孔子和他的弟子无法行动，粮食也断绝了。跟从的弟子饿病了，站都站不起来。孔子却还在不停地给大家讲学，朗诵诗歌、歌唱、弹琴。子路很生气地来见孔子：“君子也有困窘的时候吗？”孔子说：“君子在困窘面前能坚守节操不动摇，小人遇到困窘就会不加节制，什么过火的事情都做得出来。”

这时，子贡的脸色也变了。孔子说：“赐啊，你认为我是博学强记的人吗？”子贡回答说：“是的。难道不对吗？”孔子说：“不是的。我是用一种基本原则贯穿于全部知识的。”

孔子知道弟子们心中不高兴，便叫来子路问道：“《诗经》上说：‘不是犀牛也不是老虎，然而它徘徊在旷野。’难道是我们学说有什么不对吗？我们为什么会落到这种地步呢？”子路说：“大概是我们的德还不够吧？所以人家不信任我们。想必是我们的智谋还不够吧？所以人家不放我们通行。”孔子说：“有这样的话吗？仲由啊，假使有仁德的人必定能使人信任，哪里还会有伯夷、叔齐饿死在首阳山呢？假使有智谋的人就能通行无阻，哪里会有王子比干被剖心呢？”

子路退出，子贡进来见孔子。孔子对子贡说：“赐啊，《诗经》上说：‘不是犀牛也不是老虎，然而它徘徊在旷野。’难道是我们的学说有什么不对吗？我们为什么落到这种地步呢？”子贡说：“老师的学说博大到极点了，所以天下没有一个国家能容纳老师。老师何不稍微降低一些您的要求呢?”孔子说:“赐啊,好的农夫虽然善于耕种,但他不一定有好的收获;好的工匠虽然有精巧的手艺,但他的所作未必能使人们都称心如意。有修养的人能研修自己的学说,就像网一样,先构出基本的宏观体系,然后再逐步充实完善,但不一定为世人所接受。现在你不去研修自己的学说,反而想降格来迎合世俗。赐啊,你的志向太不远大了。”

子贡出去之后,颜回进来见孔子。孔子说:“回啊,《诗经》上说:‘不是犀牛也不是老虎,然而它徘徊在旷野上。’难道是我们的学说有什么不对吗?我们为什么落到这种地步呢?”颜回说:“老师的学说博大到极点了,所以天下没有一个国家能容纳老师。虽然是这样,老师还是要推行自己的学说,不被天下接受又有什么关系呢?不被接受,这样才能显示君子的本色!一个人不研修自己的学说,那才是自己的耻辱。至于已下大力研修的学说不为人所用,那是当权者的耻辱了。不被天下接受,又有什么关系呢?不被接受,这样才能显出君子的本色!”孔子听了,欣慰地笑着说:“是这样的啊,姓颜的小伙子!假使你有很多钱财,我愿意给你做管家。”

于是,派子贡到楚国去。楚昭王调动军队来迎接孔子,这才免除了这场灾祸。

楚昭王想把有户籍登记的七百里地方封给孔子。楚国的令尹子西阻止说:“大王派往各侯国的使臣,有像子贡这样的吗?”昭王说:“没有。”子西又问:“大王的左右辅佐大臣,有像颜回这样的吗?”昭王说:“没有。”子西又问:“大王的将帅，有像子路这样的吗？”昭王回答说：“没有。”子西还问：“大王的各部主事官员，有像宰予这样的吗？”昭王回答说：“没有。”子西接着说：“况且我们楚国的祖先在受周天子分封时，封号是子爵，土地跟男爵相等，方圆五十里。现在，孔丘讲述三皇五帝的治国方法，申明周公旦、召公奭辅佐周天子的事业。大王如果任用了他，那么楚国还能世世代代保有方圆几千里的土地吗？想当年，文王在丰邑、武王在镐京，作为只有百里之地的主，最终能统治天下。现在如让孔丘拥有那七百里土地，再加上那些有才能的弟子辅佐，这不是楚国的福音啊。”昭王听了，就打消了原来的想法。这年秋天，楚昭王死在城父。

楚国的狂人接舆有一天唱着歌走过孔子的车子，说：“凤凰呀，凤凰呀，你的美德为什么这么不景气？过去的不能再挽回，未来的还可以再赶得上。算了吧，算了吧！现在从政的人都是很危险的啊！”孔子下了车，想和他谈谈，他却快步走开了，没能跟他说上话。

于是，孔子从楚国返回了卫国。这一年，孔子六十三岁，是鲁哀公六年（前489）。

第二年，吴国和鲁国在一个叫缯的地方会盟，吴国要求鲁国提供百牢的祭品。吴国的太宰嚭召见季康子。季康子就派子贡前往交涉，然后鲁国才纳百牢祭品。

孔子说：“鲁国、卫国的政治情况，如同兄弟一般相似。”这个时候，卫出公辄的父亲蒯聩没有继位做国君，流亡在外，诸侯对此事屡加指责。而孔子的弟子很多在卫国做官，卫出公辄也想请孔子出来执政。子路问孔子说："卫国国君想请您出来执政，您打算首先做什么呢？"孔子回答说："那我一定首先正名分！"子路说："有这样的事吗，老师您太迂阔了！为什么要首先正名分呢？"孔子说："鲁莽啊，仲由！要知道，名分不正，说出的话来就不顺当；说话不顺当，那么事情就办不成；事情办不成，那么礼乐教化就不能兴盛；礼乐教化不兴盛，那么刑罚不准确适度，那么老百姓就手足无措，不知怎么办才好。所以，君子办事必须符合名分，说出来的话，一定要切实可行。君子对于他所说出来的话，应该毫不苟且随便才行啊。"

第二年（实为前484），冉有为季氏统率军队，在郎地同齐国作战，打败了齐国的军队。季康子对冉求说："您的军事才能，是学来的呢，还是天生的呢？"冉有回答说："我是从孔子那里学来的。"季康子又问："孔子是怎样的一个人呢？"冉有回答说："任用他要符合名分，他的学说不论是传布到百姓中，还是对质于鬼神前，都是没有遗憾的。我对于军事，虽然有功而累计封到二千五百户人家，而孔子却会毫不动心的。"康子说："我想召请他回来，可以吗？"冉有说："你想召请他回来，只要不让小人从中阻碍他，就可以了。"当时，卫国大夫孔文子准备攻打太叔，向孔子问计策。孔子推辞说不知道，他回到住处便立即吩咐备车离开了卫国，说道："鸟能选择树木栖息，树木怎能选择鸟呢？"孔文子坚决挽留他。恰好季康子派来公华、公宾、公林，带着礼物迎接迎孔子，孔子就回鲁国去了。

孔子离开鲁国一共经过十四年，又回到鲁国。

鲁哀公向孔子问为政的道理，孔子回答说："为政最重要的是选择好大臣。"季康子也向孔子问为政的道理，孔子说："要举用正直的人，抛弃邪曲的人，那样就使邪曲的人变为正直的人了。"季康子忧虑盗窃，孔子说："如果你自己没有欲的话，就是给奖赏，人们也是不会去偷窃的。"但是，鲁国最终也不能重用孔子，孔子也不要求出来做官。

孔子的时代，周王室衰微，礼崩乐坏，《诗》《书》也残缺不全了。孔子探究夏、商、西周三代的礼仪制度，编定了《书传》的篇次，上起唐尧、虞舜之时，下至秦穆公，依照事情的先后，加以整理编排。孔子说："夏代的礼仪制度我还能讲出来，只是夏的后代杞国没有留下足够证明这些的文献了。殷商的礼仪制度我也能讲出来，只是殷商的后代宋国没有留下足够证明这些制度的文献了。如果杞、宋两国有足够的文献，我就能证明这些制度了。"孔子考察了殷代继承夏代对礼仪制度所作的增减之后说："将来即使经过一百代，那增减的也是可以预知的，因为一种是重视文采，另一种是重视朴实。周代的礼仪制度是在参照了夏代和殷代的基础上制定的，多么丰富多彩呀，我主张用周代的礼仪。"所以，《书传》《礼记》都是孔子编定的。

孔子曾对鲁国的乐官太师说："音乐是可以通晓的。刚开始演奏的时候要互相配合一致，继续下去是节奏和谐，声音清晰，连续不断，这样直到整首乐曲演奏完成。"孔子又说："我从卫国返回鲁国之后，就开始订正诗乐，使《雅》《颂》

都恢复了原来的曲调。”

古代留传下来的《诗》有三千多篇，到孔子时，他把重复的删掉了，选取中合于义的用于礼义教化，最早的是追述殷始祖契、周始祖后稷，其次是叙述殷、周两代的兴盛，直到周幽王、周厉王的政治缺失，而开头的则是叙述男女夫妇关系和感情的诗篇，所以说：“《关雎》这一乐章作为《国风》的第一篇，《鹿鸣》作为《小雅》的第一篇；《文王》作为《大雅》的第一篇；《清庙》作为《颂》的第一篇。”三百零五篇诗，孔子都能将其演奏歌唱，以求合于《韶》《武》《雅》《颂》这些乐曲的音调。先王的礼乐制度从此才恢复旧观而得以称述，王道完备了，孔子也完成了被称为“六艺”的《诗》《书》《乐》《易》《礼》《春秋》的编修。

孔子晚年喜欢钻研《周易》，他详细解释了《彖辞》《系辞》《象辞》《说卦》《文言》等。孔子读《周易》刻苦勤奋，以致把编穿书简的牛皮绳子也弄断了多次。他还说：“再让我多活几年，这样的话，我对《周易》的文辞和义理就能够充分掌握理解了。”

孔子用《诗》《书》《礼》《乐》作教材教育弟子，就学的弟子大约在三千人，其中能精通礼、乐、射、御、书、数这六种技艺的有七十二人。至于像颜浊邹那样的人，多方面受到孔子的教诲却没有正式入籍的弟子就更多了。

孔子教育弟子有四个方面：学问、言行、忠恕、信义。他为弟子订四条禁律：不揣测、不武断、不固执、不自以为是。他认为应当特别谨慎处理的是：斋戒、战争、疾病。孔子很少谈到利，如果谈到，就与命运、仁德联系起来。他教育弟子的时候，不到人家真正遇到困难、烦闷发急的时候，不去启发开导他。他讲出一个道理，弟子不能触类旁通，他就不再重复讲述了。

孔子在自己的乡里，谦恭得像个不善言谈的人。他在宗庙祭祀和朝廷议政这些场合，却能言善辩，言辞明晰而又通达，然而又很恭谨小心。上朝时，与上大夫交谈，态度和悦，中正自然；与下大夫交谈，就显得和乐安详了。

孔子进入国君的公门，低头弯腰，恭敬谨慎，进门后急行而前，恭而有礼。国君命他迎接宾客，容色庄重认真。国君召见他，不等待车驾备好，就动身起行。

鱼不新鲜，肉变味，或不按规矩切割，孔子不吃。席位不正，不就座。在有丧事的人旁边吃饭，从来没有吃饱过。

在一天内哭泣过，就不会再歌唱。看见穿孝服的人和盲人，即使是个小孩，也必定改变面容以示同情。

孔子说："三个人同行，其中必有可做我老师的。"又说："不去修明道德，不去探求学业，听到正直的道理又不前往学习，对缺点错误又不能改正，这些是我忧虑担心的问题。"孔子请人唱歌，要是唱得好，就请人再唱一遍，然后自己也和唱起来。

孔子不谈论怪异、暴力、叛乱、鬼神的事情。

子贡说："老师在文献方面的成绩很显著，我们是知道的。老师讲论有关天道与人的命运的深微见解，我们就不知道了。"颜渊感慨地长叹一声说："我越是仰慕老师的学问，越觉得它无比崇高，越是钻研探讨，越觉得它坚实深厚。看见它是在前面，忽然间又在后面了。老师善于循序渐进地诱导人，用典籍来丰富我的知识，用礼仪来规范我的言行，使我想停止学习都不可能。已经竭尽了我的才力，我现在也好像有所建树，但老师的学问依然高立在我的面前。虽然我也想追赶上去，但是不可能追得上。”达巷这个地方的人说：“伟大啊孔子，他博学多才却不专一名家。”孔子听了这话之后说：“我要专于什么呢？是专于驾车？还是专于射箭？我看还是专于驾车吧。”子牢说：“老师曾说：‘我没有为世所用，所以才学会了这许多的技艺。’”

鲁哀公十四年（前481）的春天，在大野这个地方狩猎。给叔孙氏驾车的钼商猎获了一头怪兽，他们以为这是不祥之兆。孔子看了后说：“这是麒麟。”于是，便将它取走了。孔子说：“黄河上再不见神龙负图出现，洛水上再不见神龟负洛书出现，我也就快要完啦！”颜渊死了，孔子说：“这是老天要我死呀！”等到他西去大野狩猎见到麒麟，说：“我的主张到尽头了！”感慨地说：“没有人能了解我了！”子贡说：“为什么说没有人了解您？”孔子回答说：“我不抱怨天，也不怪罪人，下学人事，上通天理，能了解我的，只有上天了吧！”

孔子说：“不降低自己的志向，不使自己的人格受到侮辱，只有伯夷、叔齐两人吧！”又说：“柳下惠、少连降低了自己的志向，使人格受到了侮辱。”又说：“虞仲、夷逸隐居，不言世务，行为合乎清高纯洁，自我废弃合于权变。”又说：“我就跟他们不同了，既不降志辱身以求进取，也不隐居避世脱离尘俗，没有绝对的可以，也没有绝对的不可以。”

孔子说：“不成啊，不成啊！君子最担忧的就是死后没有留下好的名声。我的主张不能实行，我用什么贡献给社会留下好名呢？”于是，就根据鲁国的史书作了《春秋》，上起鲁隐公元年（前722），下止鲁哀公十四年（前481），共包括鲁国十二个国君。以鲁国为中心记述，尊奉周王室为正统，以殷商的旧制为借鉴，推而上承夏、商、周在法统，文辞简约而旨意广博。所以，吴、楚的国君自称为王的，在《春秋》中仍贬称为子爵；晋文公在践土与诸侯会盟，实际上是召周襄王入会的，而《春秋》中却避讳说“周天子巡狩来到河阳”。以此类推，《春秋》就是用这一原则，来褒贬当时的各种事件。后来，有的国君加以推广，使《春秋》的义法在天下通行，天下那些乱臣奸贼就都害怕起来了。

孔子任司寇审理诉讼案件时，文辞上有可与别人商量的时候，他从不独自决断。到了写《春秋》时就不同了，应该写的一定写上去，应当删的一定删掉，就连子夏这些长于文字的弟子，一句话也不能帮他增删。弟子们学习《春秋》，孔子说：“后人了解我将因为《春秋》，后人怪罪我也将因为《春秋》。”

第二天，子路死在卫国。孔子生病了，子贡请求看望他。孔子正拄着拐杖在门口悠闲散步，说：“赐，你为什么来得这样迟啊？”孔子于是就叹息，随即唱道：“泰山要倒了！梁柱要断了，哲人要死了！”他边唱边流下了眼泪。对子贡说：“天下失去常道已经很久了，没有人能信奉我的主张。夏人死了停棺在东厢的台阶，周人死了停棺在西厢的台阶，殷人死了停棺在堂屋的两柱之间。昨天晚上，我梦见自己坐在两柱之间受人祭奠，我原本就是殷商人啊。”过了七天，孔子就死了。

孔子享年七十三岁，死在鲁哀公十六年（前479）四月的己丑日。

鲁哀公为他作了一篇悼词说："老天爷不仁慈，不肯留下这位老人，使他扔下我，孤零零一人在位，我孤独而又伤痛。啊！多么痛！尼父啊，没有人可以作为我学习的楷模了！"子贡说："鲁君他难道不能终老在鲁国吗？用老师的话说：'法丧失就会昏乱，名分丧失就会产生过失。丧失了意志就会昏乱，失去所宜就会出现过错。'老师活着的时候不能用他，死了作祭文哀悼他，这是不合礼的。以诸侯身份称'余一人'，是不合名分的啊。"

孔子死后葬在鲁城北面的泗水岸边，弟子们都在心里为他服丧三年。三年心丧完毕，大家道别离去时，都相对而哭，又各尽哀；有的就又留了下来。只有子贡在墓旁搭了一间小房住下，守墓总共六年，然后才离去。弟子及鲁国他人，相率前往墓旁居住的一百多家。因此，就把这里命名为"孔里"。鲁国世世代代相传，每年都定时到孔子墓前祭拜，而儒生们也在这时来这里讲习礼仪，行乡学业考校的饮酒礼，以及比射等仪式。孔子的墓地有一顷大。孔子故居的堂屋以及弟子们所居住的内室，后来就改成庙，借以收藏孔子生前穿过的衣服，戴过的帽子，使用过的琴、车子、书籍等，直到汉代，二百多年间没有废弃。高皇帝刘邦经过鲁地，用牛羊猪三牲俱全的太牢祭祀孔子。诸侯、卿大夫、宰相一到任，常是先去拜谒孔子墓，然后才去就职处理政务。

孔子生了鲤，字伯鱼。伯鱼享年五十岁，死在孔子之前。

伯鱼生了伋，字子思，享年六十二岁。曾经受困于宋国。子思作了《中庸》。

子思生了白，字子上，享年四十七岁。子上生了求，字子家，享年四十五岁。子家生了箕，字子京，享年四十六岁。子京生了穿，字子高，享年五十一岁。子高生了慎，享年五十七岁，曾经做过魏国的相。

子慎生了鲋，享年五十七岁，做过陈胜王的博士，死在陈这个地方。

鲋的弟弟叫子襄，享年五十七岁。曾经做过汉孝惠皇帝的博士，后被提升为长沙郡的太守。身高九尺六寸。

子襄生了忠，享年五十七岁。忠生了武，武生了延年和安国。安国做了当今孝武皇帝的博士，官至临淮郡太守，寿短早死。安国生了卬，卬生了驩。

太史公说："《诗》中有这样的话：'像高山一般令人瞻仰，像大道一般让人遵循。'虽然我不能达到这种境地，但是心里向往着他。我读孔子的著作，可以想见他的为人。到了鲁地，参观了孔子的庙堂、车辆、衣服、礼器，目睹了读书的学生们按时到孔子旧宅中演习礼仪的情景。我怀着崇敬的心情，徘徊留恋不愿离去。自古以来，天下的君王直到贤人也够多的了，当活着的时候都显贵荣耀，可是一死什么也就没有了。孔子是一个平民，他的名声和学说已经传了十几代，读书的人仍然崇他为宗师。从天子王侯一直到全国谈六艺的人，都把孔子的学说来作为判断的最高准则，可以说孔子是至高无上的圣人了。"

第三十卷　陈涉世家第十八

前221年，秦始皇用武力完成了中国的统一，结束了战国二百多年的纷争局面，建立了第一个中央集权的封建制国家。统一之后，他又采取了一些厚今薄古的措施，进行了政治经济和文化上的一系列改革，推动了封建经济和文化的发展，对中国历史的前进起到了进步的作用。

但是，秦始皇为了加强统一帝国的统治，加重了对农民的剥削和压迫。沉重的赋税、繁重的徭役和残酷的刑罚，逼得广大农民走投无路。终于在前209年，爆发了由陈胜、吴广领导的农民起义。由于各地纷纷响应，使这次起义迅速发展成燎原大火。陈胜、吴广虽在起义后不久身死，但各地纷起响应的起义队伍终于推翻了秦王朝的统治。

《陈涉世家》是这次起义的领袖陈涉、吴广的传记。文中真实、具体、完整地记述了爆发这次农民大起义的原因、经过和结局，从中反映了农民阶级的智慧、勇敢和大无畏的斗争精神。文章也比较生动地描写了陈涉和吴广的形象。陈涉出身雇农，胸怀大志，有政治远见，他要求人民从“苦秦”中解放；他聪明果断，具有组织群众、制定策略、指挥战争的卓越才干，不愧是农民阶级的杰出领袖。吴广虽然刻画简略，但从他与谋起义、诱杀将尉等事迹中，也表现了非凡的机智勇敢和反抗精神。在他们身上，都充分地表现了我国古代劳动人民不甘忍受黑暗统治而“舍得一身剐，敢把皇帝拉下马”的英雄气概。文章也写到了起义军内部的不和及自相残杀，陈涉称王后的贪图享受、信用奸邪、脱离群众，表明了农民阶级的局限性。

本文在写作上按事件的发展顺序记事。写起义过程，先写起义的原因，起义前的谋划，再写起义的爆发和发展，直至政权的建立，脉络非常清晰。在记述中，则采取了先因后果的写法。写起义的动因，则先写暴秦的严刑峻法；写起义的发生，则又先写将尉的残酷等。这些描写都入情入理，有力地突出了起义的正义性。文中还通过典型细节的描写，对起义的过程、轰轰烈烈的声势以及起义领袖的精神面貌进行了较为充分的展现，从而给人留下了深刻的印象。

【原文】

陈胜者，阳城[①]人也，字[②]涉。吴广者，阳夏[③]人也，字叔。陈涉少时，尝与人佣耕[④]，辍耕之垄[⑤]上，怅恨[⑥]久之，曰：“苟富贵，无[⑦]相忘。”庸者[⑧]笑而应曰：“若[⑨]为庸耕，何富贵也？”陈涉太息[⑩]曰：“嗟乎，燕雀安知鸿鹄[⑪]之志哉！”

【注释】

①阳城：古县名。治所在今河南省登封市东南三十五里告

成镇。②字：古人有名有字。③阳夏（jiǎ）：古县名。治所在今河南太康县。④佣耕：被人雇佣耕种田地。⑤辍（chuò）耕：停止耕作。之：去、往。垄：田埂。⑥怅恨：失意、不称心、叹恨的心情。⑦无：通“毋”，不要。⑧庸者：庸，通“佣”，指受雇为别人耕种的人。⑨若：你。⑩太息：长叹。⑪嗟（jiē）乎：感叹词。鸿鹄（hú）：泛指大鸟。鸿，大雁；鹄，天鹅。

【原文】

二世元年[①]七月，发闾左適戍渔阳[②]，九百人屯大泽乡。陈胜、吴广皆次当行[③]，为屯长[④]。会天大雨，道不通，度[⑤]已失期。失期，法皆斩。陈胜、吴广乃谋曰：“今亡[⑥]亦死，举大计[⑦]亦死，等死，死国可乎[⑧]？”陈胜曰：“天下苦秦[⑨]久矣。吾闻二世少子也，不当立，当立者乃公子扶苏[⑩]。扶苏以数谏[⑪]故，上[⑫]使外将兵。今或闻无罪，二世杀之[⑬]。百姓多闻其贤，未知其死也。项燕[⑭]为楚将，数有功，爱士卒，楚人怜之[⑮]。或以为死，或以为亡。今诚以吾众诈[⑯]自称公子扶苏、项燕，为天下唱[⑰]，宜多应者。”吴广以为然。乃行卜[⑱]。卜者知其指意[⑲]，曰：“足下[⑳]事皆成，有功。然足下卜之鬼乎[㉑]！”陈胜、吴广喜，念鬼[㉒]，曰：“此教我先威众[㉓]耳。”乃丹书帛曰“陈胜王”，置人所罾[㉔]鱼腹中。卒买鱼烹食，得鱼腹中书，固以怪之[㉕]矣。又间令吴广之次所旁丛祠[㉖]中，夜篝火[㉗]，狐鸣呼曰[㉘]“大楚兴，陈胜王”。卒皆夜惊恐。旦日[㉙]，卒中往往语[30]，皆指目[31]陈胜。

【注释】

①二世元年：二世指秦王朝第二代皇帝嬴胡亥。②发闾左：征发贫民百姓。古时，贫民居住闾左，富人居住闾右。適戍（zhé shù）：被罚守边。適，通“谪”，贬斥。渔阳：古县名，秦置，治所在今北京市密云区西南。③皆次当行（háng）：都被编入被罚守边的队伍。次，编次。行，队伍。④屯长：秦代戍边队伍行进途中所置领队。⑤度（duó）：推测。⑥亡：逃亡。⑦举大计：发动戍卒举行反秦起义。⑧等死：同样是死。等，等同。死国可乎：为国事而死可以吗？⑨苦秦：天下百姓遭受秦朝暴政的苦难。⑩扶苏：秦始皇长子嬴扶苏。⑪数（shuò）谏：多次劝谏。⑫上：指秦始皇。⑬二世杀之：秦始皇死后，胡亥与宦官赵高、丞相李斯密谋，假造秦始皇的诏令，逼扶苏自杀。⑭项燕：战国时楚国大将，项羽祖父，秦灭楚时，兵败被围自杀。⑮怜之：爱戴他。怜，爱。⑯诚：真的；假若。诈：冒称。⑰唱：通“倡”，倡导。⑱行卜：去占卜吉凶。行，往、去。⑲指意：意图。⑳足下：古时对同辈人的尊称。㉑卜之鬼乎：问过鬼神吗？㉒念鬼：考虑行鬼神之事。㉓威众：在众人中取得威信。㉔罾（zēng）：以竹、木做架子的方形鱼网，置水中往上提起以捕鱼，楚语谓之“扳罾”。此句中的罾用作动词。㉕固以怪之：本来就已经奇怪了。㉖间（jiàn）令：私遣。间，私下。次所：驻地。从

祠：树丛中的神祠。㉗篝（gōu）火：用薰笼罩住火。篝，竹制的薰笼，烤烘衣物用。㉘狐鸣呼曰：装成狐狸的叫声呼喊。㉙旦日：明天，次日。㉚卒中往往语：戍卒中纷纷谈论。往往：到处。㉛指目：指点注视。

【原文】

吴广素爱人，士卒多为用者。将尉①醉，广故数言欲亡，忿恚尉②，令辱之③，以激怒其众。尉果笞④广。尉剑挺⑤，广起，夺而杀尉。陈胜佐之，并杀两尉。召令徒属曰："公等遇雨，皆已失期，失期当斩。藉弟令毋斩⑥，而戍死者固十六七⑦。且壮士不死即已，死即举大名耳，王侯将相宁⑧有种乎!"徒属皆曰："敬受命⑨。"乃诈称公子扶苏、项燕，从民欲也。袒右⑩，称大楚。为坛而盟，祭以尉首。陈胜自立为将军，吴广为都尉⑪。攻大泽乡，收而攻蕲⑫。蕲下，乃令符离人葛婴将兵徇⑬蕲以东。攻铚、酂、苦、柘、谯⑭皆下之。行收兵⑮。比至陈⑯，车六七百乘，骑千余，卒数万人。攻陈，陈守令皆不在⑰，独守丞与战谯门⑱中。弗胜，守丞死，，乃入据陈。数日，号令召三老、豪杰与皆来会计事⑲。三老、豪杰皆曰："将军身被坚执锐⑳，伐无道，诛暴秦，复立楚国之社稷㉑，功宜为王。"陈涉乃立为王，号为张楚㉒。

【注释】

①将尉：秦时县尉，大县有二县尉，带领戍卒的县尉称将尉。②忿恚（huì）尉：使将尉忿怒。③令辱之：让将尉凌辱

吴广。④笞（chī）：用竹杖、竹板或荆条抽打。⑤剑挺：剑脱出鞘。⑥藉弟令毋斩：假使不被斩首。⑦戍死：死在戍边徭役中。固：必。十六七：十分之六七。⑧宁：难道。⑨敬受命：恭恭敬敬接受命令。⑩袒右：解衣露出右臂，以作标志。⑪都尉：战国时官名，比将军略低的武官。⑫蕲（qí）：古县名，秦置，治所在今安徽省宿州市埇桥区东南。⑬符离：古县名。秦置，治所在今安徽省宿州市埇桥区东北。徇（xùn）：带兵巡行、攻取占领地方，号召群众。⑭铚（zhì）：秦县名，治所在今安徽省宿州市埇桥区西南。酂（cuō）：秦县名，治所在今河南永城市西。苦：秦县名，治所在今河南鹿邑县东十里。柘（zhè）：秦县名，治所在今河南省柘城县东北。谯（qiáo）：秦县名，治所在今安徽省亳（bó）州市谯城区。⑮行收兵：沿途招收人马扩大队伍。⑯比：等到。陈：秦郡、县名，治所在今河南省周口市淮阳区。⑰陈守令皆不在：陈县守令不在城内。守令，守卫陈县之县令。⑱守丞：郡守属官。谯门：古代城门上有望敌高楼，称谯楼或称谯。谯门即谯楼下的城门。⑲三老：秦、汉乡官名。每乡选有修行、能率众为善者一人，掌教化。至汉，县亦置三老。豪杰：有声望的地方士绅大户。会：会合、聚会。计事：议事。⑳被坚执锐：身披坚固铠甲，手执锐利兵器。被，通“披”。㉑社稷：社是土地神，稷是谷神。㉒张楚：为张大楚国之意。陈胜为楚王，号大楚。

【原文】

当此时，诸郡县苦秦吏者，皆刑其长吏[①]，杀之以应陈

涉。乃以吴叔为假王[②]，监诸将以西击荥阳[③]。令陈人武臣、张耳、陈馀[④]徇赵地，令汝阴人邓宗徇九江郡[⑤]。当此时：楚兵[⑥]数千人为聚者，不可胜数。

【注释】

①刑其长吏：惩罚郡县长官。②吴叔：指吴广。假王：陈胜给吴广的封号，是暂时授予他的代行王权的职位。假，代行、代理的意思。③监：监督、率领。荥（xíng）阳：秦县名，治所在今河南省荥阳市东北。④武臣（？—前208）：陈县人，原为陈胜部下将领，受命攻占赵地邯郸后，经张耳、陈馀劝说，自立为赵王，且违抗陈胜命令，拒绝援助周文反击秦军。张耳（？—前202）：大梁（今河南省开封市）人，战国末为魏国外黄（今河南省民权县西北）令，后参加义军。陈馀（？—前204）：秦末大梁人。他与张耳被陈胜任命为武臣左右校尉北攻赵地，武臣立为赵王后，陈馀为大将军。武臣死后，又与张耳立赵歇为王。⑤汝阴：秦县名，治所在今安徽省阜阳市。九江郡：秦郡名，包括今安徽、江苏、长江以北、淮河以南及江西大部分地区。治所在今安徽省寿县。⑥楚兵：楚地起义军。

【原文】

葛婴至东城[①]，立襄彊为楚王[②]。婴后闻陈王已立，因杀襄彊，还报[③]。至陈，陈王诛杀葛婴。陈王令魏人周市北徇魏地[④]。吴广围荥阳，李由[⑤]为三川守，守荥阳，吴叔弗能下。

陈王征国之豪杰与计，以上蔡人房君蔡赐为上柱国[⑥]。

【注释】

①东城：秦县名，治所在今安徽省定远县东南五十里。②襄彊：秦二世元年八月被立为楚王，九月被杀。③还报：返回报告。④周市（fú）：陈胜部将。魏地：战国时魏国的领土，相当今河南省中部、北部及山西南部地区。⑤李由：李斯长子，秦始皇时为三川守。吴广围三川，赵高以李由不击义军，责李斯、李由谋反，夷三族。⑥上蔡：秦县名，治所在今河南省上蔡县西南。本蔡邑，周武王封叔度于此，其后蔡平侯自此迁往新蔡，蔡昭侯又自新蔡迁往州来，州来即改为下蔡，因此，蔡邑则称为上蔡。房君：蔡赐的封号。房，吴房县，在今河南省遂平县。上柱国：官名，战国时楚国设置，原为保卫国都之官，后为楚的最高武官，也称上柱国，其地位仅次于令尹。唐以后为勋官称号。

【原文】

周文[①]，陈之贤人也，尝为项燕军视日[②]，事春申君[③]，自言习兵[④]，陈王与之将军印，西击秦。行收兵至关[⑤]，车千乘，卒数十万，至戏[⑥]，军[⑦]焉。秦令少府章邯[⑧]免郦山徒、人奴产子生，悉发以击楚大军，尽败之。周文败，走出关，止次曹阳[⑨]二三月。章邯追败之，复走次渑池[⑩]十余日。章邯击，大破之。周文自刭[⑪]，军遂不战。

【注释】

①周文（？—前208）：又名周章，陈县人。②视日：占候卜筮的人，或专指观察天象以卜吉凶的人，又名日者。③春申君（？—前238）：战国时楚相黄歇的封号。④习兵：熟习军事。⑤关：指函谷关，在今河南省灵宝市西南。⑥戏：戏水，在今陕西省西安市临潼区东，发源于骊山，流人渭河。此指戏亭。⑦军：驻扎。⑧少（shào）府：官名。始于战国，秦汉相沿，为九卿之一。章邯（？—前205）：原为秦将，任少府。⑨止次：驻扎、停留。曹阳：亭名，在今河南省灵宝市东。⑩渑（miǎn）池：秦邑名，在今河南省渑池县西。⑪自刭（jǐng）：自刎、自杀。

【原文】

武臣到邯郸[①]，自立为赵王，陈馀为大将军，张耳、召骚为左右丞相。陈王怒，捕系[②]武臣等家室，欲诛之。柱国曰："秦未亡而诛赵王将相家属，此生一秦也[③]。不如因而立之[④]。"陈王乃遣使者贺赵，而徙系[⑤]武臣等家属宫中，而封耳子张敖为成都[⑥]君，趣赵兵亟入关[⑦]。赵王将相相与谋曰："王王[⑧]赵，非楚意也。楚已诛秦，必加兵于赵。计莫如毋西兵[⑨]，使使[⑩]北徇燕地以自广也。赵南据大河，北有燕、代[⑪]，楚虽胜秦，不敢制赵。若楚不胜秦，必重赵。赵乘秦之弊，可以得志于天下。"赵王以为然，因不西兵，而遣故上谷卒史[⑫]韩广将兵北徇燕地。

【注释】

①邯郸：古都名、县名。战国时赵敬侯自晋阳徙都于此。故址在今河北省邯郸市西。②捕系：逮捕关押。③此生一秦也：意为又树一敌国。④因而立之：就此机会立武臣为赵王。⑤徙系：迁移到另一处关押。这里把武臣家属软禁在宫中。⑥成都：在今山东省鄄城县东南。⑦趣（cù）赵兵亟入关：催促赵兵赶快入函谷。趣，通"促"，催促之意。亟（jí）：急，赶快。⑧王王（wàng）赵：陈王立赵王。第一个王指陈胜王。第二个王是名词作动词用，意为使……为王。⑨计莫如毋西兵：最好的办法是不要向西方进军。计，办法、计策。莫如，不如。毋，通"无"，不的意思。⑩使使：第一个使为动词，派遣。第二个使为名词，使者。⑪燕、代：燕指原战国时燕国的领土，相当今天河北北部、辽宁西部一带。⑫上谷（yù）：秦郡名，治所在沮阳，即今河北省怀来县东南。辖境约当今河北省张家口、小五台山以东，赤城及北京延庆区以西，及长城和昌平区以北地。卒史：官名。秦汉官署中属吏，秩百石，亦有两百石的。

【原文】

燕故贵人豪杰谓韩广曰："楚已立王，赵又已立王。燕虽小，亦万乘之国也，愿将军立为燕王。"韩广曰："广母在赵，不可。"燕人曰："赵方西忧秦，南忧楚，其力不能禁我。且以楚之强，不敢害赵王将相之家，赵独安敢害将军之家！"韩广以为然，乃自立为燕王。居数月，赵奉燕王母及家属归之燕。

当此之时，诸将之徇地者，不可胜数。周市北徇地至狄[①]，狄人田儋[②]杀狄令，自立为齐王，以齐反，击周市。市军散，还至魏地，欲立魏后故甯陵君[③]咎为魏王。时咎在陈王所，不得之魏。魏地已定，欲相与立周市为魏王，周市不肯。使者五反[④]，陈王乃立甯陵君咎为魏王，遣之国。周市卒为相。

【注释】

①狄：古县名。战国齐邑，秦置县。治所在今山东省高青县东南。②田儋（dān）：原齐国贵族。③甯陵君：战国时魏公子咎的封号，因封于甯陵，固以为号。甯陵，古邑名，故址在今河南省宁陵县南。④使者五反：派使者五次往返。

【原文】

将军田臧[①]等相与谋曰："周章军已破矣，秦兵旦暮至[②]，我围荥阳城弗能下，秦军至，必大败。不如少遗兵[③]，足以守荥阳，悉精兵迎秦军。今假王骄，不知兵权[④]，不可与计，非诛之，事恐败。"因相与矫王令[⑤]以诛吴叔。献其首于陈王。陈王使使赐田臧楚令尹印，使为上将。田臧乃使诸将李归等守荥阳城，自以精兵西迎秦军于敖仓[⑥]。与战，田臧死，军破。章邯进兵击李归等荥阳下，破之，李归等死。

【注释】

①田臧：吴广部将。②旦暮至：早晚就到。日出为旦，日落为暮。③少遗兵：留下少量兵力。遗，留。④兵权：兵家权谋，用兵艺术。⑤矫（jiáo）王令：假传陈王的命令。矫，诈。⑥敖仓：秦代在敖山上所置谷仓。故址在今河南省郑州市西北邙山上。地当黄河与济水分流处，中原漕粮集中于此，再西送关中，北输边塞，是当时最重要的粮仓。

【原文】

阳城人邓说将兵居郯[1]，章邯别将[2]击破之，邓说军散走陈。铚人伍徐[3]将兵居许，章邯击破之，伍徐军皆散走陈，陈王诛邓说。

陈王初立时，陵人秦嘉[4]，铚人董緤，符离人朱鸡石、取虑[5]人郑布、徐人丁疾等皆特起[6]，将兵围东海[7]守庆于郯。陈王闻，乃使武平君[8]畔为将军，监郯下军[9]。秦嘉不受命，嘉自立为大司马，恶属武平君。告军吏曰："武平君年少，不知兵事，勿听！"因矫以王命杀武平君畔。

章邯已破伍徐，击陈，柱国房君死。章邯又进兵击陈西张贺[10]军。陈王出监战，军破，张贺死。

腊月[11]，陈王之汝阴，还至下城父[12]，其御[13]庄贾杀以降秦。陈胜葬砀[14]，谥曰隐[15]王。

【注释】

①郯说（yuè）：海县名，在今山东省郯城县北。此时章

邯军未至东海，不当在郯交战。郯：当为郏（jiá）之误。郏，春秋郑地，在今河南省郏县，与邓说家乡阳城临近。②别将：另一路部将。③伍徐：陈胜部将。④陵：秦县名，治所在今江苏省宿迁市宿城区东南。《汉书·陈胜传》作凌。秦嘉：张楚政权建立后，各地纷纷响应，秦嘉就是其中一支义军的首领。后为项梁军击败，战死。⑤董緤（xiè）、朱鸡石、郑布、丁疾：是响应陈胜起义的几支义军首领。事迹不详。取虑（qiū lǘ）：秦县名，治所在今江苏省睢宁县西南。⑥徐：古国名，是东夷之一的徐戎族所建。汉置县，治今安徽省泗县南。特起：各自独立起兵。特，单独之意。⑦东海：郡名，楚汉间置。治所在郯（今山东省郯城县北），称郯郡。⑧武平君：封号。畔为其名。⑨监郯下军：监督、统管围郯的几支义军部队。⑩张贺：陈胜部将。⑪腊月：腊为古代阴历十二月的一种祭祀。始于周代。原意为岁终猎禽兽以祭先祖、百神。因阴历岁终为十二月，故后世以腊月为十二月。⑫还（xuàn）：通"旋"，有迅速、转向的意思。下城父（fù）：古地名。在今安徽省涡阳县东南的下城父聚。⑬御：驾车的人。⑭砀（dàng）：古邑名、县名。战国时为楚邑。秦置县，治所在今安徽省砀山县南。⑮谥（shì）：古代在人死后按其生平事迹评定褒贬给予的称号。隐：谥号，有哀伤之意。

【原文】

陈王故涓人[①]将军吕臣为仓头军，起新阳[②]，攻陈下之，杀庄贾，复以陈为楚。

初，陈王至陈，令铚人宋留将兵定南阳[3]，入武关[4]。留已徇南阳，闻陈王死，南阳复为秦。宋留不能入武关，乃东至新蔡[5]，遇秦军，宋留以军降秦。秦传留至咸阳[6]，车裂留以徇[7]。

【注释】

①涓人：宫廷中从事洒扫的近侍，后亦称中涓，为亲近之臣。亦转指谒者、太监之类。②新阳：秦汉县名，治所在今安徽省界首市北。③南阳：秦郡名，今河南南阳市。④武关：是河南通往咸阳的要道上的重要关口，刘邦入秦即由此关通过。⑤新蔡：古邑名。春秋时蔡平侯自上蔡迁都于此，故名。秦置县，在今河南省新蔡县。⑥传：递解、押送。咸阳：古邑名。在今陕西省咸阳市东北二十里。位于九嵏山之南，渭水之北。古时谓山之南、水之北都为阳，因该邑在山水之阳，故名咸阳。⑦车裂：亦称轘或轘裂，俗称五马分尸，是古代的一种酷刑。用刑方法是将人头和四肢分别拴在五辆车上，以五马驾车，同时分驰，撕裂肢体。徇（xùn）：示众。

【原文】

秦嘉等闻陈王军破出走，乃立景驹[1]为楚王，引兵之方与[2]，欲击秦军定陶[3]下。使公孙庆使齐王，欲与并力俱进。齐王曰："闻陈王战败，不知其死生，楚安得[4]不请而立主！"公孙庆曰："齐不请楚而立王，楚何故请齐而立王！且楚首事[5]，当令于天下[6]。"田儋诛杀公孙庆。

【注释】

①景驹：楚国旧贵族，后为项梁击败，身死。②方与（fáng yǔ）：秦县名，治所在今山东省鱼台县西北。③定陶：秦县名，治所在今山东省菏泽市定陶区西北。④安得：怎么能够、哪里能够。⑤首事：首先起事。⑥当令于天下：应当向天下发号施令。令，号令。

【原文】

秦左右校[①]复攻陈，下之。吕将军走[②]，收兵复聚。鄱盗当阳君黥布之兵相收[③]，复击秦左右校，破之青波[④]，复以陈为楚。会项梁[⑤]立怀王孙心为楚王。

【注释】

①左右校：秦武官名，即左、右校尉，次于将军。②走：败走。③鄱（pó）：鄱阳，旧县名，秦置鄱县，治所在今江西省鄱阳县东北。西汉改为番阳，东汉始作鄱阳。当阳，今湖北省当阳市。黥（qíng）布（？—前195）：即英布。曾坐法黥面，故称黥布。详见《黥布列传》。相收：指吕臣与英布部队互相联合。④青波：又作青陂（pí），秦地名，在今河南省新蔡县西南。⑤项梁：项燕之子，项羽的叔父。

【原文】

陈胜王凡六月。已为王，王陈[①]。其故人尝与庸耕者闻之，之陈，扣宫门曰："吾欲见涉。"宫门令[②]欲缚之。自辩数[③]，乃置，不肯为通[④]。陈王出，遮道而呼涉。陈王闻之，乃召见，载与俱归。入宫，见殿屋帷帐[⑤]，客曰："夥颐[⑥]！涉之为王沈沈[⑦]者！"楚人谓多为夥，故天下传之，夥涉为王[⑧]，由陈涉始。客出入愈益发舒[⑨]，言陈王故情[⑩]。或说陈王曰："客愚无知，颛妄言[⑪]，轻威。"陈王斩之。诸陈王故人皆自引去[⑫]，由是无亲陈王者。陈王以朱房为中正[⑬]，胡武为司过[⑭]，主司群臣[⑮]。诸将徇地，至[⑯]，令之不是者[⑰]，系而罪之。以苛察[⑱]为忠。其所不善者，弗下吏[⑲]，辄自治之[⑳]。陈王信用之。诸将以其故不亲附。此其所以败也。

陈胜虽已死，其所置遣侯王将相竟亡秦，由涉首事也。高祖时，为陈涉置守冢[㉑]三十家砀，至今血食[㉒]。

【注释】

①王（wàng）陈：在陈县称王。王，作动词用。②宫门令：守卫宫门的长官。③自辩数（shuò）：自己再三申辩。数，多次。④乃：才。置：宽赦通融。为通：替客传达。⑤帷帐：指室内张挂的帐幔之类装饰品。无顶为帷，有顶为帐。⑥夥颐（huǒ yí）：惊叹词。对富丽众多之物表示惊讶或惊羡。⑦沈（chén）沈：当时楚人口语，形容宫室高大深邃。⑧夥涉为王：楚方言，指一朝称王天下，就变得十分阔气起来。⑨发舒：放肆、无拘束的暴露。⑩故情：过去的事情。⑪颛妄言：专说荒诞的话，胡言乱语。颛，通"专"。⑫自引去：自己离开、引退。引，退走。⑬中正：掌管人事之官。陈胜初设，三

国魏在各州郡置中正官，专察本地人才品德。⑭司过：掌管纠察群臣过失之官。陈胜初设。⑮主司群臣：指中正、司过两官专管考核、纠察群臣。⑯至：指诸将执行军事任务（徇地）回来复命。⑰令之不是者：不遵从命令行事的人。⑱苟察：以烦琐苛刻显示精明。⑲弗下吏：指不交给有关执法官吏，而自行处治官吏。⑳辄（zhé）：总是。自治之：亲自去治罪。㉑守冢（zhǒng）：安置民户住在葬地附近，专事看管坟墓，以示对死者的尊重。㉒血食：享受祭祀。古代祭祀宰杀牲畜作为祭品，故称享受祭祀为血食。

【原文】

褚先生[1]曰：地形险阻，所以为固也；兵革刑法，所以为治[2]也。犹未足恃[3]也。夫先王以仁义为本，而以固塞文法为枝叶[4]，岂不然哉！吾闻贾生[5]之称曰：

【注释】

①褚先生：即褚少孙，西汉元、成帝时人。《史记》出世后，十篇缺，有录无书。②兵革刑法：指军队与监狱。为治：当作治国的手段。③足恃（shì）：足够依靠。④固塞文法：巩固边塞、制订法律。文，修饰、装点。枝叶：指次要的事情。⑤贾生：指贾谊。生，古时称有学识的人为生，如儒生、诸生等。

【原文】

“秦孝公[1]据殽函之固，拥雍州[2]之地，君臣固守，以窥[3]

周室。有席卷[4]天下，包举宇内[5]，囊括四海之意[6]，并吞八荒之心[7]。当是时也，商君佐[8]之，内立法度，务耕织，修守战之备，外连衡[9]而斗诸侯。于是秦人拱手而取西河[10]之外。

【注释】

①秦孝公：名渠梁，秦献公之子，前361—前338年在位，他任用商鞅变法，使秦骤强，奠定了统一事业的基础。②雍州：古九州之一，包括今陕西中部、北部及甘肃西北大半部与内蒙古额济纳之地。雍或作雝、邕。③窥：窥伺，暗中察看，乘机而动。④席卷：像卷起席子，把上面的东西全卷进去。⑤包举宇内：包含天下。⑥囊括四海：指封建君主统一全国。囊括，全部包罗进去。四海，指全国。古人以为中国四周都是海，故谓四海或四海之内指代全国。⑦八荒：八方极远处。⑧商君：即商鞅，详见《商君列传》。佐：辅佐。⑨连衡：即连横，意谓破坏六国合纵，联络山东一些诸侯国攻击某个诸侯国，以达到各个击破之目的。衡，通“横”。⑩拱手：敛手。谓双手相合拱手胸前，比喻不用动手。西河：地域名，指今陕西渭南华阴市、华州区、白水县、澄城县一带。

【原文】

“孝公既没[1]，惠文王、武王、昭王蒙故业[2]，因遗策[3]，南取汉中[4]，西举巴蜀[5]，东割膏腴之地，收要害之郡[6]。诸侯恐惧，会盟而谋弱秦[7]。不爱珍器重宝肥饶之地，以致天下之士。合从[8]缔交，相与为一[9]。当此之时，齐有孟尝[10]，赵有平原[11]，楚有春申，魏有信陵[12]：此四君者，皆明知而忠信，宽厚而爱人，尊贤而重士。约从连衡，兼韩、魏、燕、赵、宋、卫、中山[13]之众。于是六国之士有宁越、徐尚、苏秦、杜赫之属为之谋[14]，齐明、周最、陈轸、邵滑、楼缓、翟景、苏厉、乐毅之徒通其意[15]，吴起、孙膑、带他、兒良、王廖、田忌、廉颇、赵奢之伦制其兵[16]。尝以什倍之地，百万之师，仰关[17]而攻秦。秦人开关而延敌[18]，九国[19]之师，逡巡而不敢进。秦无亡矢遗镞[20]之费，而天下固已困矣。于是从散约败，争割地而赂秦[21]。秦有余力而制其弊[22]，追亡逐北[23]，伏尸百万，流血漂橹[24]，因利乘便，宰割天下，分裂山河，强国请服，弱国入朝。”

【注释】

①没：死。②惠文王：孝公之子，前 337—前 311 年在位。武王：惠文王之子，前 310—前 307 年在位。昭王：即秦昭襄王，秦武王之弟，前 306—前 251 年在位。蒙故业：继承旧业。③因遗策：遵循遗留下来的政策。这里指商鞅新法。④汉中：今陕西省南部及湖北西北部一带。⑤举：攻取。巴蜀：即今四川省。巴，今四川东部。蜀，今四川中部、西部。⑥割：割取。膏腴（yú）：肥沃。收：收取。要害之郡：地形险要、山川险阻的州郡。⑦会盟：聚会结为同盟。谋弱秦：策划削弱秦国。⑧致：招致。合从：战国中期，秦国逐渐强大，较弱的齐、燕、楚、赵、韩、魏等国联合抗秦，对这种抗秦策

略，史称合纵。⑨相与为一：互相联合一致。⑩孟尝：即齐国贵族田文的封号。袭其父田婴封爵，封于薛（今山东省滕州市南），称薛公，号孟尝君。⑪平原：即战国时赵国的平原君，赵胜，是赵惠文王的弟弟。封于东武城（今山东省武城县西北），号平原君。⑫信陵：即信陵君魏无忌。魏国贵族，魏安釐（xī）王之弟，号信陵君。⑬明知：明智。知，通“智”。约从连横：连横，原指秦国联合东西方诸侯国，对抗南北结盟国的策略，提倡这个策略的代表人物是张仪。这里的约从连横，指六国缔结盟约，联合东西南北诸国力量，共同抗秦，分裂连横力量。《过秦论》作“约从离横”。连，当作“离”。兼：聚合。宋、卫、中山：战国时三个弱小国家。卫于前209年为秦所灭。中山（即今河北省定州市）于前296年为赵所灭。⑭宁越：赵国人。徐尚：未详。苏秦：东周洛阳人，详见《苏秦列传》。杜赫：周人。之属：这一类人。⑮齐明：东周臣。周冣（jù）：周室的公子。冣，通“聚”。陈轸：夏人，仕秦，亦仕楚，后仕齐。邵滑：楚人。楼缓：魏相。翟景：未详。苏厉：苏秦弟，齐臣。乐（yuè）毅：燕昭王亚卿。通其意：陈说合纵抗秦的道理。⑯吴起：卫国人，事魏文侯为将，著名兵家。后逃奔楚国，事楚悼王，推行变法。悼王一死，即被旧贵族杀害。孙膑：战国时著名兵家，齐国人。被他的同学庞涓处以膑刑（剜去膝盖骨），后被齐国秘密救回，任军师，先后于桂陵、马陵战胜庞涓统率的魏军。带他：未详。兒良：兒，通“倪”，战国时豪士。王廖：战国时豪士。

田忌：齐将。与孙膑率齐军败魏军于桂陵、马陵。廉颇、赵奢：皆赵将。制其兵：替六国训练、统率军队。⑰仰关：自下而上攻关。关指函谷关。⑱延敌：引进敌军。⑲九国：韩、赵、魏、楚、燕、齐六国及宋、卫、中山。⑳亡矢遗镞（zú）：损失箭和箭头。㉑赂秦：一作奉秦。行贿讨好秦国。㉒制其弊：控制住诸侯的弱点。㉓追亡逐北：追逐失败逃亡的敌人。北，败。㉔流血漂橹：流的血把大盾漂浮起来。

【原文】

“施及孝文王、庄襄王[①]，享国之日浅[②]，国家无事。

“及至始皇[③]，奋六世之余烈[④]，振长策而御宇内[⑤]，吞二周[⑥]而亡诸侯，履至尊[⑦]而制六合，执敲朴以鞭笞[⑧]天下，威振四海。南取百越[⑨]之地，以为桂林[⑩]、象郡，百越之君俛首系颈[⑪]，委命下吏[⑫]。乃使蒙恬[⑬]北筑长城而守藩篱，却[⑭]匈奴七百余里，胡人不敢南下而牧马[⑮]，士亦不敢贯弓[⑯]而报怨。于是废先王之道，燔百家之言[⑰]，以愚黔首[⑱]。堕[⑲]名城，杀豪俊，收天下之兵聚之咸阳，销锋镝[⑳]，铸以为金人[㉑]十二，以弱天下之民。然后践华为城[㉒]，因河为池[㉓]，据亿丈之城，临不测之谿[㉔]以为固。良将劲弩[㉕]，守要害之处，信臣精卒[㉖]，陈利兵而谁何[㉗]。天下已定，始皇之心，自以为关中之固，金城[㉘]千里，子孙帝王万世之业[㉙]也。

【注释】

①施（yì）及：《秦始皇本纪》作延及。施，延续。孝文

王：秦昭襄王之子，在位一年（前250）。庄襄王：孝文王之子（前249—前247），在位三年。②享国之日浅：在位日子短。③始皇：《秦始皇本纪》作“秦王”。④奋：《过秦论》《秦始皇本纪》皆作“续”。六世：指孝公、惠文王、武王、昭襄王、孝文王、庄襄王六世国君。余烈：丰饶功业、丰功伟业。余，饶。⑤振长策：挥动长鞭。策，马鞭。御宇内：驾驭、控制天下。⑥二周：西周、东周。西周指周考王分封的诸侯国，开国君主为西周的桓公，建都河南（今河南洛阳），战国时为小国，为秦所灭。东周指从西周分裂出来的另一小国，亦为秦所灭。⑦履（lǚ）至尊：登帝位。履，登踏。至尊，指帝王，此喻帝位。⑧执敲朴：《秦始皇本纪》作执捶拊。敲朴为一种刑杖。短曰敲，长曰朴。鞭笞（chī）：鞭打。⑨百越：南方各地越族的总称。⑩桂林：秦郡名。约当今广西壮族自治区南部及以南、以西地区。⑪俯首系颈：低头，自己用绳系在颈上，表示投降。⑫委命下吏：把生命交给了秦朝下级官吏，听凭摆布。⑬蒙恬（tián）：秦将，秦王政三十二年（前215）奉命率兵三十万，北逐匈奴，筑长城，西起临洮（今甘肃省岷县），东至辽东（今辽宁省南部），共长万余里。⑭却：打退。⑮胡人：我国古代西北部少数民族统称。秦汉时多指匈奴。牧马：指到汉族边界进行掳掠骚扰。⑯贯弓：通“弯弓”。拉满弓。贯，通“弯”。⑰先王之道：一般指夏、商、周三代帝王的统治办法。先王指秦以前帝王。燔（fán）百家之言：指前213年（秦始皇三十四年）秦始皇用李斯建议进行的焚书事件。⑱黔首：秦始皇二十六年，确定一般平民称为黔首。⑲堕（huī）：毁坏。⑳销锋镝：熔化锐利的兵器和箭头。《秦始皇本纪》作“销锋铸鐻（jù）”，鐻，钟鐻。㉑金人：铜人。㉒践华为城：在华山上行走，使华山成为城墙。践，《秦始皇本纪》作“断”。㉓因河为池：凭借黄河作为防守的防卫城壕。㉔谿（xī）：通“溪”，两山夹谷中的河沟。㉕劲弩：强劲有力的弓。㉖信臣精卒：忠实的臣子、精锐的士卒。㉗陈：陈列，装备。利兵：锋利的兵器。谁何（hē）：呵问是谁。㉘金城：坚固如铜铸一样的城。㉙万世之业：秦始皇曾说：“我为始皇帝，后世以计数，二世、三世，至千世万世，传之无穷。”意谓传之万世的家天下。

【原文】

“始皇既没，余威振于殊俗[1]。然而陈涉瓮牖[2]绳枢之子，甿隶[3]之人，而迁徙[4]之徒也，材能不及中人[5]，非有仲尼、墨翟[6]之贤，陶朱、猗顿[7]之富也。蹑足[8]行伍之间，俯仰仟佰[9]之中，率罢散[10]之卒，将数百之众，转而攻秦。斩木为兵[11]，揭竿为旗[12]，天下云集响应[13]，赢粮而景从[14]，山东豪俊遂并起而亡秦族[15]矣。

【注释】

①殊俗：风俗不同的地方，指边远地区。②瓮牖（yǒu）：用瓦瓮做的窗户。③甿隶：雇农，农奴之辈。甿，氓的古字。

④迁徙：迁移。⑤中人：中等人，一般普通的人。⑥仲尼、墨翟：孔子、墨子。⑦陶朱：即范蠡，原为越王句践的大夫，后去官至陶，经商致富，自称陶朱公。猗（yī）顿：一说以盐起家，春秋鲁人。一说经营畜牧业致富。③蹑足：插足，参加。⑨仟佰：千人百人之长。⑩罢（pí）散：疲困散乱。罢，通“疲”。⑪斩木为兵：砍削树木为兵器。⑫揭竿为旗：高举竹竿做旗帜。⑬云集响应：像风云一样合拢来，像回声一样应声而起。⑭赢粮景从：携带粮食，如影随形跟着（陈胜起义）。⑮山东豪俊：指崤山、函谷关以东的广大地区的诸侯、起义军首领。秦族：秦王室家族。

【原文】

“且天下非小弱[1]也，雍州之地，殽函之固自若[2]也。陈涉之位[3]，非尊于齐、楚、燕、赵、韩、魏、宋、卫、中山之君[4]也；锄耰棘矜[5]，非铦于勾戟长铩[6]也；適戍之众，非俦[7]于九国之师也；深谋远虑，行军用兵之道，非及乡时[8]之士也。然而成败异变[9]，功业相反也。尝试使山东之国与陈涉度长絜大[10]，比权量力，则不可同年[11]而语矣。然而秦以区区之地，致万乘之权，抑八州[12]而朝同列，百有余年矣。然后以六合为家，殽函为宫[13]。一夫作难而七庙堕[14]，身死人手[15]，为天下笑者，何也？仁义不施[16]，而攻守之势异也[17]。”

【注释】

①天下非小弱：指秦朝的天下没有缩小和变弱。②固：坚

固。自若：像自己原来的样子。③位：指地位和威望。④非尊于……之君：没有……国君尊贵。⑤锄櫌（yōu）：锄头的柄。棘矜（jīn）：戟和矛的柄。棘，戟。矜，矛的柄。⑥铦（xiān）：锋利。勾戟：有钩的戟。长铩：有长刃的矛。⑦俦（chóu）：同类，类别。⑧乡（xiàng）时之士：过去的谋士，如甯越、徐尚等人。乡时，早先、从前。乡，通“向”。⑨异变：完全不同。⑩度长絜（xié）大：比比长短大小。絜，度量物体长度。⑪同年：相等。⑫抑八州：意为控制了天下。抑，控制。⑬六合为家：东西南北天地之间的一切都归王朝一姓所有。殽函为宫：殽山、函谷关成为宫庭的围墙。⑭七庙堕（huī）：帝王宗庙被毁灭。借指国家灭亡。古代天子有七庙：父庙三，子庙三，太祖庙一。⑮身死人手：指秦二世被赵高杀死，子婴被项羽杀死。⑯仁义不施：指秦始皇统一中国之后，没有顺应形势需要推行仁政，而是用暴政来统治人民。⑰攻守之势异也：指处于创业与守成时的形势有所不同。

【译文】

陈胜，阳城人，字涉。吴广，阳夏人，字叔。陈涉年轻时，曾经和别人一起被雇佣耕作。一次，他停止耕作走到田埂上，感慨恼恨了很久，说：“如果将来富贵了，彼此不要相互忘记。”一块受雇佣的伙伴们笑着应声说：“你是受雇替人耕作的农夫，怎么会富贵呢？”陈涉叹息说：“唉！燕子、麻雀怎么会知道大雁、天鹅的志向啊！”

秦二世元年（前209）七月，调遣居住在里巷左边的贫民到渔阳戍边，九百人驻扎大泽乡。陈胜、吴广都在这次征发的行列中，担任屯长。遇上天下大雨，道路不通，预计已经误了到达的期限。过了规定的期限，根据法律都该杀头。陈胜、吴广商议说：“现在逃跑也是死，举行起义也是死，同样是死，为国事而死行吗?”陈胜说：“天下遭受秦朝暴政统治的苦难已经很久了。我听说二世皇帝是始皇的小儿子，不应该即位，应该即位的是公子扶苏。扶苏由于多次劝谏的缘故，始皇派他到外地领兵。如今，有人听说他并没有罪过，二世却把他杀死了。百姓大多听说他贤能，不知道他已经死了。项燕是楚国的将军，多次立功，爱护士兵，楚国人都拥戴他。有的人以为他已经死了，有的人以为他躲藏起来了。如今，要是我们假冒公子扶苏和项燕的名义，倡导天下的人起义，应该会有很多人响应。”吴广认为很对，于是就去占卜。占卜的人知道他们的意图，说：“你们的事都能成，能建立功业。然而，你们向鬼神请教过吉凶吗?”陈胜、吴广很高兴，揣摩透了占卜人说的向鬼神请教吉凶的意思，说：“这是教我们借鬼神先在众人中取得威望。”随后，就用朱砂在帛上写了“陈胜王”三个字，悄悄塞进他人用网捕捞的鱼肚里。戍卒买来鱼煮了吃，发现鱼肚里的帛书，本来就感到奇怪了。陈胜又让吴广暗中到驻地树丛的庙里，夜间点燃篝火，模仿狐狸的声音呼叫道：“大楚兴，陈胜王。”戍卒们夜里都惊恐不安。第二天早晨，戍卒中到处议论这件事，指指点点，把目光都投向陈胜。

吴广一向爱护人，戍卒中多数人愿意为他效力。押送戍卒的将尉喝醉了，吴广故意多次扬言要逃跑，来激怒将尉，招惹他侮辱自己，借以激怒众人。将尉果然抽打吴广。在将尉拔剑的霎时间，吴广奋起，夺剑杀死了将尉。陈胜帮助他，合力杀死了两个将尉。随即召集下属号召说："各位遇雨，都已经延误了期限，误期依法律规定应当杀头。即使不杀头，戍边死亡的本来就占十分之六七。况且壮士不死便罢，死就要扬名天下，王侯将相难道是天生的贵种吗！"下属异口同声地说："坚决地听从命令。"于是，就假冒公子扶苏和项燕的名义举行起义，以顺应百姓的愿望。大家都裸露右臂为标志，号称大楚。他们修筑高台盟誓，用将尉的头作祭品。陈胜自立为将军，吴广为都尉。首先攻占大泽乡，收兵进攻蕲县。攻下蕲县后，就派符离人葛婴率军攻取蕲县以东地区。攻打铚、酂、苦、柘、谯，都攻下了。一边行进一边扩充兵员，等到达陈县时，已经拥有兵车六七百辆，骑兵千余人，步卒数万人。攻打陈县时，那里的郡守、县令都不在，只有守丞在谯门抵抗，抵挡不住起义军的攻势，守丞战死，于是起义军攻占陈县。几天后，陈胜下令召集三老和豪杰都来开会议事。三老和豪杰们都说："将军身披坚甲，手执锐器，讨伐无道，诛灭暴秦，重新建立了楚国的政权，论功应该称王。"陈胜于是就自立为王，国号为张楚。

在这个时候，各个郡县受不了秦朝官吏暴政之苦的人，都逮捕并宣判他们官吏的罪状，把他们杀死来响应陈涉。于是，就以吴广为代理王，督率各将领向西进攻荥阳。命令陈县人武臣、张耳、陈馀去攻占原来赵国的辖地，命令汝阴人邓宗攻占九江郡。这时候，楚地几千人聚集在一起起义的，多得不计其数。

葛婴到达东城，立襄彊为楚王。葛婴后来听说陈胜已自立为王，接着就杀了襄彊，回来向陈胜报告。一到陈县，陈胜就杀了葛婴。陈胜命令魏人周市北上攻取原属魏国的地方。吴广包围了荥阳。李由任三川郡守，防守荥阳，吴广久攻不下。陈胜召集国内的豪杰商量对策，任命上蔡人房君蔡赐做上柱国。

周文是陈县有名的贤人，曾经是项燕军中的占卜望日官，也在楚相春申君黄歇手下做过事，自称熟习用兵。陈王就授给他将军印，带兵西去攻秦。他一路上边走边召集兵马，到达函谷关的时候，有战车千辆，士兵几十万人。到了戏亭时，他就驻扎了下来。秦王朝派少府章邯赦免了因犯罪而在骊山服役的人以及家奴所生的儿子，全部调集来攻打张楚的大军，把楚军全给打败了。周文失败之后，逃出了函谷关，在曹阳驻留了两三个月。章邯又追来把他打败了，再逃到渑池驻留了十几天。章邯又来追击，把他打得惨败。周文自杀，他的军队也就不能作战了。

武臣到达邯郸，就自立为赵王，陈馀做大将军，张耳、召骚任左、右丞相。陈王知道后非常生气，就把武臣等人的家属逮捕囚禁了起来，打算杀死他们。上柱国蔡赐说："秦王朝还没有灭亡就杀了赵王将相的家属，这等于是又生出一个与我们为敌的秦国来。不如就此封立他好些。"陈王于是就派遣使者前往赵国去祝贺，同时把武臣等人的家属迁移到宫中软禁起来，又封张耳的儿子张敖做成都君，催促赵国的军队速进军函谷关。赵王武臣的将相们商议说：“大王您在赵国称王，并不是楚国的本意。等到楚灭秦以后，一定会来攻打赵国。最好的办法莫过于不派兵向西进军，而派人向北攻取原来燕国的辖地以扩大我们自己的土地。赵国南面据黄河天险，北面又有燕、代的广大土地。楚国即使战胜了秦国，也不敢来压制赵国。如果楚国不能战胜秦国，必定就会借重赵国。到时候，赵国趁着秦国的疲敝，就可以得志于天下了。”赵王认为说得有道理，因而不向西出兵，而派了原上谷郡卒史韩广领兵北上去攻取燕地。

燕国原来的贵族豪杰劝告韩广说：“楚国已经立了王，赵国也已立了王。燕国地方虽然小，过去也是个拥有万辆兵车的国家，希望将军您自立做燕王。”韩广回答说：“我的母亲还留在赵国，使不得。”燕人说：“赵国现在正西面担忧秦，南面担忧楚，它的力量不能来限制我们。况且以楚国的强大，都不敢杀害赵王将相的家属，赵国又怎敢杀害将军您的家属呢?”韩广认为他们说的有道理，于是就自立做了燕王。过了几个月，赵国派人护送燕王的母亲及其家属来到了燕国。

在这个时候，到各地去攻城占地的将领，数不胜数。周市北上攻城略地到达了狄县，狄县人田儋杀死了狄县县令，自立为齐王，凭借齐地的力量来反击周市。周市的军队溃散了，退回魏地，打算立魏王的后代宁陵君咎做魏王。其时咎在陈王那里，不能回到魏地去。魏地平定以后，大家想共同拥立周市做魏王，周市不肯接受。使者先后五次往返于陈王与周市之间，陈王乃答应立宁陵君咎做魏王，遣送他回到魏国去。周市最后做了魏国的相。

将军田臧等人一起谋划说：“周文的军队已经溃散，秦国的军队早晚就要到来。我们包围荥阳城久攻不下，如果秦国的军队到来，一定会被他们打得大败。不如留下少量的部队，足以守住荥阳就可以了，把其余精锐的军队全部用来迎击秦军。现在，代理王吴广骄横，又不懂用兵权谋，这样的人无法和他商量议事。不杀了他，我们的计划恐怕会被搞坏。”于是，他们就假冒陈王的命令杀掉了吴广，把吴广的头献给了陈王。陈王就派使者赐给田臧楚令尹的大印，任命他做上将军。田臧就派部将李归等人驻守荥阳城，自己带了精锐的部队西进敖仓迎战秦军。双方交战时，田臧战死，军队溃散。章邯领兵趁机到荥阳城下来攻打李归这些人，打败了他们，李归等人战死。

阳城人邓说领兵驻扎郏城，被章邯部将所带的一支部队击败，邓说率军溃逃到陈县。铚人伍徐率兵驻扎许县，也被章邯的军队击溃了。伍徐的军队都溃散逃到陈县。陈王杀了邓说。

陈胜刚刚自立为王时，陵地人秦嘉、铚地人董緤、符离人朱鸡石、取虑人郑布、徐地人丁疾等都单独起兵反秦，他们领兵把东海郡守名叫庆的围困在郯城。陈王听说后，就派武平君畔做将军，督率郯城下的各路军队。秦嘉拒不接受这个命令，自立为大司马，讨厌隶属于武平君畔。他告诉他的军吏说：“武平君年轻，不懂得军事，不要听他的！”接着，就假托陈王的命令杀死了武平君畔。

章邯打败伍徐以后，接着进攻陈县，陈王的上柱国房君蔡赐战死了。章邯又领兵进攻驻守陈县西面的张贺部队。陈王亲自出来督战，结果楚军还是战败，张贺阵亡。

十二月，陈王退到了汝阴。在回到下城父时，他的车夫庄贾杀了他投降秦军。陈胜死后安葬在砀县，谥号叫隐王。

陈王从前的侍臣吕臣将军组织了一支青巾裹头的“仓头军”，从新阳起兵攻打陈县，攻克后，杀死了庄贾，又以陈县为楚都。

当初，陈王刚到陈县的时候，曾命令铚地人宋留领兵去平定南阳，再进兵武关。宋留攻占了南阳之后，传来了陈王被杀的消息。于是，南阳又被秦军夺了回去。宋留不能进入武关，就往东到了新蔡，不料又遇上了秦军，宋留带着部队投降了秦军。秦军押解宋留到了咸阳，将他五马分尸示众。

秦嘉等人听说陈王的军队已经兵败逃走了，就立景驹做了楚王，率兵到了方与，准备在定陶附近袭击秦军。于是，派公孙庆出使齐国去会见齐王田儋，想联合他一同进兵。齐王说：“听说陈王战败了，至今生死不明，楚国怎么能不来向我请示就自立为王呢?”公孙庆说：“齐国不请示楚国而立王，楚国为什么要向齐国请示才能立王呢?何况楚是首先起义反秦的，理当号令天下。”田儋杀死了公孙庆。

秦的左右校尉率领部队再次进攻陈县，并占领了它。将军吕臣失败逃跑后，重新集结兵马。他与当年在鄱阳为盗后被封为当阳君的黥布所率领的军队联合起来，又攻击秦左右校尉的军队，在青波把他们打败了，再度以陈县为楚都。这时，正好项梁立楚怀王的孙子名叫心的做了楚王。

陈胜称王总共六个月的时间。当了王之后，以陈县为国都。一位从前曾经与他一起雇佣给人家耕田的伙计听说他做了王，来到了陈县，敲着宫门说："我要见陈涉。"守宫门的长官要把他捆绑起来。经他反复解说，才放开他，但仍然不肯为他通报。等陈王出门时，他拦路呼喊陈涉的名字。陈王听到了，才召见了他，与他同乘一辆车子回宫。走进宫殿，看见殿堂房屋、帷幕帐帘之后，客人说："夥颐！陈涉大王的宫殿高大深邃啊！"楚地人把"多"叫作"夥"，所以天下流传"夥涉为王"的俗语，就是从陈涉开始的。这客人在宫中出出进进，越来越随便放肆，常常跟人讲陈涉从前的一些旧事。有人就对陈王说："您的客人愚昧无知，专门胡说八道，有损于您的威严。"陈王就把来客杀死了。从此之后，陈王的故旧知交都纷纷自动离去，没有再亲近陈王的人了。陈王任命朱房做中正，胡武做司过，专门督察群臣的过失。将领们攻占了地方回到陈县来，命令稍不服从，就抓起来治罪，以苛刻地寻求群臣的过失作为对陈王的忠心。凡是他俩不喜欢的人，一旦有错，不交给负责司法的官吏去审理，就擅自予以惩治。陈王却很信任他们。将领们因为这些缘故，就不再亲近依附他了。这就是陈王之失败的原因。

陈胜虽然已经死了，他所封立派遣的侯王将相终于灭掉了秦王朝，这是由于陈涉首先起义反秦的结果。汉高祖时，在砀县安置了三十户人家为陈涉看守坟墓，到现在仍按时杀牲祭祀他。

褚先生说，地形险阻，是便于用来固守的；武器装备和法制规章，是便于统治国家的。但这些还不是最可靠的。先王以仁义道德作为治国的根本，而把巩固边塞、制定法律条文看成枝叶，难道不是这样吗？我听贾谊说道：

秦孝公占据崤山和函谷的险固地势，拥有整个雍州地区，君臣牢固把守，随时窥视着周王朝的政权，大有席卷天下、包举宇内、囊括四海的劲头儿，并吞八方极远之地的心气儿。就在这个时候，商鞅辅佐秦孝公，对内建立法令制度，致力于耕种纺织，整治攻守的武器，对外用连横的策略使诸侯们互相争斗。于是，秦国像两手相合那样容易毫不费力地取得了黄河以西的大片土地。

秦孝公死后，秦惠文王、武王、昭襄王承续了秦孝公的治国事业，遵循着先人留下来的策略，向南面夺取了汉中，向西南夺取了巴蜀，向东面割得了肥沃的土地，向北面夺得了冲要险阻的郡邑。诸侯们因此而恐惧惊慌，相会结盟商量对策来削弱秦国。他们不吝惜珍贵的财宝和富饶的土地，用来招纳天下的人才。采取合纵策略缔结盟约，互相支援，合为一体。在这个时候，齐国有孟尝君，赵国有平原君，楚国有春申君，魏国有信陵君：这四位公子，都英明智慧而忠诚信义，宽宏厚道而爱惜人才，尊重贤者而器重士人。他们互相约定实行合纵联合抗秦，破坏秦国的连横策略，联合韩、魏、燕、楚、齐、赵、宋、卫、中山等国的有关人士。于是，六国的人才中，有宁越、徐尚、苏秦、杜赫这些人替他们策划；有齐明、周最、陈轸、邵滑、楼缓、翟景、苏厉、乐毅这些人沟通他们的意见；有吴起、孙膑、带他、兒良、王廖、田忌、廉颇、赵奢这些人统率他们的军队。诸侯们曾经用相当于秦国十倍的土地、百万的大军，攻打函谷关而进击秦国。秦国开关迎敌，九国的军队犹疑不定而不敢前进。秦国没有耗费一个箭头，而天下的诸侯却已经疲惫不堪了。于是，合纵解散，盟约破坏，各自争相割地贿赂秦国。秦国有充裕的力量来利用诸侯的弱点，追赶逃亡败走的敌人，杀得他们尸横遍野，流的血把大盾牌都漂浮起来。秦国趁着有利的形势、方便的时机，分割土地山河，因而强国请求臣服，弱国前来朝拜称臣。

延续到秦孝文王、庄襄王的时候，他们在位的时间短暂，国家没有什么大事。

等到秦始皇的时候，他发扬六世的余威，舞动长鞭而驾驭天下，吞并东西二周，灭亡各诸侯国，登上皇帝宝座控制全国，手执刑杖以鞭打天下的百姓，声威震慑四海。向南夺取百越地区，设为桂林和象郡。百越的君长低着头，用绳子拴住脖子，听命秦朝下级官吏的处置。于是，派蒙恬在北边修筑长城作为防守的屏障，驱退匈奴达七百余里，致使胡人不敢南下牧马，士兵也不敢举弓报怨。而且废弃了先王的治国道术，焚烧了诸子百家的著作，以使百姓愚昧无知。拆除六国的名城大都，诛杀豪杰英俊，收缴天下的兵器集中到咸阳，熔化刀枪剑等兵器，浇铸成十二个铜人，以削弱天下百姓的反抗能力。然后，依凭华山作为城墙，凭借黄河作为护城河，依据亿丈高的城墙，下临无底深的河道作为坚固的屏障。良将强弩，把守住险要的地方，忠实的臣子和精锐的士卒，装备着锋利的兵器，盘问过往的行人是谁。天下已经平定，始皇自以为关中坚固，金城千里，是子子孙孙万世当皇帝的基业。

始皇死后，他的余威仍然震慑着边远地区。然而，陈涉一个以破瓮做窗户，用绳子拴门轴的穷家子弟，受人奴役的人，征发守边的戍卒，才能不及中等人，既无仲尼、墨翟的贤明，也无陶朱、猗顿的富有。置身戍卒行列，低头抬头行进在阡陌中间，率领疲惫散乱的戍卒，只统率几百名戍卒，掉转矛头攻打秦朝。砍削木棍做武器，高举竹竿做旗帜，天下的百姓就像风起云聚般地响应，挑着粮食如影随身一样跟他走，殽山以东的英雄豪杰就一同起兵，推翻了秦朝。

况且秦朝的天下并没有缩小变弱，雍州的土地，殽山、函谷关的险要坚固和以前一样。陈涉的地位，不比齐、楚、燕、赵、韩、魏、宋、卫、中山的国君尊贵；锄头戟柄，不比钩戟长矛锋利；征发戍边的数百人，不比九国的军队强大；深谋远虑，行军和打仗的本领，比不上从前六国的谋士和将帅。然而，成功失败完全不同，功业完全相反。试拿殽山以东的诸侯国，和陈涉比量长短大小，比较权势衡量实力，简直不可同日而语。然而，秦国当年凭借区区之地，发展成为有万乘战车的强国，控制了其他八州而诸侯都来朝拜，已经有一百多年了。然后以天地四方为家，以殽山、函谷关为宫墙。陈涉一人首先发难，秦朝的七庙被摧毁，它的统治者死在别人手里，为天下人所讥笑，这是什么原因呢？由于不施仁政，而进攻和防守的形势不同了。

第三十一卷　外戚世家第十九

本篇记述汉高祖至武帝五代汉皇的后妃，以正后为主，兼及妃嫔，并涉及后妃的亲族，所以称为《外戚世家》。

记后妃，自然要反映宫廷内部的一些情况，这就能使读者看到帝王生活的一个重要的侧面。后妃之间为争宠、争权势而进行的明争暗斗，构成了统治集团内部矛盾斗争的一部分。后妃一旦得宠，其父母兄弟立即青云直上，这些皇亲新贵往往成为影响王朝政局的重要势力。刘邦死后，诸吕擅权，几乎取代了刘家王朝。对这个历史教训，司马迁是很重视的。在写到窦皇后的两位兄弟受封后，特意记述了周勃和灌婴的一次谈话，他们最担心的就是窦氏兄弟会不会“又复效吕氏大事”，所以要为两人选择师傅宾客。在这里，作者显然是要提醒人们不要忘记这个重要的教训，这也是作者对本篇的命意之一吧。

或许是某种巧合，篇中的几位皇后都是出身微贱，而她们能当上皇后又都有一段不寻常的经历，有的是阴差阳错，有的则事出偶然。一个微贱女子，一觉醒来，变成了天下最尊贵的妇人，实在令人不可思议。司马迁则用了一个“命”字来作答案，并且记载了一些异梦、占卜等以自圆其说。从写作角度而论，一个“命”字贯穿全篇，使文章骨节通灵，显出了章法的高妙。但从观点方面来说，反映了司马迁思想的局限，这种局限在开篇的序言里表现得更为集中。序言的基本观点是，夏、商、周三代之兴在于后妃，三代之亡也在于后妃；婚姻是人道之大伦，所以必须谨慎；婚姻的后果如何，是命里注定的。

本篇后面附有褚少孙续补的几段文字，所记的史实与司马迁原文的精神是一致的。其中，记武帝寻找其同母异父姐姐一段较为生动。记卫皇后弟卫青及其四子被封，贵震天下，之后引述了一首民歌，正是太史公常用的笔法。褚先生好为议论，但其见识远逊于太史公。武帝为防止吕后专政的历史重演，竟杀死了太子之母钩弋夫人。而褚先生却认为这是武帝的“昭然远见，为后世计虑”，甚至赞扬说“岂可谓非贤圣哉”，真是荒谬至极！难怪后世学者对这种谬论异口同声地予以指责。

【原文】

自古受命帝王及继体守文[①]之君，非独内德茂[②]也，盖亦有外戚[③]之助焉。夏之兴也以涂山[④]，而桀之放也以末喜[⑤]。殷之兴也以有娀[⑥]，纣之杀也嬖[⑦]妲己。周之兴也以姜原及大任[⑧]，而幽王之禽[⑨]也淫于褒姒。故《易》基《乾》《坤》[⑩]，《诗》始《关雎》[⑪]，《书》美釐降[⑫]，《春秋》讥不亲迎[⑬]。夫妇之际，人道[⑭]之大伦也。礼之用，唯婚姻为兢兢[⑮]。夫乐调[⑯]而四时和，阴阳之变，万物之统也。可不慎与？人能弘道[⑰]，无如命何。甚哉，妃匹[18]之爱，君不能得之于臣，父不能得之于子，况卑下乎！即欢合[19]矣，或不能成子姓[20]；能成子姓矣，或不能要终[21]：岂非命也哉？孔子罕称命，盖难言之也。非通幽明[22]之变，恶能识乎性命[23]哉？

【注释】

①受命帝王：受命于天的帝王，这里指开国创业的君主。继体：继位。守文：遵守成法。②茂：美好。③外戚：指皇帝之母及后妃的亲族。④涂山：古国（部落）名。这里指涂山氏女。传说禹娶涂山氏之女为妻，生启，启建立夏朝。⑤放：放逐。夏桀暴虐，宠爱末喜，商汤灭夏，桀被流放于南方。⑥娀（sōng）：远古氏族名。这里指有娀氏之女简狄。神话传说，简狄吞燕卵有孕，生契，为商的始祖。⑦嬖：宠爱。商纣王宠爱妲己，荒淫暴虐，周武王伐纣，商军倒戈，纣自焚于鹿台。⑧姜原：周始祖后稷之母。原，通“嫄”。大任：周文王之母。大，通“太”。⑨禽：通“擒”。西周幽王宠爱褒姒，荒淫昏乱，申侯联合犬戎攻周，幽王逃至骊山被杀，褒姒被俘。西周亡。⑩《易》：《易经》。《乾》《坤》：《易经》六十卦封的头两卦。乾为阳，坤为阴，乾坤象征天地，又象征君臣、父母、夫妻等。所以，《乾》《坤》两卦是《经》诸卦的基础。⑪《诗》：《诗经》。《关雎》：《诗经》的第一篇诗。《毛诗序》认为，这首诗是赞美后妃之德的。⑫《书》：《书经》，又称《尚书》。釐降：下嫁。这句指的是，尧听说舜有

贤德，就把两个女儿下嫁给他为妻。⑬《春秋》讥不亲迎：按古代婚礼规定，不论贵族平民，在迎亲时夫婿都应亲自到女家迎娶新娘。鲁隐公二年（前721），纪国大夫裂繻到鲁国为其国君迎娶鲁隐公之女。《春秋》的记载是“纪裂繻来逆女”。《公羊传》认为《春秋》这样记载是“讥始不亲迎也”。⑭人道：社会的伦理等级关系。⑮兢兢：小心谨慎的样子。⑯调：和谐。古人认为音乐与自然和社会现象有密切的关系，所以这里说“乐调而四时和”。⑰人能弘道：此语出自《论语·卫灵公》。弘，扩大。道，这里指人伦之道。⑱妃匹：配偶。妃，通“配”。⑲欢合：夫妇的欢爱。⑳成：成熟，收获，引申为繁育。子姓：子孙。㉑要：求，取。终：结局，归宿。㉒幽明：阴阳。㉓恶：哪里，怎么。性命：人的性和天命。

【原文】

太史公曰：秦以前尚略矣，其详靡[①]得而记焉。汉兴，吕娥姁[②]为高祖正后，男为太子。及晚节色衰爱弛，而戚夫人有宠，其子如意几[③]代太子者数矣。及高祖崩，吕后夷[④]戚氏，诛赵王[⑤]，而高祖后宫唯独无宠疏远者得无恙。

吕后长女为宣平侯张敖妻，敖女为孝惠皇后。吕太后以重亲[⑥]故，欲其生子万方[⑦]，终无子，诈取后宫人子为子。及孝惠帝崩，天下初定未久，继嗣[⑧]不明。于是贵外家，王诸吕[⑨]以为辅，而以吕禄女为少帝后，欲连固根牢甚，然无益也。

高后崩，合葬长陵。禄、产等惧诛，谋作乱。大臣征之，天诱其统[10]，卒灭吕氏。唯独置孝惠皇后居北宫。迎立代王，是为孝文帝，奉汉宗庙[11]。此岂非天邪？非天命孰能当之？

【注释】

①靡：不，没有。②娥姁（xǔ）：吕后的字。③几：几乎。④夷：削除，消灭。⑤赵王：即如意。⑥重亲：亲上加亲。⑦万方：千方百计。⑧继嗣：继承人。⑨王：封王。诸吕：吕后母家的子弟。⑩诱：引导。统：世代相继的系统。这里指刘邦所开创的汉朝皇统。⑪奉：供奉。宗庙：古代帝王祭祀祖先的地方。

【原文】

薄太后，父吴人，姓薄氏，秦时与故魏王宗家女魏媪通[1]，生薄姬，而薄父死山阴，因葬焉。

及诸侯畔[2]秦，魏豹立为魏王，而魏媪内[3]其女于魏宫。媪之许负[4]所相，相薄姬，云当生天子。是时项羽方与汉王相距[5]荥阳，天下未有所定。豹初与汉击楚，及闻许负言，心独喜，因背汉而畔，中立更与楚连和。汉使曹参等击虏魏王豹，以其国为郡，而薄姬输织室[6]。豹已死，汉王入织室，见薄姬有色，诏内后宫，岁余不得幸[7]。始姬少时，与管夫人、赵子儿相爱，约曰："先贵无相忘。"已而管夫人、赵子儿先幸汉王。汉王坐河南宫成皋台[8]，此两美人相与笑薄姬初时约。汉王闻之，问其故，两人具[9]以实告汉王。汉王心惨然，怜薄姬，是日召而幸之。薄姬曰："昨暮夜妾梦苍龙据[10]吾腹。"高帝曰："此贵征也，吾为汝遂成之。"一幸生男，是为代王，其后薄姬希[11]见高祖。

【注释】

①宗家：同宗家族。通：通奸。②畔：通"叛"。③内：通"纳"，送入。④许负：姓许的老妇。负，老妇的别称。⑤距：通"拒"，抵御。⑥输：送。织室：汉代掌管皇室丝帛织造的官府，设在未央宫。⑦幸：古代称帝王亲临或受帝王宠爱为幸。这是特指与帝王同房。⑧这句中的河南、成皋都是指建筑物的专名，不是地名。⑨具：全部。⑩据：盘据。⑪希：通"稀"。

【原文】

高祖崩，诸御幸姬戚夫人之属，吕太后怒，皆幽[1]之，不得出宫。而薄姬以希见故，得出，从子之代，为代王太后。太后弟薄昭从如[2]代。

代王立十七年，高后崩。大臣议立后，疾外家吕氏强[3]，皆称薄氏仁善，故迎代王，立为孝文皇帝，而太后改号曰皇太后，弟薄昭封为轵侯。

薄太后母亦前死，葬栎阳北。于是乃追尊薄父为灵文侯，会稽郡置园邑[4]三百家，长丞已下吏奉守冢[5]，寝庙上食祠如法[6]。而栎阳北亦置灵文侯夫人园，如灵文侯园仪[7]。薄太后以为母家魏王后，早失父母，其奉薄太后诸魏有力者，于是召复魏氏，赏赐各以亲疏受[8]之。薄氏侯者凡一人。

薄太后后文帝二年，以孝景帝前二年[9]崩，葬南陵[10]。以吕后会葬长陵，故特自起陵，近孝文皇帝霸陵[11]。

【注释】

①幽：囚禁。②如：到……去。③疾：恨。强：强暴，强横。④园邑：汉代为守护陵园设置的县邑。⑤冢：坟墓。⑥寝庙：古代宗庙的正殿曰庙，后殿曰寝，合称寝庙。上食：供奉祭品。如法：依照礼法。⑦如……仪：依照……的礼仪制度。⑧受：通“授”。⑨景帝前二年：即景帝前元二年（前155）。景帝在位期间曾两次改元，由于当时还没有建立年号制度，所以史家记事就称前元、中元、后元，或简称前、中、后。⑩南陵：薄太后陵墓名。⑪霸陵：汉文帝陵墓名。

【原文】

窦太后，赵之清河观津人也。吕太后时，窦姬以良家子[1]入宫侍太后。太后出宫人以赐诸王，各五人，窦姬与在行中。窦姬家在清河，欲如赵近家，请其主遣宦者吏：“必置我籍[2]赵之伍中。”宦者忘之，误置其籍代伍中。籍奏，诏可，当行。窦姬涕泣，怨其宦者，不欲往，相强，乃肯行。至代，代王独幸窦姬，生女嫖，后生两男。而代王王后生四男。先代王未入立为帝而王后卒。及代王立为帝，而王后所生四男更[3]病死。孝文帝立数月，公卿请立太子，而窦姬长男最长，立为太子，立窦姬为皇后，女嫖为长公主[4]。其明年，立少子武为代王，已而又徙梁，是为梁孝王。

窦皇后亲[5]蚤卒，葬观津。于是薄太后及诏有司[6]，追尊窦后父为安成侯，母曰安成夫人。令清河置园邑二百家，长丞奉守，比灵文园法。

【注释】

①子：古代“子”兼指男女。②籍：名册。③更：交替，接连。④长公主：汉朝制度，皇帝的姊妹为长公主。嫖这时是文帝的女儿，似不应有此称号。⑤亲：指父母双亲。⑥有司：主管某方面事务的官吏。

【原文】

窦皇后兄窦长君，弟曰窦广国，字少君。少君年四五岁时，家贫，为人所略卖[1]，其家不知其处。传[2]十余家，至宜阳，为其主入山作炭，暮卧岸[3]下百余人，岸崩，尽压杀卧者，少君独得脱，不死。自卜数日当为侯，从其家之长安。闻窦皇后亲立，家在观津，姓窦氏。广国去时虽小，识其县名及姓，又常与其姊采桑堕，用为符信[4]，上书自陈。窦皇后言之于文帝，召见，问之，具言其故，果是。又复问他[5]何以为验？对曰：“姊去我西时，与我决于传舍[6]中，丐沐[7]沐我，请食饭我[8]，乃去。”于是窦后持之而泣，泣涕交横下。侍御左右皆伏地泣，助皇后悲哀。乃厚赐田宅金钱，封公昆弟[9]，家于长安。

【注释】

①略卖：劫掠出卖。略，通“掠”。②传：通“转”，转

移，辗转。③岸：山崖。④符信：凭证。⑤他：其他。⑥决：别离。传舍：驿站中的宿舍。传，驿站。⑦沐：洗米水。后“沐”字的意思是洗头。⑧请食：要来食物。饭我：给我吃。⑨公昆弟：同祖的兄弟。

【原文】

绛侯、灌将军[①]等曰："吾属不死，命乃且县[②]此两人。两人所出[③]微，不可不为择师傅[④]宾客，又复效吕氏大事[⑤]也。"于是乃选长者士之有节行者与居。窦长君、少君由此为退让君子，不敢以尊贵骄人。

窦皇后病，失明。文帝幸邯郸慎夫人、尹姬，皆毋子。孝文帝崩，孝景帝立，乃封广国为章武侯。长君前死，封其子彭祖为南皮侯。吴楚反时，窦太后从昆弟子窦婴，任侠[⑥]自喜，将兵，以军功为魏其侯。窦氏凡三人为侯。

窦太后好黄帝、老子言[⑦]，帝及太子诸窦不得不读《黄帝》[⑧]《老子》，尊其术。

窦太后后孝景帝六岁崩，合葬霸陵。遗诏尽以东宫金钱财物赐长公主嫖。

【注释】

①绛侯：周勃。灌将军：灌婴。②县：通“悬”。③所出：出身。④师傅：师与傅的合称，都是辅佐或教导太子或皇子的官职。窦氏兄弟因是皇后至亲，所以也要给他们选择师傅。⑤大事：这里指夺取权位。⑥任侠：仗义行侠。⑦黄帝、

老子言：汉初盛行黄老之学，主要是提倡道家思想中的清静无为。⑧《黄帝》：指假托黄帝之名的一些著作，多成书于战国时。

【原文】

王太后，槐里人，母曰臧儿。臧儿者，故燕王臧荼孙也。臧儿嫁为槐里王仲妻，生男曰信，与两女。而仲死，臧儿更嫁[1]长陵田氏，生男蚡、胜。臧儿长女嫁为金王孙妇，生一女矣，而臧儿卜筮[2]之，曰两女皆当贵。因欲奇[3]两女，乃夺金氏。金氏怒，不肯予决，乃内之太子宫。太子幸爱之，生三女一男。男方在身时，王美人[4]梦日入其怀。以告太子，太子曰："此贵征也。"未生而孝文帝崩，孝景帝即位，王夫人生男。

先是臧儿又入其少女兒姁[5]，兒姁生四男。

景帝为太子时，薄太后以薄氏女为妃。及景帝立，立妃曰薄皇后。皇后毋子。毋宠。薄太后崩，废薄皇后。

【注释】

①更嫁：改嫁。②筮：古代占卜方法的一种，用蓍草。常与卜合称卜筮。③奇：通"倚"，倚仗。《汉书·外戚传上》"奇"作"倚"。④美人：汉代嫔妃的称号之一。⑤兒姁：臧儿小女儿的名字。

【原文】

景帝长男荣，其母栗姬。栗姬，齐人也。立荣为太子。长公主嫖有女，欲予为妃。栗姬妒，而景帝诸美人皆因长公主见景帝，得贵幸，皆过栗姬，栗姬日怨怒，谢①长公主，不许。长公主欲予王夫人，王夫人许之。长公主怒，而日谗栗姬短于景帝曰："栗姬与诸贵人幸姬会，常使侍者祝②唾其背，挟邪媚道③。"景帝以故望④之。

景帝尝体不安，心不乐，属⑤诸子为王者于栗姬，曰："百岁后，善视之。"栗姬怒，不肯应，言不逊。景帝恚⑥，心嗛⑦之而未发也。长公主日誉王夫人男之美，景帝亦贤之，又有曩者所梦日符⑧，计未有所定。王夫人知帝望栗姬，因怒未解，阴使人趣⑨大臣立栗姬为皇后。大行奏事毕，曰："'子以母贵，母以子贵'⑩，今太子母无号，宜立为皇后。"景帝怒曰："是而⑪所宜言邪!"遂案⑫诛大行，而废太子为临江王。栗姬愈恚恨，不得见，以忧死。卒立王夫人为皇后，其男为太子，封皇后兄信为盖侯。

【注释】

①谢：推辞，拒绝。②祝（zhòu）：诅咒。③媚道：迷惑人的道术。④望：怨恨。⑤属：托付。⑥恚：怨恨，怒。⑦嗛（xián）：不恨。⑧曩：从前。符：吉祥的征兆。⑨趣：通"促"，催促。⑩这两句出自《春秋公羊传·隐公元年》。⑪而：你。⑫案：审判后定出结论称为案。

【原文】

景帝崩，太子袭号为皇帝。尊皇太后母臧儿为平原君。封田蚡为武安侯，胜为周阳侯。

景帝十三男，一男为帝，十二男[①]皆为王。而兒姁早卒，其四子皆为王。王太后长女号曰平阳公主，次为南宫公主，次为林虑公主。

盖侯信好酒。田蚡、胜贪，巧于文辞。王仲蚤死，葬槐里，追尊为共侯，置园邑二百家。及平原君卒，从田氏葬长陵，置园比共侯园。而王太后后孝景帝十六岁，以元朔[②]四年崩，合葬阳陵[③]。王太后家凡三人为侯。

【注释】

①清梁玉绳《史记志疑》认为，“十三男”应为“十四男”，“十二男”应为“十三男”。②元朔：汉武帝的第三个年号，始于前128年，止于前123年。③阳陵：汉景帝陵墓名。

【原文】

卫皇后字子夫，生微矣。盖其家号曰卫氏[①]，出平阳侯[②]邑。子夫为平阳主讴者[③]。武帝初即位，数岁无子。平阳主求诸良家子女十余人，饰置家。武帝祓[④]霸上还，因过[⑤]平阳主。主见[⑥]所侍美人，上弗说[⑦]。既饮，讴者进，上望见，独说卫子夫。是日，武帝起更衣，子夫侍尚衣轩[⑧]中，得幸。上还坐，欢甚，赐平阳主金千斤。主因奏子夫奉送入宫。子夫上车，平阳主拊[⑨]其背曰：“行矣，强饭，勉之！即贵，无相忘。”入宫岁余，竟不复幸。武帝择宫人不中用者，斥出归之。卫子夫得见，涕泣请出。上怜之，复幸，遂有身[⑩]，尊宠日隆。召其兄卫长君弟青为侍中。而子夫后大幸，有宠，凡生三女一男。男名据。

【注释】

①据《卫将军骠骑列传》载，卫青之父郑季，在平阳侯家任职，与侯妾卫媪私通，生卫青，因而冒称卫氏。②平阳侯：《集解》引徐广曰："平阳侯曹寿尚平阳公主。"据《曹相国世家》载，曹参封为平阳侯，其子孙五世承袭封爵，尚平阳公主的是其曾孙曹时。③平阳主：即平阳公主，武帝之姐。因其夫为平阳侯，故称平阳公主。讴者：歌姬。④祓：古代除灾求福的仪式。古代民俗，三月第一个巳日，人们都到水滨去洗濯污垢，称为祓禊。⑤过：顺路看望。⑥见：使……拜见。⑦说：通"悦"。⑧尚衣轩：尚衣，主管皇帝衣服的官；轩，车。⑨拊：抚摸。⑩有身：怀孕。

【原文】

初，上为太子时，娶长公主女为妃。立为帝，妃立为皇后，姓陈氏[1]，无子。上之得为嗣，大长公主[2]有力焉，以故陈皇后骄贵。闻卫子夫大幸，恚，几死者数矣。上愈怒。陈皇后挟妇人媚道，其事颇觉，于是废陈皇后[3]，而立卫子夫为皇后。

陈皇后母大长公主，景帝姊也。数让[4]武帝姊平阳公主曰："帝非我不得立，已而弃捐吾女，壹何不自喜而倍[5]本乎！"平阳公主曰："用无子故废耳。"陈皇后求子，与医钱凡九千万，然竟无子。

卫子夫已立为皇后，先是卫长君死，乃以卫青为将军，击胡[⑥]有功，封为长平侯。青三子在襁褓中，皆封为列侯。及卫皇后所谓姊卫少儿，少儿生子霍去病，以军功封冠军侯，号骠骑将军。青号大将军[⑦]。立卫皇后子据为太子。卫氏枝属[⑧]以军功起家，五人为侯。

【注释】

①陈皇后曾祖陈婴，封堂邑侯。其父陈午，尚长公主嫖，生陈后。②大长公主：汉制，皇帝之姑母称大长公主。景帝时，其姐刘嫖为长公主。武帝时，刘嫖已是其姑母，故称大长公主。③废陈皇后：《汉书·外戚传》记载，陈皇后让女子楚服等为其诅咒他人，被发觉后，楚服被处死，株连三百多人，陈皇后被废居长门宫。④让：责备。⑤壹何：为何，怎么。表示反问，语气较生。倍：通“背”。⑥胡：匈奴。⑦卫青、霍去病军功及封侯事，详见《卫将军骠骑列传》。⑧枝属：亲族。

【原文】

及卫后色衰，赵之王夫人幸，有子，为齐王。

王夫人蚤卒。而中山李夫人有宠，有男一人，为昌邑王。

李夫人蚤卒，其兄李延年以音幸，号协律[①]。协律者，故倡也。兄弟皆坐奸[②]，族[③]。是时其长兄广利为贰师将军，伐大宛，不及诛，还，而上既夷李氏，后怜其家，乃封为海西侯[4]。

他姬子二人为燕王、广陵王。其母无宠，以忧死。

及李夫人卒，则有尹婕妤之属，更[5]有宠。然皆以倡见，非王侯有土[6]之士女，不可以配人主也。

【注释】

①协律：官名。②坐奸：因犯奸淫罪。据《佞幸列传》载，李延年与其弟淫乱后宫，被诛灭。又《汉书·外戚传》《汉书·佞幸传》只记载延年弟淫乱后宫，延年被株连。③族：灭族。④封为海西侯：清梁玉绳《史记志疑》认为，李广利是因伐大宛有功而被封侯，并非汉武帝怜其家而封之。⑤更：交替。⑥土：封地。

【原文】

褚先生[1]曰：臣为郎[2]时，问习汉家故事[3]者钟离生。曰：王太后在民间时所生一女者，父为金王孙。王孙已死，景帝崩后，武帝已立，王太后独在。而韩王孙名嫣素得幸武帝，承间[4]白言太后有女在长陵也。武帝曰："何不蚤言！"乃使使往先视之，在其家。武帝乃自往迎取之。跸道[5]，先驱旄骑出横城门[6]，乘舆[7]驰至长陵。当小市西入里[8]，里门闭，暴开门，乘舆直入此里，通至金氏门外止，使武骑围其宅，为其亡走，身自往取不得也。即使左右群臣入呼求之。家人惊恐，女亡匿内中床下。扶持出门，令拜谒。武帝下车泣曰："嚄[9]！大姊，何藏之深也！"诏副车[10]载之，回车驰还，而直入长乐宫[11]。行诏门著引籍[12]，通到谒太后。太后曰："帝倦矣，何从来？"帝曰："今者至长陵得臣姊，与俱来。"顾曰："谒太后！"太后曰："女某邪？"曰："是也。"太后为下泣，女亦伏地泣。武帝奉酒前为寿，奉钱千万，奴婢三百人，公田百顷，甲第[13]，以赐姊。太后谢曰："为帝费焉。"于是召平阳主、南宫主、林虑主三人俱来谒见姊，因号曰修成君。有子男一人，女一人。男号为修成子仲，女为诸侯王王后[14]。此二子非刘氏，以故太后怜之。修成子仲骄恣[15]，陵折[16]吏民，皆患苦之。

【注释】

①褚先生：名少孙。他为《史记》中的若干篇写了续补文字，后人把这些续补附于《史记》书中，文前大都冠以"褚先生曰"。②郎：官名。③故事：旧事。④承间：趁机。承，通"乘"。⑤跸道：古代帝王出行时，禁行人，清道路，称为"跸道"或"跸路"。⑥旄骑：古代皇帝仪仗中警卫先驱的骑兵。横城门：汉代长安城北面西头的城门。⑦乘舆：皇帝或诸侯乘坐的车子。⑧小市：小街市，小市场。里：古代二十五家为一里。古代聚族而居为里，里有里门。⑨嗄：表示惊愕的象声词。⑩副车：皇帝的侍从车辆。⑪长乐宫：西汉宫殿名。汉初为朝会之所，后为太后所居。⑫行：路上。引籍：引入和门籍。汉朝制度，出入宫门要通过引入并核对门籍。引入即门使。门籍即出入宫门的人员的名册，在竹片上写下姓名、

年龄、相貌等，悬于宫门，以备核查。⑬甲第：最好的住宅。第，府第，宅第。⑭《集解》引徐广说，修成君之女嫁淮南王太子为妃，并不是王后。⑮恣：放纵。⑯陵折：欺凌压迫。陵，通“凌”。

【原文】

卫子夫立为皇后，后弟卫青字仲卿，以大将军封为长平侯。四子，长子伉为侯世子①，侯世子常②侍中，贵幸。其三弟皆封为侯，各千三百户，一曰阴安侯，二曰发干侯，三曰宜春侯，贵震天下。天下歌之曰：“生男无喜，生女无怒，独不见卫子夫霸天下③！”

是时平阳主寡居，当用列侯尚主。主与左右议长安中列侯可为夫者，皆言大将军可。主笑曰：“此出吾家，常使令骑从我出入耳，奈何用为夫乎？”左右侍御者曰：“今大将军姊为皇后，三子为侯，富贵振动天下，主何以易④之乎？”于是主乃许之。言之皇后，令白之武帝，乃诏卫将军尚平阳公主焉。

褚先生曰：丈夫龙变。《传》曰：“蛇化为龙，不变其文⑤；家化为国，不变其姓。”丈夫当时富贵，百恶灭除，光耀荣华，贫贱之时何足累之哉！

【注释】

①世子：帝王与诸侯的嫡长子。②常：通“尝”，曾经。③汉代古韵，“下”与“怒”同韵。④易：轻视。⑤文：通“纹”。

【原文】

武帝时，幸夫人尹婕妤。邢夫人号娙娥[1]，众人谓之“娙何”。娙何秩比中二千石，容华秩比二千石，婕妤秩比列侯[2]。常从婕妤迁为皇后。

尹夫人与邢夫人同时并幸，有诏不得相见。尹夫人自请武帝，愿望见邢夫人，帝许之。即令他夫人饰，从御者数十人，为[3]邢夫人来前。尹夫人前见之，曰：“此非邢夫人身也。”帝曰：“何以言之?”对曰：“视其身貌形状，不足以当人主矣。”于是帝乃诏使邢夫人衣故衣，独身来前。尹夫人望见之，曰：“此真是也。”于是乃低头俛[4]而泣，自痛其不如也。谚曰：“美女入室，恶女之仇。”

褚先生曰：浴不必江海，要[5]之去垢；马不必骐骥，要之善走；士不必贤世[6]，要之知道；女不必贵种，要之贞好。《传》曰：“女无美恶，入室见妒；士无贤不肖[7]，入朝见嫉。”[8]美女者，恶女之仇。岂不然哉！

【注释】

①娙（xíng）娥：汉代宫中女官名。②娙何……比列侯：这三句是说明宫中女官的品级。汉制，官吏按俸禄多少分为若干等级。秩，官吏的俸禄或品级。中二千石，月俸一百八十斛；二千石，月俸一百二十斛，汉代郡守属这一品级，故“二千石”常作郡守的代称。容华，女官名。③为：做，装作。④俛（fǔ）：通“俯”，屈身。⑤要：主要，重要。⑥贤

世：贤于世，贤，胜过。⑦不肖：不贤，不成材。⑧上数语出自《扁鹊苍公列传》。

【原文】

钩弋夫人[1]姓赵氏，河间人也。得幸武帝，生子一人，昭帝是也。武帝年七十，乃生昭帝[2]。昭帝立时，年五岁耳。卫太子废[3]后，未复立太子。而燕王旦上书，愿归国入宿卫[4]。武帝怒，立斩其使者于北阙[5]。

上居甘泉宫[6]，召画工图画周公负成王[7]也。于是左右群臣知武帝意欲立少子也。后数日，帝谴责钩弋夫人。夫人脱簪珥[8]叩头。帝曰："引持去，送掖庭[9]狱！"夫人还顾，帝曰："趣行，女[10]不得活！"夫人死云阳宫[11]。时暴风扬尘，百姓感伤。使者夜持棺往葬之，封识[12]其处。

其后帝闲居，问左右曰："人言云何？"左右对曰："人言且立其子，何去其母乎？"帝曰："然。是非儿曹[13]愚人所知也。往古国家所以乱也，由主少母壮也。女主独居骄蹇[14]，淫乱自恣，莫能禁也。女不闻吕后邪？"故诸为武帝生子者，无男女，其母无不谴死。岂可谓非贤圣哉！昭然远见，为后世计虑，固非浅闻愚儒之所及也。谥为"武"，岂虚哉！

【注释】

①钩弋夫人：因居钩弋宫而得此称号。②武帝年七十，乃生昭帝：据《汉书》载，昭帝生于太始三年（前94），这一年武帝应为六十三岁。下文昭帝立时，按《汉书》所记，应为

八岁。③卫太子废：卫太子即太子刘据，为卫皇后所生，故称。④国：国都。入：入宿。宿卫：值宿护卫。⑤北阙：皇宫北面的门楼。⑥甘泉宫：秦始皇始建，汉武帝扩建完成的一座宫殿，又名云阳宫。故址在今陕西省淳化县西北。⑦周公负成王：周公名旦，周武王的弟弟。⑧珥：耳饰。⑨掖庭：原名永巷，是囚禁妃嫔宫女的地方。⑩女：通“汝”。⑪云阳宫：即甘泉宫。⑫封：筑坟。识：通“志”，标志，做志。⑬儿曹：儿辈，孩子们。⑭骄蹇（jiǎn）：骄横不顺从。

【译文】

自古以来，受天命的开国帝王和继承正统遵守先帝法度的国君，不只是内在的品德美好，大都也由于有外戚的帮助。夏代的兴起是因为有涂山氏之女，而夏桀的被放逐是由于末喜。殷代的兴起是由于有娀氏的女子，商纣王的被杀是因为宠爱妲己。周代的兴起是由于有姜原及太任，而幽王的被擒是因为他和褒姒的淫乱。所以，《易经》以《乾》《坤》两卦为基本，《诗经》以《关雎》开篇，《书经》赞美尧把女儿下嫁给舜，《春秋》讥讽娶妻不亲自去迎接。夫妇之间的关系，是人道之中最重大的伦常关系。礼的应用，只有婚姻最为谨慎。乐声协调四时就和顺，阴阳的变化是万物生长变化的统领，怎能不慎重呢？人能弘扬人伦之道，可是对天命无可奈何。确实啊，配偶的亲爱之情，国君不能从大臣那里得到，父亲也不能从儿子那里得到，何况是更卑下的人呢！夫妇欢合之后，有的不能繁育子孙；能繁育子孙了，有的又不能得到好的归宿。这难道不是天命吗？孔子很少谈天命，大概是由于很难说清吧。不能通晓阴阳的变化，怎能懂得人性和天命的道理呢？

太史公说：“秦以前的情况还很简略，那些详情没能记载下来。汉朝建立，吕娥姁成为汉高祖的正宫皇后，儿子是太子。到了晚年，容颜衰老就不受宠爱了。而戚夫人得宠，她的儿子如意几乎取代太子地位有好几次。到高祖去世后，吕后灭了戚氏，杀死赵王如意，而高祖后宫的妃子只有不受宠爱被疏远的人才能平安无事。”

吕后的长女是宣平侯张敖的妻子，张敖的女儿是惠帝的皇后。吕太后由于亲上加亲的缘故，用种种办法想让她生子，可是始终没有生子，只得从后宫抱来别人的儿子谎称是她的儿子。到孝惠帝去世以后，天下刚刚安定不久，继承皇位的人还没有明确。于是，就提高外家的地位，封吕氏兄弟为王以作为辅佐，并让吕禄的女儿做少帝的皇后，想把根基联结得更牢固，然而毫无益处。

吕后去世，与高祖合葬在长陵。吕禄、吕产等人害怕被诛杀，就阴谋作乱。大臣征讨他们，上天引导着汉家的皇统，终于消灭了吕氏。只有孝惠皇后被安置住在北宫。大臣把代王迎来即位，这就是孝文帝，由他供奉汉家的宗庙。这难道不是天命吗？不是天命，谁能担当这样的使命呢？

薄太后，父亲是吴他人，姓薄氏，秦朝时与原魏王宗族的女子魏媪私通，生了薄姬，薄姬的父亲死在山阴，于是就葬在那里。

到诸侯反抗秦朝的时候，魏豹自立为魏王，魏媪就把她的女儿送入魏王宫中。魏媪到许姆那里去看相，让她给薄姬相面，许姆说她应当生天子。那时，项羽正与汉王刘邦在荥阳相持天下，天下归谁还没有一定。魏豹起初是与汉王一同攻打楚王，等到听了许姆的话，心里独自高兴，便背叛汉帝，先是中立，接着又与楚王联合。汉王派曹参等进攻并俘虏了魏王豹，把他据有的土地改为郡，把薄姬送入织造府。魏王豹死后，有一次汉王进入织造府，看到薄姬美貌，下诏把她收进后宫，一年多也没有得到宠幸。当初薄姬年少时，与管夫人、赵子儿很亲密，三人立下誓约说："谁先富贵，不要把别人忘了。"后来，管夫人、赵子儿都先后得到汉王宠幸。有一次，汉王坐在河南宫的成皋台上，这两位美人谈起当初与薄姬的誓约而相互戏笑。汉王听到后，问她们缘故，两人把实情都告诉了汉王。汉王心中有些伤感，可怜薄姬，这天就召见她并与她同宿。薄姬说："昨天夜里，妾梦见苍龙盘踞我的腹上。"高祖说："这是显贵的征兆，我来为你成全了吧。"一次同宿就生了男孩，这就是代王。此后，薄姬就很少见到高祖了。

高祖去世后，对那些为高祖侍寝而得宠幸的妃子如戚夫人等人，吕太后非常气愤，就把她们都囚禁起来，不准出宫。而薄姬由于极少见高祖的缘故，得以出宫，跟随儿子到代国，成为代王太后。太后的弟弟薄昭也跟随到代国。

代王在位十七年，吕后去世。大臣商议立新君，都痛恨外戚吕氏势力强盛，都称赞薄氏仁德善良，所以迎回代王，立为孝文皇帝，薄太后改称号为皇太后，她的弟弟薄昭被封为轵侯。

薄太后的母亲已在这以前死去，葬在栎阳北边。这时，才追尊薄太后的父亲为灵文侯，在会稽郡设置在三百户的园邑，长丞以下的人被派去侍奉看守陵墓，宗庙供奉祭品及祀典都依照规定的礼制进行。在栎阳北边也设置了灵文侯夫人陵园，所有礼仪都和灵文侯陵园一样。薄太后认为母家是魏王的后代，她的父母早逝，魏氏家族中有人侍奉薄太后很尽力，于是下令恢复魏氏家族地位，分别按照亲疏程度接受赏赐。薄氏家族中有一人被封侯。

薄太后比文帝去世晚两年，在景帝前元二年（前155）去世，葬在南陵。由于吕后在长陵与高祖合葬，所以她特别为自己单独起建陵墓，靠近孝文帝的霸陵。

窦太后，赵国清河观津人。吕太后的时候，窦姬由良家女子选入宫中服侍太后。后来，太后把一些宫女遣送出宫赐给各诸侯王，每王五人，窦姬就在这批宫女之中。窦姬家在清河，想到赵国离家较近，就请求主管遣送的宦官："一定把我的名册放在去赵国的队伍里。"宦官把这件事忘了，错把她的名册放到去代国的队伍中了。名册上奏，诏令说可以，应该启程了。窦姬痛哭流涕，埋怨那个宦官，不想去。强制她走，她才肯动身。到了代国，代王偏偏只宠爱窦姬，生下女儿叫嫖，后来又生了两个男孩。

代王王后生了四个男孩子。在代王尚未入朝立为皇帝之前王后就死了，等到代王立为皇帝，王后所生的四个男孩子也接连病死。孝文帝即位几个月之后，公卿大臣请求立太子，窦姬的长子年龄最大，被立为太子。窦姬也被立为皇后，女儿刘嫖为长公主。第二年，立小儿子刘武为代王，不久又迁徙到梁国，这就是梁孝王。

窦皇后的双亲早已去世，葬在观津。这时，薄太后就下诏有关官员，追尊窦皇后父亲为安成侯，母亲为安成夫人。下令清河设置二百户的园邑，由长丞侍奉看守，一切都按灵文园的做法。

窦皇后的哥哥窦长君，弟弟叫窦广国，字少君。少君四五岁的时候，家境贫穷，被人掠去后出卖，他家中不知他被卖在何处。又转卖了十几家，卖到宜阳。他为主人进山烧炭，晚上一百多人躺在山崖下睡觉，山崖崩塌，把睡在下边的人全都压死了，只有少君脱险，没有被压死。他自己算了一卦，断定他几天之内要被封侯，于是就从主人家去了长安。听说窦皇后是刚被封立的，她的家乡在观津，姓窦氏。广国离家时年龄虽小，也还知道县名和自家的姓，又曾和姐姐一起采桑，从树上掉下来，把这些事作为证据，上书陈述自己的经历。窦皇后把这件事告诉文帝，广国即被召见，问他，他详细说明了情况，果然不错。又问他还能用什么来验证，他回答说："姐姐离开我西去的时候，和我在驿站宿舍里诀别，姐姐讨来米汤给我洗头，又要来食物给我吃，然后才离去。"于是，窦后就拉住弟弟痛哭起来，涕泪纵横流下。左右侍从也都趴伏地上哭泣，一起为皇后助哀。于是，赏赐他很多田地、房屋和金钱，又分封与皇后同祖的窦氏兄弟，让他们迁居长安。

绛侯周勃、将军灌婴等人说："我们这些人不死，可是命都悬在窦氏兄弟二人的手里。这两个人出身低微，不能不给他们挑选师傅和宾客，否则，会再次效法吕氏阴谋叛乱。"于是，就挑选年长有德、品行端正的士人和他俩在一起。窦长君、少君从此成为谦逊礼让的君子，不敢倚仗他们的尊贵对人骄横傲慢。

窦皇后生病，双目失明。文帝宠幸邯郸慎夫人、尹姬，都没有生子。孝文帝去世，孝景帝即位，封广国为章武侯。长君已先去世，就封他的儿子彭祖为南皮侯。吴、楚七国叛乱时，窦太后堂兄弟的儿子窦婴，喜欢仗义行侠，就由他领兵平叛，因有战功被封为魏其侯。窦氏共有三人被封侯。

窦太后爱好黄帝、老子的学说，皇帝、太子以及所有窦氏子弟都不得不读《黄帝》《老子》，尊奉黄老的学术。

窦太后比景帝晚六年去世，她与文帝合葬在霸陵。遗下诏书，把东宫的金钱财物全部赐给长公主刘嫖。

王太后，槐里人，母亲叫臧儿。臧儿是原来的燕王臧荼的孙女。臧儿先嫁给槐里王仲为妻，生个儿子名叫信，还有两个女儿。后来，王仲死了，臧儿又改嫁给长陵田氏，生了儿子田蚡、田胜。臧儿的长女嫁给金王孙为妻，生了一个女儿。臧儿为子女算卦，结果说她的两个女儿都该是贵人。因为她想要倚仗两个女儿，就把女儿从金氏家中强行接回。金氏很愤怒，不肯和妻子断绝，臧儿就把女儿送进太子宫中。太子很宠爱她，生了三女一男。当男孩还在胎孕的时候，王美人梦见太阳投入她的怀中。她把这个梦告诉太子，太子说："这是大贵的征兆。"还没降生时，孝文帝就去世了。孝景帝即位后，王夫人生下这个男孩。

先前，臧儿又把她的小女儿儿姁送进宫中，儿姁生了四个男孩。

景帝做太子的时候，薄太后选了一个薄氏的女儿做他的妃子。到景帝即位，这个妃子就被立为薄皇后。皇后没有生子，不受宠爱。薄太后一去世，薄皇后就被废了。

景帝的长子刘荣，他的母亲是栗姬。栗姬是齐人。刘荣被立为太子。长公主刘嫖有个女儿，想给太子做妃子。栗姬好嫉妒，景帝的几位美人都是靠长公主而见到景帝的，她们得到的尊贵和宠爱都超过了栗姬，栗姬天天怨怒，为此就谢绝了长公主的要求，不应允亲事。长公主想把女儿给王夫人的儿子，王夫人就答应了。长公主为这件事生气，就常常在景帝面前讲栗姬的坏话："栗姬和各位贵夫人及宠姬聚会，常常让侍从在她们背后吐口水诅咒，施用妖邪惑人的道术。"景帝因此恼恨栗姬。

景帝曾有一次身体不好，心中不乐，就把被封王的儿子们都托付给栗姬，对他说："我死了以后，你要好好照顾他们。"栗姬生气，不肯答应，并且出言不逊。景帝很气愤，怀恨在心而没有发作。

长公主天天称赞王夫人儿子的优点，景帝也认为他德才兼备，又有从前他母亲梦日入怀的祥兆，主意还没定下来。王夫人知道景帝怨恨栗姬，趁他怒气未消，暗中派人催促大臣奏请立栗姬为皇后。一次，朝会大行官奏事完了，又说：“‘儿子因母亲而尊贵，母亲因儿子而尊贵’，如今太子的母亲还没有封号，应当立为皇后。”景帝发怒说：“这是你应该讲的话吗!”结果，竟论罪处死了大行官，并废了太子，改封他为临江王。栗姬更加怨恨，不能再见到景帝，不久，因忧伤而死。王夫人终于被立为皇后，他的儿子立为太子，皇后的哥哥王信被封为盖侯。

景帝去世，太子继位为皇帝。尊皇太后的母亲臧儿为平原君。封田蚡为武安侯，田胜为周阳侯。

景帝有十三个儿子，一个儿子做了皇帝，十二个儿子都封为王。儿姁早逝，她的四个儿子也都封为王。王太后的长女封号是平阳公主，次女是南宫公主，三女是林虑公主。

盖侯王信好饮酒。田蚡、田胜贪婪，善用文辞巧辩。王仲早死，葬在槐里，追尊为共侯，设置了二百户的园邑。等到平原君去世，跟田氏一起葬在长陵，设置的陵园同共侯陵园一样。王太后比孝景帝晚死年十六年，在元朔四年（前125）去世，与景帝合葬在阳陵。王太后家共有三人被封侯。

卫皇后字子夫，生在微贱之家。大概她家号称卫氏，在平阳侯封地以内。子夫是平阳公主的歌姬。武帝新即位，几年没有儿子。平阳公主挑选了十几个良家女子，装扮起来留在家里。武帝在霸上参加除灾求福的礼仪回来，顺便到平阳公主家。公主让侍奉的美人都出来见武帝，武帝都不喜欢。饮酒之后，歌姬进来，武帝看见后，唯独喜欢卫子夫。这天，武帝起身换衣服，子夫在皇帝的衣车中侍奉，得到宠幸。武帝回到座位上，特别高兴，赐给平阳公主黄金千斤。公主趁机奏请把卫子夫奉送入宫。子夫上车后，平阳公主抚着她的背说："走吧，好好吃饭，努力吧！如果尊贵了，别把我忘了。"子夫入宫一年多，竟然没有再得亲幸。武帝把不中用的宫人挑出来，让她们出宫回家。卫子夫因而得见武帝，她哭泣着请求出宫。皇上怜爱她，再次亲幸，于是有了身孕，一天比一天更受尊宠。武帝召见她的哥哥卫长君和弟弟卫青任侍中。子夫后来大得亲幸，倍受宠爱，共生了三个女儿一个儿子，儿子名叫据。

当初，皇上做太子的时候，娶了长公主的女儿做妃子。他即位为皇帝，妃子就立为皇后，姓陈氏，没有生子。皇上能够继承帝位，大长公主出力不小。因此，陈皇后骄横高傲。听说卫子夫大受亲幸，非常气愤，好几次几乎要死。皇上也更加生气。陈皇后施用妇人惑人的邪术，武帝对此事颇有觉察，于是就废了陈皇后，立卫子夫为皇后。

陈皇后的母亲大长公主是景帝的姐姐，多次责备武帝的姐姐平阳公主说："皇帝没有我就不能即位，过后竟抛弃了我的女儿，怎么这样不自爱而忘了呢！"平阳公主说道："是没有儿子的缘故才废的。"陈皇后渴求得子，求医生花费的钱有九千万之多，然而终于未能生子。

卫子夫立为皇后的时候，卫长君已先死了，就让卫青为将军，因抗击胡人有功，封他为长平侯。他的三个儿子还在襁褓之中，也都被封为列侯。至于卫皇后所说的姐姐卫少儿，她生的儿子霍去病，因有战功被封为冠军侯，号称骠骑将军。卫青号称大将军。卫皇后的儿子刘据被立为太子。卫氏的亲族以军功起家，有五人被封侯。

到卫皇后姿色衰老了，赵国的王夫人受宠幸，有儿子，被封为齐王。

王夫人早逝。中山李夫人受宠，生了一个儿子，被封为昌邑王。

李夫人早逝，她的哥哥李延年因精于音律而得宠，封为协律官。所谓协律，就是从前的歌舞艺人。他们兄弟都因犯淫乱后宫罪而被灭族。当时，她的长兄李广利为贰师将军，正在征讨大宛，没有被杀，回到长安，皇上已经诛灭了李氏。后来，又怜悯他这一家，才把他封为海西侯。

别的皇妃还有两个儿子是燕王、广陵王。他们的母亲不受宠爱，因忧伤而死。

到李夫人去世后，又有尹婕妤之流交替受宠，然而她们都是以歌女的身份得见武帝，不是有封地的王侯之家的女子，不应该和皇帝匹配。

褚先生说：我任郎官的时候，问过熟习汉家旧事的钟离生。据他说，王太后在民间时所生的一个女儿，父亲是金王孙。王孙已经死了，景帝去世后，武帝即位，只有王太后还在。韩王孙名叫嫣的人平时受到武帝的宠爱，她趁机会谈起太后有个女儿在长陵。武帝说：“怎么不早说！”于是，派人先去看一看，正好在家。武帝就亲自前去迎接她。路上清道禁行，先驱警卫的骑兵出横城门，武帝乘坐的车飞驰到长陵。在小市的西边进入里巷，里门关闭着，用力打开门，武帝乘的车一直进入里中，到达金氏门外才停下来，马上派武装骑兵包围这座宅院，为的是她如果逃跑，亲自来接也接不着了。随即派左右群臣进去呼喊寻找。

金氏家里人人惊恐，金女躲藏在内室的床下。找到后扶着她出门，让她拜见皇上。武帝下车哭着说：“哎呀！大姐，怎么藏得这么深哪！”下令副车载上她，掉转车子飞驰回城，直入长乐宫。武帝在行车途中就诏令看守宫门的人把自己的名帖向太后通报，车一到就去拜见太后。太后说：“皇上疲倦了，从哪里来呀？”武帝说：“今天到长陵找到了我的姐姐，和她一起来了。”回过头来对姐姐说：“拜见太后！”太后说：“你是我那个女儿吗？”回答说：“是呀。”太后落泪哭泣，女儿也伏在地上哭泣。武帝捧着酒到跟前来为太后和姐姐祝贺，拿出一千万钱，三百名奴婢，一百顷公田，上等宅第，赐给姐姐。太后道谢说：“让皇上破费了。”于是，又召来平阳公主、南宫公主和林虑公主三人都来拜见姐姐，给她的封号是修成君。她有一个儿子、一个女儿。儿子号为修成子仲，女儿做了诸侯王的王后。这两个孩子不出于刘氏，因此太后怜爱他们。修成子仲骄横放纵，常常欺凌压迫官吏和百姓，人们都为此而忧虑苦恼。

卫子夫立为皇后之后，她的弟弟卫青字仲卿，以大将军的职位被封为长平侯。他有四个儿子，长子卫伉是准备继承爵位的世子，他曾任皇帝侍从官侍中，尊贵受宠。卫伉的三个弟弟都被封侯，各给封地一千三百户，一个叫阴安侯，一个叫发干侯，一个叫宜春侯，他们的富贵震动天下。天下流传这样一首歌谣："生儿不必太高兴，生女莫把怒气发，难道没有看到卫子夫霸天下！"

当时平阳公主守寡，应该选一位列侯做她的丈夫。公主和左右侍从议论长安城里的列侯谁可以做她的丈夫，都说大将军卫青可以。公主笑着说："这是从我们家出去的人，我常常让他骑马跟随我出入，怎能让他做我的丈夫呢？"左右侍从们说："如今大将军的姐姐是皇后，她的三个儿子都封侯了，富贵震动天下，公主怎么倒把他看轻了呢？"于是，公主才同意了。把此事告诉皇后，皇后让禀告武帝，武帝就诏令卫将军做平阳公主的丈夫。

褚先生说：丈夫可以像龙那样变化。书传上面说："蛇变成龙，不会改变它的花纹；家变成了国，不会改变它的姓氏。"丈夫在富贵的时候，有多少污点都可以被掩盖消除，变得光彩荣耀，贫贱时候的事情怎么能够牵累他呢！

武帝时，宠爱过夫人尹婕妤。邢夫人官号娙娥，人们都叫她"娙何"。娙何的品级相当于俸禄中二千石的官，容华的品级相当于列侯。曾有人从婕妤升为皇后。

尹夫人与邢夫人同时被亲幸，武帝有诏令两人不能相见。有一次，尹夫人亲自请求武帝，希望能看见邢夫人，武帝答应了。就让另一位夫人修饰起来，跟随的侍从有几十人，假冒邢夫人来到面前。尹夫人走上前去见她，说："这不是邢夫人本人。"武帝说："为什么这样讲呢？"尹夫人回答说："看她的身段相貌姿态，不足以匹配皇上。"于是，武帝就下令让邢夫人穿上旧衣服，单独前来。尹夫人远远看见她就说："这才是真的。"于是，就低头哭泣，自己伤心不如邢夫人。谚语说："美女进屋，就是丑女的仇人。"

褚先生说：洗澡不必非到江海去，主要是能除去污垢；骑马不必是有名的骏马，主要是善于奔跑；士人不必都要超出世上一般人，主要是应懂得道理；女子不必是出身高贵，主要是应贞洁美好。书传上面说："女子不论美丑，一进家室就会被人嫉妒；士人不论贤与不贤，一入朝廷就会被人嫉妒。"美女是丑女的仇人，难道不对吗！

钩弋夫人，姓赵氏，河间人。得到武帝宠幸，生了一个儿子，就是昭帝。武帝七十岁的时候才生昭帝。昭帝即位时刚刚五岁。

卫太子被废以后，没有重新立太子。而燕王刘旦上书，愿意回到京城入宫任警卫之职。武帝生气，立刻在北阙把燕王使者问斩。

皇上住在甘泉宫，召画工画了一幅周公背负成王的画图。

于是，左右群臣知道武帝想要立小儿子为太子。过了几天，武帝谴责钩弋夫人。夫人摘下发簪耳饰等叩头请罪。武帝说："把她拉走，送到掖庭狱！"夫人回过头来看着，武帝说："快走，你活不成了！"夫人死在云阳宫。死的时候，暴风刮得尘土飞扬，百姓也都很悲伤。使者夜里拉着棺材去埋葬，在埋葬的地方做了标志。

事后，武帝闲时问左右说："人们都说些什么?"左右回答说："人们说就要立她的儿子了，为什么要除掉他的母亲呢?"武帝说："是的。这不是小孩子们和愚人所能理解的。古时候，国家之所以出乱子，就是君主年少，而他的母亲正在壮年。女子独居，骄横傲慢，淫乱放纵，没有人能禁止。你们没有听说过吕后的事吗?"因此，所有为武帝生过孩子的，无论是男是女，他们的母亲没有不被谴责处死的，难道能说这就不是圣贤了吗？这样明确的远见，为后世深思熟虑，本来就不是那些见闻浅陋的愚儒所能达到的。谥号为"武"，难道是虚名吗！

第三十二卷　楚元王世家第二十

本篇虽名为《楚元王世家》，但实际上记述了西汉初年刘姓楚国和赵国的兴衰历史。楚国的始封国君是汉高祖刘邦的四弟楚元王刘交；赵国的始封国君是高祖的亲家张耳，后传子张敖。后高祖封三子刘如意为赵王，吕后专制时先后封刘友、刘恢、吕禄为赵王。文帝时封刘友子刘遂为赵王。

【原文】

楚元王刘交者，高祖之同母①少弟也，字游。

高祖兄弟四人，长兄伯，伯蚤②卒。始高祖微③时，尝辟④事，时时与宾客过巨嫂⑤食。嫂厌叔，叔与客来，嫂详⑥为羹尽，栎釜⑦，宾客以故去。已而视釜中尚有羹，高祖由此怨其嫂。及高祖为帝，封昆弟⑧，而伯子独不封。太上皇⑨以为言，高祖曰："某⑩非忘封之地，为其母不长者⑪耳。"于是乃封其子信为羹颉侯⑫。而王次兄仲于代⑬。

【注释】

①同母：《汉书》作同父，言同父，即言异母。②蚤：通"早"。③微：卑微，低下。④辟：通"避"，逃避。⑤巨嫂：

长嫂，大嫂。巨，大。⑥详：通“佯”，假装。⑦栎釜：刮锅边出声。釜，锅。⑧昆弟：兄弟。⑨太上皇：皇帝的父亲称太上皇，这里指刘邦的父亲。⑩某：谦称。⑪不长者：不像长辈的样子。⑫羹颉侯：汉高祖七年封。羹颉，羹尽之意。⑬次兄：二哥，名喜，字仲。其子刘濞，后改封吴王。代：汉封国，在今河北省境，辖云中、雁门、代三郡五十三县，其都在今河北省蔚县东北。汉高祖十一年（前196），平定陈豨叛乱，立子恒（即后来的文帝）为代王，都中都（今山西省平遥县西北）。

【原文】

高祖六年[1]，已禽楚王韩信[2]于陈，乃以弟交为楚王，都彭城[3]。即位二十三年卒，子夷王郢[4]立。夷王四年卒，子王戊立。

【注释】

①高祖六年：前201年。②禽：通“擒”。楚王韩信：即后来淮阴侯韩信。③彭城：县名。故城在今江苏省徐州市。④郢：《汉书》作郢客。

【原文】

王戊立二十年，冬，坐为薄太后服[1]私奸，削东海郡[2]。春，戊与吴王[3]合谋反，其相张尚、太傅赵夷吾谏，不听。戊杀尚、夷吾，起兵与吴西攻梁[4]，破棘壁[5]。至昌邑[6]南，与汉将周亚夫[7]战。汉绝吴、楚粮道，士卒饥，吴王走，楚王戊自杀，军遂降汉。

【注释】

①坐：因犯……罪。薄太后：汉高祖之姬，汉文帝之母。服：服丧。②东海郡：治所在今山东省郯城县北。辖境相当今山东费县、临沂、江苏省连云港市赣榆区以南，山东枣庄市、江苏邳州市以东和江苏宿迁市宿城区、灌南以北地区。③吴王：刘濞，刘邦次兄刘喜之子。④梁：汉封国。都城在睢阳，今河南省商丘市南。⑤棘壁：地名。故城在今河南省永城市西北。⑥昌邑：县名，故城在今山东省金乡县西北。⑦周亚夫：（？—前 143）西汉名将。沛县人。周勃之子。初封条侯。文帝时为河内太守，景帝时任太尉，平定吴楚七国之乱有功，迁为丞相。

【原文】

汉已平吴、楚，孝景帝欲以德侯[①]子续吴，以元王子礼续楚。窦太后[②]曰："吴王，老人也，宜为宗室顺善[③]。今乃首率七国，纷乱天下，奈何续其后！"不许吴，许立楚后。是时礼为汉宗正[④]。乃拜礼为楚王，奉元王宗庙[⑤]，是为楚文王。

【注释】

①德侯：名广，代王刘仲之子、吴王濞之弟。②窦太后：汉文帝的皇后，汉景帝之母。③顺善：遵守法度的表率。顺，顺从，引申为"效忠"。善，慈善。引申为"行善"。④宗正：官名。⑤奉：供奉，即祭祀之意。⑤宗庙：帝王、诸侯祭祀祖先的处所。亦作王室的代称。

【原文】

文王立三年卒，子安王道立。安王二十二年卒，子襄王注立。襄王立十四年卒，子王纯代立。王纯立，地节二年[1]，中人[2]上书告楚王谋反，王自杀，国除，入汉为彭城郡。

【注释】

①地节二年：为前 68 年。地节为汉宣帝年号。②中人：即官人。

【原文】

赵王刘遂者，其父高祖中子，名友。谥曰“幽”。幽王以忧死，故为“幽”。高后王[1]吕禄于赵，一岁而高后崩。大臣诛诸吕[2]吕禄等，乃立幽王子遂为赵王。

【注释】

①高后：即吕后，汉高祖刘邦的正后，汉惠帝之母。王：封王，使王。②诸吕：吕后诸兄弟几家族子弟称诸吕。

【原文】

孝文帝[1]即位二年，立遂弟辟彊，取赵之河间郡[2]为河间王，是为文王。立十三年卒，子哀王福立。一年卒，无子，绝后，国除，入于汉。

【注释】

①孝文帝：即汉文帝刘恒，汉王期自称“以孝治天下”，所以自惠帝以后，都在谥号上加个“孝”字。②河间郡：治

所在乐成（今河北省献县东南）。

【原文】

遂既王赵二十六年，孝景帝时坐晁错[①]以適削赵王常山之郡。吴、楚反，赵王遂与合谋起兵。其相建德、内史王悍谏。不听。遂烧杀建德、王悍，发兵屯其西界，欲待吴与俱西。北使匈奴[②]，与连和攻汉。汉使曲周[③]侯郦寄击之。赵王遂还，城守邯郸[④]，相距七月。吴楚败于梁，不能西。匈奴闻之，亦止，不肯入汉边。栾布[⑤]自破齐还，乃并兵引水灌赵城。赵城坏，赵王自杀，邯郸遂降。赵幽王绝后。

【注释】

①晁错（前200—前154）：西汉政论家。②匈奴：中国古代北方民族之一。③曲周：县名。故城在今河北省曲周县东北。④邯郸：赵都。故城在今河北省邯郸市。⑤栾布：西汉梁人。文帝时为燕相。

【原文】

太史公曰：国之将兴，必有祯祥，君子用而小人退。国之将亡，贤人隐，乱臣贵。使[①]楚王戊毋刑申公，遵其言，赵任防与先生[②]，岂有篡杀之谋，为天下僇[③]哉？贤人乎，贤人乎！非质有其内，恶能用之哉？甚矣，“安危在出令，存亡在所任”，诚哉是言也！

【注释】

①使：假如。②防与先生：人名。③僇：通“戮”，杀

戮，侮辱。此处指罪人。

【译文】

楚元王刘交，是高祖的同母小弟，字游。

高祖兄弟四人，大哥名伯，伯早就死了。当初高祖微贱的时候，曾经为了躲避难事，常常和宾客路过大嫂家去吃饭。大嫂讨厌小叔，小叔和宾客来家时，大嫂假装羹汤已吃完，用勺子刮锅，宾客因此离去。过后看锅里还有羹汤，高祖从此怨恨大嫂。等到高祖当了皇帝，分封兄弟，唯独不封大哥的儿子。太上皇为孙子说情，高祖说："我不是忘记封他，因为他的母亲太不像长辈了。"于是，才封她的儿子信为羹颉侯。封二哥仲为代王。

高祖六年，在陈县逮捕楚王韩信以后，就封小弟交为楚王，定都彭城。交在位二十三年去世，儿子夷王郢继位。夷王在位四年去世，儿子王戊继位。

王戊即位二十年，冬天，因在为薄太后服丧期间犯了私奸罪，削去东海郡封地。第二年春天，戊和吴王合谋反叛，他的相国张尚、太傅赵夷吾谏阻，不听从。戊杀了张尚、赵夷吾，起兵和吴王向西攻打梁国，攻占了棘壁。行至昌邑南边，和汉将周亚夫接战。汉军截断了吴、楚军的粮道，士兵饥饿，吴王败走，楚王戊自杀，吴、楚军就投降了汉军。

汉军已经平定吴、楚叛乱，孝景帝想让德侯广的儿子继承吴国的王位，让元王的儿子礼继承楚国的王位。窦太后说：

"吴王是老一辈人，理应为宗室效忠从善。如今，却带头率领七国叛乱，扰乱天下，为什么还要接续他的后代！"不允许立吴王的后代，只准许立楚王的后代。当时，礼是汉朝的宗正，于是封礼为楚王，供奉元王的宗庙，这就是楚文王。

文王即位三年去世，儿子安王道继位。安王在位二十二年去世，儿子襄王注继位。襄王在位十四年去世，儿子王纯继位。王纯继位后，地节二年，宦官上书告楚王谋反，楚王自杀，国号被废除，封地收归汉朝改为彭城郡。

赵王刘遂，他父亲在高祖的儿子中排行居中，名友，谥号为"幽"。幽王因为忧伤而死，所以谥号为"幽"。高后把吕禄封在赵地为王，一年后高后去世。大臣诛杀吕禄等吕氏家族，于是立幽王的儿子遂为赵王。

孝文帝即位二年，立遂的弟弟辟彊，割去赵国的河间郡为河间王，这就是文王。在位十三年去世，儿子哀王福继位。福一年去世，无子，绝后，国号被废除，封地收归汉朝。

遂已经为赵王二十六年，孝景帝的时候，因为犯有过失被晁错削去他的常山郡。吴、楚叛乱，赵王就和他们合谋起兵。他的相国建德、内史王悍谏阻，不听从。就烧死建德、王悍，发兵驻屯赵国的西部边界，想等待吴军一起西进。并派人到北边的匈奴，想联合匈奴进攻汉朝。汉朝派曲周侯郦寄攻击赵国。赵王遂退回来，据守邯郸，对峙七个月，吴、楚军在梁国被打败，不能西进。匈奴听到这个消息，也停止发兵，不肯进入汉朝边界。栾布从打败齐国的前线返回来，就和郦寄合兵引水灌赵国的都城。赵的都城被水泡坏，赵王自杀，邯郸于是投降。赵幽王断绝了后代。

太史公说："国家将要兴起的时候，一定有吉祥的预兆，君子被重用，小人被斥退。国家将要灭亡的时候，贤人隐退，乱臣显贵。如果楚王戊不刑罚申公，听了他的话，赵王任用防与先生，哪会有篡杀的阴谋，遭天下人杀戮呢？贤人啊！贤人啊！不是本质贤能的君王，怎能任用你们呢？太重要啦！'国家的安危在于发出的政令，国家的存亡在于任用的大臣。'这话实在太对了。"

第三十三卷　荆燕世家第二十一

荆王刘贾、燕王刘泽，同是刘邦的远房兄弟，并且都因在刘邦统一天下中立有战功而被封为王侯，所以司马迁把他们列在同一篇中记述。

刘贾的战功主要是在楚汉相争中建立的，特别是在垓下之围中起了一定的作用，因而高祖的群臣对刘贾封王都表示支持。司马迁在论赞中说："刘贾虽属疏，然以策为王，填江淮之间。"他的态度是很明确的。

刘泽只是在击败叛军陈豨中略有战功，刘邦封他为侯。吕后专政时，他施用权谋而被吕后封为琅邪王。其代价则是暗示大臣建议封诸吕为王，以迎合吕后的野心。这种只顾私利而不惜害国的政治权术，司马迁自然是不赞成的，所以在论赞中说："刘泽之王，权激吕氏，然刘泽卒南面称孤者三世。"语含讥讽，显而易见。

刘泽还是一个善于投机的人。吕后一死，他立即要起兵诛吕，而一听说汉军屯兵荥阳，他又退兵自保，之后又赶到长安拥立代王为天子。其投机面目暴露无遗。《齐悼惠王世家》中对他的投机权诈还有更具体的记述。

田生是为刘泽出谋划策的人，刘泽能被封王，就是他精心策划的结果。此人行动似乎诡秘，实际就是战国时期的策士之流。

本篇最后记述了刘泽之孙刘定国乱伦事发而自杀的情况。刘定国的禽兽之行为人所不齿，司马迁疾恶如仇，他对这种丑行的揭露是毫不留情的。

【原文】

荆[①]王刘贾者，诸刘，不知其何属[②]。初起时，汉王元年[③]，还定三秦[④]，刘贾为将军，定塞地[⑤]，从东[⑥]击项籍。

【注释】

①荆：春秋时楚国的古称。②不知其何属：不知是刘氏家族的那一支。实际上刘贾是刘邦的堂兄。③汉王元年：前206年。④还定三秦：三秦指秦朝的故地关中地区，项羽以霸王号令天下，把刘邦封于汉中，为汉王。又三分关中，分别封予章邯，领咸阳以西、甘肃省东部地区，为雍王；司马欣领有咸阳以东地区，为塞王；董翳领有今陕西省北部地区，为翟王。三王领地即为三秦。置三秦的用意在于阻止刘邦东进。刘邦为了东进，首先从汉中还回攻袭三王，夺取三秦，以作对抗项羽的基地，故称还定三秦。⑤塞地：即塞王司马欣的领地，在今河南省灵宝市西至陕西潼关一带。⑥从东：跟从向东。

【原文】

汉四年，汉王之败成皋[①]，北渡河[②]，得张耳、韩信[③]军，军修武[④]，深沟高垒[⑤]，使刘贾将二万人，骑数百，渡白马津[⑥]入楚地，烧其积聚[⑦]，以破其业，无以给项王军食。已而楚兵击刘贾，贾辄壁[⑧]不肯与战，而与彭越[⑨]相保。

【注释】

①成皋：古邑名。春秋时即郑国虎牢，后改为成皋。②河：指黄河。③张耳（？—前202）：大梁（今河南省开封市）人。秦末参加农民起义，汉初封为赵王。事见《张耳陈馀列传》。韩信（？—前196）：淮阴（今江苏省淮阴市西南）人，由楚归汉，拜为大将。④修武：县名。故城在今河南省获嘉县境内。军：驻扎。⑤深沟高垒：军事上的一种防御战术。⑥白马津：古黄河渡口名。在今河南省滑县东北。秦汉时在白马县西北古黄河南岸，与北岸黎阳津相对。黄河南迁以前，为历代兵家必争之地。津，渡口。⑦积聚：储存的粮草军需等物。⑧壁：坚壁，关紧军营大门，坚守不出战。⑨彭越（？—前196）：昌邑（今山东省金乡县西北）人。常渔钜野泽中，秦末起兵反秦，后归汉，破项羽有战功，汉初封为梁王，因有人告谋反，被杀。

【原文】

汉五年，汉王追项籍至固陵[①]，使刘贾南渡淮围寿春[②]。还[③]至，使人间[④]招楚大司马周殷。周殷反楚，佐刘贾举九江[5]，迎武王黥布[6]兵，皆会垓下[7]，共击项籍。汉王因使[8]刘贾将九江兵，与太尉卢绾[9]西南击临江王共尉。共尉已死，以临江为南郡[10]。

【注释】

①固陵：古村落名。在今河南省太康县西南。②寿春：古邑名。楚地，在今安徽省寿县西南。秦置县，治所在今安徽省寿县。又为九江郡治所。③还（xuán）：通“旋”，很快地。④间：私下，暗地。⑤举：攻拔。九江：郡名。秦置，治所在寿春（今安徽省寿县）。辖境约当今安徽、河南、淮河以南，湖北省黄冈以东、江西全省。以江分九派汇合于浔阳（今江西省九江市）境内得名。⑥黥布（？—前195）：当阳（今湖北省当阳市）人，本名英布，因罪黥面，为骊山刑徒，故名。⑦垓下：古地名。在今安徽省灵璧县东南沱河北岸。⑧因使：于是便派遣。⑨太尉：官名。秦汉时为全国最高武官，统领军政大权，与丞相、御史大夫并称三公。后世渐渐变为加官，无实权。卢绾（前247或256—前193）：丰（今属江苏省丰县）人，随刘邦起义于沛，入汉中为将军。⑩南郡：郡名。战国时秦置。治所在郢（今湖北省江陵县西北），后迁江陵（今县）。汉时辖境相当今湖北粉青河及襄阳市以南，荆门、洪湖以西，长江和清江流域以北，西至巫山。其后渐小。

【原文】

汉六年春，会诸侯于陈[1]，废楚王信，囚之，分其地为二国。当是时也，高祖子幼，昆弟[2]少，又不贤，欲王同姓以镇[3]天下，乃诏[4]曰："将军刘贾有功，及[5]择子弟可以为王者。"群臣皆曰："立刘贾为荆王，王淮东[6]五十二城；高祖弟交为楚王，王淮西[7]三十六城。"因立子肥[8]为齐王。始王昆弟刘氏也。

【注释】

①陈：县名，在今河南省周口市淮阳区。②昆弟：兄弟。③镇：镇抚。④诏：皇帝的命令或文告。⑤及：宜。⑥王（wàng）：称王于某地，即统治某地。名词用作动词。淮东：地区名。淮水有一段是自南而北流向，向北的转折点正是寿县，因此习惯上把淮水东岸和淮水南岸的寿县一带称为淮东。⑦淮西：地区名。淮水北岸一带，相当今皖北、豫东地区。⑧肥：刘邦有八男，刘肥为长庶男。其母为曹氏，刘邦之外妇。高祖六年立肥为齐王。

【原文】

高祖十一年[1]秋，淮南王黥布反，东击荆。荆王贾与战，不胜，走富陵[2]，为布军所杀。高祖自击破布。十二年，立沛侯刘濞[3]为吴王，王故荆地。

【注释】

①高祖十一年：前196年。②富陵：古县名。在今江苏省淮安市洪泽区西北洪泽湖里（已被淹）。③沛：古县、郡、国名。秦置县，属泗水郡。汉改为沛郡，治所在相县（今安徽

省淮北市西北)。辖境相当今安徽省淮河以北、西肥河以东，河南省夏邑、永城及江苏省沛、丰等地。刘濞（前215—前154)：刘邦侄，封吴王。

【原文】

燕王刘泽[1]者，诸刘远属[2]也。高帝三年，泽为郎中[3]。高帝十一年，泽以将军击陈豨[4]，得王黄[5]，为营陵[6]侯。

【注释】

①刘泽：刘邦远房兄弟。②远属：同宗族中的远房。③郎中：官名。战国时始置。汉代沿置，其长官为郎中令，掌车、骑、门户，内充侍卫，外从作战。④陈豨：汉初封为列侯。⑤王黄：陈豨将。⑥营陵：县名。汉代为北海郡治所，在今山东省昌乐县东南。

【原文】

高后[1]时，齐人田生[2]游乏资，以画干[3]营陵侯泽，泽大说之，用金二百斤为田生寿。田生已得金，即归齐。二年，泽使人谓田生曰："弗与[4]矣。"田生如[5]长安，不见泽，而假大宅，令其子求事吕后所幸[6]大谒者张子卿。居数月，田生子请张卿临[7]，亲修具[8]。张卿许往。田生盛帷帐共具[9]，譬如[10]列侯。张卿惊。酒酣[11]，乃屏[12]人说张卿曰："臣观诸侯王邸[13]弟百余，皆高祖一切[14]功臣。今吕氏雅故本推毂[15]高帝就天下，功至大，又亲戚太后之重[16]。太后春秋长[17]，诸吕弱，太后欲立吕产[18]为王，王代[19]。太后又重发[20]之，恐大臣不听。今卿最幸，大臣所敬，何不风[21]大臣以闻太后，太后必喜。诸吕已王，万户侯[22]亦卿之有。太后心欲之，而卿为内臣，不急发[23]，恐祸及身矣。”张卿大然之，乃风大臣语太后[24]。太后朝，因问大臣。大臣请立吕产为吕王[25]。太后赐张卿千斤金，张卿以其半与田生。田生弗受，因说之曰：“吕产王也，诸大臣未大服。今营陵侯泽，诸刘，为大将军[26]，独此尚觖望[27]。今卿言太后，列十余县王之，彼得王，喜去，诸吕王益固矣。”张卿入言，太后然之。乃以营陵侯刘泽为琅邪[28]王。琅邪王乃与田生之国。田生劝泽急行，毋留。出关[29]，太后果使人追止之，已出，即还。

【注释】

①高后：即吕后。②田生：名田子春。③画：谋划、策划。一说指图画。干：求取。④弗与：不合作。弗，不。与，党与，亲近跟从。⑤如：去。⑥幸：得宠。⑦临：光临。⑧亲修具：不假手仆役，亲自整理家具，招待客人。⑨帷帐：围在四周的幕布为帷，有顶布的为帐子。共：通“供”。具：所陈设的家具。⑩譬如：好像。⑪酣（hān）：酒喝得畅快。⑫屏：斥退，让左右从人退下。⑬邸（dǐ）：王侯或官员朝见皇帝时，在京设置的住所为邸。⑭一切：一例，同时。⑮雅故：平常，向来。推毂（gǔ）：有推车前进、推荐人才、拥戴助人举事三解，这里指佐助奉推高祖起事，成帝业。毂，车轮中心的圆木，即车轴。⑯又亲戚太后之重：又有身居要位的太后这门亲

戚。⑰春秋长（zhǎng）：年纪大了。春秋，指年龄。⑱吕产：吕后弟。汉初封交侯，吕后专制，封为吕王，后徙为梁王，不就国，为上将军，统领南军。吕后死，为相国，阴谋为乱，被杀。⑲代：古国名。在今河北省蔚县。汉初为同姓王国，都代（今河北省蔚县东北），辖境约当今山西省吕梁离石区及晋中市灵石、昔阳以北和河北省蔚县、阳原、怀安等地。⑳重发：难以发言、开口。重，难。㉑风（fěng）：通“讽”。用含蓄的话暗示或劝告。㉒万户侯：汉代封侯制度，列侯食邑最大的万户，小的五百户。㉓不急发：不赶快去说、去办。㉔风大臣语太后：劝说大臣同意封诸吕为王，然后禀告太后。㉕吕产为吕王在吕后六年，此时当为梁王。㉖大将军：武官名。始于战国，汉代沿置，为将军的最高称号。㉗觖望：怨望、失望。㉘琅邪：古邑名、郡名、国名。战国时齐地。在今山东半岛东南部。刘泽为琅邪王后，郡即改为国，治东武（今山东省诸城市）。㉙关：指函谷关。

【原文】

及太后崩，琅邪王泽乃曰：“帝少，诸吕用事[①]，刘氏孤弱。”乃引兵与齐王[②]合谋西，欲诛诸吕。至梁[③]，闻汉遣灌将军屯荥阳[④]，泽还兵备西界，遂跳驱[⑤]至长安。代王亦从代至。诸将相与琅邪王共立代王为天子。天子乃徙[⑥]泽为燕王，乃复以琅邪予齐，复故地。

【注释】

①用事：执政、当权。②齐王：指齐悼惠王刘肥之子刘

襄，刘邦之孙。③梁：古郡名、国名。④灌将军：即灌婴（？—前 176）。睢阳（今河南商丘市南）人。贩卖丝绸为业，破项羽有战功，封颍阴侯。后平定吕氏叛乱、迎立汉文帝有功，任太尉，后为丞相。荥（xíng）阳：郡、县名。秦置县，治所在今河南荥阳市东北。⑤跳驱：奔驰。⑥徙：迁、移。这里指改封。

【原文】

泽王燕二年，薨，谥为敬王。传子嘉，为康王。

至孙定国，与父康王姬奸，生子男一人。夺弟妻为姬。与子女三人奸。定国有所欲诛杀臣肥如[①]令郢人，郢人等告定国，定国使谒者以他法[②]劾捕格杀郢人以灭口。至元朔元年[③]，郢人昆弟复上书具言定国阴事，以此发觉。诏下公卿，皆议曰："定国禽兽行，乱人伦，逆天，当诛。"上许之。定国自杀，国除为郡。

【注释】

①肥如：古县名。西汉置，治所在今河北卢龙县北。②他法：另外的法律条文。③元朔元年：汉武帝年号。公元前 128 年。

【原文】

太史公曰：荆王王也，由汉初定，天下未集[①]，故刘贾虽属疏，然以策为王[②]，填[③]江淮之间。刘泽之王，权激吕氏[④]，然刘泽卒南面称孤[⑤]者三世。事发相重[⑥]，岂不为伟[⑦]乎！

【注释】

①未集：尚未安定。集，安定。②以策为王：凭帝王策封为王。策，策命，帝王赐封之凭证。③填（zhèn）：通“镇”，镇抚、镇守。④权激吕氏：指刘泽以权谋取得了王位，先激发吕氏为王，然后为自己争得王号。⑤卒：终于。南面：面向南方。孤：古代帝王或王侯对自己的谦称。⑥事发相重：指刘泽用田生计使吕后封诸吕为王之事发生后，为各方倚重。⑦伟：盛大；超乎平常。

【译文】

荆王刘贾，是刘氏宗族的人，但不知道他属于哪一支。

最初起家时，汉王元年，回师平定三秦，任命刘贾为将军，平定塞地后，跟随汉王东击项羽。

汉四年，汉王在成皋战败，北渡黄河，夺得张耳、韩信的军队，驻扎修武，深挖沟壕，高筑堡垒，派刘贾率领步兵两万人，骑兵数百，渡过白马津深入楚地，烧毁当地囤积的粮草，来破坏项羽的战争大业，使他们无力供给项羽军粮。不久，楚军反击刘贾，刘贾总是采取坚壁不战的策略，而和彭越形成互保的态势。

汉五年，汉王追击项羽到固陵，派刘贾南渡淮河围攻寿春。刘贾到达，派人招降楚大司马周殷。周殷背叛楚王，援助刘贾攻占九江，迎接武王黥布的军队，一起到垓下会战，一起围攻项羽。汉王于是派刘贾率领九江的军队，和太尉卢绾一起向西南攻击临江王共尉。共尉死后，把临江改为南郡。

汉六年春天，在陈县会见诸侯王，废黜楚王韩信，拘禁了他，把他的封地分成两个国家。在这时，高祖的儿子年幼，兄弟不多，又不贤能，想封同姓为王镇抚天下，就下诏说："将军刘贾有战功，应及早挑选刘氏子弟可以做封王的人。"群臣都说："立刘贾为荆王，封他淮东五十二城；高祖的弟弟交为楚王，封他淮西三十六城。"因此，高祖封儿子肥为齐王。从此，开始封刘氏兄弟为王。

高祖十一年秋天，淮南王黥布反叛，向东进攻荆王。荆王刘贾和他交战，不能取胜，败退到富陵，被黥布军杀死。高祖亲自率军，打败了黥布。十二年，立沛侯刘濞为吴王，统领原来属于荆王的封地。

燕王刘泽，是刘氏宗族的远房子孙。

高帝三年，刘泽为郎中。高帝十一年，刘泽以将军身份攻打陈豨，俘虏了王黄，被封为营陵侯。

高后当政时，齐人田生出游在外缺少旅费，就通过献计来向营陵侯刘泽求助。刘泽非常高兴，用二百斤黄金为田生祝寿。田生得到钱以后，立即回归齐国。第二年，刘泽派人去对田生说："不再和我来往了？"田生来到长安，不去见刘泽，而是借了一座大宅院，让他的儿子求见并侍奉被吕后宠幸的大谒者张子卿。过了几个月，田生的儿子请张卿到家里做客，他亲自准备酒宴。张卿答应前往。田生张挂起豪华的帷帐，摆设出精美的用具，好像诸侯一般。张卿一见，非常惊讶。趁酒兴正浓的时候，田生就让左右退下，向张卿劝说道：“臣观看了诸侯王的住宅一百多座，都是高祖时候的功臣。如今，吕氏平素就扶助高祖完成了统一天下的大业，功劳非常大，又有亲戚太后的尊贵。太后年事已高，吕氏族人力量弱，太后想立吕产为王，做代地的诸侯王。太后要郑重提出此事，又恐怕大臣们不同意。如今，您最受太后宠幸，并受大臣们尊敬，何不婉言劝说大臣向太后禀告此事，太后一定高兴。诸吕被封王之后，万户侯也会为您所有了。太后心里是想这样做的，而您是内臣，不赶快提出，恐怕灾祸要落到您的身上了。”张卿对此非常同意，于是就婉言劝说大臣把此事禀告太后。太后上朝时，就此事询问大臣。大臣奏请立吕产为吕王。太后赐给张卿黄金千斤，张卿把其中的一半送给田生。田生没有接受赠金，并趁机又向张卿劝说道：“吕产被封王，大臣们并没有完全心服。如今，营陵侯刘泽是刘氏宗族，任大将军，只有他现在还很不满。现在，您禀告太后，划出十几个县封他为王了，他得到王位，高高兴兴地离去，吕氏宗族的王位就更加巩固了。”张卿进宫禀告，太后认为很对。于是，把营陵侯刘泽封为琅邪王。琅邪王就与田生前往封地。田生劝刘泽快走，不要停留。刚出函谷关，太后果然派人追赶阻拦他们。可是，刘泽已经出关，追赶的人只好回去了。

到太后去世以后，琅邪王刘泽说：“皇帝年少，诸吕把持朝政，刘氏孤单势弱。”于是，带领军队与齐王刘襄合谋西进，打算诛杀诸吕。到达梁地，听说朝廷派将军灌婴屯兵荥阳，刘泽就回师加强自己西部边界的守备，然后迅速赶到长安。代王也正好从代地赶到。将相大臣与琅邪王共同拥立代王为天子。天子于是徙封刘泽为燕王，重把琅邪还给齐王，恢复齐王原有的领地。

刘泽做燕王第二年去世，谥号是敬王。王位传给儿子刘嘉，这就是康王。

王位传到刘泽的孙子刘定国，他与父亲康王的姬妾通奸，生下一个男孩。又霸占弟弟的妻子为姬妾。还与自己的三个女儿通奸。定国打算杀死肥如县令郢人，郢人等就把定国的罪行上告，定国派谒者假借其他法令告发、逮捕并杀死郢人以灭口。到元朔元年（前128），郢人的兄弟再次上书全部告发定国不可告人的丑事，定国的罪恶因此暴露。皇帝诏令公卿论处，公卿都议论说："定国是禽兽之行，败坏人伦，违背天理，应当处死。"皇帝准许。定国自杀，封国废除，改设为郡。

太史公说："荆王能被封王，是由于汉朝刚建立，天下尚未完全统一，所以刘贾虽是刘氏的远房，但以战功被封为王，镇抚江淮之间。刘泽被封王，是用权谋激起了吕氏的结果，刘泽也终于有三代南面称王。他能第一个发兵举事，声讨诸吕，为各方倚重，难道不是很奇妙伟大吗！"

第三十四卷　齐悼惠王世家第二十二

刘邦分封的同姓诸王中，齐国是封地最大的一个。吕后专权时，把它分割为四。吕后去世，文帝即位，为了安抚齐王刘襄，又把被吕后分割的土地复归于齐。齐文王时，齐国再被分割。文王死后无子，文帝又把齐悼惠王的几个儿子分封在齐地为王。这样，齐国终被分成了七个诸侯国。本篇所记就是从高祖到武帝时期齐国的分合兴衰史。齐虽分割为七，但国王都是第一任齐王悼惠王刘肥的后代，因而名为《齐悼惠王世家》。

齐国的兴衰与汉初百年的历史息息相关。本篇记事虽较纷杂，但突出了两个重点。一是吕后专权及诸吕被诛，其中一些史实可与他篇互相印证，有些史实则为他篇所无。如朱虚侯刘章以军法行酒令一段，就是后世颇为流传的历史故事。另一个重点是七国之乱，齐地七王中有济南、菑川、胶西、胶东四王直接参加了这次叛乱，结果都是兵败被杀。抓住了这两个重点，齐国的分合兴衰就尽在其中了。由此看来，本篇事虽杂乱，并非无章；头绪纷繁，却能有序。司马迁驾驭史料的能力令人叹服。

本篇涉及的人物很多，读来有应接不暇之感，主要人物都给读者留下了较深的印象。刘泽的善于权谋在这里又有更具体的记载，可补《荆燕世家》之不足。刘章的勇武、无畏，特别是在诛除诸吕中的重要作用，本篇记述较为集中。至于齐厉王的荒淫，其母纪太后的自私、专断，宦官徐甲的小人得志，武帝近臣主父偃的公报私仇等，记述都较为生动。

【原文】

齐悼惠王刘肥者，高祖长庶[①]男也。其母外妇[②]也，曰曹氏。高祖六年，立肥为齐王，食[③]七十城，诸民能齐言者皆予齐王[④]。

【注释】

①庶：古代正妻生子为嫡子，妾、妃所生为庶子，为家庭的旁支。②外妇：姘头，非正式夫妻关系。③食：供养；接受封地。④这句话的意思是说凡，讲齐国语言的地区，土地、百姓都划归齐王管辖。

【原文】

齐王，孝惠帝兄也。孝惠帝二年，齐王入朝。惠帝与齐王燕饮[①]，亢礼[②]如家人。吕太后怒，且[③]诛齐王。齐王惧不得脱，乃用其内史[④]勋计，献城阳郡[⑤]，以为鲁元公主[⑥]汤沐邑。吕太后喜，乃得辞就国。

【注释】

①燕饮：用酒和饭菜招待客人。燕，通“宴”。②亢（kàng）礼：以平等礼节相待。③且：将要。④内史：官名。

⑤城阳郡：西汉初置，文帝二年改为国。治所在莒县（今属山东）。西汉末辖境相当今山东省莒县、沂南和蒙阴县东部地区。⑥鲁元公主：刘邦长女，吕后所生。食邑在鲁，谥号元。后许配给张耳之子张敖为妻。生女为孝惠帝皇后。汤沐邑：周制。诸侯朝见天子，天子赐以王畿以内的、供住宿和斋戒沐浴的封邑。

【原文】

悼惠王即位十三年，以惠帝六年卒。子襄立，是为哀王。

哀王元年，孝惠帝崩，吕太后称制[①]，天下事皆决于高后。二年，高后立其兄子郦[②]侯吕台为吕王，割齐之济南[③]郡为吕王奉邑。

【注释】

①制：天子之命令曰制。称制，指代行天子的职权。②郦：古县名。秦置。在今河南省内乡县东北。③济南：郡、国名。西汉初置郡，汉文帝改为国。景帝时为叛乱的七国之一。治所在今东平陵（今山东省济南市章丘区西）。

【原文】

哀王三年，其弟章入宿卫[①]于汉，吕太后封为朱虚[②]侯，以吕禄[③]女妻之。后四年，封章弟兴居为东牟[④]侯，皆宿卫长安中。

【注释】

①宿卫：在宫禁中值宿警卫。②朱虚：古县名。治所在今

山东省临朐县东南。③吕禄：吕后兄子。先封胡陵侯，后封为赵王。惠帝死后，为将居北军。④东牟：古县名。西汉置。治所在今山东省烟台市牟平区。

【原文】

哀王八年，高后割齐琅邪郡立营陵侯刘泽为琅邪[①]王。

【注释】

①琅邪（yá）：古邑名、郡名、国名。春秋齐地。秦置郡，治所在琅邪（琅邪台西北）。西汉移治东武（今诸城市），辖境相当今山东半岛东南部。营陵：古县名。在今山东省昌乐县东南，为北海郡治所。

【原文】

其明年，赵王友入朝，幽死于邸。三赵王[①]皆废。高后立诸吕为三王[②]，擅权[③]用事。

【注释】

①三赵王：指赵王如意、赵王刘友、赵王刘恢。②三王：燕王、赵王、梁王。③擅权：专权。擅，专。

【原文】

朱虚侯年二十，有气力，忿刘氏不得职。尝入侍高后燕饮，高后令朱虚侯刘章为酒吏[①]。章自请曰："臣，将种也，请得以军法行酒[②]。"高后曰："可。"酒酣，章进饮歌舞。已而曰："请为太后言耕田歌。"高后儿子畜之[③]，笑曰："顾而[④]父知田耳。若[⑤]生而为王子，安知田乎？”章曰：“臣知之。”太后曰：“试为我言田。”章曰：“深耕穊种[⑥]，立苗欲疏[⑦]，非其种者，锄而去之。”吕后默然。顷之，诸吕有一人醉，亡酒，章追，拔剑斩之而还，报曰：“有亡酒一人，臣谨行法斩之。”太后左右皆大惊。业已许其军法，无以罪也。因罢。自是之后，诸吕惮[⑧]朱虚侯，虽大臣皆依朱虚侯，刘氏为益强。

【注释】

①酒吏：为饮酒助兴取乐游戏而设立的酒令官，其他人听令轮流说诗词，或做其他游戏、歌舞，违令者罚酒。②行酒：巡行监酒，席间主持罚酒、欢饮。③儿子畜之：当成小孩子对待他。儿子，孺子、小孩子。④顾：倒是。而：若，乃，你。⑤若：你。⑥穊：播种稠密。穊，稠密。⑦立苗欲疏：留苗要疏散。⑧惮（dàn）：畏惧、害怕。

【原文】

其明年，高后崩。赵王吕禄为上将军，吕王产为相国[①]，皆居长安[②]中，聚兵以威大臣，欲为乱。朱虚侯章以吕禄女为妇，知其谋，乃使人阴出告其兄齐王，欲令发兵西，朱虚侯、东牟侯为内应；以诛诸吕，因[③]立齐王为帝。

【注释】

①相国：官名。春秋时齐国始设左右相。战国时又称相国、相邦、丞相，为百官之长。秦以后成为辅佐皇帝的最高官

职。②长安：我国古都之一。汉高祖五年置县，七年定都于此。③因：于是，就。

【原文】

齐王既闻此计，乃与其舅父驷钧、郎中令祝午、中尉[1]魏勃阴谋发兵。齐相召平[2]闻之，乃发卒卫王宫。魏勃绐[3]召平曰："王欲发兵，非有汉虎符[4]验也。而相君围王，固善。勃请为君将兵卫卫王[5]。"召平信之，乃使魏勃将兵围王宫。勃既将兵，使围相府。召平曰："嗟乎！道家之言'当断不断，反受其乱'[6]，乃是也。"遂自杀。于是齐王以驷钧为相，魏勃为将军，祝午为内史，悉发国中兵。使祝午东诈琅邪王曰："吕氏作乱，齐王发兵欲西诛之。齐王自以儿子，年少，不习兵革之事，愿举国委大王。大王自高帝将也，习战事。齐王不敢离兵，使臣请大王幸之临菑[7]见齐王计事，并将齐兵以西平关中[8]之乱。"琅邪王信之，以为然，乴[9]驰见齐王。齐王与魏勃等因留琅邪王，而使祝午尽发琅邪国而并将其兵。

【注释】

①郎中令：官名。秦汉时置，为皇帝、诸侯王左右亲近的高级官职，属官有大夫、郎、谒者及期门、羽林宿卫官。掌守卫宫殿门户。中尉：官名。战国时赵国曾设，职掌选练举贤，任官使能。秦汉为武职，掌京师治安，汉代则兼主北军。②召（shào）平：《索隐》按广陵人召平与东陵侯召平及此召平皆

似别一人。即是说不似一人。③绐（dài）：哄骗、欺骗。按汉制，诸侯王无兵权，只有中央朝廷派驻之相国有军队指挥权，故魏勃骗召平以攫取兵权。④虎符：古代帝王授予臣属兵权和调拨军队的凭证。用铜铸成虎形，背有铭文，分为两半，右半留存中央，左半发给地方官吏或统兵的将帅。调拨军队时，须由使臣持此信物验合，方能生效。⑤将兵卫卫王：带兵守护王宫。⑥道家：先秦诸子百家之一。主要代表人物为老子。当断不断、反受其乱：这是当时流行的一种习惯用语，《后汉书·儒林传》云引自黄石公《三略》。此话指办事须当机立断。⑦临菑：古邑名。亦作临淄、临甾，因城临淄水故名。故此在今山东省淄博市临淄区。⑧关中：古地区名。所指大小不一，一说函谷关以西为关中。一说秦岭以北范围，包括陇西、陕北。⑨迺：于是，就。

【原文】

琅邪王刘泽既见欺，不得反①国，乃说②齐王曰："齐悼惠王高皇帝长子，推本言之，而大王高皇帝適③长孙也，当立。今诸大臣狐疑未有所定，而泽于刘氏最为长年，大臣固待泽决计。今大王留臣无为也，不如使我入关计事。"齐王以为然，乃益具车送琅邪王。

【注释】

①反：通"返"。②说（shuì）：劝说。③適：通"嫡"。

【原文】

琅邪王既行，齐遂举兵西攻吕国之济南[①]。于是齐哀王遗诸侯王书曰："高帝平定天下，王诸子弟，悼惠王于齐。悼惠王薨，惠帝使留侯张良[②]立臣为齐王。惠帝崩，高后用事[③]，春秋高[④]，听[⑤]诸吕擅废高帝所立，又杀三赵王，灭梁、燕、赵[⑥]以王诸吕，分齐国为四[⑦]。忠臣进谏，上[⑧]惑乱不听。今高后崩，皇帝春秋富[⑨]，未能治天下，固恃[⑩]大臣诸侯。今诸吕又擅自尊官，聚兵严威，劫[⑪]列侯忠臣，矫制[⑫]以令天下，宗庙所以危。今寡人率兵入诛不当为王者。"

【注释】

①吕国之济南：吕后称制二年，立吕台为吕王，割齐之济南郡为吕王俸邑。②留：古县名。秦置，治所在今江苏省沛县东南。西汉张良即封于此。张良（？—前186）：汉初功臣。字子房，相传为城父（今河南省郏县东）人，其祖与父为韩国五世之相。③用事：执政。④春秋高：年纪大。⑤听：任凭、听凭。⑥梁、燕、赵：汉初为三个异姓诸侯王，彭越为梁王，卢绾为燕王，张耳、张敖先后为赵王。⑦分齐国为四：分割齐国为济南、琅邪、城阳、齐国四国。⑧上：指吕后。⑨春秋富：年纪小。富，尚未匮竭，谓之富。⑩固恃（shì）：必须依靠。⑪劫：威逼、威胁。⑫矫制：假传皇帝命令。

【原文】

汉闻齐发兵而西，相国吕产乃遣大将军灌婴[①]东击之。灌婴至荥阳[②]，乃谋曰："诸吕将兵居关中，欲危刘氏而自立。我今破齐还报，是益吕氏资[③]也。"乃留兵屯荥阳，使使喻[④]齐王及诸侯，与连和，以待吕氏之变而共诛之。齐王闻之，乃西取其故济南郡，亦屯兵于齐西界以待约。

【注释】

①灌婴（？—前 176）：汉初功臣。睢阳（今河南省商丘市南）人，贩卖丝绸为业。②荥阳：郡名、县名。战国时为韩邑，秦汉置县，治所在今河南省荥阳市东北。③资：资助、本钱。④使使（shì shǐ）：派使者。喻：告诉。

【原文】

吕禄、吕产欲作乱关中，朱虚侯与太尉勃、丞相平[①]等诛之。朱虚侯首先斩吕产，于是太尉勃等乃得尽诛诸吕。而琅邪王亦从齐至长安。

【注释】

①太尉：秦汉时官名。为全国军事首脑，与丞相、御史大夫并称三公。汉武帝时改称大司马。勃：周勃（？—前 169），汉初功臣。沛县人，少时织薄曲（蚕薄，供养蚕用）为业，当过办丧事的吹鼓手。平：陈平（？—前 178），汉初大臣。

【原文】

大臣议欲立齐王，而琅邪王及大臣曰："齐王母家驷钧，恶戾[1]，虎而冠[2]者也。方以吕氏故几[3]乱天下，今又立齐王，是欲复为吕氏也。代王母家薄氏[4]，君子长者；且代王又亲高帝子，于今见在，且最为长。以子则顺，以善人则大臣安。”于是大臣乃谋迎立代王，而遣朱虚侯以诛吕氏事告齐王，令罢兵。

【注释】

①恶戾（lì）：凶暴、不讲情理。戾，乖张。②虎而冠：戴着帽子的老虎。③几（jī）：差一点、几乎。④代王：刘邦之子刘恒。后来的文帝。薄氏：即刘邦之姬薄夫人。

【原文】

灌婴在荥阳，闻魏勃本教齐王反，既诛吕氏，罢齐兵，使使召责问魏勃。勃曰：“失火之家，岂暇[1]先言大人而后救火乎！”因退立，股战而栗[2]，恐不能言者，终无他语。灌将军熟视[3]笑曰：“人谓魏勃勇，妄庸[4]人耳，何能为乎！”乃罢[5]魏勃。魏勃父以善鼓琴见秦皇帝。及魏勃少时，欲求见齐相曹参[6]，家贫无以自通，乃常独早夜埽齐相舍人[7]门外，相舍人怪之，以为物[8]，而伺[9]之，得勃。勃曰：“愿见相君，无因[10]，故为子埽，欲以求见。”于是舍人见勃曹参[11]，因以为舍人。一为参御[12]，言事，参以为贤，言之齐悼惠王。悼惠王召见，则拜为内史。始，悼惠王得自置二千石。及悼惠王卒而哀王立，勃用事，重于齐相。

瑕罢兵归，而代王来立，是为孝文帝。

【注释】

①暇：空闲。这句话的意思是救火不能先请示家长，救国难不能等待国君命令。②股：大腿。战：通“颤”。③熟视：仔细看着。④妄庸：胡乱庸劣。⑤罢：罢官，不治罪而解除官职。⑥曹参（？—前190）：汉初大臣。沛县人，随刘邦起义，屡立战功，封平阳（今山西省临汾市西南）侯，任齐相九年。⑦埽：通“扫”。舍人：官名。⑧以为物：以为怪物。物，鬼怪。⑨伺：暗中窥察。⑩无因：没有机会。因，因缘、机会。⑪舍人见勃曹参：舍人引见魏勃于曹参。见，通“现”，显露，使……显露。⑫为参御：为曹参驾驭车马。

【原文】

孝文帝元年，尽以高后时所割齐之城阳①、琅邪、济南郡复与齐，而徙琅邪王王燕，益封朱虚侯、东牟侯各二千户。

是岁，齐哀王卒，太子则立，是为文王。

【注释】

①城阳：郡名、国名。

【原文】

齐文王元年，汉以齐之城阳郡立朱虚侯为城阳王，以齐济北郡①立东牟侯为济北王。

二年，济北王反，汉诛杀之，地入于汉。

后二年，孝文帝尽封齐悼惠王子罷军等七人皆为列侯[2]。

齐文王立十四年卒，无子，国除，地入于汉。

后一岁，孝文帝以所封悼惠王子分齐为王，齐孝王将闾以悼惠王子杨虚侯为齐王。故齐别郡尽以王悼惠王子：子志为济北王，子辟光为济南王，子贤为菑川[3]王，子卬为胶西[4]王，子雄渠为胶东[5]王，与城阳、齐凡七王。

【注释】

①济北郡：秦置。在今泰安市东南。②列侯：爵位名。为二十等爵中的最高一级。③菑川：古县名、国名。为今淄博市西南部。淄博即由淄川、博山两个矿区合并而成。④胶西：郡名、国名。⑤胶东：郡名、国名。汉初为郡，文帝时改为国。治所在即墨（今山东省平度市东南），辖境相当今山东省平度、莱阳、莱西等市及迤南一带。

【原文】

齐孝王十一年，吴王濞、楚王戊[1]反，兴兵西，告诸侯曰："将诛汉贼臣晁错[2]以安宗庙。"胶西、胶东、菑川、济南皆擅发兵应吴、楚。欲与[3]齐，齐孝王狐疑，城守不听，三国[4]兵共围齐。齐王使路中大夫[5]告于天子。天子复令路中大夫还告齐王："善坚守，吾兵今破吴楚矣。"路中大夫至，三国兵围临菑数重，无从入。三国将劫与路中大夫盟，曰："若[6]反言汉已破矣，齐趣[7]下三国，不且见屠。"路中大夫既许之，至城下，望见齐王，曰："汉已发兵百万，使太尉周亚夫[8]击破吴楚，方引兵救齐，齐必坚守无下！”三国将诛路中大夫。

【注释】

①吴王濞（前215—前154）：刘邦侄、其兄刘仲之子，封为吴王，领有会稽郡、豫章郡、沛郡三郡五十三城。楚王戊：刘邦弟刘交之孙，刘交封为楚王，都彭城，戊为第三代楚王，因犯罪被削东海郡，便与吴王合谋反叛，后兵败自杀。②晁错（前200—前154）：西汉初政论家。颍川（今河南省禹州市）人，好申不害、商鞅学说，又向伏生学《尚书》。文帝时任太子家令、景帝时任御史大夫。③与：结交。④三国：指胶西、菑川、济南。⑤路中大夫：姓路，官中大夫。中大夫为郎中令属官，与谏议大夫、光禄大夫等备顾问。⑥若：你。⑦趣：趋向、奔赴。⑧周亚夫（？—前143）：西汉名将。沛县人，周勃之子。初封条侯。景帝时任太尉，平定七国之乱，迁为丞相。

【原文】

齐初围急，阴与三国通谋，约未定，会闻路中大夫从汉来，喜，及其大臣乃复劝王毋下三国[1]。居无何[2]，汉将栾布[3]、平阳侯等兵至齐，击破三国兵，解齐围。已而[4]复闻齐初与三国有谋，将欲移兵伐齐。齐孝王惧，乃饮药自杀。景帝闻之，以为齐首善，以迫劫有谋，非其罪也，乃立孝王太子寿为齐王，是为懿王，续齐后。而胶西、胶东、济南、菑川王咸诛灭，地入于汉。徙济北王王[5]菑川。齐懿王立二十二年卒，子次景立，是为厉王。

【注释】

①毋下三国：不要屈服于三国。②居无何：待不多久。③栾布（？—前145）：西汉梁（治今河南省商丘市南）人。④已而：过不久。⑤王（wàng）：第二个“王”字读去声，作动词用，统理、君临之意。

【原文】

齐厉王，其母曰纪太后。太后取其弟纪氏女为厉王后。王不爱纪氏女。太后欲其家重宠[1]，令其长女纪翁主[2]入王宫，正[3]其后宫，毋令得近王，欲令爱纪氏女。王因与其姊翁主奸。

【注释】

①重宠：世世宠贵于王宫。②翁主：诸侯王之女为翁主。③正：纠正，管束。

【原文】

齐有宦者徐甲，入事汉皇太后[1]。皇太后有爱女曰修成君，修成君[2]非刘氏，太后怜之。修成君有女名娥，太后欲嫁之于诸侯，宦者甲乃请使齐，必令王上书请娥。皇太后喜，使甲之齐。是时齐人主父偃[3]知甲之使齐以取后事，亦因谓甲："即事成，幸言偃女愿得充王后宫。"甲既至齐，风[4]以此事。纪太后大怒，曰："王有后，后宫具备。且甲，齐贫人，急乃为宦者，入事汉，无补益，乃欲乱吾王家！且主父偃何为者？乃欲以女充后宫！”徐甲大穷[5]，还报皇太后曰：“王已愿尚[6]娥，然有一害，恐如燕王[7]。”燕王者，与其子昆弟奸，新坐[8]以死，亡国，故以燕感太后。太后曰：“无复言嫁女齐事。”事浸浔[9]闻于天子。主父偃由此亦与齐有郤[10]。

【注释】

①皇太后：指汉武帝生母王太后。②修成君：王太后前嫁金氏所生女。③主父偃（？—前126）：西汉临淄（今山东省淄博市临淄区）人，主父为复姓。④风：通“讽”，诱导，暗示，劝说。⑤大穷：尴尬、难堪、窘迫。⑥尚：仰攀婚姻，娶公主为妻。⑦恐如燕王：恐怕重蹈燕王覆辙。燕王指刘泽孙刘定国，因乱人伦，罪死，国除。⑧坐：入罪、定罪。又作“犯……罪”。⑨浸浔（qìn xún）：逐渐达到、渐进。⑩郤（xì）：通“隙”，空隙。引申为嫌隙。

【原文】

主父偃方幸于天子，用事，因言：“齐临菑十万户，市租千金[1]，人众殷富[2]，巨[3]于长安，此非天子亲弟爱子不得王此。今齐王于亲属益疏。”乃从容[4]言：“吕太后时齐欲反，吴楚时孝王几为乱。今闻齐王与其姊乱。”于是天子乃拜主父偃为齐相，且正[5]其事。主父偃既至齐，乃急治王后宫宦者为王通于姊翁主所者，令其辞证皆引[6]王。王年少，惧大罪为吏所执诛，乃饮药自杀。绝无后。

【注释】

①市租千金：城市商业税为市租。千金，指日得千金，言商业繁华。②殷富：富足、富裕。③巨：大。④从容：同怂恿，煽惑。⑤正：治罪。矫正。⑥引：牵引。

【原文】

是时赵王惧主父偃一出废齐，恐其渐疏骨肉，乃上书言偃受金及轻重[①]之短。天子亦既[②]囚偃。公孙弘[③]言："齐王以忧死毋后[④]，国入汉，非诛偃无以塞天下之望[⑤]。"遂诛偃。

【注释】

①轻重：用心不平。②既：已。③公孙弘（前200—前121）：汉武帝时大臣。菑川人，以熟习文法吏治，又缘饰以儒术，武帝时为御史大夫，后为丞相，封平津侯。④毋后：绝后。毋，通"无"。⑤塞：满足。望：愿望。

【原文】

齐厉王立五年死，毋后，国入于汉。

齐悼惠王后尚有二国，城阳及菑川。菑川地比齐。天子怜齐，为悼惠王冢园在郡，割临菑东环悼惠王冢园邑尽以予菑川，以奉悼惠王祭祀。

城阳景王章，齐悼惠王子，以朱虚侯与大臣共诛诸吕，而章身首先斩相国吕王产于未央宫[①]。孝文帝既立，益封章二千户，赐金千斤。孝文二年，以齐之城阳郡立章为城阳王。立二年卒，子喜立，是为共[②]王。

【注释】

①未央宫：汉高祖朝见大臣的皇宫之一。②共：通“恭”，谥号用字。

【原文】

共王八年，徙王淮南[1]。四年，复还王城阳。凡三十三年卒，子延立，是为顷王。

【注释】

①王（wàng）：称王，统理，君临。下句“复还王城阳”之“王”同。淮南：郡名、国名。

【原文】

顷王二十六年卒，子义立，是为敬王。敬王九年卒，子武立，是为惠王。惠王十一年卒，子顺立，是为荒王。荒王四十六年卒，子恢立，是为戴王。戴王八年卒，子景立，至建始三年[1]，十五岁，卒。

【注释】

①建始三年：前30年，建始为汉成帝年号。这是后人续补，司马迁未生活至此时。

【原文】

济北王兴居，齐悼惠王子，以东牟侯助大臣诛诸吕，功少。及文帝从代来，兴居曰：“请与太仆婴[1]入清宫。”废少帝[2]，共与大臣尊立孝文帝。

【注释】

①太仆：官名。始置于春秋。秦汉沿置，为九卿之一，掌皇帝的舆马和马政。婴：夏侯婴。滕公夏侯婴曾为汉高祖太仆。清官：古代帝王行幸所至，或迎立新帝，照例须先由人清查所居宫室，以防意外。②废少帝：少帝即吕后所立常山王义，立后更名弘。

【原文】

孝文帝二年，以齐之济北郡立兴居为济北王，与城阳王俱立。立二年，反。始大臣诛吕氏时，朱虚侯功尤大，许尽以赵地王朱虚侯，尽以梁地王东牟侯。及孝文帝立，闻朱虚、东牟之初欲立齐王，故绌[①]其功。及二年，王诸子，乃割齐二郡以王章、兴居。章、兴居自以失职夺功。章死，而兴居闻匈奴大入汉，汉多发兵，使丞相灌婴击之，文帝亲幸[②]太原，以为天子自击胡，遂发兵反于济北。天子闻之，罢丞相及行兵，皆归长安。使棘蒲侯柴将军[③]击破虏济北王，王自杀，地入于汉，为郡。

【注释】

①绌（chù）：通"黜"，废退、消除。②幸：皇帝巡行到某处为幸。③棘蒲侯柴将军：《集解》云为柴武。

【原文】

后十三年，文帝十六年，复以齐悼惠王子安都[①]侯志为济北王。十一年，吴、楚反时，志坚守，不与诸侯合谋。吴、楚已平，徙志王菑川。

【注释】

①安都：安都城在今河北高阳县西南。

【原文】

济南王辟光，齐悼惠王子，以勒[1]侯孝文十六年为济南王。十一年，与吴、楚反。汉击破，杀辟光，以济南为郡，地入于汉。

【注释】

①勒：《汉书》作朸（lì）县。西汉置，治所在今山东商河县东北。

【原文】

菑川王贤，齐悼惠王子，以武城[1]侯文帝十六年为茁川王。十一年，与吴、楚反，汉击破，杀贤。

【注释】

①武城：古邑名、县名。

【原文】

天子因徙济北王志王菑川。志亦齐悼惠王子，以安都侯王济北。菑川王反，毋后，乃徙济北王王菑川。凡立三十五年卒，谥为懿王。子建代立，是为靖王，二十年卒。子遗代立，是为顷王，三十六年卒。子终古立，是为思王。二十八年卒，子尚立，是为孝王，五年卒。子横立，至建始三年[1]，十一岁，卒。

【注释】

①建始三年等语等亦为褚少孙所补，非司马迁文。

【原文】

胶西王卬[①]，齐悼惠王子，以昌平[②]侯文帝十六年为胶西王。十一年，与吴楚反。汉击破，杀卬，地入于汉，为胶西郡。

【注释】

①卬：通“昂”。②昌平：古乡名。

【原文】

胶东王雄渠，齐悼惠王子，以白石[①]侯文帝十六年为胶东王。十一年，与吴、楚反，汉击破，杀雄渠，地入于汉，为胶东郡。

【注释】

①白石：白石城在今山东省德州市陵城区北。

【原文】

太史公曰：诸侯大国无过齐悼惠王。以海内初定，子弟少，激秦之无尺土封，故大封同姓，以填[①]万民之心。及后分裂，固其理也。

【注释】

①填（zhèn）：通“镇”，安定，安抚。

【译文】

齐悼惠王刘肥，是高祖的长庶子。他母亲是高祖的情妇，姓曹。高祖六年，立刘肥为齐王，封地七十座城，百姓凡是能说齐语的都划归齐王。

齐王，是孝惠帝的哥哥。孝惠帝二年，齐王到京城朝见。惠帝和齐王宴饮，彼此以平等的礼节像家人一样和谐。吕太后得知后发怒，将要诛杀齐王。齐王害怕不能脱身，就采用他内史勋的计策，献出城阳郡，以城阳郡作为鲁元公主的封邑。吕太后欢喜，齐王才得告辞归国。

悼惠王在位十三年，在惠帝六年去世。儿子襄继位，这就是哀王。

哀王元年，孝惠帝逝世，吕太后执掌朝政，国家大事都由高后决定。二年，高后立她哥哥的儿子郦侯吕台为吕王，割出齐国的济南郡为吕王的封地。

哀王三年，他的弟弟章进入汉朝宫廷值宿护卫，吕太后封他为朱虚侯，并把吕禄的女儿嫁给他。四年后，封章的弟弟兴居为东牟侯，都在长安宫廷值宿护卫。

哀王八年，高后割出齐国的琅邪郡，立营陵侯刘泽为琅邪王。

第二年，赵王友到京师朝见，被幽死在府邸。三个赵王都被废黜。高后立吕氏子弟为燕王、赵王、梁王，专权当政。

朱虚侯二十岁，有力气，由于刘氏得不到职权而愤怒。曾入席侍奉高后宴饮，高后让朱虚侯刘章为酒吏。刘章自请说："臣，是将门的儿子，请允许按军法行酒令。"高后说："可以。"酒兴正浓时，刘章进献饮酒的歌舞。过了一会儿又说："请让我为太后唱耕田歌。"高后把他当孩子看待，笑着说："倒是你的父亲知道种田的事。你生下来就是王子，怎么晓得种田的事呢？"刘章说："臣知晓。"太后说："试着给我说唱种田歌。"刘章说："深耕密植，留苗要稀疏，不是同种的杂草，铲除而勿留。"吕后默然不语。过了一会，吕氏家族有一人喝醉，逃离酒席。刘章追上去，拔剑杀了他，而后回来报告说："有一个人逃离酒席，臣谨执行军法把他杀了。"太后和左右的人都大为吃惊。既然已经准许他按军法行事，没有加罪于他的理由。酒宴因而结束。自此之后，吕氏家族的人都害怕朱虚侯，即使是大臣也都依从朱虚侯，刘氏为此日渐强盛。

第二年，高后去世。赵王吕禄任上将军，吕王吕产任相国，都住在长安城里，聚集军队威胁大臣，想发动叛乱。朱虚侯刘章由于妻子是吕禄的女儿，所以知道了他们的阴谋。于是，派人偷出长安报告他的哥哥齐王，想让他发兵西征，朱虚侯、东牟侯做内应，以便诛杀吕氏族人，趁机立齐王为皇帝。

齐王听到这个计策之后，就和他的舅父驷钧、郎中令祝午、中尉魏勃暗中谋划出兵。齐国相召平听到了这件事，就发兵护卫王宫。魏勃骗召平说："大王想发兵，可是并没有朝廷的虎符验证。相君您围住了王宫，这本来就是好事。我请求替您领兵护卫齐王。"召平相信了他的话，就让魏勃领兵围住王宫。魏勃领兵以后，竟派兵包围了相府。召平说：“唉！道家的话‘当断不断，反受其乱’，正是如此呀。”终于自杀而死。当时齐王让驷钧做国相，魏勃任将军，祝午任内史，把国中的兵力全部发出。派祝午到东边去诈骗琅邪王说：“吕氏族人叛乱，齐王发兵想西进诛杀他们。齐王把自己当作小孩子，年纪也小，不熟悉征战之事，愿把整个封国托付给大王。大王从高帝那时起就是将军，熟悉战事。齐王不敢离开军队，就派臣请大王到临淄去会见齐王商议大事，一起领兵西进平定关中之乱。”琅邪王相信了，认为不错，就飞驰去见齐王。齐王与魏勃等趁机扣留了琅邪王。派祝午把琅邪国的军队全部发出并且统领这些军队。

琅邪王刘泽被骗之后，不能返回封国，于是就哄劝齐王说：“齐悼惠王是高皇帝的长子，推求本源来说，大王正是高皇帝的嫡长孙，继承皇位。如今，大臣们还在犹豫不定，而我在刘氏中是最年长的，大臣们本来是等待我去决定大计的。如今，大王把我扣留在这里，我也就不能有什么作为了，不如让我入关计议大事。”齐王认为很对，就准备了许多车送琅邪王入朝。

琅邪王走了以后，齐王就起兵向西进攻吕国的济南。这时，齐哀王给诸侯王发出书信说：“高祖平定天下之后，封子弟们为王，悼惠王封在齐国。悼惠王去世后，惠帝派留侯张良来立臣为齐王。惠帝去世，高后专政，她年纪已老，听任诸吕擅自废黜高帝所封诸王，又杀害了三位赵王，灭了梁、燕、赵三国，让吕氏族人去为王，还把齐国分为四国。忠臣们进谏，主上昏乱不听。如今，高后去世，皇帝年少，还不能治理天下，当然要倚仗大臣和诸侯。现在，诸吕又擅自尊为高官，聚集军队耀武扬威，胁迫诸侯和忠臣，假传圣旨来号令天下，汉家朝廷因而十分危急。如今，寡人率领军队入关就是要诛杀那些不应为王的人。”

朝廷听说齐王发兵西进，相国吕产就派大将军灌婴带兵东进拦击齐兵。灌婴到了荥阳，心中考虑道：“诸吕领兵聚集关中，想要危害刘氏而自立为皇帝。我现在如果打败了齐国回朝报捷，这就等于为吕氏增加本钱了。”于是，就让军队停下来驻扎荥阳，派出使者通告齐王和诸侯，愿互相联合，等待吕氏一叛乱就共同诛杀他们。齐王听说此事后，就向西进兵夺回他们的故地济南郡，并在齐国西界驻军来等待履行盟约。

吕禄、吕产要在关中叛乱，朱虚侯刘章与太尉周勃、丞相陈平等诛杀了他们。朱虚侯首先斩杀了吕产，于是太尉周勃等才能全部诛杀吕氏族人。琅邪王也恰好从齐国来到长安。

大臣商议要让齐王继皇帝位，可是琅邪王和一些大臣说：“齐王的母舅驷钧，凶恶残暴，像一只戴上帽子的老虎。刚刚由于吕氏的缘故几乎使天下大乱，现在又要立齐王，是想要再出现一吕氏呀。代王的母家薄氏，是忠厚君子，况且王又是高帝的亲生儿子，如今还在，并且最年长。以亲子来说，名正言顺；以善良人家来说，大臣们都会放心。”于是，大臣们就计划迎立代王为帝，并派朱虚侯把已经诛杀诸吕的事告诉齐王，让他收兵。

灌婴在荥阳，听说魏勃本来是教唆齐王反叛的，诛灭吕氏之后，齐国也收了兵，灌婴派人召来魏勃责问他。魏勃说："失火的人家，哪里有空先告诉家长然后才去救火呢?"说完，就退立一旁，两腿发抖，像是吓得说不出话的样子，终于没再说什么。灌将军看了他半天，笑着说："人们都说魏勃很勇敢，其实是个平庸无能的人罢了，哪会有什么作为呢!"于是，免了他的职而不治罪。

魏勃的父亲因善于弹琴而见过秦皇帝。魏勃在年少时，想求见齐相曹参，由于家贫没有财力亲自去疏通关系，就常常一个人半夜里到齐相的随身侍从门外去打扫。这位侍从很奇怪，以为是什么怪物，就暗中等待，结果捉到了魏勃。魏勃说："我想拜见相君，没有门路，所以来给您打扫，想借此来求见。"于是，这位侍从就带领魏勃去拜见曹参，曹参因而让他也做侍从。一次，他给曹参驾车，说到对一些事情的意见，曹参认为他有才干，就向齐悼惠王推荐他。悼惠王召见魏勃，任命他为内史。起初，悼惠王有权自己任命二千石俸禄的官吏。到悼惠王去世，哀王即位以后，魏勃专断政事，权力比齐相还大。

齐王收兵回国之后，代王来到长安即皇帝位，这就是孝文帝。

孝文帝元年（前179），把高后时从齐国分割出去的城阳、琅邪和济南郡全部归还齐国，琅邪王改封为燕王，朱虚侯、东牟侯加封领地各二千户。

这一年，齐哀王去世，太子刘则即位，这就是齐文王。

齐文王元年，汉朝廷把齐国的城阳郡封给朱虚侯刘章，立他为城阳王；把齐国的济北郡封给东牟刘兴居，立他为济北王。

二年，济北王反叛，朝廷派兵把他诛杀了，他的封地归入朝廷。

又过两年，孝文帝把齐悼惠王的儿子罢军等七人全部封为列侯。

齐文王即位十四年去世，没有儿子，国号废除，封地归入朝廷。

一年以后，孝文帝分割齐国土地使原来所封的悼惠王的几个儿子为王。悼惠王的儿子齐孝王将闾是由杨虚侯改封为齐王的。原来齐国的其他郡县全部分封给悼惠王的儿子为王：刘志为济北王，刘辟光为济南王，刘贤为菑川王，刘卬为胶西王，刘雄渠为胶东王，与城阳王、齐王共为七王。

齐孝王十一年（前154），吴王刘濞、楚王刘戊谋反，起兵西进，遍告诸侯说："将去诛杀汉朝的贼臣晁错以使国家安定。"胶西王、胶东王、菑川王、济南王都擅自发兵响应吴王和楚王的举动。还想联合齐国，齐孝王犹豫不定，就坚守城池没有听从。三国军队共同包围齐国。齐王派路中大夫去向天子报告，天子又让路中大夫回去告知齐王："好好坚守，我派的军队现在已经打败吴、楚了。"路中大夫回到齐国。三国军队把临淄重重包围，没有办法入城。三国的将领劫持路中大夫并与他订立盟约，说：“你反过来说汉朝廷已被攻破，齐国应赶快向三国投降，否则将被屠城。”路中大夫只好答应他们，来到城下，远远看见齐王，说：“朝廷已经发兵百万，派太尉周亚夫把吴楚叛军打败了，正领兵来救援齐国，齐国一定要坚守，不要投降！”三国将领杀死了路中大夫。

齐国起初被围困到危急之时，曾暗中与三国谈判，盟约还没有议定，正好听说路中大夫从朝廷回来，非常高兴，大臣们就再次劝谏齐王不要投降三国。过了不久，汉将栾市、平阳侯曹奇等率领的军队来到齐国，打败了三国军队，解除了齐国的包围。不久又听说齐国起初曾与三国有过共谋，又要移兵攻打齐国。齐孝王惧怕，就饮毒药自杀了。景帝听说后，认为齐国是最好的，由于受到逼迫威胁才与三国有共谋，这不是他们的罪。于是，立孝王的太子刘寿为齐王，这就是懿王，延续了齐王的后代。而胶西王、胶东王、济南王和菑川王都被诛灭了，他们的领地都归入汉朝廷。把济北王迁到菑川为王。齐懿王在位二十二年去世，他的儿子次景即位，这就是厉王。

齐厉王，他的母亲是纪太后。太后把她弟弟纪氏的女儿嫁给厉王为后，厉王不喜欢纪氏的女儿。太后想让纪氏家族世世受宠，就让她的长女纪翁主进入王宫，整顿后宫的秩序，不准宫女接近齐王，想让厉王宠爱纪氏的女儿。厉王却趁机和他的姐姐翁主通奸。

齐国有个宦官徐甲，入朝侍奉汉皇太后。皇太后有爱女是修成君，修成君不是出于刘氏，太后怜爱她。修成君有个女儿名叫娥，太后想把她嫁给诸侯，宦官徐甲就请求出使齐国，定让齐王上书求娥。皇太后很高兴，就派徐甲前往齐国。当时，齐国人主父偃知道徐甲出使齐国是为了娶王后的事，也趁机对徐甲说："如果事情成功了，希望说一说我的女儿愿在齐王后宫服侍。"徐甲到齐国之后，先把此事暗中传出。纪太后听到后大怒，说："齐王已有王后，后宫嫔妃俱全。况且徐甲原是齐国的贫民，穷困已极才去做宦官，入朝侍奉汉宫，没得到什么便宜，又想来扰乱我们齐王之家！至于主父偃算什么人？竟然也想让女儿进入后宫！"徐甲非常尴尬，回朝禀报皇太后说："齐王已经愿意娶娥为后，但是有一种后患，恐怕像燕王一样。"燕王就是由于和他的女儿姐妹们通奸，刚刚论罪处死，封国灭亡，所以徐甲故意用燕王的事触动太后。太后说："不准再说嫁孙女到齐国的事了。"事情渐渐传到天子耳中。主父偃从此也与齐国有了仇怨。

主父偃正受到天子的宠信，专断政事，趁机对天子说："齐国的临淄有十万户，贸易租税每天达千金，人口多而且富足，超过了长安。这种地方如果不是天子的亲兄弟或爱子，不应在此为王。如今，齐王和皇室亲属的关系日益疏远了。"接着，又不慌不忙地说："吕太后的时候，齐国就想反叛。吴楚七国之乱的时候，孝王几乎参与叛乱。现在，又听说齐王和他的姐姐有乱伦的事。"于是，天子就任命主父偃为齐丞相，并且要查办这件事。主父偃来到齐国之后，就加紧审问齐王后宫的宦官中帮助齐王到达他姐姐翁主住所的人，命令他们在供词和旁证中都牵涉到齐王。齐王年少，害怕因大罪被官吏拘捕诛杀，就饮毒药自杀了。他子嗣断绝没有后代。

当时，赵王害怕主父偃一出任齐相就废除了齐国，恐怕他要离间汉家骨肉，于是就给天子上书告发主父偃受贿以及因挟怨而对齐国说长道短。天子也就借此囚禁了主父偃。公孙弘说："齐王因忧郁而死，没有后代，国土已归入朝廷。不诛杀主父偃，无法杜绝天下人的怨恨。"终于诛杀了主父偃。

齐厉王在位五年去世，没有后代，封地归入汉朝廷。

齐悼惠王的后代还领有两国，即城阳和菑川。菑川土地紧靠齐国。天子怜悯齐国，因为悼惠王的墓园在郡城，就把临淄以东环绕悼惠王墓园的城邑全部划给菑川国，以便供奉悼惠王的祭祀。

城阳景王刘章，悼惠王的儿子，他以朱虚侯的身份与大臣共同诛灭诸吕，而刘章亲身在未央宫首先斩了相国吕王产。孝文帝即位后，加封刘章领地二千户，赏赐黄金千斤。文帝二年，以齐国的城阳郡封立刘章为城阳王。刘章在位二年去世，他的儿子刘喜即位，这就是共王。

共王八年（前168），改封为淮南王。四年以后，又回来做城阳王。在位共三十三年去世，他的儿子刘延即位，这就是顷王。

顷王在位二十六年去世，儿子刘义即位，这就是敬王。敬王在位九年去世，儿子刘武即位，这就是惠王。惠王在位十一年去世，儿子刘顺即位，这就是荒王。荒王在位四十六年去世，儿子刘恢即位，这就是戴王。戴王在位八年去世，儿子刘景即位，到建始三年（前30），十五岁去世。

济北王刘兴居是齐悼惠王的儿子，他以东牟侯的身份协助大臣诛灭诸吕，功劳不大。等文帝从代国来到长安，兴居说：“请让我和太仆夏侯婴入宫清除余患。”接着，废黜少帝刘弘，与大臣共同尊立孝文帝。

孝文帝二年（前178），以齐国的济北郡封立兴居为济北王，与城阳王一同即王位。即位两年，兴居反叛。起初大臣诛灭吕氏的时候，朱虚侯的功劳特别大，曾答应把赵地全部封给朱虚侯为王，把梁地全部封给东牟侯为王。到孝文帝即位后，听说朱虚侯、东牟侯起初想立齐王为帝，所以削减了他们的功劳。到文帝二年，封诸子为王，才划出齐国的两个郡封刘章、刘兴居为王。刘章、刘兴居自此失去了应得的赵王、梁王之位，剥夺了他们的功劳。刘章死后，兴居听说匈奴大举侵汉，汉朝大量发兵，派丞相灌婴领兵反击，文帝亲自到太原。兴居以为天子亲自领兵反击匈奴，于是就起兵在济北反叛。天子听说后，止住了丞相和派出的军队，让他们都回长安。派棘蒲侯柴将军打败并俘虏了济北王，济北王自杀，封地归入朝廷，改为郡。

十三年后，文帝十六年，又封齐悼惠王的儿子安都侯刘志为济北王。十一年后，吴、楚七国叛乱时，刘志坚守城池，不与诸侯合谋。吴、楚叛乱被平后，改封刘志为菑川王。

济南王刘辟光是齐悼惠王的儿子，孝文帝十六年，以勒侯的身份晋封为济南王。十一年后，和吴、楚一起反叛。汉军打败叛军，杀了刘辟光，把济南改为郡，封地归于汉室。

菑川王刘贤是齐悼惠王的儿子，文帝十六年，以武城侯的身份晋封为菑川王。十一年后，和吴、楚一起叛变，汉军打败叛军，杀死了刘贤。

天子因而改封济北王刘志为菑川王。刘志也是齐悼惠王的儿子，由安都侯晋封为济北王。菑川王刘贤反叛，没有后代，就改封济北王为菑川王。共在位三十五年去世，谥号为懿王。儿子刘建继位，这就是靖王。靖王在位二十年去世，儿子刘遗继位，这就是顷王。顷王在位三十六年去世，儿子刘终古继位，这就是思王。思王在位二十八年去世，儿子刘尚继位，这就是孝王。孝王在位五年去世，儿子刘横继位，到建始三年，在位十一年去世。

胶西王印是齐悼惠王的儿子，文帝十六年，以昌平侯的身份晋封为胶西王。十一年后，和吴、楚一起叛乱。汉军打败叛军，杀了刘印，封地归于汉室，改为胶西郡。

胶东王刘雄渠是齐悼惠王的儿子，文帝十六年，以白石侯的身份晋封为胶东王。十一年后，和吴、楚一起叛乱。汉军打败叛军，杀了刘雄渠，封地归于汉室，改为胶东郡。

太史公说："诸侯大国没有超过齐悼惠王的。由于海内刚平定，刘氏子弟少，高祖有感于秦朝没有用尺寸土地分封宗室，所以大封同姓，用来镇抚万民之心。等到后来被分裂，本来是理所当然的。"

第三十五卷　萧相国世家第二十三

萧何作为刘邦的重要谋臣，为西汉王朝的建立和政权的巩固作出了重大的贡献。本篇紧紧围绕这一方面，塑造了萧何这一历史人物，描述了他的卓越功勋。

萧何眼光远大，深谋远虑。作为刘邦的助手，他不仅做了大量的具体工作，而且很多地方都能从宏观的战略着眼，为建立政权打下坚实的基础。司马迁运用对比的手法，写刘邦率军进入咸阳后，将领们忙于争分金帛财物，而萧何却首先收取秦王朝文献档案，将其珍藏，刘邦由此详尽地掌握了全国地理、户籍等方面的情况，为统一天下创造了条件。在楚汉相争期间，萧何虽然没有像韩信、曹参等人那样在前线冲锋陷阵，但他留守关中，制定法令，安抚民众，建设后方根据地，不断地将粮草、兵员补充前线，使刘邦多次转危为安。在论功行赏、评定位次的过程中，司马迁借助刘邦和关内侯鄂君的话，充分肯定了萧何的功绩。但司马迁对萧何的描写是多侧面的，文中在写萧何实绩的同时，又刻画了他的自私。萧何很会识别人才，曾极力保荐过韩信。但后来萧何为了保全个人，又与吕后定计杀害了韩信。“萧何追韩信”的历史佳话使萧何堪称识才惜才的典型，“成也萧何，败也萧何”的史实又使萧何成为反复无常的败事典型。司马迁笔下的萧何就是这样立体地呈现我们面前。

另外，对刘邦和萧何之间微妙的君臣关系，司马迁也做了充分的描写。刘邦认为萧何功劳卓著，但又时刻提防萧何反叛。汉三年、十一年、十二年，鲍生、召平以及那个不知名的说客先后为萧何敲了警钟，提出了具体的防范措施。萧何为了保全自己，采纳了鲍生等人的建议，博得了刘邦的欢心；但因为民请命，又遭牢狱之灾；最后，“素恭谨”的萧何又得到了刘邦的赦免。司马迁这些一波三折的描写，生动地刻画了萧何的性格特点。

【原文】

萧相国何者，沛丰人也。以文无害①为沛主吏掾。

高祖为布衣时，何数以吏事护高祖。高祖为亭长，常左右②之。高祖以吏繇③咸阳，吏皆送奉钱三，何独以五。

秦御史监郡④者与从事，常辨⑤之。何乃给泗水卒史事，第一。秦御史欲入言征⑥何，何固请⑦，得毋行。

【注释】

①无害：无比，无人能胜。②左右：帮助。③繇：通“徭”，劳役。这里指服劳役。④监郡：监督、检查郡的工作。⑤辨：辨别。这里指办事有条理，对各种事项分辨得清楚。⑥征：征召。⑦请：这里是辞谢的意思。

【原文】

及高祖起为沛公，何常为丞督事。沛公至咸阳，诸将皆争走金帛财物之府分之，何独先入收秦丞相御史律令图书藏之。沛公为汉王，以何为丞相。项王与诸侯屠烧咸阳而去。汉王所以具知天下厄塞[1]，户口多少，强弱之处，民所疾苦者，以何具得秦图书也。何进言韩信，汉王以信为大将军。语在《淮阴侯》事中。

【注释】

①厄塞：险要之地。

【原文】

汉王引兵东定三秦，何以丞相留收巴蜀，填抚谕告[1]，使给军食。汉二年，汉王与诸侯击楚，何守关中，侍太子，治栎阳。为法令约束[2]，立宗庙社稷宫室县邑，辄奏上，可，许以从事；即不及奏上，辄以便宜[3]施行，上来以闻。关中事计户口转漕[4]给军，汉王数失军遁去，何常兴关中卒，辄补缺。上以此专属[5]任何关中事。

【注释】

①填（zhèn）抚谕告：安抚民众，发布政令。填，通“镇”，安定。谕告，发布政令，告知百姓。②约束：规章，法度。③便（biàn）宜：酌情处理。④转漕：运送粮食。古时车运为“转”，水运为“漕”。⑤属（zhǔ）：委托。

【原文】

汉三年，汉王与项羽相距京索之间，上数使使劳苦[①]丞相。鲍生谓丞相曰："王暴衣露盖，数使使劳苦君者，有疑君心也。为君计，莫若遣君子孙昆弟能胜兵[②]者悉诣军所，上必益信君。"于是何从其计，汉王大说[③]。

【注释】

①劳苦：慰劳。②胜兵：胜任军事，能够打仗。③说：通"悦"。

【原文】

汉五年，既杀项羽，定天下，论功行封。群臣争功，岁余功不决。高祖以萧何功最盛，封为酂侯，所食邑多。功臣皆曰："臣等身被[①]坚执锐，多者百余战，少者数十合，攻城略[②]地，大小各有差。今萧何未尝有汗马之劳，徒持文墨议论，不战，顾反居臣等上，何也？"高帝曰："诸君知猎乎？"曰："知之。""知猎狗乎？"曰："知之。"高帝曰："夫猎，追杀兽兔者狗也，而发踪指示兽处者人也。今诸君徒能得走兽耳，功狗也。至如萧何，发踪指示，功人也。且诸君独以身随我，多者两三人。今萧何举宗[③]数十人皆随我，功不可忘也。"群臣皆莫敢言。

【注释】

①被：通"披"。②略：夺取。③宗：宗族。

【原文】

列侯毕已受封，及奏位次，皆曰："平阳侯曹参身被七十创，攻城略地，功最多，宜第一。"上已桡[①]功臣，多封萧何，至位次未有以复难之，然心欲何第一。关内侯鄂君进曰："群臣议皆误。夫曹参虽有野战略地之功，此特一时之事。夫上与楚相距五岁，常失军亡众，逃身遁者数矣。然萧何常从关中遣军补其处，非上所诏令召，而数万众会上之乏绝者数矣。夫汉与楚相守荥阳数年，军无见[②]粮，萧何转漕关中，给食不乏。陛下虽数亡[③]山东，萧何常全关中以待陛下，此万世之功也。今虽亡曹参等百数，何缺于汉？汉得之不必待以全。奈何欲以一旦之功而加万世之功哉！萧何第一，曹参次之。"高祖曰："善。"于是乃令萧何第一，赐带剑履上殿，入朝不趋[④]。

【注释】

①桡：弯曲，这时指委屈。②见（xiàn）：通"现"。③亡：失去。④趋：小步快走，表示恭敬。

【原文】

上曰："吾闻进贤受上赏。萧何功虽高，得鄂君乃益明。"于是因鄂君故所食关内侯邑封为安平侯。是日，悉封何父子兄弟十余人，皆有食邑。乃益封何二千户，以帝尝繇咸阳时何送我独赢[①]奉钱二也。

【注释】

①赢：这里指多。

【原文】

汉十一年，陈豨反，高祖自将，至邯郸。未罢，淮阴侯谋反关中，吕后用萧何计，诛淮阴侯，语在《淮阴》事中。上已闻淮阴侯诛，使使拜丞相何为相国，益封五千户，令卒五百人一都尉为相国尉。诸君皆贺，召平独吊。召平者，故秦东陵侯。秦破，为布衣，贫，种瓜于长安城东，瓜美，故世俗谓之“东陵瓜”，从召平以为名也。召平谓相国曰：“祸自此始矣。上暴露于外而君守于中，非被矢石之事而益君封置卫者，以今者淮阴侯新反于中，疑君心矣。夫置卫卫君，非以宠君也。愿君让[①]封勿受，悉以家私财佐军，则上心说。”相国从其计，高帝乃大喜。

【注释】

①让：辞让。

【原文】

汉十二年秋，黥布反，上自将击之，数使使问相国何为。相国为上在军，乃拊循勉力[①]百姓，悉以所有佐军，如陈豨时。客有说相国曰：“君灭族不久矣。夫君位为相国，功第一，可复加哉？然君初入关中，得百姓心，十余年矣，皆附君，常复孳孳[②]得民和。上所为数问君者，畏君倾动关中。今君胡不多买田地，贱贳贷[③]以自污？上心乃安。”于是相国从其计，上乃大说。

【注释】

①拊（fǔ）循勉力：安抚勉励。②孳孳：勤勉，努力不懈的样子。③贳（shì）贷：赊借。

【原文】

上罢布军归，民道遮[1]行上书，言相国贱强买民田宅数千万。上至，相国谒。上笑曰："夫相国乃利民[2]！"民所上书皆以与相国，曰："君自谢[3]民。"相国因为民请曰："长安地狭，上林中多空地，弃，愿令民得入田，毋收稿[4]为禽兽食。"上大怒曰："相国多受贾人财物，乃为请吾苑！"乃下相国廷尉，械系[5]之。数日，王卫尉侍，前问曰："相国何大罪，陛下系之暴也？"上曰："吾闻李斯相[6]秦皇帝，有善归主，有恶自与。今相国多受贾竖[7]金而为民请吾苑，以自媚于民，故系治之。"王卫尉曰："夫职事苟有便于民而请之，真宰相事，陛下奈何乃疑相国受贾人钱乎！且陛下距楚数岁，陈豨、黥布反，陛下自将而往，当是时，相国守关中，摇足则关以西非陛下有也。相国不以此时为利，今乃利贾人之金乎？且秦以不闻其过亡天下，李斯之分过，又何足法哉。陛下何疑宰相之浅也。"高帝不怿[8]。是日，使使持节[9]赦出相国。相国年老，素恭谨，入，徒跣[10]谢。高帝曰："相国休矣！相国为民请苑，吾不许，我不过为桀纣主，而相国为贤相。吾故系相国，欲令百姓闻吾过也。"

【注释】

①遮：阻拦。②相国乃利民：身为相国竟然如此“利民”。这是高祖说的反语。乃，竟然。③谢：谢罪。④稿：禾秆。⑤械系：用镣铐等刑具拘禁。⑥相：辅佐。⑦贾竖：对商人的鄙称。⑧怿：喜悦。⑨节：使者所持的一种凭证。⑩徒跣(xiǎn)：赤脚步行，是一种请罪的表示。

【原文】

何素不与曹参相能[1]，及何病，孝惠自临视相国病，因问曰：“君即百岁后，谁可代君者?”对曰：“知臣莫如主。”孝惠曰：“曹参何如?”何顿首曰：“帝得之矣！臣死不恨[2]矣!”

何置田宅必居穷处，为家不治垣屋[3]。曰：“后世贤，师吾俭；不贤，毋为势家所夺。”

孝惠二年，相国何卒，谥为文终侯。

后嗣以罪失侯者四世，绝，天子辄复求何后，封续酂侯，功臣莫得比焉。

【注释】

①能：和睦。②恨：遗憾。③垣屋：有矮墙的房舍。

【原文】

太史公曰：萧相国何于秦时为刀笔吏，录录未奇节。及汉兴，依日月[1]之末光，何谨守管籥[2]，因民之疾秦法，顺流与之更始。淮阴、黥布等皆以诛灭，而何之勋烂焉。位冠群臣，声施后世[3]，与闳夭、散宜生等争烈[4]矣。

【注释】

①日月：喻指帝王。②管籥（yuè）：钥匙，这里喻指职责。③施（yì）：延续。④烈：光明，显赫。

【译文】

萧相国萧何，沛县丰邑人。他通晓法律，无人能比，是沛县县令手下的官吏。

汉高祖刘邦还是平民时，萧何多次凭着官吏的职权保护他。刘邦当了亭长，萧何常常帮助他。刘邦以官吏的身份到咸阳服役，官员们都奉送他三百钱，唯独萧何送他五百钱。

秦朝的御史到泗水郡督察郡的工作时，萧何跟着他的属官办事，经常把事情办得有条有理、清清楚楚。萧何于是担任了泗水郡卒史的工作，公务考核中名列第一。秦朝的御史打算入朝进言征调萧何，萧何一再辞谢，才没有被调走。

等到刘邦起事做了沛公，萧何常常作为他的助手督办公务。沛公进了咸阳，将领们都争先奔向府库，分取金帛财物。唯独萧何首先进入宫室收取秦朝丞相及御史掌管的法律条文、地理图册、户籍档案等文献资料，并将它们珍藏起来。沛公做了汉王，任命萧何为丞相。项羽和诸侯军队进入咸阳，屠杀焚烧了一番就离去了。汉王之所以能够详尽地了解天下的险关要塞，家庭、人口的多少，各地诸方面的强弱，民众的疾苦等，就是萧何完好地得到了秦朝的文献档案的缘故。萧何向汉王推荐韩信，汉王任命韩信为大将军。此事记载在《淮阴侯列传》中。

汉王领兵东进，平定三秦，萧何以丞相的身份留守治理巴蜀，安抚民众，发布政令，供给军队粮草。汉二年（前205），汉王与各路诸侯攻打楚军。萧何守卫关中，侍奉太子，治理栎阳。制定法令、规章，建立宗庙、社稷、宫室、县邑，萧何总是禀报汉王，得到汉王同意，准许施行这些政事。如果来不及禀报汉王，有些事就酌情处理，等汉王回来再向他汇报。萧何在关中管理户籍人口，征集粮草运送给前方军队。汉王多次弃军败逃而去，萧何常常征发关中士卒，补充军队的缺额。汉王因此专门委任萧何处理关中政事。

汉三年（前204），汉王与项羽对峙于京县、索城之间，汉王多次派遣使者慰劳丞相萧何。有个叫鲍生的人对丞相说："汉王在前线风餐露宿，却多次派使者来慰劳您，这是有怀疑您的心意。为您着想，不如派遣您的子孙兄弟中能打仗的人都到军营中效力，汉王必定更加信任您。"于是，萧何听从了他的谋划，汉王非常高兴。

汉五年（前202），已经消灭了项羽，平定了天下，于是论功行赏。由于群臣争功，一年多了，功劳的大小也没能决定下来。高祖认为萧何的功劳最显赫，封他为酂侯，给予的食邑最多。功臣们都说："我们身披战甲，手执兵器，亲身参加战斗，多的身经百战，少的交锋数十回合，攻占城池，夺取地盘，都立了大小不等的战功。如今萧何没有这样的汗马功劳，只是舞文弄墨，发发议论，不参加战斗，封赏反倒在我们之上，这是为什么呢？"高帝说："诸位懂得打猎吗？"群臣回答说："懂得打猎。"高帝又问："知道猎狗吗？"群臣说："知道。”高帝说：“打猎时，追咬野兽的是猎狗，但发现野兽踪迹，指出野兽所在的是猎人。而今大家仅能捉到野兽而已，功劳不过像猎狗。至于像萧何，发现野兽踪迹，指明猎取目标，功劳如同猎人。再说诸位只是个人追随我，多的不过一家两三个人。而萧何让自己本族里的几十人都来随我打天下，功劳是不能忘怀的。”群臣都不敢再言语了。

列侯均已受到封赏，待到向高祖进言评定位次时，群臣都说：“平阳侯曹参身受七十处创伤，攻城夺地，功劳最多，应该排在第一位。”高祖已经委屈了功臣们，较多地赏封了萧何，到评定位次时就没有再反驳大家，但心里还是想把萧何排在第一位。关内侯鄂千秋进言说：“各位大臣的主张是不对的。曹参虽然有转战各处、夺取地盘的功劳，但这不过是一时的事情。大王与楚军相持五年，常常失掉军队，士卒逃散，只身逃走有好几次了。然而，萧何常从关中派遣军队补充前线，这些都不是大王下令让他做的。数万士卒开赴前线时正值大王最危急的时刻，这种情况已有多次了。汉军与楚军在荥阳对垒数年，军中没有现存的口粮，萧何从关中用车船运来粮食，军粮供应从不匮乏。陛下虽然多次失掉殽山以东的地区，但萧何一直保全关中等待着陛下，这是万世不朽的功勋啊。如今，即使没有上百个曹参这样的人，对汉室又有什么损失？汉室得到了这些人，也不一定得以保全。怎么能让一时的功劳凌驾万世功勋之上呢！应该是萧何排第一位，曹参居次。”高祖说：“好。”于是，便确定萧何为第一位，特恩许他带剑穿鞋上殿，上朝时可以不按礼仪那样小步快走。

高祖说：“我听说推荐贤才要受上等的奖赏。萧何的功劳虽然很高，经过鄂君的表彰就更加显赫了。”于是，根据鄂君原来受封的关内侯食邑，加封为安平侯。当天，萧何父子兄弟十多人都封有食邑。后又加封萧何两千户，这是高祖过去到咸阳服役时，萧何多送给自己二百钱的缘故。

汉十一年（前196），陈豨反叛，高祖亲自率军到了邯郸。平叛尚未结束，淮阴侯韩信又在关中谋反。吕后采用萧何的计策，杀了淮阴侯，此事记载在《淮阴侯列传》中。高祖已经听说淮阴侯被杀，派遣使者拜丞相萧何为相国，加封五千户，并令五百名士卒、一名都尉做相国的卫队。为此，许多人都来祝贺，唯独召平表示哀悼。召平原是秦朝的东陵侯。秦朝灭亡后，他沦为平民，家中贫穷，在长安城东种瓜。他种的瓜味道甜美，所以社会上的人称为“东陵瓜”，这是根据召平的封号来命名的。召平对相国萧何说：“祸患从此开始了。皇上风吹日晒地统军在外，而您留守朝中，未遭战事之险，反而增加您的封邑并设置卫队，这是因为目前淮阴侯刚刚在京城谋反，皇上也就对您的内心有所怀疑。设置卫队保护您，并非以此宠信您，希望您辞让封赏不受，把家产、资财全都捐助军队，那么皇上心里就会高兴。”萧相国听从了他的计谋。高帝果然非常欢喜。

汉十二年（前195）的秋天，黥布反叛，高祖亲自率军征讨他，多次派人来询问萧相国在做什么。萧相国因为皇上在军中，就在后方安抚勉励百姓，把自己的家财全都捐助军队，和讨伐陈豨时一样。有一个门客劝告萧相国说：“您灭族的日子不远了。您位居相国，功劳数第一，还能够再加功吗？您当初进入关中就深得民心，至今十多年了，民众都亲附您，您还是那么勤勉地做事，与百姓关系和谐，受到爱戴。皇上之所以屡次询问您的情况，是害怕您震撼关中。如今，您何不多买田地，采取低价、赊借等手段来败坏自己的声誉？这样，皇上的心才会安定。”于是，萧相国听从了他的计谋，高祖才非常高兴。

高祖征罢黥布军队回来，民众拦路上书，说相国低价强买百姓田地房屋数量极多。高祖回到京城，相国进见。高祖笑着说：“你这个相国竟是这样‘利民’！”高祖把民众的上书都交给相国，说：“你自己向百姓们谢罪吧。”相国趁这个机会，为民众请求说：“长安一带土地狭窄，上林苑中有很多空地，已经废弃荒芜，希望让百姓们进去耕种打粮，留下禾秆作为禽兽的饲料。”高祖大怒说：“相国你大量地接受了商人的财物，然后就为他们请求占用我的上林苑！”于是，就把相国交给廷尉，用镣铐拘禁了他。几天以后，一个姓王的卫尉侍奉高祖时，上前问道：“相国犯了什么弥天大罪，陛下把他拘禁得如此严酷？”高祖说：“我听说李斯辅佐秦始皇时，有了成绩归于主上，出了差错自己承担。如今，相国大量地收受奸商钱财而为他们请求占用我的苑林，以此向民众讨好，所以把他铐起来治罪。”王卫尉说：“在自己职责范围，如果有利于百姓而为他们请求，这确是宰相分内的事，陛下怎么怀疑相国收受商人钱财呢！况且，陛下抗拒楚军数年，陈豨、黥布反叛时，陛下又亲自带兵前往平叛，当时相国留守关中，他只动一动脚，那么函谷关以西的地盘就不归陛下所有了。相国不趁着那个时机为己谋利，现在却贪图商人的钱财吗？再说，秦始皇正因为听不到自己的过错而失去天下，李斯分担过错，又哪里值得效法呢？陛下为什么怀疑宰相到如此浅薄的地步！”高祖听后，不太高兴。当天，高祖派人持节赦免释放了相国。相国上了年纪，一向谦恭谨慎，入见高祖，赤脚步行谢罪。高祖说：“相国算了吧！相国为民众请求苑林，我不答应，我不过是桀、纣那样的君主，而你则是个贤相。我之所以把你用镣铐拘禁起来，是想让百姓知道我的过错。”

萧何一向不跟曹参和睦，到萧何病重时，孝惠皇帝亲自去探视相国病情，趁便问道：“您如果故去了，谁可以接替您呢？”萧何回答说：“了解臣下的莫过于君主了。”孝惠帝说：“曹参怎么样？”萧何叩头说：“陛下得到合适的人选了！我死也不遗憾了！”

萧何购置田地住宅必定处在贫苦偏僻的地方，建造家园不修筑有矮墙的房舍。他说：“我的后代若贤能，就学习我的俭朴；后代若不贤能，可以不为有权势的人家所夺取。”

孝惠二年（前193），相国萧何去世，谥号为文终侯。

萧何的后代因为犯罪而失去侯爵封号的有四世，每次断绝了继承人时，天子总是再寻求萧何的后代，续封为酂侯，功臣中没有谁能够跟萧何这种情况相比。

太史公说：“相国萧何在秦朝时仅是个文职小官吏，平平常常，没有什么惊人的作为。等到汉室兴盛，仰仗帝王的余光，萧何谨守自己的职责，根据民众痛恨秦朝苛法这一情况，顺应历史潮流，给他们除旧更新。韩信、黥布等都已被诛灭，而萧何的功勋更显得灿烂。他的地位为群臣之冠，声望延及后世，能够跟闳夭、散宜生等人争辉媲美了。”

第三十六卷　曹相国世家第二十四

这是一篇关于曹参的传记。文中主要记述了曹参攻城野战之功和他的“清静无为”的治国思想及举动。司马迁对他的英勇善战和治国方略基本上是肯定的，认为曹参施行的政策使人民得以休养生息，也使他受到了天下人的称颂。

曹参跟随刘邦起兵以来，参加了对秦军、项羽及叛军的无数次战斗，立下了“凡下二国，县一百二十二；得王二人，相三人，将军六人……”的显赫战功，为西汉政权的建立作出了重大贡献。曹参任相国后，主张一切顺应自然，采取“无为而治”的做法。他“日夜饮醇酒”；他的下属及宾客想规劝他，他反倒一再地向他们劝酒；他甚至对周围的官员房舍中醉酒呼叫的吵闹声，不但不感到厌烦，反而“取酒张坐饮，亦歌呼与相应和”。司马迁写了他受黄老学说影响的一面，但更写了他积极的一面。他的“醉”不同于贪官污吏的醉生梦死，他的“无为”也不是真的什么事也不做（否则，善于识别人才的萧何决不会推荐曹参做自己的继承人），他只是坚定地按照刘邦、萧何制定的方针政策办事。他重视官员的素质，提拔那些质朴忠厚之人，摒弃那些华而不实、沽名钓誉之徒。

生活上的醉酒并没有掩盖他政治上的清醒。萧何制定的法令对西汉初年政权的巩固和发展起了重要作用，曹参清楚地认识到了这一点。所以，他接替萧何为相后，“举事无所变更，一遵萧何约束”，不轻易改变那些行之有效的法令政策（“萧规曹随”的成语一直流传至今）。他的政治头脑和治国方针，在他与孝惠皇帝的一番对话中更加明显地表露出来。司马迁交替地写他的“醉”与“醒”，生动地刻画了曹参的形象。当然，曹参战功的获得多借助了韩信的才干和力量，而他的治国方针又过多地依从萧何，这些从文中所述事实及司马迁对曹参的评价中是可以看得出来的。

【原文】

平阳侯曹参者，沛人也。秦时为沛狱掾，而萧何为主吏，居县为豪吏矣。

高祖为沛公而初起也，参以中涓从。将击胡陵、方与，攻秦监公军，大破之。东下薛，击泗水守军薛郭[①]西。复攻胡陵，取之。徙守方与。方与反为魏[②]，击之。丰反为魏，攻之。赐爵七大夫。击秦司马尼军砀东，破之，取砀、狐父、祁善置。又攻下邑以西，至虞，击章邯车骑。攻爰戚及亢父，先登。迁[③]为五大夫。北救阿，击章邯军，陷陈，追至濮阳。攻定陶，取临济。南救雍丘，击李由军，破之，杀李由，虏秦候一人。秦将章邯破杀项梁也，沛公与项羽引而东。楚怀王以沛公为砀郡长，将砀郡兵。于是乃封参为执帛，号曰建成君。迁为戚公，属砀郡。

【注释】

①郭：外城。②魏：指魏王魏咎，战国时魏国贵族的后裔。③迁：升迁。

【原文】

其后从攻东郡尉军，破之成武南。击王离军成阳南，复攻之杠里，大破之。追北[①]，西至开封，击赵贲军，破之，围赵贲开封城中。西击秦将杨熊军于曲遇，破之，虏秦司马及御史各一人。迁为执珪。从攻阳武，下轘辕、缑氏，绝河津，还击赵贲军尸北，破之。从南攻犨，与南阳守齮战阳城郭东，陷陈[②]，取宛，虏齮，尽定南阳郡。从西攻武关、峣关，取之。前攻秦军蓝田南，又夜击其北，秦军大破，遂至咸阳，灭秦。

【注释】

①追北：追击败逃的敌军。北，败逃。②陈：通“阵”，交战时的战斗队列。

【原文】

项羽至，以沛公为汉王。汉王封参为建成侯。从至汉中，迁为将军。从还定三秦，初攻下辩、故道、雍、斄。击章平军于好畤南，破之，围好畤，取壤乡。击三秦军壤东及高栎，破之。复围章平，章平出好畤走。因击赵贲、内史保军，破之。东取咸阳，更名曰新城。参将兵守景陵二十日，三秦使章平等攻参，参出击，大破之。赐食邑[①]于宁秦。参以将军引兵围章邯于废丘。以中尉从汉王出临晋关。至河内，下修武，渡围津，东击龙且、项他定陶，破之。东取砀、萧、彭城。击项籍军，汉军大败走。参以中尉围取雍丘。王武反于外黄，程处反于燕，往击，尽破之。柱天侯反于衍氏。又进破取衍氏。击羽婴于昆阳，追至叶。还攻武强，因至荥阳。参自汉中为将军中尉，从击诸侯，及项羽败，还至荥阳，凡二岁。

【注释】

①食邑：帝王、诸侯赐给臣下的世袭封地，也叫“采邑”。

【原文】

高祖二年，拜为假[1]左丞相，入屯兵关中。月余，魏王豹反，以假左丞相别与韩信东攻魏将军孙遬军东张，大破之。因攻安邑，得魏将王襄。击魏王于曲阳，追至武垣，生得魏王豹。取平阳，得魏王母妻子，尽定魏地，凡五十二城。赐食邑平阳。因从韩信击赵相国夏说军于邬东，大破之，斩夏说。韩信与故常山王张耳引兵下井陉，击成安君，而令参还围赵别将[2]戚将军于邬城中。戚将军出走，追斩之。乃引兵诣敖仓汉王之所。韩信已破赵，为相国，东击齐。参以右丞相属韩信，攻破齐历下军，遂取临菑。还定济北郡，攻著、漯阴、平原、鬲、卢。已而从韩信击龙且军于上假密，大破之，斩龙且，虏其将军周兰。定齐，凡得七十余县。得故齐王田广相田光，其守相许章，及故齐胶东将军田既。韩信为齐王，引兵诣陈，与汉王共破项羽，而参留平齐未服者。

【注释】

①假：非正式的，暂时代理的。②别将：配合主力军作战的将领。

【原文】

项籍已死，天下定，汉王为皇帝，韩信徙[1]为楚王，齐为郡。参归汉相印。高帝以长子肥为齐王，而以参为齐相国。以高祖六年赐爵列侯，与诸侯剖符[2]，世世勿绝。食邑平阳万六百三十户，号曰平阳侯，除前所食邑。

以齐相国击陈豨将张春军，破之。黥布反，参以齐相国从悼惠王将兵车骑十二万人，与高祖会击黥布军，大破之。南至蕲，还定竹邑、相、萧、留。

参功：凡下二国，县一百二十二；得王二人，相三人，将军六人，大莫敖、郡守、司马、候、御史各一人。

【注释】

①徙：调职。②剖符：帝王分封诸侯或功臣时，把一种竹制的凭证剖成两半，帝王与诸侯各执一半，以示信用。

【原文】

孝惠帝元年，除诸侯相国法，更以参为齐丞相。参之相齐，齐七十城。天下初定，悼惠王富于春秋[1]，参尽召长老诸生，问所以安集百姓，如[2]齐故诸儒以百数，言人人殊[3]，参未知所定。闻胶西有盖公，善治黄老言[④]，使人厚币请之。既见盖公，盖公为言治道贵清静而民自定，推此类具言之。参于是避正堂，舍[⑤]盖公焉。其治要用黄老术，故相齐九年，齐国安集，大称贤相。

【注释】

①富于春秋：指年纪轻。②如：而。③殊：不同。④黄老言：指道家学说（“黄”指黄帝，“老”指老子）。⑤舍：住宿。

【原文】

惠帝二年，萧何卒。参闻之，告舍人趣[①]治行，“吾将入相”。居无何，使者果召参。参去，属[②]其后相曰：“以齐狱市[③]为寄，慎勿扰也。”后相曰：“治无大于此者乎?”参曰：“不然。夫狱市者，所以并容也，今君扰之，奸人安所容也?吾是以先之。”

【注释】

①趣：通“促”，赶快。②属：通“嘱”，嘱托。③狱市：指包揽诉讼、交易买卖等行为。

【原文】

参始微时，与萧何善；及为将相，有郤[①]。至何且死，所推贤唯参。参代何为汉相国，举事无所变更，一遵萧何约束[②]。

择郡国吏木诎[3]于文辞，重厚长者，即召除[4]为丞相史。吏之言文刻深[5]，欲务声名者，辄斥去之。日夜饮醇酒。卿大夫已下吏及宾客见参不事事，来者皆欲有言。至者，参辄饮以醇酒，间之，欲有所言，复饮之，醉而后去，终莫得开说，以为常。

【注释】

①郤：感情上的裂痕。②约束：规章，法度。③木诎：质朴而不善于言辞。④除：任命。⑤言文刻深：言语文字苛求细枝末节。

【原文】

相舍后园近吏舍，吏舍日饮歌呼。从吏恶之，无如之何，乃请参游园中，闻吏醉歌呼，从吏幸相国召按[1]之。乃反取酒张坐[2]饮，亦歌呼与相应和。

参见人之有细过，专掩匿盖之，府中无事。

【注释】

①幸：希望。按：制止。②张坐：陈设座席。坐，通“座”。

【原文】

参子窋为中大夫。惠帝怪相国不治事，以为“岂少朕与”？乃谓窋曰：“若归，试私从容问而父曰：‘高帝新弃群臣，帝富于春秋，君为相，日饮，无所请事，何以忧天下乎？’然无言吾告若也。”窋既洗沐[1]归，闲侍，自从其所谏参。参怒，而笞窋二百，曰："趣入侍，天下事非若所当言也。"至朝时，惠帝让参曰："与[②]窋胡治乎？乃者[③]我使谏君也。"参免冠[④]谢曰："陛下自察圣武孰与高帝？"上曰："朕乃安敢望先帝乎！"曰："陛下观臣能孰与萧何贤？"上曰："君似不及也。"参曰："陛下言之是也。且高帝与萧何定天下，法令既明，今陛下垂拱[⑤]，参等守职，遵而勿失，不亦可乎？"惠帝曰："善。君休矣！"

【注释】

①洗沐：沐浴，借指假日，又叫"休沐"。汉时规定，官员每五日一休息，用于沐浴等事。②与：对于。③乃者：往日。④免冠：脱帽，古人谢罪的一种方式。⑤垂拱：垂衣拱手，形容无所事事，不费力气，常用来称颂帝王无为而治。

【原文】

参为汉相国，出入三年。卒，谥懿侯。子窋代侯。百姓歌之曰："萧何为法，顜[①]若画一；曹参代之，守而勿失。载[②]其清净，民以宁一。"

【注释】

①顜（jiǎng）：明确。②载：乘，行。

【原文】

平阳侯窋，高后时为御史大夫。孝文帝立，免为侯。立二十九年卒，谥为静侯。子奇代侯，立七年卒，谥为简侯。子时代侯。时尚[①]平阳公主，生子襄。时病疠[②]，归国。立二十三年卒，谥夷侯。子襄代侯。襄尚卫长公主，生子宗。立十六年卒，谥为共侯。子宗代侯。征和[3]二年中，宗坐太子死，国除。

【注释】

①尚：娶帝王的女儿。②疠：疫病。③征和：汉武帝的第十个年号（前 92—前 89）。“征和二年中，宗坐太子死，国除”几句，可能是后人加的。

【原文】

太史公曰：曹相国参攻城野战之所以能多若此者，以与淮阴侯俱。及信已灭，而列侯成功，唯独参擅其名。参为汉相国，清静极言合道。然百姓离[1]秦之酷后，参与休息无为，故天下俱称其美矣。

【注释】

①离：通“罹”，遭受。

【译文】

平阳侯曹参，沛县人。秦朝时，曹参做沛县的狱掾，萧何做主吏，他们在县里已是有名望的官吏了。

汉高祖做沛公开始起事时，曹参以中涓的身份跟随高祖。曹参率军进击胡陵、方与，攻打秦朝郡监的军队，大破敌兵。他向东拿下薛县，在薛县外城的西面进击泗水郡郡守的军队。然后，又攻打胡陵，夺取了它。曹参率军转移去守卫方与。方与已经反叛，投降了魏王，曹参就进击方与。丰邑也反叛投降魏王，曹参又去攻打丰邑。沛公赐给曹参七大夫的爵位。曹参在砀县东面进击秦朝司马[redacted]的军队，打败了它，夺取了砀县、狐父和祁县的善置驿。曹参又攻打下邑以西的地方，一直到虞县，进击章邯的军队。攻打爰戚和亢父时，曹参最先登上城楼。曹参官职升为五大夫。他向北救援东阿，进击章邯的军队，攻陷陈县，追击到濮阳。他攻打定陶，夺取临济。他往南救援雍丘，进击李由的军队，打败了它，杀掉李由，俘虏秦朝军候一人。这时，秦将章邯打败项梁的军队，杀死项梁，沛公与项羽率军东归。楚怀王任命沛公为砀郡长，统领砀郡的军队。沛公封曹参为执帛，号为建成君。后曹参升为爰戚县县令，隶属砀郡。

从那以后，曹参跟随沛公攻打东郡郡尉的军队，在成武南面打败了敌军。在成阳南面进击王离的军队，在杠里又跟王离军队交锋，把它打得大败。追击败逃的敌军，向西到了开封。进击赵贲的军队，打败了它，把赵贲围在开封城中。向西在曲遇进击秦朝将领杨熊的军队，打败了它，俘虏了秦朝的司马及御史各一人。曹参升为执珪，跟随沛公攻打阳武，拿下轘辕、缑氏，封锁黄河渡口，回军进击赵贲的军队，在尸乡的北面打败了它。跟随沛公向南攻打犨邑，在阳城外城以东与南阳郡郡守吕齮交战，攻破了吕齮军队的阵列，夺取了宛县，俘虏了吕齮，完全平定了南阳郡。跟随沛公向西攻打武关、峣关，夺取了这两个关口。先在蓝田的南面攻打秦朝的军队，又在夜间攻打蓝田的北面，大败秦军，随即到达咸阳，灭亡了秦朝。

项羽到了关中，封刘邦为汉王。汉王封曹参为建成侯。曹参跟随汉王到了关中，升为将军。又跟随汉王回军平定三秦，起初攻打下辩、故道、雍县、斄县。在好畤的南面进击章平的军队，打败了它，包围好畤，夺取了壤乡。在壤乡东面和高栎一带进击三秦的军队，打败了它。又包围了章平的军队，章平从好畤突围逃跑。于是，进击赵贲和内史保的军队，打败了它。向东夺取了咸阳，把咸阳改名叫新城。曹参率兵守卫景陵二十天，三秦派章平等人进攻曹参，曹参出兵迎击，大败敌军。汉王把宁秦赐给曹参作食邑。曹参以将军的身份领兵在废丘包围了章邯，以中尉的身份跟随汉王出临晋关。到了河内，拿下脩武，从围津渡过黄河，向东在定陶进击龙且、项他的军队，打败了它。向东攻取了砀县、萧县、彭城。进击项籍的军队，汉军大败逃跑。曹参以中尉的身份包围夺取了雍丘。汉将王武在外黄反叛，程处在燕县反叛，曹参率军前往进击，都打败了他们。柱天侯在衍氏反叛，曹参又击败叛军，夺回了衍氏。在昆阳攻打羽婴，追击到叶邑。回军攻打武强，随即又打到荥阳。曹参从汉中做将军、中尉，跟随汉王扫荡诸侯，到项羽战败，回到荥阳，前后总共两年时间。

高祖二年（前205），任命曹参代理左丞相，领兵进驻关中。过了一个多月，魏王豹反叛，曹参以代理左丞相的身份分别与韩信率军向东在东张攻打魏将军孙遬的军队，大败孙遬的军队。乘势进攻安邑，捕获魏将王襄。在曲阳进击魏王，追到武垣，活捉了魏王豹。夺取了平阳，捕得魏王的母亲、妻子、儿女，全部平定魏地，共得五十二座城邑。汉王把平阳赐给曹参作食邑。曹参后来又跟随韩信在邬县东面进击赵国相国夏说的军队，大败夏说的军队，斩杀了夏说。韩信与原常山王张耳率兵至井陉，攻打成安君陈馀，同时命令曹参回军把赵国的别将戚将军围困在邬县城中。戚将军突围逃跑，曹参追击并斩杀了他。于是，曹参率兵到敖仓汉王的营地。这时韩信已经打垮了赵国，做了相国，向东攻打齐国。曹参以右丞相的身份隶属韩信，击溃了齐国历下的军队，于是夺取了临菑。回军平定济北郡，攻打著县、漯阴、平原、鬲县、卢县。不久跟随韩信在上假密进击龙且的军队，大败敌军，斩了龙且，俘虏了他的部将周兰。平定了齐国，总共得到七十余县。捕获了原齐王田广的丞相田光、代替丞相留守的许章和原齐国的胶东将军田既。韩信做了齐王，领兵到了陈县，与汉王会合，共同打败了项羽，而曹参留下来平定齐国尚未降服的地方。

项羽已死，天下平定，汉王做了皇帝，韩信被调封为楚王，齐国划为郡。曹参归还了汉丞相印。高帝把长子刘肥封为齐王，任命曹参为齐国相国。高祖六年（前201）时，分封列侯的爵位，朝廷与诸侯剖符为凭，使被分封者的爵位世代相传而不断绝。把平阳的一万零六百三十户封给曹参作为食邑，封号叫平阳侯，收回以前所封的食邑。

曹参以齐国相国的身份领兵攻打陈豨的部将张春的军队，打败了敌军。黥布反叛，曹参以齐国相国的身份跟从齐悼惠王刘肥率领十二万人马，与高祖合攻黥布的军队，大败敌军。向南打到蕲县，又回军平定了竹邑、相县、萧县、留县。

曹参的功绩：总共打下了两个诸侯国，一百二十二个县；俘获诸侯王二人，诸侯国丞相三人，将军六人，郡守、司马、军候、御史各一人。

孝惠帝元年（前194），废除了诸侯国设相国的法令，改命曹参为齐国丞相。曹参做齐国丞相时，齐国有七十座城邑。

当时，天下刚刚平定，悼惠王年纪很轻。曹参把老年人、读书人都召来，询问安抚百姓的办法。但齐国原有的那些读书人数以百计，众说纷纭，曹参不知如何决定。他听说胶西有位盖公，精研黄老学说，就派人带着厚礼把他请来。见到盖公后，盖公对曹参说，治理国家的办法贵在清静无为，让百姓自行安定。以此类推，把这方面的道理都讲了。曹参于是让出自己办公的正厅，让盖公住在里面。此后，曹参治理国家的要领就是采用黄老的学说，所以他当齐国丞相九年，齐国安定，人们大大地称赞他是贤明的丞相。

惠帝二年（前 193），萧何去世。曹参听到这个消息，就告诉他的门客赶快整理行装，说："我将要入朝当相国去了。"过了不久，朝廷派来的人果然来召曹参。曹参离开时，嘱咐后任齐国丞相说："要把齐国的狱市作为某些人行为的寄托，要慎重对待这些行为，不要轻易干涉。"后任丞相说："治理国家没有比这件事更重要的吗?"曹参说："不是这样。狱市这些行为，是善恶并容的。如果您严加干涉，坏人在哪里容身呢？我因此把这件事摆在前面。"

曹参起初卑贱的时候，跟萧何关系很好；等到各自做了将军、相国，便有了隔阂。到萧何临终时，萧何向孝惠皇帝刘盈推荐的贤臣只有曹参。曹参接替萧何做了汉朝的相国，做事情没有任何变更，一概遵循萧何制定的法度。

曹参从各郡和诸侯国中挑选一些质朴而不善文辞的厚道人，立即召来任命为丞相的属官。对官吏中那些言语文字苛求细枝末节，想一味追求声誉的人，就斥退撵走他们。曹参自己整天痛饮美酒。卿大夫以下的官吏和宾客们见曹参不理政事，上门来的人都想有言相劝。可是，这些人一到，曹参就立即拿美酒给他们喝。过了一会儿，有的人想说些什么，曹参又让他们喝酒，直到喝醉后离去，始终没能够开口劝谏，如此习以为常。

相国住宅的后园靠近官吏的房舍，官吏的房舍里整天饮酒歌唱，大呼小叫。曹参的随从官员们很厌恶这件事，但对此也无可奈何。于是，就请曹参到后园中游玩，一起听到了那些官吏们醉酒高歌、狂呼乱叫的声音，随从官员们希望相国把他们召来加以制止。曹参反而叫人取酒陈设座席痛饮起来，并且也高歌呼叫，与那些官吏们相应和。

曹参见别人有细小的过失，总是隐瞒遮盖，因此相府中平安无事。

曹参的儿子曹窋做中大夫。汉惠帝埋怨曹相国不理政事，觉得相国是否看不起自己，于是对曹窋说："你回家后，试着私下随便问问你父亲说：'高帝刚刚永别了群臣，皇上又很年轻，您身为相国，整天喝酒，遇事也不向皇上请示报告，根据什么考虑国家大事呢？'但这些话不要说是我告诉你的。"曹窋假日休息时回家，闲暇时陪着父亲，把惠帝的意思变成自己的话规劝曹参。曹参听了大怒，打了曹窋二百板子，说："快点儿进宫侍奉皇上去，国家大事不是你应该说的。"到上朝的时候，惠帝责备曹参说："为什么要惩治曹窋？上次是我让他规劝你的。"曹参脱帽谢罪说："请陛下自己仔细考虑一下，在圣明英武上，您和高帝谁强？"惠帝说："我怎么敢跟先帝相比呢！"曹参说："陛下看我和萧何谁更贤能？"惠帝说：

"你好像不如萧何。"曹参说："陛下说的这番话很对。高帝与萧何平定了天下，法令已经明确。如今，陛下垂衣拱手，我等谨守各自的职责，遵循原有的法度而不随意更改，不就行了吗?"惠帝说："好。你休息休息吧!"

曹参做汉朝相国，前后有三年时间。他死了以后，被谥为懿侯。曹参之子曹窋接替了他父亲的侯位。百姓歌颂曹参的事迹说："萧何制定法令，明确划一；曹参接替萧何为相，遵守萧何制定的法度而不改变。曹参施行他那清净无为的做法，百姓因而安宁不乱。"

平阳侯曹窋，高后时任御史大夫。孝文帝即位，免职为侯。曹窋为侯二十九年后去世，谥号为静侯。曹窋的儿子曹奇接替侯位，为侯七年去世，谥号为简侯。曹奇的儿子曹时接替侯位。曹时娶了平阳公主，生儿子曹襄。曹时得了疫病，回到封国。曹时为侯二十三年去世，谥号为夷侯。曹时的儿子曹襄接替侯位。曹襄娶了卫长公主，生儿子曹宗。曹襄为侯十六年去世，谥号为共侯。曹襄的儿子曹宗接替侯位。征和二年（前91）时，曹宗因受武帝太子发动兵变一事的牵连，获罪被处死，封国被废除。

太史公说："曹相国曹参的战功如此之多，是他跟淮阴侯韩信共事的缘故。等到韩信被消灭，列侯成就的战功，唯独曹参据有其名。曹参作为汉朝相国，极力主张清静无为，这完全合于道家的学说。百姓遭受秦朝的酷政统治以后，曹参给予他们休养生息的时机。所以，天下的人都称颂他的美德。"

第三十七卷　留侯世家第二十五

这是一篇关于张良的传记。文中围绕张良一生的经历，描述了他在复杂的政治斗争和尖锐的军事斗争中的超群才干，以及他在功成名就之后不争权求利的出世思想和行为，生动地刻画了张良的为人及其性格特征，使这一历史人物活生生地展现我们面前。

青年时代的张良是一个血气方刚的豪侠人物，他不惜家财为韩报仇，行刺秦始皇。但司马迁又通过张良遇见圯上老人的情节，刻画了张良的隐忍。这是早年张良性格的又一个侧面。张良追随刘邦以后，处处表现了他的政治远见和高超谋略，如设计击败秦军，劝谏刘邦撤出秦宫，争取黥布、彭越，笼络韩信，进而灭楚等。刘邦称帝后，他建议封赏与刘邦有宿怨的雍齿，从而安定了人心，加强了内部团结。他是刘邦智囊团的核心人物，为刘邦出了很多主意，刘邦对他则言听计从。刘邦对张良的评价“运筹策帷帐中，决胜千里外”，成了对古今高明军师的共同赞语。

明哲保身是张良后半生性格的重要组成部分。张良深知“狡兔死，良狗烹；高鸟尽，良弓藏；敌国破，谋臣亡”的道理，在群臣争功的情况下，他“不敢当三万户”；刘邦对他的封赏，他极为知足；他称病杜门不出，行“道引”“辟谷”之术；他扬言“愿弃人间事，欲从赤松子游”，处处表现得急流勇退。因此，在汉初“三杰”中，韩信被杀，萧何被囚，张良却始终未伤毫毛。司马迁通过上述情节，把张良刻画成了一个城府极深、明哲保身的典型。

【原文】

留侯张良者，其先韩人也。大父开地，相韩昭侯、宣惠王、襄哀王。父平，相釐王、悼惠王。悼惠王二十三年，平卒。卒二十岁，秦灭韩。良年少，未宦事韩。韩破，良家僮三百人，弟死不葬，悉以家财求客刺秦王，为韩报仇，以大父、父五世相韩故。

良尝学礼淮阳。东见仓海君。得力士，为铁椎重百二十斤。秦皇帝东游，良与客狙击秦始皇博浪沙中，误中副车[1]。秦皇帝大怒，大索天下，求贼甚急，为张良故也。良乃更名姓，亡匿下邳。

【注释】

①副车：皇帝的侍从车辆。

【原文】

良尝闲从容步游下邳圯[1]上，有一老父，衣褐，至良所，直堕其履圯下，顾谓良曰：“孺子，下取履！”良鄂[2]然，欲殴之。为其老，强忍，下取履。父曰：“履我！”良业为取履，因长跪履之。父以足受，笑而去。良殊大惊，随目之。父去里所，复还，曰："孺子可教矣。后五日平明，与我会此。"良因怪之，跪曰："诺。"五日平明，良往。父已先在，怒曰："与老人期，后，何也？"去，曰："后五日早会。"五日鸡鸣，良往，父又先在，复怒曰："后，何也？"去，曰："后五日复早来。"五日，良夜未半往。有顷，父亦来，喜曰："当如是。"出一编书，曰："读此则为王者师矣。后十年兴。十三年孺子见我济北，谷城山下黄石即我矣。"遂去，无他言，不复见。旦日视其书，乃《太公兵法》③也。良因异之，常习诵读之。

居下邳，为任侠。项伯常④杀人，从良匿。

【注释】

①圯（yí）：桥。②鄂：通"愕"。③《太公兵法》：相传为姜太公作的一部兵书。④常：通"尝"，曾经。

【原文】

后十年，陈涉等起兵，良亦聚少年百余人。景驹自立为楚假王，在留。良欲往从之，道遇沛公。沛公将数千人，略地下邳西，遂属焉。沛公拜良为厩将。良数以《太公兵法》说沛公，沛公善之，常用其策。良为他人言，皆不省。良曰："沛公殆天授。"故遂从之，不去见景驹。

及沛公之薛，见项梁。项梁立楚怀王。良乃说项梁曰："君已立楚后，而韩诸公子横阳君成贤，可立为王，益树党。"

项梁使良求韩成，立以为韩王。以良为韩申徒，与韩王将千余人西略韩地，得数城，秦辄复取之，往来为游兵[1]颍川。

【注释】

①游兵：流动不定的部队。

【原文】

沛公之从雒阳南出轘辕，良引兵从沛公，下韩十余城，击破杨熊军。沛公乃令韩王成留守阳翟，与良俱南，攻下宛，西入武关。沛公欲以兵二万人击秦峣下军，良说曰："秦兵尚强，未可轻。臣闻其将屠者子，贾竖[1]易动以利。愿沛公且留壁[2]，使人先行，为五万人具食，益为张旗帜诸山上，为疑兵，令郦食其持重宝啖[3]秦将。"秦将果畔[4]，欲连和俱西袭咸阳，沛公欲听之。良曰："此独其将欲叛耳，恐士卒不从。不从必危，不如因其解[5]击之。"沛公乃引兵击秦军，大破之。遂北至蓝田，再战，秦兵竟败。遂至咸阳，秦王子婴降沛公。

沛公入秦宫，宫室帷帐狗马重宝妇女以千数，意欲留居之。樊哙谏沛公出舍，沛公不听。良曰："夫秦为无道，故沛公得至此。夫为天下除残贼，宜缟素为资[6]。今始入秦，即安其乐，此所谓'助桀为虐'。且'忠言逆耳利于行，毒药[7]苦口利于病'，愿沛公听樊哙言。"沛公乃还军霸上。

【注释】

①贾竖：对商人的鄙称。②壁：军营。③啖：利诱，引诱。④畔：通"叛"。⑤解：通"懈"，懈怠。⑥缟素："缟"

和“素”都是白绢，这里比喻清白俭朴。资：凭借。⑦毒药：药物的一种，常指药性猛烈的药。

【原文】

项羽至鸿门下，欲击沛公，项伯乃夜驰入沛公军，私见张良，欲与俱去。良曰：“臣为韩王送沛公，今事有急，亡去不义。”乃具以语沛公。沛公大惊，曰：“为将奈何？”良曰：“沛公诚欲倍项羽邪[①]？”沛公曰：“鲰生教我距关无内[②]诸侯，秦地可尽王，故听之。”良曰：“沛公自度能却项羽乎？”沛公默然良久，曰：“固不能也。今为奈何？”良乃固要[③]项伯。项伯见沛公。沛公与饮为寿，结宾婚。令项伯具言沛公不敢倍项羽，所以距关者，备他盗也。及见项羽后解，语在《项羽》事中。

【注释】

①倍：通“背”。邪：通“耶”。②鲰生：浅薄无知的人。距：通“拒”，抵御。这里指把守、封锁。内：通“纳”，接收。③要：通“邀”。

【原文】

汉元年正月，沛公为汉王，王巴蜀。汉王赐良金百溢[①]，珠二斗，良具以献项伯。汉王亦因令良厚遗项伯，使请汉中地。项王乃许之，遂得汉中地。汉王之国，良送至褒中，遣良归韩。良因说汉王曰：“王何不烧绝所过栈道[②]，示天下无还心，以固项王意。”乃使良还。行，烧绝栈道。

良至韩，韩王成以良从汉王故，项王不遣成之国，从与俱东。良说项王曰："汉王烧绝栈道，无还心矣。"乃以齐王田荣反书告项王。项王以此无西忧汉心，而发兵北击齐。

项王竟不肯遣韩王，乃以为侯，又杀之彭城。良亡，间行归汉王，汉王亦已还定三秦矣。复以良为成信侯，从东击楚。至彭城，汉败而还。至下邑，汉王下马踞鞍而问曰："吾欲捐关以东等弃之，谁可与共功者?"良进曰："九江王黥布，楚枭将，与项王有郄[3]；彭越与齐王田荣反梁地：此两人可急使。而汉王之将独韩信可属大事，当一面。即欲捐之，捐之此三人，则楚可破也。"汉王乃遣随何说九江王布，而使人连彭越。及魏王豹反，使韩信将兵击之，因举燕、代、齐、赵。然卒破楚者，此三人力也。

张良多病，未尝特将也，常为画策臣，时时从汉王。

【注释】

①溢：通"镒"，古代的重量单位，二十两为一镒（一说二十四两为一镒）。②栈道：在险绝的地方傍山架木而成的道路。③郄（xì）：通："隙"，隔阂，裂痕。

【原文】

汉三年，项羽急围汉王荥阳，汉王恐忧，与郦食其谋桡楚权[1]。食其曰："昔汤伐桀，封其后于杞。武王伐纣，封其后于宋。今秦失德弃义，侵伐诸侯社稷，灭六国之后，使无立锥之地。陛下诚能复立六国后世，毕已受印，此其君臣百姓必皆戴陛下之德，莫不乡风[2]慕义，愿为臣妾[3]。德义已行，陛下南乡称霸，楚必敛衽[4]而朝。”汉王曰：“善。趣[5]刻印，先生因行佩之矣。”

食其未行，张良从外来谒。汉王方食，曰：“子房前！客有为我计桡楚权者。”具以郦生语告，曰：“于子房何如?”良曰：“谁为陛下画此计者？陛下事去矣。”汉王曰：“何哉?”张良对曰：“臣请借前箸为大王筹之。”曰：“昔者汤伐桀而封其后于杞者[6]，度能制桀之死命也。今陛下能制项籍之死命乎?”曰：“未能也。”“其不可一也。武王伐纣封其后于宋者，度能得纣之头也[7]。今陛下能得项籍之头乎?”曰：“未能也。”“其不可二也。武王入殷，表商容之闾，释箕子之拘，封比干之墓[8]。今陛下能封圣人之墓，表贤者之闾，式[9]智者之门乎?”曰：“未能也。”“其不可三也。发钜桥之粟，散鹿台之钱，以赐贫穷[10]。今陛下能散府库以赐贫穷乎?”曰：“未能也。”“其不可四矣。殷事已毕，偃革为轩[11]，倒置干戈，覆以虎皮，以示天下不复用兵。今陛下能偃武行文，不复用兵乎?”曰：“未能也。”“其不可五矣。休马华山之阳，示以无所为。今陛下能休马无所用乎?”曰：“未能也。”“其不可六矣。放牛桃林之阴，以示不复输积。今陛下能放牛不复输积乎?”曰：“未能也。”“其不可七矣。且天下游士离其亲戚，弃坟墓，去故旧，从陛下游者，徒欲日夜望咫尺之地。今复六国，立韩、魏、燕、赵、齐、楚之后，天下游士各归事其主，从其亲戚，反其故旧坟墓，陛下与谁取天下乎？其不可八矣。

且夫楚唯无强，六国立者复桡[12]而从之，陛下焉得而臣之？诚用客之谋，陛下事去矣。”汉王辍食吐哺[13]，骂曰：“竖儒[14]，几败而公事！”令趣销印。

【注释】

①桡：削弱。②乡风：归顺，服从。乡，通“向”。③臣妾：奴隶（男奴为“臣”，女奴为“妾”），这里指臣民。④敛衽：提起衣襟夹在带间，以示敬意。⑤趣：通“促”，赶快。⑥此处所云与《夏本纪》所记略有不同，《夏本纪》云：“汤封夏之后，至周封于杞”。⑦“武王伐纣”两句所指之事，见《殷本纪》《周本纪》。⑧“武王入殷”四句所指之事，见《殷本纪》、《周本纪》。闾：里巷的大门。⑨式：通“轼”。古代车厢前用作扶手的横木。这里指乘车时扶着轼敬礼。⑩“发钜桥之粟”三句所指之事，见《尚书·武成》，又见《周本纪》。钜桥，纣的粮仓所在地。鹿台，为纣所筑。⑪偃：停止，废止。革：革车，即兵车。轩：大夫以上的贵族乘坐的车子。⑫桡：屈服。⑬辍：中止。哺：咀嚼着的食物。⑭竖儒：对读书人的鄙称。

【原文】

汉四年，韩信破齐而欲自立为齐王，汉王怒。张良说汉王，汉王使良授齐王信印，语在《淮阴》事中[1]。

其秋，汉王追楚至阳夏南，战不利而壁[2]固陵，诸侯期[3]不至。良说汉王，汉王用其计，诸侯皆至。语在《项籍》

事中。

【注释】

①《淮阴》：指《淮阴侯列传》。②壁：营垒，这里指坚守营垒。③期：约会。

【原文】

汉六年正月，封功臣。良未尝有战斗功，高帝曰："运筹策帷帐中，决胜千里外，子房功也。自择齐三万户。"良曰："始臣起下邳，与上会留，此天以臣授陛下。陛下用臣计，幸而时中，臣愿封留足矣，不敢当三万户。"乃封张良为留侯，与萧何等俱封。

上已封大功臣二十余人，其余日夜争功不决，未得行封。上在雒阳南宫，从复道[①]望见诸将往往相与坐沙中语，上曰："此何语？"留侯曰："陛下不知乎？此谋反耳。"上曰："天下属[②]安定，何故反乎？"留侯曰："陛下起布衣，以此属[③]取天下，今陛下为天子，而所封皆萧、曹故人所亲爱，而所诛者皆生平所仇怨。今军吏计功，以天下不足遍封，此属畏陛下不能尽封，恐又见疑平生过失及诛，故即相聚谋反耳。"上乃忧曰："为之奈何？"留侯曰："上平生所憎，群臣所共知，谁最甚者？"上曰："雍齿与我故[④]，数尝窘辱我。我欲杀之，为其功多，故不忍。"留侯曰："今急先封雍齿以示群臣，群臣见雍齿封，则人人自坚矣。"于是上乃置酒，封雍齿为什方侯，而急趣丞相、御史定功行封。群臣罢酒，皆喜曰："雍齿尚为侯，我属无患矣。”

【注释】

①复道：楼阁间上下两层架空的通道，即“天桥”。②属：即将。③属：类，辈。下文“我属”之“属”同此。④故：指有故怨。

【原文】

刘敬说高帝曰：“都关中。”上疑之。左右大臣皆山东人，多劝上都雒阳：“雒阳东有成皋，西有崤黾，倍河，向伊雒，其固亦足恃。”留侯曰：“雒阳虽有此固，其中小，不过数百里，田地薄，四面受敌，此非用武之国也。夫关中左崤函，右陇蜀，沃野千里，南有巴蜀之饶，北有胡苑[1]之利，阻三面而守，独以一面东制诸侯，诸侯安定，河渭漕挽[2]天下，西给京师；诸侯有变，顺流而下，足以委输[3]。此所谓金城[4]千里，天府之国也，刘敬说是也。”于是高帝即日驾，西都关中。

留侯从入关。留侯性多病，即道引[5]不食谷，杜门不出岁余。

【注释】

①苑：养禽兽植树木的地方，这里指放牧之处。②漕挽：运输粮饷（水运为“漕”，陆运为“挽”）。③委输：运送（把东西放在车船上叫“委”，转运到他处交卸叫“输”）。④金城：坚固的城池。⑤道引：亦作“导引”，一种活动肢体的养生术（行道引之术时，不食五谷）。

【原文】

上欲废太子，立戚夫人子赵王如意。大臣多谏争①，未能得坚决者也。吕后恐，不知所为。人或谓吕后曰："留侯善画计策，上信用之。"吕后乃使建成侯吕泽劫留侯，曰："君常为上谋臣，今上欲易太子，君安得高枕而卧乎？"留侯曰："始上数在困急之中，幸用臣策。今天下安定，以爱欲易太子，骨肉之间，虽臣等百余人何益。"吕泽强要曰："为我画计。"留侯曰："此难以口舌争也。顾上有不能致者，天下有四人。四人者年老矣，皆以为上慢②侮人，故逃匿山中，义不为汉臣。然上高此四人。今公诚能无爱金玉璧帛，令太子为书，卑辞安车③，因使辩士固请，宜来。来，以为客，时时从入朝，令上见之，则必异而问之。问之，上知此四人贤，则一助也。"于是吕后令吕泽使人奉太子书，卑辞厚礼，迎此四人。四人至，客建成侯所。

【注释】

①争：通"诤"，规劝。②侮：轻慢。③安车：用一匹马拉的乘车。高官告老或征召有德望的人，常赐乘安车。

【原文】

汉十一年，黥布反，上病，欲使太子将，往击之。四人相谓曰："凡来者，将以存太子。太子将兵，事危矣。"乃说建成侯曰："太子将兵，有功则位不益太子；无功还，则从此受祸矣。且太子所与俱诸将，皆尝与上定天下枭将也，今使太子将之，此无异使羊将狼也，皆不肯为尽力，无功必矣。臣闻‘母爱者子抱’①，今戚夫人日夜侍御，赵王如意常抱居前，上曰‘终不使不肖子居爱子之上’，明乎其太子位必矣。君何不急请吕后承间为上泣言：‘黥布，天下猛将也，善用兵，今诸将皆陛下故等夷②，乃令太子将此属，无异使羊将狼，莫肯为用，且使布闻之，则鼓行而西耳。上虽病，强载辎车③，卧而护④之，诸将不敢不尽力。上虽苦，为妻子自强。’”于是吕泽立夜见吕后，吕后承间为上泣涕而言，如四人意。上曰：“吾惟⑤竖子固不足遣，而公自行耳。”于是上自将兵而东，群臣居守，皆送至灞上。留侯病，自强起，至曲邮，见上曰：“臣宜从，病甚。楚人剽疾，愿上无与楚人争锋。”因说上曰：“令太子为将军，监关中兵。”上曰：“子房虽病，强卧而傅太子。”是时叔孙通为太傅，留侯行少傅事。

【注释】

①意思是说母亲被宠爱，孩子就常常被抱。此句或为当时的俗谚。《韩非子·备内》引彼时俗语云：“其母好者其子抱。”语意略同。②等夷：同辈。③辎车：一种有帷盖车。④护：统辖。⑤惟：考虑。

【原文】

汉十二年，上从击破布军归，疾益甚，愈欲易太子。留侯谏，不听，因疾不视事。叔孙太傅称说引古今，以死争太子。上详①许之，犹欲易之。及燕②，置酒，太子侍。四人从太子，年皆八十有余，须眉皓白，衣冠甚伟。上怪之，问曰："彼何为者？"四人前对，各言名姓，曰东园公，角里先生，绮里季，夏黄公。上乃大惊，曰："吾求公数岁，公辟[3]逃我，今公何自从吾儿游乎？"四人皆曰："陛下轻士善骂，臣等义不受辱，故恐而亡匿。窃闻太子为人仁孝，恭敬爱士，天下莫不延颈欲为太子死者，故臣等来耳。"上曰："烦公幸卒调护太子。"

四人为寿已毕，趋去。上目送之，召戚夫人指示四人者曰："我欲易之，彼四人辅之，羽翼已成，难动矣。吕后真而主矣。"戚夫人泣，上曰："为我楚舞，吾为若楚歌。"歌曰："鸿鹄高飞，一举千里。羽翮已就[4]，横绝四海。横绝四海，当可奈何！虽有矰缴[5]，尚安所施！"歌数阕[6]，戚夫人嘘唏流涕，上起之，罢酒。竟不易太子者，留侯本招此四人之力也。

【注释】

①详：通"佯"，假装。②燕：通"宴"，安闲。③辟：通"避"，躲避。④翮（hé）：鸟翅。⑤矰缴：系有丝绳用以射鸟的短箭。⑥阕：乐曲每次终止为一阕。

【原文】

留侯从上击代，出奇计马邑下，及立萧何相国，所与上从容言天下事甚众，非天下所以存亡，故不著。留侯乃称曰："家世相韩，及韩灭，不爱万金之资，为韩报仇强秦，天下振动。今以三寸舌为帝者师，封万户，位列侯，此布衣之极，于良足矣。愿弃人间事，欲从赤松子游耳[1]。”乃学辟谷[2]，道引轻身[3]。会高帝崩，吕后德留侯，乃强食之，曰：“人生一世间，如白驹过隙[4]，何至自苦如此乎！”留侯不得已，强听而食。

后八年卒，谥为文成侯。子不疑代侯。

子房始所见下邳圯上老父与《太公书》者，后十三年从高帝过济北，果见谷城山下黄石，取而葆祠[5]之。留侯死，并葬黄石。每上冢伏腊[6]，祠黄石。

留侯不疑，孝文帝五年坐不敬[7]，国除。

【注释】

①“欲从”句：意谓想成仙。赤松子是传说中的仙人，其事见《列仙传》。②辟谷：施行“道引”这一养生术时，不食五谷，可以长生。③轻身：使身体轻轻飞升。道家认为不食五谷，服药行气，可以飘然成仙。④白驹过隙：形容时光过得快，像小白马在细小的缝隙前跑过一样。或谓“白驹”指日影，意谓时光就像阳光穿过墙壁上的细缝那样迅疾。《魏豹彭越列传》亦有是语，均语出《庄子·知北游》。⑤葆：通“宝”。祠：祭祀。⑥伏腊：秦汉时，夏天的伏日，冬天的腊日，都是节日，合称“伏腊”。⑦不敬：也叫“大不敬”，指不敬皇帝，罪名很大。

【原文】

太史公曰：“学者多言无鬼神，然言有物。至如留侯所见老父予书，亦可怪矣。高祖离[1]困者数矣，而留侯常有功力焉，岂可谓非天乎？上曰："夫运筹帷帐之中，决胜千里外，吾不如子房。"余以为其人计魁梧奇伟，至见其图，状貌如妇人好[2]女。盖孔子曰："以貌取人[3]，失之子羽。"留侯亦云。

【注释】

①离：通"罹"，遭遇。②好：容貌美。③以貌取人：以外貌作为品评人才的标准。春秋时期鲁国人澹台灭明，字子羽，"状貌甚恶。欲事孔子，孔子以为材薄"，不愿收他为弟子，"既已受业"，发现他表现还挺不错，于是说了这话。见《大戴礼·五帝德》，又见《仲尼弟子列传》。

【译文】

留侯张良，他的先人是韩国人。祖父开地，做过韩昭侯、宣惠王、襄哀王的相。父亲平，做过釐王、悼惠王的相。悼惠王二十三年（前250），父亲平去世。张良的父亲死后二十年，秦国灭亡了韩国。张良当时年纪轻，没有在韩国做官。韩国灭亡后，张良家有奴仆三百人，弟弟死了不厚葬，用全部财产寻求勇士谋刺秦王，为韩国报仇，这是他的祖父、父亲任过五代韩王之相的缘故。

张良曾经在淮阳学习礼法，到东方见到了仓海君。他找得一个大力士，造了一个120斤重的铁锤。秦始皇到东方巡游，张良与大力士在博浪沙这个地方袭击秦始皇，误中了副车。秦始皇大怒，在全国大肆搜捕，寻拿刺客非常急迫，这是为了张良的缘故。张良于是改名换姓，逃到下邳躲藏起来。

张良闲暇时徜徉于下邳桥上，有一个老人，穿着粗布衣裳，走到张良跟前，故意把他的鞋甩到桥下，看着张良对他说："小子，下去把鞋捡上来！"张良有些惊讶，想打他，因为见他年老，勉强地忍了下来，下去捡来了鞋。老人说："给我把鞋穿上！"张良想着既然已经替他把鞋捡了上来，就跪着替他穿上。老人把脚伸出来穿上鞋，笑着离去了。张良十分惊讶，随着老人的身影注视着他。老人离开了约有一里路，又返回来，说："你这个孩子可以教导教导。五天以后天刚亮时，跟我在这里相会。"张良觉得这件事很奇怪，跪下来说："嗯。"五天后的拂晓，张良去到那里。老人已先在那里，生气地说："跟老年人约会，反而后到，为什么呢？"老人离去，并说："五天以后早早来会面。"五天后鸡一叫，张良就去了。老人又先在那里，又生气地说："又来晚了，这是为什么？"老人离开说："五天后再早点儿来。"五天后，张良不到半夜就去了。过了一会儿，老人也来了，高兴地说："应当像这样才好。"老人拿出一部书，说："读了这部书，就可以做帝王的老师了。十年以后，就会发迹。十三年后，小伙子你到济北见我，谷城山下的黄石就是我。"说完便走了，没有别的话留下，从此再没有见到这位老人。天明时一看老人送的书，原来是《太公兵法》。张良因而觉得这部书非同寻常，经常学习、诵读它。

张良住在下邳时，行侠仗义。项伯曾经杀了人，跟随张良躲藏起来。

过了十年，陈涉等人起兵反秦，张良也聚集了一百多个青年。景驹自立为代理楚王，驻在留县。张良打算前去跟随他，半道上遇见了沛公。沛公率领几千人，夺取下邳以西的地方，张良便归附了他。沛公任命张良做厩将。张良多次根据《太公兵法》向沛公献策，沛公很赏识他，经常采用他的计谋。张良对别人讲这些，别人都不能领悟。张良说："沛公大概是天授予人间的。"所以，张良就跟随了沛公，没有离开他去见景驹。

等到沛公到了薛地，会见项梁。项梁拥立了楚怀王。张良于是劝说项梁道："您已经拥立了楚王的后人，而韩国各位公子中横阳君韩成贤能，可以立为王，增加同盟者的力量。"项梁派张良寻找到韩成，把他立为韩王。任命张良为韩国司徒，随韩王率领一千多人向西攻取韩国原来的领地，夺得几座城邑，秦军随即又夺了回去，韩军只在颍川一带往来游击作战。

沛公从洛阳向南穿过轘辕山时，张良率兵跟从沛公，攻下韩地十余座城邑，击败了杨熊的军队。沛公于是让韩王成在阳翟留守，自己和张良一起南下，攻打宛县，向西进入武关。沛公想用两万人的兵力攻打秦朝峣关的军队，张良劝告说："秦军还很强大，不可轻视。我听说峣关的守将是屠户的儿子，市侩容易以利相诱。希望沛公暂且留守军营，派人先去，给五万人预备吃的东西，在各个山头多增挂旗帜，作为疑兵，叫郦食其带着贵重的宝物利诱秦军的将领。”秦军的将领果然背叛秦朝，打算跟沛公联合向西袭击咸阳，沛公想听从秦将的计划。张良说：“这只是峣关的守将想反叛罢了，恐怕部下的士兵们不听从。士兵不从必定带来危害，不如趁着他们懈怠时攻打他们。”沛公于是率兵攻打秦军，大败敌兵。然后追击败军到蓝田，第二次交战，秦兵终于崩溃。沛公于是到了咸阳，秦王子婴投降了沛公。

沛公进入秦宫，那里的宫室、帐幕、狗马、贵重的宝物、美女数以千计，沛公的意图是留下住在宫里。樊哙劝谏沛公出去居住，沛公不听。张良说：“秦朝正因暴虐无道，所以沛公才能够来到这里。替天下铲除凶残的暴政，应该以清廉朴素为本。现在刚刚攻入秦都，就要安享其乐，这正是人们说的‘助桀为虐’。况且‘忠言逆耳利于行，良药苦口利于病’，希望沛公能够听进樊哙的意见。”沛公这才回军驻在霸上。

项羽来到鸿门下，想要攻打沛公，项伯于是连夜乘马急驰到沛公的军营，私下里会见张良，想让张良跟他一起离开。张良说：“我是替韩王伴送沛公的，如今情况紧急，逃离而去是不合道义的。”于是，张良就将情况全都告诉了沛公。沛公非常吃惊，说：“对此将怎么办呢？”张良说：“沛公果真想背叛项羽吗？”沛公说：“浅薄无知的小人教我封锁函谷关不要让诸侯们进来，说这样秦朝的土地就可以全部主宰了，所以就听从了这种意见。”张良说：“沛公自己揣度一下能够打退项羽吗？”沛公沉默了好一会儿，说：“本来是不能够的。现在该怎么办呢?”张良于是坚决邀请项伯见沛公。项伯会见了沛公。沛公与项伯同饮，为他敬酒祝福，并结为亲家。沛公请项伯向项羽详细说明沛公不敢背叛项羽，沛公之所以封锁函谷关，是为了防备其他的强盗。等到沛公会见项羽以后，取得了和解，这些情况记载在《项羽本纪》中。

汉元年（前206）正月，沛公做了汉王，统治巴蜀地区。汉王赏赐张良黄金百镒，珍珠二斗，张良把它们都赠送给了项伯。汉王也因此让张良厚赠项伯，使项伯代他请求汉中地区。项王应允了汉王的请求，汉王于是得到了汉中地区。汉王到封国去，张良送到褒中，汉王让张良返回韩国。张良便劝告汉王说：“大王为何不烧断所经过的栈道，向天下表示不再回来的决心，以此稳住项王的内心。”汉王便让张良返回韩国。汉王行进中，烧断了所经过的栈道。

张良到了韩国，韩王成因为张良跟随汉王的缘故，项王不派韩王成到封国去，让他跟随自己一起东去。张良向项王解说道：“汉王烧断了栈道，已经没有返回的意思了。”张良便把齐王田荣反叛之事上书报告项王。项王由此不再担忧西边的汉王，因而起兵北上攻打齐国。

项王终于不肯派韩王回韩国，于是把他贬为侯，又在彭城杀了他。张良逃跑，抄小路隐秘地回到汉王那里，汉王这时也已回军平定三秦了。汉王又封张良为成信侯，跟着东征楚国。到了彭城，汉军战败而归。行至下邑，汉王下马倚着马鞍问道：“我打算舍弃函谷关以东等一些地方作为封赏，谁能够同我一起建功立业呢?”张良进言说:“九江王黥布是楚国的猛将,同项王有隔阂;彭越与齐王田荣在梁地反楚。这两个人可立即利用。汉王的将领中唯有韩信可以托付大事,独当一面。如果要舍弃这些地方,就把它们送给这三个人,那么楚国就可以打败了。”汉王于是派随何去游说九江王黥布,又派人去联络彭越。等到魏王豹反汉,汉王派韩信率兵攻打他,乘势攻占了燕、代、齐、赵等国的领地。而最终击溃楚国的,是这三个人的力量。

张良多病,不曾独立带兵作战,一直作为出谋划策的臣子,时时跟从汉王。

汉三年(前204),项羽把汉王紧急地围困在荥阳,汉王惊恐忧愁,与郦食其商议削弱楚国的势力。郦食其说:“昔日商汤讨伐夏桀,封夏朝后人于杞国。周武王讨伐商纣,封商朝后人于宋国。如今,秦朝丧失德政、抛弃道义,侵伐诸侯各国,消灭了六国的后代,使他们没有一点立足的地方。陛下果真能够重新封立六国的后裔,使他们都接受陛下的印信,这样六国的君臣百姓一定都感戴陛下的恩德,无不归顺服从,仰慕陛下道义,甘愿做陛下的臣民。随着恩德道义的施行,陛下就可以面南称霸,楚王一定整好衣冠恭恭敬敬地前来朝拜了。”汉王说:“好。赶快刻制印信,先生就可以带着这些印出发了。”

郦食其还没有动身,张良从外面回来谒见汉王。汉王正在吃饭,说:“子房过来!有一个客人为我设计削弱楚国的势力。”接着，把郦食其的话都告诉了张良，然后问道：“在你看来，这事怎样?”张良说：“是谁替陛下出的这个主意？陛下的大事要完了。”汉王说：“为什么呢?”张良回答说：“我请求您允许我借用您面前的筷子为大王筹划一下形势。”接着说：“昔日商汤讨伐夏桀而封夏朝的后代于杞国，那是估计到能制桀于死命。当前陛下能制项籍于死命吗?”汉王说：“不能。”张良说：“这是不能那样做的第一个原因。周武王讨伐商纣而封商朝的后代于宋国，那是估计到能得到纣王的脑袋。现在陛下能得到项籍的脑袋吗?”汉王说：“不能。”张良说：“这是不能那样做的第二个原因。武王攻入殷商的都城后，在商容所居里巷的大门上表彰他，释放囚禁的箕子，重新修筑比干的坟墓。如今陛下能重新修筑圣人的坟墓，在贤人里巷的大门表彰他，在有才智的人面前向他致敬吗?”汉王说：“不能。”张良说：“这是不能那样做的第三个原因。周武王曾发放钜桥粮仓的存粮，散发鹿台府库的钱财，以此赏赐贫苦的民众。目前陛下能散发仓库的财物来赏赐穷人吗?”汉王说：“不能。”张良说：“这是不能那样做的第四个原因。周武王灭亡商朝以后，废止兵车，改为乘车，把兵器倒置存放，盖上虎皮，用以向天下表明不再动用武力。现在陛下能停止战事，推行文治，不再打仗了吗?”汉王说：“不能。”张良说：“这是不能那样做的第五个原因。周武王将战马放牧在华山的南面，以此表明没有用它们的地方了。眼下陛下能让战马休息不再使用它们吗?”汉王说：“不能。”张良说：“这是不能那样做的第六个原因。周武王把牛放牧在桃林的北面，以此表明不再运输和积聚作战用的粮草。而今陛下能放牧牛群不再运输、积聚粮草了吗？”汉王说：“不能。”张良说：“这是不能那样做的第七个原因。再说天下从事游说活动的人离开他们的亲人，舍弃了祖坟，告别了老友，跟随陛下各处奔走，只是日夜盼望着想得到一块小小的封地。假如恢复六国，拥立韩、魏、燕、赵、齐、楚的后代，天下从事游说活动的人各自回去侍奉他们的主上，伴随他们的亲人，返回他们的旧友和祖坟所在之地，陛下同谁一起夺取天下呢？这是不能那样做的第八个原因。当前只有使楚国不再强大，否则六国被封立的后代重新屈服并跟随楚国，陛下怎么能够使他们臣服？如果真的要采用这位客人的计策，陛下的大事就完了。”汉王饭也不吃了，吐出口中的食物，骂道：“这个笨书呆子，几乎败坏了你老子的大事！”于是，下令赶快销毁那些印信。

汉四年（前203），韩信攻下齐国而想自立为齐王，汉王大怒。张良劝告汉王，汉王才派张良授予韩信“齐王信”的印信，此事记载在《淮阴侯列传》中。

这年秋天，汉王追击楚军到阳夏南面，战事失利而坚守固陵营垒，诸侯原已约好前来，但没有到。张良向汉王进计，汉王采用了他的计策，诸侯才都来到。此事记载在《项羽本纪》中。

汉六年（前201）正月，封赏功臣。张良不曾有战功，高帝说：“出谋划策于营帐之中，决定胜负在千里之外，这就是子房的功劳。让张良自己从齐国选择三万户作为封邑。”张良说：“当初我在下邳起事，与主上会合在留县，这是上天把我交给陛下。陛下采用我的计谋，幸而经常生效，我只愿受封留县就足够了，不敢承受三万户。”于是，封张良为留侯，同萧何等人一起受封。

皇上已经封赏大功臣二十多人，其余的人日夜争功，不能决定高下，未能进行封赏。皇上在洛阳南宫，从桥上望见一些将领常常坐在沙地上彼此议论。皇上说：“这些人在说什么?”留侯说：“陛下不知道吗？这是在商议反叛呀。”皇上说：“天下已接近安定，为什么还要谋反呢?”留侯说：“陛下以平民身份起事，靠着这些人取得了天下。现在，陛下做了天子，而所封赏的都是萧何、曹参这些陛下所亲近宠幸的老友，所诛杀的都是一生中仇恨的人。如今，军官们计算功劳，认为天下的土地不够一一封赏的，这些人怕陛下不能全部封到，恐怕又被怀疑到平生的过失而至于遭受诛杀，所以就聚在一起图谋造反了。”皇上于是忧心忡忡地说：“这件事该怎么办呢?”留侯说：“皇上平生憎恨，又是群臣都知道的，谁最突出?”皇上说：“雍齿与我有宿怨，曾多次使我受窘受辱。我原想杀掉他，因为他的功劳多，所以不忍心。”留侯说：“现在赶紧先封赏雍齿来给群臣看，群臣见雍齿都被封赏，那么每人对自己能受封就坚信不疑了。”于是，皇上便摆设酒宴，封雍齿为什方侯，并紧迫地催促丞相、御史评定功劳，施行封赏。群臣吃过酒后，都高兴地说：“雍齿尚且被封为侯，我们这些人就不担忧了。”

刘敬劝告高帝说：“要以关中为都城。”皇上对此心有疑虑。左右的大臣都是关东地区的人，多数劝皇上定都洛阳，他们说：“洛阳东面有成皋，西面有崤山、渑池，背靠黄河，面向伊水、洛水，它地形的险要和城郭的坚固也足可以依靠。”留侯说：“洛阳虽然有这样险固，但它中间的境域狭小，不过几百里方圆，土地贫瘠，四面受敌，这里不是用武之地。关中左边有崤山、函谷关，右边有陇山、岷山，肥沃的土地绵延千里，南面有富饶的巴、蜀两郡，北面有利于放牧的胡苑，依靠三面的险阻来固守，只用东方一面控制诸侯。如果诸侯安定，可由黄河、渭河运输天下粮食，往西供给京都；如果诸侯发生变故，可顺流而下，足以运送物资。这正是所谓‘金城千里，天府之国’，刘敬的建议是对的。”于是高帝当即决定起驾，往西行定都关中。

留侯跟随高帝入关。他体弱多病，便施行道引之术，不食五谷，闭门不出有一年多。

皇上想废掉太子，立戚夫人生的儿子赵王如意。很多大臣进谏劝阻，都没能改变高帝确定不移的想法。吕后很惊恐，不知该怎么办。有人对吕后说：“留侯善于出谋划策，皇上信任他。”吕后就派建成侯吕泽胁迫留侯说：“您一直是皇上的谋臣，现在皇上打算更换太子，您怎么能垫高枕头睡大觉呢？”留侯说：“当初皇上多次处在危急之中，采用了我的计谋。如今天下安定，由于偏爱的原因想更换太子，这些至亲骨肉之间的事，即使同我一样的有一百多人进谏又有什么益处。”吕泽竭力要挟说：“一定得给我出个主意。”留侯说：“这件事是很难用口舌来争辩的。皇上不能招致而来的，天下有四个人。这四个人已经年老了，都认为皇上对人傲慢，所以逃避躲藏在山中，他们按照道义不肯做汉朝的臣子。但是，皇上很敬重这四个人。现在，您果真能不惜金玉璧帛，让太子写一封信，言辞要谦恭，并预备安车，再派有口才的人恳切地聘请，他们应当会来。来了以后，把他们当作贵宾，让他们时常跟着入朝，叫皇上见到他们，那么皇上一定会感到惊异并询问他们。一问他们，皇上知道这四个人贤能，那么这对太子是一种帮助。”于是，吕后让吕泽派人携带太子的书信，用谦恭的言辞和丰厚的礼品，迎请这四个人。四个人来了，就住在建成侯的府第中为客。

汉十一年（前196），黥布反叛，皇上患重病，打算派太子率兵前往讨伐叛军。这四个人互相商议说：“我们之所以来，是要保全太子。太子如若率兵平叛，事情就危险了。”于是，劝告建成侯说：“太子率兵出战，如立了功，那么权位也不会高过太子；如无功而返，那么从这以后就是遭受祸患了。再说跟太子一起出征的各位将领，都是曾经同皇上平定天下的猛将，如今让太子统率这些人，这和让羊指挥狼有什么两样，他们决不肯为太子卖力，太子不能建功是必定的了。我们听说‘爱其母必抱其子’，现在戚夫人日夜侍奉皇上，赵王如意常被抱在皇上面前，皇上说‘终归不能让不成器的儿子居于我的爱子之上'，显然，赵王如意取代太子的宝位是必定的了。您何不赶紧请吕后找机会向皇上哭诉：'黥布是天下的猛将，很会用兵。现今的各位将领都是陛下过去的同辈，您却让太子统率这些人，这和让羊指挥狼没有两样，没有人肯为太子效力，而且如让黥布听说这个情况，就会大张旗鼓地向西进犯。皇上虽然患病，还可以勉强地乘坐辎车，躺着统辖军队，众将不敢不尽力。皇上虽然受些辛苦，为了妻儿还是要自己奋发图强一下。'"于是，吕泽立即在当夜晋见吕后，吕后找机会向皇上哭诉，说了四个人授意的那番话。皇上说："我就想到这小子本来不能派遣他，老子自己去吧。"于是，皇上亲自带兵东征，群臣留守，都送到灞上。留侯患病，自己勉强支撑起来，送到曲邮，谒见皇上说："我本应跟从前往，但病势沉重。楚国人马迅猛敏捷，希望皇上不要跟楚国人斗个高低。"留侯又趁机规劝皇上说："让太子做将军，监守关中的军队吧。"皇上说："子房虽然患病，也要勉强在卧床养病时辅佐太子。"这时，叔孙通做太傅，留侯任少傅之职。

汉十二年（前195），皇上随着击败黥布的军队回来，病势更加沉重，愈想更换太子。留侯劝谏，皇上不听，留侯就托病不再理事。叔孙太傅引证古今事例进行劝说，死命争保太子。皇上假装答应了他，但还是想更换太子。等到安闲的时候，设置酒席，太子在旁侍候。那四人跟着太子，他们的年龄都已八十多岁，须眉洁白，衣冠非常壮美奇特。皇上感到奇怪，问道："他们是干什么的？"四个人向前对答，各自说出姓名，叫东园公、角里先生、绮里季、夏黄公。皇上于是大惊说：“我访求各位好几年了，各位都逃避着我，现在你们为何自愿跟随我儿交游呢?”四人都说：“陛下轻慢士人，喜欢骂人，我们讲求义理，不愿受辱，所以惶恐地逃躲。我们私下闻知太子为人仁义孝顺，谦恭有礼，喜爱士人，天下人没有谁不伸长脖子想为太子拼死效力的。因此，我们就来了。”皇上说：“烦劳诸位始终如一地好好调理保护太子吧。”

四个人敬酒祝福已毕，小步快走离去。皇上目送他们，召唤戚夫人过来，指着那四个人给她看，说道：“我想更换太子，他们四个人辅佐他，太子的羽翼已经形成，难以更动了。吕后真是你的主人了。”戚夫了哭泣起来，皇上说：“你为我跳楚舞，我为你唱楚歌。”皇上唱道：“天鹅高飞，振翅千里。羽翼已成，翱翔四海。翱翔四海，当可奈何！虽有短箭，何处施用!”皇上唱了几遍，戚夫人抽泣流泪，皇上起身离去，酒宴结束。皇上最终没更换太子，原本是留侯招致这四个人发生了效力。

留侯跟随皇上进攻代国，在马邑城下出妙计，以及劝皇上立萧何为相国，他跟皇上平常随便谈论天下的事情很多，但由于不是关于国家存亡的大事，所以未予记载。留侯宣称道：“我家世代为韩相，到韩国灭亡，不惜万金家财，替韩国向强秦报仇，天下为此震动。如今，凭借三寸之舌为帝王统师，封邑万户，位居列侯，这对一个平民是至高无上的，我张良已经非常满足了。我愿丢却人世间的事情，打算随赤松子去遨游。”张良于是学辟谷学术，行道引轻身之道。正值高帝驾崩，吕后感激留侯，便竭力让他进食，说：“人生一世，时光有如白驹过隙一样迅速，何必自己苦行到这种地步啊！”留侯不得已，勉强听命进食。

过后八年，留侯去世，定谥号叫文成侯。他儿子张不疑袭封为侯。

张子房当初在下邳桥上遇见那个给他《太公兵法》的老丈。在别后十三年，他随高帝经过济北，果然见到谷城山下的黄石，便把它取回，奉若至宝地祭祀它。留侯去世，一起安葬了黄石。以后，每逢扫墓以及冬夏节日蔡祀张良的时候，也同时蔡祀黄石。

留侯张不疑，在孝文帝五年（前 175）因犯了不敬之罪，封国被废除。

太史公说：“学者大多说没有鬼神，然而又说有精怪。至于像留侯遇见老丈赠书的事，也够神奇的了。高祖遭遇困厄的情况有多次了，而留侯常在这种危急时刻建功效力，难道可以说不是天意吗？皇上说：‘出谋划策于营帐之中，决定胜负在千里之外，我比不了子房。’我原以为此人大概是高大威武的样子，等到看见他的画像，相貌却像个美丽的女子。孔子说过：‘按照相貌来评判人，在对待子羽上就有所失。’对于留侯，也可以这样说。”

第三十八卷　陈丞相世家第二十六

这是一篇关于陈平的传记。陈平是刘邦的重要谋臣之一，多次替刘邦出谋划策，为刘邦立汉作出了不小的贡献。本文写了陈平的一生，但突出刻画的是他的谋略。司马迁将最能体现陈平智谋的言行重点地加以描绘，显示本文结构严谨，剪裁得当。

司马迁写陈平的智谋主要从两个方面用笔。一是陈平为刘邦服务，维护刘氏政权。在楚汉对峙时期，他根据项羽为人猜忌的弱点，施用反间计，离间了项王君臣，削弱了楚军的力量，解了荥阳之围；韩信自立为齐王后，刘邦怒不可遏，陈平从刘邦的根本利益出发，暗示刘邦封立韩信；在有人上告韩信谋反时，陈平为刘邦设伪游云梦之计，使韩信束手就擒；刘邦被匈奴围困于平城的危急时刻，陈平设计使刘邦安然脱险；在平定陈豨和黥布叛乱的过程中，陈平六出奇计，每次都因此增加封邑；吕后去世后，他与绛侯周勃合谋，计诛吕氏宗族，拥立孝文皇帝，避免了分裂。陈平智谋的另一方面体现在他的明哲保身上。当刘邦因一时愤怒，命令陈平斩杀樊哙时，陈平为不给自己添惹麻烦，仅囚禁了樊哙；陈平通过种种手段，使吕婴的谗言不起任何作用；吕后欲立诸吕为王时，陈平没有像王陵那样说出自己的真实想法，而是表示赞同；陈平在回答孝文皇帝的询问时是那样左右逢源，善于应对。当然，在陈平的"谋"中是不乏阴谋诡计的，司马迁屡写刘邦"用其奇计策""用陈平奇计"，陈平"计秘，世莫得闻"，"奇计或颇秘，世莫能闻"（陈平自己也承认自己"多阴谋"）。正是由于陈平的"谋"，才使得他在复杂多变的政治环境自免于祸，善始善终。司马迁肯定了陈平的智谋能够"救纷纠之难，振国家之患"，同时对陈平使用阴谋诡计坑害他人、保全自身持一定的批判态度。

【原文】

陈丞相平者，阳武户牖乡人也。少时家贫，好读书，有田三十亩，独与兄伯居。伯常耕田，纵平使游学。平为人长美色。人或谓陈平曰："贫何食而肥若是？"其嫂嫉平之不视家生产，曰："亦食糠覈耳[①]。有叔如此，不如无有。"伯闻之，逐其妇而弃之。

及平长，可娶妻，富人莫肯与者，贫者平亦耻之。久之，户牖富人有张负，张负女孙五嫁而夫辄死，人莫敢娶。平欲得之。邑中有丧，平贫，侍丧，以先往后罢为助。张负既见之丧所，独视伟平，平亦以故后去。负随平至其家，家乃负郭穷巷[②]，以弊[③]席为门，然门外多有长者[④]车辙。张负归，谓其子仲曰："吾欲以女孙予陈平。"张仲曰："平贫不事事，一县中尽笑其所为，独柰[5]何予女乎？”负曰：“人固有好美如陈平而长贫贱者乎？”卒与女。为平贫，乃假贷[6]币以聘，予酒肉之资以内妇[7]。负诫其孙曰：“毋以贫故，事人不谨。事兄伯如事父，事嫂如母。”平既娶张氏女，赍[8]用益饶，游道日广。

里中社[9]，平为宰[10]，分肉食甚均。父老曰：“善，陈孺子之为宰！”平曰：“嗟乎，使平得宰天下，亦如是肉矣！”

【注释】

①糠覈：指粗劣的饮食。②负：背靠着。郭：城外加筑的一道城墙。穷巷：陋巷。③弊：破旧。④长者：显贵者的称呼。⑤柰：通“奈”。⑥假贷：借给。⑦内妇：娶妻。内，通“纳”。⑧赍（zī）用：资财。赍，通“资”。⑨里：古时一种居民组织，先秦以二十五家为“里”。陈平所在的里叫库上里。社：祭祀土地神。⑩宰：主持割肉的人。

【原文】

陈涉起而王陈，使周市略定魏地，立魏咎为魏王，与秦军相攻于临济。陈平固已前谢[1]其兄伯，从少年往事魏王咎于临济。魏王以为太仆。说魏王不听，人或谗之，陈平亡去。

久之，项羽略地至河上，陈平往归之，从入破秦，赐平爵卿。项羽之东王彭城也，汉王还定三秦而东，殷王反楚。项羽乃以平为信武君，将魏王咎客在楚者以往，击降殷王而还。项王使项悍拜平为都尉，赐金二十镒[2]。居无何，汉王攻下殷。项王怒，将诛定殷者将吏。陈平惧诛，乃封其金与印，使使归项王，而平身间行杖[3]剑亡。渡河，船人见其美丈夫独行，疑其亡将，要[4]中当有金玉宝器，目之，欲杀平。平恐，乃解衣裸而佐刺[5]船。船人知其无有，乃止。

【注释】

①谢：辞别。②溢：古代的重量单位，二十两为一镒（一说二十四两为一镒）。③杖：通“仗”，拿着。④要：通“腰”。⑤刺：撑。

【原文】

平遂至修武降汉，因魏无知求见汉王，汉王召入。是时万石君奋为汉王中涓，受平谒[1]，入见平。平等七人俱进，赐食。王曰：“罢，就舍矣。”平曰：“臣为事来，所言不可以过今日。”于是汉王与语而说[2]之，问曰：“子之居楚何官？”曰：“为都尉。”是日乃拜平为都尉，使为参乘[3]，典[4]护军。诸将尽讙[5]，曰：“大王一日得楚之亡卒，未知其高下，而即与同载，反使监护军长者[6]！”汉王闻之，愈益幸平。遂与东伐项王。至彭城，为楚所败。引而还，收散兵至荥阳，以平为亚将，属于韩王信，军广武。

【注释】

①谒：名帖。名帖上有姓名、籍贯、官爵及要叙述的事项等，进见时使用。②说：通“悦”。③参乘：车右边陪乘的人。④典：主管。⑤讙（huān）：喧哗。⑥监护军长者：监督我们这些长者。此处“军”疑为衍文（《汉书》《后汉书》

《汉纪》此句均为“监护长者”)。

【原文】

绛侯、灌婴等咸谗陈平曰：“平虽美丈夫，如冠玉耳，其中未必有也。臣闻平居家时，盗其嫂；事魏不容，亡归楚；归楚不中，又亡归汉。今日大王尊官之，令护军。臣闻平受诸将金，金多者得善处，金少者得恶处。平，反覆乱臣也，愿王察之。”汉王疑之，召让[①]魏无知。无知曰：“臣所言者，能也；陛下所问者，行也。今有尾生、孝己之行而无益处于胜负之数[②]，陛下何暇用之乎？楚汉相距，臣进奇谋之士，顾其计诚足以利国家不耳[③]。且盗嫂受金何足疑乎？”汉王召让平曰：“先生事魏不中，遂事楚而去，今又从吾游，信者固多心乎？”平曰：“臣事魏王，魏王不能用臣说，故去事项王。项王不能信人，其所任爱，非诸项即妻之昆弟，虽有奇士不能用，平乃去楚。闻汉王之能用人，故归大王。臣裸身来，不受金无以为资。诚臣计画有可采者，愿大王用之；使无可用者，金具在，请封输官，得请骸骨[④]。”汉王乃谢，厚赐，拜为护军中尉，尽护诸将。诸将乃不敢复言。

【注释】

①让：责备。②数：命运。③不（fǒu）：通“否”。④请骸骨：请求辞职。骸骨，身体。

【原文】

其后，楚急攻，绝汉甬道[①]，围汉王于荥阳城。久之，汉王患之，请割荥阳以西以和。项王不听。汉王谓陈平曰：“天下纷纷，何时定乎？”陈平曰：“项王为人，恭敬爱人，士之廉节好礼者多归之。至于行功爵邑，重[②]之，士亦以此不附。今大王慢而少礼，士廉节者不来；然大王能饶[③]人以爵邑，士之顽钝[④]嗜利无耻者亦多归汉。诚各去其两短，袭其两长，天下指麾[⑤]则定矣。然大王恣侮人，不能得廉节之士。顾楚有可乱者，彼项王骨鲠[⑥]之臣亚父、钟离眛、龙且、周殷之属，不过数人耳。大王诚能出捐数万斤金，行反间[⑦]，间其君臣，以疑其心，项王为人意忌[⑧]信谗，必内相诛。汉因举兵而攻之，破楚必矣。”汉王以为然，乃出黄金四万斤，与陈平，恣所为，不问其出入。

【注释】

①甬道：两侧筑墙的通道。②重：看重，爱惜。这里指吝啬。③饶：另外增添。这里指舍得。④顽钝：圆滑没有骨气。⑤指麾：指点、挥手，形容事情容易办到。麾，通“挥”，招手。⑥骨鲠：比喻刚直。鲠：直爽。⑦反间：离间敌人内部，使敌方发生内讧。⑧意忌：猜忌。意，怀疑。

【原文】

陈平既多以金纵反间于楚军，宣言[①]诸将钟离眛等为项王将，功多矣，然而终不得裂地[②]而王，欲与汉为一，以灭项氏而分王其地。项羽果意不信钟离眛等。项王既疑之，使使至汉。汉王为太牢具[③]，举进。见楚使，即详惊曰：“吾以为亚父使，乃项王使！”复持去，更以恶草具[4]进楚使。楚使归，具以报项王。项王果大疑亚父。亚父欲急攻下荥阳城，项王不信，不肯听。亚父闻项王疑之，乃怒：“天下事大定矣，君王自为之！愿请骸骨归！”归未至彭城，疽[5]发背而死。陈平乃夜出女子二千人荥阳城东门，楚因击之，陈平乃与汉王从城西门夜出去。遂入关，收散兵复东。

【注释】

①宣言：宣扬，扬言。②裂地：划割土地。③太牢具：指规格很高的丰盛酒宴。太牢，古代帝王、诸侯祭祀社稷时，牛、羊、豕三牲全备为“太牢”。具，饮食，酒肴。④草具：粗劣的饮食。⑤疽：毒疮。

【原文】

其明年，淮阴侯破齐，自立为齐王，使使言之汉王。汉王大怒而骂，陈平蹑[1]汉王。汉王亦悟，乃厚遇齐使，使张子房卒立信为齐王。封平以户牖乡。用其奇计策，卒灭楚。常以护军中尉从定燕王臧荼。

汉六年，人有上书告楚王[2]韩信反。高帝问诸将，诸将曰：“亟发兵坑竖子耳。”高帝默然。问陈平，平固辞谢，曰：“诸将云何？”上具告之。陈平曰：“人之上书言信反，有知之者乎？”曰：“未有。”曰：“信知之乎？”曰：“不知。”陈平曰：“陛下精兵孰与楚？”上曰：“不能过。”平曰：“陛下将用兵有能过韩信者乎？”上曰：“莫及也。”平曰：“今兵不如楚精，而将不能及，而举兵攻之，是趣[③]之战也，窃为陛下危之。”上曰：“为之奈何？”平曰：“古者天子巡狩[④]，会诸侯。南方有云梦，陛下弟[⑤]出伪游云梦，会诸侯于陈。陈，楚之西界，信闻天子以好出游，其势必无事而郊迎谒。谒，而陛下因禽[⑥]之，此特一力士之事耳。”高帝以为然，乃发使者告诸侯会陈，“吾将南游云梦”。上因随以行。行未至陈，楚王信果郊迎道中。高帝豫[⑦]具武士，见信至，即执缚之，载后车[⑧]。信呼曰：“天下已定，我固当烹！”高帝顾谓信曰：“若毋声！而反，明矣！”武士反接之。遂会诸侯于陈，尽定楚地。还至雒阳，赦信以为淮阴侯，而与功臣剖符[⑨]定封。

于是与平剖符，世世勿绝，为户牖侯。平辞曰：“此非臣之功也。”上曰：“吾用先生谋计，战胜克敌，非功而何？”平曰：“非魏无知臣安得进？”上曰：“若子可谓不背本[⑩]矣。”乃复赏魏无知。其明年，以护军中尉从攻反者韩王信于代。卒[⑪]至平城，为匈奴所围，七日不得食。高帝用陈平奇计，使单于阏氏[⑫]，围以退开。高帝既出，其计秘，世莫得闻。

高帝南过曲逆，上其城，望见其屋室甚大，曰：“壮哉县！吾行天下，独见洛阳与是耳。”顾问御史曰：“曲逆户口几何？”对曰：“始秦时三万余户，间者兵数起，多亡匿，今见[⑬]五千户。”于是乃诏[⑭]御史，更以陈平为曲逆侯，尽食之，除前所食户牖。

其后常以护军中尉从攻陈豨及黥布。凡六出奇计，辄益邑，凡六益封。奇计或颇秘，世莫能闻也。

【注释】

①蹑：踩。②楚王：汉灭楚后，改封韩信为楚王。③趣：通“促”，催促，促使。④巡狩：帝王离开国都巡察各地。⑤弟：通“第”，但，只。⑥禽：通“擒”。⑦豫：通“预”。⑧后车：副车，侍从之车。⑨剖符：帝王分封诸侯或功臣时，把一种竹制的凭证剖成两半，帝王与诸侯各执一半，以示信用。⑩背本：背弃根本，忘本。⑪卒：通“猝”，仓促。⑫阏氏：匈奴王后的称号。⑬见：通“现”。⑭诏：皇帝下命令。

【原文】

高帝从破布军还，病创，徐行至长安。燕王卢绾反，上使樊哙以相国将兵攻之。既行，人有短恶哙者。高帝怒曰：“哙见吾病，乃冀我死也。”用陈平谋而召绛侯周勃受诏床下，曰：“陈平亟驰传[①]载勃代哙将，平至军中即斩哙头！”二人既受诏，驰传未至军，行计之曰：“樊哙，帝之故人也，功多，且又乃吕后弟[②]吕媭之夫，有亲且贵，帝以忿怒故，欲斩之，则恐后悔。宁囚而致上，上自诛之。”未至军，为坛，以节[③]召樊哙。哙受诏，即反接载槛车，传诣长安，而令绛侯勃代将，将兵定燕反县。

平行闻高帝崩，平恐吕太后及吕媭谗怒，乃驰传先去。逢使者诏平与灌婴屯于荥阳。平受诏，立复驰至宫，哭甚哀，因奏事丧前。吕太后哀之，曰：“君劳，出休矣。”平畏谗之就[④]，因固请得宿卫[⑤]中。太后乃以为郎中令，曰：“傅[⑥]教孝惠。”是后吕媭谗乃不得行。樊哙至，则赦复爵邑。

【注释】

①驰传：驾驿站车马急行。传，传车，驿站的专用车辆。②弟：女弟，即妹妹。③节：符节，朝廷用以传达命令的凭证。④就：归于，加于。⑤宿卫：在宫中值宿警卫。⑥傅：教导，辅佐帝王或王子。

【原文】

孝惠帝六年，相国曹参卒，以安国侯王陵为右丞相，陈平为左丞相。

王陵者，故沛人，始为县豪，高祖微时，兄事陵。陵少文，任气，好直言。及高祖起沛，入至咸阳，陵亦自聚党数千人，居南阳，不肯从沛公。及汉王之还攻项籍，陵乃以兵属汉。项羽取陵母置军中，陵使至，则东乡[①]坐陵母，欲以招陵。陵母既私送使者，泣曰：“为老妾语陵，谨事汉王。汉王，长者也，无以老妾故，持二心。妾以死送使者。”遂伏剑[②]而死。项王怒，烹陵母。陵卒从汉王定天下。以善雍齿，雍齿，高帝之仇，而陵本无意从高帝，以故晚封，为安国侯。

安国侯既为右丞相，二岁，孝惠帝崩。高后欲立诸吕为王，问王陵，王陵曰：“不可。”问陈平，陈平曰：“可。”吕太后大怒，乃详[③]迁陵为帝太傅，实不用陵。陵怒，谢疾免，杜门竟不朝请[④]，七年而卒。

【注释】

①东乡：向东。乡，通“向”。古时以朝东方向的位置为尊。②伏剑：以剑自杀。③详：通“佯”，假装。④朝请：朝见皇帝。汉律，春季朝见皇帝为“朝”，秋季朝见皇帝为“请”。

【原文】

陵之免丞相，吕太后乃徙[①]平为右丞相，以辟阳侯审食其为左丞相。左丞相不治，常给事[②]于中。

食其亦沛人。汉王之败彭城西，楚取太上皇、吕后为质，食其以舍人侍吕后。其后从破项籍为侯，幸于吕太后。及为相，居中，百官皆因决事。

吕媭常以前陈平为高帝谋执樊哙，数谗曰：“陈平为相非治事，日饮醇酒，戏妇女。”陈平闻，日益甚。吕太后闻之，私独喜。面质吕媭于陈平曰：“鄙语曰‘儿妇人口不可用’，顾君与我何如耳。无畏吕媭之谗也。”

吕太后立诸吕为王，陈平伪听之。及吕太后崩，平与太尉勃合谋，卒诛诸吕，立孝文皇帝，陈平本谋也。审食其免相。

【注释】

①徙：调职。②给事：办公，处理事情。

【原文】

孝文帝立，以为太尉勃亲以兵诛吕氏，功多；陈平欲让勃尊位，乃谢病。孝文帝初立，怪平病，问之。平曰：“高祖时，勃功不如臣平。及诛诸吕，臣功亦不如勃。愿以右丞相让勃。”于是孝文帝乃以绛侯勃为右丞相，位次第一；平徙为左丞相，位次第二。赐平金千斤，益封三千户。

居顷之，孝文皇帝既益[①]明习国家事，朝而问右丞相勃曰：“天下一岁决狱[②]几何？”勃谢曰：“不知。”问：“天下一岁钱谷出入几何？”勃又谢不知，汗出沾背，愧不能对。于是上亦问左丞相平。平曰：“有主者。”上曰：“主者谓谁？”平曰：“陛下即问决狱，责[③]廷尉；问钱谷，责治粟内史。”上曰：“苟各有主者，而君所主者何事也？”平谢曰：“主臣[④]！陛下不知其驽下[⑤]，使待罪[⑥]宰相。宰相者，上佐天子理阴阳，顺四时，下育万物之宜，外镇抚四夷诸侯，内亲附百姓，使卿大夫各得任其职焉。”孝文帝乃称善。右丞相大惭，出而让陈平曰：“君独不素教我对！”陈平笑曰：“君居其位，不知其任邪？且陛下即问长安中盗贼数，君欲强对邪？”于是绛侯自知其能不如平远矣。居顷之，绛侯谢病请免相，陈平专为一丞相。

孝文帝二年，丞相陈平卒，谥为献侯。子共[⑦]侯买代侯。二年卒，子简侯恢代侯。二十三年卒，子何代侯。二十三年，何坐略人妻，弃市，国除。

始陈平曰：“我多阴谋，是道家之所禁。吾世即废，亦已矣，终不能复起，以吾多阴祸[⑧]也。”然其后曾孙陈掌以卫氏亲贵戚，愿得续封陈氏，然终不得。

【注释】

①益：渐渐地。②决狱：判决案件。③责：询问。④主臣：表示惶恐的词语。⑤驽下：形容才能低下的谦语。驽，劣马。⑥待罪：臣子对帝王禀奏时的谦词，意思是说不能胜任自己的职位，必将获罪。⑦共：通“恭”，谥号用字。⑧阴祸：暗中积下的祸因。

【原文】

太史公曰：陈丞相平少时，本好黄帝、老子之术。方其割肉俎[①]上之时，其意固已远矣。倾侧扰攘[②]楚魏之间，卒归高帝。常出奇计，救纷纠之难，振[③]国家之患。及吕后时，事多故矣，然平竟自脱，定宗庙，以荣名终，称贤相，岂不善始善终哉！非知谋孰能当此者乎？

【注释】

①俎：割肉用的砧板。②倾侧扰攘：彷徨不定的样子。③振：挽救，消除。

【译文】

陈丞相陈平，阳武县户牖乡人。年轻时家中贫穷，喜欢读书，有田地三十亩，仅同哥哥陈伯住在一起。陈伯平常在家种地，听任陈平出外求学。陈平长得身材高大，相貌堂堂。有人对陈平说：“你家里那么穷，吃了什么长得这么魁梧？”陈平的嫂子恼恨陈平不看顾家庭，不从事劳动生产，说：“也不过吃糠咽菜罢了，有这样的小叔子，还不如没有。”陈伯听到这些话，赶走了他的妻子并休弃了她。

等到陈平长大成人该娶媳妇了，富有的人家没有谁肯把女儿嫁给他，娶穷人家的媳妇陈平又感到羞耻。过了好长时间，户牖有个叫张负的富人，他的孙女嫁了五次人，丈夫都死了，没有人再敢娶她。陈平却想娶她。乡镇中有人办丧事，陈平因为家贫，就去帮忙料理丧事，靠着早去晚归多得些报酬以贴补家用。张负在丧家见到他，相中了这个高大魁梧的陈平；陈平也因为这个缘故，很晚才离开丧家。一次，张负跟着陈平到了陈家，陈家竟在靠近外城城墙的偏僻小巷子里，拿一领破席就当门了，门外却有很多贵人留下的车轮印迹。张负回家后，对他的儿子张仲说："我打算把孙女嫁给陈平。"张仲说："陈平又穷又不从事生产劳动，全县的人都耻笑他的所作所为，为什么偏把女儿嫁给他？"张负说："哪有仪表堂堂像陈平这样的人会长久贫寒卑贱呢？"终于将孙女嫁给了陈平。因为陈平穷，张家就借钱给他行聘，还给他置办酒宴的钱来娶亲。张负告诫他的孙女说："不要因为陈家穷的缘故，侍奉人家就不小心。侍奉兄长陈伯要像侍奉父亲一样，侍奉嫂嫂要像侍奉母亲一样。"陈平娶了张家女子以后，资财日益宽裕，交游也越来越广。

陈平所居的库上里祭祀土地神，陈平做主持割肉的人，他把祭肉分配得很均匀。父老乡亲们说："好，陈家孩子真会做分割祭肉的人！"陈平说："唉，假使让我陈平主宰天下，也会像这次分肉一样呢！"

陈胜起兵后在陈县称王，派周市平定了魏国地区，立魏咎为魏王，与秦军在临济交战。在这以前，陈平本已辞别他的哥哥陈伯，随一些年轻人去临济到魏王咎手下做事。魏王任命他为太仆。陈平向魏王进言，魏王不听，有的人又说他的坏话，陈平只好逃离而去。

过了多时，项羽攻占土地到黄河边上。陈平前往投奔项羽，跟随项羽入关攻破秦国，项羽赐给他卿一级的爵位。项羽东归，在彭城称王，汉王回军平定三秦向东进军，殷王司马卬反叛楚国。项羽于是封陈平为信武君，让他率领魏王咎留在楚国的部下前往，击败并降服了殷王而凯旋。项王派项悍任命陈平为尉，赏给他黄金二十镒。过了不久，汉王又攻下殷地。项王大怒，准备杀掉前次平定殷地的将吏。陈平害怕被杀，便封好项王赏给他的黄金和官印，派人送还项王，自己单身拿着宝剑抄小路逃走。陈平横渡黄河，船夫见他一个美男子单身独行，怀疑他是逃亡的将领，腰中定当藏有金玉宝器，就盯着陈平，打算杀掉他。陈平很害怕，就解开衣服赤身露体地帮助船夫撑船。船夫知道他身上一无所有，才没有下手。

陈平于是到修武投降汉军，通过魏无知求见汉王，汉王召他进去。此时，万石君石奋做汉王的中涓，接过陈平的名帖，引陈平进见汉王。陈平等七个人都进去了，汉王赐给他们饮食。汉王说："吃完后，到客舍去休息吧。"陈平说："我有要事前来，所说的话不能拖过今日。"于是，汉王就跟他交谈并喜欢他。汉王问："你在楚军时担任什么官职？"陈平说："做都尉。"汉王当天就任命陈平为都尉，让他做参乘，主管护军一职的工作。众将都喧哗起来，说："大王日前刚得到楚国的一个逃兵，还不知道他本领的高低，就跟他同乘一辆车子，并且反让他监督我们这些老将！”汉王听到这些议论，更加宠信陈平。汉王于是带着陈平往东讨伐项王。到了彭城，被楚军打败。汉王领兵返回，一路上收集散兵到达荥阳，任命陈平为副将，隶属于韩王信，驻扎广武。

周勃、灌婴等都诋毁陈平说：“陈平虽然是个美男子，只不过像帽子上的美玉罢了，他的内里未必有真东西。我们听说陈平在家时，曾和嫂嫂私通；在魏王那里做事不能容身，逃亡出来归附楚王；归附楚王不相合，又逃来归降汉王。现在大王如此器重，使他做高官，任命他为护军。我们听说陈平接受了将领们的钱财，钱给得多的就得到好处，钱给得少的就遭遇坏的处境。陈平是一个反复无常的作乱奸臣，希望大王明察。”汉王怀疑起陈平来，召来魏无知责问他。魏无知说：“我所说的是才能，陛下所问的是品行。现在，如果有人有尾生、孝已那样的品行，但对胜负的命运没有好处，陛下哪有闲暇使用这样的人呢？楚汉对峙，我推荐善出奇谋的人，只关心他的计谋是否确实能够有利国家罢了。至于私通嫂嫂、接受钱财，又有什么值得怀疑的呢？”汉王召来陈平责问道：“先生在魏王那里做事不相合，便去楚王那里做事而又半道离开。如今又来跟从我，讲信用的人原来是这样三心二意吗？”陈平说：“我在魏王那里做事，魏王不能采用我的建议，所以我离开他到项王那里做事。项王不能够信任人，他所信任、宠爱的不是那些项氏宗族就是妻家的兄弟，即使有奇才也不能重用，我这才离开楚王。听说汉王能够用人，所以来归附大王。我空身而来，不接受钱财便没有办事的费用。如果我的计谋确有值得采纳的，希望大王采用；假若没有值得采用的，钱财都还在，请允许我封好送回官府，并请求辞职回家。”汉王于是向陈平道歉，丰厚地赏赐了他，任命他为护军中尉，监督全体将领。将领们才不再说什么了。

后来，楚军加紧进攻，切断了汉军的甬道，把汉王围困在荥阳城。过了好一段时间，汉王为这种困境而忧虑，请求割让荥阳以西的地区来讲和。项王不同意。汉王对陈平说：“天下如此纷乱，什么时候才能安定呢?”陈平说：“项王为人谦恭有礼，对人爱护，具有清廉节操、喜欢礼仪的士人多归附他。到了论功行赏、授爵封邑时，却又吝啬这些爵邑，士人因此又不愿归附他。如今，大王傲慢又缺乏礼仪，具有清廉节操的士人不来归附。但是，大王能够舍得给人爵位、食邑，那些圆滑没有骨气、好利无耻之徒又多归附汉王。如果你们各方谁能去掉双方的短处，采取你们双方的长处，那么只要招一招手，天下就能安定了。但是，大王爱随意侮辱人，不能罗致到具有清廉节操的士人。不过，楚军方面有着可以扰乱的地方，项王那里刚直的臣子像亚父范增、钟离眛、龙且、周殷之辈，不过几个人罢了。大王如果能舍得拿出几万斤黄金，施行反间的计谋，离间楚国的君臣，让他们互生怀疑之心，项王为人猜忌多疑，听信谗言，他们内部定会互相残杀。汉军可趁机发兵攻打他们，击败楚军是一定的了。”汉王认为陈平说得对，于是拿出黄金四万斤给陈平，听凭他使用，不过问他的支出情况。

陈平用了很多黄金在楚军中进行离间活动，在众将中扬言钟离眛等人作为项王的将领，功劳很多，但始终不能划地封王，他们打算跟汉王联合，消灭项王，瓜分楚国的土地，各自为王。项羽果然猜疑起来，不再信任钟离眛等人。项王已经怀疑上钟离眛等人以后，派遣使者到汉军那里打探。汉王备下丰盛的酒宴，命人端进。见到楚王的使者，汉王就佯装吃惊地说：“我还以为是亚父的使者，原来竟是楚王的使者！”又让人把酒肴端走，换上粗劣的饭菜端给楚王的使者。楚王使者回去以后，把这些情况禀告项王。项王果然大大地怀疑起亚父来。范增想急速攻下荥阳城，项王不信任他，不肯听从。范增闻知项王在怀疑自己，就生气地说：“天下的大事基本定局了，君王自己干吧！我请求辞职告老还乡！”他回乡还没有到达彭城，就因背上毒疮发作而死。陈平于是夜里让两千名妇女出荥阳城东门，楚军便发动攻击，陈平就与汉王从荥阳西门出城逃离。汉王随即进入关中，收集败散的士兵再次东进。

第二年，淮阴侯韩信打败了齐国，自立为齐王，派使者把这件事禀报给汉王。汉王大怒，斥骂韩信。陈平暗暗地踩汉王的脚，汉王也有所悟，于是优厚地款待齐王使者，并派张子房立即封韩信为齐王。汉王把户牖乡封给陈平。汉王采用陈平的奇计妙策，最终灭掉楚国。陈平曾经以护军中尉的身份跟随汉王平定了燕王臧荼。

汉六年（前201），有人上书告发楚王韩信谋反。高帝问询将领们，将领们说：“赶紧发兵活埋这小子。”高帝默默不语。高帝问陈平，陈平一再推辞，反问道：“各位将领说些什么？”皇上把各位将领的话都告诉了陈平。陈平问：“有人上书说韩信谋反，有知道这件事的外人吗?”皇上说：“没有。”陈平问：“韩信本人知道这情况吗?”皇上说：“不知道。”陈平说：“陛下的精锐部队跟楚国比哪个强?”皇上说：“不能超过它。”陈平问：“陛下的将领中用兵有能超过韩信的吗?”皇上说：“没有谁赶得上他。”陈平说：“如今陛下的军队不如楚国精锐，将领的才干又赶不上韩信，却要发兵攻打他，这是促使他同我们作战，我私下里为陛下的安危而担忧。”皇上说：“那该怎么办呢?”陈平说：“古时天子巡察各地，会见诸侯。南方有个云梦泽，陛下只是假装出游云梦，在陈县会见诸侯。陈县在楚国的西部边界，韩信听到天子怀着善意出游，看那情势定然无事，因而到郊外迎接拜见陛下。拜见时，陛下趁机将他拿下，这只不过是一个力士就能办到的事。”高帝觉得他的主意不错，于是派出使者告知各诸侯到陈县会面，说“我即将南游云梦”。皇上便随即出发。此行尚未到达陈县，楚王韩信果然在郊外的路上迎接。高帝预先准备好武士，见韩信来了，立即将他拿下捆绑起来，装在副车中。韩信喊道：“天下已经平定了，我本来该当烹杀了!”高帝回过头对韩信说：“你别出声喊叫了!你谋反，已经很明显了!”武士把韩信两手反绑在后。高帝于是在陈县会见了诸侯，全部平定了楚地。高帝回到洛阳，赦免了韩信，降封他为淮阴侯，又与有功之臣剖符确定封赏。

当时与陈平剖符，世代相传而不断绝，封为户牖侯。陈平辞谢说：“这不是我的功劳。”皇上说：“我采用了先生的计谋，克敌制胜，这不是功劳是什么呢?”陈平说：“若不是魏无知，我怎么能入朝为官呢?”皇上说：“像先生您这样可以说是不忘本了。”于是，又赏赐了魏无知。第二年，陈平以护军中尉的身份跟从高帝在代地攻打谋反的韩王信。匆忙行军到了平城，被匈奴围困，七天吃不上饭。高帝采用了陈平的妙计，派人到单于的阏氏那里去疏通，才得以解围。高帝脱身以后，陈平的计策始终秘而不宣，世间没有人得知内情。

高帝南归经过曲逆，登上城楼，望见县城的房屋很大，说道：“这个县好壮观！我行遍天下，只见到洛阳和这个县是这样。”回头问御史说：“曲逆的户口有多少?”御史回答说：“当初秦朝时有三万多，中间连年战乱，很多人逃亡藏匿，如今现存五千。”当时高帝便命令御史，改封陈平为曲逆侯，尽享全县各户的赋税收入，取消以前所封的户牖乡。

此后，陈平曾以护军中尉的身份跟从高帝征讨陈豨和黥布。他一共出过六次奇计，每次为此都增加了封邑，一共增封了六次。奇计有的颇为隐秘，世间无人得知。

高帝随击败黥布的军队回来，因受创伤而患病，缓缓地行至长安。燕王卢绾反叛，皇上派樊哙以相国的身份率兵征讨他。启程后，有人说樊哙的坏话。高帝发怒说：“樊哙见我病了，便盼望我死。”便采用陈平的计谋，召绛侯周勃在病榻前受命，说道：“陈平速驾车马载着周勃代替樊哙领兵，陈平到了军中立即斩下樊哙的头!”二人接受了诏命，驾驿站车马急行，还没有到达军中，边走边商议说：“樊哙是高帝的老朋友了，功劳很多，而且又是吕后妹妹吕媭的丈夫，与高帝有亲戚关系并且显贵，高帝因为一时愤怒的缘故想杀他，只怕将来要后悔。我们宁可把他囚禁起来交予皇上，由皇上自己处决他。”他们没有到军营中，便堆土筑坛，用符节召来樊哙。樊哙接受诏令，立即被反绑起来装上囚车，由驿站送往长安，使命绛侯勃替樊哙为将，率兵平定燕地反叛的各县。

陈平在返回时听说高帝去世，他恐怕吕媭进谗言、吕后听信谗言发怒，便急驾驿站车马先行。路上遇到使者诏令陈平和灌婴驻守荥阳。陈平接受诏命，马上又驱车赶到宫廷，哭得非常哀痛，趁机在高帝灵堂内向吕后禀奏处理樊哙一事的经过。吕太后哀怜陈平，说道：“您辛苦了，出去好好休息吧。”陈平害怕谗言加于自身，于是坚决请求留宿宫中，担任警卫。吕太后于是任命他做郎中令，说道：“请好好辅佐教导孝惠皇帝。”此后，吕媭的谗言才不起作用。樊哙被押到长安，便被赦免并恢复了原来的爵位和封邑。

孝惠帝六年（前189），相国曹参去世，任命安国侯王陵为右丞相，陈平为左丞相。

王陵，原为沛县人，当初是县里的豪绅，高祖在卑微时，像对待兄长那样侍奉王陵。王陵缺乏文化素养，爱意气用事，喜欢直言。到了高祖在沛县起兵，进入关中抵达咸阳时，王陵自己也聚集党羽几千人，驻在南阳，不肯跟从沛公。等到汉王回军进攻项籍时，王陵才率兵归属汉王 。项羽找到王陵的母亲安置在军营中，王陵的使者到来时，项羽就让王陵的母亲朝东坐着，想以此招降王陵。王陵的母亲私下送走使者时说哭着说：“请替我告诉王陵，要小心地侍奉汉王。汉王是个宽厚的长者，不要因为我的缘故而有三心二意。我以一死来给你送行吧。”说罢，即拔剑自刎而死。项王发怒，烹煮了王陵的母亲。王陵终于跟从汉王平定天下。王陵跟雍齿关系不错，雍齿是高帝的仇人，王陵又原本无意跟从高帝，由于这些缘故受封较晚，被封为安国侯。

安国侯做了右丞相，两年后，孝惠帝去世。吕太后想立吕氏宗族的人为王，询问王陵，王陵说：“不行。”又问陈平，陈平说：“可以。”吕太后发怒，于是假意提升王陵为皇帝的太傅，实际上不重用王陵。王陵发怒，称病辞职。闭门不出，始终不参加朝见，七年后去世。

王陵被免除丞相职务后，吕太后就调任陈平为右丞相，任命辟阳侯审食其为左丞相。左丞相不设办公的处所，常在宫中处理政务。

审食其也是沛县人。汉王在彭城以西被击败时，楚军抓走汉王的父亲和吕后作为人质，审食其以家臣的身份侍奉吕后。他后来跟随汉军打败项羽被封为侯，受到吕太后的宠幸。等到他做了左丞相，住在宫中，百官都得通过他才能决断事情。

吕媭常因从前陈平为高帝出谋划策捉拿樊哙，多次进谗言说：“陈平当丞相不理政务，每天饮美酒，玩弄妇女。”陈平听到后，饮酒作乐日益加剧。吕太后闻知此事，暗自高兴。她当着吕媭的面对陈平说：“俗语说‘小孩和妇女的话不可信’，就看你对我怎么样了。不要怕吕媭说你的坏话。”

吕太后立吕氏宗族的人为王，陈平假装顺从这件事。等到吕太后去世，陈平跟太尉周勃合谋，终于诛灭了吕氏宗族，拥立孝文皇帝即位，此事陈平是主要策划者。审食其被免去左丞相一职。

孝文帝即位后，认为太尉周勃亲自率兵诛灭吕氏宗族，功劳多；陈平想把右丞相的尊位让给周勃，于是托病引退。孝文帝刚刚即位，觉得陈平病得奇怪，就去探问他。陈平说："高祖时期，周勃的功劳不如我陈平。到诛灭吕氏宗族时，我的功劳也就不如周勃了。我愿把右丞相的职位让给周勃。"于是，孝文帝就任命绛侯周勃为右丞相，位次名列第一；陈平调职为左丞相，位次名列第二。赏赐陈平黄金千金，加封食邑三千户。

过了一段时间，孝文皇帝已经渐渐明了熟悉国家大事，在一次接受群臣朝见时问右丞相周勃说："全国一年中判决的案件有多少？"周勃谢罪说："不知道。"孝文皇帝又问："全国一年中钱粮的开支收入有多少？"周勃又谢罪说不知道，急得汗流浃背，惭愧自己不能回答。于是，皇上又问左丞相陈平。陈平说："有主管的人。"皇上说："主管的人又是谁？"陈平说："陛下若问判决案件的情况，可询问廷尉；问钱粮收支的情况，可询问治粟内史。"皇上说："如果各自有主管的人，那么你所主管的是些什么事呢？"陈平谢罪说："为臣诚惶诚恐！陛下不知我才智低劣，使我勉强担任宰相的职位。宰相一职，对上辅佐天子调理阴阳，顺应四时，对下养育万物适时生长，对外镇抚四夷和诸侯，对内爱护团结百姓，使公卿大夫各自能够胜任他们的职责。"孝文帝于是称赞他回答得好。右丞相周勃大为惭愧，退朝后埋怨陈平说："您怎么不在平时教我对答这些话！"陈平笑着说："您身居相位，不知道丞相的职责吗？陛下如若问起长安城中盗贼的数目，您也要勉强凑数来对答吗？”这时，绛侯周勃自知才能比陈平差远了。过了一段时间，绛侯周勃托病请求免去右丞相的职务，陈平独自担任整个丞相的职务。

孝文帝二年（前178），丞相陈平去世，谥号为献侯。他的儿子共侯陈买接替侯位。陈买为侯二年去世，他的儿子简侯陈恢接替侯位。陈恢为侯二十三年去世，他的儿子陈何接替侯位。陈何为侯二十三年时，犯了抢占他人妻子的罪，处以死刑，封国被废除。

当初，陈平曾经说过：“我经常使用诡秘的计谋，这是道家所禁忌的。我的后代如果被废黜，也就止住了，终归不能再兴起，因为我暗中积下了很多祸因。”此后，陈平的曾孙陈掌靠着是卫家亲戚的关系，希望能够接续陈家原来的封号，但终究未能实现。

太史公说：“陈丞相陈平年轻的时候，原本喜欢黄帝、老子的学说。当他在砧板上分割祭肉的时候，他的志向本来已经很远大了。他彷徨于楚魏之间，最终归附高帝。他常常想出妙计，解救纷繁的危难，消除国家的祸患。到了吕后执政时期，诸事多有变故，但陈平竟能自免于祸，安定汉室，保持荣耀的名望终身，被称为贤相，难道不是善始善终吗！假若没有才智和谋略，谁能做到这一步呢？”

第三十九卷　绛侯周勃世家第二十七

本篇是汉初名将周勃和周亚夫父子二人的合传。周勃父子都是汉朝初期的有功之臣。周勃是诛吕安刘的主要决策者和组织者，为挽救刘氏政权立了大功，所以司马迁把他作为汉初的主要功臣之一列入世家。周亚夫是平定“七国之乱”的汉军统帅，为削弱诸侯王的割据势力和巩固汉王朝的中央政权立了大功。父子二人都是在最关键的时刻有功于汉室，这样的功臣理应受到恩宠与殊荣，但他们都只做了两三年的丞相就被免职了。尤其令人不平的是，父子二人晚年都因被诬告谋反而被捕入狱。周勃虽由于薄太后的干预被无罪释放，但已在狱中受尽了狱吏的凌辱。周亚夫则是入狱后五日不食，呕血而死。周亚夫之死显然是对汉朝统治者迫害功臣的无声抗议。汉朝从高祖到武帝，对待许多功臣都心怀疑忌，刻薄寡恩。萧何入过狱，韩信最终被杀，樊哙也曾被捕，周勃父子的遭遇更具有典型性。所以，有人认为这是一篇专写功臣受辱的传记。汉朝皇帝的刻薄寡恩，司马迁是有亲身感受的，所以在这篇传记中有一股愤愤不平之情不断流注于笔端。

周勃父子的一生有许多相似之处，但作者对两个人物的写法不尽相同，这是本篇的一大特色。如写周勃之功，详细罗列他随从高祖东征西讨所立的大小战功几十次，而对他的主要功绩诛吕安刘只是几笔带过，以“互见法”详记在其他篇中。初看似乎不甚合理，细想就会理解，作者正是要有意突出周勃的战功之多。这一方面可以为高祖临终遗言“周勃重厚少文，然安刘氏者必勃也”提供可信的依据（《高祖本纪》中极少提到周勃），另一方面又与后来周勃的被捕入狱形成强烈的对比。写周亚夫则换了另一副笔墨。先是通过对细柳军营的精彩描述突出了周亚夫治军的严谨、严肃与严格，大臣都被惊呆，皇帝也不能不为之赞叹。接着写他在平定七国之乱时的胸有成竹，从容不迫，任何干扰也不能动摇他的既定策略，皇帝的诏令也不例外。这两个片断，作者都是运用特写的手法生动地描绘了周亚夫的大将风度。

两个人物同中有异、异中见同，由此我们可以看到太史公笔法的灵活与巧妙。

【原文】

绛侯周勃者，沛人也。其先[①]卷人，徙沛。勃以织薄曲[②]为生，常为人吹萧给丧事[③]，材官引强[④]。

高祖之为沛公初起，勃以中涓从攻胡陵，下方与。方与反，与战，却适[⑤]。攻丰，击秦军砀东。还军留及萧。复攻砀，破之。下下邑，先登[⑥]。赐爵五大夫。攻蒙、虞，取之。击章邯车骑，殿[⑦]。定魏地。攻爰戚、东缗，以往至栗，取之。攻啮桑，先登。击秦军阿下，破之。追至濮阳，下甄城。攻都关、定陶，袭取宛朐，得单父令⑧。夜袭取临济，攻张，以前至卷，破之。击李由军雍丘下。攻开封，先至城下为多⑨。后章邯破杀项梁，沛公与项羽引兵东如砀。自初起沛还至砀，一岁二月。楚怀王封沛公号安武侯，为砀郡长。沛公拜勃为虎贲令，以令从沛公定魏地。攻东郡尉于城武，破之。击王离军，破之。攻长社，先登。攻颍阳、缑氏，绝河津。击赵贲军尸北。南攻南阳守𮚮⑩，破武关、峣关。破秦军于蓝田。至咸阳，灭秦。

【注释】

①先：祖先。②薄曲：养蚕器具，用竹子或芦苇编织，今称“蚕箔”。薄，通“箔”。③吹萧给丧事：意思是为办丧事的人家吹箫奏哀乐或为唱挽歌伴奏。给，供给，这里是服事的意思。按：当时的箫又称排箫，由长短不同的竹管若干根并列制成。④材官：勇武的士卒。引强：拉强弓。⑤却：打退。适：通“敌”。⑥登：指登上城墙。⑦殿：下等功。也可解释为殿后，即后卫部队。⑧令：县令。⑨多：功勋的一种，力战有功为多。⑩𮚮（yǐ）：南阳郡守的名字。

【原文】

项羽至，以沛公为汉王。汉王赐勃爵为威武侯。从入汉中，拜为将军。还定三秦，至秦，赐食邑怀德①。攻槐里、好畤，最②。击赵贲、内史保③于咸阳，最。北攻漆。击章平姚印军。西定汧。还下郿、频阳。围章邯废丘。破西丞[4]。击盗巴军，破之。攻上邽。东守峣关。转击项籍。攻曲逆[5]，最。还守敖仓，追项籍。籍已死，因东定楚地泗、东海郡，凡得二十二县。还守洛阳、栎阳，赐与颍阴侯[6]共食钟离。以将军从高帝击反者燕王臧荼，破之易下。所将卒当驰道[7]为多。赐爵列侯[8]，剖符[9]世世勿绝。食绛[10]八千一百八十户，号绛侯。

以将军从高帝击反韩王信[11]于代，降下霍人。以前至武泉，击胡骑，破之武泉北。转攻韩信军铜鞮，破之。还降太原六城。击韩信胡骑晋阳下，破之，下晋阳。后击韩信军于硰石，破之，追北[12]八十里。还攻楼烦三城，因击胡骑平城下，所将卒当驰道为多。勃迁[13]为太尉。

【注释】

①食邑：即封地。受封者在此征收税以应生活之需，所以又称为“食邑”。②最：上等功。③保：人名。④西：地名。丞：县丞。⑤曲逆：地名。清梁玉绳《史记志疑》认为文字有误，《汉书》作“曲遇”是对的。⑥颍阴侯：即灌婴。⑦当：抵御敌人。驰道：古代供皇帝车马行驶的大道。⑧列侯：秦汉时设置的二十等爵位中最高的就是列侯。⑨符：古代朝廷传达命令或调兵遣将的凭证，剖分为二，朝廷与大臣或将官各执其一。这里是说刘邦许诺周勃的爵位可以世代相传，双方剖分一符作为永久的凭证。⑩食绛：以绛县为食邑。⑪韩王信：战国韩国国王的后代，有时也简称韩信，与汉将韩信是两

个人。关于他的事迹可参阅《韩信卢绾列传》。⑫追北：追击败逃的敌军。北：败逃。⑬迁：调动官职，多指升官。

【原文】

击陈豨[①]，屠[②]马邑。所将卒斩豨将军乘马𫄨[③]。击韩信、陈豨、赵利军于楼烦，破之。得豨将宋最、雁门守圂[④]。因转攻得云中守遬[⑤]、丞相箕肆、将勋[⑥]。定雁门郡十七县，云中郡十二县。因复击豨灵丘，破之，斩豨，得豨丞相程纵、将军陈武、都尉高肆。定代郡九县。

燕王卢绾反[⑦]，勃以相国代樊哙将[⑧]，击下蓟，得绾大将抵、丞相偃、守陉、太尉弱、御史大无施[⑨]，屠浑都。破绾军上兰，复击破绾军沮阳。追至长城，定上谷十二县，右北平十六县，辽西、辽东二十九县，渔阳二十二县。最[⑩]从高帝得相国一人，丞相二人，将军、二千石[⑪]各三人；别破军二，下城三，定郡五，县七十九，得丞相、大将各一人。

【注释】

①关于陈豨的详情，可参阅《韩信卢绾列传》。②屠：屠城。攻破敌城后，烧毁建筑，屠杀军民。③乘马𫄨：人名。乘马，复姓。④圂：雁门郡守的名字。⑤遬：云中郡守的名字。⑥勋：将军的名字。⑦燕王卢绾反叛的详情，参阅《韩信卢绾列传》。⑧这句文字可能有误。按本篇所述及《陈丞相世家》《樊郦滕灌列传》所记，周勃这时是太尉不是相国。这时的相国是樊哙。⑨从“得绾大将抵”至此处，其中的抵、偃、

陉、弱、施五个字都是人名。⑩最：总计。⑪二千石：指年俸是二千石这一等级的官吏。汉代以年俸粟米的数额分别官吏的等级，郡守、郡尉都属二千石这一等级。

【原文】

勃为人木强[①]敦厚，高帝以为可属[②]大事。勃不好文学[③]，每召诸生说士[④]，东乡[⑤]坐而责之："趣[⑥]为我语。"其椎少文[⑦]如此。

勃既定燕而归，高祖已崩矣，以列侯事孝惠帝。孝惠帝六年，置太尉官，以勃为太尉。十岁，高后崩。吕禄以赵王为汉上将军，吕产以吕王为汉相国，秉[⑧]汉权，欲危刘氏。勃为太尉，不得入军门。陈平为丞相，不得任事[⑨]。于是勃与平谋，卒诛诸吕而立孝文皇帝。其语在《吕后》《孝文》[⑩]事中。

文帝既立，以勃为右丞相，赐金五千斤，食邑万户。居月余，人或说勃曰："君既诛诸吕，立代王[⑪]，威震天下，而君受厚赏，处尊位，以[⑫]宠，久之即祸及身矣。"勃惧，亦自危，乃谢[⑬]请归相印。上许之。岁余，丞相平卒，上复以勃为丞相。十余月，上曰："前日吾诏列侯就国[⑭]，或未能行，丞相吾所重，其率先之。"乃免相就国。

【注释】

①木强：质朴刚强。②属：委托，托付。③文学：文，文辞、文章；学，学问。④说士：游说之士。⑤乡：通"向"，面向。⑥趣：通"促"，赶快。⑦椎：朴实。少文：缺少文

采。⑧秉：掌握，把持。⑨任事：指处理政事。⑩《吕后》：指《吕太后本纪》。《孝文》：指《孝文本纪》。⑪立代王：拥立代王刘恒为皇帝。⑫以：这样。⑬谢：辞却。这里指辞职。⑭就国：前往封地。国，指封地。

【原文】

岁余，每河东守尉行县[①]至绛，绛侯勃自畏恐诛，常被[②]甲，令家人持兵以见之。其后人有上书告勃欲反，下[③]廷尉。廷尉下其事长安[④]，逮捕勃治[⑤]之。勃恐，不知置辞，吏稍[⑥]侵辱之。勃以千金与狱吏，狱吏乃书牍[⑦]背示之。曰"以公主为证"。公主者，孝文帝女也，勃太子胜之尚[⑧]之，故狱吏教引为证。勃之益封受赐，尽以予薄昭。及系[⑨]急，薄昭为言薄太后，太后亦以为无反事。文帝朝，太后以冒絮提[⑩]文帝，曰："绛侯绾皇帝玺[⑪]，将兵于北军，不以此时反，今居一小县，顾[⑫]欲反邪！"文帝既见绛侯狱辞，乃谢曰："吏方验[⑬]而出之。"于是使使持节[⑭]赦绛侯，复爵邑。绛侯既出，曰："吾尝将百万军，然安知狱吏之贵乎！"

绛侯复就国。孝文帝十一年卒，谥为武侯。子胜之代侯。六岁，尚公主，不相中[⑮]，坐[⑯]杀人，国除。绝[⑰]一岁，文帝乃择绛侯勃子贤者河内守亚夫，封为条侯，续绛侯后。

【注释】

①行县：郡守郡尉到各县巡视。行，巡行、巡视。②被：通"披"。③下：交给，交付。④长安：指长安负责刑狱的官

员。⑤治：惩处，审理。⑥稍：逐渐地。⑦牍：木简。⑧尚：古代娶公主为妻称为尚，不能说娶。⑨系：拘囚，关押。⑩冒絮：头巾之类。提：投掷。⑪绾：挂。玺：皇帝的印章。⑫顾：反而。⑬验：查证。⑭节：证明代表皇帝的信物，又称“符节”。⑮相中：相合。⑯坐：因犯……罪。⑰绝：这里指爵位中断。

【原文】

条侯亚夫自未侯为河内守时，许负相之，曰：“君后三岁而侯。侯八岁为将相。持国秉[①]，贵重矣，于人臣无两。其后九岁而君饿死。”亚夫笑曰：“臣之兄已代父侯矣，有如[②]卒，子当代，亚夫何说侯乎？然既已贵如负言，又何说饿死？指示我。”许负指其口曰：“有从理[③]入口，此饿死法[④]也。”居三岁，其兄绛侯胜之有罪，孝文帝择绛侯子贤者，皆推亚夫，乃封亚夫为条侯，续绛侯后。

【注释】

①秉：通“柄”，权力，权柄。②有如：如果。③从理：纵纹。从，通“纵”。④法：古代相术家称人的面相或骨相为法。

【原文】

文帝之后六年[①]，匈奴大入边。乃以宗正刘礼为将军，军霸上；祝兹侯徐厉[②]为将军，军棘门；以河内守亚夫为将军，军细柳：以备胡。上自劳军。至霸上及棘门军，直驰入，将以下骑送迎。已而之细柳军，军士吏被甲，锐兵刃，彀[3]弓弩，持满[4]。天子先驱至，不得入。先驱曰："天子且至！"军门都尉曰："将军令曰'军中闻将军令，不闻天子之诏'。"居无何，上至，又不得入。于是上乃使使持节诏将军："吾欲入劳军。"亚夫乃传言开壁[5]门。壁门士吏谓从属车骑曰："将军约[6]，军中不得驱驰。"于是天子乃按辔[7]徐行。至营，将军亚夫持兵揖曰："介胄[8]之士不拜，请以军礼见。"天子为动，改容式[9]车。使人称谢："皇帝敬劳将军。"成礼而去，既出军门，群臣皆惊。文帝曰："嗟乎，此真将军矣！曩[10]者霸上、棘门军，若儿戏耳，其将固可袭而虏也。至于亚夫，可得而犯邪！"称善者久之。月余，三军皆罢，乃拜亚夫为中尉。

孝文且崩时，诫太子曰："即[11]有缓急，周亚夫真可任将兵。"文帝崩，拜亚夫为车骑将军。

【注释】

①后六年：指文帝后元六年（前158）。②祝兹侯徐厉：清梁玉绳《史记志疑》认为应作"松兹侯徐悼"。③彀：把弓弩张开、张满。④持满：把弓弦拉满。⑤壁：营垒。⑥约：规约，规定。⑦按辔：控紧马缰绳。⑧介：甲。胄：头盔。⑨式：手扶车前横木表示敬意。式，通"轼"。⑩曩：以往，从前。⑪即：如果。缓急：危急。这里是偏义复合词。

【原文】

孝景三年，吴楚反[1]。亚夫以中尉为太尉，东击吴楚。因自请上曰："楚兵剽轻[②]，难与争锋，愿以梁委[③]之，绝其粮道，乃可制。"上许之。

太尉既会荥阳，吴方攻梁，梁急，请救。太尉引兵东北走昌邑，深壁[④]而守。梁日使使请太尉，太尉守便宜[⑤]，不肯往。梁上书言景帝，景帝使使诏救梁。太尉不奉诏，坚壁不出，而使轻骑兵弓高侯等绝吴楚兵后食道[⑥]。吴兵乏粮，饥，数欲挑战，终不出。夜，军中惊，内相攻击扰乱，至于太尉帐下。太尉终卧不起。顷之，复定。后吴奔壁东南陬[⑦]，太尉使备西北。已而其精兵果奔西北，不得入。吴兵既饿，乃引[⑧]而去。太尉出精兵追击，大破之。吴王濞弃其军，而与壮士数千人亡走，保于江南丹徒。汉兵因乘胜，遂尽虏之，降其后，购吴王[⑨]千金。月余，越人斩吴王头以告。凡相攻守三月，而吴楚破平。于是诸将乃以太尉计谋为是。由此梁孝王与太尉有郤[⑩]。

【注释】

①吴楚反：以吴王濞为首的吴楚七国发动叛乱，后称"七国之乱"。这是汉初有名的政治事件，详情参见《吴王濞列传》。②剽：强悍，勇猛。轻：轻捷。③委：抛弃。④深壁：加高营垒。⑤便宜：有利，适宜。⑥弓高侯：名韩颓当。食道：即粮道。⑦陬：角落。⑧引：退。⑨购吴王：悬赏捉拿吴王。⑩郤：裂痕，仇怨。

【原文】

归，复置太尉官。五岁，迁为丞相，景帝甚重之。景帝废栗太子[1]，丞相固争之，不得。景帝由此疏之。而梁孝王每朝，常与太后言条侯之短。

窦太后曰："皇后兄王信可侯也。"景帝让曰："始南皮、章武侯[2]先帝不侯，及臣即位乃侯之。信未得封也。"窦太后曰："人主各以时行耳。自窦长君在时，竟不得侯，死后乃其子彭祖顾得侯。吾甚恨之。帝趣侯信也！"景帝曰："请得与丞相议之。"丞相议之，亚夫曰："高皇帝约：'非刘氏不得王，非有功不得侯。不如约，天下共击之。'今信虽皇后兄，无功，侯之，非约也。"景帝默然而止。

其后匈奴王唯徐卢[3]等五人降，景帝欲侯之以劝[4]后。丞相亚夫曰："彼背其主降陛下，陛下侯之，则何以责人臣不守节者乎？"景帝曰："丞相议不可用。"乃悉封唯徐卢等为列侯。亚夫因谢病。景帝中三年[5]，以病免相。

【注释】

①景帝废栗太子事，见《孝景本纪》《外戚世家》。②南皮：窦太后之兄窦长君死后，景帝封其子窦彭祖为南皮侯。章武侯：窦太后之弟窦广国被景帝封为章武侯。③唯徐卢：人名。五人：据《惠景间侯者年表》所记，景帝中元三年来降的匈奴为七人。④劝：勉励，鼓励。⑤中三年：即中元三年。

【原文】

顷之，景帝居禁中[1]，召条侯，赐食。独置大胾[2]，无切肉，又不置櫡。条侯心不平，顾谓尚席取櫡。景帝视而笑曰：“此不足君所乎[③]？”条侯免冠谢。上起，条侯因趋出。景帝以目送之，曰：“此怏怏者非少主[④]臣也！”

居无何，条侯子为父买工官尚方甲楯五百被[⑤]可以葬者。取庸[⑥]苦之，不予钱。庸知其盗买县官[⑦]器，怒而上变告子，事连污条侯。书既闻上，上下吏。吏簿[⑧]责条侯，条侯不对。景帝骂之曰：“吾不用也[⑨]。”召诣[⑩]廷尉。廷尉责曰：“君侯欲反邪？”亚夫曰：“臣所买器，乃葬器也，何谓反邪？”吏曰：“君侯纵不反地上，即欲反地下耳。”吏侵之益急。初，吏捕条侯，条侯欲自杀，夫人止之，以故不得死，遂入廷尉。因不食五日，呕血而死。国除。

绝一岁，景帝乃更封绛侯勃他子坚为平曲侯，续绛侯后。十九年卒，谥为共侯。子建德代侯，十三年，为太子太傅。坐酎金[⑪]不善，元鼎[⑫]五年，有罪，国除。[⑬]

条侯果饿死。死后，景帝乃封王信为盖侯。

【注释】

①禁中：宫中。②胾（zì）：大块的肉。③关于这句的含意，各家解说不同。一种意见认为是景帝对周亚夫的态度表示不满，另一种意见认为是景帝向周亚夫表示歉意。据上下文推敲，似以前一种意见较妥。④怏怏：不高兴的样子。少主：指新立的太子刘彻，即后来的汉武帝。⑤尚方：掌管制造和供应皇家用品的官署。被（pī）：数量词。具，件。⑥取庸：搬运

的雇工。庸，通“佣”。⑦县官：指天子。《索隐》解释说：“所以谓国家为县官者，《夏官》（《周礼》中的一篇）王畿内（天子领地之内）县即国都也。王者官天下，故曰县官也。”⑧簿：文书。⑨这句的含意各家理解不同。一种理解是不再用普通狱吏审理此案；另一种理解是明确宣布不再任用周亚夫为官以解除审案者的顾虑；还有一种理解是因周亚夫不回答审问，景帝怒而宣称：“用不着你再回答了。”三解都可通。⑩诣：到……去。⑪酎金：汉朝规定，诸侯每年应向朝廷进献助祭的黄金，即酎金。⑫元鼎：汉武帝的第五个年号，共六年（前116—前111）。⑬“坐酎金不善”至此数句可能文字有错乱。《汉书·周勃传》作：“坐酎金免官，后有罪，国除。”顾炎武在《日知录》卷二十七中认为：“当云‘元鼎五年，坐酎金不善，国除。’衍‘有罪’二字。”

【原文】

太史公曰：绛侯周勃始为布衣时，鄙朴人也，才能不过凡庸。及从高祖定天下，在将相位，诸吕欲作乱，勃匡[①]国家难，复之乎正。虽伊尹、周公[②]，何以加哉！亚夫之用兵，持威重，执坚刃[③]，穰苴曷[④]有加焉！足已而不学，守节不逊[⑤]，终以穷困。悲夫！

【注释】

①匡：挽救。②伊尹：其事迹参见《殷本纪》。周公：其事迹详见《鲁周公世家》。③坚刃：坚韧。④穰苴：其事迹详见

《司马穰苴列传》。曷：何，岂。⑤守节：谨守臣节。指反对废栗太子，反对封王信、唯徐卢等事。不逊：不恭顺，傲慢无礼。指让宴席官取櫡、不回答审问等事。

【译文】

绛侯周勃，沛县人。他的祖先是卷县人，后来迁到沛县。周勃靠编蚕箔维持生活，还常在人家办丧时事吹箫奏挽歌，后来又成为能拉硬弓的勇士。

高祖当初称为沛公刚刚起兵的时候，周勃以侍从官的身份随从高祖进攻胡陵，攻下方与。方与反叛，周勃跟他们交战，打退了敌军。之后进攻丰邑，在砀郡东边攻打秦军，军队回到留县和萧县。再次进攻砀郡，把它攻破了，打下了下邑，周勃最先登上城墙。高祖赐给他五大夫的爵位。进攻蒙、虞二城，都攻下了。袭击章邯车骑部队的时候，周勃立下等功。平定魏地后，进攻爰戚、东缗，一直打到栗县，都攻占了。攻啮桑时，周勃又最先登城。在东阿城下攻击秦军，把他们打败了。追击到濮阳，攻下甄城。进攻都关、定陶，袭击并攻占了宛朐，俘获了单父的县令。夜袭攻占了临济，进攻寿张，又往前打到卷县，把它攻破了。在雍丘城下攻击秦军将李由的军队。进攻开封时，周勃先到城下，立了战功。后来，章邯打败了项梁的军队并杀死了项梁。沛公刘邦和项羽领兵向东回到砀郡。从在沛县开始起兵到回至砀郡，共一年零两个月。楚怀王给沛公的封号是安武侯，并任他做砀郡郡长。沛公任命周勃以虎贲令的职位，他跟随沛公平定魏地。在城武进攻东郡郡尉的军队，打败了他们。攻打秦将王离的军队，把他们打败了。进攻长社，周勃又是最先登城。进攻颍阳、缑氏，切断了黄河的渡口。在尸乡北面攻打赵贲的军队。又南下攻打南阳郡吕齮攻破武关、峣关。在蓝田大败秦军，打到咸阳，灭了秦朝。

项羽到了咸阳，把沛公封为汉王。汉王赐给周勃的爵位是威武侯。周勃跟随汉王进入汉中，被任命为将军。回师平定三秦，到秦地后，汉王把怀德赐给周勃作食邑。进攻槐里、好畤，立了上等功。在咸阳攻击赵贲和内史保，又立上等功。向北进攻漆县。攻打章平、姚卬的军队。向西平定汧县。又回军打下了湄县、频阳。在废丘包围了章邯军队。打败了西县县丞的军队。攻打盗巴的军队，打败了他。进攻上邽。在东边镇守峣关。转而攻打项羽。进攻曲逆，立上等功。回师镇守敖仓，追击项羽。项羽死后，趁机向东平定楚泗水和东海两郡，共占领二十二县。又回师守卫洛阳、栎阳，汉王把钟离赐给周勃与灌婴作为二人共有的食邑。周勃以将军的身份随从高祖征讨反叛汉朝的燕王臧荼，在易县城下把他打败。周勃率领的士兵在车马大道上抵御敌军，战功多。周勃被封赐列侯的爵位，高祖分剖符信保证周勃的爵位代代相传，永不断绝。赐绛县八千一百八十户作为食邑，号称绛侯。

周勃以将军身份随从高祖在代地征讨反叛汉朝的韩王信，降服了霍人县。再向前到达武泉，攻击胡人的骑兵，在武泉北边把他们打败。又转移到铜鞮进攻韩王信的军队，打败了他们。回师降服了太原郡的六座城。在晋阳城下，攻击韩王信的胡人骑兵，击败了他们，攻下了晋阳。随后，又在硰石攻击韩王信的军队，把他们击败，追击败兵八十里。回师进攻楼烦的三座城，趁势在平城之下攻击胡人骑兵，周勃所率领的士兵在车马大道上抵御敌兵，战功最多。周勃晋升为太尉。

周勃攻打叛将陈豨，在马邑县屠城。他率领的士卒斩杀了陈豨的将军乘马絺。在楼烦攻打韩王信、陈豨、赵利的军队，把他们打败了，俘获了陈豨的部将宋最和雁门郡守圂。趁势转攻云中郡，俘获了郡守遬、丞相箕肆和将军勋。平定雁门郡十七个县，云中郡十二个县。趁势又在灵丘攻打陈豨，把他的军队打垮，斩杀了陈豨，俘获了陈豨的丞相程纵、将军陈武、都尉高肆。平定代郡九个县。

燕王卢绾反叛，周勃以相国的职位代樊哙领兵，攻下蓟县，俘获了卢绾的大将抵、丞相偃、郡守陉、太尉弱以及御史大夫施等人，屠灭浑都城。在上兰打败了卢绾的叛军，又在沮阳击败卢绾的叛军。追击到长城，平定上谷郡十二县，右北平郡十六县，辽西、辽东二十九县，渔阳郡二十二县。随从高祖出征，共俘获相国一人，丞相二人，将军和年俸二千石的官各三人，另外还打败了两支军队，攻下了三座城，平定五个郡、七十九个县，俘虏丞相、大将各一人。

周勃为人质朴刚强，老实忠厚，高祖认为可以嘱托大事。周勃不喜爱文辞学问，每次召见儒生和游说之士，他面向东坐着，要求他们："赶快对我说吧！"他的质朴少文才就像这个样子。

周勃平定燕地之后回朝，高祖已经去世，他以列侯的身份侍奉惠帝。惠帝六年（前 189）设太尉官职，任命周勃为太尉。十年以后，吕后去世。吕禄以赵王身份任汉朝上将军，吕产以吕王身份任汉朝相国，他们把持汉朝政权，想要推翻刘氏。周勃身为太尉，却不能进入军营之门；陈平身为丞相，却不能处理政务。于是，周勃与陈平谋划，终于诛灭了吕氏家族，拥立孝文皇帝。此事的详情都记载在《吕太后本纪》和《孝文本纪》中。

文帝即位之后，任周勃为右丞相，赐给黄金五千斤，食邑一万户，过了一个多月，有人劝说周勃："您已诛灭了吕氏家庭，拥立代王为天子，威震天下。您受到丰厚的赏赐，处在尊贵的地位，这样受宠，时间长了将会有灾祸降到您的身上。"周勃害怕了，自己也感到危险，于是就辞职，请求归还相印。皇帝答应他的请求。过了一年多，丞相陈平去世。皇帝又让周勃任丞相。过了十几个月，皇帝说："前些天我下令让列侯都到自己的封地去，有些人还没有走，丞相您是我很器重的人，希望您带头先去吧!"于是，免去丞相职位回到封地。

回到封地一年多，每当河东郡守和郡尉巡视各县到达绛县的时候，绛侯周勃自己害怕被杀害，经常披挂铠甲，命令家人手持武器来会见郡守和郡尉。后来，有人上书告发周勃要反叛，皇帝把此事交给负责刑狱的长官廷尉处理，廷尉又把此事交付长安负责，长安的刑狱官逮捕周勃进行审问。周勃恐惧，不知道怎么回答。狱吏渐渐欺凌侮辱他。周勃拿千金送给狱吏，狱吏才写在木简背后提示他："让公主为你作证。"公主就是文帝的女儿，周勃的长子胜之娶她为妻。所以，狱吏教周勃让她出来作证。周勃把加封所受的赏赐都送给了薄太后之弟薄昭。等案子到了紧要关头，薄昭为周勃向薄太后说情，太后也认为不会有谋反的事。文帝朝见太后，太后顺手抓起头巾向文帝扔去，说："原来降侯身上带着皇帝的印玺，在北军领兵，他不在那时反叛，如今他住在一个小小的县里，反倒要叛乱吗?"文帝已经看到绛侯的供词，便向太后谢罪说："狱吏刚好查证清楚，要放他出去了。"于是，派使者带着符节赦免绛侯，恢复他的爵位和食邑。绛侯出狱以后说："我曾经率领百万大军，可是怎么知道狱吏的尊贵呀!"

绛侯重新回到封地。在文帝十一年（前169）去世，谥号是武侯。他的儿子胜之继承爵位。过了六年，他所娶的公主与他感情不和，又因他犯了杀人罪，封地被废除。爵位中断了一年，文帝才从绛侯周勃的儿子中挑选出贤能的河内郡守周亚夫，封他为条侯，接续绛侯的爵位。

条侯周亚夫在没有封侯还做河内郡守的时候，许负为他看相，说："您三年以后被封侯，封侯八年以后任将军和丞相，掌握国家大权，位尊而权重，在大臣中没有第二个能和您比。此后再过九年，您将会饿死。"周亚夫笑着说："我的哥哥已经继承父亲的侯爵了，如果他死了，他的儿子应当接替，我周亚夫怎么谈得上封侯呢？既然我已像你说的那样富贵，又怎么说会饿死呢？请你指教我。"许负指着周亚夫的嘴说："您脸上有纵纹入口，这是饿死的面相。"过了三年，他的哥哥绛侯周胜之有罪，文帝从周勃的儿子中挑选贤能的人，大家都推举亚夫，于是封亚夫为条侯，接续绛侯的爵位。

文帝后元六年（前158），匈奴大举入侵边境。文帝便任命宗正刘礼为将军，驻军霸上；任命祝兹侯徐厉为将军，驻军棘门；任命河内郡守周亚夫为将军，驻军细柳：以防备匈奴。

皇帝亲自去慰劳军队。到了霸上和棘门的军营，一直奔驰进入，从将军到下属官兵都骑马迎送。之后到达细柳军营，军中官兵都披挂铠甲，兵刃锐利，弓弩张开，弓弦拉满。天子的前导来到军营，不能进入。前导说："天子就要到了！"军门都尉说："我们将军命令说：'在军中只能听将军的命令，不听天子的诏令。'"过了不久，皇帝到了，又不能进入。于是，皇帝便派使者手持符节给将军下诏令："我要进去慰劳军队。"亚夫这才传话打开军营大门。营门的守卫士官对皇帝的车马随从说："将军有规定，军营里不准驱马奔驰。"于是，天子就拉紧缰绳慢慢行进。到了营中，将军周亚夫手拿武器拱手行礼说："穿戴盔甲的将士不能跪拜，请允许我以军礼参见皇上。"天子被他感动了，马上变得面容庄重，靠在车着横木上向官兵致意。派人向周亚夫致谢说："皇帝特来慰劳将军。"完成劳军的礼仪后离去。一出营门，群臣都露出惊怪之色。文帝说："啊，这才是真正的将军呀！从前在霸上和棘门军营看到的，简直是儿戏，他们的将军本来就可能受袭击被俘虏。至于亚夫，怎么可能去侵犯他呢！"称赞他很久。过了一个多月，三支军队都撤除了。文帝便授予周亚夫中尉的官职。

文帝将要去世的时候，告诫太子说："如果发生危急情况，周亚夫是真正担当领兵重任的。"文帝去世后，景帝授予周亚夫车骑将军的职位。

景帝三年（前154），吴、楚等七国叛乱。周亚夫由中尉升任太尉，领兵进攻打吴、楚叛军。于是，周亚夫亲自请示皇帝说："楚兵勇猛轻捷，很难与他们交战取胜。我希望先把梁国放弃，让他们进攻，我们去断绝他们的粮道，这样才能把他们制服。”景帝同意这个意见。

太尉周亚夫把各路军队会合到荥阳之后，吴国叛军正在进攻梁国，梁国形势危急，请求援救。而太尉却领兵向东北跑到昌邑，深沟高垒坚守不出。梁国天天派使者向太尉求救，太尉认为坚守有利，不肯去救。梁国上书报告景帝，景帝随即派使者诏令太尉救梁。太尉不遵从皇帝的诏令，坚守营垒仍不出兵，而是派遣轻骑兵由弓高侯等人率领去断绝吴、楚叛军后方的粮道。吴国军队缺乏粮食，士兵饥饿，屡次挑战。可是，汉军始终也不出来。夜里，汉军营中受惊，军内互相攻击扰乱，甚至闹到了太尉的营帐之下。太尉却始终静卧不起。时间不久，就恢复了安定。后来，吴军朝汉军军营东南角奔来，太尉让人们注意防备西北。接着，吴国精兵果然奔到了西北，但不能攻入。吴兵已经饿了，于是就撤退离去。太尉派精兵去追击，大败吴军。吴王濞抛弃了他的大军，与几千名精壮士卒逃跑，逃到江南丹徒自保。汉兵于是乘胜追击，完全俘虏了叛军，并使他们投降，又悬赏千金买吴王之头。过了一个多月，就有越人斩了吴王的头来报告。双方攻守一共只有三个月，吴、楚叛乱就被平定了。于是，将领们才认识到太尉的计谋是正确的。可是，由于这次平叛，梁孝王和太尉有了仇怨。

周亚夫回朝后，朝廷重新设置了太尉官，五年后、周亚夫升任丞相，景帝非常器重他。后来，景帝废了栗太子，丞相周亚夫极力争辩，也未能成功劝阻。景帝从此就疏远了他。而梁孝王每次进京朝见，常常跟太后讲条侯周亚夫的短处。

有一天，窦太后说：“皇后的哥哥王信可以封侯了。”景帝推辞说：“起初，南皮侯（窦彭祖）、章武侯（窦广国）先帝都没封他们为侯，等到我即位之后才封他们。王信现在还不能封啊。”窦太后说：“君主们都是各自按照当时的情况行事。我哥哥窦长君在世的时候，竟不能被封侯，死后他的儿子彭祖反倒封侯了，这件事我非常悔恨，皇上赶快封王信为侯吧！”景帝说：“这件事需要和丞相商议一下。”景帝就与丞相商议，周亚夫说：“当初高皇帝规定：‘不是刘氏家族的人不能封王，不是有功的人不能封侯，谁不遵守这个规定，天下人共同攻击他。’如今，王信虽然是皇后的哥哥，但没有立功，封他为侯是违背规约的。”景帝听了，默默无言，只好作罢。

后来，匈奴王唯徐卢等五人投降汉朝。景帝想要封他们为侯，以鼓励后来的人。丞相周亚夫说：“那几个人背叛他们的君主投降陛下，陛下如果封他们为侯，那还怎么去责备不守节操的臣子呢？”景帝说：“丞相的意见不能采用。”于是，把唯徐卢等人全都封为列侯。周亚夫因而称病退居家中。景帝中元三年（前147），周亚夫因病被免去丞相职务。

不久，景帝在皇宫中召见条侯，赏赐酒食。席上只放了一大块肉，没有切碎的肉，也不放筷子。条侯心中不满，扭头就叫管宴席的官拿筷子来。景帝看到后，笑着说：“这些不能满足你的需要吗？”条侯脱下帽子谢罪。皇帝起身，条侯趁机快步走出。景帝目送他出去后，说：“这个遇事就不满意的人不能任少主的大臣啊！”

过了不久，条侯的儿子从专做皇家用品的工官那里给父亲买了五百件殉葬用的盔甲盾牌。搬运的雇工很受累，可是不给钱。雇工们知道他偷买天子用的器物，一怒就上告周亚夫的儿子要反叛，事情自然牵连到条侯。雇工的上书呈报景帝，景帝交给官吏查办。官吏按文书上内容一一责问条侯，条侯拒不回答。景帝责骂他说："我不任用你了。"景帝下令把周亚夫交到廷尉那里去。廷尉责问说："你是想造反吗?"周亚夫说："我所买的器物都是殉葬用的，怎么说是要造反呢?"狱吏说："你纵使不在地上造反，也要到地下去造反吧!"狱吏逼迫越来越加紧。起初，狱吏逮捕条侯的时候，条侯想自杀，夫人制止了他。因此没能死，接着就进了廷尉的监狱。周亚夫于是五天不吃饭，吐血而死。他的封地被削除。

周亚夫的爵位中断了一年，景帝便改封绛侯周勃的另一个儿子周坚为平曲侯，接续绛侯的爵位。周坚封侯十九年后去世，谥号是共侯。他的儿子建德继承侯爵。十三年后，周建德任太子太傅。由于所献的助祭黄金品质不佳，元鼎五年（前112），被判有罪，封地被废除。

条侯周亚夫果然是饿死的。他死后，景帝便封王信为盖侯。

太史公说："绛侯周勃原来做平民的时候，是个粗陋朴实的人，才能不过平庸之辈。等到随从高祖平定天下，就身居将相之位。吕氏家族想谋反作乱，周勃挽救国家危难，使朝廷恢复正常。即使伊尹、周公这样的贤人，怎超过他呢！周亚夫的用兵，一直保持威严庄重，坚韧不拔，即使是司马穰苴这样的名将，又怎能超过他呢？可惜他自满自足而不虚心学习，能谨守节操但不知恭顺，最后以穷途困窘而告终，真令人悲伤啊!"

第四十卷　梁孝王世家第二十八

本篇虽以“梁孝王世家”名篇，实际载述孝文三王刘武、刘参、刘胜的行事。善举著以包之，是《史记》多见的一种写法。

汉王朝统治地位得以稳定之后，为进一步加强中央集权，必然要逐步消减同姓王的权势，这就决定了刘武家族衰败命运的必然性。但骄横也是其衰亡的重要原因。刘武依仗其母窦太后对他的溺爱、孝景帝对他的放纵，骄横恣睢。“出言趩，入言警”，因为未能继承帝位，怨恨并暗杀议臣十余人，以致险遭杀身之祸，最终忧郁而死。其子又依仗他受宠，或恣行忘礼，或滥杀无辜。五人中四人的封国被废除，甚至有的被贬为庶人。汤谐《史记半解》云：“一篇写太后之溺爱梁王，正所以几危梁王，为千秋炯戒。后写罍樽事，则又见梁王这急于货宝，正所以危其后人也。然财物多太后所赐，则祸胎仍太后所贻，而溺爱这失益见矣。至其文境沉雄于淡泊深志之中，具生龙活虎之势，哪得不令人叹绝！”

【原文】

梁孝王武者，孝文皇帝子也，而与孝景帝同母。母，窦太后也。

孝文帝凡四男：长子曰太子，是为孝景帝；次子武；次子参；次子胜[①]。孝文帝即位二年[②]，以武为代王，以参为太原王，以胜为梁王。二岁，徙代王为淮阳王。以代尽与太原王[③]，号曰代王。参立十七年，孝文后二年[④]卒，谥为孝王。子登嗣立，是为代共王，立二十九年，元光二年[⑤]卒，子义立，是为代王。十九年，汉广关[⑥]，以常山为限[⑦]，而徙代王王清河。清河王徙以元鼎三年[⑧]也。

初，武为淮阳王十年，而梁王胜卒，谥为梁怀王。怀王最少子，爱幸异于他子。其明年，徙淮阳王武为梁王。梁王之初王梁，孝文帝之十二年也。梁王自初王通历[⑨]已十一年矣。

【注释】

①胜：《汉兴以来诸侯王年表》也作“胜”，《孝文本纪》以及《汉书·文帝纪》《汉书·诸侯王表》《汉书·文三王传》等则作“揖”。②孝文帝即位二年：即前178年。③这一句的意思是说，把代国的封地全部划归太原王。与：给予。④孝文后二年：汉文帝后元二年，即前162年。⑤元光二年：前133年。元光，汉武帝的第二个年号（前134—前129）。⑥广关：扩展关塞。⑦限：界限。⑧元鼎三年：前114年。元鼎，汉武帝的第五个年号（前116—前111）。⑨通历：共经历。

【原文】

梁王十四年，入朝。十七年，十八年，比年[①]入朝，留[②]，其明年，乃之国。二十一年，入朝。二十二年，孝文帝崩。二十四年，入朝。二十五年，复入朝。是时上未置太子也。上与梁王燕饮[3]，尝从容言曰："千秋万岁[4]后传于王。"王辞谢。虽知非至言[5]，然心内喜。太后亦然。

【注释】

①比年：连年。按：《汉兴以来诸侯王年表》未载十七年来朝。②留：指留在京师。③燕饮：指较随便的家宴。燕，通"宴"，安闲。④千秋万岁：君王死的讳词。⑤至言：深切中肯的话，真心话。

【原文】

其春，吴、楚、齐、赵七国反[1]。吴、楚先击梁棘壁，杀数万人。梁孝王城守[2]睢阳，而使韩安国、张羽等为大将军，以距[3]吴、楚。吴、楚以梁为限[4]，不敢过而西，与太尉亚夫等相距[5]三月。吴、楚破，而梁所破杀虏略与汉中分[6]。明年，汉立太子。其后梁最亲，有功，又为大国，居天下膏腴地。地北界[7]泰山，西至高阳，四十余城，皆多大县。

【注释】

①吴、楚、齐、赵七国反：汉景帝三年（前154），吴王刘濞联合楚王刘戊、赵王刘遂、胶西王刘卬、胶东王刘雄渠、济南王刘辟光、菑川王刘贤，为了反对朝廷的削藩政策，发动大规模叛乱。其中的胶西、胶东、济南、菑川四国都是由齐国分出来的。这里用"齐"概指这四个诸侯国。详见《吴王濞

列传》。②城守：据城守御。③距：通“拒”，抵御。④限：阻隔。⑤相距：相持。⑥略：大约。中分：对半分，相等。⑦界：以……为界。

【原文】

孝王，窦太后少子也，爱之，赏赐不可胜道。于是孝王筑东苑，方三百余里。广睢阳城七十里。大治宫室，为复道①，自宫连属②于平台三十余里。得赐天子旌旗，出从千乘万骑③。东西驰猎，拟④于天子。出言趩⑤，入言警⑥。招延四方豪桀⑦，自山⑧以东游说之士，莫不毕至，齐人羊胜、公孙诡、邹阳之属⑨。公孙诡多奇邪计，初见王，赐千金，官至中尉，梁号之曰公孙将军。梁多作兵器弩弓矛数十万，而府库金钱且百巨万⑩，珠玉宝器多于京师。

【注释】

①复道：楼阁间有上下两重通道，其架空者称复道。又名阁道，俗称天桥。②连属：连接，连续。③千乘万骑：古时一车四马谓之“乘”，一人一马谓之“骑”。这里极言出从车辆、人马之多。《索隐》引《引官仪》云：“天子法驾三十六乘，大驾八十一乘，皆备千乘万骑而出也。”④拟：比拟，类似。⑤趩：亦作“跸”。古代帝王出行时止人清道谓之“跸”。⑥警：警戒。以上两句相互为文，即出入皆警跸。⑦桀：通“杰”。⑧山：指崤山。⑨属：类。⑩百巨万：亿万。巨万，一亿。

【原文】

二十九年十月，梁孝王入朝。景帝使使持节乘舆驷马[①]，迎梁王于关下。既朝，上疏因留，以太后亲故。王入则侍景帝同辇[②]，出则同车游猎，射禽兽上林[③]中。梁之侍中、郎、谒者著籍引[④]出入天子殿门，与汉宦无异。

【注释】

①节：符节，使者所持的信物。乘舆：皇帝和诸侯乘坐的车子。驷马：古时一车套四马，因称四马之车或车之四马为“驷”。②辇：这里指辇车，即在宫中乘坐的人拉车，后世称为步辇。③上林：苑名。苑内放养禽兽，供帝王射猎。故址在今陕西西安西南。④著籍：在名簿上登记。引：导引。

【原文】

十一月，上废栗太子[①]，窦太后心欲以孝王为所嗣。大臣及袁盎等有所关说[②]于景帝，窦太后义格[③]，亦遂不复言以梁王为嗣事由此。以事秘，世莫知。乃辞归国。

【注释】

①栗太子：刘荣，栗姬所生。②关说：谏阻。③义格：动议受阻。义，通“议”。格，受阻碍。

【原文】

其夏四月，上立胶东王[①]为太子。梁王怨袁盎及议臣，乃与羊胜、公孙诡之属，阴[②]使人刺杀袁盎及他议臣十余人。逐其贼，未得也。于是天子意[3]梁王，逐贼，果梁使之。乃遣使冠盖相望于道，覆按[4]梁，捕公孙诡、羊胜。公孙诡、羊胜匿王后宫。使者责二千石[5]急。梁相轩丘豹及内史韩安国进谏王，王乃令胜、诡皆自杀，出之。上由此怨望[6]于梁王。梁王恐，乃使韩安国因长公主[7]谢罪太后。然后得释。

【注释】

①胶东王：刘彻，即后来的汉武帝。②阴：暗中，暗地里。③意：怀疑。④覆按：反复检验审查。覆，通“复”。按，查验，审查。⑤二千石：汉代官吏俸禄等级，这里用以指代这个等级的官吏。⑥怨望：怨恨，责怪。望，埋怨。⑦长公主：皇帝的姊妹，此指文帝长女馆陶公主刘嫖。

【原文】

上怒稍解，因上书请朝。既至关，茅兰说[1]王，使乘布车，从两骑入，匿于长公主园。汉使使迎王，王已入关，车骑尽居外，不知王处。太后泣曰：“帝杀吾子!”景帝忧恐。于是梁王伏斧质于阙[2]下，谢罪，然后太后、景帝大喜，相泣，复如故。悉召王从官入关。然景帝益[3]疏王，不同车辇矣。

三十五年冬，复朝。上疏欲留，上弗许。归国，意忽忽[4]不乐。北猎良山，有献牛，足出背上，孝王恶之。六月中，病热，六日卒，谥曰孝王。

【注释】

①说：劝说。②斧质：古代杀人刑具。质，通“锧”，杀

人时作垫用的砧板。阙：宫阙，帝王居住的地方。此指宫门。③益：逐渐。④忽忽：恍惚不安的样子。

【原文】

孝王慈[1]孝，每闻太后病，口不能食，居不安寝，常欲留长安侍太后。太后亦爱之。及闻梁王薨，窦太后哭极哀，不食，曰："帝果杀吾子！"景帝哀惧，不知所为。与长公主计之，乃分梁为五国，尽立孝王男五人为王，女五人皆食汤沐邑[2]。于是奏之太后，太后乃说，为帝加一餐。

梁孝王长子买为梁王，是为共[3]子；子明为济川王；子彭离为济东王；子定为山阳王；子不识为济阴王。

孝王未死时，财以巨万计，不可胜数。及死，藏府[4]余黄金尚四十余万斤，他财物称[5]是。

梁共王三年，景帝崩。共王立七年卒，子襄立，是为平王。

【注释】

①慈：孝敬奉养父母。②汤沐邑：汉代称皇帝、皇后、公主等收取赋税的私邑。③共：通"恭"，谥号用字。《汉兴以来诸侯王年表》作"恭"。④藏府：府库。藏存东西的地方。⑤称：相副，相当。

【原文】

梁平王襄十四年，母曰陈太后。共王母曰李太后。李太后，亲平王之大母[1]也。而平王之后姓任，曰任王后。任王后甚有宠于平王襄。初，孝王在时，有罍樽[2]，直[3]千金。孝王诫后世，善保罍樽，无得以与人。任王后闻而欲得罍樽。平王大母李太后曰："先王有命，无得以罍樽与人。他物虽百巨万，犹自恣[4]也。"任王后绝[5]欲得之。平王襄直[6]使人开府取罍樽，赐任王后。李太后大怒，汉使者来，欲自言，平王襄及任王后遮止，闭门，李太后与争门，措[7]指，遂不得见汉使者。李太后亦私与食官长及郎中尹霸等士通乱，而王与任王后以此使人风[8]止李太后，李太后内有淫行，亦已。后病薨。病时，任后未尝请病[9]；薨，又不持丧[10]。

【注释】

①大母：祖母。②罍樽：罍形酒器。罍：器名，青铜制或陶制，形圆或方，用以盛酒或水。③直：通"值"。④自恣：放任，自便。⑤绝：极，非常。⑥直：径自，径直。⑦措：轧，夹住。⑧风：通"讽"，用含蓄的话暗示或劝告。⑨请病：请安问病。⑩持丧：居丧守孝。

【原文】

元朔中[1]，睢阳人类犴反者，人有辱其父，而与睢阳太守客出同车。太守客出下车，类犴反杀其仇于车上而去。睢阳太守怒，以让[2]梁二千石。二千石以下求反甚急，执[3]反亲戚。反知国阴事[4]，乃上变事[5]，具告知王与大母争樽状，时丞相以下见知之，欲以伤梁长吏，其书闻天子。天子下吏验问，有之。公卿请废襄为庶人。天子曰："李太后有淫行，而梁王襄无良师傅，故陷不义。”乃削梁八城，枭任王后首于市。梁余尚有十城。襄立三十九年卒，谥为平王。子无伤立为梁王也。

【注释】

①元朔：汉武帝第三个年号（前128—前123）。②让：责备。③执：捉拿。④阴事：秘密不可告人的事。此指上文任王后与李太后争罍樽事。⑤上变事：向朝廷报告突然发生的非常事件。

【原文】

济川王明者，梁孝王子，以桓邑侯孝景中六年[①]为济川王。七岁，坐[②]射杀其中尉，汉有司[③]请诛，天子弗忍诛，废明为庶人，迁房陵，地入于汉为郡。

济东王彭离者，梁孝王子，以孝景中六年为济东王。二十九年，彭离骄悍，无人君礼[④]，昏暮私与其奴、亡命少年数十人行剽[⑤]杀人，取财物以为好。所杀发觉者百余人，国皆知之，莫敢夜行。所杀者子上书言。汉有司请诛，上不忍，废以为庶人，迁上庸，地入于汉，为大河郡。

山阳哀王定者，梁孝王子，以孝景中六年为山阳王。九年卒，无子，国除，地入于汉，为山阳郡。

济阴哀王不识者，梁孝王子，以孝景中六年为济阴王。一岁卒，无子，国除，地入于汉，为济阴郡。

【注释】

①孝景中六年：汉景帝曾两次改元，第一次改元史称

中元，第二次改元史称后元。“孝景中六年”即前144年。②坐：因犯……罪。③有司：古代设官分职，各有专司，因称官吏为有司。这里指有关官员。④礼：礼仪，风范。⑤行剽：从事抢劫。

【原文】

太史公曰：梁孝王虽以亲爱之故，王膏腴之地，然会[1]汉家隆盛，百姓殷富，故能植[2]其财货，广宫室，车服[3]拟于天子。然亦僭[4]矣。

【注释】

①会：适逢，遇上。②植：增加，积累。③车服：车马服饰。④僭：超越本分。

【原文】

褚先生曰：臣为郎时，闻之于宫殿中老郎吏好事者称道之也。窃以为令梁孝王怨望，欲为不善[1]者，事从中[2]生。今太后，女主也，以爱少子故，欲令梁王为太子。大臣不时[3]正言其不可状，阿意治小[4]，私说意[5]以受赏赐，非忠臣也。齐如魏其侯窦婴之正言[6]也，何以有后祸？景帝与王燕见[7]，侍太后饮，景帝曰：“千秋万岁之后传王。”太后喜悦。窦婴在前，据地[8]言曰：“汉法之约，传子適孙[9]，今帝何以得传弟，擅乱高帝约乎！”于是景帝默然无声。太后意不说。

【注释】

①欲为不善：指企图继承帝位事。②中：指宫中。③时：

及时。④阿意：曲从人意。治小：指管一些无足轻重的小事。⑤私说意：指暗地里办些使太后感到满意的事。说，通“悦”。⑥齐：皆，全。正言：指下文应“传子適孙”而不应“传弟”的话。⑦燕见：通“宴见”，谓帝王闲暇时召见臣下。燕，通“宴”。⑧据地：指稽首至地。⑨適孙：嫡长孙。適，通“嫡”，封建宗法制度下称正妻为“適”。有时指正妻所生的儿子，有时也专指正妻所生的长子。

【原文】

故成王与小弱[①]弟立树下，取一桐叶以与之，曰：“吾用封汝。”周公闻之，进见曰：“天王封弟，甚善。”成王曰：“吾直[②]与戏耳。”周公曰：“人主无过举[③]，不当有戏言，言之必行之。”于是乃封小弟以应县。是后成王没齿[④]不敢有戏言，言必行之。《孝经》曰：“非法不言，非道不行。”此圣人之法言[⑤]也。今主上不宜出好言于梁王。梁王上有太后之重，骄蹇[⑥]日久，数[⑦]闻景帝好言，千秋万世之后传王，而实不行。

【注释】

①弱：年少。②直：只，但。③过举：错误的、不恰当的举动。④没齿：没世，一辈子。⑤法言：格言。⑥骄蹇：不顺从，傲慢。⑦数：多次。

【原文】

又诸侯王朝见天子，汉法凡当四见耳。始到，入小见[①]；到正月朔旦[②]，奉皮荐[③]璧玉贺正月，法见[④]；后三日，为王置酒，赐金钱财物；后二日，复入小见，辞去。凡留长安不过二十日。小见者，燕见于禁门[5]内，饮于省[6]中，非士[7]人所得入也。今梁王西朝，因留，且半岁。入与人主同辇，出与同车。示风以大言[8]而实不与，令出怨言，谋畔[9]逆，乃随而忧之，不亦远[10]乎！非大贤人，不知退让。今汉之仪法，朝见贺正月者，常一王与四侯俱朝见，十余岁一至。今梁王常比年[11]入朝见，久留。鄙语[12]曰"骄子不孝"，非恶言也。故诸侯王当为置良师傅，相忠言之士[13]，如汲黯、韩长孺等，敢直言极谏，安得有患害！

【注释】

①小见：即"燕见"。②朔旦：夏历初一早晨。③皮荐：皮垫。④法见：按照礼仪制度所进行的正式朝见。⑤禁门：皇宫门。禁，皇帝居住的地方。⑥省：王宫禁地。⑦士：一般官吏或书生。⑧大言：指继承帝位的话。⑨畔：通"叛"。⑩远：指远离事理。⑪比年：连年。比，接连。⑫鄙语：俗语。⑬相忠言之士：即以忠言之士为相。

【原文】

盖闻梁王西入朝，谒窦太后，燕见，与景帝俱侍坐于太后前，语言私说[1]。太后谓语曰："吾闻殷道亲亲[2]，周道尊尊[3]，其义一也。安车大驾[4]，用梁孝王为寄。"景帝跪席举身曰："诺。"罢酒出，帝召袁盎诸大臣通经术[5]者曰："太后言如是，何谓也？"皆对曰："太后意欲立梁王为帝太子。"帝问其状，袁盎等曰："殷道亲亲者，立弟。周道尊尊者，立子。殷道质[6]，质者法[7]天，亲其所亲，故立弟。周道文，文者法地，尊者敬也，敬其本始[8]。故立长子。周道，太子死，立適孙。殷道，太子死，立其弟。"帝曰："于公何如?"皆对曰："方今汉家法周，周道不得立弟，当立子。故《春秋》所以非[9]宋宣公。宋宣公死，不立子而与弟。弟受国死，复反[10]之与兄之子。弟之子争之，以为我当代父后，即刺杀兄子。以故国乱，祸不绝。故《春秋》曰：'君子大居正，宋之祸宣公为之'[11]。臣请见太后白之。"袁盎等入见太后："太后言欲立梁王，梁王即[12]终，欲谁立?"太后曰："吾复立帝子。"袁盎等以宋宣公不立正[13]，生祸，祸乱后五世不绝，小不忍[14]害大义状报太后。太后乃解说，即使梁王归就国。而梁王闻其义[15]出于袁盎诸大臣所，怨望，使人来杀袁盎。袁盎顾之曰："我所谓袁将军者也，公得毋[16]误乎?"刺者曰："是矣!"刺之，置[17]其剑，剑著[18]身。视其剑，新治。问长安中削厉工[19]，工曰："梁郎某子来治此剑。"以此知而发觉之，发使者捕逐之。独梁王所欲杀大臣十余人，文吏穷本[20]之，谋反端颇见[21]。太后不食，日夜泣不止。景帝甚忧之，问公卿大臣，大臣以为遣经术吏往治之，乃可解。于是遣田叔、吕季主往治之。此二人皆通经术，知大礼。来还，至霸昌厩，取火悉烧梁之反辞，但空手来对景帝。景帝曰："何如?"对曰："言[22]梁王不知也。造为之者，独其幸臣羊胜、公孙诡之属为之耳。谨以伏诛死，梁王无恙也。"景帝喜说，曰："急趋谒太后。"太后闻之，立起坐餐，气平复。故曰，不通经术知古今之大礼，不可以为三公及左右近臣。少见之人，如从管中窥天也。

【注释】

①语言私说：指他们母子、兄弟之间高兴地说贴几话。说，通“悦”。②亲亲：爱其亲属。③尊尊：尊敬其长辈。④安车大驾：安车，古代一种小车，以其可以坐乘，故名“安车”。又以凡妇人均坐乘，所以太后用以自指。大驾：本指帝王出行的车驾，这里用为死亡的讳称。⑤经术：经学、儒术。⑥质：质朴。⑦法：取法，效法。⑧本始：本原。⑨非：责备。⑩反：通“返”。⑪引语出自《公羊传·隐公三年》。大，尊崇。居正，遵循正道。⑫即：如果。⑬不立正：指不立嫡长子。⑭小不忍：在小的方面不克制。此句指窦太后如果一味疼爱梁孝王，不克制自己的偏心，就将会造成皇族内部争夺继承权的祸乱。⑮义：通“议”，主意，建议。⑯得毋：莫不是，该不会。⑰置：放弃，丢弃。⑱著：附着，加……于上。⑲削厉工：制作或磨砺刀剑的工匠。厉：通“砺”。⑳穷本：穷尽本源。㉑见：通“现”。㉒言：衍文。

【译文】

梁孝王刘武，是孝文帝的儿子，与孝景帝为同母兄弟。他的母亲是窦太后。

孝文帝共有四个儿子：长子为太子，就是孝景帝；次子名武；三子名参；四子名胜。孝文帝即位第二年（前178），封刘武为代王，封刘参为太原王，封刘胜为梁王。过了两年，迁代王为淮阳王。把代国的封地全部划归太原王，号为代王。刘参在位十七年，于孝文帝后元二年（前 162）去世，谥为孝王。孝王的儿子刘登继位，这就是代共王。代共王在位二十九年，于武帝元光二年（前 133）去世。共王的儿子刘义继位，这就是代王。过了十九年，汉朝扩充关塞，以常山为界，迁代王为清河王。改迁时在武帝元鼎三年（前 114）。

起初，刘武封为淮阳王的第十年，梁王刘胜去世，谥为梁怀王。怀王是孝文帝最小的儿子，比其他的儿子更受到宠爱。第二年，迁淮阳王刘武为梁王。刘武初受封为梁王，是孝文帝十二年（前 168）。梁王自起初受封为代王到改封为梁王，前后为王已十一年了。

梁王十四年（前 165），入朝。十七年，十八年，连年入朝，并留在京师，到第二年才回到自己的封国。二十一年又入朝。二十二年，孝文帝去世。二十四年入朝，二十五年又入朝。那时，皇上尚未立太子。皇上与梁王宴饮，曾经在闲谈时说："千秋万岁之后，传位于梁王你。"梁王谦虚地推辞。他虽然明知这不是真心话，但心中暗喜。太后也同样高兴。

那年春天，吴、楚、齐、赵等七国反叛。吴、楚先攻击梁国的棘壁，杀死数万人。梁孝王据守睢阳城，命韩安国、张羽等人为大将军，抵抗吴、楚之兵。吴、楚受阻于梁，不敢越过梁国向西进兵，和太尉周亚夫等人相持了三个月。吴、楚破灭，计算功劳，梁国所斩杀俘获的吴、楚军队的数目和朝廷所斩、俘大略一样多。次年，朝廷立太子。后来，梁王因是皇上的亲兄弟，立有大功，又受封于大国，据有天下肥沃的土地。其封地北以泰山为界，西达高阳，共有四十余城，多数是大县。

梁孝王是窦太后的小儿子，很受宠爱，所得到的赏赐不计其数。于是，梁孝王建造东苑，方圆三百多里，扩展睢阳城至七十里。大兴土木，建造宫殿，修筑架空通道，从宫殿连接到平台长达三十多里。有天子赏赐的旌旗，外出随从千乘万骑。到处驰马狩猎，排场之壮盛拟似天子。出入宫殿，清道禁绝行人，言“警”称“跸”。揽四方豪杰，自殽山以东的游说之士，像齐人羊胜、公孙诡、邹阳等人，莫不尽归梁国。公孙诡多有奇特怪诞之计，初次拜见梁王，梁王赐他千金，官职做到中尉，梁国称他“公孙将军”。梁国铸造了许多兵器，弓箭、戈矛之类就有数十万件，府库的金钱近万亿，珠玉、宝器等比京师的还多。

二十九年（前150）十月，梁孝王入京晋见景帝。景帝派使者拿着符节，驾着皇帝乘坐的驷马车，到关前迎候梁王。朝见景帝后，呈上奏折请求留在京师，因为太后很宠爱孝王的缘故得以获准。孝王入宫则陪侍景帝同乘步辇，出宫则同车游猎，到上林苑去射鸟兽。梁国的侍中、郎官、谒者只须在名簿上登记上姓名，便可以出入天子殿门，和朝廷的官员没有区别。

十一月，皇上废黜栗太子，窦太后想要让孝王作继承人。大臣和袁盎等人劝阻景帝，窦太后的动议受阻，从此也就不再提让梁王作继承人这件事。因为这件事很秘密，世人没有谁知道。梁王于是辞别朝廷回归封国。

这年夏天四月，皇上立胶东王为太子。梁王怨恨袁盎和参与议嗣的大臣，就和羊胜、公孙诡等人谋划，暗中派人刺杀袁盎和其他参与议嗣的十多位大臣。朝廷缉捕凶手，未获。于是，天子怀疑梁王，捕获到凶手，果然是梁王所主使。于是，景帝派遣使者不断往来于至梁国的路上，到梁国去反复按验，逮捕公孙诡、羊胜。公孙诡、羊胜藏匿在梁王的后宫。使者责问二千石官员很急迫，梁相轩丘豹和内史韩安国进谏梁王，梁王才命令羊胜、公孙诡都自杀，之后把他们交出来。皇上因此怨恨梁王。梁王恐惧，于是派韩安国通过长公主向太后认罪，请求宽宥，这才得到宽恕。

皇上的怒气逐渐消释，梁王便上书请求朝见。到达函谷关后，茅兰劝梁王乘坐布车，只带两个骑兵入京，躲藏在长公主的园囿之中。朝廷派使者迎接梁王，而梁王已经入关，随从车马都在关外，不知梁王所在。太后哭泣道："皇上杀了我的儿子！"景帝为此忧恐。于是，梁王背着刑具俯伏宫廷门下，认罪自请处罚，太后、景帝非常高兴，相对哭泣，兄弟之情又如以前。然后，把梁王随从官员悉召入关。然而，景帝渐渐疏远梁王，不再和他同乘车辇了。

三十五年（前144）的冬天，梁王又入京朝见。呈上奏折请求留居京师，皇上没有答应。梁王回到封国后，心神恍惚不乐。到北方的良山打猎，有人献上一头牛，牛足长在背上，孝王对它感到厌恶。六月中旬，得了热病，过了六天就病死了。谥为孝王。

孝王孝敬母亲，每次听说太后生病，他就吃不下东西，睡不好觉，常想留在长安侍候太后。太后也疼爱他。得知梁王病故，窦太后哭得很悲痛，不进饮食，说："皇上果然杀了我的儿子！"景帝为之悲哀，忧惧，不知所措。和长公主商量，于是分梁国为五国，把孝王的五个儿子全封为王，五个女儿也都封给她们汤沐邑。把这些措施上奏给太后，太后才变得高兴起来，特地因景帝的这种处置加了一次餐。

梁孝王长子刘买继承王位，被封为共王；次子刘明被封为济川王；三子刘彭离被封为济东王；四子刘定被封为山阳王；少子刘不识被封为济阴王。

梁孝王未死时，财产多得以亿万计算，无法计数。死后，他府库所余的黄金尚有四十多万斤，其他财物也相当于此。

梁共王三年（前 141），景帝去世。共王在位七年而死，他的儿子刘襄继位，这就是平王。

梁平王刘襄十四年（前 123）。梁平王的母亲是陈太后。共王的母亲是李太后。李太后是平王的亲祖母。平王的王后姓任，叫任王后。任王后很受平王刘襄的宠爱。当初，孝王在世时，有一个罍樽，价值千金。孝王告诫后人，要好好保管罍樽，不得送给别人。任王后听说，却想得到罍樽。平王祖母李太后说："先王有遗命，不得把罍樽送给别人。其他的东西即使价值亿万，任你自取。"任王后执意得到这个罍樽。平王刘襄径直使人开启府库取来罍樽，赐给任王后。李太后大怒，朝廷的使者来梁国，李太后要亲自向使者诉说此事。平王刘襄和任王后拦阻她，关上门。李太后和他们争门夺路，手指被门缝夹住，终于未能见到朝廷的使者。李太后私下和食官长以及郎中尹霸等人通奸，于是平王和任王后派人以此暗示劝阻李太后。李太后因为内有淫乱的行为，也就作罢了。后来，李太后病故。她生病的时候，任王后未曾请安问病；死了，又不居丧守孝。

元朔年间，睢阳人有名叫类犴反的，有人侮辱了他的父亲，那个人和淮阳太守的门客同车外出，太守门客下车离去，类犴反在车上杀死他的仇人便逃走了。淮阳太守很生气，以此责备梁国二千石官员。二千石以下的官员缉捕类犴反非常紧急，就逮捕了类犴反的亲属。类犴反知道梁国宫中的隐秘事，于是向朝廷上书报告，详细说出平王和祖母为罍樽而争执的前后情况。当时，丞相以下的官员知道了这件事，想借此打击梁国的高级官吏，奏文终于让天子知道了。天子交给官吏调查审问，果然有这件事。公卿奏请皇上废黜平王刘襄为平民。天子说："李太后有淫乱的行为，梁王刘襄又没有良好的太师太傅，所以陷于不义。"于是，削减梁国八城封地，把任王后斩首于市。梁国还剩下十城。刘襄在位三十九年去世，谥为平王。他的儿子刘无伤立为梁王。

济川王刘明是梁孝王的儿子，孝景帝中元六年（前 144）由桓邑侯晋封为济川王。七年后，因射杀中尉犯罪，朝廷中的有关主事官员奏请诛杀济川王。天子不忍心杀他，废黜刘明为平民，贬迁到房陵，封地归属朝廷，变为郡县。

济东王刘彭离是梁孝王的儿子，在孝景帝中元六年受封为济东王。二十九年后，刘彭离骄纵凶悍，没有人君的风范，夜晚私下和他的奴仆、亡命少年几十人去打劫杀人，掠取别人的财物以为乐事。他所杀的人被发觉的就有一百多，全国都知道，没有人敢夜间外出。被他杀的人的儿子上书告发。朝廷中有关主事官员奏请诛杀他。皇上不忍心，把他废黜为平民，贬迁到上庸，封地归属朝廷，变为大河郡。

山阳哀王刘定是梁孝子的儿子，在孝景帝中元六年受封为山阳王。在位九年而死，没有儿子，封国被废除，封地归属朝廷，变为山阳郡。

济阴哀王刘不识是梁孝王的儿子，在孝景帝中元六年受封为济阴王。在位一年而死，没有儿子，封国被废除，封地归属朝廷，变为济阴郡。

太史公说："梁孝王虽然因为是天子亲兄弟、太后爱子的缘故，受封于肥沃之地为王，也正赶上国运隆盛，百姓富足，所以能够增殖其财货，扩建宫室，车马服饰和天子相似。然而，这样做也属于僭越行为了。"

褚少孙先生说：我做郎官时，从宫殿中喜好说长论短的老郎官那里听说过梁孝王的事迹。我私下认为使梁孝王怨恨不满，图谋不轨，想做皇帝，是从朝廷中惹出来的。当时的太后是国家的女主，因为疼爱小儿子的缘故，想让梁王为太子。朝中大臣不及时直说这样做不可以的情由，而一味阿谀奉承，净管些无足轻重的小事情，私下讨好太后以求得到赏赐，这不是忠臣啊！假如大臣们都能说出像魏其侯窦婴说出的那番堂堂正正的话，怎么会有后来的祸患？景帝与梁孝王家宴，侍候太后饮酒，景帝说："在我千秋万岁之后，把帝位传给你梁王。"太后为此很高兴。窦婴在宴席前，伏地谏道："汉朝的法制规定，帝位传给长子、长孙，现在皇上怎可传给弟弟，擅自搞乱高皇帝的规定呢！"当时，景帝沉默不语。太后心里也很不愉快。

从前，周成王和年幼的小弟弟站在树下，他拿起一片桐叶对弟弟说："我以此封你。"周公听见了，向前拜见道："天王分封弟弟，很好。"成王说："我只不过和他开玩笑罢了。"周公说："作为君主，没有不当的举动，不应该有开玩笑的话，说了就一定要做到。"于是，就把应县封给小弟。从此以后，成王终生不敢有戏言，说的话一定做到。《孝经》上说："不合法度的话不说，不合道理的事不做。"这是圣人的明训啊。当时，皇上不应该用那种好听的话对梁王许愿。梁王上有太后可以倚重，骄傲纵恣已经很久，多次听景帝许愿之言，要千秋万岁后把帝位传给梁王，可是实际上不这样做。

另外，诸侯王朝见天子，根据汉朝的制度，应当一共只见四次。刚到京城时，入宫晋见，谓之"小见"；到了正月初一的清晨，捧着皮垫摆上璧玉向皇帝道贺正月，谓之"法见"；再过三天，皇帝为侯王设下酒宴，赐给他们金钱财物；再过两天，诸侯王又入宫“小见”，然后辞别归国。一共留居长安不过二十天。所谓“小见”，即在宫内不拘大礼相见，饮宴于王宫禁地，这不是一般士人所能进入的。现在，梁王西入长安朝见皇上，趁此留居宫中，将近半年。他入宫和皇上同辇而坐，出宫与皇上同车而乘。皇上以夸大的言辞讽示他将来要做皇帝而实际上又不能兑现，以致使梁王口出怨言，图谋叛逆，于是又跟着为他担忧，这不是背离事理太远了吗？除了大贤大德之人，不懂得谦恭退让。按汉朝的礼仪制度，朝见皇上庆贺正月，通常是一王和四侯一起朝见，十多年才进京一次。而今梁王却常连年入京朝见，并久留于京。俗语说：“骄纵的孩子不懂得孝顺。”这话说得不错啊。所以，对诸侯王应当替他们设置好的太师太傅，让忠正敢言之士为相辅佐他，就如汲黯、韩长孺等人那样，敢于直言极谏，这怎么还会有祸患发生呢！

听说梁王西入京师朝见，谒见窦太后，家人相见，和景帝一起陪坐在太后面前，他们母子、兄弟之间高兴地说贴心话。太后对景帝说：“我听说殷商的制度亲其兄弟，周朝的制度尊其祖先，其道理是一样的。百年之后，我把梁孝王托付给你。”景帝跪在座席上抬起身子说：“是。”宴罢出宫，景帝召集袁盎等精通经术的大臣说：“太后说了这样的话，是什么意思？”袁盎等人一齐回答说：“太后的意思要立梁王为皇帝的太子。”景帝问其中的道理，袁盎等人说：“殷商的传统亲其兄弟，所以传位于其弟。周朝的传统尊其祖先，所以传位于其子。殷商的传统崇尚质朴，质朴就效法上天，亲其亲人，所以传位于弟。周朝的传统崇尚华美，华美就效法大地，尊是敬的意思，敬其本原，所以传位于长子。周朝的制度，太子死了，立嫡孙。殷朝的制度，太子死了，立其弟。”景帝说：“你们的看法如何?”大家一齐回答说：“现在汉朝的制度是效法周朝，周朝的制度不能立兄弟，应当立儿子。正因为这样，所以《春秋》以此指责宋宣公。宋宣公死后，不立儿子而传位给弟弟。其弟继位为国君死后，又把君位归给他的哥哥的儿子。其弟的儿子争夺君位，认为自己应当接替父亲身后之位，于是杀了宣公的儿子。因此，国家大乱，祸患不断。所以，《春秋》说：‘君子尊崇遵循正道，宋国的祸乱是宣公造成的。’臣等请求谒见太后说明这个道理。”袁盎等人入宫谒见太后说：“太后说要立梁王，那么，梁王死后要立谁?”太后说：“我再立皇帝的儿子。”袁盎等人向太后陈述了这样一些史实情况：宋宣公不立应当继位的嫡子而发生祸乱，祸乱延续了五代而不断绝，以及不克制小的私心便会贻害大义。太后听了，这才理解其中的道理，因而也就高兴了，随即让梁王归回封国。梁王听说这种意见出自袁盎等大臣，就怨恨起他们来，于是派人来杀袁盎。袁盎回头看到刺客，说：“我就是所说的袁将军，你不会弄错人了吧?”刺客说：“正是你!”刺客杀了袁盎，丢弃了他的剑，剑插在袁盎的身上。查看那把剑，是刚刚磨过的。查问长安城中制作或磨砺刀剑的工匠，工匠说：“梁国郎官某人曾来磨过这把剑。”以此得知线索，察觉阴谋，便派遣使者追捕凶手。光是梁王所要杀的大臣就有十多人，执法的官吏穷究其根源，梁王谋反的端倪已经十分明显地显露。太后为之食不下咽，日夜哭泣不停。景帝为此很担忧，问办法于公卿大臣，大臣认为派遣精通经术的官吏去处理，才可解除太后之忧。于是，派遣田叔、吕季主去处理此案。这两人都精通经术，识大礼。结案归来，走到霸昌厩，取火把梁王谋反的证词全部烧掉，只空手来回奏景帝。景帝问："案子办得怎么样?"回奏说："梁王不知情。参与其事的人，只有他的宠臣羊胜、公孙诡等人罢了。臣等谨按律令诛杀了他们，梁王平安无恙。"景帝很高兴，说："赶快去谒见太后。"太后得知，立刻起来坐着吃饭，心情恢复了平静。所以说，不精通经术、不懂古今大礼的人，不可以委任为三公及左右近臣。孤陋寡闻之人，如同从管中窥天一样。

第四十一卷　五宗世家第二十九

本世家载述了孝景帝十三个为王儿子的衰败经过。他们有的父姬子奸，“尽与其姊弟奸”，淫乱无度，无视伦理；有的对奉汉法以治的朝廷官员“求其罪告之”，“无罪者诈药杀之”，以致“所杀伤二千石甚众”，贼戾巧佞，奸诈违上；有的“私作楼车镞矢”，阴谋反叛。在汉王朝隆盛时期，这股中央集权的敌对势力必然遭到有力的遏止。作者借人明史，通过孝景帝十三个为王儿子的衰败经过说明了这一点。

皇子本应是封建王朝的坚强柱石，然而他们生活上道德败坏、政治上颠覆中央政权。文章的字里行间，融入了作者愤世嫉邪而不能已的深沉感慨，进而揭示了汉初封建制的弊端。

【原文】

孝景皇帝子凡十三人为王，而母五人，同母者为宗亲。栗姬子曰荣、德、阏于[①]。程姬子曰馀、非、端。贾夫人子曰彭祖、胜。唐姬子曰发。王夫人兒姁[②]子曰越、寄、乘、舜。

【注释】

①阏（è）于：《汉兴以来诸侯王年表》亦作此，《汉书·

景十三王传》则作“阏”，无“于”字。②兒姁（xǔ）：其人其事见《外戚世家》。

【原文】

河间献王德，以孝景帝前二年用皇子[①]为河间王。好儒学，被服造次必于[②]儒者。山东诸儒多从之游[③]。

二十六年卒，子共[④]王不害立。四年卒，子刚王基代立。十二年卒，子顷王授代立。

【注释】

①孝景帝前二年：孝景帝前元二年（前155）。用皇子：以皇子的身份。②被服：衣着服饰。一说比喻信仰思想。造次：言谈举止。于：从。③山东：战国、秦、汉时通称殽山或华山以东为“山东”。游：交游，来往。④共：通“恭”，用于谥号。

【原文】

临江哀王阏于，以孝景帝前二年用皇子为临江王。三年卒，无后，国除为郡。

临江闵王荣，以孝景前四年为皇太子[①]，四岁废，用故太子为临江王[②]。

四年，坐侵庙壖[③]垣为宫，上征荣。荣行，祖[④]于江陵北门。既已上车，轴折车废。江陵父老流涕窃言曰：“吾王不反[⑤]矣！”荣至，诣中尉府簿[⑥]。中尉郅[⑦]都责讯王，王恐，自杀。葬蓝田。燕数万衔土置冢上，百姓怜之。

荣最长，死无后，国除，地入于汉，为南郡。

【注释】

①孝景帝前四年：孝景帝前元四年（前153）。②用故太子为临江王：以曾经作过太子的身份降为临江王。景帝废栗太子事详见《孝景本纪》。③坐：因……犯罪。壖：城郭旁或河边的空地，隙地。此指宗庙墙外的空地。④祖：出行时祭祀路神的迷信活动。⑤反：通“返”。⑥簿：文状、起诉书之类。此指对簿，即受审讯或质询。⑦郅：姓。

【原文】

右三国本王[①]皆栗姬之子也。

【注释】

①右：意指本文上述。因当时行文为竖写成行自右至左。本王：第一代国王。

【原文】

鲁共王余，以孝景前二年用皇子为淮阳王。二年，吴楚反[①]破后。以孝景前三年徙[②]为鲁王。好治宫室苑囿狗马。季年[③]好音，不喜辞辩。为人吃[④]。

二十六年卒，子光代为王。初好音舆马；晚节啬[⑤]，惟恐不足于财。

【注释】

①吴楚反：吴、楚等七国反叛。事详见《吴王濞列传》。②孝景前三年：孝景帝前元三年（前154）。徙：改封。③季

年：晚年。季；排行的末了。④吃：语言蹇涩不流畅。⑤啬：吝啬。

【原文】

江都易王非，以孝景前二年用皇子为汝南王。吴楚反时，非年十五，有材力，上书愿击吴。景帝赐非将军印，击吴。吴已破，二岁，徙为江都王，治吴故国，以军功赐天子旌旗。元光五年[①]，匈奴大入汉为贼，非上书愿击匈奴，上不许。非好气力，治宫观[②]，招四方豪桀[③]，骄奢甚。

【注释】

①元光五年：前130年。元光，汉武帝第二个年号（前134—前129）。②观：宫门前的双阙。此指宫殿。③豪桀：指地方上有权势、横霸一方的人。桀，通"杰"。

【原文】

立二十六年卒，子建立为王。七年自杀。淮南、衡山谋反[①]时，建颇闻其谋。自以为国近淮南，恐一日发，为所并，即阴作兵器，而时佩其父所赐将军印，载天子旗以出。易王死未葬，建有所说易王宠美人淖姬[②]，夜使人迎与奸服舍[③]中。及淮南事发，治党与[④]颇及江都王建。建恐，因使人多持金钱，事绝其狱[⑤]。而又信巫祝[⑥]，使人祷祠妄言。建又尽与其姊弟[⑦]奸。事既闻，汉公卿请捕治建。天子不忍，使大臣即[⑧]讯王。王服所犯，遂自杀。国除，地入于汉，为广陵郡。

【注释】

①淮南、衡山谋反：淮南王刘安与衡山王刘赐谋反。事详见《淮南衡山列传》。②淖（nào）姬：易王之妾。③服舍：守丧的房舍。④党与：朋党。⑤狱：官司。⑥巫祝：迷信职业者。巫，古代称能以舞降神的人；祝，祠庙中司祭礼的人。⑦弟：妹妹。古代有时称妹妹为“弟”或“女弟”。⑧即：走近，去。

【原文】

胶西于王端，以孝景前三年楚七国反破后，端用皇子为胶西王。端为人贼戾①，又阴痿②，一近妇人，病之数月。而有爱幸少年为郎。为郎者顷之与后宫乱，端禽③灭之，及杀其子母④。数犯上法，汉公卿数请诛端，天子⑤为兄弟之故不忍，而端所为滋甚。有司再⑥请削其国，去太半⑦。端心愠，遂为无訾⑧省。府库坏⑨漏尽，腐财物以巨万计，终不得收徙。令吏毋得收租赋。端皆去卫⑩，封其宫门，从一门出游。数变名姓，为布衣，之⑪他郡国。

【注释】

①贼戾：残暴凶狠。②阴痿：阳痿病。③禽：通“擒”。下文“王因禽其宗族”之“禽”同此。④子母：儿子和母亲。⑤天子：指汉武帝。⑥再：两次。⑦太半：大半，过半。《集解》引韦昭曰：“凡数三分有二为太半，一为少半。”⑧訾（zī）：通“赀”，计算，估量。⑨坏：倒塌。⑩去卫：撤除警

卫人员。⑪之：往……，到……。

【原文】

相[①]、二千石往者，奉汉法以治，端辄求其罪告之，无罪者诈[②]药杀之。所以设诈[③]究变，强足以距[④]谏，智足以饰非。相、二千石从王治，则汉绳[⑤]以法。故胶西小国，而所杀伤二千石甚众。

立四十七年，卒，竟无男代后，国除，地入于汉，为胶西郡。

【注释】

①相：指诸侯国国相。②诈：设诡计。③所以设诈：设诡计的办法。④距：通“拒”。⑤绳：处治，治罪。

【原文】

右三国本王皆程姬之子也。

赵王彭祖，以孝景前二年用皇子为广川王。赵王遂反[①]破后，彭祖王广川。四年，徙为赵王。十五年，孝景帝崩。彭祖为人巧佞卑谄[②]，足恭而心刻深[③]。好法律，持诡辩以中人。彭祖多内宠姬及子孙。相、二千石欲奉汉法以治，则害于王家。是以每相、二千石至，彭祖衣皂布衣[④]，自行迎，除[⑤]二千石舍，多设疑[⑥]事以作动之，得二千石失言，中忌讳[⑦]，辄书之。二千石欲治者，则以此迫劫；不听，乃上书告，及污以奸利事。彭祖立五十余年，相、二千石无能满二岁，辄以罪去，大者死，小者刑，以故二千石莫敢治。而赵王擅权，使使即县为贾人榷会[8]，入多于国经[9]租税。以是赵王家多金钱，然所赐姬诸子，亦尽之矣。彭祖取故江都易王宠姬王建所盗与奸淖姬者为姬，甚爱之。

【注释】

①赵王遂反：赵王刘遂参加了吴楚七国叛乱。②巧佞卑谄：巧诈奸佞，卑下奉承。③刻深：刻薄阴毒。④皂布衣：黑布衣，服役者所穿的衣服。⑤除：清扫。⑥疑：惑乱。⑦中忌讳：触犯朝廷禁忌。⑧榷：专利专卖。会：指人物商旅会集之地。⑨经：正常，寻常。

【原文】

彭祖不好治宫室、禨祥[1]，好为吏[2]事。上书愿督国中盗贼。常夜从走卒行徼[3]邯郸中。诸使过客以彭祖险陂[4]，莫敢留邯郸。

其太子丹与其女及同产姊[5]奸。与其客江充有郤。充告丹，丹以故废。赵更立太子。

【注释】

①禨祥：敬鬼神以求福。②吏：下级官吏。③徼：巡察。④陂（bì）：不正，邪佞。⑤同产姊：刘丹同母姐姐。

【原文】

中山靖王胜，以孝景前三年用皇子为中山王。十四年，孝景帝崩。胜为人乐酒好内[1]，有子枝属[2]百二十余人。常与兄赵王相非[3]，曰：“兄为王，专代吏治事。王者当日听音乐声色[4]。”赵王亦非之，曰：“中山王徒日淫，不佐天子拊循[5]百姓，何以称为藩臣！”

【注释】

①乐酒好内：好酒贪女色。②枝属：亲属。③非：指责。④声色：歌舞女色。⑤拊：抚慰，安抚。循：安慰，慰问。

【原文】

立四十二年卒，子哀王昌立。一年卒，子昆侈代为中山王。

右二国本王皆贾夫人之子也。

长沙定王发，发之母唐姬，故程姬侍者。景帝召程姬，程姬有所辟[1]，不愿进，而饰侍者唐儿使夜进。上醉不知，以为程姬而幸之，遂有身[2]。已乃觉非程姬也。及生子，因命曰发。以孝景前二年用皇子为长沙王。以其母微，无宠，故王卑[3]湿贫国。

立二十七年卒，子康王庸立。二十八年，卒，子鲋鮈立为长沙王。

【注释】

①辟：回避，此指妇人月事。②身：身孕。③卑：低。

【原文】

右一国本王唐姬之子也。

广川惠王越，以孝景中二年[1]用皇子为广川王。

十二年卒，子齐立为王。齐有幸臣桑距。已而有罪，欲诛距，距亡，王因禽其宗族。距怨王，乃上书告王齐与同产奸。自是之后，王齐数上书告言汉公卿及幸臣所忠等。

【注释】

①孝景中二年：孝景帝中元二年（前148）。

【原文】

胶东康王寄，以孝景中二年用皇子为胶东王。二十八年卒。淮南王谋反时，寄微闻其事，私作楼车镞矢①，战守备，候淮南之起。及吏治淮南之事，辞出②之。寄于上最亲，意伤③之，发病而死，不敢置后，于是上闻。寄有长子者名贤，母无宠；少子名庆，母爱幸，寄常④欲立之，为不次⑤，因有过，遂无言。上怜之，乃以贤为胶东王奉康王嗣，而封庆于故衡山地，为六安王。

胶东王贤立十四年卒，谥为哀王。子庆⑥为王。

六安王庆，以元狩二年⑦用胶东康王子为六安王。

【注释】

①楼车：古代战车，上设望楼，用以瞭望敌军城堡或营垒中的虚实。②出：牵涉，暴露。③伤：内疚，哀痛。④常：通“尝”。⑤不次：不合次序。⑥庆：不宜与叔父同名，相承之误。《汉兴以来诸侯王年表》和《汉书·景十三王传》都作“通平”，一本作“建”。⑦元狩二年：前121年。元狩，汉武帝第四个年号（前122—前117）。

【原文】

清河哀王乘，以孝景中三年用皇子为清河王。十二年卒，无后，国除，地入于汉，为清河郡。

常山宪王舜，以孝景中五年[①]用皇子为常山王。舜最亲，景帝少子，骄怠多淫，数犯禁，上常宽释之。立三十二年卒，太子勃代立为王。

初，宪王舜有所不爱姬生长男棁[②]。棁以母无宠故，亦不得幸于王。王后脩生太子勃。王内[③]多，所幸姬生子平、子商，王后希得幸。及宪王病甚，诸幸姬常侍病，故王后亦以妒媢[④]不常侍病，辄归舍。医进药，太子勃不自尝药，又不宿留侍病。及王薨，王后、太子乃至。宪王雅[⑤]不以长子棁为人数，及薨，又不分与财物。郎或说太子、王后，令诸子与长子棁共分财物，太子、王后不听。太子代立，又不收恤[⑥]棁。棁怨王后、太子。汉使者视宪王丧，棁自言宪王病时，王后、太子不侍，及薨，六日出舍[⑦]，太子勃私奸，饮酒，博[⑧]戏，击筑[⑨]，与女子载驰，环城过市，入牢视囚。天子遣大行骞验王后及问王勃，请逮勃所与奸诸证左[⑩]，王又匿之。吏求捕，勃大急，使人致击笞掠[⑪]，擅出汉所疑囚者。有司[⑫]请诛宪王后脩及王勃。上以脩素无行[⑬]，使棁陷之罪，勃无良师傅，不忍诛。有司请废王后脩，徙王勃以家属处房陵，上许之。

【注释】

①孝景中五年：孝景帝中元五年（前 145）。②棁：zhuō。

③内：姬妾。④妒媢：嫉妒。⑤雅：平素、向来。⑥收恤：收纳抚恤。⑦出舍：离开服丧的庐舍。⑧博：赌博。⑨筑：古代乐器名。⑩左：证据，证人。⑪掠：拷打。⑫有司：指有关官吏。古代设官分职，各有专司，因称官吏为“有司”。⑬无行：没好品行。

【原文】

勃王数月，迁于房陵，国绝。月余，天子为最亲，乃诏有司曰：“常山宪王蚤夭①，后妾不和，適孽②诬争，陷于不义以灭国，朕甚闵焉。其封宪王子平三万户，为真定王；封子商三万户，为泗水王。”

【注释】

①蚤：通“早”。②適（dí）：通“嫡”，正妻所生的儿子。有时也指正妻所生长子。孽：宗法制度下指家庭的旁支。

【原文】

真定王平，元鼎四年①用常山宪王子为真定王。

【注释】

①元鼎四年：前113年。元鼎，汉武帝第五个年号（前116—前111）。

【原文】

泗水思王商，以元鼎四年用常山宪王子为泗水王。十一年卒，子哀王安世立。十一年卒，无子。于是上怜泗水王绝，乃立安世弟贺为泗水王。

右四国本王皆夫人兒姁子也。其后汉益封其支子为六安王、泗水王二国。凡兒姁子孙，于今为六王。

太史公曰：高祖时诸侯皆赋①，得自除②内史以下，汉独为置丞相③，黄金印。诸侯自除御史、廷尉正、博士，拟于天子。自吴楚反后，五宗王世，汉为置二千石，去“丞相”曰“相”，银印。诸侯独得食租税，夺之权④。其后诸侯贫者或乘牛车也。

【注释】

①诸侯：指诸侯王。皆赋：封国内的一切田赋税收都归其所有。②除：任命，授职。③丞相：此指诸侯国相。④权：指管理政事的大权。

【译文】

孝景皇帝的儿子共有十三人受封为王，这十三人分别由五位母亲所生，同一母亲所生的为宗亲。栗姬所生的儿子是刘荣、刘德、刘阏于。程姬所生的儿子是刘馀、刘非、刘端。贾夫人所生的儿子是刘彭祖、刘胜。唐姬所生的儿子是刘发。王夫人儿姁所生的儿子是刘越、刘寄、刘乘、刘舜。

河间献王刘德在孝景帝前元二年（前155）以皇子的身份受封为河间王。他喜好儒学，衣着服饰言谈举止都依仿儒生。山东的众儒生多附于他。

他在位二十六年去世，儿子恭王刘不害继位。刘不害在位四年去世，儿子刚王刘基继位。刘基在位十二年去世，儿子顷王刘授继位。

临江哀王刘阏于在孝景帝前元二年以皇子的身份受封为临江王。他在位三年去世，因为没有后代继承王位，封国废除，改为郡县。

临江闵王刘荣在孝景帝前元四年（前153）被立为皇太子，四年后被废黜，以原太子的身份被封为临江王。

他在位四年，因为侵占宗庙墙外的空地扩建宫殿获罪，天子征召他。刘荣应召出发，在江陵北门祭祀行路之神。上车之后，轴断车废。江陵父老认为这是不祥之兆，哭泣着私语道："我们的君王恐怕回不来了！"刘荣到了京城，前往中尉府接受审讯。中尉郅都责问他，他畏惧，自杀而死。埋葬在蓝田。几万只燕子衔土放在他的坟墓上，百姓都哀怜他。

刘荣在景帝诸子中年龄最大，死后没有儿子继承王位，封国废除，封地并入朝廷，设为南郡。

以上所述三国的第一代国王都是栗姬的儿子。

鲁恭王刘馀在孝景帝前元二年以皇子的身份受封为淮阳王。第二年，吴、楚七国反叛被击败后，在孝景帝前元三年（前154）改封为鲁王。他喜欢建造宫殿、苑囿，畜养狗马。晚年喜好音乐，不善辩说，说话口吃。

他在位二十六年去世，儿子刘光继位为王。刘光最初也喜欢音乐车马，晚年变得吝啬，唯恐财产不够用。

江都易王刘非在孝景帝前元二年以皇子的身份受封为汝南

王。吴、楚七国反叛时，刘非十五岁，有勇有谋，上书天子，请求领兵攻打吴国。景帝赐给他将军印，令其攻打吴国，吴国被击败后，第二年，改封为江都王，治理吴国原有的封地，因为有军功受赐天子的旌旗。孝武帝元光五年（前130），匈奴大举入侵汉境为寇，刘非又上书志愿攻打匈奴，天子没有答应。刘非喜好使弄气力，建造宫殿，招纳各地豪杰侠士，十分骄纵。

他在位二十六年去世，儿子刘建继位为王。刘建在位七年自杀而死。在淮南、衡山两国谋反时，刘建略知他们的图谋。他认为自己的封国靠近淮南，恐怕一旦事发，被淮南王并吞，于是暗中制造兵器，并且经常佩带着天子赐给他父亲的将军印，载着天子的旌旗出巡。易王去世，尚未埋葬。刘建看上易王宠爱的美人淖姬，夜晚派人把淖姬接来，跟她在守丧的房舍中发生奸情。等到淮南王反叛事败露，朝廷惩治同党、涉嫌者，牵连到江都王刘建。刘建恐慌，于是派人多持金钱，通过活动想平息这件讼案。他又相信巫祝，派人祭祀祷告，编造虚妄不经的话。刘建还跟他的姊妹都有奸情。这些事被朝廷得知后，汉朝的公卿大臣请求逮捕刘建治罪。天子不忍心，派大臣去审讯他。他招认了所有犯之罪，畏罪自杀。于是，封国废除，封地并入朝廷，成为广陵郡。

胶西于王刘端在孝景帝前元三年（前154）吴、楚六国反叛被击败后，以皇子的身份受封为胶西王。刘端为人残暴凶狠，又患阳痿病，一接触女人，就因此病几个月。他有一个宠爱的年轻人，任为郎官。这个年轻郎官不久与后宫有淫乱行为，刘端捕杀了他，并且杀死他儿子和母亲。刘端屡次触犯天子法令，汉朝的公卿大臣多次请求诛杀他。天子因为他是兄弟的缘故不忍心这样做，因而刘端的行为更加过分。有关官员两次请求削夺他的国土，于是削夺了他的大半封地。刘端心里怀恨，于是对封国内的钱财不再计算管理。府库全都倒塌破漏，腐坏的财物以亿万计算，最终也不加以收拾整理。他又命令官吏不准收取租赋。刘端又全部撤除警卫人员，封闭宫门，只留下一门，从那里出宫游荡。屡次改换姓名，假扮为平民，到其他的郡国去。

凡前往胶西任相国、二千石级的官员，如果奉行汉朝法律治理政事，刘端总是找出他们的罪过报告朝廷；如果找不到罪过，就设诡计用药毒死他们。他设诡计的办法穷极变化，强横足以拒绝他人的劝谏，智巧足以掩饰自己的过错。相国、二千石级官员如果遵从王法治理政事，就中其陷害，被朝廷以法治罪。因此，胶西虽是小国，而被杀受伤害的二千石级官员却很多。

刘端在位四十七年去世，终于因没有儿子继承王位，封国废除，封地并入朝廷，成为胶西郡。

以上所述三国的第一代国王都是程姬的儿子。

赵王刘彭祖在孝景帝前元二年以皇子的身份受封为广川王。赵王遂反叛被击败后，彭祖仍为广川王。在位第四年，改封为赵王。在位第十五年，孝景帝去世。彭祖为人巧诈奸佞，卑下奉承，表面上谦卑恭敬讨好人，内心却刻薄阴毒。喜好玩弄法律，用诡辩中伤人。彭祖多有宠幸的姬妾及子孙。相国、二千石级的官员如果想奉行汉朝法律治理政事，就会妨害王家。为此，每当相国、二千石级官员到任，刘彭祖便穿着黑布衣扮为奴仆，亲自出迎，清扫二千石级官员下榻的住所，多设惑乱之事来引动对方。一旦二千石级官员言语失当，触犯朝廷禁忌，就把它记下来。如果二千石级官员想奉法治事，他就以此相威胁；如果对方不顺从，就上书告发，并以作奸犯法图谋私利之事诬陷对方。刘彭祖在位五十多年期间，相国、二千石级官员没有能任满两年的，经常因罪去位，罪过大的被处死，罪过小的受刑罚，所以二千石级官员没有谁敢奉法治事。赵王也就因此专擅大权，派遣使者到属县作专利买卖，其收入多于王国正常的租税。因此，赵王家多有金钱，然而这些金钱也都赏赐给姬妾诸子而耗光了。刘彭祖娶以前的江都易王的宠姬，即后来为刘建所夺取而相奸淫的那位淖姬为姬妾，非常宠爱她。

刘彭祖不喜好营建宫室、迷信鬼神，而喜好做吏人做的事。上书天子，志愿督讨王国内的盗贼。经常夜间带领走卒巡察于邯郸城内。各往来使者以及过路旅客因为刘彭祖险诈邪恶，不敢留宿邯郸。

赵王彭祖的太子刘丹与他的女儿及同胞姐姐通奸。刘丹跟他的门客江充有嫌怨，江充告发刘丹，刘丹因此被废黜。赵国改立太子。

中山靖王刘胜在孝景帝前元三年（前154）以皇子的身份受封为中山王。在位第十四年，孝景帝去世。刘胜这个人喜好饮酒，喜好女色，有子孙一百二十多人。经常和他的哥哥赵王相互指责，说："哥哥为王，专门替代下级官吏治理政事。为王的人应当每日听音乐享受歌舞女色。"赵王也指责他，说："中山王只是每天淫乐，不帮助天子抚慰百姓，如何可以称为藩臣！"

刘胜在位四十二年去世，由儿子哀王刘昌继位。刘昌在位一年去世，由儿子刘昆侈继位为中山王。

以上所述二国的第一代国王都是贾夫人的儿子。

长沙定王刘发，他的母亲唐姬，原来是程姬的侍女。景帝召幸程姬，适逢程姬有月事，不愿进侍，就把侍女唐儿加以装扮，使她夜晚进侍皇上。皇上醉酒不知内情，以为是程姬，就和她同床了，于是有了身孕。事后，皇上才发觉并不是程姬。等生下儿子，于是就命名为刘发。刘发在孝景帝前元二年（前155）以皇子的身份受封为长沙王。因为他母亲身份微贱，不得天子宠爱，所以被封在低湿贫困之国为王。

刘发在位二十七去世，儿子康王刘庸继位。刘庸在位二十八年去世，儿子刘鲋鮈继位为长沙王。

以上所述一国的第一代国王是唐姬的儿子。

广川惠王刘越，在孝景帝中元二年（前148）以皇子的身份受封为广川王。

刘越在位十二年去世，儿子刘齐继位为王。刘齐有一个宠幸臣子桑距。后来桑距犯了罪，刘齐想诛杀桑距，桑距逃跑了，刘齐于是擒灭了他的宗族。桑距因此怨恨刘齐，于是上书告发刘齐与同胞姊妹有奸情的罪行。从此以后，刘齐为求自保，屡次上书告发汉朝公卿以及宠幸之臣所忠等人的罪行。

胶东康王刘寄在孝景帝中元二年以皇子的身份受封为胶东王。在位二十八年去世。当淮南王谋划反叛时，刘寄暗中听说这件事，就私下制造楼车弓箭，做好了战、守的准备，等候淮南王起事。等到后来官吏审讯淮南王谋反之事时，在供词中暴露这件事。刘寄与皇上关系最亲密，心中为参与谋反而内疚哀痛，病情发作而死，不敢立传后之人，此事皇上听说了。刘寄有长子名贤，其母不受宠爱；小儿子名庆，其母受宠爱，刘寄曾经想立刘庆为传后之人，因为不合传承的次第，又因自己有罪过，终于不敢上言。天子哀怜他，就封刘贤为胶东王，做康王的继承人，把刘庆封在过去衡山王的封地，称为六安王。

胶东王刘贤在位十四年去世，赐谥号为哀王。儿子刘庆继位为王。

六安王刘庆在元狩二年（前 121）以胶东康王儿子的身份被封为六安王。

清河哀王刘乘在孝景帝中元三年（前 147）以皇子的身份受封为清河王。在位十二年去世，没有儿子，封国被废除，封地归属朝廷，成为清河郡。

常山宪王刘舜在孝景帝中元五年（前 145）以皇子的身份受封为常山王。刘舜是景帝最宠爱的小儿子，骄纵怠惰，多有淫乱之事，屡犯法禁，天子常常宽恕赦免他。在位三十二年去世，太子刘勃继位为王。

原先，宪王刘舜有一个不被他宠爱的姬妾生下长男刘棁。刘棁因为生母不被宠爱的缘故，也不得宪王喜欢。王后脩生太子刘勃。宪王姬妾很多，他所宠幸的姬妾为他生下儿子刘平、刘商，王后很少得幸。等到宪王病重，那些被宠幸的姬妾常去侍候，王后因为嫉妒的缘故不常去问病侍疾，总待在自己的屋子里。医生呈进医药，太子刘勃不亲自尝药，又不留宿王室侍疾。等到宪王去世，王后、太子才赶到。宪王向来就不把刘棁做儿子看待，宪王死后，又不分给他财物。郎官中有人劝谏太子、王后，让诸子和长子刘棁共同分财物，太子、王后不肯。太子继位之后，又不肯收纳抚恤刘棁。刘棁因此怨恨王后、太子。汉朝使者来视理宪王丧事时，刘棁亲自告发宪王生病时，王后、太子不床前侍候，等到宪王去世，才六天就离开服丧的屋子，以及太子刘勃私下奸淫、饮酒取乐、赌博为戏、击筑作乐，与女子乘车奔驰、穿城过市、进入监狱探看囚犯的种种事情。天子派遣大行张骞验证王后的所作所为并审讯刘勃，请求逮捕与刘勃相奸淫的诸人作为佐证，刘勃又设法把他们藏匿起来。官吏大举搜捕，刘勃非常着急，派人拷打吏人，擅自释放朝廷认为可疑而囚禁起来的人。官员请求诛杀宪王王后脩和刘勃。天子认为脩素来就品行不好，致使刘棁告发她有罪，刘勃没有好的太师太傅的辅佐，不忍心诛杀。官员又请求废黜王后脩，放逐刘勃，让他的家属和他一起迁居房陵，皇上答应了这一请求。

刘勃为王只有几个月，被贬迁到房陵，封国绝灭。一个多月后，皇上顾念到宪王是最宠爱的小儿子，就下诏给官员说：“常山宪王早亡，王后与姬妾失和，嫡庶之间互相捏造罪名，互相争斗，因而陷于不义，封国绝灭，我很哀怜他。封宪王儿子刘平三万户，为真定王；封宪王儿子刘商三万户，为泗水王。”

真定王刘平在元鼎四年（前113）以常山宪王的儿子的身份被封为真定王。

泗水思王刘商，在元鼎四年以常山宪王儿子的身份被封为泗水王。在位十一年去世，儿子哀王刘安世继位。哀王在位十一年去世，没有儿子。天子怜悯泗水王绝后，就立刘安世的弟弟刘贺为泗水王。

以上所述四国的第一代国王都是王夫人儿姁的儿子。后来，汉朝又增封其支属子孙为六安王、泗水王两国。总计儿姁的子孙，到现在有六王。

太史公说：“汉高祖在位的时候，诸侯的一切赋税都归诸侯王所有，可以自行任命内史以下的官员，朝廷只为他们派遣丞相，授予金印。诸侯王自行任命御史、廷尉正、博士，跟天子相类似。自从吴、楚等国反叛以后，在五宗为王的时代，朝廷为他们派遣二千石级的官员，撤除‘丞相’，改为‘相’，授予银印。诸侯王有那贫穷些的，只能乘坐牛车。”

第四十二卷　三王世家第三十

本世家在写法上不同于其他诸篇世家：只载述关于孝武帝封立三个儿子刘闳、刘旦和刘胥的疏奏策文而不及三王行事。这是因为，“燕齐之事，无足采者。然封立三王，天子恭让，群臣守义，文辞烂然，甚可观也”。

在世袭的封建社会，太子继承帝位、其他皇子分封为王是法定的常规。但孝武要封子为列侯，在群臣多次力谏的情况下，才同意封子为王。他这种“卑让自贬”的做法，在封建帝王中确属罕见。

孝武帝之所以要封子为列侯，大概鉴于皇子为王“奉承天子”“尊宗庙重社稷”者少、扰乱朝纲谋反危国者多的历史教训。所以，在封子为王时，又“各因子才力智能，及土地之刚柔，人民之轻重，为作策以申戒之”。皇子受封为王后的表现，恰恰与孝武帝的愿望相反：除齐王刘闳中年早亡，没有违背策意外，燕王刘旦、广陵王刘胥都私通叛党，阴谋造反，结果被迫自杀，封国被废除。孝武帝的雄才大略、高瞻远瞩由此可见一斑。

孝武帝共有六个儿子，为什么只有三王写入“世家”？这是因为，赵婕妤所生弗陵后为昭帝，自然不应当列入世家。李夫人所生髆，受封于天汉四年（前 197），所以不见本“世家”。卫皇后所生戾太子，前因其为太子，自然不应当列入世家。后太子被废，作者不补出，是出于避讳的原因。

【原文】

“大司马臣去病昧死再拜上疏[1]皇帝陛下：陛下过听[2]，使臣去病待罪行间[3]。宜专边塞之思虑[4]，暴骸中野[5]无以报，乃敢惟他议以干[6]用事者，诚见陛下忧劳天下，哀怜百姓以自忘，亏膳贬[7]乐，损[8]郎员。皇子赖天，能胜衣[9]趋拜，至今无号位师傅官[10]。陛下恭让不恤，群臣私望，不敢越职而言。臣窃不胜犬马心[11]，昧死愿陛下诏有司[12]，因盛夏吉时定皇子位。唯陛下幸察[13]。臣去病昧死再拜以闻皇帝陛下。”三月乙亥，御史臣光守[14]尚书令奏未央宫。制曰[15]：“下[16]御史。”

【注释】

①昧死：冒死，不避死罪。再拜：一拜之后，接着再拜一次，表示恭敬。疏：向皇帝陈述意见的奏章。②过听：误听。意思是因误听而错用无才之人。谦词，相当于“承蒙错爱”。③待罪：供职的谦词。行间：行伍之间，即军中。④边塞之思虑：即思虑边塞，思虑边防事务。⑤中野：荒野之中。⑥惟：思，考虑。干：打扰，干预。⑦贬：减少。⑧损：减少。⑨胜衣：谓儿童稍长，能穿戴成人的衣冠。⑩号：封号。位：爵位。师傅官：教导辅佐皇子的官员。⑪犬马心：为主人效犬马

之劳的心思。谦词。⑫有司：指有关官吏。古代设官分职，各有专司，故称有司。⑬幸：对方这样做使自己感到幸运。敬词。⑭守：官吏试用或兼理称“守”。⑮制：皇帝命令。⑯下：下交。

【原文】

六年[1]三月戊申朔，乙亥，御史臣光守尚书令、丞[2]非，下御史书到，言：“丞相臣青翟、御史大夫臣汤、太常臣充、大行令臣息、太子少傅臣安行[3]宗正事昧死上言：大司马去病上疏曰：‘陛下过听，使臣去病待罪行间。宜专边塞之思虑，暴骸中野无以报，乃敢惟他议以干用事者，诚见陛下忧劳天下，哀怜百姓以自忘，亏膳贬乐，损郎员。皇子赖天，能胜衣趋拜，至今无号位师傅官。陛下恭让不恤，群臣私望，不敢越职而言。臣窃不胜犬马心，昧死愿陛下诏有司，因盛夏吉时定皇子位。唯愿陛下幸察 。’制曰‘下御史’。臣谨与中二千石、二千石[4]臣贺等议：古者裂地立国，并建诸侯以承[5]天子，所以尊宗庙[6]重社稷也。今臣去病上疏，不忘其职，因以宣恩[7]，乃道天子卑让自贬以劳天下[8]，虑皇子未有号位。臣青翟、臣汤等宜奉义遵职，愚憧[9]而不逮事。方今盛夏吉时，臣青翟、臣汤等昧死请立皇子臣闳、臣旦、臣胥为诸侯王。昧死请所立国名。”

【注释】

①六年：指武帝元狩六年（前117)。②丞：指尚书左右

丞。③行：兼代官职。④中二千石、二千石：均指官职品级。⑤承：尊奉。⑥宗庙：天子、诸侯祭祀祖先的处所。封建帝王以天下为一家所有，世代相传，故以宗庙为朝廷或国家的代称。⑦宣恩：宣扬皇恩。⑧卑让：卑恭谦让。劳天下：为天下事烦劳。⑨憧：痴呆，愚蠢。

【原文】

制曰："盖闻周封八百，姬[①]姓并列，或子、男、附庸[②]。《礼》'支子[③]不祭'。云并建诸侯所以重社稷，朕无闻焉。且天非为君生民也。朕之不德，海内未洽，乃以未教成者强君连城[④]，即股肱何劝[⑤]？其更议以列侯家[⑥]之。"

【注释】

①姬：周朝王族姓姬。②或：有。子、男：封爵名。附庸：附属于诸侯的小国。③《礼》：《礼记》，儒家经典之一。支子：古代宗法制度下称嫡长子及继承先祖嫡系之子为"宗子"，嫡妻之次子以下及妾子为"支子"。④强：勉强。君：统治。连城：城邑相连，此指诸侯国。⑤股肱：大腿和胳膊，喻辅佐君主的大臣。劝：勉励。⑥列侯：一般的侯爵，食禄而不建国。家：以……为家。诸侯王封邑称国，列侯食邑称家。

【原文】

三月丙子，奏未央宫。"丞相臣青翟、御史大夫臣汤昧死言：臣谨与列侯臣婴齐、中二千石二千石臣贺、谏大夫博士臣安等议曰：伏闻[①]周封八百，姬姓并列，奉承天子。康叔以祖考[②]显，而伯禽以周公[③]立，咸为建国诸侯，以相傅[④]为辅。百官奉宪[⑤]，各遵其职，而国统备矣。窃以为并建诸侯所以重社稷者，四海诸侯各以其职奉贡祭。支子不得奉祭宗祖，礼也。封建使守藩国[⑥]，帝王所以扶德施化。陛下奉承天统，明开圣绪[⑦]，尊贤显功，兴灭继绝。续萧文终[⑧]之后于酂，褒厉群臣平津侯[⑨]等。昭六亲[⑩]之序，明天施之属，使诸侯王封君[⑪]得推私恩分子弟户邑，锡[⑫]号尊建百有余国。而家皇子为列侯，则尊卑相逾，列位失序，不可以垂统[⑬]于万世。臣请立臣闳、臣旦、臣胥为诸侯王。”三月丙子，奏未央宫。

【注释】

①伏闻：听说。伏，谦敬词。②康叔：周文王少子，原封于康，故称康叔。考：死去的父亲。③伯禽：周公长子，封为鲁公。周公：周文王第四子，因封邑在周，故称周公。④相傅：即傅相。辅助国君和诸侯之官。⑤奉宪：遵奉法令。⑥藩国：亦作“蕃国”，古代称分封及臣服的各国为藩国。⑦明开圣绪：光大先圣的遗业。⑧萧文终：即萧何。死后谥为文终侯。⑨厉：通“励”。平津侯：指公孙弘。⑩六亲：六种亲属，包括血亲和姻亲两类，古说不一，其一指父、母、兄、弟、妻、子。⑪封君：领受封邑的贵族。⑫锡：通“赐”。⑬垂统：把基业传给后代子孙。

【原文】

制曰：“康叔亲属[①]有十而独尊者，褒有德也。周公祭天命郊[2]，故鲁有白牡、骍刚[3]之牲。群公不毛[4]，贤不肖差也。‘高山仰之，景行向之’[5]，朕甚慕焉。所以抑未成，家以列侯可。”

【注释】

①亲属：此指兄弟。②周公祭天命郊：周成王为褒扬周公的功德，特许周公在外祭祀天神。③白牡：白色公畜。骍刚：古代祭祀用的赤色牛。④不毛：指毛色不纯的祭牲。⑤高山仰之，景行向之：语本《诗·小雅·车辖》。高山，喻道德崇高；景行，大路，喻行为正大光明。后因以“高山景行”指崇高的德行。

【原文】

四月戊寅，奏未央宫。“丞相臣青翟、御史大夫臣汤昧死言：臣青翟等与列侯、吏二千石、谏大夫、博士臣庆等议：昧死奏请立皇子为诸侯王。制曰：‘康叔亲属有十而独尊者，褒有德也。周公祭天命郊，故鲁有白牡、骍刚之牲。群公不毛，贤不肖差也。“高山仰之，景行向之”，朕甚慕焉。所以抑未成，家以列侯可。’臣青翟、臣汤、博士臣将行等伏闻康叔亲属有十，武王继体[1]，周公辅成王[2]，其八人皆以祖考之尊建为大国。康叔之年幼，周公在三公之位，而伯禽据国于鲁，盖爵命之时，未至成人。康叔后扞禄父之难[3]，伯禽殄淮夷之乱[4]。昔五帝异制[5]，周爵五等[6]，春秋三等[7]，皆因时而序尊卑。高皇帝拨[8]乱世反诸正，昭[9]至德，定海内，封建诸侯，爵位二等[10]。皇子或在襁褓[11]而立为诸侯王，奉承天子，为万世法则，不可易。陛下躬亲仁义，体行[12]圣德，表里[13]文武。显慈孝之行，广贤能之路。内褒有德，外讨强暴。极[14]临北海，西溱月氏[15]，匈奴、西域，举国奉师[16]。舆械[17]之费，不赋于民。虚御府之藏以赏元戎[18]，开禁仓以振[19]贫穷，减戍卒之半。百蛮[20]之君，靡不乡[21]风，承流[22]称意。远方殊俗，重译[23]而朝，泽及方外[24]。故珍兽至，嘉[25]谷兴，天应[26]甚彰。今诸侯支子封至诸侯王，而家皇子为列侯，臣青翟、臣汤等窃伏孰计之，皆以为尊卑失序，使天子失望，不可。臣请立臣闳、臣旦、臣胥为诸侯王。”四月癸未，奏未央宫，留中不下[27]。

【注释】

①继体：继位。②成王：周成王。③扞（hàn）：抵御。禄父之难：禄父（商纣之子武庚，字禄父）在武王灭商后，受封为殷君，仍都朝歌，周派管叔、蔡叔监视他。武王死，成王年幼，周公摄政，管叔、蔡叔不服，武庚乘机勾结管、蔡叛周。事见《殷本纪》《周本纪》《鲁周公世家》。④殄：消灭。淮夷之乱：淮夷、徐戎两地反叛，伯禽兴师伐之于肸（xī）。⑤五帝：传说中的上古帝王。有三说。一、黄帝、颛顼、帝喾、唐尧、虞舜；二、伏羲、炎帝、黄帝、少皞、颛顼；三、少皞、颛顼、高辛、唐尧、虞舜。异制：体制各不相同。⑥五等：公、侯、伯、子、男。⑦三等：公、侯、伯。⑧拨：治理。⑨昭：彰明，显示。⑩二等：指王和列侯。⑪襁褓：裹婴

儿的小布被，引申为婴儿时期。⑫体行：身体力行。⑬表里：内外互相配合。⑭极：边境，边远的尽头。⑮溱：通“臻”，至，到。⑯奉师：贡奉效法。⑰舆械：指车辆和武器等军用装备。⑱御府：皇帝的府库。元戎：大的兵车，此指将士。⑲禁仓：宫禁的仓库。振：通“赈”。⑳百蛮：指华夏族以外的各部族。㉑乡：通“向”，面向。㉒承流：承受汉朝的教化。㉓重译：辗转翻译。远方言语不通，故必须辗转翻译才能通其意。㉔方外：中原以外的地区，边远的地方。㉕嘉：美好。㉖天应：天道感应。㉗留中不下：留在宫中没有批示下达。

【原文】

“承相臣青翟、太仆臣贺、行御史大夫事太常臣充、太子少傅臣安行宗正事昧死言：臣青翟等奏大司马臣去病上疏言，皇子未有号位，臣谨与御史大夫臣汤、中二千石、二千石、谏大夫、博士臣庆等昧死请立皇子臣闳等为诸侯王。陛下让[1]文武，躬自切[2]，及皇子未教。群臣之议，儒者称其术[3]，或悖其心。陛下固辞弗许，家皇子为列侯。臣青翟等窃与列侯臣寿成等二十七人议，皆曰以为尊卑失序。高皇帝建天下，为汉太祖，王子孙，广[4]支辅。先帝法则弗改，所以宣至尊也。臣请令史官择吉日，具[5]礼仪上，御史奏舆地图[6]，他皆如前故事[7]。”制曰：“可。”

【注释】

①让：谦让，辞让。②切：恳切，深切。③术：学说，理

论。④广：扩大，增加。⑤具：开列。⑥舆地图：即地图。⑦故事：旧例，先例，即先前旧有的典章制度。

【原文】

四月丙申，奏未央宫。“太仆臣贺行御史大夫事昧死言：太常臣充言卜入[①]四月二十八日乙巳，可立诸侯王。臣昧死奏舆地图，请所立国名。礼仪别奏。臣昧死请。”

制曰：“立皇子闳为齐王，旦为燕王，胥为广陵王。”

四月丁酉，奏未央宫。六年[②]四月戊寅朔，癸卯，御史大夫汤下[③]丞相，丞相下中二千石，二千石下郡太守、诸侯相，丞书从事下当用者[④]。如律令[⑤]。

【注释】

①卜入：通过占卜求得。②六年：指元狩六年（前117）。③下：下达。④丞书从事：指郡国主办文书的助理官员。当用者：有关办事人员。⑤如律令：按照命令行事。

【原文】

“维[①]六年四月乙巳，皇帝使御史大夫汤庙立子闳为齐王。曰：於戏[②]，小子闳，受兹青社[③]！朕承祖考，维稽[④]古建尔国家，封于东土，世为汉藩辅。於戏念哉！恭朕之诏，惟命不于常[⑤]。人之好德，克[⑥]明显光，义之不图[⑦]，俾君子[⑧]怠。悉尔心，允执其中[⑨]，天禄永终[⑩]。厥有愆不臧[⑪]，乃凶于而国，害于尔躬。於戏，保国艾[⑫]民，可不敬与！王其[⑬]戒之。”

右齐王策[⑭]。

【注释】

①维：发语词。②於戏：通“呜呼”。③青社：古代诸侯受封时，由皇帝授予代表其封国方位的某一色土，作为分得土地的象征。齐国在东方，东方配青色，所以授予青土立社。④稽：考证，根据。⑤常：固定不变。⑥克：能。⑦义之不图：不图德义。⑧君子：有德者。⑨允执其中：真心实意地执持中正之道。允，诚实，真实。⑩天禄：天赐的福禄。永终：长久，永久。⑪厥：句首助词。愆：过失，罪过。臧：善。⑫艾：养护。⑬其：一定，必须。⑭策：策书。汉朝皇帝封土授爵、任免三公的文书。

【原文】

“维六年四月乙巳，皇帝使御史大夫汤庙立子旦为燕王。旦：於戏，小子旦，受兹玄社[①]！朕承祖考，维稽古，建尔国家，封于北土，世为汉藩辅。於戏！荤粥氏虐老兽心，侵犯寇盗，加以奸巧边萌[②]。於戏！朕命将率徂[③]征厥罪，万夫长，千夫长[④]，三十有二君[⑤]皆来，降期[⑥]奔师。荤粥徙域[⑦]，北州以绥[⑧]。悉尔心，毋作怨，毋俷[⑨]德。毋乃废备。非教士不得从征。於戏，保国艾民，可不敬与！王其戒之。”

右燕王策。

【注释】

①玄社：燕国在北方，北方配玄色，所以授予玄土立社。②巧：虚浮不实，伪诈。萌：通“氓”，百姓。③徂：

往。④万夫长，千夫长：分指统率万人与千人的将领。⑤三十有二君：指当时来投降的三十二帅。⑥期：通“旗”。⑦徙域：指匈奴徙于漠北。⑧绥：安定。⑨俷：废毁，败坏。

【原文】

“维六年四月乙巳，皇帝使御史大夫汤庙立子胥为广陵王。曰：於戏，小子胥，受兹赤社[1]！朕承祖考，维稽古建尔国家，封于南土，世为汉藩辅。古人有言曰：‘在江之南，五湖[2]之间，其人轻心。杨州保疆，三代要服[3]，不及以政。’於戏！悉尔心，战战兢兢，乃惠[4]乃顺，毋侗[5]好轶，毋迩宵[6]人，维法维则。《书》[7]云：‘臣不作威，不作福，靡有后羞。’於戏，保国艾民，可不敬与！王其戒之。”

右广陵王策。

【注释】

①赤社：广陵国在南方，南方配赤色，所以授予赤土立社。②五湖：《索隐》按：“五湖者，具区、洮滆、彭蠡、青草、洞庭是也。或曰太湖五百里，故曰五湖也。”③三代：指夏、商、周三代。要服：古五服之一。《书·禹贡》：“五百里要服。”孔传：“绥服外之五百里，要束以文教。”五服，古代王畿外围的地方，以五百里为率，视距离的远近分为五等，其名称为甸服、侯服、绥服、要服、荒服。④惠：柔顺。⑤侗：童蒙无知。⑥宵：通“小”。⑦《书》：即《尚书》，其书有“臣无有作福作威玉食”句。

【原文】

太史公曰：古人有言曰“爱之欲其富，亲之欲其贵”。故王者疆土[①]建国，封立子弟，所以褒亲亲，序骨肉，尊先祖，贵支体[②]，广同姓于天下也。是以形势强而王室安。自古至今，所由来久矣。非有异也，故弗论箸[③]也。燕齐之事，无足采者。然封立三王，天子恭让，群臣守义，文辞烂然，甚可观也，是以附之世家。

【注释】

①疆土：分划土地。疆，界限。②支体：比喻同族。支，通“肢”。③箸：通“著”。

【原文】

褚先生曰：臣幸得以文学为侍郎，好览观太史公之列传。传中称《三王世家》文辞可观，求其《世家》终不能得。窃从长老好故事者取其封策书，编列其事而传之，令后世得观贤主之指意[①]。

【注释】

①指意：即旨意，意图。指，通“旨”。

【原文】

盖闻孝武帝之时，同日而俱拜三子为王：封一子于齐，一子于广陵，一子于燕。各因子才力智能，及土地之刚柔[①]，人民之轻重[②]，为作策以申[③]戒之。谓王：“世为汉藩辅，保国治民，可不敬与！王其戒之。”夫贤主所作，固非浅闻者所能知，非博闻强记君子者所不能究竟[4]其意。至其次序分绝[5]，文字之上下，简[6]之参差长短，皆有意，人莫之能知。谨论次其真草[7]诏书，编于左方，令览者自通其意而解说之。

【注释】

①刚柔：指贫瘠和肥沃。②轻重：轻浮和庄重。③申：告诫。④究竟：终极，穷尽。⑤分绝：划分隔断，即分段。⑥简：书简。此指策文。⑦真草：本稿。草，初稿。

【原文】

王夫人者，赵人也，与卫夫人并幸武帝，而生子闳。闳且[1]立为王时，其母病，武帝自临问之。曰：“子当为王，欲安所置之？”王夫人曰：“陛下在，妾又何等可言者。”帝曰：“虽然，意所欲，欲于何所王之？”王夫人曰：“愿置之雒阳。”武帝曰：“雒阳有武库敖仓[2]，天下冲厄[3]，汉国之大都也。先帝以来，无子王于雒阳者。去雒阳，余尽可。”王夫人不应。武帝曰：“关东之国无大于齐者。齐东负海而城郭大，古时独临菑中十万户，天下膏腴地莫盛于齐者矣。”王夫人以手击头，谢曰：“幸甚。”王夫人死而帝痛之，使使者拜之曰：“皇帝谨使使太中大夫明奉[4]璧一，赐夫人为齐王太后。”子闳王齐，年少，无有子，立，不幸早死，国绝，为郡。天下称齐不宜王云。

【注释】

①且：将。②敖仓：秦代在敖山上所置谷仓。故址在今河南省郑州西北邙山上。中原漕粮集中于此，再西运关中，北输边塞，是当时最重要的粮仓。汉魏均因仍之。③厄：阻塞，险要的（地势）。④奉：两手捧着。

【原文】

所谓“受此土”者，诸侯王始封者必受土于天子之社，归立之以为国社，以岁时祠[1]之。《春秋大传》曰：“天子之国有泰社[2]。东方青，南方赤，西方白，北方黑，上方黄。”故将封于东方者取青土，封于南方者取赤土，封于西方者取白土，封于北方者取黑土，封于上方者取黄土。各取其色物，裹以白茅，封以为社。此始受封于天子者也。此之为主土。主土者，立社而奉之也。“朕承祖考”，祖者先也，考者父也。“维稽古”，维者度也，念也，稽者当也，当顺古之道也。

【注释】

①祠：祭祀。②泰社：由帝王为百官和兆民所立祭祀土神的地方。也作“大社”“太社”。

【原文】

齐地多变诈，不习于礼义，故戒之曰“恭朕之诏，唯命不可为常。人之好德，能明显光。不图于义，使君子怠慢。悉若[1]心，信[2]执其中，天禄长终。有过不善，乃凶于而国，而害于若身。”齐王之[3]国，左右维持以礼义，不幸中年早夭。

然全身无过，如其策意。

【注释】

①若：你。②信：的确，确实。③之：往……，到……。

【原文】

传曰：“青采出于蓝，而质青于蓝[1]”者，教使然也。远哉贤主，昭然独见：诫齐王以慎内；诫燕王以无作怨，无俷德；诫广陵王以慎外，无作威与福。

【注释】

①传：指有关文字记载。青：靛（diàn）青，一种染料。蓝：草名，指蓼蓝，叶子可制染料。《荀子·劝学》有“青，取之于蓝，而青于蓝”句。

【原文】

夫广陵在吴越[1]之地，其民精而轻，故诫之曰“江湖之间，其人轻心。杨州葆[2]疆，三代之时，迫要[3]使从中国俗服，不大及以政教，以意御之而已。无侗好佚，无迩宵人，维法是则。无长好佚乐驰骋弋猎淫康[4]，而近小人。常念法度，则无羞辱矣。”三江[5]、五湖有鱼盐之利，铜山之富，天下所仰。故诫之曰“臣不作福”者，勿使行财币，厚赏赐，以立声誉，为四方所归也。又曰“臣不作威”者，勿使因轻以倍[6]义也。

【注释】

①吴越：指春秋时的吴国与越国。②葆：通“保”。

③要：要挟，迫使。④长：疑为衍文。一本无该字。淫：过度。康：安乐。⑤三江：指吴淞江、钱塘江、浦阳江。一说泛指许多江河。⑥倍：背向，背着。这里是“违背”的意思。

【原文】

会孝武帝崩，孝昭帝初立，先朝广陵王胥，厚赏赐金钱财币，直[①]三千余万，益地百里，邑万户。

会昭帝崩，宣帝初立，缘[②]恩行义，以本始元年[③]中，裂汉地，尽以封广陵王胥四子：一子为朝阳侯；一子为平曲侯；一子为南利侯；最爱少子弘，立以为高密王。

【注释】

①直：通“值”。②缘：因。③本始元年：前 73 年。本始，汉宣帝第一个年号（前 73—前 70）。

【原文】

其后胥果作威福，通楚王[①]使者。楚王宣言曰：“我先元王[②]，高帝少弟也。封三十二城。今地邑益少，我欲与广陵王共发兵云。立广陵王为上，我复王楚三十二城，如元王时。”事发觉，公卿有司请行罚诛。天子以骨肉之故，不忍致法于胥，下诏书无治广陵王，独诛首恶楚王。传曰“蓬生麻中，不扶自直；白沙在泥中，与之皆黑”者，土地教化[③]使之然也。其后胥复祝诅[④]谋反，自杀，国除。

【注释】

①楚王：刘延寿。②元王：楚元王刘交。③教化：环境影

响。④祝诅：祈神降殃祸于人。

【原文】

燕土垵埆[①]，北迫匈奴，其人民勇而少虑[②]，故诫之曰“荤粥氏无有孝行而禽兽心，以窃盗侵犯边民。朕诏将军往征其罪，万夫长，千夫长，三十有二君皆来，降旗奔师。荤粥徙域远处，北州以安矣。”“悉若心，无作怨”者，勿使从俗以怨望也。“无俷德”者，勿使王背德也。“无废备”者，无乏武备，常备匈奴也。”“非教士不得从征”者，言非习礼义不得在于侧也。

【注释】

①垵埆（què）：土地瘠薄。②虑：谋略，谋划。

【原文】

会武帝年老长，而太子不幸薨，未有所立，而旦使来上书，请身入宿卫[①]于长安。孝武见其书，击地，怒曰：“生子当置之齐鲁礼义之乡，乃置之燕赵，果有争心，不让之端[②]见矣。”于是使使即斩其使者于阙下[③]。

【注释】

①宿卫：在宫禁中值宿警卫。②端：苗头。③阙下：宫阙之下。阙，皇宫前两边的楼台式建筑物，以中间有道路，故称“阙”。

【原文】

会武帝崩，昭帝初立，旦果作怨而望[①]大臣。自以长子当立，与齐王[2]子刘泽等谋为叛逆，出言曰："我安得弟在者！今立者乃大将军子也。"欲发兵。事发觉，当诛。昭帝缘恩宽忍，抑案不扬。公卿[3]使大臣请，遣宗正与太中大夫公户满意、御史二人，偕往使燕，风喻[4]之。到燕，各异日，更见责王。宗正者，主宗室诸刘属籍[5]，先见王，为列陈道昭实武帝子状。侍御史乃复见王，责之以正法，问："王欲发兵罪名明白，当坐[6]之。汉家有正法，王犯纤介[7]小罪过，即行法直断耳，安能宽王。"惊动以文法。王意益下，心恐。公户满意习于经术[8]，最后见王，称引古今通义[9]，国家大礼，文章尔雅[10]。谓王曰："古者天子必内有异姓大夫，所以正骨肉也；外有同姓大夫，所以正异族也。周公辅成王，诛其两弟，故治。武帝在时，尚能宽王。今昭帝始立，年幼，富于春秋，未临政[11]，委任大臣。古者诛罚不阿[12]亲戚，故天下治。方今大臣辅政，奉法直行，无敢所阿，恐不能宽王。王可自谨，无自令身死国灭，为天下笑。"于是燕王旦乃恐惧服罪，叩头谢过。大臣欲和合骨肉，难伤之以法。

【注释】

①望：埋怨，责恨。②齐王：此指以前的齐懿王刘寿。③公卿：三公九卿的省称。泛指朝廷大臣。④风喻：讽劝晓谕。风，通"讽"。⑤属籍：家族的名册。⑥坐：因犯……罪（或错误）。⑦纤介：细微。⑧经术：犹经学，即研究经书，为其训诂，或发挥经中义理的学问。⑨通义：谓适用于一般的

道理与法则。⑩文章：此指言辞。尔：华丽。雅：正，合乎规范。⑪临政：亲自掌政。⑫阿：偏袒。

【原文】

其后旦复与左将军上官桀等谋反，宣言曰“我次太子，太子不在，我当立，大臣共抑我”云云。大将军光辅政，与公卿大臣议曰：“燕王旦不改过悔正，行恶不变。”于是修法直断，行罚诛。旦自杀，国除，如其策指。有司请诛旦妻子。孝昭以骨肉之亲，不忍致法，宽赦旦妻子，免为庶人①。传曰“兰根与白芷②，渐之滫③中，君子不近，庶人不服④”者，所以渐然也。

宣帝初立，推恩宣德，以本始元年中尽复封燕王旦两子：一子为安定侯；立燕故太子建为广阳王，以奉燕王祭祀。

【注释】

①庶人：平民。②兰根、白芷：均香草名。③渐：浸染。滫（xiǔ）：淘米水，引申为脏水、臭水。④服：佩带。

【译文】

“大司马臣霍去病冒死再拜上疏皇帝陛下：承蒙陛下错爱，使我霍去病能在军中供职。本应专心思考边防事务，即使战死荒野也无法报答陛下，居然敢考虑他事来打扰陛下。我这样做，实在是因为看到陛下为天下事忧劳，因哀怜百姓忘了自己，减少了食膳音乐，裁减了郎员。皇子们赖天保佑，长大成人，已能行趋拜之礼，但至今未封号位设师傅官。陛下谦恭礼让，不怜悯骨肉之情，群臣私下都希望早日予以封号，但不敢越职进奏。我不胜犬马之心，冒死建言，希望陛下命有司，趁盛夏吉日早定皇子之位。希望陛下鉴察。霍去病冒死再拜进奏皇帝陛下。”三月乙亥日，御史臣霍光兼尚书令上奏未央宫。皇帝下诏道：“下交御史办理。”

元狩六年（前117）三月戊申朔日，乙亥，御史臣霍光兼尚书令、左右丞非，下批给御史的文书到达，说：“丞相臣庄青翟、御史大夫臣张汤、太常臣赵充、太行令臣李息、太子少傅并兼宗正职务臣任安冒死上奏：大司马霍去病上疏说：‘承蒙陛下错爱，使我霍去病能在军中供职。本应专心思考边防事务，即使战死在荒野也无法报答陛下，居然敢考虑他事来打扰陛下。我这样做，实在是因为看到陛下为天下事忧劳，因哀怜百姓竟忘了自己，减少了食膳音乐，裁减了郎员。皇子们赖天保佑，长大成人，已能行趋拜之礼，但至今未封号位设师傅官。陛下谦恭礼让，不怜悯骨肉之情，群臣私下都希望早日予以封号，但不敢越职进奏。我不胜犬马之心，冒死建言，希望陛下命有司，趁盛夏吉日早定皇子之位。希望陛下鉴察。’皇帝下诏道：‘下交御史办理。’臣谨与中二千石、二千石臣公孙贺等商议：古来分地立国，同时建立诸侯国以尊奉天子，这是尊崇宗庙、重视社稷的原因。现在，臣霍去病上疏，不忘其职责，用以宣扬皇恩，称道天子谦让自贬，为天下事烦劳，思虑皇子未封号位。臣庄青翟、臣张汤等应奉义遵职，却愚昧痴呆而不济事。如今正是盛夏吉时，臣庄青翟、臣张汤等冒死请立皇子臣刘闳、臣刘旦、臣刘胥为诸侯王。冒死请求确定所封给他们的国名。”

皇帝下诏示道：“听说周朝分封八百诸侯，所有姬姓并列，有子爵、男爵、附庸。《礼记》说：‘支子不得奉祭宗庙。’你们说并建诸侯国用来重社稷，我没听说过。再说上天并不是为君王而降生百姓。我德行浅薄，海内上下未能协和，却勉强使未习教义的皇子做诸侯王，那么大臣对他们能起什么劝勉作用？应重新讨论，以列侯封赐他们。”

三月丙子日又奏未央宫：“丞相臣庄青翟、御史大夫臣张汤冒死进谏：臣谨与列侯臣赵婴齐、中二千石二千石臣公孙贺、谏议大夫博士臣任安等商议说：我们听说周朝分封八百诸侯，姬姓并列，来侍奉天子。康叔凭借其祖父和父亲而显贵。伯禽凭借周公受封，他们都是建国的诸侯，以傅相为辅佐。百官遵奉法令，各守其职。国家的统系便完备无缺了。我们私下认为并建诸侯之国之所以能重社稷，是天下诸侯各按它的职责向天子朝贡奉祭。支子不得奉祭宗祖，这是礼制所规定的。封建诸侯，使他们守住藩国，帝王就能借此扶德施化。陛下奉承天意统辖天下，光大先圣的遗业，尊贤礼士，圣功显赫，扶持兴起即将灭绝之国。使萧何的后代继续受封在酂邑，褒扬公孙弘等群臣。昭示六亲的尊卑之序，表明上天施予之属，使诸侯王封君能够推私恩分给子弟户邑，赐号尊建一百多个诸侯王。然而，以皇子为列侯，这就尊卑相逾越，列位失序，不能将基业传给子孙万代。臣等请求立臣刘闳、臣刘旦、臣刘胥为诸侯王。”三月丙子日，进奏未央宫。

皇帝下诏批示道：“康叔有十个兄弟而独被尊贵的原因，是褒扬有德之人。周公被特许在郊外祭祀天神，所以鲁国有白色公畜、赤色牛的祭牲。其他公侯用毛色不纯的祭牲，这是贤者和不肖者的差别。‘崇高的道德令人仰慕，正大光明的行为令人向往’，我对他们很敬仰。以此来压抑未成德的皇子，封他们为列侯就可以了。”

四月戊寅日，进奏未央宫：“丞相臣庄青翟、御史大夫臣张汤冒死谏言：臣青翟等与诸位列侯、二千石级官吏、谏大夫、博士臣庆等商议：冒死奏请立皇子为诸侯王。皇帝命道：‘康叔有十个兄弟而独被尊贵的原因，是褒扬有德之人。周公被特许在郊外祭祀天神，所以鲁国有白色公畜、赤色牛的祭牲。其他公侯用毛色不纯的祭牲，这是贤者和不肖者的差别。崇高的道德令人仰慕，正大光明的行为令人向往，我对他们很敬仰。以此来压抑未成德的皇子，封他们为列侯就可以了。’臣庄青翟、臣张汤、博士臣将行等听说康叔兄弟有十人，武王继位，周公辅佐成王，其他八人都因为祖父和父亲的尊贵建为大国。康叔年幼，周公在三公之位，而伯禽在鲁封国，那是因为封爵位时，还没成年。后来，康叔扞止禄父之难，伯禽消灭淮夷之乱。从前，五帝各有不同的体制，周朝有五等爵位，春秋只有三等爵位，都是根据时代不同而安排尊卑之序。高皇帝拨乱反正，昭示至德，安定海内，分封诸侯，爵位分为二等。皇子有的尚在襁褓之中也立为诸侯王，以承继天子，作为万世的法则，不可改变。皇帝躬行仁义，亲播圣德，文治武功互相配合。彰扬慈爱孝亲的德行，广拓进贤唯能的道路。对内褒扬有德行之人，对外讨伐强暴之贼。北临翰海，西至月氏，匈奴、西域，举国贡奉效法。车舆兵械的费用，不向百姓征取赋税。尽朝中府库所藏奖赏将士，开启宫禁的仓库赈济贫民，戍卒减少一半。百蛮夷狄的君长，无不闻风向慕，承受汉朝的教化屈首称赞。远方异域，不辞辗转翻译前来朝拜，圣上恩泽遍及边远地方。所以，四方珍禽异兽不断送来，嘉禾米谷丰收，天道感应甚为彰著。如今，诸侯支子都封为诸侯王，而皇子却赐封列侯，臣庄青翟、臣张汤等私下反复商议，都认为尊卑失序，使天下百姓失望，这是不可以的。臣请求立臣刘闳、臣刘旦、臣刘胥为诸侯王。”四月癸未日，进奏未央宫，奏章留在宫中没有批示下达。

“丞相臣庄青翟、太仆臣公孙贺、行御史大夫事太常臣赵充、太子少傅臣任安行宗正事冒死进言：臣庄青翟等以前进奏大司马臣霍去病上疏说，皇子未有封号王位，臣谨与御史大夫臣张汤、中二千石、二千石、谏议大夫、博士臣庆等冒死请立皇子臣刘闳为诸侯王。陛下谦让自己的文治武功、责己甚恳切，谈到皇子未习教义。群臣的建议，儒者都称扬其说，有时却拂逆其心。陛下坚决推辞，不予同意，只许封皇子为列侯。臣青翟等私下与列侯臣萧寿成等二十七人商议，都认为尊卑失序。高皇帝创建天下，为汉太祖，封子孙为王，扩大支辅势力。不改先帝的法则，用以彰显先帝至尊。臣请求陛下令史官选择吉日，开列礼仪奉上，令御史呈上地图，其他都照以前旧例。”皇上下诏批示道：“可以。”

四月丙申日，进奏未央宫：“太仆臣公孙贺代理御史大夫官职冒死进言：太常臣赵充说通过占卜得知四月二十八日乙巳，可以立诸侯王。臣冒死进呈地图，请给所立封国命名。关于仪式另行上奏。臣冒死请求。”

皇上下诏批示道：“立皇子刘闳为齐王，刘旦为燕王，刘胥为广陵王。”

四月丁酉日，进奏未央宫。元狩六年（前117）四月初一（戊寅），到癸卯日，御史大夫张汤下达丞相，丞相下达中二千石级官员，二千石级官员下达郡太守、诸侯相，丞书从事下达有关办事人员。按照命令行事。

“元狩六年（前117）四月乙巳日，皇帝使御史大夫张汤告庙立皇子刘闳为齐王。圣旨道：呜呼，儿子刘闳，接受这包青色社土！我继承祖先之帝业，根据先王之制，封你国家，封在东方，世代为汉藩篱辅臣。呜呼，你要念此勿忘！要敬受我的诏令，要想到天命不是固定不变的。人能爱好善德，才能昭显光明。若不图德义，就会使辅臣懈怠。竭尽你的心力，真心实意地执持中正之道，就能永保天禄。如有邪曲不善，就会伤害你的国家，伤害你自身。呜呼，保护国家，养护人民，能不敬慎吗！齐王你一定要戒慎。”

以上是齐王的策文。

“元狩六年（前117）四月乙巳日，皇帝使御史大夫张汤告庙立皇子刘旦为燕王。圣旨道：呜呼，儿子刘旦，接受这包黑色社土！我继承祖先之帝业，根据先王之制，封你国家，封在北方，世代为藩篱辅臣。呜呼！荤粥氏有虐待老人的禽兽之心，到处侵略掠夺，加以奸杀边民。呜呼！我命大将率军往征其罪，他们的万夫头领、千夫头领，共有三十二帅都来归降，偃旗息鼓而逃。荤粥迁于漠北，北方因此安定。竭尽你的心力，不要与人结怨，不要做败德之事，不要废弃武备。士民未经教习，不得从军出征。呜呼！保护国家，养护人民，能不敬慎吗！燕王你一定要戒慎。”

以上是燕王的策文。

“元狩六年（前117）四月乙巳日，皇帝使御史大夫张汤告庙立皇子刘胥为广陵王。圣旨道：呜呼，儿子刘胥，接受这包红色社土！我继承祖先之帝业，根据先王之制，封你国家，封在南方，世代为汉藩篱辅臣。古人有言：‘大江以南，五湖之间，这一带的人轻浮。杨州是保卫中原的边疆，三代时为王畿外围之地，但政教不能到达。’呜呼！竭尽你的心力，要小心戒慎，百姓才会柔顺。不要童蒙无知，不要好逸乐弛骋游猎，不要接近小人，一切要按法则行事。《尚书》上说：‘臣子不对百姓作威作福，就不会有后辱。’呜呼，保护国家，养护人民，能不敬慎吗！广陵王你一定要戒慎。”

以上是广陵王的策文。

太史公说：“古人有句话说：‘爱他就希望他富有，亲他就希望他尊贵。’所以，君王裂土建国，分封子弟，用来褒扬亲属，分序骨肉，尊崇祖先，显贵同族，使同姓之人散布于天下。因此，国势必然强大，王室必然安定。从古到今，由来已久了。历代没有什么不同，所以不必论述。燕王齐王受封之事，不值得采写。然而，封立三王，天子谦恭礼让，群臣坚守道义，文辞灿然照人，很值得观赏，因此将其附在世家里。”

褚少孙先生说：我很幸运能凭借文学成为侍郎，喜欢阅览《太史公自序》。《太史公自序》中称道《三王世家》文辞可观，但寻找《三王世家》始终没有得到。私下在喜欢旧事的长者那里取得他们所保存的封策书，把其中的有关事迹编写出来以便传下去，使后世之人能知道贤主的旨意。

听说孝武帝的时候，同一天拜封三子为王：封一个皇子在齐，一个皇子在广陵，一个皇子在燕。各自按皇子才力智能及土地的贫瘠和肥沃、人民的轻浮和庄重，为之作策文来告诫他们：“世代为汉的藩属辅臣，保护国家，养护人民，能不敬慎吗！诸王一定要戒慎。”一个贤明的国君的所作所为，本来就不是孤陋寡闻之人所能理解的。如果不是博闻强记，君子是不能透彻理解他的深意的。至于诏书的次序分段，语言的上下行文，策文的参差长短，都有深意，别人是不能理解的。谨论定编次这些本稿诏书，编列于下，使读者能自己通解它的宗旨。

王夫人是赵国人，与卫夫人同受武帝的宠幸，而生了刘闳。刘闳将立为王时，他的母亲生病，武帝亲自前去探问。问道：“儿子应当封王，你想把他封在哪里？”王夫人说：“有陛下在，我又有什么可说的呢。”武帝说：“虽然如此，就你的愿望来说，想封他到什么地方为王？”王夫人说：“希望封在雒阳。”武帝说：“雒阳有武库敖仓，是天下要冲之地，是汉朝的大都城。从先帝以来，没有一个皇子封在雒阳为王的。除了雒阳，其他地方都可以。”王夫人没有作声。武帝说：“关东的国家，没有比齐国更大的。齐国东边靠海，而且城郭大，古时只临菑城就有十万户，天下肥沃的土地没有比齐国更多的了。”王夫人以手击头，感谢道：“太好了。”王夫人病故，武帝很哀痛，派使者去祭拜道：“皇帝谨派使者太中大夫明捧着璧玉一块，赐封夫人为齐王太后。”皇子刘闳为齐王，年纪小，没有儿子，立王以后，不幸早死，封国废绝，变为郡。世人说，齐地不宜封王。

所谓“受此土”的意思，即诸侯王开始受封时，一定受土于天子祭祀土神的地方，回到封国再建立自己的国社，每年祭祀它。《春秋大传》记载：“天子之国有泰社，东方为青色，南方为赤色，西方为白色，北方为黑色，中央为黄色。”所以，将分封于东方的取青土，分封于南方的取赤土，分封于西方的取白土，分封于北方的取黑土，分封于中央京畿的取黄土。各取自己的色土，用白茅草包裹起来，封好以后以之为社。这就是最初受封于天子的情形。这叫作主土。对于主土，要建立社坛祭祀它。“朕承祖考”的意思，“祖”是祖先，“考”是先父。“维稽古”的意思，“维”是忖度，是考虑，“稽”是应当，即应当顺从古人之道的意思。

齐地的人多变、奸诈，不通礼义，所以天子告诫齐王说：

“敬受朕的诏令，要想到天命是固定不变的。人能爱好善德，才能昭显光明。若不图道义，则使辅臣懈怠。竭尽你的心力，真心实意地执持中正之道，就能永保天禄。如有邪曲不善，就会伤害你的国家，伤害你自身。”齐王到了封国，左右大臣能以礼义维系护持，不幸齐王中年早逝。然而，他一生无过失，遵照了给他的策文之意。

古书上说“靛青从蓝草中提取，而颜色比蓝草更青”，指的是教化使之如此。富有远见的贤主，有独到的真知灼见：警诫齐王对内要谨慎；警诫燕王不要与人结怨，不要做败德之事；警诫广陵王对外要谨慎，不要作威作福。

广陵在吴越之地，这个地方的人精明而轻浮，所以天子告诫广陵王说：“江湖之间，这一带的人轻浮。杨州是保卫中原的边疆，三代之时迫使他们随从中原风俗服饰，但政教不大达到，只能用心意来驾御罢了。不要童蒙无知，不要贪图安逸，不要接近小人，一切要按照法则行事。不要好逸乐驰骋游猎过度安乐，而接近小人。经常想到法度，就不会有羞辱之事了。”三江、五湖一带有鱼盐的收益、铜山的财富，是天下人所羡慕的。所以，天子告诫说“臣不作福”，其用意是说不要滥用财货钱币，赏赐过分，以此来树立声誉，使四方之人前来归附。又说“臣不作威”的用意，是不让他利用当地人的轻浮而背弃礼义。

适逢孝武帝去世，孝昭帝继位，对前朝广陵王刘胥，多多赐赏金钱财物，价值三千多万，增加封地百里，食邑万户。

又适逢昭帝去世，宣帝初即位，因骨肉恩情，施行道义，在本始元年（前73）中，割裂汉地，全用来分封广陵王刘胥的四个儿子：一个封为朝阳侯；一个封为平曲侯；一个封为南利侯；最受宠爱的小儿子刘弘，立为高密王。

此后，刘胥果然作威作福，派使者勾结楚王。楚王扬言："我的祖先元王，是高祖的小弟弟，封有三十二城。现在，封地城邑越来越少。我要与广陵王共同起兵，拥立广陵王为皇上。我要恢复当年元王封给我楚王的三十二城，像元王时一样。"这件事被发觉，公卿官史请求执行诛罚。天子因骨肉之故，不忍心对刘胥执法，下诏书不处治广陵王，只诛杀了恶首楚王。古书上说："蓬草生长在麻中，不必扶持自然挺直；白沙处在污泥中，与污泥同黑。"指的是水土教化使它如此。此后，刘胥又祈神降殃祸谋划反叛，结果事发自杀，封国被废除。

燕国的土地贫瘠，北近匈奴，这一带的人勇敢但缺少谋略，所以天子告诫燕王说："荤粥氏没有孝行而有禽兽之心，以盗窃侵犯边民为事。朕命将军往征其罪，统率万人的将官、统率千人的将官，三十二个君长都来归降，偃旗息鼓而逃。荤粥氏远涉他处，北方因此安定。""悉若心，无作怨"的用意，是不让他随从当地习俗而产生怨恨。"无俷德"的用意，是不让燕王背弃恩德。"无废备"的用意，是不要削减军备，而要经常防备匈奴。"非教士不得从征"的用意，是说凡不习礼义之士，不得召之身边使用。

正逢武帝年老，而太子不幸早亡，还没有再立太子，刘旦派使者前来上书，请求到长安来担任皇上的宿卫。武帝看到他的信，扔到地上，发怒说："生子应当把他放到齐鲁礼义之地，竟将他放在燕赵之地，果然有争夺之心，不谦让的端倪显露了。"于是，派人在宫阙之下斩了刘旦的使者。

适逢武帝驾崩，昭帝新登位，刘旦果然生怨而责恨议事大臣。刘旦自以为当立长子，与齐王之子刘泽等人图谋叛乱，扬言："我哪里能让弟弟在！如今登位的是大将军的儿子。"想要发兵。事情被发觉，应该处死。昭帝本于骨肉恩情予以宽容，就把这件案子压下来不让张扬。公卿派大臣请求处理，朝廷派遣宗正与太中大夫公户满意、两个御史，一起到燕国去，讽劝晓谕燕王。到了燕国，各在不同的时间，轮流去会见并责问燕王。宗正是执掌刘氏皇族户籍的，首先会见燕王，给他列举昭帝确实是武帝儿子的事实。之后，侍御史再去见燕王，用国法责备他，问道："燕王你欲要起兵造反，罪状甚明，应当办罪。汉朝有大法，诸王只要犯下一点儿小罪过，就得依法判处，怎能宽恕大王你。"用法律条文使他恐惧震动。燕王情绪逐渐低落，心里恐惧。公户满意熟悉儒经义理，最后会见燕王，引述古今道义，国家大礼，言辞华美，喻理庄正。对燕王说："古来天子，在朝内必有异姓大夫，这是用来匡正王族子弟的；在朝外有同姓大夫，用来匡正异姓诸侯。周公辅佐成王，诛杀了他两个弟弟，所以天下太平。武帝在时，还能宽容大王。现今昭帝刚继位，年幼，春秋正富，尚未亲自执政，一切大权委任大臣。古来诛杀惩罚不偏袒内亲外戚，所以天下太平。现在大臣辅佐政事，奉行法律率直办事，不敢有所偏袒，恐怕不能宽恕你燕王。大王可要自己谨慎，不要使自己身死国灭，被天下人耻笑。”这时，燕王刘旦才恐惧认罪，叩头认错。大臣们想使他们骨肉和好，不忍用法律制裁他。

后来，刘旦又与左将军上官桀等谋反，扬言“我是次太子，太子不在了，我应当继位，大臣们压抑我”等等。大将军霍光辅政，与公卿大臣们商议道：“燕王刘旦不改过归正，仍旧为恶不改。”于是，按法直断，将行诛杀惩罚。刘旦自杀，封国被废，正如给他的策文所指出的。有关官员请求处死刘旦的妻子和儿女。昭帝因为他们是骨肉之亲，不忍执法，宽赦了刘旦的妻子儿女，削为平民。古籍说“兰根和白芷，把它浸泡在臭水里，君子就不再接近它，平民也不再佩带它”，这是浸泡使它如此。

宣帝新登位，广推恩泽，弘扬德化，在本始元年（前73）中又都赐封燕王刘旦的两个儿子：一个儿子封为安定侯；把燕王原来的太子刘建封为广阳王，让他承奉燕王的祭祀。

第四十三卷　伯夷列传[1] 第一

《伯夷列传》是伯夷和叔齐的合传，冠《史记》列传之首。在这篇列传中，作者以“考信于六艺，折衷于孔子”的史料处理原则，于大量论赞之中，夹叙了伯夷、叔齐的简短事迹。他们先是拒绝接受王位，让国出逃；武王伐纣的时候，又以仁义叩马而谏；等到天下宗周之后，又耻食周粟，采薇而食，作歌明志，于是饿死在首阳山上。作者极力颂扬他们积仁洁行、清风高节的崇高品格，抒发了作者的诸多感慨。

文章借助夷、齐善行，和所谓暴戾凶残、横行天下的盗跖做比照；以操行不轨、违法犯禁的人和审慎小心、有崇高正义感的人做比照，指出恶者安逸享乐，富裕优厚，累世不绝；而善者遭遇的灾祸却不可胜数。这就抒发了天道与人事相违背的现实，有力地抨击了“天道无亲，常与善人”的谎言，对天道赏善罚恶的报应论提出了大胆的怀疑，充分表现了作者无神论的观点。

本文写作独具特色。综观《史记》本纪、世家、列传之篇末，均有太史公的赞语，唯《伯夷列传》则无。满纸赞论、咏叹夹以叙事。名为传纪，实则传论。史家的通例是凭借翔实的史料说话，而或于叙述之中杂以作者的意见，就算变例了。所以，本文实开史家之先河，亦为本纪、世家、列传之仅有。

【原文】

夫学者载籍[2]极博，犹考信于《六艺》[3]。《诗》《书》[4]虽缺，然虞、夏之文[5]可知也。尧将逊位[6]，让于虞舜。舜、禹之间，岳牧[7]咸荐，乃试之于位，典职[8]数十年，功用[9]既兴，然后授政。示天下重器[10]，王者大统[11]，传天下若斯[12]之难也。而说者[13]曰：尧让天下于许由[14]，许由不受，耻之，逃隐。及夏之时，有卞随、务光[15]者。此何以称焉[16]？

太史公曰：余登箕山[17]，其上盖[18]有许由冢云。孔子序列古之仁圣贤人，如吴太伯[19]、伯夷之伦详矣。余以所闻由、光义至高；其文辞不少[20]概见，何哉？

【注释】

①列传（zhuàn）第一：《史记》七十列传第一篇。②夫：语首助词，无意义。载籍：书籍。③《六艺》：即《六经》。指《书》《礼》《乐》《诗》《易》《春秋》。④《诗》《书》虽缺：相传孔丘曾经删削《诗》《书》。⑤虞夏之文：指《尚书》中的《尧典》《舜典》《大禹谟》，其中详细记载了虞、夏禅让的故事。⑥逊位：让位。⑦岳牧：古代传说中的四岳和十二州牧的合称。⑧典职：任职；管理政务。⑨功用：功绩，成绩。⑩重器：贵重的宝器。此处意指天下为王者之重器。⑪大统；指帝王尊位。⑫若斯：如此。⑬说者：指诸子杂记。

尧让位给许由，汤让位给卞随、务光，详见《庄子·让王》。⑭许由：尧时隐士。⑮卞随、务光：传说商汤要攻打夏桀，先后找卞随、务光商量，他们都推托说不知道。后来商汤打倒了夏桀，又要把帝位让给他们，他们又拒不接受，并且都投水而死。⑯此何以称焉：意思说：这些人不见于经传，为什么在诸子杂记中又被称赞呢？⑰箕山：山名。在今河南省登封市东南。⑱盖：表示未必确实或难于肯定。传疑副词。⑲吴太伯：周太王的长子。⑳其文辞：指经传上的文字。少：稍微；略为。

【原文】

孔子曰："伯夷、叔齐，不念旧恶，怨是用希。"[1]"求仁得仁，又何怨乎？"[2]余悲[3]伯夷之意，睹轶诗可异焉[4]。其传[5]曰：

伯夷、叔齐，孤竹[6]君之二子也。父欲立叔齐，及父卒，叔齐让伯夷。伯夷曰："父命也。"遂逃去。叔齐亦不肯立而逃之。国人立其中子[7]。于是伯夷、叔齐闻西伯昌[8]善养老，盍[9]往归焉。及至，西伯卒；武王[10]载木主——号为文王，东伐纣[11]。伯夷、叔齐叩马[12]而谏曰："父死不葬，爰及干戈[13]，可谓孝乎？以臣弑[14]君，可谓仁乎？"左右[15]欲兵之。太公[16]曰："此义人也。"扶而去之。武王已平殷乱，天下宗周[17]，而伯夷、叔齐耻之，义[18]不食周粟，隐于首阳山[19]，采薇[20]而食之。及饿且死，作歌。其辞曰："登彼西山兮[21]，采其薇矣。

以暴易[22]暴兮，不知其非矣。神农[23]、虞、夏忽焉没兮，我安适[24]归矣？于嗟徂[25]兮，命之衰矣！”遂饿死于首阳山。

由此观之，怨邪非邪？

【注释】

①不念旧恶，怨是用希：语出《论语·公冶长》。“怨是用希”，即“怨用是希”。②“求仁得仁”二句：语出《论语·述而》。③悲：悲叹，含有钦佩同情之意。④轶诗：下面的歌辞，因未收入《诗经》，故称轶诗。轶，通“佚”“逸”，散失。可异焉：感到奇怪。因为按《论语》说，求仁得仁，没有什么可怨的，但歌辞中又有“于嗟徂兮，命之衰矣”的话表示了怨气。所以感到奇怪。⑤其传：指《韩诗外传》和《吕氏春秋》。⑥孤竹：存在于商、周时的诸侯国，其君姓墨胎氏。⑦中（zhòng）子：次子。古代兄弟排行按伯仲叔季次序。那么伯夷排行第一，叔齐排行第三。中，通“仲”。⑧西伯昌：周文王姬昌，商末为西方诸侯之长，故称西伯昌。⑨盍：有两解：一，通“盖”。二，何不。⑩武王：周武王。⑪纣：商朝最后的君主。又称帝辛。⑫叩马：勒住马。叩，通“扣”。⑬爰：就。干戈：干，盾；戈，平头戟。干戈是古代常用的兵器，引申为战争。⑭弑（shì）：古代下杀上叫弑，如臣杀死君，子女杀死父母。⑮左右：在旁边侍候的人。⑯太公：吕尚，号太公望，齐国始祖。详见《齐太公世家》。⑰宗周：以周王室为宗主。⑱义：坚持气节。⑲首阳山：山名。

⑳薇（wēi）：蕨类植物。巢菜，野豌豆。㉑西山：即首阳山。兮：语气助词，相当于“啊”。㉒易：交换。㉓神农：传说中的三皇之一。㉔安：哪里。适：往；去。㉕于（xū）嗟：感叹词。于，通“吁”。徂（cú）：通“殂”，死。

【原文】

或[①]曰：“天道无亲[②]，常与善人。”若伯夷、叔齐，可谓善人者，非邪？积仁洁行[③]如此而饿死！且七十子之徒[④]，仲尼独荐颜渊为好学[⑤]。然回也屡空[⑥]，糟糠不厌[⑦]，而卒蚤夭[⑧]。天之报施善人，其何如哉？盗跖[⑨]日杀不辜，肝[⑩]人之肉，暴戾[⑪]恣睢，聚党数千人横行天下，竟[⑫]以寿终，是遵何德哉？此其尤大彰明较著[⑬]者也。若至近世[⑭]，操行不轨，专犯忌讳，而终身逸乐，富厚累世不绝；或择地而蹈之[⑮]，时然后出言，行不由径[⑯]，非公正不发愤，而遇祸灾者，不可胜数也。余甚惑焉，傥[⑰]所谓天道，是邪，非邪？

【注释】

①或：有人。虚指代词。②天道：古代指支配人类命运的天神意志。无亲：无亲疏之分，即没有私心，没有偏心。③积仁洁行：积累仁德，使自己的行为保持高洁。④且：进层连词。七十子之徒：相传孔丘有弟子三千，贤人七十。⑤颜渊：即颜回。春秋末年鲁国人。孔丘最得意的学生。⑥空（kòng）：贫穷；空乏。⑦糟糠：借代粗劣的食物。糟，酒渣；糠，米皮。不厌：吃不饱。⑧卒：终于。蚤：通“早”。夭：

夭折；未成年而死。⑨跖（zhí）：相传为春秋末期鲁国人，一说是柳下惠之弟，为横行一时的大盗，故名之为盗跖。⑩肝：用作动词，像食用动物肝脏一样。⑪暴戾：凶恶而暴戾。⑫竟：竟然。⑬彰明较著：形容极其明显。⑭近世：实指当世，这是作者有所忌讳的措辞。⑮择地而蹈之：选好地方才落步，不轻举妄动。⑯径：小路。⑰傥：倘若，如果。

【原文】

子曰："道不同，不相为谋。"[1]亦各从其志也。故曰："富贵如可求，虽执鞭之士，吾亦为之。如不可求，从吾所好。"[2]"岁寒，然后知松柏之后凋。"[3]举世混浊，清士乃见[4]。岂以其重若彼，其轻若此哉?[5]

【注释】

①道不同，不相为谋：主张（思想、观点）不同，不互相商议。为，与。语出《论语·卫灵公》。②语出《论语·述而》。"富贵如可求"，原文为"富而可求也"。执鞭之士：赶车的人，给帝王诸侯出行清道的人，维持市场秩序的人。③语出《论语·子罕》。④见（xiàn）：通"现"，显露。⑤历来对此句的解释不一，约有三说：第一是《索隐》的说法，认为伯夷让德之重若彼，而采薇饿死之轻若此；或者说，操行不轨，富厚累代，是其重若彼，公正发愤而遇祸灾，是其轻若此。第二是《正义》的说法，重谓盗跖等，轻谓夷、齐、由、光等。第三是顾炎武的说法，认为其重若彼，谓俗人之重富

贵；其轻若此，谓清士之轻富贵。

【原文】

“君子疾没世而名不称焉。”[1]贾子[2]曰：“贪夫徇[3]财，烈士[4]徇名，夸者[5]死权，众庶冯[6]生。” “同明相照，同类相求。”[7] “云从龙，风从虎，圣人作而万物睹。”[8]伯夷、叔齐虽贤，得夫子而名益彰；颜渊虽笃学，附骥尾[9]而行益显。岩穴之士[10]，趣舍有时[11]；若此类名堙灭[12]而不称，悲夫！闾巷之人[13]，欲砥[14]行立名者，非附青云之士[15]，恶能施[16]于后世哉？

【注释】

①语出《论语·卫灵公》。疾：痛恨。②贾子：贾谊。③徇（xùn）：通“殉”，以身从物；为了达到某种目的而牺牲性命。④烈士：有志立功创业的人，与今义不同。⑤夸者：贪权势而矜夸的人。⑥众庶：民众；百姓。冯（píng）：通“凭”，依靠。⑦语本《易·乾·文言》，原文作“同声相应，同气相求”。⑧语出《易·乾·文言》。⑨附骥尾：苍蝇附骥尾而行千里，比喻颜回因受到孔丘的表彰而垂名后世。骥，千里马。⑩岩穴之士：隐居山野的人，即隐士。⑪趣（qū）：通“趋”，进取。舍：隐退。有时：有一定时机。⑫堙（yīn）灭：埋没。⑬闾巷之人：平民，指有才能而在下位的人。⑭砥（dǐ）：磨刀石。⑮青云之士：德行高尚或地位显贵的人。⑯恶（wū）：怎么。疑问副词。施：延续；留传。

【译文】

学者们涉猎的书籍虽然很多，但是还要从《六经》里考察真实可信的记载。《诗经》《尚书》虽然残缺不全，但是还可以从记载虞、夏两代的文字中考察清楚。唐尧将要退位时，把帝位让给虞舜；虞舜把帝位让给夏禹之际，四方诸侯和州牧都来推荐，这才把他放在帝王位置上加以考察试用。主持国政几十年，功绩卓著以后，才把政权交给他。这表示天下是极贵重的宝器，帝王是极重要的统绪，所以传授政权是如此地郑重审慎啊！可是，诸子杂记里说：唐尧想把天下让给许由，许由不仅不接受，反而以此为耻辱，于是逃走隐居起来。到了夏朝，又出现了不接受商汤让位的卞随、务光。这又如何颂扬他们呢？

太史公说："我登上箕山，说是山上可能有许由的坟墓。孔子依次论列古代的仁人、圣人、贤人，如吴太伯、伯夷这些人，都非常详细。我认为所听到的许由、务光的德行是最高尚的，但是经书里连一点大略的文字记载也见不到，这是为什么呢？"

孔子说："伯夷、叔齐不记以往的仇恨，因而怨恨也就少了。""他们追求仁德，就得到了仁德，又有什么怨恨呢？"我对伯夷的意志深表同情，看到他们未被经书载录的遗诗，又感到很诧异。他们的传记上说：

伯夷、叔齐是孤竹君的两个儿子。父亲想要立叔齐为国君，等到父亲死了，叔齐要把君位让给伯夷。伯夷说："这是父亲的遗命啊！"于是，逃走了。叔齐也不肯继承君位逃走了。国人只好拥立孤竹君的次子。这时，伯夷、叔齐听说西伯昌能够很好地赡养老人，就想何不去投奔他呢！可是到了那里，西伯昌已经死了，他的儿子武王追尊西伯昌为文王，并把他的木制灵牌载在兵车上，向东方进兵去讨伐殷纣。伯夷、叔齐勒住武王的马缰谏诤说：“父亲死了不葬，就发动战争，能说是孝顺吗？作为臣子去杀害君主，能说是仁义吗？”武王身边的随从人员要杀掉他们。太公吕尚说：“这是有节义的人啊。”于是，搀扶着他们离去。等到武王平定了商纣的暴乱，天下都归顺了周朝。可是，伯夷、叔齐认为这是耻辱的事情，他们坚持仁义，不吃周朝的粮食，隐居首阳山上，靠采摘野菜充饥。到了快要饿死的时候，作了一首歌，那歌辞是：“登上那西山啊，采摘那里的薇菜。以暴臣换暴君啊，竟认识不到那是错误。神农、虞、夏的太平盛世转眼消失了，哪里才是我们的归宿？哎呀，只有死啊，命运是这样地不济！”于是，饿死在首阳山。

从这首诗看来，他们是怨恨还是不怨恨呢？

有人说：“天道是没有偏私的，总是经常帮助好人。”像伯夷、叔齐应该说是好人呢，还是不该说是好人呢？他们如此地积累仁德，保持高洁的品行，却终于饿死！再说，孔子七十名得意的学生里，只有颜渊被推重为好学。然而，颜渊总是穷困缠身，连粗劣的食物都吃不饱，终于过早地死去了。天道对好人的报偿又是怎样的呢？盗跖成天杀无辜的人，烤人的心肝当肉吃，凶残放纵，聚集党徒几千人在天下横行，竟然长寿而终。这是遵循的什么道德呢？这是极大而又显著的事啊。至于说到近代，那些不走正路、专门违法犯禁的人，却能终生安逸享乐，过着富裕优厚的生活，世世代代都不断绝。而有的人，选好地方才肯迈步，适宜的机会才肯说话，走路不敢经由小路，不是公正的事决不发愤去做，像这样小心审慎而遭祸灾的人，数都数不过来。我深感困惑不解。倘若真有所谓天道，那么这是天道呢，还不是天道呢？

孔子说："思想不一致的人，不能相互商量。"也只有各人按着自己的意志行事。所以，他又说："假如富贵是可以寻求得到的话，即使作个卑贱的赶车人，我也愿去做；假如寻求不到，那还是依照自己的爱好去做。""到了严寒季节，才知道松柏是最后凋谢的。"整个社会混乱污浊的时候，品行高洁的人才会显露。这难道不是因为有的人把富贵安乐看得那么重，才显得另一些人把富贵安乐看得那么轻吗？

孔子说："君子所怕的是一直到死而名不被称述。"贾谊说："贪财的人为财而死，重义轻生的人为名而献身，矜夸而贪图权势的人为争权而丧生，平民百姓则贪生而恶死。"《易经》上说："同样明亮的东西，就会相互映照；同属一类的事物，自然相互感应。""彩云随着龙吟飞腾，谷风随着虎啸而兴起，圣人述作，才使万物本来的面目显露。"伯夷、叔齐虽然有贤德，只有得到孔子的称赞，名声才愈加显赫。颜渊专心好学，也只是因为追随孔子，他的德行才更加显著。岩居穴处的隐士，或名声晓达，或湮没无闻，有时也是这样的，像这样的人如果名声埋没得不到称扬，多么可惜啊！穷乡僻壤的士人要砥砺德行，树立名声，如果不依靠德隆望尊的人，怎么能扬名后世呢！

全新足本·精注全译

柒

史记

【西汉】司马迁◎著
石磊◎主编

中国文史出版社

目录

第五十八卷　平原君虞卿列传第十六

本篇是“战国四公子”之一、赵国平原君赵胜和同时期赵国上卿虞卿的合传。

平原君以善养“士”著称，有宾客数千人，曾三任赵相。司马迁认为平原君是个“翩翩浊世之佳公子也，然未睹大体”的人。这的确是深中肯綮的断语。平原君于秦国邯郸的危急时刻，在毛遂的鼎力协助下与楚订立盟约，求得救兵，又能接受李同的意见散金励士，从而取得抗秦存赵的胜利，可算是乱世之中的倜傥公子。但是，他不识大体，在许多问题上表现了一个纨绔子弟的昏聩和无能。他利令智昏，为了贪图冯亭献城的小便宜而招致长平之战赵军覆没的大祸；他有眼无珠，不识贤才，虽招徕宾客数千却不过是显豪富、摆样子而已，对真正贤才竟一无所知，他矫情杀妾以讨好宾客更显出无能和残忍。

虞卿原是游说之士，因谏说赵王被任为上卿。他长于战略谋划，在长平之战前主张联合楚魏迫秦媾和；邯郸解围后，力斥赵郝、楼缓的媚秦政策，坚持主张以赵为主联合齐魏抵抗秦国。后因拯救魏相魏齐的缘故，抛弃高官厚禄离开赵国，终困于梁，遂发愤著书。司马迁肯定虞卿谋略精细周密，赞扬他发愤著书的精神，指出“虞卿非穷愁，亦不能著书以自见于后世云”。这里，显然寄托着司马迁自己的身世之慨，同时也反映了司马迁关于作家创作的动因在于怨愤的文学观点。

由于平原君与虞卿的生平事迹不同，作者采取的写法也各异。《平原君传》以具体事件的描述为主，特别是毛遂自荐和毛遂折服楚王两件事写得富有戏剧性，十分精彩。作者描述毛遂自荐前往楚国时，抓住毛遂与平原君的冲突，巧妙地安排对话场面，将二人不同的神态状貌、心理气质展示；而写毛遂折服楚王时，则通过描绘毛遂“按剑而前”的动作、理直气壮的说辞和楚王连声称“唯”的状貌，把毛遂居高临下的气势、有胆有识的性格和快刀斩乱麻的作风刻画得形神毕肖，活灵活现。《虞卿传》主要是引述虞卿与楼缓、赵郝的论辩说辞，从中也可看出虞卿眼光敏锐、思想深细、对赵负责的思想性格。

【原文】

平原君赵胜者，赵之诸公子[①]也。诸子中胜最贤，喜宾客，宾客盖[②]至者数千人。平原君相赵惠文王及孝成王，三去相，三复位，封于东武城。

平原君家楼临[③]民家。民家有躄者[④]，槃散行汲[⑤]。平原君美人居楼上，临见，大笑之。明日，躄者至平原君门，请曰：“臣闻君之喜士，士不远千里而至者，以君能贵士而贱妾也。臣不幸有罢癃[⑥]之病，而君之后宫[⑦]临而笑臣，臣愿得笑臣者头。”平原君笑应曰：“诺。”躄者去，平原君笑曰：“观此竖子[8]，乃欲以一笑之故杀吾美人，不亦甚乎！”终不杀。居岁余，宾客门下舍人稍稍引去[9]者过半。平原君怪之，曰：“胜所以待诸君者未尝敢失礼，而去者何多也？”门下一人前对曰：“以君之不杀笑躄者，以君为爱色而贱士，士即去耳。”于是平原君乃斩笑躄者美人头，自造门进[10]躄者，因谢[11]焉。其后门下乃复稍稍来。是时齐有孟尝[12]，魏有信陵[13]，楚有春申[14]，故争相倾以待[15]士。

【注释】

①诸公子：众公子。这里指在众公子之列。公子，古时称诸侯国君的儿子或兄弟叫“公子”，赵胜是赵武灵王之子，赵惠文王之弟，故称之。②盖：大概，大约。③临：居于高处朝向低处。④躄者：两腿瘸的人，即跛子。⑤槃散：行走时一瘸一拐的样子。也作“蹒跚”。行汲：出外取水。⑥罢癃：身体残疾。罢，通“疲”，废置；癃，体弱多病。⑦后宫：宫中妃嫔居处，借指姬妾。⑧竖子：如今之蔑称“小子”“家伙”。⑨门下舍人：指寄食门下派有一定差役的食客。稍稍：逐渐地。引去：离去。⑩造门：登门。进：献。⑪谢：谢罪，道歉。⑫孟尝：指孟尝君田文。⑬信陵：指信陵君魏无忌。⑭春申：指春申君黄歇。⑮倾：超越。待：款待，礼遇。

【原文】

秦之围邯郸，赵使平原君求救，合从于楚[1]，约与食客门下有勇力文武备具者二十人偕[2]。平原君曰：“使文能取胜[3]，则善矣。文不能取胜，则歃血于华屋[④]之下，必得定从[⑤]而还。士不外索[⑥]，取于食客门下足矣。”得十九人，余无可取者，无以满二十人。门下有毛遂者，前[⑦]，自赞[⑧]于平原君曰：“遂闻君将合从于楚，约与食客门下二十人偕，不外索。今少一人，愿君即以遂备员[⑨]而行矣。”平原君曰：“先生处胜之门下几年于此矣？”毛遂曰：“三年于此矣。”平原君曰：“夫贤士之处世也，譬若锥之处囊中[⑩]，其末立见[⑪]。今先生处胜之门下三年于此矣，左右未有所称诵[⑫]，胜未有所闻，是先生无所有也。先生不能，先生留。”毛遂曰：“臣乃今日请处囊中耳。使遂蚤[⑬]得处囊中，乃颖脱而出[⑭]，非特其末见而已[⑮]。”平原君竟与毛遂偕。十九人相与目笑之而未废[⑯]也。

【注释】

①合从于楚：指拟推楚为盟主，订合纵盟约以联兵抗秦。从，通“纵”。②约：约定。食客：指投靠强宗贵族并为其服务以谋取衣食的人。偕：一起去。③使：假使。文：指客气地谈判。胜：成功。④歃血：古代举行盟会时，以口微吸盘中牲畜之血，以表示诚意。一说，以指蘸血，涂于口旁。华屋：豪华的厅堂。指盟会、议事的地方。⑤定从：确定合纵盟约。⑥士不外索：（这些）文武之士不必到外面去找。索，求取。⑦前：径自走到前面。⑧自赞：自我推荐。⑨备员：凑数，充数。⑩锥之处囊中：锥子放在口袋中。⑪其末立见：锥子的锋尖立即会露出来。末，锥尖；见，通“现”，显露。以上两句比喻有才能的人终会显露头角，不会长久被埋没。⑫称诵：称

赞荐举。称，称赞；诵，述说、宣扬。⑬蚤：通“早”。⑭颖脱而出：指整个锥锋都脱露出来。颖，原指禾穗的芒，这里指锥锋。⑮这一句的意思是说：不仅仅露出一点锥尖就罢了。⑯目笑之：用目光示意，暗笑毛遂。废：当作“发”，发声。张衍田《史记正义佚文辑校》引《史记正义》：“‘发’字或作‘废’者非也。毛遂不由十九人而得废弃也。”

【原文】

毛遂比[1]至楚，与十九人论议，十九人皆服。平原君与楚合从，言其利害，日出而言之，日中不决。十九人谓毛遂曰：“先生上[2]。”毛遂按剑历阶[3]而上，谓平原君曰：“从之利害，两言而决耳。今日出而言从，日中不决，何也？”楚王谓平原君曰：“客何为者也？”平原君曰：“是胜之舍人[4]也。”楚王叱曰：“胡不下！吾乃与而[5]君言，汝何为者也！”毛遂按剑而前曰：“王之所以叱遂者，以楚国之众也。今十步之内，王不得恃[6]楚国之众也，王之命县[7]于遂手。吾君在前，叱者何也？且遂闻汤以七十里之地王天下[8]，文王以百里之壤而臣诸侯[9]，岂其士卒众多哉，诚能据其势而奋[10]其威。今楚地方[11]五千里，持戟[12]百万，此霸王之资[13]也。以楚之强，天下弗能当[14]。白起，小竖子耳，率数万之众，兴师以与楚战，一战而举鄢、郢[15]，再战而烧夷陵[16]，三战而辱王之先人[17]。此百世之怨而赵之所羞，而王弗知恶[18]焉。合从者为楚，非为赵也。吾君在前，叱者何也？”楚王曰：“唯唯[19]，诚若先生之言，谨奉社稷而以从[20]。”毛遂曰：“从定乎？”楚王曰：“定矣。”毛遂谓楚王之左右曰："取鸡狗马之血[21]来。"毛遂奉铜槃[22]而跪进之楚王曰："王当歃血而定从[23]，次者吾君[24]，次者遂[25]。"遂定从于殿上。毛遂左手持盘血而右手招十九人曰："公相与歃此血于堂下。公等录录[26]，所谓因人成事[27]者也。"

平原君已定从而归，归至于赵，曰："胜不敢复相士[28]。胜相士多者千人，寡者百数，自以为不失天下之士，今乃于毛先生而失之也。毛先生一至楚，而使赵重于九鼎大吕[29]。毛先生以三寸之舌，强于百万之师。胜不敢复相士。"遂以为上客[30]。

【注释】

①比：及，等到。②上：指登堂。③按剑：握紧剑柄，作刺杀之势。历阶：不停足地连续登阶，形容急速。④舍人：家臣。古时王公贵官的亲近侍从。⑤而：你的。⑥恃：依仗。⑦县：通"悬"，系缚，控制。⑧王天下：统治天下。⑨臣诸侯：使诸侯称臣而宾服。⑩据：依据。奋：振作，发扬。⑪方：指纵横长度相等的面积。⑫持戟：指武装的士兵。戟，古代的一种兵器。⑬霸王之资：争霸称王所凭借的资本。资，凭借。⑭当：挡住，抵挡。⑮一战而举鄢、郢：指前279年秦将白起攻下楚国鄢、邓五城及前278年攻取郢都。⑯夷陵：楚国先王的墓地。⑰辱王之先人：侮辱您的祖先。指楚屡为秦所败，祖先陵庙被毁，又被迫迁都等。⑱恶：羞愧。⑲唯唯：表示应答的声音。相当于"嗯嗯""是是"。⑳谨奉社稷而以从：一定尽全国之力来履行合纵盟约。谨，严；奉，献出，倾尽全

力。㉑鸡狗马之血：古代举行盟会歃血所用的牲畜之血。《史记索隐》："盟之所用牲贵贱不同，天子用牛及马，诸侯用犬及豭，大夫以下用鸡。今此总言盟之用血，故云'取鸡狗马之血来'耳。"㉒奉：双手捧着。槃：通"盘"。㉓这一句的意思是说：楚王您应先歃血（用马血）以示合纵的诚意。㉔次者吾君：其次是我的主人平原君（用狗血）。㉕次者遂：再其次是我毛遂（用鸡血）。㉖录录：通"碌碌"，平庸，无特殊能力。㉗因人成事：依赖他人的力量来完成任务。㉘相士：观察、识别人才。㉙九鼎大吕：极贵重的宝物。九鼎，相传为禹所铸，象征九州，商、周把它作为传国之宝；大吕，《史记正义》谓："周庙大钟。"㉚上客：上等宾客。

【原文】

平原君既返赵，楚使春申君将①兵赴救赵，魏信陵君亦矫夺晋鄙军②往救赵，皆未至。秦急围邯郸，邯郸急，且③降，平原君甚患之。邯郸传舍吏子④李同说平原君曰："君不忧赵亡邪？"平原君曰："赵亡则胜为虏，何为不忧乎？"李同曰："邯郸之民，炊骨易子而食⑤，可谓急矣，而君之后宫以百数，婢妾被绮縠⑥，余粱⑦肉，而民褐衣不完⑧，糟糠不厌⑨。民困兵⑩尽，或剡⑪木为矛矢，而君器物钟磬自若⑫。使⑬秦破赵，君安得有此？使赵得全，君何患无有？今君诚能令夫人以下编于士卒之间，分功⑭而作，家之所有尽散以飨士⑮，士方其危苦之时，易德⑯耳。"于是平原君从之，得敢死之士三千人。李同遂与三千人赴秦军，秦军为之却三十里。亦会楚、魏救至，秦兵遂罢，邯郸复存。李同战死，封其父为李侯。

虞卿欲以信陵君之存邯郸为平原君请封[17]。公孙龙闻之，夜驾[18]见平原君曰："龙闻虞卿欲以信陵君之存邯郸为君请封，有之乎？"平原君曰："然。"龙曰："此甚不可。且王举君而相赵者，非以君之智能为赵国无有也[19]。割东武城而封君者，非以君为有功也，而以国人无勋[20]，乃以君为亲戚故也。君受相印不辞无能[21]，割地[22]不言无功者，亦自以为亲戚故也。今信陵君存邯郸而请封，是亲戚受城而国人计功也[23]。此甚不可。且虞卿操其两权[24]，事成，操右券以责[25]；事不成，以虚名德[26]君。君必勿听也。"平原君遂不听虞卿。

平原君以赵孝成王十五年卒[27]。子孙代[28]，后竟与赵俱亡。

平原君厚待公孙龙。公孙龙善为坚白之辩[29]，及邹衍过赵言至道[30]，乃绌[31]公孙龙。

【注释】

①将：率领，统率。②矫夺晋鄙军：指信陵君假借魏王的命令取代魏将晋鄙来统率军队，晋鄙识破其计，被朱亥击杀。矫：假借，假称。③且：将要。④传舍吏子：宾客住所的吏员的儿子。传舍，古代供来往行人居住的旅舍，这里指一般宾客的居所。⑤炊骨：用死人枯骨作柴烧饭。易子而食：指人们不忍吃自己孩子的肉而互相交换当饭吃。⑥婢妾：侍女。被：通"披"，穿在身上。绮：织有花纹的素地丝织物。縠：绉纹纱。⑦梁：指饭食。⑧褐衣：粗布短衣。不完：不能遮体。⑨厌：

通“餍”，吃饱。⑩兵：兵器。⑪剡（yǎn）：削尖。⑫钟：古代青铜制敲击乐器。磬：古代石或玉制敲击乐器。自若：照旧。⑬使：假使。⑭分功：分别承担工作。功，工作、事情。⑮飨士：给士卒享用。⑯易：容易。德：感激。⑰这一句的意思是说：虞卿想要以信陵君出兵救赵保存了邯郸为由，替平原君向赵王请求增加封邑。按：平原君系信陵君的姊丈，凭亲戚关系曾力请信陵君出兵救赵，邯郸解围当有平原君之功，故虞卿为其请封。⑱夜驾：连夜驾车前往。⑲这一句的意思是说：并非因为您的智慧才能是赵国所没有的。⑳勋：特殊的功劳。㉑这一句的意思是说：您接受相印并不以自己无能而推辞。㉒割地：指划出东武城封给平原君。㉓这一句的意思是说：这是（无功时）作为亲戚接受了封邑，而（有功时）又要求按照普通人来论功计赏。㉔操其两权：掌握着事情两头的主动权。㉕操右券以责：拿着索债的契券来索取报偿。右券，古代借债契券分左右两半，双方各执一半作为凭证，左半叫左券，左半叫右券。右券为债权人所执。责，索取。㉖德：施恩德，使感激。㉗赵孝成王十五年：前 251 年。《史记索隐》：“《六国年表》及世家并云十四年卒，与此不同。”㉘代：世代。这里是世代相袭的意思。㉙坚白之辩：指公孙龙关于“离坚白”命题的论辩。公孙龙的《坚白论》认为，眼看不到石头的坚度，只能看到石头的白色；手摸不着石头的白色，只能触及其坚度，因而得出结论：“坚”和“白”是互相分离，各自独立的。这种观点夸大了感官对事物感受方式的特殊性，而割裂了人的认识作用的统一性，最终导致形而上学的诡辩。㉚邹衍过赵言至道：邹衍访问赵国时谈论正大道理。据《史记集解》引刘向《别录》载：齐国派邹衍出访赵国，平原君曾就公孙龙与其门徒谈论“白马非马”的名辩命题而询问邹衍。邹衍认为名辩者的高谈阔论使人迷惑，有害于正大的道理。他说：“烦文以相假，饰辞以相惇，巧譬以相移，引人声使不得及其意。如此，害大道。”过，访；至道，大道理；一说“至道”当为邹衍著作《主运》之误。㉛绌：通“黜”，辞退。

【原文】

虞卿者，游说之士[①]也，蹑屩檐簦[②]说赵孝成王。一见，赐黄金百镒[③]，白璧一双；再见，为赵上卿，故号为虞卿。

秦、赵战于长平，赵不胜，亡一都尉。赵王召楼昌与虞卿曰：“军战不胜，尉复死，寡人使束甲[④]而趋之，何如?”楼昌曰：“无益也，不如发重使为媾[⑤]。”虞卿曰：“昌言媾者，以为不媾军必破也。而制媾者[⑥]在秦。且王之论[⑦]秦也，欲破赵之军乎，不[⑧]邪?”王曰：“秦不遗余力[⑨]矣，必且[⑩]欲破赵军。”虞卿曰：“王听臣，发使出重宝以附[⑪]楚、魏，楚、魏欲得王之重宝，必内[⑫]吾使。赵使入楚、魏，秦必疑天下之合从，且必恐。如此，则媾乃可为也。”赵王不听，与平阳君[⑬]为媾，发郑朱入秦。秦内之。赵王召虞卿曰：“寡人使平阳君为媾于秦，秦已内郑朱矣，卿以为奚如?”虞卿对曰：“王不得媾，军必破矣。天下贺战胜者皆在秦矣。郑朱，贵人[⑭]也，入秦，秦王与应侯必显重以示天下⑮。楚、魏以赵为媾，必不救王。秦知天下不救王，则媾不可得成也。”应侯果显郑朱以示天下贺战胜者，终不肯媾。长平大败，遂围邯郸，为天下笑。

【注释】

①游说之士：战国时，周游列国，凭口才劝说君主接受其治国主张以取得官禄的策士。②蹑屩檐簦：脚踏草鞋，肩搭雨伞。指远行。屩，草鞋；檐，通“担”，肩荷。簦，古代有柄的笠。③镒：古代重量单位，二十两为一镒。一说二十四两为一镒。④束甲：卷甲，以示决战。⑤重使：重要使臣。媾：求和，讲和。⑥制媾者：指掌握讲和与否的主动权的一方。⑦论：推论，估计。⑧不：相当于“否”。⑨不遗余力：竭尽全力，毫不保留。⑩且：将。⑪附：依附。指联合。⑫内：通“纳”，接纳。⑬平阳君：赵豹。⑭贵人：显贵之人。⑮应侯：范雎。必显重以示天下：一定把赵国重臣在秦国这件事大加宣扬而给天下诸侯看。显，显扬。

【原文】

秦既解邯郸围①，而赵王入朝②，使赵郝约事于秦③，割六县而媾④。虞卿谓赵王曰：“秦之攻王也，倦⑤而归乎？王以其力尚能进，爱王而弗攻乎？”王曰：“秦之攻我也，不遗余力矣，必以倦而归也。”虞卿曰：“秦以其力攻其所不能取，倦而归，王又以其力之所不能取以送之，是助秦自攻⑥也。来年秦复攻王，王无救矣。”王以虞卿之言告赵郝。赵郝曰：“虞卿诚能尽秦力之所至乎[7]？诚知秦力之所不能进，此弹丸之地弗予，令秦来年复攻王，王得无割其内[8]而媾乎？”王曰：“请听子割矣，子能必使来年秦之不复攻我乎？”赵郝对曰：“此非臣之所敢任[9]也。他日三晋[10]之交于秦，相善也。今秦善韩、魏而攻王，王之所以事[11]秦必不如韩、魏也。今臣为足下解负亲之攻[12]，开关通币[13]，齐[14]交韩、魏，至来年而王独取攻于秦，此王之所以事秦必在韩、魏之后也。此非臣之所敢任也。”

王以告虞卿。虞卿对曰：“郝言‘不媾，来年秦复攻王，王得无割其内而媾乎’。今媾，郝又以不能必秦之不复攻也。今虽割六城，何益！来年复攻，又割其力之所不能取而媾，此自尽之术[15]也，不如无媾。秦虽善攻，不能取六县；赵虽不能守，终不失六城。秦倦而归，兵必罢[16]。我以六城收天下以攻罢秦，是我失之于天下而取偿于秦也。吾国尚利，孰与坐而割地[17]，自弱以强秦哉？今郝曰‘秦善韩、魏而攻赵者，必王之事秦不如韩、魏也’，是使王岁[18]以六城事秦也，即坐而城尽。来年秦复求割地，王将与之乎？弗与，是弃前功而挑秦祸也；与之，则无地而给之。语曰‘强者善攻，弱者不能守’。今坐而听秦，秦兵不弊[19]而多得地，是强秦而弱赵也。以益强之秦而割愈弱之赵，其计[20]故不止矣。且王之地有尽而秦之求无已[21]，以有尽之地而给无已之求，其势必无赵矣。”

【注释】

①秦既解邯郸围：指秦兵进围赵国都邯郸久攻不下，于前257年在赵军的顽强抵抗和魏、楚两国援军的夹击下大败，秦将郑安平率卒二万降赵，秦军遂解围而去。②赵王入朝：指赵王惧怕强秦而去拜访秦王。入朝，拜访。③约事于秦：到秦国订约结交。④割六县而媾：梁玉绳《史记志疑》认为"《赵策》谓'秦破赵长平归，使人索六城于赵而讲'……邯郸之围，非秦德赵而解，赵赖魏之力耳。何事朝秦而讲以六城？《策》以长平破，惧而赂之，是也"。录以备考。⑤倦：疲顿。⑥助秦自攻：帮助秦国进攻自己。⑦这一句的意思是说：虞卿真的能全部搞清秦国兵力的底细吗？⑧内：内地，腹地。⑨任：担当，承担。⑩他日：往昔。三晋：指韩、赵、魏三国。春秋末，晋被韩、赵、魏三家瓜分，各立为国，故称"三晋"。⑪事：侍奉。⑫解负亲之攻：解除因背弃与秦的亲善关系而招致的进攻。事见《白起王翦列传》，前262年秦伐韩之野王，韩之上党道绝，其守冯亭率民归赵，赵受之，后招致长平之祸。⑬开关通币：开启关卡，互通贸易。币，财物、货币。⑭齐：相等。⑮自尽之术：自取灭亡的办法。⑯罢：通"疲"。疲惫。⑰孰与坐而割地：这与白白地割让土地……相比，怎么样？坐，空。⑱岁：每年。⑲弊：疲劳，疲困。⑳计：算计，谋划。㉑无已：没有止境。

【原文】

赵王计未定，楼缓从秦来，赵王与楼缓计之，曰："予秦地何如毋予[①]，孰吉[②]？”缓辞让[③]曰：“此非臣之所能知也。”王曰：“虽然，试言公之私[④]。”楼缓对曰：“王亦闻夫公甫文伯母[⑤]乎？公甫文伯仕于鲁，病死，女子[⑥]为自杀于房中者二人。其母闻之，弗哭也。其相室[⑦]曰：‘焉有子死而弗哭者乎？’其母曰：‘孔子，贤人也，逐于鲁，而是人[⑧]不随也。今死而妇人为之自杀者二人，若是者必其于长者薄而于妇人厚[⑨]也。’故从母言之[⑩]，是为贤母；从妻言之，是必不免为妒妻。故其言一也，言者异则人心[⑪]变矣。今臣新从秦来而言勿予，则非计也；言予之，恐王以臣为为秦也：故不敢对。使臣得为大王计，不如予之。”王曰：“诺[⑫]。”

虞卿闻之，入见王曰：“此饰[⑬]说也，王昚[⑭]勿予！”楼缓闻之，往见王。王又以虞卿之言告楼缓。楼缓对曰：“不然。虞卿得其一，不得其二。夫秦、赵构难而天下皆说[⑮]，何也？曰‘吾且因强而乘弱[⑯]矣’。今赵兵困于秦，天下之贺战胜者则必尽在于秦矣。故不如亟[⑰]割地为和，以疑天下而慰秦之心[⑱]。不然，天下将因秦之怒[⑲]，乘[⑳]赵之弊，瓜分之。赵且亡，何秦之图[㉑]乎？故曰虞卿得其一，不得其二。愿王以此决之，勿复计也。”

【注释】

①予秦地何如毋予：给秦国土地与不给。张文虎《校刊史记集解索隐正义札记》引《札记》云：“‘何’字衍。如者，与也。《新序》作‘予秦地与无予孰吉’。”②孰吉：哪种做法好。③辞让：谦虚地推让。④私：指个人的意见、看法。

⑤公甫文伯母：指鲁定公时大夫公甫文伯的母亲。《礼记·檀弓》："文伯之丧，敬姜据其床而不哭，曰：'昔者吾有斯子也，吾以将为贤人也，吾未尝以就公室。今及其死也，朋友诸臣未有出涕者，而内人皆行哭失声。斯子也，必多旷于礼矣夫！'"楼缓所言公甫文伯母之事与《檀弓》所载有出入。⑥女子：指妻妾。⑦相室：古代保育贵族子女的老年人，如保姆之类。⑧是人：此人。指公甫文伯。因其母不把他看作自己的儿子，故称"是人"。⑨薄：指情义淡薄。厚：指情义深厚。⑩从母言之：由母亲来说这样的话。⑪人心：指说话人的用心、用意。⑫诺：答应的声音。⑬饰说：虚伪、粉饰的言辞。⑭昚（shèn）：通"慎"。表示告诫，相当于"千万""切切"。⑮构难：结下怨仇，引起兵祸。说：通"悦"。⑯且：将。因强而乘弱：借强国来欺弱国。乘：欺压、侵凌。⑰亟：急，赶快。⑱这一句的意思是说：用割地来使天下诸侯怀疑秦、赵已交好而又能抚慰秦国。⑲怒：张文虎《校刊史记集解索隐正义札记》："疑'怒'字一作'强'，旁注误并。"⑳乘：趁着。㉑何秦之图：图谋什么秦国。

【原文】

虞卿闻之，往见王曰："危哉，楼子之所以为秦者，是愈疑天下，而何慰秦之心哉？独不言其示天下弱乎①？且臣言勿予者，非固②勿予而已也。秦索六城于王，而王以六城赂③齐。齐，秦之深雠④也，得王之六城，并力西击秦，齐之听王，不待辞之毕⑤也。则是王失之于齐而取偿于秦也。而齐、赵之深雠可以报矣，而示天下有能为[6]也。王以此发声[7]，兵未窥[8]于境，臣见秦之重赂至赵而反媾于王[9]也。从[10]秦为媾，韩、魏闻之，必尽重[11]王；重王，必出重宝以先[12]于王。则是王一举而结三国之亲[13]，而与秦易道[14]也。”赵王曰：“善。”则使虞卿东见齐王，与之谋秦。虞卿未返，秦使者已在赵矣。楼缓闻之，亡去。赵于是封虞卿以一城。

居顷之，而魏请为从[15]。赵孝成王召虞卿谋。过[16]平原君，平原君曰：“愿卿之论从[17]也。”虞卿入见王。王曰：“魏请为从。”对曰：“魏过[18]。”王曰：“寡人固未之许[19]。”对曰：“王过。”王曰：“魏请从，卿曰魏过，寡人未之许，又曰寡人过，然则从终不可乎?”对曰：“臣闻小国之与大国从事[20]也，有利则大国受其福，有败则小国受其祸。今魏以小国请其祸，而王以大国辞[21]其福，臣故曰王过，魏亦过。窃以为从便[22]。”王曰：“善。”乃合魏为从。

虞卿既以魏齐之故[23]，不重万户侯卿相之印，与魏齐间行[24]，卒去赵，困于梁。魏齐已死，不得意，乃著书，上采《春秋》[25]，下观近世，曰《节义》《称号》《揣摩》《政谋》，凡八篇。以刺讥国家得失，世传之曰《虞氏春秋》[26]。

【注释】

①这一句的意思是说：偏偏不说这样做就是拿赵国的软弱给天下诸侯们看。②固：坚决。③赂：奉送。④雠：仇敌。⑤不待辞之毕：不等话说完。⑥有能为：有能力、有作为。⑦发声：发表，声扬。⑧窥：观察，侦探。⑨反媾于王：反而

向大王您求和。⑩从：顺从，听从。⑪重：尊重，敬重。⑫先：争先致意。⑬结三国之亲：指与韩、魏、齐三国结交亲善。⑭易道：改换了处事的位置。⑮从：通“纵”，指“合纵”。⑯过：拜访。⑰论从：论述合纵之道。⑱过：错误。⑲固：本来。未之许：没有答应他的请求。⑳从事：合纵盟约之类事情。㉑辞：辞却。㉒便：有利。㉓以魏齐之故：因魏相魏齐的缘故。《索隐》：“魏齐，魏相，与应侯有仇，秦求之急，乃抵虞卿。卿弃相印，乃与齐间行亡归梁，以托信陵君。信陵君疑未决，齐自杀。”㉔间行：从小路走。㉕《春秋》：编年体史书，为儒家经典之一。相传孔子据鲁史修订而成，起于鲁隐公元年（前722），终于鲁哀公十四年（前481），凡二百四十二年。为后代编年史的滥觞。叙事极简约，相传寓有褒贬之意。㉖《虞氏春秋》：《汉书·艺文志》著录《虞氏春秋》十五篇，今佚，有清马国翰辑本。

【原文】

太史公曰：平原君，翩翩浊世[①]之佳公子也，然未睹大体[②]。鄙语曰“利令智昏”[③]，平原君贪冯亭邪说[④]，使赵陷长平兵四十余万众，邯郸几亡[⑤]。虞卿料事揣情，为赵画策[⑥]，何其工也[⑦]！及不忍魏齐，卒困于大梁，庸夫[⑧]且知其不可，况贤人乎？然虞卿非穷愁，亦不能著书以自见[⑨]于后世云。

【注释】

①翩翩：形容举止洒脱，风采美好。浊世：乱世。②大

体：有关大局的道理。③鄙语：俗语。利令智昏：贪图私利使头脑发昏而丧失理智，不辨是非。④贪冯亭邪说：指前 262 年，秦伐韩之野王：韩上党守冯亭因迫于上党道绝，愿归附赵。赵孝成王召平阳君、平原君计议，平阳君主张不受，平原君则谓："无故得一郡，受之便。"于是赵受上党，并封冯亭为华阳君。此后秦、赵交恶，前 260 年秦攻长平，赵军大败，四十余万士卒被秦将白起坑杀。其事并见《赵世家》《白起王翦列传》。⑤邯郸几亡：指赵国几乎灭亡。⑥画策：谋划。⑦工：巧妙、周全。⑧庸夫：指能力低或能力平常的人。⑨见：通"现"。表露。

【译文】

平原君赵胜是赵国的一位公子。在诸多公子中，赵胜最为贤德有才，好客养士，宾客投奔到他的门下有几千人。平原君担任过赵惠文王和孝成王的宰相，曾经三次离开宰相职位，又三次官复原职，封地在东武城。

平原君家有座高楼，面对着下边的民宅。民宅中有个跛子，总是一瘸一拐地出外打水。平原君的一位美丽的妾住在楼上，有一天，她往下看到跛子打水的样子，就哈哈大笑起来。第二天，这位跛子找上平原君的家门来，请求道："我听说您喜爱士人，士人之所以不怕路途遥远，千里迢迢归附您的门下，就在于您看重士人而卑视姬妾啊。我遭到不幸得病致残，可是您的姬妾却在高楼上耻笑我，我希望得到耻笑我的那个人的头。"平原君笑着应答说："好吧。"等那个跛子离开后，平原君又笑着说："看这小子，竟因一笑的缘故要杀我的爱妾，不也太过分了吗？"终归没杀那个爱妾。过了一年多，宾客以及有差使的食客陆陆续续地离开了一多半。平原君对这种情况感到很奇怪，说："我赵胜对待各位先生的方方面面不曾敢有失礼的地方，可是离开我的人为什么这么多呢？"一个门客走上前来回答说："因为您不杀耻笑跛子的那个妾，大家认为您喜好美色而轻视士人，所以士人就纷纷离去了。"于是，平原君就斩下耻笑跛子的那个爱妾的头，亲自登门献给跛子，并借机向他道歉。从此以后，原来门下的客人就又陆陆续续地回来。当时，齐国有孟尝君，魏国有信陵君，楚国有春申君，他们都好客养士，因此争相礼遇士人，以使自己招徕更多的人才。

秦国围攻邯郸时，赵王曾派平原君去求援，当时拟推楚国为盟主，订立合纵盟约联兵抗秦，平原君约定跟门下有勇有谋文武兼备的食客二十人一同前往楚国。平原君说："假使能通过客气的谈判取得成功，那就最好了。如果谈判不能取得成功，那么也要挟制楚王在大庭广众之下把盟约确定下来，一定要确定了合纵盟约才回国。同去的文武之士不必到外面去寻找，从我门下的食客中选取就足够了。"结果选得十九人，剩下的人没有可再挑选的了，竟没办法凑满二十人。这时，门下食客中有个叫毛遂的人，径自走到前面来，向平原君自我推荐说："我听说您要到楚国去，让楚国做盟主订下合纵盟约，并且约定与门下食客二十人一同去，人员不到外面寻找。现在还少一个人，希望您就拿我充个数一起去吧。”平原君问道：“先生寄附我的门下到现在有几年啦?”毛遂回答道：“到现在整整三年了。”平原君说：“有才能的贤士生活在世上，就如同锥子放在口袋里，它的锋尖立即就会显露。如今，先生寄附我的门下到现在已三年了，我的左右近臣们从没有称赞推荐过你，我也从来没听说过你，这说明先生没有什么专长啊。先生恐怕没有那个能力，先生留下来吧。”毛遂说：“我就算是今天请求放在口袋里吧。假使我早就被放在口袋里，是会整个锥锋都脱露出来的，不只是露出一点锋尖啊。”平原君终于同意让毛遂一同去。那十九个人互相使眼色示意，暗暗嘲笑毛遂，只是没有发出声音来。

等到毛遂到达楚国，跟那十九个人谈论、争议天下局势，十九个人个个佩服他。平原君与楚王谈判订立合纵盟约的事，再三陈述利害关系，从早晨就谈判，直到中午还没决定下来。那十九个人就鼓动毛遂说：“先生登堂。”于是，毛遂紧握剑柄，一路小跑地登阶到了殿堂上，便对平原君说：“谈合纵不是‘利’就是‘害’，只两句话罢了。现在从早晨就谈合纵，到了中午还决定不下来，是什么缘故?”楚王见毛遂登上堂来，就对平原君说：“这个人是干什么的?”平原君回答说：“这是我的随从家臣。”楚王厉声呵斥道：“怎么还不给我下去！我是跟你的主人谈判，你来干什么！”毛遂紧握剑柄，走向前去说：“大王敢呵斥我，不过是依仗楚国人多势众。现在，我与你相距只有十步，十步之内大王是依仗不了楚国的人多势众的，大王的性命控制在我手中。我的主人就在面前，当着他的面你为什么这样呵斥我？况且我听说商汤曾凭着七十里方圆的地方统治了天下，周文王凭着百里大小的土地使天下诸侯臣服，难道是因为他们的士兵多吗？实际上，是由于他们善于掌握形势而奋力发扬自己的威力。如今，楚国领土纵横五千里，士兵百万，这是争王称霸所凭借的资本。凭着楚国如此强大，天下谁也不能抵挡它的威势。秦国的白起，不过是个毛孩子罢了，他带着几万人的部队，发兵与楚国交战，第一战就攻克了鄢城郢都，第二战烧毁了夷陵，第三战便使大王的先祖受到极大的凌辱。这是楚国百世不解的怨仇，连赵王都感到羞耻，大王却不觉得羞愧。合纵盟约是为了楚国，不是为了赵国。我的主人就在面前，你为什么这样呵斥我？”听了毛遂这番数说，楚王立即改变了态度说：“是，是，的确像先生所说的那样，我一定竭尽全国的力量履行合纵盟约。”毛遂进一步逼问道：“合纵盟约算是确定了吗？”楚王回答说：“确定了。”于是，毛遂用带着命令式的口吻对楚王的左右近臣说：“把鸡、狗、马的血取来。”毛遂双手捧着铜盘跪下，把它进献到楚王面前说：“大王应先歃血以表示确定合纵盟约的诚意，下一个是我的主人，再下一个是我。”就这样，在楚国的殿堂上确定了合纵盟约。这时，毛遂左手托起一盘血，右手招呼那十九个人说：“各位在堂下也一块儿歃盘中的血。各位虽然平庸，可也算完成了任务，这就是所说的依赖别人的力量来完成自己的任务吧。”

平原君确定了合纵盟约便返回赵国，回到赵国后，说：“我不敢再观察识别人才了。我观察识别人才多说上千，少说几百，自认为不会遗漏天下的贤能之士，现在竟然把毛先生给漏下了。毛先生一次到楚国，就使赵国的地位比九鼎大吕的传国之宝还尊贵。毛先生凭着他那能言善辩的嘴，竟比百万大军的威力还要强大。我不敢再观察识别人才了。”于是，把毛遂尊为上等宾客。

平原君回到赵国后，楚国派春申君带兵赶赴救援赵国，魏国的信陵君也假托君命夺了晋鄙军权带兵前去救援赵国，可是都还没有赶到。这时，秦国急速地围攻邯郸，邯郸告急，将要投降，平原君极为焦虑。邯郸宾馆吏员的儿子李同劝说平原君道：“您不担忧赵国灭亡吗？”平原君说：“赵国灭亡，那我就要做俘虏，为什么不担忧呢？”李同说：“邯郸的百姓，拿人骨当柴烧，交换孩子当饭吃，可以说危急至极了。可是，您的后宫姬妾侍女数以百计，侍女穿着丝绸绣衣，精美饭菜吃不了，而百姓却粗布短衣难以遮体，酒渣谷皮吃不饱。百姓困乏，兵器用尽，有的人削尖木头当长矛箭矢，而您的珍玩宝器铜钟玉磬照旧无损。假使秦军攻破赵国，您怎么能再拥有这些东西？假若赵国得以保全，您又何愁没有这些东西？现在您果真能命令夫人以下的全体成员编到士兵队伍中，分别承担守城劳役，把家里所有的东西全都分发下去供士兵享用，士兵正当危急困苦的时候，是很容易感恩戴德的。”于是，平原君采纳了李同的意见，得到敢于冒死的士兵三千人。李同就加入了三千人的队伍奔赴秦军阵前决一死战，秦军因此被击退了三十里。这时也凑巧，楚、魏两国的救兵到达，秦军便撤走了，邯郸得以保存。李同在同秦军作战时阵亡，赐封他的父亲为李侯。

虞卿想要以信陵君出兵救赵保存了邯郸为理由替平原君请求增加封邑。公孙龙得知这个消息，就连夜乘车去见平原君说："我听说虞卿想要以信陵君出兵救赵保存了邯郸为理由替您请求增加封邑，有这回事吗?"平原君回答说："有的。"公孙龙说："这是很不合适的。国君任用您担任赵国宰相，并不是因为您的智慧才能是赵国独一无二别人没有的。划出东武城封赐给您，也不是因为您做出了有功劳的事情，只是由于您是国君近亲的缘故啊。您接受相印并不因自己无能而推辞，取得封邑也不说自己没有功劳而不接受，也是由于您自己认为是国君的近亲的缘故啊。如今，信陵君出兵保存了邯郸而您要求增加封邑，这是无功时作为近亲接受了封邑，而有功时又要求按照普通人来论功计赏啊。这显然是很不合适的。况且虞卿掌握着办事成功与不成功的两头主动权。事情成功了，就要像拿着索债的契券一样来索取报偿；事情不成功，又要拿着为您争功求封的虚名来让您感激他。您一定不要听从他的主张。"平原君于是拒绝了虞卿的建议。

平原君在赵孝成王十五年（前251）去世。平原君的子孙世代承袭他的封爵，他的后嗣终于在赵国灭亡的同时断绝了。

平原君对待公孙龙很是优厚。公孙龙善于进行"离坚白"命题的论辩。到了邹衍访问赵国时，纵论至高无上的正大道理，驳斥公孙龙的名辩命题，此后平原君便辞退了公孙龙。

虞卿是个善于游说的有才之士，他脚穿草鞋，肩搭雨伞，远道而来游说赵孝成王。第一次拜见赵王，赵王便赐给他黄金百镒，白璧一对；第二次拜见赵王，就当上了赵国的上卿，所以称他为虞卿。

秦、赵两国在长平交战，赵国初战不利，损失一员都尉。赵王召来楼昌和虞卿计议说："我军初战不利，都尉战死，我要卷甲赴敌与秦军决战，你们看怎么样?"楼昌说："没有好处，不如派重要使臣去求和。"虞卿说："楼昌主张求和的原因，是认为不求和我军必败。可是，控制和谈主动权在秦国一方。而且大王您估计一下秦国的作战意图，是要击败赵国军队呢，还是不要呢?"赵王回答说："秦国已经竭尽全力毫不保留了，必定将要击败赵军。"虞卿接着说："大王听从我的话，派出使臣拿上贵重的珍宝去联合楚、魏两国，楚、魏两国想得到大王的贵重珍宝，一定接纳我们的使臣。赵国使臣进入楚、魏两国，秦国必定怀疑天下诸侯联合抗秦，而且必定恐慌。只有这样，和谈才能进行。"赵王没有听从虞卿的意见，与平阳君赵豹议妥求和，就派出郑朱先到秦国联系。秦国接纳了郑朱。赵王又召见虞卿说："我派平阳君到秦国求和，秦国已经接纳郑朱了，您认为怎么样?"虞卿回答说："大王的和谈不能成功，赵军必定被击败。天下诸侯祝贺秦国获胜的使臣都在秦国了。郑朱是个显贵之人，他进入秦国，秦王和应侯一定把郑朱来到秦国这件事大加宣扬而给天下诸侯看。楚、魏两国以此认为赵国到秦国求和，必定不会救援大王。秦国知道天下诸侯不救援大王，那么和谈是不可能得到成功的。”应侯果然把郑朱来到秦国这件事大加宣扬而给天下诸侯祝贺秦国获胜的使臣们看，终究不肯和谈。赵军在长平大败，于是邯郸被围困，被天下人耻笑。

秦国解除了邯郸的包围之后，而赵王却准备到秦国拜访秦王，就派赵郝到秦国去订约结交，割出六个县而讲和。虞卿对赵王说：“大王您看，秦国进攻大王，是因为打得疲顿了才撤回呢？还是它能够进攻，由于怜惜大王而不再进攻呢？”赵王回答说：“秦国进攻我，是毫不保留竭尽全力了，一定是因为打得疲惫了才撤回的。”虞卿说：“秦国用它的全部力量进攻它所不能夺取的土地，结果打得疲顿而回。可是，大王又把秦国兵力所不能夺取的土地白白送给秦国，这等于帮助秦国进攻自己啊。明年秦国再进攻大王，大王就无法自救了。”赵王把虞卿的话告诉了赵郝。赵郝说：“虞卿真能摸清秦国兵力的底细吗？果真知道秦国兵力今年不能进攻了，这么一块弹丸之地不给它，让秦国明年再来进攻大王，那时大王岂不是要割让腹地给它来求和吗？”赵王说：“我听从你的意见割让六县了，你能一定让秦国明年不再进攻我吗？”赵郝回答说：“这个可不是我所敢承担的事情。过去，韩、赵、魏三国与秦国交往，互相亲善。现在，秦国对韩、魏两国亲善而进攻大王。看来，大王侍奉秦国的心意一定是不如韩、魏两国了。现在，我替您解除因背弃与秦国亲善关系而招致的进攻，开启关卡，互通贸易，与秦国的交好程度同韩、魏两国一样。若到了明年大王独自招来秦国的进攻，这一定是大王侍奉秦国的心意又落在韩、魏两国的后面了。所以说，这不是我所敢承担的事情。”

赵王把赵郝的话告诉了虞卿。虞卿回答说：“赵郝说‘不讲和，明年秦国再来进攻大王，大王岂不是要割让腹地给它来求和吗’。现在讲和，赵郝又认为不能保证秦国不再进攻。那么现在即使割让六个城邑，又有什么好处！明年再来进攻，又把它的兵力所不能夺取的土地割让给它来求和。这是自取灭亡的办法，所以不如不讲和。秦国即使善于进攻，也不能轻易地夺取六个县；赵国即使不能防守，终归也不会丧失六座城。秦国疲顿而撤兵，军队必然疲软。我用六座城来收拢天下诸侯去进攻疲软的秦军，这是我在天下诸侯那里失去六座城而在秦国那里得到补偿。我国还可得到好处，这与白白地割让土地，使自己削弱而使秦国强大相比，哪样好呢？现在赵郝说‘秦国与韩、魏两国亲善而进攻赵国的原因，一定是大王侍奉秦国的心意不如韩、魏两国’，这是让大王每年拿出六座城来侍奉秦国，也就是白白地把城邑送光。明年秦国又要求割地，大王将给它吗？不给，这是抛弃了原来割让土地所换取的成果而挑起秦国进攻的兵祸；给它，也就无地可给了。俗话说：‘强大的善于进攻，弱小的不能防守。’现在平白地听任秦国摆布，秦国军队毫不费力便可多得土地，这是使秦国更加强大而使赵国更加削弱啊。让越来越强大的秦国来割取越来越弱小的赵国，秦国年年谋取赵国土地的打算因而就不会停止了。况且大王的土地有限而秦国的要求无限，拿有限的赵国土地去应付无限的秦国要求，那势必不会再有赵国了。”

赵王的想法还没确定下来，楼缓从秦国回到赵国。赵王与楼缓商议这个问题，说：“给秦国土地与不给，哪种做法好？”楼缓推让说：“这不是我所能知道的。”赵王说：“虽然这么说，也不妨试着谈谈你个人的意见。”楼缓便回答说：“大王也听说过那个公甫文伯母亲的事吗？公甫文伯在鲁国做官，病死了，妻妾中为他在卧房中自杀的有两个人。他的母亲听到这件事，居然不哭一声。公甫文伯家的保姆说：‘哪里有儿子死了而母亲不哭的呢？’他的母亲说：‘孔子是个大贤人，被鲁国驱逐了。可是，他这个人不跟随孔子了。现在他死了而妻妾为他自杀的有两人，像这样的情况一定是他对尊长的人情义淡薄而对妻妾的情义深厚。’所以，由母亲说出这样的话，这是个贤良的母亲。若由妻子说出这样的话，这一定免不了是个嫉妒的妻子。所以，说的话虽然都一样，但由于说话人的立场不同，人的用意也就跟着变化了。现在，我刚刚从秦国来，如果说不给，那不是上策；如果说给它，恐怕大王会认为我是替秦国帮忙。所以，我不敢回答。假使我能够替大王考虑，不如给它好。”赵王听后说：“嗯。”

虞卿听到这件事，入宫拜见赵王说：“这是虚伪的辩说，大王切切不要给秦国六个县！”楼缓听说了，就去拜见赵王。赵王把虞卿的话告诉了楼缓。楼缓说：“不对，虞卿只知其一，不知其二。秦、赵两国结下怨仇引起兵祸而天下诸侯都很高兴，这是为什么？说‘我们将借强国来欺弱国’。如今，赵国军队被秦国围困，天下诸侯祝贺获胜的人必定都在秦国了。所以，不如赶快割让土地讲和，来使天下诸侯怀疑秦、赵已经交好而又能抚慰秦国。不然的话，天下诸侯将借着秦国的怨怒，趁着赵国的疲困，瓜分赵国。赵国将要灭亡，还图谋什么秦国呢？所以说，虞卿只知其一，不知其二。希望大王从这些方面考虑决定给它吧，不要再盘算了。”

虞卿听到这番议论后，去拜见赵王说：“危险了，楼缓就是为秦国帮忙的，这只是越发让天下诸侯怀疑我们了，又怎么能抚慰秦国呢？他为什么偏偏不说这么做就是向天下诸侯昭示赵国软弱可欺呢？再说，我所主张的不给秦国土地，并不是坚决不给土地就算了。秦国向大王索取六个城邑，而大王则把这六个城邑送给齐国。齐国是秦国的死对头，得到大王的六个城邑，就可以与我们合力攻打秦国，齐王倾听大王的计谋，不用等话说完，就会同意。这就是大王虽然在齐国方面失去六个城邑却在秦国方面得到补偿。这样做，齐国、赵国的深仇大恨都可以报复了，而且又向天下诸侯显示赵王是有作为的。大王把齐、赵两国结盟的事声扬出去，我们的军队不必到边境侦察，我就会看到秦国的贵重财礼送到赵国来而反过来向大王求和了。一旦跟秦王讲和，韩、魏两国听到消息，必定尽力敬重大王；既要敬重大王，就必定拿出珍贵的宝物争先向大王致意。这样一来，大王的一个举动可以与韩、魏、齐三国结交亲善，从而与秦国改换了处事的位置。”赵王听后说：“好极了。”就派虞卿向东去拜见齐王，与齐王商议攻打秦国的问题。虞卿还没返回齐国，秦国的使臣已经在赵国了。楼缓得知这个消息，立即逃跑了。赵王于是把一座城邑封给了虞卿。

过了不久，魏国请求与赵国合纵盟约。赵孝成王就召虞卿来商议这件事。虞卿先去拜访平原君，平原君说："希望听您论述一下合纵之道。"虞卿入宫拜见赵王。赵王说："魏国请求合纵盟约。"虞卿说："魏国错了。"赵王说："我本来也没答应它。"虞卿说："大王错了。"赵王说："魏国请求合纵，您说魏国错了；我没有答应它，您又说我错了。既然这样，那么合纵盟约是终归不可以了吗?"虞卿回答说："我听说小国跟大国合纵盟约，有好处就由大国享用成果，有坏处就由小国承担灾祸。现在的情况是魏国以小国的地位情愿担当灾祸，而您是以大国的地位辞却享用成果。所以，我说大王错了，魏国也错了。我私下认为合纵盟约有利。"赵王说："好。"于是就同魏国合纵盟约。

虞卿因为魏国宰相魏齐的缘故，宁愿抛弃万户侯的爵位和卿相大印，与魏齐一起从小路逃走，最后离开赵国，在魏国大梁遭到困厄。魏齐死后，虞卿更加不得意，就著书立说，采集《春秋》的史实，观察近代的世情，写了《节义》《称号》《揣摩》《政谋》共八篇，用来批评国家政治的成功与失败，世上流传，称为《虞氏春秋》。

太史公说："平原君是个乱世之中风度翩翩有才气的公子，但是不能识大局。俗话说：'贪图私利便丧失理智。'平原君相信冯亭的邪说，贪图他献出的上党，致使赵国兵败长平，赵军四十多万人被坑杀，赵国几乎灭亡。虞卿分析事理推测情势，为赵国出谋划策，是多么周密巧妙啊！到后来不忍心看着魏齐被人追杀，终于在大梁遭到困厄。平常人尚且知道不能这么做，何况贤能的人呢？但是，虞卿若不是穷困忧愁，也就不能著书立说而使自己的名声表露于世，流传后代了。”

第五十九卷　魏公子列传第十七

魏公子即信陵君，是“战国四公子”之一。他名冠诸侯，声震天下，其才德远远超过齐之孟尝、赵之平原、楚之春申，《魏公子列传》便是司马迁倾注了高度热情为信陵君所立的一篇专传。

传中详细地叙述了信陵君从保存魏国的目的出发，屈尊求贤，不耻下交的一系列活动，如驾车虚左亲自迎接门役侯嬴于大庭广众，多次卑身拜访屠夫朱亥以及秘密结交赌徒毛公、卖浆者薛公等；着重记写了他在这些“岩穴隐者”的鼎力相助下，不顾个人安危，不谋一己之利，挺身而出完成“窃符救赵”和“却秦存魏”的历史大业。这就歌颂了信陵君心系魏国、礼贤下士、救人于危难的思想品质。这也是本传的主旨所在。诚如《太史公自序》所言，“能以富贵下贫贱，贤能诎于不肖，唯信陵君为能行之”。值得注意的是，传中以大量笔墨描写了下层社会的几个人物（也可以看作附传）。特别是门役侯嬴，他身处市井心怀魏国，才智远非那般王侯公卿所能比。如果说，信陵君在历史舞台上演出了一幕“窃符救赵”的壮举而为人们所称颂的话，那么，门役侯嬴则是这幕壮举的总导演，他更令人敬佩、景仰。这反映了司马迁重视人民群众力量的进步历史观。信陵君的结局是不幸的，他才高遭嫉，竟被魏王废黜，以致沉湎酒色，终因“病酒”而死。这既真实地揭示了信陵君思想性格的弱点，更重要的是揭露了最高统治者嫉贤妒能、打击忠良的丑恶行径，可以说反映了那个时代的某种带有规律性的东西。

通篇洋溢着作者对信陵君的敬慕、赞叹和惋惜的感情，不独篇名直呼“公子”，就是文中称“公子”即有一百四十七次，所谓“无限唱叹，无限低徊”。茅坤说：“信陵君是太史公胸中得意人，故本传亦太史公得意文。”（《史记钞》）可算是知言了。

【原文】

魏公子无忌者，魏昭王[①]少子而魏安釐王异母弟也。昭王薨[②]，安釐王即位，封公子为信陵君[③]。是时范雎亡[④]魏相秦，以怨魏齐故[⑤]，秦兵围大梁，破魏华阳下军[⑥]，走芒卯[⑦]。魏王及公子患之。

【注释】

①魏昭王：魏遬（sù），战国时魏国第五个国君，魏襄王的儿子。前295—前277年在位。②薨（hōng）：周朝时诸侯死去叫薨，后来有封爵的大臣死去也叫薨。③信陵君：封号，即封作信陵地方的领主。④范雎（？—前255）字叔，魏国人。亡：逃亡。⑤以……故：因……的缘故。⑥大梁：魏国都

城，在今河南省开封市西北。华阳下军：魏国驻扎华阳的军队。华阳，山名，在今河南省新密市境内。⑦走：赶走。芒卯：魏军主将。

【原文】

公子为人仁而下士[①]，士无贤不肖[②]皆谦而礼交之，不敢以其富贵骄士。士以此方数千里争往归[③]之，致[④]食客三千人。当是时，诸侯以公子贤，多客，不敢加兵谋[⑤]魏十余年。

【注释】

①下士：尊重士人。②不肖（xiào）：不像样；不贤。③方数千里：见方几千里以内的地区。归：归附。④致：招徕，延揽。⑤加兵：用兵侵犯。加，施。谋：作侵犯的打算。十余年：大致指魏安釐王十二年—三十年（前265—前247）的情形。

【原文】

公子与魏王博[①]，而北境传举烽[②]，言“赵寇[③]至，且入界[④]”。魏王释[⑤]博，欲召大臣谋。公子止王曰：“赵王田猎[⑥]耳，非为寇也。”复博如故。王恐，心不在博。居顷[⑦]，复从北方来传言曰：“赵王猎耳，非为寇也。”魏王大惊，曰：“公子何以知之？”公子曰：“臣之客有能深得赵王阴事[⑧]者，赵王所为，客辄[⑨]以报臣，臣以此知之。”是[⑩]后魏王畏公子之贤能，不敢任公子以国政。

【注释】

①博：古代的一种棋。②举烽：发警报。③寇：侵犯。④且：将要，快要。界：魏国北方的边界。⑤释：放下，中止。⑥田猎：在野外打猎。⑦居顷：过了不久。⑧深得：据《索隐》引：谯周作“探得”，也通，而且比“深得”浅显。阴事：隐秘的事情。⑨辄：每每，经常。⑩是：此，这。

【原文】

魏有隐士[①]曰侯嬴，年七十，家贫，为大梁夷门[②]监者。公子闻之，往请[③]，欲厚遗[④]之。不肯受，曰：“臣[⑤]修身洁行数十年，终不以监门困故而受公子财。”公子于是乃置酒[⑥]大会宾客。坐定，公子从[⑦]车骑，虚左[⑧]，自迎夷门侯生[⑨]。侯生摄敝[⑩]衣冠，直上载公子上坐[⑪]，不让，欲以观[⑫]公子。公子执辔[⑬]愈恭。侯生又谓公子曰：“臣有客在市屠[⑭]中，愿枉车骑过[⑮]之。”公子引车[⑯]入市，侯生下见其客朱亥，俾倪[⑰]故久立，与其客语，微察[⑱]公子。公子颜色愈和。当是时，魏将相宗室宾客满堂，待公子举酒[⑲]。市人皆观公子执辔。从骑皆窃骂侯生。侯生视公子色终不变，乃谢客就车[⑳]。至家，公子引侯生坐上坐，遍赞宾客[㉑]，宾客皆惊。酒酣，公子起，为寿[㉒]侯生前。侯生因谓公子曰：“今日嬴之为公子亦足矣[㉓]。嬴乃夷门抱关者[㉔]也，而公子亲枉车骑，自迎嬴于众人广坐之中，不宜有所过[㉕]，今公子故过之[㉖]。然嬴欲就[㉗]公子之名，故久立公子车骑市中[㉘]，过客以观公子，公子愈恭。市人皆以嬴为小人，而以公子为长者[29]能下士也。”于是罢酒，侯生遂为上客[30]。

【注释】

①隐士：古代指有学问、有政治才能，但隐居起来不愿参加政治活动的人。②夷门：大梁城有十二个城门，东门叫夷门。③请：问候，访问。④厚：重，多。遗（wèi）：赠送。⑤臣：侯嬴自称。古人对人表示谦卑，自称臣。⑥置酒：办酒席。⑦从：使车骑相从，即带着随从的车马。使动用法。⑧虚左：空着左边的座位。⑨侯生：指侯嬴。生，先生的省称。先秦时，“生”为士人的通称。⑩摄：整理，整顿。敝：破旧。⑪载：乘坐。上坐：上首座位。⑫观：观察；考验；窥测。⑬执辔（pèi）：握着驭马的缰绳。⑭客：这里是朋友的意思。屠：屠宰牲畜的地方。⑮枉：本作“曲”解，这里引申有“屈辱委屈”的意思。过：访问。⑯引车：按着路线赶车。引，领着；带着。⑰俾倪：通“睥睨”。⑱微察：暗中观察。⑲举酒：开宴。⑳谢：辞谢；辞别。就车：登车。㉑遍赞宾客：遍赞宾客于侯生，向侯生周遍地介绍宾客。㉒为寿：向尊长者敬酒，致辞祝贺。㉓为公子亦足矣：给公子尽力也够了。㉔抱关者：抱门闩的人。关，门闩。㉕不宜有所过：不应当去访问别人。另一种解释是，不宜对我有太过分的表示。下句的“故过之”是“诚然是太过分了”的意思。“过”作“过分”解。㉖今公子故过之：今，应作“令”，意思是我令公子特意陪我去访问朋友。㉗就：成就。㉘立：使动用法。“市中”前

面省介词“于”，全句意思是，故意使您的车马久久地停在市场上。㉙长者：年长的人；有德行的人。㉚上客：高级食客。

【原文】

侯生谓公子曰：“臣所过屠者[①]朱亥，此子贤者，世莫能知，故隐[②]屠间耳。”公子往数[③]请之，朱亥故不复谢[④]，公子怪之。

【注释】

①屠者：屠夫。②隐：埋没的意思。③数：多次；屡次。④复谢：答谢；回拜。

【原文】

魏安釐王二十年，秦昭王[①]已破赵长平军，又进兵围邯郸。公子姊为赵惠文王弟平原君夫人，数遗魏王及公子书，请救于魏。魏王使将军晋鄙将[②]十万众救赵。秦王使使者[③]告魏王曰：“吾攻赵旦暮[④]且下，而诸侯敢救者，已[⑤]拔赵，必移兵先击之。”魏王恐，使人止晋鄙，留军壁邺[⑥]，名为救赵，实持两端[⑦]以观望。平原君使者冠盖相属[⑧]于魏，让魏公子曰：“胜所以自附为婚姻[⑨]者，以公子之高义[⑩]，为能急[⑪]人之困。今邯郸旦暮降秦而魏救[⑫]不至，安在公子能急人之困也！且公子纵[⑬]轻胜，弃之降秦，独不怜公子姊邪？”公子患之，数请魏王，及宾客辩士说[⑭]王万端。魏王畏秦，终不听公子。公子自度[⑮]终不能得之于王，计[⑯]不独生而令赵亡，乃请宾客，约[⑰]车骑百余乘，欲以客往赴[⑱]秦军，与赵俱死。

【注释】

①秦昭王（前324—前251）：战国时秦国国君，即秦昭襄王。前306—前251年在位。②将（jiàng）：领兵。③使使者：派遣使臣。④旦暮：早晨或晚上。形容时间短。⑤已：在……以后。⑥留军：停止进军。壁：原义是营垒，这里作动词，驻扎的意思。邺：魏国邑名，在今河北省临漳县西南。⑦持两端：比喻左右摇摆，拿不定主意。两端，两头，两方面。⑧冠盖相属（zhǔ）：穿戴着礼服礼帽，坐着车子，连续地到来。冠，指使者穿戴的衣帽。盖，指使者乘坐的车。⑨自附为婚姻：有婚姻关系的一种谦词，犹如说高攀结了亲。自附，自愿地依附。⑩高义：行为高尚，讲义气。另一种解释是：高度的友谊。义，情谊。⑪急：解救急难。动词。⑫救：救兵。⑬纵：纵令；即使。⑭说（shuì）：劝说。端：理由。⑮度（duó）：估量；推断。⑯计：计划；盘算。引申有“决定”的意思。⑰约：凑集，预备。⑱赴：投入。

【原文】

行过夷门，见侯生，具告所以欲死秦军状[①]。辞决[②]而行，侯生曰：“公子勉之矣[③]，老臣不能从。”公子行数里，心不快，曰：“吾所以待侯生者备[④]矣，天下莫不闻，今吾且死而侯生曾[⑤]无一言半辞送我，我岂有所失[⑥]哉？”复引车还，问侯生。侯生笑曰：“臣固[⑦]知公子之还也。”曰：“公子喜士，名闻天下。今有难[⑧]，无他端[⑨]而欲赴秦军，譬若以肉投馁虎[⑩]，何功[11]之有哉？尚安事[12]客？然公子遇[13]臣厚，公子往而臣不送[14]，以是知公子恨之复返也。”公子再拜，因问。侯生乃屏人间语[15]，曰：“嬴闻晋鄙之兵符[16]常在王卧内，而如姬最幸[17]，出入王卧内，力能窃之。嬴闻如姬父为人所杀，如姬资之[18]三年，自王以下欲求报其父仇，莫能得。如姬为[19]公子泣，公子使客斩其仇头，敬进[20]如姬。如姬之欲为公子死，无所辞[21]，顾未有路[22]耳。公子诚一开口请如姬，如姬必许诺，则得虎符夺晋鄙军，北救赵而西却[23]秦，此五霸之伐[24]也。”公子从其计，请如姬。如姬果盗晋鄙兵符与公子。

【注释】

①具：通“俱”，都；全。状：情况。②辞决：辞别。决，通“诀”，长别。③勉之矣：好好努力吧。④备：周到；完备。⑤曾（céng）：竟然。⑥失：过失；错误。⑦固：早已；本来就。⑧难（nàn）：危难；困难。⑨他：其他；别的。端：头绪；办法。⑩馁（něi）虎：饿虎。⑪功：功用；用处。⑫尚：还。事：用。⑬遇：待。⑭送：不仅指送行，也指赠言。⑮屏（bǐng）人：遣开左右的人。间（jiàn）语：密谈；私语；悄悄地说。⑯兵符：军事上用的符。⑰如姬：魏安釐王最宠爱的妃子。幸：指得到帝王宠爱。⑱资：积蓄。这里指含恨。之：指杀父的仇恨。⑲为（wèi）：对。⑳进：献给。㉑无所辞：没有可推辞的。㉒顾：但是。路：机会；方法。㉓却：打退。㉔五霸：春秋时先后称霸的五个诸侯，指齐桓公、晋文公、楚庄王、吴王阖闾、越王句践。伐：功业。

【原文】

公子行，侯生曰：“将在外，主[①]令有所不受，以便[②]国家。公子即合符，而晋鄙不授公子兵而复请[③]之，事必危矣。臣客屠者朱亥可与俱[④]，此人力士。晋鄙听，大善；不听，可使击之。”于是公子泣。侯生曰：“公子畏死邪？何泣也？”公子曰：“晋鄙嚄唶宿将[⑤]，往恐不听，必当杀之，是以泣耳，岂畏死哉？”于是公子请朱亥。朱亥笑曰：“臣乃市井鼓刀[⑥]屠者，而公子亲数存[⑦]之，所以不报谢者，以为小礼[⑧]无所用。今公子有急[⑨]，此乃臣效命之秋[⑩]也。”遂与公子俱。公子过谢侯生。侯生曰：“臣宜从，老不能。请数[⑪]公子行日，以至晋鄙军之日，北乡[⑫]自刭，以送[⑬]公子。”公子遂行。

【注释】

①主：国君。②以便：以求便利于。③而：通“如”，如果。请：请示，含有核对。④俱：一同去。⑤嚄唶（huò zé）：原意是大笑大呼，这里形容有威风、有气派的样子。宿将：有资格、有经验的老将。⑥鼓刀：动刀宰杀。⑦存：体恤慰问。⑧小礼：指来往回拜一类的琐碎礼节。⑨急：急难之事。⑩效命：献出生命。秋：时机。⑪数（shǔ）：计算。动词。⑫北乡（xiàng）：面向北方。赵国在魏国的北方，所以这样说。乡，通“向”。⑬送：这里是报答、报效的意思。

【原文】

至邺，矫[①]魏王令代晋鄙。晋鄙合符，疑之，举手视公子[②]曰："今吾拥十万之众，屯[③]于境上，国之重任，今单车来代之[④]，何如哉?"欲无听。朱亥袖[⑤]四十斤铁椎，椎[⑥]杀晋鄙，公子遂将晋鄙军。勒[⑦]兵下令军中曰："父子俱在军中，父归；兄弟俱在军中，兄归；独子无兄弟，归养[⑧]。"得选兵[⑨]八万人，进兵击秦军。秦军解去[⑩]，遂救邯郸，存赵。赵王[⑪]及平原君自迎公子于界，平原君负韊矢为公子先引[⑫]。赵王再拜曰："自古贤人未有及公子者也。"当此之时，平原君不敢自比于人[⑬]。公子与侯生决，至军，侯生果北乡自刭。

【注释】

①矫（jiǎo）：假托；假称。②举手视公子：晋鄙表示对信陵君轻慢不信任的态度。③屯：驻防；驻扎。④单车：指信陵君只有少数随从，没有护卫的军队。之：指晋鄙自己。⑤袖：藏在衣袖里。⑥椎：用椎子打。动词。⑦勒：约束；统率；管辖。⑧归养：回家奉养父母。⑨选兵：经过挑选的精兵。⑩解去：解围而去。⑪赵王：指赵孝成王。⑫负韊矢为公子先引：这是一种极隆重的礼节，是自居于奴仆地位的一种表示。韊，盛弩箭的皮革袋子。先引，在前面引路。⑬自比于人：把自己比他人（指信陵君）。

【原文】

魏王怒公子之盗其兵符，矫杀晋鄙，公子亦自知也。已却秦存赵，使将将其军[①]归魏，而公子独与客留赵。赵孝成王德[②]公子之矫夺晋鄙兵而存赵，乃与平原君计，以五城封公子。公子闻之，意骄矜[③]而有自功之色。客有说公子曰[④]：“物[⑤]有不可忘，或有不可不忘。夫人有德于公子，公子不可忘也；公子有德于人，愿公子忘之也。且矫魏王令，夺晋鄙兵以救赵，于赵则有功矣，于魏则未为忠臣也。公子乃自骄而功之[⑥]，窃为公子不取也。”于是公子立自责，似若无所容者。赵王扫除[⑦]自迎，执主人之礼，引公子就西阶[⑧]。公子侧行辞让[⑨]，从东阶上。自言罪过，以负[⑩]于魏，无功于赵。赵王侍酒[⑪]至暮，口不忍献五城，以公子退让也。公子竟留赵。赵王以鄗为公子汤沐邑[⑫]，魏亦复以信陵奉公子。公子留赵。

【注释】

①使将将其军：前一个“将”，将领，部将。②德：感德，感激。③骄矜（jīn）：骄傲夸耀。④客有说公子曰：这件事发生在前257年，以五城封公子之时。⑤物：事情。⑥功：意动用法。之：语尾助词。⑦扫除：打扫台阶。除，台阶。古代迎接远道的贵宾，主人必须为客人洒扫道路。⑧公子就西阶：古代宫室坐北朝南，升堂礼节是，主人从东阶上，客人从西阶上。赵王执行主人之礼，所以“引公子就西阶”。⑨侧行辞让：侧着身子前进，表示谦退礼让。⑩以：因为。负：违背；辜负。⑪侍酒：陪着饮酒。⑫鄗：赵国邑名。在今河北省柏乡县北。汤沐邑：春秋以前是天子赐给诸侯来朝时斋戒自洁的地方；战国以后，汤沐邑的名义还存在，实际上已成为国君

赐给大臣的临时封邑。

【原文】

公子闻赵有处士[1]毛公藏于博徒，薛公藏于卖浆[2]家，公子欲见两人，两人自匿[3]不肯见公子。公子闻所在，乃间步往从此两人游[4]，甚欢。平原君闻之，谓其夫人曰："始[5]吾闻夫人弟公子天下无双，今吾闻之，乃妄[6]从博徒卖浆者游，公子妄人[7]耳。"夫人以告公子。公子乃谢夫人去，曰："始吾闻平原君贤，故负魏王而救赵，以称[8]平原君。平原君之游，徒豪举[9]耳，不求士也。无忌自在大梁时，常闻此两人贤，至赵，恐不得见。以无忌从之游，尚恐其不我欲也[10]，今平原君乃以为羞，其[11]不足从游。"乃装为去[12]。夫人具以语[13]平原君。平原君乃免冠谢[14]，固[15]留公子。平原君门下闻之，半去平原君归公子，天下士复往归公子，公子倾[16]平原君客。

【注释】

①处（chǔ）士：古代称有才德而隐居不做官的人。②浆：酒的一种，略带酸味。③自匿：主动地隐藏起来。④间（jiàn）步：秘密地步行。游：来往；交游。⑤始：当初；从前。⑥妄：胡乱。⑦妄人：荒唐的人。⑧称（chèn）：顺遂；满足。⑨豪举：气魄很大的举动。⑩不我欲也：即"不欲我也"。否定句中的宾语前置。⑪其：大概是、恐怕是的意思。⑫装：整理行装。为去：准备动身离去。⑬语（yù）：告诉。

⑭免冠谢：摘去帽子谢罪。古人脱帽露顶是赔礼认罪的表示。⑮固：坚决。⑯倾：超过；胜过。

【原文】

公子留赵十年[①]不归。秦闻公子在赵，日夜出兵东伐魏。魏王患之，使使[②]往请公子。公子恐其[③]怒之，乃诫[④]门下："有敢为魏王使通[⑤]者，死。"宾客皆背魏之[⑥]赵，莫敢劝公子归。毛公、薛公两人往见公子曰："公子所以重[⑦]于赵，名闻诸侯者，徒[⑧]以有魏也。今秦攻魏，魏急而公子不恤[⑨]，使秦破大梁而夷[⑩]先王之宗庙，公子当[⑪]何面目立天下乎？"语未及卒，公子立变色，告车趣驾[⑫]归救魏。

【注释】

①留赵十年：自赵孝成王九年—十九年（前257—前247）。②使使：前面的"使"：派遣，命令。动词。后面的使：使者。名词。③其：指魏王。代词。④诫：警告；叮嘱。⑤通：通报；传达。⑥背：离开。之：到。⑦重：尊重。⑧徒：只；但。⑨恤（xù）：顾惜；体恤。⑩夷：平毁。⑪当：将。⑫告：吩咐。车：管车的人。趣（cù）：赶快；急促。驾：把马套上车。

【原文】

魏王见公子，相与泣，而以上将军[①]印授公子，公子遂将。魏安釐王三十年[②]，公子使使遍告诸侯。诸侯闻公子将，各遣将将兵救魏。公子率五国[③]之兵破秦军于河外，走蒙骜[④]。

遂乘胜逐秦军至函谷关，抑[5]秦兵，秦兵不敢出。当是时，公子威振[6]天下，诸侯之客进兵法，公子皆名[7]之，故世俗称《魏公子兵法》[8]。

【注释】

①上将军：官名，统率军队的最高将领。②魏安釐王三十年：前 247 年。③五国：指赵、韩、齐、楚和燕。④蒙骜（ào）：秦国的上卿，后为将。⑤抑：压制；控制。⑥振：通“震”。⑦名：命名；署名。动词。称占田为“名田”。⑧世俗：指社会上一般人。魏公子兵法：《汉书·艺文志》载有《魏公子》二十一篇、图十卷。已失传。

【原文】

秦王患之，乃行[1]金万斤于魏，求[2]晋鄙客，令毁[3]公子于魏王曰：“公子亡[4]在外十年矣，今为魏将，诸侯将皆属，诸侯徒闻魏公子，不闻魏王。公子亦欲因此时定南面而王[5]，诸侯畏公子之威，方欲共立之。”秦数使反间[6]，伪贺公子得立为魏王未也。魏王日闻其毁，不能不信，后果使人代公子将。公子自知再以毁废，乃谢病[7]不朝，与宾客为长夜饮，饮醇酒[8]，多近妇女。日夜为乐饮者四岁，竟病酒[9]而卒。其岁[10]，魏安釐王亦薨。

【注释】

①行：运送；使用。②求：寻找；访求。③毁：诋毁。

④亡：逃亡。⑤南面而王：坐北面南，自立为王。⑥反间（jiàn）：利用敌人的间谍使敌人获得虚假的情报。⑦谢病：推说有病。⑧醇（chún）酒：浓烈的酒。⑨病酒：饮酒过多而害病。⑩其岁：魏安釐王三十四年（前243）。

【原文】

秦闻公子死，使蒙骜攻魏，拔二十城①，初置东郡②。其后秦稍蚕食魏③，十八岁而虏魏王④，屠大梁⑤。

【注释】

①拔二十城：事在魏无忌死后一年，即魏景湣王（安釐王的儿子，前242—前228年在位）元年。②东郡：在今河北省东南端和山东省西部一带，治所在濮阳（今河南省濮阳县西南）。③稍蚕食魏：据《魏世家》记载："二年（指魏景湣王二年，即公元前241年），秦拔我朝歌……三年，秦拔我汲。五年，秦拔我垣、蒲阳、衍。"就是秦国"稍蚕食魏"的具体事实。④十八岁：指魏无忌死后十八年。魏王：名假。景湣王的儿子。前227—前225年在位。⑤屠大梁：指秦国引河水淹大梁的事。屠，即毁坏城池，屠杀城中的军民。

【原文】

高祖始微少①时，数闻公子贤。及即天子位，每过大梁，常祠②公子。高祖十二年③，从击黥布④还，为公子置守冢⑤五家，世世岁以四时⑥奉祠公子。

【注释】

①高祖：汉高祖刘邦。始：当初。微少：贫贱。指没有当皇帝的时候。②祠：祭祀。③高祖十二年：前195年。④黥（qíng）布（？—前195）：英布。⑤冢（zhǒng）：坟墓。⑥四时：四季。

【原文】

太史公曰：吾过大梁之墟[①]，求问其所谓夷门。夷门者，城之东门也。天下诸公子[②]亦有喜士者矣，然信陵君之接岩穴隐者[③]，不耻下交[④]，有以[⑤]也。名冠[⑥]诸侯，不虚[⑦]耳。高祖每过之而令民奉祠不绝也。

【注释】

①墟（xū）：废址；遗址。②诸公子：指孟尝君、平原君、春申君等。③岩穴隐者：指居住山野的隐士。④不耻下交：不以与学问较差或地位较低的人交朋友为可耻。⑤以：道理；缘故。⑥冠（guàn）：居第一位；在前面。⑦虚：虚假。

【译文】

魏公子无忌，是魏昭王的小儿子，魏安釐王的同父异母弟弟。魏昭王逝世后，魏安釐王即位，赐封公子为信陵君。这时候，范雎逃离魏国，做了秦国的宰相。因为怨恨魏齐的缘故，秦军围攻魏国，打败了魏国在华阳城下的军队，赶走了魏将芒卯。魏昭王和公子无忌都为这件事忧虑。

魏公子无忌为人仁厚，而又能礼贤下士，凡是士人，不论才能高低，都能谦虚地对他们以礼相待，不敢因为自己富贵怠慢士人。因此，纵横几千里地方的士人都争相前往归顺他。他招徕的食客有三千人。在这个时期，各诸侯国因为公子贤能，门客又多，十多年来不敢进军侵犯魏国。

有一次，魏公子跟魏王下棋时，从北方边境传来了烽火警报，说“赵国侵略军来了，快要进入边界”。魏王停止下棋，想要召集大臣来商议。魏公子劝止魏王说：“赵王打猎而已，不是进行入侵。”两人仍然下棋。魏王害怕，心不在下棋上。过了一会儿，又从北方传来消息说：“赵王打猎而已，不是进行入侵。”魏王非常吃惊，说：“公子为什么知道这回事呢?”魏公子说：“我的门客有人能够打听到赵王的秘密行动，赵王的所作所为，门客总是把它报告我，所以我知道。”从此以后，魏王害怕魏公子的贤能，不敢把国家的政治大事委任魏公子。

魏国有个隐士名叫侯嬴，七十岁了，家里贫困，担任大梁夷门的看门人。魏公子听说有这样一个人，前往访问，要丰厚地送他财物。侯嬴不肯接受，说：“我修身养性几十年，总不能由于看门贫困的原因而接受公子的财物。”魏公子当时就摆设酒席，大请宾客。客人坐定之后，魏公子让车马随从，并空着车子左边的座位，亲自到夷门迎接侯先生。侯先生整理了破旧的衣帽，直接登上魏公子乘坐的车的上位，毫不谦让，想以此来观察公子。魏公子握着马缰绳，显得更加恭敬。侯先生又对魏公子说：“我有个客人在市场的屠宰坊中，希望委屈您的车马，让我去访问他。”魏公子驾车到市场里，侯先生下车去会见他的客人朱亥，眼睛瞟看魏公子，故意久久地站着跟他的客人说话，暗中观察魏公子。魏公子脸色更加温和。正当这时候，魏国的将相、王族、宾客济济一堂，等待魏公子举杯祝酒。市场里的人都看到魏公子拿着马缰绳，随从人员都暗地里咒骂侯先生。侯先生看到魏公子的脸色始终不变，才辞别客人，登上车子。回到家里，魏公子领着侯先生就坐上位，并一一地介绍宾客，宾客都非常吃惊。正当酒喝得酣畅的时候，魏公子起立，来到侯先生面前敬酒祝福。侯先生便对魏公子说：“今天我侯嬴难为公子的也够多了。我只是夷门的看门人，公子却亲自委屈驾着车马，亲自在大庭广众之中迎接我。我本不该去访问客人，却故意委屈公子的车马去访问他。然而，我侯嬴想成全公子的名声，故意让公子的车马久久地站立在市场里，去访问客人，以此观察公子，公子更加恭敬。市民都以为我侯嬴是小人，而把公子看作能礼贤下士的长者。”酒席至此结束，侯先生于是成为魏公子的上宾。

侯先生对魏公子说：“我所访问的屠夫朱亥，这个人是个有才能的人，世人没有谁能了解他，所以隐在屠宰坊里罢了。”魏公子多次前往访问他，朱亥故意不回访致谢，魏公子对此感到奇怪。

魏安釐王二十年，秦昭王已经打破赵国在长平的驻军，又进军围攻邯郸。魏公子的姐姐是赵惠文王弟弟平原君的夫人，她数次送信给魏王和魏公子，向魏国求援。魏王派将军晋鄙带领十万军队去援救赵国。秦王派使者警告魏王说："我进攻赵国，早晚就要拿下来。假如各诸侯国有敢援救赵国的，在我攻下赵国以后，一定要转移军队先进攻它。"魏王害怕起来，派人让晋鄙停止前进，把军队停留驻防在邺县，名义上是救援赵国，其实是抱着犹豫不决而观望的态度。平原君的使者冠盖相望，接踵而来魏国，责备魏公子说："我赵胜之所以要高攀您，缔结婚姻关系，是由于您重义气，又能以别人的困难为急。现在，赵国早晚就要投降秦国，而魏国的救兵不来，您能以别人的困难为急的义气在哪里呢？况且您即使轻视我赵胜，抛弃我，让我去投降秦国，难道也不爱惜您的姐姐吗？"魏公子为此而忧愁，多次请求魏王，并请自己的宾客、辩士千方百计游说魏王。魏王害怕秦国，始终不肯听从魏公子。魏公子自己预计终究不能得到魏王的帮助，又想不能只让自己生存而使赵国灭亡，就请宾客准备一百多辆车马，想带领宾客去冲入秦军阵地，跟赵国共生死。

魏公子的队伍经过夷门，见到了侯先生，就把要同秦军决死的情况都告诉了他。告别以后，队伍就出发了。侯先生说："公子努力吧，老臣我不能跟随了。"魏公子走了几里路，心里不愉快，心想："我对待侯先生够周到的了，天下没有谁不曾听说。现在我将要死命，而侯先生竟然没有一言半语送给我，我难道有过失的地方吗？"魏公子又把车马掉转回头，追问侯先生。侯先生笑着说："我本来就知道您会回来的。"他又说："您喜爱士人，名声传闻天下。现在有了急难，没有别的办法而想冲入秦军阵地，这好比把肉投给饿虎，有什么功效呢？又何必供养门客？然而，您待我情深，您要往秦国而我不送行，因此知道您恨我而又回返。”魏公子拜了两拜，趁势请教侯先生。侯先生就屏退旁人秘密交谈。他说：“我听说晋鄙的兵符经常放在魏王的卧室里，而如姬最受宠幸，在魏王的卧室里进进出出，有办法可以偷到兵符。我还听说如姬的父亲被人谋杀，如姬怀恨三年，从魏王以下，都想寻找机会替她报杀父之仇，没有人能找到。如姬对魏公子哭诉，魏公子派人斩了她仇人的头，恭敬地献给如姬。如姬要替您效死而不会有推辞的时候，只因还没有找到机会罢了。您如果一开口请求如姬帮忙，如姬一定会答应，那么您就能得到虎符夺取晋鄙的军队，然后往北救援赵国，向西击退秦军，这是五霸一样的功业啊！”魏公子听从侯嬴的计谋，请求如姬帮忙。如姬果真偷了晋鄙的兵符给魏公子。

魏公子出发时，侯先生说：“将军在外，君命有时可以不接受，为的是有利于国家。公子如果合了兵符，但晋鄙把军队交给您，还要请示魏王，事情一定危险了。我的客人屠夫朱亥可跟您一起去，这人是个大力士。晋鄙如能听从，就太好了；如不能听从，就可以让朱亥击杀他。”这时候，魏公子哭了。侯先生说：“公子怕死吗？为什么哭呢？”魏公子说：“晋鄙是一位叱咤风云的老将，我去恐怕他不肯听从，必定要杀他。我因而哭泣罢了，难道是害怕死吗？”这时，魏公子请求朱亥同行，朱亥笑着说：“我只是市场里操刀的屠夫，公子却多次亲自问候。我之所以不回访致谢，是由于我认为那是小礼节，没什么实际意义。如今您有急难，这是我为您效命的时机啊！”朱亥就跟魏公子一起出发了。魏公子去向侯先生告别，侯先生说：“我本当随从您，可是我年老不行了。请让我计算您的行程，当您到了晋鄙军营的那一天，我面向北方割脖子自杀，来报答公子。”魏公子于是出发了。

魏公子到了邺县，假托魏王的命令取代晋鄙。晋鄙合了兵符，怀疑这件事，举起手来看了看魏公子，说：“现在我拥有十万大军，驻扎国境，这是国家的重任。现在，您独自驾车来接替我，这是怎么一回事呢？”晋鄙正想不服从，朱亥衣袖里藏着四十斤重的铁椎，用铁椎杀死了晋鄙。魏公子于是统率晋鄙的军队。他又整编队伍，向全军发布命令说：“父子都在军营里的，父亲回家；兄弟都在军营里的，为兄的回家；独生儿子没有兄弟的，回家养亲。”魏公子得到精兵八万人，进军击杀秦军。秦军解除包围撤离了，魏公子于是救了邯郸，保留了赵国。赵王和平原君亲自到边界迎接魏公子，平原君背着箭袋在前面给魏公子引路。赵王拜了两拜说：“自古以来，贤人没有赶得上公子的。”在这个时候，平原君不敢把自己和信陵君相比。魏公子和侯先生分别以后，到达军营时，侯先生果然面向北方引颈自杀了。

魏王怨恨魏公子偷他的兵符并假托命令杀死晋鄙，魏公子也自知有违君命。在击退秦军保存赵国以后，魏公子派了一个将领统率他们的军队回到魏国，而独自和宾客留在赵国。赵孝成王感激魏公子假托命令、夺取晋鄙的军队而保存了赵国，就跟平原君商议，要把五个县城赐封给魏公子。魏公子听说这件事后，内心骄傲自矜，并流露自以为有功劳的神色。宾客有人劝说公子道："事物有的不可以忘记，有的不可以不忘记。别人对公子有恩德，公子不可以忘记；公子对别人有恩德，希望公子忘记它。况且公子假托魏王的命令夺取晋鄙的军队去救援赵国，对赵国来说就是有功劳了，但对于魏国来说公子就不是忠臣了。公子却骄傲地把它当作自己的功劳，我私下认为公子不应采取这样的态度。"这时，魏公子立即责备自己，似乎无地自容。赵王打扫台阶，亲自迎接，执行主人的礼节，指引魏公子走上西边的台阶。魏公子谦让地侧着身走，从东边的台阶上去。自己陈述罪过，认为辜负了魏国，对赵国也没有功劳。赵王陪酒一直到傍晚，口中避而不谈献出五个县城的事，这是因为公子太谦让了。魏公子终于留在赵国。赵王把鄗邑作为魏公子斋戒自洁所需的封邑，魏国也再把信陵献给魏公子。魏公子留在赵国。

魏公子听说赵国有隐士毛公隐居赌徒群中，又有薛公隐居卖酒浆人家里，便想要会见这两个人。两人自己躲起来，不肯会见魏公子。魏公子听说了他们所在的地方，就秘密地步行前往跟这两个人交往，彼此非常融洽。平原君听说这件事，对他的夫人说："当初我听说夫人的弟弟公子是天下独一无二的，现在我听说他竟然随便跟赌徒和卖酒浆的人交往。公子是个糊涂人罢了。"平原君夫人把这些告诉了魏公子。魏公子就告别平原君夫人要离开，说："当初我听说平原君贤能，所以辜负了魏王而救援赵国，来满足平原君的心意。但平原君和人们的交游，只是一种装饰门面的壮举罢了，并不是为了访求贤士。我无忌在大梁的时候，时常听说这两个人贤能。到了赵国以后，就怕不能见到他们。像我无忌这样的人跟他们交往，还恐怕他们不搭理我呢。如今，平原君竟然把跟他们交往当作羞耻的事情，实在是不值得跟他交往。”于是，整理行装准备离开赵国。平原君夫人把这些话告诉平原君，平原君就脱掉帽子谢罪，硬是挽留魏公子。平原君的门下客听说这件事，半数人离开平原君来依附魏公子。天下的士人又前往归附魏公子，魏公子的门客大大地超过平原君。

魏公子留居赵国十年不回国。秦国听说魏公子在赵国，夜以继日地派兵东去进攻魏国。魏王担心这件事，派遣使者去请魏公子回国。魏公子害怕魏王怨恨他，就告诫门下客：“有谁敢替魏王的使者通报的，处死。”宾客都是背弃魏国来到赵国的，没有谁敢劝告魏公子回国。毛公和薛公两人去见魏公子说：“公子之所以在赵国受到重视，声名传闻到各国，只因为有魏国。现在秦国进攻魏国，魏国危急而公子不同情，假使秦军攻破大梁，毁坏先王的宗庙，公子将有什么面目站立世上呢?”话还没有说完，魏公子立刻变了脸色，吩咐准备车马立即起程回去解救魏国。

魏王见到魏公子，相对哭泣，然后把上将军的印信授予魏公子，魏公子于是担任上将军。魏安釐王三十年，魏公子派使者通告各诸侯国。各国听说魏公子担任上将军，分别派遣将领统率军队来救援魏国。魏公子统率五国的军队，在河外打败了秦军，赶走了蒙骜。于是，乘胜把秦军驱逐到函谷关，堵住秦军，秦军不敢出关。正当这个时候，魏公子的威名震动天下，各国的宾客进献有关兵法的文章，魏公子把它们加以整理，以自己的名字给这部书命名，所以世俗称为《魏公子兵法》。

秦王为此感到担心，于是拿出大量钱财到魏国去行贿，寻找晋鄙的门客，让他们在魏王面前毁谤公子说："公子流亡在国外十年了，现在担任魏国的上将军，各国的将领都隶属于他。各国只知有魏公子，不知有魏王。公子也想趁这个时候决定南面称王，各国害怕公子的声威，正想共同拥立他。"秦国多次派人行反间计，假装祝贺魏公子，看魏公子能否立为魏王。魏王每天都听到这些毁谤的话，不得不相信，后来果然派人取代公子上将军的职位。魏公子自己知道又因为毁谤而被废弃不用，就借口有病不上朝，跟宾客通宵达旦地宴饮，饮烈酒，经常接近女色。日夜进行狂饮达四年之久，终于因酒而病死了。这一年，魏安釐王也去世了。

秦国听说魏公子死了，就派蒙骜攻打魏国，占领了二十个城邑，开始设置东郡。这以后秦国逐渐蚕食魏国，十八年后俘虏了魏王，夷灭大梁。

汉高祖刘邦当初寒微的时候，屡次听说魏公子贤能。等到就任天子以后，每次经过大梁，常常祭祀魏公子。高祖十二年，从打败黥布的地方回来，给魏公子配备五户人家看守坟墓，世世代代每年按四季祭祀魏公子。

太史公说：我经过大梁故城，去访了那个所谓夷门。原来夷门就是城的东门。天下的几位公子，也有喜欢士人的，但像信陵君这样接待民间的隐士，不以与卑下的人交往为耻，是有道理的。他的声名在各国中排在首位，一点也不假啊！汉高祖每逢经过这里，都要人民不断地祭祀他。

第六十卷　春申君列传第十八

本篇是战国末期楚相春申君黄歇的专传。

春申君是楚国贵族，招揽门客三千余人，为“战国四公子”之一。曾以辩才出使秦国，并上书秦王言秦楚宜相善。时楚太子完入质于秦，被扣留，春申君以命相抵设计将太子送回，随后亦归楚，任为楚相。曾率兵救赵，又率六国诸侯军攻秦，败归。后因贪图富贵中李园圈套被谋杀。对于春申君其人，司马迁作了大体公允的评述：“春申君之说秦昭王，及出身遣楚太子归，何其智之明也！后制于李园，旄矣。”春申君“以身徇君”（《太史公自序》）是对暴秦以强凌弱的一种抗争，一定程度上维护了楚国的利益，是值得称道的明智之举。但综观他的一生所作所为，唯系于“富贵”二字，即如他“招致宾客，以相倾夺”，无非把宾客当作显示富贵的摆设而已，让宾客“蹑珠履”与赵使竞豪奢即为一例。因此，他不可能得到贤才，即使有朱英那样的人也只能“恐祸及身”远离而去。他最后落得悲惨下场，正如钟惺所言“富贵到手，器满志昏”，具有必然性。至于他的上秦王书，不过是嫁祸于人、求得苟安罢了。从长远的观点看，等于是献给秦王灭楚的大计，实在不算“明智”。

明凌稚隆说：“按此传前叙春申君以智能安楚，而就封于吴，后叙春申君以奸谋盗楚，而身死棘门，为天下笑。模写情事，春申君殆两截人。”（《史记评林》）从行文看，本传可以春申君任相前后分为两个时期，前期重点写其“智”，后期重点写其“昏”，并各选择一件事情作具体的描述，两件事情又都有首有尾，像是独立成篇的生动故事，而前后两期又形成鲜明的对比，从而突出了春申君由明智而昏聩的性格变化，给人以完整而明晰的印象。

【原文】

春申君者，楚人也，名歇，姓黄氏。游学博闻，事楚顷襄王①。顷襄王以歇为辩，使于秦。秦昭王②使白起攻韩、魏，败之于华阳③，禽④魏将芒卯，韩、魏服而事秦。秦昭王方令白起与韩、魏共伐楚，未行，而楚使黄歇适至于秦，闻秦之计。当是之时，秦已前使白起攻楚，取巫、黔中⑤之郡，拔鄢郢⑥，东至竟陵⑦，楚顷襄王东徙治于陈⑧县。黄歇见楚怀王⑨之为秦所诱而入朝，遂见欺，留死于秦。顷襄王，其子也，秦轻之，恐壹⑩举兵而灭楚。歇乃上书说秦昭王曰：

【注释】

①顷襄王：熊横。前298—前263年在位。②秦昭王：即秦昭襄王。嬴稷。前306—前251年在位。③华（huà）阳：秦置郡。在今河南省新郑市北。④禽：通“擒”。⑤巫：郡

名。地在今重庆市东部，治所在巫县（今重庆市巫山县东）。黔中：郡名。⑥鄢郢（yān yǐng）：楚都。在今湖北省宜城市南。自吴师入郢，楚昭王迁都鄢，即改鄢为郢，故称鄢郢。后又返旧都郢。⑦竟陵：县名。在今湖北省潜江市西北。⑧陈：县名。在今河南省周口市淮阳区。⑨楚怀王：熊槐。前328—前299年在位。⑩壹：通“一”。

【原文】

天下莫强于秦、楚。今闻大王欲伐楚，此犹两虎相与斗。两虎相与斗而驽[①]犬受其弊，不如善楚。臣请言其说：臣闻物至则反，冬夏是也；致至[②]则危，累[③]棋是也。今大国之地，遍天下有其二垂[④]，此从生民已[⑤]来，万乘[⑥]之地未尝有也。先帝文王、庄王之身[⑦]，三世不妄[⑧]接地于齐，以绝从亲之要[⑨]。今王使盛桥[⑩]守事于韩，盛桥以其地入秦，是王不用甲，不信[⑪]威，而得百里之地。王可谓能矣。王又举甲而攻魏，杜大梁[⑫]之门，举河内[⑬]，拔燕、酸枣、虚、桃[⑭]，入邢[⑮]，魏之兵云翔而不敢救[⑯]。王之功亦多矣。王休甲息众，二年而后复之；又并蒲、衍、首、垣[⑰]，以临仁、平丘[⑱]，黄、济阳婴城[⑲]而魏氏服；王又割濮磿[⑳]之北，注齐秦之要[㉑]，绝楚赵之脊，天下五合六聚而不敢救。王之威亦单[㉒]矣。

【注释】

①驽：才能低劣。②致至：发展到极点。③累：堆叠。④垂：通“陲”，边境。⑤已：通“以”。⑥万乘（shèng）：

万辆兵车。借指大国。⑦先帝文王、庄王之身：《战国策》作“文王、武王、王之身三世”，是对的，秦国在此之前没有庄襄王，且又漏掉了“王”字。⑧妄：据《史记志疑》本应为“忘”。⑨要（yāo）：通“腰”。⑩盛桥：人名。⑪信（shēn）：通“伸”，伸张。⑫大梁：魏都城。在今河南省开封市。⑬河内：地区名。指今河南省黄河以北地区。⑭燕（yān）：县名。在今河南省延津县东北。酸枣：县名。在今河南省延津县西南。虚：地名。在今河南省延津县东。桃：城名。在今河南省长垣市西北。⑮邢：即邢丘。地名。在今河南省温县东。⑯捄：通“救”。⑰蒲：邑名。在今河南省长垣市。衍：邑名。在今河南省郑州市北。首：邑名。在今河南省睢县东南。垣：邑名。在今山西省垣曲县东南。⑱仁：县名。今地不详。平丘：县名。在今河南省封丘县东。⑲黄：邑名。在今河南省兰考县西。婴城：环城固守。婴，萦绕。⑳濮：县名。在今河南封丘县。磿（lì）：地名。临近濮县。㉑注：贯通；联系。要：通“腰”。㉒单：通“殚”，尽。

【原文】

王若能持[①]功守威，绌攻取之心而肥仁义之地[②]，使无后患，三王不足四，五伯不足六也[③]。王若负人徒之众，伏兵革之强，乘毁魏之威，而欲以力臣[④]天下之主：臣恐其有后患也。《诗》曰：“靡不有初，鲜克[⑤]有终。”《易》曰：“狐涉水，濡[⑥]其尾。”此言始之易，终之难也。何以知其然也？昔智氏见伐赵之利而不知榆次[⑦]之祸，吴见伐齐之便而不知干隧[8]之败。此二国者，非无大功也，没[9]利于前而易患于后也。吴之信越也，从而伐齐，既胜齐人于艾陵[10]，还为越王禽三渚之浦[11]。智氏之信韩、魏也，从而伐赵，攻晋阳[12]城，胜有日矣，韩、魏叛之，杀智伯瑶于凿台[13]之下。今王妒楚之不毁也，而忘毁楚之强韩、魏也，臣为王虑而不取也。

【注释】

①持：保持。②绌：排除；消除。地：心地；见地。③三王不足四，五伯不足六：意谓三王显得不足该为第四王，五伯显得不足该为第六伯，即可与三王五伯并驾齐驱、竞相媲美的意思。五伯（bà）：五霸。④臣：臣服。使动用法。⑤靡（mǐ）：无。鲜（xiǎn）：少。克：能够。⑥濡（rú）：沾湿。⑦榆次：县名。在今山西省太原市东南。⑧干隧：地名：在今江苏省苏州市，吴王夫差自刎的地方。⑨没（mò）：贪恋；迷溺。⑩艾陵：地名。在今山东省济南市莱芜区东北。⑪三渚（zhǔ）：地名。浦（pǔ）：水边。⑫晋阳：邑名。在今山西省太原市西南。⑬凿台：台名。在今山西晋中市榆次区南。

【原文】

《诗》曰："大武远宅[1]而不涉。"从此观之，楚国，援也；邻国，敌也。《诗》云："趯趯毚兔[2]，遇犬获之。他人有心，余忖度[3]之。"今王中道而信韩、魏之善王也，此正吴之信越也。臣闻之，敌不可假[4]，时不可失。臣恐韩、魏卑辞除患而实欲欺大国也。何则？王无重世[5]之德于韩、魏，而有累世之怨焉。夫韩、魏父子兄弟接踵而死于秦者将十世矣。本国残，社稷坏，宗庙毁。刳[⑥]腹绝肠，折颈摺颐[⑦]，首身分离，暴骸骨于草泽，头颅僵仆，相望于境，父子老弱系脰[⑧]束手为群虏者相及于路。鬼神孤伤，无所血食[⑨]。人民不聊生，族类离散，流亡为仆妾者，盈满海内矣。故韩、魏之不亡，秦社稷之忧也，今王资[⑩]之与攻楚，不亦过[⑪]乎！

【注释】

①宅：住宅，借指根据地。②趯趯（tì）：跳跃的样子。毚（chán）兔：大兔；狡兔。③忖度（cǔn duó）：估量；揣度。④假：宽容。⑤重世：累世；长时间的。⑥刳（kū）：剖开挖空。⑦摺（zhé）：通“折”，拉折。颐（yí）：面颊。⑧脰（dòu）：脖子。⑨血食：受祭祀，因古代祭祀用牲畜。⑩资：凭借；依赖。⑪过：错误。

【原文】

且王攻楚将恶[①]出兵？王将借路于仇雠[②]之韩、魏乎？兵出之日而王忧其不返也，是王以兵资[③]于仇雠之韩、魏也。王若不借路于仇雠之韩、魏，必攻随水右壤[④]。随水右壤，此皆广川大水，山林谿[⑤]谷，不食之地[⑥]也，王虽有之，不为得地。是王有毁楚之名而无得地之实也。

【注释】

①恶（wū）：何；怎么；哪里。②仇雠（chóu）：仇敌。雠，敌对。③资：帮助。④随水右壤：指今湖北省随州市以西

地区。⑤谿：通“溪”，夹在两山中的河沟。⑥不食之地：指不耕种或不长庄稼的地方。

【原文】

且王攻楚之日，四国必悉起兵以应[①]王。秦、楚之兵构而不离[②]，魏氏将出而攻留、方与、铚、湖陵、砀、萧、相[③]，故宋[④]必尽。齐人南面攻楚，泗上必举。此皆平原四达，膏腴之地，而使独攻。王破楚以肥韩、魏于中国而劲[⑤]齐。韩、魏之强，足以校[⑥]于秦。齐南以泗水为境，东负[⑦]海，北倚河，而无后患，天下之国莫强于齐、魏，齐、魏得地葆利而详事下吏[⑧]，一年之后，为帝未能，其于禁王之为帝有余矣。

【注释】

①四国：指齐、赵、韩、魏。应：接应。②构而不离：形成拉锯战。③留：邑名。在今江苏省沛县东南。方与：邑名。在今山东省鱼台县西。铚（zhì）：地名。在今安徽省宿州市西。砀（dàng）：邑名。在今安徽省砀山县南。萧：国名。在今安徽省萧县西北。相（xiàng）：地名。在今安徽省淮北市西北。④故宋：原来宋国的地盘。⑤肥：壮大。使动用法。中国：指中原地区。劲：坚强有力。使动用法。⑥校：通“较”，较量高低。⑦负：背倚。⑧葆利：保持利益。葆，通“保”。下吏：下级官吏。

【原文】

夫以王壤土之博，人徒之众，兵革之强，壹举事而树怨[①]

于楚，迟[②]令韩、魏归帝重于齐，是王失计也。臣为王虑，莫若善楚。秦、楚合而为一以临[③]韩，韩必敛手[④]。王施[⑤]以东山之险，带[⑥]以曲河之利，韩必为关内之侯[⑦]。若是而王以十万戍郑[⑧]，梁氏寒心[⑨]，许、鄢陵[⑩]婴城，而上蔡、召陵[⑪]不往来也，如此而魏亦关内侯矣。王壹善楚，而关内两万乘之主注[⑫]地于齐，齐右壤[⑬]可拱手而取也。王之地一经两海[⑭]，要约[⑮]天下，是燕、赵无齐、楚，齐、楚无燕、赵也。然后危动燕、赵，直摇齐、楚，此四国者不待痛而服矣。

【注释】

①树怨：结怨。②迟：当；乃。③为一：统一行动。临：面对。④敛手：缩手，表示不敢有所行动。⑤施：设置。⑥带：围绕。⑦关内之侯：关内侯。⑧戍：军队防守。郑：国名。地在今河南省中部，后来被韩国吞并。⑨梁氏：指魏国。魏建都大梁，故别称梁国。寒心：恐惧；战栗。⑩许：邑名。在今河南省许昌市东。鄢陵：地名。在今河南省鄢陵县西北。⑪上蔡：邑名。在今河南省上蔡县西南。召陵：邑名。在今河南省漯河市东。⑫关内两万乘之主：指韩、魏两国成为“关内侯”。注：用武力割取。⑬齐右壤：指今山东省西北和河南省东北一带。⑭两海：西海和东海，即指从东到西。⑮要（yāo）约：约束；管束。

【原文】

昭王曰：“善。”于是乃止白起而谢[①]韩、魏。发使赂楚，约为与国[②]。

【注释】

①谢：辞退。②约为与国：事在楚顷襄王二十七年（前272）。与国，盟国。

【原文】

黄歇受约归楚，楚使歇与太子完入质于秦，秦留之数年。楚顷襄王病，太子不得归。而楚太子与秦相应侯[①]善，于是黄歇乃说应侯曰："相国诚善楚太子乎？"应侯曰：'然。"歇曰："今楚王恐不起疾，秦不如归其太子。太子得立，其事秦必重而德[②]相国无穷，是亲与国而得储[③]万乘也。若不归，则咸阳一布衣耳；楚更[④]立太子，必不事秦。夫失与国而绝万乘之和，非计也。愿相国孰[⑤]虑之。"应侯以闻秦王。秦王曰："令楚太子之傅[⑥]先往问楚王之疾，返而后图之。"黄歇为楚太子计曰："秦之留太子也，欲以求利也。今太子力未能有以利秦也，歇忧之甚。而阳文君[⑦]子二人在中，王若卒大命[⑧]，太子不在，阳文君子必立为后，太子不得奉宗庙[⑨]矣。不如亡秦，与使者俱出；臣请止[⑩]，以死当之。"楚太子因变衣服与楚使者御[⑪]以出关，而黄歇守舍，常为谢病[⑫]。度太子已远，秦不能追，歇乃自言秦昭王曰："楚太子已归，出远矣。歇当死，愿赐死。"昭王大怒，欲听其自杀也。应侯曰："歇为人臣，出身以徇[⑬]其主，太子立，必用歇，故不如无罪而归之，以亲楚。"秦因遣黄歇。

【注释】

①应侯：范雎。②重：恭谨。德：感激。③储：保存。④更：改变；更换。⑤孰：通“熟”，仔细。⑥傅：辅导太子的官。⑦阳文君：楚顷襄王的兄弟。⑧大命：天年；寿命。⑨宗庙：帝王、诸侯祭祀祖宗的处所。⑩止：留。⑪御：驾驭车马。⑫谢病：假托有病谢绝宾客。⑬出身：献身。徇：通“殉”。

【原文】

歇至楚三月，楚顷襄王卒，太子完立，是为考烈王[①]。考烈王元年，以黄歇为相，封为春申君，赐淮北地十二县。后十五岁，黄歇言之楚王曰：“淮北地边[②]齐，其事急，请以为郡便[③]。”因并献淮北十二县，请封于江东[④]。考烈王许之。春申君因城故吴墟[⑤]，以自为都邑。

【注释】

①考烈王：熊完。前262—前238年在位。②边：靠近；邻接。③便：适宜，有利。④江东：地区名。⑤城：筑城。动词。吴墟：指吴国旧都。即今江苏省苏州市。

【原文】

春申君既相楚，是时齐有孟尝君[①]，赵有平原君[②]，魏有信陵君[③]，方争下士[④]，招致[⑤]宾客，以相倾夺[⑥]，辅国持权。

【注释】

①孟尝君：田文。②平原君：赵胜。③信陵君：魏无忌。

④下士：谦恭地对待士人。⑤招致：招引，收罗。⑥倾夺：竞争；争胜。

【原文】

春申君为楚相四年，秦破赵之长平[①]军四十余万。五年，围邯郸[②]。邯郸告急于楚，楚使春申君将兵往救之，秦兵亦去，春申君归。春申君相楚八年，为楚北伐灭鲁[③]，以荀卿为兰陵令[④]。当是时，楚复强。

【注释】

①长平：城名。在今山西省高平市西北。②邯郸：赵都城。在今河北省邯郸市。③鲁：国名。在今山东省西南部。④荀卿：战国赵国人，著名的思想家、教育家。兰陵：县名。在今山东省临沂市兰陵县西南。令：官名。县的行政长官。

【原文】

赵平原君使人于春申君，春申君舍之于上舍[①]。赵使欲夸[②]楚，为玳瑁簪[③]，刀剑室[④]以珠玉饰之，请命春申君客。春申君客三千余人，其上客皆蹑珠履[⑤]以见赵使，赵使大惭。

【注释】

①舍：安排住宿。上舍：上等客舍。②夸：夸耀；炫耀。③玳瑁簪：玳瑁的角质板制的首饰。④室：刀剑的鞘。⑤蹑（niè）：穿。珠履：缀有珍珠的鞋子。

【原文】

春申君相十四年，秦庄襄王[①]立，以吕不韦[②]为相，封为文信侯。取东周[3]。

【注释】

①秦庄襄王：嬴子楚。前249—前247年在位。②吕不韦（？—前235）：详见《吕不韦列传》。③东周：国名。

【原文】

春申君相二十二年，诸侯患秦攻伐无已时，乃相与合从[1]，西伐秦，而楚王为从长，春申君用事。至函谷关，秦出兵攻，诸侯兵皆败走。楚考烈王以咎[2]春申君，秦申君以此益疏。

【注释】

①合从：通“合纵”，弱国联合抵抗强国。②咎：责怪。

【原文】

客有观津[1]人朱英，谓春申君曰：“人皆以楚为强而君用[2]之弱，其于英不然。先君时善秦二十年而不攻楚，何也？秦逾黾隘[3]之塞而攻楚，不便；假道于两周[4]，背[5]韩、魏而攻楚，不可。今则不然，魏旦暮[6]亡，不能爱[7]许、鄢陵，其许[8]魏割以与秦。秦兵去陈百六十里，臣之所观者，见秦、楚之日斗也。”楚于是去陈徙寿春[9]；而秦徙卫野王[10]，作置东郡[11]。春申君由此就封[12]于吴，行相事。

【注释】

①观津：邑名。在今河北省武邑县东南。②用：治理。③逾：越过。黾隘：隘道名。即今河南省信阳市西南平靖关。

④假：借。两周：指西周和东周两国。⑤背：背向着。⑥旦暮：早晚。指很短的时间。⑦爱：爱惜；维护。⑧其许：或许；也许。⑨寿春：邑名。在今安徽省寿县西南。⑩卫：国名。这时已成为魏国的附庸，国君为卫元君，建都濮阳（今河南省濮阳县）。野王：邑名。在今河南省沁阳市。⑪东郡：郡名。地在今河南省东北部和山东省西部，治所在濮阳（今河南省濮阳县西南）。⑫就封：前往封国。

【原文】

楚考烈王无子，春申君患之，求妇人宜子者进[1]之，甚众，卒无子。赵人李园持其女弟[2]，欲进之楚王，闻其不宜子，恐久毋[3]宠。李园求事春申君为舍人[4]，已而谒[5]归，故失期。还谒[6]，春申君问之状[7]，对曰："齐王使使求臣之女弟，与其使者饮，故失期。"春申君曰："娉[8]入乎？"对曰："未也。"春申君曰："可得见乎？"曰："可。"于是李园乃进其女弟，即幸[9]于春申君。知其有身[10]，李园乃与其女弟谋。园女弟承间[11]以说春申君曰："楚王之贵幸[12]君，虽兄弟不如也。今君相楚二十余年，而王无子，即[13]百岁后更立兄弟，则楚更立君后，亦各贵其故所亲，君又安[14]得长有宠乎？非徒然[15]也，君贵用事[16]久，多失礼于王兄弟，兄弟诚[17]立，祸且及身，何以保相印江东之封乎？今妾自知有身矣，而人莫知。妾幸君未久，诚以君之重而进妾于楚王。王必幸妾；妾赖天有子男[18]，则是君之子为王也，楚国尽可得，孰与[19]身临不测之罪乎？"春申君大然之，乃出李园女弟，谨舍[20]而言之楚王。楚王召入幸之，遂生子男，立为太子，以李园女弟为王后。楚王贵李园，园用事。

【注释】

①宜子：宜于生育。进：献。②持：携带。女弟：妹妹。③毋：无；失。④舍人：家臣。⑤谒：请假。⑥谒：请见；进见。⑦状：情况。⑧娉：通“聘”。⑨幸：宠爱。⑩有身：怀孕。⑪承间（jiàn）：趁机会。间，空隙。⑫贵幸：尊显，宠爱。⑬即：假如。⑭安：何；怎么。⑮徒然：仅仅；只是如此。⑯用事：当权。⑰诚：果真；如果。⑱子男：古代说“子”，包括儿女，所以可以分别称儿子为子男，称女儿为子女。⑲孰与：何如。⑳谨舍：设立馆舍，谨慎地守护。

【原文】

李园既入其女弟，立为王后，子为太子，恐春申君语泄而益骄，阴养死士[1]，欲杀春申君以灭口，而国人[2]颇有知之者。

【注释】

①阴：暗中。死士：敢死的武士。②国人：居住在国都的人，属于统治阶级，可以参与议论国家大事。

【原文】

春申君相二十五年，楚考烈王病。朱英谓春申君曰：“世有毋望[1]之福，又有毋望之祸。今君处毋望之世，事毋望之主，安可以无毋望之人乎？”春申君曰：“何谓毋望之福？”曰：“君相楚二十余年矣，虽名相国，实楚王也。今楚王病，旦暮且卒，而君相少主[②]，因而代立当国[③]，如伊尹、周公[④]，王长而反[⑤]政，不即遂南面称孤而有楚国？此所谓毋望之福也。”春申君曰：“何谓毋望之祸？”曰：“李园不治国而君之仇也，不为兵而养死士之日久矣，楚王卒，李园必先入据权而杀君以灭口。此所谓毋望之祸也。”春申君曰：“何谓毋望之人？”对曰：“君置臣郎中[⑥]，楚王卒，李园必先入，臣为君杀李园。此所谓毋望之人也。”春申君曰：“足下[⑦]置之。李园，弱[⑧]人也，仆[⑨]又善之，且又何至此！”朱英知言[⑩]不用，恐祸及身，乃亡去。

【注释】

①毋望：不指望而忽然到来；必然。②少（shào）主：幼主。③当国：掌握国家政权；主持国政。④伊尹：商初大臣。周公：周武王的弟弟。⑤反：通“返”，归还的意思。⑥郎中：官名。管理车、骑、门户等。在内充当侍卫，出外随从作战。⑦足下：敬称。⑧弱：软弱无能。⑨仆：自称的谦词。⑩言：意见。所发表的言论。

【原文】

后十七日，楚考烈王卒，李园果先入，伏死士于棘门[①]之内，春申君入棘门，园死士侠[②]刺春申君，斩其头，投之棘门外。于是遂使吏尽灭春申君之家。而李园女弟初幸春申君有身而入之王所生子者遂立，是为楚幽王[③]。

【注释】

①棘门：寿州城门。一说为宫门。②侠：通“夹”，夹

住。③楚幽王：熊悍。前237—前228年在位。

【原文】

是岁也，秦始皇帝立九年矣。嫪毐[①]亦为乱于秦，觉，夷[②]其三族，而吕不韦废[③]。

【注释】

①嫪毐（lào ǎi）：吕不韦舍人，封为长信侯。②夷：诛灭。③废：废黜。

【原文】

太史公曰：吾适[①]楚，观春申君故城，宫室盛[②]矣哉！初，春申君之说秦昭王，及出身遣楚太子归，何其智之明也！后制[③]于李园，旄[④]矣。语曰："当断不断，反受其乱[⑤]。"春申君失朱英之谓邪[⑥]？

【注释】

①适：到。②盛：丰；美。③制：控制。④旄（mào）：通"耄"，老；昏聩。⑤乱：祸害。⑥邪（yé）：通"耶"。表疑问的语气助词。

【译文】

春申君是楚国人，姓黄，名歇。他曾游学各地，见闻广博，侍奉过楚顷襄王。楚顷襄王因为黄歇能说会道，让他出使秦国。秦昭王派白起攻打韩国和魏国，在华阳把它们打败了，擒获了魏国将领芒卯，韩国和魏国侍奉秦国。秦昭王正命令白起跟韩、魏两国一起攻打楚国，还没有出发，而楚国的使臣黄歇正好到了秦国，听到了秦国的计谋。在这个时候，秦国已经先派白起攻打楚国，夺取了巫郡和黔中郡，占领了鄢邑和郢都，向东一直打到竟陵，楚顷襄王把国都向东迁移到陈县。黄歇看到楚怀王被秦国引诱后入秦朝见，于是被欺骗、拘留而死在秦国。楚顷襄王是楚怀王的儿子，秦国轻视他。因为担心秦国一出兵就把楚国灭了，黄歇就上书劝说秦昭王道：

天下没有比秦、楚两国更强大的国家了。现在听说大王想要攻打楚国，这好像两虎相互争斗。两虎相互争斗的结果，劣马和狗也会利用它们的弊端。因此，不如善待楚国。请允许我陈述其中的道理。我听说物极必反，冬夏换季就是这样的；达到了极点就危险，堆积棋子就是这样。如今，贵国的土地遍及天下的有那西北两大边陲，这是自从有人类以来，万乘大国的土地未曾有过的。先帝周文王、周武王和大王本身，三代没有忘记使国土跟齐国相接，来断绝合纵联盟的中枢地带。现在大王派盛桥辅佐韩国，盛桥把韩国的土地纳入秦国，这样大王不动用兵力，不伸张威势，却得到百里土地。大王可说是能干了。大王又出兵攻打魏国，堵塞大梁的门户，占领河内，拔取燕地、酸枣、虚地、桃地，进入邢地，魏国的军队避而如游云，不敢临敌救国。大王的功劳也够多了。大王停止用兵，让军民休养生息，两年之后才恢复用兵；又兼并蒲地、衍地、首地、垣地，用兵进逼仁县和平丘县时，黄城和济阳闭城自守，魏国就降服了；大王又割取了濮水磨城以北的地区，贯通了齐、秦之间的要道，截断了楚、赵之间的交通中枢，各诸侯国数次会合却不敢救援。大王的威势充分发挥了。

大王如果能保持功绩，守护威势，收敛攻取别国的野心，使仁义之地丰厚，以免后患，那就是可与三王五霸竞相媲美的功业了。大王如果凭借人口众多，倚仗军队强大，乘着摧毁魏国的威势，而想用武力臣服天下诸侯，我恐怕这会有后患。《诗经》说："事情无不有个好开头，但很少能够有个好结果。"《易经》说："狐狸一渡水，就会沾湿它的尾巴。"这是说开头容易，结局困难。为什么知道是这样呢？从前，智氏看到了进攻赵国的好处，可是不知道榆次的灾祸；吴国看到了进攻齐国的好处，可是不知道干隧的失败。这两个国家不是没有大的功绩，而是得利在前，就换来了后面的祸患。吴国由于相信越国，从而攻打齐国，在艾陵战胜齐军以后，收兵时却在三渚水边被越王擒获。智氏由于相信韩、魏两国，从而攻打赵国，围攻晋阳城，胜利指日可待了，可是韩国和魏国背叛了他，把智伯瑶杀死在凿台之下。现在大王怨恨楚国不毁灭，但忘记了毁灭楚国就会加强韩国和魏国，我替大王考虑，是不可取的。

《诗经》说："大军不远跋涉而征伐。"从这看来，楚国是秦国的朋友，邻国是秦国的敌人。《诗经》说："那蹦跳着的狡兔，一旦碰到狗，就会被捉住。别人有心思，我要揣测他。”如今，大王中途相信韩国和魏国会友善地对待大王，这正像吴国相信越国一样。我听说，敌人不可以宽恕，时机不可以错过。我恐怕韩国和魏国用谦卑的辞令来消除自己的祸害，其实是想骗大国。为什么呢？大王对于韩国和魏国没有历代的恩德，却有历代的怨仇。韩国和魏国父子兄弟相继死在秦国手下的将近十代了。国家受摧残，社稷被破坏，宗庙遭毁灭。人民剖腹断肠，折颈毁容，身首分离，尸骨暴露草泽间，头颅僵仆地上。境内到处能够看到，父子老弱被绑着脖子捆着手成为大批俘虏，在路上前后相随。鬼神孤苦悲伤，没有人祭祀。人民没办法维持生活，以致同家族的人分离失散，流浪逃亡成为奴仆婢妾的，充满天下了。所以，韩国和魏国不灭亡，就是秦国的忧患，如果大王借助韩国和魏国去攻打楚国，不也错了吗？

况且大王攻打楚国将从哪里出兵？大王将向仇敌韩国和魏国借路吗？如果这样，恐怕从军队出发的那日起，大王就要担心它不能回来了，这就是大王把军队资助给仇敌的韩国和魏国吧。大王如果不向仇敌韩国和魏国借路，就必定要攻打随水右边的地带。随水右边的地带，这一带都是广大的河水，山林溪谷，不能生长庄稼的地方。大王即便占有它，也不能算是得到了土地。这样大王有打败楚国的虚名，却没有得到土地的实利。

何况大王进攻楚国的时日，齐、赵、韩、魏四国一定都要出兵来响应大王。秦、楚两国的军队忙于交战而无法脱离，魏国将出兵来攻打留地、方與、铚地、湖陵、砀地、萧地、相地，原来宋国的土地必定全部归魏国所有。齐军向南进攻楚国，泗水流域一定被攻占。这些都是平原，交通方便，又是肥沃富饶的土地，却使魏、齐各自攻占。大王战胜楚国使韩国和魏国在中原的势力雄厚起来，同时加强了齐国。韩、魏两国的强大，足够来同秦国较量。齐国南面以泗水为界，东面靠渤海，北面靠黄河，没有后患。天下的国家没有比齐国和魏国更强大的了。齐国和魏国得到土地，保持有利条件，审谨地对待下属。一年以后，即使未能称帝，也有余力阻止大王称帝了。

何况大王进攻楚国的时日，齐、赵、韩、魏四国一定都会出兵来响应大王。秦、楚两国的军队忙于交战而无法脱离，魏国将出兵来攻打留地、方与、铚地、湖陵、砀地、萧地、相地，原来宋国的土地必定全部归魏国所有。齐军向南进攻楚国，泗水流域一定被攻占。这些都是平原，交通方便，又是肥沃富饶的土地，却使魏、齐各自攻占。大王战胜楚国使韩国和魏国在中原的势力雄厚起来，同时加强了齐国。韩、魏两国的强大，足够来同秦国较量。齐国南面以泗水为界，东面靠渤海，北面靠黄河，没有后患。天下的国家没有比齐国和魏国更强大的了。齐国和魏国得到土地实利，还假装着对您恭恭敬敬。这样一年以后，即使未能称帝，也有余力阻止大王称帝了。

您有这么广博的土地，有这么众多的人口，又有这么强大的兵力，一旦发兵而与楚国结下怨仇，反而让韩、魏两国将帝王的尊号送给齐国，这就是您的失策呀。我替大王考虑，不如与楚国亲善友好。秦、楚两国一旦联合起来对付韩国，韩国立刻就会束手无策。然后您再控制住东山一带的险要地势，再占据河曲一带的有利地形，到那时韩国就必定成为秦国国内的臣属。如果您进一步再派十万大军驻扎新郑，那时魏国则会心惊胆战，许县、鄢陵只敢闭门坚守，那么上蔡、召陵与魏国的联络就被断绝，这样魏国也会成为秦国的臣属了。大王一旦同楚国交好，那么关内两个万乘之国——韩与魏就要向齐国割取土地，齐国西边一带广大地区便可轻而易举地得到。到那时大王的土地横贯东、西两海，约束天下诸侯，这样燕国、赵国没有齐国、楚国做依托，齐国、楚国没有燕国、赵国做依傍。然后以危亡震慑燕、赵两国，直接动摇齐、楚两国，这四个国家不须急攻便可制服了。

秦昭王说："好。"于是就制止白起出兵，并且辞拒了韩国和魏国。还派遣使臣贿赂楚国，相约成为盟国。

黄歇接受条约后回到楚国，楚国派遣黄歇和太子完到秦国做人质，秦国把他们扣留了几年。楚顷襄王病了，太子完也不能回国。楚国太子完跟秦国宰相应侯友好，这时黄歇就劝说应侯道："相国果真与楚太子相好吗？"应侯说："对。"黄歇说："如今，楚王恐怕是一病不起了，秦国应让楚太子回国。太子如果能够承袭王位，他一定厚待秦国，并永远感激相国，这就既亲善盟国，又辅佐了万乘之主。假如不让太子回国，那么他就是咸阳一个平民罢了；楚国另立太子，一定不会服从秦国。失去盟国，又断绝了万乘之主的友谊，不是办法。希望相国仔细地考虑这件事。”应侯把这些话传达给秦王，秦王说：“让楚太子的师傅先去探问楚王的病情，等他回来之后再考虑这件事。”黄歇替楚太子着想说：“秦国扣留太子，想借此求得好处。如今，太子的能力还不能够有办法使秦国得到好处，我对此十分担心。而阳文君的两个儿子在国内，大王如果寿终，太子不在国内，阳文君的儿子一定会被确定为继承人，太子就不能奉祀宗庙了。不如逃离秦国，跟使臣一道出去。我请求留下，用死命抵罪。”楚太子便换了衣服，扮作楚国使臣的车夫而出了关口，黄歇留守馆舍，常常替太子托言生病。估计太子已经远离，秦国人不能追上，黄歇就亲自对秦昭王说：“楚太子已经回国，出关很远了。我该死，希望赐我一死。”秦昭王大怒，想让他自杀。应侯说：“黄歇作为人臣，献身来效忠他的主子。如果太子即位，一定任用黄歇，所以不如无罪让他回国，借此亲善楚国。”秦国便遣送黄歇回国。

黄歇回到楚国三个月，楚顷襄王就去世了，太子完继位，这就是考烈王。考烈王元年，用黄歇作宰相，封为春申君，赐给他淮北地区十二个县。十五年后，黄歇对楚王说：“淮北地区邻近齐国，那里事态紧急，请求把它设为郡更为合适。”就一并献出淮北地区十二个县，请求封到江东。考烈王答应了他。春申君就在原吴墟筑城，用来作为自己的都邑。

春申君已经在楚国做了宰相，这时齐国有孟尝君，赵国有平原君，魏国有信陵君，他们正在争相礼贤下士，招徕宾客，来互相倾覆抢夺，辅佐国家，把持政权。

春申君担任楚国宰相的第四年，秦国打败赵国在长平的驻军四十多万。第五年，秦军包围邯郸。邯郸向楚国告急。楚国派遣春申君带兵前往救援它。秦军也撤离了，春申君就回国。

春申君做楚国宰相的第八年，替楚国向北讨伐，灭了鲁国，用荀卿担任兰陵县令。正当这个时候，楚国又强大起来了。

赵平原君派人见春申君，春申君把来人安置在上等宾馆。赵国的使臣想向楚国夸耀自己，头上插着玳瑁簪子，刀剑套子用珠玉装饰着，请求会见春申君的门客。春申君的门客三千多人，其中的上等宾客都穿着缀有珍珠的鞋子来会见赵国的使臣，赵国的使臣大为惭愧。

春申君做宰相的第十四年，秦庄襄王登位，用吕不韦做宰相，封为文信侯。占领了东周。

春申君做宰相的第二十二年，各诸侯国担心秦国不停地进攻，就相约联合起来，向西攻打秦国。楚王成为合纵盟国的首领，春申君执政。到了函谷关，秦国出兵反击，各诸侯国的军队都败退逃跑。楚考烈王因此追究春申君，春申君从此逐渐被疏远了。

门客中有个观津人朱英，对春申君说：“人们都认为楚国本来是强大的，可是您使它变弱了，在我看来不是这样。先王时与秦国友好相处二十年，秦国不进攻楚国，为什么呢？秦国要跨越黾隘的关塞来攻打楚国，是不方便的；向东西两周借道，背对韩国和魏国来攻打楚国，也不行。现在就不是这样，魏国早晚就要灭亡，不能可惜许地和鄢陵，也许魏国会割让它们给秦国。秦军离陈地只有一百六十里，我看到的是，秦国和楚国日益争斗。”楚国这时离开陈地迁都到寿春；秦国就迁故卫都濮州到野王，设立东郡。春申君从此去到吴地的封国，兼理宰相职务。

楚考烈王没有儿子，春申君忧虑这件事，已经寻找了很多个会生育的妇女进献给他，但最终都没有儿子。赵国人李园带着自己的妹妹，想把她献给楚王，听到他无法生育，担忧长久以后妹妹失宠。李园就要求作为家臣服事春申君，不久请假回家，故意延误期限。回来进见春申君，春申君问他的情况，他回答说：“齐王派使者求聘我的妹妹，我陪同那个使者饮酒，因此贻误期限。”春申君说：“彩礼来了吗？”李园回答说：“没有。”春申君说：“可以让我看看吗？”李园说：“可以。”就在这个时候，李园便献上他的妹妹，立即受到春申君的宠幸。李园知道妹妹怀有身孕后，就跟他的妹妹谋划一番。然后李园的妹妹趁便劝说春申君道：“楚王对您的尊重和宠信，即使是亲兄弟也比不上。现在，您作楚国的宰相二十多年，但楚王没有儿子，如果去世之后将另立兄弟，那么楚国另立国君以后，也分别重用原来亲信的人，您又怎能长久地享有尊宠呢？不仅如此，而且您受重用和掌权的时间长，对楚王的兄弟常有失礼的地方，如果楚王兄弟即位，灾难将降到您身上，怎能保住宰相的印章和江东的封地呢？如今，我自己知道有身孕了，但别人不知道。我受您宠幸不久，如果凭您的显贵把我进献给楚王，楚王一定宠幸我；我如果靠老天保佑能生个儿子，那么这就是您的儿子当王了，楚国全部可以得到，这与身临意想不到的灾祸比较，哪一样好呢？”春申君完全同意她的看法，便让李园的妹妹从看护谨严的馆舍里出来，然后禀报楚王。楚王召令进宫，宠幸她，于是生下一个男孩，立为太子，封李园的妹妹为王后。楚王重用李园，李园执掌政事。

李园让他的妹妹进入王宫以后，妹妹被立为王后，儿子被立为太子。李园害怕春申君言语泄密而且越来越骄妄，就暗地里收养亡命之徒，想要杀死春申君来灭口，国中百姓颇有知道内情的。

春申君担任宰相的第二十五年，楚考烈王病了。朱英对春申君说：“人世间有不期而来的幸福，又有不期而来的灾祸。现在，您处在不期而来的时代，服事不期而来的国君，怎么可以没有不望而来的人呢？”春申君说：“什么叫不期而来的幸福？”朱英说：“您担任楚国宰相二十多年了，虽然名义上是宰相，其实是楚王。现在楚王病了，早晚将要去世，您就要辅佐幼主，因此代替他执掌国政，好像伊尹、周公一样，国王长大了就把政权还给他，这不就是等于南面称王而占有楚国吗？这就是不期而来的幸福。”春申君说：“什么叫不期而来的灾难？”朱英说：“李园不理国事又是您的仇人，不治兵却早就在收买亡命之徒了。楚王一去世，李园必定先入宫掌权并杀掉您来灭口，这就是所说的不期而来的灾祸。”春申君说：“什么是不期而来的人呢？”朱英回答说：“您安排我担任郎中，楚王一去世，李园必定先入宫，我替您杀掉李园。这就是所说的不望而来的人。”春申君说：“您放弃这种想法吧。李园是个软弱的人，我又和他很友好，怎能做到这一步！”朱英知道自己的话不会被采纳，害怕灾祸危及自身，就逃走了。

十七天后，楚考烈王死了，李园果然先入宫廷，让亡命之徒埋伏宫门以内。春申君一进宫门，李园的亡命之徒夹攻而刺杀春申君，斩了他的头，抛在宫门之外。这时，就派遣官吏把春申君一家都杀掉。而李园的妹妹当初受春申君的宠幸而怀孕，后来献给楚王，所生的儿子就登位，这就是楚幽王。

这一年，秦始皇帝登位九年了。嫪毐也在秦国作乱，被发觉后，杀了他的三族，而吕不韦也被废黜。

太史公说：“我到楚国，参观春申君原来的城都，宫室够华丽了啊！当初，春申君游说秦昭王，以及宁可牺牲自己而打发太子回国，智慧是多么高明啊！后来受到李园的控制，就糊涂了。俗话说：‘应当决断的不决断，反而受到它的祸乱。’说的正是春申君不听朱英的话吧！”

第六十一卷　范睢蔡泽列传第十九

本篇是战国末期秦国两位国相范睢和蔡泽的合传。

范睢和蔡泽同是辩士出身，在任秦相之前都曾走过一段坎坷的道路。范睢在魏国被魏相魏齐屈打几乎致死，蔡泽游说诸侯四处碰壁，但他们并不因此而气馁，后来“羁旅入秦”，凭着能言善辩，足智多谋，终于成为秦相。范睢任相后，在外交上提出远交近攻的策略，在国内打击外戚势力加强王室集权，为秦国成就帝业奠定了基础，在秦国历史上有一定的功绩。但他的致命弱点是“一饭之德必偿，睚眦之怨必报”，感情用事，因小失大，以致害死名将白起，又任用亲信，造成恶果。蔡泽说服范睢让位后被命为国相，他的志向是个人长享富贵，因而一旦得到满足便不再进取，所以难有大的作为。作者全面地记述了他们的事迹，而为其立传的主旨则取“能忍訽〔诟〕于魏齐，而信威于强秦”这一角度，颂扬他们不因遭受困辱而沮丧，能够激励意志以奋发的精神，这或许是“太史公寓主意于客位”（刘熙载《艺概》）吧。

这是一篇相当生动、富于艺术魅力的传记作品，它的写法几乎近于小说。首先，叙事波澜起伏，具有很强的故事性。如写范雎脱险一节，由范雎遭到毒打到他佯装死去，再到他被抛到荒野，最后隐姓埋名躲藏起来，情节一波三折，而范雎顽强、机智的性格便在情节的展开中刻画出来。再如，写范雎入秦巧避穰侯，以及他乔装引诱须贾入宫等也都极尽曲折之妙，读来引人入胜。其次，运用肖像、心理等描写手法刻画形象。如唐举为蔡泽看相，戏言其貌不扬，寥寥几笔，朝天鼻、凸额头、塌鼻梁、端肩膀、罗圈腿的容貌体态便漫画般地活现读者面前。再如，范雎与蔡泽互相辩难，各自揣摩对方心理，你来我往，争长论短，从中不难看出范雎故意狡辩以逞其强，而蔡泽胸有成竹必欲战而胜之的各自心态。阅读时，简直无异于读一篇小说。

【原文】

范雎[①]者，魏[②]人也，字叔。游说诸侯，欲事[③]魏王，家贫无以自资[④]，乃先事魏中大夫[⑤]须贾。

【注释】

①范雎：当根据清代钱大昕《通鉴注辨正》和王先慎《韩非子集解》改作范睢。②魏：详见《魏世家》。③事：服事；侍奉。④自资：自己供给费用。⑤中大夫：官名。

【原文】

须贾为魏昭王[①]使于齐，范雎从。留数月，未得报[②]。齐襄王闻雎辩口[③]，乃使人赐雎金十斤及牛酒，雎辞谢不敢受。须贾知之，大怒，以为雎持魏国阴事[④]告齐，故得此馈[⑤]，令睢受其牛酒，还其金。既归，心怒睢，以告魏相。魏相，魏之诸公子[6]，曰魏齐。魏齐大怒，使舍人笞[7]击睢，折胁[8]摺齿。睢详[9]死，即卷以箦[10]，置厕中。宾客饮者醉，更溺[11]睢，故僇辱[12]以惩后，令无妄言者。睢从箦中谓守者曰："公[13]能出我，我必厚谢公。"守者乃请出弃箦中死人。魏齐醉，曰："可矣。"范睢得出。后魏齐悔，复召求之。魏人郑安平闻之，乃遂操[14]范睢亡，伏匿[15]，更名姓曰张禄。

【注释】

①魏昭王：名遬。魏襄王的儿子。前295—前277年在位。②报：答复。③齐襄王：田法章，前283—前265年在位。辩口：口才好；善于辩论。④阴事：隐秘的事情。⑤馈（kuì）：赠送的财礼。⑥诸公子：指国君的庶子们。⑦笞（chī）：击；抽打。⑧胁（xié）：从腋下到腰上的部分。⑨详：通"佯"，假装。⑩箦（zé）：用竹篾或苇草编成的席子。⑪更（gēng）：连续；交替。溺：通"尿"。⑫僇辱：侮辱；糟蹋。⑬公：对尊长或平辈的敬称。⑭操：持；携带。⑮伏匿：躲藏。

【原文】

当此时，秦昭王使谒者[1]王稽于魏。郑安平诈为卒[2]，侍王稽。王稽问："魏有贤人可与俱[3]西游者乎？"郑安平曰："臣里[4]中有张禄先生，欲见君，言天下事。其人有仇，不敢昼见[5]。"王稽曰："夜与俱来。"郑安平夜与张禄见王稽。语未究[⑥]，王稽知范雎贤，谓曰："先生待我于三亭[⑦]之南。"与私约[⑧]而去。

【注释】

①秦昭王：嬴稷，即秦昭襄王。前306—前251年在位。谒者：官名。②诈：假装。卒：勤务兵。③俱：一起。④臣：表示谦卑的自称。里：古代居民区。⑤见（xiàn）：通"现"，露面，出来。⑥究：尽；完。⑦三亭：冈名。在今河南省尉氏县西南。⑧私约：暗地里约定。

【原文】

王稽辞魏去，过载[①]范雎入秦。至湖[②]，望见车骑从西来。范雎曰："彼[③]来者为谁?"王稽曰："秦相穰侯东行[④]县邑。"范雎曰："吾闻穰侯专[⑤]秦权，恶内诸侯客[⑥]，此恐辱我，我宁且[⑦]匿车中。"有顷，穰侯果至，劳[⑧]王稽，因立车[⑨]而语曰："关东[⑩]有何变?"曰："无有。"又谓王稽曰："谒君得无与诸侯客子[⑪]俱来乎？无益，徒乱人国耳。"王稽曰："不敢。"即别去。范雎曰："吾闻穰侯智士[⑫]也，其见事迟[⑬]，乡者[⑭]疑车中有人，忘索[⑮]之。"于是范雎下车走，曰："此必悔之。"行十余里，果使骑[⑯]还索车中，无客，乃已。王稽遂与范雎入咸阳[⑰]。

【注释】

①过：经过约定的地点。载：装载。②湖：县名。在函谷关西侧，今河南省灵宝市境内。③彼：那。④穰（ráng）侯：

秦昭王母宣太后的同母胞弟魏冉。行（xíng）：巡视；考察。⑤专：单独掌握或占有；独断专行。⑥恶（wù）：憎恨；讨厌。内：通“纳”。诸侯客：指六国的游说之士。⑦宁（nìng）：宁可；宁愿。且：暂且。⑧劳（lào）：慰问。⑨立车：停车。⑩关东：函谷关以东，指秦以外的各国。⑪谒君：对谒者的敬称。客子：旅居异地的人。⑫智士：聪明人。⑬见事迟：遇到事情反应迟钝。⑭乡者：早先；刚才。乡，通“向”。⑮索：搜寻。⑯骑：骑兵。⑰咸阳：秦国都城，在今陕西省咸阳市东北。

【原文】

已报使，因言曰：“魏有张禄先生，天下辩士也。曰‘秦王之国危于累卵[①]，得臣则安。然不可以书传也’。臣故载来。”秦王弗信，使舍食草具[②]。待命岁余。

【注释】

①累卵：比喻形势极其危险，像摞起来的蛋很容易倒下打碎一样。②舍：居住。草具：粗劣的食物。

【原文】

当是时，昭王已立三十六年[①]。南拔楚之鄢郢[②]，楚怀王[③]幽死于秦。秦东破齐[④]。湣王尝称帝[⑤]，后去之。数困三晋[⑥]。厌天下辩士，无所信。

【注释】

①昭王已立三十六年：下文所写楚国、齐国和三晋与秦国

发生的事情，是先后发生在秦昭王即位的三十六年之中，而不是指都发生在这一年。②鄢郢：楚都。在今湖北宜城市南。③楚怀王：熊槐。前328—前299年在位。前296年死在秦国。④东破齐：发生在秦昭王二十二年（前285）。⑤湣王尝称帝：秦昭王十九年（前288）十月，昭王自立为西帝，派魏冉到齐国尊湣王为东帝。十二月，湣王接受苏代建议，将帝号退还给秦国，昭王也去帝号仍旧称王。⑥三晋：战国初年，晋国大臣韩、赵、魏三家瓜分晋国，分别建国，历史上称它们为“三晋”，有时也可以单指其中的一国或两国。

【原文】

穰侯、华阳君[①]，昭王母宣太后[②]之弟也；而泾阳君、高陵君[③]皆昭王同母弟也。穰侯相，三人者更将[④]，有封邑，以太后故，私家富重[⑤]于王室。及穰侯为秦将，且欲越韩、魏而伐齐纲、寿[⑥]，欲以广[⑦]其陶封。范雎乃上书曰：

【注释】

①华（huà）阳君：芈戎，又号新城君。②宣太后：芈八子。楚国贵族出身。③泾阳君：嬴芾。封邑在泾阳（今陕西省泾阳县西北）。高陵君：嬴悝。封邑在高陵（今陕西省西安市高陵区）。④更将：轮流更替担任将领。⑤重：多。⑥纲：也作“刚”，在今山东省宁阳县东北。寿：在今山东省东平县西南。⑦广：增广；扩大。陶：齐邑名。在今山东省菏泽市定陶区西北。

【原文】

臣闻明主立政[①]，有功者不得不赏，有能者不得不官[②]，劳大者其禄[③]厚，功多者其爵[④]尊，能治众者其官大。故无能者不敢当职[⑤]焉，有能者亦不得蔽隐[⑥]。使以臣之言为可，愿行而益利其道[⑦]；以臣之言为不可，久留臣无为[⑧]也。语曰："庸主赏所爱而罚所恶；明主则不然，赏必加于有功，而刑必断[⑨]于有罪。"今臣之胸不足以当椹质[⑩]，而要[⑪]不足以待斧钺，岂敢以疑事[⑫]尝试于王哉！虽[⑬]以臣为贱人而轻辱，独不重任臣者之无反复[⑭]于王邪？

【注释】

①立政：制定政治原则。②官：给官做。③禄：古代官吏的薪给。④爵：爵位。⑤当职：担任职务。⑥蔽隐：埋没。⑦道：治国之道。⑧无为：没有意义；没有作用。⑨断：判断；决断。⑩椹（zhēn）质：也作"砧锧"，古代杀人用的垫板。⑪要：通"腰"。⑫疑事：游移不定的事情。⑬虽：纵令；即使。⑭重：重视。任臣者：保荐我的人，指王稽。反复：这里有虚伪欺骗的意思。

【原文】

且臣闻周有砥砨[①]，宋有结绿[②]，梁有县藜[③]，楚有和朴[④]，此四宝者，土之所生，良工之所失[⑤]也，而为天下名器。然则圣王之所弃者[⑥]，独不足以厚[⑦]国家乎？

【注释】

①砥砨：美玉名。②结绿：美玉名。③县（xuán）藜：也作“悬黎”“玄黎”，美玉名。④和朴：也作“和璞”“和璧”。⑤工：古代指从事手工技艺劳动的人。失：失误。⑥圣王之所弃者：隐指自己不被秦王理解、重视。⑦厚：有利；有益。

【原文】

臣闻善厚家[①]者取之于国，善厚国[②]者取之于诸侯。天下有明主则诸侯不得擅厚[③]者，何也？为其割荣[④]也。良医知病人之死生，而圣主明于成败之事，利则行之，害则舍之，疑则少尝[⑤]之，虽舜[⑥]禹复生，弗能改已。语之至者[⑦]，臣不敢载之于书，其浅者又不足听也。意者臣愚而不概[⑧]于王心耶？亡其言臣者[⑨]贱而不可用乎？自[⑩]非然者，臣愿得少赐游观之间[⑪]，望见颜色。一语无效[⑫]，请伏斧质[⑬]。

【注释】

①厚家：使一家富裕。厚，使动用法。家，大夫的领地。②厚国：使国家富强。③擅厚：独占利益。④割：划分；分割。荣：光荣；荣耀。⑤少：稍；略微。尝：尝试。⑥舜：传说中父系氏族社会后期部落联盟领袖。⑦语之至者：最深切的话。⑧意：猜想。概：系念；关切。⑨亡（wú）其：抑或；还是。言臣者：指王稽。⑩自：如果。⑪间（jiàn）：空隙。⑫效：作用；功用。⑬伏：通“服”，受到应得的惩处。斧

质：斧子和砧板。古代杀人的刑具。

【原文】

于是秦昭王大说[①]，乃谢[②]王稽，使以传车[③]召范雎。

【注释】

①说（yuè）：通“悦”。②谢：表示歉意和谢意，也有告诉的意思。③传（zhuàn）车：载送宾客的专用车辆。

【原文】

于是范雎乃得见[①]于离宫，详为不知永巷[②]而入其中。王来而宦者怒，逐之，曰：“王至！”范雎缪为[③]曰：“秦安得王？秦独有太后、穰侯耳。”欲以感怒[④]昭王。昭王至，闻其与宦者争言，遂延迎[⑤]，谢曰：“寡人宜以身受命[⑥]久矣，会义渠之事[⑦]急，寡人旦暮自请太后；今义渠之事已，寡人乃得受命。窃闵然[⑧]不敏，敬执[⑨]宾主之礼。”范雎辞让。是日观范雎之见者，群臣莫不洒然[⑩]变色易容者。

【注释】

①见（xiàn）：引见。②永巷：宫中长巷，通往后宫的巷道。③缪（miù）为：随便乱说。缪，通“谬”。为，通“谓”。④感怒：激怒。⑤延迎：迎接；接待。⑥受命：领教；接受教导。⑦义渠之事：义渠是西戎的一个部落。⑧闵然：昏昧糊涂的样子。⑨执：执行；行。⑩洒然：严肃敬畏的样子。

【原文】

秦王屏[①]左右，宫中虚无人。秦王跽[②]而请曰：“先生何以幸教[3]寡人?”范睢曰：“唯唯[4]。”有间[5]，秦王复跽而请曰：“先生何以幸教寡人?”范睢曰：“唯唯。”若是者三。秦王跽曰：“先生卒不幸教寡人邪?”范睢曰：“非敢然也。臣闻昔者吕尚之遇文王[6]也，身为渔父而钓于渭[7]滨耳。若是者，交疏[8]也。已说而立为太师[9]，载与俱归者，其言深也。故文王遂收功[10]于吕尚而卒王天下。乡使[11]文王疏吕尚而不与深言，是周无天子之德，而文、武无与成其王业也。今臣羁旅[12]之臣也，交疏于王，而所愿陈者皆匡[13]君之事，处[14]人骨肉之间，愿效愚忠[15]而未知王之心也。此所以王三问而不敢对者也。臣非有畏而不敢言也。臣知今日言之于前，而明日伏诛[16]于后，然臣不敢避也。大王信[17]行臣之言，死不足以为臣患[18]，亡[19]不足以为臣忧，漆身为厉[20]，被[21]发为狂，不足以为臣耻。且以五帝[22]之圣焉而死，三王[23]之仁焉而死，五伯[24]之贤焉而死，乌获、任鄙[25]之力焉而死，成荆、孟贲、王庆忌、夏育[26]之勇焉而死。死者，人之所必不免也。处必然之势[27]，可以少有补于秦，此臣之所大愿也，臣又何患哉！伍子胥橐载而出昭关[28]，夜行昼伏，至于陵水[29]，无以糊其口[30]，膝行蒲伏[31]，稽首肉袒[32]，鼓腹吹篪[33]，乞食于吴市，卒兴吴国，阖闾为伯[34]。使臣得尽谋[35]如伍子胥，加之以幽囚[36]，终身不复见，是臣之说行也，臣又何忧？箕子、接舆[37]漆身为厉，被发为狂，无益于主。假使臣得同行于箕子，可以有补于所贤之主，是臣之大荣也，臣有[38]何耻？臣之所恐者，独恐臣死之后，天下见臣之尽忠而身死，因以是杜口裹足[39]，莫肯乡[40]秦耳。足下上畏太后之严，下惑于奸臣之态[41]，居深宫之中，不离阿保[42]之手，终身迷惑，无与昭[43]奸。大者宗庙[44]灭覆，小者身以孤危，此臣之所恐耳。若夫[45]穷辱之事，死亡之患，臣不敢畏也。臣死而秦治，是臣死贤[46]于生。”秦王跽曰：“先生是何言也！夫秦国辟[47]远，寡人愚不肖，先生乃幸辱至于此，是天以寡人，恩先生而存先王之宗庙[48]也。寡人得受命于先生；是天所以幸先王，而不弃其孤[49]也。先生奈何而言若是！事无小大，上及太后，下至大臣，愿先生悉以教寡人，无疑寡人也。”范雎拜[50]，秦王亦拜。

【注释】

①屏（bǐng）：退避。使动用法。②跽（jì）：长跪。两膝跪在地上，上身挺直，表示庄重、恭敬。③教：指点；教导。④唯唯（wěi wěi）：连声答应。⑤有间：隔一会儿。⑥文王：姬昌。商纣时为西伯，也称西伯昌。商末周族领袖。⑦渭：渭河。在陕西省中部，黄河最大支流之一。吕尚与文王相遇在渭河旁的磻（pán）溪（今陕西省宝鸡市东南）。⑧疏：疏远。⑨太师：官名。⑩收功：得力。⑪乡（xiàng）使：假使。乡，通“向”。⑫羁旅：指的是长久寄居他乡，也指客居异乡的人。⑬陈：陈述；说。匡：纠正；帮助。⑭处：对待；处理。⑮效：献出。愚忠：臣子对帝王尽忠，自称“愚忠”。⑯伏诛：受死刑。⑰信：诚然；果真。⑱患：忧虑；担心。⑲亡：流亡；放逐。⑳漆身为厉（lài）：用漆汁涂在身上，生疮，像得了癞病一样。厉，通“癞”，麻风。㉑被：通“披”。㉒五帝：传说中的上古帝王，即黄帝、颛顼、帝喾、唐尧和虞舜。

㉓三王：指夏禹、商汤和周文王；一说指夏禹、商汤和周文王、武王。㉔五伯（bà）：五霸。㉕乌获：秦国大力士，传说能举起百钧（三千斤）。任鄙：秦国大力士。㉖成荆：勇士。孟贲（bēn）：卫国勇士。王庆忌：春秋时吴王僚的儿子，也是勇士。夏育：卫国勇士。㉗必然之势：指人人都有一死。㉘伍子胥：春秋时吴国大夫。详见《伍子胥列传》。橐（tuó）：有底的袋子。昭关：在今安徽省含山县北小岘山。㉙陵水：即溧水，又名濑水。东流为永阳江，江中有小洲，叫濑渚，是伍子胥乞讨的地方。㉚糊其口：本是吃粥的意思。比喻胡乱弄到食物，勉强地维持生活。㉛蒲伏：即"匍匐"。爬行。㉜稽（qǐ）首：磕头至地。肉袒（tǎn）：脱衣露体。形容十分困苦。㉝鼓腹：袒露胸腹，鼓起肚皮。篪（chí）：古代管乐器。㉞阖闾：春秋末年吴国国君。详见《吴太伯世家》。伯：通"霸"。㉟尽谋：尽情施展计谋。㊱幽囚：囚禁。㊲箕子：商代贵族。接舆：春秋时楚国隐士，假装狂人，逃避世事。㊳有（yòu）：通"又"。㊴杜口：闭口不说话。裹足：缠住脚不走路。㊵乡：通"向"，向往；向着。㊶态：指奸臣谄媚、蒙蔽的态度。㊷阿（ē）保：古代教育抚养贵族子女的妇女，即保姆。㊸昭：显明；辨别。㊹宗庙：这里借指王室、国家。㊺若夫：至于。㊻贤：胜过。㊼辟：通"僻"，偏僻。㊽宗庙：指帝王、诸侯祭祀祖宗的处所。㊾孤：遗孤。秦昭王指自己。㊿拜：古代为下跪叩头及打躬作揖的通称。

【原文】

范雎曰："大王之国，四塞[①]以为固，北有甘泉、谷口[②]，南带泾[③]、渭，右陇、蜀[④]、左关[⑤]、阪，奋击[⑥]百万，战车千乘，利则出攻，不利则入守，此王者之地也。民怯[⑦]于私斗而勇于公战，此王者之民也。王并[⑧]此二者而有之。夫以秦卒之勇，车骑之众，以治[⑨]诸侯，譬若施韩卢而搏蹇兔[⑩]也，霸王之业可致[⑪]也，而群臣莫当[⑫]其位。至今闭关十五年，不敢窥[⑬]兵于山东者，是穰侯为秦谋[⑭]不忠，而大王之计有所失也。"秦王跽曰："寡人愿闻失计。"

【注释】

①塞（sài）：边界险要的地方。②甘泉：山名。在今陕西省淳化县西北。谷口：寒门，在今陕西省礼泉县东北。③带：围绕。泾：泾河，渭水的支流，在陕西省中部。④陇：指陇坂，即今六盘山的南段，绵延于陕、甘边境。蜀：泛指当时蜀地（今四川省中西部）的崇山峻岭。⑤关：函谷关。⑥奋击：指精锐的士兵。⑦怯：胆小；畏缩不前。⑧并：兼。⑨治：对付。⑩施：驱使。韩卢：韩国著名的猎狗，颜色黑，所以叫"卢"。蹇兔：跛腿兔子。⑪致：得到；达成。⑫当：担任；相称。⑬窥：暗中察看。⑭谋：出谋划策。

【原文】

然左右多窃听者，范雎恐，未敢言内[①]，先言外事[②]，以观秦王之俯仰[③]。因进曰："夫穰侯越韩、魏而攻齐纲、寿，非计也。少出师则不足以伤齐，多出师则害于秦。臣意[4]王之计，欲少出师而悉[5]韩、魏之兵也，则不义矣。今见与国[6]之不亲也，越人之国而攻，可乎？其于计疏[7]矣。且昔齐湣王南攻楚，破军杀将，再辟地千里，而齐尺寸之地无得焉者，岂不欲得地哉，形势[8]不能有也。诸侯见齐之罢弊[9]，君臣之不和也，兴兵而伐齐，大破之。士辱兵顿[10]，皆咎[11]其王，曰：'谁为此计者乎？'王曰：'文子[12]为之。'大臣作乱，文子出走。故齐所以大破者，以其伐楚而肥[13]韩、魏也。此所谓借贼兵而赍[14]盗粮者也。王不如远交而近攻，得寸则王之寸也，得尺亦王之尺也。今释[15]此而远攻，不亦缪乎！且昔者中山[16]之国地方五百里，赵独吞之，功成名立而利附焉，天下莫之能害[17]也。今夫韩、魏，中国之处而天下之枢[18]也，王其欲霸，必亲中国以为天下枢，以威[19]楚、赵。楚强则附赵，赵强则附楚，楚、赵皆附，齐必惧矣。齐惧，必卑辞重币以事秦[20]。齐附而韩、魏因可虏[21]也。"昭王曰："吾欲亲魏久矣，而魏多变[22]之国也，寡人不能亲。请问亲魏奈何？"对曰："王卑词重币以事之；不可，则割地而赂之；不可，因举兵而伐之。"王曰："寡人敬闻命矣。"乃拜范雎为客卿，谋兵事。卒听范雎谋，使五大夫[23]绾伐魏，拔怀[24]。后二岁，拔邢丘[25]。

【注释】

①内：指太后、穰侯等专权的事。②外事：指穰侯的对外策略。③俯仰：本意是低头和抬头，借指秦王的喜怒颜色、可否态度等，即他的意旨所在。④意：猜测；估计。⑤悉：全部

出动。⑥与国：结盟的国家。⑦疏：疏忽；粗心大意。⑧形势：指当时的国际关系和地理环境。⑨罢（pí）弊：疲惫困顿。⑩顿：挫折；困厄。⑪咎：责怪。⑫文子：指田文。⑬肥：给好处。⑭兵：武器。赍（jī）：送给；资助。⑮释：通“舍”，舍弃；放弃。⑯中山：国名，又名鲜虞。地在今河北省正定县东北。⑰害：妨害。⑱中国：指中原地区。枢：门轴，门户的转轴。⑲威：示威。⑳卑辞重币：谦卑的语言，丰厚的礼物。㉑虏：俘虏；收服。㉒多变：变化多端。㉓五大夫：爵位名。㉔怀：春秋属郑，战国属魏。故城在今河南省武陟县西南。㉕邢丘：邑名。即今河南省温县东平皋旧城。

【原文】

客卿范雎复说昭王曰：“秦、韩之地形，相错如绣①。秦之有韩也，譬如木之有蠹②也，人之有心腹之病③也。天下无变则已，天下有变，其为秦患者孰大于韩乎？王不如收④韩。”昭王曰：“吾固欲收韩，韩不听，为之奈何？”对曰：“韩安得无听乎？王下兵而攻荥阳⑤，则巩、成皋⑥之道不通；北断太行之道，则上党⑦之师不下。王一兴兵而攻荥阳，则其国断而为三⑧。夫韩见必亡，安得不听乎？若韩听，而霸事因可虑⑨矣。”王曰：“善。”且欲发使于韩。

【注释】

①相错：交错；错杂。绣：锦绣。②蠹（dù）：蛀虫。③心腹之病：指人体心腹内脏严重的疾病。④收：联络；交

结。⑤荥（xíng）阳：韩邑名。在今河南荥阳市东北。⑥巩：即今河南省巩义市。成皋（gāo）：邑名，又名虎牢，在今河南省荥阳市汜水镇西北。⑦上党：郡名。治所在壶关（今山西省长治市北）。⑧断而为三：新郑以南为一片，宜阳一带为一片，上党一带为一片。三个地区彼此孤立，不能联络。⑨虑：思考；谋划。

【原文】

范雎日益亲，复说用[①]数年矣，因请间说[②]曰："臣居山东时，闻齐之有田文，不闻其有王也；闻秦之有太后、穰侯、华阳、高陵、泾阳，不闻其有王也。夫擅国[③]之谓王，能利害[④]之谓王，制杀生之威[⑤]之谓王。今太后擅行不顾，穰侯出使不报[⑥]，华阳、泾阳等击断[⑦]无讳，高陵进退[⑧]不请。四贵[⑨]备而国不危者，未之有也。为此四贵者下，乃所谓无王也。然则权安得不倾[⑩]，令安得从王出乎？臣闻善治国者，乃内固其威而外重[⑪]其权。穰侯使者操王之重[⑫]，决制[⑬]于诸侯，剖符[⑭]于天下，政适[⑮]伐国，莫敢不听。战胜攻取则利归于陶，国弊御[⑯]于诸侯；战败则结怨于百姓，而祸归于社稷[⑰]。诗曰'木实繁者披其枝[⑱]，披其枝者伤其心；大其都者危其国[⑲]，尊其臣者卑[⑳]其主'。崔杼、淖齿[㉑]管齐，射王股[㉒]，擢王筋[㉓]，县之于庙梁[㉔]，宿昔[㉕]而死。李兑[㉖]管赵，囚主父[㉗]于沙丘，百日而饿死。今臣闻秦太后、穰侯用事[㉘]，高陵、华阳、泾阳佐之，卒无秦王，此亦淖齿、李兑之类也。且夫三代[㉙]所以亡国者，君专授[㉚]政，纵酒驰骋弋猎[㉛]，不听[㉜]政事。其所授者，妒贤嫉能，御[33]下蔽上，以成其私，不为主计，而主不觉悟，故失其国。今自有秩[34]以上至诸大吏，下及王左右，无非相国之人者。见王独立[35]于朝，臣窃为王恐，万世之后，有秦国者非王子孙也。”昭王闻之大惧，曰：“善。”于是废太后，逐穰侯、高陵、华阳、泾阳君于关外[36]。秦王乃拜范雎为相。收穰侯之印，使归陶，因使县官给车牛以徙[37]，千乘有余。到关[38]，关[39]阅其宝器，宝器珍怪多于王室。

【注释】

①用：信用；任用。②请间（jiàn）：请求空隙时间单独接见。说（shuì）：劝说。③擅国：独揽国家权力，掌握国家命运。④利害：兴利除害。⑤制：控制；掌握。威：威权。⑥报：报告；回报。⑦击断：决定惩罚和诛杀吏民。⑧进退：指政令的兴革、人员的任免等。⑨四贵：四类贵人。⑩倾：倾覆；破坏。⑪重：重视。⑫操：把持；操纵。重：威权。⑬决制：决断和控制。⑭剖符：古代帝王授予诸侯或功臣的凭证，把符剖分为两半，双方各执一半，以昭信守，叫作剖符。⑮政適：通“征敌”。⑯弊：损害。御：施加。⑰社稷：古代帝王、诸侯祭祀的土神和谷神，常用以代称国家。⑱诗曰：引诗出处不明，可能是当时的成语，说明末大则本伤、臣强则主弱的道理。木实：果实。披：分裂；屈折。⑲都：国君分封诸侯国的首府。国：国君的国都。⑳卑：卑微，使动用法。㉑崔杼（zhù）：春秋时齐国大臣。淖（zhuō）齿：楚国人。济西之役时（前284），湣王逃到莒，楚国派淖齿去援助齐国，湣王命

令他为相。㉒射王股：指崔杼射杀齐庄公的事。㉓擢（zhuó）王筋：指淖齿杀齐湣王的事。擢，抽；拔。㉔县（xuán）：通“悬”。庙梁：庙堂的梁木。㉕宿昔：一夕，指一夜的时间。昔，通“夕”。㉖李兑：赵国大臣。详见《赵世家》。㉗主父：赵武灵王。武灵王初立时自称为君。二十七年（前299）五月，立公子何为王，自称为主父。详见《赵世家》。㉘用事：当权。㉙三代：指夏、商、周三代。㉚授：交给。㉛纵酒：任意饮酒，不加节制。弋（yì）猎：打猎。弋，用绳子系在箭上射。㉜听：处理。㉝御：控制；欺压。㉞有秩：有职位的人。㉟独立：孤立。㊱关外：指都门之外。㊲县官：指朝廷、官府。徙：迁移。㊳关：指边境的关口。㊴关：指关吏。

【原文】

秦封范雎以应[①]，号为应侯。当是时，秦昭王四十一年也。

【注释】

①应（yīng）：在今河南省鲁山县东。

【原文】

范雎既相秦，秦号[①]曰张禄，而魏不知，以为范雎已死久矣。魏闻秦且东伐韩、魏，魏使须贾于秦。范雎闻之，为微行[②]，敝衣间步[③]之邸，见须贾。须贾见之而惊曰：“范叔固无恙[④]乎！”范雎曰：“然。”须贾笑曰：“范叔有说于秦邪？”

曰："不也。雎前日得过[5]于魏相，故亡逃至此，安敢说乎！"须贾曰："今叔何事[6]？"范雎曰："臣为人庸赁[7]。"须贾意哀[8]之，留与坐饮食，曰："范叔一[9]寒如此哉！"乃取其一绨袍[10]以赐之。须贾因问曰："秦相张君，公知之乎？吾闻幸于王，天下之事皆决于相君[11]。今吾事之去留[12]在张君。孺子岂有客习[13]于相君者哉？"范雎曰："主人翁[14]习知之，唯[15]雎亦得谒，雎请为见君于张君。"须贾曰："吾马病，车轴折，非大车驷马[16]，吾固[17]不出。"范雎曰："愿为君借大车驷马于主人翁。"

【注释】

①号：称。②微行：旧时帝王或高官隐瞒自己的身份改装出行。③敝：破旧。间（jiàn）步：从小路走。④固：原来。无恙：没有疾病、灾祸等。⑤得过：得罪。⑥事：从事；干；做。⑦庸赁（lìn）：受雇给人家做工。庸，通"佣"，雇工。赁：被人雇佣。⑧哀：可怜；怜悯。⑨一：乃；竟。⑩绨（tí）袍：厚绸做的袍子。⑪相（xiàng）君：当时对宰相的敬称。⑫去留：或走或留，比喻成功或失败。⑬孺子：后生；小家伙。客：朋友。习：熟悉。⑭主人翁：主人。⑮唯：虽；即使。谒：请见；进见。⑯大车驷（sì）马：四匹马驾的大车。⑰固：坚决；硬是。

【原文】

范雎归取大车驷马，为须贾御[1]之，入秦相府。府中望见，有识者[2]皆避匿。须贾怪之。至相舍门，谓须贾曰："待我；我为君先入通[3]于相君。"须贾待门下，持车[4]良久，问门下曰："范叔不出，何也？"门下曰："无范叔。"须贾曰："乡者与我载而入者。"门下曰："乃吾相张君也。"须贾大惊，自知见卖[5]，乃肉袒膝[6]行，因门下人谢罪。于是范睢盛[7]帷帐，侍者甚众，见之。须贾顿首[8]言死罪，曰："贾不意君能自致于青云[9]之上，贾不敢复读天下之书，不敢复与[10]天下之事。贾有汤镬[11]之罪，请自屏于胡貉[12]之地，唯君死生之！"范睢曰："汝罪有几？"曰："擢贾之发以续[13]贾之罪，尚未足。"范睢曰："汝罪有三耳。昔者楚昭王[14]时而申包胥为楚却吴军，楚王封之以荆[15]五千户，包胥辞不受，为丘墓[16]之寄于荆也。今睢之先人丘墓亦在魏，公前以睢为有外心于齐而恶[17]睢于魏齐，公之罪一也。当魏齐辱我于厕中，公不止[18]，罪二也。更醉而溺我，公其何忍[19]乎？罪三矣。然公之所以得无死者，以绨袍恋恋[20]，有故人之意，故释[21]公。"乃谢罢[22]。入言之昭王，罢归[23]须贾。

【注释】

①御：驾车赶马。②识者：指认识张禄（范睢）的人。③通：通报。④持车：拉着驾驭车马的缰绳，指停车。⑤见卖：指受骗上当。⑥膝：跪着。⑦盛：丰盛地设置。⑧顿首：叩头。⑨青云：比喻高官显爵。⑩与（yù）：参与。⑪汤镬（huò）：古代的一种酷刑，把人扔到滚汤中煮死。⑫胡：古代对北方和西方各部族的泛称。貉（mò）：通"貊"。古代北方

部族名。⑬续：指数数。⑭楚昭王：熊轸，春秋时楚国国王。前515—前489年在位。⑮荆：地名。在今湖北省南漳县一带。⑯丘墓：坟墓。⑰外心：异心；叛变的意图。恶：说人坏话；中伤。⑱止：制止；劝阻。⑲忍：忍心；残忍。⑳恋恋：留恋；顾恋。㉑释：放下；释放。㉒谢罢：有礼貌地结束接见仪式。㉓罢归：打发回去。

【原文】

须贾辞于范雎，范雎大供具[①]，尽请诸侯使[②]，与坐堂上，食饮甚设[③]。而坐须贾于堂下，置莝豆[④]其前，令两黥徒夹而马食[⑤]之。数[⑥]曰："为我告魏王[⑦]，急持魏齐头来！不然者，我且屠[⑧]大梁。"须贾归，以告魏齐。魏齐恐，亡走赵，匿平原君所[⑨]。

【注释】

①供具：供设酒器食具，引申为摆筵席。②诸侯使：各国使节。③设：完备；丰富整齐。④莝（cuò）豆：铡碎的草与豆拌在一起的饲料。莝：铡碎的草。⑤黥（qíng）徒：受过黥刑的人。马食（sì）：像喂马一样地喂。⑥数（shǔ）：数落；指责。⑦魏王：指魏安釐王。⑧屠：毁坏城池，屠杀城中居民。⑨平原君：赵胜。所：处所。

【原文】

范雎既相，王稽谓范雎曰："事有不可知者三，有不可奈何[①]者亦三。宫车一日晏驾[②]，是事之不可知者一也。君卒然捐馆舍[3]，是事之不可知者二也。使臣卒然填沟壑[4]，是事之不可知者三也。宫车一日晏驾，君虽恨[5]于臣，无可奈何。君卒然捐馆舍，君虽恨于臣，亦无可奈何。使臣卒然填沟壑，君虽恨于臣，亦无可奈何。”范雎不怿[6]，乃入言于王曰：“非王稽之忠，莫能内[7]臣于函谷关；非大王之贤圣，莫能贵[8]臣。今臣官至于相，爵在列侯[9]，王稽之官尚止于谒者，非其内臣之意也。”昭王召王稽，拜为河东守[10]，三岁不上计[11]。又任[12]郑安平，昭王以为将军[13]。范雎于是散家财物，尽以报所尝困厄[14]者。一饭之德必偿，睚眦[15]之怨必报。

【注释】

①不可奈何：即“无可奈何”。不得已；没有办法。②宫车一日晏驾：比喻君王一旦死亡。宫车，王车，指代君王。③卒（cù）然：突然；忽然。卒，通“猝”。捐馆舍：舍弃住所，对死亡的讳词。④使：假使。臣：古人自称的谦词。填沟壑：称自己死亡的谦词。壑，山沟。⑤恨：遗憾；悔恨。⑥怿（yì）：高兴。⑦内（nà）：通“纳”，接纳。这里是带进来的意思。⑧贵：显贵；重用。使动用法。⑨列侯：也称彻侯、通侯。爵位名。秦国二十个等爵中的最高一级。⑩河东守：河东郡守。河东，魏国献出安邑后，秦国置郡。治所在安邑（今山西省夏县西北）。辖境相当今山西省沁水以西，霍山以南地区。守（shòu）：官名。原为边防军事长官，后来成为行政长官。⑪上计：向政府报告施政情形。按照当时制度，每到年终，地方应将一年内治民、决狱等大事，派遣官吏向中央汇

报，叫作上计。⑫任：保举；保荐。⑬将军：武官名。⑭困厄：窘迫；穷困。⑮睚眦：瞪眼睛；怒目而视。

【原文】

范雎相秦二年，秦昭王之四十二年，东伐韩少曲、高平[①]，拔之。

【注释】

①少曲：地名。少水（今沁水）弯曲处，在今河南省济源市东北。高平：韩邑名，在今河南省孟州市西北。

【原文】

秦昭王闻魏齐在平原君所，欲为范雎必报其仇，乃详为好书[①]遗平原君曰："寡人闻君之高义[②]，愿与君为布衣之友[③]，君幸过[④]寡人，寡人愿与君为十日之饮。"平原君畏秦，且以为然[⑤]，而入秦见昭王。昭王与平原君饮数日，昭王谓平原君曰："昔周文王得吕尚以为太公[⑥]，齐桓公得管夷吾以为仲父[⑦]，今范君亦寡人之叔父也。范君之仇在君之家，愿使人归取其头来；不然，吾不出君于关[⑧]。"平原君曰："贵而为交[⑨]者，为[⑩]贱也；富而为交者，为贫也。夫魏齐者，胜之友也，在，固不出也，今又不在臣所。"昭王乃遗赵王书曰："王之弟在秦，范君之仇魏齐在平原君之家。王使人疾[⑪]持其头来；不然，吾举兵而伐赵，又不出王之弟于关。"赵孝成王乃发卒围平原君家，急，魏齐夜亡去，见赵相虞卿[⑫]。虞卿度赵王终不可说，乃解其相印，与魏齐亡，间行，念诸侯莫可以急抵[⑬]

者，乃复走大梁，欲因信陵君[14]以走楚。信陵君闻之，畏秦，犹豫未肯见，曰："虞卿何如人也?"时侯嬴[15]在旁，曰："人固未易知，知人亦未易也。夫虞卿蹑屩檐簦[16]，一见赵王[17]，赐白璧一双，黄金百镒[18]；再见，拜为上卿；三见，卒受相印，封万户侯。当此之时，天下争知[19]之。夫魏齐穷困[20]过虞卿，虞卿不敢重爵禄之尊[21]，解相印，捐万户侯而间行。急[22]士之穷而归公子，公子曰：'何如人。'人固不易知，知人亦未易也!"信陵君大惭，驾如[23]野迎之。魏齐闻信陵君之初难[24]见之，怒而自刭。赵王闻之，卒取头予秦。秦昭王乃出平原君归赵。

【注释】

①好书：表示友好的书信。②高义：崇高的道义感。③布衣之友：同平常人一样地往来交好，不因君臣地位的不同而分高低。④幸：荣幸。过：访问。⑤然：这样。⑥太公：尊敬的称呼。⑦管夷吾：管仲。仲父：尊敬的称呼。仲，管夷吾的字；父，待他像父亲一样。⑧出：放出。关：指函谷关。⑨交：结交。⑩为（wèi）：因为。⑪疾：迅速；赶快。⑫赵相虞卿：见《平原君虞卿列传》。⑬抵：冒昧要求。⑭信陵君：见《魏公子列传》。⑮侯嬴：信陵君的上客，是个有智谋、讲义气的人。详见《魏公子列传》。⑯蹑屩：穿着草鞋。檐（dàn）：通"担"，扛。簦（dèng）：古代有长柄的笠，一即伞。⑰赵王：指赵孝成王。⑱镒：古代重量单位，二十两或二十四两为一镒。⑲争知：争先了解。⑳穷困：走投无路。

㉑尊：指地位高、俸禄多。㉒急：着急，意动用法。㉓如：往；到。㉔难：难为人，使人感困难。

【原文】

昭王四十三年，秦攻韩汾陉[①]，拔之，因城河上广武[②]。

【注释】

①汾陉（xíng）：也作汾丘。在今河南省襄城县东北。②城：筑城。广武：山名。在今河南省荥阳东北。

【原文】

后五年，昭王用应侯谋，纵反间卖[①]赵，赵以其故，令马服子[②]代廉颇将。秦大破赵于长平，遂围邯郸。已而与武安君白起有隙[③]，言而杀之[④]。任郑安平，使击赵。郑安平为赵所围，急，以兵二万人降赵。应侯席稿[⑤]请罪。秦之法，任人而所任不善者，各以其罪罪[⑥]之。于是应侯罪当收三族[⑦]。秦昭王恐伤应侯之意[⑧]，乃下令国中："有敢言郑安平事者，以其罪罪之。"而加赐相国应侯食物日益厚，以顺适其意。后二岁，王稽为河东守，与诸侯通[⑨]，坐法[⑩]诛。而应侯日益以不怿。

【注释】

①反间（jiàn）：原指利用敌方的间谍为己方服务，后多指用计离间敌人，使起内讧。卖：害人以利己；欺骗。②马服子：赵国将领马服君赵奢的儿子赵括。③有隙：有裂痕；有嫌隙。④言而杀之：秦昭王五十年（前257），范雎与白起有仇

怨，秦昭王听信范雎谗言，赐白起死。详见《白起王翦列传》。⑤席稿：坐在草垫上，表示有罪听候发落。稿，麦、稻的秆子。⑥罪：惩罚。⑦收：拘捕。三族：指父母、兄弟、妻子；一说为父族，母族，妻族；一说为父，子，孙。⑧意：心意；心绪。⑨通：私通；勾结。⑩坐法：因犯法而获罪。坐，指办罪的因由。

【原文】

昭王临朝叹息，应侯进曰："臣闻'主忧臣辱，主辱臣死'。今大王中朝[①]而忧，臣敢请其罪。"昭王曰："吾闻楚之铁剑利而倡优[②]拙。夫铁剑利则士勇，倡优拙则思虑[③]远。夫以远思虑而御[④]勇士，吾恐楚之图[⑤]秦也。夫物不[⑥]素具，不可以应卒[⑦]，今武安君既死，而郑安平等畔[⑧]，内无良将而外多敌国，吾是以[⑨]忧。"欲以激励应侯。应侯惧，不知所出。蔡泽闻之，往入秦也。

【注释】

①中朝：当朝；朝会进行中。②倡（chāng）优：古代以歌唱、舞蹈和戏谑为业的艺人。③思虑：考虑；打算。④御：统率；率领。⑤图：图谋。⑥物：事。⑦应：应付。卒（cù）：通"猝"，指突然的事变。⑧畔：通"叛"，叛变。⑨是以：以是；因此。

【原文】

蔡泽者，燕人也。游学干诸侯小大[①]甚众，不遇[②]。而从唐举相③，曰："吾闻先生相李兑，曰'百日之内持国秉④'，有之乎？"曰："有之。"曰："若臣者何如？"唐举孰视⑤而笑曰："先生曷鼻⑥，巨肩⑦，魋颜⑧，蹙齃⑨，膝挛⑩。吾闻圣人不相⑪，殆⑫先生乎？"蔡泽知唐举戏⑬之，乃曰："富贵吾所自有，吾所不知者寿也，愿闻之。"唐举曰："先生之寿，从今以往者四十三岁。"蔡泽笑谢而去，谓其御者⑭曰："吾持粱刺齿肥⑮，跃马疾驱，怀黄金之印，结紫绶⑯于要，揖让⑰人主之前，食肉富贵，四十三年足矣。"去之赵，见逐。之韩、魏，遇夺釜鬲⑱于涂。闻应侯任郑安平、王稽皆负重罪于秦，应侯内惭，蔡泽乃西入秦。

【注释】

①游学：以自己所学游说诸侯，求取官职。小大：有两解：一作定语，省略中心词，指大大小小的请托要求；二、作"诸侯"的后置定语，指大大小小的诸侯。②遇：遇合；受到赏识。③唐举：魏国人，当时著名的相士。相（xiàng）：看相，观察人的体态面貌，以推测人的吉凶祸福的迷信活动。④持：掌握。国秉：国家权力。秉，通"柄"，权力。⑤孰视：仔仔细细地看。⑥曷鼻：有两解：一、曷，通"蝎"，鼻子长得像蝎虫，向上翻；二、塌鼻子。⑦巨肩：肩胛耸起，颈项短。⑧魋（tuí）颜：面庞大。魋，大。⑨蹙齃（cùè）：凹鼻梁。蹙，收缩。齃，鼻梁。⑩膝挛：双膝蜷曲。挛，蜷曲不能伸。⑪圣人不相：当时的成语，意思是圣人不在乎相貌。⑫殆：大概；恐怕。⑬戏：嘲笑。⑭御者：驾车的人。

⑮持粱：端着精美的饭食。刺齿肥：吃肥肉。⑯紫绶（shòu）：紫色的绶带。绶，古代系印纽的丝带。⑰揖让：古代宾主相见的礼节。揖，行拱手礼。⑱釜（fǔ）：古代炊具，相当于现在的锅。鬲：古代炊具，样子像鼎，足部中空。

【原文】

将见昭王，使人宣言[①]以感怒应侯曰："燕客蔡泽，天下雄俊[②]弘辩智士也。彼一见秦王，秦王必困君而夺君之位。"应侯闻，曰："五帝三代之事，百家之说，吾既知之，众口之辩，吾皆摧[③]之，是恶[④]能困我而夺我位乎？"使人召蔡泽。蔡泽入，则揖应侯。应侯固不快，及见之，又倨[⑤]，应侯因让之曰："子尝宣言欲代我相秦，宁有之乎？"对曰："然。"应侯曰："请闻其说。"蔡泽曰："吁[⑥]，君何见之晚也！夫四时之序[⑦]，成功者去。夫人生百体[⑧]坚强，手足便利[⑨]，耳目聪明而心圣智，岂非士之愿与？"应侯曰："然。"蔡泽曰："质[⑩]仁秉义，行道施德，得志于天下，天下怀乐敬爱而尊慕之，皆愿以为君王，岂不辩智之期与[⑪]？"应侯曰："然。"蔡泽复曰："富贵显[⑫]荣，成理[⑬]万物，使各得其所；性命寿长，终其天年[⑭]而不夭伤；天下继其统[⑮]，守其业，传之无穷；名实纯粹[⑯]，泽流[⑰]千里，世世称之而无绝，与天地终始：岂道德之符而圣人所谓吉祥善事[⑱]者与？"应侯曰："然。"

【注释】

①宣言：扬言。②雄俊：见识高超。③摧：挫败；折服。

④恶（wū）：何；怎么。⑤倨：傲慢。⑥吁（xū）：叹词。表示疑怪。⑦四时：四季。序：次第。⑧百体：身体各部分。百：泛指多数。⑨便利：敏捷。⑩质：本质；本体。⑪不：非；不是。辩智：辩智之士。期：期望。与（yú）：通“欤”。表疑问的语气助词。⑫显：显赫；显达。⑬成理：处理。⑭天年：指人的自然的寿命。⑮统：传统。⑯纯粹：纯正不杂。⑰泽：恩泽。流：流传；传布。⑱符：效果。吉祥善事：当时表示颂祷的吉祥话。

【原文】

蔡泽曰：“若夫秦之商君，楚之吴起，越之大夫种[①]，其卒然[②]亦可愿与？”应侯知蔡泽之欲困己以说，复谬[③]曰：“何为不可？夫公孙鞅之事孝公[④]也，极身[⑤]无贰虑，尽公而不顾私；设刀锯以禁奸邪，信赏罚以致[⑥]治；披腹心[⑦]，示情素[⑧]，蒙怨咎[⑨]，欺旧友[⑩]，夺魏公子卬，安秦社稷，利百姓，卒为秦禽[⑪]将破敌，攘[⑫]地千里。吴起之事悼王[⑬]也，使私不得害公，谗不得蔽[⑭]忠，言不取苟合[⑮]，行不取苟容[⑯]，不为危易[⑰]行，行义不辟[⑱]难，然为霸主强国，不辞祸凶。大夫种之事越王也，主虽困辱，悉忠而不解[⑲]，主虽绝亡，尽能[⑳]而弗离，成功而弗矜[㉑]，贵富而不骄怠。若此三子者，固义之至也，忠之节[㉒]也。是故君子以义死难，视死如归；生而辱不如死而荣。士固有杀身以成名，唯义之所在，虽死无所恨。何为不可哉？”

【注释】

①商君（约前390—前338）：姓公孙，名鞅。吴起（？—前381）：卫国左氏（今山东省曹县）人。大夫种：文少禽，楚国郢（今湖北省江陵县西北）人。②卒然：指意外的不幸的事件。③谬：诡辩。④孝公：秦孝公。详见《秦本纪》。⑤极身：终身。⑥信：必。致：达到。⑦披：披露。腹心：真诚的心意。⑧情素：本心；真情实意。⑨蒙：遭受。怨咎：责怪。⑩欺旧友：公孙鞅欺骗旧友魏国将军公子卬，用计诱捕公子卬，使他全军覆灭。⑪禽：通“擒”。⑫攘（ráng）：侵夺；开拓。⑬悼王：楚悼王。前401—前381年在位。⑭蔽：壅蔽。⑮苟合：无原则地随声附和。⑯苟容：苟且求得容身。⑰易：改变。⑱辟（bì）：通“避”。⑲悉：尽。解（xiè）：通“懈”。⑳能：能力。㉑矜（jīn）：骄傲自夸。㉒节：节概；标准。

【原文】

蔡泽曰：“主圣臣贤，天下之盛福也；君明臣直，国之福也；父慈子孝，夫信[1]妻贞，家之福也。故比干忠而不能存殷[2]，子胥智而不能完[3]吴，申生[4]孝而晋国乱。是皆有忠臣孝子，而国家灭乱者，何也？无明君贤父以听之，故天下以其君父为僇辱而怜其臣子。今商君、吴起、大夫种之为人臣，是也；其君，非也。故世称三子致功而不见德[5]，岂慕不遇世死乎？夫待死而后可以立忠成名，是微子[6]不足仁，孔子[7]不足圣，管仲不足大也。夫人之立功，岂不期于成全邪？身与名俱全者，上也。名可法[8]而身死者，其次也。名在僇辱而身全者，下也。”于是应侯称善。

【注释】

①信：诚实可信。②比干：商纣叔父。因多次劝谏，被商纣剖心而死。殷：朝代名，即商。③子胥：伍子胥。完：完整地保全。④申生：春秋时晋献公太子，因遭骊姬诬陷而自杀。⑤德：感德。动词。⑥微子：名启。商纣的庶兄，周代宋国的始祖。⑦孔子：详见《孔子世家》。⑧法：效法；景仰。

【原文】

蔡泽少得间[1]，因曰：“夫商君、吴起、大夫种，其为人臣尽忠致功则可愿矣，闳夭[2]事文王，周公[3]辅成王也，岂不亦忠圣乎？以君臣论之，商君、吴起、大夫种其可愿孰与[4]闳夭、周公哉？”应侯曰：“商君、吴起、大夫种弗若也。”蔡泽曰：“然则君之主[5]慈仁任忠，惇厚[6]旧故，其贤智与有道之士[7]为胶漆，义不倍[8]功臣，孰与秦孝公、楚悼王、越王乎？”应侯曰：“未知何如也。”蔡泽曰：“今主亲忠臣，不过秦孝公、楚悼王、越王，君之设[9]智，能为主安危修政，治乱强兵，批患折[10]难，广地殖谷，富国足家，强主，尊社稷，显宗庙，天下莫敢欺犯其主，主之威盖震[11]海内，功彰[12]万里之外，声名光辉传于千世，君孰与商君、吴起、大夫种？”应侯曰：“不若。”蔡泽曰：“今主之亲忠臣不忘旧故不若孝公、悼王、句践，而君之功绩爱信亲幸又不若商君、吴起、大夫种，然而君之禄位贵盛，私家之富过于三子，而身不退者，恐患之甚于三子，窃为君危之。语曰‘日中[13]则移，月满则亏[14]’。物盛则衰，天地之常数[15]也。进退盈缩，与时变化，圣人之常道也。故‘国有道则仕[16]，国无道则隐’。圣人曰‘飞龙在天，利见大人[17]’。‘不义而富且贵，于我如浮云[18]’。今君之怨已雠[19]而德已报，意欲至矣，而无变计，窃为君不取也。且夫翠、鹄[20]、犀、象，其处势非不远死也，而所以死者，惑于饵[21]也。苏秦、智伯[22]之智，非不足以辟辱远死也，而所以死者，惑于贪利不止也。是以圣人制礼节欲，取于民有度[23]，使之以时，用之有止，故志不溢，行不骄，常与道俱而不失，故天下承而不绝。昔者齐桓公九合诸侯，一匡天下[24]，至于葵丘之会[25]，有骄矜之志，畔者九[26]国。吴王夫差兵无敌于天下，勇强以轻诸侯，陵[27]齐、晋，故遂以杀身亡国。夏育、太史噭[28]叱呼骇三军，然而身死于庸夫。此皆乘至盛而不返道理，不居卑退处俭约之患也。夫商君为秦孝公明法令，禁奸本[29]，尊爵必赏，有罪必罚，平权衡[30]，正度量，调轻重[31]，决裂阡陌[32]，以静[33]生民之业而一其俗，劝民耕农利土，一室无二事，力田稸[34]积，习战陈[35]之事，是以兵动而地广，兵休而国富，故秦无敌于天下，立威诸侯，成秦国之业。功已成矣，而遂以车裂[36]。楚地方数千里，持戟[37]百万，白起率数万之师以与楚战。一战举鄢郢以烧夷陵[38]，再战南并蜀、汉[39]。又越韩、魏而攻强赵，北阬马服[40]，诛屠四十余万之众，尽之于长平[41]之下，流血成川，沸声若雷，遂入围邯郸，使秦有帝业。楚、赵天下之强国而秦之仇敌也，自是之后，楚、赵皆慑伏[42]不敢攻秦者，白起之势也。身所服者七十余城，功已成矣，而遂赐剑死于杜邮[43]。吴起为楚悼王立法，卑减[44]大臣之威重，罢无能，废无用，损不急之官[45]，塞私门之请，一楚国之俗，禁游客之民，精耕战之士，南收杨越[46]，北并陈、蔡[47]，破横散从[48]，使驰说之士无所开其口，禁朋党[49]以励百姓，定楚国之政，兵震天下，威服诸侯。功已成矣，而卒枝解[50]。大夫种为越王深谋远计，免会稽之危[51]，以亡为存，因辱为荣，垦草入[52]邑，辟地殖谷，率四方之士，专[53]上下之力，辅句践之贤，报夫差之雠，卒擒劲[54]吴，令越成霸。功已彰而信矣，句践终负而杀之。此四子者，功成不去，祸至如此。此所谓信而不能诎[55]，往而不能返者也。范蠡知之[56]，超然[57]辟世，长为陶朱公。君独不观乎博者[58]乎？或欲大投[59]，或欲分功[60]，此皆君之所明知也。今君相秦，计不下席[61]，谋不出廊庙[62]，坐制诸侯，利施三川[63]，以实宜阳[64]，决羊肠[65]之险，塞太行[66]之道，又斩范、中行[67]之涂，六国不得合从，栈道[68]千里，通于蜀、汉，使天下皆畏秦，秦之欲得矣，君之功极矣，此亦秦之分功之时也。如是而不退，则商君、白公、吴起、大夫种是也。吾闻之，'鉴[69]于水者见面之容，鉴于人者知吉与凶'。《书》[70]曰'成功之下，不可久处'。四子之祸，君何居焉？君何不以此时归相印，让贤者而授之，退而岩居川观，必有伯夷[71]之廉，长为应侯，世世称孤[72]，而有许由、延陵季子[73]之让，乔松[74]之寿，孰与以祸终哉？即君何居焉？忍不能自离，疑不能自决，必有四子之祸矣。《易》曰‘亢龙有悔⑮’，此言上而不能下，信而不能诎，往而不能自返者也。愿君孰计之！”应侯曰：“善。吾闻‘欲而不知足，失其所以欲；有而不知止，失其所以有’。先生幸教，睢敬受命。”于是乃延入坐⑯，为上客⑰。

【注释】

①间（jiàn）：空子，引申为弱点。②闳（hóng）夭：周文王谋臣。③周公：姬旦。周武王之弟。④孰与：何如。表示前后相比怎么样。⑤君之主：指秦昭王。⑥惇（dūn）厚：诚实宽厚待人。⑦贤：尊重。有道之士：有才德的人。⑧倍：通“背”。⑨设：建立，引申为发挥。⑩批：排除。折：消灭。⑪盖震：笼罩，震动。⑫彰：显明；显著。⑬中：中天。⑭满：满圆。亏：亏缺。⑮常数：通常的道理。⑯仕：做官。⑰飞龙在天，利见大人：语出《易·乾》。比喻有明君在位，出来做官是适宜的。飞龙，比喻帝王。大人：指做官的人。⑱不义而富且贵，于我如浮云：语出《论语·述而》。规劝范睢要把眼前的利益看得淡薄些。⑲雠：应答，引申为报复。⑳翠：翠鸟。鹄（hú）：天鹅。㉑饵：引诱的食物。㉒苏秦：见《苏秦列传》。智伯：春秋时晋国世卿，胁迫韩、魏国攻赵，后韩、魏与赵合谋，共同杀死智伯。㉓度：限度。㉔九合诸侯，一匡天下：指齐桓公以“尊王攘夷”为号召，九次会合诸侯，一次平定东周王室内乱的功绩。㉕葵丘之会：齐桓公三十五年（前651），齐、鲁、宋、卫、郑、许、曹等国在葵

丘（今河南省兰考县东北）会盟，目的是修好诸侯，共尊周室。㉖九：泛指多数。㉗陵：欺侮。㉘太史嗷（jiào）：古代勇士。㉙奸本：邪恶的根源。㉚平：划一；均等。权：秤锤。衡：秤杆。㉛轻重：指调节商品、货币流通和控制物价等政策。㉜决裂：破坏。阡陌：田间的小路。㉝静：通“靖”，安定。㉞稸（xù）：通“蓄”，积聚。㉟陈（zhèn）：通“阵”。㊱车裂：俗称五马分尸，古代的一种酷刑。将人头和四肢分别拴在五辆车上，用五匹马驾车，分裂肢体。㊲持戟：武装士兵。㊳夷陵：楚邑名。在今湖北省宜昌市东南。楚先王陵墓在此。㊴蜀：国名，在今四川省中部偏西。汉：郡名。在今陕西省西南部。㊵马服：赵国将军赵括的封号。㊶长平：城名。在今山西省高平市西北。㊷慑伏：也作“慑服”，因畏惧而屈服。㊸杜邮：亭名。在今陕西省咸阳市东北。㊹卑减：削减。㊺损：裁减。不急之官：无关紧要的冗员。㊻杨越：部族名。㊼陈：国名。地在今河南省东部和安徽省的一部分。详见《陈杞世家》。蔡：国名。在今河南省中部。详见《管蔡世家》。㊽横：以威力相胁。从：通“纵”，以利相结合。战国初魏强秦弱，当时尚无以反秦联秦为内容的合纵连横说。㊾朋党：指同类的人为自私的目的而互相勾结成小集团。㊿枝解：也作“支解”“肢解”。指代分裂肢体的酷刑。51会稽之危：越王句践被吴王夫差打败后，只剩五千士兵退守会稽（今浙江省绍兴市），夫差紧追不放，情况万分危急，大夫种用厚礼向吴国求降，用计解救了句践，句践才能卧薪尝胆，图谋报复。㉜入：充实。㉝专：专一，引申为团结。㉞劲：强。㉟信：通“伸”。诎：通“屈”，弯曲。㊱范蠡：字少伯。详见《越王句践世家》。㊲超然：脱离世俗。㊳博者：赌博的人。㊴大投：押大注，博取全胜。㊵分功：分次下注，积小胜而成大胜。㊶席：座席。㊷廊庙：朝堂。㊸施：延及。三川：地区名，辖境相当于今河南省西北部。㊹宜阳：韩邑名。在今河南省宜阳县西。㊺羊肠：险塞名。在今山西晋城市南。今山西壶关县东南也有羊肠坂。㊻太行：绵延今山西、河南和河北三省的边境，其横谷多为交通要道。㊼范、中行：原为晋国六卿中的两大家族，其领地先后被韩、赵、魏三国兼并。㊽栈道：也称阁道。古代在峭岩陡壁上凿孔架桥连成的道路。㊾鉴：照，引申有检验、考验的意思。㊿《书》：指已经散失的古书。71伯夷：商朝末年孤竹君的长子，与其弟叔齐互相推让王位而隐居首阳山。72称孤：古代王侯自称为孤。73许由：唐尧时隐士。延陵季子：季札，吴王寿梦的第四子。74乔：指王子乔。相传是周灵王的太子，后来成了神仙。松：指赤松子。古代神话中的仙人。75《易》：也称《周易》《易经》。儒家经典之一。亢龙有悔：语出《易·乾》。亢龙，比喻地位很高的人。76延：邀请。坐：通“座”。77上客：上等宾客。

【原文】

后数日，入朝，言于秦昭王曰：“客新有从山东来者曰蔡泽，其人辩士，明于三王之事，五伯之业，世俗之变，足以寄[1]秦国之政。臣之见人甚众，莫及，臣不如也。臣敢以闻。”

秦昭王召见，与语，大说之，拜为客卿。应侯因谢病[②]请归相印。昭王强[③]起应侯，应侯遂称病笃[④]，范雎免相，昭王新说蔡泽计画[⑤]，遂拜为秦相，东收周室[⑥]。

【注释】

①寄：付托；委托。②谢病：托病请求退职。③强（qiǎng）：竭立，极立。④病笃：病重。⑤计画：计虑，谋画。⑥周室：周王朝廷。

【原文】

蔡泽相秦数月，人或恶之，惧诛，乃谢病归相印，号为纲成君。居秦十余年，事昭王、孝文王、庄襄王[①]。卒事始皇帝，为秦使于燕，三年而燕使太子丹[②]入质于秦。

【注释】

①孝文王：嬴柱。前250年在位。庄襄王：嬴异人。前249—前247年在位。②燕太子丹：燕王喜的太子，燕王喜二十八年（前227），派荆轲刺杀秦始皇，不中，逃奔到辽东，被燕王喜斩首献给秦国。

【原文】

太史公曰：韩子[①]称“长袖善舞，多钱善贾”，信哉是言也！范雎、蔡泽世所谓一切[②]辩士，然游说诸侯至白首无所遇者，非计策之拙，所为说力[③]少也。及二人羁旅入秦，继踵[④]取卿相，垂功[⑤]于天下者，固强弱之势异也。然士亦有偶合，贤者多如此二子，不得尽意[⑥]，岂可胜[⑦]道哉！然二子不困厄，恶能激乎？

【注释】

①韩子：韩非。见《老子韩非列传》。②一切：一般。③说力：说服力；游说效果。④继踵：相继；接连。⑤垂功：功绩流传。⑥尽意：尽量施展才能。⑦胜（shēng）：尽。

【译文】

范雎是魏国人，字叔。他曾经在各诸侯国中游说，想侍奉魏王，但因为家里贫穷，无法自助，就先侍奉魏国中大夫须贾。

须贾为魏昭王出使齐国，范雎也随从前往。住了好几个月后，也没有什么结果回复朝廷。齐襄王听说范雎能言善辩，就派人赏赐范雎十斤黄金，还有牛肉、酒食，范雎辞让不敢接受。须贾知道了这件事，十分生气，以为范雎把魏国的秘密告诉了齐国，所以才能得到这些礼物。他让范雎接受齐王的牛肉、酒食，退还他的黄金。回国以后，须贾内心怨恨范雎，把这件事告诉了魏国的宰相。魏国的宰相是魏国的一位公子，叫魏齐。魏齐非常生气，让家臣鞭打范雎，打断了肋骨，打落了牙齿。范雎假装死了，魏齐就叫人用席子把他卷起来，抛弃在厕所里。宾客喝醉酒的人，轮流把尿撒在范雎身上，故意侮辱他来警告后人，使他们不敢乱说。范雎从席子中对看守的人说："您能让我出来，我一定重重地答谢您。"看守的人就请求放出弃置席子里的死人。魏齐喝醉了，说："行啦。"范雎得以脱身。后来，魏齐反悔，又叫人寻找他。魏国人郑安平听说了这件事，就携持范雎逃跑，隐藏起来。范雎改名换姓，叫作张禄。

正当这个时候，秦昭王派遣谒者王稽出使到魏国。郑安平就装成兵卒，侍候王稽。王稽问："魏国有贤能的人可以跟我一起到西方游历的吗?"郑安平说："我同乡中有位张禄先生，想会见您，谈论天下大事。这个人有仇人，不敢白天来见您。"王稽说："夜里您跟他一道来。"郑安平夜里跟张禄去见王稽。话没有说完，王稽就知道范雎贤能，对他说："请先生在三亭的南面等我。"范雎和王稽私下约定以后，便离开了。

王稽告别魏国而走了，经过约定的地点，就用车子载着范雎回秦国。到了湖县，远远看到有车马从西边来。范雎说："那边来的人是谁?"王稽说："是秦国宰相穰侯到东部巡视县邑。"范雎说："我听说穰侯独揽秦国的政权，厌恶接纳各国的说客。这个人恐怕要侮辱我，我宁可暂且匿在车子里。"过了一会儿，穰侯果然来到，他慰问王稽，便停下车来交谈说："关东有什么变化?"王稽说："没有。"穰侯又对王稽说："谒君该不会和诸侯国的说客一起来吧?他们毫无作用，只会扰乱别人的国家罢了。"王稽说："不敢。"两人很快就分别离开。范雎说："我听说穰侯是个有智谋的人，只是对事反应慢。刚才，他怀疑车子里有人，却忘记搜索了。"就在这时，范雎下车步行，说："这样他一定后悔的。"范雎走了十几里，穰侯果然派骑兵回头搜查车子，见没人，才作罢。王稽就和范雎进入咸阳。

王稽向秦昭王报告出使情况以后，趁机说："魏国有位张禄先生，是天下能言善辩的人。他说：'秦王的国家比重叠起来的鸡蛋还危险，能够任用我就安全，可是这不能用书面传达。'所以，我用车子载他回来。"秦王不相信，但还是让他住下来，给吃粗劣的饭菜。范雎待命一年多。

当这个时候，秦昭王已登位三十六年。秦国向南攻克了楚国的鄢城和郢都，楚怀王在秦国被幽禁身亡。泰国向东打败了齐国，齐湣王曾经称帝，后来去掉帝号。秦国多次困扰三晋。秦昭王厌恶天下的说客，不相信他们。

穰侯和华阳君是秦昭王母亲宣太后的弟弟，而泾阳君和高陵君都是秦昭王的同母弟弟。穰侯当宰相，其余三人轮流当将领，都有封地，由于太后的缘故，私人的财产比王室还多。到了穰侯担任秦国将领的时候，将要越过韩国、魏国去攻打齐国的纲、寿，想用来扩大他在陶邑的封地。范雎就上书说：

我听说英明的君主这样确立政治原则：有功劳的人不能不奖赏，有才能的人不能不当官；功劳大的人，他的俸禄多，功劳多的人，他的爵位高；能够治理众人的人，他当的官就大。所以，没有才能的人不敢担任官职，有才能的人也不会埋没。如果认为我的话是对的，希望您实行它，以便更有利于您的政治措施；如果认为我的话是不对的，久留我也没有用。俗话说："昏庸的君主奖赏他所喜爱的人，而惩罚他所厌恶的人；英明的君主却不是这样，奖赏一定落在有功的人身上，而刑罚一定判给有罪的人。”如今，我的胸部无法当砧板，而腰部无法对付斧钺，难道敢用没把握的事情来试探大王吗？即使您认为我是卑贱的人而轻易地侮辱我，难道就不重视任用我的人对大王是义无反顾的吗？

而且我听说周朝有砥砨，宋国有结绿，魏国有县黎，楚国有和璞，这四种宝玉都是地里所生长的，又是名匠所错过的，却成为天下有名的宝贝。这样说来，大王所遗弃的人难道无法有利于国家吗？

我听说善于使个人富裕的是向国家索取，善于使国家富裕的是向诸侯索取。天下有英明的君主，那么诸侯就不能擅自富裕，为什么呢？因为他们篡夺了权势。高明的医生知道病人的死活，而圣明的君主明白事情的成败。有利的就实行它，有害的就抛弃它，没把握的就少试它。即使虞舜和夏禹复活，也不能改变了。深刻的话，我不敢写在书面上。那些浅薄的话，又不值得大王听取。我想，是因为我愚蠢而不符合大王的心意呢，还是因为大王轻视那推荐我的人地位卑贱而不能听我呢？如果不是这样的话，我希望得到大王稍微赏赐游览观光的空闲，让我能远远地见到大王一面。如果我说了一句没用的话，请让我伏在刀斧和砧板之间受刑。

当时，秦昭王非常高兴，就向王稽致谢，派人用专车去召见范雎。

就这样，范雎才能够在离宫和秦昭王见面。范雎假装不知道幽禁有罪宫女的长巷而进入里面。秦昭王来了，宦官非常生气，要驱逐他，说："秦王到！"范雎装糊涂地说："秦国哪来的王？秦国只有太后和穰侯罢了。"他想以此激怒秦昭王。秦昭王一到，听到他和宦官争论，就邀请他进宫，并自我批评说："我早就应当亲自接受您的教导了，但碰上义渠的事情很急，我得早晚亲自请示太后；现在义渠的事情完了，我才能来接受教导。我自觉愚昧，所以让我恭敬地履行宾主的礼节。"范雎推辞着。这一天，看到范雎被接见的情形的，大臣们没有谁不肃然改变容颜的。

秦王屏退身边的臣子，宫里空无一人。秦王长跪着请问："先生怎样指教我？"范雎说："嗯嗯。"过了一会儿，秦王又长跪着请问："先生怎样指教我？"范雎说："嗯嗯。"一连三次都是这样子。秦王说："先生始终不肯指教我吗？"范雎说："不敢这样的。我听说，从前吕尚遇到周文王的时候，以渔翁的身份在渭水边钓鱼罢了。之所以这样子，是关系疏远。当周文王悦服他之后，就任用他作太师，用车子载他一起回去，这是由于他的话说得深刻。所以，周文王就得力于吕尚，终于称王于天下。如果周文王疏远吕尚而不跟他深刻地交谈，这样周朝就没有天子的美德，而周文王和周武王也就无法成就他们的王业。如今，我是一个旅居外地的臣子，和大王关系疏远，而我所希望陈述的都是匡正国君的事，我处在别人骨肉关系的中间，希望竭尽忠诚，只是不知大王的心意。这就是为什么大王三次发问我却不敢回答的原因。我并不是有所畏惧而不敢说话。我知道今日说话在前，明日就会被杀在后，但我不敢回避。大王如果听取我的话，即使我被处死也不值得我发愁，即使我被流放也不值得我担心，用漆涂身，变成癞子，披头散发，变成疯子，不值得我羞耻。况且像五帝这样的圣明也得死；三王这样的仁义也得死；五霸这样的贤能也得死；乌获、任鄙这样的强力也得死；成荆、孟贲、王庆忌、夏育这样的勇猛也得死。死亡，是人们一定不能避免的。处在必然的形势之中，只要稍微对秦国有补益，这就是我最大的希望，我又担忧什么呢！伍子胥被用袋子装着逃出了昭关，夜晚行进，白天藏匿，走到陵水的时候，没有什么可以糊口，只好用膝盖匍匐行走，袒露上身向上叩头，鼓起肚皮吹篪，在吴国的市井里讨饭，终于复兴吴国，使阖闾成为霸主。假如我能像伍子胥一样竭尽智谋，再把我囚禁起来，一辈子不再相见，然而我的主张实行了，我又担忧什么？箕子、接舆用漆涂身，变成癞子，披头散发，变成疯子，对他们的君主没有好处。如果我能够和箕子一样地行动，能够对自己所认为贤明的君主有帮助，这是我莫大的光荣，我有什么羞耻？我所害怕的是，只害怕我死了以后，天下人看到我竭尽忠诚却自取灭亡，便因此闭口裹足，没有谁愿意投向秦国罢了。您上畏惧太后的威严，下为奸臣所迷惑，居住在深宫，离不开保姆之手，终身受迷惑，无法辨别奸邪。大则国家被覆灭，小则自身因此孤立危险，这是我最恐惧的啊。至于困辱的事情，死亡的忧患，我不会畏惧的。我死了而秦国安定，这样我死了比活着还好。”秦王长跪着说：“先生这是哪里话呢？秦国偏僻遥远，我愚蠢没有才能，竟幸蒙先生屈辱来到这里，这是上天让我打扰先生来保存先王的宗庙。我能够向先生领教，这是由于上天宠爱先王，不抛弃他的遗孤。先生怎能说这样的话！事情不论大小，上自太后，下至大臣，希望先生都拿来教导我，不要怀疑我呀。”范雎跪拜，秦王也跪拜。

范雎说：“大王的国家，以四周有要塞为牢固，北面有甘泉、谷口，南面有泾河和渭水环绕，右面有陇山、蜀山，左面有幽谷关、商阪，奋力击杀之士百万，战车千辆，有利时就出兵攻打，不利时就退兵防守，这是称王者的基地。人民对于私斗胆怯，但对于公战就勇敢，这是称王者的人民。大王同时兼有这两方面的条件。凭借秦国士兵的勇敢，车马的众多，去对付诸侯国，譬如驱使韩国的大狗去搏击跛脚的兔子一样。称霸当王的大业可以实现，但群臣没有谁能称其职。到现在闭关十五年了，不敢向山东各国秘密用兵的原因，就在于穰侯为秦国谋事不太忠诚，并且大王的计谋也有失误的地方。”秦王长跪着说：“我希望听到我的计谋失误的地方。”

但大王左右有很多偷听的人，范雎害怕，不敢论列国内的事情，首先说到国外的事情，以观察秦王的反应。他趁机上前说：“穰侯越过韩国、魏国去攻打齐国的纲邑、寿邑，不是办法。出兵少就不能伤害齐国，出兵多就对秦国不利。我心想大王的计划是，希望少出兵却让韩国、魏国的士兵全部出动，那就不合理了。如今，已经发现盟国并不亲密，却要越过它们的国境去攻打另一个国家，行吗？这在策略上太疏忽了。再说，从前齐湣王向南攻打楚国，打败了楚军，杀死了楚将，又开辟千里之地，但是最终齐国连尺寸的地也得不到，难道齐国不想得到土地吗？是形势不能让它占有。各诸侯国看到齐国疲惫，君臣不和睦，就起兵攻打齐国，一举而打败了它。齐国士兵受到侮辱，军队受到挫折，就都责怪他们的国王说：‘是谁出了这个主意的呢？’齐王说：‘是文子出这个主意。’大臣作乱，文子出走。所以，齐国之所以大败，是它攻打楚国反而有利于韩国、魏国。这就是所谓借兵器给盗贼，送粮食给盗贼。大王不如结交远邦而进攻近邻，得到寸土就是大王的寸土，得到尺地也是大王的尺地。如今，放弃这近邻，却去进攻远方的国家，不也荒谬吗？再说，从前中山国土地有纵横五百里，赵国单独吞占了它，功成名就以后，利益跟着而来，天下没有谁能损害它。现在，韩国和魏国地处中原又是天下的枢纽，大王如果想称霸，一定要亲近中原地区的国家，成为天下的枢纽，以便威胁楚国、赵国。楚国强盛，就让赵国归附；赵国强盛，就让楚国归附。楚国、赵国都归附，齐国一定畏惧了。齐国畏惧，必然用谦卑的言辞、厚重的礼物来侍奉秦国。齐国归附了，韩国、魏国就趁机能收服了。”秦昭王说：“我想亲近魏国很久了，但魏国是个多变的国家，我无法亲近它。请问，亲近魏国该怎么办？”范雎回答说：“大王用谦卑的言辞、厚重的礼物去侍奉它；不行的话，就割让土地去贿赂它；不行的话，就出兵去征伐它。”秦王说：“我恭敬地听命了。”秦王就任命范雎作客卿，谋划军事。终于听取范雎的计谋，派遣五大夫绾征讨魏国，拔取了怀城。两年后，拔取了邢丘。

客卿范雎又游说秦昭王道：“秦国、韩国的地形，互相交错着，就像刺绣一样。秦国因韩国的存在，就像树木有蛀虫、人体有心腹的疾病一样。天下没有变化也就罢了，天下若有变化，那成为秦国隐患的还有哪一个比韩国更大的呢？大王不如收服韩国。”秦昭王说：“我本来就想收服韩国，但韩国不服从，对它该怎么办？”范雎回答说：“韩国怎能不服从呢？大王出兵攻打荥阳，那么巩邑和成皋的道路就不通了；向北切断太行山的通道，那么上党的军队就不能南下。大王一起兵进攻荥阳，那么韩国就会一分为三。韩国眼看定会灭亡，怎能不服从呢？如果韩国服从了，那么称霸的大业就可以考虑了。”秦王说：“好。”便要打发使者到韩国。

范雎日益亲近秦王，又被宠幸和任用几年了，便寻机会游说秦王道：“我在山东时，只听说齐国有田文，没听说齐国有齐王；只听说秦国有太后、穰侯、华阳君、高陵君、泾阳君，没听说秦国有秦王。独揽国家大权才叫作王，能够兴利除害才叫作王，能控制死生的威势才叫作王。如今，太后独断专行，不顾后果；穰侯出使国外，不报告大王；华阳君、泾阳君等人刑罚毫无顾忌；高陵君任免官吏，不向大王请示。四种权贵具备，而国家不危亡的，是未曾有过的事。在这四种权贵之下，就是所谓没有国王。这样一来，政权怎能不旁落？政令怎能由大王发出呢？我听说，善于治理国家的，就是对内树立自己的威信，对外重视自己的权力。穰侯出使时挟持大王的威权，对各诸侯国发号施令，在天下缔结盟约，征伐敌国，没有谁敢不听从。战争胜利，攻有所得，那么利益就归于陶县；国家一垮台，就归罪于各诸侯国；战争失败，就与百姓结下怨仇，而灾难归于国家。有首诗说：‘果实太多就会压折树枝，压折树枝就会伤害果树的主干；扩大了都城就会危害它的国家，尊崇了它的臣子就会使它的君主卑微。’崔杼、淖齿掌管齐国的时候，崔杼射伤齐庄公的大腿，淖齿抽掉湣王的筋骨，把他悬挂在庙堂的横梁上，很快就死了。李兑掌管赵国的时候，把主父囚在沙丘，百天后就饿死了。现在，我听说秦太后和穰侯当权，高陵君、华阳君和泾阳君辅佐他们，最终会取代秦王，这些人也是淖齿、李兑的同类。再说夏、商、周三代之所以灭亡，就在于君主把政权完全授予臣下，自己放任喝酒，骑马打猎，不理政事。他所授权的人，是妒贤嫉能的人，凌驾下属，蒙蔽主上，以便达到他们的个人目的，他们不替君主着想，而君主又不能觉察、醒悟，所以丧失了他的国家。如今，从一般官吏到各大官吏，下到大王左右的侍从，没有不是相国的人的。眼看大王在朝廷很孤立，我私下替大王害怕，千秋万代以后，占有秦国的怕不是大王的子孙了。”秦昭王听了这话很害怕，说：“好。”于是，废弃了太后，把穰侯、高陵君、华阳君和泾阳君驱赶到关外。秦王就任命范雎作宰相，收回穰侯的相印，让他回到陶县去，于是让县官提供车子和牛马以便搬家，车辆有一千多。到了关口，关上的官吏检查他的宝物，宝物珍品比王室还多。

秦昭王把应城封给范雎，号称应侯。这个时候，是秦昭王四十一年。

范雎已经担任秦国的宰相，秦国人称他为张禄，但魏国人不知道，以为范雎已经死去很久了。魏国听说秦国将向东征伐韩国、魏国，魏国就派须贾到秦国。范雎听了这回事，就秘密出发，穿着破衣，抄小路到宾馆，会见须贾。须贾一见到他，就惊讶地说："范叔原来平安无事啊！"范雎说："是。"须贾笑着说："范叔是来游说秦国的吗？"范雎说："不是。我范雎前些时候得罪了魏国的宰相，因此逃亡到这里，怎敢来游说呢？"须贾说："现在范叔做什么事？"范雎说："我做人家的雇工。"须贾心里哀怜他，就留他跟自己吃喝，说道："范叔竟然贫寒到这样啊！"就拿出自己的一件厚绸袍子来送给他。须贾趁机问道："秦国宰相张先生，你了解他吗？我听说他受秦王宠爱，天下的事情都由宰相先生决定。如今，我的事情的取舍全在于张先生。你小子可有朋友熟悉宰相先生的吗？"范雎说："我的主人熟悉他。就是我也能够拜见他，我范雎愿意替您引见张先生。"须贾说："我的马病了，车轴断了。假如没有四匹马拉的大车，我就决不出门。"范雎说："我愿意替您向我的主人借用四匹马拉的大车。"

范雎回去带来四匹马拉的大车，自己给须贾驾车，进入秦国宰相府。相府里的人望见了，有认识范雎的都回避躲开。须贾觉得奇怪。到了宰相住所门口，范雎对须贾说："您等着我，我替您先进去向宰相通报。”须贾在门口等着，停车许久，问看门的人说：“范叔还不出来，为什么呢?”看门的人说：“这里没有范叔。”须贾说：“就是刚才同我一道坐车进来的。”看门的人说：“那是我们的宰相张先生。”须贾大吃一惊，自己知道受骗了，就袒露上身，用膝盖跪着走，通过看门的人认罪求情。这时，范雎坐在华丽的帷幕中，随从的人很多，接见了须贾。须贾磕头，声称死罪，说：“我须贾没想到您能自己达到青云之上，我不敢再读天下的书，不敢再参与天下的大事。我须贾犯了该烹煮的死罪，请求独自隔离到胡貉少数民族地区，是死是活，唯您之命是从。”范雎说：“你的罪过有多少?”须贾说：“拔下我的头发相连接，还没有我的罪过深长。”范雎说：“你的罪状有三条罢了。从前，楚庄王的时候，申包胥替楚国打退了吴军，楚王把荆地五千户封赏给他，申包胥辞谢不肯接受，因为他祖宗的坟墓寄托在荆地。现在，我范雎的祖宗坟墓也在魏国，您从前以为我对外私通齐国，因而在魏齐面前说我的坏话，这是您的第一条罪状。当时，魏齐使我在厕所里遭受侮辱，您不制止，这是第二条罪状。又在醉后往我身上撒尿，您是多么忍心啊！罪状三条了。然而，您之所以免死，是一件厚绸袍子还有恋恋不舍的老朋友的情意，所以我放过您。”须贾就谢恩告别。范雎进宫向秦昭王报告了这件事，然后让须贾回去。

须贾向范雎辞别，范雎大摆筵席，把各国使者都请来，跟他们一起坐在大堂上，酒菜非常丰盛。而让须贾坐在堂下；

把一盆料豆放在他面前，让两个受过黥刑的囚徒夹着他，像喂马一样地喂他。范雎数落他说：“替我告诉魏王，赶快拿魏齐的头来！否则，我将要屠杀大梁。”须贾回去，把这些话告诉了魏齐。魏齐恐惧，逃跑到赵国，躲藏在平原君家里。

范雎担任宰相以后，王稽对范雎说：“事情有不能预料的三种，有无可奈何的也是三种。君王一旦去世，这是事情不能预料的第一种情况。您突然死去，这是事情不能预料的第二种情况。假使我突然死去，这是事情不能预料的第三种情况。君王一旦去世，您尽管对我感到遗憾，也无可奈何。您突然死去，您尽管对我感到遗憾，也没有办法。假使我突然死去，您尽管对我感到遗憾，也无可奈何。”范雎不高兴，就进宫对秦昭王陈言道：“如果不是王稽的忠心，没有谁能把我接纳到函谷关。如果不是大王这样贤明圣哲，没有谁能重视我。现在，我的官职达到了宰相，爵位排在列侯，王稽的官职还停留在一名谒者上，这不是他接纳我的本意。”秦昭王召见王稽，任命他作河东郡守，三年之内不用上报。又保举郑安平，秦昭王用他作将军。范雎这时散发家里的财物，都用来施舍给曾经困苦的人。对于一饭之恩的人一定报答，对于怒目相视的怨仇一定报复。

范雎担任宰相两年。秦昭王四十二年，向东讨伐韩国的少曲、高平，拔取了它们。

秦昭王听说魏齐在平原君家里，一定要替范雎报他的仇，就虚情假意地写了一封友好的信送给平原君说："我听说您的崇高正义，希望同您结成平民般的朋友。如有幸得到您拜访我，我愿意同您作十天的长饮。"平原君害怕秦国，又认为信中所言为是，就进入秦国会见秦昭王。秦昭王同平原君喝了几天酒，对平原君说："从前，周文王得到吕尚，把他当作太公，齐桓公得到管夷吾，把他当作仲父。现在，范先生也是我的叔父。范先生的仇人在您的家，希望您派人回去拿他的头来。不然的话，我不让您出关。"平原君说："显贵以后结交朋友，是为了不忘卑贱的时候；富裕以后结交朋友，是为了不忘贫穷的时候。魏齐是我赵胜的朋友，就是在我家里，我当然不会交出来，况且现在又不在我家里。"秦昭王就写信给赵王说："大王的弟弟在秦国，范先生的仇人魏齐在平原君家里。大王派人马上拿魏齐的头来；不然的话，我就起兵进攻赵国，又不让大王的弟弟出关。"赵孝成王就出兵包围平原君的家，情况危急。魏齐连夜逃亡出去，见到赵国的宰相虞卿。虞卿估计赵王终究不能说服，就解下他的相印，同魏齐一道抄小路逃跑，考虑到各诸侯国没有一个能够马上抵达的，就又跑回大梁，想通过信陵君而逃到楚国。信陵君听说这件事，害怕秦国，犹豫不决，不肯接见，他说："虞卿是怎样的人呢？"这时，侯嬴在旁边，说："人本来不容易了解，了解人也是不容易的。虞卿穿着草鞋，打着伞，第一次见赵王，赵王赏赐他一双白璧，一百镒黄金；第二次见面，赵王任命他作上卿；第三次见面，赵王终于授给他相印，封他为万户侯。就在这个时侯，天下争相了解他。魏齐在穷困的时候拜访虞卿，虞卿不敢以爵位俸禄为重，解下相印，放弃万户侯而秘密外逃。他以士人的穷困为急来归附公子，公子说‘是怎样的人’。人本来不容易了解，了解人也是不容易的!”信陵君非常惭愧，驾车到郊外迎接他们。魏齐听说信陵君起初要见他感到为难，愤怒地割脖子自杀了。赵王听说这件事，终于割下魏齐的头送给秦国。秦昭王于是释放平原君回国。

秦昭王四十三年，秦国进攻韩国的汾陉，攻占了它，趁机在黄河边的广武山上筑城。

五年以后，秦昭王采用应侯的计谋，用反间计欺骗赵国，赵国由于这个原因，命令马服君赵奢的儿子赵括代替廉颇担任将军。秦军在长平把赵军打得大败，接着包围了邯郸。不久，应侯同武安君白起有嫌隙，进谗言而杀了白起。应侯举荐郑安平，让他去进攻赵国。郑安平被赵军包围，情急之下，带着士兵两万人投降了赵军。应侯坐在草垫上请罪。依照秦国的法律，举拔了人而被举荐的人如果犯了罪，分别根据被举荐人的罪状给他们定罪。于是，应侯罪当收捕三族。秦昭王害怕伤害了应侯的心，就下令全国：“有敢于谈论郑安平事件的，就按郑安平的罪给他定罪。”而且增加赏赐相国应侯的食物日益丰厚，以便顺应他的心意。两年后，王稽担任河东郡守，由于跟外国勾结，犯法被处死，因而应侯一天天地不悦。

秦昭王坐朝时唉声叹气，应侯上前说：“我听说‘君主有忧愁，臣子感到耻辱；君主受耻辱，臣子应当身死’。今天大王在朝中发愁，我愿意请求给我定罪。”秦昭王说：“我听说楚国的铁剑锋利，但艺伎笨拙。艺伎笨拙，那么谋略就深远。用深远的谋略统率勇敢的士兵，我怕楚国要图谋秦国。事情如果不在平常作好准备，就不能够应付突然的事变。现在，武安君已经死去，而郑安平等人反叛，国内没有良将，而国外多敌国。我因此发愁。”秦昭王想以此激励应侯。应侯恐惧，想不出办法来。蔡泽听说这件事，就到秦国去了。

蔡泽是燕国人。他通过游学向许多大大小小的诸侯国谋求官职，都不能得到赏识。他就找唐举看相，说：“我听说先生给李兑看相，说他‘百日之内会掌握国家政权’，有这回事吗?”唐举说：“有这回事。”蔡泽说：“像我这样的人怎么样?”唐举仔细地看了他以后笑着说：“先生的鼻子向上翘，肩膀耸起脖子短，大面孔，凹鼻梁，双膝蜷曲。我听说圣人是不以相貌为然的，大概是说的先生吧。”蔡泽知道唐举是取笑他，就说：“富贵是我本来就有的，我所不知道的是年寿，希望听到这一点。”唐举说：“先生的年寿，从现在起而往后还有四十三年。”蔡泽笑着辞谢后离开了，对他的驾车人说：“我端着精米饭，吃着肥肉，骑马奔驰，藏着黄金印，把紫色印绶结在腰上，在君王面前打躬作揖，吃肉富贵的日子，四十三年够了。”他离开后就到赵国去，但被赶走。又前往韩国、魏国，所带行厨炊具又都给别人抢去了。听说应侯举荐的郑安平、王稽在秦国都犯了大罪，应侯内心羞愧，蔡泽就向西进入秦国。

蔡泽准备会见秦昭王，就派人扬言来激怒应侯说：“燕国游客蔡泽，是天下英俊、善辩、明智之士。他一见到秦王，秦王一定会难为您，然后夺取您的职位。”应侯听了说：“五帝三代的事情，百家的学说，我已经知道了；众人的辩言，我都能驳斥它们。这个人怎能难为我并夺取我的职位呢？”应侯派人召见蔡泽。蔡泽进来了，便向应侯作揖。应侯本来就不高兴，待见到他，又很傲慢，应侯便指责他说：“您曾经扬言要代替我当秦国的宰相，可有这回事吗？”蔡泽回答说：“是这样。”应侯说：“请让我听听您的说法。”蔡泽说：“唉，您的见识多么落后啊！四季的交替，有了成效就过去了。人活着全身结实强壮，手脚利索，耳聪目明，心灵贤慧，难道不是士人的愿望吗？”应侯说：“是。”蔡泽说：“以仁为本，秉持正义，遵循公道，广施恩德，在天下实现自己的理想，天下人心里高兴、敬爱和拥戴他，都希望他做君王，难道不是雄辩明智者的希望吗？”应侯说：“是。”蔡泽又说：“富贵荣耀，治理一切事物，使它们各得其所；生命长寿，享尽自己的天年，而不夭折；天下继承他的传统，保守他的事业，使它永远流传；名声和实际一致，德泽流传千里，世世代代称赞他个不停，简直跟天地同终始：这也许是符合道德又是圣人所说的吉祥善事吧？”应侯说：“是。”

蔡泽说：“至于像秦国的商君、楚国的吴起、越国的大夫种，他们的结局也可以希望吗？”应侯知道蔡泽想使自己困窘来说服自己，又诡辩地说：“为什么不可以？公孙鞅侍奉秦孝公时，终身没有二心，尽忠于公益而不顾私利；设置刀锯来禁止奸邪，落实赏罚来达到安定；披肝沥胆，显示情怀，蒙受怨恨，欺骗老友，活捉魏公子卬，安定秦国，有利于百姓，终于替秦国擒获敌将，大败敌军，拓地千里。吴起侍奉楚悼王时，使私利不能妨害公益，谗言不能蒙蔽忠心，说话不采取附和的态度，行为不采取苟且取容的态度，不由于危险而改变自己的行为，履行正义而不回避困难，这样为了使君王称霸，国家强大，不躲避祸害。大夫种侍奉越王的时候，君王虽然遭受困厄凌辱，但是他竭尽忠诚而不懈怠，君王虽然绝代亡国，然而他竭尽所能而不离开，成功了不矜持，富贵了不傲慢。像这三个人，真是正义至极，又是忠诚的楷模。因而君子为了正义而殉难，视死如归；活着蒙受耻辱，不如死后光荣。士人本当杀身以成全名节，只要是正义之所在，即使是死了，也没有遗憾的地方。为什么不可以呢？”

蔡泽说：“君王圣明，臣子贤良，是天下最大的幸运；君主英明，臣子正直，是国家的幸运；父亲慈祥，儿子孝顺，丈夫诚信，妻子贞节，是家庭的幸福。因而比干忠诚却不能保存殷朝；子胥明智却不能保全吴国；申生孝顺，可是晋国大乱。这些都是忠臣孝子，可是国亡家乱，是什么原因呢？由于没有英明的君主和贤良的父亲听从他们，因此天下认为他们的君主、父亲可耻，而怜惜这些臣子和儿子。商君、吴起、大夫种作为人臣，是对的；他们的君王，是错的。所以，世人说这三个人成就功业却不得好报，难道羡慕他们生不逢时而死吗？等待死了以后才能够立忠成名，这样微子不配是仁人，孔子不配是圣人，管仲不够伟大。人们建立功业，难道不期望成全吗？性命和功名都能成全的，是上等。功名可以效法，但牺牲了性命的，是次一等。声名蒙受耻辱，但性命保全的，是下等。”这时，应侯称是。

蔡泽略微得到机会，就趁机说：“商君、吴起、大夫种，他们作为人臣，竭尽忠诚，成就功业，当然值得羡慕了，闳夭侍奉周文王，周公辅助周成王，难道不也忠诚圣明吗？就君臣关系而论，商君、吴起、大夫种同闳夭、周公哪一个值得羡慕呢？”应侯说：“商君、吴起、大夫种比不上。”蔡泽说：“这样，那么您的君王慈善仁爱，任用忠良，纯朴厚道地对待老朋友，他贤能明智，同有道德的人亲如胶漆，坚持正义，不背弃功臣，跟秦孝公、楚悼王、越王相比，怎么样呢？”应侯说：“不知怎么样呢。”蔡泽说：“如今，您的君王亲近忠臣，不超过秦孝公、楚悼王、越王。您施展才智，能替君主转危为安、修明政治；拨乱反正，加强军队；排除忧患，解决困难；扩大耕地，种植稻谷；使国家强盛、家庭充足；加强君王，尊崇社稷，显扬宗庙，天下没有谁敢欺骗、冒犯您的君王。君王的声威可震撼四海之内，声名光辉流传千秋万代，您跟商君、吴起、大夫种相比怎么样呢？”应侯说：“我不如他们。”蔡泽说：“现在，君王亲近忠臣、不忘老友比不上秦孝公、楚悼王、越王句践，而您的功劳和受到的宠爱、信任又比不上商君、吴起、大夫种，然而您的俸禄盛多，职位高贵，私人的财富超过他们三个人，若自身不退，可能后患会比他们三个更厉害，我私下替您感到危险。俗话说：‘太阳正中以后就偏斜，月亮满圆以后就亏缺。’事物极盛以后就要衰落，这是天地间的自然规律。进退伸缩，随着时势变化，这是圣人通用的办法。因此，‘国家政治清明就做官，国家政治黑暗就隐居’。圣人说：‘龙飞腾在天，利益就会出现在伟人面前。’‘不合道义而得来的富贵，对于我来说如同浮游的云彩一样。’现在，您的怨仇已经报复，恩德已经报答，心愿已经实现，可是没有应变的计谋，我私下认为这是您不可取的地方。再说翡翠、鸿鹄、犀牛、大象，它们所处的形势并不是不远离死地，但之所以死亡，是被钓饵迷惑。苏秦、智伯的智慧，不是不足够来避免侮辱，远离死亡，但之所以死亡，是他们不断地为利所惑。因此，圣人制订礼法，节制欲望，向人民索取而有限度，使用民力而根据时节，征用民财而有止境，所以心志不自满，行为不骄横，总是同道义相符而不失去道义，所以得天下而能传承不断。从前齐桓公多次会合诸侯，一举匡正天下，到了葵丘会盟的时候，因为有骄傲自满的心志，背叛他的国家有好几个。吴王夫差的军队无敌于天下，自恃勇敢强大而轻视各诸侯国，欺凌齐国和晋国，所以最终导致自己被杀，国家灭亡。夏育、太史噭一声叱咤呼唤，惊骇三军，然而自己死在一个平常人手下。这些都是由于他们处于极强盛的地位而不顾道义，不保持谦卑，不厉行节约的祸患。商君替秦孝公申明法令：禁止奸邪的根源，尊贵的爵位一定要用来奖赏，有罪的人一定要受到处罚；统一权衡、平正度量，调整轻重，废除田间小道，以便安定人民的事业，统一人民的习俗；勉励人民从事农耕，使地尽其利；一个家庭没有两种职业，大家都勤于种田，积蓄粮食，练习攻战兵阵的军事，因此军队一出动，土地就扩大，按兵不动，国家也能强盛。因此，秦国无敌于天下，在各诸侯树立了威望，成就了秦国霸业。功业已经完成了，商鞅却终于受到五马分尸的刑罚。楚国土地纵横几千里，武装士兵上百万，白起率领几万军队来跟楚军交战，第一战役就攻下了鄢郢，并烧毁了夷陵，第二战役南下兼并了蜀国和汉中。又越过韩国和魏国去进攻强大的赵国，北上活埋了马服君的军队，屠杀了四十多万士兵，将他们全部歼灭在长平城下，血流成河，声沸如雷，接着入侵围攻邯郸，使秦国拥有帝业。楚国、赵国是天下的强国，也是秦国的仇敌。从此以后，楚国、赵国都畏惧服从秦国，不敢进攻秦国的原因，在于白起的威势。白起亲身征服七十多个城邑，功业已经完成了，却受赐用剑自杀而死在杜邮。吴起替楚悼王制订法令，削弱大臣的权势，罢免无能的，废黜无用的，裁减无关紧要的官员，杜塞私家的请托，规范楚国的习俗，禁止游荡的人，奖励务农力战的士民，南下收服杨越，北上吞并陈国、蔡国，破坏离间合纵连横的主张，使游说的人无法开口，禁止朋党，勉励百姓，安定了楚国的政局，军队震撼天下，声威慑服各诸侯国。功业已经完成，吴起却终于被肢解。大夫种替越王深谋远虑，避免了会稽亡国的危险。化危亡为生存，变耻辱成光荣，开垦荒地，扩充城邑，开辟土地，种植五谷，率领四方的士民，团结上下的力量，辅佐贤能的句践，向夫差报了仇，最终征服了强大的吴国，使越国成为霸主。功勋已经显著确凿了，但句践终于负心杀了他。这四个人，功业完成之后不离去，祸害到这个地步。这就是人们所说的能伸而不能屈、能进而不能退。范蠡明白这一点，超脱地回避世俗，长期作陶朱公。您难道没见过那赌博的人吗？有时要下大赌注，有时要分次下注，这都是您所清楚明白的。现在，您作秦国的宰相，出计谋不用离开座位，定策略不用走出朝堂，坐着就能控制各诸侯国，展拓三川地区，来充实宜阳，截断羊肠坂的险塞，阻塞太行山的要道，又斩断范氏、中行氏的通途，使六国不能合纵相亲，栈道千里之远，直通蜀国和汉中，使天下都畏惧秦国，泰国的欲望实现了，您的功劳到极点了，这也是秦国分次下注的时候了。若这个时候还不退，那么就是商君、白起、大夫种之类了。我听说，‘借水为镜的人只见到自己的面容，借人为镜的人知道自己的吉凶’。古书上说：‘成功下面，不能长久停留。’面临四人的灾祸，您怎样选择呢？您为何不在这个时候归还相印，让贤能的人来接受它？自己隐退以后，居住山岩，观赏流水，一定有伯夷一样的廉洁美名，长期做应侯，世世代代为王，又有许由、延陵季子一样辞让的美名，王子乔和赤松子一样的长寿。这跟以灾祸为终局相比怎么样呢？那么，您怎样选择呢？如果忍受着自己不能离开，迟疑而自己不能决断，一定有四人一样的灾祸了。

《易经》说‘高飞的龙一定有后悔’，这是说能上却不能下，能伸却不能屈，能进却不能退的人。希望您仔细考虑！”应侯说：“好。我听说‘欲望假如不知道满足，就会失去构成欲望的条件，占有如果不知道休止，就会失去构成占有的条件’。幸蒙先生指教，我范雎恭敬地听命。”这时，他就请蔡泽入席，尊为上宾。

几天后，范雎上朝，对秦昭王说：“有个刚从山东来的客人叫蔡泽，这个人是个能言善辩的人，明了三王的事情，五霸的业绩，世俗的变化，可以把秦国的政事委托给他。我见过的人很多，没有人比得上他，我也比不上他。我冒昧地向您报告。”秦昭王召见蔡泽，跟他交谈后，很喜欢他，任命他作客卿。应侯趁机借病请求归还相印。秦昭王竭力挽留应侯，应侯就借口病重。范雎免去了相位，秦昭王刚刚喜欢蔡泽的计划，就任命他作秦国的宰相，向东收服了周朝。

蔡泽担任秦国的宰相几个月，有人厌恶他，他害怕被杀，就托病归还相印，被封为纲成君。在秦国居留十多年，侍奉过昭王、孝文王、庄襄王。最后侍奉秦始皇帝，替秦国出使到燕国，三年后燕国让太子丹到秦国作人质。

太史公说：“韩非子说‘衣袖长的人善于舞蹈，钱财多的人善于买卖’，这话说得实在啊！范雎、蔡泽等世人所说的一般能言善辩的人，然而他们游说诸侯直到头发白了也没有碰上机会的，并不是计谋策略的笨拙和进行游说所作出的努力太少。等到两人旅居秦国，就能相继取得卿相的职位，垂功名于天下的道理，本来就是由于强弱的形势不同。然而，说客也有偶然碰到机会的，贤能的人有很多都像这两个人一样，却不能完全满足自己心意的，难道能说得完吗？但这两人如果不困苦，又怎能激发起成事的行为呢！”

第六十二卷　乐毅列传第二十

本篇是著名军事家乐毅的专传并附其子乐闲及同宗后辈乐乘传。

燕国原是战国七雄的弱者，无端遭到强齐的侵凌。燕昭王即位后，招贤纳士，发愤图强，决心报仇雪耻。当复仇时机到来时，乐毅向燕昭王冷静、客观地分析了时局，提出了正确的战略主张：联合楚、赵、韩、魏四国，利用秦国，共同伐齐。昭王虚心采纳了乐毅的意见，命乐毅任上将军，率五国军队，大败齐军，取得了以弱胜强、报仇雪耻的辉煌胜利。故《太史公自序》说："率行其谋，连五国兵，为弱燕报强齐之仇，雪其先君之耻，作乐毅列传第二十。"太史公为乐毅立传的意旨于此可见——肯定其战略主张，颂扬其历史功绩。但这位战功赫赫的将军无端被黜，被迫逃往赵国，其原因就是新君惠王嫉贤妒能并为齐国所利用。惠王担忧乐毅会借赵伐燕，派人指责乐毅并强作辩解，乐毅作书回答。传中不惜笔墨地引录了回信全文。在这封信里，乐毅着重缅怀昭王的知遇之恩，剖白自己对燕国的一片忠心，委婉地驳斥了惠王，并表示决不因个人恩怨，借赵伐燕。太史公引录全信的意图是清楚的，一方面揭露惠王的昏庸无能，另一方面展现乐毅坦荡宽阔的胸襟，说明惠王的担忧纯系小人之心度君子之腹，小人、君子两相比照更加突出了乐毅的高尚人格。

这篇传记在写法上的一个显著特点是，概略介绍乐毅生平事迹而详录其回信全文，这种写法可谓别具一格。作者引录全信固然与这封信本身文情并茂有关，更重要的是信中全是思想的吐露，这样在记述乐毅外在军事活动的同时将其内在的精神世界揭示，从而把乐毅既长于军事又具有政治头脑和高尚情怀的性格特点表现得更加充分而富有光彩。

【原文】

乐毅者，其先祖曰乐羊。乐羊为魏文侯将，伐取中山，魏文侯封乐羊以灵寿。乐羊死，葬于灵寿，其后子孙因家焉。中山复国，至赵武灵王时复灭中山，而乐氏后有乐毅。

乐毅贤，好兵，赵人举之。及武灵王有沙丘之乱[①]，乃去赵适魏。闻燕昭王以子之之乱[②]而齐大败燕，燕昭王怨齐，未尝一日而忘报齐也。燕国小，辟[③]远，力不能制[④]，于是屈身[⑤]下士，先礼郭隗[⑥]以招贤者。乐毅于是为魏昭王使于燕，燕王以客礼待之。乐毅辞让，遂委质[⑦]为臣，燕昭王以为亚卿，久之。

【注释】

①沙丘之乱：指前 295 年，主父武灵王与少子惠文王同游沙丘，长子章乘机作乱，欲杀惠文王以自立，公子成等发兵平

乱，章败，逃入武灵王行宫，公子成率兵围困，杀章，武灵王被饿死。②子之之乱：指前315年，燕王哙将王位禅让给国相子之，子之为政三年燕大乱。前314年齐宣王袭燕，杀燕王哙及子之。③辟：通“僻”。偏僻。④制：制胜。⑤屈身：降抑身份。⑥先礼郭隗：指燕昭王听从郭隗建议，先礼尊郭隗自己，为其筑宫，拜其为师以招揽天下贤士。⑦委质：古代臣下向君主敬献礼物，表示献身称“委质”。质，通“贽”。

【原文】

当是时，齐湣王强，南败楚相①唐眛于重丘，西摧三晋②于观津，遂与三晋击秦，助赵灭中山，破宋，广地千余里。与秦昭王争重为帝③，已而复归之④。诸侯皆欲背秦而服于齐。湣王自矜⑤，百姓弗堪⑥。于是燕昭王问伐齐之事。乐毅对曰：“齐，霸国之余业⑦也，地大人众，未易独攻也。王必欲伐之，莫如与⑧赵及楚、魏。”于是使乐毅约赵惠文王，别使连楚、魏，令赵啖⑨说秦以伐齐之利。诸侯害⑩齐湣王之骄暴，皆争合从⑪与燕伐齐。乐毅还报，燕昭王悉起兵，使乐毅为上将军，赵惠文王以相国印授乐毅。乐毅于是并护⑫赵、楚、韩、魏、燕之兵以伐齐，破之济西。诸侯兵罢归⑬，而燕军乐毅独追，至于临菑。齐湣王之败济西，亡走保于莒。乐毅独留徇⑭齐，齐皆城守⑮。乐毅攻入临菑，尽取齐宝财物祭器输之燕。燕昭王大说⑯，亲至济上劳军，行赏飨⑰士，封乐毅于昌国，号为昌国君。于是燕昭王收齐卤获⑱以归，而使乐毅复以兵平齐城之不下者。

乐毅留徇齐五岁，下齐七十余城，皆为郡县以属燕，唯独莒、即墨未服。会燕昭王死，子立为燕惠王。惠王自为太子时尝不快于乐毅，及即位，齐之田单闻之，乃纵反间[19]于燕，曰："齐城不下者两城耳。然所以不早拔者，闻乐毅与燕新王有隙[20]，欲连兵[21]且留齐，南面而王齐[22]。齐之所患，唯恐他将之来。"于是燕惠王固已疑乐毅，得齐反间，乃使骑劫代将，而召乐毅。乐毅知燕惠王之不善[23]代之，畏诛，遂西降赵。赵封乐毅于观津，号曰望诸君。尊宠乐毅以警动于燕、齐。

【注释】

①楚相：梁玉绳《史记志疑》："'楚相'乃'楚将'之误。"②三晋：指韩、赵、魏三国。春秋末，晋被韩、赵、魏三家瓜分，各立为国，故称"三晋"。这里指魏、赵两国。③争重为帝：争取尊为帝号。前288年，秦昭王自称西帝，尊齐湣王为东帝。④已而复归之：指齐湣王接受苏代的劝说，称帝后两个月即自行取消帝号，仍旧称王。⑤自矜：自尊自大。⑥堪：忍受。⑦余业：先人遗下的功业。⑧与：结交，联合。⑨啖（dàn）：以利益引诱人。⑩害：以为祸害。⑪合从：当时诸侯国在外交的一种策略，即"合众弱以攻一强"。从，通"纵"。⑫并护：统一指挥。⑬罢归：停止攻击，撤回本国。⑭徇：带兵巡行占领的地方。⑮城守：据城固守。⑯说：通"悦"。⑰飨：用酒食招待人。⑱卤获：夺取缴获的战利品。卤，通"掳"，掠夺。⑲纵：施放。反间：使敌人间谍为我所用，或用计使敌人内部不团结。⑳隙：感情上的裂痕，怨仇。

㉑连兵：断断续续用兵。㉒王齐：在齐称王。㉓不善：不怀好意。

【原文】

齐田单后与骑劫战，果设诈诳燕军[1]，遂破骑劫于即墨下，而转战逐燕，北至河上，尽复得齐城，而迎襄王于莒[2]，入于临菑。

燕惠王后悔使骑劫代乐毅，以故破军亡将失齐；又怨乐毅之降赵，恐赵用乐毅而乘燕之弊以伐燕[3]。燕惠王乃使人让[4]乐毅，且谢[5]之曰："先王举国而委将军，将军为燕破齐，报先王之雠[6]，天下莫不震动，寡人岂敢一日而忘将军之功哉！会先王弃群臣[7]，寡人新即位，左右误寡人。寡人之使骑劫代将军，为将军久暴露[8]于外，故召将军且休，计事。将军过听[9]，以与寡人有隙，遂捐[10]燕归赵。将军自为计则可矣，而亦何以报先王之所以遇将军之意乎？"乐毅报遗[11]燕惠王书曰：

【注释】

①设诈诳燕军：指田单先以请降示弱麻痹燕军，再以"火牛阵"奇袭燕军。诈：欺骗；诳：迷惑。②迎襄王于莒：齐湣王兵败奔莒，为援齐楚将淖齿所杀，后莒人立湣王子为王，即襄王。③弊：疲困。④让：责备。⑤谢：道歉。⑥雠：仇恨。⑦弃群臣：抛下了群臣，是死去的委婉说法。⑧暴露：露天食宿。指战地生活的辛苦。⑨过听：误听。⑩捐：弃。⑪遗：给予。

【原文】

臣不佞[1]，不能奉承王命，以顺左右之心，恐伤先王之明，有害足下之义，故遁逃走赵。今足下使人数[2]之以罪，臣恐侍御者不察先王之所以畜幸[3]臣之理，又不白[4]臣之所以事先王之心，故敢以书对。

臣闻贤圣之君不以禄私[5]亲，其功多者赏之，其能当者处[6]之。故察能而授官者，成功之君也；论行[7]而结交者，立名之士也。臣窃观先王之举也，见有高世主[8]之心，故假节[9]于魏，以身得察于燕。先王过举[10]，厕[11]之宾客之中，立之群臣之上，不谋父兄[12]，以为亚卿。臣窃不自知，自以为奉令承教[13]，可幸[14]无罪，故受令而不辞。

【注释】

①不佞：没有才能。是自谦的说法。②数：列举罪状，指责、数落。③侍御者：君主的侍从。这里实指燕惠王。畜：收留。幸：宠信。④白：明白。⑤禄：爵禄。私：偏私。⑥能当者：指才能胜任官职的人。处：安排，任用。⑦论：衡量。行：品行。⑧高：超出。世主：一般的君主。⑨假：借。节：符节。古代君王传布命令或征调兵将的凭证。这里是出使的意思。⑩过举：过分地抬举。⑪厕：置身于。⑫父兄：这里指宗室大臣。⑬承教：接受教导。⑭幸：侥幸。

【原文】

先王命之曰："我有积怨深怒于齐，不量轻弱[1]，而欲以齐为事[②]。”臣曰：“夫齐，霸国之余业而最胜[③]之遗事也。练于兵甲，习于战攻。王若欲伐之，必与天下图之。与天下图之，莫若结于赵。且又淮北、宋地，楚、魏之所欲也，赵若许而约四国攻之，齐可大破也。”先王以为然，具[④]符节南使臣于赵。顾反命[⑤]，起兵击齐。以天之道[⑥]，先王之灵，河北之地随先王而举之[⑦]济上。济上之军受命击齐，大败齐人。轻卒锐兵，长驱至国。齐王遁而走莒，仅以身免；珠玉财宝车甲珍器尽收入于燕。齐器设于宁台[⑧]，大吕陈于元英[⑨]，故鼎反乎磿室[⑩]，蓟丘之植植于汶篁[⑪]，自五伯[⑫]已来，功未有及先王者也。先王以为慊[⑬]于志，故裂地[⑭]而封之，使得比[⑮]小国诸侯。臣窃不自知，自以为奉命承教，可幸无罪，是以受命不辞。

【注释】

①轻弱：指燕国国力薄弱。②以齐为事：把向齐国复仇作为自己的职分。③最胜：多次取胜。最：积聚。据《战国策》，“最”作“骤”。④具：准备。⑤顾：回顾，回头。形容时间之速。反命：通“返命”，复命。⑥道：通“导”，引导。⑦河北之地：指黄河以北的赵、魏地区。举：全部。之：到。⑧宁台：燕国台名。⑨大吕：齐国钟名。元英：燕国宫殿名，在宁台之下。⑩故鼎：指曾被齐掠走的燕国宝鼎。磿室：燕国宫殿名，在宁台之下。⑪汶篁：齐国汶水出产的竹子。⑫五伯：又作“五霸”。春秋时称霸一时的五个诸侯盟主。其说不一，通行的说法是指齐桓公、晋文公、秦穆公、宋襄公、楚庄王。⑬慊：满足。⑭裂地：割地以封。⑮比：比同，并列。

【原文】

臣闻贤圣之君，功立而不废，故著于《春秋》[①]；蚤知[②]之士，名成而不毁，故称于后世。若先王之报怨雪耻，夷万乘[③]之强国，收八百岁之蓄积[④]，及至弃群臣之日，余教[⑤]未衰，执政任事之臣，脩[⑥]法令，慎庶孽[⑦]，施及乎萌隶[⑧]，皆可以教后世。

臣闻之，善作[⑨]者不必善成，善始者不必善终。昔伍子胥说听[⑩]于阖闾，而吴王远迹至郢；夫差弗是也，赐之鸱夷[⑪]而浮之江。吴王不寤先论[⑫]之可以立功，故沈[⑬]子胥而不悔；子胥不蚤见主之不同量，是以至于入江而不化[⑭]。

【注释】

①《春秋》：编年体史书，相传孔子据鲁史修订而成，是儒家经典之一。这里泛指史书。②蚤知：先知，有预见。蚤，通“早”。③夷：平定。万乘：万辆兵车。古代一车四马叫“乘”。④八百岁之蓄积：指齐自开国至燕昭王破齐约八百年间积存的珍宝财物。⑤余教：留下的政令、训示。⑥脩：通“修”。⑦慎庶孽：慎重地对待妾生子弟。⑧施（yì）：推及。萌隶：百姓。⑨作：创作，开创。⑩说：主张。听：听从，接受。⑪鸱夷：马革做的囊袋，形似鸱鸟，用以收敛骸骨。⑫寤：通“悟”，明白。先论：指伍子胥早先的建议，即拒绝越王请降，停止对齐用兵。⑬沈：通“沉”。⑭不同量：有不同的气量、抱负。入江而不化：《索隐》云：“言子胥怀恨，

故虽投江而神不化，犹为波涛之神也。”

【原文】

夫免身[①]立功，以明先王之迹[②]，臣之上计也。离[③]毁辱之诽谤，堕[④]先王之名，臣之所大恐也。临不测之罪，以幸为利[⑤]，义之所不敢出也。

臣闻古之君子，交绝不出恶声[⑥]；忠臣去国，不絜其名[⑦]。臣虽不佞，数[⑧]奉教于君子矣。恐侍御者之亲左右之说，不察疏远之行[⑨]，故敢献书以闻[⑩]，唯君王之留意焉。

于是燕王复以乐毅子乐闲为昌国君；而乐毅往来复通[⑪]燕。燕、赵以为客卿。乐毅卒于赵。

【注释】

①免身：免遭自身灾祸。②迹：事迹，功绩。③离：通“罹”，遭遇。④堕：通“隳”，毁坏。⑤以幸为利：把幸免于杀身之祸作为渔利的机会。指为赵害燕以谋取个人名利。⑥不出恶声：不说他人坏话。⑦不絜其名：不洗雪自己的罪名或冤屈。絜，通“洁”。⑧数：多次。⑨疏远：指被疏远的人。行：行为。⑩闻：使听到。⑪通：交好。

【原文】

乐闲居燕三十余年，燕王喜用其相栗腹之计，欲攻赵，而问昌国君乐闲。乐闲曰：“赵，四战之国[①]也，其民习兵，伐之不可。”燕王不听，遂伐赵。赵使廉颇击之，大破栗腹之军于鄗，禽[②]栗腹、乐乘。乐乘者，乐闲之宗[③]也。于是乐闲奔赵，赵遂围燕。燕重[4]割地以与赵和，赵乃解而去。

燕王恨不用乐闲，乐闲既在赵，乃遗乐闲书曰："纣之时，箕子不用，犯[5]谏不怠，以冀其听；商容不达[6]，身祇[7]辱焉，以冀其变。及民志不入[8]，狱囚自出[9]，然后二子退隐。故纣负桀[10]暴之累，二子不失忠圣之名。何者？其忧患之尽矣。今寡人虽愚，不若纣之暴也；燕民虽乱，不若殷民之甚也。室有语，不相尽，以告邻里[11]。二者[12]，寡人不为君取也。"

乐闲、乐乘怨燕不听其计，二人卒留赵。赵封乐乘为武襄君。

其明年，乐乘、廉颇为赵围燕，燕重礼以和，乃解。后五岁，赵孝成王卒。襄王使乐乘代廉颇。廉颇攻乐乘，乐乘走，廉颇亡入魏。其后十六年而秦灭赵。

【注释】

①四战之国：指赵国多次与四方之敌作战。②禽：通"擒"。③宗：同祖称"宗"。④重：多。⑤犯：冒犯。⑥商容不达：指殷纣时商容因谏被贬。达，显达。⑦祇（zhǐ）：通"只"。⑧民志不入：民心涣散。⑨狱囚自出：狱中囚犯逃出。喻政局混乱，法令废弃。⑩负：担负。桀：凶暴。⑪以上三句的意思是说：家庭内部有纷争不尽述己意却把它告诉邻里。喻指乐闲未能尽陈伐赵之害却出奔赵国。⑫二者：指乐闲未能犯颜直谏和背燕奔赵这两种做法。

【原文】

其后二十余年，高帝过赵，问："乐毅有后世乎？"对曰："有乐叔。"高帝封之乐卿，号曰华成君。华成君，乐毅之孙也。而乐氏之族有乐瑕公、乐臣公[①]，赵且为秦所灭，亡[②]之齐高密。乐臣公善修黄帝、老子之言[③]，显闻于齐，称贤师。

【注释】

①乐臣公：《索隐》："本亦作'巨公'也。"②亡：逃亡。③黄帝、老子之言："黄老之学"。战国、汉初道家以传说中的黄帝同老子相配，并同尊为道家创始人，形成黄老学派。言：学说。

【原文】

太史公曰：始齐之蒯通及主父偃读乐毅之报燕王书，未尝不废[①]书而泣也。乐臣公学黄帝、老子，其本师[②]号曰河上丈人，不知其所出。河上丈人教安期生，安期生教毛翕公，毛翕公教乐瑕公，乐瑕公教乐臣公，乐臣公教盖公。盖公教于齐高密、胶西，为曹相国师。

【注释】

①废：放下。②本师：宗师。

【译文】

乐毅，他的祖先叫乐羊。乐羊曾担任魏文侯的将领，他带兵攻下了中山国，魏文侯把灵寿封给了乐羊。乐羊死后，就葬在灵寿，他的后代子孙们就在那里安了家。后来，中山复国了，到赵武灵王的时候又灭掉了中山国，而乐家的后代出了个有名人物叫乐毅。

乐毅很贤能，喜好军事，赵国人曾举荐他出来做官。到了武灵王在沙丘行宫被围困饿死后，他就离开赵国到了魏国。后来，他听说燕昭王因为子之执政，燕国大乱而被齐国乘机战败，燕昭王非常怨恨齐国，不曾一天忘记向齐国报仇雪恨。燕国是个弱小的国家，地处偏远，国力是不能克敌制胜的。于是，燕昭王降抑自己的身份，礼贤下士。他先礼尊郭隗，借以招揽天下贤士。正在这个时候，乐毅为魏昭王出使到了燕国，燕王以宾客的礼节接待他。乐毅推辞谦让，后来终于向燕昭王敬献了礼物，表示愿意献身做臣下。燕昭王就任命他为亚卿，他担任这个职务的时间很长。

当时，齐湣王很强大，南边在重丘战败了楚国宰相唐眜，西边在观津打垮了魏国和赵国，随即又联合韩、赵、魏三国攻打秦国，还曾帮助赵国灭掉中山国，又击破了宋国，扩展了一千多里地的领土。他与秦昭王共同争取尊为帝号，不久他便自行取消了东帝的称号，仍归称王。各诸侯国都打算背离秦国而归服齐国。可是，齐湣王自尊自大很是骄横，百姓已不能忍受他的暴政了。燕昭王认为，攻打齐国的机会来了，就向乐毅询问有关攻打齐国的事情。乐毅回答说："齐国，它原来就是霸国，如今仍留着霸国的基业，土地广阔人口众多，可不能轻易地单独攻打它。大王若一定要攻打它，不如联合赵国以及楚国、魏国一起攻击它。”于是，昭王派乐毅去与赵惠文王结盟立约，另派别人去联合楚国、魏国，又让赵国以攻打齐国的好处去诱劝秦国。由于诸侯们认为齐湣王骄横暴虐对各国也是个祸害，都争着跟燕国联合共同讨伐齐国。乐毅回来汇报了出使情况，燕昭王动员了全国的兵力，派乐毅担任上将军，赵惠文王把相国大印授给了乐毅。乐毅于是统一指挥着赵、楚、韩、魏、燕五国的军队去攻打齐国，在济水西边大败齐国军队。这时，各路诸侯的军队都停止了攻击，撤回本国，而燕国军队在乐毅指挥下单独追击败逃之敌，一直追到齐国都城临淄。齐湣王在济水西边被打败后，就逃跑到莒邑并据城固守。乐毅单独留下来带兵巡行占领的地方，齐国各城邑都据城坚守不肯投降。乐毅集中力量攻击临淄，拿下临淄后，把齐国的珍宝财物以及宗庙祭祀的器物全部夺取过来并把它们运到燕国去。燕昭王大喜，亲自赶到济水岸慰劳军队，奖赏并用酒肉犒劳军队将士，把昌国封给乐毅，封号叫昌国君。燕昭王把在齐国夺取缴获的战利品带回了燕国，而让乐毅继续带兵进攻还没拿下来的齐国城邑。

乐毅留在齐国巡行作战五年，攻下齐国城邑七十多座，都划为郡县归属燕国，只有莒和即墨没有收服。这时，恰逢燕昭王死去，他的儿子立为燕惠王。惠王从做太子时就曾对乐毅有所不满，等他即位后，齐国的田单了解到他与乐毅有矛盾，就对燕国施行反间计，造谣说：“齐国城邑没有攻下的仅两个城邑罢了。而之所以不及早拿下来，听说是乐毅与燕国新即位的国君有怨仇，乐毅断断续续用兵故意拖延时间姑且留在齐国，准备在齐国称王。齐国所担忧的，只怕别的将领来。”当时，燕惠王本来就已经怀疑乐毅，又受到齐国反间计的挑拨，就派骑劫代替乐毅任将领，并召回乐毅。乐毅心里明白燕惠王派人代替自己是不怀好意的，害怕回国后被杀，便向西去投降了赵国。赵国把观津这个地方封给乐毅，封号叫望诸君。赵国对乐毅十分尊重优宠，借此来震动威慑燕国、齐国。

齐国田单后来与骑劫交战，果然设置骗局用计谋迷惑燕军，结果在即墨城下把骑劫的军队打得大败，接着辗转战斗追逐燕军，向北直追到黄河边，收复了齐国的全部城邑，并且把齐襄王从莒邑迎回都城临淄。

燕惠王很后悔派骑劫代替乐毅，致使燕军惨败损兵折将，丧失了占领的齐国土地。可是，又怨恨乐毅投降赵国，恐怕赵国任用乐毅乘着燕国兵败疲困之机攻打燕国。燕惠王就派人去赵国责备乐毅，同时向他道歉说：“先王把整个燕国委托给将军，将军为燕国战败齐国，替先王报了深仇大恨，天下人没有不震动的，我哪里有一天敢忘记将军的功劳呢！正遇上先王辞世，我本人初即位，是左右人耽误了我。我之所以派骑劫代替将军，是将军长年在外，风餐露宿，因此召回将军暂且休整一下，也好共商朝政大计。不想将军误听传言，认为跟我有不融洽的地方，就抛弃了燕国而归附赵国。将军为自己打算那是可以的，可是又怎么对得住先王待将军的一片深情厚谊呢？”乐毅写了一封回信给惠王，信中说：

臣下没有才干，不能恭奉您的命令，来顺从您左右那些人的意愿，我恐怕回国有不测之事，因而有损先王的英明，有害您的道义，所以逃到赵国。现在，您派人来指责我的罪过，我怕先王的侍从不能体察先王收留、宠信我的道理，又不清楚我用来侍奉先王的诚心，所以冒昧地用信来回答。

我听说贤能圣明的君主不拿爵禄偏赏给亲近的人，功劳多的就奖赏他，能力胜任的就举用他。所以，考察才能然后授给官职的，是能成就功业的君主。衡量品行然后交往的，是能树立声誉的贤士。我暗中观察先王的举止，看到他有超出一般君主的心志，所以我借为魏国出使之机，到燕国献身接受考察。先王格外抬举我，先把我列入宾客之中，又把我选拔出来高居群臣之上，不同父兄宗亲大臣商议，就任命我为亚卿。我自己也缺乏自知之明，自认为只要执行命令接受教导，就能侥幸免于犯罪，所以接受任命而不推辞。

先王指示我说："我跟齐国有积久的怨仇，深深恼恨齐国，不去估量燕国的弱小，也要把向齐国复仇作为我在位的职分。"我说："那个齐国，至今保留着霸国的基业，而又有多次作战取胜的经验。士兵训练有素，谙熟攻战方略。大王若要攻打它，必须与天下诸侯联合共同图谋它。若要与天下诸侯图谋它，不如先与赵国结盟。而且淮北，原属宋国的地区是楚、魏都想得到的地方，赵国如果答应结盟就约好四国联合攻打它，这样齐国就可以被彻底打败。”先王认为我的主张对，就准备了符节派我南去赵国。很快我就归国复命，随即发兵攻打齐国。靠着上天的引导、先王的神威，黄河以北地区的赵、魏两国军队随着先王全部到达济水岸。济水岸的军队接受命令攻击齐军，把齐国人打得大败。我们的轻快精锐部队长驱直入直抵齐国国都。齐王只身逃跑奔向莒邑，仅他一人免于身亡；珠玉财宝战车盔甲以及珍贵的祭祀器物全部缴获送回燕国。齐国的祭器摆设在宁台，大吕钟陈列在元英殿；被齐国掠去的原燕国宝鼎又从齐国取来放回磿室，蓟丘的植物中种植着齐国汶水出产的竹子，自五霸以来功业没有赶上先王的。先王认为自己的志向得到满足，所以划出一块地方赏赐给我，使我能比同小国的诸侯。我没有自知之明，自以为遵从先王之命，可侥幸免于罪罚，于是毫不推辞地领受了奖赏。

我听说贤能圣明的君主，功业建立而不废弛，所以能写在《春秋》一类的史书上；有预见的贤士，名声取得而不毁弃，所以能被后人称颂。像先王那样报仇雪耻，平定了具有万辆兵车的强大国家，缴获了齐国八百多年所积存的珍贵宝物，等到先王辞世之日，还留下政令训示，指示执政掌权的臣属，修整法令，慎重地对待庶出子弟，把恩泽推及百姓身上，这些都可以用来教导后代。

我听过这种说法，善于开创的不一定善于完成，开端好的不一定结局好。从前，伍子胥的主张被吴王阖闾采纳，吴王带兵一直打到楚国郢都；吴王夫差不采纳伍子胥的正确建议，却赐给他马革囊袋逼他自杀，把他的尸骨装在袋子里扔到江里漂流。吴王夫差不明白先前伍子胥的主张能够建立功业，所以把伍子胥沉入江里而不后悔；伍子胥也不能预见君主的气量、抱负各不相同，因此致使被沉入江里而死不瞑目。

免遭杀身之祸而建功立业，彰明发扬先王的事迹，这是我的上策。遭到侮辱以至诽谤，毁坏先王的名声，这是我所最害怕的事情。面临难以预测的罪过，把幸免于杀身之祸作为个人渔利的机会，这是恪守道义的人所不敢做出的事情。

我听说古代的君子，绝交时不说别人的坏话；忠良的臣子离开原来的国家，不洗雪自己的罪过和冤屈。我虽然无能，但多次聆听君子的教导了。我恐怕先王侍从听信左右近臣的谗言，不体察被疏远人的行为。所以，献上这封信把我的心意告诉您。希望君王留意吧。

于是，燕惠王又把乐毅的儿子乐闲封为昌国君；而乐毅往来于赵国、燕国之间，与燕国重新交好，燕、赵两国都任用他为客卿。乐毅死于赵国。

乐闲住在燕国三十多年，燕王喜采用他的宰相栗腹的计策，打算攻打赵国，便询问昌国君乐闲。乐闲说："赵国是同四方交战的国家，它的百姓熟悉军事，攻打它是不行的。"燕王喜不听，于是攻打赵国。赵国廉颇还击燕军，在鄗地把栗腹的军队打得大败，擒获了栗腹、乐乘。乐乘，与乐闲是同祖。

于是，乐闲逃到赵国，赵国于是攻燕国。燕国割让了许多土地向赵国求和。赵军才解围而去。

燕王悔恨没听乐闲的建议，乐闲已经在赵国，就给乐闲写了一封信说：“殷纣王时，箕子不被任用，但他敢于冒犯君王，直言谏诤，毫不懈怠，希望纣王听信；商容因劝谏纣王而被贬谪，他身受侮辱，仍希望纣王改弦更张。等到民心涣散，狱中的囚犯纷纷逃出，国家已不可救药，然后两位先生才辞官隐居。因此，纣王背上了凶暴的恶名，两位先生却不失忠诚、高尚的美誉。这是为什么呢？他竭尽了为君为国而忧虑的责任。现在，我虽然愚钝，但还不像殷纣那么凶暴；燕国百姓虽不安定，但也不像殷朝百姓那么严重。有道是，家庭内部有了纷争，不尽述自己的意见，却去告诉邻里。这两种做法，我认为是不可取的。”

乐闲、乐乘怨恨燕王不听从他们的计策，两个人终于留在赵国。赵国封乐乘为武襄君。

第二年，乐乘、廉颇为赵国围困燕国，燕国用厚礼向赵国求和，赵军才解围。五年之后，赵孝成王去世。悼襄王派乐乘代替廉颇的官职。廉颇攻打乐乘，乐乘逃奔，廉颇也逃到魏国。此后十六年，秦国灭掉赵国。

二十年之后，汉高帝经过原来赵国属地，问那里的人说：“乐毅有后代吗？”回答说：“有个乐叔。”汉高帝把乐卿封赐给他，封号称华成君。华成君就是乐毅的孙子。乐氏家族还有乐瑕公、乐臣公，他们是在赵国将要被秦国灭掉时逃到齐国高密的。乐臣公长于研究黄帝、老子的学说，在齐国很有名气，人们称他为贤师。

太史公说：“当初齐人蒯通和主父偃读乐毅给燕王的那封信时，都曾不禁放下书信掉下眼泪来。乐臣公钻研黄帝、老子的学说，他的宗师叫作河上丈人，现在还不清楚河上丈人是哪里人。河上丈人教安期生，安期生教毛翕公，毛翕公教乐瑕公，乐瑕公教乐臣公。乐臣公教盖公。盖公在齐地高密、胶西一带执教，是曹相国的老师。”

第六十三卷　廉颇蔺相如列传第二十一

本篇为合传，以廉颇、蔺相如为主，并记述了赵奢父子及李牧的主要事迹。廉颇与蔺相如的故事今天已是家喻户晓，并在特定的历史时期起过重要的教育作用，这不能不归功于司马迁的这篇传记。

蔺相如是太史公所景仰的历史人物之一，因而在这篇传记中对这位杰出人物大力表彰、热情歌颂。一方面，表彰他的大智大勇，通过“完璧归赵”“渑池会”两个历史故事，有声有色地描绘了他面对强暴而无所畏惧的大无畏精神，也表现了他战胜强秦的威逼凌辱、维护赵国尊严的机智与果敢。另一方面，又表彰了蔺相如“先国家之急而后私仇”的高尚品格。在“廉蔺交欢”一段中，生动地记述了蔺相如对蓄意羞辱他的廉颇保持了极大的克制与忍让，终于感动了廉颇，实现了将相和好，团结对敌。此后的十几年中，秦国没敢大规模对赵用兵，这与蔺相如主动维护赵国内部的安定有密切的关系。与此成为鲜明对照的是，赵惠文王之后的孝成王，中了秦国的反间计，罢免廉颇，任用赵括，造成长平之役的惨败，赵国元气大伤。最后，赵王迁宠信谗臣郭开，捕杀名将李牧，加速了赵国的灭亡。其中的历史教训是值得后人深思的。

廉颇是本篇的另一主要人物。作为战国后期的名将之一，作者虽然也记述了一些有关他善于用兵的事迹，但都着墨不多。而对他的“负荆请罪”却作了细致的描写，因为这正是这位战功赫赫的名将身上难能可贵的美德。居功自傲，对相如不服，固然表现了他的狭隘，而一旦认识到错误，立即“肉袒负荆”前去谢罪，这比战场杀敌需要一种更大的勇气，因而为司马迁所敬佩。经过作者的精心编撰，这段故事已成为流传千古的历史佳话，“负荆请罪”也成了后人常用的典故和成语。

赵奢、李牧虽不是主要人物，但作者也着力突出他们各自的特点。如赵奢既善治赋又善治兵，李牧不求虚名，只重实绩，都给读者留下了鲜明印象。尤其是赵括，经司马迁的记述之后，早已成为一个纸上谈兵的典型，后人常常引以为戒。

本篇的结构很有特色。七十列传中合传占半数以上，多数合传实际上是以分为主，几个人物各自独立。本篇却是几人互相穿插，前后勾连。廉颇一人贯穿全篇，另外几人都由他引出，有分有合，若断若续。全文首尾一片，几乎天衣无缝，所以深得后人赞赏。

【原文】

廉颇者，赵之良将也。赵惠文王十六年，廉颇为赵将伐齐，大破之，取阳晋，拜[1]为上卿，以勇气闻于诸侯。蔺相如者，赵人也，为赵宦者令缪贤舍人。

赵惠文王时，得楚和氏璧[②]。秦昭王闻之，使人遗[③]赵王书，愿以十五城请易璧。赵王与大将军廉颇诸大臣谋：欲予秦，秦城恐不可得，徒[④]见欺；欲勿予，即患[⑤]秦兵之来。计未定，求人可使报秦者，未得。宦者令缪贤曰："臣舍人蔺相如可使。"王问："何以知之？"对曰："臣尝[⑥]有罪，窃[⑦]计欲亡走燕，臣舍人相如止臣，曰：'君何以知燕王？'臣语曰：'臣尝从大王与燕王会境[⑧]上，燕王私握臣手，曰"愿结友"。以此知之，故欲往。'相如谓臣曰：'夫赵强而燕弱，而君幸[⑨]于赵王，故燕王欲结于君。今君乃亡赵走燕，燕畏赵，其势必不敢留君，而束[⑩]君归赵矣。君不如肉袒伏斧质[⑪]请罪，则幸得脱矣。'臣从其计，大王亦幸赦臣。臣窃以为其人勇士，有智谋，宜可使。"于是王召见，问蔺相如曰："秦王以十五城请易寡人之璧，可予不[⑫]？"相如曰："秦强而赵弱，不可不许。"王曰："取吾璧，不予我城，奈何？"相如曰："秦以城求璧而赵不许，曲在赵。赵予璧而秦不予赵城，曲在秦。均[⑬]之二策，宁许以负秦曲[⑭]。"王曰："谁可使者？"相如曰："王必无人，臣愿奉[⑮]璧往使。城入赵而璧留秦；城不入，臣请完[⑯]璧归赵。"赵王于是遂遣相如奉璧西入秦。

【注释】

①拜：授给官职。②和氏璧：据《韩非子·和氏篇》记载，楚人卞和在山中得到璞，献给楚厉王，厉王派玉匠鉴别，说是石块。厉王下令砍断卞和左足。楚武王即位，卞和又献璞，玉匠仍说是石块。武王又砍断他的右足。楚文王即位，卞

和抱璞在山中大哭。文王令匠人把璞剖开，里边果然是一块宝玉，于是命名为和氏之璧。③遗：送。④徒：白白地。⑤患：担心。⑥尝：曾经。⑦窃：私下。亡走：逃跑。⑧境：指边境。⑨幸：宠爱。⑩束：捆绑。⑪肉袒：脱去上衣，露出上体。斧质：古代杀人刑具。质，通“锧”，铁砧板，人伏其上等待砍头。⑫不：通“否”。⑬均：衡量。⑭负秦曲：使秦国承担理屈的责任。⑮奉：恭敬地捧着。⑯完：完整无缺。

【原文】

秦王坐章台[1]见相如，相如奉璧奏[2]秦王。秦王大喜，传以示美人及左右[3]，左右皆呼万岁。相如视秦王无意偿赵城，乃前曰：“璧有瑕[4]，请指示王。”王授璧，相如因持璧却[5]立，倚柱，怒发上冲冠，谓秦王曰：“大王欲得璧，使人发书至赵王，赵王悉召群臣议，皆曰‘秦贪，负[6]其强，以空言求璧，偿城恐不可得’。议不欲予秦璧。臣以为布衣之交[7]尚不相欺，况大国乎！且以一璧之故逆[8]强秦之欢，不可。于是赵王乃斋戒[9]五日，使臣奉璧，拜送书于庭。何者？严大国之威以修敬[10]也。今臣至，大王见臣列观[11]，礼节甚倨[12]；得璧，传之美人，以戏弄臣。臣观大王无意偿赵王城邑，故臣复取璧。大王必欲急[13]臣，臣头今与璧俱碎于柱矣！”相如持其璧睨[14]柱，欲以击柱。秦王恐其破璧，乃辞谢固请，召有司[15]案图，指从此以往十五都予赵。相如度秦王特以诈详[16]为予赵城，实不可得，乃谓秦王曰：“和氏璧，天下所共传[17]宝也，赵王恐，不敢不献。赵王送璧时，斋戒五日，今大王亦宜斋戒五日，设九宾[18]于廷，臣乃敢上璧。”秦王度之，终不可强夺，遂许斋五日，舍相如广成传[19]。相如度秦王虽斋，决负约不偿城，乃使其从者衣褐[20]，怀其璧，从径道[21]亡，归璧于赵。

【注释】

①章台：战国时秦国渭南离宫内的一座台观名。参见《秦始皇本纪》。②奏：进献。③美人：指妃嫔、姬妾。左右：指秦王近侍。④瑕：玉上的赤色小斑点。⑤却：退。⑥负：倚仗。⑦布衣之交：平民交友。⑧逆：违背，触犯。⑨斋戒：古人在祭祀之前几天要沐浴更衣，戒酒，戒荤，戒女色，以表示对神的虔诚，总称为斋戒。⑩严：尊重。修敬：致敬。⑪列观：一般的台观，即指章台。⑫倨：傲慢。⑬急：逼迫。⑭睨：斜视。⑮有司：主管某方面事务的官吏。⑯特：不过。详：通“佯”，假装。下文“详北不胜”之“详”同此。⑰共传：公认。⑱九宾：当时外交上最隆重的礼仪，由九名迎宾典礼人员，依次传呼接引宾客上殿。⑲舍：安置住宿。广成：宾馆的名称。传：传舍，宾馆。⑳褐：粗麻布短衣。㉑径道：小路。

【原文】

秦王斋五日后，乃设九宾礼于廷，引赵使者蔺相如。相如至，谓秦王曰：“秦自缪公[1]以来二十余君，未尝有坚明约束[2]者也。臣诚恐见欺于王而负赵，故令人持璧归，间[3]至赵矣。且秦强而赵弱，大王遣一介[4]之使至赵，赵立奉璧来。今以秦之强而先割十五都予赵，赵岂敢留璧而得罪大王乎？臣知欺大王之罪当诛，臣请就汤镬[5]，唯大王与群臣孰[6]计议之。”秦王与群臣相视而嘻[7]。左右或欲引相如去，秦王因曰：“今杀相如，终不能得璧也，而绝秦赵之欢，不如因而厚遇[8]之，使归赵，赵王岂以一璧之故欺秦邪！”卒廷见相如，毕礼而归之。

相如既归，赵王以为贤大夫使不辱于诸侯，拜相如为上大夫。秦亦不以城予赵，赵亦终不予秦璧。

【注释】

①缪（mù）公：穆公。缪，通“穆”。②坚明：坚决明确地遵守。约束：信约，盟约。③间：小路。又解，顷刻，读阴平。④一介：一个。⑤汤镬：开水锅。古代有一种酷刑为烹刑，即把人投入开水锅中煮死。“就汤镬”等于说愿受烹刑。⑥孰：通“熟”，仔细。⑦嘻：惊怪之声。或解为苦笑之声。⑧遇：款待。

【原文】

其后秦伐赵，拔[1]石城。明年，复攻赵，杀二万人。

秦王使使者告赵王，欲与王为好会于西河[2]外渑池。赵王畏秦，欲毋行，廉颇、蔺相如计曰：“王不行，示赵弱且怯也。”赵王遂行，相如从。廉颇送至境，与王诀[3]曰：“王行，度道里[4]会遇之礼毕，还，不过三十日。三十日不还，则请立太子为王，以绝秦望。”王许之，遂与秦王会渑池。秦王饮酒酣，曰：“寡人窃闻赵王好音，请奏瑟。”赵王鼓瑟。秦御史前书曰“某年某日，秦王与赵王会饮，令赵王鼓瑟”。蔺相如前曰：“赵王窃闻秦王善为秦声，请奏盆缻[5]秦王，以相娱乐。”秦王怒，不许。于是相如前进[6]缻，因跪请秦王。秦王不肯击缻。相如曰：“五步之内，相如请得以颈血溅大王矣!”左右欲刃相如，相如张目叱[7]之，左右皆靡[8]。于是秦王不怿[9]，为一击缻。相如顾召赵御史书曰“某年月日，秦王为赵王击缻”。秦之群臣曰：“请以赵十五城为秦王寿[10]。”蔺相如亦曰：“请以秦之咸阳为赵王寿。”秦王竟酒，终不能加胜于赵。赵亦盛设兵以待秦，秦不敢动。

【注释】

①拔：攻克。②西河：黄河以西。约当今陕西省东南部黄河以西一带。③诀：将远离而互相告别。又解为死别，廉颇担心赵王遇险不能返赵，所以作诀别之语。④道里：路程。⑤奏：献。有的版本“奏”作“奉”。缻（fǒu）：盛酒浆的瓦器，通“缶”。⑥进：进献。⑦叱：喝骂。⑧靡：倒退，溃退。⑨怿：快乐，高兴。⑩寿：献礼祝寿。

【原文】

既罢归国，以相如功大，拜为上卿，位在廉颇之右[1]。廉颇曰：“我为赵将，有攻城野战之大功，而蔺相如徒以口舌为劳，而位居我上，且相如素贱[2]人，吾羞，不忍为之下。”宣言[3]曰：“我见相如，必辱之。”相如闻，不肯与会。相如每朝时，常称病，不欲与廉颇争列[4]。已而相如出，望见廉颇，相如引车[⑤]避匿。于是舍人相与谏曰："臣所以去亲戚而事君者，徒慕君之高义也。今君与廉颇同列，廉君宣恶言而君畏匿之，恐惧殊甚，且庸人尚羞之，况于将相乎！臣等不肖[⑥]，请辞去。"蔺相如固止之，曰："公之视廉将军孰与[⑦]秦王？"曰："不若也。"相如曰："夫以秦王之威，而相如廷叱之，辱其群臣，相如虽驽[⑧]，独畏廉将军哉？顾[⑨]吾念之，强秦之所以不敢加兵于赵者，徒以吾两人在也。今两虎共斗，其势不俱生。吾所以为此者，以先国家之急而后私仇也。"廉颇闻之，肉袒负荆[⑩]，因[⑪]宾客至蔺相如门谢罪。曰："鄙贱之人，不知将军宽之至此也。"卒相与欢，为刎颈之交[⑫]。

是岁，廉颇东攻齐，破其一军。居二年，廉颇复伐齐几[⑬]，拔之。后三年，廉颇攻魏之防陵、安阳，拔之。后四年，蔺相如将而攻齐，至平邑而罢。其明年，赵奢破秦军阏与下[⑭]。

【注释】

①右：秦汉以前以右为上。②贱：指出身低贱。③宣言：扬言。④争列：争位次的排列。⑤引车：把车掉转方向。引：退。⑥不肖：不贤，没出息。⑦孰与：何如。这句的意思是，"你们看廉将军比秦王怎么样"。⑧驽：劣马。常喻人之蠢笨。⑨顾：但。⑩负荆：身背荆条，表示愿受责罚。⑪因：依靠，通过。⑫刎颈之交：誓同生死的好朋友。⑬齐几：齐国的几邑。按：廉颇伐齐几，《齐太公世家》不载，而《赵世家》记为"攻魏之几邑"。《集解》认为几邑"或属齐或属

魏”。清梁玉绳《史记志疑》则认为：“几是魏邑……此作‘齐几’误。”⑭这一段所记年代不尽准确，参阅《赵世家》。

【原文】

赵奢者，赵之田部吏也。收租税而平原君家不肯出租，奢以法治之，杀平原君用事者[①]九人。平原君怒，将杀奢。奢因说曰：“君于赵为贵公子，今纵君家而不奉公[②]则法削，法削则国弱，国弱则诸侯加兵，诸侯加兵是无赵也，君安得有此富乎？以君之贵，奉公如法则上下平[③]，上下平则国强，国强则赵固[④]，而君为贵戚，岂轻于天下[⑤]邪？”平原君以为贤，言之于王。王用之治国赋，国赋大平，民富而府库实。

秦伐韩，军于阏与。王召廉颇而问曰：“可救不？”对曰：“道远险狭，难救。”又召乐乘而问焉，乐乘对如廉颇言。又召问赵奢，奢对曰：“其道远险狭，譬之犹两鼠斗于穴中，将勇者胜。”王乃令赵奢将，救之。

【注释】

①用事者：当权管事的人。②纵：纵容，放纵。奉公：遵奉公家的法令。③上下平：指上面的王公贵族和下面的普通百姓都公平相待。④此句中的“国”指国家实力，“赵”指赵氏政权。⑤轻于天下：被天下人轻视。

【原文】

兵去邯郸三十里，而令军中曰：“有以军事谏者死。”秦军军武安西，秦军鼓噪勒兵[①]，武安屋瓦尽振。军中候[②]有一人言急救武安，赵奢立斩之。坚壁[③]，留二十八日不行，复益增垒。秦间[④]来入，赵奢善食而遣之。间以报秦将，秦将大喜曰：“夫去国[⑤]三十里而军不行，乃增垒，阏與非赵地也。”赵奢既已遣秦间，乃卷甲而趋[⑥]之，二日一夜至，令善射者去阏與五十里而军。军垒成，秦人闻之，悉甲[⑦]而至。军士许历请以军事谏，赵奢曰：“内[⑧]之。”许历曰：“秦人不意赵师至此，其来气盛，将军必厚集其阵[⑨]以待之。不然，必败。”赵奢曰：“请受令[⑩]。”许历曰：“请就鈇质[⑪]之诛。”赵奢曰：“胥[⑫]后令邯郸。”许历复请谏，曰：“先据北山上者胜，后至者败。”赵奢许诺，即发万人趋之。秦兵后至，争山不得上，赵奢纵兵击之，大破秦军。秦军解而走，遂解阏与之围而归。

赵惠文王赐奢号为马服君，以许历为国尉。赵奢于是与廉颇、蔺相如同位。

【注释】

①鼓噪：擂鼓呐喊。勒兵：检阅军队或操练军队。②候：军候，负责侦察敌情的军士。③坚壁：坚守营垒。④间：间谍。⑤国：国都。⑥卷甲：卸去铁甲。趋：快速前进。⑦悉甲：全副装备。⑧内：通“纳”。⑨厚集其阵：交战的队列阵形要重点集中。⑩受令：接受指教。⑪鈇质：义同“斧质”，见前注。鈇：铡刀或斧头。⑫胥：通“须”，等待。这句的意思是，等以后回到邯郸听赵王的命令。按：《索隐》断“胥后令”为一句，认为“邯郸”是“欲战”的误字，并应连下句

读为“欲战，许历复请战”。《资治通鉴》则断“邯郸”与“胥后令”连为一句。清梁玉绳《史记志疑》引钱大昕的意见说：“‘胥后令邯郸’是五字句。赵都邯郸，谓当待赵王之令也。”

【原文】

后四年，赵惠文王卒，子孝成王立。七年，秦与赵兵相距[①]长平，时赵奢已死，而蔺相如病笃[②]，赵使廉颇将攻秦，秦数败赵军，赵军固壁不战。秦数挑战，廉颇不肯。赵王信秦之间。秦之间言曰：“秦之所恶[③]，独畏马服君赵奢之子赵括为将耳。”赵王因以括为将，代廉颇。蔺相如曰：“王以名使括，若胶柱[④]而鼓瑟耳。括徒能读其父书传[⑤]，不知合变[⑥]也。”赵王不听，遂将之。

【注释】

①距：通“拒”，抵御。②病笃：病重，病危。笃：重。③恶：憎恨，畏忌。④胶柱：柱是琴瑟类乐器上卷弦的木柱。“胶柱”就是把卷弦的木柱粘死，不能转动，也就无法调节弦的高低。“胶柱鼓瑟”比喻但守死法，不知变通。⑤书传：书本。⑥合变：应变。

【原文】

赵括自少时学兵法，言兵事，以天下莫能当[①]。尝与其父奢言兵事，奢不能难[②]，然不谓善。括母问奢其故，奢曰：“兵，死地也，而括易言之。使赵不将括即[③]已，若必将之，破赵军者必括也。”及括将行，其母上书言于王曰：“括不可使将。”王曰：“何以？”对曰：“始妾事其父，时为将，身所奉饭饮而进[④]食者以十数，所友者以百数，大王及宗室所赏赐者尽以予军吏士大夫，受命之日，不问家事。今括一旦为将，东向[⑤]而朝，军吏无敢仰视之者，王所赐金帛，归藏于家，而日视便利田宅可买者买之。王以为何如其父？父子异心，愿王勿遣。”王曰：“母置之，吾已决矣。”括母因曰：“王终遣之，即有如不称[⑥]，妾得无随坐[⑦]乎？”王许诺。

赵括既代廉颇，悉更约束[⑧]，易置[⑨]军吏。秦将白起闻之，纵奇兵，详败走，而绝其粮道，分断其军为二，士卒离心。四十余日，军饿，赵括出锐卒[⑩]自搏战，秦军射杀赵括。括军败，数十万之众遂降秦，秦悉阬[⑪]之。赵前后所亡凡四十五万[⑫]。明年，秦兵遂围邯郸，岁余，几不得脱。赖楚、魏诸侯来救[⑬]，乃得解邯郸之围。赵王亦以括母先言，竟不诛也。

【注释】

①当：抵敌。②难：驳难，反驳。“不能难”的意思是不能驳倒。③将括：让赵括为将。即：通“则”。④身：亲身。奉：通“捧”。进：进献。这句指的是被赵奢当作老师尊敬的人。⑤东向：坐西面东。古时帝王以南向为尊，公侯将相则以东向为尊。⑥称：称职。⑦随坐：连坐。⑧约束：此指军中的各种规定。⑨易置：撤换。⑩锐卒：精兵。⑪阬：坑杀，活埋。⑫以上关于长平之战的情况，《秦本纪》《赵世家》有简略记载，《白起王翦列传》有更为详尽的记载，可参看。⑬楚

军来救指的是平原君赵胜带领门客到楚国求救，楚春申君答应派兵。见《平原君虞卿列传》。魏军来救即指信陵君窃符救赵事，见《魏公子列传》。

【原文】

自邯郸围解五年，而燕用栗腹之谋，曰“赵壮者尽于长平，其孤[1]未壮”，举兵击赵。赵使廉颇将，击，大破燕军于鄗，杀栗腹，遂围燕。燕割五城请和，乃听之[2]。赵以尉文封廉颇为信平君，为假[3]相国。

廉颇之免长平归也，失势之时，故客尽去。及复用为将，客又复至。廉颇曰：“客退矣！”客曰：“吁！君何见之晚[4]也？夫天下以市道[5]交，君有势，我则从君，君无势则去，此固其理也，有何怨乎？”居六年，赵使廉颇伐魏之繁阳，拔之。

【注释】

①孤：指死于长平之战的赵军士卒的遗孤。②栗腹伐赵兵败事，可参见《燕召公世家》《赵世家》及《战国策·燕策三》。③假：代理。④见：见解。晚：迟钝，落后。⑤市道：商人做生意的手段。

【原文】

赵孝成王卒，子悼襄王立，使乐乘代廉颇。廉颇怒，攻乐乘，乐乘走。廉颇遂奔魏之大梁。其明年，赵乃以李牧为将而攻燕，拔武遂、方城。

廉颇居梁久之，魏不能信用。赵以数困于秦兵，赵王思复得廉颇，廉颇亦思复用于赵。赵王使使者视廉颇尚可用否。廉颇之仇郭开多与使者金，令毁[1]之。赵使者既见廉颇，廉颇为之一饭斗米，肉十斤，被[2]甲上马，以示尚可用。赵使还报王曰：“廉将军虽老，尚善饭，然与臣坐，顷之三遗矢[3]矣。”赵王以为老，遂不召。

楚闻廉颇在魏，阴使人迎之。廉颇一为楚将，无功，曰：“我思用赵人。”廉颇卒死于寿春。

【注释】

①毁：诋毁，说坏话。②被：通“披”。③矢：通“屎”。

【原文】

李牧者，赵之北边良将也。常居代雁门[1]，备匈奴。以便宜[2]置吏，市租皆输入莫府[3]，为士卒费。日击数牛飨[4]士，习骑射，谨烽火，多间谍，厚遇战士。为约曰：“匈奴即入盗[5]，急入收保[6]，有敢捕虏者斩。”匈奴每入，烽火谨，辄[7]入收保，不敢战。如是数岁，亦不亡失。然匈奴以李牧为怯，虽赵边兵亦以为吾将怯。赵王让[8]李牧，李牧如故。赵王怒，召之，使他人代将。

岁余，匈奴每来，出战。出战，数不利，失亡多，边不得田畜[9]。复请李牧。牧杜门不出，固称疾。赵王乃复强起[10]使将兵。牧曰：“王必用臣，臣如前，乃敢奉令。”王许之。

李牧至，如故约。匈奴数岁无所得。终以为怯。边士日得赏赐而不用，皆愿一战。于是乃具选车[11]得千三百乘，选骑得万三千匹，百金之士[12]五万人，彀者[13]十万人，悉勒[14]习战。大纵畜牧，人民满野。匈奴小入，详北[15]不胜，以数千人委[16]之。单于[17]闻之，大率众来入。李牧多为奇陈[18]，张左右翼击之，大破杀匈奴十余万骑。灭襜褴[19]，破东胡[20]，降林胡[21]，单于奔走。其后十余岁，匈奴不敢近赵边城。

【注释】

①代雁门：代地的雁门郡。②便宜：按照实际情况灵活掌握。③莫府：幕府，"莫"通"幕"。古代将帅出征时，办公机构设在帐幕中，称为幕府。后世地方最高的文武官员的官署也称为幕府。④飨：用酒食招待。⑤入盗：入寇，入侵。⑥收保：收拢人马物资退入营垒。保，通"堡"。⑦辄(zhé)：立即。⑧让：责备。⑨田畜：种田和畜牧。⑩乃复：一再。强：极力。起：起用。⑪具：准备。选车：精选的战车。⑫百金之士：《集解》引《管子》："能破敌擒将者赏百金。"这里指能冲锋陷阵的勇士。⑬彀者：善于射箭的人。彀，把弓拉满。⑭悉：全部。勒：组织起来。⑮北：败走。⑯委：抛弃。⑰单于：匈奴的君主称为单于。⑱陈：通"阵"。⑲襜褴：部族名，在代地的北面。⑳东胡：部族名，在匈奴之东，故称东胡。东胡是后世乌桓、鲜卑的祖先。㉑林胡：部族名，活动地区在今山西省朔州市朔城区以北至内蒙古境内。

【原文】

赵悼襄王元年，廉颇既亡入魏，赵使李牧攻燕，拔武遂、方城。居二年，庞煖破燕军，杀剧辛。后七年，秦破杀赵将扈辄于武遂，斩首十万。赵乃以李牧为大将军，击秦军于宜安，大破秦军，走[①]秦将桓齮。封李牧为武安君。居三年，秦攻番吾，李牧击破秦军，南距韩、魏。

赵王迁七年，秦使王翦攻赵，赵使李牧、司马尚御之。秦多与赵王宠臣郭开金，为反间，言李牧、司马尚欲反。赵王乃使赵葱及齐将颜聚代李牧。李牧不受命，赵使人微捕[②]得李牧，斩之[③]。废司马尚。后三月，王翦因急击赵，大破杀赵葱，虏赵王迁及其将颜聚，遂灭赵。

【注释】

①走：赶跑。②微捕：暗中查访，缉捕。③关于李牧之死，《战国策·秦策》所记与此不同，可参阅。

【原文】

太史公曰：知死必勇，非死者难也，处死[①]者难。方蔺相如引璧睨柱，及叱秦王左右，势不过诛，然士或怯懦而不敢发[②]。相如一奋其气，威信[③]敌国，退而让颇，名重太山[④]，其处智勇，可谓兼之矣！

【注释】

①处死：如何对待死。处，处理，对待。②发：发作，表现。③信：伸张。这句的意思是，威力伸张压倒敌国。④太山：泰山。

【译文】

廉颇是赵国优秀的将领。赵惠文王十六年（前283），廉颇率领赵军征讨齐国，大败齐军，夺取了阳晋，被封为上卿，他以勇气闻名于诸侯各国。蔺相如是赵国人，是赵国宦者令缪贤家的门客。

赵惠文王的时候，得到了楚国的和氏璧。秦昭王听说了这件事，就派人给赵王一封书信，表示愿意用十五座城交换这块宝玉。赵王同大将军廉颇及大臣们商量：要是把宝玉给了秦国，秦国的城邑恐怕不可能得到，白白地受骗；要是不给呢，就怕秦军马上来攻打。怎么解决没有确定，想找一个能派到秦国去回复的使者，没能找到。宦者令缪贤说："我的门客蔺相如可以派去。"赵王问："你怎么知道他可以呢？"缪贤回答说："为臣曾犯过罪，私下打算逃亡到燕国去。我的门客相如阻拦我，说：'您怎么会了解燕王呢？'我对他说：'我曾随从大王在国境与燕王会见，燕王私下握住我的手，说"愿意跟您交个朋友"。因此，我就了解他了，所以想往他那里去。'相如对我说：'赵国强，燕国弱，而您受宠于赵王，所以燕王想要和您结交。现在您是逃出赵国奔到燕国，燕国怕赵国，这种形势下燕王必定不敢收留您，而且还会把您捆绑起来送回赵国。您不如脱掉上衣，露出肩背，伏在斧刃之下请求治罪，这样也许侥幸被赦免。'臣听从了他的意见，大王也开恩赦免了为臣。为臣私下认为这人是个勇士，有智谋，派他出使很适宜。”于是，赵王立即召见，问蔺相如说：“秦王用十五座城请求交换我的和氏璧，能不能给他？”相如说：“秦国强，赵国弱，不能不答应他。”赵王说：“得了我的宝璧，不给我城邑，怎么办？”相如说：“秦国请求用城换璧，赵国如不答应，赵国理亏；赵国给了璧而秦国不给赵国城邑，秦国理亏。两种对策衡量一下，宁可答应它，让秦国来承担理亏的责任。”赵王说：“谁可以派为使臣？”相如说：“大王如果确实无人可派，臣愿捧护宝璧前往出使。城邑归属赵国了，就把宝璧留给秦国；城邑不能归赵国，我一定把和氏璧完好地带回赵国。”赵王于是就派遣蔺相如带好和氏璧，西行入秦。

秦王坐在章台上接见蔺相如，相如捧璧献给秦王。秦王大喜，把宝璧给妻妾和左右侍从传看，左右都高呼万岁。相如看出秦王没有用城邑给赵国抵偿的意思，便走上前去说：“璧上有个小红斑，让我指给大王看。”秦王把璧交给他，相如于是手持璧玉退后几步站定，身体靠在柱子上，怒发冲冠，对秦王说：“大王想得到宝璧，派人送信给赵王，赵王召集全体大臣商议，大家都说：‘秦国贪得无厌，倚仗它的强大，想用空话得到宝璧，给我们的城邑恐怕是不能得到的。’商议的结果是不想把宝璧给秦国。我认为平民百姓的交往尚且不互相欺骗，何况是大国呢！况且为了一块璧玉的缘故就使强大的秦国不高兴，也是不应该的。于是，赵王斋戒了五天，派我捧着宝璧，在殿堂上恭敬地拜送国书。为什么要这样呢？是尊重大国的威望以表示敬意呀。如今，我来到贵国，大王却在一般的台观接见我，礼节非常傲慢；得到宝璧后，传给姬妾们观看，这样来戏弄我。我观察大王没有给赵王十五城的诚意，所以我又收回宝璧。大王如果一定要逼我，我的头今天就同宝璧一起在柱子上撞碎！”相如手持宝璧，斜视庭柱，就要向庭柱上撞去。秦王怕他真把宝璧撞碎，便向他道歉，坚决请求他不要如此，并召来主管的官员查看地图，指明从某地到某地的十五座城邑交割给赵国。相如估计秦王不过用欺诈手段假装给赵国城邑，实际上赵国是不可能得到的，于是就对秦王说：“和氏璧是天下公认的宝物，赵王惧怕贵国，不敢不奉献出来。赵王送璧之前，斋戒了五天，如今大王也应斋戒五天，在殿堂上安排九宾大典，我才敢献上宝璧。”秦王估量此事，毕竟不可强力夺取，于是就答应斋戒五天，请相如住在广成宾馆。相如估计秦王虽然答应斋戒，但必定背约不给城邑，便派他的随从穿上粗麻布衣服，怀中藏好宝璧，从小路逃出，把宝璧送回赵国。

秦王斋戒五天后，就在殿堂上安排了九宾大典，去请赵国使者蔺相如。相如来到后，对秦王说：“秦国从穆公以来的二十几位君主，从没有一个坚守盟约的。我实在是怕被大王欺骗而对不起赵王，所以派人带着宝璧回去，从小路已到赵国了。况且秦强赵弱，大王派一位使臣到赵国，赵国立即就把宝璧送来。如今，凭您秦国的强大，先把十五座城邑割让给赵国，赵国怎么敢留下宝璧而得罪大王呢？我知道欺骗大王之罪应被诛杀，我情愿下油锅被烹，只希望大王和各位大臣仔细考虑此事。”秦王和群臣面面相觑并有惊怪之声。侍从有人要把相如拉下去，秦王趁机说：“如今杀了相如，终归还是得不到宝璧，反而破坏了秦赵两国的交情，不如趁此好好款待他，放他回到赵国，赵王难道会为了一块璧玉的缘故而欺骗秦国吗！”最终还是在殿堂上接见相如，完成了大礼让他回国。

相如回国后，赵王认为他是一位称职的大夫，身为使臣不受诸侯的欺辱，于是封相如为上大夫。秦国没有把城邑给赵国，赵国也始终不给秦国宝璧。

此后，秦国攻打赵国，夺取了石城。第二年，秦国再次攻赵，杀死两万人。

秦王派使者通告赵王，想在西河外的渑池与赵王进行一次友好会见。赵王害怕秦国，想不去。廉颇、蔺相如商议道：“大王如果不去，就显得赵国既软弱又胆小。”赵王于是前往赴会，相如随行。廉颇送到边境，和赵王诀别说：“大王此行，估计路程和会见礼仪结束，再加上返回的时间，不会超过三十天。如果三十天还没回来，就请您允许我们立太子为王，以断绝秦国的妄想。”赵王同意这个意见，便去渑池与秦王会见。秦王饮到酒兴正浓时，说：“寡人私下里听说赵王爱好音乐，请您弹瑟吧！”赵王就弹起瑟来。秦国的史官上前来写道：“某年某月某日，秦王与赵王一起饮酒，令赵王弹瑟。”蔺相如上前说：“赵王私下里听说秦王擅长秦地土乐，请让我给秦王捧上盆缶，以便互相娱乐。”秦王发怒，不答应。这时，相如向前递上瓦缶，并跪下请秦王演奏。秦王不肯击缶，相如说：“在这五步之内，我蔺相如要把脖颈里的血溅在大王身上了！”侍从们想要杀相如，相如圆睁双眼大喝一声，侍从们都吓得倒退。当时，秦王不大高兴，也只好敲了一下缶。相如回头招呼赵国史官写道：“某年某月某日，秦王为赵王敲缶。”秦国的大臣们说：“请你们用赵国的十五座城向秦王献礼。”蔺相如也说：“请你们用秦国的咸阳向赵王献礼。”秦王直到酒宴结束，始终也未能压倒赵国。赵国原来也部署了大批军队来防备秦国，因而秦国也不敢有什么举动。

渑池会结束以后，由于相如功劳大，被封为上卿，位在廉颇之上。廉颇说：“我是赵国将军，有攻城野战的大功，而蔺相如只不过靠能说会道立了点功，他的地位却在我之上，况且相如本来是卑贱之人，我感到羞耻，在他下面我难以忍受。”并且扬言：“我遇见相如，一定要羞辱他。”相如听到后，不肯和他相会。相如每到上朝时，常常推说有病，不愿和廉颇去争位次的先后。没过多久，相如外出，远远看到廉颇，相如就掉转车子回避。于是，相如的门客就一起来直言进谏说：“我们之所以离开亲人来侍奉您，就是仰慕您高尚的节义呀。如今，您与廉颇官位相同，廉老先生口出恶言，而您却害怕、躲避他，您怕得也太过分了，平庸的人尚且感到羞耻，何况是身为将相的人呢！我们这些人没出息，请让我们告辞吧！”蔺相如坚决地挽留他们，说：“诸位认为廉将军和秦王相比谁厉害？”回答说：“廉将军比不了秦王。”相如说：“以秦王的威势，而我却敢在朝廷上呵斥他，羞辱他的群臣，我蔺相如虽然无能，难道会怕廉将军吗？但是我想到，强秦之所以不敢对赵国用兵，就是有我们两人在呀，如今两虎相斗，势必不能共存。我之所以这样忍让，就是要把国家的急难摆在前面，而把个人的私怨放在后面。”廉颇听说了这些话，就脱去上衣，露出上身，背着荆条，由宾客带引，来到蔺相如的门前请罪。他说：“我是个粗野卑贱的人，想不到将军您是如此宽厚啊！”二人终于相互交欢和好，成为生死与共的好友。

这一年，廉颇向东进攻齐国，打败了它的一支军队。过了两年，廉颇又攻打齐国的几邑，把它攻占了。此后三年，廉颇进攻魏国的防陵、安阳，都攻克了。再过四年，蔺相如领兵攻齐，打到平邑就收兵了。第二年，赵奢在阏与城下大败秦军。

赵奢本是赵国征收田租的官吏。在收租税的时候，平原君家不肯缴纳，赵奢依法处治，杀了平原君家九个当权管事的人。平原君大怒，要杀死赵奢。赵奢趁机劝说道：“您在赵国是贵公子，现在要是纵容您家而不遵奉公家的法令，就会使法令削弱，法令削弱了就会使国家衰弱，国家衰弱了诸侯就要出兵侵犯，诸侯出兵侵犯赵国就会灭亡，您还怎能保有这些财富呢？以您的地位和尊贵，能奉公守法就会使国家上下公平，上下公平就能使国家强盛，国家强盛了赵氏的政权就会稳固，而您身为赵国贵戚，难道还会被天下人轻视吗？”平原君认为他很有才干，把他推荐给赵王。赵王任用他掌管全国的赋税，全国赋税非常公平合理，民众富足，国库充实。

秦国进攻韩国，军队驻扎阏与。赵王召见廉颇问道：“可以去援救吗？”回答说：“道路远，而且又艰险又狭窄，很难援救。”又召见乐乘问这件事，乐乘的回答和廉颇的话一样。又召见赵奢来问，赵奢回答说：“道远地险路狭，就譬如两只老鼠在洞里争斗，哪个勇猛哪个得胜。”赵王便派赵奢领兵，去救援阏与。

军队离开邯郸三十里，赵奢就在军中下令说：“有谁来为军事进谏的处以死刑。”秦军驻扎武安西边，秦军击鼓呐喊的练兵之声，把武安城中的屋瓦都震动了。赵军中的一个侦察人员请求急速援救武安，赵奢立即把他斩首。赵军坚守营垒，停留二十八天不向前进发，反而又加筑营垒。秦军间谍潜入赵军营地，赵奢用饮食好好款待后把他遣送回去。间谍把情况向秦军将领报告，秦将大喜，说：“离开国都三十里军队就不前进了，而且还增修营垒，阏與不会为赵国所有了。”赵奢遣送秦军间谍之后，就令士兵卸下铁甲，快速向阏與进发。两天一夜就到达前线，下令善射的骑兵离阏與五十里扎营。军营筑成后，秦军知道了这一情况，立即全军赶来。一个叫许历的军士请求就军事提出建议，赵奢说：“让他进来。”许历说：“秦人本没想到赵军会来到这里，现在他们赶来对敌，士气很盛，将军一定要集中兵力严阵以待。不然的话，必定要失败。”赵奢说：“请让我接受您的指教。”许历说：“我请求接受死刑。”赵奢说：“等回邯郸以后的命令吧。”许历请求再提个建议，说：“先占据北面山头的得胜，后到的失败。”赵奢同意，立即派出一万人迅速奔上北面山头。秦兵后到，与赵军争夺北山但攻不上去，赵奢指挥士兵猛攻，大败秦军。秦军四散逃跑，于是阏与的包围被解除，赵军回国。

赵惠文王赐给赵奢的封号是马服君，并任许历为国尉。赵奢于是与廉颇、蔺相如职位相同。

四年以后，赵惠文王去世，太子孝成王即位。孝成王七年(前259)，秦军与赵军在长平对阵。那时，赵奢已死，蔺相如也已病危。赵王派廉颇率兵攻打秦军，秦军几次打败赵军，赵军坚守营垒不出战。秦军屡次挑战，廉颇置之不理。赵王听信秦军间谍散布的谣言。秦军间谍说：“秦军所厌恶忌讳的，就是怕马服君赵奢的儿子赵括来做将军。”赵王因此就以赵括为将军，取代了廉颇。蔺相如说：“大王只凭名声来任用赵括，就好像用胶把调弦的柱粘死再去弹瑟那样不知变通。赵括只会读他父亲留下的书，不懂得灵活应变。”赵王不听，还是命赵括为将。

赵括从小就学习兵法，谈论军事，以为天下没人能抵得过他。他曾与父亲赵奢谈论用兵之事，赵奢也难不倒他，可是并不说他好。赵括的母亲问赵奢这是什么缘故，赵奢说：“用兵打仗是关乎生死的事，然而他把这事说得那么容易。如果赵国不用赵括为将也就罢了，要是一定让他为将，使赵军失败的一定就是他呀。”等到赵括将要起程的时候，他母亲上书给赵王说：“赵括不可以让他做将军。”赵王说：“为什么？”回答说：“当初我侍奉他父亲，那时他是将军，由他亲自捧着饮食侍候吃喝的人数以十计，被他当作朋友看待的数以百计，大王和王族们赏赐的东西全都分给军吏和僚属，接受命令的那天起，就不再过问家事。现在，赵括一下子做了将军，就面向东接受朝见，军吏没有一个敢抬头看他的，大王赏赐的金帛，都带回家收藏起来，还天天访查便宜合适的田地房产，可买的就买下来。大王认为他哪里像他父亲？父子二人的心地不同，希望大王不要派他领兵。”赵王说：“您就把这事放下别管了，我已经决定了。”赵括的母亲接着说：“您一定要派他领兵，如果他有不称职的情况，我能不受株连吗？”赵王答应了。

赵括代替廉颇之后，把原有的规章制度全都改变了，把原来的军吏也撤换了。秦将白起听到了这些情况，便调遣奇兵，假装败逃，又去截断赵军运粮的道路，把赵军分割成两半，赵军士卒离心。过了四十多天，赵军饥饿，赵括出动精兵亲自与秦军搏斗，秦军射死赵括。赵括军队战败，几十万大军于是投降秦军，秦军把他们全部活埋了。赵国前后损失共四十五万人。第二年，秦军就包围了邯郸，有一年多，赵国几乎不能保全，全靠楚国、魏国军队来援救，才得以解除邯郸的包围。赵王也由于赵括的母亲有言在先，终于没有株连她。

邯郸解围之后五年，燕国采纳栗腹的计谋，说是“赵国的壮丁全都死在长平了，他们的遗孤尚未成人”，燕王便发兵攻赵。赵王派廉颇领兵反击，在鄗城大败燕军，杀死栗腹，于是包围燕国都城。燕国割让五座城请求讲和，赵王才答应停战。赵王把尉文封给廉颇，封号是信平君，让他任代理相国。

廉颇在长平被免职回家，失掉权势的时候，原来的门客都离开他了。等到又被任用为将军，门客重新回来了。廉颇说：“先生们都请回吧！”门客们说：“唉！您的见解怎么这样落后？天下之人都是按市场交易的方法进行结交，您有权势，我们就跟随着您，您没有权势了，我们就离开，这本是很普通的道理，有什么可抱怨的呢？”又过了六年，赵国派廉颇进攻魏国的繁阳，把它攻克了。

赵孝成王去世，太子即位为悼襄王，派乐乘接替廉颇。廉颇大怒，攻打乐乘，乐乘逃跑了。廉颇于是也逃奔魏国的大梁。第二年，赵国便以李牧为将进攻燕国，攻下了武遂、方城。

廉颇在大梁住久了，魏国对他不能信任重用。赵国由于屡次被秦兵围困，赵王就想重新用廉颇为将，廉颇也想再被赵国任用。赵王派了使臣去探望廉颇，看看他还能不能任用。廉颇的仇人郭开用重金贿赂使者，让他回来后说廉颇的坏话。赵国使臣见到廉颇之后，廉颇当他的面一顿饭吃了一斗米、十斤肉，又披上铁甲上马，表示自己还可以被任用。赵国使者回去向赵王报告说：“廉将军虽然已老，饭量还很不错。可是，陪我坐着时，一会儿就拉了三次屎。”赵王认为廉颇老了，就不再把他召回了。

楚国听说廉颇在魏国，暗中派人去迎接他。廉颇虽做了楚国的将军，并没有战功，他说：“我想指挥赵国的士兵啊。”廉颇最终死在寿春。

李牧是赵国北部边境的良将。长期驻守代地雁门郡，防备匈奴。他有权根据需要设置官吏，防地内城市的租税都送入李牧的幕府，作为军队的经费。他每天宰杀几头牛犒赏士兵，教士兵练习射箭骑马，小心看守烽火台，多派侦察敌情的人员，对战士待遇优厚。定出规章说：“匈奴如果入侵，要赶快收拢人马退入营垒固守，有胆敢去捕捉敌人的斩首。”匈奴每次入侵，烽火传来警报，立即收拢人马退入营垒固守，不敢出战。像这样过了好几年，人马物资也没有什么损失。可是，匈奴认为李牧是胆小，就连赵国守边的官兵也认为自己的主将胆小怯战。赵王责备李牧，李牧依然如故。赵王发怒，把他召回，派别人代他领兵。

此后一年多里，匈奴每次来侵犯，就出兵交战。出兵交战，屡次失利，损失伤亡很多，边境无法耕田、放牧。赵王只好再请李牧出任。李牧闭门不出，坚持说有病。赵王就一再地极力请他领兵。李牧说：“大王一定要用我，我还是像以前那样做，才敢奉命。”赵王答应他的要求。

李牧来到边境，还按照原来的章程。匈奴好几年都一无所获，但又始终认为李牧胆怯。边境的官兵每天得到赏赐，可是无用武之地，都愿意打一仗。于是，李牧就准备了精选的战车一千三百辆，精选的战马一万三千匹，敢于冲锋陷阵的勇士五万人，善射的士兵十万人，全部组织起来训练作战。同时，让大批牲畜到处放牧，放牧的人民漫山遍野。匈奴小股人马入侵，李牧就假装失败，故意把几千人丢弃给匈奴。单于听到这种情况，就率领大批人马入侵。李牧布下许多奇兵，张开左右两翼包抄反击敌军，大败匈奴，杀死十多万人马。灭了襜褴，打败了东胡，收降了林胡，单于逃跑。此后十多年，匈奴不敢接近赵国边境城镇。

赵悼襄王元年（前244），廉颇已经逃到魏国之后，赵国派李牧进攻燕国，攻克了武遂、方城。过了两年，庞煖打败燕军，杀死剧辛。又过了七年，秦军在武遂打败并杀死赵将扈辄，斩杀赵军十万。赵国便派李牧为大将军，在宜安进攻秦军，大败秦军，赶走秦将桓齮。李牧被封为武安君。又过三年，秦军进攻番吾，李牧击败秦军，又向南抵御韩国和魏国。

赵王迁七年（前229），秦国派王翦进攻赵国，赵国派李牧、司马尚抵御秦军。秦国向赵王的宠臣郭开贿赂很多金钱，让他施行反间计，造谣说李牧、司马尚要谋反。赵王便派赵葱和齐国将军颜聚接替李牧，李牧不接受命令。赵王派人暗中乘其不备逮捕了李牧，把他杀了，并撤了司马尚的官职。三个月之后，王翦趁机猛攻赵国，大败赵军，杀死赵葱，俘虏了赵王迁和他的将军颜聚，终于灭了赵国。

太史公说：“知道将死而不害怕，必定是很有勇气；死并非难事，而怎样对待这个死才是难事。当蔺相如手举宝璧斜视庭柱，以及呵斥秦王侍从的时候，就面前形势来说，最多不过是被杀，然而一般士人往往因为胆小懦弱而不敢如此表现。相如一旦振奋他的勇气，其威力就伸张压倒敌国。后来又对廉颇谦逊退让，他的声誉比泰山还重，他处事中表现的智慧和勇气，可以说是兼而有之啊！”

第六十四卷　田单列传第二十二

《田单列传》是田单一个人的传记，主要记述了战国时期齐国将领田单率领即墨军民击败燕军的经过。

在此之前，齐国曾非常强大，齐湣王北败燕国，南挫强楚，西攻暴秦，并帮助赵国灭掉中山，攻占宋国，扩充了国土一千多里。而燕昭王为了报杀父之仇，尊重人才，礼贤下士，以乐毅为将，联合赵、楚、韩、魏四国，统领五国大军把齐湣王打得大败，攻克了齐都临淄，把无数财宝和传国的礼器都运回燕国。整个齐国都被燕军占领，只有莒和即墨两城未被攻克。

在这紧急的关头，在即墨守城长官阵亡的情况下，田单受命于危难之际，被推为首领。作者以浓墨重彩写了田单在战前与敌人斗智。田单先利用新上台的燕惠王和乐毅之间的矛盾，巧施反间计，撤掉了名将乐毅，换上了骑劫，再用计让燕军割下了齐国降卒的鼻子，挖了齐人的祖坟，这些举动都使齐人士气大增。

即墨之战是中国历史上有名的出奇制胜的战例。田单竟以火牛在前冲锋陷阵，牛角上都绑有利刃，触人非死即伤，牛身上又披着大红色画着五彩龙纹的被服，带着一种神异的色彩，作者绘声绘色地描写了这激动人心的历史场景："牛尾炬火光明炫耀，燕军视之皆龙文，所触尽死伤。五千人因衔枚击之，而城中鼓噪从之，老弱皆击铜器为声，声动天地。"

从本传的写法看，选材布局有类小说，而不像人物传记，其场面描写和人物刻画也一如小说。本传通篇写田单的奇事奇谋，歌颂田单运用奇谋战胜敌人的军事天才。诚如清人吴见思所云："田单是战国一奇人，火牛是战国一奇事，遂成太史公一篇奇文，其声色气势，如风车雨阵，拉杂而来，几令人弃书下席。"（《史记论文》）

【原文】

田单者，齐诸田疏属[①]也。湣王时，单为临淄市掾，不见知[②]。及燕使乐毅伐破齐，齐湣王出奔，已而保莒城。燕师长驱平齐，而田单走安平，令其宗人尽断其车轴末而傅铁笼[③]。已而燕军攻安平，城坏，齐人走，争涂[④]，以辖[⑤]折车败，为燕所虏，唯田单宗人以铁笼故得脱，东保即墨。燕既尽降齐城，唯独莒、即墨不下。燕军闻齐王在莒，并兵攻之。淖齿既杀湣王于莒，因坚守，距[⑥]燕军，数年不下。燕引兵东围即墨，即墨大夫出与战，败死。城中相与推田单，曰："安平之战，田单宗人以铁笼得全，习兵。"立以为将军，以即墨距燕。

【注释】

①诸田：指齐王田氏宗族的各个分支。疏属：血缘比较远

的宗族。②见知：被人了解，受重用。③傅铁笼：用铁箍紧紧套住。④争涂：争路而逃。涂，通“途”。⑤轊：车轴末端。⑥距：通“拒”，抗拒。

【原文】

顷之，燕昭王卒，惠王立，与乐毅有隙[①]。田单闻之，乃纵反间[②]于燕，宣言曰：“齐王已死，城之不拔者二耳。乐毅畏诛而不敢归，以伐齐为名，实欲连兵南面而王齐[③]。齐人未附，故且缓攻即墨以待其事。齐人所惧，唯恐他将之来，即墨残矣。”燕王以为然，使骑劫代乐毅。

乐毅因归赵，燕人士卒忿。而田单乃令城中人食必祭其先祖于庭，飞鸟悉翔舞城中下食。燕人怪之。田单因宣言曰：“神来下教我。”乃令城中人曰：“当有神人为我师。”有一卒曰：“臣可以为师乎？”因反[④]走。田单乃起，引还，东乡[⑤]坐，师事之。卒曰：“臣欺君，诚无能也。”田单曰：“子勿言也！”因师之。每出约束[⑥]，必称神师。乃宣言曰：“吾唯惧燕军之劓[⑦]所得齐卒，置之前行，与我战，即墨败矣。”燕人闻之，如其言。城中人见齐诸降者尽劓，皆怒，坚守，唯恐见得。单又纵反间曰：“吾惧燕人掘吾城外冢墓，僇[⑧]先人，可为寒心。”燕军尽掘垄墓[⑨]，烧死人。即墨人从城上望见，皆涕泣，俱欲出战，怒自十倍。

【注释】

①有隙：在感情上有不和。②纵：发，放，行使。反间：

利用间谍离间敌方内部，使其落入己方圈套而取胜。③南面：古以坐北朝南为尊位，故天子诸侯见群臣，或卿大夫见僚属，皆南面而坐。故后又泛指帝王或大臣的统治为南面。王齐：在齐国称王。王，用如动词。④反：通“返”，返回。⑤乡：通“向”。⑥约束：规约，行使指挥权。⑦劓：割去鼻子，古代五刑之一。⑧僇：羞辱。⑨垄墓：坟墓。

【原文】

田单知士卒之可用，乃身操版插①，与士卒分功，妻妾编于行伍②之间，尽散饮食飨士。令甲卒皆伏，使老弱女子乘城，遣使约降于燕，燕军皆呼万岁。田单又收民金，得千溢③，令即墨富豪遗燕将，曰：“即墨即降，愿无虏掠吾族家妻妾，令安堵④。”燕将大喜，许之。燕军由此益懈。

【注释】

①版插：筑土墙的工具和挖土的工具。②行伍：军队的代称。因古时军队中五人为伍，二十五人为行。③溢：通“镒”，古代重量单位，二十两为镒。④安堵：相安，安居。

【原文】

田单乃收城中得千余牛，为绛缯衣①，画以五彩龙文，束兵刃于其角，而灌脂束苇于尾，烧其端。凿城数十穴，夜纵牛，壮士五千人随其后。牛尾热，怒而奔燕军，燕军夜大惊。牛尾炬火②光明炫耀，燕军视之皆龙文，所触尽死伤。五千人因衔枚③击之，而城中鼓噪从之，老弱皆击铜器为声，声动天地。燕军大骇，败走。齐人遂夷杀其将骑劫。燕军扰乱奔走，齐人追亡逐北[4]，所过城邑皆畔燕而归田单，兵日益多，乘胜，燕日败亡，卒至河上，而齐七十余城皆复为齐。乃迎襄王于莒，入临淄而听政。

襄王封田单，号曰安平君。

【注释】

①绛缯衣：大红色丝帛制成的被服。②炬火：火把。③衔枚：枚的形状如筷子，横衔口中，以禁止喧哗，古时军中常用。④追亡逐北：追击败逃的敌人。亡：逃跑。北：败逃。

【原文】

太史公曰：兵以正合，以奇胜。善之者，出奇无穷。奇正还相生，如环之无端。夫始如处女，適[1]人开户；后如脱兔，適不及距：其田单之谓邪！

【注释】

①適：通“敌”，敌人。

【原文】

初，淖齿之杀湣王也，莒人求湣王子法章，得之太史嬓之家，为人灌园。嬓女怜而善遇之。后法章私以情告女，女遂与通[1]。及莒人共立法章为齐王，以莒距燕，而太史氏女遂为后，所谓“君王后”也。

燕之初入齐，闻画邑人王蠋贤，令军中曰“环画邑三十里无入”，以王蠋之故。已而使人谓蠋曰：“齐人多高子之义，吾以子为将，封子万家。”蠋固谢。燕人曰：“子不听，吾引三军而屠画邑。”王蠋曰：“忠臣不事二君，贞女不更二夫。齐王不听吾谏，故退而耕于野。国既破亡，吾不能存；今又劫之以兵为君将，是助桀为暴也。与其生而无义，固不如烹②！”遂经③其颈于树枝，自奋绝脰④而死。齐亡大夫闻之，曰：“王蠋，布衣⑤也，义不北面⑥于燕，况在位食禄者⑦乎！”乃相聚如⑧莒，求诸子，立为襄王。

【注释】

①通：私通。②烹：用鼎锅把人煮死，古代的一种酷刑。③经：上吊，自缢。④脰：脖颈。⑤布衣：平民百姓。⑥北面：古时君见臣、尊长见卑幼，南面而坐，因此以北面指向人称臣。⑦食禄者：指拿国家俸禄的人，即当官的人。⑧如：往……；到……。

【译文】

田单是齐国田氏王族的远房本家。在齐湣王时，田单担任首都临淄佐理市政的小官，并不被齐王重用。后来，到燕国派遣大将乐毅攻破齐国，齐湣王被迫从都城逃跑，不久又退守莒城。在燕国军队长驱直入征讨齐国之时，田单也离开都城，逃到安平，让他的同族人把车轴两端的突出部位全部锯下，安上铁箍。不久，燕军攻打安平，城池被攻破，齐国人争路逃亡，都因被撞得轴断车坏，被燕军俘虏。只有田单和同族人因用铁箍包住了车轴的缘故，得以逃脱，向东退守即墨。这时，燕国军队已经全部降服了齐国大小城市，只有莒和即墨两城未被攻下。燕军听说齐湣王在莒城，就调集军队，全力攻打。大臣淖齿就杀死了齐湣王，坚守城池，抗击燕军，燕军几年都不能攻破该城。迫不得已，燕将带兵东行，围攻即墨。即墨的守城官员出城与燕军交战，战败被杀。即墨城中军民都推举田单当首领，说："安平那一仗，田单和同族人因用铁箍包住车轴才得以安然脱险，可见他很会用兵。"于是，大家就拥立田单为将军，坚守即墨，抗击燕军。

过了不久，燕昭王去世，燕惠王登位，他和乐毅有些不和。田单听到这个消息之后，就派人到燕国去行使反间计，扬言："齐湣王已被杀死，没被攻克的齐国城池只不过两座而已。乐毅是害怕被杀掉而不敢回国，他以讨伐齐国为名，实际上是想和齐国兵力联合，在齐国称王。齐国人心还未归附，因此暂且拖延时间，慢慢攻打即墨，以便等待时机成熟再称王。齐国人担心的是，唯恐其他将领来带兵，即墨城就必破无疑了。"燕惠王认为这些话是对的，就派大将骑劫去代替乐毅。

乐毅被免职之后就逃到赵国去了，燕军官兵都为此愤愤不平。田单又命城中军民在吃饭之前要祭祀祖先，使得众多的飞鸟因争食祭祀的食物，在城上盘旋飞舞。城外的燕军看了，都感到很奇怪。田单又扬言："这是神仙要下界指导我们克敌制胜。"又对城里人说："一定会有神人来做我的老师。"有一个士兵说："我可以当您的老师吗?"接着就扬长而去。田单连忙站起来，把他拉过来，请他坐在面向东的上座，用侍奉老师的礼节来侍奉他。那个士兵说："我欺骗了您，我真是一点本事也没有。"田单说："请您不要再说了。"接着，就奉他为师。每次发号施令，一定要称是神师的主意。他又扬言："我最怕的是燕军把俘虏的齐国士兵割去鼻子，放在队伍的前列，再和我们交战，那即墨就必然被攻克。"燕军听到这话，就照此施行。城里的人看到齐国众多的降兵都被割去了鼻子，人人义愤填膺，全力坚守城池，只怕被敌人捉住。田单又派人施反间计说："我很害怕燕国人挖了我们城外的祖坟，侮辱了我们的祖先，这可真是让人寒心的事。"燕军听说之后，又把齐国人的坟墓全部挖出，并把死尸焚烧殆尽。即墨人从城上看到此情此景，人人痛哭流涕，都请求出城拼杀，愤怒的情绪增长十倍。

田单知道现在是出战的最好时机，于是就亲自拿着夹板铲锹，和士兵们一起修筑工事，并把自己的妻子姬妾都编在队伍之中，还把全部的食物拿出来犒劳士卒。命令装备整齐的精锐部队都埋伏起来，让老弱妇女上城防守，又派使者去和燕军约定投降事宜，燕军官兵都高呼万岁。田单又把民间的黄金收集起来，共得一千镒，让即墨城里有钱有势的人送给燕军，请求说："即墨就要投降了，希望你们进城之后，不要掳掠我们的妻子姬妾，让我们能平安地生活。"燕军将领非常高兴，满口答应。燕军因此更加松懈。

田单于是从城里收集了一千多头牛，给它们披上大红绸绢制成的被服，在上面画着五颜六色的蛟龙图案，在它们的角上绑好锋利的刀子，把渍满油脂的芦苇绑在牛尾上，以备点燃其末端。又把城墙凿开几十个洞穴，趁夜间把牛从洞穴中赶出，派精壮士兵五千人跟在火牛的后面。因尾巴被烧得发热，火牛都狂怒地直奔燕军。这一切都在夜间突然发生，使燕军惊慌失措。牛尾上的火把将夜间照得通明如昼，燕军看到它们都是龙纹，所触及的人非死即伤。五千壮士又随后悄然无声地杀来，而城里的人乘机擂鼓呐喊，紧紧跟随在后面，甚至连老弱妇孺都手持铜器，敲得震天价响，和城外的呐喊声汇合成惊天动地的声浪。燕军非常害怕，大败而逃。齐国人在乱军之中，杀死了燕国的主将骑劫。燕军纷乱，溃散逃命，齐军紧紧追击溃逃的敌军，所经过的城镇都背叛燕军，归顺田单。田单的兵力也日益增多，乘着战胜的军威，一路追击。燕军仓皇而逃，战斗力一天天减弱，一直退到了黄河边，齐国原来的七十多座城池又都被收复。于是，田单到莒城迎接齐襄王，襄王也就回到都城临淄来处理政务。

齐襄王封赏田单，赐爵号为安平君。

太史公说："用兵作战要一面和敌人正面交锋，一面用奇兵突袭制胜。善于用兵的人，总是能够奇兵迭出而变化无穷的。正面的交锋和背侧的奇袭都要发生作用，这两种战术的相互转化，就如同圆环没有起止一般使人捉摸不定。用兵之初要像处女那样沉静、柔弱，诱使敌人敞开门户，毫不戒备；然后在时机到来之时，就像逃脱的兔子一般快速、敏捷，使敌人来不及防御。田单用兵，正是如此吧！”

当初，在淖齿杀死齐湣王的时候，莒城人访求齐湣王的儿子法章，在太史嬓的家里找到了他，他正在替人家种地浇田。太史嬓的女儿喜欢他并对他很好。后来，法章就把自己的情况告诉了她，她就和法章私通了。等到莒城人共同拥立法章为齐王，以莒城抗击燕军，太史嬓的女儿就被立为王后，这就是人们所说的“君王后”。

燕军在开始攻入齐国的时候，听说画邑人王蠋有才有德，就命令军队说：“在画邑周围三十里之内不许进入。”这是因为，王蠋是画邑人的缘故。不久，燕国又派人对王蠋说：“齐国有许多人都称颂您的高尚品德，我们要任用您为将军，还封赏给您一万户的食邑。”王蠋坚决推辞，不肯接受。燕国人说：“您若不肯接受的话，我们就要带领大军，屠平画邑！”王蠋说：“尽忠的臣子不能侍奉两个君主，贞烈的女子不能再嫁第二个丈夫。齐王不听从我的劝谏，所以我才隐居乡间种田。齐国已经破亡，我不能使它复存。现在，你们又用武力劫持我当你们的将领，我若是答应了，就是帮助坏人干坏事。与其活着干这不义之事，还不如受烹刑死了更好！”然后，他就把自己的脖子吊在树枝上，奋力挣扎，扭断脖子死去。齐国那些四散奔逃的官员们听到这件事，说：“王蠋只是一个平民百姓，尚且能坚守节操，不向燕人屈服称臣，更何况我们这些享受国家俸禄的在职官员呢！”于是，他们就聚集在一起，赶赴莒城，寻求齐湣王的儿子，拥立他为齐襄王。

第六十五卷　鲁仲连邹阳列传第二十三

这是鲁仲连与邹阳的合传。

赵孝成王六年（前260），秦于长平大败赵军，坑杀赵卒四十余万，继而围攻赵都邯郸。魏国救赵部队驻扎汤阴不敢进兵，却派新垣衍说赵帝秦。平原君心急如焚，束手无策，形势岌岌可危。鲁仲连主动去见新垣衍，用具体的事例作比，生动、形象而又透辟地阐明抽象的道理，指陈帝秦的弊害，终于让“使事有职”不愿会见鲁仲连的新垣衍拜服，不敢复言帝秦。而“秦将闻之，为却军五十里”。燕将据守聊城，齐田单攻聊城一年有余，士卒多死而聊城不下。鲁仲连一封《遗燕将书》，使燕将读后，泣三日，终于自杀身亡。本传就是通过这两件事，刻画了鲁仲连“好奇伟俶傥之画策，而不肯仕宦任职，好持高节”的名士形象，他胸罗奇想，志节不凡，他为人排除患难、解决纷乱而一无所取。邯郸解围，平原君欲封鲁仲连，“辞让者三，终不肯受”。以千金为鲁仲连寿，鲁仲连笑曰：“所贵于天下之士者，为人排患释难解纷乱而无取也。即有取者，是商贾之事也，而连不忍为也。”下聊城，欲爵鲁仲连，他却逃隐于海上。他飘然远举、不受羁绁、放浪形骸的性格，为后世所传诵。

鲁仲连列传是一篇感情色彩极浓的传记文学。语言的周回反复，使文势具有强烈的节奏感，从而注入人物形象强烈的感情，使人物清晰可辨而又栩栩如生。

太史公尤其崇尚感情充沛又具有文采的艺术佳作。鲁仲连、邹阳合传，后世多有歧义。认为二人时代悬隔，事不相类，言语文章亦不相侣。而作者偏偏把本来可以不立传的邹阳“附之列传焉”，除了其他因素，不正是因为邹阳《狱中上梁王书》文采飞扬，比物连类，慷慨陈词，有足悲者吗?

【原文】

鲁仲连者，齐①人也。好奇伟俶傥②之画策，而不肯仕宦任职，好持高节③。游于赵④。

【注释】

①齐：古国名。前 11 世纪周分封的诸侯国。②俶傥(tìtǎng)：通“倜傥”，豁达潇洒，卓异超群。③高节：高尚的节操。④赵：古国名。

【原文】

赵孝成王①时，而秦王使白起破赵长平②之军前后四十余万，秦兵遂东围邯郸③。赵王恐，诸侯之救兵莫敢击秦军。魏安鳌王④使将军晋鄙救赵，畏秦，止于荡阴⑤不进。魏王使客将军新垣衍间入⑥邯郸，因平原君⑦谓赵王曰：“秦所为⑧急围赵者，前与齐湣王争强为帝⑨，已而复归帝⑩；今齐已益弱，方今唯秦雄[11]天下，此非必贪邯郸，其意欲复求为帝。赵诚[12]发使尊秦昭王为帝，秦必喜，罢兵去。”平原君犹预未有所决。

【注释】

①赵孝成王：赵丹。前265—前245年在位。②白起：郿（méi，在今陕西省眉县东）人。长平：赵邑。在今山西省高平市西北。③邯郸（hán dān）：赵都城。今河北省邯郸市。④魏：古国名。安釐（xī）王：魏圉。前276—前243年在位。他应赵相平原君的请求，派将军晋鄙领兵十万救赵。⑤荡阴：邑名。在今河南省汤阴县。⑥客将军：他国人在本国做官，文官称“客卿”，武官称“客将军”。新垣衍：姓新垣，名衍。间（jiàn）入：抄小路偷偷进入。⑦因：通过。平原君：赵胜。赵孝成王的叔父。曾三次作赵相，有食客数千人，是战时以养士著名的四公子之一。⑧秦：古国名。嬴（yíng）姓，相传是伯益的后代。所为：所以。⑨齐湣（mǐn）王：田地。约前300—前284年在位。争强为帝：前288年（秦昭王十九年、齐湣王十三年），齐、秦争强，秦称西帝，齐称东帝。⑩已而：不久。复归帝：又取消帝号。⑪雄：称雄。⑫诚：如果。

【原文】

此时鲁仲连适[1]游赵，会[2]秦围赵，闻魏将欲令赵尊秦为帝，乃见平原君曰：“事将奈何[3]？”平原君曰：“胜也何敢言事！前亡四十万之众于外[④]，今又内围邯郸而不能去[⑤]。魏王使客将军新垣衍令赵帝秦[⑥]，今其人在是。胜也何敢言事！”鲁仲连曰：“吾始以君为天下之贤公子也，吾乃今然后知君非天下之贤公子也。梁客[⑦]新垣衍安在？吾请为君责而归[⑧]之。”平原君曰：“胜请为绍介[⑨]而见之于先生。”平原君遂见新垣衍曰：“东国[⑩]有鲁仲连先生者，今其人在此，胜请为绍介，交[⑪]之于将军。”新垣衍曰：“吾闻鲁仲连先生，齐国之高士也。衍人臣也，使事有职[⑫]，吾不愿见鲁仲连先生。”平原君曰：“胜既已泄之矣。”新垣衍许诺。

【注释】

①适：恰好。②会：碰上。③奈何：怎么办。④前亡四十万之众于外：指长平战役。赵卒四十万被秦军坑杀。⑤去：击退敌人。使动用法。⑥帝秦：尊秦为帝。帝，意动用法。⑦梁客：魏客。魏迁都大梁，所以魏国也叫梁国。⑧归：使动用法。⑨绍介：介绍。⑩东国：齐在赵东边，所以赵人称它为东国。⑪交：结交；结识。⑫使事有职：奉派出使，身有职责。意谓负有特殊使命，不便公开见客。

【原文】

鲁连见新垣衍而无言。新垣衍曰：“吾视居此围城之中者，皆有求于平原君者也。今吾观先生之玉貌[①]，非有求于平原君者也，曷为久居此围城之中而不去[②]？”鲁仲连曰：“世以鲍焦[③]为无从颂而死者，皆非也。众人不知，则为一身[④]。彼秦者，弃礼义而上首功[5]之国也，权[6]使其士，虏[7]使其民。彼即肆然[8]而为帝，过而[9]为政于天下，则连有蹈[10]东海而死耳，吾不忍为之民也。所为见将军者，欲以助赵也。”

【注释】

①玉貌：对别人容貌的尊称。②曷为：为什么。去：离开。③鲍焦：周代的隐士。④众人不知，则为一身：有两解：一、一般人缺乏智慧，才只知道为自己一身打算。知：通“智”。二、众人不明白鲍焦的心意，还以为他仅仅是为了个人的打算而死的。⑤上：通“尚”，崇尚。首功：指战功。⑥权：阴谋权术。⑦虏：奴隶。这里用作状语。⑧即：如；如果。肆然：放肆；无所忌惮。⑨过而：甚至；进而。⑩蹈：投入。

【原文】

新垣衍曰：“先生助之将奈何？”鲁连曰：“吾将使梁及燕[1]助之，齐、楚[2]则固助之矣。”新垣衍曰：“燕，则吾请以从[3]矣；若乃梁者，则吾乃梁人也，先生恶[4]能使梁助之？”鲁连曰：“梁未睹秦称帝之害故耳。使梁睹秦称帝之害，则必助赵矣。”

【注释】

①燕：古国名。姬姓。前11世纪周分封的诸侯国。②楚：古国名。③吾请以从：有两解：一、我就算相信您的说法；二、我请求他听从你。④恶（wū）：何；怎么。

【原文】

新垣衍曰："秦称帝之害何如？"鲁连曰："昔者齐威王[1]尝为仁义矣，率天下诸侯而朝周。周贫且微[2]，诸侯莫朝，而齐独朝之。居岁余，周烈王崩[3]，齐后往，周怒，赴[4]于齐曰：'天崩地坼[5]，天子下席[6]。东藩[7]之臣因齐后至，则斮[8]。'齐威王勃然[9]怒曰：'叱嗟[10]，而[11]母婢也！'卒[12]为天下笑。故生则朝周，死则叱之，诚[13]不忍其求也。彼天子固然，其无足怪。"

【注释】

①齐威王：田因齐。②微：弱。③周烈王：姬喜。崩：古代称天子死为崩。④赴：通"讣"，报丧。⑤天崩地坼（chè）：比喻帝王死去。坼：裂。⑥天子：指继承周烈王的新君周显王。下席：古时居丧守孝，要离开居室，睡在草席上。⑦东藩：东方属国。指齐国。⑧斮（zhuó）：通"斫"，斩杀。⑨勃然：发怒变脸色。⑩叱嗟（jiē）：怒斥声。⑪而：你。⑫卒：终于。⑬诚：实在。

【原文】

新垣衍曰："先生独不见夫[1]仆乎？十人而从一人者，宁力不胜而智不若邪[2]？畏之也。"鲁仲连曰："呜呼！梁之比于秦[3]若仆邪？"新垣衍曰："然。"鲁仲连曰："吾将使秦王烹醢[4]梁王。"新垣衍怏然[5]不悦，曰："噫嘻[6]，亦太甚矣先生之言也！先生又恶能使秦王烹醢梁王？"鲁仲连曰："固也！

吾将言之。昔者九侯、鄂侯、文王[7]，纣之三公也[8]。九侯有子而好[9]，献之于纣，纣以为恶[10]，醢九侯。鄂侯争之强[11]，辩之疾[12]，故脯[13]鄂侯。文王闻之，喟然[14]而叹，故拘之牖里之库[15]百日，欲令之死。曷为与人俱称王，卒就脯醢之地？齐湣王之鲁[16]，夷维子为执策[17]而从；谓鲁人曰：'子[18]将何以待吾君？'鲁人曰：'吾将以十太牢[19]待子之君。'夷维子曰：'子安取礼[20]而来待吾君？彼吾君者，天子也。天子巡狩[21]，诸侯辟舍[22]，纳管籥[23]，摄衽抱机[24]，视膳[25]于堂下，天子已食，乃退而听朝[26]也。'鲁人投其籥[27]，不果纳[28]。不得入于鲁，将之薛[29]，假途于邹[30]。当是时，邹君死，湣王欲入吊。夷维子谓邹之孤[31]曰：'天子吊，主人必将倍殡棺[32]，设北面于南方，然后天子南面吊也。'邹之群臣曰：'必若此，吾将伏剑[33]而死。'固[34]不敢入于邹。邹、鲁之臣，生则不得事养，死则不得赙襚[35]，然且欲行天子之礼于邹、鲁，邹、鲁之臣不果纳。今秦万乘[36]之国也，梁亦万乘之国也。俱据万乘之国，各有称王之名，睹其一战而胜，欲从而帝之，是使三晋[37]之大臣不如邹、鲁之仆妾也。且秦无已而帝[38]，则且变易诸侯之大臣。彼将夺其所不肖而与其所贤[39]，夺其所憎而与其所爱。彼又将使其子女谗妾[40]为诸侯妃姬，处梁之宫。梁王安得晏然[41]而已乎？而将军又何以得故宠乎？"

【注释】

①夫：那。指示代词。②宁：岂；难道。邪（yé）：通"耶"。疑问语气词。③比于秦：与秦相比。④烹醢（hǎi）：

古代酷刑。烹：用沸汤烹煮。醢：剁成肉酱。⑤怏（yàng）然：不乐意的样子。⑥噫嘻（yīxī）：感叹声。⑦九侯、鄂侯、文王：都是殷纣时的诸侯。⑧纣：帝辛，子姓，名受。商朝最末的君主。暴虐无道，为周武王所伐，兵败自焚。三公：周以太师、太傅、太保为三公，是爵位最高的大臣。此处喻指爵位最高的臣子。⑨子：此指女儿。好：美。⑩恶（è）：丑。⑪争之强：强争之。⑫疾：急。⑬脯（fǔ）：做成肉干。⑭喟（kuì）然：叹息声。⑮拘：囚系。牖（yǒu）里：亦作"羑里"。在今河南省汤阴县北。库：监狱。⑯之：往。鲁：古国名。前11世纪周分封的诸侯国。⑰夷维子：齐国臣子。以地名为姓。夷维：齐国邑名。在今山东省潍坊市寒亭区境。策：马鞭。⑱子：古时对人的敬称。⑲太牢：古以牛、羊、豕三牲各一为一太牢。⑳安取礼：根据什么礼节。鲁人以十太牢待齐王，是根据接待诸侯礼节行事。夷维子要鲁人按接待天子礼节接待齐王，所以提出质问。㉑巡狩（shòu）：天子到各地视察叫巡狩。本作"巡守"。指巡视诸侯为天子所守的土地。㉒辟舍：迁出正宫，移居别处。辟，通"避"。㉓纳管籥（yuè）：交出钥匙。纳，交出。籥，通"钥"。㉔摄衽（rèn）：撩起衣襟。抱机：安排几桌。机，通"几"。㉕视膳（shàn）：侍候进餐。㉖听朝：国君在朝堂办公问事。㉗投其籥：闭关上锁。㉘不果纳：不让进入。㉙薛：古国名。任姓。㉚假途：借路经过。途，道路。邹：古国名。曹姓。地在今山东省邹城市一带。建都邹（今邹城市）。战国时为楚所灭。㉛邹之孤：指死去的邹君的儿子。㉜倍：通“背”，背向着。殡（bìn）棺：棺柩。古代以坐北向南为正位，诸侯死，灵柩原放在北面。如果天子来吊，就要把灵柩移到相反的方位，让天子向南面吊。㉝伏剑：用剑自杀。㉞固：通“故”，因此。㉟赙（fù）：以财物助人丧葬。襚（suì）：送给死者衣被。㊱万乘（shèng）：万辆兵车。一车四马叫一乘，每乘配备有甲士三人，步兵七十二人。㊲三晋：指韩、赵、魏三国。这三国原是由晋分化立国的。有时，这三国中的一国或二国亦称三晋。㊳且：如果。无已而帝：贪心无止，终于称帝。㊴所不肖：所认为不肖的。不肖（xiào）：不贤能；不像样。所贤：所认为贤的。㊵谗妾：花言巧语的妾妇。㊶晏然：安然，太太平平。

【原文】

于是新垣衍起①，再拜谢②曰：“始以先生为庸人③，吾乃今日知先生为天下之士也。吾请出④，不敢复言帝秦。”秦将闻之，为却军五十里⑤。适会魏公子无忌⑥夺晋鄙军以救赵，击秦军，秦军遂引⑦而去。

【注释】

①起：起立。②谢：谢罪；道歉。③庸人：平常人。④出：《战国策》作“去”。⑤为却军五十里：《资治通鉴考异》说，鲁仲连所说的那些话，只是说明帝秦的害处，只可能使新垣衍感到羞愧，自动回去；与秦将无甚关系。⑥魏公子

无忌：魏安釐王异母弟。封信陵君。⑦引：退却。

【原文】

于是平原君欲封鲁连，鲁连辞让者三，终不肯受。平原君乃置酒，酒酣[1]起前，以千金为鲁连寿[2]。鲁连笑曰："所贵于天下之士者，为人排患释难解纷乱[3]而无取也。即有取者，是商贾之事[4]也，而连不忍为也。"遂辞平原君而去，终身不复见。

【注释】

①酒酣：酒喝得畅快的时候。②寿：向人祝酒或以财物赠送人。③排患：排除祸患。解纷乱：解决纠纷。④商贾（gǔ）之事：生意买卖人的行为。

【原文】

其后二十余年，燕[1]将攻下聊城，聊城人或[2]谗之燕，燕将惧诛，因保守聊城，不敢归。齐田单[3]攻聊城岁余，士卒多死而聊城不下。鲁连乃为书，约[4]之矢以射城中，遗燕将。书曰：

【注释】

①燕（yān）：古国名。姬姓。前 11 世纪周分封的诸侯国。开国君主召公奭（shì）。②或：有人。虚指代词。③田单：齐国宗室，曾大破燕军，挽救齐国。封安平君。④约：绑扎。

【原文】

吾闻之，智者不倍[①]时而弃利，勇士不却死而灭名，忠臣不先身而后君。今公行一朝之忿，不顾燕王之无臣，非忠也；杀身亡聊城，而威不信[②]于齐，非勇也；功败名灭，后世无称[③]焉，非智也。三者世主不臣[④]，说士不载[⑤]，故智者不再计[⑥]，勇士不怯死。今死生荣辱，贵贱尊卑，此时不再至，愿公[⑦]详计而无与俗同。

【注释】

①倍：通“背”，违背。②信（shēn）：通“伸”。③称：称述；称道。④世主：当世的君主。臣：以之为臣。⑤说士：游说之士。载：记载；称述。⑥再计：再三考虑，犹豫不决。⑦公：对人的尊称。

【原文】

且楚攻齐之南阳[①]，魏攻平陆[②]，而齐无南面[③]之心，以为亡南阳之害小，不如得济北[④]之利大，故定计审处[⑤]之。今秦人下兵[⑥]，魏不敢东面[⑦]；衡秦[⑧]之势成，楚国之形危；齐弃南阳，断右壤[⑨]，定济北，计犹且为之也。且夫齐之必决于聊城，公勿再计。今楚、魏交退于齐，而燕救不至。以全齐之兵，无天下之规[⑩]，与聊城共据期年之敝，则臣[⑪]见公之不能得也。且燕国大乱，君臣失计，上下迷惑，栗腹[⑫]以十万之众五折于外，以万乘之国被围于赵，壤削主困，为天下僇[⑬]笑。国敝而祸多，民无所归心。今公又以敝聊之民距[⑭]全齐之兵，是墨翟[15]之守也。食人炊骨，士无反外[16]之心，是孙膑[17]之兵也。能见于天下。虽然，为公计者，不如全车甲以报[18]于燕。车甲全而归燕，燕王必喜；身全而归于国，士民如见父母，交游攘臂[19]而议于世，功业可明。上辅孤主以制群臣，下养百姓以资说士[20]，矫国更俗，功名可立也。亡[21]意亦捐燕弃世，东游于齐乎？裂地定封，富比乎陶、卫[22]，世世称孤，与齐久存，又一计也。此两计者，显名厚实也，愿公详计而审处一焉。

【注释】

①南阳：邑名。在今山东省邹城市西北。②平陆：邑名。在今山东省汶上县北。③南面：指向南进攻楚国。④济北：济水之北。⑤定计审处：考虑利害作出决定。⑥下兵：发兵。指派兵助齐。⑦东面：指向东攻齐。⑧衡秦：与秦连横。⑨断右壤：指放弃平陆不救。⑩规：规求；贪求。⑪臣：古人自称的谦词。⑫栗腹：燕相。⑬僇（lù）：侮辱。⑭距：通“拒”，抵御；抵抗。⑮墨翟：鲁国（一说宋国）人。先秦重要思想家之一，墨家学派的创始人。⑯反外：反叛；疏远。⑰孙膑：战国时齐将。曾以计大破魏军，闻名于世。⑱全：完好无损。使动用法。报：答谢。⑲交游：来往的朋友。攘臂：褪袖露臂。很兴奋的样子。⑳资说士：把自己的事迹提供游说之士作记述的材料。㉑亡：通“无”。㉒陶：指秦相魏冉。封于陶（今山东省菏泽市定陶区西北）。卫：指秦相商鞅。鞅是卫国人，又叫“卫鞅”。

【原文】

且吾闻之，规小节者不能成荣名，恶小耻[①]者不能立大功。昔者管夷吾[②]射桓公中其钩，篡[③]也；遗公子纠不能死[④]，怯也；束缚桎梏[⑤]，辱也。若此三行者，世主不臣而乡里不通[⑥]。乡使[⑦]管子幽囚而不出，身死而不反[⑧]于齐，则亦名不免为辱人贱行矣。臧获[⑨]且羞与之同名矣，况世俗乎！故管子不耻身在缧绁[⑩]之中而耻天下之不治，不耻不死公子纠而耻威之不信于诸侯，故兼三行之过而为五霸首[⑪]，名高天下而光烛[⑫]邻国。曹子[⑬]为鲁将，三战三北[⑭]，而亡地五百里。乡使曹子计不反顾，议不还踵[⑮]，刎颈而死，则亦名不免为败军禽将[⑯]矣。曹子弃三北之耻，而退与鲁君计。桓公朝天下，会诸侯，曹子以一剑之任[⑰]，枝桓公之心于坛坫[⑱]之上，颜色不变，辞气不悖[⑲]，三战之所亡一朝而复之，天下震动，诸侯惊骇，威加吴、越[⑳]。若此二士者，非不能成小廉而行小节[㉑]也，以为杀身亡躯，绝世灭后，功名不立，非智也。故去感忿[㉒]之怨，立终身之名；弃忿悁[㉓]之节，定累世之功。是以业与三王争流[㉔]，而名与天壤相弊[㉕]也。愿公择一而行之。

【注释】

①恶（wù）小耻：把小耻当成羞耻。②管夷吾（？—前645）：管仲。齐人。③篡（cuàn）：特指臣子夺取君位。此处指犯上。④遗：舍弃。死：为之而死。为动用法。⑤桎梏（zhìgù）：脚镣手铐。⑥乡里不通：同乡里的亲友不和他交往。

⑦乡（xiàng）使：当初假使。乡，通“向”。⑧反：通“返”。⑨臧获：奴婢。⑩缧绁（léi xiè）：捆绑罪人的绳索。这里当“囚系”讲。⑪管仲得鲍叔牙的推荐，辅佐齐桓公建立霸业，使齐桓公成为春秋时代五霸之首。⑫烛：照耀。⑬曹子：春秋时鲁庄公的臣子曹沫。⑭北：败。⑮还（xuán）踵：旋转脚跟。不旋踵，形容时间的短促。还，通“旋”。⑯禽将：被擒之将。禽，通“擒”。⑰任：凭；凭借。⑱枝：抵住。坛坫（diàn）：土台。古代用来举行祭祀、朝会、盟誓的场所。⑲悖（bèi）：谬误。⑳吴：古国名。姬姓。越：古国名。姒（sì）姓。相传始祖是夏少康的庶子无余。疆土有今江苏省大部和安徽省南部、浙江省北部、江西省东部。建都会（kuài）稽（今浙江省绍兴市）。约在前306年为楚所灭。㉑廉：清白高洁。节：气节；操守。㉒去：弃除。感忿：愤慨。㉓忿悁（juān）：愤恨。㉔三王：指夏、商、周三代开国的君主。具体指禹、汤、周文、武王。争流：比谁的声名流传得更久远。㉕名与天壤相弊：声名跟天地一道死亡。实际上是永垂不朽的意思。天壤，天地。

【原文】

燕将见鲁连书，泣三日，犹豫不能自决。欲归燕，已有隙[1]，恐诛；欲降齐，所杀虏于齐甚众，恐已降而后见[2]辱。喟然叹曰：“与人刃[3]我，宁自刃。”乃自杀。聊城乱，田单遂屠[4]聊城。归而言鲁连，欲爵之[5]。鲁连逃隐于海上，曰：“吾与富贵而诎[6]于人，宁贫贱而轻世肆志焉。”

【注释】

①隙：隔阂。②见：被；受。③与：与其。刃：杀。④屠：大规模的残杀。⑤爵之：封他爵位。爵，用如动词。⑥诎（qū）：通“屈”。

【原文】

邹阳[①]者，齐[②]人也。游于梁[③]，与故吴人庄忌夫子、淮阴枚生[④]之徒交。上书而介于羊胜、公孙诡[⑤]之间。胜等嫉邹阳，恶[⑥]之梁孝王。孝王怒，下之吏[⑦]，将欲杀之。邹阳客游，以谗见禽，恐死而负累[⑧]，乃从狱中上书曰：

【注释】

①邹阳：西汉文学家，初从吴王刘濞，有《上吴王书》，劝濞不要起兵叛汉，濞不听。去为梁孝王客，被谗下狱，上书申诉，释放后为上客。所作散文，有战国时游士纵横善辩之风。②齐：汉初封国。地在今泰山以北及胶东半岛地区。建都临淄（今山东省淄博市东北）。③梁：汉初封国。地在今河南、安徽两省交界地区。建都睢（suī）阳（今河南省商丘市南）。④故吴：吴是汉初封国。庄忌：姓庄，名忌，字夫子。枚生（？—前 140）：名乘，字叔，淮阴（今江苏省淮安市淮阴区）人，辞赋家。⑤羊胜、公孙诡（姓公孙，名诡）：都是梁孝王门客。他们曾与梁孝王合谋刺杀袁盎，后事露，都被梁孝王赐死。⑥恶（wù）：说人坏话。梁孝王（？—前 144）：刘武。汉文帝的儿子，景帝的弟弟。⑦下之吏：交法官审讯定

罪。⑧累：过失；罪名。

【原文】

臣闻忠无不报[①]，信不见疑，臣常以为然，徒[②]虚语耳。昔者荆轲慕燕丹[③]之义，白虹贯日，太子畏之；卫先生为秦画长平之事，太白蚀昴，而昭王疑之[④]。夫精变天地而信不喻[⑤]两主，岂[⑥]不哀哉！今臣尽忠竭诚，毕议愿知，左右[⑦]不明，卒从吏讯[⑧]，为世所疑，是使荆轲、卫先生复起，而燕、秦不悟也。愿大王孰[⑨]察之。

【注释】

①报：赏识；信任。②徒：只。③燕丹：燕国太子。④秦将白起在长平大破赵军，想乘胜灭赵，派卫先生回来向昭王请增加兵粮。太白：金星的别名。昴（mǎo）：昴宿。星宿名。二十八宿之一。⑤精：精诚；真诚。变：使发生变化。使动用法。喻：晓喻；开导。⑥岂：难道。⑦左右：身旁的近侍。不便直说“王不明”。⑧卒：终于。吏讯：刑吏审讯。⑨孰：通“熟”，详细；深入。

【原文】

昔卞和献宝，楚王刖之[①]；李斯竭忠[②]，胡亥极刑。是以箕子详[③]狂，接舆辟世[④]，恐遭此患也。愿大王孰察卞和、李斯之意，而后楚王、胡亥之听[⑤]，无[⑥]使臣为箕子、接舆所笑。臣闻比干[⑦]剖心，子胥[⑧]鸱夷，臣始不信，乃今知之。愿大王孰察，少加怜焉。

【注释】

①卞和献宝，楚月刖（yuè）之：楚国人卞和，得到一块璞玉（未经雕琢的玉），献给楚武王。②李斯竭忠：李斯（？—前208）：战国末期上蔡（今河南省上蔡县）人。③箕子：殷纣王的叔父。名胥馀，封于箕。因进谏被囚禁，为求避祸，假装疯癫。详：通“佯”，假装。④接舆：春秋时楚国的隐士。辟世：隐居。辟，通“避”。⑤后：放后；摒弃。动词。听：判断。⑥无：不；莫。⑦比干：殷纣王的叔父。⑧子胥（？—前484）姓伍，名员。先为楚臣，后为吴国大臣。

【原文】

谚曰：“有白头如新①，倾盖如故②。”何则③？知与不知也。故昔樊於期逃秦之燕，藉④荆轲首以奉丹之事；王奢去齐之魏，临⑤城自刭以却齐而存魏。夫王奢、樊於期非新于齐、秦而故于燕、魏也，所以去二国死两君者，行合于志而慕义无穷也。是以苏秦⑥不信于天下，而为燕尾生⑦；白圭战亡六城，为魏取中山⑧。何则？诚有以相知也。苏秦相燕，燕人恶之于王，王按剑而怒，食以駃騠⑨；白圭显⑩于中山，中山人恶之魏文侯，文侯投之以夜光之璧⑪。何则？两主二臣，剖心坼⑫胆相信，岂移于浮辞⑬哉！

【注释】

①白头如新：相处到老，还像才认知似的。指人不相知。②倾盖如故：途路相遇，一见如故，如同熟识的老朋友。③何

则：为什么。④樊於（wū）期：秦将。之：往；去。藉：通“借”。⑤王奢：齐国人。临：面向。⑥苏秦：洛阳（今河南省洛阳市）人，字季子，战国时著名说士。⑦尾生：古代传说中鲁国一个守信的人。⑧白圭：战国时中山将。因作战失败，失去六座城邑；中山君要杀他。他逃到魏国，受到魏文侯重用。后来为魏国攻取了中山。中山：古国名。地在今河北省定州市一带，战国时为赵所灭。⑨食（sì）：给人吃。駃騠（jué tí）：骏马。⑩显：显赫。声名大；有权势。⑪魏文侯（？—前396）：魏斯。战国时魏国的建立者。前445—前396年在位。夜光之璧：传说中夜间发光的宝玉。⑫坼（chè）：分裂；裂开。⑬浮辞：没有事理作根据的空话。

【原文】

故女无美恶，入宫见妒；士无贤不肖，入朝见嫉。昔者司马喜膑[1]脚于宋，卒相中山；范雎[2]摺胁折齿于魏，卒为应侯。此二人者，皆信必然之画[3]，捐朋党[4]之私，挟[5]孤独之位，故不能自免于嫉妒之人也。是以申徒狄[6]自沉于河，徐衍[7]负石入海。不容于世，义不苟取，比周[8]于朝，以移主上之心。故百里奚乞食于路，缪[9]公委之以政；宁戚饭牛车下，而桓公任之以国[10]。此二人者，岂借宦[11]于朝，假誉于左右，然后二主用之哉？感于心，合于行，亲于胶漆[12]，昆弟不能离[13]，岂惑于众口哉？故偏听生奸，独任成乱。昔者鲁听季孙之说而逐孔子[14]，宋信子罕之计而囚墨翟[15]。夫以孔、墨之辩，不能自免于谗谀，而二国以危。何则？众口铄金，积毁销骨也[16]。是以秦用戎人由余[17]而霸中国，齐用越人蒙而强威、宣[18]。此二国，岂拘于俗，牵于世，系阿偏[19]之辞哉？公听并观[20]，垂名当世。故意合则胡越[21]为昆弟，由余、越人蒙是矣；不合，则骨肉出逐不收，朱、象、管、蔡[22]是矣。今人主诚能用齐、秦之义，后宋、鲁之听，则五伯[23]不足称，三王易为也。

【注释】

①司马喜：宋国人。膑（bìn）：古代割去膝盖骨的酷刑。②范雎：战国时魏国人。③画：谋划；策划。④捐：舍弃。朋党：为营谋私利，勾结同类。⑤挟：拥有；怀抱。引申为“处于”。⑥申徒狄：姓申徒（可作“申屠”），名狄。⑦徐衍：周末人。因不满乱世，抱石自沉于海。⑧苟：无原则地。比周：结党营私。⑨百里奚：春秋时虞（国名。地在今山西省平陆县北）人。虞亡，被虏为奴隶，后逃到楚国。秦穆公用五张公羊皮把他赎回。后辅佐穆公，建成霸业。缪（mù）：通“穆”。⑩宁戚：春秋时卫（国名。地在今河南省淇县、滑县一带）人。隐居为商人。有次他在路边一面喂牛，一面唱歌。桓公知道他不是平常人，任他作客卿。饭：喂。动词。国：国事；国政。⑪宦：做官。这里指做官的人。⑫于：比；超过。胶漆：胶和漆。⑬昆弟不能离：即使兄弟也不能离间他们。⑭孔子（前551—前479）：孔丘，字仲尼。春秋时鲁国陬（zōu）邑（今山东省曲阜市）人。曾做过鲁国的司寇（司法长官）。⑮子罕之计而囚墨翟：事失考，不知所出。⑯铄（shuò）、销：都是熔化的意思。这两句比喻谗言的厉害。⑰由

余：春秋时晋国人，逃亡到西戎（古代散居西北地区的部族），秦穆公招致重用，他助秦建成霸业。⑱越人蒙：不知所出。强：使动用法。威、宣：齐威王、齐宣王。⑲拘：拘泥。俗：流俗。牵：牵制。世：世俗。系：缚系。阿（ē）偏：不公正。⑳公听：公正地听取。并观：全面地观察。㉑胡：古代对北方和西方各非华夏部族的泛称。越：古代广泛分布长江中下游以南的部族。㉒朱：丹朱。唐尧的儿子。相传丹朱不肖，所以尧不把帝位传给他。象：虞舜的弟弟。曾几次想害死舜。管、蔡：管叔鲜和蔡叔度，都是周武王的弟弟。武王死后，管、蔡起兵反叛，被摄政的周公东征扫平。㉓五伯（bà）："五霸"。指春秋时势力强大称霸一时的五个诸侯。

【原文】

是以圣王觉寤[①]，捐子之[②]之心，而能不说于田常[③]之贤；封比干之后，修孕妇之墓[④]，故功业复就于天下。何则？欲善无厌[⑤]也。夫晋文公[⑥]亲其仇，强霸诸侯；齐桓公用其仇，而一匡天下[⑦]。何则？慈仁殷勤[⑧]，诚加于心，不可以虚辞借也。

【注释】

①寤：通"悟"。②子之：战国时燕王哙的相。③说（yuè）：通"悦"。田常：春秋时齐国大臣。④周武王灭了殷纣后，封赏了被纣剖心的比干的子孙，给被纣惨杀的孕妇修了墓。⑤厌：通"餍"，饱；满足。⑥晋文公（？—前628）：春秋时晋国君。⑦齐桓公用其仇：见前"鲁仲连遗燕将书注"。

一匡天下：原指齐桓公维护周襄王的王位，稳定了周朝的政局。⑧殷勤：恳切。

【原文】

至夫秦用商鞅[①]之法，东弱[②]韩、魏，兵强天下，而卒车裂[③]之；越用大夫种[④]之谋，禽劲吴，霸中国，而卒诛其身。是以孙叔敖[⑤]三去相而不悔，於陵子仲[⑥]辞三公为人灌园。今人主诚能去骄慠[⑦]之心，怀可报之意，披心腹，见情素，堕[⑧]肝胆，施德厚，终与之穷达[⑨]，无爱[⑩]于士，则桀之狗可使吠尧[⑪]，而跖之客可使刺由[⑫]，况因万乘[⑬]之权，假圣王之资[⑭]乎？然则荆轲之湛七族[⑮]，要离之烧妻子[⑯]，岂足道哉！

【注释】

①商鞅（约前390—前338）：姓公孙，名鞅。②弱：衰弱。使动用法。③车裂：古代一种残酷的死刑。将人头部和四肢分别拴在马拉的五辆车上，五马同时分驰，撕裂肢体，俗称“五马分尸”。④大夫种：文种。⑤孙叔敖：楚国令尹（楚国最高官职）。⑥子仲：又名陈仲子。齐国人，居於（wū）陵（今山东省邹平市东南）。⑦去：除去；抛弃。慠：通“傲”。⑧堕（huī）：输；送。⑨穷达：困窘和显达；逆境和顺境。⑩无：不。爱：吝惜。⑪桀：夏代最末一个暴君的名字。尧：传说中的古帝陶唐氏的名字，也称唐尧。他把天下让给了舜。⑫跖（zhí）：春秋时代的奴隶起义领袖，旧时被认为大盗，故称为盗跖。由：许由。⑬因：凭借；依靠。万乘：万辆兵车。

借指大国或国王。⑭假：凭借。资：指才能地位、声望等。⑮湛（chén）：通“沉”，沉没；灭亡。七族：家族的统称。一说：上自曾祖，下至曾孙。一说：父之族、姑之子、姊妹之子、女子之子、母之族、从子，妻之父母。⑯要（yāo）离之烧妻子：要离为吴王阖闾谋刺公子庆忌，为了使庆忌相信，假装犯罪，让阖闾砍掉右手，烧死妻儿。终于刺死了庆忌。

【原文】

臣闻明月之珠，夜光之璧[①]，以暗投人于道路，人无不按剑相眄[②]者。何则？无因[③]而至前也。蟠木根柢[④]，轮囷离诡[⑤]，而为万乘器者。何则？以左右先为之容[⑥]也。故无因至前，虽出随侯之珠[⑦]，夜光之璧，犹结怨而不见德。故有人先谈，则以枯木朽株树功而不忘。今夫天下布衣[⑧]穷居之士，身在贫贱，虽蒙尧、舜[⑨]之术，挟伊[⑩]、管之辩，怀龙逢[⑪]、比干之意，欲尽忠当世之君，而素无根柢之容，虽竭精思，欲开忠信，辅人主之治，则人主必有按剑相眄之迹，是使布衣不得为枯木朽株之资也。

【注释】

①明月珠、夜光璧：古代传说中夜里发光的珠玉。②眄（miǎn）：斜视。③因：缘故；原由。④蟠（pán）：盘曲。柢（dǐ）：树根。⑤轮囷（qūn）：屈曲的样子。离诡：奇怪。⑥容：修饰。⑦随侯之珠：相传随侯曾救过一条大蛇，这蛇后来衔一宝珠献给他。⑧布衣：古代老百姓穿的布质衣服。因而

习惯作为“平民”的代称。⑨舜：传说中古帝有虞氏的名字，也称虞舜。他把天下让给了禹。⑩伊：伊尹。伊尹、管仲，古代常用来指代最贤能的大臣。⑪龙逢（péng）：关龙逢。夏桀的贤臣。因直谏被杀。龙逢、比干，古代常用来指代对君王忠心耿耿的臣子。

【原文】

是以圣王制世御俗[1]，独化于陶钧之上[2]，而不牵于卑乱之语，不夺于众多之口。故秦皇帝任中庶子蒙嘉[3]之言，以信荆轲之说，而匕首窃发；周文王猎泾、渭，载吕尚[4]而归，以王[5]天下。故秦信左右而杀，周用乌集[6]而王。何则？以其能越挛拘[7]之语，驰域外[8]之议，独观于昭旷[9]之道也。

【注释】

①制世御俗：治理国家。制：统制；控制。御：驾驭。②独化于陶钧之上：这句比喻帝王要独立地运用政教，教化天下。独，独自。化，教化。陶钧，古代制作陶器所用的圆轮。③中庶子：官名。掌握诸侯、卿、大夫的庶子的教育管理。蒙嘉：秦始皇的宠臣。④泾、渭：流经今陕西省境内的两条水名。泾水流入渭水，渭水流入黄河。吕尚：姜姓，吕氏。⑤王（wàng）：建立王业。动词。⑥乌集：乌鸟集合在一块。⑦越：超出。挛（luán）拘：牵系，拘束。⑧域外：局限之外。⑨昭旷：光明、宽阔。

【原文】

今人主沉于谄谀之辞，牵于帷裳[1]之制，使不羁之士与牛骥同皂[2]，此鲍焦所以忿于世而不留[3]富贵之乐也。

【注释】

①帷裳：车旁的布围。②不羁（jī）：不受羁绊。骥（jì）：千里马。这里指马。皂：牛马食槽。③留：留恋。

【原文】

臣闻盛饰[1]入朝者不以利污义，砥厉名号者不以欲伤行[2]，故县名胜母而曾子[3]不入，邑号朝歌[4]而墨子回车。今欲使天下寥廓[5]之士，摄[6]于威重之权，主[7]于位势之贵，故回面[8]污行以事谄谀之人而求亲近于左右，则士伏死堀穴岩薮[9]之中耳，安肯有尽忠信而趋[10]阙下者哉！

【注释】

①盛饰：穿着整齐美观。②砥厉：砥和厉（“砺”的本字）都是磨刀石。这里用作动词，磨砺的意思。名号：名节；名誉。欲：利欲；私欲。行：操守；操行。③胜母：古地名。曾子（前505—前435）：名参。孔子的学生。④朝歌：殷的都城。在今河南省淇县。相传墨子认为这地名与他的“非乐”主张不合，掉转车子走了。⑤寥廓：广阔；高远。寥廓之士，指抱负远大的人。⑥摄：通“慑”，畏惧。⑦主：主宰；掌管。⑧故：故意。回面：丑化面颜。⑨则：那么。连词。堀（kū）：通“窟”，洞穴。薮（sǒu）：少水的沼泽地。⑩趋：奔赴。

【原文】

书奏[①]梁孝王，孝王使人出之，卒为上客[②]。

【注释】

①奏：臣子向君王进言、上书。②卒：终于。上客：上等宾客。

【原文】

太史公曰：鲁连其指意[①]虽不合大义，然余多[②]其在布衣之位，荡然[③]肆志，不诎于诸侯，谈说于当世，折[④]卿相之权。邹阳辞虽不逊，然其比物连类[⑤]，有足悲[⑥]者，亦可谓抗直不桡[⑦]矣，吾是以附之列传焉。

【注释】

①指意：意旨。指，通“旨”。②多：赞许。③荡然：放浪不羁。④折：使折服。使动用法。⑤比物连类：连缀相类的事物，进行比较。⑥悲：感动。⑦桡（náo）：通“挠”，曲折；屈从。

【译文】

鲁仲连是齐国人。他喜欢出些奇特高妙的计谋，却不肯出官任职，又喜好保持高尚的节操。他游历到了赵国。

赵孝成王的时候，秦昭王派遣白起领兵打败赵国长平的军队，先后共斩杀四十多万人，秦军乘势东进，包围了赵都邯郸。赵王害怕，各诸侯国的救兵没有谁敢去进攻秦军。魏安釐王派将军晋鄙领兵救援赵国，可是因为害怕秦国，大军屯驻荡阴不敢前进：魏王派外籍将军新垣衍由小路混入邯郸城，通过平原君向赵王说：“秦军之所以要紧急包围赵都的缘故，是从前同齐湣王争强称帝，不久齐湣王取消了帝号，秦昭王也除去帝号；现在齐国的国势也更加衰弱了，如今只有秦国称雄于天下，这次围攻赵国，未必就是贪取邯郸城，它的本意是想再求得称帝。如果赵王真能派遣使臣拥戴秦昭王称帝，秦王一定高兴，下令撤兵离开。”平原君听了，犹豫不定。

这时候，鲁仲连恰巧游历到赵国，正好赶上秦军包围赵都，听说魏国的将军想让赵王尊秦为帝，就去拜见平原君，说：“事情打算怎么办？”平原君说：“我赵胜哪敢谈论国事！不久前让四十万大军败亡在国外，现在国内又被秦军包围邯郸，又不能使他们撤离。魏王派外籍将军新垣衍要我劝赵王尊秦为帝，现在此人还在这里。我赵胜怎敢谈论国事！”鲁仲连说：“我原先还认为您是天下贤能的公子呢，现在我才知道您并不是天下贤能的公子。大梁的客人新垣衍在哪儿？请让我替您责问他，让他回去。”平原君说：“请让我赵胜替你作介绍，让他和先生相见。”平原君于是去见新垣衍，说：“东国有位鲁仲连先生，现在此人在这儿，请让我来介绍，让他和将军交个朋友。”新垣衍说：“我听说鲁仲连先生是齐国高尚的人，我新垣衍是当人家使臣的，做差使的有职事在身，我不愿见鲁仲连先生。”平原君说：“我赵胜已经泄露你们要相见的事了。”新垣衍只好答应了。

鲁仲连见到新垣衍后，并不开口说话。新垣衍说：“我看居留这围城中的人，都是有求于平原君的。现在，我看先生的相貌，不像是有求于平原君的人，为何久留这座围城之中而不离开呢？”鲁仲连说：“世人认为鲍焦是因器量狭小才自杀的，这种看法完全不对。一般的人不知道鲍焦的本意，就以为他只知道为个人打算。像那秦国，是个抛弃礼义而崇尚战功的国家，用欺诈的手段来驱赶它的战士，像对待俘虏一样来奴役它的百姓。要是那秦王肆无忌惮地称起帝来，错误地在天下施政，那么，我鲁仲连宁可跳入东海死掉算了，我不忍心去做他的百姓。我之所以要来拜见将军，是想来帮助赵国啊！”

新垣衍说：“先生将要怎样帮助它呢？”鲁仲连说：“我将让魏国和燕国都来帮助它，齐国和楚国则本来就帮助它了。”新垣衍说：“燕国，我可以听信你的说法；至于魏国，那我就是魏国人，先生怎么能让魏国去帮助它呢？”鲁仲连说：“这是因为，魏国还没有看清秦国称帝的危险罢了。要是让魏国看清了秦国称帝的危害，就必然帮助赵国了。”

新垣衍说：“秦国称帝的危害怎么样？”鲁仲连说：“以前，齐威王曾经倡导仁义，率领天下诸侯去朝拜周天子。那时，周朝既贫且弱，诸侯没有谁肯去朝拜，唯独齐国去朝拜它。隔了一年多，周烈王去世，齐王奔丧迟到了，周朝恼怒，给齐国发讣告说：‘天子逝世，犹如天塌地裂的大事。继位的天子都卧席居庐在守丧，东方的藩臣田因齐奔丧却迟到了，当斩！’齐威王勃然大怒说：‘呸，你母亲只不过是个婢女！’齐威王终于被天下人讥笑。所以，当周烈王活着的时候，就去朝拜，死了就骂他，是因为实在无法忍受周天子的苛求啊！那些做天子的本来就是这样，这也不足为奇。”

新垣衍说：“先生难道没见过那些仆役吗？十个仆人却跟随一个主人的原因，难道是仆人的力量胜不过主人或智力比不上主人吗？是害怕主人啊！”鲁仲连说：“唉！魏王跟秦王相比，难道就像仆人跟主人一样吗？”新垣衍说：“是的。”鲁仲连说：“那么，我将让秦王烹煮魏王，把他剁成肉酱。”新垣衍很生气地说：“哎呀！先生的话也未免太过分了！先生又怎能使秦王烹煮魏王并把他剁成肉酱呢？”鲁仲连说：“那当然，我将慢慢说给您听。从前，九侯、鄂侯和周文王是纣王的三公。九侯有个女儿，长得很漂亮，九侯就把她进献给纣王。可是，纣王认为她不美，把九侯剁成了肉酱。鄂侯跟纣王争得很强硬，辩论得很激烈，所以把鄂侯也杀了晒成肉干。周文王听说了这件事，忍不住长叹一声。因此，纣王就把他关在牖里牢狱里一百天，想把他置于死地。为什么与别人一样都是称王，却终于落个肉干肉酱的下场呢？齐湣王到鲁国去，夷维子为他执鞭随行。夷维子问鲁国人说：‘你们将用哪种礼节来接待我们的国君？’鲁国人说：‘我们将用十副太牢的礼仪来款待你们的国君。’夷维子说：“你这是根据什么礼节来接待我们的国君？我们的那国君，是皇上啊！皇上到诸侯国去巡行，诸侯就得让出主寝室，避居在外，交出库馆的锁匙，还要撩起衣襟，安排几席，在堂下侍候天子用餐，等天子吃完以后，才能退下去治理朝政。’鲁国的官员听后，闭关上锁，始终不肯接纳他们。齐湣王既然不能进入鲁国，便打算到薛地去，向邹国借路。正当这时，邹国的国君死了，齐湣王想进去吊丧。夷维子对邹国的嗣君说：‘天子来吊丧，主人一定要掉转灵柩的位置，把坐北向南改为坐南向北的方位，这样天子才好向南面吊丧。’邹国的群臣说：‘如果非要这样，我们准备用剑自杀。’所以，齐湣王不敢进入邹国。邹鲁两国的臣子，对国君活着的时候不能侍奉供养，死了之后又无力助葬，但齐湣王想要在邹、鲁两国行天子之礼时，邹、鲁两国的臣子尚且都坚决不接纳。如今，秦国是拥有兵车万乘的大国，魏国也是拥有兵车万乘的大国。都是拥有兵车万乘的大国，各自都有称王的名号，为何看到秦国打了一次胜仗，就顺从地尊它为帝呢？这是使三晋的大臣比不上邹、鲁两国的奴仆婢妾了。再说，秦王不仅要称帝，一旦称帝就会变更各诸侯大臣。他将开除他认为不好的人，而换上他认为好的；铲除他所憎恨的人，而安插上他所喜爱的人。他还会差遣他的子女和善于进谗的婢妾，做各国诸侯的妃嫔姬妾，要她们住进魏国的宫殿。到那时候，魏王还能安然无恙吗？而将军您又怎么能像往昔一样得到宠信呢！”

这时候，新垣衍站起身来，拜了两拜，向鲁仲连道歉说：“起初，我以为先生是一位平凡的人，我现在才知道先生真是天下的贤士。我就此离开赵国，从今以后再也不敢鼓吹尊秦为帝的事了。”秦将听到了这个消息，为此退兵五十里。恰逢魏国的公子无忌也夺得了晋鄙的兵符，率军来援救赵国，进攻秦军，于是秦军就撤军离开了。

从此以后，平原君打算封赏鲁仲连。鲁仲连再三辞谢，始终不肯接受。平原君便设酒宴来款待他。当酒喝得很畅快的时候，平原君起身上前，送上千金给鲁仲连作为谢礼。鲁仲连笑着说："一个为天下人所看重的高士，在于他能为人排除患难，解除纷扰而不索取报酬。要是索取报酬的话，那是商人做买卖的事，我鲁仲连是不忍心干那种事的。"于是，就辞别平原君而离开了，终身不再和平原君见面。

这事过后二十多年，有位燕将攻下齐国的聊城，聊城中有人跑到燕国去散播燕将的坏话，燕将害怕被杀，就保守聊城，不敢归国。齐国的田单用一年多的时间攻打聊城，士卒多半战死，可是聊城仍然攻不下来。鲁仲连就写了一封信，系在箭上，射进城中，送给燕将。信上写道：

我听说：明智的人，不会违背时势而放弃有利的机会；勇敢的人，不会贪生怕死而损坏名声；忠臣不会以自身为先，而以国君为后。现在，您逞着一时的气愤，毫不顾及燕王失去臣子，这不能算是忠臣；自身被杀，使聊城失守，而威名不能伸张于齐国，这不能算是勇士；功业失败，名声损灭，不受后世的称道，这不能算是智者。这三种人，当代的君王不会用他们作臣子，说客也不会称道他们。因此，智者不会犹豫不定，勇士不会贪生怕死。目前，正是生、死、荣、辱、贵、贱、尊、卑的关键，这种时机不会再次出现，希望您详细计议，而不要同俗人一般见识。

况且，楚国进攻齐国的南阳，魏国攻打齐国的平陆，可是齐国没有向南面反攻的打算，以为丢失南阳的害处小，不如收回济北的利益大，因此他们制订计划，慎重应对。如今，秦国出兵东下，魏国已不敢东进；齐、秦连横的局面一形成，楚国的形势便危险。齐国丢弃南阳，割舍右边的土地，平定济北，这是经过权衡得失之后才这样做的。再说，齐国夺回聊城的决心已定，您不要再考虑了。现在，楚、魏两军都从齐国撤兵了，而燕国的救兵又不见到来。用齐国的全部兵力，置天下于不顾，死守这已经围困一年之久的聊城，那么我看您是不能占有聊城的。而且燕国大动乱，君臣没有办法，上下糊涂。栗腹率领十万大军，在外吃了五次败仗。一个拥有兵力万乘的大国，却被赵国围困，疆土被削夺，国君受窘困，为天下人所耻笑。国家疲惫，祸乱繁多，民心涣散不齐。而您凭借疲惫不堪的聊城百姓，抗拒整个齐国的兵力，这就像墨翟守宋城一样。粮草尽绝时，吃人肉，烧枯骨，而士兵没有叛离之心，这是像孙膑一样长于用兵了。您的才能已显扬于天下。尽管如此，但是为您设想，您还不如保全车马兵甲来归报燕王。保全车马兵甲回到燕国，燕王定会欢喜；看到你安全回国，百姓会像重见父母般高兴；朋友们振奋地四处推崇赞许，功业可以得到显扬。对上辅佐君主来驾御群臣，对下养育百姓并资助说客，矫正国政，更化民俗，功名能够建立了。您如果无心回燕国，不是也可以离开燕国，抛开世俗的议论，东游到齐国来吗？齐王割地封爵给您，使您的富足，可跟魏冉和卫鞅相比，世代称王，跟齐国永久共存，这又是一个计策。这两个计策，都足以显扬名声，获得厚益，希望您仔细考虑之后，审慎地从中选择一计。

而且我还听说过，拘守小节操的人，不能成就光荣的名声；憎恶小耻辱的人，不能建立伟大的功业。从前，管夷吾射中齐桓公的带钩，这是犯上的行为；他遗弃公子纠，不能为主效死，这是贪生怕死的表现；身受捆绑，被戴上手铐脚镣，这是极为耻辱的事。像这三种行为的人，当代君主不肯以他为臣子，即使乡里的亲友也都不愿同他交往。如果当初管仲宁可被囚禁而不出狱，或是身死而不回到齐国的话，那么免不了披上为人可耻、行为卑贱的恶名了。奴婢尚且会因跟他同罪而感到羞耻，更何况一般的人呢！所以，管仲不以身在狱中为耻，而以天下不太平为耻；不以不为公子纠效死为耻，而以不能在诸侯间伸张威权为耻。因此，他虽身兼三种过失，却最终辅佐齐桓公成为五霸之首，因之名望高过天下，而光辉照耀到邻国。曹沫当鲁国的大将，曾三战三败，丧失国土五百多里，如果曹沫不重新考虑，不转身计议，就割脖子自杀的话，那么他也不免要落个败军被擒之将的名声了。可是，曹沫不顾三次战败的耻辱，而退回来与鲁君计议。齐桓公朝服天下，会见诸侯的时候，曹沫凭一把利剑的威力，在会盟坛上抵住齐桓公的胸口，脸不变色，义正词严，三次战败丧失的土地，只在一个早晨就收复了。天下为之震惊，诸侯为之惊骇，声威压倒了吴、越两国。像管仲、曹沫这两位志士，并不是不能顾全小廉耻和讲求小节操的人，只因认为杀身捐躯，绝灭后代，功名不能建立，就是不明智的。因此，他们抛弃一时令人愤慨的怨恨，成就了终身的声名；抛弃一时令人愤怒的失节，奠定了历代不朽的功业。所以，他们的功业足以跟三代之王争相流芳，而声名也可以跟天地共存亡。希望您选择一个方案去实行它。

燕国将领看了鲁仲连的信后，哭了三天，还是犹豫不能作出决定。想回到燕国吧，已经产生了嫌疑，恐怕会被诛杀；想投降齐国吧，在齐国又杀伤和俘虏过许多战士，恐怕投降齐国后遭到侮辱。他长声叹息着说："与其让别人来杀我，还不如我自杀。"于是自杀了。聊城大乱，田单就进兵血洗聊城。

田单还朝，报告了鲁仲连的事迹，准备封给他官爵。鲁仲连逃到海滨隐居起来。他说："我与其富贵而向人屈服，不如贫贱反可轻视世俗，随心所欲。"

邹阳是齐国人，游历到梁国时，和原吴国人庄忌夫子、淮阴人枚乘先生这班人交往。上书自荐，受梁孝王宠信的程度介于羊胜、公孙诡之间。羊胜等人嫉恨邹阳，便在梁孝王面前讲他的坏话。梁孝王一气之下，就将他交给狱吏，并准备杀他。邹阳客游到梁国，因谗言而被捕，恐怕死后还背个不清不白的罪名，于是便从狱中上书给梁孝王说：

我听说，"忠实的人，不会不受赏识；诚信的人，不会遭到猜疑"。我对这两句话常信以为真，其实只是空话罢了。从前，荆轲仰慕燕太子丹的情义去刺杀秦王，感应上天以致白虹贯日，燕太子丹害怕他反悔不敢前去；卫先生为秦国策划乘长平大捷一举灭赵的良策，精诚感天，太白金星为之侵蚀昴宿，可是秦昭王怀疑他。他们的精诚感动了天地，却偏偏不能取得两位君主的信任，这难道不可悲吗！如今，我也是竭尽忠诚，献出全部计议，希望大王能采纳。大王左右的人不明白我的心意，竟将我交付狱吏审讯，使我为世人所怀疑。这样即使荆轲和卫先生复生，也无法让燕丹和秦昭王醒悟呀！希望大王仔细明察这些。

从前，卞和贡献宝玉，楚王却砍掉他的脚；李斯竭尽忠诚，却遭受胡亥的极刑。因此，箕子要假装癫狂，接舆要隐居避世，他们害怕遭到这样的灾祸。希望大王能细心考察卞和和李斯的本意，而不要像楚王、胡亥那样轻信谗言，不要让我为箕子、接舆所耻笑。臣听说比干被剖取心脏，伍子胥的尸体被装入鸱鸟形的皮囊扔到了江里。我起初不相信，如今才知道有这样的事。希望大王明察，给我稍加一点怜惜。

俗话说："有的人结交到头发花白，交情还像是新认识时一样。有的人虽结交时间短暂，却像是多年的老朋友。"这是什么原因呢？就在于知心与不知心啊。所以，从前樊於期逃离秦国到燕国不久，便把自己的首级借给荆轲去奉行燕太子丹刺杀秦王的使命；王奢逃离齐国到魏国，以登城自杀来退却齐军而保存魏国。王奢、樊於期并非跟齐、秦两国是新交，而跟燕、魏之君是旧交，他们之所以离开齐、秦而为燕、魏二君效死，是行为和情趣相合，而对节义无限仰慕啊！所以，苏秦对各国诸侯不守信义，可是对燕国像尾生一般守信；白圭战败失守六城，却为魏国攻取了中山。为什么呢？实在是因相知的原因。苏秦当燕国的宰相，有人在燕王面前说他的坏话，燕王按剑发怒，还宰杀心爱的骏马，赐肉给苏秦吃；白圭在中山出了名，中山有人在魏文侯面前讲他的坏话，魏文侯却拿夜光璧赠给白圭。为什么呢？两君二臣之间，剖心析肝，互信互赖，怎能为流言所动摇呢！

所以，女子不论美、丑，只要一入宫门，便会受人嫉妒；士人不论贤或不肖，只要一进朝廷，就会遭人妒忌。从前，司马喜在宋国被凿掉膝盖骨，后来却当了中山的宰相，范雎在魏国被折断肋骨打掉牙齿，后来在秦国却被封为应侯。这两个人都相信必然的谋划，抛弃朋党的私利，处身孤独的境地，所以自己免不了受到嫉妒的人的谗害。所以，申徒狄抱瓮投河自沉，徐衍背负石头自沉入海。他们不受世人的宽容，坚持正义而不苟且取舍，不在朝内拉帮结派，来改变国君的主意。所以，百里奚在道路上讨食，秦穆公却把国政委托给他；宁戚在车下喂牛，齐桓公却将国家交给他治理。这两个人，难道是借助在朝为官的机会，凭靠左右佞臣的吹嘘，然后那两位君主才去重用他们的吗？心灵相感召，行为相契合，亲如胶漆，又像兄弟一般不能分离，难道为众人的谗言所迷惑吗？所以，偏听一面之词，就会滋生奸邪，单独任用个别人，便容易造成祸乱。从前，鲁定公听了季桓子的话而驱逐孔子，宋王相信子罕的计谋而囚禁墨翟。像孔子和墨翟这样的辩才，尚且不能自免于谗言的毁谤，而鲁、宋二国也由此出现危机。为什么呢？因为众人的谗言，可以烧熔金属；积久的毁谤，可以销毁骨肉啊！所以，秦国用了戎人由余，就在中国称霸；齐国重用越人蒙，从而加强威王、宣王二朝。这两个国家，难道受流俗的约束，受世风的牵累，受阿谀偏激的谗言的羁绊吗？他们能公正地去听取意见，多方面去观察事情，于是能在当代流传名声。所以，志趣相投，那么北胡、南越也可以结为兄弟，由余、越人蒙就是这样了；意气不相投，纵使是骨肉至亲，也会加以驱逐而不收容，丹朱、象、管叔、蔡叔就是这样了。当今做人国君的，若是能用齐、秦之君的主张，抛弃宋、鲁之君那样偏听的做法，那么五霸的事业不足称道，三王的功业也是容易做到的。

所以，贤明的君王头脑清醒，能摒弃子之那种伪善心肠，能不赏识田常那种假贤明，效法周武王封忠臣比干的后代，整修无辜孕妇的坟墓，那么他必定可成就治理天下的功业。为什么呢？因为圣王想为善的心，是不会满足的！晋文公亲近他的仇人，结果，在诸侯中称强称霸；齐桓公任用原来的仇人管仲，结果，一度匡正天下。为何？因为晋文公、齐桓公心地仁慈，情意诚恳，以真情打动人心，这是不可用虚情空话能换取得到的。

至于秦用商鞅的变法，东向削弱了韩、魏的势力，以军事实力称霸于天下后，而最终用五马分尸的酷刑处死了商鞅；越国用大夫文种的计谋，攻灭了强劲的吴国，称霸于中国后，而终于将文种赐死。因此，孙叔敖三次被罢免相位而不悔恨，陈仲子辞谢三公的高位而去替人灌种园地。现在做人君主的，假如能抛弃骄傲的情绪，怀有让人可报效的心意，敞开胸怀，坦露真情，披肝沥胆，厚施恩德，始终跟士人同浮沉，对士人毫不吝惜。那么夏桀的狗，可以使它去吠帝尧；而盗跖的门客，也可以使他去刺杀许由；何况是握有万乘权柄，拥有圣王资本的人呢？这样说来，那么荆轲不惜冒灭绝七族的危险，要去刺秦王；要离忍心让妻儿被烧死，而为阖庐杀庆忌的事，哪里还值得称道呢！

我听人说：夜明珠和夜光璧虽是珍宝，假如在黑暗中掷向过路人的身上，行人没有不按剑怒目斜视的。为什么呢？是由于无缘无故地到了人的跟前。迂回曲折，盘根错节的树木，却能变成万乘之君玩赏的珍物。又是为何呢？是因为君主左右的人，先为它雕饰美化过啊！所以，无缘无故地来到跟前的东西，即使出现的是随侯的明珠，或是夜光的宝璧，还是招怨而不能博得感激。因此，若是有人先美言一番，那么纵使是枯木朽株也可以立功，而不被人遗忘。现在天下穿着粗布衣，穷居陋巷的士人，处在贫贱的环境，即使接受尧、舜的政道，具备伊尹、管仲的辩才，怀有龙逢、比干的忠心，想要尽忠报效当代的君主，可是平时没有人加以推荐美言，尽管他竭尽思虑，想奉献忠信，来辅佐国君治理天下，那么，君主必然有按剑怒目斜视的表现，这便是使得布衣贤士无法获得枯木朽株那样的价值啊！

因此，圣王统治天下，驾驭风俗，独自宣化像陶人的范钧运转一样，自有法度，而不受下流的言语牵制，也不为众人的口舌所改变。因此，秦始皇相信中庶子蒙嘉的话，从而相信荆轲的鼓说，结果匕首从暗中突发；周文王在泾水、渭河一带打猎，载了吕尚一道归来，因而称王于天下。因此，秦王偏信左右的话却险遭谋杀，周文王任用偶然遇合的人，却称王于天下。这是为何呢？因为周文王能超越左右牵制的言论，摆脱世俗拘束的议论，独自留心观察着光明宽广的世道啊。

如今做国君的，一般都沉溺在谄媚阿谀的言辞，受到周围侍妾的牵制，使旷达不羁的贤士无从显露才能，就像良马和笨牛同在一个槽中一样。这就是鲍焦所以深愤世道，宁可抱木独立而死，而毫不留恋世俗富贵之乐的原因啊。

我听说：堂堂正正的人，决不肯以私利来污损道义；着重名义的人，绝不会以私欲来伤害品行。所以，有个县名叫“胜母”而曾子不肯进入；有个城名叫“朝歌”而墨子转身离去。现在想使天下恢弘豁达的贤士，被威严的权力慑服，为尊贵的势位所约束，故意丑化面目，污染操行去奉承那些谗谀的小人，以求亲近于君主左右，那么真正有志节的士人，就只有老死在深山穷谷之间了，哪里还会有尽忠竭诚、追随大王去效命的人呢！

这封信上奏给梁孝王以后，孝王便派人释放邹阳，邹阳后来成了梁孝王的上宾。

太史公说：“鲁仲连的志趣虽然不合大道理，可是我很赞赏他身处平民的地位，豪迈坦荡地追求自己的心志，不屈身受制于诸侯，畅谈当世大事，压倒公卿将相的权势。邹阳狱中上书，言辞虽然不很谦虚，可是他广泛运用同类事物作比喻，来表明自己的心志，有足以感人之处，也可称得上耿直不屈的了，所以我把它附在这篇列传里。”

第六十六卷　屈原贾生列传第二十四

《屈原贾生列传》是屈原、贾谊两个人的传记。他们虽然不是同时代人，但是二人的遭遇有不少共同之处。他们都是才高气盛，又都是因忠被贬，在政治上都不得志，在文学上又都成就卓著。所以，司马迁才把他们同列于一篇。

对于屈原，作者先写他的才能之高。他“博闻强志，明于治乱，娴于辞令”，但也因此深受上官大夫的嫉妒。上官大夫进谗言使怀王疏远屈原。屈原被贬之后，作者极力表现他忠君爱国的一腔热血和满怀赤诚，“屈平既嫉之，虽放流，眷顾楚国，系心怀王，不忘欲反，冀幸君之一悟，俗之一改也。其存君兴国而欲反覆之，一篇之中三致志焉”。但屈原最终也没能使怀王觉悟，反因此得罪了令尹子兰，惨遭放逐。

屈原被放逐之后，作者重点写了他的死。上不能为国尽忠效力，下不能躬耕垄亩，归隐田园，“举世混浊而我独清，众人皆醉而我独醒”。这是一种伟大的、难得的孤独，唯有坚强者方能如此，唯有高尚者方能如此。所以，屈原才表示：“吾闻之，新沐者必弹冠，新浴者必振衣，人又谁能以身之察察，受物之汶汶者乎！宁赴常流而葬乎江鱼腹中耳，又安能以皓皓之白而蒙世俗之温蠖乎!”就这样，屈原怀抱沙石，沉江而死，实现了自己“伏清白以死直”（《离骚》）的诺言，其正直刚烈堪称千古之冠。

司马迁对贾谊，则首先表现其才华过人，“是时贾生年二十余，最为少。每诏令议下，诸老先生不能言，贾生尽为之对，人人各如其意所欲出。诸生于是乃以为能，不及也”。汉文帝也非常欣赏他，一年之中破格提拔他为太中大夫。接着，贾谊又提出了改正朔、易服色、法制度、定官名、行礼乐等革新主张，但遭到了周勃等老臣们的反对，他们攻击贾谊“年少初学，专欲擅权，纷乱诸事”，而汉文帝又是这班老臣们所拥立，登位不久，权力未稳，也只有依从而已。所以，就把贾谊贬到长沙，任长沙王太傅。

本文最大的特点是作者笔端饱含感情，行文幽抑哀婉。正如作者所云：“余读《离骚》《天问》《招魂》《哀郢》悲其志。适长沙，观屈原所自沉渊，未尝不垂涕。”可见作者是在这种悲慨的感情中写下本篇的，并将此情寄之笔端。而司马迁自己也同样是才高气盛，因忠而遭受不幸，所以他表面上写屈原、贾谊，实际上也在写他自己，他在《报任安书》中写道：“盖西伯（文王）拘而演《周易》，仲尼厄而作《春秋》，屈原放逐，乃赋《离骚》……《诗》三百篇大底圣贤发愤之所为作也。”

【原文】

屈原者，名平，楚之同姓也。为楚怀王左徒。博闻强志[①]，明于治乱，娴[②]于辞令。入则与王图议国事，以出号令；

出则接遇宾客，应对诸侯。王甚任[3]之。

上官大夫与之同列[4]，争宠而心害[5]其能。怀王使屈原造为宪令，屈平属[6]草稿未定。上官大夫见而欲夺之，屈平不与，因谗之曰："王使屈平为令，众莫不知，每一令出，平伐[7]其功，以为'非我莫能为'也。"王怒而疏[8]屈平。

【注释】

①博闻强志：见闻广博，记忆力强。②娴：熟习。③任：信任。④同列：同在朝班，即同事。⑤害：妒忌。⑥属：写作。⑦伐：自我夸耀。⑧疏：疏远。

【原文】

屈平疾王听之不聪[1]也，馋谄之蔽明也，邪曲之害公也，方正之不容也，故忧愁幽思[2]而作《离骚》。离骚者，犹离忧[3]也。夫天者，人之始也；父母者，人之本也。人穷则反本[4]，故劳苦倦极，未尝不呼天也；疾痛惨怛[5]，未尝不呼父母也。屈平正道直行，竭忠尽智以事其君，谗人间[6]之，可谓穷矣。信而见疑，忠而被谤，能无怨乎？屈平之作《离骚》，盖自怨生也。《国风》[7]好色而不淫，《小雅》[8]怨诽而不乱，若《离骚》者，可谓兼之矣。上称帝喾，下道齐桓，中述汤武，以刺世事。明道德之广崇，治乱之条贯，靡不毕见[9]。其文约[10]，其辞微[11]，其志洁，其行廉，其称文小而其指[12]极大，举类迩[13]而见义远。其志洁，故其称物芳。其行廉，故死而不容自疏[14]。濯淖[15]污泥之中，蝉蜕[16]于浊秽，以浮游尘埃之外，不获世之滋[17]垢，皭然[18]泥而不滓者也。推此志也，虽与日月争光可也。

【注释】

①聪：听觉灵敏，此处指明辨是非。②幽思：苦闷深思。③离忧：遭受忧愁。离，通“罹”，遭受。④反本：追念根本。反，通“返”。⑤惨怛：忧伤，悲痛。⑥间：挑拨离间。⑦《国风》：《诗经》的组成部分之一，由各地的民间歌谣所组成，有十五国风，一百六十篇。⑧《小雅》：亦《诗经》的组成部分之一。大部分是西周后期和东周初期贵族宴会的乐歌，小部分是批评当时朝政过失或抒发怨愤的民间歌谣。⑨靡：没有。见：通“现”。⑩约：简约。⑪微：精深，幽微。⑫称文小：指《离骚》中多引述花草树木等细小事物。指：通“旨”，意义。⑬举类迩：指《离骚》所称引的都是眼前习见的事例。迩：近。⑭自疏：自己主动疏远，这里指不放松对自己的严格要求。⑮濯淖（nào）：洗涤污垢。此处以喻超脱世俗。⑯蝉蜕：蝉蜕之壳，此处以喻解脱。⑰滋：混浊，污黑。⑱皭（jiào）然：洁白的样子。

【原文】

屈平既绌[1]，其后秦欲伐齐，齐与楚从亲[2]，惠王患之，乃令张仪详[3]去秦，厚币委质[4]事楚，曰：“秦甚憎齐，齐与楚从亲，楚诚能绝齐，秦愿献商、於之地六百里。”楚怀王贪而信张仪，遂绝齐，使使如[5]秦受地。张仪诈之曰：“仪与王约六里，不闻六百里。”楚使怒去，归告怀王。怀王怒，大兴师伐秦。秦发兵击之，大破楚师于丹、淅，斩首八万，虏楚将屈匄，遂取楚之汉中地。怀王乃悉发国中兵以深入击秦，战于蓝田，魏闻之，袭楚至邓。楚兵惧，自秦归。而齐竟怒不救楚，楚大困。

【注释】

①绌：通“黜”，贬斥，废退。②从亲：指山东六国团结起来，结成联盟，共同抗秦。③详：通“佯”，假装。④厚币：丰厚的礼品。币：古人用作礼物的丝织品，泛指用作礼品的玉、帛等物。委质：谓人臣拜见人君时，屈膝而委体于地。引申为归顺、臣服。质：指形体。一说“质”通“贽”，指初次拜见尊长时所送的礼物；“委质”也引申为归顺、臣服。⑤如：往……；到……。

【原文】

明年，秦割汉中地与楚以和。楚王曰：“不愿得地，愿得张仪而甘心①焉。”张仪闻，乃曰：“以一仪而当②汉中地，臣请往如楚。”如楚，又因厚币用事者③臣靳尚，而设诡辩于怀王之宠姬郑袖。怀王竟听郑袖，复释去张仪。是时屈平既疏，不复在位，使于齐，顾反④，谏怀王曰：“何不杀张仪？”怀王悔，追张仪不及。

其后诸侯共击楚，大破之，杀其将唐眛。

时秦昭王与楚婚，欲与怀王会。怀王欲行，屈平曰：“秦虎狼之国，不可信，不如毋行[⑤]。”怀王稚子[⑥]子兰劝王行：“奈何绝秦欢！”怀王卒[⑦]行。入武关，秦伏兵绝其后，因留怀王，以求割地。怀王怒，不听。亡走赵，赵不内[⑧]。复之秦，竟死于秦而归葬。

【注释】

①甘心：称心，快意。②当：抵押。③用事者：当权的人。④顾反：等到返回时，反，通“返”。下“入秦而不反”“不忘欲反”等句之“反”同此。⑤毋行：不去为好。毋：无，不。⑥稚子：幼子。⑦卒：最终。⑧内：通“纳”，接纳。

【原文】

长子顷襄王立，以其弟子兰为令尹。楚人既咎[①]子兰以劝怀王入秦而不反也。

屈平既嫉之，虽放流，眷顾[②]楚国，系心怀王，不忘欲反，冀幸[③]君之一悟，俗之一改也。其存君兴国而欲反覆之，一篇之中三致志焉。然终无可奈何，故不可以反，卒以此见怀王之终不悟也。人君无愚智贤不肖，莫不欲求忠以自为，举贤以自佐，然亡国破家相随属，而圣君治国累世而不见者，其所谓忠者不忠，而所谓贤者不贤也。怀王以不知忠臣之分[④]，故内惑于郑袖，外欺于张仪，疏屈平而信上官大夫、令尹子兰。兵挫地削，亡其六郡，身客死于秦，为天下笑。此不知人之祸也。《易》[⑤]曰：“井泄[⑥]不食，为我心恻[⑦]，可以汲。王明，并受其福。”王之不明，岂足福哉！

令尹子兰闻之大怒，卒使上官大夫短[8]屈原于顷襄王，顷襄王怒而迁[9]之。

【注释】

①咎：责怪，归罪。②眷顾：怀念。③冀幸：侥幸希望。④分：职分，本分。⑤《易》：书名。也称《周易》或《易经》，是我国古代有哲学思想的占卜书，也是儒家重要经典。引句见《易经·井卦》，原文作：“象曰：井渫不食，行恻也。求王明，受福也。”⑥泄：通“揲”，淘去污泥。⑦恻：心中悲伤。⑧短：说人的坏话。⑨迁：贬谪，放逐。

【原文】

屈原至于江滨，被[1]发行吟泽畔。颜色憔悴，形容枯槁。渔父[2]见而问之曰：“子非三闾大夫[3]欤？何故而至此？”屈原曰：“举世混浊而我独清，众人皆醉而我独醒，是以见放[4]。”渔父曰：“夫圣人者，不凝滞于物而能与世推移[5]。举世混浊，何不随其流而扬其波？众人皆醉，何不餔其糟而啜其醨[6]？何故怀瑾握瑜[7]而自令见放为？”屈原曰：“吾闻之，新沐者必弹冠，新浴者必振衣，人又谁能以身之察察[8]，受物之汶汶[9]者乎！宁赴常流而葬乎江鱼腹中耳，又安能以晧晧之白而蒙世俗之温蠖[10]乎！”

【注释】

①被：通“披”。②渔父：捕鱼者，渔翁。③三闾大夫：

职官名，本文中代指屈原，因他曾任此职。④见放：被放逐。⑤凝滞：拘泥。推移：变迁，转易。⑥餔：吃，食。糟：未清带滓的酒。啜：尝，饮。醨：薄酒。⑦瑜、瑾：都是美玉名。此处以喻高尚的品德。⑧察察：清白，高洁。⑨汶汶：污垢，污辱。⑩晧晧：通“皓皓”，洁白，光明。温蠖：尘滓重积的样子。

【原文】

乃作《怀沙》[1]之赋。其辞曰：

陶陶孟夏[2]兮，草木莽莽[3]。伤怀永[4]哀兮，汩徂[5]南土。眴兮窈窈[6]，孔静幽墨[7]。冤结纡轸[8]兮，离愍之长鞠[9]；抚情效志[10]兮，俛诎以自抑[11]。刓方以为圜[12]兮，常度未替[13]；易初[14]本由兮，君子所鄙。章画职墨[15]兮，前度未改；内直质重兮，大人所盛[16]。巧匠不斫[17]兮，孰察其揆[18]正？玄文幽处[19]兮，矇谓之不章[20]；离娄微睇[21]兮，瞽[22]以为无明。变白而为黑兮，倒上以为下。凤皇在笯[23]兮，鸡雉翔舞。同糅[24]玉石兮，一概而相量[25]。夫党人之鄙妒[26]兮，羌不知吾所臧[27]。

【注释】

①《怀沙》：是屈原《九章》中的一篇。关于本篇意旨，有三种说法：过去一般认为是屈原的绝命之词，所谓怀沙，多解释为怀抱沙石而自沉；近人有人认为，沙，指长沙，长沙是楚国祖先熊绎的封地，屈原想到此而自杀；今人有人认为作于顷襄王十五年，怀沙，是怀念垂沙战败，即怀王二十八年，秦

与齐、韩、魏共攻楚，大败楚于垂沙之事。②陶陶：天气和暖的样子。孟夏：初夏，指夏历四月。③莽莽：草木丛生的样子。④伤怀：伤心。永：长。⑤汩徂：急匆匆来到。⑥眴(shùn)：通“瞬”，看。窈窈：深远而无所见的样子。⑦孔：甚。幽墨：寂静无声。墨，通“默”。⑧纡轸：委曲而苦痛。⑨愍：病痛，忧患。鞠：困苦。⑩抚情效志：犹言内省于己。⑪俛诎：冤屈。《楚辞》即作“冤屈”。自抑：强自按捺。⑫刓（wán)：刻，削。圜：通“圆”。⑬常度：正常的法则。替：废弃。⑭易初：改变原来志趣。⑮章画职墨：指守道不移。章，明确。职，通“识”，记住。画墨，即匠人之绳墨。⑯大人：犹言君子，德行高尚的人。盛：赞美。⑰斫（zhuó)：砍，削。⑱孰：谁。揆：尺度。⑲玄文：黑色的花纹。幽处：放在黑暗的地方。⑳矇：盲人。不章：没有文采，或指不鲜明。㉑睇：斜视。㉒瞽：盲人。㉓笯：竹笼。楚地方言字。㉔糅：错杂，混合在一起。㉕一概相量：意谓同等评价。概：量米粟时刮平斗斛用的横木。㉖鄙妒：卑鄙嫉妒。㉗羌：语首助词，无义。臧：善，美。

【原文】

任重载盛[1]兮，陷滞而不济[2]；怀瑾握瑜兮，穷不得余所示[3]。邑犬群吠[4]兮，吠所怪也；诽骏疑桀[5]兮，固庸态[6]也。文质疏内[7]兮，众不知吾之异采[8]；材朴委积[9]兮，莫知余之所有。重仁袭[10]义兮，瑾厚以为丰[11]；重华不可牾[12]兮，孰知余之从容[13]！古固有不并[14]兮，岂知其故也？汤禹[15]久远兮，邈不可慕[16]也。惩违改忿[17]兮，抑心而自强；离湣[18]而不迁兮，愿志之有象[19]。进路北次[20]兮，日昧昧[21]其将暮；含忧虞哀[22]兮，限之以大故[23]。

【注释】

①任重载盛：负担重，装载多。盛，多。②陷滞：陷没，沉滞。不济：不能渡过。济，渡。③穷：处境困窘。示：告，给人看。④吠：狗叫。⑤诽：诽谤。骏、桀：指才能杰出的人。骏，通“俊”；桀，通“杰”。⑥庸态：庸人的常态。⑦文质疏内：犹言文疏质内。文，指外表的文采。质，实质。内，通“讷”，木讷，朴实无华。⑧异采：不同寻常的文采，指非凡的才能。⑨材朴：这里泛指木材。材，指有用的木料。朴，指没有加工的木料。委积：扔在一边堆积着。⑩重：和“袭”同义，都是积累的意思。意指品德的完美，并非一朝一夕所能完成，必须平时养之有素。⑪谨厚：谨慎忠厚。丰：增，加强。⑫重华：虞舜的名字。牾：相逢。⑬从容：指有修养，安舒自得的样子。⑭古：指古代圣贤。并：用如动词，有同时而生的意思。不并，谓圣贤不同时生。⑮汤禹：指商汤和大禹。⑯邈：遥远渺茫。慕：思慕，向往。⑰惩违改忿：克制愤怒。惩，止。违，恨。⑱离湣：遭受忧患。湣，通“闵”，病困。⑲象：法则。⑳次：途中的短暂停留。㉑昧昧：昏暗不明的样子。㉒含忧：忍受忧愁。含，《楚辞》作“舒”。虞哀：娱乐止哀。虞，通“娱”，乐。㉓大故：指死亡。

【原文】

乱[1]曰，浩浩沅、湘兮，分流汩[2]兮，修路幽拂[3]兮，道远忽[4]兮。曾吟恒悲兮[5]，永叹慨兮。世既莫吾知兮，人心不可谓兮。怀情抱质[6]兮，独无匹[7]兮。伯乐既殁[8]兮，骥将焉程[9]兮？人生禀命[10]兮，各有所错[11]兮。定心广志[12]，余何畏惧兮？曾伤爰哀[13]，永叹喟[14]兮。世溷[15]不吾知，心不可谓[16]兮。知死不可让[17]兮，愿勿爱兮。明以告君子兮，吾将以为类[18]兮。

【注释】

①乱：辞赋篇末总括全篇要旨的话。②汩：水疾流的样子，亦可释作水疾流的声音，犹言“汩汩”。③修路：长路。幽拂：昏暗不明。④忽：荒忽，幽暗。⑤此句及以下三句，《楚辞》无。另外这四句和下面“曾伤爰哀，永叹喟兮。世溷不吾知，心不可谓兮”四句，只有个别字不同，意思完全相同，所以，疑此四句是衍文，应依《楚辞》为是。⑥怀情抱质：犹言“怀文抱质”。质，指内蕴的实质；情，指外现的文采。⑦匹：双，偶。⑧殁：死亡。⑨骥：骏马，好马。程：评量，考核。⑩禀命：承受天命。⑪错：通“措”，安置，安排。⑫定心广志：意志坚定，心胸宽广。⑬曾：通“增”。爰哀：指无休止的悲哀。⑭喟：叹息。⑮溷：通“混”，混浊。⑯谓：说，告语。⑰让：避免。⑱类：法，例，榜样。

【原文】

于是怀石遂自沉汨罗以死。

屈原既死之后，楚有宋玉、唐勒、景差之徒[1]者，皆好辞而以赋见称；然皆祖[2]屈原之从容辞令，终莫敢直谏，其后楚日以削[3]，数十年竟为秦所灭。

自屈原沉汨罗后百有余年，汉有贾生，为长沙王太傅，过湘水，投书以吊[4]屈原。

【注释】

①之徒：这类人，这班人。②祖：学习，效法。③削：削弱。④吊：悼念。

【原文】

贾生[1]名谊，雒阳[2]人也。年十八，以能诵诗属书闻[3]于郡中。吴廷尉[4]为河南守，闻其秀才[5]，召置门下，甚幸爱。孝文皇帝初立，闻河南守吴公治平[6]为天下第一，故与李斯同邑而常[7]学事焉，乃征[8]为廷尉。廷尉乃言贾生年少，颇通诸子百家之书。文帝召以为博士。

是时贾生年二十余，最为少[9]。每诏令议下，诸老先生不能言，贾生尽为之对，人人各如其意所欲出。诸生于是乃以为能，不及也。孝文帝说[10]之，超迁[11]，一岁中至太中大夫。

【注释】

①生：古时对读书人的通称。②雒阳：又作“洛阳”。③闻：闻名，著名。④吴廷尉：姓吴的廷尉，史失其名。⑤秀才：指才能优异。⑥治平：指为官之政绩。⑦故：从前。常：通“尝”，曾经。⑧征：征召，朝廷官府征用人才。⑨少：年

轻。⑩说：通“悦”，喜欢。⑪超迁：指破格提拔。

【原文】

贾生以为汉兴至孝文二十余年，天下和洽[①]，而固当改正朔[②]，易服色[③]，法[④]制度，定官名，兴礼乐，乃悉草具[⑤]其事仪法，色尚黄[⑥]，数用五，为官名，悉更[⑦]秦之法。孝文帝初即位，谦让未遑[⑧]也。诸律令所更定，及列侯悉就国[⑨]，其说皆自贾生发之。于是天子议以为贾生任公卿之位。绛、灌、东阳侯[⑩]、冯敬之属尽害之，乃短贾生曰：“雒阳之人，年少初学，专欲擅[⑪]权，纷乱诸事。”于是天子后亦疏之，不用其议，乃以贾生为长沙王太傅。

【注释】

①和洽：太平和睦。②正朔：一年的第一天。正，一年的开始；朔，一月的开始。古时改朝换代，新王朝表示“应天承运”，须重定正朔，改正朔，就是改定历法。③服色：指车马服饰的颜色。④法：订立。⑤草具：草拟。⑥色尚黄：服色崇尚黄色。贾谊认为汉朝是土德，土，黄色，所以尚黄。⑦更：改变。⑧未遑：来不及。⑨列侯悉就国：要求诸侯都要到自己的封地去，因当时有不少宗室功臣受封之后，依然不离京城。⑩绛：指绛侯周勃。灌：指颍阴侯灌婴。东阳侯：指张相如。⑪擅：独揽。

【原文】

贾生既辞往行，闻长沙卑湿，自以寿不得长，又以適[①]

去，意不自得。及渡湘水，为赋以吊屈原。其辞曰：

共承嘉惠[2]兮，俟罪[3]长沙。侧闻[4]屈原兮，自沉汨罗。造托[5]湘流兮，敬吊先生。遭世罔极[6]兮，乃陨厥[7]身。呜呼哀哉，逢时不祥。鸾凤[8]伏窜兮，鸱枭[9]翱翔。阘茸[10]尊显兮，谗谀[11]得志；贤圣逆曳[12]兮，方正倒植。世谓伯夷贪兮，谓盗跖廉；莫邪[13]为顿兮，铅刀为铦[14]。于嗟嚜嚜[15]兮，生之无故！斡弃周鼎兮宝康瓠[16]，腾驾罢牛兮骖蹇驴[17]，骥垂两耳兮服[18]盐车。章甫荐屦[19]兮，渐不可久；嗟苦先生兮，独离此咎[20]！

【注释】

①適：贬斥，谴责。②共：通“恭”。承：承受，接受。嘉惠：恩惠，此指皇帝的任命。③俟罪：待罪。这是谦词，意思是自己力不胜任，随时有犯罪受罚的可能。④侧闻：侧耳而闻的略语，含有对屈原恭敬的意思。⑤造：来到。托：寄身，指自己到湘江边来居住。⑥罔极：混乱无常之意。⑦陨：通“殒”，丧命。厥：其。指屈原。⑧鸾凤：传说中的神鸟，此以之比喻贤人。⑨鸱枭：猫头鹰一类的鸟，古人认为这类鸟是恶鸟，以之喻小人。⑩阘茸：阘是小门，茸指小草，以之状无能的小人。⑪谗谀：指进谗言和阿谀奉承的小人。⑫逆曳：倒拖着走。⑬莫邪（yé）：春秋时吴国著名利剑。⑭铅刀：以铅为刀，以言其钝。铦（xiān）：锋利。⑮嚜嚜：通“默默”，不得志的样子。⑯斡弃：转弃，也就是抛弃的意思。周鼎：相传夏禹铸九鼎，以象九州，后来又成为周朝的传国宝鼎。康瓠（hù）：空壶，破瓦器。⑰腾驾：驾驭。罢：通“疲”。骖：古

代的战车，除去驾辕的马之外，再加的马匹称为骖。这里当动词用。蹇驴：跛足驴。⑱垂两耳：马吃力的样子，马拉车吃力就要低垂两耳。服：拉车。⑲章甫：殷代的一种礼帽。荐：垫。屦（jù）：麻、葛等制成的单底鞋。⑳咎：灾祸。

【原文】

讯曰[①]：已矣，国其莫我知，独堙郁[②]兮其谁语？凤漂漂其高逝[③]兮，夫固自缩[④]而远去。袭九渊[⑤]之神龙兮，沕[⑥]深潜以自珍。弥融爚[⑦]以隐处兮，夫岂从蚁与蛭螾[⑧]？所贵圣人之神德兮，远浊而自藏。使骐骥可得系羁兮，岂云异夫犬羊！般纷纷其离此尤[⑨]兮，亦夫子之辜[⑩]也！瞝[⑪]九州而相君兮，何必怀此都也？凤皇翔于千仞[⑫]之上兮，览德辉[⑬]而下之；见细德之险征[⑭]兮，摇增翮逝而去之。彼寻常之污渎[⑮]兮，岂能容吞舟[⑯]之鱼！横江湖之鳣鲟[⑰]兮，固将制于蚁蝼。

【注释】

①讯：告也。讯曰，相当于《楚辞》里的“乱曰”，是全篇的结束语。②堙郁：同于“壹郁”“抑郁”，忧闷不快。③漂漂：通“飘飘”，高飞的样子。逝：通“逝”，离去。④自缩：“自引”，自己引退。《汉书·贾谊传》即作“自引”。⑤袭：深藏。九渊：九旋之渊，言其至深。⑥沕（mì）：和上文“袭”相对，也是深藏之意。⑦弥：消弭；远离。融爚（yuè）明光，光辉。⑧蛭：蚂蟥，一种吸血水虫。螾：通“蚓”，蚯蚓。此处以“蛭”“螾”比喻龌龊小人。⑨般：纷乱的样子。

尤：祸患。⑩夫子：指屈原。辜：通“故”，指原因。⑪瞝：遍看，环视。⑫千仞：七尺为一仞。一说八尺。极言其高。⑬德辉：道德的光辉，指有德的君主。⑭细德：卑劣的品德，指寡德之人。险征：危险的征兆。⑮寻：八尺为寻。常：十六尺为常。污：积水。渎：小沟渠。⑯吞舟：形容鱼大。⑰横江湖：形容鱼之巨大。鳣鲟：大鱼。

【原文】

贾生为长沙王太傅三年，有鸮[①]飞入贾生舍，止于坐隅[②]。楚人命[③]鸮曰“服”。贾生既以適居长沙，长沙卑湿，自以为寿不得长，伤悼之，乃为赋以自广[④]。其辞曰：

单阏[⑤]之岁兮，四月孟夏，庚子日施[⑥]兮，服集予舍，止于坐隅，貌甚闲暇。异物[⑦]来集兮，私怪其故，发书[⑧]占之兮，策言其度[⑨]。曰“野鸟入处兮，主人将去”。请问于服兮：“予去何之？吉乎告我，凶言其菑。淹数[⑩]之度兮，语[⑪]予其期。”服乃叹息，举首奋翼，口不能言，请对以意。

【注释】

①鸮：猫头鹰，古人认为是不祥之鸟。②坐隅：座旁。坐，通“座”。隅，边侧，角落。③命：命名。④自广：自我安慰。⑤单阏：十二地支中卯的别称，用以纪年。据清人考订，这一年是文帝七年（前 173）。⑥庚子：四月的一天。日施：太阳西斜。施，通“迤”，斜行。⑦异物：怪物，指鸮。⑧发：打开。书：指占卜所用的策数之书。⑨策：《汉书》作

"谶"，此实指策书上的预言。度：数，吉凶定数。⑩淹数：《汉书》作"淹速"，指生死的迟速。⑪语（yù）：告诉。

【原文】

万物变化兮，固无休息。斡流而迁[①]兮，或推而还。形气[②]转续兮，变化而嬗[③]。沕穆[④]无穷兮，胡可胜言！祸兮福所倚[⑤]，福兮祸所伏；忧喜聚门[⑥]兮，吉凶同域。彼吴强大兮，夫差以败；越栖会稽兮，句践霸世。斯游遂成兮，卒被五刑[⑦]；傅说胥靡[⑧]兮，乃相武丁。夫祸之与福兮，何异纠缠[⑨]。命不可说兮，孰知其极[⑩]？水激则旱兮[⑪]，矢激则远。万物回薄[⑫]兮，振[⑬]荡相转。云蒸雨降兮，错缪[⑭]相纷。大专[⑮]槃物兮，坱轧无垠[⑯]。天不可与虑兮，道不可与谋。迟数有命兮，恶识其时？

【注释】

①斡流：犹言"运转"。迁：此与下文之"推"都指推移变化。②形：指天地间有形体之物。气：指天地间无形体之物。③嬗：演变，蜕变。④沕穆：精微深远的样子。⑤此句及下句见《老子》一书。倚：依托。伏：隐藏。⑥聚门：聚集在一家之门，下句"同域"与此意同。⑦斯：指李斯。游：指游宦于秦。遂成：犹言"达到成功"，指身居相位。下句言李斯在秦二世时为赵高所谗，身受五刑而死。⑧胥靡：用绳索把罪人系在一起，相随而行，以服劳役。因此也代指刑徒。⑨纠缠：多股绞在一起的绳索。⑩极：终极、止境。⑪旱：通

"悍"，强劲，急猛。⑫回薄：反复不停地激荡。⑬振：通"震"。⑭错缪：互相纠缠错杂。⑮大专：与"大钧"同，制造陶器的转轮，自然界造就万物，就如同钧制造陶器，故以大钧喻大自然。⑯坱轧：漫无边际的样子。垠：边际，尽头。

【原文】

且夫天地为炉兮，造化为工；阴阳为炭兮，万物为铜。合散消息[1]兮，安有常则[2]；千变万化兮，未始有极。忽然[3]为人兮，何足控抟[4]；化为异物[5]兮，又何足患！小知[6]自私兮，贱彼贵我；通人大观[7]兮，物无不可[8]。贪夫徇[9]财兮，烈士[10]徇名；夸者[11]死权兮，品庶冯[12]生。怵迫[13]之徒兮，或趋西东；大人不曲[14]兮，亿变齐同[15]。拘士系俗[16]兮，攌[17]如囚拘；至人遗物[18]兮，独与道俱。众人或或[19]兮，好恶积意[20]；真人淡漠兮，独与道息[21]。释知遗形兮，超然自丧[22]；寥廓忽荒[23]兮，与道翱翔。乘流则逝兮，得坻[24]则止；纵躯委命兮，不私与己。其生若浮兮，其死若休；澹[25]乎若深渊之静，氾乎若不系之舟。不以生故自宝兮，养空[26]而浮；德人无累兮，知命不忧。细故芥蒯[27]兮，何足以疑！

【注释】

①消息：指万物生灭、盛衰。消，灭；息，生。②常则：一定的规律。③忽然：偶然，言生而为人，不过偶然之事。④控抟（tuán）：控，引持；抟：抚弄。控抟，有爱惜珍重之意。⑤异物：指人死之后身体变质，成为另外一种东西。

⑥知：通“智”。⑦通人：与下文之“大人”“至人”“真人”“德人”都是道家用语，指道德修养极其高深的人。大观：胸襟开阔，所见远大。⑧可：适宜。⑨徇：通“殉”，指为某种目的而献身。⑩烈士：指重义轻生之人。⑪夸者：指好虚名、喜权势的人。⑫品庶：众庶，广大百姓。冯（píng）：通“凭”，依靠。引申为贪恋。⑬怵迫：指为名利所诱惑、为贫贱所逼迫。⑭曲：屈也，指为物欲所屈。⑮齐同：等量齐观。⑯系俗：指为俗累所羁绊。⑰攌：拘禁。⑱遗物：忘却、遗弃外界物累。⑲或或：通“惑惑”，迷惑不解。⑳意：通“臆”，胸臆。㉑息：生，犹言“存在”。㉒自丧：忘记自我。㉓寥廓：深远空阔的样子。忽荒：通“恍惚”。㉔坻：水中小洲。㉕澹：静止的样子。㉖养空：养空虚之性。㉗芥蒯：细小的梗塞物。

【原文】

后岁余，贾生征见。孝文帝方受釐[①]，坐宣室[②]。上因感鬼神事，而问鬼神之本。贾生因具道所以然之状。至夜半，文帝前席[③]。既罢，曰：“吾久不见贾生，自以为过之，今不及也。”居顷之，拜贾生为梁怀王太傅。梁怀王，文帝之少子，爱，而好书，故令贾生傅之。

【注释】

①受釐：汉制祭天地五畤，皇帝派人行祀或郡国祭祀之后，皆以祭余之肉归致皇帝，以示受福，叫受釐。②宣室：宫殿名，在未央宫中，是皇帝斋戒的地方。③前席：古人席地而

坐，前席指在坐席上往前移动，这是亲近的表示。

【原文】

文帝复封淮南厉王子四人皆为列侯。贾生谏，以为患之兴自此起矣。贾生数[①]上疏，言诸侯或连数郡，非古之制，可稍[②]削之。文帝不听。

居数年，怀王骑，堕马而死，无后[③]。贾生自伤为傅无状[④]，哭泣岁余，亦死。贾生之死时年三十三矣。及孝文崩，孝武皇帝[⑤]立，举[⑥]贾生之孙二人至郡守，而贾嘉最好学，世[⑦]其家，与余通书。至孝昭时，列为九卿[⑧]。

【注释】

①数：多次。②稍：逐渐。③后：指后代。④无状：无功劳，无成绩。⑤孝武皇帝：指汉武帝。应为“今上”。《史记》成书于武帝在世时，不应有“孝武皇帝”这样的称呼。⑥举：选拔。⑦世：继承。⑧这二句乃后人所加，司马迁未能活到此时。

【原文】

太史公曰：余读《离骚》《天问》《招魂》《哀郢》[①]，悲其志。适长沙，观屈原所自沉渊，未尝不垂涕，想见其为人。及见贾生吊之，又怪屈原以彼其材，游诸侯，何国不容，而自令若是。读《服鸟赋》，同死生[②]，轻去就[③]，又爽然[④]自失矣。

【注释】

①《天问》《招魂》《哀郢》：以上都是屈原作品的篇目，也有人说《招魂》是宋玉的作品。②同死生：把死生同等看待。③轻去就：指不把职务上的升降看得很重。④爽然：默然。

【译文】

屈原名平，和楚国王室是同姓一族。他担任楚怀王的左徒，学识渊博，记忆力很强，对国家存亡兴衰的道理非常了解，对外交往来，待人接物的辞令又非常熟悉。因此，他入朝就和楚王讨论国家大事，制定政令；对外就接待各国使节，处理对各诸侯国的外交事务。楚怀王对他非常信任。

而上官大夫和屈原职位相同，他为了能得到怀王的宠信，很嫉妒屈原的才能。有一次，怀王命屈原制定国家法令，屈原刚写完草稿，还没最后修订完成。上官大夫见到之后想夺为己有，但屈原不肯给他。他就在楚怀王面前说屈原的坏话："大王您让屈原制定法令，上下没有人不知道这件事。每颁布一条法令，屈原就自夸其功，说是'除了我之外，谁也做不出来'。"怀王听了，非常生气，因此就对屈原疏远了。

屈原对怀王听闻失灵而不能分辨是非，视线为谗佞谄媚之徒所蒙蔽而不能辨明真伪，致使邪恶伤害了公道，正直的人不为朝廷所容，感到万分痛心，所以才忧愁苦闷，沉郁深思而写成《离骚》。所谓"离骚"，就是遭遇忧患之意。上天是人的原始，父母是人的根本。人在处境窘迫的时候，就要追念根本，所以在劳累困苦到极点时，没有不呼叫上天的；在受到病痛折磨无法忍受时，没有不呼叫父母的。屈原坚持公正，行为耿直，对君王一片忠心，竭尽才智，但是受到小人的挑拨离间，其处境可以说是极端困窘了。因诚心为国而被君王怀疑，因忠心事主而被小人诽谤，怎能没有悲愤之情呢？屈原写作《离骚》，正是为了抒发这种悲愤之情。《诗经·国风》虽然有许多描写男女恋情之作，但不是淫乱；《诗经·小雅》虽然表露了百姓对朝政的诽谤愤怨之情，却不主张公开反叛。而像屈原的《离骚》，可以说是兼有以上两者的优点。屈原在《离骚》中，往上追溯到帝喾的事迹，近世赞扬齐桓的伟业，中间叙述商汤、周武的德政，以此来批评时政。阐明道德内容的广博深远，治乱兴衰的因果必然，这些都讲得非常详尽。其语言简约精练，其内容却托意深微，其情志高洁，其品行廉正，其文句虽写的是细小事物，而其意旨却极其宏大博深，其所举的虽然都是眼前习见的事例，而所寄托的意义却极其深远。其情志高洁，所以喜欢用香草作譬喻。其品行廉正，所以至死也不放松对自己的要求。身处污泥浊水之中而能洗涤干净，就像蝉脱掉外壳一样洁身高蹈，超然于尘埃之外，不为世俗的混浊所玷污，清白高洁，出淤泥而不染。推论其高尚情志，就是说与日月争辉也是恰宜的。

屈原被贬退之后，秦国想发兵攻打齐国，可是齐国与楚国有合纵的盟约，秦惠王对此很是担忧，于是就派张仪假装离开秦国，带着丰厚的礼品来到楚国表示臣服，说："秦国非常痛恨齐国，但齐国和楚国有合纵的盟约，若是楚国能和齐国断交，那么秦国愿意献出商、於一带六百里土地。"楚怀王贪图得到土地而相信了张仪，就和齐国断绝了关系，并派使者到秦国接受土地。张仪欺骗了楚国，对使者说："我和楚王约定的是六里，没听说过有什么六百里。"楚国使者非常生气地离去，回到楚国把这事告诉了怀王。怀王勃然大怒，大规模起兵攻打秦国。秦国也派兵迎击，在丹水、淅水一带大破楚军，并斩杀八万人，俘虏了楚将屈匄，接着又攻取了楚国汉中一带。于是，楚怀王动员了全国的军队，深入进军，攻打秦国，在蓝田大战。魏国得知此事，派兵偷袭楚国，到达邓地。楚兵非常害怕，不得不从秦国撤军回国。而齐国很痛恨怀王背弃盟约，不肯派兵救助楚国，楚国的处境非常艰难。

第二年，秦国提出割让汉中一带土地和楚国讲和，但楚怀王说："我不希望得到土地，只想得到张仪就甘心了。"张仪听到这话，就说："用我一个张仪来抵汉中之地，请大王答应我去楚国。"张仪到楚国之后，又给楚国掌权的大臣靳尚送上厚礼，并用花言巧语欺骗怀王的宠姬郑袖，怀王竟然听信了郑袖的话，把张仪又给放跑了。这时，屈原已被疏远，不再担任重要官职，刚被派到齐国出使，回来之后，向怀王进谏说："大王您为什么不杀了张仪呢？"怀王感到很后悔，派人去追赶，但已经来不及了。

在此之后，各诸侯国联合攻打楚国，大败楚军，杀死了楚国大将唐眜。

当时，秦昭王和楚国结为姻亲，想和楚怀王见见面，楚怀王想要前往。屈原劝谏说："秦国是虎狼一般贪暴的国家，是不能信任的，还是不去为好。"可是，怀王的小儿子子兰劝怀王前去，他说："为什么要断绝了秦王的好意呢？"怀王最终还是去了。但他刚一进武关，秦朝的伏兵就斩断了他的归路，把怀王扣留，为的是让他答应割让土地。怀王大怒，不肯应允。逃到赵国，但赵国拒绝接纳。然后又来到秦国，最终死在秦国，尸体运回楚国安葬。

怀王的大儿子顷襄王继位，任命他的弟弟子兰为令尹。因子兰劝怀王入秦而最终死在秦国，楚国人都把此事的责任归罪于子兰。

屈原对子兰的所作所为，也非常痛恨。虽然身遭放逐，却依然眷恋楚国，怀念怀王，时刻惦记着能重返朝廷，总是希望国王能突然觉悟，不良习俗也为之改变。他总是不忘怀念君王，复兴国家，扭转局势，所以在一篇作品中多次流露此种心情。然而，终究无可奈何，所以也不可能再返朝廷，于此也可见怀王最终也没有醒悟。作为国君，不管他聪明还是愚蠢，有才还是无才，都希望找到忠臣和贤士来辅佐自己治理国家。然而，亡国破家之事不断发生，而圣明之君、太平之国却好多世代都未曾一见，其根本原因就在于其所谓忠臣并不忠，其所谓贤士并不贤。怀王因不知晓忠臣之职分，所以在内为郑袖所迷惑，在外被张仪欺骗，疏远屈原而信任上官大夫和令尹子兰。结果使军队惨败，国土被侵占，失去了六郡地盘，自己还流落他乡，客死秦国，为天下人所耻笑。这是由于不知人所造成的灾祸。《易经》上说："井已经疏浚干净，却没人来喝水，这是令人难过的事。国君若是圣明，大家都可以得到幸福。"而怀王是如此不明，哪里配得到幸福啊！

令尹子兰听到以上情况勃然大怒，最终让上官大夫去向顷襄王说屈原的坏话。顷襄王一生气，就把屈原放逐了。

屈原来到江边，披头散发在荒野草泽上一边走，一边悲愤长吟。脸色憔悴，形体干瘦。一位渔翁看到他，就问道："您不就是三闾大夫吗？为什么到这里来呢？"屈原说："全社会的人都污浊而只有我是干净的，大家都昏沉大醉而只有我是清醒的，所以我才被放逐了。"渔翁说："一个道德修养达到最高境界的人，对事物的看法并非一成不变，而是能随着世俗风气而转移。全社会的人都污浊，你为什么不在其中随波逐流？大家都昏沉大醉，你为什么不在其中吃点残羹剩酒呢？为什么要保持美玉一般的品德，而使自己讨了个被流放的下场呢？"屈原回答说："我听说过，刚洗过头的人一定要弹去帽子上的灰尘，刚洗过身躯的人一定要把衣服上的尘土抖干净，人们又有谁愿意以清白之身，而受外界污垢的沾染呢？我宁愿跳入江水长流之内，葬身鱼腹之中，也不让自己的清白品德蒙受世俗的污染！"

于是，屈原写下了作品《怀沙》，其中这样写道：

阳光强烈的初夏呀，草木茂盛地生长。悲伤总是充满胸膛啊，我急匆匆来到南方。眼前是一片茫茫啊，沉寂得毫无声响。我的心情沉郁悲慨啊，这令人伤心日子又实在太长。抚心反省而无过错啊，蒙冤自抑而无惧。

想把方木削成圆木啊，但正常法度不可改易。抛开正路而走斜径啊，那将为君子所鄙弃。明确规范，牢记法度啊，往日的初衷决不反悔。品性忠厚，心地端正，为君子所赞美。巧匠不挥动斧头砍削啊，谁能看出是否合乎标准。黑色的花纹放在幽暗之处啊，盲人会说花纹不鲜明；离娄稍微一瞥就看得非常清楚啊，盲人反说他是失明无光。事情竟是如此黑白混淆啊，上下颠倒。凤凰被关进笼子里啊，鸡和野雉却在那里飞跳。美玉和粗石被掺杂在一起啊，竟有人认为二者也差不了多少。那些帮派小人卑鄙嫉妒啊，全然不了解我的高尚情操。

任重道远负载太多啊，沉陷阻滞不能向前。身怀美玉品德高啊，处境困窘向谁献？城中群狗胡乱叫啊，以为少见为怪就叫唤。诽谤英俊疑豪杰啊，这本来就是小人的丑态。外表粗疏内心朴实啊，众人不知我的异彩。未雕饰的材料被丢弃啊，没人知道我所具有的智慧和品德。我注重仁与义的修养啊，并把恭谨忠厚来加强。虞舜已不可再遇啊，又有谁知道我从容坚持自己的志向。古代的圣贤也难得同世而生啊，又有谁能了解其中缘由？商汤夏禹距今是何其久远啊，渺茫无际难以追攀。强压住悲愤不平啊，抑制内心而使自己更加坚强。遭受忧患而不改变初衷啊，只希望我的志向成为后人效法的榜样。我又顺路北行啊，迎着昏暗将尽的阳光。含忧郁而强作欢颜啊，死亡就在前面不远的地方。

尾声：浩荡的沅江、湘江水啊，不停地流淌翻涌着波浪。道路漫长而又昏暗啊，前程又是何等恍惚渺茫。我怀着长久的悲伤歌吟不止啊，慨然叹息终此世。世上没人了解我啊，谁能听我诉衷肠？情操高尚品质美啊，芬芳洁白世无双。伯乐早已死去啊，千里马谁能识别它是骏良？人生一世秉承命运啊，各有各的不同安排。内心坚定心胸广啊，别的还有什么值得畏惧！重重忧伤长感慨啊，永世长叹无尽哀。世道混浊知音少啊，人心叵测内难猜。人生在世终须死啊，对自己的生命就不要太珍爱。明白告知世君子啊，我将永为人楷模。

于是，屈原就怀抱石头，投入汨罗江自杀而死。

屈原死后，楚国有宋玉、唐勒、景差等人，他们都爱好文学而以擅长辞赋著名。但他们都只学习了屈原辞令委婉含蓄的一面，而最终没人敢像屈原那样直言劝谏。此后，楚国一天比一天弱小，几十年之后终于被秦国消灭。

自从屈原沉江而死一百多年之后，汉朝有个贾生，在担任长沙王太傅时，经过湘水，写一篇辞赋投入江中，以此祭吊屈原。

贾生名叫贾谊，是洛阳人。在十八岁时，他就因诵读诗书会写文章而闻名当地。吴廷尉担任河南郡守时，听说贾谊才学优异，就把他召到衙门任职，并非常器重。汉文帝刚即位时，听说河南郡守吴公政绩卓著，为全国第一，而且和李斯同乡，又曾向李斯学习过，于是就征召他担任廷尉。吴廷尉就推荐贾谊，说他年轻有才，能精通诸子百家的学问。这样，汉文帝就征召贾谊，让他担任博士之职。

当时贾谊二十有余，在博士中最为年轻。每次文帝下令让博士们讨论一些问题，那些年长的老先生们都无话可说，而贾谊却能一一回答，人人都觉得说出了自己想说的话。博士们都认为贾生才能杰出，无与伦比。汉文帝也非常喜欢他，对他破格提拔，一年之内就升任太中大夫。

贾谊认为，从西汉建立到汉文帝时已有二十多年了，天下太平，正是应该改正历法、变易服色、订立制度、决定官名、振兴礼乐的时候。于是，他草拟了各种仪法，崇尚黄色，遵用五行之说，创设官名，完全改变了秦朝的旧法。汉文帝刚刚即位，谦虚退让而来不及实行。但此后各项法令的更改，以及诸侯必须到封地去上任等事，这都是贾谊的主张。于是，汉文帝就和大臣们商议，想提拔贾谊担任公卿之职。而绛侯周勃、灌婴、东阳侯、冯敬这些人都嫉妒他，就诽谤贾谊说："这个洛阳人，年纪轻而学识浅，只想独揽大权，把政事弄得一团糟。"此后，汉文帝就疏远了贾谊，不再采纳他的意见，任命他为长沙王太傅。

贾谊向文帝告辞之后，前往长沙赴任。他听说长沙地势低洼，气候潮湿，自认为寿命不会很长，又是因为被贬至此，内心非常不愉快。在渡湘水的时候，写下一篇辞赋来凭吊屈原，赋文这样说：

我恭奉天子诏命，待罪来到长沙任职。曾听说过屈原啊，是自沉汨罗江而长逝。今天我来到湘江边，托江水来敬吊先生的英灵。遭遇纷乱无常的社会，才逼得您自杀失去生命。啊呀，太令人悲伤啦！正赶上那不幸的年代。鸾凤潜伏隐藏，鸱枭却自在翱翔。不才之人尊贵显赫，阿谀奉承之辈得志猖狂；圣贤都不能顺遂行事啊，方正的人反屈居下位。世人竟称伯夷贪婪，盗跖廉洁；莫邪宝剑太钝，铅刀反而是利刃。唉呀呀！先生您真是太不幸了，平白遭此横祸！丢弃了周代传国的无价鼎，反把破瓠当奇货。驾着疲惫的老牛和跛驴，却让骏马垂着两耳拉盐车。好端端的礼帽当鞋垫，这样的日子怎能长？哎呀，真苦了屈先生，唯您遭受这飞来祸！

尾声：算了吧！既然国人不了解我，抑郁不快又能和谁诉说？凤凰高飞远离去，本应如此自引退。效法神龙隐渊底，深藏避祸自爱惜。远离明光而隐处，岂能随从蚂蚁、水蛭、蚯蚓？圣人品德最可贵，远离浊世而自隐匿。若是良马可拴系，怎说异于犬羊类！世态纷乱遭此祸，先生自己也有责。游历九州任择君，何必对故都恋恋不舍？凤凰飞翔千仞上，看到有德之君才下来栖止。一旦发现危险兆，振翅高飞远离去。狭小污浊的小水坑，怎能容得下吞舟大鱼？横绝江湖的大鱼，最终还要受制于蝼蚁。

贾谊在担任长沙王太傅的第三年，一次，有一只鸮鸟飞进他的住宅，停在了座位旁边。楚国人把鸮叫作“服”。贾谊原来就是因被贬来到长沙，而长沙又地势低洼，气候潮湿，所以自认为寿命不长，悲痛伤感，就写下了一篇赋来自我安慰。赋文写道：

丁卯年四月初夏，庚子日太阳西斜的时分，有一只猫头鹰飞进我的住所，它在座位旁边停下，样子是那样自在安闲。奇怪之鸟进我家，私下疑怪是为啥。打开卦书来占卜，上面载有这样的话，“野鸟飞入住舍呀，主人将会离开家”。请问猫头鹰啊，“我离开这里将去何方？是吉，就请告我；是凶，也请告我是什么祸殃。生死迟速有定数啊，请把期限对我说端详”。猫头鹰听罢长叹息，抬头振翅已会意。嘴巴不能说话，请以意相示自揣度。

天地万物长变化，本来无有终止时。如涡流旋转，反复循环。外形内气转化相续，演变如蝉蜕化一般。其道理深微无穷，言语哪能说得周遍。祸当中傍倚着福，福当中也埋藏着祸。忧和喜同聚一起，吉和凶同在一个领域。当年吴国是何等强大，吴王夫差却以此而败亡。越国败处会稽，句践以此称霸于世。李斯游秦顺利成功，却终于遭受五刑。傅说原为一刑徒，后来却成武丁相。祸对于福来说，与绳索互相缠绕有什么不同？天命无法详解说，谁能预知它的究竟？水成激流来势猛，箭遇强力射得远。万物循环往复长激荡，运动之中相互起变化。云升雨降多反复，错综变幻何纷繁。天地运转造万物，漫无边际何浩瀚。天道高深不可预测，凡人思虑难以谋算。生死的迟早都由命，谁能知其到来时？

何况天地为巨炉，自然本为司炉工。阴阳运转是炉炭，世间万物皆为铜。其中聚散或生灭，哪有常规可寻踪？错综复杂多变化，未曾见过有极终。成人亦为偶然事，不足珍爱慕长生。纵然死去化异物，又何足忧虑心胆惊！小智之人顾自己，鄙薄外物重己身。通人达观何大度，死生祸福无不宜。贪夫为财赔性命，烈士为名忘死生。喜好虚名者为权势而死，平民百姓又怕死贪生。而为名利所诱惑、为贫贱所逼迫的人，为了钻营而奔走西东。而道德修养极高的人，不为物欲所屈服，对千百万化的事物等量齐观。愚夫被俗累羁绊，拘束得如囚徒一般。有至德的人能遗世弃俗，只与大道同存在。天下众人迷惑不解，爱憎之情积满胸臆。有真德的人恬淡无为，独和大道同生息。舍弃智慧忘形骸，超然物外不知有己。在那空旷恍惚的境界，和大道一起共翱翔。乘着流水任意行，碰上小洲就停止。将身躯托付给命运，不把它看作私有之体。活着如同寄于世，死了是长休息。内心宁静就如无波的深渊，浮游就如不系缆绳的小舟。不因活着重己命，修养空灵之性不拘泥。至德之人无俗累，乐天知命复何忧！鸡毛蒜皮区区小事，哪里值得忧虑生疑！

一年多之后，贾谊被召回京城拜见皇帝。当时，汉文帝正坐在宣室，接受神的降福保佑。因文帝有感于鬼神之事，就向贾谊询问鬼神的本原。贾谊也就乘机周详地讲述了之所以会有鬼神之事的种种情形。到半夜时分，文帝已听得很入神，不知不觉地在座席上总往贾谊身边移动。听完之后，文帝慨叹道：

"我好长时间没见贾谊了，自认为能超过他，现在看来还是不如他。"过了不久，文帝任命贾谊为梁怀王太傅。梁怀王是汉文帝的小儿子，受文帝宠爱，又喜欢读书，因此才让贾谊当他老师。

汉文帝又封淮南厉王的四个儿子都为列侯。贾谊劝谏，认为国家祸患的兴起就要从这里开始了。贾谊又多次上疏皇帝，说有的诸侯封地太多，甚至多达几郡之地，和古代的制度不符，应该逐渐削弱他们的势力，但是汉文帝不肯听从。

几年之后，梁怀王因骑马不慎，从马上掉下来摔死了，没有留下后代。贾谊认为，这是自己做太傅没有尽到责任，非常伤心，哭泣了一年多，也死去了。死的时候，年仅三十三岁。后来，汉文帝去世，汉武帝即位，提拔贾谊的两个孙子任郡守。其中，贾嘉最为好学，继承了贾谊的家业，曾和我有过书信往来。到汉昭帝时，他担任九卿之职。

太史公说："我读完《离骚》《天问》《招魂》《哀郢》之后，深受屈原情志的感染，悲伤不已。当我到长沙时，特意去看了屈原沉江自杀的地方，不禁掉下眼泪，由此更加想见他的为人。后来，读了贾谊的《吊屈原赋》，又责怪屈原以自己超人的才华，若是游事诸侯的话，哪个国家不能容纳他呢？而把自己弄到这种地步。读过《服鸟赋》之后，把生死同等看待，把官场上的去留升降看得很轻，又不禁默然若失了。"

第六十七卷　吕不韦列传第二十五

《吕不韦列传》是吕不韦一个人的传记，但作者通过这篇传记，反映了秦廷内部的争权夺利、皇太后的放荡生活，以及政治斗争的残酷无情。

在本传中，作者突出塑造的是吕不韦的形象。吕不韦本为韩国人，因擅长于经营之道，贱买贵卖，家累千金。当他到邯郸做生意，见到了被当作人质的秦王之孙子楚时，立刻就从商业上的投机转向了政治上的投机，产生了“奇货可居”的念头。作者集中笔墨，详细地描写了吕不韦和子楚的密谋策划，以及吕不韦为子楚争得为太子继承人的经过。在这一系列紧锣密鼓的活动中，吕不韦深谋远虑，处处是主动者，而子楚听之任之，还答应在事成之后，“请得分秦国与君共之”，似乎在这里进行的不是一场政治斗争，而是一笔交易、一桩买卖。就这样，作者不动声色地把吕不韦那种商人的唯利是图的性格刻画得入木三分。

对于子楚，作者写他才能平庸，但非常好色，一见到吕不韦的小妾就要据为己有，也不在乎她是否怀孕在身。吕不韦虽然极喜欢此女，但一想到还要放长线钓大鱼，就忍痛把她送给了子楚。回去一年之后，生下一子名政，这就是后来的秦始皇。有人认为，秦始皇不是吕不韦的儿子，这自可成为一家之言。但是，司马迁确实认为秦始皇是吕不韦的儿子，里面所包含的意思是耐人寻味的。从前，封建皇帝对自己继位的儿子正出庶出、长子次子都非常重视，考虑再三，甚至为此杀人流血，而现在吕不韦却不动声色，不费吹灰之力就使自己的儿子做了秦国继承人，后来又当了皇帝，窃取了强暴之秦的全部权力，真是莫大的讽刺！

总而言之，这篇传记中没有一个是作者同情的人物。我们可以这样说，本篇是作者满怀憎恶和轻蔑描绘的一幅群丑图。

【原文】

吕不韦者，阳翟大贾人①也。往来贩贱卖贵，家累②千金。

秦昭王四十年，太子死。其四十二年，以其次子安国君为太子。安国君有子二十余人。安国君有所甚爱姬，立以为正夫人，号曰华阳夫人。华阳夫人无子。安国君中男③名子楚，子楚母曰夏姬，毋④爱。子楚为秦质子⑤于赵。秦数攻赵，赵不甚礼⑥子楚。

【注释】

①大贾人：大商人。②累：积聚。③中男：次子。④毋：无。⑤质子：人质，古代被派往别国去作抵押的人，多为王子、世子，故名质子。⑥礼：以礼相待。用如动词。

【原文】

子楚，秦诸庶孽孙[①]，质于诸侯，车乘进用[②]不饶，居处困，不得意。吕不韦贾邯郸，见而怜之，曰：“此奇货可居[③]”。乃往见子楚，说曰：“吾能大子之门。”子楚笑曰：“且自大君之门，而乃大吾门!”吕不韦曰：“子不知也，吾门待子门而大。”子楚心知所谓，乃引与坐，深语[④]。吕不韦曰：“秦王老矣，安国君得为太子。窃闻安国君爱幸华阳夫人，华阳夫人无子，能立適嗣[⑤]者，独华阳夫人耳。今子兄弟二十余人，子又居中，不甚见幸，久质诸侯。即[⑥]大王薨，安国君立为王，则子毋几得与长子及诸子旦暮[⑦]在前者争为太子矣。”子楚曰：“然。为之奈何?”吕不韦曰：“子贫，客于此，非有以奉献于亲及结宾客也。不韦虽贫，请以千金为子西游，事安国君及华阳夫人，立子为適嗣。”子楚乃顿首曰：“必如君策，请得分秦国与君共之。”

【注释】

①庶孽孙：非正妻所生，而是姬妾所生的子孙。②进用：财用。进，通“赆”，指收入的钱财。③奇货可居：指珍奇的货物可以囤积起来以待高价。④深语：指推心置腹地深谈。⑤適嗣：正妻所生的长子，此处实指王位的继承人。適，通“嫡”。⑥即：若是，假使。⑦毋几：没有希望。旦暮：早晚。

【原文】

吕不韦乃及五百金与子楚，为进用，结宾客；而复以五百金买奇物玩好，自奉而西游秦，求见华阳夫人姊，而皆以其物献华阳夫人。因言子楚贤智，结诸侯宾客遍天下，常曰："楚也以夫人为天[①]，日夜泣思太子及夫人。"夫人大喜。不韦因使其姊说夫人曰："吾闻之，以色事人者，色衰而爱弛。今夫人事太子，甚爱而无子，不以此时蚤[②]自结于诸子中贤孝者，举立以为適而子之，夫在则重尊，夫百岁之后，所子者为王，终不失势，此所谓一言而万世之利也。不以繁华[③]时树本，即色衰爱弛后，虽欲开一语，尚可得乎？今子楚贤，而自知中男也，次不得为適，其母又不得幸，自附夫人，夫人诚以此时拔以为適，夫人则竟世有宠于秦矣。"华阳夫人以为然，承太子间，从容言子楚质于赵者绝贤，来往者皆称誉之。乃因涕泣曰："妾幸得充后宫，不幸无子，愿得子楚立以为適嗣，以托妾身。"安国君许之，乃与夫人刻玉符[④]，约以为適嗣。安国君及夫人因厚馈遗[⑤]子楚，而请吕不韦傅之，子楚以此名誉益盛于诸侯。

【注释】

①天：仰赖以为生存者古称之为天。②蚤：通"早"。③繁华：花盛，以喻人之盛年。④玉符：古代朝廷的一种凭证。⑤馈遗：赠送礼品、财物等。

【原文】

吕不韦取邯郸诸姬绝好[①]善舞者与居，知有身[②]。子楚从不韦饮，见而说[③]之，因起为寿[④]，请[⑤]之。吕不韦怒，念业已破家为子楚，欲以钓奇[6]，乃遂献其姬。姬自匿有身，至大期[7]时，生子政。子楚遂立姬为夫人。

秦昭王五十年，使王齮围邯郸，急，赵欲杀子楚。子楚与吕不韦谋，行金六百斤予[8]守者吏，得脱，亡赴秦军，遂以得归。赵欲杀子楚妻子，子楚夫人赵豪家女也，得匿，以故母子竟得活。秦昭王五十六年，薨，太子安国君立为王，华阳夫人为王后，子楚为太子。赵亦奉子楚夫人及子政归秦。

秦王立一年，薨，谥为孝文王。太子子楚代立，是[9]为庄襄王。庄襄王所母[10]华阳后为华阳太后，真母[11]夏姬尊以为夏太后。庄襄王元年，以吕不韦为丞相，封为文信侯，食[12]河南雒阳十万户。

【注释】

①绝好：特别漂亮。②有身：指怀孕在身。③说：通"悦"。④寿：祝酒。⑤请：求，要得到。⑥钓奇：指想得到巨大利益。含有前"奇货可居"之意。⑦大期：十二个月。⑧予：给予。⑨是：这。⑩所母：所拜认的母亲。⑪真母：生母。⑫食：食邑。

【原文】

庄襄王即位三年，薨，太子政立为王，尊吕不韦为相国，号称"仲父"[1]。秦王年少[2]，太后时时窃私通吕不韦，不韦家僮万人。

当是时，魏有信陵君，楚有春申君，赵有平原君，齐有孟尝君，皆下士喜宾客以相倾[3]。吕不韦以秦之强，羞不如，亦招致士，厚遇之，至食客三千人。是时诸侯多辩士，如荀卿之徒，著书布天下。吕不韦乃使其客人人著所闻，集论以为八览、六论、十二纪，二十余万言。以为备天地万物古今之事，号曰《吕氏春秋》。布咸阳市门，悬千金其上，延诸侯游士宾客有能增损一字者予千金。

【注释】

①仲父：亚父，仅次于父。②始皇时年十三岁。③下士：谦恭有礼地对待士人。倾：超越，压倒。

【原文】

始皇帝益壮，太后淫不止。吕不韦恐觉祸及己，乃私求大阴[1]人嫪毐以为舍人，时纵倡乐，使毐以其阴关桐轮[2]而行，令太后闻之，以啖[3]太后。太后闻，果欲私得之。吕不韦乃进嫪毐，诈令人以腐罪[4]告之。不韦又阴谓太后曰："可事诈腐，则得给事中。"太后乃阴厚赐主腐者吏，诈论之，拔其须眉为宦者，遂得侍太后。太后私与通，绝爱之。有身，太后恐人知之，诈卜当避时[5]，徙宫居雍。嫪毐常从，赏赐甚厚，事皆决于嫪毐。嫪毐家僮数千人，诸客求宦[6]为嫪毐舍人者千余人。

【注释】

①阴：指生殖器。②关：贯穿。桐轮：桐木小车轮。③啖(dàn)：给……吃。这里是引申义，引诱的意思。④腐罪：指应判处腐刑（宫刑）的罪。⑤避时：改变一下住所，以避灾

祸。⑥求宦：求为官。

【原文】

始皇七年，庄襄王母夏太后薨。孝文王后曰华阳太后，与孝文王会葬寿陵。夏太后子庄襄王葬芷阳，故夏太后独别葬杜东，曰："东望吾子，西望吾夫。后百年，旁当有万家邑。"

始皇九年，有告嫪毐实非宦者，常与太后私乱，生子二人，皆匿之。与太后谋曰"王即薨，以子为后"。于是秦王下吏[1]治，具[2]得情实，事连相国吕不韦。九月，夷嫪毐三族[3]，杀太后所生两子，而遂迁太后于雍。诸嫪毐舍人皆没其家[4]而迁之蜀。王欲诛相国，为其奉先王功大，及宾客辩士为游说者众，王不忍致法[5]。

【注释】

①下吏：交法官去审讯。②具：通"俱"，全，都。③夷：诛灭。三族：指父族、母族和妻族。④没：没入，即没收其财产充官。家：指家产。⑤致法：予以法律制裁。

【原文】

秦王十年十月，免相国吕不韦。及齐人茅焦说秦王，秦王乃迎太后于雍，归复咸阳，而出文信侯就国河南。

岁余，诸侯宾客使者相望于道，请[1]文信侯。秦王恐其为变，乃赐文信侯书曰："君何功于秦？秦封君河南，食十万户。君何亲于秦？号称仲父。其与家属徙[2]处蜀！"吕不韦自度稍侵，恐诛，乃饮酖[3]而死。秦王所加怒吕不韦、嫪毐皆已死，乃皆复归嫪毐舍人迁蜀者。

始皇十九年，太后薨，谥为帝太后，与庄襄王会葬茝阳[④]。

【注释】

①请：问候。②徙：迁，移。③酖（zhèn）：通“鸩”，毒酒。④茝阳：通“芷阳”。

【原文】

太史公曰：不韦及[①]嫪毐贵，封号文信侯。人之告嫪毐，毐闻之。秦王验[②]左右，未发。上之雍郊[③]，毐恐祸起，乃与党谋，矫[④]太后玺发卒以反蕲年宫。发吏攻嫪毐，毐败亡走，追斩之好畤，遂灭其宗。而吕不韦由此绌[⑤]矣。孔子之所谓“闻”者[⑥]，其吕子乎。

【注释】

①及：连及。②验：验证。③郊：古代祭天的礼节。④矫：假托，诈称。⑤绌：通“黜”，贬退。⑥此句所指乃孔子所云：“夫闻者也，色取仁而行违，居之不疑，在邦必闻，在家必闻。”（《论语·颜渊》）这里指言行表里不一的人的表现。闻，指骗取名望。

【译文】

吕不韦是阳翟的大商人，他往来各地，以低价买进，高价卖出，所以积累起千金的家产。

秦昭王四十年（前267），太子去世了。到了昭王四十二年，把他的第二个儿子安国君立为太子。而安国君有二十多个儿子。安国君有个非常宠爱的妃子，立她正夫人，称之为华阳夫人。华阳夫人没有儿子。安国君有个排行居中的儿子名叫子楚，子楚的母亲叫夏姬，不受宠爱。子楚作为秦国的人质被派到赵国。秦国多次攻打赵国，赵国对子楚也不以礼相待。

子楚是秦王庶出的孙子，在赵国当人质，他乘的车马和日常的财用都不富足，生活困窘，很不得意。吕不韦到邯郸去做生意，见到子楚后非常喜欢，说："子楚就像一件奇货，可以囤积居奇，以待高价售出。"于是，他就前去拜访子楚，对他游说道："我能光大你的门庭。"子楚笑着说："你姑且光大自己的门庭，然后再来光大我的门庭吧！"吕不韦说："你不懂啊，我的门庭要等待你的门庭光大了才能光大。"子楚心知吕不韦所言之意，就拉他坐在一起深谈。吕不韦说："秦王已经老了，安国君被立为太子。我私下听说，安国君非常宠爱华阳夫人。华阳夫人没有儿子，能够选立太子的只有华阳夫人一个。现在，你的兄弟有二十多人，你又排行中间，不受秦王宠幸，长期被留在诸侯国当人质，即使是秦王死去，安国君继位为王，你也不要指望同你长兄和早晚都在秦王身边的其他兄弟们争太子之位啦。"子楚说："是这样，但该怎么办呢？"吕不韦说："你很贫窘，又客居在此，也拿不出什么来献给亲长，结交宾客。我吕不韦虽然不富有，但愿意拿出千金来为你西去秦国游说，侍奉安国君和华阳夫人，让他们立你为太子。"子楚于是叩头拜谢道："如果实现了您的计划，我愿意分秦国的土地和您共享。”

吕不韦于是拿出五百金送给子楚，作为日常生活和交结宾客之用；又拿出五百金买珍奇玩物，自己带着西去秦国游说，先拜见华阳夫人的姐姐，把带来的东西统统献给华阳夫人。顺便谈及子楚聪明贤能，所结交的诸侯宾客，遍及天下，常常说“我子楚把夫人看成天一般，日夜哭泣思念太子和夫人”。夫人非常高兴。吕不韦乘机又让华阳夫人姐姐劝说华阳夫人道：“我听说用美色来侍奉别人的，一旦色衰，宠爱也就随之减少。现在，夫人您侍奉太子，甚被宠爱，却没有儿子，不如趁这时早一点在太子的儿子中结交一个有才能而孝顺的人，立他为继承人而又像亲生儿子一样对待他，那么，丈夫在世时受到尊重，丈夫死后，自己立的儿子继位为王，最终也不会失势，这就是人们所说的一句话能得到万世的好处啊。不在容貌美丽之时树立根本，假使等到容貌衰竭，宠爱失去后，虽然想和太子说上一句话，还有可能吗？现在子楚贤能，而自己也知道排行居中，按次序是不能被立为继承人的，而他的生母又不受宠爱，自己就会主动依附于夫人。夫人若真能在此时提拔他为继承人，那么夫人您一生在秦国都要受到尊宠啦。”华阳夫人听了认为是这样，就趁太子方便的时候，委婉地谈到在赵国做人质的子楚非常有才能，来往的人都称赞他。接着，她就哭着说：“我有幸能填充后宫，但非常遗憾的是没有儿子。我希望能立子楚为继承人，以便我日后有个依靠。”安国君答应了，就和夫人刻下玉符，决定立子楚为继承人。安国君和华阳夫人都送好多礼物给子楚，而请吕不韦当他的老师。因此，子楚的名声在诸侯中越来越大。

吕不韦选取了一个姿色极佳而又善于跳舞的邯郸女子同居，知道她怀了孕。子楚有一次和吕不韦一起饮酒，看到此女后非常喜欢，就站起身来向吕不韦祝酒，请求把此女赠给他。吕不韦很生气，但转念一想，已经为子楚破费了大量家产，为的就是借以钓取奇货，于是就献出了这个女子。此女隐瞒了自己怀孕在身，到十二个月之后，生下儿子名政。子楚就立此姬为夫人。

秦昭王五十年（前257），派王齮围攻邯郸，情况非常紧急，赵国想杀死子楚。子楚就和吕不韦密谋，拿出六百斤金子送给守城官吏，得以脱身，逃到秦军大营，这才得以顺利回国。赵国又想杀子楚的妻子和儿子，以子楚的夫人是赵国富豪人家的女儿，才得以隐藏起来。因此，母子二人竟得活命。秦昭王五十六年（前251），他去世了，太子安国君继位为王，华阳夫人为王后，子楚为太子。赵国也护送子楚的夫人和儿子嬴政回到秦国。

秦王继位一年之后去世，谥号为孝文王。太子子楚继位，他就是庄襄王。庄襄王尊奉为母的华阳王后为华阳太后，生母夏姬被尊称为夏太后。庄襄王元年（前249），任命吕不韦为丞相，封为文信侯，河南洛阳十万户作为他的食邑。

庄襄王即位三年之后死去，太子嬴政继立为王，尊奉吕不韦为相国，称他为“仲父”。秦王年纪还小，太后常常和吕不韦私通。吕不韦家有奴仆万人。

在那时，魏国有信陵君，楚国有春申君，赵国有平原君，齐国有孟尝君，他们都礼贤下士，结交宾客，并在这方面要争个高低上下。吕不韦认为秦国如此强大，把不如他们当成一件令人羞愧的事，所以他也招来了文人学士，给他们优厚的待遇，门下食客多达三千人。那时，各诸侯国有许多才辩之士，像荀卿那班人，著书立说，流行天下。吕不韦就命他的食客各自将所见所闻记下，综合在一起成为八览、六论、十二纪，共二十多万字。自己认为其中包括了天地万物古往今来的事理，所以号称《吕氏春秋》，并将之刊布在咸阳的城门，上面悬挂着一千金的赏金，遍请诸侯各国的游士宾客，若有人能增删一字，就给予一千金的奖励。

秦始皇越来越大了，但太后一直淫乱不止。吕不韦唯恐事情败露，灾祸降临自己头上，就暗地寻求了一个阴茎特别大的人嫪毐作为门客，不时让演员歌舞取乐，命嫪毐用他的阴茎穿在桐木车轮上，使之转动而行，并想法让太后知道此事，以此事引诱她。太后听说之后，真的想在暗中占有他。吕不韦就进献嫪毐，假装让人告发他犯下了该受宫刑的罪。吕不韦又暗中对太后说："你可以让嫪毐假装受了宫刑，就可以在供职宫中的人员中得到他。"太后就偷偷地送给主持宫刑的官吏许多东西，假装处罚嫪毐，拔掉了他的胡须假充宦官，这就得以侍奉太后。太后暗和他通奸，特别喜爱他。后来，太后怀孕在身，恐怕别人知道，假称算卦不吉，需要换一个环境来躲避一下，就迁移到雍地的宫殿中来居住。嫪毐总是随从左右，所受的赏赐非常优厚，事事都由嫪毐决定。嫪毐家中有奴仆几千人。那些为求得官职来当嫪毐家门客的多达一千余人。

秦始皇七年（前 240），庄襄王的生母夏太后去世。孝文王后叫华阳太后，和孝文王合葬在寿陵。夏太后的儿子庄襄王葬在芷阳，所以夏太后另外单独埋葬在杜原之东，称“向东可以看到我的儿子，向西可以看到我的丈夫。在百年之后，旁边定会有个万户的城邑”。

秦始皇九年（前 238），有人告发嫪毐实际并不是宦官，常常和太后淫乱私通，并生下两个儿子，都把他们隐藏起来，还和太后谋议说“若是秦王死去，就立这儿子继位”。于是，秦始皇命法官严查此事，把事情真相全部弄清，事情牵连到相国吕不韦。这年九月，把嫪毐家三族人众全部杀死，又杀了太后所生的两个儿子，并把太后迁到雍地居住。嫪毐家的食客们都被没收家产，迁往蜀地。秦王想杀掉相国吕不韦，但因其侍奉先王功劳极大，又有许多宾客辩士为他求情说好话，秦王不忍心将他绳之以法。

秦始皇十年十月，免去了吕不韦的相国职务。等到齐人茅焦劝说秦王，秦王这才到雍地迎接太后，使她又回归咸阳，但把吕不韦遣出京城，前往河南的封地。

又过了一年多，各诸侯国的宾客使者络绎不绝，前去问候吕不韦。秦王恐怕他发动叛乱，就写信给吕不韦说：“你对秦国有何功劳？秦国封你在河南，食邑十万户。你对秦王有什么血缘关系？而号称仲父。你与家属都一概迁到蜀地去居住！”吕不韦一想到自己已经逐渐被逼迫，害怕日后被杀，就喝下鸩酒自杀而死。秦王所痛恨的吕不韦、嫪毐都已死去，就让迁徙到蜀地的嫪毐门客都回到京城。

秦始皇十九年（前228），太后去世，谥号为帝太后。与庄襄王合葬在芷阳。

太史公说：“吕不韦带及嫪毐贵显，吕不韦封号文信侯。有人告发嫪毐，嫪毐听到此事。秦始皇查讯左右，事情还未败露。秦王到雍地祭天，嫪毐害怕大祸临头，就和亲信同党密谋，盗用太后的大印调集士兵在蕲年宫造反。秦王调动官兵攻打嫪毐，嫪毐失败逃走，追到好畤将其斩首，就把他满门抄斩。而吕不韦也由此被贬斥。孔子所说的‘闻’，指的正是吕不韦这样的人吧！”

第六十八卷　刺客列传第二十六

这是一篇类传，依次记载了春秋战国时代曹沫、专诸、豫让、聂政、荆轲五位著名刺客的事迹。

关于此传的传旨，在卷一百三十《太史公自序》中，只谈到“曹子匕首，鲁获其田，齐明其信；豫让义不为二心”，专诸、聂政、荆轲之事不及一语。显然，这不是此传的全部传旨。细味全传，尽管这五人的具体事迹并不相同，其行刺或行劫的具体缘由也因人而异，但是有一点则是共同的，这就是他们都有一种扶弱拯危、不畏强暴、为达到行刺或行劫的目的而置生死于度外的刚烈精神。而这种精神的实质则是“士为知己者死”。所以，太史公在本传的赞语中说：“此其义或成或不成，然其立意较然，不欺其志，名垂后世，岂妄也哉！”这也就是太史公对本传传旨的一种集中概括了。当然，如果我们立足于当今重新审视和观照这五位刺客或劫持者的行迹以及他们行刺或行劫的具体目的，我们完全可以得出一种新的认识，作出一种新的评价，但这新的认识和评价毕竟不是太史公的。太史公是立足于他所在的那个时代，带着他特有的身世之感和爱憎，来热烈赞歌他所一再称赏的那种“士为知己者死”的刚烈精神的。

本传虽是五人的类传，但能“逐段脱卸，如鳞之次，如羽之压，故论事则一人更胜一人，论文则一节更深一节”（吴见思《史记论文》），所以全篇次第井然，始于曹沫，终于荆轲，中间依次为专诸、豫让、聂政，俨然一部刺客故事集，而统摄全篇的内在思想则是本传的主旨。

本传堪称《史记》全书中“第一种激烈文字”（吴见思《史记论文》）。从文学的角度看，这篇“最激烈文字”至今仍具有巨大的审美价值，特别是荆轲其人的传记。

【原文】

曹沫者，鲁人也，以勇力事鲁庄公。庄公好力①。曹沫为鲁将，与齐战，三败北②。鲁庄公惧，乃献遂邑之地以和。犹复以为将。

【注释】

①好力：爱好勇武、力气。②败北：战败逃跑。北，打了败仗往回逃。

【原文】

齐桓公许与鲁会于柯而盟。桓公与庄公既盟于坛上，曹沫执匕首劫齐桓公，桓公左右莫敢动，而问曰：“子将何欲?”曹沫曰：“齐强鲁弱，而大国侵鲁亦甚矣。今鲁城坏即压齐境①，君其图之。”桓公乃许尽归鲁之侵地。既已言，曹沫投其匕首，下坛，北面就群臣之位，颜色②不变，辞令如故③。

桓公怒，欲倍[④]其约。管仲曰：“不可。夫贪小利以自快，弃信于诸侯，失天下之援，不如与之。”于是桓公乃遂割鲁侵地，曹沫三战所亡地[⑤]尽复予鲁。

其后百六十有[⑥]七年而吴有专诸之事。

【注释】

①鲁城坏即压齐境：意思是说，你们侵略鲁国，已经深入都城边缘，假如鲁国的都城倒塌，就会压到齐国的边境了。②颜色：脸色。③辞令如故：像平常一样谈吐从容。④倍：通“背”，背弃、违背。⑤所亡地：丢失的国土。亡，丢失，失去。⑥有：又。

【原文】

专诸者，吴堂邑人也。伍子胥之亡楚而如吴也[①]，知专诸之能。伍子胥既见吴王僚，说[②]以伐楚之利。吴公子光曰：“彼伍员父兄皆死于楚而员言伐楚，欲自为报私仇也，非能为吴。”吴王乃止。伍子胥知公子光之欲杀吴王僚，乃曰：“彼光将有内志[③]，未可说以外事。”乃进[④]专诸于公子光。

【注释】

①伍子胥亡楚如吴见《楚世家》《伍子胥列传》。②说：劝说、说服。③内志：在国内夺取王位的意图。志，志向，意图。④进：推荐。

【原文】

光之父曰吴王诸樊。诸樊弟三人：次曰馀祭，次曰夷眛，次曰季子札。诸樊知季子札贤而不立太子，以次传三弟[①]，欲卒致国于季子札[②]。诸樊既死，传馀祭。馀祭死，传夷眛。夷眛死，当传季子札；季子札逃不肯立，吴人乃立夷眛之子僚为王。公子光曰："使以兄弟次邪，季子当立；必以子乎，则光真適[③]嗣，当立。"故尝阴养[④]谋臣以求立。

【注释】

①以次传三弟：依照兄弟次序把王位传递下去。②这一句的意思是说，想最终把国君的位子传给季子札。③適嗣：正妻所生的长子。適，通"嫡"，旧时正妻为"嫡"。④尝：通"常"。阴养：秘密地供养。

【原文】

光既得专诸，善客待之。九年而楚平王死[①]。春，吴王僚欲因楚丧，使其二弟公子盖馀、属庸将兵围楚之灊；使延陵季子于晋，以观诸侯之变[②]。楚发兵绝吴将盖馀、属庸路，吴兵不得还。于是公子光谓专诸曰："此时不可失，不求何获[③]！且光真王嗣，当立，季子虽来，不吾废也。"专诸曰："王僚可杀也。母老子弱，而两弟将兵伐楚，楚绝其后。方今吴外困于楚，而内空无骨鲠之臣[④]，是无如我何。"公子光顿首[⑤]曰："光之身，子之身也。"

【注释】

①按《楚世家》《十二诸侯年表》及《左传·昭公二十六年》，记楚平王卒于其十三年（前516），是年为吴王僚十一

年，此谓“九年”，误。下文所记吴王僚因楚丧而伐之的事，《左传》在（鲁）昭公二十七年，即吴王僚十二年。②变：动态。③不求何获：意谓不争取（时机）就不会有收获。④骨鲠之臣：正直敢言的忠臣。鲠，通“骾”。⑤顿首：以头叩地。

【原文】

四月丙子，光伏甲士于窟室[①]中，而具[②]酒请王僚。王僚使兵陈自宫至光之家，门户阶陛[③]左右，皆王僚之亲戚[④]也。夹立侍，皆持长铍[⑤]。酒既酣，公子光详为足疾[⑥]，入窟室中，使专诸置匕首鱼炙之腹中而进[⑦]之。既至王前，专诸擘[⑧]鱼，因以匕首刺王僚，王僚立死。左右亦杀专诸，王人扰乱。公子光出其伏甲以攻王僚之徒，尽灭之，遂自立为王，是为阖闾，阖闾乃封专诸之子以为上卿。

其后七十余年而晋有豫让之事。

【注释】

①甲士：身穿铠甲的武士。窟室：地下室。②具：备办。③阶陛：台阶。④亲戚：此指亲信。⑤铍（pī）：长矛。一说两刃刀。⑥详为足疾：假装脚有毛病。详，通“佯”，假装。⑦鱼炙：烤熟的整条鱼。进：献上。⑧擘：拆。掰开。

【原文】

豫让者，晋人也，故尝事范氏及中行氏，而无所知名。去而事智伯，智伯甚尊宠之。及智伯伐赵襄子，赵襄子与韩魏合谋灭智伯，灭智伯之后而三分其地。赵襄子最怨[1]智伯，漆其头以为饮器[2]。豫让遁逃山中，曰："嗟乎！士为知己者死，女为说己者容[3]。今智伯知我，我必为报仇而死，以报智伯，则吾魂魄不愧矣。"乃变名姓为刑人[4]，入宫涂厕[5]，中挟匕首，欲以刺襄子。襄子如厕，心动，执问涂厕之刑人，则豫让，内持刀兵，曰："欲为智伯报仇！"左右欲诛之。襄子曰："彼义人也，吾谨避之耳。且智伯亡无后，而其臣欲为报仇，此天下之贤人也。"卒醳去之[6]。

【注释】

①怨：恨，仇恨。②膝其头以为饮器：把他的头盖骨涂以膝作为饮具。③以上二句为古成语。说，通"悦"，喜欢、爱慕。容，梳妆打扮。④刑人：受刑的人。这里犹"刑余之人"即宦者。⑤涂厕：修整厕所。涂，以泥抹墙。⑥卒醳去之：最终还是把豫让放走了。醳，放。去，离开。

【原文】

居顷之，豫让又漆身为厉[1]，吞炭为哑[2]，使形状不可知，行乞于市。其妻不识也。行见其友，其友识之，曰："汝非豫让邪？"曰："我是也。"其友为泣曰："以子之才，委质[3]而臣事襄子，襄子必近幸[4]子。近幸子，乃为所欲，顾不易邪[5]？何乃残身苦形[6]，欲以求报襄子，不亦难乎！"豫让曰："既已委质臣事人，而求杀之，是怀二心以事其君也。且吾所为者极难耳！然所以为此者，将以愧天下后世之为人臣怀二心以事其君者也。”

【注释】

①漆身为厉（lài）：以漆涂身，使肌肤肿烂，像患癞病。厉，通“癞”，癞疮。②吞炭为哑：吞炭为了使声音变得嘶哑。③委质：初次拜见尊长时致送礼物。这里有托身的意思。④近幸：亲近宠爱。⑤顾不易邪：难道还不容易吗。⑥残身苦形：摧残身体，丑化形貌。

【原文】

既去，顷之，襄子当出，豫让伏于所当过之桥下。襄子至桥，马惊，襄子曰：“此必是豫让也。”使人问之，果豫让也。于是襄子乃数[①]豫让曰：“子不尝事范、中行氏乎？智伯尽灭之，而子不为报仇，而反委质臣于智伯。智伯亦已死矣，而子独何以为之报仇之深也？”豫让曰：“臣事范、中行氏，范、中行氏皆众人遇我[②]，我故众人报之[③]。至于智伯，国士[④]遇我，我故国士报之。”襄子喟然叹息而泣曰：“嗟乎豫子！子之为智伯，名既成矣，而寡人赦子，亦已足矣。子其自为计，寡人不复释子！”使兵围之。豫让曰：“臣闻明主不掩人之美，而忠臣有死名之义。前君已宽赦臣，天下莫不称君之贤，今日之事，臣固伏诛[⑤]，然愿请君之衣而击之焉，以致报仇之意，则虽死不恨。非所敢望也，敢布腹心[⑥]！”于是襄子大义之，乃使使持衣与豫让。豫让拔剑三跃而击之，曰：“吾可以下报智伯矣！”遂伏剑自杀。死之日，赵国志士闻之，皆为涕泣。

其后四十余年而轵有聂政之事。

【注释】

①数：列举罪过而责之。②众人遇我：把我当成一般人对待。③众人报之：像一般人那样报答。④国士：国内杰出人物。⑤伏诛：受到应得的死罪。诛，杀死。⑥敢布腹心：敢于披露心里话。

【原文】

聂政者，轵深井里人也。杀人避仇，与母、姊如齐，以屠为事。

久之，濮阳严仲子事韩哀侯，与韩相侠累有郤[①]。严仲子恐诛，亡去，游求人可以报侠累者。至齐，齐人或言聂政勇敢士也，避仇隐于屠者之间。严仲子至门请，数反[②]，然后具酒自畅[③]聂政母前。酒酣，严仲子奉黄金百溢[④]，前为聂政母寿[⑤]。聂政惊怪其厚，固谢严仲子。严仲子固进，而聂政谢曰："臣幸有老母，家贫，客游以为狗屠，可以旦夕得甘毳[⑥]以养亲。亲供养备，不敢当仲子之赐。"严仲子辟人，因为聂政言曰："臣有仇，而行游诸侯众矣；然至齐，窃闻足下义甚高，故进百金者，将用为大人粗粝[⑦]之费，得以交足下之欢，岂敢以有求望邪！"聂政曰："臣所以降志辱身居市井[⑧]屠者，徒幸以养老母；老母在，政身未敢以许人也。"严仲子固让，聂政竟不肯受也。然严仲子卒备宾主之礼而去。

【注释】

①有郤：有仇怨。郤，通"隙"，空隙，裂缝。喻感情上

产生裂痕。②数反：多次往返拜访。反，通“返”，返回。③畅：敬酒。《战国策》作“觞”。④溢：通“镒”，古代重量单位。为二十两。一说二十四两。⑤寿：敬酒或用礼物赠人，表示祝人长寿。⑥甘毳（cuì）：甜脆食物。毳，通“脆”。⑦大人：对别人父母的敬称。粗粝：粗糙的粮食。谦词。⑧降志辱身：使心志卑下，屈辱身份。市井：市场。下文“市井之人”指做买卖的人。

【原文】

久之，聂政母死。既已葬，除服[①]，聂政曰：“嗟乎！政乃市井之人，鼓刀以屠；而严仲子乃诸侯之卿相也，不远千里，枉[②]车骑而交臣。臣之所以待之，至浅鲜[③]矣，未有大功可以称[④]者，而严仲子奉百金为亲寿，我虽不受，然是者徒深知政也。夫贤者以感忿睚眦[⑤]之意而亲信穷僻之人，而政独安得嘿[⑥]然而已乎！且前日要[⑦]政，政徒以老母！老母今以天年终，政将为知己者用。”乃遂西至濮阳，见严仲子曰：“前日所以不许严仲子者，徒以亲在；今不幸而母以天年终。仲子所欲报仇者为谁？请得从事焉！”严仲子具告曰：“臣之仇韩相侠累，侠累又韩君之季父也，宗族盛多，居处兵卫甚设，臣欲使人刺之，众终莫能就。今足下幸而不弃，请益其车骑壮士可为足下辅翼[⑧]者。”聂政曰：“韩之与卫，相去中间不甚远，今杀人之相，相又国君之亲，此其势不可以多人，多人不能无生得失，生得失则语泄，语泄是韩举国而与仲子为仇，岂不殆[⑨]哉！”遂谢车骑人徒，聂政乃辞独行。

【注释】

①除服：丧服期满。②枉：屈，委屈。③鲜：少，稀少。④称：相比，相抵。⑤睚眦（yá zì）：发怒时瞪眼睛。借指小的仇恨。⑥嘿：通“默”，沉默。⑦要：邀请。⑧辅翼：助手，辅助。⑨殆：危险。

【原文】

杖[1]剑至韩，韩相侠累方坐府上，持兵戟而卫侍者甚众。聂政直入，上阶刺杀侠累，左右大乱。聂政大呼，所击杀者数十人，因自皮面决眼[2]，自屠出肠，遂以死。

韩取聂政尸暴于市[3]，购问[4]莫知谁子。于是韩县[5]购之，有能言杀相侠累者予千金。久之莫知也。

【注释】

①杖：持，携带。②皮面决眼：割破面皮，挖出眼珠。③暴于市：暴露在大街上。④购问：悬赏询问。⑤县（xuán）：通“悬”，悬挂。

【原文】

政姊荣闻人有刺杀韩相者，贼不得[1]，国不知其名姓，暴其尸而悬之千金，乃於邑[2]曰：“其是吾弟与？嗟乎，严仲子知吾弟！”立起，如韩，之市，而死者果政也，伏尸哭极哀，曰：“是轵深井里所谓聂政者也。”市行者诸众人皆曰：“此人暴虐吾国相，王悬购其名姓千金，夫人不闻与？何敢来识之也？”荣应之曰：“闻之。然政所以蒙污辱自弃于市贩[3]之间者，为老母幸无恙[4]，妾未嫁也。亲既以天年下世，妾已嫁夫，严仲子乃察举吾弟困污之中而交之，泽厚矣，可奈何！士固为知己者死，今乃以妾尚在之故，重自刑以绝从[5]，妾其奈何畏殁[6]身之诛，终灭贤弟之名！”大惊韩市人。乃大呼天者三，卒于邑悲哀而死政之旁。

【注释】

①贼不得：指不知道凶手的姓名。②於邑：通“呜咽”，哭泣。③蒙污辱自弃于市贩：承受羞辱，不惜混在屠猪贩肉的人之间。④无恙：平安无事。恙，忧，病。⑤重自刑以绝从：深深地毁坏自己的面容肢体，使人不能辨认，以免牵连别人。从，连带治罪。一说通“踪”，踪迹线索。⑥殁：死。

【原文】

晋、楚、齐、卫闻之，皆曰：“非独政能也，乃其姊亦烈女也。乡使政诚知其姊无濡忍[1]之志，不重暴骸[2]之难，必绝险千里以列[3]其名，姊弟俱僇[4]于韩市者，亦未必敢以身许严仲子也。严仲子亦可谓知人能得士矣！”

其后二百二十余年秦有荆轲之事。

【注释】

①乡使：从前假使。乡，通“向”，从前，过去。濡忍：含忍，忍耐。②不重：不顾惜。暴骸：露尸于外。③绝险：度越艰难险阻。列：显露，布陈。④僇：通“戮”，杀戮。

【原文】

荆轲者，卫人也，其先[①]乃齐人，徙[②]于卫，卫人谓之庆卿。而之燕，燕人谓之荆卿。

【注释】

①先：先人，祖先。②徙：迁移。

【原文】

荆轲好读书击剑，以术说[①]卫元君，卫元君不用。其后秦伐魏，置东郡，徙卫元君之支属于野王[②]。

【注释】

①说：劝说，说服。②徙卫元君支属于野王：迁移野王不只是支属，卫元君也在内。支属，旁支亲属。

【原文】

荆轲尝游过榆次，与盖聂论剑[①]，盖聂怒而目[②]之。荆轲出，人或言复召荆卿。盖聂曰："曩者吾与论剑有不称[③]者，吾目之；试往，是宜去，不敢留。"使使往之主人，荆卿则已驾而去榆次矣。使者还报，盖聂曰："固去也，吾曩者目摄[④]之。"

【注释】

①论剑：谈论剑术，有较量的意思。②目：瞪眼逼视。③曩者：过去。这里指刚才。不称：不相宜，不合适。④摄：通"慑"，威慑，震慑。一说降服。

【原文】

荆轲游于邯郸，鲁句践与荆轲博[①]，争道[②]，鲁句践怒而叱之，荆轲嘿而逃去，遂不复会。

【注释】

①博：古代一种博戏。②争道：争执博局的着数。道，技艺，方法。

【原文】

荆轲既至燕，爱燕之狗屠及善击筑[①]者高渐离。荆轲嗜酒，日与狗屠及高渐离饮于燕市，酒酣以往，高渐离击筑，荆轲和而歌于市中，相乐也，已而相泣，旁若无人者。荆轲虽游于酒人乎，然其为人沉深[②]好书；其所游诸侯，尽与其贤豪长者[③]相结。其之燕，燕之处士[④]田光先生亦善待之，知其非庸人也。

【注释】

①筑：古代弦乐器，像琴，属于打击乐。②沉深：深沉稳重。③贤豪长者：贤士、豪杰和年高有德行的人。④处士：有才有德不愿为官的隐居者。

【原文】

居顷之，会燕太子丹质[①]秦亡归燕。燕太子丹者，故尝质于赵，而秦王政生于赵，其少时与丹欢。及政立为秦王，而丹质于秦。秦王之遇燕太子丹不善，故丹怨而亡归。归而求为报秦王者，国小，力不能。其后秦日出兵山东以伐齐、楚、三晋[②]，稍蚕食[③]诸侯，且至于燕，燕君臣皆恐祸之至。太子丹患之，问其傅鞠武。武对曰："秦地遍天下，威胁韩、魏、赵氏，北有甘泉、谷口之固，南有泾、渭之沃，擅[④]巴、汉之饶，右陇、蜀之山，左关、殽之险，民众而士厉[⑤]，兵革[⑥]有余。意有所出，则长城之南，易水以北，未有所定也。奈何以见陵[⑦]之怨，欲批其逆鳞[⑧]哉！"丹曰："然则何由？"对曰："请入图之。"

【注释】

①会：适逢，正赶上。质：人质。②三晋：指韩、赵、魏三国。以其国君原来都是晋国的执政大夫，后各自立国，将晋一分为三，故称。③稍：逐渐，一点一点地。蚕食：像蚕吃桑叶一样地逐渐侵吞。④擅：拥有，据有。⑤士厉：士兵训练有素。厉，勇敢者锐气。⑥兵革：武器装备。兵，武器。革，皮制铠甲。⑦见陵：被欺凌。见，被。陵：侵犯，欺侮。⑧批：触动，触犯。逆鳞：传说中龙颈部生的倒鳞。触及倒鳞，龙即发怒。用以比喻暴君凶残。

【原文】

居有间，秦将樊於期得罪于秦王，亡之燕，太子丹受而舍[①]之。鞠武谏曰："不可。夫以秦王之暴而积怒于燕，足为寒心[②]，又况闻樊将军之所在乎？是谓'委肉当饿虎之蹊'[③]也，祸必不振[④]矣！虽有管、晏，不能为之谋也。愿太子疾遣樊将军入匈奴以灭口⑤。请西约三晋，南连齐、楚，北购⑥于单于，其后乃可图也。”太子曰：“太傅之计，旷日弥久⑦，心惛然⑧，恐不能须臾。且非独于此也，夫樊将军穷困于天下，归身于丹，丹终不以迫于强秦而弃所哀怜之交，置之匈奴，是固丹命卒之时也。愿太傅更虑之。”鞠武曰：“夫行危欲求安，造祸而求福，计浅而怨深，连结一人之后交⑨，不顾国家之大害，此所谓‘资怨而助祸⑩’矣。夫以鸿毛⑪燎于炉炭之上，必无事矣。且以雕鸷⑫之秦，行怨暴之怒，岂足道哉！燕有田光先生，其为人智深而勇沉⑬，可与谋。”太子曰：“愿因太傅而得交于田先生，可乎？”鞠武曰：“敬诺。”出见田先生，道“太子愿图国事于先生也”。田光曰：“敬奉教。”乃造焉⑭。

【注释】

①舍：使……住下来。②寒心：提心吊胆。③委肉当饿虎之蹊：古成语，意思是把肉放置在饿虎经过的小路上。委，抛给，抛弃。蹊，小路。④不振：不可拯救。振，救，挽救。⑤灭口：消除……借口。⑥购：通“媾”，媾和，讲和。⑦旷日弥久：时间长久。⑧惛然：忧闷，烦乱。惛，糊涂。⑨后交：新交，晚交。⑩资怨而助祸：助长怨恨而促使祸患的发展。⑪鸿毛：大雁羽毛。喻燕国力量薄弱。⑫雕鸷：雕与鸷均为凶猛的禽鸟。比喻秦国的凶猛。⑬勇沉：勇敢沉着，勇气潜于内心。⑭乃造焉：就到太子那里去拜访。造，拜访。

【原文】

太子逢迎，却行为导①，跪而蔽席②。田光坐定，左右无人，太子避席而请[3]曰："燕秦不两立，愿先生留意也。"田光曰："臣闻骐骥[4]盛壮之时，一日而驰千里；至其衰老，驽马[5]先之。今太子闻光盛壮之时，不知臣精已消亡矣。虽然，光不敢以图国事，所善荆卿可使也。"太子曰："愿因先生得结交于荆卿，可乎？"田光曰："敬诺。"即起，趋[6]出。太子送至门，戒曰："丹所报，先生所言者，国之大事也，愿先生勿泄也！"田光俛而笑曰："诺。"偻行见荆卿，曰："光与子相善，燕国莫不知。今太子闻光壮盛之时，不知吾形已不逮也，幸而教之曰：'燕秦不两立，愿先生留意也。'光窃不自外，言足下于太子也，愿足下过太子于宫。"荆轲曰："谨奉教。"田光曰："吾闻之，长者为行，不使人疑之。今太子告光曰'所言者，国之大事也，愿先生勿泄'，是太子疑光也。夫为行而使人疑之，非节侠[7]也。"欲自杀以激荆卿，曰："愿足下急过太子，言光已死，明[8]不言也。"因遂自刎而死。

【注释】

①却行为导：倒退着走，为（田光）引路。②蔽席：拂拭座席上的灰尘，以示恭敬。蔽，拂拭，掸。③避席而请：离开自己的座席向田光请教。避席，以示敬意。④骐骥：良马、骏马。⑤驽马：劣等马。⑥趋：小步快走。以示礼敬。⑦节侠：有节操、讲义气的人。⑧明：表明，显示。

【原文】

荆轲遂见太子，言田光已死，致光之言。太子再拜而跪，膝行[1]流涕，有顷而后言曰：“丹所以诫田先生毋言者，欲以成大事之谋也。今田先生以死明不言，岂丹之心哉！”荆轲坐定，太子避席顿首曰：“田先生不知丹之不肖[2]，使得至前，敢有所道，此天之所以哀燕而不弃其孤[3]也。今秦有贪利之心，而欲不可足也。非尽天下之地，臣[4]海内之王者，其意不厌[5]。今秦已虏韩王，尽纳其地。又举兵南伐楚，北临赵；王翦将数十万之众距漳、邺，而李信出太原、云中。赵不能支秦，必入臣[6]，入臣则祸至燕。燕小弱，数困于兵，今计举国不足以当秦。诸侯服秦，莫敢合从[7]。丹之私计愚，以为诚得天下之勇士使于秦，窥[8]以重利；秦王贪，其势必得所愿矣。诚得劫秦王，使悉反诸侯侵地，若曹沫之与齐桓公，则大善矣；则不可，因而刺杀之。彼秦大将擅[9]兵于外而内有乱，则君臣相疑，以其间诸侯得合纵，其破秦必矣。此丹之上愿，而不知所委命，唯荆卿留意焉。”久之，荆轲曰：“此国之大事也，臣驽下，恐不足任使。”太子前顿首，固请毋让[10]，然后许诺。于是尊荆卿为上卿，舍上舍。太子日造门下，供太牢[11]具，异物间进，车骑美女恣[12]荆轲所欲，以顺适其意。

【注释】

①膝行：跪行，双膝着地向前。②不肖：不成才，没出息。此谦词。③孤：按当时燕王尚在，不该称孤。④臣：使……臣服，称臣。⑤厌：满足。又写作“餍”。⑥入臣：前往秦国称臣。⑦合从：通“合纵”，东方六国南北联合，结成一体共同对抗秦国的政策。⑧窥：示，引诱。⑨擅：独揽，掌

握。⑩让：推辞。⑪太牢：牛、羊、猪三种牲畜各一头，是古代祭祀的重礼。借指贵重美食。⑫恣：听任，随其所欲。

【原文】

久之，荆轲未有行意。秦将王翦破赵，虏赵王，尽收入其地，进兵北略[①]地至燕南界。太子丹恐惧，乃请荆轲曰："秦兵旦暮[②]渡易水，则虽欲长侍足下，岂可得哉！"荆轲曰："微[③]太子言，臣愿谒[④]之。今行而毋信，则秦未可亲也。夫樊将军，秦王购之金千斤，邑万家。诚得樊将军首与燕督亢之地图，奉献秦王，秦王必说[⑤]见臣，臣乃得有以报。"太子曰："樊将军穷困来归丹，丹不忍以己之私而伤长者之意，愿足下更虑之！"

【注释】

①略：夺取，侵占。②旦暮：早晚。极言时间短暂。③微：无，没有。④谒：请求，禀告。⑤说：喜欢，高兴。这个意义后来写作"悦"。

【原文】

荆轲知太子不忍，乃遂私见樊於期曰："秦之遇将军可谓深[①]矣，父母宗族皆被戮没[②]。今闻购将军首金千斤，邑万家，将奈何？"於期仰天太息流涕曰："於期每念之，常痛于骨髓，顾计不知所出耳！"荆轲曰："今有一言可以解燕国之患，报将军之仇者，何如？"於期乃前曰："为之奈何？"荆轲曰："愿得将军之首以献秦王，秦王必喜而见臣，臣左手把其袖，右手揕其匈[3]，然则将军之仇报而燕见陵之愧除矣。将军岂有意乎？”樊於期偏袒搤捥[4]而进曰：“此臣之日夜切齿腐心[5]也，乃今得闻教！”遂自刭。太子闻之，驰往，伏尸而哭，极哀。既已不可奈何，乃遂盛樊於期首函封[6]之。

【注释】

①深：残酷，刻毒。②戮：杀死。没：没入官府为奴。③揕（zhèn）：直刺。匈：通“胸”，胸膛。④偏袒搤（è）捥：脱掉一边衣袖，露出一边臂膀，一只手紧握另一只手腕，以示激愤。搤，通“扼”，掐住，捉住。捥，通“腕”。⑤切齿腐心：上下牙齿咬紧挫动，愤恨得连心都碎了。⑥函封：装入匣子，封起来。

【原文】

于是太子豫求天下之利匕首，得赵人徐夫人匕首，取之百金，使工以药焠之[1]，以试人，血濡缕[2]，人无不立死者。乃装为遣荆卿。燕国有勇士秦舞阳，年十三，杀人，人不敢忤视[3]。乃令秦舞阳为副。荆轲有所待，欲与俱：其人居远未来，而为治行[4]。顷之，未发，太子迟之，疑其改悔，乃复请曰：“日已尽矣！荆卿岂有意哉？丹请得先遣秦舞阳。”荆轲怒，叱太子曰：“何太子之遣？往而不返者，竖子[5]也！且提一匕首入不测之强秦，仆所以留者，待吾客与俱。今太子迟之，请辞决[6]矣！”遂发。

【注释】

①以药焠之：把烧红的匕首放到带有毒性液体里醮。粹，

通“淬”。②血濡缕：只要渗出一点血丝。③忤视：用恶意的眼光看人。忤，逆，抵触。④治行：准备行装。⑤竖子：小子，对人的蔑称。⑥辞决：长别。

【原文】

太子及宾客知其事者，皆白衣冠以送之。至易水之上，既祖[①]，取道，高渐离击筑，荆轲和而歌，为变徵之声[②]，士皆垂泪涕泣。又前而为歌曰：“风萧萧兮易水寒，壮士一去兮不复还！”复为羽声[③]慷慨，士皆瞋目[④]，发尽上指冠[⑤]。于是荆轲就车而去，终已不顾。

【注释】

①既祖：饯行之后。祖，古人出远门时祭祀路神的活动。这里指饯行的一种隆重仪式，即祭神后，在路上设宴为人送行。②为变徵（zhǐ）之声：发出变徵的音调。古代乐律，分宫、商、角、变徵、徵、羽、变宫七调，大体相当今西乐的C、D、E、F、G、A、B七调。变徵即F调，此调苍凉、凄惋，宜放悲声。③羽声：相当西乐A调。音调高亢，声音慷慨激昂。④瞋目：瞪大眼睛。⑤发尽上指冠：因怒而头发竖起，把帽子顶起来。此夸张说法。

【原文】

遂至秦，持千金之资币[①]物，厚遗[②]秦王宠臣中庶子蒙嘉。嘉为先言于秦王曰：“燕王诚振怖[③]大王之威，不敢举兵以逆军吏，愿举国为内臣，比[④]诸侯之列，给贡职如郡县，而得奉守先王之宗庙[5]。恐惧不敢自陈，谨斩樊於期之头，及献燕督亢之地图，函封，燕王拜送于庭，使使以闻大王，唯大王命之。”秦王闻之，大喜，乃朝服，设九宾[6]，见燕使者咸阳宫。荆轲奉樊於期头函，而秦舞阳奉地图柙，以次进。至陛，秦舞阳色变[7]振恐，群臣怪之。荆轲顾笑[8]舞阳，前谢曰：“北蕃蛮夷之鄙人，未尝见天子，故振慑。愿大王少假借[9]之，使得毕使于前。”秦王谓轲曰：“取舞阳所持地图。”轲既取图奏之。秦王发图[10]，图穷而匕首见[11]。因左手把秦王之袖，而右手持匕首揕之。未至身，秦王惊，自引而起，袖绝。拔剑，剑长。操其室[12]。时惶急，剑坚，故不可立拔。荆轲逐秦王，秦王环柱而走。群臣皆愕，卒[13]起不意，尽失其度[14]。而秦法，群臣侍殿上者不得持尺寸之兵；诸郎中执兵皆陈殿下，非有诏召不得上。方急时，不及召下兵，以故荆轲乃逐秦王。而卒惶急，无以击轲，而以手共搏之。是时侍医夏无且以其所奉药囊提[15]荆轲也，秦王方环柱走，卒惶急，不知所为，左右乃曰：“王负剑！”负剑，遂拔以击荆轲，断其左股[16]。荆轲废，乃引其匕首以擿[17]秦王，不中，中桐柱。秦王复击轲，轲被八创。轲自知事不就，倚柱而笑，箕踞[18]以骂曰：“事所以不成者，以欲生劫之，必得约契以报太子也。”于是左右既前杀轲[19]，秦王不怡者良久。已而论功，赏群臣及当坐[20]者各有差，而赐夏无且黄金二百溢，曰：“无且爱我，乃以药囊提荆轲也。”

【注释】

①资：价值；资财。币：古代用作礼物的丝织品，泛指用

作礼物的玉帛等物。②遗：赠送。③振怖：内心惊悸，害怕。怖，惊慌、害怕。④比：排列、比照。⑤宗庙：帝王或诸侯祭祀祖宗的地方。⑥九宾：外交上极其隆重的礼仪。说法不一。一说九个接待宾客的礼宾人员；一说九种规格不同的礼节；一说九种地位不同的礼宾人员。⑦色变：变了脸色。⑧顾笑：指回头向舞阳笑。⑨假借：宽容。⑩发图：展开地图。⑪穷：尽。见：通“现”，出现。⑫室：指剑鞘。⑬卒：通“猝”，突然。⑭度：常态。⑮提：打，投掷。⑯股：大腿。⑰擿：通“掷”，投掷。⑱箕踞：两脚张开，蹲坐于地，如同簸箕。以示轻蔑对方。⑲此句末“轲”下似应有“舞阳”或及“秦舞阳”等字，不然，秦舞阳失交代。⑳坐：治罪、办罪。

【原文】

于是秦王大怒，益发兵诣[①]赵，诏王翦军以伐燕。十月而拔[②]蓟城。燕王喜、太子丹等尽率其精兵东保于辽东。秦将李信追击燕王急，代王嘉乃遗燕王喜书曰：“秦所以尤追燕急者，以太子丹故也。今王诚杀丹献之秦王，秦王必解[③]，而社稷幸得血食[④]。”其后李信追丹，丹匿衍水中，燕王乃使使斩太子丹，欲献之秦。秦复进兵攻之。后五年，秦卒灭燕，虏燕王喜。

【注释】

①益：增加。诣：往，到……去。②拔：攻克，占领。③解：缓解、宽释。④社稷幸得血食：国家或许得到保存。社

稷，土神和谷神，以古代君主都祭祀社稷，故成为国家政权的象征。血食，享受祭祀。因为祭祀时要杀牛、羊、豕三牲，所以叫血食。

【原文】

其明年，秦并天下，立号为皇帝。于是秦逐太子丹、荆轲之客，皆亡。高渐离变名姓为人庸保①，匿作于宋子。久之，作苦，闻其家堂上客击筑，傍徨不能去。每出言曰："彼有善有不善。"从者以告其主，曰："彼庸乃知音、窃言是非。"家丈人②召使前击筑，一坐称善，赐酒。而高渐离念久隐畏约无穷时，乃退，出其装匣中筑与其善衣，更容貌而前。举坐客皆惊，下与抗礼③，以为上客。使击筑而歌，客无不流涕而去者。宋子传客之，闻于秦始皇。秦始皇召见，人有识者，乃曰："高渐离也。"秦皇帝惜其善击筑，重赦之，乃矐其目④。使击筑，未尝不称善。稍益近之，高渐离乃以铅置筑中，复进得近，举筑朴⑤秦皇帝，不中。于是遂诛高渐离，终身不复近诸侯之人⑥。

【注释】

①庸保：帮工，伙计。庸，通"佣"，被雇用的人。②家丈人：东家，主人。③抗礼：用平等的礼节接待。④矐其目：弄瞎他的眼睛。矐，熏瞎。⑤朴：撞击。⑥诸侯之人：此前东方六国的人。

【原文】

鲁句践已闻荆轲之刺秦王，私曰："嗟乎，惜哉其不讲①

于刺剑之术也！甚矣吾不知人也！曩者吾叱之，彼乃以我为非人[②]也!”

【注释】

①讲：讲究，精通。②非人：不是同类人。

【原文】

太史公曰：世言荆轲，其称太子丹之命[①]，“天雨粟，马生角[②]”也，太过。又言荆轲伤秦王，皆非也。始公孙季功、董生与夏无且游，具知其事，为余道之如是。自曹沫至荆轲五人，此其义[③]或成或不成，然其主意较[④]然，不欺[⑤]其志，名垂后世，岂妄[⑥]也哉！

【注释】

①命：运气，命运。②天雨粟，马生角：据《燕丹子》记载：“丹求归，秦王曰：‘乌头白，马生角，乃许耳。’丹乃仰天长叹，乌头即白，马亦生角。”王充《论衡·感虚》等亦有此说。这里比喻不可能之事。雨，下雨。③义：义举，指行刺活动。④较：清楚，明白。⑤欺：违背。⑥妄：虚妄，荒诞。

【译文】

曹沫是鲁国人，凭勇敢和力气侍奉鲁庄公。庄公喜爱有力气的人。曹沫任鲁国的将军，和齐国作战，多次战败逃跑。鲁庄公害怕了，就献出遂邑地区求和。还继续让曹沫任将军。

齐桓公答应和鲁庄公在柯地会见，订立盟约。桓公和庄公在盟坛上订立盟约以后，曹沫手拿匕首胁迫齐桓公，桓公的侍卫人员没有谁敢轻举妄动。桓公问："您打算干什么？"曹沫回答说："齐国强大，鲁国弱小，而大国侵略鲁国也太过分了。如今，鲁国都城一倒塌就会压到齐国的边境了，您要考虑考虑这个问题。"于是，齐桓公答应全部归还鲁国被侵占的土地。说完以后，曹沫扔下匕首，走下盟坛，回到面向北的臣子的位置，面不改色，谈吐从容如常。桓公很生气，打算背弃盟约。管仲说："不可以。贪图小的利益用来求得一时的快意，就会在诸侯面前丧失信用，失去天下人对您的支持，不如归还他们的失地。"于是，齐桓公就归还占领的鲁国的土地，曹沫多次打仗所丢失的土地全部回归鲁国。

此后一百六十七年，吴国有专诸的事迹。

专诸是吴国堂邑人。伍子胥逃离楚国前往吴国时，知道专诸有本领。伍子胥进见吴王僚后，用攻打楚国的好处劝说他。吴公子光说："那个伍员，父亲、哥哥都是被楚国杀死的，伍员才讲攻打楚国，他这是为了报自己的私仇，并不是替吴国打算。"吴王就不再议伐楚的事。伍子胥知道公子光打算杀掉吴王僚，就说："那个公子光有在国内夺取王位的企图，现在还不能劝说他向国外出兵。"于是，就把专诸推荐给公子光。

公子光的父亲是吴王诸樊。诸樊有三个弟弟：按兄弟次序排，大弟弟叫馀祭，二弟弟叫夷眛，最小的弟弟叫季子札。诸樊知道季子札贤明，就不立太子，想依照兄弟的次序把王位传递下去，最后好把国君的位子传给季子札。诸樊死去以后王位传给了馀祭。馀祭死后，传给夷眛。夷眛死后本当传给季子札，季子札却逃避不肯立为国君，吴国人就拥立夷眛的儿子僚为国君。公子光说：“如果按兄弟的次序，季子当立；如果一定要传给儿子的话，那么我才是真正的嫡子，应当立我为君。”所以，他常秘密地供养一些有智谋的人，以便靠他们的帮助取得王位。

公子光得到专诸以后，像对待宾客一样地好好待他。吴王僚九年，楚平王死了。这年春天，吴王僚想趁着楚国办丧事的时候，派他的两个弟弟公子盖馀、属庸率领军队包围楚国的灊城，派延陵季子到晋国，用以观察各诸侯国的动静。楚国出动军队，断绝了吴将盖馀、属庸的后路，吴国军队不能归还。这时，公子光对专诸说：“这个机会不能失掉，不去争取，哪会获得！况且我是真正的继承人，应当立为国君，季子即使回来，也不会废掉我呀。”专诸说：“王僚是可以杀掉的。母老子弱，两个弟弟带着军队攻打楚国，楚国军队断绝了他们的后路。当前吴军在外被楚国围困，而国内没有正直敢言的忠臣。这样王僚还能把我们怎么样呢。”公子光以头叩地说：“我公子光的身体也就是您的身体，您身后的事都由我负责了。”

这年四月丙子日，公子光在地下室埋伏下身穿铠甲的武士，备办酒席宴请吴王僚，王僚派出卫队，从王宫一直排列到公子光的家里，门户、台阶两旁，都是王僚的亲信。夹道站立的侍卫，都举着长矛。喝酒喝到畅快的时候，公子光假装脚有毛病，进入地下室，让专诸把匕首放到烤鱼的肚子里，然后把鱼进献上去。到王僚跟前，专诸掰开鱼，趁势用匕首刺杀王僚，王僚当时就死了。侍卫人员也杀死了专诸，王僚手下的人一时混乱不堪。公子光放出埋伏的武士攻击王僚的部下，全部消灭了他们，于是自立为国君，这就是吴王阖闾。阖闾于是封专诸的儿子为上卿。

此后七十多年，晋国有豫让的事迹。

豫让是晋国人，以前曾经侍奉范氏和中行氏两家大臣，没什么名声。他离开那里去侍奉智伯，智伯特别地尊重宠幸他。等到智伯攻打赵襄子时，赵襄子和韩、魏合谋灭了智伯；消灭智伯以后，三家分割了他的土地。赵襄子最恨智伯，就把他的头盖骨漆成饮具。豫让潜逃到山中，说："哎呀！好男儿可以为了解自己的人去死，好女子应该为爱慕自己的人梳妆打扮。现在智伯是我的知己，我一定替他报仇而献出生命，用以报答智伯，那么，我就是死了，魂魄也没有什么可惭愧的了。"于是更名改姓，伪装成受过刑的人，进入赵襄子宫中修整厕所，身上藏着匕首，想要用它刺杀赵襄子。赵襄子到厕所去，心一悸动，拘问修整厕所的刑人，才知道是豫让，衣服里面还别着利刃。豫让说："我要替智伯报仇！"侍卫要杀掉他。襄子说："他是义士，我谨慎小心地回避他就是了。况且智伯死后没有继承人，而他的家臣想替他报仇，这是天下的贤人啊。"最后，还是把他放走了。

过了不久，豫让又把漆涂在身上，使肌肤肿烂，像得了癞疮，吞炭使声音变得嘶哑，使自己的形体相貌不可辨认，沿街讨饭。就连他的妻子也不认识他了。路上遇见他的朋友，辨认出来，说："你不是豫让吗?"回答说："是我。"朋友为他流着眼泪说："凭着您的才能，委身侍奉赵襄子，襄子一定会亲近宠爱您。亲近宠爱您，您再干您所想干的事，难道不是很容易的吗？何苦自己摧残身体，丑化形貌，想要用这样的办法达到向赵襄子报仇的目的，不是更困难吗?"豫让说："托身侍奉人家以后，又要杀掉他，这是怀着异心侍奉他的君主啊。我知道选择这样的做法是非常困难的，可是我之所以选择这样的做法，就是要使天下后世的那些怀着异心侍奉国君的臣子感到惭愧!"

豫让说完就走了。不久，襄子正赶上外出，豫让潜藏在他必定经过的桥下。襄子来到桥上，马受惊。襄子说："这一定是豫让。"派人去查问，果然是豫让。于是，襄子就列举罪过指责他说："您不是曾经侍奉过范氏、中行氏吗？智伯把他们都消灭了，而您不替他们报仇，反而托身为智伯的家臣。智伯已经死了，您为什么单单如此急切地为他报仇呢?"豫让说："我侍奉范氏、中行氏，他们都把我当作一般人看待，所以我像一般人那样报答他们。至于智伯，他把我当作国士看待，所以我就像国士那样报答他。"襄子喟然长叹，流着泪说："哎呀，豫让先生！您为智伯报仇，已算成名了；而我宽恕你，也足够了。您该自己作个打算，我不能再放过您了!"命令士兵团团围住他。豫让说："我听说贤明的君主不埋没别人的美名，而忠臣有为美名去死的道理。以前您宽恕了我，普天下没有谁不称道您的贤明。今天的事，我本当受死罪，但我希望能得到您的衣服刺它几下，这样也就达到我报仇的意愿了，那么，即使死了也没有遗恨了。我不敢指望您答应我的要求，我还是冒昧地说出我的心意！”于是襄子非常赞赏他的侠义，就派人拿着自己的衣裳给豫让。豫让拔出宝剑多次跳起来击刺它，说：“我可用以报答智伯于九泉之下了！”于是以剑自杀。自杀那天，赵国有志之士听到这个消息，都为他哭泣。

此后四十多年，轵邑有聂政的事迹。

聂政是轵邑深井里人。他为杀人躲避仇家，和母亲、姐姐逃往齐国，以屠宰牲畜为职业。

过了很久，濮阳严仲子侍奉韩哀侯，和韩国国相侠累结下仇怨。严仲子怕遭杀害，逃走了。他四处游历，寻访能替他向侠累报仇的人。到了齐国，齐国有人说聂政是个勇敢之士，因为回避仇人躲藏在屠夫中间。严仲子登门拜访，多次往返，然后备办了宴席，亲自捧杯给聂政的母亲敬酒。喝到畅快兴浓时，严仲子献上黄金一百镒，到聂政老母跟前祝寿。聂政面对厚礼感到奇怪，坚决谢绝严仲子。严仲子却执意要送，聂政辞谢说：“我幸有老母健在，家里虽贫穷，客居在此，以杀猪宰狗为业，早晚之间买些甘甜松脆的东西奉养老母，老母的供养还算齐备，可不敢接受仲子的赏赐。”严仲子避开别人，趁机对聂政说：“我有仇人，我周游好多诸侯国，都没找到为我报仇的人；但来到齐国，私下听说您很重义气，所以献上百金，将作为你母亲大人一点粗粮的费用，也能够跟您交个朋友，哪里敢有别的索求和指望!”聂政说:“我之所以使心志卑下,屈辱身份,在这市场上做个屠夫,只是希望借此奉养老母;老母在世,我不敢对别人以身相许。”严仲子执意赠送,聂政却始终不肯接受。但是,严仲子终于尽到了宾主相见的礼节,告辞离去。

过了很久,聂政的母亲去世,安葬后,直到丧服期满,聂政说:“哎呀!我不过是平民百姓,拿着刀杀猪宰狗,而严仲子是诸侯的卿相,却不远千里,委屈身份和我结交。我待人家的情谊是太浅薄太微不足道了,没有什么大的功劳可以和他对我的恩情相抵,而严仲子献上百金为老母祝寿,我虽然没有接受,可是这件事说明他是特别了解我啊。贤德的人因感愤于一点小的仇恨,把我这个处于偏僻的穷困屠夫视为亲信,我怎么能一味地默不作声,就此完事了呢!况且以前来邀请我,我只是因为老母在世,才没有答应。而今老母享尽天年,我该要为了解我的人出力了。”于是,就向西到濮阳,见到严仲子说:“以前没答应仲子的邀请,仅仅是因为老母在世;如今不幸老母已享尽天年。仲子要报复的仇人是谁?请让我办这件事吧!”严仲子原原本本地告诉他说:“我的仇人是韩国宰相侠累,侠累又是韩国国君的叔父,宗族旺盛,人丁众多,居住的地方士兵防卫严密。我要派人刺杀他,始终也没有得手。如今,承蒙您不嫌弃我,应允下来,请增加车骑壮士作为您的助手。”聂政说:“韩国与卫国,中间距离不太远,如今刺杀人家的宰相,宰相又是国君的亲属,在这种情势下不能去很多人，人多了难免发生意外，发生意外就会走漏消息，走漏消息，那就等于整个韩国的人与您为仇，这难道不是太危险了吗！”于是，谢绝车骑人众，辞别严仲子，只身去了。

他带着宝剑到韩国都城，韩国宰相侠累正好坐在堂上，持刀荷戟的护卫很多。聂政径直而入，走上台阶刺杀侠累，侍从人员大乱。聂政高声大叫，被他击杀的有几十个人，又趁势毁坏自己的面容，挖出眼睛，剖开肚皮，流出肠子，就这样死了。

韩国把聂政的尸体陈列在街市上，出赏金查问凶手是谁家的人，没有谁知道。于是，韩国悬赏征求，若有人能说出杀死宰相侠累的人，赏给千金。过了很久，仍没有人知道。

聂政的姐姐聂荣听说有人刺杀了韩国的宰相，却不知道凶手到底是谁，全韩国的人也不知他的姓名，陈列着他的尸体，悬赏千金，叫人们辨认，就抽泣着说："大概是我弟弟吧？哎呀，严仲子了解我弟弟！"于是马上动身，前往韩国的都城，来到街市，死者果然是聂政，就趴在尸体上痛哭，极为哀伤，说："这就是所谓轵深井里的聂政啊。"街上的行人们都说："这个人残酷地杀害我国宰相，君王悬赏千金询查他的姓名，夫人没听说吗？怎么敢来认尸啊？"聂荣回答他们说："我听说了。可是，聂政承受羞辱不惜混在屠猪贩肉的人中间，是因为老母健在，我还没有出嫁。老母享尽天年去世后，我已嫁人，严仲子从穷困低贱的处境把我弟弟挑选出来结交他，恩情深厚，我弟弟还能怎么办呢！勇士本来应该替知己的人牺牲性命。如今，因为我还活在世上的缘故，重重地自行毁坏面容躯体，使人不能辨认，以免牵连别人，我怎么能害怕杀身之祸，永远埋没弟弟的名声呢！”这整个街市上的人都大为震惊。聂荣于是高喊三声“天哪”，终于因为过度哀伤而死在聂政身旁。

晋、楚、齐、卫等国的人听到这个消息，都说：“不单是聂政有能力，就是他姐姐也是烈性女子。假使聂政果真知道他姐姐没有含忍的性格，不顾惜露尸于外的苦难，一定要越过千里的艰难险阻来公开他的姓名，以致姐弟二人一同死在韩国的街市，那他也未必敢对严仲子以身相许。严仲子也可以说是识人，才能够赢得贤士啊！”

从此以后二百二十多年，秦国有荆轲的事迹。

荆轲是卫国人，他的祖先是齐国人，后来迁移到卫国，卫国人称呼他庆卿。到燕国后，燕国人称呼他荆卿。

荆卿喜爱读书、击剑，凭借着剑术游说卫元君，卫元君没有任用他。此后，秦国攻打魏国，设置了东郡，把卫元君的旁支亲属迁移到野王。

荆轲漫游曾路经榆次，与盖聂谈论剑术，盖聂对他怒目而视。荆轲出去以后，有人劝盖聂再把荆轲叫回来。盖聂说：“刚才我和他谈论剑术，他谈的有不甚得当的地方，我用眼瞪了他；去找找看吧，我用眼瞪他，他应该走了，不敢再留在这里了。”派人到荆轲住处询问房东，荆轲已乘车离开榆次了。派去的人回来报告，盖聂说：“本来就该走了，刚才我用眼睛瞪他，他害怕了。”

荆轲漫游邯郸，鲁句践跟荆轲一起下棋，因为两个人争执该当谁走，鲁句践对荆轲生气地呵斥了一声，荆轲又默无声息地走了，两个人从此再没有见面。

荆轲到燕国以后，喜欢上一个以宰狗为业的人和擅长击筑的高渐离。荆轲特别好饮酒，天天和那个宰狗的屠夫及高渐离在燕市上喝酒，喝得似醉非醉以后，高渐离击筑，荆轲就和着拍节在街市上唱歌，相互娱乐，不一会儿又相互哭泣，身旁像没有人的样子。荆轲虽说混在酒徒中，可以他的为人却深沉稳重，喜欢读书；他游历过诸侯各国，都是与当地贤士豪杰德高望重的人相结交。他到燕国后，燕国隐士田光先生也友好地对待他，知道他不是平庸的人。

过了不久，适逢在秦国作人质的燕太子丹逃回燕国。燕太子丹过去曾在赵国作人质，而秦王嬴政出生在赵国，他少年时和太子丹要好。等到嬴政被立为秦王，太子丹又到秦国作人质。秦王对待燕太子不友好，所以太子丹因怨恨而逃归。归来就寻求报复秦王的办法，燕国弱小，力不能及。此后，秦国天天出兵山东，攻打齐、楚和三晋，像蚕吃桑叶一样，逐渐地侵吞各国。战火将波及燕国，燕国君臣唯恐大祸临头。太子丹为此忧虑，请教他的老师鞠武。鞠武回答说：“秦国的土地遍天下，威胁到韩国、魏国、赵国。它北面有甘泉、谷口坚固险要的地势，南面有泾河、渭水流域肥沃的土地，据有富饶的巴郡、汉中地区，右边有陇、蜀崇山峻岭为屏障，左边有殽山、函谷关做要塞，人口众多而士兵训练有素，武器装备绰绰有余。有意图向外扩张，那么长城以南、易水以北就没有安稳的地方了。为什么您还因为被欺侮的怨恨，要去触动秦王的逆鳞呢！”太子丹说：“既然如此，那么我们怎么办呢？”鞠武回答说：“让我进一步考虑考虑。”

过了一些时候，秦将樊於期得罪了秦王，逃到燕国。太子丹接纳了他，并让他住下来。鞠武规劝说：“不行。秦王本来就很凶暴，再积怒到燕国，这就足以叫人担惊受怕了，何况他听到樊将军住在这里呢？这叫作‘把肉放置在饿虎经过的小路上’啊，祸患一定不可挽救！即使有管仲、晏婴，也不能为您出谋划策了。希望您赶快送樊将军到匈奴去，以消除秦国攻打我们的借口。请您向西与三晋结盟，向南联络齐、楚，向北与单于和好，然后就可以想办法对付秦国了。”太子丹说：“老师的计划，需要的时间太长了。我的心里忧闷烦乱，恐怕连片刻也等不及了。况且并非单单因为这个缘故，樊将军在天下已是穷途末路，投奔于我，我总不能因为迫于强暴的秦国而抛弃我所同情的朋友，把他送到匈奴去。这应当是我生命完结的时刻。希望老师另考虑别的办法。”鞠武说：“选择危险的行动想求得安全，制造祸患而祈求幸福，计谋浅薄而怨恨深重，为了结交一个新朋友，而不顾国家的大祸患，这就是所说的‘积蓄仇怨而助祸患’了。拿大雁的羽毛放在炉炭上一下子就烧光了。何况是雕鸷一样凶猛的秦国，对燕国发泄仇恨残暴的怒气，难道用得着说吗！燕国有位田光先生，他这个人智谋深邃而勇敢沉着，可以和他商量。”太子说：“希望通过老师而得以结交田先生，可以吗?”鞠武说：“遵命。”鞠武便出去拜会田先生，说：“太子希望跟田先生一同谋划国事。”田光说：“谨领教。”就前去拜访太子。

太子上前迎接，倒退着走为田光引路，进屋后又跪下来用袖子为田光拂去座席上的灰尘。田光坐稳后，左右没别人，太子离开自己的座位向田光请教说：“燕国与秦国誓不两立，希望先生留意。”田光说：“我听说骐骥盛壮的时候，一日可奔驰千里，等到它衰老了，就是劣等马也能跑到它的前边。如今，太子光听说我盛壮之年的情景，却不知道我精力已经衰竭了。虽然如此，我不能冒昧地谋划国事，我的好朋友荆卿是可以承担这个使命的。”太子说：“希望能通过先生和荆卿结交，可以吗?”田光说：“遵命。”于是即刻起身，急忙出去了。太子送到门口，告诫说：“我所讲的，先生所说的，是国家的大事，希望先生不要泄露!”田光俯下身去笑着说：“是。”田光弯腰驼背地走着去见荆卿，说：“我和您彼此要好，燕国没有谁不知道，如今太子听说我盛壮之年时的情景，却不知道我的身体已力不从心了，我荣幸地听他教诲说：‘燕国、秦国誓不两立，希望先生留意。’我私下和您不见外，已经把您推荐给太子，希望您前往宫中拜访太子。”荆轲说：“谨领教。”田光说：“我听说，年长老成的人行事，不能让别人怀疑他。如今，太子告诫我说：‘所说的，是国家大事，希望先生不要泄露，’这是太子怀疑我。一个人行事却让别人怀疑他，他就不算是有节操、讲义气的人。”他要用自杀来激励荆卿，说：“希望您立即去见太子，就说我已经死了，表明我不会泄露机密。”因此，就刎颈自杀了。

荆轲于是便去会见太子，告诉他田光已死，转达了田光的话。太子拜了两拜跪下去，跪着前进，痛哭流涕，过了一会儿说：“我之所以告诫田先生不要讲，是想使大事的谋划得以成功。如今，田先生用死来表明他不会说出去，难道是我的初衷吗！”荆轲坐稳，太子离开座位以头叩地说：“田先生不知道我不上进，使我能够到您跟前，不揣冒昧地有所陈述，这是上天哀怜燕国，不抛弃我啊。如今，秦王有贪利的野心，而他的欲望是不会满足的。不占尽天下的土地，使各国的君王向他臣服，他的野心是不会满足的。如今，秦国已俘虏了韩王，占领了他的全部领土。他又出动军队向南攻打楚国，向北逼近赵国；王翦率领几十万大军抵达漳水、邺县一带，而李信出兵太原、云中。赵国抵挡不住秦军，一定会向秦国臣服；赵国臣服，那么灾祸就降临燕国。燕国弱小，多次被战争困扰，如今估计，调动全国的力量也不能够抵挡秦军。诸侯畏服秦国，没有谁敢提倡合纵策略，我私下有个不成熟的计策，认为果真能得到天下的勇士，派往秦国，用重利诱惑秦王，秦王贪婪，其情势一定能达到我们的愿望。果真能够劫持秦王，让他全部归还侵占各国的土地，像曹沫劫持齐桓公，那就太好了；如不行，就趁势杀死他。他们秦国的大将在国外独揽兵权，而国内出了乱子，那么君臣彼此猜疑，趁此机会，东方各国得以联合，就一定能够打败秦国。这是我最高的愿望，却不知道把这使命委托给谁，希望荆卿仔细地考虑这件事。”过了好一会儿，荆轲说：“这是国家的大事，我的才能低劣，恐怕不能胜任。”太子上前以头叩地，坚决请求不要推托，而后荆轲答应了。当时，太子就尊奉荆卿为上卿，住进上等的宾馆。太子天天到荆轲的住所拜望，供给贵重的饮食，时不时地还献上奇珍异物，车马美女任荆轲随心所欲，以便满足他的心意。

过了很长一段时间，荆轲仍没有行动的表示。这时，秦将王翦已经攻破赵国的都城，俘虏了赵王，把赵国的领土全部纳入秦国的版图。大军挺进，向北夺取土地，直到燕国南部边界。太子丹害怕了，于是请求荆轲说：“秦国军队早晚之间就要横渡易水，那时即使我想要长久地侍奉您，怎么能办得到呢！”荆轲说：“太子就是不说，我也要请求行动了。现在到秦国去，没有让秦王相信我的东西，那么秦王就不可以接近。那樊将军，秦王悬赏黄金千斤、封邑万户来购买他的脑袋。果真得到樊将军的脑袋和燕国督亢的地图，献给秦王，秦王一定高兴接见我，这样我才能够有机会报效您。”太子说：“樊将军到了穷途末路才来投奔我，我不忍心为自己私利而伤害这位长者的心，希望您考虑别的办法吧！”

荆轲明白太子不忍心，于是就私下会见樊於期说：“秦国对待将军可以说是太残酷了，父母和族人，或者被秦王杀害，或者被收为奴婢。如今，听说用黄金千斤、封邑万户，购买将军的首级，您打算怎么办呢？”於期仰望苍天，叹息流泪说：

“我每每想到这些，就痛入骨髓，却想不出办法来！”荆轲说：“现在有一句话可以解除燕国的祸患，洗雪将军的仇恨，怎么样？”於期凑向前说：“怎么办？”荆轲说：“希望得到将军的首级献给秦王，秦王一定会高兴地召见我，我左手抓住他的衣袖，右手用匕首直刺他的胸膛，那么将军的仇恨可以洗雪，而燕国被欺凌的耻辱可以涤除了，将军是否有这个心意呢？”樊於期脱掉一边衣袖，露出臂膀，一只手紧紧握住另一只手腕，走近荆轲说：“这是我日日夜夜切齿碎心的仇恨，今天才听到您的教诲！”于是就自刎了。太子听到这个消息，驾车奔驰前往，趴在尸体上痛哭，极其悲哀。已经没法挽回，于是就把樊於期的首级装到匣子里密封起来。

当时，太子已预先寻找天下最锋利的匕首，找到赵国人徐夫人的匕首，花了百金买下它，让工匠用毒水淬它。用人试验，只要见一丝儿血，没有不立刻死的。于是就准备行装，送荆轲出发。燕国有位勇士叫秦舞阳，十三岁上就杀人，别人都不敢正面对着看他。于是就派秦舞阳作助手。荆轲等待一个人，打算一道出发；那个人住得很远，还没赶到，而荆轲已替那个人准备好了行装。又过了些日子，荆轲还没有出发，太子认为他拖延时间，怀疑他反悔，就再次催请说：“日子不多了，荆卿有动身的打算吗？请允许我派遣秦舞阳先行。”荆轲发怒，斥责太子说：“太子这样派遣是什么意思？只顾去而不顾完成使命回来，那是没出息的小子！况且是拿一把匕首进入难以测度的强暴的秦国。我之暂留的原因，是等待另一位朋友同去。眼下太子认为我拖延了时间，那就告辞诀别吧！”于是就出发了。

太子及宾客中知道这件事的，都穿着白衣戴着白帽为荆轲送行。到易水岸边，饯行以后，上路，高渐离击筑，荆轲和着拍节唱歌，发出苍凉凄婉的声调，送行的人都流泪哭泣，一边向前走一边唱道：“风萧萧兮易水寒，壮士一去兮不复还！”复又发出慷慨激昂的声调，送行的人们怒目圆睁，头发直竖，把帽子都顶起来。于是，荆轲就上车走了，始终连头也不回。

一到秦国，荆轲带着价值千金的礼物，厚赠秦王宠幸的臣子中庶子蒙嘉。蒙嘉替荆轲先在秦王面前说：“燕王确实因大王的威严震慑得心惊胆战，不敢出动军队抗拒大王的将士，情愿全国上下做秦国的臣子，比照其他诸侯国排列其中，纳税尽如同直属郡县职分，使得以奉守先王的宗庙。因为惶恐畏惧不敢亲自前来陈述。谨此砍下樊於期的首级并献上燕国督亢地区的地图，装匣密封。燕王还在朝廷上举行了拜送仪式，派出使臣把这种情况禀明大王，敬请大王指示。”秦王听到这个消息，非常高兴，就穿上了礼服，安排了外交上极为隆重的九宾仪式，在咸阳宫召见燕国的使者。荆轲捧着樊於期的首级，秦舞阳捧着地图匣子，按照正、副使的次序前进。走到殿前台阶下，秦舞阳脸色突变，害怕得发抖，大臣们都感到奇怪。荆轲回头朝秦舞阳笑笑，上前谢罪说：“北方藩属蛮夷之地的粗野人，没有见过天子，所以心惊胆战。希望大王稍微宽容他，让他能够在大王面前完成使命。”秦王对荆轲说：“递上舞阳拿的地图。”荆轲取过地图献上，秦王展开地图，图卷展到尽头，匕首露出来。荆轲趁机左手抓住秦王的衣袖，右手拿匕首直刺。未近身，秦王大惊，自己抽身跳起，衣袖挣断。慌忙抽剑，剑长，只是抓住剑鞘。一时惊慌急迫，剑又套得很紧，所以不能立刻拔出。荆轲追赶秦王，秦王绕柱奔跑。大臣们吓得发呆，突然发生意外事变，大家都失去常态。而秦国的法律规定，殿上侍从大臣不允许携带任何兵器；各位侍卫武官也只能拿着武器都依序守卫在殿外，没有皇帝的命令，不准进殿。正当危急时刻，来不及传唤下边的侍卫官兵，因此荆轲能够追赶秦王。仓促之间，惊慌急迫，没有用来攻击荆轲的武器，只能赤手空拳和荆轲搏击。这时，侍从医官夏无且用他所捧的药袋投击荆轲。正当秦王围着柱子跑，仓促慌急，不知如何是好的时候，侍从们喊道：“大王，把剑推到背后！”秦王把剑推到背后，才拔出宝剑攻击荆轲，砍断他的左腿。荆轲残废，就举起他的匕首直接投刺秦王，没有击中，却击中了铜柱。秦王接连攻击荆轲，荆轲被刺伤八处。荆轲自知大事不能成功了，就倚在柱子上大笑，张开两腿像簸箕一样坐在地上骂道：“大事之所以没能成功，是我想活捉你，迫使你订立归还诸侯们土地的契约回报太子。”这时，侍卫们冲上前来杀死荆轲，而秦王也不高兴了好一会儿。过后评论功过，赏赐群臣及处治当办罪的官员都各有差别。赐给夏无且黄金二百镒，说：“无且爱我，才用药袋投击荆轲啊。”

于是，秦王大发雷霆，增派军队前往赵国，命令王翦的军队去攻打燕国，十月攻克了蓟城。燕王喜、太子丹等率领着全部精锐部队向东退守辽东。秦将李信紧紧地追击燕王，代王嘉就写信给燕王喜说：“秦军之追击燕军特别急迫，是因为太子丹的缘故。现在，您如果杀掉太子丹，把他的人头献给秦王，一定会得到秦王宽恕，而社稷或许也侥幸得到祭祀。”此后，李信率军追赶太子丹，太子丹隐藏在衍水河中。燕王就派使者杀了太子丹，准备把他的人头献给秦王。秦王又进军攻打燕国。此后五年，秦国终于灭掉了燕国，俘虏了燕王喜。

第二年，秦王吞并了天下，立号为皇帝。于是，通缉太子丹和荆轲的门客，门客们都潜逃了。高渐离更名改姓给人家当酒保，隐藏在宋子这个地方做工。时间长了，觉得很劳累，听到主人家堂上有客人击筑，走来走去舍不得离开。常常张口就说：“那筑的声调有好的地方，也有不好的地方。”侍候的人把高渐离的话告诉主人，说：“那个庸工懂得音乐，私下说是道非的。”家主人叫高渐离到堂前击筑，满座宾客都说他击得好，赏给他酒喝。高渐离考虑到长久地隐姓埋名，担惊受怕地躲藏下去没有尽头，便退下堂来，把自己的筑和衣裳从行装匣子里拿出来，改装整容来到堂前，满座宾客大吃一惊，离开座位用平等的礼节接待他，尊为上宾。请他击筑唱歌，宾客们听了，没有不被感动得流着泪而离去的。宋子城里的人轮流请他去做客，这消息被秦始皇听到。秦始皇召令进见，有认识他的人，就说：“这人是荆轲的朋友高渐离。”秦始皇听后，一方面怜惜他擅长击筑，但另一方面也实在难以饶过他，于是就熏瞎了他的眼睛，让他击筑，听后没有一次不说好。渐渐地更加接近秦始皇。高渐离便把铅放进筑中，再进宫击筑靠近时，举筑撞击秦始皇，没有击中。于是，秦始皇就杀了高渐离，终身不敢再接近从前东方六国的人了。

鲁句践听到荆轲行刺秦王的事，私下说："唉！太可惜啦，他不讲究刺剑的技术啊，我太不了解这个人了！过去我呵斥他，他就以为我不是同路人了。"

太史公说："社会上谈论荆轲，当说到太子丹的命运时，说什么'天上像下雨一样落下粮食来，马头长出角来'。这太夸张了。又说荆轲刺伤了秦王，这都不是事实。当初公孙季功、董生和夏无且交游，都知道这件事，他们告诉我的就像我记载的。从曹沫到荆轲五个人，他们的侠义之举有的成功，有的不成功，但他们的志向意图都很清楚明朗，都没有违背自己的良心，名声流传到后代，这难道是虚妄的吗！"

第六十九卷　李斯列传第二十七

《李斯列传》是《史记》中的名篇之一，有很高的史学价值和文学价值。

《李斯列传》的社会政治背景是极其广阔的，实际上几乎涉及整个秦王朝的兴亡史，而秦王朝的兴亡，与李斯又有很大关系，如李斯谏阻逐客，总结了秦国重用客卿、变法图强的历史经验，实际上提出了不论国别、用人唯贤的总方针，秦始皇采用这一方针，“二十余年，竟并天下”。而秦王朝的灭亡与大野心家赵高的阴谋作乱有直接关系，赵高的阴谋之所以能得逞，又和李斯贪图禄位、助纣为虐紧密相连。赵高在《史记》中没有单独立传（《蒙恬列传》亦只言其身世和个别情节），他的阴谋活动都在本传中叙出。这样，本传在一定意义上讲，又有与赵高合传的性质。

本传在文学上的主要特点是以心理描绘见长。如本传一开始，作者选取了李斯早年生活中的一个典型事件，就是他看到了厕所中的老鼠和粮仓中的老鼠，同为鼠类但境遇不同，由此认识到人也同老鼠一样，有出息与没出息，是由所处的环境决定的。意思也就是，爬上高位的自然有出息，沦落下层的自然没本领，表现了李斯倾慕富贵荣华的心理。

【原文】

李斯者，楚上蔡人也。年少时，为郡小吏，见吏舍厕中鼠食不絜[1]，近人犬，数惊恐之。斯入仓，观仓中鼠，食积粟[2]，居大庑[3]之下，不见人犬之忧。于是李斯乃叹曰：“人之贤不肖[4]譬如鼠矣，在所自处耳!”

乃从荀卿学帝王之术。学已成，度楚王不足事[5]，而六国皆弱，无可为建功者，欲西入秦。辞于荀卿曰：“斯闻得时[6]无怠，今万乘[7]方争时，游者主事。今秦王欲吞天下，称帝而治，此布衣驰骛[8]之时而游说者之秋也。处卑贱之位而计不为者，此禽鹿[9]视肉，人面而能强行者耳。故诟[10]莫大于卑贱，而悲莫甚于穷困。久处卑贱之位，困苦之地，非[11]世而恶利，自托于无为[12]，此非士之情也。故斯将西说秦王矣。”

【注释】

①絜：通“洁”。②积粟：存粮。③大庑：堂下周围有走廊的大房子。④不肖：不才，没本事，不正派。⑤度：揣测，估计。事：侍奉，服侍。⑥时：时机，机会。下文“驰骛之时”之“时”同此。⑦万乘：周制，天子地方千里，出兵车万乘。因此，以万乘称天子，本文中实用以指诸侯。⑧布衣：指平民百姓。驰骛：奔走。⑨禽鹿：犹“禽兽”。⑩诟：耻辱。⑪非：责难，反对。⑫无为：道家指顺应自然，不求有所作为。

【原文】

至秦，会[①]庄襄王卒，李斯乃求为秦相文信侯吕不韦舍人。不韦贤之，任以为郎。李斯因此得说，说秦王曰："胥人[②]者，去其几[③]也。成大功者，在因瑕衅而遂忍[④]之。昔者秦穆公之霸，终不东并六国者，何也？诸侯尚众，周德未衰，故五伯[⑤]迭兴，更尊周室。自秦孝公以来，周室卑微，诸侯相兼，关东为六国，秦之乘胜役诸侯，盖六世矣。今诸侯服秦，譬若郡县。夫以秦之强，大王之贤，由灶上骚除[⑥]，足以灭诸侯成帝业，为天下一统，此万世之一时也。今怠而不急就，诸侯复强，相聚约从[⑦]，虽有黄帝之贤，不能并也。"秦王乃拜斯为长史，听其计，阴遣谋士赍[⑧]持金玉以游说诸侯。诸侯名士可下以财者，厚遗[⑨]结之，不肯者，利剑刺之。离其君臣之计，秦王乃使其良将随其后。秦王拜斯为客卿。

【注释】

①会：恰巧，正逢。②胥人：小人，平庸的人。③几：通"机"，事情的迹兆，有"时机""机会"的意思。④瑕衅：空隙，可乘之机。忍：下狠心。⑤五伯：五霸。对此古来有多种说法，但最为流行的是指齐桓公、晋文公、宋襄公、秦穆公、楚庄王。⑥由：通"犹"，如同，好像。骚除：扫除。骚，通"扫"。⑦从：通"纵"，即"合纵"。战国时东方六国联合抵抗秦国的联盟。⑧赍（jī）：携带。⑨厚遗：多赠送礼品。

【原文】

会韩人郑国来间[①]秦，以作注溉渠，已而觉。秦宗室大臣皆言秦王曰："诸侯人来事秦者，大抵为其主游间于秦耳，请一切[②]逐客。"李斯议亦在逐中。斯乃上谏书曰：

臣闻吏议逐客，窃以为过[③]矣。昔缪公[④]求士，西取由余于戎，东得百里奚于宛，迎蹇叔于宋，来丕豹、公孙支于晋。此五子者，不产[⑤]于秦，而缪公用之，并国二十，遂霸西戎。孝公用商鞅之法，移风易俗，民以殷盛，国以富强，百姓乐用，诸侯亲服，获楚、魏之师，举[⑥]地千里，至今治强。惠王用张仪之计，拔三川之地，西并巴、蜀，北收上郡，南取汉中，包[⑦]九夷，制鄢、郢，东据成皋之险，割膏腴[⑧]之壤，遂散六国之从，使之西面事秦，功施[⑨]到今。昭王得范雎，废穰侯，逐华阳，强公室，杜[⑩]私门，蚕食诸侯，使秦成帝业。此四君者，皆以客之功。由此观之，客何负于秦哉！向使四君却客而不内[⑪]，疏士而不用，是使国无富利之实而秦无强大之名也。

【注释】

①间：从事间谍活动；刺探。②一切：一概，一律。③过：过失，错误。④缪公：秦穆公。缪，通"穆"。⑤产：出生。⑥举：攻克，占领。⑦包：吞并之意。⑧膏腴：肥沃，肥美。⑨施：延续。⑩杜：堵塞，杜绝。⑪内（nà）：通"纳"。

【原文】

今陛下致[①]昆山之玉，有随、和之宝[②]，垂明月之珠[③]，服太阿[4]之剑，乘纤离[5]之马，建翠凤之旗[6]，树灵鼍[7]之鼓。此数宝者，秦不生一焉，而陛下说[8]之，何也？必秦国之所生然后可，则是夜光之璧不饰朝廷，犀象之器不为玩好，郑、卫之女不充后宫，而骏良駃騠[9]不实外厩，江南金锡不为用，西蜀丹青不为采[10]。所以饰后宫充下陈[11]娱心意说耳目者，必出于秦然后可，则是宛珠[12]之簪，傅玑之珥[13]，阿缟[14]之衣，锦绣之饰不进于前，而随俗雅化[15]佳冶窈窕赵女不立于侧也。夫击瓮叩缶弹筝搏髀[16]，而歌呼呜呜快耳目者，真秦之声也；《郑》《卫》《桑间》《昭》《虞》《武》《象》[17]者，异国之乐也。今弃击瓮叩缶而就《郑》《卫》，退弹筝而取《昭》《虞》，若是者何也？快意当前，适观而已矣。今取人则不然。不问可否，不论曲直，非秦者去，为客者逐。然则是所重者在乎色乐珠玉，而所轻者在乎人民也。此非所以跨海内制诸侯之术也。

【注释】

①致：招致，罗致。②随、和之宝：指随侯之珠与和氏之璧。③明月之珠：夜光珠。④太阿：利剑名。⑤纤离：骏马名。⑥翠凤之旗：用翠凤羽毛装饰的旗子。⑦灵鼍（tuó）：爬行类动物，产长江下游，今称扬子鳄，其皮可以蒙鼓。⑧说：通“悦”。⑨駃騠：良马名。⑩丹青：指绘画的颜料。采：通“彩”。⑪下陈：指堂下、庭院等私人财物存放处。陈，堂下至门的过道。⑫宛珠：宛地出产的珍珠。⑬傅玑：镶着小珠子。傅，通“附”，附着。玑，不圆的珠子，这里泛指珠子。珥：耳环。⑭阿缟：东阿出产的白绢。⑮随俗雅化：闲雅变化

而能随俗。⑯搏髀（bì）：拍击着大腿，以为节奏。髀，大腿。⑰《郑》《卫》：春秋时代郑、卫两国的俗乐。《桑间》：郑、卫之音中专门表现爱情的乐曲。《昭》《虞》：传说中虞舜时的乐曲名。《武》《象》：相传周初舞蹈乐曲。

【原文】

臣闻地广者粟多，国大者人众，兵强则士勇。是以太山不让土壤，故能成其大；河海不择细流，故能就其深；王者不却众庶，故能明其德。是以地无四方，民无异国，四时充美，鬼神降福，此五帝、三王[①]之所以无敌也。今乃弃黔首以资[②]敌国，却宾客以业[③]诸侯，使天下之士退而不敢西向，裹足不入秦，此所谓“借寇兵而赍[④]盗粮”者也。

夫物不产于秦者，可宝者多；士不产于秦，而愿忠者众。今逐客以资敌国，损民以益仇，内自虚而外树怨于诸侯，求国无危，不可得也。

【注释】

①五帝：其说不一，其中一种说法认为是指伏羲、神农、黄帝、尧、舜五人。三王：指夏禹、商汤、周文王三人。②黔首：庶民，平民。资：资助，给。③业：成就。④赍：付与，给予。

【原文】

秦王乃除逐客之令，复李斯官，卒[①]用其计谋。官至廷尉。二十余年，竟并天下，尊主为皇帝，以斯为丞相。夷[②]郡县城，销[3]其兵刃，示不复用。使秦无尺土之封，不立子弟为王、功臣为诸侯者，使后无战攻之患。

【注释】

①卒：终究。②夷：削平。③销：熔化销毁。

【原文】

始皇三十四年，置酒咸阳宫，博士仆射周青臣等颂称始皇威德。齐人淳于越进谏曰："臣闻之，殷周之王[1]千余岁，封子弟功臣自为支辅[2]。今陛下有海内，而子弟为匹夫，卒[3]有田常、六卿之患，臣无辅弼，何以相救哉？事不师古而能长久者，非所闻也。今青臣等又面谀[4]以重陛下过，非忠臣也。"始皇下其议丞相。丞相谬其说，绌[5]其辞，乃上书曰："古者天下散乱，莫能相一，是以诸侯并作，语皆道古以害今，饰虚言以乱实，人善其所私学[6]，以非上所建立。今陛下并有天下，别白黑而定一尊；而私学乃相与非法教之制，闻令下，即各以其私学议之，入则心非，出则巷议，非主以为名，异趣[7]以为高，率群下以造谤。如此不禁，则主势降乎上，党与[8]成乎下。禁之便。臣请诸有文学《诗》《书》百家语[9]者，蠲[10]除去之。令到满三十日弗去，黥为城旦[11]。所不去者，医药卜筮种树之书。若有欲学者，以吏为师。"始皇可[12]其议，收去《诗》《书》百家之语以愚百姓，使天下无以古非今。明法度，定律令，皆以始皇起。同文书。治离宫别馆，周遍天下。明年，又巡狩[13]，外攘[14]四夷，斯皆有力焉。

【注释】

①王：统治。用如动词。②支辅：膀臂辅佐。支，通“肢”。③卒：通“猝”，仓促，突然。④面谀：当人之面，阿谀奉承。⑤绌：通“黜”，贬斥，废退。⑥私学：指当时诸子百家的学说。⑦异趣：标新立异，与朝廷持有不同政见。趣，趋向。⑧党与：私人帮派。⑨文学：文章学问，泛指所有的文化典籍。《诗》：《诗经》，我国第一部诗歌总集，又为儒家经典。《书》：《尚书》，是现存最早的关于上古时典章文献的汇编。亦为儒家经典。百家语：诸子百家的著作。⑩蠲：除，废除。⑪黥：通“剠”，古代肉刑的一种，即墨刑，以刀刺人面额然后用墨涅之。城旦：秦汉时刑名，判处四年筑城劳役。⑫可：同意，批准。⑬巡狩：巡视。⑭攘：排除，平定。

【原文】

斯长男由为三川守①，诸男皆尚②秦公主，女悉嫁秦诸公子。三川守李由告归咸阳，李斯置酒于家，百官长皆前为寿③，门廷车骑以千数。李斯喟然④而叹曰：“嗟乎！吾闻之荀卿曰‘物禁大盛’。夫斯乃上蔡布衣，闾巷之黔首，上不知其驽下⑤，遂擢⑥至此。当今人臣之位无居臣上者，可谓富贵极矣。物极则衰，吾未知所税驾⑦也！”

【注释】

①守：郡守，一郡的行政长官。②尚：侍奉，匹配，后专指娶帝王之女。③寿：敬酒祝贺。④喟然：长叹的样子。⑤驽

下：才能低下。⑥擢：提拔。⑦税驾：犹言解驾，停车。指休息或归宿。

【原文】

始皇三十七年十月，行出游会稽，并海上，北抵琅邪。丞相斯、中车府令赵高兼行[①]符玺令事，皆从。始皇有二十余子，长子扶苏以数直谏上，上使监兵上郡，蒙恬为将。少子胡亥爱，请从，上许之。余子莫从。

其年七月[②]，始皇帝至沙丘，病甚，令赵高为书赐公子扶苏曰："以兵属蒙恬，与丧会咸阳而葬。"书已封，未授使者，始皇崩。书及玺皆在赵高所，独子胡亥、丞相李斯、赵高及幸宦者五六人知始皇崩，余群臣皆莫知也。李斯以为上在外崩，无真太子[③]，故秘之。置始皇居辒辌车[④]中，百官奏事上食如故，宦者辄从辒辌可诸奏事。

【注释】

①行：暂时代管。②其年七月：因当时以十月为岁首，所以才十月在前，七月在后。③真太子：正式确立的太子。④辒辌车：古代一种既能保温又能通风凉爽的卧车。

【原文】

赵高因留所赐扶苏玺书[①]，而谓公子胡亥曰："上崩，无诏封王诸子而独赐长子书。长子至，即立为皇帝，而子无尺寸之地，为之奈何？"胡亥曰："固也。吾闻之，明君知臣，明父知子。父捐命[②]，不封诸子，何可言者！"赵高曰："不然。

方令天下之权，存亡在子与高及丞相耳，愿子图之。且夫臣人[3]与见臣于人，制人与见制于人，岂可同日道哉！”胡亥曰：“废兄而立弟，是不义也；不奉父诏而畏死，是不孝也；能薄而材谫[4]，强因人之功，是不能也；三者逆德，天下不服，身殆倾危[5]，社稷不血食[6]。”高曰：“臣闻汤、武杀其主，天下称义焉，不为不忠。卫君杀其父，而卫国载其德，孔子著之，不为不孝。夫大行不小谨，盛德不辞让，乡曲[7]各有宜而百官不同功。故顾小而忘大，后必有害；狐疑犹豫，后必有悔。断而敢行，鬼神避之，后有成功。愿子遂之！”胡亥喟然叹曰：“今大行[8]未发，丧礼未终，岂宜以此事干[9]丞相哉！”赵高曰：“时乎时乎，间[10]不及谋！赢[11]粮跃马，唯恐后时！”

【注释】

①玺书：盖过皇帝印玺的文书。②捐命：舍弃生命，临终。③臣人：驾驭群臣。④谫：浅陋。⑤殆：近，差不多。倾危：倒覆，即被杀。⑥社稷：土神和谷神，代指国家。血食：古代杀牲畜取血，用以祭祀，古称祭祀为血食。⑦乡曲：犹言乡下。以其偏处一隅，故称。后引申为乡里。⑧大行：一去不返。臣下因讳言皇帝死亡，故以大行来作比喻。⑨干：求，麻烦。⑩间：空隙，指时间，机会。极言时间之紧迫。⑪赢：携带，背负。

【原文】

胡亥既然[1]高之言，高曰：“不与丞相谋，恐事不能成，臣请为子与丞相谋之。”高乃谓丞相斯曰：“上崩，赐长子书，与丧会咸阳而立为嗣[②]。书未行，今上崩，未有知者也。所赐长子书及符玺皆在胡亥所，定太子在君侯[③]与高之口耳。事将何如?”斯曰：“安得亡国之言！此非人臣所当议也!”高曰：“君侯自料能孰与[④]蒙恬？功高孰与蒙恬？谋远不失孰与蒙恬？无怨于天下孰与蒙恬？长子旧而信之孰与蒙恬?”斯曰：“此五者皆不及蒙恬，而君责之何深也?”高曰：“高固内官之厮役[⑤]也，幸得以刀笔之文[⑥]进入秦宫，管事二十余年，未尝见秦免罢丞相功臣有封及二世者也，卒皆以诛亡。皇帝二十余子，皆君之所知。长子刚毅而武勇，信人而奋士[⑦]，即位必用蒙恬为丞相，君侯终不怀通侯之印归于乡里，明矣。高受诏教习胡亥，使学以法事[⑧]数年矣，未尝见过失。慈仁笃厚[⑨]，轻财重士，辩于心而诎[⑩]于口，尽礼敬士，秦之诸子未有及此者，可以为嗣。君计而定之。”斯曰：“君其反位[⑪]！斯奉主之诏，听天之命，何虑之可定也?”高曰：“危可安也，安可危也，安危不定，何以贵圣?”斯曰：“斯，上蔡闾巷布衣也，上幸擢为丞相，封为通侯，子孙皆至尊位重禄者，故将以存亡安危属臣也。岂可负哉！夫忠臣不避死而庶几[⑫]，孝子不勤劳而见危，人臣各守其职而已矣。君其勿复言，将令斯得罪。”高曰：“盖闻圣人迁徙[⑬]无常，就变而从时[⑭]，见末而知本，观指而睹归，物固有之，安得常法哉！方今天下之权命悬于胡亥，高能得志[⑮]焉。且夫从外制中谓之惑，从下制上谓之贼。故秋霜降者草花落，水摇动者万物作[⑯]，此必然之效也。君何见之晚?”斯曰:“吾闻晋易太子[17],三世不安;齐桓兄弟争位[18],身死为戮;纣杀亲戚[19],不听谏者,国为丘墟,遂危社稷,三者逆天,宗庙不血食。斯其犹人哉,安足为谋!”高曰:“上下合同,可以长久;中外若一,事无表里。君听臣之计,即长有封侯,世世称孤,必有乔、松[20]之寿,孔、墨[21]之智。今释此而不从,祸及子孙,足以为寒心。善者因祸为福,君何处焉?”斯乃仰天而叹,垂泪太息[22]曰:“嗟乎!独遭乱世,既以[23]不能死,安托命[24]哉!”于是斯乃听高。高乃报胡亥曰:“臣请奉太子之明命以报丞相,丞相斯敢不奉令!”

【注释】

①然:同意,赞成。②嗣:继承人。③君侯:古时称列侯为君侯。④孰与:与……比,哪一个……;哪里比得上。⑤内官:宦官。厮役:奴仆。⑥刀笔之文:指刑法文书。⑦信人:待人以诚。奋士:善于激励部下,使之为自己效忠。⑧法事:有关法律之事。⑨笃厚:老实厚道。⑩辩:通“辨”,能明辨是非,即聪明之意。诎:言语迟钝。⑪反位:犹言回到本来的职位。反,通“返”。⑫庶几:相近,差不多。此处是苟且从事之意。⑬迁徙:迁移。引申为善变。⑭就变:服从于变化。从时:顺应潮流。⑮得志:揣测出其心思。⑯水摇动:指春天冰雪消融。万物作:指万物生长。⑰晋易太子:春秋时晋献公宠爱妃子骊姬,迫使太子申生自杀,改立骊姬子奚齐为太子,导致晋国长期混乱。详见《晋世家》。⑱齐桓兄弟争位:春秋时齐桓公和他的哥哥公子纠争位,桓公掌权后,迫使鲁

国杀死公子纠。详见《齐太公世家》。⑲纣杀亲戚：指商纣杀死其叔父比干。事见《殷本纪》。⑳乔、松：指王子乔、赤松子。二人都是古代传说中的仙人。㉑孔、墨：指孔丘、墨翟。㉒太息：叹息。㉓以：通“已”。㉔托命：托身。

【原文】

于是乃相与谋，诈为受始皇诏丞相，立子胡亥为太子。更为书赐长子扶苏曰：“朕①巡天下，祷祠②名山诸神以延寿命。今扶苏与将军蒙恬将师数十万以屯边③，十有余年矣，不能进而前，士卒多秏，无尺寸之功，乃反数上书直言诽谤我所为，以不得罢归为太子，日夜怨望④。扶苏为人子不孝，其赐剑以自裁！将军蒙恬与扶苏居外，不匡正，宜知其谋。为人臣不忠，其赐死，以兵属裨将⑤王离。”封其书以皇帝玺，遣胡亥客奉书赐扶苏于上郡。

使者至，发书，扶苏泣，入内舍，欲自杀。蒙恬止扶苏曰：“陛下居外，未立太子，使臣将三十万众守边，公子为监，此天下重任也。今一使者来，即自杀，安知其非诈？请复请，复请而后死，未暮⑥也。”使者数趣⑦之。扶苏为人仁，谓蒙恬曰：“父而赐子死，尚安复请！”即自杀。蒙恬不肯死，使者即以属吏，系于阳周。

【注释】

①朕：古人的自称，从秦始皇起，专门用作皇帝自称。

②祷祠：祈祷祭祠。③将师：率领军队。将，用如动词。屯边：在边境驻守。④怨望：怨恨不满。⑤裨将：副将，偏将。⑥暮：晚也。⑦趣：催促。

【原文】

使者还报，胡亥、斯、高大喜。至咸阳，发丧，太子立为二世皇帝。以赵高为郎中令，常侍中用事[①]。

【注释】

①侍中：指在宫中服侍皇帝。用事：掌握大权。

【原文】

二世燕居[①]，乃召高与谋事，谓曰："夫人生居世间也，譬犹骋六骥过决隙[②]也。吾既已临[③]天下矣，欲悉[④]耳目之所好，穷心志之所乐，以安宗庙[⑤]而乐万姓，长有天下，终吾年寿，其道可乎？"高曰："此贤主之所能行也，而昏乱主之所禁也。臣请言之，不敢避斧钺[⑥]之诛，愿陛下少[⑦]留意焉。夫沙丘之谋，诸公子及大臣皆疑焉，而诸公子尽帝兄，大臣又先帝之所置也。今陛下初立，此其属意怏怏皆不服，恐为变。且蒙恬已死，蒙毅将兵居外，臣战战栗栗[⑧]，唯恐不终。且陛下安得为此乐乎？"二世曰："为之奈何？"赵高曰："严法而刻刑，令有罪者相坐[⑨]诛，至收族[⑩]，灭大臣而远骨肉；贫者富之，贱者贵之。尽除去先帝之故臣，更置陛下之所亲信者近之。此则阴德[⑪]归陛下，害除而奸谋塞，群臣莫不被润泽，蒙厚德，陛下则高枕肆志宠乐矣。计莫出于此。"二世然高之言，乃更为法律。于是群臣诸公子有罪，辄下高，令鞠治[12]之。杀大臣蒙毅等，公子十二人僇[13]死咸阳市，十公主矺[14]死于杜，财物入于县官[15]，相连坐者不可胜数。

【注释】

①燕居：闲居。燕，通“宴”。②骋：奔驰。六骥：六匹骏马。此处指六匹骏马所驾的车子。决隙：缝隙。③临：统治。④悉：全部，尽。与下句的“穷”同一意思。⑤宗庙：天子、诸侯祭祀祖先的住处，这里代指国家。⑥斧钺：本指两种兵器，此处泛指刑罚、杀戮。⑦少：通“稍”，稍稍。⑧战战栗栗：惊慌恐惧的样子。栗，通“慄”。⑨相坐：连带治罪。⑩收族：满门抄斩。族，灭族。⑪阴德：暗中施德于人。⑫鞠治：审理法办。鞠，通“鞫”，审讯犯人。⑬僇：通“戮”，杀。⑭矺：古代一种分裂肢体的酷刑。意同“磔”。⑮县官：指皇帝。

【原文】

公子高欲奔，恐收族，乃上书曰：“先帝无恙[1]时，臣入则赐食，出则乘舆。御府[2]之衣，臣得赐之；中厩[3]之宝马，臣得赐之。臣当从死而不能，为人子不孝，为人臣不忠。不忠者无名以立于世，臣请从死，愿葬郦山[4]之足。唯上幸哀怜之。”书上，胡亥大悦，召赵高而示之，曰：“此可谓急乎?”赵高曰：“人臣当忧死而不暇，何变之得谋!”胡亥可其书，赐钱十万以葬。

【注释】

①无恙：无病，健在。②御府：官署名，掌管皇帝衣服。③中厩：国君养马的地方。④郦山：骊山。秦始皇陵墓所在地，今陕西省西安市临潼区东南。

【原文】

法令诛罚日益刻深，群臣人人自危，欲畔[①]者众。又作阿房之宫，治直道、驰道，赋敛愈重，戍徭无已。于是楚戍卒陈胜、吴广等乃作乱，起于山东，杰俊相立，自置为侯王，叛秦，兵至鸿门而却。李斯数欲请间[②]谏，二世不许。而二世责问李斯曰："吾有私议而有所闻于韩子[③]也，曰：'尧之有天下也，堂高三尺，采椽不斫[④]，茅茨不翦，虽逆旅[⑤]之宿不勤于此矣。冬日鹿裘，夏日葛衣[⑥]，粢粝[⑦]之食，藜藿[⑧]之羹，饭土匦[⑨]，啜土铏[⑩]，虽监门之养不觳[⑪]于此矣。禹凿龙门，通大夏，疏九河，曲九防，决渟水[⑫]致之海，而股无胈[⑬]，胫[⑭]无毛，手足胼胝[⑮]，面目黎黑，遂以死于外，葬于会稽，臣虏[⑯]之劳不烈无此矣。'然则夫所贵于有天下者，岂欲苦形劳神，身处逆旅之宿，口食监门之养，手持臣虏之作哉？此不肖人之所勉也，非贤者之所务也。彼贤人之有天下也，专用天下适己而已矣，此所以贵于有天下也。夫所谓贤人者，必能安天下而治万民，今身且不能利，将恶能治天下哉！故吾愿赐志广欲，长享天下而无害，为之奈何？"李斯子由为三川守，群盗吴广等西略地，过去弗能禁。章邯以破逐广等兵，使者覆案三川相属[17]，诮让[18]斯居三公位，如何令盗如此。李斯恐惧，重爵禄，不知所出，乃阿二世意，欲求容，以书对曰：

【注释】

①畔：通“叛”。②请间：希望能给个机会，单独和皇帝谈话。间，间隙。③韩子：指韩非。下文所引见《韩非子·五蠹》。④采：木名，即柞木。斫（zhuó）：砍，削。⑤逆旅：旅店。⑥葛衣：麻布衣。⑦粢粝：粗劣的食物。⑧藜藿：藜草和豆叶，贫者之所食。⑨土匦：陶土制的食器。⑩土铏：陶土制的罐钵。⑪监门：看门人。觳（què）：通“埆”，简陋。⑫渟水：积水。⑬股：大腿。胈：白肉。⑭胫：小腿。⑮胼胝：手掌和脚掌上的厚皮，俗称老茧。⑯臣虏：奴隶，仆役。⑰覆案：查讯，核实。属：连接。⑱诮让：责备。

【原文】

夫贤主者，必且能全道而行督责[1]之术者也，督责之，则臣不敢不竭能以徇[2]其主矣。此臣主之分[3]定，上下之义明，则天下贤不肖莫敢不尽心竭任以徇其君矣。是故主独制于天下而无所制也。能穷乐之极矣，贤明之主也，可不察焉。

故申子曰：“有天下而不恣睢[4]，命之曰以天下为桎梏[5]”者，无他焉，不能督责，而顾以其身劳于天下之民，若尧、禹然，故谓之“桎梏”也。夫不能修申、韩之明术，行督责之道，专以天下自适也，而徒务苦形劳神，以身徇百姓，则是黔首之役，非畜[6]天下者也，何足贵哉！夫以人徇己，则己贵而人贱；以己徇人，则己贱而人贵。故徇人者贱，而人所徇者贵，自古及今，未有不然者也。凡古之所为尊贤者，为其贵也；而所为恶不尚者，为其贱也。而尧、禹以身徇天下者也，因随而尊之，则亦失所为尊贤之心矣，夫可谓大缪[7]矣。谓之为“桎梏”，不亦宜乎？不能督责之过也。

【注释】

①督责：督察臣下的过失而处以刑罚。②徇：通“殉”，为某种目的而献身。③分：职分，名分。④申子：指申不害。恣睢：纵情肆欲。⑤桎梏：脚镣和手铐。⑥畜：统治，占有。⑦缪：通“谬”，错误。

【原文】

故韩子曰“慈母有败子而严家无格虏[1]”者，何也？则能罚之加焉必也。故商君之法，刑弃灰于道者。夫弃灰，薄罪也，而被刑，重罚也。彼唯明主为能深督轻罪。夫罪轻且督深，而况有重罪乎？故民不敢犯也。是故韩子曰“布帛寻常[2]，庸人不释，铄金百溢[3]，盗跖不搏”者，非庸人之心重，寻常之利深，而盗跖之欲浅也；又不以盗跖之行，为轻百镒之重也。搏必随手刑，则盗跖不搏百镒；而罚不必行也，则庸人不释寻常。是故城高五丈，而楼季不轻犯也；泰山之高百仞[4]，而跛牂[5]其上。夫楼季也而难五丈之限，岂跛牂也而易百仞之高哉？峭堑之势异也。明主圣王之所以能久处尊位，长执重势，而独擅天下之利者，非有异道也，能独断而审督责，必深罚，故天下不敢犯也。今不务[6]所以不犯，而事慈母之所以败子也，则亦不察于圣人之论矣。夫不能行圣人之术，则舍为天下役何事哉？可不哀邪！

【注释】

①格虏：强悍的奴隶。②寻常：古以八尺为寻，十六尺为常，故以之指较短的长度。③铄金：成色好的金子。铄，美。溢：通“镒”，古代的衡量单位，一镒为二十两或二十四两。百溢，以喻其多。④仞：古代长度单位，一仞为八尺或七尺。百仞，以喻其高。⑤跛：瘸腿的羊。牂（zāng）：通“牂”，母羊。上云“楼季”，（战国魏时善腾跃的勇士）。⑥务：致力，从事。

【原文】

且夫俭节仁义之人立于朝，则荒肆之乐辍[1]矣；谏说论理之臣间于侧，则流漫之志诎[2]矣；烈士死节之行显于世，则淫康之虞[3]废矣。故明主能外[4]此三者，而独操主术以制听从之臣，而修其明法，故身尊而势重也。凡贤主者，必将能拂世磨俗[5]，而废其所恶，立其所欲，故生则有尊重之势，死则有贤明之谥也。是以明君独断，故权不在臣也。然后能灭仁义之涂[6]，掩驰说之口，困烈士之行，塞聪掩明[7]，内独视听[8]，故外不可倾以仁义烈士之行，而内不可夺以谏说忿争之辩。故能荦然[9]独行恣睢之心而莫之敢逆。若此然后可谓能明申、韩之术，而修商君之法。法术修明而天下乱者，未之闻也。故曰“王道约而易操”也。唯明主为能行之。若此则谓督责之诚，则臣无邪，臣无邪则天下安，天下安则主严尊，主严尊则督责必，督责必则所求得，所求得则国家富，国家富则君乐丰。故督责之术设，则所欲无不得矣。群臣百姓救过不给，何变之敢图？若此则帝道备，而可谓能明君臣[10]之术矣。虽申、韩复生，不能加也。

【注释】

①辍：中断，停止。②流漫：放肆无忌。诎：收敛，绝止。③淫康之虞：指纵情享受的娱乐。虞，通“娱”，娱乐。④外：排斥。⑤拂世磨俗：扭转世俗的风气，使之服从自己。⑥涂：通“途”，途径。⑦塞聪掩明：塞上耳朵，蒙上眼睛。⑧内独视听：即内视独听，一切全凭自己的眼光、见解行事。⑨荦然：卓然独立的样子。⑩君臣：驾驭群臣。

【原文】

书奏，二世悦。于是行督责益严，税民[1]深者为明吏。二世曰：“若此则可谓能督责矣。”刑者相半于道，而死人日成积[2]于市。杀人众者为忠臣。二世曰：“若此则可谓能督责矣。”

初，赵高为郎中令，所杀及报私怨众多，恐大臣入朝奏事毁恶[3]之，乃说二世曰：“天子所以贵者，但以闻声，群臣莫得见其面，故号曰‘朕’。且陛下富于春秋[4]，未必尽通诸事，今坐朝廷，谴举[5]有不当者，则见短于大臣，非所以示神明于天下也。且陛下深拱[6]禁中，与臣及侍中习法者待事，事来有以揆[7]之。如此则大臣不敢奏疑事，天下称圣主矣。”二世用其计，乃不坐朝廷见大臣，居禁中。赵高常侍中用事，事皆决于赵高。

【注释】

①税民：向百姓征税。②成积：成堆。③毁恶：说人的坏话。④富于春秋：意指年纪还轻。春秋，代指年龄。⑤谴举：谴责和荐举，实即指惩罚和奖励。⑥拱：拱手，谓闲适，无所事事。⑦揆：研究，参议。

【原文】

高闻李斯以为言，乃见丞相曰："关东群盗多，今上急益发繇[1]治阿房宫，聚狗马无用之物。臣欲谏，为位贱。此真君侯之事，君何不谏?"李斯曰："固也，吾欲言之久矣。今时上不坐朝廷，上居深宫，吾有所言者，不可传也，欲见无间。"赵高谓曰："君诚能谏，请为君候上间语君。"于是赵高待二世方燕乐[2]，妇女居前，使人告丞相："上方间，可奏事。"丞相至宫门上谒，如此者三。二世怒曰："吾常多闲日，丞相不来。吾方燕私，丞相辄来请事。丞相岂少[3]我哉？且固[4]我哉?"赵高因曰："如此殆[5]矣！夫沙丘之谋，丞相与焉。今陛下已立为帝，而丞相贵不益，此其意亦望裂地而王矣。且陛下不问臣，臣不敢言。丞相长男李由为三川守，楚盗陈胜等皆丞相傍县[6]之子，以故楚盗公行，过三川，城守不肯击。高闻其文书相往来，未得其审[7]，故未敢以闻。且丞相居外，权重于陛下。"二世以为然。欲案[8]丞相，恐其不审，乃使人案验三川守与盗通状。李斯闻之。

【注释】

①繇：通“徭”，徭役，此处指服徭役的民工。②燕乐：在闲居娱乐。③少：轻视，看不起。④固：鄙陋。⑤殆：危险。⑥傍县：旁县，邻县。⑦审：真实情况。⑧案：审讯法办。

【原文】

是时二世在甘泉[1]，方作觳抵优俳[2]之观。李斯不得见，因上书言赵高之短曰：“臣闻之，臣疑[3]其君，无不危国；妾疑其夫，无不危家。今有大臣于陛下擅[4]利擅害，与陛下无异，此甚不便。昔者司城子罕相宋，身行刑罚，以威行之，期年[5]遂劫其君。田常为简公臣，爵列无敌于国，私家之富与公家均，布惠施德，下得百姓，上得群臣，阴取齐国，杀宰予于庭，即弑[6]简公于朝，遂有齐国。此天下所明知也。今高有邪佚之志，危反之行，如子罕相宋也；私家之富，若田氏之于齐也。兼行田常、子罕之逆道而劫陛下之威信，其志若韩玘为韩安相也。陛下不图[7]，臣恐其为变也。”二世曰：“何哉？夫高，故宦人也，然不为安肆志，不以危易心，洁行修善，自使至此，以忠得进，以信守位，朕实贤之，而君疑之，何也？且朕少失先人，无所识知，不习治民，而君又老，恐与天下绝[8]矣。朕非属[9]赵君，当谁任哉？且赵君为人精廉强力，下知人情，上能适朕，君其勿疑。”李斯曰：“不然。夫高，故贱人也，无识于理，贪欲无厌，求利不止，列势[10]次主，求欲无穷，臣故曰殆。”二世已前信赵高，恐李斯杀之，乃私告赵高。高曰：“丞相所患者独高，高已死，丞相即欲为田常所为。”于是二世曰：“其以李斯属郎中令[11]。”

【注释】

①甘泉：宫名。②觳抵：通“角抵”，角力。优俳：古代的杂戏表演。③疑：通“拟”，比，即势力接近，不相上下。④擅：专任，独揽。⑤期年：一周年。⑥弑：下杀上古代谓之弑。⑦图：指提前防备，设法对付。⑧绝：隔绝。⑨属：托付。这里有依靠的意思。⑩列势：地位，权势。⑪属郎中令：交给郎中令赵高查办。

【原文】

赵高案治李斯。李斯拘执束缚[1]，居囹圄[2]中，仰天而叹曰：“嗟乎！悲夫！不道之君，何可为计哉！昔者桀杀关龙逢，纣杀王子比干，吴王夫差杀伍子胥。此三臣者，岂不忠哉！然而不免于死，身死而所忠者非也。今吾智不及三子，而二世之无道过于桀、纣、夫差，吾以忠死，宜矣。且二世之治岂不乱哉！日者[3]夷其兄弟而自立也，杀忠臣而贵贱人，作为阿房之宫，赋敛天下。吾非不谏也，而不吾听[4]也。凡古圣王，饮食有节，车器有数，宫室有度，出令造事，加费而无益于民利者禁，故能长久治安。今行逆于昆弟[5]，不顾其咎[6]；侵杀忠臣，不思其殃；大为宫室，厚赋天下，不爱其费。三者已行，天下不听。今反者已有天下之半矣，而心尚未寤[⑦]也，而以赵高为佐，吾必见寇至咸阳，麋鹿游于朝也。”

【注释】

①拘执束缚：被捕后套上刑具。②囹圄：监狱。③日者：指不久以前。④不吾听：即“不听吾”。⑤行逆：倒行逆施。昆弟：兄弟。⑥咎：祸患。⑦寤：通“悟”，觉悟，醒悟。

【原文】

于是二世乃使高案丞相狱，治罪，责斯与子由谋反状，皆收捕宗族宾客。赵高治斯，榜掠[①]千余，不胜痛，自诬服[②]。斯所以不死者，自负其辩，有功，实无反心，幸得上书自陈，幸二世之悟而赦之。李斯乃从狱中上书曰：“臣为丞相治民，三十余年矣。逮[③]秦之地狭隘。先王之时秦地不过千里，兵数十万。臣尽薄材，谨奉法令，阴行[④]谋臣，资之金玉，使游说诸侯，阴修甲兵，饰政教，官[⑤]斗士，尊功臣，盛其爵禄，故终以胁韩弱魏，破燕、赵，夷齐、楚，卒兼六国，虏其王，立秦为天子。罪一矣。地非不广，又北逐胡、貉[⑥]，南定百越，以见秦之强。罪二矣。尊大臣，盛其爵位，以固其亲。罪三矣。立社稷，修宗庙，以明主之贤。罪四矣。更克画[⑦]，平斗斛度量文章[⑧]，布之天下，以树秦之名。罪五矣。治驰道，兴游观，以见主之得意。罪六矣。缓刑罚，薄赋敛，以遂主得众之心，万民戴主，死而不忘。罪七矣。若斯之为臣者，罪足以死固久矣。上幸尽其能力，乃得至今，愿陛下察之！”书上，赵高使吏弃去不奏，曰："囚安得上书!"

【注释】

①榜掠：严刑拷打。②诬服：冤屈地招供服罪。③逮：及，正赶上。④行：派遣，派出。⑤官：用如动词，授官给……人。⑥貉：通"貊"。⑦克画：指尺度和衡器上刻下的标志。克，通"刻"。⑧平：统一。斛（hú）：量器，一斛为十斗。文章：即文字。

【原文】

赵高使其客十余辈诈为御史、谒者，侍中，更[①]往覆讯斯。斯更以其实对，辄使人复榜之。后二世使人验斯，斯以为如前，终不敢更言，辞服[②]。奏当上，二世喜曰："微[③]赵君，几[④]为丞相所卖。"及二世所使案三川之守至，则项梁已击杀之。使者来，会丞相下吏，赵高皆妄为反辞。

二世二年七月，具斯五刑[⑤]，论腰斩咸阳市。斯出狱，与其中子[⑥]俱执，顾谓其中子曰："吾欲与若复牵黄犬俱出上蔡东门逐狡兔，岂可得乎!"遂父子相哭，而夷三族。

【注释】

①更：更替，轮流。②辞服：招供认罪。③微：没有。④几：近，差不多。⑤五刑：古代的五种轻重不等的刑罚，对其内容历代说法不一。⑥中子：次子。

【原文】

李斯已死，二世拜赵高为中丞相，事无大小辄决于高。高自知权重，乃献鹿，谓之马。二世问左右：“此乃鹿也?”左右皆曰：“马也。”二世惊，自以为惑[①]，乃召太卜，令卦之。太卜曰：“陛下春秋郊祀，奉宗庙鬼神，斋戒不明[②]，故至于此。可依盛德而明斋戒。”于是乃入上林斋戒。日游弋猎[③]，有行人入上林中，二世自射杀之。赵高教其女婿咸阳令阎乐劾不知何人贼杀[④]人移上林，高乃谏二世曰：“天子无故贼杀不辜人[⑤]，此上帝之禁也，鬼神不享[⑥]，天且降殃，当远避宫以禳[⑦]之。”二世乃出居望夷之宫。

【注释】

①惑：受蛊惑而迷乱。②斋戒不明：指在斋戒时不够虔诚。③弋猎：射猎。④劾：弹劾。贼杀：杀害。⑤不辜人：无罪之人。⑥不享：不享用祭祀品，即不接受祭祀。⑦禳：祈祷以消除灾祸。

【原文】

留三日，赵高诈诏卫士，令士皆素服持兵内乡[①]，入告二世曰：“山东群盗兵大至!”二世上观而见之，恐惧，高即因劫[②]令自杀，引玺而佩之，左右百官莫从，上殿，殿欲坏者三。高自知天弗与，群臣弗许，乃召始皇弟[③]，授之玺。

子婴即位，患之，乃称疾不听事，与宦者韩谈及其子谋杀高。高上谒，请病[④]，因召入，令韩谈刺杀之，夷其三族。

子婴立三月，沛公兵从武关入，至咸阳，群臣百官皆畔，不適[⑤]。子婴与妻子自系其颈以组[⑥]，降轵道旁。沛公因以属吏，项王至而斩之，遂以亡天下。

【注释】

①乡：通“向”。②劫：强迫。③《秦始皇本纪》谓“立二世之兄子公子婴为秦王”。④请病：询问病情。⑤不適(dí)：不加抵抗。適，通“敌”。⑥自系其颈以组：这是古代君主投降的礼节。组，丝带。

【原文】

太史公曰：李斯以闾阎历诸侯，入事秦，因以瑕衅，以辅始皇，卒成帝业，斯为三公，可谓尊用矣。斯知《六艺》之归[1]，不务明政以补主上之缺，持爵禄之重，阿顺苟合，严威酷刑，听高邪说，废適立庶[2]。诸侯已畔，斯乃欲谏争，不亦末乎！人皆以斯极忠而被五刑死，察其本，乃与俗议之异。不然，斯之功且与周、召[3]列矣。

【注释】

①《六艺》：即“六经”。指《诗》《书》《礼》《乐》《易》《春秋》。归：旨归，要旨。②废適立庶：废掉嫡长子而立庶出之子。適，通“嫡”，指扶苏。庶，指胡亥。③周、召：指周公姬旦、召公姬奭。

【译文】

李斯是楚国上蔡人。他年轻的时候，曾在郡里当小吏，看到办公处附近厕所里的老鼠在吃脏东西，每逢有人或狗走来时，就受惊逃跑。后来，李斯又走进粮仓，看到粮仓中的老鼠，吃的是囤积的粟米，住在大屋子之下，更不用担心人或狗惊扰。于是，李斯就慨然叹息道：“一个人有出息还是没出息，就如同老鼠一样，是由自己所处的环境决定的。”

于是，李斯就跟荀子学习帝王治理天下的学问。学业完成之后，李斯估量楚王是不值得侍奉的，而六国国势都已衰弱，没有为它们建功立业的希望，就想西行到秦国去。在临行之前，他向荀子辞行说：“我听说一个人若遇到机会，千万不可松懈错过。如今，各诸侯国都争取时机，游说之士掌握实权。现在，秦王想吞并各国，称帝治理天下，这正是平民出身的政治活动家和游说之士奔走四方、施展抱负的好时机。地位卑贱，而不想着去求取功名富贵，就如同禽兽一般，只等看到现成的肉才想去吃，白白长了一副人的面孔勉强直立行走。所以，最大的耻辱莫过于卑贱，最大的悲哀莫过于贫穷。长期处于卑贱的地位和贫困的环境，却还要非难社会、厌恶功名利禄，标榜自己与世无争，这不是士子的本愿。所以，我就要到西方去游说秦王了。”

到秦国之后，正赶上秦庄襄王去世，李斯就请求充当秦相国文信侯吕不韦的舍人。吕不韦很赏识他，任命他为郎官。这样就使得李斯有游说的机会，他对秦王说：“平庸的人往往失去时机，而成大功业的人就在于他能利用机会并能下狠心。从前，秦穆公虽称霸天下，但最终没有东进吞并山东六国，这是什么原因呢？原因在于诸侯的人数还多，周朝的德望也没有衰落，因此五霸交替兴起，相继推尊周朝。自从秦孝公以来，周朝卑弱衰微，诸侯之间互相兼并，函谷关以东地区化为六国，秦国乘胜奴役诸侯已经六代。现如今，诸侯服从秦国就如同郡县服从朝廷一样。以秦国的强大、大王的贤明，就像扫除灶上的灰尘一样，足以扫平诸侯，成就帝业，使天下统一，这是万世难逢的一个最好时机。倘若现在懈怠而不抓紧此事的话，等到诸侯再强盛起来，又订立合纵的盟约，虽然有黄帝一样的贤明，也不能吞并它们了。”秦始皇就任命李斯为长史，听从了他的计谋，暗中派遣谋士带着金玉珍宝去各国游说。对各国著名人物能收买的，就多送礼物加以收买；不能收买的，就用利剑把他们杀掉。这些都是离间诸侯国君臣关系的计策。接着，秦王就派良将随后攻打。秦王任命李斯为客卿。

恰在此时，韩国人郑国以修筑渠道为名，来到秦国做间谍，不久被发觉。秦国的王族和大臣们都对秦王说：“从各诸侯国来侍奉秦国的人，大多是为他们的国君游说，以离间秦国而已，请求大王把客卿一概驱逐。”李斯也在计划好的要驱逐的客卿之列。于是，李斯就上书说：

听说官员们议论要驱逐客卿，我私下认为这是错误的。从前，秦穆公招揽贤才，从西戎找到由余，从东边楚国的宛地得到了百里奚，从宋国迎来了蹇叔，从晋国招来了丕豹、公孙支。这五个人都不生在秦国，而秦穆公重用他们，吞并了二十多个国家，也就得以在西戎称霸。秦孝公采用商鞅的新法，移风易俗，人民因此殷实兴盛，国家因此富足强大，百姓愿意为国家效力，其他国家也诚心归顺，击败了楚国、魏国的军队，攻取了千里土地，至今政治安定，国家强盛。秦惠王用张仪的计策，攻取了三川地区，向西又吞并了巴、蜀，向北占领了上郡，向南攻占了汉中，囊括九夷，控制鄢、郢，在东面占据了险要的成皋，割取了肥沃的土地，并进一步瓦解了六国的合纵联盟，使它们面向西方，侍奉秦国，功业一直延续到今天。秦昭王得范雎，废黜穰侯，驱逐华阳君，使公室强大，杜绝了私门权贵的势力，像蚕吃桑叶一般，逐渐吞并诸侯的土地，终于使秦国奠定了统一天下大业的基础。这四位君主，都是依靠了别国客卿的力量。由此看来，客卿有哪一点对不起秦国呢？假使这四位君主拒绝客卿而不接受他们，疏远士人而不重用，这就使秦国既无富足之实，又无强大之名。

现在，皇上您罗致昆山的美玉，得到随侯之珠、和氏之璧，挂着明月珠，佩着太阿剑，驾着纤离马，竖着翠凤旗，摆着灵鼍鼓。以上这些宝物，并没有一样是秦国出产的，但陛下您非常喜爱它们，这是为什么呢？若是一定要秦国所产然后才使用的话，那么夜光之璧就不能用来装饰朝廷，犀角象牙制品就不能为您所赏玩，郑国、卫国的美女也不能列于您的后宫之中，駃騠良马也不能填满您的马棚。江南的金锡也不该用，西蜀的丹青也不应用来当颜料。您用来装饰后宫、充当姬妾、赏心悦意、怡目悦耳的，一定要出自秦国然后才用的话，那么，用宛地珍珠装饰的簪子，玑珠镶嵌的耳坠，东阿白绢缝制的衣服，刺绣华美的装饰品，就不能进献您的面前，那时髦而又高雅、漂亮而又文静的赵国女子不能侍立您的身边。而那些敲打瓦坛瓦罐、弹着秦筝、拍着大腿、呜呜叫喊以满足欣赏要求的，这才是正宗的秦国音乐。像《郑》《卫》《桑间》《昭》《虞》《武》《象》这些乐曲，则是其他国家的音乐。现在，您抛弃敲打瓦坛瓦罐这一套秦国音乐而听《郑》《卫》之声，不去听弹筝而欣赏《昭》《虞》之曲，这是什么原因呢？说穿了，只不过是图眼前快乐，以满足耳目观赏需求而已。而现在您用人却不是这样，不问此人能用不能用，也不问是非曲直，只要不是秦国人就一律辞退，只要是客卿就一律驱逐。这样看来，陛下所看重的是美女、音乐、珍珠、宝玉，所轻视的是人才了。这并不是统一天下、制服诸侯的方法。

我听说，土地广阔所产粮食就丰富，国家广大人口就众多，军队强盛士兵就勇敢。所以，泰山不排斥泥土，才能堆积得那样高大；河海不挑剔细小的溪流，才能变得如此深广；而成就王业的人不抛弃广大民众，才能显出他的盛德。所以，地无论东南西北，民众不分这国那国，一年四季五谷丰登，鬼神赐予福泽，这就是五帝三王无敌于天下的原因所在。而现在陛下您抛弃了百姓来帮助敌国，排斥宾客而使他们为其他诸侯国建立功业，使天下有才之士后退而不敢西行，停住脚步而不敢进入秦国，这正是人们所说的“借武器给敌人，送粮食给盗贼”啊！

非秦国出产的物品，值得珍视的很多；非秦国出生的士人，愿意效忠的也不少。现在，您驱逐客卿来资助敌国，损害百姓以帮助仇人，在内部削弱自己而在外面又和诸侯结下怨恨，这样下去，要使国家没有危险，是不可能的。

于是，秦王就废除了逐客令，恢复了李斯的官职，终于采用了他的计谋，他的官位也升到廷尉。二十多年，终于统一了天下，尊称国王为“皇帝”。皇帝又任命李斯为丞相。拆平了各国郡县的城墙，销毁了各地的武器，表示不再使用。秦国没有一寸分封的土地，也不立皇帝的儿子、兄弟为王，更不把功臣封为诸侯，以使国家从此之后再也没有战争的祸患。

秦始皇三十四年（前213），在咸阳宫设宴招待群臣，博士仆射周青臣等人称颂秦始皇的武威盛德。齐人淳于越劝谏道：“我听说殷商和周朝统治达一千多年，分封子弟及功臣作为膀臂辅翼。而现在陛下您虽统一天下，子弟却还是平民百姓。一旦出现了田常、六卿夺权篡位的祸患，在朝中又没有强有力的辅佐之臣，靠谁来相救呢？办事不学习古代经验而长期统治的朝代，我还没有听说过。现在，周青臣等人又当面阿谀奉承以加重您的错误，不是忠臣。”始皇把这种议论交给李斯处理，李斯认为这种论点是荒谬的，因此废弃不用，就上书给皇帝说：“古时候，天下分散败乱，彼此之间互不服从，所以才诸侯并起。一般舆论都称道古代以否定当代，装点一些虚夸不实的文辞来扰乱社会的实际，人们都认为自己的一派学问最好，以否定皇帝的政策法令。现在，陛下统一了天下，分辨了黑白是非，使海内共同尊崇皇帝一人；而诸子百家各个学派却在一起任意批评朝廷的法令制度，听说朝廷令下，立刻就以自己学派的观点来议论它，回家便心中不满，出门则在街头巷尾纷纷议论，以批评君主来博得名声，认为和朝廷不一样便是本领高，并带领下层群众来制造诽谤。这样下去而不加以禁止的话，上面君主的权力威望就要下降，下面私人的帮派也要形成。因此，还是以禁止为好。我请求把人们收藏的《诗》《书》和诸子百家的著作一概扫除干净。命令下达三十天之后，若还有人不服从，判处黥刑并罚做筑城苦役。不在清除之列的，是医药、占卜、种植等类书籍。若有想学习法令的，以官吏为老师。”秦始皇批准了他的建议，没收了《诗经》《尚书》和诸子百家的著作，以使人民愚昧无知，使天下人无法用古代之事来批评当前朝廷。修明法制，制定律令，都从秦始皇开始。统一文字，在全国各地修建离宫别馆。第二年，始皇又四处巡视，平定了四方少数民族，这些措施，李斯都出了不少力。

李斯的长子李由担任三川郡守，儿子们娶的是秦国的公主，女儿们嫁的都是秦国的皇族子弟。三川郡守李由请假回咸阳时，李斯在家中设下酒宴，文武百官都前去给李斯敬酒祝贺。门前的车马数以千计。李斯慨然长叹道：“哎呀！我听荀卿说过‘事情不要搞得过了头’。我李斯原是上蔡的平民、街巷里的百姓，皇帝不了解我才能低下，才把我提拔到这样高的地位。现如今，做臣子的没有人比我职位更高，可以说是富贵荣华到了极点。然而，事物发展到极点就要开始衰落，我还不知道归宿在何方啊！”

秦始皇三十七年（前210）十月，他巡行出游到会稽山，沿海北上，到达琅邪山。丞相李斯和中车府令兼符玺令赵高都随同前往。秦始皇有二十多个儿子，长子扶苏因多次直言劝谏皇帝，始皇派他到上郡监督军队，蒙恬任将军。小儿子胡亥很受宠爱，要求随行，始皇答应了。其他的儿子都没跟着去。

这一年七月，秦始皇到达沙丘，病得非常严重，命令赵高写好诏书给公子扶苏说："把军队交给蒙恬，赶快到咸阳参加葬礼，然后安葬。"书信都已封好，但还没交给使者，秦始皇就去世了。书信和印玺都在赵高手里，只有小儿子胡亥、丞相李斯和赵高以及五六个亲信宦官知道始皇去世，其余群臣都不知道。李斯认为，皇帝在外面去世，又没正式确立太子，所以应保守秘密，把始皇的尸体安放在一辆既能保温又能通风凉爽的车子中，百官奏事及进献饮食还像往常一样，宦官就假托皇帝从车中批准百官上奏的事。

赵高因此扣留了始皇赐给扶苏的诏书，而对公子胡亥说："皇帝去世了，没有诏书封诸子为王而只赐给长子扶苏一封诏书。长子到后，就登位做皇帝，而你却连尺寸的封地也没有，这怎么办呢?"胡亥说："本来就是这样。我听说过，圣明的君主最了解臣子，圣明的父亲最了解儿子。父亲临终既未下命令分封诸子，那还有什么可说的呢?"赵高说："并非如此。当今天下的大权，无论谁的生死存亡，都在你、我和李斯手里掌握着啊！希望你好好考虑考虑。更何况驾驭群臣和向人称臣，统治别人和被人统治，难道可以同日而语吗！"胡亥说："废除兄长而立弟弟，这是不义；不服从父亲的诏命而惧怕死亡，这是不孝；自己才能浅薄，依靠别人的帮助而勉强登位，这是无能：这三件事都是大逆不道的，天下人也不服从，我自身遭受祸殃，国家还会灭亡。”赵高说：“我听说过商汤、周武王杀死他们的君主，天下人都称赞他们行为符合道义，不能算是不忠。卫君杀死他的父亲，而卫国人民称颂他的功德，孔子记载了这件事，不能算是不孝。更何况办大事不能拘于小节，行大德也用不着再三谦让。乡间的习俗各有所宜，百官的工作方式也各不一样。所以，顾忌小事而忘了大事，日后必生祸害；关键时刻犹豫不决，将来一定要后悔。果断而大胆地去做，连鬼神都要回避，将来一定会成功。希望你按我说的去做。”胡亥长叹一声说道：“现在，皇帝去世还未发丧，丧礼也未结束，怎么好用这件事来求丞相呢？”赵高说：“时光啊时光，短暂得来不及谋划！我就像携带干粮赶着快马赶路一样，唯恐耽误了时机！”

胡亥同意了赵高的话以后，赵高说：“不和丞相商议，恐怕事情还不能成功，我希望能替你与丞相商议。”赵高就对丞相李斯说道：“始皇去世，赐给长子扶苏诏书，命他到咸阳参加丧礼，并立为继承人。诏书未送，皇帝去世，还没人知道此事。皇帝赐给长子的诏书和符玺都在胡亥手里，立谁为太子只在于你我的一句话而已。你看这事该怎么办？”李斯说：“你怎么能说出这种亡国的话呢！这不是作为人臣所应当议论的事！”赵高说：“您自己估计一下，和蒙恬相比，谁有本事？谁的功劳更高？谁更谋略深远而不失误？天下百姓更拥戴谁？

与长子扶苏的关系谁更好?”李斯说:“在这五个方面,我都不如蒙恬。但您为什么这样苛求于我呢?”赵高说:“我本来就是一个当宦官的奴仆,有幸能凭熟悉狱法文书进入秦宫,管事二十多年,还未曾见过被秦王罢免的丞相功臣有封爵而又传给下一代的,结果都是以被杀告终。皇帝有二十多个儿子,这些都是您所知道的。长子扶苏刚毅而且勇武,信任人而又善于激励士人,即位之后一定要用蒙恬担任丞相。很显然,您最终也是不能怀揣通侯之印退职还乡了。我受皇帝之命教育胡亥,让他学法律已经有好几年了,还没见过他有什么错误。他慈悲仁爱,诚实厚道,轻视钱财,尊重士人,心里聪明但不善言辞,竭尽礼节尊重贤士。在秦始皇的儿子中,没人能赶得上他,可以立为继承人。您考虑一下再决定。”李斯说:“您还是该干什么就干什么去吧!我李斯只执行皇帝的遗诏,自己的命运听从上天的安排,有什么可考虑决定的呢?”赵高说:“看来平安却可能是危险的,危险又可能是平安的。在安危面前不早做决定,又怎么能算是圣明的人呢?”李斯说:“我李斯本是上蔡街巷里的平民百姓,承蒙皇帝提拔,让我担任丞相,封为通侯,子孙都得到尊贵的地位和优厚的待遇,所以皇帝才把国家安危存亡的重任交给了我,我又怎么能辜负了他的重托呢?忠臣不因怕死而苟且从事,孝子不因过分操劳而损害健康,做臣子的各守各的职分而已。请您不要再说了,不要让我李斯也跟着犯罪。”赵高说:“我听说圣人并不循规蹈矩,而是适应变化,顺从潮流,看到苗头就能预知根本,看到动向就能预知归宿。而事物本来就是如此，哪里有什么一成不变的道理呢！现如今，天下的权力和命运都掌握在胡亥手里，我赵高能猜出他的心志。更何况从外部来制服内部就是逆乱，从下面来制服上面就是反叛。所以，秋霜一降花草随之凋落，冰消雪化就万物更生，这是自然界必然的结果。您怎么连这些都没看到呢？”李斯说：“我听说晋代换太子，三代不安宁；齐桓公兄弟争夺王位，哥哥被杀死；商纣杀死亲戚，又不听从臣下劝谏，都城夷为废墟，随着危及社稷；这三件事都违背天意，所以才落得宗庙没人祭祀。我李斯还是人啊，怎么能参与这些阴谋呢！”赵高说：“上下齐心协力，事业可以长久；内外配合如一，就不会有什么差错。您听从我的计策，就会长保封侯，并永世相传，一定有仙人王子乔、赤松子那样的长寿，孔子、墨子那样的智慧。现在放弃这个机会而不听从我的意见，一定会祸及子孙，足以令人心寒。善于为人处世、相机而动的人是能够转祸为福的，您想怎么办呢？”李斯仰天长叹，挥泪叹息道：“哎呀！偏偏遭逢乱世、既然已经不能以死尽忠了，将向何处寄托我的命运呢！”于是，李斯就依从了赵高。赵高便回报胡亥说：“我是奉太子您的命令去通知丞相李斯的，他怎么敢不服从命令呢！”

于是，他们就一同商议，伪造了秦始皇给丞相李斯的诏书，立胡亥为太子。又伪造了一份赐给长子扶苏的诏书说：“我巡视天下，祈祷祭祀各地名山的神灵以求长寿。现在，扶苏和将军蒙恬带领几十万军队驻守边疆，已经十几年了，不能向前进军，而士兵伤亡很多，没有立下半点功劳，反而多次上书直言诽谤我的所作所为，因不能解职回京当太子，日夜怨恨不满。扶苏作为人子而不孝顺，赐剑自杀！将军蒙恬和扶苏一同在外，不纠正他的错误，也应知道他的谋划。作为人臣而不尽忠，一同赐命自杀，把军队交给副将王离。”用皇帝的玉玺把诏书封好，让胡亥的门客捧着诏书到上郡交给扶苏。

使者到达之后，打开诏书，扶苏就哭泣起来，进入内室想自杀。蒙恬阻止扶苏说：“皇上在外，没有立下太子，派我带领三十万大军守卫边疆，公子担任监军，这是天下的重任啊。现在，只有一个使者来，您就立刻自杀，怎能知道其中没有虚假呢？希望您再请示一下，有了回答之后再死也不晚。”使者连连催促。扶苏为人仁爱，对蒙恬说：“父亲命儿子死去，还要请示什么！”立刻自杀而死。蒙恬不肯自杀，使者立刻把他交付法吏，关押在阳周。

使者回来汇报，胡亥、李斯、赵高都非常高兴。到咸阳后发布丧事，太子胡亥立为二世皇帝。任命赵高担任郎中令，常在宫中服侍皇帝，掌握大权。

秦二世在宫中闲居无事，就把赵高叫来一同商议，对赵高说：“人活在世上，就如同驾驭着六匹骏马从缝隙前飞过一样短暂。我既然已经统治天下了，想全部满足耳目方面的一切欲望，享受尽我所能想到的一切乐趣，使国家安宁，百姓欢欣，永保江山，以享天年，这种想法能行得通吗？”赵高说：“这对贤明君主来说是能够做到的，而对昏乱君主来说是应禁忌的。我冒昧地说一句不怕杀头的话，请您稍加注意一点。对于沙丘的密谋策划，各位公子和大臣都有怀疑，而这些公子都是您的兄长，这些大臣都是先帝所安置。现在，陛下您刚刚登皇位，这些人都心中怨恨不服，唯恐他们要闹事。更何况蒙恬虽已死去，蒙毅还在外面带兵。我之所以提心吊胆，只是害怕会有不好的结果。陛下您又怎么能为此而行乐呢?”二世说:“这可怎么办呢?”赵高说:“实行严峻的法律和残酷的刑罚，把犯法的和受到牵连的人统统杀死，直至灭族，杀死当朝大臣而疏远您的骨肉兄弟，让原来贫穷的人富有起来，让原来卑贱的人高贵起来。全部铲除先帝的旧臣，重新任命您信任的人并让他们在您的身边。这样就使他们从心底对您感恩戴德，根除了祸害而杜绝了奸谋，群臣都蒙受您的恩泽，他们承受着您的厚德，陛下您就可以高枕无忧，纵情享受了。没有比这更好的主意了。”二世认为赵高的话是对的，就重新修订法律。于是，群臣和公子们有罪，就交付赵高，命他审讯法办。杀死了大臣蒙毅等人，十二个公子在咸阳街头斩首示众，十个公主也在杜县被分裂肢体处死，财物没收归皇帝所有，连带一同治罪的不计其数。

公子高想外出逃命，但又怕连累家人被满门抄斩，就上书说:“先帝活着的时候，我进宫就给吃的东西，出宫就让乘车。皇帝内府中的衣服，先帝赐给我；宫中马棚里的宝马，先帝也赐给我。我本该与先帝一起死去而没做到，这是我做人子的不孝、做人臣的不忠。而不忠的人没有理由活在世上，请允许我随先帝死去，希望能把我埋在骊山脚下。只求皇上哀怜答应我。”此书上奏以后，胡亥非常高兴，叫来赵高并把此书指示给他看，说：“这可以说是窘急无奈了吧?”赵高说：“在大臣们整天担心自己死亡还来不及的时候，怎么能图谋造反呢!”胡亥答应了公子高的请求，赐给他十万钱予以安葬。

当时的法令刑罚一天比一天残酷，群臣上下人人自危，想反叛的人很多。二世又建造阿房宫，修筑直道、驰道，赋税越来越重，兵役劳役没完没了。于是，从楚地征来戍边的士卒陈胜、吴广等人就起来造反，起兵于崤山以东，英雄豪杰蜂拥而起，自立为侯王，反叛秦朝，他们的军队一直攻到鸿门才退去。李斯多次想找机会进谏，但二世不允许。二世反倒责备李斯说：“我有个看法，是从韩非子那里听来的。他说：‘尧统治天下，殿堂只不过三尺高，柞木椽子直接使用而不加砍削，茅草做屋顶而不加修剪，即使是旅店中住宿的条件也不会比这更艰苦的了。冬天穿鹿皮袄，夏天穿麻布衣，粗米作饭，野菜作汤，用土罐吃饭，用土钵喝水，即使是看门人的生活也不会比这更清寒的了。夏禹凿开龙门，开通大夏水道，又疏通多条河流，曲折地筑起多道堤防，决积水引导入海，大腿上没了白肉，小腿上没了汗毛，手掌脚底都结满了厚茧，面孔漆黑，最终还累死在外，埋葬在会稽山上，即使是奴隶的劳苦也不会比这更厉害了。’然而，把统治天下看得无比尊贵的人，其目的难道就是想操心费力，住旅店一样的宿舍、吃看门人吃的食物、干奴隶干的活计吗?这些事都是才能低下的人才努力去干的，并非贤明的人所从事的。那些贤明的人统治天下的时候，只是把天下的一切都拿来满足自己的欲望而已，这正是把统治天下看得无比尊贵的原因所在。人们所说的贤明之人，一定能安定天下、治理万民。倘若连给自己捞好处都不会，又怎么能治理天下呢！所以，我才想永远享有天下而没有祸害。这该怎么办呢？”李斯的儿子李由任三川郡守，群起造反的吴广等人向西攻占地盘，任意往来，李由不能阻止。章邯在击败并驱逐了吴广等人的军队之后，派到三川去调查的使者一个接着一个，并责备李斯身居三公之位，为何让盗贼猖狂到这种地步。李斯很是害怕，又把爵位俸禄看得很重，不知如何是好，就曲意阿顺二世的心意，想求得宽容，便上书回答二世说：

贤明的君主，必将是能够全面掌握为君之道，又对下行使督责的统治术的君主。对下严加督责，则臣子们不敢不竭尽全力为君主效命。这样一来，君主和臣子的职分一经确定，上下关系的准则也明确了，那么天下不论是有才德的还是没有才德的，都不敢不竭尽全力为君主效命了。因此，君主才能专制天下而不受任何约束，能享尽达到极致的乐趣。贤明的君主啊，又怎能看不清这一点呢！

所以，申不害先生说“占有天下要是还不懂得纵情肆欲，这就叫把天下当成自己的镣铐”这句话没有别的意思，只是讲不督责臣下，而自己反而辛辛苦苦为天下百姓操劳，像尧和禹那样，所以称之为“镣铐”。不能学习申不害、韩非的高明法术，推行督责措施，一心以天下使自己舒服快乐；而只是白白地操心费力，拼命为百姓干事，那就是百姓的奴仆，并不是统治天下的帝王，这有什么值得尊贵的呢！让别人为自己献身，就自己尊贵而别人卑贱；让自己为别人献身，就自己卑贱而别人尊贵。所以，献身的人卑贱，接受献身的人尊贵，从古到今，没有不是这样的。自古以来，之所以尊重贤人，是受尊敬的人自己尊贵；之所以讨厌不肖的人，是不肖的人自己卑贱。而尧、禹是为天下献身的人，因袭世俗的评价而予以尊重，这也就失去了之所以尊贤的用心了，这可说是绝大的错误。说尧、禹把天下当作自己的“镣铐”，不也是很合适的吗？这是不能督责的过错。

所以，韩非先生说“慈爱的母亲会养出败家的儿子，而严厉的主人家中没有强悍的奴仆”，是什么原因呢？这是由于能严加惩罚的必然结果。所以，商鞅的新法规定，在道路上撒灰的人就要判刑。撒灰于道是轻罪，而加之以刑是重罚。只有贤明的君主才能严厉地督责轻罪。轻罪尚且严厉督责，何况犯有重罪呢？所以，百姓不敢犯法。因此，韩非先生又说：“对几尺绸布，一般人见到就会顺手拿走；百镒美好的黄金，盗跖不会夺取。”并不因为常人贪心严重，几尺绸布价值极高，盗跖利欲淡泊；也不是因为盗跖行为高尚，轻视百镒黄金的重利。原因是一旦夺取，随后就要受刑，所以盗跖不敢夺取百镒黄金。若是不坚决施行刑罚的话，那么一般人也就不会放弃几尺绸布。因此，五丈高的城墙，楼季不敢轻易冒犯；泰山高达百仞，而跛脚的母羊也能放牧到山顶上。难道是楼季难以攀越五丈高的城墙，而跛脚的母羊容易爬上百仞高的泰山吗？这是因为陡峭和平缓，两者形势不同。圣明的君主之所以能久居尊位，长掌大权，独自垄断天下利益，其原因并不在于他们有什么特殊的办法，而是在于他们能够独揽大权，精于督责，对犯法的人一定严加惩处，所以天下人不敢违犯。现在不制订防止犯罪的措施，去仿效慈母养成败家子的做法，那就太不了解前代圣哲的论说了。不能实行圣人治理天下的方法，除去给天下当奴仆还能干什么呢？这不是太令人悲伤的事吗！

更何况节俭仁义的人在朝中任职，那荒诞放肆的乐趣就得中止；规劝陈说、高谈道理的臣子在身边干预，放肆无忌的念头就要收敛；烈士死节的行为受到世人的推崇，纵情享受的娱乐就要放弃。所以，圣明的君主能排斥这三种人，而独掌统治大权以驾驭言听计从的臣子，建立严明的法制，所以自身尊贵而权势威重。所有的贤明君主，都能拂逆世风、扭转民俗，废弃他所厌恶的，树立他所喜欢的。因此，在他活着的时候才有尊贵的威势，在他死后才有贤明的谥号。正因为这样，贤明的君主才集权专制，使权力不落入臣下手中，然后才能斩断仁义之路，堵住游说之口，困厄烈士的死节行为，闭目塞听，任凭自己独断专行。这样在外就不致被仁义节烈之士的行为动摇，在内也不会为劝谏争论所迷惑。因此，才能卓荦独行逞其为所欲为的心志，而没有人敢反抗。像这样，然后才可以说是了解了申不害、韩非的统治术，学会了商鞅的法制。法制和统治术都学好而明了了，天下还会大乱，这样的事我还没听说过。所以，有人说："帝王的统治术是简约易行的。"只有贤明君主才能这么做。像这样，才可以说是真正实行了督责，臣下才能没有离异之心，天下才能安定，天下安定才能有君主的尊严，君主有了尊严才能使督责严格执行，督责严格执行后君主的欲望才能得到满足，满足之后国家才能富强，国家富强了君主才能享受得更多。所以，督责之术一确立，君主就任何欲望都能满足了。群臣百姓想补救自己的过失都来不及，哪里还敢图谋造反？像这样，就可以说是掌握了帝王的统治术，也可以说了解了驾驭群臣的方法。即使申不害、韩非复生，也不能超过了。

这封答书上奏之后，二世看了非常高兴。于是，更加严厉地实行督责，向百姓收税越多的越认为是贤明的官吏。二世说："像这样才可称得上善于督责了。"当时，路上的行人有一半是受过刑的，在街市上每天都堆积着刚杀死的人的尸体，而且杀人越多的越被视为忠臣。二世说："像这样才可称得上实行督责了。"

起初，赵高在担任郎中令时，杀死的人和为了报私仇而陷害的人非常多，唯恐大臣们在入朝奏事时向二世揭露他，就劝说二世道："天子之所以尊贵，就在于大臣只能听到他的声音，而不能看到他的面容，所以才自称为'朕'。况且陛下还很年轻，未必什么事情都懂。现在坐在朝廷上，若惩罚和奖励有不妥当的地方，就会把自己的短处暴露给大臣，这也就不能向天下人显示您的圣明了。陛下不妨深居宫中，和我及熟悉法律的侍中在一起，等待大臣把公事呈奏上来，等公文一旦呈上，我们就可以研究决定。这样，大臣们就不敢把疑难的事情报上来，天下的人也就称您为圣明之主了。”二世听从了赵高的主意，就不再坐在朝廷上接见大臣，深居宫禁。赵高总在皇帝身边侍奉办事，一切公务都由赵高决定。

赵高听说李斯对此有不满的言论，就找到李斯说：“函谷关以东地区盗贼很多，而现在皇上却加紧遣发劳役修建阿房宫，搜集狗马等没用的玩物。我想劝谏，但我的地位卑贱。可实在是您丞相的事，为什么不劝谏呢?”李斯说：“确实是这样，我早就想说话了。可是，现在皇帝不临朝听政，常居深宫之中，我虽然有话想说，又不便让别人传达，想见皇帝却又没有机会。”赵高对他说：“您若真能劝谏的话，请允许我替你打听，只要皇上一有空闲，我立刻通知你。”于是，赵高趁二世在闲居娱乐，美女在前的时候，派人告丞相说：“皇上正有空闲，可以进宫奏事。”丞相李斯就到宫门求见，接连三次都是这样。二世非常生气地说：“我平时空闲的日子很多，丞相都不来。每当我在寝室休息的时候，丞相就来请示奏事。丞相是瞧不起我呢？还是以为我鄙陋?”赵高又乘机说：“您这样说话可太危险了！沙丘的密谋，丞相是参与了的。现在，陛下您已即位皇帝，而丞相的地位却没有提高，显然他的意思是想割地封王呀！如果皇帝您不问我，我不敢说。丞相的大儿子李由担任三川郡守，楚地强盗陈胜等人都是丞相故乡邻县的人，因此他们才敢公开横行，经过三川时，李由只是守城而不出击。我曾听说他们之间有书信来往，但还没有调查清楚，所以没敢向陛下报告。更何况丞相在外，权力比陛下还大。”二世认为赵高的话没错，想法办丞相，但又担心情况不实，就派人去调查三川郡守与盗贼勾结的具体情况。李斯知道了这个消息。

当时，二世正在甘泉宫观看摔跤和滑稽戏表演。李斯不能觐见，就上书揭发赵高的短处说：“我听说，臣子比同君主，没有不危害国家的；妾比同丈夫，没有不危害家庭的。现在，有的大臣擅自掌握赏罚大权，和您没有什么不同，这是非常不妥当的。从前，司城子罕当宋国丞相，自己掌握刑罚大权，用威权行事，一年之后就劫持了宋国国君，篡夺了王位。田常当齐简公的臣子，爵位高到全国无人与他相匹敌，自家的财富和公家的一样多，他行恩施惠，下得百姓的爱戴，上得群臣的拥护，暗中窃取了齐国的权力，在厅堂里杀死了宰予，又在朝廷上杀死齐简公，这样，就完全控制了齐国。这是天下人都知晓的事情。现在，赵高既有邪恶之心，又有图谋造反的行为，就如同子罕当宋国丞相时的所作所为；私人占有的财富，也正像田常在齐国那样多。他兼有田常、子罕两个人的罪恶，而又窃取了陛下您的威信，他野心就如同韩玘当韩安的宰相时一样。陛下您不早打算，我担心他迟早会发动叛乱啊。”二世说：“这是什么话？赵高原本是个宦官，但他不因处境安逸就为所欲为，也不因处境危险就改变忠心，他品行廉洁，一心向善，靠自己的努力才得到今天的地位，因忠心耿耿才被提拔，因讲信义才保住禄位，我确实认为他是贤才，而你怀疑他，这是什么原因呢？再加上我年纪轻轻就失去了父亲，没什么知识，不知如何管理百姓，而你年纪又大了，我担心与天下人隔绝了。我如果不把国事托付给赵高，还应当用谁呢？况且赵先生为人精明廉洁，竭尽其力，下能了解民情，上能顺适我的心意，请你不要怀疑。”李斯说：“并非如此。赵高从前是卑贱的人，并不懂道理，贪得无厌，求利不止，地位权势仅次于陛下，但他追求地位和权势的欲望没有止境，所以我说是很危险的。”二世早已相信了赵高，担心李斯杀掉他，就暗中把这些话告诉了赵高。赵高说：“丞相所忧虑的只有我赵高，我死之后，丞相就可以干田常所干的那些事了。”于是，二世说：“就把李斯交给你这郎中令查办吧！”

赵高查办李斯。李斯被捕后并套上刑具，关在监狱中，仰天长叹道：“哎呀！可悲啊！无道的昏君，怎么能为他出谋划策呢！从前，夏桀杀死关龙逢，商纣杀死王子比干，吴王夫差杀死伍子胥。这三个大臣，难道不忠吗！然而，免不了一死。他们虽然尽忠而死，只可惜忠非其人。现在，我的智慧赶不上这三个人，而二世的暴虐无道超过了桀、纣、夫差，我因尽忠而死，也是应该的呀。况且二世治国不是胡搞吗！不久前杀死了自己的兄弟而自立为皇帝，又杀害忠良，重用低贱的人，修建阿房宫，对天下百姓横征暴敛。并不是我不劝谏，而是他不听我的呀。凡是古代圣明的帝王饮食都有一定的节制，车马器物有一定的数量，宫殿都有一定的限度，颁布命令和办事情，增加费用而不利于百姓的一律禁止，所以才能长治久安。现在，二世对自己的兄弟施以违反常情常理的残暴手段，不考虑会有什么灾祸，迫害、杀戮忠臣，也不考虑会有什么灾殃；大力修筑宫殿，加重对天下百姓的税收，不吝惜钱财：这三个措施实行之后，天下百姓不服从。现在造反的人已占天下人的一半了，但二世心中还未觉悟，居然任用赵高为辅佐，我一定会看到盗贼攻进咸阳，使朝廷变为麋鹿嬉游的地方。”

于是，二世就派赵高审理丞相一案，对他加以惩处，查问李斯和儿子李由谋反的情状，将其宾客和家族全部逮捕。赵高惩治李斯，拷打他一千多下，李斯不能忍受痛苦的折磨，冤屈地招供了。李斯之所以不自杀而死，是他自负能言善辩，又对秦国有大功，确实没有反叛之心，希望能够上书为自己辩护，希望二世能觉悟过来并赦免他。李斯于是在监狱中上书说：“我担任丞相治理百姓，已经三十多年了。我来秦国赶上领土还很狭小。先王的时候，秦国的土地不过千里，士兵不过几十万。我用尽了自己微薄的才能，小心谨慎地执行法令，暗中派遣谋臣，资助他们金银珠宝，让他们到各国游说，暗中准备武装，整顿政治和教化，任用英勇善战的人为官，提高功臣的社会地位，给他们很高的爵位和俸禄，所以终于威胁韩国，削弱魏国，击败了燕国、赵国，削平了齐国、楚国，最后兼并六国，俘获了他们的国王，拥立秦王为天子。这是我的第一条罪状。秦国的疆域并不是不广阔，还要在北方驱逐胡人、貉人，在南方平定百越，以显示秦国的强大。这是我的第二条罪状。尊重大臣，提高他们的爵位，用以巩固他们同秦王的亲密关系。这是我的第三条罪状。建立社稷，修建宗庙，以显示主上的贤明。这是我的第四条罪状。更改尺度衡器上所刻的标志，统一度量衡和文字，颁布天下，以树立秦朝的威名。这是我的第五条罪状。修筑驰道，兴建游观之所，以显示主上志满意得。这是我的第六条罪状。减轻刑罚，减少税收，以满足主上赢得民众的心愿，使万民百姓都拥戴皇帝，至死都不忘记皇帝的恩德。这是我的第七条罪状。像我李斯这样作臣子的，所犯罪状足以处死，本来已经很久了，皇帝希望我竭尽所能，才得以活到今天，希望陛下明察。”奏书呈上之后，赵高让狱吏丢在一边而不上报，说：“囚犯怎能上书！”

赵高派他的门客十多人假扮成御史、谒者、侍中，轮流往复审问李斯。李斯改为以实对答时，赵高就让人再拷打他。后来，二世派人去验证李斯的口供，李斯以为还和以前一样，终不敢再改口供，在供词上承认了自己的罪状。赵高把判决书呈给皇帝，二世皇帝很高兴地说：“没有赵君，我几乎被丞相出卖了。”等二世派的使者到达三川调查李由时，项梁已经将他杀死。使者返回时，正当李斯已被交付狱吏看押，赵高就编造了一整套李由谋反的罪状。

二世二年（前208）七月，李斯被判处五刑，判在咸阳街市上腰斩。李斯出狱时，跟他的次子一同被押解，他回头对次子说：“我想和你再牵着黄狗一同出上蔡东门去打猎追逐狡免，又怎能办得到呢！”于是，父子二人相对痛哭，三族的人都被处死了。

李斯死后，二世任命赵高任中丞相，无论大事小事都由赵高决定。赵高自知权力过重，就献上鹿，称它为马。二世问左右侍从说：“这是鹿吧？”左右都说：“是马”。二世惊慌起来，以为自己迷惑，就把太卜召来，叫他算上一卦。太卜说：“陛下春秋两季到郊外祭祀，供奉宗庙鬼神，斋戒时不虔诚，所以才到这种地步。可依照圣明君主的样子再虔诚地斋戒一次。”于是，二世就到上林苑中去斋戒，整天在上林苑中游玩射猎。一次，有个行人走进上林苑，二世亲手把他射死。赵高就让他的女婿咸阳令阎乐出面弹劾，说是不知谁杀死了人，把尸体搬进上林苑。赵高就劝谏二世说：“天子无缘无故杀死没有罪的人，这是上帝所不允许的，鬼神也不会接受您的祭祀，上天将会降下灾祸，应该远远地离去皇宫以祈祷消灾。”二世就离开皇宫，到望夷宫去居住。

二世在望夷宫住了三天，赵高就假托二世的命令，让卫士们都穿着白色的衣服，手持兵器面向宫内，自己进宫告诉二世说：“山东各路强盗大批大批地来了！”二世上楼台观看，看到卫士拿着兵器朝向宫内，非常害怕，赵高立刻逼迫二世让他自杀。然后，取过玉玺把它带在自己身上，身边的文武百官无一人跟从；他登上大殿时，大殿有好几次都像要坍塌似的。赵高自知上天不给予他皇帝之位，群臣也不会答应，就把秦始皇的弟弟叫来，把玉玺交给了他。

子婴即位之后，担心赵高再作乱，就假称有病而不上朝处理政务，与宦官韩谈和他的儿子商量如何杀死赵高。赵高前来求见，询问病情，子婴就把他召进皇宫，命令韩谈刺杀了他，诛灭了他的三族。

子婴即位三个月，刘邦的军队就从武关打了进来，到达咸阳，文武百官都起义叛秦，不抵抗沛公。子婴和妻子儿女都用丝带系在自己脖子上，到轵道亭旁去投降。刘邦把他们交给部下官吏看押。项羽到达咸阳后把他们杀死，秦就这样失去了天下。

太史公说："李斯以一个里巷平民的身份，游历诸侯，入关侍奉秦国，抓住机会，辅佐秦始皇，终于完成统一大业。李斯位居三公之职，可以称得上很受重用了。李斯知道儒家《六经》的要旨，却不致力于政治清明，用以弥补皇帝的过失，而是凭仗他显贵的地位，阿谀奉承，随意附和，推行酷刑峻法，听信赵高的邪说，废掉嫡子扶苏而立庶子胡亥。等到各地已经群起反叛，李斯这才想直言劝谏，这不是太愚蠢了吗！人们都认为李斯忠心耿耿，反受五刑而死。但我仔细考察事情的真相，就和世俗的看法有所不同。否则的话，李斯的功绩真的要和周公、召公相提并论了。"

第七十卷　蒙恬列传第二十八

在这篇传记中，主要记述了蒙恬和他弟弟蒙毅的事迹。在秦始皇统一中国的大业中，他们的祖父蒙骜、父亲蒙武都是秦国著名的将领，为秦国攻城略地，出生入死，夺得了几十座城池，为始皇统一中国立下了汗马功劳。蒙恬做了将军，大败齐军，屡立战功。始皇兼并天下后，他又率领三十万人的庞大队伍，北逐戎狄，收复黄河以南土地，修筑长城一万余里，风风雨雨、烈日寒霜，驻守上郡十余年，威震匈奴，受到始皇的推崇和信任。蒙恬在外担当军事重任；蒙毅在内为始皇出谋划策，被誉为忠信大臣。

佞宦赵高犯罪当诛，是由蒙毅依法经办的。始皇念及赵高平常办事勤勉尽力，又赦免了他。从此结下怨仇。始皇巡游会稽，中途驾崩，封锁消息。李斯、赵高、胡亥暗中策划，迫使公子扶苏自杀，拥立胡亥为二世皇帝。赵高曾私下侍奉胡亥，深得胡亥宠幸。赵高趁机捏造罪名，日夜毁谤蒙氏，终于把蒙氏兄弟处死。

全文均以概括简练的笔法，客观地记述了蒙氏兄弟的一生事迹。使蒙氏的忠与赵高的谗佞奸诈相互对比，相互映衬，使两者形象，忠之所以忠，奸之所以奸，就更加突出、鲜明了，从而表达了作者的爱憎。

本传篇末批判了蒙恬在人心未定、痍伤者未瘳的情况下，修筑长城、驰道“阿意兴功”，而不顾百姓疾苦，表现了作者的政治态度和关心人民疾苦的思想。

【原文】

蒙恬者，其先齐①人也。恬大父②蒙骜，自齐事秦昭王③，官至上卿④。秦庄襄王⑤元年，蒙骜为秦将，伐韩⑥，取成皋、荥阳⑦，作置三川郡⑧。二年，蒙骜攻赵⑨，取三十七城。始皇三年，蒙骜攻韩，取十三城。五年，蒙骜攻魏，取二十城，作置东郡⑩。始皇七年，蒙骜卒⑪。骜子曰武，武子曰恬。恬尝书狱典文学⑫。始皇二十三年，蒙武为秦裨将军⑬，与王翦攻楚⑭，大破之，杀项燕。二十四年，蒙武攻楚，虏楚王⑮。蒙恬弟毅。

【注释】

①先：祖先。齐：前 11 世纪周武王封给姜尚的诸侯国。②大父：祖父。③事：侍奉；服事。秦昭王（前 324—前 251）：嬴稷。即秦昭襄王。前 306—前 251 年在位。④上卿：诸侯国的最高级大臣。⑤秦庄襄王（前 282—前 247）：嬴子楚。前 249—前 247 年在位。⑥韩：国名。开国君主韩虔。⑦成皋：韩邑名。古代为军事要地。在今河南省荥阳市西北汜水镇。荥阳：韩邑名。在今河南省荥阳市东北。⑧三川郡：郡

名。地在今河南省黄河以南的伊河、洛河流域。治所在雒阳（今洛阳市东北）。⑨赵：国名。开国君主赵籍。⑩东郡：郡名。地在今河南省东部和山东省西部交界地区，治所在濮阳（今河南省濮阳县西南）。⑪卒：古代称大夫死亡和年老寿终，后来作为死亡的通称。⑫书狱：学习治理刑狱的法律。典文学：担任审理狱讼的文书工作。⑬裨将军：次于主将的副将，或称偏将。⑭王翦：秦将。频阳（今陕西省富平县）人。楚：国名。⑮楚王：熊负刍。前227—前223年在位。

【原文】

始皇二十六年，蒙恬因家世得为秦将，攻齐，大破之，拜为内史[①]，秦已并天下，乃使蒙恬将三十万众北逐戎狄[②]，收河南[③]。筑长城，因地形，用制险塞[④]，起临洮[⑤]，至辽东[⑥]，延袤[⑦]万余里。于是渡河[⑧]，据阳山[⑨]，逶蛇[⑩]而北。暴师[⑪]于外十余年，居上郡[⑫]。是时蒙恬威振匈奴。始皇甚尊宠蒙氏，信任贤[⑬]之。而亲近蒙毅，位至上卿，出则参乘[⑭]，入则御[⑮]前。恬任外事而毅常为内谋[⑯]，名为忠信，故虽诸将相莫敢与之争焉。

【注释】

①内史：官名。秦朝京城的最高行政长官。②将：率领。动词。戎狄：古代泛指我国西北和北方的各部族。戎，古族名，主要居住西北地区。狄，古族名，主要居住北方。

③河南：地区名。秦汉时期指今内蒙古河套一带。④险塞：艰险阻塞的形势。⑤临洮（táo）：县名。在今甘肃省岷县。⑥辽东：郡名。地在今辽宁省大凌河以东地区。治所在襄平（今辽宁辽阳市）。⑦延袤（mào）：连绵不断。袤，南北长度。⑧河：古代黄河的专名。⑨阳山：秦汉时把阴山最西的一段称为阳山，即今内蒙古乌拉特后旗的狼山。⑩逶蛇（wēi yí）：通"逶迤"。⑪暴（pù）师：指军队经受风霜雨雪驻守在外。⑫上郡：郡名。⑬贤：认为贤能，意动用法。⑭参乘：通"骖乘"，指陪乘的人，居车之右。⑮御：侍奉。⑯内谋：为内政出谋献策。

【原文】

赵高者，诸赵[①]疏远属也。赵高昆弟[②]数人，皆生隐宫[③]，其母被刑僇[④]，世世卑贱。秦王闻高强力[⑤]，通于狱法[⑥]，举以为中车府令[⑦]。高即私事公子胡亥[⑧]，喻之决狱[⑨]。高有大罪，秦王令蒙毅法治[⑩]之。毅不敢阿[⑪]法，当[⑫]高罪死，除其宦籍。帝以高之敦[⑬]于事也，赦之，复其官爵[⑭]。

【注释】

①诸赵：指赵国王族赵氏的各支派。②昆弟：兄和弟。③隐宫：指宫刑。④刑僇：刑罚。僇，杀戮。⑤强力：指办事能力很强。⑥狱法：刑法。⑦举：推荐；选拔。中车府令：车府令是掌管皇帝出巡车辆的官吏。⑧私事：私自交结。胡亥（前230—前207）：秦二世。秦始皇少子。前210—前207年

在位。后被赵高逼迫自杀。⑨喻：开导；告诉。决狱：审理和判决诉讼案。⑩法治：依法惩治。⑪阿：歪曲；违背。⑫当：处以相当的刑罚；判罪。⑬敦：办事认真努力。⑭官爵：官职，爵位。

【原文】

始皇欲游天下，道九原[①]，直抵甘泉[②]，乃使蒙恬通道，自九原抵甘泉，堑山堙[③]谷，千八百里。道未就[④]。

【注释】

①道：道经；经过。九原：地名，在现在的内蒙古包头市西。又为郡名，地在今内蒙古包头市一带。②甘泉：山名，又为汉宫名。③堑：挖掘。堙：堵塞。④就：成功；完成。

【原文】

始皇三十七年冬，行出游会稽[①]，並[②]海上，北走琅邪[③]。道病，使蒙毅还祷[④]山川，未反[⑤]。

【注释】

①会（kuài）稽：山名。在今浙江省绍兴市东南。②並（bàng）：通“傍”。③琅邪：山名。在今山东省青岛市黄岛区南部。④祷：祭神求福。③反：通“返”。

【原文】

始皇至沙丘崩[①]，秘[②]之，群臣莫知。是时丞相李斯[③]、公子胡亥、中车府令赵高常从，高雅[④]得幸于胡亥，欲立之，又怨蒙毅法治之而不为[⑤]己也，因有贼心[⑥]，乃与丞相李斯、公子胡亥阴谋[⑦]，立胡亥为太子[⑧]。太子已立，遣使者以罪赐公子扶苏[⑨]、蒙恬死。扶苏已死，蒙恬疑而复请[⑩]之。使者以蒙恬属吏[⑪]，更置[⑫]。胡亥以李斯舍人为护军[⑬]。使者还报，胡亥已闻扶苏死，即欲释蒙恬。赵高恐蒙氏复贵而用事[⑭]，怨之。

【注释】

①沙丘：地名。在今河北省平乡县东北。崩：旧称帝王死。②秘：不公开；封锁消息。③李斯（？—前208）：楚国上蔡人。④雅：素来；一向。⑤为：帮助；卫护。⑥贼心：阴狠害人之心。⑦阴谋：暗中策划。⑧太子：确定继承皇位的皇子，一般为嫡长子。⑨扶苏：秦始皇长子。因谏阻秦始皇焚书坑儒，被派驻上郡监蒙恬军。⑩复请：再次请求申诉。⑪属：交付；委托。吏：指执法官吏。⑫更置：调换接替。⑬舍人：派有职务的门客；家臣。护军：武官名。负责调节各将领的关系。⑭用事：掌权；执政。

【原文】

毅还至，赵高因为胡亥忠计，欲以灭蒙氏，乃言曰："臣闻先帝欲举贤立太子[①]久矣，而毅谏曰'不可'。若知贤而俞[②]弗立，则是不忠而惑[③]主也。以臣愚意，不若诛之。"胡亥听而系蒙毅于代[④]。前已囚蒙恬于阳周[⑤]。丧[⑥]至咸阳，已葬，太子立为二世皇帝，而赵高亲近，日夜毁恶[⑦]蒙氏，求[⑧]其罪过，举劾[9]之。

【注释】

①先帝：指秦始皇。举贤立太子：选贤才确定太子。②若：此；其。俞：通“逾”。③惑：迷惑，蛊惑。④代：县名。在今河北省蔚县东北。⑤阳周：县名。在今陕西省子长市西北。⑥丧：指秦始皇的丧车。⑦毁恶：诽谤中伤。⑧求：寻求；寻找。⑨举劾：检举，弹劾。

【原文】

子婴[1]进谏曰：“臣闻故赵王迁杀其良臣李牧[2]而用颜聚，燕王喜阴用荆轲[3]之谋而倍秦之约，齐王建杀其故世忠臣而用后胜[4]之议。此三君者，皆各以变古者失其国而殃及其身。今蒙氏，秦之大臣谋士[5]也，而主欲一旦[6]弃去之，臣窃[7]以为不可。臣闻轻虑[8]者不可以治国，独智[9]者不可以存君，诛杀忠臣而立无节行[10]之人，是内使群臣不相信而外使斗士之意离[11]也，臣窃以为不可。”

【注释】

①子婴：嬴子婴。②赵王迁：赵迁。前235—前228年在位，为秦国所虏。李牧：赵将。赵王中了秦国的反间计，将他杀了。③燕王喜：姬喜。前254—前222年在位，为秦国所虏。荆轲：卫国人。刺客。前227年受燕太子丹派遣去行刺秦王，未成，被杀。详见《刺客列传》。④齐王建：田建。前264—前221年在位，为秦国所虏。故世忠臣：前代忠臣；元

老。后胜：齐国相。前221年秦兵攻齐，齐王建听信他的意见，向秦国投降，终于使齐国灭亡。⑤谋士：出谋献策的人。⑥一旦：一时；忽然。⑦窃：私下；私自。谦敬副词。⑧轻虑：考虑问题轻率。⑨独智：独断专行，自以为是。⑩节行：节操品行。⑪意：意志；思想。离：离散。

【原文】

胡亥不听。而遣御史曲宫乘传之[1]代，令蒙毅曰："先主欲立太子而卿难[2]之。今丞相以卿为不忠，罪及其宗[3]。朕[4]不忍，乃赐卿死，亦甚幸矣。卿其图[5]之！"毅对曰："以臣不能得先主[6]之意，则臣少宦[7]，顺幸[8]没世，可谓知意矣。以臣不知太子之能，则太子独从，周旋[9]天下，去[10]诸公子绝远，臣无所疑矣。夫[11]先主之举用太子，数年之积[12]也，臣乃何言之敢谏，何虑之敢谋！非敢饰辞[13]以避死也，为羞累先主之名，愿大夫[14]为虑焉，使臣得死情实[15]。且夫顺成全者，道之所贵[16]也；刑杀者，道之所卒[17]也。昔者秦穆公杀三良[18]而死，罪百里奚[19]而非其罪也，故立号曰'缪'[20]。昭襄王杀武安君白起[21]。楚平王杀伍奢[22]。吴王夫差杀伍子胥[23]。此四君者，皆为大失，而天下非[24]之，以其君为不明，以是籍[25]于诸侯。故曰：'用道治者不杀无罪，而罚不加于无辜。'唯[26]大夫留心！"使者知胡亥之意，不听蒙毅之言，遂杀之。

【注释】

①御史：官名。春秋战国时各国皆有御史，掌管文书和记

事。曲官：人名。传（zhuàn）：指驿站或驿站的车马。之：去到。②难（nàn）：非难；责问。③宗：宗族；族家。④朕（zhèn）：古人自称，从秦始皇起专用作皇帝的自称。⑤其：应当。祈使副词。图：图谋；考虑。⑥以：以为；认为。先主：指秦始皇。⑦少：年少时。宦：做官。⑧顺幸：顺意而得到宠幸。⑨周旋：周游。⑩去：距离；超过。⑪夫：发语词。⑫积：积累。⑬饰辞：托辞粉饰。⑭大夫：官阶名。这里作为尊称。⑮情实：实情；真相。⑯道：事物的规律；道理；道义。贵：重视；崇尚。⑰卒：唾弃。⑱秦穆公：嬴任好。前659—前621年在位。三良：三位贤臣。⑲罪：加罪；惩罚。动词。百里奚：春秋时虞国人。⑳立号曰“缪”：“缪”作为谥号用字，有两音两义：一、音义均同“穆”，是美谥；二、音义均同“谬”，是恶谥。史籍通常认为嬴任好的谥号是美谥，故多作“穆”。㉑白起：秦国郿（今陕西省眉县）人，秦将。以战功封武安君。后因与秦昭王意见不合，又遭秦将范雎忌刻，被赐死。详见《白起王翦列传》。㉒楚平王：熊居。春秋时楚国国君，前528—前516年在位。伍奢：春秋时楚国人，任太子太傅。因少傅费无忌诬陷太子，伍奢劝平王不要听谗言而疏远骨肉，平王怒，将伍奢和他的儿子伍尚一道杀死。㉓吴王夫差：春秋时吴国国君，前495—前473年在位。伍子胥：伍员。伍奢的次子。㉔非：非议；责怪。㉕籍：通“藉”，狼藉；名声不好。㉖唯：表示希望的意思。

【原文】

二世又遣使者之阳周，令蒙恬曰："君[①]之过多矣，而卿弟毅有大罪，法及[②]内史。"恬曰："自吾先人[③]，及至子孙，积功信[④]于秦三世矣。今臣将兵三十余万，身虽囚系，其势足以倍畔[⑤]，然自知必死而守义[⑥]者，不敢辱先人之教，以不忘先主也。昔周成王[⑦]初立，未离襁褓，周公旦[⑧]负王以朝，卒[⑨]定天下。及成王有病甚殆[⑩]，公旦自揃[⑪]其爪以沉于河，曰：'王未有识[⑫]，是旦执事[⑬]。有罪殃，旦受其不祥[⑭]。'乃书而藏之记府[⑮]，可谓信矣。及王能治国，有贼臣言：'周公旦欲为乱久矣，王若不备[⑯]，必有大事。'王乃大怒，周公旦走而奔于楚，成王观于记府，得周公旦沉书，乃流涕曰：'孰[⑰]谓周公旦欲为乱乎！'杀言之者而反[⑱]周公旦。故《周书》曰：'必参而伍[⑲]之。'今恬之宗，世无二心，而事卒于此，是必孽臣[⑳]逆乱，内陵[㉑]之道也。夫成王失而复振[㉒]则卒昌；桀杀关龙逢[㉓]，纣杀王子比干[㉔]而不悔，身死则国亡。臣故曰过可振而谏可觉[㉕]也，察[㉖]于参伍，上圣[㉗]之法也，凡臣之言，非以求免于咎[㉘]也，将以谏而死，愿陛下为万民思从道也。"使者曰："臣受诏[㉙]行法于将军，不敢以将军言闻[㉚]于上也。"蒙恬喟然太息曰："我何罪于天，无过而死乎？"良久[㉛]，徐[㉜]曰："恬罪固当死矣。起临洮属[㉝]之辽东，城堑[㉞]万余里，此其中不能无绝地脉[㉟]哉！此乃恬之罪也。"乃吞药自杀。

【注释】

①君：古代对男子的尊称。②法及：依法律涉及；株连。

③先人：祖先。指蒙骜、蒙武。④功信：功劳；忠信。⑤倍畔：通“背叛”。⑥义：适宜合理。这里指所谓君臣大义。⑦周成王：姬诵。西周国王。⑧襁褓：包裹婴儿的布幅被子。周公旦：姬旦。⑨卒：终于。⑩殆：危险。⑪揃（jiǎn）：剪断。⑫识：知识；识别事物的能力。⑬执事：掌管国家大事。⑭不祥：灾祸；灾难。⑮记府：收藏文书的地方；档案馆。⑯备：提防。⑰孰：谁。⑱反：通“返”，使动用法。⑲周书：指《逸周书》。参（sān）而伍之：多方咨询，反复审察。⑳孽臣：乱臣贼子。暗指赵高。㉑陵：通“凌”，侵犯；欺侮。㉒失：过失；过错。振：挽救；弥补。㉓桀：夏朝末代君主。历史上有名的暴君。后为商汤所放逐。关龙逢：夏桀的大臣，因劝谏桀而被杀。㉔纣：商朝末代君主。比干：商纣的叔父。㉕觉：觉悟；省悟。㉖察：考察；询问。㉗上圣：最英明的君主。㉘咎：灾祸；罪过。㉙诏：皇帝的命令文告。㉚闻：传报。㉛良久：很久。㉜徐：慢慢地。㉝固：本来。属：连接。㉞城：指城墙。堑：壕沟，即护城河。㉟绝地脉：古代的迷信观点，以为断绝土地脉络的人是要受上天惩罚的。

【原文】

太史公曰：吾适[①]北边，自直道[②]归，行观蒙恬所为秦筑长城亭障[③]，堑山堙谷，通直道，固轻[④]百姓力矣。夫秦之初灭诸侯，天下之心未定，痍伤者未瘳[⑤]，而恬为名将，不以此时强谏[⑥]，振[⑦]百姓之急，养老存孤，务修众庶之和[⑧]，而阿[⑨]意兴功，此其兄弟遇诛，不亦宜乎！何乃罪地脉哉？

【注释】

①适：去；到。②直道：指秦从九原直达甘泉的大道。③亭障：供防守用的堡垒。④轻：轻视；乱用。⑤痍：创伤。瘳（chōu）：痊愈。⑥强（qiǎng）谏：极力劝说。⑦振：振救；救济。⑧务：努力维护。和：和平；和睦。⑨阿：迎合；曲从。

【译文】

蒙恬，他的祖先是齐国人。蒙恬的祖父蒙骜，从齐国来到秦国侍奉秦昭王，官做到上卿。秦庄襄王元年，蒙骜担任秦国的将领，领兵攻打韩国，夺取了成皋、荥阳等地，设置了三川郡。庄襄王二年，蒙骜率兵进攻赵国，夺取了三十七个城邑。秦始皇三年，蒙骜率军攻打韩国，夺取了十三个城邑。秦始皇五年，蒙骜率军攻打魏国，攻占了二十个城邑，设置了东郡。秦始皇七年，蒙骜去世。蒙骜的儿子名叫蒙武，蒙武的儿子名叫蒙恬。蒙恬曾经学习过刑法，担任狱官，掌管狱讼的文书工作。秦始皇二十三年，蒙武担任秦国的副将，跟王翦一同去进攻楚国，大败楚军，杀死了楚将项燕。秦始皇二十四年，蒙武又率军攻打楚国，俘虏了楚王。蒙恬的弟弟名叫蒙毅。

秦始皇二十六年，蒙恬由于出身将门的关系，得以担任秦军的将领，领兵攻打齐国，大败齐军，被任命为内史。当时，秦已经兼并天下，便派遣蒙恬率领三十万大军，北上驱逐戎族和狄族，收复黄河以南的土地。修筑长城，利用地势，用来控制险要的关塞，西起临洮，东到辽东，绵延长达一万多里。此后渡过黄河，占据阳山，逶迤向北延伸。率兵宿营在野外十多年，驻守上郡。这时，蒙恬的声威震慑匈奴。秦始皇非常敬重宠信蒙氏兄弟，信任他们，赏识他们。因此，亲近蒙毅，使他官位达到上卿，外出时陪着皇帝同乘一辆车，在朝时侍奉在皇帝面前。蒙恬管理外务时，蒙毅常替他在朝内谋划，称为忠信大臣。因此，就是其他将相，也没有谁敢和他们相争。

赵高是赵国王族中疏远的亲属。赵高兄弟几个人，都出生于惩治并关押犯人的隐宫，他们的母亲受过刑罚，所以世代地位卑贱。秦始皇听说赵高有能力，精通刑狱法律，便选拔他担任中车府令。赵高就私下侍奉公子胡亥，教他学习审判案件。赵高曾犯大罪，秦始皇命令蒙毅依法惩处他。蒙毅不敢违背法律，依法判处赵高死刑，开除他的宦官籍。秦始皇认为赵高平时办事认真，就赦免了他，恢复了他的官职、爵位。

秦始皇想游历天下，取道九原郡，直达甘泉离宫，便派遣蒙恬开路，从九原郡到甘泉，辟山填谷，长达一千八百里。道路未能完成。

秦始皇三十七年冬天，启程游会稽，沿海而上，北向琅邪。途中始皇生病了，便派蒙毅回头向山川神灵祈祷。蒙毅还没有回返。

秦始皇到达沙丘就病死了，但不公开消息，大臣们都不知道。这时，丞相李斯、公子胡亥、中车府令赵高经常陪侍始皇身边。赵高一向很得胡亥的宠幸，想要拥立胡亥继承皇位，又怨恨蒙毅当初依法惩办他而没有救助他，因而有坏心眼，就跟丞相李斯、公子胡亥暗中谋划，拥立胡亥作太子。太子确立以后，就派遣使者用罪名让公子扶苏和蒙恬自杀。扶苏死后，蒙恬有所猜疑，就请求申诉。使者把蒙恬交给狱吏，派人接替了蒙恬的职务。胡亥用李斯的家臣担任护军。使者回来汇报，胡亥已经听说扶苏死了，就想要释放蒙恬。赵高唯恐蒙氏兄弟再次显贵而掌权，仍然对他们怀恨在心。

蒙毅回来了，赵高利用替胡亥竭忠的谋划，想趁机消灭蒙氏兄弟，就对胡亥说："我听说先帝想选用贤才确立太子很久了，蒙毅却劝谏说'不可以'，明知道您贤能而拖延不让立为太子，就是对您不忠而且欺骗先帝。按照我愚昧的想法，不如杀死他。"胡亥听了赵高的话，就把蒙毅囚禁在代地。以前已经把蒙恬囚禁在阳周。秦始皇的灵柩运到咸阳，安葬完毕，太子胡亥登位为二世皇帝，赵高最得亲信，日夜中伤毁谤蒙氏兄弟，搜罗他们的罪过，检举弹劾他们。

子婴进言规劝说："我听说以前赵王迁杀害他的贤臣李牧以后，任用颜聚；燕王喜暗中用荆轲的计谋，而违背燕、秦盟约；齐王建杀死他前代的忠臣，而用后胜的意见：这三位君主，都是由于各自改变本国的旧规，导致国家灭亡，而且祸殃连及自身。如今，蒙氏兄弟是秦朝的大臣、谋士，而君王想一朝抛弃他们，我私下认为不行。我听闻思虑事情轻率的人不能治理国家，不集思广益的人不能保全君位。诛杀忠臣而任用没有德行节操的人，这样对内使群臣互不信任，对外使战士的斗志涣散。我私下以为不行。"

胡亥不听从劝谏，却派遣御史曲宫乘坐驿车前往代地，命令蒙毅说："先主想要立太子，而您却难为他。如今认为您不忠诚，罪过牵连到您的家族。我不忍心，只赐您一死，也算是很幸运了。您自己考虑这件事吧！"蒙毅回答说："假如说我不能得到先帝的欢心，那么我从年轻时开始做官，顺从先帝的意旨而得到宠幸，直到先帝去世，可称得上能了解先帝的心意吧！假如说我不知道太子的才能，那么太子独自跟从先帝，周游天下，宠幸远远超过各位公子，我没有什么怀疑的地方啊！先帝选立太子，是考虑多年的结果，我还有什么话敢进谏，还有什么计策敢谋划！我不敢用粉饰言辞来逃避死罪，只是由于牵累到先帝的名誉感到羞耻，希望大夫加以考虑，使我能死于罪有应得。况且顺理成全，是道义所推重的；严刑诛杀，是道义所唾弃的。从前，秦穆公用三位贤臣殉葬，判处百里奚以不恰当的罪名，所以谥号命为缪；秦昭襄王杀死武安君白起；楚平王杀死伍奢；吴王夫差杀死伍子胥：这四位君主，都是大错特错，所以天下人都非议他们，认为这几位君王是不贤明的，所以他们在诸侯国中声名狼藉。所以说，用道义治国的人不杀害无罪的臣民，而刑罚也不加在无罪者的身上。希望大夫留意！”使者知道胡亥的意图，不听蒙毅的辩白，就杀死了他。

秦二世又派遣使者到阳周，命令蒙恬说：“您的过失够多了，而您的弟弟蒙毅有大罪，依法牵连到内史。”蒙恬说：“从我的祖先，直到子孙，在秦国建立功业和名誉已经三代了。如今，我率领三十万大军，虽然身遭囚禁，但我的势力足够反叛。然而，我之所以自知死定了还遵守节义，是不敢玷辱祖先的教诲，而且不忘怀先帝。从前周成王刚登位的时候，还是襁褓中的一个幼儿，周公姬旦身背着他朝见，终于平定了天下。等到成王有病很危险的时候，周公姬旦自己剪下指甲来投入黄河，说：‘君王年幼无知，是我姬旦管事。如若有罪过，由我姬旦承受那祸殃。’于是把话记录下来，收藏在档案馆里。这可说是竭尽忠信了。到了周成王能够治理国家时，有奸臣说：‘周公旦想要作乱已经很久了。君王如果不加防备，必定有大变故。’成王就非常恼怒，周公姬旦逃奔到楚国。成王到档案馆察看，得到了周公姬旦投指甲入黄河时的祷词记录，就流着眼泪说：‘谁说周公旦想要作乱呢?’他杀掉了进谗言的人，而让周公姬旦回来。所以，《周书》上说：‘一定要三番五次地复议。’如今我蒙氏家族，世代尽忠朝廷，没有异心，而事情结果竟然这样，这一定是因为乱臣倒行逆施，凌驾王室之上的结果。周成王虽然有过失但能补救，终于使周朝昌盛；夏桀杀死关龙逢，商纣杀死王子比干而不后悔，最终身死国亡。所以，我认为犯了过失可以补救，听从劝谏可以觉醒。三番五次地审察，是先贤的方法。我所说的话，并不是用来求得免于追究罪责，而是将要为忠言直谏而死。希望陛下能为千万百姓考虑遵从的道路。”使者说：“我受命来对将军执行刑法，不敢把将军的话转达给皇上。”蒙恬深深地叹息说：“我对上天有什么罪，无罪却得死吗?”很久，他又慢慢地说：“我蒙恬的罪过，本来就该死了！从临洮连接到辽东，筑城墙，挖沟，长达一万多里，这中间不能没有切断地脉之处啊！这就是我的罪过。”于是，吞毒药自杀了。

太史公说：“我到北部边境，从开辟的直道回来，沿途看到蒙恬为秦朝构筑的长城、堡垒，劈山填谷，连通直道，这本来就太轻视人民的财力了。当秦国刚刚兼并诸侯的时候，天下人心还没有安定，战争的创伤还没有痊愈，而蒙恬身为名将，不在这时候极力进谏，拯救人民的危难，奉养老人，抚育孤儿，致力维护百姓的安定，反而曲意逢迎，大兴土木。这样，他们兄弟被杀，不也应该吗？怎么竟归罪于地脉呢！”

第七十一卷　张耳陈馀列传第二十九

这是张耳、陈馀的合传。在这篇列传中，主要记述了他们从以敬慕为刎颈之交到反目成仇的史实，不虚美，不隐恶，采用先扬后抑的手法，使得善、恶俱张，功过分明。

本文以张耳和陈馀的相处关系为主脉，以其贤德名誉为支流，起笔就记述张耳之“贤”，陈馀“非庸人也”。他们忘年羁旅，“相与为刎颈交”。极力渲染其友谊非同一般，高尚可贵，而这友谊又是在艰苦斗争之中凝结而成：屈处监门，忍辱负重；同谒陈涉，北略赵地；共佐赵王，得为将相；邯郸脱险、兵败李良……他们共尝艰难危厄的苦辛，分享胜利与成功的欢乐，真可谓风雨同舟、荣辱与共的挚友。与此同时，作者又从不同的角度写他们的贤德与才干。秦闻二人“魏之名士”，悬重金以“购求”，陈涉闻其贤，“见即大喜”，都是从侧面表现他们声誉早已远播。为陈涉设计“据咸阳以令诸侯”而成帝业的方略，反衬他们的远见卓识。请缨北略赵地，共立武臣为王，又从正面表现他们的韬略。行文至此，作者把他们的亲密友谊与令人钦佩的贤德才能推上了峰巅。然而，笔锋陡转，突写张耳困守钜鹿，陈馀拥兵自保，不肯相救，二人友谊出现裂痕；解围之后，张耳收缴陈馀印信，造成友谊的彻底破裂。项羽分封，张耳为王，陈馀为侯，使二人矛盾激化，大动干戈，誓不两立。汉王召陈馀击楚，陈馀竟以“汉杀张耳”为条件。行文至此，什么贤名、友谊，已荡然无存，一下子又令他们跌入谷底深渊。

这种先扬后抑的手法，极其深刻地揭示了张、陈贫贱艰难之时相与诚信，显贵之后以利相倾这种前后不一的处世态度，从而生动地刻画他们的性格转变过程，发人深省，具有深刻的认识论意义。

【原文】

张耳者，大梁人也。其少时，及魏公子毋忌为客。张耳尝亡命①游外黄。外黄富人女甚美，嫁庸奴，亡其夫②，去抵父客③。父客素知张耳，乃谓女曰：“必欲求贤夫，从张耳。”女听，乃卒为请决④，嫁之张耳。张耳是时脱身游，女家厚奉给张耳，张耳以故致千里客。乃宦⑤魏为外黄令。名由此益贤。陈馀者，亦大梁人也，好儒术⑥，数游赵苦陉。富人公乘氏以其女妻⑦之，亦知陈馀非庸人也。馀年少，父事张耳，两人相与为刎颈交⑧。

【注释】

①亡命：因逃亡在外，消除本地名籍。亡，无。命，名。②亡其夫：逃离她的丈夫。一说“其夫亡”。③抵：投奔，投靠。父客：父亲旧时宾客。④请决：要求离婚。⑤宦：做官。

⑥儒术：儒家学说。⑦妻：以女嫁人。⑧刎颈交：誓同生死，患难与共，断头无悔的深厚交情。

【原文】

秦之灭大梁也，张耳家外黄。高祖为布衣[1]时，尝数从张耳游，客数月。秦灭魏数岁，已闻此两人魏之名士也，购求[2]有得张耳千金，陈馀五百金。张耳、陈馀乃变名姓，俱之陈，为里监门以自食。两人相对。里吏尝有过笞[3]陈馀，陈馀欲起，张耳蹑之[4]，使受笞。吏去，张耳乃引陈馀之桑下而数[5]之曰："始吾与公言何如？今见小辱而欲死一吏乎？"陈馀然之。秦诏书[6]购求两人，两人亦反用门者以令里中。

【注释】

①布衣：指平民百姓。古代平民穿麻布衣服，故以"布衣"代指平民。②购求：悬赏缉捕。③笞：用竹板或荆条抽打。④蹑之：指踩他的脚以示意。蹑：踩，踏。⑤数：列条数落、批评。⑥诏书：皇帝的命令文告。

【原文】

陈涉起蕲，至入陈，兵数万。张耳、陈馀上谒陈涉。涉及左右生平数闻张耳、陈馀贤，未尝见，见即大喜。

陈中豪杰父老乃说陈涉曰："将军身被坚执锐[1]，率士卒以诛暴秦，复立楚社稷[2]，存亡断绝[3]，功德宜为王。且夫监临[4]天下诸将，不为王不可，愿将军立为楚王也。"陈涉问此两人，两人对曰："夫秦为无道，破人国家，灭人社稷，绝人后世，罢[⑤]百姓之力，尽百姓之财。将军瞋目[⑥]张胆，出万死不顾一生之计，为天下除残也。今始至陈而王之，示天下私。愿将军毋王，急引兵而西，遣人立六国后[⑦]，自为树党[⑧]，为秦益敌也。敌多则力分，与众则兵强。如此野无交兵，县无守城，诛暴秦，据咸阳以令诸侯。诸侯亡而得立，以德服之，如此则帝业成矣。今独王陈，恐天下解[⑨]也。”陈涉不听，遂立为王。

【注释】

①被：通“披”，穿或披在身上。坚：坚固的铠甲。锐：锐利的兵器。②社稷：指国家。社：土神。稷：谷神。以古代帝王都祭祀社稷，后来就把社稷作为国家政权的代称。③存亡断绝：使灭亡的国家复存，并使断绝的子嗣得续。④监临：监督察看。⑤罢（pí）：使……疲困，劳乏。⑥瞋目：睁大眼睛怒视。张胆：放开胆量。⑦六国：指当时的齐、楚、燕、韩、卫、赵。后：后代。⑧树党：结为朋党。⑨解：瓦解、懈怠。

【原文】

陈馀乃复说陈王曰：“大王举梁、楚而西，务在入关，未及收河北也。臣尝游赵，知其豪杰[①]及地形，愿请奇兵北略[②]赵地。”于是陈王以故所善陈人武臣为将军，邵骚为护军，以张耳、陈馀为左右校尉，予卒三千人，北略赵地。

武臣等从白马渡河，至诸县，说其豪杰曰：“秦为乱政虐刑以残贼天下[③]，数十年矣。北有长城之役[④]，南有五岭之戍[5]，外内骚动，百姓罢敝，头会箕敛[6]，以供军费，财匮[7]力尽，民不聊生。重之以苛法峻刑，使天下父子不相安。陈王奋臂为天下倡始，王楚之地，方二千里，莫不响应，家自为怒，人自为斗，各报其怨而攻其雠[8]，县杀其令丞，郡杀其守尉。今已张大楚[9]，王陈，使吴广、周文将卒百万西击秦。于此时而不成封侯之业者，非人豪也。诸君试相与计之！夫天下同心而苦秦久矣。因天下之力而攻无道之君，报父兄之怨而成割地有土之业，此士之一时也。”豪杰皆然其言。乃行收兵，得数万人，号武臣为武信君。下[10]赵十城，余皆城守，莫肯下。

【注释】

①杰：优秀、杰出。②略：夺取，攻占。③残贼天下：残害天下百姓。贼，害。④长城之役：秦始皇三十三年（前214），大将蒙恬率军三十万人（一说五十万，又一说二十万），北筑长城。西起临洮（今甘肃省岷县），东至辽东（今辽宁省辽阳市），绵延万余里，徭役不息，民力消耗殆尽。⑤五岭之戍：始皇曾派兵五十万，为五军，一军塞镡城之岭；一军守九疑之塞；一军处番禺之都；一军守南野之界；一军结余干之水。是为五岭之戍。一说五岭为：大庾、始安、临贺、桂阳、揭阳。⑥头会箕敛：按人头向官府交纳粮食，用簸箕收敛。言赋税之重。⑦匮：缺乏，不足。⑧雠：仇敌，仇人。⑨张大楚：陈胜建立的农民政权，国号为“张楚”，这里指扩大楚国的势力。张：扩大，伸展。⑩下：攻占，降服。

【原文】

乃引兵东北击范阳。范阳人蒯通说范阳令曰："窃①闻公之将死，故吊。虽然，贺公得通而生。"范阳令曰："何以吊之?"对曰："秦法重，足下为范阳令十年矣，杀人之父，孤人之子，断人之足，黥②人之首，不可胜③数。然而慈父孝子莫敢倳刃公之腹中者④，畏秦法耳。今天下大乱，秦法不施，然则慈父孝子且倳刃公之腹中以成其名，此臣之所以吊公也。今诸侯畔⑤秦矣，武信君兵且至，而君坚守范阳，少年皆争杀君，下武信君。君急遣臣见武信君，可转祸为福，在今矣。"

【注释】

①窃：私下。②黥：古代一种肉刑。用刀在额颊等处刻字，再涂以墨。也叫墨刑。③胜：尽。④倳（zì）：通"剚"，刺入，插入。⑤畔：通"叛"，背叛，反叛。

【原文】

范阳令乃使蒯通见武信君曰："足下必将战胜然后略地，攻得然后下城，臣窃以为过矣。诚听臣之计，可不攻而降城，不战而略地，传檄①而千里定，可乎?"武信君曰："何谓也?"蒯通曰："今范阳令宜整顿其士卒以守战者也，怯而畏死，贪而重富贵，故欲先天下降，畏君以为秦所置吏，诛杀如前十城也。然今范阳少年亦方杀其令。自以城距②君。君何不赍③臣侯印，拜范阳令，范阳令则以城下君，少年亦不敢杀其令。令范阳令乘朱轮华毂④，使驱驰燕、赵郊。燕、赵郊见之，皆曰此范阳令，先下者也，即喜矣，燕、赵城可毋战而降也。此臣之所谓传檄而千里定者也。”武信君从其计，因使蒯通赐范阳令侯印。赵地闻之，不战以城下者三十余城。

【注释】

①檄：古代用于征召、晓喻或声讨的文书。②距：通“拒”，抗拒，抵御。③赍（jī）：携带。④朱轮华毂：彩饰的车子。朱轮：红漆车轮。华毂：彩绘车毂。毂：车轮中心的圆木。

【原文】

至邯郸，张耳、陈馀闻周章军入关，至戏却[1]；又闻诸将为陈王徇地[2]，多以谗毁得罪诛，怨陈王不用其策[3]不以为将而以为校尉。乃说武臣曰：“陈王起蕲，至陈而王，非必立六国后。将军今以三千人下赵数十城，独介居[4]河北，不王无以填[5]之。且陈王听谗，还报，恐不脱于祸。又不如立其兄弟；不[6]，即立赵后。将军毋失时，时间不容息[7]。”武臣乃听之，遂立为赵王。以陈馀为大将军，张耳为右丞相，邵骚为左丞相。

【注释】

①却：退却。②徇地：带兵巡行占领土地。③策：计谋。④介居：独处，独居。介：间隔，隔开。⑤填：通“镇”，安定。⑥不：相当于“否”。⑦时间不容息：时间紧迫，不容稍许停留，犹豫。间：间隔。息：呼吸。

【原文】

使人报陈王，陈王大怒，欲尽族[①]武臣等家，而发兵击赵。陈王相国房君谏曰："秦未亡而诛武臣等家，此又生一秦[②]也。不如因而贺之，使急引兵西击秦。"陈王然之，从其计，徙系[③]武臣等家宫中，封张耳子敖为成都君。

【注释】

①族：灭族。②又生一秦：又树立一个像秦国一样强大的敌人。③徙系：迁移囚禁。

【原文】

陈王使使者贺赵，令趣[①]发兵西入关。张耳、陈馀说武臣曰："王王赵，非楚意，特以计[②]贺王。楚已灭秦，必加兵于赵。愿王毋西兵，北徇燕、代，南收河内以自广。赵南据大河，北有燕、代，楚虽胜秦，必不敢制赵。"赵王以为然，因不西兵，而使韩广略燕，李良略常山，张黡略上党。

韩广至燕，燕人因立广为燕王。赵王乃与张耳、陈馀北略地燕界。赵王间出[③]，为燕军所得，燕将囚之，欲与分赵地半，乃归王。使者往，燕辄杀之以求地。张耳、陈馀患之。有厮养卒[④]谢其舍中曰："吾为公说燕，与赵王载归。"舍中皆笑曰："使者往十余辈，辄死，若何以能得王？"乃走燕壁[⑤]。燕将见之，问燕将曰："知臣何欲？"燕将曰："若欲得赵王耳。"曰："君知张耳、陈馀何如人也？"燕将曰："贤人也。"曰："知其志何欲？"曰："欲得其王耳。"赵养卒乃笑曰："君未知此两人所欲也。夫武臣、张耳、陈馀杖马箠[⑥]下赵数十城，此亦各欲南面而王，岂欲为卿相终已邪？夫臣与主岂可同日而道哉，顾其势初定，未敢参[⑦]分而王，且以少长先立武臣为王，以持赵心。今赵地已服，此两人亦欲分赵而王，时未可耳。今君乃囚赵王。此两人名为求赵王，实欲燕杀之，此两人分赵自立。夫以一赵尚易燕，况以两贤王左提右挈[⑧]，而责杀王之罪，灭燕易矣。"燕将以为然，乃归赵王，养卒为御而归。

【注释】

①趣：通"促"，急促，赶快。②计：策略。③间出：空暇外出。④厮养卒：干杂活的兵。⑤壁：营垒。指军营。⑥杖马箠：拿着马鞭子。杖：持，拿着。箠：鞭子。⑦参：三。⑧左提右挈：相互扶持，协助。

【原文】

李良已定常山，还报，赵王复使良略太原。至石邑，秦兵塞井陉，未能前。秦将诈称二世使人遗[①]李良书，不封，曰："良尝事我得显幸。良诚能反赵为秦，赦良罪，贵良。"良得书，疑不信。乃还之邯郸，益请兵。未至，道逢赵王姊出饮，从百余骑。李良望见，以为王，伏谒[②]道旁。王姊醉，不知其将，使骑谢李良。李良素贵，起，惭其从官。从官有一人曰："天下畔秦，能者先立。且赵王素出将军下，今女儿乃不为将军下车，请追杀之。"李良已得秦书，固欲反赵，未决，因此怒，遣人追杀王姊道中，乃遂将其兵袭邯郸。邯郸不知，竟杀武臣、邵骚。赵人多为张耳、陈馀耳目者，以故得脱出。收其兵，得数万人。客有说张耳曰：“两君羁旅[3]，而欲附赵，难；独[4]立赵后，扶以义，可就功。”乃求得赵歇，立为赵王，居信都。李良进兵击陈馀，陈馀败李良，李良走归章邯。

【注释】

①遗：给予，赠送。②伏谒：拜见尊者，伏地而通姓名。③羁旅：客居异乡的人。④独：唯，只能。

【原文】

章邯引兵至邯郸，皆徙其民河内，夷[1]其城郭。张耳与赵王歇走入钜鹿城，王离围之。陈馀北收常山兵，得数万人，军[2]钜鹿北。章邯军钜鹿南棘原，筑甬道属[3]河，饷[4]王离。王离兵食多，急攻钜鹿。钜鹿城中食尽兵少，张耳数使人召前陈馀，陈馀自度兵少，不敌秦，不敢前。数月，张耳大怒，怨陈馀，使张黡、陈泽往让[5]陈馀曰：“始吾与公为刎颈交，今王与耳旦暮且死，而公拥兵数万，不肯相救，安在其相为死！苟必信，胡不赴秦军俱死？且有十一二相全[6]。”陈馀曰：“吾度前终不能救赵，徒尽亡军。且馀所以不俱死，欲为赵王、张君报秦。今必俱死，如以肉委饿虎，何益？”张黡、陈泽曰：“事已急，要[7]以俱死立信，安知后虑！”陈馀曰：“吾死顾[8]以为无益。必如公言。”乃使五千人令张黡、陈泽先尝[9]秦军，至皆没。

【注释】

①夷：荡平，摧毁。②军：驻扎、驻军。③甬道：通道，

战壕。属：连接。④饷：运输军粮。⑤让：责备，责怪。⑥十一二相全：十分之一二的获胜希望。⑦要：需要。⑧顾：顾惜，顾念。⑨尝：尝试，试探。

【原文】

当是时，燕、齐、楚闻赵急，皆来救。张敖亦北收代兵，得万余人，来，皆壁[1]馀旁，未敢击秦。项羽兵数绝章邯甬道，王离军乏食，项羽悉引兵渡河，遂破章邯。章邯引兵解[2]，诸侯军乃敢击围钜鹿秦军，遂虏王离。涉间自杀。卒存[3]钜鹿者，楚力也。

【注释】

①壁：营垒。这里是驻扎、安营扎寨的意思。②解：溃退。③存：保全。

【原文】

于是赵王歇、张耳乃得出钜鹿，谢诸侯。张耳与陈馀相见，责让陈馀以不肯救赵，及问张黡、陈泽所在。陈馀怒曰："张黡、陈泽以必死责臣，臣使将五千人先尝秦军，皆没不出。"张耳不信，以为杀之，数问陈馀。陈馀怒曰："不意君之望[1]臣深也！岂以臣为重去将哉？"乃脱解印绶[2]，推予张耳。张耳亦愕不受。陈馀起如厕。客有说张耳曰："臣闻'天与不取，反受其咎[3]'。今陈将军与君印，君不受，反天不祥。急取之！"张耳乃佩其印，收其麾下[4]。而陈馀还，亦望张耳不让，遂趋[5]出。张耳遂收其兵。陈馀独与麾下所善数百人之河上泽中渔猎。由此陈馀、张耳遂有郤[⑥]。

【注释】

①望：怨恨，责备。②印绶：印信，权力凭证。绶：系印纽带。③以上二句，语见《国语·越语》，当是俗语。意思是上天赐予的不去接受，反而会遭到祸殃。咎：灾祸。④麾下：将帅的大旗之下，即部下。麾：古代用以指挥作战的旗帜。⑤趋：疾走，快步而行。⑥郤：通“隙”，缝隙。比喻感情上的裂痕。

【原文】

赵王歇复居信都。张耳从项羽诸侯入关。汉元年二月，项羽立诸侯王，张耳雅游[①]，人多为之言，项羽亦素数闻张耳贤，乃分赵立张耳为常山王，治信都。信都更名襄国。

陈馀客多说项羽曰：“陈馀、张耳一体有功于赵。”项羽以陈馀不从入关，闻其在南皮，即以南皮旁三县以封之[②]，而徙赵王歇王代。

【注释】

①雅游：久习于交游。雅，一向，素来。②《史记会注考证》引钱泰吉曰：“‘县’下‘以’字衍。《汉书》无。”

【原文】

张耳之国，陈馀愈益怒，曰：“张耳与馀功等也，今张耳王，馀独侯，此项羽不平。”及齐王田荣畔楚，陈馀乃使夏说说田荣曰：“项羽为天下宰不平，尽王诸将善地，徙故王王恶地，今赵王乃居代！愿王假[①]臣兵，请以南皮为扞蔽[②]。”田荣欲树党于赵以反楚，乃遣兵从陈馀。陈馀因悉三县兵袭常山王张耳。张耳败走，念诸侯无可归者，曰："汉王与我有旧故[3]，而项羽又强，立我，我欲之楚。"甘公曰："汉王之入关，五星聚[4]东井。东井者，秦公也[5]。先至必霸。楚虽强，后必属汉。"故耳走汉。汉王亦还定三秦[6]，方围章邯废丘。张耳谒汉王，汉王厚遇之。

【注释】

①假：借。②扞蔽：遮挡护卫的屏障。扞：护卫，遮挡。③旧故：老交情。④五星聚：也叫五星连珠。指金、木、水、火、土五大行星同时见于一方，附会为吉祥征兆。⑤以上二句的意思是，井宿的分野是秦国。古人认为地上区域的划分和天上一定的区域相对应。天区的变化预兆地上区域的吉凶。天上为分星，地上叫分野。⑥还定三秦：回师平定三秦。三秦：原秦地，后分为雍王、塞王、翟王所治。

【原文】

陈馀已败张耳，皆复收赵地，迎赵王于代，复为赵王。赵王德[1]陈馀，立以为代王。陈馀为赵王弱，国初定，不之国，留傅[2]赵王，而使夏说以相国守代。

【注释】

①德：感念恩德。②傅：辅佐。

【原文】

汉二年，东击楚，使使告赵，欲与俱。陈馀曰："汉杀张耳乃从。”于是汉王求人类张耳者斩之，持其头遗陈馀。陈馀乃遣兵助汉。汉之败于彭城西，陈馀亦复觉张耳不死，即背汉。

汉三年，韩信已定魏地，遣张耳与韩信击破赵井陉，斩陈馀泜水上，追杀赵王歇襄国。汉立张耳为赵王。汉五年，张耳薨，谥[1]为景王。子敖嗣立为赵王。高祖长女鲁元公主为赵王敖后。

【注释】

①谥：古代帝王、大臣等有地位的人，死后加的带有褒贬意义的封号。

【原文】

汉七年，高祖从平城过赵，赵王朝夕袒韝蔽[1]，自上食，礼甚卑，有子婿礼。高祖箕踞詈[2]，甚慢易[3]之。赵相贯高、赵午等年六十余，故张耳客也。生平为气[4]，乃怒曰：“吾王孱[5]王也！”说王曰：“夫天下豪杰并起，能者先立。今王事高祖甚恭[6]，而高祖无礼，请为王杀之！”张敖啮[7]其指出血，曰：“君何言之误！且先人[8]亡国，赖高祖得复国，德流子孙，秋毫[9]皆高祖力也。愿君无复出口。”贯高、赵午等十余人皆相谓曰：“乃吾等非也。吾王长者，不倍[10]德。且吾等义不辱，今怨高祖辱我主，故欲杀之，何乃污[11]王为乎？令事成归王，事败独身坐[12]耳。”

【注释】

①袒：解去外衣露出短襦。以示恭敬。韝（gōu）蔽：带

上套袖。鞲：革制的袖套，用以束衣袖、射箭或操作。②箕踞：席地而坐，伸开两足，状如簸箕。这是傲慢不敬的坐式。詈（lì）：骂，责骂。③慢易：轻慢不恭。④为气：性格豪爽，易于冲动。⑤孱：软弱。⑥今王事高祖甚恭：事出汉七年，而在直接引语中称高祖，殊失当。盖高祖为刘邦死后的庙号，当比谥号更晚。这种情况下文尚有多处。《汉书》同传中称之为"皇帝"或"帝"是对的。⑦啮：咬。⑧先人：对死去的长辈的称呼。⑨秋毫：鸟兽入秋新长出来的细微之毛。以喻微细。⑩倍：通"背"，违背。⑪污：玷污，连累。⑫坐：入罪，定罪。这里指担当所犯的罪责。

【原文】

汉八年，上[①]从东垣还，过赵，贯高等乃壁人[②]柏人，要之置厕[③]。上过欲宿，心动，问曰："县名为何？"曰："柏人。""柏人者，迫于人也！"不宿而去。

【注释】

①上：皇帝。②壁人：把人藏于夹壁墙中。③要之置厕：拦截杀死放置在隐蔽处。要：半途拦截。厕：通"侧"，旁边。引申为隐蔽处。

【原文】

汉九年，贯高怨家知其谋，乃上变告之[①]。于是上皆并逮捕赵王、贯高等。十余人皆争自刭[②]，贯高独怒骂曰："谁令公为之？今王实无谋，而并捕王；公等皆死，谁白[③]王不反者！”乃轞车胶致[4]，与王诣[5]长安。治张敖之罪。上乃诏赵群臣宾客有敢从王皆族。贯高与[6]客孟舒等十余人，皆自髡钳[7]，为王家奴，从来。贯高至，对狱[8]，曰：“独吾属[9]为之，王实不知。”吏治榜笞[10]数千，刺剟[11]，身无可击者，终不复言。吕后数言张王以鲁元公主故，不宜有此。上怒曰：“使张敖据天下，岂少而[12]女乎！”不听。廷尉以贯高事辞闻，上曰：“壮士！谁知者，以私问之。”中大夫泄公曰：“臣之邑子[13]，素知之。此固赵国立名义不侵为然诺[14]者也。”上使泄公持节问之箯舆[15]前。仰视曰：“泄公邪？”泄公劳苦如生平欢，与语，问张王果有计谋不[16]。高曰：“人情宁不各爱其父母妻子乎？今吾三族皆以论[17]死，岂以王易吾亲哉！顾为王实不反，独吾等为之。”具道本指所以为者王不知状[18]。于是泄公入，具以报，上乃赦赵王。

【注释】

①上变告之：向皇帝秘密报告贯高谋反。②刭：用刀割脖子。③白：辩白，洗刷。④轞车：带有笼子的囚车。胶致：囚笼栅槛密切牢固。致，密。⑤诣：前往；到……去。⑥贯高与：《史记会注考证》引中井积德说，此三字疑为衍文。⑦髡（kūn）钳：一种剃去头发而用铁圈束颈的刑罚。⑧对狱：回答审问。⑨属：等人，等辈。⑩榜笞：捶击，鞭打。⑪刺剟（duō）：铁器刺身体的酷刑。⑫而：你。⑬邑子：同乡人。⑭不侵：不受侵辱。然诺：答应，允诺。⑮节：符节，凭证。箯（biān）舆：竹编的舆床，类现在竹床。⑯不：相当于“否”。

⑰三族：说法不一。一说父昆弟，已昆弟，子昆弟；一说父、子、孙。此处从父母，兄弟、妻子。以：通“已”，已经。论：依法判处。⑱本指：原意。指，通“旨”。状：情况。

【原文】

上贤贯高为人能立然诺，使泄公具告之，曰：“张王已出。”因赦贯高。贯高喜曰：“吾王审[①]出乎？”泄公曰：“然。”泄公曰：“上多[②]足下，故赦足下。”贯高曰：“所以不死一身无余者，白张王不反也。今王已出，吾责已塞[③]，死不恨矣。且人臣有篡杀之名，何面目复事上哉！纵上不杀我，我不愧于心乎？”乃仰绝肮[④]，遂死。当此之时，名闻天下。

张敖已出，以尚[⑤]鲁元公主故，封为宣平侯。于是上贤张王诸客，以钳奴[⑥]从张王入关，无不为诸侯相、郡守者。及孝惠、高后、文帝、孝景时，张王客子孙皆得为二千石。

【注释】

①审：确实。②多：推重，赞美。③塞：得到补救。引申为尽到责任。④绝：断。肮：喉咙。⑤尚：高攀婚姻。这里特指娶公主为妻。⑥钳奴：遭受剃发，用铁圈束颈的人。

【原文】

张敖，高后六年薨。子偃为鲁元王。以母吕后女故，吕后封为鲁元王。元王弱，兄弟少，乃封张敖他姬子二人：寿为乐昌侯，侈为信都侯。高后崩，诸吕[①]无道，大臣诛之，而废鲁元王及乐昌侯、信都侯。孝文帝即位，复封故鲁元王偃为南宫侯，续张氏。

【注释】

①诸吕：指吕后的侄儿吕产、吕禄等人。

【原文】

太史公曰：张耳、陈馀，世传所称贤者；其宾客厮役[1]，莫非天下俊杰，所居国无不取卿相者。然张耳、陈馀始居约时[2]，相然信以死，岂顾问[3]哉。及据国争权，卒相灭亡，何乡[4]者相慕用之诚，后相倍之戾[5]也！岂非以势利交哉？名誉虽高，宾客虽盛，所由殆[6]与太伯、延陵季子异矣。

【注释】

①厮役：为人驱使的奴仆。指干勤杂活计的奴仆。②始居约时：当初贫贱不得意时。约：紧缩节俭。引申为贫贱。③顾问：顾虑，顾及。④乡：通“向”，从前，过去。⑤戾：乖张，暴戾。⑥殆：大概，恐怕。

【译文】

张耳是魏国大梁人。他年轻的时候，曾赶上作魏公子毋忌的门客。张耳曾被消除本地名籍，逃亡在外，来到外黄。外黄有一富豪人家的女儿，长得极为美丽，却嫁了一个愚蠢平庸的丈夫，就逃离了她的丈夫，去投奔她父亲旧时的宾客。她父亲的宾客平素就了解张耳，于是对美女说：“你一定要嫁个有才能的丈夫，就嫁给张耳吧。”美女听从了他的意见，终于断绝了同她丈夫的关系，改嫁给张耳。张耳这时从困窘中摆脱，广泛交游，女家给张耳供给丰厚，张耳因此招致千里以外的宾客。于是，在魏国外黄做了县令。他的名声从此更加大起来。陈馀也是魏国大梁人，爱好儒家学说，曾多次游历赵国的苦陉。一位很有钱的公乘氏把女儿嫁给他，也很了解陈馀不是一般平庸无为的人。陈馀年轻，他就像对待父亲一样侍奉张耳，两人建立了断头不悔的患难情谊。

秦国灭亡大梁时，张耳家住在外黄，汉高祖还是普通平民百姓的时候，曾多次追随张耳交往，在张耳家一住就是几个月。秦国灭亡魏国几年后，已经听说这两个人是魏国的知名人士，就悬赏拘捕，有捉住张耳的人赏给千金，捉住陈馀的人赏给五百金。张耳、陈馀就改名换姓，一起逃到陈地，充当里正卫维持生活，两人相对而处。里中小吏曾因陈馀犯了小的过失鞭打他，陈馀打算起来反抗，张耳赶快用脚踩他，示意不动接受鞭打。小吏走后，张耳就把陈馀带到桑树下，责备他说："当初和你怎么说的？如今遭到小小的屈辱，就要死在里吏身上吗？"陈馀认为他说得对。秦国发出命令文告，悬赏拘捕他俩，他俩也利用里正卫的身份向里中的居民传达上边的命令。

陈涉在蕲州起义，打到陈地，军队已扩充到几万人。张耳、陈馀求见陈涉。陈涉和他的亲信们平时多次听说张耳、陈馀有才能，只是未曾见过面，这次相见非常高兴。

陈地的豪杰父老就劝说陈涉道："将军身穿坚固的铠甲，手拿锐利的武器，率领着士兵讨伐暴虐的秦国，重立楚国的政权，使灭亡的国家得以复存，使断绝的子嗣得以延续，这样的功德，应该称王。况且要督察、率领天下各路的将领，不称王是不行的，希望将军立为楚王。”陈涉就此征求陈馀、张耳的看法，他二人回答说：“秦国无道，占领了人家的国家，毁灭了人家的社稷，断绝了人家的后代，掠尽百姓的财物。将军怒目圆睁，放开胆量，不顾万死一生，是为了替天下人除残去暴。如今刚刚打到陈地就称王，在天下人面前显出自己的私心。希望将军不要称王。赶快率兵向西挺进，派人去拥立六国的后代，作为自己的党羽，给秦国增加敌对势力。给它树敌越多，它的力量就越分散，我们的党羽越多，兵力就越强大。如果这样，就用不着在辽阔的旷野荒原上互相厮杀，也不存在坚守难攻的县城，铲除暴虐的秦国，就可以占据咸阳向诸侯发号施令。各诸侯国在灭亡后又得以复立，施以恩德感召他们。如能这样，那么帝王大业就成功了。如今只在陈地称王，恐怕天下的诸侯就会懈怠不相从了。”陈涉没听从他们的意见，于是自立称王。

陈馀再次规劝陈王说：“大王调遣梁、楚的军队向西挺进，当务之急是攻破函谷关，来不及收复黄河以北的地区。我曾遍游赵国，熟悉那里的杰出人物和地理形势，希望派一支军队，向北出其不意地夺取赵国的土地。”于是，陈王任命自己的老朋友，陈地人武臣为将军，邵骚为护军，张耳、陈馀担任左右校尉，拨给三千人的军队，向北夺取赵国的土地。

武臣等人从白马津渡过黄河，到各县对当地杰出的人物游说道：“秦国的乱政酷刑残害天下百姓，已经几十年了。北部边境有修筑万里长城的苦役，南边广征兵丁戍守五岭，国内国外动荡不安，百姓疲惫不堪，按人头收缴谷物，用簸箕收敛，用来供给军费开支，财尽力竭，民不聊生。加上严重的苛法酷刑，致使天下的父父子子不得安宁。陈王振臂而起，首先倡导天下，在楚地称王，纵横两千里，没有不响应的，家家义愤填膺，人人斗志旺盛，有怨的报怨，有仇的报仇。县里杀了他们的县令县丞，郡里杀了他们的郡守郡尉。如今已经建立了大楚国，在陈地称王，派吴广、周文率领百万大军向西攻击秦军。在这时不成就封侯大业的，不是人中的豪杰。请诸位互相筹划一番！天下所有的人一致认为，苦于秦国的暴政时间太长久了。凭着普天下的力量攻打无道昏君，报父兄的怨仇，而完成割据土地的大业，这是有志之士不可错过的时机啊。”所有的豪杰都认为这话说得很对。于是，行军作战、收编队伍，扩充到几万人的军队，武臣自己立号称武信君。攻克赵国十座城池，其余的都据城坚守，没有肯投降的。

于是，带兵朝东北方向攻击范阳。范阳人蒯通规劝范阳令说：“我私下听说您将要死了，所以前来表示哀悼慰问。虽然如此，但是还要恭贺您因为有了我蒯通而能获得复生。”范阳令说：“为什么对我哀悼慰问？”蒯通回答说：“秦国的法律非常严酷，您做了十年的范阳县令，杀死多少父老，造成多少孤儿寡母，砍断人家脚的，在人家脸上刺字的，数也数不清。然而，慈祥的父辈、孝顺的子女没有人敢把刀子插入您肚子里的原因，是害怕秦国的酷法罢了。如今天下大乱，秦国的法令不能施行了。然而，那些慈父孝子就会把利刃插进您肚子而成就他们的名声，这就是我来哀悼慰问您的原因啊。如今，各路诸侯都背叛了秦廷，武信君的人马即将到来，您却要死守范阳，年轻的人都争先要杀死您，投奔武信君。您应该迫不及待地派我去面见武信君，可以转祸为福就在而今了。”

范阳令就派蒯通去见武信君说：“您一定要打了胜仗而后夺取土地，攻破了守敌然后占领城池，我私下认为错了。您果真能听从我的计策，就可以不去攻打而使城邑降服，不通过战斗而夺取土地，只要发出征召文告就让您平定广阔的土地，可以吗?”武信君说：“你说的是什么意思?”蒯通回答说：“如今，范阳令应当整顿他的人马用来坚守抵抗。可是，他胆小怕死，贪恋财富而爱慕尊贵。所以，他本打算走在天下人的前面来投降，又害怕您认为他是秦国任命的官吏，像以前被攻克的十座城池的官吏一样被杀死。可是，如今范阳城里的年轻人也正想杀掉他，自己据守城池来抵抗您。您为什么不把侯印让我带去，委任范阳令，范阳令就会把城池献给您，年轻人也不敢杀他们的县令了。让范阳令坐着彩饰豪华的车子，奔驰在燕国、赵国的郊野。燕国、赵国郊野的人们看见他，都会说这就是范阳令，他是率先投降的啊，马上就得到如此优厚的待遇了，燕、赵的城池就可以不用攻打而投降了。这就是我说的传檄而平定广阔土地的计策。”武信君听从了他的计策，派遣蒯通赐给范阳令侯印。赵国人听到这个消息，不战而降的有三十余座城池。

到达邯郸，张耳、陈馀听说周章的部队已经进入关中，到戏水地区又败下阵来；又听说为陈王攻城略地的各路将领，多为谗言所毁，获罪被杀，又怨恨陈王不采纳他们的计谋，不能晋升为将军，而让他们做校尉。于是，就规劝武臣说："陈王在蕲县起兵，到了陈地就自立称王，不一定要拥立六国诸侯的后代。如今，将军用三千人马夺取了几十座城池，独自据有河北广大区域。如不称王，不足以使社会安定。况且陈王听信谗言，若是有人回去报告，恐怕难免祸患。还不如拥立其兄弟为王；否则，就拥立赵国的后代。将军不要失掉机会，时机紧迫，不容喘息。"武臣听从了他们的劝告，于是，自立为赵王。任用陈馀做大将军，张耳做右丞相，邵骚做左丞相。

派人回报陈王，陈王听了大发雷霆，想要把武臣等人的家族杀尽，而发兵攻打赵王。陈王的国相房君劝阻说："秦国还没有灭亡而诛杀武臣等人的家族，这等于又树立了一个像秦国一样强大的敌人。不如趁此机会向他祝贺，让他火速带领军队向西挺进，攻打秦国。"陈王认为他说得对，听从了他的计策，把武臣等人的家属迁移到宫里，软禁起来。封张耳的儿子做了成都君。

陈王派使者向赵王祝贺，让他火速调动军队向西进入关中。张耳、陈馀规劝武臣说："大王在赵地称王，这并不是楚国的本意，只不过是将计就计来祝贺大王。楚王灭掉秦国之后，一定会加兵于赵。希望大王不要向西进军，要向北发兵夺取燕、代，向南进军收缴河内，扩充自己的势力范围。这样，赵国向南依靠大河，向北拥有燕、代，楚王即使战胜秦国，也一定不敢强制赵国。”赵王认为他们讲得对，因而不向西发兵，而派韩广夺取燕地，李良夺取常山，张黡夺取上党。

韩广的军队到达燕地，燕人趁势拥立韩广做燕王。赵王就和张耳、陈馀向北进攻燕国的边界。赵王空闲外出，被燕军抓获。燕国的将领把他囚禁起来，要瓜分赵国一半土地，才归还赵王。赵国派使者前去交涉，燕军就把他们杀死，要求分割土地。张耳、陈馀为这件事忧虑重重。有一个干勤杂的士兵对他同宿舍的伙伴说：“我要替张耳、陈馀去游说燕军，就能和赵王一同坐着车回来。”同住的伙伴们都讥笑他说：“使臣派去了十几位，去了就立即被杀死，你有什么办法能救出赵王呢?”于是，他跑到燕军的大营。燕军的将领见到他，他却问燕将说：“知道我来干什么?”燕将回答说：“你打算救出赵王?”他又问：“您知道张耳、陈馀是什么样的人吗?”燕将说：“是贤明的人。”他继续问：“您知道他们的意图是什么?”燕将回答说：“不过是要救他们的赵王罢了。”赵国的勤杂兵就笑着说：“您还不了解这两个人的打算。武臣、张耳、陈馀手执马鞭指挥军队攻克了赵国几十座城池，他们各自也都想面南而称王，难道甘心终身做别人的卿相吗?做臣子和做国君难道可以相提并论吗?只是顾虑到局势初步稳定，还没有敢三分国土各立为王，权且按年龄的大小为序先立武臣为王，用以维系赵国的民心。如今，赵地已经稳定平服，这两个人也要瓜分赵地自立称王，只是时机还没成熟罢了。如今，您囚禁了赵王，这两个人表面上是为了救赵王，实际上是想让燕军杀死他，这两个人好瓜分赵国自立为王。以原来一个赵国的力量就能轻而易举地攻下燕国，何况两位贤王相互支持，以杀害赵王的罪名来讨伐，灭亡燕国是很容易的了。”燕国将领认为他说得有道理，就归还赵王，勤杂兵就替赵王驾着车子，一同归来。

李良平定常山以后，回来报告，赵王再派李良夺取太原。李良的部队到了石邑，秦国的军队已经严密地封锁了井陉，不能向前挺进。秦国的将领诈称二世皇帝派人送给李良一封信，没有封口，信中说：“李良曾经侍奉我得到显贵宠幸。李良如果能弃赵反正归秦，就饶恕李良的罪过，使李良显贵。”李良接到这封信，很怀疑。于是，兵回邯郸，请求增加兵力。还没回到邯郸，路上遇到赵王的姐姐外出赴宴而归，跟着一百多随从的人马。李良远远望见如此气魄，认为是赵王，便伏在地上通报姓名。赵王姐姐喝醉了，也不知他是将军，只是让随从的士兵答谢李良。李良一向显贵，从地上站起来，当着随从官员的面，感到很羞愧。随行官中有一个人说：“天下人都背叛暴秦，有本领的人便先立为王，况且赵王的地位一向在将军之下。而今，一个女儿家竟不为将军下车行礼，请让我追上去杀了她。”李良已经收到秦王的书信，本来就想反赵，尚未决断，又遇上这件事，因而发怒，派人追赶赵王的姐姐，杀死在道中，于是就率领着他的军队袭击邯郸。邯郸方面不了解内变，武臣、邵骚竟被杀死。赵人很多是张耳、陈馀的耳目，因此能够逃脱。收拢武臣的残破军队，得到五万人。有的宾客劝告张耳说："你们俩都是外乡人，客居在此，要想让赵国人归附，很困难；只有拥立六国时赵王的后代，以正义扶持，可以成就功业。"于是，寻访到赵歇，拥立为赵王，让他住在信都。李良进兵攻击陈馀，陈馀反而打败了李良，李良只好逃回去，投奔秦将章邯。

章邯领兵到邯郸，把城里的百姓都迁到河内，摧毁了城郭，荡平了所有的建筑物。张耳和赵王歇逃入钜鹿城，被秦将王离团团围住。陈馀在北边收集常山的残余部队几万人，驻扎钜鹿城以北。章邯的军队驻扎钜鹿城以南的棘原。修筑甬道与黄河接连，给王离运送军粮。王离兵多粮足，急攻钜鹿。钜鹿城内粮食已尽，兵力很弱，张耳多次派人召陈馀前来救援。陈馀考虑到自己的兵力不足，敌不过秦军，不敢前往。相持了几个月，不见救兵，张耳大怒，怨恨陈馀，派张黡、陈泽前去责备陈馀说："当初，我和您结为生死之交。如今，赵王和我将要死于早晚之间，而您拥兵数万，不肯相救，那同生共死的交情在哪儿呢？假如您要信守诺言，为什么不和秦军决一死战？何况还有十分之一二获胜的希望。"陈馀说："我估计即使向前进军，最终不光救不成赵，还要白白地全军覆没。况且我不去同归于尽，是还要为赵王、张先生向秦国报仇。如今，一定要去同归于尽，如同把肉送给饥饿的猛虎，有什么好处呢？"张黡、陈泽说："事已迫在眉睫，需要以同归于尽来确立诚信，哪里还顾得上以后的事呢！"陈馀说："我死没什么顾惜的，只是死而无益。但是，我一定按照二位的话去做。”就派了五千人马让张黡、陈泽带领着试攻秦军，到了前线便全军覆没了。

正当这时，燕、齐、楚听说赵国危急，都来救援。张敖也向北收聚代地的兵力一万多人赶来，都在陈馀旁边安营扎寨，却不敢攻击秦军。项羽的军队多次截断了章邯的甬道，王离的军粮缺乏，项羽率领全部军队渡过黄河，于是打败了章邯。章邯带兵溃退，各国诸侯的军队才敢攻击围困钜鹿的秦国军队，于是俘虏了王离。秦将涉间自杀身亡。最终保全钜鹿的，是楚国出的力啊。

这时，赵王歇、张耳才得以出钜鹿城，感谢各国诸侯。张耳和陈馀相见，因责备陈馀不肯救赵以及追问张黡、陈泽的下落，陈馀恼怒地说："张黡、陈泽以同归于尽责备我，我派他们带领五千人马先尝试着攻打秦军，结果全军覆没，没有一人幸免。"张耳不信，认为把他们杀了，多次追问陈馀。陈馀大怒，说："没有料到您对我的怨恨是如此深啊！难道您以为我舍不得放弃这将军的职位吗?"就解下印信，推给张耳。张耳也感到惊愕，不肯接受。陈馀站起身来上厕所了。有的宾客规劝张耳："我听说'天上的赐予不去接受，反而会遭到祸殃'。如今，陈将军把印信交给您，您不接受，违背天意不吉祥。赶快接收它！"张耳就佩带了陈馀的大印，接收了他的部下。陈馀回来，也怨恨张耳不辞让就收缴了大印，于是疾步走出去。张耳就收编了他的军队。陈馀独自和他部下亲信几百人到黄河边的湖泽打鱼捕猎去了。从此，陈馀、张耳就在感情上产生了裂痕。

赵王歇又回到信都居住，张耳跟随着项羽和其他诸侯进入关中。汉元年（前206）二月，项羽封诸侯为王，张耳向来交游很广，很多人替他说好话，项羽平常也听说张耳有才能，于是分割赵国的土地封张耳做常山王，建都于信都，并把信都改名为襄国。

陈馀旧有的宾客中很多人规劝项羽说："陈馀、张耳同样对赵国有功。"可是，项羽因为他不随从入关，又听说他在南皮，就把南皮周围的三个县封给他，把赵王歇迁都代县，改封为代王。

张耳到他的封国去，陈馀更加恼怒，说："张耳和我功劳相等，张耳封王，只有我封侯，这是项羽不公平。"待到齐王田荣背叛楚国，陈馀便派夏说去游说田荣道："项羽作为天下的主宰，却不公平，把好地方都分封给将军们去称王，把原来称王的都迁到坏地方。如今，把赵王迁居代县。希望大王借给我军队，以南皮作为您遮挡防卫的屏障。"田荣打算在赵国树立党羽用以反对楚国，就派遣了军队听从陈馀的指挥。因此，陈馀调动了所属三个县的全部军队袭击常山王张耳。张耳败逃，想到各诸侯之中没有可以投奔的，说："汉王虽然和我有老交情，可是项羽的势力强大，又是他分封的我，我想投奔楚国。"甘公说："汉王入关，五星会聚于井宿天区。井宿天区是秦国的分星。先到的，一定功成霸业。即使现在楚国强大，今后一定归属于汉。”所以，张耳决定奔汉。汉王也回师平定了三秦，正在废丘围攻章邯的军队。张耳晋见汉王，汉王以优厚的礼遇接待了他。

陈馀打败张耳以后，全部收复了赵国的土地，把赵王从代县接回来，又做了赵国的国君。赵王对陈馀感恩戴德，分封陈馀为代王。陈馀因为赵王软弱，国内局势刚刚稳定，不到封国去，留下来辅佐赵王，而派夏说以国相的身份驻守代国。

汉二年（前 205），汉王向东进击楚国，派使者通知赵国，要和赵国共同伐楚。陈馀说：“只要汉王杀掉张耳，赵国就从命。”于是，汉王找到一个和张耳长得相像的人斩首，派人拿着人头送给陈馀。陈馀才发兵助汉。汉王在彭城以西打了败仗，陈馀又觉察到张耳没死，就背叛了汉王。

汉三年，韩信平定魏地不久，就派张耳和韩信攻破了赵国的井陉，在泜水河畔杀死了陈馀，在襄国追杀了赵王歇。汉封张耳为赵王。汉五年，张耳逝世，谥号叫景王。张耳的儿子张敖接续他父亲做了赵王，汉高祖的大女儿鲁元公主嫁给赵王敖做王后。

汉七年，高祖从平城经过赵国，赵王脱去外衣，戴上袖套，从早到晚亲自侍奉饮食，态度很谦卑，颇有子婿的礼节。高祖却席地而坐，像簸箕一样，伸开两只脚责骂，对他非常傲慢。赵国国相贯高、赵午等人都已六十多岁了，原是张耳的宾客，他们的性格生平豪爽、易于冲动，就愤怒地说：“我们的国王是懦弱的国王阿！”他们就规劝赵王说：“当初天下豪杰并起，有才能的先立为王。如今，您侍奉高祖那么恭敬，而高祖对您却粗暴无礼，请让我们替您杀掉他！”张敖听了，便把手指咬出血来，说：“你们怎么说出这样的错话！况且先父亡了国，是依赖高祖才能够复国，恩德泽及子孙，所有一丝一毫都是高祖出的力啊，希望你们不要再开口。”贯高、赵午等十多人都相互议论说：“都是我们的不对。我们的王有仁厚长者的风范，不肯背负恩德。况且我们的原则是不受侮辱，如今怨恨高祖侮辱我王，所以要杀掉他，为什么要玷污了我们的王呢？假使事情成功了，功劳归王所有，失败了，我们自己承担罪责！”

汉八年，皇上从东垣回来，路过赵国。贯高等人在柏人县馆舍的夹壁墙中隐藏武士，想要拦截杀死他，放到隐蔽的地方。皇上经过那里想要留宿，心有所动，就问道：“这个县的名称叫什么？”回答说：“柏人。”“柏人，是被别人迫害啊！”没有留宿就离开了。

汉九年，贯高的仇人知道他的计谋，就向皇上秘密报告贯高谋反。于是，把赵王、贯高等人同时逮捕，十多人都要争相刎颈自杀，只有贯高愤怒地骂道：“谁让你们自杀？如今这事，大王确实没有参与，却要一块逮捕；你们都死了，谁替大王辩白没有反叛的意思呢！”于是，被囚禁在栅槛密布而又坚固的囚车里和赵王一起押送到长安。审判张敖的罪行。皇上向赵国发布文告说群臣和宾客有追随赵王的全部灭族。贯高和宾客孟舒等十多人，都自己剃掉头发，用铁圈锁住脖子，装作赵王的家奴跟着赵王来京。贯高一到，出庭受审，说："只有我们这些人参与了，赵王确实不知。"官吏审讯，严刑鞭打几千下，用烧红的铁条去刺，身上没有一处是完好的，但始终再没说话。吕后几次说张敖因为鲁元公主的缘故，不会有这种事，皇上愤怒地说："若是让张敖占据了天下，难道还会考虑你的女儿吗！"不听吕后的劝告。廷尉把审理贯高的情形和供词报告皇上，皇上说："真是壮士啊！谁了解他，通过私情问问他。"中大夫泄公说："我和他是同乡，一向了解他。他本来就是为赵国树名立义、不肯背弃承诺的人。"皇上派泄公拿着符节到舆床前问他。贯高仰起头看看说："是泄公吗?"泄公慰问、寒暄，像平常一样和他交谈，问张敖到底有没有参与这个计谋。贯高说："人的感情，有谁不爱他的父母妻子呢？如今，我三族都因为这件事已被判处死罪，难道会用我亲人的性命去换赵王吗！但是，赵王确实没反，只有我们这些人参与了。"他详细地说出了之所以要谋杀皇上的本意和赵王不知内情的情状。于是，泄公进宫，把了解的情况详细地作了报告。皇上便赦免了赵王。

皇上赞赏贯高是讲信义的人，就派泄公把赦免赵王的事告诉他，说："赵王已从囚禁中释放。"因此，也赦免贯高。贯高喜悦地说："我们赵王确实被释放了吗?"泄公说："是。"泄公又说："皇上称赞您，所以赦免了您。"贯高说："我被打得体无完肤而不死的原因，是为了辩白张敖王确实没有谋反。如今，张王已被释放，我的责任已得到补救，死了也不遗憾啦。况且为人臣子有了篡杀的名声，还有什么脸面再侍奉皇上呢！纵然皇上不杀我，我的内心不惭愧吗?”于是，仰起头来卡断咽喉而死。就在这时，他已经在天下闻名了。

张敖被释放不久，以娶鲁元公主的缘故，被封为宣平侯。于是，皇上称赞张敖的宾客，凡是以钳奴身份跟随张王入关的，没有不做到诸侯、卿相、郡守的。一直到孝惠、高后、文帝、孝景帝时，张王宾客的子孙们都做到二千石俸禄的高官。

张敖，在高后六年（前182）逝世。张敖的儿子张偃被封为鲁元王。又因张偃的母亲是吕后女儿的缘故，吕后封他做鲁元王。元王弱，兄弟少，就分封张敖其他姬妾生的两个儿子：张寿为乐昌侯，张侈为信都侯。高后逝世后，吕氏族人为非作歹，不走正道，被大臣们诛杀了，而且废掉了鲁元王及乐昌侯、信都侯。孝文帝即位后，又分封原来鲁元王张偃为南宫侯，延续张氏的后代。

太史公说：“张耳、陈馀在社会传说中都是贤能的人；他们的宾客奴仆，没有不是天下的英雄豪杰，在所居国，没有不取得卿相地位的。然而，当初张耳、陈馀贫贱不得志时，彼此信任，誓同生死，难道不是义无反顾的吗？等他们有了地盘，争权夺利的时候，最终还是相互残杀，恨不是把对方消灭。为什么以前是那样真诚地相互倾慕、信任，而后来又相互背叛，彼此的态度是那样乖张、暴戾呢？难道不是为了权势、利害相互交往吗？虽然他们的名誉高、宾客多，而他们的作为恐怕和吴太伯、延陵季子相比，就大相径庭了。”

全新足本·精注全译

捌

史记

【西汉】司马迁◎著

石磊◎主编

中国文史出版社

目录

第七十二卷　魏豹彭越列传第三十

这一篇是魏豹、彭越的合传。《史记》中的合传，多以类相从。他们都曾在魏地，都曾“故贱”，“南面称孤”，心怀二志导致身首异地：这是他们命运的相似之处。但是，作者对二人的处理，其笔法有明显的差异。

首先，是详略不均。叙魏豹略，有如蜻蜓点水，笔墨极省。写彭越详，宛若泼墨成画，笔墨饱和而酣畅，是极富功力的。

其次，是侧重点不同。写魏豹侧重于反复无常，时反时从。郦生说魏豹一节，则通过魏豹之口，道出汉王“慢而侮人”“非有上下礼节”的待人态度，正与豹之反复叛汉为因果。写彭越重在记述其功。从沛公击昌邑始，他就助汉击楚，于济阴大破楚军，得魏地十余城。其后又复下昌邑二十余城，“得谷十余万斛，以给汉王食”。最后率师大会垓下，攻破楚军，立为梁王。他“席卷千里，南面称孤，喋血乘胜日有闻矣”。太史公的赞语，对功名闻天下的彭越是十分中肯的。

《史记》中的许多故事写得悲壮惨烈，从而带有浓重的悲壮色彩和悲壮的气氛，形成悲剧性的历史人物。彭越以他卓越的军事才能，攻城略地，屡立战功，不怕挫折，辗转南北，一生轰轰烈烈，仅仅因汉王征兵未亲自前往，就获罪汉王，又被吕后设下圈套，遭到夷其宗族的可悲下场。作者给予悲壮美的描写，产生悲壮美的效果。而魏咎，在兵临城下的紧迫关头，他为百姓身家性命的安全着想，提出降服条件，谈判成功后自焚而死，给人以气概豪迈、悲壮慷慨的感受。

【原文】

魏豹者，故魏诸公子[①]也。其兄魏咎，故魏时封为宁陵君。秦灭魏，迁咎为家人[②]。陈胜之起王也，咎往从之。陈王使魏人周市徇[③]魏地，魏地已下，欲相与立周市为魏王。周市曰："天下昏乱，忠臣乃见。今天下共畔[④]秦，其义必立魏王后乃可。"齐、赵使车各五十乘[⑤]，立周市为魏王。市辞不受，迎魏咎于陈，五反[⑥]，陈王乃遣立咎为魏王。

章邯已破陈王，乃进兵击魏王于临济。魏王乃使周市出请救于齐、楚。齐、楚遣项它、田巴将兵随市救魏。章邯遂击破杀周市等军，围临济。咎为其民约降[⑦]。约定，咎自烧杀[⑧]。

【注释】

①诸公子：贵族子弟。②家人：平民百姓。③徇：攻占，夺取。④畔：通"叛"，背叛，叛乱。⑤乘（shèng）：古代一车四马叫乘。此指兵车、战车。⑥反：通"返"，返回。⑦约降：约定条件而后降。⑧烧杀：焚身而死。

【原文】

魏豹亡走楚。楚怀王予魏豹数千人，复徇魏地。项羽已破秦，降章邯。豹下魏二十余城，立豹为魏王。豹引精兵从项羽入关。汉元年，项羽封诸侯，欲有梁地，乃徙魏王豹于河东，都平阳，为西魏王。

汉王还定三秦[1]，渡临晋，魏王豹以国属焉，遂从击楚于彭城。汉败，还至荥阳，豹请归视亲病，至国，即绝河津[2]畔汉，汉王闻魏豹反，东方忧楚，未及击，谓郦生曰："缓颊[3]往说魏豹，能下[4]之，吾以万户侯封若。"郦生说[5]豹，豹谢曰："人生一世间，如白驹过隙[6]耳。今汉王慢而侮人，骂詈[7]诸侯群臣如骂奴耳，非有上下礼节也，吾不忍复见也。"于是汉王遣韩信击虏豹于河东，传诣[8]荥阳，以豹国为郡。汉王令豹守荥阳。楚围之急，周苛遂杀魏豹。

【注释】

①还定三秦：回师平定三秦，三秦，原秦地，后分封给雍王、塞王、翟王所治。②绝：断绝。津：渡口。③缓颊：婉言劝解或代人说情。④下：引申为说服。⑤说：劝说，说服。⑥白驹过隙：极言光阴迅速，就像日影透过墙壁的空隙一样。白驹，犹日影。一说像骏马飞驰过狭窄的通道。⑦詈（lì）：骂，责骂。⑧传（zhuàn）诣：乘坐着驿站的车子到……去。传：驿车。

【原文】

彭越者，昌邑人也，字仲。常渔[1]钜野泽中，为群盗。陈胜、项梁之起，少年或谓越曰："诸豪桀[2]相立畔秦，仲可以来，亦效之。"彭越曰："两龙方斗，且待之。"

【注释】

①渔：打鱼。②桀：优秀，杰出。

【原文】

居岁余，泽间少年相聚百余人，往从彭越，曰："请仲为长。"越谢曰："臣不愿与诸君。"少年强请，乃许。与期旦日[1]日出会，后期[2]者斩。旦日日出，十余人后，后者至日中。于是越谢曰："臣老，诸君强以为长。今期而多后，不可尽诛，诛最后者一人。"令校长斩之。皆笑曰："何至是？请后不敢。"于是越乃引[3]一人斩之，设坛祭[4]，乃令徒属[5]。徒属皆大惊，畏越，莫敢仰视。乃行略[6]地，收诸侯散卒，得千余人。

【注释】

①旦日：明天。②后期：误期，迟到。③引：拉，拽过来。④坛祭：在高台上祭奠。⑤徒属：徒众，众属。⑥略：攻占，夺取。

【原文】

沛公之从砀北击昌邑，彭越助之。昌邑未下，沛公引兵西。彭越亦将其众居钜野中，收魏散卒。项籍入关，王[1]诸侯，还归，彭越众万余人毋[2]所属。汉元年秋，齐王田荣畔项王，汉乃使人赐彭越将军印，使下济阴以击楚。楚命萧公角将兵击越，越大破楚军。汉王二年春，与魏王豹及诸侯东击楚，彭越将其兵三万余人归汉于外黄。汉王曰："彭将军收魏地得十余城，欲急立魏后。今西魏王豹亦魏王咎从弟也，真魏后。”乃拜彭越为魏相国，擅[3]将其兵，略定梁地。

【注释】

①王：分封为王。②毋：无，没有。③擅：专，独揽。

【原文】

汉王之败彭城解而西也，彭越皆复亡其所下城，独将其兵北居河上。汉王三年，彭越常往来为汉游兵[1]，击楚，绝其后粮于梁地。汉四年冬，项王与汉王相距荥阳，彭越攻下睢阳、外黄十七城。项王闻之，乃使曹咎守城皋，自东收彭越所下城邑，皆复为楚。越将其兵北走穀城。汉五年秋，项王之南走阳夏，彭越复下昌邑旁二十余城，得谷十余万斛[2]，以给汉王食。

【注释】

①游兵：流动出击。②斛：容量单位，十斗为一斛。

【原文】

汉王败，使使召彭越并力击楚。越曰：“魏地初定，尚畏楚，未可去。”汉王追楚，为项籍所败固陵。乃谓留侯曰：“诸侯兵不从，为之奈何？”留侯曰：“齐王信之立，非君王之意，信亦不自坚。彭越本定梁地，功多，始君王以魏豹故，拜彭越为魏相国。今豹死毋后，且越亦欲王，而君王不蚤[1]定。与此两国约：即胜楚，睢阳以北至穀城，皆以王彭相国；从陈以东傅海[2]，与齐王信。齐王信家在楚，此其意欲复得故邑。

君王能出捐[3]此地许二人，二人今可致；即不能，事未可知也。”于是汉王乃发使使彭越，如留侯策。使者至，彭越乃悉引兵会垓下，遂破楚。项籍已死。春，立彭越为梁王，都定陶。

【注释】

①蚤：通“早”。②傅海：沿海一带土地。傅，通“附”，附着，靠近。③捐：抛弃，放弃。

【原文】

六年，朝[1]陈。九年，十年，皆来朝长安。

十年秋，陈豨反代地，高帝自往击，至邯郸，征兵梁王。梁王称病，使将将兵诣邯郸。高帝怒，使人让[2]梁王。梁王恐，欲自往谢。其将扈辄曰：“王始不往，见让而往，往则为禽[3]矣。不如遂发兵反。”梁王不听，称病。梁王怒其太仆，欲斩之。太仆亡走汉，告梁王与扈辄谋反。于是上使使掩[4]梁王，梁王不觉，捕梁王，囚之雒阳。有司治反形已具[5]，请论如法[6]。上赦以为庶人，传处蜀青衣。西至郑，逢吕后从长安来，欲之雒阳，道见彭王，彭王为吕后泣涕，自言无罪，愿处故昌邑。吕后许诺，与俱东至雒阳。吕后白[7]上曰：“彭王壮士，今徙[8]之蜀，此自遗患，不如遂诛之。妾谨与俱来。”于是吕后乃令其舍人[9]告彭越复谋反。廷尉王恬开奏请族[10]之。上乃可，遂夷[11]越宗族，国除[12]。

【注释】

①朝：朝拜，朝见。②让：指责，责备。③为禽：被

拘捕。禽，通“擒”，擒拿，捕捉。④掩：乘人不备而进袭或逮捕。⑤有司：专管某一方面的官吏。反形已具：谋反的证据已具备。⑥论如法：依法判处。论，判罪。⑦白：下对上告诉，陈述。⑧徙：迁移。⑨舍人：侍从或宾客。⑩奏：进言或上书。族：灭族。⑪夷：诛杀，消灭。⑫国除：封国被废除。

【原文】

太史公曰：魏豹、彭越虽故贱，然已席卷[①]千里，南面称孤，喋血[②]乘胜日有闻矣。怀畔逆之意，及败，不死[③]而虏囚，身被刑戮[④]，何哉？中材已[⑤]上且羞其行，况王者乎！彼无异故，智略绝人，独患无身耳[⑥]。得摄尺寸之柄[⑦]，其云蒸龙变[⑧]，欲有所会其度[⑨]，以故幽囚而不辞云。

【注释】

①席卷：像卷席一样全部占有。②喋血：形容经过激战而流血很多。③不死：不自杀。④戮：斩，杀。⑤已：通“以”。⑥以上二句意思是说智慧、谋略高人一筹，只怕不能保全自己的性命。⑦尺寸之柄：比喻极小的权力。柄：权柄。⑧云蒸龙变：云气蒸腾，蛟龙变幻。比喻政治风云变幻。⑨会其度：施展他们的作为，实现他们的愿望。

【译文】

魏豹原是六国时魏国的公子。他的哥哥叫魏咎，原来魏国时被封为宁陵君。秦国灭亡魏国，就把他放逐外地废作平民百姓。陈胜起义称王，魏咎前往追随他。陈王派魏国人周市带兵夺取魏国的土地，魏地被攻占后，大家互相商量，想要拥立周市为魏王。周市说："天下混乱，忠臣才能显现。现在天下都背叛秦国，从道义上讲，一定要拥立魏王的后代才可以。"齐国、赵国各派战车五十辆，协助周市做魏王。周市辞谢不肯接受，却到陈国迎接魏咎。往返五次，陈王才答应把魏咎放回去立为魏王。

章邯打败陈王不久，于是进兵临济攻击魏王，魏王派周市到齐国、楚国请求救兵。齐、楚派遣项它、田巴带领着军队跟随周市援救魏国。章邯竟然击败了援军，杀死了周市，包围了临济。魏咎为了他的百姓身家性命的安全，提出降服的条件。谈判成功，魏咎就自焚而死。

魏豹逃往楚国，楚怀王给了魏豹几千人马，回去夺取魏地。这时，项羽已经打败了秦军，降服了章邯。魏豹接连攻克了二十多座城池。项羽就封魏豹做了魏王。魏豹率领精锐部队跟着项羽入关了。汉元年，项羽分封诸侯，自己打算占有梁地，就把魏王豹迁往河东，建都平阳，封为西魏王。

汉王回师平定了三秦，从临晋率兵横渡黄河，魏豹就把整个国家归属汉王，于是跟随汉王攻打彭城。汉王战败，回师荥阳，魏豹请假回家探望老人病情，回国后，就马上断绝了黄河渡口，背叛了汉王。汉王虽然听到魏豹反叛的消息，可是正在忧虑东边的楚国，来不及攻打他，就对郦生说：“你去替我婉言劝说魏豹，如果能说服他，我就封你为万户侯。”郦生就前去游说魏豹。魏豹婉转地拒绝说：“人生一世是非常短促的，就像日影透过墙壁的空隙那样迅速。如今，汉王对人傲慢而侮辱，责骂诸侯群臣如同责骂奴仆一样，一点也没有上下的礼节，我没法忍耐着去见他。”于是，汉王派韩信去攻打魏豹，在河东俘虏了魏豹，让他坐着驿站的车子押送到荥阳，把魏豹原有的国土改制为郡。汉王命令魏豹驻守荥阳。当楚军围攻紧的时候，周苛就把魏豹杀了。

彭越是昌邑人，别号彭仲。常在钜野湖泽中打鱼，伙同一帮人做强盗。陈胜、项梁揭竿而起，有的年轻人就对彭越说：“很多豪杰都争相竖起旗号，背叛秦朝，你可以站出来，咱们也效仿他们那样干。”彭越说：“现在两条龙刚刚搏斗，还是等一等吧。”

过了一年多，泽中年轻人聚集了一百多，前去追随彭越，说：“请你做我们的首领。”彭越拒绝说：“我不愿和你们一块干。”年轻人们执意请求，他才答应了。跟他们约好明天太阳出来集合，迟到的人杀头。第二天太阳出来的时候，迟到的有十多人，最后一个人直到中午才来。当时，彭越很抱歉地说：“我老了，你们执意要我当首领。现在，约定好的时间而有很多人迟到，不能都杀头，只杀最后来的一个人。”命令校长杀掉他。大家都笑着说：“何必这样呢，今后不敢再迟到就是了。”于是，彭越就拉过最后到的那个人杀了。设置土坛，用人头祭奠，号令所属众人。众人都大为震惊，害怕彭越，没有谁敢抬头看他。于是，就带领大家出发夺取土地，收集诸侯逃散的士兵，有一千多人。

沛公从砀北上攻击昌邑，彭越援助他。昌邑没有攻下来，沛公带领军队向西进发。彭越也领着他的人马驻扎钜野泽中，收编魏国逃散的士兵。项籍进入关中，分封诸侯后，就回去了。彭越的部队已发展到一万多人，却没有归属。汉元年秋天，齐王田荣背叛项王，就派人赐给彭越将军印信，让他进军济阴攻打楚军。楚军命令萧公角率兵迎击彭越，却被彭越打得大败。汉王二年春天，汉王和魏王豹以及各路诸侯向东攻打楚国，彭越率领他的部队三万多人在外黄归附汉王。汉王说：“彭将军收复魏地十几座城池，急于拥立魏王的后代。如今，魏王豹是魏王咎的堂弟，是真正魏王的后代。”他就任命彭越做魏国国相，独揽兵权，平定梁地。

汉王在彭城战败，向西溃退。彭越把他攻占的城池又都丢掉，独自带领他的军队向北驻守黄河沿岸。汉王三年，彭越经常往来出没替汉王游动出兵，攻击楚军，在梁地断绝他们的后援粮草。汉四年冬，项王和汉王在荥阳相持，彭越攻下睢阳、外黄等十七座城邑。项王听到这个消息，就派曹咎驻守城皋，亲自向东收复了彭越攻克的城邑，又都归复楚国所有。彭越带着他的队伍北上榖城。汉五年秋，项王的军队向南撤退到阳夏。彭越又攻克昌邑旁二十多个城邑，缴获谷物十多万斛，用作汉王的军粮。

汉王打了败仗，派使者叫彭越合力攻打楚军。彭越说："魏地刚刚平定，还畏惧楚军，不能前往。"汉王举兵追击楚军，却被项籍在固陵战败。他便对留侯说："诸侯的军队不跟着来参战，可怎么办呢？"留侯说："齐王韩信自立，不是您的本意，韩信自己也不放心。彭越本来平定了梁地，战功累累，当初您因为魏豹的缘由，只任命彭越做魏国的国相。如今，魏豹死后又没有留下后代，何况彭越也打算称王，而您却没有提早作出决断。您应当和两国约定：假如战胜楚国，睢阳以北到榖城的土地，都分封给彭相国为王；从陈以东的沿海地区，分封给齐王韩信。齐王韩信的家乡在楚国，他的本意是想再得到自己的故乡。您若是能拿出这些土地答应分给二人，这两个人很快就能率兵赶到。若不能这么做，结果如何可就不好说了。"于是，汉王派出使者到彭越那里，按照留侯的策划行事。使者一到，彭越就率领全部人马在垓下和汉王的军队会师，于是大败楚军。项籍已死。那年春天，封彭越为梁王，建都定陶。

汉六年（前201），彭越到陈地，朝见汉高祖。九年，十年，都来长安朝见。

汉十年秋天，陈豨在代地造反。汉高帝亲自率领部队前去讨伐，到达邯郸，向梁王征兵。梁王说患病，派出将领带着军队到邯郸。高帝很生气，派人去责备梁王。梁王很害怕，打算亲自前往谢罪。他的部将扈辄说："大王当初不去，被他责备了才去，去了就会被捕。不如就此出兵造反。"梁王不听从他的意见，仍然说患病。梁王对他的太仆很生气，打算杀掉他。太仆慌忙逃到汉高帝那儿，控告梁王和扈辄阴谋反叛。于是，皇上派使臣出其不意地袭击梁王，梁王不曾察觉，逮捕了梁王，把他囚禁在洛阳。经主管官吏审理，认为他谋反的罪证具备，请求皇上依法判处。皇上赦免了他，废为平民百姓，流放到蜀地青衣县。向西走到郑县，正赶上吕后从长安来，打算前往洛阳，路上遇见彭王。彭王对着吕后哭泣，亲自分辩没有罪行，希望回到故乡昌邑。吕后答应下来，和他一块向东去洛阳。吕后向皇上陈述说："彭王是豪壮而勇敢的人，如今把他流放蜀地，这是给自己留下祸患，不如杀掉他。所以，我带着他一起回来了。"于是，吕后就让彭越的门客告他再次阴谋造反。廷尉王恬开呈报请诛灭彭越家族，皇上就批准，于是诛杀了彭越，灭其家族，封国被废除。

太史公说："魏豹、彭越虽然出身贫贱，然而他们像卷席子一样，占有了千里广阔的土地，南面称王，他们踏着敌人的血迹乘胜追击，名声一天天地显扬。胸怀叛逆的心志，等到失败，没能杀身成名而甘当阶下囚徒，以致本身被杀戮，为什么呢？中等才智以上的人尚且为他们的行为感到羞耻，何况称王道孤的人呢！他们之所以忍辱不死，没有别的缘故，由于他们的智慧、谋略高人一筹，只担心不能保全自身的性命。只要他们能掌握一点点权力，其政治风云变幻，就能施展他们的作为，因此被囚禁起来而不逃避啊。”

第七十三卷　黥布列传第三十一

本传主要记述了黥布富于传奇色彩的一生。他在项羽领导的起义大军中，是个屡建奇功的战将，勇冠三军，“常为军锋”。然而，他为项羽坑秦卒、杀义帝，又是行不义、施暴虐的帮凶。战场上叱咤风云，生活上却又因疑生妒，终于惹祸杀身。他就是这样一个难以捉摸的奇人。

作者着笔，落墨生奇。英布犯法黥面，本来是灾祸及身，他却“欣然笑曰：‘人相我当刑而王，几是乎？’”为初验相士之言而高兴，真是奇人奇语，使“奇气”开始就笼罩全篇。江洋大盗出身的黥布响应陈胜起义，兵不过数千。当秦军消灭陈胜，挫败吕臣时，他却引军击秦获胜，又是一奇。投奔项氏，常为军中冠军。“楚兵常胜，功冠诸侯。诸侯兵皆以服属楚者，以布数以少败众也。”可见他用兵也奇。他升迁也奇，很快即被项羽立为九江王。至此，相士的奇语便完全“应验”了。作品的结构严整而紧密，无懈可击。

作者还以奇妙的手法，描写了黥布与项羽、刘邦的关系。项羽令布坑秦卒、杀义帝，他毫无是非之辨，忠实执行，可谓毫无二心。但项羽击齐，征兵九江，他却“称病不往”，仅派几千人马前去敷衍，奇人又做出奇事。终于使随何利用他和项羽间出现的裂痕，乘隙而入，以致不得不叛楚归汉。他牵制楚军数月而兵败，只身与随何间行归汉。刘邦召见他时，却踞床洗足，令人倍感新鲜奇特。黥布被羞辱得怒悔交集，几欲自杀。回到宾馆，见“帐御饮食从官如汉王居”，又使黥布“大喜过望”。以奇法制奇人，可见刘邦深谙“对症下药”的真谛。以奇笔生奇华，又足见太史公奇笔下的功力。

【原文】

黥布者，六人也，姓英氏。秦时为布衣①。少年，有客相②之曰：“当刑而王。”及壮，坐法黥③。布欣然笑曰：“人相我当刑而王，几④是乎？”人有闻者，共俳笑⑤之。布已论⑥输丽山，丽山之徒数十万人，布皆与其徒长豪杰交通⑦，乃率其曹偶⑧，亡之江中为群盗。

【注释】

①布衣：指麻布衣服，古代平民穿麻布衣服，因以指代平民百姓，这里即是指代义。②相：看相，相面。用观察人的容貌等特征推算其命运的迷信活动。③坐法：犯法被判罪。坐，因犯……罪。黥：墨刑的别称。用刀在额颊处刺字，再涂以墨。④几：近似，差不多。⑤俳笑：戏笑。俳：戏。⑥论：判罪。⑦徒长：罪犯的头目。杰：优秀，杰出的人物。交通：来往，交往。⑧曹偶：等辈，一伙人。曹：辈。偶：类。

【原文】

陈胜之起也，布乃见番君，与其众叛秦，聚兵数千人。番君以其女妻[1]之。章邯之灭陈胜，破吕臣军，布乃引兵北击秦左右校，破之清波，引兵而东。闻项梁定江东会稽，涉江而西。陈婴以项氏世为楚将，乃以兵属项梁，渡淮南[2]，英布、蒲将军亦以兵属项梁。

【注释】

①妻：以女嫁人。②渡淮南：据《史记会注考证》，“淮”下“南”字疑衍。

【原文】

项梁涉淮而西，击景驹、秦嘉等，布常冠军[1]。项梁至薛，闻陈王定死[2]，乃立楚怀王。项梁号为武信君，英布为当阳君。项梁败死定陶，怀王徙都彭城，诸将英布亦皆保聚彭城。当是时，秦急围赵，赵数使人请救。怀王使宋义为上将，范曾为末将，项籍为次将，英布、蒲将军皆为将军，悉属宋义，北救赵。及项籍杀宋义于河上，怀王因立籍为上将军，诸将皆属项籍。项籍使布先渡河击秦，布数有利，籍乃悉引兵涉河从之，遂破秦军，降[3]章邯等。楚兵常胜，功冠诸侯。诸侯兵皆以服属楚者，以布数[4]以少败众也。

【注释】

①冠军：列于诸军之首。这是说他骁勇善战为众军之最。②定死：确实已死。定：的确，确实。③降：使……投降。④数：屡次，多次。

【原文】

项籍之引兵西至新安，又使布等夜击坑[1]章邯秦卒二十余万人。至关，不得入，又使布等先从间道[2]破关下军，遂得入，至咸阳。布常为军锋[3]。项王封诸将，立布为九江王，都六。

【注释】

①坑：挖坑活埋。②间道：小道，隐蔽的路。③军锋：军队的前锋。

【原文】

汉元年四月，诸侯皆罢戏[1]下，各就国[2]。项氏立怀王为义帝，徙都长沙，乃阴[3]令九江王布等行击之。其八月，布使将击义帝，追杀之郴县。

【注释】

①戏：河水名。②国：诸侯封地。③阴：私下，暗中。

【原文】

汉二年，齐王田荣畔[1]楚，项王往击齐，征兵九江，九江王布称病不往，遣将将数千人行。汉之败楚彭城，布又称病不佐[2]楚。项王由此怨布，数使使者诮让[3]召布，布愈恐，不敢往。项王方北忧齐、赵，西患汉，所与[4]者独九江王，又多[5]布材，欲亲用之，以故未击。

【注释】

①畔：通“叛”，背叛。②佐：辅佐，扶助。③诮让：责怪，谴责。④与：亲附，倚重。⑤多：推重，赞美。

【原文】

汉三年，汉王击楚，大战彭城，不利，出梁地，至虞，谓左右曰："如彼等者，无足与计天下事。"谒者[1]随何进曰："不审陛下[2]所谓。"汉王曰："孰能为我使淮南，令之发兵倍[3]楚，留项王于齐数月[4]，我之取天下可以百全。"随何曰："臣请使之。"乃与二十人俱，使淮南。至，因太宰主之，三日不得见。随何因说[5]太宰曰："王之不见何，必以楚为强，以汉为弱，此臣之所以为使。使何得见，言之而是邪，是大王所欲闻也；言之而非邪，使何等二十人伏斧质[6]淮南市，以明王倍汉而与楚也。"太宰乃言之王，王见之。随何曰："汉王使臣敬进书大王御者[7]，窃怪[8]大王与楚何亲也。"淮南王曰："寡人北乡[9]而臣事之。"随何曰："大王与项王俱列为诸侯，北乡而臣事之，必以楚为强，可以托国也。项王伐齐，身负板筑[10]，以为士卒先，大王宜悉淮南之众，身自将之，为楚军前锋，今乃发四千人以助楚。夫北面而臣事人者，固若是乎？夫汉王战于彭城，项王未出齐也，大王宜骚[11]淮南之兵渡淮，日夜会战彭城下，大王抚万人之众，无一人渡淮者，垂拱[12]而观其孰胜。夫托国于人者，固若是乎？大王提空名以乡楚，而欲厚自托，臣窃为大王不取也。然而大王不背楚者，以汉为弱也。夫楚兵虽强，天下负[13]之以不义之名，以其背盟约[14]而杀义帝也。然而楚王恃战胜自强，汉王收诸侯，还守成皋、荥阳，下蜀、汉之粟，深沟壁垒[15]，分卒守徼乘塞[16]，楚人还兵，间以梁地，深入敌国八九百里，欲战则不得，攻城则力不能，老弱转粮千里之外；楚兵至荥阳、成皋，汉坚守而不动，进则不得攻，退则不得解。故曰楚兵不足恃[17]也。使楚胜汉，则诸侯自危惧而相救。夫楚之强，适足以致天下之兵耳。故楚不如汉，其势易见也。今大王不与万全之汉而自托于危亡之楚，臣窃为大王惑之。臣非以淮南之兵足以亡楚也，夫大王发兵而倍楚，项王必留；留数月，汉之取天下可以万全。臣请与大王提剑而归汉，汉王必裂地[18]而封大王，又况淮南，淮南必大王有也。故汉王敬使使臣进愚计，愿大王之留意也。”淮南王曰：“请奉命。”阴许畔楚与汉，未敢泄也。

【注释】

①谒者：为国君掌管传达禀报的人。②审：详知，明悉。陛下：此语本是臣子对帝王的尊称，刘邦尚未称帝，称陛下以讨欢心。③倍：背叛，反叛。④留项王于齐数月：据《项羽本纪》，项羽去齐而后有彭城之战，汉败彭城而后才有随何之说。⑤说：游说，劝说。⑥斧质：古刑具。置人于砧板上，以斧砍之。质：砧板。⑦书：信。御者：君王的侍者。不敢直达于王，由侍者转呈，以表敬意。⑧窃怪：私下感到奇怪。⑨乡：通“向”，面向，面对着。⑩板筑：筑墙的用具。板：筑墙用的夹板。筑：夯土的杵。⑪骚：通“扫”，扫数出动，指投入全部力量。⑫垂拱：垂衣拱手，比喻毫不费力。⑬负：背，背负。⑭背盟约：指项羽违背楚怀王与诸侯“先入关中者王之”的约定。⑮深沟壁垒：深挖壕沟，高筑壁垒。指防御坚固。⑯守徼乘塞：防守边界和边塞险要的地方。徼：边

界。乘：登上。⑰恃：依靠，凭借。⑱裂地：分割土地。

【原文】

楚使者在，方急责英布发兵，舍传舍[①]。随何直入，坐楚使者上坐，曰："九江王已归汉，楚何以得发兵？"布愕然。楚使者起。何因说布曰："事已构[②]，可遂杀楚使者，无使归，而疾走[③]汉并力。"布曰："如使者教，因起兵而击之耳。"于是杀使者，因起兵而攻楚。楚使项声、龙且攻淮南，项王留而攻下邑。数月，龙且击淮南，破布军。布欲引兵走汉，恐楚王杀之，故间行[④]与何俱归汉。

【注释】

①舍传舍：住在宾馆。前"舍"为住。传舍：旅馆、宾馆。②构：结成，造成。③走：归向，同力。④间行：走小道，隐蔽的路。

【原文】

淮南王至，上方踞床洗[①]，召布入见，布大怒，悔来，欲自杀。出就舍，帐御饮食从官如汉王居，布又大喜过望[②]。于是乃使人入九江。楚已使项伯收九江兵，尽杀布妻子[③]。布使者颇得故人幸臣[④]，将众数千人归汉。汉益分布兵而与俱北，收兵至成皋。四年七月，立布为淮南王，与击项籍。

【注释】

①踞床洗：蹲踞在床边洗脚。踞：蹲坐。洗：指洗脚。

②过望：超出自己的希望。③妻子：妻子和子女。④幸臣：被宠爱的臣子。

【原文】

汉五年，布使人入九江，得数县。六年，布与刘贾入九江，诱大司马周殷，周殷反楚，遂举九江兵与汉击楚，破之垓下。

项籍死，天下定，上置酒。上折[1]随何之功，谓何为腐儒[2]，为天下安用腐儒。随何跪曰："夫陛下引兵攻彭城，楚王未去齐也，陛下发步卒五万人、骑五千，能以取淮南乎？"上曰："不能。"随何曰："陛下使何与二十人使淮南，至，如陛下之意，是何之功贤于步卒五万人、骑五千也。然而陛下谓何腐儒，为天下安用腐儒，何也？"上曰："吾方图[3]子之功。"乃以随何为护军中尉。布遂剖符[4]为淮南王，都六，九江、庐江、衡山、豫章郡皆属布。

【注释】

①折：折损，贬低。②腐儒：迂腐保守，不合时宜的读书人。③图：考虑，思考。④剖符：帝王授权或职务的凭证。可以一分为二，各执其一，以示信用。

【原文】

七年[1]，朝陈。八年，朝雒阳，九年，朝长安。

十一年，高后诛淮阴侯，布因心恐。夏，汉诛梁王彭越，醢[2]之，盛其醢遍赐诸侯。至淮南，淮南王方猎，见醢，因大恐，阴令人部聚[3]兵，候伺[4]旁郡警急。

【注释】

①七年：《高祖本纪》《汉书·英布传》均作“六年”，高祖会诸侯于陈。②醢（hǎi）：把人剁成肉酱的酷刑。③部聚：集结，部署。④候伺：守候探察。

【原文】

布所幸姬疾[1]，请就医，医家与中大夫贲赫对门，姬数如医家，贲赫自以为侍中，乃厚馈遗[2]，从姬饮医家。姬侍王，从容语次[3]，誉赫长者也。王怒曰：“汝安从知之？”具说状。王疑其与乱。赫恐，称病。王愈怒，欲捕赫。赫言变事，乘传诣[4]长安。布使人追，不及。赫至，上变[5]，言布谋反有端[6]，可先未发诛也。上读其书，语萧相国。相国曰：“布不宜有此，恐仇怨妄诬之。请系赫，使人微验[7]淮南王。”淮南王布见赫以罪亡，上变，固已疑其言国阴事；汉使又来，颇有所验，遂族[8]赫家，发兵反。反书闻，上乃赦贲赫，以为将军。

【注释】

①疾：病。②馈遗：赠送。③语次：谈话之间。④传（zhuàn）：驿站的马车。诣：往，到……去。⑤上变：向皇上上书报告谋反事态。⑥端：征兆，苗头。⑦微验：私下探察。⑧族：灭族。

【原文】

上召诸将问曰：“布反，为之奈何？”皆曰：“发兵击之，坑竖子[1]耳，何能为乎！”汝阴侯滕公召故楚令尹问之。令尹曰：“是故当反。”滕公曰：“上裂地而王之，疏爵[2]而贵之，南面而立万乘之主[3]，其反何也？”令尹曰：“往年杀彭越，前年杀韩信[4]，此三人者，同功一体之人也。自疑祸及身，故反耳。”滕公言之上曰：“臣客故楚令尹薛公者，其人有筹策[5]之计，可问。”上乃召见问薛公。薛公对曰：“布反不足怪也，使布出于上计，山东非汉之有也；出于中计，胜败之数未可知也；出于下计，陛下安枕而卧矣。”上曰：“何谓上计？”令尹对曰：“东取吴，西取楚，并齐取鲁，传檄[6]燕、赵，固守其所，山东非汉之有也。”“何谓中计？”“东取吴，西取楚，并韩取魏，据敖庾[7]之粟，塞成皋之口，胜败之数未可知也。”“何谓下计？”“东取吴，西取下蔡，归重[8]于越，身归长沙，陛下安枕而卧，汉无事矣。”上曰：“是[9]计将安出？”令尹对曰：“出下计。”上曰：“何谓废上中计而出下计？”令尹曰：“布故丽山之徒也，自致万乘之主，此皆为身，不顾后为百姓万世虑者也，故曰出下计。”上曰：“善。”封薛公千户。乃立皇子长为淮南王。上遂发兵自将东击布。

【注释】

①竖子：小子。对人鄙薄的称呼。②疏爵：分别赐予爵位。疏：分。③万乘之主：万辆兵车之主。本指天子，这是说被分封的王和诸侯的规模势力像天子。④“往年”下二句：韩信、彭越均在汉十一年春被杀，黥布同年七月反叛，不当称“往年”，又称“前年”。⑤筹策：策划谋略。

⑥传檄：传递檄文。檄：征召、晓喻或声讨的文书。⑦敖庾：粮仓。⑧重：辎重。此指贵重财物。⑨是：这。指代黥布。

【原文】

布之初反，谓其将曰："上老矣，厌兵[1]，必不能来。使诸将，诸将独患淮阴、彭越，今皆已死，余不足畏也。"故遂反。果如薛公筹之，东击荆，荆王刘贾走死富陵。尽劫其兵，渡淮击楚。楚发兵与战徐、僮间，为三军，欲以相救为奇。或说楚将曰："布善用兵，民素畏之。且兵法，诸侯战其地为散地[2]。今别为三，彼败吾一军，余皆走，安能相救！"不听。布果破其一军，其二军散走。

【注释】

①厌兵：厌恶作战。②散地：古兵家认为在自己领地与敌人作战，士卒在危急时容易逃散。

【原文】

遂西，与上兵遇蕲西会甀。布兵精甚，上乃壁[1]庸城，望布军置陈[2]如项籍军，上恶之。与布相望见，遥谓布曰："何苦而反？"布曰："欲为帝耳。"上怒骂之，遂大战。布军败走，渡淮，数止战，不利，与百余人走江南。布故与番君婚，以故长沙哀王使人绐[3]布，伪与亡，诱走越，故信而随之番阳。番阳人杀布兹乡民田舍，遂灭黥布。

立皇子长为淮南王，封贲赫为期思侯，诸将率[4]多以功封者。

【注释】

①壁：藏于壁垒，坚守不出。②陈（zhèn）：通“阵”，作战时的战斗队列。③绐：哄骗，欺骗。④率：大致，一般。

【原文】

太史公曰：英布者，其先岂《春秋》[1]所见楚灭英、六，皋陶之后哉？身被[2]刑法，何其拔兴之暴[3]也！项氏之所坑杀人以千万数，而布常为首虐。功冠诸侯，用此得王，亦不免于身为世大僇[4]。祸之兴自爱姬殖[5]，妒媢[6]患，竟以灭国！

【注释】

①《春秋》：编年体史书，相传孔子据鲁史修订而成。②被：遭受。③拔兴：迅速兴起。拔：猝然。暴：突然。④僇：耻辱。⑤殖：繁衍，孳生。⑥妒媢：嫉妒。媢：妒。

【译文】

黥布是六县人，姓英。秦朝时是个平民百姓。小时候，有位客人给他看了相说：“当在受刑之后称王。”到了壮年，犯了法，被判处黥刑。黥布愉快地笑着说：“有人给我看了相，说我当在受刑之后称王。现在，大概就是这种情形了吧？”听到他这么说的人，都戏笑他。黥布定罪后不久，被押送到骊山服劳役。骊山刑徒有几十万人，黥布专和罪犯的头目、英雄豪杰来往，终于带着这伙人逃到长江之中做了群盗。

陈胜起义时，黥布就去见番县令吴芮，并跟他的部下一起反叛秦朝，聚集了几千人的队伍。番县令还把自己的女儿嫁给他。章邯消灭了陈胜、打败了吕臣的军队之后，黥布就带兵北上攻打秦左、右校的军队，在清波打败了他们，就带兵向东挺进。听说项梁平定了江东会稽，渡过长江向西进发，陈婴因为项氏世世代代做楚国的将军，就带领着自己的军队归属了项梁，向南渡过淮河，英布、蒲将军也带着军队归属了项梁。

项梁率师渡过淮河向西进发，攻打景驹、秦嘉等人的战斗中，黥布骁勇善战，总是列于众军之首。项梁到达薛地，听说陈王的确死了，就拥立了楚怀王。项梁号称武信君，英布为当阳君。项梁在定陶战败而死，楚怀王迁都到彭城，将领们和英布也都聚集在彭城守卫。正当这时，秦军加紧围攻赵国，赵国屡次派人来请求救援。楚怀王派宋义担任上将军，范曾担任末将军，项籍担任次将军，英布、蒲将军都为将军，全部归属宋义统率，向北救助赵国。等到项籍在黄河之畔杀死宋义，怀王趁势改任项籍为上将军，各路将领都归属项籍统辖。项籍派英布率先渡过黄河攻击秦军，英布屡立战功占有优势，项籍就率领着全部人马渡过黄河，跟英布协同作战，于是打败了秦军，迫使章邯等人投降。楚军屡战屡胜，功盖各路诸侯。各路诸侯的军队都能逐渐归附楚国的原因，是英布指挥军队作战能以少胜多，使人镇服啊！

项籍带领着军队向西到达新安，又派英布等人领兵趁夜袭击并活埋章邯部下二十多万人。到达函谷关，不得入，又派英布等人，先从隐蔽的小道，打败了守关的军队，才得以进关，一直到达咸阳。英布常常担任军队的前锋。项王分封将领们的时候，封英布为九江王，建都六县。

汉元年（前206）四月，诸侯们都离开戏下，各回到自己的封国。项王拥立怀王为义帝，迁都长沙，却暗中命令九江王英布等人，在半路上偷袭他。这年八月，英布派将领袭击义帝，追到郴县把他杀死。

汉二年，齐王田荣背叛楚国，项王前往攻打齐国，向九江征调军队，九江王托辞病重不能前往，只派将领带着几千人应征。汉王在彭城打败楚军，英布又托辞病重不去辅佐楚国。项王因此怨恨英布，屡次派使者前去责备英布，并召他前往。英布越发地恐慌，不敢前往。项王正为北方的齐国、赵国担心，西边又忧患汉王起兵，知交的只有九江王，又推重英布的才能，打算亲近他、任用他，所以没有攻打他。

汉三年，汉王攻打楚国，在彭城展开大规模的战争，失利后从梁地撤退，来到虞县，对身边亲近的人说：“像你们这些人，不配共同谋划天下大事。”负责传达禀报的随何近前说：“我不理解陛下说的是什么意思。”汉王说：“谁能替我出使淮南，让他们发动军队，背叛楚国，在齐国把项王牵制几个月，我夺取天下就万无一失了。”随何说：“我请求出使淮南。”汉王给了他二十人，一同出使淮南。到达后，因为太宰作内主，等了三天也没能见到淮南王。随何趁机游说太宰说：“大王不召见我，一定认为楚国强大，汉国弱小，这正是我出使的原因。使我得以召见，我的话要是说得对呢，那正是大王想听的；我的话说得不对呢，让我们二十人躺在砧板之上，在淮南广场用斧头剁死，以表明大王背叛汉国亲近楚国之心。”太宰这才把话转告淮南王，淮南王接见了他。随何说：“汉王派我恭敬地上书大王驾前，我私下感到奇怪的是，大王为什么和楚国那么亲近。”淮南王说：“我面向北边，以臣子的身份侍奉他。”随何说：“大王和项王都列为诸侯，北向而以臣子的身份侍奉他，一定是认为楚国强大，可以把国家托付给他。项王攻打齐国时，他亲自背负着筑墙的工具，身先士卒。大王应当出动淮南全部人马，亲自率领着他们，做楚军的前锋，如今却只派四千人去帮助楚国。面北而侍奉人家的臣子，本来是这个样子吗？汉王在彭城作战，项王还未曾出兵齐国，大王就应该调动淮南所有的人马，渡过淮河，帮助项王与汉王日夜会战于彭城之下。大王拥有万人之众，却没有一个人渡过淮河，这是垂衣拱手地观看他们谁胜谁败。把国家托付给人家的人，本来就是这个样子吗？大王挂着归向楚国的空名，却想扎扎实实地依靠自己，我私下认为大王这样做是不可取的。可是，大王不背弃楚国，是认为汉国弱小。楚国的军队即使强大，却背负着天下不义的名声，因为他们背弃盟约而又杀害义帝。可是，楚王凭借着战争的胜利自认为强大，汉王收拢诸侯之后，回师驻守成皋、荥阳，从蜀、汉运来粮食，深挖壕沟，高筑壁垒，分兵把守着边境要塞。楚国要想撤回军队，中间有梁国相隔，深入敌人国土八九百里，想打，那么又打不赢，攻城又攻不下，老弱残兵辗转运粮千里之外。等到楚国军队到达荥阳、成皋，汉王的军队却坚守不动，进攻又攻不破，退却又逃不出汉军的追击。所以说，楚国的军队是不足以依靠的。假使楚军战胜了汉军，那么诸侯们自身危惧，必然要相互救援。一旦楚国强大，恰好会招来天下军队的攻击。所以，楚国比不上汉国，那形势是显而易见的。如今，大王不和万无一失的汉国友好，却自身托付于危在旦夕的楚国，我私下替大王感到疑惑。我不认为淮南的军队足够用来灭亡楚国。只要大王出兵背叛楚国，项王一定会被牵制。只要牵制几个月，汉王夺取天下就可以万无一失了。我请求给大王提着宝剑归附汉国，汉王一定会分割土地封赐大王，又何况还有这淮南，淮南必定为大王所有啊。因此，汉王严肃地派出使臣，进献不成熟的计策，希望大王认真地考虑。”淮南王说：“遵从你的意见。”暗中答应叛楚归汉，没敢泄露这个秘密。

这时，楚国的使者也在淮南，正迫不及待地催促英布出兵，住在宾馆里。随何径直闯进去，坐在楚国使者的上席，说：“九江王已归附汉王，楚国凭什么让他出兵?”英布显出吃惊的样子。楚国使者站起来要走。随何趁机劝英布说：“大事已成，就可以杀死楚国的使者，不能让他回去，我们赶快向汉靠拢，协同作战。”英布说：“就按照你的指教，出兵攻打楚国罢了。”于是杀掉使者，出兵攻打楚国。楚国便派项声、龙且进攻淮南，项王留下来进攻下邑。战争持续了几个月，龙且在淮南的战役中，打败了英布的军队。英布想带兵撤退到汉国，又怕楚国的军队拦截杀掉他，所以，和随何从隐蔽的小道逃归汉国。

淮南王到时，汉王正在床边洗脚，就叫英布去见他。英布见状，怒火燃胸，后悔前来，想要自杀。当他退出来，来到为他准备的宾馆，见到帐幔、用器、饮食、侍从官员一如汉王那么豪华，英布又喜出望外。于是，就派人进入九江。这时，楚王已经派项伯收编了九江的部队，杀尽了英布的妻子儿女。英布派去的人找到当时的宠臣故友，带着几千人马回到汉国。汉王又给英布增加了兵力一道北上，到成皋招兵买马。汉四年七月，汉王封英布为淮南王，共同攻打项籍。

汉五年（前202），英布又派人进入九江，夺得了好几个县。汉六年，英布和刘贾进入九江，诱导大司马周殷。周殷反叛楚国后，就调动九江的军队和汉军共同攻打楚国，大败楚军于垓下。

项籍一死，天下平定，皇上置酒设宴。皇上却贬低随何的功劳，说随何是迂腐保守、不合时宜的读书人，治理天下怎么能任用这样的人呢。随何跪在皇上面前说："当陛下带兵攻打彭城时，项王还未曾出兵去齐国，陛下调动步兵五万、骑兵五千，能凭这点兵力夺取淮南吗？"皇上说："不能。"随何说："陛下派我和二十人出使淮南，一到，陛下就如愿以偿，这是我的功劳比步兵五万、骑兵五千还要大呀。可是，陛下说我是迂腐保守不合时宜的读书人，这是怎么回事呢？"皇上说："我正考虑您的功劳。"于是，就任用随何为护军中尉。英布就剖符做淮南王去了，建都六县，九江、庐江、衡山、豫章郡都归属英布。

汉七年，英布到陈县朝见皇上。汉八年，到洛阳朝见。汉九年，到长安朝见。

汉十一年（前196），高后诛杀了淮阴侯。因此，英布内心恐惧。这年夏天，汉王诛杀了梁王彭越，并把他剁成了肉酱，又把肉酱装好分别赐给诸侯。送到淮南，淮南王正在打猎，看到肉酱，特别害怕，暗中使人部署，集结军队，守候并侦察邻郡的意外警急。

英布宠幸的爱妾病了，请求治疗，医师的家和中大夫贲赫家住对门，爱妾多次去医师家治疗。贲赫认为自己是侍中，就送去了丰厚的礼物，随爱妾在医家饮酒。爱妾侍奉淮南王时，安逸舒缓、不慌不忙地谈话之间，称赞贲赫是忠厚老实的人。淮南王生气地说："你怎么知道的呢？"爱妾就把交往的情况全都告诉他。淮南王疑心她和贲赫有淫乱关系。贲赫惊惧，借口有病不去应班。淮南王更加恼怒，就要逮捕贲赫。贲赫要告发英布叛变，就坐着驿车前往长安。英布派人追赶，没赶上。贲赫到了长安，上书告变，说英布有造反的迹象，可以在叛乱之前诛杀他。皇上看了他的报告，与萧相国商量。相国说："英布不应该有这样的事，恐怕是因结有怨仇诬陷他。请把贲赫关押起来，派人暗中验证淮南王。"淮南王见贲赫畏罪潜逃，上书言变，本来已经怀疑他会说出自己暗中部署的情况，汉王的使臣又来了，有了相当的验证，就杀死贲赫的全家，起兵造反。造反的消息传到长安，皇上就释放了贲赫，封他做了将军。

皇上召集将领们问道："英布造反，对他怎么办？"将领们都说："出兵打他，活埋了这小子，还能怎么办！"汝阴侯滕公召原楚国令尹问这事。令尹说："他本来就当造反。"滕公说："皇上分割土地立他为王，分赐爵位让他显贵，面南听政立为万乘之主，他为什么反呢?”令尹说：“往年杀死彭越，前年杀死韩信，这三个人有同样的功劳，是结为一体的人，自然会怀疑祸患殃及本身，所以造反了。”滕公把这些话告诉皇上说：“我的门客原楚国令尹薛公，这个人很有韬略，可以问他。”皇上就召见了薛公。薛公回答说：“英布造反不值得奇怪。假使英布计出上策，山东地区就不归汉王所有了；计出中策，谁胜谁败很难说了；计出下策，陛下就可以安枕无忧了。”皇上说：“什么是上策?”令尹回答说：“向东夺取吴国，向西夺取楚国，吞并齐国，占领鲁国，传一纸檄文，叫燕国、赵国固守其本土，山东地区就不再归汉王所有了。”皇上再问：“什么是中策?”令尹回答说：“向东攻占吴国，向西攻占楚国，吞并韩国占领魏国，占有敖庾的粮食，封锁成皋的要道，谁胜谁败就很难预料了。”皇上又问：“什么是下策?”令尹回答说：“向东夺取吴国，向西夺取下蔡，把辎重财宝迁到越国，自身跑到长沙，陛下就可以安枕无虑了。汉朝就没事了。”皇上说：“英布将会选择哪种计策?”令尹回答说：“选择下策。”皇上说：“他为什么放弃上策、中策而选择下策呢?”令尹说：“英布本是原先骊山的刑徒，自己奋力做到了万乘之主，这都是为了自身的富贵，而不顾及当今百姓，不为子孙后代考虑，所以说他选用下策。”皇上说：“说得好。”赐封薛公为千户侯。册封皇子刘长为淮南王。皇上就调动军队，亲自率领着向东攻打英布。

英布造反之初，对他的将领们说："皇上老了，已厌倦打仗了，一定不会亲自带兵来攻打我们，他只能派别的将领来。而所有的将领中我只害怕淮阴、彭越，如今他们都死了，其余的将领没什么可怕的。"所以造反了。果真如薛公预料的，向东攻打荆国，荆王刘贾出逃，死在富陵。英布劫持了他所有的部队，渡过淮河攻打楚国。楚国调动军队在徐、僮之间和英布作战，楚国分兵三路，想采用相互救援的奇策。有人劝告楚将说："英布擅长用兵打仗，百姓们一向畏惧他。况且兵法上说：'诸侯在自己的领地和敌人作战，一旦士卒危急，就会逃散。'如今兵分三路，他们只要战败我们其中的一路军队，其余的就都跑了，怎么能互相救援呢！"楚将不听忠告。英布果然打败其中一路军队，其他两路军队都四散逃跑了。

英布的军队向西挺进，在蕲县以西的会甄和皇上的军队相遇。英布的军队非常精锐，皇上就躲进庸城壁垒，坚守不出，见英布列阵一如项籍的军队，皇上非常厌恶他。和英布遥相望见，远远地对英布说："何苦要造反呢？"英布说："我想当皇帝！"皇上大怒，骂他，随即两军大战。英布的军队战败逃走，渡过淮河，几次停下来交战，都不顺利，和一百多人逃到长江以南。英布原来和番县令通婚，因此，长沙哀王派人诱骗英布，谎称和英布一同逃亡，诱骗他逃到南越，所以英布相信他，就随他到了番阳。番阳人在兹乡百姓的民宅里杀死了英布，终于灭掉了黥布。

皇上册立皇子刘长为淮南王，封贲赫为期思侯，将领们大多因战功受到封赏。

太史公说：“英布，他的祖先难道是《春秋》所载被楚国灭亡的英国、六国皋陶的后代吗？他自身遭受黥刑，为什么他能兴起发迹得那么疾速啊！项氏击杀活埋的人千千万万，英布常常是罪魁祸首。他的功劳列于诸侯之冠，因此得以称王，也免不掉自身遭受当世最大的耻辱。祸根是由爱妾繁衍出来的，因嫉妒而酿成祸患，竟使国家灭亡。”

第七十四卷　淮阴侯列传第三十二

本传记载了韩信一生的事迹，突出了他的军事才能和累累战功。功高于世，却落个夷灭宗族的下场，注入了作者无限同情和感慨。

本文细节描写非常精彩。韩信受胯下之辱的细节，不仅活化了屠中少年的个性特征，而且也很好地描写出韩信的心理特征。大量的心理活动，都在他“孰视”“蒲伏”之中表现。而刘邦见到韩信请求为假齐王的上书时，骂道：“吾困于此，旦暮望若来佐我，乃欲自立为王！”张良、陈平用脚踩他以示意并耳语告知时，他突然醒悟，因复骂曰：“大丈夫定诸侯，即为真王耳，何以假为！”这一戏剧性的细节描写生动而又风趣地把刘邦不拘礼节，流氓成性，头脑绝顶聪明，以及他随机应变的能力、情态都画活了。刘邦的形象不是呼之欲出了吗？

【原文】

淮阴侯[①]韩信者，淮阴人也。始为布衣[②]时，贫，无行[③]，不得推择[④]为吏，又不能治生商贾[⑤]，常从人寄[⑥]食饮，人多厌之者。常数从其下乡南昌亭长[⑦]寄食，数月，亭长妻患[⑧]之，乃晨炊蓐食[⑨]。食时信往，不为具食[⑩]。信亦知其意，怒，竟绝[11]去。

【注释】

①淮阴：县名。在今江苏省淮安市淮阴区西南。淮阴侯：韩信最后的封爵。②始：当初。布衣：平民。③无行：没有好的品行。④推择：推选。⑤治生：谋生。商贾（gǔ）：运货贩卖的叫“商”，囤积营利的叫“贾”。⑥从人：到人家那里去。寄：依附。⑦常：通“尝”，曾经。数（shuò）：多次。下乡：淮阴县的一个乡。南昌亭长：亭，秦、汉时乡以下的一种行政机构，每十里设一亭，置亭长一人，负责治安警卫，兼管过往停留旅客，治理民事。⑧患：嫌恶；讨厌。⑨蓐（rù）食：端到床上吃掉。蓐，草席。⑩具食：准备饭食。⑪竟：终于。绝：断绝关系。

【原文】

信钓于城下，诸母[1]漂，有一母见信饥，饭[3]信，竟[3]漂数十日。信喜，谓漂母曰：“吾必有以[4]重报母。”母怒曰：“大丈夫不能自食[5]，吾哀[6]王孙而进食，岂望报乎！”

【注释】

①母：古代对年老妇女的尊称。②饭：给……饭吃。用作动词。③竟：完毕。④有以：“有所以”的省略。⑤大丈夫：泛指有大志、有作为、有气节的男子。自食（sì）：自己养活自己。⑥哀：怜悯。

【原文】

淮阴屠[1]中少年有侮信者，曰：“若[2]虽长大，好带刀剑，中情怯[3]耳。”众辱之[4]曰：“信[5]能死，刺我；不能死，出我袴[6]下。”于是信孰[7]视之，俛出袴下，蒲伏[8]。一市人皆笑信，以为怯。

【注释】

①屠：屠夫；宰杀牲畜的人。②若：你。③中情：内心。怯（qiè）：怯懦；胆小。④众辱之：当众侮辱他（指韩信）。⑤信：有两解：一、指韩信；二、诚然。⑥袴：有两解：一、通“胯（kuà）”，指两腿间。后文“召辱己之少年令出胯下者”正用“胯”。二、同“裤”。⑦孰：通“熟”，仔细。⑧蒲伏：通“匍匐”，在地上用手脚爬行。

【原文】

及项梁[1]渡淮，信杖[2]剑从之，居戏下[3]，无所知名[4]。项梁败，又属项羽[5]，羽以为郎中[6]。数以策干[7]项羽，羽不用。汉王[8]之入蜀，信亡楚[9]归汉，未得知名，为连敖[10]。坐法[11]当斩，其辈[12]十三人皆已斩，次[13]至信，信乃仰视，适见滕公[14]，曰：“上不欲就[15]天下乎？何为斩壮士！”滕公奇[16]其言，壮其貌，释而不斩。与语，大说[17]之。言于上，上拜以为治粟都尉[18]，上未之奇[19]也。

【注释】

①项梁（？—前208）：秦末起义将领之一。下相（今江苏省宿迁市宿城区西南）人。②杖：持，执。③戏（huī）下：通“麾下”，即部下。戏，通“麾”。④知名：出名。

⑤项羽（前232—前202）：名籍。⑥郎中：官名。负责警卫工作。⑦干：求。⑧汉王：汉高祖刘邦。⑨亡楚："亡于楚"，从楚军逃出。⑩连敖：典客。指接待宾客的官员。⑪坐法：犹坐罪。因犯法而获罪。⑫其辈：指韩信的同案犯人。⑬次：按次序。⑭适：恰好。滕公：夏侯婴，刘邦的同乡好友。⑮上：秦、汉以来对皇帝的通称，这里指汉王。就：成就；得到。⑯奇：意动用法。⑰说（yuè）：通"悦"。⑱拜：授予官职。治粟都尉：管理粮饷的军官。⑲未之奇：即"未奇之"。否定句中代词宾语前置。

【原文】

信数与萧何[①]语，何奇之。至南郑[②]，诸将行道亡者[③]数十人，信度[④]何等已数言上，上不我用[⑤]，即亡。何闻信亡，不及以闻[⑥]，自追之。人有言上曰："丞相何亡。"上大怒，如失左右手。居[⑦]一二日，何来谒[⑧]上，上且[⑨]怒且喜，骂何曰："若亡，何也？"何曰："臣不敢亡也，臣追亡者。"上曰："若所追者谁？"何曰："韩信也。"上复骂曰："诸将亡者以十数[⑩]，公[⑪]无所追；追信，诈[⑫]也。"何曰："诸将易得耳。至如信者，国士[⑬]无双。王必欲长王汉中[⑭]，无所事[⑮]信；必欲争天下，非信无所与计事者[⑯]。顾王策[⑰]安所决耳。"王曰："吾亦欲东[⑱]耳，安能郁郁久居此乎？"何曰："王计必欲东，能用信，信即留；不能用，信终亡耳。"王曰："吾为公[⑲]以为将。"何曰："虽为将，信必不留。"王曰："以为大将。"何曰："幸甚！"于是王欲召信拜之。何曰："王素慢[⑳]无礼，今拜大将如呼小儿耳，此乃信所以去也。王必欲拜之，择良日，斋戒[21]；设坛场[22]，具礼[23]，乃可耳。”王许之。诸将皆喜，人人各自以为得大将。至拜大将，乃韩信也，一军皆惊。

【注释】

①萧何（？—前193）：刘邦的重要谋臣，西汉王朝第一任丞相，封酂（zàn）侯。②南郑：县名。当时为汉的都城，今陕西省汉中市。③行（háng）：等；辈。道亡者：半路逃跑的。④度（duó）：估计；推测。⑤不我用：即“不用我”。⑥闻：让人闻知。使动用法。⑦居：停留；过。⑧谒（yè）：拜见。⑨且：又。⑩以十数（shǔ）：用十来计算。⑪公：对人的尊称。⑫诈：扯谎。⑬国士：一国中的杰出人物。⑭必：果真；假使。王（wàng）：称王。汉中：郡名。⑮事：用。⑯计事者：商议大事的人。⑰顾：但。策：指“长王汉中”和“争天下”两种计划。⑱东：向东。动词。指出关与项羽争夺天下。⑲为公：看在您的分上。为，因为。⑳素慢：向来傲慢。㉑斋戒：古代在祭祀或举行典礼前，沐浴更衣、独宿、不饮酒、不吃荤，清心洁身，表示诚敬。㉒坛场：指拜将的场所。㉓具礼：准备仪式。

【原文】

信拜礼毕，上[1]坐。王曰：“丞相数言将军，将军何以教寡人[2]计策？”信谢[3]，因问王曰：“今东乡[4]争权天下，岂非项王邪[5]？”汉王曰：“然。”曰：“大王自料勇悍仁强[6]孰与项王？”汉王默然良久，曰：“不如也。”信再拜贺[7]曰：“惟信亦为[8]大王不如也。然臣尝事之，请[9]言项王之为人也。项王喑噁叱咤[10]，千人皆废[11]，然不能任属[12]贤将，此特匹夫之勇[13]耳。项王见人恭敬慈爱，言语呕呕[14]，人有疾病，涕泣分食饮，至使人有功当封爵[15]者，印刓敝[16]，忍[17]不能予，此所谓妇人之仁[18]也。项王虽霸天下而臣[19]诸侯，不居关中而都彭城[20]。有背义帝[21]之约，而以亲爱王，诸侯不平。诸侯之见项王迁逐义帝置江南[22]，亦皆归逐其主而自王善地。项王所过无不残灭者，天下多怨，百姓不亲附，特劫[23]于威强耳。名虽为霸，实失天下心。故曰其强易弱。今大王诚[24]能反其道：任[25]天下武勇，何所不诛！以天下城邑封功臣，何所不服！以义兵从思东归之士[26]，何所不散！且三秦王[27]为秦将，将秦子弟数岁矣，所杀亡不可胜[28]计，又欺其众降诸侯[29]，至新安[30]，项王诈坑秦降卒二十余万[31]，唯独邯、欣、翳得脱，秦父兄怨此三人，痛[32]入骨髓。今楚强以威王此三人，秦民莫爱也。大王之入武关[33]，秋豪[34]无所害，除秦苛法，与秦民约，法三章[35]耳，秦民无不欲得大王王秦者。于诸侯之约[36]，大王当王关中，关中民咸[37]知之。大王失职[38]入汉中，秦民无不恨者。今大王举而东，三秦可传檄而定[39]也。”于是汉王大喜，自以为得信晚。遂听信计，部署[40]诸将所击。

【注释】

①上：指韩信坐上位。②寡人：古代帝王或诸侯对下的自称。③谢：表示谦让。④东乡（xiàng）：向东方。乡，通“向”。⑤邪（yé）：通“耶”，语气助词。⑥仁强：兼有精良

和强盛的意思。孰：谁。⑦贺：嘉许；赞同。⑧惟：通“虽”。为：认为。⑨请：表示谦敬。⑩喑噁叱咤（yīn ě chì zhà）：厉声怒喝。⑪废：偃伏，不敢动弹。⑫任属：任用委托。⑬匹夫之勇：指不用智谋，单凭个人的血气之勇。匹夫，本指一个男子，引申为极平常的人。⑭呕（xū）呕：温和的样子。⑮使人：所任用的人。爵：爵位。贵族、功臣的封位。⑯刓（wán）敝：亦作“刷弊”，在手里磨损的意思。刓，通“玩”。⑰忍：有舍不得的意思。⑱妇人之仁：意思是说，不能明大局、识大体，只懂得婆婆妈妈的小恩小惠。⑲臣：使之臣服。⑳关中：古地区名。一般指函谷关以西、散关以东为关中。都：建都。彭城：县名。即今江苏省徐州市。㉑有（yòu）：通“又”。义帝（？—前205）：战国时楚怀王的孙子，名熊心。㉒江南：秦、汉时一般指今湖北省南部和湖南省、江西省一带。㉓特：只不过。劫：被逼迫。㉔诚：果真。㉕任：任用，信任。㉖思东归之士：指刘邦的将士。㉗且：况且。三秦王：指章邯、司马欣、董翳。㉘胜（shēng）：尽。㉙降诸侯：指向项羽的投降。㉚新安：县名。在今河南省渑池县东。㉛“项王”句：章邯等投降项羽时，手下有秦兵二十万。㉜痛：恨。㉝武关：古代通往关中的重要关口，在今陕西商南县东南丹江上。㉞秋豪：通“秋毫”，鸟兽在秋天新长出来的细毛，比喻极细微的东西。㉟法三章：刘邦进驻咸阳后，废除秦朝的苛法，与关中父老约法三章，即“杀人者死，伤人及盗抵罪”。㊱于诸侯之约：指“先入关中者王之”

的约言。㊲咸：都；全。㊳失职：失去应得的封地和爵位。㊴传檄（xí）而定：指不必用兵，只要下一道文书就可以平定。传，从驿站递送。㊵部署：布置。

【原文】

八月，汉王举兵东出陈仓[①]，定三秦[②]。汉二年[③]，出关[④]，收魏[⑤]、河南，韩、殷王[⑥]皆降。合齐、赵[⑦]共击楚。四月，至彭城，汉兵败散而还。信复收兵与汉王会荥阳[⑧]，复击破楚京[⑨]、索之间。以故，楚兵卒不能西[⑩]。

【注释】

①陈仓：县名。在今陕西省宝鸡市东。②定三秦：前206年，刘邦采用韩信的计策，暗度陈仓，击败雍王章邯，进入咸阳，塞王司马欣、翟王董翳投降。③汉二年：前205年。④关：指函谷关。在今河南省灵宝市东北。⑤魏：指魏王魏豹。⑥韩、殷王：指韩王郑昌和殷王司马卬。⑦齐、赵：齐，指齐王田荣；赵，指赵王歇及赵相陈馀。这时都已叛楚从汉。⑧荥阳：县名。在今河南省荥阳市东北。⑨京：县名。在今河南省荥阳市东南。⑩西：西进。

【原文】

汉之败却彭城[①]，塞王欣、翟王翳亡汉降楚，齐、赵亦反汉与楚和。六月，魏王豹谒归视亲[②]疾，至国，即绝河关[③]反汉，与楚约和。汉王使郦生[④]说豹，不下。其八月，以信为左丞相，击魏。魏王盛兵蒲坂[⑤]，塞[⑥]临晋，信乃益为疑兵[⑦]，陈船欲度[8]临晋，而伏兵从夏阳以木罂缻[9]渡军，袭安邑[10]。魏王豹惊，引兵迎[11]信，信遂虏豹，定魏为河东郡[12]。汉王遣张耳与信俱[13]，引兵东，北击赵、代[14]。后九月[15]，破代兵，禽夏说阏与[16]。信之下魏破代，汉辄[17]使人收其精兵，诣荥阳以距[18]楚。

【注释】

①却：退。②谒归：请假回家。谒，请求。亲：母亲。③河关：黄河的渡口临晋关，后来改名蒲津关。④郦生：郦食其（lì yì jī）。刘邦的谋士。⑤盛：聚集很多。蒲坂：邑名。即今山西省永济市西蒲州镇，隔黄河与临晋关相对。⑥塞：封锁。⑦疑兵：虚张旗鼓，以迷惑敌人。⑧度：通“渡”。⑨夏阳：县名。在今陕西省韩城市南。木罂缻（yīng fǒu）：木制的盆瓮，用来缚在身上渡河。罂，小口大腹的盛酒器。缻，通“缶”，盛酒器，形状像罂而较小。⑩安邑：县名。在今山西省夏县西北。⑪迎：迎击。⑫《高祖本纪》作“遂定魏地，置三郡，曰河东、太原、上党”。⑬俱：通行。⑭赵、代：指赵王歇和代王陈馀。⑮后九月：即汉二年的闰九月。⑯禽：通“擒”。阏（yù）與：古邑名。在今山西省和顺县西北。⑰辄：就，总是。⑱诣（yì）：前往。距：通“拒”。

【原文】

信与张耳以兵数万，欲东下井陉[1]击赵。赵王、成安君陈馀闻汉且袭之也，聚兵井陉口，号称二十万。广武君李左车[2]说成安君曰：“闻汉将韩信涉西河[3]，虏魏王，禽夏说，新喋血[4]阏舆，今乃辅以张耳，议欲下赵，此乘胜而去国远斗，其锋不可当。臣闻‘千里馈[5]粮，士有饥色；樵苏后爨，师不宿饱[6]’。今井陉之道，车不得方轨[7]，骑不得成列，行数百里，其势粮食必在其后。愿足下假臣奇兵[8]三万人，从间道绝其辎重[9]；足下深沟高垒[10]，坚营勿与战。彼前不得斗，退不得还，吾奇兵绝其后，使野无所掠，不至十日，而两将之头可致[11]于戏下。愿君留意臣之计。否，必为二子所禽矣。”成安君，儒者[12]也，常称义兵不用诈谋奇计，曰：“吾闻兵法‘十则围之，倍则战[13]’。今韩信兵号数万，其实不过数千。能[14]千里而袭我，亦已罢[15]极。今如此避而不击，后有大者，何以加[16]之！则诸侯谓吾怯，而轻[17]来伐我。”不听广武君策。

【注释】

①井陉：井陉口。在现在的河北省井陉县东北的井陉山上，称井陉关，又叫土门关。②李左车：赵国的谋士。③涉：渡。西河：指今山西、陕西间龙门以南一段黄河。④喋血：踩着血走。⑤馈（kuì）：运送。⑥樵苏后爨（cuàn），师不宿饱：意思是说，靠临时打柴割草来点火做饭，部队就不可能安饱。⑦方轨：两车并行。方，并列；轨，车子两轮间的距离。⑧足下：称对方的敬词。古时下称上或同辈相称，都可用“足下”。假：暂时拨给。奇兵：从事偷袭的突击部队。⑨间（jiàn）道：偏僻抄近的小路。绝：拦截。辎（zī）重：泛指一切军需物资。这里主要指粮草。⑩深沟高垒：挖深护营的壕沟，加高军营的围墙，用以固守。⑪致：送到。⑫儒者：信奉

儒家学说的书生。⑬十则围之，倍则战：语出《孙子·谋攻篇》，文字略有出入。⑭能：乃；竟。⑮罢（pí）：通“疲”。⑯加：胜过；压倒。⑰轻：轻易。

【原文】

广武君策不用。韩信使人间视[①]，知其不用，还报，则大喜，乃敢引兵遂下。未至井陉口三十里，止舍[②]。夜半传发[③]，选轻骑[④]二千人，人持一赤帜，从间道萆山[⑤]而望赵军，诫[⑥]曰：“赵见我走[⑦]，必空壁[⑧]逐我，若[⑨]疾入赵壁，拔赵帜，立汉赤帜。”令其裨将[⑩]传飧，曰：“今日破赵会食！”诸将皆莫信，详[⑪]应曰：“诺。”谓军吏曰：“赵已先据便地[⑫]为壁，且彼未见吾大将旗鼓[⑬]，未肯击前行[⑭]，恐吾至阻险而还。”信乃使万人先行，出[⑮]，背水陈[⑯]。赵军望见而大笑。平旦[⑰]，信建大将之旗鼓，鼓行[⑱]出井陉口，赵开壁击之，大战良久。于是信、张耳详弃鼓旗，走水上军。水上军开入[⑲]之，复疾战。赵果空壁争汉鼓旗，逐韩信、张耳。韩信、张耳已入水上军，军皆殊死战[⑳]，不可败。信所出奇兵二千骑，共候赵空壁逐利[㉑]，则驰入赵壁，皆拔赵旗，立汉赤帜二千。赵军已不胜，不能得[㉒]信等，欲还归壁，壁皆汉赤帜，而[㉓]大惊，以为汉皆已得[㉔]赵王将矣，兵遂乱，遁走[㉕]，赵将虽斩之，不能禁也。于是汉兵夹击，大破虏赵军，斩成安君泜[㉖]水上，禽赵王歇。

【注释】

①间（jiàn）视：探听。②止舍：停止行军，驻扎宿营。

舍，古代称住一夜为舍。③传发：传令军队出发。④轻骑(jì)：轻装的骑兵。⑤萆（bì）山：在山上隐蔽。萆，通“蔽”。⑥诫：告诫；命令。⑦走：败逃。⑧空壁：全军出动。壁，营垒；空，使动用法。⑨若：你们。⑩裨将：副将。⑪详(yáng)：通“佯”，假装。⑫便地：有利的地形。⑬大将旗鼓：军中主将的旗帜和仪仗鼓吹。⑭前行：先遣部队。⑮出：指出井陉口。⑯背水陈：背水列阵。水，指绵蔓水，发源于今山西省寿阳县东，东经河北省井陉县，流入滹沱河。⑰平旦：太阳刚露出地面。⑱鼓行：击鼓前进。⑲入：使动用法。⑳殊死战：拼命战斗。殊，决绝，竭尽。㉑逐利：追夺战利品。㉒得：捉住。㉓而：通“乃”，始，才。㉔得：收降。㉕遁（dùn）走：逃跑。㉖泜水：今槐河。发源于今河北省赞皇县西南，东经元氏县向南流入滏阳河。

【原文】

信乃令军中毋杀广武君，有能生得者购[1]千金。于是有缚广武君而致戏下者，信乃解其缚，东乡坐[2]，西乡对，师事之。

【注释】

①生得：活捉。购：悬赏征求。②东乡坐：当时接见宾客以向东的座位为尊贵。

【原文】

诸将效首虏[1]，毕[2]贺，因问信曰：“兵法‘右倍山陵，前左水泽[③]'。今者将军令臣等反背水陈，曰'破赵会食'，臣等不服。然竟以胜，此何术也?"信曰："此在兵法，顾诸君不察耳。兵法不曰'陷之死地而后生，置之亡地而后存[④]'?且信非得素拊循士大夫[⑤]也，此所谓'驱市人[⑥]而战之'，其势非置之死地，使人人自为战[⑦]；今予之生地[⑧]，皆走，宁[⑨]尚可得而用之乎?"诸将皆服，曰："善。非臣所及也。"

【注释】

①效：呈献。首虏：首级和俘虏。②毕：都。③"右倍"二句：语出《孙子·行军篇》："丘陵堤防，必处其阳（南）而右背之。"倍，背向，背着。④"陷之死地"二句：语出《孙子·九地篇》："投之亡地然后存，陷之死地然后生，夫众陷于害，然后能为胜败。"意思是，必须把士兵置于生死关头，才能拼死作战，然后死中求生，获得胜利。⑤素：平素。拊：通"抚"，抚爱。循：顺从。士大夫：指将士。⑥市人：集市上的老百姓。⑦"其势非置之"二句：意思是，非置之死地，使人人自为战不可。人人自为战，每个人都主动独立作战。⑧予：给；置。生地：有活路的地方。⑨宁：怎么；哪里。

【原文】

于是信问广武君曰："仆欲北攻燕[①]，东伐齐，何若[②]而有功?"广武君辞谢曰："臣闻'败军之将不可以言勇，亡国之大夫不可以图存[③]'。今臣败亡之虏，何足以权[④]大事乎!"信曰："仆闻之，百里奚[5]居虞而虞亡，在秦而秦霸，非愚于虞而智于秦也，用与不用，听与不听也。诚令成安君听足下计，若信者亦已为禽矣。以不用足下，故信得侍[6]耳。"因固问曰："仆委心归计[7]，愿足下勿辞。"广武君曰："臣闻'智者千虑，必有一失；愚者千虑，必有一得'。故曰'狂夫之言，圣人择焉'。顾恐臣计未必足用，愿效愚忠。夫成安君有百战百胜之计，一旦而失之，军败鄗[8]下，身死泜上。今将军涉西河，虏魏王，禽夏说阏與，一举而下井陉，不终朝[9]破赵二十万众，诛成安君。名闻海内，威震天下。农夫莫不辍耕[10]释耒，褕衣甘食[11]，倾耳以待命者[12]。若此，将军之所长也。然而众劳卒罢，其实难用。今将军欲举倦弊[13]之兵，顿[14]之燕坚城之下，欲战恐久力不能拔，情见势屈[15]，旷日[16]粮竭，而弱燕不服，齐必距境[17]以自强也。燕、齐相持而不下[18]，则刘、项之权[19]未有所分也。若此者，将军所短也。臣愚，窃以为亦过[20]矣。故善用兵者不以短击长，而以长击短。"韩信曰："然则何由[21]？"广武君对曰："方今为将军计，莫如案[22]甲休兵，镇赵抚其孤，百里之内，牛酒日至，以飨士大夫醳[23]兵，北首[24]燕路，而后遣辩士奉咫尺[25]之书，暴[26]其所长于燕，燕必不敢不听从。燕已从，使喧言者[27]东告齐，齐必从风而服，虽有智者，亦不知为齐计矣。如是，则天下事皆可图也。兵固有先声[28]而后实者，此之谓也。"韩信曰："善。"从其策，发使使燕，燕从风而靡[29]。乃遣使报汉，因请立张耳为赵王，以镇抚其国。汉王许之，乃立张耳为赵王。

【注释】

①仆：自称谦词。燕：项羽封燕将臧荼为燕王，都蓟（今北京市西南）。②何若：若何；如何。③“败军之将”两句：当时流行的成语。图存：图谋国家存亡的大事。④权：权衡。⑤百里奚：春秋时虞国人。⑥侍：侍奉。这里韩信不说广武君被俘，而说自己能有机会侍奉他，以表示对广武君的敬重。⑦委心归计：完全听从您的计策。委，丢弃；委心，自己不作主张。归，依从。⑧鄗（hào）：古邑名。在今河北省高邑县东。⑨不终朝：不到一上午。⑩辍（chuò）耕：停止耕作。⑪褕（yú）衣甘食：美好的衣服，香甜的食物。褕，美。⑫倾耳：侧耳静听，表示专心。以上三句，意思是说农民预感到兵灾的到来，十分害怕，因而停止耕作，只顾眼前享受，不作长远打算，专心倾听韩信下令进军的消息。⑬倦弊：疲惫劳乏。弊，仆倒，引申为疲乏。⑭顿：停顿。使动用法。⑮情见（xiàn）势屈：军队的实情暴露给敌方，自己的威势就削弱了。见，通“现”。⑯旷日：空废时日。旷，耽误，荒废。⑰距境：在边境拒守。距，通“拒”。⑱燕、齐相持：指韩信同燕、齐相持。不下：指燕、齐不肯降服。⑲权：秤锤。这里比喻胜负的比重。⑳窃：私下。谦词。过：过失；失策。动词。㉑由：遵循。㉒案：通“按”。㉓飨（xiǎng）：宴请。酻：醇酒。使动用法。㉔首（shòu）：向着。㉕咫（zhǐ）尺：指当时写信使用的木简的尺寸，或八寸或一尺。咫，八寸。㉖暴：显露。㉗喧言者：善于诡辩的人，即说客、辩士。喧：通

"谖"，诡诈。㉘声：虚张声势。㉙从风而靡：听到消息，立即投降。靡，倒下，这里指降服。

【原文】

楚数使奇兵渡河击赵，赵王耳、韩信往来救赵，因行定赵城邑，发兵诣汉。楚方急围汉王于荥阳，汉王南出，之宛、叶[①]间，得黥布[②]，走入成皋[③]，楚又复急围之。六月，汉王出成皋，东渡河，独与滕公俱，从张耳军修武[④]。至，宿传舍[⑤]。晨自称汉使，驰入赵壁。张耳、韩信未起，即其卧内，上[⑥]夺其印符，以麾[⑦]召诸将，易置之。信、耳起，乃知汉王来，大惊。汉王夺两人军，即令张耳备守赵地，拜韩信为相国，收赵兵未发者击齐。

【注释】

①宛（yuān）：县名。即今河南省南阳市。叶（shè）：县名。在今河南省叶县南。②黥（qíng）布：原名英布，详见《黥布列传》。③成皋：古邑名。即今河南省荥阳市西汜水镇。④修武：县名。在今河南省获嘉县境。⑤传（zhuàn）舍：客馆。⑥上：指汉王。⑦麾（huī）：旌麾，军队中用来召唤将领的旗子。

【原文】

信引兵东，未渡平原[①]，闻汉王使郦食其已说下齐，韩信欲止。范阳辩士蒯通[②]说信曰："将军受诏击齐，而汉独发间[③]使下齐，宁有诏止将军乎？何以得毋行也！且郦生一士，伏轼掉[④]三寸之舌，下齐七十余城，将军将数万众，岁余乃下赵五十余城，为将数岁，反不如一竖儒[⑤]之功乎？”于是信然之[⑥]，从其计，遂渡河。齐已听郦生，即留纵酒，罢[⑦]备汉守御。信因袭齐历下[⑧]军，遂至临菑[⑨]。齐王田广[⑩]以郦生卖己，乃亨[⑪]之，而走高密[⑫]，使使之楚请救。

【注释】

①平原：平原津，当时黄河渡口。在今山东省平原县境。②范阳：县名。在今河北省定兴县南。蒯（kuǎi）通：楚、汉之际有名的辩士。③独：只不过。间使：密使。④伏轼：为了表示敬意，乘车的人将身子伏在车前的横木上。掉：摇；鼓弄。⑤竖儒：鄙贱的称谓，犹“侏儒”。⑥然之：即“以之为然”。认为蒯通的话正确。然，对。⑦罢：撤除。⑧历下：古邑名。即今山东省济南市。⑨临菑（zī）：即临淄，古邑名，当时齐国的都城。在今山东省淄博市东北。⑩田广：齐国贵族的后裔，田荣的儿子。⑪亨（pēng）：通“烹”。⑫高密：县名。在今山东省高密市西南。

【原文】

韩信已定临菑，遂东追广至高密西。楚亦使龙且将[①]，号称二十万，救齐。齐王广、龙且并军与信战，未合。人或说龙且曰：“汉兵远斗穷战[②]，其锋不可当。齐、楚自居其地战，兵易败散[③]。不如深壁[④]，令齐王使其信臣招所亡城，亡城闻其王在，楚来救，必反汉。汉兵二千里客居，齐城皆反之，其势无所得食，可无战而降也。”龙且曰：“吾平生知韩信为人，易与耳。且夫救齐，不战而降[⑤]之，吾何功？今战而胜之，齐之半可得[⑥]，何为止！”遂战，与信夹潍水[⑦]陈。韩信乃夜令人为万余囊，满盛沙，壅[⑧]水上流，引军半渡，击龙且。详不胜，还走。龙且果喜曰：“固知信怯也。”遂追信渡水。信使人决壅囊，水大至。龙且军大半不得渡，即急击，杀龙且。龙且水东军散走，齐王广亡去[⑨]。信遂追北至城阳[⑩]，皆虏楚卒。

【注释】

①龙且（jū）：项羽部下将领。②穷战：尽力战斗。穷，尽、极。③兵易败散：是说齐、楚兵士在自己乡土作战，眷恋家室，容易逃散。④深壁：深沟高垒，坚守不战。⑤降：使动用法。⑥齐之半可得：意思是说，如果战胜了韩信，就可以受封而得到半个齐国。⑦潍水：指今山东省的潍河。⑧壅：堵塞。⑨齐王广亡去：《高祖本纪》和本传说田广在这次战役中逃跑，而《秦楚之际月表》和《田儋列传》说田广在这次战役中被杀。⑩追北：追赶败兵。北，败。城阳：古地名。在今山东省菏泽市牡丹区东北。

【原文】

汉四年[①]，遂皆降，平齐。使人言汉王曰：“齐伪诈多变，反覆之国也。南边[②]楚。不为假王[③]以镇之，其势不定。愿为假王便[④]。”当是时，楚方急围汉王于荥阳，韩信使者至，发书[⑤]，汉王大怒，骂曰：“吾困于此，旦暮望若来佐我，乃欲自立为王！”张良、陈平[⑥]蹑汉王足，因附耳语曰：“汉方不利，宁能禁信之王乎？不如因而立，善遇之，使自为守；不然，变生[7]。”汉王亦悟，因复骂曰：“大丈夫定诸侯，即为真王耳，何以假为！”乃遣张良往，立信为齐王，征其兵击楚。

【注释】

①汉四年：公元前 203 年。②边：接近；连接。③假王：暂时代理的王。④便：便利。⑤发书：打开书信。⑥张良：字子房，韩国贵族的后裔。秦末农民战争中，聚众归刘邦，为刘邦重要谋士。汉朝建立后，被封为留侯。陈平：陈胜起义时，他依附魏咎，为太仆。后从项羽入关，任都尉。不久投奔刘邦，是刘邦的重要谋士。汉朝建立后，封曲逆侯。⑦变生：发生变乱。

【原文】

楚已亡龙且，项王恐，使盱眙[1]人武涉往说齐王信曰：“天下共苦秦久矣，相与勠力[2]击秦。秦已破，计功割地，分土而王之[3]，以休士卒。今汉王复兴兵而东，侵人之分[4]，夺人之地；已破三秦，引兵出关，收诸侯之兵以东击楚，其意非尽吞天下者不休，其不知厌足如是甚也！且汉王不可必[5]，身居项王掌握中数矣，项王怜而活之[6]；然得脱，辄倍约，复击项王，其不可亲信如此。今足下虽自以与汉王为厚交，为之尽力用兵，终为之所禽矣。足下所以得须臾[7]至今者，以项王尚存也。当今二王之事，权在足下：足下右投则汉王胜，左投则项王胜[8]。项王今日亡，则次取足下。足下与项王有故[9]，何不反汉与楚连和，参[10]分天下王之？今释此时，而自必于汉以击楚，且为智者固若此乎！”韩信谢曰：“臣事项王，官不过郎中，位不过执戟[11]，言不听，画[12]不用，故倍楚而归汉。汉王授我上将军印，予我数万众，解衣衣我[13]，推[14]食食我，言听计用，故吾得以至于此。夫人[15]深亲信我，我倍之不祥，虽死不易。幸[16]为信谢项王!"

【注释】

①盱眙（xū yí）：县名。②勠力：合力。③"计功"二句：指项羽分封诸侯王。④分：职分；职权。⑤必：信任；靠得住。⑥活之：使刘邦活。活，使动用法。⑦须臾：一会儿。这里引申为"苟延""从容"。⑧"足下"二句：右投，指依附刘邦；左投，指依附项羽。右，指向西方；左，指向东方。⑨故：老交情。⑩参：古"三"字，今写作"叁"。⑪执戟（jǐ）：与上句"郎中"为互文。⑫画：计谋。⑬衣（yì）我：给我穿。衣，动词。⑭推：让。⑮夫（fú）人：那个人。指刘邦。夫，指示代词。⑯幸：希望。

【原文】

武涉已去，齐人蒯通[1]知天下权在韩信，欲为奇策而感动之，以相人[2]说韩信曰："仆尝受相人之术。"韩信曰："先生相人何如?"对曰："贵贱在于骨法[3]，忧喜在于容色[4]，成败在于决断，以此参[5]之，万不失一。"韩信曰："善。先生相寡人何如?"对曰："愿少间[6]。"信曰："左右去矣。"通曰："相君之面[7]，不过封侯，又危不安；相君之背，贵乃不可言。"韩信曰："何谓也?"蒯通曰："天下初发难也，俊雄豪桀建号壹[8]呼，天下之士云合雾集[9]，鱼鳞杂遝[10]，熛至风起[11]。当此之时，忧在亡秦而已。今楚、汉分争，使天下无罪之人肝胆涂地[12]，父子暴骸骨于中野，不可胜数。楚人起彭城，转斗逐北，至于荥阳，乘利席卷，威震天下。然兵困于京、索之间，迫西山[13]而不能进者，三年于此矣。汉王将数十万之众，距巩、雒[14]，阻山河之险，一日数战，无尺寸之功，折北不救[15]，败荥阳[16]，伤成皋[17]，遂走宛、叶之间——此所谓智、勇[18]俱困者也。夫锐气挫于险塞[19]，而粮食竭于内府[20]，百姓罢极怨望[21]，容容[22]无所倚。以臣料之，其势非天下之贤圣固不能息天下之祸。当今两主之命县[23]于足下：足下为汉则汉胜，与楚则楚胜。臣愿披腹心，输肝胆[24]，效愚计，恐足下不能用也。诚能听臣之计，莫若两利而俱存之，参分天下，鼎足[25]而居，其势莫敢先动。夫以足下之贤圣，有甲兵之众，据强齐，从[26]燕、赵，出空虚之地而制其后，因民之欲，西乡为百姓请命，则天下风走而响应矣，孰敢不听！割大弱[27]强，以立诸侯；诸侯已立，天下服听而归德于齐。案齐之故[28]，有胶、泗之地[29]，怀[30]诸侯以德，深拱揖让[31]，则天下之君王相率而朝于齐矣。盖闻‘天与弗取，反受其咎；时至不行，反受其殃[32]’。愿足下孰虑之！”

韩信曰：“汉王遇我甚厚，载我以其车，衣我以其衣，食我以其食。吾闻之，乘人之车者载人之患，衣人之衣者怀人之忧，食人之食者死人之事；吾岂可以乡利倍义乎！”蒯生曰：“足下自以为善汉王，欲建万世之业，臣窃以为误矣。始常山王、成安君为布衣时，相与为刎颈之交[33]，后争张黡、陈泽之事，二人相怨㉞。常山王背项王，奉项婴头而窜，逃归于汉王。汉王借兵而东下，杀成安君泜水之南，头足异处，卒为天下笑。此二人相与，天下至欢也。然而卒相禽者，何也？患生于多欲而人心难测也。今足下欲行忠信以交于汉王，必不能固于二君之相与也，而事多大于张黡、陈泽。故臣以为足下必汉王之不危己，亦误矣。大夫种、范蠡㉟存亡越，霸㊱句践，立功成名而身死亡㊲。野兽已尽而猎狗亨。夫以交友言之，则不如张耳之与成安君者也；以忠信言之，则不过大夫种、范蠡之于句践也。此二人㊳者，足以观矣。愿足下深虑之！且臣闻勇略震主者身危，而功盖天下者不赏。臣请言大王功略：足下涉西河，虏魏王，禽夏说，引兵下井陉，诛成安君，徇㊴赵，胁燕，定齐，南摧楚人之兵二十万㊵，东杀龙且，西乡以报。此所谓功无二于天下，而略不世出㊶者也。今足下戴㊷震主之威，挟不赏之功，归楚，楚人不信；归汉，汉人震恐。足下欲持是㊸安归乎？夫势在人臣之位而有震主之威，名高天下，窃为足下危之！”韩信谢曰：“先生且休矣，吾将念之。”

【注释】

①齐人蒯通：蒯通原是燕国人，后游于齐，故又称齐人。②相人：给人相面。③骨法：骨格；骨相。④容色：容貌，气色。⑤参：参验。⑥愿少间（jiàn）：希望稍稍屏退从人。⑦“相君之面”与下文的“相君之背”都是双关语，意即依附刘邦和背叛刘邦。⑧桀（jié）：通“杰”。建号：建立名号，自立为侯王。壹：通“一”。⑨云合雾集：像云雾那样

地聚拢来。⑩杂遝（tà）：众多而杂乱的样子。遝，通“沓”。⑪熛（biāo）至风起：“熛”和“风”都用作状语，形容响应起义的人的迅速。⑫肝胆涂地：到处是惨死的死尸。⑬迫西山：在成皋以西的山地被阻。迫，阻。⑭巩：县名。在今河南省巩义市西南。雒（luò）：即雒阳（洛阳）。在今洛阳市东北。⑮折北不救：屡战屡败，无法自救。折，挫败；北，败逃。⑯败荥阳：汉三年（前204）四月，项羽将刘邦围困在荥阳。刘邦采用纪信的计策，率数十骑从城西门逃往成皋。⑰伤成皋：汉四年十月。刘邦驻广武（成皋附近）西城。楚、汉两军隔着广武涧对话。刘邦数项羽十大罪状，项羽伏弩射中刘邦胸部，刘邦回成皋养伤。⑱智：指刘邦。勇：指项羽。意思是，双方相持不下，结果两败俱伤。⑲锐气挫于险塞：照应上文“迫西山而不能进”，指项羽。锐气，勇气。⑳粮食竭于内府：荥阳一战，刘邦因缺粮而败北。内府，仓库。㉑怨望：怨恨。㉒容容：飞扬貌，动荡不安的样子。㉓命：命运。县：通“悬”。㉔披腹心，输肝胆：比喻竭尽忠诚，后来也说“披肝沥胆”。披，披露。输，献出。㉕鼎足：鼎是古时煮东西的器物，有三只脚。㉖从：迫使……服从。使动用法。㉗弱：削弱。使动用法。㉘案：通“按”，占据。故：指故土。㉙胶、泗之地：指胶河和泗水流域，即今山东省的东部和南部。㉚怀：怀柔；安抚。㉛深拱：两手拱得很高，引申为无所事事。揖让：外表作出谦逊的样子。㉜“天与弗取”四句：这是当时流行的谚语。与，赐与；咎，追究罪责。㉝刎颈之交：

虽割颈也不反悔的交情，即同生死、共患难的朋友。㉞“后争张黡”二句：张耳和陈馀原是生死与共的朋友。秦二世元年闰九月，秦将章邯攻赵，将赵歇和张耳围困在钜鹿城中。当时，陈馀带领几万军队驻扎钜鹿城以北，章邯军驻扎钜鹿城以南。章邯急攻钜鹿，城中食尽兵少，张耳多次派人催陈馀救援，而陈馀以为力量单薄，不敢出兵。于是张耳派张黡、陈泽去责备陈馀。陈馀不得已，给张黡、陈泽五千人去对秦军作试探性进攻，结果全军覆没。第二年，项羽解钜鹿之围后，张耳责怪陈馀不肯救援，并一再追问张黡、陈泽的下落。陈馀以实情相告，张耳不信。陈馀一怒之下，交还将印，离开张耳，张耳也就收编了陈馀的军队，从此二人结下怨仇。㉟大夫种、范蠡（lǐ）：文种和范蠡都是春秋末年越王句践的大臣。㊱霸：使动用法。㊲死：指文种。亡：逃亡。指范蠡。㊳二人：指陈馀和文种。㊴徇：攻取；占领。㊵“南摧”二句：“南摧”和“东杀”虽措辞不同，实际都是指潍水之战。㊶略不世出：谋略在当世不再出现，意即谋略是世上少有的。㊷戴：拥有。㊸是：指代“震主之威”和“不赏之功”。

【原文】

后数日，蒯通复说曰：“夫听者事之候[①]也，计者事之机[②]也；听过计失[③]而能久安者，鲜[④]矣！听不失一二者，不可乱以言[⑤]；计不失本末者[⑥]，不可纷[⑦]以辞。夫随厮养之役[⑧]者，失万乘之权[⑨]；守儋石之禄[⑩]者，阙[⑪]卿相之位。故知者决之断[⑫]也，疑者事之害也。审豪氂之小计[⑬]，遗天下之大数[⑭]，智诚知之，决弗敢行者[15]，百事之祸也。故曰‘猛虎之犹豫，不若蜂虿之致螫[16]；骐骥之局躅[17]，不如驽马[18]之安步；孟贲[19]之狐疑，不如庸夫之必至[20]也；虽有舜禹之智，吟[21]而不言，不如喑聋之指麾[22]也’。此言贵[23]能行之。夫功者，难成而易败；时[24]者，难得而易失也。时乎时，不再来。愿足下详察之！”韩信犹豫，不忍倍汉，又自以为功多，汉终不夺我齐。遂谢蒯通。蒯通说不听，已详狂为巫[25]。

【注释】

①听者事之候：善于听取意见，就容易预见事物的征兆。候，征候，先兆。②计者事之机：反复思考，就容易掌握事情成败的关键。③听过：听取意见产生错误，即不善于听取意见。计失：考虑问题失误，即不善于思考问题。④鲜（xiǎn）：少。⑤乱以言：即“以言乱之”。用言语来迷惑他。⑥计不失本末者：考虑问题不至于不周到的人。⑦纷：乱。⑧随：顺从。引申为安心。厮养之役：旧指侍候他人的下贱工作。厮，劈柴养马；养，烧柴做饭。⑨万乘之权：即君权。万乘，指天子；战国时代的大国也叫万乘。⑩儋石：形容米粟不多。儋，通“担”。禄：官俸。⑪阙：今通写作“缺”，失掉的意思。⑫知者决之断：王念孙说，应作“决者知之断”。意思是，做事坚决不疑，是聪明果断的表现。⑬审豪氂之小计：在一毫一厘的小事情上用心思。豪，通“毫”。氂，通“厘”。⑭遗：漏掉。大数：大计；大事。⑮“智诚”二句：明明知道事情应该怎样做，但决定了不敢去执行。⑯虿（chài）：蝎子一

类的毒虫。致螫（shì）：用毒刺刺人。螫，毒刺。⑰骐骥：骏马。局躅（jú zhú）：徘徊不前。⑱驽马：劣马。⑲孟贲（bēn）：战国时著名的勇士。⑳必至：一定达到目的。㉑吟（jìn）：通“噤”，不开口。㉒喑（yīn）：哑巴。指麾：用手势比画来表达意思。麾，通“挥”。㉓贵：意动用法。㉔时：时机；机会。㉕已：已而；后来。巫：古代装神弄鬼，为人求福或治病的迷信职业者。

【原文】

汉王之困固陵[①]，用张良计召齐王信[②]，遂将兵会垓下[③]。项羽已破，高祖袭夺齐王军[④]。汉五年正月[⑤]，徙齐王信为楚王，都下邳[⑥]。

【注释】

①汉王之困固陵：汉四年（前203）八月，刘、项讲和，以鸿沟（古运河名。魏惠王时修成）为界。②“用张良计”句：刘邦采用张良计策，将陈（今河南省周口市淮阳区）以东至沿海地区划给韩信，诱使韩信等用兵共灭项羽。③垓（gāi）下：古地名。④汉五年十二月，刘邦灭项羽后，回军定陶，夺了韩信的军权。⑤汉五年正月：当时汉以十月为岁首，因此汉五年正月实为五年的第四个月。⑥下邳：县名。在今江苏省邳州市西南。

【原文】

信至国[①]，召所从食漂母，赐千金。及下乡南昌亭长，赐百钱，曰：“公，小人也，为德不卒。”召辱己之少年令出胯下者以为楚中尉[②]。告诸将相曰：“此壮士也。方辱我时，我宁不能杀之邪？杀之无名[3]，故忍而就于此。”

【注释】

①国：都城。指下邳。②中尉：这里指诸侯王国的中尉，是掌握巡城、捕盗等治安工作的武官。③无名：没有理由。名，名义，名目。

【原文】

项王亡将钟离眜家在伊庐[1]，素与信善。项王死后，亡归信。汉王怨眜，闻其在楚，诏楚捕眜。信初之国，行[2]县邑，陈兵出入。汉六年[3]，人有上书告楚王信反。高帝以陈平计，天子巡狩会诸侯[4]，南方有云梦[5]，发使告诸侯会陈[6]：“吾将游云梦。”实欲袭信，信弗知。高祖且[7]至楚，信欲发兵反，自度无罪；欲谒上，恐见禽。人或说信曰：“斩眜谒上，上必喜，无患。”信见眜计事。眜曰：“汉所以不击取楚，以眜在公所。若欲捕我以自媚于汉，吾今日死，公亦随手亡矣。”乃骂信曰：“公非长者[8]！”卒自刭。信持其首，谒高祖于陈。上令武士缚信，载后车[9]。信曰：“果若人言：‘狡兔死，良狗亨；高鸟尽，良弓藏；敌国破，谋臣亡。’天下已定，我固当亨！”上曰：“人告公反。”遂械系[10]信。至雒阳，赦信罪，以为淮阴侯。

【注释】

①钟离眜（mò）：复姓钟离，名眜。项羽手下的名将。伊庐：邑名。②行（xíng）：巡视。③汉六年：前 201 年。④巡

狩会诸侯：古代天子亲自到诸侯所守备的地区巡视叫“巡狩”。⑤云梦：古泽名。⑥陈：县名。即今河南省周口市淮阳区。⑦且：将要。⑧长者：忠厚诚实的人。⑨后车：跟随皇帝出行的副车。⑩械系：用刑具锁绑。

【原文】

信知汉王畏恶其[1]能，常称病不朝从[2]。信由此日夜怨望，居常鞅鞅[3]，羞与绛、灌[4]等列。信尝过樊将军哙[5]，哙跪拜送迎，言称臣，曰：“大王乃肯临[6]臣！”信出门，笑曰：“生乃与哙等为伍[7]！”上常从容与信言诸将能不[8]，各有差[9]。上问曰：“如我，能将几何？”信曰：“陛下[10]不过能将十万。”上曰：“于君何如？”曰：“臣多多而益善耳。”上笑曰：“多多益善，何为为我禽？”信曰：“陛下不能将兵，而善将将，此乃信之所以为陛下禽也。且陛下所谓天授，非人力也。”

【注释】

①其：指代韩信自己。②朝从：朝见和从行。③居：平日在家。鞅鞅（yàng）：通“怏怏”，愁闷失意的样子。④羞：意动用法。绛：指绛侯周勃（？—前169），秦末从刘邦起义，以军功为将军，封绛侯，后来曾任太尉、丞相。灌：指灌婴（？—前176），秦末从刘邦起义，转战各地，汉朝建立后，任车骑将军，封颍阴侯，后来曾任太尉、丞相。⑤过：拜访。樊哙（kuài）：刘邦的同乡，随刘邦起义，以军功封贤成君，后封舞阳侯，汉初曾任左丞相。⑥临：有居高视下的意思。⑦生：活着。引申为一生。为伍：同列。⑧从（cōng）容：

闲暇无事的样子。能：有才能。形容词。不（fǒu）：通“否”。⑨差（cī）：等差；参差，高低不齐。⑩陛（bì）下：臣下对皇帝的尊称。

【原文】

陈豨拜为钜鹿守[①]，辞于淮阴侯。淮阴侯挈[②]其手，辟[③]左右与之步于庭，仰天叹曰："子可与言乎？欲与子有言也。"豨曰："唯将军令之！"淮阴侯曰："公之所居，天下精兵处也；而公，陛下之信幸臣也。人言公之畔[④]，陛下必不信；再至，陛下乃疑矣；三至，必怒而自将。吾为公从中[⑤]起，天下可图也。"陈豨素知其能也，信之，曰："谨奉教！"汉十年[⑥]，陈豨果反。上自将而往，信病不从。阴[⑦]使人至豨所，曰："弟[⑧]举兵，吾从此助公。"信乃谋与家臣夜诈诏赦诸官徒奴[⑨]，欲发以袭吕后、太子[⑩]。部署已定，待豨报。其舍人[⑪]得罪于信，信囚，欲杀之。舍人弟上变[⑫]，告信欲反状于吕后。吕后欲召，恐其党[⑬]不就，乃与萧相国[⑭]谋，诈令人从上所来，言豨已得[⑮]死，列侯群臣皆贺。相国绐[⑯]信曰："虽疾，强入贺。"信入，吕后使武士缚信，斩之长乐钟室[⑰]。信方斩，曰："吾悔不用蒯通之计，乃为儿女子[⑱]所诈，岂非天哉！"遂夷信三族[⑲]。

【注释】

①陈豨（xī）：宛句（今山东省菏泽市牡丹区西南）人。汉建国后曾多次随刘邦平定叛乱，因功封阳夏侯，为代相国。钜鹿守：钜鹿郡郡守。陈豨任钜鹿郡守一事，《史记》前后说

法不一，据《汉书·高帝纪》和《韩信传》，当指担任代相国监边兵。钜鹿，郡名，地在今河北省南部，郡治钜鹿（今平乡县西南）。②挈（qiè）：携着；拉着。③辟：通“避”，使动用法。④畔：通“叛”。⑤中：指京城中。⑥汉十年：公元前 197 年。⑦阴：暗中。⑧弟：通“第”，只管。⑨诸官徒奴：各官府的罪犯和奴隶。⑩吕后（前241—前180）：刘邦的妻子吕雉。太子：指刘邦的儿子刘盈，即汉惠帝。⑪舍人：派有差使的门客。⑫上变：上书报告急变的事情。⑬党（tǎng）：通“倘”，倘若；万一。⑭萧相国：萧何，当时任相国（丞相）。⑮得：指陈豨被擒。⑯绐（dài）：欺骗。⑰长乐：汉宫名。故址在今陕西省西安市西北郊。钟室：悬挂钟（乐器）的房子。⑱儿女子：即“妇人”，有轻视的意思。这里指吕后。⑲夷：诛灭。三族：指父母、兄弟、妻子。一说指父族、母族、妻族。

【原文】

高祖已从豨军来，至[①]，见信死，且喜且怜之，问：“信死亦何言？”吕后曰：“信言恨不用蒯通计。”高祖曰：“是齐辩士也。”乃诏齐捕蒯通。蒯通至，上曰：“若教淮阴侯反乎？”对曰：“然，臣固教之。竖子不用臣之策，故令自夷[②]于此。如彼竖子用臣之计，陛下安得而夷之乎！”上怒曰：“亨之！”通曰：“嗟乎，冤哉亨也！”上曰：“若教韩信反，何冤？”对曰：“秦之纲绝而维弛[③]，山东[④]大扰，异姓[⑤]并起，英俊乌集[⑥]。秦失其鹿[⑦]，天下共逐之，于是高材疾足者先得焉。跖之狗吠尧[8]，尧非不仁，狗因吠非其主。当是时，臣唯独知韩信，非知陛下也。且天下锐精持锋[9]欲为陛下所为者甚众，顾[10]力不能耳。又可尽亨之邪?”高帝曰：“置[11]之。”乃释通之罪。

【注释】

①至：到了京城。②自夷：自己诛杀自己，即自寻死路。夷，灭尽。③纲绝而维弛：纲，网上的总绳；维，系物的大绳。④山东：指战国时秦以外的六国领土。⑤异姓：指与秦不同姓的各国诸侯。⑥乌集：像乌鸦那样聚集在一起。⑦鹿：与“禄”（禄位）同音，用来比喻帝位。⑧跖（zhí）：人名。相传为春秋时柳下惠之弟，是率九千人横行天下之大盗，故谓之盗跖。尧：唐尧。传说中上古五帝之一。⑨锐精持锋：磨快武器，拿着利刃。锐，使动用法；精，精铁。锋，利刃。⑩顾：但；只不过。⑪置：饶恕；赦免。

【原文】

太史公曰：吾如[1]淮阴，淮阴人为余言，韩信虽为布衣时，其志与众异。其母死，贫无以葬，然乃行营[2]高敞地，令其旁可置万家[3]。余视其母冢[4]，良然。假令韩信学道谦让，不伐[5]己功，不矜[6]其能，则庶几[7]哉于汉家勋可以比周、召、太公之徒[8]，后世血食[9]矣。不务出此[10]，而天下已集[11]，乃谋畔[12]逆，夷灭宗族，不亦宜乎！

【注释】

①如：往；去。②行营：到处寻求。③令其旁可置万家：

使坟墓旁边能住下万户人家。④冢（zhǒng）：高大的坟墓。⑤伐：夸耀。⑥矜：骄傲。⑦庶几：差不多。⑧周、召（shào）：指周公姬旦和召公姬奭（shì）。太公：吕尚，传说中的姜太公，曾辅佐周武王灭商，后封于齐。徒：一辈人物。⑨血食：受享祭。古代祭祀时要宰杀牲畜做祭品，所以叫“血食”。⑩此：指“学道谦让”。⑪集：通“辑”，和睦；安定。⑫畔：通“叛”。

【译文】

淮阴侯韩信是淮阴人。当初他还是平民的时候，贫穷而又没有好的德行，不能被推选去做官；又不会做买卖谋生，经常投靠人家饮食，人们大多讨厌他。他曾经多次投靠那下乡南昌亭亭长家食宿，几个月以后，亭长的妻子嫌弃他，于是清早做好饭，就在床蓐上把饭吃掉。到了开饭的时候，韩信去了，没有给他准备饭食。韩信也知道他们的用意，一气之下，竟然跟他们断绝关系，离开了。

韩信在城下钓鱼，有很多妇女在漂洗丝絮。有位老大娘看见韩信饿了，就把饭给韩信吃，一直到漂洗完毕，几十天都是这样。韩信很高兴，对那老大娘说：“我将来一定要很好地报答您老人家。”老大娘生气地说：“大丈夫不能养活自己，我是可怜公子才给你饭吃，难道是希望报答吗！”

淮阴屠户中有个侮辱韩信的年轻人，说：“你虽然个子高大，喜好佩带刀剑，内心却是胆小的。”当众侮辱他说：“韩信如果不怕死，就刺我；如果怕死，就从我的裤裆下爬过去。”当时，韩信仔细地打量他以后，就俯身从他裤裆下伏地爬过去。满街的人都嘲笑韩信，认为他胆小怕事。

待项梁渡过淮水的时候，韩信带着宝剑去投奔他，在项梁的部下，默默无闻。项梁失败后，韩信又隶属项羽，项羽让他做了郎中。他屡次献策以求项羽重用，项羽没有采纳。汉王入蜀时，韩信逃离楚军而归附汉王，依然默默无闻。担任接待宾客的小官时，犯了法，判处斩刑，同案的十三个人都已经被斩，轮到韩信，韩信就抬头仰视，恰好看见滕公，说：“汉王不想成就统一天下的大业吗？为何要斩杀壮士！”滕公惊奇他的话，又见他相貌威武，就放了他不斩。和韩信交谈，非常喜欢他。报告汉王以后，汉王就任命韩信作治粟都尉，但汉王还没有看出他是奇才。

韩信多次跟萧何交谈，萧何感到惊奇。到达南郑，将领们半路逃跑的有好几十人，韩信估计萧何等人已屡次向汉王推荐过，汉王不重用自己，就逃走了。萧何听说韩信跑了，来不及将情况报告汉王，就亲自去追赶他。有人向汉王报告说：“丞相萧何逃跑了。”汉王非常恼怒，由于失去了萧何就如同失去了左右手。过了一两天，萧何来拜见汉王，汉王又生气又高兴，骂萧何说：“你逃跑，是什么缘故？”萧何说：“我是不敢逃跑的，我是去追逃跑的人。”汉王说：“你去追的人是谁？”萧何说：“是韩信。”汉王又骂道：“将领们逃跑的数以十计，你不去追任何人，却去追韩信，是假的。”萧何说：“其他将领容易得到啊，至于像韩信这样的人，天下人士没有第二个。

大王假如想长期只在汉中称王，就没有地方用得着韩信；假如想要争夺天下，除了韩信，就再没有和您商量大事的人了。就看大王怎样决策罢了。”汉王说：“我当然也想向东方发展啊，怎么能够郁郁不乐地长期留在这里呢？”萧何说：“大王如果想向东推进，能够任用韩信，韩信就留下来；不能任用，韩信最终还是要跑的。”汉王说：“我看在你的情面上，用他作将领吧。”萧何说：“即使让他作将领，韩信也一定不会留下来的。”汉王说：“用他作大将。”萧何说：“很好！”当时，汉王就要召见韩信来任命他。萧何说：“大王向来傲慢，不讲礼节，如今任命大将就像唤小孩子似的，这就是韩信要离去的原因。大王如果想任命他，就选择吉日良辰，进行斋戒，在广场上设置高坛，举行完备的仪式，那样才行啊。”汉王同意了。将领们都很欢喜，人人都以为自己能做大将了。等到任命大将时，居然是韩信，全军都惊奇。

韩信授任仪式结束，汉王就座。汉王说：“丞相多次谈起将军，将军用何谋划策略来指教我？”韩信谦让之后，趁势问汉王说：“如今向东去争夺天下，难道不就是项王吗？”汉王说：“是的。”韩信说：“大王自己估计在勇敢、悍厉、仁慈和强力各方面，跟项王相比怎么样？”汉王沉默了好久，说：“我是不如项王的。”韩信拜了两拜，赞同地说：“我韩信也以为大王是不如他的。不过，我曾经侍奉过他，请让我谈谈项王的为人吧。项王立声怒喝时，很多人都吓倒了，但不能任用有才能的将领，这只不过是个人的勇气罢了。项王待人仁慈有礼，言语温和，部下有人生了病，流着泪把自己的饮食分给病员；当受用的人有了功劳应当加封爵位时，却把刻好了的印章拿在手里，玩弄得磨去了棱角，舍不得给人家，这就是所谓妇人的仁慈啊。项王虽然称霸天下，使诸侯臣服，但不占据关中却定都彭城。又违背义帝的约言，而让自己亲信喜爱的人称王，诸侯不服。诸侯看到项王迁徙、驱逐义帝，把他安置在江南，也都回去驱逐原来的国君，然后自己在好的地方称王。项王的军队所路过的地方，没有不遭受摧残毁灭的，天下的人都怨恨他，老百姓不愿亲附，只不过是被威势和强大胁逼罢了。名义上虽然是霸主，实际上却丢失了天下人的心。因此，他的强大容易变为弱小。现在大王如果能够采取和他相反的做法：任用天下英勇的人，有什么敌人不能诛灭！把天下的城邑封赏给有功的臣子，有什么人会不心服！用正义的战争，顺从想东归的战士，有什么敌人不能打败！况且三秦之王原是秦将，率领秦地的子弟兵作战好几年了，被杀死和逃跑的多得无法计算，又欺骗他们的部下向诸侯投降。到达新安以后，项王用欺诈的手段活埋了秦军已经投降的士兵二十多万，唯独章邯、司马欣和董翳得以脱身。秦地的父老乡亲怨这三个人，恨到入骨。如今，项羽硬借威势让这三个人称王，秦地的百姓没有谁拥护他的。大王进入武关之后，没有丝毫的侵犯行为，废除了秦朝的苛刻法令，与秦地的百姓立约，法令只有三条罢了。秦地的百姓，没有谁不希望大王能够在秦地当王的。按照诸侯的约定，大王应该在关中做王，关中的百姓都知道这件事。大王失掉应得的封爵进入汉中，秦地的百姓没有谁不感到遗憾的。现今大王起兵东进，三秦之地可以发布檄文平定它。”这时，汉王十分高兴，自认为得到韩信太迟了。他就听从了韩信的计谋，部署各将领的攻击目标。

八月，汉王起兵东进经过陈仓，平定了三秦。汉二年，路过函谷关，收服了魏地和河南一带，韩王、殷王都投降了。于是，联合齐国、赵国共同攻打楚军。四月，到达彭城，汉兵战败逃散而回。韩信收编士兵跟汉王在荥阳会师，又在京县、索亭之间打败了楚军。因此，楚军始终不能向西进攻。

汉军在彭城败退以后，塞王司马欣、翟王董翳从汉军中逃跑，投降了楚军，齐国和赵国也背叛汉王跟楚国讲和。六月，魏王豹请假回去探望母亲的病，一到封国，立即封锁了黄河西岸临晋关的交通，反对汉王，跟楚国订约讲和。汉王派郦食其游说魏豹，没有成功。这年八月，用韩信作左丞相，攻打魏国。魏王在蒲坂驻重兵，封锁临晋关的通路。韩信就增设疑兵，陈列船只，好像欲在临晋渡河，却埋伏军队从夏阳用木盆使军队渡河，袭击安邑。魏王魏豹惊慌失措，带兵迎击韩信，韩信就俘虏了魏豹，平定了魏国，改置河东郡。

汉王派遣张耳和韩信一起，带兵东进，向北进攻赵国和代国。这年闰九月，打败了代军，在阏與擒获了代相夏说。当韩信占领魏国，打败代国的时候，汉王就派人来调走他的精锐部队，开赴荥阳抵抗楚兵。

韩信和张耳带着几万军队，想要向东占领井陉关，攻打赵国。赵王歇和成安君陈馀听说汉军将要袭击他们，就把很多兵力聚集在井陉口，号称二十万。广武君李左车就劝成安君说："听说汉将韩信渡过西河，俘虏了魏王，擒获了夏说，新近又血洗阏與；现今又用张耳辅佐，商议如何攻下赵国，这样乘胜离国远征，它的锋芒不可抵挡。我曾听说'从千里之外运送军粮，士兵就会面有饥色；临时取柴草然后做饭，军队就不可能经常吃饱'。如今，井陉口的道路非常狭隘，战车不能并列行进，战马不能排成行。行军几百里，这样军粮势必落在队伍的后面。希望您暂且给我精兵三万人，从小路去拦截他们的军需物资。您就深挖战壕，高筑营垒，坚守阵地，不跟他们交战。他们向前无法战斗，后退无法撤兵，我用奇兵断绝他们的后路，使他们在野外没有什么可以掠夺的。不到十天，韩信和张耳两位将领的头颅，就可以送到将军的军帐前了。万望您考虑我的计谋。否则，我们一定被他俩擒获了。"

成安君是一个迂腐的书生，常常声称正义的军队不用阴谋诡计。他说："我听说兵书上这样讲：十倍于敌人的兵力，就包围它；加倍于敌人的兵力，就和它交战。如今，韩信的兵力号称有几万，其实不过几千。他们居然跋涉千里来攻击我们，也已经精疲力竭了！现在像这样的情况我还退避而不迎击他们，以后有大敌来临，怎能战胜他们？那么，诸侯会认为我们胆怯，就轻易地来攻打我们。"成安君不听从广武君李左车的计策。广武君的计策没有被采用。

韩信派人暗地里侦察，知道广武君的计策没有被采用。侦探回来报告韩信，韩信就十分高兴，才敢带领军队勇往直前。在距离井陉口不到三十里的地方，停下来宿营。半夜里传令出发，挑选两千人，每人拿着一面红旗，抄小路上山隐蔽起来观察赵军，并约定说：“赵军看见我们逃跑，必定全营出动来追逐我们，你们就快速冲入赵军营中，拔去赵军的旗帜，插上汉军的旗子。”又下令副将们分头传令小食，说：“今天攻破赵军以后会餐!”将领们都不相信，假心假意地回答说：“好吧。”韩信对军官说：“赵军已经先占了有利的地形安营扎寨，而且他们没有看到我军主将的旗鼓，就不会出来攻打我们的先头部队，怕我们到了险要的地方就回头。”韩信就派遣一万人先走，经过井陉口，背向着河水排开阵势。赵军远远看到了就大笑起来。天亮时，韩信树立主将的旗鼓，敲着鼓经过井陉口。赵军敞开营垒，迎击汉军，两军对战了很久。这时，韩信、张耳假装丢弃了旗鼓，逃到河边的军阵之中。河边的部队敞开营门，让他们进入阵地，又进行激战。赵军果然倾巢出动，争夺汉军的旗鼓，追逐韩信、张耳。

韩信和张耳已经进入水边的军阵，全军都拼死作战，不可打败。韩信先派出的两千轻骑兵，都等候赵军倾巢而出追夺战利品的时候，就冲入赵军营垒，把赵军的旗帜全都拔去，竖起了两千面汉军的红旗。赵军已经不能取胜，也无法捕获韩信、张耳等人，想收兵回营，但营垒上全是汉军的红旗，因而大为惊恐，认为汉军都已经擒获赵王的将领了，士兵就一个个逃跑，赵将尽管斩杀他们，也不能禁止。这时候，汉军前后夹攻，彻底战胜赵军，在泜水边斩杀成安君，擒获赵王赵歇。

韩信于是传令军中不要杀死广武君，有能活捉他的奖赏一千金。这时，有人捆绑上广武君送到韩信的军帐前，韩信就解开他身上的绳子，请他向东坐下，自己向西对坐着，像对待老师一样服事他。

将领们呈献首级和俘虏之后都向韩信称贺，顺便问韩信说："按照兵法，应当右边和背后靠山陵，前方和左边靠水泽。这一次将军反而让我们背水列阵，又说'打败赵军再会餐'，我们都不理解。然而终于打了胜仗，这是什么战术呢？"韩信说："这些都在兵法上，只是诸位没有留意罢了！兵法上不是说过吗？'困于死地而后生，处于亡地而后存'，况且我韩信并没有得到训练有素的将士，这就是所说的'驱赶市民去作战'！在这种形势之下，如果不把军队安排在死地，使人人都各自作战；如果让他们处在可以逃生的地方，大家都逃跑了，岂能够得到并使用他们吗？"将领们都佩服地说道："好，将军的计谋不是我们所能比得上的。"

这时，韩信问广武君："我欲向北进攻燕国，向东攻打齐国，怎样才能成功？"广武君谦让地说："我听说：'败军的将领，不能跟他谈论勇敢；亡国的大夫，不能跟他谋划国家的存亡。'如今，我是个败军亡国的俘虏，怎敢配得上商量国家大事呢！"韩信说："我听说，百里奚在虞国而虞国灭亡了，在秦国而秦国称霸，并不是他在虞国就愚笨了，而在秦就聪明起来，关键在于国君用不用他，采纳不采纳他的意见。假如成安君听从您的计策，像我韩信这样的人也早被擒获了。由于他不听从您，我韩信才能侍奉您。”韩信多次试问道：“我是推心置腹听从您的计谋，希望您不要推辞。”广武君说：“我听说，聪明的人多次考虑问题，难免有一次失误；愚蠢的人多次考虑问题，也会有一次正确。因此说，狂人的话，圣人也可以从中选择。但是，恐怕我的计谋不一定值得采纳，不过我希望献上我的愚蠢而忠诚的见解。至于成安君有百战百胜的计谋，一旦失算，军队在鄗地附近失败了，自己也死在泜水边。现在将军渡过西河，俘虏了魏王，在阏與擒获了夏说，一举攻占了井陉，不到一个上午就打败了二十万赵军，杀死了赵相成安君。声名传闻海内，威望震撼天下，农民没有谁不放下农具停止耕作，只图穿得好、吃得好，侧耳倾听，等待命令。如此，都是将军的长处。然而，百姓劳苦，士兵疲惫，其实难以使用。如今，将军想要发动疲倦的军队，驻扎燕国坚固的城池下，想要作战，恐怕时间长了，力不能敌，真实地暴露了劣势；旷日以久，粮草竭尽，而弱小的燕国不肯降服，齐国必然拒守边境，使自己强大起来。燕国和齐国都坚持不肯降服，那么刘邦和项羽的抗衡就不见分晓。如此，是将军的短处。我愚笨，但私下认为您攻燕伐齐的打算是错误的。所以，善于用兵的人不拿自己的短处攻击别人的长处。”韩信说：“既然这样，那该怎么办呢？”广武君回答说：“现在替将军着想，不如按甲息兵，镇守赵国，安抚赵国的遗孤。使百里之内，每天都可以送牛肉和美酒，宴请军官，慰劳士兵。北向移军燕国，然后派说客送信到燕国，向燕国显示您的长处，燕国一定不敢不听从。燕国顺从以后，再派说客东去劝告齐国，齐国一定见风使舵地臣服。即使是聪明的人，也不知道怎样替齐国打算了。这样，那么天下的大事就都好办了。用兵之道，本来就有先虚张声势，然后付诸实际行动的，指的正是这种情况。”韩信说：“好！”听从广武君的计策，派使者去出使燕国，燕国人一听，像草一样随风而倒。于是派人去报告汉王，并且请求立张耳做赵王，来镇守赵国。汉王答应了，就封张耳为赵王。

楚国多次派奇兵渡过黄河去攻打赵国，赵王张耳和韩信来回救援赵国，趁行军时平定了赵国的城邑，再出兵去援助汉王。楚军正在荥阳紧紧地围困汉王，汉王从南面突围，前往宛县和叶县一带，得到黥布以后，逃到成皋，楚军又加紧围攻他。六月，汉王逃出成皋，向东渡过黄河，单独跟滕公一起，投奔到张耳的驻地修武。到达修武，就住在客馆中。第二天早晨，自称是汉王的使臣，奔驰直进赵军的营垒。张耳和韩信还没起床，汉王就在他们的卧室里夺取了他们的印信和兵符，用来指挥和召令将领们，重新安排他们的职务。韩信和张耳起床以后，才知道汉王来了，大吃一惊。汉王夺取了两人的军队，就命令张耳防守赵地，任命韩信为赵国相，收编还没有出发的赵国士兵去攻打齐国。

韩信率领军队向东出发，还没有渡过平原津，听说汉王的使臣郦食其已说服了齐国，韩信就想按兵不动。范阳籍的说客蒯通就劝韩信说：“将军奉命攻打齐国，而汉王只不过派密使说服了齐王，难道有诏令要将军停止前进吗？凭什么不能行进呢！何况郦食其是一介之士，乘车到处摇动三寸不烂之舌，降服了齐国七十多个城邑；而将军率领着几万大军，一年多才攻下赵国的五十多个城邑，反而比不上一个小书生的功劳吗？”这时，韩信认为蒯通说得对，听从了他的计策，于是领兵渡过了黄河。齐国已经接受了郦食其的劝说，就留郦食其纵情饮酒，撤除了对付汉军的防御。韩信乘机袭击了齐国历下的驻军，于是直达临淄。齐王田广以为郦食其出卖了自己，就烹杀了他，然后逃往高密，派使者到楚国请求援救。

韩信平定临淄以后，就向东追赶田广，一直追到高密县的西部。楚王也派龙且带领兵马，号称二十万，来救援齐国。

齐王田广和楚将龙且会师跟韩信作战，尚未交锋。有人劝龙且说："汉军远离本土，拼死作战，其势不可挡。齐、楚两军，在自己的土地上作战，士兵容易失散。不如高筑防御工事，叫齐王派他的亲信大臣去招那些已经沦陷的城邑。沦陷城邑里的人听说自己的国王还在，又有楚兵来救援，一定会反叛汉军的。汉军客居两千里以外，齐国的城邑都背叛他们，这样势必没有办法得到粮食，可以不用作战就使他们投降。”龙且说："我向来了解韩信的为人，容易对付他。何况我来救齐国，不交战就使他投降，那我有何功劳？如果交战后胜了他，齐国的一半土地能归我所有，为何不交战？”于是出战，跟韩信隔着潍水摆开阵势。韩信就连夜派人做了一万多个袋子，装满沙子，堵住潍水的上游，带领一半军队渡河，袭击龙且，假装战败往回逃。龙且果然高兴地说："我早就知道韩信胆怯！"于是，渡过潍水追击韩信。韩信派人挖开堵水的沙袋，河水倾泻而来。龙且的军队大半不能渡过，韩信立即猛烈截击，杀死了龙且。龙且在潍水东岸的军队溃散逃跑。齐王田广也逃跑了。韩信就追赶败兵，一直追到城阳，把楚军的士兵全部俘虏了。

汉王四年，韩信就降服和平定了整个齐国。他派人对汉王说："齐国是个虚伪狡诈、变化多端、反复无常的国家，南面邻近楚国，假如不设置一个代理国王来镇守它，齐国的局势就不稳定。我希望当代理国王，有利于局势。"当这个时候，楚军正在荥阳紧紧围困汉王。韩信的使者到达汉营，打开他送来的信一看，汉王勃然大怒，骂道："我被围困在这里，日夜盼望你来帮助我，你倒要自立为王！"张良、陈平暗中踩了一下汉王的脚，并贴近他的耳边小声说："汉军正当不利的时候，难道能阻止韩信称王吗？不如乘机立他为王，好好地待他，让他自己设法镇守齐国。不这样，恐怕就要发生变乱。"汉王也明白了，接着又骂道："大丈夫既然平定了诸侯，就要做真王才行，为什么做代理的呢！"于是，派遣张良前去立韩信为齐王，并征调他的部队攻打楚军。

楚国已经失掉了大将龙且，项王恐慌，就派盱眙人武涉去游说齐王韩信道："天下人都苦于秦的暴政很久了，因而同心协力攻打秦国。秦国已经被打败了，大家按功劳大小分割土地，各自在封地上称王，来使士兵得到休息。现在汉王又兴兵东进，侵犯别人的主权，抢夺别人的封地，已经打败了三秦，又带兵出函谷关，收编诸侯的士兵来向东进攻楚国，汉王的意图如不吞并天下就不罢休。他这样不知满足，也太过分了。何况汉王不可靠，他落在项王手里好几次了，项王同情他而让他活下来。但他一脱身，就违背盟约，又来攻打项王，他的不可亲近不可信赖就这样。现在您虽然以为跟汉王是深交，替他尽力打仗，但最终会被他擒拿的。您之所以能苟延性命到今天，是项王还活着。当前汉王和楚王的成败，关键就在您了。你投靠西边，就是汉王胜利；投靠东边，就是项王胜利。如果项王今天被消灭，就会接着来收拾您了。您和项王有交情，为什么不反叛汉国而跟楚国联合，三分天下而称王呢？如果您放弃了这个机会，自己一定要投靠汉王，去攻打楚王，那么作为一个聪明人，原来就是这样吗！”韩信推辞说：“我侍奉项王，官阶不过是个郎中，职位不过是卫士，言不听，计不从，所以才背叛楚王而投靠汉王。汉王授给我上将军的印章，交给我几万人马；脱衣服给我穿，分食物给我吃，言听计从，因此我才能有今天这个样子。人家这样依靠和信任我，我背叛他是不好的，就是死了我也不会改变主意。希望您替我向项王道歉。”

武涉离开以后，齐国人蒯通知道天下局势的关键在于韩信，想用奇妙的计谋来打动他，就用看相人的身份游说韩信道：“我曾经学过给人看相的技艺。”韩信说：“先生给人看相是怎么样的？”蒯通回答说：“一个人的高贵和卑贱在于骨相，忧愁和喜悦在于脸色，成功和失败在于判断。用这三条来参验相人，万无一失。”韩信说：“好！先生看我如何？”蒯通回答说：“希望稍微隔离手下的人。”韩信说：“手下的人离开吧。”蒯通说：“看您的‘面’不过封侯，又危险不安全。看您的‘背’，真是贵不可言。”韩信说：“指的是什么呢？”蒯通说：“天下刚发难的时候，英雄豪杰建号称王，一呼百应，天下有志之士，像云雾那样聚集，像鱼鳞那样排列，像火花那样迸发，像狂风那样骤起。当这个时候，担心的在于消灭暴秦罢了！现在，楚王跟汉王双方在争夺天下，使得天下无辜的百姓肝胆涂地，父子老少的尸骨暴露在荒野中，数也数不完。楚国人从彭城出发，辗转战斗追袭败兵，直到荥阳，乘胜前进，易如卷席，威震天下。然而，军队被困在京、索二地之间，被阻在成皋西部山区而不能前进，到现在有三年了！汉王率领几十万的人马，在巩县和洛阳一带抗拒楚军，仗着山河的天险，一天交战数次，可是没有一点功绩；折兵败北，不能自救，在荥阳战败，在成皋受伤，于是逃到宛城和叶县之间，这就叫作智、勇都困了啊！锐气在险要的边塞受到挫伤，而国库里的粮食消耗殆尽，老百姓因疲惫而记恨，人心浮动，无所归宿。照我的估量，这种情势下，不是天下的圣贤，肯定不能平息天下的祸乱。当今刘、项两王的命运，就悬在您的手上，您替汉王出力，就是汉王胜利；替项王出力，就是项王胜利。我希望推心置腹、披肝沥胆，奉献我的计策，唯恐您不能采纳。假如能够听取我的计谋，不如双方两利地让他们一起存在下去，跟他们三分天下，鼎足而立，这种形势谁都不敢先动手。凭着您的聪明才智，拥有众多的人马和装备，占据着强大的齐国，牵制着燕国和赵国，出兵到刘、项双方兵力薄弱的地方，来牵制他们的后方，顺应百姓的愿望，向西阻止楚、汉纷争，为百姓请命，那么天下百姓就会闻风而动地响应您了，谁敢不听从！分割大国削弱强国，用来分封诸侯。诸侯割地复国以后，天下就会信服听从您，并归功于齐国，您稳守齐国的故土，拥有胶河、泗水一带的土地，用恩德安抚诸侯，谦让恭谨，那么天下的君王就会相继来朝拜齐国了！因为听说'上天赐给的不接受，反而受到它的惩罚；时机来了不行动，反而遭受它的灾难'。希望您仔细地考虑这件事！"

韩信说："汉王待我很优厚，把他的车给我坐，把他的衣服给我穿，把他的食物给我吃。我听说：'乘人家车子的，要分担人家的祸患；穿人家衣服的，要想到人家的忧虑；吃人家食物的，要死在人家的事业上。'我难道能够唯利是图、背信弃义吗？"蒯通说："您自以为跟汉王刘邦友好，欲建立千秋万代的功业，我私下认为错了。当初，常山王张耳和成安君陈馀还是平民的时候，彼此结成至死不忘的朋友，后来因为张黡、陈泽事件而争执，两人相互记恨。常山王背叛项王，捧着项王使者项婴的头逃跑，归顺了汉王。汉王借兵给他向东进军，在泜水南边杀死了成安君，头脚分尸两地，终于为天下人所耻笑。这两个人的交情，是天下最深厚的了。然而终于相互残杀，为何呢？祸根就产生在太贪，而且人心难以预料。现在您要用忠诚和信义来和汉王交往，肯定不可能比陈馀、张耳二君的交情更可靠，而你们之间的事情有很多比张黡、陈泽的事情重大得多。所以，我认为您肯定汉王不会危害您，也错了。大夫文种和范蠡使濒临灭亡的越国保存下来，使句践称霸，但句践功成名就，文种身死，范蠡逃亡。野兽已经打尽了，因而猎狗被烹杀。就交往而论，您跟汉王是比不上张耳和陈馀的；就忠诚而论，是不会超过大夫文种和范蠡对于句践的。这两种人足够您借鉴了。希望您深入地考虑这个问题。而且我听说，勇敢和谋略震动君主的人，自身危险；功业是天下第一的人，无法赏赐。请让我来说说大王的功绩和谋略吧：您渡过西河，俘虏了魏王，擒获了夏说，带兵攻占井陉口，杀死成安君，攻取赵国，制服燕国，平定齐国，南下摧毁了楚国二十万大军，东去杀死楚将龙且，西向而报捷，可以说功绩之大在天下是没有第二个人的，而谋略也是世人不能够超出的。如今，您具有震动君主的威势，拥有无法赏赐的功绩。您归附楚国，楚国人不会相信；您归顺汉国，汉国人恐惧。您持这样的威势和功绩，将归顺哪一边呢？您处在臣子的地位，却有震动君主的威势，声名比天下人都高，我私下为您感到危险。”韩信辞谢说：“先生暂且别说了，我得好好想想！”

几天以后，蒯通又劝韩信说：“善于听取意见，是事情成功的征兆；善于计划，是事情成功的关键。不善于听取建议，不善于计谋策划，而能够长久安稳的人，可就少了。在听取意见中，没有一两次失误的人，旁人无法用言论迷惑他；在计谋策划中不至于本末倒置的人，旁人也无法用语词干扰他。安于伙夫这种杂役的人，就会失去掌握万乘大国君权的机会；保证斗石俸禄的人，就会失却公卿宰相的地位。所以，聪明的人就会当机立断；犹豫不决，是成事的灾祸。明察毫厘的小计，却遗忘天下的大计，理智上明知如何做，决策时却不敢实行，这是一切事情的祸根。因此说：‘猛虎的犹豫，不如黄蜂、蝎子的敢于用刺；骏马的踌躇，不如劣马的稳步；勇士的狐疑，不如庸夫的必达。虽然有舜、禹的智慧，但闭口不说，就不如聋哑人的比手画脚。’这说明可贵的在于能实行。功业难以成功却容易失败，时机难以得到却容易失去。时机啊时机，不会再次到来。希望您仔细考虑这件事。”韩信犹豫不决，不忍心背叛汉王，又自以为功劳很多，汉王终究不会夺走自己的齐国，于是谢绝了蒯通。蒯通的劝说不被采纳，后来就假装疯癫做了巫师隐迹而去。

汉王被围困在固陵的时候，采用张良的计策，征召齐王韩信。韩信就带兵到垓下会师。项羽被打败以后，汉高祖突然袭击，夺去了齐王韩信的兵权。汉王五年正月，改封齐王韩信为楚王，定都于下邳。

韩信到了自己的封地，召见了曾经给饭吃的漂洗丝絮的老大娘，送给她千金。还召见了下乡的南昌亭长，给他一百钱，说：“您是个小人，做好事有始无终。”又召见曾经侮辱过自己、叫从他裤裆下爬过去的那个年轻人，任他做楚国的中尉。韩信告诉各位将相说：“这位是壮士。当初侮辱我的时候，我难道不能杀死他吗？但杀了他毫无意义，我之所以隐忍着，就是为了成就今天的事业。”

项王的一员逃亡将领钟离眛，家住伊庐县，一向跟韩信友好。项王死后，他就投奔了韩信。汉王记恨钟离眛，听说钟离眛在楚国，就下令叫楚国逮捕他。韩信刚到楚国时，巡视各县邑，都列兵进出。汉王六年，有人上书揭发楚王韩信谋反。汉高祖采用陈平的计策，天子外出巡视会见诸侯，南方有个云梦泽，派使臣通告各诸侯到陈县集会，说：“我将要巡视云梦泽。”其实是要袭击韩信，韩信不知。汉高祖将要到达楚国时，韩信想出兵反叛，自己心里想没有罪过，要朝见皇上，又怕被擒获。有人劝韩信说：“您杀了钟离眛去见皇上，皇上一定高兴，无后患。”韩信召见钟离眛来商量这件事。钟离眛说：“汉王之所以不来围攻楚国，是有我钟离眛在您这儿。假如要逮捕我去私自讨好汉王，我今天死了，您也会紧跟着灭亡了。”于是，破口大骂韩信说：“你不是一个厚道的人！”终于自杀了。韩信拿着钟离眛的头，到陈县朝拜汉高祖。皇上命令武士捆绑韩信，放在后面的副车上。韩信说道：“果真像人家所说：‘狡猾的兔子死了，好的猎狗遭烹杀；高飞的鸟完了，好的弓箭被收藏；敌国破灭，谋臣死亡！’天下已经安定，我当然该烹杀！”皇上说：“有人告发你谋反！”于是给韩信戴上刑具。到达洛阳时，赦免了韩信的罪，让他做淮阴侯。

韩信知道汉王害怕和妒忌自己的才能，常常假装生病不朝见，也不随从。韩信从此日夜怨恨，常常闷闷不乐，耻于跟周勃、灌婴一辈人处在同等地位。韩信曾经拜访樊哙将军，樊哙用跪拜的礼节迎来送往，口口声声自称臣子，说："大王竟肯光临臣下！"韩信出门时，笑着说："我这一生，竟然和樊哙等人处在一个行列！"皇上曾经跟韩信闲谈各位将领有无才能，认为他们各有长短。皇上问："像我能带多少兵？"韩信说："陛下不过能带十万兵！"皇上问："对你来说怎么样？"韩信说："我是越多越好。"皇上笑着说："越多越好，为什么被我擒获？"韩信说："陛下不善于带兵，却善于驾驭将领，这就是我韩信之所以被陛下擒获的缘故。况且陛下的地位是上天赐予的，不是人力所做到的。"

陈豨被任命为钜鹿郡守，向淮阴侯辞行时，淮阴侯拉着他的手，让左右的人回避，同他在院子里散步，抬头对着天叹息说："可以和您说话吗？我有话想跟您说。"陈豨说道："一切听从将军的吩咐！"淮阴侯说："您的所在地，是天下精兵所积聚之处；而您又是陛下亲信宠爱的臣子。如果有人说您反叛，陛下必定不相信；再有人来告您造反，陛下就会猜疑了；第三次有人告您造反，陛下必定大怒而自己带兵讨伐。我替您从中起兵呼应，天下是可以图谋的。"陈豨一向了解韩信的才干，相信他，说："恭敬领教！"汉王十年，陈豨果真反叛。皇上亲自领兵前往平乱。韩信称病，没有随从出征。暗中派人到陈豨的住所说："只管发兵，我会从这里帮助您！"韩信就跟家臣们谋划，乘黑夜里假传诏令，赦免各官府里的囚徒和奴隶，欲领着这批人去袭击吕后和太子刘盈。部署妥当以后，等待陈豨回报。韩信的家臣得罪了韩信，韩信把他囚禁起来，想杀死他。家臣的弟弟就上告，向吕后揭发韩信准备谋反的情况。吕后想召见韩信，怕韩信的党羽不肯就范，就跟萧相国商议，派人装作是从皇上处来，声称陈豨已经被捉住杀了，列侯、群臣都要去朝贺。萧相国欺骗韩信说："您尽管患病，也得勉强进宫朝贺。"韩信一进宫，吕后就命令武士绑架韩信，在长乐宫的悬钟室中，把他杀了。韩信正要被斩首的时候说："我后悔没有采纳蒯通的计谋，竟为妇人小子所欺诈，难道不是天意吗！"于是杀了韩信一家三族。

汉高祖从征讨陈豨的部队中回来后，到了京城，得知韩信已死，又高兴又怜惜，问道："韩信死时说了什么话？"吕后说："韩信说后悔没有采用蒯通的计策。"汉高祖说："这人是齐国的说客。"于是，下令齐国逮捕蒯通。蒯通捉来了，皇上说："你教唆淮阴侯谋反是吗？"蒯通回答说："是的，我本来教他。小子不采纳我的计谋，所以如今自取灭亡。假如那小子采纳我的计策，陛下怎能够杀害他呢？"皇上恼怒地说："烹杀他！"蒯通说道："哎呀，冤枉呀！烹杀我！"皇上说道："你教唆韩信谋反，有什么冤枉？"蒯通回答说："秦王朝纲维松弛，山东大乱，异姓诸侯纷纷自立，英雄俊杰像群鸦一样聚集。秦王失去了帝位，天下共同追逐它，因此高才捷足的人先得到它。盗跖所养的狗，对着唐尧狂叫，并不是唐尧不仁，狗叫是由于他不是它的主人。正当这个时候，我只知道有韩信，不知道有陛下。况且天下精英，手持利刀，想做陛下所做事业的人很多，只不过能力不行罢了！您又能够全部烹杀他们吗?”高祖说：“放了他！”于是赦免了蒯通的罪过。

太史公说：“我到淮阴去，淮阴人对我说：韩信即使是平民的时候，他的志向也和众人不同。他母亲死的时候，穷得无法安葬，却又经营宽敞的坟地，让坟地旁边能安置一万户人家。我看了他母亲的坟墓，确实是这样子。假如韩信能够谦让地学习圣贤的道理，不炫耀自己的功劳，不矜夸自己的才能，那就差不多了。他对汉朝的功勋，可以跟周公、召公、姜太公这些人相比，享用后世的祭祀了。可是他不从事这个，而在天下大局已经安定的时候，反而图谋反叛，杀灭他的宗族，不也是应该的吗！”

第七十五卷　韩信卢绾列传第三十三

本传是韩王韩信（不是淮阴侯韩信）、卢绾、陈豨三个人的合传。这三个人原来都是刘邦的亲信部下，和刘邦的关系都非常好，卢绾更是和刘邦世代友好，而且能“出入卧内”，“虽萧、曹等，特以事见礼，至其亲幸，莫及卢绾”。但最后他们都举旗反叛，并且大多勾结匈奴，以和汉朝对抗。通过这篇传记，作者似乎在告诉我们：世上没有永恒的敌人，也没有永恒的朋友。

是什么使他们由亲密的朋友变成仇敌的呢？主要有以下两点原因：

其一是争权夺利。权力斗争是统治集团内部分裂残杀的主要原因。刘邦刚刚开始起义有两个劲敌，一是强秦，一是项羽。在大敌当前的时候，他招降纳叛，网罗人才，对于自己联盟内某些人的不恭也能容忍。但等到天下已定，就开始大肆诛杀功臣，且不说韩王韩信、卢绾、陈豨，就连淮阴侯韩信、黥布、彭越等劳苦功高的人，也未能幸免于难。刘邦对这些人的猜忌使他们成为惊弓之鸟，他们明知造反要被杀，但是还得铤而走险，因为他们都是当时极有才能的人，实在不甘心束手就擒。

其二是刘邦谋士们的怂恿，反臣谋士们的挑拨，使得本来就已紧张的关系更加恶化。例如陈豨的造反与刘邦的大臣周昌有很大关系，周昌看到陈豨宾客车骑甚盛，便向皇帝汇报，怀疑陈豨要造反。而卢绾的造反，他的谋士张胜也起了很大作用。这些在本传中都有详细的记载。

【原文】

韩王信者，故韩襄王孽孙[①]也，长八尺五寸。及项梁之立楚后[②]怀王也，燕、齐、赵、魏皆已前王，唯韩无有后，故立韩诸公子横阳君成[③]为韩王，欲以抚定韩故地。项梁败死定陶，成奔怀王。沛公引兵击阳城，使张良以韩司徒降下韩故地，得信，以为韩将，将其兵从沛公入武关。

沛公立为汉王，韩信从入汉中，乃说[④]汉王曰："项王王诸将[⑤]近地，而王独远居此，此左迁[⑥]也。士卒皆山东人，跂[⑦]而望归，及其锋东乡[⑧]，可以争天下。"汉王还定三秦，乃许信为韩王，先拜信为韩太尉，将兵略韩[⑨]地。

【注释】

①孽孙：庶出的孙子。②楚后：楚王的后代、继承人。③诸公子：庶出的王子们。横阳君成：指韩成，以其曾被封为横阳君。故称。④说：游说。⑤王诸将：封诸将为王。⑥左迁：降职。⑦跂：通"企"，踮起脚尖。⑧东乡：向东进军。乡，通"向"。⑨略：掠夺，夺取。

【原文】

项籍之封诸王皆就国，韩王成以不从无功，不遣就国，更[①]以为列侯。及闻汉遣韩信略韩地，乃令故项籍游吴时吴令郑昌为韩王以距[②]汉。汉二年，韩信略定韩十余城。汉王至河南，韩信急击韩王昌阳城。昌降，汉王乃立韩信为韩王，常将韩兵从。三年，汉王出荥阳，韩王信、周苛等守荥阳。及楚败荥阳，信降楚，已而得亡，复归汉，汉复立以为韩王，竟从击破项籍，天下定。五年春，遂与剖符[③]为韩王，王颍川。

明年春，上以韩信材武[④]，所王北近巩、洛，南迫宛、叶，东有淮阳，皆天下劲兵处[⑤]，乃诏徙韩王信王太原以北，备御胡，都晋阳。信上书曰："国被边，匈奴数入，晋阳去塞远，请治马邑。"上许之，信乃徙[⑥]治马邑。秋，匈奴冒顿大围信，信数使使胡求和解。汉发兵救之，疑信数间使，有二心，使人责让[⑦]信。信恐诛，因与匈奴约共攻汉，反，以马邑降胡，击太原。

【注释】

①更：改。②距：通"拒"，抵抗。③剖符：古时帝王授予诸侯和功臣的凭证。剖分为二，帝王和诸侯各执其一，故称剖符。④材武：有勇有谋。⑤劲兵处：屯强兵的地方，即兵家必争的战略要地。⑥徙：迁，移。⑦让：责备。

【原文】

七年冬，上自往击，破信军铜鞮，斩其将王喜。信亡走[①]

匈奴。与其将白土人曼丘臣、王黄等立赵苗裔[2]赵利为王，复收信败散兵，而与信及冒顿谋攻汉。匈奴使左右贤王将万余骑与王黄等屯广武以南，至晋阳，与汉兵战，汉大破之，追至于离石，复破之。匈奴复聚兵楼烦西北，汉令车骑[3]击破匈奴。匈奴常败走，汉乘胜追北[4]，闻冒顿居代谷，高皇帝居晋阳，使人视冒顿，还报曰“可击”。上遂至平城。上出白登，匈奴骑围上，上乃使人厚遗阏氏[5]。阏氏乃说冒顿曰：“今得汉地，犹不能居；且两主不相厄。”居七日，胡骑稍引去。时天大雾，汉使人往来，胡不觉。护军中尉陈平言上曰：“胡者全兵[6]，请令强弩傅[7]两矢外向，徐行出围。”入平城，汉救兵亦到，胡骑遂解去，汉亦罢兵归。韩信为匈奴将兵往来击边。

【注释】

①亡走：逃跑。②苗裔：后代。③车骑：骑兵和战车部队。④追北：追击败逃的军队。⑤遗：赠送。阏氏：单于的正妻，地位等于汉之王后。⑥全兵：指全用弓箭长矛等进攻型武器。⑦傅：通“附”。

【原文】

汉十年，信令王黄等说误陈豨。十一年春，故韩王信复与胡骑入居参合，距汉。汉使柴将军击之，遗信书曰：“陛下宽仁，诸侯虽有畔亡[1]，而复归，辄复故位号，不诛也。大王所知。今王以败亡走胡，非有大罪，急自归!”韩王信报曰：“陛下擢仆起闾巷[2]，南面称孤，此仆之幸也。荥阳之事[3]，仆不能死，囚于项籍，此一罪也。及寇攻马邑，仆不能坚守，以城降之，此二罪也。今反为寇将兵，与将军争一旦之命，此三罪也。夫种、蠡[4]无一罪，身死亡；今仆有三罪于陛下，而欲求活于世，此伍子胥所以偾[5]于吴也。今仆亡匿山谷间，旦暮乞贷蛮夷，仆之思归，如痿人[6]不忘起，盲者不忘视也，势不可耳。”遂战。柴将军屠参合，斩韩王信。

【注释】

①畔亡：背叛逃亡。畔，通“叛”。②擢：提拔。闾巷：街巷，代指平民百姓。③荥阳之事：指荥阳之战，在此战中韩信被项籍俘获投降。④种、蠡：指文种、范蠡。⑤偾：倒覆，僵仆。⑥痿人：瘫痪的人。

【原文】

信之入匈奴，与太子俱[1]；及至颓当城，生子，因名颓当。韩太子亦生子，命曰婴。至孝文十四年，颓当及婴率其众降汉。汉封颓当为弓高侯，婴为襄城侯。吴楚军时[2]，弓高侯功冠诸将。传子至孙，孙无子，失侯。婴孙以不敬失侯。颓当孽孙韩嫣，贵幸，名富显于当世。其弟说，再封，数称将军，卒为案道侯。子代，岁余坐法[3]死。后岁余，说孙曾拜为龙额侯，续说后。

【注释】

①太子：指韩太子，即韩信的儿子。俱：一道同行。②吴楚军时：指汉平定吴楚七国之乱的战争，事在景帝三年（前154）。参见《吴王濞列传》等。③坐法：因犯法而被判罪。

【原文】

卢绾者，丰人也，与高祖同里[①]。卢绾亲与高祖太上皇[②]相爱，及生男，高祖、卢绾同日生，里中持羊酒贺两家。及高祖、卢绾壮，俱学书，又相爱也。里中嘉两家亲相爱，生子同日，壮又相爱，复贺两家羊酒。高祖为布衣[③]时，有吏事[④]辟匿，卢绾常随出入上下。及高祖初起沛，卢绾以客从，入汉中为将军，常侍中。从东击项籍，以太尉常从，出入卧内，衣被饮食赏赐，群臣莫敢望，虽萧、曹等[⑤]，特以事见礼，至其亲幸，莫及卢绾，绾封为长安侯。长安，故咸阳也。

【注释】

①同里：同乡。②亲：父母。此处指父亲。太上皇：指汉高祖刘邦的父亲。③布衣：平民的穿着，以之代指平民。④吏事：官吏的事务，此指被官吏追拿。⑤萧、曹：指萧何、曹参。

【原文】

汉五年冬，以[①]破项籍，乃使卢绾别将[②]，与刘贾击临江王共尉，破之。七月还，从击燕王臧荼，臧荼降。高祖已定天下，诸侯非刘氏而王者七人。欲王卢绾，为群臣觖望[③]。及虏臧荼，乃下诏诸将相列侯，择群臣有功者以为燕王。群臣知上欲王卢绾，皆言曰：“太尉长安侯卢绾常从平定天下，功最多，可王燕。”诏许之。汉五年八月，乃立卢绾为燕王。诸侯王得幸莫如燕王。

汉十一年秋，陈豨反代地，高祖如[4]邯郸击豨兵，燕王绾亦击其东北。当是时，陈豨使王黄求救匈奴。燕王绾亦使其臣张胜于匈奴，言豨等军破。张胜至胡，故燕王臧荼子衍出亡在胡，见张胜曰："公所以重于燕者，以习胡事也。燕所以久存者，以诸侯数反，兵连不决也。今公为燕欲急灭豨等，豨等已尽，次亦至燕，公亦且[5]为虏矣。公何不令燕且缓陈豨而与胡和？事宽，得长王燕，即有汉急，可以安国。"张胜以为然，乃私令匈奴助豨等击燕。燕王绾疑张胜与胡反，上书请族[6]张胜。胜还，具道所以为者。燕王寤[7]，乃诈论它人，脱胜家属，使得为匈奴间[8]，而阴使范齐之陈豨所，欲令久亡，连兵勿决。

【注释】

①以：通"已"。②别将：单独率军，不同于以前跟从高祖。或谓带领另一支部队。③觖望：因不满而怨恨，犹言怨望。④如：往……，到……。⑤且：将。⑥族：满门抄斩。⑦寤：通"悟"，醒悟、理解。⑧间：间谍。

【原文】

汉十二年，东击黥布，豨常将兵居代，汉使樊哙击斩豨。其裨将[1]降，言燕王绾使范齐通计谋于豨所。高祖使使召卢绾，绾称病。上又使辟阳侯审食其、御史大夫赵尧往迎燕王，因验问左右。绾愈恐，闭匿，谓其幸臣曰："非刘氏而王，独我与长沙耳。往年[2]春，汉族淮阴，夏，诛彭越，皆吕后计。今上病，属任[3]吕后。吕后妇人，专欲以事诛异姓王者及大功臣。”乃遂称病不行。其左右皆亡匿。语颇泄，辟阳侯闻之，归具报上，上益怒。又得匈奴降者，降者言张胜亡在匈奴，为燕使。于是上曰：“卢绾果反矣！”使樊哙击燕。燕王绾悉将其宫人家属骑数千居长城下，侯伺，幸[4]上病愈，自入谢[5]。四月，高祖崩，卢绾遂将其众亡入匈奴，匈奴以为东胡卢王。绾为蛮夷所侵夺，常思复归。居岁余，死胡中。

高后时，卢绾妻子亡降汉，会高后病，不能见，舍燕邸，为欲置酒见之。高后竟崩，不得见。卢绾妻亦病死。

孝景中六年，卢绾孙他之，以东胡王降，封为亚谷侯。

【注释】

①裨将：副将。②往年：去年。③属任：托付而任用之。属：委托，交付。④幸：希望。⑤谢：赔礼道歉，谢罪。

【原文】

陈豨者，宛朐人也，不知始所以得从。及高祖七年冬，韩王信反，入匈奴，上至平城还，乃封豨为列侯，以赵相国[1]将监赵、代边兵，边兵皆属焉。

豨常[2]告归过赵，赵相国周昌见豨宾客随之者千余乘，邯郸官舍皆满。豨所以待宾客布衣交，皆出客下。豨还之代，周昌乃求入见。见上，具言豨宾客盛甚，擅兵[3]于外数岁，恐有变。上乃令人覆案[4]豨客居代者财物诸不法事，多连引豨。豨恐，阴令客通使王黄、曼丘臣所。及高祖十年七月，太上皇崩，使人召豨，豨称病甚。九月，遂与王黄等反，自立为代王，劫略赵、代。

【注释】

①赵相国：误，应为代相国。见王先谦《汉书补注》。②常：通“尝”，曾经。③擅兵：指掌握兵权。④覆案：反复追查。

【原文】

上闻，乃赦赵，代吏人为豨所诖误[1]劫略者，皆赦之。上自往，至邯郸，喜曰：“豨不南据漳水，北守邯郸，知其无能为也。”赵相奏斩常山守、尉，曰：“常山二十五城，豨反，亡其二十城。”上问曰：“守、尉反乎？”对曰：“不反。”上曰：“是力不足也。”赦之，复以为常山守、尉。上问周昌曰：“赵亦有壮士可令将者乎？”对曰：“有四人。”四人谒[2]，上谩骂[3]曰：“竖子[4]能为将乎？”四人惭伏，上封之各千户，以为将。左右谏曰：“从入蜀、汉，伐楚，功未遍行，今此何功而封？”上曰：“非若所知！陈豨反，邯郸以北皆豨有，吾以羽檄[5]征天下兵，未有至者，今唯独邯郸中兵耳。吾胡爱四千户封四人，不以慰赵子弟！”皆曰：“善。”于是上曰：“陈豨将谁？”曰：“王黄、曼丘臣，皆故贾人[6]。”上曰：“吾知之矣。”乃各以千金购[7]黄、臣等。

【注释】

①诖误：贻误，连累。②谒：拜见。③谩骂：乱骂。谩，通“漫”。④竖子：对人轻蔑的称呼，犹今之“小子”。⑤羽檄：插上羽毛的紧急文告。⑥贾人：居货待售之人，指坐商。

⑦购：为缉捕在逃者而重赏征求或重金收买。

【原文】

十一年冬，汉兵击斩陈豨将侯敞、王黄于曲逆下，破豨将张春于聊城，斩首万余。太尉勃[①]入定太原、代地。十二月，上自击东垣，东垣不下，卒骂上；东垣降，卒骂者斩之，不骂者黥[②]之。更名东垣为真定。王黄、曼丘臣其麾下[③]受购赏之，皆生得，以故陈豨军遂败。

上还至洛阳。上曰："代居常山北，赵乃从山南有之，远。"乃立子恒为代王，都中都，代、雁门皆属代。

高祖十二年冬，樊哙军卒追斩豨于灵丘。

【注释】

①勃：指周勃。②黥：通"剠"。古代肉刑的一种，即墨刑，以刀刺人面额后用墨涅之。③麾下：部下。麾：军旗。

【原文】

太史公曰：韩信、卢绾非素积德累善之世，徼一时权变[①]，以诈力[②]成功，遭汉初定，故得列地[③]，南面称孤。内见疑强大，外倚蛮貊以为援，是以日疏自危，事穷智困，卒赴匈奴，岂不哀哉！陈豨，梁人，其少时数称慕魏公子[④]；及将军守边，招致宾客而下士，名声过实。周昌疑之，疵瑕[⑤]颇起，惧祸及身，邪人进说，遂陷无道[⑥]。於戏[⑦]悲夫！夫计之生孰成败于人也深矣！

【注释】

①徼：侥幸。权变：随机应变。②诈力：欺诈和勇力。

③列地：分割土地。列，通“裂”。④魏公子：指战国时魏国信陵君无忌。⑤疵瑕：毁责，过失。⑥无道：暴虐，没有德政。⑦於戏：通“呜呼”。

【译文】

韩王韩信是原来韩襄王的庶出孙子，身高八尺五寸。到了项梁拥立楚王的后代楚怀王的时候，燕国、齐国、赵国、魏国都早已自己立下了国王，只有韩没有立下后嗣，所以才立了韩国诸公子中的横阳君韩成为韩王，想以此来占据平定原韩国的土地。项梁在定陶战败而死，韩成投奔楚怀王。沛公带军队进攻阳城时，命张良以韩国司徒的身份降服了韩国原有地盘，得到韩信，任命他为韩国将军，带领他的军队随从沛公进入武关。

沛公被立为汉王，韩信随从沛公进入汉中，就说服汉王道：“项羽把自己的部下都封在中原附近地区，只把您封到这偏远的地方，这是一种贬职的表示啊！您部下士兵都是崤山以东的人，他们都踮起脚尖，急切地盼望返回故乡，趁着他们锐气强盛向东进发，就可以争夺天下。”汉王回军平定三秦时，就答应将要封韩信为韩王，先任命他为韩太尉，带兵去攻取韩国旧地。

项羽所封的诸侯王都到各自的封地去，韩王韩成因没跟随项羽征战，没有战功，不派他到封地去，改封他为列侯。等到听说汉王派韩信攻取韩地，就命令自己游历吴地时的吴县县令郑昌做韩王以抗拒汉军。汉高祖二年（前205），韩信平定了韩国的十几座城池。汉王到达河南，韩信在阳城猛攻韩王郑昌。郑昌投降，汉王就立韩信为韩王，常带领韩地军队跟随汉王。汉高祖三年，汉王撤出荥阳，韩王韩信和周苛等人守卫荥阳。等到楚军攻破荥阳，韩信投降了楚军，不久得以逃出，又投归汉王，汉王再次立他为韩王，最终跟从汉王击败项羽，平定了天下。汉高祖五年春天，汉高祖就和韩信剖符为信，正式封他为韩王，封地在颍川。

第二年（前201）春天，高祖认为韩信有勇有谋，封地颍川北靠近巩县、洛阳，南逼近宛县、叶县，东边则是重镇淮阳，这些都是天下的战略要地，就下诏命韩王韩信迁移到太原以北地区，以防备抵御匈奴，建都晋阳。韩信上书说："我的封国紧靠边界，匈奴多次入侵，晋阳距离边境较远，请允许我建都马邑。"皇帝答应了，韩信就把都城迁到马邑。在这年秋天，匈奴冒顿单于重重包围了韩信，韩信多次派使者到匈奴处求和。汉朝派人带兵前往援救，但怀疑韩信多次私派使者，有背叛汉朝之心，派人责备韩信。韩信害怕被杀，于是就和匈奴约定好共同攻打汉朝，起兵造反，把国都马邑拿出投降匈奴，并率军攻打太原。

高祖七年（前200）冬天，皇帝亲自率军前往攻打，在铜鞮击败韩信的军队，并将其部将王喜斩杀。韩信逃跑投奔匈奴，他的部将白土人曼丘臣、王黄等人拥立赵王的后代赵利为王，又收拢韩信被击败逃散的军队，并和韩信及匈奴冒顿单于商议一齐攻打汉朝。匈奴派遣左右贤王带领一万多骑兵和王黄等人驻扎广武以南地区，到达晋阳时，和汉军交战，汉军将他们打得大败，乘胜追到离石，又把他们打败。匈奴再次在楼烦西北地区聚集军队，汉高祖命令战车部队和骑兵把他们打败。匈奴常败退逃跑，汉军乘胜追击败兵，听说冒顿单于驻扎代谷，汉高祖当时在晋阳，派人去侦察冒顿，侦察人员回来报告说“可以出击”。皇帝也就到达平城。皇帝出城登上白登山，被匈奴骑兵团团围住，皇帝就派人送给匈奴王后阏氏许多礼物。阏氏便劝冒顿单于说：“现在已经攻取了汉朝的土地，但还是不能居住下来，更何况两国君主不互相围困。”过了七天，匈奴骑兵逐渐散去。当时天降大雾，汉朝派人在白登山和平城之间往来，匈奴一点也没有察觉。护军中尉陈平对皇帝说：“匈奴人都用长枪弓箭，请命令士兵每张强弩朝外搭两支利箭，慢慢地撤出包围圈。”撤进平城之后，汉朝的救兵也赶到了，匈奴的骑兵这才解围而去。汉朝也收兵而归。韩信为匈奴人带兵往来在边境一带攻击汉军。

汉高祖十年（前197），韩信命王黄等人劝说陈豨，使其误信而反。十一年春天，前韩王韩信又和匈奴骑兵一起侵入参合，对抗汉朝。汉朝派遣柴将军带兵前去迎击，柴将军先写信给韩信说：“皇帝陛下宽厚仁爱，尽管有些诸侯背叛逃亡，但当他们再度归顺的时候，总是恢复其原有的爵位名号，并不加诛杀。这些都是大王您所知道的。现在，您是因为战败才逃归匈奴的，并没有大罪，您应该赶快来归顺！”韩王韩信回信道：“皇帝把我从里巷平民中提拔上来，使我南面称王，这对我来说是万分荣幸的。在荥阳保卫战中，我不能以死效忠，而被项羽关押。这是我的第一条罪状。等到匈奴进犯马邑，我不能坚守城池，献城投降。这是我的第二条罪状。现在反而为敌人带兵，和将军争战，争这旦夕之间的活头。这是我的第三条罪状。文种、范蠡没有一条罪状，但在成功之后，一个被杀一个逃亡；现在我对皇帝犯下了三条罪状，还想在世上求取活命，这就是伍子胥最终死在吴国的原因啊！现在我逃命隐藏在山谷之中，每天都靠向蛮夷乞讨过活，我思归之心，就同瘫痪的人不忘记直立行走，盲人不忘记睁眼看一看一样，只不过情势不允许罢了。”于是两军交战，柴将军屠平参合城，并将韩王韩信斩杀。

韩信投靠匈奴的时候，和自己的太子同行，等到了颓当城，生了一个儿子，因而取名叫颓当。韩太子也生下一个儿子，取名为婴。到孝文帝十四年（前166），韩颓当和韩婴率领部下投归汉朝。汉朝封韩颓当为弓高侯，韩婴为襄城侯。在平定吴楚七国之乱时，弓高侯的军功超过其他将领。爵位儿子传到孙子，他的孙子没有儿子，侯爵被取消。韩婴的孙子因犯有不敬之罪，侯爵被取消。韩颓当庶出的孙子韩嫣，地位尊贵，很受皇帝宠爱，名声和富贵都荣显于当世。他的弟弟韩说，再度被封侯，并多次受命为将军，最后封为案道侯。儿子继承侯爵，一年多之后因犯法被处死。又过一年多，韩说的孙子韩曾被封为龙额侯，继承了韩说的爵位。

卢绾是丰邑人，和汉高祖是同乡。卢绾的父亲和高祖的父亲非常要好，等到生儿子时，汉高祖和卢绾又是同日而生。乡亲们抬着羊酒去两家祝贺，等到高祖、卢绾长大了，在一块读书，又非常要好。乡亲们见这两家父辈非常要好，儿子同日出生，长大后又很要好，再次抬着羊酒前去祝贺。高祖还是平民百姓的时候，被官吏追拿需要躲藏，卢绾总是随同左右，东奔西走，到高祖从沛县起兵时，卢绾以宾客的身份相随，到汉中后，担任将军，总是陪伴高祖身边。跟从高祖东击项羽时，以太尉的身份不离左右，可以在高祖的卧室内进进出出，衣被饮食方面的赏赐丰厚无比，其他大臣没人能企及，就是萧何、曹参等人，也只是因事功而受到礼遇，至于说到亲近宠幸，没人能赶得上卢绾。卢绾被封为长安侯。长安就是原来的咸阳啊。

汉高祖五年（前202）的冬天，已经击败了项羽，就派卢绾另带一支军队，和刘贾一起攻打临江王共尉，将他击败。七月凯旋，跟随皇帝攻打燕王臧荼，臧荼投降。高祖平定天下之后，在诸侯中不是刘姓而被封王的共有七个人。高祖想封卢绾为王，但又害怕群臣怨恨不满。等到俘虏臧荼之后，就下诏封将相们为列侯，在群臣中挑选有功的人封为燕王。文武群臣都知道皇帝想封卢绾为王，就一齐上言道："太尉长安侯卢绾经常跟随皇帝平定天下，功劳最多，可以封为燕王。"皇帝下诏批准了此项建议。汉高祖五年八月，就立卢绾为燕王，所有诸侯王受到的皇帝宠幸都比不上燕王。

汉高祖十一年（前196）秋天，陈豨在代地造反。高祖到邯郸去攻打陈豨的部队，燕王卢绾也率军攻打他的东北部。在这时，陈豨派王黄去向匈奴求救。燕王卢绾也派部下张胜出使匈奴，声称陈豨等人的部队已被击败。张胜到匈奴以后，前燕王臧荼的儿子臧衍逃亡在匈奴，见到张胜说："您之所以在燕国受重用，是您熟悉匈奴事务。燕国之所以能长期存在，是诸侯多次反叛，战争连年不断。现在您想为燕国尽快消灭陈豨等人，但陈豨等人被消灭之后，接着就要轮到燕国，您这班人也要成为俘虏了。您为什么不让燕国延缓攻打陈豨而与匈奴修好呢？战争延缓了，能使卢绾长期为燕王，如果汉朝有紧急事变，也可以借此安定国家。"张胜认为他的话是对的，就暗中让匈奴帮助陈豨攻打燕国。燕王卢绾怀疑张胜和匈奴勾结，一起反叛，就上书皇帝请求把张胜满门抄斩。张胜返回，把之所以这样干全部告诉了卢绾。卢绾觉悟了，就找了一些替身治罪处死了，把张胜的家属释放，使张胜成为匈奴的间谍，又暗中派遣范齐到陈豨的处所，想让他长期叛逃在外，使战争连年不断。

汉高祖十二年，东征黥布，陈豨经常率军在代地驻扎，汉派遣樊哙攻打陈豨并将其斩杀。他的一员副将投降，说燕王卢绾派范齐到陈豨处互相交流情报，商议策划。高祖派使臣召卢绾进京，卢绾称病推托不往。皇帝又派辟阳侯审食其、御史大夫赵尧前去迎接燕王，并顺便查问燕王部下臣子。卢绾更加害怕，闭门躲藏不出，对自己宠信的臣子说："不是刘姓而被封为王的，只有我卢绾和长沙王吴芮了。去年春天，汉朝把淮阴侯韩信满门抄斩，夏天，又杀掉了彭越，这都是吕后的计谋。现在皇帝重病在身，把国事全部交给了吕后。而吕后是个妇女，总想找个借口杀掉异姓诸侯王和功高的大臣。”于是，卢绾还是推托有病，拒绝进京。卢绾的部下臣子都逃跑躲藏。但卢绾的话泄露出一些，辟阳侯听到了，便把这一切都报告了皇帝，皇帝更加生气。后来，汉朝又得到一些投降的匈奴人，说张胜逃到匈奴中，是燕王的使者。于是，皇帝说：“卢绾真的反了！”就派樊哙攻打燕国。燕王卢绾把自己所有的宫人家属以及几千名骑兵安顿在长城下，等待机会，希望皇帝病好之后，亲自进京谢罪。四月，高祖逝世，卢绾也就带领部下逃入匈奴，匈奴封他为东胡卢王。卢绾受到匈奴的侵凌掠夺，总是想着重返汉朝。过了一年多，卢绾在匈奴逝世。

在高后时，卢绾的妻子儿女逃出匈奴重投汉朝，正赶上高后病重，不能相见，住在了燕王在京的府邸，准备在病好之后再设宴相见。但高后竟去世了，未能见面。卢绾的妻子也因病去世。

汉景帝中元六年（前 144），卢绾的孙子卢他之以东胡王的身份向汉投降，被封为亚谷侯。

陈豨是宛朐人，不知当初是什么原因得以跟从高祖。到高祖七年冬天，韩王韩信反叛，逃入匈奴，皇帝到平城而回，封陈豨为列侯，以赵国相国的身份率领督统赵国、代国的边防部队，这一带戍卫边疆的军队统归他管辖。

陈豨曾休假回乡路过赵国，赵相国周昌看到陈豨的随行宾客有一千多辆车子，把邯郸所有的官舍全部住满。而陈豨对待宾客用的是平民百姓之间的交往礼节，而且总是谦卑恭敬，屈己待人。陈豨回到代国，周昌就请求进京朝见。见到皇帝之后，把陈豨宾客众多，在外独掌兵权好几年，恐怕会有变故等事全盘说出。皇帝就命人追查陈豨的宾客在财物等方面违法乱纪的事，其中不少事情牵连到陈豨。陈豨非常害怕，暗中派宾客到王黄、曼丘臣处通消息。到高祖十年（前 197）七月，皇帝的父亲去世了，皇帝派人召陈豨进京，但陈豨称自己病情严重。九月，便与王黄等人一同反叛，自立为代王，劫掠了赵、代两地。

皇帝听说之后，就一律赦免了被陈豨牵累而进行劫掠的赵、代官吏。皇帝亲自前往，到达邯郸后高兴地说："陈豨不在南面占据漳水，北面守住邯郸，由此可知他不会有所作为。"赵相国上奏请求把常山的郡守、郡尉斩首，说："常山共有二十五座城池，陈豨反叛，失掉了其中二十座。"皇帝问："郡守、郡尉反叛了吗？"赵相国回答说："没反叛。"皇帝说："这是力量不足的缘故。"赦免了他们，同时还恢复了他们的守、尉职务。皇帝问周昌说："赵国还有能带兵打仗的壮士吗？"周昌回答说："有四个人。"然后，让这四个人拜见皇帝，皇帝一见便破口大骂道："你们这些小子也能带兵打仗吗？"四个人惭愧地伏在地上。但皇帝还是各封给他们一千户的食邑，任命为将。左右近臣谏劝道："有不少人跟随您进入蜀郡、汉中，其后又征伐西楚，有功却未得到普遍封赏，现在这几个人有什么功劳而予以封赏?”皇帝说:“这就不是你们所能了解的了!陈豨反叛,邯郸以北都被他占领,我用紧急文告来征集各地军队,但至今仍未有人到达,现在可用的就只有邯郸一处的军队而已。我何必要吝惜封给四个人的四千户,不用它来抚慰赵地的年轻人呢!”左右近臣都说:“对。”于是,皇帝又问:“陈豨的将领都有谁?”左右回答说:“有王黄、曼丘臣,以前都是商人。”皇帝说:“我知道了。”于是,各悬赏千金来求购王黄、曼丘臣等的人头。

高祖十一年(前196)冬天,汉军在曲逆城下攻击并斩杀了陈豨的大将侯敞、王黄,又在聊城把陈豨的大将张春打得大败,斩首一万多人。太尉周勃进军平定了太原和代郡。十二月,皇帝亲自率军攻打东垣,但未能攻克,叛军士卒辱骂皇帝;不久东垣投降,凡是骂皇帝的士卒一律斩首,其他没骂的士卒则处以黥刑,在额头上刺字。把东垣改名真定。王黄、曼丘臣的部下所有被悬赏征求的,一律都被活捉。因此,陈豨的军队也就彻底溃败了。

皇帝到达洛阳。皇帝说:“代郡地处常山的北面,赵国却从山南来控制它,太遥远了。”于是就封儿子刘恒为代王,以中都为国都,代郡、雁门都隶属代国。

高祖十二年(前195)冬天,樊哙的士卒追到灵丘把陈豨斩首。

太史公说:“韩信、卢绾并不是一向积德累善的世家,而是侥幸于一时随机应变,以欺诈和暴力获得成功,正赶上汉朝刚刚建立，所以才能够分封领土，南面为王。在内由于势力强大而被怀疑，在外倚仗着外族作援助。因此，日益被皇帝疏远，自陷危境，走投无路，无计可施，最终迫不得已投奔匈奴，难道不可悲吗！陈豨是梁地人，在他年轻的时候，每每称赞、倾慕魏公子信陵君；等到后来他率领军队守卫边疆，招集宾客，礼贤下士，名声超过了实际。周昌怀疑他，许多过失也就从这里产生了，由于害怕灾祸临头，奸邪小人又乘机进说，于是终于使自己陷于大逆不道的境地。哎呀，太可悲了！由此可见，谋虑的成熟与否和成败如何，这对一个人的影响太深远了！”

第七十六卷　田儋列传第三十四

本传是秦末和楚汉相争之际齐国田氏家族的一篇合传，以田儋在反秦战争中首难建齐，故以“田儋列传”名篇。在《史记》中，和其他的《列传》相比较，篇幅较短。但容量较大，它写了当时田氏家族的十几个人物，描绘了当时齐鲁大地的多起重大事件。

这篇列传以齐国的兴衰成败作为主线，并以此统领全篇。由于本篇所写的人物多、事件多，倘若没有一条主线的话，很容易使人读后感到枝叶繁生，不着边际，而司马迁在描写的时候抓住了齐国兴衰成败这一线索，围绕这一线索来展开矛盾冲突和故事情节。这是本篇的第一个特点。本篇的第二个特点是，描写的人物虽多，但集中笔墨，重点突出。主要写了三个人物，即田儋、田荣和田横。对于田儋，重点写他起事时的足智多谋，刚勇果断。他借杀死犯罪家奴要报告官府得知为由，杀死狄城守令，迅速起兵以响应陈涉。对于田荣，虽然也表现了他的勇敢坚强，但主要写他对个人恩怨斤斤计较，不能以大局为重，最后以此而失败。在田儋、田荣、田横三个人物当中，司马迁最敬仰因而描绘用力也最多的是田横。在田横的苦心经营之下，齐国由原来千疮百孔、破落不堪的海隅之地成为一个有千里之地、二十万精兵的强大诸侯国。

作者司马迁受过宫刑，更反复思考过死和人生的价值与意义。他在最后饱含深情地慷慨叹道："田横之高节，宾客慕义而从横死，岂非至贤！余因而列焉。不无善画者，莫能图，何哉？"这是多么深重的历史遗憾！

【原文】

田儋者，狄人也。故齐王[1]田氏族也。儋从弟[2]田荣，荣弟田横，皆豪[3]，宗强，能得人。

陈涉之初起王楚也[4]，使周市略定魏地，北至狄，狄城守。田儋详[5]为缚其奴，从少年之廷，欲谒杀奴[6]。见狄令，因击杀令，而召豪吏子弟曰："诸侯皆反秦自立，齐，古之建国[7]，儋，田氏，当王。"遂自立为齐王，发兵以击周市。周市军还去，田儋因率兵东略定齐地。

【注释】

①故齐王：从前的齐王，即春秋末年和战国时期的齐王。②从弟：堂弟。③豪：强横有势力的人。④本句指秦二世元年（前209）七月，陈涉率领戍卒反秦，自立为王，国号为"楚"的时候。⑤详：通"佯"，假装。⑥欲谒杀奴：想报告官府之后，杀掉有罪的家奴。《集解》引服虔语云："古杀奴婢皆当告官。儋欲杀令，故诈缚奴而以谒也。"谒，拜见。⑦古之建国：古代因受封而建立的国家。

【原文】

秦将章邯围魏王咎于临济，急。魏王请救于齐，齐王田儋将兵救魏。章邯夜衔枚[①]击，大破齐、魏军，杀田儋于临济下。儋弟田荣收儋余兵东走东阿。

齐人闻王田儋死，乃立故齐王建之弟田假为齐王，田角为相，田间为将，以距[②]诸侯。

【注释】

①枚：古代行军时，士卒口衔的用以防止喧哗的器具，形状如筷子。②距：通“拒”，抵抗。

【原文】

田荣之走东阿，章邯追围之。项梁闻田荣之急，乃引兵击破章邯军东阿下。章邯走而西，项梁因追之。而因荣怒齐之立假，乃引兵归，击逐齐王假。假亡走楚[①]。齐相角亡走赵；角弟田间前求救赵，因留不敢归。田荣乃立田儋子市为齐王，荣相之，田横为将，平齐地。

项梁既追章邯，章邯兵益盛，项梁使使告赵齐，发兵共击章邯。田荣曰：“使楚杀田假，赵杀田角、田间，乃肯出兵。”楚怀王曰：“田假与国[②]之王，穷[③]而归我，杀之不义。”赵亦不杀田角、田间以市[④]于齐。齐曰：“蝮螫[⑤]手则斩手，螫足则斩足。何者？为害于身也。今田假、田角、田间于楚、赵，非直手足戚[⑥]也，何故不杀？且秦复得志于天下，则龉龁用事者[⑦]坟墓矣。”楚、赵不听，齐亦怒，终不肯出兵。章邯果败杀项梁，破楚兵，楚兵东走，而章邯渡河围赵于钜鹿。项羽往救赵，由此怨田荣。

【注释】

①假亡走楚：田假逃跑到楚国。②与国：相与同盟、患难相救的友好国家。③穷：困窘，处境艰难。④市：交易，做买卖。⑤蝮：蝮蛇，一种毒蛇。螫：毒虫刺人。⑥手足戚：有血缘关系的亲戚。⑦齮龁（yǐhé）：侧齿咬，引申为毁伤。用事者：掌权的人，指反秦起义的首领们。

【原文】

项羽既存赵[①]，降章邯等，西屠咸阳，灭秦而立侯王也，乃徙[②]齐王田市更王胶东，治[③]即墨。齐将田都从共救赵，因入关，故立都为齐王，治临淄。故齐王建孙田安，项羽方渡河救赵，田安下[④]济北数城，引兵降项羽，项羽立田安为济北王，治博阳。田荣以负项梁不肯出兵助楚、赵攻秦，故不得王；赵将陈馀亦失职，不得王：二人俱怨项羽。

【注释】

①存赵：保全了赵国，使之没被秦军攻陷。②徙：迁移，调动。③治：指王都和地方官署所在地。④下：攻克。

【原文】

项王既归，诸侯各就国[①]，田荣使人将兵助陈馀，令反赵地，而荣亦发兵以距击田都，田都亡走楚。田荣留齐王市，无令之[②]胶东。市之左右曰："项王强暴，而王当之胶东，不就国，必危。”市惧，乃亡就国。田荣怒，追击杀齐王市于即墨，还攻杀济北王安。于是田荣乃自立为齐王，尽并三齐之地。

项王闻之，大怒，乃北伐齐。齐王田荣兵败，走平原，平原人杀荣。项王遂烧夷③齐城郭，所过者尽屠之。齐人相聚畔④之。荣弟横，收齐散兵，得数万人，反击项羽于城阳。而汉王率诸侯败楚，入彭城。项羽闻之，乃醳⑤齐而归，击汉于彭城，因连与汉战，相距荥阳。以故田横复得收齐城邑，立田荣子广为齐王，而横相之，专国政，政无巨细皆断于相。

【注释】

①就国：到达自己的封地。②之：到，往。③烧夷：烧平。④畔：通“叛”，背叛。⑤醳：通“释”，放弃。

【原文】

横定齐三年，汉王使郦生①往说下齐王广及其相国横。横以为然，解其历下军。汉将韩信引兵且②东击齐。齐初使华无伤、田解军于历下以距汉，汉使至，乃罢守战备，纵酒，且遣使与汉平③。汉将韩信已平赵、燕，用蒯通计，度平原，袭破齐历下军，因入临淄。齐王广、相横怒，以郦生卖己，而亨④郦生。齐王广东走高密，相横走博，守相田光走城阳，将军田既军于胶东。楚使龙且救齐，齐王与合军高密。汉将韩信与曹参破杀龙且，虏齐王广。汉将灌婴追得齐守相田光。至博，而横闻齐王死，自立为齐王，还击婴，婴败横之军于嬴下。田横亡走梁，归彭越。彭越是时居梁地，中立，且为汉，且为楚。

韩信已杀龙且，因令曹参进兵破杀田既于胶东，使灌婴破杀齐将田吸于千乘。韩信遂平齐，乞自立为齐假王[⑤]，汉因而立之。

【注释】

①郦生：指郦食其。②且：将要。③平：媾和。④亨：通“烹”，指古时一种用鼎锅煮死犯罪的酷刑。⑤乞：请求。假王：暂时行使权力的诸侯王。

【原文】

后岁余，汉灭项籍，汉王立为皇帝，以彭越为梁王。田横惧诛，而与其徒属五百余人入海，居岛中。高帝闻之，以为田横兄弟本定齐，齐人贤者多附焉，今在海中不收，后恐为乱，乃使使赦田横罪而召之。田横因谢[①]曰：“臣亨陛下之使郦生，今闻其弟郦商为汉将而贤，臣恐惧，不敢奉诏，请为庶人，守海岛中。”使还报，高皇帝及诏卫尉郦商曰：“齐王田横即至，人马从者敢动摇者致族夷[②]！”乃复使使持节[③]具告以诏商状，曰：“田横来，大者王，小者乃侯耳；不来，且举兵加诛焉。”田横乃与其客二人乘传诣[④]雒阳。

【注释】

①谢：推辞。②族夷：满门抄斩。③持节：手持皇帝的符节。既代表皇帝又能证明自己的身份。④乘传：乘坐驿站的专用马车。诣：到……。

【原文】

未至三十里，至尸乡厩置[①]，横谢使者曰：“人臣见天子当洗沐。”止留。谓其客曰：“横始与汉王俱南面称孤[2]，今汉王为天子，而横乃为亡虏而北面事之[3]，其耻固已甚矣。且吾亨人之兄，与其弟并肩而事其主，纵彼畏天子之诏，不敢动我，我独不愧于心乎？且陛下所以欲见我者，不过欲一见吾面貌耳。今陛下在雒阳，今斩吾头，驰三十里间，形容尚未能败[4]，犹可观也。”遂自刭[5]，令客奉其头，从使者驰奏之高帝。高帝曰：“嗟乎，有以[6]也夫！起自布衣，兄弟三人更王，岂不贤乎哉！”为之流涕，而拜其二客为都尉，发卒二千人，以王者礼葬田横。

既葬，二客穿其冢[7]旁孔，皆自刭，下从之[8]。高帝闻之，乃大惊，以田横之客皆贤，“吾闻其余尚五百人在海中”，使使召之。至则闻田横死，亦皆自杀。于是乃知田横兄弟能得士也。

【注释】

①厩置：马房。②南面称孤：面朝南称王。③北面事之：因臣子拜见皇帝皆面朝北，此云作为臣子侍奉皇帝。④败：坏，变质。⑤自刭：自己以刀割颈而死。⑥以：代指原因，缘故。⑦冢：坟墓。⑧下从之：倒进坟坑中陪葬。

【原文】

太史公曰：甚矣蒯通之谋，乱齐骄淮阴[1]，其卒[2]亡此两人！蒯通者，善为长短说[3]，论战国之权变[4]，为八十一首。通善齐人安期生，安期生尝干[5]项羽，项羽不能用其筴[6]。已而项羽欲封此两人，两人终不肯受，亡去。田横之高节，宾客慕义而从横死，岂非至贤！余因而列[7]焉。不无善画者，莫能图，何哉？

【注释】

①骄淮阴：骄纵坏了淮阴侯韩信。②卒：最终。③善为长短说：想把事情说长就能证明长，想把事情说短就能证明它短。意即纵横捭阖，能言善辩。④权变：机变，随机应变。⑤干：求取。⑥筴：通“策”。⑦列：叙述，论列。

【译文】

田儋是狄县人，战国时齐王田氏的同族。田儋的堂弟田荣、田荣的弟弟田横，是当地有势力的人物，而且宗族强盛，很得人心。

在陈涉开始起兵自称楚王的时候，派遣周市攻取并平定了魏地，向东打到狄县，狄县固守县城。田儋假装绑住自己的家奴，带领着手下的年轻人去县府，称在拜见县令之后杀死有罪的家奴。在拜见县令的时候，他们乘机杀死他，然后又召集有势力的官吏和年轻人说：“各地诸侯都已经反秦自立，齐地是古代封建的诸侯国，而我田儋，是齐王田氏的同族，应当为王。”于是，田儋自立为齐王，并且起兵攻打周市。周市的军队撤走以后，田儋乘机带兵东进，夺取并平定了齐国故地。

秦将章邯带兵在临济围攻魏王咎，情况紧急，魏王派人到齐国来求救。齐王田儋带领军队援救魏国。章邯在夜间让兵马口中衔枚，趁夜幕的掩护进行偷袭，把齐魏联军打得大败，在临济城下杀死田儋。田儋的堂弟田荣收拢田儋的余部向东逃跑到了东阿。

齐国人听说田儋战死的消息之后，于是就拥立以前齐王田建的弟弟田假为齐王，田角为丞相，田间为大将，以此来抗拒诸侯。

田荣在败逃东阿的时候，章邯进行围追阻截。项梁听说田荣情况危急，于是就领兵来到东阿城下，并且一举击败章邯。章邯往西逃跑，项梁则乘胜追击。但田荣对齐人立田假为齐王一事非常气愤，于是就带兵回去，攻击追逐齐王田假，田假逃到楚国，丞相田角逃到赵国；田角的弟弟田间在此以前已到赵国求救，也就留在赵国不敢回去了。田荣于是立田儋的儿子田市为齐王，自任丞相，田横为大将，平定了齐地。

项梁追击章邯以后，章邯的军队反倒日渐强盛，于是项梁就派遣使者通报齐国和赵国，要两国共同发兵攻打章邯。田荣说："如果楚国杀死田假，赵国杀死田角、田间，那我们才肯出兵。"楚怀王说："田假是我们同盟国的君王，在走投无路的时候来投靠我们，杀了他是不合道义的。"赵国也不愿意用杀田角、田间来和齐国做交易。齐国人说："手被蝮蛇咬了就要砍掉手，足被蝮蛇咬了就要砍掉足。为什么呢？因为倘若不这样的话，就要害及全身。而现在田假、田角、田间对于楚国、赵国来说，并不是手足骨肉之亲，为什么不杀掉他们呢？况且若是秦朝再得志于天下的话，那么不仅我们要身受其辱，而且连祖坟恐怕也要被人挖出呢。"楚国、赵国都不肯依从齐国，齐国也非常生气，最终也不肯出兵援救。章邯果然击败了楚军，并且杀了项梁，楚军往东溃逃，而章邯也就乘机渡过黄河，围攻赵国的钜鹿。项羽前往援救赵国，由此也就非常怨恨田荣。

项羽已经保全了赵国，又降服了章邯等秦朝将领，西向入咸阳进行杀戮，灭了秦朝，然后又分封诸侯王。于是，他把齐王田市改封为胶东王，治所在即墨。齐国将领田都因跟随项羽共同救赵，接着又进军关中，因此项羽立田都为齐王，治所在临淄。前齐王田建的孙子田安，他在项羽正渡河救赵的时候，接连攻下了济北城池多座，然后带兵投降了项羽，项羽因此立田安为济北王，治所在博阳。田荣因为违背项羽不肯出兵援助楚、赵两国攻打秦朝，因此不能被封为王；赵国将领陈馀也因为失职，没有被封为王，这两个人都很怨恨项羽。

项羽既已回到楚国，所封诸侯也就各自回到自己的封地。田荣派人带兵帮助陈馀，让他在赵地反叛项羽，田荣自己也发兵抗击田都，田都逃到楚国。田荣扣留了齐王田市，不让他到胶东的治所。田市手下的人说："项羽强大而凶暴，而您作为齐王，应该到自己的封国胶东去，若是不去的话，一定有危险。"田市非常害怕，于是就逃跑去胶东。田荣得知后勃然大怒，急忙带人追赶齐王田市，在即墨把他杀死了。回来又攻打济北王田安，并且把他杀死。于是，田荣就自立为齐王，全部占有了三齐之地。

项羽听到这个消息之后，十分恼怒，于是就起兵北伐齐国。齐王田荣被打得大败，逃跑到平原，平原人把田荣杀死了。其后项羽就烧毁荡平了齐国都城的城郭，所过之处都大加屠戮，齐国人无法忍受，互相聚集反叛他。田荣的弟弟田横，收募起齐国的散兵，得到好几万人马，反过头来在城阳攻打项羽。而在这时，汉王刘邦带领诸侯的军队击败楚军，进入彭城。项羽听到这个消息之后，就放开齐军回去，在彭城对汉兵发起攻击，接着就是与汉军的多次交锋，在荥阳相持不下。因此，田横再次得以收复齐国大小城邑，立田荣之子田广为齐王，田横自为丞相辅佐他，并专断国政，所有政事，无论大小，皆由田横决定。

田横平定齐国三年之后，汉王刘邦派郦食其到齐国，向齐王田广和丞相田横游说，要他们归顺汉朝。田横认为此事可行，就解除了齐国在历下对汉军的防备。汉将韩信本来带兵将要向东攻打齐国。齐国起初曾派华无伤、田解带领军队在历下驻扎以抗拒汉军，等到汉使者到来，就废弃了守城的战备，放任兵士饮酒，并派使者与汉朝讲和。但汉将韩信在平定了赵国、燕国之后，用蒯通的计策，越过平原，突然出击，打败了齐国在历下驻扎的守军，接着又攻入临淄。齐王田广、丞相田横见汉军突然出现，非常生气，认为自己被郦生出卖了，立刻烹杀郦生。齐王田广往东逃到高密，丞相田横逃到博阳，守相田光逃向城阳，将军田既带领军队驻守胶东。这时，楚国派来龙且带领军队救助齐国，齐王田广与龙且在高密会师。汉将韩信与曹参在高密大破齐楚联军，杀死楚将龙且，俘虏齐王田广。汉将灌婴继续追击，又俘虏了齐国守相田光。灌婴继续进军，到达博阳。而田横听到齐王田广已死，就自立为齐王，转过来与灌婴交战。在嬴下，田横的军队被灌婴打得大败。田横逃到梁地，投归彭越。这时，彭越拥兵梁地，在楚汉之间保持中立，又像为了汉王，又像为了楚王。韩信在杀死了楚将龙且之后，接着便命令曹参继续向胶东进军，在这里大败田既并在战斗中杀死了他；韩信又命灌婴追击齐将田吸，在千乘将他击败并斩杀他。这样，韩信便平定了齐地，向刘邦上书，请立自己为齐国假王，刘邦也就因势立韩信为齐王。

过后一年多，汉王刘邦消灭了项羽，就自立为皇帝，封彭越为梁王。田横害怕被杀，就带领他的部下五百多人逃入海中，居住在一个小岛之上。汉高祖刘邦听到这个消息之后，认为田横兄弟本来就平定了齐国，齐国的贤士大都依附于他，如今要是让他流落海中而不加以收揽的话，以后恐怕难免有祸患。因此，就派使者赦免田横之罪并且召他入朝。田横却辞谢说："我曾经烹杀了陛下的使者郦生，现在我又听说郦生的弟弟郦商是一个很有才能的汉朝将领，所以我非常害怕，不敢奉诏进京，请求您允许我做一个平民百姓，待在这海岛上。"使者回来报告，高祖立刻下诏给卫尉郦商说："齐王田横将要到京，谁要敢动一下他的随从人员，立刻满门抄斩！"接着，又派使者拿着符节把皇帝下诏指示郦商的情况原原本本地告知田横，并且说："田横若是来京，最大可以封为王，最小也可以封为侯；若是不来的话，将派军队加以诛灭。"田横于是和他的两个门客一块乘坐驿站的马车前往洛阳。

在离洛阳三十里远，有一个叫尸乡的地方。这一天，田横等人来到此地驿站。田横对汉使说："作为人臣拜见天子应该沐浴一新。"于是就住下来。田横对他的门客说："我田横起初和汉王都是南面称孤的王，而现在汉王做了天子，而我田横却成了亡国奴，而要北面称臣侍奉他，这本来就是莫大的耻辱了。更何况我烹杀了人家的兄长，再与他的弟弟来并肩侍奉同一个主子，纵然他害怕皇帝的诏命，不敢动我，难道我于心就毫不羞愧吗？再有，皇帝陛下召我来京的原因，不过是想见一下我的面貌罢了。如今，皇帝就在洛阳，现在我割下我的头颅，快马飞奔三十里，我的容貌还不会改变，还是能够看一下我究竟是什么样子的。"说完之后，就自刎了，命两个门客手捧他的头，跟随使者飞驰入朝，奏知汉高祖。汉高祖说道："哎呀！原来是这样啊！从平民百姓起家，兄弟三个人接连为王，难道不是贤能的人吗！"汉高祖忍不住为他流下了眼泪。然后，高祖拜田横的两个门客为都尉，并且派两千名士卒，以诸侯王的丧礼安葬了田横。

安葬完田横之后，两个门客在田横墓旁挖了个洞，然后自刎，倒在洞里，追随田横死去。汉高祖听说此事之后，大为吃惊，认为田横的门客都是贤才。高祖听说田横手下还有五百人在海岛上，又派使者召他们进京。进京之后，这五百门客听到田横已死，他们也都自杀。由此更可以了解田横兄弟确实是能够得到贤士拥戴的人。

太史公说："蒯通的计谋实在是厉害呀！它既搞乱了齐国而又骄纵坏了淮阴侯，最后又害死了田横、韩信这两个人！蒯通擅长于纵横之说，曾写书论战国时期的权变方策，总共八十一篇。蒯通与齐国人安期生要好，安期生曾谋求于项羽任用他，但项羽不能采用他的策谋。后来，项羽又想封他们二人爵位，但他们不肯受爵，就逃走了。田横节操高尚，宾客仰慕他的高义而愿意随他去死，这难道还不是至为贤能的人吗？我根据事实把他的事迹记录在这里。但是非常可惜，当时不是没有善于绘画的人，却没有把他的容貌和业绩描画下来，什么原因呢？”

第七十七卷　樊郦滕灌列传第三十五

本传是樊哙、郦商、夏侯婴、灌婴四个人的合传。这四个人都是刘邦手下能征惯战的将领，所以司马迁把他们放在一起来描写。

在描写的时候，作者既注意到同中之异，也注意到异中之同。例如，他们四个人都为大将，这是相同点；但是，他们所带领的兵种不一样，这是相异之处。樊哙率领步兵，攻城野战，多次率先登城。而夏侯婴则是率领战车部队，南征北战，虽然攻坚不如步兵，却可以横扫千里，长驱直入，刘邦之所以能迅速入关，攻破咸阳，这里有夏侯婴的一份功劳。灌婴作为当时最为年轻的大将之一，在楚汉相争的关键时刻被任命为骑兵将领。在垓下，灌婴带领骑兵追击仓皇而逃的项羽，并在东城彻底打垮了他，部下五人共同斩下了项羽的头颅。于是，对刘邦威胁最大的敌人也就被彻底消灭了。又如，樊哙、郦商、夏侯婴、灌婴四人都出身下层，这是相同点；但是，这四个人原来所从事的职业又不尽相同，这又是相异之处。樊哙原是一个杀狗的屠夫，灌婴原是一个贩卖布匹的小贩，而夏侯婴则是原沛县官府中的马车夫，作者不露声色地写出了这些生活经历对其以后事业的重大影响和在未来军事活动中所起的作用。因为他们都出身卑微，所以他们才忠心耿耿地追随刘邦南北转战，无论环境如何险恶，处境如何艰难，他们都毫不动摇。再如，樊哙等四人都对刘邦一片赤诚，这是相同点；但他们四人和刘邦的关系不大一样，这又是相异之处。相对而言，樊哙和滕公夏侯婴与刘邦的关系更为密切一些，因为他们是贫贱之交，故旧知己，所以在刘邦犯了错误时，他们能够予以补正。比如，在刘邦战败，为了使自己逃命，要扔掉自己两个孩子的时候，夏侯婴及时地把他们拉上车子，使他们免于一死；在黥布造反，刘邦又因病萎靡不振的时候，樊哙闯宫力谏，使刘邦重振精神，带病出征，平定了叛乱。由此可见，他们对刘邦事业的成功，所起的作用是巨大的。

【原文】

舞阳侯[①]樊哙者，沛[②]人也。以屠狗为事，与高祖[③]俱隐。

【注释】

①舞阳侯：樊哙生前的最后封号。②沛：县名。在今江苏省沛县东。③高祖：刘邦。西汉王朝的建立者。前202—前195年在位。

【原文】

初从高祖起丰[①]，攻下沛。高祖为沛公，以哙为舍人[②]。从攻胡陵、方与[③]，还守丰，击泗水[④]监丰下，破之。复东定沛，破泗水守[⑤]薛西。与司马尼战砀[⑥]东，却[⑦]敌，斩首十五级，赐爵国大夫[8]。常从，沛公击章邯军濮阳[9]，攻城先登，斩首二十三级，赐爵列大夫[10]。复常从，从攻城阳[11]，先登。下户牖[12]，破李由[13]军，斩首十六级，赐上间爵[14]。从攻围东郡守、尉于成武[15]，却敌，斩首十四级，捕虏十一人，赐爵五大夫[16]。从击秦军，出亳[17]南。河间守军于杠里[18]，破之。击破赵贲军开封[19]北，以却敌先登，斩候[20]一人，首六十八级，捕虏二十七人，赐爵卿[21]。从攻破杨熊军于曲遇[22]。攻宛陵[23]，先登，斩首八级，捕虏四十四人，赐爵封号贤成君[24]。从攻长社、轘辕[25]，绝河津[26]，东攻秦军于尸[27]，南攻秦军于犨[28]。破南阳守齮于阳城[29]。东攻宛[30]城，先登。西至郦[31]，以却敌，斩首二十四级，捕虏四十人，赐重封[32]。攻武关，至霸上[33]，斩都尉[34]一人，首十级，捕虏百四十六人，降卒二千九百人。

【注释】

①丰：邑名。在今江苏省丰县。②舍人：官名。③胡陵：县名。在今山东省鱼台县东南。方与：县名。在今山东省鱼台县西。④泗水：郡名。辖境相当于今江苏省西北部和安徽省东北部，治所在相县（今安徽省淮北市西北）。⑤守（shòu）：郡守。郡的行政长官。⑥司马尼：秦将。砀（dàng）：县名。在今安徽省砀山县南，河南省永城市东北。⑦却：退却。使动用法。⑧国大夫：即官大夫。⑨章邯：秦末少府，九卿之一。濮阳：县名。在今河南省濮阳县西南。⑩列大夫：即公大夫。秦汉时爵位名。⑪城阳：县名。在今山东省鄄城县东南。⑫户牖：乡名。在今河南省兰考县东北。⑬李由：秦朝丞相李

斯的儿子，当时为三川郡守。三川郡，在今河南省西部。郡治雒阳。⑭上间爵：爵位名，不在二十等爵位之内。一作“上闻爵”。⑮东郡：郡名。地在今山东省、河南省交界地区，治所在濮阳（今河南省濮阳县西南）。成武：县名。在今山东省成武县。⑯五大夫：秦汉时第九等爵位名。⑰亳（bó）：古都邑名。⑱河间：郡名。汉高祖时设置。秦朝没有河间郡。杠里：地名。在城阳西。⑲开封：县名。在今河南省开封市南。⑳候：军候。㉑卿：古代高级长官或爵位的名称。㉒曲遇：即曲遇聚，古城镇名。在今河南省中牟县东。㉓宛（yuān）陵：古城镇名。在今河南省新郑市东北。㉔贤成君：封爵以外加的美称。贤成，美名，非地名。㉕长社：古邑名。在今河南省长葛市东北。轘辕（huán yuán）：山名。㉖河津：指平阴津，黄河重要渡口之一。在今河南省孟津县东。㉗尸：尸乡，在今河南省偃师市西。㉘犨（chōu）：古邑名。在现在的河南省鲁山县东南。㉙南阳：郡名。辖境相当于今河南省西南部和湖北省西北部一带。齮（yǐ）：人名，即吕齮。阳城：秦县名。㉚宛（yuān）：县名。今河南省南阳市。㉛郦：县名。在今河南省南阳市北。㉜赐重（chóng）封：增加封赏。㉝霸上：亦作“灞上”，即灞水西白鹿原，在今陕西省西安市东南。㉞都尉：比将军稍低的武官。

【原文】

项羽在戏下[1]，欲攻沛公。沛公从百余骑因项伯[2]面见项羽，谢无有闭关事[3]。项羽既飨[4]军士，中酒[5]，亚父[6]谋欲杀沛公，令项庄[7]拔剑舞坐中，欲击沛公，项伯常屏蔽之。时独沛公与张良[8]得入坐，樊哙在营外，闻事急，乃持铁盾入到营。营卫止哙，哙直撞入，立帐下。项羽目之，问为谁。张良曰："沛公参乘[9]樊哙。"项羽曰："壮士。"赐之卮酒彘肩[10]。哙既饮酒，拔剑切肉食，尽之。项羽曰："能复饮乎？"哙曰："臣死且不辞，岂特[11]卮酒乎！且沛公先入定咸阳[12]，暴师霸上[13]，以待大王[14]。大王今日至，听小人之言，与沛公有隙[15]，臣恐天下解[16]，心疑大王也。"项羽默然。沛公如[17]厕，麾[18]樊哙去。既出，沛公留车骑，独骑一马，与樊哙等四人步从，从间道[19]山下归走霸上军，而使张良谢项羽。项羽亦因遂已[20]，无诛沛公之心矣。是日微樊哙奔入营谯让[21]项羽，沛公事几殆[22]。

【注释】

①戏下：河水名，流经今陕西省西安市。②项伯：名缠，字伯，项羽的叔父，曾任楚军左尹。③闭关事：指刘邦进入咸阳后，想在关中称王，派兵把守函谷关，不让其他诸侯进入。④飨（xiǎng）：用酒肉款待。⑤中酒：酒酣。⑥亚父：次于父，是一种尊称。⑦项庄：项羽的堂弟。⑧张良：字子房，刘邦的重要谋臣。⑨参乘：即骖乘，也叫陪乘，位于车右。如同后来的近侍警卫。⑩卮（zhī）：古代一种盛酒器。彘（zhì）肩：猪腿。彘，猪。⑪特：独。⑫咸阳：当时的秦都，在今陕西省咸阳市东北。⑬暴（pù）师霸上：这里指驻军霸上，没

有进入宫室。⑭大王：当时项羽并未称王，这里是追记。⑮隙：缝隙。这里指不和。⑯解：解体；分裂。⑰如：往。⑱麾：用手示意，叫樊哙出来。⑲间道：小路。⑳遂已：满足了心意。㉑微：非；没有。谯让：谴责。㉒殆：危险。

【原文】

明日[①]，项羽入屠咸阳，立沛公为汉王。汉王赐哙爵为列侯，号临武[②]侯。迁[③]为郎中，从入汉中[④]。

【注释】

①明日：《项羽本纪》为“居数日”。②临武：邑名，在今湖南临武县。③迁：提升。④汉中：郡名。

【原文】

还定三秦[①]，别击西[②]丞白水北，雍轻车骑于雍[③]南，破之。从攻雍、斄[④]城，先登。击章平军好畤[⑤]，攻城，先登陷阵，斩县令、丞[⑥]各一人，首十一级，虏二十人，迁郎中骑将。从击秦车骑壤[⑦]东，却敌，迁为将军。攻赵贲，下郿、槐里、柳中[⑧]、咸阳；灌废丘[⑨]，最[⑩]。至栎阳[⑪]，赐食邑杜之樊乡[⑫]。从攻项籍，屠煮枣[⑬]。击破王武、程处军于外黄[⑭]。攻邹、鲁、瑕丘、薛[⑮]。项羽败汉王于彭城[⑯]，尽复取鲁、梁[⑰]地。哙还至荥阳[⑱]，益食平阴[⑲]二千户，以将军守广武[⑳]。一岁，项羽引而东。从高祖击项籍，下阳夏[㉑]，虏楚周将军卒四千人。围项籍于陈[㉒]，大破之。屠胡陵。

【注释】

①三秦：指项羽以原秦王朝的关中地区分封章邯为雍王、

司马欣为塞王、董翳为翟王，共三个诸侯国，所以合称为“三秦”。②西：即西县，在今甘肃省天水市西南。③雍：前面的“雍”，指被项羽封为雍王的秦降将章邯。后面的“雍”，原为春秋秦都，汉置雍县，在今陕西省凤翔县南。④斄（tái）：县名。在今陕西省武功县东北。⑤章平：章邯的弟弟。好畤：县名。⑥县令：一县的行政长官。丞：县丞，县令的副手。⑦壤：乡名。在今陕西省武功县东南。⑧郿：县名。在今陕西省眉县东。槐里：县名。在今陕西省兴平市东南。柳中：即细柳。古地名。在今陕西省咸阳市西南渭河北岸。⑨废丘：即槐里。秦代名废丘。⑩最：功劳最大。⑪栎（yuè）阳：县名。在今陕西省西安市临潼区东北。⑫食邑：也叫“采邑”。杜：县名。在今陕西省西安市东南。樊乡：又名樊川，在当时的杜县南，即今西安市长安区南。⑬煮枣：古邑名。在今山东省东明县南。⑭外黄：县名。在今河南兰考县东南。⑮邹：县名。在今山东省邹城市。鲁：县名。在今山东省曲阜市。瑕丘：县名。在今山东省济宁市兖州区北。薛：邑名，在今山东省滕州市南。⑯彭城：县名。在今江苏省徐州市。⑰鲁：指春秋时鲁国管辖的地区，在今山东省西南部。梁：指战国时魏国管辖的地区，因魏惠王由安邑（今山西省夏县西北）迁都大梁（今河南省开封市），所以也称梁地。⑱荥（xíng）阳：县名。在今河南省荥阳市东北。⑲平阴：县名。在今河南省孟津市东北。⑳广武：山名。在今河南省荥阳市东北，东连旧荥泽，西接成皋。㉑阳夏：县名。在今河南省太康县。㉒陈：县名。在今河南省周口市淮阳区。

【原文】

项籍既死，汉王为帝，以哙坚守战有功，益食八百户。从高帝攻反燕王臧荼[1]，虏荼，定燕[2]地。楚王韩信[3]反，哙从至陈，取信，定楚。更赐爵列侯，与诸侯剖符[4]，世世勿绝，食舞阳，号为舞阳侯，除前所食。以将军从高祖攻反韩王信于代[5]。自霍人以往至云中[6]，与绛侯[7]等共定之，益食千五百户。因击陈豨与曼丘臣[8]军，战襄国[9]，破柏人[10]，先登，降定清河[11]、常山凡二十七县，残东垣[12]，迁为左丞相。破得綦毋卬[13]、尹潘军于无终、广昌。破豨别将[14]胡人王黄军于代南，因击韩信军于参合[15]。军所将卒斩韩信，破豨胡骑横谷[16]，斩将军赵既，虏代丞相冯梁、守孙奋、大将王黄、将军、太仆[17]解福等十人。与诸将共定代乡邑七十三。其后燕王卢绾[18]反，哙以相国击卢绾，破其丞相抵蓟[19]南，定燕地，凡县十八，乡邑五十一。益食邑千三百户，定食舞阳五千四百户。从，斩首百七十六级，虏二百八十八人。别[20]，破军七，下城五，定郡六、县五十二，得丞相一人，将军十二人，二千石已下至三百石[21]十一人。

【注释】

①燕王臧荼：臧荼原是燕王韩广的部将，曾随项羽救赵，又跟从入关，被封为燕王，后叛楚归汉，高祖五年，因反叛被俘。②燕：这里指燕王臧荼所统辖的地区，主要在河北省北部。③楚王韩信：韩信先跟随项羽，后投靠刘邦，曾自立为齐

王，刘邦改封他为楚王，后降为淮阴侯。④剖符：封功臣时，把表示凭证的符分成两半，朝廷和被封的人各拿一半，以示信用。⑤韩王信：战国韩襄王的后代，曾引兵随刘邦到汉中，后被封为韩王，高祖七年投降匈奴。一般称他为韩王信，以区别于淮阴侯韩信。详见《韩信卢绾列传》。代：指代地，大致在今山西省东北、河北省西北部。⑥霍人：古邑名。在今山西省繁峙（shì）县东北。云中：县名。在今内蒙古自治区托克托县东北。⑦绛侯：即周勃，刘邦的重要将领。详见《绛侯周勃世家》。⑧陈豨：刘邦的将领，汉初任赵国的相国。曼丘臣：韩王信的将领，跟随韩王信举兵反叛，战败后潜逃，投降匈奴。⑨襄国：县名。在今河北省邢台市西南。⑩柏人：县名。在今河北省隆尧县西。⑪清河：郡名。地当今河北省中部和山西一部分，治所在元氏（今河北省元氏县西北）。⑫东垣：县名。在今河北省石家庄市东北。⑬綦毋卬（qí wú áng）：人名。姓綦毋，名卬。⑭别将：分统另一支军队的将领。⑮参合：县名。在今山西省阳高县南。⑯横谷：县名。在今河北省蔚县西北。⑰太仆：九卿之一。为皇帝或诸侯王掌管车马。⑱卢绾（wǎn）：曾跟随刘邦起兵，汉初被封为燕王，后投降匈奴。⑲抵：人名。蓟：县名。在今北京市西南隅。⑳别：另外。这里指另率一支军队作战。㉑二千石已下至三百石：按汉朝官吏的俸给共分十五等，年俸万石至百石不等。已：通“以”。

【原文】

哙以吕后女弟[①]吕须为妇，生子伉，故其比诸将最亲。

【注释】

①吕后：刘邦的妻子。名雉，字娥姁。女弟：妹妹。

【原文】

先黥布[1]反时，高祖尝病甚，恶见人，卧禁中[2]，诏户者无得入[3]群臣。群臣绛、灌[4]等莫敢入。十余日，哙乃排闼[5]直入，大臣随之。上独枕一宦者[6]卧。哙等见上流涕曰："始陛下[7]与臣等起丰、沛，定天下，何其壮也！今天下已定，又何惫也！且陛下病甚，大臣震恐，不见臣等计事，顾[8]独与一宦者绝乎？且陛下独不见赵高[9]之事乎？"高帝笑而起。

【注释】

①黥（qíng）布：原名英布。②禁：宫中。③户者：守卫门户的人。入：使动用法。④绛：即绛侯周勃。灌：即灌婴。⑤排闼（tà）：推门。闼，宫中小门。⑥宦者：宦官、太监。⑦陛下：对帝王的尊称。⑧顾：却。⑨赵高：秦朝宦官，任中车府令。

【原文】

其后卢绾反，高帝使哙以相国击燕。是时高帝病甚，人有恶哙党[1]于吕氏，即上一日宫车晏驾[2]，则哙欲以兵尽诛灭戚氏、赵王如意[3]之属。高帝闻之大怒，乃使陈平[4]载绛侯代将，而即军中斩哙。陈平畏吕后，执哙诣长安[5]。至则高祖已崩[6]，吕后释哙，使复爵邑。

【注释】

①恶：说人坏话。党：结党。用作动词。②即：如果。一日：一旦。宫车晏驾：是皇帝死亡的一种避讳说法。③戚氏：戚夫人，刘邦的妃嫔，赵王如意的母亲。赵王如意：刘邦的第三个儿子。④陈平：刘邦的重要谋臣，后为丞相。⑤诣（yì）：到。长安：西汉的国都，在今陕西省西安市西北。⑥崩：古代称皇帝死为“崩”。

【原文】

孝惠六年[①]，樊哙卒[②]，谥[③]为武侯。子伉代侯，而伉母吕须亦为临光侯[④]。高后时用事专权，大臣尽畏之。伉代侯九岁，高后崩。大臣诛诸吕、吕须媭属[⑤]，因诛伉。舞阳侯中绝数月。孝文帝[⑥]既立，乃复封哙他庶子[⑦]市人为舞阳侯，复故爵邑。市人立二十九岁卒，谥为荒侯。子他广代侯。六岁，侯家舍人得罪他广，怨之，乃上书曰：“荒侯市人病不能为人[⑧]，令其夫人与其弟乱而生他广，他广实非荒侯子，不当代后。”诏下吏。孝景[⑨]中六年，他广夺侯为庶人[⑩]，国[⑪]除。

【注释】

①孝惠：刘盈的谥号。孝惠六年，即前189年。②卒：死。③谥（shì）：封建时代在人死后按他生前事迹评定褒贬给予的称号。④临光侯：《吕后本纪》作“林光侯”。⑤诸吕：指吕氏诸子弟。媭属：通“眷属”。⑥孝文帝：刘恒。⑦庶子：古时称姬妾所生的儿子为庶子。⑧为人：生殖人，行人

道。指性交。⑨孝景：汉景帝刘启，前157—前141年在位。⑩庶人：平民。⑪国：封国。

【原文】

曲周侯[1]郦商者，高阳[2]人。陈胜[3]起时，商聚少年东西略[4]人，得数千。沛公略地至陈留[5]，六月余，商以将卒四千人属沛公于岐[6]。从攻长社，先登，赐爵封信成君。从沛公攻缑氏[7]，绝河津，破秦军洛阳[8]东。从攻下宛、穰[9]，定十七县。别将攻旬关[10]，定汉中。

【注释】

①曲周侯：郦商生前的最后封号。曲周，县名，在今河北省曲周县东北。②高阳：地名。在今河南省杞县西南。③陈胜：字涉。秦末农民起义领袖。④略：带强制性的争取。⑤陈留：县名。在今河南省开封市东南。⑥岐：地名。在今河南省开封市陈留镇附近。⑦缑氏：一作侯氏。县名。在今河南省偃师市西南。⑧洛阳：古都邑名。在今河南省洛阳市东北。⑨穰：县名。在今河南省邓州市。⑩旬关：古关名。

【原文】

项羽灭秦，立沛公为汉王。汉王赐商爵信成君[1]，以将军为陇西[2]都尉。别将定北地[3]、上郡[4]。破雍将军焉氏[5]，周类军栒邑[6]，苏驵军于泥阳[7]。赐食邑武成[8]六千户。以陇西都尉从击项籍军五月，出钜野[9]，与钟离眛[10]战，疾斗，受梁相国印，益食邑四千户。以梁相国将从击项羽二岁三月，攻胡陵。

【注释】

①信成君：乃封号，非实封地。②陇西：郡名。③北地：郡名。④上郡：郡名。辖境当今陕西省北部及内蒙古自治区旧鄂尔多斯左翼（今准格尔旗、达拉特旗及伊金霍洛旗之一部分）。郡治肤施（今陕西省榆林市榆阳区东南）。⑤雍将军：雍王章邯的将军。焉氏（zhī）：县名。在今甘肃省泾川县东。⑥栒邑：县名。在今陕西省旬邑县东北。⑦泥阳：古邑名。今甘肃省宁县东南。⑧武成：县名。在今陕西省渭南市华州区东北。成，或作“城”。⑨钜野：县名。在今山东省巨野县东北。⑩钟离眜：复姓钟离，名眜。

【原文】

项羽既已死，汉王为帝。其秋，燕王臧荼反，商以将军从击荼，战龙脱[①]，先登陷阵，破荼军易[②]下，却敌，迁为右丞相，赐爵列侯，与诸侯剖符，世世勿绝，食邑涿[③]五千户，号曰涿侯。以右丞相别定上谷[④]，因攻代，受赵相国印。以右丞相赵相国别与绛侯等定代、雁门[⑤]；得代丞相程纵、守相[⑥]郭同、将军已下至六百石十九人。还，以将军为太上皇[⑦]卫一岁七月。以右丞相击陈豨，残东垣。又以右丞相从高帝击黥布，攻其前拒[⑧]，陷两陈，得以破布军，更食曲周五千一百户，除前所食。凡别破军三，降定郡六、县七十三，得丞相、守相、大将各一人，小将二人，二千石已下至六百石十九人。

【注释】

①龙脱：地名。在今河北省保定市徐水区西。②易：易

县，地在现在的河北省雄县西北。③涿：县名。即今河北省涿州市。④上谷：郡名。辖境相当今河北省西北部。郡治沮阳（今河北省怀来县东南）。⑤雁门：郡名。郡治善无（今山西省右玉县南）。⑥守相：代理丞相。⑦太上皇：汉高祖尊称他的父亲太公为太上皇。⑧前拒：前沿阵地。

【原文】

商事孝惠、高后时，商病，不治[①]。其子寄，字况，与吕禄[②]善。及高后崩，大臣欲诛诸吕。吕禄为将军，军于北军[③]。太尉[④]勃不得入北军，于是乃使人劫[⑤]郦商，令其子况绐[⑥]吕禄。吕禄信之，故与出游，而太尉勃乃得入据北军，遂诛诸吕。是岁商卒，谥为景侯。子寄代侯。天下称郦况卖交[⑦]也。

【注释】

①不治：不能理事。②吕禄：吕后的哥哥吕释之的儿子，吕后执政时封他为赵王，后被周勃等杀死。③北军：汉朝守卫京师的部队，因驻在长安城北，所以称“北军”。④太尉：秦和西汉时的最高军事长官。⑤劫：挟制。⑥绐（dài）：欺骗。⑦卖交：出卖朋友。

【原文】

孝景前三年[①]，吴、楚、齐、赵反[②]，上以寄为将军，围赵城，十月不能下。得俞侯栾布[③]自平齐来，乃下赵城，灭赵，王[④]自杀，除国。孝景中二年[⑤]，寄欲取平原君[⑥]为夫人，景帝怒，下寄吏[⑦]，有罪，夺侯。景帝乃以商他子坚封为缪侯，续郦氏后。缪靖侯[8]卒，子康侯遂成立。遂成卒，子怀侯世宗立。世宗卒，子侯终根立，为太常[9]，坐法[10]，国除。

【注释】

①前三年：孝景帝前元三年，即前154年。②吴、楚、齐、赵反：指吴王刘濞、楚王刘戊、赵王刘遂、胶西王刘卬、胶东王刘雄渠、菑川王刘贤、济南王刘辟光共七个诸侯王国联合发动的武装叛乱。齐，胶西、胶东、菑川、济南都是由原齐国分出来的。③栾布：原是彭越的部下，后为臧荼的将领，文帝时任燕国相国，景帝时被封为俞（shū）侯。详见《季布栾布列传》。④王：指赵王刘遂，刘邦的孙子。⑤中二年：孝景帝中元二年，相当于前148年。⑥平原君：景帝王皇后母臧儿的尊号。⑦下寄吏：把郦寄交给官吏议罪。⑧缪（mù）靖侯：缪，郦坚的封邑，今地不详。靖侯，郦坚的谥号。⑨太常：官名。⑩坐法：即坐罪。

【原文】

汝阴侯[1]夏侯婴，沛人也。为沛厩司御[2]。每送使客还，过沛泗上亭[3]，与高祖语，未尝不移日[4]也。婴已而试补县吏[5]，与高祖相爱。高祖戏而伤婴，人有告高祖。高祖时为亭长[6]，重坐伤人[7]，告[8]故不伤婴，婴证之。后狱覆[9]，婴坐高祖系[10]岁余，掠笞[11]数百，终以是脱[12]高祖。

【注释】

①汝阴侯：夏侯婴生前的最后封号。②厩（jiù）：马房。

司御：掌管养马驾车的人。③泗上亭：即泗水亭，在今江苏省沛县东。④移日：日影移动。形容时间很久。⑤已而：不久。试补：试用充任。⑥亭长：当时的乡官。秦时十里设一亭，亭有亭长。⑦重坐伤人：官吏伤人，加重治罪。⑧告：自告；自白。⑨狱覆：狱词翻覆。⑩系：关押。⑪掠笞（chī）：用竹板、木棍或荆条打人。⑫脱：开脱。

【原文】

高祖之初与徒属[①]欲攻沛也，婴时以县令史[②]为高祖使。上[③]降沛一日，高祖为沛公，赐婴爵七大夫[④]，以为太仆。从攻胡陵，婴与萧何[⑤]降泗水监平，平以胡陵降，赐婴爵五大夫。从击秦军砀东，攻济阳[⑥]，下户牖，破李由军雍丘[⑦]下，以兵车趣攻[⑧]战疾，赐爵执帛[⑨]。常以太仆奉车从击章邯军东阿[⑩]、濮阳下，以兵车趣攻战疾，破之，赐爵执珪[⑪]。复常奉车从击赵贲军开封，杨熊军曲遇。婴从捕虏六十八人，降卒八百五十人，得印一匮[⑫]。因复常奉车从击秦军雒阳东，以兵车趣攻战疾，赐爵封转为滕公。因复奉车从攻南阳，战于蓝田、芷阳[⑬]，以兵车趣攻战疾，至霸上。项羽至，灭秦，立沛公为汉王。汉王赐婴爵列侯，号昭平侯[⑭]，复为太仆，从入蜀、汉[⑮]。

【注释】

①徒属：服劳役的民夫。②县令史：县令手下掌管文书的小官吏。③上：指刘邦。④七大夫：即公大夫。⑤萧何：刘邦的重要谋臣，辅佐刘邦统一天下，西汉王朝的第一任丞相，被

封为鄜侯。⑥济阳：县名。在今河南省兰考县东北。⑦雍丘：县名。在今河南省杞县。⑧趣（cù）攻：急攻。趣，快，速。⑨执帛：爵位名。⑩东阿：即今山东省阳谷县东北的阿城镇。⑪执珪：爵位名。⑫匮（guì）：匣。⑬蓝田：县名。在今陕西省蓝田县西。芷阳：县名。在今陕西省西安市长安区东。⑭昭平侯：是封号，非实封邑。⑮蜀：郡名。辖境约当今四川省中部。郡治成都（今成都市）。汉：即汉中郡。

【原文】

还定三秦，从击项籍。至彭城，项羽大破汉军。汉王败，不利，驰去。见孝惠、鲁元[①]，载之。汉王急，马罢[②]，虏[③]在后，常蹶[④]两儿欲弃之。婴常收，竟载之，徐行面雍树[⑤]乃驰。汉王怒，行欲斩婴者十余，卒得脱，而致孝惠、鲁元于丰。

【注释】

①鲁元：刘邦的女儿，死后谥为鲁元太后，所以称“鲁元”。②罢（pí）：通“疲”。③虏：生俘之敌、奴隶皆曰虏。这里是对敌人的蔑称。④蹶（juě）：《汉书》作“跋”，用脚扒拉开。⑤面雍树：大人抱着孩子，孩子抱着大人的脖子。

【原文】

汉王既至荥阳，收散兵，复振，赐婴食祈阳[①]。复常奉车从击项籍，追至陈，卒定楚[②]，至鲁，益食兹氏[③]。

【注释】

①祈阳：乡名。《汉书》作“沂阳”。②楚：指项羽统辖

的地区。③兹氏：县名。在今山西省汾阳市东南。

【原文】

汉王立为帝。其秋，燕王臧荼反，婴以太仆从击荼。明年，从至陈，取楚王信。更食汝阴[①]，剖符世世勿绝。以太仆从击代，至武泉[②]、云中，益食千户。因从击韩信军胡骑晋阳[③]旁，大破之。追北至平城[④]，为胡所围，七日不得通。高帝使使厚遗阏氏[⑤]，冒顿[⑥]开围一角。高帝出欲驰，婴固徐行，弩皆持满外向，卒得脱。益食婴细阳[⑦]千户。复以太仆从击胡骑句注[⑧]北，大破之。以太仆击胡骑平城南，三陷陈[⑨]，功为多，赐所夺邑五百户。以太仆击陈豨、黥布军，陷陈却敌，益食千户，定食汝阴六千九百户，除前所食。

【注释】

①汝阴：县名。在今安徽省阜阳市。②武泉：县名。在今内蒙古呼和浩特市东北武川县境。③胡：指匈奴。晋阳：县名。在今山西省太原市西南。④追北：追击逃跑的败兵。平城：县名。在今山西省大同市东北。⑤阏氏（yān zhī）：亦作"焉提"。汉时对匈奴王后的称号。⑥冒顿：匈奴单于（即匈奴王）名。秦二世元年（前209）杀父头曼自立。他加强内部组织，建立军政制度，大量吞并弱小民族，势力强大。西汉初年，经常南下侵扰，对西汉王朝形成严重威胁。详见《匈奴列传》。⑦细阳：县名。在今安徽省太和县东南。⑧句注：即句注山，又名雁门山、西陉山。在今山西省代县西北，古为北方军事要地。谭其骧《中国历史地图集》标明句注山在今宁

武县东。⑨陈：通“阵”。

【原文】

婴自上初起沛，常为太仆，竟高祖崩。以太仆事孝惠。孝惠帝及高后德婴之脱孝惠、鲁元于下邑[①]之间也，乃赐婴县北第第[②]一，曰“近我”，以尊异之。孝惠帝崩，以太仆事高后。高后崩，代王[③]之来，婴以太仆与东牟侯入清宫[④]，废少帝[⑤]，以天子法驾迎代王代邸[⑥]，与大臣共立为孝文皇帝，复为太仆。八岁卒，谥为文侯。子夷侯灶立，七年卒。子共侯赐立，三十一年卒。子侯颇尚平阳[⑦]公主。立十九岁，元鼎[⑧]二年，坐与父御婢[⑨]奸罪，自杀，国除。

【注释】

①德：感激恩德。用作动词。下邑：县名。在今安徽省砀山县。②县：古代称帝王居住的地方为“县”，即京城。北：北阙。第：前一“第”字指府第，后一“第”字是次第。③代王：刘邦的儿子刘恒，即后来的文帝。④东牟侯：齐悼惠王刘肥的儿子刘兴居。清宫：清理宫室。⑤少帝：吕后把吕氏子冒称惠帝妃嫔所生的儿子刘弘，封为常山王，后立为帝，史称少帝。⑥法驾：皇帝的车驾。代邸：代王的官邸。⑦尚：古代娶皇帝的女儿叫“尚”。平阳，今山西省临汾市西南。⑧元鼎：汉武帝刘彻的年号。元鼎二年，即前115年。⑨御婢：皇帝赐给的婢女。

【原文】

颍阴侯[①]灌婴者，睢阳贩缯[②]者也。高祖之为沛公，略地至雍丘下，章邯败杀项梁[3]，而沛公还军于砀，婴初以中涓从击破东郡尉于成武及秦军于杠里[4]，疾斗，赐爵七大夫。从攻秦军亳南、开封、曲遇，战疾力，赐爵执帛，号宣陵君。从攻阳武[5]以西至雒阳，破秦军尸北，北绝河津，南破南阳[6]守齮阳城东，遂定南阳郡。西入武关，战于蓝田，疾力，至霸上，赐爵执珪，号昌文君。

【注释】

①颍阴侯：灌婴生前的最后封号。颍阴，县名，今河南省许昌市。②睢（suī）阳：县名。在今河南省商丘市南。缯（zēng）：丝织品的总称。③项梁：前209年陈胜起义后，他和侄儿项羽起兵反秦。④中涓：官名。皇帝身边亲近的侍臣。杠里：在今山东鄄城县南。⑤阳武：县名。在今河南省原阳县东南。⑥南阳：郡名。地在今河南省、湖北省交界地区，治所在宛县（今河南省南阳市）。

【原文】

沛公立为汉王，拜婴为郎中，从入汉中，十月，拜为中谒者[1]。从还定三秦，下栎阳，降塞王[2]。还围章邯于废丘，未拔。从东出临晋关[3]；击降殷王[4]，定其地。击项羽将龙且、魏相项他军定陶[5]南，疾战，破之。赐婴爵列侯，号昌文侯，食杜平乡[6]。

【注释】

①中谒者：皇帝身边管传达的官员。②塞王：项羽所封的

秦朝降将司马欣。③临晋关：在今陕西省大荔县黄河西岸，是历代秦、晋之间的险要通道。④殷王：项羽所封的赵将司马卬。⑤定陶：县名。在今山东省菏泽市定陶区西北。⑥杜：县名。在今陕西省西安市东南。平乡：杜县的乡名。

【原文】

复以中谒者从降下砀，以至彭城。项羽击，大破汉王。汉王遁[1]而西，婴从还，军于雍丘。王武、魏公申徒反，从击破之。攻下黄[2]，西收兵，军于荥阳。楚骑来众，汉王乃择军中可为骑将者，皆推故秦骑士重泉[3]人李必、骆甲习骑兵，今为校尉[4]，可为骑将。汉王欲拜之，必、甲曰："臣故秦民，恐军不信臣，臣愿得大王左右善骑者傅[5]之。"灌婴虽少，然数力战，乃拜灌婴为中大夫[6]，令李必、骆甲为左右校尉，将郎中骑兵击楚骑于荥阳东，大破之。受诏别击楚军后，绝其饷道，起阳武至襄邑[7]。击项羽之将项冠于鲁下，破之，所将卒斩右司马[8]、骑将各一人。击破柘[9]公王武，军于燕[10]西，所将卒斩楼烦[11]将五人，连尹[12]一人。击王武别将桓婴白马[13]下，破之，所将卒斩都尉一人。以骑渡河[14]南，送汉王到雒阳，使北迎相国韩信军于邯郸[15]。还至敖仓[16]，婴迁为御史大夫[17]。

【注释】

①遁：逃跑。②黄：外黄，县名。在今河南省民权县西北，兰考县东南。③重泉：县名。在今陕西省蒲城县东南。④校尉：汉代仅次于将军的武官。⑤傅：辅佐。⑥中大夫：御史大夫的顾问官。⑦襄邑：县名。在今河南省睢县。⑧右司

马：掌管军马的官员。⑨柘（zhè）：县名。在今河南省柘城县西北。⑩燕：古国名。在今河南省延津县东北。⑪楼烦：古族名。⑫连尹：官名。春秋时楚国主管射箭的官员。⑬白马：县名。在今河南省滑县东。⑭河：黄河。⑮邯郸：古都邑名。即今河北省邯郸市。⑯敖仓：敖，地名。在今河南省荥阳市东北敖山上，即今郑州市西北邙山上。⑰御史大夫：秦、汉时仅低于丞相的中央最高长官。

【原文】

三年[①]，以列侯食邑杜平乡[②]。以御史大夫受诏将郎中骑兵东属相国韩信，击破齐军于历下[③]，所将卒虏车骑将军华毋伤及将吏四十六人。降下临菑[④]，得齐守相田光。追齐相田横至嬴、博[⑤]，破其骑，所将卒斩骑将一人，生得骑将四人。攻下嬴、博，破齐将军田吸于千乘[⑥]，所将卒斩吸。东从韩信攻龙且、留公旋于高密[⑦]，卒斩龙且，生得右司马、连尹各一人，楼烦将十人，身生得亚将[⑧]周兰。

【注释】

①三年：汉王三年，即前204年。②以列侯食邑杜平乡：前已为列侯，食邑杜平乡。③历下：古邑名。即今山东省济南市。④临菑：即临淄。县名。在今山东省淄博市东北。⑤田横：本齐国贵族。楚汉战争中自立为齐王，不久被汉军战败。嬴：县名。在今山东省济南市莱芜区西北。博：即博阳。在今山东省泰安市泰山区东南。⑥千乘：县名。在今山东省高青县东北。⑦高密：县名。在今山东省高密市西南。⑧亚将：副将。

【原文】

齐地已定，韩信自立为齐王，使婴别将击楚将公杲于鲁北，破之。转南，破薛郡[①]长，身虏骑将一人。攻傅阳[②]，前至下相以东南僮、取虑、徐[③]。度[④]淮，尽降其城邑，至广陵。项羽使项声、薛公、郯公复定淮北。婴渡淮北，击破项声、郯公下邳[⑤]，斩薛公、下下邳，击破楚骑于平阳[⑥]，遂降[⑦]彭城，虏柱国[⑧]项佗，降留、薛、沛、酂、萧、相[⑨]。攻苦[⑩]、谯，复得亚将周兰。与汉王会颐乡[⑪]。从击项籍军于陈下，破之，所将卒斩楼烦将二人，虏骑将八人。赐益食邑二千五百户。

【注释】

①薛郡：郡名。②傅阳：古邑名。在今山东省枣庄市南。③下相：县名。在今江苏省宿迁市宿城区西南。僮：古邑名。在今江苏省睢宁县东南。取虑（qiū lǘ）：古邑名。在今江苏省睢宁县西南。徐：古邑名。在今江苏省泗洪县南。④度：通“渡”。⑤下邳：县名。在今江苏省睢宁县西北邳州市西南。⑥平阳：县名。在今山东省邹城市西北。⑦降：应为“围”。⑧柱国：楚国官名，又称上柱国。⑨留：县名。在今江苏省沛县东南。酂（cuó）：县名。在今河南省永城市西北。萧：县名。在今安徽省萧县西北。相：县名。在今安徽省淮北市西北。⑩苦：县名。在今河南省鹿邑县。⑪颐乡：地名。在今河南省鹿邑县东。

【原文】

项籍败垓下[①]去也，婴以御史大夫受诏将车骑别追项籍至东城[②]，破之。所将卒五人共斩项籍，皆赐爵列侯。降左右司马各一人，卒万二千人，尽得其军将吏。下东城、历阳[③]。渡江，破吴郡长吴[④]下，得吴守，遂定吴、豫章、会稽郡[⑤]。还定淮北，凡五十二县。

【注释】

①垓（gāi）下：地名。在今安徽省灵璧县东南沱河北岸。②东城：县名。在今安徽省定远县东南。③历阳：县名。在今安徽省和县。④吴郡：楚汉之际分会稽郡置。吴：县名。在今江苏省苏州市。⑤豫章：郡名。会稽郡：郡名。辖境相当今浙江省大部和江苏南部。郡治吴（今江苏省苏州市）。

【原文】

汉王立为皇帝，赐益婴邑三千户。其秋，以车骑将军从击破燕王臧荼。明年，从至陈，取楚王信。还，剖符，世世勿绝，食颍阴二千五百户，号曰颍阴侯。

以车骑将军从击反韩王信于代，至马邑[①]，受诏别降楼烦[②]以北六县，斩代左相，破胡骑于武泉[③]北。复从击韩信胡骑晋阳下，所将卒斩胡白题[④]将一人。受诏并将燕、赵、齐、梁、楚车骑，击破胡骑于硰石[⑤]。至平城，为胡所围，从还军东垣。

【注释】

①马邑：县名。在今山西省朔州市朔城区。②楼烦：县名。在今山西省宁武县。③武泉：县名。在今内蒙古呼和浩特

东北武川县。④白题：匈奴的一支。⑤砦（shā）石：古邑名。在今山西省静乐县东北。

【原文】

从击陈豨，受诏别攻豨丞相侯敞军曲逆下，破之，卒斩敞及特将[1]五人。降曲逆、卢奴、上曲阳、安国、安平[2]。攻下东垣。

【注释】

①特将：秦、汉时将领的名称。指统军作战独当一面的将领。②卢奴：县名。在今河北省定州市。上曲阳：县名。在今河北省曲阳县西。安国：县名。在今河北省安国市东南。安平：县名。在今河北省安平县。

【原文】

黥布反，以车骑将军先出，攻布别将于相，破之，斩亚将、楼烦将三人。又进击破布上柱国军及大司马[1]军。又进破布别将肥诛[2]。婴身[3]生得左司马一人，所将卒斩其小将十人，追北至淮上。益食二千五百户。布已破，高帝归，定令婴食颍阴五千户，除前所食邑。凡从得二千石二人，别破军十六，降城四十六，定国一、郡二、县五十二，得将军二人，柱国、相国各一人，二千石十人。

【注释】

①大司马：官名。周代大司马掌管邦政。此为英布所设置。②肥诛：人名。诛，一本作“铢”。③身：亲身，亲自。

【原文】

婴自破布归，高帝崩，婴以列侯事孝惠帝及吕太后。太后崩，吕禄等以赵王自置为将军，军长安，为乱①。齐哀王②闻之，举兵西，且入诛不当为王者。上将军吕禄等闻之，乃遣婴为大将，将军往击之。婴行至荥阳，乃与绛侯等谋，因屯兵荥阳，风③齐王以诛吕氏事，齐兵止不前。绛侯等既诛诸吕，齐王罢兵归，婴亦罢兵自荥阳归，与绛侯、陈平共立代王为孝文皇帝。孝文皇帝于是益封婴三千户，赐黄金千斤，拜为太尉④。

【注释】

①为乱：《汉书》在“为”前有一“欲”字。③齐哀王：刘襄。齐悼惠王刘肥的儿子。③风：通“讽”，示意。④太尉：秦、汉时全国最高军事长官。

【原文】

三岁，绛侯勃免相就国，婴为丞相，罢太尉官。是岁，匈奴大入北地、上郡①，令丞相婴将骑八万五千往击匈奴。匈奴去，济北王②反，诏乃罢婴之兵。后岁余，婴以丞相卒，谥曰懿侯。子平侯阿代侯。二十八年卒，子彊代侯。十三年，彊有罪，绝二岁。元光③三年，天子封灌婴孙贤为临汝侯，续灌氏后。八岁，坐行赇④有罪，国除。

【注释】

①北地：郡名。上郡：郡名。辖境相当今无定河流域及内

蒙古鄂托克旗等地，治所在肤施（今陕西省榆林市榆阳区东南）。②济北王：刘兴居。齐悼惠王刘肥的儿子。济北，汉诸侯国，都卢（今山东济南市长清区南）。③元光：汉武帝刘彻的年号。元光三年，相当于前132年。④赇（qiú）：贿赂。

【原文】

太史公曰："吾适[1]丰、沛，问其遗老，观故萧、曹[2]、樊哙、滕公之家，及其素[3]，异哉所闻！方其鼓刀屠狗卖缯之时，岂自知附骥之尾[4]，垂名汉廷，德流子孙哉？余与他广通[5]，为言高祖功臣之兴时若此云。

【注释】

①适：往；到。②曹：曹参。③素：平素。这里指平素为人。④附骥之尾：比喻依附他人而成名。⑤通：有交往。

【译文】

舞阳侯樊哙是沛县人。他以宰狗为职业，曾经与汉高祖一起隐居芒山、砀山一带。

起初，樊哙随从高祖在丰邑起兵，攻下沛县。高祖做沛公的时候，用樊哙做舍人。跟随沛公进攻胡陵、方与，又回军镇守丰邑，在丰邑一带攻打泗水郡监的军队，击败了他们。又向东平定了沛县，在薛县的西边击败泗水郡守的军队。在砀县东面与司马𡰖交战，打退了敌人，斩了十五个人的首级，沛公赐给他国大夫的爵位。沛公在濮阳攻打章邯的军队，攻城的时候，樊哙率先登城，斩秦兵二十三人的首级，沛公又赐给他公大夫的爵位。此后又常随从沛公，攻城阳时，他率先登城，还攻占户牖，击败李由的军队，斩了十六人的首级，又封赐上间爵位。随从沛公在成武围攻东郡郡守郡尉时，击退了敌人，斩了十四人的首级，俘虏十一人，封赐为五大夫的爵位。跟随沛公袭击秦军，经过亳邑以南。河间郡守的军队在杠里，樊哙打败了他们。又在开封的北面击败赵贲的军队，樊哙由于击退敌军，领先登城，斩杀军候一人，斩六十八人的首级，俘虏二十七人，沛公赐给他卿的爵位。随从沛公在曲遇击败杨熊的军队。攻打宛陵时，樊哙又率先登城，斩了八个人的首级，俘获四十四人，沛公赐给他贤成君的封号。随从沛公去攻长社和轘辕，封锁黄河渡口，向东在尸乡攻打秦军，又向南在犨邑攻打秦军。在阳城打败南阳郡守吕齮。向东进攻宛城时，樊哙又率先登城。西到郦县，樊哙因为击退了敌人，斩了敌人二十四人的首级，俘虏四十人，沛公赏赐增加爵禄。进攻武关，到达霸上时，斩杀都尉一人，斩了十人的首级，俘虏一百四十六人，降服敌兵二千九百人。

项羽驻军戏下，预备攻打沛公。沛公让一百多骑兵随从，通过项伯面见项羽，申述没有封锁关口的事。项羽就摆宴款待军中将士，在酒酣的时候，亚父想谋杀沛公，派项庄拔剑在席前献舞，要趁机刺杀沛公，项伯却一再掩护沛公。当时，只有沛公和张良能进入营帐就座，樊哙留在营外，听说沛公的情况危急，就拿着铁盾进入营内。军营卫士阻止樊哙，樊哙却径直撞了进去，站在营帐下。项羽用眼睛看着他，问他是何人。张良说："是沛公的陪乘樊哙。"项羽说："壮士！"就赐给一卮酒和一只猪腿。樊哙喝完酒，拔剑切肉，把它吃光了。项羽问："能再喝酒吗？"樊哙说："我死尚且不推辞，况且是喝光一卮酒呢！再说沛公首先入关平定咸阳，露营在霸上，来等待大王。大王今天一到，就听信小人的谗言，跟沛公有嫌隙，我担心天下分裂，百姓怀疑大王。"项羽沉默不语。沛公上厕所，召樊哙出去。出来后，沛公留下车马，只骑了一匹马，跟樊哙等徒步随从的四个人抄小路下山逃回霸上的军营，而让张良向项羽辞谢。项羽也由于已经顺心遂意，也就没有杀沛公的念头了。这一天，假如没有樊哙闯入营内，谴责项羽，沛公的情况可就危险了。

第二天，项羽入城血洗咸阳，封沛公为汉王，汉王就封樊哙为列侯，称为临武侯。后来提升为郎中，随从汉王进入汉中。

汉王回军平定三秦，樊哙另外带兵在白水北面围攻西县县丞的军队，在雍县南面攻打雍王的轻快车骑部队，打败了他们。随从汉王攻打雍、斄二城，又首先登城。在好畤攻打章平的军队，攻城时，率先登城冲进敌阵，斩杀了县令、县丞各一人，斩十一人的首级，俘虏二十人，被提升为郎中骑将。随从汉王在壤乡东面进攻秦军车骑部队，击败敌军，被提升为将军。攻打赵贲，占领郿县、槐里、柳中、咸阳等地；引水灌废丘，他功劳最大。到了栎阳，汉王赐封杜陵的樊乡作樊哙的食邑。随从汉王攻打项籍，血洗煮枣。在外黄战胜王武、程处的军队。攻占邹县、鲁县、瑕丘、薛邑。项羽在彭城打败汉王，全部又夺回鲁、梁的土地。樊哙回到荥阳，汉王增加平阴二千户作他的食邑，让他以将军的身份镇守广武。一年后，项羽领兵东进，樊哙又跟随高祖进攻项籍，占领阳夏，俘虏楚将周将军的士卒四千人，在陈县包围项籍，把他打得大败。之后，血洗胡陵。

项籍去世后，汉王做了皇帝，由于樊哙固守作战有功，加封食邑八百户。樊哙随从高帝攻打反叛的燕王臧荼，俘虏了臧荼，平定了燕地。楚王韩信谋反时，樊哙随从高帝到陈县，捉到韩信，平定了楚地。高帝给樊哙改赐列侯爵位，跟诸侯剖符定封，世代相传不断，以舞阳作为食邑，称为舞阳侯，免除以前所封的食邑。随后，樊哙又以将军的身份随从高祖出征到代地征讨反叛的韩王韩信。从霍人一直打到云中，和绛侯等人共同平定了代地，又增加食邑一千五百户。又因为进攻陈豨和曼丘臣的军队，战于襄国，攻破柏人，率先登城，降服、平定了清河和常山两部共二十七县，摧毁了东垣，被提升为左丞相。在无终和广昌一带，击败綦毋卬和尹潘的军队。在代地南部打败了陈豨部将匈奴人王黄的军队，趁势到参合进攻韩王信的军队。樊哙的部下杀了韩王信，在横谷打败了陈豨的匈奴骑兵，斩杀了将军赵既，俘虏了代国丞相冯梁、郡守孙奋、大将王黄、将军及太仆解福等十人。与其他将领们共同平定了代地七十三个乡邑。此后燕王卢绾反叛，樊哙以相国身份进攻卢绾，在蓟县以南打败燕丞相抵，平定了燕地十八县、五十一个乡邑。于是又增加食邑一千三百户，把舞阳的五千四百户确定为樊哙的食邑。他随从高帝出征时，斩了一百七十六个人的首级，俘虏二百八十八人。另外，他还打败过七支军队，占领五座城邑，平定六郡、五十二县，虏获丞相一人，将军十二人，二千石以下至三百石的将官十一人。

樊哙娶了吕后的妹妹吕须做妻子，生了儿子樊伉，所以他跟其他将领相比，跟皇室的关系最亲密。

起先黥布反叛时，高祖曾病得很重，憎恶跟人相见，睡在内宫，命令门卫不准让群臣进入。群臣绛侯周勃、灌婴等没有谁敢进去。十几天后，樊哙推开宫中小门径直闯进去，大臣们也跟随着他。皇上独自枕着一个宦官躺着。樊哙等人见到皇上，就流着泪说："当初陛下和微臣等人，起兵于丰、沛，平定天下，多么壮烈啊！如今天下已经平定，又是如此疲惫啊！况且陛下病重，大臣恐惧。陛下不肯接见我们商议国事，却单独和一个宦官决断吗？何况陛下难道没有听到赵高的事吗？"高帝笑着起身。

此后卢绾谋反，高帝派樊哙以相国的身份攻打燕国。当时高帝病得很重，有人诋毁樊哙勾结吕氏，皇上一旦去世，樊哙就要领兵杀尽戚夫人和赵王如意这班人。高帝听了，非常气愤，就派陈平用车载着绛侯去取代樊哙的将位，并到军营中杀樊哙。陈平害怕吕后，逮捕樊哙到长安去。到达长安时，高祖已经逝世。吕后释放了樊哙，让他恢复了爵位和封邑。

孝惠帝六年，樊哙去世，谥号为武侯。儿子樊伉接替侯位。樊伉的母亲吕须也被封为临光侯。高后执政时独揽大权，大臣们都害怕她。樊伉继承侯位九年后，高后去世。大臣们诛杀了吕氏的家族和吕须的亲属之后，随后杀了樊伉。舞阳侯的爵位中断了几个月。汉文帝登位后，就再封樊哙另一位庶子樊市人为舞阳侯，恢复原来的爵位和食邑。樊市人即位二十九年就去世，谥号为荒侯。儿子樊他广继承侯位。六年后，舞阳侯家里的用人得罪了樊他广，记恨他，就上书说："荒侯樊市人患病无法生育，让他的夫人和他的弟弟淫乱，生下了樊他广，樊他广其实不是荒侯的儿子，不应该继承爵位。"皇上就下令交给法官审理，孝景帝中元六年，樊他广的侯爵被剥夺，成为平民，封国被废除。

曲周侯郦商是高阳人。陈胜起义时，郦商聚集青年人，到处掠人，抢夺到几千人。沛公夺取土地到达陈留，六个多月后，郦商带领着四千人到岐地归属沛公。他随从沛公攻打长社，率先登城，沛公赐给他爵位，封他为信成君。他随从沛公进攻缑氏，封锁黄河渡口，在洛阳的东面，打败了秦军。又随从沛公攻占宛县、穰县等地，平定了十七县。另外领兵进攻旬关，平定了汉中。

项羽灭秦后，封沛公为汉王。汉王赐郦商爵号为信成君，让他以将军的身份担任陇西都尉。单独率兵平定北地和上郡。在焉氏击破章邯部将的军队，在栒邑打败周类的军队，在泥阳打败苏驵的军队。汉王赐给他武成六千户作食邑。郦商又以陇西都尉的身份随从汉王进攻项籍的军队达五个月，出兵钜野时，和钟离眛交战，战斗激烈，有功，汉王授给郦商梁国相印，增加食邑四千户。郦商以梁相国的身份，随从汉王进攻项羽，达两年零三个月，攻占胡陵。

项羽去世后，汉王称帝。当年秋天，燕王臧荼谋反，郦商以将军的身份，随从高帝进攻臧荼，在龙脱交战，他率先登城，攻陷敌阵，在易县一带打败臧荼的军队，使敌军退却，因而被提升为右丞相，赐爵位为列侯，与诸侯剖符定封，世代相传不断，得到涿县的五千户为食邑，称为涿侯。他以右丞相的身份，单独率兵平定上谷，并借机攻占代地，接受了赵国的相国印。他以右丞相赵国相国身份率兵，另外跟绛侯等平定代国和雁门，俘虏代国丞相程纵、代理丞相郭同、将军以下至六百石的官吏十九人。回京后，他以将军身份担任太上皇的警卫一年零七个月。以右丞相身份进攻陈豨，摧毁东垣。又以右丞相身份随从高帝攻打黥布的军队，进攻黥布的前沿阵地，攻陷两个阵地，因而打败了黥布的军队，改封曲周的五千一百户作为食邑，免除以前的食邑。郦商单独击败敌军共三次，降服平定六郡、七十三县，俘获丞相、代理丞相、大将各一人，小将二人，二千石以下至六百石以上官员十九人。

郦商侍奉孝惠帝和高后的时候，他生病了，不能理事。他的儿子郦寄，字况，跟吕禄友好。到高后去世的时候，大臣们想诛杀吕氏家族。吕禄担任将军，统率北军，太尉周勃无法进入北军军营，因此就派人劫持郦商，让他的儿子郦况去诱骗吕禄。吕禄听信了郦况的话，所以同他外出游玩。因此，太尉周勃就乘机进入北军军营，控制了北军，终于诛杀了吕氏家族。这一年，郦商死了，谥号为景侯。儿子郦寄继承侯位，天下人都说郦况出卖朋友。

孝景帝前元三年，吴国、楚国、齐国、赵国反叛，皇上任命郦寄做将军，围攻赵国的都城，十个月没能攻下。待俞侯栾布平定齐地回来，才攻克赵国的都城，灭了赵国，赵王自杀，封国被废除。孝景帝中元二年，郦寄欲娶平原君为夫人，景帝很气愤，把郦寄交给狱吏处理，判处有罪，剥夺侯爵。景帝就把郦商的另一个儿子郦坚封为缪侯，以承续郦氏的后代。缪靖侯死后，儿子康侯郦遂成继位。郦遂成死后，儿子怀侯郦世宗继位。郦世宗死后，儿子侯郦终根继位，担任太常，由于犯罪，封国被废除。

汝阴侯夏侯婴，是沛县人。当沛县马房的司御，经常送使者或客人回去，经过沛县泗水亭，跟高祖交谈，无不谈到日移天暮。后来，夏侯婴到沛县衙门当小吏后，跟高祖的关系更加亲密。高祖曾开玩笑伤了夏侯婴，有人告发了高祖。高祖当时是亭长，为官伤人，要加重治罪。高祖申诉自己没有伤害夏侯婴，夏侯婴也为他作证。后来翻案复审，夏侯婴由于高祖的牵连被拘禁一年多，挨打几百板，终于为高祖开脱了罪责。

高祖当初和众人想进攻沛县的时候，夏侯婴以县令史的身份替高祖出使。高祖降服沛县的那一天，做了沛公，赐给夏侯婴七大夫的爵位，任用他做太仆。随从高祖攻打胡陵。夏侯婴跟萧何降服了泗水郡监平，平献出胡陵投降。高祖赐给夏侯婴五大夫的爵位。随从高祖在砀县东袭击，进攻济阳，攻取户牖，在雍丘一带打败李由的军队，因为驾兵车急攻猛战有功，高祖赐给他执帛爵位。又曾经以太仆的身份驾车随从高祖在东阿、濮阳一带攻打章邯的军队，也因为驾兵车急攻猛战而打败了敌军，高祖赐给他执圭的爵位。曾经因为驾车随从高祖在开封攻打赵贲的军队，在曲遇进攻杨熊的军队。夏侯婴随从高祖俘虏了六十八人，降服士兵八百五十人，得到一匣子官印。又因曾驾车随从高祖在洛阳以东攻打秦军，因为驾兵车急攻猛战，得到爵位改封为滕公。又曾经因为驾车随从高祖攻打南阳，转战蓝田、芷阳，因为驾兵车急攻猛战，直达霸上。项羽一到，灭了秦朝，封沛公为汉王。汉王赐给夏侯婴列侯的爵位，称昭平侯，又作太仆，随从汉王进入蜀、汉地区。

汉王回军平定三秦的时候，夏侯婴随从高祖攻打项籍。到了彭城，项羽击退汉军。汉王失败了，形势不利，就驾车急忙逃离。遇见孝惠帝和鲁元公主，用车子载了他们。汉王因为马疲惫、敌人紧追在后面而焦急，几次要甩掉两个孩子，想抛弃他们。夏侯婴每次下车收拢起来，一直载着他们，先慢慢走，让他们搂紧自己，才快速奔驰。汉王很气愤，途中有多次要斩杀夏侯婴，但终于能够幸免，因而把孝惠帝和鲁元公主送到丰邑。

汉王到达荥阳以后，收编散兵，重振军威，赐祈阳给夏侯婴作食邑。夏侯婴又经常驾车随从汉王攻项籍，追到陈县，终于平定楚地。到了鲁地，增加兹氏作食邑。

汉王登位作了皇帝。这年的秋天，燕王臧荼反叛，夏侯婴以太仆的身份随从高帝进攻臧荼。第二年，随从高帝到陈县，逮捕了楚王韩信。高帝改封汝阴给夏侯婴作食邑，并剖符定封，世代不断。又以太仆的身份随从高祖攻打代地，到达武泉、云中，增加食邑一千户。随后，随从高祖到晋阳城旁攻打隶属于韩王信的匈奴骑兵，把他们打得大败。追击败兵到达平城时，被匈奴军队包围，七天不能突围。高帝派使者用厚礼赠送单于的嫡妻阏氏，冒顿就解除一面的包围。高帝出城时想驱马奔驰，夏侯婴坚持慢慢行走，弓箭都拉满向外，最终得以逃脱。高帝又增加细阳一千户给夏侯婴作食邑。夏侯婴又以太仆的身份在句注以北攻打匈奴骑兵，把他们打得大败。又以太仆身份在平城南面攻打匈奴骑兵，屡次冲入敌阵，功劳最大，高帝把剥夺别人的封邑五百户赐给夏侯婴。夏侯婴又以太仆的身份，攻打陈豨和黥布的军队，冲入敌阵打退敌军，加封食邑一千户，确定以汝阴六千九百户作为食邑，免除以前的食邑。

夏侯婴自从皇上在沛县起义时，长期任职太仆，一直到高祖逝世。后来，以太仆的身份侍奉孝惠皇帝。孝惠皇帝和高后感激他在下邑路上救了孝惠帝和鲁元公主，就把宫殿北面第一等的公馆赐给夏侯婴。称为“近我”，以表示非常尊重他。孝惠帝去世时，夏侯婴仍以太仆的身份侍奉高后。高后去世，代王来到时，夏侯婴以太仆身份跟东牟侯进入清理宫室，废除少帝，用天子的车驾到代王府邸迎接代王，和大臣们共同拥立代王为孝文皇帝，又担任太仆。八年后去世，谥号为文侯。儿子夷侯夏侯灶继位，七年后死去。儿子共侯夏侯赐继位，三十一年后去世。儿子夏侯颇娶了平阳公主，继位十九年。元鼎二年，因为跟他父亲的御婢通奸有罪，自杀，封国被废除。

颍阴侯灌婴是睢阳贩卖丝绢的商人。高祖做了沛公时，抢夺土地一直到达雍丘一带。章邯击败并杀害了项梁，沛公回师到砀县。灌婴起初以内侍中涓官的身份随从沛公，在成武打败了东郡尉的军队，在杠里击败了秦军，战斗激烈，沛公赐给灌婴七大夫的爵位。随从沛公在亳邑南、开封、曲遇进攻秦军，因他力战有功，沛公赐给灌婴执帛的爵位，称为宣陵君。随从沛公进攻阳武以西直到洛阳，在尸乡北面打败秦军，北上封锁黄河的渡口，南下在阳城东面打败南阳的郡守吕齮，最终平定南阳郡。向西进入武关，在蓝田作战，急攻力战，到达霸上，沛公赐给他执圭的爵位，称为昌文君。

沛公立为汉王时，任命灌婴作郎中，灌婴随从汉王到汉中。十月，被任命为中谒者。随从汉王回军平定三秦，攻占栎阳，降服了塞王。回军在废丘包围章邯，未能拔取。又随从汉王向东经过临晋关，打击并降服了殷王，平定了他的领土。在定陶南部进攻项羽的部将龙且，以及魏国丞相项他的军队，经过激战，打败了他们。汉王赐给灌婴列侯的爵位，称为昌文侯，把杜县的平乡赐给他作食邑。

灌婴又以中谒者的身份随从汉王收复了砀县，到达彭城。项羽迎击，把汉王打得大败。汉王向西逃亡，灌婴随从汉王掉回头，在雍丘驻军。王武、魏公申徒反叛，灌婴随从汉王去打败了他们，攻下外黄，向西收编散兵，驻军荥阳。楚军骑兵来得多，汉王就在军中选择可以充当骑兵将领的人才，大家都推举原来秦军的骑士重泉人李必和骆甲熟悉骑兵，现是校尉，可以担任骑兵将领。汉王准备任命他们，李必和骆甲说："我们原是秦民，恐怕士兵不信任我们，我们希望得到大王左右善于骑马的人辅佐我们。"灌婴虽然年轻，但数次勇猛作战，所以任命灌婴为中大夫，由李必、骆甲担任左右校尉，率领郎中骑兵在荥阳以东进攻楚军骑兵，把他们打得大败。接着，奉命单独率军袭击楚军的后路，截断楚兵从阳武到襄邑的运粮道路。在鲁县一带，进攻项羽的将军项冠，击败了他。所统率的将士斩杀敌人右司马和骑将各一人。又在燕地西部击败柘公王武的军队，驻军燕地的西边，所统率的将士斩杀楼烦将领五人、连尹一人。又在白马一带攻打王武的别将桓婴，打败了他，所率领的将士斩杀敌人都尉一人。带领骑兵南渡黄河，护送汉王到洛阳，奉命北上到邯郸迎接相国韩信的军队。回到敖仓，灌婴被提升为御史大夫。

汉王三年，灌婴以列侯爵位得到杜平乡作为食邑，又以御史大夫的身份奉命率领郎中骑兵东去归属相国韩信，在历下击败齐兵，他所统率的士兵俘虏齐国车骑将军华毋伤和将吏四十六人。降服临淄，俘虏齐国代理丞相田光。追击齐国丞相田横，到达嬴县、博邑，打败了齐国骑兵。所统率的士兵斩杀齐国骑将一人，活捉骑兵将领四人。攻下嬴县、博邑，在千乘击败齐将军田吸的军队，所统率士兵斩杀了田吸。跟随韩信向东在高密攻打龙且和留公旋的军队，终于斩杀了龙且，活捉右司马和连尹各一人，楼烦骑兵将领十人，亲自活捉了副将周兰。

齐国平定以后，韩信自立为齐王，派灌婴单独领兵到鲁北攻打楚将公杲，击败了他。转战南方，打败了薛郡郡守，自己亲自活捉骑兵将领一人。进攻傅阳，前进到下相东南的僮县、取虑、徐县等地。渡过淮河，全部降服了那个地区的城邑。到达广陵时，项羽派遣项声、薛公、郯公重新平定淮北地区。灌婴北渡淮河，在下邳打败项声和郯公的军队，斩杀了薛公，攻克了下邳，在平阳击败了楚军的骑兵，于是降服了彭城，俘虏了柱国项佗，降服了留、薛、沛、酂、萧、相等地。进攻苦县、谯县，再次俘虏副将周兰。灌婴跟汉王在颐乡会师，随从汉王在陈县一带进攻项籍的军队，打败了他们，所统率的士兵斩杀了楼烦骑兵将领两人，俘虏骑兵将领八人。汉王增加二千五百户给灌婴作食邑。

项籍在垓下兵败突围时，灌婴以御史大夫的身份带领车骑部另路追赶项籍到东城，打败了他们。他所率领的士兵五人共同斩杀了项籍，全都得到列侯的爵位。降服左右司马各一人，士兵一万二千人，俘获了军中的全部将吏。攻占东城、历阳，渡过长江，在吴县一带打败吴郡郡守的军队，俘获了吴郡郡守，于是平定吴、豫章、会稽三郡。回师时平定了淮河以北，共五十二县。

汉王登位做了皇帝，给灌婴加封食邑三千户。这年秋天，灌婴以车骑将军的身份随从高帝击败燕王臧荼。第二年，随从汉王到陈县，捉拿楚王韩信。回朝后，高帝给灌婴剖符定封，世代不断，以颍阴二千五百户作为食邑，号称颍阴侯。

灌婴以车骑将军的身份随从高帝到代地征讨谋反的韩王韩信，到达马邑后，奉命单独率兵降服楼烦以北的六县，斩杀了代国的左丞相，在武泉以北击败匈奴骑兵。又随从高帝在晋阳一带进攻韩王信的匈奴骑兵，所统率的士兵斩杀了匈奴白题的将领一人。奉命统率燕、赵、齐、梁、楚等国的所有车骑部队，在硰石打败匈奴骑兵。到达平城时，被匈奴军队包围，就随从高祖回军东垣。

又随从高帝攻打陈豨，奉命单独率兵在曲逆一带进攻陈豨的丞相侯敞，打败了他们，士兵斩杀了侯敞和特将五人。降服了曲逆、卢奴、上曲阳、安国、安平等县邑，攻下了东垣。

黥布谋反时，灌婴以车骑将军的身份首先出发，在相地攻击黥布的别将，打败了他们，斩杀副将和楼烦将三人。又进军打败了黥布的上柱国军和大司马军。又进兵击败黥布的别将肥诛的军队。灌婴亲自活捉敌人左司马一人，所带的士兵斩杀了敌人的小将十人，追击败军直到淮河沿岸。高帝给灌婴增加食邑二千五百户。黥布被打败之后，高帝回朝，确定颁令灌婴以颍阴五千户作食邑，免除以前的食邑。灌婴随从高祖以来，共俘虏二千石官吏二人，单独领兵打败敌军十六次，降服四十六个城邑，平定一个诸侯国、两个郡、五十二个县，活捉将军两人，柱国、相国各一人，二千石官吏十人。

灌婴从前线打败黥布回朝时，高帝逝世了，灌婴以列侯的身份侍奉孝惠帝和吕太后。太后逝世后，吕禄这帮人以赵王的身份自命为将军，在长安驻军、作乱。齐哀王听到这个消息，就举兵西进，要进京诛杀不当称王的人。上将军吕禄等人听到这个消息，就派灌婴担任大将，率兵去迎击他。灌婴行军到荥阳，就跟绛侯等人密谋，顺势屯兵荥阳，并向齐哀王示意诛杀吕氏之事，齐军也停下来不进兵。绛侯等人已经杀死了吕氏家族，齐哀王就领兵回去了，灌婴也从荥阳撤兵回朝，和绛侯、陈平等共同拥立代王为孝文皇帝。孝文帝加封灌婴三千户的食邑，赏赐黄金一千斤，任命他为太尉。

三年以后，绛侯周勃免除丞相职务，回到封国。灌婴担任丞相，罢免太尉的官职。这一年，匈奴大举入侵北地、上郡，孝文帝命令丞相灌婴率领八万五千骑兵去讨伐匈奴。匈奴撤离时，济北王反叛，孝文帝就下令撤去灌婴的兵权。一年多后，灌婴死在丞相任上，谥号为懿侯。儿子平侯灌阿继位为侯。二十八年后，灌阿去世，儿子灌彊继位为侯。十三年后，因灌彊有罪，侯位中断了两年。元光三年，天子封灌婴的孙子灌贤为临汝侯，承袭灌氏的后代。八年后，灌贤因为犯贿赂罪，封国被废除。

太史公说：“我到丰邑和沛县时，问候那里的遗老，查访原先萧何、曹参、樊哙、滕公的故居，以及他们的生平，听到的很令人惊异啊！正当他们操刀宰狗或贩卖丝绢的时候，难道自己知道能附人骥尾，留名汉室，德泽流传子孙后代吗？我和樊他广有交往，他对我谈起高祖功臣兴起时的情况，就是如此。”

第七十八卷　张丞相列传第三十六

本传是张苍、周昌、任敖、申屠嘉四个人的合传。车千秋及以后几个人的传记并不是司马迁所作，而是后来褚先生的补作。在这四个人当中，刻画得最为出色的是周昌和申屠嘉。从这两个人身上，可以看出太史公刻画人物的深厚功力，特别是以人物的语言和行动表现人物性格这一点上，更是后人学习的榜样。例如，有这样一节，云："昌尝燕时入奏事，高帝方拥戚姬，昌还走，高帝逐得，骑周昌项，问曰：'我何如主也？'昌仰曰：'陛下即桀纣之主也。'"休息时间，夫妻拥抱在一块儿，今天看来，本无可厚非，但周昌入内，本应"非礼勿视"，却被他看到了，所以只有逃跑了事。偏偏又遇上了一个颇不检点的皇帝，追上之后，还要骑在他周昌的脖子上问他。在这里有两个关键的句子，一是"骑周昌项"，一是"昌仰曰"。前一句只是捎带着一笔，用一个动作，就把刘邦的流氓气质刻画得惟妙惟肖；后一句只用了三个字，就把周昌那耿直、刚强、不屈不挠的性格刻画得非常突出。本来臣子对皇帝讲话应该低头垂手、恭恭敬敬，而周昌要骂皇帝，还挺直了脖子，看准了皇帝，面对面地骂，这就更加鲜明地表现了他的性格。司马迁是语言大师，用个性化的语言来塑造人物更是他的老本行。比如，在立太子的问题上，周昌和刘邦的意见不一致，本传中这样写他："上问其说，昌为人吃，又盛怒，曰：'臣口不能言，然臣期期知其不可。陛下虽欲废太子，臣期期不奉诏。'"周昌本来就口吃，再加上是在非常气愤的时候，所以就口吃得更加厉害，作者以"期""期"的口吃声来写当时周昌的情态，很确切地表现了他憨厚，正直，但口齿不清的特点。由此更可以看出司马迁在运用语言方面的深厚功力。

【原文】

张丞相苍者，阳武人也。好书律历[①]。秦时为御史，主柱下方书[②]。有罪，亡归[③]。及沛公略地过阳武，苍以客从攻南阳。苍坐法[④]当斩，解衣伏质[⑤]，身长大，肥白如瓠[⑥]，时王陵见而怪其美士，乃言沛公，赦勿斩。遂从西入武关，至咸阳。沛公立为汉王，入汉中，还定三秦。陈馀击走常山王张耳，耳归汉。汉乃以张苍为常山守。从淮阴侯[⑦]击赵，苍得陈馀。赵地已平，汉王以苍为代相，备边寇。已而徙为赵相，相赵王耳。耳卒，相赵王敖。复徙[⑧]相代王。燕王臧荼反，高祖往击之，苍以代相从攻臧荼有功；以六年中封为北平侯，食邑[⑨]千二百户。

迁[⑩]为计相，一月，更以列侯为主计四岁。是时萧何为相国，而张苍乃自秦时为柱下史，明习天下图书计籍。苍又善用算[⑪]律历，故令苍以列侯居相府，领主郡国上计者。黥布反亡，汉立皇子长为淮南王，而张苍相之。十四年[12]，迁为御史大夫。

【注释】

①好书律历：喜欢书籍、音律、历法计算。②此句云张苍掌管皇宫之内的各种书籍档案。柱下，殿柱之下，此指皇宫中的国家藏书处。③亡归：逃跑回家。④坐法：因犯法被治罪。⑤质：通“锧”，古刑具，铡刀的垫座。⑥瓠（hú）：葫芦瓜。⑦淮阴侯：指韩信。⑧徙：调任。⑨食邑：古代皇帝赐给诸侯、卿大夫的封地，即采邑。收其赋税而食，故名食邑。⑩迁：此指升任。⑪用算：应用数学。⑫十四年：据王先谦《汉书补注》，此处应作“十六年”。

【原文】

周昌者，沛人也。其从兄[1]曰周苛，秦时皆为泗水卒史。及高祖起沛，击破泗水守监，于是周昌、周苛自卒史从沛公，沛公以周昌为职志，周苛为客。从入关，破秦。沛公立为汉王，以周苛为御史大夫，周昌为中尉。

汉王四年[2]，楚围汉王荥阳急，汉王遁出去，而使周苛守荥阳城。楚破荥阳城，欲令周苛将[3]。苛骂曰：“若趣[4]降汉王！不然，今为虏矣！”项羽怒，亨[5]周苛。于是乃拜周昌为御史大夫。常从击破项籍。以六年中与萧、曹[6]等俱封：封周昌为汾阴侯；周苛子周成以父死事，封为高景侯。

【注释】

①从兄：堂兄。②汉王四年：此处误，应作“汉王三

年”，《汉书》作“汉王三年”。③将：带兵，为将领。④若：你们。趣：赶快。⑤亨（pēng）：通“烹”，古代一种用鼎锅煮杀人的酷刑。⑥六年：指高祖六年，前201年。萧、曹：指萧何、曹参。

【原文】

昌为人强力[①]，敢直言，自萧、曹等皆卑下之。昌尝燕时[②]入奏事，高帝方拥戚姬，昌还走[③]，高帝逐得，骑周昌项[④]，问曰：“我何如主也?”昌仰曰：“陛下即桀纣之主也。”于是上笑之，然尤惮[⑤]周昌。及帝欲废太子，而立戚姬之子如意为太子，大臣固争之，莫能得；上以留侯策[⑥]即止。而周昌廷争之强，上问其说，昌为人吃，又盛怒，曰：“臣口不能言，然臣期[⑦]期知其不可。陛下虽欲废太子，臣期期不奉诏。”上欣然而笑。既罢，吕后侧耳于东箱听，见周昌，为跪谢曰：“微君，太子几[⑧]废。”

【注释】

①强力：刚强不屈。②燕时：闲暇休息之时。③还走：转身逃跑。④项：脖子。⑤惮：敬畏、惧怕。⑥留侯策：张良的计策，指请出“商山四皓”来辅佑太子，以巩固太子的地位。详见《留侯世家》。⑦期：无义，像口吃之声。⑧微：若非，不是。几：近，差不多。

【原文】

是后戚姬子如意为赵王，年十岁，高祖忧即万岁之后[①]不全也。赵尧年少，为符玺御史[②]。赵人方与公谓御史大夫周昌曰："君之史赵尧，年虽少，然奇才也，君必异之，是且代君之位。"周昌笑曰："尧年少，刀笔吏[③]耳，何能至是乎！"居顷之[④]，赵尧侍高祖。高祖独心不乐，悲歌，群臣不知上之所以然。赵尧进请问曰："陛下所为不乐，非为赵王年少而戚夫人与吕后有郤[⑤]邪？备万岁之后而赵王不能自全乎？"高祖曰："然，吾私忧之，不知所出。"尧曰："陛下独宜为赵王置贵强相，及吕后、太子、群臣素所敬惮乃可。"高祖曰："然。吾念之欲如是，而群臣谁可者？"尧曰："御史大夫周昌，其人坚忍质直，且自吕后、太子及大臣皆素敬惮之。独昌可。"高祖曰："善。"于是乃召周昌，谓曰："吾欲固烦公，公强为我相赵王。"周昌泣曰："臣初起从陛下，陛下独奈何中道而弃之于诸侯乎？"高祖曰："吾极知其左迁[⑥]，然吾私忧赵王，念非公无可者。公不得已强行！"于是徙御史大夫周昌为赵相。

【注释】

①即：假使，若是。万岁之后：指皇帝死后。这是一种避讳的说法。②符玺御史：专门负责掌管皇帝符玺印章的御史。③刀笔吏：负责抄抄写写的小吏。古人用竹、木片写字，写错了就用刀削去改写。故称。④居顷之：过了不多久。⑤郤：通"隙"，不和，有怨。⑥左迁：降职。

【原文】

既行久之，高祖持御史大夫印弄之，曰："谁可以为御史大夫者？"孰视[①]赵尧，曰："无以易尧[②]。"遂拜赵尧为御史大夫。尧亦前有军功食邑，及以御史大夫从击陈豨有功，封为江邑侯。

【注释】

①孰视：注目细看。孰，通“熟”。②无以易尧：此云担任御史大夫一职，没人比赵尧更合适。易：替换。

【原文】

高祖崩[1]，吕太后使使召赵王，其相周昌令王称疾不行。使者三反[2]，周昌固为不遣赵王。于是高后患之，乃使使召周昌。周昌至，谒[3]高后，高后怒而骂周昌曰：“尔不知我之怨戚氏乎？而不遣赵王，何？”昌既征[4]，高后使使召赵王，赵王果来。至长安月余，饮药而死。周昌因谢病不朝见，三岁而死。

后五岁[5]，高后闻御史大夫江邑侯赵尧高祖时定赵王如意之画[6]，乃抵尧罪[7]，以广阿侯任敖为御史大夫。

【注释】

①崩：指帝王之死。②三反：往返三次。反，通“返”。③谒：拜见。④征：被召到京师。⑤后五岁：周昌死去五年之后，即高后元年，前184年。⑥画：谋划，计策。⑦抵尧罪：指免去赵尧爵位，以当其罪。抵，当。

【原文】

任敖者，故沛狱吏。高祖尝辟吏[1]，吏系吕后，遇之不谨[2]。任敖素善高祖，怒，击伤主吕后吏。及高祖初起，敖以客从为御史，守丰二岁。高祖立为汉王，东击项籍，敖迁为上党守。陈豨反时，敖坚守，封为广阿侯，食千八百户。高后时为御史大夫。三岁免，以平阳侯曹窋为御史大夫。高后崩，不与大臣共诛吕禄等。免，以淮南相张苍为御史大夫。

【注释】

①辟吏：因犯法而躲避官吏的追捕。辟，通“避”。②不谨：不郑重、不礼貌。

【原文】

苍与绛侯等尊立代王为孝文皇帝。四年[①]，丞相灌婴卒，张苍为丞相。

自汉兴至孝文二十余年，会天下初定，将相公卿皆军吏。张苍为计相时，绪正[②]律历。以高祖十月始至霸上，因故秦时本以十月为岁首[③]，弗革。推五德之运[④]，以为汉当水德之时，尚黑如故。吹律调乐[⑤]，入之音声，及以比定律令。若百工[⑥]，天下作程品[⑦]。至于为丞相，卒就之[⑧]，故汉家言律历者，本之张苍。苍本好书，无所不观，无所不通，而尤善律历。

【注释】

①四年：指汉文帝前元四年，前176年。②绪正：整理调度，使之有秩序。③岁首：一年的开端。④五德：指金、木、水、火、土。运：运行变化。⑤吹律调乐：吹奏律管，调整音调。⑥百工：各种工匠。⑦程品：规则。⑧卒就之：最后终于完成了它们。

【原文】

张苍德王陵[①]。王陵者，安国侯也。及苍贵，常父事王陵[②]。陵死后，苍为丞相，洗沐[③]，常先朝陵夫人上食，然后敢归家。

苍为丞相十余年，鲁人公孙臣上书言汉土德时，其符有黄龙当见[④]。诏下其议张苍，张苍以为非是，罢之。其后黄龙见成纪，于是文帝召公孙臣以为博士，草土德之历制度，更元年[⑤]。张丞相由此自绌[⑥]，谢病称老。苍任人为中侯，大为奸利，上以让[⑦]苍，苍遂病免。苍为丞相十五岁而免。孝景前五年[⑧]，苍卒，谥为文侯。子康侯代，八年卒。子类，代为侯。八年，坐临诸侯丧后就位，不敬[⑨]，国除。

【注释】

①德王陵：对王陵感恩戴德。②父事王陵：像对待父亲一样对待王陵。③洗沐：即休息日。汉制，官员们五日一洗沐休息。④见：通“现”。⑤更元年：改元称元年，文帝前元十六年（前164）改称下一年为元年。⑥绌：通“黜”，贬斥。⑦让：责备。⑧孝景前五年：即汉景帝前元五年，前152年。⑨不敬：无礼。

【原文】

初，张苍父长不满五尺，及生苍，苍长八尺余，为侯、丞相。苍子复长。及孙类，长六尺余，坐法失侯。苍之免相后，老，口中无齿，食乳，女子为乳母。妻妾以百数，尝孕者不复幸[1]。苍年百有余岁而卒。

【注释】

①不复幸：不再亲近，即不再同房。

【原文】

申屠丞相嘉者，梁人，以材官蹶张[1]从高帝击项籍，迁为队率[2]。从击黥布军，为都尉。孝惠时，为淮阳守。孝文帝元年，举故吏士二千石从高皇帝者，悉以为关内侯，食邑二十四人，而申屠嘉食邑五百户。张苍已为丞相，嘉迁为御史大夫。张苍免相，孝文帝欲用皇后弟窦广国为丞相，曰："恐天下以吾私[3]广国。"广国贤有行，故欲相之，念久之不可，而高帝时大臣又皆多死，余见无可者，乃以御史大夫嘉为丞相，因故邑封为故安侯。

【注释】

①材官：英勇善战的士卒。蹶张：以脚踏弩，使之张开，此处指能拉开强弓的大力士。②队率：队长。率，通"帅"。③私：偏爱。

【原文】

嘉为人廉直，门不受私谒[1]。是时太中大夫邓通方隆爱幸，赏赐累巨万[2]。文帝尝燕饮[3]通家，其宠如是。是时丞相入朝，而通居上傍，有怠慢之礼。丞相奏事毕，因言曰："陛下爱幸臣，则富贵之；至于朝廷之礼，不可以不肃！"上曰："君勿言，吾私之[4]。"罢朝坐府中，嘉为檄[5]召邓通诣丞相府，不来，且斩通。通恐，入言文帝。文帝曰："汝第[6]往，吾今使人召若[7]。"通至丞相府，免冠，徒跣[8]，顿首谢。嘉坐自如，故不为礼，责曰："夫朝廷者，高皇帝之朝廷也。通小臣，戏殿上，大不敬[9]，当斩。吏今行斩之！"通顿首，首尽出血，不解。文帝度[10]丞相已困通，使使者持节[11]召通，而谢丞相曰："此吾弄臣，君释之。"邓通既至，为文帝泣曰："丞相几杀臣。"

【注释】

①私谒：以私事拜见。②巨万：万万。③燕饮：很随便地饮酒作乐。燕，通"宴"。④吾私之：我对他有偏爱。⑤檄：文书，书面命令。⑥第：但，只。⑦今：即，立刻。⑧徒跣：赤脚而行。⑨大不敬：不敬皇帝的罪名，这是个死罪。⑩度：估计，推测。⑪节：符节，古代使者持之以作为凭证的信物。

【原文】

嘉为丞相五岁，孝文帝崩，孝景帝即位。二年[1]，晁错为内史，贵幸用事，诸法令多所请变更，议以谪罚[2]侵削诸侯，而丞相嘉自绌所言不用，疾错。错为内史，门东出，不便，更穿一门南出。南出者，太上皇庙堧垣[3]。嘉闻之，欲因此以法错擅穿宗庙垣为门，奏请诛错。错客有语错，错恐，夜入宫上谒，自归景帝。至朝，丞相奏请诛内史错。景帝曰："错所穿非真庙垣，乃外堧垣，故他官居其中，且又我使为之，错无罪。"罢朝，嘉谓长史曰："吾悔不先斩错，乃先请之，为错所卖。"至舍，因欧血[4]而死。谥为节侯。子共侯蔑代，三年卒。子侯去病代，三十一年卒。子侯臾代，六岁，坐为九江太守受故官送⑤，有罪，国除。

【注释】

①二年：即汉景帝前二年，前155年。②谪罚：寻找过失加以处罚。③堧（ruán）垣：宫外的矮墙。④欧血：吐血。⑤送：指送礼品。

【原文】

自申屠嘉死之后，景帝时开封侯陶青、桃侯刘舍为丞相。及今上时，柏至侯许昌、平棘侯薛泽、武强侯庄青翟、高陵侯赵周等为丞相。皆以列侯继嗣①，娖娖②廉谨，为丞相备员③而已，无所能发明④功名有著于当世者。

【注释】

①列侯继嗣：列侯的继承人。②娖娖：持重拘谨的样子。③备员：充数。④发明：发扬光大。

【原文】

太史公曰：张苍文学①、律历，为汉名相，而绌贾生②、公孙臣等言正朔服色③事而不遵，明用秦之“颛顼历”④，何哉？周昌，木强⑤人也。任敖以旧德⑥用。申屠嘉可谓刚毅守节矣，然无术学，殆与萧、曹、陈平异矣。

【注释】

①文学：指文章和学问。②贾生：指贾谊。③正朔：一年的第一天。正，一年的开始；朔，一月的开始。古时改朝换

代，新王朝表示“应天承运”，须重定正朔。服色：指车驾、服饰所应采用的颜色。④颛项历：指秦朝所采用的以十月为岁首的历法。⑤木强：质直倔强。⑥旧德：往日的恩德。指早年曾保护过吕后一事。

【原文】

孝武时丞相多甚[①]，不记，莫录其行起居[②]状略，且纪征和[③]以来。

有车丞相[④]，长陵人也。卒而有韦丞相代。韦丞相贤者，鲁人也。以读书术为吏，至大鸿胪。有相工相之，当至丞相。有男四人，使相工相之，至第二子，其名玄成。相工曰：“此子贵，当封[⑤]。”韦丞相言曰：“我即[⑥]为丞相，有长子，是安从得之?”后竟为丞相，病死，而长子有罪论，不得嗣，而立玄成。玄成时佯狂，不肯立，竟立之，有让国之名。后坐骑至庙，不敬，有诏夺爵一级，为关内侯，失列侯，得食其故国邑。韦丞相卒，有魏丞相代。

【注释】

①由本段开始一直到本篇结束，据《索隐》云，是褚少孙等人所补。②起居：作息，举止，谓日常生活。③征和：汉武帝的第十个年号，从前92年至前89年。④车丞相：指车子秋。⑤封：指封侯。⑥即：假使。

【原文】

魏丞相相者，济阴人也。以文吏至丞相。其人好武，皆令诸吏带剑，带剑前奏事。或有不带剑者，当入奏事，至乃借剑而敢入奏事。其时京兆尹赵君[1]，丞相奏以免罪[2]，使人执[3]魏丞相，欲求脱罪而不听。复使人胁恐魏丞相，以夫人贼杀[4]侍婢事而私独奏请验之，发吏卒至丞相舍，捕奴婢笞击问之，实不以兵刃杀也。而丞相司直繁君[5]奏京兆尹赵君迫胁丞相，诬以夫人贼杀婢，发吏卒围捕丞相舍，不道[6]；又得擅屏骑士事，赵京兆坐要斩[7]。又有使掾陈平等劾中尚书，疑以独擅劫事而坐之，大不敬，长史以下皆坐死，或下蚕室[8]。而魏丞相竟以丞相病死。子嗣。后坐骑至庙，不敬，有诏夺爵一级，为关内侯，失列侯，得食其故国邑。魏丞相卒，以御史大夫邴吉代。

【注释】

①赵君：指赵广汉。②免罪：此指应该免职的罪名。③执：挟制。④贼杀：残杀。⑤繁（pó）君：不详何人。⑥不道：即无道，是一种可以判处死刑的重罪。⑦要斩：即腰斩。古代的一种酷刑。要，通“腰”。⑧蚕室：监狱名，受宫刑者居住的地方。因为犯人受宫刑之后，畏惧风寒，所以在室内生火，温暖如蚕室，故名。

【原文】

邴丞相吉者，鲁国人也。以读书好法令至御史大夫。孝宣帝时，以有旧[1]故，封为列侯，而因为丞相。明于事，有大智，后世称之。以丞相病死。子显嗣。后坐骑至庙，不敬，有诏夺爵一级，失列侯，得食故国邑。显为吏至太仆，坐官秏乱[2]，身及子男[3]有奸赃，免为庶人。

邴丞相卒，黄丞相代。长安中有善相工[4]田文者，与韦丞相、魏丞相、邴丞相微贱时会于客家，田文言曰："今此三君者，皆丞相也。"其后三人竟更相代为丞相，何见之明也。

【注释】

①有旧：指有旧交情。②秏乱：昏乱不明。秏（mào），通"眊"，蒙昧不明。③子男：儿子。④善相工：本领出众的看相者。

【原文】

黄丞相霸者，淮阳人也。以读书为吏，至颍川太守。治颍川，以礼义条教喻告化之。犯法者，风晓[1]令自杀。化[2]大行，名声闻。孝宣帝下制曰："颍川太守霸，以宣布诏令治民，道不拾遗，男女异路，狱中无重囚。赐爵关内侯，黄金百斤。"征为京兆尹而至丞相，复以礼义为治。以丞相病死。子嗣，后为列侯。黄丞相卒，以御史大夫于定国代。于丞相已有廷尉传[3]，在《张廷尉》语中。于丞相去，御史大夫韦玄成代。

【注释】

①风晓：通过暗示，使其知道情节的严重程度。②化：指教化。③此句不知所指，《史记》中并无有关的记载。

【原文】

韦丞相玄成者，即前丞相子也。代父，后失列侯。其人少时好读书，明于《诗》《论语》。为吏至卫尉，徙为太子太傅。

御史大夫薛君[①]免，为御史大夫。于丞相乞骸骨[②]免，而为丞相，因封故邑为扶阳侯。数年，病死。孝元帝亲临丧，赐赏甚厚。子嗣后。其治容容[③]随世浮沈，而见谓谄巧[④]。而相工本谓之当为侯代父，而后失之；复自游宦而起，至丞相。父子俱为丞相，世间美之，岂不命哉！相工其先知之。韦丞相卒，御史大夫匡衡代。

【注释】

①薛君：指薛广德。②乞骸骨：一种谦词，指因年岁较大自请退休。③容容：通“庸庸”，指与世和同，并不标新立异。④见谓谄巧：被人称为阿谀奉承，投机取巧。

【原文】

丞相匡衡者，东海人也。好读书，从博士受《诗》。家贫，衡佣作[①]以给食饮。才下[②]，数射策不中[③]，至九，乃中丙科[④]。其经以不中科故明习。补平原文学卒史。数年，郡不尊敬。御史征之，以补百石属荐为郎，而补博士，拜为太子少傅，而事孝元帝。孝元好《诗》，而迁为光禄勋，居殿中为师，授教左右，而县官[⑤]坐其旁听，甚善之，日以尊贵。御史大夫郑弘坐事免，而匡君为御史大夫。岁余，韦丞相死，匡君代为丞相，封乐安侯。以十年之间，不出长安城门而至丞相，岂非遇时而命也哉！

【注释】

①佣作：给人干活，当雇工。②才下：才能低下。③数射

策不中：多次参加朝廷的考试但没有考中。射策，古代的考试方法之一，由主试者出试题，写在简策上，应试者作文对答。④丙科：等外名额，备用。⑤县官：指皇帝。古人认为王畿内县即国都，王者主宰国都官天下，故称之为县官。

【原文】

太史公①曰：深惟②士之游宦所以至封侯者，微甚。然多至御史大夫即去者。诸为大夫而丞相次也，其心冀幸丞相物故③也。或乃阴私相毁害，欲代之。然守之日久不得，或为之日少而得之，至于封侯，真命也夫！御史大夫郑君④守之数年不得，匡君居之未满岁，而韦丞相死，即代之矣，岂可以智巧得哉！多有贤圣之才，困厄不得者众甚也。

【注释】

①太史公：这是续作者的假冒之词，并非司马迁。②深惟：深思。③冀幸：希望。物故：死亡。④郑君：指郑弘。

【译文】

丞相张苍是阳武人，他非常喜欢图书、乐律及历法。在秦朝时，他曾担任过御史，掌管宫中的各种文书档案。后来因为犯罪，便逃跑回家了。等到沛公攻城略地经过阳武的时候，张苍就以宾客的身份跟随沛公攻打南阳。他曾因犯法应该斩首，脱下衣服伏在刑具上准备受刑，张苍身体魁梧，长得像葫芦一样又胖又白，凑巧被王陵看见，惊奇于他的样貌，认为他是身怀异才的美男子，就在沛公面前为他求情，赦免了他的死罪。

这样，张苍便跟随沛公向西进入武关，到达咸阳。沛公被立为汉王，进入汉中，不久又还师平定三秦。陈馀打跑常山王张耳，张耳投归汉王，汉王就任命张苍为常山的郡守。又跟随韩信攻打赵国，张苍擒获陈馀。赵地被平定之后，王任命张苍为代国相国，防备边境敌寇。不久，又被调任赵国相国，辅佐赵王张耳。张耳死后，辅佐赵王张敖。然后，又调任代国相国，辅佐代王。燕王臧荼谋反时，高祖带兵前去攻打，张苍以代国相国的身份跟随高祖攻打臧荼有功，在高祖六年（前201）中被封为北平侯，食邑一千二百户。”

后来，张苍被升任为管理财政的计相。一个月之后，张苍以列侯的爵位改任主计，他担任这个职务达四年之久。此时萧何担任相国，而张苍是从秦时就担任柱下史，非常熟悉天下的图书和各种簿籍，再加上他很精通计算、乐律和历法，因此就命令他以列侯的爵位在相府办公，负责管理各郡国交上来的会计账簿。黥布谋反未成而逃跑，汉高祖就立他的儿子刘长作淮南王，命令张苍为相国来辅佐他。十六年之后，张苍调任御史大夫。

周昌是沛县人，他和堂兄周苛都在秦时担任泗水卒史。等到汉高祖在沛县起兵的时候，打败了泗水郡的郡守、郡监。这样，周昌、周苛二兄弟也就以卒史的资历追随沛公，沛公命周昌担任一名管旗帜的职志，周苛暂时在帐下当宾客。后来，他们都跟从沛公入关，推翻强秦的统治。沛公被封为汉王，汉王任命周苛为御史大夫，周昌为中尉。

汉王四年（前203），楚军在荥阳把汉王团团围住，情况紧急，汉王悄悄逃跑出围，命令周苛留守荥阳城。楚军攻破了荥阳，想任命他为将领，周苛痛斥道："你们这些人应该赶快投降汉王，不然的话，很快地就要做俘虏了！"项羽听罢大怒，立刻就烹杀了周苛。于是，汉王就拜周昌为御史大夫。周昌经常跟随汉王，并且多次击败项羽军。因此，在高祖六年（前201）时，周昌和萧何、曹参一起受封，周昌被封为汾阴侯，周苛的儿子周成由于父亲为国捐躯的原因，也被封为高景侯。

周昌为人坚忍刚强，敢于直言不讳。自萧何、曹参等人对周昌都是非常敬畏的。周昌曾经有一次在高帝休息时进宫奏事，高帝正和戚姬拥抱。周昌见此情景，回头便跑。高帝连忙上前追赶，追上之后，骑在周昌的脖子上问道："你看我是什么样的皇帝？"周昌挺直脖子，昂起头说："陛下您就是夏桀、商纣一样的皇帝。"高帝听了哈哈大笑，但是由此最敬畏周昌。等到高帝想废掉太子，立戚姬之子如意为太子时，许多大臣都坚决反对，但是都未奏效。后来，幸好张良为吕后定下计策，使高帝暂时把此事放下。而周昌在朝廷中和皇帝极力争辩，高帝问他理由何在，因为周昌本来就有口吃的毛病，再加上是在非常气愤的时候，也就口吃得更加厉害了。他说："我的口才虽然不太好，但是我期期知道这样做是不行的。陛下您虽然想废掉太子，但是我期期坚决不能接受您的诏令。”高帝听罢，很高兴地笑了。事过之后，吕后因为在东厢侧耳听到上述对话，她见到周昌时，就跪谢说：“若不是您据理力争的话，太子几乎就被废掉了。”

此后，戚姬的儿子如意立为赵王，年纪十岁。高祖担心如果自己死后，赵王会被人杀掉。当时有一个名叫赵尧的人，年纪轻轻，他的官职是掌管符玺的御史。赵国人方与公对御史大夫周昌说：“您的御史赵尧，年纪虽轻，但他是一个奇才，您对他一定要另眼相待，他将来要代替您的职位。”周昌笑着说：“赵尧年轻，只不过是一个刀笔小吏罢了，哪里会到这种地步！”过了不久，赵尧去侍奉高祖。有一天，高祖独自心中不乐，慷慨悲歌，满朝文武不知道皇帝为什么会这样。赵尧上前请问道：“皇帝您闷闷不乐的原因，莫非是为赵王年轻而戚夫人和吕后二人又不和睦吗？是担心在您万岁之后而赵王不能保全自己吗？”高祖说：“对。我私下里非常担心这些，却拿不出什么办法来。”赵尧说：“您最好为赵王派去一个地位高贵而又坚强有力的相国，这个人还得是吕后、太子和群臣平素都敬畏的人才行。”高祖说道：“对。我考虑此事是想这样，但是满朝群臣谁能担此重任呢？”赵尧说道：“御史大夫周昌，这个人坚强耿直，况且从吕后、太子到满朝文武，人人对他都一直敬畏，因此，只有他才能够担此重任。”高祖说：“好。”于是高祖就召见了周昌，对他说：“我想一定得麻烦您，您无论如何也要为我去辅佐赵王，您去担任他的相国。”周昌哭着回答：“我从一开始就跟随陛下，您为什么单单要在半路上把我扔给了诸侯王呢？”高祖说：“我非常了解这是降职，但是我私下里又实在为赵王担心，再三考虑，除去您之外，其他人谁也不行。真是迫不得已，您就为我勉强走一遭吧！”于是，御史大夫周昌就被调任赵国相国。

周昌走了以后，过了很长一段时间，高祖手拿着御史大夫的官印，轻轻地抚弄着说：“谁才是御史大夫最合适的人选呢？”然后，仔细地看了看赵尧，说道：“没有人比赵尧更合适了。”这样，就任命赵尧为御史大夫。赵尧在以前也有军功和食邑，等到他以御史大夫之职跟随攻打陈豨立了功，被封为江邑侯。

高祖去世之后，吕太后派使臣召赵王入朝，相国周昌让赵王推说身体不好，不能前往。使者往返了三次，周昌都一直坚持不送赵王进京。于是，吕后很是忧虑，就派使者召周昌进京。周昌进京之后，拜见吕后，吕后非常生气地骂他：“难道你还不知道我非常恨戚夫人吗？而你却不让赵王进京，为什么？”周昌被召进京城之后，吕后又派使者召赵王，不久，赵王果然来到了京城。他到长安一个多月，就被迫喝下毒药死去了。周昌因此也就称病引退，不再上朝拜见太后。三年之后，他也去世了。

高后元年（前184）的时候，她听说御史大夫江邑侯赵尧在高祖时定下了保全赵王如意的计策，于是就除去他江邑侯爵位以抵其罪，并让广阿侯任敖担任了御史大夫。

任敖这个人，原来是沛县的一名狱吏。高祖还是一名普通百姓时，曾躲避官司，狱吏找不到高祖本人，便抓走了吕后，并对她很不礼貌。而任敖一直和高祖很要好，见此情景非常生气，就打伤了拘管吕后的那位狱吏。等到高祖起兵的时候，任敖就以宾客的身份跟随，后来担任御史，驻守丰邑两年。高祖立为汉王，向东进击项羽，任敖升为上党郡守。在陈豨造反的时候，任敖坚守城池，未被叛军攻陷，因功被封为广阿侯，食邑一千八百户。高后时，担任御史大夫。三年后被免职，任命平阳侯曹窋为御史大夫。高后去世之后，曹窋和大臣们共同诛杀吕禄等人，后被免去官职，任命淮南王相国张苍为御史大夫。

张苍和绛侯周勃等人共同尊立代王为孝文皇帝。文帝四年（前176），丞相灌婴去世，张苍继任为丞相。

自从汉朝建立到孝文帝，已有二十多年时间。当时，正处在天下刚刚平定的时候，朝廷中的文武百官都是军人出身，而唯独张苍从担任计相时起，就致力于探讨、订正音律和历法的工作。因为高祖是在十月里入关，灭秦到达霸上的，所以原来秦代以十月为一年开端的旧历法依然沿袭。他又推求金、木、水、火、土五德运转的情形，认为汉朝正值水德旺盛的时期，所以仍然像秦朝那样崇尚黑色。张苍还吹奏律管，调整音调，使其合于五声八音，以此类推其他，来制定律令。并且，由此制定出各种器物的度量标准，以作为天下百工的规范。在他担任丞相一职时期，终于把这一切都完成了。所以，整个汉代研究音律历法的学者，都师承张苍。而张苍这个人又本来就喜欢图书，再加上他什么书都读，什么学问都精通，而尤其擅长音律和历法。

张苍对于曾经救过自己性命的王陵感恩戴德。王陵就是安国侯。等到张苍当了高官之后，经常把王陵当作父亲一般侍奉。王陵死后，张苍已经是丞相了。但是，每逢五天一休假的时候，他总是先拜见王陵夫人，献上美食之后，才敢回家。

张苍担任丞相十几年之后，鲁国有个人叫公孙臣，他上书给皇帝，说汉朝属于土德旺盛时期，其征兆是不久将要有黄龙出现。皇帝下诏把此议交给张苍审鉴，张苍认为并非这样，把这件事扔在了一边。但是，后来黄龙果然出现在天水郡的成纪县。于是，文帝就把公孙臣召到了朝廷，并任命他为博士，让他负责草拟顺应土德的历法制度。同时，改定元年。丞相张苍也就因此自行引退，推说年老多病，不再上朝。张苍曾保举某人作中侯官，但这个人利用不正当手段大搞谋求自己私利的事，皇帝以此责备张苍，张苍就告病退职了。前后算起来，张苍总共做了十五年的丞相才去职，在孝景帝前元五年（前152）时去世，谥号为文侯。儿子康侯继承侯位，八年之后去世。康侯的儿子张类继承侯位，又过了八年，因为犯下了参加诸侯的丧礼后就位不敬的罪名，爵位封邑都被撤销。

从前，张苍的父亲身高不足五尺，等到生下张苍，张苍却身高八尺，被封为侯，又做了丞相。张苍的儿子也很高大，到了孙子张类却又身高六尺多一点，因为犯法而失去侯位。张苍在免去丞相职务之后，年岁已经很大了，嘴里没有牙齿，只能靠吃人奶度日，让一些女人当他的乳母。他的妻妾众多，达百人左右，凡是曾经怀孕生育过的就不再亲近。张苍最后活到一百零几岁时才去世。

丞相申屠嘉是梁地人。他以一个能拉强弓硬弩的武士的身份，跟随高帝，攻打项羽，因军功升任一个叫作队率的小官。跟随高帝攻打黥布叛军时，升任都尉。在孝惠帝时，升任淮阳郡守。孝文帝元年（前 179），选拔那些曾经跟随高帝南征北战，现年俸在二千石的官员，一律都封为关内侯的爵位，得封此爵的共二十四人，而申屠嘉得到五百户的食邑。张苍任丞相之后，申屠嘉升任为御史大夫。张苍免去丞相之后，孝文皇帝想任命皇后的弟弟窦广国为丞相，但是又说："我很害怕这样做会使天下人认为我偏爱广国。"窦广国这个人很有才能，而且品德也好，因此皇上才想任命他为丞相。但是，孝文帝经过长时间考虑之后，还是认为他不合适。而高帝时候的大臣又多已死去，活着的人当中看来也没有合适的人选，所以就任命申屠嘉为丞相，就以原来的食邑封他为故安侯。

申屠嘉为人廉洁正直，在家里不接受私事拜访。当时，太中大夫邓通特别受皇帝的宠爱，皇帝赏赐给他的钱财已达万万。汉文帝曾经到他家饮酒作乐，由此可见皇帝对他宠爱的程度。当时，丞相申屠嘉入朝拜见皇帝，而邓通站在皇帝的身边，礼数上有些简慢。申屠嘉奏事完毕，接着说道："皇上您喜爱您的宠臣，可以让他富贵，至于朝廷上的礼节，却是不能不严肃对待的。"皇帝说道："请您不要再说了，我对邓通就是偏爱。"申屠嘉上朝回来坐在相府中，下了一道手令，让邓通到相府来。如果不来，就要把邓通斩首。邓通非常害怕，进宫告诉了文帝。文帝说："你尽管前去无妨，我立刻就派人召你进宫。"邓通来到了丞相府，摘下帽子，脱下鞋子，给申屠嘉叩头请罪。申屠嘉很随便地坐在那里，故意不以礼节对待他，同时还斥责他说："朝廷嘛，是高祖皇帝的朝廷。你邓通只不过是一个小臣，却胆敢在大殿之上随随便便，犯有大不敬之罪，应该杀头。来人哪，现在就执行，把他斩了！"邓通磕头，头上碰得鲜血直流，但申屠嘉仍然没有说饶了他。文帝估计丞相已经让邓通吃尽了苦头，就派使者手持符节前去召回邓通，并且向丞相表示歉意说："这是我亲狎的臣子，您就饶了他吧！"邓通回到宫中之后，哭着对文帝说："丞相差点杀了我！"

申屠嘉担任丞相五年之后，孝文帝去世了，孝景帝即位。景帝二年（前155），晁错担任内史，因为受皇帝宠爱，地位很高，权力也很大，许多法令制度他都奏请皇帝变更。同时，还讨论如何用贬谪处罚的方式来削弱诸侯的权力。而丞相申屠嘉也有感于自己所说的话不被采用，因此忌恨晁错。晁错担任内史，内史府的大门本来是由东边通出宫外的，使他进出有许多不便。这样，他就自作主张开凿一道墙门向南通出。而向南出的门所凿开的墙，正是太上皇宗庙的外墙。申屠嘉听说之后，就想借晁错擅自凿开宗庙围墙为门这一理由，把他治罪法办，奏请皇上杀掉他。但是，晁错门客当中有人把这件事告诉了他。晁错非常害怕，连夜跑到宫中，拜见皇上，向景帝自首，说明情况。到了第二天早朝的时候，丞相申屠嘉奏请诛杀内史晁错。景帝说道："晁错所凿的墙并不是真正的宗庙墙，而是宗庙的外围短墙，所以才有其他官员住在里面，况且这又是我让他这样做的，晁错并没有什么罪过。"退朝之后，申屠嘉对长史说："我非常后悔没有先杀了晁错，却先报告皇帝，结果反被晁错给欺骗了。"回到相府之后，因气愤吐血而死，谥号为节侯。儿子共侯申屠蔑继承侯位，三年之后去世。共侯之子申屠去病继承侯位，三十一年之后去世。申屠去病的儿子申屠臾继承侯位，六年之后，由于身为九江太守接受原任官员送礼而犯了罪，封国被撤销。

自从申屠嘉死去之后，景帝时开封侯陶青、桃侯刘舍先后担任丞相之职。到了当今皇上的时候，柏至侯许昌、平棘侯薛泽、武强侯庄青翟、高陵侯赵周等人相继为丞相，他们都是世袭的列侯，平庸无能，谨小慎微，当丞相只不过是滥竽充数而已。没有一个人是以贡献杰出、功名显赫而著称于世的。

太史公说：张苍的文章学问、音乐历法都很精通，是汉朝的一代名相。但是，他把贾生、公孙臣等人提出的采用正朔、改变服色的主张抛在了一边，而不加以实行，偏偏采用秦朝所实行的颛顼历，这是为什么呢？周昌这个人质朴、刚强、正直，是个像木石一般倔强的人。而任敖则是靠旧日他对吕后有恩德才被重用。申屠嘉可以说是刚正坚毅、品德高尚的人，但是他既不懂权术又没有学问，和萧何、曹参、陈平这些前辈丞相相比，恐怕就要逊色一些啦。

汉武帝时丞相很多，就不一一记名了，也不记录他们的出身、籍贯、生卒年以及品行、事迹等等，暂且记下武帝征和年间以来的丞相。

车千秋丞相是长陵人，他去世之后由韦丞相接替。韦丞相名贤，是鲁国人。他因为谙于读书而担任小吏，然后逐渐升官到大鸿胪之职。曾经有相士给他相面，说他可以官至丞相。他有四个儿子，也让相士给他们相面，相到第二个名叫韦玄成的儿子时，相士说："这个儿子大富大贵，日后可以封侯。"韦丞相说道："即使我当了丞相，被封为侯，继承侯位的是大儿子，这二儿子怎么会封侯呢？"后来，韦贤果然当了丞相，因病逝世，而他的大儿子因为犯罪，按照当时的法律，是不能继承侯位的，因此立韦玄成。韦玄成当时假装精神失常，不肯为继承人。但是，最终朝廷还是让他继承了侯位，还赢得了封侯将临而让给别人的好名声。后来，因为骑着马径直闯进宗庙，被判为不敬之罪，皇帝下诏，降爵一级，成为关内侯，失去了列侯的爵位，但以前的封邑依然享有。在韦丞相去世之后，由魏丞相接替他的职位。

魏丞相名字叫魏相，是济阴人。由文职小吏升到丞相之职，但是他这人喜好武艺，他要求自己的部下都要佩带宝剑，并且规定只有佩带着宝剑才能上前奏事。若是有没带宝剑的下属官吏，有事需要入内汇报，以至于要向他人借一把宝剑带上，才敢进府。当时的京兆尹是赵君广汉，魏丞相上奏皇帝，说赵广汉犯了应该撤职的罪过，赵广汉派人挟制魏丞相，想得到免罪的许诺，但是魏丞相坚决不答应。然后，赵广汉又派人威胁魏丞相，把丞相夫人涉嫌杀死侍从婢女一事抬了出来，私下里奏请重新追查，并且派遣下属官吏士卒到丞相住宅，逮捕丞相府的家奴婢女严刑拷打，追查此事。最后问出的结果是死去的婢女并非魏夫人用利器所杀。这样，丞相的司直繁先生就上奏皇帝，说京兆尹赵广汉威胁丞相，诬告丞相夫人残杀婢女，派遣官吏士卒包围搜查丞相住宅，逮捕丞相家人，犯下了残害无辜的不道之罪。同时，又查出赵广汉擅自逐遣骑士的情事。因罪行重大，赵广汉被判处腰斩的死刑。其后又有掾使陈平等人揭发检举中尚书，涉嫌擅自劫持、威胁当事人，被判为不敬之罪，致使长史以下数名官员都被处死，还有一些人被处以宫刑，下蚕室。而魏丞相最后在丞相的职位上因病去世，他的儿子继承了爵位，后来也是因为骑马闯进宗庙，犯下了不敬之罪，皇帝下诏，降爵一级，成为关内侯，失去了列侯的爵位，但依然享有以前的故地封邑。魏丞相死去之后，御史大夫邴吉接替了他的职位。

邴丞相的名字叫邴吉，是鲁国人。因为喜欢读书和好法令而官至御史大夫。在孝宣帝时，因为和皇帝有旧交的缘故，被封为列侯，接着又做了丞相。他对事理非常明了，而且有超乎常人的聪明和智慧，为后世所称颂。他在担任丞相期间因病去世，儿子邴显继承了爵位。后来，邴显也是因为骑马闯进宗庙，犯下了不敬之罪。皇帝下诏，降爵一级，成为关内侯，失去列侯的爵位，但依然享有以前的故地封邑。邴显做官一直到太仆之职，因为为官昏乱不明，自己和儿子都有营私舞弊、贪赃不法的行为，被免官，降为平民。

邴吉丞相去世以后，由黄丞相接替他的职务。从前，长安城中有个善相面的人，名字叫田文，他和当时都未做高官的韦丞相、魏丞相、邴丞相在一家做客时见了面。田文说道："现在这里的三位先生，将来都能做丞相。"后来，这三个人果然相继为丞相。这个人怎么看得这么清楚啊！

黄丞相名字叫黄霸，是淮阳人。因为喜欢读书而担任官吏，官至颍川太守。治理颍川时，用礼义条例和教令来教喻感化百姓。若是犯有重罪应当斩首的，暗示其情节使其自杀。教化大行于世，名声远近皆知。孝宣帝特意为此下了一道制书，称："颍川太守黄霸，用宣布国家的诏令来治理百姓，达到了道路之上不拾丢失的东西，男女分途而行，在监狱之中没有犯重罪的囚犯这种地步。特赐给关内侯的爵位，黄金一百斤。"这样，他就被皇帝征调到京城任京兆尹，后来官至丞相。在担任丞相期间，又是以礼义治理国家，最后病死在丞相任上。死后，他的儿子继承了爵位，后来被封为列侯。黄丞相去世之后，皇帝任命御史大夫于定国接替了他的职位。于定国丞相已经有廷尉传，在《张廷尉》一传的叙述之中。于丞相去职以后，御史大夫韦玄成接替了他的职位。

韦玄成丞相就是前边所说的那个韦贤丞相的儿子。他继承了父亲的封爵，后来因犯法失去了列侯的爵位。韦玄成从小就喜欢读书，对于《诗经》和《论语》都很精熟。做官到卫尉之职时，升任为太子太傅。御史大夫薛先生被免职之后，韦玄成担任了御史大夫。在于丞相请求告老还乡，皇帝答应他离职之后，韦玄成又成为丞相。皇帝以他旧日的封邑扶阳为名，封他为扶阳侯。数年之后，因病去世，孝元帝亲自参加他的丧礼，给予的赏赐特别丰厚。韦玄成治理国家和同不立异，能够随从世俗、上下浮沉。但是，有人称他阿谀奉承，投机取巧。相面的人很早就说他应当代替其父，继承侯位。但是，他得到侯位之后又失去了。接着，他再次游宦，东山再起，官至丞相。他们父子都为丞相，当时人们都传为美谈，这难道不是命运的安排吗？相面的人事先就知道会有这样的事情。韦丞相去世之后，御史大夫匡衡接替了他的职位。

丞相匡衡是东海人。他好读书，曾经跟随博士学习《诗经》。因家境贫寒，他要靠当雇工来糊口。他才能低下，多次参加朝廷选拔人才的考试，但是都没考中。等考到第九次时，才凑合着考中了丙科。对于经书，由于他多次应考不中的缘故，而非常谙熟。后来，他做了候补平原郡文学卒史。又过了好几年，郡里的人都对他不尊敬。这时，御史征调他进京，以候补百石官属的身份被荐举做郎官，补做博士，拜为太子少傅，侍奉孝元帝。孝元帝喜欢《诗经》，就升任匡衡为光禄勋，让他身居皇宫之中担任老师，教授皇帝的侍臣，而皇帝也坐在他的身边听讲，非常喜欢他。因此，他的地位也就一天比一天高贵起来。御史大夫郑弘因为犯法被免官，匡衡先生就继任为御史大夫。一年多之后，韦玄成丞相逝世，匡先生又继任为丞相，被封为乐安侯。在十年之间，他不出长安城门而官至丞相，这难道不是遇到好机会和命中注定吗?

太史公说：“我曾经反复地思索，读书人四海游宦，以求取高官厚禄，但是能够得到封侯的人实在太少了！大多数人做到了御史大夫这个职位，也就下台了事。这些人已经做了御史大夫，离丞相的位置就还有一步之遥了，他们心里希望丞相立刻死去，自己好取而代之。还有些人大搞阴谋诡计，暗中诋毁中伤，想以此来登上相位。但有的人等了好久，得不到它；而有的人没等多久就登上相位，被封为列侯：这也许真是命运的安排吧！御史大夫郑先生等了许多年没有登上相位，而匡先生却担任御史大夫未满一年，韦丞相就去世了，他立刻就取而代之，难道这个位置是可以用智巧得到的吗？而那些有圣贤一般才能的人，穷困潦倒多年而不受用，这实在是太多了！”

第七十九卷　郦生陆贾列传第三十七

本传是郦食其、陆贾、朱建三个人的合传。这三个人的共同特点都是有一副伶牙俐齿，能言善辩，嘘枯吹生，大有战国时代纵横家的遗风。尽管他们有共同之处，但是其成就和贡献不尽相同。

朱建远不能和郦生、陆贾同日而语，他充其量是豪门贵族的食客或幕僚而已。本传中记录朱建的主要事情就是在得到一个邪恶小人——辟阳侯审食其——的金钱之后，如何帮他活命的经过，和作者称他的“刻廉刚直”“行不苟合，义不取容”刚好相反，是否因作者与朱建之子关系很好而强为之美言呢？而郦生、陆贾二人在刘邦统一中国、征服南越以及后来平定诸吕的过程中，起了很大作用，并且他们也不完全是靠摇唇鼓舌来博取功名的，他们还有非凡的政治远见和卓越的军事见解。例如，在汉王三年秋天，当时“汉王数因荥阳、成皋，计欲捐成皋以东，屯巩、洛以拒楚”。郦食其详细分析了天下形势，认为楚军内部空虚，正是进攻的好时机，所以他又进一步向刘邦进言：“愿足下急复进兵，收取荥阳，据敖仓之粟，塞成皋之险，杜大行之道，距蜚狐之口，守白马之津，以示诸侯效实形制之势，则天下知所归矣。”而收取荥阳，占据敖仓之后，也就稳住了中原；中原是中国的基础，所以稳住了中原也就为统一中国打下了基础。后来形势的发展也正和郦生所预料的一样。再如陆贾，他针对刘邦认为自己的天下是“居马上而得之，安事《诗》《书》”的思想，提出了“逆取顺守，文武并用”，才是“长久之术”的观点，并总结了历代王朝成功和失败的经验教训，写出了《新语》一书。

它不仅促进了汉朝的安定和发展，而且为后代的开明政治提供了经验。另外，他还出使南越，劝说尉他归顺汉朝，为国家的统一作出了贡献。

【原文】

郦生①食其者，陈留高阳②人也。好读书，家贫落魄③，无以为衣食业，为里监门吏④。然县中贤豪不敢役，县中皆谓之狂生⑤。

【注释】

①郦生：即郦食其。②陈留：县名。在今河南省开封市东南陈留镇。高阳：古乡名。在今河南省杞县西南。③落魄：通“落泊”。④里监门吏：协助里正管理治安的小吏。⑤狂生：放荡不羁的人。

【原文】

及陈胜、项梁①等起，诸将徇②地过高阳者数十人，郦生闻其将皆握龊好苛礼自用③，不能听大度之言，郦生乃深自藏匿。后闻沛公[④]将兵略地陈留郊，沛公麾下[⑤]骑士适郦生里中子也，沛公时时问邑中贤士豪俊。骑士归，郦生见谓之曰："吾闻沛公慢而易人[⑥]，多大略，此真吾所愿从游，莫为我先[⑦]。若[⑧]见沛公，谓曰'臣里中有郦生，年六十余，长八尺，人皆谓之狂生，生自谓我非狂生'。"骑士曰："沛公不好儒，诸客冠儒冠来者，沛公辄解其冠，溲溺[⑨]其中。与人言，常大骂。未可以儒生说也。"郦生曰："弟[⑩]言之。"骑士从容[⑪]言如郦生所诫者。

【注释】

①陈胜：字涉。项梁：秦末农民起义军首领。贵族出身，战国末楚将项燕之子。陈胜起义后，项梁与其侄项羽杀秦会稽郡守殷通。在吴县（会稽郡治，今江苏省苏州市）起义。②徇：略，以武力夺取。③握齱（wò chuò）：器量狭窄。苛礼：苛细烦琐的礼节。自用：自以为是。④沛公：刘邦。⑤麾（huī）下：部下。麾，古代用以指挥军队的旗帜。⑥慢而易人：傲慢，看不起人。⑦莫为我先：没有人替我介绍。⑧若：你。⑨溲溺（sōu）：解小便。⑩弟：但；只管。⑪从容：舒缓不迫。

【原文】

沛公至高阳传舍[①]，使人召郦生。郦生至，入谒[②]，沛公方倨床[③]使两女子洗足，而见郦生。郦生入，则长揖不拜[④]，曰："足下[⑤]欲助秦攻诸侯乎？且欲率诸侯破秦也？"沛公骂曰："竖儒[⑥]！夫天下同苦秦[⑦]久矣，故诸侯相率而攻秦，何谓助秦攻诸侯乎？”郦生曰：“必聚徒合义兵诛无道秦，不宜倨见长者。”于是沛公辍[8]洗，起摄衣[9]，延郦生上坐，谢之。郦生因言六国从横时[10]。沛公喜，赐郦生食，问曰：“计将安出？”郦生曰：“足下起纠合[11]之众，收散乱之兵，不满万人，欲以径入强秦，此所谓探虎口者也。夫陈留，天下之冲[12]，四通五达之郊[13]也，今其城又多积粟。臣善其令[14]，请得使之，令下足下[15]。即不听，足下举兵攻之，臣为内应。”于是遣郦生行，沛公引兵随之，遂下陈留。号郦食其为广野君[16]。

【注释】

①传（zhuàn）舍：古时供来往行人居住的旅舍、客舍。②入谒（yè）：递上求见的名片。③倨床：坐在床边。④长揖不拜：行一个大的拱手礼而不跪拜。⑤足下：称呼对方的敬词。⑥竖儒：骂人的话，指无见识的儒生。⑦苦秦：为秦所残害。苦，用如被动。⑧辍（chuò）：停止。⑨起摄衣：起身整理衣服。⑩言六国从横时：讲战国时各诸侯国家相互兼并斗争可供借鉴的史事。⑪纠合：一作“乌合”，与下句“散乱”同义，指缺乏组织、训练。⑫冲：交通要道。⑬郊：处所。⑭善其令：与陈留县令友好。⑮令下足下：让他向您投降。下，降服。⑯广野君：郦食其替刘邦谋划扩大势力范围，所以号广野君。

【原文】

郦生言其弟郦商[1]，使将数千人从沛公西南略地。郦生常为说客[2]，驰使诸侯。

【注释】

①郦商：刘邦的重要将领，在楚汉战争和汉初平定诸侯王反叛的战争中屡立战功，被封为曲周侯。②说（shuì）客：游说之士。指善于用言语说动对方的人。

【原文】

汉三年[①]秋，项羽击汉，拔荥阳[②]，汉兵遁保巩、洛[③]。楚人闻淮阴侯破赵[④]，彭越数反梁地[⑤]，则分兵救之。淮阴方东击齐[⑥]，汉王数困荥阳、成皋，计欲捐成皋以东[⑦]，屯巩、洛以拒楚。郦生因曰："臣闻知天之天[⑧]者，王事可成；不知天之天者，王事不可成。王者以民人为天，而民人以食为天[⑨]。夫敖仓[⑩]，天下转输久矣，臣闻其下乃有藏粟甚多。楚人拔荥阳，不坚守敖仓，乃引而东，令適卒[⑪]分守成皋，此乃天所以资汉也。方今楚易取而汉反却[⑫]，自夺其便[⑬]，臣窃以为过矣。且两雄不俱立，楚汉久相持不决，百姓骚动[⑭]，海内摇荡，农夫释耒[⑮]，工女下机，天下之心未有所定也。愿足下急复进兵，收取荥阳，据敖仓之粟，塞成皋之险，杜大行之道[⑯]，距蜚狐[⑰]之口，守白马[⑱]之津，以示诸侯效实形制之势[⑲]，则天下知所归矣。方今燕、赵已定[⑳]，唯齐未下。今田广[㉑]据千里之齐，田间[㉒]将二十万之众，军于历城[㉓]，诸田宗强[㉔]，负海阻河济[㉕]，南近楚，人多变诈，足下虽遣数十万师，未可以岁月破也。臣请得奉明诏说齐王，使为汉而称东藩[㉖]。"上曰："善。"

【注释】

①汉三年：前204年。②荥（xíng）阳：战国韩邑，故城

在今河南省荥阳市东北，秦置县。③巩：秦置县，故城在今河南省巩义市西南三十里。洛：古都名，秦置洛阳县，县治在今洛阳市东北。④淮阴侯破赵：刘邦在荥阳、成皋（古镇名，在今河南省荥阳市西汜水镇）间与项羽相持时，命韩信（汉四年被立为齐王，五年徙为楚王，六年降为淮阴侯，后以谋反罪被杀）抄袭项羽后路，在井陉口（今河北省井陉山上的井陉关）大破赵军，活捉赵王歇，杀赵相陈馀。⑤彭越数反梁地：彭越多次在河南省开封一带反叛项羽，断绝项羽的粮道。彭越，昌邑（今山东省金乡县西北）人。⑥东击齐：指东击齐王田广。⑦东：东撤。动词。⑧天之天：喻指重要事物中最重要的事物。⑨“王者”两句：语出《管子》：“王者以民为天，民以食为天，能知天之天者，斯可矣。”天，大。⑩敖仓：秦代在敖山上建立的大粮仓，在荥阳东北。⑪適卒：因罪被征发的士兵。⑫却：撤退。⑬自夺其便：自己丧失便利条件。⑭骚动：不安宁。与下句“摇荡”同义。⑮释耒（lěi）：放下农具。耒，耒的木柄。⑯杜大行之道：堵塞、截断太行的交通。⑰距：通“拒”。蜚狐：要隘名。在河北省涞源县北、蔚县东南，为古代河北平原与北方边郡间的交通咽喉。⑱白马：古渡口名。在今河南省滑县东北古黄河南岸，为古代军事要地。⑲以示诸侯效实形制之势：用来向诸侯显示注重实效、凭借有利地形制服敌手的形势。⑳燕、赵已定：韩信破赵后，用赵降将李左车的计策，示燕以形势，派使者往燕，说燕王臧荼投降。㉑田广：齐王田荣之子。㉒田间：应为田解。

《史记·田儋列传》："齐初使华无伤、田解军于历下以距汉，汉使至，乃罢守战备。"《史记志疑》："田间已于汉二年八月奔赵，是时齐方欲杀之，安得为田广将兵历下乎？"㉓历城：即历下，在今山东省济南市。㉔诸田宗强：田族（齐国王族姓田）各支势力强大。㉕负海阻河济：背靠大海（渤海）倚仗黄河、济水为阻隔。㉖东藩：东面的属国。

【原文】

乃从其画[①]，复守敖仓，而使郦生说齐王曰："王知天下之所归乎？"王曰："不知也。"曰："王知天下之所归，则齐国可得而有也；若不知天下之所归，即齐国未可得保也。"齐王曰："天下何所归？"曰："归汉。"曰："先生何以言之？"曰："汉王与项王戮力[②]西面击秦，约先入咸阳[③]者王之。汉王先入咸阳，项王负约不与而王之汉中[④]。项王迁杀义帝[⑤]，汉王闻之，起蜀汉[⑥]之兵击三秦，出关[⑦]而责义帝之处，收天下之兵，立诸侯之后。降城即以侯其将，得赂即以分其士，与天下同其利，豪英贤才皆乐为之用。诸侯之兵四面而至，蜀汉之粟方船[⑧]而下。项王有倍约[⑨]之名，杀义帝之负[⑩]；于人之功无所记，于人之罪无所忘；战胜而不得其赏，拔城而不得其封；非项氏莫得用事[⑪]；为人刻印，刓[⑫]而不能授；攻城得赂，积而不能赏。天下畔[⑬]之，贤才怨之，而莫为之用。故天下之士归于汉王，可坐而策[⑭]也。夫汉王发蜀汉，定三秦；涉西河之外[⑮]，援上党之兵[⑯]；下井陉，诛成安君[⑰]；破北魏[⑱]，举三十二城：此蚩尤[⑲]之兵也，非人之力也，天之福[⑳]也。今已据敖仓之粟，塞成皋之险，守白马之津，杜大行之阪[21]，距蜚狐之口，天下后服者先亡矣。王疾先下汉王，齐国社稷可得而保也；不下汉王，危亡可立而待也。”田广以为然，乃听郦生，罢历下兵守战备，与郦生日纵酒。

【注释】

①画：计谋。②戮力：并力；合力。③咸阳：古都邑名。在今陕西省咸阳市东北。前350年，秦孝公自栎（yuè）阳（今陕西省西安市临潼区北）迁都到这里。④汉中：郡名。约当今陕西省秦岭以南和湖北省西北部。郡治南郑（今陕西省汉中市）。⑤迁杀义帝：秦末农民起义时，项梁立战国末楚怀王之孙熊心为王，仍称楚怀王，秦亡后，项羽自立为西楚霸王，表面上尊怀王为义帝，让他迁都长沙郴县，在迁徙途中，暗令英布、吴芮、共敖击杀义帝。⑥蜀汉：约当今四川中部和陕西南部。⑦关：指函谷关，古关名。在今河南省灵宝市东北。⑧方船：两船相并。⑨倍约：违背协议。倍，通“背”。⑩负：负义，罪过。⑪用事：掌权。⑫刓（wán）：通“玩”，抚摩。⑬畔：通“叛”。⑭坐而策：不费力地驱使。⑮涉西河：指汉二年（前205）刘邦派韩信率军从西河临晋关上游偷渡黄河破魏豹事。西河，在今陕西大荔县，因这一带位于黄河西岸故名西河。外：黄河以西、以南皆称外，以北、以东称内。⑯援上党之兵：即统领上党之兵。上党之兵原属魏豹，魏豹破，归属韩信。援，拔。牵引，征用。上党：秦郡名。辖今山西东南部。郡治壶关（今山西省长治市北）。⑰成安君：赵

相陈馀的封号。⑱北魏：项羽封魏王豹为西魏王，其地在河东（今山西省南部），位于黄河以北，故这里称北魏。⑲蚩尤：传说中九黎族的首领，在神话中的地位近似战神。⑳福：赐福；保佑。㉑大行之阪（bǎn）：太行之阪，即羊肠坂道（在今山西省晋城市天井关南），地形险要。

【原文】

淮阴侯闻郦生伏轼[①]下齐七十余城，乃夜度兵平原[②]袭齐。齐王田广闻汉兵至，以为郦生卖[③]己，乃曰："汝能止汉军，我活汝[④]；不然，我将亨[⑤]汝！"郦生曰："举大事不细谨，盛德不辞让[⑥]。而公不为若[⑦]更言！"齐王遂亨郦生，引兵东走。

【注释】

①伏轼：俯身在车轼（车前的横木）上。②度兵平原：使军队从平原渡口过黄河。度，通"渡"，动词。平原，平原津。渡口名，在今山东省平原县西南。③卖：欺哄。④活汝：让你活。活，使动用法。⑤亨（pēng）：通"烹"。⑥举大事不细谨，盛德不辞让：成就大事的人不拘小节，有很高道德的人不推辞别人的责难。让：责备。⑦而：你；你的。若：你。

【原文】

汉十二年[①]，曲周侯郦商以丞相将兵击黥布[②]有功。高祖举[③]列侯功臣，思郦食其。郦食其子疥数将兵，功未当侯，上以其父故，封疥为高梁[④]侯。后更食武遂[⑤]，嗣三世。元狩[⑥]元年中，武遂侯平坐诈诏衡山王[⑦]取百斤金，当[⑧]弃市，病死，国除也。

【注释】

①汉十二年：前195年。②黥布：即英布，六县（今安徽省六安市）人。③举：举拔；分封。④高梁：古邑名。在今山西省临汾市东北。⑤武遂：汉置县。在今河北省武强县西北（此据谭其骧《中国历史地图集》，旧说在武强县东北）。⑥元狩：汉武帝年号（前122—前117）。⑦坐诈诏：由于假冒诏书而犯罪。衡山王：刘邦孙刘勃的封号。⑧当：判罪。

【原文】

陆贾者，楚[①]人也。以客从高祖定天下，名为有口辩[②]士，居左右，常使诸侯。

【注释】

①楚：国名。芈（mǐ）姓，始祖鬻熊。②口辩：能言善辩。

【原文】

及高祖时，中国[①]初定，尉他平南越[②]，因王之。高祖使陆贾赐尉他印为南越王。陆生至，尉他魋结[③]箕倨见陆生。陆生因进说他曰："足下中国人，亲戚昆弟坟墓在真定。今足下反天性，弃冠带[④]，欲以区区之越与天子抗衡[⑤]为敌国，祸且及身矣。且夫秦失其政，诸侯豪杰并起，唯汉王先入关，据咸阳。项羽倍约，自立为西楚霸王，诸侯皆属，可谓至强。然汉王起巴、蜀，鞭笞[⑥]天下，劫略[⑦]诸侯，遂诛项羽灭之。五年之间，海内平定，此非人力，天之所建也。天子闻君王王南越，不助天下诛暴逆[8]，将相欲移兵而诛王，天子怜百姓新劳苦，故且休之，遣臣授君王印，剖符[9]通使。君王宜郊迎，北面[10]称臣，乃欲以新造未集[11]之越，屈强[12]于此。汉诚闻之，掘烧王先人冢[13]，夷灭宗族，使一偏将将十万众临越，则越杀王降汉，如反覆手耳。"

【注释】

①中国：我国古代华夏族建国于黄河南北的中原地区，自称为"中国"，而称四周的少数民族地区为四方。②尉他（tuó）：一作"尉佗"。南越：古代南方越人的一支，也称南粤。分布今广东、广西和湖南省南部地区。③魋结：通"椎髻"。④弃冠带：指抛弃中原地区的穿戴习俗。冠带，帽子和带子。⑤抗衡：即两衡相对抗，比喻敌对。衡，车辕上的横木。⑥鞭笞：用鞭子打人，这里意为驱使。⑦劫略：以威力征服和控制。⑧暴逆：指凶暴和背信弃义的人。⑨剖符：把表示凭证的符分成两半，朝廷和受封的人各执一半，以示信用。⑩北面：古代君主南面而坐，臣子朝见君主则面向北方，所以向人称臣便叫"北面"。⑪新造：新建立。未集：未安定。⑫屈强（jué jiàng）：通"倔强"，刚强不屈，这里指态度强硬。⑬冢（zhǒng）：坟墓。

【原文】

于是尉他乃蹶然[1]起坐，谢陆生曰："居蛮夷[2]中久，殊失礼义。"因问陆生曰："我孰与萧何、曹参[3]、韩信贤？"陆生曰："王似贤。"复曰："我孰与皇帝贤？"陆生曰："皇帝起丰沛[④]，讨暴秦，诛强楚，为天下兴利除害，继五帝[⑤]三王之业，统理中国。中国之人以亿[⑥]计，地方万里，居天下之膏腴[⑦]，人众车舆[⑧]，万物殷富，政由一家，自天地剖泮[⑨]未始有也。今王众不过数十万，皆蛮夷，崎岖山海间，譬若汉一郡，王何乃比于汉！"尉他大笑曰："吾不起中国，故王此。使我居中国，何渠[⑩]不若汉？"乃大说[⑪]陆生，留与饮数月。曰："越中无足与语，至生来，令我日闻所不闻。"赐陆生橐中装[⑫]直千金，他送[⑬]亦千金。陆生卒拜尉他为南越王，令称臣奉汉约。归报，高祖大悦，拜贾为太中大夫[⑭]。

【注释】

①蹶然：惊起的样子。②蛮夷：我国古代对南方各族的泛称，有时也用来指四方的外族。③萧何：刘邦的重要谋臣，西汉王朝的第一任丞相。曹参：刘邦的得力将领，萧何死后继任丞相。④丰：古邑名，秦时属沛县，汉置县（今江苏省丰县）。沛（pèi）：县名，在今江苏省沛县。⑤五帝：传说中的上古五个帝王。⑥亿：极言其多，非实指。⑦膏腴：肥沃。⑧众：多。舆：两手对举之车，手推车。⑨天地剖泮：开天辟地。⑩渠（jù）：通"遽"，遂，岂。⑪说：通"悦"。⑫橐中装：指旅行袋中所装的珠宝之类。⑬他送：赠送的其他物品。⑭太中大夫：在皇帝左右掌议论的官员。

【原文】

陆生时时前说称《诗》《书》[①]。高帝骂之曰："乃公居马上而得之，安事《诗》《书》！”陆生曰：“居马上得之，宁可以马上治之乎？且汤武逆取而以顺守之[2]，文武并用，长久之术也。昔者吴王夫差、智伯[3]极武而亡；秦任刑法不变，卒灭赵氏[4]。乡使[5]秦已并天下，行仁义，法先圣，陛下安得而有之？”高帝不怿[6]而有惭色，乃谓陆生曰：“试为我著秦所以失天下，吾所以得之者何，及古成败之国。”陆生乃粗述存亡之征[7]，凡著十二篇。每奏一篇，高帝未尝不称善，左右呼万岁，号其书曰《新语》[8]。

【注释】

①《诗》《书》：《诗经》和《尚书》。儒家经典。②汤武逆取而以顺守之：陆贾从儒家正统观念出发，认为商汤、周武王以诸侯身份凭武力夺取王位，是逆取；即位后，“偃武修文”，以“仁义之道”治理国家，是顺守。③夫差：春秋末期吴国国君，在位二十三年（前495—前473），曾带兵攻破越国国都（今浙江绍兴）后又大败齐军，与晋争霸，最终被越国战败，自杀身死。智伯：一作“知伯”。春秋末期晋国大夫，为当时晋国六卿（韩氏、赵氏、魏氏、范氏、中行氏、知氏）之一。④赵氏：指秦王朝。秦始皇祖先的一支造父曾被封于赵城，因此姓赵。⑤乡使：假使，当初。乡，通“向”。⑥不怿（yì）：不高兴。⑦征：事物初表露的迹象。⑧《新语》：今本分两卷，共十二篇。

【原文】

孝惠帝[1]时，吕太后[2]用事，欲王诸吕，畏大臣有口者[3]，陆生自度不能争之，乃病免[4]家居。以好畤[5]田地善，可以家[6]焉。有五男，乃出所使越得橐中装卖千金，分其子，子二百金，令为生产。陆生常安车驷马[7]，从歌舞鼓琴瑟侍者十人，宝剑直百金，谓其子曰："与汝约：过汝，汝给吾人马酒食，极欲、十日而更。所死家，得宝剑车骑侍从者。一岁中往来过他客，率[8]不过再三过，数见不鲜[9]，无久慁[10]公为也。"

【注释】

①孝惠帝：刘盈。刘邦的儿子。前194—前188年在位。②吕太后：吕雉。刘邦的正妻。汉惠帝之母，详见《吕太后本纪》。③有口者：指能据理力争的人。④病免：因病辞官。⑤好畤：汉置县，在今陕西省乾县东。⑥家：安家。动词。⑦安车驷马：用四匹马拉的适合老年人乘坐的舒适的车辆。⑧率（shuài）大概；大抵。⑨数见不鲜：谓常相见则惹人厌。⑩慁（hùn）：打扰，烦劳。

【原文】

吕太后时，王诸吕，诸吕擅权，欲劫少主[1]，危刘氏。右丞相陈平[2]患之，力不能争，恐祸及己，常燕居[3]深念。陆生往请，直入坐，而陈丞相方深念，不时见陆生。陆生曰："何念之深也？"陈平曰："生揣我何念？"陆生曰："足下位为上相[4]，食三万户侯，可谓极富贵无欲矣。然有忧念，不过患诸吕、少主耳。"陈平曰："然。为之奈何？"陆生曰："天下安，注意相；天下危，注意将。将相和调，则士务附[5]；士务附，天下虽有变，即权不分。为社稷计，在两君掌握耳。臣常欲谓太尉绛侯[6]，绛侯与我戏，易[7]吾言。君何不交欢太尉，深相结?”为陈平画吕氏数事。陈平用其计，乃以五百金为绛侯寿[8]，厚具乐饮；太尉亦报如之。此两人深相结，则吕氏谋益衰。陈平乃以奴婢百人，车马五十乘，钱五百万，遗[9]陆生为饮食费。陆生以此游汉廷公卿间，名声藉甚。

【注释】

①少主：惠帝皇后无子，假装怀孕，以后宫妃嫔之子冒充己子，立为太子。②陈平：刘邦的重要谋臣，封曲逆侯。惠帝、吕后时任丞相，因吕氏专权，不治事。③燕居：静居；闲居。④上相：秦汉时以右为尊，陈平为右丞相，所以称他为上相。⑤务附：亲近归附。⑥太尉绛侯：指周勃。⑦易：轻视。⑧寿：祝福。动词。⑨遗（wèi）：馈赠。

【原文】

及诛诸吕，立孝文帝[1]，陆生颇有力焉。孝文帝即位，欲使人之南越。陈丞相等乃言陆生为太中大夫，往使尉他，令尉他去黄屋[2]称制，令比[3]诸侯，皆如意旨。语在《南越》语[4]中。陆生竟以寿终[5]。

【注释】

①孝文帝：刘恒。刘邦子。前179—前157年在位。②黄屋：古代帝王乘坐的车子用黄色丝绸做车盖，叫作“黄屋”。③比：并列；等同。④《南越》语：指《史记·南越列传》。⑤寿终：年老正常死亡。

【原文】

平原君[①]朱建者，楚人也。故尝为淮南王黥布相，有罪去，后复事黥布。布欲反时，问平原君，平原君非之，布不听而听梁父侯[②]，遂反。汉已诛布，闻平原君谏不与谋，得不诛。语在《黥布》语中[③]。

【注释】

①平原君：朱建的封号，非封邑名。②梁父侯：史已失名。③语在《黥布》语中：《史记·黥布列传》未载朱建谏黥布事。

【原文】

平原君为人辩有口[①]，刻廉刚直，家于长安。行不苟合[②]，义不取容[③]。辟阳侯[④]行不正，得幸[⑤]吕太后。时辟阳侯欲知[⑥]平原君，平原君不肯见。及平原君母死，陆生素与平原君善，过之。平原君家贫，未有以发丧[⑦]，方假贷服具[⑧]，陆生令平原君发丧。陆生往见辟阳侯，贺曰："平原君母死。"辟阳侯曰："平原君母死，何乃贺我乎？"陆贾曰："前日君侯欲知平原君，平原君义不知君，以其母故。今其母死，君诚厚送丧，则彼为君死矣。"辟阳侯乃奉百金往税[⑨]。列侯贵人以辟阳侯故，往税凡五百金。

【注释】

①有口：有口才。②苟合：无原则的附和。③取容：曲从讨好，取悦于人。④辟阳侯：审食其（yì jī），刘邦的同

乡，长期侍奉吕后，深受吕后宠信，官至左丞相。⑤得幸：受到宠爱。⑥知：结交。⑦发丧：举办丧事。⑧服具：指办丧事所用的各种仪仗、服饰、棺具等。⑨税；赠送。特指赠送丧礼。

【原文】

辟阳侯幸吕太后，人或毁辟阳侯于孝惠帝，孝惠帝大怒，下吏，欲诛之。吕太后惭，不可以言。大臣多害[①]辟阳侯行，欲遂诛之。辟阳侯急，因使人欲见平原君。平原君辞曰："狱急，不敢见君。"乃求见孝惠幸臣闳籍孺[②]，说之曰："君所以得幸帝，天下莫不闻。今辟阳侯幸太后而下吏，道路[③]皆言君谗，欲杀之。今日辟阳侯诛，旦日[④]太后含怒，亦诛君。何不肉袒[⑤]为辟阳侯言于帝？帝听君出辟阳侯，太后大欢。两主共幸君，君贵富益倍矣。"于是闳籍孺大恐，从其计，言帝，果出辟阳侯。辟阳侯之囚，欲见平原君，平原君不见辟阳侯，辟阳侯以为倍己，大怒。及其成功出之，乃大惊。

【注释】

①害：痛恨。②闳（hóng）籍孺：《史记·佞幸列传》记载：高帝时有籍孺，惠帝时有闳孺。③道路：借指"世人"。④旦日：明日。⑤肉袒：解开上衣，露出肉体，表示请罪。

【原文】

吕太后崩[①]，大臣诛诸吕，辟阳侯于诸吕至深，而卒不诛。计画所以全者，皆陆生、平原君之力也。

【注释】

①崩：隐喻帝王死，犹之山陵崩塌。

【原文】

孝文帝时，淮南厉王杀辟阳侯[①]，以诸吕故，文帝闻其客平原君为计策，使吏捕欲治。闻吏至门，平原君欲自杀。诸子及吏皆曰："事未可知，何早自杀为？"平原君曰："我死祸绝，不及而身矣。"遂自刭[②]。孝文帝闻而惜之，曰："吾无意杀之。"乃召其子，拜为中大夫[③]。使匈奴，单于[④]无礼；乃骂单于，遂死匈奴中。

【注释】

①淮南厉王杀辟阳侯：汉高帝十一年（前196），封其子刘长为淮南王。厉王，是刘长死后的谥号。②自刭：以刀割颈自杀。③中大夫：皇帝备顾问的官名。④单于：匈奴君主的称号。

【原文】

初[①]，沛公引兵过陈留，郦生踵[②]军门上谒曰："高阳贱民郦食其，窃闻沛公暴露[③]，将兵助楚讨不义，敬劳从者，愿得望见，口画天下便事。"使者入通，沛公方洗，问使者曰："何如人也？"使者对曰："状貌类大儒，衣儒衣，冠侧注[④]。"沛公曰："为我谢之，言我方以天下为事，未暇见儒人也。"使者出谢曰："沛公敬谢先生，方以天下为事，未暇见儒人也。"郦生瞋目[⑤]案剑叱使者曰："走！复入言沛公，吾高阳酒徒也，非儒人也。”使者惧而失谒[⑥]，跪拾谒，还走，复入报曰：“客，天下壮士也，叱臣，臣恐，至失谒。曰‘走！复入言，而公高阳酒徒也’。”沛公遽雪[⑦]足杖矛曰：“延客入！”

【注释】

①初：起初。叙事过程中表示追溯已往之词。②踵军门：到军营门前。③暴（pù）露：指奔走于战场，冒风雨寒暑。暴，日晒。露，露淋。④侧注：儒冠。一名高山冠。⑤嗔（chēn）目：发怒时睁大眼睛。⑥失谒：因恐惧将手中的名片失落在地。⑦雪：揩拭。

【原文】

郦生入，揖沛公曰：“足下甚苦，暴衣露冠，将兵助楚讨不义，足下何不自喜[①]也？臣愿以事见，而曰‘吾方以天下为事，未暇见儒人也’。夫足下欲兴天下之大事而成天下之大功，而以目皮相[②]，恐失天下之能士。且吾度[③]足下之智不如吾，勇又不如吾。若欲就天下而不相见，窃为足下失之。”沛公谢曰：“乡[④]者闻先生之容，今见先生之意矣。”乃延而坐之，问所以取天下者。郦生曰：“夫足下欲成大功，不如止陈留。陈留者，天下之据冲[⑤]也，兵之会地[⑥]也，积粟数千万石，城守甚坚。臣素善其令，愿为足下说之。不听臣，臣请为足下杀之，而下陈留。足下将陈留之众，据陈留之城，而食其积粟，招天下之从兵[⑦]；从兵已成，足下横行天下，莫能有害足下者矣。”沛公曰：“敬闻命矣。”

【注释】

①自喜：自爱，自重。②以目皮相：只看表面。③度（duó）：估计。④乡（xiàng）：通“向”，以往。⑤据冲：义同“要冲”。⑥兵之会地：军事家必争之地。⑦招：招募。从兵：跟从抗秦之兵。从，随从，跟从。

【原文】

于是郦生乃夜见陈留令，说之曰：“夫秦为无道而天下畔之，今足下与天下从则可以成大功。今独为亡秦婴城而坚守[①]，臣窃为足下危之。”陈留令曰：“秦法至重也，不可以妄言，妄言者无类[②]，吾不可以应。先生所以教臣者，非臣之意也，愿勿复道。”郦生留宿卧，夜半时斩陈留令首，逾城而下报沛公。沛公引兵攻城，县[③]令首于长竿以示城上人，曰：“趣下[④]，而令头已断矣！今后下者必先斩之！”于是陈留人见令已死，遂相率而下沛公。沛公舍陈留南城门上，因其库兵，食积粟，留出入三月，从兵以万数，遂入破秦。

【注释】

①婴城而坚守：指靠着城防死守。婴，以城自绕。②无类：无遗类。③县：通“悬”。④趣（cù）下：赶快投降。趣，疾，快。下，降。

【原文】

太史公曰：世之传郦生书，多曰汉王已拔三秦，东击项籍而引军于巩雒之间，郦生被[①]儒衣往说汉王。乃非也。自沛公未入关，与项羽别而至高阳，得郦生兄弟。余读陆生《新语》书十二篇，固当世之辩士。至平原君子[2]与余善，是以得具论[3]之。

【注释】

①被：穿着。②平原君子：其名不详。③具论：完备地叙述。

【译文】

郦生食其是陈留县高阳乡人。他爱读书，家境贫穷落泊，没有什么可用来作为提供衣食的产业，只好做个看管里门的小吏。但是，县中有名望有权势的人都不敢差使他，县中人都称他叫狂生。

等到陈胜、项梁等人起兵，各部将领攻城夺地经过高阳的有几十人。郦生听说这些将领都度量狭小，喜欢苛细的礼节，自以为是，不能听从豁达大度的言论。郦生便远远地躲藏起来。后来，听说沛公带兵夺地到达了陈留郊外，沛公部下的一个骑兵正好是郦生同乡人，沛公时常向他问起县中的贤士豪杰。骑士回乡时，郦生见到后对他说："我听说沛公傲慢，看不起人，但富有远大的计谋，这真是我所希望结交的人。可是，没有人先替我介绍。你见了沛公，就对他说：'我家乡有个叫郦生的，六十多岁了，身高八尺，人们都称他为狂生，但郦生自己说他不是狂生。'"骑士说："沛公不喜欢儒学，宾客们戴着儒生帽子来的，沛公总是取下他的帽子，撒尿在里面。他跟人谈话时，经常破口大骂。你不可以用儒生的身份去游说。”郦生说：“只管把这些话告诉他。”骑士很从容地把郦生所吩咐的话告诉了沛公。

沛公住在高阳旅舍，派人召见郦生。郦生来到，进去拜见，沛公正叉开腿坐在床边，让两个女子替他洗脚，同时召见郦生。郦生进来，只行了一个大拱手礼，不跪拜，说：“您是要帮助秦朝攻打诸侯呢，还是要率领诸侯灭掉秦朝呢？”沛公骂道：“书生小子！天下人遭受秦朝的痛苦已经很久了，因此诸侯们相继起兵来攻打秦朝，怎么说帮助秦朝攻打诸侯呢？”郦生说：“如果想聚集群众组成正义的军队去攻打无道的秦朝，那就不应该用这种傲慢无礼的态度来接见长辈。”于是，沛公就停止了洗脚，起身整理衣服，请郦生坐上位，向他道歉。郦生便谈起六国合纵连横的形势。沛公很高兴，招待郦生吃饭，问道：“计策将要如何制定？”郦生说：“您起用乌合之众，收编散乱之兵，不满一万人，想靠他们直接进攻强秦，这就是人们说的去摸虎口啊！陈留县是天下的交通要道，是四通八达的地区。现在，陈留县又贮藏着很多粮食。我跟陈留县的县令有交情，请求您能派我出使陈留，让他向您投降。若他不听从，您举兵攻打他，我做内应。”于是，派遣郦生出发，沛公带兵跟着他，终于降服了陈留。封郦食其做广野君。

郦生劝说他的弟弟郦商，叫他带领几千人随从沛公向西南掠夺土地。郦生常作为说客，乘坐车马出使各诸侯国。

汉王三年秋天，项羽率军攻打汉军，攻下了荥阳，汉军退守巩县、洛阳一带。楚军听说淮阴侯攻败了赵国，彭越多次在梁地反叛，便派兵援救赵国。淮阴侯正向东攻打齐国，汉王多次被围困在荥阳、成皋，计划放弃成皋以东地区，屯兵驻守巩县、洛阳来抵抗楚军。郦生便说：“我听说，知道天之所以能够成为天的人，帝王大业可以成功；不知道天之所以成为天的人，帝王大业就不可能成功。统治天下的国君把民众看作天，而民众把粮食看作天。敖仓作为全国粮食的运输地已经很久了，我听说那里就储藏有很多粮食。楚军攻占了荥阳，不固守敖仓，却引兵东进，让被谪罚的士兵分守成皋，这便是上天用来资助汉军啊！现在楚军容易攻取，汉军反而退却，自己放弃有利的时机，我私下认为这就错了。况且两个敌手不能并立，楚、汉两军长久相持不下，百姓骚动不安，全国动荡不安，农夫放下农具，织女走下布机，天下民心没有归向。希望您急速再进军，收复荥阳，占据敖仓的粮食，阻塞成皋的险要，断绝太行的通道，控制蜚狐隘口，固守白马渡口，向诸侯显示利用地形制服敌人的阵势，那么天下人民就知道自己的归向了。如今，燕国和赵国已经平定，只有齐国没有攻克。现在，田广占据着幅员千里的齐国，田间率领二十万军队，驻在历城，各支田氏宗族势力强大，靠着大海，隔着黄河、济水，南面靠近楚国，人们大多狡诈善变。您即使派遣数十万军队，也不可能在一年半载中打败它。我请求能奉您的诏令去游说齐王，使他归汉而称为东方属国。”皇上说：“好。”

汉王听从郦生的计谋，再据守敖仓，并派郦生去游说齐王道：“大王知道天下人心的归向吗？”齐王说：“不知道。”郦生说：“大王知道天下人心的归向，那么齐国还可能保得住；假如不知道天下人心的归向，那么齐国便不可能保全了。”齐王说：“天下人心归向何处？”郦生说：“归向汉王。”齐王说：“先生凭什么这样说呢？”郦生说：“汉王跟项王合力西向攻打秦朝，约定先进入咸阳的就在那里称王。汉王先攻入咸阳，项王违背盟约不给他咸阳地区，却要让他去汉中称王。项羽迁徙并杀死义帝，汉王听到这个消息，便发动蜀汉的军队进攻三秦，出函谷关，追问义帝的所在，收拢天下的军队，扶植诸侯的后代。攻占了城邑就用来封那个将领为侯，得到了财物就用来分给那些士兵，与天下人同享福利，英雄豪杰贤士才人都乐意替他效劳。诸侯的军队从四面到来，蜀汉的粮食并船顺流而下。项王有违背盟约的名声，有杀死义帝的罪责；对于别人的功劳记不住，对于别人的罪过不忘记；打了胜仗得不到他的奖赏，攻占了城邑得不到他的封地；不是项氏宗族就没有谁能够执政；给人刻印，抚摸玩弄得陈旧了仍不能授予；攻城取得财物，堆积起来也不愿赏赐。天下人背叛他，贤人才士怨恨他，没有人为他效劳。所以，天下人心归向汉王，汉王可以轻易地驱使他们。汉王从蜀汉出发，平定了三秦；渡过西河，统率上党的军队，攻下井陉，诛杀成安君；攻破北魏，夺取三十二座城邑：这简直像战神蚩尤的军队，不是人的力量，而是天降的洪福啊。如今已经占据了敖仓的粮食，阻塞了成皋的险要，固守着白马渡口，断了太行的通道，控制了蜚狐隘口，天下诸侯后归服的就会先被消灭了。大王假如迅速归顺汉王，齐国的江山就可以保住；不归顺汉王，危亡就会立刻到来。”田广认为对，便听从郦生的计谋，撤除了历城的驻军和战备，跟郦生终日纵情饮酒。

淮阴侯听说郦生以说客的身份降伏齐国七十多座城，便在夜里将士兵从平原渡口输送过黄河去袭击齐国。齐王田广听说汉军到来，以为郦生出卖了自己，便说：“你能制止汉军攻齐，我让你活；不然的话，我将烹杀你！”郦生说：“成就大事的人不拘小节，道德高尚的人不顾别人的责难。你老子不会替你再说什么！”齐王就烹杀了郦生，带兵向东逃跑。

汉十二年，曲周侯郦商以丞相的身份带兵攻打黥布有功。汉高祖提拔列侯功臣时，想起郦食其。郦食其的儿子郦疥曾多次带兵，但战功还没有达到封侯。皇上因为他父亲的缘故，封郦疥为高梁侯。后来，改封武遂作为他的食邑，继承了三代。元狩元年中，武遂侯郦平由于假托诏令骗取了衡山王一百斤黄金，应该判处死刑，弃尸市井，未行刑就病死了，废除封国。

陆贾是楚国人。他以门客的身份随从高祖平定天下，被称为有口才的辩士，在高祖身边，时常出使诸侯。

等到高祖做皇帝时，中国刚刚平定，尉他平定了南越，便在那里称王。高祖派遣陆贾赐给尉他印章，封他为南越王。陆贾到南越时，尉他梳着椎形发髻，叉开两腿像畚箕的样子坐着接见陆生。陆生便上前劝说：“您是中原人，父母、兄弟的坟墓在真定。现在您违反天性，抛弃戴帽子、系带子的风俗，想凭小小的越地和天子对抗，形成敌国，灾祸就要临头了。何况秦朝政治混乱，诸侯豪杰纷纷起事，唯独汉王首先进入关中，占据咸阳。项羽违背盟约，自立为西楚霸王，诸侯都归附他，可以说是最为强大了。然而，汉王从巴、蜀起兵，鞭策天下民众，征服诸侯，于是征讨项羽，并消灭了他。五年之间，全国安定，这不是人力所能办到的，而是上天所建树的。天子听到大王在南越称王，不帮助天下人讨伐暴逆，将相们准备出兵征讨大王，天子可怜老百姓刚刚经历征战的劳苦，所以暂且作罢，派遣我来授给您王印，剖分符信作为凭证，互通使节。大王应该到郊外迎接，北面称臣，却想凭借刚刚建立而尚未安定的越国，在这里负隅反抗。汉朝假如听到这些情况，挖掘烧毁大王祖宗的坟墓，诛灭您的宗族，派遣一名副将率领十万军队来到南越，那样的话，越人就会杀死大王而投降汉朝，这是易如反掌的事情。”

这时，尉他突然惊起坐正，向陆生谢罪说：“我在蛮夷之地已久，太失礼仪。”他问陆生说：“我跟萧何、曹参、韩信相比，哪一个贤能？”陆生说：“大王更为贤能。”又问：“我与皇帝相比，哪一个贤能？”陆生说：“皇帝从沛县丰邑起兵，讨伐暴秦，诛灭强楚，替天下兴利除弊，继承了五帝、三王的功业，统治中国。中国的人口数以亿计，土地方圆万里，处于天下的肥沃地区，人口稠密，车辆众多，万物丰富，政令统一，这是开天辟地以来所没有过的。如今，大王的人口不过几十万，都是蛮夷，居住在崎岖的山边海角，似乎汉朝的一个郡，大王怎么竟跟汉朝相比！”尉他大笑说：“我不是在中原兴起，所以在这里称王。假如我处在中原，难道就比不上汉帝?”尉他于是很喜欢陆生，留下陆生跟他一起饮酒作乐好几个月。尉他说：“越地没有人值得和我交谈，直到先生来，使我每天听到过去听不到的事情。”尉他赏赐给陆生装入袋中的宝物价值千金，其他赠送的礼物也值千金。陆生最后便赐封尉他为南越王，让他对汉称臣，遵守汉朝廷的约束。陆生回朝汇报，高祖非常高兴，任命陆贾为太中大夫。

陆生时常在高祖面前称引《诗》《书》。高祖骂他道：“你老子是在马上取得天下的，哪里用得着《诗》《书》!”陆生说：“在马上取得天下，难道能在马上治理天下吗?何况商汤、周武王以武力夺取天下，便顺应形势以文治固守天下，文武并用，才是长治久安的办法。以前，吴王夫差和智伯穷兵黩武以致败亡；秦朝使天下用严刑苛法不加改变，终于毁灭了秦姓的赵氏王朝。假如秦朝统一天下以后，施行仁义，效法先圣，陛下又怎么能够取得天下?”高祖心中不高兴，脸有愧色，就对陆生说：“你试着替我著书论述秦朝失天下、我取天下的原因是什么，以及叙说古代成败各国的事。”陆生就粗略地论述国家存亡的道理，共著述了十二篇。每奏上一篇，高祖没有不叫好的。皇帝左右的人欢呼“万岁”，把陆生的书称为《新语》。

惠帝时期，吕太后执政，想封吕氏族人为王，但害怕大臣议论。陆生自己猜想不能争辩，就称病辞职回家。他认为好畤的田地肥沃，可以在那里安家。他有五个儿子，就拿出他出使南越时所得到的装在袋中的宝贝，卖得了一千斤黄金，分给他的儿子们，每个儿子二百斤黄金，让他们从事生产。陆生常常乘坐套着四匹马的车，让能歌善舞、弹琴击瑟的随从人员十人跟着，他佩带着价值百斤黄金的宝剑，对他的儿子们说：“我与你们约定：到了你们家里，你们要供给我的人马酒食，尽量满足我们的欲望，十天之后别换一家。我死在谁家，谁就取得宝剑、车马和随从人员。一年中也要到其他地方来往做客，一般不超过轮流两三遍，经常见面就会不新鲜，你们用不着因时间长了而讨厌我。”

吕太后时期，分封吕氏族人为王，吕氏家族独揽大权，想要架空少主，危害刘家天下。右丞相陈平担心这件事，但势力不足以抗争，恐怕祸患连累自己，经常闲居深思。陆生去看望他，径直入内就座，而陈丞相正在深思，没有及时看见陆生。陆生说：“想什么这样入神呢？”陈平说：“您猜想我在想什么？”陆生说：“您位居上相，享受三万户食邑的侯位，可以说极端富贵，再不会有什么欲望了。然而有忧愁，不外乎忧虑诸吕、少主罢了。”陈平说：“是的。对此该怎么办？”陆生说：“天下安定，注意丞相；天下危急，注意武将。将相和睦协调，那么士大夫就会亲近；士大夫亲近，天下即使有变乱，大权也不会分散。为国家着想，安危掌握在您和太尉两位的手中罢了。我常想对太尉绛侯谈谈这件事，但绛侯和我开玩笑，轻视我的话。您为什么不和太尉相好，加强团结？”陆贾还替陈平策划了对付吕氏的几桩事。陈平采用了他的计谋，就用五百斤黄金作为礼物献给绛侯，隆重地备办了乐舞和酒宴款待他。太尉也回报同样的礼仪。这样两人加强了团结，因而吕氏的阴谋逐渐削弱。陈平便把一百名奴婢、五十辆车马、五百万钱，送给陆生作为饮食费用。陆生凭借这些财物在汉朝公卿大臣中间交往，名气很大。

等到诛杀吕氏家族，拥立孝文帝，陆生在这里面都起了很大作用。孝文帝即位后，想派人去南越。陈丞相等人便提议陆生担任太中大夫，出使南越见尉他，叫尉他除去居住黄屋以及行文称制的越级行为，让他等同诸侯，结果都符合文帝的意旨。这些话记载在《南越列传》中。陆生终于以高寿辞世。

平原君朱建是楚国人。他早先曾做过淮南王黥布的丞相，因犯罪而被罢官，后来又服事黥布。黥布想要反叛时，询问平原君，平原君反对他，黥布不听从平原君而信从梁父侯，终于反叛。汉朝已经诛杀黥布，听说平原君曾劝阻黥布，未参与谋反，因此得以免除被杀。这些事记载在《黥布列传》中。

平原君为人善辩，有口才，刻苦清廉，刚毅正直，家住长安。行为不苟合求同，义气不阿谀讨好。辟阳侯行为不端，却得幸于吕太后。当时，辟阳侯想结交平原君，但平原君不肯接见他。等到平原君的母亲死了，陆生向来跟平原君友好，前往吊唁。平原君家里贫穷，还没有办法出葬，正在借贷丧服、用具，陆生就叫平原君出葬。陆生前往会见辟阳侯，祝贺说："平原君的母亲死了。"辟阳侯说："平原君的母亲死了，为什么竟向我祝贺呢？"陆贾说："前些时候您想结交平原君，平原君守义不跟您结交，是因为他母亲的缘故。现在他的母亲死了，您如果丰厚地送给丧礼，那么他就会为您效劳了。”辟阳侯就带着一百斤黄金前往送丧。列侯贵人因为辟阳侯的缘故，前往送丧礼共计黄金五百斤。

辟阳侯得到吕太后的宠幸，有人在孝惠帝面前说辟阳侯的坏话。孝惠帝大怒，把辟阳侯交给法官，想要杀他。吕太后惭愧，不便说情。大臣们多痛恨辟阳侯的行为，希望最终能杀了他。辟阳侯着急，便派人说想会见平原君。平原君推辞说：“官司紧急，不敢会见您。”平原君便求见孝惠帝的宠臣闳籍孺，说服他道：“您受到皇帝宠爱的情况，天下无人不知道。如今，辟阳侯受到太后的宠幸而被交给了法官，路人都说您进了谗言，想杀死他。今天如果辟阳侯被杀，明天太后心怀恼怒，也会杀死您。您何不裸露上身替辟阳侯向皇帝说说情？皇帝如果听从您的意见释放辟阳侯，太后必定很高兴。两位主上都宠幸您，您的富贵就会加倍了。”因此，闳籍孺非常惊慌，听从他的计谋，向皇帝进言，果然释放了辟阳侯。当辟阳侯被囚禁时，曾经想要会见平原君，平原君却不会见辟阳侯，辟阳侯以为他背弃了自己，很愤怒。等到他成功地救出了自己，才大为吃惊。

吕太后去世，大臣们诛杀吕氏家族，辟阳侯跟吕氏关系十分密切，而最终没有被杀。出谋划策使他得以保存的，都是陆生和平原君的力量。

孝文帝时，淮南厉王杀死了辟阳侯，因为吕氏家族的缘故。文帝听说辟阳侯的门客平原君曾替他出谋划策，派狱吏去逮捕平原君，准备治罪。听说狱吏来到门前，平原君便要自杀。儿子们和属吏都说："事情还不清楚，为什么早早自杀呢?"平原君说："我一死，灾祸就断了，不会连累到你们身上了。"终于割脖子自杀了。汉文帝听说后怜惜他，说："我无意杀他。"便召见他的儿子，任命为中大夫。中大夫出使匈奴，单于无礼，便骂单于，终于死在匈奴中。

起初，沛公带兵经过陈留时，郦生到军营门前求见说："高阳乡卑贱百姓郦食其，私下听说沛公日晒夜露在野外，带兵帮助楚王讨伐不义之师，敬请劳驾随从人员，但愿能见到沛公，跟他交谈天下应办的事。"使者进去通报，沛公正在洗脚，问使者说："是什么样的人?"使者回答说："形貌像个大儒生，穿着儒生的衣服，戴着侧注冠。"沛公说："替我谢绝他，说我正将治天下作为大事，没有空闲会见读书人。"使者出来辞谢说："沛公特地向先生表示歉意，他正以治天下作为大事，没有空闲会见读书人。"郦生瞪着眼睛按着剑呵斥使者说："走！再进去告诉沛公，我是高阳乡的酒徒，不是读书人。"使者吓得掉了名片，跪着拾起名片，往回跑，再入内报告说："客人是天下的壮士，呵斥我，我怕，竟掉了名片。他说：'走！再进去讲，你老子是高阳酒徒！'"沛公赶快擦干了脚，持着矛说："请客人进来！"

郦生进去，对沛公作揖说："您很辛苦，日晒雨淋，带兵帮助楚王讨伐不义之师，您为什么不自爱自重呢？我希望以大事相见，您却说‘我正把治天下作为大事，没有闲暇会见读书人’。您想要兴办天下的大事，成就天下的大功，却只凭外表看人，恐怕会失去天下的能人。况且我估计您的智慧不如我，勇气也不如我。如果想要成就天下的大事却不跟我相见，我私下以为您失算了。”沛公道歉说：“刚才听说先生的容貌，现在看到先生的心意了。”于是请他就座，问他夺取天下的办法。郦生说：“您想要成就大业，不如驻军陈留。陈留是天下的交通要道，兵家必争之地，蓄积粮食有几千万石，据城而守非常稳固。我一向跟陈留县令友好，希望让我替您去说服他。如果他不听我的话，我就请求替您杀了他，夺取陈留。您统领陈留的军队，占据陈留县城，食用那里蓄积的粮食，招募天下的志愿兵。志愿兵形成以后，您横行天下，就没有人能危及您了。”沛公说：“敬听命了。”

因此，郦生便连夜会见陈留县令，说服他道：“秦王朝施行无道的统治，因而天下人都背叛它。如果您跟天下人相从，就可以成就大功。现在却偏偏替即将灭亡的秦朝环城固守，我私下替您感到危险。”陈留县令说：“秦朝法令极其严苛，不可以胡说，胡说的人要灭族的，我不能答应您。先生用来指教我的话，不是我的心意，希望不要再说了。”郦生留下来住宿，半夜时斩了陈留县令的头，越过城墙下来报告沛公。沛公带兵攻城，把县令的头悬挂在高高的竹竿上让城里的人看，并说：“赶快投降，你们县令的头已经被斩了！如果迟投降的，肯定要先斩首！”这时，陈留人看到县令已经死了，就相继投降沛公。沛公住在陈留县南门的城楼上，利用仓库里的兵器装备自己，吃着城里储藏的粮食，在那儿逗留驻守了三个月，招徕士兵数以万计，最终进入关中攻灭秦朝。

太史公说：“世上流传着有关郦生的记载，大多说汉王已经攻取三秦，向东攻打项籍，引兵退守巩县、洛阳之间，郦生穿着儒生的衣服前往游说汉王。然而不是这样。在沛公还没有入关，跟项羽分别后到达高阳时，就得到了郦生兄弟。我读陆生的《新语》书十二篇，认为他确实是当时的雄辩之士。至于平原君，他的儿子跟我友好，因此我能够完备地记述这些。”

第八十卷　傅靳蒯成列传第三十八

本篇是秦楚之际随从汉高祖刘邦起事的三位近卫侍从官员傅宽、靳歙和周緤的合传。

传中主要记述了傅、靳、周三人随从刘邦征战及升迁的过程。其共同点是均为刘邦信任的近臣，都封高爵、享厚禄。《太史公自序》说："欲详知秦楚之事，维周緤常从高祖，平定诸侯。作《傅靳蒯成列传》第三十八。"周緤是如何"常从高祖"的呢？传文有明确答案："常为高祖参乘"，"军乍利乍不利，终无离上心"，以至高祖上战场时"蒯成侯泣曰：'始秦攻破天下，未尝自行。今上常自行，是为无人可使者乎？'"于是，博得"上以为'爱我'"的信任。尽管周緤没有独立带兵打仗，却得封信武侯，食邑三千三百户，并特别赏赐"入殿门不趋，杀人不死"。因此，论功行赏之事首要的是必须忠于刘邦，周緤即为一例。对于爵禄与功绩不相称的现象，太史公恐不无微词，故在赞论中以"此亦天授也"来表示。

传中还特别记述了三位功臣的后代无一例外地都因犯法而"国除"。这对于后人也不无儆戒意义。

本篇在写法上主要采取简要的记述和说明，几乎没有人物思想性格的描写，与文章的主旨和人物本身有关。这几位近臣侍从唯上之命是听，难言突出的个性。周緤的“泣曰”及其表示忠心的一句话，是本传唯一的描写句子，从中不难看出，封建帝王贴身近卫侍从的愚忠和奴相。

【原文】

阳陵侯傅宽，以魏[①]五大夫骑将从，为舍人[②]，起横阳。从攻安阳、杠里，击赵贲军于开封，及击杨熊曲遇、阳武，斩首十二级[③]，赐爵卿。从至霸上。沛公[④]立为汉王，汉王赐宽封号共德君。从入汉中，迁为右骑将。从定三秦[⑤]，赐食邑[⑥]雕阴。击项籍，待怀，赐爵通德侯。从击项冠、周兰、龙且，所将卒斩骑将一人敖下，益食邑。

属淮阴[⑦]，击破齐[⑧]历下军，击田解。属相国参[⑨]，残博，益食邑。因定齐地，剖符[⑩]世世勿绝，封为阳陵侯，二千六百户，除[⑪]前所食。为齐[⑫]右丞相，备齐[⑬]。五岁为齐[⑭]相国。

四月[⑮]，击陈豨，属太尉勃[⑯]，以相国代丞相哙[⑰]击豨。一月[⑱]，徙为代[⑲]相国，将屯[⑳]。二岁，为代丞相，将屯。

孝惠五年[㉑]卒，谥[㉒]为景侯。子顷侯精[㉓]立，二十四年[㉔]卒。子共侯则立，十二年[㉕]卒。子侯偃立，三十一年[㉖]，坐与淮南王[㉗]谋反，死，国除。

【注释】

①魏：指秦楚之际的魏国。秦二世二年（前208），战国时魏贵族后裔魏咎立为魏王。②舍人：古时王公贵族的亲近侍从，家臣。③斩首十二级：即斩敌十二首级。首级，秦制斩敌

一首赐爵一级，后称敌首为首级。④沛公：即刘邦。汉王：前206年，项羽封刘邦为汉王。⑤三秦：指项羽在关中分封的雍、塞、翟三个诸侯国。因都在原秦国地，故称“三秦”。⑥食邑：卿大夫的封地，因收其赋税而食，故名。⑦淮阴：指淮阴侯韩信。《索隐》张晏云：“信时为相国，云‘淮阴’者，终言之也。”⑧齐：指秦楚之际的齐国。秦二世二年（前208），战国时齐国贵族后裔田假自立为齐。时齐王为田广。⑨参：指曹参。⑩剖符：帝王分封诸侯或功臣，把表示凭证的符分为两半，各执其一，以示信用。⑪除：免。⑫齐：指汉初高祖所封诸侯。时韩信为齐王。⑬备齐：指屯兵防备原齐国相田横反叛，时田横未降。⑭齐：指汉初高祖所封诸侯。时刘肥为齐王。⑮四月：指汉高祖十一年（前196）四月。陈豨反叛在汉高祖十年九月。⑯勃：即周勃。⑰哙：即樊哙。⑱一月：指汉高祖十二年（前195）一月。⑲代：指汉初高祖所封诸侯。时刘恒为代王。⑳将屯：带兵驻守。㉑孝惠五年：汉惠帝五年，即前190年。㉒谥：指古代帝王、诸侯等具有一定地位的人死后，根据他们的生平事迹与品德修养而给予的带有评判性质的一种名号。㉓精：一作“靖”。㉔二十四年：指汉文帝前元十四年即前166年。㉕十二年：指汉景帝前元三年即前154年。㉖三十一年：指汉武帝元朔六年即前123年。㉗坐：因（犯罪或犯法）。淮南王：即刘安。

【原文】

信武侯靳歙，以中涓[①]从，起宛朐。攻济阳。破李由军。

击秦军亳南、开封东北，斩骑千人将[2]一人，首五十七级，捕虏七十三人，赐爵封号临平君。又战蓝田北，斩车司马二人、骑长一人，首二十八级，捕虏五十七人。至霸上。沛公立为汉王，赐歙爵建武侯，迁为骑都尉。

从定三秦。别西击章平军于陇西，破之，定陇西六县，所将卒斩车司马、候[3]各四人，骑长十二人。从东击楚[4]，至彭城。汉军败还，保雍丘，去击反者王武等。略[5]梁地，别将击邢说军菑南，破之，身[6]得说都尉二人，司马、候十二人，降吏卒四千一百八十人。破楚军荥阳东。三年[7]，赐食邑四千二百户。

别之[8]河内，击赵[9]将贲郝军朝歌，破之，所将卒得骑将二人，车马二百五十匹。从攻安阳以东，至棘蒲，下七县。别攻破赵军，得其将司马二人，候四人，将吏卒二千四百人。从攻下邯郸。别下平阳，身斩守相[10]，所将卒斩兵守[11]、郡守各一人，降邺。从攻朝歌、邯郸，及别击破赵军，降邯郸郡六县。还军敖仓，破项籍军成皋南，击绝楚饷道[12]，起荥阳至襄邑。破项冠军鲁下，略地东至缯、郯、下邳，南至蕲、竹邑。击项悍济阳下。还击项籍陈下，破之。别定江陵，降江陵柱国、大司马以下八人，身得江陵王[13]，生致之雒阳，因定南郡。从至陈，取楚王信[14]，剖符世世勿绝，定食四千六百户，号信武侯。

以骑都尉从击代，攻韩信[15]平城下，还军东垣。有功，迁为车骑将军，并将梁、赵、齐、燕、楚车骑[16]，别击陈豨丞相敞[17]，破之，因降曲逆。从击黥布有功，益封定食五千三百户。凡斩首九十级，虏百三十二人；别破军十四，降城五十九，定郡、国各一，县二十三；得王、柱国各一人，二千石以下至五百石[18]三十九人。

高后五年[19]，歙卒，谥为肃侯。子亭代侯。二十一年[20]，坐事国人过律[21]，孝文后三年[22]，夺侯，国除。

【注释】

①中涓：帝王亲近的侍从官员，似“舍人”。涓，洁。主宫中清洁扫除。②骑千人将：率号称千人的骑兵长官。③候：军候。④楚：指西楚霸王项羽。⑤略：夺取。⑥身：亲自。⑦三年：指汉高祖三年，即前204年。⑧之：到。⑨赵：指秦楚之际的赵国。赵歇为王。⑩守相：代理相国。临时任官或代理官职均可称“守”。⑪兵守：带兵的郡守。⑫饷道：运输粮饷的通道。⑬江陵王：指临江王共敖之子共尉。⑭楚王信：指淮阴侯韩信。汉王于前203年立韩信为齐王，第二年即调封楚王。⑮韩信：指韩王信，时为代王。非淮阴侯韩信。⑯梁、赵、齐、燕、楚：均指汉初高祖时所封诸侯。车骑：战车和骑兵。⑰敞：即侯敞。⑱二千石、五百石：均为官吏俸禄的等级。⑲高后五年：即前183年。⑳二十一年：指汉文帝后元二年，即前162年。㉑事：役使，使用。过律：超越律令规定。㉒孝文后三年：即前161年。后，指后元。

【原文】

蒯成侯緤者，沛人也，姓周氏。常为高祖参乘[1]，以舍人从起沛。至霸上，西入蜀、汉，还定三秦，食邑池阳。东绝甬道[2]，从出度[3]平阴，遇淮阴侯兵襄国，军乍利乍不利，终无离上心。以緤为信武侯，食邑三千三百户。高祖十二年[4]，以緤为蒯成侯，除前所食邑。

上欲自击陈豨，蒯成侯泣曰："始秦[5]攻破天下，未尝自行。今上常自行，是为无人可使者乎？"上以为"爱我"，赐入殿门不趋[6]，杀人不死。

至孝文五年[7]，緤以寿终，谥为贞侯。子昌代侯，有罪，国除。至孝景中二年[8]，封緤子居代侯。至元鼎三年[9]，居为太常，有罪，国除。

【注释】

①参乘：又称"陪乘"，古代乘车，尊者居左，御者在中，另一人在右，叫陪乘。即如后来的警卫。②甬道：两侧筑墙的通道。这里指运粮通道。③度：通"渡"，渡过。④高祖十二年：即前 195 年。⑤始：从前。秦：指秦始皇。⑥趋：小步快走，以示尊敬。⑦孝文五年：即前 175 年。⑧孝景中二年：即前 148 年。中，指中元。⑨元鼎三年：即前 114 年。元鼎：汉武帝年号。

【原文】

太史公曰：阳陵侯傅宽、信武侯靳歙皆高爵，从高祖起山东，攻项籍，诛杀名将，破军降城以十数，未尝困辱，此亦天授也。蒯成侯周緤操心坚正，身不见[1]疑，上欲有所之，未尝不垂涕，此有伤心者然，可谓笃厚[2]君子矣。

【注释】

①见：被。②笃厚：忠诚厚道。

【译文】

阳陵侯傅宽以魏国五大夫爵位的骑将军官身份跟随沛公刘邦，曾做过家臣，起事于横阳。他随沛公进攻安阳、杠里，在开封攻打秦将赵贲的军队，以及在曲遇、阳武击溃秦将杨熊的军队，曾斩获敌人十二首级，沛公赐给他卿的爵位。后随从沛公进军到霸上。沛公立为汉王后，赐给傅宽共德君的封号。随即跟着汉王进入汉中地区，升为右骑将。不久，又跟随汉王平定了三秦，汉王赐给他雕阴作为食邑。楚汉相争时，他随着汉王进击西楚霸王项羽，奉命在怀县接应汉王，汉王赐给他通德侯的爵位。在随汉王打击项羽部将项冠、周兰、龙且时，他率领的士兵在敖仓山下斩获敌骑将一人，因而增加了食邑。

傅宽曾隶属于淮阴侯韩信的指挥，击败了齐国在历下的驻军，击垮了齐国守将田解。后来归属相国曹参指挥，攻破博县，又增加了食邑。因为平定齐地有功，汉王把表示凭证的符分成两半，交给他一半，以示信用，使他的爵位世代相传，封他为阳陵侯，食邑二千六百户，免掉他先前受封的食邑。后担任齐国右丞相，屯兵驻守防备田横作乱。在齐国任国相五年。

汉高祖十一年（前196）四月，攻打叛汉自立为代王的陈豨，归属太尉周勃指挥，以相国的身份代替汉丞相樊哙击败陈豨。第二年一月，调任代国相国，带兵驻守边郡。两年后，担任代国丞相，继续带兵驻守边郡。

汉惠帝五年（前 190），傅宽去世，谥号为景侯。儿子顷侯傅精继承爵位，二十四年后（汉文帝前元十四年，即前 166 年）去世。傅精的儿子共侯傅则继承爵位，十二年后（汉景帝前元三年，即前 154 年）去世。傅则的儿子傅偃继承爵位，三十一年后（汉武帝元朔六年，即前 123 年），因与淮南王刘安谋反，处死，封地同时废除。

信武侯靳歙以侍从官员身份跟随沛公刘邦，他是从宛朐起兵的。曾进攻济阳。击败过秦将李由的军队。又在亳县南和开封东北攻打秦军，斩杀一名千人骑兵的长官，斩获五十七首级，俘虏七十三人，受沛公所赐爵位，封号为临平君。后来，又在蓝田北进行战斗，斩秦军车司马二人，骑兵长官一人，斩获二十八首级，俘虏五十七人。又率军到达霸上。当时沛公立为汉王，赐封靳歙建武侯爵位，并升他为骑都尉。

靳歙随从汉王平定了三秦。另外，他带领部队挥师西进在陇西攻打秦将章平军队，大败秦军，平定了陇西六县，他所率领的士兵斩杀秦军车司马、军候各四人，骑兵长官十二人。随后，跟着汉王东进攻打楚军，到达彭城。结果汉军战败，靳歙力守雍丘，后离开雍丘去攻打叛汉的王武等人。夺取了梁地后，又率领部队攻打驻守菑南的楚将邢说军队，大败邢说，并亲自活捉了邢说的都尉二人，司马、军候十二人，招降了敌官兵四千一百八十人。另外，在荥阳东大败楚军。汉高祖三年（前 204），赐给靳歙食邑四千二百户。

靳歙还曾率领部队抵达河内，攻打驻守朝歌的赵将贲郝，大败贲郝，他率领的士兵活捉骑将二人，缴获战马二百五十匹。他随从汉王进攻安阳以东地区，直达棘蒲，拿下七个县。并另率兵击溃赵军，活捉赵将的司马二人，军候四人，招降赵军官兵二千四百人。又随从汉王攻克邯郸。独自率兵拿下平阳，亲自斩杀驻平阳的赵国代理相国，他所率领的士兵斩杀带兵郡守和郡守各一人，迫使邺投降。这次征战，随从汉王进攻朝歌、邯郸，又另自击败赵军，迫使邯郸郡的六个县投降。率军返回敖仓后，旋即在成皋南击败项羽的军队，击毁断绝了从荥阳至襄邑的输送粮饷的通道。在鲁城之下大败项冠军队，夺取了东至缯、郯、下邳，南至蕲、竹邑的大片土地。又在济阳城下击败项悍军队。然后挥军返回在陈县城下攻击项羽部队，大败项羽。此外，还平定了江陵，招降了在江陵的临江王的柱国、大司马及其部下八人，亲自活捉了临江王共尉，并把他押送到雒阳，于是平定了南郡。此后，随从汉王到陈县，逮捕了图谋不轨的楚王韩信，汉王把表示凭证的符分成两半，交给靳歙一半，以示信用，使他的爵位世代相传，规定食邑四千六百户，封号称信武侯。

后来，靳歙以骑都尉的身份随从高帝攻打代王，在平城下击败代王韩信，随即率军返回东垣。因为有功，提升为车骑将军，接着率领梁、赵、齐、燕、楚几个诸侯王的部队，分路进攻陈豨的丞相侯敞，把他打得大败，于是迫使曲逆城投降。后又随高祖攻打黥布很有功劳，增加封赐规定食邑五千三百户。在几次重要战役中，靳歙共斩敌九十首级，俘虏一百三十二人；另大败敌军十四次，降伏城邑五十九座，平定郡、国各一个，县城二十三个；活捉诸侯王、柱国各一人，二千石以下至五百石的不同等级官员三十九人。

高后五年（前183），靳歙去世，谥号为肃侯。他的儿子靳亭代承侯爵。二十一年后（前162），因驱役百姓超过了律令规定，在汉文帝后元三年（前161），剥夺了他的爵位，同时免除了封地。

蒯成侯名緤，是沛县人，姓周。曾任高祖警卫，是以家臣的身份跟随高祖起事的。他曾陪高祖到霸上，又西去进入蜀、汉地区，后随高帝返回平定了三秦，并受封池阳作为食邑。他奉命率兵向东进发切断了敌人的运输通道，随后跟着高祖出征渡过平阴渡口向东进发，在襄国与淮阴侯韩信部队会合。当时作战时而获胜时而战败，情势严峻，但周緤始终没有背离高祖的意思。高祖赐封他为信武侯，食邑三千三百户。高祖十二年（前195），又赐封周緤为蒯成侯，同时免掉原先的食邑。

高祖曾经要亲自攻打陈豨，蒯成侯流着泪劝阻道：“从前秦王攻取天下，不曾亲自出征。现在，您经常亲自出征，这难道是没了可派遣的人吗？”高帝认为周緤是由衷地爱护自己，破例恩准他进入殿门不必碎步快走，杀了人不定死罪。

到汉文帝五年（前175），周緤年老病故，谥号为贞侯。他的儿子周昌代承侯爵，后因犯罪，免除了封地。到了汉景帝中元二年（前148），又封周緤的儿子周居代承侯爵。到了汉武帝元鼎三年（前114），周居任太常官职，犯了罪，封地被免除。

太史公说："阳陵侯傅宽、信武侯靳歙都获得了很高的爵位，跟随高祖从山东起兵，攻打项羽，斩杀名将，击败敌军几十次，降伏城邑数十座，而不曾遭到挫折和困厄，这也是上天赐给的啊。蒯成侯周绁心地坚定忠良，从不被人怀疑，高祖每有出征的行动，他无不流泪哭泣，这只有心里十分痛苦的人才能做到，可以说是个忠诚厚道的君子啊。"

第八十一卷　刘敬叔孙通列传第三十九

本篇是汉初两位重要臣僚刘敬和叔孙通的合传。

汉朝建朝初期，百端待举。在辅佐汉高祖刘邦建设西汉政权中，刘敬和叔孙通从不同方面发挥了重要作用，故合而为传。

这是一篇相当精彩的传记作品，叙事细腻生动，人物性格鲜明、突出，所用的主要艺术手法有三个。一是强烈的对比。刘敬和叔孙通都以献策得官，都有过人的才智，但性格、为人迥然不同：前者直言敢谏，秉公持正；后者专事阿谀，看风使舵。两相比较，形成强烈的反差，给人留下深刻的印象。如两人在穿什么样的衣服这个细节上，即明显地表现不同的性格。二是传神的人物语言。传文中有多处运用人物的语言（包括对话和独白）来刻画人物的思想性格，最有代表性的莫过于“定朝仪”一节。如叔孙通的弟子暗骂叔孙通以及叔孙通的答话，把一群鄙儒投降刘邦后，迫不及待地捞官做的龌龊灵魂活画出来。再如，刘邦在第一次朝会典礼后得意忘形地说：“吾乃今日知为皇帝之贵也！”一句话便露出了他流氓无赖出身的根底。三是全方位的场面描写。传文中写十月朝会的典礼仪式，用笔不多，但场面的描绘十分具体、全面。作者以时间为纵线，将典礼的程序、各个方位的人、物以及文武百官的尊卑位次全部写了出来，不仅写人物还写气氛，不仅写人物的动作还写人物的音容，读来给人以身临其境之感。

【原文】

刘敬者，齐人也。汉五年[①]，戍陇西，过雒阳，高帝在焉。娄敬脱輓辂[②]，衣[③]其羊裘，见齐人虞将军曰："臣愿见上言便事[④]。"虞将军欲与之鲜衣[⑤]，娄敬曰："臣衣帛，衣帛见；衣褐[⑥]，衣褐见：终不敢[⑦]易衣。"于是虞将军入言上。上召入见，赐食。

【注释】

①汉五年：汉高帝五年，即前202年。②輓：拉。辂：绑在车辕上供人拉车使用的横木。③衣：穿衣。④便事：有利于国家的事情。⑤鲜衣：鲜洁美服。⑥褐：粗布。⑦不敢：不忍，不肯。

【原文】

已而问娄敬，娄敬说[①]曰："陛下都雒阳，岂欲与周室比隆[②]哉？"上曰："然。"娄敬曰："陛下取天下与周室异。周之先自后稷，尧封之邰，积德累善十有余世。公刘避桀居豳。太王以狄[③]伐故，去豳，杖马箠[④]居岐，国人争随之。及文王为西伯[⑤]，断虞、芮之讼[⑥]，始受命[⑦]，吕望、伯夷自海滨来归之。武王伐纣，不期而会孟津之上八百诸侯，皆曰纣可伐矣，遂灭殷。成王即位，周公之属傅相[8]焉，乃营成周[9]洛邑，以此为天下之中也，诸侯四方纳贡职[10]，道里均矣，有德则易以王[11]，无德则易以亡。凡居此者，欲令周务以德致人，不欲依阻险，令后世骄奢以虐民也。及周之盛时，天下和洽，四夷乡风[12]，慕义怀德，附离[13]而并事天子，不屯一卒，不战一士，八夷大国之民莫不宾服，效[14]其贡职。及周之衰也，分而为两[15]，天下莫朝[16]，周不能制也。非其德薄也，而形势弱也。今陛下起丰沛，收卒三千人，以之径往而卷蜀、汉，定三秦，与项羽战荥阳，争成皋之口，大战七十，小战四十，使天下之民肝脑涂地[17]，父子暴骨中野[18]，不可胜数，哭泣之声未绝，伤痍[19]者未起，而欲比隆于成、康之时[20]，臣窃以为不侔[21]也。且夫秦地被山带河[22]，四塞以为固，卒然[23]有急，百万之众可具[24]也。因秦之故，资[25]甚美膏腴之地，此所谓天府[26]者也。陛下入关[27]而都之，山东虽乱，秦之故地可全而有也。夫与人斗，不搤其亢[28]，拊[29]其背，未能全其胜也。今[30]陛下入关而都，案[31]秦之故地，此亦搤天下之亢而拊其背也。”

【注释】

①说：劝说，说服。②隆：兴盛。③太王：即周先祖古父亶父。狄：我国古代北部的一个民族。④杖马箠：拄着马鞭。张衍田《史记正义佚文辑校》录《正义》：“颜师古曰：‘箠’，马策也。杖，谓柱之也。云杖马垂（当作“箠”）者，以其无所携持也。”⑤西伯：西方诸侯之长。⑥断：判定，解决。虞、芮之讼：虞国与芮国的争执。讼，争辩是非。⑦受命：受

天之命。古时对君权由来的一种骗人的解释。⑧傅相：辅佐。⑨成周：即成周城。⑩贡职：赋税、贡物。⑪王：称王，统治天下。⑫四夷：古代指华夏族以外的各少数民族。乡风：归化。⑬附离：通“附丽”，依附。⑭效：进献。⑮分而为两：指战国时小国西周又分裂为西周和东周两小国。⑯朝：朝拜。⑰肝脑涂地：形容惨死。⑱暴骨中野：尸骨曝露于原野。暴，通“曝”。⑲痍：创伤。⑳成、康之时：指西周成王、康王的鼎盛时代。㉑侔：等同。㉒被山带河：高山被覆，黄河环绕。㉓卒然：突然。卒，通“猝”。㉔具：准备、完备。㉕资：凭借，依托。㉖天府：指形势险要、物产丰饶的地区。㉗关：指函谷关。㉘搤（è）：通“扼”，掐住。亢：咽喉。㉙拊：击打。㉚今：如果。㉛案：通“按”，控制。

【原文】

高帝问群臣，群臣皆山东人，争言周王数百年，秦二世即亡，不如都周。上疑未能决。及留侯[①]明言入关便，即日车驾[②]西都关中。

于是上曰：“本言都秦地者娄敬，‘娄’者乃‘刘’也。”赐姓刘氏，拜为郎中，号为奉春君。

【注释】

①留侯：即张良。②车驾：这里指皇帝乘车而行。

【原文】

汉七年[①]，韩王信[②]反，高帝自往击之。至晋阳，闻信与匈奴欲共击汉，上大怒，使人使匈奴。匈奴匿其壮士肥牛马，但见老弱及羸[③]畜。使者十辈[④]来，皆言匈奴可击。上使刘敬复往使匈奴，还报曰："两国相击，此宜夸矜[⑤]见所长。今臣往，徒见羸瘠老弱，此必欲见短，伏奇兵以争利。愚以为匈奴不可击也。"是时汉兵已逾句注，二十余万兵已业行。上怒，骂刘敬曰："齐虏[⑥]！以口舌得官，今乃妄言沮[⑦]吾军。"械系[⑧]敬广武。遂往，至平城，匈奴果出奇兵围高帝白登，七日然后得解。高帝至广武，赦敬，曰："吾不用公言，以困平城。吾皆已斩前使十辈言可击者矣。"乃封敬二千户，为关内侯，号为建信侯。

【注释】

①汉七年：汉高帝七年，即前200年。②韩王信：指战国韩襄王的后代，汉初封为韩王。非淮阴侯韩信。③见：通"现"，显示，显露。羸（léi）：瘦弱。④辈：批。⑤夸矜：炫耀。⑥虏：对人的蔑称。⑦沮：阻止。⑧械系：用镣铐拘禁。

【原文】

高帝罢平城归，韩王信亡入胡。当是时，冒顿为单于，兵强，控弦[①]三十万，数苦[②]北边。上患之，问刘敬。刘敬曰："天下初定，士卒罢[③]于兵，未可以武服也。冒顿杀父代立，妻群母，以力为威，未可以仁义说也。独可以计[④]久远子孙为臣耳，然恐陛下不能为。"上曰："诚[⑤]可，何为不能！顾[⑥]为奈何？"刘敬对曰："陛下诚能以適[⑦]长公主妻之，厚奉遗之[⑧]，彼知汉適女送厚，蛮夷必慕以为阏氏[⑨]，生子必为太子，代单于。何者？贪汉重币[10]。陛下以岁时汉所余彼所鲜[11]数问遗，因使辩士风谕[12]以礼节。冒顿在，固为子婿；死，则外孙为单于。岂尝闻外孙敢与大父抗礼[13]者哉？兵可无战以渐臣也。若陛下不能遣长公主，而令宗室及后宫诈[14]称公主，彼亦知，不肯贵近，无益也。”高帝曰：“善。”欲遣长公主。吕后日夜泣，曰：“妾唯太子、一女，奈何弃之匈奴！”上竟不能遣长公主，而取家人子[15]名为长公主，妻单于。使刘敬往结和亲约。

刘敬从匈奴来，因言：“匈奴河南白羊、楼烦王，去长安近者七百里，轻骑一日一夜可以至秦中。秦中新破，少民，地肥饶，可益实。夫诸侯[16]初起时，非齐诸田[17]，楚昭、屈、景[18]莫能兴。今陛下虽都关中，实少人。北近胡寇，东有六国之族，宗强，一日有变，陛下亦未得高枕而卧也。臣愿陛下徙齐诸田，楚昭、屈、景，燕、赵、韩、魏后，及豪桀[19]名家居关中。无事，可以备胡；诸侯[20]有变，亦足率以东伐。此强本弱末[21]之术也。”上曰：“善。”乃使刘敬徙所言关中十余万口。

【注释】

①控弦：拉弓。这里代称善射的士兵。②数：屡次。苦：使困辱。③罢：通“疲”，疲惫。④计：计谋。⑤诚：果真。⑥顾：只是。⑦適：通“嫡”，正妻及其所生子女。⑧厚奉遗之：奉送给他丰厚的礼物。遗，送。⑨阏氏（yān zhī）：汉代匈奴称君主的正妻。⑩币：财礼。⑪岁时：一年四季。鲜：少。⑫风谕：劝告，开导。风，通“讽”，用话暗示、启发。

⑬大父：这里指外祖父。抗礼：行对等的礼节。⑭宗室：皇族。后宫：嫔妃所居之处。这里指代嫔妃。诈：假装。⑮家人子：汉代宫廷内没有名号的官人，即供役使的宫女。《匈奴列传》则称“高帝乃使刘敬奉宗室女公主为单于阏氏”。与此处所载有异。⑯诸侯：指陈胜起义后随之发难的楚、齐、韩、赵、魏等六国旧贵族。⑰齐诸田：指齐国田氏宗族的各分支。⑱昭、屈、景：楚国王族的三姓。⑲桀：优秀，杰出。⑳诸侯：指汉初所封异姓诸侯王。㉑强本弱末：加强本干，削弱枝叶。即加强中央权力，削弱地方势力。

【原文】

叔孙通者，薛人也。秦时以文学[①]征，待诏[②]博士。数岁，陈胜起山东，使者以闻[③]，二世召博士诸儒生问曰：“楚戍卒攻蕲入陈，于公如何？”博士诸生三十余人前曰：“人臣无将[④]，将即反，罪死无赦。愿陛下急发兵击之。”二世怒，作色[⑤]。叔孙通前曰：“诸生言皆非也。夫天下合为一家，毁郡县城，铄[⑥]其兵，示天下不复用。且明主在其上，法令具于下，使人人奉职，四方辐辏[⑦]，安敢有反者！此特[⑧]群盗鼠窃狗盗耳，何足置之齿牙间。郡守尉今捕论[⑨]，何足忧。”二世喜曰：“善。”尽问诸生，诸生或言反，或言盗。于是二世令御史案[⑩]诸生言反者下吏，非所宜言。诸言盗者皆罢之。乃赐叔孙通帛二十匹，衣一袭[⑪]，拜为博士。叔孙通已出宫，反[⑫]舍，诸生曰：“先生何言之谀[⑬]也？”通曰：“公不知也，我几不脱于虎口！”乃亡去，之[⑭]薛，薛已降楚矣。及项梁之薛，叔孙通从之。败于定陶，从怀王[15]。怀王为义帝[16]，徙长沙，叔孙通留事项王[17]。汉二年[18]，汉王从[19]五诸侯入彭城，叔孙通降汉王。汉王败而西，因竟从汉。

叔孙通儒服，汉王憎之；乃变其服，服短衣，楚制[20]，汉王喜。

叔孙通之降汉，从儒生弟子百余人，然通无所言进[21]，专言诸故群盗壮士进之。弟子皆窃骂曰："事先生数岁，幸得从降汉，今不能进臣等，专言大猾[22]，何也？"叔孙通闻之，乃谓曰："汉王方蒙矢石[23]争天下，诸生宁能斗乎？故先言斩将搴[24]旗之士。诸生且待我，我不忘矣。"汉王拜叔孙通为博士，号稷嗣君。

【注释】

①文学：文章博学，文献知识。②待诏：候命。③闻：报告。④将：《集解》："瓒曰："将谓逆乱也。《公羊传》曰：'君亲无将，将而必诛'。"另一解，张衍田《史记正义佚文辑校》录《正义》："将，谓将带群众也。"⑤作色：脸变色。⑥铄：熔化。⑦辐辏：车辐集中于轴心。比喻人或事物归集一处。⑧特：仅，只。⑨论：判罪。⑩案：审问。⑪一袭：一套。⑫反：通"返"。⑬谀：奉承，讨好。⑭之：往，到。⑮怀王：指战国时楚怀王之孙熊心。项梁立其为楚怀王。⑯义帝：项羽因怨怀王熊心故假意尊其为义帝，令其南迁。义，名义；一解，假。⑰项王：即项羽。⑱汉二年：汉高祖二年，即前205年。⑲从：使之从，带领。⑳制：裁制。㉑进：推荐。

㉒大猾：特别奸狡的人。㉓蒙：冒着。矢石：箭和石。古时作战以射箭投石打击敌人。㉔搴：拔，取。

【原文】

汉五年[①]，已并天下，诸侯共尊汉王为皇帝于定陶，叔孙通就其仪号[②]。高帝悉去秦苛仪法，为简易。群臣饮酒争功，醉或妄呼，拔剑击柱，高帝患之。叔孙通知上益厌之也，说上曰："夫儒者难与进取，可与守成。臣愿征鲁诸生，与臣弟子共起朝仪[③]。"高帝曰："得无难乎？"叔孙通曰："五帝[④]异乐，三王[⑤]不同礼。礼者，因时世人情为之节文[⑥]者也。故夏、殷、周之礼所因损益[⑦]可知者，谓不相复也。臣愿颇[⑧]采古礼与秦仪杂就之。"上曰："可试为之，令易知，度[⑨]吾所能行为之。"

于是叔孙通使征鲁诸生三十余人。鲁有两生不肯行，曰："公所事者且[⑩]十主，皆面谀以得亲贵。今天下初定，死者未葬，伤者未起，又欲起礼乐。礼乐所由起，积德百年而后可兴也。吾不忍为公所为。公所为不合古，吾不行。公往矣，无污我！"叔孙通笑曰："若[⑪]真鄙儒也，不知时变。"

遂与所征三十人西，及上左右为学者与其弟子百余人为绵蕞[⑫]野外。习之月余，叔孙通曰："上可试观。"上既观，使行礼，曰："吾能为此。"乃令群臣习肄[⑬]，会十月[⑭]。

【注释】

①汉五年：汉高祖五年，即前202年。②仪号：仪式，礼节。③朝仪：朝廷中的仪礼。④五帝：传说中古代的五个帝

王。其说不一，通常指黄帝、颛顼、帝喾、唐尧、虞舜。⑤三王：通常指夏禹、商汤、周文周武。⑥节文：节制修饰。⑦因：沿袭。损：减。益：增。⑧颇：略微。⑨度：揣度，估计。⑩且：将近。⑪若：你，你们。⑫绵蕞：叔孙通制定朝礼时的习仪。绵，指用绳索表示习仪的处所；蕞，指用结扎的茅草表示习仪的尊卑位次。⑬习肄：练习，学习。⑭会十月：正好是十月。汉初，因刘邦十月至霸上仍袭秦历以十月为岁首。岁首是诸侯朝见天子的月份。

【原文】

汉七年[①]，长乐宫[②]成，诸侯群臣皆朝十月。仪：先平明，谒者治[③]礼，引以次入殿门，廷中陈[④]车骑步卒卫宫，设兵张旗志[⑤]。传言“趋[⑥]”。殿下郎中侠[⑦]陛，陛数百人。功臣列侯诸将军军吏以次陈西方，东乡[⑧]；文官丞相以下陈东方，西乡。大行设九宾[⑨]，胪传[⑩]。于是皇帝辇[⑪]出房，百官执职传警[⑫]，引诸侯王以下至吏六百石以次奉贺。自诸侯王以下莫不振恐[⑬]肃敬。至礼毕，复置法酒[⑭]。诸侍坐殿上皆伏抑首，以尊卑次起上寿[⑮]。觞九行[⑯]，谒者言“罢酒”。御史执法举不如仪者辄引去。竟朝置酒，无敢欢[⑰]哗失礼者。于是高帝曰：“吾乃今日知为皇帝之贵也。”乃拜叔孙通为太常[⑱]，赐金五百斤。

叔孙通因进曰：“诸弟子儒生随臣久矣，与臣共为仪，愿陛下官之。”高帝悉以为郎。叔孙通出，皆以五百斤金赐诸生。诸生乃皆喜曰：“叔孙生诚圣人也，知当世之要务[⑲]。”

【注释】

①汉七年：汉高祖七年，即前200年。②长乐宫：西汉主要宫殿之一，遗址在今陕西省西安市西北郊汉长安故城东南隅。以秦兴乐宫改建而成，宫垣周围约十公里，是当时范围最大的宫。汉初皇帝在这里视朝。③治：主持。④陈：排列。⑤旗志：陈直《史记新证》："旗志即旗帜，志为帜字之假借。"⑥趋：小步快走，向前施礼。⑦侠：通"夹"。⑧乡：通"向"。⑨九宾：古代朝会大典设九宾。其说法不一，这里当指九个接待宾客的礼宾官员。⑩胪传：由上传语告下。⑪辇：乘辇。秦汉后皇帝的车子称"辇"。⑫职：通"帜"。传警：指帝辇出房，百官呼警。⑬振恐：因威严而畏惧。振，通"震"。⑭法酒：朝廷举行大礼时的礼节性宴饮。⑮上寿：敬酒表示祝颂。⑯觞：酒器。这里引申为进酒。九行：行酒九巡。⑰欢：喧哗。⑱太常：郭嵩焘《史记札记》："按《汉书·百官表》：'奉常，秦官，景帝中六年始更名太常。'是时无太常名，《汉书》云拜通为'奉常'，是。"⑲要务：紧要事务。

【原文】

汉九年[①]，高帝徙叔孙通为太子太傅。汉十二年[②]，高祖欲以赵王如意易太子[③]，叔孙通谏上曰："昔者晋献公以骊姬之故废太子，立奚齐，晋国乱者数十年，为天下笑。秦以不蚤[④]定扶苏，令赵高得以诈立胡亥，自使灭祀[⑤]，此陛下所亲见。今太子仁孝，天下皆闻之；吕后与陛下攻苦食啖[⑥]，其可背哉！陛下必欲废適[⑦]而立少，臣愿先伏诛，以颈削污地。"

高帝曰："公罢矣，吾直[8]戏耳。"叔孙通曰："太子天下本，本一摇天下振动[9]，奈何以天下为戏！"高帝曰："吾听公言。"及上置酒，见留侯所招客[10]从太子入见，上乃遂无易太子志矣。

【注释】

①汉九年：汉高祖九年，即前198年。②汉十二年：汉高祖十二年，即前195年。③赵王如意：即刘如意，刘邦三子，为戚姬所生。太子：即刘盈，刘邦嫡长子，为吕后所生。④蚤：通"早"。⑤灭祀：断绝宗祀。指宗族覆灭。⑥攻苦食啖：做艰苦的事，吃粗淡的饭。⑦適：指嫡长子。適，通"嫡"。⑧直：只。⑨振动：即震动。⑩留侯：即张良。所招客：指唐秉、周术、吴实、崔广，均战国末人，是年长隐居的高士。

【原文】

高帝崩，孝惠即位，乃谓叔孙生曰："先帝园陵寝庙[1]，群臣莫能习[2]。"徙为太常，定宗庙仪法。及稍[3]定汉诸仪法，皆叔孙生为太常所论箸[4]也。

孝惠帝为东朝长乐宫[5]，及间往[6]，数跸[7]烦人，乃作复道[8]，方筑武库[9]南。叔孙生奏事，因请间[10]曰："陛下何自筑复道高寝[11]，衣冠月出游高庙[12]？高庙，汉太祖，奈何令后世子孙乘宗庙道上行哉？"孝惠帝大惧，曰："急坏之。"叔孙生曰："人主无过举[13]。今已作，百姓皆知之，今坏此，则示有过举。愿陛下为原庙[14]渭北，衣冠月出游之，益广多宗庙，大孝之本也。”上乃诏有司立原庙。原庙起，以复道故。

孝惠帝曾春出游离宫⑮，叔孙生曰：“古者有春尝果⑯，方今樱桃孰⑰，可献，愿陛下出，因取樱桃献宗庙。”上乃许之。诸果献由此兴。

【注释】

①寝庙：古代宗庙分两部分，庙居前为奉祖接神之处，寝居后为藏衣冠遗物之处。②莫能习：张文虎《校刊史记集解索隐正义札记》：“《杂志》云：当从《汉书》作‘莫习’。”③稍：逐渐。这里是陆续的意思。④箸：通“著”。⑤东朝长乐宫：指到长乐宫朝拜吕太后。时惠帝居未央宫，吕太后居长乐宫，长乐宫位于未央宫东，故言。⑥间往：指正朝之间的小谒见。⑦跸：帝王出行时开路清道，禁止他人通行。⑧复道：即天桥。⑨武库：储藏武器的仓库，未央宫的组成部分之一。⑩请间：指请求秘密地谈话。⑪高寝：即高帝寝庙。⑫衣冠月出游高庙：《集解》：“应劭曰：‘月出（张衍田《史记正义佚文辑校》作“月旦出”）高帝衣冠，备法驾，名曰游衣冠。’如淳曰：‘《三辅黄图》高寝在高庙西，高祖衣冠藏在高寝。’月出游于高庙，其道值所作复道下，故言乘宗庙道上行。”意思是，每月初一把高寝中所藏高帝衣冠，用法车送往高庙以示纪念。⑬过举：错误的举动。⑭原庙：指在正庙之外另立的祠庙。⑮离宫：帝王在正式宫殿之外所建宫室，以供随时游处。⑯古者有春尝果：张衍田《史记正义佚文辑校》录《正义》：“《礼记》云：‘仲夏之月，以含桃先荐寝庙。’”含桃，即樱

桃。⑰孰：通“熟”。

【原文】

太史公曰：语曰“千金之裘，非一狐之腋也；台榭之榱①，非一木之枝也；三代②之际，非一士之智也”。信哉！夫高祖起微细，定海内，谋计用兵，可谓尽之矣。然而刘敬脱輓辂一说，建万世之安，智岂可专邪！叔孙通希世度务③，制礼进退，与时变化，卒为汉家儒宗。“大直若诎④，道固委蛇⑤”，盖谓是乎？

【注释】

①榭：建在台上的房屋。榱（cuī）：屋椽子。②三代：夏、商、周。③希世：观察世情，看风使舵。希，望。度务：度量事务。④大直若诎：最正直的好似枉屈。语出《老子》。⑤道：指事理，规律。委蛇：通“逶迤”，形容弯弯曲曲延续不断的样子。

【译文】

刘敬是齐国人，汉高帝五年（前202），他到陇西戍守边塞，路过洛阳，当时高帝正住在那里。娄敬进城后，就摘下拉车子用的那块横木，穿着羊皮袄，去见齐人虞将军说：“我希望见到皇帝，谈谈有关国家的大事。”虞将军要给他一件鲜洁的好衣服换上，娄敬说：“我穿着丝绸衣服来，就穿着丝绸衣服去拜见；穿着粗布短衣来，就穿着粗布短衣去拜见：我是决不会换衣服的。”于是，虞将军进宫把娄敬的请求报告给皇帝。皇帝召娄敬进宫来见，并赐给他饭吃。

等了一会儿，皇帝就问娄敬要谈什么大事，娄敬便劝说皇帝道：“陛下建都洛阳，难道是要跟周朝比试一下兴隆吗?”皇帝说：“是的。”娄敬说：“陛下取得天下跟周朝是不同的。周朝的先祖从后稷开始，尧封他于邰，积累德政善事十几代。公刘为避开夏桀的暴政而到豳居住。太王因为狄族侵扰的缘故，离开豳，拄着马鞭只身移居岐山，国内的人都争相跟着他去岐山。到了周文王做了西方诸侯之长时，他曾妥善地解决了虞国和芮国的争端，从此才成了禀受天命统治天下的人，贤能之士吕望、伯夷自海边回来归附于他。周武王讨伐殷纣时，不相约而自动到孟津会盟的八百诸侯，大家都说殷纣可以讨伐了，于是就灭掉了殷。周成王即位，周公等人辅佐他，就在洛邑营造成周城，把它作为天下的中心，四方各地的诸侯来交纳贡物赋税，道路都是均等的。这样君主有德行就容易靠它称王统治天下，没德行就容易因此灭亡。凡是建都于此的，都想要像周朝一样务必用德政来感召人民，而不想依靠险要的自然形势，让后代君主骄奢淫逸来虐待百姓。在周朝鼎盛时期，天下和睦，四方各族心向洛邑，归附周朝，仰慕周君的道义，感念他的恩德，依附而且一起侍奉周天子，不驻一兵防守，不用一卒出战，八方大国的百姓没有不归顺臣服的，都进献贡物和赋税。到了周朝衰败的时候，分为西周和东周两小国，天下没谁再来朝拜，周室已经不能控制天下。不是它的恩德太少，而是形势太弱了。如今，陛下从丰邑沛县起事，召集三千士卒，带着他们直接投入战斗便席卷蜀、汉地区，平定三秦，与项羽在荥阳交战，争夺成皋之险，大战七十次，小战四十次，使天下百姓血流大地，父子枯骨曝露于荒郊，横尸遍野不可胜数，悲惨的哭声不绝于耳，伤病残疾的人们欲动不能。这种情况却要同周朝成王、康王的兴盛时期相比，我私下认为这是不能同日而语的。再说秦地有高山被覆，黄河环绕，四面边塞可以作为坚固的防线，即使突然有了危急情况，百万之众的雄兵是可备一战的。借着秦国原来经营的底子，又以肥沃的土地为依托，这就是所说的形势险要、物产丰饶的'天府'之地啊。陛下进入函谷关，把都城建在那里。山东地区即使有祸乱，秦国原有的地方是可以保全并占有的。与别人搏斗，不掐住他的咽喉、击打他的后背，是不能完全获胜的。如果陛下进入函谷关内建都，控制着秦国原有的地区，这也就是掐住了天下的咽喉而击打它的后背啊。"

汉高帝征求大臣们的意见，大臣们都是山东地区的人，争先恐后地申辩说周朝建都在洛阳称王天下几百年，秦朝建都在关内只到二世就灭亡了，不如建都在周朝都城。皇帝犹疑不决。等到留侯张良明确地阐述了入关建都的有利条件后，皇帝当日就乘车西行到关中建都。

当时，皇帝说："本来主张建都在秦地的是娄敬，'娄'就是'刘'啊。"于是，赐娄敬改姓刘，授给他郎中官职，称号叫奉春君。

汉高帝七年（前 200），韩王信叛汉，汉高帝亲自讨伐他。

到达晋阳时，得知韩王信与匈奴勾结要共同进攻汉朝的消息，皇帝大为震怒，就派使臣出使匈奴摸清底细。匈奴把他们强壮能战的士兵和肥壮的牛马都藏了起来，只显露年老弱小的士兵和瘦弱的牲畜。派去的使臣十余批回来，都说匈奴可以攻击。皇帝派刘敬再去出使匈奴，他回来报告说："两国交兵，这时该炫耀显示自己的长处才是。现在我去那里，只看到瘦弱的牲畜和老弱的士兵，这一定是故意显露自己的短处，而埋伏奇兵来争取胜利。我以为匈奴是不能攻打的。"这时，汉朝军队已经越过了句注山，二十万大军已经出征。皇帝听了刘敬的话非常恼怒，骂刘敬道："齐国孬种！凭着两片嘴捞得官做，现在竟敢胡言乱语阻碍我的大军。"就用镣铐把刘敬拘禁起来，押在广武县。高帝率军前往，到了平城，匈奴果然出奇兵将高帝围困在白登山上，围困了七天后才得以解围。高帝回到广武县，便赦免了刘敬，对刘敬说："我不听您的意见，因而在平城遭到围困。我已经把前面那十来批出使匈奴说匈奴可以攻打的人都斩首了。"于是，赏赐刘敬食邑二千户，封为关内侯，称作建信侯。

汉高帝撤出平城返回朝廷，韩王信逃入匈奴。这时，冒顿是匈奴的君主，军队强大，勇士有三十万，屡次侵扰北部边境。皇帝对这种情况很忧虑，就问刘敬对策。刘敬说："汉朝天下刚刚平定，士兵们被兵火搞得疲惫不堪，对匈奴是不能用武力制服的。冒顿杀了他的父亲自己做了君主，又把他父亲的许多姬妾作自己的妻子，他凭武力树威势，是不能用仁义道德说服的。只能够从长计议让他的子孙后代臣服汉朝了，然而又怕陛下不能办到。”皇帝说：“果真可行的话，为什么不能办！只是该怎么办呢?”刘敬回答说：“陛下如果能把皇后生的大公主嫁给冒顿做妻子，给他送上丰厚的礼物，他知道是汉帝皇后生的女儿又送来丰厚的礼物，粗野的外族人一定爱慕而把大公主作正妻，生下的儿子必定是太子，将来接替君位。为什么要这样办?因为匈奴贪图汉朝的丰厚财礼。陛下拿一年四季汉朝多余而匈奴少有的东西多次抚问赠送，顺便派能言善辩的人用礼节来开导启发他。冒顿在位，当然是汉朝的女婿；他死了，他汉朝外孙就是君主。哪曾听说外孙子敢同外祖父分庭抗礼的呢?军队可以不出战便使匈奴逐渐臣服了。如果陛下不能派大公主去，而让皇族女子或是嫔妃假冒公主，他也会知道，就不肯尊敬亲近她，那样就没什么好处了。”高帝听后说：“好的。”便要送大公主去匈奴。吕后得知后，日夜哭哭啼啼，对皇帝说：“我只有太子和一个女儿，怎么忍心把她抛弃远嫁匈奴去!”皇帝终究不能派出大公主，便找了个宫女，以大公主的名义，嫁给冒顿君主做妻子。同时，派遣刘敬前往与匈奴订立议和联姻盟约。

刘敬从匈奴回来，便称：“匈奴在河南的白羊、楼烦两个部落，离长安最近的只有七百里路，轻装骑兵一天一夜就可到达关中地区。关中地区刚刚经过战争，还很凋敝，人丁稀少，而土地肥沃，可以大大加以充实。当初各地诸侯起兵发难时，若不是有齐国的田氏各族以及楚国的昭、屈、景三大宗族参加是不能兴盛起来的。如今，陛下虽然把都城建在关中，但实际缺少人口。北边靠近匈奴敌寇，东边有六国的旧贵族，宗族势力很强，一旦有什么变故，陛下是不能高枕无忧的。我希望陛下把齐国的田氏各族，楚国的昭、屈、景三大宗族，燕、赵、韩、魏等国的后裔，以及豪门名家都迁移到关中居住。国内平安无事，可以防备匈奴；若所封诸侯王有什么变故，也能率领他们东进讨伐。这是加强中央权力而削弱地方势力的方略啊。”皇帝说：“好得很。”于是，派刘敬按照他自己提出的意见把十万多的人口迁到了关中。

叔孙通是薛县人。秦朝时以长于文章、知识渊博被征召入宫，等待任命为博士。几年后，陈胜在山东起兵，使者把这个情况报告给朝廷。秦二世召来各位博士、儒生问道：“楚地戍边的士卒攻下蕲县进入陈县，对这件事各位是怎么个看法?”博士以及儒生们三十多人走向前去说：“作臣子的不能聚众，聚众就是造反，这是死罪不能宽赦，希望陛下赶快发兵攻打他们。”秦二世一听就发了火，脸色顿时改了样。这时，叔孙通走上前去说：“各位儒生的话都不对。当今天下已合为一个大家，毁掉郡县城池，销熔各种兵器，向天下人昭示不再用它。何况有贤明的君主君临天下，给下面制定了完备的法令，使人人遵法守职，四方八面都归附朝廷，哪有敢造反的！这只是一伙盗贼行窃罢了，何足挂齿。郡官们正在搜捕他们治罪论处，不值得忧患。”秦二世高兴地说：“好啊。”又向每个儒生问了一遍，儒生们有的说是造反，有的说是盗贼。于是，秦二世命令监察官审查每个儒生说的话，凡说是造反的都交给官吏治罪，秦二世认为他们不该说这样的话。那些说是盗贼的都免掉职务。赐给叔孙通二十匹帛，一套服装，并授给他博士职位。叔孙通走出宫来，回到居舍，一些儒生问道："先生为何说那些阿谀之词？"叔孙通说："各位不知道啊，若非如此，我几乎逃不出虎口！"于是，逃离都城，到了薛县，当时薛县已经投降楚军。等项梁到了薛县，叔孙通便投靠了他。后来，项梁在定陶战死，叔孙通就跟随了楚怀王熊心。怀王被项羽封为义帝，迁往长沙去了，叔孙通便留下侍奉项羽。汉高帝二年(前205)，汉王刘邦带领五个诸侯王攻进彭城，叔孙通就投降了汉王。汉王战败西去，叔孙通也跟了去终于投靠了汉王。

叔孙通总是穿着一身儒生服装，汉王见了非常讨厌。他就换了服装，穿上短袄，而且是按楚地习俗裁制的，汉王见了很是高兴。

当初，叔孙通投降汉王时，跟随的儒生弟子有一百多人。可是，叔孙通从来不说推荐他们的话，而专门称说推荐那些曾经聚众偷盗的勇士。儒生弟子们都暗地骂他道："侍奉先生几年，幸好能跟他投降汉王，如今不能推荐我们，却专门称道特别奸狡的人，有什么道理？"叔孙通听到骂他的话，就对儒生们说："汉王正冒着利箭坚石争夺天下，各位儒生难道能搏斗吗？所以，我先要称道斩将夺旗能冒死厮杀的勇士。各位姑且等等我，我不会忘记你们的。"汉王任命叔孙通做博士，称为稷嗣君。

汉高帝五年（前202），天下已经统一，诸侯们在定陶共同尊推汉王为皇帝，叔孙通负责拟定仪式礼节。当时，汉高帝把秦朝的那些严苛的仪礼法规全部取消，只是拟定了一些简单易行的规矩。可是，群臣在朝廷饮酒作乐争论功劳，醉了有的狂呼乱叫，甚至拔出剑来砍削庭中立柱，高帝为这事感到头疼。叔孙通知道皇帝愈来愈讨厌这类事，就劝说道："那些儒生很难为您进攻夺取，可是能够帮您保守成果。我希望征召鲁地的一些儒生，跟我的子弟们一起制定朝廷上的礼仪。"高帝说："只怕会像过去那样的烦琐难行吧?"叔孙通说："五帝有不同的乐礼，三王有不同礼节。礼，就是按照当时的世事人情给人们制定出节制或修饰的法则。所以，从夏、殷、周三代的礼节有所沿袭、删减和增加的情况看就可以明白这一点，就是说不同朝代的礼节是不相重复的。我愿意略用古代礼节与秦朝的礼仪糅合起来制定新礼节。"皇帝说："可以试着办一下，但要让它容易通晓，考虑我能够做得到的。"

于是，叔孙通奉命征召了鲁地儒生三十多人。鲁地有两个儒生不愿走，说："您所侍奉的将近十位君主，您都是靠当面阿谀奉承取得亲近、显贵的。如今，天下刚刚平定，死去的还来不及埋葬，伤残的还欲动不能，又要制定礼乐法规。从礼乐兴办的根由看，只有积累功德百年以后，才能时兴起来。我们不违心替您办这种事。您办的事不合古法，我们难以从命。您还是走吧，不要玷辱了我们!"叔孙通笑着说："你们真是鄙陋的儒生啊，一点也不懂顺应于时势。"

叔孙通就与征来的三十人一起向西来到都城，他们和皇帝左右有学问的侍从以及叔孙通的弟子一百多人，在郊外拉起绳子表示施礼的处所，立上茅草代表位次的尊卑进行演练。演习了一个多月，叔孙通说："皇帝可以试着来视察一下。"皇帝视察后，让他们向自己行礼，然后说："我能做到这些。"于是，命令群臣都来学习。这时，正巧是十月，能进行岁首朝会的实际排练。

汉高帝七年（前200），长乐宫已经建成，各诸侯王及朝廷群臣都来朝拜皇帝参加岁首大典。那礼仪是：先在天刚亮时，谒者开始主持礼仪，引导着诸侯群臣、文武百官依次进入殿门，廷中排列着战车、骑兵、步兵和宫廷侍卫军士，摆设着各种兵器，竖立着各式旗帜。谒者传呼"小步快走"。于是，所有官员各入其位，大殿下面郎中官员站在台阶两侧，台阶上有几百人之多。凡是功臣、列侯、各级将军军官都按次序排列在西边，面向东；凡文职官员从丞相起依次排列在东边，面向西。大行令安排的九个礼宾官，从上到下地传呼。于是，皇帝乘坐"龙辇"从宫房里出来，百官举起旗帜传呼警备，然后引导着诸侯王以下至六百石以上的各级官员依次毕恭毕敬地向皇帝施礼道贺。诸侯王以下的所有官员没有一个不因这威严仪式而惊惧敬肃的。等到仪式完毕，再摆设酒宴大礼。诸侯百官等坐在大殿上都敛声屏气地低着头，按照尊卑次序站起来向皇帝祝颂敬酒。斟酒九巡，谒者宣布"宴会结束"。最后，监察官员执行礼仪法规，找出那些不符合礼仪规定的人把他们带走。从朝见到宴会的全部过程，没有一个敢大声说话和行动失当的人。大典之后，高帝非常得意地说："我今天才知道当皇帝的尊贵啊。"于是，授给叔孙通太常的官职，赏赐黄金五百斤。

叔孙通顺便进言说："各位弟子儒生跟随我时间很久了，跟我一起制定朝廷仪礼，希望陛下授给他们官职。"高帝让他们都做了郎官。叔孙通出宫后，把五百斤黄金都分赠给各个儒生了。这些儒生都高兴地说："叔孙先生真是大圣人，通晓当代的紧要事务。"

汉高帝九年（前198），高帝调叔孙通任太子太傅。汉高帝十二年（前195），高帝打算让赵王刘如意代替太子。叔孙通向皇帝进谏规劝道："从前，晋献公因为宠幸骊姬的缘故废掉太子，立了傒齐，使晋国大乱几十年，被天下人耻笑。秦始皇因为不早早确定扶苏当太子，让赵高能够用欺诈伎俩立了胡亥，结果令秦朝自取灭亡，这是陛下亲眼见到的事实。现在，太子仁义忠孝，是天下人都知道的。吕后与陛下同经艰难困苦，同吃粗茶淡饭，是患难与共的夫妻，怎么可以背弃她呢！陛下一定要废掉嫡长子而扶立小儿子，我宁愿先受一死，让我的一腔鲜血染红大地。"

高帝说："您算了吧，我只不过是随便说说罢了。"叔孙通说："太子是天下的根基，根基一动摇，天下就会震荡起来，怎么能拿天下的根基之事作为戏言来说呢？"高帝说："我听从您的意见。"等到皇帝设酒宴款待宾客时，看到张良招来的四位年长高士都随从太子进宫拜见，皇帝于是再没有更换太子的想法了。

汉高帝去世，孝惠帝即位，就对叔孙先生说："先帝陵园和宗庙的礼仪，臣子们都不熟悉。"于是，叔孙通又调任太常官职，他制定了宗庙的仪礼法规。此后，又陆续地制定了汉朝诸多仪礼制度。这些都是叔孙通任太常时论定著录的。

汉孝惠帝要到东边的长乐宫去朝拜吕太后，还常有小的谒见，每次出行都要开路清道，禁止通行很是烦扰别人，于是就修了一座天桥，正好建在未央宫武库的南面。叔孙通向孝惠帝报告请示工作，趁机请求秘密地谈话说："陛下怎么能擅自把天桥修建在每月从高寝送衣冠出游到高庙的通道上面呢？高庙是汉朝始祖的所在，怎么能让后代子孙登到宗庙通道的上面行走呢？"孝惠帝听了大为惊恐，说："赶快毁掉它。"叔孙先生说："做君主的不能有错误的举动。现在已经建成了，百姓全知道这件事，如果又要毁掉这座天桥，那就是显露您有错误的举动。希望陛下在渭水北面另立一座原样的祠庙，把高帝衣冠在每月出游时送到那里，更要增多、增广宗庙，这是大孝的根本措施。"皇帝就下诏令让有关官吏另立一座祠庙。这座另立的祠庙建造起来，就是由于天桥的缘故。

孝惠帝曾在春天到离宫出游，叔孙先生说："古时候有春天给宗庙进献樱桃果的祭祀之礼，现在正当樱桃成熟的季节，可以进献。希望陛下出游时，顺便采些樱桃回来祭献宗庙。"皇帝答应办这件事。以后进献各种果品的礼仪就是由此兴盛的。

太史公说："有道是'价值千金的皮裘衣，不是一只狐狸的腋皮；楼台亭榭的椽子，不是一棵树上的枝条；夏、商、周三代的当时业绩，也不是一个贤士的才智'。确实如此呀！高祖从低微的平民起事，平定了天下，谋划大计，用兵作战，可以说极尽能事了。然而，刘敬摘下拉车的横木去见皇帝一次进言，便建立了万代相传的稳固大业，才能智慧怎么能会少数人专有呀！叔孙通善于看风使舵，度量事务，制定礼仪法规或取或舍，能够随着时世来变化，最终成了汉代儒家的宗师。'最正直的好似弯曲，事理本来就是曲折向前的'，大概说的就是这类事情吧?"

第八十二卷　季布栾布列传第四十

本传除记述季布、栾布二人的生平事迹外，还记载了季心和丁公的事迹。

季布和丁公曾是项羽的部下，在楚汉战争中替项羽攻打刘邦，这本是很自然的事情。但在刘邦战胜项羽后，他们都遭了殃。刘邦出千金悬赏捉拿季布，并下令有胆敢窝藏季布的要夷灭三族；丁公在与刘邦的战斗中被其诈骗，事后却以对项王不能尽忠、使项王失去天下为名斩首示众。栾布因对刘邦猜忌功臣不满，在彭越被杀后毅然为其收尸，结果被捉来要用汤镬煮死，幸而据理力争，才得以免祸。文章中的这些叙述和描写，揭示了封建时代的一条规律：胜者王侯败者囚。同时，也揭露了刘邦的气量狭小、狡诈和残忍。司马迁对刘邦这样一个开国皇帝的揭露，充分表现了他的进步思想和大无畏精神，这是后代正统史家所无法相比的。

季布和栾布都出身社会下层，他们讲义气，重信用，爱打抱不平，具有侠客的特点。季布作战英勇，扬名楚地。他不阿谀逢迎，不随声附和，也不惧权贵，即使在吕后面前也敢直言进谏。栾布知恩报恩，重义轻生，视死如归。在他们身上，体现了我国古代劳动人民的许多优秀品质。

司马迁写这篇传记是饱含感情的。他一面赞扬季布、栾布的优秀品质，称赞他们是英雄好汉，视死如归，重义轻生，死得其所；一面又对刘邦的奸诈、猜忌、残忍和气量狭小等丑恶方面进行大胆的揭露，使其形成鲜明的对比，从而表现了他强烈的爱憎感情。文中有些对话，像季布当廷对樊哙的指责、栾布对刘邦的反驳，理由充分，说理深刻，有极强的说服力。语言符合人物的身份，从而也表现了人物的性格。

【原文】

季布者，楚人也。为气任侠[1]，有名于楚。项籍使将[2]兵，数窘汉王[3]。及项羽灭，高祖购求[4]布千金。敢有舍匿[5]，罪及三族[6]。季布匿濮阳周氏。周氏曰："汉购将军急，迹且[7]至臣家，将军能听臣，臣敢献计；即不能，愿先自刭[8]。"季布许之。乃髡钳[9]季布，衣褐衣[10]，置广柳车[11]中，并与其家僮[12]数十人，之鲁朱家[13]所卖之。朱家心知是季布，乃买而置之田[14]。诫其子曰："田事听此奴[15]，必与同食。"朱家乃乘轺车[16]之雒阳，见汝阴侯[17]滕公。滕公留朱家饮数日。因谓滕公曰："季布何大罪，而上求之急也?"滕公曰："布数为项羽窘上[18]，上怨之，故必欲得之。"朱家曰："君视季布何如人也?"曰："贤者也。"朱家曰："臣各为其主用，季布为项籍用，职[19]耳。项氏臣可尽诛邪？今上始得天下，独[20]以己之私怨求一人，何示天下之不广[21]也！且以季布之贤而汉求之急如此，此不北走胡即南走越耳。夫忌壮士以资敌国，此伍子胥所以鞭荆平王[22]

之墓也。君何不从容为上言邪?”汝阴侯滕公心知朱家大侠，意[23]季布匿其所，乃许曰：“诺。”待间[24]，果言如朱家指[25]。上乃赦季布。当是时，诸公皆多季布能摧刚为柔[26]，朱家亦以此闻名当世。季布召见，谢，上拜[27]为郎中。

【注释】

①为气任侠：好逞意气而以侠义自任。气，意气。②将：率领。③数：屡次。窘：困迫。汉王：指刘邦。④购求：悬赏征求。⑤舍匿：窝藏。⑥三族：指父母、兄弟、妻子。一说指父族、母族、妻族。⑦迹：追踪。且：将要。⑧自刭：自杀。⑨髡钳：古代的一种刑罚。剃去头发，颈上束铁箍。这里周氏是让季布扮作一个犯罪的囚徒。⑩褐衣：粗布衣服。⑪广柳车：运输货物用的大车。一说是运棺材的丧车。⑫僮：奴仆。⑬朱家：汉初著名游侠。⑭置之田：指安置在田地中耕作。⑮田事听此奴：谓田里的事情听这个佣人的吩咐。⑯轺车：小型轻便的马车。⑰汝阴侯：即夏侯婴。以其曾任滕县令，故称滕公。楚人称县令为公。⑱上：指汉高祖刘邦。⑲职：指职分内的事。⑳独：只，仅。㉑不广：指气度狭隘。㉒伍子胥鞭荆平王：指伍子胥为报杀父、杀兄之仇，鞭打楚平王（即荆平王）之尸事。详见《伍子胥列传》，参见《楚世家》。㉓意：猜测，预料。㉔待间：等待机会。㉕指：通“旨”，意旨。㉖多：称赏。摧刚为柔：指改变气质，变过去的刚强性格为柔顺。㉗拜：授给官职。

【原文】

孝惠[①]时，为中郎将。单于尝为书嫚吕后[②]，不逊[③]，吕后大怒，召诸将议之。上将军樊哙曰："臣愿得十万众，横行[④]匈奴中。"诸将皆阿[⑤]吕后意，曰："然"。季布曰："樊哙可斩也！夫高帝将兵四十余万众，困于平城[⑥]，今哙奈何以十万众横行匈奴中，面欺！且秦以事于胡[⑦]，陈胜等起[⑧]。于今创痍未瘳[⑨]，哙又面谀[⑩]，欲摇动天下。"是时殿上皆恐，太后罢朝[⑪]，遂不复议击匈奴事。

【注释】

①孝惠：即汉惠帝刘盈。②单于：匈奴君主的称号。嫚：侮辱。吕后：即吕雉，汉高祖刘邦的皇后。③不逊：指有不敬重的话。④横行：往来冲杀，无所阻挡。⑤阿：附和，迎合。⑥困于平城：汉高祖七年（前200），韩王信勾结匈奴谋反，刘邦领兵四十余万前往平息，在平城被冒顿单于围困达七日，后用陈平之计方得解围。事见《高祖本纪》《陈丞相世家》《韩信卢绾列传》等。⑦秦以事于胡：秦王朝因为对匈奴用兵。⑧陈胜等起：指陈胜、吴广起义。⑨痍：创伤。瘳（chōu）：病愈。⑩面谀：当面逢迎讨好。⑪罢朝：停止朝议。

【原文】

季布为河东守[①]，孝文[②]时，人有言其贤者，孝文召，欲以为御史大夫。复有言其勇，使酒[③]难近。至[④]，留邸[⑤]一月，见罢[6]。季布因进曰："臣无功窃宠，待罪河东。陛下无故召臣，此人必有以臣[7]欺陛下者；今臣至，无所受事，罢去，此人必有以毁臣者。夫陛下以一人之誉而召臣，一人之毁而去臣，臣恐天下有识闻之有以窥[8]陛下也。"上默然惭，良久曰："河东吾股肱[9]郡，故特召君耳。"布辞之官[10]。

【注释】

①守：指郡守。②孝文：即汉文帝刘恒。③使酒：发酒疯。④至：指到达长安。⑤邸：客馆。⑥见罢：指文帝召见完了。⑦以臣："以誉臣"的意思。⑧有识：指有识见的人。窥：窥测。⑨股肱：比喻辅佐。股，大腿。肱，手臂。⑩辞：指辞别文帝。之官：回到河东郡守的原任。

【原文】

楚人曹丘生[1]，辩士[2]，数招权顾[3]金钱。事贵人赵同[4]等，与窦长君善[5]。季布闻之，寄书谏窦长君曰："吾闻曹丘生非长者[6]，勿与通[7]。"及[8]曹丘生归，欲得书请季布。窦长君曰："季将军不说[9]足下，足下无往。"固请[10]书，遂行。使人先发书[11]，季布果大怒，待曹丘。曹丘至，即揖[12]季布曰："楚人谚曰：'得黄金百，不如得季布一诺'，足下何以得此声于梁楚间哉？且仆楚人，足下亦楚人也。仆游扬[13]足下之名于天下，顾不重[14]邪？何足下距仆之深[15]也！"季布乃大说，引入，留数月，为上客，厚送之。季布名所以益闻者，曹丘扬之也。

【注释】

①生：犹言“先生”。②辩士：擅长辞令的人。③招权：借重权势。顾：通“雇”，酬。④贵人赵同：即当时的宦官赵谈。司马迁的父亲名谈，为避讳，改“谈”为“同”。⑤善：指有交情。⑥长者：厚道人。⑦通：交往。⑧及：等到。⑨说：通“悦”，喜欢。⑩固请：坚决要求。⑪先发书：犹言先把介绍信送去。⑫揖：拱手礼。旧时行拱手礼表示不亢不卑。⑬游扬：到处宣扬。⑭顾：难道。重：有力量。⑮距：通“拒”。深：甚。

【原文】

季布弟季心，气盖[①]关中，遇人恭谨[②]，为任侠，方[③]数千里，士皆争为之死[④]。尝[⑤]杀人，亡之吴[⑥]，从袁丝匿[⑦]。长事[⑧]袁丝，弟畜[⑨]灌夫、籍福之属。尝为中司马，中尉郅都不敢不加礼。少年多时时窃籍[⑩]其名以行。当是时，季心以勇，布以诺，著闻关中。

【注释】

①气：指勇气。或谓指义气，亦可通。盖：超过，胜过。②遇人恭谨：待人恭敬谨慎。③方：周围。④为之死：替他效死。⑤尝：曾经。⑥亡之吴：逃跑到吴地。⑦匿：隐藏。⑧长事：用对兄长的礼节侍奉。⑨弟畜：像对待弟弟一样对待。畜，对待。⑩窃：偷偷地，暗地里。籍：通“借”，假借，凭借。

【原文】

季布母弟[1]丁公，为楚将。丁公为项羽逐窘高祖彭城西，短兵[2]接，高祖急，顾[3]丁公曰："两贤岂相厄[4]哉！"于是丁公引兵而还，汉王遂解去。及项王灭，丁公谒见[5]高祖。高祖以丁公徇[6]军中，曰："丁公为项王臣不忠，使项王失天下者，乃丁公也。"遂斩丁公，曰："使后世为人臣者无效[7]丁公！"

【注释】

①母弟：即舅舅。②兵：武器。③顾：回头看。④两贤：指丁公和刘邦自己。厄：煎迫。⑤谒见：拜见。⑥徇：示众。⑦效：模仿。

【原文】

栾布者，梁人也。始梁王彭越为家人[1]时，尝与布游[2]。穷困，赁佣[3]于齐，为酒人保[4]。数岁，彭越去之钜野中为盗，而布为人所略卖[5]，为奴于燕。为其家主报仇，燕将臧荼举以为都尉。臧荼后为燕王，以布为将。及臧荼反，汉击燕，虏布。梁王彭越闻之，乃言上，请赎布以为梁大夫。

【注释】

①家人：平民。②游：交往。③赁佣：受人雇佣。④保：佣工。⑤略卖：被人劫掠出卖。

【原文】

使于齐，未还，汉召彭越，责以谋反[1]，夷[2]三族。已而枭[3]彭越头于雒阳下，诏曰："有敢收[4]视者，辄[5]捕之。"布从齐还，奏事彭越头下，祠[6]而哭之。吏捕布以闻[7]。上召布，骂曰："若[8]与彭越反邪？吾禁人勿收，若独祠而哭之，与越反明矣。趣亨[9]之。"方提趣汤[10]，布顾曰："愿一言而死。"上曰："何言？"布曰："方上之困于彭城，败荥阳、成皋间，项王所以不能遂西[11]，徒[12]以彭王居梁地，与汉合从[13]苦楚也。当是之时，彭王一顾[14]，与[15]楚则汉破，与汉而楚破。且垓下之会，微[16]彭王，项氏不亡。天下已定，彭王剖符[17]受封，亦欲传之万世。今陛下一征兵[18]于梁，彭王病不行，而陛下疑以为反，反形未见[19]，以苛小案[20]诛灭之，臣恐功臣人人自危也。今彭王已死，臣生不如死，请就亨。"于是上乃释布罪，拜为都尉。

【注释】

①责以谋反：以谋反的罪名责罚。②夷：灭。③枭：悬首示众。④收：收殓。⑤辄：立即。⑥祠：祭祀。⑦闻：指报告皇帝。⑧若：你。⑨趣（cù）：通"促"，赶快。亨：通"烹"，古代用鼎镬煮杀人的一种酷刑。⑩提：抬起。趣：奔赴。汤：汤镬。⑪遂西：顺利向西进发。汉王刘邦困彭城、败荥阳等事见《高祖本纪》等篇。下文所谈彭越在汉楚之争中的作用云云，参见《魏豹彭越列传》等。⑫徒：只。⑬合从：即"合纵"，这里是联合的意思。⑭一顾：掉头一走，指与楚或汉一方分裂。⑮与：联合，结盟。⑯微：非，没有。⑰剖符：古代帝王分封诸侯或功臣时，把符节剖分为二，双方各执其半，以示信用。⑱征兵：指汉高祖十年（前197），陈豨在

代地谋反，刘邦前往征讨。至邯郸，向彭越征兵，彭越托病不行，刘邦以为他谋反。事见《魏豹彭越列传》。⑲见：通“现”。⑳苛小：苛求小事。案：通“按”，判罪。

【原文】

孝文时，为燕相，至将军。布乃称[①]曰：“穷困不能辱身下志[②]，非人也！富贵不能快意[③]，非贤也。”于是尝有德者厚报之，有怨者必以法灭之。吴、楚反[④]时，以军功封俞侯，复为燕相。燕齐之间皆为栾布立社[⑤]，号曰栾公社。

景帝中五年[⑥]薨。子贲嗣[⑦]，为太常，牺牲不如令[⑧]，国除[⑨]。

【注释】

①称：宣扬。②辱身下志：曲身受辱而降志。下，降低。③快意：遂心满意。④吴、楚反：指汉景帝三年（前154）以吴王刘濞为主谋的七个诸侯国发动的武装叛乱。事见《吴王濞列传》。⑤社：祠庙。⑥景帝中五年：前145年。⑦嗣：继承。⑧牺牲：古代祭祀所用牲畜的通称。不如令：不按照法令规定。⑨国除：封国被废除。

【原文】

太史公曰：以项羽之气[①]，而季布以勇显于楚，身屦军搴[②]旗者数矣，可谓壮士。然至被刑戮[③]，为人奴而不死，何其下也！彼必自负其材[④]，故受辱而不羞，欲有所用其未足[⑤]也，故终为汉名将。贤者诚重其死。夫婢妾贱人感慨而自杀者，非能勇也，其计画无复之[6]耳。栾布哭彭越，趣汤如归[7]者，彼诚知所处，不自重其死。虽往古烈士[8]，何以加[9]哉！

【注释】

①气：气概。②屦：践踏，一说“屦”当为“覆”，消灭。搴：拔取。③被：遭受。刑戮：指受髡钳之刑。④材：才干。⑤用其未足：发挥他未曾施展的才干。⑥计画无复之：指打算谋虑无法实现。⑦趣汤如归：意谓把死看得像回家一样。⑧烈士：指重视建立功业或重义轻生的人。⑨加：超过。

【译文】

季布是楚地人，为人好逞意气，爱打抱不平，在楚地很有名气。项羽派他率领军队，曾屡次使汉王刘邦受到困窘。等到项羽灭亡以后，汉高祖出千金悬赏捉拿季布，并下令有胆敢窝藏季布的论罪要灭三族。季布躲藏在濮阳一个姓周的人家。周家说：“汉王朝悬赏捉拿你非常紧急，追踪搜查就要到我家来了。将军您若能够听从我的话，我才敢给你献个计策；如果不能，我情愿先自杀。”季布答应了他。周家便把季布的头发剃掉，用铁箍束住他的脖子，穿上粗布衣服，把他放在运货的大车里，将他和周家的几十个奴仆一同出卖给鲁地的朱家。朱家心里知道是季布，便买了下来安置在田地里耕作，并且告诫他的儿子说：“田间耕作的事，都要听从这个佣人的吩咐，一定要和他吃同样的饭。”朱家便乘坐轻便马车到洛阳去了，拜见了汝阴侯滕公。滕公留朱家喝了几天酒。朱家乘机对滕公说：“季布犯了什么大罪，皇上追捕他这么急迫？”滕公说：“季布多次替项羽窘迫皇上，皇上怨恨他，所以一定要抓到他才干休。”朱家说：“您看季布是怎样的一个人呢？”滕公说：“他是一个有才能的人。”朱家说：“做臣下的各受自己的主上差遣，季布受项羽差遣，这完全是职分内的事。项羽的臣下难道可以全都杀死吗？现在皇上刚刚夺得天下，仅仅凭着个人的怨恨去追捕一个人，为什么要向天下人显示自己器量狭小呢！再说，凭着季布的贤能，汉王朝追捕又如此急迫，这样，他不是向北逃到匈奴去，就是要向南逃到越地去了。这种忌恨勇士而去资助敌国的举动，就是伍子胥要鞭打楚平王尸体的原因了。您为什么不寻找机会向皇上说明呢？”汝阴侯滕公知道朱家是位大侠客，猜想季布一定隐藏在他那里，便答应说：“好。”滕公等待机会，果真按照朱家的意思向皇上奏明。皇上于是就赦免了季布。在这个时候，许多有名望的人物都称赞季布能变刚强为柔顺，朱家也因此而在当时出了名。后来，季布被皇上召见，表示服罪，皇上任命他做了郎中。

汉惠帝的时候，季布担任中郎将。匈奴王单于曾经写信侮辱吕后，出言不逊。吕后大为恼火，召集众位将领来商议这件事。上将军樊哙说：“我愿带领十万人马，横扫匈奴。”各位将领都迎合吕后的心意，齐声说：“好。”季布说：“樊哙这个人真该斩首啊！当年，高皇帝率领四十万大军尚且被围困在平城，如今樊哙怎么能用十万人马就横扫匈奴呢？这是当面撒谎！再说秦王朝正因为对匈奴用兵，才引起陈胜等人起义造反。直到现在创伤还没有治好，而樊哙又当面阿谀逢迎，想要使天下动荡不安。”在这个时候，殿上的将领都感到惊恐，吕后因此退朝，终于不再议论攻打匈奴的事了。

季布做了河东郡守。汉文帝的时候，有人说他很有才能，汉文帝便召见他，打算任命他做御史大夫。又有人说他很勇敢，但好发酒疯，难以接近。季布来到京城长安，在客馆居留了一个月，皇帝召见之后就让他回原郡。季布因此对皇上说：“我没有什么功劳，却受到了您的恩宠，在河东郡任职。现在，陛下无缘无故地召见我，这一定是有人妄誉我来欺骗陛下。现在，我来到了京城，没有接受任何事务，就此作罢，遣回原郡，这一定是有人在您面前毁谤我。陛下因为一个人赞誉我就召见，又因为一个人的毁谤而要我回去，我担心天下有见识的人听了这件事，就窥探出您为人处世的深浅了。”皇上默然不作声，觉得很难为情，过了很久才说道：“河东对我来说是一个最重要的郡，好比是我的大腿和臂膀，所以我特地召见你啊！”于是，季布就辞别了皇上，回到了河东郡守的原任。

楚地有个叫曹丘的先生，擅长辞令，能言善辩，多次借重权势获得钱财。他曾经侍奉过赵同等贵人，与窦长君也有交情。季布听到了这件事，便寄了一封信劝窦长君说：“我听说曹丘先生不是个德高望重的人，您不要和他来往。”等到曹丘先生回乡，想要窦长君写封信介绍他去见季布。窦长君说：“季将军不喜欢您，您不要去。”曹丘坚决要求窦长君写介绍信，终于得到，便起程去了。曹丘先派人把窦长君的介绍信送给季布，季布接了信果然大怒，等待着曹丘的到来。曹丘到了，就对季布作了个揖，说道："楚人有句谚语说：'得到黄金百斤，比不上得到您季布的一句诺言。'您怎么能在梁、楚一带获得这样的声誉呢？再说我是楚地人，您也是楚地人。由于我到处宣扬，您的名字天下人都知道，难道我对您的作用还不重要吗？您为什么这样坚决地拒绝我呢！"季布于是非常高兴，请曹丘进来，留他住了几个月，把他作为最尊贵的客人，送他丰厚的礼物。季布的名声之所以远近闻名，这都是曹丘替他宣扬的结果啊！

季布的弟弟名叫季心，他的勇气胜过关中所有的人。待人恭敬谨慎，因为好打抱不平，周围几千里的士人都争着替他效命。季心曾经杀过人，逃到吴地，隐藏在袁丝家中。季心用对待兄长的礼节侍奉袁丝，又像对待弟弟一样对待灌夫、籍福这些人。他曾经担任中尉下属的司马，中尉郅都也不敢不以礼相待。许多青年人常常暗中假冒他的名义到外边去行事。在那个时候，季心因勇敢而出名，季布因重诺言而出名，都在关中名声显著。

季布的舅舅丁公担任楚军将领。丁公曾经在彭城西面替项羽追击汉高祖，使高祖陷于窘迫的处境。在短兵相接的时候，高祖感到危机，回头对丁公说："我们两个好汉难道要互相为难吗！"于是，丁公领兵返回，汉王便脱身解围。等到项羽灭亡以后，丁公拜见高祖。高祖捉拿丁公，于军营中示众，说道："丁公做项王的臣下不能尽忠，使项王失去天下的，就是丁公啊！"于是就斩了丁公，说道："让后代做臣下的人不要仿效丁公!”

栾布是梁地人。当初梁王彭越做平民的时候，曾经和栾布交往。栾布家里贫困，在齐地被人雇用，替卖酒的人家做佣工。过了几年，彭越来到钜野做强盗，而栾布却被人强行劫持出卖，到燕地去做奴仆。栾布曾替他的主人家报了仇，燕将臧荼推荐他担任都尉。后来臧荼做燕王，就任用栾布做将领。等到臧荼反叛，汉王朝进攻燕国的时候，俘虏了栾布。梁王彭越听到了这件事，便向皇上进言，请求赎回栾布，让他担任梁国的大夫。

后来，栾布出使到齐国，还没返回来，汉王朝召见彭越，以谋反的罪名责罚他，诛灭了彭越的三族。之后，又把彭越的头悬挂在洛阳城门下示众，并且下命令说:“有敢来收殓或探视的，就立即逮捕他。”这时，栾布从齐国返回，便把自己出使的情况，在彭越的脑袋下面汇报，边祭祀边哭泣。官吏逮捕了他，并将此事报告了皇上。皇上召见栾布，骂道:“你要和彭越一同谋反吗?我禁令任何人不得收尸，你偏偏要祭他哭他，那你同彭越一起造反已经很清楚了。赶快把他烹杀!”皇帝左右的人正抬起栾布走向汤镬的时候，栾布回头说:“希望能让我说句话再死。”皇上说:“说什么?”栾布说:“当皇上你被困彭城，兵败于荥阳、成皋一带的时候，项王之不能顺利西进，就是因为彭王据守着梁地，跟汉军联合而给楚为难啊。在那个时候，只要彭王掉头一走，跟楚联合，汉就失败;跟汉联合，楚就失败。再说垓下之战，没有彭王，项羽不会灭亡。

现在天下已经安定了，彭王接受符节受了封，也想把这个封爵世世代代地传下去。现在陛下仅仅为了到梁国征兵，彭王因病不能前来，陛下就产生怀疑，认为他要谋反，可是谋反的形迹没有显露，却因苛求小节而诛灭了他的家族，我担心有功之臣人人都会感到自己危险了。现在彭王已经死了，我活着倒不如死去的好，就请您烹了我吧。”于是，皇上就赦免了栾布的罪过，任命他做都尉。

汉文帝的时候，栾布担任燕国国相，又做了将军。栾布曾扬言：“在自己穷困潦倒的时候，不能辱身降志的，不是好汉；等到了富有显贵的时候，不能称心快意的，也不是贤才。”于是，对曾经有恩于自己的人，便优厚地报答他；对有怨仇的人，一定用法律来除掉他。吴、楚七国反叛时，栾布因打仗有功被封为俞侯，又做燕国的国相。燕、齐这些地方都替栾布建造祠庙，叫作栾公社。

汉景帝中元五年（前 145），栾布去世。他的儿子栾贲继承爵位，担任太常，因祭祀所用的牲畜不合法令的规定，封国被废除。

太史公说：“以项羽那种气概，季布靠勇武在楚地扬名，他亲身消灭敌军，拔取敌人军旗多次，可算得上是好汉了。然而，他遭受刑罚，给人做奴仆不肯死去，显得多么卑下啊！他一定是自负有才能，这才蒙受屈辱而不以为羞耻，以期发挥他未曾施展的才干，所以终于成了汉朝的名将。贤能的人真正能够看重他的死，至于奴婢、姬妾这些低贱的人因为感愤而自杀的，算不得勇敢，那是因为他们认为再也没有别的办法了。栾布痛哭彭越，把赴汤镬就死看得如同回家一样，他真正晓得要死得其所，而不是吝惜自己的生命。即使是古代重义轻生的人，又怎么能超过他呢！”

第八十三卷　袁盎晁错列传第四十一

本传是袁盎和晁错的合传。袁盎在汉文帝时，深得信任，所言皆听，但到汉景帝时，却被查办，降为庶人。而在文帝时，默默无闻的晁错曾数十次上书也不被采纳。到景帝时，因与之密切，却官运亨通，青云直上，权倾九卿，不可一世。真可谓一朝天子一朝臣。晁错削藩，目的是加强中央集权，巩固刘氏王朝的统治。但在吴楚叛乱的危急时刻，景帝亲自下令将其杀死，由此可见统治者的残忍无情。司马迁在《袁盎晁错列传》中对此都有细致的描写和深刻的反映。

袁盎为人直言敢谏，有较浓厚的儒家思想意识，他强调等级名分，要求人们都按“礼”的规定行事，不能有僭越行为。文章中所写袁盎与皇帝、后妃、丞相、诸侯王的几件事情，都是围绕着这一中心来选材的。通过对这些典型事件的精细刻画，把袁盎的性格特征鲜明地凸显了。与袁盎不同，晁错受法家思想影响极深，要求依法行事。为此，他不顾大臣们的反对，对法令多次更正修改。他主张加强中央集权，削减诸侯王的势力。为此，他不仅置大臣们的反对于不顾，连父亲的劝说也拒绝了。文中写晁错，主要写他的“陗直刻深”，似乎不近人情，这给人留下了深刻印象。

这篇文章不仅能紧紧围绕表现人物的性格特点来选取典型事件，而且能把两个人的合传写得浑然一体。文中对袁盎、晁错两人生平事迹的叙述有分有合，分得清楚，合得自然，既条理井然，又结构完整。

【原文】

袁盎者，楚人也，字丝。父故[①]为群盗，徙处[②]安陵。高后[③]时，盎尝为吕禄舍人[④]。及孝文帝[⑤]即位，盎兄哙任[⑥]盎为中郎。

绛侯[⑦]为丞相，朝罢趋[⑧]出，意得甚。上[⑨]礼之恭，常自送之。袁盎进曰："陛下以丞相何如人?"上曰："社稷[⑩]臣。"盎曰："绛侯所谓功臣，非社稷臣。社稷臣主在与在[⑪]，主亡与亡[⑫]。方吕后时，诸吕用事[⑬]，擅相王，刘氏不绝如带[⑭]。是时绛侯为太尉，主兵柄[⑮]，弗能正[⑯]。吕后崩，大臣相与共畔[⑰]诸吕，太尉主兵，适会[⑱]其成功，所谓功臣，非社稷臣。丞相如有骄主色，陛下谦让，臣主失礼，窃为陛下不取也。"后朝，上益庄[⑲]，丞相益畏。已而绛侯望[⑳]袁盎曰："吾与而兄善[㉑]，今儿[㉒]廷毁我!"盎遂不谢。

及绛侯免相之国[㉓]，国人[㉔]上书告以为反，征系清室[㉕]，宗室诸公莫敢为言，唯袁盎明绛侯无罪。绛侯得释，盎颇有力。绛侯乃大与盎结交[㉖]。

【注释】

①故：从前，过去。②徙：搬迁。处：定居。③高后：即

吕后吕雉。④舍人：家臣。⑤孝文帝：即汉文帝刘恒。⑥任：保举。汉代规定，凡职位在二千石以上的官员，任职三年之后，可以保举儿子或同胞兄弟一人为郎。⑦绛侯：周勃。⑧趋：小步快走，表示恭敬。⑨上：皇上。指汉文帝。⑩社稷："社"指土神，"稷"指谷神，古代帝王都祭祀社稷，故以社稷代指国家。⑪主在与在：指与皇帝共存。⑫主亡与亡：指与皇帝共亡。⑬用事：掌权。⑭不绝如带：像带子一样微细，几乎快要断绝。喻刘氏王朝的命脉处于危险之中。⑮主兵柄：掌握兵权。柄，权柄。⑯正：匡正。⑰畔：通"叛"，背叛。⑱适会：恰好遇到。⑲庄：指有威严。⑳望：怨恨。㉑而：你。善：有交情。㉒儿：犹今语之"小子"，含轻蔑意。㉓之国：指回到自己的封地。之，到。㉔国人：指封国中的人。㉕系：囚禁。清室：也作"请室"，专门囚禁官吏的监狱。㉖结交：结为朋友。

【原文】

淮南厉王[①]朝，杀辟阳侯[②]，居处[③]骄甚。袁盎谏曰："诸侯大骄必生患，可適削地。"上弗用。淮南王益横[④]。及棘蒲侯柴武太子谋反事觉[⑤]，治[⑥]，连淮南王，淮南王征，上因迁[⑦]之蜀，辎车[⑧]传送。袁盎时为中郎将，乃谏曰："陛下素[⑨]骄淮南王，弗稍禁，以至此，今又暴[⑩]摧折之。淮南王为人刚，如有遇雾露行道死，陛下竟为以天下之大弗能容，有杀弟之名，奈何？"上弗听，遂行之。

【注释】

①淮南厉王：即刘长，汉高祖刘邦的小儿子。②辟阳侯：指吕后的宠臣审食其，曾为左丞相。刘长之母曾因赵相贯高谋杀高祖刘邦事（事见《高祖本纪》）受牵连入狱，刘长的舅舅通过辟阳侯求吕后向高帝说情，吕后不答应，辟阳侯也未力争。后刘长母自杀。刘长忌恨辟阳侯，便乘来朝之机，杀死了他。事见《淮南衡山列传》。③居处：指平时待人处事。④益横：更加骄横。淮南王骄横事详见《淮南衡山列传》。⑤棘蒲侯柴武太子：名奇，其谋反事见《淮南衡山列传》。⑥治：追究查办。⑦迁：贬谪。⑧辎车：囚车。⑨素：向来。⑩暴：又猛又急；突然。

【原文】

淮南王至雍，病死，闻，上辍[①]食，哭甚哀。盎入，顿首[②]请罪。上曰："以不用公言至此。"盎曰："上自宽，此往事，岂可悔哉！且陛下有高世之行者三，此不足以毁名。"上曰："吾高世行三者何事？"盎曰："陛下居代[③]时，太后[④]尝病，三年，陛下不交睫[⑤]，不解衣，汤药非陛下口所尝弗进。夫曾参以布衣[⑥]犹难之，今陛下亲以王者脩[⑦]之，过曾参孝远矣。夫诸吕用事，大臣专制，然陛下从代乘六乘传[⑧]驰不测之渊，虽贲育[⑨]之勇不及陛下。陛下至代邸[⑩]，西向让天子位者再[⑪]，南面让天子位者三。夫许由[⑫]一让，而陛下五以天下让，过许由四矣。且陛下迁淮南王，欲以苦其志，使改过，有司[⑬]卫不谨，故病死。"于是上乃解，曰："将奈何？"盎曰："淮南王有三子，唯在陛下耳。”于是文帝立其三子皆为王。盎由此名重朝廷。

【注释】

①辍：停止。②顿首：叩头。③居代：刘恒称帝前曾为代王。④太后：指刘恒之母薄太后。⑤交睫：合眼。⑥布衣：平民。⑦脩：通“修”，实行。⑧乘传：古代驿站用四匹下等马拉的车。⑨贲育：指孟贲、夏育，两位古代勇士。⑩邸：客馆。⑪再：两次。⑫许由：又称洗耳翁。传说尧打算把君位让给他，他逃往箕山，农耕而食。⑬有司：这里指护卫官吏。

【原文】

袁盎常引大体[①]忼慨。宦者赵同以数幸[②]，常害袁盎，袁盎患之。盎兄子种为常侍骑，持节夹乘[③]，说[④]盎曰：“君与斗，廷辱之，使其毁不用。”孝文帝出，赵同参乘[⑤]，袁盎伏车前曰：“臣闻天子所与共六尺舆者，皆天下豪英。今汉虽乏人，陛下独奈何与刀锯余人[⑥]载！”于是上笑，下赵同。赵同泣下车。

【注释】

①大体：指有关大局的道理。②赵同：本名赵谈，司马迁为避父讳，改“谈”为“同”。以数幸：由于多次得宠。幸，宠爱。下文“幸之”之“幸”义同此。③节：符节。夹乘：皇帝左右的护卫。④说：劝说。⑤参乘：坐在车右的侍卫。⑥刀锯余人：指受过宫刑的人，即指宦官。

【原文】

文帝从霸陵上，欲西驰下峻阪[①]。袁盎骑，并车揽辔[②]。上曰："将军怯邪?"盎曰："臣闻千金之子坐不垂堂[③]，百金之子不骑衡[④]，圣主不乘危而徼幸[⑤]。今陛下骋六骓[⑥]，驰下峻山，如有马惊车败[⑦]，陛下纵自轻，奈高庙[⑧]、太后何?"上乃止。

【注释】

①峻阪：陡坡。②揽辔：拉着马缰绳。③垂堂：靠近房檐。④骑衡：倚在楼台的栏杆上。⑤徼幸：通"侥幸"。⑥骓：驾在辕马旁边的马，也叫"骖"。⑦如：假如。败：毁坏。⑧高庙：汉高祖刘邦的庙。

【原文】

上幸上林[①]，皇后、慎夫人[②]从。其在禁中[③]，常同席坐。及坐，郎署长布席，袁盎引却[④]慎夫人坐。慎夫人怒，不肯坐。上亦怒，起，入禁中。盎因前说曰："臣闻尊卑有序则上下和。今陛下既已立后，慎夫人乃妾，妾主岂可与同坐哉!适[⑤]所以失尊卑矣。且陛下幸之，即厚赐之。陛下所以为慎夫人，适所以祸之。陛下独不见'人彘[⑥]'乎?"于是上乃说[⑦]，召语[⑧]慎夫人。慎夫人赐盎金五十斤。

【注释】

①幸：此指帝王驾临。上林：即上林苑。秦汉帝王的游猎场所，在今陕西省西安市西南。②皇后：指窦皇后。慎夫人：

刘恒的妾。③禁中：宫中。④引却：向后拉退。⑤适：恰好。⑥独：难到。人彘：人猪，指戚夫人。戚夫人为高祖刘邦的宠妾，刘邦想立戚夫人所生的儿子赵王如意为太子。刘邦死后，吕后派人将戚夫人囚禁，并将其手足砍断，挖去双眼，熏烧耳朵，饮喑药哑嗓，然后抛弃在厕所中，称为“人彘”。见《吕太后本纪》。⑦说：通“悦”。⑧语：告诉。

【原文】

然袁盎亦以数直谏，不得久居中①，调为陇西都尉。仁爱士卒，士卒皆争为死。迁②为齐相。徙③为吴相，辞行，种谓盎曰：“吴王④骄日久，国多奸。今苟欲劾治⑤，彼不上书告君，即利剑刺君矣。南方卑湿⑥，君能日饮⑦，毋何⑧，时说王曰毋反而已。如此幸得脱。”盎用种之计，吴王厚遇盎。

【注释】

①中：指朝廷。②迁：此指提升。③徙：调动。④吴王：刘濞。⑤苟：如果。劾治：揭发惩治。⑥卑湿：指地势低下潮湿。卑，下。⑦饮：指喝酒。⑧毋何：不要管什么事。

【原文】

盎告归，道逢丞相申屠嘉，下车拜谒，丞相从车上谢袁盎。袁盎还，愧其吏①，乃之②丞相舍上谒，求见丞相。丞相良久而见之。盎因跪曰：“愿请间③。”丞相曰：“使④君所言公事，之曹⑤与长史掾议，吾且奏之；即私邪⑥，吾不受私语。”袁盎即跪说曰：“君为丞相，自度孰与⑦陈平、绛侯？”

丞相曰："吾不如。"袁盎曰："善，君即自谓不如。夫陈平、绛侯辅翼[⑧]高帝，定天下，为将相，而诛诸吕，存刘氏；君乃为材官蹶张[⑨]，迁为队率[⑩]，积功至淮阳守，非有奇计攻城野战之功。且陛下从代来，每朝，郎官上书疏，未尝不止辇[⑪]受其言，言不可用置之，言可受采之，未尝不称善。何也？则欲以致天下贤士大夫。上日闻所不闻，明所不知，日益圣智；君今自闭钳[⑫]天下之口而日益愚。夫以圣主责愚相，君受祸不久矣。"丞相乃再拜曰："嘉鄙野[⑬]人，乃不知，将军幸教。"引入与坐，为上客。

【注释】

①愧其吏：在下属官吏面前觉得羞愧。②之：往。③请间：请求别人回避，单独会见。④使：假使。⑤曹：分科办事的官署。⑥即：如果。私：指私事。邪：通"耶"，语气词。⑦度：估计。孰与：与……比，哪一个……。⑧辅翼：辅佐保护。⑨材官：低级武士。蹶张：脚踏弓弩，使它张开。⑩队率：小军官。古代以百人为队。⑪辇：皇帝皇后乘的车子。⑫闭钳：封闭。⑬鄙野：粗鄙庸俗。

【原文】

盎素不好[①]晁错，晁错所居坐，盎去；盎坐，错亦去：两人未尝同堂语。及孝文帝崩，孝景帝即位，晁错为御史大夫，使吏案[②]袁盎受吴王财物，抵罪[③]，诏赦以为庶人。

吴、楚反[④]，闻，晁错谓丞史曰："夫袁盎多受吴王金钱，专为蔽匿，言不反。今果反，欲请治盎宜知计谋。"丞史曰：

“事未发，治之有绝。今兵西乡[5]，治之何益！且袁盎不宜有谋。”晁错犹与[6]未决。人有告袁盎者，袁盎恐，夜见窦婴，为言吴所以反者，愿至上前口对状[7]。窦婴入言上，上乃召袁盎入见。晁错在前，及盎请辟人赐间[8]，错去，固[9]恨甚。袁盎具言[10]吴所以反状，以错故，独[11]急斩错以谢吴，吴兵乃可罢。其语具在《吴事》[12]中。使袁盎为太常，窦婴为大将军。两人素相与善。逮[13]吴反，诸陵[14]长者长安中贤大夫争附两人，车随者日数百乘[15]。

【注释】

①好：喜欢。②案：通“按”，查问。③抵罪：按犯罪的轻重，给予应得的惩罚。④吴、楚反：指汉景帝三年（前154）发生的吴、楚七国叛乱。七国包括吴国、楚国、菑川、济南、胶西、胶东、赵国各诸侯国。以吴王刘濞为主谋，楚为大国，所以称“吴、楚反”。详见《吴王刘濞列传》。⑤乡：通“向”。⑥犹与：即犹豫。⑦对状：对质的意思。⑧辟人赐间：避开别人，请求单独会见。辟，通“避”。⑨固：通“故”，乃，就。⑩具言：详细说明。⑪独：只有。⑫《吴事》：指《吴王濞列传》。⑬逮：等到。⑭诸陵：指长安附近的长陵、安陵、霸陵等。⑮乘：辆。古时一车四马谓之“乘”。

【原文】

及晁错已诛，袁盎以太常使吴。吴王欲使将，不肯。欲杀之，使一都尉以五百人围守盎军中。袁盎自其为吴相时，有从史尝盗爱盎侍儿[①]，盎知之，弗泄，遇之如故[②]。人有告从史，言“君知尔与侍者通[③]”，乃亡归[④]。袁盎驱自追之，遂以侍者[⑤]赐之，复为从史。及袁盎使吴见守[⑥]，从史适为守盎校尉司马，乃悉以其装赍置二石醇醪[⑦]，会天寒，士卒饥渴，饮酒醉，西南陬[⑧]卒皆卧，司马夜引袁盎起，曰：“君可以去矣，吴王期旦日[⑨]斩君。”盎弗信，曰：“公何为者?”司马曰：“臣故为从史盗君侍儿者。”盎乃惊谢曰：“公幸有亲[⑩]，吾不足以累公。”司马曰：“君弟去[⑪]，臣亦且[⑫]亡，辟吾亲[⑬]，君何患!”乃以刀决张[⑭]，道从醉卒隧直出[⑮]。司马与分背[⑯]，袁盎解节毛怀之[⑰]，杖，步行七八里，明，见梁骑，骑驰去，遂归报。

【注释】

①盗爱：偷偷地爱，即私相爱悦，亦即私通。侍儿：婢女。②遇之：对待他。如故：像从前一样。③通：通奸。④亡归：逃回家。⑤侍者：即上文中的“侍儿”。⑥见守：被围困。⑦装赍（zī）：随身携带的财物。赍，通“资”。置：买。醇醪：味道浓厚的酒。⑧陬：隅，角落。⑨期：约定。旦日：明朝。⑩亲：父母。⑪弟：只管。⑫且：将要。⑬辟：通“避”，躲藏。⑭决：割开。张：通“帐”。帐幕。⑮道：通“导”，导引。隧：道路。⑯背：指背道而驰。⑰节毛：即节旄，为使臣所持的信物，用竹子做成，柄长八尺，因上缀有牦牛尾的装饰，故名。

【原文】

吴楚已破，上更以元王子平陆侯礼[①]为楚王，袁盎为楚相。尝上书有所言，不用。袁盎病免居家，与闾里浮沉[②]，相随行，斗鸡走狗。雒阳剧孟尝过[③]袁盎，盎善待之。安陵富人有谓盎曰："吾闻剧孟博徒[④]，将军何自通之？"盎曰："剧孟虽博徒，然母死，客送葬车千余乘，此亦有过人者。且缓急[⑤]人所有。夫一旦有急叩门，不以亲为解[⑥]，不以存亡为辞，天下所望者，独季心、剧孟耳。今公常从数骑，一旦有缓急，宁足恃乎！"骂富人，弗与通。诸公闻之，皆多[⑦]袁盎。

【注释】

①元王子平陆侯礼：楚元王刘交的儿子刘礼。刘礼初封为平陆侯。②闾里：乡里。浮沉：指随俗混日子。③过：拜访。④博徒：赌博的人。⑤缓急：偏义复词，急的意思。⑥以亲为解：以父母尚在推说解脱。⑦多：称赞。

【原文】

袁盎虽家居，景帝时时使人问筹策[①]。梁王欲求为嗣，袁盎进说，其后语塞[②]。梁王以此怨盎，曾使人刺盎。刺者至关中，问袁盎，诸君誉之皆不容口[③]。乃见袁盎曰："臣受梁王金来刺君，君长者，不忍刺君。然后刺君者十余曹[④]，备之！"袁盎心不乐，家又多怪，乃之棓生[⑤]所问占。还，梁刺客后曹辈果遮刺杀盎安陵郭门[⑥]外。

【注释】

①筹策：计谋策略。②语塞：指梁王要求成为景帝继承人

的朝议被阻止。③不容口：指赞不绝口。④曹：辈，这里有批、拨儿的意思。⑤棓（bèi）生：一位占卜者。⑥遮：阻拦。郭门：外城的门。

【原文】

晁错者，颍川人也。学申商刑名[①]于轵张恢先所，与雒阳宋孟及刘礼同师。以文学[②]为太常掌故。

错为人陗直刻深[③]。孝文帝时，天下无治《尚书》[④]者，独闻济南伏生故秦博士，治《尚书》，年九十余，老不可征，乃诏太常使人往受之。太常遣错受《尚书》伏生所。还，因上便宜事[⑤]，以《书》称说。诏以为太子舍人、门大夫、家令。以其辩[⑥]得幸太子，太子家号曰"智囊"。数上书孝文时，言削诸侯事，及法令可更定者。书数十上，孝文不听，然奇其材，迁为中大夫。当是时，太子善错计策，袁盎诸大功臣多不好错。

【注释】

①申商：指先秦法家代表人物申不害和商鞅。刑名：指名和实的关系。是循名责实，明赏罚的统治法术。刑，同"形"。②文学：指文章。③陗直刻深：严峻刚直，苛刻严酷。④《尚书》：儒家经典之一，亦称《书》或《书经》。⑤便宜事：便国利民之事。⑥辩：指口才好。

【原文】

景帝即位，以错为内史。错常数请间言事，辄听，宠幸倾九卿[①]，法令多所更定。丞相申屠嘉心弗便，力未有以伤。内史府居太上庙壖[②]中，门东出，不便，错乃穿两门南出，凿庙壖垣。丞相嘉闻，大怒。欲因此过为奏请诛错。错闻之，即夜请间，具[③]为上言之。丞相奏事，因言错擅凿庙垣为门，请下[④]廷尉诛。上曰："此非庙垣，乃壖中垣，不致于法。"丞相谢。罢朝，怒谓长史曰："吾当先斩以闻，乃先请，为儿所卖，固误。"丞相遂发病死。错以此愈贵。

【注释】

①倾：压倒。②太上庙：指高祖刘邦之父刘太公之庙。壖：城郭旁或河边的空地。这里指太上庙内外墙之间的空地。③具：通"俱"。④下：交给。

【原文】

迁为御史大夫，请诸侯之罪过，削其地，收其枝郡[①]。奏上，上令公卿列侯宗室集议，莫敢难，独窦婴争之，由此与错郤[②]。错所更令三十章，诸侯皆喧哗疾[③]晁错。错父闻之，从颍川来，谓错曰："上初即位，公为政用事，侵削诸侯，别疏人骨肉，人口议多怨公者，何也?"晁错曰："固也。不如此，天子不尊，宗庙[④]不安。"错父曰："刘氏安矣，而晁氏危矣，吾去公归矣!"遂饮药死，曰："吾不忍见祸及吾身。"死十余日，吴楚七国果反，以诛错为名。及窦婴、袁盎进说，上令晁错衣朝衣斩东市。

【注释】

①枝郡：指诸侯国四周边缘的郡。②郤（xì）：通"隙"，

隔阂。③疾：痛恨。④宗庙：这里代指国家。

【原文】

晁错已死，谒者仆射邓公为校尉，击吴楚军为将。还，上书言军事，谒见上。上问曰："道军所来，闻晁错死，吴楚罢不[1]？"邓公曰："吴王为反数十年矣，发怒削地，以诛错为名，其意非在错也。且臣恐天下之士噤[2]口，不敢复言也！"上曰："何哉？"邓公曰："夫晁错患诸侯强大不可制，故请削地以尊京师，万世之利也。计画始行，卒受大戮，内杜忠臣之口，外为诸侯报仇，臣窃为陛下不取也。"于是景帝默然良久，曰："公言善，吾亦恨[3]之。"乃拜[4]邓公为城阳中尉。

【注释】

①不：相当于"否"。②噤：闭口不作声。③恨：悔恨。④拜：授官。

【原文】

邓公，成固人也，多奇计[1]。建元[2]中，上招贤良，公卿言邓公，时邓公免，起家[3]为九卿。一年，复谢病免归。其子章以修黄老言[4]显于诸公间。

【注释】

①奇计：出人意料的妙计。②建元：汉武帝的第一个年号（前140—前135）。③起家：指由闲居在家起用。④修：治，指学习研究。黄老言：指道家学说。黄老，皇帝和老子。

【原文】

太史公曰：袁盎虽不好学，亦善傅会[①]，仁心为质[②]，引义慷慨。遭孝文初立，资[③]适逢世。时以[④]变易，及吴楚一说[⑤]，说虽行哉，然复不遂。好声矜贤，竟以名败。晁错为家令时，数言事不用；后擅权，多所变更[⑥]。诸侯发难，不急匡救，欲报私仇，反以亡躯。语曰“变古乱常，不死则亡”，岂错等谓邪！

【注释】

①傅会：即附会。②质：指本体。③资：才智。④以：通“已”。⑤吴楚一说：指建议景帝诛晁错以息吴楚之乱。⑥变更：指修改法令。

【译文】

袁盎是楚地人，字丝。他的父亲从前曾经与强盗为伍，后来搬迁定居在安陵。吕后时期，袁盎曾经当过吕后侄吕禄的家臣。等到汉文帝登上了皇帝位，袁盎的哥哥袁哙保举他做了中郎的官。

绛侯周勃担任丞相，朝觐之后，便急急忙忙地走出朝廷，很是踌躇满志。皇上对他非常恭敬，常常亲自送他。袁盎进谏说：“陛下以为丞相绛侯是什么样的人？”皇上说：“他是国家的重臣。”袁盎说：“绛侯是通常所说的功臣，并不是国家的重臣。国家的重臣能与皇上生死与共。当年吕后的时候，诸吕掌权，擅自争相为王，以致使刘家的天下就像丝带一样细微，几乎快要断绝。在这个时候，绛侯周勃当太尉，掌握兵权，不能匡正挽救。吕后逝世，大臣们共同反对诸吕，太尉掌握兵权，又恰好遇到那个成功的机会，所以他是通常所说的功臣，而不是国家的重臣。丞相如果对皇上表现骄傲的神色，而陛下却谦虚退让，臣下与主上都违背了礼节，我私下认为陛下不应该采取这种态度。”以后，在上朝的时候，皇上逐渐威严起来，丞相也逐渐敬畏起来。过了不久，丞相怨恨袁盎说：“我与你的兄长袁哙有交情，现在你小子却在朝廷上毁谤我！”袁盎也不向他谢罪。

等到绛侯被免除了丞相的职位，回到自己的封国，封国中有人上书告发他谋反，于是绛侯被召进京，囚禁在监狱中。皇族中的一些公侯都不敢替他说话，只有袁盎证明绛侯无罪。绛侯得以被释放，袁盎出了不少力。绛侯于是与袁盎倾心结交。

淮南王刘长来京朝见的时候，杀死了辟阳侯，他平时待人处事也相当骄横。袁盎劝谏皇上说：“诸侯过去骄横必然发生祸患，可以适当地削减他们的封地。”皇上没有采纳他的意见，淮南王更加骄横。等到棘蒲侯柴武太子准备造反的事被发觉，追查治罪，这件事牵连了淮南王，淮南王被征召，皇上便将他贬谪到蜀地去，用囚车传送。袁盎当时担任中郎将，便劝谏说：“陛下向来娇纵淮南王，不稍稍加以限制，以至落到了现在这种地步，如今又突然摧折他。淮南王为人刚直，万一在路上遇到风寒而死在半途中，陛下就会被认为以天下之大却容不得他，而背上杀死弟弟的恶名，到时怎么办呢？”皇上不听，终于那样办了。

淮南王到了雍地就病死了，这个消息传来，皇上不吃也不喝，哭得很悲哀。袁盎进入，叩头请罪。皇上说：“因为没有采用你的意见，所以才落得这样。”袁盎说：“皇上请自我宽心，这已经是过去的事了，难道还可以追悔吗！再说陛下有三种高出世人的行为，这件事不足以毁坏您的名声。”皇上说：“我高于世人的行为是哪三种？”袁盎说：“陛下住在代国的时候，太后曾经患病，三年的时间，陛下不曾合眼，也不脱下衣服睡觉。凡汤药，不是陛下亲口所尝过的，就不准进奉给太后。曾参作为贫民尚且难以做到这样，现在陛下作为君主却实行了，比起曾参的孝来那是超过得很多了。诸吕当权时，大臣独断专行，而陛下从代地乘坐六辆下等马拉的车子，奔驰到祸福难料的京城来，即使是孟贲、夏育那样的勇士，也比不上陛下。陛下到达代国在京城的客馆，面向西两次辞让天子位，面向南坐着有三次辞让天子位。许由辞让天下也只是一次，而陛下五次将天下辞让，超过许由四次之多啊。再说陛下贬谪淮南王，是想让他的心志受些劳苦，使他改正过错，由于官吏护卫得不谨慎，所以他才病死。”于是，皇上才感到宽解，说道：“那以后怎么办呢？”袁盎说：“淮南王有三个儿子，随您安排罢了。”于是，文帝便把淮南王的三个儿子都封为王。而袁盎也因此在朝廷名声大振。

袁盎常常称引些有关大局的道理，说得慷慨激昂。宦官赵同因为不止一次地受到皇上的宠幸，常常暗中伤害袁盎，袁盎为此感到忧虑。袁盎的侄儿袁种担任侍从骑士，手持符节护卫在皇帝左右。袁种劝说袁盎说：“你和他相斗，在朝廷上侮辱他，使他所毁谤的话不起作用。”汉文帝出巡，赵同陪同乘车，袁盎伏在车前，说道：“我听说陪同天子共乘高大车舆的人，都是天下的英雄豪杰。如今，汉王朝虽然缺乏人才，陛下为什么单单要和受过刀锯切割的人同坐一辆车呢！”于是，皇上笑着让赵同下去，赵同流着眼泪下了车。

文帝从霸陵上山，打算从西边的陡坡奔驰而下。袁盎骑着马，紧靠着皇帝的车子，还拉着马缰绳。皇上说：“将军害怕了吗?”袁盎说：“我听说家有千金的人就座时不靠近屋檐边，家有百金财富的人站的时候不倚在楼台的栏杆上，英明的君主不去冒险而心存侥幸心理。现在陛下放纵驾车的六匹马，从高坡上奔驰下来，假如有马匹受惊车辆毁坏的事，陛下纵然看轻自己，怎么对得起高祖和太后呢?”皇上这才中止。

皇上驾临上林苑，窦皇后、慎夫人跟从。她们在宫中的时候，慎夫人常常是同席而坐。这次，等到就座的时候，郎署长布置座席，袁盎把慎夫人的座席向后拉退了一些。慎夫人生气，不肯就座。皇上也发怒，站起身来，回到宫中。袁盎就上前劝说道：“我听说尊贵和卑下有区别，那样上下才能和睦。如今，陛下既然已经确定了皇后，慎夫人只不过是个妾，妾和主上怎么可以同席而坐呢！这样恰恰失去尊卑的分别了。再说陛下宠爱她，就厚厚地赏赐她。陛下以为是为了慎夫人，其实恰好成了祸害她的根由。陛下难道没有看见过‘人彘’吗?”

皇上这才高兴，召来慎夫人，把袁盎的话告诉了她。慎夫人赐给袁盎黄金五十斤。

但是，袁盎也因为多次直言劝谏，不能长久地留在朝廷，被调任陇西都尉。他对士兵们仁慈爱护，士兵们都争相为他效死。之后，提升为齐相。又调动担任吴相。在辞别起程的时候，袁种对袁盎说："吴王骄横的时间已经很长了，国中有许多奸诈之人。现在如果你要揭发惩办他们的罪行，他们不是上书控告你，就是用利剑把你刺死。南方地势低洼潮湿，你最好每天喝酒，不要管什么事，时常劝说吴王不要反叛就是了。像这样，你就可能侥幸摆脱祸患。"袁盎采纳了袁种的策略，吴王厚待袁盎。

袁盎请假回家的时候，路上碰到丞相申屠嘉，便下车行礼拜见，丞相只从车上表示谢意。袁盎回到家里，在下属官吏面前感到羞愧，于是到丞相府上，要求拜见丞相。丞相过了很长时间才出来见他，袁盎便下跪说："希望别人回避，单独会见。"丞相说："如果你所说的是公事，请到官署与长史掾吏商议，我将把你的意见报告上去；如果是私事，我不接受私下的谈话。"袁盎就跪着劝说道："你当丞相，请自我权衡一下，与陈平、绛侯相比，你怎么样？"丞相说："我比不上他们。"袁盎说："好，你自己都说比不上他们。陈平、绛侯辅佐保护高祖，平定天下，当了将相，诛杀诸吕，保全了刘氏天下。您只是脚踏弓弩，才当了低级武士，又提升为队长，积累功劳做到了淮阳郡守，并没有出什么奇计，从而在攻城夺地、野外厮杀中立下战功。再说陛下从代地来，每次上朝，郎官呈上奏书，他从来没有不停下车来听取他们的意见，意见不能采用的，就搁置一边，可以接受的，就采纳，从来没有人不称道赞许。这是为了什么呢？是想用这种办法来招致天下贤能的士大夫。皇上每天听到自己从前所没听过的事情，明白以前所不曾明白的道理，一天比一天更加英明智慧。您现在自己封闭天下人的口，而一天天更加愚昧。以圣明的君主来督责愚昧的丞相，你遭受祸患的日子为期不远了啊！”丞相于是拜了两拜，说道：“我是个粗鄙庸俗的人，就是不聪明，幸蒙将军教诲。”申屠嘉引袁盎入内室同坐，把他作为上宾。

袁盎向来不喜欢晁错，只要有晁错在的地方，袁盎就离去；只要有袁盎在的地方，晁错也就离开。两个人从来没有在一起谈过话。等到汉文帝去世，汉景帝继位，晁错当上了御史大夫，派官吏查核袁盎接收吴王刘濞财物的事，要按罪行的轻重给予惩罚。皇帝下诏令赦免袁盎为平民。

吴楚叛乱的消息传到京城，晁错对丞史说：“袁盎收了吴王的许多金钱，专门为他遮掩，说他不会反叛。现在反叛已成事实，我打算请求处治袁盎。他必当知道叛乱的阴谋。”丞史说：“事情还没有暴露，就惩治他，可能中断叛乱阴谋。现在叛军向西进发，惩办袁盎有什么好处呢！再说袁盎也不该有什么阴谋。”晁错犹豫不决。有人将这件事告知了袁盎，袁盎害怕，当夜去见窦婴，向他说明吴王之反叛的原因，希望能到皇上面前亲口对质。窦婴进宫向皇上报告了，皇上就召袁盎进宫会见。晁错就在面前，等到袁盎请求皇上避开别人单独接见，晁错退了下去，心里非常怨恨。袁盎详细地说明了吴王谋反的情况，是因为晁错的缘故，只有赶快杀掉晁错来向吴王认错，吴军才可能停止。他的这些话都记载在《吴王濞列传》中。皇上任命袁盎担任太常，窦婴担任大将军。这两个人向来有交情。等到吴王谋反，居住在诸陵中有威望的人和长安城中的贤能官吏都争着依附他们两个人，驾车跟随在后面的每天有几百辆。

等到晁错已被诛杀，袁盎以太常的身份出使到吴国。吴王想让他担任将领，袁盎不肯。吴王想杀死他，派一名都尉带领五百人把袁盎围困在军中。当初袁盎担任吴国国相的时候，曾经有一个从史偷偷地爱上了袁盎的婢女，与她私通。袁盎知道了这件事，没有泄露，对待从史仍跟从前一样。有人告诉从史，说袁盎知道他跟婢女私通的事，从史便逃回家去了。袁盎亲自驾车追赶从史，就把婢女赐给他，仍旧叫他当从史。等到袁盎出使吴国被围困，从史刚好是围困袁盎的校尉司马，司马就把随身携带的全部财物卖了，用这钱购买了两担味道浓厚的酒，刚好碰上天气寒冷，围困的士兵又饿又渴，喝了酒，都醉了，围守城西南角的士兵都醉倒了。司马乘夜里领袁盎起身，说道："您可以走了，吴王约定明天一早杀您。"袁盎不相信，说："您是干什么的？"司马说："我是原先做从史与您的婢女私通的人。"袁盎这才吃惊地道谢说："您庆幸有父母在堂，我可不能因此连累了您。"司马说："您只管走，我也将要逃走，把我的父母藏匿起来，您又何必担忧呢?”于是，用刀把军营的帐幕割开，引导袁盎从醉倒的士兵所挡住的路上出来。司马与袁盎分路背道而走，袁盎解下了节旄揣在怀中，拄着杖，步行了七八里，天亮的时候，碰上了梁国的骑兵，骑兵奔驰而去，终于将袁盎出使吴国的情况报告了皇上。

吴楚叛军已被攻破，皇上便把楚元王的儿子平陆侯刘礼改封为楚王，袁盎担任楚相。袁盎曾经上书进言，但未被采纳。袁盎因病免官，闲居在家，与乡里人在一起混日子，跟他们玩斗鸡赛狗的游戏。洛阳人剧孟曾经拜访袁盎，袁盎热情地接待他。有个安陵地方的富人，对袁盎说：“我听说剧孟是个赌徒，您为什么要和这种人来往呢?”袁盎说：“剧孟虽是个赌徒，然而他母亲去世时，送葬的客人车子有一千多辆，这也是因为他有过人的地方。再说危难的事人人都有。一旦遇到危难有急事敲门，能不用父母还活着推辞解脱，不用有事不在家加以拒绝，天下所仰望的人只有季心、剧孟而已。如今，您身后常常有几个骑兵随从着，一旦有急事，这些人难道可以依靠吗?”袁盎痛骂富人，从此不再与他来往。众人听了这件事，都很称赞袁盎。

袁盎虽然闲居在家，汉景帝经常派人来向他询问计谋策略。梁王想成为汉景帝的继承人，袁盎进言劝说。从此以后，这种议论便被中止。梁王因此怨恨袁盎，曾经派人刺杀袁盎。刺客来到关中，打听袁盎到底是一个怎样的人。众人都赞不绝口。刺客便去见袁盎说：“我接受了梁王的金钱来刺杀你，您是个厚道人，我不忍心刺杀您。但以后还会有十多批人来刺杀您，希望您好好防备一下!”袁盎心中很不愉快，家里又接二连三地发生了许多怪事，便到棓先生那里去占卜问吉凶。回家的时候，随后派来的梁国刺客果然在安陵外城门外面拦住了袁盎，把他刺杀了。

晁错是颍川人。曾经在轵县张恢先生那里学习过申不害和商鞅的刑名学说，与洛阳人宋孟和刘礼是同学。凭着通晓典籍，担任了太常掌故。

晁错为人严峻刚正，却又苛刻严酷。汉文帝的时候，天下没有研究《尚书》的人，只听说济南伏先生是原来秦朝的博士，研究过《尚书》，年纪已经九十多岁，因为太老无法征召他来，文帝于是下令太常派人前往学习。太常派遣晁错前往伏先生那里学习《尚书》。学成回来后，趁着向皇上报告利国利民的事，称引解说《尚书》。汉文帝下诏令，任命晁错担任太子舍人、门大夫、太子家令。晁错凭着他的辩才，得到太子的宠幸，太子家称他为“智囊”。汉文帝的时候，晁错多次上书，说到削减诸侯势力的事，以及修改法令的事。几十次上书，汉文帝都没有采纳，但认为他有奇特的才能，提升为中大夫。当时，太子称赞晁错的计策谋略，袁盎和诸位大功臣却大多不喜欢晁错。

汉景帝继位后，任命晁错为内史。晁错多次请求皇帝单独与他谈论政事，景帝每每都听，宠幸他超过了九卿，晁错修改了不少的法令。丞相申屠嘉心里不满意，但又没有足够的力量来毁伤他。内史府建在太上庙围墙里的空地上，门朝东，出入很不方便，晁错便向南边开了两个门出入，因而凿开了太上庙的围墙。丞相申屠嘉听到了这件事，非常生气，打算就这次晁错的过失写成奏章，请求诛杀晁错。晁错听到了这个消息，当夜请求单独进谏皇上，具体详细地向皇上说明了这件事情。丞相申屠嘉上朝奏事，乘机禀告了晁错擅自凿开太上庙的围墙做门，请求皇上把他交给廷尉处死。皇上说："晁错所凿的墙不是太上庙的墙，而是庙外空地上的围墙，不致触犯法令。"丞相谢罪。退朝之后，生气地对长史说："我本当先杀了他再报告皇上，却先奏请，反而被这小子给出卖，实在是大错。"丞相终于发病死了，晁错因此更加显贵。

晁错被提升为御史大夫，请求就诸侯的罪过相应地削减他们的封地，收回各诸侯国边境的郡城。奏章呈送上去，皇上命令公卿、列侯和皇族一起讨论，没有一个人敢非难晁错的建议，只有窦婴与他争辩，因此和晁错有了隔阂。晁错所修改的法令有三十章，诸侯们都叫喊着反对，痛恨晁错。晁错的父亲听到了这个消息，就从颍川赶来，对晁错说："皇上刚刚继位，你执掌政权，侵害削弱诸侯的力量，疏远人家的骨肉，人们纷纷议论怨恨你，为什么要这样做呢?"晁错说："事情本来就应该这样，不这样的话，天子不会受到尊崇，国家不会得到安宁。"晁错的父亲又说："照这样下去，刘家的天下安宁了，而我们晁家却危险了，我要离开你回去了。"便服毒药而死，死前说道："我不忍心看到祸患连累自己。"晁错的父亲死后十几天，吴楚七国果然反叛，以诛杀晁错为名义。等到窦婴、袁盎进言，皇上就命令晁错穿着朝服，在东市把他处死。

晁错死后，谒者仆射邓公担任校尉，攻打吴楚的军队时，他担任将领。回京城后，上书报告军事情况，进见皇上。皇上问道："你从军中来，听到晁错死了，吴楚的军队退了没有？"邓公说："吴王蓄意谋反已经有几十年了啊，他为你削减他的封地而发怒，所以以诛杀晁错为名义，他的本意并不在晁错呀。再说我担心天下的人从此都将闭口，再也不敢进言了。"皇上说："为什么呢？"邓公说："晁错担心诸侯强大了不能够制服，所以要求削减诸侯的封地，借以尊宠朝廷，这实在是关乎万世的好事啊。计划才开始实行，竟然遭到杀戮，对内杜塞了忠臣的口，对外反而替诸侯报了仇，我私下认为陛下这样做是不足取的。"此时，景帝沉默了好久，说："您的话很对，我也悔恨这件事。"于是，任命邓公担任城阳中尉。

邓公是成固人，有许多出人意料的妙计。建元（前140—前135）年间，皇上招纳贤良之士，公卿们都推举邓公。当时邓公免官，便由在家闲居起用做了九卿。一年之后，又推说有病辞职回家。他的儿子邓章因为研究黄帝、老子的学说，在朝廷大臣之间很有名望。

太史公说："袁盎虽然不好学，可是他善于融会贯通，他以仁爱之心为本体，常常称引大义，慷慨激昂。赶上汉文帝刚刚继位，他的才智恰好碰上了适宜的时代，因此能得以施展。时局不断地在变动，等到吴楚反叛时，建议诛杀晁错。虽然他的建议被采纳实行，然而他以后不再为朝廷所用。爱好名声夸耀才能，终于因为追求名声而招致祸患。晁错做太子家令的时候，多次进言而不被采用。后来擅权，修改了国家的许多法令。诸侯发动叛乱，晁错不急于匡正挽救这个危机，却想报个人的私仇，反而因此招来杀身之祸。俗话说：‘改变古法，搞乱常规，不是身死，就是逃亡。’难道说的就是晁错这类人吗?”

第八十四卷　张释之冯唐列传第四十二

张释之、冯唐都是汉文帝时杰出之士。他们不仅有真知灼见，而且敢于坚持正确意见，批评最高统治者，这些都是令人折节佩服的。司马迁对他们充满景仰之情，才由衷地称许他们的言论是“有味哉”。在这篇文章中，作者重点是写张释之、冯唐，但也一笔关涉两面。他们两人之所以能显示自己品格的卓异，是他们遇到了“从谏如流”的汉文帝。汉景帝时，张释之由于景帝衔恨在心，“犹尚以前过也”，丢了官职，只能作个徒有其名的淮南王相。而冯唐也被任命作了楚相，甚至最后连这样的职位都保不住。作者昭示他们的坎坷际遇，是对封建政治的控诉。文末，司马迁引用《尚书》之语称赞张、冯是“不偏不党”“不党不偏”。景帝疏远贤者，不正是亦党亦偏的表现吗？作者对封建政治的批判之意是极明显的。

此文在写作上也能体现司马迁的风格，在朴实的叙写中，蕴蓄着作者强烈的爱憎之情。一些细节之处也能作栩栩如生的描写，特别是一些人物的对话，更能使传文有着强烈的文学性，显示人物独有的性格特征。如对张、冯二人的犯颜直谏和汉文帝的勇于纳谏，都作了生动形象的描绘。

【原文】

张廷尉释之者，堵阳人也，字季[1]。有兄仲[2]同居。以訾[3]为骑郎，事孝文帝，十岁不得调[4]，无所知名。释之曰："久宦减仲之产，不遂[5]。"欲自免归[6]。中郎将袁盎知其贤，惜其去，乃请徙[7]释之补谒者。释之既朝毕，因前言便宜事[8]。文帝曰："卑之[9]，毋甚高论，令今可施行也。"于是释之言秦汉之闲[10]事，秦所以失而汉所以兴者久之。文帝称善，乃拜[11]释之为谒者仆射。

【注释】

①季：指弟兄中排行第三的人，古人常常以排行为字。②仲：指弟兄中排行第二的人。③訾（zī）：通"赀"，赀通"资"，资财，钱财。④调：迁转，升迁。⑤不遂：不顺，不安。⑥自免归：自己请求辞职回家。⑦徙：迁调，升迁。⑧便宜事：指便国利民之事。⑨卑之：指谈话要接触现实。卑，低。⑩闲：通"间"。⑪拜：授予官爵。

【原文】

释之从行，登虎圈[1]。上问上林尉诸禽兽簿[2]，十余问，尉左右视，尽不能对。虎圈啬夫从旁代尉对上所问禽兽簿甚悉[3]，欲以观其能[4]口对响应无穷者。文帝曰："吏不当若是邪？尉无赖[5]！"乃诏释之拜啬夫为上林令。释之久之前曰："陛下以绛侯周勃何如人也？"上曰："长者也。"又复问："东阳侯张相如何如人也？"上复曰："长者。"释之曰："夫绛侯、东阳侯称为长者，此两人言事曾[6]不能出口，岂教此啬夫谍谍利口捷给[7]哉！且秦以任刀笔之吏，吏争以亟疾苛察相高，然其敝徒文具[8]耳，无恻隐之实。以故不闻其过，陵迟[9]而至于二世，天下土崩。今陛下以啬夫口辩而超迁[10]之，臣恐天下随风靡靡[11]，争为口辩而无其实。且下之化上疾于景响[12]，举错不可不审[13]也。”文帝曰：“善。”乃止不拜啬夫。

【注释】

①虎圈：上林苑蓄养虎的地方。②禽兽簿：记载禽兽情况的册簿。③悉：全，周全。④观其能：显示他的才能。⑤无赖：不可依赖。⑥曾：竟然。⑦敩（xué）：通“学”。利口捷给：口才好反应快，指能言善辩。⑧敝：通“弊”，弊病。徒文具：徒然具有官样文书的形式。⑨陵迟：衰落。⑩超迁：越级升迁。⑪随风靡靡：追随附和社会风气。靡，顺风倒下。⑫下之化上：下面受到上面的感化。疾于景响：比影子和回声都快。景，通“影”。⑬举错：做事情。举，兴办。错，通“措”，施行。审：审慎。

【原文】

上就车，召释之参乘[1]，徐行，问释之秦之敝。具以质言[2]。至宫，上拜释之为公车令。

【注释】

①参乘：通“骖乘”，坐在车右边的陪乘人员。②具：全部，都。质言：实言，真实的话语。

【原文】

顷之，太子与梁王共车入朝，不下司马门①，于是释之追止太子、梁王无得入殿门。遂劾不下公门不敬②，奏之。薄太后闻之，文帝免冠谢曰："教儿子不谨。"薄太后乃使使承诏赦太子、梁王，然后得入。文帝由是奇释之，拜为中大夫。

【注释】

①司马门：皇宫外门。②劾（hé）：弹劾，揭发罪行。公门：君门，此指司马门。不敬：即"大不敬"，指不敬皇帝的罪名。

【原文】

顷之，至中郎将。从行至霸陵，居北临厕①。是时慎夫人从，上指示慎夫人新丰道，曰："此走邯郸道也。"使慎夫人鼓瑟②，上自倚瑟③而歌，意惨悽悲怀，顾谓群臣曰："嗟乎！以北山石为椁④，用纻絮斫⑤陈，蕠漆其闲⑥，岂可动哉！"左右皆曰："善。"释之前进曰："使其中有可欲者，虽锢南山犹有郄⑦；使其中无可欲者，虽无石椁，又何戚⑧焉！"文帝称善。其后拜释之为廷尉。

【注释】

①厕：通"侧"。②鼓瑟：弹奏瑟。瑟，古代的一种弦乐器。③倚瑟：和着瑟的曲调。④椁：棺材外面套的大棺材。⑤纻：苧麻。絮：丝絮。斫：斩，切。⑥蕠（rú）：黏着。漆：涂漆。闲：通"间"。⑦郄：通"隙"，裂缝。⑧戚：悲伤，

忧虑。

【原文】

顷之，上行出中渭桥，有一人从桥下走[①]出，乘舆[②]马惊。于是使骑捕，属[③]之廷尉。释之治问[④]。曰：“县人来，闻跸[⑤]，匿桥下。久之，以为行已过，即出，见乘舆车骑，即走耳。”廷尉奏当，一人犯跸，当罚金。文帝怒曰：“此人亲惊吾马，吾马赖柔和[⑥]，令他马，固不败伤我乎？而廷尉乃当[⑦]之罚金！”释之曰：“法者天子所与天下公共也。今法如此而更[⑧]重之，是法不信于民也。且方其时，上使立诛之则已。今既下廷尉，廷尉，天下之平也，一倾而天下用法皆为轻重，民安所措[⑨]其手足？唯陛下察之。”良久，上曰：“廷尉当是也。”

【注释】

①走：跑。②乘舆：皇帝、诸侯坐的车。③属（zhǔ）：交付。④治问：审问。⑤跸：古代帝王出行时要先清道禁止他人通行。⑥赖：幸亏。柔和：柔顺温和。⑦当：判决，判处。⑧更：变更，改变。⑨措：置放。

【原文】

其后有人盗高庙坐[①]前玉环，捕得，文帝怒，下廷尉治。释之案[②]律盗宗庙服御物者为奏，奏当弃市[③]。上大怒曰：“人之无道，乃盗先帝庙器，吾属廷尉者，欲致之族[④]，而君以法奏之，非吾所以共承[⑤]宗庙意也。”释之免冠顿首谢曰：“法如是足也。且罪等[⑥]，然以逆顺为差[⑦]。今盗宗庙器而族之，有如万分之一，假令愚民取长陵一抔土[8]，陛下何以加其法乎？”久之，文帝与太后言之，乃许廷尉当。是时，中尉条侯周亚夫与梁相山都侯王恬开见释之持议平[9]，乃结为亲友。张廷尉由此天下称[10]之。

【注释】

①高庙：汉君臣供奉汉高祖刘邦的庙。坐：通“座”，神座。②案：通“按”，按照，依照。③弃市：死刑。④致：给予。族：灭族。古代刑法规定一人有罪可诛杀他的家族。⑤共承：恭敬承奉。共，通“恭”。⑥罪等：罪名相同。⑦以逆顺为差：指因犯罪程度的轻重而加以区别。⑧一抔（póu）土：一捧土。抔，用手捧东西。⑨平：公平。⑩称：称许，称赞。

【原文】

后文帝崩[1]，景帝立，释之恐，称病[2]。欲免去[3]，惧大诛至；欲见谢[4]，则未知何如。用王生计，卒[5]见谢，景帝不过[6]也。

【注释】

①崩：古代称帝、后死去为崩。②称病：假托有病。③免去：辞职离去。④见谢：当面谢罪。⑤卒：终于。⑥过：责斥，责备。

【原文】

王生者，善为黄老言[1]，处士[2]也。尝召居廷中，三公九卿[3]尽会立，王生老人，曰：“吾袜解[4]。”顾谓张廷尉：“为我结袜!”释之跪而结之。既已，人或谓王生曰：“独奈何廷辱张廷尉，使跪结袜?”王生曰：“吾老且贱，自度[5]终无益于张廷尉。张廷尉方今天下名臣，吾故聊辱廷尉，使跪结袜，欲以重[6]之。”诸公闻之，贤王生而重[7]张廷尉。

【注释】

①黄老言：黄老学说。黄，黄帝。老，老子。黄帝、老子被推尊为道家的始祖，“黄老”即指代道家。②处士：有才德而隐居不仕的人。③三公：指丞相、太尉、御史大夫三位官吏。九卿：指太常、鸿胪、宗正、郎中令、卫尉、太仆、廷尉、少府、大司农九位官吏。④袜解：指系袜子的带子松脱了。解，通“懈”，松懈。⑤度：揣度，料想。⑥重之：加强他的名声。重，加重，加强。⑦贤王生：认为王生贤德。重：看重，敬重。

【原文】

张廷尉事景帝岁余，为淮南王相[1]，犹尚以前过[2]也。久之，释之卒。其子曰张挚，字长公，官至大夫，免。以不能取容[3]当世，故终身不仕。

【注释】

①淮南王相：淮南王的丞相。淮南王，这时指刘安，刘邦幼子刘长的儿子，承袭刘长的封爵为淮南王。②尚：尚论，追论，追究。尚，上。以前过：指从前弹劾景帝、梁王“不敬”事。③取容：曲从讨好，取悦于人。

【原文】

冯唐者，其大父[1]赵人。父徙代。汉兴徙安陵。唐以孝著[2]，为中郎署长，事文帝。文帝辇[3]过，问唐曰："父老何自为郎？家安在？"唐具以实对。文帝曰："吾居代时，吾尚食监高祛数为我言赵将李齐之贤，战于钜鹿下。今吾每饭，意未尝不在钜鹿也。父知之乎？"唐对曰："尚不如廉颇、李牧之为将也。"上曰："何以？"唐曰："臣大父在赵时，为官率将，善李牧[4]。臣父故[5]为代相，善赵将李齐，知其为人也。"上既闻廉颇、李牧为人，良说[6]，而搏髀曰[7]："嗟乎！吾独不得廉颇、李牧时为吾将，吾岂忧匈奴[8]哉！"唐曰："主臣[9]！陛下虽得廉颇、李牧，弗能用也。"上怒，起入禁中。良久，召唐让曰："公奈何众辱[10]我，独无闲[11]处乎？"唐谢曰："鄙人不知忌讳。"

【注释】

①大父：祖父。②著：著称。③辇：人拉的车子，后专指帝王乘坐的车。④善李牧：和李牧交好。⑤故：从前。⑥良说：非常高兴。说，通"悦"。⑦搏髀：拍击大腿。⑧匈奴：古代我国北方民族之一，也称胡。散居大漠南北，过游牧生活，善骑射。⑨主臣：历来解说不一，多认为有惊恐意。⑩众辱：当众侮辱。⑪闲：安静，僻静。

【原文】

当是之时，匈奴新大入朝那[1]罢，杀北地都尉卬。上以胡寇为意[②]，乃卒复问唐曰："公何以知吾不能用廉颇、李牧也?"唐对曰："臣闻上古王者之遣将也，跪而推毂[③]，曰阃[④]以内者，寡人制之；阃以外者，将军制之。军功爵赏皆决于外，归而奏之。此非虚言也。臣大父言，李牧为赵将居边，军市之租皆自用飨士，赏赐决于外，不从中扰也。委任而责[⑤]成功，故李牧乃得尽其智能，遣选[⑥]车千三百乘，彀骑[⑦]万三千，百金之士[⑧]十万，是以北逐单于[⑨]，破东胡[⑩]，灭澹林[⑪]，西抑强秦，南支[⑫]韩、魏。当是之时，赵几霸[⑬]。其后会赵王迁立，其母倡[⑭]也。王迁立，乃用[⑮]郭开谗，卒诛李牧，令颜聚代之。是以兵破士北[⑯]，为秦所禽[⑰]灭。今臣窃闻魏尚为云中守，其军市租尽以飨士卒，出私养钱[⑱]，五日一椎牛[⑲]，飨宾客军吏舍人[⑳]，是以匈奴远避，不近云中之塞。虏曾一入，尚率车骑击之，所杀甚众。夫士卒尽家人子[㉑]，起田中从军，安知尺籍伍符[㉒]。终日力战，斩首捕虏，上功莫府[㉓]，一言不相应，文吏以法绳之[㉔]。其赏不行而吏奉法必用。臣愚，以为陛下法太明，赏太轻，罚太重。且云中守魏尚坐上功首虏差六级[㉕]，陛下下之吏，削其爵，罚作[㉖]之。由此言之，陛下虽得廉颇、李牧，弗能用也。臣诚愚，触忌讳，死罪死罪!"文帝说。是日令冯唐持节[㉗]赦魏尚，复以为云中守，而拜唐为车骑都尉，主中尉及郡国车士[㉘]。

【注释】

①朝邢：古县名。②以胡寇为意：因胡寇入侵而忧虑。意，念，忧虑。③毂：车轮中间有孔可以插入车轴的圆木，此

指车。④阃：门槛。此指国门。⑤委任：交给任务。委，托，付。责：要求，督促。⑥选：选择。⑦彀骑：持弓弩的骑兵。彀，张满的弓弩。⑧百金之士：指战功可赏百金的士兵。⑨单于：匈奴君王的称号。⑩东胡：古代我国北方的民族名称。因其生活在匈奴东部，称为东胡。过游牧生活，是乌桓、鲜卑的祖先。⑪澹林：古代我国北方民族的名称。又称“澹林之胡”“林胡”，生活在代郡以北的地方。⑫支：抵挡。⑬几：庶几，差不多。霸：指建立霸业。⑭倡：歌舞艺人。⑮用：任用，信任。⑯北：败，败逃。⑰禽：通“擒”。⑱私养钱：个人养家的钱。⑲椎牛：杀牛。椎，捶击的工具。⑳舍人：王公贵官的侍从宾客、亲近左右的通称。㉑家人子：平民百姓的子弟。㉒尺籍伍符：指军法制度。尺籍，汉代把杀敌立功的成绩写在一尺长的竹板上称作尺籍。伍符，古代军中为约束部下使各伍相保而订立的符信。㉓上功莫府：到将帅的营帐报功。上，献上，报告。莫，通“幕”，幕府，将帅出征时设在野外的营帐。㉔以法绳之：用法律制裁他们。绳，纠正，制裁。㉕坐上功首虏差六级：犯了多报杀敌六个人的罪。坐，获罪，犯罪。首虏，所获敌人的首级。级，秦制杀敌斩首，获一首赐爵一级，这里是首级意。㉖罚作：秦汉时犯轻罪者罚做苦工叫罚作。一说判刑一年叫罚作。㉗节：使者所持信物。㉘主：主持，掌管。车士：车战之士。

【原文】

七年[①]，景帝立，以唐为楚相[②]，免。武帝立，求贤良[③]，举[4]冯唐。唐时年九十余，不能复为官，乃以唐子冯遂为郎。遂字王孙，亦奇士，与余善。

【注释】

①七年：汉文帝后元七年（前157）。②楚相：楚国的丞相。楚，汉初封国，建都彭城（今江苏徐州）。③求贤良：汉代选拔人才的科目之一。贤良，贤良文学的简称，指品行学问好。④举：举荐。

【原文】

太史公曰：张季之言长者[1]，守法不阿意[2]；冯公之论将率[3]，有味哉！有味哉！语曰“不知其人，视其友”。二君之所称诵，可著廊庙[4]。《书》[5]曰：不偏不党[6]，王道荡荡[7]；不党不偏，王道便便[8]”。张季、冯公近之矣。

【注释】

①言长者：指在上林苑称赞绛侯、东阳侯为长者的话。②阿意：曲从、迎合权贵的心意。③论将率：指谈论任用将帅的话。率，通“帅”。④可著廊庙：可以标著在朝廷上。廊庙，朝廷。⑤《书》：即《尚书》，儒家经典著作，是上古历史文件及材料的汇编。⑥偏：偏袒，偏私。党：阿附。⑦荡荡：坦坦荡荡。⑧便便：平平坦坦。“不偏不党”四句出自《尚书·洪范》。

【译文】

廷尉张释之是堵阳人，字季。他和哥哥仲生活在一起。由于家中资财多而作了骑郎，侍奉汉文帝，十年内得不到升迁，默默无名。张释之说：“长时间做郎官，耗减了哥哥的资财，使人不安。”想要辞职回家。中郎将袁盎知道他德才兼备，惋惜他的离去，就请求汉文帝调补他做谒者。张释之朝见文帝后，就趋前陈说利国利民的大计方针。文帝说：“说些接近现实生活的事，不要高谈阔论，说的应该现在就能实施。”于是，张释之又谈起秦汉之际的事，谈了很长时间关于秦朝灭亡和汉朝兴盛的原因。文帝很赞赏他，就任命他做了谒者仆射。

一次，张释之跟随汉文帝出行，登临虎圈。汉文帝询问书册上登记的各种禽兽的情况，问了十几个问题。上林尉只能东瞧西看，全都不能回答。看管虎圈的啬夫从旁代上林尉回答了皇帝提出的问题，答得极周全，想借此显示自己回答问题有如声响回应而且无法问倒。汉文帝说：“做官吏不该像这样吗？上林尉不可依靠。”于是，命令张释之让啬夫做上林令。张释之过了一会儿才上前说：“陛下认为绛侯周勃是怎样的人呢？”文帝说：“是长者啊！”又一次问：“东阳侯张相如是怎样的人呢？”文帝再一次回答说：“是个长者。”张释之说：“绛侯与东阳侯都被称为长者，可这两个人议论事情时都不善于言谈。现在这样做，难道让人们去效法这个喋喋不休伶牙俐齿的啬夫吗？秦代由于重用了舞文弄法的官吏，所以官吏们争着以办事迅急苛刻督责为高。然而，这样做的流弊在于徒然具有官样文书的表面形式，而没有怜悯同情的实质。因为这个缘故，秦君听不到自己的过失，国势日衰。到秦二世时，秦国也就土崩瓦解了。现在，陛下因为啬夫伶牙俐齿就越级提拔他，我想恐怕天下人都会追随这种风气，争相施展口舌之能而不求实际。况且在下位的人被在上的人感化，快得犹如影之随形声之回应一样，陛下做任何事情都不可不审慎啊！”文帝说：“好吧！”于是，取消原来的打算，不再任命啬夫为上林令。

文帝上了车，让张释之陪乘在身旁，车慢慢前行。文帝问张释之秦政的弊端，张释之都据实而言。到了宫里，文帝就任命张释之做了公车令。

不久，太子与梁王同乘一辆车入朝，到了皇宫外的司马门也没有下车。当时，张释之迎上去阻止太子、梁王，不让他们进宫，并检举揭发他们在皇宫门外不下车犯了“不敬”罪，并报告给皇帝。薄太后知道了这件事，文帝摘下帽子赔罪说：“怪我教导儿子不严。”薄太后也派使臣带着她的赦免太子、梁王罪过的诏书前来，太子、梁王才能够进入宫中。文帝由此更加看出了张释之的与众不同，任命他做了中大夫。

又过了些时候，张释之升任中郎将。跟随皇帝到了霸陵，汉文帝站在霸陵的北面眺望。这时，慎夫人也跟随前行，皇帝用手指示着通往新丰的道路给她看，并说：“这是通往邯郸的道路啊。”接着，让慎夫人弹瑟，汉文帝自己和着瑟的曲调而唱，心里很凄惨悲伤，回过头来对着群臣说：“唉！用北山的石头做椁，用切碎的苎麻丝絮充塞石椁缝隙，再用漆粘涂在上面，哪还能打得开呢？”在身边的近侍都说：“对的。”张释之走上前去说道：“假若里面有了引发人们贪欲的东西，即使封铸南山做棺椁，也还会有缝隙；假若里面没有引发人们贪欲的东西，即使没有石椁，又哪里用得着忧虑呢！”文帝称赞他说得好。后来，任命他做了廷尉。

此后不久，皇帝出巡经过长安城北的中渭桥，有一个人突然从桥下跑了出来，皇帝车驾的马受了惊。于是，命令骑士捉住这个人，交给了廷尉张释之。张释之审讯那个人。那人说：“我是长安县的乡下人，听到了清道禁止人通行的命令，就躲在桥下。过了好久，以为皇帝的队伍已经过去了，就从桥下出来，一下子看见了皇帝的车队，马上就跑起来。”然后，廷尉向皇帝报告那个人应得的处罚，说他触犯了清道的禁令，应处以罚金。文帝发怒说：“这个人惊了我的马，我的马幸亏驯良温和，假如是别的马，说不定就摔伤了我。可是，廷尉才判处他罚金！”张释之说：“法律是天子和天下人应该共同遵守的。现在法律就这样规定，却要再加重处罚，这样法律就不能取信于民。而在那时，皇上您让人立刻杀了他也就罢了。现在既然把这个人交给廷尉，廷尉是天下公正执法的带头人，稍一偏失，而天下执法者都会任意或轻或重，老百姓岂不会手足无措？愿陛下明察。”许久，皇帝才说：“廷尉的判处是正确的。”

后来，有人偷了高祖庙神座前的玉环，被抓到了。文帝发怒，交给廷尉治罪。张释之按法律所规定偷盗宗庙服饰器具之罪奏报皇帝，判处死刑。皇帝勃然大怒说：“这人胡作非为无法无天，竟偷盗先帝庙中的器物，我交给廷尉审理的目的，想要给他灭族的惩处，而你却一味按照法律条文把惩处意见报告我，这不是我恭敬奉承宗庙的本意啊。”张释之脱帽叩头谢罪说：“依照法律，这样处罚已经足够了。况且在罪名相同时，也要区别犯罪程度的轻重不同。现在，他偷盗祖庙的器物就要处以灭族之罪，万一有愚蠢的人挖长陵一捧土，陛下用什么刑罚惩处他呢?”过了一些时候，文帝和薄太后谈论了这件事，才同意了廷尉的判决。当时，中尉条侯周亚夫与梁国国相山都侯王恬开看到了张释之执法论事公正，就和他结为亲密的朋友。张释之由此得到天下人的称赞。

后来，文帝死去，景帝即位。张释之内心恐惧，假称生病。想要辞职离去，又担心随之招致被诛杀；要当面向景帝谢罪，又不知怎么办好。他用了王生的计策，终于见到景帝道歉谢罪，景帝没有责怪他。

王生是喜好黄老学说的处士。曾被召进朝廷，三公九卿全齐聚站在那里。王生是个老年人，说：“我的袜带松脱了。”回过头来对张廷尉说：“给我结好袜带!”张释之就跪下结好袜带。事后，有人问王生说：“为什么在朝廷上羞辱张廷尉，让他跪着结袜带?”王生说：“我年老，又地位卑下。自己料想最终不能给张廷尉什么好处。张廷尉是天下名臣，我故意羞辱张廷尉，让他跪下结袜带，想用这种办法加强他的名望。”各位大臣们听说后，都称赞王生的贤德而且敬重张廷尉。

张廷尉侍奉景帝一年多，被贬谪为淮南王相，这还是由于以前得罪景帝的缘故。过了一些时候，张释之死了。他的儿子叫张挚，字长公，官职一直做到大夫，后被免职。因为他不能迎合当时的权贵显要，所以直到死也没有再做官。

冯唐，他的祖父是战国时赵国人。他的父亲移居到了代地。汉朝建立后，又迁到安陵。冯唐以孝行著称于时，被举荐做了中郎署长，侍奉汉文帝。一次，文帝乘车经过冯唐任职的官署，问冯唐说："老人家怎么还在做郎官？家在哪里？"冯唐都如实作答。汉文帝说："我在代郡时，我的尚食监高祛多次和我谈到赵将李齐的才能，讲述了他在钜鹿城下作战的情形。现在我每次吃饭时，心里总会想起钜鹿之战时的李齐。老人家知道这个人吗？"冯唐回答说："他尚且比不上廉颇、李牧的指挥才能。"汉文帝说："凭什么这样说呢？"冯唐说："我的祖父在赵国时，担任过统率士兵的职务，和李牧有很好的交情。我父亲从前做过代相，和赵将李齐也过从甚密，所以能知道他们的为人。"汉文帝听完冯唐的述说，很高兴，拍着大腿说："我偏偏得不到廉颇、李牧这样的人做将领，如果有这样的将领，我难道还忧虑匈奴吗？"冯唐说："臣诚惶诚恐，我想陛下即使得到廉颇、李牧，也不会任用他们。"汉文帝大怒，起身回宫。过了好长一会儿，才又召见冯唐责备他说："你为什么当众侮辱我？难道就不能私下告诉我吗？"冯唐谢罪说："我这个鄙陋之人不懂得忌讳回避。"

在这时，匈奴人新近大举侵犯朝那，杀死北地都尉孙卬。汉文帝正为此忧虑，就终于又一次询问冯唐："您怎么知道我不能任用廉颇、李牧呢？"冯唐回答说："我听说，古时候君王派遣将军时，跪下来推着车毂说，国门以内的事我决断，国门以外的事由将军裁定。所有军队中因功封爵奖赏的事，都由将军在外决定，归来再奏报朝廷。这不是虚夸之言呀。我的祖父说，李牧在赵国边境统率军队时，把征收的税金自行用来犒赏部下。赏赐由将军在外决定，朝廷不从中干预。君王交给他重任，而要求他成功，所以李牧才能够充分发挥才智。派遣精选的兵车一千三百辆，善于骑射的士兵一万三千人，能够建树功勋的士兵十万人，因此能够在北面驱逐单于，大破东胡，消灭澹林，在西面抑制强秦，在南面抵挡韩魏。在这时，赵国几乎成为霸主。后来，恰逢赵王迁即位，他的母亲是卖唱的女子。他一即位，就听信郭开的谗言，最终杀了李牧，让颜聚取代他。因此，军溃兵败，被秦人俘虏、消灭。如今，我听说魏尚做云中郡郡守，他把军市上的税金全部用来犒赏士兵，还拿出个人的钱财，五天杀一次牛，宴请宾客、军吏、亲近左右，因此匈奴人远远躲开，不敢靠近云中郡的边关要塞。匈奴曾经入侵一次，魏尚率领军队出击，杀死很多敌军。那些士兵都是一般人家的子弟，从村野来参军，哪里知道“尺籍”“伍符”这些法令律例呢？他们只知道整天拼力作战，杀敌捕俘，到幕府报功，只要有一句话不合实际情况，法官就用法律制裁他们。应得的奖赏不能兑现，而法官却依法必究。我愚蠢地认为陛下的法令太严明，奖赏太轻，惩罚太重。况且云中郡郡守魏尚只犯了错报多杀敌六人的罪，陛下就把他交给法官，削夺他的爵位，判处一年的刑期。由此说来，陛下即使得到廉颇、李牧，也是不能重用的。我确实愚蠢，触犯了禁忌，该当死罪，该当死罪！”文帝很高兴，当天就让冯唐拿着符节前去赦免魏尚，重新让他担任云中郡郡守，而任命冯唐作车骑都尉，掌管中尉和各郡国的车战之士。

汉文帝后元七年（前157），汉景帝即位，让冯唐去做楚国的丞相，不久被免职。汉武帝即位时，征求贤良之士，大家举荐冯唐。冯唐这年已九十多岁，不能再做官了，于是任用他的儿子冯遂做了郎官。冯遂字王孙，也是杰出的人才，和我友好。

太史公说：“张释之谈论长者的一番话，和他严守法度不迎合皇帝心意的事；以及冯公的谈论任用将帅，有味啊！有味啊！俗话说：‘不了解那个人，看看他结交的朋友就可知道。’他们两位所赞许长者将帅的话，应该标著于朝廷。《尚书》说：‘不偏私不结党，王道才会坦坦荡荡；不结党不偏私，王道才能平平坦坦。’张季与冯公近似于这种说法呀！”

第八十五卷　万石张叔列传第四十三

此文是一篇合传，共记万石君石奋、石建、石庆一家及卫绾、直不疑、周仁、张欧等人的事迹。

此文在写作上，最成功之处是对嘲讽艺术的运用。作者往往在不动声色的描述中，自然地流露出感情倾向。如写石奋"必朝服见"子孙，"上时赐食于家，必稽首俯伏而食之，如在上前"，貌似一本正经，恭敬无比，实则揭示了他的迂腐。石建作郎中令时，"事有可言，屏人恣言，极切；至廷见，如不能言者"，两相对比，给人留下深刻的印象。石庆"以策数马毕，举手曰：'六马。'"这一细节的描写使其小心拘谨的神态跃然纸上。每读至这些地方，会令人忍俊不禁哑然失笑。毫无疑问，这也归功于作品细节描写的生动逼真。

文中写作的重点是万石君一家，但也涉及卫绾等人。这多少有些物以类聚的烘托渲染的作用，充分概括出这个群体的鲜明特质。

【原文】

万石君名奋，其父赵人也，姓石氏。赵亡，徙居温。高祖东击项籍，过河内，时奋年十五，为小吏，侍高祖。高祖与语[①]，爱其恭敬[②]，问曰："若[③]何有？"对曰："奋独有母，不幸失明。家贫。有姊，能鼓琴[④]。"高祖曰："若能从我乎？"曰："愿尽力。"于是高祖召其姊为美人[⑤]，以奋为中涓，受书谒[⑥]，徙其家长安中戚里[⑦]，以姊为美人故也。其官至孝文[⑧]时，积功劳至大中大夫。无文学[⑨]，恭谨无与比。

【注释】

①语：谈话。②恭敬：恭敬谨慎。③若：你。④鼓琴：弹琴。⑤美人：妃嫔的称号。⑥受书谒：受理进献的文书和谒见之事。⑦中戚里：汉代京城中外戚居住的地方。⑧孝文：即孝文帝。⑨文学：当时称通六经知礼乐的人为"文学之士"，这里指儒术。

【原文】

文帝时，东阳侯张相如为太子太傅，免。选可为傅者，皆推奋，奋为太子太傅。及孝景即位，以为九卿；迫近[①]，惮之[②]，徙奋为诸侯相[③]。奋长子建，次子甲[④]，次子乙，次子庆，皆以驯行孝谨，官皆至二千石。于是景帝曰："石君及四子皆二千石，人臣尊宠乃集其门。"号奋为万石君。

【注释】

①迫近：靠近，离着近。②惮：畏惧。③相：丞相。④甲：史失其名，故以甲名之，犹如今天之"某"。下"乙"同此。

【原文】

孝景帝季年[1]，万石君以上大夫禄归老于家，以岁时[2]为朝臣，过宫门阙[3]，万石君必下车趋[4]，见路马必式[5]焉。子孙为小吏，来归谒，万石君必朝服[6]见之，不名[7]。子孙有过失，不谯让[8]，为便坐，对案不食。然后诸子相责，因长老肉袒[9]固谢罪，改之，乃许。子孙胜冠[10]者在侧，虽燕居[11]必冠，申申如也[12]。童仆訢訢如也[13]，唯谨。上时赐食于家，必稽首[14]俯伏而食之，如在上前。其执丧，哀戚甚悼。子孙遵教，亦如之。万石君以孝谨闻乎郡国，虽齐鲁诸儒质行，皆自以为不及也。

【注释】

①季年：晚年。②岁时：指年节。岁，年。时，四时，四季。③宫门阙：皇宫的门楼。④趋：疾行。⑤路马：通“辂马”，天子所乘之马，此指天子的车驾。式：通“轼”，车前的横木。古人伏在车前横木上表示敬意。⑥朝服：上朝穿的礼服。⑦不名：不称呼名字。⑧谯让：谴责。⑨肉袒：裸露上体表示请罪。⑩胜冠：指男子成年可以加冠。⑪燕居：退朝而处，闲居。⑫申申如也：庄重平和的样子。⑬訢訢如也：谨慎恭敬的样子。⑭稽首：古时跪拜礼，一说跪拜时叩头至地，并稍作停留。一说叩头至手不触地。

【原文】

建元二年[1]，郎中令王臧以文学获罪。皇太后[2]以为儒者文多质少，今万石君家不言而躬行，乃以长子建为郎中令，少子[3]庆为内史。

【注释】

①建元二年：前 139 年。建元，汉武帝的第一个年号。②皇太后：指窦太后。③少子：最小的儿子。

【原文】

建老白首，万石君尚无恙[1]。建为郎中令，每五日洗沐[2]归谒亲，入子舍[3]，窃问侍者，取亲中裙厕牏[4]，身自浣涤，复与侍者，不敢令万石君知，以为常。建为郎中令，事有可言，屏人恣言[5]，极切[6]；至廷见，如不能言者。是以上乃亲尊礼[7]之。

【注释】

①恙：疾病。②五日洗沐：汉制，官吏五天休假一天以沐浴。③子舍：小房。④中裙：内衣。厕牏：便器。一说指旁室门墙边的水沟。旧注说法不一，王先谦《汉书补注》："厕训为侧，牏当作'窬（yú，鱼）'。"⑤屏人：此指退避他人。屏，退避。恣言：纵情地说。⑥切：峻急。⑦尊礼：尊重礼遇。

【原文】

万石君徙居陵里。内史庆醉归，入外门[1]不下车。万石君闻之，不食。庆恐，肉袒请罪，不许。举宗[2]及兄建肉袒，万石君让曰："内史贵人，入闾里[3]，里中长老皆走匿，而内史坐车中自如[4]，固当！"乃谢[5]罢庆。庆及诸子弟入里门，趋至家。

【注释】

①外门：里门。②举宗：全族人。③闾里：乡里。④自如：依然故我，保持原样。⑤谢：吩咐。

【原文】

万石君以元朔五年[①]中卒。长子郎中令建哭泣哀思，扶杖乃能行。岁余，建亦死。诸子孙咸[②]孝，然建最甚，甚于万石君。

【注释】

①元朔五年：前124年。元朔，汉武帝的年号。②咸：都。

【原文】

建为郎中令，书奏事，事下，建读之，曰："误书[①]！'马'者与尾当五[②]，今乃四，不足一。上谴死矣！"甚惶恐。其为谨慎，虽他皆如是。

【注释】

①误书：写错了。②"马"者与尾当五：当时通行的隶书"马"字下部有五笔，像马的四足和尾的形状。

【原文】

万石君少子庆为太仆，御出[①]，上问车中几马，庆以策[②]数马毕，举手曰："六马。"庆于诸子中最为简易[③]矣，然犹如此。为齐相，举齐国皆慕其家行，不言而齐国大治[4]，为立石相祠。

【注释】

①御：驾车。②策：马鞭。③简易：简略粗疏。④治：安定。

【原文】

元狩元年[1]，上立太子，选群臣可为傅者，庆自沛守为太子太傅，七岁迁[2]为御史大夫。

【注释】

①元狩元年：前 122 年。元狩，汉武帝的年号。②迁：升迁。

【原文】

元鼎五年[1]秋，丞相[2]有罪，罢。制诏[3]御史："万石君先帝尊之，子孙孝，其以御史大夫庆为丞相，封为牧丘侯。"是时汉方南诛两越[4]，东击朝鲜[5]，北逐匈奴[6]，西伐大宛[7]，中国多事。天子巡狩[8]海内，修上古神祠，封禅[9]，兴礼乐。公家用少，桑弘羊等致利，王温舒之属峻法，兒宽等推[10]文学至九卿，更进用事[11]，事不关决于丞相，丞相醇谨而已。在位九岁，无能有所匡言[12]。尝欲请治上近臣所忠、九卿咸宣罪，不能服，反受其过，赎罪。

【注释】

①元鼎五年：前 112 年。元鼎，汉武帝的年号。②丞相：

赵周。③制诏：帝王发布的命令。④两越：南越、东越。越，古代生活我国南方的民族名称。⑤朝鲜：古代国名。⑥匈奴：生活在我国北方的古代游牧民族的名称。⑦大宛：古代西域国名。⑧巡狩：帝王离开国都在境内视察。⑨封禅：到名山祭祀天地。封，在泰山筑坛祭天，报天之功。禅，在泰山下梁父山辟场祭地，报地之功。⑩推：推尊。⑪更：交替。用事：当政。⑫匡言：纠正错失的言论。

【原文】

元封四年[①]中，关东流民二百万口，无名数[②]者四十万，公卿议欲请徙流民于边以適[③]之。上以为丞相老谨，不能与[④]其议，乃赐丞相告归，而案[⑤]御史大夫以下议为请者。丞相惭不任职，乃上书曰："庆幸得待罪丞相，罢驽无以辅治[⑥]，城郭仓库空虚，民多流亡，罪当伏斧质[⑦]，上不忍致法[⑧]。愿归丞相侯印，乞骸骨归，避贤者路。"天子曰："仓廪既空，民贫流亡，而君欲请徙之，摇荡不安，动危之，而辞位，君欲安归难[⑨]乎？"以书让庆，庆甚惭，遂复视事[⑩]。

【注释】

①元封四年：前107年。元封，汉武帝的年号。②名数：指户籍。③適：通"谪"，谪罚。④与：参与。⑤案：通"按"，查办。⑥罢：通"疲"，疲劳，疲钝。驽：劣马，指才能低劣。⑦斧质：古代杀人的刑具。斧，斩人用。质，作砧板用。⑧致法：交给法官审理。⑨难：责难。⑩视事：治事，任职。

【原文】

庆文深审谨[1]，然无他大略[2]，为百姓言。后三岁余，太初二年中，丞相庆卒，谥为恬侯。庆中子德，庆爱用之，上以德为嗣[3]，代侯。后为太常，坐法当死，赎免为庶人。庆方为丞相，诸子孙为吏更至二千石者十三人。及庆死后，稍[4]以罪去，孝谨益衰矣。

【注释】

①文深：指思虑周密。审谨：审慎拘谨。②大略：远大谋略，高明见解。③嗣：继承人。④稍：逐渐。

【原文】

建陵侯卫绾者，代大陵人也。绾以戏车[1]为郎，事文帝，功次[2]迁为中郎将，醇谨无他。孝景为太子时，召上左右饮，而绾称病[3]不行。文帝且崩时，属[4]孝景曰："绾长者，善遇之。"及文帝崩，景帝立，岁余不噍呵[5]绾，绾日以谨力。

【注释】

①戏车：指在车上表演与车有关的游戏，犹如今天杂技中的车技。②次：次第，顺序。③称病：假托生病。④属：通"嘱"，嘱咐。⑤噍呵：申斥。噍，通"谯"。

【原文】

景帝幸[1]上林，诏中郎将参乘[2]，还而问曰："君知所以得参乘乎？"绾曰："臣从车士幸得以功次迁为中郎将，不自知也。"上问曰："吾为太子时召君，君不肯来，何也？"对曰：

“死罪，实病！”上赐之剑。绾曰：“先帝赐臣剑凡六，剑不敢奉诏[3]。”上曰：“剑，人之所施易[4]，独至今乎？”绾曰：“具在。”上使取六剑，剑尚盛[5]，未尝服[6]也。郎官有谴，常蒙其罪，不与他将争；有功，常让他将。上以为廉，忠实无他肠，乃拜绾为河间王太傅。吴楚反，诏绾为将，将河间兵击吴楚有功，拜为中尉。三岁，以军功，孝景前六年[7]中封绾为建陵侯。

【注释】

①幸：指帝王驾临。②参乘：陪乘。③剑不敢奉诏：不敢奉诏接受赏赐的剑。④施易：送人、交换。施，送。易，交换。⑤盛：指剑装在剑鞘中。⑥服：用。⑦孝景前六年：即“孝景前元六年”，前151年。

【原文】

其明年，上废太子[1]，诛栗卿[2]之属。上以为绾长者，不忍，乃赐绾告归，而使郅都治捕[3]栗氏。既已，上立胶东王[4]为太子，召绾，拜为太子太傅。久之，迁为御史大夫。五岁，代桃侯舍[5]为丞相，朝奏事如职所奏。然自初官以至丞相，终无可言。天子以为敦厚，可相[6]少主，尊宠之，赏赐甚多。

【注释】

①废太子：废黜太子。太子，刘荣，景帝长子，栗姬所生。②栗卿：太子的舅父。③治捕：审理逮捕。④胶东王：即刘彻，景帝中子，曾封胶东王。⑤舍：即刘舍。⑥相：辅佐。

【原文】

为丞相三岁，景帝崩，武帝立。建元年中，丞相以景帝疾时诸官囚[①]多坐不辜者，而君不任职[②]，免之。其后绾卒，子信代。坐酎金[③]失侯。

【注释】

①官囚：官署囚禁的人。②不任职：不胜任职务。③酎金：汉代宗庙祭祀时，诸侯助祭所献金。

【原文】

塞侯直不疑者，南阳人也。为郎，事文帝。其同舍有告归[①]，误持同舍郎金去，已而金主觉，妄意[②]不疑，不疑谢有之[③]，买金偿。而告归者来而归金，而前郎亡金者大惭，以此称为长者。文帝称举[④]，稍迁至太中大夫。朝廷见，人或毁[⑤]曰："不疑状貌甚美，然独无奈其善盗嫂[⑥]何也!"不疑闻，曰："我乃无兄。"然终不自明[⑦]也。

【注释】

①同舍：同居一处房舍。告归：请假归乡。②妄意：胡乱猜疑。③谢有之：道歉并承认有这样的事。谢，道歉。④称举：称赞、提拔。⑤毁：谗毁、诋毁。⑥盗嫂：与嫂私通。⑦自明：自辩。

【原文】

吴楚反时，不疑以二千石将兵击之。景帝后元年[①]，拜为御史大夫。天子修[②]吴楚时功，乃封不疑为塞侯。武帝建元年中，与丞相绾俱以过免。

【注释】

①景帝后元年：前143年。②修：修饰、整治，这里有总结的意思。

【原文】

不疑学《老子》[①]言。其所临[②]，为官如故，唯恐人知其为吏迹也。不好立名称[③]，称为长者。不疑卒，子相如代。孙望，坐酎金失侯。

【注释】

①《老子》：书名，又称《道德经》，相传为老子所著，道家的经典著作。②临：统管、治理。③立名称：树立名声。

【原文】

郎中令周文者，名仁，其先故[①]任城人也。以医见。景帝为太子时，拜为舍人，积功稍迁，孝文帝时至太中大夫。景帝初即位，拜仁为郎中令。

【注释】

①故：原来。

【原文】

仁为人阴重[①]不泄，常衣敝补衣溺袴[②]，期[③]为不絜清，以是得幸。景帝入卧内[④]，于后宫秘[⑤]戏，仁常在旁。至景帝崩，仁尚为郎中令，终无所言。上时问人，仁曰："上自察之。"然亦无所毁。以此景帝再自幸其家。家徙阳陵。上所赐甚多，然常让[⑥]，不敢受也。诸侯群臣赂遗，终无所受。

【注释】

①阴重：深隐持重。②溺裤：能吸附尿液的内裤。③期：故意。④卧内：卧室。⑤秘：隐秘，不能公开的。⑥让：推让。

【原文】

武帝立，以为先帝臣，重[①]之。仁乃病免，以二千石禄归老，子孙咸至大官矣。

【注释】

①重：器重，尊重。

【原文】

御史大夫张叔者，名欧，安丘侯说之庶子[①]也。孝文时以治刑名[②]言事太子。然欧虽治刑名家，其人长者。景帝时尊重，常为九卿。至武帝元朔四年[③]，韩安国免，诏拜欧为御史大夫。自欧为吏，未尝言案人[④]，专以诚长者处官。官属以为长者，亦不敢大欺。上具[⑤]狱事，有可却[⑥]，却之；不可者，不得已，为涕泣面对而封之。其爱人如此。

【注释】

①庶子：妾所生的儿子。②治：研究。刑名：战国时法家的一派，强调循名责实，以申不害为代表。③元朔四年：前125年。④案人：查办人。案，通“按”，查办。⑤具：备办。⑥却：退。

【原文】

老病笃[①]，请免。于是天子亦策[②]罢，以上大夫禄归老于家。家于阳陵。子孙咸至大官矣。

【注释】

①病笃：病重。②策：皇帝命令的一种，多用于封土授爵、任免三公。

【原文】

太史公曰：仲尼有言曰“君子欲讷于言而敏[①]于行”，其万石、建陵、张叔之谓邪？是以其教不肃[②]而成，不严[③]而治。塞侯微巧，而周文处谄[④]，君子讥之，为其近于佞[⑤]也。然斯可谓笃行君子矣！

【注释】

①讷：言语迟钝。敏：敏捷。这句话出自《论语·里仁》。②肃：峻急。③严：严厉。④谄：卑恭谄媚。⑤佞：花言巧语。

【译文】

万石君名奋，他的父亲是赵国人，姓石。赵国灭亡后，迁居到温县。高祖东进攻打项羽，途经河内郡。当时，石奋年纪只有十五岁，做小官吏，侍奉高祖。高祖和他谈话，喜爱他恭敬谨慎的态度，问他说：“你家中有些什么人？”回答说：“我家中只有母亲，不幸眼睛已失明。家中很贫穷。还有个姐姐，会弹琴。”高祖又说：“你能跟随我吗？”回答说：“愿竭尽全力侍奉。”于是，高祖召他的姐姐入宫做了美人，让石奋做中涓，受理大臣进献的文书和谒见之事，他的家迁徙到长安的中戚里，这是因他的姐姐做了美人的缘故。他的官职到文帝时累积功劳升至太中大夫。他不通儒术，可是恭敬谨慎无人可比。

文帝时，东阳侯张相如做太子太傅，后被免职。文帝选择可以做太傅的人，大家都推举石奋，石奋做了太子太傅。等到景帝即位，使他官居九卿之位。因他过于恭敬谨慎而接近自己，景帝也畏惧他，调他做了诸侯丞相。他的长子石建，二子石甲，三子石乙，四子石庆，都因为性情驯顺，对长辈孝敬，办事谨慎，官位做到二千石。于是，景帝说：“石君和四个儿子都官至二千石，作为人臣的尊贵荣耀竟然集中在他们一家。”就称呼石奋为万石君。

景帝末年，万石君享受上大夫的俸禄告老回家，在朝廷举行盛大典礼朝令时，他都作为大臣来参加。经过皇宫门楼时，万石君一定要下车急走，表示恭敬，见到皇帝的车驾一定要手扶在车轼上表示致意。他的子孙辈做小吏，回家看望他，万石君也一定要穿上朝服接见他们，不直呼他们的名字。子孙中有人犯了过错，他不斥责他们，而是坐到侧旁的座位上，对着餐桌不肯吃饭。这样以后其他的子孙们就纷纷责备那个有错误的人，再通过族中长辈求情，本人裸露上身表示认错，并表示坚决改正，才答允他们的请求。已成年的子孙在身边时，即使是闲居在家，他也一定要穿戴整齐，显示严肃整齐的样子。他的仆人也都非常恭敬，特别谨慎。皇帝有时赏赐食物送到他家，必定叩头跪拜之后才弯腰低头去吃，如在皇帝面前一样。他办理丧事时，非常悲哀伤悼。子孙后代遵从他的教诲，也像他那样去做。万石君一家因孝顺谨慎闻名于各郡县和各诸侯国，即使齐鲁二地品行朴实的儒生们，也都认为自己不如他们。

建元二年（前 139），郎中令王臧因为推崇儒学获罪。皇太后认为儒生言语大多文饰浮夸而不够朴实，现在万石君一家不善夸夸其谈而能身体力行，就让万石君的大儿子石建做了郎中令，小儿子石庆做了内史。

石建年老发白，而他的父亲万石君却依然健康无病。石建做了郎中令，每五天休假一天，回家拜见父亲时，总是先进入侍者的小屋，私下向侍者询问父亲情况，拿走他的内衣和便器，亲自洗净，再交给侍者，不敢让父亲知道，而且经常如此。石建做郎中令时，有事要向皇帝谏说，能避开他人时就畅所欲言，说得峻急；及至朝廷谒见时，装出不善说话的样子。因此，皇帝就对他亲自表示尊敬和礼遇。

万石君迁居到陵里。担任内史的儿子石庆酒醉归来，进入里门时没有下车。万石君听到这件事后不肯吃饭。石庆恐惧，袒露上身请求恕罪，万石君仍不允许。全族的人和哥哥石建也袒露上身请求恕罪，万石君才责备说：“内史是尊贵的人，进入里门时，里中的父老都急忙回避他，而内史坐在车中依然故我，不知约束自己，本是应该的吗！”说完，就喝令石庆走开。从此以后，石庆和石家的弟兄们进入里门时，都下车快步走回家。

万石君在武帝元朔五年（前124）去世。大儿子郎中令石建因悲哀思念而痛哭，以致手扶拐杖才能走路。过了一年多，石建也死了。万石君的子孙们都很孝顺，然而石建最突出，超过了万石君。

石建做郎中令时，一次书写奏章，奏章批复下来，石建再读时，非常惊恐地说道：“写错了！‘马’字下面的四点和下曲的马尾应该五笔，现在才写四笔，少了一笔，皇帝会责怪我，我该死啊！”可见他为人的谨慎，即使对待其他的事也都像这样。

万石君的小儿子石庆做太仆，为皇帝驾车外出，皇帝问驾车的马有几匹，石庆用马鞭一一点数马匹后，才举手示意说：“六匹。”石庆在几个儿子中算是最不讲究礼节的了，尚且如此小心谨慎。石庆做齐国的国相，齐国上下都敬慕他们的家风，所以不用发布政令齐国就非常安定，人们就为石庆立了“石相祠”。

武帝元狩元年（前122），皇帝确立太子，从群臣中挑选能够做太子老师的人，石庆从沛太守任上调为太子太傅，过了七年升任御史大夫。

武帝元鼎五年（前112）秋，丞相赵周有罪被罢官。皇帝发下诏书给御史大夫：“先帝很敬重万石君，他们的子孙都很孝顺，命令御史大夫石庆担任丞相，封为牧丘侯。”这时，汉朝正在南方诛讨南越、东越，在东方攻打朝鲜，在北方追逐匈奴，在西方征伐大宛，国家正值多事之时。加上皇帝巡视全国各地，修复上古的神庙，到泰山祭天，到梁父祭地，大兴礼乐。国家财政发生困难，皇帝就让桑弘羊等谋取财利，王温舒等实行苛峻的法律，使兒宽等推尊儒学，他们都官至九卿，交替升迁当政，朝中大事不取决于丞相，丞相只是一味忠厚谨慎罢了。丞相在位九年，不能有任何匡正时局纠谏错误的言论，他曾想要惩治皇帝的近臣所忠，九卿咸宣的罪过，不仅不能使他们服罪，反而遭受了惩处，以米粟入官才得免罪。

汉武帝元封四年（前107），关东百姓有两百万人流离失所，没有户籍的有四十万人。公卿大臣商议请求皇帝迁徙流民到边疆去，以此来惩罚他们。皇帝认为丞相年老谨慎，不可能参与这种商议，就让他请假回家，而查办御史大夫以下商议提出这种请求的官吏。丞相因不能胜任职务而愧疚，就上书给皇帝说：“我石庆承蒙宠幸得以位居丞相，可是自己才能低劣不能辅佐陛下治理国家，以致城郊仓库空虚，百姓多流离失所，罪该处死。皇帝不忍心依法处治我，我愿归还丞相和侯爵的印信，请求告老还乡，给贤能的人让位。”皇帝说：“粮仓已经空虚，百姓贫困流离失所，而你却要请求迁徙他们，社会已经动荡不安了，社会的动荡使国家发生危机，在这种时候你却想辞去职位，你要把责难归结到谁身上呢？”用诏书责备石庆，石庆非常惭愧，才又重新处理政事。

石庆为人思虑细密，处事审慎拘谨，却没有什么高明的见解及为百姓说话的表现。从此又过了三年多，在太初二年(前103)，丞相石庆去世，赐谥号为恬侯。石庆的次子名德，石庆喜爱器重他，皇帝让石德做石庆的继承人，承袭侯爵的爵位。后来，做到了太常。因为触犯法律判处死刑，纳米粟入官赎罪后成了平民。石庆做丞相时，他的子孙中从小吏升到两千石职位的有十三人。等到石庆死后逐渐因不同罪名而被免职，孝顺谨慎的家风也更加衰落了。

建陵侯卫绾，是代郡大陵人。卫绾靠在车上表演杂技而做了侍卫皇帝的郎官，侍奉文帝，由于不断立功依次升迁为中郎将，除了忠厚谨慎一无所长。景帝做太子时，他请皇帝身边的近臣饮宴，而卫绾借口生病不肯去。文帝临死时，嘱咐景帝说：“卫绾是年高望重的人，你要好好对待他。”等到文帝死去，景帝即位，景帝一年多没责斥过卫绾，卫绾只是一天比一天更谨慎地尽责。

景帝有一次驾临上林苑，命令中郎将卫绾和自己共乘一辆车，回来后问卫绾：“知道你为什么能和我同乘一车吗？”卫绾说：“我从一个小小的车士幸运地因立功逐渐升为中郎将，我自己不知道这是什么缘故。”景帝又问：“我做太子时召请你参加宴饮，你不肯来，为什么呢？”回答说：“臣该死，那时实在生病了!”景帝赐给他一把剑。卫绾说:“先皇帝曾经赐给我总共六把剑,我不敢再接受陛下的赏赐。”景帝说:“剑是人们所喜爱之物,往往用来送人或交换他物,难道你能保存到现在吗?”卫绾说:“全都还在。”皇帝派人去取那六把剑,宝剑完好地在剑套中,不曾使用过。中郎将属下的郎官犯了错误,卫绾常常代他们受过,不和其他的人去争辩;有了功劳,常常谦让给他人。皇帝认为他品行方正,对自己忠诚没有杂念,就任命他做了河间王刘德的太傅。吴楚七国之乱时,皇帝任命卫绾做了将军,率领河间王的军队攻打吴楚叛军有功,任命他做了中尉。过了三年,因为战功,在景帝前元六年(前 151)受封为建陵侯。

第二年,景帝废黜栗太子刘荣,杀了太子的舅父等人。景帝认为卫绾是忠厚的人,不忍心让他治理这件大案,就赐他休假回家,而让郅都逮捕审理栗氏族人。处理完这件案子,景帝任命胶东王刘彻做了太子,征召卫绾做太子太傅。又过较长时候,升迁为御史大夫。过了五年,代替桃侯刘舍做了丞相,在朝廷上只奏报职分内的事情。然而,从他最初做官起直到他位列丞相,终究没有什么可称道或指责之处。皇帝认为他敦厚,可以辅佐少主,对他很尊重宠爱,赏赐的东西很多。

卫绾做丞相三年,景帝死,武帝即位。建元年间,因景帝卧病时,各官署的囚犯许多是无辜受冤屈的人,他身为丞相,未能尽职尽责,被免去丞相官职。后来卫绾去世,儿子卫信承袭了建陵侯的爵位。后来，因为上酎金不合规定而失去爵位。

塞侯直不疑是南阳人。他做郎官侍奉文帝。与他同住一室的人请假探家，误拿走他人的金子而去，过了些时候，金子的主人才发觉，就胡乱猜疑直不疑，直不疑向他道歉并承认了这件事，买金子偿还他。等到请假探家的人回来归还了金子，使那个先前丢失金子的人极为惭愧。因此，人们称直不疑是个忠厚的人。文帝也称赞提拔了他，逐渐升至太中大夫。一次上朝廷见时，有人谗毁他说："直不疑相貌很美，然而唯独没有办法处置他喜欢和嫂子私通的事啊！"直不疑听说后，说："我是没有兄长的。"说过后，他终究不再做其他辩解。

吴楚七国之乱时，直不疑以二千石的官职率兵攻打叛军。景帝后元元年（前143），任命他做了御史大夫。景帝总结平定吴楚叛乱人的功劳时，封直不疑为塞侯。武帝建元年间，和丞相卫绾都因过失免去官职。

直不疑学习老子的学说。他治理每个地方时，担任官职都因循前任所为，唯恐人们知道他做官的事迹。他不喜欢树立自己的名声，被人称为长者。直不疑去世，儿子相如承袭侯爵之位。到孙子望时，由于进献酎金不合要求而失去侯爵之位。

郎中令周文，名仁，他的祖先原是任城人。凭借医术谒见天子。景帝做太子时，任命他做舍人，累积功劳逐渐提升，文帝时官至太中大夫。景帝刚继位，就任命周仁做了郎中令。

周仁为人深隐持重不泄露别人的话语，常常穿着破旧缀有补丁的衣服和能够吸附尿液的内裤，故意去做不洁净的事，使妃嫔不愿接近因此得到景帝宠爱。景帝进入寝宫和妃嫔淫亵戏耍时，周仁常在旁边。景帝死时，周仁还在做郎中令，可他始终无所进言。皇帝有时询问别人的情况，周仁总是说："皇上亲自考察他吧。"然后，也没有讲别人的什么坏话。因此，景帝曾经一再驾临他的家，他家后来迁徙到阳陵。皇帝赏赐的东西很多，他却常常推让，不敢接受。诸侯百官赠送的东西，他始终没有接受。

汉武帝即位，认为他是先帝的大臣而尊重他。周仁因病免职，朝廷让他享受每年二千石的俸禄返乡养老，他的子孙都做到了大官。

御史大夫张叔名欧，是安丘侯张说的庶子。文帝时，以研究法家学说侍奉太子。尽管张欧研究法家学说，他却是个忠厚长者。景帝时很受尊重，常常位居九卿之列。到了武帝元朔四年（前125），韩安国被免职，皇帝任命张欧做了御史大夫。自从张欧做官以来，没有说过查办人，专门以诚恳忠厚的态度做官。部属都认为他是忠厚的长者，也不敢过分地欺骗他。皇上把准备审理的案件交给他，有能够退回重审的就退回；不能退回重审的，因事不得已，就流泪而哭，亲自看着封好文书。他爱别人就是如此。

后来他年老病重，请求免去官职。天子也就颁布诏书，准许他的请求，按照上大夫的俸禄让他回乡养老。他住在阳陵。

他的子孙都做到了大官。

太史公说："孔子曾经有过这样一句话：'君子要言语迟钝而做事敏捷。'这句话说的是万石君、建陵侯和张叔吧！因此，他们做事不峻急却能使事情成功，措施不严厉而能使社会安定。塞侯直不疑过于巧诈，而周文失于卑恭谄媚，君子讥讽他们，因为他们形近谄佞。但他们也可算是行为敦厚的君子了。"

第八十六卷　田叔列传第四十四

在这篇记载田叔事迹的传记中，作者以赞佩的口吻突出表现了田叔“义不忘贤，明主之美以救过”的品质和“刻廉自喜”的性格。在这个人物身上，虽然瑕瑜互见，但瑕不掩瑜，他的忠诚、严于律己的品格以独有的魅力吸引着古往今来的读者。作者描写这样一个历史人物决不只是发思古之幽情，而是借此和汉武帝时代统治者的刻薄寡恩、世风的浇薄相对照，寄寓作者对现实的憎恶。

为了塑造这个性格复杂的人物，作者选取最富有典型意义的事件进行描写。文中虽然只写了他衣赭衣自髡钳跟随赵王进京，在文帝面前力辩孟舒得失，以及审理梁王和任相鲁国几件事，通过这些个性鲜明的言谈举止的描写，就使田叔以独有的风姿站立读者面前。文末补叙田叔之子田仁的事迹，他的不肯接受祠金、敢作敢为和他父亲独擅的作风品格相映生辉。作者这样安排材料，反映了作者选材的精当和行文结构的独具慧眼。子承父风，一脉相传，奇人与佳文交融，读来真是别有一番情趣。

文后有褚少孙对田仁、任安事迹的补叙，这些材料的主旨虽和司马迁写作主题不合，倒也能够让人了解他们的一些逸事，其中招募将军舍人一节的描述堪称生动之笔。作者通过口吻毕肖人物语言的记述，把卫将军的目光短浅，赵禹的处事有方，田仁、任安的愤怒机智都表现得活灵活现。这段文字是能够和司马迁的文章相媲美的。

【原文】

田叔者，赵陉城人也。其先，齐田氏苗裔[①]也。叔喜剑，学黄老术[②]于乐巨公所。叔为人刻廉自喜[③]，喜游[④]诸公。赵人举[⑤]之赵相赵午，午言[⑥]之赵王张敖所，赵王以为郎中。数岁，切直廉平[⑦]，赵王贤之[⑧]，未及迁[⑨]。

【注释】

①齐田氏：春秋时，陈厉公之子陈完因陈国发生变乱投奔齐国，改姓田氏。他的子孙世代为齐卿，到战国时取代姜氏夺取了齐政权。苗裔：后代。②黄老术：黄老学说。黄，黄帝。老，老子。黄帝老子被古人视为道家的创始人，他们的学说就是道家的学说。③刻廉：刻峭廉洁。自喜：自好，自爱。④游：交游，交往。⑤举：举荐。⑥言：指称赞，夸奖。⑦切直廉平：峻切刚直清廉公平。⑧贤之：认为他是贤德的人。⑨迁：升迁。

【原文】

会陈豨反[①]代，汉七年[②]，高祖[③]往诛之，过赵，赵王张敖自持案[④]进食，礼恭甚，高祖箕踞[⑤]骂之。是时赵相赵午等数十人皆怒，谓张王[6]曰：“王事上礼备[7]矣，今遇王如是，臣等请为乱。”赵王啮指出血，曰：“先人失国[8]，微[9]陛下，臣等当虫出[10]。公等奈何言若是！毋复出口矣！”于是贯高等曰：“王长者，不倍德[11]。”卒私相与谋弑[12]上。会事发觉，汉下诏[13]捕赵王及群臣反者。于是赵午等皆自杀，唯贯高就系[14]。是时汉下诏书：“赵有敢随王者罪三族[15]。”唯孟舒、田叔等十余人赭衣自髡钳[16]，称[17]王家奴，随赵王敖至长安。贯高事明白，赵王敖得出，废[18]为宣平侯，乃进[19]言田叔等十余人。上尽召见，与语，汉廷臣毋能出其右者[20]，上说，尽拜[21]为郡守、诸侯相。叔为汉中守十余年，会高后崩[22]，诸吕[23]作乱，大臣诛之，立孝文帝。

【注释】

①会：恰巧，正好。反：谋反，造反。②汉七年：陈豨反代应在汉十年（前197），原文有误。汉七年（前200）发生的是韩王信的叛乱。③高祖：汉高祖刘邦。④案：盛食物的木制器具，形似托盘，下有足。⑤箕踞：古时席地而坐，若前伸两足，手扶膝，像箕状，是傲慢不敬之容。⑥张王：即赵王张敖。⑦上：皇帝。备：周全。⑧先人失国：前206年，张敖死去的父亲张耳，曾随项羽入关，分封赵地为常山王。第二年，受到陈馀袭击，失国，只好投奔刘邦。后被刘邦封为赵王。先人，死去的长辈，此指死去的父亲。⑨微：没有，假如没有。⑩虫出：这里用齐桓公死不能下葬以至尸体生蛆的典故表达死而不能下葬意。事见《齐世家》。虫，指蛆。⑪倍：通“背”。

⑫弑：杀。只用于臣杀君，子杀父。⑬诏：皇帝发布的命令文告。⑭就系：投案被捕。系，捆绑。⑮罪三族：罪连三族。三族，说法不一，一般认为是父族、母族、妻族。⑯赭衣：古代犯人所穿的赤褐色的囚服。髡：古刑罚一种，剃去男人的头发。钳：古代刑具，用金属制成，套在犯人脖子上。⑰称：指自称。⑱废：废黜。⑲进：引荐，推荐。⑳毋：通“无”。出其右者：古人以右为尊，这里指没有能超出田叔他们的人。㉑拜：拜官授职。㉒高后：即吕后，吕雉。崩：帝、后死去称“崩”。㉓诸吕：指高后吕雉家族的侄孙辈的人。

【原文】

孝文帝既立，召田叔问之曰：“公知天下长者乎？”对曰：“臣何足以知之！”上曰：“公，长者也，宜知之。”叔顿首曰：“故云中守孟舒，长者也。”是时孟舒坐虏大入塞盗劫[①]，云中尤甚，免。上曰：“先帝置孟舒云中十余年矣，虏曾[②]一入，孟舒不能坚守，毋故[③]士卒战死者数百人。长者固[④]杀人乎？公何以言孟舒为长者也？”叔叩头对曰：“是乃孟舒所以为长者也。夫贯高等谋反，上下明诏，赵有敢随张王，罪三族。然孟舒自髡钳，随张王敖之[⑤]所在，欲以身死之[⑥]，岂自知为云中守哉！汉与楚相距[⑦]，士卒罢敝[⑧]。匈奴冒顿新服北夷[⑨]，来为边害，孟舒知士卒罢敝，不忍出言[⑩]，士争临[⑪]城死敌，如子为父，弟为兄，以故死者数百人。孟舒岂故驱[⑫]战之哉！是乃孟舒所以为长者也。”于是上曰：“贤哉孟舒！”复召孟舒以为云中守。

【注释】

①坐虏大入塞盗劫：因敌人大举侵犯边塞劫掠、抵御不力而犯罪。坐，犯罪，触犯刑律。②曾：才，只。③毋故：无缘无故，没有道理。毋，通“无”。④固：固然，本该。⑤之：到，往。⑥死之：为赵王而死。⑦距：通“拒”，对抗。⑧罢敝：疲劳困苦。罢，通“疲”。⑨匈奴：古代生活在中国北部的一个游牧民族，他们强悍、善骑射。冒顿：秦末汉初匈奴单于名称。新服北夷：指冒顿征服匈奴北方的浑庾、屈射、丁零、鬲昆、薪犁五个部族。⑩出言：指发出作战命令。⑪临：到，这里指登城。死敌：和敌人拼死作战。⑫故：故意。驱：驱赶，驱使。

【原文】

后数岁，叔坐法失官。梁孝王使人杀故[1]吴相袁盎，景帝召田叔案[2]梁，具[3]得其事，还报。景帝曰：“梁有之乎？”叔对曰：“死罪！有之。”上曰：“其事安在？”田叔曰：“上毋以梁事为也。”上曰：“何也？”曰：“今梁王不伏诛[4]，是汉法不行也；如其伏法，而太后食不甘味，卧不安席，此忧在陛下也。”景帝大贤之，以为鲁[5]相。

【注释】

①故：从前，原来。②案：通“按”，查办，审查。③具：完全，全部。④伏诛：伏法处死。⑤鲁：汉初封国名，在今山东南部。

【原文】

鲁相初到，民自言相，讼王[1]取其财物百余人。田叔取其渠率[2]二十人，各笞[3]五十，余各搏[4]二十，怒之曰："王非若主邪？何自敢言若主！"鲁王闻之大惭，发中府[5]钱，使相偿之。相曰："王自夺之，使相偿之，是王为恶而相为善也。相毋与偿之。"于是王乃尽偿之。

【注释】

①讼：责备，指责。王：鲁共王刘余，景帝子。②渠率：通"渠帅"，首领。③笞：古代五刑之一，用竹板或荆条打人的背部或臀部。④搏：击，拍。指打手掌。⑤中府：内府，皇室的仓库。

【原文】

鲁王好猎，相常从入苑[1]中，王辄[2]休相就馆舍，相出，常暴[3]坐待王苑外。王数使人请相休，终不休，曰："我王暴露苑中，我独何为就舍！"鲁王以故不大出游。

【注释】

①苑：古代养禽兽的园林。②辄：往往，总是。③暴：通"曝"，晒。

【原文】

数年，叔以官卒[1]，鲁以百金祠[2]，少子仁不受也，曰："不以百金伤先人名。"

【注释】

①以官卒：在任上死去。以，于，在。②祠：春祭。这里指祭礼。

【原文】

仁以壮健为卫将军舍人[①]，数从击匈奴。卫将军进言[②]仁，仁为郎中。数岁，为二千石丞相长史，失官。其后使刺举三河[③]。上东巡，仁奏事有辞，上说，拜为京辅[④]都尉。月余，上迁拜为司直。数岁，坐太子事[⑤]。时左丞相[⑥]自将兵，令司直田仁主[⑦]闭守城门，坐纵[⑧]太子，下吏诛死。仁发兵，长陵令车千秋上变[⑨]仁，仁族[⑩]死。陉城今在中山国。

【注释】

①卫将军：卫青。舍人：王公权贵的亲近左右，家臣。②进言：向皇帝推荐。③刺举：侦视纠察。三河：指河南郡、河内郡、河东郡。④京辅：即“京畿”，京都。⑤太子事：前91年，太子刘据被江充诬陷，刘据擅自发兵杀死江充，又与丞相刘屈牦战于长安城内，兵败逃出城门。不久为汉兵围追自缢而亡。⑥左丞相：文帝二年（前178）以后只设丞相，这里的“左”字是衍文。此处指丞相刘屈牦。⑦主：主持，掌管。⑧纵：放跑。⑨上变：上书报告田仁兵变。⑩族：刑及父母妻子。

【原文】

太史公曰：孔子称曰“居是国必闻其政[①]”，田叔之谓乎！

义不忘贤，明[②]主之美以救过。仁与余善，余故并论之。

【注释】

①居是国必闻其政：这里引语有误，《论语·学而》有“子禽问于子贡曰：‘夫子至于是邦也，必闻其政……’”②明：彰明。

【原文】

褚先生[①]曰：“臣为郎时，闻之曰田仁故与任安相善。任安，荥阳人也。少孤贫困，为人将车[②]之长安，留，求事为小吏，未有因缘[③]也，因占著名数[④]。武功，扶风西界小邑也，谷口蜀栈道近山。安以为武功小邑，无豪[⑤]，易高[⑥]也，安留，代人为求盗、亭父[⑦]。后为亭长。邑中人民俱出猎，任安常为人分麋鹿雉兔，部署老小当壮剧易[⑧]处，众人皆喜，曰：“无伤也，任少卿分别[⑨]平，有智略。”明日复合会，会者数百人。任少卿曰：“某子甲何为不来乎?”诸人皆怪其见[⑩]之疾也。其后除为三老[⑪]，举为亲民[⑫]，出为三百石长[⑬]，治民。坐上行出游共帐[⑭]不办，斥免[⑮]。

【注释】

①褚先生：即褚少孙，是西汉元、成间博士，自称曾作侍郎。《史记》的某些部分由他补写。本篇“褚先生曰”以下文字由他补写。②将车：驾车。③因缘：机会。④占：估计。著：著录，登记。名数：户籍情形及人口多少。⑤豪：豪门大族。⑥易高：容易提高地位。⑦求盗、亭父：都是亭卒。亭，

秦汉时十里一亭，设亭长、亭卒，掌管治安、诉讼之事。⑧当壮：正年壮，壮年人。当，正值。剧易：艰难容易。⑨分别：分析、辨别。⑩怪：惊讶。见：认识。⑪除：授职，任命。三老：汉代十亭一乡，乡设三老一职，主持教化之事。⑫亲民：《史记会注考证》认为此职掌乡邑之事。⑬三百石长：俸禄为三百石的官长。汉制，万户以上为令，俸禄千石至六百石；不足万户为长，俸禄五百石至三百石。三百石长，应是不足万户县的长官。⑭共帐：供给皇帝出行所需的帷帐等器物。共，通“供”。⑮斥免：废弃、罢免。

【原文】

乃为卫将军舍人，与田仁会，俱为舍人，居门下，同心相爱。此二人家贫，无钱用以事将军家监[1]，家监使养恶啮马[2]。两人同床卧，仁窃言曰：“不知人哉家监也！”任安曰：“将军尚不知人，何乃家监也！”卫将军从此两人过平阳主[3]，主家令两人与骑奴[4]同席而食，此二子拔刀列断席别[5]坐。主家皆怪而恶之，莫敢呵。

【注释】

①家监：官家，家臣。②恶啮马：凶暴咬人的烈马。③从此两人：使两人跟随。过：探望、探访。平阳主：即平阳公主，汉武帝姊，先为平阳侯曹寿妻，后嫁卫青。④骑奴：骑马侍从主人的家奴。⑤列：通“裂”，割。别：分别。

【原文】

其后有诏募择[1]卫将军舍人以为郎，将军取舍人中富给[2]

者，令具[3]鞍马、绛衣[4]、玉具剑[5]，欲入奏之。会贤大夫少府赵禹来过卫将军，将军呼所举舍人以示赵禹。赵禹以次问之，十余人无一人习事[6]有智略者。赵禹曰："吾闻之，将门之下必有将类。传[7]曰：'不知其君视其所使，不知其子视其所友[8]。'今有诏举将军舍人者，欲以观将军而能得贤者文武之士也。今徒取富人子上之，又无智略，如木偶人衣[9]之绮绣耳，将奈之何？"于是赵禹悉召卫将军舍人百余人，以次问之，得田仁、任安，曰："独此两人可耳，余无可用者。"卫将军见此两人贫，意[10]不平。赵禹去，谓两人曰："各自具鞍马新绛衣。"两人对曰："家贫无用具也。"将军怒曰："今两君家自为贫，何为出此言？鞅鞅如有移[11]德于我者，何也？"将军不得已，上籍[12]以闻。有诏召见卫将军舍人，此二人前见，诏问能略相推第[13]也。田仁对曰："提桴[14]鼓立军门，使士大夫乐死战斗，仁不及任安。"任安对曰："夫决嫌疑，定是非，辩治官[15]，使百姓无怨心，安不及仁也。"武帝大笑曰："善。"使任安护北军[16]，使田仁护边田谷于河上[17]。此两人立名天下。

【注释】

①募择：征募选择。②富给：富足。③具：准备。④绛衣：深红色的衣服，汉朝宫中警卫所穿服装。⑤玉具剑：剑口和把柄用玉装饰的剑。⑥习事：指通晓事理。习，熟悉，通晓。⑦传：古书。⑧"不知其君"二句，和《荀子·性恶》"不知其子视其友，不知其君视其左右"语意相近。⑨衣

(yì)：穿。⑩意：内心。⑪鞅鞅：通“怏怏”，不服气，不满意。移：施予，给予。⑫籍：簿册。⑬推第：推举评价。⑭桴：鼓槌。⑮辩治官：辨别自己管理的官员。辩，通“辨”。⑯护：监护。北军：京城的卫戍部队。⑰河上：黄河岸边。

【原文】

其后用任安为益州刺史，以田仁为丞相长史。

田仁上书言：“天下郡太守多为奸利①，三河尤甚，臣请先刺举三河。三河皆内倚中贵人②，与三公有亲属，无所畏惮，宜先正三河以警天下奸吏。”是时河南、河内太守皆御史大夫杜父兄子弟③也，河东太守石丞相④子孙也。是时石氏九人为二千石，方盛贵。田仁数上书言之。杜大夫及石氏使人谢⑤，谓田少卿曰：“吾非敢有语言也，愿少卿无相诬污⑥也。”仁已刺⑦三河，三河太守皆下吏诛死。仁还奏事，武帝说，以仁为能不畏强御⑧，拜仁为丞相司直，威振天下。

【注释】

①奸：行为不轨。利：谋私利。②中贵人：皇帝宠幸的太监。③杜：杜周。父兄子弟：亲属。《汉书·杜周传》记载是他的两个儿子任此二郡太守。④石丞相：石庆。⑤谢：道歉，谢罪。⑥诬污：诬告玷污。⑦刺：刺举。⑧强御：强暴有势力的人。

【原文】

其后逢太子有兵事，丞相自将兵，使司直主城门。司直以为太子骨肉之亲，父子之间不甚欲近[1]，去之诸陵，过[2]。是时武帝在甘泉[3]，使御史大夫暴君[4]下责丞相“何为纵太子”，丞相对言“使司直部守城门而开太子”。上书以闻，请捕系司直。司直下吏，诛死。

【注释】

①不甚欲近：特别不想卷进去。近，靠近。②过：指使太子通过城门而逃。③甘泉：即甘泉宫，汉武帝建在今陕西淳化县西北甘泉山上的宫殿。④暴君：即暴胜之。

【原文】

是时任安为北军使者护军，太子立车[1]北军南门外，召任安，与节[2]令发兵。安拜受节，入，闭门不出。武帝闻之，以为任安为详[3]邪，不傅[4]事，何也？任安笞辱北军钱官小吏，小吏上书言之，以为受太子节，言“幸与我其鲜好[5]者”。书上闻，武帝曰：“是老吏[6]也，见兵事起，欲坐观成败，见胜者欲合从[7]之，有两心。安有当死之罪甚众，吾常活之，今怀诈，有不忠之心。”下安吏，诛死。

【注释】

①立车：停车。②节：符节。③详：通“佯”，假装。④傅：通“附”，附和，归附。⑤幸：希望。鲜好：指精锐的军队。这句话是太子所说。⑥老吏：老于世故的官吏。⑦合从：应和随从。

【原文】

夫月满则亏，物盛则衰，天地之常[1]也。知进而不知退，久乘[②]富贵，祸积为祟[③]。故范蠡[④]之去越，辞不受官位，名传后世，万岁不忘，岂可及哉！后进者慎[⑤]戒之。

【注释】

①常：常则，固定不变的法则。②乘：坐，居。③祟：鬼神给人的灾难，此指大的不可抵御的灾难。④范蠡：春秋末期，越国大夫，帮助越王句践图强复国，消灭敌国。功成后，不肯接受赏赐爵位，离开越国，经商致富。后人常赞赏他功成身退得以善终的态度。⑤慎：千万。

【译文】

田叔是赵国陉城人，他的祖先是齐国田氏的后代。田叔喜欢剑术，曾在乐巨公的住处向他学习黄、老的学说。田叔为人刻峭廉洁，并以此自得。他喜欢和那些德高望重的人交游。赵国人把他推荐给赵相赵午，赵午又在赵王张敖那里称道他，赵王任命他为郎中。任职几年，他峻切刚直清廉公平，赵王虽赏识他，却没有来得及提升他。

恰逢陈豨在代地谋反，汉七年（前200），高祖前去诛讨，途经赵国，赵王张敖亲端食盘献食，礼节十分恭敬，汉高祖却傲慢地平伸开两条腿坐着大骂他。当时，赵相赵午等几十人都为此发怒，对赵王张敖说："您侍奉皇上礼节完备周全，现在对待您竟是如此，我们要求造反。"赵王咬破自己的指头出了血，说："我的父亲失去了国家，没有陛下，我们会死后尸体生蛆无人收尸，你们怎么能说这样的话呢？不要再说了！"于是，贯高等议论说："赵王是忠厚长者，不肯背弃皇上的恩德。"他们就私下里互相谋划弑杀皇上。恰好事情被发觉了，汉朝下命令逮捕赵王和谋反的群臣。于是，赵午等人都自杀了，只有贯高愿被囚系。这时，汉朝又下诏书说："赵国有胆敢跟随赵王进京的罪及三族。"只有孟舒、田叔等十多人穿着赤褐色的囚衣，自己剃掉头发，颈上戴着刑具，假称赵王的家奴跟随赵王张敖到了长安。贯高等人谋反的事搞清楚了，赵王张敖得以释放出狱，被废黜为宣平侯，就推荐称赞田叔等十多人。皇上全部召见他们，跟他们谈话，认为朝中的大臣没有能超过他们的。皇上十分高兴，任命他们都做了郡守或诸侯的国相。田叔做汉中郡守十多年，正逢高后去世，诸侯作乱，大臣杀死他们，拥立了汉文帝。

汉文帝即位后，召见田叔问他说："先生知道谁是天下忠厚长者吗？"田叔回答说："臣哪里能够知道！"皇帝说："先生是长者啊，应该能够知道。"田叔叩头说："从前的云中郡太守孟舒是长者。"当时，孟舒因为抵御匈奴犯边抢劫不力而触犯刑律，云中郡遭侵犯抢劫尤为严重，被免职。文帝说："先帝安置孟舒任云中郡太守十多年了，匈奴才入侵，孟舒就不能坚守，毫无道理地让士兵死掉几百人。长者本该杀人吗？先生怎么能说孟舒是长者呢？"田叔叩头回答说："这就是孟舒为长者的原因。贯高等人谋反，皇上下达了确切明白的诏书，赵国有敢跟随赵王张敖的人罪及三族。然而，孟舒自己剃掉头发颈戴刑具，跟随赵王张敖到他要去的地方，想要为他效死，自己哪里料到要做云中郡太守呢！汉和楚长期对峙，士兵疲劳困苦。匈奴王冒顿刚刚征服北夷，又来我们边塞为害。孟舒知道士兵疲劳困苦，不忍心命令他们再作战，士兵们登城拼死作战，像儿子为父亲、弟弟为兄长打仗一样。由于这个缘故，战死者有几百人。孟舒哪里是故意驱使他们作战呢！这就是孟舒是长者的原因。”于是，皇帝说：“孟舒真是贤德啊！”又召回了孟舒，让他重新做了云中郡太守。

几年后，田叔因犯法失去汉中郡太守的职务。梁孝王派人暗杀从前的吴国丞相袁盎，汉景帝召回田叔让他到梁国审查这个案件。田叔查清了这个案件的全部事实，回朝报告。汉景帝说：“梁王有派人暗杀袁盎的事吗？”回答说：“臣死罪！梁王有那件事！”皇帝说：“有罪证吗？”田叔说：“皇上不要过问梁王的事。”皇帝说：“为什么呢？”田叔说：“现在梁王如不伏法被处死，这是汉朝的刑法不能实行啊。如果他伏法而死，太后就会吃饭不香睡眠不安，这又是您的忧虑啊！”汉景帝非常赏识他，让他做了鲁国的丞相。

田叔刚刚到任，一百多位百姓主动找他，指责鲁王夺取财物的事情。田叔抓住为首的二十个人，每人笞打五十大板，其余的人各打手心二十，对他们发怒说：“鲁王不是你们的君主吗？怎么敢毁谤君主呢！”鲁王听说后，非常惭愧，从内库中拿出钱来让国相偿还他们。田叔说：“君王自己夺来的，让国相偿还，这是君王做坏事而国相做好事。国相不能参与偿还的事。”于是，鲁王就尽数偿还给百姓。

鲁王喜欢打猎，田叔经常跟随进入狩猎的苑囿，鲁王总是要他到馆舍中休息，田叔就走出苑囿，常常坐在露天地里等待鲁王。鲁王多次派人请他去休息，他终究不肯去休息，说：“我们鲁王暴露在苑囿中，我怎能独自到馆舍中呢！”鲁王因为这个缘故，不再大举出外游猎。

几年后，田叔在鲁国国相的任上死去，鲁王用一百斤黄金给他作祭礼。小儿子田仁不肯接受，说：“不能因为一百斤黄金损害先父的名声。”

田仁因为身体强健，做了卫青将军的门客，多次跟随他攻打匈奴。卫将军推荐称赞田仁，田仁做了郎中。几年后，担任了享有两千石俸禄的丞相长史，接着又失去职位。后来，派他侦视纠察河南、河东、河内三郡。皇帝到东方巡守，田仁奏事言辞精妙。皇帝很高兴，任命他做了京辅都尉。过了一个多月，皇帝又提升他做了司直。几年后，因太子谋反受到牵连。当时，左丞相刘屈牦亲自率领军队和太子作战，命令司直田仁负责关闭守卫城门，因田仁使太子从城门逃逸而犯罪，交给法官审理后处以死刑。一说田仁带兵到长陵，长陵令车千秋告发田仁叛变，田仁被灭族处死。陉城现在属于中山国。

太史公说：“孔子用称赞的口气说‘住到这个国家一定参

与它的政务’，这样的话说的也是田叔吧！他有节义而不忘贤德，使君王之美发扬光大，还能纠正君王的过失。田仁和我关系很好，所以我把田叔田仁放在一起进行叙述。”

褚先生说：我做侍郎时，听到说田仁早先就和任安关系很好。任安是荥阳人，幼小时就成了孤儿，生活贫困，给别人驾驭车子到了长安，留了下来，想做一个小吏，没有机会，就了解估算一些地方著录户籍的情况及人口的多少等。武功是在扶风西边的小县，山谷口靠山处有通往蜀地的栈道。任安认为武功是一个小县，没有豪门大族，容易提高自己的地位，就留居下来，代替别人做求盗、亭父。后来做了亭长。县里的百姓都出城打猎，任安常常给人们分配麋鹿、野鸡、野兔等猎获物，合理安排老人、孩子和壮丁到或难或易的地方。大家都很高兴，说：“没有关系，任少卿分析辨别事情公平，有智谋。”次日又集合开会，聚会的有几百人。任少卿说：“某某的儿子名叫甲的，为什么不来呢？”大家都惊讶他认识人的迅速。后来，他被任命为乡中的三老，举荐为亲民之吏，主持乡邑之事，后又被任命为享受三百石俸禄的官长，管理百姓。由于皇帝出巡时陈设帷帐供给使用的事情没有做，被罢免官职。

这以后就做了卫青将军的门客，和田仁在一起，都做门客，住在将军府里，二人知心友爱。这二人都家中贫困，没有钱去买通将军的管家，管家让他们喂养主人的烈马。

两人同床而眠，田仁悄悄地说："太不了解人了，这个管家！"任安说："将军尚且不了解人，何况他是管家呢？"一次，卫将军让他俩跟随自己拜访平阳公主，公主家的人让他们俩和骑奴同在一张席子上吃饭，这两人拔刀割裂席子和骑奴分席而坐。公主家的人都惊异而厌恶他俩，也没有谁敢大声呵斥。

后来，皇帝下诏书征募选拔卫将军的门客做自己的侍从官，将军挑选了门客中富裕的人，让他们准备好鞍马、绛衣和用玉装饰的剑，然后想去进宫报告。正好贤能的大夫、少府赵禹前来拜访卫将军，将军召集所举荐的门客给赵禹看。赵禹依次考问他们，十多个人中没有一个通晓事理有智谋的。赵禹说："我听说，将军家中一定有能当将军一类的人才。古书说：'不了解那个国君看一看他任用的人，不了解那个人看一看他结交的朋友。'现在皇帝下诏书命令举荐将军门客的原因，想要以此看一看将军能够得到怎样贤德的人和文武人才。现在只是挑选有钱人的子弟上报，这些人没有智谋，就像木偶人穿上锦绣衣服罢了，如今准备怎么办呢？"于是，赵禹召集卫将军的全部门客一百多人，又依次考问他们，发现了田仁、任安，说："只有这两个人行啊，其余的都没有能够任用的。"卫将军看到这两个人贫困，内心愤愤不平。赵禹走后，对他们两人说："各人自己去准备鞍子和新绛衣等。"两人回答说："家中贫困，没有可用的东西。"卫将军发怒说："现在您两位自己是贫穷的，为什么说出这样的话呢？愤愤不平的样子好像对我有过恩德，这是为什么？”卫将军出于无可奈何，只得写了报告让皇帝闻知。皇帝下达诏书召集卫将军的门客，这两个人前去拜见，皇帝召见时询问他们的才智情况，让他们互相推举评价。田仁回答说：“手执鼓槌，站立军门，使部下甘心情愿为战斗而死，我不如任安。”任安回答说：“决断嫌疑，评判是非，辨别属下的官员，使百姓没有怨恨之心，我不如田仁。”汉武帝大笑着说：“好！”让任安监护北军，让田仁到黄河边监护边塞的屯田和生产谷物的事情。这两人马上名播天下。

后来，让任安做了益州刺史，让田仁做了丞相长史。

田仁曾上书给皇帝说：“天下各郡太守中很多人行为不轨而谋私利，三河地方尤为严重，臣请求首先侦视督察三河地区。三河地区的太守都在京城内有宠幸的太监为靠山，和三公有亲属关系，没有什么所畏惧忌惮的，应该先纠正三河太守来警告天下行为不轨的官吏。”当时，河南郡、河内郡太守都是御史大夫杜周的亲属，河东郡太守是丞相石庆的后代。这时石家有九人担任享受二千石俸禄的官吏，正处在兴盛显赫的势头。田仁多次上书谈及此事。御使大夫杜周和石氏派人来道歉，对田少卿说：“我不敢说三道四，希望少卿不要用诬告玷污我们。”田仁侦视督察三河后，三河太守都被送交法官审理后处以死刑。田仁回朝报告，汉武帝很高兴，认为田仁有才干，不畏惧横暴有权势的人，任命田仁做了丞相司直，声威震动天下。

后来，田仁遇上太子谋反事发，丞相亲自率领军队，命令司直田仁守卫城门。田仁认为太子和皇帝是骨肉之亲，不想卷进他们父子之间的冲突，就离开城门到各个陵寝去，使太子得以逃出城门。这时，汉武帝正在甘泉宫，派御史大夫暴胜之前来责问丞相："为什么放跑太子？"丞相回答说："我命令司直守卫城门，他却开门放了太子。"御史大夫上报给皇帝，请求批准逮捕司直。司直被送交法官审问后处死。

这时，任安担任北军使者护军，太子在北军的南门外停下车，召见任安，把符节给他，命他调动北军。任安下拜接受符节，进去后，把军门关上不再出来。汉武帝听说后，既认为任安是假装受节，不肯附和太子，又心怀疑惑。任安曾笞打羞辱北军掌管钱财的小吏，小吏趁机上书报告，揭发他接受太子符节。太子还说："希望把好的军队交给我的事。"汉武帝看过报告，说："这是老于世故的官吏，看到太子谋反的事发生，想要坐观胜败，看到谁胜利就附和顺从谁，有二心。任安犯有判死刑的罪很多，我常常让他活下来，现在竟心怀欺诈，有不忠之心。"把任安交法官审判，判处了死刑。

月亮圆了就会亏缺，事物极盛就会衰弱，这是天地间万物的规律。只知进取却不知后退，长时间居于富贵之位，也会因灾殃积累而给人带来祸难。所以，范蠡离开越国，不肯接受官职爵位，才名声传于后世，万年不被人遗忘，一般人哪能比得上他呢！后来者千万要以田仁、任安为借鉴。

第八十七卷　扁鹊仓公列传第四十五

这是一篇记叙古代名医事迹的合传。一位是战国时期的扁鹊，另一位是西汉初年的淳于意。通过两千多年前享有盛誉的名医业绩介绍，能使人了解到祖国传统医学在那时已有相当高的水平。这些医学家不仅善于综合运用望、闻、问、切的诊断方法，也能使用汤剂、针灸、药酒、药熨、按摩甚至食疗等各种治疗手段。他们医治的疾病也很广泛，诸如现代医学的内、外、妇、儿、五官等科均有涉及。同时，我们也能看到当时医学理论的提高，通过他们及其之前的医学家的努力，传统医学的基础理论已初具规模，人们在努力掌握这种理论以指导医疗实践。他们都主张治疗要从实际病情出发，要精心慎重和及时总结经验教训，反对以偏概全、浅尝辄止、墨守成规的错误态度。他们也提出了有关疾病预防的一些问题，反映了预防医学的部分理念，也引起有远见的医学家的注意。

作者笔下的扁鹊、淳于意，都是既有某些传奇色彩而又深深植根生活实际的艺术形象。传奇色彩使人物个性更生动鲜明，植根生活使他们的言谈举止真切如睹，增强了形象的真实性。这种使传奇和写实把握得恰到好处，以及浪漫主义和现实主义的艺术手法的结合，也就使传中的艺术形象神而不诬、奇而不诞、夸张而不失实。这是本文最有特色之处。

文中对扁鹊、淳于意的重要生平，尤其是从师经过、医术精妙等，都能娓娓谈来，毫不板滞雷同。同写名医，同写医术，能避免此弊，足见作者选择材料时，趋新避同的价值取向。

【原文】

扁鹊者，勃海郡郑①人也，姓秦氏②，名越人。少时为人舍长③。舍客长桑君过④，扁鹊独奇之，常谨遇⑤之。长桑君亦知扁鹊非常人⑥也。出入十余年，乃呼扁鹊私坐，闲⑦与语曰："我有禁方⑧，年老，欲传与公，公毋⑨泄。"扁鹊曰："敬诺⑩。"乃出其怀中药予扁鹊："饮是以上池之水⑪，三十日当知物⑫矣。"乃悉⑬取其禁方书尽与扁鹊。忽然不见，殆非人⑭也。扁鹊以其言饮药三十日，视见垣一方⑮人。以此视病，尽见五脏症结⑯，特以诊脉为名耳。为医或在齐，或在赵。在赵者名扁鹊。

【注释】

①郑：据《史记索隐》渤海郡无郑县，郑当作鄚。②姓秦氏：先秦时，姓是有共同血缘关系的种族称号，氏是由姓衍生的分支。汉代时姓氏合一，通称姓。姓秦氏，就是姓秦。③舍长：供客人食宿的馆舍的主管人。④长桑：复姓。过：经过。⑤谨：恭敬。遇：相待、接待。⑥常人：一般人，普通人。⑦闲：通"间"，悄悄。⑧禁方：秘方。⑨毋：通

“无”，不要。⑩敬诺：恭敬地应答。诺，应承之词。⑪上池之水：指草木的露水。⑫知物：洞察事物。⑬悉：全部。⑭非人：意指不是一般人。⑮垣一方：墙那一边。⑯症结：指肚子里结块的病，此指病因。

【原文】

当晋昭公时，诸大夫强而公族[1]弱，赵简子为大夫，专[2]国事。简子疾，五日不知人[3]，大夫皆惧，于是召扁鹊。扁鹊入视病，出，董安于问扁鹊，扁鹊曰：“血脉治[4]也，而[5]何怪！昔秦穆公尝如此，七日而寤[6]。寤之日，告公孙支与子舆曰：‘我之帝所[7]甚乐。吾所以久者，适[8]有所学也。帝告我：“晋国且[9]大乱，五世[10]不安。其后将霸[11]，未老[12]而死。霸者之子且令而国男女无别[13]。”’公孙支书[14]而藏之，秦策[15]于是出。夫献公之乱[16]，文公之霸，而襄公败秦师于殽[17]而归纵淫，此子之所闻。今主君之病与之同，不出三日必闲[18]，闲必有言也。”

【注释】

①公族：此处指国君。②专：专擅，独掌。③不知人：指不省人事。④治：安，正常。⑤而：你，你们。⑥寤：醒。⑦之：到。帝所：天帝生活的地方。⑧适：正好。⑨且：将要。⑩五世：五代，指晋献公、奚齐、卓子、惠公、怀公五代。⑪霸：指晋文公称霸。⑫老：指时间长久。⑬男女无别：据《史记·赵世家》，指晋襄公纵淫事。⑭书：记录，记载。⑮秦策：指秦国史书。⑯献公之乱：指晋献公为立受宠的骊姬

所生之子做太子而引发的内乱。⑰败秦师于殽：指晋襄公元年（前627），晋在殽山打败侵犯滑国的秦军。⑱闲：通“间”，指病愈。

【原文】

居二日半，简子寤，语诸大夫曰：“我之帝所甚乐，与百神游于钧天[①]，广乐[②]九奏万舞，不类三代[③]之乐，其声动心。有一熊欲援我，帝命我射之，中[④]熊，熊死。有罴来，我又射之，中罴，罴死。帝甚喜，赐我二笥[⑤]，皆有副[⑥]。吾见儿在帝侧，帝属我一翟[⑦]犬，曰：‘及而子之壮也以赐之。’帝告我：‘晋国且世衰[⑧]，七世而亡。嬴姓将大败周人于范魁之西[⑨]，而亦不能有也。’”董安于受言，书而藏之。以扁鹊言告简子，简子赐扁鹊田四万亩。

【注释】

①钧天：天的中央。②广乐：指各种乐器。③三代：指夏、商、周三代。④中：符合，适合，这里指射中目标。⑤笥（sì）：装物品的方形竹器。⑥副：首饰。⑦属：委托，托付。翟：通“狄”，中国古代北方一个民族的名称。⑧世衰：指一代一代地衰弱。⑨这句意思是说，嬴姓的诸侯国要重重挫败周人的诸侯国。指前372年，嬴姓的赵成侯夺取周朝姬姓的卫国乡邑之事。

【原文】

其后扁鹊过虢。虢太子死，扁鹊至虢宫门下，问中庶子喜方[①]者曰："太子何病，国中治穰[②]过于众事？"中庶子曰："太子病血气不时[③]，交错而不得泄[④]，暴发于外，则为中害[⑤]。精神[⑥]不能止邪气，邪气畜[⑦]积而不得泄，是以阳缓而阴急，故暴蹷[⑧]而死。"扁鹊曰："其死何如时？"曰："鸡鸣[⑨]至今。"曰："收乎？"曰："未也，其死未能半日也。""言臣齐渤海秦越人也，家在于郑，未尝得望精光[⑩]侍谒于前也。闻太子不幸而死，臣能生之。"中庶子曰："先生得无诞[⑪]之乎？何以言太子可生也！臣闻上古之时，医有俞跗，治病不以汤液醴洒[⑫]，镵石挢引[⑬]，案扤毒熨[⑭]，一拨见病之应[⑮]，因五脏之输[⑯]，乃割皮解[⑰]肌，诀脉结筋[⑱]，搦髓脑[⑲]，揲荒爪幕[⑳]，湔浣[㉑]肠胃，漱涤五脏，练精易形[㉒]。先生之方[㉓]能若是，则太子可生也，不能若是而欲生之，曾不可以告咳婴之儿[㉔]。"终日[㉕]，扁鹊仰天叹曰："夫子之为方也，若以管窥天，以郄视文[㉖]。越人之为方也，不待切脉望色听声写形[㉗]，言病之所在。闻病之阳[㉘]，论得其阴[㉙]；闻病之阴，论得其阳。病应见于大表[㉚]，不出千里，决者至众，不可曲止[㉛]也。子以吾言为不诚，试入诊太子，当闻其耳鸣而鼻张[㉜]，循其两股以至于阴[㉝]，当尚温也。"

【注释】

①喜方：爱好医方、医术。②治：举行。穰：通"禳"，去除邪恶的祭祀。③不时：不按时，没规律。④泄：疏通泄导。⑤中害：指内脏受伤害。⑥精神：指人体的正气。⑦畜：通"蓄"，积聚，储藏。⑧蹷：泛指突然昏倒、不省人事的病

症。⑨鸡鸣：鸡叫，常指天明之前。十二时辰的第二个时辰，相当于现在凌晨的一至三时。⑩精光：神采光泽，引申为尊容。⑪得无：莫不是，该不是。诞：放诞虚妄。⑫汤液：汤剂。醴洒：指酒剂。⑬镵石：古时治病用的石针。挢引：即导引，古代的一种体育疗法。挢，举起，翘起。引，伸展。⑭案扤：按摩。案，通“按”。扤，动。毒熨：用药物敷在患处后加热使药力透入体内的热敷疗法。⑮拨：拨开衣服，指对病人进行诊视检查。应：反应，指疾病所在。⑯因：顺着。输：通“腧”，穴位。⑰解：剖开。⑱诀脉：疏导经脉。诀，通“决”。结筋：结扎筋腱。⑲搦（nuò）髓脑：按治髓脑。搦，按。⑳揲荒：触动膏肓。揲，持，触动。荒，通“肓”，即膏肓。爪幕：用手疏理横膈膜。爪，通“抓”，用手指疏理。幕，通“膜”，指横膈膜。㉑湔浣：洗涤。㉒练精易形：修炼精气，改变容色。㉓方：医疗技术。㉔曾：简直。咳婴之儿：刚会笑的婴儿。咳，本意是婴儿的笑声。㉕终日：整日，此处作好久、良久意。㉖郄：通“隙”，缝隙。文：通“纹”，花纹、斑纹。㉗写形：审察病人体态神情外部症状。写，摹写，这里指审察。㉘闻：闻知，诊视到。阳：指外表症状。㉙论：推论，推知。阴：指内在的病因。㉚大表：身体的外表。㉛不可曲止：不能停在一个角度看问题。曲，弯曲，此指一隅之见。㉜鼻张：鼻翼翕动。㉝阴：指阴部，外生殖器。

【原文】

中庶子闻扁鹊言，目眩然而不瞚①，舌挢然而不下②，乃以扁鹊言入报虢君。虢君闻之大惊，出见扁鹊于中阙[3]，曰："窃闻高义之日久矣，然未尝得拜谒于前也。先生过小国，幸而举[4]之，偏国寡臣[5]幸甚。有先生则活，无先生则弃捐填沟壑[6]，长终而不得反[7]。"言未卒，因嘘唏服臆[8]，魂精泄横[9]，流涕长潸[10]，忽忽承睫[11]，悲不能自止，容貌变更。扁鹊曰："若[12]太子病，所谓'尸蹶[13]'者也。夫以阳入阴中，动胃缠缘[14]，中经维络[15]，别下于三焦[16]、膀胱，是以阳脉下遂[17]，阴脉上争，会[18]气闭而不通，阴上而阳内行，下内鼓[19]而不起，上外绝[20]而不为使，上有绝阳之络，下有破阴之纽[21]，破阴绝阳，色废[22]脉乱，故形静如死状。太子未死也。夫以阳入阴支兰[23]藏者生，以阴入阳支兰藏者死。凡此数事，皆五脏蹙中之时暴作也。良工取[24]之，拙者疑殆[25]。"

【注释】

①眩然：眼睛昏花的样子。瞚（shùn）：通"瞬"，眨眼。②舌挢然而不下：舌头翘起不能放下。形容说不出话的样子。这句和上句都是形容惊讶的神情。③中阙：皇宫的中门。阙，皇宫中对称的门楼，中间有路可通行。④举：救助。⑤寡臣：寡德之臣，是虢君的自谦之词。⑥弃捐填沟壑：死的委婉说法。弃捐，抛弃。填，填埋。⑦长终：永远死去。反：通"返"，指复生。⑧嘘唏：哭泣时的抽咽、哽咽之声。服臆：因悲伤而气心郁结。⑨魂精泄横：精神散乱恍惚。魂精，精神。泄，散。横，纵横杂乱。⑩长潸（shān）：长时间地流泪。⑪忽忽：泪珠滴得很快的样子。承睫（jié）：（泪珠）挂

在睫毛上。⑫若：你，你的。⑬尸蹶：古代病名，突然昏迷摔倒，其状如尸的病症。⑭缠缘：缠绕。缠，通“缠”。缘：绕。⑮中经维络：经脉受损伤，络脉被阻塞。中，伤害。维，联结，阻塞。⑯三焦：包括上焦、中焦、下焦。横膈以上为上焦，脘腹部为中焦，肚脐以下为下焦。本文所指三焦，是第三焦、下焦。⑰遂：通“坠”。⑱会：恰好，正好。⑲鼓：鼓动。⑳绝：隔绝。㉑纽：筋纽。㉒色废：容颜变色、失常。㉓支兰：遮拦、阻隔的意思。支，支柱。兰，通“栏”，栏杆。㉔良工：医术高明的医生。取：攻取，指治愈病患。㉕拙者：医术拙劣的医生。疑：疑惑，困惑。殆：危险。

【原文】

扁鹊乃使弟子子阳厉鑱砥石①，以取外三阳五会②。有闲③，太子苏。乃使子豹为五分之熨④，以八减之齐⑤和煮之，以更⑥熨两胁下。太子起坐。更适⑦阴阳，但服汤二旬而复故⑧。故天下尽以扁鹊为能生死人⑨。扁鹊曰：“越人非能生死人也，此自当生者，越人能使之起⑩耳。”

【注释】

①厉鑱砥石：磨砺针石。厉，通“砺”，磨砺。砥，砥砺。②三阳五会：百会穴的别名。《针灸大成》卷七说，“百会一名三阳，一名五会。”③有闲：一会儿，倾刻。闲，通“间”。④五分之熨：用药热敷患处，使温热药气深入体内五分的疗法。⑤八减之齐：即八减剂，古方名，今已失传。齐，通“剂”。⑥更：更换、交替。⑦更：再。适：调适，调

和。⑧但：仅仅，只是。复故：恢复原来的状态。⑨生死人：使死了的人再生。⑩起：振作，振起，指活过来。

【原文】

扁鹊过齐，齐桓侯客之[①]。入朝见，曰：“君有疾在腠理[②]，不治将深。”桓侯曰：“寡人无疾。”扁鹊出，桓侯谓左右曰：“医之好利也，欲以不疾者为功[③]。”后五日，扁鹊复见，曰：“君有疾在血脉，不治恐深。”桓侯曰：“寡人无疾。”扁鹊出，桓侯不悦。后五日，扁鹊复见，曰：“君有疾在肠胃闲[④]，不治将深。”桓侯不应[⑤]。扁鹊出，桓侯不悦。后五日，扁鹊复见，望见桓侯而退走[⑥]。桓侯使人问其故。扁鹊曰：“疾之居腠理也，汤熨之所及也；在血脉，鍼石之所及也；其在肠胃，酒醪[⑦]之所及也；其在骨髓，虽司命[⑧]无奈之何。今在骨髓，臣是以无请也。”后五日，桓侯体病[⑨]，使人召扁鹊，扁鹊已逃去。桓侯遂死。

【注释】

①客之：把扁鹊看作客人。②腠（còu）理：皮肤和脏腑的纹理，这里指皮肤和肌肉之间。③不疾者：没有病的人。功：功绩。④闲：通“间”，中间。⑤不应：不理睬。⑥退走：后退而跑开。走，跑。⑦醪：浊酒，这里指药酒。⑧司命：古代传说中掌管人生命的神。⑨体病：身体得了重病。

【原文】

使圣人预知微[①]，能使良医得蚤[②]从事，则疾可已[③]，身可活也。人之所病[4]，病疾多；而医之所病，病道[5]少。故病有六不治：骄恣不论于理[6]，一不治也；轻身重财，二不治也；衣食不能适[7]，三不治也；阴阳并[8]，藏气不定，四不治也；形羸[9]不能服药，五不治也；信巫不信医，六不治也。有此一者，则重[10]难治也。

【注释】

①微：细微，此指症状不明显的疾病。②蚤：通“早”。③已：停止，指疾病的治愈。④病：忧虑。⑤道：此指治病的方法。⑥不论于理：不讲道理。⑦适：适当，妥当。⑧并：交合，此指错乱。⑨羸（léi）：瘦弱。⑩重：甚，极。

【原文】

扁鹊名闻天下。过邯郸，闻贵[1]妇人，即为带下医[2]；过雒阳，闻周人爱老人，即为耳目痹[3]医；来入咸阳，闻秦人爱小儿，即为小儿医，随俗为变。秦太医令李醯自知伎不如扁鹊也．使人刺杀之。至今天下言脉者，由扁鹊也。

【注释】

①贵：重视。②带下医：妇科医生。③痹：风、寒、湿等侵犯机体引起关节肌肉疼痛麻木的病症。

【原文】

太仓公者，齐太仓长，临菑人也，姓淳于氏，名意。少而喜医方术。高后八年[1]，更[2]受师同郡元里公乘阳庆。庆年七十余，无子[3]，使意尽去其故方，更悉以禁方[4]予之，传黄帝、扁鹊之脉书[5]，五色诊病[6]，知人生死，决嫌疑[7]，定可治，及药论[8]，甚精。受之三年，为人治病，决死生多验。然左右行游诸侯，不以家为家，或不为人治病，病家多怨之者。

【注释】

①高后八年：前180年。②更：再次，又。③无子：根据下文所写阳庆有儿子阳殷，这里应指没有能继承医术的子嗣。④禁方：秘方。⑤黄帝、扁鹊之脉书：《汉书·艺文志》录有《黄帝内经》《黄帝外经》《扁鹊内经》《扁鹊外经》等医书，后亡佚。脉书，论述脉象、脉理的医书，也指医学理论著作。⑥五色诊病：观察面部相应位置的色泽来诊断疾病。⑦决嫌疑：决断疑难病症。⑧药论：医药理论。

【原文】

文帝四年[1]中，人上书言意，以刑罪当传西之[2]长安。意有五女，随而泣。意怒，骂曰："生子不生男，缓急[3]无可使者!"于是少女缇萦[4]伤父之言，乃随父西。上书曰："妾父为吏，齐中称其廉平[5]，今坐法当刑[6]，妾切痛死者不可复生而刑者不可复续[7]，虽欲改过自新，其道莫由，终不可得。妾愿入身[8]为官婢，以赎父刑罪，使得改行自新也。"书闻，上悲[9]其意，此岁中亦除肉刑法[10]。

【注释】

①文帝四年：前176年。②传：驿站的车马，此指用传车押送。之：往，到。③缓急：紧急。④少女缇萦：最小的女儿

缇萦。⑤廉平：廉洁公平。⑥坐法：因为触犯法律。当刑：判处肉刑。当，判决，判处。⑦续：连接，接续。⑧入身：古时刑律可把罪人收入官府为奴，此指这种惩罚。入，没收。⑨悲：悲悯。⑩此岁中亦除肉刑法：这段时间有误，据《史记·孝文本纪》，文帝废除肉刑当在文帝十三年，所以前文所说文帝四年与此矛盾，当作文帝十三年。

【原文】

意家居，诏[1]召问所为治病死生验者几何人也，主名为谁。

诏问故[2]太仓长臣意："方伎[3]所长，及所能治病者？有其书无有？皆安受学？受学几何岁？尝有所验，何县里人也？何病？医药已，其病之状皆何如？具悉[4]而对。"臣意对曰：

【注释】

①诏：皇帝发布的命令或文告。②故：从前，原来。③方伎：指医术。伎，通"技"。④具悉：全部。具，通"俱"。

【原文】

自意少时，喜医药，医药方试之多不验者。至高后八年，得见师临菑元里公乘阳庆。庆年七十余，意得见事之。谓意曰："尽去而[1]方书，非是也。庆有古先道遗传黄帝、扁鹊之脉书，五色诊病，知人生死，决嫌疑，定可治，及药论书，甚精。我家给富[2]，心爱公，欲尽以我禁方书悉教公。"臣意即曰："幸甚，非意之所敢望也。"臣意即避席[3]再拜谒，受其脉书上下经[4]、五色诊、奇咳术[5]，揆度[6]阴阳外变、药论、石神[7]、接阴阳[8]禁书，受读解验之，可一年所[9]。明岁即验之，有验，然尚未精也。要[10]事之三年所，即尝[11]已为人治，诊病决死生，有验，精良。今庆已死十年所，臣意年尽三年，年三十九岁也。

【注释】

①而：你的。②给富：富足。给，丰足。③避席：离座而起，表示敬意。④脉书：指前所言黄帝、扁鹊之脉书。上下经：古代医书。据《黄帝内经·素问》记载有《上经》和《下经》的医书。⑤奇咳术：一说指听诊术，从声音辨别病症。⑥揆度：估量，推测。⑦石神：指用砭石治病的方法。⑧接阴阳：指房中术，男女交合之术。⑨可：大约。所：左右，表示概数之词。⑩要：总，一共。⑪尝：尝试。

【原文】

齐侍御史成自言病头痛，臣意诊其脉，告曰："君之病恶[1]，不可言也。"即出，独告成弟昌曰："此病疽[2]也，内发于肠胃之间，后五日当臃肿，后八日呕脓死。"成之病得之饮酒且内[3]。成即如期死。所以知成之病者，臣意切其脉，得肝气[4]。肝气浊而静，此内关之病[5]也。脉法曰"脉长而弦[6]，不得代四时[7]者，其病主在于肝。和即经[8]主病也，代则络脉[9]有过"。经主病和者，其病得之筋髓里。其代绝而脉贲[10]者，病得之酒且内。所以知其后五日而臃肿，八日呕脓死者，切其脉时，少阳[11]初代。代者经病，病去过人[12]，人则去。络脉主病，当其时，少阳初关一分[13]，故中热而脓未发也，及五分，则至少阳之界，及八日，则呕脓死，故上二分而脓发，至界而臃肿，尽泄而死。热上则熏阳明[14]，烂流络[15]，流络动则脉结发[16]，脉结发则烂解，故络交。热气已上行，至头而动，故头痛。

【注释】

①恶：严重。②疽：指生于体腔的痈疡。③内：房事。④气：脉气，脉象。⑤内关之病：一种外部症状不明显而实际很严重的疾病。⑥长：指长脉，搏动部位长于应有的部位。弦：指弦脉，切的脉象如琴弦一样挺直。⑦代四时：随四季变化。代，替代，指变化。⑧和：和谐，均匀。经：经脉，中医指人体中纵行的主血管。⑨代：代脉，一种搏动时疏时密杂乱无序而又躁动有力的脉象。络脉：由经脉派生出网络全身的支脉。⑩脉贲：指脉象贲涌十分有力。⑪少阳：经脉名，人体内有手、足阳明经。⑫病去过人：指病情疾速发展到全身。过，经过，遍及。⑬初关一分：左手关部一分。初关，少阳经脉切脉部位，在左手腕关节桡骨茎突处。⑭阳明：经脉名，人体内有手、足阳明经。⑮流络：支络，络脉的分支。⑯动：变动，病变。发：发病。

【原文】

齐王中子[1]诸婴儿小子病，召臣意诊，切其脉，告曰："气鬲[2]病。病使人烦懑[3]，食不下，时呕沫。病得之少忧，数忔[4]食饮。"臣意即为之作下气汤[5]以饮之，一日气[6]下，二日能食，三日即病愈。所以知小子之病者，诊其脉，心气[7]也，浊躁而经也，此络阳病也。脉法曰“脉来数疾[8]去难而不一者，病主在心”。周身热，脉盛者，为重阳[9]。重阳者，逿心主[10]。故烦懑食不下则络脉有过，络脉有过则血上出，血上出者死。此悲心所生也，病得之忧也。

【注释】

①中子：二儿子。②鬲：通“膈”，胸膈；也通“隔”。③懑：烦闷。④数：屡次，多次。忔：不欲，不想。⑤下气汤：汤剂，原方已佚。⑥气：指向上逆行的气。⑦心气：心有病的脉气。⑧数：数脉，指一呼一吸之间脉搏跳动五次以上的脉象。疾：疾脉，指一呼一吸之间脉搏跳动七至八次以上的脉象。⑨重阳：阳气重叠，指阳热过盛。⑩逿心主：摇荡心神。

【原文】

齐郎中令循病，众医皆以为蹷入中[1]，而刺之。臣意诊之，曰：“涌疝[2]也，令人不得前后溲[3]。”循曰：“不得前后溲三日矣。”臣意饮以火齐汤[4]，一饮得前后溲，再饮大溲，三饮而疾愈。病得之内。所以知循病者，切其脉时，右口[5]气急，脉无五藏气，右口脉大而数[6]。数者中下热而涌，左为下[7]，右为上[8]，皆无五藏应，故曰涌疝。中热，故溺赤也。

【注释】

①蹷入中：从下厥起向上逆行进入腹胸之中的病。蹷，通

"厥"。②涌疝：指腹疼痛大小便困难的疾病。③前后溲：前溲即小便，后溲即大便。④火齐汤：汤剂名，原方已佚。⑤右口：右手寸口脉。寸口，在两手桡骨头内侧桡动脉流经处。⑥脉大：指脉象壮盛有力。数：屡次，频繁。⑦左为下：指左手寸口脉大而数那么热邪向下行。⑧右为上：指右手寸口脉大而数那么热邪向上逆行。

【原文】

齐中御府长信病，臣意入诊其脉，告曰："热病气[①]也。然暑汗，脉少衰[②]，不死。"曰："此病得之当浴流水而寒甚，已[③]则热。"信曰："唯[④]，然！往冬时，为王使于楚，至莒县阳周水，而莒桥梁颇坏，信则揽车辕未欲渡也，马惊，即堕，信身入水中，几死，吏即来救信，出之水中，衣尽濡[⑤]，有闲[⑥]而身寒，已热如火，至今不可以见寒。"臣意即为之液汤火齐[⑦]逐热，一饮汗尽，再饮热去，三饮病已。即使服药，出入二十日，身无病者。所以知信之病者，切其脉时，并阴[⑧]。脉法曰"热病阴阳[⑨]交者死"。切之不交，并阴。并阴者，脉顺清而愈，其热虽未尽，犹活也。肾气有时闲浊，在太阴脉口[⑩]而希，是水气也。肾固[⑪]主水，故以此知之。失治一时，即转为寒热。

【注释】

①热病气：热病的脉气。②少衰：稍有减弱。少，通"稍"。③已：止，停止。④唯：应答之声，犹如"是""嗯"。⑤濡：沾湿。⑥有闲：倾刻，一会儿。闲，通"间"。

⑦液汤火齐：古方剂名，已亡佚。液汤，药液。⑧并阴：指热并入于内。阴，里，内部。⑨阳：指外表。⑩太阴脉口：即“寸口”。⑪固：本来，原来。

【原文】

齐王太后病，召臣意入诊脉，曰：“风瘅客脬[①]，难于大小溲，溺赤。”臣意饮以火齐汤，一饮即前后溲，再饮病已，溺如故。病得之流汗出㴋[②]者，去衣而汗晞[③]也。所以知齐王太后病者，臣意诊其脉，切其太阴之口，湿然风气也。脉法曰：“沉[④]之而大坚，浮[⑤]之而大紧者，病主在肾。”肾切之而相反也，脉大而躁。大者，膀胱气也；躁者，中有热而溺赤。

【注释】

①风瘅客脬（pāo）：风热侵入膀胱。瘅，热症。客，中医称风寒侵入为客。脬，通“胞”，膀胱。②㴋：王念孙《读书杂志》认为通“滫”，臭水，尿。③晞：干，干燥。④沉：用力较重切脉，手指重按至骨。⑤浮：用力较轻切脉，手指触及皮肤表面。

【原文】

齐章武里曹山跗病，臣意诊其脉，曰：“肺消瘅[①]也，加以寒热。”即告其人曰：“死，不治。适其共[②]养，此不当医治。”法曰：“后三日而当狂，妄起行，欲走；后五日死。”即如期死。山跗病得之盛怒而以接内。所以知山跗之病者，臣意切其脉，肺气热也。脉法曰：“不平不鼓[③]，形弊[④]。”此五藏高之远数以经病也，故切之时不平而代[⑤]。不平者，血不居其处；代者，时参击并至，乍躁乍大也。此两络脉绝，故死不治。所以加寒热者，言其人尸夺[⑥]。尸夺者，形弊；形弊者，不当关灸镵石及饮毒药[⑦]也。臣意未往诊时，齐太医先诊山跗病，灸其足少阳脉口，而饮之半夏丸[⑧]，病者即泄注，腹中虚；又灸其少阴脉[⑨]，是坏肝刚[⑩]绝深，如是重损病者气，以故加寒热。所以后三日而当狂者，肝一络连属结绝乳下阳明[⑪]，故络绝，开阳明脉，阳明脉伤，即当狂走。后五日死者，肝与心相去五分[⑫]，故曰五日尽[⑬]，尽即死矣。

【注释】

①肺消瘅：即肺消，是一种口渴、尿黄的内热病症。②适：适合，满足。共：通“供”。③不平不鼓：脉搏的搏动时起时伏，搏动无力。④形弊：身形羸弱。⑤代：代脉。⑥尸夺：精神涣散躯体如尸。⑦关：由，通过。灸：用燃烧的艾绒熏烤穴位来治病。毒药：药性猛烈的药物。⑧半夏丸：丸剂名，原方已佚。⑨少阴脉：即足少阴肾经，人体十二经脉之一。⑩肝刚：肝脏的阳气。⑪绝：横穿，横过。阳明：即足阳明胃经，此经脉经过乳房下面。⑫肝与心相去五分：肝脉和心脉相距五分。中医诊脉法，左右手桡骨茎突处称“关”，“关”前为“寸”，“关”后为“尺”。左手关部可得肝病脉象，左手寸部可得心病脉象。⑬尽：耗尽。

【原文】

齐中尉潘满如病少腹[①]痛，臣意诊其脉，曰：“遗积瘕[②]

也。”臣意即谓齐太仆臣饶、内史臣繇曰：“中尉不复自止于内，则三十日死。”后二十余日，溲血[3]死。病得之酒且内。所以知潘满如病者，臣意切其脉深小弱，其卒然[4]合合也，是脾气也。右脉口气至紧[5]小，见[6]瘕气也。以次相乘[7]，故三十日死。三阴俱抟[8]者，如法；不俱抟者，决在急期[9]；一抟一代者，近[10]也。故其三阴抟，溲血如前止。

【注释】

①少腹：小腹。②遗：遗存。积瘕：腹腔内有肿块的病。③溲血：尿血。④卒然：猝然。卒，通“猝”。⑤右脉口：即右手寸口脉。紧：紧脉，脉搏动紧张有力，形如转索。⑥见：出现，显现。⑦以次相乘：中医学说认为，五脏之间有着相生相克的关系，如相互克制太过，叫作相乘，这里潘满如的病是脾乘肾，肾乘心，心乘肺，肺乘肝，肝乘脾。⑧三阴俱抟：指太阴、少阴、厥阴三阴脉一齐出现。抟，会合在一起。⑨急期：指短期。⑩近：指死期临近。

【原文】

阳虚侯相[1]赵章病，召臣意。众医皆以为寒中[2]，臣意诊其脉曰：“迥风[3]。”迥风者，饮食下嗌[4]而辄出不留。法曰“五日死”，而后十日乃死。病得之酒。所以知赵章之病者，臣意切其脉，脉来滑[5]，是内风气[6]也。饮食下嗌而辄出不留者，法五日死，皆为前分界法。后十日乃死，所以过期者，其人嗜粥，故中藏实[7]，中藏实故过期。师言曰“安谷[8]者过期，不安谷者不及期”。

【注释】

①相：丞相。②寒中：寒气入侵于内里。③迵风：古病名，是风气入侵内脏，使肠胃不能容留消化食物。④嗌：咽喉。⑤滑：即滑脉，切脉时手指感到往来流畅圆滑的脉象。⑥内风气：内风病的脉气，这种脉象是因体内脏腑功能失调而形成。⑦中藏实：指肠胃能容留消化食物。实，指被米粥充实。⑧安谷：指肠胃能容留食物。

【原文】

济北王病，召臣意诊其脉，曰："风蹶[1]胸满。"即为药酒，尽三石[2]，病已。得之汗出伏地。所以知济北王病者，臣意切其脉时，风气也，心脉浊。病法"过[3]入其阳，阳气尽而阴气入"。阴气入张[4]，则寒气上而热气下，故胸满。汗出伏地者，切其脉，气阴。阴气者，病必入中，出及瀺水[5]也。

【注释】

①风蹶：中医指外界风、寒、湿气入侵体内向上逆行所造成的疾病。②石：汉代度量单位，一石重一百二十斤。一说"石"当为"日"字。③过：过失，这里指病邪。④入张：入侵扩张，意指阴气内盛。张，扩张，嚣张。⑤出及瀺水：病邪随着淋漓汗液流出。及，随着。瀺，流水声，这里指汗液淋漓而出。

【原文】

齐北宫司空命妇出於[1]病，众医皆以为风入中，病主在肺，刺其足少阳脉。臣意诊其脉，曰：“病气疝[2]，客于膀胱，难于前后溲，而溺赤。病见寒气则遗溺[3]，使人腹肿。”出於病得之欲溺不得，因以接内。所以知出於病者，切其脉大而实，其来难，是蹶阴之动[4]也，脉来难者，疝气之客于膀胱也。腹之所以肿者，言蹶阴之络结小腹也。蹶阴有过则脉结动，动则腹肿。臣意即灸其足蹶阴之脉，左右各一所[5]，即不遗溺而溲清，小腹痛止。即更为火齐汤以饮之，三日而疝气散，即愈。

【注释】

①命妇：有封号的妇女。出於：命妇名。②气疝：腹中时时胀痛的疾病。③遗溺：小便失禁。④蹶阴：经脉名。动：变动，变化。⑤所：处，指穴位。

【原文】

故[1]济北王阿母自言足热而懑，臣意告曰：“热蹶[2]也。”则刺其足心各三所，案[3]之无出血，病旋[4]已。病得之饮酒大醉。

【注释】

①故：从前。②热蹶：病名，因受邪热，阻碍阳气运行，而使手足厥冷的病。③案：通“按”。④旋：旋即，很快。

【原文】

济北王召臣意诊脉诸女子侍者，至女子竖，竖无病。臣意告永巷[1]长曰：“竖伤脾，不可劳，法当春呕血死。”臣意言王曰："才人[2]女子竖何能？"王曰："是好为方，多伎[3]能，为所是案法新[4]，往年市之民所[5]，四百七十万，曹偶[6]四人。"王曰："得毋有病乎？"臣意对曰："竖病重，在死法中。"王召视之，其颜色不变，以为不然，不卖诸侯所。至春，竖奉[7]剑从王之厕，王去，竖后，王令人召之，即仆于厕，呕血死。病得之流汗。流汗者，法病内重，毛发而色泽[8]，脉不衰，此亦内关之病也。

【注释】

①永巷：宫女所居的长巷。②才人：指才女。③伎：通"技"。④为所是案法新：《史记索隐》认为此句是"谓于旧方技能生新意也"。案，通"按"，查考。法，旧例，过去的方法。新，指新方法，新花样。⑤市：买。民所：民间。⑥曹偶：侪辈，同类，指同样的人。⑦奉：通"捧"。⑧色泽：面色润泽。

【原文】

齐中大夫病龋齿，臣意灸其左大阳明脉[1]，即为苦参汤[2]，日嗽[3]三升，出入五六日，病已。得之风，及卧开口，食而不嗽。

【注释】

①左大阳明脉：即左手阳明大肠经，其循行路线经牙齿。②苦参汤：原方已佚。苦参性味苦寒，可清热除湿，祛风杀虫。③嗽：通"漱"，含漱。

【原文】

菑川王美人怀子而不乳[①]，来召臣意。臣意往，饮以莨菪[②]药一撮，以酒饮之，旋乳。臣意复诊其脉，而脉躁。躁者有余病，即饮以消石[③]一齐，出血，血如豆比[④]五六枚。

【注释】

①美人：妃嫔的名称之一。不乳：难产。乳，生孩子。②莨菪：通“莨若”，药性苦寒、有毒，服少量可以有解痉、镇静作用。③消石：即朴硝，能破瘀通滞。④比：类似。

【原文】

齐丞相舍人奴[①]从朝入宫，臣意见之食闺门[②]外，望其色有病气。臣意即告宦者[③]平。平好为脉，学臣意所，臣意即示之舍人奴病，告之曰：“此伤脾气也，当至春鬲塞[④]不通，不能食饮，法至夏泄血死。”宦者平即往告相曰：“君之舍人奴有病，病重，死期有日。”相君曰：“卿何以知之？”曰：“君朝时入宫，君之舍人奴尽食[⑤]闺门外，平与仓公立，即示平曰，病如是者死。”相即召舍人而谓之曰：“公奴有病不[⑥]？”舍人曰：“奴无病，身无痛者。”至春果病，至四月，泄血死。所以知奴病者，脾气周乘[⑦]五藏，伤部而交[⑧]，故伤脾之色也，望之杀然黄[⑨]，察之如死青之兹[⑩]。众医不知，以为大虫[⑪]，不知伤脾。所以至春死病者，胃气黄[⑫]，黄者土气也[⑬]，土不胜木[⑭]，故至春死。所以至夏死者，脉法曰“病重而脉顺清[⑮]者曰内关”，内关之病，人不知其所痛，心急然[⑯]无苦。若加以一病，死中春[17]；一愈[18]顺，及[19]一时。其所以四月死者，诊其人时愈顺。愈顺者，人尚肥[20]也。奴之病得之流汗数出，炙于火[21]而以出见大风也。

【注释】

①舍人奴：家臣的奴仆。舍人，门客，家臣。②闺门：宫中小门。③宦者：宦官。④鬲塞：阻塞。鬲，通“膈”。⑤尽食：没完没了吃饭。尽，竭尽。⑥不：通“否”。⑦周乘：遍乘，遍传。⑧伤部而交：伤脾的色泽交错出现在脸上某些部位。部，色部，脸上某些部位的色泽能反映五脏的病变，医家称之为色部。⑨杀然黄：枯黄色。杀，凋落。⑩死青之兹：死草般的青色。兹，草席，意谓死草。⑪大虫：蛔虫。⑫胃气黄：脾胃病脸色发黄。⑬黄者土气也：中医五行学说认为脾属土，色黄，所以说黄色是脾土的颜色。⑭土不胜木：中医五行学说认为脾属土，肝属木，肝在春天时功能最强，于是患病的脾脏难以耐受，故说“土不胜木”。⑮脉顺清：脉搏正常。顺，和顺。清，清正，无浊邪。⑯急然：一说“急”当作“忽”，古代长度单位，形容极小。⑰中春：即仲春，阴历二月。⑱愈：通“愉”，愉快。⑲及：延及，延长。⑳人尚肥：指人形体丰满。㉑炙于火：受到火的烘烤。

【原文】

菑川王病，召臣意诊脉，曰：“蹶上为重[1]，头痛身热，使人烦懑。”臣意即以寒水拊[2]其头，刺足阳明脉[3]，左右各三所，病旋已。病得之沐发未干而卧。诊如前，所以蹶，头热至肩。

【注释】

①上为重：上部症状严重、明显。②拊：拍。③足阳明脉：这条经脉循行经过头部，所以针刺这条经脉的穴位能治头疼。

【原文】

齐王黄姬兄黄长卿家有酒召客，召臣意。诸客坐，未上食。臣意望见王后弟宋建，告曰："君有病，往四五日[①]，君要胁痛不可俛[②]仰，又不得小溲。不亟治，病即入濡[③]肾。及其未舍[④]五藏，急治之。病方今客肾濡，此所谓'肾痹[⑤]'也。"宋建曰："然，建故有要脊痛。往四五日，天雨，黄氏诸倩见建家京[⑥]下方石，即弄之，建亦欲效之，效之不能起，即复置之。暮，要脊痛，不得溺，至今不愈。"建病得之好持重。所以知建病者，臣意见其色，太阳色干[⑦]，肾部上及界要以下者枯四分所[⑧]，故以往四五日知其发也。臣意即为柔汤[⑨]使服之，十八日所而病愈。

【注释】

①往四五日：四五天前。②要：通"腰"。俛（fǔ）：通"俯"。③濡：浸渍，浸润。④舍：住宿，犹言滞留。⑤肾痹：病名，因风寒湿气滞阻于肾所造成的腰疼。⑥倩：女婿。京：仓廪。⑦太阳色干：太阳穴处色泽枯干。⑧肾部：肾脏在脸上的色部，在两颊处。要：通"腰"。枯四分所：指肾部有四分

左右的位置色泽枯干，据此可推断出腰疼已四五天。⑨柔汤：方剂名，原方已佚。

【原文】

济北王侍者韩女病要背痛，寒热[①]，众医皆以为寒热[②]也。臣意诊脉，曰："内寒，月事不下[③]也。"即窜[④]以药，旋下，病已。病得之欲男子而不可得也。所以知韩女之病者，诊其脉时，切之，肾脉也，啬而不属[⑤]。啬而不属者，其来难[⑥]，坚[⑦]，故曰月不下。肝脉弦，出左口[⑧]，故曰欲男子不可得也。

【注释】

①寒热：指恶寒发热的病症。②寒热：寒热病。③月事不下：闭经。月事，月经。④窜：熏灸使药力达到患处。⑤啬而不属：涩滞不连续。啬，通"涩"。⑥难：艰难。⑦坚：坚实有力。⑧出左口：肝脉在左手寸口脉的关部，韩女的脉象超出寸口的位置，是肝气郁盛的表现。

【原文】

临菑氾里女子薄吾病甚，众医皆以为寒热笃[①]，当死，不治。臣意诊其脉，曰："蛲瘕[②]。"蛲瘕为病，腹大，上肤黄粗，循之戚戚然[③]。臣意饮芫华[④]一撮，即出蛲可数升，病已，三十日如故。病蛲得之于寒湿，寒湿气宛笃不发[⑤]，化为虫。臣意所以知薄吾病者，切其脉，循其尺[⑥]，其尺索刺粗[⑦]，而毛美奉发，是虫气也。其色泽者，中藏无邪气及重病。

【注释】

①笃：病势沉重。②蛲瘕：蛲虫聚积形成的肿块。③循：

指触按患病的部位。戚戚然：忧惧的样子，形容病人因疼痛拒按。④芫华：通“芫花”，药性辛温有毒，可治痈肿，并可杀虫。⑤宛笃不发：郁积深厚不能发散。⑥尺：尺部。⑦尺索刺粗：尺部脉紧而粗大有力。

【原文】

齐淳于司马病，臣意切其脉，告曰：“当病迵风。迵风之状，饮食下嗌辄后之。病得之饱食而疾走。”淳于司马曰：“我之王家食马肝[①]，食饱甚。见酒来，即走去，驱疾[②]至舍，即泄数十出。”臣意告曰：“为火齐米汁饮之，七八日而当愈。”时医秦信在旁，臣意去，信谓左右阁都尉曰：“意以淳于司马病为何？”曰：“以为迵风，可治。”信即笑曰：“是不知也。淳于司马病，法当后九日死。”即后九日不死，其家复召臣意。臣意往问之，尽如意诊。臣即为一火齐米汁，使服之，七八日病已。所以知之者，诊其脉时，切之，尽如法。其病顺[③]，故不死。

【注释】

①马肝：性热有毒，误食致人死命。②驱疾：驱赶坐骑快跑。③病顺：病情和脉象相顺应。

【原文】

齐中郎破石病，臣意诊其脉，告曰：“肺伤，不治，当后十日丁亥溲血死。”即后十一日，溲血而死。破石之病，得之堕马僵[①]石上。所以知破石之病者，切其脉，得肺阴气[②]，其来散，数道至而不一[3]也。色又乘之[4]。所以知其堕马者，切之得番阴脉[5]。番阴脉入虚里，乘肺脉。肺脉散者，固色[6]变也乘之。所以不中期死者，师言曰：“病者安谷即过期，不安谷则不及期。”其人嗜黍，黍主肺[7]，故过期。所以溲血者，诊脉法曰“病养喜阴处者顺死[8]，养喜阳处者逆死[9]”。其人喜自静，不躁，又久安坐，伏几而寐，故血下泄。

【注释】

①僵：倒下。②肺阴气：肺阴脉，这是肺的败脉，是死的症状。③数道至而不一：脉气从几条道上来而不一致。④色又乘之：指面色又出现心克伐肺的容色。⑤番阴脉：即反阴脉，据中医理论，心属阳脏，肺属阴脏，散脉是心脏的病脉，在肺的脉部切到散脉，这是阳脉占居阴位，称反阴脉。⑥固色：本来的颜色，肺病面色白。⑦黍主肺：五谷和五脏的对应关系中是黍主肺，黍有补养肺脏的作用。⑧养：调养。阴：指静。顺死：气血下行而死。⑨阳：指动，活动。逆死：气血上逆而死。

【原文】

齐王侍医遂病，自练五石[1]服之。臣意往过之，遂谓意曰：“不肖[2]有病，幸[3]诊遂也。”臣意即诊之，告曰：“公病中热。论曰‘中热不溲者，不可服五石’。石之为药精悍[4]，公服之不得数溲，亟勿服。色将发臃。”遂曰：“扁鹊曰‘阴石[5]以治阴病，阳石[6]以治阳病’。夫药石者有阴阳水火[7]之齐，故中热，即为阴石柔齐治之；中寒，即为阳石刚齐治之。”臣意曰：“公所论远矣，扁鹊虽言若是，然必审[8]诊，起度量[9]，立规矩[10]，称权衡[11]，合色脉表里有余不足顺逆之法，参其人动静与息[12]相应，乃可以论。论曰‘阳疾处内，阴形应外者，不加悍药及镵石’。夫悍药入中，则邪气辟[13]矣，而宛[14]气愈深。诊法曰‘二阴应外，一阳接内者[15]，不可以刚药’。刚药入则动[16]阳，阴病益衰，阳病益箸[17]，邪气流行，为重困于俞[18]，忿发为疽。”意告之后百余日，果为疽发乳上，入缺盆[19]，死。此谓论之大体也，必有经纪[20]。拙工[21]有一不习，文理[22]阴阳失矣。

【注释】

①练五石：炼五石散。练，通“炼”。五石，把五种矿石药放到一起炼制，称作五石散，据记载五石散配方不尽相同。②不肖：自谦之词。③幸：希望。④精悍：指药力猛烈。⑤阴石：指性寒的石药。⑥阳石：指性热的石药。⑦水火：指寒热。⑧审：审慎。⑨起度量：犹言确立标准。起，立。度量，古代计算长度和体积的工具。⑩规矩：圆规和曲尺一类测量圆和直角的工具。⑪权衡：斟酌。权，秤锤。衡，秤杆。⑫息：呼吸。⑬辟：彰明，突出。⑭宛：郁积。⑮“二阴”两句的意思是，外寒多于内热的病症。阴指少阴，属寒症。阳指少阳，多郁火。二，二成。一，一成。⑯动：催动。⑰箸：通“著”，显著，这里指强盛。⑱俞：通“腧”，腧穴，人体穴位的总称。⑲缺盆：锁骨上窝，此处有“缺盆穴”。⑳经纪：纲纪，原则。㉑拙工：拙劣的医生，平庸的医生。㉒文理：条

理。文，通“纹”。

【原文】

齐王故为阳虚侯时，病甚，众医皆以为蹶。臣意诊脉，以为痹，根在右胁下，大如覆杯，令人喘，逆气不能食。臣意即以火齐粥①且饮，六日气下；即令更服丸药，出入六日，病已。病得之内。诊之时不能识其经解，大识②其病所在。

【注释】

①火齐粥：方剂名，原方已佚。②大识：大略知道。

【原文】

臣意尝诊安阳武都里成开方，开方自言以为不病，臣意谓之病苦沓风①，三岁四支②不能自用，使人喑③，喑即死。今闻其四支不能用，喑而未死也。病得之数饮酒以见大风气。所以知成开方病者，诊之，其脉法奇咳言曰“藏气相反者死”。切之，得肾反肺④，法曰“三岁死”也。

【注释】

①苦沓风：为沓风病所苦。沓风，风病名。②支：通“肢”。③喑：失音，不能说话。④肾反肺：在肺的脉位切到反映肾情况的脉，这是肾病影响到肺的表现，中医称为“肾反肺”。

【原文】

安陵坂里公乘项处病，臣意诊脉，曰：“牡疝①。”牡疝在鬲下，上连肺。病得之内。臣意谓之：“慎毋为劳力事，为劳力事则必呕血死。”处后蹴踘[②]，要蹶寒，汗出多，即呕血。臣意复诊之，曰：“当旦日日夕[③]死。”即死。病得之内。所以知项处病者，切其脉得番阳[④]。番阳入虚里，处旦日死。一番一络[⑤]者，牡疝也。

【注释】

①牡疝：阳疝。疝病多发生在腹腔内，腹属阴。项处腹痛牵连到胸，胸属阳，故称牡疝。牡，指雄性禽兽。②蹴踘：古代军中一种习武的游戏，类似今天的足球。踘，通“鞠”，古代的一种球。③旦日：第二天，明天。日夕：黄昏。④番阳：即反阳脉。疝病多与肾脏有关，此病在肺部切到肾病的脉象，在阳部见到阴脉，故称反阳脉。⑤一番一络：一方面切得反阳脉，一方面疝痛上连于肺。番，反阳脉。络，连。

【原文】

臣意曰：他所诊期决死生及所治已[①]病众多，久颇忘之，不能尽识[②]，不敢以对。

【注释】

①期：预期。治已：治愈。已，止。②识：记住。

【原文】

问臣意：“所诊治病，病名多同而诊异，或死或不死，何也？”对曰：“病名多相类，不可知，故古圣人为之脉法，以起度量，立规矩，县权衡[①]，案绳墨[②]，调阴阳[③]，别[④]人之脉各名之，与天地相应，参合于人，故乃别百病以异之，有数者[5]能异之，无数者同之。然脉法不可胜验，诊疾人以度异之，乃可别同名，命[6]病主在所居。今臣意所诊者，皆有诊籍[7]。所以别之者，臣意所受师方适成，师死，以故表[8]籍所诊，期决死生，观所失所得者合脉法，以故至今知之。”

【注释】

①县权衡：斟酌、权衡。县，通“悬”，悬挂。权衡，指称量。②案绳墨：依照规则。案，通“按”，按照，依照。绳墨，木工画线取直的工具，此指法度、规则。③调阴阳：测度阴阳的盛衰。调，计算，测量。④别：区别，辨识。⑤有数者：医术精妙的人。数，通“术”。⑥命：说出。⑦诊籍：记录诊断治疗情况的簿册，犹如医案、病历一类的文字材料。⑧表：表明，记明。

【原文】

问臣意曰：“所期病决死生，或不应期[1]，何故？”对曰：“此皆饮食喜怒不节，或不当[2]饮药，或不当针灸，以故不中期[3]死也。”

【注释】

①应期：符合预定的日期。②不当：不恰当。③中期：按期。

【原文】

问臣意：“意方能知病死生，论药用所宜，诸侯王大臣有尝问意者不？及文王病时，不求意诊治，何故？”对曰：“赵王、胶西王、济南王、吴王皆使人来召臣意，臣意不敢往。文王病时，臣意家贫，欲为人治病，诚恐吏以除[①]拘臣意也，故移名数[②]，左右不修家生，出行游国中，问善为方数者事之久矣，见事数师，悉受其要事[③]，尽其方书意，及解论之。身居阳虚侯国，因事侯。侯入朝，臣意从之长安，以故得诊安陵项处等病也。”

【注释】

①除：拜官授职，委任官职。②移名数：迁移名籍。③要事：主要的事，此指主要的本领。

【原文】

问臣意：“知文王所以得病不起之状？”臣意对曰：“不见文王病，然窃闻文王病喘，头痛，目不明。臣意心论[①]之，以为非病也。以为肥而蓄精[②]，身体不得摇，骨肉不相任[③]，故喘，不当医治。脉法曰：‘年二十脉气当趋[④]，年三十当疾步，年四十当安坐，年五十当安卧，年六十已上气当大董[⑤]。’文王年未满二十，方脉气之趋也而徐之，不应天道四时[⑥]。后闻医灸之即笃，此论[⑦]病之过也。臣意论之，以为神气[⑧]争而邪气入，非年少所能复之也，以故死。所谓气者，当调饮食，择晏日[⑨]，车步广志[⑩]，以适筋骨肉血脉，以泻气。故年二十，是谓‘易贸’，法不当砭灸，砭灸至气逐[⑪]。

【注释】

①心论：心中分析，主观分析。②蓄精：蓄积脂膏，蓄积

精气。③相任：相撑持。任，胜任。④趋：快跑。⑤董：深藏。⑥天道四时：指自然界中春生、夏长、秋收、冬藏的规律。⑦论：分析，判断。⑧神气：指人体正气。⑨晏日：晴朗的日子。⑩车步：驾车、步行。广志：开阔心胸。⑪逐：奔逐。

【原文】

问臣意：师庆安受之？闻[1]于齐诸侯不？”对曰：“不知庆所师受。庆家富，善为医，不肯为人治病，当以此故不闻。庆又告臣意曰：“慎[2]毋令我子孙知若学我方也。”

【注释】

①闻：闻名，出名。②慎：千万。

【原文】

问臣意：“师庆何见于意而爱意，欲悉教意方？”对曰：“臣意不闻师庆为方善也。意所以知庆者，意少时好诸方事[1]，臣意试其方，皆多验，精良。臣意闻菑川唐里公孙光善为古传方，臣意即往谒之。得见事之，受方化阴阳及传语法[2]，臣意悉受书[3]之。臣意欲尽受他精方，公孙光曰：‘吾方尽矣，不为爱[4]公所。吾身已衰，无所复事之。是吾年少所受妙方也，悉与公，毋以教人。’臣意曰：‘得见事侍公前，悉得禁方，幸甚。意死不敢妄传人。’居有闲[5]，公孙光闲处[6]，臣意深论方，见言百世为之精也。师光喜曰：‘公必为国工[7]。吾有所善者皆疏[8]，同产[9]处临菑，善为方，吾不若，其方甚奇，非世之所闻也。吾年中时，尝欲受其方，杨中倩[⑩]不肯，曰：“若非其人也。”胥[⑪]与公往见之，当知公喜方也。其人亦老矣，其家给富。’时者未往，会庆子男殷来献马，因师光奏[⑫]马王所，意以故得与殷善。光又属[⑬]意于殷曰：‘意好数，公必谨遇之，其人圣儒。’即为书以意属阳庆，以故知庆。臣意事庆谨，以故爱意也。”

【注释】

①诸方事：诸家、各家的医方。②化阴阳：调理阴阳。传语法：口头流传的医理经验。③书：记录。④爱：吝惜。⑤居有闲：过了些日子。闲，通“间”。⑥闲处：闲着没事，闲居。⑦国工：国医。⑧疏：荒疏，荒废。⑨同产：同胞兄弟。这里指阳庆，与公孙光同母异父，所以姓氏不同。⑩杨中倩：古名医，公孙光的朋友。⑪胥：等到。⑫奏：献，进献。⑬属：通“嘱”，嘱托。

【原文】

问臣意曰：“吏民尝有事学意方，及毕尽得意方不？何县里人？”对曰：“临菑人宋邑。邑学，臣意教以五诊[①]，岁余。济北王遣太医高期、王禹学，臣意教以经脉高下及奇络结[②]，当论俞[③]所居，及气当上下出入邪正逆顺，以宜镵石，定砭灸处，岁余。菑川王时遣太仓马长冯信正方[④]，臣意教以案法逆顺，论药法，定五味及和齐汤[⑤]法。高永侯家丞杜信，喜脉，来学，臣意教以上下经脉[⑥]五诊，二岁余。临菑召里唐安来学，臣意教以五诊上下经脉，奇咳，四时应阴阳重，未成，除为齐王侍医。”

【注释】

①五诊：即五色诊，从脸色诊病。②经脉高下：经脉上下分布的位置。奇络结：指异常脉络联结之处。③当：通“常”。俞：通“腧”，腧穴。④正方：此指求教医方。⑤定：鉴定、判定。和齐汤：配伍调制汤剂。⑥上下经脉：同“经脉高下”。

【原文】

问臣意：“诊病决死生，能全无失乎？”臣意对曰：“意治病人，必先切其脉，乃治之。败逆[1]者不可治，其顺[2]者乃治之。心不精脉[3]，所期死生视可治，时时失之，臣意不能全也。”

【注释】

①败逆：指脉象衰败而且与病情不相应。②顺：指脉象与病情一致。③精脉：精心切脉。

【原文】

太史公曰：女无[1]美恶，居宫见妒；士无贤不肖[2]，入朝见疑。故扁鹊以其伎见殃，仓公乃匿亦自隐而当刑。缇萦通尺牍[3]，父得以后宁。故老子曰“美好者不祥之器[4]”，岂谓扁鹊等邪？若仓公者，可谓近之矣。

【注释】

①无：无论。②不肖：不贤。③尺牍：书信，此指给汉文

帝所上的书。④美好者不祥之器：原文作“夫兵者不祥之器”，在《老子》三十一章中。

【译文】

扁鹊是渤海郡鄚人，姓秦，叫越人。年轻时，他做人家客馆的主管。有个叫长桑君的客人到客馆来，只有扁鹊认为他是一个奇人，时常恭敬地对待他。长桑君也知道扁鹊不是普通人，他来来去去有十多年了，一天叫扁鹊和自己坐在一起，悄悄和扁鹊说：“我有秘藏的医方，我年老了，想传留给你，你不要泄漏出去。”扁鹊说：“好吧，遵命。”他这才从怀中拿出一种药给扁鹊，并说：“用草木上的露水送服这种药，三十天后你就能知晓许多事情。”接着又拿出全部秘方都给了扁鹊。忽然间，人就不见了，大概他不是凡人吧。扁鹊按照他说的服药三十天，就能看穿墙另一边的人。因此，诊视别人的疾病时，能看五脏内所有的病症，只是表面上还在为病人切脉。他有时在齐国行医，有时在赵国行医。在赵国时，名叫扁鹊。

在晋昭公的时候，众多大夫的势力强盛而国君的力量衰弱，赵简子是大夫，却独掌国事。赵简子病了，五天不省人事，大夫们都很忧惧，于是召来扁鹊。扁鹊入室诊视病后走出，大夫董安于向扁鹊询问病情，扁鹊说：“他的血脉正常，你们何必惊怪！从前秦穆公曾出现这种情形，昏迷了七天才苏醒。醒来的当天，告诉公孙支和子舆说：‘我到天帝那里后非常快乐。我之所以去那么长时间，正好碰上天帝要指教我。天帝告诉我：“晋国将要大乱，会五代不安定。之后将有人成为霸主，称霸不久他就会死去。霸主的儿子将使你的国家男女淫乱。”’公孙支把这些话记下收藏起来，后来秦国的史书才记载了此事。晋献公的混乱，晋文公的称霸，及晋襄公打败秦军于殽山后放纵淫乱，这些都是你所闻知的。现在，你们主君的病和他相同，不出三天就会痊愈，痊愈后必定也会说一些话。”

过了两天半，赵简子苏醒了，告诉众大夫说：“我到天帝那儿非常快乐，与百神游玩在天的中央，那里各种乐器奏着许多乐曲，跳着各种各样的舞蹈，不像上古三代时的乐舞，乐声动人心魄。有一只熊要抓我，天帝命令我射杀它，射中了熊，熊死了。有一只罴走过来，我又射它，又射中了，罴也死了。天帝非常高兴，赏赐我两个竹笥，里边都装有首饰。我看见我的儿子在天帝的身边，天帝把一只翟犬托付给我，并说：‘等到你的儿子长大成人时赐给他。’天帝告诉我说：‘晋国将会一代一代地衰微下去，过了七代就会灭亡。秦国人将在范魁的西边打败周人，但他们也不能拥有他的政权。’”董安于听了这些话后，记录并收藏起来。人们把扁鹊说过的话告诉赵简子，赵简子赐给扁鹊田地四万亩。

后来，扁鹊路经虢国。正碰上虢太子死去，扁鹊来到虢国王宫门前，问一位喜好医术的中庶子说：“太子有什么病，为什么全国举行除邪去病的祭祀超过了其他许多事？”中庶子说：“太子的病是血气运行没有规律，阴阳交错而不能疏泄，猛烈地爆发在体表，就造成内脏受伤害。人体的正气不能制止邪气，邪气蓄积而不能疏泄，因此阳脉弛缓阴脉急迫，所以突然昏倒而死。”扁鹊问：“他什么时候死的?”中庶子回答：“从鸡鸣到现在。”又问：“收殓了吗?”回答说：“还没有，他死还不到半天呢。”扁鹊说：“请禀告虢君说，我是渤海郡的秦越人，家在郑地，未能仰望君王的神采而拜见侍奉在他的面前。听说太子死了，我能使他复活。”中庶子说：“先生该不是胡说吧？怎么说太子可以复活呢！我听说上古的时候，有个叫俞跗的医生，治病不用汤剂、药酒、石针、导引、按摩、药熨等办法，一解开衣服诊视就知道疾病的所在，顺着五脏的腧穴，然后割开皮肤剖开肌肉，疏通经脉，结扎筋腱，按治脑髓，触动膏肓，疏理横膈膜，清洗肠胃，洗涤五脏，修炼精气，改变神情气色，先生的医术能如此，那么太子就能再生了；不能做到如此，却想要使他再生，简直不能用这样的话欺骗刚会笑的孩子。”过了好久，扁鹊才仰望天空叹息说：“您说的那些治疗方法，就像从竹管中看天、从缝隙中看花纹一样。我用的治疗方法，不需给病人切脉、察看脸色、听声音、观察病人的体态神情，就能说出病因在什么地方。知道疾病外在的表现就能推知内有的原因，知道疾病内在的原因就能推知外在的表现。人体内有病会从体表反映，据此就可诊断千里之外的病人。我决断的方法很多，不能只停留在一个角度看问题。你如果认为我说的不真实可靠，你试着进去诊视太子，应会听到他耳有鸣响、看到鼻翼翕动，顺着两腿摸到阴部，那里应该还是温热的。”

中庶子听完扁鹊的话，眼呆滞瞪着不能眨，舌头翘着说不出话来，后来才进去把扁鹊的话告诉虢君。虢君听后十分惊讶，走出内廷在宫廷的中门接见扁鹊，说："我听到您有高尚的品德已很长时间了，然而不能够在您面前拜见您。这次先生您路经我们小国，希望您能救助我们，我这个偏远国家的君王真是太幸运了。有先生在就能救活我的儿子，没有先生在他就会抛尸野外而填塞沟壑，永远死去而不能复活。"话没说完，他就悲伤抽噎气郁胸中，精神散乱恍惚，长时间地流下眼泪，泪珠滚落沾在睫毛上，悲哀不能自我克制，容貌神情发生了变化。扁鹊说："您的太子得的病，就是人们所说的'尸蹶'。那是因为阳气陷入阴脉，脉气缠绕冲动了胃，经脉受损伤脉络被阻塞，分别下注入下焦、膀胱，因此阳脉下坠，阴气上升，阴阳两气会聚，互相团塞，不能通畅。阴气又逆而上行，阳气只好向内运行，阳气徒然在下在内鼓动却不能上升，在上在外被阻绝不能被阴气遣使，在上有隔绝了阳气的脉络，在下有破坏了阴气的筋纽，这样阴气破坏、阳气隔绝，使人的面色衰败血脉混乱，所以人会身体安静得像死去的样子。太子实际没有死。因为阳入袭阴而阻绝脏气的能治愈，阴入袭阳而阻绝脏气的必死。这些情况都会在五脏厥逆时突然发作。精良的医生能治愈这种病，拙劣的医生会因困惑使病人危险。

扁鹊就叫他的学生子阳磨砺针石，取穴百会下针。过了一会儿，太子苏醒了。又让学生子豹准备能入体五分的药熨，再加上八减方的药剂混合煎煮，交替在两胁下熨敷。太子能够坐起来了。进一步调和阴阳，仅仅吃了汤剂二十天就身体恢复和从前一样了。因此，天下的人都认为扁鹊能使死人复活。扁鹊却说："我不是能使死人复活啊，这是他应该活下去，我能做的只是促使他恢复健康罢了。"

扁鹊到了齐国，齐桓侯把他当客人招待。他到朝廷拜见桓侯，说："您有小病在皮肤和肌肉之间，不治将会深入体内。"桓侯说："我没有病。"扁鹊走出宫门后，桓侯对身边的人说："医生喜爱功利，想把没病的人说成是自己治疗的功绩。"过了五天，扁鹊再去见桓侯，说："您的病已在血脉里，不治恐怕会深入体内。"桓侯说："我没有病。"扁鹊出去后，桓侯不高兴。过了五天，扁鹊又去见桓侯，说："您的病已在肠胃间，不治将更深侵入体内。"桓侯不肯答话。扁鹊出去后，桓侯不高兴。过了五天，扁鹊又去，看见桓侯就向后退跑走了。桓侯派人问他跑的缘故。扁鹊说："疾病在皮肉之间，汤剂、药熨的效力就能达到治病的目的；疾病在血脉中，靠针刺和砭石的效力就能达到治病的目的；疾病在肠胃中，药酒的效力就能达到治病的目的；疾病进入骨髓，就是掌管生命的神也无可奈何。现在疾病已进入骨髓，我因此不再要求为他治病。"过了五天后，桓侯身上患了重病，派人召请扁鹊，扁鹊已逃离齐国。桓侯于是就病死了。

假使桓侯能预先知道没有显露的病症，能够使好的医生及早诊治，那么疾病就能治好，性命就能保住。人们担忧的是疾病太多，医生忧虑的是治病的方法太少。所以，有六种患病的情形不能医治：为人傲慢放纵不讲道理，是一不治；轻视身体看重钱财，是二不治；衣着饮食不能调节适当，是三不治；阴阳错乱，五脏功能不正常，是四不治；形体非常羸弱，不能服药的，是五不治；迷信巫术不相信医术的，是六不治。如果有上述六种情形中的一种，那就很难医治了。

扁鹊名声传扬天下。他到邯郸时，闻知当地人尊重妇女，就做治妇女病医生；到洛时，闻知周人敬爱老人，就做专治耳聋眼花四肢痹痛的医生；到了咸阳，闻知秦人喜爱孩子，就做治小孩疾病的医生；他随着各地的习俗来变化自己的医治范围。秦国的太医令李醯自知医术不如扁鹊，派人刺杀了扁鹊。到现在，天下谈论诊脉法的人，都遵从扁鹊的理论和实践。

太仓这个人，是齐国都城管理粮仓的长官，他是临淄人，姓淳于名叫意。年轻却喜好医术。汉高后八年（前180），再次向同郡元里的公乘阳庆拜师学习医术。这时，阳庆已七十多岁，没有能继承医术的后代，就让淳于意把从前学的医方全部抛开，然后把自己掌握的秘方全给了他，并传授给他黄帝、扁鹊的脉书，观察面部不同颜色来诊病的方法，使他预先知道病人的生死，决断疑难病症，判断能否治疗，以及药剂的理论，都十分精辟。学了三年之后，为人治病，预断死生，多能应验。然而，他到处交游诸侯，不拿家当家，有时不肯为别人治病。因此，许多病家怨恨他。

汉文帝四年（前176），有人上书朝廷控告他，根据刑律罪状，要用传车押解到长安去。淳于意有五个女儿，跟在后面哭泣。他发怒而骂道："生孩子不生男孩，到紧要关头就没有可用的人！"于是，最小的女儿缇萦听了父亲的话很感伤，就跟随父亲西行到了长安。她上书朝廷说："我父亲是朝廷的官吏，齐国人民都称赞他的廉洁公正，现在犯法被判刑。我非常痛心处死的人不能再生，而受刑致残的人也不能再复原，即使想改过自新，也无路可行，最终不能如愿。我情愿自己没入官府做奴婢，来赎父亲的罪，使父亲能有改过自新的机会。"汉文帝看了缇萦的上书，悲悯她的心意，赦免了淳于意，并在这一年废除了肉刑。

淳于意住在家里，皇帝下诏问他为人治病决断死生应验的有多少人，他们名叫什么。

诏书问前太仓淳于意的问题是："医术有什么专长及能治愈什么病？有没有医书？都向谁学医的？学了几年？曾治好哪些人？他们是什么地方的人？得的什么病？治疗用药后，病情怎样？全部详细回答。"淳于意回答说：

我在年轻时，就喜好医术药剂之方，用学到的医术方剂试着给人看病，大多没有效验。到了高后八年（前180），得以拜见老师临淄元里的公乘阳庆。阳庆这时七十多岁，我得以拜见侍奉他。他对我说："全部抛开你学过的医书，这些都不正确。我有古代先辈医家传授的黄帝、扁鹊的诊脉书，以及观察面部颜色不同来诊病的方法，使你能预断病人的生死，决断疑难病症，判定能否医治，还有药剂理论的书籍，都非常精辟。我家中富足，只因我心里喜欢你，才想把自己收藏的秘方和书全教给你。”我说：“太幸运了，这些不是我敢奢望的。”说完，我就离开座席再次拜谢老师。我学习了他传授的《脉书》《上经》《下经》，从脸色诊病术、听诊术、从外观测度阴阳术、药理、砭石神术、房中术等秘藏书籍和医术，学习时注意解析体验，这样用了约一年时间。第二年，我试着为人治病，虽有效，还不精到。我一共向他学习三年，我曾经治过的病人，诊视病情决断生死的人，都有效，已达到了精妙的程度。现在阳庆已死了十来年，我曾向他学习三年，我现在已经三十九岁了。

齐国名叫成的侍御史自述得了头疼病，我诊完脉，告诉他说：“您的病情严重，不能一下子说清。”出来后，只告诉他的弟弟昌说：“这是疽病，在肠胃之间发生的，五天后就会肿起来，再过八天就会吐脓血而死。”成的病是酗酒后行房事得的。成果然如期而死。我之所以能诊知他的病，是切脉时，切得肝脏有病的脉气。脉气重浊而平静，这是内里严重而外表不明显的疾病。脉象理论说：“脉长而且像弓弦一样挺直，不能随四季而变化，病主要在肝脏。脉虽长而直硬却均匀和谐，是肝的经脉有病，出现了时疏时密躁动有力的代脉，就是肝的络脉有病。”肝的经脉有病而脉均和的，他的病得之于筋髓。脉象时疏时密忽停止忽有力，他的病得之于酗酒后行房事。我之所以知道他过了五天后会肿起来，再过八天吐脓血而死，是切他的脉时，发现少阳经络出现了代脉的脉象。代脉是经脉生病，病情发展遍及全身，人就会死去。络脉出现病症，这时，在左手关部一分处出现代脉，这是热积郁体中而脓血未出，到了关上五分处，就到了少阳经脉的边界，到八天后会吐脓血而死，所以到了关上二分处会产生脓血，到了少阳经脉的边界就会肿胀，其后疮破脓泄而死。当初内热就熏灼着阳明经脉，并灼伤络脉的分支，如果络脉出现病变，经脉就会郁结发肿，其后就会糜烂离解。因此，络脉之间交互阻塞，就使热邪上侵头部，头部受到侵扰，所以常常头疼。

齐王二儿子的男孩生病，召我去切脉诊治。我告诉他说："这是气膈病，这种病使人心中烦闷，吃不下东西，时常呕出胃液。这种病是因为内心忧郁，常常厌食的缘故。"我当即调制下气汤给他喝下，只一天膈气下消，又过了两天就能吃东西，三天后病就痊愈了。我之所以知道他的病，是我切脉时，诊到心有病的脉象，脉象浊重急躁，这是阳络病。脉象理论说："脉达于手指时壮盛迅速，离开指下时艰涩而前后不一，病在心脏。"全身发热，脉气壮盛，称作重阳。重阳就会热气上行冲击心脏，所以病人心中烦闷吃不下东西，就会络脉有病，络脉有病就会血从上出，血从上出的人定会死亡。这是内心悲伤所得的病，病得之于忧郁。

齐国名叫循的郎中令生病，许多医生都认为是逆气从下厥起，向上逆行入腹胸之中，而用针刺法为他治疗。我诊视后，说："这是涌疝，这种病使人不能大小便。"循回答说："已经三天不能大小便了。"我用火剂汤给他服用，服一剂就能大小便，服第二剂后大小便非常通畅，服完第三剂就痊愈了。他的病是因房事造成的。我之所以能知道他患的病，是我切脉时，他右手寸口的脉象急迫，脉象反映不出五脏患有病症，右手寸口脉象壮盛而快。脉快是中焦、下焦热邪涌动，他的左手脉快是热邪往下流，右手脉快是热邪上涌，都没有五脏病气的反应，所以说是“涌疝”。中焦积热，所以尿是赤红色的。

齐国名叫信的中御府长病了，我去他家诊治，切脉后告诉他说：“是热病的脉气，然而暑热多汗，脉稍衰，不至于死。”又说：“得这种病，是天气严寒时曾在流水中洗浴，洗浴后身体就发热了。”他说：“嗯，就是这样！去年冬天，我为齐王出使楚国，走到莒县阳周水边，看到莒桥坏得很厉害，我就揽住车辕不想过河，马突然受惊，一下子坠到河里，我的身子也淹进水里，差一点儿淹死，随从官吏马上跑来救我。我从水中出来，衣服全湿了，身体寒冷了一阵，冷一止住全身发热如火，到现在不能受寒。”我立即为他调制液汤火剂驱除热邪，服一剂药不再出汗，服两剂药热退去了，服三剂药病止住了。又让他服药大约二十天，身体就像没病的人了。我之所以知道他的病，是切脉时，发现他的脉象属于热邪归并身体内里的“并阴脉”。脉象理论说：“内热、外热错乱交杂的人死。”我切他的脉时，没有发现内热外热交杂的情形，但都是并阴脉。并阴脉，脉状顺的能用清法治愈，热邪虽没有完全消除，仍能治好保住性命。我诊知他的肾气有时重浊，我在太阴寸口依稀能切到这种情形，那是水气。肾本是主管水液运行的，所以由此知道他的病情。如果一时失治，就会变成时寒时热的病。

齐王太后有病，召我去诊脉，我说："是风热侵袭膀胱，大小便困难，尿色赤红的病。"我用火剂汤给她喝下，吃一剂就能大小便了，吃两剂，病就退去了，尿色也和从前一样。这是出汗时解小便得的病。病是脱掉衣服而汗被吹干得的。我之所以知道齐王太后的病，是我替她切脉时，发现太阴寸口湿润，这是受风的脉气。脉象理论说："脉象用力切脉时大而坚实有力，轻轻切脉时大而紧张有力，是肾脏有病。"但我在肾的部位切脉，情况相反，脉象粗大躁动。粗大的脉象是显示膀胱有病；躁动的脉象显示中焦有热，而尿色赤红。

齐国章武里的曹山跗生病，我诊脉后说："这是肺消病，加上寒热的伤害。"我告诉他的家人说："这种病必死，不能治愈。你们就满足病人的要求，去供养他，不必再治了。"医学理论说；"这种病三天后会发狂，乱走乱跑，五天后就死。"后来，果然如期死了。山跗的病，是因为大怒后行房事得的。我之所以知道山跗的病，是我切他的脉，从脉象发现他有肺气热。脉象理论说："脉来不平稳不鼓动的，身形羸弱。"这是肺、肝两脏多次患病的结果。所以我切脉时，脉状不平稳而且有代脉的现象。脉不平稳的，是血气不能归藏于肝；代脉，时杂乱并起，时而浮躁，时而宏大。这是肺、肝两络脉断绝，所以说是死而不能治。我之所以说"加以寒热"，是他精神涣散躯体如尸。精神涣散躯体如尸的人，他的身体一定会羸弱；对羸弱的人，不能用针灸的方法，也不能服药性猛烈的药。我没有为他诊治前，齐国太医已先诊治他的病，在他的足少阳脉口施灸，而且让他服用半夏丸，病人马上下泄，腹中虚弱；又在他的少阴脉施灸，这样便重伤了他的肝筋阳气。如此一再损伤病人的元气，因此说它是加上寒热的伤害。之所以说他“三天以后，当会发狂”，是肝的络脉横过乳下与阳明经相联结，所以络脉的横过使热邪侵入阳明经脉，阳明经脉受伤，人就会疯狂奔路。过五天后死，是因肝心两脉相隔五分，肝脏的元气五天耗尽，元气耗尽人就死了。

齐国的中尉潘满如患小腹疼的病，我切他的脉后说：“这是腹中的气体遗留，积聚成了‘瘕症’。”我对齐国名叫饶的太仆、名叫繇的内史说：“中尉如不能自己停止房事，就会三十天内死去。”过了二十多天，他就尿血死去。他的病是因酗酒后行房而得。我之所以能知道他的病，是给他切脉时，发现他的脉象深沉小弱，这三种情形合在一起，是脾有病的脉气。而且右手寸口脉象弦紧而沉细，显现了瘕病的脉象。两气互相制约影响，所以三十天内会死。太阴、少阴、厥阴三阴脉一齐出现，符合三十天内死的规律；三阴脉不一齐出现，决断生死的时间会更短；交会的阴脉和代脉交替出现，死期还短。所以，他的三阴脉同时出现；就像前边说的那样尿血而死。

阳虚侯的宰相赵章生病，召我去，许多医生都认为是腹中虚寒。我诊完脉断定说：“是‘迥风病’。”迥风的病症，是饮食咽下，总又吐出来，食物不能容留在胃中。依医理说：“五天会死。”结果，过了十天才死。病因酗酒而生。我之所以能知道赵章的病，是切他的脉时，脉象“滑”，是体内有风气的脉象。咽下食物总又吐出，胃中不能容纳，医理说五天会死，这是前面说的分界法。十天后才死，过期的原因，是他喜好吃粥，因此胃中充实，胃中充实所以超过预定死的时候。我的老师说过：“胃能容留消化食物就能超过预定的死的时间，不能容留消化食物就拖不到预定的死的时间。”

济北王病了，召我去诊治，我说：“这是‘风厥’使胸中胀满。”就为他调制药酒，喝了三天，病就好了。他的病是因出汗时伏卧地上而得。我之所以知道济北王的病因，是我切脉时，脉象有风邪，心脉重浊。依照病理，“病邪入侵体表，体表的阳气耗尽，阴气就会侵入”，阴气入侵嚣张，就使寒气上逆而热气下流，就使人胸中胀满。出汗时伏卧在地的人，切他的脉时，他的脉气阴寒。脉气阴寒的人，病邪必然侵入内里，治疗时就应使阴寒随着汗液淋漓流出。

齐国北宫司空名叫出於的夫人病了，许多医生都认为是风气入侵体中，主要是肺有病，就针刺足少阳经脉。我诊脉后说：“是疝气病，疝气影响膀胱，大小便困难，尿色赤红。这种病遇到寒气就会遗尿，使人小腹肿胀。”她的病，是因为想解小便又不能解，然后行房事才得的。我知道她的病，是因切脉时，脉象大而有力，但脉搏来时艰难，那是因为足厥阴肝经有变动。脉搏来时艰难，那是疝气影响膀胱。小腹之所以肿胀，是因为足厥阴络脉结聚在小腹。足厥阴脉有病，和它相连的部位也会发生变化，这种变化就使得小腹肿胀。我就在她的足厥阴肝经施灸，左右各灸一穴，就不再遗尿而尿清，小腹也止住了疼。再用火剂汤给她服用，三天后，疝气消散，病就好了。

从前，济北王的奶妈说自己的足心发热胸中郁闷，我告诉她："是热厥病。"在她足心各刺三穴，出针时，用于按住穴孔，不能使血流出，病很快就好了。她的病是因为喝酒大醉而得。

济北王召我给他的侍女们诊病，诊到名叫竖的女子时，看起来她没有病。我告诉永巷长说："竖伤了脾脏，不能太劳累，依病理看，到了春天会吐血而死。"我问济北王："这个人有什么才能?"济北王说："她喜好方技，有多种技能，能在旧方技上创出新意来，去年从民间买的，和她一样的四个人，共用四百七十万钱。"又问："她是不是有病?"我回答说："她病得很重，依病理会死去。"济北王又一次叫她来就诊，她的脸色没有变化，认为我说的不对，没有把她卖给其他诸侯。到了第二年春天，她捧着剑随王去厕所，王离去，她仍留在后边，王派人去叫她，她已脸向前倒在厕所里，吐血而死。她的病是因流汗引起，流汗的病人，依病理说是病重在内里，从表面看，毛发、脸色有光泽，脉气不衰，这也是内关的病。

齐国中大夫患龋齿病，我灸他的左手阳明脉，又立即为他调制苦参汤，每天用三升漱口，经过五六天，病就好了。他的病得自风气，以及睡觉时张口，食后不漱口。

菑川王的美人怀孕难产，召我诊治，我用莨菪药末一撮，用酒送服，很快就生产了。我又诊她的脉，发现脉象急躁。脉急还有其他的病，就用消石一剂给她喝下，接着阴部流出血块来，有五六枚血块像豆子一样大小。

齐国丞相门客的奴仆跟随主人上朝进入王宫，我看到他在闺门外吃东西，望见他的容颜有病色，我当即把此事告诉了名叫平的宦官，他因喜好诊脉而向我学习。我就用这个奴仆做例子指导他，告诉他说："这是伤害脾脏的容色，到明年春天，胸膈会阻塞不通，不能吃东西，依病理到夏天将泄血而死。"他就到丞相那儿禀报说："您门客的奴仆有病，病得很重，死期指日可待。"丞相问："你怎么知道的？"他回答说："丞相上朝入宫时，他在闺门外吃饭，我和太仓公站在那里，太仓公告诉我，患这种病是要死的。"丞相就把这个门客召请来问他："您的奴仆有病吗？"门客说："我的奴仆没有病，身体没有疼痛的地方。"到了春天果然病了，四月时，泄血而死。我之所以能知道他的病，是知他的脾气普遍影响到五脏，脾受伤害就会在脸上某一部位显示相应的病色，伤脾之色，看上去脸色是黄的，仔细再看是青中透灰的死草色。许多医生不知这种情形，认为是体内有寄生虫，不知是伤害了脾。这个人之所以到春天病重而死，是脾病脸色发黄，黄色在五行属土，脾土不能胜肝木，所以到了肝木强盛的春天就会死去。到夏天而死的原因，依照病理，"病情严重，而脉象正常的是内关病"，内关病，病人不会感到疼痛，好像没有一点儿痛苦，如果再添任何一种病，就会死在仲春的二月；如果能精神愉快顺天养性，能够拖延一季度。他之所以在四月死，是我诊他的脉时，他精神愉快能顺天养性。他能够做到这样，人还算养得丰满肥腴，也就能拖延一些时候了。他的病是因流汗太多，受火烤后又在外面受了风邪而得。

菑川王病，召我去诊脉，我说：“这是热邪逆侵上部症状严重的‘蹶’病，造成头疼身热，使人烦闷。”我就用冷水拍在他头上，并针刺他的足阳明经脉，左右各刺三穴，病很快好了。他的病是因洗完头发，没擦干去睡觉引起的。我前边的诊断是正确的，之所以称作“蹶”，是热气逆行到头和肩部。

齐王黄姬的哥哥黄长卿在家设酒席请客，请了我。客人入座，还没上菜。我见王后弟弟宋建容色异常就说：“你有病，四五天前，你腰胁疼得不能俯仰，也不能小便。不赶快医治，病邪就会浸润肾脏。趁着还没滞留在五脏，迅速治愈。现在，你的病情只是病邪刚刚侵入浸润着肾脏，这就是人们说的‘肾痹’。”宋建说：“你说对了，我确实曾腰脊疼过。四五天前，天正下雨，黄氏的女婿们到我家里，看到了我家库房墙下的方石，就要弄举起，我也想要效仿去做，举不起来，就把它放下了。到了黄昏，就腰脊疼痛，不能小便了，到现在也没有痊愈。”他的病是因喜好举重物引起。我之所以能诊治他的病，是看到他的容色，太阳穴处色泽枯干，两颊显示肾病部位边缘四分处色泽干枯，所以才知道四五天前病发作。我为他调制柔汤服用，十八天左右病就痊愈了。

济北王一个姓韩的侍女腰背疼，恶寒发热，许多医生都认为是寒热病，我诊脉后说：“是内寒，月经不通。”我用药为她熏灸，过一会儿，月经就来了，病好了。她的病是因想得到男人却不能够引起的。我之所以能知道她的病，是切脉时，知道她的肾脉有病气，脉象涩滞不连续。这种脉，出现得艰难而又坚实有力，所以就月经不通。她的肝脉硬直而长，像弓弦一样，超出左手寸口位置，所以说病是想要得到男人却不能够造成的。

临菑氾里一个叫薄吾的女人病得很重，许多医生都认为是寒热病，会死，无法医治。我诊脉后说："这是'蛲瘕病'。"这种病，使人肚子大，腹部皮肤黄而粗糙，用手触摸肚腹病人感到难受。我用芫花一撮用水送服，随即泄出几升的蛲虫，病也就好了。过了三十天，身体和病前一样。蛲瘕病得自寒湿气，寒湿气郁积太多，不能发散，变化为虫。我能知道她的病情，是因为我为她切脉时，循按尺部脉位，此处皮肤十分粗糙并且毛发枯焦卷曲，这是体内有虫的病状。她的脸色有光泽，是内脏没有邪气，病也不重的缘故。

齐国的淳于司马病了，我诊脉后说："你应该是'迥风病'。迥风病的症状是，饮食咽下后就又呕吐出，得这种病，是吃过饱饭就跑的缘故。"他回答说："我到君王家吃马肝，吃得很饱，看到送上酒来，就跑开了，后来又骑着快马回家，到家就下泄几十次。"我告诉他说："把火剂汤用米汁送服，过七八天就会痊愈。"当时，医生秦信在一边，我离去后，他对左右阁的都尉说："他认为司马得的什么病？"回答说："认为是迥风病，能够治疗。"秦信就笑着说："这是不知晓啊。

司马的病，依照病理会在九天后死去。”经过九天没有死，司马家又召请我去。我去后询问病情，全像我所诊断的。我就为他调制火剂米汤让他服用，七八天后病就好了。我之所以能知道他的病，是诊他的脉时，他的脉象完全符合正常的法则。他的病情和脉象一致，所以才不会死去。

齐国名叫破石的中郎得了病，我诊脉后，告诉他说：“肺脏伤害，不能医治了，会在十天后的丁亥日尿血而死。”过了十一天，他尿血而死。他的病，是因从马背上摔到坚硬的石头上而得。我之所以能诊知他的病，是切他的脉，肺阴脉脉象来得浮散，似乎从几条脉道而来，又不一致。同时，他脸色赤红，是心脉压肺脉的表现。我之所以能知道他是从马背上摔下来的，是切得反阴脉。反阴脉进入虚里的胃大络脉，然后侵袭肺脉。他的肺脉又出现了“散脉”，原应脸色白却变红，那是心脉侵袭肺的表现。他没有如期而死的原因是，我的老师说：“病人能吃东西喝水就能拖过死期，吃不下饭喝不下水会不到死期就死去。”这个人喜欢吃黍米，黍能补肺气，所以就拖过了死期。他尿血的原因，正如诊脉的理论所说：“病人调养时喜欢安静的就会气血下行而死，好动的就会气血上逆而死。”这个人喜欢安静，不急躁，又能长时间地安稳坐着，伏在几案上睡觉，所以血就会从下排泄而出。

齐王名叫遂的侍医生病，自己炼五石散服用。我去问候他，他说：“我有病，希望你为我诊治。”我立即为他诊治，告诉他：“您得的是内脏有热邪的病。病理说：‘内脏有热邪，不能小便的，不能服用五石散。’石药药力猛烈，您服后小便次数减少，赶快别再服用。看你的脸色，你要生疮肿。”他说：“从前扁鹊说过：‘阴石可以治阴虚有热的病，阳石可以治阳虚有寒的病。’药石的方剂都有阴阳寒热的分别，所以内脏有热的，就用阴石柔剂医治；内脏有寒的，就用阳石刚剂医治。”我说：“您的谈论错了。扁鹊虽然说过这样的话，然而必须审慎诊断，确立标准，订立规矩，斟酌权衡，依据参照色脉表里、盛衰、顺逆的原则，参验病人的举动与呼吸是否谐调，才可以下结论。医药理论说：‘体内有阳热病，体表反应阴冷症状的，不能用猛烈的药和砭石的方法医治。’因为强猛的药进入体内，邪气就会使热邪气更加恣肆，蓄积更深。诊病理论说：‘外寒多于内热的病，不能用猛烈的药。’因猛烈的药进入体内就会催动阳气，阴虚病症就会更严重，阳气更加强盛，邪气到处流动行走，就会重重团聚在腧穴，最后激发为疽。”我和他谈过一百多天后，果然疽发在乳上，蔓延到锁骨上窝后，就死了。这就是说理论只是概括大体情形，提出大体的原则。平庸的医生如有一处没能深入学习理解，就会使识辨阴阳条理的事出现差错。

齐王从前是阳虚侯时，病得很重，许多医生都认为是蹶病。我为他诊脉，认为是痹症，病根在右胁下部，大小像扣着的杯子，使人气喘，逆气上升，吃不下东西。我就用火剂粥给他服用，过了六天，逆气下行；再让他改服丸药，大约过了六天，病就好了。他的病是房事不当而得。我为他诊脉时，不能识辨哪一经脉有了病，只是大体知道疾病所在部位。

我曾经为安阳武都里名叫成开方的人诊治，他称自己没有病，我说他将为沓风病所苦，三年后四肢不能受自己支配，而且会喑哑不能出声，这时就会死去。现在听说他的四肢已不能动了，虽喑哑却还没有死。他的病是多次喝酒之后受了风邪引起的。我之所以知道他的病，是给他切脉时，发现他的脉象符合《奇咳术》的说法：“脏气相反的会死。”切他的脉，得到肾气反冲肺气的脉象，依照这个道理，到了三年会死。

安陵坂里名叫项处的公乘有病，我为他诊脉，然后说：“这是牡疝病。”牡疝是发生在胸膈下，上连肺脏的病。是因行房事不节制而得。我对他说：“千万不能做操劳用力的事，做这样的事就会吐血死去。”项处后来却去“蹴踘”，结果腰部寒冷，汗出很多，吐了血。我再次为他诊脉后说：“会在第二天黄昏时死去。”到时就死了。他的病是因房事而得，我之所以能知道他的病，是切脉时得到反阳脉，反阳的脉气进入上虚，第二天就会死。一方面出现了反阳脉，一方面上连于肺，这就是牡疝。

臣淳于意说：“其他能正确诊治决断生死时间以及治好的病太多了，因为时间一长忘了，不能完全记住，所以不敢用这些来回答。”

又问：“你所诊治的病，许多病名相同，却诊断结果名异，有的人死了，有的人还活着，这是为什么？”回答说：“从前病名大多是类似的，不能确切辨知，所以古代的圣人创立脉法，使人能用这些确立的标准、订立的规矩，斟酌权衡，依照规则，测量人的阴阳情形，区别人的脉象后各自命名，注意与自然变化的相应，参照人体情况，才能区别各种疾病使它们病名各异，医术高明的人能指出病名不同，医术不高看到的病是相同的。然而，脉法不能全部应验，对病人进行诊断的时候要用不同的方法加以区分，才能区别相同名称的疾病，说出病因在什么地方。现在，我诊治的病人都有诊治记录。我之所以这样区别疾病，是我从师学医刚刚完成，老师就死去了，因此记明诊治的情形，预期决断生死的时间，来验证自己失误、正确的结果和脉象的对应关系，因为这个缘故到现在能够辨知各种的疾病。”

又问：“你决断病人的死或活的时间，有时也不能应验，因为什么？”回答说：“这都是因为病人饮食喜怒不加节制，或者因为不恰当地服药，或者因为不恰当地用针灸治疗，所以会与预断的日期不相应而死。”

又问：“在你正能够诊治病情的生死，论说药品的适应症时，各诸侯王、大臣有向你请教的吗？”齐文王生病时，不请你去诊治，这是什么缘故？”回答说：“赵王、胶西王、济南王、吴王都曾派人召请我，我不敢前往。齐文王生病时，我家中贫穷，要为人治病谋生，当时实在担心被官吏委任为侍医而受到束缚。所以，我把户籍迁到亲戚邻居等人名下；不治理家事，只愿到处行医游学，长期寻访医术精妙的人向他求教，我拜见过几位老师，他们主要的本领我全学到了，也全部得到了他们的医方医书，并深入进行分析评定。我住在阳虚侯的封国中，于是侍奉过他。他入朝，我随他到了长安，因为这个缘故，才能给安陵的项处等人看过病。”

问我说：“你知道齐文王生病不起的原因吗？”我回答说：“我没有亲眼看到齐文王的病情，不过我听说齐文王有气喘、头疼视力差的病。我推想，认为这不是病症。因为他身体肥胖而聚积了精气，身体得不到活动，骨骼不能支撑肉躯，所以才气喘，这用不着医治。依照脉理说：‘二十岁时人的脉气正旺应该做跑步的运动，三十岁时应该快步行走，四十岁时应该安坐，五十岁时应该安卧，六十岁以上时应该使元气深藏。’齐文王年龄不满二十岁，脉气正旺，应该多跑动，却懒于活动，这是不顺应自然规律的表现。后来听说有的医生用灸法为他治疗，马上病情就重起来，这是分析论断病情上的错误。根据我的分析，这是身体内正气上争而病邪之气侵入体内的表现。这种病症不是年轻人能够康复的，因此他死了。对这样的病，应该调和饮食，选择晴朗天气，驾车或是步行外出，来开阔心胸，调和筋骨、肌肉、血脉、疏泄体内郁积的旺气。所以，二十岁时，是人们说的‘气血质实’的时期，从医理看不应该用砭灸的治疗方法，使用这种方法就会导致气血奔逐不定。”

又问：“你的老师阳庆是跟谁学习的？齐国的诸侯是否知道他？”回答说：“我不知道阳庆的老师是谁？阳庆家中非常富有，他精通医术，却不肯为人治病，也许因为这样他才不出名。阳庆又告诉我说：‘千万别使我的子孙后代知道你曾向我学习医术。’”

又问：“你的老师阳庆是怎么看中并喜爱你的？怎么想把全部秘方医术传授给你的？”回答说：“我本来不知老师阳庆的医术精妙。我后来之所以知道，是我年轻时喜欢各家的医术医方，我曾用他的医方尝试，大多有效，而且精妙。我听说菑川唐里的公孙光擅长使用古代流传的医方，就去拜见他。我能做他的学生，从他那里学到调理阴阳的医方以及口头流传的医理，我全部接受记录下来。我想要全部学到他精妙的医术，公孙光说：‘我的秘方医术都拿出来了，我对你不会有所吝惜，我已经老了，没有什么再让你学习的了。这些都是我年轻时所学到的精妙医方，全教给你了，不要再教给别人。’我说：‘我能侍奉学习在您的面前，得到全部秘方，这非常幸运。我就是死了也不敢随便传给别人。’过了些日子，公孙光闲着没事，我就深入分析论说医方，他认为我对历代医方的论说是高明的。他高兴地说：‘你一定会成为国医。我所擅长的医术都荒疏了，我的同胞兄弟住在临菑，精于医术，我不如他，他的医方非常奇妙，不是一般人所能了解的。我中年时，曾想向他请教，我的朋友杨中倩不同意，说我不是那种能学习医术的人。必须我和你一起前往拜见他，他就会知道您喜爱医术了。他也老了，但家中富有。’当时还没去，正好阳庆的儿子阳殷来给齐王献马，通过我的老师公孙光进献给齐王，因为这个缘故我和阳殷熟悉了。公孙光又把我托付给阳殷说：‘淳于意喜好医术，你一定要好好礼待他，他是倾慕圣人之道的人。’于是就写信把我推荐给阳庆，因此也就认识了阳庆。我侍奉阳庆很恭敬谨慎，所以他才喜爱我。”

又问：“官吏或百姓曾有人向你学医术吗？有人把你的医术全学会了吗？他们是哪里人？”回答说：“临菑人宋邑，他向我求教，我教他察看脸色诊病，学了一年多。济北王派太医高期、王禹向我求教，我教给他们经脉上下分布的情形和异常脉络的联结位置，常常论说腧穴所处的方位，以及经络之气运行时的邪正顺逆的情况，怎样选定针对病症需要砭石针灸治疗的穴位，学了有一年多。菑川王时常派遣名叫冯信的太仓署中管理马匹的长官前来，让我指教医术。我教他按摩的逆顺手法，论述用药的方法，以及判定药的性味和配伍调制汤剂。高永侯的家丞名叫杜信，喜好诊脉，前来求学，我把上下经脉的分布、《五色诊》教给了他，学了两年多的时间。临菑召里叫唐安的人来求学，我教给他《五色诊》，上下经脉的位置，《奇咳术》，以及四时和阴阳相应各有偏重的道理，没有学成，就被任命做了齐王的侍医。”

又问：“你给人诊治病症断定人的死生，能完全没有失误吗？”回答说：“我医治病人时，一定先为他切脉后，才去医治。脉象衰败与病情违背的不给他医治，脉象和病情相顺应的才给他医治。如果不能精心切脉，所断定的死生时间及能否治愈，也往往会出现差错，我不能完全没有失误。”

太史公说：“女人无论美与丑，住进宫中就会被人嫉妒；士人无论贤与不贤，进入朝廷就会遭人疑忌。所以扁鹊因为他的医术遭殃，太仓公于是自隐形迹还被判处刑罚。缇萦上书皇帝，她的父亲才得到后来的平安。所以，老子说‘美好的东西都是不祥之物’，这句话难道是说扁鹊这些人吗？像太仓公这样的人，也可以说很接近这句话的意思了。”